HISTOIRE UNIVERSELLE

DE

L'ÉGLISE CATHOLIQUE

I

PARIS

HISTOIRE UNIVERSELLE

DE

L'ÉGLISE CATHOLIQUE

PAR

ROHRBACHER

CONTINUÉE JUSQU'A NOS JOURS PAR M. L'ABBÉ GUILLAUME

PROFESSEUR AU GRAND SÉMINAIRE DE VERDUN

NOUVELLE ÉDITION

AVEC DES NOTES ET ÉCLAIRCISSEMENTS D'APRÈS LES DERNIERS TRAVAUX

TOME PREMIER

PARIS

LETOUZEY ET ANÉ, ÉDITEURS

RUE DU VIEUX-COLOMBIER, 17

Perill^tri et adm. Rñdo Dño Dno Obsmo Dño GUILLAUME, *professori in majori seminario Verdunensi.*

Perillustris et adm. Rnde Dne Dne Obsme,

Redditum nuper fuit SSmo Domino Pio IX munus voluminum, quæ historiam Ecclesiæ catholicæ ab illustri auctore Rohrbacher elucubratam complectuntur, atque una cum illis litteræ sinceræ devotionis testes, queis tuum et Lugdunensis Editoris Briday nomen erat adscriptum. Ex iis porro litteris agnovit Sanctitas Sua, te tuas curas in id contulisse, ut nova editione propagaretur prædicti auctoris opus jamdudum sapientium virorum suffragio ac laude commendatum. Et quoniam intellexisti hanc novam editionem majoris etiam emolumenti futuram, si historiæ cursus continuata rerum narratione ad nostra usque tempora duceretur, id oneris tibi sumpsisti, ut diligenti et accurrata ratione hanc laboris partem expleres. Jam vero jucundum mihi est tibi significare, munus quod obtulisti a sanctissimo Patre benevolo prorsus ac grato fuisse animo exceptum, itemque, licet adhuc lucubrationi tuæ legendæ vacare non potuerit, probatum tamen Ipsi valde fuisse studium, quod in hoc labore suscipiendo, prout scribis, propositum habuisti, nempe inserviendi causæ Ecclesiæ calamitoso tempore, quo ipsa vehementissime oppugnatur, ut ex ejus oppugnationum et triumphorum serie, quæ in historia describitur, alacrior usque vis atque animus in ipsius defensorum cordibus exoriatur. Votis autem tuis annuens sanctissimus Pater exoptat, ut tibi auspex sit cœlestium gratiarum ac munerum, nec non salutaris fructus piis laboribus tuis, Apostolica Benedictio, quam tibi ac prædicto viro, qui nobili memoratæ historiæ editioni operam dedit, peramanter impertivit.

In his vero Pontificiis mandatis obeundis, gratum mihi est adjicere præcipuæ meæ erga te existimationis et observantiæ sensus queis sum ex animo Tui, Perrill^tris et adm. Rnde Dne Dne Obsme,

Addictissimus servus,

Romæ, die 11 Januarii, An. 1873.   CAROLLUS NOCELLA.

SSmi Dni N. *ab eplis latinis.*

APPROBATION

ÉVÊCHÉ DE VERDUN

L'HISTOIRE UNIVERSELLE DE L'ÉGLISE CATHOLIQUE, par l'abbé ROHRBACHER, sans rien perdre de son incontestable valeur, n'offre plus un tableau complet des grandes scènes religieuses. Vingt-quatre années d'un règne aussi fécond que celui de Pie IX, réclamaient une place dans une nouvelle édition de cet ouvrage, où le récit des luttes, des triomphes et des gloires du passé attend le récit des luttes, des triomphes et des gloires du présent. M. l'abbé GUILLAUME a comblé ce vide. Les pages qu'il ajoute à celles de son devancier ne dépareront pas l'œuvre du maître. Nous les approuvons de grand cœur, et nous permettons volontiers l'impression de cet impartial récit des actes du Pontificat le plus long, le plus éprouvé et le plus saintement fécond que Dieu ait donné à son Église.

Verdun, 23 septembre 1871.

† AUGUSTIN,
ÉVÊQUE DE VERDUN

INTRODUCTION.

I.

L'HISTOIRE est un vaste foyer de lumière qui rayonne sur le cercle tout entier des connaissances humaines. A sa clarté, le philosophe admire la grandeur et découvre les faiblesses des systèmes intronisés par ses devanciers; le savant compte et mesure les pas qu'ont faits avant lui les plus illustres explorateurs de la nature; le politique assiste à la naissance, au développement, à la décadence des peuples; le moraliste pénètre les secrets ressorts qui mettent en jeu les passions et l'activité des hommes, aussi bien sur les plus grands théâtres que dans les conditions les plus humbles; le militaire s'instruit de toutes les ressources et des difficultés de son art terrible et glorieux; le littérateur ou l'artiste voit s'ouvrir devant lui la source des plus nobles inspirations et passer le cortége imposant des hommes de génie qui ont fixé dans leurs œuvres immortelles un rayon de la beauté idéale : le citoyen apprend les titres de ses droits et la gloire de sa patrie.

Mais au-dessus de toutes ces choses importantes et belles, il est un problème qui tourmente la raison, et réclame, à meilleur droit que tout le reste, la concentration de toutes les forces de l'esprit humain. Ce problème n'intéresse pas seulement telle ou telle partie du monde savant, telle ou telle catégorie de la société; il sollicite l'attention de tous les hommes; c'est le mystère de la destinée humaine.

INTRODUCTION.

Qu'est-ce que l'humanité? D'où vient-elle? Où va-t-elle? Qui nous expliquera ses déviations, ses chutes profondes, ses transformations incessantes dans sa course aventureuse à travers les siècles? Qui percera le voile et nous montrera le but vers lequel marchent et se poussent les générations successives?

L'histoire profane est obligée de reculer devant ces questions pressantes; elle est impuissante à les résoudre. L'élément essentiel de la réponse et de la question même lui manque : l'unité du genre humain lui échappe; elle connaît des peuples, elle ne connaît pas l'humanité; elle montre les accidents particuliers qui divisent les hommes; il ne lui appartient pas de découvrir le lien fraternel qui les unit, Grecs et Barbares, Scythes et Romains, anciens et modernes, dans une famille immense, ayant une commune origine et une même destinée.

En dehors de la Bible et de l'Église, il est impossible de concevoir un tableau vraiment un des événements du passé, avec une perspective lumineuse sur l'avenir. L'histoire de Polybe n'est universelle que par le titre dont il avait tenu si fort à l'orner, et Diodore de Sicile était dans le vrai en donnant à ses compilations savantes le nom de Bibliothèque historique. Montesquieu voulut-il, en écrivant l'*Esprit des lois,* chercher un principe unique et universel de la vie sociale chez les différentes nations et dans tous les siècles? Il aurait mal réussi dans l'accomplissement de ce dessein; car, avec son admirable sagacité et son génie pénétrant, il nous représente partout des institutions et des lois qui changent suivant des circonstances locales et passagères. En se plaçant au point de vue qu'il occupait, on ne peut apercevoir autre chose. Pascal l'avait dit : « On ne voit presque rien de juste ou d'injuste qui ne change de qualité en changeant de climat. Trois degrés d'élévation du pôle renversent toute la jurisprudence. Un méridien décide de la vérité; en peu d'années de possession, les lois fondamentales changent; le droit a ses époques. Plaisante justice qu'une rivière borne! Vérité au deçà des Pyrénées, erreur au delà. » Voilà pourquoi le génie de Montesquieu se dépensa fatalement à faire de l'esprit sur les lois.

Quand on ne parvient à saisir que des fragments de l'humanité, quand on n'a pas le principe de l'unité, comment trouver la loi universelle de l'histoire? On invente péniblement des systèmes ingénieux et grandioses; mais, avec quelque grandeur de conception qu'il soit tracé, le cadre philosophique se trouve à chaque instant trop étroit pour contenir la réalité des faits : il vole en éclats. Il faut certainement rendre justice aux vues éminentes de Vico; mais contenter les opinions, si voisin de la crainte servile de leur déplaire, l'aurait engagé à biaiser en beaucoup de rencontres où il a parlé au contraire avec une rude mais précieuse sincérité. Il s'en faut au surplus que l'*Histoire universelle* manque de mérite, même littéraire. Le plan, admirablement conçu, est exécuté avec une netteté admirable; toutes les parties en sont bien liées. A travers des négligences et des âpretés de style, qui ne nuisent jamais à la vigueur du récit, on trouve fréquemment des pages de la plus haute éloquence, tout à fait dignes de cette vaste conception, qui a pour but de nous montrer Dieu gouvernant le genre humain, depuis l'origine jusqu'à la fin des temps, par le moyen de son Église divinement inspirée.

» Tel est, en effet, le plan de l'ouvrage, exprimé dans cette parole de saint Épiphane, que l'auteur a prise pour épigraphe : *Le commencement de toutes choses est la sainte Église catholique.* On y voit figurer, dans un ordre merveilleux, les œuvres de l'esprit de vérité et les œuvres contraires de l'esprit de mensonge; on découvre les mobiles, on assiste aux innombrables péripéties de ce grand combat, qui a commencé avec le premier homme et qui ne finira qu'au dernier jour du monde. L'histoire de l'Église, c'est l'histoire de l'humanité, mais illuminée par l'intervention manifeste de la Providence. Là donc paraissent tout ce que l'humanité a compris de plus grand, tout ce qu'elle a produit de plus beau, tout ce qu'elle a voulu de plus saint et tout ce qu'elle a cru de plus insensé, tout ce qu'elle a entrepris de plus coupable, tout ce qu'elle a essayé de plus pervers; la doctrine de lumière avec ses saints et ses fidèles, la doctrine d'erreur avec ses grands hommes et ses esclaves; les tentatives multipliées et les sanglantes victoires des fils de Satan, les entreprises sublimes, les héroïques résistances, les triomphantes défaites des enfants de Dieu. L'Église romaine est comme un grand arbre, secoué périodiquement par d'effroyables tempêtes qui le dépouillent de ses feuilles et qui brisent et dispersent au loin ses rameaux; mais ces rameaux brisés prennent racine là où le vent les porte, tandis que le tronc lui-même, toujours indestructible, se couvre d'une floraison nouvelle, et semble moins mutilé que rajeuni. Nulle part cette miraculeuse vie, ce continuel rajeunissement, cette perpétuelle résurrection de l'Église, témoignage suprême et suprême mystère de l'histoire, ne sont mieux présentés et mieux expliqués que dans le livre de l'abbé Rohrbacher. Il en a compris tout l'enseignement, et l'on peut dire toute la poésie, puisque c'est là par excellence le poème épique de l'humanité, dont toute autre conception ne sera jamais soldats de la bonne cause. Les hommes les plus distingués venaient lui confier la direction de leurs études. Rohrbacher fut du nombre de ces disciples fervents; et dans ce milieu, d'où partait un mouvement si fécond, il reçut l'inspiration de la grande entreprise de sa vie.

Avec l'immense supériorité de son esprit, Lamennais avait reconnu qu'il était urgent, pour guérir notre époque, de lui rendre le sentiment de l'autorité. Il avait reconnu encore que l'autorité n'allait pas sans l'unité, et en conséquence il fit au gallicanisme cette guerre que l'on connaît. Le malheur de Lamennais fut de ne pas comprendre que l'unique fondement de l'autorité infaillible, le véritable centre de l'unité était créé par cette parole : « *Tu es Pierre*....., » dont lui-même avait si bien défendu le sens, et de vouloir chercher, dans un système purement humain, la base de la certitude. Il quitta le roc divinement établi pour se réfugier dans les fragiles constructions de son esprit personnel, et il affligea le monde par le spectacle d'une chute lamentable.

Cependant l'homme seul disparut : le mouvement providentiel, dont il avait été l'instigateur, persista. L'*Histoire de l'Église*, par Rohrbacher, en fut un des instruments les plus efficaces. Là, l'unité apparaît triomphante dans l'Église même, par la réalisation ininterrompue de cette parole : *Ubi Petrus, ibi Ecclesia;* et triomphante aussi dans le monde entier, grâce à l'universalité de l'Église. Par les pièces que nous avons rassemblées à la suite de la première préface de l'historien, on verra que sa doctrine ne passa pas sans exciter quelque contradiction, surtout en ce qui concerne l'universalité des temps. Mais on verra du même coup que, par les plus solides raisons et à l'aide des plus grandes autorités, il justifia victorieusement le plan qu'il avait conçu.

La beauté de ce plan et le talent consciencieux avec lequel Rohrbacher l'exécuta, ont été trop bien appréciés par un des plus grands écrivains de nos jours, pour que nous résistions au désir de lui emprunter ses paroles :

« Cet immense travail, auquel l'abbé Rohrbacher s'était préparé par de puissantes études, sans prévoir même qu'il dût un jour l'entreprendre, exigeait la réunion des qualités rares dont Dieu l'avait pourvu. Il fallait à la fois une grande indépendance d'esprit envers tous les systèmes et un profond esprit de soumission envers l'Église; une prodigieuse aptitude au travail et un absolu détachement de toute ambition mondaine et de toute vanité littéraire. Si l'auteur, donnant les mêmes soins à la forme qu'au fond de ses idées, s'était appliqué à polir son style, il n'aurait jamais fini; et peut-être que le désir de un même sang venu d'Adam, régénéré par Jésus-Christ; tous appelés à la même lumière, et s'ils s'écartent, condamnés à périr dans les mêmes ténèbres : pour tous, une seule foi, un seul baptême, un seul Christ, un même Dieu. De cette histoire, saint Épiphane a donné la formule quand il a dit : Le commencement de toutes choses est la sainte Église catholique : il en a aussi esquissé quelques linéaments. Le génie de saint Augustin et de Bossuet en a construit le plan magnifique.

II.

L'histoire de l'Église est donc essentiellement universelle. Un des grands mérites de l'ouvrage considérable dont nous offrons au public une nouvelle édition, est d'avoir fait resplendir dans tout son éclat ce glorieux caractère. Beaucoup plus développée que les œuvres dans lesquelles on s'instruisait ordinairement, l'*Histoire de l'Église*, par Rohrbacher, est venue à propos mettre à la portée d'un grand nombre de prêtres et de fidèles les richesses enfouies dans les vastes trésors de l'érudition ecclésiastique, ancienne et moderne. C'est toujours là que s'empressent de puiser ceux qui n'ont pas, comme les savants de profession, le loisir de remuer les in-folio des grandes bibliothèques. Mais en se livrant à sa tâche laborieuse, le prêtre éminent n'avait pas seulement en vue une œuvre scientifique : il se proposait de contribuer à l'œuvre de restauration intellectuelle et morale dont son temps, qui est aussi le nôtre, avait grand besoin.

Rohrbacher a fait lui-même sa notice biographique dans le 91ᵉ livre de son ouvrage. Ce récit ne peut manquer de plaire par sa vigoureuse franchise et par sa noble simplicité. Né en 1789, ordonné prêtre en 1812, vivant au milieu d'une société profondément ébranlée par les maximes subversives de l'incrédulité et de la révolution, Rohrbacher comprit que son devoir était de bâtir et de combattre, travaillant ainsi à réparer les maux de l'Église comme autrefois les Juifs à relever les murs de Jérusalem.

Le puissant génie de Lamennais excitait alors l'admiration et la confiance universelles. La Providence semblait l'avoir suscité pour animer et conduire les l'esprit, peu satisfait, cherche encore, après l'illustre Napolitain, le secret qu'il rêvait de découvrir. Le mot de Fénelon reste : En fait d'histoire, nous ne pouvons tenir la vérité que par fragments. Ce n'est pas seulement entre les histoires des diverses nations, c'est entre les différents âges d'un même peuple que les données de la science humaine sont impuissantes à produire l'unité. Au reste, en cette matière, les intentions sont souvent beaucoup moins généreuses et moins élevées que celles de Vico. Tel auteur ramènera tous les événements à la glorification du principe monarchique : tel autre fera briller partout le rôle de la démocratie. Les passions personnelles, l'esprit de parti ont une grande influence dans la production des systèmes historiques. La manie même de créer un système nouveau est souvent la seule raison par laquelle on puisse expliquer la création de certaines hypothèses. N'a-t-on pas vu récemment l'auteur d'une volumineuse Histoire de France, développer, sur les révolutions de notre pays, une théorie dont une des conséquences les plus claires était de montrer dans Jeanne d'Arc, dans la vierge pieuse de Domremy, dans la martyre héroïque de Rouen, pressant à l'heure de la mort un crucifix sur sa poitrine, de montrer, dis-je, dans cette belle figure chrétienne et française, quoi ? la plus éclatante incarnation de ce qu'il appelle le génie druidique.

Une école philosophique a prétendu établir l'unité dans l'histoire en lui appliquant la théorie du progrès continu de l'humanité. Mais, en premier lieu, cette théorie est une conception absurde et chimérique. Ce progrès n'est pas défini ; on ne sait d'où il part ; on ne dit pas où il doit aboutir. Ce n'est, en réalité, qu'un mot inadmissible ; car, pour l'admettre, il faudrait ne tenir nul compte d'une foule de calamités particulières et justifier les attentats les plus coupables des tyrans heureux. Ensuite, la vérité historique contredit hautement l'existence de ce progrès tel quel : nous ne voyons pas dans la suite des siècles un épanouissement perpétuel des grandeurs de l'humanité ; nous voyons au contraire la défaillance succéder à la force, et la ruine à la magnificence.

Quelle est donc l'histoire qui, au lieu de préparer aux hommes d'étude un stérile labeur, dira la grande vérité dont tous les hommes ont besoin ? C'est l'histoire que Dieu même a créée en inspirant Moïse et les Prophètes dans la composition de la Bible, et que l'Église continue depuis dix-neuf siècles. Celle-là prend l'humanité tout entière, et planant, du sommet du Calvaire, sur le monde ancien et sur le monde nouveau, son regard embrasse à la fois tous les siècles et tous les peuples : elle nous montre, dans les veines du genre humain qu'un sommaire stérile ou un épisode incomplet. Et telle est la beauté et puissance de ce livre, qu'aucun esprit juste ne le lira sans se prendre d'un amour éternel pour l'Église de Jésus-Christ, qui est la société des bons, des justes et des grands, la cité de la lumière et de l'amour, où l'homme, par la foi et par les œuvres, trouve une vision et une possession anticipées de Dieu (1). »

Rohrbacher avait publié deux éditions de l'*Histoire universelle de l'Église*, quand la mort vint lui ouvrir le lieu de la récompense, le 17 janvier 1856. Il avait passé les dernières années de sa vie dans une studieuse retraite, au séminaire du Saint-Esprit, à Paris.

III.

C'est la première édition de cet ouvrage que nous reproduisons aujourd'hui, en y faisant quelques légères modifications que l'auteur lui-même avait indiquées. Si parfois nous avons besoin de donner un éclaircissement au texte, nous le faisons au moyen d'une note renvoyée au bas de la page. Il est dans notre intention de ne rien négliger pour témoigner de notre respect envers cette grande *Histoire de l'Église* comme envers les lecteurs auxquels nous l'adressons. Dieu aidant, nous essaierons de reprendre le récit à l'année 1848, où il s'arrête, et de le continuer jusqu'à nos jours.

La crise universelle dont Rohrbacher a été témoin, se continue maintenant sous nos yeux. Les erreurs les plus radicales s'affichent partout : l'amour de l'indépendance est arrivé au degré suprême de l'exaltation. Il n'est pas d'esprit réfléchi qui ne se préoccupe de la nécessité d'opposer une digue tutélaire au torrent des passions et des doctrines subversives. Ce qui donne des proportions formidables à la lutte actuelle entre le bien et le mal, c'est que l'unité du genre humain se manifeste de plus en plus. Les frontières s'abaissent, non seulement par la merveilleuse facilité des communications internationales, mais surtout par la diffusion des principes plus ou moins bien entendus de fraternité et de solidarité universelles. La distinction des nationalités grandes ou petites, l'an-

---

(1) M. Louis Veuillot, *Univers* du 23 janvier 1856.

tagonisme des moindres peuples, créaient autrefois, au profit de l'ordre existant, des barrières et des remparts sur lesquels il ne faut plus compter. Comme le proclamait récemment un des hommes d'État les plus expérimentés et les plus capables de juger la situation présente du monde, il semble que l'humanité marche à la république universelle (1). N'est-ce pas le moment de montrer à toutes les âmes sérieuses l'unité féconde et salutaire de l'Église? Si l'unité ne s'affirme pas au profit de l'Église, au profit de quoi s'affirmera-t-elle?

C'est donc aussi le moment de faire ressortir davantage le rôle et la mission divine de Celui qui est le centre de l'unité dans l'Église; et sur ce point il faut désirer que le mouvement commencé par Lamennais et continué par Rohrbacher arrive bientôt à son terme. Ce vœu sortait naguère de la bouche d'un grand évêque avec un retentissement qui n'est pas encore éteint.

« N'est-il pas permis, s'écriait-il, de dire aux hommes de notre siècle, avec le prophète Aggée ou plutôt avec le Seigneur : *Seminastis multum et intulistis parum* (Aggée, I, 6) : Vous avez semé beaucoup et vous avez peu recueilli. Jamais mouvement plus vaste n'a abouti à si petit et si douteux résultat. La raison en est que deux ou trois fausses lueurs ont égaré les hommes et troublé la vue même des sages..... Avec deux ou trois principes définis, vos enfants seront plus puissants pour le bien que vous n'avez été. C'est là le service qu'il faut demander et qu'il faut, à tout prix, obtenir de l'Église (2). »

Ces paroles sont venues de Rome, où siège la vérité, où se trouve la source de la lumière et de la vie. Au milieu des craintes et des aspirations qui agitent l'humanité, on peut demeurer ferme et confiant quand on croit aux promesses de Jésus-Christ et quand on contemple au Vatican la manifestation tranquille et majestueuse de l'Église. Le moment glorieux pour l'arche de Noé, ce fut lorsque, au-dessus des flots qui couvraient tant de bouleversements et de ruines, et soulevée par eux, elle voguait en paix, portant l'espérance et le salut du monde.

L'abbé ÉMILE GUILLAUME.

5 Mars 1870.

---

(1) Paroles de M. Thiers, dans une séance électorale, en 1869.
(2) Mgr Pie, *Homélie* prononcée le 14 janvier 1870, à Saint-André della Valle.

PRÉFACE DE LA PREMIÈRE ÉDITION.

Il y a quinze siècles, un saint docteur entreprit de réfuter en peu de mots toutes les erreurs humaines qui avaient paru depuis l'origine du monde jusqu'à son temps. Pour y réussir, il posa comme un fait incontestable que la foi actuelle de la sainte et catholique Eglise de Dieu, était la même qui existait dès l'origine et qui, depuis, fut manifestée de nouveau par le Christ. Car, dit-il, pour quiconque veut y réfléchir avec amour de la vérité, la sainte Eglise catholique est le commencement de toutes choses. Et il le prouve par l'exemple du premier homme, qui ne fut ni juif par la circoncision, ni idolâtre par le culte des idoles, mais, étant prophète, connaissait le Père et le Fils et le Saint-Esprit, et par là même était chrétien. Il le prouve encore par l'exemple des patriarches, y compris Abraham. D'où il conclut que toutes les hérésies, parmi lesquelles il compte le paganisme, étaient de fait et de droit postérieures à la vérité catholique.

Ce que, dans le IVe siècle de l'ère chrétienne, saint Epiphane a fait d'une manière succincte et polémique, nous avons entrepris de le faire au XIXe d'une manière historique et plus étendue.

La considération du monde actuel nous a ramené à la même conclusion. Nous nous sommes dit : Il existe un genre humain. Mais d'où vient-il ? où va-t-il ? qu'en sait-il ? — Humainement, lui seul peut nous le dire. — Il faut donc l'interroger. — Mais comment s'y prendre ? — Le voici. — Quand on interroge un individu, on s'adresse à la tête, à la partie intelligente. Pour donc interroger cet individu collectif, qu'on appelle genre humain, il faut nous adresser à sa partie intelligente, à sa tête. — Mais où la trouver ? Un coup d'œil sur la géographie intellectuelle suffira pour nous le faire voir.

Il y a quatre ou cinq parties du monde : l'Europe, l'Asie, l'Afrique, l'Amérique et l'Océanie. Pour l'intelligence, surtout l'intelligence religieuse et morale, l'Océanie est au-dessous de zéro, l'Afrique nulle, l'Asie morte : comme on l'a dit, il ne nous vient plus de l'Orient d'autre lumière que la lumière du soleil. Il n'y a de vie intellectuelle qu'en Europe et en Amérique, c'est-à-dire dans la société chrétienne : société qui embrasse toute la terre, société constituée visiblement une dans l'Eglise catholique, apostolique et romaine, qui parle et s'explique par l'organe de son chef, comme l'individu par sa bouche. C'est donc là qu'il faut nous adresser.

Or, l'Eglise catholique, dans son état actuel, remonte de nous à dix-neuf siècles, et de là, dans un état différent, jusqu'à l'origine de l'humanité. Elle embrasse ainsi tous les siècles, depuis Pie IX jusqu'à Adam. Hors de là, rien de pareil ; hors de là, nul ensemble ; hors de là, quelques fragments qui, à eux seuls, ne présentent qu'un amas de décombres, mais qui, dans le christianisme total, trouvent leur place, comme les pierres détachées d'un même édifice. L'Eglise catholique est ainsi le genre humain, constitué divinement et divinement conservé dans l'unité, pour répondre à qui l'interroge, nous dire d'où il vient, où il va, quels sont les principaux événements de sa longue existence, quels sont les desseins de Dieu sur lui et sur nous. Sa réponse est l'histoire que nous écrivons.

Histoire veut dire science des faits : science, connaissance raisonnée, connaissance qui explique la raison, les causes, les rapports, les effets. L'histoire du genre humain comprend donc, non seulement la simple notion des principaux faits qui le concernent, mais l'explication de ces faits par leurs causes et leurs résultats. « Or, comme le dit Bossuet, la seule Eglise catholique remplit tous les siècles précédents par une suite qui ne peut lui être contestée. La loi vient au devant de l'Evangile; la succession de Moïse et des patriarches ne fait qu'une suite avec celle de Jésus-Christ : être attendu, venir, être reconnu par une postérité qui durera autant que le monde, c'est le caractère du Messie en qui nous croyons. Jésus-Christ est aujourd'hui, il était hier, et il est aux siècles des siècles. » La seule Eglise catholique peut donc nous apprendre et les faits et le sens des faits.

Le malheureux qui ne croirait ni en Dieu ni en sa providence ne pourrait même concevoir l'idée d'une histoire humaine. Tout, étant pour lui sans cause, sans règle et sans but, comment imaginer une cause, une suite à rien ? Ne croyant pas le fait le plus éclatant que lui atteste le genre humain, l'existence de Dieu et de sa providence, comment pourrait-il admettre un autre fait quelconque ? Comment lier plusieurs faits entre eux, y découvrir une cause, une intelligence, en un mot, une histoire ? La seule histoire pour lui, c'est le silence et le néant.

Il n'y a donc pas d'histoire possible sans la foi en la Providence.

Mais qui croit à la Providence divine sur le genre humain, doit aussi, s'il veut être conséquent, croire à l'Eglise catholique. Car, outre qu'elle embrasse toute la terre, outre qu'elle est la portion intelligente de l'humanité, outre qu'elle a vécu dans tous les siècles, elle seule possède, et dans le Nouveau et dans l'Ancien Testament, une suite de monuments écrits, auxquels, ni pour l'antiquité, ni pour l'ensemble, il n'y a rien de comparable au monde. La vérité est donc là, ou bien Dieu s'est joué des hommes : autrement, la vérité est dans l'Eglise catholique, ou bien Dieu n'est pas.

Pour nous, nous avons interrogé ces monuments avec foi et amour. L'Eglise nous les présente dans trois langues, qui ont été comme sanctifiées sur la croix : l'hébreu pour l'Ancien Testament, le grec pour le Nouveau, et le latin pour la version authentique de l'un et de l'autre, connue sous le nom de Vulgate. A l'exemple et avec le secours des plus doctes Pères de l'Eglise et des interprètes les plus catholiques, nous les avons interrogés dans chacune de ces langues. Où l'Eglise n'a point fixé le sens elle-même, nous avons suivi, pour la traduction, celui des textes qui nous a paru le plus propre à repousser l'erreur et à confirmer la vérité.

Les faits constatés de cette façon d'après l'Ecriture ainsi entendue, nous ont servi de règle pour en démêler les vestiges dans les écrivains profanes, dans les traditions des peuples anciens, ainsi que dans les découvertes de la science moderne, et faire servir l'erreur même de marchepied à la vérité.

Quant à la doctrine de l'Eglise, qui est comme l'âme de son histoire, et qui nous a également servi de règle pour discerner ce qu'il y a de vrai, de faux, d'excusable dans toutes les doctrines humaines, soit de l'antiquité, soit de nos temps, voici comme nous avons cru pouvoir le mieux la saisir :

L'Eglise, royaume de Dieu en ce monde, quoiqu'il ne soit pas de ce monde, est semblable à une très-petite graine qui, jetée en terre, lève, croît jusqu'à devenir un arbre. Le germe est dans la graine, l'arbre est dans le germe, mais avec des dimensions quelquefois imperceptibles. Pour connaître la nature d'un arbre, la nature de son bois, de sa sève, de son fruit, il faut le considérer non-seulement dans son état de graine et dans son état de plantule, mais encore et surtout dans son état d'arbre fait; car ce qui était imperceptible d'abord, devient palpable en se développant. Ainsi en est-il de l'Eglise et de sa doctrine. Pour bien la connaître, il faut l'étudier, non seulement à sa naissance, non seulement en son adolescence, mais encore et surtout dans son âge viril, lorsqu'elle commence d'enfanter à Dieu, non plus simplement des individus, mais des nations entières. Ce qui n'était qu'en germe dans un siècle se développe et grandit dans un autre : ce que l'on croyait d'abord obscurément devient plus tard enseignement public. Nous sommes donc parti de l'état actuel de la doctrine et du gouvernement de l'Eglise, pour apprécier l'évolution progressive de cette doctrine et de ce gouvernement, dans chaque siècle.

Les écrivains protestants qui ont composé des histoires ecclésiastiques ont suivi une marche tout opposée. Ce que chacun d'eux, d'après ses idées individuelles, ne voit pas à l'Eglise dans son état de graine et de germe, il crie à l'abus, à la corruption, dès qu'il le lui aperçoit dans son état de croissance, mais surtout dans son état d'arbre fait, couvrant la terre de son ombre et nourrissant les peuples de ses fruits. Autant vaudrait condamner la taille d'un homme, parce qu'elle n'est plus sa taille d'enfant au maillot.

Qu'est-il arrivé de là ? Toutes les histoires, tant ecclésiastiques qu'universelles, faites par des protestants, si on les réduit à leur plus simple expression, ne disent jamais que ceci : « Dieu a créé le monde avec une admirable sagesse ; cependant, à peine ce monde est-il créé, que tout s'y dérange par la révolte de l'ange et de l'homme. Un Sauveur est annoncé, qui réparera tout : ce Sauveur est le fils de Dieu ; il vient après quatre mille ans ; il enseigne, il se conduit avec une sagesse vraiment divine. Cependant, à peine n'y est-il plus, que son œuvre se détraque, que sa religion va se corrompant de siècle en siècle, jusqu'à ce qu'enfin arrive un moine défroqué d'Allemagne, qui raccommode pour toujours le chef-d'œuvre de Dieu et de son Fils, en apprenant à tout le monde que chacun n'a de règle que soi-même. » Certes, si l'homme ennemi a voulu faire une parodie sacrilége de Dieu et de sa providence, il ne pouvait s'y prendre mieux !

Dieu nous préserve de jamais concevoir de sa sagesse et de sa bonté une idée semblable ! Non ! non ! Dieu n'est pas un homme qui dit et ne fait point : sa parole est esprit et vie. Il a dit au fils de Jona : *Tu es Pierre, et sur cette pierre je bâtirai mon Eglise, et les portes de l'enfer ne prévaudront point contre elle.* Il lui a dit, à lui et à ses autres disciples : *Voici que je suis avec vous tous les jours jusqu'à la consommation des siècles.* Cette parole est du même qui a dit : Que la lumière soit ! et la lumière fut, et la lumière n'a cessé d'être. Il est donc avec son Eglise jusqu'à la consommation des temps, et il est avec elle tous les jours. Il est avec elle dans les premiers siècles, il est avec elle au moyen âge, il est avec elle aujourd'hui. Ce qu'elle fait et ce qu'elle enseigne au moyen âge n'est point contraire à ce qu'elle fait et à ce qu'elle enseigne au premier, ni à ce qu'elle fait et à ce qu'elle enseigne dans le nôtre. Elle n'éprouve jamais d'obscurcissement, parce que celui qui est la lumière même est avec elle tous les jours. Dire ou supposer le contraire, c'est calomnier la parole du Christ.

La Providence donne aujourd'hui une mémorable leçon à certains catholiques. Quelques-uns, par préjugés de nation ou de politique, se sont cru le droit de censurer les Papes, les Conciles, les Docteurs, en un mot l'Eglise du moyen âge, comme ayant oublié et méconnu la doctrine et les exemples des premiers chrétiens, comme fomentant des principes de révolte et d'anarchie. Aujourd'hui d'honnêtes et doctes protestants, des incrédules même reconnaissent et publient hautement que ce sont précisément ces Papes et ces Conciles du moyen âge qui ont sauvé l'humanité, qui ont fait triompher sur la terre la justice et la morale, autrement la loi de Dieu. Enfants de l'Eglise, apprenons au moins des étrangers, à honorer notre mère et à ne plus lui faire un opprobre de ses bienfaits !

Le premier motif qui nous a fait entreprendre ce travail a été le désir de justifier l'Eglise Catholique, Apostolique et Romaine contre les reproches que se permettent à son égard quelques-uns de ses propres enfants ; de rétablir pour cela les faits qu'ils ont altérés, les témoignages qu'ils ont supprimés, et de réfuter ainsi les calomnies qu'ils ont accréditées. Nous commençâmes d'abord par son histoire depuis Jésus-Christ ; mais, arrivé à la fin du IIIe siècle, nous restâmes convaincu que, pour présenter la religion, l'Eglise de Dieu, dans toute sa majesté, pour la faire triompher de toutes les chicanes de l'incrédulité et de l'hérésie, de tous les préjugés de nation, en particulier de certain faux système de philosophie (1), il fallait, comme elle, embrasser

---

(1) En 1828, étant à Rennes, nous dirigions les études philosophiques et théologiques de plusieurs jeunes gens. M. F. de Lamennais y vint pour nous dicter de vive voix un plan combiné de philosophie et de théologie. Comme nous y aperçûmes dès lors la tendance réprouvée depuis par le Saint-Siége, nous refusâmes de l'écrire. Un autre l'écrivit : nous refusâmes de nous en servir.

tous les siècles. Sans délai et sans relâche, nous nous mîmes à l'œuvre. C'est ici le résultat de notre travail.

Nous avons voulu écrire une histoire de l'Eglise Catholique, non pas de l'Eglise de tel ou tel pays, suivant les préjugés de telle ou telle nation. Nous prenons pour règle de nos affections et de nos pensées, non pas notre individu ni tel autre que ce soit, non pas encore notre patrie, mais l'Eglise de Dieu, l'Eglise Catholique, Apostolique et Romaine. Des discussions ont eu lieu depuis quelques années ; nous avons tâché de découvrir ce qu'il y avait de vrai de part et d'autre, et il nous semble avoir rencontré plus d'une fois le point de conciliation. Des découvertes importantes ont jeté un nouveau jour sur les antiquités de l'Inde et de l'Egypte : à l'exemple des enfants de Jacob, nous avons profité de ces richesses profanes pour embellir le sanctuaire de l'Eternel.

Ayant été laissé libre, nous le modifiâmes dans le sens qui s'est trouvé celui des deux encycliques de Grégoire XVI. Cette tendance que nous remarquâmes dans les idées de M. F. de Lamennais, fut pour nous la cause principale d'embrasser tous les siècles dans notre travail sur l'histoire de l'Eglise. Nous espérions pouvoir le préserver lui-même de l'égarement que nous craignions pour lui. N'ayant pu rendre ce service à un homme, nous souhaitons pouvoir le rendre à tous.

PIÈCES JUSTIFICATIVES.

Réponse de l'Auteur
à une attaque contre les trois premiers volumes
de cette Histoire.

A *M. le Rédacteur de l'*Ami de la Religion.

Nancy, le 24 juin 1845.

Monsieur,

Dans vos numéros du 17 et du 19 juin 1845, vous reproduisez un article du *Journal historique de Liége*, de l'année dernière, sur ou contre l'*Histoire universelle de l'Eglise catholique*, dont je suis l'auteur. Voici quelques particularités à cet égard. A Liége, on fait une contrefaçon de cette histoire. Naturellement, un auteur français n'aime pas de se voir ainsi, à la frontière, privé du fruit de son travail. Cependant je me disais : Puisqu'on réimprime l'ouvrage, il paraît qu'on le trouve bon. En France, les trois premiers volumes furent imprimés en 1842. *L'Ami de la Religion*, avec quelques autres journaux, voulut bien en faire l'éloge : de quoi je vous remercie, Monsieur le Rédacteur. J'appris en même temps qu'on lisait cette histoire dans des communautés religieuses et dans des séminaires. Cela me fit plaisir; car je pensais que, s'ils y trouvaient quelque chose à reprendre, ils auraient la charité de m'avertir, et que je profiterais de leurs avis pour une nouvelle édition. Effectivement, dès la fin de l'année 1842, on fut obligé de réimprimer les cinq premiers volumes à mille exemplaires, et de tirer les suivants à 2,500 au lieu de 1,500. Et aujourd'hui on me demande une édition nouvelle. Et cependant, jusqu'aujourd'hui, je n'ai reçu de France aucune observation critique contre la doctrine, quoique j'en aie sollicité de côté et d'autre. Comme bien des Français ont dû lire, surtout les trois premiers volumes, avec une attention particulière et sans rien passer à l'auteur, je commençais à me rassurer quelque peu après trois ans.

Mais, dans la troisième année, on m'envoie la livraison d'août 1844 du *Journal historique de Liége*, imprimé chez Kersten, où je ne sais qui signale, dans les trois volumes, des choses que n'y ont vues ni *l'Ami de la Religion* ni les nombreux lecteurs de ces volumes en France. Je reconnus tout d'abord que l'auteur de l'article ignore beaucoup de faits qui se sont passés en France depuis 1831, qu'il se méprend assez souvent sur le sens de l'écrivain qu'il censure, qu'il lui fait dire quelquefois ce qu'il ne dit pas, et même le contraire de ce qu'il dit, qu'enfin il ne comprend pas toujours la valeur des termes que lui-même emploie. Il me répugnait, au moment où on imprimait le treizième volume, de répondre à cette attaque étrange et étrangère sur les trois premiers. Je pensais d'ailleurs que les lecteurs belges trouveraient bien la réponse par eux-mêmes. Effectivement, dans l'intervalle, un ecclésiastique belge en publia une à Liége même. Cependant on m'adressa une seconde fois l'article en question. J'envoyai dès lors une réponse à l'attaque, réponse que je crus fort modérée. Une personne vénérable, qui en eut connaissance, la jugea trop vive, et me pria de la retirer, pour ne pas entretenir une division fâcheuse entre des écrivains catholiques au moment où l'Eglise avait besoin de toutes ses forces, témoignant du reste combien elle était peinée de l'attaque qu'on s'était permise. J'accédai à de si respectables désirs. D'ailleurs, en considérant toutes les circonstances, j'étais amené à conclure : Un écrivain français peut bien être contrefait en Belgique, ou même diffamé, mais je ne vois guère comment il pourrait y obtenir justice. Je ne dis pas que ma conclusion soit sans reproche; mais je la fais connaître exprès, parce que de telles habitudes peuvent faire à la Belgique plus de tort qu'elle ne pense, et lui aliéner ses meilleurs amis.

Aujourd'hui, que *l'Ami de la Religion* a transporté l'attaque en France, je viens vous demander, Monsieur le Rédacteur, la liberté de me défendre. Je le ferai non seulement pour moi, mais encore pour *l'Ami de la Religion*, qui a recommandé les trois premiers volumes, mais aussi pour mes nombreux lecteurs de France, qui, loin de m'adresser aucun blâme, m'ont encouragé et félicité. Du reste, je ne prétends nullement soutenir ce qu'on trouverait répréhensible, je promets au contraire de le corriger; je veux seulement bien exposer l'état des choses, et montrer que le critique belge s'est mépris en plusieurs points; et cela, pour que les lecteurs intelligents et charitables puissent me donner des conseils plus sûrs.

L'an 1826, je prenais part à des discussions littéraires sur la philosophie et sur les rapports entre l'Eglise universelle et les gouvernements civils. Ces discussions ayant lieu entre des catholiques sincères, je m'aperçus bientôt que, pour les mettre tous d'accord, il ne faudrait que bien éclaircir les questions et les faits, et en bien présenter l'ensemble. Je me dévouai dès lors à ce travail. C'est sous ce point de vue que je prie tout le monde de me juger et de m'aider; car telle est la tendance de tout ce que je fais, je n'en ai point d'autre.

Pour ne m'égarer point, je pris dès lors l'engagement que je renouvelle ici : J'ai promis et je promets à Dieu la soumission la plus entière à toutes les doctrines du Saint-Siége. J'ai promis et je promets à Dieu de défendre, envers et contre tous, toutes les doctrines du Saint-Siége. Je ne demande à Dieu la vie et la santé que pour cela.

Une des questions à éclaircir était les rapports entre la raison commune et la raison individuelle. Dès l'année 1828, j'eus avec M. Bouvier, par l'intermédiaire du *Mémorial catholique*, une correspondance, anonyme de ma part, sur la question de la certitude. Après deux ou trois lettres, nous nous trouvâmes parfaitement d'accord. L'année suivante, ayant eu d'emprunt les *Lieux théologiques* de Melchior Cano, j'en fus tellement satisfait, que je les transcrivis en grande partie, bien convaincu que, si j'avais pu les lire auparavant, la question de la raison commune et de la raison individuelle aurait pu s'éclaircir sans grande peine; car je ne crois pas qu'on puisse mieux penser et dire que cet auteur. Ces dispositions, je les ai manifestées dans la préface suivante de la troisième édition du *Catéchisme du Sens commun*.

« Cet opuscule a été écrit dans l'origine bien plus pour exposer l'état de la question qui se débattait alors, que pour donner des idées définitivement arrêtées. C'est dans cette vue que l'auteur, avant les deux éditions publiques en France, en avait fait une édition privée, tirée à un petit nombre d'exemplaires, pour consulter plus facilement les personnes capables de lui donner d'utiles conseils. En 1828, le *Catéchisme du sens commun* fut traduit en italien, et inséré avec beaucoup d'éloges dans les *Mémoires de Modène*. Cependant l'*Amico d'Italia*, recueil périodique qui se publiait à Turin, observa que ce que l'on y disait sur l'autorité d'Aristote était fort incomplet, et par là même inexact. En France, d'autres personnes y trouvèrent d'autres défauts; du nombre de ces personnes est l'auteur lui-même. Aussi, lorsque dans les commencements de l'année présente 1842, on lui demanda de réimprimer cet opuscule, il déclara qu'on ne le pouvait sans y faire des modifications et des additions considérables. Ces modifications et ces additions, l'auteur les a faites lui-même. Il y en a de très importantes, entre autres sur Aristote, dans les ouvrages duquel il a trouvé des choses très peu connues et qui peuvent cependant répandre un grand jour sur une matière assez embrouillée. Les autres modifications peuvent contribuer de même à éclaircir les idées et à concilier les esprits. C'est du moins le but, et le but unique de l'auteur (1). »

Un préjugé que je voyais s'établir dans l'esprit d'un homme avec qui j'étais lié alors, c'est que l'Esprit de Dieu s'était retiré de son Église. Pour prévenir ou neutraliser le scandale que je craignais, je composai l'opuscule de *La Religion méditée*, où l'on voit que l'Église a été toujours digne de Dieu par les personnes et les œuvres saintes qu'elle ne cesse de produire. Cette action de l'Esprit divin paraît dans nos temps mêmes par le *Tableau des principales conversions qui ont eu lieu parmi les protestants et autres religionnaires, depuis le commencement du dix-neuvième siècle*, auquel je joignis les *Motifs* de ces conversions. Grâce à Dieu, ces opuscules ont contribué à la conversion de quelques-uns de nos frères errants, comme on peut le voir dans la seconde édition. En sorte que je puis croire, avec une certaine confiance, que mes idées touchant la providence de Dieu sur son Église dans les divers siècles, particulièrement dans le nôtre, approchent assez de la vérité.

Une question ardue était celle de la nature et de la grâce. Je voyais avec inquiétude que le même homme confondait l'une avec l'autre. Je fis à ce sujet l'opuscule *De la grâce et de la Nature* (1), qui, avant d'être livré à l'impression, a été communiqué à plus de deux cents personnes capables d'en juger, tant j'avais à cœur de ne rien avancer d'inexact. Enfin je fis l'ouvrage *Des rapports naturels entre les deux puissances, d'après la tradition universelle*.

Comme l'Université catholique de Louvain, instituée par notre Saint-Père le Pape, sous la direction des évêques de la Belgique, m'inspirait par là même une entière confiance, je m'y rendis, en 1837, pour consulter ceux de ses savants professeurs qui pouvaient me donner les meilleurs avis. C'est d'après leurs conseils que je fis imprimer, l'année suivante, les *Rapports naturels entre les deux puissances*, et l'opuscule *De la grâce et de la Nature*, disant dans la préface du dernier : « Voilà douze ans qu'il (l'auteur) travaille à une *Histoire universelle de l'Église catholique*, qui doit embrasser tout l'ensemble de la religion, depuis l'origine des temps jusqu'à nos jours. Ce travail est prêt, à partir de la création du monde jusqu'après le concile œcuménique d'Éphèse. Mais, avant de commencer la publication, l'auteur a voulu s'assurer que les principaux aperçus en sont justes. Il a donc fait imprimer d'abord : *La Religion méditée*; ensuite : *Des rapports naturels entre les deux puissances, d'après la tradition universelle*; et enfin cet opuscule : *De la Grâce et de la Nature*. Le premier de ces ouvrages a pour but de présenter la substance de l'histoire universelle de la religion et de l'Église sous le rapport de la piété; le second, sous le rapport des bases sociales; le troisième, sous le rapport des questions fondamentales de la grâce et de la nature, de la foi et de la raison. Quand l'auteur saura ce qui est à corriger dans ces trois essais, il livrera au public le travail plus considérable. »

Quatre ans après, le 5 avril 1841, l'Université catholique de Louvain voulut bien m'envoyer un diplôme de docteur en théologie, en considération, dit-elle, des services que j'avais rendus à la religion. Je pouvais donc croire alors, surtout, qu'il n'y avait rien à reprendre pour les doctrines dans les ouvrages que je venais de publier.

Je ne me bornai pas là. Le 26 juillet 1838, j'adressai un exemplaire des trois ouvrages ci-dessus désignés à notre Saint-Père le pape Grégoire XVI, en le suppliant de me faire connaître, d'une manière quelconque, ce qui serait à corriger dans ces trois essais, afin d'être plus exact dans l'histoire même de l'Église. Je fis part de ma supplique à monseigneur l'internonce Garibaldi, qui me fit l'observation que, si je ne recevais point de réponse, ce serait bon signe. Or, jusqu'à présent, je n'en ai point reçu.

Je pourrais ajouter d'autres particularités sur mon inclination à consulter les autres, quelquefois

---

(1) *Catéchismes philosophiques, historiques*, etc., publiés par l'éditeur des *Cours complets*. Paris, 1842, 2 vol. in-4°, t. 1, p. 575.

(1) Voir l'*Ami de la Religion*, 16 janvier 1841, ou bien la lettre qui suivra celle-ci.

même les personnes qui paraissent m'être le moins favorables. Mais les détails déjà donnés suffiront, je pense, pour montrer à M. Kersten, le rédacteur du *Journal de Liége*, qu'il s'est trompé sur mon compte, et qu'il m'attribue bien des choses qui ne sont pas.

Par exemple, page 183 de son article, il dit : « Or, dans la préface du *Catéchisme du sens commun*, M. Rohrbacher nous montre qu'il adopte sans restriction le système de l'*Essai*, et qu'il est pleinement rassuré là-dessus. » Pour preuve, M. Kersten renvoie à l'édition de Gand 1831. Mais nous avons vu que, dans l'édition de Paris 1841, je dis absolument le contraire. Sans doute, M. Kersten n'était pas obligé de le savoir. Cependant, dès qu'il se posait comme juge, il devait connaître les pièces du procès. L'ignorance n'est, pour personne, un droit de condamner son prochain.

Page 174, M. Kersten dit encore : « C'est que M. Rohrbacher se moque de l'évidence et de la certitude que l'homme trouve en lui-même, en sa raison particulière. » Eh bien! avec la permission de M. Kersten, il avance ici tout le contraire de la vérité; car jamais je n'ai pensé d'une manière aussi inepte. La preuve, c'est que j'enseigne tout l'opposé, et assez au long, dans l'opuscule *De la Grâce et de la Nature*, nos 71, 72, 73 et 74 (1).

M. Kersten pourra voir aussi dans ce dernier paragraphe, combien il a tort de m'attribuer, pages 172 et 173, l'idée absurde que, de sa nature, l'âme humaine n'est pas plus que celle de la brute. Le passage auquel il fait allusion et dont il abuse, n'a point pour but d'expliquer la nature de l'âme, mais les trois vies qui peuvent se trouver en elle, la vie des sens, celle de la raison, celle de la grâce. Et, avec saint Thomas, j'appelle vie ce qui domine dans l'homme. Il trouvera de plus amples détails à cet égard dans l'opuscule *De la Grâce et de la Nature*, et dans le dix-huitième volume de l'histoire (2).

Sur l'article de l'idolâtrie, M. Kersten confond continuellement deux choses très distinctes : la connaissance plus ou moins claire que les païens pouvaient avoir du vrai Dieu, et le culte qu'ils lui rendaient ou non. Nulle part je n'ai dit que les païens rendissent à Dieu un vrai culte, nulle part je n'ai dit que les païens ne fussent pas idolâtres, nulle part je n'ai dit que l'idolâtrie ne fût pas universelle. M. Kersten a tort de me supposer le sentiment que condamne Bossuet et que je condamne avec lui, savoir : que généralement les païens rendaient à Dieu un vrai culte.

Mais je pense, avec les Pères et les théologiens, que les païens avaient généralement une certaine connaissance du vrai Dieu, qui justifie surabondamment sa providence à leur égard. Je le pense avec les théologiens les plus autorisés en France, savoir, Bailly, Hooke, Pétau, Thomassin, Huet. Que M. Kersten, qui est un laïque estimable, à ce que j'ai appris, ignore ce qu'enseignent les meilleurs théologiens de France, à la bonne heure ; mais supposer que le clergé français doive l'ignorer de même, ceci passe un peu la permission. Autant vaudrait prendre une objection pour la réponse.

Je pense ainsi, non seulement avec les principaux théologiens de France, mais avec les principaux et les plus anciens Pères de l'Eglise ; avec Minutius Félix, saint Irénée, Tertullien, saint Cyprien, Lactance, Arnobe, saint Justin, Athénagore, Clément d'Alexandrie, Origène, saint Augustin et saint Thomas, lesquels tous affirment que les gentils connaissaient le vrai Dieu, quoiqu'ils ne l'adorassent pas comme tel. Et je cite leurs témoignages très au long.

Sur quoi M. Kersten demande, page 174 : « Que peuvent ces citations isolées, et détournées souvent du sens qu'elles ont dans les ouvrages d'où elles sont tirées, contre le témoignage unanime de toute l'antiquité? » Mais, demanderai-je à mon tour à M. Kersten : Comment opposez-vous le témoignage unanime de toute l'antiquité au témoignage des dix principaux Pères de l'Eglise? Est-ce que ces dix Pères ne sont pas de cette antiquité-là? Si les dix principaux ou dix des principaux sont d'un côté, et le reste de l'autre, comment le témoignage est-il unanime? — De plus, M. Kersten suppose, mais ne prouve pas, que mes citations sont le plus souvent détournées de leur vrai sens. C'est comme si un juge disait : Cet accusé présente de bons témoignages, mais peut-être n'ont-ils pas le sens qu'ils paraissent avoir : en conséquence, je le condamne au carcan. Voilà tout juste comme M. Kersten m'a condamné au pilori de son journal en Belgique et ailleurs.

M. Kersten demande encore : « Et que signifie cette malheureuse distinction, par où M. Rohrbacher voulant, dit-il, concilier les Pères avec les Pères, établit que les gentils connaissaient le vrai Dieu, mais le connaissaient moins bien que les Juifs; que les Juifs le connaissaient moins bien que les chrétiens, et ceux-ci moins bien que les saints dans le ciel? » Mais, demanderai-je à M. Kersten : Pourquoi dissimulez-vous que cette distinction, que vous qualifiez de *malheureuse*, est de saint Augustin, et qu'il la fonde sur l'Ecriture sainte? Est-ce pour faire accroire que vous n'êtes impoli qu'envers moi, et non pas envers un Père de l'Eglise et l'Evangile même?

A propos de cette question, je cite ce mot de Bossuet : « C'est ignorer les premiers principes de la théologie, de ne pas vouloir entendre que l'idolâtrie adorait tout, et le vrai Dieu comme les autres. » M. Kersten ajoute (page 175) : « La citation est exacte à la vérité; mais la signification générale qu'on y donne et la conclusion qu'on en tire sont absolument fausses. » Or, veut-on savoir quelle est la signification véritable, selon M. Kersten? Je le donne à deviner aux plus fins, en cent, en mille. Voici comme il se résume à la troisième (page 177), omise dans l'*Ami de la Religion* : « Bossuet, qui sait l'histoire et les faits mieux que personne, n'ignore pas *qu'il y a eu des fidèles dispersés par-ci par-là* (ce sont ses termes) *hors de l'enceinte du peuple Juif.* Il admet encore « que le nombre des particuliers qui adoraient Dieu parmi les gentils est peut-être plus grand qu'on ne pense. » Et, à cet égard, il présente la réflexion que « l'idolâtrie adorait tout, le vrai Dieu comme les autres. Concession évidemment basée sur ces exceptions, sur ces cas particuliers que nous présentent les fidèles dispersés par-ci par-là hors de l'enceinte du

---

(1) Voir à la fin de cette lettre.
(2) Tome VIII, livre soixante-quatorzième de la présente édition.

peuple Juif. » Ainsi donc, d'après M. Kersten, quand Bossuet dit : « L'idolâtrie adorait tout, » il entend par *idolâtrie*, *les fidèles* répandus parmi les idolâtres. En vérité, pardonnons-lui, à M. Kersten, car il ne sait ce qu'il dit.

La dernière partie de la critique de M. Kersten tombe sur les doctrines touchant la politique. Je ferai d'abord observer à M. Kersten que ces doctrines se trouvent textuellement dans les *Rapports naturels*, publiés d'après les conseils de ce qu'il y a de plus respectable dans l'Université catholique de Louvain, et que, quatre ans après la publication de cet ouvrage, la même Université catholique de Louvain m'envoya un diplôme de docteur en théologie, en récompense des services que j'avais rendus à la religion. Je fais cette observation à M. Kersten, pour lui donner lieu de comprendre qu'un laïque belge ferait mieux de consulter l'université catholique de Louvain et l'épiscopat de son pays, que de s'ériger en téméraire censeur de l'une et de l'autre, et de s'exposer à jeter imprudemment un brandon de discorde parmi les catholiques, à la grande joie des ennemis de la religion.

Mais encore à quoi donc se réduisent ces doctrines qui offusquent tant M. Kersten? Le voici en deux mots. Je crois que le temporel est subordonné au spirituel dans ce qui regarde la conscience; je crois avec le commun des théologiens et des juristes catholiques, entre autres avec le jésuite Suarez et avec le dominicain saint Thomas, que la souveraineté temporelle vient de Dieu par le peuple, ou du moins je crois qu'on est très libre de le penser. Voilà tout, ni plus ni moins.

Que M. Kersten, tout Belge qu'il est, ne soit pas de cet avis, il en est sans doute fort libre. Mais ce que je ne lui crois pas permis, c'est de tromper ses lecteurs sur mon compte, en leur déguisant ce que je dis.

Ainsi, tome II, livre dixième (1), à propos d'Abimélech, fils de Gédéon, qui usurpa la royauté en Israël, je cite un passage de saint Grégoire VII, et un autre de saint Augustin, dont le texte latin se trouve même au bas de la page; en voici le contenu : « Dieu ayant fait l'homme raisonnable à son image, voulut qu'il ne dominât que sur les créatures sans raison, non pas l'homme sur l'homme, mais l'homme sur les bêtes. C'est pourquoi les premiers justes furent établis pasteurs de troupeaux plutôt que rois d'hommes, Dieu nous voulant faire entendre par là tout ensemble, et ce que demandait l'ordre des créatures, et ce que le mérite exigeait des péchés. » Après cette citation, j'ajoute aussitôt : « Ainsi, d'après saint Augustin, la puissance royale ou la souveraineté prise, non pour l'autorité patriarcale qui dirige, comme un père ses enfants, mais pour la domination de la force qui contraint les hommes comme des troupeaux de bêtes, ne vient point originairement de Dieu, mais de l'orgueil, mais du péché et de celui qui en est l'auteur. »

Or, M. Kersten, page 179 de son article, sans mentionner les deux saints dont je ne fais que résumer les paroles, juge à propos de dire : « Il présente Abimélech comme le premier roi qui nous apparaît en Israël; et ce fait lui semble prouver que la puissance royale, ou la simple puissance de fait, ne vient point originairement de Dieu, mais de l'orgueil, du péché, et de celui qui en est l'auteur. »

En vérité, M. Kersten, si je m'étais permis pareil procédé à votre égard, je croirais avoir manqué au premier devoir d'un homme d'honneur, et j'en demanderais pardon à Dieu et aux hommes.

Autre exemple. Tome I, livre septième, après avoir montré que tout ce que Confucius, Platon et Cicéron ont imaginé de plus parfait pour leur société idéale, se trouve réalisé et au delà dans l'Eglise catholique, j'ajoute : « Dans cette divine constitution de l'humanité, la forme du gouvernement est telle que la souhaitaient Platon et Cicéron. Ils en distinguaient trois : le gouvernement d'un seul, le gouvernement de quelques-uns, le gouvernement du grand nombre. Tous les trois sont bons, quand la loi véritable y est observée; quand elle ne l'est pas, tous les trois dégénèrent en tyrannie. Un quatrième leur paraît, surtout à Cicéron, infiniment préférable, comme réunissant les avantages des trois autres, sans leurs dangers; c'est une monarchie tempérée d'aristocratie et de démocratie. Or, tel est le gouvernement de l'Eglise. »

Cette idée déplaît fort à M. Kersten. Il ne veut pas que le gouvernement de l'Eglise véritable soit, comme il dit élégamment : *un état monarchico-aristocratico-démocratique*. A la bonne heure. Mais il n'aurait pas dû dissimuler, ce qui est marqué au bas de la page, que cette idée est d'un très célèbre jésuite. Il paraît que M. Kersten pense bien différemment du pieux et savant cardinal Bellarmin, et qu'il aimerait beaucoup mieux un gouvernement *byzantino-turco-moscovite*. Chacun son goût.

Voici comme j'explique l'idée de Bellarmin : « Sous le monarque éternel et invisible, le Christ, est un monarque visible et mortel, son vicaire, le Pape, qui a reçu de lui la pleine puissance de paître et de régir l'Eglise universelle. Par son canal, d'autres princes et pasteurs, appelés en partage de sa sollicitude, reçoivent à paître et à régir des églises particulières, non pas comme ses vicaires ou lieutenants, mais comme princes et pasteurs véritables. Enfin, ni la papauté, ni l'épiscopat, ni le simple sacerdoce n'est héréditaire. Tout se recrute dans le peuple, qui est toute l'humanité chrétienne. »

M. Kersten, qui cite ce passage, y trouve si peu de démocratie, qu'il demande où donc elle est? Je conviens avec lui qu'il y en a fort peu, et cependant voilà tout ce que j'en vois dans l'Eglise. Mais il paraît que M. Kersten est de ces gens qui aiment à se créer des monstres, pour le plaisir d'avoir peur et de crier contre les autres.

En somme, sur toutes les questions délicates de doctrine, je ne dis rien de moi-même, mais je résume et j'adopte ce que disent les Pères et les théologiens les plus autorisés dans l'Eglise catholique. Voilà ce que je prie de considérer, les personnes qui voudront bien me signaler les erreurs que je puis avoir commises.

Ensuite, comme on ne peut pas tout dire dans chaque endroit, il faut voir et comparer l'ensemble. Ainsi, en tête du cinquième volume (1), j'ai mis cette déclaration : « Dans ce volume et les suivants, pour plusieurs documents originaux, l'auteur suit habituellement la traduction de Fleury, par la raison que

(1) Voir tome I, pages 243 et 244, de la présente édition.

(1) Voir notre tome II, à partir du livre vingt-septième.

cette tradition est la plus connue et généralement la plus exacte ; et, en second lieu, afin que le lecteur puisse apprécier plus facilement les corrections qui y ont été faites. » Or, M. Lenormant, n'ayant pas lu cet avertissement ou l'ayant oublié, suppose (*Cours d'histoire moderne*, 20ᵉ leçon) que j'ai pour système de refaire les phrases de Fleury et de les compléter à ma manière. Ce n'est pas cela. J'estime très fort la phrase de Fleury, et je la conserve autant que possible. Mais le récit dont parle M. Lenormant est la traduction d'un monument original, où je n'ai fait que suppléer ce que Fleury avait omis. — Il est même arrivé ceci de curieux. Un critique, d'ailleurs bienveillant, a fait cette observation, que, si je n'avais pas l'élégance de Fleury, au moins j'avais une doctrine sûre, et, pour prouver que je n'avais pas ladite élégance, il me reprochait des locutions qui sont de Fleury. Autant m'est arrivé pour Bossuet, dont j'ai mis à profit le style dans ce qui regarde la sainte Écriture.

Je fais ces observations, afin que les personnes qui voudront bien me donner aide et conseil puissent le faire plus utilement. Il y en a qui m'ont conseillé de mettre dans le dernier volume différentes tables, et qui se sont même engagées à les préparer. Entre autres, il y aura une table des Vies des Saints, mois par mois ; car généralement tous les saints de Godescard se trouvent dans cette histoire, peut-être même quelques-uns de plus. Je réclame, surtout pour la nouvelle édition, les conseils des séminaires et des congrégations religieuses, notamment de celles à qui Dieu fait la grâce d'être persécutées à la Chine, au Tonquin, et ailleurs.

Enfin, pour remercier Dieu des bénédictions qu'il a répandues sur mon travail, et pour obtenir qu'il me les continue jusqu'au bout, mon intention est de consacrer le bénéfice de la nouvelle édition à une œuvre de charité chrétienne et publique.

J'ai l'honneur d'être, M. le rédacteur, etc.

L'abbé ROHRBACHER.

DE LA GRACE ET DE LA NATURE.

Paragraphes cités dans la lettre ci-dessus.

§ LXXI.

L'homme, intelligence incarnée, est à la fois esprit et corps ; il n'est pas corps seul, ni esprit seul, mais l'un et l'autre ; il ne l'est point isolément, mais avec ses semblables. Pour donc bien connaître la raison humaine, il faut connaître l'homme total et complet, non dans son corps seul, non dans son esprit seul, non dans son individu seul, non dans la société seule, mais dans le tout ensemble ; car l'homme est à la fois tout cela. Si, de plus, il est chrétien, si par la foi divine son esprit et son cœur sont élevés à un ordre de choses au-dessus de la nature, il ne faut pas confondre l'homme et le chrétien ; il ne faut pas méconnaître l'homme pour le chrétien, ni le chrétien pour l'homme.

§ LXXII.

Or, les systèmes de philosophie les plus connus de nos jours pèchent tous contre ce que nous venons de dire. Le sensualisme ne voit dans l'homme que les sens, le corps, l'animal ; l'idéalisme n'y voit que les idées, l'esprit, sans relation avec l'univers sensible ; le rationalisme n'y voit que la raison de l'individu, sans relation avec celle de ses semblables ; le système exclusif de la raison générale ne voit que la société et méconnaît l'individu ; le système exclusif de la foi divine ne voit que le chrétien et méconnaît l'homme. Chaque système est faux en ce qu'il exclut les autres ; tous sont vrais, dès qu'ils viennent à s'embrasser et à s'unir.

§ LXXIII.

Ils s'embrassent et s'unissent dans la personne du Christ. Comme Dieu, le Christ a créé tout l'homme, non pas son corps seul, non pas son âme seule, mais l'un et l'autre. Il ne l'a pas fait pour demeurer seul, mais pour être en société. Il l'a fait à son image, à l'image de Dieu. Or, Dieu, quoique un et unique, n'est pas seul : il est une société de trois personnes, dont la seconde, par une ineffable tradition, procède de la première, et la troisième de la première et de la seconde. Le Christ est cette sagesse éternelle qui se joue dans l'univers et fait ses délices d'être avec les enfants des hommes (1) ; qui va cherchant ceux qui sont dignes d'elle ; qui se montre à eux avec hilarité au milieu des chemins et dans toutes sortes de rencontres (2) ; qui parmi les nations se communique aux âmes saintes et y établit des amis de Dieu et des prophètes (3). Il est cette lumière véritable qui éclaire tout homme venant en ce monde (4). Et cette lumière, et cette sagesse, et ce Verbe-Dieu s'est fait homme ; il a pris un corps et une âme, non pas un corps illusoire, mais un corps réel ; non pas une âme différente de la nôtre, mais une âme pareille. Il unit à jamais dans l'unité de sa personne divine, et l'humanité et la divinité, et le corps et l'âme, sans que jamais cependant l'âme se confonde avec le corps, ni la divinité avec l'humanité. Et avec cela il dit, en parlant de l'ordre surnaturel de la grâce et de la gloire : Personne ne peut venir à moi, si mon Père ne l'attire (5).

§ LXXIV.

Lors donc que la philosophie des sens nous dit que les sens du corps nous donnent la certitude, elle a raison ; car celui qui est la vérité même nous a donné les sens corporels, il les a pris lui-même en se faisant notre semblable, et nous a dit : Palpez et voyez (6). Et lorsque la philosophie de l'esprit et des idées nous dit que les idées de l'intelligence nous

(1) *Ludens in orbe terrarum ; et deliciæ meæ, esse cum filiis hominum* (Prov. 8, 31).
(2) *Quoniam dignos seipsâ circuit quærens, et in viis ostendit se illis hilariter, et in omni providentiâ occurrit illis* (Sap., 6, 17).
(3) *Et per nationes in animas sanctas se transfert, amicos Dei et prophetas constituit* (Sap., 7, 27).
(4) *Erat lux vera, quæ illuminat omnem hominem venientem in hunc mundum* (Joan., 1, 9).
(5) *Nemo potest venire ad me, nisi Pater, qui misit me, traxerit eum* (Joan., 6, 44).
(6) *Palpate et videte* (Luc, 24, 39).

donnent la certitude, elle a raison ; car c'est la vérité même (1) qui nous a donné une âme intelligente et qui l'a prise elle-même. Cependant, comme notre âme n'est pas Dieu, mais seulement faite à son image, nous ne voyons pas, comme Dieu, la vérité en elle-même, la vérité absolue, nous en voyons seulement une image, mais une image vraie, puisqu'elle vient de Dieu. Et lorsque la philosophie de la raison individuelle nous dit que l'individu complet et développé peut avoir la certitude, elle a raison ; car la lumière véritable éclaire tout homme venant en ce monde. Et lorsque la philosophie de la raison générale nous dit que la vérité, que la certitude se trouvent dans la raison commune de l'humanité, elle a raison ; car la lumière véritable éclaire, non pas seulement tel ou tel homme, mais tout homme venant en ce monde ; et il est plus facile de discerner en tous que dans un seul, ce qui vient de cette irradiation divine et commune, d'avec ce qui vient d'ailleurs. Et lorsque la philosophie de la foi nous dit que la vérité, la certitude se trouvent dans les Ecritures des Prophètes et des Apôtres, elle a raison ; car c'est la sagesse éternelle qui a inspiré ces amis de Dieu. Et quand cette même philosophie nous dit que la certitude ne se trouve que dans la foi chrétienne, elle a raison pour l'ordre surnaturel de la grâce et de la gloire ; mais comme, dans le Christ, la divinité ne détruit point l'humanité, pas même les cicatrices du corps, ainsi, dans le chrétien, la foi divine ne détruit point la raison humaine, pas même dans ses moindres lueurs, mais au contraire elle l'élève, la perfectionne et lui communique quelque chose de son caractère divin.

LETTRE
DONT IL EST QUESTION DANS CELLE DU 24 JUIN 1845,
REPRODUITE CI-DESSUS.

Au rédacteur de l'*Ami de la Religion.*

Nancy, 2 janvier 1841.

Monsieur,

Vous avez publié, sur l'*Esquisse d'une Philosophie* de M. F. de Lamennais, trois articles dont les réflexions m'ont paru fort justes. Permettez-moi de vous communiquer, à l'égard de cet ouvrage et de son auteur, certaines particularités qui pourront aider vos lecteurs à bien apprécier l'un et l'autre ; peut-être même à bien apprécier quelques autres personnes et quelques autres choses.

En 1828, étant à Rennes, je dirigeais les études philosophiques et théologiques de plusieurs jeunes gens. M. F. de Lamennais y vint pour m'exposer de vive voix et me dicter un plan combiné de philosophie et de théologie. Comme j'y aperçus dès lors la tendance qui depuis a été réprouvée par le Saint-Siège, je refusai de l'écrire. Un ami qui était présent, et qui vit encore, l'écrivit à ma place : je refusai de m'en servir. Ayant été laissé libre, je le modifiai dans le sens qui depuis s'est trouvé celui des deux Encycliques. Voici comment. Dans son plan

(1) *Ego sum via, veritas et vita* (Joan., 14, 6).

de théologie, M. F. de Lamennais distinguait trois Eglises : l'Eglise primitive, l'Eglise judaïque, l'Eglise chrétienne. La première y apparaissait comme la source et la règle des deux autres. On y assignait pour monuments de cette Eglise primitive les traditions des anciens peuples, sans dire nettement si, à la tête de ces peuples ou du moins dans leur nombre, on devait compter les Juifs et les chrétiens. Il me parut que c'était là subordonner implicitement le christianisme et le judaïsme au chaos du paganisme ; qu'il y avait d'ailleurs une erreur grave à supposer d'une manière quelconque que les monuments écrits de la gentilité étaient antérieurs à la Bible, car tous ces monuments sont postérieurs aux livres de Moïse, plusieurs même le sont à l'Evangile. De là, pour moi, une répugnance invincible à adopter ce plan. Ayant été laissé libre, je le changeai sur cet article fondamental, du tout au tout. Je posai en principe, avec le commun des théologiens, avec Bailly entre autres, que l'Eglise catholique, dans son état actuel, remonte de nous jusqu'à Jésus-Christ ; et que de Jésus-Christ, dans un état différent, elle remonte, par les prophètes et les patriarches, jusqu'au premier homme qui fut de Dieu ; que hors de l'Eglise catholique, ainsi entendue, on peut bien trouver quelques débris de vérités, qui encore viennent originairement d'elle, mais nul ensemble, ni même nulle vérité complète. Voilà bien, je crois, le sens qui depuis a été indiqué comme le seul véritable par les Encycliques de Grégoire XVI.

Non content de donner cette direction aux études théologiques dont j'avais la surveillance, j'entrepris quelque chose de plus. Depuis 1826, je travaillais à une *Histoire de l'Eglise,* la prenant seulement depuis Jésus-Christ, avec le dessein d'y joindre une simple Introduction pour faire sentir que, dans le fond, cette Histoire remontait jusqu'à l'origine du monde. Mais quand j'eus remarqué dans les idées de M. F. de Lamennais cette tendance, quoique flottante encore, et par où il abusait déjà du terme vague d'*Eglise primitive,* dès lors ce qui n'avait été pour moi qu'une idée d'Introduction me parut devoir être l'objet capital. Comme l'Eglise catholique elle-même, je crus devoir embrasser tous les siècles dans son Histoire, à partir de la création du monde. De ce moment, je n'ai cessé d'y travailler sans relâche jusqu'à ce jour. J'en suis actuellement à la mort de Louis le Débonnaire, en 840. Le titre qui m'a paru exprimer le mieux l'ensemble et le but de ce travail est : *Histoire universelle de l'Eglise catholique;* avec cette épigraphe tirée de saint Epiphane : *Le commencement de toutes choses est la sainte Eglise catholique.*

Pendant ce même temps, M. F. de Lamennais travaillait de son côté à son *Essai de philosophie catholique;* car tel en a été le titre et la pensée première pendant plusieurs années. Vers la fin de 1829, de La Chenaye à Malestroit, où j'étais alors, vinrent quelques jeunes gens auxquels il avait développé de vive voix ses idées, et qui les avaient ensuite rédigées. Je remarquai, dans le nombre, des idées peu exactes sur la nature et la grâce : la grâce n'y apparaissait que comme une simple restauration de la nature ; quelquefois l'une y semblait confondue avec l'autre ; je crus y reconnaître la même tendance que dans son *Eglise primitive.* Toutefois comme la rédaction n'était pas de lui, mais des jeunes gens, je pensai que c'était à ceux-ci qu'il fallait s'en prendre, et je ne lui en fis rien connaître à lui-même. Seulement, j'étudiai la matière à fond dans saint Thomas, afin de n'émettre que des idées nettes et catholiques sur l'état du premier homme avant et après sa chute, dont j'écrivais alors l'histoire. Vers la fin de 1832, nous vinrent à Malestroit d'autres jeunes gens auxquels il avait dicté ses propres cahiers de Philosophie. J'y trouvai les mêmes inexactitudes et la même confusion sur la nature et la grâce. Comme c'était un point capital dans l'ouvrage, j'écrivis à M. F. de Lamennais, qui était alors à Rome avec MM. Lacordaire et de Montalembert. Je lui exposai ce qui me semblait inexact sur la grâce et la nature dans son *Essai de philosophie catholique*; je transcrivis du premier livre de mon *Histoire* ce que je dis là-dessus en parlant de l'état du premier homme avant et après sa chute; enfin je le priai, pendant qu'il était à Rome, de consulter sur cette matière les théologiens en qui il aurait le plus de confiance, afin de savoir à quoi nous en tenir. Ma lettre ne le trouva plus à Rome et ne lui revint qu'à Paris. Aussitôt il fit retirer, autant qu'il le put, tous les exemplaires manuscrits de sa Philosophie. Ce fut son excellent frère, l'abbé Jean, qui m'apprit cette nouvelle avec beaucoup de joie; car je lui avais fait confidence de ma démarche, et il l'avait fort approuvée.

Dans l'intervalle, le même abbé Jean m'avait engagé à prêcher la retraite annuelle des ecclésiastiques attachés à ses différentes œuvres. Comme j'en savais dans le nombre qui avaient eu des cahiers en question, et qui pouvaient en avoir retenu quelques idées peu exactes sur la nature et la grâce, je résolus de prêcher sur cette matière. Pour m'y préparer mieux, je passai une quinzaine de jours, tout seul, à La Chenaye, où, avec le secours de saint Thomas, de saint Bonaventure et de Louis de Blois, j'écrivis, dans la chambre même de M. F. de Lamennais, les *Réflexions sur la grâce et la nature*, telles qu'elles ont été imprimées depuis, sauf quelques paragraphes que j'y ai ajoutés. Le jour même où je sortais de là pour aller prêcher ces réflexions dans la retraite qui commençait le lendemain ou le surlendemain, on eut connaissance de la première Encyclique. J'en éprouvai pour ma part une joie sincère; et on le comprendra sans peine, d'après ce qui précède. Mais alors, il n'y avait que l'abbé Jean qui sût bien pourquoi. Les réflexions sur la grâce et la nature furent trouvées assez bonnes pour que quelques-unes des auditeurs exprimassent le désir de les transcrire.

On demandera peut-être, à propos de ce que je viens de dire, pourquoi mon nom se trouve mêlé à certains actes du journal l'*Avenir*? Voici pourquoi et comment. J'étais à cent lieues de la capitale, lorsque ceux de mes amis qui le fondèrent jugèrent à propos, sans m'en donner d'autre connaissance que par le journal même, de joindre mon nom aux leurs. Je ne m'en plains ni ne m'en félicite : je rapporte seulement le fait. Toute ma coopération réelle à l'*Avenir*, à la grande distance où j'habitai tout le temps qu'il dura, se borna à l'envoi de quelques articles détachés : par exemple, deux sur le célibat ecclésiastique; un sur cette question : *Que signifie une croix?* et quelques autres de cette nature.

La même année 1832, notre Saint-Père le Pape ayant fait témoigner à M. F. de Lamennais qu'il était satisfait de sa soumission, j'allai le voir au mois de décembre à La Chenaye, où il était revenu. Je lui apportai le manuscrit des réflexions dont il a été parlé, et lui dis : Voilà comme j'ai développé mes idées sur la grâce et la nature, dont je vous ai envoyé la substance à Rome : je serais bien aise de savoir ce que vous en pensez. Il les prit, les lut, et deux heures après vint me dire : Mais ce que vous avez fait là est très bien. J'adopte toutes ces idées pour ma Philosophie, et je m'en vais les faire transcrire pour mon usage. Et, de fait, il les fit transcrire par un jeune homme, qui est encore avec son frère. Ce n'est pas tout. Quinze jours après, il me lut un endroit capital de sa Philosophie, qu'il avait entièrement refondu, pour y faire entrer les idées complètement catholiques; ce qui l'obligeait à recommencer une très grande partie de tout son travail. Je vous avoue, Monsieur, que, dans ce moment-là, je remerciai Dieu de tout mon cœur, et que je conçus le bon espoir qu'un homme qui se montrait de si bonne façon avec un de ses amis, n'irait jamais envers l'Église de Dieu à une résistance opiniâtre. J'allai plus loin. Le voyant si bien disposé, je lui fis connaître amicalement plusieurs choses que je trouvais à reprendre en lui. Il m'en remercia, et me dit : « Vous me connaissez : je suis quelquefois un peu difficile à vivre. Mais voilà comme il faut se dire les choses entre amis. » Et nous nous embrassâmes.

En 1834, on me rapporta sur ses dispositions des bruits inquiétants. Je savais qu'une des idées fausses qui lui revenait assez souvent, et qu'il n'appuyait que sur quelques faits particuliers dont il tirait des conséquences générales et extrêmes, c'est que l'Eglise, de nos jours, était dans une complète décadence. Je lisais alors les principaux Pères de l'Eglise, où je trouvais une foule d'excellentes choses que je ne pouvais faire entrer dans mon *Histoire*. Je résolus d'en profiter pour faire, sous le nom de *Religion inédite*, une suite de méditations sur toute l'histoire de la Religion et de l'Eglise, depuis la création du monde jusqu'au jugement dernier, afin de montrer par les faits que, dans ces derniers temps comme dans les autres, l'Eglise catholique a toujours été digne de Dieu, et que, de nos jours même, elle ne cesse d'enfanter de saints personnages et des œuvres saintes. En faisant cet ouvrage, qui a été imprimé depuis, j'avais donc l'intention formelle, non-seulement d'être utile aux Frères d'école de l'excellent abbé Jean de Lamennais, mais encore de neutraliser le scandale que je recommençais à craindre de la part de son malheureux frère.

Ce dernier, ayant publié ses *Paroles d'un Croyant* et ses *Troisièmes Mélanges*, je lui écrivis, le 23 mars 1835, une lettre pour lui communiquer mes observations, que je réduisais à deux points : le système sur la certitude et les rapports entre les deux puissances. Je tâchai de lui faire sentir, par manière de consultation, que les idées principales répandues dans ces deux ouvrages étaient en contradiction avec la parole de Dieu, avec les saints Pères et avec elles-mêmes; que les trois systèmes sur la certitude n'étaient point inconciliables, et, que, pour mon compte, je les adoptais tous les trois, en les subordonnant l'un à l'autre; qu'enfin les rapports entre les deux puissances se conciliaient assez bien, en la manière qu'il est dit dans l'ouvrage : *Des rapports naturels entre les deux puissances* : ouvrage que précédemment il avait lu et trouvé bon, et qui a été imprimé depuis. Il me répondit que, pour répondre aux questions que j'avais soulevées, il faudrait des volumes; que nous différions sur bien des points; qu'après tout, le principal était la charité, suivant ce mot d'un apôtre : *Filioli, diligite invicem*.

Quelques jours après, ayant su que le moment de la crise approchait, et qu'il n'y avait plus guère d'espoir, je crus devoir, pour l'acquit de ma conscience, tenter un dernier effort, et je lui écrivis la lettre suivante :

« Mon très-cher M. de Lamennais, dans votre
» dernière lettre, vous me dites un mot qui m'est
» allé au cœur : *Filioli, diligite invicem*. Eh ! mon
» cher Monsieur, je n'osais vous dire combien je vous
» aime, de crainte de vous déplaire ! Oui, je vous
» aime plus que ma vie. Mais plus j'aime, plus je
» crains. Vous le comprendrez par un exemple.
» Il y a des années, j'aimais un ami de tout mon
» cœur; mais je remarquai en lui comme deux hom-
» mes, dont l'un me faisait craindre pour l'avenir,
» l'autre me faisait espérer. Ce qui me faisait crain-
» dre, c'est que, quand cet ami.... (Ici je rappelais
» en détail et avec franchise tout ce que j'avais re-
» marqué de dangereux en lui depuis que je le con-
» naissais, et je terminais l'énumération par ces pa-
» roles :) Voilà, mon cher Monsieur, ce qui me
» faisait craindre pour cet ami, mais craindre au
» point qu'une fois, malgré mon bon tempérament,
» j'en fus malade, et je sentis que je pouvais en
» mourir; car je n'osais épancher tout mon cœur,
» ni dans le vôtre, ni dans celui de personne.
» Ce qui me faisait espérer, c'est qu'à côté d'un
» fond assez irritable d'orgueil naturel, je voyais des
» semences d'humilité chrétienne; je voyais un sin-
» cère amour de Dieu et de son Eglise; j'apercevais
» quelquefois la grâce de Dieu qui perfectionnait ces
» bonnes dispositions; et je me souviens d'en avoir
» pleuré de joie. Au dehors, je voyais des protesta-
» tions publiques et réitérées d'une soumission sans
» réserve à tous les décrets du chef de l'Eglise. Il
» est vrai, on usa de procédés capables de pousser
» à bout un homme ordinaire (1); mais à celui que
» j'aimais, je croyais l'esprit et le cœur assez grands,
» assez chrétiens, pour surmonter tous les soulève-
» ments de la nature, et pour étonner le monde par
» le miracle de la vertu chrétienne. L'épreuve est
» venue. Celui que j'aimais est resté jusqu'à présent
» bien au-dessous de ce que j'attendais. Au lieu d'un
» saint, je ne vois qu'un homme, et un homme en
» colère, qui tourne tout son esprit à se venger. Je
» crains qu'il ne s'obstine; je crains que l'esprit de
» ténèbres, qui se transforme en ange de lumière,
» ne réussisse à lui faire illusion. Porté, comme il
» est, à se contenter d'une connaissance incomplète
» du dogme et de l'Ecriture, je crains que ces demi-
» vérités ne le conduisent à douter à la fin de tout,
» et à expirer dans le vide, suivant une de vos ex-
» pressions. Cependant celui que j'aimais ainsi, je

(1) Je ne parle point ici de la conduite de l'Eglise à son égard, mais de certains faits particuliers qu'il est inutile de faire connaî- tre, et qui, à mon avis, ont puissamment contribué à le jeter dans une mauvaise voie.

» l'aime encore; et le jour qui dissipera mes crain-
» tes, sera le plus heureux de mes jours.
» Mon très cher M. de Lamennais, vous êtes le
» premier et le seul devant qui j'épanche ainsi mon
» cœur tout entier. Si cela vous déplaît, pardonnez-
» le-moi. Je vous aime assez pour consentir à ce que
» vous me repoussiez et me haïssiez, pourvu que
» vous viviez et mouriez en bon chrétien et bon ca-
» tholique, et que vous sauviez votre âme. Males-
» troit, le 10 avril 1835, fête des Sept-Douleurs de
» la très-sainte Vierge. »

Cette lettre fut remise à Paris, dans le moment qu'il allait rompre, ou qu'il venait de rompre, et avec lui-même, et avec l'Eglise de Dieu.

Six mois après, comme j'étais sur le point de quit- ter la Bretagne pour revenir en Lorraine, je me ren- dis à La Chenaye pour lui faire mes derniers adieux, en revenant d'un voyage dans le Maine, où j'avais été consulter M. l'évêque du Mans sur les principaux aperçus de mon travail sur l'histoire. Trop gêné pour lui dire de vive voix les dernières pensées que j'a- vais sur le cœur, je le lui communiquai par écrit, le 9 septembre au soir, en ces termes :

« Mon très cher M. de Lamennais, dans le petit
» voyage que je viens de faire, j'ai rencontré beau-
» coup de personnes qui vous aimaient précédem-
» ment; toutes, elles vous aiment encore et ne ces-
» sent de prier pour vous; mais toutes se plaignent
» de vous en un point. M. de Lamennais nous a
» manqué de parole, disent-elles; il nous a trom-
» pées. Mille fois il a protesté de sa soumission sans
» réserve au chef de l'Eglise; nous avons tenu la pa-
» role qu'il a donnée : lui seul y a manqué. Toutes
» conviennent qu'on a usé envers vous de procédés
» déplorables; mais toutes conviennent aussi que
» vous avez manqué d'humilité, et que c'est l'orgueil
» qui vous perd. Ceux qui vous aiment se demandent
» avec anxiété : A-t-il encore la foi ? pratique-t-il en-
» core la religion ? et nul ne sait que répondre à des
» bruits fâcheux qui s'accréditent. Voici où quelques-
» uns pensent que vous en êtes. Vous avez établi
» dans vos ouvrages, que sans religion point de so-
» ciété, sans le christianisme point de religion, et
» sans le Pape point de christianisme. En résistant
» opiniâtrement au Pape, il est comme nécessaire
» que vous descendiez cette échelle, et que, pour la
» pratique comme pour la croyance, vous arriviez à
» un christianisme vague, qui va se confondant avec
» l'indifférence en matière de religion. Oh ! mon cher
» Monsieur, si vous saviez le chagrin, l'affliction que
» vous causez à ceux qui vous aiment, mais surtout
» à votre bon, à votre excellent, à votre saint frère,
» en vérité vous auriez pitié de nous. Je vais vous
» quitter pour longtemps, peut-être pour toujours.
» Partout, ceux qui vous aiment vont me demander
» de vos nouvelles : vous serait-il donc impossible
» de me dire un mot de consolation pour eux et pour
» moi ? C'est l'unique récompense que je vous de-
» mande pour mon long et inaltérable attachement. »

Il me répondit entre autres :

« Mais vous m'avez déjà écrit tout cela à Paris. Je
» vous dirai même que votre lettre m'avait blessé ;
» mais je ne vous en veux point, parce que c'est l'a-
» mitié qui vous fait parler. Quant à mes disposi-
» tions présentes, mes convictions d'aujourd'hui ne
» sont plus celles de ma vie passée, et je ne suis pas

» sûr que, dans quelques mois, elles seront encore
» les mêmes qu'aujourd'hui. Il n'y a point de loi pour
» l'esprit. Il n'y a qu'une loi pour le cœur : l'amour
» de Dieu et du prochain. »

Depuis cette conversation, j'ai toujours pensé et toujours dit qu'il n'y a que la grâce et la miséricorde de Dieu qui puissent le tirer de là où il est tombé. Aussi la publication de son *Esquisse d'une Philosophie* m'afflige, mais ne m'étonne pas. Au lieu d'une philosophie catholique, ce n'est que l'esquisse d'une philosophie quelconque; au lieu de la doctrine sur la grâce et le péché originel qu'on lui avait fait connaître et qu'il avait adoptée, c'est la négation de cette doctrine. Mais ce qui me paraît le plus fâcheux, c'est que lui, qui s'est toujours piqué de franchise et de bonne foi, se permette d'attribuer à l'Eglise de Dieu des choses qu'il doit bien savoir qu'elle n'enseigne pas. De pareils moyens ne font jamais honneur et ne portent jamais bonheur à qui les emploie. Quand un homme, surtout un prêtre, en vient là, rien ne l'empêche d'aller jusqu'au fond de l'abîme. C'est peut-être là que Dieu l'attend pour avoir pitié de lui.

En examinant de près ce qu'il a supprimé dans son premier travail, et ce qu'il a substitué dans le second, nous y avons aperçu un pas effrayant vers le fond de l'abîme. Dans son *Essai de philosophie catholique*, il y avait un chapitre sur le péché originel, deux sur la régénération de l'homme, un sur la grâce. Il disait dans le premier :

« Telles sont pour l'homme les suites du péché.
» Mais comment pèsent-elles sur les descendants du
» premier homme, et comment le péché, avec ses
» conséquences, lui est-il transmis? Le fait est in-
» contestable; il est et fut toujours reconnu : à nulle
» époque on n'a cessé de voir dans l'homme un être
» malade, c'est-à-dire hors de sa nature et dans un
» état de désordre originairement volontaire. Pour
» concevoir comment cet état de désordre a pu et dû
» se transmettre, il faut se souvenir qu'engendrer,
» c'est produire un être semblable à soi : or, le pé-
» ché, directement relatif à la volonté de l'accom-
» plit, est une opposition naturelle à Dieu, résul-
» tant du vice radical du *moi*; or, le *moi* appartient
» à la substance; il est ce qui constitue radicalement
» l'être en tant qu'il est *lui*, et non pas un autre.
» Donc le vice du *moi* se transmet nécessairement
» par la génération ; car tout ce qui est donné par
» la génération, c'est tout ce qui est dans le prin-
» cipe générateur, et l'être engendré est rigoureuse-
» ment l'image de l'être qui l'engendre. L'homme
» naît donc dans l'état du péché, c'est-à-dire en état
» d'opposition actuelle avec Dieu ; et, par là, il naît
» hors de la société des intelligences, en état de
» mort, puisqu'il ne peut participer à la vie com-
» mune des êtres unis à Dieu et qu'anime son amour,
» son esprit, par une effusion perpétuelle de lui-
» même. En d'autres termes, supposer qu'un être
» dont la nature a été altérée par le péché,
» puisse produire un être sans péché, comme était
» Adam après sa création, c'est dire qu'il produirait
» un fils qui ne serait pas semblable à lui ; il y au-
» rait un effet sans cause. »

Voilà ce que disait l'auteur de l'*Essai de philosophie catholique*, dans la seconde partie de son ouvrage, livre Ier, chapitre IV. Dans les deux chapitres suivants. *De la Régénération de l'homme*, il établissait que l'homme déchu n'aurait pu se régénérer lui-même ; qu'il lui fallait pour cela un secours extérieur et divin ; que, pour qu'il pût rentrer dans sa première amitié avec Dieu, il était nécessaire qu'Dieu vînt à lui. De là, l'incarnation du Verbe pour racheter et régénérer l'homme, que ce même Verbe avait créé. L'Homme-Dieu devait opérer cette rédemption, en expiant les péchés de l'homme par ses souffrances et son sacrifice.

« Pour mieux entendre cette grande question, di-
» sait l'auteur dans le chapitre VI, considérons-la
» sous un autre point de vue, dans ses rapports avec
» la notion de justice. Dieu aime, Dieu veut invin-
» ciblement l'ordre, parce que l'ordre est lui-même :
» quiconque trouble l'ordre, attente, pour ainsi dire,
» directement à son être ; et c'est ainsi que l'opposi-
» tion à Dieu, qui constitue le péché, renferme quel-
» que chose de correspondant à l'idée de crime,
» comme l'idée de crime correspond à l'idée du châ-
» timent. En effet, il existe en Dieu une justice es-
» sentiellement rigoureuse et inflexible, et l'inflexi-
» bilité des lois qui l'établissent et la maintiennent,
» n'est que l'amour nécessaire de l'ordre. Ces lois,
» qui dérivent de la nature de Dieu, sont immuables
» comme elle. Si elles cessaient un seul instant d'a-
» voir leur plein effet, Dieu cesserait d'être Dieu.
» Les conséquences inévitables de leur observation
» ou de leur violation sont la récompense ou le châ-
» timent qui découlent de la justice divine : et comme
» tout est infini dans l'ordre qui règle les lois des
» créatures intelligentes, leurs conséquences sont
» infinies aussi, et par conséquent la récompense
» ou la punition inséparablement liées à leur obser-
» vation ou à leur violation. La récompense est la
» jouissance d'un bien infini par sa nature ; le châ-
» timent, la privation du bien : et comme aucune
» créature ne peut participer que d'une manière finie
» au bien infini, la récompense n'est complète qu'au-
» tant qu'elle se prolonge toujours par un dévelop-
» pement infini ; de même la privation ne peut être
» actuellement infinie, et pour l'être, elle doit être
» prolongée sans terme ; autrement elles seraient
» contradictoires en soi, puisqu'elles se rattachent
» au but général de la création, qui est de manifes-
» ter Dieu par un développement progressif et sans
» terme. »

Ainsi donc, jusqu'en 1832, la transmission du péché originel était un fait incontestable ; on en concevait si bien le mode, que le contraire eût été un effet sans cause, une absurdité ; les peines du péché étaient nécessairement éternelles, autrement Dieu eût cessé d'être Dieu ; il fallait donc, pour détruire le péché de l'homme, une expiation infinie ; il fallait donc que le Verbe se fît homme, pour expier le péché de l'homme par un sacrifice infini. Oui, en 1832, tout cela était aussi vrai et aussi nécessaire que Dieu même. Mais en 1840, ce fait si incontestable du péché originel n'est plus qu'une chimère ; le mode si logique de sa transmission n'est plus qu'une absurdité ; admettre cette éternité des peines, jusque-là aussi nécessaire que Dieu, serait maintenant détruire la notion de Dieu même ; l'homme jusque-là déchu et ayant besoin d'un Dieu rédempteur, n'étant plus déchu, n'a plus besoin de rédemption ni de grâce. Bien plus, vouloir expier un crime par la pénitence, c'est outrager Dieu. L'*Esquisse d'une philosophie* va jusque-là, à la page 61 du second volume.

Quel est donc le mystère effrayant qui sépare 1840 et 1832 ? Le voici. Un pauvre homme s'était vu pendant quelques années l'ardent prédicateur de la vérité et de la vertu. Pour cela il s'est cru nécessaire à Dieu et à son Eglise. En punition de cette vaine pensée, qu'il n'a pas toujours cachée dans son cœur, Dieu et son Eglise l'abandonnent à lui-même. Aussitôt il tombe en pièces, comme une maison qui s'écroule jusque dans ses fondements, sans qu'il y reste pierre sur pierre. Il s'écroule à tel point, que les nouveaux amis qu'il croit s'être faits, publient jusqu'au fond des provinces, qu'il perd même la mémoire ; qu'il ne se souvient plus le lendemain de ce qu'il a dit la veille ; qu'aujourd'hui il raconte naïvement à des personnes, comme ses propres découvertes, ce que ces mêmes personnes lui ont appris hier. Dans cet état de ruine, son esprit ne travaille qu'à se ruiner toujours davantage. Courbé sous le poids du crime que lui reprochent sans cesse, et Dieu, et les hommes, et sa propre conscience, au lieu de dire un humble *Peccavi*, il se raidit contre Dieu, contre les hommes, contre lui-même, pour soutenir, en dépit du sens commun qu'il invoque, que ce qu'on appelle un crime est un acte de vertu ; que s'en repentir serait un crime ; et pour preuve, il efface de son livre jusqu'au nom même d'expiation, de grâce et de rédempteur. Et pourtant, ne désespérons pas du salut de cet homme ! Sur le Calvaire aussi, les pharisiens et les scribes reniaient, insultaient et blasphémaient le Sauveur du monde ; et cependant c'est pour eux qu'il a fait cette prière : *Pater, dimitte illis ! non enim sciunt quid faciunt.*

Agréez, etc. ROHRBACHER.

NOTE SUR LA LETTRE DU 24 JUIN 1845,
A l'*Ami de la Religion*.

Cette lettre fut présentée au bureau du journal dès le 27 juin ; le 30 du même mois, le rédacteur en chef répondit entre autres choses : *Qu'il s'était refusé d'abord à l'insertion des deux articles contenus dans les numéros des 17 et 19 juin, mais qu'il avait dû céder aux* INJONCTIONS D'UNE INFLUENCE, etc. ; *qu'il insérerait la réponse, sans cependant promettre de la faire dans son entier ; car il l'avait trouvée longue* (quoiqu'elle soit beaucoup moins longue que l'attaque). — Enfin, le 7 juillet, le même rédacteur décida au contraire, par écrit, que l'abbé Rohrbacher devait d'abord faire insérer sa réponse dans le *Journal de Liége*.

On n'accuse ici personne, on constate seulement la position où se trouve l'auteur de cette histoire. Chacun peut reproduire contre lui, en France, toutes les accusations qu'il plaira au premier venu d'inventer en Belgique, en Ecosse, en Sibérie ; mais pour qu'il puisse se défendre en France même, il faut qu'il obtienne d'abord l'insertion de sa réponse dans le journal de Sibérie ou d'Ecosse. Telle est du moins la jurisprudence actuelle de l'*Ami de la Religion*, et cela au sujet de trois volumes dont lui-même, et un des premiers, a fait l'éloge. Mais il paraît qu'alors il ne *cédait* point encore AUX INJONCTIONS D'UNE INFLUENCE, etc.

L'*Univers* du 13 juillet a bien voulu suppléer au silence de l'*Ami de la Religion* : l'auteur remercie publiquement les rédacteurs de l'*Univers*.

LETTRE DE L'AUTEUR A MONSEIGNEUR D'ASTROS,
ARCHEVÊQUE DE TOULOUSE.

24 Janvier 1835.

Monseigneur,

Pardonnez-moi la liberté que je prends de vous écrire. Depuis longtemps j'y pense devant Dieu. Je le fais pour sa gloire et celle de son Eglise.

Je suis soumis de cœur et d'âme aux deux Encycliques de notre Saint-Père le Pape (1). D'avance, mes pensées y étaient conformes. Il y a une dizaine d'années, je fis le *Catéchisme du sens commun*. Mon intention était, non pas précisément d'en soutenir les idées, mais d'en présenter un ensemble aussi net que possible, afin qu'on pût les examiner plus facilement. Ayant vu bientôt que ces sortes de discussions n'avançaient rien ou presque rien, j'entrepris une histoire de l'Eglise ou plutôt de la Religion, depuis l'origine du monde jusqu'à nos jours, si Dieu me prête vie et force. Il m'a semblé que c'était le meilleur moyen pour renverser les objections des incrédules et des hérétiques, et même pour éclaircir, autant que faire se peut, les questions qui embarrassent aujourd'hui les catholiques. J'y travaille sans relâche depuis huit ans. Il y a de fait, pour la valeur de sept à huit volumes. Ils vont depuis la création du monde jusqu'au milieu du IIIe siècle de l'ère chrétienne. Par la grâce de Dieu, il ne s'y trouve pas un mot, que je sache, qui ne soit conforme aux deux Encycliques ; il semblerait même que c'en est un commentaire fait exprès. Voilà comme j'en juge ; voilà comme en jugent deux ecclésiastiques du pays, à qui j'ai donné mon travail à lire, et qui, j'en suis sûr, ne pensent nullement à me flatter. Ils m'engagent à en commencer la publication. Mais auparavant je voudrais une plus grande assurance, du moins pour les questions principales et plus difficiles. J'ai cru ne pouvoir mieux m'adresser qu'à vous, Monseigneur. Vous vous êtes occupé de ces questions, et vous n'êtes point porté à me juger trop favorablement. Je prends donc la liberté de vous exposer aujourd'hui comme je pense en avoir éclairci une : si Votre Grandeur le permet, je vous en exposerai une autre plus tard. Quant à mes relations actuelles avec l'auteur de l'*Essai*, elles se réduisent à prier pour lui, et à aider son frère, l'excellent abbé Jean, à l'amener (Dieu nous en fasse la grâce !) aux sentiments de soumission filiale où nous sommes tous les deux et où nous avons tou-

(1) Mon acte particulier de soumission fut adressé dans le temps au supérieur ecclésiastique dont je dépendais alors, et inséré dans les journaux.

jours été. Je vous parle avec confiance; Votre Grandeur peut compter aussi que je n'abuserai point de ce qu'elle voudra bien me dire. Je suis de mon naturel assez discret; et d'ailleurs je suis ici presque tout seul; j'y reste parce que mes livres y sont.

Voici la première question, dont je crois avoir trouvé l'éclaircissement : Les gentils avaient-ils une connaissance distincte du vrai Dieu? Il y a des Pères de l'Église qui disent non; vous les connaissez. Il y en a d'autres qui disent oui. Ce sont :

1º Le premier Père de l'Église des Gaules. Voici comme il établit l'unité de Dieu contre les hérétiques valentiniens : « Il nous suffit, quant à présent, du témoignage que ne contestent pas nos adversaires, tous les hommes étant enfin d'accord là-dessus, les plus anciens conservant cette croyance d'après la tradition primitive du premier homme, et célébrant dans leurs hymnes un seul Dieu créateur du ciel et de la terre; ceux qui vinrent après eux, en recevant le ressouvenir des prophètes de Dieu; les gentils l'apprenant de la création même; et l'Église, répandue par toute la terre, ayant reçu cette même tradition des apôtres. Ce Dieu étant donc ainsi constaté, et recevant de tous le témoignage qu'il est; le père, inventé par les hérétiques, est indubitablement sans consistance et sans témoin. Simon le magicien a été le premier à dire qu'il était lui-même ce Dieu au-dessus de toutes choses; que le monde avait été fait par les anges : ses successeurs, ainsi que nous l'avons montré dans le premier livre, ayant, par des assertions diverses, avancé des doctrines impies contre le Créateur, les valentiniens, leurs disciples, rendent ceux qui partagent leurs sentiments pires que les gentils, car ceux-ci, tout en servant la créature et ceux qui ne sont pas dieux, plutôt que le Créateur, attribuent néanmoins le premier rang de la divinité au Dieu créateur de cet univers (1).

2º Minutius Félix. Dans son dialogue, le païen Cécilius reproche aux chrétiens d'adorer un Dieu que ne connaissait que la seule nation des Juifs. Mais le chrétien Octavius lui répond entre autres : « Ne cherchez pas un nom à Dieu; Dieu voilà son nom. Là il faut des vocables, où il faut distinguer une multitude d'individus chacun par son appellation propre. A Dieu, qui seul est, le nom de Dieu est tout entier. Mais quoi? n'ai-je pas, quant à lui, le consentement de tous? J'entends le vulgaire, lorsqu'il élève les mains au ciel, ne dire autre chose, sinon *Dieu*, et *Dieu est grand*, *Dieu est vrai*, *si Dieu nous en fait la grâce*. Est-ce le discours naturel du vulgaire, ou bien la prière du chrétien confessant la foi? Et ceux qui font de Jovis le souverain, se trompent pour le nom, mais ils s'accordent pour la même puissance (2). » De la populace il passe aux poètes. « J'entends les poètes aussi proclamer un seul père des dieux et des hommes. Si nous passons aux philosophes, vous les trouverez, différant sur les noms, d'accord sur la chose même. » Et après avoir cité les plus célèbres, il conclut : « Chacun croira, d'après cela, ou que les chrétiens sont philosophes, ou que les philosophes étaient dès lors chrétiens (3).

3º Tertullien raisonne comme Minutius Félix, non seulement dans son apologétique 17º, mais dans un opuscule fait exprès, et intitulé pour cela *De testimonio animæ*, où il proteste ne vouloir consulter que l'âme du vulgaire ignorant.

4º Saint Cyprien et l'évêque Saturnin. Saint Cyprien, dans son traité *De Vanitate idolorum*, parle comme Tertullien et conclut comme lui : *Hæc est summa delicti, nolle agnoscere quem ignorare non possis*. Dans un concile tenu alors à Carthage, le confesseur Saturnin dit : « Les gentils, bien qu'ils adorent les idoles, connaissent cependant le Dieu souverain, Père et Créateur, et ils le confessent; Marcion, au contraire, le blasphème (1). »

5º Lactance, qui, avant d'embrasser le christianisme, avait été païen de même que saint Cyprien, Tertullien, Minutius Félix, qui, par conséquent devait bien savoir ce que les païens croyaient ou ne croyaient pas, Lactance raisonne comme les Pères que nous avons déjà vus. « Ceux qui dans leur culte, dit-il, préfèrent au Dieu vivant et véritable, Créateur du ciel et de la terre, des hommes morts et enterrés, seraient encore pardonnables si cette erreur ne venait que de leur ignorance; mais comme nous voyons souvent les adorateurs mêmes des dieux confesser et proclamer le Dieu souverain, quel pardon peuvent-ils espérer s'ils n'adorent pas celui qu'ils ne peuvent ignorer tout à fait? Car, qu'ils fassent un serment; qu'ils forment des souhaits ou qu'ils rendent grâces à quelqu'un; ce n'est point Jupiter ni plusieurs dieux qu'ils attestent, mais Dieu seul; tant il est vrai que la nature fait jaillir la vérité du fond des cœurs, malgré qu'on en ait. Du reste, s'ils en agissent de la sorte, ce n'est pas quand ils sont dans la prospérité; car jamais ils n'oublient Dieu plus complètement que lorsque, comblés de ses bienfaits, ils devraient bénir davantage sa divine miséricorde; mais, sont-ils frappés de quelque grand malheur, aussitôt ils recourent à Dieu, ils implorent le secours de Dieu; ils conjurent Dieu de venir à leur aide. Est-on exposé à faire naufrage ou à quelque danger semblable, c'est *lui* qu'on invoque, c'est *lui* qu'on réclame; quelqu'un tombé dans la misère est-il réduit à mendier son pain, c'est pour l'amour de Dieu et de Dieu seul qu'il demande l'aumône, c'est par son nom divin et unique qu'il implore la compassion des hommes. Ils ne se souviennent donc jamais de Dieu que quand ils sont dans la peine; dès qu'ils n'ont plus rien à craindre, dès qu'ils sont hors de danger, ils courent tout joyeux aux temples de leurs dieux; c'est à ceux-là qu'ils offrent les libations, des sacrifices et des couronnes. Quant à Dieu, qu'ils avaient imploré dans leur malheur, ils ne lui adressent pas seulement une parole de reconnaissance; tant il est vrai que la prospérité engendre la dissolution, et la dissolution, l'impiété envers Dieu, aussi bien que les autres crimes (2). »

6º Arnobe. « Est-il quelqu'un parmi les hommes, s'écrie-t-il, qui ne soit pas venu au monde avec la notion de ce Dieu souverain? A qui n'est-il pas inné, et imprimé presque dans le sein de sa mère, qu'il est un roi et un seigneur gouvernant tout ce qui est? On sait, ajoute-t-il, on sait que le Dieu tout-puissant n'a été ni engendré ni mis au monde, et n'a point commencé en un certain temps; on le sait par l'unanimité et le commun assentiment de tous les mortels (3). »

(1) Iren. adv. hæres., l. 2, c. 9. — (2) Minut. Octav., n. 18. — (3) Ibid., n. 20.

(1) Labbe, t. I, *Concile*. — (2) Lactant., *Div. inst.*, l. 2. — (3) Arnobe, n. 10 et 11.

7° Saint Justin, dans son livre *De Monarchiâ*, établit, par le témoignage des poètes et des philosophes, ce qu'il appelle la croyance catholique, et dont l'oubli avait amené, suivant lui, le culte des idoles. Il fait la même chose dans sa première apologie.

8° « Si les philosophes et les poètes, dit Athénagore à l'empereur Marc-Aurèle et à son fils Commode, ne reconnaissaient pas un seul Dieu et ne parlaient pas des autres de manière à en faire, les uns des démons, les autres de la matière, les autres des hommes, il y aurait quelque motif de nous vexer, nous qui distinguons Dieu de la matière, ainsi que les natures de l'un et de l'autre; car de même que nous connaissons Dieu et son Fils et le Saint-Esprit, de même nous avons appris qu'il est d'autres puissances qui exercent l'empire sur la matière et par la matière : l'une d'elles, hostile à Dieu ; l'autre, amie et fidèle (1). »

9° Clément d'Alexandrie, dans son Exhortation aux gentils, où il prouve également l'unité de Dieu par le témoignage des poètes et des philosophes, engage Platon à chercher avec lui une connaissance plus complète de Dieu : « Car, dit-il, à tous les hommes sans exception, mais principalement à ceux qui s'occupent de doctrine et de lettres, il a été infusé une certaine influence divine. C'est pourquoi ils confessent, même malgré eux, qu'il est un seul Dieu, incorruptible, non engendré, qui réside toujours au sommet du ciel (2). »

10° Origène parle comme son maître. Sur ce passage de saint Paul aux Romains, où il est dit que les hommes dont il était question sont inexcusables parce que, ayant connu Dieu, ils ne l'ont pas glorifié comme Dieu, le disciple de Clément fait cette réflexion : « Ces paroles regardent tous les hommes en qui est la raison naturelle ; mais principalement toutefois les sages de ce monde et ceux qu'on appelle philosophes, qui se font une étude d'examiner les créatures de l'univers et tout ce qui s'y est fait, et de conclure des choses visibles à celles qui ne se voient pas (3). »

Voilà ce que disent les premiers Pères de l'Eglise, qui, la plupart avaient été païens, qui tous vivaient au milieu des païens, qui tous travaillaient à convertir les païens, et y travaillaient avec fruit.

Mais il est encore un Père qui vaut, à lui seul, plusieurs autres, et par la grande autorité dont il jouit dans toute l'Eglise, et parce qu'il a plus approfondi cette question que tout autre : ce Père, c'est saint Augustin.

Expliquant à son peuple ces paroles de Jésus-Christ : *J'ai manifesté votre nom aux hommes*. « Voyons, dit-il, ce qu'il dit de ceux de ses disciples qui l'écoutaient alors. *J'ai manifesté votre nom aux hommes que vous m'avez donnés*. Est-ce qu'ils ne connaissaient donc pas le nom de Dieu, eux qui étaient Juifs ? Que deviendrait alors ce qu'on lit : *C'est en Judée que Dieu est connu, c'est en Israël que son nom est grand?* Par conséquent j'ai manifesté votre nom à ces hommes-ci que vous m'avez donnés, du monde, qui m'écoutent disant ces choses : non pas ce votre nom par lequel vous êtes appelé Dieu, mais celui par lequel vous êtes appelé mon Père ; nom qui ne pouvait être manifesté sans la manifestation du Fils même. Car son nom de Dieu de la création entière n'a pu être absolument inconnu, même à toutes les nations, avant qu'elles crussent au Christ. Telle est en effet la force de la vraie divinité, qu'elle ne peut être entièrement cachée à la créature raisonnable, usant déjà de la raison. Car, excepté un petit nombre, en qui la nature est par trop dépravée, tout le genre humain confesse Dieu auteur de ce monde. En tant donc qu'il a fait le monde, dont les principales parties sont le ciel et la terre, il est le Dieu connu de toutes les nations, même avant qu'elles fussent imbues de la foi du Christ. Mais en tant qu'il ne doit pas être injurieusement adoré avec les faux dieux, il est le Dieu connu dans la Judée. Enfin, en tant qu'il est père de ce Christ par lequel il ôte le péché du monde, ce sien nom-là, auparavant inconnu à tous, il le manifesta alors à ceux que son Père même lui avait donnés du monde (1). »

Saint Thomas, l'ange de l'école, dit comme saint Augustin : « En tant que Dieu a fait ce monde, il est connu dans toutes les nations. *In hoc quod Deus fecit hunc mundum, notus in omnibus gentibus* (2). »

Voilà donc une dizaine de Pères qui disent : Oui, les gentils avaient une connaissance distincte du vrai Dieu.

Parmi les théologiens de France, les plus renommés parlent comme ces Pères.

1° Dans le premier volume de la *Théologie* de Bailly, la sixième preuve de l'existence de Dieu est tirée du consentement unanime des peuples. « L'univers entier, y est-il dit, a, dans tous les âges, attesté et il atteste encore maintenant l'existence de Dieu, c'est-à-dire d'un Être souverainement *providen*, souverainement puissant, et vengeur des crimes. » Et à cette objection, que tous les peuples idolâtres niaient l'unité de Dieu et admettaient le polythéisme, il répond : « Tous les peuples admirent la pluralité de dieux inférieurs et subordonnés à la Divinité suprême, oui ; une pluralité de dieux égaux et indépendants, non. Chez les gentils et les païens, il a été cru, non par tous les hommes sans exception, mais communément, qu'il est un seul Dieu, suprême, très bon, très grand, père des dieux et des hommes. Les gentils adoraient donc des dieux sans nombre ; mais la plupart, peut-être même tous, à l'exception des plus grossiers, pensaient que ces dieux étaient subordonnés au Dieu un et suprême. »

Bailly se fait là-dessus une difficulté. » Mais s'il en est ainsi, il faudra donc excuser d'idolâtrie les gentils, et il ne paraît pas qu'ils soient plus à blâmer que les chrétiens, qui, adorant un seul Dieu, révèrent cependant un grand nombre de saints reçus dans le ciel. »

Voici sa réponse : « La plupart des gentils ne sont point tenus pour idolâtres parce qu'ils ont adoré proprement plusieurs dieux, ou plusieurs dieux égaux et indépendants, mais parce qu'ils ont transporté aux dieux inférieurs et aux créatures le culte qui n'était dû qu'au Dieu unique et suprême, savoir, l'adoration et les sacrifices : ou plutôt parce que, méprisant le vrai Dieu, ils rendaient un culte excessif aux créatures ; *car*, dit saint Paul, *ayant connu Dieu, ils ne l'ont pas glorifié comme Dieu*. »

---

(1) Athénag., *Legat.*, n. 24. — (2) Clém. Alex., p. 41 et 45, édit. du Vaisseau. — (3) Orig., *in ep. ad Rom.*, l. 1, c. 1.

(1) S. Aug., *in evang. Joan.*, cap. 17, n. 4, tractat. 106.
(2) *Summ. S. Thom.*, 2. 2, q., a 8.

PIÈCES JUSTIFICATIVES.

2° Le docteur Hooke, dans ses *Principes de la Religion naturelle et révélée*, a une thèse qui porte en tête : *Accord de toutes les nations touchant l'unité d'un Dieu suprême*, et où il développe au long ce que Bailly dit en abrégé. Comme le docteur Hooke est le plus illustre légataire de la Sorbonne mourante, on peut regarder sa doctrine comme le testament de la Sorbonne même.

3° Un des plus doctes enfants de saint Ignace, une des plus belles gloires de sa Compagnie, le Père Pétau, prouve également, par le consentement des hommes, même des gentils, ignorants et savants, qu'il n'y a qu'un seul Dieu (1). »

4° Dans le même temps, le Père Thomassin, non-seulement la perle de la congrégation de l'Oratoire, mais l'honneur du clergé français, par son immense et consciencieuse érudition, a une thèse ainsi conçue : « Tous les hommes de toutes les nations, au milieu de tant de dissensions pour toutes les autres choses, s'accordent en la confession d'un seul Dieu souverain (2). »

5° Enfin une des plus grandes illustrations de l'épiscopat français, au siècle de sa plus grande illustration, l'émule de Bossuet et de Fénelon, le savant Huet, évêque d'Avranches, a fait un livre exprès pour établir par le sentiment commun de tous les siècles et de tous les peuples, non-seulement l'unité de Dieu, mais toutes les principales vérités de la foi chrétienne (3).

Pétau, Thomassin, Huet vivaient à l'époque où le clergé de France brillait de plus de lumières que jamais : ils étaient eux-mêmes des plus brillantes de ces lumières ; jamais, depuis, le clergé de France n'a élevé le moindre soupçon sur leur orthodoxie, toujours il les a regardés comme une des portions les plus pures de sa gloire doctrinale, il a ainsi fait sienne leur doctrine commune.

Maintenant, comment concilier ces Pères et ces théologiens qui disent oui, avec ceux qui disent non ? Le voici.

Quand on compare l'Ecriture avec l'Ecriture, les Pères avec les Pères, on voit qu'il faut distinguer dans la connaissance de Dieu comme quatre degrés : 1° la connaissance des gentils ; 2° la connaissance des Juifs ; 3° la connaissance des chrétiens ; 4° la connaissance des saints dans le ciel. La première est ignorance comparativement à la seconde ; la seconde, comparativement à la troisième ; la troisième, comparativement à la quatrième.

Ainsi, dans son épître aux Romains, saint Paul a pu dire en général de tous les gentils, et particulièrement des plus savants d'entre eux, qu'ils étaient inexcusables, parce que, ayant connu Dieu, ils ne l'ont pas glorifié comme Dieu (4), et puis dire, dans son épître aux Thessaloniciens, que les gentils ou les nations ignorent Dieu (5).

Ainsi le Sauveur dit à la Samaritaine : « Vous adorez ce que vous ne savez pas : nous adorons ce que nous savons, parce que le salut vient des Juifs (6). » — Aux Juifs : « C'est mon Père qui me glorifie, lui que vous dites votre Dieu, et vous ne le connaissez pas ; mais je le connais, et si je disais que je ne le sais pas, je serais semblable à vous et menteur. Mais je le sais et je garde sa parole (1). » — A ses apôtres, en parlant des Juifs : « Ils vous feront ces choses, parce qu'ils n'ont connu ni mon Père ni moi (2). » — De ses apôtres, en parlant à son Père : « J'ai manifesté votre nom aux hommes que vous m'avez donnés du monde. — Je leur ai fait connaître votre nom, et je le leur ferai connaître encore (3). »

Enfin, saint Paul dira, du don même de la science, miraculeusement communiqué par l'Esprit-Saint : « La science même sera détruite, car nous connaissons en partie, et en partie nous prophétisons. Mais lorsque sera venu ce qui est parfait, alors s'évanouira ce qui est partiel. Lorsque j'étais enfant, je raisonnais en enfant, mais quand je suis devenu homme, j'ai mis dehors ce qui était de l'enfant. Nous voyons maintenant par un miroir en énigme ; mais alors nous verrons face à face. Maintenant je connais en partie ; mais alors je connaîtrai comme je suis connu (4). »

Tout se concilie de cette manière, et l'Ecriture avec l'Ecriture, et les Pères avec les Pères. Dieu est bon, même envers les gentils, quoiqu'il le soit plus envers les Juifs, plus encore envers les chrétiens, et qu'il le soit de toute sa bonté envers les saints dans le ciel. Tout doit bénir sa miséricorde, et les gentils auxquels il ne refuse pas le premier degré de sa connaissance, et les Juifs qu'il élève à la seconde, et les chrétiens qu'il élève à la troisième, et les saints qu'il transforme dans les splendeurs de la quatrième. « Louez le Seigneur, toutes les nations ; louez-le, tous les peuples, parce que sa miséricorde s'est affermie sur nous, et la vérité du Seigneur demeure à jamais (5). »

Pour l'amour de ce Dieu si bon, veuillez, mon cher seigneur et père, me dire ou me faire dire si vous trouvez cette solution satisfaisante. Tout mon désir est d'éclaircir les choses, pour concilier les esprits. Si votre charité veut bien me le permettre, je vous communiquerai plus tard mes idées sur un autre point, ou même sur tel point qu'il vous plaira m'indiquer. Je suis, avec une profonde vénération, de Votre Grandeur, le très-humble et très-obéissant serviteur. ROHRBACHER.

Malestroit, le 24 janvier 1835.

Le 24 novembre de la même année 1835, l'auteur adressa une lettre et une prière à peu près semblables à Monseigneur de Quélen, archevêque de Paris. Il n'a eu de réponse ni de Paris ni de Toulouse.

QUELQUES OBSERVATIONS

Au Rédacteur de l'*Ami de la Religion* (6).

L'*Ami de la Religion* a reproduit, dans ses cahiers des 17 et 19 juin dernier, un article du *Journal historique et littéraire de Liége*, contre l'*Histoire uni-*

---

(1) Petav., *Dogm. Théol.* l. 1, c. 3. — (2) Thomass., *Theol. Dogm. de Deo.* l. 1, c. 4, n. 1. — (3) Huet, *Alnetanæ Questiones*. — (4) Rom., 1, 20 et 21. — (5) Thess., 4, 5. — (6) Joan., 4, 21.

(1) Joan., 8, 54 et 55. — (2) *Ibid.*, 16, 3. — (3) *Ibid.*, 17, 6 et 26. — (4) 1. Cor., 13. — (5) Psalm., 116.
(6) L'*Espérance*, *Courrier de Nancy* ; l'*Abeille*, *Union catholique d'Alsace*, 19 et 21 août 1845.

verselle de l'Église catholique de M. l'abbé Rohrbacher, qui a cru devoir lui envoyer une réponse. Mais M. Veyssière ayant cédé, a-t-il dit, aux injonctions d'une certaine influence, pour ouvrir ses colonnes à l'attaque, s'est refusé à insérer la défense. L'*Univers* a suppléé à son silence et a publié la lettre de M. Rohrbacher. L'*Ami de la Religion* est revenu à la charge et a répété les accusations de la *Gazette de Liége*, en y ajoutant les siennes, dans les numéros des 26 et 29 juillet. Voici comment il les résume en terminant le dernier article :

« Nous avons fait connaître, trop tard peut-être, quelques-unes des principales idées qui ont présidé à la composition de la nouvelle *Histoire de l'Eglise* de Monsieur l'abbé Rohrbacher. Nous croyons pouvoir dire, dès à présent, que cette interminable histoire, fruit d'une érudition mal dirigée, ne prête pas moins à la critique par le défaut absolu d'ordre, de mesure, de précision, de clarté, que par les paradoxes et les erreurs dont elle est remplie. Le style est à l'avenant. Il ne sera peut-être pas difficile d'apporter de nouvelles preuves à l'appui de cette assertion. En attendant, nous le répétons : Voilà donc les doctrines qu'on ne craint pas d'offrir au clergé dans une *Histoire de l'Eglise* : le système de la philosophie du sens commun de M. de Lamennais réprouvé par l'épiscopat et le Saint-Siége ; la suprématie absolue de l'Eglise sur les puissances temporelles ; la souveraineté du peuple : le droit de révolte et d'insurrection ; l'illégitimité du pouvoir royal ; la démocratie dans le gouvernement ecclésiastique ! M. l'abbé Rohrbacher développe longuement ces divers points dans son *Histoire universelle de l'Eglise catholique*, qu'il fait remonter jusqu'à Adam pour prendre les choses dans leur source. »

Ces accusations sont graves, il faut l'avouer ; mais elles ne nous paraissent pas bien fondées. Examinons les principales.

M. Rohrbacher enseigne « le système du sens commun de M. de Lamennais, réprouvé par l'épiscopat et le Saint-Siége. » Nous n'ignorons pas que le Saint-Siége a réprouvé, en effet, le système de M. de Lamennais comme *nouveau* et *fallacieux*. Mais en quoi la doctrine du sens commun a-t-elle été condamnée ? Le Saint-Siége a-t-il censuré quelques propositions en particulier ? Aucune, bien qu'il en ait été prié par quelques évêques français, qui avaient cru devoir porter un jugement doctrinal sur plusieurs qu'ils lui avaient adressées. Quel est donc le point juste qu'on doit rejeter ? Voilà, ce me semble, ce qui, avant tout, devrait être nettement précisé ; et c'est ce qu'on se garde bien de faire. Les partisans du système cartésien s'imaginent avoir résolu toutes les difficultés qu'on leur fait, quand ils vous ont accusé d'être Lamennaisien. Ce seul mot tient leur tient lieu de raisons. Mais prenons garde : s'il est dangereux de donner trop à l'autorité, il ne l'est pas moins de trop accorder à la raison, c'est Pascal qui le dit.

Comme notre but n'est pas d'exposer ici la théorie de la certitude, nous sommes contraint de présenter seulement quelques réflexions qui suffiront, nous osons l'espérer, pour justifier M. Rohrbacher du reproche qui lui est fait.

Nous pensons donc que le système de M. de Lamennais a été réprouvé, *uniquement* parce qu'il ne reconnaît d'autre moyen de certitude que l'autorité ou le sens commun, et que, par conséquent, il anéantit la raison individuelle de l'homme.

M. Rohrbacher dit-il quelque part que l'autorité ou le sens commun est le seul moyen de certitude ? Oui, dit M. Kersten, rédacteur du *Journal de Liége* ; il le répète plus d'une fois dans son *Catéchisme du sens commun*. M. Rohrbacher répond qu'il l'a dit en effet dans une première édition ; mais que, dans une seconde, publiée en 1841, il a fait des corrections nombreuses et retranché ce qu'on lui reproche aujourd'hui. Il reconnaît de la manière la plus expresse, que l'homme étant à la fois esprit, corps, individu, social, chrétien, il doit connaître la vérité *avec certitude*, par la *raison*, par les sens, par les *moyens individuels*, par *le sens commun*, par *la foi*, et que tous les systèmes de philosophie qui ne considèrent pas l'homme sous tous ces rapports, sont faux, parce qu'ils sont *exclusifs*. Ce sont ses propres paroles.

Cependant le journal de M. Veyssière reprend : « Sans avoir à nous inquiéter des additions ou changements qu'il a pu faire subir à son premier travail, et même de quelque restriction qu'il aura voulu apporter au système du principal auteur, il est assez notoire que ce livre contenait et avait pour but d'exposer et d'expliquer la doctrine du sens commun, entendue à la manière de M. de Lamennais. » Nous demandons à tout homme de bonne foi s'il est juste de condamner la doctrine d'un auteur sans s'inquiéter des modifications qu'il lui a fait subir.

Mais voici le *grand principe du système*, t. III, p. 264 : « Si l'on ne croit point au sens commun, entendu comme de raison, à la manière de l'auteur de l'*Essai*, on ne peut plus rien croire, il n'y a plus de certitude, de vérité pour l'homme : c'est le doute universel et la mort de l'intelligence. » Nous ferons d'abord observer que ces mots : *entendu, comme de raison, à la manière de l'auteur de l'*ESSAI, ne font point certainement partie du texte. Si les paroles citées sont de M. Rohrbacher, elles ne se trouvent pas sûrement à la page indiquée. Mais soit ; il nous semble que le reste de la phrase est très-exact ; car il signifie littéralement que le rationalisme aboutit enfin au scepticisme absolu ; et c'est ce que soutiennent tous les philosophes catholiques. En effet, celui qui ne croit point au sens commun, ne croit plus qu'à ses moyens individuels et à sa raison privée : il est donc rationaliste ; or, il est d'expérience que toutes les vérités finissent par échapper au rationaliste. Bergier le prouve en cent endroits de ses ouvrages (1).

On le voit, de la doctrine de M. Rohrbacher au système du sens commun entendu à la manière de l'auteur de l'*Essai*, il y a toute la distance d'un monde.

L'abbé Rohrbacher, dit M. Kersten, « a présenté Abimélech comme le premier roi qui nous apparaît en Israël ; et ce fait lui semble prouver que la puissance royale ou la simple puissance de fait ne vient pas originairement de Dieu, mais de l'orgueil, du péché et de celui qui en est l'auteur. »

A cette accusation capitale, M. Rohrbacher n'a rien répondu, dit l'*Ami de la Religion*, puis il

(1) *Traité de la vraie Religion*, introd., § 13 : « Quiconque se pique de raisonner, doit être chrétien catholique ou entièrement incrédule et pyrrhonien dans toute la rigueur du terme. »

ajoute : « Que pouvait-il répondre en effet ! il enseigne positivement que la puissance royale ne vient point originairement de Dieu, mais de l'orgueil, du péché et de celui qui en est l'auteur. » On ne peut plus en douter, l'auteur de l'*Histoire de l'Eglise* enseigne que la puissance royale vient du démon. Cependant il n'en est rien : voici la phrase tout entière. A propos d'Ahimélech, notre historien rapporte une réflexion de saint Grégoire et de saint Augustin : « Ainsi, dit-il, d'après saint Augustin, la puissance royale ou la souveraineté, *prise, non pour l'autorité patriarcale qui dirige comme un père ses enfants, mais pour la domination de la force qui contraint les hommes comme des troupeaux de bêtes*, ne vient point originairement de Dieu, mais de l'orgueil, du péché et de celui qui en est l'auteur. » C'est-à-dire que saint Augustin enseigne que la tyrannie ne vient point de Dieu, mais de l'orgueil, du péché et de celui qui en est l'auteur. Il faut avouer qu'il y a eu ici une singulière distraction, ou une énorme faute de copiste (je me sers de l'expression la plus polie). Et cependant, l'*Ami de la Religion* rapporte le texte rétabli par M. Rohrbacher dans sa réponse aux premières attaques, il n'en persiste pas moins à soutenir, quelques lignes plus loin, que l'auteur de l'*Histoire de l'Eglise* enseigne que la puissance royale ne vient pas de Dieu, mais du démon : seconde distraction plus forte que la première.

« M. Rohrbacher (c'est l'*Ami* qui parle), croit que le temporel est soumis au spirituel, en ce qui regarde, dit-il, la conscience. Ainsi l'auteur cherche à dissimuler sa pensée par ces mots : *En ce qui regarde la conscience*, il voudrait faire croire qu'il n'enseigne la subordination du pouvoir temporel que dans les choses spirituelles, ce qui est incontestable, tandis qu'il enseigne dans son livre une subordination absolue du pouvoir temporel à la puissance spirituelle, subordination qu'il prétend rigoureusement fondée sur le droit naturel et divin ; de telle sorte que la puissance spirituelle peut, quand elle le trouve à propos, juger, suspendre et annuler le pouvoir. C'est-à-dire que M. l'abbé Rohrbacher soutient une doctrine qui ne peut être, comme l'a sagement observé Kersten, que très-préjudiciable à l'Eglise, et qui a été désavouée par les évêques de France, par ceux d'Irlande, par les Universités les plus catholiques du monde chrétien, et notamment par celle de Louvain. »

M. Rohrbacher ne veut pas faire croire qu'il n'enseigne la subordination du pouvoir temporel que dans les choses spirituelles ; il dit et il veut dire que le temporel est soumis au spirituel *en ce qui regarde la conscience*. Ces derniers mots nous paraissent d'une exactitude et d'une précision très-remarquables. En effet, la loi de Dieu règle les conventions humaines même dans les choses temporelles, les rapports ou les devoirs sociaux des hommes, des sujets envers les souverains, et des souverains envers les sujets, ou elle ne s'en inquiète nullement. Si elle les règle, comme le pense et l'enseigne M. Rohrbacher, il a droit d'affirmer que c'est à l'Eglise et à l'Eglise seule qu'il appartient d'expliquer, d'interpréter et d'appliquer la loi de Dieu, de juger par conséquent, en ce qui regarde la conscience, les différends qui s'élèvent sur les choses même temporelles, par exemple l'obligation du serment qui lie les sujets à leur roi, et le roi à ses sujets. En cela, M. Rohrbacher ne fait que répéter ce que les souverains Pontifes ont enseigné dans tous les temps, et après eux les plus célèbres théologiens et les Universités *les plus catholiques* du monde chrétien ; car nous croyons que *les plus catholiques*, si nous pouvons parler ainsi après M. Veyssière, sont ceux qui ne se contentent pas de croire et d'enseigner ce que croit et enseigne le Saint-Siège, sous peine d'être retranchés de la société des fidèles, mais encore ce qu'il conseille et engage de croire et d'enseigner. De bonne foi, peut-on dire que la doctrine que le Saint-Siège désire voir se propager partout, soit, comme l'osent affirmer le *Journal de Liége* et l'*Ami de la Religion*, une doctrine *très-préjudiciable* à l'Eglise ?

Et il faut nécessairement choisir, se ranger avec M. Rohrbacher du côté des Pontifes romains, ou se placer à la suite de Fleury, de Dupin et compagnie, et admettre l'autre partie de notre dilemme ; ou bien la loi de Dieu ne règle pas les conventions humaines dans les choses temporelles, les rapports des sujets avec le pouvoir, et du pouvoir avec les sujets ; et par conséquent on peut, dans ce cas, manquer à sa parole et violer la foi jurée ; car la force brutale est la seule loi qui règle les affaires temporelles. Si vous avouez, au contraire, que la loi de Dieu s'en mêle, et si vous n'accordez pas qu'en cela, c'est-à-dire *en ce qui regarde la conscience*, elles sont soumises au pouvoir spirituel, vous établissez les princes et les rois juges et interprètes de la loi de Dieu, maîtres des consciences ; vous les investissez au moins d'une partie du pouvoir purement spirituel, et jusqu'où s'étendra-t-il ? qui fixera les limites ? L'Eglise ? Mais elle déclare, par l'organe de ses Pontifes, qu'elle seule a le droit d'enseigner, d'expliquer et d'appliquer la loi de Dieu ? Le pouvoir civil ? Mais où s'arrêtera-t-il ?

Assurément, s'il est une doctrine très-préjudiciable à l'Eglise, ce n'est pas celle de M. l'abbé Rohrbacher, qui ne fait en cela que marcher sur les traces des Papes, les plus grands docteurs et du plus grand nombre des théologiens, mais bien plutôt celle de Fleury et autres gallicans, repoussée par le Saint-Siège, par la plupart des évêques du monde chrétien, par la logique, et que s'efforcent en vain de soutenir ou de ressusciter quelques journalistes courtisans ; car nous la croyons bien dûment défunte : M. Dupin lui a donné le coup de grâce.

M. Rohrbacher, dites-vous, prêche le *droit de révolte et d'insurrection*. La preuve, s'il vous plaît ? « Je crois, a-t-il dit, avec le commun des théologiens et des juristes catholiques, entre autres avec le jésuite Suarez et avec le dominicain saint Thomas, que la souveraineté temporelle vient de Dieu, par le peuple, ou du moins je crois qu'on est très-libre de le penser. » Voilà ce qu'on appelle enseigner *le droit de révolte et d'insurrection !* Nous prions M. Veyssière de consulter le fameux traité des lois de Suarez, et mieux encore un traité spécial qu'il composa pour réfuter Henri VIII, roi d'Angleterre, et qui est intitulé, je crois, *de Supremo Pontificatu* (je cite de mémoire, car je n'ai pu retrouver cet ouvrage, qui est assez rare aujourd'hui) (1), et il apprendra

(1) Le titre exact est : *Defensio catholicæ fidei contra anglicanæ sectæ errores*. L'ouvrage est dirigé contre Jacques Ier.

qu'un *axiome parmi les théologiens et les juristes*, ce sont les propres paroles de Suarez, c'est que la souveraineté temporelle vient de Dieu par le peuple, et que cette doctrine n'ouvre point, comme on le prétend, la porte à la révolte ou à l'insurrection.

Saint Thomas enseigne positivement que, dans certaines circonstances, le peuple peut se défendre contre son roi. Citons ses paroles, car on ne nous croirait pas : « Le gouvernement de la tyrannie n'est pas un gouvernement juste, parce qu'il n'est pas ordonné pour le bien commun, mais pour le bien privé de celui qui gouverne. Et c'est pourquoi le changement de ce gouvernement n'a pas le caractère de sédition, si ce n'est peut-être lorsqu'il est tellement bouleversé, que la multitude souffre plus d'une révolution que du gouvernement du tyran. Mais le véritable séditieux est bien plutôt le tyran qui fomente dans le peuple qui lui est soumis, les discordes et les séditions, pour pouvoir dominer plus sûrement; car le gouvernement est tyrannique lorsqu'il est ordonné pour le bien particulier du souverain au détriment de la multitude (1). » Ces paroles sont assez claires. Or, cette doctrine n'a jamais été censurée ; elle a pour elle l'autorité de la science et la force du raisonnement : on est donc libre de l'adopter.

L'inamissibilité du pouvoir est à nos yeux une absurdité ; car si le pouvoir est inamissible, il est par là même imprescriptible, et il ne saurait jamais se légitimer par le temps. D'où il suit que ceux qui adoptent ce sentiment sont forcés de dire, s'ils veulent être conséquents avec eux-mêmes, que le gouvernement actuel est illégitime et Louis-Philippe un usurpateur. M. Dupin et *l'Ami de la Religion* n'y ont pas songé sans doute.

Quoi ! il n'est pas de pouvoir dont on ne puisse être dépouillé, si l'on en abuse ; des enfants peuvent faire interdire un père prodigue et dissipateur, une femme obtenir d'avec un mari brutal et intraitable, les fidèles faire suspendre un prêtre ou un évêque de ses fonctions, l'Eglise déposer un Pape hérétique ou schismatique, du moins selon les gallicans ; pourquoi les rois feraient-ils exception à la loi générale ? serait-ce parce que l'abus de leur pouvoir est d'autant plus déplorable, qu'ils sont plus haut placés ?

Mais on peut abuser d'une pareille doctrine : eh ! sans doute ; qui le nie ? de quoi n'abuse-t-on pas ? Si nous voulons détruire les choses à cause de leurs abus, que laisserons-nous encore debout ? Au reste, la seule question est de savoir s'il est libre à tout catholique de penser et de croire comme Suarez et saint Thomas.

M. Rohrbacher transporte la démocratie jusque dans le gouvernement de l'Eglise ; doctrine condamnée, dit-on par le clergé de France en 1715, et par le pape Pie VI dans sa bulle *Auctorem fidei*. On invoque l'autorité d'un jésuite : « Cette doctrine a été soutenue par Marc-Antoine de Dominis, qui a vécu quelque temps dans la Société de Jésus ; mais tout le monde sait qu'il l'avait quittée, et que cette respectable Société n'a jamais enseigné cette fausse doctrine. » J'en demande bien pardon à M. Veyssière, un jésuite, et un très-respectable jésuite, a enseigné la même doctrine que M. Rohrbacher sur ce point ; et ce jésuite, c'est Bellarmin, et son nom est écrit en toutes lettres par l'auteur de *l'Histoire de l'Eglise* ; mais comme *l'Ami* ne se sent pas de force à lutter avec Bellarmin, il a fallu, pour donner le change au lecteur, aller déterrer un certain Marc-Antoine de Dominis, qu'on aurait bien fait de laisser dormir au fond de son tombeau.

Or, Bellarmin, car c'est de Bellarmin qu'il s'agit, dans son ouvrage *De Rom. Pontif.*, lib. 1, c. 3, après avoir établi que le gouvernement de l'Eglise de l'Ancien Testament était à la fois monarchique, aristocratique et démocratique, ajoute : « Nous aurons à prouver la même chose pour l'Eglise du Nouveau Testament, c'est-à-dire qu'il y a en elle la monarchie du souverain Pontife, l'aristocratie des évêques, et que la démocratie y tient une certaine place, puisqu'il n'est personne, de toute la multitude chrétienne, qui ne puisse être élevé à l'épiscopat, si cependant il en est jugé digne (1). » Or, M. Rohrbacher admet, dans le gouvernement de l'Eglise, la démocratie au même sens que Bellarmin, c'est-à-dire que les évêques sont pris parmi les prêtres, et les prêtres du peuple ; que le peuple les a longtemps choisis, que c'est pour lui encore aujourd'hui un devoir de s'opposer à la promotion des sujets indignes. Dans bien des gouvernements démocratiques, le peuple n'a pas autant de droits. Mais quel rapport y a-t-il entre cette doctrine et celle qui a été condamnée par la bulle *Auctorem fidei* ?

Voici qui est plus curieux encore ; l'auteur de la nouvelle *Histoire de l'Eglise* soutient que, « malgré les ténèbres de l'idolâtrie, une *certaine* connaissance du vrai Dieu s'est conservée chez tous les peuples. » Or, Bossuet n'a-t-il pas dit que chez les idolâtres tout était Dieu, excepté Dieu lui-même ?

Cependant cette proposition *fausse, scandaleuse*, selon *l'Ami de la religion*, est enseignée *ex professo* par la plupart des théologiens. Bailly, auteur assez connu, suivi encore dans plusieurs séminaires, et qu'on ne suspectera pas de Lamennaisianisme, prouve, dans son traité *de Deo*, l'existence de Dieu par le consentement de tous les peuples. Répondant à l'objection tirée du polythéisme, il dit : « Au reste, bien que plusieurs peuples eussent adoré plusieurs dieux, ils se sont toujours accordés cependant à admettre l'existence de Dieu, au moins dans l'essentiel de ce dogme. La question capitale est de savoir si un être très-parfait, vengeur du crime et rémunérateur de la vertu, préside aux destinées du genre humain. Or, que tous les peuples l'aient cru, les temples élevés partout, les fables des poètes, les Champs-Elysées, le Tartare, etc., en font foi. »

Ensuite, il ajoute que, prétendre qu'il puisse avoir une ignorance invincible de Dieu, c'est contre dire la doctrine de saint Paul (Rom., 1, 20).

---

(1) *Regimen tyrannicum non est justum, quia non ordinatur ad bonum commune, sed in bonum privatum regentis, ut patet per Philosophum in 3° Politicorum. Et ideò perturbatio hujus regiminis non habet rationem seditionis, nisi forte quandò sic inordinatè perturbatur tyranni regimen, quod multitudo subjecta majus detrimentum patitur ex perturbatione consequenti, quàm ex tyranni regimine. Magis autem tyrannus seditiosus est, qui in populo sibi subjecto discordias et seditiones nutrit, ut tutius dominari possit. Hoc enim tyrannicum est, cùm sit ordinatum ad bonum proprium præsidentis, cum multitudinis nocumento* (2. 2, q. 42, a. 2, ad 3).

(1) *De Ecclesiâ Novi Testamenti idem posteà probandum erit, esse in eâ videlicet summi Pontificis monarchiam, atque episcoporum aristocratiam, ac demum suum quemdam in eâ locum habere democratiam, cùm nemo sit ex omni christianâ multitudine qui ad episcopatum vocari non possit, si tamen dignus eo munere judicetur.*

Plus loin, établissant l'unité de Dieu, après avoir rappelé plusieurs auteurs tant anciens que modernes, poètes, philosophes, Pères de l'Eglise, théologiens, il conclut ainsi : « Les païens donc ont, à la vérité, adoré des dieux innombrables, mais la plupart, peut-être tous, à l'exception de quelques sauvages, pensaient qu'ils étaient subordonnés *au Dieu unique et souverain* (1). » Enfin il explique en quoi a consisté le crime des païens ; en ce que, dit-il, citant les paroles de saint Paul, « ayant connu Dieu, ils ne l'ont pas glorifié comme Dieu. »

Tournely enseigne la même doctrine dans son traité *de Deo et divinis attributis*; il prouve que Dieu a été connu chez tous les peuples, par les témoignages de saint Justin, Clément d'Alexandrie, Eusèbe de Césarée, saint Athanase, saint Grégoire de Nazianze, saint Grégoire de Nysse, Tertullien, saint Cyprien, Arnobe, Lactance, saint Augustin, saint Jean Damascène, et de quelques philosophes de la gentilité. Il est à remarquer que les ouvrages qu'il cite de ces docteurs sont adressés aux idolâtres dont eux-mêmes avaient fait partie. « Votre crime consiste, leur disaient-ils, à ne vouloir pas reconnaître celui que vous ne pouvez ignorer : *Hæc est summa delicti, nolle agnoscere quem ignorare non possis*. Il en est de même de Billuart, *de Deo*; de Hooke, une des dernières gloires de la Sorbonne, *Religionis naturalis et revelatæ principia*; de Thomassin, dont les ouvrages furent publiés aux frais de l'épiscopat français, *Theol. dogmat.*; de Pétau, *Theol. dogmat.*

Dans le tome IX, 3e série des *Annales de philosophie chrétienne*, p. 7, il est prouvé que les principaux dogmes chrétiens ont été connus des gentils, et l'on cite ce passage du célèbre dominicain Gabriel Fabricy : « Ainsi, dit le savant Gabriel Fabricy, que l'ont démontré Vossius, *De origine et progressus idolâtriæ*; Pfanner, *Systema theologiæ gentilis*; Bochart, *Opera*, passim., voir surtout *Phaleg, Chanaan*; Huet, *Demonstratio evangelica*, quæst. *Alnetanæ*; Thomassin, *Méthode d'étudier et d'enseigner chrétiennement la philosophie, les poètes, les historiens*; Clarke, *Discours concernant l'être et les attributs de Dieu*; Cudworth, *Systema intellectuale adversùs atheos*; Stanley, *Historia philosophiæ*; Brucker, *Historia critica philosophiæ*; Ramsay, *Discours sur la mythologie*; Stillingfleet, *Origines sacræ*; Leland, *Nouvelle démonstration évangélique*; Burnet, *Défense de la religion tant naturelle que révélée*; Dickinson, *Delphi phœnicizantes*; Shuckford, *Histoire du monde, sacrée et profane*; Stuchius, *De perenni philosophiâ*; Goguet, *Origine des lois*; Innoc. Ansaldi, *Della necessita e verita della religione naturale e revelata*; Joan. Alb. Fabricius, *Delectus argumentorum de veritate religionis christianæ*, etc., etc. ; ainsi que l'ont démontré ces auteurs, le Seigneur n'a jamais été sans témoins parmi les hommes ; car, malgré les ténèbres de l'idolâtrie, le souvenir des premiers principes religieux ne s'effaça pas entièrement de leur esprit. »

A ces auteurs, si respectables et si nombreux, nous pourrions en ajouter d'autres. M. Ubaghs, docteur en théologie et professeur de philosophie à l'U-niversité catholique de Louvain, prouve, dans sa *Théodicée*, imprimée en 1841 avec l'approbation de S. E. le cardinal-archevêque de Malines, que l'unité de Dieu s'est conservée partout. Le 4e chapitre a pour titre : *De la connaissance d'un seul Dieu, conservée par les nations*. Il montre que c'est le sentiment de la plupart des Pères de l'Eglise et des théologiens ; il rappelle ces paroles de saint Augustin contre Fauste, liv. 20, c. 18 : « *Discat... gentes non usque adeò, ad falsos deos esse delapsas, ut opinionem amitterent unius veri Dei*, et ces vers de Sophocle, qui se récitaient sur le théâtre d'Athènes :

Unus profectò est, unus est tantùm Deus,
Qui cœlum et amplum condidit terræ globum,
Marisque fluctus, vimque ventorum gravem.

Mais c'est assez, ce me semble ; et peut-être serions-nous en droit d'accuser de témérité quiconque se sépare de cet enseignement.

Passons enfin au dernier reproche : « On pourrait montrer, dit *l'Ami de la Religion*, que tout le plan de l'ouvrage de M. l'abbé Rohrbacher, qui fait exister l'Eglise plus de quatre mille ans avant sa fondation, se rattache au système philosophique de M. de Lamennais, et qu'il en est l'application pratique, ainsi que de plusieurs autres idées non moins fausses et non moins dangereuses de ce trop célèbre écrivain. » Toujours M. de Lamennais ; de sorte que, dès que ce trop célèbre écrivain a dit une chose, elle est nécessairement fausse.

C'est donc une idée fausse et dangereuse que de faire commencer l'Eglise avec le monde. Ecoutons ce que va dire à ce sujet l'évêque de Meaux : « Si l'on ne découvre pas ici un dessein toujours soutenu et toujours suivi ; si l'on n'y voit pas un même ordre des conseils de Dieu qui prépare dès l'origine du monde ce qu'il achève à la fin des temps, et qui, sous divers états, mais avec une succession toujours constante, perpétue, aux yeux de tout l'univers, la sainte société où il veut être servi, on mérite de ne rien voir et d'être livré à son propre endurcissement comme au plus juste et au plus rigoureux de tous les supplices.

» Et afin que cette suite du peuple de Dieu fût claire aux moins clairvoyants, Dieu la rend sensible et palpable par des faits que personne ne peut ignorer s'il ne ferme volontairement les yeux à la vérité. Le Messie est attendu par les Hébreux ; il vient et il appelle les gentils comme il avait été prédit. Le peuple, qui le reconnaît comme venu, est incorporé au peuple qui l'attendait, sans qu'il y ait entre eux deux un seul moment d'interruption ; ce peuple est répandu par toute la terre : les gentils ne cessent de s'y agréger ; et cette Eglise que Jésus-Christ a établie sur la pierre, malgré les efforts de l'enfer, n'a jamais été renversée.

» Quelle consolation aux enfants de Dieu ! Mais quelle conviction de la vérité, quand ils voient que d'Innocent XI, qui remplit aujourd'hui si dignement le premier siège de l'Eglise, on remonte sans interruption jusqu'à saint Pierre, établi par Jésus-Christ prince des Apôtres : d'où, en reprenant les Pontifes qui ont servi sous la loi, on va jusqu'à Aaron et jusqu'à Moïse ; de là jusqu'aux patriarches et jusqu'à l'origine du monde ! Quelle suite ! quelle tradition !

---

(1) *Igitur ethnici deos quidem coluerunt innumerabiles, sed illos Deo uni et supremo subordinatos plerique, vel forté omnes, rudioribus exceptis, arbitrabantur* (Tract. de Deo).

quel enchaînement merveilleux ! Si notre esprit, naturellement incertain est devenu, par ses incertitudes, le jouet de ses propres raisonnements, a besoin, dans les questions où il va du salut, d'être fixé et déterminé par quelque autorité certaine, quelle plus grande autorité que celle de l'Eglise catholique, qui réunit en elle-même toute l'autorité des siècles passés et les anciennes traditions du genre humain jusqu'à sa première origine. » Et un peu plus bas : « Toute secte qui ne montre pas sa succession depuis l'origine du monde, n'est pas de Dieu (*Discours sur l'hist. univ.*, 2e part., c. 13). »

Saint Augustin, dans sa *Cité de Dieu*, et saint Epiphane, dans son grand ouvrage *Des Hérésies*, enseignent la même doctrine que Bossuet. L'Eglise est donc aussi ancienne que le monde ; elle a toujours été, *aux yeux de tout l'univers, la sainte société où Dieu veut être servi*; elle *réunit en elle-même toute l'autorité des siècles passés et les anciennes traditions du genre humain jusqu'à sa première origine*. Elle a donc été toujours catholique.

En effet, Bailly, dans son grand traité *de l'Eglise*, le prouve par des témoignages de plusieurs Pères de l'Eglise. Et Melchior Canus, dont la doctrine a toujours été d'une si grande autorité parmi les théologiens, va bien plus loin que M. Rohrbacher. Dans ses *Lieux théologiques*, liv. 10, ch. 4, il dit : « S'il y a quelque chose de tout à fait probable, rien ne l'est assurément plus que de croire que le maître de la nature ait envoyé des docteurs au genre humain pour lui apprendre les lois de la nature ; car qui serait assez insensé pour établir une université sans professeurs ? Parce que Dieu était connu dans la Judée, il y a établi une école de la science divine, il a procuré les rabbins. Et parce qu'il a voulu que, chez les chrétiens, il y eût des académies pour la doctrine évangélique, il a donné aussi des apôtres, des prophètes, des évangélistes, des docteurs pour enseigner cette doctrine dans la république du Christ. C'est pourquoi, puisqu'il a révélé à toutes les nations les lois et les sciences de la nature, il n'est pas vraisemblable qu'il n'ait institué aucun maître pour enseigner ces lois et ces sciences. Et s'il convient d'argumenter autrement, Clément d'Alexandrie dit que Dieu a donné la philosophie aux Grecs comme leur propre testament. De même qu'il n'a pas laissé sans interprètes le testament des Juifs et celui des chrétiens, il n'a pas laissé non plus celui des Grecs sans maîtres pour l'expliquer. Il était donc aussi de la Providence divine, que tous les philosophes n'errassent point ensemble, ou dans la connaissance de Dieu, ou dans la morale, ou même dans l'intelligence des choses naturelles, nécessaire aux deux premières ; d'où il suit que, selon saint Paul, les Grecs sont inexcusables. Ils seraient excusables cependant, si leurs maîtres (les philosophes), éclairés et dirigés par l'auteur souverainement bon de la nature, n'eussent point été assez instruits de la vérité. » Voilà donc Melchior Canus qui accorde une certaine infaillibilité aux philosophes de l'antiquité, lorsqu'ils sont unanimes sur les vérités qu'ils enseignent, et qui déclare qu'ils étaient pour les gentils ce qu'a été la Synagogue pour les Juifs et ce qu'est l'Eglise enseignante pour les chrétiens.

Nous croyons avoir pleinement justifié M. Rohrbacher, et vengé son *Histoire de l'Eglise* des attaques qu'on vient de lancer si injustement contre lui. Nous ne voulons pas dire qu'elle est exempte de tout reproche ; il ne le croit pas lui-même ; et c'est pourquoi il prie toutes les personnes éclairées de lui signaler les erreurs qu'il pourrait avoir commises, et promet de faire droit à toute critique fondée.

C'est donc avec peine que nous avons vu les lignes suivantes, qu'il regrette peut-être aujourd'hui, tomber de la plume du rédacteur de *l'Ami de la Religion* : « M. l'abbé Rohrbacher nous prie de considérer que, sur les questions délicates, il ne fait que résumer et adopter ce que disent les Pères et les théologiens les plus autorisés de l'Eglise catholique. Telle a toujours été la prétention des NOVATEURS. Les citations n'ont pas manqué non plus à M. de Lamennais. Avec un peu d'érudition, et à l'aide de quelques recueils, on en trouve facilement ; la question est de savoir si elles sont justes, et si on ne fait pas dire aux Pères ce qu'ils ne disent point en effet. »

Nous prions à notre tour *l'Ami de la Religion* de considérer que le public éclairé et consciencieux n'est pas tenu de le croire lui-même sur parole, que ses assertions ne sont pas des preuves, que ses citations ne sont pas toujours exactes, qu'il suppose à M. Rohrbacher des sentiments et des doctrines auxquels il est étranger, qu'il fera bien de consulter les Pères et les théologiens qui sont cités dans l'*Histoire de l'Eglise*; et qu'à ces conditions, nous accepterons la discussion avec lui, mais une discussion calme et franche de part et d'autre.

Au reste, que les nombreux lecteurs de l'*Histoire universelle de l'Eglise catholique* soient rassurés, malgré les dires *de l'Ami de la Religion*, sur l'orthodoxie des doctrines de l'auteur. Il y a sept ans qu'il a adressé à notre Saint-Père le pape Grégoire XVI un exemplaire de trois ouvrages qu'il avait publiés : *La Religion méditée ; Des rapports naturels entre les deux puissances ; De la Grâce et de la Nature* ; ces ouvrages renferment toute la doctrine qu'il développe dans son histoire. Monseigneur l'internonce Garibaldi a fait à l'auteur l'observation que s'il ne recevait point de réponse, ce serait bon signe. Or, jusqu'à présent, il n'en a rien reçu, non plus que d'aucun évêque ou prêtre quelconque.

Et cependant l'*Histoire universelle de l'Eglise*, parvenue à son vingtième volume, est aujourd'hui dans toutes les mains : elle est en vente chez la plupart des libraires, à Rome surtout ; elle est lue dans un grand nombre de communautés ; on nous a même dit qu'on la traduisait en italien : on ne saurait donc attribuer à un défaut de publicité suffisante cette circonstance que, jusqu'à présent, personne ne l'a censurée.

L'abbé GRIDEL,
Professeur de Théologie.

Metz, le 24 août 1845 (1).

Monsieur et cher Rédacteur,

L'auteur d'un article sur l'*Histoire universelle de l'Eglise catholique*, par M. l'abbé Rohrbacher, que je viens de lire dans votre feuille du 21 août, repousse victorieusement le reproche adressé par *l'Ami de la Religion* à ce savant ecclésiastique, pour

(1) *L'Abeille, Union catholique d'Alsace*, 30 août.

avoir fait remonter l'existence de l'Eglise catholique à la naissance même du monde. Il semblerait difficile de rien ajouter à cette argumentation ; et, toutefois, les témoignages nombreux sur lesquels elle s'appuie sont bien loin d'être les seuls qui puissent être apportés.

Et, d'abord, nous invoquerons une autorité plus respectable, plus imposante que toutes les autres ensemble ; car elle a, pour tout chrétien, un caractère sacré. C'est le grand apôtre saint Paul qui va parler : « Jésus-Christ était hier, il est aujourd'hui, il sera dans tous les siècles (1). » Etait-il possible d'exprimer en termes plus formels le caractère de *perpétuité* que possède essentiellement la religion chrétienne, dans le *passé* aussi bien que dans l'avenir ?

Ecoutons Pascal commenter cette admirable parole : « Les deux Testaments regardent Jésus-Christ : » l'Ancien comme son attente, le Nouveau comme » son modèle ; tous deux comme leur centre (2). »

Bossuet n'est pas moins explicite sur ce point. Le passage du *Discours sur l'histoire universelle*, cité dans votre feuille du 21 août, est bien remarquable sans doute ; toutefois il y a encore, ce semble, plus de précision et plus d'énergie dans ceux qui suivent, tirés du même ouvrage :

« Jésus-Christ... ou attendu ou donné, a été dans » tous les temps la consolation et l'espérance des en- » fants de Dieu (3)... La loi vient au devant de l'E- » vangile ; la succession de Moïse et des patriarches » ne fait qu'une même suite avec celle de Jésus- » Christ : être attendu, venir, être reconnu par une » postérité qui dure autant que le monde, c'est le » caractère du Messie en qui nous croyons (4). »

La Luzerne exprime, en des termes peu différents, la même pensée : « C'est la fin en Jésus-Christ par » laquelle seule on a pu, dans tous les temps, entrer » dans son Eglise de la terre et aspirer à parvenir à » celle du ciel. C'est dans la foi dans le Messie qui a sauvé » les patriarches et les justes de l'ancienne loi, com- » me c'est encore la foi dans le Messie qui conduit » au ciel les saints de la loi nouvelle. Depuis Adam » jusqu'à nous, il n'y a qu'une religion ; c'est la re- » ligion de Jésus-Christ. Jésus-Christ, attendu ou » reconnu, est l'objet de l'un et de l'autre Testa- » ment. Placé entre les deux, il clôt le premier et » ouvre le second, ou plutôt il continue l'un par l'au- » tre (5). » Et ailleurs : « La croix de Jésus-Christ » est le centre commun où tout aboutit dans la loi an- » cienne, et d'où tout part dans la loi nouvelle (6). »

La même doctrine va se retrouver dans Frayssinous : « La religion, quoique sous des formes diffé- » rentes, est aussi ancienne que le monde ; elle s'est » perpétuée avec lui pour durer même après lui. » C'est un germe qui se montre sous les patriarches, » croît sous la loi mosaïque, se développe sous la » loi de l'Evangile et reçoit dans les cieux sa pleine » et parfaite maturité (7). » Donc la religion de l'E- vangile n'est point, dans son essence, autre que celle des patriarches ; et nous ne devons voir, dans l'une et dans l'autre, que deux formes, plus ou moins développées, d'une même religion : le christianisme.

Nous terminerons cette série de témoignages par celui d'un auteur peu connu aujourd'hui, et qui mériterait de l'être davantage.

« Le christianisme, dit Balzac (1), a été de tout » temps, bien qu'il ait été longtemps cacheté et » sous des nuages, et que Dieu ne l'ait ouvert aux » peuples, ni laissé luire à clair dans le monde, » qu'au terme qu'il avait précisément marqué dans » les oracles de sa parole. Il y a toujours eu des » chrétiens, quoiqu'ils n'aient pas toujours été ap- » pelés de cette façon ; et la religion chrétienne a » précédé la naissance de Jésus-Christ de beaucoup » de siècles, quoique le nom de *chrétiens* n'ait été » imposé aux fidèles qu'après sa mort, dans la ville » d'Antioche (2)... L'église des Juifs n'était point » une autre église que la nôtre ; leurs prophètes sont » aujourd'hui nos historiens, et nous sommes les » suivants et les domestiques de celui dont ils ont » été les avant-coureurs et les trompettes. L'agneau » a été immolé dès le commencement du monde (3). » Le premier Adam a espéré le second, il a cru en » Jésus-Christ, et, dans l'assurance qu'il a eue que » le juste naîtrait de sa race, il s'est consolé de la » perte de son innocence. Abraham a vu de loin le » jour du Seigneur, et s'en est réjoui (4) vingt-quatre » siècles avant sa venue... Moïse a été chrétien ; et » saint Paul dit de lui que l'opprobre de Jésus- » Christ lui fut plus précieux que les richesses d'E- » gypte (5). Isaïe priait les nuées de pleuvoir le » juste, et la terre de germer le Sauveur (6)... Tant » y a, que les anciens Pères ont bu de l'eau qui » sortait de la pierre, et que cette pierre était Jésus- » Christ (7). Les fidèles, tant de la loi de la nature » que de la loi écrite, appartenaient à la loi de la » grâce et étaient du troupeau de Jésus-Christ. Ils » attendaient la consolation d'Israël et soupiraient » après le Messie. Ils étaient guidés par l'étoile du » matin, comme nous le sommes par celle du soir. » Et les uns et les autres sommes guidés par un » même astre qui a deux divers noms ; par une lu- » mière qui s'appelait en ce temps la Synagogue, et » qui maintenant s'appelle l'Eglise. Il n'y a point » deux religions, parce qu'il n'y a point deux sau- » veurs ni deux paradis. On ne nous enseigne point » une seconde vérité, différente de la première. Nous » n'avons point d'autres connaissances que les pre- » miers hommes, mais nous les avons plus nettes et » plus distinctes ; et toute la différence qu'il y a pour » ce regard entre nous et eux, c'est que notre foi a » pour objet le passé, et que la leur avait l'avenir. »

Et maintenant, que penser de cette assertion : — que la prétention d'attribuer à l'Eglise chrétienne une existence antérieure de quatre mille ans à la naissance selon la chair de son auguste fondateur, appartient en propre à M. de Lamennais, et que c'est là une des idées fausses et dangereuses de ce trop célèbre écrivain ? — La distraction est étrange, diront ceux qui auront lu les lignes que nous venons de transcrire, et l'*Ami de la Religion* lui-même, — nous présumons trop de sa bonne foi pour en douter, — n'hésitera sans doute pas à le reconnaître, si elles viennent à tomber sous ses yeux.

Je suis, etc. C. C.

---

(1) Ep. aux Hébr., c. 13. — (2) *Pensées.* — (3) Deuxième partie, c. 21. — (4) *Ibid.* — (5) *Explication des Evangiles.* — (6) *Considérations sur la Passion.* — (7) *Conférence sur l'excellence du mystère de l'Incarnation.*

(1) *Dissertations chrétiennes et morales.* — (2) Actes des Apôtres, c. 11. — (3) Apocalypse, c. 13. — (4) Ev. de S. Jean, c. 8. — (5) Ep. aux Hébr., c. 11. — (6) Isaïe, c. 45. — (7) 1re Ep. aux Corinth., c. 10.

A MM. LES SOUSCRIPTEURS DE L'HISTOIRE UNIVERSELLE DE L'EGLISE CATHOLIQUE, PAR M. L'ABBÉ ROHRBACHER.

Un de nos abonnés vient de nous adresser une lettre en réponse à l'article du *Journal historique et littéraire* du 1er de ce mois, contre M. l'abbé Rohrbacher. Nous croyons devoir la publier sans retard.

Liége, le 20 août 1845.
J.-G. LARDINOIS.

Monsieur,

Vous avez envoyé à vos abonnés, le 28 juillet dernier, la lettre de M. l'abbé Rohrbacher en réponse aux accusations portées contre lui par le *Journal historique et littéraire*, il y a un an, et qui ont été reproduites, il y a quelque temps, par l'*Ami de la Religion* de Paris. Dans la livraison du 1er de ce mois, M. Kersten a répondu à cette lettre en maintenant purement et simplement ses premières assertions, sans réfuter aucun des points que l'auteur de l'*Histoire de l'Eglise* avait établis dans sa rectification. Nous croyons donc inutile de le justifier des reproches auxquels il a déjà répondu lui-même. Nous nous attachons à un seul point sur lequel le *Journal historique* s'est appuyé principalement pour lancer contre l'auteur de l'*Histoire de l'Eglise* la grave accusation d'enseigner le Lamennisme, et qui concerne la réimpression du *Catéchisme du sens commun*. M. Rohrbacher avait renvoyé l'éditeur du *Journal historique* à sa nouvelle édition de cet ouvrage, faite en 1841, et dans laquelle se trouvent rectifiées les opinions inexactes qu'il avait avancées dans la première édition. M. Kersten réplique à cet égard que c'est précisément ce fait qui aurait achevé de l'éclairer, si les passages qui l'avaient frappé dans l'*Histoire universelle de l'Eglise* avaient pu lui laisser le moindre doute. Et, pour montrer qu'il a bien jugé la nouvelle édition du *Catéchisme*, il reproduit le passage suivant d'un article publié dans le *Journal historique* du 1er février 1844 : « Quoique le travail (le *Catéchisme du sens commun*) ait été revu et augmenté, surtout en ce qui concerne la philosophie d'Aristote, *il n'en contient pas moins un système que le Saint-Siége a appelé un système fallacieux*. »

Il résulterait de là que M. Rohrbacher a enseigné en 1841, époque de la publication de la nouvelle édition, et postérieurement à la condamnation du système de M. de Lamennais, les mêmes doctrines qu'il avait professées en 1831.

Nous croyons que si M. Kersten s'était donné la peine de comparer entre elles les deux éditions qu'il enveloppe dans une réprobation commune, il se serait gardé de lancer une accusation de cette nature contre un auteur qui s'exprime en ces termes : « J'ai promis et je promets à Dieu la soumission la plus entière à toutes les doctrines du Saint-Siége. J'ai promis et je promets à Dieu de défendre, envers et contre tous, toutes les doctrines du Saint-Siége. Je ne demande à Dieu la vie et la santé que pour cela. » Pour nous, nous avons comparé les deux publications, et nous regardons comme un devoir envers le savant chrétien dont vous reproduisez l'ouvrage en Belgique, de faire connaître en peu de mots le résultat de la comparaison que nous avons faite :

C'est que la nouvelle édition du *Catéchisme du sens commun* a été revue et augmentée non-seulement en ce qui concerne la philosophie d'Aristote, mais qu'elle l'a été d'une manière complète par rapport au système réprouvé par le Saint-Siége.

A la demande : *Qu'est-ce que le sens commun ?* l'auteur avait répondu dans la première édition : « Le sens commun est le sens ou le sentiment commun à tous les hommes, ou du moins au plus grand nombre. » Voici maintenant la réponse à cette question dans la nouvelle édition : « C'est le sens ou sentiment commun soit à tous les hommes, soit au plus grand nombre, soit à la partie la plus intelligente. » L'auteur ajoute ensuite trois *nouveaux* chapitres pour arriver à montrer que la partie la plus intelligente du genre humain, c'est l'Eglise catholique, laquelle est *de plus* « divinement instituée et divinement assistée pour conserver et enseigner sans erreur toutes les vérités religieuses tant dans l'ordre naturel que dans l'ordre surnaturel. » Après cela, il détermine, dans trois autres chapitres *nouveaux*, les rapports de la nature et de la grâce, et ceux de la foi ou de la théologie et de la raison ou de la philosophie.

En parcourant la suite de l'ouvrage, nous y remarquons que l'auteur a retranché tout à fait les divers passages dans lesquels il avait méconnu antérieurement la valeur des motifs ou *criteria* particuliers de la certitude, tels que le sens intime, l'évidence, le témoignage des sens, en un mot les forces et l'autorité de la raison individuelle. Mais, ce qui est capital, il établit d'une manière formelle en quoi le système de la raison générale, c'est-à-dire le système de M. de Lamennais, est faux et erroné, et il reconnaît en même temps que la philosophie de la raison individuelle est vraie, lorsqu'elle tient compte des conditions exigées par la nature de notre raison. Loin de trouver, comme M. de Lamennais, le fondement de la certitude de la foi religieuse dans l'assentiment commun (1), il fait consister ce fondement dans l'autorité de la révélation interprétée par l'Eglise.

Pour justifier ce que nous venons de dire, nous allons transcrire une partie du *nouveau* chapitre 39 de la première partie :

« D. De tous les systèmes philosophiques sur la certitude, lequel adoptez-vous finalement ?

» R. Finalement, pas un, mais tous.

» D. Expliquez-vous un peu davantage.

» R. L'homme, intelligence incarnée, est à la fois esprit et corps ; il n'est pas corps seul, ni esprit seul, mais l'un et l'autre ; il ne l'est point isolément, mais avec ses semblables. Pour donc bien connaître la raison humaine, il faut considérer l'homme total et complet, non dans son corps seul, non dans son esprit seul, non dans son individu seul, non dans la

---

(1) « En appelant du jugement de l'Eglise au christianisme interprété par les peuples, M. de Lamennais a dévoilé lui-même un des vices fondamentaux de son système philosophique sur la certitude humaine. Ce vice, longtemps caché aux yeux de beaucoup de personnes de bonne foi et particulièrement aux miens, consiste, en dernière analyse, à placer dans la hiérarchie des autorités, l'humanité au-dessus de l'Eglise. Ramené à ces termes, le système dont il s'agit répugne essentiellement à l'idée même que le christianisme nous donne de l'humanité. » (*Réflexions sur la chute de M. de Lamennais*, par l'abbé Ph. Gerbet, c. 5.)

société seule, mais dans le tout ensemble; car l'homme est à la fois tout cela. Si de plus il est chrétien, si par la foi divine son esprit et son cœur sont élevés à un ordre de choses au-dessus de la nature, il ne faut pas confondre l'homme et le chrétien, il ne faut pas méconnaître l'homme pour le chrétien, ni le chrétien pour l'homme.

» D. Mais les systèmes de philosophie les plus connus de nos jours ne prennent-ils pas garde à tout cela?

» R. Les systèmes de philosophie les plus connus de nos jours pèchent tous contre ce que nous venons de dire. Le sensualisme ne voit dans l'homme que les sens, le corps, l'animal; l'idéalisme n'y voit que les idées, l'esprit, sans relation avec l'univers sensible; le rationalisme n'y voit que la raison de l'individu, sans relation avec celle de ses semblables; *le système exclusif de la raison générale ne voit que la société et méconnaît l'individu*; le système exclusif de la foi divine ne voit que le chrétien et méconnaît l'homme. Chaque système est faux en ce qu'il exclut les autres : tous sont vrais dès qu'ils viennent à s'embrasser et à s'unir. »

Pour compléter sa pensée, l'auteur ajoute :

« Lors donc que la philosophie des sens nous dit que les sens du corps nous donnent la certitude, elle a raison.... Et lorsque la philosophie de l'esprit et des idées nous dit que les idées de l'intelligence nous donnent la certitude, elle a raison..... Et *lorsque la philosophie de la raison individuelle nous dit que l'individu complet et développé peut avoir la certitude, elle a raison*..... Et lorsque la philosophie de la raison générale nous dit que la vérité, que la certitude se trouve dans la raison commune de l'humanité, elle a raison.... Et lorsque la philosophie de la foi nous dit que la vérité, que la certitude se trouve dans les Ecritures des prophètes et des apôtres, elle a raison..... Et quand cette même philosophie nous dit que la certitude ne se trouve que dans la foi chrétienne, elle a raison pour l'ordre surnaturel de la grâce et de la gloire. »

M. Rohrbacher reproduit donc ici la même doctrine qu'il avait déjà embrassée dans son ouvrage *Des rapports naturels entre les deux puissances*, Louvain et Paris, 1838.

Voici comment il s'exprime dans cet écrit :

« Ce que l'école éclectique a vainement promis de faire, le discernement de ce qu'il y a de vrai et de faux dans tous les systèmes, d'après une règle certaine et invariable, nous l'avons vu fait en Belgique, à l'Université de Louvain. La philosophie s'y définit en quelque sorte elle-même : *la science de la raison humaine*. Pour cela, elle étudie l'homme total et complet; non dans son corps seul, non dans son esprit seul, non dans son individu seul, non dans la société seule, mais dans le tout ensemble; car l'homme est à la fois tout cela. Si de plus il est chrétien, si par la foi divine son esprit et son cœur sont élevés à un ordre de choses au-dessus de la nature, la philosophie catholique ne confond pas l'homme et le chrétien, elle ne méconnaît pas l'homme pour le chrétien, ni le chrétien pour l'homme.

» Or, messieurs, les systèmes de philosophie les plus connus de nos jours pèchent tous contre ce que nous venons de dire. Le sensualisme ne voit dans l'homme que les sens, le corps, l'animal; l'idéalisme n'y voit que les idées, l'esprit, sans relation avec l'univers sensible; le rationalisme n'y voit que la raison de l'individu, sans relation avec celle de ses semblables; le système exclusif de la raison générale n'y voit que la société et méconnaît l'individu; le système exclusif de la foi divine, professé par un philosophe de Strasbourg (1), ne voit que le chrétien et méconnaît l'homme. Chaque système est faux en ce qu'il exclut les autres ; tous sont vrais, dès qu'ils viennent à s'embrasser et à s'unir. »

Nous pensons donc qu'il est libre à M. Kersten de ne pas partager les principes de M. Rohrbacher, mais qu'il ne lui est pas permis de l'accuser de *Lamennisme*. Et s'il *ose* encore le faire, nous *osons* le défier de prouver son accusation.

Agréez, etc.

AVERTISSEMENT DE L'AUTEUR.

Comme on a pu voir dans les additions qui précèdent, un journal de Belgique, après avoir loué les trois premiers volumes de cette Histoire, a jugé à propos de les attaquer ; un journal de France, après avoir loué ces trois mêmes volumes, a jugé à propos de reproduire l'attaque du journal belge. De là un commencement de polémique dont les pièces principales se trouvent réunies dans les deux additions, tirées aussi à part. Pour y mettre un terme, l'auteur prit le parti indiqué dans la lettre suivante :

Déclaration de l'Auteur.

« Pour terminer une cause quelconque, il faut
» avant tout un juge compétent. Le public des jour-
» naux n'est point le juge compétent des questions de
» théologie, surtout quand il ne peut entendre que les
» accusateurs. En conséquence, pour couper court à des
» discussions au moins inutiles, nous avons prié l'au-
» torité ecclésiastique dont nous dépendons, et elle a
» bien voulu nous l'accorder, de faire examiner cano-
» niquement, dans chaque volume de cette Histoire,
» ce qui ne serait pas exactement conforme aux doc-
» trines du Saint-Siége, soit pour le fond, soit pour
» l'expression. Nous disons, *aux doctrines*, et *à toutes
» les doctrines du Saint-Siége*, non à aucune autre.
» Tout ce qui ne sera pas trouvé exactement conforme
» à ces doctrines, nous le corrigerons, et nous ferons
» connaître à tous les souscripteurs les corrections qui
» auront été faites.

» Nancy, le 30 septembre 1845, fête de saint
» Jérôme, seizième anniversaire du jour où nous
» avons mis au net la première page de cette His-
» toire. »   » ROHRBACHER. »

Jusqu'ici, 30 mai 1847, nous n'avons appris aucun résultat défavorable de l'examen demandé et accordé.

D'un autre côté, on nous a communiqué les nouvelles suivantes de Rome, adressées à M. l'abbé Gridel, professeur de théologie au séminaire de Nancy, par M. le marquis de Narp, que tous les

---

(1) On sait que cet auteur s'est plus tard soumis avec docilité à l'autorité de Rome.

catholiques de France connaissent, aiment et estiment, et qui a bien voulu porter à Rome quelques exemplaires des réponses.

« Rome, 6 février 1846. »

» J'ai été également chez le cardinal Maï, et c'est
» le plus important de tous, car il préside le tribu-
» nal de l'Index. Celui-ci m'a reçu d'une manière
» encore plus affable. Je suis au courant de tout,
» m'a-t-il dit; les dénonciations m'ont été en-
» voyées, j'ai tout lu et je n'ai rien trouvé qui méritât
» le moindre blâme dans l'ouvrage du respectable
» abbé Rohrbacher, que nous vénérons. Dites-lui de
» ma part qu'il soit bien tranquille, que j'ai écrit
» à l'évêque de Liège qu'il fallait que toutes ces tra-
» casseries cessassent. Dites-lui qu'il prenne bon
» courage, afin de mettre la dernière main à son ou-
» vrage, dont nous apprécions toute l'importance. Je
» lirai les nouvelles pièces que vous m'apportez;
» mais répétez-lui qu'il n'ait aucune inquiétude, et
» qu'il peut se mettre en relation avec l'évêque de
» Liège, qu'il trouvera également bien disposé en sa
» faveur, j'ai lieu de le croire. »

M. le marquis de Narp écrit encore dans une lettre du 16 février 1847 :

« Le cardinal Maï m'a parlé avec le même intérêt
» du grand et admirable ouvrage de notre cher abbé
» Rohrbacher. — Je continue à le lire, m'a-t-il dit;
» sera-t-il bientôt terminé ? — Je crois qu'il touche
» à sa fin, ai-je répondu. — Tant mieux, a-t-il
» ajouté; il ne doit plus éprouver de contrariété main-
» tenant, car j'ai écrit à l'évêque de Liège de faire
» cesser tout cela et de s'entendre avec lui. Jusqu'à
» présent, nous n'avons pas trouvé un mot à repren-
» dre ici. — Eminence, m'autorisez-vous à le lui
» dire? — Oui; qu'il n'ait aucune inquiétude. —
» Déjà il avait envie de faire connaître les paroles
» d'encouragement que Votre Eminence m'avait dites
» en sa faveur. — Il le peut, m'a-t-il dit. »

Telles sont les paroles bienveillantes du cardinal Maï, préfet de la Congrégation de l'Index, que nous avons été autorisé à faire connaître.

Dans sa lettre du 6 février 1846, M. le marquis de Narp ajoutait :

« J'ai porté au supérieur général des Jésuites et à
» son chef des archives les réponses de notre véné-
» rable historien. Ils m'ont témoigné une grande
» joie d'avoir écrit; ils m'ont demandé quelques
» autres exemplaires et m'ont assuré que M. Rohr-
» bacher comptait parmi eux de nombreux amis; que
» l'ouvrage, jusqu'à présent, n'avait pas donné lieu
» à la moindre observation; qu'on le trouvait telle-
» ment bon et utile, qu'on en faisait journellement
» la lecture publique dans leurs maisons, et qu'il
» était devenu classique pour leurs novices. Ils m'ont
» ajouté que, conformément aux désirs de l'auteur,
» ils prendraient note des passages qui leur parai-
» traient mériter des observations, et qu'ils me les
» transmettraient, si le cas avait lieu. »

Jusqu'ici, 30 mai 1847, nous n'avons reçu aucune observation, ni de la Compagnie de Jésus, ni d'aucune autre congrégation religieuse; quoiqu'on nous ait écrit de plusieurs qu'on y lisait publiquement notre Histoire, et même qu'on y priait Dieu de nous donner assez de force pour la terminer : de quoi nous les remercions d'autant plus cordialement que, jusqu'à présent, Dieu a exaucé leurs prières, et que, sur la fin de ce long travail, nous nous portons aussi bien qu'au commencement. Nous espérons que, avec l'aide de Dieu, il sera terminé dans un an ou à peu près.

Nous avons également reçu des témoignages de bienveillance de catholiques d'Irlande et d'Angleterre. Dans ce moment-ci même, l'abbé Kirwan Browne, ministre anglican converti, commence la publication d'une traduction anglaise de cette Histoire, à Saint-Hélier, île de Jersey.

Mais si d'autres ne nous ont pas indiqué de rectification importante à faire, nous en avons découvert une nous-même. Elle se trouve dans le présent volume, pages 483 et suivantes (1), et concerne le système philosophique de Descartes sur la certitude. D'après les explications authentiques de ce philosophe, que nous avons rencontrées dans ses ouvrages, son système se concilie très-bien avec celui d'Aristote et avec celui de tout le monde catholique, et il nous semble qu'il n'y a plus de quoi se disputer.

Nancy, le 30 mai, fête de la très-sainte Trinité 1847.
L'Auteur.

Observations a M. l'abbé Caillau sur ses douze articles de critique, concernant l'Histoire universelle de l'Eglise catholique, par M. l'abbé Rohrbacher.

Monsieur l'Abbé,

Le volume de la table de l'*Histoire universelle de l'Eglise catholique* était imprimé à moitié, quand nous avons eu occasion de lire douze articles de critique sur cette Histoire, dans la *Bibliographie catholique*, attribués généralement à M. l'abbé Caillau. Dans ces douze articles, nous avons trouvé beaucoup de choses dont nous espérons profiter, quelques-unes même dont nous profiterons dès ce moment. On ne demande ordinairement à un journaliste qu'une justice impartiale ; vous, M. l'Abbé, vous voulez bien, dans vos articles, nous témoigner quelquefois de l'estime et même de l'amitié ; nous vous en remercions de tout notre cœur. Vous voudrez donc bien nous permettre de vous faire quelques remontrances sur certains de vos jugements et même sur certaines de vos assertions.

Nous avons dit dès la Préface : « Nous prenons pour règle de nos affections et de nos pensées, non pas notre individu, ni tel autre que ce soit, non pas encore notre patrie, mais l'Eglise de Dieu, l'Eglise Catholique, Apostolique et Romaine. » Dans le volume XX, p. 505, nous disons : « Pour ne m'égarer point, je pris dès lors (1828) l'engagement que je prends ici : J'ai promis et je promets à Dieu la soumission la plus entière à toutes les doctrines du Saint-Siège. J'ai promis et je promets à Dieu de défendre, envers et contre tous, toutes les doctrines du Saint-Siège.

(1) Tome XI, livre quatre-vingt-septième de cette édition.

PIÈCES JUSTIFICATIVES.

Je ne demande à Dieu la vie et la santé que pour cela. » En 1845, nous avons prié qu'on examinât, « dans chaque volume de cette Histoire, ce qui ne serait pas exactement conforme aux doctrines du Saint-Siége, soit pour le fond, soit pour l'expression. Nous disons, *aux doctrines, et à toutes les doctrines du Saint-Siége, non à aucune autre.* Tout ce qui ne sera pas trouvé exactement conforme à ces doctrines, nous le corrigerons et nous ferons connaître aux souscripteurs les corrections qui auront été faites (V. ci-dessus, p. xxiij). » Nous aurions souhaité beaucoup, Monsieur l'Abbé, qu'il vous eût plu de faire attention à cet engagement et à cette prière de notre part; vous auriez pu nous rendre grand service. Au lieu de cela, vous commencez par nous faire un reproche de ce que, sur telle matière, nous ne pensons pas comme Bossuet ni comme vous-même. Nous en sommes bien fâché; mais nous n'avons pris aucun engagement de penser comme Bossuet ni comme quel que ce soit de nos amis. En voici la raison. Quelque amitié que nous puissions avoir pour votre personne, nous ne vous prenons cependant pas pour l'Eglise Romaine. Il y a plus : nous avons employé quelquefois certaines locutions de Bossuet, en particulier pour traduire plus littéralement l'Ecriture sainte; or, Monsieur l'Abbé, il se trouve que vous nous reprochez ces locutions comme des fautes de français.

Nous vous dirons confidemment à ce propos : Les originalités de style, de récit ou de réflexion qui ont pu vous offusquer de temps à autre, sont bien souvent un fait exprès. Voici pourquoi. Dans cette confusion de langues et d'idées où nous vivons, notre but, ou plutôt, puisque je vous parle confidemment, mon but a été de présenter l'ensemble de la religion catholique depuis le commencement du monde jusqu'à nos jours; de le présenter dans toute l'exactitude et en même temps dans toute la latitude dogmatique que demandent et que permettent les décisions de l'Eglise romaine, et de combattre, chemin faisant, toutes les erreurs opposées, anciennes et modernes : afin de rétablir, autant que possible, l'union des esprits dans l'unité et la vérité des idées. Mais, un si long travail, il fallait le faire lire; pour cela, il fallait éviter la monotonie, il fallait de temps en temps divertir, je dirai même dérouter en quelque sorte l'esprit du lecteur pour le délasser et lui faire accepter, en passant, des vérités assez dures. Aussi, m'attendais-je à bien d'autres clameurs qu'il n'y en a eu, et je m'étonne comme vous qu'on ait lu ce long ouvrage dans tant de séminaires et de communautés ecclésiastiques, malgré votre zèle constant pour en détourner.

Vous regrettez, Monsieur l'Abbé, que nous n'ayons pas eu un homme capable de nous signaler ce qu'il pouvait y avoir d'inexact dans chaque volume. Nous le regrettons pour le moins autant que vous. Plus d'une fois nous avons cherché un adversaire qui voulût bien examiner, dans ce que nous avons écrit, ce qui ne serait pas exactement conforme aux doctrines du Saint-Siège. Jamais nous n'avons été assez heureux pour en trouver un : seulement, nous en avons rencontré plusieurs, qui, comme vous, voulurent bien nous apprendre que nous ne pensions pas comme eux, et qui ont même pris la peine de nous attribuer et de nous faire attribuer, par écrit, des choses que nous n'avons ni dites ni faites. Et voilà pourquoi nous avons cru nécessaire de dire un peu en détail ce que nous avons dit et fait. Vous en êtes scandalisé, mon cher Monsieur, comme d'une chose peu séante. Nous le comprenons. *Factus sum insipiens; vos me coegistis.*

Dans chacun de vos articles, vous nous faites une grosse querelle sur la question de la certitude. Si vous aviez eu la complaisance de remarquer et de vérifier ce que nous disions au commencement du vingt-cinquième volume, paru avant votre premier article, vous auriez pu vous épargner des doléances philosophiques et donner à vos lecteurs une idée plus vraie de ce qu'il en est. Nous disions dans ce volume, p. 3 de l'Avertissement (1) : « Mais si d'autres ne nous ont pas indiqué de rectifications importantes à faire, nous en avons découvert une nous-même. Elle se trouve dans le présent volume, p. 483 et suivantes, et concerne le système philosophique de Descartes sur la certitude. D'après les explications authentiques de ce philosophe, que nous avons rencontrées dans ses ouvrages, son système se concilie très-bien avec celui d'Aristote et avec celui de tout le monde, et il nous semble qu'il n'y a plus de quoi se disputer. » Cette conciliation, exposée t. XXV, p. 483 et suivantes, nous l'avons reproduite t. XXVIII, p. 305. Il paraît que nous ne l'avons pas répétée assez souvent, puisque M. l'abbé Caillau n'y a pas pris garde.

En revanche, vous trouvez mauvais que nous revenions si souvent sur la doctrine de l'Eglise touchant la grâce et la nature. Cependant, nous en indiquons presque toujours le motif : ce sont les idées fausses ou incomplètes de tant d'auteurs français sur cette matière, idées fausses et incomplètes que nous croyons devoir redresser par la doctrine de l'Eglise, doctrine qui nous paraît trop peu connue en France. Par exemple, il y a tel catéchisme diocésain où il n'est pas dit un mot de la grâce. Ailleurs, un professeur de dogme disait à ses élèves : « Messieurs, pour le traité de la grâce, nous vous en faisons grâce. » Enfin, nous ne nous souvenons pas d'avoir rencontré un seul ouvrage, publié depuis le commencement de ce siècle jusqu'en 1840, où la doctrine de l'Eglise sur cette matière fût exactement et complètement exposée. Cependant, si elle ne l'est point ainsi, il est impossible qu'on s'entende jamais sur la nature et la grâce, la raison et la foi, l'ordre naturel et l'ordre surnaturel, et les conséquences fondamentales qui en découlent.

Vous nous blâmez encore de parler ici et là de l'origine du pouvoir temporel. Voici nos excuses. Comme cette question est beaucoup agitée dans le monde, nous avons examiné ce que les Pères et les Docteurs de l'Eglise enseignent à cet égard. Or, nous avons trouvé que la doctrine commune des Pères et des Docteurs catholiques, en particulier des Docteurs français, y compris Bossuet, Fénelon et Massillon, c'est que Dieu communique la souveraineté temporelle ordinairement par le peuple. Au contraire, nous avons découvert que l'absolutisme royal ou le despotisme est une nouveauté anglicane, introduite par l'apostat Cranmer (2). Ce que nous

(1) Voir ci-devant, page xxxiv.
(2) T. XXIV, p. 92 et 93 de la 1re édition; voir le tome X de la présente édition.

avons découvert, nous l'avons dit et répété, afin qu'on rende à chacun ce qui lui appartient et que l'on n'attribue point à l'Église catholique ce qui appartient à l'Église anglicane. Est-ce que vous trouveriez cela mauvais ?

Un reproche capital que vous nous faites, mon cher Monsieur, c'est de ne pas penser comme vous sur le degré de connaissance que les gentils avaient ou non du vrai Dieu. Sans doute, à vos yeux, nous pouvons avoir tort de ne pas penser comme vous en toutes choses. Mais au moins n'auriez-vous pas dû, ce semble, laisser ignorer à vos lecteurs que, sur cette question entre autres, nous ne disons rien de nous-même, que nous ne faisons que citer textuellement les Pères et les Docteurs les plus autorisés dans l'Église : Minutius Félix, Irénée, Tertullien, Cyprien, Lactance, Arnobe, Justin, Athénagore, Clément d'Alexandrie, Origène, saint Augustin et saint Thomas, parmi les Pères; Bailly, Hooke, Pétau, Thomassin, Huet, Tournely, Bergier, etc., parmi les théologiens modernes. Imputer à quelqu'un, comme une nouveauté inouïe, ce qui est la doctrine commune des Pères et même des théologiens; imputer cela à un auteur dans onze et douze articles et pendant trois et quatre années consécutives, de 1846 à 1849, n'est-ce pas tromper son lecteur et calomnier l'auteur ? En pareil cas, un honnête homme ne se croirait-il pas tenu à quelque réparation ?

Vous semblez en convenir dans une note de votre dernier article, mai 1849, p. 505. On y lit ces paroles : « Nous devons à la vérité de dire qu'une fois dans son voyage M. l'abbé Rohrbacher parle sagement, et contredit toutes ses erreurs passées, reconnaissant que, d'après l'Encyclique de Grégoire XVI, « hors de l'Église catholique on peut bien trouver quelques débris de vérités, mais nul ensemble, nulle vérité complète. Pourquoi n'a-t-il pas toujours parlé de même ? » — Mais, mon cher Monsieur l'abbé Caillau, nous avons toujours parlé de même ! et dans la Préface, et dans le livre II, et dans le livre XX, et dans toutes les occasions qui se sont présentées. Non-seulement nous disons toujours la même chose, mais c'est pour prouver cette chose-là que nous avons embrassé l'histoire depuis le commencement du monde. De grâce, lisez donc une fois dans la préface ces paroles : « Or, l'Église catholique, dans son état actuel, remonte de nous à dix-neuf siècles, et de là, dans un état différent, jusqu'à l'origine de l'humanité. Elle embrasse ainsi tous les siècles, depuis Grégoire XVI (1) jusques à Adam. Hors de là, rien de pareil; hors de là, nul ensemble; hors de là, quelques fragments qui, à eux seuls, ne présentent qu'un amas de décombres, mais qui, dans le christianisme total, trouvent leur place, comme les pierres détachées d'un même édifice. L'Église catholique est ainsi le genre humain, constitué divinement et divinement conservé dans l'unité, pour répondre à qui l'interroge, nous dire d'où il vient, où il va, quels sont les principaux événements de sa longue existence, quels sont les desseins de Dieu sur lui et sur nous. Sa réponse est l'histoire que nous écrivons. » — Lisez donc au commencement du second livre, t. I, p. 84 (2), ces autres paroles : « Quand les prophètes auront achevé d'écrire ainsi l'histoire future, cinq ou six siècles avant la venue du Christ, alors seulement apparaîtront les écrivains profanes pour enregistrer les faits isolés, recueillir les fragments de vérités; faits et fragments qui, à eux seuls, ne présentent qu'un amas de décombres, mais qui, dans Moïse, les Prophètes et le Christ, trouvent leur ensemble, comme les pierres d'un même édifice. Ces pierres éparses, que de nos jours on déterre de toute part, nous tâcherons de les rapporter à leur place convenable. A mesure que Moïse et les Prophètes nous auront fait le récit de quelque événement principal, nous en signalerons les vestiges dans les traditions des principaux peuples. Sans doute, et Moïse et les Prophètes et les Apôtres nous suffisent; dans leurs écrits, Dieu rassasie nos âmes de toutes les vérités nécessaires; mais de ce divin banquet il est tombé ailleurs quelques fragments. Suivant le précepte du Seigneur, nous les recueillerons de peur qu'ils ne périssent. D'ailleurs, en ceci, nous ne ferons que suivre l'exemple des Pères de l'Église, ou plutôt nous ne ferons que reproduire leurs paroles pour ce qui regarde les peuples les plus connus de leurs temps. » Puis, après avoir résumé ce que disent les Pères latins et les Pères grecs sur le degré de connaissance que les gentils avaient ou non du vrai Dieu, nous concluons par ces paroles, que je vous prie de bien remarquer : « Quand on compare l'Écriture avec l'Écriture, les Pères avec les Pères, on voit qu'il faut distinguer dans la connaissance de Dieu comme quatre degrés : 1° La connaissance des gentils; 2° la connaissance des juifs; 3° la connaissance des chrétiens; 4° la connaissance des saints dans le ciel. La première est ignorance comparativement à la seconde; la seconde, comparativement à la troisième; la troisième, comparativement à la quatrième. » Remarquez bien, mon cher ami, que la connaissance des gentils est ignorance, comparée non-seulement à celle des chrétiens, mais même à celle des juifs. Celui-là donc qui nous imputerait de la soutenir *pleine* et complète, celui-là avancerait une fausseté manifeste.

Pour vous en convaincre de plus en plus, considérez un peu le vingtième livre, où nous avons résumé en détail le degré de connaissance qu'ont eu de Dieu les principales nations et les principaux philosophes de la gentilité, comme aussi l'usage qu'ils ont fait de cette connaissance : la Chine avec ses philosophes, l'Inde avec ses brahmanes, la Chaldée et la Perse avec leurs mages, l'Égypte et l'Éthiopie avec leurs sages, la Grèce et l'Italie avec leurs écoles de Thalès, de Pythagore et de Socrate. Sur la Chine, nous concluons : « Voilà donc la philosophie chinoise, par la bouche d'un de ses plus illustres défenseurs, qui confesse avoir été impuissante à réaliser le bien qu'elle avait entrepris. Tout ce qu'a pu l'école de Confucius, c'est de conserver parmi les savants de la Chine la lettre de la doctrine ancienne; mais, depuis des siècles, c'est une lettre morte. Les disciples de Lao-tseu ont dégénéré bien plus encore : au lieu de marcher sur les traces de leur maître, ils en ont fait une espèce de divinité fabuleuse : au lieu d'étudier avec lui la raison divine, ils se livrent à des extravagances sans nombre. Sous le nom superbe de Tao-sse ou docteurs de la raison, ce n'est plus qu'une secte de jongleurs, de magiciens et d'astrologues, cherchant le breuvage d'immortalité, et les moyens de s'élever au ciel en traversant les

---

(1) Aujourd'hui Pie IX, successeur de Grégoire XVI.
(2) Tome I, page 34, col. 1 de la présente édition.

airs. Enfin, pour la Chine, comme pour le reste du monde, il n'y a d'espoir que dans le saint que Confucius attendait du côté de l'Occident. » — Sur l'Inde, nous concluons : « Voilà donc, sans parler de plusieurs autres sectes répandues dans l'Inde, voilà où en sont les brahmanes et les samanéens, ces philosophes si vantés de l'antiquité, ces oracles qu'allaient consulter les philosophes de la Grèce ! Ce que dit saint Paul, on le reconnaît en eux : « Ils sont inexcusables, parce qu'ayant connu Dieu, ils ne l'ont pas glorifié comme Dieu, et ne lui ont point rendu grâces, mais ils se sont évanouis dans leurs raisonnements, et leur cœur insensé s'est obscurci : se disant sages, ils sont devenus fous et ils ont changé la gloire du Dieu incorruptible en la ressemblance d'un homme corruptible, ainsi que d'oiseaux, de quadrupèdes et de reptiles. C'est pourquoi Dieu les a livrés aux convoitises de leur cœur, en sorte qu'ils s'abandonnent à l'impureté et à l'infamie. Ils ont travesti la vérité de Dieu en mensonge, et ont adoré et servi la créature plutôt que le Créateur, qui est béni dans tous les siècles. C'est pourquoi Dieu les a livrés à des passions d'ignominie. » — Sur la Chaldée et la Perse, voici ce que nous disons de plus favorable : « Toutefois, si l'on ne peut pas dire en général que les anciens Perses ne fussent aucunement idolâtres, on peut dire au moins qu'ils ne l'étaient point aussi grossièrement que beaucoup d'autres. » — Sur l'Egypte, après en avoir résumé l'ancienne doctrine, nous concluons : « Mais comment alors l'Egypte a-t-elle pu devenir aussi grossièrement idolâtre, jusqu'à se prosterner devant des bœufs, des boucs et des crocodiles ? L'exemple actuel de l'Inde est là pour nous le montrer. Avec les idées les plus magnifiques sur l'unité de Dieu, dans les livres, l'Inde se prosterne devant la vache, devant le serpent, devant l'herbe *darba*, devant les ustensiles de cuisine. C'est que, entre beaucoup d'autres causes, les sages de l'Egypte, non plus que les sages de l'Inde, au lieu de chercher la gloire de Dieu, ne cherchaient que leur propre gloire ? » — « Sur la Grèce et l'Italie, nous concluons finalement : « Bref, la philosophie humaine, avec ce qu'elle a de plus glorieux et de plus puissant, avec ses Pythagore, ses Socrate, ses Platon, ses Aristote, ses Zénon, ses Cicéron, ses Sénèque, ses Marc-Aurèle, n'a rien pu, n'a rien osé ni pour Dieu ni pour l'homme ; rien, pour faire rendre à Dieu le culte qui lui est dû ; rien, pour abolir l'esclavage qui pesait sur les trois quarts du genre humain. » — Nous disons en particulier sur le plus sage des philosophes grecs, sur Socrate : « Un Père de l'Eglise, le philosophe et martyr saint Justin, compte Socrate et Héraclite au nombre des chrétiens primitifs qui, ainsi qu'Abraham, Ananias, Azarias et Misaël, ont confessé le Dieu véritable. Mais, quand on considère tout ce qu'il y a de louche dans sa conduite (celle de Socrate) sur cet article principal, il est difficile de ne pas le ranger parmi les hommes qui, ayant connu Dieu, ne l'ont pas, du moins tout à fait, glorifié comme Dieu. »

Voilà, mon cher Monsieur Caillau, les principaux endroits de l'Histoire sur la matière, ceux où je traite la question *ex professo*. Si vous voulez bien vous donner la peine d'y faire un peu attention, vous conviendrez, je pense, que je ne reconnais point aux gentils, pas même aux plus sages d'entre eux, une *pleine connaissance* de Dieu, mais seulement un certain degré de connaissance qui ne les empêche pas de tomber dans l'idolâtrie. Vous conviendrez, j'espère, que dans ces endroits décisifs, je parle toujours *sagement*, puisque j'y parle comme vous ; car vous-même, mai 1849, p. 505, confessez que les gentils avaient une *certaine connaissance* de Dieu, et que vous prouvez l'existence de Dieu par leur témoignage. Or, en vérité, je ne dis pas plus. Ainsi, nous voilà d'accord ; que Dieu soit béni !

Malheureusement, vous dites à la même page : « La question, entre M. l'abbé Rohrbacher et nous, est sur une *connaissance pleine*, faisant disparaître l'idolâtrie. » Mais, mon bon Monsieur, permettez-moi de vous le dire, vous vous trompez ; car, dans les passages décisifs que nous avons vus, je dis et je prouve que les gentils n'avaient que la connaissance la plus infime de Dieu, connaissance qui était ignorance comparativement à celle des juifs, et ne faisait point disparaître l'idolâtrie. Je nie donc, comme vous, que les gentils aient eu une *pleine connaissance* de Dieu, une connaissance faisant disparaître l'idolâtrie. Ainsi, nous voilà encore d'accord.

Vous vous trompez donc complètement, lorsque vous m'accusez de reconnaître aux gentils une *connaissance pleine* : ou bien, si vous ne vous trompez pas, si vous agissez avec une *pleine connaissance* de ce que vous faites, je dirai que vous commettez là un faux, et un faux en écriture publique, un faux contre l'honneur de votre prochain. Mais, parce que l'auteur sera un simple prêtre, sans aucun appui humain en ce monde, croyez-vous, mon bon ami, qu'il soit permis de le calomnier et de tromper le public sur son compte, et cela, dans onze ou douze articles et pendant trois et quatre années consécutives ? Mais que devient alors ce commandement de Dieu : Faux témoignage ne diras ni mentiras aucunement ? Tout le monde ne vous croira-t-il pas de mauvaise foi ?

Pour moi, qui ai lu attentivement vos articles, je vous juge beaucoup moins sévèrement, et ne vous trouve pas si malin que vous pouvez en avoir l'air. La cause en est à une phrase du même numéro, p. 504. Vous m'y faites observer que j'aurais dû *dire*, *avec Eutin, que l'histoire de la religion de Jésus-Christ commence avec le monde*. Votre observation, mon cher ami, me rappelle ce personnage de la fable, qui, interrogé par un autre, non loin d'Athènes, s'il connaissait le Pirée et s'il le voyait quelquefois, répondit : « *Tous les jours : il est mon ami ; c'est une vieille connaissance,* » prenant le nom d'un port pour un nom d'homme. Car, soit dit entre nous deux, votre *Eutin*, que vous me donnez pour un modèle d'écrivain catholique, cet *Eutin* est une ville, et une ville protestante du Holstein. L'auteur catholique de l'histoire dont vous voulez parler est le comte de Stolberg, qui, après sa conversion, quitta Eutin pour venir à Münster en Westphalie. A coup sûr, personne au monde, du moins avec une apparence de raison, ne vous soupçonnera de mauvaise foi, quand vous prenez et donnez une ville pour un homme. Or, après cet échantillon, pourquoi vous accuserait-on de mauvaise foi, quand vous prenez et donnez ailleurs une chose pour une autre, une connaissance non pleine pour une connaissance pleine, une connaissance infime pour une connaissance sublime? Car enfin, une connaissance quelconque ne ressemble-t-elle pas plus à une connaissance de même espèce qu'un homme ne ressemble à une ville? Tout cela ne prouve qu'une chose : l'attention extrême que vous mettez à ce que vous dites et à ce que disent les autres. Le plus grand inconvénient que j'y vois est pour ceux de vos lecteurs qui vous croiraient sur parole; car ils seraient exposés à prendre plus d'une fois, pour de puissants navires, des bâtons flottant sur l'eau.

Un point sur lequel vous nous gourmandez plus vertement encore que sur tout autre, c'est de dire que l'Eglise catholique est dès le commencement du monde. Il est vrai que nous le disons et dès la Préface, et même avant cela dans l'épigraphe de tout l'ouvrage, épigraphe qui se reproduit sur la couverture et la première page de chaque volume. Mais cette épigraphe, comme on a soin de l'indiquer chaque fois, est une proposition textuelle de saint Epiphane, qui en fait même le fondement de son livre contre les hérésies. Est-ce que vous n'auriez lu ni la Préface de l'histoire, ni même l'épigraphe, ni saint Epiphane, dont vous avez donné une édition abrégée ou réformée dans votre *Collectio selecta Patrum*? Je vous le demande, car, dans vos onze premiers articles, vous ne soufflez mot de cette proposition capitale de saint Epiphane, capitale pour lui, pour moi et pour vous.

Il y a plus : dans le volume VII, p. 88 et 89, résumant l'ouvrage de saint Epiphane, nous disons : « Dans le même temps, il travaillait à l'histoire et à la réfutation générale de toutes les hérésies. Il en compte quatre-vingts jusqu'à son temps, à partir de l'origine du monde; vingt avant Jésus-Christ, et soixante après. L'idée qui lui sert de base, c'est que l'Eglise catholique est de l'éternité ou du commencement des siècles..... Il termine tout l'ouvrage par la pensée première : que l'Eglise catholique, formée avec Adam, annoncée dans les patriarches, accréditée en Abraham, révélée par Moïse, prophétisée par Isaïe, manifestée dans le Christ et unie à lui comme son unique épouse, existe à la fois et avant et après toutes les erreurs. » Or, mon cher Monsieur, dans votre numéro d'août 1846, en rendant compte des volumes VII, VIII et IX de l'Histoire, vous assurez avoir lu l'ouvrage avec attention. Vous avez même la bonté de dire : « Nous nous félicitons d'avoir à faire à l'auteur, que nous estimons et que nous aimons, beaucoup moins de reproches, ajoutant à ce premier témoignage des éloges nombreux et bien mérités. Aujourd'hui, nous sommes heureux de proclamer que les trois volumes dont nous avons à parler ne renferment presque aucune tache et offrent au lecteur des narrations tout à fait intéressantes et éminemment catholiques. » En effet, quant au septième volume, en particulier, sauf une petite observation touchant le pape Libère, vous n'en faites aucune autre. Mais c'est dans ce septième volume que nous résumons l'ouvrage de saint Epiphane, qui nous a fourni la proposition et l'idée fondamentale de notre travail, savoir : que l'Eglise catholique est le commencement de toutes choses, qu'elle existe avant et après toutes les erreurs : proposition qui vous fait si mal au cœur et que vous combattez là même où il n'en est question que d'une manière indirecte. Comment donc n'avez-vous pas remarqué l'endroit principal, où il en est question directement et *ex professo*? Comment n'en dites-vous rien, quoique vous assuriez avoir lu le volume avec attention? Faut-il supposer qu'en 1846, vous ne saviez pas encore comment vous tirer d'embarras avec saint Epiphane?

En 1849, dans votre dernier article, vous paraissez plus avisé. Page 504, immédiatement après votre curieuse vision d'Eutin, on lit ces mots : « L'Eglise catholique, dit-il (l'auteur), est née avec le monde; elle est, selon saint Epiphane, le principe de toutes choses (en ce sens, ajoutez-vous, que c'est à elle que toutes choses se rapportent, mais non en ce sens qu'elle fut catholique avant Jésus-Christ). » Mais, mon cher, quand tel serait le sens de saint Epiphane; quand l'Eglise catholique ne serait pas née, n'aurait pas commencé avec le monde; quand elle ne serait le principe de toutes choses, que dans ce sens que toutes choses se rapportent à elle, j'aurais encore raison de rapporter à elle toutes choses, le commencement, le milieu et la fin, et de comprendre tout cela sous le nom d'*Histoire universelle de l'Eglise catholique*. Les expressions capitales de saint Epiphane sont : Ἀρχὴ πάντων ἐστὶν ἡ καθολικὴ καὶ ἁγία Ἐκκλησία. Le principe de toutes choses est la sainte Eglise catholique. D'après le contexte, je crois que *principe* veut dire *commencement*; vous, vous entendez *fin*, but. Mais, commencement ou fin, toujours est-il que le principe est antérieur aux conséquences qui en naissent; toujours est-il que l'Eglise catholique étant le principe de toutes choses, leur est nécessairement antérieure, et vous êtes toujours pris.

Dites-moi donc, si vous aviez à faire l'histoire complète du temple de Salomon, ne parleriez-vous pas un peu des fondements, de la montagne de Sion, des préparatifs faits par David, des cèdres du Liban coupés à la demande de Salomon par les ouvriers du roi de Tyr; ne diriez-vous pas un petit mot de la part que les nations ont eue à la construction de ce temple, etc., etc.? Or, vous le savez, l'Eglise de Dieu est un temple élevé en son honneur. Saint Paul dit aux chrétiens d'Ephèse : « Vous êtes édifiés sur le fondement des apôtres et des prophètes, et unis en Jésus-Christ, qui est la principale pierre de l'angle sur lequel tout l'édifice étant posé, s'élève et s'accroît dans ses proportions et sa symétrie, pour être un temple consacré au Seigneur. » Vous voyez, mon cher, que l'Eglise catholique est un temple bâti sur le fondement des prophètes, posé sur la pierre angulaire, Jésus-Christ; que ce temple se bâtit encore et qu'il ne sera achevé que dans l'éternité. Saint Paul dit encore aux chrétiens venus d'entre les Hébreux : « Vous vous êtes approchés de la montagne de Sion, de la cité du Dieu vivant, de la Jérusalem céleste, d'innombrables myriades d'anges, de l'assemblée et de l'*Eglise* des premiers-nés qui sont écrits dans le ciel, etc., etc. » Faites attention, mon cher. Vous trouvez mauvais que je donne le nom d'Eglise à la société des fidèles avant Jésus-Christ; voilà saint Paul qui m'en donne l'exemple et qui ajoute que nous ne faisons qu'un avec cette Eglise des premiers-nés. Est-ce que vous gourmanderez aussi saint Paul de ce qu'il ne pense pas comme vous?

J'ai dit que, quand même le sens de saint Epiphane serait tel que vous dites, vous seriez toujours pris, mais, au fait, vous vous trompez sur le sens du saint docteur. D'abord, la pensée principale de son livre contre les hérésies, c'est que toutes les hérésies sont postérieures à l'Eglise catholique, même les vingt premières, parmi lesquelles le paganisme. Il faut donc que l'Eglise ait existé avant tout, autrement son livre n'aurait point de sens. Mais vous vous trompez en particulier sur le passage en question. Pour vous en convaincre, j'aurais bien voulu vous citer vous-même à vous-même, en rapportant le passage entier de saint Epiphane, tel que vous avez dû le donner en latin dans votre *Collectio selecta Patrum*, à moins que vous n'ayez eu la prudence de le supprimer. N'ayant pu me procurer votre volume en question, je transcris la traduction latine du Père Pétau. On y lit ces paroles de saint Epiphane sur la période d'Adam à Phaleg : « *Neque igitur judaismus, neque ulla alia secta prodierat : sed, ut ita dicam, illa eadem obtinebat, quæ hodiè in sanctá Dei Ecclesiá ac catholicá perseverat fides, quæ cum ab ipsis rerum primordiis viguisset rursus est posteà patefacta. Etenim si quis ista solo veritatis studio impulsus velit expendere, non dubitabit sanctam atque catholicam Ecclesiam primam omnium extitisse, dummodò scopum ipsum consideret.* » Ce qui veut dire en français : « Dans cette période n'apparaît ni judaïsme ni aucune autre secte, mais, à vrai dire, la foi qui règne encore dans la sainte et catholique Eglise de Dieu, foi qui a existé dès l'origine et a été manifestée de nouveau dans la suite. Car, si quelqu'un veut considérer tout cela par le seul amour de la vérité, il ne doutera point que la sainte et catholique Eglise ne soit le commencement (Caillau, *but*) de toutes choses, pour peu qu'il en considère le but. » Voyez-vous, mon cher, votre jolie traduction : Il ne doutera point que l'Eglise catholique ne soit le *but* de toutes choses, pour peu qu'il en considère le *but*. Le *but* du *but*, c'est charmant. Vous dites quelque part que les Jésuites pensent plutôt comme vous que comme moi ; j'espère que vous en excepterez au moins le Père Pétau ; car, au lieu de traduire *le but*, il met *primam omnium extitisse, l'Eglise catholique a existé la première de toutes les choses*. Mais que pensez-vous de ce compliment de saint Epiphane : « Si quelqu'un veut y réfléchir par le seul amour de la vérité, il ne doutera point que la sainte Eglise catholique ne soit le commencement de toutes choses, pour peu qu'il en considère le but ? » Si je vous en avais dit autant de moi-même, vous auriez crié à l'injure, à l'insulte ; mais, parce que c'est saint Epiphane, comment vous en tirer ? Supposerez-vous, comme vous le faites ailleurs, que c'est moi ou un autre qui ai fourré ces mots dans le texte ? Mais l'édition que je cite est de Paris, 1622, avec privilège du roi.

De plus, avant saint Epiphane, Origène enseigne cette ancienneté primordiale de l'Eglise dans son commentaire du *Cantique des cantiques*. Saint Philastre de Brescia, saint Anselme de Cantorbéry, Hugues de Saint-Victor, et plusieurs autres l'enseignent après Origène et saint Epiphane. Pour tout résumer, nous citons le théologien Bailly, qui enseigne la même chose dans ses deux traités de l'Eglise, le petit et le grand. « L'Eglise, dit-il, dans ses notions préliminaires, est ou triomphante dans les cieux, ou souffrante dans le purgatoire, ou militante sur la terre. On la prend ici dans le dernier sens. Cette Eglise peut être considérée en général et indépendamment de ses différents états. Prise en ce sens, elle se définit : *La société des fidèles qui servent Dieu sous le chef Jésus-Christ*. Cette définition embrasse tant d'Eglise qui servit Dieu sous la loi de nature, que l'Eglise judaïque sous la loi de Moïse, et l'Eglise chrétienne et actuelle, soit qu'elle triomphe dans les cieux, soit qu'elle souffre dans le purgatoire, ou qu'elle combatte sur la terre. Il est manifeste que, prise en ce sens, l'Eglise est très-ancienne, qu'elle a fleuri au temps de la loi de nature et de la loi écrite; et qu'il y a eu des chrétiens dès les premiers jours. Car tous ceux qui ont été sauvés, n'ayant pu l'être que par la foi en Jésus-Christ, sont certainement membres de Jésus-Christ et de l'Eglise. « Tous ceux, dit saint Augustin, qui ont été justes dès l'origine du monde, ont le Christ pour chef ; car ils ont cru qu'il viendrait, comme nous croyons qu'il est venu, et ils ont été guéris en sa foi, aussi bien que nous, afin qu'il fût le chef de toute la cité de Jérusalem. » Eusèbe pense de même, livre 1er, chapitre 4 de son *Histoire de l'Eglise*, où il observe que, si le nom des chrétiens est connu depuis peu, leur société date de l'origine même du genre humain ; et c'est à le prouver qu'il emploie une partie de son livre (1). Voilà ce qu'enseigne Bailly dans la seconde édition de son *Grand traité de l'Eglise*, t. I, p. 4, Dijon, 1780. Nous insistons sur ces particularités, parce que de nos jours il s'est rencontré de bonnes personnes qui ont trouvé, tant elles connaissaient bien les théologiens et les Pères! que cette ancienneté de l'Eglise était une nouveauté de notre invention, qu'elles ne pouvaient se dispenser de dénoncer à l'autorité ecclésiastique (2). »

Pour vous, mon cher M. Caillau, il y a une particularité spéciale. Quand nous disons que cette antiquité primordiale de l'Eglise est la doctrine de Bailly lui-même, vous avez soin, dans votre N° 9, p. 413, de mettre entre parenthèses : (ajoutez selon l'édition faite par les partisans du sens commun, et non dans les autres). Mais, mon cher, l'édition que nous citons est de 1780, neuf ans avant que nous fussions au monde. L'assertion du critique n'est-elle pas alors, et même doublement, un faux témoignage? Mais reconnaissez du moins aujourd'hui que le théologien Bailly enseigne, avec saint Augustin, Eusèbe, saint Epiphane, que l'Eglise, il dit l'Eglise et non simplement religion, que l'Eglise, disons-nous, remonte jusqu'à l'origine du genre humain ; et cessez de nous en vouloir, si, avec Bailly, etc., nous disons Eglise, au lieu de dire, avec *Eutin*, religion.

Mais après tout, demanderez-vous, pourquoi l'appeler Eglise *catholique* ? — Nous avons répondu par le premier mot de notre travail, par l'épigraphe, que vous devez connaître maintenant. Nous avons répondu par ces premiers mots de la Préface : « Il y a quinze siècles, un saint docteur entreprit de réfuter en peu de mots toutes les erreurs humaines qui avaient paru depuis l'origine du monde jusqu'à son temps. Pour y réussir, il posa comme un fait incontestable que la foi qui régnait alors dans la sainte et catholique Eglise de Dieu était la même qui existait dès l'origine et qui, depuis, fut manifestée de nouveau par le Christ. Car, dit-il pour quiconque veut y réfléchir avec amour de la vérité, la sainte et ca-

(1) Bailly. *Tractatus de Ecclesiá Christi*, t. I, p. 4; *Divione*, 1780. — (2) T. XXVII, p. 375 et 376.

tholique Église est le commencement de toutes choses. Et il le prouve par l'exemple du premier homme, qui ne fut ni juif par la circoncision, ni idolâtre par le culte des idoles, mais, étant prophète, connaissait le Père et le Fils et le Saint-Esprit, et par là même était chrétien. Il le prouve encore par l'exemple des patriarches, y compris Abraham. D'où il conclut que toutes les hérésies, parmi lesquelles il compte le paganisme, étaient de fait et de droit postérieures à la vérité catholique. — Ce que, dans le IVe siècle de l'ère chrétienne, saint Épiphane a fait d'une manière succincte et polémique, nous avons entrepris de le faire au XIXe d'une manière historique et plus étendue. »

Remarquez, mon cher, remarquez en passant, que d'après saint Épiphane, nos respectables ancêtres, Adam, Seth, Enoch, Noé auxquels on peut ajouter le Chananéen Melchisédech et l'Iduméen Job, n'étaient ni juifs, ni païens, ni hérétiques, ni schismatiques, mais bons catholiques comme vous et moi, et que tout le monde le fut jusqu'au temps de Phaleg. D'ailleurs, combien de fois vous-même n'avez-vous pas proposé aux chrétiens de nos jours, comme modèles de pénitence et de conversion, la première capitale de la gentilité, les habitants de Ninive? Ces illustres et innombrables pénitents, loués par Jésus-Christ même, étaient-ils alors païens, hérétiques, schismatiques, ou bien catholiques dans le sens de saint Épiphane?

Voici un autre motif, une autre autorité qui nous a déterminé à donner à notre travail le titre d'*Histoire universelle de l'Église catholique*. Nous l'avons exposé dès la même Préface. « Histoire veut dire science des faits : science, connaissance raisonnée, connaissance qui explique la raison, les causes, les rapports, les effets. L'histoire du genre humain comprend donc, non-seulement la simple notion des principaux faits qui le concernent, mais l'explication de ces faits par leurs causes et leurs résultats. « Or, comme le dit Bossuet, la seule Église catholique remplit tous les siècles précédents par une suite qui ne peut lui être contestée. La loi vient au devant de l'Évangile, la succession de Moïse et des patriarches ne fait qu'une suite avec celle de Jésus-Christ : être attendu, venir, être reconnu par une postérité qui durera autant que le monde, c'est le caractère du Messie en qui nous croyons. Jésus-Christ est aujourd'hui, il était hier, il est au siècle des siècles (1). » La seule Église catholique peut donc nous apprendre et les faits, et le sens des faits. »

Mon cher M. Caillau, comme vous avez beaucoup de confiance en Bossuet, j'espère que vous ne me gronderez plus, si je pense, comme lui, que *la seule Église catholique remplit tous les siècles précédents par une suite qui ne peut lui être contestée*, et si je

Bossuet, *Discours sur l'Histoire universelle*, c. 31.

conclus de là que cette suite incontestable peut être appelée *Histoire universelle de l'Église catholique*.

Mais, de grâce, lisez donc au même endroit ces autres paroles de Bossuet : « Quelle consolation aux enfants de Dieu ! mais quelle conviction de la vérité, quand ils voient que d'Innocent XI, qui remplit aujourd'hui si dignement le premier siège de l'Église, on remonte sans interruption jusqu'à saint Pierre, établi par Jésus-Christ prince des apôtres : d'où, en reprenant les pontifes qui ont servi sous la loi, on va jusqu'à Aaron et Moïse ; de là jusqu'aux patriarches, et jusqu'à l'origine du monde ! Quelle suite, quelle tradition, quel enchaînement merveilleux ! Si notre esprit naturellement incertain, et devenu par ses incertitudes le jouet de ses propres raisonnements, a besoin, dans les questions où il va du salut, d'être fixé et déterminé par quelque autorité certaine, quelle plus grande autorité que celle de l'Église catholique, qui réunit en elle-même toute l'autorité des siècles passés, et les anciennes traditions du genre humain jusqu'à sa première origine !

» Ainsi la société que Jésus-Christ, attendu durant tous les siècles passés, a enfin fondée sur la pierre, et où saint Pierre et ses successeurs doivent présider par ses ordres, se justifie elle-même par sa propre suite, et porte dans son éternelle durée le caractère de la main de Dieu.

» C'est aussi cette succession, que nulle hérésie, nulle secte, nulle autre société que la seule Église de Dieu n'a pu se donner. Les fausses religions ont pu imiter l'Église en beaucoup de choses, et surtout elles l'imitent en disant, comme elle, que c'est Dieu qui les a fondées ; mais ce discours en leur bouche n'est qu'un discours en l'air. Car si Dieu a créé le genre humain ; si, le créant à son image, il n'a jamais dédaigné de lui enseigner le moyen de le servir et de lui plaire, toute secte qui ne montre pas sa succession depuis l'origine du monde, n'est pas de Dieu.

» Ici tombent aux pieds de l'Église toutes les sociétés et toutes les sectes que les hommes ont établies au dedans ou au dehors du christianisme. »

En vérité, mon cher M. Caillau, ne dirait-on pas que Bossuet a écrit exprès ces paroles pour vous répondre à ma place et calmer vos scrupules ?

Que si toutes ces raisons ne vous paraissaient pas encore suffisantes, je pourrai en ajouter d'autres. Et je le ferai d'autant plus volontiers que, ayant terminé l'ouvrage et préparant une nouvelle édition, je suis plus disposé à réviser les moindres détails et à rectifier ce qu'il conviendra.

Nancy, le 19 juillet 1849, fête de saint Vincent de Paul.

ROHRBACHER.

HISTOIRE UNIVERSELLE

DE

L'ÉGLISE CATHOLIQUE.

LIVRE PREMIER.

La création du monde et de l'homme.

L'Église catholique, dans tout son ensemble, est la société de Dieu avec les anges et les hommes fidèles. De toute éternité elle subsistait en Dieu, ou plutôt était Dieu lui-même : société ineffable de trois personnes dans une même essence. Maintenant elle traverse les siècles, passe sur la terre pour nous associer à cette unité sainte, universelle et perpétuelle, et s'en retourner avec nous dans l'éternité d'où elle est sortie. En attendant de l'y voir et de l'y admirer un jour, nous redisons ce que nous avons appris de son voyage dans le temps.

Les premiers qui furent appelés à cette union divine sont les anges. Créés bons, mais libres, Dieu les mit à l'épreuve comme nous. Dès lors il y eut schisme et hérésie. Au lieu de prendre pour règle unique le Verbe divin, plusieurs se prirent pour règle eux-mêmes. Ils furent exclus de la communion de Dieu, mais non de sa providence.

Divisés en neuf chœurs, subordonnés l'un à l'autre, les anges demeurés fidèles forment une armée invincible. Leur nombre est incalculable. Quand le Très-Haut est assis sur son trône, mille fois mille le servent, et dix mille fois cent mille forment sa cour (Dan., 7). Lui-même s'appelle le *Dieu des dieux*. Il en est qui sont préposés au gouvernement des astres, des éléments, des royaumes, des provinces; d'autres, à la conduite des individus.

Les anges apostats, éternisant leur crime, continuent la guerre contre Dieu. Dieu se sert de leur malice pour éprouver les hommes en ce monde et punir les méchants dans l'autre. De ces esprits malins, les uns habitent le lieu des supplices éternels, les autres sont répandus sur la terre et dans les airs. Autant les bons anges sont à honorer et à invoquer, autant les mauvais sont à craindre. La croyance aux bons et aux mauvais anges se retrouve, sous un nom ou sous un autre, chez tous les peuples.

Pour remplir dans son Eglise la place des esprits déchus, Dieu créa l'homme. Il le fit à son image et à sa ressemblance. Il n'en créa d'abord qu'un, pour marquer l'unité. A ce premier homme, il unit une compagne formée de sa chair même et de ses os. « Il leur donna le conseil, une langue, des yeux, des oreilles pour entendre et un cœur pour aimer; les remplit de la science de l'intelligence, leur montra les biens et les maux, fixa son regard sur leurs cœurs pour leur manifester la grandeur de ses œuvres, afin qu'ils célébrassent la sainteté de son nom, le glorifiant dans ses merveilles et racontant la magnificence de ses œuvres. Il leur donna encore des préceptes et les fit héritiers d'une loi de vie, il établit avec eux une alliance éternelle, et leur apprit ses jugements. Leurs yeux virent les merveilles de sa gloire; leurs oreilles entendirent sa voix; il leur dit : « Gardez-vous de tout ce qui est inique, et il leur ordonna à chacun de s'intéresser à son prochain (Eccl., 17). »

A ces deux ancêtres du genre humain, Dieu révéla ce qu'il leur était bon de savoir de l'origine du monde. Un de leurs descendants au vingt-cinquième degré, mais qui n'était séparé d'eux que par six personnes intermédiaires, dont chacune avait vécu un grand nombre d'années avec la précédente, nous en a conservé l'histoire écrite. Les antiques traditions des peuples s'y accordent et y trouvent leur ensemble. Cet homme, à qui la race humaine doit de connaître avec certitude sa véritable histoire, qui a constitué, pour en être le dépositaire, un peuple tel qu'après trente-quatre siècles il est toujours là, survivant à tous ses vainqueurs, survivant à lui-même, qui a prédit et figuré dans sa personne le

Christ que nous adorons, et dans le peuple hébreu la société ou Eglise catholique dont nous faisons partie, cet homme est Moïse. Ecoutons ce qu'il nous dit de la part de Dieu et de nos premiers ancêtres.

« Dans le principe Dieu créa les cieux et la terre. Et la terre était informe et nue, les ténèbres sur la face de l'abîme, et l'esprit de Dieu planant sur les eaux.

» Et Dieu dit : Que la lumière soit! Et la lumière fut. Et Dieu vit que la lumière était bonne, et il sépara la lumière des ténèbres. Et Dieu appela la lumière *jour*, et les ténèbres *nuit* ; et le soir et le matin formèrent un jour.

» Et Dieu dit : Qu'un firmament soit entre les eaux, et qu'il sépare les eaux d'avec les eaux. Et Dieu fit le firmament (ou l'étendue), et divisa les eaux supérieures des eaux inférieures. Et il fut fait ainsi. Et Dieu appela le firmament *ciel* ; et le soir et le matin furent le deuxième jour.

» Et Dieu dit : Que les eaux qui sont sous le ciel se rassemblent en un seul lieu et que l'aride paraisse. Et il fut fait ainsi. Et Dieu appela l'aride *terre*, et les eaux rassemblées, *mer*. Et Dieu vit que cela était bon. Et il dit : Que la terre produise les plantes verdoyantes avec leur semence, les arbres avec des fruits chacun selon son espèce, qui renferment en eux-mêmes leur semence pour se reproduire sur la terre. Et il fut fait ainsi. La terre produisit donc des plantes qui portaient leur graine suivant leur espèce, et des arbres fruitiers qui renfermaient leur semence en eux-mêmes suivant leur espèce. Et Dieu dit que cela était bon. Il y eut un soir et un matin : ce fut le troisième jour.

» Dieu dit aussi : Qu'il y ait dans le ciel des corps lumineux qui divisent le jour d'avec la nuit, et qu'ils servent de signes pour marquer les temps, les jours et les années ; qu'ils luisent dans le ciel et qu'ils éclairent la terre. Et cela fut fait ainsi. Et Dieu fit deux grands corps lumineux : l'un, plus grand, pour présider au jour ; l'autre, moins grand, pour présider à la nuit. Il fit aussi les étoiles. Et il les plaça dans le ciel pour luire sur la terre, pour présider au jour et à la nuit et pour séparer la lumière d'avec les ténèbres. Et Dieu vit que cela était bon. Il y eut un soir et un matin : ce fut le quatrième jour.

» Dieu dit encore : Que les eaux produisent les animaux qui nagent, et que les oiseaux volent au-dessus de la terre et sous l'étendue du ciel. Et Dieu créa les grands poissons et tous les animaux qui ont la vie et le mouvement, que les eaux produisirent chacun selon son espèce ; et il créa aussi des oiseaux chacun selon son espèce. Et Dieu vit que cela était bon. Et il les bénit en disant : Croissez et multipliez-vous ; remplissez la mer, et que les oiseaux se multiplient sur la terre. Et il y eut encore un soir et un matin : ce fut le cinquième jour.

» Dieu dit aussi : Que la terre produise des animaux vivants chacun selon son espèce ; les animaux domestiques, les reptiles et les bêtes sauvages selon leurs différentes espèces. Et cela fut fait ainsi. Dieu fit donc les bêtes sauvages de la terre selon leurs espèces ; les animaux domestiques et tous ceux qui rampent sur la terre, chacun selon son espèce. Et il vit que cela était bon.

» Dieu dit ensuite : Faisons l'homme à notre image et à notre ressemblance ; et qu'il domine sur les poissons de la mer, sur les oiseaux du ciel, sur les animaux, sur toute la terre, et sur tout ce qui rampe dessus. Et Dieu créa l'homme à son image ; il le créa à l'image de Dieu : il les créa mâle et femelle. Dieu les bénit et leur dit : Croissez et multipliez-vous ; remplissez la terre et vous l'assujétissez ; dominez sur les poissons de la mer, sur les oiseaux du ciel et sur tous les animaux qui se meuvent sur la terre. Dieu dit encore : Voilà que je vous ai donné toutes les plantes répandues sur la surface de la terre et qui portent leur semence, et tous les arbres fruitiers qui ont leur germe en eux-mêmes, pour servir à votre nourriture ; mais, à tous les animaux de la terre, à tous les oiseaux du ciel, à tout ce qui vit et se meut sur la terre, j'ai donné pour pâture toute herbe verdoyante. Et cela fut fait ainsi. Dieu vit toutes les choses qu'il avait faites, et voilà qu'elles étaient très-bonnes. Il y eut un soir et un matin : ce fut le sixième jour (Gen., c. 1).

» Ainsi furent achevés les cieux, la terre et toute leur armée.

» Dieu accomplit son œuvre le septième jour ; et il se reposa ce jour-là, après avoir formé tous ses ouvrages. Dieu bénit le septième jour et le sanctifia, parce qu'il s'était reposé en ce jour, après avoir terminé son œuvre.

» Telle fut la naissance des cieux et de la terre, lorsqu'ils furent créés, au jour que Jéhova, Dieu, fit les cieux et la terre (Gen., c. 2, 1-4). »

Voilà comme Moïse a résumé la révélation divine et la tradition humaine sur la création du monde. Pour en avoir l'intelligence, écoutons l'interprétation universelle.

La première parole, *dans le principe*, a trois sens également vrais : dans le principe ou le commencement des temps ; dans le principe ou le commencement des choses ; dans le principe ou le Verbe éternel, Dieu créa les cieux et la terre.

Le troisième sens est le plus élevé, sans être moins littéral que les autres. Le Christ lui-même s'appelle *le principe de la créature de Dieu* (Apoc., 3, 14), *l'alpha et l'oméga*, *le principe et la fin* (*Ibid.*, 22, 13). Paul, revenu du troisième ciel, dit que le Christ *est l'image de Dieu invisible, qu'il est né avant toute créature, parce que dans lui ont été créées toutes choses, et celles qui sont dans les cieux, et celles qui sont sur la terre, les visibles et les invisibles ; soit les trônes, soit les dominations, soit les principautés, soit les puissances, toutes choses ont été créées par lui et pour lui : il est avant toutes choses, et toutes choses ont en lui leur ensemble. Et il est la tête du corps de l'Eglise, lui qui est le principe, le premier-né d'entre les morts, afin qu'il ait la primauté en toutes choses. Parce qu'il a été trouvé bon que toute la plénitude habitât en lui* (Coloss., 1, 15-19).

Le plus grand docteur de l'Eglise, Augustin, disait à son peuple d'Hippone : « Interrogé par les Juifs : *Qui êtes-vous ? Le principe*, répondit le Christ (Joan., 8, 25). Ces paroles de la Genèse : *Dans le principe Dieu fit le ciel et la terre*, signifient donc, dans le Fils, qui est le principe (*De cantico novo*, 7). » « C'est donc dans ce principe, c'est-à-dire dans le Christ, dit Ambroise de Milan, que Dieu a fait le ciel et la terre, parce que toutes choses ont été faites par lui, et que sans lui rien n'a été fait (*In*

LIVRE I. — LA CRÉATION DU MONDE.

hexaem, l. 1, c. 4). » Irénée, Jérôme, Thomas d'Aquin parlent, l'entendent de même (Iren., *Adv. hær.*, l. 2, c. 2; Hier., *Quæst. hebr. in gen.*; *Summa S. Th.*, 1, q. 46, a. 3). »

Les docteurs de la Synagogue entendent également par le principe dans lequel Dieu a tout créé, *le Verbe, la sagesse suprême, éternelle* (*Deuxième lettre d'un rabbin converti*, p. 32, etc.).

Et docteurs chrétiens et docteurs juifs ont entrevu, dans les deux premiers versets de la Bible, le grand mystère de Dieu.

« Voici encore, dit le grand évêque d'Hippone, de quoi vous convaincre que la Trinité est un seul Dieu. Cela est écrit au commencement même du livre de la Genèse : *Dans le principe Dieu a fait le ciel et la terre*. Voilà Dieu le Père, et le Fils, principe, selon que lui-même il l'être. Que si vous cherchez l'Esprit-Saint : *L'Esprit de Dieu*, est-il dit, *était porté sur les eaux*. Lors donc qu'on lit dans la suite : Dieu dit : *Que la lumière soit*, et, *Dieu forma de terre*, cela démontre que ces œuvres de la Trinité sont inséparables (*De cantico novo*, n. 7). »

« Il en est, dit saint Ambroise, qui, par cet esprit, entendent l'air que nous respirons ; mais nous, d'accord avec les saints et les fidèles, nous entendons l'Esprit-Saint, en sorte que l'opération de la Trinité se manifeste dans la création du monde. Après avoir énoncé que Dieu a fait le ciel et la terre dans le principe, c'est-à-dire dans le Christ, il restait la plénitude de l'opération dans l'Esprit, selon ce qui est écrit : *Les cieux ont été affermis par le Verbe du Seigneur, et leur armée par l'Esprit de sa bouche* (Ps. 32). L'Esprit de Dieu était donc porté sur les eaux, parce qu'elles devaient par lui produire les semences de nouvelles créatures. Enfin le texte syriaque, presque en tout pareil à l'hébreu, porte : Et l'Esprit de Dieu fomentait les eaux, c'est-à-dire les vivifiait pour les tourner en créatures nouvelles, et, par sa chaleur, les animer à la vie (*In hexaem.*, l. 1, c. 8).

» Au lieu de l'expression : *Il était porté*, que nous lisons dans nos exemplaires, dit saint Jérôme, il y a dans l'hébreu un mot qui veut dire : *Il reposait sur, il couvait*; comme un oiseau qui anime les œufs par sa chaleur. Par où nous comprenons qu'il ne s'agit point de l'esprit ou souffle du monde, comme le pensent quelques-uns, mais de l'Esprit-Saint, qui est appelé vivificateur de tout, et par conséquent créateur, car il est dit : *Envoyez votre Esprit, et toutes choses seront créées* (Ps. 103. Hieron., *Quæst. hebr. in Gen.*). »

Les commentaires de la Synagogue sont pareils. A ces paroles : *Et l'Esprit de Dieu*, ou plutôt l'Esprit-Dieu, *planait sur la superficie des eaux*, le Talmud ajoute : « Tel qu'une colombe qui plane sur ses petits sans les toucher. » Un des interprètes juifs les plus autorisés, puisque ses commentaires sont joints très-souvent aux bibles hébraïques, développe ainsi ces paroles du Talmud : « Le trône de la gloire se tenait en l'air et reposait légèrement sur la superficie des eaux, dans l'*Esprit* de sa bouche, savoir de Dieu saint, béni soit-il, et dans son *Verbe*, telle qu'une colombe qui repose légèrement sur le nid : en langue vulgaire, *couver*. » Un autre commentaire, également autorisé parmi les Juifs, ajoute : « *Et l'Esprit de Dieu, c'est l'Esprit du Messie*. Dès qu'il planera sur la superficie des eaux de la loi, aussitôt commencera l'œuvre de la rédemption. Tel est le sens des paroles suivantes : *Et Dieu dit que la lumière soit*. » Un autre dit, sur le même passage : « *Et l'Esprit de Dieu*, c'est l'esprit du Messie, ainsi qu'il est écrit : *Et l'Esprit de Jéhova reposera sur lui*. Et par quel mérite viendra cet esprit qui plane sur l'eau ? Par le mérite de la pénitence, que l'Ecriture assimile à l'eau ; car il est dit : *Epanche ton cœur comme l'eau* (2ᵉ *lettre d'un rabbin converti*, c. 1, § 3). »

Voilà comme les docteurs chrétiens et juifs ont entrevu, dans les premières paroles de la Bible, et dans la première formation de l'univers, le Père, le Fils et le Saint-Esprit. Le nom hébraïque de Dieu, *Elohim*, semble, par sa forme plurielle, insinuer cette mystérieuse pluralité de personnes, surtout quand il est joint à celui de *Jéhova*, celui qui est, et au verbe *bara*, *il créa*, qui est au singulier.

Plus tard, au VIᵉ siècle avant l'ère chrétienne, lorsque les Juifs avec leurs prophètes, en particulier Daniel, chef des mages, étaient répandus dans toute l'Asie, nous verrons un philosophe chinois, qu'on sait avoir voyagé vers l'Occident, attribuer la production de toutes choses à un Etre suprême, *un et trine*, auquel il donne le nom, à peine altéré, de *Jéhova* (Abel Rémusat, *Mémoire sur Laotseu*).

Cette notion de Trinité en Dieu, nous la trouverons également, quoique moins exacte, dans l'Inde, dans l'Egypte et dans la Grèce (1).

Un autre dogme, que nous découvrirons encore plus nettement dans les anciennes traditions religieuses ou philosophiques de tous ces peuples, c'est que l'univers a été produit et formé par le Verbe de Dieu.

Tous les siècles, tous les peuples se réuniront pour rendre gloire au Père, au Fils et au Saint-Esprit.

Mais de quoi Dieu a-t-il fait ou créé le ciel et la terre ? L'Ecriture sainte nous dit, dans un endroit, que la main puissante de Dieu *a créé le monde d'une matière informe* (Sap., c. 11, 17); dans un autre, qu'*il a fait le ciel et la terre de rien* (2. Mach., 7, 28). L'un et l'autre sont vrais.

Nous avons vu que la terre était d'abord inutile, informe, vide, invisible, confuse, et que les ténèbres couvraient la face de l'abîme. Voilà cette matière confuse, sans ordre, sans arrangement ; sans forme distincte ; voilà ce chaos, cette confusion, dont la tradition s'est conservée dans le genre humain et se voit encore dans les poètes les plus anciens. Car c'est ce que veulent dire ces ténèbres, cet abime immense dont la terre était couverte, ce mélange confus de toutes choses, cette informité, si l'on peut parler de la sorte, de la terre vide et stérile. Or, c'est de cette matière informe, de ce chaos primitif que Dieu a formé cet ordre, cet arrangement, cette harmonie que nous appelons le monde.

Mais cette matière informe, Dieu l'a faite elle-même, dans l'origine, sans qu'elle fût auparavant. Ainsi, nous pouvons dire avec le premier des philosophes grecs, Thalès (2), et, avec le premier des apôtres du Christ, Pierre (2. Pet., 3, 5), que Dieu a produit de l'eau ou du chaos tout notre monde ; et nous devons être en même temps, avec la sainte mère

---
(1) Au livre XX de cette histoire.
(2) Cicero. *De nat. deor.*, l. 1, n. 10.

des Machabées, que Dieu a fait de rien le ciel et la terre : il les a faits de rien qu'ils étaient d'abord, *il a dit, et cela fut ; il a commandé, et cela exista* (Ps. 32, 9).

Mais Dieu, qui a fait tout ce qui existe, qu'est-il lui-même ? Lui-même s'est défini *Jéhova*, ou *celui qui est*.

Moïse lui ayant demandé quel était son nom, il répondit : « *Je suis celui qui suis*. Voici comme tu parleras aux enfants d'Israël : *Celui qui est* m'envoie vers vous (Exod. 3). » Docteurs de l'Eglise, docteurs de la Synagogue, philosophes de la gentilité, tous ont également admiré cette parole, embrassé et développé cette pensée. En même temps, de ce que Dieu est *celui qui est*, tous ont conclu que le reste n'est point, à proprement parler. *Voici que ma substance*, mon être, disait David à Dieu, *est devant vous comme un néant*, comme un non être (Ps. 38, 6). Comparées à Dieu, dit un saint et savant évêque d'Angleterre, Anselme de Cantorbéry, les choses créées ne sont point. Dieu seul est proprement, parce qu'il est par lui-même, qu'il ne change point, qu'il est toujours tout entier tout ce qu'il a été et tout ce qu'il sera. L'homme, au contraire, et avec lui toute créature, n'est point par lui-même, mais d'emprunt ; il n'est pas d'une manière ferme, mais sans cesse variable ; il n'est plus ce qu'il a été, il n'est pas encore ce qu'il sera : à peine est-il ce qu'il est, qu'il cesse de l'être. Or, ce qui est ainsi à peine, ce qui n'est presque pas, on peut dire, dans un vrai sens, qu'il n'est point. Sous ce rapport, le Créateur seul est et toutes les choses créées ne sont pas ; cependant elles ne sont pas tout à fait point, car elles ont été faites quelque chose par celui qui seul est d'une manière absolue (Anselm., *Monolog.*, c. 28). Un philosophe grec, expliquant l'inscription du temple de Delphes, *ei, tu es*, conclut par dire que, comme cette inscription, *Connais-toi toi-même*, est un avertissement de Dieu à l'homme, de même cette autre, *ei, tu es*, est une salutation de l'homme à Dieu, *étant un titre qui à lui seul appartient, d'être*. « Car, à le bien prendre, nous n'avons aucune participation du vray estre, pource que toute humaine nature est toujours au milieu, entre le naistre et le mourir, ne baillant de soy qu'une obscure apparence et ombre et une incertaine et débile opinion : et si d'avanture vous fichez votre pensée à vouloir prendre son estre, ce sera ne plus ne moins que qui voudroit empoigner l'eau ; car tant plus il serrera et pressera ce qui de sa nature coule partout, tant plus il perdra ce qu'il vouloit retenir et empoigner (Plutarque, trad. d'Amyot). »

« Je ne suis pas, ô mon Dieu, ce qui est, s'écrie Fénelon ; hélas ! je suis presque ce qui n'est pas. Je me vois comme un milieu incompréhensible entre le néant et l'être : je suis celui qui a été ; je suis celui qui sera ; je suis celui qui n'est plus ce qu'il a été ; je suis celui qui n'est pas encore ce qu'il sera, et, dans cet entre-deux, que suis-je ? Un je ne sais quoi qui ne peut s'arrêter en soi, qui n'a aucune consistance, qui s'écoule rapidement comme l'eau ; un je ne sais quoi que je ne puis saisir, qui s'enfuit de mes propres mains, qui n'est plus dès que je veux le saisir ou l'apercevoir ; un je ne sais quoi qui finit dans l'instant même où il commence : en sorte que je ne puis jamais un seul moment me trouver moi-même fixe et présent à moi-même, pour dire simplement : *Je suis*. Ainsi ma durée n'est qu'une défaillance continuelle (*Exist. de Dieu*, 2. p., n. 95). »

Cette grande pensée que Dieu seul est, et que, comparée à lui, la créature n'est pas, fait en un sens, le fond de l'antique philosophie de l'Inde et de l'Egypte (1).

Elle peut faire concevoir aussi une réponse à cette question : Quand Dieu a-t-il créé le monde ?

En Dieu il n'y a pas de *quand*, pas d'époque ; en Dieu il n'y a ni passé ni avenir, mais un seul et indivisible maintenant, l'éternité. On peut donc dire, avec le même Fénelon, que Dieu *est éternellement créant tout ce qu'il lui plaît de créer* (*Exist. de Dieu*, 2. p., n. 98).

Pour l'homme, qui passe du non être à l'être, d'un état à un autre, d'une pensée à une autre pensée, il y a un *quand*, il y a un avant et un après, il y a le temps. Sa passagère existence se mesure au cours du soleil et de la lune, à les années, les mois, les jours. Si donc l'on demande : Depuis quand Dieu a-t-il créé l'homme ? La réponse sera : Entre le premier Adam et le second, ou le Christ, l'on compte de quatre à six mille ans ou révolutions solaires.

Mais de toutes les créatures, l'homme est la dernière en date. Ce qui le précède n'entre point dans la chronologie humaine : telle que la création primitive de la matière, la durée du chaos, la production de la lumière, la formation des mers, le dessèchement de la terre, l'apparition du soleil, de la lune, des étoiles, des plantes, des animaux.

Sans doute, le temps existait déjà ; il y avait déjà un avant et un après ; car le temps a commencé avec la première créature, avec la première créature, il y a eu changement et succession : changement du non être à l'être, d'un état à un autre. Dieu, sans sortir de son éternité, sans changer lui-même en rien, a créé le monde temporel ou changeant. *Le temps est dès ce monde*, dit saint Ambroise, *mais non d'avant le monde*. Il y a donc pu avoir avant l'homme bien du temps, et même bien des temps ; mais, comme nous n'en avons aucune mesure bien connue, nous ne pouvons en rien dire avec certitude.

Il y a bien six époques dans l'histoire de la création ; mais ces époques, appelées jours, étaient-ce des jours humains, des *jours* de vingt-quatre heures ? ou bien des périodes de temps dont nous ignorons la durée, et que l'on peut supposer plus ou moins longues ? « De quelle nature sont ces jours, disait saint Augustin, c'est ce qu'il nous est très-difficile ou même impossible d'imaginer, à plus forte raison, de dire (*De civit.*, l. 11, c. 6). »

Ensuite, où commence le premier jour de cette création ? N'est-ce qu'à l'apparition de la lumière ? Plusieurs le pensent. Bossuet dit positivement (5ᵉ *élévation*) : « La création du ciel et de la terre, et de toute cette masse informe que nous avons vue dans les premières paroles de Moïse, a précédé les six jours, qui ne commencent qu'à la création de la lumière. » Alors ces paroles : *Dans le principe Dieu créa les cieux et la terre*. *Et la terre était informe et vide, et les ténèbres sur la face de l'abîme, et l'Esprit de Dieu se reposant sur la face des*

---

(1) Cette philosophie sera examinée et appréciée plus en détail dans le livre XX de cette histoire.

eaux, se rapporteraient à un état antérieur de l'univers.

Mais, avant le monde actuel, y en a-t-il déjà eu un autre? Cet état informe de la terre, plongée et comme dissoute dans les eaux, en était-ce la première création? ou bien était-ce une destruction de quelque chose d'antérieur? Moïse ne dit ni oui ni non. Ce qu'il y a de remarquable, c'est que Jérémie, pour peindre la désolation de la Judée, se sert des mêmes expressions que Moïse pour peindre l'ancien chaos de la terre (Jerem., 4, 23).

Enfin, avant le monde visible et matériel, Dieu a-t-il créé le monde invisible et intelligible, habité par les esprits, par les anges? Plusieurs Pères de l'Eglise l'ont pensé : saint Basile (homil. 1, *in hexaem.*), saint Grégoire de Nazianze (*Orat.* 38 et 42), saint Ambroise (*in hexaem.*, c. 5), saint Hilaire de Poitiers (l. 12, *de Trinit.*), saint Jérôme, saint Grégoire le Grand (*Moral.*, 1. 28, c. 7), saint Jean de Damas (l. 2, c. 3 et l. 4, c. 14). « Notre univers, dit saint Jérôme n'a pas encore six mille ans. Mais auparavant, combien ne faut-il pas croire qu'il y a eu d'éternités, de temps, d'origines de siècles, durant lesquels les anges, les trônes, les dominations et les autres vertus auront servi Dieu et subsisté sans aucune vicissitude ni mesure de temps, Dieu le voulant ainsi (*In Epist. ad Tit.*, cap. 1)? » Dieu lui-même semble nous le faire entendre, quand il dit à Job, ou plutôt à l'homme en général : « Où étais-tu quand je jetais les fondements de la terre? Sur quoi ses bases sont-elles affermies? Qui en a posé la pierre angulaire? Lorsque les astres du matin me louaient d'accord, et que tous les enfants de Dieu poussaient des cris de joie? Qui enferma la mer dans des barrières lorsqu'elle se déborda du sein maternel, lorsque je lui donnai pour vêtement la nuée et pour langes l'obscurité (Job, 38)? » Ainsi donc les enfants de Dieu, les anges du ciel, louaient, bénissaient leur Père, leur Créateur, au moment qu'il formait la terre, lorsque les ténèbres couvraient encore la face de l'abîme et avant la création de la lumière terrestre. C'est peut-être pour cela que, dans l'histoire des six jours, Moïse ne parle point, du moins expressément, de la création des anges. Ils existaient avant ce monde matériel, dont il se borne à décrire la formation.

Il en est qui disent : Moïse ne parle point distinctement de la création des anges, parce que les Juifs, peuple charnel et grossier, les eussent adorés comme des dieux, s'ils en avaient eu connaissance. Mais Moïse ne cesse de leur parler des anges; mais les Hébreux connaissaient les anges bien avant le temps de Moïse; mais l'histoire des patriarches est pleine de leurs merveilleuses apparitions. Si donc il fallait détourner le peuple juif d'adorer les anges, Moïse devait, ce semble, lui parler de leur création d'une manière très-distincte, afin de lui montrer que ce n'étaient pas des êtres subsistants, puissants, immortels par eux-mêmes, mais que Dieu leur avait donné l'existence comme aux autres créatures. Si donc, dans l'histoire des six jours, il n'en parle point expressément, on peut conclure qu'ils n'ont pas été créés dans cette période, mais qu'ils existaient déjà auparavant. Leur création serait alors implicitement comprise dans ces premières paroles : *Dans le principe Dieu créa les cieux*, à savoir les cieux et tous ceux qui les habitent.

Nous avons traduit, *les cieux*, pour conserver la forme plurielle du texte original. On entend généralement par *ciel* tout ce qui est au-dessus de la terre. Ainsi, l'on nomme *ciel* l'atmosphère qui entoure notre globe et où volent les oiseaux et les nuages; l'on nomme *ciel* l'espace immense où brillent les astres; l'on nomme *ciel* le séjour des anges et des saints. Il paraît que c'est celui que saint Paul appelle le troisième (2. Cor., 12). Souvent encore il est appelé *les cieux des cieux* : expression qui semble en distinguer plus d'un.

Maintenant quels cieux ou quel ciel Dieu a-t-il créé dans le principe et avant les six jours? Sans doute le ciel des anges, et non le ciel atmosphérique, que l'Ecriture nous dit expressément avoir été créé le second jour. Quant au ciel des étoiles, peut-être faut-il distinguer entre les étoiles fixes, que l'on tient pour autant de soleils, centres d'autant d'espèces de mondes, et les astres errants ou planètes, qui, avec le soleil, autour duquel elles font leurs révolutions, forment le monde dont la terre fait partie. Peut-être que les premières sont comprises dans les cieux créés d'abord, et qu'elles sont ces astres du matin, dont parle Dieu dans Job, qui, avec les anges, glorifiaient le Créateur lorsqu'il jetait les fondements de la terre et en débrouillait le chaos. Peut-être que les secondes étaient d'abord dans un état de confusion et d'obscurité comme la terre, et qu'elles furent rendues lumineuses pour elle le quatrième jour.

Quand nous parlons de divers mondes, nous entendons divers ensembles de globes célestes, tel que notre soleil en forme un avec les planètes qui l'accompagnent. D'après l'explication du chanoine Copernic, que paraissent confirmer de plus en plus les progrès de l'astronomie, le soleil en occupe le centre, tournant sur lui-même en vingt-cinq jours et demi. Autour de cet astre, un million trois cent trente-sept mille fois plus gros que la terre, circulent différentes planètes en des temps plus ou moins longs et à des distances plus ou moins grandes. La plus rapprochée du soleil en est à plus de treize millions de lieues; la plus éloignée, à plus de six cent soixante-deux millions; celle-là fait sa révolution autour du soleil en quatre-vingt-sept jours; celle-ci en quatre-vingt-quatre ans. Les anciens n'en connaissaient que sept, visibles à l'œil nu; depuis cinquante ans, on en a découvert quatre autres par le moyen des télescopes ou lunettes astronomiques à longue vue. De ces onze planètes, celles que l'on a pu observer le mieux tournent encore sur elles-mêmes. La terre est de ce nombre; elle achève ce tour en vingt-quatre heures. Quatre de ces planètes ont des planètes secondaires qui les accompagnent et circulent autour d'elles, comme la lune autour de la terre. L'on compte jusqu'à présent dix-huit de ces planètes subalternes, appelées *satellites*. Avec les onze principales, elles forment comme un petit corps d'armée dont le soleil est le chef et le centre.

On appelle *fixes* les étoiles qui gardent entre elles la même position. Depuis la découverte des lunettes astronomiques, leur nombre a été trouvé réellement innombrable. La blancheur lumineuse, connue sous le nom de *voie lactée*, et qui entoure le ciel comme une ceinture, paraît n'être en grande partie qu'un amas continu d'étoiles si petites ou si éloignées qu'on ne peut les distinguer qu'avec de forts télescopes. La distance entre la terre et celle des étoiles fixes qu'on tient la moins éloignée est jusqu'à présent incalculable.

Si maintenant chacune de ces étoiles sans nombre est un autre soleil, accompagné et entouré de sa troupe de planètes, on conçoit pourquoi le Créateur de tous ces mondes s'appelle si souvent le *Dieu des armées*.

Cependant tous ces mondes solaires, étant coordonnés à la même fin, ne forment qu'un monde universel. Cette fin est de manifester la gloire de Dieu à ses créatures intelligentes. On est porté à croire que, comme les planètes secondaires sont subordonnées aux planètes principales, celles-ci au soleil, les étoiles fixes ou les soleils le sont entre eux, et que tous ces globes qui nagent dans l'espace exécutent une immense harmonie à la louange de leur Créateur. C'est la pensée de plusieurs anciens.

Mais tous ces globes qui composent l'univers sont-ils habités par des créatures intelligentes, comme celui d'entre eux que nous appelons *terre*? D'abord, un sentiment commun aux docteurs de l'Eglise et aux anciens philosophes, c'est que Dieu gouverne le monde visible par le monde invisible, la nature ou création matérielle par la nature ou création spirituelle (*Summa* S. Th., 1, q. 110, a. 1). L'apôtre bien-aimé du Christ a vu un ange debout dans le soleil; il en a vu quatre autres, aux quatre extrémités de la terre, ayant puissance sur les vents et les tempêtes (Apoc., 19, 17. *Ibid.*, 7). D'après cela, tout, dans la nature visible, depuis les révolutions des astres jusqu'aux merveilles de la végétation, serait produit et dirigé par ces ministres invisibles de la divine Providence. Dans ce sens déjà tout l'univers est vivant comme une grande cité. Maintenant, dans cette cité immense, y a-t-il encore d'autres quartiers que celui que nous appelons *la terre*, qui aient leurs propres habitants? Nous n'en savons rien; mais cela peut être. Il se peut que Dieu ait peuplé de créatures intelligentes d'autres planètes que la nôtre, pour le connaître, l'aimer, le servir et le posséder éternellement avec nous. Il se peut que nous soyons le dernier degré des intelligences créées. C'est peut-être pour cela que le Fils de Dieu, voulant s'abaisser le plus bas possible, est descendu sur la terre, s'est fait homme et non pas ange, non pas créature surhumaine. Le sang de la croix, versé ici-bas, aura profité en même temps à ce qui est au-dessus. L'Apôtre des nations, revenu du troisième ciel, semble nous le faire entendre. Il appuie deux fois sur cette pensée : que, comme *tout a été créé dans le Fils, et ce qui est dans les cieux et ce qui est sur la terre, il a plu au Père de tout restaurer en lui, de tout réconcilier, de tout pacifier par son sang, et ce qui est sur la terre, et ce qui est dans les cieux* (Eph., 1, 10. Coloss., 1, 16-20).

Quant à Moïse, après nous avoir dit en général que, *dans le principe Dieu créa les cieux*, il se restreint à la terre et à ce qui a un rapport direct avec elle.

La terre était donc informe, invisible, plongée et comme dissoute dans un ténébreux abîme.

Considérons maintenant, suivant notre pouvoir, ce qu'a fait de cette masse confuse le Très-Haut, et son Verbe, cette Sagesse éternelle qui se joue dans l'univers, et son Esprit vivifiant qui planait sur les eaux, et qu'un commentateur estimé des Ecritures nous représente comme cette âme du monde, reconnue de Platon et chantée par Virgile (1).

D'abord, sur quoi Dieu a-t-il posé la terre? Job répondait déjà avant Moïse : *Il a suspendu la terre sur le rien* (Job. 26, 7). Cette réponse, que l'imagination avait de la peine à concevoir, l'expérience est venue la démontrer. Depuis que les navigateurs modernes ont fait le tour de la terre, tout le monde sait qu'elle n'est appuyée sur rien, mais isolée dans l'espace.

Mais comment alors se soutient-elle au milieu des airs? Comment même tient-elle ensemble? David disait à Dieu : *Vous avez fondé la terre sur une base qui lui est propre* (Ps. 103, 5), mais qui paraît en même temps commune aux autres corps célestes. Quelle est cette base propre et commune? C'est quelque chose d'analogue à ce qui unit ensemble l'Eglise catholique et qui la soutient sans aucun appui visible. Nous sommes de divers pays et de divers temps; il y en a de nous au ciel, il y en a sur la terre, il y en a dans le lieu intermédiaire de purification. Tous cependant nous ne faisons qu'un. Ce qui nous unit ainsi en un seul tout, c'est la foi, mais surtout la charité. Dieu a mis au fond de notre être un attrait naturel pour le bien, qui est lui-même, et pour ce qui est bon ou sorti de lui. La grâce, qui ne détruit point la nature, mais la suppose et la perfectionne, élève cet attrait, l'agrandit et le rend tout divin. Nous nous aimons nous-mêmes, et cet amour nous conserve la vie du corps et de l'âme; nous aimons notre prochain, nos parents, nos amis, les habitants de notre paroisse, de notre pays, et cet amour produit l'union de famille et de patrie; nous aimons tous les hommes, principalement ceux qui ont la même foi que nous ou qui peuvent l'avoir un jour, et cet amour produit l'union, la famille, la patrie universelle de l'Eglise catholique. Enfin, tous et chacun nous aimons Dieu par-dessus toutes choses, et cet amour nous unit tous avec Dieu et Dieu avec nous tous. Otez cet attrait, cette charité, tout se désunit, tout se décompose, tout se détruit : humanité, patrie, famille, individu même. Ce sera un informe chaos, telle qu'était d'abord la terre.

Cette terre ainsi désunie, confuse, dissoute dans l'abîme, est devenue une, compacte et solide, parce que Dieu lui a donné un centre d'unité et de charité matérielle, humainement inexplicable, qui attire tout autour de soi. Dès lors les éléments terrestres, disséminés dans l'eau, se sont rapprochés du centre et s'en rapprochent continuellement. Ce qu'on appelle *pesanteur* n'est que la force, la violence avec laquelle un objet y est attiré. De toutes parts la terre pèse ainsi sur elle-même; de toutes parts elle tend en bas, mais ce bas est son propre noyau. Et c'est de la sorte qu'elle se soutient au milieu de l'espace.

Non-seulement la terre a reçu un centre d'attraction qui fait son unité et sa force, chaque partie de matière, si petite qu'elle soit, attire également l'au-

---

(1) Cornel. a Lapide. *Spiritus intus alit totamque infusa per artus Mens agitat molem, et magno se corpore miscet. — Æneid.*, l. 6.

LIVRE I. — LA CRÉATION DU MONDE.

tre et en est attirée à son tour, surtout lorsqu'elles sont semblables. On sait avec quelle force les parties d'une pierre, d'un morceau de bois tiennent ensemble : même deux gouttes d'eau, placées l'une à côté de l'autre, s'attirent réciproquement, s'unissent de manière à ne pouvoir plus être distinguées. Tout le monde connaît ces faits. Les savants nomment la cause *affinité, force de cohésion*. Mais quelle est-elle ? ils l'ignorent. C'est un mystère comme la charité qui unit les cœurs.

Ce n'est pas tout. Deux gouttes d'eau s'attirent l'une l'autre : il paraît en être de même de deux astres. Le soleil attire la terre, la terre attire le soleil, et ainsi du reste de l'univers. Comme de l'Eglise qui est au ciel, de l'Eglise qui est sur la terre, de l'Eglise qui est dans le lieu intermédiaire d'expiation, la charité ne fait qu'une seule Eglise : de même, de toutes les étoiles, de toutes les planètes, de tous les mondes solaires, l'attraction ne fait qu'un seul monde. Cependant, quoique les corps s'attirent les uns les autres, ils ne s'approchent pas néanmoins jusqu'à se confondre dans une masse. Dieu a tout fait avec nombre, poids et mesure. Dans l'Eglise catholique, la charité réciproque que les fidèles ont les uns pour les autres ne les empêche point d'avoir chacun son activité propre, qui leur est également donnée. Dans l'univers matériel, l'attraction réciproque que les corps célestes exercent les uns à l'égard des autres, ne les empêche point d'avoir chacun son mouvement propre, que Dieu lui a également communiqué. Le soleil se meut sur lui-même, la terre et les autres planètes se meuvent sur elles, et en même temps autour du soleil.

Dans l'Eglise, l'activité propre de chacun se combine avec la charité universelle, qui l'anime et la tempère. Dans l'univers, le mouvement propre de chaque corps céleste se combine avec l'attraction universelle, qui l'anime et la tempère. Et, ici et là, ce tempérament produit l'unité dans la variété.

Lorsque Dieu lui imprima un mouvement de rotation sur elle-même, la terre était molle et comme liquide. Ce qui explique d'une manière naturelle une particularité découverte par la science moderne, c'est que la terre est renflée vers le milieu qui tourne, et aplatie vers les deux extrémités sur lesquelles elle tourne. C'est l'effet naturel de la vitesse de sa rotation et de son état de mollesse. Les deux extrémités sur lesquelles elle tourne s'appellent communément *pôles*. Le texte latin de la Bible les appelle *gonds* ou *pivots*. *A Jéhova sont les pivots de la terre*, s'écrie là mère de Samuël, *c'est lui qui a posé le globe dessus* (1. Reg., 2, 8). La rondeur de la terre, son mouvement sur elle-même et autour du soleil, ont été connus ou du moins supposés par plusieurs anciens, entre autres par les disciples de Pythagore, qui, croit-on, emprunta cette idée aux prêtres d'Egypte. Mais ces opinions ne sont devenues des faits certains que par les expériences des trois derniers siècles (1). On s'étonnera que de si grands mouvements n'occasionnent ni bruit ni secousse. C'est que la *sagesse* divine, pour qui l'univers n'est qu'un jeu, *atteint d'une extrémité à l'autre avec force, et dispose tout avec douceur* (Sap. 8). Il en est différemment de la sagesse de l'homme.

Jusqu'alors la terre n'existe qu'à moitié. Sans

(1) Delaplace. *Hist. de l'Astron*. — Plutarque. *De placit. phil.*

forme, noyée dans un abîme, enveloppée d'épaisses ténèbres, se peut-il un plus triste séjour ? Mais écoutons : Dieu va, sur notre future demeure, dire une parole, et cette première parole produira, jusqu'à nous et jusqu'à la fin du monde, ce qu'il y a dans toute la nature de plus doux et de plus agréable. *Dieu dit : Que la lumière soit ; et la lumière fut*. Qui n'aime la lumière ? qui s'en réjouit ? qui donc ne bénira Dieu de l'avoir faite ?

Et Dieu vit que la lumière était bonne. Dieu lui-même approuve la lumière : il l'approuve, parce qu'elle est une image, une ombre de ce qu'il est lui-même : lumière éternelle et sans tache, que le bonheur de cette vie est d'entrevoir à travers le voile de la création, et dont la claire vue est le bonheur parfait, infini de l'éternité. La splendeur, l'éclat, le rejaillissement éternel de cette éternelle lumière, c'est le Verbe, le Fils, Dieu engendré de Dieu, lumière engendrée de lumière, qui luit dans les ténèbres et illumine tout homme venant en ce monde. La lumière que Dieu a faite réjouit toute la nature : les plantes mêmes aspirent à la voir en leur manière ; c'est elle qui donne la couleur et la beauté à tout. La lumière que Dieu a engendrée, étant la voie, la vérité et la vie, réjouit naturellement toutes les intelligences ; les moins sublimes se tournent spontanément vers elle ; c'est elle qui donne la vérité, la vie, la beauté à toutes. Mais l'une et l'autre lumière, les hommes qui se plaisent dans le mal, la haïssent, la fuient et lui préfèrent les ténèbres.

Mais qu'est donc en soi cette douce lumière que le Seigneur a faite, que tout le monde voit, et par laquelle on voit tout le monde ? Le Seigneur lui-même demandait à Job : *Sais-tu le séjour de la lumière, et par quelle voie elle se répand* (Job, 38, 19 et 24) ? Après trente-cinq siècles, les savants sont encore à trouver la réponse. Il n'y a personne qui ne connaisse la lumière : il n'y a personne qui la connaisse. Personne qui ne la connaisse dans ses admirables effets : personne qui la connaisse dans sa nature. On ne la voit qu'autant qu'elle se fait voir : on ne voit rien qu'autant qu'elle le fait voir. Belle image de la lumière éternelle : la clarté est un mystère !

Cette lumière, qui fit le premier jour, n'était pas du soleil : il ne luisait point encore. Aujourd'hui même le soleil n'est pas le seul réservoir de la lumière. Dieu en a mis partout, dans le caillou dont le choc fait jaillir des étincelles, dans le bois qui nous éclaire en brûlant, dans les graines qui servent à faire de l'huile, dans la graisse des animaux, dans le fluide électrique qui circule au dedans de nous et de toute la nature, et qui, amassé dans les nuages, produit la foudre et les éclairs. Dieu, par sa parole, fit donc jaillir la lumière des ténèbres. Alors commença le premier jour ; car il n'y a point de jour sans lumière. Ce n'était pas le jour du ciel, jour sans déclin et sans nuage, parce qu'il est la splendeur de Dieu même, c'était un jour de la terre, tel que l'homme qui la devait habiter : successif, ne demeurant jamais dans un même état, image, ombre, comme lui, de celui qui les a faits l'un et l'autre.

Et il y eut un soir, et il y eut un matin : c'est-à-dire une succession de lumière et de ténèbres, de jour et de nuit. Aussitôt que la lumière fut, la terre tournant sur elle-même, ou la lumière tournant autour d'elle, le premier jour commença tout à la fois par le matin, le midi, le soir, le minuit, selon que les diverses parties de la terre étaient éclairées ou à l'ombre. Cette succession a continué jusqu'à nous, et continuera jusqu'au jour du Seigneur, jour grand et terrible, où il dissoudra par le feu l'univers actuel pour en faire de nouveaux cieux et une nouvelle terre (2. Pét., 3, 10-13).

La lumière existait, et avec elle la chaleur; car lumière et chaleur paraissent les effets du même principe. Avec la chaleur et l'attraction, les divers éléments, jusque-là confondus, agirent les uns sur les autres. Trois sortes de corps prenaient naissance : les uns solides, les autres liquides, et d'autres d'une nature encore plus déliée. Les solides se rendaient au centre du globe, les liquides en occupaient la surface, les plus subtils en formeront l'enveloppe (1).

« Et Dieu dit : Qu'il y ait une étendue au milieu des eaux, et qu'elle sépare les eaux d'avec les eaux. Dieu fit donc cette étendue, et divisa les eaux au-dessous de l'étendue d'avec les eaux au-dessus : et il en fut ainsi. »

Et il en est ainsi encore. Cette étendue, cette expansion qui enveloppe la terre de toutes parts, c'est l'atmosphère, c'est l'air que nous respirons. Tous les jours nous voyons flotter au-dessus de nos têtes une partie des eaux en forme de nuages. L'entre-deux est un océan vaporeux et léger où nous vivons, où nagent les oiseaux, comme les poissons dans l'océan plus compact et plus pesant.

Les poissons ne sauraient vivre sans eau; nous ne saurions vivre sans air. Longtemps on a cru que l'air était un élément simple; mais on découvrit, il y a cinquante ans, qu'il est composé de deux. L'un, qui en forme un peu plus du cinquième, entretient en nous la vie par la respiration, et le feu sur nos foyers par la combustion; l'autre, quand il est seul, éteint tout à la fois et le feu et la vie. Le mélange des deux compose l'air pur.

L'eau, qui est l'atmosphère des poissons, est également composée de deux éléments. L'un, qui en forme le tiers, lui est commun avec l'air : c'est le même élément que nous respirons et qui fait brûler les combustibles; l'autre, qui en forme les deux tiers, est le gaz inflammable que tout le monde connaît, et qui, depuis quelque temps, éclaire les boutiques et les rues des grandes cités. Lorsque, avec ce gaz, se combine cette portion de l'air que nous respirons et qui forme l'autre élément de l'eau, il en résulte une vive lumière, accompagnée de chaleur, et cette combustion donne pour charbon ou résidu, de l'eau pure. Aussi les savants classent-ils maintenant l'eau parmi les corps brûlés. Lorsque ces deux éléments de l'eau se combinent subitement et en quantité considérable, ils produisent une masse de lumière éblouissante, accompagnée souvent de forte détonation. C'est ainsi que se forment dans les nues le tonnerre, la foudre et les éclairs. Et voilà comme la science moderne nous fait comprendre tout le sens de ces paroles de David : *Le Seigneur change les foudres en pluie* (Ps. 134, 7).

Sans l'air, nous ne saurions respirer, vivre tout seuls : sans l'air, nous ne saurions parler, vivre ensemble. C'est l'air qui transmet le son, et avec le son la parole, et avec la parole la pensée. Par ce

(1) Thénard, *Traité de chimie*: de l'air atmosphérique, n. 107.

moyen, deux hommes respirent en quelque sorte la pensée l'un de l'autre et vivent d'une seule vie.

Messager fidèle de tant de langues diverses qui communiquent par la parole la pensée de l'esprit, l'air est encore l'inépuisable organe d'une langue universelle, qui, par l'harmonie des sons, communique les sentiments de l'âme, la joie, la tristesse, l'admiration, l'amour. Langue merveilleuse, qui n'a que sept paroles ou sept notes, et qui cependant exprime toutes les affections humaines : langue merveilleuse que tout le monde entend, mais que peu savent parler dignement. D'après les sages de l'antiquité et les Pères de l'Eglise, en particulier saint Augustin, la musique que Dieu a donnée aux hommes est une image, un écho de celle qu'il exécute lui-même dans son immense éternité. L'univers entier est une magnifique harmonie, où la divine Sagesse, atteignant d'une extrémité à l'autre, dispose tout avec douceur, nombre et mesure. C'est elle qui produit dans un nombre musical l'armée des cieux : ainsi entend l'évêque d'Hippone une parole d'Isaïe (*Epist.* 165, n. 13. Isaïe, 40, 26) : Pour ramener l'homme dans cette céleste harmonie, l'éternelle Sagesse unit dans sa personne la nature divine et la nature humaine (Aug., *de Trin.*, l. 4, n. 4.); ce qu'elle demande, c'est que nous soyons à l'unisson avec elle. Aussi un saint évêque et martyr, Ignace d'Antioche, compare le corps mystique de la Sagesse incarnée, l'Eglise catholique, à une harpe mélodieuse qui rend la louange à Dieu par le Christ. Chaque fidèle est une lyre composée de deux pièces, le corps et l'âme, qui agissent l'une sur l'autre comme les cordes sur la lyre et la lyre sur les cordes (*Epist. Ignat. ad. Eph.*, etc.). Ah ! qui nous donnera d'entendre sur la terre quelques soupirs de cette harmonie du ciel?

L'air est attiré vers le centre de la terre; autrement, il est pesant comme les autres corps; mais il pèse huit centsfois moins que l'eau, parce qu'il est huit centsfois moins compact. D'un autre côté, il est des fluides encore plus déliés que l'air, et qui s'y élèvent comme un morceau de liège enfoncé dans l'eau remonte à la surface. C'est ainsi qu'on voit les vapeurs aqueuses s'élever dans les airs et y flotter sous forme de nuées. De savoir jusqu'à quelle hauteur s'étend l'atmosphère qui nous enveloppe, il n'y a rien de certain. On conjecture quinze ou seize lieues, au delà desquelles serait un fluide encore plus ténu, que l'on nomme *éther*; ce qui est d'expérience, c'est que plus on s'y élève, plus on le trouve froid, subtil, léger. A une hauteur de sept mille mètres, il ne pèse plus assez sur l'homme pour retenir le sang dans ses veines. L'homme en est à cette élévation comme le poisson habitué à vivre dans les profondeurs de la mer, et qui périt lorsqu'on l'amène à la surface.

On distingue ordinairement trois régions dans l'atmosphère : la région inférieure, où volent les oiseaux; la région moyenne, où flottent les nuages; la région supérieure, au delà. Et dans le langage de l'Ecriture et dans le langage commun, ces trois régions s'appellent également *ciel* : l'on dit également : les oiseaux du ciel et les oiseaux de l'air, les nuages du ciel et les nuages de l'air: Il est donc naturel de penser que ce que le texte latin, d'après le grec, appelle *firmament*, mais que le texte original ou l'hébreu nomme avec plus de justesse *l'étendue*, n'est autre que l'atmosphère terrestre avec ses trois régions. Il est d'autant plus naturel de le penser, que, dans les livres de Moïse, il n'y a pas de mot particulier pour désigner ce que nous entendons par *air, atmosphère*.

Le second jour avait déchargé le globe terrestre d'une partie des eaux; cependant ce globe ne paraissait pas encore. Mais Dieu dit : Que les eaux qui sont sous le ciel se rassemblent en un seul lieu et que l'aride paraisse. Et il en fut ainsi. Les eaux se ramassèrent dans ces vastes bassins appelés *mers*, *océan*, et laissèrent à sec ce qui a été nommé *terre*.

En même temps que ces profondes cavités, il se forma des élévations. David nous l'apprend. Après avoir rappelé que Dieu a fondé la terre sur une base qui lui est propre, et que les siècles ne l'ébranleront pas, il ajouta : L'abîme des eaux l'enveloppait comme un vêtement, les eaux couvraient les montagnes. A votre menace, elles ont fui; au bruit de votre tonnerre, elles se sont écoulées. Les montagnes s'élèvent, les vallées descendent au lieu que vous leur avez marqué (Ps. 103).

Ces eaux que le Seigneur a mesurées dans le creux de sa main, occupent cependant les deux tiers de notre globe. Enfermées dans des barrières qu'elles n'osent franchir, elles devaient naturellement se corrompre et infecter l'univers. Dieu y a pourvu. Ces eaux, on ne sait comment, se trouvent salées au point que l'homme ne saurait en boire. Ni les pluies qui souvent y retombent, ni les fleuves qui sans cesse y mêlent leurs ondes, ne sauraient en adoucir l'amertume. En outre, Dieu ne laisse pas les eaux de la mer demeurer stagnantes. Chaque douze heures, l'océan monte et descend, s'élève et s'abaisse, en quelques endroits, comme sur les côtes de Bretagne, jusqu'à treize et dix-sept mètres. Ce mouvement alternatif de la mer se retirant pendant six heures et revenant pendant six autres, est connu sous le nom de *flux* et *reflux*, ou *marée* : comme ces marées suivent le cours de la lune, qu'elles retardent tous les jours, ainsi que la lune, de trois quarts d'heure, on conclut avec raison que la lune en est la principale cause; enfin, comme ces marées sont les plus fortes aux nouvelles et aux pleines lunes, lorsque le soleil, la lune et la terre se trouvent sur la même ligne, on conclut que le soleil y entre également pour quelque chose. Depuis environ un siècle, les savants expliquent ce phénomène d'une manière satisfaisante par l'attraction combinée du soleil et de la lune sur la terre (Lettres d'Euler).

Un autre moyen pour entretenir la salubrité de la mer, ainsi que de l'atmosphère terrestre, ce sont les vents et les tempêtes. Les vents ou courants d'air, qui soufflent sur terre et sur mer dans toutes les directions, agitent, renouvellent, purifient et cet océan vaporeux dans lequel nous vivons, et cet océan plus compact dans lequel vivent les poissons. Les tempêtes surtout produisent cet effet, sans compter beaucoup d'autres. Elles soulèvent la mer jusque dans les abîmes, lancent jusqu'aux nues ses montagnes de flots; tel que le laboureur diligent qui remue un monceau de blé et le secoue dans les airs pour empêcher qu'il ne fermente. Cependant, malgré les vents et les tempêtes, la mer en fureur respecte les bornes que le Seigneur lui a tracées sur le sable. Elle se souvient de la parole qu'il lui a dite : *Tu viendras jusque-là, et tu n'iras pas plus loin. Là, tu briseras l'orgueil de tes flots* (Job, 36).

En haute mer, sous la zone torride, il souffle des vents réguliers. L'on en attribue la cause à l'action du soleil combinée avec la rotation de la terre. L'air de la zone torride, que le soleil échauffe par une longue présence, se dilate, s'élève et se répand vers les pôles. L'air froid des pôles afflue en dessous, vers le milieu de la zone torride ou l'équateur, pour remplir l'espèce de vide produit par la dilatation. Il se formera donc, dans chaque hémisphère terrestre, deux courants, l'un supérieur, qui va de l'équateur au pôle, l'autre inférieur, qui vient du pôle à l'équateur. On voit un exemple de ce phénomène dans les appartements à cheminée. L'air répandu autour du foyer s'échauffe, se dilate, et, devenu plus léger, s'élève, une partie dans le tuyau, l'autre dans le haut de l'appartement; en même temps un nouvel air arrive par le bas, pour remplacer l'air ascendant, et il en résulte une succession non interrompue de deux courants contraires, l'un supérieur qui s'éloigne de la cheminée, l'autre inférieur, qui se porte vers elle. On en a une preuve sensible en plaçant une bougie allumée dans la porte de l'appartement : en bas, la flamme incline en dedans; en haut, elle incline en dehors; au milieu, elle reste immobile. Le soleil, ce grand foyer de notre atmosphère, y produit des effets semblables. C'est une curiosité louable et chrétienne d'étudier ces phénomènes de la nature. Ce que Dieu ne dédaigne pas de faire, nous ne devons pas dédaigner de le connaître; car il le fait pour que nous admirions et que nous aimions sa providence.

Cette providence éclate de toutes parts dans les vents et la mer. De soi-même la terre est aride. Pour qu'elle produise, il faut l'arroser : Dieu en a chargé la mer et les vents. Sans cesse la mer, sollicitée par la chaleur du soleil, envoie dans les airs une partie de ses eaux réduites en vapeurs. Ces vapeurs légères, les vents les transportent de côté et d'autre, puis les laissent retomber sur la terre en rosée, pluie, neige, frimas. Tout ce qui a soif se désaltère. Et pour que ces eaux ne manquent point à la pluie, Dieu en durcit quelques-unes comme la pierre, et en amoncèle d'énormes magasins sur le sommet des plus hautes montagnes. Des glaces, des neiges éternelles couvriront la cime des Alpes, du Taurus, de l'Himalaya, des Cordillères, et, fondant peu à peu, s'insinueront dans leurs flancs. De là, avec des milliers de ruisseaux et de fontaines, jailliront le Rhin, le Rhône, le Danube, l'Euphrate, le Tigre, l'Indus, le Gange, les grands fleuves d'Amérique, qui, dans leurs longs cours, arroseront des provinces, des royaumes, de grandes cités, et rentreront dans la mer, d'où ils sont partis, pour en partir encore : machine merveilleuse, qui, sans fatigue et sans cesse, abreuve sur toute la terre les hommes, les animaux et les plantes.

Mais les eaux de la mer ne sont-elles pas amères et salées? Sans doute. Cependant ne craignez pas. La mer gardera pour elle l'amertume, et n'enverra vers le ciel, pour revenir sur la terre, que des eaux douces. Ce qu'elle opère continuellement pour tous les hommes, elle est prête à l'opérer pour chacun. Faites évaporer, faites bouillir de ces ondes amères sur le feu : elle déposera le sel sur le fond du vase, et les vapeurs qu'elle fait monter, reçues dans une éponge, vous présenteront une boisson salubre. Par une seule opération, elle vous donnera de quoi assaisonner votre nourriture et de quoi étancher votre soif (S. Basil., *in hexaem.*; hom. 4, n. 7).

Mais l'océan, avec ses longs bras, sépare les continents, empêche les peuples de communiquer entre eux. Tout au contraire, c'est lui qui leur rend cette communication facile, c'est lui qui leur apprend à se connaître, c'est lui qui en fait une seule famille. Qui jamais est parti des côtes de la Bretagne pour aller par terre jusqu'à l'extrémité de l'Asie, jusqu'à la Chine, et lier commerce avec les divers peuples qui se trouvent sur la route? Sans la mer, jamais on n'eût connu la terre. L'océan porte sur son dos des maisons, des citadelles flottantes, qui, déployant aux vents leurs larges ailes, leurs voiles, s'élancent avec plus de rapidité que ne fait la cavale du désert. Les étoiles leur servent de guides. Et lorsqu'il faudra des voyages où l'on n'apercevra plus les étoiles accoutumées, lorsqu'il faudra explorer des mers inconnues, découvrir de nouvelles terres, de nouveaux mondes, une petite aiguille se trouvera, qui, se dirigeant constamment vers les pôles de la terre, apprendra au navigateur à suivre exactement sa route et à s'orienter même sous un ciel nébuleux. Ce chétif morceau de fer découvrira aux Européens les Indes, la Chine, le Japon, l'Amérique, l'Océanie, avec des îles sans nombre; il leur fera voir par expérience que la terre est ronde, pesant de toute part vers son centre, et suspendue dans l'espace sans autre appui que le vouloir de Dieu. Toutes les branches de la famille humaine se connaîtront et communiqueront entre elles. Les arts, les sciences, les traditions religieuses circuleront d'un bout du monde à l'autre. On verra de plus en plus que le catholicisme est nécessairement vrai, et la vérité nécessairement catholique. Et quand, pour faciliter la réunion complète de tous les peuples dans la même foi, la même espérance, la même charité, il faudra des communications plus rapides et plus sûres, ne vous mettez point en peine. Pour traverser les eaux, Dieu donne à l'homme le bois, la rame; pour se reconnaître sur le grand océan, Dieu lui donne une petite aiguille, la boussole; pour naviguer avec vitesse, Dieu lui donne les vents. Mais le vent est quelquefois nul ou contraire. Eh bien! Dieu ne vous a-t-il pas donné l'eau et le feu? L'eau, réduite par le feu en vapeur, fera marcher sur des roues ces citadelles flottantes, même à travers les tempêtes. Malgré le vent, votre navire roulera comme un char : avec le vent, il court et vole tout ensemble.

Chrétiens, tous les jours, dans nos sacrés cantiques, nous invitons l'eau et le feu, les vents et la mer à bénir le Seigneur. C'est nous qui avons le plus besoin de cette invitation! Depuis que le Seigneur les a faits, ils ne cessent de le bénir à leur manière, en exécutant ses ordres. Voici la mer et les vents qui s'offrent à nous transporter dans les contrées les plus lointaines pour l'y faire connaître et adorer. Ils gémissent, ainsi que toute créature, d'être asservis à la vanité, de transporter si souvent des objets de luxe et d'ambition, des hommes qui ne songent qu'à supplanter, qu'à voler, qu'à tuer leurs semblables; ils attendent, ainsi que toute

créature, que les enfants de Dieu se révèlent et recouvrent leur glorieuse liberté, afin d'être délivrés eux-mêmes de la servitude de corruption (Rom. 8, 19-22). Ils gémissent de ne voir pas plus souvent de ces navigateurs apostoliques, qui, comme Paul, ne cherchent que la gloire de Dieu et le salut des âmes. Ils nous attendent, ils nous disent à leur tour : Enfants des hommes, bénissez le Seigneur! vous qui êtes ses ministres, venez le faire bénir à toutes les nations!

Nous adressons une invitation semblable à la terre; mais la terre peut nous faire une semblable réponse. De son côté, elle ne cesse de bénir à sa manière le Seigneur. A sa voix, elle sort du sein des eaux; elle creuse des abîmes dans ses entrailles; et, pour harmonier ces abîmes, elle élève des îles, des continents, des montagnes aussi hautes que la mer est profonde. A cette première révolution, il n'y avait encore aucun être vivant. Il n'en est pas de même des suivantes. La terre en a gravé la différence et sur le haut des montagnes, et au fond des carrières. Ici et là se trouvent des masses de rochers, comme le granit, que la science reconnaît avoir été primitivement dans un état liquide, et dans lesquelles ne se voit aucun vestige de plante ni d'animal. A côté, dans des couches plus récentes, gisent des rochers qui renferment des débris pétrifiés d'animaux aquatiques et de plantes. Dans d'autres terrains, dans des roches plus récentes encore, il y a des pétrifications d'animaux terrestres. Ainsi nous lisons dans les entrailles de la terre la même chose que dans les livres de Moïse, savoir : qu'il a été une époque où il n'y avait ni sur la terre ni dans les eaux aucun être vivant; qu'ensuite ont paru les plantes et les animaux aquatiques; qu'enfin les animaux terrestres sont venus les derniers. La science reconnaît encore, à la manière dont ces couches de rochers sont déchirées, redressées, renversées, que la terre a éprouvé des révolutions violentes et subites, surtout la dernière. Quand nous serons à celle-ci, le déluge, nous verrons les montagnes et les vallées, les fleuves et les mers, les arts et les sciences, l'histoire et la tradition s'accorder et pour l'époque, et pour les principales circonstances, avec Moïse (1).

La terre sortit du sein des eaux nue et stérile. Elle a quarante millions de mètres de circuit, douze millions sept cent trente-deux mille quatre cents mètres de diamètre : en sorte qu'il faudrait descendre six millions trois cent soixante-six mille deux cents mètres pour arriver à son centre. Les mines les plus profondes ne descendent pas à douze cents mètres. Ainsi à peine effleurons-nous l'épiderme de la terre. Cependant, dans ce peu que nous connaissons de la terre nue et stérile, la Providence nous offre des merveilles et des bienfaits sans nombre. Ces roches antiques nous servent à élever des maisons pour vivre en famille, et des temples pour y louer ensemble notre Père qui est au ciel. Des pierres, brûlées au feu et mêlées avec le sable, les lieront avec un indestructible ciment. Ces cailloux se transformeront en une glace transparente, pour laisser venir la lumière et en exclure le vent et la pluie. L'argile nous donnera des tuiles et des ardoises pour les couvrir. Plus bas sont les métaux, le fer, l'argent, l'or, les

---

(1) *Discours sur les révolutions sur la surface du globe*, par M. Cuvier.

pierres précieuses pour les orner. Le cuivre et l'étain produiront cet airain sonore, qui, suspendu entre le ciel et la terre, nous invite à faire monter vers Dieu nos joies et nos tristesses, nos espérances et nos craintes. L'étain et le plomb s'allongent en flûtes harmonieuses d'orgue pour célébrer avec nous Celui à qui est la terre et tout ce qu'elle renferme. Qui pourrait nombrer les vases, les instruments utiles ou nécessaires que nous devons aux minéraux, depuis le soc qui laboure nos champs jusqu'à la coupe sacrée où s'accomplit le plus grand des mystères?

Cependant la terre était encore nue et aride, ne présentant de toute part qu'une matière brute et inerte. « Aucun arbuste n'y existait encore, dit Moïse : nulle plante ne s'élevait dans les champs, parce que Jéhova, Dieu, n'avait point fait pleuvoir sur la terre, et que l'homme n'était pas encore là pour la cultiver. Mais une vapeur s'élevait, qui arrosait toute la surface (Gen., c. 2, 5, 6). »

Alors Dieu dit : « Que la terre produise les plantes verdoyantes avec leur semence, les arbres avec des fruits, chacun selon son espèce, qui renferment en eux-mêmes leur semence pour se reproduire sur la terre. Et il en fut ainsi. » La parole de Dieu est une semence féconde.

La terre nue jusque-là, se revêt d'un manteau de verdure; les prés se couvrent de gazons, les champs de moissons, les montagnes de forêts. Le fond vert de cet immense tableau repose doucement la vue. Les herbes, les plantes, les arbustes, les arbres, de grandeur, d'attitude, de feuillages différents, y répandent une harmonieuse variété. Des fleurs sans nombre le peignent de leurs couleurs et l'embaument de leurs parfums. Elles passeront, mais en laissant après elles des fruits savoureux qui n'attendent qu'une main pour les cueillir, qu'une bouche pour les manger. Dans ces fruits est la semence, image végétale du Verbe de Dieu. Le Verbe contient suréminemment en soi le modèle et l'essence de tous les êtres possibles : la semence contient la plante future. Déposée dans le sol, cette semence attire mystérieusement à elle les éléments de l'eau et de la terre qui lui conviennent, et les transforme en sa propre substance. Elle s'attendrit, se dilate, elle s'ouvre : et de son sein naît le germe ou la jeune plante, qu'elle nourrit de tout elle-même, et pour laquelle elle meurt. Fortifiée de cette vivifiante nourriture, la jeune plante pousse des racines en bas et une tige en haut. Par les racines, elle va cherchant l'eau et la bonne terre, y choisit, y pompe les sucs qu'il lui faut, et, par une mystérieuse transsubstantiation, change ces parties d'eau et de terre en une sève en feuilles, en petits canaux, en écorce, en tige, en branche, en feuilles, en fleurs, en fruits et en semences qui portent dans leur sein une nouvelle génération.

C'est peu encore que toutes ces merveilles. Non-seulement la plante puise dans la terre ce qu'il lui faut pour s'élever vers le ciel, c'est du ciel surtout que lui vient la vie, la beauté et la vertu. Mettez une plante dans le meilleur terrain, arrosez-la par les racines, mais ne lui donnez point d'air par-dessus, elle meurt, comme, sans air, l'homme étouffe et le feu s'éteint. Donnez-lui de l'air, mais ne le renouvelez point : elle vivra quelque temps, et finira par mourir, comme, dans un air non renouvelé, le feu finit par s'éteindre et l'homme par étouffer. On a découvert que la plante transpire et respire. Quand elle a tiré de la terre ce qui lui convenait, elle transpire par les feuilles les sucs qu'elle a pompés par les racines. On croit même que la rosée vient en partie de cette transpiration. Par ces mêmes feuilles elle aspire certaines parties de l'air et des vapeurs qu'il renferme, les fait passer par les branches et par l'écorce de la tige jusque dans les racines : en sorte qu'il y a dans la plante une circulation de sève, comme dans l'homme une circulation de sang, et que l'air est également nécessaire à l'une et à l'autre.

Ce n'est pas tout. Avec l'air et l'eau, la plante vivra; mais pour qu'elle prenne sa couleur et sa beauté naturelles, pour qu'elle porte des fleurs et des fruits, il lui faut encore autre chose : la lumière. Sans la lumière du ciel, elle restera pâle, insipide, inodore, stérile. Aussi voyons-nous la plante renfermée dans un appartement, tendre avec effort ses rameaux, ses feuilles et ses fleurs vers la fenêtre par où rayonne la lumière : et les pommes de terre de nos caves allongent-elles quelquefois de vingt pieds leur frêle tige pour atteindre au soupirail où perce le jour. Tout le monde connaît ces faits; mais qui en comprendra le mystère ?

En voici un autre. Il y a dans les plantes, non-seulement un inexplicable instinct, une vertu occulte, une âme végétative, comme on disait autrefois, une force vitale, comme on dit à présent, qui cherche les ténèbres par les racines, et la lumière par la tige; qui décompose l'air, l'eau, la terre, en extrait certains éléments, en compose de nouvelles substances, en fabrique de la moelle, du bois, de l'écorce, des veines, des feuilles, des fleurs; il y a même, ainsi que dans les animaux, diversité de sexes pour la propagation de l'espèce. Dans certaines plantes, comme le chanvre, les deux sexes se trouvent sur deux tiges séparées; dans d'autres, comme les noyers, ils se trouvent sur le même pied, mais en deux fleurs différentes; dans la plupart, ils sont réunis dans la même fleur, mais ont des organes distincts. La fécondation s'opère par une poussière qui se communique de l'un à l'autre. Lorsqu'une pluie intempestive ou quelque obstacle semblable empêche cette communication, la fécondation n'a pas lieu et la plante reste stérile. Ainsi en arrive-t-il à la vigne quand elle *coule*.

Chacun selon son espèce, a dit le Créateur; et cette parole est restée pour toutes les plantes une loi de nature. Confondues dans la même terre, arrosées de la même eau, respirant le même air, elles ne deviennent cependant pas les mêmes. Chacune reste ce que Dieu l'a faite dans l'origine. Le cèdre ne produit point de chêne, le chêne ne produit point de coudrier; chacun engendre à son image et à sa ressemblance avec la même sorte de feuilles, de fleurs, de fruits : feuilles, fleurs, fruits qui varient à l'infini d'une espèce à l'autre. Pour distinguer seulement en gros les genres, les espèces, les familles des plantes entre elles, nos savants sont contraints de se former une langue à part, langue qui n'est à peu près d'aucune langue. Malgré cela, impossible à eux de décrire exactement une simple feuille, les sinuosités de ses bords, ses nuances de couleur, l'artifice de son tissu, le lisse ou le velu de sa surface; le genre de saveur qu'elle enferme. Impossible à eux surtout d'en comprendre la nature intime. Depuis trois à quatre siècles, par des découvertes inattendues, la Providence a fait faire aux sciences naturelles plus de progrès que l'histoire ne nous y en montre dans les siècles antérieurs; cependant avec tous ces progrès, avec toutes leurs analyses physiques et chimiques, avec tous leurs gaz, leurs sels, leurs acides, leurs alcalis, nos savants de tous pays ne savent encore ni composer, ni même recomposer un seul brin d'herbe. Que sera-ce donc d'une herbe entière? Que sera-ce donc de toutes les herbes, de toutes les plantes, de tous les arbres? Que sera-ce donc de tout l'ensemble du règne ou plutôt du royaume végétal?

Nous disons *royaume*, non-seulement à cause de l'ordre admirable qui y règne, mais encore parce qu'il est fait pour un roi qui doit en jouir, pour l'homme et les animaux, ses sujets naturels. Aux pieds du monarque s'étend un tapis de verdure, émaillé d'innombrables fleurs, dont toute la magnificence de Salomon n'égalera point la magnificence. Les animaux qui le servent y trouveront à leur portée une pâture abondante et toujours nouvelle. Pour lui les blés, qui doivent le nourrir principalement, ne seront ni trop hauts ni trop bas pour sa taille. Ils seront faciles à manier et à recueillir. Ils donneront des grains à sa poule, du son à son porc, du fourrage et des litières à son cheval et à son bœuf. Les arbres s'élèvent plus haut pour lui donner de l'ombre : ils abaisseront leurs rameaux chargés de fruits, que même ils feront tomber à ses pieds. D'ailleurs, si les arbres s'élèvent si haut et deviennent si robustes, c'est afin de lui donner du bois pour des échelles et des machines au moyen desquelles il montera partout; pour des greniers et des magasins à ramasser les fruits des différentes saisons; pour des navires, avec lesquels il ira recueillir les divers tributs de tout son royaume.

Les diverses provinces du royaume végétal ne produisent pas toutes les mêmes choses. Il y en a de particulières au climat et à la température. Les pays plus chauds produiront des arbres à feuilles plus larges et à fruits plus rafraîchissants. Sous la zone torride, on verra une espèce de figuier qui, non content de désaltérer par son fruit, présentera encore des parasols pour des villages entiers. Il croîtra sur le sable brûlant du rivage de la mer, en jetant de l'extrémité de ses branches une multitude de jets qui s'inclinent vers la terre, y prennent racine, et forment, autour du tronc principal, quantité d'arcades couvertes d'un ombrage impénétrable. Dans les pays du Nord et sur le sommet des montagnes froides, croissent les pins, les sapins, les cèdres et la plupart des arbres résineux, qui abriteront l'homme du rivage des neiges par l'épaisseur de leurs feuillages, et lui fourniront, pendant l'hiver, des flambeaux et l'entretien de ses foyers. Dans nos climats tempérés, nous éprouvons une bienveillance semblable de la part de la nature végétale. C'est dans la saison chaude et sèche qu'elle nous donnera quantité de fruits pleins d'un jus rafraîchissant, tels que les cerises, les pêches, les melons; et, à l'entrée de l'hiver, ceux qui échauffent par leurs huiles, tels que les amandes et les noix.

De toutes les parties de la terre, la plus favorisée sera le berceau du genre humain, l'Asie. Là viendront naturellement l'olive, l'orange, le citron, la figue, la pêche, l'abricot, la cerise, le thé, la canne à sucre, le café, le coton, le riz, le baume, les aromates. Là s'élanceront vers les cieux, en colonnes vivantes, couronnées de verdoyants chapiteaux, les palmiers de différentes espèces; le grand palmier, également célébré et par les prophètes d'Israël, et par les poètes de la gentilité, comme l'emblème de la victoire au ciel et sur la terre, et qui, dans les déserts de la Palestine et de l'Égypte, fournira à d'innombrables solitaires le vêtement dans ses larges feuilles, la nourriture dans sa moelle et ses dattes; le palmier cocotier qui, sur le bord des mers les plus naviguées, présentera au marin son bois pour en bâtir des vaisseaux, ses feuilles pour en faire les voiles, son tronc pour le mât, sa bourre pour les cordages et son fruit pour cargaison. C'est là surtout que viennent, c'est de là que se sont répandues sur la terre deux plantes d'une chétive apparence, mais d'une vertu inappréciable : l'une, herbe grêle et fragile, ne se distinguant ni par sa feuille, ni par sa fleur, ni par son parfum; l'autre, bois inutile et rampant, qui n'est pas même propre à faire une cheville. Ce sont néanmoins ces deux plantes sans vigueur et sans beauté, le froment et la vigne, qui soutiennent la force de l'homme et répandent la joie dans son cœur. Ce sont ces humbles plantes qui changent la terre et l'eau en pain et en vin : pain et vin qui, dans nos communs repas, changés en notre corps et en notre sang, nous font vivre de la vie temporelle, et, dans les repas sacrés, changés au corps et au sang de l'Homme-Dieu, nous font vivre de la vie éternelle. Admirable transsubstantiation, qui fait participer la terre et l'eau à la nature de la plante, la plante à la nature de l'homme, et l'homme à la nature de Dieu !

La terre, sortie des ténèbres par la création de la lumière, le premier jour; entourée de son atmosphère, comme d'un manteau transparent, le deuxième, avait donc été, le troisième, dégagée du milieu des eaux et vêtue d'une robe de verdure et de fleurs. Mais le ciel y paraissait encore une solitude.

Alors Dieu dit : Qu'il y ait des luminaires dans l'étendue des cieux... Et Dieu fit les deux grands luminaires.

Dieu dit, et Dieu fit. On peut l'entendre, avec Ambroise de Milan, du Père qui dit et du Fils qui exécute (*Hexaem.*, l. 4, c. 2).

Et Dieu fit les deux grands luminaires, le soleil et la lune. On peut croire que ces deux corps existaient déjà, et qu'ils sont compris dans les cieux que Dieu créa dans le principe; mais ils étaient informes et invisibles, comme l'était d'abord la terre. Ce n'est que le quatrième jour que *Dieu les fit luminaires*, ou lumineux.

Un des plus fameux astronomes de nos temps (Herschell), qui a passé sa vie à examiner les astres, et qui a découvert la plus considérable des nouvelles planètes avec un grand nombre de nouvelles étoiles, a pensé, d'après les longues et nombreuses observations, que le soleil est de soi-même un corps opaque, mais entouré d'une atmosphère lumineuse et incandescente qui répand la lumière et la chaleur dans tout notre univers. Cette opinion, favorablement accueillie par les savants, est devenue plus que probable par une expérience qui montre que les rayons lumineux du soleil n'ont pas toutes les mêmes propriétés que ceux d'une sphère métallique rougie au feu (polarisation), mais bien toutes celles d'une atmosphère incandescente et lumineuse. Il se peut donc que ce vif éclat, qui fait du soleil l'œil du monde, l'agrément du jour, la beauté du ciel, la grâce de la nature, la gloire de la création (S. Ambr., *in Hexaem*, l. 4, c. 1), ne soit autre que cette lumière, cette atmosphère brillante, que Dieu créa au premier jour, et dont il aura revêtu cet astre au quatrième.

Le second des grands luminaires est la lune. Mais il y a une grande différence entre les deux. Le soleil éclaire par lui-même comme un flambeau allumé : la lune n'éclaire que comme un miroir, qui renvoie en partie la lumière reçue d'ailleurs. La lune n'a pas plus de lumière à elle que la terre ; mais, éclairée par le soleil, elle devient, comme la terre, visible et lumineuse.

Il en est de même de ces autres luminaires célestes qu'on nomme *planètes* ou *étoiles errantes*. De leur nature, elles ne sont pas plus lumineuses que la terre et la lune ; la lumière qu'elles nous envoient, elles l'empruntent également du soleil. Ainsi que la lune, Dieu les fit également luminaires le quatrième jour, lorsqu'il vêtit de cette lumière créée au premier. Quant aux étoiles qu'on appelle *fixes* et que l'on tient pour autant de soleils, n'ont-elles été allumées que le quatrième jour, ou bien l'étaient-elles déjà auparavant ? Ne sont-elles pas ces étoiles du matin dont Dieu parle dans Job (38, 7), et qui le louaient déjà par leurs anges lorsque la terre était encore plongée dans les eaux ? Peut-être que Dieu les appelle du *matin*, parce qu'il les rendit lumineuses les premières, et par opposition à notre soleil et à ses planètes, qu'il rendit lumineuses les dernières.

Longtemps on a cru que la lumière se répandait dans un même instant partout. Il est constaté maintenant qu'elle met huit minutes et un quart à faire le chemin du soleil à la terre, c'est-à-dire trente-quatre millions de lieues ; ce qui en fait plus de quatre millions par minute. Or, celle des étoiles fixes qui nous paraît la plus voisine, est cependant plus de quatre cent mille fois plus éloignée de nous que le soleil. Il faudra donc à la lumière de cette étoile, pour arriver jusqu'à nous, plus de quatre cent mille fois huit minutes et un quart, ou six ans pour le moins. Supposé maintenant qu'il y ait des étoiles mille fois plus éloignées que cette première, il faudra six mille ans à leurs rayons lumineux pour venir jusqu'à la terre. Il se peut donc des étoiles plus reculées encore dans l'espace, dont la lumière n'est pas encore parvenue jusqu'à nous depuis le moment de leur création. Sans doute que Dieu a pu leur donner une plus grande vitesse ; mais, comme dit Thomas d'Aquin, après Augustin d'Hippone, dans la première institution de la nature, il ne s'agit point de miracle, mais de la nature des choses (S. Thom., q. 67, a. 4. *ad*. 3 ; S. Aug., l. 2, *sup. gen. ad. litt.*, c. 1, n. 2).

Au fond, la nature n'est qu'un miracle continuel. On le voit plus souvent que son exception ; mais on ne comprend pas mieux l'un que l'autre.

Ainsi la lumière, incompréhensible dans son essence, inexplicable dans sa vitesse, nous paraît une, indivisible et d'une seule couleur. Cependant elle se multiplie et se divise en plusieurs couleurs différentes, pour varier à l'infini le tableau de la nature entière. Dans l'arc-en-ciel, le même rayon du soleil est divisé par une goutte d'eau en sept couleurs principales : le rouge, l'orangé, le jaune, le vert, le bleu, l'indigo, le violet, qui sont dans les mêmes rapports entre elles que les sept notes de la musique. Cette division de lumière et multiplication de couleurs, on peut s'en donner à volonté le spectacle, y ajouter même la soustraction et l'addition. Un rayon du soleil, reçu sur le côté d'un triangle de verre, dans une chambre obscure, se divise dans les sept couleurs de l'arc-en-ciel. Au moyen d'autres verres en forme de lentilles, on peut prendre ces couleurs une à une, les écarter, les mélanger, et former ainsi diverses nuances. Réunies toutes les sept, elles forment le blanc : toutes absorbées, c'est le noir, qui n'est ainsi que l'absence de toute couleur. Maintenant, on ne sait par quel inexplicable mécanisme la surface des métaux, des pierres, du bois, des fluides ; l'écorce, les feuilles, les fleurs des arbres et des plantes, sont disposées de manière à ce qu'en décomposant les rayons du soleil, elles en renvoient à nos yeux telle ou telle couleur, et en absorbant telle autre. De là, l'incarnat de la rose, le jaune doré de l'orange, le jaune blanchâtre des blés mûrs, le vert du printemps, le bleu de la voûte céleste, le bleu de l'indigo et le teint modeste de la violette avec leurs nuances infinies. Ou bien elles nous les renvoient toutes, et ce sera la blancheur du lis, ou bien elles ne nous en renvoient aucune, et ce sera le noir de l'ébène. Ainsi le même rayon de lumière, absorbé, réuni, divisé, laissera voir et le noir et le blanc, et toutes les couleurs qui remplissent l'entre-deux : image créée de la lumière incréée qui est la vie, le bien, et qui éclaire tout homme venant en ce monde. Ses divins rayons, absorbés et comme annulés par l'un, ne laissent voir en lui que l'absence de la lumière, l'absence du bien, l'absence de la vie, les ténèbres, le mal, la mort. Fidèlement réunis dans une autre, ils y font briller l'image ressemblante de toute la splendeur, de toute la vie, de toute la perfection divine. Dans les autres, conservés en partie suivant les dispositions de chacun, ils font reluire les traits plus ou moins éclatants de l'éternelle beauté. Cette division et infinie variété de couleurs, harmoniées avec le blanc qui les rassemble toutes, et le noir qui en est la totale absence, fait de la nature entière un vivant tableau où l'on ne peut admirer assez l'éternel peintre. Cette division et infinie variété de grâces et de vertus, combinées avec la splendeur des parfaits qui les réunissent toutes, et les ténèbres du réprouvé qui n'en a gardé aucune, fera, de tout l'ensemble des intelligences créées, une ineffable harmonie, dont l'éternité ne suffira point à considérer toutes les merveilles.

Il paraîtrait que la lumière et la parole créées sont encore, l'une par ses sept couleurs principales, l'autre par ses sept principaux tons, une ombre et comme un écho de la lumière et de la parole incréées. Le nombre de sept revient trop souvent dans l'Écriture, pour qu'il n'y ait pas quelque mystère. Dieu fait et sanctifie l'univers en sept jours ; devant son trône se tiennent debout sept anges ou esprits ; devant son arche sainte brûlait le chandelier d'or à sept branches; l'année de la rémission était annoncée par les sept trompettes du Jubilé; le livre éternel est fermé de sept sceaux; l'agneau qui les rompt, nous est représenté ayant sept cornes ou rayons, et sept yeux ou esprits divins, qui sont envoyés sur toute la terre (Apoc. 5); ce soleil de justice se communique par sept sacrements ou sept irradiations différentes; l'Esprit de charité, qui en est inséparable, se communique par sept dons ou rayons différents.

Le rayon solaire se divise pour multiplier les couleurs; il se brise encore et se détourne de sa route pour opérer d'autres merveilles. Si l'astre commandé de Dieu pour présider au jour apparaissait ou disparaissait tout d'un coup, nous serions éblouis le matin de sa subite splendeur, et surpris le soir des plus profondes ténèbres. Il ne le fera point; mais, à l'imitation de l'éternelle lumière et sagesse, dont il est un emblème, s'il atteint d'une extrémité à l'autre avec force, il disposera aussi tout avec douceur. Son apparition triomphale sur l'horizon sera précédée de l'aurore, et son coucher suivi du crépuscule. Plus d'une heure avant de nous envoyer directement ses rayons, il les lancera au haut de notre atmosphère, d'où des particules vaporeuses nous les renverront brisés et affaiblis. Ce n'est pas tout. Ces mêmes rayons, lancés obliquement dans les parties élevées et rares de l'air qui nous entoure, se courberont vers les parties plus basses et plus denses pour se rapprocher davantage de nous : comme nous voyons se courber et se rapprocher de nous l'image d'un bâton plongé obliquement dans l'eau. C'est au moyen de ces quelques rayons brisés et de ces quelques atomes d'air ou de vapeur, que Dieu nous amène doucement des ombres de la nuit à la clarté du jour, et de la clarté du jour aux ombres de la nuit, à travers les teintes graduées de l'aurore matinale et des crépuscules du soir. C'est encore à cela que nous devons le bel azur, ce bleu suave de la voûte céleste. Plus on s'élève sur les hautes montagnes, plus on voit le ciel, de bleu devenir noir. Il est telle hauteur où le soleil ne resplendit plus avec son éclat ordinaire, et où les étoiles s'aperçoivent en plein midi, non plus étincelantes, mais ternes. L'air au-dessus est trop subtil pour réfléchir vers nos yeux la lumière des astres et la diriger en tout sens. Plus bas, cette lumière, réfléchie par un air et des vapeurs moins déliées, mêlant sa blancheur au noir qui est au-dessus, produit cette teinte intermédiaire qui charme la vue et qui semble nous entourer comme une voûte bleue parsemée de clous d'or. Ces mêmes atomes de vapeur et d'air ont encore la commission de Dieu de se passer l'un à l'autre la blanche lumière du soleil, et de la transporter ainsi partout, jusque dans les appartements où le soleil ne pénètre jamais directement. Que de mystères et de merveilles dans ce que nous voyons tous les jours!

« Les cieux racontent la gloire de Dieu, et l'étendue annonce l'œuvre de ses mains. Le jour en transmet le mot au jour, la nuit en révèle la science à la nuit. Il n'est point de discours, point de langage, dans lequel on n'entende leur voix. Son éclat s'est répandu sur toute la terre; leurs paroles ont retenti jusqu'aux extrémités du globe. Dans leur enceinte, il a dressé un pavillon au soleil. Semblable au nouvel époux qui sort de son lit nuptial, il s'élance comme un géant dans sa carrière, il part de l'extrémité des cieux, et revient en tournant à cette extrémité : rien ne se dérobe à sa chaleur » (Ps. 18, d'après l'hébreu).

Dieu a réuni dans le soleil, et la lumière qui éclaire et colore, et la chaleur qui fait vivre et croître les plantes. Mais déjà auparavant la lumière et la chaleur existaient; déjà les plantes se peignaient des couleurs de l'une et s'animaient de la vie de l'autre. Le soleil n'en est pas la source, mais seulement un réservoir; il n'est pas la lumière, mais seulement un luminaire.

Ici revient une question fort agitée parmi les anciens : ces luminaires célestes sont-ils animés ou non? Il y en a eu pour, il y en a eu contre, il y en a eu dans le doute. L'ange de l'école, saint Thomas, a concilié ces divers sentiments avec une admirable justesse. Les astres ne sont point animés à la manière du corps humain, avec qui l'âme qui le vivifie ne compose qu'un seul individu, l'homme, mais ils sont animés à la manière d'un navire que meut et que dirige le pilote. Or, ceux qui disaient avec Platon que les astres sont animés, l'entendaient en ce dernier sens, et ceux qui soutenaient qu'ils ne l'étaient pas, l'entendaient dans le premier. Il y a de la différence dans les paroles, mais pour la chose même il n'y en a point; ou s'il y en a, c'est très-peu (*Sum.*, pars 1, q. 70, a. 3).

Le soleil préside au jour. Il nous l'apporte en se levant; il nous l'emporte en se couchant. Mais ce lever et ce coucher du soleil, c'est la terre qui en cause le phénomène en tournant sur elle-même et en présentant successivement aux rayons de cet astre les divers points de sa circonférence. Le soleil se lève alors sur l'horizon, et s'avance, puis s'éloigne et se couche, à peu près comme le rivage immobile se lève sur l'horizon et s'avance ou bien s'enfuit et disparaît, suivant que le navigateur s'en approche ou s'en éloigne.

Il préside encore aux quatre saisons, ou quatre périodes de lumière et de chaleur qu'il répand sur la terre, et à l'année, qui n'est que l'ensemble de ces quatre périodes. Mais ce cercle de variations, c'est encore la terre qui en est cause. Non-seulement elle tourne sur elle-même toutes les vingt-quatre heures, pour que le soleil nous donne le jour; elle tourne encore autour de cet astre en trois cent soixante-cinq jours et un quart, ce qu'on appelle une *année*. Dans cette révolution annuelle, elle est inclinée de manière à présenter aux rayons directs du soleil deux fois le milieu de son globe ou l'équateur, et une fois une certaine portion de chacun de ses hémisphères. Lorsqu'elle lui présente le milieu, les jours sont égaux aux nuits, il y a équinoxe pour nous : équinoxe du printemps, si la terre doit présenter ensuite au soleil l'hémisphère où nous sommes; équinoxe d'automne, si elle doit lui présenter l'hémisphère opposé. Lorsqu'elle lui présente de notre hémisphère le plus qu'elle a coutume de lui présenter, nous avons les jours les plus longs et les nuits les plus courtes ou l'été : c'est ce qu'on appelle *solstice*, parce que le soleil semble s'arrêter quelques jours avant de s'en retourner vers l'autre hémisphère, solstice d'été pour nous, solstice d'hiver pour nos antipodes ou ceux qui sont au côté opposé de la terre. C'est tout l'inverse six mois après. Voilà du moins comme les savants l'expliquent aujourd'hui. Aujourd'hui, disons-nous, car, pendant des siècles, ils l'expliquaient différemment et toujours avec une égale assurance. Ce qui pourrait leur persuader enfin d'être quelquefois un peu plus modestes.

La lune est le second des grands luminaires. Elle accompagne la terre autour du soleil, et tourne en même temps autour de la terre en vingt-neuf jours et demi. Elle préside à la nuit, qu'elle éclaire le plus souvent d'une pâle lumière. Non plus que la terre, elle n'est point lumineuse d'elle-même; comme la terre, elle emprunte son éclat du soleil. Lorsqu'elle nous montre tout son hémisphère éclairé, ce qui arrive quand elle se lève sur l'horizon au moment que le soleil se couche, il y a ce qu'on appelle *pleine lune*; lorsqu'elle se lève en même temps que le soleil, elle ne nous montre que son hémisphère non éclairé : nous ne la voyons plus; il y a ce qu'on appelle *nouvelle lune*. Enfin on appelle *premier quartier, dernier quartier*, lorsqu'elle s'est approchée ou éloignée du soleil de manière à nous faire voir la moitié de son hémisphère éclairé, ou le quart de sa circonférence éclairée. On connaît ces diverses apparences sous le nom général de *phases de la lune*. Les astronomes en ont observé de semblables dans les lunes ou satellites qui accompagnent quelques autres planètes.

La nuit n'est que l'ombre de la terre. Lorsque cette ombre, qui se projette très-loin dans l'espace, tombe sur le disque éclairé de la lune, ce disque en est obscurci en tout ou en partie : il y a ce qu'on appelle *éclipse partielle* ou *totale* de la lune. Cela ne peut arriver qu'au temps de pleine lune, lorsque la terre se trouve directement entre elle et le soleil.

Mais, ainsi que la terre, la lune a son ombre et sa nuit. Lorsque cette ombre, qui se projette également très-loin dans l'espace, rencontre la partie de la terre où nous sommes, elle nous dérobe la lumière du soleil en tout ou en partie : il y a ce qu'on appelle *éclipse totale* ou *partielle* du soleil; nous sommes pendant quelques instants à l'ombre de la lune : ce qui ne peut arriver qu'au temps de nouvelle lune, lorsque cet astre se trouve directement entre le soleil et la terre.

A l'exception des Hébreux, tous les anciens peuples avaient grand'peur des éclipses. On voit dans les Annales de la Chine (Chouking), qu'une éclipse y mettait en émoi tout l'empire. Aujourd'hui encore, les Indiens, persuadés qu'un dragon malfaisant veut dans cette occasion dévorer la lune, font un grand vacarme pour lui faire lâcher prise, ou bien se mettent dans l'eau jusqu'au cou pour le supplier de ne pas la dévorer entièrement. Les Grecs et les Romains s'en formaient une idée pareille. Si la lune s'éclipsait, c'est que, par leurs enchantements, des sorcières l'attiraient sur la terre. Aussi le peuple de Rome frappait-il sur les chaudrons et autres instruments pour la faire remonter à sa place. On allumait encore un nombre infini de torches et de flambeaux, qu'on élevait vers le ciel pour rappeler la lumière de l'astre éclipsé. Les indigènes du Mexique s'imaginaient que la lune était blessée par le soleil, pour quelques querelles qu'ils avaient eues ensemble. En conséquence, tout le monde jeûnait pour rétablir la paix dans le ménage.

Cependant, et à la Chine, et dans l'Inde, et dans la Chaldée, et dans la Perse, et dans l'Égypte, et dans la Grèce, et à Rome, il y avait des astronomes, ou astrologues, ou mathématiciens; car, dans les anciens auteurs, ces trois noms signifient la même chose. Mais, au lieu d'éclairer le peuple sur la cause des éclipses, ces savants l'entraînaient, l'enfonçaient dans une erreur plus dangereuse. Si haut qu'on remonte dans l'histoire profane, on voit l'astronomie ou la connaissance des astres dégénérer en une vaine et funeste superstition. Les mathématiciens, ou astrologues, ou astronomes, trouvant sans doute que de considérer les étoiles uniquement pour en connaître le cours et prédire les éclipses, n'apportait guère de profit, inventèrent quelque chose de plus lucratif : c'est de prédire également la destinée de chaque homme, l'issue d'une entreprise, le sort d'une bataille. Le ciel fut divisé en douze parts égales, ayant chacune son attribut particulier : les richesses, les parents, la gloire, etc. Les planètes furent distinguées en favorables, nuisibles et mixtes, ayant leurs aspects heureux ou funestes. Le moment décisif pour la destinée de l'homme est celui de sa naissance. Tels et semblables étaient les principes arbitraires de cette vaine et superstitieuse mathématique, comme on le voit dans les Pères de l'Église qui les ont combattus. Les Chaldéens, qui furent les premiers à observer les astres, furent aussi les premiers astrologues, devins, tireurs d'horoscopes, diseurs de bonne aventure. Leur nom même devint commun à tous les charlatans de cette espèce qui bientôt remplirent l'univers. Les mathématiciens furent souvent bannis de Rome, mais pour y rester toujours : tel est le langage de l'histoire romaine (Tacite, *Hist.*, 1, n. 22). Ils fomentaient les conspirations par leurs pronostics. Réussissaient-elles? c'étaient eux qui gouvernaient l'empire. Échouaient-elles? un décret les bannissait; mais, comme s'exprime un auteur de ce temps-là, et le vulgaire savant, et le vulgaire ignorant, également persuadés que les destinées des empires et des individus étaient écrites dans les astres, les retenaient malgré tous les décrets (Pline, *Hist.*, l. 2, c. 7 : *Pariterque et eruditum vulgus et rude*). Telle était la puissance de cette superstition astronomique, qu'un des écrivains les plus sensés de la littérature romaine, dans un discours intitulé le *Mathématicien*, fait ce raisonnement : Puisque la mathématique prédit les éclipses des astres et que l'événement justifie ses prédictions, comment ne pas la croire quand elle prédit la destinée d'un homme (Quinctill., Déclam. 4, *Mathematicus*, n. 14)? Les empereurs pensaient comme le vulgaire. Tibère chassait les mathématiciens par un décret, et était lui-même très-adonné à la mathématique (Suét. Tib., n. 36 et 69). Pour ce qui est des philosophes, il suffira de citer un philosophe sur le trône, l'empereur Julien : astrologue, aruspice, magicien, il était sans cesse entouré de magiciens, d'aruspices, d'astrologues. Qui donc a délivré l'univers de cette superstition philosophique? La seule Église de Dieu. Depuis Moïse jusqu'au concile de Trente, elle n'a cessé d'éclairer le peuple sur les vains préjugés où les doctes impostures des savants. Les philosophes de Chaldée commençaient peut-être à infatuer le genre humain de leurs fables astrologiques, lorsque Moïse lui rappela l'antique vérité sur la création du monde et la divine Provilence. Ces mêmes sages flattaient Babylone d'une inaltérable félicité, lorsqu'Isaïe lui annonça une ruine prochaine, et lui disait : « Ecoute, cité voluptueuse... parais avec tes enchanteurs, et ces artifices que tu cultives dès ta jeunesse, tu verras s'ils ajoutent à la force. Tu as défailli dans la multitude de tes conseils : qu'ils paraissent donc, qu'ils te sauvent, ceux qui contemplaient le ciel, qui examinaient les astres et qui supputaient les mois pour t'annoncer l'avenir. Voilà qu'ils sont devenus comme la paille : le feu les a consumés (Is., 47). » Le philosophe Julien employait toutes les ressources de la philosophie et de l'empire pour faire triompher du christianisme et du bon sens la superstition des astrologues, des mathématiciens, des augures, des aruspices, lorsque ses anciens compagnons d'études, Grégoire de Nazianze et Basile de Césarée, apprenaient aux peuples, dans les temples chrétiens, à se moquer de toutes ces extravagances philosophiques et à conserver le bon sens avec le christianisme.

Ce n'est point que l'Eglise blâmât jamais la connaissance des astres; elle ne voulait qu'en bannir l'imposture et la superstition pour en faire une science véritable. Le concile de Trente, en prohibant les livres d'astrologie superstitieuse, a bien soin d'excepter ceux d'astrologie naturelle ou d'astronomie, qui peuvent traiter, non-seulement du cours des astres, mais encore de leurs influences naturelles sur les mouvements de la mer, la température de l'air, le retour de certaines maladies; observations utiles à la navigation, à l'agriculture et à la médecine (Index : regula 9). L'Eglise avait plus d'intérêt que personne à ce que le cours du soleil, de la lune et des étoiles fût exactement connu; car c'est là-dessus qu'elle règle ses fêtes, principalement la plus solennelle, la Pâque. Aussi verrons-nous, dans les siècles chrétiens, les plus grands papes, les plus grands évêques, les conciles, s'occuper vivement de cette importante question. C'est un pape, Grégoire XIII, qui rendra à tous les peuples l'éminent service de corriger les erreurs, les incertitudes qui s'étaient glissées dans leurs calendriers, et de leur en donner un parfaitement exact. C'est un cardinal, Nicolas de Cusa, qui, le premier parmi les modernes, ressuscitera l'ancienne opinion du mouvement de la terre autour du soleil. C'est un chanoine, Nicolas Copernic, qui fondera ce système sur le calcul et l'expérience, et deviendra ainsi le père de la moderne astronomie.

On demandera peut-être en quelle phase et en quelle saison ont paru les deux grands luminaires ? Voici ce qu'on peut conjecturer de plus probable. Il est dit que le luminaire moindre, la lune, a été faite pour présider à la nuit. Or, elle ne préside littéralement à la nuit entière que quand elle se lève au moment que le soleil se couche, c'est-à-dire en la pleine lune. Il est donc vraisemblable qu'elle a paru pour la première fois en cette phase. Il est dit encore que Dieu fit les deux grands luminaires, le soleil et la lune, pour séparer la lumière des ténèbres, le jour de la nuit, et cela par le milieu, suivant la version des Septante. Or, il n'y a de division égale entre la nuit et le jour que quand le soleil éclaire directement le milieu de la terre ou l'équateur, c'est-à-dire au temps des équinoxes. On peut donc croire que c'est à pareille époque qu'ont été créés ou du moins rendus lumineux le soleil et la lune. Mais il y a deux équinoxes, l'un de printemps, l'autre d'automne. Auquel des deux faudra-t-il rapporter l'apparition des deux grands luminaires ? Il est dit immédiatement auparavant : Que la terre produise de l'herbe verdoyante et des arbres fruitiers, chacun selon son espèce. Or, cette végétation est le propre du printemps, bien plus que d'aucune autre saison de l'année : on est donc fondé à conclure que le soleil et la lune ont été créés ou faits lumineux en la pleine lune de l'équinoxe du printemps. C'est ainsi du moins que raisonnaient les évêques de la Palestine et des provinces limitrophes, réunis en concile à Césarée, vers la fin du IIe siècle, par ordre du pape saint Victor, pour régler la question de la Pâque sur les lieux mêmes où le Christ avait célébré la Pâque (1). Les actes nous en ont été conservés par un saint astronome du VIIe siècle, le vénérable Bède. On y voit cette observation, qu'à la même époque de l'année, la pleine lune équinoxiale du printemps, de grands événements ont eu lieu : le soleil et la lune ont commencé de luire sur la terre; les enfants d'Israël sortirent de la servitude d'Egypte, comme d'une prison ténébreuse, sous la conduite de Moïse et d'Aaron, tels que deux astres, pour devenir une nation libre et prendre possession de la terre promise à leurs pères; le Christ, Dieu-Homme, figuré tant de siècles par la victime pascale, ayant été immolé pour la délivrance de l'humanité entière, sort de la tombe et des ténèbres de la mort, appelant tous les hommes à la liberté de Dieu et en la terre promise du ciel.

Ainsi la grande fête des chrétiens, la Pâque, qui toujours coïncide avec la renaissance de la nature, nous rappelle et la première jeunesse du monde, et l'affranchissement du peuple d'Israël par Moïse, et l'affranchissement de tous les peuples par le Christ.

Les deux grands luminaires placés dans l'étendue des cieux, nous indiquent l'époque de cette fête. Ils servaient déjà de signe pour l'ancienne Pâque et les Néoménies ou fêtes de nouvelle lune. Mais il est une dernière solennité que le soleil, la lune et les étoiles sont chargés d'annoncer à tous les peuples de la terre : c'est la grande Pâque, le grand passage du temps à l'éternité. Les vertus des cieux seront ébranlées, les étoiles tomberont du ciel, le soleil sera obscurci, la lune ne donnera plus sa lumière, les éléments se dissoudront, non pour s'anéantir, mais pour former de nouveaux cieux et une nouvelle terre. Quand nous verrons le premier signal de cette solennité dernière, alors il faudra lever la tête, alors notre rédemption sera proche, alors paraîtra le soleil de justice pour ne s'obscurcir plus jamais, alors nous verrons à son éternelle lumière l'ensemble divin de cette histoire catholique dont nous tâchons de rassembler les fragments humains.

A la voix de Dieu la terre s'est parée d'un manteau de verdure parsemé de fleurs comme d'étoiles, le ciel s'est paré d'un manteau d'azur parsemé d'étoiles comme de fleurs. La mer seule restera-t-elle stérile ? Ecoutons.

« Et Dieu dit : Que les eaux produisent des animaux vivants qui se meuvent, et que le volatile s'en vole au-dessus de la terre, vers l'étendue des cieux Et il en fut ainsi. »

(1) Labbe, *Conc.*, t. I, col. 596; Beda, *de equinoctio vernali*.

LIVRE I. — LA CRÉATION DU MONDE.

De paroles il y a peu, mais qui en dira les merveilles sans nombre ? Qui descendra dans les fleuves et dans les abîmes de la mer pour en étudier tous les habitants ? Nous en connaissons à peine quelques-uns ; mais, dans ce peu, combien de choses qui nous passent et nous confondent ! Cette éponge avec laquelle nous essuyons nos meubles, savons-nous bien qui nous l'a faite ? C'est la maison mouvante que des vermisseaux marins se construisent eux-mêmes sur le flanc des rochers. Et ce corail dont nous admirons le vermeil, c'est un débris de la ruche pierreuse que de petits insectes se bâtissent en forme de tronc d'arbre au fond de la mer. Et ces perles auxquelles nous mettons un si haut prix, ce sont les gouttes de sueur qu'une espèce d'huître ou de limace océanique a laissé coaguler, en formant de sa transpiration ces deux écailles, qui sont à la fois sa maison, son vêtement et ses os. Et cette pourpre dont s'enorgueillit le manteau des rois, c'est une liqueur que distille dans sa conque une espèce d'escargot de mer. Salomon devra la royale couleur de ses vêtements à un reptile, et, avec toute sa magnificence, il n'égalera pas une fleur des champs. L'habitant d'un autre coquillage enseignera la navigation. Le *nautile* ou *navigateur*, reptile marin à huit bras, se bâtit de sa propre substance une conque en forme de navire, y met assez d'eau pour lui servir de lest, élève deux de ses bras, déploie au vent la membrane ou voile qui les unit, en allonge deux autres dans la mer comme deux avirons, en avance un cinquième qui lui tient lieu de gouvernail, et traverse ainsi l'océan à voile et à rame, étant lui-même son navire, son pilote et son équipage. Ce n'est pas tout : une tempête s'annonce-t-elle, un ennemi est-il à craindre ? l'industrieux argonaute replie sa voile, rentre ses avirons et son gouvernail, emplit d'eau son bâtiment et s'enfonce dans l'abîme. Le danger est-il passé ? il renverse sa barque sens dessus dessous, y produit le vide et la fait remonter. Arrivé à la surface, il la retourne adroitement, la remet à flot, déploie de nouveau sa voile et recommence à voguer au gré des vents. Quand l'homme trouvera-t-il le secret d'échapper ainsi à la tempête ?

Mais ne restons pas toujours dans les ondes amères de l'Océan, entrons un peu dans les fleuves et les rivières. Tout le monde y connaît l'écrevisse, avec ses tenailles et sa cuirasse en croûte. Mais tout le monde connaît-il la merveille qui s'opère en elle chaque année ? Je ne parle pas des œufs qu'elle porte et qu'elle fait éclore sous sa queue ; je ne parle pas même de l'incroyable faculté qu'elle a de reproduire les cornes et les pattes qu'on lui arrache ou qu'elle s'arrache elle-même ; je parle de la transmutation complète qu'elle subit tous les ans. Elle s'y dépouille, non-seulement de sa robe écailleuse, mais encore de toutes ses parties cartilagineuses et osseuses, même de son estomac et des intestins ; elle se refait à neuf tout entière. Pour comble de singularité, il paraît qu'avec son nouvel estomac elle digère l'ancien. Qui comprendra jamais tout cela ? qui comprendra jamais cette mort et cette résurrection annuelles ? mort et résurrection qui sont communes à l'écrevisse avec tous les animaux de son espèce. Que de mystères !

En voici de non moins étonnants :

Dans nos ruisseaux, dans nos fossés, dans nos mares et sur la vase qui est au fond, et au milieu des lentilles qui en tapissent la surface, il est un petit ver ou insecte à plusieurs pieds, nommé pour cette raison *polype*. Se croit-il menacé, il contracte ses pieds ou ses bras, car ils lui sont l'un et l'autre ; il se rapetisse de manière à se rendre presque imperceptible. Se voit-il en assurance, il se dilate, il étend ses bras, il les allonge, il marche, il saisit de petits insectes, de petits vers qu'il dévore tout entiers. Souvent deux polypes avalent le même ver, chacun par un bout ; quand alors ils se rencontrent, plus d'une fois il arrive que l'un avale l'autre avec la portion du ver qui se trouve dans son corps. Ce qui est encore plus curieux, c'est qu'au bout d'une heure le polype sort sain et sauf du corps de celui qui l'avait englouti : il n'y perd que sa proie. Autre singularité : le polype engendre sans accouplement ; il devient mère sans cesser d'être vierge, singularité qui cependant lui est commune avec d'autres vers ou insectes. Mais ce qui confond toutes les idées et n'appartient qu'à lui, c'est qu'on peut le découper, de long ou de large, en autant de morceaux qu'on voudra, chaque morceau deviendra un polype complet qui en produira d'autres à son tour. Il n'y a qu'un siècle qu'on a pris garde à ce prodigieux vermisseau ; la science ne tente même pas d'en expliquer les mystères et les merveilles. Combien d'autres, semés sous nos pas, auxquels nous ne daignons pas même regarder !

Depuis l'invention du microscope, lunette qui grossit étonnamment les petits objets, on a découvert dans chaque goutte d'eau où l'on a fait infuser des parties animales ou végétales, telles que du poivre, tout un monde de petits animalcules invisibles à l'œil nu et inconnus aux anciens. Un observateur célèbre en a compté jusqu'à deux mille, quelquefois même jusqu'à huit et dix mille dans une seule goutte de pluie où ils nagent comme dans une vaste mer (1). Il estime que mille millions n'en sont pas aussi gros qu'un grain de sable ordinaire ; cependant chacun a sa forme spéciale. Il y en a de sphériques, il y en a de plats, il y en a de longs, il y en a qui changent de forme à chaque instant, il y en a qui s'ouvrent en entonnoir pour saisir leur proie, car ils mangent et digèrent. Il y en a de si voraces, qu'ils se mangent les uns les autres. Ils se fécondent eux-mêmes et sans accouplement : les uns pondent des œufs, les autres accouchent de petits vivants. Coupés en deux, chaque morceau devient un animal complet. Mis à sec, ils se contractent et expirent ; humectés de nouveau, ils ressuscitent après des années entières et jusqu'à vingt fois. Humilions-nous, confondons-nous en voyant Dieu si admirable dans des choses si communes.

Mais tandis que nous nous perdons dans une goutte d'eau à considérer des infiniment petits, voici l'énorme baleine qui s'avance du Nord, dormant sur l'Océan comme une île flottante, de vingt, de trente, de soixante mètres de long, sur laquelle on aperçoit des coquillages et quelquefois même des plantes. Le marinier est sur le point d'y débarquer, lorsqu'elle se réveille et, d'un coup de sa queue, fait chavirer, ou peu s'en faut, le navire.

Elle plonge dans les abîmes avec son petit, gros comme un bœuf, qu'elle embrasse avec ses nageoires et qu'elle allaite de ses deux mamelles. Quoique l'a-

(1) Leuwenhoek. *Journal des Savants*, du 14 mars 1678.

nimal le plus énorme qui existe, elle a peur. Dans sa famille même, elle trouve des ennemis redoutables, contre qui elle n'a de défense que sa queue. L'espadon, beaucoup moindre qu'elle, mais armé à la tête d'une longue épée dentelée de chaque côté, la poursuit avec acharnement. Elle tâche de le frapper de sa queue et de l'écraser ainsi d'un seul coup. Mais souvent l'espadon y échappe, bondit en l'air, retombe sur elle et s'efforce non de la percer, mais de la scier avec son épée à dents. La baleine rougit la mer de son sang, qui jaillit à gros bouillons de ses blessures; elle entre en fureur, elle frappe sur l'eau des coups si épouvantables que le navigateur en frémit au loin. Mais un ennemi encore plus à craindre pour elle, c'est l'homme. Il viendra un jour jusqu'au milieu des glaces du Nord lui faire reconnaître son empire. Si elle pouvait toujours demeurer au fond des eaux, elle aurait encore moyen de lui échapper. Mais non. Différente en cela des autres poissons, il faut qu'elle vienne de temps en temps à la surface pour respirer l'air. L'homme en profitera pour lui lancer, de dessus une frêle barque, un harpon acéré, qui entre dans sa chair et en fait jaillir des flots de sang. Elle aura beau bouleverser la mer par les battements de sa queue : le fer reste fixé dans la large plaie. Elle aura beau s'enfoncer dans l'abime : le fer la suit dans l'abime, et, avec le fer, un long câble dont le bout est dans la barque. Et puis, il faut bien qu'une demi-heure après elle revienne sur l'eau pour reprendre haleine. Le hardi pêcheur en profite pour l'achever à coups de dards. Morte, on la suspend avec des chaînes au côté du gros navire. Des charpentiers, les pieds armés de crampons de fer, montent sur son dos, en dépècent le lard à coup de hache. Sa graisse, son huile enrichira des provinces; le commerce la transportera de royaume en royaume, les arts l'emploieront en beaucoup de manières différentes. Les lames osseuses ou fanons qui garnissent sa gueule, et avec lesquels elle écrase les insectes et les petits poissons dont elle se nourrit, serviront entre autres à des parasols et des parapluies. Son énorme charpente amusera peut-être les enfants de quelque grande cité, tandis que les peuples du Groënland en feront la carcasse de leurs barques, qu'ils revêtiront de sa peau.

Chose étonnante qu'on aura sans doute remarquée déjà : et parmi les imperceptibles habitants d'une goutte de pluie, et parmi les gigantesques baleines de l'Océan, il y a guerre, il y a combat à mort. Mais sous la main de la Providence, ces guerres et ces combats entretiennent la vie et l'harmonie universelles.

Ainsi, cette année, comme l'année dernière, des millions de harengs et de morues, poursuivis, à ce qu'il paraît, par les baleines et attirés par des insectes et de petits poissons, viendront se faire prendre le long des côtes d'Europe et sur les bancs de Terre-Neuve, afin de servir de nourriture à des millions d'hommes. Et l'année prochaine, en la même saison, il en reviendra tout autant. Et malgré cette consommation prodigieuse, leur nombre ne diminuera point : Dieu leur a donné une fécondité plus prodigieuse encore. Une seule femelle de hareng en produira au moins dix mille; une seule morue, jusqu'à dix millions. Ont-ils approvisionné les divers peuples de la terre, et pourvu en particulier à la nourriture du pauvre? les harengs, et après eux la morue, s'en retournent sous les glaces du Nord, s'y multiplient sans péril et s'en reviennent l'année suivante par milliards, marchant à la suite de quelques chefs, en ordre de bataille, non pour combattre, mais pour se faire prendre plus commodément. Et, chose singulière, ces poissons qui naissent, qui vivent dans les eaux salées de la mer, ne sont point salés. Il faut qu'on les sale quand on veut en conserver la chair ou l'envoyer au loin; mais c'est la mer qui fournira le sel.

Ce qu'est l'Océan pour toute la terre, immense vivier où Dieu prodigue d'inépuisables aliments à tous les peuples, les lacs, les fleuves, les rivières le sont pour chaque royaume, chaque province, chaque canton. On y pêche tous les ans, on y pêche toute l'année, et toujours les poissons réalisent à nos yeux cette bénédiction que Dieu leur a donnée dans l'origine : Croissez, multipliez-vous, et remplissez les eaux. Toujours les eaux se remplissent de poissons d'abord imperceptibles, mais qui croissent comme à vue d'œil et qui multiplient bientôt à leur tour. Une seule carpe, échappée au filet des pêcheurs, suffit pour repeupler toute une rivière avec ses trois cents milliers d'œufs.

Qui ne bénirait le Créateur à la vue de tant de merveilles! Que d'inexplicables variétés dans le peu que nous connaissons de ses œuvres vivantes! Ici les tortues, les écrevisses, les conques, les huîtres, qui ont les os en dehors et la chair en dedans; là les poissons de toute espèce, qui ont les os en dedans et la chair en dehors, mais recouverte d'une peau, qui l'est elle-même d'un toit d'écailles. Ceux-là cheminent lentement, avec leurs maisons de pierre; ceux-ci s'élancent comme un trait, se bercent mollement, s'élèvent, descendent à leur volonté. Pour fendre plus facilement les ondes, Dieu leur donne un corps effilé, aplati sur les côtés et aiguisé par la tête. Des rames naturelles ou des nageoires, placées sous la poitrine et sous le ventre, à la queue et sur le dos, les dirigent dans tous les sens. Un organe plus curieux encore est une vessie d'air qu'ils ont dans l'intérieur, et qu'ils dilatent ou compriment à leur gré. La compriment-ils? devenus plus pesants, ils enfoncent. La dilatent-ils? devenus plus légers, ils remontent. Quoique toujours dans l'eau, ils respirent cependant l'air comme nous, mais non pas autant que nous. Ils en trouvent assez dans l'eau qu'ils avalent par la bouche et chassent par les ouïes, qui, au passage, en extrait les particules aériennes, à peu près comme nos poumons décomposent l'air atmosphérique, et en emploient une partie à entretenir la circulation du sang et la vie. Enfin, chaque espèce de poisson a reçu une arme ou du moins quelque industrie pour se défendre au besoin : la baleine, sa queue meurtrière; l'espadon, son épée à scie, la licorne de mer, sa corne en spirale; le hérisson, la perche, leurs piquants; la pourpre, sa tarrière, qui perce les coquilles les plus dures; le dauphin lance aux yeux de son adversaire un violent jet d'eau pour l'étourdir; la sèche, une bouteille d'encre pour se dérober à sa vue; la torpille engourdit la main qui la veut saisir; tel autre, sur le point de devenir la proie de ses nombreux ennemis, s'envole dans l'air au moyen de larges membranes qui lui servent d'ailes et avec lesquelles il s'y soutient tant qu'elles demeurent humides.

Quant à ceux des poissons qui ont le moins d'industrie pour se défendre, ils ont en récompense la plus grande fécondité pour se propager ; tandis que ceux qui, par leur grosseur, leur voracité, leurs armes, sont les plus redoutables, ne multiplient, en comparaison, que très-peu. La baleine ne produit par an qu'un seul petit, tout au plus deux ; le hareng, des milliers. C'est ainsi que Dieu, et dans la mer orageuse où s'agitent les poissons, et dans la mer orageuse où s'agitent les hommes, fait également sortir l'ordre du désordre, la paix de la guerre, l'harmonie éternelle des révolutions temporelles.

Le poisson volant, qui s'élance dans les airs, nous y fait apercevoir un nouveau monde, de nouveaux êtres, de nouvelles formes, une nouvelle décoration : le monde des oiseaux. Les écailles sont remplacées par des plumes ; un bec prend la place des dents ; aux nageoires succèdent des ailes et des pieds ; des poumons intérieurs et d'une autre structure font disparaître les ouïes : le silence qui régnait jusqu'alors dans la nature est banni, et, dans plusieurs espèces, remplacé par les chants les plus mélodieux.

Il en est de ces nouveaux êtres, tels que le cygne, l'oie, le canard, que l'on voit quitter à peine l'humide élément dont la voix du Créateur les a fait naître. Tranquilles au milieu des orages, ils luttent contre les vents, badinent avec les vagues, sans avoir de naufrage à redouter. Navigateurs-nés, leur corps est bombé comme la carène d'un vaisseau ; le cou, qui s'élève sur une poitrine éminente, en est comme la proue ; leur queue, courte et ramassée en pinceau, semble être un gouvernail ; leurs pieds palmés sont de vraies rames ; enfin le duvet fin, épais et verni d'huile, qui revêt tout le corps, est une sorte de goudron naturel qui les défend contre l'impression de l'eau. Au milieu de cet élément si agité, leur vie est paisible ; ils s'y jouent, s'y ébattent, y plongent et reparaissent avec des mouvements agréables : ils y rencontrent leur subsistance encore plus qu'ils ne la cherchent. Aussi leurs mœurs sont-ils en général innocentes et leurs habitudes pacifiques. Ils attendent l'homme pour lui donner leur duvet et leurs plumes, et même accourir à sa voix.

Un peu plus loin sur le rivage, en apparaissent d'autres au corps élancé, au long cou. Leurs pieds, haut montés, sont privés de membranes ; aussi ne nagent-ils point, mais ils marchent dans les marais et les eaux peu profondes. Leur bec s'allonge et s'effile pour fouiller dans le limon vaseux et y chercher la pâture qui leur convient, des poissons, des reptiles, des insectes. La cigogne est de ce nombre ; la cigogne, que les anciens ont nommée *la pieuse*, à cause de sa piété filiale envers ses parents. Sont-ils vieux ? elle les nourrit et les réchauffe avec la même tendresse que ses petits, les soulève dans leur défaillance, et leur apprend à voler avec ses ailes pour goûter encore quelque plaisir d'un âge meilleur (Ambr., *In hexaem.*, l. 5, c. 16).

Ailleurs, la poule domestique nous avertit qu'elle vient de récompenser notre hospitalité d'un œuf frais. L'hirondelle, sauvage tout ensemble et familière, suspend avec confiance sa maison au-dessus de nos foyers. Au jardin, le pinson, le chardonneret, le bouvreuil nous réjouissent de leur plumage et de leur chant. Allons-nous à la campagne ? la linotte et la fauvette nous saluent du milieu des buissons ; l'alouette champêtre s'élève joyeuse au-dessus de nos têtes et semble nous inviter, par sa ravissante mélodie, à nous élever avec elle jusqu'aux cieux. Au voisin bocage, le rossignol solitaire fait retentir de sa voix les échos d'alentour ; s'aperçoit-il que nous prêtons l'oreille, il paraît s'animer encore plus ; il compose et exécute sur tous les tons, va du sérieux au badin, d'un chant simple au gazouillement le plus bizarre, des tremblements et des roulements les plus légers à des soupirs tendres, languissants et lamentables, qu'il abandonne ensuite pour revenir à sa gaîté naturelle. Dans notre admiration, nous supposons à ce chantre de la nature une taille majestueuse, un plumage brillant, un regard superbe ; et il est d'une chétive apparence, d'une couleur fort commune et d'un regard timide. Jusque parmi les oiseaux, Dieu se plaît à départir ses dons les plus parfaits à ce qu'il y a de plus humble.

L'aigle, roi des airs, a reçu en partage la grandeur, la force, le courage, la vue perçante, la rapidité du vol. Il pose son nid sur des rochers inaccessibles, regarde le soleil fixement, s'élève par-dessus les nues et de là fond sur la proie qu'il découvre dans la plaine. Ses petits, nourris de sang et de carnage, sont-ils en état de voler, il les chasse de son aire et de ses alentours, et les force de s'aller conquérir un empire ailleurs. Par la hardiesse de son vol et le perçant de son regard, il est l'emblème du génie qui s'élève jusque dans le sein de Dieu pour y contempler le Verbe, la lumière et la vie ; par la domination qu'il exerce dans tout son voisinage, par la facilité avec laquelle il emporte dans ses serres les oiseaux les plus pesants et même les quadrupèdes, il est l'emblème de ce peuple-roi auquel il fut donné de conquérir tous les autres. Et la voix des peuples et la voix des prophètes ont également reconnu à l'aigle ces nobles prérogatives.

Bien différentes de l'aigle sont la colombe et la tourterelle, emblème toutes deux d'une âme chaste, simple, douce, aimante, fidèle à Dieu : la colombe, qui ne vit que pour son époux et pour ses enfants ; la tourterelle qui, quand elle a perdu le sien, n'en souffre plus d'autre, mais passe le reste de ses jours dans le veuvage et la solitude : la tourterelle et la colombe qui seront offertes à la place de celui qui s'offrira pour nous (Amb., *In hexaem*, l. 5, c. 19). Lorsque Dieu aura noyé la terre dans le déluge, la colombe nous annoncera la paix : lorsque l'esprit de Dieu, qui vivifia les eaux dans l'origine, viendra les sanctifier dans celles du Jourdain, il descendra sous la forme de colombe, symbole d'innocence et d'amour.

Mais si l'esprit de grâce et de lumière a son emblème dans la colombe, les esprits de malice et de ténèbres ont aussi le leurs dans les oiseaux de nuit. Espèce de fantômes à la figure sombre, à la physionomie haineuse, au bec crochu, aux serres tranchantes, au cri sinistre, ils habitent les lieux de ruine et de désolation, et se servent du temps du sommeil pour surprendre les petits oiseaux endormis : image parlante de ces esprits méchants et haineux qui habitent les lieux d'éternelle horreur, les âmes en ruine, et, dans les moments de ténèbres,

bres, surprennent celles qui ne sont pas sur leurs gardes.

Combien d'autres leçons, et sur la divine Providence et sur nos propres devoirs, les différentes espèces d'oiseaux ne nous donneraient-elles point, si nous savions y faire attention? Interrogez les volatiles du ciel, disait Job à ses amis, et ils vous enseigneront (Job, 12, 7). Considérez les oiseaux du ciel, nous dit celui-là même qui les a faits : ils ne sèment point, ils n'amassent point dans des greniers, et votre Père céleste les nourrit. Votre Père céleste a semé pour eux, et avec quelle profusion! Nous ne savions peut-être pas trop pourquoi cette infinie multitude et variété d'arbres, de plantes et d'herbes qui couvrent la terre de leurs feuilles, de leurs fleurs et de leurs fruits ; nous n'y voyions peut-être qu'une belle parure ; c'est encore une table abondamment servie, où les oiseaux les premiers sont invités à prendre chacun le mets qui lui convient.

Non-seulement notre Père les nourrit, mais encore il les habille, non pas tous de la même robe ni de la même couleur, mais chacun d'une robe et d'une couleur différentes. Et dans cette robe, quel moelleux, quelle finesse, quelle élégance! Et dans cette couleur, quelle variété, quelle richesse! depuis l'énorme autruche, dont les plumes ornent la tête des rois et des reines, jusqu'au charmant colibri, vrai bijou de la nature, qui vit du suc des fleurs, se baigne sur une feuille dans la rosée du matin, et qui, à sa mort, sert de pendants d'oreilles aux femmes indiennes, et dont en effet le plumage demi-transparent surpasse tout l'éclat des pierres précieuses. Non-seulement notre Père habille avec cette variété et cette richesse tous les oiseaux, il donne encore à chacun tous les ans une robe neuve, et il la leur donne à l'approche de l'hiver.

C'est peu encore qu'il fasse pour eux des merveilles, il leur en fait faire. Car quel art lui apprend, au retour de la belle saison, à construire d'avance un berceau pour leurs enfants à naître? à le construire avec tant d'art et de symétrie, les uns à terre au milieu des prés ou des moissons, les autres dans le creux d'un arbre, sur les branches, dans un buisson, contre une muraille, dans le trou d'un rocher; ceux-ci avec du mortier, tels que l'hirondelle, ceux-là avec des branches d'arbre, tels que l'aigle et la cigogne ; d'autres avec des brins d'herbes, de la mousse, du crin, de la laine, des plumes, tels que les petits oiseaux. Qui apprend à la plupart de ces derniers à en tapisser le dedans avec de molles fourrures, à s'arracher quelquefois pour cela leur propre duvet? Qui leur dit qu'ils auront des œufs, qu'il faudra rester dessus tel nombre de jours pour les animer d'une chaleur vitale? Qui leur dit qu'au bout de ce temps il doit en éclore des petits? Qui inspire à leur mère la tendresse pour les soigner, le courage pour les défendre avant et après leur naissance? Qui donne alors à la craintive fauvette le courage d'attaquer l'homme même? N'est-ce pas celui qui l'a faite? celui qui disait à son peuple : « Si en marchant dans un chemin vous trouvez sur un arbre ou à terre le nid d'un oiseau et la mère couvant ses petits ou ses œufs, vous ne retiendrez point la mère avec les enfants; mais, ayant pris les enfants, vous laisserez aller la mère, afin qu'il vous arrive bonheur et que vous viviez longtemps (Deut., 22, 6 et 7). »

Qui n'admirerait alors dans les oiseaux les prodiges de la tendresse maternelle, les soins qu'ils se donnent pour trouver et apprêter convenablement la nourriture à leurs petits, leur dévouement, leur industrie pour les sauver dans le péril? La poule, d'un naturel si gourmand, ne garde plus rien pour elle; tout est pour ses poussins. Pendant qu'ils mangent, elle veille à leur sûreté. Sont-ils repus, elle les rassemble et les réchauffe sous ses ailes. Un ennemi apparaît-il tout d'un coup? si fort qu'il soit, elle court à l'encontre les plumes hérissées, l'attaque à grands cris avec le bec et les ongles, prête à mourir pour sauver ses petits. Belle image de tendresse sous laquelle le Sauveur se représente lui-même : « Jérusalem, Jérusalem, combien de fois j'ai voulu rassembler tes enfants comme une poule rassemble ses poussins sous ses ailes (Matth., 23, 37)! »

Devenu mère, l'oiseau le plus stupide est intelligent. La poule d'Inde se promène avec sa couvée. Soudain elle jette un cri, et les petits de tomber par terre sans mouvement et de faire les morts. On s'étonne d'un pareil spectacle, lorsqu'on entrevoit au haut des nues un vautour à la serre cruelle, que l'œil vigilant de la poule avait aperçu tout d'abord. Le danger est-il passé? elle pousse un nouveau cri, et aussitôt les poulets se relèvent, accourent à la mère en battant des ailes en signe de joie. La perdrix se montre plus rusée encore. Un chasseur, un chien approche-t-il de la jeune famille, aussitôt le père jette un cri particulier, se met à voler en traînant de l'aile ou à courir en boitant pour engager plus facilement à la poursuivre le chien et le chasseur : bientôt après la mère s'envole d'un autre côté, mais plus rapidement et plus loin. A peine s'est-elle abattue, qu'elle revient sur-le-champ retrouver à la course ses poussins blottis chacun de leur côté dans les herbes et dans les feuilles ; et avant que le chien, détourné par la ruse du père, ait eu le temps de revenir, elle les emmène au loin. Que tous les pères et mères n'ont-ils la même sollicitude et la même prudence pour écarter le péril de leurs enfants!

Autre merveille. Il y a des oiseaux qui restent toujours avec nous; il en est quelques-uns, tels que les becasses, qui nous quittent au printemps pour revenir avec les frimas; mais le plus grand nombre nous quitte à l'automne pour revenir au printemps. Les cailles s'en vont en Afrique et en Asie, où nourriront un jour le peuple de Dieu; les hirondelles, au Sénégal. Qui donc leur apprend qu'il est ailleurs des climats plus doux? Quel géographe leur enseigne la route? Quel astronome leur a dit que le soleil qui s'éloigne de nous à l'automne, se rapprochera de nous au printemps? Qui leur a commandé de se réunir en troupes et de partir tous au même signal? Qui enfin a donné aux grues cet admirable gouvernement qui mériterait de servir de modèle?

« Chez elles, dit Ambroise de Milan, il y a une certaine police et milice naturelles ; chez nous, elle est forcée et servile. Avec quelle exactitude volontaire et non commandée les grues montent la garde la nuit! Vous y voyez disposées des sentinelles, et tandis que leurs compagnes reposent, d'autres font la ronde et explorent si on ne tente pas quelques embûches : chacune s'emploie avec un soin infatigable à la sûreté commune. Son heure de veiller est-elle accomplie, a-t-elle fait son devoir? elle se dispose au sommeil après avoir donné un signal pour réveiller une autre qui dort et à qui elle remet son poste. Cette autre l'occupe aussitôt volontairement; la douceur du sommeil qu'il lui faut interrompre ne la rend ni revêche ni paresseuse; elle remplit diligemment son devoir, et le service qu'elle a reçu, elle le rend avec une exactitude et affection égales. Là, nulle désertion, parce que le dévouement est naturel; la garde y est sûre, parce que la volonté est libre. Elles observent le même ordre en volant et allègent tout le travail par le moyen que chacune se charge de la conduite à son tour. Une est en avant pour fendre l'air, à la tête d'un bataillon qui suit en triangle : a-t-elle fait son temps, elle se retire à la queue et laisse à la suivante la charge de conduire la troupe. Le travail et l'honneur sont communs à tous; la puissance n'est pas un privilège que s'arroge le petit nombre, mais, par une espèce de sort volontaire, elle passe successivement à tous; quoi de plus beau? C'est là le type de la république primitive et le modèle d'une cité libre. Tel fut le gouvernement que les hommes reçurent de la nature à l'exemple des oiseaux, et qu'ils pratiquèrent dans l'origine : le travail était commun, commune était la dignité; chacun apprenait à partager à son tour les soins, l'obéissance et le commandement; nul n'était privé de l'honneur, nul exempt du travail. C'était l'état parfait des choses : personne ne s'enorgueillissait d'une puissance perpétuelle, ni n'était brisé par une trop longue servitude. La promotion ayant lieu par ordre de charge et succession de temps, n'excitait point d'envie; et la garde, qui vous tombait par un sort commun, en paraissait plus facile à supporter. Nul n'osait opprimer de servitude un autre qui devait lui succéder dans les honneurs, et dont il aurait à supporter à son tour les dédains. Nul ne trouvait pesant un travail qu'allégeait la dignité à venir » (Ambr., *In hex.*, l. 5, c. 15).

Mais pendant que nous admirons l'industrie et le gouvernement des oiseaux voyageurs, j'entends une autre espèce de volatiles, une nuée d'insectes, un essaim d'abeilles bourdonner autour de moi comme pour réclamer la prééminence du gouvernement et de l'industrie. En effet, il sera difficile de ne pas la leur accorder. Leur gouvernement est une monarchie républicaine de femmes, distinguée en trois ordres : une reine unique, mère de tout son peuple: des femelles stériles, mais ouvrières, au nombre de douze à quarante mille; enfin quelques mâles pour féconder la reine. L'essaim est-il entré dans une ruche ou dans un creux d'arbre? Aussitôt les ouvrières en nettoient l'intérieur et l'enduisent d'une espèce de gomme; puis, transformant en cire le miel qu'elles ont cueilli sur les fleurs, et la transpirant par petites lames entre les anneaux de leur ventre, elles en bâtissent des cellules à six pans, les unes de leur grosseur pour leurs futures compagnes, les autres plus considérables pour les futurs mâles, et quelques-unes plus considérables encore pour les reines à venir. A mesure que les cellules s'achèvent, la reine régnante, entourée d'un nombreux cortège qui lui prodigue tous les témoignages de respect et d'amour, vient en faire la visite et y pondre un petit œuf qui, dans l'espace de vingt et un jours, se transforme successivement en ver, en nymphe, en abeille. Les ouvrières, devenues aussitôt nourrices, couvent cet œuf avec grand soin, nourrissent le ver et avec du miel et avec de la poussière de fleurs que d'autres leur apportent des champs dans des espèces de cuillères qu'elles ont à leurs jambes postérieures. Lorsqu'au printemps il est né un grand nombre de ces jeunes ouvrières, lorsque surtout une nouvelle reine est près d'éclore, il se fait une révolution dans l'état. On va, on vient, on s'agite jusqu'à ce que la reine-mère, suivie d'une partie des anciennes et nouvelles abeilles, quitte la ruche et s'aille fonder une colonie ailleurs. Peu après la jeune reine sort de son berceau, reçoit les hommages de son peuple, est fécondée dans les airs par les mâles et enfante deux cents fois par jour. Alors la saison est-elle encore favorable, la population exubérante, une seconde reine surtout est-elle près de naître? La première quitte la ruche à son tour, avec une partie de ses sujets, pour aller s'établir et multiplier ailleurs. Au contraire, la saison est-elle tardive, la population trop affaiblie? La jeune reine va briser les cellules royales et percer de son dard les reines naissantes. Les ouvrières la regardent et la laissent faire; mais elles l'en empêchent quand la saison est encore bonne et la population suffisante pour un nouvel essaim.

Arrive-t-il néanmoins que dans la même ruche il y ait deux reines à la fois? Il y a révolution dans l'état. Pour y mettre fin, les deux rivales se cherchent et se combattent, devant la nation assemblée, jusqu'à ce que l'une des deux succombe. Il se pourrait que, dans ce duel, elles se donnassent en même temps la mort l'une à l'autre. La Providence y a pourvu. Se sont-elles empoignées de manière à se percer réciproquement? Tout à coup elles se quittent et s'enfuient chacune de son côté; mais bientôt elles reviennent au combat, le peuple dans et les ramène de force, jusqu'à ce que l'une des deux ait triomphé de l'autre.

N'y a-t-il dans une ruche pas de reine du tout, mais les abeilles ont-elles l'espoir d'en avoir bientôt une, parce qu'il y a un œuf, un ver ou une nymphe dans une cellule royale? L'état est tranquille, les travaux continuent. N'y eût-il même rien dans aucun berceau royal, pourvu qu'il y ait un œuf ou un jeune ver dans une des cellules où doivent éclore les ouvrières, l'état est encore sauvé. Les abeilles nourrices donneront à ce ver la nourriture royale, et, au lieu d'une femelle stérile, il deviendra une reine parfaite, capable d'être fécondée par les mâles et d'enfanter quarante mille nouvelles abeilles par an. Mais n'y a-t-il plus d'espoir d'avoir une reine d'aucune de ces manières? L'état est perdu. Ce peuple si laborieux, si actif, devient tout à coup morne, triste, insouciant; nul ne va plus amassant le miel dans les champs pour les magasins publics, nul n'en revient plus avec la poussière des fleurs pour nourrir la jeune couvée, nul ne forme plus de cire pour bâtir de nouvelles cellules, nul ne trémousse plus les ailes à l'entrée de la ruche pour y renouveler l'air: tout dépérit. L'homme seul peut encore sauver la république désolée. Il n'y a qu'à lui donner un rayon pris d'ailleurs, mais où se trouve une cellule royale garnie de son œuf, ou seulement quelques cellules avec des œufs ou de jeunes vers pour des abeilles communes ; aussitôt la confiance renaît, les travaux recommencent, et dans peu de jours une nouvelle souveraine recevra les hommages d'un peuple fidèle.

Voilà des merveilles bien étonnantes ; d'autant plus étonnantes, qu'on les a plus longtemps ignorées ; d'autant plus étonnantes, qu'elles ont été découvertes de nos jours par un observateur aveugle, l'Anglais Hubert. Combien d'autres merveilles que nous continuons d'ignorer !

Dieu apparaît d'autant plus grand, dit Cyrille de Jérusalem, qu'on connaît mieux les créatures (*Catéch.*, 9). Aussi le plus sage des rois, Salomon, reçut-il cette connaissance d'en haut avec la divine sagesse. « Dieu lui-même, dit-il, m'a donné la vraie science de tout ce qui est, afin que je connaisse la disposition de l'univers et les vertus des éléments, le commencement et la fin et le milieu des temps, les changements successifs et le retour des saisons, le cours des années, la marche des étoiles, la nature des animaux, l'instinct des bêtes, la force des vents et les pensées des hommes, les différences des plantes et les vertus des racines. Et j'ai appris toutes les choses secrètes et ignorées, parce que la Sagesse même qui a tout fait m'en a instruit (*Sap.*, 7). »

Lors donc que, dans la jeunesse surtout, la même Sagesse, la même Providence, nous offre les moyens de recevoir les mêmes instructions, gardons-nous bien d'une coupable indifférence ou paresse. Imitons le fils de David ; comme lui, préférons les leçons de cette Sagesse divine aux royaumes et aux trônes ; amassons dans la saison favorable ces trésors de science qui non-seulement nous embelliront la vie sur la terre, mais peuvent encore rehausser notre gloire dans le ciel. Les insectes mêmes nous donnent l'exemple. « Va vers la fourmi, dit Salomon au paresseux, considère ses voies et deviens sage. Elle n'a ni chef, ni modérateur, ni maître ; cependant elle prépare dans l'été son pain, et rassemble dans la moisson sa nourriture (*Prov.*, 6, 6). »

En effet, les fourmis n'ont ni roi, ni reine, ni commandant ; toutefois elles se réunissent en société, bâtissent des espèces de villes, travaillent en commun le jour et font leur repas en commun la nuit. Leur gouvernement est une république où l'on distingue trois ordres, comme chez les abeilles, les mâles, les femelles et les ouvrières. Les mâles et les femelles ne servent qu'à la propagation de l'espèce ; elles ont des ailes et s'accouplent dans l'air. Après cela les mâles périssent ou peut-être sont mis à mort, comme chez les abeilles ; les femelles rentrent dans la fourmilière et pondent de petits œufs qui, soignés par les ouvrières, se transforment successivement en vers, en nymphes et en fourmis mâles, femelles ou communes. Ces dernières sont toujours le grand nombre. Ce qu'on appelle vulgairement *œufs de fourmis*, ce sont les vers dans une espèce de coque qu'ils se sont filée eux-mêmes, dans laquelle ils subissent leur dernière métamorphose. Pendant l'hiver, les fourmis s'engourdissent dans nos climats et ne mangent point. Les aliments qu'elles amassent pendant l'été se consomment chaque jour ; peut-être aussi servent-ils à l'approche et à la sortie de la mauvaise saison. Les fourmis se font des guerres de peuplades à peuplades ou d'espèces à espèces ; elles retiennent captives et tout à fait en esclavage les prisonnières qu'elles ont faites,

et les condamnent aux travaux forcés intérieurs. De plus, elles élèvent et nourrissent convenablement, dans des sortes d'étables, d'autres espèces d'insectes, et surtout des pucerons, qu'elles soignent pour les traire et pour en obtenir un aliment assuré dans les temps de disette, comme nous tenons en domesticité nos vaches, nos chèvres, nos brebis. Enfin, elles constituent de véritables républiques, où tout est mis en commun, propriétés, familles, nourriture et bestiaux (Duméril. 873).

Qu'est-ce donc que Dieu, pour prodiguer ainsi les merveilles de toutes parts ! Il n'y a pas jusqu'aux insectes les plus repoussants, aux chenilles, qui ne nous en offrent des plus étonnantes. Elles multiplient prodigieusement tous les ans, parce que tous les ans elles doivent servir de pâture à une multitude prodigieuse d'oiseaux. Elles multiplient quelquefois à l'excès, pour nous châtier et nous humilier de notre peu de reconnaissance envers leur Créateur et le nôtre. Leur aspect seul nous répugne ; cependant c'est à une chenille, et à une chenille des moins agréables par sa forme et sa couleur, que nous devons la soie et par suite les étoffes les plus précieuses, les plus riches ornements et dans le palais des rois et dans les temples de Dieu. Qui nous a dit que celles de nos jardins ne puissent donner lieu à quelque chose de pareil ? Comme la chenille qui nous file la soie, ce sont des vers éclos d'un œuf pondu par un papillon. Après avoir rampé quelque temps et brouté l'herbe, elles se disposent au trépas. Pour cela, les unes se filent des coques, d'autres se cachent sous terre dans de petites cellules bien maçonnées ; les unes se suspendent par leur extrémité postérieure, et d'autres se lient par une ceinture qui leur embrasse le corps. Dans cette espèce de sépulcre, elles se défont de leur peau, de leurs jambes, de l'enveloppe extérieure de leur tête, de leur crâne, de leurs mâchoires, de leur outil à filer, de leur estomac et d'une partie de leurs poumons. C'est un vrai trépas ou passage d'une existence à une autre. Dans ce nouvel état, on les nomme *fèves*, parce qu'elles en ont la forme ; chrysalides ou aurélies, parce que leur enveloppe a la couleur de l'or ; nymphes enfin ou jeunes mariées, parce que, dans cette enveloppe, elles prennent de plus beaux atours et la dernière forme sous laquelle elles doivent paraître pour multiplier leur espèce par la génération. Bientôt vous verrez la rampante, l'aveugle, la maussade chenille sortir de son tombeau transformée en léger papillon paré des plus vives couleurs, ayant des yeux et des ailes, apercevant au loin les fleurs de la prairie, volant de l'une à l'autre pour en sucer le miel et la rosée, et ne vivant pour ainsi dire que de plaisir et de bonheur.

Admirable image de ce que sera le trépas du juste. Après avoir vécu sur la terre, sujet à l'erreur et aux passions, il se recueille et se prépare à son dernier passage. Son corps descend dans la tombe ; il y descend comme une masse inerte, grossière, prête à se corrompre. Mais un jour il en sortira immortel, incorruptible, glorieux, agile, spirituel même. Le nouvel homme s'élèvera par-dessus les mondes, il prendra son essor jusque dans les cieux, et y jouira d'éternelles délices.

Hélas ! nous ne connaissons qu'une faible partie

des créatures que Dieu fit naître des eaux le cinquième jour, et encore les connaissons-nous peu. Cependant, dans ce peu, que de beautés et merveilles ! La vie d'un homme ne suffit pas pour les passer toutes en revue et pour les décrire. Un savant (Lyonnet) a fait un gros livre, et un livre aussi intéressant qu'il est gros, sur la seule anatomie d'une chenille. Que serait-ce donc si nous connaissions parfaitement ce que nous ne connaissons qu'en partie ? Que serait-ce donc si, comme Dieu, nous connaissions ainsi tout ce qui nage dans les eaux, tout ce qui vole dans les airs ? Sans doute, nous verrions comme lui que tout cela est bien.

Il est dit que Dieu bénit les poissons et les oiseaux. Ne semble-t-il pas aussi que ces derniers le bénissent à leur tour, le matin et le soir, par leurs harmonieux concerts ? N'en font-ils pas encore autant, et au lever du soleil et quand il se couche ? Les poissons, quoique muets, n'affectent-ils pas de sauter hors de l'eau dans ces doux temps pour louer à leur manière celui qui les a faits ? Ou plutôt les uns et les autres ne semblent-ils pas inviter le prêtre et le pontife de la nature entière, l'homme, à être leur interprète auprès de Dieu ?

Mais quand donc apparaîtra ce roi de la création, ce noble vassal du Créateur ? Quand donc verrons-nous notre premier ancêtre ? quand donc apprendrons-nous à nous connaître nous-mêmes, au lieu de n'étudier que les animaux ? Dans peu, car dans peu la terre sera prête à le recevoir. Le cinquième jour lui a peuplé de futurs sujets, les eaux et les airs. Le sixième jour achèvera d'abord de lui former son empire, en peuplant également la terre d'êtres vivants, et puis nous le montrera lui-même.

« Et Dieu dit : Que la terre produise des animaux vivants, chacun selon son espèce, les bêtes de secours, les bêtes rampantes et les bêtes sauvages, selon leurs différentes espèces. Et il en fut ainsi. »

Et le taureau ou le bœuf, roi des animaux de labour, naquit en mugissant comme pour appeler son maître. A côté de lui, beugle la génisse, prête à donner son lait, sa crème et son beurre. Tous les deux, pour un peu de paille et de foin, serviront à l'homme toute leur vie à labourer et engraisser la terre, à traîner de pesants chariots ; et quand ils lui auront laissé de nombreux descendants, ils le nourriront encore de leur chair et le chausseront de leur peau. Près d'eux, le bélier et la bêlante brebis lui offrent leur toison pour se vêtir ; et quand il voudra donner un festin à ses amis, ils se laisseront mettre à mort avec leur agneau, sans rien dire. Plus loin, à côté du bouc, la grimpante chèvre se présente pour être la nourrice des enfants du pauvre. Et quand l'homme coupable aura encouru la disgrâce du ciel, ces mêmes animaux se laisseront immoler pour lui obtenir sa grâce, en attendant une victime plus sainte qui la lui mérite. De là, dans l'ancienne loi, ces taureaux, ces génisses, ces béliers, ces brebis, ces boucs, ces chèvres, ainsi que leurs petits, offerts en holocauste pour le péché ; de là surtout l'agneau pascal ou l'agneau du passage, figurant cet Agneau de Dieu qui devait s'immoler un jour pour nous faire passer de la mort à la vie, de la servitude à la liberté. Aussi la grande occupation et la principale richesse des antiques patriarches seront-elles d'élever un grand nombre de ces premiers animaux.

Pour aider l'homme dans cette occupation, un animal naîtra, intelligent, docile, vif, infatigable, fidèle. Le chien de l'homme pasteur lui gardera ses troupeaux ; le chien de l'homme chasseur lui assujétira les bêtes des champs et des forêts. Le cerf, le chevreuil, le lièvre, seront forcés d'embellir les parcs et de garnir la table du riche ; le sanglier, réduit en domesticité sous le nom de porc, et se nourrissant des choses les plus viles, deviendra la richesse du pauvre. Et pour tous ces services, le chien ne demande que quelques restes de table, quelques os. Avec cela, il s'attachera à son maître comme le plus fidèle des serviteurs. Il veillera autour de sa demeure, il s'affligera de son absence, sautera de joie à son retour, l'accompagnera sur tous les chemins, le défendra au péril de sa vie. Le voit-il assassiné ? plus d'une fois il dénoncera le meurtrier à la justice humaine, et cette fidélité est la même pour le pauvre comme pour le riche ; rien ne saurait le corrompre, pas même les mauvais traitements : il lèchera la main qui vient de le frapper. Il y a plus : l'homme est-il réduit à la mendicité et devenu aveugle ? Un petit chien le conduira par une ficelle au milieu des rues, lui faisant éviter les mauvais pas, sollicitant pour lui la pitié des passants et le menant jusqu'à la porte du riche, qu'il suppliera, par l'humilité de son regard, de mettre quelque aumône dans le bassin qu'il tient à la gueule. Qui donc a inspiré à ce petit animal un si grand attachement pour l'homme ?

Mais en voici un autre qui, par la beauté de sa taille et la fierté de sa démarche, semble nous adresser ces paroles de Dieu à Job : « Est-ce toi qui as donné la force au cheval, qui as hérissé son cou d'une crinière mouvante ? Le feras-tu bondir comme la sauterelle ? Son fier hennissement répand la terreur. Il creuse du pied la terre, il s'élance avec orgueil, il court au-devant des armes. Intrépide, il se rit de la peur, il affronte le tranchant du glaive. Sur lui, le bruit du carquois retentit, la flamme de la lance et du javelot étincelle. Il bouillonne, il frémit, il dévore la terre. A-t-il entendu la trompette ? c'est elle. Il dit : Allons, et de loin il respire le combat, la voix tonnante des chefs et le fracas des armes (Job, 39). »

Ce superbe animal aimera et craindra l'homme, qui réglera sa force et en fera comme un autre lui-même.

« Voyez ce cheval ardent et impétueux, pendant que son écuyer le conduit et le dompte ; que de mouvements irréguliers ! C'est un effet de son ardeur, et son ardeur vient de sa force, mais d'une force mal réglée. Il se compose, il devient plus obéissant sous l'éperon, sous le frein, sous la main qui le manie à droite et à gauche, le pousse, le retient comme elle veut. A la fin il est dompté, il ne fait que ce qu'on lui demande, il sait aller le pas, il sait courir, non plus avec cette activité qui l'épuisait, par laquelle son obéissance était encore désobéissante. Son ardeur s'est changée en force, ou plutôt, puisque cette force était en quelque façon dans cette ardeur, elle s'est réglée. Remarquez : elle ne s'est pas détruite, elle se règle ; il ne faut pas d'éperon, presque plus de bride, car la bride ne fait plus l'effet de dompter l'animal fougueux. Par un petit mouvement, qui n'est que l'indication de la volonté de l'écuyer, elle l'avertit plutôt qu'elle ne le force, et le paisible animal ne fait plus pour ainsi dire qu'écouter; son action est tellement unie à celle de celui qui le mène, qu'il ne s'en fait plus qu'une seule et même action » (Bossuet, *Méditations sur l'Evangile*, 2e partie, 4e jour).

C'est ainsi que l'âme chrétienne, sous la main de Dieu, change son ardeur, son activité en gravité, en douceur, en règle. Noble animal fait pour être conduit de Dieu et le porter pour ainsi dire : c'est là son courage, c'est là sa noblesse.

Mais le cheval, fier de traîner le char des rois, de porter le guerrier dans les batailles, de courir avec le chasseur à la trace du cerf, demande une nourriture de prix et beaucoup de soins. Le pauvre en sera donc privé. Aussi tout à côté s'élève un animal plus modeste, plus laborieux, plus dur, plus frugal, s'accommodant de toutes sortes de nourritures, d'herbes, de feuilles, de chardons; un animal qui aidera le pauvre en tout, à semer, à recueillir, à transporter son petit avoir, sa famille, d'un endroit dans un autre. L'âne fera même ce que le cheval ne peut faire : il grimpera sur les hautes montagnes, il marchera d'un pied sûr dans les sentiers les plus étroits, les plus glissants, sur les bords mêmes des précipices. L'ânesse, dont le lait rend quelquefois la santé aux malades, portera en triomphe à Jérusalem celui qui est le Roi des pauvres.

Dans les hautes Cordillères d'Amérique, où il n'y a ni cheval, ni âne, ni brebis, le lama tiendra lieu de tous les trois, servira de monture, portera des charges, donnera tout ensemble et de la laine et du lait et de la chair. Il en sera de même au nord de l'Europe, où la neige couvre la terre six mois de l'année. Là, Dieu donnera aux pauvres Lapons, pour leur servir à la fois de cheval, de vache et presque de mouton, une espèce de cerf, le renne, qui ne demandera d'autre salaire que de brouter la mousse qu'il déterrera lui-même sous la neige. Non loin de là, les castors, rassemblés en société, construisent sur pilotis, au milieu des rivières, des digues de près de trente mètres de long; puis, à côté, partie sous l'eau, partie au-dessus, des maisons réunies en forme de bourgades, et dont chacune contient d'un à dix ménages, avec les provisions nécessaires. Et pour toutes ces merveilleuses constructions, ils n'ont d'autre hache que leurs dents, d'autre pioche que leurs pieds de devant, d'autre rame que leurs pieds de derrière, d'autre truelle ni d'autre marteau que leur queue. Ils auront pu apprendre à l'homme l'art des ponts et chaussées.

Dans les pays chauds, où le lama ni le renne ne sauraient vivre; dans les arides déserts, où le bœuf, l'âne, le cheval ne trouveraient ni eaux ni pâturages, Dieu a donné aux Arabes le chameau. Son pied est taillé pour marcher d'un pas sûr au milieu des sables, où il fera jusqu'à cent kilomètres par jour, portant quelquefois de cinq à six cents kilogrammes pesant. Sa nourriture sera un peu d'herbe qui se rencontre par hasard sur sa route, ou un peu de pâte ou de fruits secs que lui donne son guide. Quant à l'eau, il restera quelquefois neuf jours et davantage sans boire. Se rencontre-t-il, à quelque distance de son chemin, une mare où il y en ait? Il la sentira de plus d'une demi-lieue, doublera le pas, boira d'un seul coup pour tout le temps passé et pour autant de temps à venir. A cet effet, Dieu lui a donné, et à lui seul, un réservoir.

Les animaux ruminants, ou qui remâchent ce qu'ils n'ont fait qu'avaler d'abord, tels que le bœuf, la brebis, la chèvre, ont quatre estomacs. Un premier, plus vaste, leur sert comme de grenier à foin. L'herbe qu'ils y entassent n'y ayant été macérée quelque temps, ils en font remonter une partie à la bouche et la broient à loisir pour l'envoyer au deuxième estomac, de là au troisième et enfin au quatrième. Outre ces quatre estomacs, le chameau en a reçu un cinquième, capable de contenir tout ce qu'il faudra d'eau pendant une semaine. Cette eau y séjournera sans s'y corrompre. A mesure que le chameau en aura besoin, il la fera monter, par une espèce de pompe, du réservoir dans le gosier. Grâce à cette industrie unique de la divine Providence, le dromadaire avec sa bosse, le chameau avec ses deux, transporteront l'homme et ses marchandises à travers des déserts autrement impraticables. Ce n'est pas tout : ils le nourriront de leur lait, ils le vêtiront de leur poil; leur fumier desséché lui servira de bois pour faire sa cuisine dans le désert; enfin, après l'avoir servi toute leur vie avec une grande docilité, ils le nourriront encore de leur chair à leur mort. Qui ne bénirait la bonté du Créateur, nous préparant ainsi dans chaque climat l'animal qu'il nous y faut?

Dans les climats brûlants où le chameau même ne saurait durer, naîtra sauvage, mais s'apprivoisera facilement, cette montagne ambulante qui fait trembler la terre sous ses pas, en un mot, l'éléphant. Ce paraît d'abord un colosse informe : une petite tête presque immobile, avec un corps immense, de longues oreilles, des jambes droites et massives comme de gros piliers, se terminant par un pied si court, si petit, qu'il se distingue à peine; une peau dure, épaisse et calleuse. Avec cela, l'éléphant est, de tous les animaux, celui qui approche le plus de l'homme pour l'adresse, l'intelligence et le sentiment.

Ce que la main est pour l'homme, la trompe l'est pour l'éléphant. Avec cette trompe, qu'il peut remuer et tourner en tous sens, il cueille un bouquet de fleur et déracine les arbres. De son corps il renverse les murs. Seul, il met en mouvement les plus grandes machines et transporte des fardeaux que plusieurs chevaux remueraient à peine. Une charge de quatre à cinq milliers n'est pas trop forte pour un grand éléphant; il porte une tour armée en guerre et chargée de nombreux combattants; enfin, de ses fortes défenses il peut percer le plus terrible des animaux, celui que les plus puissants redoutent.

Ce qui le rend beaucoup plus intéressant encore, ce sont les nobles sentiments qui forment son caractère. Conservant la mémoire des bienfaits reçus, jamais il ne méconnaît son bienfaiteur; il lui marque sa reconnaissance par les signes les plus expressifs, et lui demeure toujours attaché. On en a vu sécher de douleur en perdant leur cornac ou l'homme qui avait soin d'eux. Domestique aussi docile que fidèle et aussi intelligent que docile, il semble prévenir les désirs de son maître, deviner sa pensée et lui obéir par inspiration. Il ne se refuse à aucun genre de services, pas même aux plus pénibles; il poursuit sa tâche avec constance, sans se rebuter, et se croit toujours assez récompensé quand on lui témoigne, par quelques caresses, qu'on est satisfait de l'emploi de ses forces. Mais, plus il est sensible aux bons traitements, plus il s'irrite des châtiments qu'il n'a point mérités : il garde un long souvenir des offenses et ne perd point l'occasion de s'en venger. Cependant la colère, même dans ces instants, ne l'empêche pas toujours d'écouter sa générosité. Un éléphant venait de se venger de son conducteur en le tuant. Témoin de ce spectacle, sa femme, hors d'elle-même, prend ses deux enfants, et les jetant aux pieds de l'animal encore tout furieux : « Puisque tu as tué mon mari, lui dit-elle, ôte-moi aussi la vie, ainsi qu'à mes enfants. » L'éléphant s'arrêta tout court, s'adoucit, et, comme s'il eût été touché de regret, il prit avec sa trompe le plus grand de ses enfants, le mit sur son cou, l'adopta pour conducteur et n'en voulut point souffrir d'autres.

Hors de ces cas, l'éléphant, doux par tempérament, n'emploie sa force ou ses armes que pour se défendre lui-même, secourir son maître ou protéger ses semblables ; souple, complaisant et caressant, il rend avec sa trompe caresses pour caresses, fléchit les genoux devant celui qui doit le monter, se soumet à sa direction, aide lui-même à se charger, se laisse vêtir et parer; il semble même y prendre plaisir. Ses mœurs sociales, qui l'éloignent de la solitude et d'une vie errante, le portent à rechercher la compagnie des animaux de son espèce et à leur être utile. Le plus vieux des éléphants, comme le plus expérimenté, est à la tête de la troupe et la conduit ; le plus âgé après lui ferme la marche; les jeunes et les faibles sont au centre du bataillon, et les mères qui allaitent encore portent leurs petits, qu'elles embrassent de leur trompe. Tel est l'ordre que ces prudents animaux observent dans les marches périlleuses ; mais quand ils n'ont rien à redouter, ils se relâchent beaucoup de leurs précautions : ils se promènent dans les forêts, dans les champs, dans les prairies; y pâturent à leur aise, sans toutefois s'écarter assez les uns des autres pour se priver de leurs secours mutuels ou de leurs avertissements.

Ces divers animaux, plus ou moins amis, auxiliaires ou nourriciers de l'homme, annoncent que lui-même n'est pas loin. Aussi encore quelques-uns pour maintenir la police dans ses domaines, et il en viendra prendre possession et se faire reconnaître de ses innombrables sujets.

L'homme, après Dieu, roi et maître des animaux, se multipliera lentement, occupera lentement tous ses états. Les animaux, au contraire, du moins un grand nombre, multiplient d'une manière prodigieuse. Si donc rien ne contrebalance leur fécondité, bientôt la terre ne suffira plus à les nourrir; ils périront de faim, et leurs cadavres infecteront l'air. Les animaux carnassiers seront chargés d'y mettre ordre. Obligés, par la nature de leur estomac, à vivre de chair et de sang, ils se jetteront sur les autres, principalement sur ceux qui multiplient davantage. A cette fin, ils recevront la force et l'agilité pour atteindre leur proie, des griffes pour la déchirer, des dents pour la dévorer.

A leur tête paraît le roi des forêts et des déserts, le lion à la figure imposante, au regard assuré, à la démarche fière, à la voix terrible. Puissant et courageux, il fait sa proie de tous les autres et n'est lui-même la proie d'aucun. Cependant il ne tue que pour assouvir sa faim : est-elle apaisée, il est inoffensif. Du reste, aussi généreux que fort, même dans l'état sauvage, il est reconnaissant du bien qu'on lui fait. Tout le monde connaît le lion d'Androclès. Délivré en Afrique, par cet esclave fugitif, d'une épine qui lui était entrée dans le pied, il partageait avec lui les fruits de sa chasse, et enfin lui sauva la vie dans l'amphithéâtre de Rome, le défendit contre toutes les autres bêtes et se fit son fidèle domestique.

Moins fort que le lion, le tigre, aux yeux hagards, à la langue couleur de sang, toujours hors de la gueule, est bassement féroce et cruel sans nécessité. C'est le tyran des animaux. Il saisit et déchire, non-seulement pour dévorer la chair et boire le sang ; mais rassasié, mais désaltéré, il déchire et massacre encore. Le lion, pris jeune et élevé parmi les animaux domestiques, s'accoutume aisément à vivre et même à jouer innocemment avec eux. Il est doux pour ses maîtres et même caressant, surtout dans le premier âge; et si sa férocité originelle reparaît quelquefois, rarement il la tourne contre ceux qui lui ont fait du bien. Le tigre est peut-être le seul animal dont l'homme ne puisse fléchir le naturel. La douce habitude ne peut rien sur ce caractère de fer; il déchire la main qui le nourrit comme celle qui le frappe; il rugit à la vue de tout être vivant. Telle est sa cruelle férocité, que souvent il dévore ses propres enfants et déchire leur mère lorsqu'elle veut les défendre. Sa rage, qui voudrait tout détruire, devient ainsi à elle-même un obstacle. Dieu a chargé le plus furieux des animaux d'empêcher qu'il n'y ait trop de ses pareils.

D'ailleurs toutes les bêtes féroces, depuis le lion, le tigre, la panthère, le léopard, jusqu'à la hyène et au loup, chargés, avec les chiens et les vautours, de nettoyer la terre des cadavres qui pourraient l'empester, se retirent à la vue de l'homme : à la vue de l'homme dans l'état où la Providence le veut; à la vue de l'homme en société avec Dieu, en société avec ses semblables et déployant à la gloire de l'un et au service des autres toutes les facultés de son âme et de son corps. Ainsi, depuis longtemps les plus à craindre ont disparu de l'Europe ; elles diminuent sensiblement en Asie : si elles dominent encore en Afrique, c'est que le nègre diffère toujours de reprendre sa dignité d'homme. Il semble même qu'elles ne sont là que pour le punir de ce qu'il ne le fait pas, et qu'elles sont prêtes à disparaître de dessus toute la terre dès que nous voudrons redevenir tout ce que Dieu nous a faits dans l'origine.

Voilà donc enfin la terre, notre patrie commune, sortie des eaux, éclairée du ciel, parée de fleurs et de verdure, peuplée de diverses espèces d'animaux, les uns pour nous charmer de leur voix, les autres pour nous aider de leur force, nous nourrir et nous vêtir ; d'autres pour maintenir dans ce règne ou royaume animal une police nécessaire. Préparons-nous maintenant à voir paraître notre premier père, notre premier mère, notre premier roi. Recueillons-nous, redoublons d'attention, car, pour créer l'homme, Dieu lui-même semble se recueillir et se consulter.

Quand il est question de la lumière, de la séparation des éléments, du soleil, de la lune, des plantes, des animaux, tout s'opère par une parole de commandement : *Que la lumière soit, et la lumière fut.* Mais quand il s'agit de notre premier ancêtre, « Dieu dit : Faisons l'homme à notre image et à notre ressemblance, et qu'il commande aux poissons de la mer, aux oiseaux du ciel, aux bêtes, à toute la terre et à tout ce qui rampe dessus. » Dieu dit en nombre pluriel : « Faisons l'homme à notre image. » Et à qui le dit-il? à lui-même, parce qu'il est un et plusieurs. Le Père le dit au Fils et au Saint-Esprit : telle est l'interprétation universelle. Il ne le dit point aux anges, car les anges n'ont point avec Dieu une image commune. Aussi Moïse conclut-il expressément : *Dieu créa donc l'homme à son image, il le créa à l'image de Dieu.*

Dieu est esprit et intelligence : l'homme créé à son image est pareillement esprit et intelligence. Mais Dieu est un esprit infiniment parfait : l'homme un esprit d'une perfection bornée. Dieu est une intelligence souverainement pure : l'homme une intelligence incarnée, un esprit *incorporé* ou uni à un corps. L'homme, esprit et corps, est ainsi placé aux confins des deux mondes, celui des intelligences et celui de la matière, pour unir dans sa personne l'un à l'autre et n'en faire, sous la main de Dieu, qu'un seul. Aussi saint Ambroise de Milan appelle-t-il l'homme une espèce de total de l'univers (1). Dieu lui forme son corps de poussière détrempée d'eau, afin de faire participer à la dignité humaine toute la création matérielle et l'élever en quelque sorte jusqu'à Dieu. Et quel est ce Dieu qui le forme? N'est-ce pas le Fils, le Verbe par qui le Père a fait toutes choses? le Fils qui devait un jour prendre lui-même ce corps et se faire homme comme nous!

Faut-il s'étonner après cela que les sages de tous les temps et de tous les pays, poètes, philosophes, médecins, Pères de l'Église, Apôtres même, aient admiré et célébré comme à l'envi les merveilles du corps humain (2)? Faut-il s'étonner que la science y en découvre tous les jours de nouvelles? C'est que si Dieu n'y a point imprimé son image même, il y a imprimé ses traces plus qu'en aucune créature matérielle. Il n'est donc pas étrange qu'un médecin païen, après en avoir décrit l'admirable structure, se soit écrié : Non, ce n'est pas un livre que je viens de faire, c'est une hymne que je viens de chanter en l'honneur de la Divinité (Galien).

Au premier aspect, on reconnaît dans l'homme le roi de la création. Tous les animaux ont le corps naturellement penché vers la terre, comme pour rendre hommage à quelqu'un. L'homme seul se tient naturellement droit et dans l'attitude du commandement. Sa conformation fait qu'il lui est impossible de marcher à la fois sur ses pieds et ses mains comme les quadrupèdes. La nature même lui apprend qu'il est le représentant de Dieu, et comme tel ne doit toucher la terre que par ses extrémités les plus éloignées et pour s'élever tout droit vers le ciel. Sa taille est en harmonie avec l'empire qu'il doit gouverner. Haut comme une tour, il enfoncerait, en marchant, la plupart des terrains; tout

(1) *Summa quædam universitatis.* Hex., l. 6, c. 10.
(2) Cicero., *De nat. deor.*; Galien, *De usibus part.*; S. Ambr., *Hexaem.*, l. 6, c. 9; Bossuet, *Conn. de Dieu et de soi-même*; Fénelon, *Existence de Dieu*.

serait trop petit et trop bas; nos blés, les arbres de nos vergers, les animaux les plus utiles, la chèvre, la brebis, même le bœuf, le cheval, le chameau, l'éléphant même ne pourraient plus lui servir de monture : il périrait bientôt faute d'aliments. Au contraire, s'il avait été fait nain, il ne pourrait abattre les forêts pour cultiver la terre; il se perdrait dans les herbes; chaque ruisseau serait pour lui un fleuve, chaque caillou un rocher : bien loin qu'il pût dompter les bêtes féroces, les oiseaux de proie l'enlèveraient dans leurs serres. La taille que Dieu lui a donnée n'a aucun de ces inconvénients. Non-seulement Dieu a mis le corps de l'homme en harmonie avec les animaux et les plantes qui couvrent la terre, il l'a mis encore en parfaite harmonie avec lui-même. Les membres de ce corps sont nombreux et divers, leurs fonctions et leurs places fort différentes : les uns se trouvent en haut, les autres en bas, d'autres au milieu; celui-ci est fort, celui-là est faible; tel a une fonction noble, tel autre en a une qui ne l'est point. Cependant il n'y a jamais ni envie ni division; une charité mutuelle les unit entre eux : un seul est-il en souffrance, tous les autres souffrent avec lui; est-il soulagé, tous les autres s'en réjouissent. Le plus faible est le plus nécessaire; le moins honorable est le plus respecté. Enfin, si nombreux qu'ils soient et si divers, ils ne forment toujours qu'un corps. Cette belle harmonie, un apôtre nous la propose pour modèle (1. Cor., 12).

C'est une image de l'univers, dit saint Ambroise (*Hexaem.*). Ce qu'est le ciel dans le monde, la tête l'est dans le corps humain, la partie la plus excellente et la plus élevée; ce que sont le soleil et la lune dans le ciel, les deux yeux le sont dans la tête, deux astres qui éclairent tout le reste. Sans eux, le corps est dans les ténèbres, comme le monde y est sans le soleil et la lune; avec eux, tout s'éclaircit : les pieds transportent d'un pas sûr et facile tout le corps; les mains agissent avec une admirable précision; les mains, cet instrument des instruments, comme dit un ancien (Aristote), avec lequel l'homme s'en fabrique une multitude d'autres qui centuplent des milliers de fois sa force et son adresse, et lui soumettent la terre, la mer et les airs.

C'est à cette région supérieure de lui-même que l'homme doit principalement sa vie et sa beauté, comme c'est au ciel que l'univers doit les siennes. Là se trouvent réunis, avec les yeux, tous les plus nobles organes : les oreilles toujours ouvertes, comme de vigilantes sentinelles, pour transmettre au chef de la cité le moindre bruit, la moindre parole; les narines pour discerner les odeurs que l'air amène de toute part; la bouche avec ses lèvres vermeilles, avec ses blanches dents qui broient la nourriture, avec sa langue qui en juge la saveur; la bouche et la langue, avec lesquelles l'homme devient une espèce de créateur, réalisant au dehors, dans la parole matérielle, son immatérielle parole du dedans, rendant sonore le silencieux commerce des esprits; la langue qui, pour cette raison, signifiera chez tous les peuples le monde visible de l'invisible pensée.

Ces précieux organes de la tête y sont disposés avec une si belle symétrie, harmoniés dans leur ensemble avec un art si naturel, par le menton, les joues, les sourcils, le front, la chevelure, que dans toute la création il ne se voit rien de si beau, de si gracieux, de si noble, de si animé, de si expressif, de si spirituel, de si divin. Aussi l'Apôtre ne veut-il pas que l'homme se voile la tête, *parce qu'il est la gloire de Dieu* (1. Cor. 11). Il semble que Dieu regarde la tête de l'homme comme son chef-d'œuvre et qu'il est jaloux qu'on l'admire.

L'intérieur du corps ne présente pas moins de merveilles. L'anatomie et la médecine y en ont découvert de si grandes et en si grand nombre, que tous les prodiges des sciences, des arts et des métiers sur la terre n'en paraissent qu'une ombre, qu'une imitation grossière. Tous les jours les savants y en découvrent de nouvelles, et ils sont si loin de les connaître toutes, que les phénomènes à la fois les plus communs et les plus importants, la vie et la mort, sont encore pour eux d'inexplicables mystères.

Combien de mystères pareils s'opèrent à chaque instant en nous, sans que nous y pensions ! Ces aliments divers que nous venons de prendre, notre estomac les transforme en une substance laiteuse, nommée *chyle*, qui, en allant au cœur, se transforme en sang. Le cœur, après l'avoir rafraîchi et coloré de rouge dans les poumons, le chasse, à travers certains canaux, nommés *artères*, jusqu'aux extrémités du corps. Le sang de ces canaux, que garnissent de distance en distance des écluses qui s'ouvrent et se ferment à propos, le sang se transforme en divers sucs, en chair, en os, en peau ; arrivé aux extrémités, le reste enfile des canaux différents, nommés *veines*, et s'en revient au cœur pour se mêler avec le nouveau chyle, pour circuler de nouveau par tout le corps et y entretenir sans cesse la chaleur et la vie.

Pour recevoir ces flots de liqueurs vitales, le cœur se dilate ; pour les chasser dehors et en arroser toutes les régions intérieures, il se comprime. Ce mouvement, qui pousse le sang dans les artères et qui produit ce qu'on appelle le *pouls*, se fait régulièrement soixante fois dans une minute ; la circulation entière s'achève vingt-quatre fois dans une heure. Où commence ce flux et ce reflux, là commence la vie ; où il cesse, là cesse la vie. Il y a là encore plus de mystères et de merveilles que dans le flux et le reflux de l'Océan.

Une partie du sang, envoyée par le cœur au sommet de la tête, s'y transforme en une substance molle et délicate, nommée *cerveau*, centre commun de la sensibilité et du mouvement, par le moyen des nerfs qui se répandent de là dans tout le corps. Deux de ces nerfs ou cordons moelleux pénètrent dans deux cavités sous le front, y tapissent le fond de l'œil, qu'ils enchâssent comme un globe de cristal. Là viendront se peindre fidèlement toutes les formes et toutes les couleurs, et le ciel parsemé d'étoiles, et la prairie émaillée de fleurs. Deux autres se rendent à chaque côté de la tête, au fond de ces vallées sonores, appelées *oreilles*, et y deviennent le fidèle écho de tout ce qui y retentit, depuis le bruit du tonnerre jusqu'au doux murmure du ruisseau. D'autres vont revêtir l'intérieur des fosses nasales, pour témoigner également et du parfum de la rose et de l'infection de la pourriture. D'autres vont s'épanouir sur la surface de la langue, pour apprécier au juste et la douceur du miel et l'amertume du fiel. Le reste, qui est sans nombre, nés, les uns immédiatement du cerveau, les autres de son prolongement à travers les vertèbres du dos ou de la moelle épinière, se répandent sur toute la surface du corps pour avertir à l'instant de tout ce qui vient à le toucher quelque part que ce soit. Un fluide subtil, invisible, que l'on nomme *esprit vital* ou *animal*, et que l'on croit une fine vapeur du sang, paraît être le prompt messager de ce vivant empire. Du cerveau, résidence royale de l'âme, il transporte les ordres souverains, avec la rapidité de l'éclair, jusqu'aux frontières les plus reculées, et en rapporte avec la même célérité les diverses nouvelles. De là cette promptitude instantanée, ces mouvements soudains, pour appréhender ce qui plaît ou repousser ce qui blesse. C'est quelque chose de semblable à ce fluide, également subtil, également invisible, fluide électrique ou magnétique, qui paraît animer tout le corps de l'univers, et avec lequel Dieu produit la foudre.

Que de merveilles dans le seul corps de l'homme ! Cependant c'est peu encore. De plus hauts mystères s'y rattachent. Immolé sur la croix dans la personne du Verbe divin, il réconciliera le ciel et la terre, Dieu et les hommes ; immolé sur nos autels, il nous sera tous les jours une victime d'un prix infini, pour honorer Dieu autant qu'il en est digne. Ce divin corps deviendra pour nous une céleste nourriture, qui nous changera en lui, nous fera chair de sa chair, os de ses os. Par ce mystère, nos corps mêmes seront les temples de Dieu, nos cœurs les tabernacles vivants du Saint des saints : le Christ sera tout en nous tous. A son exemple, l'Apôtre sanctifiera et consumera son corps dans la prédication de l'Evangile ; le martyr, sous la hache des persécuteurs ; l'anachorète, dans la prière et le jeûne ; la vierge, dans les œuvres de piété et de charité ; le docteur, dans les travaux de l'étude, et tous pour rendre à l'Homme-Dieu amour pour amour. La mort n'a plus rien d'effrayant. Ce corps, dont il faut se séparer, ils le reprendront un jour avec une indicible joie ; de mortel ; de corruptible, de grossier qu'il entre dans la tombe, il en sortira immortel, brillant, incorruptible, spirituel, pour participer éternellement à la gloire de Dieu même.

S'il en est ainsi de notre corps, qui a été formé de terre, que sera-ce de notre âme, qui vient directement de Dieu ? Car il est dit qu'après avoir formé notre premier ancêtre, Dieu *inspira sur sa face un souffle de vie*, et qu'ainsi *l'homme devint une âme vivante*.

On ne reconnaît point de vie aux minéraux et aux pierres ; cependant on y remarque déjà un je ne sais quoi qui y ressemble, un je ne sais quel mystérieux attrait qui en réunit fortement toutes les parties, qui en attire même quelquefois d'étrangères : sans trop savoir ce que c'est, on l'appelle *principe de cohésion*, *force attractive*.

Pour les plantes, tout le monde reconnaît qu'elles vivent ; en effet, elles se nourrissent, elles croissent, elles respirent, elles s'accouplent, elles se reproduisent et meurent. Quant au principe et centre de cette végétation, des anciens l'appelaient *âme végétative* ; aujourd'hui on l'appelle *force végétale*. Les mots sont un peu différents ; mais on n'en connaît pas plus la nature de la chose.

Dans les animaux s'aperçoit une vie plus développée : non-seulement ils se nourrissent, ils respirent et se reproduisent, mais encore ils se meuvent et ils sentent, ils ont des organes de sensation, quelques-uns jusqu'à cinq. Ce principe, qui va jusqu'à rendre les animaux capables de sentir, des anciens l'appelaient *âme sensitive*, des modernes l'appellent *puissance sensitive, facultés animales*, ou d'un autre mot qui n'explique pas mieux ce que c'est.

Une chose que nous savons, c'est que Dieu a produit de la terre les plantes et les animaux, avec leur espèce d'âme ou de vie, mais il n'en est pas ainsi de notre âme. Elle est un souffle de sa bouche ; il l'a tirée en quelque sorte de lui-même, non qu'elle soit une partie de sa substance, mais parce qu'elle est faite à son image.

Ce qu'est Dieu pour le monde, notre âme l'est à certains égards pour le corps. Dieu n'est pas le monde, mais il a fait être le monde ; tout ce que le monde est ou a de vrai, de réel, de beau, de bon, vient de Dieu ; sans Dieu, il retomberait dans le non-être. Pareillement, notre âme n'est pas le corps, mais elle fait vivre le corps ; c'est elle qui en tient ensemble les membres divers ; c'est elle qui lui donne de respirer, de se nourrir, de croître, de se mouvoir, de sentir, résumant ainsi en lui toutes les merveilles des trois règnes. Sans elle il cesse de vivre, il retombe dans le non-être comme corps.

Tout ce que le monde a de réalité et de perfection, Dieu, qui le lui communique, le possède éminemment en lui-même, et infiniment au delà. Tout ce que le corps a de beauté et de vie, l'âme, qui le lui communique, le possède éminemment en elle-même, et infiniment au delà. Placée aux confins des deux mondes, celui des corps et celui des esprits, elle a non-seulement la vertu d'animer le corps à qui elle est unie, d'en employer les organes à connaître les objets extérieurs, elle a encore le désir et la faculté de connaître la raison, la cause de ce qu'elle perçoit par les sens, surtout la raison, la cause première, qui est Dieu, et de s'en entretenir avec ses semblables par la parole. Par là elle appartient au monde des esprits.

Avec ce désir et cette faculté, l'homme devient une espèce de créateur, un dieu terrestre. Il crée en quelque manière, non des substances, mais des formes nouvelles. Sans cesse il invente et perfectionne, tandis que les animaux, même les plus adroits, n'inventent ni ne perfectionnent jamais rien. Les oiseaux font leurs nids toujours de la même manière. Les chats, les castors, ne sont pas plus rusés de nos jours qu'ils ne l'étaient il y a des siècles. Depuis cinq à six mille ans qu'on tue les animaux de toute façon, ils n'ont pas trouvé un seul moyen nouveau de se défendre, ils n'ont pas acquis une ombre de prévoyance de plus. Bornés à l'espèce d'intelligence mécanique ou d'instinct que Dieu leur a donnée, sans apprentissage et sans progrès, ce qu'ils ont toujours fait et ce qu'ils feront toujours. Et cela ne tient ni au cerveau ni aux autres organes corporels. Les veaux ont proportionnellement plus de cerveau que l'homme, et ils n'en deviennent pas moins des bœufs. Le cerveau du singe pongo ou orang-outang, est absolument de la même forme et de la même proportion que celui de l'homme (Buffon) ; la langue et tous les organes de la voix sont les mêmes ; au lieu de deux mains, il en a quatre, car ses pieds en ont la forme et la souplesse. Cependant le singe n'est toujours qu'un singe : jamais il ne pense, ni ne parle, ni ne se perfectionne. Avec tous les organes de la voix, non-seulement il ne parle pas, on ne peut même lui apprendre à parler, en quoi il est au-dessous d'un perroquet, d'une pie, d'un merle, à qui l'on apprend sans beaucoup de peine à articuler quelques mots, ce que n'a jamais pu faire un singe. A l'école de l'homme, le chien et l'éléphant participent en quelque manière à son intelligence et à ses affections ; non-seulement ils devinent sa pensée, l'exécutent avec adresse et docilité, mais ils s'attachent à lui, se montrent reconnaissants du bien qu'il leur fait, le défendent au péril de leur vie, s'affligent de sa mort. Rien de pareil dans les singes : on les dompte, on les subjugue, mais on ne saurait les apprivoiser ; ils restent captifs et non domestiques. Dans cet état, on les voit toujours indociles, fourbes, rusés, gourmands, vindicatifs et brutaux (Duméril). Ils ne sont sensibles qu'aux châtiments, et ne cèdent que quand ils se voient les plus faibles. Ils ne semble être faits que pour montrer à l'homme qu'avec son corps si bien proportionné, qu'avec ses admirables organes, son cerveau, sa langue, ses mains, il ne serait qu'un extravagant et ridicule animal, s'il n'avait une âme créée à l'image de Dieu, à l'image de l'intelligence suprême.

L'âme, voilà ce *souffle du Tout-Puissant* qui, comme dit un ancien sage, *rend intelligent l'homme* (Job, 32, 8), l'élève au-dessus de tous les animaux et le constitue, après Dieu, roi de la terre. « Vous l'avez abaissé un peu au-dessous des anges, disait David au Créateur ; vous l'avez couronné d'honneur et de gloire, et vous l'avez constitué sur les œuvres de vos mains. Vous avez tout mis à ses pieds, les troupeaux, les animaux des champs, les oiseaux du ciel et les poissons de la mer et tout ce qui se meut dans les eaux (Ps. 8). » Que s'il ne peut atteindre au soleil et aux étoiles, il en calculera l'ordonnance et la marche, et il s'en servira comme de signaux pour se reconnaître et dans les diverses régions de son empire, et dans les diverses époques de son histoire.

Une marque de la souveraineté chez les anciens était le feu. On le portait devant les empereurs romains et à la suite des rois de Perse. Dans ce dernier pays, le feu était même le symbole de la divinité. Quelque chose de semblable se voyait chez le peuple d'Israël, dans le feu perpétuel que les prêtres entretenaient devant l'arche du Très-Haut. L'homme est le seul être sur la terre à qui Dieu ait accordé cette marque de la puissance suprême et divine ; l'homme est la seule créature à qui Dieu ait accordé l'usage du feu. Les animaux en aiment la chaleur, surtout les chats et les singes ; ils en verront faire cent et cent fois à l'homme, et jamais ils ne s'aviseront d'en faire eux-mêmes ou simplement de l'entretenir. Pour montrer quelle distance infinie le Créateur a mise entre l'homme le plus simple et l'animal le plus rusé, un âtre suffit.

Mais où l'image de Dieu paraît le plus dans l'homme, ce n'est pas seulement dans la prééminence que son âme lui donne sur les autres créatures, c'est dans la nature intime de son âme même. On y voit

LIVRE I. — LA CRÉATION DU MONDE.

reluire comme un magnifique rejaillissement de l'adorable Trinité : Dieu est, il se connaît, il s'aime ; l'âme est, elle se connaît, elle s'aime. Semblable au Père, elle a l'être ; semblable au Fils, elle a l'intelligence ; semblable au Saint-Esprit, elle a l'amour ; semblable au Père, au Fils et au Saint-Esprit, elle a dans son être, dans son intelligence, dans son amour, une même félicité et une même vie. Et cette vie et cette félicité, c'est de connaître et d'aimer Dieu, auteur de son être, de son intelligence et de son amour ; c'est de le connaître et de l'aimer, se manifestant dans les créatures, de remonter d'elles à lui, de redescendre de lui à elles ; de l'entrevoir ainsi et de l'aimer en toutes, et de trouver, dans cette intelligence et cet amour, un perpétuel accroissement d'amour, d'intelligence et d'être (Bossuet, *Élévat. sur les myst.*, 4ᵉ serm., 7ᵉ élév.).

Voilà ce qu'est l'homme comme intelligence incarnée ; voilà jusqu'où vont ses facultés naturelles. Mais, infiniment au-dessus de tout cela, Dieu, dans son ineffable amour, nous prépare quelque chose de tout divin.

Créé à l'image de Dieu, ou créé Dieu en image et non point en essence, l'homme ne saurait voir naturellement Dieu en essence, mais seulement en image, dans ses créatures. Le voir en lui-même, le voir comme Dieu lui-même se voit, est une chose naturellement impossible non-seulement à l'homme, mais encore à toute créature possible ; car entre la créature la plus parfaite et Dieu, il y a toujours l'infini : en sorte que la plus parfaite créature ne pourrait pas seulement concevoir de soi-même ni l'idée, ni le désir de cette vision divine. Eh bien ! ce que l'œil de l'homme ne saurait voir, ce que son oreille ne saurait entendre, ce que son cœur ne saurait soupçonner, Dieu le lui prépare dans son infinie bonté. Il nous a faits non-seulement pour le connaître dans ses créatures, mais pour le voir un jour dans son essence, le connaître comme lui-même se connaît, l'aimer comme il s'aime lui-même, vivre de sa vie, être heureux de son bonheur, être glorifiés de sa gloire.

Mais qui comblera l'incommensurable intervalle qui nous sépare de lui ? Lui-même. Son amour le transportera hors de lui jusqu'à nous, il nous rendra participants de sa propre nature afin de nous élever jusqu'à lui. Cette ineffable condescendance, cette participation à la nature divine, ce don surnaturel à toute créature s'appelle *grâce*.

Notre nature même est une grâce, en ce sens que Dieu nous l'a donnée sans nous la devoir, puisque nous n'étions point. Cependant on la distingue, et avec infiniment de raison, de la grâce proprement dite. Par la nature, Dieu nous donne gratuitement nous-mêmes à nous-mêmes ; mais, par la grâce, il se donne lui-même gratuitement à nous. Ainsi, de la nature à la grâce, il y a toute la distance qu'il y a de nous à Dieu.

Le commencement de cette nouvelle création, de cette vie déiforme, c'est la foi divine et surnaturelle ; l'espérance en est l'accroissement, la charité la perfection, la gloire éternelle la consommation et la récompense.

Jeunes encore, nous croyons, par une inclination naturelle, à la parole de l'homme : et cette foi naturelle et indélibérée à la parole humaine nous tire peu à peu de la vie purement sensitive et nous élève à la vie intellectuelle. Reçue par l'ouïe, la parole imprime dans notre intelligence la pensée : l'intelligence, éveillée dès lors, la reproduit dans la parole. Il s'établit comme une respiration de l'âme : elle aspire la pensée dans la parole reçue, elle l'expire dans la parole émise : nous commençons à vivre dans l'atmosphère de la raison humaine. Dans le désir de vivre de plus en plus, nous interrogeons, nous respirons avec confiance cette raison qui nous enveloppe en quelque manière de toute part. Intimement réjouis des vérités qu'elle nous découvre, nous les aimons et nous l'aimons ; nous aimons quiconque y est participant comme nous. Nous aimons surtout celui qui nous a faits pour cette communion de paroles et de pensée, d'intelligence et d'amour, en un mot, Dieu. Telle est en substance la société divine et humaine, ou la religion que produiraient la foi, l'espérance et la charité naturelles.

Mais la grâce, qui ne détruit pas la nature, qui au contraire la suppose et la perfectionne, vient par-dessus. Au moyen de la parole et de la raison humaine, à laquelle nous croyons naturellement et nécessairement, Dieu nous fait entendre une parole et une raison infiniment plus hautes. Ce n'est plus seulement une certaine image de lui-même qu'il prétend nous montrer à travers les créatures, il veut un jour se faire voir à nous face à face dans son adorable essence, et tel que lui-même il se voit ; il veut nous rendre pareils à lui. Tout ce que peut ici la raison humaine, c'est de représenter qu'il faut en croire Dieu infiniment plus encore que l'homme, et que s'il y a quelque chose de croyable au monde, c'est que Dieu a révélé telle ou telle vérité. Mais ces vérités sont tellement au-dessus de nous qu'elles nous sont naturellement inaccessibles : notre intelligence ne saurait les atteindre, notre volonté ne saurait d'elle-même s'élancer jusqu'à elles. La grâce vient au secours de l'une et de l'autre : elle les fortifie, elle les élève jusqu'à ces vérités divines ; elle nous sollicite d'y adhérer, nous consentons à la sollicitation de la grâce, et, élevés au-dessus de nous-mêmes, nous croyons surnaturellement en Dieu et tout ce qu'il a révélé à son Église.

La fin, la gloire où il nous appelle nous est naturellement impossible ; mais nous espérons de sa bonté les moyens nécessaires pour y parvenir. Prévenus, secondés, soutenus de sa grâce, nous l'aimons souverainement, nous l'aimons, non plus seulement de notre amour à nous, mais de son amour à lui-même : son amour est le nôtre, le nôtre est le sien ; il est à nous, nous sommes à lui. Union, amour ineffable, auprès duquel l'union, l'amour de père, de mère, de frère, de sœur, d'époux et d'épouse n'est qu'une ombre ! L'union même du corps et de l'âme, qui fait la vie naturelle, est moins étroite que cette union de l'âme et de Dieu, qui fait la vie surnaturelle. Des personnages aussi doctes que saints nous apprennent que la charité qui unit l'âme à Dieu devient quelquefois, même ici-bas, si intime et si vive, qu'elle rompt les liens qui unissent l'âme au corps (Sᵗᵉ Thérèse, *Chemin de la perfection*, c. 19). C'est là mourir, non pas de mort, mais de vie.

Quant à notre premier ancêtre, il a été créé, non pas dans un état d'imperfection et d'enfance, mais avec un corps parfait, avec une intelligence et une volonté parfaites, avec la foi, l'espérance et la charité divines. Les sens étaient soumis à la raison, la raison était soumise à la grâce : tout y était dans la plus belle harmonie. Non-seulement l'âme présentait l'image de Dieu dans ses facultés naturelles; elle en offrait encore une ineffable ressemblance dans ses vertus surnaturelles et divines : ressemblance qui devait croître jusqu'à une transformation complète, jusqu'à faire de l'homme un même esprit avec Dieu (1. Cor., 6, 17).

L'homme étant appelé à cette dignité suréminente, on conçoit que tout se fasse pour lui dans ce monde; on conçoit même les attentions que Dieu lui prodigue, et avant et après sa création. Non content de lui avoir embelli d'avance toute la terre, il lui choisit pour sa première demeure la plus charmante région, nommée pour cela Eden ou délices. Ce n'est pas tout : au côté oriental de cette contrée délicieuse, il planta un jardin où il réunit les arbres les plus agréables à voir et les fruits les plus doux à manger. Au milieu du jardin, étaient l'arbre de vie et l'arbre de la science du bien et du mal : c'est là que Dieu plaça l'homme.

« Et d'Eden sortait un fleuve pour arroser le jardin; et de là il se partageait et devenait quatre fleuves principaux. L'un s'appelle Phison, et c'est celui qui coule autour de la terre de Hévilah, où se trouve l'or, et l'or le plus pur : c'est là aussi que se trouvent le bdellium et la pierre d'onyx. Le nom du second fleuve est Géhon : c'est celui qui coule autour du pays de Cush. Le nom du troisième fleuve est le Tigre : il se répand du côté oriental de l'Assyrie. Le quatrième fleuve est l'Euphrate. »

Maintenant, où était située cette contrée d'Eden, et, par suite, le jardin de Dieu ou le paradis terrestre ? Les sentiments ont été fort divers, surtout anciennement, que l'on connaissait moins la forme exacte de la terre et ses différentes parties. Aujourd'hui l'opinion la plus commune et qui paraît la mieux fondée, place cet Eden primitif dans l'Arménie, vers les sources de l'Euphrate, du Tigre, du Phase et de l'Araxe. D'abord, le Tigre et l'Euphrate, sur lesquels tout le monde est d'accord, sortent de là assez près l'un de l'autre, et décident ainsi la question. Plusieurs anciens ont même dit positivement que ces deux fleuves avaient une même source : ce qui était dans l'origine, ainsi que Moïse nous l'apprend, mais a pu être changé par le déluge ou des tremblements de terre. Le Phison, qui tournait dans la terre de Hévilah et où se trouve l'or le plus pur, est, selon toutes les apparences, le Phase, ce fleuve anciennement si renommé qui, sorti des montagnes d'Arménie, comme le Tigre et l'Euphrate, tournait de mille manières dans l'ancienne Colchide, et y charriait des paillettes d'or, que les habitants du pays amassaient sur des toisons de brebis, ce qui sans doute a pu donner lieu à la fable de la toison d'or. Hévilah est le nom d'un descendant de Sem dont la postérité paraît avoir habité cette contrée au temps de Moïse. Pour le Géhon, qui tournait dans le pays de Cush, on peut croire que c'est l'Araxe ou le Cyrus qui s'y joint. Géhon signifie *impétueux*. Ce nom convient parfaitement à l'Araxe, qui n'a jamais enduré de pont, tant il est rapide. Il est dit encore que *le Géhon multiplie ses eaux aux jours de la vendange* (Eccl., 24, 37). L'Araxe, aussi bien que le Phase, le Tigre et l'Euphrate, non loin desquels il prend sa source dans les montagnes de l'Arménie et de la Colchide, déborde ordinairement, comme le Nil, vers les mois d'août et de septembre, à cause de la fonte des neiges dans ces montagnes. Quant au pays de Cush, que l'on traduit communément par Ethiopie, les anciens distinguaient deux Ethiopies ou pays de Cush : l'une au midi de l'Egypte; l'autre, entre le Pont-Euxin et la mer Caspienne, près du Phase et de l'Araxe. On sent bien qu'il est ici question de la dernière (1).

Tous les anciens nous apprennent que les pays arrosés par ces quatre fleuves étaient naturellement riches et fertiles. C'était un petit reste de cette fertilité première qui en faisait au commencement l'Eden ou les délices par excellence; je dis par excellence, car aujourd'hui encore il est en Orient des contrées nommées *Eden* ou *délices* à cause de leur beauté et de leur richesse.

Une parole se lit, qui mérite une attention particulière : « Et Jéhova, Dieu, prit l'homme et le plaça dans le jardin d'Eden, pour le cultiver et le garder (Gen., 2, 15). »

Pour le cultiver. Le travail, l'action, est donc la vocation première de l'homme. Sans doute, dans l'état de justice et de sainteté originelles, ce travail n'était point pénible; mais toujours est-il que l'homme a été créé pour agir, pour opérer des œuvres. Dieu lui en donne l'exemple. « Le Père, est-il dit, ne cesse d'opérer, de faire, de produire, ni le Fils d'opérer, de faire, de produire avec le Père (Joan., 5, 17). » L'homme, fils par adoption, doit imiter le fils par nature. Aussi Dieu plante lui-même le jardin de volupté, mais il veut que l'homme le cultive; il donne à l'homme la terre, l'eau, le grain, avec promesse d'y ajouter l'accroissement, mais il veut que l'homme laboure, ensemence, arrose; il dépose dans notre esprit et dans notre cœur le germe des vérités et des vertus naturelles, mais il veut que nous les développions par l'étude et par l'action; il nous communique par sa grâce les vérités et les vertus divines, mais il veut que nous leur fassions produire des œuvres méritoires du ciel, des fruits de vie éternelle. Rien de pareil n'est exigé des animaux : Dieu les fait, sans eux, tout ce qu'ils doivent être. Mais pour l'homme, créé à son image, il veut, et que pour la vie présente et que pour la vie future, il partage avec lui l'œuvre de la création et de la Providence.

Pour le garder. Il y avait donc quelque ennemi. D'abord, les bêtes sauvages, qui, quoique soumises à l'homme, avaient besoin cependant d'être surveillées et réprimées. Mais un ennemi vraiment à craindre et contre lequel il fallait garder avec vigilance, moins encore le jardin de délices que le paradis de son cœur, c'était celui-là même qui, plus tard, y fut la première cause de tout le mal. Dieu semblait en prévenir l'homme.

L'admonition devient plus expresse et plus solennelle dans les paroles qui suivent : « Et Jéhova, Dieu, commanda à l'homme, disant : Tu peux man-

(1) S. Hieron., de S. Math., *in script. eccl.* Voyez la Bible de Vence. Michaëlis pense que le *Géhon* est l'ancien *Oxus*, que les habitants du pays nomment aujourd'hui *Geihon*.

LIVRE I. — LA CRÉATION DU MONDE.

ger de tous les fruits du jardin ; mais ne mange pas du fruit de l'arbre de la science du bien et du mal ; car, au jour que tu en mangeras, tu mourras de mort (Gen., 2, 16 et 17). »

Ici les questions les plus graves se pressent.

Pourquoi, puisqu'il est parlé de commandements donnés à l'homme, n'est-il rien dit, ni de la loi naturelle qui devait le régler comme être raisonnable, ni de la loi surnaturelle qui, perfectionnant la première, devait le régler comme appelé à la vision divine ? C'est qu'il en a été parlé quand il est dit que Dieu créa l'homme à son image et à sa ressemblance. Il le créa à son image, en lui communiquant la raison naturelle ; il le créa à sa ressemblance, en y surajoutant la grâce. Comme dans le premier homme, la nature et la grâce étaient parfaites, il connaissait par là même les lois de l'une et de l'autre, ainsi que l'obligation de s'y soumettre librement.

Pourquoi Dieu ne fait-il point aux animaux ce commandement avec peine de mort, mais à l'homme seul ? Nous avons déjà dit le mot de l'énigme. C'est que l'homme a été créé libre, pouvant choisir de faire ou de ne faire pas, d'obéir ou de n'obéir pas, et cela, pour qu'en faisant et en obéissant, il pût mériter le plus grand bonheur possible, la vision intuitive de Dieu même. Nécessité dans ses actes, l'homme n'eût mérité ni récompense ni châtiment ; dans cet état, le plus grand bonheur possible n'eût pas été le plus grand : car, mérité, il l'eût été encore davantage. Afin donc qu'il pût se conquérir lui-même le plus grand des bonheurs, se conquérir Dieu, l'homme a dû être créé libre. Comme Dieu s'est donné le monde, s'est donné l'homme, non par nécessité, mais parce qu'il a voulu, mais librement, de même l'homme se donnera le ciel, se donnera Dieu, non par nécessité, mais parce qu'il aura voulu, mais librement. En ceci encore, l'homme sera l'image de Dieu.

Mais l'homme n'aspire-t-il pas nécessairement au bonheur, c'est-à-dire, à l'être, à la vérité, au bien : par conséquent à l'être suprême, à la vérité souveraine, au bien infini, en un mot, à Dieu ? Comment donc y pourra-t-il aspirer librement ? y parvenir par des actes méritoires ? Sans doute, si nous connaissions Dieu tel que lui-même il se connaît, nous ne pourrions choisir entre l'aimer ou ne l'aimer pas ; nous l'aimerions nécessairement comme il s'aime nécessairement lui-même ; nous ne serions plus capables de mériter ce bonheur. Mais Dieu ne se montre point encore à nous tel qu'il est et par son essence, mais seulement dans des images et par ses œuvres. Les créatures sont autant de représentations et de similitudes de son être, de sa vérité, de sa bonté ineffable. Ce n'est qu'à travers ce voile de la création qu'il se laisse entrevoir, comme le soleil à travers un brillant nuage. De cette manière, quoique nous soyons naturellement attirés vers lui, nous avons cependant le mérite de le chercher librement, en le suivant pour ainsi dire à la trace au milieu de l'univers. Si alors nous n'aimons dans chaque créature ce qu'elle a d'être, de vérité, de bonté, que pour nous élever à l'être, à la vérité, à la bonté souveraine dont elle n'est en effet qu'une ombre, nous serons dans l'ordre, nous mériterons d'avoir un jour cet ineffable bonheur ; mais si, au lieu de diriger continuellement vers l'être, la vérité, la bonté infinie, le besoin comme infini que nous sentons d'être, de connaître et d'aimer, nous l'arrêtons finalement à quelque chose de créé, d'imparfait, peut-être à une vaine apparence, ce sera un désordre, ce sera un mal qu'on appelle le péché. Ce péché, ce mal, comme on voit, n'est pas une créature, une chose réellement subsistante, mais l'abus d'un bien, du franc arbitre, bien nécessaire pour mériter le souverain bien.

Dieu seul est bon, a dit la Vérité même, parce que Dieu seul est bon et par essence, et du sien, et si bon qu'il ne peut être meilleur. Tout le reste n'est bon que d'emprunt et d'une manière imparfaite, parce qu'au fond tout le reste n'est que d'emprunt et d'une manière imparfaite. Dans ce sens on peut dire que tout ce qui n'est pas Dieu n'est pas bon, c'est-à-dire, n'est point parfait, mais mauvais ou imparfait. Cependant ce n'est pas là un vrai mal, un désordre, un péché, parce qu'il n'y a point de désordre à n'être pas naturellement Dieu.

Toutefois, prodige ineffable, un moyen nous a été donné pour mériter de le devenir en quelque sorte ; un moyen nous a été donné pour nous rendre dignes de participer à toutes les divines perfections. Ce moyen, c'est le libre arbitre : bien inappréciable, puisqu'il peut nous valoir un bien infini. Mais, avec ce bien, le vrai mal, l'abus du bien est nécessairement possible.

Alors que pouvait Dieu pour nous détourner de cet abus, pour nous porter à user bien de cette liberté nécessaire ? Il ne pouvait la violenter : c'était la détruire. Il ne pouvait que la solliciter par des motifs et des attraits. Or, quels sont les motifs les plus puissants ? N'est-ce pas ceux-là mêmes qu'il a mis devant nous ? La vie et la mort, le paradis et l'enfer, afin de nous attirer à la vertu par le bonheur éternel de l'un, et nous détourner du vice par le malheur éternel de l'autre ? Non ; imaginez tant qu'il vous plaira, Dieu, dans sa bonté et sa puissance, ne pouvait rien nous proposer de plus efficace pour nous faire mériter librement le souverain bonheur. De là il est permis de conclure : Dieu est bon, donc il y a un enfer ; Dieu est infiniment bon, donc il y a un enfer éternel.

Tu mourras de mort, ajoutait comme sanction de sa loi le suprême Législateur. Deux vies se peuvent trouver dans l'homme : la vie de l'âme, d'être uni à Dieu ; la vie du corps, d'être uni à l'âme. Cette dernière vie n'est qu'une image de la première, qu'un moyen pour y parvenir. La séparation de l'âme et du corps, ou la mort temporelle, est le terme de l'épreuve à laquelle l'homme est soumis. La mort vraiment à craindre, c'est la séparation de l'âme d'avec Dieu. Que la mort temporelle y survienne, cette séparation est éternelle et irrémédiable. De là le regret, le remords, le désespoir qui tourmenteront sans fin l'âme coupable et impénitente. Demeuré fidèle, le premier homme n'eût éprouvé ni l'une ni l'autre mort ; son âme restait unie à Dieu, son corps uni à l'âme ; après le temps d'épreuve, son corps se fût transfiguré sans quitter l'âme. Infidèle, il mourra de mort, et quant à l'âme, que le péché séparera de Dieu, et quant au corps, qui perdra son privilège d'immortalité et ne vivra plus que pour mourir.

Mais si l'homme reste seul, sans espérance de

postérité, surtout s'il meurt, il n'y aura donc point de genre humain? la terre sera donc veuve de son roi et l'univers incomplet? Ne craignons pas. « Jéhova, Dieu, dit : Il n'est pas bon que l'homme soit seul ; je lui ferai un aide qui lui soit pareil, un aide qui lui soit une compagnie. »

Avant cela cependant, l'homme recevra l'hommage de ses sujets naturels et exercera sur eux la souveraineté de la raison et de la parole. Car « Jéhova, Dieu, après avoir formé de la terre tous les animaux des champs et tous les oiseaux du ciel, les amena devant l'homme afin qu'il vît comment il les nommerait et que chacun d'eux prît le nom que l'homme lui aurait donné. Et l'homme donna leur nom aux animaux domestiques, aux oiseaux du ciel et aux bêtes sauvages (Gen., 2, 19 et 20. »

Il est dit que Dieu lui-même a nommé le jour, la nuit, le ciel, la terre, la mer, les étoiles : ces choses ne sont au pouvoir que de lui seul. Mais, pour les animaux qu'il a soumis à l'homme, il veut que l'homme lui-même leur donne les noms qu'ils doivent porter. Pour cela, il lui amène les bêtes sauvages et les oiseaux du ciel : les animaux domestiques l'entouraient sans doute déjà. Il lui fait entendre qu'il en est le maître, comme un maître dans sa famille qui nomme ses serviteurs pour la facilité du commandement. L'Ecriture, substantielle et courte dans ses expressions, nous indique en même temps les belles connaissances données à l'homme, puisqu'il n'aurait pas pu nommer les animaux sans en connaître la nature et la différence, pour ensuite leur donner des noms convenables, selon les racines primitives de la langue que Dieu lui avait apprise (Bossuet, 5ᵉ serm., 1ʳᵉ élévat.). Créé avec un corps parfait pour être notre père commun selon la vie corporelle, il l'avait été encore avec une intelligence parfaite pour être notre père commun selon la vie intellectuelle (Summa, S. Thomas, 1. quest. 94, a. 3).

Dans la revue que l'homme fit ainsi de ses sujets, il les voyait tous appariés deux à deux pour multiplier leur espèce ; il en trouvait plus d'un qui ne demandait qu'à l'aider dans ses travaux ou à le charmer dans ses loisirs ; mais un aide qui lui fût semblable, un aide qui allât de pair avec lui, il ne s'en trouva point.

D'où lui viendra ce second lui-même? Dieu le formera-t-il également de terre? Non. Un nouvel ordre de mystères commence. L'homme, le premier surtout, a été créé à l'image de Dieu. Or, Dieu est le principe de toutes les choses. L'homme sera pareillement le principe de tout le genre humain.

« Jéhova, Dieu, envoya donc à l'homme un profond sommeil ; et, pendant qu'il dormait, Dieu prit une de ses côtes et en ferma la place de chair. Et Dieu édifia en femme cette côte qu'il avait prise de l'homme (Gen., 2, 22). »

Dieu envoie un sommeil au premier homme ; un sommeil, disent tous les saints, qui fut un ravissement et la plus parfaite de toutes les extases. Dans ce sommeil mystérieux, non-seulement il connut de quelle manière Dieu lui préparait une compagne, mais encore ce que préfigurait tout cela pour les siècles à venir : un second Adam, un Dieu-Homme, plongé comme lui dans un sommeil mystique, ayant comme lui le côté ouvert, d'où sortira, comme du sien, une épouse sans tache avec laquelle il engendrera pour le ciel une postérité innombrable.

L'épouse du nouvel Adam est l'Eglise, notre mère, sortie du côté ouvert de son divin Epoux, formée, édifiée, vivifiée, embellie encore tous les jours de sa chair et de son sang adorables ; en sorte qu'elle est chair de sa chair, os de ses os. C'est elle que nous annonçait dès lors l'épouse du premier Adam, Eve, notre mère première, sortant du côté ouvert de son époux, formée, non d'une partie de sa tête, parce qu'elle ne devait pas lui commander, ni d'une partie de ses pieds, parce qu'elle ne devait pas être son esclave, mais d'une partie de son côté, parce qu'elle devait être son inséparable compagne.

Adam voyait tout cela dans son extase ; car, lorsqu'à son réveil Dieu lui présenta la femme ainsi formée, il dit tout d'abord : « Pour cette fois, c'est os de mes os et chair de ma chair ; elle s'appellera *hommesse*, parce qu'elle a été prise de l'homme. C'est pourquoi l'homme quittera son père et sa mère, et il s'attachera à sa femme, et les deux seront une même chair (Gen., 2, 23 et 24). »

Nous employons ici un mot qui n'exprime guère bien ce que nous voulons lui faire dire. L'envie de conserver l'allusion qui se trouve dans le texte original pourra nous servir d'excuse.

En lisant ces paroles, nous assistons en quelque sorte à la célébration du premier mariage. Rien ne se peut de plus saint ni de plus solennel. C'est Dieu qui présente l'épouse à l'époux ; c'est devant Dieu que leur union se contracte : Dieu y est à la fois père et témoin, prêtre et magistrat. C'est lui qui en proclame ou en fait proclamer les saintes lois : « *Et l'homme quittera son père et sa mère, et il s'attachera à sa femme, et les deux seront une même chair.* » Grand mystère du Christ et de son Eglise, ainsi que l'Apôtre nous l'apprend. Le nouvel Adam, l'Homme-Dieu, quittera son Père, qui est au ciel, et sa mère, qui est sur la terre, la Synagogue, et il s'attachera à son épouse, à l'Eglise, et les deux seront une même chair et un même esprit.

L'union du Christ avec l'Eglise, avec la nature humaine, est indissoluble : l'union de l'homme avec la femme doit l'être de même. L'homme était un : Dieu en prit une portion pour le faire deux ; ces deux, réunis par le mariage, ne font de nouveau plus qu'un. « N'avez-vous donc pas lu, dit le Christ aux fauteurs du divorce, que celui qui a fait l'homme dès le commencement, les a faits mâle et femelle, et qu'il a dit : C'est pourquoi l'homme quittera son père et sa mère et s'attachera à sa femme, et les deux seront une chair ? Ils ne sont donc plus deux, mais une seule chair. Ce que Dieu a donc uni, que l'homme ne le sépare point. (Matth., 19). » Dieu unit l'homme à la femme, non-seulement pour figurer l'union du Christ avec la nature humaine, et la divine famille qui en résulte ou l'Eglise, mais encore pour nous représenter la société éternelle et ineffable qui est en Dieu même. Du premier homme procède la première femme qui, avant et après, ne fait qu'une chair avec lui ; de l'un et de l'autre, comme leur mutuel amour, procède le genre humain qui ne fait qu'une chair avec eux. Ainsi en Dieu, proportion gardée, du Père procède son intelligence, sa parole consubstantielle ; du Père et de sa consubstantielle intelligence procède leur mutuel et consubstantiel

LIVRE I. — LA CRÉATION DU MONDE.

amour. Ils sont trois, mais indivisibles; ils sont trois personnes, mais une même chose. Tel, à proportion, en doit-il être de la famille humaine.

Le Christ n'a qu'une épouse ; l'homme aussi n'en doit avoir qu'une. L'intention du Créateur n'est point douteuse à cet égard. Si jamais il y eut raison pour que l'homme eût plus d'une femme, c'était au commencement, lorsqu'il s'agissait de peupler la terre. Toutefois, l'auteur de la nature n'en donna au premier homme qu'une seule. La pluralité des femmes, aussi bien que le divorce, est donc une déviation de l'état primitif et naturel : *Il n'en était pas ainsi au commencement*, dit le Christ (Matth., 19), et la religion et l'humanité exigent qu'il n'en soit plus ainsi. Car partout où règne la polygamie, la femme est la victime de l'homme; et partout où règne le divorce, les enfants sont les victimes de l'homme et de la femme.

Ayant ainsi formé et uni nos deux premiers ancêtres, « Dieu les bénit et leur dit : Croissez et multipliez-vous; remplissez la terre et subjuguez-la ; dominez sur les poissons de la mer, sur les oiseaux du ciel, et sur tout animal qui se meut sur la terre (Gen., 1, 28). »

L'Ecriture ne dit point : Dieu leur commanda, en disant comme elle a fait plus haut pour la loi d'abstinence, mais simplement, Dieu les bénit et leur dit. Par cette différence de langage, elle insinue assez clairement que c'est ici moins un commandement qu'une bénédiction; bénédiction de laquelle est sorti tout le genre humain, bénédiction qui depuis longtemps a peuplé et subjugué toute la terre. Que si cette bénédiction renferme une espèce de commandement, ce n'est qu'en général et jusqu'à ce que la terre soit peuplée et subjuguée. Lorsqu'elle le sera suffisamment, lorsque les hommes se seront multipliés, lorsque les misères spirituelles et corporelles se seront multipliées avec les hommes, lorsque surtout, pour guérir ces misères en les prenant sur lui-même, l'Homme-Dieu sera né d'une vierge, qu'il aura vécu, qu'il aura souffert, qu'il sera mort et ressuscité vierge, alors, et Dieu et les hommes béniront ceux et celles qui, pour mieux servir Dieu et les hommes, pour mieux accomplir l'œuvre du Rédempteur-vierge, garderont cette pureté d'âme et de corps dans laquelle ont été créés nos premiers parents. A l'exemple de leur divin modèle, ils seront des médiateurs toujours suppliants entre le ciel et la terre; comme lui encore ils serviront de père, de mère, de frère, de sœur aux pauvres et aux malades, aux veuves et aux orphelins, aux ignorants et aux pécheurs, aux vieillards et aux enfants abandonnés. Leur charité vierge conservera plus d'habitants à la terre, en enfantera plus au ciel que n'aurait pu faire leur fécondité conjugale. Une seule chose diminuera : le nombre des coupables et des malheureux.

« Dieu dit encore : Voilà que je vous ai donné toutes les plantes répandues sur la surface de la terre et qui portent leur semence, et tous les arbres fruitiers qui ont leur germe en eux-mêmes, pour servir à votre nourriture; et à tous les animaux des champs, et à tous les oiseaux du ciel, à toute bête rampante sur la terre et en qui est une âme vivante, j'ai abandonné en pâture toutes les espèces d'herbages. Et il en fut ainsi (Gen., 1, 29 et 30). »

De ces paroles certains interprètes ont conclu que, dans l'origine, Dieu ne permettait point l'usage de la chair, mais seulement des fruits et des légumes. On peut douter de cette conclusion. Dieu venait d'accorder formellement à nos premiers ancêtres la domination sur les oiseaux du ciel, sur les poissons de la mer et sur tous les animaux terrestres. Or, de quoi aurait servi cette domination à l'homme sur la plupart des animaux, en particulier les oiseaux et les poissons, s'il ne lui avait été permis d'en manger ? Que si Dieu ajoute l'usage à l'homme peut faire pour lui-même de certaines plantes, la raison en est peut-être qu'il n'en avait pas encore parlé, et que, comme un bon père, il voulait enseigner à nos premiers parents jusqu'aux détails de leur nourriture. Il se peut néanmoins qu'il voulût aussi leur recommander de se nourrir d'abord plus volontiers de fruits et de légumes, jusqu'à ce que les espèces d'animaux les plus utiles se fussent assez multipliées pour ne pas risquer d'être détruites.

Nos premiers ancêtres ainsi formés, unis et bénis, n'étaient vêtus que de grâce et d'innocence. Tels qu'ils étaient sortis de la main de Dieu, ils n'avaient à rougir de rien, ils n'avaient à se défendre contre aucune intempérie de saison. Dans leurs personnes, la chair ne convoitait point contre l'esprit, mais lui était parfaitement soumise, comme l'esprit était soumis à Dieu. Le corps et l'âme formaient comme une lyre harmonieuse où tout était d'accord, où tout résonnait la louange du Créateur. Il en était autant de la nature entière : elle offrait partout les beautés et les délices d'un printemps comme divin.

« Alors Dieu considéra tout ce qu'il avait fait, et voilà qu'il était très-bon (Gen., 1, 31). « Déjà les jours précédents, ayant considéré chaque partie de son ouvrage, il l'avait trouvée bonne, conforme à l'éternelle idée qu'il en avait dans l'entendement, propre au but qu'il s'y proposait et à la place qu'il lui destinait dans le plan général de sa providence. Mais quand il vit tout ce plan réalisé, quand il considéra l'ensemble de ses œuvres, l'ordre, la beauté, l'harmonie des diverses parties entre elles, les suites admirables qui en résulteraient pour le temps et pour l'éternité, cet ensemble se trouva non-seulement bon, mais très-bon, mais très-excellent pour remplir les vues de l'éternelle Sagesse.

L'univers a été créé pour deux fins : une première et principale, la gloire de Dieu, pour la manifestation de ses perfections infinies; une seconde et secondaire, l'éternelle félicité des créatures libres. Cette dernière dépend de la libre volonté de ces créatures mêmes. Mais qu'elles veuillent ou qu'elles ne veuillent pas, elles contribueront toutes à la première, elles contribueront toutes à manifester éternellement les adorables perfections de Dieu, sa magnificence à récompenser la vertu fidèle, sa miséricorde à pardonner au repentir, sa justice à punir le crime impénitent, sa sagesse et sa puissance qui font servir à ses desseins les obstacles mêmes. Tout, du côté de Dieu, sera bien, même le mal ou le péché de la créature libre, car ce péché sera ou expié par la créature ou puni par le Créateur; et un péché expié ou puni n'est plus un désordre, mais le rétablissement éternel de l'ordre, mais un bien. Lors donc que, dans l'éternité, nous pourrons contempler avec Dieu l'ensemble de ses œuvres, éternellement nous répéterons : Et voilà que tout était très-bien et très-bon, et voilà que tout était très-bon et très-bien.

« Ainsi donc furent achevés les cieux, la terre et tout ce qu'ils renferment. Et il y eut un soir et un matin : et ce fut le sixième jour. »

Un autre vient ensuite, auquel l'Ecriture ne donne ni matin ni soir, ni commencement ni fin : c'est le septième, qui apparaît là comme le jour de l'éternité; jour où Dieu se repose de toutes ses œuvres, où il cesse d'en faire aucune nouvelle, parce que tout y est consommé; jour où Dieu se repose dans l'homme, dit saint Ambroise (*Hexaem.*, l. 6, c. 10), surtout dans ce Fils de l'homme, objet de ses infinies complaisances, qui dès lors, comme éternelle sagesse, était en lui et avec lui, réglant et gouvernant toutes choses, se réjouissant chaque jour de voir que tout était bon, et faisant dès lors ses délices d'être avec les enfants des hommes (Prov. 8). Ce jour est pour Dieu même un jour de fête. Il le bénit et le sanctifie. Il y fait la dédicace de ce temple que nous appelons l'univers, y consacre le premier homme prêtre et pontife, et, dans sa personne, celui de ses fils qui est en même temps le Fils de Dieu, le pontife éternel, l'agneau qui a été immolé dès l'origine du monde, et en qui sa miséricorde nous a choisis avant les siècles temporels.

Unissons-nous au Créateur, unissons-nous à notre éternel pontife, unissons-nous à ses saints anges pour aller bénir et sanctifier ensemble ce jour qui n'a ni soir ni matin, ce jour où Dieu se reposera en nous et où nous nous reposerons en Dieu. En attendant, disons, à la vue de tant de merveilles, disons et redisons avec David dans une de ses hymnes sur la création : « Ô mon âme, bénis le Seigneur ! Seigneur mon Dieu, que vous êtes grand dans votre magnificence ! Je chanterai le Seigneur durant ma vie, je célébrerai mon Dieu tant que je serai. Bénis le Seigneur, ô mon âme (1). »

LIVRE DEUXIÈME.

Accord des anciennes traditions avec Moïse. — Chute de l'homme. Promesse du Rédempteur.

Moïse et les Prophètes sont les vrais pères de l'histoire. Sans Moïse et les Prophètes, et sans le Christ qui en est le complément, l'histoire humaine serait ce qu'était le monde à son origine, un chaos informe et vide, un je ne sais quoi sans corps ni âme. Dix siècles avant que l'antiquité profane nous offre aucune histoire un peu suivie, Moïse le premier débrouille ce chaos, y crée la lumière, y distingue des jours ou des époques. Moïse le premier lui donne un corps organique et vivant, un ensemble qui embrasse tous les siècles et tous les peuples : le premier il nous découvre le souffle de vie qui anime ce vaste corps, la divine Providence qui surveille tout le genre humain, comme une mère son fils, pour le conduire de l'enfance à l'adolescence, de l'adolescence à l'âge viril, et le mettre en état de remplir ses grandes destinées. Après Moïse, les Prophètes développeront de plus en plus cette histoire vivante de l'humanité : ils l'écriront même d'avance; ils écriront des siècles d'avance, la succession, la durée, les révolutions de ces grands empires qui feront converger toutes les choses humaines vers un même centre, l'avénement du Christ, d'où rejailliront des torrents de lumière et de vérité sur le passé, le présent et l'avenir. Quand les Prophètes auront achevé d'écrire ainsi l'histoire future, cinq ou six siècles avant la venue du Christ, alors seulement apparaîtront les écrivains profanes pour enregistrer les faits isolés, recueillir les fragments de vérités; faits et fragments qui à eux seuls ne présenteraient qu'un amas de décombres, mais qui, dans Moïse, les Prophètes et le Christ, trouvent leur ensemble, comme les pierres d'un même édifice.

Ces pierres éparses, que de nos jours on déterre de toute part, nous tâcherons de les rapporter à leur place convenable. A mesure que Moïse et les Prophètes nous auront fait le récit de quelque événement principal, nous en signalerons les vestiges dans les traditions des principaux peuples. Sans doute, et Moïse et les Prophètes et les Apôtres nous suffisent; dans leurs écrits, Dieu rassasie nos âmes de toutes les vérités nécessaires; mais de ce divin banquet il est tombé ailleurs quelques fragments. Suivant le précepte du Seigneur, nous les recueillerons, de peur qu'ils ne périssent.

En ceci, d'ailleurs, nous ne ferons que suivre l'exemple des Pères de l'Eglise, ou plutôt nous ne ferons que reproduire leurs paroles pour ce qui regarde les peuples les plus connus de leurs temps, à commencer par les Pères latins.

Dans le *Dialogue* de Minutius Félix, le païen Cécilius reproche aux chrétiens d'adorer un Dieu que ne connaissait que la seule nation des Juifs. Le chrétien Octavius lui répond : « Ne cherchez pas un

---

(1) Ps. 103, *sur la Création.* — Outre les auteurs nommément cités dans ce premier livre, on y a mis encore à profit VALMONT DE BOMARE, dans son *Dictionnaire d'histoire naturelle*, et BERNARDIN DE SAINT-PIERRE, dans ses *Études et ses Harmonies de la nature*.

LIVRE II. — ACCORD DES ANCIENNES TRADITIONS AVEC MOISE, ETC.

nom à Dieu ; Dieu, voilà son nom. Là il faut des vocables, où il faut distinguer une multitude d'individus chacun par son appellation propre. A Dieu, qui seul est, le nom de Dieu est tout entier. Mais quoi ? N'ai-je pas, quant à lui, le consentement de tous ? J'entends le vulgaire, lorsqu'il élève les mains au ciel, ne dire autre chose, sinon, *Dieu*, et, *Dieu est grand, Dieu est vrai, si Dieu nous en fait la grâce*. Est-ce là le discours naturel du vulgaire, ou bien la prière du chrétien confessant sa foi ? Et ceux qui font de Jovis le souverain, se trompent pour le nom, mais ils s'accordent pour la même puissance (Minut. Octav., n. 18). » De la populace il passe aux poètes : « J'entends les poètes aussi proclamer un seul père des dieux et des hommes. Si nous passons aux philosophes, vous les trouverez différant sur les noms, d'accord sur la chose même. » Et après avoir cité les plus célèbres, il conclut : « Chacun croira, d'après cela, ou que les chrétiens sont philosophes, ou que les philosophes étaient dès lors chrétiens (*Ibid.*, n. 20). » Telle est la réponse du chrétien Octavius, et le païen Cécilius la trouve si bonne qu'il finit par se faire chrétien lui-même.

Le plus ancien Père de l'Eglise des Gaules, saint Irénée, disciple de saint Polycarpe, qui le fut lui-même de l'apôtre saint Jean, établit de la manière suivante l'unité de Dieu contre les hérétiques valentiniens. « Il nous suffit, quant à présent, du témoignage que ne contestent pas nos adversaires, tous les hommes étant enfin d'accord là-dessus : les plus anciens, conservant cette croyance d'après la tradition primitive du premier homme, et célébrant dans leurs hymnes un seul Dieu créateur du ciel et de la terre ; ceux qui vinrent après eux, en recevant le ressouvenir des Prophètes de Dieu, les Gentils, l'apprenant de la création même, et l'Eglise, répandue par toute la terre, ayant reçu cette même tradition des Apôtres. Ce Dieu étant donc ainsi constaté, et recevant de tous le témoignage qu'il est, le père, inventé par les hérétiques, est indubitablement sans consistance et sans témoins. Simon le magicien a été le premier à dire qu'il était lui-même ce Dieu au-dessus de toutes choses, que le monde avait été fait par les anges ; ses successeurs, ainsi que nous l'avons montré dans le premier livre, ayant, par des assertions diverses, avancé des doctrines impies contre le Créateur, les valentiniens, leurs disciples, rendent ceux qui partagent leurs sentiments pires que les Gentils ; car ceux-ci, tout en servant la créature et ceux qui ne sont pas dieux plutôt que le Créateur, attribuent néanmoins le premier rang de la divinité au Dieu créateur de cet univers (Iren., *adv. hæres.*, 1, 2, c. 9). »

Quant à Tertullien, qui ne connaît cette parole de son *Apologétique ?* « Le total du crime, c'est de ne vouloir pas reconnaître celui qu'on ne peut ignorer ; » et cet autre : « O témoignage d'une âme naturellement chrétienne ! » Mais écoutons-le développant dans un traité particulier cette dernière pensée. Après avoir dit que plusieurs chrétiens avaient prouvé la vérité de leur doctrine par le témoignage des poètes et des philosophes, il s'écrie : « Moi, j'invoque un témoignage nouveau, plus connu qu'aucune littérature, plus répandu qu'aucune doctrine.... Tiens-toi là, ô âme ! Non pas toi, formée dans les écoles, exercée dans les bibliothèques, repue dans les académies et les portiques d'Athènes, et travaillée d'une indigestion de sagesse. C'est toi, âme simple, rude, grossière, toi telle que t'ont ceux qui n'ont que toi ; c'est toi que j'interpelle, âme tout entière de village, de carrefour, d'ouvroir. J'ai besoin de ton ignorance, puisque personne ne croit à la science, si peu qu'il y en ait. — Nous déplaisons quand nous prêchons un Dieu unique par cet unique nom. Rends témoignage s'il en est ainsi ; ce qu'il ne nous est pas permis, nous l'entendons, et à la maison et au dehors, prononcer de la sorte tout haut et avec toute liberté : *Ce que Dieu donnera, ce que Dieu voudra*. Par cette parole tu fais entendre qu'il en est un à qui tu confesses toute puissance, à la volonté de qui tu portes tes regards ; en même temps tu nies que les autres soient dieux, en les désignant par leurs noms propres, Saturne, Jupiter, Mars, Minerve. Tu affirmes seul Dieu celui que tu n'appelles que Dieu : en sorte que, si tu nommes ceux-là dieux de temps à autre, tu parais le faire comme une chose d'emprunt. Quant à la nature de Dieu telle que nous la prêchons, tu ne l'ignores pas non plus. *Dieu est bon, Dieu est bienfaisant*, c'est là ton expression. *Mais l'homme est mauvais*, ajoutes-tu, comme pour insinuer que l'homme est mauvais parce qu'il s'est éloigné de Dieu qui est bon. De même, *que Dieu vous bénisse !* tu le dis aussi facilement qu'il est nécessaire à un chrétien. — Ainsi donc, et à la maison et en public, sans que personne se moque de toi ni t'empêche, tu t'écries du fond de la conscience : *Dieu voit tout, je le recommande à Dieu, Dieu vous le rendra, et Dieu jugera entre nous*. D'où te vient cela, à toi qui n'es pas chrétienne ? A toi le plus souvent encore couronnée des bandelettes de Cérès, ornée du manteau de Saturne, revêtue des insignes d'Isis. Jusque dans les temples, tu implores Dieu pour juge : debout sous une chapelle d'Esculape, dorant une Junon d'airain, chaussant une Minerve, tu n'en appelles à aucun des dieux présents. Dans ton for intérieur, tu en appelles à un autre juge ; dans tes temples, tu souffres un autre Dieu. O témoignage de la vérité, qui, près des démons mêmes, te rend témoin des chrétiens !

» Qu'il y ait des démons, qu'une grande malédiction pèse sur eux, tes exécrations en répondent. Chaque fois que tu éprouves de l'aversion, du mépris, de l'horreur, tu nommes Satan. Tu sens celui qui t'a perdue. Et quoique les chrétiens seuls le connaissent, tu le connais cependant aussi, puisque tu le hais. — Ces témoignages de l'âme sont d'autant plus vrais qu'ils sont plus simples, d'autant plus simples qu'ils sont plus vulgaires, d'autant plus vulgaires qu'ils sont plus communs, d'autant plus communs qu'ils sont plus naturels, d'autant plus naturels qu'ils sont plus divins. — L'âme a été enseignée par la nature, et la nature par Dieu. »

Après avoir dit que les livres des Hébreux sont de beaucoup plus anciens que toute la littérature humaine, et que de ceux-là vient originairement ce qu'il y a de bon dans celle-ci, il conclut qu'il importe peu de savoir si la conscience de l'âme a été formée par Dieu même ou par les lettres divines. Puis il termine par cette allocution au païen : « Lors donc que tu as peur de devenir chrétien, consulte l'âme ; pourquoi nomme-t-elle Dieu tandis qu'elle adore un autre que lui ? Pourquoi, quand elle désigne les esprits maudits, les appelle-t-elle démons? Pourquoi, dans ses protestations, regarde-t-elle le ciel, et, dans ses exécrations, la terre? Pourquoi, servant ailleurs, invoque-t-elle ailleurs un juge? Pourquoi a-t-elle les paroles des chrétiens, eux qu'elle ne veut ni entendre ni voir? Pourquoi nous a-t-elle donné ces paroles ou les a-t-elle reçues de nous? — C'est en vain que tu voudrais attribuer les choses de cette sorte à cette langue seule ou à la grecque, à cause de leur parenté, pour nier l'universalité de la nature. Ce n'est pas aux Latins ni aux Grecs seuls qu'il tombe une âme du ciel. L'homme est le même chez toutes les nations, le nom est différent. La même est l'âme, différente est la voix. L'esprit est le même, le son est autre. A chaque peuple il est un langage propre, mais la matière du langage est commune. Partout Dieu, partout la bonté de Dieu; partout le démon, partout la malédiction du démon; partout l'invocation du jugement divin, partout la mort, partout la conscience de la mort, partout le témoignage. Toute âme proclame par son droit ce qu'il ne nous est pas même permis de chuchoter. Toute âme est donc justement et coupable et témoin : coupable d'erreur, tout autant qu'elle est témoin de la vérité : et elle paraîtra au tribunal de Dieu, au jour du jugement, sans avoir rien à dire. Tu prêchais Dieu, et tu ne le cherchais pas; tu abhorrais les démons, et tu les adorais; tu en appelais au jugement de Dieu, et tu n'y croyais pas; tu pressentais les supplices de l'enfer, et tu ne les prévenais pas; tu respirais le nom de chrétienne, et tu persécutais le chrétien (Tert., *De testim. animæ*). »

Après Tertullien, il n'y a pas de doute que saint Cyprien, qui l'appelait son maître, tienne le même langage. Aussi dans son traité *De la vanité des idoles*, répète-t-il les mêmes raisonnements et presque toujours les mêmes expressions, concluant comme Tertullien : « Le total du crime, c'est de ne vouloir reconnaître celui que tu ne peux ignorer. » De plus, dans un concile de Carthage, tenu sous le pontificat du saint martyr, le confesseur Saturnin dit : « Les Gentils, bien qu'ils adorent les idoles, connaissent cependant le Dieu souverain, père et créateur, et ils le confessent ; Marcion, au contraire, le blasphème (Labb., t. I, *Concil.*). »

Lactance, qui, avant d'embrasser le christianisme, avait été païen, de même que saint Cyprien, Tertullien, Minutius Félix, qui par conséquent devait bien savoir ce que les païens croyaient ou ne croyaient pas, Lactance raisonne comme les Pères que nous avons déjà vus. « Ceux qui dans leur culte, dit-il, préfèrent au Dieu vivant et véritable, Créateur du ciel et de la terre, des hommes morts et enterrés, seraient encore pardonnables si cette erreur ne venait que de leur ignorance ; mais comme nous voyons souvent les adorateurs mêmes des dieux confesser et proclamer le Dieu souverain, quel pardon peuvent-ils espérer s'ils n'adorent pas celui qu'ils ne peuvent ignorer tout à fait? Car, qu'ils fassent un serment, qu'ils forment des souhaits ou qu'ils rendent grâces à quelqu'un, ce n'est point Jupiter ni plusieurs dieux qu'ils attestent, mais Dieu seul ; tant il est vrai que la nature fait jaillir la vérité du fond des cœurs, malgré qu'on en ait. Du reste, s'ils en agissent de la sorte, ce n'est pas quand ils sont dans la prospérité ; car jamais ils n'oublient Dieu plus complètement que lorsque, comblés de ses bienfaits, ils devraient bénir davantage sa divine miséricorde ; mais sont-ils frappés de quelque grand malheur, aussitôt ils recourent à Dieu, ils implorent le secours de Dieu, ils conjurent Dieu de venir à leur aide. Est-on exposé à faire naufrage ou à quelque danger semblable, c'est *lui* qu'on invoque, c'est *lui* qu'on réclame ; quelqu'un tombé dans la misère est-il réduit à mendier son pain, c'est pour l'amour de Dieu et de Dieu seul qu'il demande l'aumône, c'est par son nom divin et unique qu'il implore la compassion des hommes. Ils ne se souviennent donc jamais de Dieu que quand ils sont dans la peine ; dès qu'ils n'ont plus rien à craindre, dès qu'ils sont hors de danger, ils courent tout joyeux aux temples de leurs dieux ; c'est à ceux-là qu'ils offrent des libations, des sacrifices et des couronnes. Quant à Dieu, qu'ils avaient imploré dans leur malheur, ils ne lui adressent pas seulement une parole de reconnaissance, tant il est vrai que la prospérité engendre la dissolution, et la dissolution l'impiété envers Dieu, aussi bien que les autres crimes (Lactant., *Div. inst.*, l. 2). »

« Est-il quelqu'un parmi les hommes, s'écrie Arnobe, qui ne soit pas venu au monde avec la notion de ce Dieu souverain? A qui n'est-il pas inné et imprimé presque dans le sein de sa mère, qu'il est un Roi et un Seigneur, gouvernant tout ce qui est? On sait, ajoute-t-il, on sait que le Dieu tout-puissant n'a été ni engendré, ni mis au monde, ni n'a commencé en un certain temps : on le sait par l'unanimité et le commun assentiment de tous les mortels (Arnob., n. 10 et 11). »

Des Pères latins passons aux Grecs. Le martyr saint Justin, dans son livre *De la monarchie ou de l'unité de principe*, établit, par le témoignage des poètes et des philosophes, ce qu'il appelle la *croyance catholique*; et dont l'oubli avait amené, suivant lui, le culte des idoles. Il fait la même chose dans sa première apologie. Cette apologie du saint martyr, ainsi que toutes celles des premiers Pères, se réduisent à cette alternative. Là où les poètes et les philosophes ne sont pas d'accord avec le christianisme, ils ne sont pas d'accord entre eux ; là où ils sont d'accord entre eux, ils sont d'accord avec le christianisme.

« Si les philosophes et les poètes, dit Athénagore à l'empereur Marc-Aurèle et à son fils Commode, ne reconnaissaient pas un seul Dieu et ne parlaient pas des autres de manière à en faire, les uns des démons, les autres de la matière, les autres des hommes, il y aurait quelque motif de nous vexer, nous qui distinguons Dieu et la matière, ainsi que les natures de l'un et de l'autre. Car, de même que nous connaissons Dieu, et son Fils, et le Saint-Esprit, de même nous avons appris qu'il est d'autres puissances qui exercent l'empire sur la matière et par la matière ; l'une d'elles, hostile à Dieu ; l'autre, amie et fidèle (Athénag., *Légat.*, n. 24).

Clément d'Alexandrie, dans son exhortation aux Gentils, où il prouve également l'unité de Dieu par le témoignage des poètes et des philosophes, engage Platon à chercher avec lui une connaissance plus complète de Dieu : « Car, dit-il, à tous les hommes sans exception, mais principalement à ceux qui s'occupent de doctrine et de lettres, il a été instillé une certaine influence divine. C'est pourquoi ils confessent, même malgré eux, qu'il est un seul Dieu, incorruptible, non engendré, qui réside toujours au sommet du ciel (Clém. Alex., p. 44 et 45, édit. du *Vaisseau*). »

Origène parle comme son maître. Sur ce passage de saint Paul aux Romains où il est dit que les hommes dont il était question sont inexcusables, parce que, ayant connu Dieu, ils ne l'ont pas glorifié comme Dieu, le disciple de Clément fait cette réflexion : Ces paroles regardent tous les hommes en qui est la raison naturelle ; mais principalement toutefois les sages de ce monde et ceux qu'on appelle *philosophes*, qui se font une étude d'examiner les créatures de l'univers et tout ce qui s'y est fait, et de conclure des choses visibles à celles qui ne se voient pas (Orig., *in Ep. ad Rom.*, l. 1, c. 1). »

Voilà ce que disent les premiers Pères de l'Église, qui, la plupart, avaient été païens ; qui tous vivaient au milieu des païens, qui tous travaillaient à convertir les païens et y travaillaient avec fruit. Mais il est encore un Père qui vaut, à lui seul, plusieurs autres, et par la grande autorité dont il jouit dans toute l'Église, et parce qu'il a plus approfondi cette question que tout autre : ce Père, c'est saint Augustin.

Expliquant à son peuple ces paroles de Jésus-Christ : *J'ai manifesté votre nom aux hommes*, « Voyons, dit-il, ce qu'il dit de ceux de ses disciples qui l'écoutaient alors. *J'ai manifesté*, dit-il, *votre nom aux hommes que vous m'avez donnés*. Est-ce qu'ils ne connaissaient donc pas le nom de Dieu, eux qui étaient Juifs ? Que deviendrait alors ce qu'on lit : *C'est en Judée que Dieu est connu, c'est en Israël que son nom est grand ?* Par conséquent j'ai manifesté votre nom à ces hommes-ci que vous m'avez donnés du monde, qui m'écoutent disant ces choses : non pas ce votre nom par lequel vous êtes appelé Dieu, mais celui par lequel vous êtes appelé mon Père ; nom qui ne pouvait être manifesté sans la manifestation du Fils même. Car son nom de Dieu de la création entière n'a pu être absolument inconnu à toutes les nations, avant qu'elles crussent au Christ. Telle est en effet la force de la vraie divinité, qu'elle ne peut être entièrement cachée à la créature raisonnable, usant déjà de la raison. Car, excepté un petit nombre, en qui la nature est par trop dépravée, tout le genre humain confesse Dieu auteur de ce monde. En tant donc qu'il a fait le monde, dont les principales parties sont le ciel et la terre, il est le Dieu connu de toutes les nations, même avant qu'elles fussent imbues de la foi du Christ. Mais en tant qu'il ne doit pas être injurieusement adoré avec les faux dieux, il est le Dieu connu dans la Judée. Enfin, en tant qu'il est père de ce Christ par lequel il ôte le péché du monde, ce sien nom-là, auparavant inconnu à tous, il le manifesta alors à ceux que son père même lui avait donnés du monde (S. Aug., *in evang. Joan.*, cap. 17, n. 4, tractat. 106). »

Saint Thomas, l'ange de l'école, dit comme saint Augustin : « En tant que Dieu a fait ce monde, il est connu dans toutes les nations (*Summa S. Thomæ*, 2. 2, qu. 2, a. 8). »

Voilà donc pour le moins dix Pères de l'Église, et ceux-là précisément qui se sont occupés de ces questions toute leur vie, les voilà qui affirment unanimement que les Gentils connaissaient le vrai Dieu, le Créateur de l'univers, non-seulement quant à son existence, mais quant à ses principaux attributs, sa sagesse, sa providence, sa bonté, son unité, sa justice, etc. Et ils parlent non-seulement des poètes et des philosophes, mais généralement de tous les hommes ; non-seulement des savants, mais des plus ignorants, des hommes sans lettres, des hommes de carrefour, nourris dans l'idolâtrie dès leur enfance, et actuellement occupés dans les temples à honorer les faux dieux.

Mais voici une difficulté et une difficulté grave, qui peut venir à de bons catholiques. On dira et on a dit : Voilà bien des Pères qui enseignent formellement, avec saint Paul, que les Gentils connaissaient le vrai Dieu, bien qu'ils ne l'adorassent pas comme tel. Mais n'y a-t-il pas d'autres Pères et d'autres textes de l'Ecriture qui disent que ces mêmes Gentils ne le connaissaient pas ? Cela est vrai. Comment alors est-il possible de concilier les uns avec les autres ? Le voici.

Quand on compare l'Ecriture avec l'Ecriture, les Pères avec les Pères, on voit qu'il faut distinguer dans la connaissance de Dieu comme quatre degrés : 1º la connaissance des Gentils ; 2º la connaissance des Juifs ; 3º la connaissance des chrétiens ; 4º la connaissance des Saints dans le ciel. La première est ignorance comparativement à la seconde ; la seconde, comparativement à la troisième ; la troisième, comparativement à la quatrième.

Ainsi, dans son épître aux Romains, saint Paul a pu dire en général de tous les Gentils, et particulièrement des plus savants d'entre eux, qu'ils étaient inexcusables, parce que, ayant connu Dieu, ils ne l'ont pas glorifié comme Dieu (Rom., 1, 20 et 21), et puis dire, dans son épître aux Thessaloniciens, que les Gentils ou les nations ignorent Dieu (1. Thess., 4, 5).

Ainsi le Sauveur dit à la Samaritaine : « Vous adorez ce que vous ne savez pas : nous adorons ce que nous savons, parce que le salut vient des Juifs (Joan., 4, 21). » — Aux Juifs : « C'est mon Père qui me glorifie, lui que vous dites qui est votre Dieu, et vous ne le connaissez pas ; mais je le connais, et si je disais que je ne le sais pas, je serais semblable à vous, menteur. Mais je le sais et je garde sa parole (Joan., 8, 54 et 55). » — A ses apôtres, en parlant des Juifs : « Ils vous feront ces choses, parce qu'ils n'ont connu ni mon Père ni moi (Joan., 16, 3). » — De ses apôtres, en parlant à son Père : « J'ai manifesté votre nom aux hommes que vous m'avez donnés du monde. — Je leur ai fait connaître votre nom, et je le leur ferai connaître encore (Joan., 17, 6 et 26). »

Enfin, saint Paul dira, du don même de la science, miraculeusement communiqué par l'Esprit-Saint : « La science même sera détruite, car nous connaissons en partie, et en partie nous prophétisons. Mais lorsque sera venu ce qui est parfait, alors s'évanouira ce qui est partiel. Lorsque j'étais enfant, je raisonnais en enfant, mais quand je suis devenu homme, j'ai mis dehors ce qui était de l'enfant. Nous voyons maintenant par un miroir, en énigme ; mais alors nous verrons face à face. Maintenant je connais en partie ; mais alors je connaîtrai comme je suis connu (1. Cor., 13). »

Tout se concilie de cette manière, et l'Ecriture avec l'Ecriture, et les Pères avec les Pères. Dieu est bon, même envers les Gentils, quoiqu'il le soit plus envers les Juifs, plus encore envers les chrétiens, et qu'il le soit de toute sa bonté envers les saints dans le ciel. Tout doit bénir sa miséricorde, et les Gentils auxquels il ne refuse pas le premier degré de sa connaissance, et les Juifs qu'il élève à la seconde, et les chrétiens, qu'il élève à la troisième, et les saints qu'il transforme dans les splendeurs de la quatrième. « Louez le Seigneur, toutes les nations ; louez-le, tous les peuples, parce que sa miséricorde s'est affermie sur nous, et la vérité du Seigneur demeure à jamais (Psalm. 116). »

Un autre scrupule a gêné de bons catholiques. Reconnaître, avec les Pères qu'on a cités, que les Gentils connaissaient le vrai Dieu, n'est-ce point déroger au bienfait de la rédemption ?

D'abord, la seule autorité de ces Pères doit déjà nous faire conclure que non. Ensuite, si nous examinons comment ils entendent la chose, nous l'entendrons comme eux.

Suivant saint Irénée, ainsi que nous l'avons vu, la connaissance du vrai Dieu vient de quatre sources : 1º de la révélation faite au premier homme ; 2º de la révélation par Moïse et les Prophètes ; 3º de la révélation naturelle, par le spectacle de la création ; 4º de la révélation par Jésus-Christ en personne.

La première, renouvelée par Hénoch et par Noé, et secondée par la troisième, embrasse une période de plus de deux mille ans, suivant l'hébreu de la Vulgate, depuis Adam jusqu'à Abraham, vers le temps duquel l'idolâtrie commença à s'introduire. « Jusqu'alors, dit saint Thomas, une nouvelle révélation n'était point nécessaire, tous les hommes persistant dans le culte d'un seul Dieu (*Summ.*, 2. 2, q. 174, a. 6). » Saint Cyrille d'Alexandrie parle comme saint Thomas. Répondant à cette objection de Julien l'Apostat : « Pourquoi Dieu n'a-t-il eu soin que des Juifs ? » il dit entre autres : « Nous démontrerons sans peine que Dieu, sauveur de tous, a eu également soin des nations, et non pas d'Israël seul. On voit même manifestement qu'il a pris soin des nations avant d'appeler Israël de l'Egypte pour le conduire dans la terre de promission par Moïse. Ceux qui s'appliquent à l'étude de la chronologie comptent, depuis Adam jusqu'à Noé, 2242 ans (calcul des Septante). Or, durant cette période, on ne trouve dans les lettres sacrées, pas un seul qui soit incriminé d'idolâtrie. Ils sont accusés d'autres choses et ils périssent justement par le déluge, car toute chair avait corrompu sa voie. On ne trouve pas non plus l'accusation d'idolâtrie intentée à aucun des fils de Noé après le déluge. Ce n'est que 942 ans après (toujours d'après les Septante) : la postérité de Noé étant dispersée de toute part, les hommes s'étendant déjà et en Orient et sur les côtes de la mer, et s'étant déjà réunis dans les villes, ce fut seulement alors que régna le premier en Assyrie un homme superbe et arrogant, Arbélus (Bélus), qu'on dit avoir reçu le premier de ses sujets le nom de *dieu*. » Suivant saint Cyrille, il y aurait eu 3184 ans depuis Adam jusqu'au commencement de l'idolâtrie. Il ajoute que ce fut sous Ninus, fils d'Arbélus, que vécut le divin Abraham, et que, détestant les efforts impies des Assyriens et l'outrage qu'ils faisaient à la majesté divine, il fut appelé à une connaissance plus certaine du vrai Dieu. « Nous disons donc, conclut-il, que la providence du Dieu tout-puissant dans le soin des nations a été antérieure à la vocation d'Israël hors de l'Egypte : et même la vocation des Hébreux est une vocation de Gentils, ayant été accomplie dans le chef de la race, savoir en Abraham, que Dieu tira d'une forêt stérile pour en faire un adorateur en vérité (S. Cyrill., *cont. Julian.*, l. 3, *objectio ultima*). »

Quant à la seconde révélation faite par Abraham, Moïse et les autres Prophètes, saint Athanase observe qu'elle n'était pas pour les seuls Juifs, mais pour toute la terre. « Les hommes pouvaient donc, dit-il, levant les regards vers l'étendue des cieux et considérant l'ordre de la nature et l'harmonie des choses, en connaître le Prince et le Modérateur, le Verbe de Dieu, qui, par sa providence universelle, manifeste à tous le Père, et qui meut pour cela toutes choses, afin que par lui tous puissent connaître Dieu. Que si cela leur était difficile, ils pouvaient, par le seul commerce avec les saints, parvenir à cette science de manière à connaître le Dieu créateur de toutes choses, Père du Christ, comprendre de là que le culte des idoles n'est appuyé sur rien de divin, mais qu'il est rempli d'impiété. Ils pouvaient aussi, par l'institution de la loi, être détournés des crimes et mener une vie vertueuse. Car ce n'est pas en faveur des Juifs seuls que la loi a été introduite, les Prophètes non plus n'ont pas été envoyés aux seuls Juifs, qui les persécutaient, mais ils ont été destinés pour être les maîtres et les instituteurs de l'univers entier, et comme une école publique et sacrée, tant pour ce qui regarde la connaissance de Dieu que pour ce qui regarde la conduite de l'âme (Athan., *de Incarn. Verb.*). »

Saint Chrysostome parle à cet égard comme saint Athanase. « Il est une voie par les créatures, il en est une autre par les serviteurs. C'est par celle-ci que, dans les siècles anciens, Dieu a disséminé la doctrine dans chaque génération. Il a instruit les Egyptiens par Abraham, ainsi que les Perses, les Ismaélites par ses descendants, ainsi qu'une infinité d'autres ; les habitants de la Mésopotamie par Jacob. Vous voyez que l'univers entier eût été enseigné par les saints, si les hommes avaient voulu. De plus, avant eux, le déluge et la confusion des langues avaient suffi pour exciter leur esprit. — De la même manière, ceux qui habitaient l'Occident apprenaient tous toutes choses par un commerce avec les marchands égyptiens (Chrysost., *in psalm.* 4). »

Le saint homme Tobie tient le même langage. « Bénissez le Seigneur, enfants d'Israël, et louez-le devant les nations, car s'il vous a dispersés parmi des nations qui l'ignorent, c'est afin que vous y racontiez ses merveilles et que vous leur fassiez savoir qu'il n'y a d'autre Dieu tout-puissant que lui (Tob., 13, 3 et 4). « Enfin, Dieu lui-même disait à Pharaon : « Voici pourquoi je t'ai établi, c'est afin de montrer en toi ma force, et que mon nom soit raconté dans toute la terre (Exod., 9, 16). »

Pour ce qui est de la troisième sorte de révélation par la raison, les Pères, qui ont défendu le christianisme contre les païens, remarquent deux choses : la première, c'est que la raison qui éclaire tout homme venant en ce monde est le Verbe de Dieu. « Ce n'est pas seulement chez les Grecs que le Verbe a établi ces vérités par Socrate, dit saint Justin, le même Verbe, fait homme et appelé Jésus-Christ, l'a fait encore chez les Barbares (1. *Apolog.*, n. 3). « Saint Athanase, ainsi que nous l'avons vu, Clément d'Alexandrie et autres s'expriment de même. La seconde observation, c'est que ce Dieu qui apparaît aux patriarches et aux prophètes, était le même Verbe de Dieu. Bossuet a résumé cette commune pensée des Pères, en sa sixième élévation de la dixième semaine. Toutes les lumières viennent ainsi du Fils de Dieu, ainsi que viennent du soleil toutes les lumières qui précèdent son lever, même celles qui répandent dans les ténèbres comme un jour nocturne. C'est de lui, par lui et pour lui que tout est. A lui donc la gloire de tout dans les siècles des siècles !

Après avoir ainsi résumé la doctrine des Pères de l'Eglise sur le degré de connaissance que les païens avaient du vrai Dieu, et sur la source de cette connaissance, nous ajouterons quelques faits, particulièrement de ceux qu'on a découverts dans les temps plus modernes.

Sur la création du monde, voici ce qu'on a découvert jusqu'à présent de plus curieux.

Il y a vingt-cinq siècles, à peu près au temps où florissaient sur les bords du Tigre et de l'Euphrate les derniers des prophètes, un sage de la Chine, que l'histoire assure avoir voyagé vers l'Occident, écrivait dans un livre qui subsiste encore : « Avant le chaos qui a précédé la naissance du ciel et de la terre, un seul être existait, immense et silencieux, immuable et toujours agissant, sans jamais s'altérer. On peut le regarder comme la *mère* de l'univers. J'ignore son nom, mais je le désigne par le mot de *raison*. » Plus loin il distingue dans cet Etre suprême une espèce de Trinité, à laquelle il donne le nom à peine altéré de Jéhova : nom étranger à la langue chinoise, mais qui en hébreu signifie, *celui qui est* (1).

La Chine, dont le caractère distinctif est le respect des ancêtres, nous présenterait sans doute un développement plus complet de ces vérités premières, n'était que celui de ses empereurs qui le premier la réunit tout entière en une seule monarchie, deux cent cinquante ans avant l'ère chrétienne, n'eût mis tout en œuvre pendant vingt ans pour détruire toutes les anciennes histoires. Malgré cela, dans le peu qui nous reste, et au milieu de fables quelquefois absurdes, on trouve que de cette Trinité qui a fait le ciel et la terre, l'un a tiré le monde du néant, l'autre a séparé les êtres flottants dans le chaos, le troisième a fait le jour et la nuit. On y trouve la création du premier homme, formé de terre jaune. Le jaune est la couleur sacrée des Chinois. On y trouve, situé à la porte fermée du ciel, un paradis terrestre arrosé de quatre fleuves provenant d'une source jaune. Ce paradis s'appelle le jardin fermé et caché d'où est né la vie. Là on trouve un arbre de qui la conservation de la vie dépendait; on trouve enfin la description d'un âge d'or (2).

(1) Mémoire de M. Abel Rémusat sur Laotseu, p. 27
(2) Mémoire concernant les Chinois, t. 1, p. 95.

Dans l'écriture chinoise, espèce de peinture algébrique, le plus ancien caractère pour signifier *Seigneur* (*chang-ti*) était le point; souvent on voit au-dessous le signe du ciel ou de la terre; ce point se place aussi dans un octogone. « Le point, dit un livre fort considéré à la Chine, est l'image de l'unité : l'unité est la substance de la vérité éternelle, l'idée de toutes les perfections du Ciel, le principe de tous les êtres, le mystère impénétrable de l'univers, la mère de toute lumière et l'abîme des ténèbres, l'Esprit éternel qu'on ne peut voir, si on ne le figure, et qu'on ne peut figurer, si ce n'est symboliquement...... Le symbole de l'unité est le triangle équilatéral, qui signifie la grande union, l'union des trois puissances éternelles, les trois réunis dans un... Rien de créé ne porte en soi l'absolue nécessité de l'union; mais elle est inséparable des trois puissances éternelles et sort de leur essence. »

Parmi les caractères relatifs au culte, se trouvent les suivants : Le signe de l'unité, au-dessus du caractère de l'instruction, s'appelle connaissance de Dieu et culte de Dieu. Pourquoi un ? demande le Glossaire. — Parce qu'il n'y a qu'*un* Seigneur et *un* maître. La lune, avec le caractère d'*époque*, signifie *assemblée religieuse*; un cœur à côté de la coupe sacrée, *sainte frayeur*; un homme à côté de cette coupe, le *pur* ou le *purifié*; une maison ayant au milieu le caractère du sacrifice, consistant en deux mains qui tiennent l'image de la chair au-dessus du caractère de l'instruction, signifie *adoration parfaitement pure*.

D'autres caractères traditionnels et historiques ont une signification non moins remarquable : par exemple, l'image de l'homme sous celle du ciel veut dire *origine de l'homme* ; si vous n'oubliez pas cela, vous vivrez content et vous mourrez en paix, dit le *chouven*. *Homme* et *un* signifie le *chef*, le *commun patriarche*. Quant à l'image d'un arbre et de deux individus humains autour, avec la tête d'un démon, les lettrés chinois n'en donnent aucune explication. Une femme entre deux arbres signifie *séduction*. Un arbre, avec le signe du ciel et celui de la transgression, est appelé par les grammairiens, le *fruit inconnu* (Windischmann. *La philosophie dans la progression de l'histoire universelle*, t. I, p. 360 et seq., en allemand).

L'Inde que l'on commence à mieux connaître depuis cinquante ans, nous offre dans sa prodigieuse littérature des poèmes immenses où règne une imagination gigantesque; divers systèmes de philosophie, où la subtilité le dispute à l'étendue ; mais pas une histoire, pas une époque ni une date certaines. C'est comme un océan sans rivage. Une chose néanmoins y domine tout, le sentiment de la Divinité. C'est d'elle que tout émane, c'est à elle que tout retourne; elle est tout en toutes choses. On lit dans plus d'un endroit, qu'avant toutes choses était l'Etre des êtres, *Brahm* l'unique, l'incomparable, le pur, l'infini, forme de tout, supérieur à tout, sans nom, sans figure, subsistant par lui-même, Créateur et souverain Seigneur de toutes choses (Oupnekhat, 1 et 2 *passim*). On y voit le monde plongé d'abord dans les eaux et les ténèbres, puis la formation du ciel et de la terre, mais surtout la création de l'homme, qui se définit lui-même *intelligence incarnée et finie*. On y voit former la femme d'une partie de l'homme, et de leur union naître tout le genre humain. Un des noms indiens de ce premier ancêtre est *Adima*, fort semblable à celui d'*Adam*, et un des noms de la première femme, nommée aussi *Iva*, est *Pracriti*, qui signifie la même chose qu'Eve en hébreu, et que Zoé en grec, c'est-à-dire *vie*, parce qu'elle a été la mère des vivants. On y voit également un paradis terrestre, d'où sortent quatre grands fleuves : le Bourampoutre, le Gange, l'Indus et l'Oxus, appelé Géhon par les habitants du pays. On y voit tout cela, et beaucoup plus encore, mais noyé et confondu dans une sorte de chaos poétique et philosophique (*Religions de l'antiquité*, par Creuser et Guignaud, l. 1).

Quant à la Chaldée, Bérose en résume ainsi l'ancienne doctrine : Bélus (le même nom que Bel ou Baal, qui veut dire Seigneur), ayant divisé les eaux et les ténèbres primitives, sépara la terre et le ciel et coordonna l'univers : avec son propre sang, mêlé à la terre, il fit former, par un autre Dieu, les hommes, qui, pour cette raison, participent à l'intelligence divine. Lui-même enfin créa le soleil, la lune et les étoiles (Euseb., *Chron.*, l. 1, c. 2, p. 11 et 12. édit. de Milan).

Il en est à peu près de l'antique Egypte comme de l'Inde. On a trouvé enfin depuis peu la clé de ses hiéroglyphes : déjà plus d'une découverte intéressante a été faite. Une entre autres, à laquelle on ne s'attendait guère et qui se confirme de plus en plus, c'est que les livres attribués à Hermès Trismégiste, qu'on voit cités souvent par les premiers Pères de l'Eglise, contiennent réellement les anciennes croyances de l'Egypte telles qu'on les retrouve encore aujourd'hui dans les hiéroglyphes de ses temples et de ses pyramides. On y voit, comme dans l'Inde, un Etre suprême, seul existant de soi, s'émanant lui-même et se manifestant en une espèce de Trinité, et donnant l'être à toutes choses. On y voit la création d'un monde invisible, celle des esprits et des âmes ; puis la création d'un monde visible, et enfin celle de la race humaine. Les esprits ou dieux secondaires président au gouvernement des astres et des éléments. Tout cela s'y trouve, mais enveloppé sous une infinité d'allégories et de symboles. Ce qu'il y a de bien remarquable, c'est que le symbole de la participation à la nature divine, est une croix (1).

Les anciens Perses nous ont laissé des traditions analogues. Depuis douze siècles leur dernier empire est détruit ; mais plusieurs de leurs descendants, connus sous le nom de Parses, se sont perpétués dans l'Inde et ont conservé quelques-uns de leurs livres sacrés. Ces livres ont été apportés en Europe et publiés il y a soixante ans. On y voit un Etre suprême, immense, éternel, sans commencement ni fin, Zérouané-Akeréné, qui donne l'existence à deux esprits principaux, Ormuzd et Ahriman, accompagnés chacun de six autres. On y voit Ormuzd, demeuré bon, et Ahriman, devenu mauvais, se livrer, avec la multitude de leurs anges, des combats qui doivent se terminer par la punition et la conversion d'Ahriman. On y voit la création de l'univers, achevée en six époques successives, dans la dernière desquelles apparaissent *Meschias* et *Meschiané*, les deux ancêtres de la race humaine (*Zend-Avesta* traduit par Anquetil-Duperron. *Religions de l'antiquité*, l. 2.)

Chez les Grecs et les Romains, au milieu de leurs fables poétiques, on trouve le même fond traditionnel sur la création du monde (Hésiode, Ovide). On y voit l'antique chaos, où tous les éléments sont confondus. De cette eau, de cet abîme, nous dit le plus ancien des sages de la Grèce, Dieu, c'est-à-dire, comme il le définit, l'Etre qui n'a ni commencement ni fin, a produit l'univers (Thalès. Diogène Laert. Cicero, *De nat. deor.*, l. 1). Dans la vérité, disait publiquement au peuple d'Athènes un de ses plus grands poètes, il n'y a qu'un Dieu qui a fait le ciel et la terre, et la mer azurée et les vents impétueux (Sophoc., apud Euseb., prep. ev., l. 13, c. 13). C'est une tradition ancienne, transmise des pères aux enfants, écrivait un de ses plus célèbres philosophes, que c'est Dieu qui a tout fait et qui conserve tout. Il n'est point d'être dans le monde qui puisse se suffire à lui-même et qui ne périsse, s'il est abandonné de Dieu. Oui, Dieu est véritablement le générateur et le conservateur de tous les êtres, quels qu'ils soient, dans tous les lieux du monde (Aristote, *De mundo, c. 6 et apud Stobæum*). Les anciens sages de l'Italie, les Etrusques, enseignaient que Dieu a créé le monde en six époques. Dans la première, il fit le ciel et la terre ; dans la seconde, le firmament ; dans la troisième, la mer et les eaux qui sont sur la terre ; dans la quatrième, les deux grands flambeaux de la nature ; dans la cinquième, les âmes des oiseaux, des reptiles et des autres animaux qui vivent dans l'air, sur la terre et dans l'eau ; dans la sixième, l'homme (Suidas, *Tyrrhenia*). Et cet homme, nous disent les poètes, il le fait à son image, lui donne une attitude droite, un regard élevé vers le ciel et une intelligence supérieure pour dominer sur tout le reste (Ovide, *Métam.*, l. 1, v. 76-88). Quant à son corps, il le lui forme, avec beaucoup d'art, du limon de la terre ; mais, pour l'animer, il dérobe au ciel une étincelle de feu divin. Enfin, chose singulière, ce Dieu créateur de l'homme qui l'a formé avec tant d'intelligence et d'amour, est pour cela même attaché en croix (*Prométhée* d'Eschyle et de Sénèque).

La coutume de compter les jours par sept ou par semaine qu'on retrouve chez presque toutes les nations, paraît un antique souvenir des sept jours primitifs où Dieu créa et bénit l'univers. Dès la plus haute antiquité, le septième jour était un jour de fête pour les Chinois. Il est rapporté dans l'*Yking*, un de leurs livres canoniques, que les anciens rois, le septième jour, qu'il appelle le grand jour, faisaient fermer les portes des maisons, qu'on ne faisait, ce jour-là, aucun commerce, et que les magistrats ne jugeaient aucune affaire ; c'est ce qui s'appelle en Chine l'ancien calendrier (1).

Une circonstance qui, à elle seule, démontre l'universalité de ces traditions, c'est qu'on les trouve jusque chez les sauvages de l'Amérique, les Iroquois et les Hurons. « D'après les rapports invariables des personnes qui, à diverses époques depuis la découverte de l'Amérique, ont eu l'occasion de vivre au milieu des tribus indiennes, écrivaient, il y a peu d'années, de savants Anglais, il n'y a rien de plus certain que la ferme croyance de ces sauvages *non éclairés*, à l'existence, la toute-puissance et l'unité

---

(1) *Panthéon égyptien*, par M. Champollion. *Religions de l'antiquité*, l. 3. Stobée, *Eclogæ physic.*, l. 1, p. 116 et 117.

(1) Chouking. Paris 1770. *Discours prélim.*, p. cxviii.

LIVRE II. — ACCORD DES ANCIENNES TRADITIONS AVEC MOÏSE, ETC. 41

de Dieu, et à un état futur de récompense et de punition. Ils adorent le grand Esprit qui donne la vie, et lui attribuent à la fois la création et le gouvernement de toutes choses, avec une sagesse, une puissance et une bonté infinies. Quant à l'origine de leur religion, ils croient en général que quand le grand Esprit eut formé les terrains pour la chasse et qu'il les eut fournis de gibier, il créa le premier homme et la première femme rouges, qui étaient d'une très-grande taille et vécurent fort longtemps; que souvent il s'entretenait familièrement avec eux; qu'il leur donna des lois à observer et leur apprit à prendre le gibier et à cultiver le blé; mais que, par suite de leur désobéissance, il se retira d'eux et les abandonna aux vexations du malin esprit, qui depuis a été la cause de leur dégénération et de leurs souffrances. Ils croient que le Créateur est d'un caractère trop élevé pour être directement l'auteur du mal, et que, malgré les offenses de ses enfants rouges, il continue de répandre sur eux toutes les bénédictions dont ils jouissent. En conséquence de cette bienveillance paternelle pour eux, ils lui enverse lui une piété vraiment filiale et sincère, lui adressent leurs prières dans tous leurs besoins, et lui rendent grâces pour tous les biens qu'ils en reçoivent. Selon leur manière de se représenter l'état futur, le paradis est une contrée délicieuse située bien loin au delà du grand Océan, où leurs occupations seront exemptes de peines et de troubles, sans changer pour cela de nature; où le ciel sera sans nuages et le printemps éternel. Là, dans la possession éternelle du bonheur, ils espèrent rentrer en la grâce et jouir de la présence immédiate du grand Esprit. Avec cela, ils ont une profonde conviction que la pratique des actions bonnes et vertueuses dans cette vie peut seule leur assurer un heureux avenir, et qu'une conduite opposée les entraînerait, au contraire, dans des afflictions, des misères, des malheurs sans fin, dans une terre stérile et déserte, patrimoine des esprits méchants, dont le plaisir et l'occupation est de rendre les malheureux encore plus misérables (*Mémorial catholique*, novembre 1825). »

Ces traditions, que les historiens espagnols d'Amérique avaient déjà tous reconnues et consignées dès la découverte de ce pays, un savant d'Allemagne vient de les retrouver comme eux chez les diverses peuplades qu'il a visitées, en particulier dans les hiéroglyphes ou écritures par images des anciens Mexicains. Partout le grand Esprit, être suprême et invisible, a créé le ciel et la terre, et sur la terre un premier homme et une première femme (*Vues des Cordillères*, par M. de Humboldt).

Le nom de *grand Esprit*, donné à Dieu par les sauvages d'Amérique, nous paraît admirable. Ce qui ne l'est pas moins, c'est la manière dont Dieu intervient dans leurs discours. En 1813, une peuplade de l'Amérique septentrionale, sollicitée par les Anglais d'évacuer son territoire paternel, répondit par un de ses chefs : « Nos vies sont entre les mains du grand Esprit. Il a donné à nos pères les terres que nous possédons; si c'est sa volonté, nos os blanchiront sur ces champs, mais nous ne les quitterons jamais. » La couleur rouge donnée à nos premiers ancêtres étonne d'abord, ainsi que ce paradis plein de gibier. Cela s'explique. Ces peuples sont eux-mêmes rouges de couleur et vivent principalement de chasse. D'ailleurs, dans ces particularités mêmes, leurs traditions sont littéralement conformes au récit de Moïse. Le nom d'Adam que Dieu donne au premier homme ainsi qu'à toute sa postérité, peut signifier, en hébreu, *de terre rouge*; et ces animaux qu'il lui amène et lui soumet dans le paradis, peuvent bien faire regarder ce lieu comme une espèce de parc. Le nom même de paradis signifiait, chez les Perses et chez les Grecs, un jardin de plaisance où, avec les plus beaux arbres, se trouvaient des animaux de toute espèce pour la chasse du roi (*Cyropédie* de Xénophon).

Ce qui paraîtra peut-être plus étonnant encore de la part de ces pauvres sauvages, c'est le souvenir de la chute de l'homme, mais surtout l'attente de la rédemption, l'espérance de rentrer en grâce et de jouir de nouveau de la présence immédiate et familière du grand Esprit, comme dans l'origine. Non-seulement l'Amérique croyait à la chute originelle de l'homme, elle conservait même le souvenir des personnages qui en ont été la cause, le serpent et la femme. Encore aujourd'hui on voit dans les peintures hiéroglyphiques des Mexicains la célèbre *femme au serpent*, appelée aussi *femme de notre chair*, compagne du *seigneur de notre chair*, femme que les Mexicains regardaient comme la mère du genre humain et qui est toujours représentée en rapport avec un grand serpent. D'autres peintures nous offrent une couleuvre panachée mise en pièces par le grand Esprit (1). Enfin, récemment encore on a découvert dans la Pensylvanie, sous un chêne énorme déraciné par la tempête, une grande pierre sur laquelle étaient gravés, entre autres, un homme et une femme séparés par un arbre, la femme tenant des fruits à la main. Autour d'eux se voyaient des cerfs, des ours et des oiseaux. Comme ce chêne avait au moins cinq ou six siècles d'existence, ces figures ont dû être sculptées longtemps avant la découverte de l'Amérique par Colomb (*Annales de la littérature et des arts*, 1. 10, p. 286).

Mais d'où ont pu venir aux Américains des traditions pareilles ? Aujourd'hui la réponse n'est pas difficile. L'Amérique tient probablement à l'Asie par le nord. Du moins il est certain jusqu'à présent que l'Amérique septentrionale n'est pas plus éloignée de l'Asie orientale, que l'Angleterre ne l'est de la France. Or, dans toute l'Asie on retrouve ces mêmes traditions.

Un des livres canoniques des Chinois, l'*Yking*, parle ainsi du dragon ou du grand serpent : « Il gémit par son orgueil. » Et : « L'orgueil le rendit aveugle lorsqu'il voulut monter au ciel, et il tomba au sein de la terre. » Le désir immodéré de la science, dit Hoainantsée, a précipité dans la perdition le genre humain. N'écoutez pas la femme, dit un ancien proverbe chinois, et la glose ajoute : « Parce que la femme a été la source et la racine des maux. » Quand l'homme fut perverti, dit Lopi, les animaux, les oiseaux, les insectes et les serpents lui firent la guerre. A peine eut-il acquis la science, que toutes les créatures devinrent ses ennemis. En moins de trois ou cinq heures, le ciel se changea et l'homme ne fut plus le même. Lorsque l'innocence fut perdue, dit Hoainantsée, alors parut

(1) *Vues des Cordillères*, par M. de Humboldt, t. 1, p. 235.

la miséricorde (*Mémoires concernant les Chinois*, t. I, p. 203 et 101).

Dans les livres des Hindous, où l'Être suprême s'émane et se manifeste en trois personnes, Brahma ou le créateur, Vischnou ou le conservateur, Siva ou celui qui détruit et renouvelle; dans ces livres, on voit la seconde personne de cette espèce de trinité divine descendre fréquemment sur la terre pour y rétablir l'ordre. Une fois elle se fait homme sous le nom de Crichna, et tue un effroyable serpent. Aussi ce Dieu incarné est-il représenté tantôt enlacé d'un serpent qui lui mord le talon, tantôt tenant ce serpent des deux mains et lui marchant du pied sur la tête (*Ancient history of Hindostan*, by Thomas Maurice, vol. 2).

Dans les traditions des Perses, on voit Ahriman, le maître du mal, nommé aussi Shetan ou Satan, on le voit, sous la forme d'une couleuvre, présenter des fruits au premier homme et à la première femme, qui en mangent et perdent par là les prérogatives dont ils jouissaient. On y voit, entre Ormuzd, chef des bons génies, et Ahriman, chef des mauvais, un Dieu médiateur qui doit vaincre le second et faire triompher le premier (Anquetil, *Zend-Avesta*).

Le disciple bien-aimé du Christ a vu cette guerre, il en décrit l'issue finale dans l'histoire prophétique qu'il nous a laissée de l'Eglise chrétienne. « Et il y eut un grand combat dans le ciel, écrit-il : Michel (1) et les anges combattaient contre le dragon, et le dragon combattait avec ses anges. Mais ceux-ci furent les plus faibles, et leur place ne se trouva plus dans le ciel. Et ce grand dragon, l'ancien serpent, appelé le diable et Satan, qui séduit toute la terre habitable, fut précipité en terre et ses anges avec lui (Apoc., 12). » Plus loin, il a vu celui qui s'appelle le Fidèle et le Véritable, qui juge et qui combat justement ; il a vu celui qui s'appelle le Verbe de Dieu et qui porte écrit sur son vêtement et sur sa cuisse : Le Roi des rois et le Seigneur des seigneurs ; il l'a vu, suivi des armées du ciel, achevant la victoire et précipitant le dragon dans l'étang de feu et de soufre, pour les siècles des siècles (*Ibid.*, c. 19 et 20).

L'histoire de l'Eglise catholique n'est que l'histoire de cette grande guerre. Déjà diverses traditions nous ont indiqué comment elle a commencé pour l'homme. Moïse nous l'apprendra plus complètement.

« Et le serpent était le plus fin des animaux des champs que Jéhova, Dieu, avait faits ; et il dit à la femme : Dieu vous a-t-il vraiment dit : Vous ne mangerez pas du fruit de tous les arbres du jardin ? La femme répondit au serpent : Nous mangeons du fruit des arbres de ce jardin ; mais, pour le fruit de l'arbre qui est au milieu, Dieu a dit : Vous n'en mangerez point et vous n'y toucherez point, de peur que vous ne mouriez. Mais le serpent dit à la femme : Assurément vous ne mourrez point de mort, car Dieu sait le jour où vous en aurez mangé, vos yeux s'ouvriront, et que vous serez comme des dieux, sachant le bien et le mal. La femme ayant donc vu que cet arbre présentait une excellente nourriture, qu'il était beau à voir et charmant à contempler, elle en prit du fruit et en mangea ; elle en donna également à son mari, et il en mangea comme elle (Gen., 3).

(1) Ou plutôt *Mi-ca-el*, c'est-à-dire, *qui est comme Dieu* ?

Tel est le récit simple et court d'une si grande catastrophe.

Ce qui d'abord nous y étonne, c'est qu'Eve ne soit point effrayée à la vue du serpent. Pour nous, il nous répugne, ce semble, même de penser à ce venimeux reptile ; et quand des poètes nous représentent l'imprudent voyageur posant le pied par mégarde sur une couleuvre étendue dans son chemin, nous partageons naturellement son effroi. Il n'en était pas ainsi dans l'état d'innocence. Alors et les serpents et tous les animaux rampaient en quelque sorte devant l'homme pour lui rendre hommage ; aucun n'était à craindre pour lui. Aujourd'hui encore, il y a des serpents qui ne sont pas dangereux. Il y en a plusieurs qui, non-seulement ne dardent pas de venin, mais se familiarisent volontiers avec l'homme, accourent à sa voix et lui font mille caresses. En Amérique, entre autres, il y en a un, nuancé de belles couleurs, qui aime à s'entortiller entre les branches de certains arbres, et qui devient si familier, que les habitants du pays ne voyagent guère sans en avoir un sur eux (Valmont de Bomare).

« Quant à la finesse du serpent, ne la regardons pas comme la finesse d'un animal sans raison, dit Bossuet, mais comme la finesse du diable, qui, par une permission divine, était entré dans le corps de cet animal. Comme Dieu paraissait à l'homme sous une figure sensible, il en était de même des anges. Dieu parle à Adam, Dieu lui amène les animaux et lui amène sa femme qu'il venait de tirer de lui-même ; Dieu lui paraît comme quelque chose qui se promène dans le paradis. Il y a dans tout cela une figure extérieure, quoiqu'elle ne soit point exprimée ; et il était juste, l'homme étant composé de corps et d'âme, que Dieu se fît connaître à lui selon l'un et l'autre, selon les sens comme selon l'esprit. Il en était de même des anges qui conversaient avec l'homme en telle forme que Dieu permettait, et sous la figure des animaux. (Même dans l'Evangile, le Saint-Esprit paraît sous une forme de colombe, et le Fils de Dieu se montre à son bien-aimé disciple sous la figure d'un agneau ayant sept yeux et sept cornes). Eve donc ne fut point surprise d'entendre parler un serpent, comme elle ne fut pas de voir Dieu même paraître sous une forme sensible ; elle sentit qu'un ange lui parlait, et seulement il paraît qu'elle ne distingua pas assez si c'était un bon ou un mauvais ange, n'y ayant aucun inconvénient que dès-lors *l'ange de ténèbres se transfigurât en ange de lumière* (2. Cor., 11).

» Pourquoi Dieu détermina cet ange superbe à paraître sous cette forme plutôt que sous une autre. Quoiqu'il ne soit pas nécessaire de le savoir, l'Ecriture nous l'insinue en disant que *le serpent était le plus fin de tous les animaux*, c'est-à-dire celui qui s'insinuait de la manière la plus souple et la plus cachée, et qui, pour beaucoup d'autres raisons que la suite développera, représentait mieux le démon dans sa malice, dans ses embûches et ensuite dans son supplice. »

« Seigneur, faites-nous connaître les profondeurs de Satan et les finesses malignes de cet esprit à qui il vous a plu de conserver toute sa subtilité, toute sa pénétration, toute la supériorité naturelle de génie qu'il a sur nous, pour vous en servir aux épreuves où vous voulez mettre notre fidélité et faire connaître magnifiquement la puissance de votre grâce. » Le premier effet de cet artifice est d'avoir tenté Adam par Eve et d'avoir commencé à nous attaquer par la partie la plus faible. Quelque parfaite que fût et dans le corps et encore plus dans l'esprit la première femme immédiatement sortie des mains de Dieu, elle n'était, selon le corps, qu'une portion d'Adam et une espèce de diminutif. il en était, à proportion, à peu près de même de l'esprit; car Dieu avait fait régner dans son ouvrage une sagesse qui y rangeait tout avec une certaine convenance. Ce n'est point Eve, mais Adam qui nomma les animaux; c'était à Adam et non point à Eve qu'il les avait amenés. Si Eve, comme sa compagne chérie, participait à son empire, il demeurait à l'homme une primauté qu'il ne pouvait perdre que par sa faute et par un excès de complaisance. Il avait donné le nom à Eve comme il l'avait donné à tous les animaux, et la nature voulait qu'elle lui fût en quelque sorte sujette. C'était donc en lui que résidait la supériorité de la sagesse; et Satan le vient attaquer par l'endroit le moins fort, et, pour ainsi dire, le moins muni (Bossuet, *Élévat.*). »

Voyez ensuite avec quelle finesse il procède. Il se garde bien de proposer d'abord à la femme l'erreur où il voulait la conduire; il se garde bien de dire d'abord : Dieu vous a trompés, son commandement n'est pas juste, sa parole n'est pas véritable. Il demande, il interroge, comme pour être instruit lui-même plutôt que pour instruire celle qu'il voudrait surprendre. *Est-ce que Dieu vous a vraiment dit : Vous ne mangerez pas de tous les arbres du jardin?* Il ne pouvait commencer par un endroit plus insinuant ni plus délicat. En outre, sa phrase est pleine d'ambiguïté. Le premier mot de l'original peut signifier *est-il vrai*, ou bien *pourquoi*. Il y a dès le bord quelque chose de tortueux et d'équivoque : la suite y répond. Dieu avait formellement dit à Adam : « Tu pourras manger de tous les arbres du jardin ; mais pour l'arbre de la science du bien et du mal, tu n'en mangeras point; car le jour où tu en auras mangé, tu mourras de mort. » Le serpent, dans son insidieuse interrogation, altère le précepte divin et même l'exagère ? *Est-ce que Dieu vous a dit : Vous ne mangerez pas de tous les arbres du jardin?* Tournure oblique et cauteleuse qui peut signifier également : Vous ne mangerez d'aucun arbre, ou vous ne mangerez pas de quelques-uns. Le premier sens est une astucieuse exagération qui, pour l'honneur de Dieu même, semblait exiger une réponse.

La femme répondit au tentateur : « Nous mangeons du fruit des arbres du jardin ; mais pour le fruit de l'arbre qui est au milieu, Dieu a dit : Vous n'en mangerez point et vous n'y toucherez point, de peur que vous ne mouriez. » Déjà l'on aperçoit les effets de la ruse de Satan. Il avait tourné à sa manière la parole de Dieu : la femme la tourne à la sienne. Dieu avait dit : *Tu mangeras de tous les arbres*, excepté d'un seul. La femme omet le mot *tous*. Dieu n'avait pas dit : *Vous ne toucherez point* à l'arbre de la science du bien et du mal. La femme l'y ajoute. Dieu avait dit expressément : *Tu mourras de mort*. La femme lui fait dire : *De peur que vous ne mouriez*; elle lui prête un *peut-être*, *ne forte*, suivant le texte de la Vulgate et de l'hébreu. C'est ainsi qu'à l'école de Satan commença le jugement privé, l'interprétation individuelle de la parole divine. *Dieu affirme*, dit saint Bernard, *la femme doute et le diable nie.*

« Vous ne mourrez point de mort; car Dieu sait que le jour où vous en mangerez, vos yeux s'ouvriront et que vous serez comme des dieux, sachant le bien et le mal. » Quelle audace à mentir ? Non-seulement il contredit hardiment la parole expresse de Dieu, *Tu mourras de mort*, il prend encore Dieu à témoin de son mensonge : *car Dieu sait*, dit-il, *que vous serez comme des dieux*. Ces derniers mots recouvrent comme un abîme de malice. Dans le texte original, ils signifient également *comme Dieu* et *comme des dieux*. C'est toujours l'allure tortueuse du serpent, toujours un langage équivoque. En allusion au premier sens, le Dieu en trois personnes lui-même dira : *Voici qu'Adam est devenu comme un d'entre nous*. Mais, et l'Écriture sainte, et dans les Pères de l'Église, les anges eux-mêmes sont appelés quelquefois des dieux. Parlant de la cité de Dieu, qui est l'Église, et de la cité du diable, qui est le monde, saint Augustin dit ces paroles remarquables : « Au Créateur de la sainte cité, les citoyens de la cité terrestre préfèrent leurs dieux, ignorant qu'il est le Dieu des dieux, non des dieux faux, c'est-à-dire impies et superbes qui, privés de sa lumière, inaltérable et commune à tous, et réduits par là à une certaine puissance indigente, convoitent en quelque sorte des pouvoirs privés et demandent les honneurs divins à des sujets déçus, mais des dieux pieux et saints, qui mettent leur joie à se soumettre eux-mêmes à un seul plutôt qu'à s'en soumettre beaucoup d'autres, à adorer Dieu plutôt qu'à être adorés à la place de Dieu (*De civit. Dei*, l. 11, c. 1). » Ainsi donc, outre les dieux fidèles, pieux et saints, les bons anges, qui adorent avec nous celui qui les a faits comme nous, qui ne cherchent qu'à augmenter sa gloire et son empire, il y a des dieux faux, apostats, impies et superbes, dieux privés de la lumière divine et plongés dans les ténèbres, où ils travaillent à se faire des empires à part : c'est Satan et ses anges. C'est de ceux-là sans doute que parlait le vieux serpent, quand il disait : *Vous serez comme des dieux*, c'est-à-dire comme nous, coupables comme nous, malheureux comme nous, livrés comme nous aux ténèbres et à de hideux penchants. Vos yeux s'ouvriront, comme les nôtres se sont ouverts; comme nous, vous connaîtrez par expérience le bien et le mal, le bien que vous aurez perdu, le mal que vous aurez commis et mérité. C'est-à-dire que, sous ces paroles flatteuses, Satan promettait son enfer ! moquerie vraiment digne de Satan.

La femme, sensible à ce qui la flatte, ne voit point ce qui est caché dessous : elle lève ses yeux sur le fruit défendu. Cet arbre, qui jusque-là n'avait point attiré ses regards, lui paraît maintenant le plus beau à voir, le plus charmant à contempler, son fruit le plus excellent à manger. La parole divine : *Tu mourras de mort*, s'évanouit dans les nuages du doute. Cette autre : *Vous serez comme des dieux*, retentit agréablement à ses oreilles ; la beauté du fruit délecte ses yeux; l'orgueil, la curiosité, la concupiscence naissent tous à la fois. Le serpent y joint son sifflement intérieur ; le dernier pas est fait : elle prend du fruit défendu et en mange.

Dès ce moment le serpent ne paraît plus. La femme, séduite et coupable, achèvera ce qu'il a commencé. Après avoir mangé du fruit défendu, *elle en donna à son mari, et il en mangea.* La tentation et la chute d'Adam passent en ce peu de mots. Le premier et le plus beau commentaire que nous ayons sur cette matière est celui-ci de saint Paul : *Adam n'a pas été séduit, mais la femme a été séduite dans sa prévarication* (1. Tim. 2).

Il faut ici entendre en deux sens qu'Adam ne fut pas séduit. Il ne fut pas séduit, premièrement, parce que ce n'est point à lui que s'adressa d'abord le séducteur ; secondement, il ne fut pas séduit, parce que, comme l'interprètent les saints docteurs, il céda plutôt à Eve par complaisance que convaincu par ses raisons. Les saints interprètes, et entre autres saint Augustin, disent expressément qu'il ne voulut point contrister cette seule et chère compagne, ni se laisser, dans son domestique et dans la mère future de tous ses enfants, une éternelle contradiction (Bossuet, *Elévat.*). En un mot, Adam, premier père et pontife du genre humain, non plus qu'Aaron, futur pontife du peuple juif, et Pierre, futur pontife du peuple chrétien, ne pécha que par faiblesse ; il ne crut ni n'enseigna l'erreur. Mais enfin, faiblesse ou séduction, le premier homme et la première femme, autrement tout le genre humain, à sa naissance, se rendit coupable devant Dieu.

« Dieu, est-il dit au livre de la Sagesse, créa l'homme pour vivre toujours ; il le fit à son image et à sa ressemblance ; mais, par l'envie du diable, la mort est entrée dans l'univers (Sap. 2). Le diable, jaloux de voir l'homme, créature inférieure à lui, appelé à la vie surnaturelle et divine, à la gloire éternelle dont il était lui-même à jamais déchu, l'induit, par ses artifices, à la désobéissance. Par là le péché entre dans le monde, et par le péché la mort. Ainsi « le diable a été homicide dès le commencement, nous dit le Christ, et il n'a point persisté dans la vérité, parce que la vérité n'est point en lui. Lorsqu'il ment, il parle du sien propre, car il est menteur et père du mensonge (Joan. 8, 44). »

Adam et Eve s'en aperçurent bientôt ; leurs yeux s'ouvrirent, non pas les yeux du corps, car ils n'étaient point aveugles comme l'ont rêvé quelques-uns, et Eve n'avait que trop vu le fruit défendu, mais les yeux de l'expérience. Ils connurent à leurs dépens le bien et le mal, le bien qu'ils avaient perdu par leur faute, et le mal où ils s'étaient précipités. Ils s'aperçurent qu'ils étaient nus et dépouillés de la grâce qui les unissait à Dieu et qui faisait la vie de leur âme ; ils s'aperçurent qu'ils étaient nus et dépouillés de l'empire qu'ils avaient auparavant sur leur corps et sur tous ses membres. « Dans l'état d'innocence, dit un saint moderne, tout ce qu'Adam et Eve voyaient, tout ce qu'ils disaient, tout ce qu'ils mangeaient, les excitait à une douce contemplation des choses divines, parce que la partie inférieure ou sens étaient bien disposés et parfaitement soumis à la raison (1). »

Mais après le péché, il n'en est plus de même. Leur esprit, qui s'est soulevé contre Dieu, ne peut plus contenir le corps auquel il devait commander. La tête, les mains, les pieds obéissent encore à la voix de la raison, se meuvent, agissent ou se reposent suivant qu'elle le commande ; mais d'autres membres n'écoutent plus ses ordres, se meuvent ou se reposent sans elle et malgré elle ; bien loin de lui être soumis, ils pensent la soumettre elle-même. Leur empire est si fort que lors même qu'ils ne peuvent la vaincre, ils la fatiguent, la remplissent de trouble et de confusion. C'est cette concupiscence dont l'Apôtre des nations déplore les funestes effets. « Je vois dans mes membres une loi qui fait la guerre à la loi de mon esprit, et qui me fait captif en la loi du péché qui est dans mes membres. Par l'esprit, je suis soumis à la loi de Dieu, mais par la chair, à la loi du péché (Rom. 7). » La première fois qu'Adam et Eve ressentirent dans leur chair, jusque-là si soumise, cette insurrection des sens, ces assauts de la convoitise, ils en furent honteux et confus, ils rougirent l'un devant l'autre. Et pour cacher de cet humiliant désordre au moins la honte extérieure, ils enlacèrent des feuilles de figuier et s'en firent une ceinture autour des reins. Ce voile de la pudeur se retrouve dans tous les siècles et dans tous les pays, même chez les peuples sauvages qui vont entièrement nus pour le reste du corps. Tout le monde a senti que l'homme n'est plus tel qu'il est sorti de la main du Créateur, mais qu'il s'y est glissé quelque chose de dégradant qu'il faut cacher à ses propres yeux.

Il en est qui, tournant à leur manière la parole de Dieu, ont prétendu que tout ce que nous dit Moïse du fruit défendu, de la tentation du serpent, de la chute de nos premiers ancêtres, n'est qu'une allégorie pour dire qu'Adam et Eve se sont vus pour la propagation de l'espèce humaine. Par là ils se croient plus fins que les autres, et ils n'aperçoivent pas la finesse du serpent qui les trompe comme il a trompé la première femme, et qui leur inspire le venin des plus impies erreurs. Ils ne voient pas que, si leur interprétation est vraie, il faudra dire avec certains hérétiques que le mariage est mauvais de sa nature, que la génération des enfants est l'œuvre du diable, et que Dieu ne saurait être l'auteur ni de l'un ni de l'autre. Pour nous, nous croyons avec toute l'Eglise que l'arbre de la science du bien et du mal était un arbre, que le serpent était un serpent dans lequel s'était caché l'esprit de malice, que le fruit dont ont mangé nos premiers parents était un fruit ; nous croyons que le mariage a été institué et béni par Dieu même, et que c'est Dieu qui lui a communiqué la fécondité par sa bénédiction. Pour des époux ainsi unis et bénis, non-seulement la génération des enfants n'était point un crime, mais une œuvre sainte qui se fût accomplie avec la même tranquillité qu'aujourd'hui encore le laboureur confie à son champ le germe de la future moisson. Tout eût été pur et saint dans la source de notre naissance. Le péché est venu l'infecter en viciant par le désordre de la concupiscence ce que Dieu avait créé bon et pur. Ce désordre est malheureusement inséparable de l'acte qui nous donne la vie ; aussi les époux s'en cachent-ils par une pudeur si naturelle que certains philosophes, qui prétendaient la blâmer, ont reçu à juste titre le nom de *cyniques* ou de *chiens*.

La race humaine avait donc été créée pure et sainte, mais elle a été viciée par le péché. La source de notre origine infectée de la sorte, nous

(1) *Jean de la Croix*, t. II, p. 129. Avignon, 1823.

naissons non pas tels que Dieu avait fait notre premier père, mais tels que notre premier père s'est fait lui-même par le péché, immortels et mortels, vivants et morts ; immortels, par la nature impérissable de notre âme ; morts, parce que nous sommes privés de la grâce qui unit à Dieu et constitue la vie surnaturelle ; vivants, parce que notre corps est uni à l'âme et trouve la vie dans cette union ; mortels, parce que cette union doit se rompre un jour en punition du crime héréditaire. C'est là ce qu'on nomme le *péché originel*, péché dont l'existence a été sentie et reconnue en tous lieux et en tous temps.

Deux principaux faits en sont la preuve. Chez tous les anciens peuples, on voit des rites expiatoires pour purifier l'enfant à son entrée dans la vie : Ordinairement cette cérémonie avait lieu le jour où l'on donnait un nom à l'enfant. Ce jour, chez les Romains, était le neuvième pour les garçons et le huitième pour les filles. On l'appelait *lustricus*, à cause de l'eau lustrale qu'on employait pour purifier le nouveau-né. (Macrob., *Saturn.* l. 1). Les Egyptiens, les Perses et les Grecs avaient une coutume semblable. Au Yucatan, en Amérique, on apportait l'enfant dans le temple, où le prêtre lui versait sur la tête de l'eau destinée à cet usage, et lui donnait un nom. Aux Canaries, c'étaient les femmes qui remplissaient cette fonction à la place des prêtres. Mêmes expiations prescrites par la loi chez les Mexicains. Dans quelques provinces, on allumait en même temps du feu et on faisait semblant de passer l'enfant par la flamme, comme pour le purifier à la fois par l'eau et le feu. Les Thibétains, en Asie, ont aussi de pareilles expiations. Dans l'Inde, lorsqu'on donne le nom à un enfant, après avoir écrit ce nom sur son front et l'avoir plongé trois fois dans l'eau de rivière, le brahme ou le prêtre s'écrie à haute voix : « O Dieu pur, unique, invisible, éternel et parfait ! nous t'offrons cet enfant, issu d'une tribu sainte, oint d'une huile incorruptible et purifié avec de l'eau (*Essai sur l'indiff.*, t. III, c. 7; Huet. *Alnet. Quæst.*). »

Enfin, s'il y a quelque chose au monde qui réveille en nous l'idée de l'innocence, assurément c'est l'enfant qui n'a pu encore ni commettre le mal, ni même le connaître ; et supposer qu'il soit soumis à des châtiments, des souffrances, est une pensée qui révolte toute l'âme. Cependant les enfants, le tendre Virgile, place les enfants *moissonnés à la mamelle avant d'avoir goûté la vie, à l'entrée des royaumes tristes*, où il les représente dans un état de peine, pleurant et poussant un long gémissement (*Énéid.*, l. 6, v. 426-429). Pourquoi ces pleurs, ces voix douloureuses ? quelles fautes expient ces jeunes enfants à qui leurs mères n'ont point souri ? qui a pu suggérer au poète cette étonnante fiction ? quel en est le fondement ? d'où vient-elle, sinon de la croyance antique que l'homme naît dans le péché ?

Un autre fait qui montre combien cette croyance était universelle, c'est que les philosophes la partageaient avec les peuples.

Cicéron, qui a peint si éloquemment la grandeur de la nature humaine, ne laisse pas d'être frappé des étonnants contrastes qu'offre cette même nature, sujette à tant de misères, aux maladies, aux chagrins, aux craintes, aux plus avilissantes passions ; de sorte que, forcé de reconnaître quelque chose de *divin* dans l'homme si malheureux et si dégradé, il ne sait comment le définir et l'appelle *une âme en ruine* (*Apud Aug.*, l. 4, *contra Pelag.*; *De republicâ*, l. 3).

Et voilà pourquoi, dans Platon, Socrate rappelle à ses disciples que ceux qui ont établi les *mystères* ou cérémonies secrètes, et *qui ne sont point*, dit-il, *à mépriser*, enseignaient, d'après les anciens, que quiconque meurt sans être *purifié*, reste aux enfers plongé *dans la boue, et que celui qui a été purifié habite avec les dieux* (*Phæd.*).

Tous les anciens théologiens et les poètes disaient, au rapport de Philolaüs le pythagoricien, *que l'âme était ensevelie dans le corps comme dans un tombeau, en punition de quelque péché* (Clém. Alex., *Strom.*, l. 3). Pour expliquer cette énigme, plusieurs philosophes ont imaginé que nos âmes avaient péché dans une vie antérieure. Ils voyaient le mal ; ils en ignoraient la cause et la manière.

Cinq ou six siècles avant qu'il y eût aucun philosophe, David avait nettement désigné cette cause mystérieuse, en disant, suivant la force du texte hébreu : « J'ai été engendré dans l'iniquité, et ma mère m'a conçu dans le péché (Ps. 50). » Cinq ou six siècles avant David, Job y faisait également allusion quand il demandait : « Qui fera sortir quelqu'un de pur de ce qui est impur ? Il n'en sortira pas un. » Ce que la version latine traduit, en s'adressant à Dieu : « Qui peut rendre pur celui qui a été conçu d'un germe impur ? N'est-ce pas vous seul (Job. 14, 4) ? »

Mais comment le crime d'un seul homme a-t-il infecté toute sa race ? comment les enfants peuvent-ils justement porter la peine de la faute de leur père ? Ils la portent, cette peine, c'est un fait constant et que dès lors il n'est nullement nécessaire d'expliquer : Dieu est juste et nous sommes punis, voilà tout ce qu'il est indispensable que nous sachions ; le reste n'est pour nous que *de pure curiosité*.

Une raison sage peut néanmoins découvrir quelques lueurs dans ce profond mystère, et la philosophie ancienne, en prenant la tradition pour guide, seule méthode qui puisse donner une base solide et une règle sûre au raisonnement, s'est élevée, sur la question aussi difficile qu'imposante de *l'imputation des délits*, à de fort belles considérations.

Dans son traité *Sur les délais de la justice divine*, Plutarque fait d'abord observer qu'il y a des *êtres collectifs* qui peuvent être coupables de certains crimes, aussi bien que les *êtres individuels*. « Un état, par exemple, est, dit-il, une même chose continuée, un tout, semblable à un animal qui est toujours le même et dont l'âge ne saurait altérer l'identité. L'état étant donc toujours *un*, tandis que l'association maintient l'unité, le mérite et le blâme, la récompense et le châtiment pour tout ce qui se fait en commun lui sont distribués justement, comme ils le sont à l'homme individuel. »

« Mais, ajoute Plutarque, si l'état doit être considéré sous ce point de vue, il en doit être de même d'une famille provenant d'une souche commune dont elle tient je ne sais quelle force cachée, je ne sais quelle communication d'essences et de qualités, qui s'étend à tous les individus de la lignée. Les êtres produits par voie de génération ne ressemblent point aux productions de l'art. A l'égard de celles-ci, dès que l'ouvrage est terminé, il est sur-le-champ séparé de la main de l'ouvrier, et ne lui appartient plus; il est bien fait *par lui*, mais non *de lui*. Au contraire, ce qui est engendré provient de la substance même de l'être générateur; tellement qu'il tient *de lui* quelque chose qui est très-justement puni ou récompensé pour lui; car ce quelque chose est lui (1) ».

Or, Adam et Eve étaient en principe tout le genre humain, toute la société humaine; société, famille qui devait grandir, se développer par divers âges, mais qui nécessairement est toujours la même. Elle pouvait donc être punie dans toute sa durée d'une faute commise par elle au commencement. Le châtiment, *un* pour tous, nous rappelle que tous nous sommes *un*.

Telle est donc l'histoire de notre premier péché. Ecoutons maintenant le procès-verbal de notre condamnation. « Et Adam et sa femme entendirent la voix de Jéhova, Dieu, qui s'avançait dans le jardin, à l'heure du jour où il s'élève un vent doux, et ils se cachèrent de devant la face de Jéhova, Dieu, parmi les arbres du paradis. Mais Jéhova, Dieu, appela Adam, et lui dit : Où es-tu? Adam répondit : J'ai entendu votre voix dans le jardin, et j'ai été saisi de crainte parce que j'étais nu, et je me suis caché. Alors Dieu lui dit : Qui donc t'a appris que tu étais nu? Aurais-tu mangé du fruit de l'arbre dont je t'avais défendu de manger? Adam répondit : La femme que vous m'avez donnée pour compagne m'a présenté du fruit de cet arbre, et j'en ai mangé. Et Jéhova, Dieu, dit à la femme : Qu'avez-vous fait là? Elle répondit : Le serpent m'a trompée et j'en ai mangé. Et Jéhova, Dieu, dit au serpent : Parce que tu as fait cela, maudit sois-tu entre tous les animaux et toutes les bêtes de la terre; tu ramperas sur le ventre et tu mangeras la poussière durant tous les jours de ta vie. Et je mettrai l'inimitié entre toi et la femme, entre ta race et la sienne : celle-ci t'écrasera la tête, et tu la mordras au talon. A la femme il dit : Je multiplierai tes calamités et tes enfantements; tu enfanteras dans la douleur, tu seras sous la puissance de ton mari, et il te dominera. Il dit aussi à Adam : Parce que tu as écouté la voix de ta femme et que tu as mangé du fruit dont je t'avais ordonné de ne pas manger, maudite soit la terre à cause de toi; tu n'en tireras chaque jour ta nourriture qu'avec un grand labeur. Elle ne produira pour toi que des épines et des chardons, et tu te nourriras de l'herbe de la terre. Tu mangeras ton pain à la sueur de ton front, jusqu'à ce que tu retournes dans la terre d'où tu as été tiré, car tu es poussière, et en poussière tu retourneras (Gen., 3). »

Voilà comme Dieu rendit son premier jugement sur le genre humain, jugement à la fois plein de justice et de miséricorde, et dont toutes les circonstances méritent une attention particulière.

D'abord un changement qui étonne, c'est que l'homme, jusque-là d'une familiarité si intime avec Dieu, en a peur maintenant. Tant qu'il conserva la grâce et l'innocence, Dieu lui était le plus tendre des pères; sa présence visible le comblait de joie; bien loin de la fuir, il la cherchait avec un empressement filial. Mais à cette heure, il se sent coupable,

(1) *Sur les délais de la justice divine dans la punition des coupables*, trad. de M. le comte de Maistre.

il se voit dépouillé des divines prérogatives dont c père l'avait orné; il tremble de paraître en sa présence, il se cache dans l'épaisseur de la forêt. On le voit qui sent sa faute; il n'y est point endurci comme un vieux pécheur; il n'a plus l'innocence première mais il a encore la honte et le remords. Ah! s'il pouvait y joindre un repentir plein d'une humble confiance! qui sait ce que déciderait la divine miséricorde?

Dieu semble l'y inviter en quelque sorte. *Adam où es-tu?* Non pas tant en quel lieu, mais en quel état?. De quel bonheur et dans quel malheur es-tu tombé? Où es-tu? Loin de moi, ton Dieu et ton père. Adam répond que la honte et la nudité l'ont contrain de se cacher. Interrogé si la cause de cette honte et de cette terreur ne serait point d'avoir mangé du fruit défendu, il ne le nie point, il ne dit point : La femme m'a séduit, mais simplement : Elle m'en a donné à manger. Sa confession est sincère. Elle pourrait être plus humble. Cette parole : *La femme que vous m'avez donnée*, semble vouloir rejeter en quelque manière la faute sur Dieu même. On voudrait que sa confession se commençât ou se terminât par ce cri de repentir : J'ai péché! Mais enfin, il n'y a point d'endurcissement.

Interrogée à son tour, la femme répond : Le serpent m'a trompée, et j'ai mangé. L'aveu est également sincère, mais également point assez humble. Elle semble rejeter la faute sur le seul serpent, elle ne prononce pas non plus la parole du repentir : J'ai péché! En un mot, l'homme paraît plus occupé à s'excuser sur la femme, la femme sur le serpent, qu'à s'accuser eux-mêmes avec l'humble repentir qui leur eût mérité le pardon.

Maintenant que va faire le souverain Juge? que va-t-il dire au serpent? *Parce que tu as fait cela, maudit sois-tu!* C'est le serpent que Dieu maudit, non point l'homme, non point la femme; reprenons espoir. Et il maudit le serpent, ou plutôt Satan qui en avait emprunté la forme, sans lui faire de question, sans lui demander de réponse. Il savait que pour celui-là il avait péché, non point par complaisance comme Adam, non par séduction comme Eve, mais par une pure malice. *Maudit sois-tu! tu ramperas sur ton ventre, tu mangeras de la poussière tous les jours de ta vie!* Voilà donc cet esprit superbe qui voulait marcher l'égal du Très-Haut, le voilà condamné à se traîner comme un reptile, à faire mille bassesses pour persuader aux hommes imprévoyants quelque honteux désir. Le voilà donc condamné à se repaître uniquement de ce qu'il y a de plus vil et de plus hideux, des crimes et des impuretés qu'il aura fait commettre. Nous le verrons, lui et les siens, chassés du corps d'un homme, demander comme une grâce de se loger dans des corps de pourceaux. Beau ciel vraiment pour des anges!

Ce n'est pas tout : « Je mettrai l'inimitié entre toi et la femme, entre ta race et la sienne, et celle-ci t'écrasera la tête, et tu chercheras à la mordre au talon. »

Quelle est cette femme bénie entre laquelle et le serpent, comme entre sa race et celle du serpent, il doit y avoir une éternelle et irréconciliable inimitié? Je considère les femmes de tous les siècles et de tous les pays, et toutes je les vois engendrées et conçues dans le péché; toutes je les vois engendrées dans l'amitié et le pouvoir du serpent. Il n'y en a qu'une seule que la piété des fidèles révère comme ayant été conçue sans péché, exempte à jamais de l'empire de Satan, lui écrasant au contraire la tête par celui qui est né d'elle. C'est la nouvelle Ève, la nouvelle mère des vivants : c'est Marie pleine de grâce, pleine de grâce et de mérite devant Dieu, pleine de grâce et de miséricorde pour les humains; c'est Marie qui est bénie par-dessus toutes les femmes, chérie par-dessus toutes les mères, exaltée par-dessus toutes les reines.

Mais quelle est cette race, quel est ce fruit béni de la femme qui doit écraser la tête au serpent maudit et nous délivrer de sa puissance ? Écoutons le disciple bien-aimé.

« Au commencement était le Verbe, et le Verbe était avec Dieu, et le Verbe était Dieu. Il était au commencement avec Dieu. Toutes choses ont été faites par lui, et rien de ce qui a été fait n'a été fait sans lui. En lui était la vie, et la vie était la lumière des hommes. Et la lumière luit dans les ténèbres, et les ténèbres ne l'ont point comprise. Et il y eut un homme envoyé de Dieu, dont le nom était Jean ; il vint pour rendre témoignage à la lumière, afin que tous crussent par lui. Il n'était pas la lumière, mais pour rendre témoignage à la lumière. Il y avait la véritable lumière qui illumine tout homme venant en ce monde. Il était dans le monde et le monde a été fait par lui, et le monde ne l'a point connu. Il est venu chez soi, et les siens ne l'ont point reçu. Mais, à tous ceux qui l'ont reçu, il a donné le droit d'être faits enfants de Dieu ; à ceux qui croient en son nom, lesquels ne sont point nés du sang ni de la volonté de la chair, ni de la volonté de l'homme, mais qui sont nés de Dieu. Et le Verbe a été fait chair, et il a habité parmi nous, et nous avons vu sa gloire, la gloire comme du Fils unique du Père, plein de grâce et de vérité (Joan. 1). »

Le Verbe qui était Dieu et par qui ont été faites toutes choses, s'est lui-même fait chair, s'est uni notre nature, et n'est de la femme, non pas de l'homme, est né de Marie toujours vierge. Dieu-Homme, Homme-Dieu, unissant à jamais la nature divine et la nature humaine en une seule personne, il a pris notre nature avec la peine du péché qui la viciait, et, en subissant volontairement cette peine, il a détruit le péché qui en était la cause. En lui la nature humaine est non-seulement rétablie dans sa dignité première, mais élevée infiniment plus haut : elle est unie à la nature divine, non plus seulement par la grâce qui pouvait se perdre et s'est perdue en effet, mais par une éternelle identification avec la personne du Verbe. En lui, l'homme n'est pas seulement comme Dieu, mais il est Dieu, et Dieu est homme. Satan voulait dégrader la nature humaine par la promesse d'une fausse grandeur : et cette nature tombée, Dieu l'élève à une grandeur telle, que Satan même, dans son orgueil, n'en pouvait concevoir de semblable, et qu'à son nom seul tout fléchira le genou, et ce qui est au ciel, et ce qui est sur la terre, et ce qui est dans les enfers. Cette ineffable déification de la nature humaine eût-elle eu lieu sans le péché d'Adam ? on en doute. Aussi la sainte Église chante-t-elle dans une de ses prières : « O heureuse faute, qui a mérité d'avoir un Rédempteur pareil (*Prières du Samedi saint*). »

En effet, tout à l'heure nous ne nous attendions à voir dans ce premier jugement que la justice et la sévérité. Mais, ô Dieu ! quelle abondance de miséricorde et que de sujets d'espérance se multiplient devant nous ! En même temps qu'un homme et une femme perdaient le genre humain, Dieu, qui avait daigné prédestiner un autre homme et une autre femme pour le relever, a désigné cet homme et cette femme jusque dans ceux qui nous donnaient la mort. Jésus-Christ est le nouvel Adam, Marie est la nouvelle Ève. Ève est appelée *mère des vivants*, même après sa chute, comme l'ont remarqué les saints docteurs, et lorsqu'à dire vrai elle devait plutôt être appelée la mère des morts. Mais elle reçoit ce nom dans la figure de la sainte Vierge, qui n'est pas moins la nouvelle Ève que Jésus-Christ le nouvel Adam. Tout convient à ce grand dessein de la bonté divine. Un ange de ténèbres intervient dans notre chute : Dieu prédestine un ange de lumière qui devait intervenir dans notre réparation. L'ange de ténèbres parle à Ève encore vierge : l'ange de lumière parle à Marie qui le demeurera toujours. Ève écoute le tentateur et lui obéit : Marie écoute aussi l'ange du salut et lui obéit. La perte du genre humain, qui se devait consommer en Adam, commença par Ève : en Marie commence aussi notre délivrance; elle y a la même part qu'Ève a eue à notre malheur, comme Jésus-Christ y a la même part qu'Adam avait eue à notre perte. Tout ce qui nous a perdu se change en mieux. Je vois paraître un nouvel Adam, une nouvelle Ève, un nouvel ange ; il y a aussi un nouvel arbre qui sera celui de la croix, et un nouveau fruit sur cet arbre qui détruira tout le mal que le fruit défendu avait causé. Ainsi l'ordre de notre réparation est tracé dans celui de notre chute ; tous les noms malheureux sont changés en bien pour nous, et tout ce qui avait été employé pour nous perdre, par un retour admirable de la divine Miséricorde, se tourne en notre faveur (Bossuet, *Élévat.*; S. Irénée, l. 5).

Qui ne bénirait ici l'admirable bonté de Dieu envers nos premiers parents ? Ils avaient fait l'aveu de leur faute avec crainte et confusion. Dieu maudit devant eux le serpent, comme pour augmenter encore leur confusion et leur crainte. Mais dans cette punition du serpent même, il leur annonce, il leur fait entrevoir un rédempteur, par qui dès lors ils pouvaient espérer le pardon ; ce rédempteur naîtra, non pas de l'homme et de la femme, mais de la femme seule. Quelle parole de consolation et de gloire pour Ève humiliée et confuse ! Et ce rédempteur qui naîtra de la femme est le Verbe éternel, le même Dieu qui, suivant toutes les apparences, avait pris une forme sensible pour exercer le premier jugement, comme il viendra pour exercer le dernier. Ce n'est qu'après avoir ainsi rallumé dans leur cœur l'espérance et l'amour, qu'il impose à chacun sa pénitence.

Il dit à la femme : *Je multiplierai tes calamités et tes enfantements ; tu enfanteras dans la douleur, tu seras sous la puissance de ton mari et il te dominera.* Remarquons bien, il ne la maudit point; il ne lui retire pas même cette première bénédiction, cette fécondité naturelle qu'il lui avait auparavant donnée. Seulement il y ajoute les douleurs de l'enfantement et la sujétion à son mari. Sans le péché, l'enfant, conçu sans aucun désordre des sens, fût né sans aucune incommodité pour sa mère. Par le péché, l'enfant, conçu dans la concupiscence, met en péril de mort celle qui lui donne la vie. Sans le péché, la femme eût été, non pas l'égale de l'homme, mais son heureuse compagne; l'homme ne lui eût fait sentir sa supériorité naturelle que par plus de raison, de vertu et de sagesse. Parce que la femme, pour avoir voulu se décider seule, a perdu l'homme avec elle, cette douce supériorité est changée en une amère domination. L'homme était supérieur par raison, il devient un maître sévère par humeur, sa jalousie le rend un tyran, la femme est assujettie à cette fureur, et, dans plus de la moitié de la terre, les femmes sont dans une espèce d'esclavage. Elles n'en sont délivrées, elles ne recouvrent leur dignité première, qu'à mesure que le Sauveur né de la femme y est connu et adoré, qu'à mesure que sa divine Mère y est honorée et invoquée comme le modèle des mères, des épouses et des vierges.

A l'homme il dit : *Parce que tu as écouté la voix de ta femme et que tu as mangé du fruit que je t'avais interdit, maudite soit la terre à cause de toi ou en ton travail.* Ici encore admirons la bonté de Dieu. Il ne maudit point l'homme, il l'avait béni, et ses dons sont sans repentance; mais il maudit la terre qu'il doit labourer, il lui ôte sa fécondité primitive. Innocent, l'homme devait travailler et garder le jardin de délices, travail agréable et facile, plus fait pour développer la beauté de son esprit que pour fatiguer les membres de son corps. Par les embellissements qu'il ajoutait à la nature, l'homme eût été un second créateur. Mais coupable, il est condamné au travail comme à une peine; il y est condamné pour vivre, et, pour que cette peine soit plus grande, la terre est maudite à cause de lui. Il ne lui arrachera aucun fruit, et surtout le fruit le plus nécessaire, que par force et parmi des travaux continuels.

Tu n'en tireras chaque jour ta nourriture qu'avec un grand labeur. Chaque jour. La culture de la terre est un soin perpétuel qui ne nous laisse en repos ni jour ni nuit, ni en aucune saison : à chaque moment l'espérance de la moisson et le fruit unique de tous nos travaux peut nous échapper; nous sommes à la merci du ciel inconstant, qui fait pleuvoir sur le tendre épi, non-seulement les eaux nourrissantes de la pluie, mais encore la rouille inhérente et consumante de la nielle.

La terre te produira des épines et des chardons. Féconde dans son origine et produisant d'elle-même les meilleures plantes, maintenant si elle est laissée à son naturel, elle n'est fertile qu'en mauvaises herbes; elle se hérisse d'épines; menaçante et déchirante de tous côtés, elle semble même vouloir refuser la liberté du passage, et on ne peut marcher sur elle sans combat.

Tu te nourriras de l'herbe de la terre. Il semble que, dans l'innocence des commencements, les arbres devaient d'eux-mêmes offrir et fournir à l'homme une agréable nourriture dans leurs fruits; mais, depuis que l'envie du fruit défendu nous eut fait pécher, nous sommes assujétis à manger l'herbe que la terre ne produit que par force; et le blé, dont se forme le pain qui est notre nourriture ordinaire, doit être arrosé de nos sueurs. C'est ce qu'insinuent ces paroles : *Tu te nourriras d'herbe, et tu mangeras ton pain à la sueur de ton front.* Voilà le commencement de nos malheurs : c'est un continuel travail qui seul peut vaincre nos besoins et la faim qui nous persécute.

Jusqu'à ce que tu retournes à la terre dont tu as été tiré; car tu es poussière, et en poussière tu retourneras. Il n'y a point d'autre fin de nos travaux, ni d'autre repos pour nous que la mort et le retour à la poussière, qui est le dernier anéantissement de nos corps. Cet objet est toujours présent à nos yeux : la mort se présente de toutes parts, et dans l'herbe qui se flétrit sous la faux du moissonneur, et dans le chêne qui succombe sous la hache du bûcheron, et dans la terre entière, notre commun sépulcre (Bossuet, *Elévat.*).

Tout cela est triste, tout cela fait de la terre un lieu d'exil, une vallée de larmes; mais tout cela est dans l'ordre. Si la terre n'était habitée que par des créatures innocentes et saintes, sans doute il y aurait de quoi s'étonner de l'intempérie de son atmosphère, de la dureté opiniâtre de son sol, de sa stérilité féconde en épines et en chardons. Pour un séjour de saints, il faut en convenir, elle ne serait pas trop bien accommodée. Mais puisque c'est un lieu de pénitence et de correction pour des créatures coupables et déchues, qu'il s'agit de régénérer par la peine et d'arracher aux choses des sens pour les élever aux choses de l'esprit et de Dieu, et leur faire désirer une patrie meilleure, on ne peut plus s'étonner de ce qu'on y trouve d'affliction : ce qui paraît un désordre est un effet de l'ordre; ce qui paraît un renversement de l'harmonie universelle, n'est qu'un châtiment du désordre qui l'a violée. L'homme a péché pour avoir trop aimé les choses de la terre, pour s'être préféré lui-même à Dieu. Pour le punir et le corriger, Dieu retire à la terre et à l'homme une partie des dons qu'il leur avait faits. La terre ne produit presque plus de son naturel que des épines et des chardons : le cœur de l'homme ne produira presque plus que des pensées et des désirs mauvais; l'homme apprendra, par une triste, mais salutaire expérience, que tout ce qui est bon vient de Dieu, et qu'en lui seul est le salut et le bonheur. En tout cela, non-seulement il y a une justice parfaite, mais une grande miséricorde. Malgré les amertumes dont Dieu a parsemé notre vie terrestre, nous la trouvons néanmoins si douce et si attrayante, que nous sommes toujours en péril de nous y attacher trop, et jusqu'à oublier la vie éternelle. Que serait-ce donc si, dans sa miséricordieuse justice, il n'y avait répandu ces quelques amertumes? Ah! bien loin de nous plaindre que Dieu ait rendu la vie présente trop pénible, craignons de la trouver trop aimable. Sachons-en profiter, à l'exemple de notre premier père, pour expier nos fautes et mériter ce paradis céleste, dont le terrestre n'était qu'une grossière image.

Adam et Ève, entendant la voix de Dieu, n'endurcirent point leur cœur. Espérant dès lors au Fils de la femme, qui devait écraser la tête du serpent, ils firent pénitence de leur faute et obtinrent le pardon. *La Sagesse, qui atteint d'une extrémité à l'autre avec force et dispose tout avec douceur, tira de son péché celui qui avait été créé le père du monde, et lui donna la vertu de dominer toutes choses* (Sap. 10).

LIVRE II. — ACCORD DES ANCIENNES TRADITIONS AVEC MOISE, ETC.

C'est ce que nous apprend l'Esprit-Saint au livre de la Sagesse. Aujourd'hui encore les traditions orientales parlent de la longue pénitence du premier homme. Dans l'île de Ceylan, il est une haute montagne surnommée le Pic-d'Adam, où l'on prétend qu'il pleura sa faute pendant des siècles (1). Une tradition particulière des Juifs voulait qu'il fût enseveli à Jérusalem, au lieu même où le nouvel Adam devait réparer le malheur de l'ancien. Enfin, lorsqu'au deuxième siècle de l'ère chrétienne, un esprit excessif soutint qu'Adam était damné, toute l'Eglise le condamna d'erreur (Tatien).

N'excédons en rien. Par exemple, ne répétons point, avec certains auteurs modernes, que Dieu maudit Adam, qu'il maudit Eve, qu'il maudit toute leur race, parce que l'Ecriture ne le dit point. Elle nous apprend bien qu'il maudit le serpent, ainsi que la terre; mais elle ne dit point qu'il maudit nos premiers ancêtres. Elle nous le montre, au contraire, avant de leur imposer leur pénitence, leur annonçant, leur assurant la plus ineffable des bénédictions, la venue du Sauveur. Ne prêtons point à Dieu ce qu'il peut y avoir de farouche dans notre humeur, de dur dans notre caractère. Lors même qu'il punit, Dieu est toujours père, Dieu est toujours bon. Voyez comme il ménage l'homme. Au lieu de le maudire, il maudit à cause de lui la terre; comme un père tendre qui, pour corriger son jeune fils frappe à côté de lui, brise à côté de lui un meuble insensible.

Les suites du péché en général sont terribles, sont déplorables; cependant ne les exagérons pas. Jésus-Christ a dit du plus coupable des pécheurs, de Judas : *Il vaudrait mieux pour cet homme qu'il ne fût pas né.* Ne lui faisons pas dire, avec certains interprètes, qu'il *n'eût pas été,* parce que cela n'est pas dit, et que d'ailleurs, comme le remarque saint Augustin sur ce texte : *Rien ne saurait être ni bon ni meilleur à qui n'est pas* (Quæst. 40, *in Matth.*). Les réprouvés eux-mêmes diront dans le dernier jour aux montagnes et aux rochers : « Tombez sur nous et cachez-nous de devant la face de celui qui est assis sur le trône et de devant la colère de l'Agneau (Apoc., c. 6). » Ils ne diront pas : Anéantissez-nous. La raison en est dans ces paroles de saint Augustin : « De même qu'une créature sensible, lors même qu'elle souffre, est meilleure qu'une pierre qui ne peut souffrir d'aucune façon ; de même la créature raisonnable, même malheureuse, l'emporte sur celle qui est privée de raison et de sensibilité, et qui pour cela n'est point exposée au malheur (*De civit. Dei*, l. 12, c. 1). » A plus forte raison l'emportera-t-elle sur une créature qui n'est pas, sur le néant.

Quant à la vraie punition du péché originel, elle consiste à être privé des dons surnaturels que Dieu avait surajoutés à la nature humaine, dont le premier homme, chef et représentant de cette nature, et elle ne consiste qu'en cela. Le principal de ces dons était la grâce, qui devait se consommer dans la gloire, dans la claire vue de l'essence divine. L'immortalité du corps, la parfaite soumission des sens à l'âme, et de l'âme à Dieu en étaient les suites. Par le péché, l'homme a perdu tous ces dons surhumains ; il est réduit à sa nature seule, nature imparfaite, mais telle néanmoins que Dieu aurait pu l'y créer dès l'origine. Telle est la doctrine de

(1) D'Herbelot. *Biblioth. orientale.*

l'Eglise, qui a condamné dans Baïus cette proposition : « Dieu n'aurait pu dès l'origine créer l'homme tel qu'il naît maintenant (Baii., prop. 55). »

Pour bien apprécier la chute que nous avons faite dans notre premier père, considérons bien d'où nous sommes tombés. Notre premier père avait un esprit naturellement clair et net, une volonté naturellement droite, un corps parfaitement soumis à l'âme. De plus, son âme était élevée à l'état surnaturel et divin par la grâce que nous appelons *sanctifiante* ou *habituelle*. Son esprit recevait, de la grâce que nous appelons *actuelle*, la force de concevoir les vérités et la volonté, la force d'aimer les vertus de cet état divin qui, sous tous les rapports, surpasse infiniment les forces de la nature, si parfaite qu'elle fût. S'il nous avait engendrés dans cet état, nous y serions nés avec un esprit naturellement clair et net, avec une volonté naturellement droite, avec un corps parfaitement soumis à l'âme. Surtout nous serions nés comme lui avait été créé, dans l'état de grâce et avec le secours de la grâce, pour embrasser les vérités et les vertus surnaturelles.

Remarquons bien : nous naîtrions dans le même état que notre premier père a été créé, mais non pas dans un état meilleur. Comme lui, nous serions soumis à l'épreuve ; comme lui, nous pourrions perdre la grâce et tomber dans un état de péché et de mort. Saint Thomas, examinant *ex professo* la question, si les enfants nés dans l'état d'innocence eussent été confirmés dans la justice, répond formellement que non. Outre un texte de saint Augustin qui le suppose, il en donne la raison que voici : Il est évident que les enfants en leur naissance n'eussent pas eu plus de perfection en leur génération. Or, tout le temps qu'ils eussent engendré, leurs parents n'eussent pas été confirmés dans la justice. La preuve en est, que l'homme n'y est confirmé que par la claire vue de Dieu ; ce qui ne se peut avec la vie animale dans laquelle seule a lieu la génération. « Vous ne pourrez voir ma face, dit le Seigneur à Moïse, car nul homme ne me verra et vivra (Exod., 33, 20). » Donc, les enfants ne seraient non plus nés avec cette confirmation (S. Th., *Summ.*, p. 1, q. 100, art. 2).

Il est bon de se rappeler ceci, car on s'imagine trop souvent que si notre premier père avait été fidèle, nous n'eussions eu rien à craindre ni rien à faire. La vérité est que, ce commun ancêtre eût-il été fidèle, nos ancêtres particuliers pouvaient ne l'être pas, et, par suite, nous engendrer dans un péché originel. Enfin, tous nos pères eussent-ils été fidèles, nous pourrions ne l'être point, tomber dans un état de péché et de mort (1). Et dans ce cas, pourrions-nous compter sur la miséricorde qui a suivi la chute de notre premier père ? Pensons-y bien, et, au lieu de murmurer, nous trouverons de quoi bénir.

Considérons maintenant la chute que nous avons faite dans nos premiers parents. Par le péché, ils déchurent de l'état surnaturel ou de la grâce ; ils déchurent et du droit de voir Dieu en son essence, et du pouvoir de le mériter. Ils furent même lésés dans la perfection de leur nature. Leur esprit, au lieu d'être naturellement clair et net, s'est obscurci ; leur

(1) S. Th., q. 5. *de malo*, art. 4, t. VIII de ses œuvres, p. 285, édit. d'Anvers.

volonté, au lieu de rester naturellement droite, s'est inclinée au mal ; leur corps, au lieu d'être parfaitement soumis à l'âme, s'est révolté contre elle et la domine. D'eux-mêmes il leur était impossible de remonter d'où ils étaient tombés. C'était de soi une élévation infiniment au-dessus de la plus parfaite créature, et eux, outre qu'ils n'étaient pas des créatures les plus parfaites, étaient encore lésés dans leurs facultés naturelles. Il leur fallait, pour se relever, la grâce et le secours surnaturel de Dieu, d'abord pour guérir la maladie de leur esprit et de leur volonté, ensuite pour mériter la vie éternelle et la vision intuitive de Dieu.

Il ne sera point difficile de préciser maintenant la différence de besoin que l'homme a de la grâce, avant et après son péché. Saint Thomas dit à ce sujet : « L'homme, après le péché, n'a pas plus besoin de la grâce de Dieu qu'auparavant, mais pour plus de choses, pour guérir et pour mériter ; auparavant, il n'en avait besoin que pour l'une des deux, la dernière. Avant, il pouvait, sans le don surnaturel de la grâce, connaître les vérités naturelles, faire tout le bien naturel, aimer Dieu naturellement par-dessus toutes choses, éviter tous les péchés, mais il ne pouvait, sans elle, mériter la vie éternelle, qui est chose au-dessus de la force naturelle de l'homme. Depuis, il ne peut plus, sans la grâce, connaître que quelques vérités naturelles, faire que quelques biens particuliers du même ordre, éviter que quelques péchés. Pour qu'il puisse tout cela dans son entier comme auparavant, il faut que la grâce guérisse l'infirmité ou la corruption de la nature. Enfin, après comme avant, il a besoin de la grâce pour mériter la vie éternelle, pour croire en Dieu, espérer en Dieu, aimer Dieu surnaturellement comme objet de la vision intuitive (*Summ.*, S. Th., p. 1, q. 95, art. 4 ; 1. 2, q. 109, a. 2, a. 3, a. 4).

Pour ce qui est en particulier des enfants qui meurent avec le seul péché originel, saint Augustin dit que leur peine est de toutes les peines la plus douce (*Enchirid.*, c. 93.) Saint Thomas infère de là qu'elle est plus douce que celle d'un péché véniel. En examinant la chose en détail, il conclut que cette peine consiste uniquement dans la privation et non dans aucune souffrance ; dans la privation de tout ce qui est au-dessus de la nature de l'homme, comme de voir Dieu en lui-même, mais non dans aucune souffrance, dans aucune douleur, pas même à cause de cette privation. Car, pour s'affliger de n'avoir pas ce bien surnaturel, il faudrait que ces enfants le connussent. Or, ce qui est au-dessus de la nature, on ne peut le connaître que par la lumière surnaturelle de la grâce et de la foi, que ces enfants n'ont point. Donc, conclut l'Ange de l'école, leurs âmes ne savent pas qu'elles sont privées d'un tel bien. Et c'est pourquoi elles n'en sont point affligées ; mais ce qu'elles ont naturellement, elles le possèdent sans douleur (*Opera S. Th.*, t. VIII, q. 5, *de pœna peccati origin.*, art. 3).

Quant à la malédiction que Dieu prononça contre la terre, il est à croire qu'elle se fit sentir, non-seulement par une altération de température, par une diminution de fertilité, mais encore par de grands bouleversements. A cette terrible parole, *Maudite soit la terre*, des montagnes se seront ébranlées et renversées, des plages entières se seront abîmées sous les eaux, des mers auront paru à sec. De là sans doute une partie de ces violents bouleversements que l'on remarque à l'extérieur de notre globe. La tradition l'insinue. « Dans l'état du premier ciel, disent les philosophes de la Chine, l'homme était uni au dedans à la souveraine raison, et au dehors il pratiquait toutes les œuvres de la justice. Le cœur se réjouissait dans la vérité, il n'y avait en lui aucun mélange de fausseté. Alors les quatre saisons de l'année suivaient un ordre réglé sans confusion. Rien ne nuisait à l'homme, et l'homme ne nuisait à rien. Une harmonie universelle régnait dans toute la nature. » Mais, suivant la même tradition, « les colonnes du ciel furent rompues, la terre fut ébranlée jusqu'aux fondements. *L'homme s'étant révolté contre le ciel*, le système de l'univers fut dérangé, et l'harmonie générale troublée ; les maux et les crimes inondèrent la face de la terre (Ramsay, *Discours sur la Mythologie*, p. 146-148). »

L'homme ne fut pas longtemps à se ressentir de la catastrophe universelle ; il eut besoin de se vêtir, non-seulement pour cacher ce qui le faisait rougir dans son corps, mais encore pour se défendre contre les injures de l'air. En cela encore, Dieu se montra pour lui un père compatissant. *Il fit à l'homme et à la femme des habits de peaux, et les en revêtit.*

On peut présumer qu'il leur enseigna dans cette occasion l'usage et la nature des sacrifices, le choix des victimes, la manière de les offrir et de participer à leur chair. Ce furent probablement les peaux des premières victimes offertes qui leur servirent de vêtements. Ces sacrifices divers figuraient tous le sacrifice adorable de *l'agneau de Dieu, qui a été immolé* en prédestination *dès l'origine du monde* (Apoc. 13, 8), et qui seul pouvait communiquer du mérite et de l'efficace aux autres. Nous participons à sa chair et nous devons revêtir sa miséricorde, sa douceur, son humilité, sa modestie, sa patience, comme la robe divine de l'homme nouveau (Colos. 3).

« Dieu dit alors : Voici Adam devenu comme l'un d'entre nous, de manière à savoir le bien et le mal : maintenant donc craignons qu'il n'avance la main et ne prenne aussi de l'arbre de vie, et qu'il n'en mange et ne vive éternellement. Et Jéhova, Dieu, le mit hors du jardin de délices pour labourer la terre d'où il avait été tiré. Et il chassa l'homme, et il plaça au côté oriental du jardin de volupté les chérubins, et un glaive flamboyant qui s'agitait toujours pour garder la voie de l'arbre de vie (Gen. 3, 22-24). »

Dans les premières paroles, les interprètes ont vu une sorte de dérision où Dieu se moque de la présomption déçue d'Adam, qui connaissait alors, par une expérience bien amère, la différence du bien et du mal. On pourrait y voir peut-être aussi une allusion profonde au mystère de l'Incarnation, où, par suite du péché, l'homme devient en effet comme une des trois personnes divines. En Dieu, les apparences, même les plus sévères, cachent un abîme de miséricorde.

L'homme coupable était condamné à mourir. La mort est la plus terrible des peines ; mais, subie comme elle doit l'être, elle en est la fin. Après cela, il y a pour le vrai pénitent la consolation et la joie éternelles. Si Adam eût mangé du fruit de vie qui donnait l'immortalité, il n'aurait jamais mis fin à ses peines, n'en ayant jamais subi la dernière. C'est donc autant par miséricorde que par justice que Dieu l'empêche d'y porter la main, et qu'il le chasse du jardin de délices.

Que l'arbre de vie eût la vertu de faire vivre, non-seulement très-longtemps, mais toujours, on peut le conclure de l'histoire d'Adam même. Il n'avait pas mangé de ce fruit, et cependant il vécut près de dix siècles. Lors donc que Dieu ne veut pas qu'il en mange, de peur qu'il ne vive éternellement, on voit bien que cet *éternellement* veut dire *toujours*. Les Hindous et les Grecs, dans leurs traditions poétiques, chantent à l'envi ce fruit d'immortalité, les uns sous le nom d'*amrita*, les autres sous le nom d'*ambroisie*.

Quant aux êtres mystérieux que Dieu place au côté oriental du jardin d'Eden, la terminaison plurielle de *cherubim* en hébreu, indique qu'ils étaient trois ou quatre.

C'étaient peut-être ces quatre chérubins que l'on voit à plusieurs reprises dans les prophéties d'Ezéchiel et dans l'Apocalypse de saint Jean, et qui paraissent comme les quatre puissances principales par qui Dieu gouverne et l'univers matériel, et le genre humain, et l'Eglise chrétienne. Leur ensemble forme une espèce de char sur lequel le Très-Haut s'avance à travers les mondes et les siècles : un trône où il est assis et d'où il prononce ses jugements contre les rois et les nations. Du milieu de ce trône de gloire partent des foudres et des éclairs pour exécuter la sentence. C'est ce que veut dire peut-être ce glaive de feu qui se brandissait à l'entrée du paradis. Dieu, qui d'abord avait traité l'homme avec la familiarité d'un père, veut y faire succéder, ce semble, l'appareil formidable de maître et de juge souverain (1).

LIVRE TROISIÈME.

Vie des premiers hommes. — Le déluge, tombeau de l'ancien monde, qui en ressuscite nouveau.

Le genre humain est déchu, mais il doit se relever ; il s'est vicié par sa faute, mais il doit se guérir par la grâce de Dieu. Ce n'est pas une guérison mécanique du corps, mais une guérison libre et volontaire de l'âme. Il faut que le malade la désire et qu'il s'y prête ; il faut, pour cela, qu'il sente toute la profondeur de son mal, le dérèglement de sa volonté, l'obscurcissement de son intelligence. Le médecin laissera donc la maladie prendre son cours et jeter tout son venin. A certaines périodes seulement, il y appliquera quelque remède préparatoire pour en diriger les crises, même les plus violentes, à la guérison finale. Comme le genre humain ne vit pas qu'un jour, mais tous les siècles temporels, sa restauration ne se complétera qu'à la longue. Son médecin ne le perd jamais de vue ; et ce médecin est Dieu, qui, au temps voulu, se fera lui-même remède.

Les progrès de cette maladie et de cette guérison, l'art du médecin, qui fait servir de moyens les obstacles mêmes, tel est le véritable objet de l'histoire humaine. Sans cela elle pourra bien présenter quelques particularités intéressantes ; mais le tout n'aura point de sens. Cette histoire commence proprement ici ; car c'est ici proprement que commence le développement du bien et du mal dans le genre humain.

Adam connut Eve, sa femme, et elle conçut et enfanta Caïn, qui signifie *acquisition*, disant : *Je possède, j'ai acquis*, j'ai engendré *un homme de par Dieu :* au pied de la lettre hébraïque : *J'ai acquis,* j'ai engendré, je possède *un homme qui est Jéhova* (2). Eve qualifie son premier-né, non pas d'enfant, mais d'homme : il est, suivant elle, Jéhova, *celui qui est.* Dieu avait annoncé que le fils de la femme écraserait la tête au serpent ; il avait fait entendre que ce fils serait un Homme-Dieu. Eve, encore toute pleine de ses paroles de miséricorde, se croit cette bienheureuse mère ; elle croit son fils ce Dieu-Homme. De là cette joyeuse exclamation : *J'ai mis au monde l'homme Jéhova !* Mais le premier sera l'homme terrestre : l'homme céleste ne viendra qu'après. Il semblerait que notre mère s'aperçut bientôt de son erreur ; car, ayant mis au monde un second fils, il reçut le nom d'Abel, qui signifie *vanité* ou *deuil.* Toutefois ce puîné, s'il n'était pas celui qui est la justice et la sainteté même, en devait être une figure ressemblante et en sa vie et en sa mort.

Abel fut pasteur de brebis, et Caïn laboureur : littéralement en hébreu, *serviteur* ou *esclave de la terre.* Or, il arriva, après du temps, que Caïn présenta des fruits de la terre en oblation à Jéhova. Abel présenta également une oblation des prémices de son troupeau et de leur graisse. Et Jéhova tourna ses regards vers Abel et son oblation ; mais pour Caïn et son offrande, il n'y regarda point.

Chacun des deux frères offre son sacrifice. Leur père commun, peut-être Dieu lui-même, leur avait

---

(1) Dans ce livre, ainsi que dans toute la première partie de cette histoire, on a souvent mis à profit les réflexions du comte de STOLBERG, dans son *Histoire de la religion de Jésus-Christ.*
(2) Deuxième lettre de M. Drach.

appris l'obligation et la manière de le faire. Abel, comme l'ont remarqué les interprètes, offre les prémices de son troupeau et ce qu'il avait de meilleur; mais il n'est point parlé de prémices au sacrifice de Caïn : on peut conclure qu'il les garda pour lui-même, et qu'il n'offrit à Dieu que du reste. Cette différence au dehors avait sa source au dedans. Abel était animé d'une foi plus vive : voilà pourquoi, dit saint Paul, il offrit un sacrifice plus précieux; aussi Dieu témoigna-t-il publiquement qu'il le reconnaissait pour juste, en agréant ses dons d'une manière visible (Heb., 11). On pense communément que ce fut en les consumant par un feu du ciel, comme il fit le premier sacrifice d'Aaron, premier pontife d'Israël (Levit., 9, 24). On peut croire que les deux fils d'Adam présentèrent à Dieu leur oblation, tournés vers le paradis terrestre d'où leur père avait été chassé, et devant lequel étaient placés les chérubins comme devant un inaccessible sanctuaire. Ce fut peut-être du milieu de ces chérubins flamboyants que partit la flamme qui consuma le sacrifice d'Abel, comme ce fut du Saint des saints que partit celle qui consuma le sacrifice d'Aaron, nouvellement sacré pontife d'Israël.

A la vue de la différence que Dieu mettait entre son oblation et celle de son frère, « Caïn fut violemment irrité, et son visage fut abattu. Mais le Seigneur lui dit : Pourquoi es-tu irrité et pourquoi ton visage est-il abattu? Si tu fais le bien, n'en recevras-tu pas le salaire? Si tu fais le mal, le péché se couchera à la porte; sa convoitise aspirera vers toi, mais tu pourras le dominer. »

Caïn devient envieux de son frère, parce que son frère est juste et que ses œuvres sont bonnes, tandis que les siennes sont mauvaises ainsi que son cœur (1. Joan., 3). Peut-être voyait-il dans cette préférence que Dieu avait donnée au sacrifice d'Abel, un indice qu'il le choisissait pour prêtre et pontife universel du genre humain. Un Père de l'Eglise nomme effectivement Abel le premier prêtre ou pontife de ce premier univers (1). Ainsi, et pour les mêmes raisons, verrons-nous le Juif devenir jaloux du Christ, le juste par excellence.

Dieu, toujours bon, rappelle à Caïn que si son offrande n'a pas été reçue avec la même faveur, il ne doit s'en prendre qu'à lui-même : tout est entre ses mains, le bien et le mal, la récompense et la peine. S'il ne fait pas bien, le péché assiègera sa porte comme un animal immonde qui ne cherchera qu'à l'atteindre pour en faire sa proie. Toutefois, s'il veut, alors même il pourra dominer encore ce monstre hideux.

Caïn ne profita guère de la remontrance divine. Un jour « il dit à Abel, son frère : Sortons. Et lorsqu'ils étaient dans la campagne, Caïn s'éleva contre son frère Abel et le tua. » Voilà comme le premier meurtrier, par jalousie, met à mort le premier juste. Nous verrons un autre Caïn, le peuple juif, également jaloux, sortir de Jérusalem avec son frère le juste, le saint, le Christ, et, arrivé dans les champs, le mettre à mort sur le Calvaire.

« Alors Jéhova, ou l'Eternel, dit à Caïn : Où est Abel, ton frère? Il répondit : Je ne sais pas; est-ce que je suis le gardien de mon frère? Mais l'Eternel lui dit : Qu'as-tu fait? La voix du sang de ton frère

(1) S. Ephrem, dans son *Homélie du sacerdoce.*

crie de cette terre jusqu'à moi. Maintenant donc tu seras maudit de dessus cette terre qui a ouvert sa bouche pour recevoir le sang de ton frère versé par ta main. Si tu la cultives, elle ne te donnera plus sa fécondité : tu seras errant et fugitif dans l'univers. Caïn dit alors à l'Eternel : Mon iniquité est trop grande pour que je puisse mériter le pardon; » suivant quelques interprètes, « la peine de mon iniquité est trop grande pour que je puisse la porter. Voilà que vous me chassez aujourd'hui de dessus cette terre; je dois me cacher de devant votre face : lors donc que je serai errant et fugitif dans l'univers, tout ce qui me trouvera me tuera. — Cela ne sera point ainsi, répondit l'Eternel; quiconque tuera Caïn sera puni sept fois. Et l'Eternel mit un signe en Caïn, afin que quiconque le trouverait ne le tuât pas. Caïn sortit donc de devant la face de l'Eternel, et habita la terre de Nod ou *de la Fuite*, vers l'orient d'Eden. (Gen., 4). »

Dieu interroge non comme quelqu'un qui ignore, mais comme le juge qui veut convaincre un criminel et le punir. Il avait tout vu : néanmoins il interroge Caïn comme il avait interrogé Adam; il écoute leur défense avant de les condamner. Il voulait, par son exemple, apprendre à la justice humaine comment elle doit procéder à l'égard même du meurtrier. *Où est Abel, ton frère?* Question simple et paternelle, qui éveille tous les jours dans le cœur d'un frère et d'une sœur ce que l'amitié a de plus tendre. Mais quel coup de foudre pour Caïn! tel est toutefois déjà son endurcissement, qu'il n'en est point atterré ni touché, mais qu'il répond avec insolence : *Je ne sais; suis-je donc le gardien de mon frère?* Quelle différence entre Adam coupable et son fils criminel! Adam rougit des suites de sa faute; il en fait l'aveu : Caïn est tellement endurci dans son crime, qu'il va jusqu'à insulter son juge; aussi la sentence est-elle bien différente. Adam ne fut pas maudit, Caïn le sera. Une malédiction terrible le chasse de la contrée qu'il a abreuvée du sang de son frère, et le condamne à une vie errante et fugitive. Alors Caïn avoue indirectement son crime, en disant qu'il est trop grand pour qu'il puisse en obtenir le pardon ou en supporter la peine. Mais ce qui l'occupe principalement, c'est la crainte d'être tué; il sentait bien qu'il méritait de l'être. Dieu le rassure de ce côté. Seul maître de la vie, il ne permet à personne de l'ôter à Caïn; il veut, par la vie fugitive et tremblante de ce premier meurtrier, inspirer l'horreur du meurtre à tous les hommes. Pour augmenter encore cette horreur, il annonce que quiconque le tuerait serait puni sept fois plus encore. Quant au signe que Dieu met en Caïn, on croit communément, d'après la version grecque qui porte : *Tu seras gémissant et tremblant sur la terre*, que ce fut un horrible tremblement de tous ses membres qui effrayait les spectateurs, surtout en leur rappelant qu'une punition sept fois plus terrible encore était réservée à quiconque tuerait ce malheureux.

« Alors Caïn sortit de devant la face de l'Eternel et habita dans la terre de Nod ou *de la Fuite*, ver l'orient d'Eden. »

On voit par ces dernières paroles, ainsi que par d'autres semblables, que le pays d'Eden était regardé par les premiers hommes comme leur centre, leur berceau, leur patrie commune. Dans ce pays était le jardin de Dieu, à l'entrée duquel étaient placés les chérubins. Adam avait été chassé du jardin ou du paradis; mais il n'est pas dit qu'il le fut d'Eden même. Il est à croire que nos premiers parents, bannis du paradis terrestre, se fixèrent tout auprès dans le pays qui l'enfermait; il est à croire que, dans leurs prières et leurs sacrifices, ils tournaient leurs regards vers cette espèce de sanctuaire, où ils avaient vécu familièrement avec leur Créateur, mais dont ils ne voyaient plus alors que l'appareil formidable des chérubins. Peut-être fût-ce du haut de ces chérubins mystérieux, comme du haut de son trône, que Dieu interrogea Caïn; peut-être, quand il est dit que Caïn se retira de devant la face de l'Eternel, faut-il entendre qu'il se retira de devant ce trône de sa gloire, et qu'il sortit même du pays d'Eden, comme étant à la fois excommunié et banni, retranché du culte divin et de la société humaine.

Quoi qu'il en soit, toujours est-il que, chez tous les peuples de l'antiquité, les grands coupables, les meurtriers, les parricides étaient tout ensemble excommuniés et bannis, exclus des cérémonies religieuses et des relations sociales. On craignait de se trouver avec eux sous un même toit ou dans un même navire; on craignait d'être enveloppé dans le même châtiment avec eux par la vengeance divine qui les poursuivait partout. Philosophes, historiens, poètes, tout est plein de pareilles idées ou de pareils exemples. Cette croyance se retrouve chez les hommes les moins familiarisés avec la philosophie et la science. Ainsi, les païens de l'île de Malte, voyant saint Paul, après être échappé du naufrage, mordu par une vipère, se dirent entre eux : Il faut que ce soit un homicide, puisque, sauvé de la mer, la *vengeance* ne permet pas qu'il vive (Act. 28).

Le fond de cette croyance est la vérité même. La vengeance de Dieu poursuit le pécheur et dans le temps et dans l'éternité : dans l'un, pour le faire rentrer en lui-même; dans l'autre, pour le punir de son impénitence. Le genre humain tout entier est dans le premier cas : Satan, avec ses anges, est dans le second. Les premiers siècles du monde en avaient un exemple visible dans un homme : nous en avons sous les yeux un exemple encore bien plus terrible dans tout un peuple.

Le peuple aimé de Dieu, le peuple juif, dans la fureur de sa jalousie, a tué le Christ son frère, chef du peuple puîné, du peuple chrétien. Dix-huit siècles se sont écoulés depuis ce crime. Depuis dix-huit siècles, Dieu et les hommes demandent à cet autre Caïn : Où est ton frère? où est le Christ qui devait naître de ton sang, et, suivant les prophètes, convertir à Dieu toutes les nations? Et, depuis dix-huit siècles, il répond avec l'obstination du premier fratricide : Je ne sais; suis-je donc le gardien de mon frère? Et il dit plus vrai que Caïn. Il ne sait où est le Christ; il ne voit pas ce que tout le monde voit; il ne voit pas qu'au lieu d'en avoir été le gardien fidèle, il en a été le coupable meurtrier; il ne se souvient plus de sa propre imprécation : Que son sang soit sur nous et sur nos enfants. Il ne voit pas qu'avec ce sang pèse sur sa tête le sang de tous les justes persécutés, à commencer par celui d'Abel. Cependant, comment ne le voir pas? Lorsque jadis il eut comblé la mesure de son iniquité par ses fréquentes rechutes dans l'idolâtrie, Dieu le punit par une captivité de soixante-dix ans à Babylone. Et voici vingt-six fois soixante-dix ans qu'il est chassé de sa ville et de son pays, dispersé par toute la terre, sans roi, sans prêtre, sans autel, sans sacrifice, sans forme de peuple : partout vagabond et fugitif, partout méprisé et tremblant. Quel est donc ce crime plus grand que tous ses crimes? Tout le monde le lui dit; tout le monde lui dit que le sang qu'il a versé, il y a dix-huit siècles, crie vengeance contre lui, mais que, s'il veut, il criera pour lui miséricorde. Effrayé de cette lumière terrible, il n'ose y arrêter ses regards. Une loi lui a été donnée, terre autrefois coulante de lait et de miel : il la cultive, il en remue l'écorce, il en garde l'extérieur, la circoncision, la pâque, le sabbat; mais cette terre est frappée pour lui de stérilité, elle a perdu pour lui son lait, son miel, son âme, sa vie qui est le Christ. Accusé ainsi d'un déicide par la voix de l'univers, ne trouvant dans sa loi rien qui le rassure, il tombe dans un secret désespoir : non plus que Caïn, il ne demandera point à Dieu miséricorde; son unique crainte, comme celle de Caïn, c'est que quiconque le rencontrera ne le tue. Mais Dieu, qui veut en faire un exemple éclatant de sa justice et un témoin irrécusable de sa vérité, y a pourvu (S. Aug., *contra Faust.*, l. 12, c. 10). Il a mis sur lui un signe, comme autrefois sur Caïn, un opiniâtre et inexplicable attachement à une loi qui est sa condamnation, et, dans l'extérieur même, une physionomie hagarde qui le distingue de tout autre peuple. Aussi les Romains viendront et soumettront toutes les nations à leurs lois et à leurs usages; les Barbares viendront et changeront tous les usages et toutes les lois; les savants, les politiques viendront et mettront tout en œuvre pour faire du peuple Juif un autre peuple; mais ni la puissance romaine, ni la barbarie, ni la civilisation n'y pourra rien. Le Juif restera toujours Juif, on le méprisera, on l'opprimera, on le persécutera, on le flattera même quelquefois, mais jamais on ne pourra le changer ni l'exterminer. Il faut qu'il soit là pour l'instruction de l'univers.

Chose étonnante! Malgré l'avertissement du ciel, Caïn tue son frère. Ce crime affreux semble devoir contrarier les desseins de la Providence, et il ne fait que les accomplir. Dans Abel, l'humanité offre à Dieu ses prémices : le premier mort est un juste, un saint, un martyr; la terre a désormais un intercesseur dans le ciel : le ciel et la terre sont réconciliés l'un avec l'autre. Caïn même, s'il veut, obtiendra miséricorde; une longue vie lui est donnée pour la peine de son crime et pour apprendre au premier monde que si l'homme est libre de faire le bien ou le mal, Dieu aussi est juste pour le récompenser ou le punir. A l'exemple de Caïn, le peuple Juif tue le Christ. Ce crime, le plus grand des crimes, renverse, ce semble, les desseins du Très-Haut : il ne fait que les exécuter. Par la mort du Christ, la tête du serpent est écrasée, l'homme sauvé et Dieu honoré autant qu'il le mérite. Le peuple déicide lui-même, quand il voudra, participera au salut éternel; en attendant, il servira de leçon et d'exemple.

Après la mort d'Abel, l'Ecriture nous parle en peu de mots de la postérité de Caïn : elle ne parle que de sept générations, mais sans marquer d'époques ni d'années. Caïn ayant connu sa femme, en eut un fils nommé Enoch; plus tard il bâtit une ville, qu'il appela du nom de son fils. La crainte d'être tué pour son meurtre lui fit peut-être bâtir une ville comme lieu de sûreté. Son cinquième descendant est nommé Lamech. Celui-ci rompit l'unité primitive du mariage, en prenant à la fois deux femmes, Ada et Sella. La première enfanta Jabel, père de ceux qui habitent sous les tentes et des pasteurs, et Jubal, père de ceux qui jouent de la harpe et de la cithare. La seconde engendra Tubalcaïn, habile à travailler le fer et l'airain, et une fille appelée Noëma ou la belle. Tubalcaïn et sa sœur se retrouvent, suivant quelques-uns, dans Vulcain, forgeron célèbre dans les poètes, et sa femme Vénus, symbole de la beauté charnelle.

Quoi qu'il en soit, Lamech dit un jour à ses deux femmes : « Ada et Sella, entendez ma voix; femmes de Lamech, écoutez mes paroles : J'ai tué un homme pour ma blessure, et un adolescent pour ma meurtrissure. Mais si Caïn est vengé sept fois, Lamech le sera septante fois sept. » On convient généralement qu'il y a dans ces paroles une certaine mesure poétique, et il est facile de s'en apercevoir; mais on ne sait point au juste ce qu'elles veulent dire. Ce qui paraît certain, d'après le texte original, c'est que Lamech tua un homme fait et un enfant, non pas de propos délibéré, mais par accident ou pour sa propre défense. De là il conclut que si Caïn, qui avait tué son frère avec préméditation, devait néanmoins être vengé sept fois sur celui qui le tuerait contre la défense de Dieu, lui, Lamech, devait l'être incomparablement plus. On voit que l'histoire du premier meurtrier n'était point oubliée parmi ses descendants, et qu'elle y produisait même quelques bons effets. Ainsi, Caïn cache son crime, le nie hardiment devant Dieu qui l'interroge; tandis que Lamech, sans être interrogé par personne, confesse le sien et en appelle à la justice de Dieu, pour n'être puni que par lui (S. Chrysost., *Homil.* 20, *in cap. 4 Genes.*).

Mais toujours est-il que le meurtre se perpétua dans la race de Caïn, et que c'est là qu'on porta la première atteinte à la sainte et primitive unité de l'union conjugale. Ce que l'on peut y observer encore, c'est l'origine des castes et des professions héréditaires. Les descendants de Jabel sont pasteurs nomades, ceux de Jubal, musiciens, et ceux de Tubalcaïn, ouvriers en mines et en métaux.

Abel était mort, mais il devait comme renaître dans un autre lui-même, et, par cette espèce de substitution, perpétuer sa race jusqu'à nous. « Adam connut encore sa femme, et elle enfanta un fils, et elle lui donna le nom de Seth ou *substitué*; disant : Dieu m'a substitué une autre race pour Abel que Caïn a tué (Genes., 4, 25). » Adam avait vécu cent trente ans suivant l'hébreu, deux cent trente suivant la version des Septante, lorsqu'il engendra ce fils à son image et à sa ressemblance, et qu'il le nomma Seth (Gen., 5, 3). On présume de là qu'Abel fut tué l'an cent vingt-huit ou cent vingt-neuf de son père. A cette époque, Adam avait sans doute déjà plus d'un fils et plus d'une fille : sa postérité était déjà probablement assez nombreuse; ce qui le fait croire, c'est que Caïn craignait d'être tué par le premier venu. Des auteurs (1) sont même calculé qu'à la mort d'Abel, une année avant la naissance de Seth, il devait y avoir sur la terre plus de quatre mille âmes; il y en a même qui portent ce nombre jusqu'à cent mille. Une particularité remarquable, c'est que, d'après le nom que lui donnent son père et sa mère, Seth est une race substituée à son frère Abel, une race pour ainsi dire posthume du premier juste. Ainsi, le juste par excellence, après être mort sur la croix, s'est-il vu renaître dans le peuple chrétien. Seth apparaît dans tout cela comme le représentant d'Abel et comme son vicaire. Or, ce qu'il y a dans Abel de plus grand, c'est que, par son sacrifice et par sa mort, et comme prêtre et comme victime, il a été la figure du Christ, prêtre éternel et victime immolée depuis l'origine du monde. On pourrait donc considérer Seth comme le représentant et le vicaire du Christ dans l'Eglise primitive. Il est dit qu'Adam l'engendra à son image et à sa ressemblance. Ces paroles peuvent signifier qu'Adam l'engendra semblable à lui par le péché, et non point semblable à Dieu par la justice originelle. Cependant, comme ces paroles ne se disent que de Seth, il est naturel de penser qu'elles renferment plutôt une prérogative particulière, selon toute apparence, d'être, après Adam, le chef et le docteur spirituel du genre humain. Tel nous le représentent du moins des traditions orientales. Josèphe, historien juif, rapporte que de son temps il existait encore deux colonnes sur lesquelles Seth avait gravé le sommaire des plus utiles connaissances (*Antiq.*, l. 1, c. 2). Quoi qu'il en soit de cette assertion, toujours prouve-t-elle que ce patriarche était généralement regardé comme le docteur universel du monde primitif et comme le fidèle dépositaire des traditions originelles.

A l'âge de cent cinq ans, suivant l'hébreu et la Vulgate, de deux cent cinq, suivant le grec des Septante, Seth engendra un fils qu'il appela Enos. Alors, dit le texte original, on commença d'invoquer le nom de Jéhova; autrement, alors on commença d'appeler Dieu du nom de JÉHOVA. La version latine traduit un peu différemment : Celui-ci commença d'invoquer le nom du Seigneur (1). D'après l'interprétation commune, ces divers sens sont également vrais : Ce fut du temps d'Enos, probablement par ses exhortations et sous sa présidence, que l'on commença d'honorer l'Eternel par un culte public et des assemblées régulières; ce fut, suivant toute apparence, vers le même temps que la société des fidèles reçut ou prit le nom d'*enfants de Dieu*, que nous verrons bientôt. En tous cas, ce serait une exagération bien fausse de s'imaginer, d'après le texte actuel de la Vulgate, qu'Enos fut le premier à invoquer le nom du Seigneur. Adam et Seth vivaient encore, qui certainement n'avaient point oublié Dieu, ni cessé d'invoquer son nom. Un illustre Père de l'Eglise, saint Cyrille d'Alexandrie, avait des premiers hommes une idée bien différente (*In. Gen.*, l. 2 et 3). Suivant lui, Seth, Enos et tous ses descendants jusqu'à Noé, menaient une vie si sainte, étaient si semblables à Dieu par leurs vertus, que leurs pieux contemporains les appelaient dieux eux-mêmes. De là, dans leurs enfants, le nom d'enfants de Dieu ou des dieux. Et, de fait, la locution correspondante

(1) Entre autres, l'anglais Whiston.

(1) Peut-être aussi y avait-il originairement dans le texte de S. Jérôme : *Hic cœpit invocari nomen Domini*, ici commença d'être invoqué le nom du Seigneur; ce qui rend exactement l'hébreu. Un *i* aura pu facilement se changer en *e*, et donner la phrase actuelle : *Hic cœpit invocare nomen Domini*.

LIVRE III. — VIE DES PREMIERS HOMMES, LE DÉLUGE.

dans le texte original peut signifier également enfants de Dieu et enfants des dieux.

Enos ayant vécu quatre-vingt-dix ans, suivant l'hébreu, cent quatre-vingt-dix, suivant les Septante, engendra Caïnan, qui, à l'âge de soixante-dix ans, suivant le premier texte, de cent soixante-dix, suivant le second, engendra Malaléel. Celui-ci vécut soixante-cinq ans, autrement cent soixante-cinq, jusqu'à ce qu'il engendra Jared qui, suivant les deux textes, engendra Hénoch à l'âge de cent soixante-deux ans. Ce dernier, ayant vécu soixante-cinq ans ou cent soixante-cinq, engendra Mathusalem.

Hénoch marcha avec Dieu. Cette expression a paru, à un docte personnage, indiquer la dignité du sacerdoce (Michaëlis). Toujours est-il que, dès le quatrième siècle de l'ère chrétienne, on lisait, dans un recueil liturgique pour l'ordination des évêques : « O Dieu, qui dès le commencement, avez établi des prêtres pour le salut de votre peuple, Abel d'abord, Seth et Enos, *et Hénoch*, et Noé, et Melchisédech, et Job (*Constit. apost.*, liv. 8, c. 5). » Non-seulement Hénoch se rendit agréable à Dieu par une vie sainte, mais, avec le zèle d'un prophète, il prêcha la pénitence aux pécheurs de son temps, et les menaça du jugement à venir. Un apôtre disait des impies qui blasphémaient l'Evangile : « Hénoch, septième depuis Adam, a prophétisé d'eux, quand il a dit : Voici que vient le Seigneur avec ses saintes myriades pour exercer le jugement contre tous les hommes et reprendre parmi eux tous les impies de toutes les œuvres de leur impiété et de toutes les paroles dures que les pécheurs impies ont proférées contre lui (*Epist. Judæ*, 15). » Ce qu'il y a de plus étonnant, c'est que ce patriarche, notre commun ancêtre par Noé, est encore vivant. Par le mérite de sa foi, dit saint Paul, Hénoch fut enlevé, afin qu'il ne vît pas la mort : on ne le trouva plus, parce que Dieu le transporta ailleurs (Heb., 11). On le présume dans un paradis au lieu de délices, se nourrissant des fruits de l'arbre de vie. On croit généralement qu'à la fin du monde chrétien il viendra, comme représentant du monde primitif, avec Elie, représentant du monde judaïque, rendre témoignage au Christ contre son ennemi capital.

On aura été surpris de la différence entre l'hébreu et le grec pour les années des patriarches ; les anciens Pères de l'Eglise, qui les premiers la remarquèrent, en étaient surpris également. Ce qu'il y a de singulier, c'est que cette différence ne tombe que sur les années avant la génération, et non sur la vie totale. Les cent ans que le grec et l'hébreu mettent de plus ou de moins dans la vie du père, avant la naissance du fils, ils les mettent de moins ou de plus après ; en sorte que le total reste le même. Au dix-septième siècle de notre ère, on retrouva un troisième texte qui était demeuré inconnu depuis le sixième : c'est le texte samaritain ou le Pentateuque hébreu, que reçut des Juifs schismatiques emmenés en captivité la colonie assyrienne envoyée à sa place au pays de Samarie. D'après la comparaison qui a été faite, il s'est trouvé que, pour les patriarches avant le déluge, l'hébreu a pour lui tantôt le samaritain, tantôt le grec ; mais que, pour les patriarches après le déluge, le grec et le samaritain sont généralement d'accord entre eux. De là quelques savants ont conclu, non sans quelque fondement, que le plus simple est de suivre l'hébreu pour la première époque, le samaritain et le grec pour la seconde, attendu qu'on aurait ainsi presque toujours deux contre un. Ce qui donnerait environ mi e six cent cinquante-six ans depuis la création de l'homme jusqu'au déluge, et onze à douze siècles depuis le déluge jusqu'à la vocation d'Abraham, trois mille deux ou trois cents ans jusqu'à Jésus-Christ.

Comment une pareille diversité a-t-elle pu s'introduire? Cela se conçoit. Avant la découverte de l'imprimerie, il fallait copier les livres à la main ; aujourd'hui il se fait des fautes d'impression, alors il se faisait des fautes de transcription, surtout pour les dates, qui anciennement ne s'écrivaient point avec les expressions parlées, mais par des lettres numérales. Comme dans toutes ces langues il y a plusieurs lettres qui se ressemblent, l'une pouvait se prendre facilement pour l'autre. Il y avait quelque chose de plus encore pour les écritures des Juifs. Depuis la captivité des dix tribus, environ six siècles avant Jésus-Christ, elles étaient répandues par toute la terre, se transcrivaient dans l'original même, avec deux sortes de caractères différents, les anciens caractères hébraïques, que l'on croit être les samaritains, et les caractères chaldéens ou hébreux actuels. Vers le milieu de cette époque, la version grecque vint encore augmenter les chances de variantes. Une faute de transcription se sera glissée dans un exemplaire et propagée dans d'autres. Au lieu de la rectifier sur des exemplaires plus corrects, un faux critique en aura fait la base d'un système de correction à part. De là purent venir avec le temps, sans aucun dessein de tromper, ces différences réfléchies des textes divers. Les Pères de l'Eglise qui les comparèrent entre eux, ne voulurent point y toucher, tant ils avaient à cœur de nous transmettre fidèlement ce qu'ils avaient reçu. Ces variantes chronologiques prouvent, au reste, que la bonne foi présidait à la transcription des textes : l'imposture eût été plus avisée. L'accord de tous les textes et de toutes les versions dans les choses importantes nous est une garantie d'autant plus certaine.

Après tout, cette diversité ne tombe point sur la suite ni l'ordre des générations et des événements, mais seulement sur la durée entre quelques-uns. Tel père a-t-il vécu cent ans de plus ou de moins avant ou après la naissance de son fils ? L'Eglise nous laisse parfaitement libres sur cette question de dates ; elle ne rejette ni l'un ni l'autre comput ; elle laisse aux savants à discuter quel texte mérite, sous ce rapport, la préférence, ou quel moyen il y a de les concilier. En autorisant, parmi les versions latines, celle qui est connue sous le nom de Vulgate, elle autorise implicitement la chronologie abrégée de l'hébreu, sur lequel cette version a été faite. Mais la version grecque des Septante est également autorisée et par les Apôtres, et par les Conciles, et par les Pères qui la citent : on peut donc également suivre sa chronologie plus longue. Et de fait, l'Eglise romaine, en l'annonce de la fête de Noël au Martyrologe, compte cinquante-deux siècles depuis la création du monde à la naissance de Jésus-Christ, tandis que les partisans de la chronologie hébraïque n'en comptent ordinairement que quarante.

Mais ces années des patriarches, étaient-ce bien

des années comme les nôtres? N'étaient-ce pas de simples trimestres, ou plutôt des années d'une lunaison? On l'a dit dans des livres et dans des journaux, et les doctes écrivains qui l'y ont dit témoignaient une superbe pitié pour le chrétien vulgaire qui croit que les années des patriarches étaient des années. Ces années ne vont donc être que des lunes. Sur ce pied, les neuf cent trente ans, les neuf cent douze, les neuf cent soixante-neuf, les neuf cent cinquante, les six cents, les quatre cent soixantequatre, les cent soixante-quinze que l'Ecriture dit que vécurent Adam, Seth, Mathusalem, Noé, Sem, Héber, Abraham, se réduiront à la mesure plus raisonnable de soixante-dix-sept, soixante-seize, quatrevingts, soixante-dix-neuf, cinquante, trente-neuf et quatorze, avec quelques mois en plus ou en moins. Sans doute, il n'y a dans ces âges rien d'extraordinaire. Ce qui l'est un peu, c'est qu'Abraham soit dit mort dans une heureuse vieillesse, lui qui ne vécut que cent soixante-quinze lunaisons, en tout quatorze ans et sept mois. Ce qui l'est encore plus, c'est que quand il entendit Dieu lui promettre, à l'âge de cent ans, que, cette année-là même, sa femme, Sara, qui en avait quatre-vingt-dix, lui donnerait un fils, il se mit à rire, aussi bien qu'elle, de se voir père et mère si vieux. Ils devaient rire plutôt de se voir père et mère si jeunes, car lui n'avait encore que huit ans et quatre mois, et elle sept ans et demi. Ce qui ne paraîtra pas moins plaisant, c'est qu'Enos, Caïnan, Malaléel, Héber, Phaleg, Nachor, qui, dans l'hébreu, sont dits avoir engendré à l'âge de quatre-vingt-dix, de septante, de soixantecinq, de trente-quatre, de trente, de vingt-neuf ans, auront eu des enfants à l'âge de sept ans et demi, de cinq ans dix mois, de cinq ans cinq mois, de deux ans dix mois, et même de cinq ans cinq mois. Et comme, à une époque où l'on convient que les années des Hébreux étaient semblables aux nôtres, la mère des Machabées rappelle au plus jeune de ses fils qu'elle l'avait allaité pendant trois ans, il faudra conclure que ces graves personnages, tels que nous aimons à nous représenter les anciens patriarches, avaient des fils et des filles avant qu'ils fussent euxmême sevrés. Ce n'est pas tout. Adam qui, suivant le texte original, engendra Seth à cent trente ans, l'aura engendré à dix ans dix mois. Mais avant la naissance de Seth, Caïn avait tué Abel. Quand il commit ce meurtre, il faut supposer à Caïn au moins vingt ou trente ans. Il sera donc né vingt ou trente ans avant Seth, par conséquent une dizaine d'années, pour le moins, avant son père. Voilà ce que disent implicitement ces doctes railleurs du vulgaire chrétien.

Encore une réflexion. Il est dit que le déluge commença l'année six cent de Noé, le dix-septième jour du second mois, et qu'il finit l'an six cent un, le vingt-sept du second mois. Ce sera donc une lunaison, plus dix jours. Mais, dans cette quarantaine, nous verrons d'abord tomber la pluie pendant quarante jours et quarante nuits; puis les eaux couvrant la terre pendant cent cinquante jours; puis ces eaux commençant à baisser jusqu'au vingt-sept du septième mois, où l'arche reposa sur le mont Ararat; puis quarante jours après lesquels Noé lâcha le corbeau; puis trois fois sept jours où il envoya la colombe à trois reprises; puis Noé attendant encore quelque temps, et pour découvrir l'arche le premier jour du premier mois de l'année six cent un, et pour en sortir finalement le vingt-sept du second mois. Comment renfermer tout cela dans une lune? Je n'y vois qu'un moyen, c'est de dire que les lunes d'alors étaient aussi longues que les années d'à présent.

Nous avons vu citer, à l'appui de cette chronologie rapetissée, deux savants justement célèbres; et ces mêmes savants reconnaissent avec tout le monde que les années des patriarches étaient ce que tout le monde appelle des années (1). Au reste, les traditions de tous les peuples sont d'accord avec Moïse sur la longue vie des premiers hommes.

Celui de tous les mortels qui vécut le plus longtemps fut Mathusalem. Il ne mourut qu'à l'âge de neuf cent soixante-neuf ans, et en l'année même du déluge. Suivant l'hébreu, la Vulgate et le samaritain, il a vécu deux cent quarante-trois ans avec Adam, trois cent cinquante-cinq avec Seth, trois cents avec Hénoch, six cents avec Noé, et cent avec ses trois fils. Ainsi, entre Adam, père du premier monde, et Noé, père du second, il n'y a qu'une personne d'intermédiaire. Quelle facilité pour l'histoire et la religion primitive de passer sans altération d'un monde à l'autre!

A l'âge de cent quatre-vingt-sept ans, il engendra Lamech, qu'il ne faut point confondre avec Lamech, descendant de Caïn, qui le premier épousa deux femmes, comme il ne faut point confondre le prophète Hénoch avec Hénoch, fils de Caïn, qui donna son nom à la première ville. Lamech vécut encore cinquante-six ans avec Adam, cent soixante-huit avec Seth et cent vingt-trois avec Hénoch le prophète. Il en avait cent quatre-vingt-deux quand il engendra un fils qu'il appela Noé, c'est-à-dire *repos* ou *soulagement*, en disant: « Celui-ci nous soulagera parmi nos travaux et les œuvres de nos mains, dans la terre que l'Eternel a maudite (Gen., 5, 29). » Prédiction qui s'est accomplie de plus d'une manière. Noé soulagea les hommes dans leurs travaux agricoles, en inventant, suivant une tradition hébraïque, des instruments de labourage; il les soulagea en inventant cette liqueur qui réjouit le cœur de l'homme. Il fut une consolation pour l'humanité, ayant mérité par son sacrifice que Dieu ne maudit plus la terre (Menochius, *in hunc locum*.) Dans un sens plus relevé, il fut comme un médiateur entre Dieu et les hommes; il ensevelit tous les anciens crimes dans le déluge, et en fit sortir avec lui un monde nouveau. Il était la figure de Celui qui est notre vrai Noé, notre vrai repos, notre vraie consolation, qui lui-même a dit: « Venez auprès de moi, vous qui travaillez et qui êtes chargés de fardeaux, et je vous soulagerai, et vous trouverez le repos de vos âmes. »

Noé, le dixième patriarche, était âgé de cinq siècles lorsqu'il vint à engendrer Sem, Cham et Japhet. C'est par ces trois chefs de famille que devait se repeupler le monde nouveau. A leur naissance, l'ancien monde penchait vers sa ruine.

Ce que chacun de nous éprouve en petit, le genre humain l'éprouvait en grand : le combat entre l'esprit et la chair, la raison et les passions. Dieu nous avait fait un : le péché nous a divisés. Depuis lors,

(1) Bochart, en son *Phaleg*; Michaëlis, en sa traduction allemande de la *Genèse*.

il y a deux hommes en nous, un Caïn et un Abel, l'un charnel, l'autre spirituel; l'un terrestre, l'autre céleste; l'un de l'homme, l'autre de Dieu. Souvent, dans sa miséricordieuse justice, Dieu afflige la chair qui domine, pour affranchir l'esprit qui est esclave; il frappe le corps pour sauver l'âme. Ainsi en est-il de l'humanité entière. Dieu l'avait faite une : le péché l'a divisée et d'avec Dieu et d'avec elle-même. Dès lors, dans la société humaine, il s'est trouvé deux sociétés : l'une des bons, l'autre des méchants; l'une des justes, l'autre des pécheurs; l'une des enfants de Dieu, l'autre des enfants de l'homme; la première, représentée par Abel, Seth, Hénoch, Noé; la seconde, par Caïn et ses descendants. La partie corrompue du genre humain étant venue à corrompre presque tout le reste, Dieu frappa la chair pour sauver l'esprit.

Cette partie contagieuse a un nom très-connu. Se laisser corrompre et corrompre à son tour, a dit un des écrivains les plus éloquents et les plus observateurs de l'antiquité païenne, Tacite, voilà ce qu'on appelle le siècle et le monde (*Germania*). La partie opposée se nomme, dans le langage chrétien, la cité de Dieu, la société des fidèles, l'Église.

La corruption sociale se manifesta dans Caïn tuant son frère. Les descendants de l'homicide imitaient sans doute volontiers les mœurs de leur ancêtre; cependant il n'est pas dit qu'il n'y eût pas d'exception. La vertu d'Abel renaquit dans Seth et se propagea comme naturellement dans sa race; cependant il n'est pas dit qu'il ne s'y engendrât que des bons. Les autres fils et filles d'Adam, avec leur postérité, appartenaient à la société des uns ou des autres, suivant qu'ils écoutaient l'esprit ou la chair; car il ne faut pas s'imaginer que les deux sociétés qui partagent le genre humain, l'Église et le monde, fussent ou soient séparées par la distance des lieux : elles le seront ainsi dans l'éternité; mais, dans le temps, elles ne le sont que par l'esprit et le cœur. Dans l'une, Dieu est le père et le souverain; dans l'autre, c'est l'homme. Ceux donc qui reconnaissent la loi de Dieu, interprétée par une autorité divine, comme la règle de leur esprit et de leur cœur, ceux-là sont, sous ce rapport, enfants de Dieu : enfants peut-être indociles et coupables, en ce qu'ils n'exécuteront pas toujours la parole de leur père, à laquelle cependant ils croient. Ceux au contraire qui, sans nier que Dieu existe, non plus que ne le fit le serpent qui séduisit Eve, ne reconnaîtraient point l'obligation de se soumettre à sa loi, ou soumettraient cette loi à leur interprétation privée, ceux-là, ne reconnaissant au fond d'autres souverains qu'eux-mêmes, ne seraient plus enfants de Dieu, mais enfants de l'homme. Par là on voit aisément qu'il suffit de le vouloir pour passer d'une de ces sociétés à l'autre.

D'après ce que nous avons vu, il est vraisemblable que cette dénomination d'enfants de Dieu et d'enfants de l'homme commença sous Enos, petit-fils d'Adam. La corruption faisait, selon toute apparence, de funestes progrès, quatre générations plus tard, sous Hénoch, puisque nous voyons ce prophète prêchant la pénitence et menaçant les pécheurs des jugements de Dieu; elle vint à son comble vers l'an quatre cent quatre-vingt de Noé. Voici quelle en fut la cause principale :

« Lorsque les hommes, *qui n'étaient pas de Dieu*, eurent commencé à se multiplier sur la terre, et qu'il leur fut né des filles, les enfants de Dieu, *ou des dieux, dans le sens de saint Cyrille*, voyant que les filles de ces hommes étaient belles, prirent pour femmes celles qu'ils choisirent entre toutes les autres (Genes., 6). » Voilà comme la corruption se glissa dans la race des hommes divins, tels que Seth et Hénoch. Leurs descendants s'allièrent à la race corrompue des méchants; ils y choisirent des femmes, non pour la beauté de l'âme, la vertu, mais pour la beauté périssable du corps; ils les épousèrent, non pour engendrer des enfants dans la crainte de Dieu, mais pour assouvir plus librement les passions effrénées de la chair. Les siècles féconds en crimes, a dit un poète païen, ont d'abord corrompu et les mariages, et la génération, et la famille : c'est de cette source que la ruine s'est répandue sur la patrie et sur le peuple (1). Les païens mêmes, comme on voit, sentaient que le salut du genre humain dépend principalement de la sainteté de l'union conjugale.

A la vue de cette dégénération de la race des justes, malgré ses avertissements intérieurs et extérieurs, l'Eternel dit : « Mon esprit ne demeurera point à jamais dans l'homme; ou, suivant une autre leçon : Mon esprit ne luttera pas toujours dans l'homme, parce qu'il est chair; mais ses jours *de répit* seront cent vingt ans. » Le souffle de vie que Dieu avait mis dans l'homme ne devait pas y rester à jamais, parce que l'homme, devenu tout charnel, méritait d'en être privé. Ou bien, l'esprit de grâce qui luttait dans l'homme contre la convoitise ne devait pas continuer cette lutte sans fin; un grand coup allait être frappé, qui, en perdant le corps, sauverait l'âme. Cent vingt ans sont encore donnés au genre humain pour détourner par sa pénitence la terrible catastrophe. Ceux qui s'imaginent que ces paroles veulent dire que la vie de l'homme serait réduite à cent vingt ans, sont dans l'erreur; car, après le déluge même, nous verrons les patriarches vivre des quatre et cinq siècles. Il s'agit du délai de grâce qui est encore accordé aux hommes. Au lieu de les punir sur-le-champ, Dieu, toujours bon, commence par des menaces; il fixe une époque fatale, mais très-éloignée; il voudrait qu'on le prévînt par le repentir, et qu'il ne fût pas obligé d'en venir à l'exécution.

Ces menaces furent sans doute communiquées aussitôt par Noé à ses contemporains, c'est-à-dire en la même année cent vingt avant le déluge. Mais, comme nous l'apprend saint Pierre, les contemporains de Noé n'y crurent point alors (1. Pet., 3.) Ce qu'ils faisaient auparavant, ils continuaient à le faire : ils mangeaient, ils buvaient, ils épousaient des femmes, ils mariaient leurs filles, sans s'inquiéter du châtiment dont ils étaient menacés.

Une autre monstruosité se voyait encore. « Il y avait des géants sur la terre en ces jours, et il y en eut encore *peut-être plus* après que les enfants de Dieu se furent approchés des filles des hommes et que celles-ci eurent engendré. Ce sont là ces puissants, ces héros qui furent dès jadis des hommes de nom (Gen., 6, 4). » L'Ecriture dit un peu plus loin :

---

(1) *Fœcunda culpæ sæcula, nuptias primum inquinavere, et genus, et domos : hoc fonte derivata clades in patriam populumque fluxit* (Horat., l. 3, *Od.* 6).

« Et la terre était corrompue devant Dieu, et la terre était remplie de violence (Gen., 6, 11); » suivant la force du mot original. On voit bien par où ces hommes extraordinaires se rendirent fameux, par la luxure et la tyrannie.

Les saints Pères ont remarqué que, dans l'ordre primitif de la nature, Dieu n'accorda point à l'homme de domination sur l'homme, mais seulement sur les animaux. Aussi ayant le déluge, voit-on des pasteurs de troupeaux, mais point de dominateurs de peuples. On y voit des pères et des enfants, mais point de rois ni de sujets, point de maîtres ni d'esclaves. Dans sa première enfance, le genre humain croissait sous la seule autorité paternelle. De souverain proprement dit, ayant droit de vie et de mort, il n'y avait que Dieu. On voit, par l'exemple de Caïn et de son descendant Lamech, qu'il n'avait point encore communiqué aux hommes le droit de faire mourir aucun d'entre eux, même pour crime, puisque celui qui tuait le premier devait être puni sept fois, et celui qui tuait le second devait l'être septante fois sept. Il se réservait à lui seul la punition, même temporelle, du meurtre. « Il était en ce temps, dit Bossuet, le seul roi des hommes, et les gouvernait visiblement (1). » Sous la douce autorité de Dieu et de leurs pères, les premiers hommes paraissent donc avoir joui d'une liberté et d'une égalité communes. La dégénération des bons, la multiplication des méchants portèrent la première atteinte à cette première constitution de l'humanité. Il naquit des hommes d'une taille prodigieuse, d'un orgueil plus prodigieux encore, qui se dirent en leur cœur: *Que notre force soit la loi de justice* (Sap., 2). Ce furent les premiers tyrans. Ils achevèrent de corrompre la terre et d'attirer sur elle les châtiments du ciel. Job, Salomon, Baruch, le fils de Sirac nous les montrent d'une haute stature, confiants en leur force, sachant la guerre, gémissant sous les eaux avec leurs contemporains, et périssant impénitents et superbes, sans demander pardon pour leurs crimes (Job, 26, 5; Sap., 14, 6; Baruch, 3, 26; Eccl., 16, 8). La taille, la force, l'insolence, la férocité et enfin le supplice de ces monstres humains ou plutôt inhumains, sont également renommés dans les traditions profanes.

« L'Éternel voyant que, *malgré ses avertissements et ses menaces*, la malice des hommes croissait *au lieu de diminuer*, et que toutes les pensées de leurs cœurs n'étaient jamais tournées qu'au mal, il se repentit de ce qu'il avait créé l'homme sur la terre, et, ému de douleur au dedans de lui-même: J'exterminerai de la face de la terre, dit-il, l'homme que j'ai créé; j'exterminerai depuis l'homme jusqu'aux animaux, depuis le reptile jusqu'aux oiseaux du ciel; car je me repens de les avoir faits (Gen., 6, 5-7). »

Celui qui est par essence, est toujours le même et ne change pas, Dieu n'est pas, comme l'homme, pour mentir, est-il dit, ni, comme le fils de l'homme, pour changer (Num., 23). Embrassant dans son éternel maintenant, le passé, le présent et l'avenir de la créature, il exécute chaque chose en temps et lieu; il crée, il détruit, il renouvelle; il opère des changements, mais sans changer lui-même ni dans son être, ni dans son intelligence, ni dans sa vo-

(1) *Polit. tirée de l'Écrit.*, l. 2, art. 1, propos. 2.

lonté. Tout chrétien le sait. Mais de même que, lorsqu'un bon père parle à ses petits enfants, sa parole se fait enfant avec eux; de même, quand Dieu parle aux hommes, sa parole se fait homme avec les hommes. Il dira donc qu'il se repent, qu'il est en colère, qu'il se sent touché de compassion, que ses entrailles sont émues, qu'il oublie. Et, dans un sens, tout cela est vrai; car tout ce que le repentir, la colère, la compassion, l'oubli peuvent produire de bon dans l'homme, Dieu l'opère sans rien ressentir de ce qu'il peut y avoir en cela d'imparfait. Un homme qui se repent d'avoir fait un ouvrage le défait, s'il peut, pour mieux le refaire. Il y a d'imparfait en lui qu'il n'a pas prévu ce qui est arrivé. Si d'avance il avait vu que son ouvrage aurait tels ou tels défauts, et qu'il ne les lui eût soufferts que pour en tirer plus tard un plus grand bien, la destruction et la reconstruction de cet ouvrage ne dénoteraient plus un changement ni une imperfection dans le dessein de l'ouvrier. Dieu a fait le genre humain pour une très-longue durée: il l'a fait libre, il l'a remis en la main de son propre conseil et a placé devant lui le bien et le mal. Il voyait bien que cet enfant des siècles souillerait la fin de son premier âge par de graves désordres; mais il voyait en même temps que le châtiment terrible de ces désordres lui serait une salutaire leçon pour toute la durée de son existence. Lors donc qu'avant d'en venir à l'exécution, ce père dit à l'enfant qu'il se repent de l'avoir créé, qu'il en est pénétré de douleur, c'était pour lui faire sentir l'énormité de ses crimes; la menace lui dire d'une manière plus pathétique: Repens-toi donc, pour que je ne sois pas réduit à te frapper.

Pour augmenter la terreur de ses menaces, Dieu annonce aux hommes qu'il exterminera de dessus la terre non-seulement eux, mais les animaux, les reptiles, les oiseaux du ciel. Il semble vouloir les toucher de compassion à la vue de tant de créatures condamnées à périr avec eux uniquement parce qu'elles sont nées pour leur service. Tout cela fut en vain. Toute chair continua de corrompre sa voie et de rendre inévitable le châtiment universel.

Noé seul trouva grâce aux yeux de Jéhova, parce qu'il était juste et parfait au milieu d'une génération aussi perverse, et qu'il marchait avec Dieu (Gen., 6, 8 et 9). C'est par lui que Dieu dénonçait à ses contemporains l'effroyable catastrophe qui allait fondre sur eux. Aussi saint Pierre l'appelle-t-il le prédicateur, le héraut de la justice (Pet., 2, 5).

« Ayant donc vu la terre corrompue à l'excès, Dieu dit à Noé: La fin de toute chair est arrivée devant moi, parce que la terre est remplie de violences par eux: voici donc que je les perdrai avec la terre; fais-toi une arche de bois de gopher (le cyprès); tu la partageras en petites chambres et tu l'enduiras de bitume par dedans et par dehors, et tu la feras ainsi: sa longueur sera de trois cents coudées, sa largeur de cinquante et sa hauteur de trente. Tu y pratiqueras une fenêtre. Pour le comble de l'arche, tu lui donneras une coudée de hauteur, tu ouvriras une porte au côté; enfin, tu partageras toute l'arche en premier, second et troisième étages. Et voilà que moi j'amènerai sur la terre les eaux du déluge, pour détruire toute chair en qui est l'esprit de vie sous le ciel: tout ce qui est sur la terre périra. Mais j'établirai mon alliance avec toi, tu entreras dans l'arche, toi, tes fils, ta femme et les femmes de tes fils avec toi. » Il lui commanda encore d'y faire entrer avec lui sept mâles et sept femelles de tous les animaux purs, deux mâles et deux femelles des animaux impurs; sept mâles et sept femelles des oiseaux purs, deux mâles et deux femelles des oiseaux impurs; des reptiles, deux de chaque espèce, afin d'en conserver la race sur la terre. Enfin il devait prendre de toutes les choses dont on peut manger et les porter dans l'arche, afin qu'elles servissent à sa nourriture et à celle des animaux.

Mais cette arche avec les dimensions que Moïse lui donne, était-elle assez grande pour contenir toutes les espèces d'animaux avec ce qu'il leur fallait de nourriture pour un an? Il en est qui l'ont révoqué en doute, il en est qui l'ont nié formellement; d'autres, allant droit au fait, ont calculé la capacité de l'arche d'après les dimensions assignées, ainsi que la place qu'il fallait à toutes les espèces d'animaux connues. Ils ont pris pour base la coudée égyptienne, dont les étalons se retrouvent encore au Caire, et qui, selon toutes les vraisemblances, était commune aux Hébreux du temps de Moïse; elle a vingt pouces et demi de notre mesure. En calculant sur ce pied la capacité de l'arche de Noé, ils y ont trouvé non-seulement assez de place pour Noé et sa famille, pour toutes les espèces d'animaux et toutes les provisions nécessaires, mais encore un assez grand espace de libre.

A quelle époque Noé reçut-il le commandement de bâtir l'arche? On suppose d'ordinaire que ce fut cent ans avant le déluge. Nous ne voyons pas trop sur quoi est fondée cette opinion. En donnant l'ordre de bâtir, Dieu dit : *Tu entreras dans l'arche, toi, tes fils, ta femme et les femmes de tes fils avec toi :* ce qui laisse naturellement entendre que ses fils alors étaient mariés, et déjà par conséquent d'un certain âge. Or, ils étaient nés depuis l'année cinq cent de leur père, un siècle avant le déluge. L'ordre de bâtir l'arche aura donc été donné au moins vingt ou trente ans plus tard. Dira-t-on que Dieu parle de leurs femmes par anticipation? Cela est possible, mais rien ne le prouve. D'ailleurs, cela fût-il certain, on ne pourrait rien en conclure. Moïse dit bien, en terminant la généalogie d'Adam jusqu'à Noé, que ce dernier ayant vécu cinq cents ans, engendra Sem, Cham et Japhet; mais il ne dit pas que ce qu'il va rapporter dans le chapitre suivant soit arrivé à la même époque. On voit, au contraire, qu'après avoir exposé de suite tout ce qui regarde la généalogie, il s'attache à l'histoire particulière du déluge et commence par une époque antérieure de vingt ans à la naissance de Sem, à savoir celle où Dieu annonça que le genre humain n'aurait plus que cent vingt ans pour prévenir le châtiment de ses crimes. Il nous semble donc que voici la manière la plus naturelle de concilier ces textes divers. L'année quatre cent quatre-vingt de Noé, Dieu donne le premier avertissement aux hommes coupables, et leur annonce qu'ils n'ont plus que cent vingt ans pour faire pénitence. Vingt ans plus tard, Noé engendra successivement ses trois fils. Environ trente ans après leur naissance, cinquante ans après le premier avertissement, soixante-dix avant le déluge, Dieu commande définitivement à Noé de bâtir l'arche.

Noé exécuta fidèlement tout ce que Dieu lui avait commandé. Il se mit à construire cet immense vaisseau qui devait sauver la race humaine. La construction d'un pareil bâtiment dut exciter l'attention générale et rappeler à tout le monde les prédictions et les menaces précédentes. Noé y ajouta sans doute les menaces et les prédictions nouvelles que Dieu venait de faire. *Les hommes n'y crurent point encore, mais présumant toujours, sans se convertir, de la patience de Dieu qu'ils attendaient; ils mangeaient et buvaient jusqu'au jour que Noé entra dans l'arche* (1. Pet., 3, 20 ; Matth., 25, 38 ; Bossuet, *Elévat.*) Ils firent comme font encore la plupart des hommes. Chacun sait bien que la mort n'est pas loin, et qu'un de ces jours elle viendra le surprendre; on vit cependant comme si on avait devant soi plus d'années que Mathusalem. L'âge, les infirmités ont beau avertir, on se rassure : Dieu, qui nous a supportés si longtemps, nous supportera bien encore. Ainsi pensaient les contemporains de Noé, lorsque le déluge vint inopinément les enlever tous, de même que la mort enlève inopinément la plupart d'entre nous,

Après avoir si longtemps menacé de punir, si longtemps attendu à pénitence, l'Eternel dit enfin à Noé : « Entre dans l'arche, toi et toute ta famille; car je t'ai vu juste devant moi au milieu de cette génération. Encore sept jours, et je ferai pleuvoir sur la terre pendant quarante jours et quarante nuits, et je détruirai de dessus la face de la terre toutes les créatures que j'ai faites. Noé exécuta les ordres de l'Eternel. Dès que le *septième* jour parut, il entra dans l'arche avec ses fils, Sem, Cham et Japhet, sa femme et les trois femmes de ses fils avec lui. Eux et tous les animaux sauvages selon leur espèce, et tous les animaux domestiques selon leur espèce, et tous les reptiles selon leur espèce, et tous les oiseaux et volatiles selon leur espèce, entrèrent avec Noé dans l'arche, deux à deux, mâle et femelle, de toute chair en qui est l'esprit de vie, tout comme Dieu l'avait ordonné à Noé ; et l'Eternel ferma la porte sur lui en dehors.

» C'était l'année six cent de Noé, le dix-septième jour du second mois suivant l'hébreu, le vingt-sept selon les Septante. Ce jour-là même, toutes les sources du grand abîme furent rompues, et les cataractes du ciel furent ouvertes : et la pluie tomba sur la terre durant quarante jours et quarante nuits ; et les eaux se multiplièrent et élevèrent l'arche, en sorte qu'elle monta au plus haut de la terre. L'inondation croissait toujours et couvrait tout ; en sorte que l'arche voguait sur les eaux. Et les eaux se grossirent si prodigieusement, que toutes les plus hautes montagnes qui sont sous tous les cieux en furent couvertes. Les eaux ayant gagné le sommet de ces montagnes, s'élevèrent encore de quinze coudées plus haut. Et toute chair qui vivait sur la terre fut détruite, oiseaux, animaux sauvages, animaux domestiques, et tous les reptiles qui rampent sur la terre, et tous les hommes. Tout ce qui avait un souffle de vie sur la partie aride du globe mourut. Et l'inondation fit périr toutes les créatures qui étaient sur la terre, depuis l'homme jusqu'à la bête, depuis le reptile jusqu'aux oiseaux du ciel : tout y fut détruit, et Noé resta seul et ce qui était avec lui dans l'arche (Gen. 7). »

Et les sources du grand abîme furent rompues,

est-il dit, *et les cataractes du ciel furent ouvertes.* Nous avons vu, à l'origine de la création, cet abîme, où la masse des eaux, enveloppant la terre de toute part et la tenant comme en dissolution. Dieu en rassembla une partie dans des cavités profondes dont nos mers ne sont peut-être qu'un écoulement, et il dissémina l'autre dans l'étendue des cieux. Quand il voulut remettre la terre sous les eaux, comme dans l'origine, il brisa, ce semble, les barrières du grand réservoir ; de vastes régions s'y seront enfoncées et en auront chassé les ondes prisonnières. D'un autre côté, les vapeurs répandues dans les airs s'étant réunies, forcèrent leurs écluses et fondirent sur la terre comme des torrents qui se précipitent du haut d'une cataracte. La terre et le ciel furent ainsi ébranlés et altérés. Aussi saint Pierre nous dit-il : « Les cieux qui étaient d'abord, et la terre produite de l'eau par le Verbe de Dieu, en un mot, le monde d'alors, le monde originel, périt par l'inondation ; mais les cieux d'à présent, ainsi que la terre, remis comme dans un trésor par le même Verbe, sont réservés au feu pour le jour du jugement et de la perdition des impies (2. Pet., 3). » Le ciel et la terre sont donc devenus comme autres par le déluge. Pour la terre, elle nous en offre encore les marques dans ces effroyables déchirements qui se manifestent et à sa surface et dans son intérieur.

Il en est qui se sont embarrassés pour Dieu, où il prendrait assez d'eau pour noyer la terre ; il en est même qui ont voulu faire de cela une objection contre le récit de Moïse. Insensés ! jaugez d'abord les profondeurs de cet océan, qui ne paraît qu'un golfe du grand abîme ; sondez les trésors de neiges et de glaces entassés aux deux pôles ; calculez la masse des vapeurs disséminées dans l'atmosphère. Un astronome moderne (M. de Mairan), a trouvé, par la mesure des aurores boréales, que les vapeurs qui les forment s'élèvent au moins à cinq cents lieues de hauteur perpendiculaire au-dessus de nous. Réunissez tout cela ; puis, s'il vous reste de l'embarras, venez et nous vous répondrons : Vous ne trouvez point assez d'eau pour couvrir les plus hautes montagnes, les Alpes, les Cordillères, l'Himalaya ; eh bien ! voici que les savants de nos jours nous assurent d'une voix unanime que ces mêmes montagnes ont été originairement comme dissoutes dans l'élément liquide, et qu'elles se sont formées dans le sein d'un vaste océan. Demandez-leur ce qu'ils ont fait de ces eaux primitives, et prenez-en tout ce qu'il vous faudra.

Une question plus intéressante pour les cœurs chrétiens, c'est de savoir que penser du salut éternel de ceux qui périrent dans le déluge. Cette terrible catastrophe les fit-elle enfin rentrer en eux-mêmes, ou bien les détruisit-elle endurcis et impénitents ? Pour ce qui est de ces monstres de luxure et de tyrannie qui abusèrent de leur force pour corrompre la terre, le fils de Sirach nous dit, suivant le grec : *Dieu ne s'est point apaisé en faveur des antiques géants qui s'étaient révoltés dans la confiance de leur force* (Eccl., 16, 8). Paroles qui peuvent signifier également, ou que Dieu ne leur pardonna point leur crime pour l'éternité, ou qu'il ne leur en remit point la peine temporelle. Pour ceux-là donc, leur salut est au moins fort douteux ; mais en est-il de même quant à la multitude de leurs contemporains et de leurs victimes ? Saint Pierre nous donne meilleur espoir. « Jésus-Christ, nous dit-il, étant mort en la chair, mais vivifié en l'esprit, alla en celui-ci prêcher aux esprits qui étaient en prison, qui avaient été incrédules autrefois ou quelque temps, lorsqu'au temps de Noé ils comptaient sur la patience de Dieu : suivant une autre leçon, lorsque la patience de Dieu les attendait pendant qu'on bâtissait l'arche (1. Pet., 3, 20). » Les plus doctes et les plus célèbres interprètes entendent par là, d'un commun accord, que les contemporains de Noé ne crurent d'abord point à ses prédictions du déluge, qu'ils présumaient toujours de la patience de Dieu ; mais quand ils virent l'accomplissement de ces prédictions, quand ils virent la mer se déborder en fureur et les pluies tomber par torrents, ils crurent et se repentirent (1). Le déluge perdit leurs corps, mais il sauva leurs âmes. Elles étaient détenues dans les prisons du purgatoire (2), lorsque Jésus-Christ, mort en sa chair sur la croix, vint, en son esprit ou en son âme, leur prêcher, leur annoncer la bonne nouvelle qu'il était leur Sauveur, que leurs peines étaient finies et qu'ils l'accompagneraient avec les saints patriarches en son entrée triomphante dans le ciel. Ah ! qui ne bénirait la grande bonté de Dieu dirigeant tout au salut des âmes et faisant servir à cette fin les plus terribles fléaux de sa justice ! Qui ne mettrait en ce bon Père une confiance sans bornes, en voyant que ceux-là mêmes qui avaient si longtemps abusé de sa patience et ne s'étaient convertis qu'à la dernière extrémité, n'ont pas néanmoins imploré en vain sa miséricorde !

Saint Pierre, qui nous donne ces consolantes nouvelles sur les hommes péris dans le déluge, est lui-même un autre Noé. Lui aussi conduit une barque, un vaisseau qui renferme l'espérance du genre humain. Cette barque est l'Église universelle ; elle porte dans son sein non plus seulement huit personnes, mais, en un sens, tous les peuples de la terre. Bâtie lentement et depuis l'origine du monde par les Patriarches et les Prophètes, achevée par le Christ et ses Apôtres dans la plénitude des temps, elle vogue depuis dix-huit siècles sur l'océan des choses humaines. A côté d'elle périra le vieux monde, le monde romain, dans un déluge de nations barbares. L'Église, surnageant à cette terrible inondation, en fera sortir un monde nouveau. Tout ce qui n'y recevra pas d'elle une certaine abondance de vie intellectuelle et morale, se mourra peu à peu : témoin l'Afrique et l'Asie, représentées, si l'on veut, par la population irraisonnable de l'arche diluvienne. L'Europe, au contraire, et l'Amérique, recevant d'elle une influence plus directe, seront la portion intelligente et souveraine de l'univers. Voilà ce que fera l'Église pour le salut temporel des peuples et de l'humanité en général.

Quant au salut éternel des individus, c'est une arche toujours ouverte. On y entre par l'humilité de cœur ; on n'en sort définitivement que par l'orgueil opiniâtre de l'esprit. Celui-là donc qui, se défiant de lui-même, est dans la sincère disposition de se soumettre à l'autorité que Dieu a établie sur la terre pour nous conduire au ciel, celui-là est catholique

---

(1) Bellarmin, Estius, Menochius, Tirin, etc.
(2) Ces âmes pouvaient avoir acquitté leur dette dans le purgatoire, et se trouver dans les limbes, lieu d'attente plutôt que d'expiation.

(B. G).

LIVRE III. — VIE DES PREMIERS HOMMES, LE DÉLUGE.

de cœur, ne le fût-il pas de nom. Mais Dieu seul peut savoir où il y a de ces âmes, et combien il y en a. Le signe sensible qui incorpore à l'Eglise est le baptême, figuré par le déluge, parce qu'il efface tous les péchés antérieurs et fait de l'homme un homme nouveau. Encore ce signe peut-il être suppléé par le désir. Ceux-là donc qui ont reçu le baptême, n'importe où ni par qui, ou qui, dans l'impossibilité de le recevoir, en ont eu un désir véritable, tous ceux-là, tant qu'ils n'embrassent pas l'erreur avec connaissance de cause et opiniâtreté d'esprit, sont et restent catholiques, se donnassent-ils eux-mêmes un nom différent. Dieu seul en connaît le nombre. Mais ce nombre est assurément très-grand ; car, outre les adultes qui, dans les pays hérétiques, soit à cause de l'ignorance où ils se trouvent, soit à cause de leur humilité de cœur, n'adhèrent point à l'erreur avec opiniâtreté, il comprend encore tous les enfants qui, dans ces mêmes pays, ont reçu le baptême et ne sont pas encore arrivés au complet usage de leur raison : ce qui va pour le moins à la moitié de la population totale.

Lors donc qu'il est dit : « Hors de l'Eglise catholique, il n'y a point de salut, » c'est comme si l'on disait : Il n'y a point de salut pour les superbes, mais seulement pour les humbles ; car ceux qui ont une véritable humilité se défient de leurs propres lumières, sentent le besoin d'une autorité divinement établie pour nous diriger dans la voie du salut, ne demandent qu'à la connaître et à s'y soumettre. Or, par là même ils sont catholiques de cœur ; ils sont dans l'Eglise. Ils y seront peut-être sans le savoir, comme certaines créatures, sans savoir pourquoi ni comment, étaient enfermées et sauvées dans l'arche de Noé. Mais toujours est-il que, comme hors de cette arche nul ne se sauva de la mort temporelle, de même, hors de l'Eglise, nul ne se sauvera de la mort éternelle : c'est la voix unanime de tous les siècles chrétiens.

Quel bonheur pour le catholique, non-seulement d'être dans cette arche nouvelle, mais de le savoir ! Il a le noble plaisir d'affronter la tempête, et la certitude de n'en être point submergé ; il voit, en passant, les trônes et les empires s'écroulant sous les mêmes vagues qui élèvent l'Eglise jusqu'au ciel. Tous ceux qui ne sont pas avec lui dans la barque de Pierre, il les aperçoit flottants çà et là, à tout vent de doctrine, sur un océan sans rivage. Son unique désir est de leur tendre une main secourable pour les sauver du naufrage éternel, plus heureux, sous ce rapport, que Noé et ses fils : car il n'était pas donné à ceux-ci de sauver de la mort temporelle ceux qu'ils savaient luttant contre les eaux du déluge.

Ces eaux vengeresses s'étaient élevées de quinze coudées, environ huit mètres, au-dessus des plus hautes montagnes ; elles restèrent dans cet état jusqu'à cent cinquante jours. Vers la fin de ce temps, Dieu, se souvenant de Noé et de tout ce qu'il y avait avec lui dans l'arche, fit souffler un vent sur la terre, et les eaux cessèrent de croître. Les sources de l'abîme furent fermées, aussi bien que les cataractes du ciel. Les eaux, allant et venant, se retirèrent de dessus la terre, en telle sorte que le vingt-septième jour du septième mois, l'arche se reposa sur les montagnes d'Ararat ou d'Arménie. Elles continuèrent de diminuer jusqu'au dixième mois, où, le premier jour du mois, les sommets des montagnes parurent. Quarante jours après, Noé ouvrit la fenêtre de l'arche et envoya un corbeau qui ne rentra plus dans l'intérieur, mais, à ce qu'il paraît, allait se nourrissant de cadavres, et revenait se percher sur le toit de l'arche, jusqu'à ce que les eaux eussent entièrement disparu de la terre. Sept jours ensuite, il envoya une colombe ; mais celle-ci n'ayant pas trouvé où poser le pied, les montagnes étant encore couvertes de boue et le reste sous les eaux, elle revint à lui, et Noé, étendant la main, la prit et la remit dans l'arche. Il attendit sept autres jours, et envoya la colombe de nouveau. Elle revint à lui sur le soir, portant dans son bec un rameau d'olivier avec des feuilles vertes. Noé comprit donc que les eaux s'étaient retirées de la face de la terre. Après sept autres jours, il envoya la colombe pour la troisième fois ; mais elle ne revint plus, ayant trouvé la terre sèche et en état d'être habitée. Enfin, l'an de sa vie six cent un, le premier jour du premier mois, Noé, ouvrant le toit de l'arche, vit que la surface de la terre était séchée. Cependant il ne sortit point encore ; il attendit que Dieu lui en donnât l'ordre, ce qui arriva le vingt-septième jour du second mois. Dieu lui dit : « Sors de l'arche, toi et ta femme, tes fils et les femmes de tes fils avec toi, et tous les animaux qui sont avec toi, de toute chair, tant parmi les oiseaux que parmi les quadrupèdes et les reptiles : conduis-les avec toi et entrez sur la terre ; croissez-y et vous y multipliez. » Noé exécuta cet ordre le jour même.

Sortant ainsi de l'arche le vingt-sept du second mois, après y être entré le dix-sept du deuxième mois, l'année précédente, on voit qu'il y resta une année et onze jours, en y comprenant le premier et le dernier. Supposé, comme le présument quelques-uns, que cette année fût une année lunaire de trois cent cinquante-quatre jours, on aura, dans tous les cas, en y ajoutant les onze, trois cent soixante-cinq jours, par conséquent une véritable année solaire.

Le second père du genre humain donna alors au nouveau monde, qui commençait, l'exemple de ce qui est à faire avant tout. La première chose qu'il fit en sortant de l'arche et en reprenant possession de la terre, ce fut de bâtir un autel à *Celui qui est*, à l'Eternel. Ensuite, prenant de tous les animaux purs et de tous les oiseaux purs, il les offrit en holocauste sur cet autel.

On voit ici pourquoi, même avant le déluge, les animaux étaient distingués en purs et en impurs. C'est que les premiers pouvaient s'offrir à Dieu en sacrifice, et, suivant la coutume de l'antiquité, leur chair se partager entre les assistants. Il n'en était pas de même des autres.

L'Eternel agréa le sacrifice de notre deuxième ancêtre, et dit à son cœur : « Je ne maudirai plus la terre à cause de l'homme, car les pensées du cœur humain sont inclinées au mal dès sa jeunesse : je ne frapperai donc plus désormais toute créature vivante comme j'ai fait, » ce terrible exemple devant suffire à jamais. Ainsi, « durant tous les jours de la terre, les semences et les moissons, le froid et la chaleur, l'été et l'hiver, le jour et la nuit ne cesseront point (Genes., 8). » Ce qui insinue que, pendant le déluge, tout cela était bouleversé.

Et Dieu bénit Noé et ses fils, et leur dit : « Croissez, multipliez-vous et remplissez la terre. Que tous les animaux terrestres, tous les oiseaux du ciel, tout ce qui se meut sur la terre et tous les poissons de la mer vous craignent et vous redoutent : toutes ces créatures sont mises entre vos mains. Vous pourrez prendre pour votre nourriture tout ce qui a mouvement et vie; je vous abandonne tout comme des plantes vertes. Seulement vous ne mangerez pas la chair en qui est la vie animale, à savoir le sang ; car je rechercherai votre sang auquel est attachée votre vie, et sur tous les animaux, et sur l'homme, frère ou étranger ; je rechercherai sur quiconque la vie de l'homme. Quiconque aura répandu le sang de l'homme, son sang sera répandu ; car l'homme a été fait à l'image de Dieu. Mais vous, croissez et multipliez, et entrez sur la terre et la remplissez (Genes., 9, 1-7). »

Non-seulement Dieu ne maudit plus la terre à cause des hommes, mais il bénit les hommes qui doivent la repeupler. Il bénit Noé et ses fils : il les bénit, et, en eux tout le genre humain, et, en eux, nous-mêmes. On aurait pu croire qu'il nous avait retiré la domination sur les animaux : il nous la confirme. A la vérité, elle ne sera plus si facile ni si absolue que pour Adam ; cependant elle subsiste encore, et notre seul regard inspire la terreur à la plupart de ces créatures. Que dis-je ? Bien loin de restreindre notre empire sur elles, Dieu semble l'augmenter. Il nous les livre entre les mains sans réserve; nous pourrons manger leur chair indistinctement. Ce qui fait présumer qu'avant le déluge cette permission n'était point aussi expresse ou aussi générale ; peut-être se bornait-elle à la chair des victimes : une seule restriction y est mise, c'est de ne pas manger leur sang. Cette défense nous étonne aujourd'hui ; alors elle était de la plus haute importance. Une des causes qui amenèrent le déluge paraît avoir été la férocité et le meurtre. Pour en détourner les nouveaux hommes, Dieu prend tous les moyens pour leur inspirer l'horreur du sang. Il prévoyait en outre, dès lors, qu'un jour des peuplades abruties, après s'être accoutumées à boire le sang des animaux pris à la chasse, finiraient par boire le sang des hommes pris à la guerre. Voilà pourquoi cette défense; voilà pourquoi il annonce si formellement qu'il vengera le sang de l'homme même sur la bête : comme de fait, il commandera, dans sa loi donnée aux Hébreux, de lapider le bœuf qui aura blessé ou tué quelqu'un; il vengera le sang de l'homme sur l'homme lui-même. Déjà il l'avait fait ; déjà il avait vengé sur Caïn le sang d'Abel, mais toutefois en accordant sa vie au coupable. Ici la peine devient plus sévère : Quiconque aura versé le sang de l'homme, on versera le sien. » Et la raison de cette loi, c'est que l'homme est fait à l'image de Dieu.

On voit ici se dessiner en quelque sorte la constitution naturelle de la société humaine. Dieu, seul maître d'ôter la vie, parce que seul il la donne, porte cette loi capitale : « Quiconque aura répandu le sang de l'homme, son sang sera répandu. » Il ne dit pas qu'il s'en réserve l'exécution ; il ne dit plus que celui qui aura tué le meurtrier sera puni sept fois. Mais qui charge-t-il alors de tenir la main à ce que force reste à cette loi ? Sans doute ceux à qui il la notifie : Noé et ses trois fils, qui étaient alors tous les hommes, tous les chefs de famille, présidés par le père de tous. *Il leur a commandé à chacun*, nous dit l'Ecriture, *d'avoir soin de son prochain* (Eccl., 17, 12), par conséquent de veiller à la sûreté de sa vie et d'en poursuivre le meurtrier. Mais qui jugera du fait, qui appliquera la peine ? Naturellement ceux qui ont reçu la loi et en sont dépositaires : les hommes, les pères de famille, réunis sous la présidence de leur chef. Ainsi verrons-nous Noé, sur la déposition de ses fils, prononcer une sentence de malédiction et de servitude contre un de ses descendants. Lorsque plus tard, à défaut d'ancêtre commun, les pères de famille, les patriarches d'une ville ou d'une peuplade, soit volontairement, soit amenés par la force des circonstances, auront conféré ou reconnu à l'un d'entre eux ce devoir et ce droit de prononcer sur la liberté et la vie des criminels, ce sera, comme on disait alors dans la Palestine, le *père-roi* ou l'*Abi-Melech*, un des premiers noms de rois que nous verrons paraître. Tels nous semblent l'origine et le développement naturel du droit de vie et de mort, ou de la souveraineté proprement dite, que Dieu ne paraît avoir communiquée aux hommes qu'après le déluge.

Toujours est-il que Dieu seul est le souverain principal, et que les autres ne sont que ses ministres responsables. En outre, dès l'origine du premier monde, on voit un prêtre et un sacrifice ; mais de roi et de tribut, on n'en voit ni au commencement ni à la fin. Dans le monde nouveau, le patriarche par qui Dieu l'a sauvé, apparaît d'abord comme pontife universel. Bâtir un autel au Très-Haut, lui offrir un sacrifice au nom de l'humanité entière, voilà sa première action. La religion, le sacerdoce, l'Eglise est de tous les temps ; la souveraineté temporelle, le droit de vie et de mort n'est venu que tard, comme un fâcheux remède contre de plus grands maux.

« Dieu dit encore à Noé et à ses fils avec lui : Voilà moi j'établis mon alliance avec vous, et avec votre postérité après vous ; et avec toutes les créatures vivantes qui étaient avec vous dans l'arche, les oiseaux, les animaux domestiques et autres de toute espèce. J'établis donc cette alliance avec vous : désormais toute chair ne sera plus détruite par les eaux du déluge, et il n'y aura plus de déluge pour perdre la terre. Et voici ce que je vous donne pour signe de l'alliance entre vous et moi, et toutes les créatures vivantes qui étaient avec vous, la suite des générations à jamais : Je placerai, » autrement « j'ai placé mon arc dans la nue, et il sera un signe d'alliance entre moi et la terre. Et lorsque je couvrirai le ciel de nuées, mon arc y paraîtra ; et je me souviendrai de mon alliance avec vous et avec toute créature vivante, et les eaux du déluge ne reviendront plus détruire toute chair. Mon arc sera donc dans la nue, et je le verrai pour me souvenir de l'alliance perpétuelle qui est établie entre Dieu et toutes les créatures vivantes sur la terre (Gen., 9, 8, 16). »

Non-seulement Dieu bénit Noé et ses fils, mais il fait alliance avec eux et avec leur postérité, c'est-à-dire avec nous. Il les rassure, il nous rassure à jamais contre le retour d'un déluge universel. Il étend sa bonté jusqu'à la brute, parce qu'elle tient à l'homme et qu'elle est faite pour lui. Il ne met à cette alliance aucune condition, pour ne nous laisser aucun doute. Non content de nous donner sa parole, il y ajoute un gage visible. L'arc-en-ciel, avec les douces nuances de ses sept couleurs, le fera souvenir, ou plutôt nous fera souvenir de cette alliance éternelle de sa miséricorde. Soit que cet arc divin parût alors pour la première fois, et que le ciel, auparavant sans nuage, eût commencé à s'en charger par les vapeurs que fournirent les eaux du déluge; soit qu'il eût déjà été vu, et que Dieu en fît seulement un nouveau signal de sa clémence, toujours est-il que c'est comme un sacrement de son alliance et de sa promesse; il paraît même affectionner ce céleste symbole. Lorsqu'on voit, dans l'Apocalypse, son trône dressé, l'iris fait un cercle autour de ses pieds et étalé principalement la plus douce des couleurs, qui est un vert d'émeraude (Apoc., 4). C'était quelque chose de semblable qui parut aux soixante-dix vieillards d'Israël. Et lorsqu'il se montra à eux dans le trône de sa gloire, on vit à ses pieds une couleur de saphir, comme lorsque le ciel est serein (Exod., 24). La signification mystérieuse de cet arc merveilleux n'était point ignorée des anciens peuples; partout il était regardé comme un signe de la divinité et comme une voie de communication entre le ciel et la terre.

Noé, qui signifie *repos* ou *consolation*; l'arche qu'il bâtit; le déluge où il entre et d'où il sort; la colombe, avec son rameau d'olivier, qui lui annonce la paix du ciel; le sacrifice qu'il offre; la satisfaction avec laquelle Dieu l'agrée; la bénédiction qu'il répand sur lui et sur toute sa race; l'éternelle alliance qu'il contracte avec lui et avec elle : tout cela s'est accompli plus réellement encore dans le Christ. Il est le vrai Noé, notre vraie consolation et notre vrai repos : il a bâti une autre arche, son Église, pour nous transporter de la mort éternelle à l'éternelle vie; il est entré dans les eaux du Jourdain avec le monde coupable, et il en est sorti avec le monde régénéré; l'Esprit de sainteté et de grâce descend sur lui en forme de colombe, et une voix se fait entendre du ciel : *C'est ici mon fils bien-aimé, en qui j'ai mis mes complaisances*; il offre un sacrifice d'un prix infini; il s'offre lui-même et nous avec lui; Dieu se réconcilie en lui avec nous, nous comble en lui de ses bénédictions, nous aime en lui d'un amour ineffable, et nous adopte pour ses enfants à jamais.

« Les fils de Noé, qui sortirent de l'arche, étaient Sem, Cham et Japhet. Ce sont là les trois fils de Noé, et d'eux descend toute la race des hommes qui se répandit sur la terre. »

Sem, l'aîné des trois fils de Noé, sans quitter le pays qui fut comme le berceau du genre humain, s'étendit en Orient. De lui sortent les Hébreux, les Assyriens, les Perses et autres nations plus orientales. Les meilleurs historiens persans disent que leur premier roi était fils de Sem. Aujourd'hui encore, il existe au pied du mont Himalaya, dans l'Inde, une très-ancienne ville nommée Bamian et aussi Sem-Bamian, dont beaucoup d'Hindous rapportent à Sem la fondation (1).

Cham eut en partage l'Afrique et une partie de l'Asie. L'Egypte est appelée la terre de Cham dans

(1) *On mount Caucasus*, by Capt. Franc. Wilford, *Asiatic. research.*, t. VI 455-539.

les psaumes, et Chemia dans Plutarque (*De Isi et Osir*). Toute l'Afrique est nommée Ammonia par d'anciens auteurs. Les Egyptiens s'appellent encore Mezraïm, du nom d'un des fils de Cham. Un autre de ses fils, Chanaan, peupla le pays qui porte son nom. Sidon, fils de Chanaan, fut le père des Sidoniens.

Japhet, si célèbre dans les auteurs profanes sous le nom d'Iapet, peupla l'Occident et le Nord De lui descendent les Tartares, les Scythes, le Cimbres, les Romains, les Gaulois, les Ioniens ou anciens Grecs. Ceux-ci disaient proverbialement : *Plus vieux que Japhet*, pour parler d'une chose si ancienne qu'à peine en connaissait-on l'origine.

Dans une occasion mémorable, Noé fit entendre à ses trois fils ce qui arriverait à leur postérité. Homme agricole après le déluge, comme il l'avait été sans doute auparavant, il commença à labourer la terre et planta une vigne, non-seulement pour en manger le raisin, comme on avait fait jusqu'alors, mais pour en exprimer le jus et en faire une boisson. Ayant ainsi bu du vin dont il ne connaissait pas la force, il s'enivra et parut découvert dans sa tente. Cham, père de Chanaan, le trouvant en cet état, sortit dehors et vint en raillant le dire à ses deux frères. Mais Sem et Japhet, au lieu de l'imiter, en se moquant comme lui de leur père, étendirent un manteau sur leurs épaules, et, marchant à reculons, ils couvrirent en leur père ce qui devait y être caché. Noé s'étant réveillé après cet assoupissement que le vin lui avait causé, et ayant appris de quelle sorte l'avait traité son jeune fils, il dit pour le punir : « Que Chanaan soit maudit! qu'il soit, à l'égard de ses frères, l'esclave des esclaves! Il ajouta : « Béni soit Jéhova, le Dieu de Sem! et que Chanaan soit son esclave! Que Dieu étende les possessions de Japhet, et qu'il habite dans les tentes de Sem! et que Chanaan soit son esclave (Gen., 9)! »

Sem et Japhet sont bénis, non pas Cham. Cependant ce dernier n'est pas maudit, peut-être parce qu'il avait été béni de Dieu; son fils, Chanaan, l'est à sa place. Il se peut que le premier il eût vu la nudité de son aïeul et s'en fût moqué avec son père : c'est, entre autres, l'opinion des Hébreux. Quant à Sem, il reçoit une bénédiction plus haute que Japhet. L'Eternel est appelé le Dieu de Sem. Aussi c'est dans la race de Sem, chez les nations orientales, que la religion du vrai Dieu se conserve plus longtemps et plus pure. Nous y verrons, entre autres, la pénitence exemplaire de la grande ville de Ninive. C'est dans la race de Sem que Dieu choisit son peuple particulier; c'est de la race de Sem que naîtra le Sauveur du monde.

Japhet, dont le nom signifie *extension*, s'étendit en effet prodigieusement dans sa postérité. De lui sortent ces peuples conquérants, les Tartares, les Scythes, les Celtes, les Grecs, les Romains, les Européens modernes, qui ont porté et portent encore leur domination par toute la terre, en Asie, en Afrique et en Amérique, et qui règnent actuellement depuis la Chine jusqu'en Angleterre, et depuis l'Angleterre jusqu'à la Chine. Mais surtout ils habitent dans les tentes de Sem, dans les églises qu'ont fondées Jésus-Christ et ses Apôtres, descendants de Sem.

La postérité de Cham, l'Egypte et l'Afrique, est

privée de l'une et l'autre bénédiction. L'idolâtrie y paraît plus tôt et plus grossière. Envahis, subjugués tour à tour par les Assyriens, les Perses, les Grecs, les Romains, les Arabes; pareils à Chanaan, tous les descendants de Cham semblent depuis longtemps condamnés à l'esclavage : on les dirait chargés eux-mêmes d'exécuter la sentence. Le principal commerce des habitants d'une grande partie de l'Afrique est de se vendre les uns les autres comme esclaves aux descendants de Japhet, aux Européens. Ceux-ci, plus accessibles à l'humanité et à la religion véritable, cesseront d'acheter; mais quand ceux-là cesseront-ils de se vendre ou de se tuer ?

L'histoire de Noé et du déluge se retrouve plus ou moins altérée dans toutes les traditions. On la rencontre là même où l'on s'y attend le moins. Par exemple, lorsqu'il y a trois siècles on découvrit le continent d'Amérique, on y découvrit la tradition du déluge universel.

Les Mexicains, dit un historien estimable de ce nouveau monde, avaient, aussi bien que toutes les autres nations civilisées, une connaissance distincte, quoique mêlée de fables, de la création du monde, du déluge, de la confusion des langues et de la dispersion des peuples. Ils représentaient même tous ces événements par des peintures. Tous les hommes, disaient-ils, avaient été noyés dans une inondation générale; un seul homme, qu'ils appellent Coxcox, d'autres Teocipactli, s'était sauvé dans une barque avec sa femme, Xochiquetzal. Ils débarquèrent sur une montagne qu'ils appelèrent Colhuacan, et engendrèrent un grand nombre d'enfants, qui restèrent muets, jusqu'à ce qu'une colombe, du haut d'un arbre, leur eût appris des langues, mais si différentes, que nul ne pouvait comprendre l'autre (Clavigero. *Storia del Messico*, t. II, p. 6).

Divers historiens d'Amérique, dit-il encore, racontent que les habitants de Cuba, interrogés par les Espagnols sur leur origine, donnèrent les renseignements suivants. Ils avaient ouï de leurs ancêtres que Dieu avait créé le ciel, la terre et toutes choses. En outre, un vieillard, présageant l'inondation par laquelle Dieu allait punir les hommes à cause de leurs péchés, avait construit une grande chaloupe et s'y était embarqué avec sa famille et un grand nombre d'animaux. Lorsque l'inondation eut diminué, il envoya un corbeau qui, trouvant beaucoup de corps morts, ne revint point; peu après, il lâcha une colombe, qui revint aussitôt avec un rameau de hoba dans le bec. Le vieillard ayant jugé que la terre était sèche, sortit du vaisseau, fit du vin avec des raisins sauvages, s'enivra et s'endormit. Un de ses fils se moqua de sa nudité, que couvrit respectueusement un autre. A son réveil, il bénit celui-ci et maudit celui-là. Pour eux, ils descendaient du dernier, et c'était la cause qu'ils allaient nus; tandis que les Espagnols, bien vêtus, descendaient peut-être de l'autre (*Ibid.*, t. IV, p. 16).

L'auteur que nous citons est d'autant plus digne de foi, que, né lui-même au Mexique, il parcourut ce pays dans toutes les directions, pendant plus de trente ans, pour recueillir les diverses traditions et peintures hiéroglyphiques. Ce qui achève de porter la certitude à son plus haut degré, c'est que, de nos jours, un savant célèbre ayant parcouru et étudié le même pays, y a retrouvé les mêmes peintures et les mêmes traditions. Expliquant dans un endroit l'histoire hiéroglyphique des Aztèques, depuis le déluge jusqu'à la fondation de la ville de Mexico, voici comme il s'exprime sur le premier de ces événements :

« L'histoire commence par le déluge de Coxcox. Parmi les différents peuples qui habitent le Mexique, les peintures qui représentent ce déluge se sont trouvées chez les Aztèques, les Miztèques, les Zapotèques, les Tlascaltèques et les Mechoacanèses. Le Noé de ces peuples s'appelle Coxcox, Tezpi, ou Teo-cipactli (dieu-poisson). Il se sauva conjointement avec sa femme, Xochiquetzal, dans une barque, ou, selon d'autres, dans un radeau. La peinture représente Coxcox au milieu de l'eau, étendu dans une barque. La montagne, dont le sommet couronné d'un arbre s'élève au-dessus des eaux, est l'Ararat des Mexicains. Au pied de la montagne paraissent les têtes de Coxcox et de sa femme. Les hommes nés après le déluge étaient muets; une colombe, du haut d'un arbre, leur distribue des langues représentées sous la forme de petites virgules. Il ne faut pas confondre cette colombe avec l'oiseau qui rapporte à Coxcox la nouvelle que les eaux se sont écoulées. Les peuples de Mechoacan conservaient une tradition d'après laquelle Coxcox, qu'ils appellent Tezpi, s'embarqua dans un *acalli* spacieux avec sa femme, ses enfants, plusieurs animaux et des graines dont la conservation était chère au genre humain. Lorsque le grand Esprit ordonna que les eaux se retirassent, Tezpi fit sortir de sa barque un vautour. L'oiseau qui se nourrit de chair morte ne revint pas, à cause du grand nombre de cadavres dont était jonchée la terre récemment desséchée. Tezpi envoya d'autres oiseaux, parmi lesquels le colibri seul revint en tenant dans son bec un rameau garni de feuilles; alors Tezpi, voyant que le sol commençait à se couvrir d'une verdure nouvelle, quitta sa barque près de la montagne de Colhuacan (Humboldt. *Vues des Cordillères*, t. II, p. 168). »

Une étonnante affinité dans les traditions, les hiéroglyphes, les monuments d'architecture, les institutions politiques et même les langues, a convaincu les savants de nos jours que l'Amérique s'est peuplée originairement par les émigrations de l'Asie, ou que du moins il y a eu d'anciennes communications entre ces deux portions de la terre. Après avoir donc entendu en Amérique la dernière colonie du genre humain, consultons-en la métropole dans l'Asie centrale. Mais avant d'arriver là du nouveau monde, un grand peuple se présente.

La Chine, qui, depuis deux siècles et demi avant l'ère chrétienne, forme une vaste monarchie, mais qui auparavant était divisée en plusieurs petits royaumes, nous offre dans sa chronique fabuleuse un personnage qui a plus d'un rapport avec Noé. C'est Fohi, son premier roi ou empereur. Il est dit que Fohi n'eut point de père, c'est-à-dire que Noé fut le premier homme sur la terre après le déluge. Ses ancêtres étaient d'un monde antérieur; et comme leur mémoire ne s'était point conservée dans les traditions des Chinois, Noé ou Fohi passa pour n'avoir point eu de père du tout. La mère de Fohi le conçut environnée d'un arc-en-ciel : imagination qui, selon les apparences, vint de ce que Noé fut le premier qui aperçut l'arc-en-ciel, et de ce que les Chinois ont voulu dire quelque chose de son origine. Fohi éleva avec soin des animaux de sept espèces différentes, qu'il avait coutume de sacrifier au souverain Esprit du ciel et de la terre; et Moïse nous apprend que Noé prit avec lui dans l'arche sept couples de chaque espèce d'animaux purs, et qu'après le déluge il en offrit des holocaustes à l'Eternel (1). La femme, ou selon d'autres, la sœur de Fohi, s'appelait Niuva ou Niuhi, la souveraine des vierges, et Hoangmou, la souveraine mère. Le nom de Niuhi ou Niuva ne ressemble pas peu à celui de Noé ou Nouh, comme le prononcent les Orientaux. Au temps de Fohi et de Niuva, Kong-Kong fit le déluge, écrit Ventzé (2). Kong-Kong, dit Lopi (*Chou-King*, p. 112), fut le premier des rebelles; il excita le déluge pour rendre l'univers malheureux; il brisa les liens qui unissaient le ciel et la terre; et les hommes, accablés de misères, ne pouvaient les souffrir. Alors Niuva, déployant ses forces toutes divines, combattit Kong-Kong, le défit entièrement et le chassa. Après cette victoire, elle rétablit les quatre points cardinaux et rendit la paix au monde. Dans le *Chou-King* (p. 8), espèce de traité de morale historique à l'usage des rois, le philosophe Confucius nous montre le premier empereur de la Chine dont il parle, Yao, occupé à faire écouler les eaux qui, s'étant élevées jusqu'au ciel, baignaient encore le pied des plus hautes montagnes, couvraient les collines moins élevées, et rendaient les plaines impraticables. Des particularités encore plus singulières se remarquent dans l'ancienne écriture chinoise. La figure de l'eau avec celle de la bouche et le signe de huit, signifie *grande inondation;* une bouche, un navire et huit, *navigation heureuse;* eau et navire sous un triangle, signifie *faveur, délivrance, échapper du péril;* bouche, homme et nourriture, avec le signe de huit, *ancien sacrifice*, dont on ne sait rien de plus précis. Le signe deux, souvent aussi huit avec l'image des descendants, s'appelle *postérité*. Le signe huit avec la figure de la bouche, *choisir, se diviser* (Windischmann, t. I, p. 362). Enfin, selon l'histoire chinoise, Fohi s'établit dans la province de Chensi, qui est dans le Nord-Ouest de la Chine, du côté de l'Inde et du mont Ararat où s'arrêta l'arche de Noé; ce qui nous indique la route à suivre pour trouver des renseignements plus certains. En attendant, le vaniteux chinois, avec tout son respect pour les ancêtres, a conservé moins bien la mémoire de l'ancêtre le plus fameux, que l'ignorant Américain.

L'Inde, plus près des lieux où les premiers descendants de Noé durent s'établir d'abord, nous offrira naturellement quelque chose de plus complet; mais l'imagination des Hindous, plus féconde encore et plus hardie que celle des Grecs, entre-mêlera de merveilles poétiques auxquelles on n'est guère habitué en Europe. On lit donc dans un des poèmes sacrés de l'Hindostan :

« Désirant la conservation des troupeaux et des brahmanes (ou sages), des génies et des hommes vertueux, des védas (ou livres divins), de la loi et des choses précieuses, le Seigneur de l'univers prend plusieurs formes corporelles; mais quoique, comme l'air, il passe à travers une multitude d'êtres, il demeure toujours lui-même, parce qu'il n'a point de qualité sujette au changement. A la fin du dernier calpa (ou âge divin), il y eut une destruction générale occasionnée par le sommeil de Brahma (la première personne de la trinité indienne, ou le créateur). Ses créatures, de différents mondes, furent noyées dans un vaste océan. Brahma ayant envie de dormir, et souhaitant le repos après une longue suite d'âges, le fort démon Hayagriva s'approcha de lui et déroba les védas qui avaient coulé de ses lèvres. Lorsque Héri, le conservateur de l'univers (la seconde personne de la trinité indienne, ou Vischnou), découvrit cette action du prince de Dânavas, il prit la forme d'un petit poisson appelé *saphari*. Un saint monarque nommé *Satyavrata* régnait alors; c'était un serviteur de l'esprit qui planait sur les eaux, et si pieux que l'eau était sa seule nourriture. Il était fils du soleil, et, dans le calpa actuel, il est investi par Narayan (ou l'esprit de dieu) de l'emploi de menou, sous le nom de *Sraddhadéva*, ou dieu des funérailles.

» Un jour qu'il faisait une libation dans le fleuve Critamâla, et qu'il tenait de l'eau dans la paume de sa main, il y vit remuer un petit poisson. Le roi de Dravira jeta sur-le-champ le poisson et l'eau dans le fleuve où il les avait pris; alors le saphari adressa d'un ton pathétique ces paroles au bienfaisant monarque : « O toi qui montres de la compassion pour les opprimés, comment peux-tu me laisser dans l'eau de ce fleuve, moi trop faible pour résister aux monstres qui l'habitent et qui me remplissent d'effroi? » Le prince, ne sachant pas qui avait pris la forme d'un poisson, appliqua son esprit à la conservation du saphari, tant par bonté naturelle que pour le salut de son âme; et, après avoir entendu sa prière, il le plaça obligeamment sous sa protection, dans un petit vase plein d'eau; mais, dans l'espace d'une seule nuit, il grossit tellement que le vase ne pouvait plus le contenir. Il tint ce discours à l'illustre prince : « Je n'aime point à vivre misérablement dans ce petit vase; procure-moi une demeure où je puisse habiter avec plaisir. » Le roi, l'ôtant du vase, le plaça dans une citerne; mais il devint grand de cinquante coudées en moins de cinquante minutes, et dit : « O roi, il ne me plaît point de demeurer inutilement dans cette étroite citerne; puisque tu m'as accordé un asile, donne-moi une habitation spacieuse. » Le roi le changea de place et le mit dans un étang, où, ayant assez d'espace autour de son corps, il devint d'une grosseur prodigieuse. « O monarque, dit-il encore, ce séjour n'est pas commode pour moi qui dois nager au large dans les eaux; travaille à ma sûreté et transporte-moi dans un lac profond. » A ces mots, le pieux monarque jeta le suppliant dans un lac, et, lorsque sa grosseur égala l'étendue de cette pièce d'eau, il jeta l'énorme poisson dans la mer. Quand il fut au milieu des vagues, il parla ainsi à Satyavrata : « Ici, les goulus armés de cornes, et d'autres monstres très-forts me dévoreront; ô vaillant homme, tu ne me laisseras point dans cet océan. » Trompé ainsi à plusieurs reprises par le poisson qui lui avait adressé des paroles flatteuses, le roi dit : « Qui es-tu, toi qui m'abuses sous cette forme empruntée? Jamais, avant toi, je n'ai eu le spectacle où je n'ai entendu parler d'un aussi prodigieux habitant des eaux, qui, comme toi, ait rempli en un seul jour un lac de cent lieues de circonférence; sû-

---

1) Shuckford, *Histoire du monde*, l. 2.
(2) Chou-King, *Discours préliminaires*, p. 108. Paris, 1770.

rement, tu es Bhagavat qui m'apparaît, le grand Héri, dont la demeure était sur les vagues, et qui maintenant prend la forme des habitants de l'abîme. Salut et louange à toi, ô premier mâle, Seigneur de la création, de la conservation et de la destruction! Tu es, ô gouverneur suprême, le plus sublime objet que nous ayons en vue, nous, tes adorateurs, qui te cherchons pieusement. Toutes tes descentes illusoires dans ce monde donnent l'existence à différents êtres; mais je suis curieux de savoir par quel motif tu as emprunté cette forme. O toi, qui as des yeux de lotus, que je n'approche point en vain des pieds d'un dieu dont la bienfaisance parfaite s'est étendue à tous, quand tu nous as montré, à notre grande surprise, l'apparence d'autres corps, non pas existants en réalité, mais présentés successivement.

» Le Seigneur de l'univers, aimant l'homme pieux qui l'implorait ainsi, et désirant le préserver de la mer de destruction causée par la perversité du siècle, lui dit en ces termes ce qu'il avait à faire : « O toi qui domptes les ennemis, dans sept jours les trois mondes seront plongés dans un océan de mort; mais, au milieu des vagues meurtrières, un grand vaisseau, envoyé par moi pour ton usage, paraîtra devant toi. Tu prendras alors toutes les plantes médicinales, toute la multitude des graines, et, accompagné de sept saints, entouré de couples de tous les animaux, tu entreras dans cette arche spacieuse et tu y demeureras à l'abri du déluge d'un immense océan, sans autre lumière que la splendeur de tes saints compagnons. Lorsqu'un vent impétueux agitera le vaisseau, tu l'assujettiras à ma corne avec un grand serpent de mer; car je serai près de toi. Tirant le vaisseau, avec toi et tes compagnons, je demeurerai sur l'océan, ô chef des hommes, jusqu'à ce qu'une nuit de Brahma soit complètement écoulée : tu connaîtras pour lors ma véritable grandeur, justement nommée la *Divinité suprême*. Par ma faveur, il sera répondu à toutes tes questions, et ton esprit recevra des instructions en abondance.

» Héri disparut après avoir donné ces ordres au monarque, et Satyavrata attendit avec humilité l'époque assignée par celui qui règle nos sens. Le pieux monarque, ayant répandu vers l'est les tiges pointues de l'herbe *darbha*, et tourné son visage vers le nord, était assis et méditait sur les pieds du dieu qui avait pris la forme d'un poisson. La mer, franchissant ses rivages, inonda toute la terre, et bientôt elle fut accrue par les pluies que versaient des nuages immenses. Le roi, méditant toujours les commandements de Bhagavat, vit le vaisseau s'approcher et y entra avec les chefs des brahmanes, après y avoir porté les plantes médicinales et s'être conformé aux préceptes de Héri. Les saints lui adressèrent ce discours : « O roi, médite sur Césava, qui nous délivrera sûrement de ce danger et nous accordera la prospérité. » Le dieu, invoqué par le monarque, apparut encore distinctement sur le vaste océan sous la forme d'un poisson brillant comme l'or, s'étendant à un million de lieues, avec une corne énorme, à laquelle le roi, comme Héri le lui avait commandé, attacha le vaisseau avec un câble fait d'un grand serpent, et, heureux de sa conservation, il se tint debout, louant le destructeur de Madhou. Quand le monarque eut achevé son hymne, le premier mâle, Bhagavat, qui veillait à sa sûreté sur la grande étendue des eaux, parla tout haut à sa propre divine essence, prononçant un pourana (ou poème) sacré, qui contenait les règles de la philosophie sankhya; mais c'était un mystère infini qui devait être caché dans le sein de Satyavrata. Assis dans le vaisseau avec les saints, il entendit le principe de l'âme, l'être éternel, proclamé par le pouvoir suprême. Ensuite Héri, se levant avec Brahma du sein du déluge destructeur, qui était apaisé, tua le démon Hayagriva, et recouvra les livres sacrés. Satyavrata, instruit dans toutes les connaissances divines et humaines, fut choisi dans le calpa actuel, par la faveur de Vischnou, pour septième menou, et surnommé *Vaivasounta* (ou fils du soleil); mais l'apparition d'un poisson cornu au religieux monarque, fut *Mâyâ* (ou illusion), et celui qui entendra dévotement ce récit historique et allégorique sera affranchi de l'esclavage du péché (1). »

Ces dernières paroles nous avertissent de ce que déjà nous aurons pu apercevoir, qu'il y a dans ce récit et des allégories et de l'histoire. En effet, ce sommeil de Brahma, ce vol des livres sacrés par le démon, que signifient-ils dans un langage plus simple? sinon que toute chair avait corrompu sa voie, que les commandements de Dieu étaient mis en oubli, et que le principal auteur de ce mal était le chef des esprits méchants. Mais aussi, comment ne pas reconnaître l'histoire de Noé dans Satyavrata ou Menou, qui est averti par la Divinité que dans sept jours commencera un déluge universel, et qui se sauve dans une arche spacieuse, avec sept autres saints personnages et des couples de tous les animaux? Ce pieux monarque est nommé le *dieu des funérailles*, sans doute parce qu'il survécut à tout le monde antérieur. Narayan, ou l'esprit de Dieu, que les Indiens représentent planant sur les eaux à la création, l'établit Menou, législateur, patriarche, dans l'âge actuel du monde. C'est à Menou que les Indiens attribuent les antiques lois qui les gouvernent. C'est à Noé, comme nous avons vu, que Dieu donna les lois fondamentales de la société humaine. Le nom seul de Menou semble prouver l'identité des deux personnages : *Mé* est l'article indien *le*; *Nou* est le nom oriental de Noé; les Arabes l'appellent *Nouh al nabi*, Noé le prophète. Quelques savants ont cru même le reconnaître dans le Minos des Grecs et le Mannus des Germains (Stolberg, *Histoire de la religion de Jésus-Christ*).

D'autres récits ajoutent au même fonds des circonstances différentes. Nous croyons inutile de les rapporter. Mais il nous est impossible de ne citer point un endroit remarquable qui se lit dans un des livres que, de temps immémorial, les Hindous regardent comme une révélation de Vischnou, et qui a été traduit par un des plus savants hommes du dernier siècle, le fondateur de l'Académie de Calcutta.

« Satyavarman (ou Satyavrata), roi de toute la terre, eut trois fils : l'aîné Serma, ensuite Charma, et le troisième, Yapéti. C'étaient des hommes sages, excellents en vertu et actions nobles, habiles à manier toutes sortes d'armes, vaillants et avides de victoires. Satyavarman, qui faisait ses délices de la contemplation spirituelle, voyant que ses fils étaient

---

(1) Traduit littéralement du *Bhagavat*, livre canonique des Hindous, par W. Jones. *Asiatic. research.*, t. I, p. 230. Traduction française, t. I, p. 170.

propres au gouvernement, les en chargea. Lorsqu'un jour, par le décret du destin, le roi eut bu du moût, il perdit les sens et s'endormit nu. Charma s'en étant aperçu, appela ses frères et dit : Qu'est-ce que cela? dans quel état est notre père? Ceux-ci couvrirent avec des habits et le rappelèrent à ses sens. Quand il fut revenu à lui-même et qu'il connut parfaitement ce qui s'était passé, il maudit Charma : Tu seras l'esclave des esclaves! Et parce que tu as été un moqueur en leur présence, tu prendras ton nom de la moquerie. Ensuite, il donna à Serma une vaste souveraineté au midi des montagnes de la neige (l'Himalaya ou le Caucase), et à Yapéti il donna tout ce qui est au nord de ces montagnes. Pour lui, il parvint, par sa pieuse contemplation, à la plus haute félicité (1). »

Il n'est pas besoin ici de commentaire. Qui ne reconnaît Sem dans Schem ou Serma, Charma dans Cham, Japhet dans Yapéti? Dans les deux premiers noms, une lettre intercalée met seule quelque différence. L'a final n'est qu'une terminaison indienne. Le troisième est absolument identique; car, en hébreu même, avec les mêmes lettres, on peut prononcer indifféremment Yaphet ou Yapet. Le partage des terres est on ne peut plus exact. La postérité de Sem s'étendit principalement dans l'Asie méridionale; celle de Japhet, dans l'Asie septentrionale et dans l'Europe.

Des savants, justement célèbres, ont cru reconnaître encore Noé dans le fabuleux Chronos ou Saturne des Grecs et des Romains (2). Il est dit, dans Homère et dans Platon, que Chronos et sa femme, avec toute leur postérité, sont nés de l'océan : Noé et sa femme, avec toute leur postérité, sont sortis du déluge. Dans les hymnes d'Orphée, Chronos et sa femme sont appelés le père et la mère de tous les mortels et immortels : Noé et sa femme le sont, et des hommes qui ont encore à subir la mort, et de ceux qui sont déjà parvenus à l'immortalité. Noé était un homme juste au milieu d'une génération perverse qu'il cherchait à ramener au bien : Chronos était un roi juste au milieu d'une génération sauvage qu'il cherchait à civiliser. Après le déluge, Noé régna quelque temps, comme père, sur tout le genre humain ; la terre, non encore divisée par héritages, était tout entière à tous ; il n'y avait encore nul esclave : autant il en est dit du règne de Saturne. Au temps de Noé, toute la terre n'avait qu'une langue : au temps de Saturne, les animaux mêmes, dit la fable, parlaient la même langue que les hommes. Saturne avait pour femme la Terre ou Rhea : dans le texte hébreu, Noé est appelé au pied de la lettre, l'homme ou le mari de la Terre, pour agriculteur, tandis que Caïn en est appelé le serviteur ou l'esclave. Noé fut le premier, dans le monde nouveau, à cultiver la terre et à planter une vigne : Saturne est dit le premier avoir enseigné l'agriculture et l'usage du vin. Sur l'ancienne monnaie des Romains, le symbole de Saturne était un navire : le symbole de Noé est l'arche. Saturne est dit avoir dévoré tous ses enfants : à l'exception de trois fils qui se partagèrent le globe. Noé, prophète et patriarche du monde antérieur, est dit *l'avoir condamné*

(1) W. Jones, *Asiatic. research.*, t. III, p. 262.
(2) Bochart, *Phaleg.*, l. 1, c. 1; W. Jones, *Recherches asiat.*, traduct. française, t. 1, p. 179.

à périr (Heb., 11, 7), parce qu'il en prédit la destruction ; il n'en sauva que trois fils, qui se partagèrent le globe. Un de ces trois le vit dans un état peu décent et s'en railla : un des trois fils de Saturne le vit dans un état pareil, puisqu'il le mutila. Ce fils de Noé s'appelait Cham ou Ham, et fut le père des Africains : ce fils de Saturne s'appelait Hammon ou Ammon en Egypte et en Afrique. Certes, voilà des rapports assez singuliers pour mériter l'attention.

Si, du reste, les descendants de Cham ne nous offrent point une histoire aussi expresse et aussi détaillée du déluge que les descendants de Sem, en voici peut-être la raison : cette histoire ne faisait pas beaucoup d'honneur à leur ancêtre. Cependant la croyance d'un déluge universel était si bien établie chez les Egyptiens, que leurs prêtres disaient à Solon qu'après certaines périodes de temps, une inondation envoyée du ciel changea la face de la terre ; que le genre humain avait péri plusieurs fois, de différentes manières, et que c'était pour cela que la nouvelle race des hommes manquait de monuments et de connaissances des temps passés (*Plato in Tim.*).

Quant aux Chaldéens et aux Assyriens, une foule d'auteurs célèbres de l'antiquité nous montrent que l'histoire du déluge n'était point oubliée parmi eux. Celui dont il nous reste des fragments plus considérables, est Bérose, fameux astronome chaldéen, qui écrivit une histoire du royaume de Babylone, environ trois siècles avant Jésus-Christ. Il est cité par Pline, Vitruve, Tatien, Clément d'Alexandrie, Tertullien et Eusèbe. Il donne une suite de dix rois qu'il suppose avoir régné à Babylone avant le déluge. Comme le nombre de ces rois répond exactement à celui des dix générations écoulées depuis la création jusqu'au déluge, le premier roi, nommé *Alorus*, paraît avoir été le même qu'Adam, comme *Xisuthrus*, le dernier, semble l'avoir été Noé. Alorus déclara de Dieu lui-même l'avait fait pasteur du peuple ; et, à vrai dire, si jamais homme a pu prétendre que sa domination fût d'institution divine, ce dut être Adam (Abyden. *Ex Beroso apud Syncel.*, p. 38).

Pendant le règne de Xisuthrus, le dixième roi ou patriarche, il arriva un déluge dont Bérose raconte les circonstances suivantes : « Chronos ou Saturne apparut en songe à Xisuthrus, et l'avertit que le quinzième jour du mois d'Ésius, le genre humain serait détruit par le déluge. Il lui ordonna de mettre à part l'origine, l'histoire et la fin de toutes choses, et d'enterrer ces écrits dans *Sippara*, la cité du soleil. Il lui ordonna de plus de bâtir un vaisseau et d'y entrer avec ses parents et ses amis, après y avoir mis les provisions nécessaires et y avoir fait entrer des oiseaux et des quadrupèdes ; et lorsqu'il se serait pourvu de tout, si on lui demandait où il allait avec son vaisseau, de répondre : Vers les dieux, pour les prier de rendre heureux le genre humain.

» Xisuthrus exécuta ces ordres et bâtit un vaisseau dont la longueur était de cinq, et la largeur de deux stades. Il dit apporter tout ce qui lui avait été prescrit à bord du navire, et y entra avec sa femme, ses enfants et ses amis. Le déluge étant venu, et ayant cessé peu de temps après, Xisuthrus laissa voler certains oiseaux qui, ne trouvant ni nourriture ni lieu où se reposer, retournèrent au vaisseau. Quelques jours après, Xisuthrus lâcha encore des oiseaux qui revinrent avec un peu de boue aux pattes ; mais quand il leur eut permis pour la troisième fois de s'envoler, il ne les revit plus, ce qui lui fit comprendre que la terre commençait à se sécher. Il fit alors une ouverture dans un des bords du vaisseau, et vit, par ce moyen, qu'il était arrêté sur une montagne; il en sortit avec sa femme, sa fille et le pilote du navire; ensuite, ayant adoré la terre, érigé un autel et sacrifié aux dieux, lui et ceux qui l'avaient accompagné disparurent. Ceux qui étaient restés dans le vaisseau, voyant que Xisuthrus, sa femme, sa fille et le pilote ne revenaient pas, mirent pied à terre pour le chercher l'appelant tout haut; mais ils ne le revirent plus. Une voix qui sortit de l'air leur ordonna d'être religieux, leur apprit que la piété de Xisuthrus l'avait fait transporter dans le séjour des dieux, et que ceux qui l'avaient accompagné habitaient le même séjour. Elle leur prescrivit de se rendre à Babylone, de prendre les écrits qui étaient à Sippara, et d'en faire part au genre humain; enfin la voix leur dit qu'ils trouveraient Sippara et les écrits de Xisuthrus dans le pays d'Arménie. La voix ayant cessé de parler, ils offrirent des sacrifices aux dieux et prirent de concert la route de Babylone. Lorsqu'ils y furent arrivés, ils déterrèrent les écrits dont on vient de parler, construisirent plusieurs villes, érigèrent des temples et rebâtirent Babylone (1). »

Abydénus, dans son *Histoire d'Assyrie*, Alexandre, surnommé Polyhistor à cause de sa vaste érudition, parlaient comme Bérose et le citaient. Ce dernier ajoutait encore entre autres : « On dit que l'on voit encore des restes de ce navire sur la montagne des Cordiens en Arménie, et quelques-uns rapportent de ce lieu des morceaux de bitume dont elle était enduite, et s'en servent comme d'un préservatif. » Hiéronyme d'Egypte, dans ses *Antiquités phéniciennes*, Mnaséas et plusieurs autres, dit l'historien Josèphe, racontaient les mêmes choses; Nicolas de Damas, si célèbre sous Auguste, écrivait dans le quatre-vingt-seizième livre de son Histoire : Il y a en Arménie, dans la province de Miniade, une haute montagne nommée Baris, où l'on dit que plusieurs se sauvèrent durant le cataclysme, et qu'une arche, dont les restes se sont conservés longtemps, et dans laquelle un homme s'était renfermé, s'arrêta sur cette montagne. C'est apparemment celui dont parle Moïse, le législateur des Juifs. » Cet auteur, comme on voit, ne se trompait guère; Josèphe ajoute (*Antiquit*., l. I, c. 4) que les Arméniens appelèrent l'endroit où Noé offrit son sacrifice, *le lieu de la descente*. Ce lieu, devenu une ville, existe encore au pied des monts Ararats, et porte le nom de *Nachidchevan*, qui a en effet ce sens-là. Les Arméniens de nos jours prétendent, comme le faisaient ceux d'autrefois, que l'arche subsiste encore sur la montagne où elle s'est arrêtée.

Pour ce qui est des Grecs, et, par suite, des Romains, voici comme Lucien, en parlant d'un fameux temple à Hiérapolis en Syrie, résume leur tradition sur le déluge : « Le grand nombre dit que ce temple fut bâti par Deucalion le Scythe, sous qui arriva la grande inondation. J'ai entendu en Grèce ce que disent les Grecs sur ce personnage. Leur récit est tel.

(1) Alex. Polyhist., *Ex Beroso apud Syncel.*, p. 30, 31, *et apud Cyril. contra Julian.*, l. 1; Abyden., *Ex eodem apud Syncel.*, p. 38, 39, *et apud Euseb. de præp. ev.*, l. 9, c. 12.

la race actuelle des hommes n'est pas la première, elle a entièrement péri, mais une seconde génération, descendue de Deucalion. Les hommes de cette première race étaient insolents, injustes, parjures, sans hospitalité envers les étrangers, sans pitié pour les suppliants : ce qui leur attira une grande calamité. Tout d'un coup il sortit de la terre une prodigieuse quantité d'eau, il tomba beaucoup de pluie, les rivières débordèrent et la mer monta à une hauteur considérable, en sorte que tout devint eau et que tous les hommes furent noyés. Le seul Deucalion fut conservé pour une génération nouvelle, à cause de sa sagesse et de sa piété. Il entra dans une grande arche avec ses fils et leurs femmes; ensuite il y fit entrer des pourceaux, des chevaux, des lions, des serpents et toutes les autres créatures qui vivent sur terre, toutes par paires; il les reçut toutes et elles ne lui firent aucun mal, la Divinité ayant formé entre elles et lui une grande amitié. Ils voguèrent donc tous dans une seule et même arche tant que les eaux prévalurent. Voilà ce que les Grecs rapportent de Deucalion. » Lucien ajoute que, pour les Hiéropolitains, ils avaient une ancienne tradition d'après laquelle il s'était formé dans leur pays une grande ouverture, où s'était engouffrée toute l'eau du déluge. Deucalion bâtit, à l'endroit même, des autels et un temple. Lucien vit cette ouverture, qui alors était assez étroite; deux fois par an on y portait de l'eau de la mer en mémoire de ce qui avait eu lieu, et on voyait pratiquer cette cérémonie non-seulement aux prêtres, mais à toute la Syrie, à l'Arabie et à une multitude d'hommes qui accouraient pour cela jusque des bords de l'Euphrate. Deucalion l'avait ainsi commandé, disait-on, pour qu'on se souvînt à la fois et du châtiment et du bienfait (Lucian., *De Ded Syr*.). Plutarque rappelle une autre circonstance du déluge, quand il dit : On rapporte qu'une colombe envoyée de l'arche annonçait à Deucalion la tempête lorsqu'elle rentrait, le beau temps lorsqu'elle restait dehors (Plut., *De solertiâ animal*.).

D'autres écrivains grecs appellent Ogygès, le personnage sous lequel arriva le grand cataclysme. La raison de cette diversité de nom est aisée à concevoir : de la même manière que les Hellènes proprement dits avaient un déluge de Deucalion, parce qu'ils regardaient Deucalion comme leur premier auteur, les Autochtones ou indigènes de l'Attique en avaient un d'Ogygès, parce que c'était par Ogygès qu'ils commençaient leur histoire. Il en est de même pour toutes les autres nations : Coxcox, Tezpi, Teo-ci-pactli en Amérique; Fohi à la Chine, Satyavrata, Menou dans l'Inde; Xisuthrus dans l'Assyrie; Ogygès et Deucalion parmi les Grecs, c'est toujours le même déluge qui a détruit le monde antérieur et commencé un monde nouveau; c'est toujours le même Noé, père d'une génération nouvelle, que chaque peuple veut avoir pour premier auteur. En quoi tous ont raison; car, dans le fond, il a été le premier auteur et le premier roi de tous les peuples. Les circonstances principales sont les mêmes partout, et désignent partout un seul et même événement principal. Il n'y a pas jusqu'aux époques, si différentes qu'elles paraissent d'abord, qui ne s'accordent avec les divers textes de la Bible. Suivant le texte grec et le samaritain, le déluge de

LIVRE III. — VIE DES PREMIERS HOMMES, LE DÉLUGE.

Noé aurait eu lieu environ 3100 ans avant Jésus-Christ ; or, d'après le calcul d'un très-savant orientaliste (1), le déluge indien de Satyavrata ou Menou, remonterait à 3101 ; le déluge chinois de Kong-Kong, à 3082. Quant au déluge grec d'Ogygès, le plus savant des Romains, Varron, le plaçait en 2376 avant Jésus-Christ ; ce qui s'accorde, à vingt-sept ans près, avec le texte hébreu, qui place le déluge de Noé en 2349. Tout le monde conviendra que, pour une antiquité si reculée, on ne pouvait espérer plus d'accord.

Non-seulement tout le genre humain se lève pour nous attester, par tout l'ensemble de son histoire, que Dieu l'a châtié par un déluge, il y a près de quatre à cinq mille ans, et que nous sommes une génération renouvelée par l'eau ; les pierres mêmes, les plantes, les animaux, les montagnes, les abîmes, les continents et les mers nous redisent la même chose.

La terre, fracturée par endroits jusque dans ses entrailles ; ses diverses couches, jetées les unes dans les autres comme les vagues d'un océan furieux ; des montagnes, des plaines, des vallées, recélant d'énormes amas de coquillages, de poissons, de plantes marines pétrifiées ; des éléphants d'Asie et d'Afrique, ensevelis dans la Grande-Bretagne ; des crocodiles d'Egypte, enfoncés dans les terres d'Allemagne ; des os de poissons de l'Amérique et des squelettes de baleines, abîmés au fond des sables de notre continent ; partout, incrustés dans la pierre, des feuilles, des plantes, des fruits dont les espèces nous sont inconnues, ou qui ne se trouvent que dans les climats les plus éloignés du nôtre : voilà bien d'irrécusables témoins d'un déluge universel et de l'effroyable bouleversement qu'il a produit dans notre globe. Les anciens n'avaient point remarqué ces faits. L'observation en est devenue de nos jours une science nouvelle, connue sous le nom de *géologie* ou science de la terre. Plus cette science fait de progrès, plus elle se convainc que la terre même est le premier monument historique des révolutions qu'elle a subies. Les rois, non contents de faire écrire sur le papier les grands événements de leur règne, en perpétuent le souvenir sur le marbre et l'airain ; ainsi Dieu, non content de faire écrire à Moïse les effrayantes merveilles de sa justice et de sa puissance, en a pétrifié l'histoire sur toute la terre.

Un des savants qui a le plus contribué à faire de la géologie une science véritable, et qui, dans cette vue, a parcouru toute la longueur de l'Asie et une partie notable des deux plus grandes chaînes de montagnes, nous apprend lui-même qu'il a été convaincu, par ses propres observations, de la réalité du déluge, de cette catastrophe dont j'avoue, dit-il, n'avoir pu concevoir la vraisemblance avant d'avoir parcouru ces plages et vu par moi-même tout ce qui peut y servir de preuve à cet événement mémorable. Il a trouvé sur les montagnes de la Sibérie plusieurs carcasses entières d'éléphants et d'autres animaux encore revêtus de leurs peaux, même un rhinocéros dont la peau, les tendons, les ligaments et les cartilages subsistaient encore. Il en a conclu nécessairement qu'il n'y a qu'une inondation générale et progressive, telle que celle du déluge de Moïse, qui ait pu forcer les éléphants à gagner le haut des montagnes, ou qui ait pu y apporter leurs cadavres. La Sibérie étant la région la plus élevée de l'Asie, a dû être submergée la dernière, et c'est là naturellement que les êtres vivants ont dû se réfugier de préférence ; surtout si, comme il y a toute apparence, les eaux sont venues particulièrement de l'est et du sud, ainsi qu'on peut le conclure du grand nombre de plantes des Indes et de la Chine qu'on trouve dans des provinces très-éloignées (1). Ce qui conserve ces cadavres depuis tant de siècles, c'est le froid excessif qu'il fait continuellement dans ces montagnes. Comme ces animaux ne vivent que sous la zone torride, il est à conclure que quand l'eau les amena ou les surprit en Sibérie, la température y était extrêmement douce, soit qu'elle le fût déjà auparavant, soit que Dieu ne la fît ainsi que pendant le déluge, et pour fondre les glaces des pôles. A mesure que les eaux se retiraient, le froid sera venu imprimer le sceau de l'éternité sur ces singuliers monuments de notre histoire.

Non-seulement la terre porte partout l'ineffaçable empreinte du déluge, il est même des plages où elle en inscrit les années. Par exemple, tous les ans, les pluies et les neiges fondues emmènent du haut des montagnes et des collines de la terre qu'elles charrient dans les rivières et dans les fleuves, et que les fleuves entraînent et déposent en partie, soit dans les campagnes voisines, soit dans la mer. Par ces dépôts successifs et continus, le lit des fleuves s'élève ainsi que les plaines qu'ils inondent, et la mer se retire à leur embouchure. On le voit en Egypte, où, par les dépôts annuels du Nil, et le lit de ce fleuve, et les terres qu'il submerge régulièrement, sont considérablement plus élevés qu'il y a des siècles ; de nouveaux promontoires, formés à son embouchure, vont empiétant sur l'Océan de plus en plus. Les villes de Rosette et de Damiette, bâties sur le bord de la mer il y a moins de mille ans, en sont aujourd'hui à deux lieues. Il en est de même en Italie. On sait, par le témoignage de Strabon, que, du temps d'Auguste, Ravenne était dans les lagunes comme y est aujourd'hui Venise ; et à présent Ravenne est à une lieue du rivage. Adria, en Lombardie, qui avait donné son nom à la mer, dont elle était, il y a vingt et quelques siècles, le port principal, en est maintenant à six lieues. La rivière du Pô, depuis l'époque où on l'a enfermée de digues, a tellement élevé son fond, que la surface de ses eaux est actuellement plus haute que les toits des maisons de Ferrare ; en même temps ses atterrissements ont avancé dans la mer avec tant de rapidité, qu'en comparant d'anciennes cartes avec l'état actuel, on voit que le rivage a gagné plus de six mille toises depuis 1604, ce qui fait quarante-neuf ou cinquante-neuf mètres, et en quelques endroits soixante-six mètres par an. Or, en connaissant ce qu'un fleuve dépose d'alluvion dans un temps donné, on peut calculer, par le total des dépôts existants, depuis quelle époque à peu près ce fleuve a commencé de couler, depuis quelle époque à peu près les montagnes et les collines ont commencé à s'ébouler par la neige et par la pluie ; en un mot, depuis quelle époque à peu près notre globe est dans son état présent. Ce calcul a été fait ; et il se trouve que ces annales de la terre s'accordent avec les annales des

---

(1) *Asia polyglotta* de Klaproth.

(1) *Observations sur la formation des montagnes*, par M. Pallas.

peuples. C'est un des résultats à la fois les mieux prouvés et les moins attendus de la saine géologie, dit l'homme de nos jours le plus capable d'en juger; résultat d'autant plus précieux, qu'il lie d'une chaîne non interrompue l'histoire naturelle et l'histoire civile.

« Je pense donc, conclut-il, je pense donc avec MM. Deluc et Dolomieu, que s'il y a quelque chose de constaté en géologie, c'est que la surface de notre globe a été victime d'une grande et subite révolution, dont la date ne peut remonter beaucoup au delà de cinq à six mille ans; que cette révolution a enfoncé et fait disparaître les pays qu'habitaient auparavant les hommes et les espèces des animaux aujourd'hui les plus connus; qu'elle a, au contraire, mis à sec le fond de la dernière mer, et en a formé les pays aujourd'hui habités; que c'est depuis cette révolution que le petit nombre des individus épargnés par elle se sont répandus et propagés sur les terrains nouvellement mis à sec, et par conséquent que c'est depuis cette époque seulement que nos sociétés ont repris une marche progressive, qu'elles ont formé des établissements, élevé des monuments, recueilli des faits naturels et combiné des systèmes scientifiques (1). »

Ainsi donc, et Moïse et les peuples, et la terre et la mer, et les sciences et les arts, tout nous atteste le terrible accomplissement de cette parole, dite au premier Noé : *Je perdrai les hommes avec la terre* (Gen., 6, 13). Tout nous garantit aussi par là même le futur accomplissement de cette autre parole, dite à un autre Noé, au pilote de la seconde arche, au Prince des Apôtres : *Les cieux et la terre actuels sont réservés au feu pour le jour du jugement, les éléments seront dissous par la chaleur ; il y aura de nouveaux cieux et une nouvelle terre où habitera la justice* (2. Pet., 3). Placés entre ces deux formidables catastrophes, profitons de la première si bien que nous n'ayons point à redouter la seconde. C'est la conclusion que tire saint Pierre.

LIVRE QUATRIÈME.

Confusion des langues. — Dispersion des peuples. — Abraham, Melchisédech et les autres patriarches. — Isaac, Jacob et Joseph, figures du Christ et de son Eglise. — Ismaël, père et type des Arabes ou Bédouins.

Un nouvel âge commence pour le genre humain. Depuis Adam jusqu'à Noé, c'était un enfant sous le régime paternel; dans cette période on ne voit point de nation ni de royaume, mais seulement des familles ou plutôt une famille. Depuis Noé jusqu'à Jésus-Christ, c'est l'adolescent laissé en quelque sorte à lui-même, pour qu'il devienne sage par ses propres égarements : dans cette période on voit non-seulement des familles, mais des peuples et des empires; on y voit surtout un empire universel, né à Babylone, Ninive et à Babylone, passer successivement des Assyriens aux Mèdes et aux Perses, des Mèdes et des Perses aux Grecs, et des Grecs aux Romains. Depuis Jésus-Christ jusqu'à la fin du monde, ce sera l'homme fait qui, profitant de ses fautes passées ainsi que des nouvelles et plus abondantes grâces de Dieu, s'avancera de plus en plus vers la maturité de la sagesse. Dans cette période, il y aura toujours des familles, des peuples et des empires ; mais d'empire universel, il n'y aura plus que celui du Christ, qui, embrassant toutes les nations dans la même foi, la même espérance, la même charité, couronnera la variété des familles et des peuples par l'unité primitive de l'Eglise universelle.

Dieu, qui opère cette œuvre des siècles, y procède avec ordre et mesure. Quand le Christ choisit douze hommes pour y mettre la dernière main, il ne les prit point à leur naissance, mais à un âge où ils connaissaient déjà toutes les misères de la vie; il ne leur enseigna pas dès le premier jour tous les mystères de sa doctrine; il leur disait après trois ans : *J'ai encore beaucoup de choses à vous dire, mais vous ne pouvez les porter maintenant* (Joan., 16, 12). Après ces trois années d'instruction, il n'en avait pas fait encore des hommes parfaits ; il leur avait souffert bien des défauts : il souffrit même qu'un d'eux le trahît, qu'un autre le reniât, et que tous l'abandonnassent dans le moment critique. Il voulait leur apprendre à ne point compter sur eux-mêmes, mais sur Dieu seul ; il était miséricordieux envers les autres comme Dieu l'avait été envers eux. Or, ce que le Christ a fait dans l'éducation de ses apôtres, il le fait dans l'éducation du genre humain. Il proportionne les instructions et les grâces, les châtiments et les récompenses, à l'âge, à la capacité, au progrès. Dans la main de cet habile instituteur, tout, jusqu'aux fautes de son élève, sert à le former. Ainsi, à la fin de son premier âge, le genre humain s'étant porté aux plus graves désordres, Dieu le châtia rudement par le déluge, non-seulement pour le punir, mais encore pour le corriger, pour affaiblir en lui le penchant au mal et fortifier le pen-

(1) *Discours sur les révolutions de la surface du globe*, par M. Cuvier.

chant au bien. Il y a plus. Dieu allait émanciper en quelque sorte cet enfant des siècles, il allait lui permettre, lui ordonner même de sortir de famille, et d'aller par toute la terre faire des établissements de peuples ; il lui fallait un frein pour ne point abuser de cette liberté nouvelle : ce frein devait être le souvenir toujours présent de la terrible correction qu'il venait de subir. Aussi, nous l'avons vu, ce souvenir s'est-il perpétué jusque dans les derniers temps chez toutes les nations.

Les fils de Noé, Sem, Cham et Japhet, eurent tous les trois de nombreux descendants. Ces nouveaux hommes avaient tous la même langue et les mêmes manières de parler. Ils s'avancèrent d'abord, ce semble, vers l'Orient. Arrivés de là dans l'immense plaine de Sénaar, qu'arrosent à la fois le Tigre et l'Euphrate, ils y fixèrent leur habitation. « Allons, se dirent-ils l'un à l'autre, façonnons-nous des briques et cuisons-les au feu. Venez, bâtissons-nous une ville et une tour dont le faîte s'élève jusqu'au ciel, et faisons-nous un nom, de peur que nous ne soyons dispersés sur la face de toute la terre (Gen., 11). » C'est le sens de l'hébreu. Ils y travaillèrent tout de suite avec ardeur, se servant de briques au lieu de pierres, et de bitume au lieu de ciment. Leur principal dessein paraît avoir été de demeurer ensemble. La ville devait être leur centre commun ; et la tour, un phare pour se reconnaître dans les immenses plaines qu'elle dominait. Mais cette union ne pouvait être durable sans un nom propre qui la consacrât à jamais. Ils tâchèrent donc de s'en faire un. Nous allons voir quel nom Dieu leur fit.

« Or, l'Eternel descendit pour voir la ville et la tour que bâtissaient les fils de l'homme ; et il dit : Voilà un seul peuple et ils n'ont tous qu'un même langage ; c'est la première de leurs entreprises : ils ne cesseront qu'ils ne l'aient achevée. Venez donc, descendons, et confondons-y leur langue de manière qu'ils ne s'entendent plus les uns les autres. Et ainsi l'Eternel les dispersa de ce lieu dans toutes les régions, et ils cessèrent de bâtir la ville ; et c'est pourquoi elle a été nommée *Babel* ou confusion, parce que ce fut là que Dieu confondit la langue de toute la terre, et l'Eternel les dispersa de là sur la face de tout le globe. »

Dieu, qui les avait rassurés contre le retour d'un nouveau déluge, voulait qu'ils se séparassent pour aller peupler l'univers, se multiplier plus et se corrompre moins.

Les hommes le savaient et voulaient en quelque sorte s'y soustraire : Faisons-nous un nom, de peur que nous ne soyons dispersés ; ou bien, suivant le grec et le latin, avant que nous soyons dispersés sur toute la terre. Leur indocilité fut punie, et le nom qu'ils ambitionnaient fut celui du châtiment, en contraignit de faire ce que Dieu voulait qu'ils fissent. Cette peine dure encore dans le monde ; la confusion des langues et des idées y divise encore les peuples et les individus. L'Eglise seule peut les réunir. Là, comme dans le cénacle de Sion, les langues apparaissent encore distinctes, mais c'est le même esprit qui les anime ; là, tous les fidèles n'ayant qu'une foi, qu'une pensée, croyant et disant tous la même chose, leurs langues, diverses dans la forme, n'en font qu'une dans le fond.

Le souvenir de la tour de Babel et de la confusion des langues se retrouve dans toutes les anciennes traditions. Eupolème, cité par Alexandre Polyhistor, racontait que la ville de Babylone et cette tour si célèbre par tout le monde avaient été bâties par les géants échappés du déluge, et que la tour ayant été renversée par la puissance de Dieu, les géants s'étaient dispersés dans tous les pays (Euseb., *Præp. ev.*, l. 9, c. 17). Le même Alexandre citait encore les paroles d'une sibylle, où il était dit que les hommes n'ayant tous qu'une même langue, plusieurs d'entre eux bâtirent cette haute tour pour monter au ciel ; mais qu'un dieu très-puissant renversa cette tour par une tempête, et donna à chacun un langage particulier, et que c'est pour cela que la ville fut appelée Babylone (*Id.*, *Chronic.*, l. 1, c. 4 ; *et apud Syncel.*). Abidène disait, dans son *Histoire d'Assyrie* : « On rapporte que les premiers hommes, fiers de leur force et de la grandeur de leur taille, voulurent se rendre supérieurs aux dieux mêmes, et qu'ils entreprirent d'élever une tour d'une hauteur démesurée dans le lieu où Babylone est située aujourd'hui ; que cette tour approchait du ciel, lorsque les vents, venant au secours des dieux, firent tomber cette masse énorme sur les bâtisseurs ; que les ruines servirent à bâtir Babylone, et que les dieux rendirent alors divers et discordant le langage des hommes, qui avait été le même jusque-là (Euseb., c. 8). » Les poètes grecs et latins ont fait de cette histoire la fable des Titans, qui entassaient les montagnes pour escalader le ciel, lorsque le maître du tonnerre les renversa de sa foudre, eux et leur ouvrage.

Mais, ce qui étonnera le plus, cette tradition se trouve jusqu'à nos jours en Amérique. Non-seulement elle y est écrite dans des peintures hiéroglyphiques, on y voit encore des tours semblables à la tour de Babel, telle que nous la décrivent Hérodote et Strabon : d'immenses pyramides à plusieurs assises décroissantes. Parlant de celle qui existe chez les Indiens de Cholula, et qui surpasse en hauteur la troisième pyramide d'Egypte, un savant moderne, qui a été sur les lieux, cite leur tradition hiéroglyphique du déluge, après lequel cette pyramide aurait été bâtie avec des briques, par des géants restés au nombre de sept de tout ce qu'ils étaient auparavant. « Les dieux, est-il dit, virent avec courroux cet édifice dont la cime devait atteindre les nues : irrités contre l'audace de Xelhua, ils lancèrent le feu sur la pyramide ; beaucoup d'ouvriers périrent, l'ouvrage ne fut pas continué, et on le consacra dans la suite au dieu de l'air (1). » Voilà sans doute une concordance bien singulière. Ajoutez-y cette autre tradition américaine, qu'après le déluge les hommes étaient muets, et qu'une colombe leur distribua des langues du haut d'un arbre, mais des langues si diverses qu'ils ne pouvaient se comprendre les uns les autres, et vous aurez, en hiéroglyphes du nouveau monde, une page de la Bible.

Dans plusieurs de ces traditions, il est parlé de la divinité en nombre pluriel. Les auteurs qui s'expriment ainsi, ayant écrit bien des siècles après l'événement, et dans des pays où régnait l'idolâtrie, y auront attaché des idées fort inexactes. Cependant l'Ecriture même insinue, dans cette occasion, qu'il

---

(1) *Vues des Cordillères*, par M. de Humboldt, t. I, p. 96 et 114.

y a pluralité en Dieu. « L'Eternel ou Jéhova dit : Venez, descendons, confondons leur langue. » Une personne parle à deux autres, car elle dit : Venez, et non pas : Viens. Il est écrit en même temps que Jéhova ou l'Eternel descendit. Ce qui laisse entendre que la personne qui parle et celles à qui elle parle ne sont qu'un même Jéhova. Aussi les Pères de l'Eglise et les meilleurs interprètes (Estius, Menochius) ont-ils entrevu dans ce langage la trinité des personnes divines. Des auteurs qui auront lu ces paroles dans Moïse, et qui n'y regardaient pas de si près, se seront facilement exprimés d'une manière peu juste. Leurs expressions seront vraies au pied de la lettre, si l'on suppose avec quelques-uns que Dieu parlait aux anges, qui sont quelquefois appelés dieux dans l'Ecriture. Mais cette interprétation nous semble peu fondée; on voit plus d'une fois Dieu commander à ses anges comme à ses ministres, mais nulle part on ne le voit se les associer comme ses pareils.

Quoi qu'il en soit de ces explications, toujours est-il que Dieu punit la présomption des hommes, qui voulaient fonder une cité, un empire sans lui, si ce n'est pas contre lui. Mais, comme toujours, cette punition était en même temps un bienfait. Elle apprenait à tous les mortels que, si l'Eternel lui-même ne bâtit la maison, en vain travailleront ceux qui la bâtissent; que, si l'Eternel lui-même ne garde la cité, en vain veillera celui qui la garde (Ps. 126); qu'enfin il n'y a ni sagesse, ni prudence, ni conseil contre l'Eternel (Prov. 21, 30). Cette leçon ne fut pas perdue. Nous voyons tous les anciens commencer leurs entreprises par invoquer la Divinité; toute l'antiquité nous dit, par la bouche de Platon (De legib., t. VIII, édit. Bip., p. 180) : « C'est la vérité même que, si Dieu n'a pas présidé à l'établissement d'une cité et qu'elle n'ait eu qu'un commencement humain, elle ne peut échapper aux plus grands malheurs. » Cette punition était encore un autre bienfait. Si la masse des hommes s'était concentrée dans les plaines de Sennar, elle se serait multipliée beaucoup moins et corrompue beaucoup plus. Le reste de la terre, abandonné sans culture, se fût couvert de marais infects et d'épaisses forêts; les animaux féroces eussent été les maîtres. En introduisant parmi les descendants de Noé la diversité des langues, Dieu les contraignit à se séparer les uns des autres et à se grouper par famille et par dialecte pour aller se faire une patrie ailleurs. Voilà comment, dans le deuxième âge du monde, Dieu lui-même créa les peuples; voilà comme il les envoya par toute la terre pour l'occuper et la cultiver. Dans le troisième âge, lorsqu'il aura communiqué à soixante-douze disciples et à douze apôtres, non pas la confusion, mais le don des langues, il les enverra de même par toute la terre pour lui donner une culture bien autrement désirable. Et, chose qui n'est pas indigne d'être remarquée, autant il désigne de prédicateurs de sa parole, autant, à peu près, on distingue de peuples dans le monde, et parmi eux une douzaine de plus influents et qui, dans la suite de l'histoire, apparaissent comme les principaux instruments de la divine Providence.

Avant de nous raconter la séparation de ces grandes familles du genre humain, Moïse nous donne leur généalogie. Japhet y paraît le premier. La version grecque, telle que nous l'avons maintenant, suppose qu'il était l'aîné (Gen., 10, 21). Dans l'hébreu, l'épithète d'aîné peut se rapporter également à Sem ou à Japhet. La version latine l'entend de Sem, et saint Augustin lisait de même dans le grec de son temps. Et en effet, Sem est nommé partout le premier. S'il paraît le dernier dans le dénombrement des peuples, c'est que Moïse aura voulu terminer par la généalogie plus importante du peuple hébreu.

Japhet eut sept fils : Gomer, Magog, Madaï, Javan, Thubal, Mosoch et Thiras. Gomer fut le patriarche des Gomariens ou Gomarites, appelés Galates et Celtes par les Grecs, et Gaulois par les Latins; c'est ce que disent l'historien Josèphe, Eustathe d'Antioche, saint Jérôme et saint Isidore de Séville (1). Cette famille de peuples paraît encore avoir porté d'autres noms, entre autres celui de Cimbres ou Cimmériens, qui veut dire guerriers. Un des fils de Gomer fut Ascenez, dont les Juifs modernes font le père des Allemands; un autre fut Thogorma, dont les peuples de Géorgie et d'Arménie se disent les descendants (2). Magog est regardé comme l'ancêtre des Scythes et des Tartares, en particulier des Turcs. Madaï l'est certainement des Mèdes, qui en portent le nom dans toute l'Ecriture. Javan ou Jovan, qu'avec les mêmes lettres, mais sans les points voyelles, on peut prononcer en hébreu Ion, l'est non moins indubitablement des Grecs ou Ioniens, nommés Iaones dans Homère (Iliade, l. 13, 685). Anciennement les étrangers appelaient Ioniens tous les Grecs, comme les Hindous les appellent encore aujourd'hui indistinctement Javanas (Schol. Aristophane, in Acarn.). Javan eut quatre fils : Elisa, Tharsis, Cethim et Dodanim ou Rodanim. On n'est bien sûr que pour le troisième, qui, dans les livres saints, désigne la Macédoine. Quant à Thubal et Mosoch, les sentiments sont bien divers. Il y en a qui conjecturent que Mosoch est l'ancêtre des Moscovites. Pour ce qui est de Thiras, dernier fils de Gomer, tout le monde est d'accord que c'est le père des Thraces, nom sous lequel les anciens comprenaient un grand nombre de peuples. La race de Japhet, ainsi divisée par grandes nations, s'étendit dans le nord de l'Asie et en Europe.

Cham eut quatre fils ou chefs de races, Cush, Mezraïm, Phut et Chanaan. La postérité de Cush, qui se traduit ordinairement par Ethiopiens, paraît s'être répandue, et dans l'Asie où l'on trouve encore le Cushistan ou pays de Cush, et dans l'Arabie, d'où la femme de Moïse est appelée Cushite ou Ethiopienne, et dans l'Ethiopie actuelle. Mezraïm est le nom commun et des Egyptiens et de l'Egypte, qui est aussi appelée terre de Cham. Aujourd'hui encore l'Egypte et sa capitale, le Grand-Caire, sont nommés par les habitants du pays Mesr ou Misr, dont Mizraïm est le duel hébreu, comme pour désigner à la fois les deux Egyptes, la haute et la basse. De Mizraïm sont sortis plusieurs autres peuples, entre autres les Philistins. On ne sait point au juste dans quelle contrée s'établit Phut sa postérité. Pour ce qui est de Chanaan, tout le monde le connaît. C'est le père des Chananéens proprement dits,

(1) Josèphe, Antiquit., l. 1, c. 6; Eustath., In Hexaem.; Hiéron., Trad. hebr. in gen.; Isidore, Orig., l. 9, c. 2.
(2) Tableaux historiques de l'Asie, par M. Klaproth.

LIVRE IV. — CONFUSION DES LANGUES ET DISPERSION DES PEUPLES.   73

des Sidoniens, des Phéniciens, et par suite des Carthaginois. Sa postérité paraît s'être fixée d'abord sur la mer Rouge, d'où le commerce l'attira sur la Méditerranée, dans le pays qui a pris de lui son nom.

Sem, le fils béni de Noé, en eut lui-même cinq : Elam, Assur, Arphaxad, Lud et Aram. Elam est le père des Elamites ou des Perses : leur ancienne capitale s'appelait Elymaïs. Assur est le père des Assyriens, dont Ninive devint la capitale. Arphaxad est l'ancêtre des Hébreux. Un arrière-petit-fils d'Arphaxad, Jectan, engendra jusqu'à treize fils, qui s'étendirent en Orient, jusqu'au fleuve de l'Indus, selon l'historien Josèphe et saint Jérôme. Un d'eux, nommé Ophir, paraît avoir donné son nom au pays d'Ophir, que l'on croit être l'Inde ou l'île de Ceylan, et où les flottes combinées de Hiram et de Salomon faisaient des voyages qui duraient trois ans. Lud est regardé comme le père des Lydiens. Aram l'est sans aucun doute des peuples que les Grecs appelaient Syriens, mais qui s'appelaient eux-mêmes Araméens ou Arimeens, du nom de leur ancêtre. Ils portent même ce dernier nom dans Homère et dans Hésiode.

Quant à l'Inde et à la Chine, Moïse n'en dit rien de particulier. Comme il écrivait pour les Hébreux, il s'attache de préférence à la généalogie des peuples qui pouvaient leur être connus. Pour les autres, ou il les passe sous silence, ou il les indique avec si peu de détail qu'il n'est guère possible de les reconnaître aujourd'hui. Ce que l'on sait maintenant, c'est que l'Inde n'est point habitée par une seule et même race, mais par un mélange de plusieurs peuples. On y découvre des traces de Sem dans la ville de Scharma Bamiyan ou Schem Bamiyan. Les institutions politiques, notamment la division des castes, y paraissent les mêmes que dans la terre de Cham, l'ancienne Egypte. Les Indiens appellent encore maintenant leur pays, de Chus ou Cusch, fils de Cham, Chuschad Widpa, c'est-à-dire pays de Chus (1). Et ce Rama, si fameux dans les poèmes de l'Inde, pourrait bien être, comme le conjecturent les savants anglais de Calcutta, le Rama ou Regma, fils de Chus, dont parle l'Ecriture (2). Enfin, la langue primitive de l'Indostan, le sanscrit, a des affinités singulières avec les principales langues des descendants de Japhet, le grec, le latin et l'allemand. Il est donc à croire que l'Inde a été peuplée à la fois par trois branches de la famille humaine. Le nom même de Hapte-Heando ou sept Indes, que lui donnent d'anciens livres persans, semble indiquer cette diversité de population (3).

Pour ce qui est de la Chine, on est aujourd'hui d'accord que ses premiers habitants lui sont venus de l'Inde. Les annales chinoises nous montrent la première colonie, le premier royaume s'établissant au nord-ouest, dans le Chensi, province limitrophe de l'Inde, et de là s'étendant de plus en plus vers l'Orient. D'un autre côté, les brahmanes ou philosophes indiens disent formellement que les Tchinas (car c'est ainsi que les chinois se nomment en sanscrit) sont des Hindous de la classe kchatriya ou militaire, qui renonçant aux priviléges de leur tribu,

errèrent par bandes au nord-est du Bengale, et, oubliant peu à peu les rites et la religion de leurs ancêtres, établirent des principautés séparées, qui s'unirent ensuite dans les plaines et dans les vallées qu'ils possèdent maintenant. En effet, la Chine a été partagée très-longtemps en plusieurs petits royaumes. Celui du centre, et qui de là tirait son nom, ayant pris le dessus, donna son nom d'*empire du Milieu* à toute la Chine. Une autre preuve qui constate l'antique parenté des Hindous et des Chinois, c'est ce passage qu'on lit dans le code de lois attribué à Menou, le Noé des Indiens : « Plusieurs familles de la classe militaire ayant abandonné peu à peu les préceptes des védas et la société des brahmanes, vécurent dans un état de dégradation, tels que les Yavanas et les Sacas, les Paradas et les Pahlavas, les Tchinas et quelques autres nations (1). Le mot sanscrit, *Yavana*, désigne incontestablement les anciens Grecs; *Saca*, ces Scythes connus par les anciens sous le nom de *Saci*; *Pâradas*, les Parthes; *Pahlava*, les anciens Persans, dont la langue se nomme encore *Pehlvy*, et *Tchinas*, les Chinois (2). On a cru longtemps qu'autrefois la Chine était inconnue en Occident et qu'elle n'eut jamais de relations avec l'empire romain. On sait aujourd'hui, qu'un siècle avant Jésus-Christ, les Chinois portèrent leurs conquêtes jusque dans l'Inde et dans la Perse, et qu'un siècle après, ils les poussèrent jusqu'à la mer Caspienne ; on sait qu'ils connurent l'empire romain auquel ils touchaient alors, et qu'ils lui donnèrent même le nom de *Ta-thsin* ou *Grande-Chine*, tant ils en avaient une haute idée. Leurs annales parlent d'une ambassade envoyée dans leur pays, l'an 166 de l'ère chrétienne, par *An-tun* (Antonin), roi de Ta-thsin : c'est Marc-Aurèle, l'un des Antonins, qui régna depuis 161 jusqu'en 180. On sait que les Chinois vendaient la soie aux Romains par l'entremise des Parthes ; et il n'y a plus de doute que les *Sères* des anciens ne soient les Chinois. D'après les auteurs grecs, le mot *sêr* ou *sir* désigne et le *ver à soie* et les *habitants de la Sérique* ou les *Sères*. Or, ce fait démontre que le nom de ces derniers leur venait de la marchandise précieuse que les peuples de l'Occident allaient chercher chez eux. Les Arméniens, les Mogols, les Mandchoux, qui habitaient au nord et au nord-est de la Chine, appellent la soie d'un nom fort approchant de celui des Grecs ; les Coréens, à l'Orient, l'appellent *Sir*, qui est tout à fait identique : les Chinois eux-mêmes n'ayant point la lettre *r*, l'appellent *Sèe* (3). Enfin, d'anciens auteurs, principalement Hérodote, nous font connaître la route que suivaient les négociants grecs et indiens, six siècles avant Jésus-Christ, pour pénétrer par la Tartarie dans la Chine, ainsi que celle que suivaient les Numides ou nomades africains, pour se rendre des bords de l'Océan atlantique jusque dans l'Inde. Des voyageurs de nos temps se sont assurés que ces routes sont encore les mêmes aujourd'hui, qu'elles sont encore fréquentées par les caravanes de marchands et de pèlerins, comme il y a deux mille cinq cents ans, depuis le royaume de Maroc, en Afrique, jusqu'à Pékin, à l'extrémité orientale de l'Asie (4).

(1) Th. Maurice, *Histoire de l'Indostan et Antiquités indiennes.*
(2) W. Jones, *Rech. asiat.*, trad. franç., t. II, p. 441; Gen., 107.
(3) F. Schlegel, *Philosophie de l'histoire*, t. I, p. 123.

(1) W. Jones, *Rech. asiat.*. t. II. *Discours sur les Chinois.*
(2) Voir encore M. Klaproth, sur les noms de la Chine, *Journal asiatique*, t. X, p. 53.
(3) *Tableaux historiques de l'Asie*, par Klaproth, p. 57 et suiv.
(4) Héeren. *De la polit. et du comm. des peuples de l'antiquité.*

Voilà comme la science moderne a fini par constater la parenté originelle de tous les peuples et leurs antiques relations ; voilà comme se découvrent les voies de la Providence pour disséminer le genre humain sur toute la terre, et y faciliter en même temps la circulation des vérités nécessaires.

Il a été un temps où il paraissait difficile qu'avant les modernes progrès de la navigation, l'Asie eût peuplé l'Amérique. Des navigateurs plus modernes ont montré que la chose était facile. Ils ont découvert que les deux continents ne sont séparés que par un petit détroit, si même ils ne se touchent. D'autres voyageurs et savants, ayant comparé les langues, les institutions, les monuments, les hiéroglyphes, les traditions de part et d'autre, se sont convaincus que les principaux peuples du nouveau monde sont des colonies asiatiques. En un mot, tout nous ramène dans les plaines de Senaar, pour rendre témoignage à cette parole : *Et de là l'Eternel les dispersa sur toute la terre* (Humboldt, *Vues des Cordillères*).

Mais à quelle époque se fit cette dispersion ? On ne le sait point au juste. L'Ecriture nous dit bien que la terre fut divisée dans les jours d'un descendant de Sem, nommé pour cela *Phaleg* ou division. Mais suivant le texte samaritain et les Septante, Phaleg naquit environ quatre ou cinq siècles après le déluge, tandis qu'il n'y a qu'un siècle dans l'hébreu ; et cela, par la raison que nous avons déjà dite, que les Septante donnent presque toujours cent ans de plus au père avant la naissance du fils qui lui succède dans la généalogie. Les Septante ont même ici une génération de plus que l'hébreu, comme nous le verrons plus tard. D'ailleurs il n'est pas dit que la terre fut divisée à la naissance de Phaleg, mais dans ses jours, c'est-à-dire pendant sa vie, qui fut de deux à trois siècles. Le fût-elle à sa naissance, il ne serait pas encore dit que ce partage de l'univers, cette dispersion de peuples, se termina alors, ou si elle y commença seulement. On peut croire que cette dislocation du genre humain ne s'acheva qu'à la longue. Peut-être que les Goths, les Huns, les Normands et autres barbares qui inondèrent successivement l'Europe jusqu'au X⁰ siècle de l'ère chrétienne, étaient les dernières colonnes de cette antique émigration. Ces peuples ne cessèrent de voyager que quand ils eurent retrouvé, à Saint-Pierre de Rome, l'unité de langage et de pensée qu'ils avaient perdue à la tour de Babel.

De Babel même, chaque peuple emporta un fonds commun de vérités primitives ; vérités qui s'altérèrent plus ou moins dans le chemin, mais qui se sont retrouvées entières au terme du voyage, à Rome, où Dieu lui-même a bâti sur la pierre, non une cité de confusion, mais la cité sainte, son Eglise bien-aimée, contre laquelle ne prévaudront point les portes de l'enfer. Lorsque le genre humain fut dispersé de la plaine de Senaar, les invisibles perfections de Dieu avaient été rendues visibles par les choses qui avaient été faites depuis la création du monde (Rom., 1, 20). En effet, la désobéissance du premier homme, punie dans toute sa postérité ; un Sauveur promis, qui écrasera la tête au serpent ; le premier meurtrier condamné à une vie tremblante et fugitive, pour effrayer par son supplice tous les mortels ; Hénoch prêchant la pénitence et le jugement ; tous les hommes noyés dans le déluge ; la terre portant partout les marques de cette terrible catastrophe ; une seule famille épargnée à cause de la piété de son chef ; la récente alliance de Dieu avec Noé et ses descendants ; ceux-ci punis d'une téméraire entreprise, par la confusion des langues ; certes, voilà qui rendait palpable l'existence de Dieu, son éternelle puissance, son inévitable justice, son inépuisable miséricorde ; voilà qui disait à tous ce qu'il fallait faire ou éviter pour lui plaire ; voilà qui apprenait à tous à lire dans le livre de la nature, dans l'ordre accoutumé de l'univers, et à y reconnaître, non une aveugle nécessité, mais cette sagesse infinie qui atteint d'une extrémité à l'autre avec force et dispose tout avec douceur, qui interrompt quelquefois l'ordre matériel du monde pour rappeler les hommes à l'ordre plus élevé de l'esprit.

Et il ne faut pas s'imaginer, avec quelques-uns qui se plaisent à exagérer le mal, que ces leçons n'eurent point d'effets et que Dieu fut oublié presque aussitôt. Tel n'était pas le sentiment des Pères de l'Eglise. Un des plus savants et des plus zélés d'entre eux, saint Cyrille d'Alexandrie, ainsi que nous l'avons déjà vu, dit à ce sujet : « Ceux qui ont supputé exactement les temps depuis le commencement du monde, comptent deux mille deux cent quarante-deux ans depuis Adam jusqu'à Noé. Or, dans les saintes Ecritures, nous ne voyons absolument personne qui, pendant cette période, ait été impliqué dans le crime d'idolâtrie. Les hommes d'alors sont accusés d'autres choses et périssent justement par le déluge, parce que toute chair, est-il dit, avait corrompu sa voie. Nous ne trouvons pas non plus qu'après le déluge, le reproche d'idolâtrie soit fait à aucun des fils de Noé, desquels trois le genre humain s'est de nouveau propagé sur la terre. Ce ne fut que neuf cent quarante-deux ans après, lorsque leur postérité se fut répandue de toutes parts, que l'Orient et les côtes maritimes furent habités et que les hommes se trouvaient réunis dans des villes ; ce ne fut qu'alors que régna le premier, dans la terre des Assyriens, un homme superbe et arrogant, Arbélus, qui, le premier, dit-on, reçut de ses sujets le nom de *divinité*. Nous disons donc, conclut-il contre Julien l'Apostat, que la providence de Dieu dans le salut des nations est plus ancienne que la vocation d'Israël (*Advers. Julian.*, l. 3). » Ainsi parle ce Père. Il suit, comme on a pu le remarquer, la chronologie des Septante, d'après lesquels il s'est écoulé de cinq à six mille ans depuis Adam jusqu'à Jésus-Christ. Saint Thomas enseigne de même, avec la foule des Pères, que l'idolâtrie commença vers le temps d'Abraham, qui, suivant la chronologie combinée des Septante et du samaritain, naquit environ mille ans après le déluge. La révélation faite au patriarche, conclut-il, n'était point nécessaire auparavant, attendu que tous les hommes persistaient dans le culte d'un seul Dieu (*Summa*, S. Th., 2. 2, q. 174, a. 6).

Le fils de Sirach a un mot remarquable sur l'époque de la dispersion. Après avoir dit que Dieu fit une alliance éternelle avec les hommes, qu'il leur manifesta sa justice et ses jugements, et qu'il recommanda chacun à tous, ce qui s'entend naturellement de l'alliance que Dieu fit avec Noé et de la peine capitale qu'il prononça contre l'homicide, il ajoute : « Et il préposa à chaque nation un gouverneur, un chef ; mais Israël fut la part visible de Dieu (Eccli., 17, 14 et 15). » Ainsi, entre tous les peuples, Dieu s'en choisit un qu'il conduit avec une providence toute spéciale et pour les fins que nous verrons plus tard ; mais il n'abandonne point pour cela les autres. Outre sa providence générale qui embrasse tout, il prépose à chacun un chef, un chef visible et un chef invisible : un chef visible, le prince ou le magistrat suprême : un chef invisible, un ange tutélaire. Car il n'est point à douter que Dieu, qui donne un ange gardien à chaque individu, n'en fasse autant pour chaque peuple. Aussi voyons-nous dans Daniel l'ange-prince des Perses, l'ange-prince des Grecs, l'ange-prince des Juifs. D'un autre côté, l'ennemi de Dieu et des hommes, Satan, qui est appelé dans l'Evangile le prince de ce monde, le dieu de ce siècle, n'aura pas manqué de distribuer aussi les siens, de manière à séduire plus facilement toute la terre. L'Apôtre ne nous dit-il pas que nous avons à combattre, non-seulement contre la chair et le sang, mais contre les principautés, contre les puissances, contre les *cosmocrates* des ténèbres de ce siècle, contre les esprits de malice répandus dans les régions célestes ou dans les airs (Ephes., 6, 12) ? Lors donc que tous les peuples, outre la providence suprême de Dieu qui coordonne tout à ses fins, se croient encore soumis à l'influence subalterne d'êtres surhumains, d'esprits bons ou méchants, ils ne croient que ce qui est. Et si plus d'une fois ils se trompent dans l'application, l'erreur, en ceci comme en tout le reste, n'est qu'une vérité dont on abuse, de même que le mal n'est que l'abus du bien.

Le premier roi, le premier souverain qui soit nommé dans l'Ecriture, est Nemrod, fils de Chus et petit-fils de Cham. « Celui-là, est-il dit, commença à être puissant sur la terre ; celui-là devint un puissant chasseur devant l'Eternel ; et de là est venu le proverbe : *Comme Nemrod, puissant chasseur devant Jéhova* (Gen., 10, 8 et 9). » Ces paroles, *puissant chasseur*, ont été généralement prises en mauvaise part. Les interprètes chrétiens et les écrivains orientaux regardent généralement Nemrod comme le premier tyran. Son nom même signifie *tyran* en arabe (*Biblioth. orient.*). Après avoir rendu quelques services à ses contemporains, en domptant et en tuant les bêtes féroces, il aura fini par tourner sa force et son adresse à subjuguer ses contemporains eux-mêmes. Cette expression proverbiale : *Comme Nemrod, puissant chasseur devant Jéhova*, nous apprend que la puissance de Nemrod était très-réelle et très-grande, puisqu'il l'était même devant Dieu ; elle nous montre de plus que, de son temps, Jéhova ou l'Eternel était connu et reconnu de tout le monde, puisque son nom entrait dans les dictons populaires.

L'Ecriture ajoute : « Le commencement de son royaume fut Babylone, Arach, Achad et Calané, dans la terre de Sénaar. De cette terre sortit Assur, et il bâtit Ninive, et Rohoboth-ir, et Chalé, et Resen, entre Ninive et Calé : celle-ci est la grande ville. » Ces dernières paroles s'appliquent naturellement à Calé ou à Resen. Ce qui nous fait voir que Ninive n'était point encore la plus grande ville de l'Asie lorsque Moïse écrivait (Michaëlis). Cette circonstance, ainsi que cette autre, que dans le dénombrement des villes de Chanaan, il ne parle point de Tyr, mais de Sidon qui est en effet plus ancienne, nous sont une forte preuve de la haute antiquité de ses livres.

Mais, pour en revenir à ce que j'ai dit, on y voit comme deux royaumes, celui de Nemrod et celui d'Assur. Et de fait, le prophète Michée distingue la terre d'Assur ou l'Assyrie de la terre de Nemrod ou la Babylonie (Mich., 5, 6). Au temps d'Abraham, nous voyons Amraphel, roi de Senaar ou de Babylone, et Codorlahomor, roi d'Elam, pays ainsi nommé d'Elam, fils d'Assur. Mais il y a ceci de remarquable : le roi de Babylone, avec deux autres, vient là comme allié ou vassal du roi d'Elam. Celui-ci paraît le plus puissant ; les rois de Sodome, de Gomorrhe, d'Adama, de Seboïm, de Béla, lui paient tribut bien des années. Sur leur refus de le payer encore, il vient avec ses trois alliés les combattre ; il les défait, et puis est lui-même défait par Abraham et ses trois confédérés. Tout cela nous montre que le royaume de Nemrod n'avait pas été grand-chose ou qu'il s'était fort affaibli sous ses successeurs. Presque chaque ville avait alors son roi. Les cinq villes de la Pentapole formaient autant de royaumes. Plus tard, sous Josué, lorsque les Israélites entrèrent dans la terre promise, ils y trouvèrent au moins une quarantaine de rois, dont l'un se vantait d'en avoir fait manger soixante-dix sous sa table. Homère encore, qu'on suppose avoir vécu vers le VIIIe siècle avant Jésus-Christ, en compte une dizaine des plus fameux dans cette partie de la Grèce, qui, aujourd'hui, n'est point assez grande pour en trouver un seul (1). Ni Moïse ni Homère ne parlent d'aucune grande monarchie. La première qui apparaisse de ce genre, dans l'histoire certaine, est la monarchie assyrienne de Ninive, six ou sept siècles avant Jésus-Christ. Aussi ne sait-on pas trop où placer le Ninus et la Sémiramis dont Ctésias, auteur très-peu croyable, et d'autres après lui, vantent les victoires et les conquêtes. Hérodote, qui, cependant a été à Babylone, n'y a pas même appris le nom de Ninus comme roi des Assyriens, et n'en parle que comme du père du roi de Lydie (Clio, c. 7) ; quant à Sémiramis, il ne la place que longtemps après Moïse et seulement sept générations avant Cyrus. Le chaldéen Bérose reproche aux historiens grecs de s'être faussement imaginé que l'assyrienne Sémiramis fonda Babylone, et d'avoir écrit, contre toute vérité, qu'elle en construisit les merveilleux monuments, qui, selon lui, étaient dus à Nabuchodonosor (2). Il y a plus : Abydène dit formellement que les Chaldéens ne tenaient aucun compte de Ninus et de Sémiramis (3). Tout cela bien considéré, la vaste domination et les grandes conquêtes de l'un et de l'autre paraissent appartenir à l'histoire beaucoup moins qu'à la fable.

Une découverte récente vient de jeter sur ces ténèbres un jour inattendu et de confirmer ce que disent Bérose et Abydène. Sur les flancs d'une grande et haute montagne, entre Bagdad et Ecbatane, se trouvent divers monuments, reconnus pour avoir été exécutés par l'ordre de Sémiramis. Parmi les bas-reliefs qui décorent ces monuments, il en est un spécialement cité par Diodore de Sicile, qui représente quatorze personnages, y compris le mo-

(1) Ces paroles ont été écrites en 1832, lorsqu'on avait de la peine à trouver un roi pour le nouveau royaume de Grèce.
(2) Euseb., *Chronic.*, l. 1, c. 11, p. 32, édit. de Milan ; *et apud Syncel.* — (3) *Ibid.*, c. 12, p. 36.

narque persan avec son férouer ou bon génie planant au-dessus de sa tête. Aujourd'hui, la plupart des voyageurs s'accordent à reconnaître dans ce magnifique bas-relief la victoire de Salmanazar, roi d'Assyrie, sur les dix tribus d'Israël. Les chefs de ces tribus y sont représentés par les personnages que l'on y voit figurés. L'un d'eux, coiffé d'une espèce de mitre, a été reconnu pour représenter la tribu sacerdotale de Lévi. D'après cette découverte, la fameuse Sémiramis serait postérieure à Salmanazar, qui mit fin au royaume d'Israël sept cent dix-huit ans avant Jésus-Christ (1).

Quant à Bélus, qu'on suppose le premier fondateur de l'empire babylonien, il y a plus d'incertitude encore. Le nom de Bélus, Bel, ou Baal, veut dire seigneur, maître. Il paraît qu'il se donnait anciennement au vrai Dieu. On lit dans le prophète Osée : *Et dans ce jour*, dit l'Eternel à la race de Jacob, *tu m'appelleras Ischi*, mon mari, mon époux; *et tu ne m'appelleras plus Baali*; mon maître (Osée, 2, 16); et cela parce que ce nom avait été prostitué aux idoles. Il paraît de même que, dans l'origine, les Chaldéens entendaient par ce nom le Dieu créateur. Nous avons vu, dans un passage de Bérose, que Bélus ayant divisé les eaux et les ténèbres primitives, sépara la terre et le ciel et coordonna l'univers; avec son propre sang, mêlé à la terre, il fit former par un autre Dieu les hommes, qui, pour cette raison, participent à l'intelligence divine. Lui-même, enfin, créa le soleil, la lune et les étoiles (*Leç. d'Arch.*, c. 2, p. 11 et 12). Il est difficile de méconnaître en ces paroles le vrai Dieu, créateur du ciel et de la terre. Mais ce nom ne signifiant de soi que maître, seigneur, pouvait se donner à un mari, à un père, à un roi. Ainsi, les trois alliés d'Abraham sont appelés en hébreu ses *Baali-Berith* ou les seigneurs de son alliance. Dans la suite des temps, lorsque l'idolâtrie prévalut, les Chaldéens auront confondu, sous le nom de *Bel*, l'idée primitive de Dieu et l'idée humaine d'un de leurs monarques, de Nemrod peut-être, qui aura pu devenir ainsi l'objet principal de leur culte.

L'idolâtrie est en général une espèce de superstition qui rend à la créature le culte qui n'est dû qu'au Créateur (*Summa S. Th.*, 2, 2, q. 95). La superstition est un excès, une effusion déréglée du sentiment religieux; l'idolâtrie ne suppose pas qu'on ignore le Dieu véritable. Ce qui rend inexcusables les païens, suivant saint Paul, c'est que, connaissant Dieu par les choses qui ont été faites depuis la création du monde, ils ne le glorifièrent pas comme Dieu, mais s'égarèrent dans leurs vains raisonnements (Rom., 1, 21). Elle ne suppose pas non plus qu'on ne rend au vrai Dieu aucun culte. « C'est ignorer les premiers principes de la théologie, dit Bossuet, que de ne pas vouloir entendre que l'idolâtrie adorait tout, et le vrai Dieu comme les autres (Lettre 256. *A M. Briscacier.*, t. XXXVIII, p. 260, édit. de Versailles). » Lors donc que le même écrivain dit ailleurs : Tout était Dieu, excepté Dieu même, c'est une figure oratoire qui s'applique tout au plus à quelque cas particulier. L'idolâtrie ne suppose même pas qu'on refuse au vrai Dieu le rang suprême. « Les Gentils qui servent la créature plutôt que le

(1) *Leçon d'Archéologie*, par M. Raoul Rochette. *Gazette du clergé*, 25 juillet 1832.

Créateur, dit saint Irénée, attribuent cependant le premier rang de la divinité au Dieu créateur de cet univers (*Adv. hæres.*, l. 2, c. 9). » Enfin, l'idolâtrie ne suppose pas que cette connaissance ne puisse être universelle. Saint Augustin, ainsi que nous l'avons déjà remarqué, a dit excellemment sur ces paroles du psaume : *Dieu connu dans la Judée* : « Telle est la force de la vraie Divinité, qu'elle ne peut être tout à fait cachée à la créature raisonnable parvenue à l'usage de la raison; car, excepté un petit nombre dans qui la nature est par trop dépravée, tout le genre humain confesse Dieu auteur de ce monde. En tant donc qu'il a fait ce monde où l'on voit le ciel et la terre, Dieu était connu de toutes les nations, même avant qu'elles fussent instruites dans la foi du Christ; mais en tant qu'il ne doit pas être adoré injurieusement avec les fausses divinités, Dieu était connu dans la Judée (*Tract.* 106, *in Joan.*, n. 4). » Ainsi, d'après ce grand docteur, les païens connaissaient le Dieu véritable, mais pas si bien que les Juifs : comparativement à ces derniers, ils étaient dans l'ignorance. Et voilà qui explique naturellement le double langage de l'Ecriture, où il est dit, tantôt que les nations connaissaient Dieu, tantôt qu'elles ne le connaissaient pas.

Le premier vestige d'idolâtrie que nous découvrent les livres saints, c'est dans les ancêtres du peuple Hébreu. Le vaillant Josué étant près de sa fin, assembla tout ce peuple et lui dit : « Ainsi parle Jéhova, le Dieu d'Israël : Vos pères, Tharé, père d'Abraham, et le père de Nachor, ont habité anciennement au delà du fleuve (de l'Euphrate), et ils ont servi les dieux étrangers. Mais je pris votre père Abraham au delà du fleuve, et je lui fis parcourir toute la terre de Chanaan, et je multipliai sa race. » Puis ayant rappelé toutes les merveilles que l'Eternel avait opérées en leur faveur, il conclut : « Maintenant donc, craignez Jéhova et servez-le dans la perfection et dans la vérité, et repoussez les dieux qu'ont servis vos pères au delà du fleuve, et servez Jéhova. Que si c'est un mal à vos yeux de servir l'Eternel, choisissez aujourd'hui qui vous voulez servir, ou les dieux qu'ont servis vos pères au delà du fleuve, ou les dieux des Amorrhéens dont vous habitez la terre; pour moi et ma maison, nous servirons Jéhova (Josué, c. 24). » Il est donc certain que les ancêtres des Juifs, entre autres Tharé, père d'Abraham, lorsqu'ils demeuraient en Chaldée, sur les bords de l'Euphrate, servaient des dieux autres que l'Eternel : on doute si Abraham lui-même suivit quelque temps leur exemple. Quoi qu'il en soit, le Dieu de gloire lui apparut et lui dit : « Sors de ton pays et de ta parenté, et viens dans la terre que je te montrerai. Alors il sortit de la terre des Chaldéens pour aller dans celle de Chanaan (*Act. apost.*, c. 7; Gen., 11, 31). » Tharé, son père, le suivit dans ce voyage avec Lot, son neveu, convertis sans doute par la révélation divine. La vocation d'Abraham, comme l'a bien remarqué un Père de l'Eglise, était ainsi une vocation de gentils, et préfigurait la future vocation de la gentilité entière (S. Cyril., adv. *Julian.*, l. 1).

Abraham était né la soixante-dixième année de Tharé; Tharé, la cent soixante-dix-neuvième de Nachor; Nachor, la cent trentième de Sarug; Sarug, la cent trente-deuxième de Réhu; Réhu, la cent trentième de Phaleg; Phaleg, la cent trente-quatrième d'Héber; Héber, la cent trentième de Salé; Salé, la cent trentième de Caïnan; Caïnan, la cent trente-cinquième d'Arphaxad; Arphaxad, la centième de Sem : ce qui fait pour la naissance d'Abraham environ onze cent soixante-dix ans après le déluge. Mais c'est le calcul des Septante qui, à l'exception de Tharé et de Sem, donnent à chaque génération cent ans de plus que l'Hébreu; ils ont même, ainsi que l'Evangile de saint Luc, une génération tout entière, celle de Caïnan, qui ne se retrouve point dans le texte original, probablement parce qu'elle y aura été omise par les copistes : c'est du moins la façon la plus naturelle d'expliquer cette différence.

Abraham, Tharé, son père, et Lot, son neveu, étaient donc partis d'Ur, en Chaldée, pour aller dans le pays de Chanaan. Comme ils voyageaient avec leurs troupeaux, cette émigration ne s'acheva pas de suite; ils s'arrêtèrent quelques années dans un endroit nommé Haran ou Charan, que l'on croit être la ville de Charres, en Mésopotamie; Tharé s'y fixa même pour le reste de sa vie et y mourut plus tard. Mais Abraham, fidèle à l'ordre de Dieu, sortit de la maison de son père à l'âge de soixante-quinze ans et continua son voyage. L'Eternel avait attaché à sa fidélité cette magnifique promesse : « Je ferai sortir de toi une grande nation, et je te bénirai, et je glorifierai ton nom, et tu seras béni : » ou plutôt, suivant l'Hébreu, « et tu seras une bénédiction. Je bénirai ceux qui te béniront, et je maudirai ceux qui te maudiront; et en toi seront bénies toutes les familles de la terre (Gen., 12, 2 et 3). »

Ces promesses si magnifiques s'accompliront plus magnifiquement encore; nous-mêmes nous en sommes le plus magnifique accomplissement. Nations chrétiennes, nous avons été bénies au delà de toute imagination dans le fils d'Abraham, dans le Christ. Mais auparavant déjà, le fidèle Abraham a été, et dans sa personne et dans sa postérité, une bénédiction initiative pour toutes les familles de la terre, merveilleux bienfaits qu'on n'a point encore remarqués avec saint Chrysostome.

Quand le Très-Haut divisait les nations, quand il séparait les enfants d'Adam, il remarqua les limites des peuples selon le nombre des enfants d'Israël; mais la part de l'Eternel fut son peuple : Jacob fut son héritage (Deut., 32, 8 et 9). Ces paroles de Moïse nous laissent entendre que, dans les desseins de Dieu, il y a une secrète correspondance entre le peuple issu d'Abraham et les autres peuples, du moins les plus influents; aussi en voyons-nous les effets dans toute l'histoire ancienne. « Par le moyen d'Abraham et de sa postérité, remarque saint Chrysostome, Dieu dissémina jadis sa doctrine dans chaque génération. L'univers entier en eût été instruit s'il avait voulu (1). » En effet, parce que l'idolâtrie commençait à se répandre, Abraham sort de la Chaldée; les motifs connus de son départ y ont dû faire impression sur les hommes de bonne volonté. Il parcourt le pays de Chanaan, fait alliance avec ses princes et élève partout des autels à Jéhova. Il descend en Egypte, où Pharaon rend hommage à la puissance et à la loi de l'Eternel. L'arrière-petit-fils du patriarche sera, pendant quatre-vingts ans, le maître de ce pays et le docteur de ses sages. Toute la postérité de Jacob y habitera pendant plus de deux siècles et y formera un grand peuple. Par ce moyen, tout l'Occident, en commerce continuel avec l'Egypte, apprenait facilement tout ce qui est du salut. C'est la remarque du même Père.

Plus tard, sous la conduite de Moïse et à la suite de prodiges terribles qui retentirent dans l'univers entier, Israël sort de l'Egypte consternée, traverse à pied sec la mer Rouge et voyage pendant quarante ans dans le désert. Les Chananéens, chassés du pays qu'ils ont souillé de leurs crimes, iront chez tous les peuples raconter ces merveilleux événements; David et Salomon étendront leurs conquêtes depuis l'Egypte, antique séjour de leurs pères, jusqu'à la Chaldée, leur antique patrie; les rois, les reines viendront en personne ou enverront leurs ambassadeurs admirer la sagesse de Salomon. Pour élever au Très-Haut un temple qui sera la merveille du monde, ce prince choisit cent cinquante mille ouvriers, non parmi les Juifs d'origine, mais parmi les Gentils adorant le vrai Dieu. Ses flottes, combinées avec celles de son ami le roi de Tyr, iront jusque dans l'Inde réveiller le souvenir de l'Eternel et en rapporter l'or et les perles. Lorsque Ninive sera devenue la première capitale de l'empire universel, un prophète y viendra prêcher la pénitence; dix tribus d'Israël seront dispersées dans ses vastes provinces, afin d'y raconter les merveilles de Dieu aux peuples qui l'ignorent, et leur apprendre qu'il n'est de Tout-Puissant que lui (Tob., 13, 4). Cet empire du monde passe-t-il à Babylone? Daniel est là pour être l'âme du gouvernement, le chef des sages de la Chaldée et des mages de la Perse, depuis Nabuchodonosor jusqu'à Cyrus. Après lui, Esther et Mardochée font connaître la puissance de l'Eternel aux cent vingt-sept provinces de la monarchie persane, à commencer par l'Inde pour finir par l'Ethiopie; des hommes de tous les peuples embrassent en foule le judaïsme (Esther, 8, 17). Alexandre trouve les Juifs répandus partout et partout il les favorise. Dans la ville qu'il fonde en Egypte, il leur accorde les mêmes privilèges qu'aux Macédoniens; Hécatée d'Abdère écrit en grec leur histoire : leurs livres sacrés sont traduits dans la même langue. Si loin que pénètrent les Romains, ils rencontrent des Juifs; ils ont des synagogues, non-seulement dans Antioche, capitale de l'Orient, et dans Alexandrie, capitale de l'Egypte, mais dans Philippes et Thessalonique, capitales de la Macédoine; mais dans Athènes, capitale des lettres et des arts; mais dans Rome, capitale de l'univers. On parle du grand nombre d'écoles où les philosophes se perdaient en de vaines disputes; mais il y avait plus d'écoles encore où les descendants d'Abraham enseignaient aux hommes de bonne volonté le culte du vrai Dieu; et ces leçons n'étaient pas toujours perdues. Lorsque Paul arrive dans la Grèce pour donner à cet enseignement élémentaire sa totale perfection, il trouve dans chaque synagogue, entre autres dans celle d'Athènes, des Gentils adorant le Dieu d'Abraham. Le peuple issu de ce patriarche peut donc être regardé avec raison, suivant la belle pensée d'un de ses philosophes, comme le pontife et le prophète de tout le genre humain (1) : sublimes fonctions qu'il a rem-

---

(1) *Exposit. in psalm.* 4, t. V, p. 15, édit. Bened.

(1) Philon, *De Abraham*, p. 217. *De vitâ Mosis*, l. 1, p. 425, édit. Turnebii, 1552.

plies dans toute leur étendue, par le Christ et ses Apôtres. Ceux-ci ont enseigné et sanctifié, non plus quelques individus de chaque nation, mais des villes, des provinces, des nations entières; ils ont béni et régénéré tout le genre humain dans le Fils d'Abraham.

Telles sont, dans tout leur ensemble, ces promesses du Très-Haut, dont il s'agit de suivre l'accomplissement à travers les siècles.

Abraham donc, à l'âge de soixante-quinze ans, sortit de la maison de Tharé, son père, qui, suivant le samaritain, était mort cette année-là même, à l'âge de cent quarante-cinq ans; mais qui, suivant l'hébreu, la Vulgate et les Septante, vécut encore cent ans après. L'Ecriture, il est vrai, mentionne la mort de Tharé à Haran, avant de raconter le départ de son fils; mais ce peut être un usage familier à tous les écrivains d'achever, par anticipation, l'histoire d'un personnage avant de commencer celle d'un autre. Abraham prit avec lui sa femme, Sara, Lot, son neveu, avec tout ce qu'ils possédaient de bien, ainsi que toutes les personnes dont ils avaient augmenté leur famille. Le patriarche, arrivé dans la terre de Chanaan, la traversa jusqu'à Sichem, où Dieu lui apparut et lui dit : Je donnerai cette terre à ta postérité. Et il bâtit là un autel à Jéhova, qui lui était apparu. Continuant sa route, il dressa ses tentes sur une montagne, entre Béthel et Haï, où il éleva pareillement un autel et invoqua le nom de Jéhova; paroles qui peuvent signifier aussi en hébreu : et il y prêcha, y enseigna au nom de l'Eternel (Gen., 12).

L'Ecriture ajoute que dès lors les Chananéens étaient dans le pays; ce qui suppose qu'ils n'y étaient pas à une époque antérieure. En effet, d'anciens auteurs rapportent que les Phéniciens ou Chananéens avaient demeuré d'abord sur le golfe Persique et la mer Rouge. De là leur commerce les attira sur la Méditerranée, où Sidon fut leur première colonie (Hérod., l. 1, c. 1 ; Strab., l. 1 ; Justin, l. 18). Dans le commencement, ils n'occupaient probablement que les côtes comme lieux des factoreries; mais il paraît que peu à peu ils s'emparèrent de tout le pays.

Une grande famine étant survenue dans la terre de Chanaan, Abraham descendit en Egypte pour y faire quelque séjour. Sara, sa femme, avait alors soixante-cinq ans. Comme elle en vécut cent vingt-sept, elle n'était encore qu'à la moitié de son âge. Or, elle était fort belle. Son mari craignait que les Egyptiens ne voulussent la lui enlever et pour cela ne le missent à mort. Il lui recommanda donc de dire qu'elle était sa sœur; expression qui, dans les anciennes langues, signifie toute proche parente, sœur, nièce et cousine. Elle était d'ailleurs sa sœur de père, quoique non pas de mère. Ces craintes n'étaient pas sans quelque fondement. Pharaon, roi d'Egypte, ayant entendu vanter à ses officiers la beauté de Sara, la fit prendre et amener dans son palais. Mais Dieu le frappa, lui et sa maison, de grandes plaies, et lui fit connaître que c'était à cause de Sara, femme d'Abraham. Pharaon la remit aussitôt à son mari, et, après avoir fait à celui-ci quelques reproches sur le langage qu'il avait tenu, il le congédia comblé de présents en troupeaux et en esclaves (Gen., 12).

A ces circonstances rapportées par l'Ecriture, d'anciens auteurs, Eupolème et Artapan, cités par Alexandre Polyhistor, et Nicolas de Damas, cité par Josèphe, en ajoutent encore une autre, savoir qu'Abraham était fort habile en astronomie, et qu'il enseigna cette science à Pharaon et aux prêtres d'Héliopolis (Euseb., *Præp. ev.*, l. 9, c. 16, 17 et 18).

Abraham revint alors par le midi dans le pays de Chanaan, et s'avança jusqu'au lieu où il avait auparavant dressé sa tente et élevé un autel, entre Béthel et Haï. Il était très-riche en bétail, en argent et en or. Lot, son neveu, qui allait avec lui, avait également des troupeaux de brebis, et des bœufs, et des tentes. Il fallait pour cela de grands pâturages : la contrée ne leur suffisait plus pour habiter en commun. Une querelle s'éleva entre les pasteurs de l'un et de l'autre. Abraham dit donc à Lot : « De grâce, qu'il n'y ait point de débat entre vous et moi, ni entre vos pasteurs et les miens; car nous sommes frères. Voilà que toute la terre est devant vous ; séparez-vous de moi, je vous conjure : si vous allez à gauche, j'irai à droite, et si vous choisissez la droite, j'irai à gauche. »

Lot était fils d'un frère d'Abraham, nommé Aran, qui mourut à Ur en Chaldée, avant que sa famille en partît. Levant donc les yeux, il vit la plaine autour du Jourdain, qui, avant que l'Eternel eût détruit Sodome et Gomorrhe, était tout arrosée comme le jardin de Jéhova et comme l'Egypte. Il choisit cette belle contrée, demeura dans les villes du Jourdain et étendit ses tentes jusqu'auprès de Sodome. Or, les habitants de Sodome étaient très-méchants et grands pécheurs devant l'Eternel.

Abraham continua d'habiter en la terre de Chanaan. Après que Lot se fut séparé de lui, Dieu lui apparut de nouveau et lui dit : « Lève tes yeux et regarde du lieu où tu es maintenant, vers l'aquilon et le midi, vers l'orient et l'occident. Toute la terre que tu vois, je te la donnerai et à ta postérité pour toujours. Je multiplierai ta postérité comme la poussière de la terre; si quelqu'un d'entre les hommes peut nombrer la poussière de la terre, alors il pourra nombrer ta postérité. Lève-toi et te promène sur cette terre en sa longueur et en sa largeur, car je te la donnerai. Abraham donc, levant sa tente, vint et habita dans la vallée ou la chesnaye de Mambré, qui est auprès d'Hébron, et il dressa là un autel à Jéhova (Gen., 13). »

En ce temps arriva une guerre, à laquelle notre patriarche prit une part glorieuse. Depuis douze ans, les rois de Sodome, de Gomorrhe, d'Adama, de Séboïm et de Bala servaient Chodorlahomor, roi d'Elam ou de Perse; la treizième, ils se révoltèrent. L'année suivante, le roi d'Elam s'en vint pour les soumettre de nouveau à son empire. Il était accompagné du roi de Senaar ou Babylonie, et de deux autres dont on ne connaît pas le pays. Il battit d'abord cinq ou six autres peuplades, ravagea la terre des Amalécites, Chananéens d'Arabie, suivant la remarque d'un savant, et qu'il ne faut pas prendre pour les descendants d'Amalec, petit-fils d'Esaü (Michaëlis). Les rois des cinq villes marchèrent au devant de l'ennemi et se rangèrent en bataille dans la vallée de Siddin ou des Bois. Mais les rois de Sodome et de Gomorrhe ayant été mis en fuite, beaucoup de leurs gens tombèrent dans les puits de bi-

LIVRE IV — ABRAHAM ET LES AUTRES PATRIARCHES.

tume dont la vallée était pleine, et le reste se sauva dans les montagnes. Les vainqueurs pillèrent Sodome et Gomorrhe, et en emmenèrent tous les habitants avec leurs richesses, en particulier Lot, qui demeurait dans Sodome.

Un fuyard vint en informer Abraham, qui est ici surnommé l'Hébreu ou le Passager, à cause, croit-on, qu'il avait passé l'Euphrate. Il demeurait dans la vallée de Mambré, prince amorrhéen, frère d'Escol et d'Aner, qui tous trois avaient fait alliance avec lui. Aussitôt il fit la revue des serviteurs nés dans sa maison, en arma trois cent dix-huit des mieux exercés, et, accompagné de ses trois alliés, poursuivit les ennemis jusqu'à un lieu nommé Dan. Ayant divisé sa troupe, il se jeta de nuit sur eux, les défit et les poursuivit jusqu'à Hoba, qui est à gauche de Damas. Il ramena heureusement avec lui toutes les richesses, Lot, son frère, comme aussi les femmes et le peuple. Le roi de Sodome s'en alla au devant de lui dans la vallée de Savée, appelée aussi la Vallée royale. Mais Melchisédech, roi de Salem, offrant du pain et du vin (car il était prêtre du Dieu Très-Haut), le bénit, disant : « Béni soit Abraham par le Dieu Très-Haut, créateur du ciel et de la terre; et béni soit le Dieu Très-Haut qui a livré tes ennemis entre tes mains. » Et Abraham lui donna la dîme de tout.

Alors le roi de Sodome dit à Abraham : « Donne-moi les personnes et prends le reste pour toi. » Mais Abraham lui répondit : « Je lève ma main vers Jéhova, le Dieu Très-Haut, créateur du ciel et de la terre, que, depuis le fil le plus précieux jusqu'à la courroie d'une chaussure, je ne recevrai rien de ce qui est à toi, afin que tu ne dises pas : J'ai enrichi Abraham. Excepté seulement ce que les jeunes gens de ma suite ont mangé, et la part des personnes qui sont venues avec moi, Aner, Escol et Mambré, ceux-ci recevront leurs parts (Gen., 14). »

Qui n'admirerait ici le noble caractère du patriarche? Il donne à son neveu le choix du pays qu'il veut habiter. Ce neveu est-il captif, il attaque, sans balancer, quatre rois victorieux et le délivre. Par le droit de la guerre, corps et biens, tout est à lui; le roi de Sodome, qui n'y peut plus prétendre, a cependant l'air de vouloir lui en donner une partie comme salaire. Abraham repousse son offre avec une généreuse fierté, et, corps et biens, il rend tout à chacun; Dieu seul est sa récompense. Mais ce vainqueur si noblement dédaigneux envers le roi de Sodome, voyez comme il est humblement respectueux envers le roi de Salem, que l'on croit Jérusalem. Il reçoit sa bénédiction comme d'un personnage plus élevé; il lui paie la dîme comme au prêtre du Très-Haut.

Mais quel est donc ce roi-pontife? Quel est son père et quelle est sa mère? Quand est-il né, quand est-il mort? L'Ecriture n'en dit rien; elle nous le montre sans généalogie et comme vivant toujours. Environ neuf siècles plus tard, le prophète-roi jette sur lui un rayon de lumière. Dans le psaume que David commence par ces paroles : « Le Seigneur a dit à mon Seigneur : Asseyez-vous à ma droite jusqu'à ce que je réduise vos ennemis à vous servir de marchepied, » il est dit : « Jéhova l'a juré, et il ne se repentira point : Tu es prêtre éternellement, selon l'ordre de Melchisédech (Ps. 109). » Voilà des paroles bien solennelles; Dieu les confirme par un serment. Mais combien de mystères encore! qui nous les dévoilera? Dieu lui-même, par la bouche de Paul.

Melchisédech était la figure de l'Homme-Dieu, grand-prêtre d'un nouveau sacerdoce. Sans père, sans mère, et rendu semblable au Fils de Dieu, qui est sans mère dans le ciel et sans père sur la terre; sans naître ni sans mourir, il paraît éternel comme Jésus-Christ; il est roi et pontife tout ensemble du Dieu Très-Haut, en figure du sacerdoce royal de la nouvelle alliance; son nom est Melchisédech, roi de justice; il est roi de Salem, c'est-à-dire roi de paix, et ce sont des titres de Jésus-Christ. Abraham lui paie la dîme de toute sa dépouille, et il reconnaît l'éminence de son sacerdoce, lui qui portait en lui-même Lévi et Aaron qui devaient sortir de son sang; il humilie devant ce grand sacrificateur le sacerdoce de la loi; et toute la race de Lévi, où celle d'Aaron était renfermée, paie la dîme en Abraham à cet admirable pontife. Abraham, qui se fait bénir par un moindre, se montre par là son inférieur; car *c'est une vérité sans contestation que le moindre est béni par le supérieur* (Hebr., 7), et lui soumet en même temps tout le sacerdoce de la loi.

Mais quelle est la simplicité du sacrifice de ce pontife! Du pain et du vin font son oblation; matières pures et sans aucun sang, dans lesquelles Jésus-Christ devait cacher la chair et le sang de son nouveau sacrifice. Abraham y participe avant que d'être Abraham et sans être encore circoncis. Ainsi, c'est le sacrifice du peuple non circoncis, dont l'excellence est plus grande que celle des sacrifices de la circoncision. Melchisédech l'offre comme prêtre du Très-Haut, puis le distribue aux assistants pour les rafraîchir des fatigues de leurs combats; Jésus-Christ offre également le sien, puis le distribue aux fidèles pour les rafraîchir et les fortifier dans les combats du salut. Allons donc avec la foi d'Abraham à ce nouveau sacrifice, qu'Abraham a vu en esprit et dont il s'est réjoui, comme il s'est réjoui de voir le Sauveur qui devait naître de sa race (Bossuet, *Élévat.*).

Ici se découvre un nouveau mystère, mystère d'ineffable bonté. Chanaan avait été maudit par son grand-père, il avait été condamné à être le serviteur des serviteurs. Et toutefois, au sentiment commun des interprètes, Melchisédech, ce personnage plus grand qu'Abraham, ce pontife plus élevé qu'Aaron, ce roi de justice et de paix, cette image si excellente de Jésus-Christ, était de la race de Chanaan. O abîme des miséricordes de notre Dieu! qui pourra jamais sonder vos profondeurs? Adorons et bénissons!

Mais un Dieu si bon envers une race maudite, combien ne le sera-t-il point envers une race bénie, envers Abraham! Ce patriarche venait d'être le sauveur de tout un pays, il avait refusé de recevoir pour cela aucun salaire : son rémunérateur sera Dieu lui-même. Il lui dit dans une vision : « Abraham, ne crains point; je suis pour toi un protecteur, et ta récompense sera très-grande. » Dieu lui avait déjà promis qu'il le ferait devenir une grande nation; mais comment? cela n'était pas dit encore. Abraham lui rappelle indirectement cette promesse en répondant : « Seigneur Jéhova, que me donnerez-vous? Je m'en vais sans enfants. L'intendant de ma maison est Éliézer de Damas. Comme vous ne m'avez pas donné de postérité, voilà que le serviteur né en ma maison sera mon héritier. » Sa bouche ne demande point de fils, mais combien son cœur en exhale le désir! Dieu l'exauce dans sa réponse : « Non, celui-là n'aura point ton héritage; tu auras pour hériter quelqu'un qui sortira de tes entrailles. » En même temps, il le fit sortir de sa tente et lui dit : « Regarde le ciel, et compte les étoiles si tu peux : ainsi sera ta postérité. » Abraham crut en l'Éternel, et cela lui fut imputé à justice. Sa ferme confiance aux promesses de Dieu lui mérita une justice et une grâce plus abondantes (Gen., 15).

Un mot d'Abraham nous laisse entrevoir une circonstance particulière de sa vie. Il dit que son intendant Éliézer est de Damas, et, en même temps, il semble dire qu'il est né dans sa maison. D'où il est à conclure qu'Abraham avait fait auparavant quelque séjour à Damas. En effet, cette ville est sur la route de Haran à Sichem. D'anciens auteurs, soit grecs, soit latins, vont encore plus loin : ils rapportent qu'Abraham régna à Damas. Un historien célèbre, né dans cette ville et nommé, pour cette raison, Nicolas de Damas, qui fleurit sous Auguste, écrivait dans le quatrième livre de son *Histoire universelle* : « Abraham régna à Damas, lorsqu'il y eut émigré avec son armée, de la terre des Chaldéens au delà de Babylone. Après un temps peu long, il sortit de ce pays avec son peuple et s'en alla dans celui qu'on nommait alors Chananée, et qui s'appelle Judée maintenant. Le nom d'Abraham est encore fort célèbre dans la province de Damas; on y montre encore un quartier, qui est appelé la demeure d'Abraham (1). » Voilà comme parlait cet historien. La tradition qu'il rapporte s'est perpétuée dans tout l'Orient. Encore de nos jours, la commune opinion, soit des chrétiens, soit des musulmans, y est qu'Abraham a été le fondateur de Damas (*Bibliothèque orientale*, art. Damas, Abraham).

Une postérité naturelle, non pas adoptive, est donc promise à Abraham. Plus il croit à cette promesse divine, plus il s'intéresse à sa future postérité; il voudrait en connaître d'avance l'histoire. Dieu lui ayant donc encore dit : C'est moi, l'Éternel, qui t'ai fait sortir d'Ur, des Chaldéens, afin de te donner cette terre en possession; il lui répondit : Seigneur Jéhova, à quoi connaîtrai-je que je la posséderai? Ce n'est point le doute, mais la confiance filiale qui le faisait ainsi parler. Dieu y répondit par une ineffable condescendance. Non content de lui avoir fait ces promesses, pour ainsi dire, de vive voix, il s'y engagea par une alliance en forme.

Voici comme se pratiquait, chez les anciens, cet acte solennel. Les parties contractantes offraient des victimes, pour prendre le ciel à témoin de leurs engagements réciproques. Ces victimes étaient coupées en deux et les parts disposées sur deux rangs, vis-à-vis l'une de l'autre. Les parties contractantes passaient entre ces moitiés des victimes découpées, comme pour dire qu'ils voulaient être traités de la sorte s'ils manquaient à leur promesse. De là, chez les Hébreux, les Grecs et les Latins, cette expression, *couper, frapper une alliance*, pour dire, en faire une (Carath Berith., ὅρκια τέμνειν, *fœdus ferire, percutere*).

Eh bien! Dieu se soumet à cette formalité avec Abraham. Il lui dit de prendre une génisse, une chèvre et un bélier de trois ans, avec une tourterelle et une colombe. Abraham les divise en deux parts et les place vis-à-vis l'une de l'autre. Des oiseaux de proie fondent sur les cadavres, mais il les chasse. Le soleil allait se coucher, lorsqu'un profond sommeil s'empare d'Abraham : il est saisi en même temps d'un sombre et grand effroi. Une voix lui explique cette terrible vision : « Sache dès maintenant que, pendant quatre cents ans, ta postérité habitera dans une terre étrangère, qu'on l'asservira et qu'on l'affligera. Cependant, moi, je jugerai la nation à laquelle ils seront assujétis; et, après, ils sortiront avec de grandes richesses. Pour toi, tu iras en paix vers tes pères; tu seras enseveli dans une heureuse vieillesse. Seulement, en la quatrième génération, ils reviendront ici; car l'iniquité des Amorrhéens n'est point accomplie jusqu'à présent. »

Or, après que le soleil fut couché et qu'il y eut une obscurité épaisse, voilà une fournaise fumante et une lampe de feu qui passèrent au travers des victimes divisées. C'était l'Éternel, ratifiant ainsi l'alliance avec Abraham et lui disant de nouveau en ce jour : « Je donnerai cette terre à ta postérité, depuis le fleuve d'Egypte jusqu'au grand fleuve d'Euphrate (Gen., 15). »

Vision à la fois terrible et consolante. Nous la verrons s'accomplir en son lieu. Pendant quatre cents ans, la postérité du patriarche, commencée en son fils Isaac, habitera dans une terre qui ne sera point à elle, et Chanaan et l'Egypte. Dans cette dernière, elle sera asservie et affligée; mais à la quatrième génération, elle viendra posséder le pays des Amorrhéens, dont les iniquités seront alors à leur comble.

Abraham savait ainsi d'avance l'histoire de sa postérité; mais cette postérité même, il ne la voyait pas venir. Toutes les apparences y étaient contraires. Sara, sa femme, était stérile, et, de plus, avancée en âge, car elle avait soixante-quinze ans. Elle-même, voyant tout cela, dit à son mari : Voilà que l'Éternel m'empêche d'avoir des enfants; de grâce, prenez pour femme une servante (c'était une égyptienne, nommée Agar), peut-être enfanterai-je par elle. Abraham s'étant rendu à sa prière, prit de sa main Agar pour femme du second rang. C'était la dixième année depuis qu'ils eurent commencé d'habiter en la terre de Chanaan. Mais Agar voyant qu'elle avait conçu, dédaigna sa maîtresse. Celle-ci en fit des plaintes. Abraham lui répondit qu'elle avait toujours la même puissance sur sa servante. Sara s'étant donc mise à la châtier sévèrement, Agar s'enfuit. Mais l'ange de Jéhova lui apparut dans la solitude et lui dit : Retourne vers ta maîtresse et humilie-toi sous sa main. Je multiplierai ta postérité prodigieusement : on ne pourra la compter, tant elle sera nombreuse. Voilà que tu as conçu, et tu enfanteras un fils que tu appelleras du nom d'Ismaël (c'est-à-dire *Dieu a entendu*), parce que l'Éternel a entendu ton affliction. Ce sera un homme farouche; sa main sera levée contre tous, et la main de tous contre lui, et il plantera ses tentes vis-à-vis de tous ses frères (Gen., 16).

Prédiction étonnante, qui s'accomplit depuis bien-

___
(1) Nicol. Damasc.; *apud Euseb.*, l. 9, c. 16, *Præp. ev.*; Justin., l. 36, c. 2.

LIVRE IV. — ABRAHAM ET LES AUTRES PATRIARCHES.

tôt quarante siècles. Depuis quarante siècles bientôt, la postérité d'Ismaël, les Arabes ismaélites, forme un peuple farouche, nomade, indomptable; depuis quarante siècles bientôt, elle traverse les déserts, dresse ses tentes vis-à-vis de ses frères les Israélites, les Iduméens et les autres descendants d'Abraham par Céthura. Ses courses vont de Maroc et d'Alger jusqu'au delà des ruines de Babylone et de Ninive. Toujours indépendante, ni l'Assyrie, ni la Perse, ni l'Egypte, ni Rome, ni la Porte n'ont pu la réduire. Sa main est levée contre tous, la main de tous contre elle; mais nul ne peut l'anéantir : elle a une promesse.

Ah ! sachons reconnaître, du moins dans l'accomplissement, ce qu'Agar sut reconnaître dans la promesse seule. Quand le personnage qui lui parlait se retourna pour s'en aller, elle y reconnut l'Éternel et s'écria : O Dieu qui m'avez vue et qui vous êtes rendu visible ! car, dit-elle, lorsque celui qui me voit me tourna le dos, n'en ai-je pas vu quelque chose ? Elle appela donc le puits auprès duquel cette apparition eut lieu, le *puits du vivant et du voyant*, ou bien, *le puits du vivant qui me voit*. Il est dans le désert de Sur, entre Cadès et Barad.

Agar s'en étant retournée chez sa maîtresse et s'étant humiliée sous sa main, enfanta un fils à Abraham, qui le nomma Ismaël, selon l'ordre que le Seigneur en avait donné. Abraham avait alors quatre-vingt-six ans (Gen., 16).

Jusque-là le patriarche s'appelait *Abram*, c'est-à-dire père élevé, et sa femme Saraï, c'est-à-dire ma princesse. Le Seigneur, qui voulait par eux commencer les plus grandes choses, leur changea leur nom de la manière qui suit.

Abram entrait dans sa quatre-vingt-dix-neuvième année, lorsque l'Éternel lui apparut et lui dit : C'est moi le Dieu tout-puissant; marche devant moi et sois parfait; et j'établirai mon alliance entre moi et toi, et je multiplierai infiniment ta race. Abram tomba prosterné sur sa face; Dieu continua : C'est moi ! mon alliance sera avec toi, et tu seras le père d'une multitude de nations. Et on n'appellera plus ton nom Abram, mais *Abraham* (c'est-à-dire, par contraction, père élevé de la multitude), parce que je t'ai établi le père d'une multitude de nations; et je te ferai croître extraordinairement, je te ferai devenir des nations entières, et des rois sortiront de toi; et j'établirai mon alliance entre moi et toi, et entre ta postérité après toi en ses générations, par un pacte éternel, afin que je sois ton Dieu et le Dieu de ta postérité après toi; et je te donnerai, et à ta postérité après toi, la terre de ton pèlerinage, toute la terre de Chanaan, en possession éternelle, et je serai leur Dieu.

Non-seulement Dieu donne au patriarche un nouveau nom pour être le mémorial de ses promesses, il veut encore qu'il porte dans sa chair un signe extérieur de son alliance.

Voici l'alliance que vous garderez entre moi et vous, et ta postérité après toi : Tout mâle d'entre vous sera circoncis, et vous circoncirez votre chair, afin que ce soit là un signe de l'alliance entre moi et vous. L'enfant mâle de huit jours sera circoncis parmi vous, comme aussi tout mâle en vos générations, et le serviteur né en votre maison, et le serviteur acheté de l'étranger et qui ne serait pas sorti de votre race. Et ce pacte en votre chair sera le signe de l'alliance éternelle; et le mâle dont la chair n'aura point été circoncise au huitième jour, sera retranché de mon peuple, parce qu'il a violé mon alliance.

Dieu dit encore à Abraham : Tu n'appelleras plus ta femme du nom de Saraï, mais du nom de *Sara* (c'est-à-dire la princesse par excellence), et je la bénirai; et d'elle je te donnerai un fils que je bénirai aussi; et elle deviendra des nations, et des rois de peuples sortiront d'elles. Abraham tomba sur sa face, et rit, en disant dans son cœur : Pense-t-on qu'un fils naisse à un homme de cent ans, et que Sara, à quatre-vingt-dix ans, puisse enfanter ? Et il dit à Dieu : De grâce ! qu'Ismaël vive devant vous. En vérité, répondit le Seigneur, Sara, ta femme, t'enfantera un fils, et tu appelleras son nom *Isaac* (c'est-à-dire, *il a ri et il rira*), et j'établirai mon alliance avec lui comme une alliance éternelle, et avec sa postérité après lui. Et je t'ai également exaucé pour Ismaël : voilà que je le bénirai, et je le ferai croître et multiplier extraordinairement; il engendrera douze princes, et je le ferai devenir une grande nation. Mais quant à mon alliance, je l'établirai avec Isaac, que Sara t'enfantera l'année qui va venir en cette saison.

Lorsque Dieu eut achevé de lui parler, il s'éleva d'auprès d'Abraham. Celui-ci prit aussitôt son fils Ismaël, et tous les serviteurs nés en sa maison, et tous ceux qu'il avait achetés, et généralement tous les mâles qui étaient parmi ses domestiques, et il circoncit leur chair en ce même jour, comme Dieu le lui avait commandé. Enfin, ce même jour encore, il se circoncit lui-même : il avait alors quatre-vingt-dix-neuf ans, et Ismaël en avait treize accomplis (Gen., 17).

En mémoire de leur ancêtre, les Arabes remettaient la circoncision après la treizième année : Josèphe nous en est témoin (*Antiq.*, 1, c. 13). Les *Arabes* dominèrent quelque temps en Egypte. Il est donc possible que les prêtres et les savants égyptiens aient pris d'eux l'usage de se circoncire la quatorzième année, comme nous l'apprend saint Ambroise (*De Abraham*, l. 2, c. 11). Un mot d'Hérodote semble appuyer cette conjecture. Il dit que de son temps (il écrivait vers le milieu du cinquième siècle avant l'ère vulgaire), les Égyptiens ne savaient pas si la circoncision avait commencé chez eux, ou si elle leur était venue des Éthiopiens (l. 2, c. 104). Or, ce dernier nom, anciennement fort vague, se donne dans l'Écriture à une tribu d'Arabes, les Madianites (Num. 12, 1). Hérodote lui-même parle d'Éthiopiens d'Arabie, qui pouvaient être des Arabes ismaélites (1). Quand cet auteur ajoute, et après lui Diodore de Sicile, que les Syriens de Palestine ou les Juifs avaient apporté la circoncision d'Egypte, comme ils ne connaissaient les Juifs que depuis leur émigration de ce pays, ils avaient raison dans leur sens. Du reste au jugement de l'égyptien Manéthon, Hérodote est un garant peu sûr quand il s'agit de l'histoire égyptienne. Un fragment attribué au phénicien Sanchoniathon, nous offre des indices plus vrais : il est dit qu'un personnage divin, qui régna en Phénicie et qui immola au ciel son fils unique, se circoncit lui-même et obligea tous ses compagnons à en faire autant (2)

---

(1) L. 3, p. 225, edit. graeco-latin. Henr. Steph.
(2) *Apud Euseb., praep. ev.*, l. 1, c. 10, p. 38 et 40.

Tome I. — 6

Il est difficile de ne point reconnaître Abraham à ces traits : le pays de Chanaan et de Phénicie est absolument le même. Un ancien auteur, Artapan, assure que ce fut Moïse qui communiqua la circoncision aux prêtres d'Egypte et même aux Ethiopiens (*Apud Euseb.*, l. 9, c. 27). Il ne nous paraît point impossible de concilier ces divers témoignages. Plus de mille ans avant Hérodote, les prêtres égyptiens auront appris à connaître et à estimer la circoncision par le gendre du grand-prêtre d'Héliopolis, le patriarche Joseph, et ensuite par toute la famille de Jacob : Moïse, instruit dans toutes leurs sciences, les aura confirmés dans cette idée. Au temps d'Hérodote, ils n'auront plus su, ou, ce qui est bien plus croyable, ils n'auront pas voulu dire d'où ils la tenaient originairement. Les Ethiopiens au-dessus de l'Egypte auront pu la recevoir par le même canal. Quant aux habitants de la Colchide, chez qui Hérodote trouva la même pratique, c'était probablement une colonie des dix tribus d'Israël, dispersées alors par tout le monde. Finalement, et les descendants d'Abraham par Agar, les Arabes ismaélites, et ses descendants par Sara, les Israélites et les Iduméens, et ses descendants par Céthura, entre autres les Madianites, appelés aussi Ethiopiens, ont pu facilement introduire la circoncision dans des pays où l'on ne s'attend guère à la rencontrer. Un seul trait suffira toujours pour nous ramener à sa source première ; partout ailleurs l'histoire en est vague, l'origine inconnue, la signification nulle. Chez les Juifs seuls tout est précis, tout y prend un caractère moral et figuratif, où se dessinent les plus profonds mystères de la nature humaine.

Lorsque Dieu prescrit la circoncision à Abraham, il lui donne, ainsi qu'à sa femme, un nouveau nom : il leur annonce un fils nouveau, né d'une manière nouvelle et miraculeuse. Tout proclame un renouvellement, une régénération. Ce qui est vieux est donc dégénéré ; il y a donc quelque chose de vicié dans la nature humaine, quelque chose qu'il faut retrancher pour devenir une créature nouvelle. Circoncisez donc le prépuce du corps, dit Moïse aux descendants d'Abraham (Deut., 10, 16). Circoncisez-vous à l'Eternel, et ôtez l'incirconcision de vos cœurs, hommes de Juda et habitants de Jérusalem, ajoute le prophète Jérémie (Jer., 44) ; c'est-à-dire, comme l'explique saint Paul dans toutes ses épîtres, retranchez les convoitises charnelles. Mais ce dépouillement du vieil homme, cette transformation en homme nouveau ne se fait que par la grâce du nouvel Isaac ; la régénération de l'humanité entière n'aura lieu que quand il aura paru. C'est lui qui sera l'Isaac véritable, lui qui apportera la joie du ciel dans cette vallée de larmes. Alors, la réalité venue, la figure disparaîtra ; car en Jésus-Christ la circoncision n'est rien, non plus que l'incirconcision, mais la foi qui opère par la charité (Gal., 5, 6).

Abraham étant ainsi devenu, même dans sa chair, un homme nouveau, Jéhova se manifeste à lui d'une manière nouvelle dans la vallée de Mambré. Il était à l'entrée de sa tente, lorsque, levant les yeux, il aperçut trois hommes debout à quelque distance de lui. Aussitôt il courut au devant d'eux de l'entrée de sa tente, adora jusqu'à terre et dit : Mon Seigneur, je te prie, si j'ai trouvé grâce à tes yeux, n'outre-passe pas ton serviteur. Permettez que l'on apporte un peu d'eau, lavez vos pieds et vous reposez sous l'arbre. J'apporterai un peu de pain, vous fortifierez votre cœur, puis vous irez plus loin ; car c'est pour cela sans doute que vous êtes venus vers votre serviteur. Ils répondirent : Fais comme tu as dit. Et Abraham se hâta d'aller en sa tente, vers Sara : Pétris vite trois mesures de fleur de farine, dit-il, et fais des pains sous la cendre.

Lui-même courut au troupeau et prit un veau tendre et excellent, et il le donna à un serviteur, qui le fit cuire aussitôt. Et il prit du beurre et du lait, et le veau qu'il avait fait cuire, et il le mit devant eux ; et lui-même se tenait debout près d'eux sous l'arbre.

Quand ils eurent mangé, ils lui dirent : Où est Sara, ta femme ? Et il répondit : La voici dans la tente. Et l'un dit : Je reviendrai vers toi en ce temps-ci, et tu vivras, et Sara, ta femme, aura un fils. Ce que Sara ayant entendu, elle rit derrière la porte de la tente ; car ils étaient tous deux vieux et fort avancés en âge, et Sara avait passé l'âge de la maternité. Elle rit donc en elle-même, disant : A présent que je suis vieille et que mon seigneur est vieux, m'adonnerai-je à la volupté ?

Et Jéhova dit à Abraham : Pourquoi Sara a-t-elle ri, disant : Est-il vrai qu'étant vieille je puisse enfanter ? Y a-t-il quelque chose de difficile à Jéhova ? Je reviendrai vers toi, selon ma parole, en cette saison même, et tu vivras, et Sara aura un fils. Je n'ai point ri, répondit Sara ; et elle le nia parce qu'elle était tout effrayée. Mais il dit : Cela n'est point, mais vous avez ri.

Après que ces hommes se furent levés, ils tournèrent les yeux vers Sodome ; et Abraham allait avec eux, les conduisant. Et Jéhova dit : Puis-je cacher à Abraham ce que je vais faire, lui qui deviendra une nation grande et forte, lui en qui seront bénies toutes les nations de la terre ? car je le connais et je sais qu'il ordonnera à ses enfants, et à sa maison après lui, de marcher dans la voie de l'Eternel et de garder la justice et l'équité, afin que l'Eternel accomplisse en faveur d'Abraham tout ce qu'il lui a promis.

Jéhova lui dit donc : Le cri de Sodome s'est multiplié, et leur péché s'est aggravé à l'excès. Je descendrai et je verrai s'ils ont accompli en leurs œuvres la clameur venue jusqu'à moi ; et s'il n'est ainsi, je le saurai. Alors ces hommes partirent de là et s'en allèrent vers Sodome. Mais Abraham était encore debout devant Jéhova. Il s'approche et dit : Perdrez-vous l'innocent avec le coupable ? Peut-être y a-t-il cinquante justes dans la ville, les exterminerez-vous avec les autres ? Ne pardonnerez-vous pas plutôt à tout l'endroit en faveur des cinquante justes qui s'y trouvent ? Loin de vous chose pareille, de perdre le juste avec l'impie, et de traiter l'innocent comme le coupable ! Cela n'est point de vous. Celui qui juge toute la terre pourrait-il ne pas rendre justice ?

Jéhova dit : Si je trouve en Sodome cinquante justes, je pardonnerai à toute la ville à cause d'eux.

Abraham répondit : Voilà que j'ai commencé de parler à mon Seigneur, moi cendre et poussière : Peut-être s'en faut-il cinq à ces cinquante : ferez-vous périr, à cause de ces cinq, toute la ville ? — Je ne la détruirai point, dit-il, si j'en trouve là quarante-cinq. Abraham continua : Peut-être s'y en trouve-t-il quarante ! Et il dit : Je ne l'exécuterai point à cause des quarante. — Je vous prie, Seigneur, de ne point vous fâcher si je parle encore : Peut-être il n'y en aura que trente ! — Je ne le ferai point, si j'en trouve là trente. — Puisque j'ai commencé, dit encore Abraham, je parlerai à mon Seigneur : Peut-être ne s'en trouve-t-il que vingt ! — Je ne la détruirai point à cause de ces vingt. — Je vous prie, Seigneur, de ne vous point fâcher si je parle encore cette fois : Peut-être n'y en aura-t-il que dix ! Et il répondit : Je ne la détruirai point à cause de ces dix.

Et Jéhova s'en alla quand il eut cessé de parler à Abraham, et Abraham retourna en sa demeure (Gen., 18).

Combien le Seigneur est bon envers ceux qui ont le cœur droit (Ps. 72) ! Avec quelle ineffable condescendance il s'entretient avec son serviteur ! Certes, l'Orient a raison, avec l'apôtre saint Jacques, de désigner Abraham par ce beau titre, l'*ami de Dieu* (Jac., 2, 23), que Dieu même lui donne par son prophète (Isaïe, 41, 8). Où trouver, en effet, quelque chose de plus divinement amical ? L'Éternel lui-même s'assied à sa table hospitalière ; car ainsi l'entendent, à l'exception de saint Augustin, tous les anciens Pères, et, parmi les modernes, les plus graves interprètes. Un des trois est l'Éternel, Jéhova lui-même. Abraham mérita, dit saint Chrysostome, de recevoir pour hôte le maître de l'univers avec ses anges. Dieu se découvre manifestement quand il dit : Y a-t-il rien d'impossible à Dieu ? c'est-à-dire, ne savez-vous pas qu'étant le maître de la nature, je puis tout ce que je veux ? N'est-ce pas moi qui fais et transforme tout ! N'ai-je pas la puissance de la vie et de la mort ? N'ai-je pas promis ceci d'avance ? Ce que j'ai dit, est-il possible qu'il ne s'exécute point ? Quand l'Écriture ajoute, continue ce Père : Et les hommes s'étant levés tournèrent leurs yeux vers Sodome et Gomorre, elle parle des anges. Car ici, dans la tente d'Abraham, et les anges et leur maître apparurent en même temps ; ensuite ceux-là furent envoyés comme ministres pour détruire ces villes, mais le Seigneur demeura pour communiquer, comme un ami à son ami, ce qu'il allait faire (1). Origène parle comme saint Chrysostome ; saint Justin dit de même dans son dialogue avec le juif Tryphon ; saint Athanase et saint Hilaire le soutiennent longuement et fortement contre les Ariens et les Macédoniens (2). La Synagogue pense comme les Pères de l'Église (3). Quant aux interprètes modernes, nous n'en citerons que deux : Michaëlis parmi les protestants, Bossuet parmi les catholiques. Sur ces paroles : Et Jéhova dit : *Pourrai-je cacher à Abraham ce que je vais faire?* le premier fait cette remarque : « A commencer d'ici, il est clair qu'un des trois hôtes d'Abraham non-seulement est Jéhova, mais qu'il se fait connaître et qu'Abraham le reconnaît pour tel (4). » « De si haut qu'on reprenne l'histoire sacrée, dit le second, on y trouve que Dieu apparaît en figure humaine aux patriarches, aux prophètes. Un des hommes que voit Abraham ; et qu'il reçoit en sa maison, se trouve être le Seigneur

(1) Hom. 41 et 42, *in cap.* 18, Gen. Origen.; Hom. 4. *in c.* 18. Gen.
(2) Athan., *De Trinit. dialog.* 3, Hilar.; Pictav., *De Trinit.*, l. 5.
(3) Première lettre de M. Drach., p. 17
(4) Michaëlis, *Trad. de la Bible avec des remarques.*

même, Dieu même, à qui rien n'est difficile ; qui donne un fils à Sara, quoique stérile ; qui pardonne aux hommes ; qui les punit selon les règles de sa bonté et de sa justice ; à qui Abraham adresse ses prières comme à Dieu ; qui parle lui-même comme Dieu ; qui dispose de toutes choses avec une suprême autorité (Bossuet, 10e sem., 6e *Elév.*). »

Après la bonté de Dieu, ce qu'il y a de plus admirable, c'est la charité hospitalière d'Abraham. Aussitôt qu'il aperçoit les trois hommes, il court au devant d'eux, il se prosterne jusqu'à terre. Et quelle grâce leur demande-t-il ? Qu'ils daignent accepter quelques rafraîchissements. Il parle de ses offres avec modestie : ce n'est qu'un peu d'eau et de pain. Mais ce qu'il a de meilleur va leur être servi : des gâteaux de la plus pure fleur de farine, du beurre, du lait et le veau le plus tendre. Lui-même, ce vieillard de cent ans, va leur chercher tout cela. Que dis-je ? il ne va pas, il court ; l'Écriture a soin de nous le dire. Lui-même les sert, se tenant debout auprès d'eux. Cependant il avait à sa disposition peut-être plus de mille serviteurs et servantes ; cependant c'est le même Abraham qui triomphait naguère des rois d'Elam, de Senaar, l'Ellasar et de Goïm, et que les rois de la Pentapole proclamaient le sauveur de leurs peuples. Il ne s'en souviendra que pour les sauver encore une fois s'il est possible. Mais ils ont cette fois contre eux des ennemis bien plus redoutables : eux-mêmes, leurs propres crimes. Ah ! s'il s'était trouvé dix justes parmi eux, ils eussent été sauvés tous avec ces dix. Mais il n'y en a qu'un ; il sera sauvé seul du milieu de tous, en considération d'Abraham.

Le chêne de Mambré, sous lequel Abraham reçut ses divins hôtes, a toujours été en vénération parmi les Orientaux. Du temps de l'empereur Constantin, les juifs, les chrétiens, les païens même y allaient en pèlerinage.

L'histoire d'Abraham et de ses trois hôtes paraît même avoir été importée en Grèce par les Phéniciens, qui y apportèrent les lettres de l'alphabet auparavant inconnues aux Grecs. Dans la Béotie, où les émigrés phéniciens se fixèrent d'abord, une vieille tradition parlait d'un antique personnage, dans lequel il est difficile de ne pas reconnaître quelque chose d'Abraham. C'était un vénérable vieillard qui n'avait point d'enfants, à cause de la stérilité de sa femme. Il traitait ses hôtes avec tant de soin et de bonté, qu'un jour trois dieux voulurent bien descendre chez lui. Pour les régaler, il leur sacrifia un bœuf : c'est sans doute le veau du patriarche. Charmés de sa vertu, ils lui dirent de demander ce qu'il voulait. Il leur demanda un fils ; et eux lui promirent qu'il en aurait un au bout de dix mois ; ce qui se trouva véritable. Certes, voilà une ressemblance à étonner. Le nom même du personnage y semble ajouter encore. Abraham étant originaire d'Ur ou d'Our en Chaldée, aura pu être surnommé par les Phéniciens, au milieu desquels il demeurait, l'Urien ou l'Ourite. Or, le patriarche hospitalier des Phéniciens de Béotie est appelé Hyriéus et Oriéus. Il n'y a, ce semble, que la terminaison de changée (1).

Mais si nous recueillons avec tant de soin ce qui

(1) Mémoire de l'Académie des Inscriptions et Belles-Lettres, t. XXI, p. 43 et 64, édit. in-12.

touche Abraham, oublierons-nous Sara, dont, à cette occasion même, saint Pierre et saint Paul ont fait l'éloge (1. Pet., 3; Hebr., 11). Modèle des épouses, elle obéit à Abraham; elle pétrit elle-même la fleur de farine, elle cuit elle-même le pain de l'hospitalité et de la charité. Elle appelle Abraham son seigneur, non par étiquette et devant le monde, mais dans son cœur et en se parlant toute seule. A la vérité, sa foi ne paraît pas d'abord aussi parfaite que celle du patriarche. A la première annonce qu'elle aurait un fils, Abraham rit de joie et d'admiration, Sara, en partie de défiance. Reprise de cela par l'Eternel, elle est si effrayée, qu'un mensonge lui échappe de la bouche bien plus que du cœur. Mais bientôt elle se remet et croit fermement à la promesse qui lui est faite, comme nous l'apprend saint Paul. Enfin, par la vertu de sa foi, elle conçoit un fils dans un temps où elle ne le pouvait plus selon le cours de la nature.

Le lendemain de ce jour mémorable, Abraham se rendit dès le matin au lieu où il avait été debout devant l'Eternel; il regarda du côté de Sodome et de Gomorrhe, ainsi que toute la contrée d'alentour, et vit une fumée monter de la terre, comme la fumée d'une fournaise. C'est que les dix justes ne s'étaient pas trouvés.

La veille, les deux anges étaient arrivés à Sodome sur le soir. Lot était assis à la porte de la ville. Dès qu'il les aperçut, il se leva, alla au devant d'eux, adora jusqu'à terre, et leur dit : De grâce, mes seigneurs, entrez dans la maison de votre serviteur et passez-y la nuit, après avoir lavé vos pieds; demain, vous pourrez vous lever dès l'aurore et vous en aller en votre chemin. Ils répondirent : Non, nous demeurerons sur la place. Mais il leur fit de si vives instances, qu'ils entrèrent chez lui. Lorsqu'ils furent dans sa maison, il leur prépara un banquet et fit cuire des gâteaux sans levain, et ils mangèrent. Mais, avant qu'ils se retirassent pour se coucher, les hommes de la ville de Sodome environnèrent la maison, depuis l'enfant jusqu'au vieillard, tout le peuple de l'extrémité de la ville; et, appelant Lot, ils lui dirent : Où sont les hommes qui sont venus cette nuit chez toi? amène-les ici, afin que nous les connaissions. Lot vint auprès d'eux, et, fermant la porte derrière lui, il dit : Ne faites point, je vous prie, mes frères, ne faites point ce mal; j'ai deux filles qui n'ont point encore connu d'homme, je vous les amènerai et vous ferez d'elles ce qu'il vous plaira; seulement ne faites rien à ces hommes, car ils sont venus sous l'ombre de mon toit (Gen., 19).

Cette proposition de Lot a été prise au pied de la lettre et condamnée par quelques-uns; d'autres, entre lesquels saint Chrysostome (Homil. 43, in 19 Gen.), l'ont entendue dans un sens plus bénin, et même admirée. Supposez un homme qui désire ardemment d'apaiser un autre qu'il a offensé : ne pouvant le fléchir par ses prières, il lui présente un poignard, et, se découvrant la poitrine, lui dit : Eh bien! tuez-moi; non pas pour que je te tue, mais pour qu'il s'apaise. Ainsi fait Lot. Il offre à ces malheureux de leur abandonner ses filles, non pour qu'ils acceptent sa proposition, mais pour qu'ils se désistent d'un crime encore plus exécrable. D'ailleurs, s'il y a dans ce qu'il dit quelque chose de répréhensible, le trouble où il était peut l'excuser facilement. Ce qu'il y a de certain, c'est que, même après cela, saint Pierre l'appelle juste (2. Pet., 2, 7).

Au lieu de s'apaiser, les habitants de Sodome répondirent à Lot : Va-t-en d'ici; quoi! cet individu, arrivé comme étranger, veut déjà faire le juge? Ah! nous te ferons encore plus de mal qu'à eux. Et ils se jetèrent sur Lot avec violence. Déjà ils étaient près d'enfoncer les portes, lorsque les hommes qui étaient au dedans avancèrent leurs mains, et, faisant entrer Lot en la maison, fermèrent la porte aussitôt; en même temps ils frappèrent d'aveuglement ceux qui étaient dehors, depuis le plus petit jusqu'au plus grand, en sorte qu'ils se lassèrent de chercher la porte sans pouvoir la trouver.

Ensuite ces hommes dirent à Lot : As-tu encore ici quelqu'un des tiens, un gendre, ou tes fils, ou tes filles? Tous ceux qui sont à toi, fais-les sortir de cette ville, car nous allons détruire ce lieu, parce que le cri s'est élevé contre eux devant Jéhova, et Jéhova nous a envoyés pour les perdre. Lot étant donc sorti, parla à ses gendres qui devaient épouser ses filles, et leur dit : Levez-vous, sortez de ce lieu, car Jéhova détruira cette ville. Mais il fut aux yeux de ses gendres comme un homme qui plaisante.

Le lendemain à la pointe du jour les anges pressaient Lot : Lève-toi, prends ta femme et tes deux filles qui se trouvent présentes, de peur que tu ne périsses aussi dans le crime de cette cité. Et, comme il différait, ils prirent sa main et la main de sa femme, et la main de ses deux filles, parce que l'Eternel avait pitié de lui, et ils l'emmenèrent et le mirent hors de la ville. Là, un d'eux lui dit : Sauve ta vie; ne regarde point derrière toi et ne t'arrête point dans toute cette contrée; mais sauve-toi en la montagne, de peur que tu ne périsses avec les autres. Et Lot leur répondit : Mon seigneur, je te prie; voilà que ton serviteur a trouvé grâce à tes yeux; grande est la miséricorde que tu me fais de sauver mon âme, mais je ne puis me retirer en la montagne où le mal me surprendra et où je mourrai. Voilà près d'ici une ville où je puis m'enfuir; elle est petite, je me sauverai là; elle est si petite! et mon âme vivra. L'autre lui répondit : Voilà que j'ai écouté encore ta prière, et je ne détruirai point la ville pour laquelle tu as parlé; hâte-toi, sauve-toi là, car je ne pourrai rien faire jusqu'à ce que tu y sois parvenu. C'est pourquoi cette ville, qui auparavant se nommait Bala, fut appelée Ségor ou la Petite.

Le soleil se levait sur la terre quand Lot parvint à Ségor; alors Jéhova fit tomber du haut des cieux, sur Sodome et Gomorrhe, une pluie de soufre et de feu. Et il détruisit ces cités, et toute la contrée qui les environne, et tous les habitants des villes, et toutes les plantes de la terre; et la femme de Lot, regardant derrière elle, fut changée en une statue de sel (Gen., 19).

Ainsi la Sagesse divine, est-il dit ailleurs, délivra-t-elle le juste lorsqu'il fuyait du milieu des méchants, qui périrent par le feu tombé sur les cinq villes. Leur corruption est marquée par cette terre qui fume encore, qui est demeurée déserte, où les arbres portent des fruits qui ne mûrissent point, et où l'on voit une colonne de sel, monument d'une âme incrédule (Sap., 10).

Les cinq villes étaient Sodome, Gomorrhe, Adama, Seboïm et Bala ou Ségor ; mais cette dernière fut épargnée à la prière de Lot. A leur place il se forma un lac que les Arabes appellent le *lac de Lot* ; l'Ecriture le nomme *mer de sel*. Il est plus connu sous le nom de *mer Morte* et de *lac Asphaltite* ou de *bitume*, parce qu'on en tire beaucoup tous les ans.

Ici, non-seulement les auteurs juifs et les Pères de l'Eglise, mais encore les écrivains profanes, Strabon (l. 16), Solin (c. 37), Pline (l. 5, c. 15 et 16), Tacite (*Histor.*, l. 5), servent de commentaire à l'Ecriture. « Ce lac, dit le dernier, d'un circuit immense, pareil à une mer, avec une saveur plus insupportable, exhale une odeur fétide et pestilentielle. Les vents n'y soulèvent point de vagues : il ne souffre ni poissons ni oiseaux aquatiques. Ses eaux, élément indécis, portent, comme une surface solide, les objets qu'on y jette. Le plus ignorant comme le plus habile dans l'art de nager en sont également soutenus. A une certaine époque de l'année, il rejette du bitume ; non loin de là sont des campagnes qui, dit-on, fertiles autrefois et couvertes de cités populeuses, ont été dévorées par le feu du ciel. On ajoute qu'il y reste encore des traces de ce fléau, et que la terre elle-même, dont la surface paraît brûlée, a perdu la force de produire. Tous les végétaux, nés sans culture ou semés de main d'homme, avortent en herbe ou en fleur ; ou, s'ils parviennent à leur accroissement ordinaire, leur fruit noir et vide se résout en poussière. » « Que cette région ait été travaillée par le feu, ajoute Strabon (l. 16, c. 2), l'on en apporte plus d'une preuve : des rochers brûlés, de nombreuses crevasses, une terre de cendres, des fleuves qui répandent au loin une odeur infecte, et, çà et là, des habitations en ruine. Tout cela fait croire ce que racontent les gens du pays, qu'autrefois il y avait là treize villes, dont Sodome était la métropole ; mais que, par les tremblements de terre, les éruptions de feux souterrains et les vagues brûlantes d'eaux bitumeuses et sulfureuses, le lac envahit la contrée, et les rochers gardèrent les marques de l'incendie. Parmi ces villes, les unes furent englouties, les autres abandonnées des habitants qui purent se sauver. »

Voilà comme parlent ces graves auteurs. Qui ne saurait pas que ce sont deux écrivains de l'antiquité païenne, les prendrait peut-être pour quelques vieux interprètes de la Bible, expliquant un peu plus au long ce que disent en peu de mots et Moïse et le livre de la Sagesse. De part et d'autre, les circonstances sont les mêmes au fond. Le feu du ciel, qui consuma ces villes criminelles, dut allumer naturellement les puits de bitume dont le pays abondait ; de là, les feux souterrains, les tremblements de terre, les torrents enflammés de bitume et de soufre. L'Ecriture ne nomme que quatre ou cinq villes, mais elles pouvaient en avoir chacune de moindres dans leur dépendance, qui furent ou englouties avec elles, ou abandonnées par leurs habitants. Quant à la colonne ou statue de sel en qui fut changée la femme de Lot, l'historien Josèphe assure qu'elle subsistait encore de son temps, et qu'il l'avait vue de ses yeux (Josèphe, *Antiq.*, l. 1, c. 12). Les anciens Pères de l'Eglise supposent et disent expressément la même chose dans leurs écrits.

« Voici, dit l'Eternel par son Prophète, voici quelle a été l'iniquité de Sodome et de ses filles, c'est-à-dire de ses bourgades : l'orgueil, l'intempérance, l'opulence et l'oisiveté ; elles ne tendaient point la main au pauvre et à l'indigent, et elles se sont élevées, et elles ont fait des abominations devant moi, et je les ai détruites comme tu le vois (Ezéchiel, 16, 49 et 50). » Dans cet acte d'accusation, il n'est pas parlé d'idolâtrie, au moins d'une manière expresse ; si les habitants de Sodome péchèrent, ce ne fut pas faute de connaître Dieu ou d'avoir pu le connaître. Le roi de Salem, prêtre du Très-Haut n'était pas loin. Il y avait peu d'années qu'au nom de ce Dieu suprême, Abraham les avait délivrés de la captivité ; un juste était au milieu d'eux pour le leur rappeler sans cesse : Lot, que la renommée, que son seul aspect faisait connaître pour un homme juste ; Lot, dont la vertueuse âme était tourmentée chaque jour par leurs œuvres d'iniquité. Car ainsi nous parle de lui saint Pierre (2. Pet., 2). Les habitants de Sodome ne manquaient donc ni d'instruction nécessaire ni d'avertissement. On s'étonnera plutôt, qu'après avoir été châtiés naguère par la main de Dieu, puis délivrés par un de ses serviteurs, en considération d'un autre, ils se soient replongés si promptement dans leurs excès abominables. Hélas ! ce n'est pas tout que l'esprit connaisse le bien, il faut encore que la volonté soit guérie pour s'y attacher fortement et surmonter les passions désordonnées de la chair ; et Dieu n'accorde cette grâce qu'aux humbles. Ainsi voyons-nous ceux d'entre les païens qui connaissaient plus distinctement le vrai Dieu et sa loi sainte, mais qui, au lieu d'adorer humblement, s'enorgueillissaient de leurs connaissances ; nous voyons ceux qui se donnaient le nom de *sages*, tomber dans les mêmes abominations que les habitants de Sodome. Saint Paul, dans son épître aux Romains, les leur reproche à la face du ciel et de la terre ; mais ce qui passe tout ce qu'a dit saint Paul, le voici : parmi les œuvres d'un philosophe grec (Lucien), il existe un dialogue où les interlocuteurs finissent par conclure que l'amour conjugal doit être le partage des hommes du commun, mais que l'amour infâme des sodomites est le privilège des philosophes. Savants orgueilleux ! philosophes de tous les siècles ! apprenez à être humbles. Tous enfin, qui que nous puissions être, craignons, tremblons en voyant de si prodigieux égarements. Eussions-nous, comme Lot, résisté au spectacle de la plus affreuse corruption ; nous en vissions-nous retirés sur la main des anges ; fussions-nous cachés dans la solitude, craignons encore ; car si nous ne veillons sur nous-mêmes, si nous n'évitons l'orgueil, l'intempérance, l'oisiveté, le danger nous suivra jusque dans la solitude. Lot même pourrait nous servir d'exemple.

La conduite de ce juste est loin d'être aussi parfaite que celle d'Abraham. Lorsque les anges lui commandent de se retirer sur la montagne, il s'y refuse : il prétend qu'il sera plus en sûreté dans une ville, et, après qu'ils l'ont épargnée à cause de lui, il la quitte par la peur d'y périr. Comme il vit que toute la terre aux environs de Ségor s'allumait, il douta qu'elle pût subsister dans un tel voisinage, quoique les anges l'en eussent assuré. Il comprit alors qu'il eût mieux fait de suivre leur conseil, et se retira sur la montagne, qu'il crut lui tenir lieu, dans ce déluge de feu, de l'arche où Noé fut sauvé dans le déluge des eaux. Il aurait dû demander aux anges où il devait aller; il aurait dû ne pas s'enfermer seul avec ses filles dans une caverne d'où il ne pouvait rien apprendre ni rien voir distinctement. En se réfugiant dans une grotte dont l'entrée était encore obscurcie par la fumée de l'embrasement, qui dura encore longtemps sans se dissiper, il donna occasion à ses filles de croire que tous les hommes avaient péri. L'histoire du déluge servit sans doute beaucoup à les tromper, ainsi que la tradition répandue que, dans les derniers temps, le monde serait consumé par le feu. Pour renouveler la race humaine, elles formèrent le projet d'enivrer leur père, circonstance qui prouve clairement qu'elles agissaient contre leur conscience, et qu'elles croyaient leur père incapable de consentir à ce qu'elles avaient concerté entre elles, s'il conservait la raison. On ne peut sans doute excuser Lot d'avoir bu deux fois jusqu'à la perdre. Mais des filles adroites surent bien tromper un vieillard affligé et lui persuader de se soutenir contre la tristesse par un peu plus de vin qu'à l'ordinaire, que Lot portait peut-être moins bien qu'un autre. Quoi qu'il en soit, elles montrèrent bien, au reste, qu'elles ne pensaient qu'à rétablir le genre humain, en se contentant l'une et l'autre d'une seule surprise. Aussi, saint Chrysostome et Origène les ont-ils jugées avec beaucoup d'indulgence (1).

Ayant donc conçu toutes les deux, l'aînée enfanta un fils, et l'appela Moab, c'est-à-dire né d'un père, en disant : Celui-ci est né de mon père. La seconde enfanta aussi un fils, qu'elle appela Ammon, c'est-à-dire fils du peuple, en disant : Celui-ci est fils de mon peuple, et non pas de l'étranger. Moab et Ammon furent les pères de deux nations très-connues dans l'Ecriture, les Moabites et les Ammonites. Dieu leur donna des terres, dont il défendit aux Israélites de leur disputer la possession : aux Moabites, la terre des Emim, espèce de géants qu'il extermina devant eux; aux Ammonites, la terre des Zomzommim : autre race gigantesque qui fut également exterminée (Deut. 2). Les Moabites et les Ammonites subsistèrent sous leur nom, jusque vers le troisième siècle de l'ère chrétienne, où ils se virent confondus avec les Arabes.

Pour ce qui est d'Abraham, il partit de la vallée de Mambré quelque temps après la ruine de Sodome, peut-être à cause des mauvaises exhalaisons qui s'en répandaient dans toute la contrée. Il s'en alla dans la terre du midi, s'établit entre Cadès et Sur, et demeura comme étranger en Gérare. Comme il disait de Sara, sa femme : Elle est ma sœur, Abimélech, roi de Gérare, envoya l'enlever. Mais Dieu apparut en songe dans la nuit à Abimélech, et lui dit : Voilà que tu mourras à cause de la femme que tu as enlevée, car elle a son mari. Or, Abimélech ne s'était point approché d'elle; il répondit donc : Seigneur, perdrez-vous ainsi une nation innocente, à cause de son ignorance ? Ne m'a-t-il pas dit : C'est ma sœur ? et elle-même m'a dit : C'est mon frère. J'ai agi dans la simplicité de mon cœur et en la pureté de mes mains. Dieu lui dit : Je sais que tu as fait ceci dans la simplicité de ton cœur ; mais aussi je t'ai gardé, afin que tu ne péchasses pas contre

(1) Chrysost., Homil. 44, in Gen. 19; Origen., Hom. 5, in Gen. 19.

moi, et je n'ai point permis que tu t'approchasses d'elle. Maintenant donc, rends la femme à son mari, car il est prophète, et il priera pour toi, et tu vivras; mais, si tu ne la rends pas, sache que tu mourras, toi et tout ce qui est à toi. Abimélech, se levant donc à la pointe du jour, appela tous ses serviteurs et leur raconta toutes ces paroles; et tous furent saisis d'effroi. Il appela aussi Abraham, et lui dit : Que nous as-tu fait ? et en quoi t'avons-nous offensé, toi qui as attiré sur moi et sur mon royaume un si grand mal ? Ce que tu ne devais pas faire, tu nous l'as fait. Et, se plaignant encore, il ajouta : Qu'as-tu vu, pour en agir ainsi ? Abraham répondit : Je pensais en moi-même : Peut-être la crainte de Dieu n'est-elle point en ce lieu, et ils me tueront à cause de ma femme. D'ailleurs elle est vraiment ma sœur, fille de mon père, quoiqu'elle ne soit point fille de ma mère. Paroles que l'on entend communément en cette sorte : Sara était sœur d'Abraham au même titre que Lot était son frère : comme celui-ci, elle descendait de Tharé par Aram, frère d'Abraham, mais né d'une autre mère. Abraham et Sara étaient ainsi nés du même père, lui au premier degré, elle au second; mais ils avaient une mère différente. Les Hébreux ne distinguant point entre fille et petite-fille, Abraham pouvait dire au pied de la lettre qu'elle était fille de son père, et sa sœur.

Alors Abimélech prit des brebis et des bœufs, et des serviteurs et des servantes, et il les donna à Abraham, et il lui rendit sa femme Sara. Et il dit : Cette terre est devant toi; demeure partout où il te plaira. Il dit en même temps à Sara : J'ai donné à votre frère mille pièces d'argent, pour que vous ayez toujours un voile sur les yeux devant tous ceux qui seront avec vous, et partout où vous irez; et souvenez-vous que vous avez été enlevée. Ce voile est regardé par les interprètes comme un témoignage public que rendait Abimélech à l'honneur de Sara, et comme un signe qui apprenait à tout le monde qu'elle était mariée. Et, à la prière d'Abraham, Dieu guérit Abimélech, sa femme et ses servantes, et elles enfantèrent; car l'Eternel avait frappé de stérilité la maison d'Abimélech, à cause de Sara, femme d'Abraham (Gen., 20).

On voit, à la manière dont Dieu parle à Abimélech, et dont Abimélech répond, que ce roi des Philistins avait la connaissance et la crainte de Dieu. Nous en trouverons encore une autre preuve. Et comme les Philistins étaient une colonie égyptienne, on peut croire qu'il en était encore à peu près de même en Egypte.

Or, l'Eternel visita Sara, comme il avait promis, et accomplit en elle sa parole. Elle conçut et enfanta un fils, dans le temps que Dieu avait prédit. Abraham lui donna le nom d'Isaac et le circoncit le huitième jour, comme Dieu le lui avait commandé. Abraham avait alors cent ans. Et Sara disait, en faisant allusion au nom d'Isaac qui signifie *ris* : Dieu, en me donnant un fils, m'a donné un sujet de ris et de joie : quiconque l'apprendra, en rira et s'en réjouira avec moi. Elle ajouta : Qui croirait qu'Abraham entendrait jamais que Sara allaiterait un fils enfanté dans sa vieillesse ?

Cependant l'enfant grandit, et il fut sevré. Abraham fit en ce jour un grand festin. Mais Sara ayant vu le fils d'Agar, Egyptienne, se jouant de son fils

LIVRE IV. — ABRAHAM ET LES AUTRES PATRIARCHES.

Isaac, elle dit à Abraham : Chassez cette servante et son fils; car le fils de la servante ne sera point héritier avec mon fils Isaac. Ce discours parut très-mauvais à Abraham à cause de son fils Ismaël. Mais Dieu lui dit : Que cette parole sur l'enfant et sur ta servante ne te paraisse pas dure; et quelque chose que dise Sara, écoute sa voix; car c'est d'Isaac que ta postérité prendra son nom. Pour le fils même de la servante, je le ferai devenir un grand peuple, parce qu'il est né de toi.

Abraham se leva donc dès le matin, et, prenant du pain et un vase plein d'eau, il les mit sur l'épaule d'Agar, lui donna l'enfant et la renvoya. Celle-ci s'en étant allée, errait dans la solitude de Bersabée. Et, quand l'eau du vase fut consommée, elle laissa l'enfant sous un des arbres qui étaient là, et elle s'en alla, et s'assit vis-à-vis de lui à la distance d'un trait lancé par un arc; et elle dit : Je ne verrai pas mourir l'enfant. Et s'asseyant au loin, elle éleva la voix et pleura. Or, Dieu entendit la voix de l'enfant; et l'ange de Dieu appela du ciel Agar, lui disant : Que fais-tu, Agar ? Ne crains point; car Dieu a ouï la voix de l'enfant du lieu où il est. Lève-toi, prends l'enfant et le tiens par la main; car je le ferai devenir un grand peuple. Et Dieu ouvrit ses yeux, et elle vit une source d'eau; elle alla et remplit le vase, et donna à boire à l'enfant. Et Dieu fut avec lui. Il grandit, et devint habile à tirer de l'arc. Il habita au désert de Pharan, et sa mère lui choisit une femme de la terre d'Egypte (Gen., 21).

L'Apôtre des nations, revenu du troisième ciel, nous dévoile ainsi le mystère des deux fils d'Abraham. Les chrétiens de Galatie, trompés par de faux docteurs, se croyaient encore obligés à la loi cérémonielle des Juifs. Saint Paul leur écrit alors : « Dites-moi, vous qui voulez être sous la loi, n'entendez-vous point ce que dit la loi ? car il est écrit qu'Abraham eut deux fils, l'un de l'esclave et l'autre de la femme libre. Mais celui qui naquit de l'esclave, naquit selon la chair ; et celui qui naquit de la femme libre, naquit en vertu de la promesse. Tout ceci est une allégorie. Car ces deux femmes sont les deux alliances, dont la première, qui a été établie sur le mont de Sina, et qui n'engendre que des esclaves, est figurée par Agar. Car Sina est une montagne d'Arabie qui tient à la Jérusalem d'ici-bas, laquelle est esclave avec ses enfants, au lieu que la Jérusalem d'en haut est libre; or, c'est elle qui est notre mère à tous. Car il est écrit : Réjouissez-vous, stérile qui n'enfantiez point; poussez des cris de joie, vous qui ne deveniez point mère, parce que celle qui était délaissée a plus d'enfants que celle qui a un époux (Isaïe, 54). Nous sommes donc, mes frères, les enfants de la promesse, figurés par Isaac. Et comme alors celui qui était né selon la chair persécutait celui qui était né selon l'esprit, il en est de même aujourd'hui encore. Mais que dit l'Ecriture ? Chassez l'esclave et son fils; car le fils de l'esclave ne sera point héritier avec le fils de la femme libre. Or, mes frères, nous ne sommes point les enfants de l'esclave, mais de la femme libre; et c'est Jésus-Christ qui nous a acquis cette liberté (Galat., 4). »

Les deux fils d'Abraham figuraient ainsi deux peuples, le peuple juif et le peuple chrétien : le premier, né d'Abraham selon la chair et le sang ; le second, né du même Abraham selon l'esprit et la foi.

Ce dernier venait de naître, par la grâce du Saint-Esprit, le jour de la Pentecôte : déjà même il avait assez grandi pour être sevré du lait des enfants et être mis à une nourriture solide, lorsque saint Paul écrivait. Le premier, né dans la servitude d'Egypte, courbé sous la loi de crainte qui lui fut imposée au milieu des foudres de Sinaï, mais fier du sang d'Abraham, méprisait et persécutait l'enfant de la promesse et de la liberté. Son expulsion, avec la Synagogue, sa mère, n'était point encore consommée. Elle l'a été depuis. Déjà depuis dix-huit siècles, nous voyons la synagogue esclave de la lettre qui tue, les épaules chargées d'une loi qui ne devait durer qu'un temps, errer dans la solitude avec son enfant, le peuple juif. Elle a perdu la route. Ses provisions s'épuisent. La loi qui devait la conduire à la fontaine de vie éternelle, au Christ, est devenue pour elle comme une outre desséchée. Elle périt de soif avec son enfant. Cependant ils sont assis l'un et l'autre près la source d'eau vive; mais ils ont des yeux et ne la voient point. Viendra le jour de miséricorde, où Dieu les leur ouvrira, et ils verront, et ils se désaltéreront avec nous.

On se sera étonné peut-être qu'en renvoyant Agar et Ismaël, Abraham ne leur ait donné que du pain et de l'eau. C'est que, sous cette expression, l'Ecriture comprend toute sorte de vivres. Ainsi le même patriarche, qui n'avait parlé à ses trois hôtes que d'un peu d'eau et de pain, leur servit néanmoins ce qu'il avait de meilleur dans sa maison. D'ailleurs de grandes provisions n'étaient pas nécessaires. Bersabée, où demeurait Abraham, est sur la frontière de l'Egypte, d'où était Agar. L'antique hospitalité, qui règne encore en Orient, leur était une autre ressource. Aujourd'hui encore, on entre dans la tente d'un Arabe, on se met à table, on reste chez lui plusieurs jours aussi librement que l'on ferait chez soi. S'ils manquèrent d'eau, c'est qu'ils s'égarèrent. Dieu le permit pour accomplir plus manifestement la promesse qu'il avait faite à Abraham, d'avoir une providence spéciale pour Ismaël, et d'en faire la tige d'une grande nation.

Vers le temps où Agar et son fils venaient de partir, Abimélech vint avec Phicol, prince de son armée, et dit à Abraham : « Dieu est avec toi dans toutes les choses que tu fais. Jure-moi donc en Dieu que tu ne me nuiras point, ni à mes enfants, ni à ma race; mais que, selon la bonté avec laquelle je t'ai traité, tu me traiteras moi et la terre en laquelle tu as été étranger. Oui, répondit Abraham, je le jurerai. » Mais en même temps il lui fit des représentations à cause d'un puits que lui avaient ôté par violence les serviteurs d'Abimélech. « Je n'ai point su qui a fait cela, dit Abimélech; mais tu ne m'as point averti et je ne l'ai pas encore ouï, sinon en ce jour. » Abraham donna donc à Abimélech des brebis et des bœufs, et ils firent tous deux alliance. De plus, il mit à part sept agneaux de son troupeau. Abimélech lui demanda : « Que signifient ces sept agneaux que tu as fait mettre à part? » Abraham lui répondit : « Vous recevrez ces sept agneaux de ma main, afin qu'ils soient pour moi un témoignage que j'ai creusé ce puits. » C'est pourquoi ce lieu fut appelé *Bersabée*, ou *puits du serment*, parce que là ils avaient fait serment tous deux. Or, Abimélech se leva, et Phicol, chef de son armée, avec lui, et ils retournèrent en la terre des Philistins. Abraham planta un bois à Bersabée, et invoqua en ce lieu le nom de Jéhova, le Dieu éternel; et il habita durant de longs jours dans la terre des Philistins (Gen., 21). »

Abimélech veut dire père-roi. Le prince de Gérare paraît avoir été digne de ce beau nom. On voit dans son caractère quelque chose de paternel et de patriarcal. Il connaît et craint Dieu; il sait que certains crimes attirent ses châtiments et sur les rois et sur les royaumes. Il traite avec humanité les étrangers. Il aime son peuple et pourvoit à son bonheur dans l'avenir. Voyant que Dieu bénit en tout Abraham, il assure à sa famille et à son royaume l'alliance et l'amitié de ce favori du ciel. Nous verrons plus tard un autre Abimélech, si ce n'est pas le même, contracter avec Isaac une alliance semblable.

Révéré des hommes, béni de Dieu, avec un fils en qui devaient être bénies toutes les nations de la terre, Abraham était au comble de la prospérité. Ce fut dans ce moment que Dieu l'éprouva et lui dit : Abraham ! Il répondit : Me voici. Dieu ajouta : Or sus, prends ton fils, ton unique, lui que tu aimes, Isaac, et va dans la terre de Moriah ou de Vision; et là, tu me l'offriras en holocauste sur une des montagnes que je te montrerai.

Abraham se leva dès le point du jour, prépara son âne et conduisit avec lui deux jeunes gens et Isaac son fils; et, lorsqu'il eut coupé le bois pour l'holocauste, il s'achemina vers le lieu où Dieu lui avait ordonné d'aller. Le troisième jour, levant les yeux, il vit de loin la montagne, et il dit à ses serviteurs : Attendez ici avec l'âne; moi et le jeune homme nous irons jusque-là, et après que nous aurons adoré, nous reviendrons à vous. Il prit le bois de l'holocauste et il le mit sur son fils Isaac; lui-même prit dans ses mains le feu et le glaive; et ils s'avançaient tous ensemble. Et Isaac dit à son père : Mon père ! Celui-ci répondit : Que veux-tu, mon fils ? Voilà, dit-il, le feu et le bois : où est la victime de l'holocauste ? Et Abraham dit : Dieu se verra à lui-même la victime de l'holocauste, mon fils (1) ! Et ils s'avançaient tous ensemble.

Lorsqu'ils vinrent au lieu que Dieu lui avait montré, Abraham éleva un autel, y disposa le bois, lia son fils Isaac, le mit par-dessus le bois sur l'autel, étendit la main et saisit le glaive pour immoler son fils. Mais l'ange de Jéhova lui cria du haut des cieux : Abraham ! Abraham ! lequel répondit : Me voici. Et l'ange dit : N'étends pas ta main sur le jeune homme et ne lui fais rien; car maintenant je sais que tu crains Dieu, puisque tu n'as pas épargné ton fils unique à cause de moi.

Abraham leva les yeux et vit derrière lui un bélier embarrassé par les cornes dans un buisson; il le prit et l'offrit en holocauste à la place de son fils. Et il appela ce lieu : *Jéhova voit.* C'est pourquoi l'on dit encore aujourd'hui : Jéhova se verra sur la montagne.

L'ange de l'Eternel appela une seconde fois Abraham du haut des cieux, disant : J'ai juré par moi-même, dit Jéhova, parce que tu as fait cette chose et que tu n'as pas épargné ton fils unique à cause de moi, je te bénirai et je multiplierai ta semence comme les étoiles du ciel, et comme le sable qui est sur le rivage de la mer; ta postérité possédera les portes de ses ennemis, et toutes les nations de la terre seront bénies et se béniront en celui qui sortira de toi, parce que tu as obéi à ma parole.

Et Abraham retourna vers ses serviteurs, et ils s'en allèrent ensemble à Bersabée et il y habita (Gen., 22).

On connaît la montagne de Moriah. C'est celle où fut bâti le temple de Salomon (2. Paral., 3), et dont un sommet se nomme *le Calvaire.* Isaac y porte le bois sur lequel il doit être immolé : Jésus-Christ y portera le bois sur lequel il doit être crucifié. Isaac est le fils unique d'Abraham : Jésus-Christ est le fils unique de Dieu. Isaac est attaché vivant sur le bois de son holocauste : Jésus-Christ est attaché vivant sur le bois de son sacrifice. Isaac, âgé d'environ trente ans, aurait pu facilement se soustraire à la mort : il a été attaché sur le bûcher, parce qu'il a bien voulu. Jésus-Christ, égal à son Père en puissance, aurait pu facilement se soustraire à la mort : il a été offert, parce qu'il a bien voulu. Isaac a été immolé par son père, qui avait mis en lui tout son amour : Jésus-Christ l'a été par son père, qui mettait en lui toutes ses complaisances. Dieu a tellement aimé le monde, qu'il a donné son fils unique (Joan., 3, 16). Pour l'amour de nous, il a traité celui qui ne connaissait point le péché, comme s'il eût été le péché même, afin qu'en lui nous devinssions justes de la justice de Dieu (2. Cor., 5). Nous nous étions tous égarés comme des brebis; chacun s'était détourné pour suivre sa propre voie; et Dieu l'a chargé de l'iniquité de nous tous. Il a été offert parce qu'il a voulu. Je l'ai frappé, dit son Père, pour les crimes de mon peuple (Isaï., 53). La Synagogue prie au nom et par les mérites d'Isaac : l'Église prie au nom et par les mérites de Jésus-Christ (1). Le sacrifice d'Isaac était la figure : il s'accomplit en figure dans l'obéissance du père et du fils. Le sacrifice de Jésus-Christ est la réalité : il s'accomplira réellement. En attendant, un bélier, le sang des animaux, est substitué au premier et continue de figurer le second. Ce sang figuratif, le sacerdoce figuratif d'Aaron l'offrira sur la montagne de Moriah, dans le temple, jusqu'à ce que sur la même montagne, le Prêtre éternel, selon l'ordre de Melchisédech, ait offert le sang divinement propitiatoire, le sien propre, en la croix.

Abraham entrevoyait ce grand mystère (2). C'est par la foi, dit l'Apôtre, qu'Abraham, lorsqu'il fut tenté, offrit Isaac et sacrifia son fils unique, lui qui avait reçu les promesses de Dieu, et de qui il avait été dit : C'est d'Isaac que sortira la race qui portera votre nom. Mais il pensait en lui-même que Dieu pouvait le ressusciter après sa mort. Aussi lui fut-il rendu en figure de l'avenir (Hebr., 11). Il est hors de doute que, pour récompenser l'héroïque obéissance du père et du fils, Dieu leur révéla le sens mystérieux et prophétique de leur sacrifice. Quels ineffables sentiments de joie et de piété durent alors inonder leur âme ! avec quelle ardeur ils souhaitaient voir le jour

---

(1) La Vulgate porte : *Deus providebit sibi victimam...* La traduction de Rohrbacher n'est pas française; mais il a tenu sans doute à faire considérer cette réponse d'Abraham comme la cause du nom que le patriarche donne ensuite à ce lieu : « *Jéhova se verra ou verra.* » (E. G.)

(1) Première lettre de M. Drach., p. 70, et Michée, texte chaldaïque, 7, 20.

(2) Chrysost., *in Gen.*, Homil. 47; Aug., *in Joan.*, tract 43.

de cet autre Isaac en qui Dieu promettait avec serment que seraient à jamais bénies toutes les nations de la terre ! Mais quels ne doivent pas être nos sentiments de foi et d'amour, à nous qui voyons l'accomplissement de toutes ces promesses ! Avec quelle ineffable dévotion ne devons-nous point assister au sacrifice adorable où le Fils de Dieu réalise toutes les figures ! Là, sous les espèces du pain et du vin, comme Melchisédech, il continue et nous applique le sacrifice de la croix, où, comme Abel, il a été mis à mort par son frère, le peuple juif, mais où, comme Isaac, il s'est offert volontairement au glaive de son Père. O Dieu d'Abraham et d'Isaac, donnez-nous la foi d'Isaac et d'Abraham !

Le sacrifice du père des croyants non-seulement est célèbre chez les chrétiens, les Juifs, les Arabes ; il a été connu même des païens. Un ancien auteur, qui composa un livre contre les Juifs, et qui, par là même, était disposé à rejeter dans leur histoire tout ce qui pouvait se révoquer en doute, Melon, écrit qu'Abraham, illustre par sa sagesse, épousa deux femmes, une de son pays et de sa famille, l'autre d'Egypte, qui avait été esclave ; que de l'Egyptienne il eut douze fils ou plutôt petits-fils, qui devinrent douze rois arabes ; que de sa femme principale il n'en eut qu'un seul, dont le nom grec est *Gelos* ou *ris*; que Dieu lui commanda de lui immoler ce fils unique ; qu'aussitôt il s'en alla sur une montagne, y construisit un bûcher, y plaça Gelos, et allait l'immoler, quand il en fut empêché par un ange, et offrit un bélier à la place de son fils (*Apud Euseb.*, l 9, c. 19).

Le phénicien Sanchoniaton, ainsi que déjà nous l'avons remarqué, parle également de ce sacrifice dans le fragment qu'on lui attribue. On y voit en effet un personnage qui, comme Abraham, a deux frères ; qui, comme Abraham, se circoncit et fait pratiquer la circoncision à tous les siens ; qui, comme Abraham, a deux femmes ; qui, comme Abraham, a deux fils ; qui, comme Abraham, immole au ciel un d'eux, l'unique de sa mère, et cela sur un autel qu'il construit lui-même. Ce fils qui est immolé se nomme Yehud : et, en effet, dans l'hébreu ou le phénicien, Dieu dit à Abraham : Prends ton fils, ton Yehud, c'est-à-dire ton unique. Enfin, suivant Sanchoniaton, les Phéniciens appelaient ce personnage Israël : ce qui est facile à croire. Comme les Juifs se nommaient enfants d'Israël, les Phéniciens pouvaient appliquer facilement ce nom au plus fameux ancêtre des Juifs (*Apud Euseb.*, l. 1, c. 10 ; l. 4, c. 16 ; Shuckford, *Hist. du monde*, l. 6).

Du reste, Abraham nous est présenté dans ce fragment comme un personnage divin. Son père s'y nomme en phénicien *Il* ou *El*, c'est-à-dire Dieu (Euseb., l. 1, c. 10). L'Ecriture elle-même nous fait voir quelque chose de semblable dans ce que lui dit un peuple de Chanaan, à l'occasion de la mort de Sara.

Elle mourut âgée de cent vingt-sept ans, dans la ville d'Arbé, nommée depuis Hébron. Abraham vint pour les cérémonies funèbres et pour la pleurer. Et lorsqu'il eut accompli les devoirs qu'on rend aux morts, il s'en alla parler aux habitants de la ville, les enfants de Heth, et leur dit : Je suis parmi vous un étranger et un voyageur ; donnez-moi la possession d'un sépulcre au milieu de vous, afin que j'ensevelisse celle que j'ai perdue. Les enfants de Heth répondirent : Ecoutez-nous, seigneur : vous êtes au milieu de nous un prince de Dieu ; ensevelissez dans nos sépulcres les plus beaux celle que vous avez perdue : nul ne vous empêchera d'ensevelir dans son tombeau la personne qui vous est morte. Abraham se leva et adora le peuple de cette terre, les enfants de Heth, c'est-à-dire qu'il s'inclina profondément devant eux, et leur dit : S'il vous plaît que j'ensevelisse celle que j'ai perdue, écoutez-moi, et intercédez pour moi auprès d'Ephron, fils de Séor, afin qu'il me donne sa caverne de Macphelah (la caverne double), qui est à l'extrémité de son champ ; qu'il me la cède pour sa pleine valeur en argent, et qu'elle me soit une possession de sépulcre au milieu de vous. Or, Ephron habitait au milieu des enfants de Heth. Il répondit à Abraham, devant tous ceux qui s'assemblaient à la porte de sa ville : Cela ne sera pas ainsi, mon seigneur ; mais écoutez ce que je vais vous dire : Je vous donne le champ et la caverne qui s'y trouve, en présence des fils de mon peuple ; ensevelissez celle qui vous est morte. Abraham s'inclina devant le peuple du pays et dit à Ephron, à la vue de tout le monde : Je vous en prie, écoutez-moi : je donnerai l'argent de ce champ ; prenez-le, et ainsi j'ensevelirai celle que j'ai perdue. Ephron répondit : Mon seigneur, écoutez-moi : une terre de quatre cents sicles, qu'est-ce que cela entre vous et moi ? Ensevelissez seulement celle qui vous est morte. Ce qu'Abraham ayant entendu, il pesa l'argent qu'Ephron avait dit, en présence des enfants de Heth, quatre cents sicles d'argent qui avait cours chez les marchands. Le champ jadis à Ephron, situé à Macphelah devant Mambré, passa donc à Abraham, le champ et la caverne, et tous les arbres qui l'entouraient, comme sa possession, en présence des enfants de Heth et de tous ceux qui entraient à la porte de la ville (Gen., 23). Ensuite Abraham y ensevelit sa femme Sara.

On respire, dans tout ce récit, comme un parfum d'urbanité antique. Rien de si beau dans les auteurs profanes. Le peuple est assemblé à la porte de la ville ; c'est là que se rendent les jugements, là que se traitent les affaires. De là, dans le style oriental, *la Porte*, pour ce que nous appelons *la Cour*. On y voit paraître le chef d'une tribu nomade : il y a quelque temps, il a battu quatre rois et rendu à la liberté tout un peuple ; il a pour alliés d'autres rois. Néanmoins il demande quelque chose. Que sera-ce ? La possession d'un sépulcre ! Il n'est, dit-il, qu'un étranger et un voyageur. Vous êtes pour nous, répond tout le peuple, un prince divin. Choisissez le sépulcre qui vous plaira : nul ne vous refusera le sien. Abraham s'incline profondément et prie l'assemblée d'obtenir d'un des principaux habitants qu'il lui vende une caverne. Aussitôt s'engage un combat de générosité. Le propriétaire lui donne et la caverne et le champ où elle est située. Pressé par Abraham, à peine se résigne-t-il à lui en dire la valeur. Qui nous donnera de revoir ces mœurs patriarcales ?

Cependant Abraham était vieux et fort avancé en âge. Dieu l'avait béni en toutes choses. Il était riche en toute sorte de biens, mais ne possédait en terre qu'un sépulcre. Sara y était ensevelie depuis trois ans, lorsqu'il s'occupa de chercher une épouse à son fils Isaac. Il appela celui de ses serviteurs qui avait l'intendance de sa maison, et lui fit jurer par Jéhova, le Dieu du ciel et de la terre, de ne point faire épouser à son fils une des filles des Chananéens, mais d'aller lui chercher une épouse dans le pays de ses parents. Le serviteur répondit : Si une femme ne veut pas venir avec moi en cette terre, dois-je ramener votre fils au lieu d'où vous êtes sorti? Garde-toi bien, répondit Abraham, de ramener là mon fils. Jéhova, le Dieu du ciel, qui m'a tiré de la maison de mon père et de la terre de ma naissance, qui m'a juré, disant : « Je donnerai cette terre à ta postérité, » enverra son ange devant toi, et tu recevras dans cette terre-là une femme pour mon fils. Si la femme ne veut pas te suivre, tu ne seras point engagé par ton serment ; seulement ne conduis jamais là mon fils. Le serviteur posa donc la main sur la cuisse d'Abraham son maître, et lui jura d'accomplir ses ordres.

Dans ces temps reculés, on portait déjà l'épée, le couteau des sacrifices, le couteau de chasse, le poignard sur la cuisse (Psal., 44, 3 ; *Iliad.*, 2, v. 45). Quiconque mettait la main sur la cuisse de quelqu'un, faisait par là même une espèce de serment que, s'il manquait à sa parole, il méritait d'être frappé du glaive que portait celui auquel il s'engageait. Un savant rabbin nous apprend que cette même cérémonie se pratiquait par les Juifs dans tout l'Orient (Kimchi, *apud Monst. in loc.*). Des Pères de l'Eglise et d'autres écrivains judicieux ont pensé que cette pratique renfermait de plus un sens mystérieux, une espèce de profession de foi au Messie qui devait naître d'Abraham par Isaac, dont le mariage occupait alors l'esprit de son père (Duguet, sur le ch. 24 de la *Genèse*).

L'intendant qu'on croit être le même que cet Eliézer dont il a été parlé plus haut, prit dix chameaux du troupeau de son maître, et il s'en alla, portant avec lui ce que son maître avait de plus précieux. Il se dirigea en Mésopotamie, vers la ville de Nachor, frère d'Abraham. C'était, ainsi que nous le verrons plus tard, la ville de Haran, où Abraham lui-même avait demeuré.

Comme il faisait reposer ses chameaux hors de la ville près d'un puits, vers le soir, temps où les jeunes filles ont coutume de sortir pour puiser de l'eau, il dit : Jéhova, Dieu de mon maître Abraham, secondez-moi, je vous prie, aujourd'hui, et usez de miséricorde envers mon maître Abraham. Me voici près de cette fontaine, et les filles des habitants de cette ville sortiront pour puiser de l'eau. La fille donc à qui je dirai : Inclinez votre urne afin que je boive, et qui répondra : Buvez, et je donnerai encore à boire à vos chameaux, sera celle que vous avez préparée à Isaac, votre serviteur, et je connaîtrai par là que vous avez fait miséricorde à mon maître. »

Il n'avait pas encore achevé ces mots en lui-même, et voilà que Rebecca sortait, la fille de Bathuel, fils de Melcha, femme de Nachor, frère d'Abraham, ayant une urne sur son épaule; fille très-belle, encore vierge et inconnue de tout homme ; or, elle était descendue vers la fontaine, avait rempli son urne et s'en retournait. Le serviteur se présenta à elle, et dit : Donnez-moi un peu d'eau à boire de votre vase. Elle répondit : Buvez, mon seigneur ; et elle posa promptement son vase sur son bras, et lui donna à boire. Et, lorsqu'il eut bu, elle ajouta : Je puiserai encore de l'eau pour vos chameaux, jusqu'à ce qu'ils aient bu ; et, répandant son vase dans les canaux, elle courut au puits pour puiser de l'eau nouvelle, et la présenta à tous les chameaux. Le serviteur en était émerveillé : cependant il gardait le silence, pour savoir si l'Eternel avait rendu son voyage heureux ou non. Après que les chameaux eurent bu, il lui présenta des pendants d'oreilles et des bracelets en or, et lui dit : De qui êtes-vous la fille, dites-le-moi ; y a-t-il dans la maison de votre père un lieu pour nous loger? Elle répondit : Je suis la fille de Bathuel, fils de Melcha et de Nachor, son mari. Elle ajouta : Il y a chez nous du foin et de la paille en abondance, et de la place pour y loger. Et l'homme s'inclina et adora l'Eternel, disant : Béni soit l'Eternel, le Dieu de mon maître Abraham, qui n'a point privé mon maître de sa miséricorde et de sa vérité. Je suis dans la voie droite ; l'Eternel m'a conduit à la maison du frère de mon maître.

La jeune fille courut donc à la maison de sa mère, et annonça tout ce qu'elle avait entendu. Or, Rebecca avait un frère nommé Laban; quand il eut ouï les paroles de sa sœur, et vit entre ses mains les pendants d'oreilles et les bracelets, il courut vers l'homme, du côté de la fontaine, et lui dit : Entrez, vous qui êtes béni de Jéhova; pourquoi restez-vous dehors? J'ai préparé la maison et un lieu pour vos chameaux. Et il le conduisit dans la maison, déchargea ses chameaux, leur donna de la paille et du foin, et lui présenta de l'eau pour laver ses pieds, ainsi qu'à ceux qui étaient venus avec lui.

En même temps, on servit à manger. Mais l'homme dit : Je ne mangerai pas, jusqu'à ce que j'aie dit ce que je dois dire. Laban lui répondit : Parlez. Et lui : Je suis, dit-il, serviteur d'Abraham. Et l'Eternel a béni beaucoup mon maître, il l'a rendu grand et riche ; il lui a donné des brebis et des bœufs, de l'argent et de l'or, des serviteurs et des servantes, des ânes et des chameaux. Sara, la femme de mon maître, lui a enfanté un fils dans sa vieillesse, et il lui a donné tout ce qu'il avait. Et mon maître m'a fait jurer, disant : Tu ne prendras pas une épouse pour mon fils parmi les filles des Chananéens, dans la terre desquels j'habite ; mais tu iras vers la maison de mon père, et tu prendras dans ma parenté une femme pour mon fils. Et moi, j'ai répondu à mon maître : Mais si la jeune fille ne veut pas venir avec moi? Jéhova, dit-il, en présence de qui je marche, enverra son ange avec toi et dirigera ta voie ; et tu prendras une femme pour mon fils dans ma parenté et dans la maison de mon père. Ma malédiction ne sera pas sur toi, si tu vas vers mes parents et qu'ils te refusent. Je suis donc venu aujourd'hui vers la fontaine ; puis, ayant raconté en détail la prière qu'il y fit à Dieu et la manière dont elle fut aussitôt accomplie par Rebecca, il conclut : M'inclinant donc, j'ai adoré et béni Jéhova, Dieu de mon maître Abraham, qui m'a conduit par une voie droite afin de recevoir la fille du frère de mon seigneur pour son fils. C'est pourquoi, si vous voulez être favorables à mon maître, dites-le-moi; s'il vous plaît autrement, dites-le-moi aussi, afin que j'aille à droite ou à gauche.

Laban et Bathuel répondirent : C'est de Jéhova

que vient cette parole; nous ne pouvons plus rien vous dire ni en mal ni en bien. Voilà Rebecca devant vous, prenez-la et partez; et qu'elle soit la femme du fils de votre maître, comme l'a dit Jéhova. Ce que le serviteur d'Abraham ayant entendu, il tomba prosterné sur la terre et adora l'Eternel. Et, sortant des vases d'or et d'argent et des vêtements, il les donna à Rebecca en présent; et il offrit aussi des présents à ses frères et à sa mère.

Le repas commencé, ils demeurèrent là, mangeant et buvant ensemble. Le serviteur s'étant levé le matin, leur dit : Laissez-moi partir, afin que j'aille vers mon maître. Les frères et la mère de Rebecca répondirent : Que la jeune fille demeure au moins dix jours avec nous, et ensuite elle partira. Ne veuillez pas, dit-il, me retenir, puisque l'Eternel a rendu mon voyage heureux; laissez-moi partir afin que j'aille vers mon seigneur. Et ils dirent : Appelons la jeune fille et demandons-lui ce qu'elle veut. Appelée, elle vint et ils lui demandèrent : Veux-tu aller avec cet homme? Elle dit : J'irai. Ils l'envoyèrent donc, elle et sa nourrice, et le serviteur d'Abraham et ses compagnons, implorant toutes les choses heureuses pour leur sœur et disant : Tu es notre sœur; puisses-tu croître en mille et mille générations, et ta race posséder les portes de tes ennemis. Rebecca donc et ses filles, étant montées sur les chameaux, suivirent l'homme qui retournait en hâte vers son maître.

En ce même temps, Isaac se promenait dans le chemin qui mène au puits qui a nom, *de celui qui vit et qui voit*, car il habitait dans la terre du midi, aux environs de Bersabée, d'où il n'y avait pas loin au puits ainsi nommé par Agar. Il était sorti pour méditer dans la campagne, au déclin du jour; et, comme il levait les yeux, il vit de loin venir les chameaux. Rebecca aussi, ayant aperçu Isaac, descendit de son chameau et dit au serviteur : Quel est cet homme-là qui vient dans la campagne à notre rencontre? Il lui dit : C'est mon seigneur. Et elle prit aussitôt son voile et se couvrit. Or, le serviteur raconta tout ce qu'il avait fait à Isaac : lequel conduisit Rebecca dans la tente de Sara, sa mère, et la reçut pour femme; et il l'aima tellement, que la douleur que lui avait causée la mort de sa mère fut adoucie (Gen. 24).

Dans ces dernières paroles se peint avec une merveilleuse suavité la piété filiale d'Isaac. Il avait alors quarante ans. Il s'en était écoulé déjà trois depuis qu'il avait perdu sa mère. Cependant la douleur qu'il ressentit de cette séparation était encore si vive, que l'amour de sa nouvelle et unique épouse ne put point la faire cesser, mais seulement l'adoucir. Ce n'est pas le seul trait admirable dans cette histoire. Tout y est d'un charme divin; et ce vieux patriarche qui adjure son serviteur au nom de l'Eternel, et lui promet la compagnie de son ange; et ce fidèle serviteur qui prie l'Eternel avec une si naïve confiance auprès de la fontaine; et cette belle et pudique vierge qui pratique la charité avec une promptitude si parfaite; et ses parents, encore fidèles au vrai Dieu, qui s'écrient tout d'une voix : C'est de l'Eternel que vient cette parole! et ce fils d'Abraham, qui s'en vient d'auprès du puits de *celui qui vit et qui voit*, lorsque Dieu lui amène sa chaste et belle épouse.

Il y a plus encore. Isaac préfigurait Jésus-Christ; Rebecca, l'Eglise : leur union et leur amour, l'union et l'amour de l'Eglise et de Jésus-Christ. Isaac, fils unique d'Abraham, n'épouse Rebecca qu'après avoir été immolé sur la montagne de Moriah : Jésus-Christ, fils unique de Dieu, n'épouse l'Eglise qu'après avoir été immolé sur la même montagne. Rebecca est amenée à Isaac par le chef des serviteurs, Eliézer, aidé de ses compagnons : l'Eglise est amenée au Christ par le chef des Apôtres, Pierre, aidé de ses collègues. Eliézer reçoit l'ordre d'aller la chercher dans la parenté temporelle d'Isaac, avant de se tourner ailleurs : Pierre et les siens reçoivent l'ordre de s'adresser d'abord à la maison d'Israël, avant de s'en aller dans la voie des nations. Lorsque le mariage d'Isaac et de Rebecca se fait, la mère d'Isaac, Sara, était morte : lorsque s'accomplit l'union de Jésus-Christ et de son Eglise, la Synagogue, mère du Christ selon le temps, ne vivait plus. L'amour d'Isaac pour sa nouvelle épouse ne lui fait point oublier la perte de Sara; il en conserve toujours un douloureux souvenir : l'amour du Christ pour l'Eglise ne lui fait point oublier la perte de la Synagogue; après avoir pleuré sur elle, il lui garde toujours une place dans son cœur (1).

Abraham avait cent quarante ans au mariage d'Isaac. Pour multiplier de plus en plus les adorateurs du vrai Dieu, il prit, ou plutôt l'hébreu n'ayant qu'un seul prétérit pour exprimer et l'imparfait, et le parfait, et le plus-que-parfait, il avait pris, à la place d'Agar, une autre femme du second rang nommée Céthura. Elle lui enfanta Zamran et Jecsan, Madan et Madian, et Jesboc et Sué. Et Jecsan engendra Saba et Dadan. Les fils de Dadan furent Assurim, Latusim et Loomim. Et de Madian naquirent Epha et Opher, et Hénoch, et Abida, et Elda. Tous ceux-ci sont les fils de Céthura.

Et Abraham donna tout ce qu'il possédait à Isaac. Mais aux fils de ses concubines ou de ses femmes du second rang, il leur fit des dons et les sépara de son fils Isaac, et les envoya, pendant qu'il vivait encore, vers la région d'Orient. Il vécut en tout cent septante-cinq ans; il mourut de défaillance dans une heureuse vieillesse et fut ainsi réuni à son peuple. Isaac et Ismaël, ses fils, l'ensevelirent à côté de Sara, sa femme, dans la caverne de Macphelah, qui est située dans le champ d'Ephron le Hétéen, vis-à-vis de Mambré (Gen., 25).

Et il a été réuni à son peuple, dit l'Ecriture. C'est l'accomplissement de ce que Dieu lui avait promis, qu'après une heureuse vieillesse il se réunirait à ses pères dans la paix. Ces pères, ce peuple existent donc quelque part : non pas dans ce monde, car, enterré loin de la Chaldée dans le pays de Chanaan, Abraham ne fut point réuni à ses ancêtres dans un même tombeau. Il s'agit donc d'un autre monde, d'une autre vie. Sem, Noé, Hénoch, Seth, Abel, Adam, voilà ses pères, voilà les chefs de ce peuple bienheureux. Le séjour qu'ils habitent s'appellera désormais le *sein d'Abraham*, tant la gloire de ce patriarche y sera grande. Lazare y sera porté par la main des anges. Là se réuniront tous les justes, toute l'Eglise des premiers-nés, jusqu'à ce que vienne le fils d'Abraham, qui les conduira triomphants au plus haut des cieux.

La gloire de ce patriarche ne sera pas moindre sur la terre, à cause de la multitude innombrable de ses descendants. Il en a de quatre sortes : et par

(1) Voyez *Jésus-Christ le vrai Isaac*, par M. Caron, t. II

Céthura, et par Agar, et par Sara, et par le Christ.

Entre les premiers, les plus connus sont les Madianites. Jéthro, prêtre de Madian, deviendra le beau-père de Moïse ; sa famille, sous le nom de Cinéens, suivra le peuple de Dieu dans la terre de promission. Isaïe annonce à la nouvelle Jérusalem que vers elle afflueront les dromadaires de Madian et d'Epha ; qu'ils viendront lui offrir de Saba l'or et l'encens, en célébrant les louangess de l'Eternel (Isaï., 60, 6). C'est la dernière fois qu'il est parlé de Madian dans l'Ecriture. Ce peuple perdit plus tard son nom, pour se confondre dans celui d'Arabes. Suivant un ancien auteur, cité par Alexandre Polyhistor, le fils de Madian, nommé Opher ou Apher, aurait vaincu les Libyens, et, de son nom, appelé leur pays *Afrique* (*Apud Joseph., Antiq.*, l. 1, c. 16).

On connait mieux les descendants d'Abraham par Agar. Ismaël eut douze fils, qui furent les rois d'autant de peuples. C'étaient les plus puissants des Arabes. Sous le nom de Sarrasins ou d'Agaréniens, comme on les appelait au moyen âge, ils conquirent une grande partie de la terre. Au dire des Musulmans, le temple de la Mecque a été bâti par Ismaël pour y adorer le Dieu d'Abraham ; le fameux puits de Zemzem est le puits même d'Agar ; la pierre noire qu'ils vénèrent avec tant de dévotion dans leurs pèlerinages, est la pierre sur laquelle Abraham a laissé l'empreinte de ses pieds ; les descendants d'Ismaël furent établis rois de ce pays et pontifes de ce sanctuaire ; c'est d'Ismaël que descendait en ligne droite Mahomet, qui extirpa l'idolâtrie introduite dans quelques tribus et rétablit l'ancien culte. Que ce soit là des contes arabes ou de l'histoire, toujours est-il que ces peuples révèrent comme leurs ancêtres Ismaël et Ibrahim-al-Nabi, c'est-à-dire Abraham le prophète (*Biblioth. orient.*, d'Herbelot et *Mém. de l'Acad. des Inscript.*, t. LVIII, p. 259).

Les descendants de ce patriarche par Sara nous présentent encore deux peuples : les Iduméens et les Israélites. Les premiers, ainsi appelés d'Edom, surnom d'Esaü, subsistèrent sous leur nom jusque vers l'avénement du Christ, où une partie se mêla aux Juifs avec les Hérodes, et l'autre se naturalisa parmi les Arabes. Enfin les Israélites, ainsi appelés d'Israël, surnom de Jacob, ce sont les Juifs, que tout le monde connaît.

Parmi tous ces peuples issus d'Abraham, deux ont reçu des promesses divines : le peuple d'Ismaël et le peuple de Jacob ; et depuis bientôt quatre mille ans, nous voyons s'accomplir en eux ces promesses. Le premier, ainsi que Dieu l'a prédit à sa mère Agar, demeure toujours farouche et indomptable ; toujours sa main est levée contre tous, et la main de tous contre lui. Sarrasin du moyen âge, Bédouin de nos jours, sa patrie est le désert, sa vie est le pillage. Il a régné en Espagne, les Gaules ont failli devenir sa conquête. Moins terrible aujourd'hui, il campe toutefois encore et dans les lieux où fut Carthage, et au milieu des ruines de Thèbes, de Memphis, de Palmyre, de Babylone, de Ninive, et sous les murs de Byzance, et dans la Macédoine dégénérée du grand Alexandre. L'autre se rencontre partout, et partout redit sa naissance d'Abraham, sa servitude en Egypte, sa délivrance miraculeuse, sa conquête de Chanaan, son attente du Messie, sa dispersion depuis dix-huit siècles. Tremblant de tout, il est cependant indestructible comme l'autre qui ne tremble de rien. Enfin, depuis bientôt quatre mille ans, ces deux peuples s'élèvent, au milieu des débris épars des nations, comme deux pyramides vivantes, pour attester aux yeux de tout l'univers que le Seigneur est vrai dans toutes ses paroles.

Mais que dirons-nous des descendants d'Abraham par le Christ ? Ce sont eux les véritables, comme nous l'apprend saint Paul, parce qu'ils le sont, non plus selon la chair, mais selon l'esprit. C'est par eux qu'Abraham est vraiment devenu la bénédiction du ciel sur tous les peuples de la terre. Par eux, l'univers entier apparaît comme sa famille. Lui-même revit dans l'Abraham catholique, dans le *Père élevé de la multitude des nations* chrétiennes, dans celui qu'elles appellent toutes le Saint-Père. La famille proprement dite de ce nouvel Abraham, celle que figurait la postérité bénie d'Isaac et de Jacob, l'Eglise catholique, est la portion la plus illustre du genre humain, qu'elle régénère depuis dix-huit siècles. Mère tendre, elle étend les longs bras de sa charité jusqu'aux extrémités de la terre. Dans les cités de la Chine, elle recueille les petits enfants qu'on y jette tous les matins au milieu des rues ; dans les forêts du Nouveau-Monde, elle réconcilie autour du même autel le Huron et l'Algonquin, jusqu'alors ennemis irréconciliables. Les vérités dont une faible lueur ravissait d'admiration les génies de Platon et de Socrate, elle les met à la portée des plus simples. Le plus pauvre sait qu'il est enfant de Dieu, héritier du ciel, aussi bien que le plus puissant monarque. Le faible n'est plus la victime légale du fort, la femme de l'homme. La guerre même ne fait plus d'esclaves, mais laisse au vaincu sa liberté. Toutes les pensées, tous les sentiments s'élèvent peu à peu au-dessus de la terre. Le plus matériel devient sensible aux jouissances de l'esprit. Le mendiant, le porte-faix de Naples paie un orateur de la rue pour lui déclamer les vers de la *Jérusalem délivrée*, où l'Homère chrétien chante la victoire de la civilisation chrétienne sur la barbarie mahométane. Au récit du poète, la figure du lazzarone s'anime, il est ravi, il disputera même pour la beauté de tel ou tel morceau. Au dernier rang de la société humaine, il participe néanmoins à ce qu'il y a de plus élevé. Est-il malade ? un hôtel-Dieu est là pour le recevoir ; des vierges chrétiennes, imitant la charité hospitalière d'Abraham, accourent pour le servir avec les attentions les plus délicates. C'est leur état. Nées souvent dans l'opulence, elles se sont faites pour toujours les servantes des pauvres et des malades, et, comme Abraham et Sara, elles servent en eux Dieu même. C'est ainsi que la grande famille du nouvel Abraham a régénéré, divisé même en quelque sorte le genre humain, jusque dans sa portion la plus abjecte.

Mais l'antique père des croyants, outre la famille qui était spécialement la sienne et qui ne le quitta point, en avait encore d'autres, qui, quoique sorties de lui, ne demeurèrent pas toujours avec lui. Il en est de même du nouveau. Outre la famille que Dieu lui a spécialement donnée, la multitude des peuples catholiques qui n'ont point quitté l'Eglise romaine, il y en a plusieurs qui se sont éloignés plus ou moins de cette maison paternelle. Ce sont

LIVRE IV. — ABRAHAM ET LES AUTRES PATRIARCHES.

les hérésies, les sectes connues sous divers noms, et figurées par les descendants d'Esaü, d'Ismaël, de Madian, qui souvent ont fait la guerre à la postérité bénie de leur commun ancêtre. Parmi ces sectes chrétiennes, on peut, avec saint Jean Damascène et d'autres graves auteurs, compter les Mahométans. En effet, ils sont fort zélés contre l'idolâtrie, ils adorent le vrai Dieu, ils reconnaissent la mission divine de Moïse et des prophètes; ils révèrent Jésus-Christ comme le Verbe de Dieu, le Messie, le Juge des vivants et des morts. S'ils combattent sa divine filiation, ils ont cela de commun avec d'autres hérétiques, tels qu'autrefois les Vandales. Espérons que le temps, qui a déjà diminué beaucoup leur antipathie pour les chrétiens, l'éteindra tout à fait. Espérons qu'eux et les autres peuples séparés viendront compléter, dans l'Eglise universelle, les vérités qu'ils lui ont dérobées incomplètes. Espérons que toutes ces sociétés particulières qui s'appellent de noms d'hommes, soit Luther, soit Calvin, soit Mahomet, entreront dans la grande unité, et ne s'appelleront plus que *chrétiens universels* ou *catholiques*.

Aujourd'hui déjà, c'est une chose ravissante de voir le nouvel Abraham, à la tête de la chrétienté une, sainte, universelle et perpétuelle, et suivi de plus ou moins près par les chrétientés séparées et par l'islamisme, éclairer ainsi et vivifier plus ou moins directement, comme le soleil, tout le genre humain, et d'appeler à l'unité spirituelle dont l'unité d'origine en Adam n'est que l'ébauche et l'emblème. Que sera-ce donc, lorsque, les préventions étant dissipées, cette grande union s'accomplira! Ah! qui nous donnera de voir cet heureux jour!

En attendant, comment n'être point frappé de tout ce que renferme la parole de Dieu à son fidèle Abraham! Le passé, le présent, l'avenir, tout s'y révèle, et avec des proportions toujours plus grandes. Cela est vrai, non pas d'Abraham seul, mais encore de toute sa postérité, en particulier de son fils Isaac.

Sa femme, Rebecca, était stérile. Il pria Dieu pour elle: Dieu l'exauça, et Rebecca conçut. Mais des enfants s'entre-choquaient en son sein; et elle dit: S'il me devait ainsi arriver, quel besoin avais-je de concevoir? Elle alla donc consulter l'Eternel, peut-être par Melchisédech, son pontife, peut-être auprès de l'autel d'Abraham. Jéhova lui répondit: « Deux nations sont en ton sein, et deux peuples sortiront de tes entrailles; et un des peuples triomphera de l'autre, et l'aîné servira le plus jeune. »

Les jours de son enfantement étant venus, il se trouva deux jumeaux dans son sein. Celui qui sortit le premier étant roux et tout velu comme un manteau de poil, et on l'appela du nom d'*Esaü*. Et après sortit l'autre, tenant de sa main la plante du pied de son frère; c'est pourquoi il fut nommé *Jacob*, c'est-à-dire *supplantateur*. Isaac avait soixante ans à la naissance de ses deux fils.

Devenus grands, Esaü était habile à la chasse et toujours dans les champs, et Jacob, simple et doux, habitait sous la tente. Isaac aimait Esaü, car il se nourrissait de sa chasse, et Rebecca aimait Jacob. Un jour, Jacob ayant fait cuire de quoi manger, Esaü revint des champs très-fatigué et lui dit: « Donne-moi à manger de ce mets roux, car je suis bien las. » C'est pourquoi on l'appela du nom d'*Edom*, c'est-à-dire *roux*. Jacob lui dit: « Vends-moi alors ton droit d'aînesse. » Esaü répondit: « Voilà que je m'en vais mourir, à quoi me servira ma primogéniture. » Juremoi donc! reprit Jacob. Et il jura, et vendit son droit d'aînesse. Et ayant pris du pain et ce plat de lentilles, il mangea et but, et s'en alla, s'inquiétant peu d'avoir vendu son droit de primogéniture (Gen., 25).

Ce droit emportait anciennement plusieurs avantages. Le premier-né avait une portion double dans l'héritage paternel; il succédait à son père comme prince de la famille, et aussi, suivant quelques-uns, comme pontife. Enfin, il recevait une bénédiction particulière de son père mourant; à cette bénédiction était attachée, dans la famille d'Abraham, la gloire d'être l'ancêtre du Messie. Aussi saint Paul appelle-t-il Esaü un profane, d'avoir, pour un seul plat de lentilles, vendu d'aussi grandes prérogatives (Heb., 12, 16).

Cependant il arriva une famine dans le pays, outre la première famine qui était arrivée au temps d'Abraham. Isaac s'en alla, vers Abimélech, roi des Philistins, en Gérare. L'Eternel lui avait apparu et dit: « Ne descends point en Egypte, mais demeure en la terre que je te dirai. Séjourne en ce pays-ci, et je serai avec toi, je te bénirai, et je te donnerai à toi et à ta postérité, toutes ces contrées, accomplissant le serment que j'ai fait à Abraham, ton père. Et je multiplierai ta postérité comme les étoiles du ciel, et je lui donnerai tous ces pays, et dans un de ta race seront bénies toutes les nations de la terre, parce qu'Abraham a obéi à ma voix, qu'il a gardé mes préceptes et mes commandements, et observé mes cérémonies et mes lois. » Isaac demeura donc à Gérare.

Interrogé par les habitants de ce lieu sur sa femme, il répondit: *C'est ma sœur*; ce qui signifiait également ma parente. Il avait craint d'avouer qu'elle était sa femme, de peur que les habitants du lieu ne le fissent périr à cause de sa beauté. Or, il arriva, après qu'il eut été là bien des jours, qu'Abimélech, roi des Philistins, regardant par la fenêtre, le vit se jouant avec Rebecca, sa femme. L'ayant appelé, il lui dit: Il est évident que c'est là votre femme; comment donc avez-vous dit: Elle est ma sœur? Isaac répondit: Je pensais que je mourrais peut-être à cause d'elle. Que nous avez-vous fait là? reprit Abimélech: quelqu'un aurait pu s'approcher de votre femme, et vous auriez attiré sur nous un grand péché. En même temps, il donna cet ordre à son peuple: Celui qui s'approchera de la femme de cet homme mourra de mort.

Quant à Isaac, il sema dans ce pays et recueillit cette année-là le centuple, tant l'Eternel le bénit; il prospéra, et allait s'élevant et croissant, jusqu'à ce qu'il devint très-puissant; il avait une multitude de brebis et de grands troupeaux, avec un nombreux domestique et un labourage considérable. Les Philistins en furent envieux et comblèrent tous les puits qu'avaient creusés les serviteurs d'Abraham, son père; Abimélech lui-même alla jusqu'à lui dire: Retire-toi d'avec nous, car tu es beaucoup plus puissant que nous. Isaac donc s'éloigna et vint habiter dans la vallée de Gérare, il fit de nouveau creuser les puits que les Philistins avaient comblés depuis la mort d'Abraham, et les nomma des mêmes noms que son père leur avait donnés. Ils creusèrent dans la vallée que traversait un torrent, et y trouvèrent de l'eau vive; mais une querelle s'étant élevée entre les pasteurs de Gérare et les siens, les premiers disant : L'eau est à nous, il appela le nom de ce puits *Contention* (1), à cause de ce qui était arrivé. Ils creusèrent encore un autre puits pour lequel il y eut aussi une querelle, il l'appela *Inimitié*. Etant parti de là, il en creusa un autre pour lequel il n'y eut point de débat, et il l'appela *Largeur*, disant : Maintenant l'Eternel nous a mis au large et nous a fait croître sur la terre; ensuite, de ce lieu, il monta à Bersabée, et l'Eternel lui apparut la même nuit, disant : Je suis le Dieu d'Abraham, ton père; ne crains point, car je suis avec toi, et je te bénirai, et je multiplierai ta postérité à cause d'Abraham, mon serviteur. Il éleva donc là un autel, et invoqua le nom de Jéhova, dressa auprès sa tente et commanda à ses serviteurs de creuser un puits.

Cependant Abimélech vint à lui de Gérare, accompagné de ses amis et de Phicol, chef de son armée. Isaac leur dit : Pourquoi venez-vous vers moi, moi que vous haïssez et que vous avez chassé loin de vous? Ils répondirent : Nous voyons manifestement que l'Eternel est avec vous, et c'est pourquoi nous avons dit, qu'il y ait serment entre nous et un traité d'alliance, afin que tu ne nous fasses aucun mal, comme nous n'avons touché à rien qui t'appartienne et nous n'avons rien fait qui pût t'offenser, mais nous t'avons laissé aller en paix, et maintenant nous voyons que tu es béni de l'Eternel. Isaac leur fit un festin, et ils mangèrent et burent ensemble; puis, se levant au matin, ils se jurèrent alliance, et, après, Isaac les laissa retourner paisiblement chez eux.

Le même jour ses serviteurs vinrent et lui apportèrent des nouvelles du puits qu'ils avaient creusé, lui disant : Nous avons trouvé de l'eau. C'est pourquoi il appela ce puits *Abondance*, et le nom de Bersabée, ou puits de l'abondance, fut donné à la ville qu'on bâtit depuis au même lieu (Gen., 26).

On s'étonnera peut-être que les patriarches missent tant d'importance à des puits et à des fontaines. C'est qu'avec leurs innombrables troupeaux, et dans des pays chauds comme la Palestine, où il pleut rarement, les puits étaient pour eux d'une absolue nécessité, et une source d'eau vive devenait une richesse.

Isaac était alors le roi d'un peuple nomade, faisant alliance avec d'autres rois; sa puissance était telle, que le roi des Philistins la trouvait supérieure à la sienne. L'exemple d'Abraham et d'Isaac nous fait voir comme les royautés se sont établies naturellement et légitimement. Un père de famille se rencontre, indépendant de tout autre par le bienfait de la Providence : ses serviteurs sont nombreux; il a acheté les uns, les autres sont nés dans sa maison; déjà un siècle auparavant, Abraham avait trois cent dix-huit de ces derniers, qui étaient exercés aux armes. Après qu'il eut si généreusement délivré les habitants de la Pentapole, plusieurs sans doute se donnèrent à lui volontairement. Tout ce peuple revint à Isaac. Dieu le lui augmenta encore d'une manière prodigieuse. On peut donc croire qu'à l'époque où Abimélech vint faire alliance avec lui,

(1) Observons une fois pour toutes, que, dans le cours de ces récits bibliques, beaucoup d'expressions et de tournures, peu conformes au génie de la langue française, proviennent uniquement d'une traduction trop littérale du texte sacré. (B. G.)

Isaac avait pour le moins deux ou trois mille hommes en état de porter les armes; ce qui étonnera peut-être maintenant, c'est de voir, dans une si grande opulence, une si grande simplicité de mœurs : Abraham servant ses hôtes à table, Sara pétrissant les gâteaux, Rebecca allant chercher de l'eau à la fontaine, Jacob gardant les troupeaux de son beau-père; mais telles étaient les mœurs de la première antiquité. Homère, qui, suivant l'opinion commune, écrivit environ mille ans après l'époque d'Isaac, nous montre le plus vaillant des rois grecs, Achille, à l'arrivée de ses hôtes, coupant lui-même les viandes et les mettant en broche, tandis que son ami Patrocle attise le feu (*Iliad.*, 9, v. 206). Il nous montre les fils du monarque de Troie gardant des troupeaux de brebis (*Ibid.*, l. 11, v. 106), et la fille du roi Alcinoüs emportant sur un char les vêtements de son père et de sa mère, pour les laver dans les canaux d'une fontaine champêtre, avec ses compagnes (*Odyss.*). Lors donc que nous trouvons dans la Bible des mœurs pareilles, ce nous est une preuve de l'antiquité de ce livre. Quant au roi des Philistins, il paraît que le nom d'Abimélech ou père-roi était commun à tous les rois de ce pays, comme le nom de Pharaon à ceux de l'Egypte. Il pouvait en être de même pour le généralissime des troupes, Phicol. C'est du moins le sentiment le plus probable, que l'Abimélech qui fit alliance avec Isaac, n'est pas le même que celui qui, cent ans auparavant, avait fait alliance avec son père. Quoi qu'il en soit, toujours est-il que l'Abimélech d'Isaac reconnaissait, avec sa cour, le Dieu éternel et sa providence particulière sur ce patriarche.

Isaac avait cent ans et Esaü quarante, lorsque celui-ci, sans consulter, à ce qu'il paraît, ni son père ni sa mère, prit deux femmes : Judith, fille de Béëri, Héthéen, et Basemath, fille d'Elon, de la même race. Elles furent l'une et l'autre un sujet d'amertume pour Isaac et pour Rebecca (Gen., 26).

Or, Isaac devint vieux, et ses yeux s'obscurcirent tellement qu'il ne pouvait voir. Il appela donc Esaü, son fils aîné, et lui dit : Tu vois que je suis devenu vieux, et j'ignore le jour de ma mort. Prends tes armes, ton carquois et ton arc, et va dans les champs, et quand tu auras pris quelque chose à la chasse, prépare-moi à manger comme tu sais que j'aime, puis apporte-le-moi, et que je le mange, afin que mon âme te bénisse avant que je meure.

Ce que Rebecca ayant entendu, et Esaü étant sorti pour la chasse, elle dit à Jacob son fils : J'ai ouï ton père parlant à ton frère Esaü, et lui disant : Apporte-moi ta chasse et m'apprête quelque nourriture, afin que je mange, et que je te bénisse en présence de l'Eternel avant de mourir. Maintenant donc, mon fils, obéis à mon conseil, et va vers le troupeau, et apporte-moi les deux meilleurs chevreaux, afin que je prépare à ton père un mets qu'il aime; et, quand tu l'auras présenté à ton père, et qu'il en aura mangé, il te bénira avant sa mort. Jacob répondit à Rebecca, sa mère : Vous savez qu'Esaü, mon frère, est velu, et moi je n'ai point de poil : Si mon père vient à me toucher, je crains qu'il ne croie que j'ai voulu me jouer de lui, et que je n'attire sur moi sa malédiction au lieu de sa bénédiction. Sa mère lui dit : Que cette malédiction soit sur moi, mon fils : seulement obéis à ma voix, et va, apporte-moi ce que j'ai dit. Il s'en alla donc, et l'apporta à sa mère, qui en fit des mets comme elle savait qu'Isaac les aimait. Puis elle revêtit Jacob des plus précieux vêtements d'Esaü, qu'elle avait en la maison. Et elle enveloppa de peau de chevreau ses mains et en recouvrit son cou. Puis elle donna à Jacob, son fils, la viande et le pain qu'elle avait apprêtés.

Sans doute, rien ne nous oblige d'approuver tout ce qu'on dit ou fait les patriarches. Ils n'étaient pas plus parfaits que les apôtres, dans les épîtres desquels nous lisons : « Si nous disons que nous n'avons point de péché, nous nous trompons nous-mêmes (1. Joan., 1). » Mais aussi, ce qui peut être excusé, nous ne devons pas le condamner témérairement. Cette règle est en particulier à suivre, quand il est question de juger la conduite de Rebecca et de Jacob. Rebecca savait, par révélation divine, que le plus jeune de ses fils devait l'emporter, et son frère lui être soumis. Esaü lui-même y avait donné son consentement en vendant son droit d'aînesse. Par suite de ce contrat, dont Esaü n'eut pas même l'idée de se repentir quand il l'eut fait, Jacob était de droit l'aîné de la famille, le légitime héritier de la puissance et de la bénédiction paternelles. Il pouvait, en ce sens, dire à son père avec vérité : Je suis Esaü, ton premier-né. Sa mère pouvait prendre des mesures pour lui faire obtenir de fait la bénédiction privilégiée qui lui appartenait de droit. Voilà ce qu'il ne faut pas perdre de vue, si l'on veut être juste envers la mère et le fils.

Jacob porta donc le tout devant Isaac, et lui dit : Mon père ! Me voici, répondit le vieillard : qui es-tu, mon fils ? Je suis Esaü ton premier-né, reprit Jacob ; j'ai fait ainsi que tu m'avais commandé : lève-toi, assieds-toi et mange de ma chasse, afin que ton âme me bénisse. Comment, dit le père, as-tu pu trouver sitôt quelque chose, mon fils ? L'Eternel, ton Dieu, repliqua Jacob, la conduit devant moi. Et Isaac continuant : Approche-toi, mon fils, afin que je te touche et que je sache si tu es mon fils Esaü ou non. Jacob donc approcha de son père ; et Isaac le toucha et dit : Cette voix est la voix de Jacob, mais les mains sont les mains d'Esaü. Et il ne le connut point, car ses mains étaient velues comme les mains de son frère. C'est pourquoi il le bénit, disant : Es-tu mon fils Esaü ? Il répondit : Je le suis. Le père ajouta : Apporte-moi à manger de la chasse, mon fils, afin que mon âme te bénisse. Jacob lui en présenta, et après qu'il en eut mangé, il lui présenta aussi du vin qu'il but. Isaac, son père, dit ensuite : Viens donc près et baise-moi, mon fils. Il s'approcha donc et le baisa. Et dès qu'Isaac sentit le parfum de ses vêtements, il le bénit, disant : Voilà, que l'odeur de mon fils est comme l'odeur d'un champ plein de fleurs, que l'Eternel a béni. Dieu te donne de la rosée du ciel et la graisse de la terre, le blé et le vin en abondance. Et que les peuples te servent, et que les nations t'adorent ; deviens le seigneur de tes frères, et que les fils de ta mère s'abaissent devant toi : maudit soit quiconque te maudira, et béni quiconque te bénira.

A peine Isaac avait achevé de parler, et à peine Jacob était sorti, que son frère Esaü revint et présenta à son père les viandes qu'il avait apprêtées de sa chasse, disant : Mon père, levez-vous, mangez de la chasse de votre fils, afin que votre âme me bénisse. Isaac lui dit : Qui es-tu ? Il répondit : Je suis Esaü, votre premier-né. Et Isaac, frappé d'une incroyable stupeur : Mais qui donc est celui qui m'a apporté de la chasse dont j'ai mangé avant ton retour ? et je l'ai béni, et il sera béni. Quand Esaü eut entendu les paroles de son père, il poussa de grands cris, des cris lamentables, et dit à son père : Bénissez-moi aussi, mon père ! Celui-ci répliqua : Ton frère est venu astucieusement et a enlevé ta bénédiction. C'est à bon droit, dit Esaü, qu'il a été appelé *Jacob* ou *supplantateur* ; car voici la seconde fois qu'il me supplante ; il m'a enlevé mon droit d'aînesse, et le voilà qui vient d'enlever ma bénédiction. Puis il dit à son père : Ne m'avez-vous point réservé de bénédiction ? Isaac répondit : Je l'ai établi ton seigneur, j'ai assujéti à sa domination tous ses frères, je l'ai affermi dans la possession du blé et du vin ; que ferai-je après cela pour toi, mon fils ? Esaü insista : N'avez-vous qu'une bénédiction, mon père ? bénissez-moi aussi, mon père. Et il pleurait avec des cris lamentables. Son père lui dit alors : Ton habitation sera hors des lieux où est la graisse de la terre et la rosée du ciel (1) ; mais tu vivras par ton glaive : tu serviras ton frère, mais un temps viendra où, devenu puissant, tu secoueras son joug (Gen., 27).

« Qu'il n'y ait donc point, dit à cette occasion saint Paul, qu'il n'y ait point parmi vous de profane, comme Esaü, qui, pour se rassasier une seule fois, vendit son droit d'aînesse ; car vous savez que désirant depuis avoir, comme premier héritier, la bénédiction de son père, il fut rejeté, et il ne put le porter à révoquer ce qu'il avait fait pour Jacob, quoiqu'il l'en eût conjuré avec larmes (Heb., 12, 16). »

Dieu avait dit à Rebecca : L'aîné sera soumis au plus jeune. Esaü, en dédaignant sa primogéniture et la vendant pour un plat de lentilles, commence lui-même l'accomplissement de la prédiction. Isaac, qui l'affectionne davantage, confirme néanmoins la bénédiction privilégiée qu'il a donnée à Jacob sans le savoir. Tout s'accomplira donc. Les Iduméens, descendants d'Esaü, seront assujétis aux descendants de Jacob, aux rois de Juda, depuis David jusqu'à Joram, fils de Josaphat : alors ils secoueront le joug, et vivront indépendants six ou sept siècles, après lesquels ils seront de nouveau subjugués par les Machabées. L'héritage de Jacob sera une terre coulante de lait et de miel : l'héritage d'Esaü, des montagnes stériles. Le glaive, voilà son lot (Malach., 1).

Tout ceci s'accomplira d'une manière encore plus haute. Dans Isaac, survivant à son sacrifice et épousant ensuite Rebecca, nous avons reconnu Jésus-Christ, survivant à sa mort et épousant ensuite l'Eglise, qui lui est amenée par Pierre et les autres Apôtres. Cette Eglise, devenue féconde en vertu des mérites et de la prière de son divin Epoux, sent bientôt deux jumeaux, le juif et le gentil, s'entrebattre dans ses entrailles. Elle en est inquiétée : chacun veut l'emporter sur l'autre : dans le sein même de l'Eglise, le juif veut assujétir à la loi le gentil qui s'y refuse. Le Christ affectionne le premier-né, le juif ; malgré tous ses voeux, c'est à lui qu'il réserve la bénédiction. Il ne prêche qu'à la maison

(1) Tel peut être le sens de l'hébreu et du grec ; il se lie plus naturellement avec ce qui est dit ailleurs de l'héritage d'Esaü.

d'Israël : il ne sort point de la Judée. L'Eglise, son épouse, affectionne le puiné, plus pacifique et plus docile. Elle sait d'ailleurs que c'est à lui que Dieu réserve la supériorité. De plus, l'aîné dédaigne le droit de sa primogéniture : le Juif rejette la parole qu'on lui adresse de préférence : elle passe aussitôt au Gentil, qui prend la place du Juif. Jésus-Christ, sur la fin de ses jours, soupire de donner la bénédiction au peuple aîné; mais ce peuple est en retard. Jérusalem! Jérusalem! combien de fois n'ai-je pas voulu rassembler tes enfants! Ah! si tu connaissais ce qui peut en ce jour te procurer la paix (Matth., 23, 37; Luc., 19, 42)! » Alors le peuple Gentil, engendré par l'Eglise presque en même temps, se présente, revêtu par elle des vêtements de son aîné, de toutes les prérogatives de l'ancienne loi : le Seigneur l'adopte, l'embrasse, le bénit pour son peuple, lui qui jusque-là n'était point son peuple. Le Juif, réveillé par la chute de son temple, par des calamités sans nombre, vient après, à son tour, réclamer la bénédiction ; mais il apprend qu'elle est donnée à son puiné. Il a beau rugir de désespoir, jurer la mort du christianisme; la bénédiction est irrévocable : l'aîné servira le plus jeune, le juif servira le chrétien, en portant en tous lieux les titres authentiques de leur commune origine. A la fin, cependant, il aura part à la commune délivrance, et se réconciliera avec son frère.

Nous allons voir la figure de ces derniers événements dans ceux qui vont suivre.

Esaü conçut de la haine contre Jacob, à cause de la bénédiction dont l'avait béni son père; et il dit en son cœur : Les jours du deuil de mon père viendront, et alors je tuerai Jacob, mon frère. Ce qui ayant été rapporté à Rebecca, elle fit appeler Jacob et lui dit : Voilà qu'Esaü, ton frère, menace de te tuer. Maintenant donc, mon fils, obéis à ma voix, lève-toi et t'enfuis en Haran, vers Laban, mon frère; et demeure avec lui quelques jours, jusqu'à ce que la colère de ton frère s'apaise, et qu'il ait oublié ce que tu lui as fait; j'enverrai ensuite, et je te ramènerai ici. Pourquoi serais-je privée de mes deux fils en un jour? Elle dit ces dernières paroles, parce que, d'après la loi que Dieu établit après le déluge, tout meurtrier était condamné à mort.

Elle dit ensuite à Isaac : La vie m'est devenue ennuyeuse à cause des filles de Heth; si Jacob prend une femme de cette race, que me sera-ce de vivre (Gen., 27)? Isaac appela donc Jacob, le bénit et lui donna ce commandement : Ne prends pas une femme de la terre de Chanaan, mais lève-toi et va en Padan-Aram, la plaine de Syrie, vers la maison de Bathuel, père de ta mère, et là, prends pour femme une des filles de Laban, ton oncle, et que le Dieu tout-puissant te bénisse et te fasse croître et multiplier, en sorte que tu deviennes une foule de peuples, et qu'il te donne la bénédiction d'Abraham, et à la postérité après toi, afin que tu possèdes la terre de ton pèlerinage qu'il a promise à ton aïeul.

Esaü, voyant que son père avait béni Jacob, qu'il lui avait défendu d'épouser une fille de Chanaan, qu'il l'avait envoyé en Mésopotamie pour prendre une femme dans la famille de sa mère, jugea bien que les filles de Chanaan ne lui plaisaient point : ce que d'ailleurs il savait déjà par expérience.

Pour se mettre mieux dans son esprit, en prenant une femme de sa famille, il alla donc vers Ismaël, et, outre les femmes qu'il avait déjà, il épousa Mahéleth, fille d'Ismaël, fils d'Abraham.

Pour Jacob, parti de Bersabée, il poursuivait son chemin vers Haran. Arrivé en un lieu où il voulait se reposer après le coucher du soleil, il prit des pierres qui étaient là, les mit sous sa tête et dormit en ce même lieu. Et il vit en songe une échelle posée sur la terre et dont le sommet touchait le ciel, et les anges de Dieu qui montaient et descendaient par elle; et Jéhova, appuyé sur l'échelle, lui disant : C'est moi, Jéhova, le Dieu d'Abraham, ton père, et le Dieu d'Isaac. La terre, sur laquelle tu dors, la donnerai à toi et à ta postérité. Et ta postérité sera comme la poussière de la terre, et sera multipliée en occident et en orient, au septentrion et au midi; et toutes les tribus de la terre seront bénies en toi et en ta postérité. Et je te garderai partout où tu iras, et je te ramènerai en cette terre; et je ne te délaisserai point jusqu'à ce que j'aie accompli tout ce que je t'ai dit.

Qui aurait vu Jacob, dormant tout seul, sur une pierre, dans un champ, au milieu de la nuit, l'eût plaint sans doute comme un malheureux abandonné. Mais qu'il était heureux dans cet abandon! il dormait, mais son cœur veillait. Nul homme n'était avec lui; mais quel besoin avait-il des hommes? les anges l'entouraient. Encore, qu'avait-il besoin des anges? Dieu même était présent, l'assurant de sa protection et lui révélant dans l'avenir les plus grandes merveilles. Que signifie en effet cette échelle mystérieuse, allant de lui à Jéhova, et unissant ainsi la terre au ciel? N'est-ce pas l'union de la nature divine et de la nature humaine dans celui qui est tout ensemble et le Fils de Dieu et le fils de Jacob; qui dans sa personne a réconcilié le ciel et la terre, et par qui nos prières montent jusqu'à Dieu, et les grâces de Dieu descendent jusqu'à nous? Le Christ lui-même n'a-t-il pas dit qu'il est la voie par laquelle seule on peut aller à son Père (Joan., 16, 6)? Ne fait-il point allusion à cette vision de Jacob, quand il dit à ses Apôtres : Vous verrez les cieux ouverts, et les anges de Dieu qui monteront et descendront sur le Fils de l'homme (Ibid., 1, 51)? Comprenons maintenant la sainte terreur du patriarche.

Quand il fut éveillé de son sommeil : En vérité, s'écria Jacob, l'Eternel est en ce lieu et je ne le savais pas! Plein d'effroi, il dit encore : Que ce lieu est terrible! ce n'est ici rien moins que la maison de Dieu et la porte du ciel. Puis, se levant dès le matin, il prit la pierre qu'il avait mise sous sa tête, l'érigea comme un monument et y répandit de l'huile. Et il appela Béthel la ville qui avait auparavant le nom de Luza. Il fit en même temps ce vœu : Si Dieu est avec moi, et me préserve en cette voie dans laquelle je marche, et me donne du pain pour me nourrir et des vêtements pour m'habiller, et que je retourne en paix à la maison de mon père, Jéhova sera mon Dieu; et cette pierre que j'ai élevée comme un monument sera appelée la maison de Dieu; et de toutes les choses que vous m'aurez données, Seigneur, je vous en offrirai la dîme (Gen., 28).

Le nom de Béthel, en hébreu, *Baith-el*, donné par Jacob à la pierre qu'il oignit d'huile et qu'il érigea en forme de colonne ou statue antique, si-

LIVRE IV. — ABRAHAM ET LES AUTRES PATRIARCHES.

gnifie littéralement maison de Dieu. Des auteurs grecs et latins de l'antiquité païenne, sans savoir pourquoi, donnent le nom de *Bétyles* ou *Bétules*, à des pierres consacrées avec de l'huile, animées par quelque chose de divin, rendant des oracles, et venues principalement de Phénicie. Il est difficile de ne pas reconnaître là, avec plusieurs savants, une imitation de ce que fit Jacob, et une contrefaçon de sa pierre mystérieuse. Le seul nom de *Bétul* ou *Béthel*, qui n'est ni latin ni grec, mais évidemment hébreu, nous ramène à la véritable origine (1).

Arrivé au pays des fils de l'Orient, c'est-à-dire en Mésopotamie, Jacob vit un puits dans un champ, et auprès trois troupeaux de brebis couchés; car c'est à ce puits que les troupeaux s'abreuvaient, et le puits était fermé avec une grosse pierre. Jacob dit aux pasteurs : Mes frères, d'où êtes-vous? Ils répondirent : de Haran. — Connaissez-vous Laban, fils de Nachor? — Nous le connaissons. — Se porte-t-il bien? — Il se porte bien, et voici Rachel, sa fille, qui vient avec son troupeau. Jacob reprit : Il est encore grand jour, il n'est pas temps de ramener les troupeaux aux étables; abreuvez donc les brebis et les ramenez aux pâturages. Nous ne pouvons, répondirent les pasteurs, jusqu'à ce que tous les troupeaux soient assemblés et que nous ôtions la pierre du puits pour la remettre après, suivant l'usage. Ils parlaient encore, et Rachel s'approchait avec les brebis de son père; car elle paissait elle-même le troupeau. Lorsque Jacob la vit, et qu'il sut que c'était sa cousine, et que les brebis étaient celles de Laban, son oncle, il ôta la pierre qui couvrait le puits. Et, ayant abreuvé le troupeau, il baisa Rachel, et, élevant la voix, il pleura et lui dit qu'il était frère de son père et fils de Rebecca. Elle courut aussitôt l'annoncer à son père, qui, sur cette nouvelle, accourut au devant de lui, l'embrassa, le baisa et le conduisit en sa maison. Et quand il eut appris la cause de son voyage, il lui dit : Tu es de mes os et de ma chair.

Un mois s'étant passé, Laban dit à Jacob : Me serviras-tu gratuitement, parce que tu es mon frère? Dis-moi quelle récompense tu veux avoir. Or, Laban avait deux filles; le nom de l'aînée était Lia, et le nom de la plus jeune était Rachel; mais Lia avait les yeux très-délicats, et Rachel avait une superbe taille et un beau visage; Jacob, qui aimait celle-ci, lui dit : Je vous servirai sept ans pour Rachel, votre plus jeune fille. Laban répondit : Il vaut mieux que je te la donne qu'à un autre homme; demeure avec moi. Jacob donc servit sept ans pour Rachel, et ils lui parurent peu de jours, tant son affection pour elle était grande.

Après cela, Jacob, qui avait alors quatre-vingt-quatre ans, dit à Laban : Donne-moi ma femme, car mon temps est accompli. Et Laban, ayant invité tous les habitants du lieu, fit le festin des noces. Mais, le soir, il fit entrer Lia, sa fille, dans la chambre de Jacob, et lui donna une servante du nom de Zelpha. Jacob donc s'approcha d'elle; mais, le matin venu, il vit que c'était Lia, et dit à son beau-père : Que m'avez-vous fait là? Ne vous ai-je pas servi pour Rachel? Pourquoi m'avez-vous trompé? Laban répondit : Ce n'est point la coutume en notre pays de donner en mariage les plus jeunes avant les aînées. Accomplis les sept jours de cette noce, je te donnerai Rachel pour sept années encore que tu me serviras. Jacob donc y consentit; et, après les sept jours, il prit pour femme Rachel, à laquelle son père avait donné Bala pour servante. Ayant ainsi obtenu le mariage qu'il désirait, il préféra l'amour de la seconde à la première, et servit encore Laban sept années.

Mais l'Eternel, voyant que Lia était haïe, c'est-à-dire beaucoup moins aimée que sa sœur, la rendit féconde, pendant que Rachel demeura stérile. Lia eut donc un fils qu'elle nomma *Ruben* ou fils du *regard*, disant : L'Eternel a regardé mon humilité, et maintenant mon mari m'aimera. Elle en eut un second et dit : Parce que l'Eternel a entendu que j'étais haïe, il m'a donné encore celui-ci. Et elle l'appela *Siméon*, nom qui signifie, *entendre*. Elle dit, à la naissance d'un troisième : Maintenant mon mari sera plus uni à moi, parce que je lui ai enfanté trois fils. C'est pourquoi elle le nomma *Lévi*, c'est-à-dire, *lien*, *union*. En ayant eu un quatrième, elle s'écria : Maintenant je louerai l'Eternel. C'est pourquoi elle lui donna le nom de *Juda* ou *louange*; puis elle cessa d'enfanter (Gen., 29).

Rachel voyant qu'elle était stérile, fut jalouse de Lia, sa sœur, et dit à Jacob : Donne-moi des enfants ou je mourrai. Jacob lui répondit en colère : Suis-je donc à la place de Dieu, qui t'a privée du fruit de ton sein? Elle lui dit alors : Voici ma servante Bala, prends-la pour épouse; que je reçoive sur mes genoux ce qu'elle enfantera, et que j'enfante moi-même par elle. La nouvelle épouse ayant eu un fils, Rachel dit : Dieu a jugé en ma faveur et a exaucé ma voix, me donnant un fils. C'est pourquoi le nomma *Dan*, qui signifie *jugement*. Bala en eut un second, et Rachel dit encore : J'ai lutté contre ma sœur par des luttes de Dieu, et j'ai triomphé. Et elle le nomma *Nephthali*, c'est-à-dire *lutteur*.

Lia, voyant qu'elle avait cessé d'enfanter, prit Zelpha, sa servante, et la donna pour épouse à Jacob; laquelle ayant enfanté un fils, Lia dit : A la bonne fortune, et c'est pourquoi elle le nomma *Gad* ou *fortuné*. Zelpha mit au monde un autre fils, qui fit dire à Lia : « C'est pour mon bonheur; car les femmes me diront bienheureuse. » C'est pourquoi elle le nomma *Aser* ou *bonheur*. Cependant elle demandait de redevenir mère elle-même. Dieu exauça ses prières. Elle enfanta un cinquième fils, disant : « Dieu m'a récompensée, parce que j'ai donné ma servante à mon mari. » Et elle le nomma *Issachar* ou *récompense*. En ayant eu un sixième, elle dit : « Dieu m'a donné une grande dot; et mon mari demeurera maintenant avec moi; car je lui ai engendré six fils. » C'est pourquoi elle le nomma *Zabulon* ou *demeure*. Après quoi, elle eut une fille qui eut nom *Dina*.

Dieu se souvint aussi de Rachel : il l'exauça et fit cesser sa stérilité. Elle mit un fils au monde et dit : « Dieu m'a délivrée de l'opprobre. » Et lui donnant le nom de *Joseph*, qui signifie *accroissement, addition*, elle ajouta : « Que Jéhova me donne encore un autre fils (*Ibid.*, 30) ! »

Voilà comme l'Ecriture nous dépeint Jacob et sa famille. Le patriarche garde la continence jusque près de quatre-vingts ans; ce n'est qu'à cet âge, et sur l'ordre de son père, qu'il pense à chercher une

(1) Sanchoniathon, *apud Euseb. Præp. ev.*, l. 1, c. 10; Damascius, *apud Phot. Biblioth.*, p. 1063; Pline, *Nat. Hist.*, l. 37, c. 9.

femme. Il veut n'en avoir qu'une, comme Dieu n'en avait donné qu'une à Adam, comme Noé et ses fils n'en avaient qu'une chacun. Lamech, descendant de Caïn, avait introduit un usage contraire : en lui, c'était un abus criminel ; mais Dieu n'ayant pas réclamé contre cette innovation, l'ayant tolérée par condescendance et pour la plus rapide multiplication du genre humain, ce devint un usage légitime, jusqu'à ce que le suprême Législateur en ordonnât autrement. Les patriarches le savaient ; mais par eux-mêmes ils inclinaient à l'unité primitive. Abraham n'eut d'abord qu'une femme ; s'il en prit une seconde, ce ne fut point de son propre mouvement, mais sur la demande expresse de la première. Isaac, figure plus parfaite de l'ancienne unité qui devait revenir un jour, n'a jamais eu que Rebecca. Jacob, à l'exemple de son père, ne veut avoir que Rachel ; s'il épouse Lia, ce n'est que par suite de la tromperie de Laban. Que s'il prend encore deux femmes du second rang, ce n'est qu'à la sollicitation des deux premières. La convoitise n'est pour rien dans tout cela : une nombreuse postérité, voilà ce que désirent les épouses du patriarche ; Dieu, leur mari, leurs enfants, voilà ce qui occupe toute leur âme. Ce qu'elles demandent à Dieu dans ce monde, c'est l'affection de leur époux et la naissance d'un fils. Les seuls noms qu'elles donnent à leurs nouveau-nés témoignent à jamais de leur amour pour Dieu, pour leur mari, pour leurs enfants. Que cette famille est admirable ! Qu'elle est différente de la famille païenne que nous montre l'histoire de Rome et de Sparte. Dans ces deux cités fameuses, ce n'est plus le désir de la postérité qui unit l'homme à la femme ; le père, la mère, si peu ils ne l'ont pas tué avant sa naissance, étouffent tranquillement de leurs mains le jeune enfant dont l'éducation gênerait leur ambition ou leur volupté. Béni soit à jamais le Christ, qui est venu racheter les faibles créatures, non-seulement de l'esclavage du démon, mais encore de la barbarie légale de leurs pères et mères ! Béni soit à jamais ce Dieu de miséricorde, qui est venu apprendre à l'homme à n'être pas moins humain envers ses propres enfants que l'animal ne l'est envers ses petits ! Par la grâce du Sauveur, les chrétiens, à l'exemple des patriarches, ou gardent la continence, ou ne deviennent époux que pour donner à Dieu de nouveaux adorateurs.

Pour en revenir à Jacob, il dit à son beau-père, après la naissance de Joseph : Laissez-moi retourner en ma patrie et en ma terre. Donnez-moi mes femmes et mes enfants, pour qui je vous ai servi, afin que je parte ; vous savez le zèle avec lequel je vous ai servi. Que je trouve grâce devant toi, dit Laban : j'ai connu par expérience que l'Éternel m'a béni à cause de toi. Dis-moi donc récompense tu souhaites, et je te la donnerai. A quoi Jacob répondit : Vous savez comment je vous ai servi et combien ont prospéré entre mes mains toutes vos possessions. Vous aviez peu avant que je vinsse près de vous, et maintenant vous êtes devenu riche ; et l'Éternel a béni à mon arrivée. Il est bien juste que je pourvoie aussi à ma maison. Que te donnerai-je ? insista Laban. Je ne veux rien, reprit Jacob ; mais si vous faites ce que je vous propose, je conduirai encore vos troupeaux dans leurs pâturages. Sa proposition fut qu'on mettrait en troupeaux à part toutes les brebis et les chèvres blanches, et que leurs petits tachetés seraient pour Jacob, les blancs et les noirs pour Laban. Ce dernier consentit volontiers. Sa conduite n'était ni juste ni généreuse. Jacob l'avait servi quatorze ans pour la dot de ses deux filles : cette dot devait profiter, non pas au beau-père, mais à ses filles devenues épouses. Toutefois Laban la garde pour lui seul. Dieu, qu'il reconnaissait l'avoir béni à cause de son gendre, voulut réparer cette injustice. Il apparut à Jacob et lui dit ce qu'il devait faire : c'était de placer, au temps que les brebis et les chèvres précoces étaient en chaleur, des baguettes tachetées devant leurs yeux, dans les canaux où elles allaient boire. Par l'impression de cette vue, ou plutôt par la volonté particulière de Dieu, leurs petits naissaient bigarrés. En sorte que ce qu'il y avait de tardif était pour Laban, et pour Jacob ce qu'il y avait de précoce. Ce dernier devint ainsi extrêmement riche et eut une multitude de troupeaux, de serviteurs et de servantes, d'ânes et de chameaux (Genes., 30).

Les fils de Laban le virent avec dépit : Jacob a ravi tout ce qui est à notre père, se disaient-ils ; c'est du bien de notre père que lui vient toute cette grande richesse. Bientôt Jacob s'aperçut au visage de Laban qu'il n'était plus pour lui comme auparavant. L'Éternel lui ayant dit en outre : « Retourne en la terre de tes pères et vers ta famille, et je serai avec toi, » il envoya et fit venir Rachel et Lia dans le champ où il paissait les troupeaux, et il leur dit : Je reconnais au visage de votre père qu'il n'est plus pour moi comme auparavant ; mais le Dieu de mon père a été avec moi. Vous savez que j'ai servi votre père de toute ma puissance ; mais il m'a trompé et dix fois il a changé mon salaire. Cependant Dieu ne lui a pas permis de me faire tort. Il m'a dit en songe, conclut-il : J'ai vu tout ce que t'a fait Laban ; je suis le Dieu de Béthel, où tu as répandu de l'huile sur la pierre et fait un vœu. Maintenant donc, lève-toi, sors de cette terre et retourne au pays de ta naissance.

Rachel et Lia répondirent : Avons-nous donc une part et un héritage dans la maison de notre père ? Ne nous a-t-il pas traitées comme des étrangères, puisqu'il nous a vendues ? et n'a-t-il pas mangé le prix de notre vente ? Tout ce que Dieu a ôté de richesses à notre père est à nous et à nos enfants. Maintenant donc, fais tout ce que Dieu t'a ordonné.

Jacob fit donc monter aussitôt ses femmes et ses enfants sur des chameaux, et, emmenant avec lui tout ce qu'il avait, ses troupeaux et généralement tout ce qu'il avait acquis en Mésopotamie, il s'en alla vers Isaac, son père, au pays de Chanaan. Pour Rachel, elle déroba les idoles, en hébreu, les *théraphims* de son père (Gen., 30).

On ne sait pas précisément ce que c'était que ces théraphims, ni par quel motif Rachel les enleva. Au livre des Juges, il est dit d'un certain Michas, qu'il fit un *éphod* et des *théraphims*, par lesquels il paraît que l'on venait consulter Dieu (Jud., 17, 5, et 18, 6). L'éphod était la robe sacerdotale, les théraphims, au jugement de quelques-uns, pouvaient être une imitation des caractères sacrés attachés au pectoral du grand-prêtre des Juifs. Michol, femme de David, pour tromper les gardes qui venaient le prendre, mit à sa place des théraphims (1. Reg., 19, 13) :

par où l'on entend communément une espèce de statue qui représentait David même. Il est dit de Josias qu'il ôta les pythons, les devins, les théraphims, les idoles et toutes les abominations qui se voyaient au pays de Juda (4. Reg., 23, 24). Nabuchodonosor, arrivé à l'embranchement de deux routes, interrogea les théraphims et consulta les entrailles, pour savoir laquelle il devait prendre (Ezéchiel, 21, 21). Les théraphims ont dit des choses vaines, lisons-nous dans le prophète Zacharie (10, 2). Les enfants d'Israël, dit Osée, demeureront bien des jours sans roi, sans prince, sans sacrifice, sans autel, sans éphod, sans théraphims (3, 4). On voit par ces divers exemples que les théraphims peuvent se prendre en des sens divers : ici pour de faux oracles, là pour quelque chose de bon ou d'indifférent. Quand Michol met un théraphim à la place de David, il est difficile d'entendre que ce fût une idole. Quand le prophète annonce que les enfants d'Israël demeureront bien des temps sans roi, sans sacrifices, sans théraphims, on est tenté d'y voir quelque chose de plus digne d'être regretté que condamné. Mais qu'était-ce au fond ? Les théraphims, joints à l'éphod, dans les Juges et dans Osée, donnent à croire que c'était une imitation du pectoral par où le grand-prêtre consultait Dieu. Les théraphims de Michol font présumer que c'était une représentation humaine. Peut-être que les théraphims de Laban étaient les images de ses ancêtres, des espèces de pierres où étaient gravés leurs noms, dont la superstition aura fait des dieux domestiques, et qu'on aura consultés comme une sorte d'oracle. Laban connaissait le vrai Dieu ; mais à son culte il mêlait des pratiques superstitieuses. Rachel lui déroba ses théraphims, peut-être pour lui ôter un objet d'idolâtrie ; peut-être aussi qu'elle n'y voyait que le portrait ou le mémorial de ses aïeux. Quand on considère comment elle parle de Dieu à la naissance de ses fils, on ne peut guère supposer qu'elle crût en aucune idole.

Laban n'apprit que le troisième jour que Jacob fuyait. Il prit avec lui ses frères, le poursuivit durant sept jours et l'atteignit en la montagne de Galaad, au delà de l'Euphrate et à l'entrée de la terre de Chanaan. Il avait sans doute des projets de vengeance ; mais Dieu lui apparut la nuit en songe et lui dit : Garde-toi de rien dire à Jacob, soit pour le séduire, soit pour l'offenser. Le lendemain Laban dit à son gendre : Pourquoi en as-tu agi ainsi, d'emmener mes filles à mon insu, comme des prisonnières de guerre ? Pourquoi as-tu voulu me fuir à la dérobée et ne pas m'avertir, moi qui t'aurais accompagné avec joie au milieu des chants, des tambours et des cithares ? Tu ne m'as pas laissé embrasser ni mes fils ni mes filles ; tu as mal agi envers moi ; et maintenant ma main pourrait vous rendre le mal, mais le Dieu de votre père m'a dit hier : Garde-toi de rien dire à Jacob qui puisse le séduire ou l'offenser. Eh bien ! soit. Tu désirais aller vers les tiens, la maison de ton père était pour toi un sujet de regret ; mais pourquoi me dérober mes dieux ! Si je suis parti à ton insu, répondit Jacob, c'est de peur que tu ne m'enlevasses violemment tes filles ; mais quant au larcin dont tu m'accuses, celui chez qui tu trouveras tes dieux, qu'il cesse de vivre ! recherche, en présence de nos frères, ce qu'il y a du tien auprès de moi et emporte-le. En parlant ainsi, il ignorait que Rachel avait enlevé les théraphims.

Laban étant donc entré dans la tente de Jacob et de Lia, et des deux servantes, ne trouva rien. Quand il vint à la tente de Rachel, elle se hâta de cacher les théraphims sous la litière des chameaux, et s'assit dessus. Laban cherchant dans toute la tente et ne trouvant rien, elle lui dit : Que mon seigneur ne se fâche pas, si je ne puis me lever en sa présence ; car ce qui arrive ordinairement aux femmes, m'est advenu. Et ainsi fut déçue la recherche de Laban.

Jacob, indigné, lui dit avec amertume : Pour quelle faute, pour quel crime m'as-tu poursuivi avec tant de chaleur ? Tu as bouleversé tout ce que je possède ; qu'as-tu trouvé qui appartint à la maison ? Discutons ici devant mes frères et tes frères, et qu'ils jugent entre toi et moi. Ai-je été pour cela avec toi vingt ans ? Tes brebis et tes chèvres n'ont point été stériles ; je n'ai point mangé les moutons de ton troupeau. Je ne t'ai point montré ce qui avait été déchiré par les bêtes sauvages ; moi-même en portais tout le dommage, et tu exigeais de moi tout ce qui m'était ravi par des larcins. Le jour, la nuit, j'étais exposé à la chaleur et au froid, et le sommeil fuyait de mes yeux. Et durant vingt ans, je t'ai servi ainsi en ta maison, quatorze ans pour tes filles et six pour tes troupeaux ? et dix fois tu as changé mon salaire. Si le Dieu de mon père, le Dieu d'Abraham et la crainte d'Isaac ne m'avaient protégé, peut-être m'aurais-tu maintenant renvoyé nu ; mais Dieu a regardé mon affliction et le travail de mes mains, et hier il t'a adressé des reproches. Laban répondit : Ces filles sont mes filles, ces fils sont mes fils, ces troupeaux sont mes troupeaux ; tout ce que tu vois est à moi. Mais quel mal puis-je faire à leurs enfants ? Viens donc, et formons une alliance qui soit un témoignage entre toi et moi. Ils prirent alors des pierres, en formèrent une élévation et mangèrent dessus. Cette élévation, dit Laban, sera aujourd'hui un témoignage entre toi et moi. Que l'Éternel voie et juge entre nous, quand nous nous serons séparés l'un de l'autre. Si tu affliges mes filles et que tu prennes de nouvelles épouses, nul homme ne sera juge entre nous ; mais Dieu, qui le verra, sera témoin entre toi et moi. Voilà donc cette élévation et cette pierre : qu'elles soient en témoignage, soit que moi je les franchisse, venant contre toi, soit que toi tu les dépasses, méditant le mal contre moi. Que le Dieu d'Abraham et le Dieu de Nachor, le Dieu de leur père, soit juge entre nous. Jacob donc jura par la crainte d'Isaac, son père, c'est-à-dire, comme on l'interprète communément, par le Dieu que craignait Isaac. Et ayant immolé des victimes sur la montagne, il appela ses frères, qui mangèrent et passèrent la nuit en cet endroit. Dès le point du jour, Laban embrassa ses fils et ses filles, les bénit et s'en retourna en son lieu (Gen., 31).

L'élévation de pierres sur laquelle le beau-père et le gendre firent alliance, fut appelée par le premier, *Yegar Saadouta*, et par le second, *Galaad* : l'un de ces noms signifient en syrien, *monceau du témoignage*, et l'autre, en hébreu, *monceau du témoin*. Le nom de Galaad se donna par suite à toute la montagne. Suivant le samaritain, les Septante, la Vulgate, Laban parle du Dieu d'Abraham et du Dieu de Nachor comme d'un seul Dieu, qu'il nomme, dans un endroit, *Jéhova* ou *l'Eternel*. Suivant l'hébreu, il paraîtrait distinguer le Dieu de Nachor de celui d'Abraham. On peut conjecturer que ses idées sur ce point n'étant pas bien nettes, ses paroles ne le furent pas non plus.

De son côté, Jacob continuait également sa route, lorsque des anges de Dieu vinrent à sa rencontre. Les ayant vus, il dit : C'est ici le camp de Dieu. Et il appela ce lieu du nom de *Mahanaïm*, c'est-à-dire camp. Une ville y fut bâtie dans la suite, qui conserva le nom de Mahanaïm.

De là Jacob envoya des messagers à son frère Esaü, en la montagne de Séir, avec ces ordres : Vous parlerez ainsi à mon seigneur Esaü : Voici ce que dit votre serviteur Jacob : J'ai demeuré comme étranger chez Laban, et j'y ai été jusqu'à ce jour. J'ai des bœufs, des ânes et des brebis, et des serviteurs et des servantes ; et j'envoie maintenant à mon seigneur, afin de trouver grâce en sa présence. Les messagers lui vinrent dire bientôt qu'ils avaient trouvé son frère et qu'il s'avançait lui-même avec quatre cents hommes. Jacob, saisi de frayeur, divisa le peuple qui était avec lui, ainsi que les troupeaux, les brebis, les bœufs et les chameaux, en deux camps ; il pensait que si Esaü venait à frapper l'un, l'autre du moins serait sauvé. Il fit en même temps cette prière : Dieu de mon père Abraham, Dieu de mon père Isaac, ô Jéhova, qui m'avez dit : Retourne en ta terre et au lieu de ta naissance, et je te comblerai de bienfaits, je suis au-dessous de toutes vos miséricordes et des promesses que vous avez si fidèlement accomplies à votre serviteur. J'ai passé ce Jourdain un bâton à la main, et maintenant je reviens en deux camps. Délivrez-moi de mon frère Esaü ; car je crains fort que peut-être il ne vienne frapper la mère et les enfants. Vous avez dit que vous me combleriez de biens et que vous multiplieriez ma postérité comme les sables de la mer, qu'on ne peut nombrer à cause de leur multitude.

Jacob, après avoir ainsi prié Dieu, mit à part, de ce qu'il avait amené, des présents pour Esaü, son frère, deux cents chèvres, vingt boucs, deux cents brebis, vingt béliers, trente chameaux allaitant leurs petits, quarante vaches, vingt taureaux, vingt ânesses et dix ânes. Il les envoya par ses serviteurs, chacun avec son troupeau à part : Passez devant moi, leur dit-il, et qu'il y ait de la distance entre un troupeau et l'autre. Puis, s'adressant à chacun : Si Esaü, mon frère, te demande : A qui es-tu ? et où vas-tu ? à qui sont ces choses que tu conduis devant toi ? tu répondras : A votre serviteur Jacob, lequel envoie ces présents à mon seigneur Esaü ; et lui-même vient après nous. Car il se disait : Je le calmerai par les présents qui me précéderont, et après je le verrai ; et peut-être sera-t-il apaisé.

Ensuite, s'étant levé dans la nuit, il prit ses deux femmes et ses deux servantes, avec ses onze fils, et leur fit passer le gué de Jaboc. Quand tout ce qu'il possédait fut sur l'autre rive, il demeura seul ; et voilà qu'un homme lutta avec lui jusqu'au matin. Cet homme, voyant qu'il ne pouvait le vaincre, lui toucha le nerf de la cuisse, qui s'engourdit aussitôt. Et il lui dit : Laisse-moi, car voici l'aube du jour. Je ne te laisserai point, répondit Jacob, si tu ne me bénis. Quel est ton nom, demanda le mystérieux personnage ? Jacob, fut la réponse. Ton nom ne sera plus Jacob, reprit-il, mais Israël, ou *Fort contre Dieu* ; car si tu as été fort contre Dieu, combien plus seras-tu fort contre les hommes ! Jacob lui demanda son nom à son tour ; mais il ne voulut pas le dire, et le bénit au même lieu. Le patriarche appela ce lieu *Phanuel* ou *face de Dieu*, disant : J'ai vu Dieu face à face, et mon âme a été sauvée (Gen., 32). C'est que, suivant l'opinion commune des anciens, l'on ne pouvait voir Dieu sans en mourir. Ce qui en un sens est très-vrai, comme Dieu lui-même le dit à Moïse : *Nul homme ne me verra et vivra* (Exod., 33, 20). C'est-à-dire nul homme ne peut me voir dans mon essence et conserver sa vie mortelle. Aussitôt que Jacob eut passé Phanuel, le soleil se leva pour lui ; mais il se trouva boiteux d'une jambe. C'est pourquoi les enfants d'Israël ne mangent point, aujourd'hui même, le nerf qui fut engourdi dans la cuisse de leur père.

Un descendant de Jacob, selon la chair, qui a eu le bonheur de le devenir également selon l'esprit, a observé que l'homme inconnu lequel Jacob soutint cette lutte mystérieuse est appelé *Dieu*, *ange et Jéhova*, dans cet endroit d'Osée : Jacob, leur père, fut puissant dans sa lutte avec Dieu, il fut puissant dans sa lutte avec l'ange, et il prévalut ; il implora avec larmes sa bénédiction. Il le retrouva dans Béthel, et là il nous parla. Jéhova, dieu des armées, Jéhova devint son mémorial, l'objet perpétuel de son souvenir (Osée, 12, 4-6). Ceci explique, ajoute-t-il, pourquoi Jacob a demandé avec une si grande instance la bénédiction de l'homme qui l'avait attaqué et lui avait démis une jambe. Dieu a révélé à Moïse, dit Aben-Ezra en commentant ce dernier verset, le nom de l'ange qui a parlé à notre père. Il est le Dieu des anges pour être notre Dieu : c'est pourquoi le signe de son souvenir est Jéhova. Cet ange, continue le vrai israélite, cet ange, le Dieu des anges, et dont le signe de souvenir est Jéhova, lutte contre Israël et se laisse vaincre. Il ne répand la plénitude de ses bénédictions qu'après sa défaite volontaire. Il blesse Israël et le rend boiteux pour signifier notre dispersion. Mais il rend la santé à son antagoniste lorsque, élevé en haut, ce soleil de justice verse sur la terre les flots de ses rayons divins. Voilà, conclut-il en s'adressant aux Juifs, voilà l'abrégé de l'Évangile. Répondez à la grâce qui vous sollicite, et vous verrez bientôt l'accomplissement de cette dernière figure. Israël boiteux sera guéri, et nous serons tous rassemblés sous les ailes de Notre-Seigneur Jésus-Christ (Deuxième lettre de M. Drach, p. 162).

Jacob était à peine sorti de cette lutte divine, qu'il aperçut venir Esaü, et avec lui quatre cents hommes. Aussitôt il sépara les enfants de Lia et de Rachel, et ceux des deux servantes. Il mit les servantes et leurs enfants en avant, Lia et ses enfants après, Rachel et Joseph derrière. Lui-même, allant devant eux, se prosterna en terre par sept fois, jusqu'à ce qu'il fût proche de son frère. Mais Esaü courut au-devant de lui, l'embrassa, se jeta à son cou, le baisa, et tous deux le pleurèrent. Puis, levant les yeux, Esaü vit des femmes et leurs enfants, et dit : « Qui sont ceux-là ? sont-ils à toi ? » Et il répondit : « Ce sont les enfants que Dieu a donnés à ton serviteur. » Et les servantes et les enfants s'approchant, s'inclinèrent ; puis Lia aussi s'approcha avec ses enfants, et, quand de même ils l'eurent adoré, Joseph et Rachel l'adorèrent les derniers. Esaü dit encore : « Quelles sont ces bandes que j'ai rencontrées ? » Jacob répondit : « C'est pour trouver grâce devant mon seigneur. » J'ai assez, mon frère, reprit Esaü ; qu'à toi reste ce qui est à toi. Jacob insista : Non, je te prie ; mais, si maintenant j'ai trouvé grâce devant toi, accepte mes présents de ma main, car j'ai vu ta face comme si j'eusse vu la face de Dieu ; sois-moi propice et reçois la bénédiction que je t'ai apportée, car Dieu m'a gratifié dans sa miséricorde, et j'ai assez de tout. Esaü, les recevant à cause des instances de son frère, dit : Allons ensemble, et je te conduirai en ton chemin. Mon seigneur, répondit Jacob, tu sais que j'ai des enfants bien faibles encore, des brebis et des vaches pleines ; si je les hâte trop, tout mon troupeau mourra en un jour. Que mon seigneur passe devant son serviteur, et je le suivrai peu à peu, selon que je verrai que mes enfants le pourront, jusqu'à ce que je parvienne vers mon seigneur en Séir. De grâce, reprit Esaü, que du moins quelques-uns du peuple qui est avec moi t'accompagnent. Il n'est pas nécessaire, dit Jacob ; je n'ai besoin que d'une seule chose, c'est que je trouve grâce devant mon seigneur. Esaü donc s'en retourna le même jour en Séir.

Quant à Jacob, arrivé à quelque distance de Phanuel, il bâtit une maison pour lui, et dressa des tentes pour ses troupeaux. De là, on appela ce lieu *Socoth* ou *tentes*. Il parvint enfin heureusement à la ville de Sichem, devant laquelle il établit sa demeure. A cet effet, il acheta pour cent keschitas ou agneaux, pièce de monnaie dont on ignore la valeur, la portion du champ où il avait ses tentes (Gen., 33).

Pendant qu'il demeurait là, un grand chagrin vint l'affliger : Dina, sa fille, étant allée voir les femmes du pays, Sichem, fils d'Hémor, prince de cette terre, la vit, l'aima, l'enleva et lui fit violence. Son cœur s'étant attaché à elle, il pria son père Hémor de la lui obtenir pour femme. Les fils de Jacob revenaient des champs, lorsque Hémor et Sichem se présentèrent pour faire la demande, s'offrant l'un et l'autre à tout ce que l'on voudrait. Les enfants de Jacob, vivement irrités de l'outrage fait à leur sœur, et qui en méditaient une terrible vengeance, répondirent qu'ils ne pourraient s'allier qu'à des hommes circoncis. Hémor et Sichem promirent aussitôt, non-seulement de prendre eux-mêmes la circoncision, mais encore de la faire adopter à tout leur peuple. Ils tinrent parole, et tous les mâles furent circoncis sans délai. Mais le troisième jour, quand la douleur des plaies était le plus grande, deux fils de Jacob, Siméon et Lévi, frères de Dina, prirent chacun leur glaive, et, accompagnés sans doute de serviteurs en armes, ils entrèrent dans la ville, tuèrent tous les mâles, entre autres, Hémor et Sichem, et enlevèrent Dina, leur sœur, de la maison de ce dernier. Après qu'ils furent sortis, les autres enfants de Jacob, toujours pour venger l'outrage de leur sœur, se jetèrent sur les morts, pillèrent la ville, s'emparèrent de tout ce qu'il y avait de troupeaux et autres dépouilles, et emmenèrent captifs les enfants et les femmes. Après cette exécution si violente, Jacob dit à Siméon et à Lévi : « Vous m'avez rempli de douleur et rendu odieux aux Chananéens et aux Phérézéens, habitants de cette terre. Nous sommes en petit nombre ; ils s'assembleront et me frapperont, et je serai détruit, moi et toute ma maison. » Ils répondirent : « Quoi donc ! devait-on traiter notre sœur comme une prostituée (Gen., 34) ? » Nous verrons plus tard comment, au lit de la mort, le patriarche les punit de cette cruelle vengeance, en les privant tous deux de sa bénédiction.

Pendant que Jacob était ainsi dans la douleur et la crainte, Dieu lui dit : « Lève-toi et monte à Béthel, et demeure là, et élève un autel au Dieu qui t'apparut quand tu fuyais Esaü, ton frère. » Aussitôt il dit à sa maison et à tout ce qu'il y avait de monde avec lui : Rejetez les dieux étrangers qui sont parmi vous, purifiez-vous et changez vos vêtements. Levons-nous et montons à Béthel, afin que nous élevions là un autel au Dieu qui m'a exaucé au jour de ma tribulation, et qui a été le compagnon de ma route. Tous lui donnèrent donc les dieux des étrangers qu'ils avaient, et les pendants qui étaient à leurs oreilles, c'est-à-dire aux oreilles des idoles ; ou bien, si c'est des gens qu'il faut l'entendre, il y aura eu dans ces ornements quelque chose de superstitieux ; car, à les considérer en eux-mêmes, ils n'avaient rien de mauvais, puisque nous voyons Eliézer en faire présent à Rebecca. Quant à ces dieux étrangers qui se trouvaient dans la suite de Jacob, il est bon de se rappeler que cette suite se composait alors, non-seulement de sa famille proprement dite, mais d'une multitude de serviteurs et de servantes originaires de Mésopotamie, et enfin de toutes les femmes et de tous les enfants de la ville de Sichem. Il n'est pas étonnant que, dans une peuplade aussi nombreuse, il se trouvât des objets de superstition. Jacob les prit tous et les enfouit sous un arbre. Il partit ensuite avec tout son peuple, et Dieu envoya une grande terreur sur les villes qui étaient autour d'eux, en sorte que nul n'osa les poursuivre. Arrivé à Béthel, nommé jusqu'alors Luza, il y éleva un autel, et nomma le lieu *El Béthel*, c'est-à-dire *Dieu de la maison de Dieu* : car Dieu lui apparut là quand il fuyait son frère (Gen., 35).

En ce temps mourut Débora, la nourrice de Rebecca, et elle fut ensevelie au pied de Béthel, sous un chêne : on appela ce lieu *le chêne des pleurs*. Les Hébreux disent, dans leurs commentaires, que Débora avait été envoyée à Haran, par Rebecca, pour rappeler Jacob à la maison paternelle.

Dieu, apparaissant de nouveau à Jacob depuis son retour de Phadan-Aram, le bénit et lui dit : « Ton nom ne sera plus Jacob, mais Israël ; c'est moi le Dieu tout-puissant : crois et multiplie ; tu deviendras une nation et une assemblée ou église de nations ; des rois sortiront de toi, et la terre que j'ai donnée à Abraham et à Isaac, je te la donnerai à toi et à ta postérité après toi. » Jacob éleva un monument ou colonne au lieu où Dieu lui avait parlé, y fit des libations, y répandit de l'huile et l'appela encore *Béthel* ou *maison de Dieu*.

Parti de là, il s'avançait sur la route d'Ephrata, lorsque Rachel sentit les douleurs de l'enfantement. Ses couches étant fort pénibles, la sage-femme lui dit : « Ne craignez point, car vous aurez encore un fils. » Mais c'était au moment que son âme s'en allait, car elle mourut. Elle le nomma donc *Benoni* ou *fils de ma douleur* ; mais son père l'appela *Benjamin*, qui peut signifier et fils de la droite, et fils des jours au delà de la vieillesse. Rachel mourut donc, et fut ensevelie sur le chemin d'Ephrata, depuis appelé *Bethléem*, et où naquit plus tard le Sauveur du monde. Jacob dressa sur son sépulcre un monument que l'on voyait encore du temps de Moïse.

Arrivé plus loin, et pendant qu'il habitait au delà d'une tour qu'on appelait *la Tour-du-Troupeau*, il eut un autre chagrin. L'aîné de ses fils, Ruben, commit un inceste avec Bala, une de ses belles-mères. Jacob ne dit rien sur le moment; mais, au lit de la mort, il lui reprochera son crime, le privera de son droit d'aînesse et le transportera au quatrième de ses fils, le second et le troisième, Siméon et Lévi, s'en étant rendus indignes par leur conduite envers les habitants de Sichem.

Enfin il arriva auprès de son père Isaac, dans la plaine de Mambré, vers Hébron, où Abraham lui-même habita comme étranger. Isaac vécut en tout cent quatre-vingts ans; il mourut consumé par l'âge, et fut réuni à son peuple; Esaü et Jacob, ses fils, l'ensevelirent (Gen., 35).

Depuis leur réconciliation, les deux frères paraissent avoir vécu en très-bonne intelligence. L'on ne sait si Jacob alla trouver son frère en Séir : on serait plutôt tenté de croire qu'Esaü revint habiter avec lui dans le pays de Chanaan. Il est dit, en effet, après qu'ils eurent enseveli leur père et partagé son héritage, qu'Esaü prit ses femmes, ses fils, ses filles et tous ceux de sa maison, avec ses richesses, son bétail et tout ce qu'il pouvait avoir en la terre de Chanaan, s'en alla dans un autre pays et s'éloigna de son frère; car ils étaient si riches qu'ils ne pouvaient habiter ensemble, à cause de leurs nombreux troupeaux. Esaü, surnommé *Edom*, habita donc de nouveau dans la montagne de Séir. Le nom de Séir était celui d'un des princes des anciens habitants, appelés *Horiens*. Esaü contracta avec eux des alliances, mais ses descendants se rendirent dans la suite les seuls maîtres. Alors le surnom d'Esaü, *Edom*, devint le nom principal de tout le pays; il fut même donné à la mer la plus proche, qui s'appelant d'abord en hébreu la *mer de Souph* ou *de Jonc*, fut nommée ensuite *mer d'Edom, mer Iduméenne*, en grec *mer Erythrée*, en latin *mer Rouge*. Strabon, Pline, Pomponius-Méla et d'autres anciens auteurs rapportent que cette mer ne fut point ainsi appelée de quelque rougeur qu'on y remarqua, mais d'un grand roi nommé Erythrus, dont les états étaient situés le long de ses bords (1). Or, Erythrus signifie en grec ce qu'Edom signifie dans les langues phénicienne et hébraïque, savoir, *rouge*; ce qui marque évidemment que ce roi Erythrus n'était autre qu'Esaü ou Edom, qui ayant établi sa postérité dans cette contrée-là, elle en fut appelée le pays d'Edom; ou, avec la terminaison grecque, l'Idumée, et la mer qui la baignait, mer d'Edom, ou, par la méprise des Grecs, mer d'Erythrée ou mer Rouge, nom qu'elle porte encore. Sur cette mer étaient deux ports célèbres, Elath et Asiongaber, par où se faisait le commerce de la Phénicie et de l'Arabie avec l'Inde. C'était aux Indiens une voie facile pour connaître, non-seulement les parfums de l'Arabie, mais une chose encore plus précieuse, la sagesse des Iduméens. Car les descendants d'Esaü se distinguèrent entre tous les Orientaux, non-seulement par leur valeur guerrière, mais encore par une grande renommée de sagesse et de prudence; renommée dont ils n'étaient pas indignes, comme nous le verrons par l'un d'entre eux, le patriarche Job. En faisant la généalogie d'Esaü, des onze princes et des rois qui en sortiront, Moïse dit entre autres : Voici les rois qui ont régné en la terre d'Edom, avant qu'aucun roi régnât sur les enfants d'Israël (Gen., 36, 31). C'est que Dieu, ainsi que nous l'avons vu, avait promis à Jacob que des rois sortiraient de lui. Or, du temps de Moïse, cette promesse n'était point encore accomplie; tandis que les Iduméens avaient déjà leur huitième roi.

Onze ans déjà avant la mort de son père Isaac, lorsque le cœur de Jacob saignait encore de la perte de sa chère épouse, il fut éprouvé par une affliction qui le plongea dans un deuil de vingt ans. Son fils Joseph, le premier-né de sa Rachel, était la consolation de sa vie, que ses fils plus âgés lui avaient rendue amère déjà plus d'une fois. A l'âge de dix-sept ans, Joseph paissait les troupeaux avec quelques-uns de ses frères : il leur vit commettre une chose détestable; au lieu de les imiter, il en avertit son père. Celui-ci l'aimait plus que ses autres fils, et à cause de sa vertu, et parce qu'il l'avait engendré dans sa vieillesse. Il lui donna entre autres une tunique de diverses couleurs.

Ses frères, voyant que leur père l'aimait plus que tous les autres, le haïssaient et ne pouvaient lui dire une parole d'amitié. Un incident vint encore augmenter leur haine : ce fut un songe qu'il eut. De grâce, leur dit-il, écoutez le songe que j'ai vu. C'était comme si nous étions à lier des gerbes dans le champ : il me semblait que ma gerbe se levait et se tenait debout, et les vôtres, se rangeant à l'entour, adoraient la mienne. Sur quoi ses frères lui répondirent : Est-ce donc que tu seras notre roi ? ou serons-nous soumis à ta domination? Et ils le haïssaient encore plus à cause de son songe et de ses discours. Il en eut un autre qu'il leur raconta également : J'ai vu encore un songe, et voilà que le soleil, la lune et onze étoiles m'adoraient. Son père, à qui il le raconta, ainsi qu'à ses frères, lui fit une réprimande et lui dit : Que veut dire ce songe que tu as vu ? Est-ce que moi, et ta mère, et tes frères t'adorerons en nous prosternant jusqu'à terre ? Ses frères donc lui portaient envie; mais son père considérait la chose en silence. La mère, dont il est ici parlé, est Lia : Rachel n'était plus vivante.

Quelque temps après, Jacob envoya Joseph, de la vallée d'Hébron, vers Sichem, où ses frères avaient coutume de faire paître les troupeaux. Il errait au milieu de la campagne, lorsqu'il apprit d'un homme qu'ils étaient allés vers Dothaïn, où il les trouva en effet. Hé! voilà le songeur qui vient, se dirent-ils en l'apercevant de loin; venez, tuons-le et jetons-le dans une de ces citernes; nous dirons qu'une bête sauvage l'a dévoré, et nous verrons ce que deviendront ses songes. Mais Ruben, entendant cela, le délivra de leurs mains, disant : Ne lui ôtons pas la vie; ne répandez pas son sang; jetez-le dans cette citerne qui est dans le désert, et ne mettez pas la main sur lui. Il parlait de la sorte pour le tirer de leurs mains et le rendre à son père.

Lors donc que Joseph fut arrivé près de ses frères, ils le dépouillèrent de sa tunique de diverses cou-

---

(1) Strabon, l. 16; Pline, l. 6, 23; P. Mela, l. 3, 8; Q. Curt., l. 8, 9 et l. 9, 1; Arrian. rer. indic.

LIVRE IV. — ABRAHAM ET LES AUTRES PATRIARCHES.

leurs et le jetèrent dans une vieille citerne où il n'y avait pas d'eau ; puis ils s'assirent pour manger. Cependant il vint à passer une caravane de marchands arabes, les uns Ismaélites, les autres Madianites ; ils venaient de Galaad avec leurs chameaux, portant des aromates, du baume et de l'ambre en Egypte. Alors Judas dit à ses frères : « Que nous servira de tuer notre frère et de cacher son sang? Venez, vendons-le aux Ismaélites, et que notre main ne soit pas sur lui ; car il est notre frère et notre chair. » Ils se rendirent à ses discours, tirèrent Joseph de la citerne et le vendirent aux Ismaélites pour vingt pièces d'argent. Lorsque Ruben revint à la citerne et qu'il n'y trouva plus Joseph, il déchira ses vêtements, retourna vers ses frères et dit : « L'enfant n'y est plus, et moi où irai-je ? »

Eux, de leur côté, prirent la tunique de Joseph, la plongèrent dans le sang d'un chevreau qu'ils avaient tué, l'envoyèrent à leur père en lui faisant dire : Nous avons trouvé ceci, voyez si c'est ou non la tunique de votre fils. Il la reconnut et s'écria : C'est la tunique de mon fils ; une bête sauvage l'a dévoré, une bête a dévoré Joseph ! Et, déchirant ses vêtements, il se couvrit d'un cilice et pleura son fils pendant longtemps. Tous ses fils et toutes ses filles se rassemblèrent pour le consoler, mais il ne voulut pas recevoir de consolation. Il dit, au contraire : Je descendrai vers mon fils en pleurant jusqu'au séjour des morts (Gen., 37).

Pendant qu'il était ainsi plongé dans le deuil, ce qui se passait dans la famille de son quatrième fils vint encore ajouter à sa tristesse. Juda avait épousé une femme chananéenne, dont il eut trois fils, Her, Onan et Séla. Quand le premier fut en âge, il lui donna pour femme une fille nommée Thamar. Her était si dépravé que Dieu le frappa de mort. Or, c'était dès lors la coutume parmi les Hébreux, que le frère épousât la veuve de son frère mort sans postérité. Juda fit donc épouser Thamar à Onan, afin qu'il suscitât des enfants à son frère. Mais Onan, voyant que les enfants qui naîtraient de son mariage ne seraient point à lui, empêchait, par une action détestable, qu'elle ne devint mère. L'Eternel le fit également mourir. Juda dit alors à Thamar d'attendre que Séla, son troisième fils, fût en âge de l'épouser. Au fond, il craignait de le lui donner, de peur de le voir mourir comme ses deux frères. Lui-même devint veuf dans l'intervalle. Thamar après avoir longtemps attendu, voyant qu'on ne lui tenait point la promesse, se déguisa et fit en sorte d'avoir un commerce criminel avec son beau-père, qui ne la reconnut point. Juda ayant appris qu'elle était enceinte, voulut la punir du feu, comme ayant manqué de fidélité à son futur époux; mais il sut bientôt qu'il en était lui-même l'auteur, et s'abstint soit de la punir, soit de la toucher jamais. Thamar mit au monde deux fils qui furent appelés Tharès et Zaré (Ibid. 38).

L'on sera fort étonné peut-être de voir des choses si peu édifiantes dans la famille de Jacob et de les voir racontées avec si peu de ménagement dans l'Ecriture. Dieu l'a permis pour notre plus grand bien. L'exactitude avec laquelle Moïse rapporte ce qui est le moins honorable pour ses ancêtres et pour tout son peuple, nous fait bien voir de quel esprit il était animé en écrivant, non pas de l'esprit de l'homme, qui dissimule les torts de ses amis et exagère ceux des ennemis, mais de l'esprit de Dieu, qui ne fait acception de personne. Ces fautes dans lesquelles nous voyons tomber les fils du patriarche nous apprennent encore que c'est peu d'être né de vertueux parents, de vivre dans une sainte famille, de recevoir de salutaires instructions, d'avoir sous les yeux de bons exemples, si le cœur n'est pénétré de la crainte de Dieu ; elles nous apprennent qu'il faut opérer notre salut avec humilité, crainte et tremblement, parce que, comme dit saint Augustin, il n'y a point de péché commis par un homme qui ne puisse être commis par un autre homme, si celui qui a fait l'un et l'autre ne le soutient par sa grâce ; elles deviennent enfin pour nous un puissant motif de confiance en la divine miséricorde. Le Fils de Dieu a voulu compter parmi ses ancêtres cette même Thamar, pour nous apprendre dès lors qu'il viendrait en ce monde, non pour appeler des justes, mais des pécheurs, non pour les condamner, mais pour les sauver et donner sa vie pour la rédemption de tous. La misère de l'homme, la miséricorde de Dieu, voilà ce que nous présentent partout les livres saints.

Pendant que Jacob pleurait Joseph comme mort, Joseph était conduit en Egypte. Un officier de Pharaon, Putiphar, capitaine des gardes, l'acheta des Ismaélites. Il ne fut pas longtemps à s'apercevoir que l'Eternel était avec Joseph et que tout prospérait entre ses mains. Il le prit en affection, l'attacha à sa personne, l'établit sur sa maison et sur tout ce qui était à lui. Depuis ce moment, l'Eternel l'ayant béni de plus en plus, et à la ville et à la campagne, l'Egyptien abandonna entre les mains de Joseph tout ce qu'il avait, de telle sorte qu'il ne connaissait rien autre chose que le pain dont il se nourrissait. Or, Joseph était bien fait de corps et beau de visage. Après donc bien des jours, sa maîtresse jeta les yeux sur lui et le sollicita de commettre le péché avec elle ; mais lui, ne consentant pas à cette action détestable, répondit : « Voilà que mon maître ne se soucie de rien avec moi dans sa maison : tout ce qu'il y a, il l'a mis en ma puissance ; il n'y a personne ici au-dessus de moi ; il n'y a rien que mon maître n'ait remis entre mes mains, excepté vous, en tant que vous êtes son épouse : comment donc puis-je faire ce mal et pécher contre Dieu ? » Chaque jour, cette méchante femme le sollicitait de nouveau ; lui, au contraire, ne voulait pas même se trouver autour d'elle. Un jour, enfin, qu'il s'occupait tout seul de quelque affaire, elle le saisit par le bord de sa robe, le pressant de se rendre à ses mauvais désirs ; mais lui, ayant laissé son manteau dans sa main, s'enfuit et sortit de la maison. Quand cette femme se vit ainsi méprisée, elle entra en fureur, appela ses gens, se plaignit avec emportement de l'insolence du jeune Hébreu, lui attribua la vilaine proposition qu'elle lui avait faite elle-même, et montra le vêtement qu'il avait laissé, dit-elle, lorsqu'elle se mit à crier au secours. En preuve de sa foi, elle montra également à son mari, revenu dans la maison, le manteau qu'elle avait retenu, et lui dit : « L'esclave hébreu que tu nous as amené est venu à moi pour me faire outrage ; mais, m'ayant entendue crier, il a laissé son manteau que je tenais et s'est enfui. » Alors le maître, trop crédule aux paroles de sa femme, entra dans une grande colère, et il envoya Joseph dans la prison où l'on gardait les prisonniers du roi. Mais là encore l'Eternel fut avec Joseph, et, prenant pitié de lui, il lui fit trouver grâce devant le chef de la prison, qui remit en sa main tous les prisonniers qui étaient sous sa garde; et tout ce qui se faisait dépendait de Joseph; il ne s'informait en rien de ce qu'il lui avait confié, car l'Eternel était avec lui et dirigeait toutes ses œuvres (Gen., 39).

Quelque temps après, deux principaux officiers de la cour, le grand-échanson et le grand-panetier, tombèrent dans la disgrâce du roi qu'ils avaient offensé, et furent envoyés dans la même prison où était Joseph, lequel eut ordre d'avoir soin d'eux. Un matin, il les trouva bien tristes, et, sur sa demande pourquoi, ils lui répondirent qu'ils avaient eu chacun un songe et qu'il n'y avait personne pour l'interpréter. L'interprétation ne vient-elle pas de Dieu? reprit Joseph : racontez-moi toujours ce que vous avez vu. Alors commença le grand-échanson : Je voyais devant moi une vigne, laquelle avait trois branches qui croissaient et poussaient des boutons, et, après les fleurs, les grappes mûrissaient; et la coupe de Pharaon était dans ma main : je pris donc les grappes et les pressai dans la coupe que je tenais, et je donnai la coupe à Pharaon. Joseph lui répondit : Voici l'interprétation du songe : Les trois branches sont encore trois jours après lesquels Pharaon se souviendra de votre ministère et vous rétablira dans votre ancien rang; et vous lui donnerez la coupe, selon votre office, comme vous aviez coutume de faire auparavant. Seulement, souvenez-vous de moi lorsque vous serez bien, et faites-moi miséricorde, en suggérant à Pharaon de me tirer de cette prison; car j'ai été enlevé par fraude de la terre des Hébreux, et, innocent, on m'a jeté ici dans la fosse.

Le grand-maître des panetiers, voyant que l'interprétation était bonne, dit à son tour : Et moi aussi j'ai eu un songe, et j'avais trois corbeilles de farine sur ma tête, et dans l'une des corbeilles, qui était la plus élevée, je portais de tout ce qui se fait par l'art du boulanger; et les oiseaux du ciel en mangeaient. Joseph lui répondit : Voici l'interprétation du songe : Les trois corbeilles sont encore trois jours après lesquels Pharaon vous fera trancher la tête et vous suspendra en une croix, et les oiseaux du ciel déchireront votre chair.

Le troisième jour après était le jour de naissance de Pharaon, qui donna un grand festin à ses serviteurs. A cette occasion il se souvint du grand-échanson et du grand-panetier : il rétablit l'un dans sa charge pour lui présenter la coupe, et fit suspendre l'autre à une croix, suivant l'interprétation que Joseph leur avait donnée, mais le grand-échanson ne se souvint pas de Joseph et finit par l'oublier tout à fait (Gen., 40).

Deux ans après, le roi d'Egypte eut dans la même nuit deux songes, qui durent l'occuper d'autant plus au réveil, que tous deux, dans des images précises et diverses, paraissaient indiquer le même sens. Il fit venir aussitôt tous les devins et les sages, mais pas un ne put interpréter les songes.

Alors, le chef des échansons dit au roi : Je me souviens aujourd'hui de ma faute; Pharaon, irrité contre ses serviteurs, les fit mettre en prison, moi et le grand-maître des panetiers. Nous eûmes, la même nuit, l'un et l'autre un songe qui présageait l'avenir. Il y avait là un jeune Hébreu, esclave du capitaine des gardes; nous lui racontâmes, et il nous interpréta nos songes; et comme il nous a interprété, ainsi il nous est arrivé : moi, je fus rétabli en ma charge, et lui suspendu à une croix.

Aussitôt, sur le commandement du roi, Joseph fut tiré de prison; on lui coupa les cheveux, on lui fit changer de vêtements et on le présenta devant Pharaon, qui lui dit : J'ai vu des songes, et il n'y a personne qui les explique. Mais j'ai entendu dire de toi que quand tu entends un songe, tu peux l'interpréter. Joseph répondit : Ceci est loin de moi; mais Dieu répondra pour le bien de Pharaon.

Le roi donc raconta ce qu'il avait vu : Il me semblait que j'étais debout sur le bord du fleuve; et voilà que du fleuve montèrent sept vaches, belles et pleines d'embonpoint, qui paissaient dans la prairie. Mais après elles j'en vis monter sept autres, maigres et difformes à l'excès. Jamais je n'en vis de si misérables dans toute l'Egypte. Et les sept vaches maigres et difformes dévorèrent les sept premières qui étaient grasses. Et après qu'elles les eurent dévorées, on ne s'en aperçut point, elles étaient hideuses comme auparavant : alors je m'éveillai. M'assoupissant de nouveau, je vis un autre songe : Sept épis pleins et d'une merveilleuse beauté sortaient d'une seule tige; ensuite s'élevèrent sept autres épis grêles, maigres et desséchés par un vent d'orient, et les sept épis grêles dévorèrent les sept épis pleins.

Joseph répondit : Le songe de Pharaon n'est qu'un. Dieu annonce à Pharaon ce qu'il fera. Les sept vaches belles sont sept années, et les sept épis pleins sont sept années également : c'est le même songe. Les sept vaches maigres et décharnées qui sont montées après les premières, et les sept épis grêles et frappés d'un vent brûlant sont sept années d'une famine qui vient. Voilà donc ce que je disais à Pharaon : Dieu lui prédit ce qu'il fera. Voilà que viendront dans toute la terre d'Egypte sept années d'une grande fertilité, que suivront sept années d'une stérilité telle que toute l'abondance précédente tombera en oubli, car la faim consumera la terre. Quant à ce que le songe a été représenté à Pharaon jusqu'à deux fois, c'est un signe que la parole de Dieu est certaine et que Dieu l'accomplira promptement. Maintenant donc, que Pharaon choisisse un homme sage et plein d'industrie, et qu'il le prépose sur toute l'Egypte; qu'il fasse encore ceci : Qu'il établisse des intendants dans toutes les provinces et leur ordonne d'amasser en des greniers la cinquième partie des fruits de la terre durant les sept années d'abondance. Ils amasseront, sous la puissance de Pharaon, tout le blé des bonnes années et le garderont dans les villes : ce sera une provision pour la famine des sept ans à venir qui pèsera sur l'Egypte, et le pays ne sera pas entièrement consumé par la faim.

Ce conseil plut à Pharaon et à tous ses serviteurs, et il leur dit : En trouverons-nous jamais un comme celui-ci, un homme en qui soit l'esprit de Dieu? Ensuite, s'adressant à Joseph : Puisque Dieu t'a fait connaître tout cela, il n'y a personne de sage et d'éclairé comme toi : tu seras donc sur ma maison; c'est à la parole de ta bouche que tout mon peuple se gouvernera; je n'aurai au-dessus de toi que le

LIVRE IV. — ABRAHAM ET LES AUTRES PATRIARCHES.

trône : voilà que je t'ai établi sur toute la terre d'Egypte. En même temps il tira l'anneau de sa main, le mit en la main de Joseph, le revêtit d'une robe de fin lin, mit un collier d'or autour de son cou et le fit monter sur le second char du royaume, précédé d'un héraut criant : A genoux ! Voilà comme il fut établi sur toute la terre de Mizraïm. Le roi dit encore : Je suis Pharaon ; mais sans toi, nul ne remuera la main ni le pied dans toute la terre d'Egypte. Enfin, il lui changea son nom, et il l'appela en langue égyptienne *Sauveur du monde*; suivant d'autres, *Confident des secrets*, et lui donna pour femme Aseneth, fille de Putiphar, prêtre d'On, que les Grecs ont appelé *Héliopolis* ou *ville du Soleil* (Gen., 41).

Les Egyptiens étaient divisés en plusieurs castes héréditaires : les prêtres, les guerriers, les pasteurs, les laboureurs, les artisans. Les prêtres formaient le premier corps de l'état ; rien de considérable ne se pouvait faire sans eux. Les plus distingués entouraient sans cesse le roi pour lui parler des choses du royaume et l'aider de leurs conseils ; leur influence était telle qu'un grand écrivain a dit : « Les Egyptiens étaient un peuple de prêtres, non qu'on n'y trouvât point d'autres castes reconnaissables par leur isolement ; mais, chez eux, tout avait le sacerdoce pour principe, partout prédominaient l'esprit et l'influence des prêtres (1). » Voilà pourquoi Pharaon fait épouser à Joseph la fille d'un des plus puissants d'entre eux. Par là se manifeste encore une des voies secrètes de la Providence touchant le salut des hommes. En Egypte, les prêtres étaient les docteurs de la nation. Joseph est mis en relation intime avec eux ; il a ordre de Pharaon d'apprendre la sagesse aux sénateurs de l'Egypte (Ps. 104, 22). Qui peut douter que, pendant les quatre-vingts ans que le patriarche a gouverné ce pays, il ne leur ait appris la sagesse véritable sur Dieu et son culte ? Quand à cela l'on ajoute les enseignements terribles que reçurent les Egyptiens sous Moïse, la facilité qu'ils eurent sous Salomon de remonter à la source de la vérité, facilité plus grande encore sous les Ptolémées par la version grecque des livres saints, peut-on s'empêcher de dire : Non, Dieu n'a jamais refusé à l'Egypte les lumières nécessaires ; si elle tomba dans une honteuse idolâtrie, c'est qu'elle le voulut bien ?

Joseph avait trente ans lorsqu'il parut devant Pharaon. Sorti de sa présence, il parcourut toutes les provinces de l'Egypte. La fertilité des sept ans vint. On déposa dans les villes la surabondance des récoltes de chaque canton. La quantité du blé fut si grande, qu'il égalait le sable de la mer et qu'on ne le mesurait plus.

Avant qu'arrivât la famine, Joseph eut deux fils de sa femme Aseneth. Il nomma l'aîné Manassé, qui signifie *oubli*, disant : Dieu m'a fait oublier toutes mes afflictions et toute la maison de mon père. Il appela le second Ephraïm, qui signifie *fructification*, disant : Dieu m'a fait fructifier en la terre de mon exil.

Enfin, les sept années de fertilité de l'Egypte étant finies, les sept années de stérilité commencèrent, selon que l'avait prédit Joseph. La famine s'é-

(1) Fred. de Schlegel *Hist. de la littérat. ancienne et moderne*, leçon Ire.

tendit sur tous les pays ; mais il y avait du pain en Egypte. Ce n'est pas que les Egyptiens ne se ressentissent de la disette ; mais ayant crié à Pharaon pour avoir de quoi vivre, Pharaon leur dit à tous : Allez à Joseph, et faites ce qu'il vous dira. Joseph ouvrit alors tous les greniers et vendait du blé aux Egyptiens ; on venait également acheter de toutes les provinces (Gen., 41) ; car la famine était grande partout, entre autres dans le pays de Chanaan, où demeurait Jacob.

Ce patriarche ayant appris qu'on vendait du blé en Egypte, y envoya ses fils pour en acheter ; il ne retint que Benjamin, son plus jeune, le seul qui lui restât de Rachel : car, disait-il, il pourrait lui arriver quelque malheur en route. Les autres, arrivés en Egypte, furent conduits devant Joseph, qui les reconnut aussitôt, mais eux ne le reconnurent point. Il se souvint des songes qu'il avait eus sur eux, et leur dit : Vous êtes des espions ; vous êtes venus pour voir les lieux faibles du pays. Sur leur excuse, il insista ; mais ils répondirent : Nous, vos serviteurs, nous sommes douze frères, enfants d'un même homme en la terre de Chanaan ; le plus jeune est avec notre père, et l'autre n'est plus. Voilà ce que je vous disais, reprit Joseph : Vous êtes des espions ; mais je vais vous éprouver. Vive Pharaon ! vous ne sortirez d'ici que quand votre frère plus jeune viendra. Envoyez l'un d'entre vous et qu'il l'amène. En attendant, vous serez en prison. Et il les fit enfermer. Mais le troisième jour il leur dit : Faites ceci, et vous vivrez, car je crains Dieu. Etesvous droits et sincères ? que l'un d'entre vos frères reste enchaîné dans la prison ; vous autres, allez et portez le blé que vous avez acheté en vos maisons, et amenez-moi votre plus jeune frère, afin que vos paroles soient vérifiées et que vous ne mouriez point. Et ils firent ainsi qu'il avait dit.

Cependant ils se disaient l'un à l'autre : Assurément nous nous sommes rendus coupables envers notre frère lorsque nous vîmes l'angoisse de son esprit pendant qu'il nous priait, et nous ne l'avons point écouté ; c'est pour cela que cette tribulation est venue sur nous. Ruben leur répondit : Ne vous disais-je pas : Ne péchez point contre l'enfant ? et vous ne m'avez pas écouté ; maintenant son sang vous est redemandé. Or, ils ignoraient que Joseph les entendit, parce qu'il leur parlait par interprète. Et il se détourna d'eux et pleura. Puis étant revenu et leur parlant, il prit Siméon et le fit enchaîner en leur présence (*Ibid.*, 42).

Joseph traite ses frères avec une apparente rigueur, pour avoir des nouvelles sûres de son père et de son frère Benjamin. Ne voyant point ce dernier avec eux, il avait à craindre qu'ils ne lui eussent fait comme à lui-même. Il voulait encore savoir s'ils se repentaient de leur conduite à son égard. La confession qu'ils en firent émut son cœur et fit couler ses larmes. Siméon est retenu en prison, parce que, suivant une tradition hébraïque, au lieu d'aider Ruben à délivrer Joseph, il était le plus ardent à vouloir sa mort. Ce qui n'est pas improbable, car nous avons vu, par le massacre de Sichem, combien son caractère était porté à la violence. Après cela, Joseph donna ordre d'emplir leurs sacs de blé, de remettre l'argent de chacun d'eux dans son sac, et de leur donner de plus des vivres pour la route.

Pour eux, ils chargèrent le blé sur leurs ânes et s'en allèrent. Mais l'un d'eux, ayant ouvert son sac pour donner à manger à son âne dans une hôtellerie, vit son argent à l'entrée de son sac, et il dit à ses frères : On m'a rendu mon argent ; le voilà dans le sac. Et eux, étonnés et troublés, se disaient l'un à l'autre : Qu'est-ce que ceci que Dieu nous a fait ?

De retour auprès de Jacob, leur père, dans le pays de Chanaan, ils lui racontèrent tout ce qui leur était arrivé, et dirent : L'homme qui est le maître du pays nous a parlé rudement et nous a pris pour des espions. Ils ajoutèrent comment il avait retenu Siméon pour otage et exigé, pour preuve de la vérité de leurs paroles, qu'ils lui amenassent Benjamin. Après quoi, comme ils vidaient leurs sacs, ils y trouvèrent chacun leur argent à l'entrée. Ils en furent dans l'effroi, ainsi que leur père. Celui-ci leur dit : Vous voulez donc que je n'aie plus d'enfants ? Joseph n'est plus, Siméon n'est plus, et vous m'enlevez Benjamin ! C'est sur moi que retombe tout cela ! Ruben répondit à son père et dit : Faites mourir mes deux enfants si je ne vous le ramène ; remettez-le entre mes mains et je vous le rendrai. Et lui : Mon fils n'ira point avec vous, car son frère est mort et lui seul est resté ; si quelque mal lui arrivait dans la terre où vous allez, vous feriez descendre mes cheveux blancs de douleur au séjour des morts (Gen., 42).

Cependant la disette augmentant toujours au pays de Chanaan, Jacob se vit forcé de renvoyer ses fils en Égypte, et, quelque répugnance qu'il y eût d'abord, de laisser partir avec eux Benjamin, sur les représentations de Juda. Mais alors, selon les mœurs de l'Orient, pour témoigner son respect à cet homme puissant en Égypte et pour l'apaiser, il commanda à ses fils de prendre avec eux des plus précieux fruits de la terre, du baume, du miel, des parfums, de la myrrhe, des dattes et des amandes. Il leur commanda aussi, outre l'argent nécessaire, de reporter celui qu'ils avaient trouvé dans leurs sacs, de peur que cela n'eût été fait par mégarde. Et que le Dieu tout-puissant vous fasse trouver miséricorde devant cet homme, afin qu'il renvoie avec vous votre autre frère et ce Benjamin ; pour moi, s'il faut que je demeure privé de mes enfants, j'en demeurerai privé.

Lorsqu'ils furent arrivés en Égypte et présentés devant Joseph, occupé alors des fonctions publiques, et que celui-ci eut aperçu Benjamin, il dit à son intendant de les conduire en sa maison et de préparer les victimes pour un festin, car, dit-il, ces hommes mangeront à midi avec moi. Eux, au contraire, se voyant conduits à la maison de Joseph, furent saisis de crainte et racontèrent à l'intendant comment l'argent s'était retrouvé dans leurs sacs et comment ils avaient eu soin de le rapporter. Mais il leur dit : La paix soit avec vous ! ne craignez point ! votre Dieu et le Dieu de votre père vous a donné des trésors en vos sacs ; car pour moi, votre argent m'est parvenu. Et il leur amena Siméon. Puis, les ayant introduits dans la maison, il apporta de l'eau, ils lavèrent leurs pieds, et il donna à manger à leurs bêtes.

Cependant ils tenaient leurs présents tout prêts, et quand Joseph entra dans la maison, ils les lui offrirent de leurs mains et l'adorèrent en s'inclinant jusqu'à terre. Lui leur demanda des nouvelles de leur santé, et dit : Votre père, ce vieillard dont vous m'avez parlé, se porte-t-il bien ? vit-il encore ? Ils répondirent : Votre serviteur, notre père, se porte bien ; il vit encore. Et, s'inclinant, ils l'adorèrent. Lui, levant les yeux, vit Benjamin, son frère, fils de sa mère, et dit : Est-ce là votre jeune frère, dont vous me parliez ? et il ajouta : Que Dieu te soit miséricordieux, mon fils ! et Joseph se hâta, car ses entrailles étaient émues sur son frère, et il cherchait où pleurer, et il entra dans sa chambre et il y pleura. Puis, s'étant lavé le visage, il sortit, se contint, et dit : Apportez le pain. Et on servit à part Joseph, à part ses frères, et à part les Égyptiens qui mangeaient avec lui. Car les Égyptiens ne peuvent manger avec les Hébreux, et ils regardent cela comme une abomination. Et on les plaça vis à vis de lui, l'aîné selon sa primogéniture, et le plus jeune selon sa jeunesse. Ils s'en étonnaient entre eux. Il prit les parts de devant lui et les envoya à chacun de ses frères ; mais la part de Benjamin était cinq fois plus grande que les autres. Et ils burent et se réjouirent avec lui (Gen., 43).

Lorsque les enfants d'Israël se préparaient à partir pour chez eux, Joseph commanda à son intendant d'emplir leurs sacs de blé autant qu'ils en pourraient tenir, de remettre l'argent de chacun à l'entrée de son sac, et de placer sa coupe d'argent à l'entrée du sac du plus jeune, outre l'argent de son blé. Au point du jour, ils se mirent en route. Mais à peine étaient-ils hors de la ville, que Joseph dit à son intendant : Lève-toi et poursuis ces hommes, et, quand tu les auras atteints, dis-leur : Pourquoi avez-vous rendu le mal pour le bien ? Pourquoi m'avez-vous dérobé ma coupe d'argent ? N'est-ce pas celle dans laquelle boit mon seigneur et dont il se sert pour deviner ? Vous avez fait là une action détestable (Gen., 44).

Quand Joseph suppose qu'il devine par sa coupe, il parle selon l'opinion que le vulgaire avait de lui. Au fond, rien n'était plus vrai dans ce moment. C'est par cette coupe qu'il voulait sonder les dispositions de ses frères à l'égard de Benjamin ; c'est par cette coupe qu'il allait savoir s'ils nourrissaient contre lui des sentiments d'envie et de jalousie, soit à cause de la prédilection de Jacob, soit à cause des préférences dont il avait été l'objet dans le palais de Joseph ; si enfin ils l'abandonneraient ou non dans cette extrémité.

L'intendant exécuta les ordres de son maître. Les fils de Jacob cherchèrent à se justifier. L'argent même que nous avons trouvé à l'entrée de nos sacs, nous l'avons rapporté de la terre de Chanaan ; comment donc déroberions-nous de la maison de votre maître de l'or ou de l'argent ? Celui de vos serviteurs, quel qu'il soit, dans le sac de qui sera trouvé ce que vous cherchez, qu'il meure, et nous serons esclaves de notre seigneur. — Soit, leur dit-il. Celui dans le sac de qui sera trouvée la coupe, sera mon esclave ; pour vous, vous serez innocents. Et aussitôt, posant les sacs à terre, chacun ouvrit le sien. L'intendant les ayant fouillés, en commençant depuis le plus grand et finissant au plus petit, la coupe se trouva dans le sac de Benjamin. Eux alors déchirèrent leurs vêtements, rechargèrent leurs ânes et s'en revinrent à la ville. Juda le premier, avec ses frères, entra dans la maison de Joseph, car il était encore là, et tous ensemble ils tombèrent à terre devant lui.

LIVRE IV. — ABRAHAM ET LES AUTRES PATRIARCHES.

Joseph leur dit : Pourquoi avez-vous agi de la sorte ? Ne savez-vous pas qu'un homme comme moi sait deviner ? Et Juda dit : Que répondrons-nous à notre seigneur ? que dirons-nous ? et quelle excuse lui donnerons-nous ? Dieu a trouvé l'iniquité de vos serviteurs ; voilà que nous sommes tous esclaves de mon seigneur, et nous, et celui dans le sac de qui a été trouvée la coupe. Mais Joseph répondit : Loin de moi d'agir ainsi ! L'homme chez qui a été trouvée la coupe sera mon esclave ; pour vous, retournez en paix vers votre père.

Alors Juda s'approcha de lui et dit : De grâce, mon seigneur ! que votre serviteur dise un mot à votre oreille, et que votre colère ne s'enflamme pas contre votre serviteur ; car vous êtes comme Pharaon. Mon seigneur a demandé à ses serviteurs : Avez-vous encore un père ou un frère ? Nous répondîmes à mon seigneur : Nous avons notre père qui est vieux, et un jeune homme qui lui est né dans sa vieillesse : son frère est mort, et il ne reste que lui de sa mère, et son père l'aime tendrement. Et vous avez dit à vos serviteurs : Amenez-le, afin que mes yeux se reposent sur lui. Nous dîmes à mon seigneur : Le jeune homme ne peut quitter son père ; car s'il le quitte, il mourra. Mais vous répondîtes à vos serviteurs : Si votre frère le plus jeune ne vient avec vous, vous ne verrez plus ma face. Lors donc que nous fûmes montés vers votre serviteur, notre père, nous lui rapportâmes toutes les paroles de mon seigneur. Et notre père dit : Retournez, et achetez-nous un peu de blé. Mais nous lui dîmes : Nous ne pouvons aller : si notre plus jeune frère descend avec nous, nous partirons ensemble ; autrement, lui absent, nous ne pourrions voir la face de cet homme. Alors votre serviteur, notre père, nous dit : Vous savez que ma femme m'a enfanté deux fils. L'un est sorti, et vous avez dit : Une bête l'a dévoré, et jusqu'à présent je ne l'ai point revu. Si donc vous emmenez encore celui-ci et que quelque chose lui arrive en chemin, vous ferez descendre mes cheveux blancs avec douleur au séjour des morts. Maintenant donc si je me présente à votre serviteur, notre père, et que le jeune homme n'y soit point, comme son âme est attachée à son âme, il arrivera que, ne le voyant point avec nous, il mourra, et vos serviteurs feront descendre les cheveux blancs de votre serviteur, notre père, avec douleur au séjour des morts. Car moi, votre serviteur, je me suis rendu caution pour le jeune homme envers mon père, disant : Si je ne le ramène, je serai coupable envers mon père à jamais. Maintenant donc, de grâce, que votre serviteur demeure ici à la place du jeune homme comme esclave de mon seigneur, et que le jeune homme retourne avec ses frères. Car comment retournerai-je à mon père, si le jeune homme n'est point avec nous ? Je ne pourrais voir l'affliction qui accablera mon père (Gen., 44).

Joseph ne pouvait plus se contenir devant la foule des assistants. Il s'écria donc : Faites sortir tout le monde d'auprès de moi ! Et il n'y resta pas un homme avec lui, lorsqu'il se fit connaître à ses frères Et il laissa éclater sa voix en pleurs, en sorte que les Egyptiens l'entendirent, ainsi que toute la maison de Pharaon. Et il dit à ses frères : Je suis Joseph ! Mon père vit-il encore ? Ses frères ne pouvaient lui répondre, tant ils étaient effrayés à son aspect. Mais lui, leur parlant avec douceur : Approchez-vous de moi, dit-il ; et quand ils se furent approchés : Je suis Joseph, votre frère, que vous avez vendu pour l'Egypte. Or, ne vous affligez point, et que ce ne soit point à vos yeux un sujet d'indignation de m'avoir vendu pour ce pays ; car c'est pour vous conserver la vie que Dieu m'a envoyé devant vous. Il y a deux ans que la famine a commencé sur la terre, et pendant cinq ans encore on ne pourra ni labourer ni moissonner. Mais Dieu m'a envoyé devant vous pour vous procurer une demeure dans le pays et vous sauver par une grande délivrance. Et maintenant, ce n'est pas vous qui m'avez envoyé ici, mais Dieu qui m'a établi le père de Pharaon, le maître de toute sa maison et prince dans toute la terre d'Egypte. Hâtez-vous donc, et montez vers mon père, et dites-lui : Voici ce que vous mande votre fils Joseph : Dieu m'a établi seigneur sur toute l'Egypte ; descendez donc vers moi, ne tardez point. Vous habiterez en la terre de Gessen, et vous serez près de moi, vous et vos enfants, et les enfants de vos enfants, et vos brebis, et vos bœufs, et tout ce que vous possédez. Et je vous nourrirai là (car il y a encore cinq ans de famine), afin que vous ne périssiez pas, vous et votre maison, et tout ce qui est à vous. Et vos yeux et les yeux de mon frère Benjamin voient que ma bouche vous parle. Annoncez donc à mon père toute ma gloire en Egypte et tout ce que vous avez vu : hâtez-vous et amenez mon père vers moi.

Puis il se jeta sur le cou de Benjamin et pleura, et Benjamin pleura sur son cou. Et il embrassa tous ses frères et pleura sur eux. Après cela ils osèrent lui parler.

Pharaon ayant appris que les frères de Joseph étaient venus, s'en réjouit avec ses serviteurs, et fit mander à Joseph qu'il invitât son père à venir en Egypte avec tous les siens ; qu'il leur y donnerait des biens, qu'ils auraient à manger la moelle de la terre, qu'il ne fallait pas se mettre en peine de leurs meubles, que tous les biens du pays seraient à eux ; qu'enfin ses frères devaient prendre des chars de la terre d'Egypte pour amener le père, les petits enfants et les femmes.

Les enfants d'Israël firent ainsi ; et Joseph leur donna des chars, selon le commandement de Pharaon, et des vivres pour la route ; et il donna à chacun d'eux deux robes ; mais, à Benjamin, cinq des plus belles et trois cents pièces d'argent. Il en envoya autant à son père, avec dix ânes chargés de tout ce qu'il y avait de plus précieux en Egypte, et autant d'ânesses lui portant du blé, du pain et des vivres pour le voyage. Il reconduisit ensuite ses frères et leur dit, au moment qu'ils partaient : Ne vous troublez point pendant le chemin (Gen., 45).

Rien de beau dans toutes les histoires comme l'histoire de Joseph ; la poésie même, dans aucun pays, dans aucune langue, n'a rien imaginé d'aussi naturel, d'aussi sublime, d'aussi tendre ; et, aux faits et aux paroles, le cœur touché répond : Le doigt de Dieu est là. Cependant cette réalité, déjà si divine, n'est que l'ombre d'une réalité plus divine encore. Joseph nous trace d'avance, en sa vie, l'histoire de Jésus-Christ et de son Eglise.

Né de l'épouse chérie devenue miraculeusement féconde, né pour être le prince de ses frères, le soutien de sa famille, l'appui de son peuple, la pierre d'Israël, le sauveur du monde; croissant chaque jour en sagesse et en gloire; aimé de son père plus que les autres; haï de ses frères parce qu'il n'imite point leurs dérèglements, parce qu'il leur reproche leurs désordres, parce qu'il leur parle de sa grandeur future; envoyé vers eux par son père, ils complotent sa mort, le vendent pour vingt pièces d'argent, ensanglantent sa tunique; emmené esclave parmi les gentils, la bénédiction suit ses pas et se répand sur tout ce qui l'entoure; jusque dans la prison et parmi les coupables, le Seigneur est avec lui et le revêt de puissance et de grâce; sorti de là la troisième année, lui seul est trouvé capable d'expliquer le mystère révélé à Pharaon; l'empire lui est donné sur toute l'Egypte; tout fléchit le genou devant lui; on l'appelle le *sauveur du monde;* il s'unit une épouse unique qui lui donne deux fils, le plus jeune desquels doit encore être préféré à l'aîné. Après les années d'abondance viennent les années de disette; une grande famine se fait sentir dans tout le monde, mais il y a du blé en Egypte. Le roi dit à ses sujets : Allez à Joseph, faites ce qu'il vous dira. Bientôt on y court de toutes les provinces. Les frères de Joseph, accablés de misère, pendant que les autres nations profitent d'un sauveur qu'ils ont rejeté, viennent enfin réclamer son secours, et se prosternent devant lui sans le connaître; ils le croient mort, et il vit dans la gloire. Enfin, lorsque après les avoir éprouvés de diverses manières, il les voit repentants du crime qu'ils ont commis à son égard, il se fait connaître à eux, il les embrasse, il les console, il verse sur eux des pleurs de joie; il fait venir tout le reste de leur famille et les place dans le pays le plus abondant.

Changez le nom, c'est l'histoire de Jésus-Christ : né de la plus bénie des femmes, d'une mère vierge; né pour être le roi de tous les hommes, le sauveur du monde; son père met en lui toutes ses complaisances, mais autant il est haï de ses frères; ils ne peuvent lui dire une parole d'amitié; ils complotent sa mort; Judas le leur vend pour trente pièces d'argent; ils ensanglantent, ils crucifient son humanité, sa forme d'esclave; rejeté par eux, il transporte sa grâce aux gentils; partout il passe en faisant le bien; tout se soumet à son empire, même dans les lieux souterrains où il descend; ressuscité du tombeau le troisième jour, lui seul éclaircit les mystères, lui seul peut en rompre les sceaux; le Roi éternel le fait asseoir à sa droite; toute puissance lui est donnée au ciel et sur la terre; tout genou fléchira devant lui; toute langue le confessera sauveur du monde. Après une première effusion de grâces sur toute chair, une famine s'étendra sur le genre humain, une disette de vérité, une diminution de doctrine; mais, par la sagesse du divin Sauveur, toujours l'abondance régnera dans son Eglise, pressé par la faim, on y affluera de toutes parts; les enfants mêmes de Jacob, les restes d'Israël y viendront, ils adoreront celui qu'ils ont mis à mort et qui vit : ils reconnaîtront que toutes les épreuves, les afflictions qu'ils subissent, ils les ont méritées; ils pleureront leurs crimes; alors Jésus se manifestera à eux dans toute sa grâce et sa gloire, les consolera, les embrassera, les reconnaîtra publiquement pour ses frères, et les placera où abondent la doctrine et la vérité. (V. *Rap. entre le patr. Joseph et J.-C.*, par M. Caron.)

Alors l'univers sera, ainsi que Jacob, comme s'éveillant d'un profond sommeil. Quand les enfants du patriarche vinrent lui dire au pays de Chanaan : Joseph vit encore, et c'est lui qui domine dans toute l'Egypte, son cœur tomba en défaillance; car il ne les croyait pas. Alors, ils lui rapportèrent toutes les paroles que Joseph leur avait dites. Enfin, quand il vit les chars que Joseph lui envoyait pour le conduire, l'esprit de Jacob, leur père, revint à la vie. Et il dit : C'est assez ! Joseph, mon fils, vit encore ! J'irai, et je le verrai avant que je meure (Gen., 45).

Israël partit donc avec tout ce qui était à lui et vint à Bersabée, autrement *le puits du serment,* près de la frontière d'Egypte, où l'Eternel avait apparu à son père, et où son aïeul, Abraham, lui avait élevé un autel. Là, ayant immolé des victimes au Dieu de son père, Isaac, il l'entendit, durant une vision de nuit, qui l'appelait et lui disait : Jacob ! Jacob ! Il lui répondit : Me voici. Je suis Dieu, reprit-il, le Dieu de ton père : ne crains point, descends en Egypte; car je ferai de toi un grand peuple. Je descendrai là avec toi, et je te ramènerai de là; et Joseph mettra ses mains sur tes yeux. Alors Jacob se leva du *puits du serment,* et ses fils le portèrent, avec ses petits enfants et leurs femmes, sur les chars que Pharaon avait envoyés pour amener le vieillard. Et ils prirent leurs troupeaux et tous les biens qu'ils avaient acquis dans le pays de Chanaan, et ils arrivèrent en Egypte, Jacob et toute sa postérité avec lui. L'Ecriture y compte soixante-dix individus du sexe masculin; mais on peut croire que plusieurs naquirent seulement en Egypte, et qu'ils sont énumérés par anticipation, pour rendre complète la généalogie de Jacob.

Ce patriarche envoya Juda devant lui vers Joseph, afin qu'il vînt à sa rencontre en Gessen. Joseph fit atteler son char et vint au même lieu à la rencontre d'Israël, son père. Dès qu'il le vit, il se jeta à son cou, et pleura sur son cou longtemps. Alors, Israël dit à Joseph : Maintenant je mourrai volontiers; après que j'ai vu ton visage, et que tu vis encore. Quant à Joseph, il dit à ses frères et à toute la famille de son père : J'irai et j'annoncerai à Pharaon, et je lui dirai : Mes frères et la famille de mon père, qui étaient en la terre de Chanaan, sont venus à moi. Ils sont pasteurs de brebis, et ils ont soin de nourrir des troupeaux : ils ont amené avec eux leurs brebis et leurs bœufs, et tout ce qui leur appartenait. Et lorsqu'il vous appellera et vous dira : Que faites-vous ? Vous direz : Vos serviteurs sont des gens qui s'occupent de nourrir des troupeaux, depuis notre enfance jusqu'à présent, et nous et nos ancêtres. Vous direz cela, afin que vous demeuriez en la terre de Gessen. Car c'est une abomination pour les Egyptiens que des pasteurs de troupeaux (Gen., 46).

Joseph dit que *les pasteurs sont en abomination aux Egyptiens.* Cependant une des castes héréditaires de l'Egypte était celle des pasteurs, et ce n'était pas la dernière. Nous verrons dans un moment que le roi avait des pasteurs et des troupeaux. La vie pastorale était généralement en honneur dans l'antiquité. D'où vient cette aversion particulière des Egyptiens pour les hommes de cette profession ? Etait-ce, comme aujourd'hui encore dans l'Inde, une horreur superstitieuse des castes supérieures pour les inférieures ? Cela peut être; et ce ne serait pas le seul trait de ressemblance entre l'Inde et l'Egypte. Une autre cause a pu y contribuer. D'anciennes histoires parlent de l'invasion d'un peuple nomade ou de pasteurs en Egypte, qu'ils tinrent sous le joug pendant deux cent soixante-dix ans, et dont ils ne furent chassés qu'avec peine par les anciens rois, qui occupaient toujours une partie du royaume. Cette invasion, d'après des dates qui paraissent certaines, eut lieu 2022 ans avant notre ère, et cessa vers l'an 1752, une soixantaine d'années avant l'entrée de Jacob en Egypte. Voilà ce qui expliquerait naturellement, à cette époque, l'antipathie des Egyptiens pour les pasteurs étrangers (*Essai sur le système hiérogl.*, par M. Greppo, p. 127).

D'après ces mêmes dates, Joseph aurait été vendu en Egypte, sous le 5e roi de la 18e dynastie, auquel les légendes égytiennes donnent le nom de *Thoutmosis* (III), que les anciens chronologistes appellent *Miphra* ou *Miphrés*, et dont les savants frères Champollion ont reconnu l'identité avec le *Mœris* des historiens grecs, prince qui donna son nom au fameux lac qu'il avait creusé, et l'un des plus grands et des meilleurs rois qu'ait eus l'Egypte. En effet, ce Pharaon régna près de treize ans, c'est-à-dire de l'an 1736 jusqu'à l'an 1723 avant notre ère, et l'on met communément la vente de Joseph par ses frères en 1728 (*Ibid.*, p. 133). Le Pharaon qui tira de prison ce patriarche, qui en reçut l'explication de ses songes mystérieux, qui le fit son ministre et l'investit de toute son autorité, qui enfin établit en Egypte Jacob et ses enfants, serait le fils et le successeur du même *Thoutmosis-Mœris*, qui est appelé par les chroniques *Miphra-Thoutmosis*, et par les légendes *Aménophis* (2e du nom). Il fut le 6e roi de la 18e dynastie, et son règne, de plus de vingt-cinq ans, dura depuis l'an 1723 avant notre ère, jusqu'à l'an 1697 (*Ibid.*, p. 134). La sortie d'Egypte aurait eu lieu sous Aménophis III, 17e et dernier roi de la 18e dynastie (*Ibid.*, p. 142). Son fils, Sésostris, chef de la 19e, aurait régné et fait ses expéditions pendant que les enfants d'Israël voyageaient dans le désert (*Ibid.*, p. 247). La chronique de Manéthon, rapportée par Eusèbe, compte bien vingt-six dynasties jusqu'à Cambyses, roi de Perse, qui fit la conquête de l'Egypte en 522 avant Jésus-Christ; mais les monuments hiéroglyphiques ne remontent que jusqu'à la seizième, vers le temps d'Abraham et l'invasion des pasteurs. Le zodiaque de Denderah, dont on parlait tant il y a quelques années, était regardé par certaines gens comme un monument d'astronomie remontant, pour le moins, une centaine de siècles avant la création de ce monde. Mais ayant été apporté à Paris en 1822, il s'est trouvé qu'au lieu d'être un monument astronomique et de remonter plus haut que la création, ce n'était qu'un monument d'astrologie superstitieuse, qui ne datait que des commencements de l'ère chrétienne, du temps de la domination romaine en Egypte, comme le témoignent les noms de Tibère, de Claude, de Néron, de Domitien, qu'on lit sur l'édifice d'où il a été détaché (*Ibid.*, p. 262).

Joseph vint annoncer au roi l'arrivée de son père et de ses frères, dont il présenta les cinq plus jeunes à Pharaon. Celui-ci les ayant interrogés sur leur genre de vie, ils répondirent, suivant le conseil de Joseph, qu'ils étaient pasteurs de troupeaux, comme l'avaient été leurs ancêtres. Pharaon dit à Joseph : Ton père et tes frères sont venus vers toi. La terre d'Egypte est devant toi; fais-les habiter dans l'endroit le meilleur, et donne-leur la terre de Gessen. Et si tu connais parmi eux des hommes intelligents, établis-les maîtres de mes troupeaux.

Joseph amena aussi son père à Pharaon et le lui présenta. Jacob bénit Pharaon, et Pharaon lui demanda : Quels sont les jours des années de votre vie? Jacob répondit : Les jours de mon pèlerinage sont de cent trente ans, courts et mauvais; et ils ne sont pas parvenus jusqu'aux jours de mes pères, aux jours de leur pèlerinage. Et ayant béni Pharaon, il sortit.

Mais Joseph établit son père et ses frères, leur donna des possessions dans la terre d'Egypte, dans le meilleur endroit de cette terre, savoir, dans le pays de Ramessès, ainsi que Pharaon l'avait ordonné. Et il pourvut de pain son père, ses frères et toute la maison de son père, chacun suivant le nombre de ses enfants.

Comme la famine allait toujours augmentant dans le pays de Chanaan aussi bien qu'en Egypte, et qu'on accourait de toutes parts à Joseph pour acheter du blé, celui-ci fit entrer de grandes sommes dans le trésor du roi, où l'argent des deux pays affluait en telle abondance que bientôt les acheteurs n'en eurent plus. Alors les Egyptiens vinrent à Joseph et lui dirent : Donnez-nous du pain; pourquoi mourrons-nous devant vous faute d'argent? Joseph leur fit amener leurs troupeaux et leur donna des vivres en échange cette année-là. L'année suivante, ils cédèrent au roi leurs terres et leurs personnes pour du pain et des semences. De cette manière, Joseph assujétit au roi tout le peuple et toute la terre de l'Egypte d'un bout à l'autre, excepté la terre des prêtres, qui leur était assignée par le roi pour leur subsistance et qu'il ne leur était pas permis de vendre. Quand la stérilité fut près de finir, Joseph dit au peuple : Voilà que je vous ai acquis en ce jour et vous et vos terres pour Pharaon; maintenant voici des semences! Semez la terre. Au temps de la récolte, vous en donnerez la cinquième partie au roi; les quatre autres parties seront à vous pour semer les champs et pour la nourriture de vous, et de vos familles, et de vos enfants. Ils répondirent : C'est vous qui nous avez conservé la vie! que nous continuions à trouver grâce aux yeux de notre seigneur, et nous servirons volontiers Pharaon. Depuis ce temps-là jusqu'aujourd'hui, ajoute Moïse, on paie en Egypte, au roi, le cinquième du revenu; Joseph en fit une loi, excepté pour la terre des prêtres, qui fut affranchie de cette sujétion (Gen., 47).

Cette exemption des terres sacerdotales subsistait encore quand Diodore de Sicile écrivait sous Jules César. Du reste, les prêtres de l'Egypte n'étaient pas seulement ce que nous entendons par prêtres; c'était encore la grande noblesse du pays; c'était la classe privilégiée des savants et des magistrats : souvent le roi se prenait parmi eux. En dernier résultat, Pharaon acquit le haut domaine de toute l'Egypte, les Egyptiens devinrent ses hommes, ses sujets proprement dits. Quant au cinquième du revenu, pour un pays aussi fertile et qui ne demande presque point de culture, il n'égale pas ce qu'on paie généralement en contributions de nos jours : aussi la mémoire de

Joseph est-elle restée en bénédiction dans l'Egypte; aujourd'hui encore, après plus de trente-cinq siècles, son nom est dans la bouche de tous les Egyptiens; c'est à lui qu'ils rapportent presque toutes les grandes et utiles institutions de leur pays.

Le titre de *pharaon* était, pour les anciens Mizraïm, ce qu'est *sultan* pour les Turcs, *shah* pour les Perses, *khan* pour les Tartares; il signifie *roi*.

Jacob vécut encore dix-sept ans dans la terre de Gessen, où sa famille se multipliait beaucoup. Lorsqu'il vit approcher le jour de sa mort, il appela son fils Joseph, lui fit mettre la main sous sa cuisse et promettre qu'il aurait la charité de ne pas l'ensevelir en Egypte, mais qu'il transporterait son corps au pays de Chanaan, dans le sépulcre de ses pères. Joseph répondit : Je ferai selon votre parole. Et il dit : Jure-le-moi donc! Et comme Joseph jurait, Israël se prosterna vers le haut de son lit, adorant Dieu (*Ib.*, 47).

Quelque temps après, on annonça à Joseph que son père était malade. Il s'y rendit avec ses deux fils, Manassé et Ephraïm. L'on dit au vieillard : Voici votre fils Joseph qui vient vers vous. Et, reprenant ses forces, il s'assit dans son lit et dit à Joseph, lorsqu'il fut entré : Le Dieu tout-puissant m'a apparu à Luza, qui est en la terre de Chanaan, et il m'a béni et dit : Je te ferai fructifier et je te multiplierai, et je te ferai devenir une multitude de peuples, et je te donnerai cette terre, et à ta race après toi, en possession pour des siècles. Maintenant donc tes deux fils Ephraïm et Manassé, qui te sont nés en la terre d'Egypte avant que je te vinsse vers toi, seront à moi comme Ruben et Siméon. Mais ceux que tu auras après eux seront à toi et appelés du nom de leurs frères en leurs possessions. Car, lorsque je venais de Mésopotamie, Rachel mourut en chemin, à quelque distance d'Ephrata, et je l'ensevelis sur le chemin d'Ephrata, qui est maintenant appelé *Bethléhem*. Jacob voyait avec peine qu'il n'avait que deux fils de sa bien-aimée Rachel; c'est pour cela qu'il fit deux tribus des descendants de Joseph.

Le saint vieillard ayant aperçu ses deux petits-fils, demanda : Qui sont ceux-ci? Joseph répondit à son père : Ce sont mes enfants que Dieu m'a donnés en ce pays. Amène-les-moi, dit Jacob, afin que je les bénisse. Car les yeux d'Israël étaient obscurcis à cause de sa vieillesse, et il ne pouvait voir distinctement. Il les fit donc approcher, et, les baisant et les embrassant, Israël dit à Joseph : Je ne croyais plus vous revoir, et voici que Dieu me fait voir même vos enfants. Et Joseph les ayant retirés de ses genoux, se prosterna le visage contre terre. Ensuite, plaçant Ephraïm à sa droite, vers la gauche d'Israël, et Manassé à sa gauche, vers la droite de son père, il les fit approcher de lui tous deux. Et Israël, étendant sa main droite, la posa sur la tête d'Ephraïm, qui était le plus jeune, et la gauche sur Manassé, qui était l'aîné, en croisant les mains. Et il bénit Joseph et dit : Que le Dieu devant lequel ont marché mes pères Abraham et Isaac, le Dieu qui me nourrit depuis mon enfance jusqu'à ce jour, l'ange qui m'a délivré de tout mal, bénisse ces enfants; qu'ils portent mon nom et le nom de mes pères Abraham et Isaac, et qu'ils se multiplient puissamment sur la terre.

Mais Joseph, voyant que son père mettait sa main droite sur la tête d'Ephraïm, en eut de la peine, et, prenant la main de son père, s'efforça de la transporter de la tête d'Ephraïm sur la tête de Manassé, et lui dit : Ce n'est pas ainsi, mon père : celui-ci est l'aîné; mettez votre main droite sur sa tête. Mais son père s'y refusa et dit : Je le sais, mon fils, je le sais : celui-ci deviendra aussi un peuple et sera grand; mais son jeune frère deviendra plus grand que lui, et sa postérité sera la plénitude des nations. Il les bénit donc en ce jour, disant : Israël sera béni en vous, et l'on dira : Que Dieu vous bénisse comme Ephraïm et Manassé. Et il mit le dernier devant le premier.

Israël dit encore à Joseph : Voilà que je meurs, et Dieu sera avec vous, et vous fera retourner en la terre de vos ancêtres. Je te donne de plus qu'à tes frères cette portion de terre que j'ai conquise par mon glaive et par mon arc, de la main des Amorrhéens (Gen., 48).

Cette portion de terre que Jacob donne à Joseph était le champ qu'il avait acheté des fils d'Hémor. Jacob dit ici qu'il a gagné cet héritage sur les Amorrhéens avec son épée et son arc. Il se peut que Jacob s'étant retiré de ce champ après le saccagement de Sichem, les Amorrhéens s'en soient emparés, et qu'ensuite il les en ait chassés par la voie des armes. Ce fut dans ce champ que notre Sauveur s'entretint avec la Samaritaine, et qu'à l'occasion du puits que de son temps la tradition attribuait encore à Jacob, il lui ouvrit les sources de la vie éternelle.

Israël, plein de l'esprit de Dieu, donne la prééminence à Ephraïm sur Manassé, et cette prééminence lui a été conservée dans les siècles suivants d'une manière étonnante. *Ephraïm est la puissance de ma tête ou de ma couronne*, chante le prophète royal (Ps. 59, 9). Et après que dix tribus se furent soustraites à la domination de Roboam et eurent formé un royaume distinct, qui s'appelait le *royaume d'Israël* par opposition à celui de Juda, le premier fut souvent appelé *royaume d'Ephraïm* du nom de cette tribu, laquelle cependant n'était au fond que la demi-tribu de Joseph. Dieu même appelle plus d'une fois du nom d'*Ephraïm* les dix tribus du royaume d'Israël, soit qu'il leur promette des grâces spéciales, soit qu'il se plaigne tendrement de leur ingratitude. *Ephraïm ne m'est-il pas un fils précieux*, dit-il par Jérémie? *n'est-il pas un enfant de délices? Depuis que j'ai parlé de lui, je ne puis l'oublier : c'est pourquoi mes entrailles se sont émues sur lui; j'aurai pitié de lui*, dit l'Eternel (Jerem., 31, 20). Et par Osée : *Ephraïm est comme une colombe séduite et sans intelligence* (Osée, 7, 11). — *Que puis-je vous faire, ô Ephraïm! Que puis-je faire, ô Juda! Votre amour est comme une nuée matinale, comme la rosée qui se dissipe à l'aurore* (Ibid., 6, 4). Joseph, nous l'avons vu, est une figure ressemblante de Jésus-Christ : ses deux enfants représentent les deux peuples qui composeront l'Eglise; la postérité de l'aîné ne formera, suivant la parole de Jacob, qu'un seul peuple, qui figure le peuple juif; la postérité du second sera, suivant la parole expresse de Jacob encore, la plénitude des nations; elle figurera la multitude des gentils appelés à la foi. L'aîné n'a part aux bénédictions qu'après le plus jeune; tout Israël ne sera sauvé qu'après que la plénitude des nations sera entrée (Rom., 11, 25 et 26).

LIVRE IV. — ABRAHAM ET LES AUTRES PATRIARCHES. 111

Mais quelque chose de plus solennel encore se prépare. Après une vie de près d'un siècle et demi, sur le point de se réunir à son peuple, Jacob appelle ses fils autour de sa couche et leur dit : Assemblez-vous et je vous annoncerai ce qui vous arrivera dans la suite des jours. Assemblez-vous et écoutez, fils de Jacob : écoutez Israël votre père. Puis à chacun il adresse, avec sa bénédiction propre, soit des reproches, soit des louanges; en particulier des prédictions sur le caractère, la force ou la faiblesse de sa tribu, sur le pays qu'elle habiterait et le sort qu'elle aurait dans la terre promise : prédictions qui toutes se sont accomplies quatre ou cinq siècles après. A Ruben il déclare qu'en punition de son inceste, il n'aura aucun privilège de primogéniture. A Siméon et Lévi il reproche le massacre des Sichémites ; et maudite soit leur colère, s'écrie-t-il, parce qu'elle a été inexorable! maudite soit leur fureur, parce qu'elle a été cruelle ! Je les diviserai dans Jacob et je les disperserai au milieu d'Israël. Ce qui en effet a eu lieu : lors du partage de la terre promise, Siméon a été dispersé dans la tribu de Juda, et Lévi dans toutes les autres. Arrivé à son quatrième fils, à Juda, dont le nom signifie *louange*, l'esprit du patriarche-prophète s'anime et s'élève : Juda ! tes frères te loueront ! ta main sera sur la tête de tes ennemis ! Les enfants de ton père t'adoreront ! tu es un jeune lion, ô Juda ! Tu t'es élevé, ô mon fils, à ravir la proie ! Il ploie ses pieds et se couche dessus, comme le lion et comme la lionne : qui l'excitera à se lever? Le sceptre ne sortira point de Juda, ni le prince de sa postérité (autrement, d'entre ses étendards), jusqu'à ce que vienne Celui qui doit être envoyé, ou le Messie ; et c'est lui qui sera l'attente des nations, autrement, c'est à lui qu'appartient l'obéissance des peuples (Gen., 49, 8-10).

Pour éviter tout embarras de discussion, nous avons traduit ces paroles sacrées comme les traduisent les docteurs les plus révérés des Juifs, et pour leur antiquité et pour leur science, ceux dont ils impriment souvent les commentaires avec le texte même de la Bible, tels que Salomon Yarrhi et Onkelos (1). Cela seul nous démontre que l'ancienne synagogue voyait dans ces paroles, comme tous les chrétiens, que le Messie naîtrait de la tribu de Juda, lorsqu'elle aurait perdu la puissance souveraine. Pour l'accomplissement, il ne faut que des yeux pour le reconnaître en Jésus-Christ.

La tribu de Juda, toujours la plus puissante entre toutes les tribus d'Israël, devenue la tribu royale depuis David, conserve le pouvoir souverain, le droit de vie et de mort, jusque dans la captivité de Babylone ; forme, au retour, une nation indépendante sous des chefs qu'elle choisit librement ; donne son nom à tous les descendants de Jacob. Mais enfin le sceptre lui est ôté, les Romains lui imposent pour roi un étranger, l'Iduméen Hérode ; bientôt elle cesse d'être un royaume, elle n'est plus qu'une province romaine, il ne lui est plus permis de condamner personne à mort. Alors paraît le grand Envoyé, le Messie, le Christ ; une partie de ses frères l'adorent : lion de la tribu de Juda, il triomphe de la mort, de l'enfer et du monde ; les peuples se soumettent à son empire. Et, après avoir été l'attente des nations

pendant plus de quatre mille ans, depuis deux mille, aucune nation ne l'attend plus. Le Juif opiniâtre confesse que les temps sont passés, que le Messie a dû venir ; seulement, ajoute-t-il en tremblant, il est encore caché : — pour lui, cela est vrai. Comme les enfants d'Israël en Egypte ; il est devant Joseph et ne le reconnaît point.

Après avoir béni de cette manière chacun de ses douze fils, Jacob leur commanda de l'ensevelir dans la caverne de Mambré, avec Abraham et Isaac ; puis, joignant les pieds sur sa couche, il mourut et fut réuni à son peuple (Gen., 49). Joseph voyant son père mort, se jeta sur son visage en pleurant. Il ordonna à ses médecins d'embaumer le corps, suivant la plus parfaite méthode ; car il y en avait trois, plus dispendieuses l'une que l'autre. Les Egyptiens, sans doute par ordre du roi, portèrent le deuil de Jacob pendant soixante-dix jours : c'était, à deux jours près, autant que pour les rois eux-mêmes.

Les jours du deuil public étant passés, Joseph pria les officiers du roi de lui obtenir la permission d'aller ensevelir son père dans son sépulcre héréditaire au pays de Chanaan. Le roi la lui accorda. Joseph partit alors avec toute sa maison et ses frères : ils ne laissèrent en Gessen que leurs enfants et leurs troupeaux. De plus, tous les ministres de Pharaon, les sénateurs de son palais, ainsi que tous les sénateurs de l'Egypte l'accompagnaient avec des chars et de la cavalerie. Sa suite formait enfin un camp très-considérable.

Arrivés jusqu'à l'aire d'Atad, qui est au delà du Jourdain, ils célébrèrent les funérailles avec des pleurs et des cris, et Joseph y mena le deuil de son père pendant sept jours. Ce que les habitants du pays de Chanaan ayant vu, ils dirent : Il y a un grand deuil parmi les Egyptiens. C'est pourquoi le nom de ce lieu fut le *Deuil de l'Egypte*. Les fils de Jacob firent donc ce que leur père leur avait ordonné, et le portant en la terre de Chanaan, ils l'ensevelirent en la caverne de Macphelah, vis-à-vis de Mambré, qu'Abraham avait achetée d'Ephron, Héthéen, avec son champ, pour en faire le lieu de son sépulcre.

Quand ils l'eurent enseveli, Joseph retourna en Egypte avec ses frères et tous ceux qui l'avaient accompagné. Ses frères voyant que leur père était mort, eurent peur, et se dirent entre eux : Peut-être que Joseph se souviendra présentement de l'injure qu'il a soufferte, et nous rendra tout le mal que nous lui avons fait. Ils lui envoyèrent donc dire : Votre père nous a commandé, avant qu'il mourût, de vous dire en son nom : Je te prie d'oublier le crime de tes frères et le péché et la malice dont ils ont usé envers toi : maintenant donc, de grâce, pardonnez cette offense aux serviteurs du Dieu de votre père. Mais Joseph pleura quand on lui dit ces paroles. Ses frères étant venus eux-mêmes, se prosternèrent devant lui, et dirent : Voilà, nous sommes vos serviteurs. Joseph leur dit : Ne craignez point! suis-je donc à la place de Dieu? Vous avez pensé sur moi en mal, mais Dieu l'a pensé en bien, pour faire ce qui est aujourd'hui, conserver la vie à une multitude de peuples. Ne craignez donc point ! je vous nourrirai, vous et vos enfants. Et il les consola, et il leur parla au cœur.

Joseph habita ainsi en Egypte avec toute la famille de son père, et il vécut cent dix ans. Il vit les

(1) Voyez, entre autres, un *Pentateuque* imprimé à Offenbach il y a une vingtaine d'années.

enfants d'Ephraïm jusqu'à la troisième génération. Les enfants de Machir, fils de Manassé, naquirent également sur les genoux de Joseph. Après cela, il dit à ses frères : Je meurs, et Dieu vous visitera et vous fera remonter de cette terre à celle qu'il a juré de donner à Abraham, à Isaac et à Jacob. Il prit donc à serment les enfants d'Israël, en ces mots : *Dieu certainement vous visitera ; alors transportez d'ici mes os avec vous.* Ensuite il mourut, âgé de cent dix ans, et, ayant été embaumé, il fut mis dans un cercueil en Egypte (Gen., 50).

Telles furent la vie et la mort de Joseph, patriarche admirable en tout et bien digne de préfigurer le Christ. Qui ne l'aimerait avec son père ? Mais aussi, en contemplant sa vie, qui n'admirerait et ne bénirait la paternelle providence de Dieu, qui éprouve les justes pour les rendre plus justes encore et faire servir leur justice au salut de tous ? Ce mystère divin, qui s'est accompli dans le juste mourant sur la croix pour tous les coupables, se manifeste encore dans un arrière-petit-fils d'Esaü.

LIVRE CINQUIÈME.

Job, patriarche de l'Idumée, figure et prophétie du Christ.

En prenant la postérité de Jacob pour son peuple de prédilection, Dieu n'a point abandonné les autres peuples; c'est même pour le salut de tous les autres qu'il en choisira un pour être le dépositaire de sa loi et de ses oracles, pour être à tout l'univers une preuve vivante de sa providence et de sa justice. C'est dans cette nation que seront bénies toutes les nations de la terre. En attendant, les peuples qui paraissent le plus abandonnés, Dieu ne les abandonne pourtant pas. Qu'y a-t-il en apparence de plus réprouvé que la race maudite de Chanaan ? Et toutefois, nous avons vu s'élever au milieu d'elle un personnage plus grand qu'Abraham, un roi de justice et de paix, un pontife du Très-Haut, figure prophétique, et par son nom, et par ses actes, et son histoire, du Pontife éternel, du Fils de Dieu. De même Ismaël, le père des Arabes, est chassé de la maison paternelle; mais, avec le souvenir de la foi d'Abraham, il emporte dans les déserts une promesse divine, et pour lui et pour toute sa race. Enfin Esaü perd par sa faute l'héritage paternel des promesses et des bénédictions; et toutefois, nous allons voir parmi ses descendants un patriarche et un prophète, qui sera une prophétie parlante du Christ, et dans ses souffrances et dans sa résurrection.

Vers le temps où mourut en Egypte, Joseph, le fils de Jacob, un homme vivait dans la terre de Hus : son nom était *Job*; et cet homme-là était simple et droit, craignant Dieu et s'éloignant du mal. Il lui naquit sept fils et trois filles. Ses possessions en bétail étaient de sept mille moutons, trois mille chameaux, cinq cents paires de bœufs et cinq cents ânesses. Il avait de plus un nombreux domestique et un labourage considérable. Et cet homme était grand et célèbre, plus qu'aucun des fils de l'Orient. Et ses fils allaient les uns chez les autres et donnaient des repas chacun en son jour, et ils envoyaient inviter leurs trois sœurs à venir manger et boire avec eux; les jours de festin terminés, Job envoyait vers eux et les sanctifiait, puis, se levant de grand matin, il offrait des holocaustes suivant le nombre d'eux tous; car Job disait : Peut-être que mes enfants auront commis quelque péché et béni Dieu dans leur cœur. Job en usait ainsi tous les jours (Job, 1).

Quelle admirable famille ! quelle union dans les enfants ! Et dans le père, quelle touchante sollicitude! quelle tendre piété! Peut-être qu'ils ont béni Dieu dans leur cœur. Il craint de dire le mot *blasphémer*, tant il a horreur de la chose.

Dans un très-ancien fragment, qui est à la suite du livre de Job dans le grec, dans l'arabe et dans l'ancienne Vulgate, il est dit : « Job demeurait dans la terre Ausitide, sur les confins de l'Idumée et de l'Arabie. Son nom était d'abord Jobab. Il eut une femme d'Arabie, dont il eut un fils nommé Ennon. Son père fut Zaré, l'un des descendants d'Esaü, et sa mère Bosorrha; en sorte qu'il était le cinquième depuis Abraham (le sixième en y comprenant le patriarche). Or, voici les rois qui régnaient dans Edom, région dans laquelle lui-même fut prince. Le premier fut Balac, fils de Béor, et sa ville s'appelle Dennaba; après Balac, ce fut Jobab, qui est aussi nommé Job; après lui vint Asom, chef de la région Thémanitide; après celui-ci fut Adad, fils de Barad, qui défit les Madianites dans la plaine de Moab : le nom de sa ville était Gethaïm. Les amis de Job qui vinrent le voir, furent Eliphaz, l'un des descendants d'Esaü, roi des Thémaniens, Baldad, souverain des Sauchéens, et Sophar, roi des Minéens. »

Ce fragment, recommandable par son antiquité et le sentiment commun des Pères et des interprètes qui vient s'y joindre, établit suffisamment, à nos yeux, le temps où vécut Job et sa descendance d'Esaü. *Hus*, en hébreu *Outs*, en grec *Os*, est le nom d'un ancien prince de Séir, de qui l'on aura appelé *terre de Hus* ou *Ausitide* la terre où plus tard habita Job. Mais revenons à l'histoire de ce patriarche,

LIVRE V. — JOB, FIGURE ET PROPHÉTIE DU CHRIST.

que l'apôtre saint Jacques nous propose pour modèle (Jac., 5, 11).

Or, un jour les enfants de Dieu, les anges, étant venus p... paraître devant Jéhova, Satan se trouva aussi parmi eux. Et Jéhova dit à Satan : D'où viens-tu ? Satan répondit à l'Eternel : Je viens de parcourir la terre et de la visiter. Alors l'Eternel dit à Satan : As-tu remarqué mon serviteur Job ? Il n'a point d'égal sur la terre, homme simple et droit, craignant Dieu et s'éloignant du mal. Satan répondit à l'Eternel : Est-ce gratuitement que Job craint Dieu ? Ne l'avez-vous pas entouré comme d'un rempart, lui, sa maison et tous ses biens ? N'avez-vous pas béni les œuvres de ses mains ? Ses possessions en troupeaux ne se sont-elles pas multipliées sur la terre ? Mais étendez un peu votre main et touchez tout ce qu'il possède, et vous verrez s'il ne vous bénira pas en face, c'est-à-dire s'il ne vous blasphémera pas. L'Eternel dit alors à Satan : Voilà que tout ce qu'il a est en ton pouvoir ; mais n'étends pas la main sur lui-même (Job, 1).

L'Eternel apparaît ici comme le roi sur son trône. Les ministres de sa providence viennent lui rendre compte et des nations auxquelles il les a préposés, et des individus qu'il a commis à leur garde ; ils lui présentent les prières des saints, les larmes des pénitents, les souffrances des pauvres, et attendent les ordres de sa bonté. Satan, l'adversaire, le méchant, vient aussi pour accuser les hommes devant Dieu et savoir qui il lui sera permis de tenter et d'affliger. Il est en la présence de Dieu comme l'aveugle en la lumière du soleil, sans le voir. Apprenons maintenant comme il a usé de la permission qui lui a été donnée.

Un jour que les fils de Job et ses filles mangeaient et buvaient du vin dans la maison de leur frère aîné, un messager vint à Job et dit : Les bœufs labouraient et les ânesses paissaient auprès, lorsque les Sabéens sont venus fondre dessus, les ont enlevés et ont passé les gardiens au fil de l'épée ; seul, je me suis échappé pour vous en donner la nouvelle. Il parlait encore, un autre survint et dit : Le feu de Dieu est tombé du ciel sur les brebis et sur les gardiens, et les a consumés ; seul, je me suis échappé pour vous en apporter la nouvelle. Il n'avait pas encore achevé de parler, lorsqu'un autre vint dire : Les Chaldéens, partagés en trois bandes, se sont jetés sur les chameaux, ils les ont enlevés, ont tué les gardiens, et je me suis échappé seul pour vous en donner la nouvelle. Il parlait encore, un autre entra et dit : Vos fils et vos filles étaient à manger et à boire du vin dans la maison de leur frère aîné ; et voilà qu'un vent violent s'est élevé du fond du désert et a ébranlé les quatre coins de la maison, en sorte qu'elle s'est écroulée sur les enfants, et ils sont morts ; et, seul, je me suis échappé pour vous en apporter la nouvelle. Alors Job se leva, déchira son manteau, se rasa la tête, et, se prosternant à terre, il adora et dit : « Je suis sorti nu du sein de ma mère, et nu j'y retournerai. L'Eternel l'a donné, l'Eternel l'a repris ; comme il a plu à l'Eternel, ainsi il est arrivé. Que le nom de l'Eternel soit béni ! » En toutes ces choses, Job ne pécha point par ses lèvres et ne dit rien contre Dieu qui fût indiscret.

Satan s'était vanté qu'il le lui ferait blasphémer, et le voilà qui le bénit ! La foudre, la tempête n'y ont rien pu, non plus que les voleurs.

Il y avait deux peuples du nom de Sabéens. L'un descendait de Saba, fils de Regma, fils de Cush, fils de Cham ; l'autre, de Saba, frère de Regma, et par conséquent aussi de Cham. Ils habitaient l'Arabie, les uns vers la mer Rouge, les autres vers le golfe Persique. Les Chaldéens dont il est ici parlé, ceux de cette nation qui, pendant que tout le reste obéissait à l'empire de Babylone, maintinrent si bien leur indépendance au milieu de leurs montagnes, que, du temps de Cyrus encore, ils sortaient de là pour vivre de pillage ou se mettre à la solde de qui les voulait payer (Xénophon, *Cyropédie*, 1. 3). Il n'est pas étonnant que l'ennemi de tout bien se soit servi de pareils auxiliaires pour faire le mal. Néanmoins il fut vaincu. Job se montra, comme Dieu l'avait dit, parfait, irréprochable, car c'est le sens du mot original, que la Vulgate rend ici par simple, mais dont elle exprime toute la force dans ces paroles du Seigneur à Abraham : « Marche devant moi, et sois parfait. »

Un autre jour que les enfants de Dieu s'étaient présentés devant l'Eternel, et que Satan se trouvait parmi eux, l'Eternel lui dit : D'où viens-tu ? Il répondit : De parcourir la terre et de la visiter. L'Eternel reprit : As-tu remarqué mon serviteur Job, qui n'a point d'égal sur la terre, homme simple et droit, craignant Dieu, s'éloignant du mal et conservant encore l'innocence, quoique tu m'aies porté à l'affliger gratuitement ? Satan répondit à l'Eternel : L'homme donnera toujours peau pour peau et tout ce qu'il a pour conserver sa vie. Mais étendez votre main et touchez ses os et sa chair, et vous verrez qu'il vous maudira en face. Alors l'Eternel dit à Satan : Le voilà en ta main, mais épargne sa vie. Satan sortit de la présence de Jéhova, et frappa Job d'un horrible ulcère, depuis la plante des pieds jusqu'au sommet de la tête. Lui prit un têt pour racler avec cela, et s'assit sur le fumier et la cendre (Job, 2, 1-8).

Satan est encore vaincu. Job souffre son mal sans ouvrir la bouche, et cependant quel mal ! la plus affreuse des lèpres, l'assemblage de tous les maux. Tout son corps n'est qu'une plaie ; des pieds à la tête il est plein d'ulcères, les ulcères pleins de vers et de pourriture ; la fièvre le brûle, une esquinancie étouffante l'empêche d'avaler sa salive, ses reins et ses entrailles sont en proie à des douleurs sans fin, son visage est enflé à force de pleurer, ses yeux sont obscurcis ; sa voix rauque rugit plutôt qu'elle ne parle ; décharné, épuisé, desséché, il n'a plus que la peau sur les os, plus que les lèvres autour des dents ; son haleine est d'une puanteur insupportable ; sa propre femme en a horreur, tous les siens l'abandonnent, il est obligé de demeurer hors de la ville, éloigné du commerce des autres hommes. Là, et la nuit et le jour, l'ennui, l'inquiétude, des terreurs soudaines, des songes effrayants viennent tourmenter son âme. Voilà ce que l'Ecriture nous dit de son mal.

Il y avait déjà longtemps qu'il souffrait, lorsque sa femme lui dit : Quoi ! tu tiens encore à ton innocence, à ta piété ! Bénis Dieu et meurs. Mais il lui répondit : Vous parlez comme une de ces femmes qui n'ont point de sens. Si nous avons reçu les biens

Tome I. — 8

de la main de Dieu, pourquoi n'en recevrions-nous pas les maux? En toutes ces choses, Job ne pécha donc point par ses lèvres (Job, 2, 9 et 10).

Satan lui avait tout enlevé, troupeaux, maison, enfants, santé; mais il lui avait laissé sa femme. Il comptait le vaincre par là, comme il avait fait du premier homme; mais c'est Satan qui est vaincu. Job, qui, sur ses propres maux, a gardé le silence, prend la parole pour justifier la providence de Dieu. Sa femme l'avait excité au blasphème : lui ne s'arrête ni à sa femme, ni aux voleurs, ni à Satan; il s'élève jusqu'à cette main puissante qui dirige tout cela dans des vues d'impénétrable sagesse, et il continue à souffrir, les uns disent pendant trois ans, les autres pendant sept, quelques-uns jusqu'à dix, mais toujours assez longtemps pour que des princes étrangers pussent l'apprendre et venir en être témoins.

En effet, trois amis de Job, que la version grecque et le livre de Tobie appellent des rois, ayant ouï tous les maux qui lui étaient arrivés, vinrent chacun de son lieu : Eliphaz, de Théman, Baldad, de Sué, et Sophar, de Naamath. Le premier descendait de Théman, petit-fils d'Esaü; le second, de Sué, fils d'Abraham et de Céthura; le troisième pouvait descendre de Sépho, que les Septante nomment Sophar, et qui était frère de Théman et petit-fils d'Esaü. Ils arrivèrent tous trois en même temps; car ils s'étaient concertés pour venir le visiter ensemble et le consoler. De loin, ils levèrent les yeux et ne le reconnurent point; ils élevèrent la voix, ils pleurèrent, déchirèrent leurs manteaux et jetèrent de la poussière par-dessus leur tête vers le ciel. Ils demeurèrent avec lui assis sur la terre durant sept jours et sept nuits, nul ne lui disant une parole, parce qu'ils voyaient que sa douleur était excessive (Ibid., 2, 11-13).

Ce sont trois véritables amis : ils n'abandonnent point dans l'infortune, ils prennent part aux souffrances de Job : leur compassion est grande, ils pleurent, ils se couvrent la tête de poussière, ils s'asseyent auprès de lui, muets de douleur, ils ne savent que dire pour le consoler, tant ses maux leur paraissent extrêmes. Une pensée les consterne surtout. Dieu est juste, et Job est accablé de maux : Job s'est donc rendu coupable, non-seulement de fautes de fragilité, comme il en échappe aux plus parfaits, mais de quelque crime énorme dont il ne veut pas convenir : c'est au fond un scélérat et un hypocrite, autrement Dieu ne l'affligerait pas comme il fait. Ils oubliaient que le premier juste, Abel, avait été tué par son frère; ils n'entendaient point encore cette parole de Raphaël à Tobie : « Parce que vous étiez agréable à Dieu, il a été nécessaire que la tentation vous éprouvât (Tob., 12, 13); » ils n'avaient pas encore vu celui qui est la justice même, expirer sur une croix. Ils ne comprenaient pas encore que Dieu peut affliger des justes, soit pour faire éclater en eux la gloire de sa grâce, soit pour les rendre plus justes encore, soit pour les donner en exemple aux siècles suivants, soit pour épargner les autres en leur faveur, soit pour une infinité d'autres raisons que nous ne connaissons pas. Ils avaient le zèle de Dieu, mais leur zèle n'était point assez éclairé. Par suite de leur erreur, au lieu de consoler Job, lorsque la douleur lui arrachera des plaintes, ils l'accableront de réflexions déplacées et injurieuses; ils s'efforceront, par des discours pleins d'éloquence, de lui ravir le seul bien qui lui reste, le témoignage d'une bonne conscience, en lui persuadant que Dieu n'afflige de la sorte que des scélérats. Lui, défendra contre eux, avec plus d'éloquence encore, et la sagesse de Dieu et sa propre innocence.

Il avait sans doute remarqué en eux ces dispositions, lorsque enfin il ouvrit la bouche et maudit le jour de sa naissance, disant : Périsse le jour auquel je suis né, et la nuit dans laquelle il a été dit : Un homme est conçu ! Que ce jour soit ténèbres ! que Dieu ne s'en informe plus d'en-haut ! qu'il ne soit éclairé d'aucune lumière ! que les ténèbres et l'ombre de la mort l'enveloppent ! que les nuées l'environnent ! qu'il soit consumé d'amertume ! Et cette nuit-là, qu'un noir tourbillon la saisisse ! qu'elle ne soit point réunie aux jours de l'année ! qu'elle n'entre point dans le nombre des mois ! que cette nuit soit solitaire ! qu'on n'y entende jamais de cantiques ! qu'elle soit maudite par ceux qui maudissent le jour et qui sont prêts à susciter Léviathan ! (C'étaient certains peuples d'Afrique qui maudissaient le soleil, à cause de sa chaleur excessive, et qui attaquaient en même temps le crocodile accoutumé à dormir le jour sur les rivages du Nil). Pourquoi ne suis-je pas mort dès le sein de ma mère? pourquoi n'ai-je pas expiré en sortant de là? pourquoi me recevoir sur ses genoux? pourquoi m'allaiter de ses mamelles? Maintenant je serais couché et tranquille; je dormirais en repos avec les rois et les arbitres de la terre, qui se bâtissent pour tombeaux des solitudes; ou avec les princes qui possèdent l'or et qui remplissent d'argent leurs maisons; ou bien je serais comme un avorton que l'on cache, comme le fœtus qui n'a pas vu la lumière. Là les méchants cessent leurs fureurs; ceux reposent enfin ceux qui n'en pouvaient plus ; ceux qui étaient enchaînés l'un à l'autre y sont tranquilles, ils n'entendent plus la voix de l'oppresseur. Le petit et le grand sont là tout un ; l'esclave y est libre de son maître. Pourquoi la lumière a-t-elle été donnée au misérable, et la vie à ceux qui sont dans l'amertume de l'âme; qui attendent la mort, et elle ne vient point; qui la cherchent plus avidement qu'un trésor, qui se réjouissent et tressaillent de joie quand ils ont trouvé le sépulcre? à l'homme dont la voie est cachée, et que Dieu a environné de ténèbres? Avant mon pain viennent mes soupirs; ma voix rugit comme de grandes eaux ; car la terreur que je craignais m'est venue, et ce que je redoutais m'est arrivé! N'ai-je pas conservé la retenue? n'ai-je pas gardé le silence? ne suis-je pas demeuré en repos? et cependant la colère est venue m'accabler (Job, 3).

Satan est encore vaincu ! Il s'était vanté que Job maudirait Dieu en face; et, au plus amer de ses plaintes, il ne maudit que le jour de sa propre naissance, le jour où il a été conçu dans l'iniquité et engendré dans le péché, parce que ce péché est la cause première des maux intolérables qu'il endure. Sa malédiction retombe finalement sur le péché et sur celui qui en est l'auteur. Elle se réduit, au fond, à dire dans un langage plus sublime ce que nous disons tous les jours dans un langage plus simple :

LIVRE V. — JOB, FIGURE ET PROPHÉTIE DU CHRIST.

Ne nous induisez point en tentation, mais délivrez-nous du mal.

Eliphaz de Théman voyait bien que tel était le sens des paroles de Job; car, sans lui en faire de reproche particulier, voici sur quel ton il lui parle : « Si je réponds, peut-être le supporterez-vous avec peine; mais qui peut se taire? Et vous-même, n'avez-vous pas instruit un grand nombre, fortifié leurs bras affaiblis? Vos discours ont relevé celui qui penchait vers sa ruine, et vous avez affermi les genoux tremblants. Maintenant que l'affliction est tombée sur vous, vous perdez courage, vous avez défailli; à peine êtes-vous atteint, vous voilà dans le trouble. Où donc est votre crainte de Dieu, votre force, votre patience et la perfection de vos voies? Cherchez dans votre souvenir si jamais un innocent a péri et si jamais les justes ont été exterminés. J'ai vu, au contraire, ceux qui labourent l'iniquité, moissonner les douleurs qu'ils y ont semées. Ils ont péri au souffle de Dieu; le vent brûlant de sa colère les a consumés. Une parole m'a été dite à la dérobée, et mon oreille en a recueilli quelques sons. C'était à l'heure où l'imagination se repait de visions nocturnes, dans le temps que le sommeil assoupit davantage les hommes; la frayeur me saisit et l'épouvante; un tremblement agita la multitude de mes os; un esprit passa devant ma face; les poils de ma chair se dressèrent d'horreur. Il était là, mais je ne connaissais pas son visage. Le fantôme se tenait devant mes yeux, et j'entendis l'haleine silencieuse d'une voix. L'homme sera-t-il plus juste que Dieu? Sera-t-il plus pur que celui dont il est l'ouvrage? Voilà que Dieu ne se confie point à ceux qui le servent; ils ne se reposent point de sa gloire sur ses anges. Que sera-ce donc de ceux qui habitent des maisons de boue, qui n'ont qu'un fondement de poussière, et qui seront consumés par un vermisseau (Job, 4).

Une des premières erreurs de l'Orient a été de croire qu'après avoir créé l'univers, Dieu l'abandonna au gouvernement des anges. Sans doute il les y emploie comme ses ministres, mais il ne s'en repose pas sur eux. Si parfaits qu'ils puissent être, ils ne sont pas lui; ni leurs lumières ni leur puissance ne sauraient suffir pour embrasser tout le plan de sa providence et l'exécuter jusqu'au bout. Combien moins l'homme est-il capable d'en juger ! Tout cela est vrai; Dieu lui-même le confirmera dans la suite. Eliphaz aurait dû en conclure : « Donc je ne puis pas décider que ce soit pour ses crimes que Dieu afflige mon ami. » Il ne le fera point. Au contraire, supposant toujours que Job est coupable de quelque grande iniquité, puisque Dieu lui envoie tant de maux, il lui laisse entendre qu'il n'a que ce qu'il mérite, et l'exhorte à faire pénitence, sûr que Dieu lui rendrait alors sa première félicité. Qu'on juge de ce que devait souffrir ce saint homme. Son corps est en proie à d'incompréhensibles douleurs, son esprit à des angoisses mortelles; et voilà que, par un zèle mal entendu, ses amis s'acharnent à y mettre le comble en lui arrachant sa dernière consolation, le témoignage d'une bonne conscience. Ah! que l'on ne s'étonne plus si ses paroles sont des cris déchirants (Job, 5).

Plût à Dieu, répond-il à Eliphaz, que mes plaintes fussent mises dans une balance avec l'infortune que j'éprouve! celle-ci surpasserait les autres de toute la pesanteur du sable de la mer. C'est pourquoi mes paroles sont pleines de douleur; car les flèches du Tout-Puissant sont en moi; leur ardeur brûlante épuise mon esprit; les terreurs de Dieu combattent contre moi. Qui me donnera que ma demande soit accomplie et que Dieu m'accorde l'objet de mes espérances; que Dieu veuille et achève de me briser, qu'il laisse aller sa main pour me retrancher entièrement! Et que ce soit là ma consolation; que dans l'affliction dont m'accable, il ne m'épargne point, et que je ne sois pas en contradiction avec la parole du Saint ! Car quelle est ma force, pour endurer toujours? Quelle est ma fin, pour que mon âme prolonge jusque-là sa patience? Ma force est-elle la force des pierres? Ma chair est-elle d'airain? Je ne trouve en moi aucun secours; mes amis mêmes m'ont abandonné (Job, 6).

La vie de l'homme sur la terre, n'est-ce pas un service de guerre? et ces jours ne sont-ils pas semblables aux jours du mercenaire? Comme l'esclave soupire après l'ombre, comme le mercenaire attend impatiemment le prix de son labeur, ainsi ai-je eu des mois vides et compté des nuits d'insomnie. Si je me couche, je dis aussitôt : Quand sera-t-il jour (suivant les Septante)? Et du soir au matin, je suis rempli de douleurs. Ma chair est revêtue de vers et de croûtes affreuses; ma peau est entr'ouverte par des crevasses et tombe en lambeaux. Si je dis : Mon lit me consolera, mes pensées soulageront ma couche, vous m'épouvantez par des songes et vous me troublez par d'horribles visions. Qu'est-ce que l'homme, pour que vous le regardiez comme quelque chose de grand et que vous tourniez sur lui votre cœur? Vous le visitez tous les matins, et à chaque moment vous le mettez à l'épreuve. Jusques à quand ne me quitterez-vous pas et ne me permettrez-vous pas de respirer? J'ai péché! Que vous ferai-je, ô gardien des hommes? Pourquoi m'avez-vous mis en butte à tous vos traits, de sorte que je suis devenu à charge à moi-même? Pourquoi n'ôtez-vous point mon péché et n'effacez-vous point mon iniquité? Car voici que je vais me coucher dans la poussière. Vous me chercherez dès le matin, et je ne serai plus (Job, 7).

Baldad de Sué soutient que les malheurs de Job sont la peine de ses péchés, traite sa vertu d'hypocrisie et l'exhorte à se convertir. Dieu foule-t-il aux pieds la justice? et le Tout-Puissant renverse-t-il les règles de l'équité? Bien qu'il ait livré vos enfants, qui ont péché contre lui, à la peine de leur impiété, néanmoins, si vous vous empressez d'aller à Dieu et que vous imploriez le Tout-Puissant, si vous marchez pur et droit, il s'éveillera aussitôt pour vous secourir, et il rendra la paix à votre demeure, où vous vivrez en justice, et votre première fortune aura été peu, en comparaison de la dernière. Interrogez les générations primitives, consultez avec soin la mémoire de leurs pères (car, pour nous, nous sommes d'hier et ne savons rien, parce que nos jours sur la terre sont comme l'ombre); ce sont eux qui vous instruiront; ils vous parleront et ils tireront du fond de leur cœur ces sentences : Le roseau verdira-t-il sans humidité? Le jonc croîtra-t-il sans eau? fût-il dans sa force, si l'humidité lui manque, sans qu'il soit arraché, il sèche avant toutes les plantes. Tel est le sort de tous ceux qui oublient Dieu : ainsi périra l'espérance de l'hypocrite (Job, 8).

Vraiment je sais, répondit Job, qu'il en est ainsi, et que l'homme, comparé à Dieu, ne saurait être trouvé juste. Si Dieu lui demandait compte de ses actions, entre mille, il ne pourrait en justifier une seule. Dieu est sage de cœur et puissant de force. Qui jamais lui a résisté a trouvé la paix? C'est lui qui transporte les montagnes sans qu'elles s'en aperçoivent; lui qui les renverse dans sa fureur. Il remue la terre de sa place, et ses colonnes sont ébranlées; il commande au soleil, et le soleil ne se lève pas; il tient sous un sceau les étoiles. Lui seul a étendu les cieux et marche sur les flots de la mer. C'est lui qui a fait la constellation de l'ourse, de l'orion, des hyades, et celles qui sont plus proches du midi. Il fait des choses grandes qu'on ne saurait comprendre, et des choses merveilleuses qu'on ne saurait nombrer. S'il vient à moi, je ne le verrai point, et s'il s'éloigne, je ne m'en apercevrai point. S'il lui plaît de ravir, qui le fera restituer? Qui lui dira : Qu'avez-vous fait? Il est Dieu, et nul ne peut résister à sa colère. Sous lui fléchissent ceux qui soutiennent l'univers. Que suis-je donc, moi, pour lui répondre et pour oser lui parler? Quand même je serais juste, je ne répondrais point, mais j'implorerais mon juge. Et, lorsqu'il aurait exaucé ma prière, je ne croirais pas qu'il eût entendu ma voix, car il me brisera dans le tourbillon et il multipliera mes plaies sans que j'en sache aucun motif. Il ne me laisse pas respirer, mais il me rassasie d'amertumes. S'agit-il de la force? il est tout-puissant. S'agit-il de justice? qui pourra lui assigner un jour? Si j'entreprends de me justifier, ma bouche me condamnera; si je veux montrer que je suis innocent, il me convaincra d'être coupable. Quand même je serais sans tache, mon âme l'ignorera et ma vie me sera à charge. Tout ce que j'ai dit se réduit donc à cela : Dieu afflige en ce monde le juste comme l'impie; par conséquent, on a tort de croire que je suis coupable, parce que je suis affligé (Job, 9, 2-22).

O Seigneur, je tremblais à chaque œuvre que je faisais, sachant que vous ne me pardonneriez pas si je péchais. Que si après cela je suis encore un impie, pourquoi ai-je travaillé en vain (Ibid., 28 et 29)?

Mon âme est lasse de la vie, je m'abandonnerai aux plaintes contre moi-même, je parlerai dans l'amertume de mon âme. Je dirai à Dieu : Ne me condamnez pas; faites-moi connaître pour quoi vous êtes en procès avec moi. Vous est-il bon d'opprimer, de réprouver l'ouvrage de vos mains et de favoriser les desseins des impies? Avez-vous des yeux de chair? et voyez-vous ainsi que l'homme voit? Vos jours sont-ils semblables aux jours de l'homme, et vos années comme la vie d'un mortel, pour vous informer de mon iniquité, et faire une diligente recherche de mon péché? Vous savez que je n'ai rien fait d'impie; car qui pourrait m'arracher de vos mains (suivant les Septante)? Ce sont vos mains qui m'ont formé; ce sont elles qui ont disposé toutes les parties de mon corps : et vous voudriez m'abîmer après cela? Souvenez-vous, je vous prie, que vous m'avez fait comme un vase d'argile, et que vous me réduirez en poussière. N'avez-vous pas préparé ma substance comme du lait? Ne l'avez-vous pas fait épaissir comme du fromage? Vous m'avez revêtu de peau et de chair; vous m'avez affermi par des os et par des nerfs. Vous m'avez donné la vie et la miséricorde, et la continuation de votre secours a conservé mon souffle. Quoique vous teniez ces choses cachées en vous-même, je sais néanmoins que vous avez mémoire de tout. Si, lorsque j'étais pécheur, vous m'avez conservé, refuseriez-vous de me purifier de mon iniquité? Si j'ai vécu en impie, malheur à moi ! je dois être puni; mais si j'ai vécu en juste, je ne lèverai pas la tête, étant rassasié d'affliction et de misère. Si je m'enorgueillis, vous me poursuivrez comme une lionne, et, revenant à l'attaque, vous me tourmenterez d'une façon prodigieuse (Job, 10, 1-16).

Des idées, des expressions pareilles étonneront plus d'un lecteur. Ceux qui connaissent deux saints modernes, comparables à Job pour l'éminence des vertus, la solidité d'esprit, la grandeur d'âme, sainte Thérèse et saint Jean de la Croix ne s'en étonneront pas. Ils ont appris d'eux par quelles incompréhensibles épreuves Dieu conduit les âmes privilégiées au sommet de la perfection : épreuves tantôt douces, tantôt terribles, où l'homme meurt successivement à la vie des sens et à la vie purement humaine, pour vivre enfin d'une vie entièrement divine; mort et vie mystiques, dont la vie et la mort corporelles ne sont qu'une ombre. Ils savent comme se vérifie tous les jours, dans les âmes saintes, ce qu'a dit un philosophe païen : « Dieu, qui aime passionnément les bons, et qui veut les rendre les meilleurs et le plus excellents qu'ils puissent être, leur assigne un destin pour les exercer. Un spectacle vraiment digne de Dieu, c'est un homme de cœur aux prises avec l'infortune (1). »

Le troisième ami de Job, Sophar, de Naamath, était encore loin de le comprendre. Au lieu de féliciter le saint homme que Dieu l'eût jugé digne d'être ainsi donné en spectacle au monde entier, et aux anges et aux hommes, il ne cherche qu'à le désoler. « Qu'il serait à souhaiter, dit-il, que Dieu parlât lui-même avec vous, et qu'il vous ouvrît ses lèvres pour vous découvrir les secrets de sa sagesse et l'étendue des préceptes de sa loi ! Vous comprendriez alors qu'il exige de vous beaucoup moins que ne mérite votre iniquité. » A des paroles aussi dures, il ajoute, pour l'engager à se convertir, des réflexions fort belles, mais communes, sur la providence de Dieu (Job, 11). Aussi Job répond-il avec une grande supériorité de raison et d'éloquence :

Vraiment ! vous êtes tout le monde, et la sagesse mourra avec vous! J'ai cependant un cœur comme vous, et je ne vous suis point inférieur en lumières; car qui est-ce qui ignore ce que vous savez? Celui qui, comme moi, devient l'objet des railleries de son ami, invoquera Dieu, et Dieu l'exaucera. L'innocent, le juste est en butte à la dérision. C'est une lampe que dédaignent les heureux du siècle; mais elle luira en son temps. Les brigands habitent des tentes paisibles, et ils provoquent audacieusement Dieu, qui leur a mis entre les mains tout ce qu'ils possèdent. En effet, interroge les animaux, et ils t'enseigneront;

(1) Miraris tu, si Deus ille bonorum amantissimus, qui illos quam optimos esse atque excellentissimos velit fortunam illis cum quâ exerceantur, assignat! — Ecce spectaculum dignum, ad quod respiciat Deus : ecce par Deo dignum, vir fortis cum malâ fortunâ compositus (Senec., de Provident.).

les oiseaux du ciel, et ils t'instruiront. Parle à la terre, et elle t'apprendra; et les poissons de la mer te raconteront. Qui ne connaît par toutes ces choses que c'est la main de Jéhova qui a fait ceci? lui qui tient dans sa main l'âme de tout ce qui a vie, et tous les esprits qui animent la chair des hommes. L'oreille ne distingue-t-elle pas les paroles, et le palais le goût des aliments? La sagesse est de même dans les vieillards, et la prudence dans la longueur des jours. Mais avec Dieu est la sagesse et la force; à lui appartiennent le conseil et l'intelligence. Il renverse, et nul ne pourra édifier; il emprisonne l'homme, et nul ne peut lui ouvrir. Voilà qu'il retient les eaux, et tout se dessèche; il les lâche, et elles bouleversent la terre. Oui, la force et la sagesse résident en lui; il connaît et celui qui trompe, et celui qui est trompé.

Il enlève aux conseillers leur prudence, et il frappe d'étourdissement les juges. Il ôte aux rois leur baudrier, et ceint leurs reins d'une corde. Il fait marcher les pontifes sans gloire, et il renverse les grands. Il fait changer de langage à ceux qui annonçaient la vérité, et il retire la science aux vieillards. Il répand la confusion sur les princes, et affaiblit la puissance des forts. Il dévoile ce qui était caché dans de profondes ténèbres, et il produit à la lumière l'ombre même de la mort. Il élève les nations, et il les perd; il les abaisse pour les relever encore. Il ôte l'intelligence aux chefs des peuples de la terre, et les laisse s'égarer dans un chaos sans route. Ils tâtonneront dans les ténèbres et non dans la lumière; il les fera chanceler comme un homme ivre (Job, 12).

L'homme, né de la femme, vivant peu de jours, est abreuvé de chagrins. Il s'élance comme la fleur, et il est retranché comme elle; il fuit comme l'ombre, et ne demeure jamais le même. Et vous, Seigneur, vous ouvrez là-dessus les yeux! Vous me faites entrer en jugement avec vous! Qui peut rendre pur ce qui est né de l'impur? nul, si ce n'est vous. Si les jours de l'homme sont déterminés, si le nombre de ses mois est en vos mains, si vous lui avez marqué des bornes qu'il ne peut franchir, détournez-vous de lui un peu, afin qu'il ait quelque relâche, jusqu'à ce qu'il trouve, comme le mercenaire, la fin désirée de ses travaux. L'arbre n'est pas sans espérance; si on le coupe, il se renouvellera, et son rejeton ne périt point. Quand sa racine aurait vieilli dans la terre, quand son tronc serait desséché dans la poussière, il germe dès qu'il respire l'eau, et il se couvre de rameaux comme s'il venait d'être planté. Mais l'homme meurt; il languit, il expire; alors, où est-il? Les eaux de la mer se sont en allées en vapeur, le fleuve tarit et dessèche: ainsi est couché l'homme et il ne se lèvera point; ils ne se réveilleront point, ils ne sortiront point de leur sommeil, jusqu'à ce que les cieux ne soient plus. Qui me donnera que vous me mettiez à couvert dans le séjour des morts, et que vous m'y cachiez jusqu'à ce que votre fureur soit passée, et que vous me marquiez un temps où vous vous souviendrez de moi? L'homme meurt-il; il revivra néanmoins. Durant tous mes jours, j'espérerai ma résurrection, jusqu'à ce que vienne le temps où je reverdirai. Alors vous m'appellerez et je vous répondrai; vous tendrez la main à l'ouvrage de vos mains. Encore que maintenant vous y comptiez tous mes pas, cependant vous ne garderez pas mon péché (Job, 14).

Dans ces dernières paroles, pour lesquelles nous avons suivi la traduction d'un savant orientaliste d'Allemagne (Michaëlis), Job manifeste sa ferme croyance, non-seulement à l'immortalité de l'âme, mais à la résurrection future de son corps. Il se considère comme un arbre, dont la mort coupe le tronc, mais dont la racine demeure en terre. Elle y demeure longtemps stérile; mais enfin, lorsque les cieux auront disparu, elle respirera les eaux de la vie éternelle, et reproduira l'homme d'une éternelle jeunesse.

On croirait que les amis de Job vont être touchés de ses beaux sentiments; mais non. Job avait dit que, Dieu affligeant souvent en ce monde les justes comme les pécheurs, on ne pouvait pas conclure contre lui qu'il était coupable, parce qu'il était affligé. Eux, préoccupés de l'idée que, dans ce monde même, les bons sont toujours heureux et les méchants toujours malheureux, lui reprochent ce raisonnement comme une orgueilleuse impiété, sous prétexte qu'alors Dieu ne serait pas juste, et qu'il serait inutile de le prier. Tel est en substance le second discours d'Éliphaz, qui termine par une belle description des remords qui poursuivent le méchant jusque dans la prospérité (Job, 5).

J'ai entendu souvent de pareils discours, lui répond Job; et vous êtes tous des consolateurs importuns. Ces discours en l'air ne finiront-ils jamais? Qu'ai-je donc fait pour mériter de pareilles réponses? Je pourrais aussi moi-même parler comme vous, et plût à Dieu que votre âme fût au même état que la mienne! je vous consolerais de même par mes discours. Puis, après un rapide tableau des maux qu'il endure, il ajoute : J'ai souffert tout cela sans que ma main fût souillée de l'iniquité que vous me reprochez; mes prières à Dieu étaient pures. Terre, ne couvre point mon sang, et que mes cris ne se trouvent point étouffés dans ton sein; car le témoin de mon innocence est dans le ciel, et celui qui connaît le fond de mon cœur réside en ces lieux sublimes. Mes amis sont des rhéteurs; mes larmes s'adressent à Dieu (Ibid., 16).

Piqué des reproches de Job, Baldad réplique : « Jusques à quand vous répandrez-vous en tant de paroles? Comprenez auparavant, et après cela nous vous parlerons. Pourquoi passons-nous pour votre esprit pour de stupides animaux, et pourquoi n'avez-vous que du mépris pour nous? Si vous êtes résolu de perdre votre âme dans votre fureur, la terre sera-t-elle abandonnée à cause de vous, et les rochers seront-ils transportés hors de leur place? La lumière de l'impie ne s'éteindra-t-elle pas, et la flamme de son feu ne cessera-t-elle pas de briller? » Ces derniers mots commencent encore un tableau très-poétique, mais exagéré, des malheurs du méchant (Job, 18).

La réponse de Job est admirable de douleur et d'espérance. « Jusques à quand affligerez-vous mon âme et m'abattrez-vous par vos discours? Voilà déjà dix fois que vous voulez me confondre et que vous ne rougissez point de m'accabler. Quand je me serais égaré, mon égarement ne regarde que moi seul, mais vous vous élevez contre moi, et vous me faites un crime de mes humiliations. Sachez maintenant que Dieu m'a renversé et qu'il m'a environné de son filet : je crie à la violence, et je ne suis point exaucé; j'élève la voix, et on ne me fait point justice. Il a fermé mon chemin et je ne puis avancer; il a couvert de ténèbres le sentier où je marchais. Il m'a dépouillé de ma gloire, il m'a ôté la couronne de dessus la tête; il m'a détruit de tous côtés et je péris; il m'a ôté toute espérance, comme un arbre qui est arraché. Sa fureur s'est enflammée contre moi, et il m'a traité comme son ennemi; ses bataillons m'ont enveloppé de concert : ils se sont ouvert un passage jusqu'à moi, et ont campé autour de mon pavillon. Il a éloigné de moi mes frères, mes amis me sont devenus étrangers; mes proches m'ont abandonné, ceux qui me connaissaient m'ont oublié. Les gens de ma maison et mes servantes m'ont regardé comme un inconnu, et je leur ai paru comme un étranger; j'ai appelé mon serviteur et il ne m'a pas répondu; cependant je le suppliais moi-même; mon haleine était en horreur à ma femme, je la conjurais pour l'amour des enfants sortis de son sein. Les insensés mêmes me méprisent : à peine les ai-je quittés, qu'ils médisent de moi. Ceux qui étaient autrefois mes confidents m'ont en exécration, et celui que j'aimais le plus s'est détourné de moi; ma peau s'est desséchée jusqu'à mes os, il ne me reste plus d'autre chair que mes lèvres. Ayez pitié de moi! ayez pitié de moi, vous au moins qui êtes mes amis! car la main du Seigneur m'a touché. Pourquoi me persécutez-vous de même que Dieu, et comment ne vous rassasiez-vous point du spectacle de ma chair? Qui m'accordera que mes paroles soient écrites? qui me donnera qu'elles soient tracées dans un livre, qu'elles soient gravées sur une lame de plomb avec un style de fer, ou sur la pierre avec un ciseau? car je sais que mon Rédempteur est vivant, et qu'au dernier jour je ressusciterai de la terre; et je serai revêtu de nouveau de ma peau, et je verrai mon Dieu dans ma chair; je le verrai moi-même et non un autre, et je le contemplerai de mes propres yeux : cette espérance repose dans mon sein (Job, 19, 2-27). »

Job, vainqueur des tourments et râclant avec un têt la pourriture de sa chair, consolait ses misères par l'espoir et la vérité de la résurrection. Quoi de plus clair que cette prophétie? Nul, après le Christ, n'a parlé de la résurrection si ouvertement que celui-ci n'a fait avant le Christ. Le Seigneur n'était pas encore mort, et cet athlète de l'Église voyait déjà son Rédempteur ressuscitant des enfers. Ainsi parle saint Jérôme, et, avec lui, tous les saints docteurs (Adv. error. Joan. Hieros.).

De nos jours, parmi les exégètes protestants, il s'en est rencontré quelques-uns qui, trouvant les paroles de Job trop claires, ont tenté de les obscurcir. Mais voici comme s'explique là-dessus le plus savant de tous ces savants (Michaëlis) : Pour moi, je ne saurais entendre ces paroles que de l'espérance d'une vie future après la mort; si d'autres, pour l'ordinaire médiocres connaisseurs de l'hébreu, les interprètent en ce sens, que Job espérait encore pour cette vie le retour d'une meilleure fortune, il leur faut non-seulement faire à ces paroles la plus extrême violence, mais encore, dans cette même profession de foi qu'il veut qui soit transmise à la postérité, mettre Job en contradiction avec tout ce qu'il a dit précédemment, et cela sur le point capital. En effet, voici sur quoi s'était élevé le débat avec ses amis : Eux le consolaient par cette espérance que, s'il se convertissait, Dieu ne l'abandonnerait pas, mais lui rendrait et sa première santé et sa première fortune. Lui repoussait cette consolation comme un absurde verbiage. Si donc il se promettait ici ni plus ni moins que ce que lui avait déjà promis Éliphaz dans le cinquième chapitre, le débat tout entier aurait pu n'avoir pas lieu; du moins Job rétracterait maintenant tout ce qu'il a dit jusqu'alors, et donnerait gain de cause à Éliphaz. Mais, certainement, la profession de foi que fait ici Job ne ressemble en aucune manière à une rétractation. Voilà comme s'explique Michaëlis. On s'étonnera peut-être que de ses coreligionnaires se plaisent à torturer ainsi les paroles de l'Écriture. A cela il n'y a rien d'étonnant. Dans le protestantisme, chacun peut se faire à son gré sa religion, sa morale, sa religion même; tout ce qui ne s'y accordera point, soit dans la Bible, soit dans la raison commune du genre humain, il peut le rejeter comme une extravagance. Qu'un de ces individus s'imagine donc que, puisque Job n'a pas eu les mêmes avantages que lui, qu'il n'a pas eu le bonheur, comme lui, de naître dans le protestantisme et d'étudier à telle université allemande, il n'a pu avoir aucune idée de l'immortalité de l'âme ni de la résurrection des corps, il en conclura naturellement que les passages où il en parle avec tant de clarté ont été, jusqu'à lui, mal lus, mal traduits, mal interprétés par tous les chrétiens, et que lui seul est la lumière du monde. Prions Dieu d'accorder à ces hommes de devenir humbles de cœur afin de devenir sages d'esprit, et bénissons-le d'avoir si admirablement établi la foi catholique, que nul ne peut l'attaquer en rien sans attaquer par là seul le fondement de la raison humaine, et poser, comme principe de toute sagesse, ce principe de toute folie : Seul je suis plus éclairé que tous les chrétiens, que tous les hommes.

Les amis de Job continuent de lui parler, et lui de leur répondre. Sophar, sans lui adresser de reproche, dépeint les châtiments dont Dieu punit les méchants; Éliphaz lui dit sans détour que sa malice est à son comble et que ses iniquités sont infinies; Baldad relève la grandeur et la sainteté de Dieu : tous les trois supposant toujours que Dieu n'afflige en ce monde que les méchants. Job leur soutient que les impies jouissent souvent ici-bas d'une longue prospérité, et que le crime y est souvent impuni, parce que Dieu en réserve ordinairement la vengeance après cette vie. Et rien de plus vrai. Dieu est souverainement juste. Sous lui, point de bien qui ne doive être récompensé, point de mal qui ne doive être puni; mais, pour le faire, il a non-seulement le temps, mais l'éternité. Or, point de si méchant qui ne fasse quelque bien; Dieu l'en récompense dès ce monde par quelque prospérité temporelle, en attendant qu'il punisse ses crimes éternellement dans l'autre. D'un autre côté, point de si bon qui ne fasse quelque mal; Dieu l'en punira souvent dans le temps, pour n'avoir qu'à le récompenser dans l'éternité. Cependant il punira quelquefois les méchants d'une manière visible, comme il récompensera quelquefois visiblement les bons, afin qu'on se souvienne toujours qu'il est le maître. Les amis de Job avaient donc tort de plus d'une manière, lorsqu'ils concluaient de son malheur que ce devait être un méchant et un hypocrite. Aussi le saint patriarche leur répond à la fin :

LIVRE V. — JOB, FIGURE ET PROPHÉTIE DU CHRIST.

« Vive Dieu qui diffère de me rendre justice ! Vive le Tout-Puissant qui a rempli mon âme d'amertume ! Tant qu'un souffle de vie sera en moi et que l'esprit de Dieu animera mon corps, mes lèvres ne prononceront rien d'injuste, ma langue ne proférera pas le mensonge. Loin de moi de vous croire équitables : tant que je vivrai, je protesterai de mon innocence. Je n'abandonnerai point ma justification que j'ai commencé de faire; car mon cœur ne me reproche rien de ce que vous m'imputez, dans toute ma vie (Job, 27, 2-6). »

« Qui me donnera d'être comme autrefois, comme dans ces jours où Dieu m'avait en sa garde ! lorsque sa lampe luisait sur ma tête, et qu'à sa lumière je marchais dans les ténèbres; comme j'étais aux jours de ma jeunesse, lorsque le secret de Dieu couvrait ma tente; lorsque le Tout-Puissant était avec moi, et que mes enfants m'entouraient; lorsque je lavais mes pieds dans le beurre, et que la pierre me versait des ruisseaux d'huile; lorsque j'allais siéger à la porte de la ville, et que l'on me préparait mon tribunal dans la place publique. Les jeunes gens me voyaient et se cachaient, et les vieillards se levaient et demeuraient debout. Les princes cessaient de parler, ils mettaient le doigt sur leur bouche; les grands retenaient leur voix, et leur langue demeurait attachée à leur palais. L'oreille qui m'écoutait admirait mon bonheur, et l'œil qui me voyait me rendait témoignage, parce que je délivrais le pauvre qui criait, et l'orphelin qui n'avait point de protecteur. Celui qui était près de périr me comblait de bénédictions, et je remplissais de consolation le cœur de la veuve. J'étais revêtu de la justice, elle me servait de manteau; l'équité était mon diadème. J'étais l'œil de l'aveugle et le pied du boiteux. J'étais le père des pauvres, et je m'instruisais avec soin des causes que je ne connaissais pas. Je brisais les mâchoires de l'injuste, et je lui arrachais sa proie d'entre les dents. Je disais : Je mourrai dans mon petit nid, et je multiplierai mes jours comme le palmier. Ma racine s'est étendue le long des eaux, et la rosée reposera toujours sur mes branches. Ma gloire se renouvellera tous les jours, et mon arc se fortifiera dans ma main. Ceux qui m'écoutaient étaient dans l'attente; ils recevaient avec une silencieuse attention mes avis. Après mes paroles, ils n'ajoutaient plus rien : mon discours distillait sur eux. Ils me souhaitaient comme l'eau du ciel, et leur bouche entr'ouverte semblait recueillir la pluie d'automne. Si je souriais à leur vue, à peine s'ils pouvaient le croire, et la lumière de mon visage ne tombait point à terre. Si je voulais aller parmi eux, j'occupais la première place, et quoique je fusse parmi eux comme un roi au milieu de ses gardes, j'étais cependant le consolateur des affligés (Job, 29). »

« Mais maintenant je suis en dérision à de plus jeunes que moi, à des gens dont je n'aurais pas daigné mettre les pères avec les chiens de mon troupeau; à des misérables qui rôdent dans les déserts, qui habitent dans les cavernes : race ignoble et rebut de la terre.

» Maintenant mon âme est consumée en moi, le jour de l'affliction pèse sur ma tête. La nuit ronge mes os; les vers qui me dévorent ne dorment point. Mon vêtement est dévoré par leur multitude. Je suis plongé dans la fange, et devenu semblable à la poussière et à la cendre. Je crie vers vous, ô mon Dieu ! et vous ne m'écoutez point, je me tiens devant vous, et vous ne me regardez point. Vous êtes comme changé et devenu cruel envers moi, et vous m'opposez la dureté de votre main. Vous m'avez élevé, et, me tenant comme suspendu en l'air, vous me brisez tout entier. Je pleurais autrefois sur celui qui était affligé, et mon âme compatissait au malheur du pauvre. J'attendais le bonheur, et il m'est venu des maux; j'attendais la lumière, et les ténèbres m'ont enveloppé. Mes entrailles bouillonnent sans relâche; les jours de calamité ont fondu sur moi. Ma peau est devenue toute noire, et mes os se sont desséchés dans l'ardeur qui me consume. Ma harpe s'est changée en deuil, et ma lyre en voix de pleurs (Job, 30). »

« J'ai fait un pacte avec mes yeux, pour ne pas même penser à une vierge...

» Si j'ai dédaigné d'entrer en éclaircissement avec mon serviteur et avec ma servante lorsqu'ils se plaignaient de moi, que ferai-je quand Dieu se lèvera pour juger? et lorsqu'il interrogera, que lui répondrai-je? Celui qui m'a créé dans le sein de ma mère ne l'a-t-il pas créé de même ? Si j'ai repoussé la prière du pauvre, si j'ai fait languir les yeux de la veuve, si j'ai mangé seul mon morceau, si je ne l'ai pas partagé avec l'orphelin; mais dès ma plus tendre jeunesse, l'orphelin a trouvé en moi un père; dès mon enfance j'ai conduit les pas de la veuve. Si j'ai vu avec indifférence celui qui périssait faute de vêtement, et le pauvre qui n'avait pas même de quoi se couvrir ; si les membres de son corps ne m'ont pas béni, parce qu'ils ont été réchauffés par la toison de mes brebis. Si j'ai levé ma main sur le pupille, lors même que je me voyais le plus puissant dans l'assemblée des juges, que mon épaule tombe de sa jointure, et que mon bras se brise avec tous ses os... Si j'ai mis ma force dans mes richesses, et si j'ai dit à l'or : Tu es mon espérance; si j'ai placé ma joie dans mon opulence, dans les trésors que mes mains ont amassés...., si je me suis réjoui de la ruine de celui qui me haïssait, si j'ai été ravi du mal qui lui était arrivé; mais je n'ai point permis à mes lèvres de pécher par des imprécations contre son âme... L'étranger n'a point couché dehors; ma porte était ouverte au voyageur... Si ma terre crie contre moi, et si ses sillons pleurent avec elle; si j'ai consumé ses fruits sans l'avoir payée, et si j'ai affligé le cœur de ceux qui la cultivaient, qu'elle produise pour moi, au lieu de froment, des ronces; au lieu d'orge, des épines (Job, 31). »

Après cela les trois amis de Job cessèrent de lui répondre, voyant qu'il continuait à se croire juste. Un nouveau personnage apparaît alors : Eliu, fils de Barachel, de Buz, de la famille de Ram. Il pouvait être des descendants de Buz, fils de Nachor, Araméen ou Syrien : Ram peut être mis ici pour Aram. Eliu s'irrita et contre Job et contre ses amis : contre Job, de ce qu'il se justifiait aux dépens de Dieu; contre ses amis, de ce qu'ils l'avaient condamné sans avoir rien à répondre à ses plaintes. Comme il leur était inférieur en âge, il avait attendu qu'ils eussent fini de parler. Quand il vit donc qu'ils n'avaient plus rien à dire, plein d'indignation, il parla en ces termes : « Je suis jeune encore et vous êtes avancés en âge : c'est pourquoi j'ai baissé la tête sans oser déclarer mon sentiment. Je disais : Les longs jours parleront, et les nombreuses années enseigneront la sagesse. Sans doute, l'esprit est dans l'homme, mais c'est l'inspiration du Tout-Puissant qui donne l'intelligence. Ce ne sont pas toujours les plus élevés qui sont les plus sages, ni les vieillards qui comprennent le mieux ce qui est juste. C'est pourquoi je parlerai : Ecoutez-moi, et je ferai voir aussi, moi, ce que je sais (Job, 32, 2-10). »

Or, ce que sait le nouvel interlocuteur, c'est de redire à peu près les mêmes choses que les autres avaient déjà dites ; c'est de prendre en mauvaise part quelques expressions de Job, dont il exagère encore la vivacité ; c'est de l'accuser d'orgueil, de présomption, de blasphème : le tout par zèle pour la cause de Dieu, et en protestant toujours qu'il ne demandait qu'à être redressé. Ni Job ni ses amis ne lui répondent ; il parle seul à plusieurs reprises, et finit par un tableau de la puissance et de la sagesse de Dieu.

Alors Jéhova répondit à Job, ou plutôt à l'homme en général, du milieu d'un tourbillon : « Qui est celui-là, obscurcissant des sentences par d'ignorants discours ? Ceins tes reins, comme un homme prêt au combat ; je vais t'interroger, réponds-moi : Où étais-tu quand je jetais les fondements de la terre ? dis-le-moi, si tu as l'intelligence. Qui en a réglé toutes les mesures, le sais-tu ? Qui a tendu sur elle le cordeau ? Sur quoi ses bases sont-elles affermies ? Qui en a posé la pierre angulaire ? Lorsque les astres du matin me louaient tous ensemble, et que tous les enfants de Dieu étaient ravis de joie ? Qui enferma la mer dans des digues, lorsqu'elle se déborda du sein maternel ; lorsque je lui donnai les nuées pour vêtement et que je l'enveloppai d'obscurité comme de bandelettes ? Je l'ai enchaînée par ma loi, je lui ai opposé des leviers et des portes, et j'ai dit : Tu viendras jusque-là et tu n'iras pas plus loin ; là, tu briseras l'orgueil de tes flots. Est-ce toi qui depuis tes jours commandes à l'étoile du matin ? qui prescris à l'aurore le lieu où elle se lève ? Est-ce toi qui, saisissant la terre, l'as secouée et en a précipité les impies ? Elle s'en imprimera le cachet dans l'argile ; elle en portera les marques comme un vêtement. La lumière des impies leur sera ôtée, et leur bras élevé sera brisé. As-tu pénétré jusqu'aux sources de la mer ? As-tu marché dans le secret de l'abîme ? Les portes de la mort te sont-elles été ouvertes ? Les portiers de l'enfer ont-ils tremblé à ton aspect (suivant les Septante) ? As-tu considéré jusqu'aux latitudes de la terre ? Parle, si tu la connais tout entière. Dans quel lieu la lumière habite-t-elle ? Quel est le séjour des ténèbres ? en sorte que tu conduises chacune à leur limite et que tu saches les sentiers de leur maison. Sans doute, tu le sais, car tu étais né alors, et le nombre de tes jours est immense ! Es-tu entré dans les arsenaux de la neige, as-tu vu les arsenaux de la grêle, que je tiens en réserve pour le temps ennemi, pour le jour de la guerre et du combat ? Par quelle voie se divise la lumière et se dispersent sur la terre les vents brûlants ? Qui a ouvert un cours aux torrents des nuées, et un passage aux éclats du tonnerre, pour faire pleuvoir sur une terre où il n'y a personne, dans la solitude où ne demeure aucun mortel, pour abreuver des lieux déserts et désolés, et pour y faire germer un gazon verdoyant ? La pluie a-t-elle un père ? Et qui a engendré les gouttes de la rosée ? Du sein de qui la glace est-elle sortie ? et les frimas du ciel, qui les a mis au jour ? Les eaux se transforment en pierre, et la surface de l'abîme est enchaînée. Est-ce qui rapprocheras les pléiades et qui sépareras les étoiles d'orion ? Feras-tu lever les signes célestes chacun en son temps ? Conduiras-tu l'ourse avec sa brillante race ? Connais-tu les lois du ciel ? Es-tu l'auteur de leur influence sur la terre ? Élèveras-tu la voix jusqu'aux nues, et les eaux se répandront-elles aussitôt sur toi avec abondance ? Que tu envoies les foudres, partent-elles ? Et te diront-elles au retour : Nous voici ? Qui racontera l'ordre des cieux ? Qui endormira leur harmonieux concert ? »

« Est-ce toi qui amènes sa proie à la lionne et qui rassasies les lionceaux, lorsque, couchés dans leurs antres, ils épient du fond de leurs tanières ? Est-ce toi qui prépares au corbeau sa pâture, lorsque ses petits, errant çà et là, crient à Dieu parce qu'ils n'ont rien à manger ? Sais-tu quand enfantent les biches et les chèvres sauvages ?... qui laisse aller l'onagre en liberté et qui a brisé ses liens ?... Le rhinocéros voudra-t-il te servir ? passera-t-il la nuit près de ta crèche ? Le lieras-tu au joug pour fendre les sillons, pour aplanir tes champs dans les vallées ?... Est-ce toi qui as donné au paon son plumage, au héron son aigrette, à l'autruche ses plumes superbes ?... Est-ce toi qui as donné la force au cheval, et qui as hérissé son cou d'une crinière mouvante ?... Est-ce par ta sagesse que l'épervier s'élance dans les airs, et qu'il étend ses ailes vers le midi ? Est-ce à ta voix que l'aigle s'élèvera jusqu'aux nues, et qu'il placera son nid sur le sommet des rochers (Job, 38 et 39) ? »

Ces magnifiques interrogations sont bien propres à faire sentir à l'homme que, puisqu'il se perd dans la nature matérielle qui l'environne, il ne doit pas entreprendre de juger son Créateur, ni de prononcer sur les secrets de sa providence. Dieu le fait bien entendre à Job, quand il ajoute ces paroles : Celui qui dispute avec le Tout-Puissant s'instruira-t-il ? Certes, quiconque reprend Dieu, doit lui répondre.

Job dit alors à Jéhova : Faible créature, j'ai parlé légèrement ; que puis-je répondre ? Je mettrai ma main sur ma bouche. J'ai dit une chose que je souhaiterais n'avoir pas dite, et une autre encore, et je n'y ajouterai rien davantage (*Ibid.*, 39).

L'Éternel reprit du milieu du tourbillon : Ceins tes reins comme un homme prêt au combat ; je vais t'interroger : réponds-moi. Oseras-tu anéantir ma justice, et me condamneras-tu pour te justifier ? Ton bras est-il comme celui de Dieu ? et ta voix tonne-t-elle comme la sienne ? Pare-toi donc alors de grandeur et de magnificence, revêts-toi de gloire et de majesté. Répands les flots de ta colère sur l'orgueilleux ; par un seul de tes regards renverse tous les superbes. Jette les yeux sur les impies et qu'ils soient confondus, foule-les aux pieds dans le lieu de leur gloire. Cache-les dans la poussière, défigure leurs corps dans le sépulcre (*Ibid.*, 40).

Après cela, toujours pour faire sentir quelle distance il y a de l'homme à celui qui l'a fait, Dieu décrit à Job deux grands animaux qu'il a créés en même temps que l'homme ; leur nom est *Béhémoth* et *Léviathan*. Par le premier, la plupart des interprètes entendent l'éléphant, quelques-uns l'hippopo-

LIVRE V. — JOB, FIGURE ET PROPHÉTIE DU CHRIST.

tame, animal fort grand, qui vit dans l'eau et sur la terre, et dont il y a un grand nombre dans le Niger, dans le Nil et dans les fleuves de l'Ethiopie. Par le second, les uns entendent la baleine; les autres, peut-être avec plus de fondement, le crocodile.

Job répondit à l'Eternel : Je sais que vous pouvez toutes choses, et que rien de ce que vous avez pensé ne vous est impossible. Qui est celui-là qui, par un effet de son ignorance, prétend dérober à Dieu le conseil et la sagesse ? Oui, j'ai parlé indiscrètement, et de choses qui surpassent infiniment ma science. Ecoutez-moi, disais-je, et je parlerai ; je vous proposerai des questions, répondez-moi. Mais alors je ne savais de vous que ce que mon oreille avait entendu : maintenant mon œil vous voit. C'est pourquoi je m'accuse moi-même, et je fais pénitence dans la poussière et dans la cendre (Job, 42).

L'Eternel ayant parlé de la sorte à Job, dit à Éliphaz de Théman : Ma colère est allumée contre toi et contre tes deux amis, parce que vous n'avez point parlé de moi avec justesse, comme mon serviteur Job. Prenez donc sept taureaux et sept béliers, et allez vers mon serviteur Job, et offrez-les pour vous en holocauste. Job mon serviteur, priera pour vous : je l'écouterai favorablement, afin que votre imprudence ne vous soit point imputée à crime, parce que vous n'avez point parlé de moi avec justesse, comme mon serviteur.

Éliphaz de Théman, Baldad de Sué et Sophar de Naamath s'en allèrent donc, et firent ce que l'Eternel leur avait dit, et l'Eternel écouta favorablement Job. Et quand Job eut prié pour ses amis, l'Eternel lui rendit tout ce qu'il avait perdu, et lui donna le double de ce qu'il possédait auparavant. Tous ses frères, toutes ses sœurs, tous ceux qui l'avaient connu vinrent le trouver et mangèrent avec lui dans sa maison; ils le plaignirent et le consolèrent de toutes les afflictions que l'Eternel lui avait envoyées, et ils lui donnèrent chacun une brebis et un anneau d'or. Par cette brebis, plusieurs entendent une pièce de monnaie où la figure d'une brebis était empreinte (1).

Enfin l'Eternel bénit Job dans son dernier état encore plus que dans son premier. Il eut quatorze mille moutons, six mille chameaux, mille paires de bœufs et mille ânesses. Il eut sept fils et trois filles. Il appela la première *Jour*, la seconde *Cannelle*, et la troisième *Vase-de-Parfum*. Les Arabes et les Persans donnent encore aujourd'hui des noms semblables. Il ne se trouva point sur la terre de femmes aussi belles que ces filles de Job; et leur père leur donna leur part dans son héritage, comme à leurs frères. Job vécut après cela cent quarante ans; il vit ses fils et les enfants de ses fils jusqu'à la quatrième génération, et il mourut âgé et plein de jours (Job, 42).

Telle est l'histoire de Job, écrite d'abord en arabe par lui-même, et puis en hébreu par Moïse : c'est du moins l'opinion la plus vraisemblable. Ce qui n'est pas douteux, c'est qu'elle a dû s'écrire dans le temps même où elle venait d'arriver. Si, avant son malheur, Job n'était pas roi proprement dit de l'Idumée, il était toujours un prince assez puissant pour être comparé à un roi. Il a pu le devenir en effet depuis, la royauté de l'Idumée étant alors élective, comme on le voit par l'Ecriture, où les souverains de ce pays ne se suivent pas de père en fils. Job peut donc être fort bien, ainsi que l'assure positivement l'appendice de la version grecque, le roi d'Edom, Jobab, dont il est parlé dans la généalogie d'Esaü. Joignez à cela le haut rang de ses amis, le bruit que firent ses malheurs dans les contrées circonvoisines, et vous ne pourrez guère douter qu'elle ne fût mise par écrit aussitôt, suivant le désir formel que nous en avons vu témoigner à Job lui-même. Tout nous assure donc que c'est là un des plus anciens livres du monde, si ce n'est pas le plus ancien.

On y voit quelle sagesse cultivait ce patriarche, et comment il la distinguait de l'industrie humaine, qu'il ne connaissait pas moins.

L'homme avide descend dans une mine obscure;
Il y va chercher l'or que le creuset épure;
Il dérobe le fer à l'antre souterrain;
Il calcine la pierre et la change en airain.
Ses pas ont pénétré jusqu'à ces voûtes sombres.
Limites et remparts du royaume des ombres :
Il a su reculer les confins de la nuit.
L'homme à travers le roc, prolonge des vallées
Qu'aucun pas avant lui n'avait encor foulées.
Où ses vastes desseins ne l'ont-ils pas conduit?
La terre, que des fleurs l'émail brillant décore,
Alimente un volcan sourdement allumé,
Qui, nourri dans ses flancs, les brûle et les dévore.
C'est là qu'est le saphir, là que l'or est formé.
L'homme ouvrit ces chemins; le vautour les ignore;
Ils échappent à l'œil de l'habitant des airs,
Aux regards du lion, monarque des déserts.
Jusque dans leur racine ébranlant les montagnes,
L'homme abaisse leur cime au niveau des campagnes;
Il creuse dans le roc un passage aux torrents,
Plonge au fond de leurs eaux ses regards pénétrants;
Son génie à leur cours oppose une barrière.
En des lieux où jamais ne parvint la lumière,
Jusqu'au fond de l'abîme il a porté le jour.
Mais la sagesse, où trouver son séjour?
La sagesse ici-bas à l'homme est étrangère;
Elle n'habite point la terre.
Aux mers la demanderez-vous?
Les mers vous répondront : « Elle n'est point en nous. »
L'homme ignore son prix; vainement la richesse
Voudrait à force d'or, acheter la sagesse.
Préférable à l'onyx, au-dessus du saphir,
Elle efface en valeur l'or même de l'Ophir;
Les brillantes couleurs dont l'opale étincelle,
Les tissus éclatants, les vases précieux,
L'agate et le rubis pâlissent auprès d'elle;
Du diamant de l'Inde elle éclipse les feux;
La topaze est moins pure et la perle moins belle.
Où donc est la sagesse, où trouver ses autels?
La sagesse est cachée aux regards des mortels;
A l'œil perçant de l'aigle elle est même inconnue.
« Sa voix jusqu'à nous est venue, »
Disent la mort et le tombeau;
Mais Dieu voit son séjour, il connaît son berceau,
Lui qui de son regard embrasse
Les mondes infinis dont il peupla l'espace.
Dans son auguste main quand il pesait les airs,
Et quand il mesurait l'eau des profondes mers;
Quand il dictait des lois à la pluie, à l'orage,
Et qu'aux traits de la foudre il frayait un passage,
C'est alors qu'apparut la sagesse à ses yeux;
Il en fit le trésor et l'ornement des cieux.
Il renfermait en lui sa pureté sublime,
Et seul il en sondait l'abîme :
Puis à l'homme il traça ces mots en traits de feu :
« La sagesse est de craindre Dieu (1). »

On y voit par quel intermédiaire cette sagesse arrive jusqu'à nous.

Si tu doutes, des morts interroge la cendre;
Les siècles te diront ce que tu dois apprendre.

---

(1) Le mot latin *pecunia*, de *pecu*, indique une semblable origine.

(1) Job, 28, traduct. de M. Levavasseur.

> Que savons-nous, hélas! L'homme ne vit qu'un jour;
> Il passe comme l'ombre ; il passe sans retour !
> Ecoute ces leçons, noble et saint héritage
> Que les fils à leurs fils transmirent d'âge en âge (1).

On y voit cette sagesse véritable, la religion, conservant ainsi, même hors de la postérité de Jacob, le culte du vrai Dieu, la prière, le sacrifice, l'observation de la loi morale. Les amis de Job y parlent, comme lui, avec foi, avec enthousiasme, du Très-Haut, de son infinie puissance qui a créé le ciel et la terre comme en se jouant, de sa providence paternelle qui veille et pourvoit à tout, de sa miséricorde à pardonner au repentir, de sa justice inévitable à punir le crime impénitent, du touchant ministère de ses bons anges.

> Lorsque de leurs soucis et d'un travail pénible
> Le sommeil vient sur eux verser l'oubli paisible,
> Alors qu'ils sont livrés aux songes de la nuit,
> Dieu, leur ouvrant l'oreille, en secret les instruit.
> Il vient les détourner de la route du crime,
> Les rend à la vertu, les arrache à l'orgueil,
> Et, leur montrant du doigt l'inévitable écueil,
> Les soutient chancelants sur le bord de l'abîme.
> A l'homme il parle encore, quand pâle et sans vigueur,
> Il languit abattu sur le lit de douleur.
> Si l'ange, élu du ciel, qui l'aime et le protège,
> Au pied du trône saint porte son repentir,
> Le Seigneur à ses maux daignera compatir.
> « Va, vole, dira-t-il, et du mal qui l'assiége
> Sauve un pécheur contrit qui se jette en mes bras;
> J'ai trouvé sa rançon, il ne périra pas (2). »

On y voit aussi que les cieux n'ont pas été tout à fait purs aux yeux de l'Eternel, qu'il a trouvé du dérèglement jusque dans ses anges. On y voit Satan, le chef de ces esprits déchus, ne cherchant dans sa volonté perverse qu'à faire le mal, tenter les justes, pousser les méchants à de nouveaux crimes, produire des calamités, et cependant, malgré sa rage, enchaîné dans son action par la main de Dieu. On y voit la première idolâtrie qu'introduit sur la terre ce prince de ténèbres : le culte des astres. « Si, à la vue du soleil dans sa splendeur, et de la lune dans son éclat, dit Job, mon cœur a ressenti une joie secrète; si j'ai porté la main à la bouche en signe d'adoration : tribut sacrilége, renoncement au Très-Haut... » Nous l'avons déjà remarqué, une des premières erreurs, en Orient, fut qu'après avoir créé le monde, Dieu l'abandonna au gouvernement des anges ; de là peut-être l'adoration de ceux qui présidaient aux astres, puis des astres eux-mêmes. Voilà probablement aussi pourquoi les amis de Job semblent insister, non-seulement sur la chute d'une partie des anges, mais encore sur l'insuffisance de tous à gouverner seuls l'univers.

(1) Job, 8-10.
(2) Discours d'Eliu, c. 33, 15-24.

On y voit la dégradation originelle, le péché héréditaire des fils d'Adam.

> L'homme, né de la femme, a peu d'instants à vivre;
> Ses jours sont des jours de douleur;
> Il fuit comme l'éclair, tombe comme la fleur ;
> C'est une ombre qui passe et que l'œil ne peut suivre
> Et c'est sur lui, fantôme d'un moment,
> Que ton regard, grand Dieu, daigne descendre;
> C'est à lui que tu fais entendre
> Ton redoutable jugement !
> Qui peut épurer dans sa course
> Un fleuve empoisonné, corrompu dès sa source (1) !

On y voit ce qui rendit plus grave le péché de notre premier ancêtre.

> Si, comme Adam, me couvrant de mystère,
> J'ai tenu dans mon sein mon crime recélé,
> Que je sois banni de la terre !
> Que de mépris justement accablé,
> Réduit à garder le silence,
> Je n'ose des humains affronter la présence (2) !

On y voit enfin la foi au Rédempteur et à la résurrection future.

> Je sais qu'il est vivant, mon Rédempteur auguste;
> Qu'il doit au dernier jour ressusciter le juste.
> Quand mon corps sera consumé,
> Revêtu de ma chair, à sa voix ranimé,
> Et du tombeau soudain secouant la poussière,
> Je le contemplerai dans toute sa splendeur;
> Oui, mes yeux le verront tout brillant de lumière;
> C'est là le ferme espoir qui repose en mon cœur (3).

Job lui-même est une figure parlante du Sauveur qu'il attend. Comme lui, il est innocent, il est juste, et cependant Dieu le frappe : homme de douleur, un lépreux, meurtri des pieds à la tête, rassasié d'opprobres, méconnaissable à ceux mêmes qui le connaissent. Comme lui, délaissé de ses amis, il cherche un consolateur et n'en trouve point. Comme lui, il s'écrie dans l'amertume de son âme : *Mon Dieu! mon Dieu! pourquoi m'avez-vous abandonné?* Comme lui, bientôt il le reprend : *Mon Père, je recommande mon âme entre vos mains; je sais que mon Rédempteur est vivant : quand même il me ferait mourir, j'espérerai encore en lui.* Comme lui, couvert de plaies, il intercède pour ceux qui l'ont outragé, et Dieu leur pardonne en vertu de sa médiation. Comme lui, il ressuscite à une vie nouvelle, à une vie de bonheur et de gloire inaltérables, où ceux qui l'avaient abandonné reviennent à lui, sont admis à sa table, participent au mérite de ses souffrances passées et à la joie de sa félicité présente.

En un mot, depuis Adam jusqu'à Job, tout nous parle de Jésus-Christ et de son Eglise

(1) Job, 14, 1-4.
(2) C. 31, 33-34.
(3) C. 19, 25-27.

LIVRE SIXIÈME.

Moïse, la Pâque, la sortie d'Egypte, figures prophétiques du Christ et de son Église.

Le genre humain accomplissait l'ordre et la bénédiction de Dieu donnés à Noé et Adam : il croissait et se multipliait, il remplissait la terre et la subjuguait (Gen., c. 1, 28; c. 9, 1). De la plaine de Senaar, Dieu en avait disséminé les diverses familles, pour qu'elles devinssent autant de nations. Les unes, sans demeure permanente, parcouraient avec leurs troupeaux les régions encore peu ou point habitées ; les autres s'étaient fixées dans des contrées particulières ; elles en subjuguaient le sol par l'agriculture, lui faisaient produire le pain et le vin. Non contentes de s'en asservir la surface, elles pénétraient jusqu'à ses entrailles : Job déjà nous fait voir les fleuves emprisonnés dans des digues et contraints d'aller par des chemins inconnus que la main de l'homme leur creuse dans le roc (Job, c. 28). Déjà les montagnes s'étonnaient de ce même homme se frayant des routes dans leur sein, voyant clair dans leurs ténèbres, y découvrant la topaze, l'émeraude, le saphir, transformant la poudre et les pierres en or, en argent, en airain, et se montrant partout ce qu'il est en effet, le second créateur. L'Océan subit également son empire. Depuis que Dieu lui a appris à bâtir une arche, pour passer du monde primitif au monde présent, il n'est plus rien qui l'arrête : les pays que sépare la mer, la navigation les rapproche. Les descendants d'Esaü s'en vont, par la mer Rouge, porter dans l'Inde le baume de Galaad, et en rapportent l'or d'Ophir et l'ivoire. Dans les déserts de sable, l'éléphant et le chameau servent de navires de terre. Les descendants d'Ismaël et de Madian s'en viennent en Egypte vendre les parfums d'Arabie et y acheter le blé. Ce que Dieu fait en grand, l'homme le fait en petit. Par le mystère de l'attraction, Dieu établit une communion d'influences entre tous les corps de l'univers : à son exemple, l'homme, par le commerce, établit entre tous les peuples de la terre une communion de biens matériels, qui deviendra, pour les hommes de bonne volonté, une communion de biens intellectuels. Avec les richesses de l'industrie humaine, se transporteront aussi d'un pays dans un autre les trésors de la sagesse divine. C'est par là que l'histoire de Job s'est conservée chez les Arabes jusqu'à nos jours (*Biblioth. orient.*, art. Ayoub); c'est par là sans doute encore qu'on en découvre des traces jusque dans l'Inde. Il y est parlé d'une assemblée du ciel, où il fut question de savoir s'il y avait sur la terre un prince sans défaut. Un dieu cita pour modèle un roi, son disciple ; un autre soutint, au contraire, que si on le lui abandonnait, il le ferait bientôt rempli de vices. Le défi fut accepté. Le pauvre roi, dépouillé de tout et réduit à la plus affreuse misère, n'en persévéra pas moins dans la pratique de la vertu, et tout le ciel finit par le récompenser. Les Indiens ont pu apprendre cette histoire par leur commerce avec les compatriotes de Job (Lettre du P. Bouchet à l'évêque d'Avranches.)

Heureux l'homme, si, fidèle à sa haute origine, il avait toujours eu la noble ambition de régner sur la terre et sur tout ce qu'elle renferme, et de ne servir que Dieu ! La Phénicie et l'Egypte eussent été les plus accomplies des nations. En peuplant de leurs colonies la Grèce, l'Afrique, les Gaules, l'Espagne, en leur communiquant les éléments des lettres et des arts, elles leur eussent communiqué aussi, dans sa pureté entière, le dépôt toujours plus riche de l'antique sagesse, sagesse qui élève l'homme jusqu'à Dieu ; sagesse que la Phénicie avait entendu célébrer à Abraham, Isaac, Melchisédech, et l'Egypte, à Jacob, à Joseph et à leur postérité. Une puissance ennemie fera manquer tant de bien. Les peuples de l'Egypte et de la Phénicie n'accompliront pas jusqu'au bout le commandement de Dieu. Au lieu de soumettre la terre en tout sens, ils se soumettront à la terre ; au lieu de se rendre un objet de terreur pour tous les animaux, certains animaux deviendront pour eux un objet de terreur religieuse. Ils se prosterneront devant des bêtes, ils les adoreront, ainsi que la terre et les fleuves; ils leur offriront en sacrifice jusqu'au sang de l'homme. Ce n'est pas qu'ils nieront jamais Dieu; au contraire, la puissance ennemie leur en exagérera l'idée; elle leur persuadera que Dieu est tout ce que nous voyons, et que tout ce que nous voyons est Dieu; que, par conséquent, tout doit être adoré. Elle ira jusqu'à diviniser le crime. C'est par ce dernier côté surtout que l'homme se laissera prendre. L'erreur la plus monstrueuse, il l'embrassera aveuglément, dès qu'elle flatte ses convoitises. Plongé dans cette honteuse servitude, il est prêt à toutes les turpitudes. Dieu l'y abandonnera-t-il sans secours ? Non. Ces deux peuples, alors les plus influents sur les autres, il va les instruire par un enseignement terrible et qui retentira dans tout l'univers. Il va se choisir non plus un prophète, non plus seulement un homme, mais un peuple entier, qui, et par ses prospérités et par ses adversités, instruira tous les peuples depuis ces premiers temps jusqu'à la fin du monde.

Ce peuple est la postérité de Jacob. Après la mort de ce patriarche, ainsi que de Joseph et de ses frères, les enfants d'Israël se multiplièrent d'une manière si prodigieuse en Egypte, que le pays en était plein. Mais un nouveau roi s'éleva sur le trône, qui n'avait pas connu Joseph. Il dit à son peuple : Voilà le peuple des enfants d'Israël qui devient plus nombreux et plus fort que nous. Venez donc, et opprimons-le sagement, de peur qu'il ne se multiplie encore davantage, et que, si une guerre s'élève contre nous, il ne se joigne à nos ennemis, et qu'après nous avoir vaincus, il ne sorte de notre terre (Exod., 1, 10).

Opprimons-le sagement ! ce mot seul peint au naturel ce qu'on nomme la politique. Ce que vous entreprenez n'est-il pas injuste ? La politique ne s'embarrasse pas de justice. Ce peuple n'est-il pas la postérité de Joseph, le sauveur de l'Egypte ? La politique ne connaît pas Joseph. Ce peuple n'est-il pas une race spécialement protégée de Dieu ? La politique ne croit de divinité qu'elle-même. Mais si ce peuple vous fait peur, pourquoi craignez-vous qu'il ne s'en aille ? Que ne les congédiez-vous avec des formes amicales ? Le congédier bonnement, nous priver de ses services ! la politique en fera des esclaves. L'intérêt, l'intérêt matériel, voilà sa justice, sa morale, sa religion, son dieu. Pour cela, tous les moyens lui sont bons, même ce qui est bien. Elle commencera par la ruse, pour finir par la violence. Qui douterait encore que ce soit là ce qu'on appelle *politique* ou *art de gouverner les états*, n'a qu'à parcourir l'histoire des siècles les plus récents.

On établit donc sur le peuple d'Israël des intendants pour l'accabler de travaux, et il bâtit à Pharaon des villes de garnison et de magasins, Phitom et Ramessès. Mais plus on l'opprimait, plus il se multipliait et croissait. Outrés de dépit, les Egyptiens l'accablèrent encore davantage, et lui rendaient la vie amère par des travaux pénibles, en mortier, en brique, par toute sorte de travaux à la campagne, outre les travaux domestiques auxquels ils l'astreignaient (Exod., 11-14).

La première de ces villes, nommée *Phitom* dans le latin de la Vulgate, *Pithom* dans le grec des Septante, *Patoume* dans Hérodote, *Pethom* et *Pithom* par les Coptes ou descendants des anciens Egyptiens, se retrouve, au jugement des savants distingués, dans le lieu qui porte le nom de *Thoum* dans l'itinéraire d'Antonin (1). Les mêmes savants ont reconnu Ramessès ou Ramsès, dans un petit village qui porte aujourd'hui le nom de Ramsis, et qui conserve encore les ruines d'une ville antique, placée sur les bords d'un canal qui conduisait les eaux du Nil au lac Maréotis, dans la basse Egypte. Ce nom de Ramsès peut lui avoir été donné, soit par le treizième roi de la dix-huitième dynastie, Mandouéi II, en l'honneur de Ramsès son père, soit par le seizième, Ramsès-Melamoun. Ces deux princes régnèrent, suivant Manéthon, vers les temps où l'on place la naissance de Moïse. Leurs noms, surtout celui du dernier, se retrouvent fréquemment dans les légendes ou inscriptions hiéroglyphiques qu'on a déchiffrées. La ville de Ramsès était bâtie lorsque Moïse écrivait, mais pas encore lorsque Jacob vint en Egypte. Quand donc il est dit que Joseph mit son père et ses frères en possession du pays de Ramessès, Moïse parle ainsi par anticipation du pays où cette ville fut élevée plus tard.

Parmi les ouvrages que les Egyptiens firent exécuter aux enfants d'Israël, l'historien Josèphe met des digues pour arrêter les eaux du Nil, des canaux pour les distribuer de part et d'autre, des murailles pour enfermer des villes, et enfin des pyramides d'une hauteur prodigieuse (*Antiq.*, l. 2, c. 5). Tout

cela est fort croyable ; mais tout cela n'empêchait point ce peuple opprimé de croître de plus en plus. Alors Pharaon appela les sages-femmes, dont les deux principales se nommaient Séphora et Phua, et il leur dit : Quand vous accoucherez les femmes des Hébreux, s'il naît un enfant mâle, tuez-le ; si c'est une fille, laissez-la vivre. Mais les sages-femmes, craignant Dieu, n'exécutèrent point l'ordre cruel du roi, et Dieu les récompensa par de grandes bénédictions sur leurs familles. Pharaon l'ayant su, leur en fit des reproches. Elles s'excusèrent sur ce que les femmes des Hébreux, étant plus fortes et plus habiles que celles d'Egypte, se délivraient toutes seules et sans attendre leur secours (Exod., 1, 15, 21) ; ce qui, selon toute apparence, était vrai, à cause de la vie dure que menaient les femmes israélites, et à cause même de l'ordre cruel du roi, dont sans doute elles auront appris ou du moins soupçonné quelque chose. Pharaon voyant que la ruse n'y faisait rien, commanda ouvertement à son peuple : Jetez dans le fleuve tout ce qui naîtra de mâles, et ne laissez vivre que les filles (*Ibid.*, 1, 22).

C'est ici l'histoire de tous les siècles. Tout prince idolâtre, hérétique ou autre, qui méconnaît le Sauveur du monde et le royaume céleste qu'il est venu établir sur la terre, devient un nouveau Pharaon. La vue d'une Eglise non humaine l'importe, ses accroissements l'effraient, son empire sur les consciences l'irrite : il frémit qu'il ne soit amené un jour à s'y soumettre lui-même et à reconnaître un frein. Dès lors, justice, humanité, Dieu même ne lui est plus rien. Opprimer cette Eglise comme une étrangère, l'asservir par mille entraves, refuser à ses enfants le droit, la justice commune à tous, les réduire à l'état de servitude ; et, quand la ruse, les persécutions revêtues d'une apparence légale ne suffisent plus, y joindre la violence et la tyrannie ; condamner ouvertement à mort tout ce qu'il y aura de mâle, de fort, de vigoureux (Bossuet, 9e sem., 1re *élévat.*) : telle est la politique, la sagesse qui, de la cour de Pharaon passée à celle des Nérons et des Juliens, s'est perpétuée jusqu'à nos jours. Mais Dieu se rit également des uns et des autres.

Pharaon se croyait bien sûr de son fait. Tous les jours on noyait dans le Nil les Hébreux nouveau-nés. Mais un de ces petits enfants, sauvé par sa propre fille, élevé dans son propre palais, deviendra, par l'adoption, son petit-fils et son héritier.

Un homme de la tribu de Lévi, nommé Amram, avait épousé une de ses parentes, nommée Jocabed. Déjà ils avaient deux enfants, une petite fille d'une huitaine d'années, Marie, et un fils de trois ans, Aaron. Depuis le cruel édit du roi, ils eurent un second fils, qui fut pour eux un objet de foi et d'espérance. Leur peuple était opprimé, ils en étaient affligés, mais non pas surpris. Dieu avait annoncé à leur ancêtre, Abraham, que pendant quatre siècles ses descendants seraient comme des voyageurs en terre étrangère, qu'un certain peuple les réduirait en servitude, mais qu'enfin lui-même jugerait ce peuple oppresseur, et les ramènerait, eux, comblés de richesses, dans la terre de Chanaan (Gen., 15, 13, 16). Joseph, en mourant, leur avait rappelé cette promesse. On était au quatrième siècle, l'oppression devenait de plus en plus tyrannique ; elle n'allait à rien moins qu'à exterminer la race entière de Jacob.

---

(1) D'Anville, *Mémoires sur l'Egypte*, p. 118 ; Champollion, *L'Egypte sous les Pharaons*, t. II, p. 58.

LIVRE VI. — MOISE, LA PAQUE, LA SORTIE D'EGYPTE.

La délivrance ne pouvait donc être loin, ni par conséquent le libérateur. Il est bien probable que Pharaon avait appris quelque chose de l'attente où étaient les enfants d'Israël. L'historien Josèphe dit positivement qu'on l'avait informé que, dans ce temps-là même, devait naître un enfant parmi les Hébreux, dont la vertu serait admirée de tout le monde, qui relèverait la gloire de sa nation, humilierait l'Egypte et laisserait une réputation immortelle. Le même historien ajoute que, dans une révélation, Amram fut prévenu que l'enfant qui allait lui naître était ce libérateur craint de Pharaon et désiré des Hébreux (*Antiq.*, l. 2, c. 2). Toujours est-il, suivant saint Paul, qu'à la vue de leur nouveau-né, dans lequel ils remarquèrent une beauté surhumaine, ses parents crurent à quelque chose de surnaturel (Heb., 11, 23) : c'est-à-dire, comme l'expliquent la plupart des interprètes, ils crurent que c'était le libérateur attendu. Dans cette foi, ils le cachèrent trois mois durant ; puis, quand il allait être découvert, ils le confièrent en cette sorte à la divine Providence. La mère, voyant qu'elle ne pouvait plus tenir la chose secrète, prit une arche ou corbeille de jonc, et l'ayant enduite de bitume et de poix, elle y plaça le petit enfant, l'exposa parmi les roseaux sur la rive du fleuve, et en posta la sœur au loin pour voir ce qui arriverait.

Voilà donc le sauveur d'Israël exposé lui-même dans un lieu où des milliers d'innocents sont mis à mort pour qu'Israël n'ait point de sauveur. Autrefois le salut du monde était dans une grande arche de bois ; maintenant le voilà dans une petite arche de jonc : car l'hébreu la nomme de même que celle de Noé. L'instrument est encore plus faible : la délivrance sera encore plus merveilleuse.

Il arriva que la fille de Pharaon descendit au fleuve pour y prendre un bain : ses filles d'honneur marchaient sur le rivage. La princesse aperçut la petite arche parmi les roseaux, et envoya sa servante pour la lui apporter. L'ayant ouverte, elle considéra l'enfant, et voilà que c'était un petit garçon qui pleurait. Elle en eut compassion et dit : C'est un enfant des Hébreux. La sœur de l'enfant, la jeune Marie, survenant comme par hasard, dit à la fille de Pharaon : Vous plaît-il que j'aille et que j'appelle une femme des Hébreux qui puisse vous allaiter cet enfant-là ? La fille de Pharaon lui répondit : Va ; et elle s'en alla et appela la mère de l'enfant. La princesse lui dit : Prends cet enfant et nourris-le-moi, et je te donnerai ton salaire. Et la femme reçut l'enfant et le nourrit. Lorsqu'il fut devenu grand, elle l'amena à la fille de Pharaon, qui, n'ayant point d'enfant, l'adopta pour son fils et le nomma *Moïse*, de deux mots égyptiens, dont l'un signifie *eau*, l'autre, *tirer* ; car, disait la princesse, je l'ai tiré de l'eau (Exod., 2).

C'est ainsi que la Providence déjoua la cruelle politique de Pharaon par la compatissante humanité de sa fille. Car, dès ce moment, il est sans doute que l'ordre de noyer les jeunes Hébreux, ou fut révoqué, ou que du moins on n'en pressa plus l'exécution. Et Moïse fut le sauveur de son peuple dès le berceau.

Saint Etienne nous apprend d'autres circonstances importantes. Moïse, dit-il, fut instruit dans toute la sagesse des Egyptiens, et il devint puissant par ses paroles et par ses œuvres (Act. apost., c. 7, 22).

Les Egyptiens étaient en grande réputation de science dans l'antiquité. Il est dit de Salomon qu'il surpassa la sagesse de tous les Orientaux et des Egyptiens (3. Reg., 4, 30). Ce qui nous indique en quoi consistait cette antique sagesse, savoir, dans la science de gouverner les états, dans la science de la nature, dans la science de la parole, dans la science de Dieu ; car c'est par tout cela que Salomon se rendit célèbre. Qui ne connaît la sagesse de son gouvernement, l'ordre qu'il fit régner partout ; la paix, la richesse dont jouit son peuple ; le temple, les palais, les aqueducs, les villes entières qu'il fit construire, telle que Tadmor ou Palmyre, dans le désert ? Il connaissait la disposition de l'univers, les vertus des éléments, le commencement, la fin, le milieu des temps, le cours des années, la marche des étoiles, la nature des animaux, l'instinct des bêtes, la force des vents, les différences des plantes, les vertus des racines et les pensées des hommes (Sap., 7). Il composa trois mille poèmes ; disserta sur les quadrupèdes, les oiseaux, les reptiles, les poissons, et sur toutes les plantes, à commencer par le cèdre du Liban jusqu'à l'hysope qui croît dans les murailles. On venait de tous les pays admirer la sagesse de ses discours (3. Reg., 4, 32-34). Il connaissait surtout la sagesse éternelle et divine, qui atteint d'une extrémité à l'autre avec force, et dispose toutes choses avec douceur (Sap., 8).

La sagesse des Egyptiens, instruite d'ailleurs par Joseph, s'exerçait sur les mêmes objets. La Grèce, qui leur a beaucoup emprunté, nous les a vantés beaucoup. Cependant, pour ce qu'on appelle littérature, jamais l'Egypte n'a rien produit. Hérodote nous apprend que le premier et le seul cantique des Egyptiens, était un certain cantique de Linus (Hérodot., l. 2, c. 79). Leur esprit se portait plus volontiers, ou, pour mieux dire, on le portait vers les arts, dont il nous reste un nombre en effet des monuments prodigieux dans les pyramides, les temples et les tombeaux. Mais, sous ce rapport même, ils ont été, quant à la beauté et à la grâce, surpassés par les Grecs, et, quant au gigantesque, égalés tout au moins par les Indiens, qui ont de plus une littérature plus gigantesque encore que leur architecture. D'ailleurs, la plupart de ces monuments, sans aucune utilité publique, ne sont là que pour perpétuer la vanité des rois. Il n'en est pas de même des digues, des canaux, des lacs, pour diriger et répartir les eaux du Nil, et féconder ainsi toute l'Egypte. Toutefois, on ne voit pas que ces princes aient jamais rien tenté pour défendre leur royaume contre l'invasion des sables de Lybie : ce qui n'eût pas été moins utile que les travaux d'irrigation. Les monarques chinois, pour défendre leur peuple contre les incursions des Tartares, ont bâti la grande muraille. Si les Pharaons avaient entrepris quelque chose de semblable contre les sables africains, au lieu d'élever d'inutiles pyramides ou de tailler l'intérieur des montagnes en cités sépulcrales pour y dormir après leur mort, leur ambition eût été moins vaine. Quant à l'astronomie, d'anciens auteurs en attribuent l'invention aux Egyptiens : si cela est vrai, ils ne paraissent pas y avoir fait de progrès considérables. Le plus célèbre des anciens astronomes, Ptolémée, qui écrivait en Egypte au quatrième siècle de notre ère, cite bien des observations chaldéennes remontant à sept siècles avant

Jésus-Christ, mais pas une observation égyptienne. En outre, ainsi que déjà nous l'avons vu, les planisphères, les zodiaques qu'on retrouve dans les temples de la Thébaïde, au lieu de tableaux astronomiques, ne sont que des représentations superstitieuses d'astrologie et d'horoscopes.

Pour ce qui est de la constitution politique, l'Egypte, ainsi que l'Inde, était divisée en plusieurs castes héréditaires. Berger, laboureur, artisan, chacun l'était invariablement de père en fils, sans pouvoir aspirer jamais soit à la caste des savants, des magistrats ou des prêtres, qui était la première, soit à celle des guerriers, qui était la seconde. Ces deux premières castes étaient seules en droit de s'occuper d'affaires publiques : tout le gouvernement, toutes les administrations se trouvaient entre leurs mains. Lorsqu'on créait un roi par élection, ce qui arrivait quelquefois, on le tirait toujours de l'ordre des prêtres ou de celui des guerriers. Dans ce dernier cas, on le faisait aussitôt passer dans celui des prêtres, et on l'initiait à leurs mystères (Plut., *de Is. et Os.*).

Ces mystères consistaient principalement dans leur secrète doctrine sur la nature de Dieu et l'origine du monde. Voici comme de judicieux savants la résument d'après les découvertes modernes :

« La doctrine des prêtres égyptiens, comme celle des brahmanes de l'Inde et même des mages de Perse, se présente sous la double forme d'une théogonie et d'une cosmogonie; elle repose au fond sur un panthéisme, tantôt plus physique, tantôt plus intellectuel, ou l'un et l'autre à la fois; sur la personnification de la nature, plus ou moins identifiée avec les puissances de l'esprit, et conçue dans le point de vue d'une mystérieuse unité où Dieu et l'univers se confondent. Il nous est parlé d'un dieu sans nom, sans figure, incorporel, immuable, infini, origine et source de toutes choses, et qui doit être adoré en silence : c'est le père, le bon par excellence. Dieu est dans l'éternité; de l'éternité vient le monde, du monde le temps, du temps la génération. Tout vit dans l'univers, tout vit d'une seule vie, et cette vie, c'est Dieu. De même que le ciel, la terre, l'eau, l'air sont les parties intégrantes du monde; de même la vie, l'immortalité, la nécessité, la providence, la nature, l'âme, la raison sont les membres de Dieu; leur point de réunion, c'est sa bonté : rien n'a été ni ne sera où Dieu ne se trouve; il est le tout dans le tout et par le tout. Cet être unique, indivisible, éternel, infini, fut antérieur au premier-né des dieux, qui fut aussi le premier des rois. Ce n'est point par les mains, mais c'est par la parole que le monde a été fait, et cette parole de Dieu, qui est sa volonté, est en même temps son corps. Le suprême Créateur de l'univers engendra de lui-même ce créateur subordonné, fils semblable à son père. C'est *Kneph*, le dieu des Thèbes, dieu sans commencement, dieu immortel; c'est *Amoun*, le Jupiter thébain, le Démiurge, le Dieu caché, qui se révèle sous la forme d'un bélier, qui fait jaillir la lumière au sein des ténèbres, qui ouvre la carrière de l'année comme celle du monde, et mène à sa suite tout le cortège des dieux. C'est l'esprit qui pénètre toutes choses, le principe de toute organisation, l'âme du monde enfin. On le représente entre autres sous la figure d'un homme de couleur bleue, pour exprimer que le Créateur est incompréhensible et invisible; dans sa main sont la ceinture et le sceptre, qui le désignent comme l'esprit vivifiant, comme le roi; sur sa tête est une plume, emblème du mouvement et de l'intelligence. Enfin, il est identique à cet *Hermès*, à ce pur esprit, qui, avant la création, avait écrit les livres sacrés. Avec l'esprit fut donnée la matière première, tous deux nés du principe unique, tous deux existant en lui de toute éternité, tous deux impérissables. Cette primitive matière est le lieu, le réceptacle et la circulation de toutes choses, que l'esprit pénètre, remplit et anime. Cette matière, aussi appelée symboliquement le *limon primitif*, renfermant en soi tous les éléments et toutes les formes élémentaires, était grossière et sans forme, lorsque l'esprit lui imprima le mouvement, la concentra en une seule masse et lui donna la forme d'une sphère avec toutes ses qualités. Cette sphère devint le globe ou l'œuf du monde, que *Kneph* laisse échapper de sa bouche, le Verbe manifesté, la raison ou la parole visible que le Démiurge proféra lorsqu'il voulut former toutes choses. Ce monde beau, mais non pas bon, le second des êtres existants, le premier des êtres souffrants, engendré lui-même, ne cesse d'engendrer, parce qu'il est mobile et que le mouvement n'est possible que par la génération; il est pareil à une sphère et à une tête, au-dessus de laquelle rien de matériel, au-dessous de laquelle rien d'intelligible. L'univers ressemble à un grand animal composé de matière et d'esprit; c'est une grande divinité, image d'une plus grande, unie à elle, habitant en elle comme dans la source féconde de toute vie (1). »

Tel est le fond de la théologie égyptienne. Toutes les grandes vérités sont là : un Dieu suprême qui produit tout par sa parole. Mais tout cela enveloppé d'une infinité d'allégories, de symboles, dont les savants seuls avaient la clé, et qui devenaient pour le vulgaire l'objet de la plus grossière superstition. D'ailleurs, les savants eux-mêmes, au lieu d'en conserver intactes les vérités primitives, les altéraient par leurs explications. Dieu seul est, disaient-ils; Dieu seul a tout produit, mais d'où ? De sa propre substance, fut leur raisonnement. Par là, tout était dieu, on pouvait tout adorer. Moïse, non-seulement pénétrera dans ces mystères de la science, mais il en tirera la vérité captive, il la dégagera des systèmes et des raisonnements scientifiques, et la montrera dans sa primitive simplicité, non plus à quelques adeptes, mais à tout un peuple, mais à tout le genre humain. Il commencera ainsi l'affranchissement, non-seulement de la postérité de Jacob, mais de toute la postérité d'Adam. Il préparera une universelle délivrance encore par un autre côté. Pour les sages de l'Egypte, les lettres mêmes étaient un mystère. Ils écrivaient, non pas avec des caractères alphabétiques qui fussent à la portée de tout le monde, mais avec trois sortes d'emblèmes, dont seuls ils avaient le secret. Moïse, non-seulement pénétrera ces mystères hiéroglyphiques, mais il les rendra inutiles désormais, en écrivant la divine histoire du genre humain et de sa nation dans la langue mère de l'Orient, et avec des caractères alphabétiques que tout le monde pourra connaître et lire sans beaucoup de travail. Voilà comme dès lors Moïse préparera l'univers à la délivrance complète du Christ.

(1) M. Grigniaud avec MM. Creuzer et Goerres, *Religions de l'antiquité*, t. 1, part. 2, p. 822.

LIVRE VI. — MOISE, LA PAQUE, LA SORTIE D'ÉGYPTE.

Il était certainement, ainsi que le dit saint Etienne, puissant par ses paroles, par ses lumières et ses connaissances. D'anciens auteurs profanes lui rendent le même témoignage. Artapan raconte que les prêtres de l'Egypte appelèrent Moïse *Hermès* ou l'interprète; le savant par excellence. Eupolème ajoute qu'il fut le premier sage; que le premier il donna les lettres aux Juifs, qui les communiquèrent aux Phéniciens, et les Phéniciens aux Grecs (1). Ce qui le confirme, c'est que les Grecs conviennent qu'ils ont reçu leur alphabet de Phénicie; et, n'en convinssent-ils pas, l'alphabet lui-même est là pour le dire. En grec, les noms des lettres, comme *alpha*, *béta*, sont étrangers et ne signifient rien; tandis qu'en phénicien ou en hébreu, chaque nom signifie la chose dont la lettre paraît avoir été primitivement la figure. De même que si, en français, on mettait la figure d'une maison pour un M, la figure d'un âne pour un A, la figure d'un lion pour un L, et que tout se prononçât *mal*. C'est là un des artifices des hiéroglyphes égyptiens. Au lieu de s'envelopper de ces savantes ténèbres, Moïse exposera tout au grand jour. Parmi cette infinité d'emblèmes hiéroglyphiques, il en choisira peut-être une vingtaine des plus simples pour former ou du moins régulariser l'alphabet hébreu, qui, communiqué aux Grecs ou aux Latins, facilitera si prodigieusement l'intelligence des langues et la propagation des lumières. (2).

Saint Etienne dit de plus que Moïse était puissant par ses œuvres avant même qu'il eût quitté la cour de Pharaon. L'Ecriture ne nous apprend pas quelles furent ces œuvres de puissance; mais l'historien Josèphe, cité par Eusèbe, nous parle d'une guerre que Moïse conduisit avec beaucoup de gloire. Les Ethiopiens, qui habitaient au midi de l'Egypte, avaient fait plusieurs incursions dans ce royaume et battu les troupes que Pharaon avait envoyées contre eux. Ce succès leur inspira tant d'audace qu'ils marchèrent sur Memphis. Dans cette extrémité, Moïse ayant été mis à la tête de l'armée égyptienne, non-seulement il les tailla en pièces, mais entra dans l'Ethiopie, s'empara de plusieurs villes, assiégea la capitale, nommée alors Saba, et depuis Méroé, où il se conduisit avec tant de bravoure et de générosité, que les ennemis devinrent ses amis. La princesse d'Ethiopie demanda, suivant Josèphe, à être son épouse, et, selon Artapan, les Ethiopiens reçurent de lui l'usage de la circoncision (3).

Ici, plus d'un lecteur qui ne saurait pas d'avance ce qui doit venir, dirait en soi-même : Je vois bien maintenant comme tout finira. Le victorieux Moïse va se mettre à la tête des enfants d'Israël; ceux-ci le suivront d'enthousiasme; les Egyptiens reconnaissants les laisseront aller en paix; il n'y a que trois jours de chemin d'Egypte en Chanaan; tout se terminera promptement et sans peine. Ce sera tout l'opposé. Dieu ne voulait pas seulement introduire les Israélites dans la terre de promission, il voulait surtout en former un peuple, et un peuple tel qu'il pût durer jusqu'à la fin du monde; il voulait encore, à cette occasion, instruire tous les peuples. Or, depuis que l'abus du bien a produit le mal, ce n'est qu'avec beaucoup de mal que s'opère le bien, surtout un bien aussi considérable que l'éducation de tout un peuple et de tout le genre humain.

Suivant le récit très-croyable d'Artapan et de Josèphe, le pharaon devint jaloux de la renommée de son petit-fils adoptif (1). Moïse, de son côté, s'élevant au-dessus de toutes les richesses de l'Egypte, renonçant à l'adoption royale, préféra de partager l'affliction de ses frères. Etant donc allé les voir, il en trouva un qu'un Egyptien frappait. Ayant regardé çà et là, et voyant qu'il n'y avait personne, il tua l'Egyptien et le cacha dans le sable (Exod., 2, 12).

D'après une ancienne loi de l'Egypte, celui qui, pouvant sauver un homme attaqué, ne le faisait pas, était puni de mort aussi rigoureusement que l'assassin (Diodor., l. 1, c. 77). On peut croire que, dans un sens, Moïse ne fit que se conformer à cette loi. Il pensait encore, dit saint Etienne, que ses frères comprendraient par là que ce serait par sa main que Dieu les délivrerait (Act., 7, 20). Ce qui montre, ajoute saint Augustin, qu'il avait reçu dès lors un ordre de Dieu pour être le chef et le libérateur de son peuple, quoique l'Ecriture ne le marque pas expressément (*In Exod.*, q. 2).

Mais ses frères ne le comprirent pas. Le lendemain, ayant rencontré deux Hébreux qui se querellaient, il tâcha de les accorder, disant : Mes amis, vous êtes frères, comment vous faites-vous injure l'un à l'autre? Mais celui qui avait tort le repoussa, disant : Qui t'a établi prince et juge sur nous? Veux-tu me tuer, comme hier l'Egyptien? Moïse eut peur et se dit en lui-même : Certainement la chose est découverte. En effet, Pharaon apprit ce qui s'était passé, et cherchait à le faire mourir; mais Moïse s'enfuit en la terre de Madian et s'assit auprès d'un puits (Exod., 2; Act. 7).

Or, le prêtre de Madian avait sept filles ; elles vinrent, puisèrent de l'eau, en remplirent les canaux pour abreuver les troupeaux de leur père. Des pasteurs survinrent qui les chassèrent. Alors Moïse se leva, prit leur défense et abreuva leurs brebis. Quand elles furent retournées chez Raguel, leur père, il leur demanda pourquoi elles étaient revenues plus tôt que de coutume. Elles répondirent : Un homme égyptien nous a délivrées de la main des pasteurs, a puisé de l'eau pour nous, et il a donné à boire à nos brebis. Il répliqua : Où est-il? Pourquoi avez-vous laissé cet homme? appelez-le afin qu'il mange le pain avec nous. Moïse consentit à demeurer avec lui, et reçut pour femme Séphora, sa fille, laquelle lui enfanta un fils qu'il appela *Gersam*, c'est-à-dire *étranger-là*, disant : J'ai été voyageur dans une terre étrangère. Elle en enfanta un autre qu'il appela *Eliézer*, c'est-à-dire *secours de Dieu*, en disant : Le Dieu de mon père, qui est mon secours, m'a délivré des mains de Pharaon (Exod., 2).

Les Madianites, ainsi que déjà nous l'avons remarqué, descendaient d'Abraham par Céthura. Ils occupaient diverses régions de l'Arabie, s'unissaient volontiers, à ce qui paraît, à d'autres peuplades, tels que les Ismaélites et les Moabites. Les uns étaient marchands, les autres pasteurs. Raguel paraît avoir été de ces derniers. Plusieurs croient qu'il était en même temps prêtre et roi de la ville de Madian, comme Melchisédech l'avait été de Salem. Du

---

(1) Artap., *apud Euseb. præp.*, l. 9, c. 27; Eupolem., *apud eumd.*, c. 26, et Clem. Alex., *Strom.*, l. 1.
(2) Schlegel, *Philosophie de l'histoire*, t. I, p. 167.
(3) Josèphe, *Antiquit.*, l. 2, c. 5; Euseb., *Præp.*, l. 9, c. 27.

(1) Josèphe, *Antiquit.*, l. 2, c. 5; Euseb., *Præp.*, l. 9, c. 27.

reste, quand il est question d'un roi d'Arabes, il ne faut pas se représenter toujours un monarque absolu; ce n'était le plus souvent que le chef ou le patriarche de la tribu, comme on le voit aujourd'hui encore parmi eux. Il en est qui tiennent que Raguel, nommé ici, était le grand-père des sept filles; que Jéthro, dont il sera parlé dans peu, était leur père (Exod., c. 3 et 18); et que Hobab, qui, plus tard servira de guide aux enfants d'Israël, était leur frère. d'autres pensent que Raguel et Jéthro sont le même personnage. Il y a toute apparence que, comme Melchisédech, il était prêtre du vrai Dieu; en effet, Moïse s'attache à lui, prend alliance dans sa famille, et Jéthro, à son arrivée dans le camp d'Israël, offrira des sacrifices au Seigneur. Enfin, sa tribu entière suivra le peuple de Dieu dans la terre promise, où elle subsistera et deviendra même puissante sous le nom de *Cinéens*.

Moïse avait quarante ans lorsqu'il s'enfuit de l'Egypte. Il en vécut quarante autres dans la terre de Madian, où il conduisait les brebis de Jéthro, son beau-père. C'est alors qu'il put écrire l'histoire de Job, encore toute vivante parmi les Arabes : Job lui-même pouvait vivre encore, rétabli dans sa première prospérité. Son exemple était bien propre à soutenir la patience de Moïse et de son peuple.

Le premier roi de Babylone commença par être un fort chasseur; le premier chef d'Israël commença par être pasteur. Le chasseur ne pense qu'à prendre et à tuer : tel est un tyran. Aussi Homère appelle-t-il les bons rois, non pas chasseurs, mais pasteurs de peuples; quelquefois ils l'étaient de brebis mêmes. Et de fait, gouverner des brebis, paître le troupeau bêlant, est comme un noviciat de gouverner les hommes, de paître le troupeau parlant, comme dit le langage antique. Le pasteur aime ses ouailles, il les connaît; il les appelle par leur nom, il marche devant elles, les conduit dans de bons pâturages, les écarte des mauvais, compatit à leurs infirmités, bande leurs plaies, les porte dans ses bras quand elles sont fatiguées, les réchauffe dans son sein, partage avec elles sa propre nourriture, les cherche par monts et par vaux quand elles se sont égarées, les rapporte avec joie sur ses épaules, veille sur elles nuit et jour, les défend au péril de sa vie contre les loups, les ours et les lions. Tel sera pour tous les hommes le bon Pasteur par excellence; tel sera déjà Moïse pour les enfants d'Israël. Maintenant il conduit dans les déserts d'Arabie les brebis de son beau-père; bientôt il conduira dans ces mêmes déserts le peuple de Dieu.

Le pharaon qui avait cherché à faire mourir Moïse était mort lui-même; mais les enfants d'Israël continuaient toujours à être accablés de travaux et à gémir. Dieu enfin exauça leur affliction, se souvint de l'alliance qu'il avait faite avec Abraham, Isaac et Jacob, et résolut d'opérer la délivrance qu'il leur avait promise (Exod., 2, 23-25).

Un jour que Moïse avait conduit au fond du désert les brebis de son beau-père Jéthro, prêtre de Madian, il vint à la montagne de Dieu, à Horeb. Là lui apparut l'ange de Jéhova dans une flamme de feu, du milieu d'un buisson; et il voyait que le buisson brûlait et ne se consumait point. Moïse dit donc : J'irai, et je verrai cette grande vision, pourquoi le buisson ne se consume point. Jéhova vit qu'il venait pour regarder, et Dieu l'appela au milieu du buisson : Moïse! Moïse! Il répondit : Me voici. Dieu ajouta : N'approche point d'ici; ôte ta chaussure, car le lieu sur lequel tu t'arrêtes est une terre sainte. Je suis le Dieu de ton père, le Dieu d'Abraham, le Dieu d'Isaac et le Dieu de Jacob. Moïse se cacha le visage, car il craignait de regarder Dieu. Jéhova dit encore : J'ai vu l'affliction de mon peuple qui est en Egypte, et j'ai entendu ses cris au sujet de ceux qui l'oppriment, car je connais bien ses douleurs. Je suis donc descendu pour le délivrer de la main des Egyptiens, et pour les emmener de cette terre-là en une terre bonne et spacieuse, en une terre où coulent le lait et le miel, au pays des Chananéens, des Héthéens, des Amorrhéens, des Phérézéens, des Hévéens et des Jébuséens. Le cri des enfants d'Israël est venu à moi, et j'ai vu l'affliction dont les accablent les Egyptiens. Maintenant donc viens, et je t'enverrai à Pharaon, afin que tu retires de l'Egypte mon peuple, les enfants d'Israël.

Moïse répondit à Dieu : Qui suis-je, moi, pour aller à Pharaon et retirer les enfants d'Israël de l'Egypte? Dieu dit : Je serai avec toi, et ceci sera le signe que je t'ai envoyé : quand tu auras retiré mon peuple de l'Egypte, vous sacrifierez à Dieu sur cette montagne. Moïse reprit : Voilà que moi j'irai vers les enfants d'Israël, et je leur dirai : Le Dieu de vos pères m'a envoyé vers vous. Et s'ils me disent : Quel est son nom? que leur dirai-je? Dieu dit à Moïse : JE SUIS CELUI QUI SUIS? Voici ainsi tu diras aux enfants d'Israël : CELUI QUI EST m'a envoyé vers vous. Il ajouta : Voici comme tu diras aux enfants d'Israël : Jéhova, le Dieu de vos pères, le Dieu d'Abraham, le Dieu d'Isaac et le Dieu de Jacob, m'a envoyé vers vous. C'est là mon nom pour l'éternité, mon souvenir de génération en génération. Va donc, assemble les anciens d'Israël, et dis-leur : Jéhova, le Dieu de vos pères, m'est apparu, le Dieu d'Abraham, le Dieu d'Isaac et de Jacob, disant : Je vous ai visités, et j'ai vu toutes les choses qui vous sont arrivées en Egypte. Et j'ai dit : Je vous retirerai de l'affliction de Mizraïm, en la terre des Chananéens, terre où coulent le lait et le miel. Et ils entendront ta voix; et tu iras, toi et les anciens d'Israël, au roi de Mizraïm, et lui diras : Jéhova, le Dieu des Hébreux, nous a appelés : maintenant donc permettez-nous d'aller à trois jours dans le désert, pour y sacrifier à Jéhova, notre Dieu. Mais je sais que le roi d'Egypte ne permettra pas que vous sortiez, si ce n'est par la force. J'étendrai donc ma main et je frapperai l'Egypte de toutes mes merveilles, que j'opérerai au milieu d'elle : après cela il vous laissera aller. Je ferai en même temps trouver grâce à ce peuple aux yeux des Egyptiens, et, quand vous sortirez, vous n'irez pas les mains vides; mais chaque homme demandera à son voisin, chaque femme à sa voisine et à son hôtesse des vases d'argent et d'or, et des vêtements, et vous les mettrez sur vos fils et vos filles, et vous dépouillerez ainsi l'Egypte (Exod., 3).

Moïse répondit : Ils ne me croiront point, ils n'écouteront point ma voix; mais ils diront : L'Eternel ne t'est point apparu. Et l'Eternel : Qu'est-ce que tu tiens en ta main? — Un bâton. — Jette-le par terre. — Il le jeta et il devint un serpent; de sorte que Moïse s'enfuyait. Mais l'Eternel lui dit : Etends ta main et saisis sa queue. Il l'étendit, et saisit le serpent, qui redevint un bâton : Afin qu'ils croient, continua l'Eternel, que Jéhova, Dieu de leurs pères, Dieu d'Abraham, Dieu d'Isaac et Dieu de Jacob, t'est apparu. L'Eternel lui dit encore : Mets ta main en ton sein ; et quand il l'y eut mise, il la retira couverte d'une lèpre blanche comme la neige. A un autre commandement, il la remit en son sein, puis il la retira, et elle était semblable au reste de sa chair. S'ils ne te croient point, conclut l'Eternel, et n'écoutent point la voix du premier signe, ils croiront à la voix du second. Que s'il advient qu'ils ne croient pas à ces deux signes et n'écoutent point ta voix, prends des eaux du fleuve et répands-les sur la terre, et ces eaux y deviendront du sang.

Moïse insista auprès de l'Eternel : De grâce, Seigneur ! Je ne suis pas un homme de discours, ni d'hier, ni d'avant-hier, ni depuis que vous avez parlé à votre serviteur ; je suis une bouche pesante et une pesante langue. L'Eternel lui dit : Qui donc a fait la bouche de l'homme ? Qui donc a fait le muet et le sourd, celui qui voit et l'aveugle ? N'est-ce pas moi, l'Eternel ? Va donc maintenant, je serai en ta bouche, et je t'enseignerai ce que tu diras. Mais lui : De grâce, Seigneur, envoyez celui que vous devez envoyer. L'Eternel, irrité contre Moïse, lui répliqua : Aaron, le lévite, n'est-il pas ton frère ? Je sais qu'il parlera éloquemment. Eh bien ! le voilà qui vient au devant de toi, et quand il te verra, il se réjouira en son cœur. Parle-lui et lui mets les paroles en sa bouche : moi je serai en ta bouche et en la sienne, et vous enseignerai ce que vous aurez à faire. Il parlera pour toi au peuple : de cette manière, il te sera une bouche, et toi tu lui seras un dieu. Prends aussi en ta main ce bâton par lequel tu feras des signes (Exod., 4, 1-17).

L'Horeb est une montagne d'Arabie ; c'est la même que le Sinaï ou Sina, si ce n'est peut-être que ces deux noms désignent deux sommets différents. Elle est nommée, par anticipation, *montagne de Dieu*, parce que Dieu y apparut à Moïse, et depuis à Elie. Le feu qui brûle ce buisson sans le consumer, figurait en quelque sorte cette fournaise d'affliction qui, brûlant les Israélites sans les consumer, ne faisait que rendre leur conservation plus merveilleuse. Moïse avait alors quatre-vingts ans. La verge qu'il tenait à la main était sans doute le bâton avec lequel il dirigeait ses brebis et sur lequel il s'appuyait en marchant C'était à la fois une houlette et un sceptre. Dans le langage de l'antiquité, un sceptre est littéralement un bâton à s'appuyer, et Homère nous montre des rois se servant encore du leur, pour frapper les hommes du peuple qui criaient dans les assemblées générales (*Iliad.*, 2). La verge de Moïse devint et le bâton pastoral pour conduire Israël comme société spirituelle ou église, et le sceptre royal pour le gouverner comme société temporelle ou nation. Le sacerdoce et la royauté d'Israël, ainsi réunis dans Moïse, figuraient le sacerdoce et la royauté universelle réunis dans le Christ. Moïse aurait voulu dès lors parût ce libérateur véritable annoncé par Jacob. De là ses supplications pressantes. C'est pour cela qu'il s'écrie : De grâce, Seigneur ! envoyez celui que vous enverrez ; c'est-à-dire le grand Envoyé, le Désiré des nations, le vrai Sauveur d'Israël, l'Ange du grand conseil, l'Ange de l'éternelle alliance. Suivant le sentiment commun des premiers Pères de l'Eglise et des Docteurs de la Synagogue (1), celui qui parlait à Moïse du milieu de ce buisson qui brûle sans subir aucune altération, était lui-même cet ange incréé qui devait apparaître un jour du sein d'une vierge devenue mère sans cesser d'être vierge ; le chef invisible d'Israël dans le désert, que saint Paul nous insinue assez clairement avoir été le Christ (1. Cor., 10, v. 4 et 9) ; celui enfin qui explique lui-même son nom de Jéhova, disant : *Je suis celui qui suis*.

Le nom de Jéhova, qui signifie en hébreu *celui qui est, celui qui était, celui qui sera*, n'était pas inconnu aux anciens patriarches, mais ils l'employaient rarement. On ne le trouve pas une seule fois dans le discours ni de Joseph, ni de Job et de ses amis. Dieu ne leur en avait pas encore révélé le profond mystère comme il fait ici à Moïse : « Je suis celui qui suis, je suis parce que je suis, je suis celui qui serai, je serai celui qui serai, je serai parce que je serai. » L'hébreu enferme tous ces sens. *Je suis celui qui suis* ; la créature n'est point, à proprement parler, ce qui est, mais ce qui subsiste d'un être d'emprunt. *Je suis parce que je suis* ; la créature n'est point parce qu'elle est, mais parce que Dieu l'a faite. *Je suis celui qui serai* ; c'est-à-dire, ainsi que l'entend l'ancienne Synagogue, je suis leur Sauveur maintenant, et je serai leur Sauveur dans un autre temps. On sent bien que c'est ici le même qui dit dans l'Apocalypse : *Je suis l'alpha et l'oméga, le premier et le dernier, le principe et la fin* (Apoc., 22, 13) ; en un mot, le Sauveur Jésus. C'est lui que Moïse demandait qui fût envoyé. Il ne paraîtra pas encore par lui-même, mais par un autre. Cet autre est Moïse qui, pour cet effet, sera plus qu'un homme ; il aura un prophète, pour lequel il sera un dieu de révélations et de lumières, comme il sera pour Pharaon un dieu de puissance et de châtiments. Avec sa verge, il brisera l'Egypte et son roi, comme le Christ brisera un jour l'univers et tous les rois. Et Moïse pourra dire, sans présomption, du Messie à venir : « L'Eternel vous suscitera un prophète comme moi (Deut., 18, 15). »

A la suite de cette fameuse apparition, Dieu redit à Moïse : Va, et retourne en Egypte ; car tous ceux qui recherchaient ta vie sont morts. Considère tous les prodiges que j'ai mis en ta main, afin que tu les fasses en la présence de Pharaon. Cependant j'endurcirai son cœur et il ne délivrera pas le peuple. Alors tu lui diras : Voici ce que dit Jéhova : Mon fils premier-né est Israël. Je t'ai dit : Délivre mon fils afin qu'il me serve ; et tu as refusé de le délivrer : voilà que moi je tuerai ton fils aîné. Moïse alla donc, et retourna vers Jéthro, son beau-père, et lui dit : Je m'en irai et retournerai vers mes frères qui sont en Egypte, pour voir s'ils vivent encore. Et Jéthro lui répondit : Va en paix. Moïse prit alors sa femme et ses enfants, les plaça sur un âne et retourna en Egypte, portant le bâton ou le sceptre de Dieu en sa main (Exod., 4).

Un ancien poète, nommé Ezéchiel, avait composé en vers grecs une tragédie de Moïse et un drame sur la sortie d'Egypte. Eusèbe en cite des fragments assez considérables. On y lit les mêmes faits que dans l'Ecriture : l'exposition de Moïse sur le Nil, son adop-

---

(1) Justin., *In Apolog.*, 2 ; Euseb., l. 1. *Hist.*, c. 2 ; Hilar., l. 4 et 5 *de Trin.* ; Basil., l. 1 et 2 *contra Eunom.* ; Théodoret, 9, 5, *in Exod.* ; Medrasch Rabba, 2e Lettre de M. Drach, p. 168.—Le protestant Michaëlis pense de même.

tion par la fille du roi, sa fuite au pays de Madian, son mariage avec Séphora, dont le père est à la fois et roi et pontife. Le poète n'y ajoute qu'une circonstance : c'est un songe que Moïse raconte à son beau-père. « Il me semblait voir dans un lieu très-élevé, dit-il, un trône immense qui allait jusqu'au ciel, et où était assis un auguste personnage avec le diadème et un grand sceptre à la main gauche. De la main droite il me fit signe, et je m'approchai du trône. Il me donna le sceptre et le diadème royaux, et me dit de m'asseoir sur le trône magnifique, duquel, de lui-même, il se retira. Je contemplais le vaste univers et par-dessous la terre et par-dessus les cieux. Voilà qu'une multitude d'étoiles tombent à mes pieds : je les compte l'une après l'autre; elles s'avancent comme une armée en bataille. Saisi de frayeur, je m'éveillai. » Son beau-père lui répond : « O mon hôte, Dieu vous envoie un heureux présage. Puissé-je vivre quand ces choses vous arriveront ! Vous élèverez un trône glorieux, vous serez l'arbitre et le chef des humains. Vous avez contemplé toute la terre habitable, et ce qui est au-dessous et ce qui est au-dessus du ciel de Dieu ; c'est que vous verrez ce qui est, ce qui a été et ce qui sera (Euseb., *Præp.*, l. 9, c. 29). » Le poète paraît avoir imité ce récit du songe de Joseph. Toujours voit-on par là que l'histoire de Moïse ne devait pas être inconnue au monde littéraire de la Grèce. Nous verrons plus tard ce qu'en disent deux auteurs grecs des plus savants, Diodore de Sicile et Strabon.

Moïse était en route et dans un lieu où passer la nuit, lorsque l'Eternel vint à lui et le menaça de le tuer par une maladie subite. Il avait différé de circoncire le plus jeune de ses enfants; futur législateur de son peuple, il lui devait l'exemple : Dieu le menace de mort, pour lui faire entendre quelle perfection il exige de ceux qu'il élève si haut. Séphora, voyant son époux en danger de la vie, prit aussitôt une pierre très-aiguë, circoncit la chair de son fils, et, touchant les pieds de Moïse, elle lui dit : Vous m'êtes un époux de sang (Exod., 4), parce qu'elle lui avait sauvé la vie par le sang de son fils. En effet, dès ce moment il fut délivré du mal. Il paraît que Séphora s'en retourna chez son père avec ses deux enfants; car nous verrons plus tard Jéthro les amener tous les trois à Moïse dans le désert de Sinaï.

Cependant l'Eternel dit à Aaron : Va à la rencontre de Moïse au désert. Il s'en alla, le rencontra en la montagne de Dieu et l'embrassa. Moïse lui raconta toutes les paroles que l'Eternel l'envoyait accomplir et tous les signes qu'il lui avait commandés. Ils vinrent donc tous deux en Egypte et assemblèrent tous les anciens des enfants d'Israël. Aaron exposa toutes les paroles que l'Eternel avait dites à Moïse, et fit les signes devant le peuple. Et le peuple crut et comprit que l'Eternel avait visité les enfants d'Israël et qu'il avait vu leur affliction; et, s'inclinant, ils l'adorèrent (*Ibid.*, 4, 27-31).

Après cela, Moïse et Aaron vinrent trouver Pharaon et lui dirent : Ainsi parle Jéhova, le Dieu d'Israël : *Laisse aller mon peuple, afin qu'il me célèbre une fête dans le désert.* Mais il répondit : Qui est Jéhova pour que j'écoute sa voix et que je laisse aller Israël ? Je ne connais point Jéhova, et je ne laisserai point aller Israël. Ils dirent : Le Dieu des Hébreux nous a appelés; permets-nous d'aller trois journées de chemin dans le désert, pour sacrifier à Jéhova, notre Dieu, de peur qu'il ne nous frappe de la peste ou du glaive. Le roi d'Egypte répliqua Moïse et Aaron, pourquoi détournez-vous le peuple de ses occupations ? allez à vos travaux. Il dit encore, peut-être à ses officiers : Les voilà en grand nombre; la populace s'est accrue : combien plus si vous les déchargez de leurs travaux. Il commanda donc en ce jour à ceux qui étaient chargés de presser le peuple et aux intendants : Vous ne donnerez plus de paille au peuple pour faire des briques, comme auparavant; qu'ils aillent et s'en amassent eux-mêmes. Quant au nombre de briques qu'ils faisaient auparavant, vous ne l'exigerez pas moins et vous n'en diminuerez rien; car ils sont oisifs : c'est pour cela qu'ils crient : *Allons et sacrifions à notre Dieu.* Qu'on surcharge donc les travaux de ces gens-là et qu'ils s'y occupent; et ils ne s'arrêteront plus à des paroles de mensonge.

La paille se pétrissait avec la brique ou se mêlait avec la terre broyée, pour lui donner plus de consistance. Les exacteurs et les intendants sortirent donc et dirent au peuple : Voici ce qu'a dit Pharaon : Je ne vous donne plus de paille. Allez vous-mêmes et amassez où vous pourrez en trouver ; cependant, rien ne sera diminué de votre ouvrage. Et le peuple se répandit dans toute la terre d'Egypte pour amasser de la paille. Cependant les exacteurs les pressaient, disant : Achevez chaque jour l'ouvrage de la journée comme lorsque la paille vous était fournie. La chose était impossible. On frappa les inspecteurs des enfants d'Israël que les exacteurs de Pharaon avaient établis sur eux, et on leur dit : Pourquoi n'avez-vous pas achevé le nombre de briques hier et aujourd'hui comme avant-hier ? Alors les inspecteurs des enfants d'Israël s'en vinrent et crièrent à Pharaon : Pourquoi agis-tu ainsi envers tes serviteurs ? On ne leur donne plus de paille, et cependant l'on nous dit : Faites toujours le même nombre de briques ! De plus, voilà que tes serviteurs sont battus, et on traite ton peuple comme des malfaiteurs. Vous êtes des oisifs, leur dit-il, vous êtes des oisifs ; c'est pour cela que vous dites : *Allons et sacrifions à Jéhova.* Allez donc et travaillez : il ne vous sera point donné de paille, et vous fournirez toujours le nombre de briques accoutumé.

Les inspecteurs des enfants d'Israël se voyaient dans une fâcheuse extrémité, obligés qu'ils étaient de dire : Vous ne diminuerez rien du nombre de briques que vous devez fournir chaque jour. Dans le moment même qu'ils sortaient de devant Pharaon, ils rencontrèrent Moïse et Aaron, et leur dirent : Que l'Eternel vous voie et qu'il juge ! car vous nous avez mis en mauvaise odeur devant Pharaon et devant ses serviteurs, et vous leur avez donné en main un glaive pour nous tuer.

Moïse se tourna vers l'Eternel et dit : Pourquoi affligez-vous si fort ces gens ? pourquoi m'avez-vous envoyé ? car depuis que je suis venu à Pharaon pour parler en votre nom, il traite ces gens encore plus mal, et vous, vous n'avez point délivré votre peuple (Exod., 5). L'Eternel répondit à Moïse : Tu verras maintenant ce que je ferai à Pharaon ; car, de par une main puissante, il les laissera aller ; de par une main puissante, il les pressera même de sortir de sa terre. Dieu lui dit encore : C'est moi Jéhova

J'ai apparu à Abraham, à Isaac et à Jacob comme *El-Schadaï*, ou *Dieu tout-puissant*; mais je ne me suis point fait connaître à eux selon mon nom de *Jéhova* ou *Celui qui est*. Cependant j'ai fait mon alliance avec eux, en sorte de leur donner la terre de Chanaan, terre de leur pèlerinage, en laquelle ils ont été étrangers. J'ai entendu aussi le gémissement des enfants d'Israël, que leur arrache l'oppression des Egyptiens, et je me suis souvenu de mon alliance. C'est pourquoi, dis aux enfants d'Israël : *C'est moi Jéhova !* Et je vous ferai sortir de dessous les fardeaux dont les Egyptiens vous oppriment, et je vous délivrerai de la servitude, et je vous rachèterai avec un bras tendu et par des jugements formidables ; et je vous prendrai pour mon peuple, et je serai votre Dieu; et vous saurez que c'est moi, Jéhova votre Dieu, celui qui vous tire de dessous les fardeaux des Égyptiens. Je vous introduirai en la terre touchant laquelle j'ai levé ma main pour la donner à Abraham, à Isaac et à Jacob, et je vous la donnerai en possession, moi l'Eternel. Moïse raconta donc toutes ces choses aux enfants d'Israël ; mais ils ne l'écoutèrent point, à cause de l'angoisse de leur esprit et de leurs travaux excessifs.

Moïse était alors âgé de quatre-vingts ans, Aaron de quatre-vingt-trois. Amram, leur père, était mort à l'âge de cent trente-sept ans; Caath, leur grand-père, à l'âge de cent trente-trois, et Lévy, leur bisaïeul, à l'âge de cent trente-sept. Aaron avait pris pour femme Elisabeth, fille d'Aminadab, sœur de Nahasson, prince de la tribu de Juda, laquelle lui enfanta Nadab, et Abiu, et Eléazar, et Ithamar. Eléazar avait également pris une femme, qui lui enfanta Phinées.

L'Eternel dit de nouveau à Moïse : Va et parle à Pharaon, roi d'Egypte, afin qu'il laisse aller les enfants d'Israël hors de sa terre. Mais Moïse répondit : Voilà que les enfants d'Israël ne m'écoutent pas ; comment donc Pharaon m'écoutera-t-il, surtout étant comme je suis, incirconcis des lèvres (Exod., 6). L'Eternel reprit : Voilà que je t'ai établi le Dieu de Pharaon, et Aaron, ton frère, sera ton prophète. Tu lui diras toutes les choses que je te commanderai ; et il parlera à Pharaon afin qu'il laisse aller les enfants d'Israël hors de sa terre. Cependant j'endurcirai son cœur, et je multiplierai mes signes et mes prodiges en la terre d'Egypte. Pharaon ne vous écoutera point ; mais je mettrai ma main sur l'Egypte, et j'en retirerai mon armée et mon peuple, les enfants d'Israël, dans la grandeur de mes jugements. Et les Egyptiens sauront que c'est moi l'Éternel (Exod., 7, 1-5).

Voici la seconde fois que Dieu annonce qu'il endurcira le cœur de Pharaon. Ceux qui connaissent un peu la grammaire hébraïque ne seront pas surpris de cette manière de parler. En hébreu, les verbes ont quatre conjugaisons actives. La première exprime l'action simple, comme, il a endurci. La troisième y ajoute quelque chose de composé, comme, il a fait, il a laissé endurcir, il a ordonné, il a permis d'endurcir. Or, la première se prend souvent pour la troisième, comme quand il est dit que Saül publia à son de trompe dans tout le pays, pour il fit publier (1. Reg., 13, 3). Ici donc, quand Dieu annonce qu'il endurcira le cœur de Pharaon, cela signifie qu'il le laissera s'endurcir. Aussi verrons-nous que ce roi endurcira lui-même son cœur, malgré tant de prodiges faits pour l'amollir.

Moïse donc et Aaron étant venus chez Pharaon, firent ainsi que l'Eternel avait ordonné. Aaron jeta la verge devant Pharaon et devant ses serviteurs, et elle fut changée en une couleuvre. Pharaon fit venir les sages et les magiciens; et les enchanteurs d'Egypte, dont les deux principaux se nommaient Jannès et Mambrès (2. Tim., 3, 8; Plin., *Nat. Hist.*, l. 30, c. 1), en firent autant par leurs secrets. Ils jetèrent chacun leur verge, et elles furent changées en serpents ; mais la verge d'Aaron dévora les leurs. Le cœur de Pharaon s'endurcit, et il ne les écouta point, ainsi que l'Eternel avait dit.

Dieu avait fait de Moïse son envoyé, son ministre plénipotentiaire. Ce n'est pas tout ; il en avait fait un dieu, le dieu d'Aaron et le dieu de Pharaon. Comme tel, Moïse devait se révéler aux hommes par des actions divines ou des miracles. C'est ce qu'il va faire et ses ennemis mêmes seront forcés de lui rendre témoignage.

Les impies des derniers temps ont élevé contre les miracles plus d'une objection. Leur grand art est d'embrouiller les idées. Pour dissiper leurs prestiges, il suffit de quelques questions fort simples et de la réponse que tout le monde y trouvera dans le sens commun.

D'abord, qu'est-ce qu'un miracle ? Parmi toutes les définitions, nous préférons celle d'un incrédule fameux, et cela pour que nul incrédule subalterne ne puisse y faire de chicane. « Un miracle, dit J.-J. Rousseau, est, dans un fait particulier, un acte immédiat de la puissance divine, un changement sensible dans l'ordre de la nature, une exception réelle et visible à ses lois. »

« Dieu peut-il faire des miracles ? se demande le même. Cette question, sérieusement traitée, répondil, serait impie si elle n'était absurde ; ce serait faire trop d'honneur à celui qui la résoudrait négativement que de le punir, il suffirait de l'enfermer (*Lett. de la Montagne*). »

Mais qu'est-ce que l'ordre et les lois de la nature ? et comment les connaissons-nous ? Nous les connaissons uniquement par l'expérience générale qui nous montre les mêmes effets constamment reproduits dans les mêmes circonstances. Nous nommons *lois* les causes de ces effets constants, et nous appelons *ordre* l'ensemble de ces lois.

Comment enfin savoir avec certitude qu'un fait particulier est un miracle, un changement sensible dans l'ordre de la nature, une exception réelle et visible à ses lois ? La réponse n'est pas difficile. Nous connaissons l'exception de la même manière que nous connaissons la règle, par le sens commun (1). En effet, c'est uniquement par le témoignage universel, par le consentement commun, que nous savons avec certitude qu'un phénomène est naturel ou conforme aux lois, à l'ordre constant de la nature. Quand donc ce même témoignage, soit immédiatement, soit médiatement, atteste qu'un fait, un phénomène quelconque

(1) On aperçoit ici une légère trace du système de Lamennais sur la certitude. Le sens commun ou le témoignage universel, dans les conditions indiquées par la saine logique, est sans doute un moyen légitime de connaître les phénomènes et les lois de la nature ; mais ce n'est pas le seul : l'observation d'un ou de plusieurs témoins, toujours dans les conditions voulues, peut aussi donner cette connaissance sans aucune intervention, soit directe, soit indirecte, du témoignage universel. (E. G).

est un changement sensible dans l'ordre de la nature, une exception réelle et visible à ses lois, la réalité de ce changement ou de ce miracle est aussi certaine qu'il est certain qu'il existe un ordre et des lois de la nature ; et quiconque refuse de croire sur ce point le témoignage général des hommes, ne peut raisonnablement le croire sur aucun point : il ne peut plus ni connaître l'ordre de la nature et ses lois, ni même savoir s'il y a des lois et un ordre réel dans la nature (*Essai sur l'indiff. en matière de religion*, t. IV, ch. Miracles).

Mais, dira-t-on, le paganisme ne parle-t-il pas aussi de miracles? Qu'il en parle, cela prouve que partout on a cru les miracles possibles, que partout on a cru que les miracles réels sont une preuve de l'intervention divine. Mais de tous ces prétendus prodiges, racontés par ouï-dire par Tite-Live, Tacite, Philostrate, il n'en est pas un seul dont le sens commun ait constaté la réalité. Nous les examinerons à mesure que le temps nous les présentera, et nous verrons que, comparés aux miracles consignés dans les livres saints, il leur advient comme aux serpents des enchanteurs d'Égypte : le mensonge est englouti par la vérité. Se peut-il, en effet, rien de comparable à cette suite imposante des miracles de Moïse et de Jésus-Christ; miracles qui embrassent tous les temps et tous les lieux ; miracles qui ont été faits à la face du ciel et de la terre, devant des milliers de témoins intéressés à les contredire ; miracles qui avaient pour but, non de flatter les passions des hommes, mais d'instruire et de réformer l'univers; miracles dont les deux plus miraculeux, le peuple juif et le peuple chrétien, sont toujours là, également inexplicables et incontestables à la raison humaine.

Il y en a qui supposent que pour faire un miracle, Dieu est obligé de changer quelque chose au plan de sa providence. Esprits étroits, ils s'imaginent que Dieu leur est pareil ! Son éternelle sagesse atteint d'une extrémité à l'autre avec force et dispose tout avec douceur. Elle a créé l'univers comme en se jouant, elle le conserve de même. Ce qu'elle fait tous les jours est encore plus admirable que ce qu'elle fait rarement. Mais notre esprit s'y accoutume et n'en est plus touché. A la longue, les hommes croiraient que les choses vont ainsi d'elles-mêmes et par une aveugle nécessité. La sagesse l'a prévu. Elle s'est réservé dès toujours certains faits, non pas plus merveilleux, mais plus extraordinaires, pour réveiller notre attention et nous rappeler que c'est elle qui mène tout à son gré. Et les merveilles de tous les jours et les merveilles plus rares, tout se rapporte à la grande fin de toutes choses, la gloire de Dieu et le salut des hommes.

Ainsi, d'après ce que la Sagesse elle-même nous apprend, c'est elle qui délivra le peuple saint de la nation qui l'opprimait. Elle entra dans l'âme du serviteur de Dieu, et s'opposa par des signes et des prodiges aux rois les plus redoutables. Elle a rendu aux justes le prix de leurs travaux, et les a conduits dans une voie admirable ; elle leur a servi d'abri pendant le jour, et de lumière pendant la nuit. Elle les a conduits à travers la mer Rouge, et les a fait passer au milieu des eaux profondes. Elle a submergé leurs ennemis, et puis les a jetés morts au fond des abîmes. Et ainsi les justes emportèrent les dépouilles des méchants (Sap., 10). Ils ont marché à travers des déserts inhabitables, et ils ont dressé leurs tentes dans de vastes solitudes. Ils ont eu soif, ils vous invoquèrent, Seigneur, et un ruisseau jaillit pour eux du haut d'un rocher, tandis que vous avez fait verser du sang pour les impies. Vous avez éprouvé les uns, comme un père qui avertit, et condamné les autres, comme un roi sévère qui interroge les crimes. Pour punir les pensées extravagantes et impies de ceux qui s'égaraient jusqu'à adorer des serpents et les animaux les plus vils, vous avez envoyé contre eux une multitude d'animaux muets, afin qu'ils apprissent que chacun est tourmenté par où il a péché. Il n'était pas difficile à votre main puissante, qui a créé l'univers d'une matière informe, d'envoyer contre eux une multitude d'ours et de lions furieux, ou des animaux d'une espèce inconnue, pleins d'une fureur jusque-là inouïe, respirant la flamme, répandant une noire fumée et lançant par les yeux d'horribles étincelles, qui non-seulement auraient pu les exterminer par leurs morsures, mais dont le seul aspect les aurait fait mourir de frayeur. Sans cela, ils pouvaient périr par un seul souffle de votre puissance ; mais vous avez réglé toutes choses, avec nombre, avec poids et avec mesure. La souveraine puissance est à vous seul à jamais, et qui résisterait à la force de votre bras ? Tout le monde est devant vous comme ce petit grain qui à peine fait pencher la balance, et comme une goutte de la rosée du matin qui tombe sur la terre. Mais vous avez en pitié tous les hommes, parce que vous pouvez tout ; et vous dissimulez leurs péchés, afin qu'ils fassent pénitence ; car vous aimez tout ce qui est, et vous ne haïssez rien de tout ce que vous avez fait, puisque si vous l'aviez haï, vous ne l'auriez point créé. En effet, qu'y a-t-il qui pût subsister, si vous ne le vouliez pas ; ou se conserver, si vous ne l'appeliez ? Mais vous êtes indulgent envers toutes les créatures, parce qu'elles sont à vous, ô Seigneur, qui aimez les âmes (Sap., 11).

On voit par ces paroles que si Dieu frappe l'Egypte, c'est encore moins pour la punir que pour la convertir. En délivrant les Hébreux de la servitude des Egyptiens, il voulait délivrer les Egyptiens d'une servitude bien autrement déplorable. Les Hébreux étaient asservis par la violence à des hommes ; les Egyptiens étaient asservis par la superstition à des bêtes. Cela est si vrai qu'en lisant dans la géographie de Strabon la description de l'Egypte, on croit lire la description d'une ménagerie. Ici, c'est le gouvernement et la ville du bœuf; là, le gouvernement et la ville de la vache; à droite, le gouvernement et la ville du chien; à gauche, le gouvernement et la ville du chat; de ce côté, le gouvernement et la ville du loup ; de l'autre, le gouvernement et la ville du lion ; en bas, le gouvernement et la ville du bouc ; en haut, le gouvernement et la ville du crocodile. Et il n'y avait pas que le nom de bestialité. Chaque province, chaque ville avait son espèce de bêtes à qui elle rendait un culte. Il y avait des terres dont les revenus étaient destinés à l'entretien de ces animaux. Un certain nombre d'hommes et de femmes d'un rang distingué étaient chargés de les garder dans des appartements consacrés, de leur tenir compagnie, de les servir et de les nourrir de toutes sortes de mets exquis, comme de poisson coupé en tranches, de fleur de farine bouillie dans

LIVRE VI. — MOISE, LA PAQUE, LA SORTIE D'ÉGYPTE.   133

du lait, de gâteaux de toutes sortes faits avec du miel et de la chair d'oie bouillie et rôtie. Ceux qui vivaient d'animaux crus, étaient nourris de différentes espèces d'oiseaux. Outre cela, on les lavait dans des bains tièdes et on les parfumait d'onguents les plus précieux et les plus odoriférants. Ils se couchaient sur des tapis magnifiques. La charge de garder et de nourrir tous ces animaux sacrés était un emploi dans lequel les enfants succédaient à leurs parents, et qui, loin d'être vil, était tellement estimé des Egyptiens, que les personnes qui en remplissaient les fonctions en retiraient beaucoup de gloire; elles portaient des marques de distinction, et dès qu'on les reconnaissait, on fléchissait le genou devant elles.

Si quelqu'un tuait volontairement un des animaux sacrés, il était condamné à mort; s'il avait cette action sans le vouloir, la peine qu'il devait subir était remise à la discrétion du prêtre. Mais si un homme tuait, volontairement ou non, un chat, un faucon ou un ibis, on le mettait à mort sans miséricorde. Souvent le peuple, dans ces occasions, ne pouvant contenir sa fureur, se jetait sur le malheureux et l'assommait sans autre forme de procès. Diodore de Sicile rapporte, à ce sujet, l'exemple remarquable d'un Romain qui, ayant tué par mégarde un chat, fut mis en pièces par le peuple, qui n'eut aucun égard ni à l'entremise de plusieurs personnes considérables envoyées par le roi pour obtenir sa grâce, ni au pouvoir des Romains, avec lesquels les Egyptiens étaient sur le point de faire la paix (Diod. Sic., l. 1). Si quelqu'un, par hasard, trouvait une de ces bêtes morte, il s'en tenait éloigné à une certaine distance et protestait avec de grandes lamentations qu'il l'avait trouvée sans vie. Enfin, rien n'était plus sacré pour les Egyptiens que ces sortes de divinités pendant qu'elles vivaient. Lorsqu'elles venaient à mourir, ils les pleuraient comme s'ils eussent perdu l'enfant le plus chéri. Entre autres, quand il mourait un chat dans quelque maison, toute la famille se rasait les sourcils; si c'était un chien, elle se rasait tout le corps, et ne faisait plus aucun usage des provisions qu'elle pouvait avoir alors. Les cadavres de ces animaux étaient enveloppés dans de beau linge; ensuite on les embaumait avec de l'huile de cèdre et d'autres préparations aromatiques, et on les mettait dans des cercueils consacrés.

Tout cela est incroyable, mais tout cela est vrai; le témoignage des anciens est unanime là-dessus. Aujourd'hui encore, auprès de la ville de Bubaste, on trouve d'immenses tombeaux remplis de cadavres de chats. Bubaste, ou la Ville-des-Chats, était le cimetière national ou plutôt le Panthéon de ces animaux.

Il est bien à croire que, du temps de Moïse, les choses n'en étaient point encore à l'excès où elles furent du temps d'Hérodote, de Diodore et Strabon; mais il n'est point à douter que cette prodigieuse superstition ne fût dès lors bien enracinée. C'est pour les en guérir que Dieu frappe les Egyptiens à coups redoublés, en commençant par le Nil, qui était un des principaux objets de leur culte.

L'Eternel parla de nouveau à Moïse : Dis à Aaron : Prends ta verge et étends ta main sur les eaux de l'Egypte, sur les fleuves, sur les canaux, sur les marais et sur tous les lacs, afin qu'ils soient changés en sang, et que le sang soit, dans toute la terre d'Egypte, dans les vases de bois et dans les vases de pierre. Moïse et Aaron firent ce que l'Eternel avait ordonné, et Aaron, levant la verge, frappa l'eau du fleuve en la présence de Pharaon et de ses ministres, et elle fut changée en sang. Les poissons qui étaient dans l'eau moururent, le fleuve se corrompit, les Egyptiens ne pouvaient plus en boire l'eau, et il y avait du sang dans toute l'Egypte (Exod., 7, 21).

Les Egyptiens considéraient le Nil comme une image sensible du Créateur et Conservateur de l'univers. A cela il y avait quelque fondement. L'univers tient de Dieu son existence et sa beauté; l'Egypte tient l'une et l'autre du Nil. Les Egyptiens ne s'en tinrent pas là : le fleuve ne fut plus pour eux qu'une manifestation réelle de ce Dieu qui, sous une forme visible, vivifiait et conservait leur pays (1). En cette qualité, il eut un culte et des prêtres. Pour les détromper de cette exagération superstitieuse, l'Eternel, à la voix de Moïse, le tourne en sang, le fait devenir pour ses stupides adorateurs une cause de mort, au lieu d'une source de vie. Ce châtiment, qui dura sept jours, leur montrait clair comme le soleil que le Nil, avec tous les animaux qu'il renferme, avec toute la fécondité qu'il communique à l'Egypte, était dans la main de l'Eternel que prêchaient Moïse et Aaron; que ce n'était pas la créature, l'élément liquide qu'il fallait adorer, mais le Créateur qui fait et change tout à son gré.

Il y avait encore là une autre leçon. Les Egyptiens avaient noyé dans le Nil les enfants des Hébreux. Le fleuve, devenu leur accusateur, leur présente partout, au lieu de son eau limpide, le sang de ces innocentes victimes. C'est la réflexion du livre de la Sagesse (Sap., 11, 7 et 8).

Les hommes de bonne volonté pouvaient profiter de ces terribles avertissements pour rentrer en eux-mêmes. Tel ne fut point Pharaon. Ses magiciens s'étant fait apporter de l'eau, vraisemblablement de la mer qui n'était pas loin, la firent, eux aussi, paraître comme du sang. Là-dessus, ainsi que l'avait prédit l'Eternel, le cœur de Pharaon s'endurcit; il n'écouta point Moïse, mais s'en retourna dans son palais sans y faire une plus sérieuse attention.

Quant aux Egyptiens, ils se mirent tous à creuser la terre autour du fleuve pour trouver de quoi boire; car l'eau du fleuve même n'était plus potable (Exod., 7). Mais, au rapport de Philon, il sortit du sang de tous les endroits où ils ouvrirent la terre, comme il sort du sang d'un corps que l'on perce avec une épée (Philon, de Vitâ Mosis, l. 1). Une foule de peuple en mourut pendant les sept jours que dura cette plaie; le livre même de la Sagesse le donne à entendre (Sap., 11, 9).

La première plaie, prise du Nil, n'avait guère touché Pharaon et ses ministres. Ayant du vin et d'autres liqueurs, ils se passaient facilement de boire de l'eau. Une seconde plaie va sortir du fleuve, qui aura plus d'effet. Sur un ordre de Dieu transmis par Moïse, Aaron étendit sa main avec son bâton sur les fleuves, sur les canaux et sur les marais. Aussitôt toute la terre d'Egypte fourmilla de grenouilles; elles montèrent et entrèrent dans le palais du roi, dans sa chambre à coucher, sur son lit, dans les maisons de ses officiers et dans celles de tout son

(1) Champollion. *Panthéon égyptien*, Cnouphis-Nilus.

peuple ; jusque dans les fours et dans la pâte. Les magiciens vinrent encore augmenter le mal. Eux aussi firent venir des grenouilles ; mais, à leur grande confusion, ils ne purent les chasser ensuite quand ils le voulurent. Ces rampantes bêtes affligeaient donc toute l'Egypte : nul moyen de s'en délivrer ; mortes, elles infectaient et les eaux et les airs ; vivantes, elles salissaient tout par leur contact, offusquaient la vue par leur difformité, assourdissaient les oreilles par leurs interminables coassements. Elles semblaient vouloir rappeler aux Egyptiens les cris de ces milliers d'enfants qu'ils avaient jetés dans ce même fleuve d'où elles sortaient.

Vaincu par ces reptiles, Pharaon appela Moïse et Aaron, et leur dit : Suppliez l'Eternel qu'il éloigne les grenouilles de moi et de mon peuple, et je laisserai aller le peuple d'Israël, afin qu'il sacrifie à l'Eternel. Il ne dit plus : Qui est Jéhova, qui est l'Eternel pour que j'écoute sa voix ? Déjà il sait et confesse que c'est le souverain Seigneur de toutes choses. Moïse, pour l'en convaincre de plus en plus, lui répond : Marque-moi le temps où je prierai pour toi, et pour tes serviteurs, et pour ton peuple, afin d'éloigner les grenouilles de toi, de ta maison, de tes serviteurs, de ton peuple, et qu'il n'y en ait plus que dans le fleuve. Demain, répondit Pharaon. Et Moïse : Je ferai selon ta parole, afin que tu saches que rien n'est comme Jéhova, notre Dieu. Moïse pria, et les grenouilles moururent dans les maisons, dans les cours et dans les champs. On les assembla en de grands monceaux, et la terre en fut infectée. Mais Pharaon, voyant du relâche, endurcit son cœur et n'exécuta point sa promesse, ainsi que l'Eternel avait dit.

Une plaie encore plus humiliante va suivre, qui confondra les magiciens. Aaron, d'après l'ordre que lui en donna Moïse de la part de Dieu, frappa de son bâton la poussière de la terre, et la poussière fut changée en vermine, qui s'attacha aux hommes et aux bêtes. Les magiciens firent leurs enchantements accoutumés pour en produire également ; mais ils ne purent, et dirent à Pharaon : Le doigt de Dieu est ici. Par où ils avouaient que, dans tout ce qu'ils avaient fait, eux, jusque-là, il n'y avait rien de divin ; mais que c'était simplement ou des tours d'adresse, des prestiges ; ou l'effet de quelques connaissances secrètes ; qu'au contraire, dans les prodiges de Moïse, l'intervention divine était incontestable. Cet aveu était bien propre à toucher Pharaon. Son cœur endurci y fut insensible, comme avait dit l'Eternel.

La quatrième plaie ne tarda pas. L'Eternel dit à Moïse : Lève-toi dès le matin et te présente devant Pharaon, car il ira vers le fleuve et tu lui diras : Ainsi parle Jéhova : Laisse aller mon peuple, afin qu'il me rende l'hommage qui m'est dû. Que si tu ne le laisses aller, voilà que j'enverrai contre toi, et contre tes serviteurs, et contre ton peuple, et en tes maisons, une nuée de mouches : les maisons des Egyptiens en seront remplies, ainsi que toute la terre qu'ils habitent. Mais en ce jour-là j'opérerai un prodige en la terre de Gessen, en laquelle est mon peuple : il n'y aura point de mouches, afin que tu saches que moi, l'Eternel, je suis présent au milieu de cette terre. Je mettrai cette séparation entre ton peuple et le mien. Demain ce prodige sera. Et l'Eternel fit ainsi. Une grande nuée de mouches vint en la maison de Pharaon et de ses serviteurs, et en tout le pays d'Egypte, et la terre en était infectée. Pharaon appela Moïse et Aaron, et leur dit : Allez, et sacrifiez à votre Dieu en cette terre même. Mais Moïse répondit : Il ne peut être ainsi, car nous devons immoler à Jéhova, notre Dieu, des choses que les Egyptiens tiennent pour abominables ; que si nous immolons les abominations des Egyptiens devant leurs yeux, ils nous lapideront. Nous nous avancerons dans le désert durant trois jours, et nous sacrifierons à Jéhova, notre Dieu, suivant qu'il nous dira. Pharaon dit : Je vous laisserai aller, afin que vous sacrifiiez à Jéhova, votre Dieu ; toutefois, n'allez pas plus loin : priez pour moi. Moïse reprit : Quand je serai sorti de ta présence, je prierai l'Eternel, et demain les mouches s'éloigneront de Pharaon, et de ses serviteurs, et de son peuple. Toutefois, ne trompe plus désormais, en ne laissant pas aller le peuple pour sacrifier à l'Eternel.

A la prière de Moïse, Dieu détruisit les mouches, et il n'en demeura pas une. Mais Pharaon endurcit encore une fois son cœur, et ne laissa point aller le peuple (Exod., 8).

D'après les connaissances actuelles sur l'Egypte, il paraît certain que les anciens sages de ce pays ne reconnaissaient au fond qu'une seule divinité, qui s'émanait, se manifestait sous trois formes principales, lesquelles se reproduisaient sous un plus grand nombre de formes secondaires. Toutes ces formes ou manifestations personnifiées, devenaient en un sens autant de divinités différentes, sans cesser d'être au fond toujours la même. Elles avaient non-seulement leur image dans la trinité humaine, l'homme, la femme, l'enfant, mais encore des emblèmes sans nombre dans la nature animale. Le bélier, chef du troupeau, était l'emblème du souverain seigneur de toutes choses ; le scarabée, qui passait dans l'esprit des Egyptiens pour l'animal le plus productif, était l'emblème du créateur ; l'épervier, à l'œil perçant, était l'emblème de celui qui voit tout. Le bœuf, la vache, d'autres animaux, avaient, dans la langue mystérieuse des hiéroglyphes, des significations analogues. Le vulgaire, qui ne pénétrait point ces secrets, adorait non-seulement les formes divines, mais encore les animaux qui en étaient les symboles hiéroglyphiques ; ou, s'il ne les adorait pas toujours comme des dieux, il les vénérait comme sacrés. Tels étaient le taureau, la vache, le bouc, le bélier, la brebis. Les Hébreux n'auraient pu immoler aucun de ces animaux sous les yeux des Egyptiens, sans leur paraître d'abominables sacriléges. C'est ce que Moïse fait entendre à Pharaon. Voilà aussi pourquoi Dieu châtie les Egyptiens par les animaux les plus vils, afin de les guérir de leur superstition bestiale ; voilà pourquoi il confond les sages de l'Egypte, afin de les contraindre à publier la vérité qu'ils tenaient captive ; voilà pourquoi Moïse écrit toutes les vérités nécessaires, non avec des caractères emblématiques, mais avec des caractères communs, afin que la multitude ne fût plus si facilement la dupe des savants et de leurs énigmes.

L'Eternel envoya Moïse annoncer à Pharaon, pour le lendemain, une peste affreuse sur tous les animaux qui étaient dans les champs, sur les chevaux, sur les ânes, sur les chameaux, sur les bœufs, sur

LIVRE VI. — MOISE, LA PAQUE, LA SORTIE D'ÉGYPTE.

les brebis des Egyptiens : tandis que rien ne mourrait aux enfants d'Israël. L'effet suivit de près la menace. Le lendemain, les troupeaux des Egyptiens, qui restaient dans les champs, périrent tous, tandis que rien ne périt dans ceux des Israélites. Pharaon envoya s'en assurer, et toutefois endurcit encore son cœur.

Alors l'Eternel dit à Moïse et à Aaron : Remplissez vos mains de cendre, et que Moïse la jette vers le ciel en présence de Pharaon. Et il s'en formera une poussière qui se répandra sur toute l'Egypte : elle fera naître des enflures brûlantes et des ulcères sur les hommes et sur les bêtes dans tout le pays. Ils prirent donc de la cendre de fournaise, se présentèrent devant Pharaon, et Moïse la jeta vers le ciel. Aussitôt il se forma des enflures et des ulcères sur les hommes et les bêtes dans toute l'Egypte. Les magiciens eux-mêmes ne pouvaient se tenir devant Moïse à cause des plaies qui leur étaient venues. Mais l'Eternel endurcit le cœur de Pharaon, en sorte qu'il n'écouta rien.

La septième plaie va venir. L'Eternel dit à Moïse : Lève-toi dès le matin et va en la présence de Pharaon, lui disant : Ainsi parle Jéhova, Dieu des Hébreux : Laisse aller mon peuple afin qu'il me serve; car, pour cette fois, j'enverrai toutes mes plaies en ton cœur, et sur tes serviteurs, et sur ton peuple, afin que tu saches que rien n'est semblable à moi en toute la terre. Déjà maintenant si, étendant la main, je t'avais frappé de peste, toi et ton peuple, tu serais retranché de la terre; mais je t'ai conservé pour faire éclater en toi ma puissance, et afin que mon nom soit raconté dans tout le monde. Opprimeras-tu encore mon peuple de manière à ne pas le laisser aller ? Voici que demain, à cette heure, je ferai pleuvoir une grêle si horrible, qu'il n'y en a pas eu de semblable en Egypte, depuis le jour qu'elle a été fondée jusqu'à présent. Maintenant donc, envoie et rassemble ton bétail et tout ce qui t'appartient dans les champs; car, hommes et bêtes, tout ce qui sera trouvé dehors, la grêle descendra sur eux et ils mourront.

Celui donc qui, d'entre les serviteurs de Pharaon, craignit la parole de l'Eternel, fit retirer ses serviteurs et ses troupeaux à la maison; mais celui qui ne prit point à cœur la parole de Jéhova, laissa ses serviteurs et ses troupeaux dans les champs. Il put arriver déjà quelque chose de semblable, lorsque Moïse annonça la peste sur les animaux qui étaient dans la campagne : plusieurs purent être sauvés dès lors. En outre, quand il est dit précédemment que tous les troupeaux moururent de la peste, cela peut signifier, d'après un usage familier à l'Ecriture, que, dans tous les troupeaux, il mourut un certain nombre de bêtes; ce qui n'empêche point qu'il n'y en eût beaucoup d'épargnées.

Pour la septième plaie, Moïse étendit son bâton vers le ciel : l'Eternel envoya les tonnerres, la grêle, et des feux parcourant la terre. La grêle et le feu tombaient entremêlés, sans que la grêle éteignit le feu, ni que le feu fit fondre la grêle. Cette grêle était si grosse, que jamais on n'en avait vu de pareille en toute l'Egypte depuis qu'elle est habitée. Elle frappa tout ce qui était dans les champs, depuis les hommes jusqu'aux bêtes et aux plantes; elle brisa même tous les arbres. Le lin et l'orge furent détruits, car l'orge avait déjà poussé son épi, et le lin commençait à monter en graine; mais le froment et les blés ne furent point endommagés, parce qu'ils étaient plus tardifs. Il n'y eut qu'au pays de Gessen, où étaient les enfants d'Israël, que cette grêle ne tomba point.

Alors Pharaon envoya et appela Moïse avec Aaron, et leur dit : J'ai péché encore cette fois : l'Eternel est juste, mais moi et mon peuple nous sommes impies. Priez l'Eternel qu'il fasse cesser les tonnerres de Dieu et la grêle, et je vous laisserai aller, et vous ne demeurerez pas davantage. Moïse lui répondit : Quand je serai sorti de la ville, j'étendrai mes mains vers Jéhova, et les tonnerres cesseront, et il n'y aura plus de grêle, afin que tu saches que c'est à Jéhova la terre. Mais toi et tes serviteurs, je le sais, vous ne craignez point encore Jéhova, Dieu.

Moïse accomplit sa promesse; mais Pharaon, voyant que la pluie, la grêle, les tonnerres avaient cessé, augmenta son péché, endurcit son cœur, lui et ses ministres, et il ne laissa point aller les enfants d'Israël (Exod.; 9).

L'Eternel dit alors de nouveau à Moïse : Va vers Pharaon, car j'ai endurci son cœur et le cœur de ses serviteurs, afin que j'opère mes prodiges au milieu d'eux, et afin que tu racontes aux oreilles de ton fils, et au fils de ton fils, ce que j'ai fait contre les Egyptiens, et les prodiges que j'ai opérés parmi eux, afin que vous sachiez que c'est moi Jéhova.

Moïse donc et Aaron vinrent vers Pharaon, et lui dirent : Ainsi parle Jéhova, le Dieu des Hébreux : Jusques à quand refuseras-tu de t'humilier devant moi ? Laisse aller mon peuple, afin qu'il me rende le culte qui m'est dû. Que si tu refuses et ne le veux laisser aller, voilà que j'amène demain les sauterelles en tes contrées : elles couvriront la surface de la terre, tellement qu'on ne pourra la voir; elles consumeront ce qui est resté de la grêle, et elles rongeront tous les arbres qui sont dans les champs. Enfin elles rempliront tes maisons et celles de tes serviteurs, ainsi que de tous les Egyptiens; et jamais, ni tes pères ni tes aïeux n'en auront vu de semblables, depuis le temps qu'ils ont été sur la terre jusqu'à ce jour. Puis il se retira et sortit de la présence du roi.

Cependant les ministres de Pharaon lui dirent : Jusques à quand cet homme-ci nous sera-t-il en ruine ? Laissez aller ces gens-là, qu'ils rendent leur hommage à Jéhova, leur Dieu : Ne voyez-vous pas encore que l'Egypte périt ? On rappela donc Moïse et Aaron vers Pharaon, qui leur dit : Allez, rendez vos hommages à Jéhova, votre Dieu. Mais qui sont ceux qui doivent y aller ? Moïse répondit : Nous irons avec nos enfants et nos vieillards, avec nos fils et nos filles, avec nos brebis et nos bœufs, car nous avons à célébrer une fête de l'Eternel. Pharaon répliqua : Que l'Eternel soit avec vous de la même manière que je vous laisserai aller avec vos petits enfants! Qui peut douter que vous ne tramiez quelque chose de mal ? Il ne sera pas ainsi : Allez ce que vous êtes d'hommes, et rendez vos hommages à l'Eternel, car c'est ce que vous avez demandé. Et aussitôt on les chassa de la présence de Pharaon.

Moïse alors étendit son bâton sur la terre d'Egypte, et l'Eternel fit souffler tout ce jour-là et toute la nuit un vent d'orient qui, le matin, amena les sauterelles. Elles se répandirent innombrables dans toutes les provinces, couvrirent la face de la terre, dévorèrent toute l'herbe des champs et tout ce que la grêle avait laissé de fruits sur les arbres, tellement qu'il ne restât rien de vert sur les arbres ni dans les champs en toute l'Egypte. Aussi Pharaon se hâta-t-il d'appeler Moïse et Aaron, et de leur dire : J'ai péché contre l'Eternel, votre Dieu, et contre vous ; mais pardonnez-moi mon péché encore une fois et priez l'Eternel, votre Dieu, pour qu'il éloigne de moi cette mort. Moïse donc, s'étant éloigné de Pharaon, pria l'Eternel. Et l'Eternel fit souffler un vent très-fort de l'occident, qui enleva les sauterelles et les jeta dans la mer Rouge, de sorte qu'il n'en demeura pas une dans toutes les provinces d'Egypte. Mais l'Eternel laissa le cœur de Pharaon s'endurcir, et il ne renvoya pas les enfants d'Israël.

Pour la neuvième et avant-dernière plaie, l'Eternel dit à Moïse : Etends ta main vers le ciel, et que les ténèbres soient si épaisses sur toute la terre d'Egypte, qu'on puisse les toucher. Moïse étendit sa main vers le ciel, et des ténèbres horribles se répandirent sur toute la terre d'Egypte durant trois jours. Nul ne vit son frère, nul ne put quitter le lieu où il était ; mais partout où habitaient les enfants d'Israël, brillait la lumière. Ce qui augmentait l'horreur de ces ténèbres pour les Egyptiens, c'est qu'ils n'y apercevaient ni soleil ni étoiles : le feu même n'y répandait point de clarté. Dans cette nuit funeste, leur conscience criminelle leur faisait tout appréhender, et le bruit des eaux, et le cri des bêtes, et la chute d'une feuille. De lugubres fantômes venaient mettre le comble à leur effroi. Cependant ils entendaient les enfants d'Israël qui, non loin d'eux, jouissaient de la lumière du jour et se livraient à la joie ; ils les félicitaient sur leur bonheur, les remerciaient de ce que, dans cette occasion, ils ne se vengeaient pas des injures qu'on leur avait faites, et ils leur en demandaient pardon (Sap., 16 et 18).

Pharaon appela Moïse et Aaron, et leur dit : Allez, rendez vos hommages à l'Eternel ; que vos brebis seulement et vos bœufs demeurent, et que vos enfants mêmes aillent avec vous. Moïse répondit : Tu nous donneras aussi les sacrifices et les holocaustes que nous offrirons à Jéhova, notre Dieu. Tous nos troupeaux iront avec nous, et il ne restera pas une corne de leurs pieds ; car il nous les faut pour le culte de Jéhova, notre Dieu, d'autant plus que nous ne savons pas ce que nous lui devons immoler, jusqu'à ce que nous soyons arrivés au lieu même. Mais l'Eternel endurcit le cœur de Pharaon, et il ne voulut pas les laisser aller. Au contraire, Pharaon dit à Moïse : Retire-toi et prends garde à ne plus paraître en ma présence ; car tu mourras le jour que tu te présenteras à moi. Moïse répondit : Qu'il soit fait ainsi que tu l'as dit, je ne verrai plus ta face.

Il ajouta de suite : Voici ce qu'a dit l'Eternel : Vers le milieu de la nuit, je parcourrai l'Egypte, et tout premier-né mourra en la terre des Egyptiens, depuis le premier-né de Pharaon, qui est assis sur son trône, jusqu'au premier-né de la servante qui fait tourner la meule, et jusqu'aux premiers-nés des animaux. Un grand cri s'élèvera dans toute la terre d'Egypte, tel qu'il n'y en eut pas avant et qu'il n'y en aura point à l'avenir ; mais, parmi les enfants d'Israël, pas un chien ne remuera la langue, ni contre un homme, ni contre une bête, afin que vous sachiez quelle différence Jéhova met entre les Egyptiens et Israël. Alors tous les serviteurs que voici descendront vers moi et m'adoreront, disant : Sors, toi et tout le peuple qui t'est soumis, et après cela je sortirai. Ayant parlé de la sorte, il s'éloigna très-irrité de la présence de Pharaon. Moïse était devenu alors un très-grand personnage dans la terre d'Egypte, et aux yeux des ministres du roi, et aux yeux du peuple (Exod., 11).

Précédemment déjà, l'Eternel avait dit à Moïse et à Aaron, en la terre d'Egypte : Ce mois-ci vous sera le commencement des mois, et le premier d'entre les mois de l'année. Parlez à toute l'assemblée des enfants d'Israël, et dites-leur : Au dixième jour de ce mois, que chacun de vous prenne un agneau par famille et par maison. Une famille est-elle si peu nombreuse qu'elle ne puisse suffire à manger l'agneau ; elle prendra son voisin le plus proche, jusqu'au nombre de personnes suffisant pour le manger. Or, cet agneau sera sans tache, mâle, ayant un an : vous pourrez le prendre parmi les brebis ou parmi les chèvres. Vous le garderez jusqu'au quatorzième jour de ce mois, et toute l'Eglise de la multitude d'Israël l'immolera entre les deux soirs. Ils prendront de son sang, et ils en mettront sur les deux poteaux et sur le linteau des portes des maisons où ils seront à manger. Ils mangeront cette nuit la chair rôtie au feu, et le pain sans levain, avec des herbes amères. Vous n'en mangerez rien qui soit cru ou qui ait été cuit dans l'eau, mais rôti au feu, avec la tête, les pieds et les intestins. Vous n'en laisserez point de reste jusqu'au matin : ce qui en sera demeuré jusque-là, vous le consumerez par le feu. Voici comme vous le mangerez. Vous ceindrez vos reins, vous aurez vos souliers à vos pieds et vos bâtons en vos mains, et vous le mangerez à la hâte ; car c'est la pâque ou le passage de l'Eternel (ou bien, suivant l'hébreu, c'est la pâque, la victime du passage à l'Eternel). Je parcourrai la terre d'Egypte cette nuit-là, et j'y frapperai tous les premiers-nés, depuis l'homme jusqu'à la bête, et j'exercerai mes jugements sur tous les dieux de l'Egypte, moi, l'Eternel. Or, le sang vous sera un signe aux maisons où vous serez : je verrai ce sang et je passerai outre, et la plaie de mort ne vous touchera point lorsque je la frapperai dans la terre d'Egypte. Ce jour vous sera un mémorial : vous le célébrerez comme une fête à Jéhova ; vous le célébrerez dans vos générations futures par un culte perpétuel. Vous mangerez des pains sans levain durant sept jours : dès le premier jour, il ne se trouvera plus de levain dans vos maisons. Quiconque mangera du pain levé, depuis le premier jour jusqu'au septième, cette âme-là sera retranchée d'Israël. Le premier jour sera saint et solennel, et le septième sera une fête également vénérable. Nulle œuvre ne sera faite en ces jours, hors ce qui tient au manger. Gardez bien ce commandement ; car, en ce même jour, je conduirai vos armées hors de la terre d'Egypte.

Moïse, étant donc sorti pour la dernière fois de chez Pharaon, appela tous les anciens d'Israël et leur dit : Allez, et prenez une pièce de menu bétail,

LIVRE VI. — MOISE, LA PAQUE, LA SORTIE D'EGYPTE.

et immolez la Pâque. Trempez un bouquet d'hysope dans le sang qui sera dans un vase, et en arrosez le haut de la porte et les deux poteaux; que nul d'entre vous ne sorte hors de la porte de sa maison jusqu'au matin, car l'Eternel ira d'un endroit à l'autre, frappant les Egyptiens; quand il verra le sang sur le dessus et sur les deux poteaux, il passera au delà de la porte de la maison, et il ne permettra pas que l'exterminateur y entre et vous frappe. Gardez cette parole comme une loi pour vous et pour vos enfants à jamais. Et lorsque vous serez entrés dans la terre que l'Eternel vous donnera, comme il a promis, vous observerez ce culte. Quand alors vos enfants vous diront : Quel est ce culte-là ? vous répondrez : C'est la victime de la pâque ou du passage à Jéhova, parce qu'en Egypte il passa les maisons des enfants d'Israël, lorsqu'il frappa les Egyptiens et sauva nos maisons.

A ces paroles de Moïse, le peuple, en la personne des anciens ou sénateurs qui le représentaient, s'inclina et adora. Tous les enfants d'Israël s'en allèrent, et firent comme l'Eternel avait ordonné à Moïse et à Aaron.

Et il arriva au milieu de la nuit que l'Eternel frappa tous les premiers-nés en la terre d'Egypte, depuis le premier-né de Pharaon, qui était assis sur son trône, jusqu'au premier-né de la captive, qui était en prison, ainsi que tous les premiers-nés des animaux. Pharaon se leva de nuit, lui et tous ses serviteurs, et tous les Egyptiens : ce fut un grand cri dans toute l'Egypte, car il n'y avait point de maison où il n'y eût un mort. Pharaon appela Moïse et Aaron la nuit même, et dit : Levez-vous, sortez du milieu de mon peuple, vous et les enfants d'Israël : allez, immolez à Jéhova selon votre parole. Prenez aussi vos brebis et vos grands troupeaux, comme vous avez dit. Partez, mais en même temps bénissez-moi.

Quant aux Egyptiens, ils employaient la contrainte envers le peuple pour le faire sortir promptement de leur terre; car ils disaient : Nous sommes tous morts! Dans cette précipitation, le peuple prit sa pâte avant qu'elle fût levée, et la liant avec ses pétrins dans ses habits, la mit sur ses épaules. Les enfants d'Israël firent encore ce que Moïse leur avait dit, et demandèrent aux Egyptiens des vases d'argent et d'or, et beaucoup de vêtements. Et l'Eternel leur fit trouver grâce devant les Egyptiens, afin qu'ils leur accordassent leur demande, et ils dépouillèrent les Egyptiens de cette façon (Exod., 12, 36).

Il est bon de savoir que, dans ce dernier passage, les verbes hébreux signifient littéralement ce que nous leur faisons dire, *demander* et *accorder la demande*, non pas *emprunter* et *prêter*. Il y en a plus de cent cinquante exemples dans l'Ecriture (1). La Sagesse, nous dit l'Esprit-Saint, rendit ainsi aux justes le prix de leurs travaux (Sap., 10, 17). En effet, cet or, cet argent n'était que le légitime salaire des villes construites, des canaux creusés, des pyramides bâties avec tant de fatigue; ce n'était qu'une faible compensation que le souverain Maître de tous les biens accordait à une nation opprimée. C'était injustement et contre le droit des gens que les Egyptiens avaient réduit les Israélites à l'esclavage, qu'ils les avaient condamnés aux travaux publics et privés, sans leur accorder aucun salaire et qu'ils avaient voulu mettre à mort tous leurs enfants mâles. Ceux-ci étaient donc en droit de les traiter comme des ennemis ; cependant ils se bornent à demander un dédommagement que leurs anciens oppresseurs n'osent refuser dans la crainte de périr comme leurs premiers-nés.

L'historien Josèphe rapporte le fait selon le sens que nous avons donné aux paroles de l'Ecriture : il dit que les Egyptiens firent des présents considérables aux Hébreux, les uns pour les engager à se retirer plus promptement, les autres par estime pour eux et à cause des liaisons qu'ils avaient eues ensemble (*Antiq.*, l. 2, c. 4).

Les enfants d'Israël partirent donc de Ramessès pour Socoth, environ six cent mille hommes à pied. Le nombre n'est ici qu'approximatif. L'année suivante, au dénombrement exact, il y en aura six cent deux mille cinq cent cinquante, sans compter les lévites, qui montaient encore à vingt mille et plus. Ce total ne comprend ni les vieillards, ni les femmes, ni les enfants, mais seulement les hommes valides, de vingt à soixante ans, en état de porter les armes. En multipliant ces six cent mille combattants par cinq, pour avoir la population entière, on aura environ trois millions. Il a été calculé que les personnes entrées avec Jacob en Egypte, ont pu s'y multiplier dans l'intervalle jusqu'à ce point, même sans une fécondité extraordinaire. On voit par là que le pharaon qui, le premier, opprima Israël, n'avait pas tort de dire : Voilà que ce peuple devient plus nombreux et plus puissant que nous. En effet, Diodore de Sicile rapporte qu'anciennement, disait-on, la population de l'Egypte s'élevait à près de sept millions, et que, de son temps même, elle n'en avait pas moins de trois, en sorte qu'aucun pays ne la surpassait encore sous ce rapport (Diod., l. 1, c. 31). Supposé donc qu'à l'époque de Moïse la population de l'Egypte fût à son plus haut point, environ sept millions, les Israélites en faisaient à peu près la moitié. Ce qui le confirme, c'est que le même auteur donne au fameux conquérant égyptien, Sésostris, six cent mille fantassins, avec une cinquantaine de mille, tant cavalerie que chariots de guerre, c'est-à-dire une armée un peu plus grande que n'en pouvaient avoir les Israélites sous Moïse (*Ibid.*, l. 1, c. 54).

Mais les enfants d'Israël ne sortirent pas seuls. Non-seulement ils emmenaient d'innombrables troupeaux de grand et de petit bétail, ils étaient encore suivis, nous dit l'Ecriture, d'une foule immense de diverses nations. L'épithète d'*immense*, à côté d'un peuple de trois millions, nous doit faire estimer cette *foule* au moins de quelques centaines de mille (1). C'était un mélange d'Egyptiens et autres étrangers qui, frappés des merveilles du Très-Haut, professaient son culte et s'attachèrent à son peuple choisi. Quoique les Hébreux formassent une nation séparée de toutes les autres, ils n'étaient nullement inhospitaliers. Tout étranger qui adorait le vrai Dieu pouvait s'établir dans leur pays : recevait-il en outre la circoncision, il acquérait tous les droits d'un Hébreu d'origine. Encore que les Israélites eussent eu à souffrir une si longue et si dure oppression en Egypte,

---

(1) Voir une concordance hébraïque.

(1) Le *Thargum* de Rabbi Jonathan Ben-Uziel en porte le nombre à deux cent quarante myriades ou 2,400,000.

ils n'avaient aucune aversion particulière pour ses habitants. Au contraire, il leur sera dit : Tu n'auras point en abomination l'Iduméen, parce qu'il est ton frère ; ni l'Egyptien, parce que tu as demeuré dans sa terre comme étranger. Leurs descendants entreront à la troisième génération dans l'Eglise de l'Eternel (Deut., 23, 7 et 8), c'est-à-dire ils seront incorporés tout-à-fait aux descendants de Jacob. Enfin, il leur sera donné ce commandement : Vous ne chagrinerez point l'étranger qui habitera parmi vous, mais vous l'aimerez comme vous-mêmes; car, vous aussi, vous avez été étrangers dans l'Egypte ; moi, l'Eternel, votre Dieu (Lévit., 19, 33 et 34) ! Et le caractère particulier du peuple hébreu, et les merveilles dont il était l'objet, tout était propre à fixer sur lui l'attention des hommes de bonne volonté, et à en faire le centre de leur foi et de leur culte. On voit par le grand nombre qui le suivit de l'Egypte, que les vues miséricordieuses de la Providence n'étaient pas méconnues de tous. Il n'est point à douter que, dans l'Egypte même, beaucoup d'autres n'en profitassent également, sans néanmoins quitter leur pays.

Le temps que les enfants d'Israël demeurèrent dans l'Egypte et dans la terre de Chanaan, eux et leurs pères, fut de quatre cent trente ans. C'est ce que disent d'une manière formelle, et le texte samaritain et le grec des Septante. L'hébreu, et par suite la Vulgate latine, n'a point ces mots : *Et dans la terre de Chanaan*, ils paraissent avoir été omis par les copistes. Toujours est-il que, conformément au samaritain et au grec, saint Paul compte quatre cent trente ans depuis les promesses de Dieu à Abraham jusqu'à la loi de Moïse, qui fut promulguée cinquante jours après la sortie d'Egypte (Galat., 3, 15, etc.). L'historien Josèphe dit également que les Israélites sortirent de ce pays au mois de Nisan, le quinzième de la lune, quatre cent trente ans après que leur père, Abraham, fut venu au pays de Chanaan, et deux cent quinze après que Jacob fut entré en Egypte avec sa famille (*Antiq.*, l. 2, c. 6).

Ce fut à la fin de ces quatre cent trente ans, pendant la nuit, en un même jour, que toutes les armées de Jéhova sortirent de la terre d'Egypte (Exod., samarit., 12, 41). Dans toutes les tribus il n'y avait pas un malade (Ps. 104, 37). Les Egyptiens les avaient pressés si fort de partir, qu'ils n'eurent pas le temps de faire aucune provision de vivres. Ils avaient emporté seulement de la pâte nouvelle et qui n'avait pas encore eu le temps de fermenter; ils en firent sur la route même des gâteaux cuits sous la cendre (Exod., 12, 39 et 42). L'Eternel les fit marcher, non pas confondus les uns avec les autres, mais distribués tous en leurs corps d'armées (*Ibid.*, v. 51). C'était probablement déjà le même ordre que nous voyons décrit plus tard. La tribu de Juda ouvrait la marche avec celles d'Issachar et de Zabulon, et campaient toutes trois à l'Orient; venaient ensuite les tribus de Ruben, de Siméon et de Gad, qui campaient au midi; en troisième lieu, les tribus d'Ephraïm, de Manassé et de Benjamin, qui campaient à l'Occident; enfin les tribus de Dan, d'Aser et de Nephthali fermaient la marche et campaient au Septentrion. La tribu de Lévi, avec Moïse et Aaron, occupait le centre (Num., 2).

Moïse emporta aussi avec lui les ossements du sauveur de l'Egypte, de Joseph, selon qu'il en avait conjuré les enfants d'Israël, disant : Dieu vous visitera, emportez d'ici mes os avec vous. Suivant une tradition de la Synagogue, confirmée par saint Etienne et saint Jérôme, les Israélites emportèrent encore les os des douze patriarches, frères de Joseph (Act., 7, 15 et 16; Hieron., *in Paulæ Epitaphio*).

Le même jour du départ, Moïse réitéra aux enfants d'Israël, de la part de Dieu, la loi pour la célébration de la pâque, lorsqu'ils seraient entrés dans la terre promise. Ils n'useront pendant sept jours que de pain sans levain. La pâque se mangera dans la même maison; on n'en portera point la chair au dehors, et on n'en rompra aucun os. L'étranger non circoncis n'y participera point ; s'il reçoit la circoncision, il y participera comme l'indigène. Ce sera la même loi pour les habitants du pays que les étrangers qui demeurent parmi eux. Cette loi de la pâque devait rappeler tous les ans à jamais la merveilleuse sortie de l'Egypte; le père devait l'expliquer à ses enfants (Exod., 12 et 13). Et aujourd'hui même, après plus de trente-six siècles, les restes dispersés d'Israël observent encore cette loi.

Une seconde loi, portée le même jour, perpétuait pour tous les instants le même souvenir : c'est la consécration des premiers-nés. Tout premier-né était consacré à l'Eternel. Le premier-né des animaux purs lui était immolé; le premier-né des animaux impurs était échangé contre une brebis, ou mis à mort ; le premier-né de l'homme était toujours racheté à prix d'argent. Et lorsque demain ton fils te demandera : Qu'est ceci ? Tu lui diras : L'Eternel nous a retirés d'Egypte, de la maison de servitude, par la force de son bras. Car, Pharaon s'étant opiniâtrément refusé à nous laisser partir, l'Eternel tua tout premier-né en la terre d'Egypte, depuis le premier-né de l'homme jusqu'au premier-né des troupeaux. C'est pourquoi je sacrifie à l'Eternel tout premier-né de sa mère, et je rachète tout premier-né de mes enfants (*Ibid.*, 13).

Les Israélites, ainsi rangés par tribus et en armes, partirent de Socoth et campèrent en Ethan, à l'extrémité du désert. L'Eternel marchait devant eux, le jour, dans une colonne de nuée, pour leur montrer le chemin, et la nuit, dans une colonne de feu, pour les éclairer, afin qu'ils pussent marcher le jour et la nuit. La colonne de nuée durant le jour, ni la colonne de feu durant la nuit, ne disparut jamais devant le peuple.

Dieu ne les conduisit point par la terre des Philistins, parce qu'elle était proche; car il disait d'avance : Le peuple se repentirait en voyant si tôt la guerre, et il retournerait en Egypte. Il leur fit donc faire un long circuit par le chemin du désert qui est près de la mer Rouge.

Le principal n'était point d'introduire Israël en la terre de Chanaan, mais de l'y introduire de telle sorte qu'il fût à jamais le type prophétique, et de chaque homme, et de l'humanité entière. Et pour l'individu, et pour le genre humain, il est également une terre promise : l'état parfait de l'un et de l'autre. Pour cela, il faut que l'un et l'autre soient délivrés d'abord de l'antique servitude par le sang de la plus étonnante victime ; il faut qu'ils traversent une mer Rouge, qu'ils parcourent d'arides déserts, qu'ils y essuient des combats au dehors et des révoltes au

LIVRE VI. — MOISE, LA PAQUE, LA SORTIE D'ÉGYPTE.

dedans ; il faut qu'ils se convainquent, par de longues et dures expériences, que Dieu seul est leur maître, leur loi, leur guide, leur soutien. Ce n'est qu'après avoir été ainsi éprouvés, châtiés, consolés, abattus, relevés, changés, renouvelés tout entiers, qu'ils entreront dans leur terre de lait et de miel, non plus sous la conduite de Moïse, législateur élémentaire, mais sous la conduite de Josué ou Jésus, chef de la perfection.

Ce fut entre autres dans ce dessein que les Israélites, étant campés à Etham, à l'extrémité septentrionale de la mer Rouge, d'où ils pouvaient facilement continuer leur route, soit pour la terre de Madian où était Jéthro, soit pour l'Idumée, soit pour la terre des Philistins, Dieu les fit retourner dans le désert qui est entre cette mer et l'Egypte. Pharaon dira des enfants d'Israël : Ils se sont égarés dans le pays, ils sont enfermés dans le désert. Et j'endurcirai son cœur, dit l'Eternel à Moïse, et il les poursuivra, et je serai glorifié en Pharaon et en toute son armée; et les Egyptiens sauront que c'est moi l'Eternel. Les Israélites firent ainsi, et placèrent leur camp près de la mer, vis-à-vis de Phihahiroth et de Beëlséphon, qui paraissent avoir été deux gorges de montagnes.

Ce que le Seigneur avait prédit ne manqua pas d'arriver. Dès qu'on eut rapporté à Pharaon que les enfants d'Israël s'enfuyaient pour ne plus revenir, son cœur fut changé à leur égard, ainsi que le cœur de ses ministres. Ils se dirent : Qu'avons-nous fait d'avoir laissé aller Israël, afin qu'il ne nous serve plus? Le roi attela donc son char, prit avec lui son peuple, six cents chariots d'élite, et tout ce qu'il y avait d'attelage en Egypte, avec les chefs pour les commander. L'historien Josèphe écrit que l'armée de Pharaon était de six cents chariots, cinquante mille chevaux et deux cent mille fantassins (Ant., l. 2, c. 6). Que si l'on s'étonne de voir tant de chevaux à l'Egypte, après que la grêle et la peste sont dites les avoir tués, il faut se souvenir que ces deux fléaux ne tuèrent que les bêtes qu'on avait laissées dans les champs, et non pas celles qu'on avait retirées dans les maisons.

Bientôt les enfants d'Israël, levant les yeux, virent l'Egypte marchant à leur poursuite. Ils en furent dans l'effroi et crièrent à l'Eternel. Quant à Moïse, ils lui dirent : Est-ce parce qu'il n'y a pas de tombeaux en Egypte que tu nous as emmenés pour mourir dans le désert? Que nous as-tu fait là, de nous avoir tirés de l'Egypte? N'est-ce pas là ce que nous t'y disions : Retire-toi de nous, afin que nous servions les Egyptiens, car cela nous vaut mieux que de mourir au désert? Mais Moïse répondit au peuple : Ne craignez point, demeurez tranquilles, et voyez le salut de l'Eternel, le salut qu'il vous opérera en ce jour; car tels que vous avez vu les Egyptiens aujourd'hui, vous ne les verrez plus d'ici à jamais. L'Eternel combattra pour vous, et vous serez en silence.

Déjà l'Eternel avait dit à Moïse : Que cries-tu vers moi? Dis aux enfants d'Israël qu'ils se mettent en marche. Et toi, élève ton bâton, et étends ta main sur la mer, et partage-la, afin que les enfants d'Israël s'avancent au milieu de la mer à pied sec. Et moi, j'endurcirai le cœur des Mizraïm, et ils entreront après vous, et je serai glorifié en Pharaon, et en toute son armée, et en ses chars, et en sa cavalerie. Et les Mizraïm sauront que c'est moi l'Eternel.

En même temps l'ange de Dieu, ou, comme le peut signifier le texte original, l'Ange-Dieu qui marchait devant le camp d'Israël, s'en alla derrière eux, et, avec lui, la colonne de nuée qui était devant, se plaça aussi derrière, entre le camp des Egyptiens et le camp d'Israël. Cette nuée était ténébreuse pour les premiers, elle éclairait la nuit pour les seconds, de manière qu'ils ne purent s'approcher les uns des autres toute la nuit.

Lorsque Moïse eut étendu sa main sur la mer, l'Eternel la fit retirer par un vent d'orient impétueux qui souffla toute la nuit, et il la mit à sec, et les eaux furent divisées. Les enfants d'Israël entrèrent au milieu de la mer desséchée, et les eaux leur étaient comme une muraille à droite et à gauche. Les Egyptiens les poursuivant, y entrèrent après eux, tous les chevaux de Pharaon, ses chars et ses cavaliers. C'était la veille du matin (*vigilia matutina*), lorsque Jéhova, du milieu de la colonne de feu et de nuée, lança un regard sur le camp des Egyptiens, et le jeta dans la confusion par des foudres et des éclairs, embarrassa les roues des chars, en sorte qu'elles allaient avec peine. Les Egyptiens se dirent donc : Fuyons devant Israël, car Jéhova combat pour eux contre nous. Mais Jéhova disait à Moïse : Etends ta main sur la mer, et que les eaux retournent sur l'Egypte, sur ses chars et sur sa cavalerie. Et Moïse étendit sa main sur la mer, et la mer retourna vers le matin (*primo diluculo*) en son lieu, et les Egyptiens fuyaient au devant d'elle, et Jéhova les secoua au milieu de la mer; et les eaux étant revenues de la sorte couvrirent et les chars et les cavaliers de toute l'armée de Pharaon, qui étaient entrés après eux dans la mer : il n'en échappa pas un seul. Mais les enfants d'Israël passèrent à pied sec au milieu de la mer, et les eaux leur étaient comme une muraille à droite et à gauche.

Israël fut ainsi sauvé en ce jour. Il vit les Egyptiens morts sur le rivage de la mer. Quand le peuple eut considéré la grande puissance que l'Eternel avait déployée contre eux, il le craignit et crut en lui, ainsi que Moïse, son serviteur (Exod., 14).

Alors Moïse et les enfants d'Israël chantèrent à l'Eternel ce cantique :

> Je chanterai à Jéhova,
> Parce qu'il a fait éclater sa gloire,
> Et cheval et cavalier,
> Il les a précipités dans la mer.
>
> Ma victoire et mon cantique est Yah (1),
> Et il m'est devenu le salut;
> C'est là mon Dieu,
> Et je le louerai;
> Le Dieu de mon père,
> Et je l'exalterai.
>
> Jéhova est le héros de la guerre :
> Son nom, CELUI QUI EST.
>
> Les chars de Pharaon et son armée.
> Il les a jetés dans la mer;
> L'élite de ses capitaines
> Est engloutie dans la mer de Souph.
> Les abîmes les ont couverts;
> Ils sont descendus dans les profondeurs
> Comme la pierre.

(1) Abréviation de Jéhova.

Ta droite, ô Jéhova,
S'est signalée par la force ;
Ta droite, ô Jéhova,
A brisé l'ennemi.

Par la multitude de ta majesté
Tu as accablé tes adversaires ;
Tu envoyas ta colère :
Elle les dévora comme la paille.

Au souffle de ta fureur
Se sont amoncelées les eaux :
Les vagues se dressèrent comme une paroi,
Et les abîmes se durcirent
Dans le cœur de la mer.

L'ennemi a dit :
Je poursuivrai, je saisirai ;
Je partagerai les dépouilles ;
Mon âme s'en rassasiera :
Je tirerai le glaive ;
Ma main les exterminera.

Tu as respiré ton souffle,
La mer les a couverts ;
Ils s'enfoncèrent comme le plomb
Dans les eaux bouillonnantes.

Qui est comme toi
Parmi les dieux, ô Jéhova (1) ?
Qui est comme toi
Admirable dans les saints (2),
Formidable à la louange,
Opérant des prodiges ?

Tu étendis ta droite,
La terre les dévora.
Tu conduis dans ta miséricorde
Ce peuple que tu as racheté ;
Tu le guides dans ta puissance
Vers ta demeure sainte.

Les peuples ont ouï,
Et ils tremblent ;
Les douleurs ont saisi
Les habitants de la Palestine.
Soudain se sont épouvantés
Les princes d'Edom ;
Les forts de Moab ;
Le tremblement les tient.
Ils sont tous consternés.
Ceux qui habitent Chanaan.

Tombent sur eux
L'angoisse et la terreur !
Par la grandeur de ton bras
Qu'ils deviennent muets comme la pierre,
Jusqu'à ce que soit passé ton peuple,
Jusqu'à ce que soit passé, ô Jéhova,
Le peuple que tu t'es acquis !

Oui, tu les introduiras,
Tu les implanteras même
Sur la montagne de ton héritage ;
Dans ce lieu que pour demeure
Tu t'es préparé, ô Jéhova,
Dans le sanctuaire, ô Adonaï,
Qu'ont affermi tes mains.

CELUI QUI EST régnera
Dans l'éternité et par-delà !

En même temps Marie, la prophétesse, sœur d'Aaron, prit un tambour en sa main ; toutes les femmes la suivaient avec des tambours et des danses, et elles répondaient à Moïse et aux fils d'Israël :

Chantez à Jéhova,
Parce qu'il a fait éclater sa gloire ;
Et cheval et cavalier,
Il les a précipités dans la mer.

(1) On croit que ces paroles : *Qui est comme toi parmi les dieux, ô Jéhova*, étaient écrites en abrégé sur les étendards des Machabées. En hébreu, leurs initiales, lues ensemble, forment le mot Mi-ca-ba-ï, d'où celui de Machabées a pu venir.
(2) Les Septante rendent ainsi l'hébreu, qui s'y prête.

Elle dit : et, après trente-trois siècles, les restes dispersés d'Israël répètent encore dans leurs synagogues, le dernier jour de leur pâque, ce que Moïse entonna sur le bord de la mer Rouge.

Je chanterai à Jéhova,
Parce qu'il a fait éclater sa gloire ;
Et cheval et cavalier,
Il les a précipités dans la mer.

Les montagnes d'Arabie, qui, les premières, retentirent de ces paroles, semblent les redire encore. Les Arabes qui habitent vers la mer Rouge, donnent à une certaine vallée, qui se termine à la mer par une petite baie, le nom de *Tiah-beni-Israël*, ou la route des enfants d'Israël, et cela en vertu d'une tradition qu'ils ont conservée jusqu'à ce jour, et qui porte que ce peuple passa là. Ils la nomment aussi *Bedé*, c'est-à-dire événement inouï et nouveau. C'est ce que nous apprend un savant anglais, qui l'apprit lui-même sur les lieux (Shaw, *Voyage de Barbarie et du Levant*, t. II, p. 31).

Des échos de ce prodige se retrouvent jusque dans l'histoire profane. Au rapport de Diodore de Sicile, il y avait chez les Ichthyophages, habitants de ces mêmes bords, une tradition conservée de leurs ancêtres, qu'un jour il se fit un grand reflux qui laissa tout le golfe à sec, en sorte qu'il parut tapissé de verdure, la mer s'étant retirée en sens contraire ; mais, après avoir découvert la terre jusqu'au fond, tout à coup, par un reflux violent, elle se remit dans sa première place (Didior., l. 3, c. 40).

Justin, abréviateur de Trogue Pompée, après avoir rapporté assez exactement l'histoire de Joseph, fils d'Israël, sa vente par ses frères, sa déportation en Egypte, son habileté à interpréter les songes, sa prévision des années de famine, la manière dont il sauva l'Egypte d'une ruine totale, ajoute : Son fils fut Moïse, recommandable, non-seulement par la science qu'il hérita de son père, mais encore par une grande beauté. Cependant les Egyptiens, affligés de la gale et de la lèpre, ayant été avertis par un oracle, le chassèrent avec les malades, de peur que la peste n'infectât un plus grand nombre. Devenu le chef des exilés, il déroba les choses sacrées des Egyptiens : ceux-ci les ayant redemandées les armes à la main, furent contraints par les tempêtes à s'en revenir (Justin, l. 36, c. 2).

Dans ce récit de l'auteur latin, il n'est pas difficile de reconnaître la vérité parmi quelques altérations. On y aperçoit les plaies d'Egypte ; on y voit Moïse contraint de sortir avec les siens, de peur que ces plaies ne fassent encore plus de ravage ; il vous semble entendre ce cri d'effroi : *Nous mourrons tous !* Ces choses sacrées sont probablement les vases et les vêtements précieux que les Egyptiens se repentirent bientôt d'avoir donnés. Les tempêtes qui les empêchent d'atteindre les fuyards, c'est le désastre de la mer Rouge.

Strabon assigne à l'émigration de Moïse et de sa colonie une autre cause également vraie dans un sens. Ce fut le respect pour la divinité, que ce législateur, ainsi qu'un grand nombre d'hommes sensés avec lui, voyait avec peine assimiler à des animaux par les Egyptiens : divinité qu'eux disaient être une, et devoir être adorée sans aucune figure (Strab., l. 16, c. 2). C'est ce qu'exprime si bien Tacite : « L'Egypte adore beaucoup d'animaux et se taille des images ; les Juifs ne conçoivent Dieu que par la pensée et n'en reconnaissent qu'un seul. Ils traitent d'impies ceux qui, avec des matières périssables, se fabriquent des dieux à la ressemblance de l'homme. Le leur est le Dieu suprême, éternel, qui n'est sujet ni au changement ni à la destruction. Aussi ne souffrent-ils aucune effigie dans leurs villes, encore moins dans leurs temples. Point de statues, ni pour flatter les rois, ni pour honorer les Césars (Tac., *Hist.*, l. 5, c. 5). »

Artapan, cité par Eusèbe, raconte d'abord comment le roi d'Egypte, vaincu par les prodiges de Moïse, laissa aller les Hébreux, et comment ceux-ci, chargés des richesses que leur avaient accordées les Egyptiens, étaient arrivés en trois jours sur la mer Rouge. Ensuite il observe que, d'après les prêtres de Memphis, Moïse, qui connaissait bien cette contrée, profita d'une marée basse pour faire traverser la mer à pied sec par toute sa multitude. Ceux d'Héliopolis, au contraire, qui, selon Hérodote, étaient les plus instruits et les plus sages de l'Egypte, rapportaient la chose différemment. Suivant eux, le roi poursuivant les Juifs avec une puissante armée à cause des richesses qu'ils emportaient, Moïse, sur une voix divine qu'il entendit, frappa de sa verge la mer, qui se divisa et les laissa passer à pied sec. Mais les Egyptiens y étant entrés à leur poursuite, des feux éclatèrent devant eux, et la mer inonda de nouveau la route ; en sorte qu'ils périrent tous, et par le feu et par l'eau, tandis que les Juifs échappèrent au péril (Euseb., *Præp.*, l. 9, c. 27).

Les Egyptiens convenaient ainsi du fait. Seulement, ceux de Memphis cherchaient à l'expliquer par des causes ordinaires. Ce n'étaient pas les plus habiles : leur explication le démontre assez. En effet, à qui faire accroire que Moïse seul connût le flux et le reflux de la mer Rouge, et que Pharaon et ses ministres l'ignoraient ? A qui faire accroire que Moïse trouva juste une marée basse pour y faire passer plus de trois millions d'hommes avec d'immenses troupeaux, quand, depuis, on n'en trouve point pour y faire passer une petite caravane, et que les marchands arabes font toujours le tour de la mer ? A qui le faire accroire, sinon à qui veut des contes ? Après tout, cette marée unique, cette adresse de Moïse, cette maladresse des Egyptiens, tout cela ne serait pas un moindre miracle.

Quelque chose de pareil, quant à la substance, se démêle dans les fragments de l'Egyptien Manéthon. C'était un prêtre d'Héliopolis, historiographe de Ptolémée Philadelphe, sous qui les livres des Hébreux furent traduits en grec, au troisième siècle avant notre ère. Il avait fait entre autres, en grec, une histoire universelle de l'Egypte, dont les archives sacrées dont il avait la garde. Il avait profité aussi, dit-il, des sacrées colonnes qui étaient dans la terre sériadique, sur lesquelles Thoth, le premier hermès, avait gravé, en langue et caractères hiéroglyphiques, des mémoires qui, avant le déluge, furent traduits en grec avec des caractères hiéroglyphiques et mis en livre par Agathodœmon, fils du second hermès et père de Tat, dans les sanctuaires des temples d'Egypte (Syncel., *Chronograp.*, p. 40).

On ne sait où trouver la terre sériadique. Il en est qui pensent que ce pourrait bien être la Syrie-Judée.

Les colonnes antédiluviennes de Thoth ne ressemblent pas mal aux colonnes de Seth, sur lesquelles les Juifs racontent qu'étaient gravés les principes des connaissances humaines, et dont l'une, au dire de Josèphe, subsistait encore de son temps en Syrie (*Antiq.*, l. 1, c. 4). D'après les découvertes hiéroglyphiques, Thoth, le premier hermès, l'hermès trismégiste ou trois fois très-grand, serait l'intelligence personnifiée du Dieu suprême, qui l'appelle âme de mon âme, intelligence sacrée de mon intelligence (1) ; le second hermès serait le même fait homme. Les mémoires de Manéthon, comme on voit, viendraient d'un peu loin. Seraient-ce au fond les livres de Moïse, traduits alors en grec ? Moïse lui-même serait-il cet hermès incarné, interprète divin de l'hermès trois fois très-grand ? Qui le sait ? Ce qu'il y a de certain, c'est que, dans la dédicace de son histoire à Ptolémée Philadelphe, Manéthon appelait ce roi macédonien de l'Egypte, un descendant d'hermès trismégiste (Syncel., p. 40). Cette adulation nous fait voir de quoi les savants égyptiens étaient capables pour flatter leur pays ou leurs maîtres.

Mais venons au fragment de Manéthon, conservé par Josèphe. Il y parle d'hommes atteints de la lèpre et d'autres maladies, sous le règne d'Aménophis. Ce roi les employa, au nombre de quatre-vingt mille, à tailler des pierres. Un prêtre, nommé aussi Aménophis, qui lui avait d'abord conseillé de purger l'Egypte de ces lépreux, lui déclare ensuite que les dieux prennent leur défense. Sur les plaintes de ces infortunés, le roi leur accorde la ville d'Abaris, habitée autrefois par les pasteurs. Trouvant l'endroit propre à favoriser leur révolte, ils se choisissent pour chef un prêtre d'Héliopolis, nommé Osarsiph, auquel ils font serment d'obéir en tout. Celui-ci leur donne pour première loi de ne pas adorer les dieux des Egyptiens, de manger sans difficulté de tous les animaux réputés sacrés, et de ne s'allier qu'avec ceux qui étaient dans les mêmes sentiments ; puis il envoie des ambassadeurs à Jérusalem, vers les pasteurs que le roi Themosès avait expulsés, pour les exhorter à s'unir à eux. Ceux-ci viennent avec deux cent mille hommes. Le roi, se souvenant de la prédiction du prêtre Aménophis, fait conduire ailleurs les animaux sacrés, ordonne aux prêtres de cacher les simulacres des dieux, met entre les mains d'un de ses amis son fils Sethon, âgé de cinq ans, autrement nommé Ramessès, du nom de son aïeul : ensuite il marche contre l'ennemi avec une armée de trois cent mille Egyptiens des plus vaillants ; il l'atteint sans lui livrer bataille ; mais, persuadé que c'était faire la guerre à la Divinité, il s'en revint à Memphis, d'où il se sauva bientôt en Ethiopie, abandonnant l'Egypte aux ravages des pasteurs de Jérusalem. Manéthon ajoute que le prêtre Osarsiph prit le nom de Moïse, et qu'il donna des lois et un gouvernement à ceux qui le suivaient (Josèphe, *cont. Appion.*, l. 1).

Voilà sans doute un curieux fragment. Il est bon de se rappeler que Manéthon était Egyptien, qu'il écrivait pour un roi grec d'Egypte, dans la langue des Grecs, douze siècles après l'événement, au IIIe siècle avant notre ère ; et l'on s'étonnera peu s'il con-

---

(1) Champollion, *Panthéon égyptien* : Thoth Trismégiste. *Apud Stob.*, l. 1, c. 52.

fond les temps, tronque les faits. Son embarras est facile à concevoir. Il fallait, sinon cacher, du moins pallier la honte et les désastres anciens de sa patrie, aux yeux de ses nouveaux maîtres; mais, quoi qu'il fasse, la vérité perce le brouillard : c'est toujours Moïse qui est le chef du nouveau peuple. Comme il était Egyptien par adoption, et qu'il avait été instruit dans toutes les sciences de l'Egypte parmi les plus sages des prêtres, qui même pouvaient l'avoir admis dans leur ordre, il n'est pas du tout étrange que Manéthon en fasse un prêtre d'Héliopolis. Quant à la masse de la population émigrante, elle est composée des pasteurs de Jérusalem, ou des Hébreux, et d'une multitude d'Egyptiens : ce que nous avons déjà remarqué d'après l'Ecriture. Manéthon, il est vrai, suppose ces pasteurs déjà établis à Jérusalem, c'est que, de son temps, ils l'y étaient depuis plus de onze siècles. Un petit anachronisme, dans une pareille antiquité, n'est rien. Il y a peut-être, même à cette erreur, un fondement historique. L'Ecriture nous apprend que, déjà avant la sortie d'Egypte, la tribu d'Ephraïm avait fait une irruption au pays des Philistins, et tenté de s'emparer de la ville de Geth. Et une ancienne paraphrase rabbinique de la Bible donne à cette expédition tout juste le même nombre que Manéthon à ses pasteurs de Jérusalem, savoir : deux cent mille hommes (1). Quoi qu'il en soit de ces détails, toujours est-il que tout ce qu'il y a de principal se trouve dans le récit de Manéthon : une immense population qui condamne l'idolâtrie de l'Egypte, et que néanmoins la Divinité protège; cette population opprimée sous la plus injuste servitude; ses cris au milieu des travaux qui l'accablent ; la prédiction certaine de la vengeance divine; le roi lui accordant enfin la liberté ; ce même roi la poursuivant avec une armée d'élite; cette poursuite entraînant pour l'Egypte de plus grands malheurs encore, parce que c'était une guerre contre Dieu. En un mot, le fragment de Manéthon ne semble qu'un commentaire embarrassé de ce mot des Egyptiens : *Fuyons devant Israël, car Jéhova combat pour eux contre nous* (Exod., 14, 25).

Tout porte donc à croire que cet Aménophis, troisième du nom, est ce monarque orgueilleux et impie qui prétendit d'abord ne pas connaître l'Eternel, à qui bientôt ses devins déclarèrent : *Le doigt de Dieu est ici*, que les plus terribles fléaux contraignirent de laisser partir les Hébreux, qui enfin vit son armée ensevelie dans la mer Rouge. Ce qui confirme cette opinion, c'est que l'époque de son règne coïncide avec la sortie d'Israël. D'après la chronologie égyptienne établie par un savant de nos jours (M. Champollion-Figeac), au moyen des monuments hiéroglyphiques et des listes de Manéthon, ce pharaon Aménophis III, dix-septième et dernier roi de la dix-huitième dynastie, fils et successeur de Ramsès-Meïamoun, régna dix-neuf ans et six mois, de l'année 1493 à 1473 avant l'ère chrétienne. Or, c'est bien vers ce temps-là, savoir en 1491, qu'on place communément la sortie d'Egypte (*Essai sur le système hiérogl.*, par M. Greppo, p. 142).

Une difficulté se présente alors. Ce pharaon avait survécu dix-sept ans au désastre de la mer Rouge, où l'on dit cependant qu'il périt avec toute son armée. On le dit communément, ou plutôt on le suppose ; mais Moïse ne le dit pas. Il nous apprend, il est vrai, que le pharaon attela son char et prit avec lui son peuple (Exod., 14, 6-8); que les Egyptiens entrèrent après les Israélites dans la mer Rouge, savoir, tous les chevaux de Pharaon, ses chars et ses cavaliers (*Ibid.*, v. 23); qu'enfin les eaux, étant revenues, couvrirent les chars et les cavaliers de toute l'armée de Pharaon, qui étaient entrés après eux dans la mer (*Ibid.*, v. 28). D'après ces paroles, littéralement traduites de l'hébreu, ce n'est pas l'armée entière qui aurait péri, mais les chars et les cavaliers de toute l'armée, autrement les chevaux de Pharaon ou sa cavalerie; ce qui laisse à conclure que l'infanterie, s'il y en avait, comme l'assure Josèphe, ne périt point. Il y a plus : ces dernières paroles de Moïse : « Et les eaux couvrirent les chars et les cavaliers de toute l'armée qui étaient entrés en la mer : aucun d'eux n'échappa, » permettent de croire que, si moralement toute la cavalerie y entra, comme il est dit dans un verset précédent, elle n'y entra pas néanmoins si absolument tout entière, qu'il ne pût y avoir quelques exceptions ; autrement ces mots, *qui étaient entrés en la mer*, eussent paru inutiles. Il serait superflu d'observer que ces autres, *aucun d'eux n'échappa*, s'entendent des mêmes chars et cavaliers qui étaient entrés en la mer, à la poursuite des enfants d'Israël. Ce qu'il y a de plus digne de remarque, c'est que, ni dans son récit, ni dans son divin cantique, ni dans une foule de circonstances où il rappelle aux Israélites ces grands événements, Moïse ne dit pas que Pharaon fut englouti avec son armée; nulle part il ne fait même allusion à la mort de ce roi oppresseur : chose cependant qui eût été des plus propres à rehausser la gloire de Dieu et la confiance de son peuple.

Il y aurait donc sur ce point un parfait accord entre Moïse et les auteurs que nous avons cités, et qui font survivre Pharaon au désastre de la mer Rouge. Il y a ceci de particulier, que les deux écrivains juifs, Josèphe et Philon, en parlant avec détail de la submersion de l'armée égyptienne, n'y nomment pas le roi. Josèphe, entre autres, qui chicane fort Manéthon sur le passage rapporté plus haut, ne le contredit cependant d'aucune manière en ce qui tient au retour de Pharaon à Memphis. Le poète Ezéchiel, dans son drame sur la sortie d'Egypte, se borne à dire que les flots refermèrent le chemin ouvert par le Seigneur à son peuple, et que la mer Rouge engloutit l'armée des Egyptiens (Euseb., *Præp.*, l. 9, c. 29, p. 445). Il est même des rabbins qui disent que Dieu retira le pharaon de la mort, qu'il ne mourut pas, qu'il alla à Ninive où il régna et fit pénitence. A part ce qu'elle a de fabuleux, cette opinion prouve du moins que, même parmi les Juifs, on était porté à croire que ce roi ne périt point avec son armée. Enfin, celui des livres sacrés qui parle le plus amplement des plaies de l'Egypte, qui nous en apprend même des circonstances omises ailleurs, le livre de la Sagesse, en rapportant le passage miraculeux de la mer Rouge, ne fait aucune mention ni du pharaon, ni de sa mort tragique. Il se borne à dire que la Sagesse précipita dans la mer les ennemis d'Israël.

Il est donc possible que le pharaon, adversaire de Moïse, ait échappé à la mort, soit que Dieu l'ait retiré

---

(1) Paralip., 7, 21. *Thargum* de Rabbi Jonathan, Ben Uziel ; Exode, 13, v. 17.

LIVRE VI. — MOISE, LA PAQUE, LA SORTIE D'ÉGYPTE.

de la mer, soit qu'il n'ait pas marché jusque-là avec son armée, soit encore, ce qui est plus probable, qu'étant resté sur le rivage pendant que ses troupes cherchaient à opérer leur passage, il n'ait été que le témoin de l'effroyable catastrophe qui les fit périr dans les flots. Dans ces cas, on pourra toujours dire, en un sens figuré et poétique, que Pharaon lui-même y fut secoué, abattu, anéanti avec son armée (Ps. 135, 15).

Ces observations préviennent une autre difficulté, touchant l'absolu silence que gardent les livres saints sur le monarque le plus renommé de l'Égypte, le fameux Sésostris. D'après Hérodote, Diodore et les autres historiens, ce conquérant, dans son expédition en Asie, devait avoir suivi la mer Rouge ; il avait soumis la Phénicie, il avait dû traverser la Palestine ou en allié ou en vainqueur. Comment alors l'histoire des Hébreux n'en fait-elle aucune mention ? On a supposé un temps que c'était le Sésac du livre des Rois et des Paralipomènes, qui prit Jérusalem sous Roboam ; mais il est certain aujourd'hui que Sésac est Sésonchis, chef de la vingt-deuxième dynastie, qui monta sur le trône des Pharaons l'an 791 avant Jésus-Christ, c'est-à-dire en l'année même où l'on place communément la prise de Jérusalem par Sésac. Une découverte récente, faite sur le sol même de l'Egypte par le même savant qui a découvert le secret des hiéroglyphes, ne laisse plus à ce sujet le moindre doute. Parlant du palais de Karnac, dans la Thébaïde, il dit en propre termes : « Dans ce palais merveilleux, j'ai contemplé Sésonchis, traînant aux pieds de la trinité thébaine, Ammon, Mouth et Kons, les chefs de plus de trente nations vaincues, parmi lesquelles j'ai retrouvé, comme cela devait être, et en toutes lettres, IOUDAHAMALEK, *le royaume des Juifs ou de Juda*. C'est là un commentaire à joindre au chapitre XIV du 1er livre des Rois, qui raconte en effet l'arrivée de *Sésonchis* à Jérusalem, et ses succès; ainsi l'identité que nous avons établie entre le *Scheschonk* égyptien, le *Sésonchis* de Manéthon et le *Sésac* ou *Scheschok* de la Bible, est confirmée de la manière la plus satisfaisante (1).

Quant à Sésostris, il est aujourd'hui également certain que c'est ce fils d'Aménophis qui, dans les fragments de Manéthon conservés par Josèphe, est appelés *Séthos*, *Séthon* et *Ramessès*, et qui n'avait que cinq ans lorsque, sous le règne de son père, Moïse conduisit les Hébreux hors de l'Egypte. Son nom royal *Ramsès*, et ses autres titres et prénoms qui le distinguent, se lisent plus fréquemment que ceux d'aucun autre pharaon. On les retrouve sur une foule de constructions de tout genre, dans la Nubie, à Thèbes, à Abydos, sur plusieurs obélisques à Louqsor et à Rome, sur celui de Paris, sur des statues colossales transportées à Turin et à Londres, et sur une infinité de monuments d'espèces variées. Il existe même en Syrie une inscription bilingue, en hiéroglyphes et en caractères cunéiformes ou persépolitains, et ce monument curieux est un témoin éloquent des expéditions guerrières de ce prince conquérant, le sixième de son nom, chef de la dix-neuvième dynastie.

Des monuments plus curieux encore de ce mo-

(1) Voyez la 7e des Lettres écrites par M. Champollion le jeune, pendant son voyage en Egypte, p. 35; Greppo, p. 171.

narque ont été découverts : l'un est son tombeau, l'autre un des plus célèbres édifices que les divers siècles ont admirés dans la plus ancienne cité royale de l'Egypte, dans Thèbes.

D'abord, non loin des ruines de cette ville est une vallée aride, encaissée par de très-hauts rochers coupés à pic, ou par des montagnes en pleine décomposition, offrant presque toutes de larges fentes, et dont les croupes sont parsemées de bandes noires. Aucun animal vivant ne fréquente cette vallée de mort. Les Arabes la nomment *Biban-el-Molouk*, traduction corrompue de l'ancien nom égyptien *Bian-Ourôou*, tombes des rois. Là, au pied des montagnes ou sur les pentes, se voient des portes carrées maintenant encombrées la plupart : c'est l'entrée des tombeaux des rois ; chaque tombeau a la sienne. Ces tombeaux sont des palais funèbres creusés dans le roc de la montagne; ensemble, ils forment une cité sépulcrale, où gisaient pêle-mêle des dynasties entières. Il en subsiste encore seize qui conservent des sculptures et les noms des rois pour lesquels ils ont été creusés. Ce sont les rois des dix-huitième, dix-neuvième et vingtième dynasties thébaines, lesquelles, suivant le calcul qui paraît aujourd'hui certain, ont régné de 1791 à 1087 avant Jésus-Christ, c'est-à-dire depuis les temps d'Isaac jusqu'à ceux de Samuel.

Après avoir passé sous une porte assez simple, on entre dans de grandes galeries ou corridors, couverts de sculptures parfaitement soignées, conservant en grande partie l'éclat des plus vives couleurs, et conduisant successivement à des salles soutenues par des piliers encore plus riches de décorations, jusqu'à ce qu'on arrive enfin à la salle principale, celle que les Egyptiens nommaient la *salle dorée* plus vaste que toutes les autres, et au milieu de laquelle reposait la momie du roi dans un énorme sarcophage de granit. Le fond de toutes les représentations emblématiques est le cours du soleil dans les deux hémisphères. Le sens se rapporte en général au roi défunt. Pendant sa vie, semblable au soleil dans sa course de l'orient à l'occident, le roi devait être le vivificateur, l'illuminateur de l'Egypte et la source de tous les biens physiques et moraux nécessaires à ses habitants. Le pharaon mort fut donc encore naturellement comparé au soleil se couchant et descendant vers le ténébreux hémisphère inférieur, qu'il doit parcourir pour renaître de nouveau à l'orient et rendre la lumière et la vie au monde supérieur (celui que nous habitons), de la même manière que le roi défunt doit renaître aussi, soit pour continuer ses transmigrations, soit pour habiter le monde céleste et être absorbé dans le sein d'Ammon, le père universel.

Ce cours du soleil figure aussi la double destinée des âmes. A la troisième heure du jour, cet astre arrive dans une zone où un Dieu-juge, armé d'une balance, décide leur sort. On en a vu qui vient d'être condamnée : elle est ramenée sur terre, à grands coups de verges, pour y faire pénitence. Le coupable est sous la forme d'une énorme truie, au-dessus de laquelle on a gravé en grand caractère *gourmandise* ou *gloutonnerie*, sans doute le péché capital du délinquant. A la cinquième heure, il visite les Champs-Elysées de la mythologie égyptienne, habités par les âmes bienheureuses se reposant des peines de leurs transmigrations sur la terre : elles portent sur leur tête la plume d'autruche, emblème de leur conduite juste et vertueuse. On les voit présenter des offrandes aux dieux, ou bien, sous l'inspection du *Seigneur de la joie du cœur*, elles cueillent les fruits des arbres célestes de ce paradis. Plus loin, d'autres tiennent en main des faucilles : ce sont les âmes qui cultivent les champs de la vérité. Ailleurs, enfin, on les voit se baigner, nager, sauter et folâtrer dans un grand bassin que remplit l'eau céleste et primordiale. A côté de leurs représentations on lit : « Elles ont trouvé grâce aux yeux du Dieu grand; elles habitent les demeures de gloire, celles où l'on vit de la vie céleste; les corps qu'elles ont abandonnés reposeront à toujours dans leurs tombeaux, tandis qu'elles jouiront de la présence du Dieu suprême. »

Sur la partie opposée du tombeau, le soleil, peint en noir, parcourt soixante-quinze cercles, ou zones de ténèbres, auxquelles président autant de personnages divins de toute forme et armés de glaives. Ces cercles sont habités par les *âmes coupables* qui subissent divers supplices. Ces esprits impurs et persévérants dans le crime sont presque toujours figurés sous la forme humaine, quelquefois aussi sous la forme symbolique de la *grue* ou celle de *l'épervier à tête humaine*, entièrement peint en noir, pour indiquer à la fois et leur nature perverse et leur séjour dans l'abîme des ténèbres. Les unes sont fortement liées à des poteaux, et les gardiens de la zone, brandissant leurs glaives, leur reprochent les crimes qu'elles ont commis sur la terre; d'autres sont suspendues la tête en bas; celles-ci, les mains liées sur la poitrine et la tête coupée, marchent en longues files; quelques-unes, les mains liées derrière le dos, traînent sur la terre leur cœur sorti de leur poitrine. Dans de grandes chaudières, on fait bouillir des âmes vivantes, soit sous forme humaine, soit sous celle d'oiseau, ou seulement leurs têtes et leurs cœurs. On a remarqué aussi des âmes jetées dans la chaudière avec l'emblème du bonheur et du repos célestes (l'éventail), auxquels elles avaient perdu tous leurs droits. A chaque zone, et auprès des suppliciés, on lit toujours leur condamnation et la peine qu'ils subissent. « Ces âmes ennemies, y est-il dit, ne voient point notre Dieu lorsqu'il lance les rayons de son disque; elles n'habitent plus dans le monde terrestre, et elles n'entendent point la voix du Dieu grand lorsqu'il traverse leurs zones. »

La salle qui précède celle du sarcophage, en général consacrée aux quatre génies de l'amenti (l'enfer), contient, dans les tombeaux les plus complets, la comparution du roi devant le tribunal de quarante-deux juges divins, qui doivent décider du sort de son âme, le tribunal dont ne fut qu'une simple image celui qui, sur la terre, accordait ou refusait aux rois les honneurs de la sépulture. Une paroi entière de cette salle, dans le tombeau de Rhamsès V, offre les images de ces quarante-deux assesseurs d'Osiris, mêlées aux justifications que le roi est censé présenter ou faire présenter en son nom à ses juges sévères, lesquels paraissent être chargés chacun de faire la recherche d'un crime ou péché particulier, et de le punir dans l'âme soumise à leur juridiction. Ce grand texte, divisé par conséquent en quarante-deux versets ou colonnes, n'est, à proprement parler, qu'une confession négative, comme on peut en juger par les exemples qui suivent : O Dieu! le roi, soleil modérateur de justice, approuvé d'Ammon, n'a point commis de méchancetés, n'a point blasphémé, ne s'est point enivré, n'a point été paresseux, n'a point dit de mensonges, ne s'est point souillé par des impuretés, etc. On voyait enfin, à côté de ce texte curieux, dans le tombeau de Rhamsès-Méïamoun, des images plus curieuses encore, celles des péchés capitaux. Il n'en reste plus que trois de bien visibles : ce sont la *luxure*, la *paresse* et la *voracité*, figurées sous forme humaine avec les têtes symboliques de *bouc*, de *tortue* et de *crocodile*.

Les tombes royales véritablement achevées et complètes sont en très-petit nombre. On n'en a observé que quatre ou cinq. Toutes les autres sont incomplètes. Les unes se terminent à la première salle, changée en grande salle sépulcrale; d'autres vont jusqu'à une seconde salle des tombeaux complets; quelques-unes même se terminent brusquement par un petit réduit creusé à la hâte, grossièrement peint, et dans lequel on a déposé le sarcophage du roi à peine ébauché. Cela, ainsi que des inscriptions où le Seigneur du ciel accorde au prince une longue série de jours pour régner sur le monde, tout cela prouve incontestablement que les rois ordonnaient leur tombeau en montant sur le trône; et si la mort venait les surprendre avant qu'il fût terminé, les travaux étaient arrêtés et le tombeau demeurait incomplet. Ces observations nous laissent à conclure que, parmi ce grand nombre de tableaux, dont les couleurs sont aujourd'hui encore si vives et si fraîches, il en est plusieurs qui remontent au temps de Moïse et au delà.

C'est dans cette royale nécropole que se trouve la tombe de Rhamsès le Grand ou Sésostris. Mais, soit dévastation de mains barbares, soit ravage de torrents accidentels, elle est comblée à peu près jusqu'au plafond. Ce n'est qu'en faisant creuser un étroit corridor au milieu des éclats de pierres qui remplissent cette intéressante catacombe, que le savant français est parvenu en rampant jusqu'à la première salle. Ce monument, d'après ce qu'on peut en voir, fut exécuté sur un plan très-vaste et orné de sculptures du meilleur style. Des fouilles, entreprises plus en grand, produiraient sans doute la découverte du sarcophage de cet illustre conquérant. Tout près est un très-beau tombeau, mais non achevé, où reposait son fils (1).

Ce qui est arrivé au tombeau de Sésostris est arrivé à ses palais. On a pareillement ignoré longtemps ce qu'ils étaient; ils sont également dégradés, mais ce qui en reste suffit pour étonner l'admiration et faire juger quel en était l'imposant ensemble. Le plus fameux, s'il n'est pas le monument même que décrit Diodore d'après Hécatée, sous le nom de monument ou tombeau d'Osymandias à Thèbes, lui est du moins exactement semblable. Mêmes portiques, mêmes cours, mêmes péristyles, mêmes salles, mêmes colonnades, mêmes promenoirs, mêmes colosses, même bibliothèque, mêmes sujets de sculpture et de peinture, des combats, des villes assiégées ou prises, des captifs à qui l'on a coupé les mains : ici, Rhamsès le Grand se signalant dans la mêlée; là, recevant les

(1) Treizième Lettre de M. Champollion le jeune, pendant son voyage d'Égypte.

LIVRE VI. — MOISE, LA PAQUE, LA SORTIE D'ÉGYPTE.

chefs vaincus des Shéto ou Scytho-Bactriens, tandis que ses fils, chacun à la tête d'un corps d'armée, achèvent la victoire : plus loin, les peuples ravisés se soumettant à ses lois. Le tout entremêlé de scènes religieuses. Tantôt c'est le roi qui consacre ce monument au Dieu suprême. Ainsi, on lit dans une des plus magnifiques salles la dédicace suivante en très-beaux hiéroglyphes : « L'Haroëris puissant, ami de la vérité, le seigneur de la religion supérieure et de la religion inférieure, le défenseur de l'Egypte, l'Horus resplendissant, possesseur des palmes et le plus grand des vainqueurs, le roi seigneur du monde, le fils du soleil, le seigneur des diadèmes, le bien-aimé d'Ammon, Rhamsès, a fait exécuter ces constructions en l'honneur de son père Amon-Ra, roi des dieux ; il a fait construire la grande salle d'assemblée en bonne pierre blanche de grès, soutenue par de grandes colonnes à chapiteaux imitant des fleurs épanouies flanquées de colonnes plus petites à chapiteaux imitant un bouton de lotus tronqué ; salle qu'il voue au seigneur des dieux pour la célébration de sa panégyrie gracieuse ; c'est ce qu'a fait le roi de son vivant. » Tantôt c'est le Dieu suprême, accompagné des divinités inférieures, qui vient habiter ce monument élevé à sa gloire : les divinités inférieures lui rendent leurs adorations et le prient pour son fils Rhamsès. Le roi des dieux donne l'institution royale au héros égyptien ; il lui remet la faux de bataille avec les emblèmes de la direction et de la modération, le fouet et la houlette, en prononçant la formule suivante : « Voici ce que dit Amon-Ra, qui préside dans le Rhamesséion : Reçois la faux de bataille pour contenir les nations étrangères et trancher la tête des impurs ; prends le fouet et la houlette pour diriger la terre de Kémé (l'Egypte). »

Des tableaux de villes assiégées se retrouvent les mêmes dans les palais d'Ibsanboul, de Derri et de Louqsor ; mais les inscriptions qui les accompagnent apprennent que tous ces monuments sont de Rhamsès le Grand ou Sésostris, et qu'ils reproduisent les événements de la même expédition. Enfin ces palais apparaissent comme autant d'épopées ou d'iliades en architecture, sculpture et peinture (1). Quand on pense que ces merveilles remontent au temps de Moïse, on ne s'étonne plus des ouvrages en or, en argent, en broderie que ce législateur, instruit dans toute la sagesse de l'Egypte, fait exécuter pour le tabernacle de l'Eternel.

Nous disons que ces monuments datent de cette époque reculée. En effet, d'après un calcul dont nous avons exposé les bases, il a été reconnu que Sésostris, ou Rhamsès le Grand, succéda à son père Rhamsès V, ou Aménophis, l'an 1473 avant notre ère, et régna sur l'Egypte jusqu'à 1418. Son avénement eut ainsi lieu dix-sept ou dix-huit ans après la sortie d'Israël, placée communément en 1491.

D'un autre côté, Diodore de Sicile (l. 1, c. 55) nous apprend que l'expédition de Sésostris, entreprise au commencement de son règne, se termina à sa neuvième année, c'est-à-dire pendant que les Israélites voyageaient dans le désert, et avant qu'ils fussent entrés dans la Palestine : ce qui explique pourquoi l'Ecriture ne parle pas de ce conquérant. Le récit de l'historien grec vient d'être confirmé d'une manière bien inattendue. Le nouvel interprète des hiéroglyphes, en partant pour son expédition scientifique d'Egypte, a découvert à Marseille, sur un rouleau de papyrus, écrite dans l'antique égyptien et avec des caractères populaires, une *histoire des campagnes de Sésostris-Rhamsès*, remplie de détails circonstanciés sur ses conquêtes, et qui fut écrite la composition de son armée, la force et la composition de son armée, c'est-à-dire, d'après Diodore, celle de son retour en Egypte. Et ce n'est pas la seule découverte de ce genre. Outre une infinité de manuscrits déposés dans les sépulcres des particuliers avec les momies, outre une sorte de rituel funéraire où l'on voit les antiques croyances de l'Egypte sur Dieu, sur l'homme, sur l'autre vie, on a trouvé des manuscrits nombreux qui présentent des actes de différents genres des monarques égyptiens, et portent leurs noms et les dates des années de leur règne. A cette classe, appartient une suite de papyrus, qui, longtemps délaissés dans le musée de Turin, ont été heureusement reconnus par l'hermès français : suite tellement remarquable par le nombre et la variété des pièces, qu'il a été porté à conjecturer qu'elle formait les archives entières d'un temple ou de tout autre dépôt public. Il y a trouvé une quantité prodigieuse d'actes, appartenant pour la plupart à la dix-huitième dynastie, à celle qui régna pendant le séjour des Hébreux en Egypte, et dont aucun n'est postérieur à la dix-neuvième, qui finit vers le temps de Gédéon. Mais le plus remarquable de tous, et bien certainement le plus ancien manuscrit connu jusqu'à ce jour, contient un acte de la cinquième année du règne de Touthmosis III, cinquième roi de la dix-huitième dynastie. D'après la chronologie la plus communément adoptée, ce roi, appelé par les anciens chronologistes *Miphra* ou *Miphrès*, et dont MM. Champollion ont reconnu l'identité avec le Mœris des historiens grecs ; ce roi, disons-nous, serait le pharaon qui gouvernait l'Egypte lorsque le fils de Jacob y arriva, et dont Putiphar, le maître de Joseph, commandait les troupes. Ces manuscrits, de plus de trente siècles, nous font voir comment l'exemplaire de la loi, écrit de la main de Moïse, a pu se conserver de même et se retrouver après plus de huit siècles sous le roi Josias.

Manéthon nous apprend encore une autre particularité sur Séthos-Rhamsès ou Sésostris : c'est qu'il s'appelait aussi *Egyptus*, et que c'est de lui que tout le pays a été nommé *Egypte*. Son frère Armaïs s'appelait également *Danaüs*. Sésostris lui avait confié l'administration du royaume pendant son absence, mais il abusa de cette autorité pour se faire roi lui-même. A cette nouvelle, Sésostris revint et le châtia. Armaïs ou Danaüs s'enfuit alors en Grèce, et valut aux Grecs un de leurs noms, *Danaëns* (Manetho *apud. Joseph. cont. App.*, l. 1). D'un autre côté, Diodore de Sicile rapporte, d'après Hécatée de Milet, que jadis, la peste ayant affligé l'Egypte, les indigènes expulsèrent les étrangers qui s'y étaient établis en grand nombre et avaient beaucoup affaibli le culte national des dieux. Parmi ces émigrants, les uns se rendirent en Grèce, sous la conduite de Danaüs et de Cadmus ; les autres dans la Judée, sous la conduite de Moïse, qui proscrivait les idoles, ne reconnaissant qu'un Dieu qui gouvernait tout, et organisa un culte différent des autres, sous la direction d'un souverain pontife

(1) Quatorzième Lettre de M. Champollion.

Tome I. — 10.

(Diodor., *apud Phot. Biblioth.*, col. 1151). Voilà comme les témoignages de Manéthon, d'Hécatée et de Diodore se complètent mutuellement, pour nous attester que Moïse, Danaüs et Sésostris étaient contemporains.

Il n'y a pas cent ans, l'impiété abusait de tout ce qu'on savait ou ne savait pas sur l'Egypte, pour attaquer les livres saints. Son antiquité dépassait la création biblique du monde; Moïse n'avait pu écrire le Pentateuque, parce que, de son temps, on ne faisait encore que graver, et ainsi, cent autres choses pareilles. Le siècle dernier touchait à sa fin, lorsque, à la tête des armées françaises, Sésostris-Bonaparte parcourut l'antique royaume de Sésostris-Rhamsès. Pendant que les soldats se battaient, des savants dessinaient les pyramides, les tombeaux, les temples, les palais séculaires; copiaient, sans les entendre, les hiéroglyphes, les emblèmes : il n'y avait qu'un monument qu'ils comprissent, c'était une représentation astronomique qui remontait pour le moins à quelques milliers de siècles. Moïse était convaincu de fausseté en nous faisant le monde beaucoup plus jeune; ce sauveur d'Israël, figure du Sauveur de l'humanité entière, paraissait de nouveau exposé à périr sur les bords du Nil, et, avec lui, l'ancienne et la nouvelle alliance; mais, comme autrefois, le salut est venu d'où venait la persécution : la fille des pharaons, l'Egypte, est sortie de ses palais et de ses temples en ruine, avec ses vieux hiéroglyphes; le voile qui la couvrait depuis toujours a été soulevé par un savant français; les hiéroglyphes, si longtemps muets, ont parlé, et ils ont parlé comme un écho de la Bible, et les triomphants sophismes de l'impiété ont disparu comme les chars et les cavaliers d'Aménophis dans la Mer Rouge; et le zodiaque de Denderah ne remonte plus qu'au commencement de l'ère chrétienne, il n'est plus qu'une représentation superstitieuse d'astrologie; et ces pharaons qui ont semé nos musées de papyrus, et l'Egypte de merveilles d'architecture, se trouvent ceux qui ont régné depuis Abraham jusqu'à Moïse : pour ce qui est devant, l'Hiéroglyphe ne dit pas plus que l'Écriture.

Oui, c'est dans la période la plus glorieuse de son histoire que l'Egypte eut devant les yeux les leçons et l'exemple d'Israël ; c'est dans la période la plus glorieuse de son histoire, lorsque les sciences et les arts florissaient, qu'elle a été châtiée et enseignée de Dieu; son Sésostris, en conquérant la Libye, l'Asie et la Thrace, y pouvait admirer la puissance de l'Eternel. Les Philistins ne l'oublieront point. Frappés de diverses plaies parce qu'ils avaient pris l'arche du Dieu d'Israël, leurs prêtres leur diront : Pourquoi endurcissez-vous vos cœurs, comme le fit l'Egypte et Pharaon? Quand celui-ci eut été frappé, ne les renvoya-t-il pas, et ils s'en allèrent (1. Reg., c. 6, v. 6)? Après huit siècles, les Ammonites s'en souviendront encore. Leur roi, Achior, dira à Holopherne : « Un roi d'Egypte les accablait de travaux en mortier et en brique, pour la construction de ses villes ; ils crièrent à leur Dieu, et il frappa de diverses plaies toute la terre d'Egypte. Les Egyptiens les expulsèrent alors; mais se voyant délivrés du fléau, ils voulurent les reprendre et les réduire de nouveau en servitude. Mais le Dieu du ciel ouvrit la mer à leur fuite, les eaux du ciel se durcirent de part et d'autre comme une muraille, ils traversèrent le fond de la mer à pied sec; une armée innombrable d'Egyptiens les ayant poursuivis, elle y fut engloutie de manière qu'il n'en resta pas un pour donner la nouvelle à ses descendants (Judith, c. 5). » Voilà comme le chef des Ammonites parlera au généralissime des armées assyriennes; voilà comme dès lors les divers peuples s'unissaient à Israël pour célébrer sa merveilleuse sortie de l'Egypte.

Tout cela, sans doute, est déjà bien grand et bien magnifique; cependant tout cela n'est que l'image, l'hiéroglyphe de quelque chose de plus magnifique et de plus grand. Israël asservi en Egypte, délivré par une suite de prodiges, traversant à pied sec la mer Rouge, formé aux combats dans le désert, conquérant la terre promise pour y attendre le règne glorieux de David et de Salomon; ce premier Israël est le germe, l'embryon d'un Israël nouveau, qui doit embrasser les vrais Israélites, les fidèles de toutes les nations. Ici, l'Egypte, c'est le monde entier ; les pharaons, ce sont les césars romains; la victime de la délivrance, c'est l'Agneau de Dieu s'immolant dans la nuit de Pâques d'une manière non sanglante sur la table mystique, s'y donnant à manger à ses disciples, et le lendemain s'immolant d'une manière sanglante sur la croix par la main des soldats de César : les trois journées de chemin aboutissant à la mer Rouge, ce sont les trois siècles de persécution aboutissant à l'inondation des Barbares; l'Eglise, nouvel Israël, traverse ce déluge de sang comme un baptême; l'empire romain y périt comme dans un abîme, un sépulcre ; l'Eglise continue sa marche au travers d'un désert affreux, l'humanité en ruine, les royaumes écroulés ; elle porte dans son sein, non plus douze tribus, mais une douzaine de nations féroces et indomptables, qu'il faut transformer et enfanter à la vie chrétienne. Enfin, comme autrefois Israël sous la conduite de Josué, vicaire temporel de Moïse, et d'Eléazar, son vicaire spirituel, qui servait de règle à l'autre, ainsi l'Eglise, sous la conduite du pontife romain, vicaire spirituel du Christ, et de Charlemagne, son vicaire temporel, prendra possession de sa terre promise, l'univers. La possession n'a pas encore toute l'étendue de la promesse ; ce ne sera que sous un autre règne de David et de Salomon, le second avènement du Christ, avec lequel l'Eglise triomphante entrera pour jamais dans son céleste héritage.

LIVRE SEPTIÈME.

Loi écrite; ses rapports avec le passé, le présent et l'avenir.

Trois des plus beaux génies de l'antiquité, parmi les Chinois, les Grecs et les Romains, ont cherché, l'un après l'autre, quel devait être un gouvernement, une société, pour atteindre à la perfection. Or, ce que, dans cette vue, Confucius, Platon et Cicéron ont imaginé de plus parfait, nous le verrons réalisé dans Moïse et dans le Christ, autrement dans l'Eglise catholique.

Confucius ou Koung-tsée, que la Chine appelle le *saint maître*, naquit au VIe siècle avant l'ère chrétienne, environ dix siècles après Moïse; et vers le temps où le prophète Daniel était le chef des mages de Perse et des sages de Babylone. Il jouit aujourd'hui encore d'une vénération presque religieuse. Sa famille subsiste encore : c'est la plus illustre de l'empire. Quant à ses principes sur la base d'un bon gouvernement, on les trouve dans les *Kings* ou livres sacrés, dont il a été le rédacteur, et dans les commentaires qu'en ont faits ses innombrables disciples. Sans sortir du *Chou-king*, qui est le plus connu, on y voit un suprême Seigneur, un Ciel souverainement intelligent, dans le cœur duquel tout est marqué distinctement, qui pardonne au repentir, qui se laisse fléchir à la prière, qui entend les cris des peuples, qui donne des ordres pour déposer les mauvais rois et leur en substituer d'autres. Le trône est la place du Ciel. C'est du Ciel que viennent les neuf règles de gouvernement. Un roi doit avec respect avoir soin des peuples, parce que tous sont les enfants du Ciel. Si l'ordre n'en est donné par le Chang-ti ou souverain Seigneur, nul royaume, dans les quatre parties du monde, ne peut être détruit. Les lois sont les ordres du Ciel. C'est le Ciel qui a établi la distinction des devoirs, la distinction des états, la distinction des cérémonies, la distinction des habillements, la distinction des supplices. Toutes les fonctions publiques sont des commissions du Ciel. Un juge des crimes, est-il dit, imite la vertu du Ciel en exerçant le droit de vie et de mort; c'est le Ciel qui s'associe à lui. Vous qui, dans les quatre parties, présidez au gouvernement, dit un roi; vous qui êtes préposés pour faire exécuter les lois pénales, n'êtes-vous pas à la place du Ciel pour être les pasteurs des peuples? Je crains et je suis réservé quand il s'agit des cinq supplices; il résulte de leur institution un grand avantage; le Ciel a prétendu par là secourir les peuples, et c'est dans cette vue qu'il s'est associé des juges qui sont ses ministres (*Chou-King*, p. 295 et 298).

Un point surtout est remarquable dans la doctrine de Koung-tsée et de ses disciples, c'est l'attente du Saint qui doit venir de l'Occident porter la loi à la perfection et étendre son règne sur tout l'univers. Koung-tsée disait que le Saint *envoyé du ciel saurait toutes choses et qu'il aurait tout pouvoir au ciel et sur la terre* (*Morale de Confucius*, p. 196). Qu'elle est grande, s'écrie-t-il, la voie du Saint! elle est comme l'océan; elle produit et conserve toutes choses, sa sublimité touche au ciel. Qu'elle est grande et riche!..... Attendons un homme qui puisse suivre cette voie; car il est dit que, si l'on n'est doué de la suprême vertu, on ne peut parvenir au sommet de la voie du Saint (1).

Consulté par un ministre de l'empire, s'il était un saint homme ou du moins s'il y en avait eu jusqu'alors en Chine, Koung-tsée répondit qu'il n'en connaissait point, ajoutant : « Moi, Khièou, j'ai entendu dire que dans les contrées occidentales il y avait (ou il y aurait) un saint homme qui, sans exercer aucun acte de gouvernement, préviendrait les troubles; qui, sans parler, inspirerait une foi spontanée; qui, sans exécuter de changement, produirait naturellement un océan d'actions (méritoires). Aucun homme ne saurait dire son nom; mais moi, Khièou, j'ai entendu dire que c'était là le véritable Saint (2). »

Dans la préface d'un célèbre ouvrage de philosophie, composé par un empereur, on lit ces paroles étonnantes : « Avant la naissance du Saint, la Raison résidait dans le ciel et dans la terre; depuis la naissance du Saint, c'est en lui que la Raison réside. » Peut-on exprimer plus clairement que le Saint est la raison même de Dieu, son Verbe revêtu de la nature humaine (3) ?

A la fin du Ve siècle avant Jésus-Christ, et pendant que le dernier des anciens prophètes, Malachie, annonçait à l'occident de la Chine, en Judée, la prochaine venue du Saint que Confucius attendait de ce côté-là, d'après l'antique tradition, commençait à fleurir en Grèce le plus éloquent disciple de Socrate, Platon. Moins libre de s'expliquer que le sage de l'Orient, si son langage n'est pas toujours aussi clair, sa pensée est la même. Voici les principes fondamentaux de son *Traité de la société politique* et de son *Traité des lois*.

« Ce n'est pas un homme, mais Dieu, qui peut fonder une législation. En conséquence, l'ordre que le législateur humain doit suivre, et qu'il doit prescrire à tous, c'est de subordonner les choses humaines aux choses divines, et les choses divines à l'intelligence souveraine. Jamais homme n'a fait proprement de lois; c'est la fortune ou les circonstances qui les font, ou plutôt Dieu qui, en gouvernant tout l'univers, gouverne en particulier toutes les choses humaines par les circonstances et la fortune. Prions Dieu, dit-il, pour la constitution de notre cité, afin qu'il nous écoute, nous exauce et vienne à notre secours pour dispenser ce qu'aucun gouvernement

---
(1) *L'invariable milieu*, traduit par M. Abel Rémusat, p. 94.
(2) *Ibid.*, note, p. 145.
(3) *Mémoire sur la vie et les opinions de Lao-tseu*, par M. Abel Rémusat.

et ses lois. Les monarchies, les aristocraties, les démocraties absolues sont moins des sociétés politiques que des cohabitations aux mêmes villes. Une partie y domine l'autre qui est esclave. C'est la partie dominante qui donne le nom à tout l'ensemble. S'il fallait de là prendre son nom, il fallait du moins lui donner le nom de Dieu, vrai dénominateur de tous les êtres raisonnables. Mais quel est-il ce Dieu ? Écoutons la fable nous parlant de l'âge d'or. Sachant que nul homme ne peut gouverner les choses humaines avec un pouvoir absolu sans tomber dans l'orgueil et l'injustice, Saturne confia l'établissement et le régime des empires, non à des hommes, mais à des génies. Ce discours plein de vérité nous apprend que si ce n'est pas un dieu, mais un homme qui préside à la constitution et au gouvernement d'une cité quelconque, jamais elle ne pourra échapper aux plus grands maux. Il faut donc tâcher, par tous les moyens imaginables, d'imiter le régime primitif, et, nous confiant en ce qu'il y a d'immortel dans l'homme, nous devons fonder les maisons ainsi que les états en consacrant comme des lois les volontés de l'intelligence (souveraine). Sans cela, comme nous l'avons déjà dit, il ne reste aucun moyen de salut (Plat., edit. bipont., t. VIII, l. 1, p. 4 et 18 ; l. 4, p. 170-181). »

Enfin, supposant que les colons qui doivent peupler sa nouvelle république sont arrivés, Platon leur rappelle ainsi le fondement de toute société et de toute loi :

« Dieu, comme le porte l'ancienne parole, ayant en lui-même le commencement, la fin et le milieu de toutes choses, fait inviolablement ce qui est bien, suivant la nature. Toujours il est accompagné de la justice, qui punit les violateurs de la loi divine. Quiconque veut s'assurer une vie heureuse se conforme à cette justice et lui obéit avec une humble docilité ; mais celui qui s'élève avec orgueil à cause de ses richesses, de ses honneurs ou de sa beauté, celui dont la folle jeunesse s'enflamme d'une insolente présomption, comme s'il n'avait besoin ni de souverain ni de maître, et qu'il fût au contraire capable de conduire les autres, Dieu l'abandonne entièrement, et ce misérable délaissé, s'associant d'autres malheureux abandonnés comme lui, s'applaudit en renversant tout, et il ne manque pas de gens aux yeux de qui il paraît quelque chose ; mais, puni bientôt par l'irréprochable jugement de Dieu, il renverse à la fois et lui-même, et sa maison, et la cité tout entière. Or, puisqu'il est ainsi, que doit faire et penser le sage ? — Nul doute que le devoir de chaque homme ne soit de chercher par quel moyen il sera du nombre des serviteurs de Dieu. — Qu'est-ce donc qui est agréable à Dieu et conforme à sa volonté ? Une seule chose, selon la parole ancienne et invariable, qui nous apprend qu'il n'y a d'amitié qu'entre les êtres semblables et qui s'éloignent de tout excès. Or, la souveraine mesure de toutes choses, doit être, pour nous, Dieu, ainsi qu'on le dit, bien plus qu'aucun homme, quel qu'il soit. Si donc vous voulez être ami de Dieu, efforcez-vous de lui ressembler autant qu'il vous sera possible (Plat., edit. bipont., t. VIII, l. 1, p. 185). »

Après le sage de la Chine et le sage de la Grèce, écoutons le consul romain.

Dans son premier livre des lois, Cicéron dit que, pour établir le droit, il faut remonter à cette loi souveraine qui est née tous les siècles avant qu'aucune loi eût été écrite, ni aucune ville fondée. Pour y parvenir, il faut croire avant tout que la nature entière est gouvernée par la divine Providence, que l'homme a été créé par le Dieu suprême, et que par la raison il est en société avec Dieu. Cette raison commune à Dieu et à l'homme, voilà la loi qui fait de cet univers une seule cité sous le Dieu tout-puissant (De legib., l. 1, n. 6, 7, 15, édit. Lefèvre, 1825).

Et ce n'était pas là une opinion privée. Examinant au second livre la nature de cette loi première, à laquelle se doivent rapporter toutes les autres, il s'exprime ainsi : « Je vois que c'était le sentiment des sages que la loi n'est point une invention de l'esprit de l'homme, ni une ordonnance des peuples, mais quelque chose d'éternel qui régit tout l'univers par des commandements et des défenses pleins de sagesse. C'est pourquoi ils disaient que cette loi première et dernière est le jugement même de Dieu, qui ordonne ou défend selon la raison, et c'est de cette loi que vient celle que les dieux ont donnée au genre humain (Ibid., l. 2, n. 4). »

« Dès notre enfance, ajoute-t-il, on nous accoutume à nommer lois les ordonnances des hommes ; mais, en parlant de la sorte, nous devons toujours nous rappeler que les commandements et les défenses des peuples n'ont point la force d'obliger à la vertu et de détourner du péché. Cette force est non-seulement plus ancienne que toutes les nations et les cités, elle est du même âge que ce Dieu qui soutient et régit le ciel et la terre. La loi véritable est la raison conforme à la nature des choses, qui nous porte à faire le bien et à éviter le mal ; elle ne commence pas à être loi au moment où on l'écrit, mais elle est loi dès sa naissance, et elle est née avec la raison divine ; c'est pourquoi la loi véritable et souveraine, à laquelle il appartient d'ordonner et de défendre, est la droite raison du Dieu suprême (De legib., l. 2, n. 5, édit. Lefèvre, 1825). » Où cette loi est méconnue, violée par la tyrannie d'un, de plusieurs ou de la multitude, non-seulement la société politique est vicieuse, il n'y a plus même de société. Cela est encore plus vrai d'une démocratie que de tout autre gouvernement (Cic., De repub., l. 3, n. 25).

Enfin, et le philosophe grec, et le consul romain donnent à leurs lois et à leur société, pour sanction dernière, la providence de Dieu, l'immortalité de l'âme, les récompenses et les peines éternelles dans l'autre vie. « Celui qui règne sur nous, dit Platon dans son Traité des lois, ayant vu que toutes les actions humaines ont pour âme, soit la vertu, soit le vice, nous a préparé différentes demeures selon la nature de nos actions, laissant à notre volonté le choix entre ces demeures diverses... Ainsi ces âmes portent en elles-mêmes la cause du changement qu'elles doivent éprouver, selon l'ordre et la loi du destin. Celles qui n'ont commis que des fautes légères descendent moins bas que les âmes plus coupables ; elles errent à la surface de la terre. Celles qui ont commis plus de crimes, et des crimes plus grands, sont précipitées dans l'abîme qu'on appelle l'enfer, ou d'un nom semblable, lieu redouté des vivants et des morts, et dont la pensée trouble encore l'homme pendant son sommeil. Mais l'âme qui, par de continuels efforts de sa volonté, avance dans la vertu et se corrige du vice, est transportée dans un séjour d'autant plus heureux et plus saint, qu'elle s'est plus rapprochée de la perfection divine (*De legib.*, t. IX, l. 10, p. 106-108). » A la fin de sa *République*, ce même philosophe nous représente l'âme sortant du corps et apparaissant devant le tribunal pour être jugée : après la sentence, les justes montent à la droite au plus haut des cieux, les méchants, au contraire, descendent à la gauche dans un gouffre horrible, d'où ceux qui sont inguérissables ne peuvent plus sortir, continuellement en proie à d'épouvantables supplices (*De repub.*, t. VII, l. 10, p. 322-326). Egalement Cicéron, à la fin de sa *République* idéale, entr'ouvre tout d'un coup l'éternité : cet univers n'est que le temple du Dieu suprême, qui le régit de même que l'âme immortelle régit ce corps corruptible ; ceux-là vivent vraiment, qui sont échappés des liens du corps comme d'une prison, que nous appelons notre vie et une mort ; là les méchants subissent des siècles de tourments, tandis que les bienfaiteurs de leurs semblables jouiront dans le ciel d'une éternité de bonheur (*De repub.*, l. 6, n. 7 et 17).

Mais ces hommes espéraient-ils jamais voir sur la terre leur admirable gouvernement? Platon, autrement Socrate qu'il fait parler, dit que le modèle en est sans doute dans le ciel, mais que, pour sa patrie terrestre, il ne l'espère que de quelque divine fortune (Ἐὰν μὴ θεία τις ξυμβῇ τύχη. *De repub.*, l. 9, *in fine*). Dans d'autres dialogues, il parle d'un personnage extraordinaire qui nous instruira sur la divinité et sur son culte, ainsi que sur nos devoirs envers nos semblables; il insinue que ce sera un Dieu caché sous la figure d'un homme; il espère qu'il ne tardera pas à venir (Plat., t. V; Alcibiade, 2. p. 100-102). Ailleurs il dit : « Au commencement de ce discours, invoquons le Dieu sauveur, afin que, par un enseignement extraordinaire et merveilleux, il nous sauve et nous instruisant de la doctrine véritable (*Id.*, t. IX, Tim., p. 341). »

Quant à Cicéron, qui écrivait vers le temps où le Christ allait paraître, ses paroles sont plus fermes : il semble avoir quelque pressentiment de ce qui allait s'accomplir. « La loi véritable, dit-il, est la droite raison conforme à la nature, loi répandue dans tout le genre humain, loi constante, éternelle, qui rappelle au devoir par ses commandements, qui détourne du mal par ses défenses, et qui, soit qu'elle défende, soit qu'elle commande, est toujours écoutée des gens de bien et méprisée des méchants. Substituer à cette loi une autre loi est une impiété ; il n'est permis d'y déroger en rien, et l'on ne peut l'abroger entièrement. Nous ne pouvons être déliés de cette loi, ni par le sénat, ni par le peuple. Elle n'a pas besoin d'un autre interprète qui l'explique ; il n'y aura point une loi à Rome, une autre à Athènes, une autre maintenant, une autre après ; mais une même loi, éternelle et immuable, régira tous les peuples dans tous les temps : et celui qui a porté, manifesté, promulgué cette loi, Dieu, sera le seul maître commun et le souverain monarque de tous ; quiconque refusera de lui obéir se fuira lui-même, et, renonçant à la nature humaine par cela même, il subira de très-grandes peines, quand il échapperait à ce qu'on appelle des supplices ici-bas (Cicer., *De republicâ*, l. 3, n. 16). »

Comment ne pas reconnaître aujourd'hui tout cela dans l'Eglise catholique? Société de Dieu avec les anges et les hommes qui lui ressemblent; société dont le souverain monarque est Dieu, son Christ, le Saint par excellence; dont la loi n'est autre que la raison divine, la sagesse éternelle qui a créé l'univers et qui le gouverne, qui atteint d'une extrémité à l'autre avec force, et dispose tout avec douceur : loi véritable, non point asservie à d'inflexibles formules, non point ensevelie dans une écriture morte, mais vivant et régnant par la parole; loi une, sainte, universelle et perpétuelle, qui réunit tous les lieux et tous les temps, le ciel et la terre, en une société une, sainte, universelle et perpétuelle, sous le Dieu tout-puissant.

Il n'y a de vraie société que celle-là ; car, là seul, tous les esprits sont unis dans la même vérité, tous les cœurs dans la même charité, toutes les volontés dans l'espérance et la poursuite des mêmes biens : biens éternels, immuables, biens communs à tous et néanmoins propres à chacun ; biens que tous et chacun peuvent posséder tout entiers ; et, pour y parvenir, ils ont tous la même règle, la même piété envers Dieu, la même justice envers le prochain, la même pureté sur soi-même. Comparés à cette grande communion humaine, comme l'appelle Platon, à cette société universelle qui seule a pour but direct les intérêts communs à tous les hommes, ce qu'on appelle des peuples et des nations n'apparaissent plus et ne sont plus en effet que des associations locales pour des intérêts matériels et particuliers. Les lois qu'ils font dans cette vue ne sont pas des lois proprement dites, mais de simples règlements. Car, dit Cicéron, ce que décrètent les peuples suivant les temps et les circonstances, reçoit le nom de *loi* plus de la flatterie que de la réalité. Quant aux décrets injustes, ajoute-t-il, ils ne méritent pas plus le nom de *lois* que les complots des larrons. Platon tient le même langage (*De legib.*, l. 2, n. 5; Plat., *Minos*).

Dans cette divine constitution de l'humanité, la forme de gouvernement est telle que la souhaitaient Platon et Cicéron. Ils en distinguent trois : le gouvernement d'un seul, le gouvernement de quelques-uns, le gouvernement du grand nombre. Tous les trois sont bons, quand la loi véritable y est observée ; quand elle ne l'est pas, tous les trois dégénèrent en tyrannie. Un quatrième leur paraît, surtout à Cicéron, infiniment préférable, comme réunissant les avantages des trois autres, sans leurs dangers : c'est une monarchie tempérée d'aristocratie et de démocratie. Or, tel est le gouvernement de l'Eglise (1).

Sous le monarque éternel et invisible, le Christ, est un monarque visible et mortel, son vicaire, le Pape, qui a reçu de lui la pleine puissance de paître et de régir l'Eglise universelle. Par son canal, d'autres princes et pasteurs, appelés en partage de sa sollicitude, reçoivent à paître et à régir des églises particulières, non pas comme ses vicaires ou lieutenants, mais comme princes et pasteurs véritables. Enfin, ni la papauté, ni l'épiscopat, ni le simple sacerdoce n'est héréditaire. Tout se recrute dans le

---

(1) Cicer., *De republicâ*, l. 1, n. 45; Plat., *Politic.*, t. VI, p. 99-101. Voyez encore Architas et Hippodame, *apud* Stob. Antholog., p. 251 et 253 ; Bellarmin, *De Romano Pont.*, l. 1, cap. 3.

peuple, qui est toute l'humanité chrétienne. Le dernier peut devenir le premier. Un pêcheur de Galilée sera le premier Pape, saint Pierre; un Thrace deviendra le pape Conon; le fils d'un charpentier de Toscane, le pape Grégoire VII; le fils d'un domestique anglais, le pape Adrien IV; un petit pâtre de Montalte, le pape Sixte V.

Pour le recrutement de cette magistrature sainte, les vœux de Platon se voient accomplis. Il voulait qu'on y destinât dès leur premier âge ceux à qui Dieu paraissait avoir donné les qualités pour cela (*De republ.*, l. 3, p. 319 et seq.) : or, l'Eglise admet, sans distinction de naissance, quiconque en a reçu de Dieu l'aptitude et la vocation. Il souhaitait que les futurs surveillants ou pasteurs, car il les appelle plus d'une fois de ce nom, fussent élevés avec une attention spéciale (*Ibid.*, l. 2 et 3) : l'Eglise les élève avec toute l'attention possible dans les séminaires. Ce qu'il exigeait comme le principal, c'est qu'ils connussent bien l'être éternel, immuable, le bien suprême, Dieu, en un mot, et son céleste gouvernement, pour conformer à ce divin modèle le gouvernement de la terre; qu'ils s'appliquassent tellement aux choses divines, qu'ils devinssent divins eux-mêmes, autant que cela est possible à l'homme : ce sont ses paroles (*Ibid.*, l. 5 et 6, p. 71 et seq); ajoutant qu'il n'y aurait point de salut pour le monde tant que les philosophes de cette nature ne le gouverneraient pas, ou que ceux qui le gouvernent ne fussent pas de ces philosophes (*Ibid.*, l. 6, t. VII, p. 100-104). Or, où jamais a-t-on travaillé à former de pareils magistrats, surtout avec autant de zèle que dans le royaume du Christ? Il désirait enfin qu'ils fussent exempts de tout soin domestique, libres de toute affection particulière, afin que toutes les puissances de leur âme fussent consacrées tout entières au bien commun de tous. La chose lui paraît si importante et en même temps si difficile, que, dans son *Traité de la république*, il va jusqu'à proposer un moyen contre nature, la communauté des femmes et des enfants; moyen qu'il sentit lui-même révoltant et impraticable, puisqu'il n'en dit plus mot dans son *Traité des lois*. Or, ce que Platon regardait à la fois et comme nécessaire et comme impossible, l'Eglise catholique l'a réalisé par un moyen, non pas contre nature, mais au-dessus de la nature, par le célibat religieux.

Ce philosophe ne méconnaissait pas l'extrême difficulté qu'il y aurait d'amener le genre humain à cet état de perfection. Il a même là-dessus une allégorie si belle, que nous ne pouvons ne pas la citer tout entière.

Pour bien concevoir notre nature sous le rapport de l'instruction et de l'ignorance, dit-il, faites-vous cette comparaison. Figurez-vous une demeure souterraine, en forme de caverne, ayant une entrée très-longue qui s'ouvre à la lumière dans toute la largeur de la caverne. Là, sont des gens depuis leur enfance, le dos tourné au jour, tellement enchaînés par les pieds et par le cou, qu'ils sont tout à fait immobiles, ne regardant que devant eux, sans pouvoir seulement tourner la tête. Derrière eux, mais au loin, est suspendu un flambeau allumé. Entre ce flambeau et les hommes enchaînés est un chemin quelque peu élevé, que borde, du côté de la caverne, un parapet à hauteur d'homme. Derrière ce parapet passent des personnes portant sur la tête toute sorte d'ustensiles qui dépassent le parapet, entre autres des statues humaines, des animaux de bois et de pierre de toutes les façons. Parmi ces personnes, comme on peut bien le penser, les unes parlent, les autres ne disent rien. Image étrange, dira-t-on, étranges prisonniers. Sans doute, dit Platon, mais ces prisonniers nous ressemblent. D'abord, forcés qu'ils sont d'avoir toute leur vie la tête immobile, que voient-ils et d'eux-mêmes et des autres, si ce n'est des ombres renvoyées par le feu sur le côté opposé de leur caverne. Ensuite, quant aux objets que l'on transporte, en voient-ils davantage? Maintenant, qu'un écho répercute contre le fond de leur souterrain la voix des passants, ne s'imagineront-ils pas que ce qui parle n'est autre que l'ombre, et qu'enfin il n'y a de réel que les ombres des ustensiles? Telle est, suivant Platon, la position des hommes en ce monde.

Après cela, quelle serait la méthode la plus convenable pour les délier de leurs chaînes et les guérir de leurs erreurs? Si l'on en détachait un et qu'on le forçât subitement à se lever, à tourner la tête, à marcher et à regarder du côté de la lumière, tout cela lui ferait mal, et, à cause même de l'éclat de la lumière, il ne pourrait envisager les choses dont il voyait auparavant les ombres. Qu'on l'assurât alors qu'il n'a vu jusque-là que des riens, que maintenant il est plus près de la réalité; qu'on lui demandât, à la vue de chaque passant, ce que c'est, ne serait-il pas dans l'incertitude? ne penserait-il pas que ce qu'il voyait auparavant est plus vrai que ce qu'on lui montre maintenant? Si on le contraignait de regarder la lumière même, ses yeux n'en souffriraient-ils pas? Ne prendrait-il pas la fuite pour se tourner vers les choses qu'il peut voir, et qu'il croirait bien plus claires que celles qu'on lui montre? Enfin, si de là on le traînait de force par des endroits rudes et escarpés, sans lui donner de relâche jusqu'à ce qu'on l'eût amené à la lumière du soleil, ne s'affligerait-il pas d'être traîné de la sorte? Et quand il serait venu à la lumière, ses yeux éblouis pourraient-ils rien voir de ce que les hommes tiennent pour véritable? Non, sans doute, parce que cela s'est fait subitement.

Pour voir les choses qui sont en haut, il faut donc l'y accoutumer peu à peu. Il regardera d'abord plus à son aise les ombres, puis les images des hommes et autres objets dans l'eau, ensuite ces objets eux-mêmes, après cela un ciel de nuit avec la lune et les étoiles, et enfin le soleil pendant le jour. Bientôt il s'apercevra que c'est cet astre qui règle les heures, les années et toutes les choses de ce monde; qu'il est même en un sens la cause de ce qu'il a vu auparavant. Alors ne s'estimera-t-il pas heureux, n'aura-t-il pas pitié de ses anciens compagnons, de leur prétendu savoir, de leurs systèmes sur la nature et la marche des ombres, de la gloire qu'ils s'attribuaient d'y être plus habiles l'un que l'autre?

Maintenant, s'il retourne tout d'un coup de la splendeur du soleil au fond de la caverne, ses yeux ne seront-ils pas plongés dans les ténèbres? Que si, dans ce moment même, il lui fallait distinguer les ombres et en disputer avec ceux qui ont toujours été enchaînés, ne leur donnerait-il pas à rire? Ne lui reprocherait-on pas qu'il ne rapporte de sa sortie que des yeux gâtés ? Ne dirait-on pas que jamais il ne faut tenter d'aller en haut, qu'il convient de tuer même quiconque entreprendrait de les délier et de les faire monter ?

Or cette prison, c'est cet univers visible; le flambeau suspendu dans l'air, c'est le soleil. Cet homme qui gravit en haut, et qui considère les choses supérieures, c'est l'âme qui monte dans la religion intelligible pour y contempler le bien suprême, cause de tous les biens, qui donne l'essence à tout, étant lui-même au-dessus de toute essence; qui, dans ce monde visible, a créé la lumière et l'auteur de la lumière, le soleil; mais qui, dans le monde intelligible, règne en souverain et y rayonne la vérité et l'intelligence; bien suprême que doit nécessairement connaître quiconque veut agir prudemment, soit pour lui-même, soit pour le public (1).

Voilà ce que dit Platon. Certes, qui aurait tâché de ramasser dans une belle allégorie ce que nous apprend l'Écriture sur la profonde dégradation de l'homme, sur les qualités du Rédempteur, sur la nécessité de l'étudier pour être utile à soi et aux autres, celui-là n'aurait pu mieux rencontrer. En effet, que ne voit-on pas là ? Le genre humain, dès sa naissance, assis à l'ombre de la mort, enchaîné dans les liens du péché, le dos tourné à la lumière, ne voyant dans ce jour nocturne que des ombres. Ce peu de lueur vient encore de celui qui est la lumière du monde, qui éclaire tout homme venant en ce monde, qui luit jusque dans les ténèbres, et que les ténèbres n'ont point compris.

Ce que Platon sentait qui devait se faire, Dieu le faisait dès toujours. Il ne traîne point l'homme brusquement des ténèbres à la lumière : il le délie d'abord, lui fait considérer plus attentivement les ombres qui passent, puis les images des choses, puis les choses mêmes, enfin le soleil qui les rend visibles. Le Verbe, splendeur du Père, soleil de justice et de vérité, n'épandra pas subitement ces flots de lumière qui rayonnent maintenant de toutes parts dans l'Église catholique; il se fera précéder par une douce et lente aurore, qui croîtra insensiblement du jour nocturne jusqu'au jour plein. Cette aurore sera Moïse et les Prophètes; elle commencera au Sinaï et durera jusqu'au Thabor, où, en la personne de Moïse et d'Élie, elle viendra se réunir au soleil de justice, qui dès lors resplendira seul.

C'est dans cet ensemble progressif qu'il faut considérer et tout ce que nous avons vu, et tout ce que nous voyons, et tout ce que nous verrons, depuis la création du monde, la chute de l'homme, la promesse d'un rédempteur, jusqu'au jugement dernier et la consommation des saints dans le ciel. C'est dans cet ensemble surtout, qu'il faut considérer le peuple hébreu et la loi que Dieu lui donne : peuple, d'un côté, plongé dans les pensées terrestres, comme les prisonniers de Platon dans leur antre; loi qui n'avait que l'ombre des biens célestes, et non pas encore l'image réelle; peuple et loi qui étaient cependant, d'un autre côté, pour le reste du monde, une lampe luisant dans un lieu ténébreux, et préparant le genre humain à l'apparition du grand jour. Ce sont les idées de saint Paul et de saint Pierre, qui s'accordent merveilleusement avec les idées de Platon. Considéré de cette sorte, tout se comprend dans ce peuple et dans sa loi : ce qu'il y a de terrestre et ce qu'il y a de céleste, ce qu'il y a d'imparfait et ce qu'il y a de parfait, ce qu'il y a de l'homme et ce qu'il y a de Dieu. Les murmures mêmes de ce peuple choisi, ses châtiments, sa longue et dernière réprobation, au lieu d'être un scandale, deviennent une instruction salutaire autant que formidable.

Quand Dieu a délivré une âme de la servitude du péché, il ne la conduit pas immédiatement dans la terre promise, au ciel. Il la fait passer à travers des épreuves, où les consolations sont mêlées aux peines, et les peines aux consolations. De plus, dans tout homme converti à Dieu il y a deux hommes, l'ancien et le nouveau, ou plutôt il y en a trois; car, dans le vieil homme, il y en a déjà deux, les sens et la raison (1). L'homme sensuel ou charnel penche à vivre uniquement selon les sens et la chair, à peu près comme la brute; l'homme intellectuel, raisonnable, l'homme humain, tend à vivre selon la raison naturelle, selon l'homme, sans s'élever plus haut; l'homme nouveau, l'homme spirituel, l'homme divin, vit selon la raison surnaturelle, selon la foi, selon Dieu. Dans les parfaits, ces trois hommes ne font qu'un tout harmonieux, les sens étant parfaitement soumis à la raison, et la raison à Dieu. Mais, pour arriver là, il faut des combats, des efforts. Les sens se révoltent contre la raison; la raison, faible de soi, se laisse souvent entraîner par les sens contre la foi, contre la grâce; celle-ci même éprouve quelquefois des défaillances. Le Dieu de puissance et de miséricorde, voilà l'unique espoir.

Ainsi en va-t-il être du peuple hébreu. L'immense multitude de toute sorte d'étrangers qui s'est attachée à lui, nous représente la partie charnelle de l'homme, les sens, les passions si nombreuses et si variées : c'est de là que s'élèveront la plupart des murmures et des séditions. Le peuple d'Israël proprement dit, les descendants des patriarches, nous représente la partie raisonnable et humaine : elle est au-dessus de l'autre, mais encore peu constante et se laissant entraîner facilement par la première. Moïse et Aaron, avec les soixante-dix vieillards, représentent la partie surnaturelle et divine de l'homme, celle qui est en communication avec Dieu, et qui doit diriger tout le reste. Nous y verrons la foi, le zèle, la charité, mêlés encore à quelques imperfections. C'est ce peuple figuratif que Dieu va mettre à l'épreuve, comme lui-même nous l'apprend.

Des bords de la mer Rouge, où ils avaient ramassé les dépouilles des Égyptiens engloutis, Moïse conduisit les enfants d'Israël dans le désert de Sur. Ils y marchèrent pendant trois jours sans trouver d'eau; celle qu'ils rencontrèrent enfin était amère, ainsi qu'il s'en trouve fréquemment et dans ce désert et dans ceux d'Afrique. Le peuple en murmura contre Moïse, disant : Que boirons-nous ? Il cria vers l'Éternel, qui lui enseigna un bois; il le jeta dans l'eau et elle fut adoucie. Ce lieu reçut le nom de *Mara* ou *amertume*. Là, Dieu mit le peuple à l'épreuve, disant : Si tu écoutes la voix de l'Éternel, ton Dieu, et si tu fais ce qui est droit devant lui, et que tu obéisses à ses commandements, et que tu gardes toutes

(1) *De republ.*, l. 7, *ab initio*. Sur les rapports entre Dieu et le soleil, voyez l. 6, p. 118-121.

(1) Voyez une image analogue dans Platon, *De republ.*, l. 9, p. 274 et 275, t. VII.

ses ordonnances, je n'enverrai sur toi aucune de ces langueurs dont j'ai affligé l'Egypte, car je suis l'Eternel, ton médecin (Exod., 15, 22-26). Ce titre ne devait pas leur paraître étrange ; car il s'était révélé à eux comme le médecin le plus admirable, non-seulement en édulcorant les eaux par la vertu occulte d'un bois, mais surtout en ce que, parmi toutes leurs tribus, il n'y avait pas alors un malade (Eccli., c. 38, v. 5 ; Ps. 104, 37).

Ils vinrent ensuite à Elim, où il y avait douze fontaines d'eau vive et soixante-dix palmiers, et ils campèrent auprès des eaux (Exod., 15, 27).

Ce bois qui adoucit les eaux d'amertume, figurait le bois du Christ qui a édulcoré toute la nature humaine ; ces douze fontaines du désert, les douze Apôtres qui arrosèrent de la doctrine céleste les plages arides de ce monde ; les soixante-dix palmiers, les soixante-dix ou douze disciples qui, se renouvelant de siècle en siècle comme les palmiers, devaient offrir à jamais, à tous les peuples, les fruits de la vie éternelle. Tel est, du moins, le sentiment de la plupart des Pères et des interprètes (Voyez *Tirin*).

Partie d'Elim, toute la multitude des enfants d'Israël vint au désert de Sin, qui est entre Elim et Sinaï, le quinzième jour du second mois. Comme ils étaient sortis de l'Egypte le quinzième du mois précédent, il y avait un mois tout entier qu'ils vivaient des provisions qu'ils avaient portées avec eux, et du peu qu'ils purent trouver sur la route. Mais, ces provisions consommées, la famine se fit sentir à tous, famine irrémédiable dans cet affreux désert. Ils murmurèrent donc généralement tous contre Moïse et Aaron, et leur dirent : Que ne sommes-nous morts par la main de l'Eternel en la terre d'Egypte, lorsque nous étions assis auprès des marmites de viandes et que nous mangions du pain à satiété ! car, vous nous avez amenés dans ce désert pour faire mourir de faim toute cette multitude.

Aussitôt l'Eternel annonce à Moïse qu'il leur enverra de la chair et leur fera pleuvoir du pain du ciel. Moïse et Aaron leur rapportent ces paroles, leur reprochent leur conduite : Car que sommes-nous ? ce n'est pas contre nous que sont vos murmures, mais contre l'Eternel. Ils parlaient encore et les invitaient à s'approcher tous, lorsque la gloire de l'Eternel apparut dans la nuée, et qu'à la vue de toute la multitude, l'Eternel parla à Moïse, disant : J'ai entendu les plaintes séditieuses des enfants d'Israël ; dis-leur : Sur le soir vous mangerez de la chair, et au matin vous serez rassasiés de pain, et vous saurez que c'est moi l'Eternel, votre Dieu.

Et, le soir même, des cailles montèrent et couvrirent tout le camp, et, le matin, la rosée se répandit à l'entour ; et quand elle fut montée, voilà qu'il y avait sur la superficie de la solitude quelque chose de petit et de grenu, comme la gelée blanche sur la terre. Ce voyant, les enfants d'Israël se disaient l'un à l'autre : *Manhu*, c'est-à-dire, qu'est-ce que cela ? Car ils ne savaient ce que c'était. Moïse leur dit : C'est là le pain que l'Eternel vous a donné à manger.

En même temps il leur commanda de sa part d'en amasser chacun autant qu'ils pouvaient en manger, une mesure ou gomor pour chaque personne de la maison. Ils en recueillirent, les uns plus, les autres moins ; mais, quand on le mesura, l'un eut autant que l'autre. Moïse leur dit encore de n'en réserver rien pour le lendemain. Ceux qui le firent néanmoins, y trouvèrent des vers et de la corruption. L'homme de Dieu fut indigné de leur désobéissance.

Depuis ce temps ils en amassaient tous les matins, et, dès que le soleil était en sa chaleur, la manne se fondait. Le sixième jour, ils en amassèrent le double ; tous les princes de la multitude vinrent et l'annoncèrent à Moïse. Il leur répondit : C'est que l'Eternel a dit : Demain est le sabbat, le repos consacré à l'Eternel. Faites donc aujourd'hui tout ce que vous avez à faire, faites cuire tout ce que vous avez à cuire, et gardez pour demain matin ce que vous aurez réservé d'aujourd'hui. Ils firent comme Moïse leur avait commandé, et la manne ne se corrompit point, et les vers ne s'y mirent pas. Moïse ajouta : Mangez-la aujourd'hui, car c'est le jour du repos en l'honneur de l'Eternel ; aujourd'hui il ne s'en trouvera point dans les champs. Quelques-uns du peuple sortirent néanmoins le septième jour pour en recueillir, mais ils n'en trouvèrent point. L'Eternel dit là-dessus à Moïse : Jusqu'à quand refuserez-vous de garder mes commandements et ma loi. Considérez que l'Eternel vous a donné un jour de repos, c'est pourquoi il vous accorde le sixième jour la nourriture de deux jours ; que chacun demeure donc chez soi, et que nul ne sorte de son lieu le septième jour. Et le peuple se reposa désormais ce jour-là.

La manne était semblable à la graine de coriandre, ou à ces petits grains de gelée blanche que l'on voit sur la terre pendant l'hiver. On en faisait des gâteaux qui avaient le goût d'un pain pétri avec de l'huile et du miel. On offrait en sacrifice de ces gâteaux pétris à l'huile, ce qui marque que c'est tout ce que les Israélites avaient de plus exquis. Encore aujourd'hui les Arabes, voisins de la Palestine, n'ont point de plus grand régal que du pain pétri avec de l'huile. Les gâteaux formés de manne, outre le goût d'huile, avaient encore celui de miel, ce qui en faisait l'aliment le plus délicieux que les Hébreux connussent. Ainsi, Dieu n'avait pas donné à son peuple une nourriture commune et grossière, mais une nourriture délicate ; cette nourriture dont le peuple n'usait que dans ses festins, une nourriture qui était semblable à celle des princes et des grands ; car c'est ce que peut signifier encore l'hébreu du psaume 77, que la Vulgate et les Septante ont rendu par *le pain des anges* (Ps. 77, 25).

Le livre de la Sagesse relève encore d'autres merveilles dans la manne, lorsqu'il dit à Dieu : Vous donniez à votre peuple la nourriture des anges, et vous leur présentiez le pain du ciel préparé sans travail, renfermant en soi toutes les délices et tout ce qui peut flatter le goût. Et cet aliment faisait voir combien est grande votre douceur envers vos enfants, puisque, s'accommodant au désir de chacun d'eux, il se changeait en tout ce qui leur plaisait. Oui, cet aliment, prenant toutes les formes, obéissait à votre grâce qui est la nourriture de tous, s'accommodant au besoin de ceux qui vous témoignaient leur indigence, pour apprendre aux fils de votre amour, Seigneur, que ce ne sont pas les fruits de la terre qui nourrissent les hommes, mais que votre parole conserve ceux qui croient en vous. Ce qui le fait encore bien voir, c'est que cette manne, qui ne pouvait être consumée par le feu, se fondait soudain, échauffée

LIVRE VII. — LA LOI ÉCRITE.

par un léger rayon du soleil, afin qu'il fût connu de tous qu'il faut prévenir le soleil pour vous bénir, et vous adorer au lever de la lumière (Sap., 16).

Le texte grec de ce livre appelle, entre autres, la manne du nom d'*ambroisie*, c'est-à-dire nourriture immortelle. Et qui sait si ce n'est pas de la manne du désert, de ce pain du ciel, de ce pain des anges, que les poètes de la gentilité ont pris l'idée de leur ambroisie, de leur nourriture des dieux et autres créatures célestes (*Sophia* Salomon., c. 19, v. 21, en grec)? Le bruit de ce divin aliment dut se répandre partout, car le peuple d'Israël en vécut tout le temps qu'il fut dans le désert, c'est-à-dire pendant quarante ans, et jusqu'au moment où il toucha aux frontières de Chanaan.

Pour conserver à jamais le souvenir toujours présent de cette longue merveille, Moïse ordonna, de la part de Dieu à son frère Aaron, d'emplir un vase de manne et de le placer devant l'Eternel dans le tabernacle (Exod., 16, 33 et 34), c'est-à-dire dans la tente où, vraisemblablement dès lors, Moïse réunissait les anciens du peuple pour célébrer le culte du Seigneur et leur communiquer ses ordres. Par un autre prodige, cette même manne qui ne pouvait se garder du jour au lendemain sans se corrompre, si ce n'est le jour du sabbat, se conserva dans l'urne du tabernacle pendant des siècles.

Cette nourriture miraculeuse en figurait une autre plus miraculeuse encore, que le Christ lui-même nous explique quand il dit aux Juifs : *Je suis le pain de vie. Vos pères ont mangé la manne dans le désert, et ils sont morts. Je suis le pain vivant descendu du ciel : qui mange ce pain vivra éternellement ; et le pain que je donnerai est ma chair que je livrerai pour la vie du monde* (Joan., 6, 48-52).

Mystère ineffable! ce pain de vie, ce pain d'immortalité descend tous les matins du ciel sur la terre, non plus en un lieu ni pour un peuple, mais en tout lieu et pour tous les peuples. Il est pour Dieu le sacrifice d'une valeur infinie, et pour l'homme la plus merveilleuse des nourritures. Bien plus que l'ancienne, la nouvelle manne, prise avec les dispositions convenables, se transforme en tous les désirs de l'âme fidèle : foi, espérance, charité, humilité, douceur, patience, repentir filial, douces larmes, zèle ardent, courage invincible, sainte joie, délices du ciel, tout y est, et tout y est pour tous. Que des formes extérieures de cette manne, l'un en prenne plus, l'autre moins, chacun aura la substance, la vertu tout entière. C'est là cette manne cachée qui soutient le peuple chrétien dans l'aride désert de ce monde, qui embrase le zèle de l'apôtre, illumine l'intelligence du docteur, inspire la soif du martyre, sanctifie le cœur de la vierge ; elle, en un mot, qui soutient les enfants de Dieu à travers l'aride désert de ce monde, jusqu'à ce qu'ils aient dépassé les frontières du ciel, et qu'ils contemplent et possèdent éternellement à découvert ce que maintenant ils contemplent et possèdent sous le voile du sacrement.

Les enfants d'Israël recevaient ainsi chaque jour de leur père qui est au ciel le pain nécessaire. Mais ce qu'il ne leur fallait pas moins au milieu d'un désert aride et de sables brûlants, c'était de l'eau ; et il ne leur en fallait pas peu, attendu que leur multitude allait à trois millions, sans compter des troupeaux sans nombre. Pendant les quarante ans qu'ils allaient voyager dans cette effroyable solitude, ils étaient exposés fréquemment soit à n'en pas trouver du tout, soit à n'en pas trouver assez, soit à en trouver d'amère. De là une cause de découragement et de murmure, particulièrement pour le menu peuple, ainsi que nous allons le voir.

Tout Israël étant parti du désert de Sin, sur l'ordre de l'Eternel, et ayant campé en deux endroits intermédiaires, arriva en Raphidim, non loin de la montagne d'Horeb, et y dressa ses tentes. Mais le peuple n'y trouva point d'eau. Il en fit une querelle à Moïse, et lui dit : Donne-nous de l'eau afin que nous buvions. Il leur répondit : Pourquoi me querellez-vous? Pourquoi tentez-vous l'Eternel? Le peuple, ayant toujours plus soif, éclata contre lui en plaintes séditieuses, disant : Pourquoi est-ce que tu nous as fait sortir d'Egypte pour faire mourir de soif, nous, nos enfants et nos troupeaux? Moïse cria vers l'Eternel : Que ferai-je à ce peuple-ci? Encore un peu, et ils me lapideront. Et l'Eternel répondit à Moïse : Marche devant le peuple, et prends avec toi quelques-uns des anciens d'Israël, et tiens en ta main la verge dont tu as frappé le fleuve, et va. Voilà que je serai là devant toi sur la pierre d'Horeb, et tu frapperas la pierre, et l'eau en jaillira, afin que le peuple boive. Moïse fit ainsi en la présence des anciens d'Israël ; et il appela ce lieu *Querelle* et *Tentation*, à cause de la querelle que les enfants d'Israël lui avaient faite, et parce qu'ils y avaient tenté l'Eternel, en disant : L'Eternel est-il parmi nous, ou n'y est-il pas (Exod., 17, 1-7)?

Cet événement eut lieu environ quarante jours après la sortie d'Egypte : ce n'est que quarante ans après que l'on voit de nouveau les Israélites se plaindre de la disette d'eau. Il paraît donc que, dans cet intervalle, ils trouvèrent suffisamment à boire, soit dans les sources et les lacs qu'ils découvrirent sur leur route, soit dans les puits qu'ils creusèrent, soit dans les ruisseaux que forma dans le désert la fontaine miraculeuse d'Horeb. Il est dit dans les psaumes : « Le Seigneur entr'ouvrit le rocher, et les eaux en jaillirent, et des fleuves coulèrent dans la région aride (Ps. 104, 41). » Un mot de saint Paul insinue que cette fontaine miraculeuse suivait les Israélites, sans doute par divers courants qu'elle distribuait dans la solitude ; voici ses paroles : « Vous ne devez pas ignorer, écrit-il aux chrétiens de Corinthe, que tous nos pères ont été sous la nuée ; et que, tous, ils ont traversé la mer ; que, tous, ils ont été baptisés en Moïse dans la nuée et dans la mer ; que, tous, ils ont mangé la même nourriture spirituelle ou typique ; que, tous, ils ont bu du même breuvage spirituel ; car ils buvaient de la pierre spirituelle ou typique qui les suivait. Or, la pierre, c'était le Christ. Enfin, tout ce qui leur arrivait alors était une figure de ce qui nous devait arriver plus tard (1. Cor., 10, 1-6). Ces paroles de l'Apôtre nous apprennent à bien saisir l'ensemble de l'Ancien et du Nouveau Testament. Le premier accomplit les promesses faites aux patriarches, et en figure en même temps un accomplissement plus magnifique encore pour l'avenir. Cette surabondance de grâce et de miséricorde se voit dans le second, dont, nous dit-on, tout cela n'est encore que le prélude et la figure de ce qui s'accomplira éternellement dans le ciel. Et tout cela n'est qu'un. Ainsi, d'abord les Hébreux comme plongés dans la mer qu'ils traversent et dans la nuée qui les couvre, et cela pour devenir avec Moïse et en Moïse un même corps, un même peuple; puis les chrétiens plongés dans les eaux du baptême, pour devenir avec Jésus-Christ et en Jésus-Christ un même corps, un même peuple, une même Eglise; enfin, les saints, les élus, introduits et plongés dans la joie du Seigneur, comme dans un océan sans rivage, pour devenir entre eux et avec lui une même chose. Pareillement entre la roche matérielle d'Horeb, qui, frappée et entr'ouverte, abreuva les Hébreux dans le désert d'Arabie, et ce torrent de délices qui enivre les saints dans le ciel, il y a une roche spirituelle et mystérieuse qui, également frappée et entr'ouverte, abreuve spirituellement tous les chrétiens sur la terre. Et cette roche mystique est le Christ. C'est de là que sortent ces fontaines du Sauveur, où Isaïe exhorte d'avance à puiser avec joie (Isaï., 12, 3); c'est là cette eau dont le Sauveur lui-même a dit : *Qu'elle jaillit jusqu'à la vie éternelle* (Joan., 4, 14).

Nous sommes avertis que, jusqu'à un point et un iota, tout s'accomplira dans l'Ecriture; par conséquent tout doit y être médité. Or, il y a un mot remarquable sur la pierre d'Horeb. Jéhova lui-même dit à Moïse : *Je serai debout sur la pierre pendant que tu la frapperas.* Et, comme nous l'avons vu, ce Jéhova, le même qui apparut dans le buisson ardent, était, du sentiment commun des Pères et des interprètes, le Verbe, le Fils de Dieu, le Messie futur. Il s'était donc, dans ce moment-là, comme identifié avec la pierre qui, de son côté ouvert, devait abreuver tout son peuple. Et c'est peut-être là le sens profondément mystérieux de ce mot de saint Paul : *Et la pierre était le Christ.*

Israël a maintenant de quoi vivre : il faut que dorénavant il apprenne à combattre. Un ennemi l'attaque en Raphidim, sans avoir été aucunement provoqué; il l'attaque brusquement et sans déclaration de guerre; il attaque avec une lâcheté cruelle, non pas les hommes capables de lui résister, mais ceux qui, de lassitude et de faim, étaient restés en arrière du camp. Ce peuple ennemi est Amalec, descendant d'Esaü par une concubine de son premier-né, Eliphaz. Alors Moïse dit à Josué : Choisis-nous des hommes, et va : combats contre Amalec; demain je serai au sommet de la colline, ayant le bâton de Dieu dans ma main. Josué fit comme Moïse lui avait dit et combattit contre Amalec. Or, Moïse et Aaron, et Hur, que l'on croit avoir été l'époux de Marie, sœur de Moïse, montèrent sur le sommet de la colline. Et quand Moïse élevait les mains, Israël triomphait; mais quand il les abaissait un peu, Amalec l'emportait. Cependant les mains de Moïse s'appesantissaient; ils prirent donc une pierre et la mirent sous lui; il s'assit, et Aaron et Hur soutenaient ses mains des deux côtés, et il arriva que ses mains se soutinrent jusqu'au soleil couchant. Josué défit donc Amalec et son peuple à la pointe de l'épée. L'Eternel dit alors à Moïse : Ecris ceci dans le livre pour en conserver la mémoire, et fais-le entendre à Josué; car j'effacerai la mémoire d'Amalec de dessous le ciel. Ce que nous verrons s'accomplir quatre siècles plus tard. Moïse dressa là un autel, et appela son nom : *L'Eternel est mon étendard* (Exod., 16, 8-15).

Ce nom est plein de mystère. L'étendard visible d'Israël contre Amalec fut visiblement Moïse sur la colline, étendant les mains vers le ciel en forme de croix. Suivant que cet étendard s'élevait ou s'abaissait, Israël triomphait ou succombait. Mais qui ne voit, avec les Pères et les interprètes, que, dans cette attitude, Moïse était la figure du Christ, de ce Jéhova, qui, dès lors, pasteur invisible d'Israël, devait un jour, monté sur une colline, les bras étendus au ciel sur une croix, devenir pour tous les fidèles qui combattent contre les armées de l'enfer, un étendard de salut et de victoire ? A la vue de son crucifix, chaque chrétien dit avec Moïse : L'Eternel est mon étendard. C'est par cet étendard ou ce signe que l'enfer et le monde ont été vaincus; c'est par cet étendard ou ce signe que nous les vaincrons nous-mêmes. Avec la foi au Sauveur, que nous rappelle ce signe, nos forces contre l'ennemi augmentent ou diminuent. Cependant ce n'est pas tout que la foi, il faut encore les œuvres. Il est nécessaire de prier avec Moïse sur la montagne, mais nécessaire aussi de combattre avec Josué dans la plaine. Si Moïse ne priait point, Josué combattrait en vain ; si Josué ne combattait point, la prière seule de Moïse ne remporterait pas la victoire. La foi et les œuvres, la prière et le travail, la prière et le combat, voilà qui forme le parfait chrétien.

Cependant le bruit des merveilles que l'Eternel avait opérées en faveur de son peuple, s'était répandu de toutes parts chez les nations voisines. Jéthro, prêtre de Madian, allié de Moïse, ayant appris de cette manière ce qui s'était passé, vint le trouver dans le désert où il était campé auprès de la montagne de Dieu. Il lui ramenait sa femme Séphora et ses deux fils. Ainsi que déjà nous l'avons remarqué, Moïse les avait renvoyés chez son beau-père, lorsqu'il entra en Egypte, ne voulant pas les exposer aux dangers qu'il allait y courir. Averti par un message qu'ils approchaient, Moïse sortit à leur rencontre. L'entrevue fut très-affectueuse de part et d'autre. Moïse en particulier témoigna beaucoup d'honneur à Jéthro, son beau-père ou son beau-frère ; car l'hébreu signifie l'un et l'autre. L'ayant amené dans sa tente, il lui raconta toutes les choses que l'Eternel avait faites à Pharaon et aux Egyptiens à cause d'Israël, tous les travaux qui leur étaient survenus dans le chemin, et comme l'Eternel les avait délivrés. Jéthro en eut une grande joie et dit : Béni soit l'Eternel qui vous a délivrés de la main des Egyptiens et de la main de Pharaon. Maintenant je connais que l'Eternel est grand sur tous les dieux, parce qu'il a puni les Egyptiens par où ils s'étaient montrés tyrans. En même temps il offrit à Dieu des holocaustes et autres sacrifices, et Aaron et tous les anciens d'Israël vinrent pour manger le pain avec lui devant Dieu (Exod., 18, 1-12).

Ces sacrifices qu'il offre lui-même, et auxquels viennent prendre part tous les chefs d'Israël, sont une preuve de plus que Jéthro était prêtre du Dieu véritable. Son alliance avec Moïse le supposait déjà. Il descendait d'ailleurs d'Abraham par Céthura. Quand il dit : Maintenant je connais que l'Eternel est grand par-dessus tous les dieux, ces paroles marquent seulement que l'éclat des merveilles que Dieu avait faites par Moïse en Egypte, lui donnait une idée de sa souveraine grandeur, incomparablement plus haute que celle qu'il en avait eue jusqu'alors. C'est

LIVRE VII. — LA LOI ÉCRITE.

ainsi que Dieu lui-même dit à Abraham, lorsqu'il venait de lever le bras pour immoler son fils : Maintenant je connais que vous craignez Dieu. Non pas qu'il ne le connût très-bien auparavant, mais parce que ce patriarche venait de lui en donner la preuve la plus indubitable.

Le lendemain, Moïse s'assit pour juger le peuple qui se tenait debout autour de lui depuis le matin jusqu'au soir. Le beau-père de Moïse ayant tout considéré, lui dit : Que fais-tu là ? Pourquoi es-tu seul assis, et pourquoi tout ce peuple est-il debout autour de toi depuis le matin jusqu'au soir ? Moïse répondit : C'est que ce peuple vient à moi pour consulter Dieu. Et quand ils ont quelque différend, ils viennent à moi afin que je juge entre eux et que je leur fasse connaître les commandements de Dieu et ses lois. Tu ne fais pas bien, reprit Jéthro ; tu succomberas certainement à cette fatigue, et toi et ce peuple qui est avec toi ; car ce fardeau est au-dessus de tes forces, et tu ne pourras le soutenir seul. Maintenant écoute ma voix, d'après ce que je te conseillerai, et Dieu sera avec toi ; sois au peuple en ce qui regarde Dieu, et rapporte à Dieu les affaires. Pour eux, inculque-leur les commandements et les lois ; fais-leur connaître la voie qu'ils doivent suivre et les œuvres qu'ils doivent faire. Mais en même temps, choisis d'entre tout le peuple des hommes puissants qui craignent Dieu, des hommes de vérité qui haïssent l'avarice, et fais les uns princes de mille, les autres de cent, les autres de cinquante, les autres de dix, et ils jugeront le peuple en tout temps ; ils te rapporteront toute affaire grande et importante, mais ils jugeront les moindres. Le fardeau, ainsi réparti, sera plus léger pour toi. Si tu fais cela, Dieu te donnera ses ordres, tu pourras y suffire, et tout ce peuple s'en retournera en paix chez soi (Exod., 18, 13-23).

Ce conseil était d'un sage qui avait l'expérience du gouvernement. Moïse l'écouta et dit à toute la multitude d'Israël : Je ne pourrai seul vous soutenir ; l'Eternel vous a multipliés de telle sorte, que vous êtes aujourd'hui aussi nombreux que les étoiles du ciel. Jéhova, le Dieu de nos pères, veuille vous multiplier mille fois plus encore, et vous bénir selon qu'il a promis ! Mais comment soutiendrai-je seul vos peines, vos fardeaux, vos différends ? Choisissez-vous donc d'entre vos tribus des hommes sages, intelligents et renommés, et je les établirai vos chefs. Le peuple répondit : C'est une très-bonne chose que ce que vous dites de faire. Et Moïse prenant ainsi les principaux des tribus, hommes sages et renommés, il les établit chefs sur les enfants d'Israël, les uns commandants de mille, les autres de cent, les autres de cinquante, les autres de dix, pour être leurs magistrats et leurs juges. Il leur ordonna comme il suit : Ecoutez attentivement ce qui sera survenu entre vos frères, et jugez selon la justice qui que ce soit qui ait un différend avec son frère ou avec l'étranger. Ne faites acception de personne dans le jugement ; écoutez le petit comme le grand ; ne reculez devant aucun homme ; car c'est le jugement de Dieu. Que si une chose vous paraît difficile, renvoyez-la-moi et je l'entendrai (Deut., 1, 10-17).

Ce que souhaitaient Platon et Cicéron, nous le voyons se former ici : un gouvernement divinement humain et humainement divin, monarchie tempérée d'aristocratie et de démocratie. Le souverain monarque, la suprême loi, c'est Dieu ; mais Dieu s'accommodant à la faiblesse humaine, mais Dieu voulant gouverner les hommes par les hommes. Son vicaire pour le spirituel et le temporel, c'est Moïse. Jusqu'alors il a concentré en lui le pontife et le roi, le sacerdoce et l'empire. Maintenant il commence à épancher une portion de son autorité temporelle sur d'autres, non pas jusqu'à leur donner le pouvoir de faire des lois ; Dieu seul les fera, Moïse seul les promulguera ; mais pour qu'ils en fassent l'application aux innombrables affaires qui se présentent chaque jour. Le tout avec une subordination qui remonte graduellement du décurion par le cinquantainier et le centenier, jusqu'à Moïse et à Dieu, duquel tout émane et au nom duquel se rendent tous les jugements. Ces magistrats, ces juges, dont la création, conseillée par Jéthro, proposée par Moïse, a été consentie par le peuple en corps, seront les hommes les plus renommés pour leur sagesse, leur prudence et leur religion. Ce sera au pied de la lettre ce que les Grecs nommaient *aristocratie* ou *gouvernement des meilleurs*. Le peuple de chaque tribu élira les siens comme pouvant les connaître le mieux, et Moïse les instituera. Ainsi, et Dieu, et Moïse, et les hommes renommés pour leur mérite, et tout le peuple, enfin, ont également part à ce gouvernement. Il n'est encore ici qu'en ébauche ; nous allons le voir se compléter successivement dans toutes ses parties.

Au troisième mois après leur sortie d'Egypte, les enfants d'Israël, partis de Raphidim, vinrent dans le désert de Sinaï, et campèrent vis-à-vis de la montagne. Il n'y avait peut-être pas encore un an que, Moïse ayant conduit dans ces parages les troupeaux de son beau-père, Dieu s'était montré à lui dans un buisson ardent, et d'un pasteur de brebis en avait fait le pasteur de son peuple, avec ordre de le délivrer de la servitude de Pharaon et de l'amener en ce même lieu pour offrir sur cette montagne un sacrifice solennel. Ce qui avait paru incroyable était réalisé. Israël libre, nourri de la manne du ciel, abreuvé de l'eau du rocher d'Horeb, vainqueur des Amalécites avec la vertu anticipée de la croix, est campé par tribus au pied de la montagne sainte, prêt à célébrer la grande solennité, à faire alliance avec l'Eternel et à entendre sa loi. Cette loi se dictera non point en secret, sans témoin, au fond d'un antre ou d'un bocage, mais à la face du ciel et de la terre, aux yeux et aux oreilles de trois millions, tant d'Israélites que d'étrangers. Non, jamais rien ne se sera vu de si grand, de si formidable.

Moïse monta vers Dieu sur la montagne. Là l'Eternel, qui l'y avait appelé, lui dit : Tu diras ceci à la maison de Jacob, et tu l'annonceras aux enfants d'Israël : Vous avez vu ce que j'ai fait aux Egyptiens, et comment je vous ai portés sur les ailes d'aigles, et je vous ai pris pour moi. Si donc vous écoutez fidèlement ma voix et que vous gardiez mon alliance, vous serez mon propre bien choisi d'entre tous les peuples ; car à moi est toute la terre. Et vous me serez un royaume de prêtres et une nation sainte. Telles sont les paroles que tu diras aux enfants d'Israël (Exod., c. 19, v. 1-6).

C'est ici le sommaire du pacte social que Dieu

propose à la race choisie d'Abraham. Toute la terre, tous les peuples sont à lui ; mais il en veut un qui soit spécialement son royaume : royaume, non pas profane, mais sacerdotal, parce que tout y tend à en faire une nation sainte, un peuple qui soit comme le prophète et le pontife de tout le genre humain.

Moïse, le médiateur de ce grand traité, vint, assembla les anciens du peuple et leur exposa tout ce que l'Eternel lui avait commandé de leur dire. Le peuple entier répondit d'une voix : Tout ce que l'Eternel a dit, nous le ferons. Moïse rapporta les paroles du peuple à l'Eternel, qui lui dit : Voilà que je viendrai à toi dans l'obscurité d'une nuée, afin que le peuple m'entende te parler et qu'il te croie perpétuellement.

Précédemment déjà, et par plus d'un prodige, Dieu avait accrédité Moïse comme son ministre plénipotentiaire auprès des enfants d'Israël. Mais ici, au moment de conclure par son entremise le pacte de la sainte alliance, il veut lui en donner de vive voix un témoignage public, afin que son autorité soit à jamais inattaquable.

Moïse, descendu de la montagne vers le peuple, lui ordonna de la part de Dieu de se sanctifier ce jour-là et le lendemain, de laver ses vêtements, de garder la continence et d'être prêt au troisième jour, qui était le cinquantième depuis la sortie d'Egypte, et qui, pour cette raison, a été nommé *Pentecôte* ou cinquantième. Ce jour-là, l'Eternel descendra devant tout le peuple sur la montagne de Sinaï, autour de laquelle sont assignées des bornes qu'il est défendu de franchir sous peine de la vie. Quiconque touchera la montagne mourra de mort. La main ne le saisira point, mais il sera lapidé ou percé de flèches ; homme ou bête, il ne vivra pas. Le signal pour avancer vers la montagne sera le son de la trompette.

Et déjà le troisième jour était venu, et l'aube paraissait, et voilà que les tonnerres commencèrent à se faire entendre, et les éclairs à briller, et une nuée très-épaisse à couvrir la montagne, et le son de la trompette éclatait avec force, et tout le peuple qui était dans le camp trembla. Et Moïse les fit sortir du camp pour aller au devant de Dieu, et ils s'arrêtèrent au pied de la montagne. Et la montagne de Sinaï était toute fumante, parce que l'Eternel y était descendu au milieu du feu, et la fumée de ce feu montait comme d'une fournaise, et toute la montagne, ébranlée et tremblante, était d'un aspect terrible, et le son de la trompette devenait de plus en plus éclatant. Moïse parla, et Dieu lui répondit d'une voix distincte. Il l'appela sur le sommet de la montagne, lui recommanda d'enjoindre au peuple plus expressément encore de ne point monter pour contempler l'Eternel, de peur qu'il n'en fût puni par quelque désastre, mais de rester avec les prêtres dans les limites assignées. Suivant l'opinion la plus probable, ces prêtres étaient les premiers-nés de chaque famille. Aaron, le futur chef d'un nouveau sacerdoce, devait seul monter avec Moïse (Exod., 19).

Alors Dieu proféra toutes ces paroles :

« C'est moi Jéhova, ton Dieu, qui t'ai tiré de la terre d'Egypte, de la maison de servitude. Tu n'auras point d'autres dieux devant ma face. Tu ne te feras point d'image taillée, ni aucune figure de ce qui est en haut dans le ciel, ni sur la terre en bas, ni dans les eaux sous la terre. Tu ne les adoreras point et ne les serviras pas, car moi Jéhova, ton Dieu, je suis un dieu jaloux, poursuivant l'iniquité des pères sur les enfants, jusqu'à la troisième et quatrième génération, dans ceux qui me haïssent, et faisant miséricorde, dans la suite de mille générations, à ceux qui m'aiment et gardent mes commandements. Tu ne prendras point le nom de l'Eternel, ton Dieu, en vain ; car l'Eternel ne laissera point impuni quiconque prendra vainement son nom. Souviens-toi du jour de repos pour le sanctifier. Six jours tu travailleras et feras ton œuvre ; mais le septième jour, c'est le repos en l'honneur de l'Eternel, ton Dieu ; tu n'y feras aucune œuvre, ni toi, ni ton fils, ni ta fille, ni ton serviteur, ni ta servante, ni ta bête, ni l'étranger qui demeure avec toi dans l'enceinte de tes portes ; car en six jours l'Eternel a fait le ciel et la terre, et la mer, et tout ce qui est en eux, et il s'est reposé le septième. C'est pourquoi l'Eternel l'a béni et sanctifié. Honore ton père et ta mère, afin que tes jours soient longs sur la terre que l'Eternel te donnera. Tu ne tueras point. Tu ne seras point adultère. Tu ne déroberas point. Tu ne porteras point de faux témoignages contre ton prochain. Tu ne convoiteras point la femme de ton prochain. Tu ne convoiteras point sa maison, ni son serviteur, ni sa servante, ni son âne, ni aucune chose qui soit à lui (Exod., 20 ; Deut., 5). »

Or, le peuple, entendant la voix du milieu des ténèbres et voyant la montagne tout en feu, fut saisi de frayeur et envoya tous les chefs des tribus et les anciens dire à Moïse : « Voilà que l'Eternel, notre Dieu, nous a fait voir sa gloire et sa grandeur ; nous avons entendu sa voix du milieu du feu, et aujourd'hui nous avons connu que Dieu a parlé à un homme, et l'homme est demeuré vivant. Mais pourquoi mourrions-nous enfin, et pourquoi ce grand feu nous dévorerait-il ? car si nous entendons de nouveau la voix de l'Eternel, notre Dieu, nous mourrons certainement. Qu'est toute chair, pour entendre la voix du Dieu vivant, parlant du milieu du feu, comme nous avons entendu, et pour vivre après ? Approchez plutôt, et écoutez tout ce que l'Eternel, notre Dieu, vous dira : vous nous le direz ensuite, et nous l'écouterons et nous le ferons. » L'Eternel ayant entendu ces paroles, dit à Moïse : J'ai entendu les paroles de ce peuple ; tout ce qu'ils ont dit est bon. Qui leur donnera ce même cœur pour me craindre et garder toujours mes commandements, afin qu'ils soient heureux à jamais, eux et leurs enfants ? Va et dis-leur : Retournez en vos tentes. Mais toi, demeure ici avec moi, et je t'apprendrai tous mes commandements et cérémonies et jugements, que tu leur enseigneras, afin qu'ils les accomplissent en la terre que je leur donnerai en possession (*Ibid.*, 5, 23-31).

Ainsi ont été promulgués sur le Sinaï les dix commandements, abrégé de toute la loi ; de cette loi première et dernière qui, suivant l'expression des anciens sages, est le jugement de Dieu (Cic., *De leg.*, l. 2, n. 18) ; loi commune à tous les hommes et qui les unit entre eux comme les citoyens d'une même ville (Plut., *de Exsul.*). « Oui, dit un Père de l'Eglise, Dieu ainsi qu'il convient à sa bonté et à sa justice, comme auteur du genre humain, a donné la même loi à toutes les nations; à certains temps fixés, il en a promulgué les préceptes quand il a voulu, par ceux qu'il a voulu et comme il a voulu. Au commencement, il a donné sa loi à Adam et à Eve; et dans cette loi donnée à Adam, nous reconnaissons tous les préceptes proclamés ensuite en détail par Moïse. La loi primitive donnée à Adam est donc comme la matrice de tous les commandements de Dieu (Tertul., *adv. Judæos*, c. 2). » Il n'y a ici de nouveau qu'une promulgation plus solennelle à un peuple particulier. La terreur dont elle est accompagnée devait graver ces préceptes plus profondément dans le souvenir de ce peuple destiné à vivre jusqu'à la fin du monde ; elle annonçait encore que dans cette première alliance, le sentiment principal serait la crainte. Cette loi de crainte, cependant, renfermera déjà les germes de cet amour qui se développera dans l'Evangile. Et maintenant, ô Israël, dira Moïse, que demande de toi l'Eternel, ton Dieu, sinon que tu l'aimes de tout ton cœur et de toute ton âme (Deut., 10, 12)? Et ailleurs : Ne hais pas ton frère dans ton cœur; aime, au contraire, ton prochain comme toi-même : moi, l'Eternel (Lev., 19, 17 et 18).

Ces dix commandements, qu'il vient de promulguer avec tant de solennité, Dieu va les écrire sur deux tables de pierre : les trois premiers, qui regardent nos devoirs envers lui, sur la première table; les sept autres, qui regardent nos devoirs envers les hommes, sur la seconde. Les préceptes qu'il donnera de plus à Moïse, ne seront que le développement et l'application de ces dix principaux.

Ce que nous avons vu jusqu'à présent, la création, la chute de l'homme, la promesse du Rédempteur, le déluge, la confusion des langues, la vocation d'Abraham, l'histoire d'Isaac, de Jacob, de Joseph, les plaies d'Egypte, la délivrance d'Israël, le passage de la mer Rouge, la colonne de feu et de nuée, la manne du désert, l'eau de la pierre d'Horeb, les tonnerres, les éclairs, les trompettes, la montagne fumante, tout cela est comme une préface à la loi divine, en particulier à cette première parole : *C'est moi l'Eternel, ton Dieu!* préface vraiment digne de celui qui va parler; car, et tout cet ensemble, et chacune de ses parties semble dire avec Moïse : Ecoute, ô Israël, l'Eternel, ton Dieu, l'Eternel est un. Tu aimeras l'Eternel, ton Dieu, de tout ton cœur, de toute ton âme et de toute ta force (Deut., 6, 4 et 5). En effet, qui peut considérer tout cela sans conclure que le Dieu d'Israël est vraiment *Jéhova* ou *Celui qui est*, que seul il est, à proprement parler, et que tout le reste est devant lui comme un néant? Qui peut considérer attentivement tout cela sans conclure que ce Dieu seul est puissant, juste, bon, auteur de tout bien; que lui seul il mérite qu'on le craigne et qu'on l'aime? Dès lors tout se conçoit. L'on conçoit que le nom de ce grand Dieu, invoqué en témoignage par le serment, décide toute question, et que c'est un crime de l'invoquer pour un mensonge. L'on conçoit que si ce grand Dieu règle lui-même son culte, il faut l'observer avec une fidélité à toute épreuve.

Or, le culte qu'il prescrit à son peuple consiste principalement dans l'observation de sa loi. Et maintenant, ô Israël, qu'est-ce que l'Eternel, ton Dieu demande de toi, sinon que tu le craignes, que tu marches dans ses voies, que tu l'aimes, que tu le serves de tout ton cœur et de toute ton âme, et que tu gardes les commandements et les cérémonies que je t'ai prescrits aujourd'hui, afin que tu sois heureux (*Ibid.*, 10, 12)?

Cette loi réglait en particulier l'oblation des sacrifices. Il s'en est offert dans tous les temps depuis le commencement du monde, ainsi que nous l'avons vu par l'exemple d'Abel, de Noé, d'Abraham, de Melchisédech, d'Isaac, de Jacob, de Job, de Jéthro. Il existait dès avant le déluge une distinction entre les animaux qu'on pouvait offrir et ceux qu'on ne pouvait pas offrir ; mais il ne paraît pas qu'il y eût d'époques fixes, ni de cérémonies bien déterminées : tout cela va être ordonné. Outre la consécration des premiers-nés et l'immolation annuelle de l'Agneau pascal en mémoire de la délivrance d'Egypte, il y aura le sacrifice perpétuel d'un agneau, qui s'offrira tous les jours matin et soir : de plus, à diverses fêtes et en diverses circonstances, des sacrifices d'adoration ou holocaustes, où la victime sera totalement consumée, pour reconnaître plus expressément le souverain domaine de Dieu sur toutes les créatures; des sacrifices de propitiation ou pour le péché, dans lesquels la victime sera consumée en partie et en partie mangée par les prêtres; des sacrifices d'action de grâces et d'impétration, pour remercier Dieu des bienfaits accordés et lui en demander de nouveaux, sacrifices dans lesquels une partie est consumée, une autre attribuée aux prêtres, et une troisième, la plus grande, distribuée à ceux qui ont présenté la victime. Pour consumer ces sacrifices divers, il n'y aura qu'un feu unique, miraculeusement allumé du ciel et perpétuellement entretenu par les prêtres dans le sanctuaire.

Tous ces sacrifices visibles et matériels, offerts depuis l'origine des choses, en figuraient deux autres : le sacrifice invisible et spirituel que l'homme doit faire de lui-même à Dieu, suivant ces paroles de saint Paul aux Romains : Je vous conjure, mes frères, de rendre vos corps une victime vivante, sainte, agréable à Dieu, comme votre culte raisonnable ou spirituel (Rom., 12, 1); paroles par lesquelles saint Paul fait entendre aux chrétiens de Rome que si les Juifs ont offert à Dieu d'autres victimes qu'eux-mêmes, des animaux mis à mort et privés de raison, eux, au contraire, doivent lui offrir leurs propres corps comme une victime vivante, sainte, agréable et animée par l'esprit et la raison. Le second sacrifice, que figuraient tous les anciens, est le sacrifice adorable que l'Homme-Dieu a offert d'une manière sanglante sur le calvaire, et qu'il continue d'une manière non sanglante sur nos autels. S'y accomplissent toutes les figures. Le Christ y est mis à mort par la main de ses frères, comme Abel; il se laisse immoler volontairement à son Père, comme Isaac; il est immolé tout entier sur la croix, comme une victime d'holocauste, il s'offre dans le cénacle comme l'agneau pascal, et distribue sa chair à ses disciples; il s'y offre sous les espèces du pain et du vin, comme Melchisédech; il s'offre tous les jours comme le sacrifice perpétuel. C'est le vrai sacrifice d'adoration; car il rend à Dieu une gloire aussi grande que Dieu. C'est le vrai sacrifice de propitiation ; car c'est par le mérite de ce divin sacrifice que sont effacés les péchés du monde. C'est le vrai sacrifice d'action de grâces ou d'Eucharistie ; car le remerciement y égale le bienfait et le bienfaiteur. C'est le vrai sacrifice d'impétration ; car le pontife et la victime qui y intercède pour nous, est le Saint des saints, l'Agneau de Dieu, Dieu lui-même. Tout ce que pouvaient les sacrifices figuratifs n'était qu'une ombre de ce sacrifice réel. Le feu perpétuel qui consumait les premiers, annonçait le feu éternel de l'esprit divin qui accomplit le second.

Avant la loi écrite, les sacrifices s'offraient tantôt dans un lieu, tantôt dans un autre. Il n'en sera plus de même après ; Dieu y désignera un endroit privilégié et unique. Prenez garde, dit Moïse, à ne point offrir vos holocaustes dans les lieux que vous verrez, mais dans celui que l'Eternel aura choisi en l'une de vos tribus. Là, vous apporterez vos holocaustes, vos hosties, vos dîmes, et les prémices de vos mains, et tout ce qu'il y a de meilleur dans les dons que vous aurez voués à l'Eternel ; là, vous célébrerez des festins devant l'Eternel, votre Dieu, vous, votre fils et vos filles, vos serviteurs et vos servantes, ainsi que les lévites qui demeurent dans vos cités (Deut., 12, 11-14).

L'unité de lieu pour les sacrifices annonce l'unité de temple. Ce temple unique sera mobile et voyageur, tant que le peuple lui-même le sera ; mais lorsque, sous David, il se verra complètement affermi dans le pays de Chanaan et qu'il aura conquis toutes les régions qui lui sont promises, alors son temple s'affermira et s'agrandira également. Dans son premier état, ce temple était une tente ou tabernacle, faite suivant le modèle qui fut montré à Moïse sur la montagne. Il avait trente coudées de long, dix de large et dix de haut ; il était divisé en deux. La première partie, longue de vingt coudées, s'appelait le *sanctuaire* : là se trouvait l'autel des parfums. La seconde avait dix coudées de long et autant de large : on n'y pouvait arriver que par la plus grande. Elle s'appelait *le Saint des saints :* et c'est là qu'était l'arche d'alliance, dont le dessus se nommait le *propitiatoire*. A l'entrée de tout le tabernacle était l'autel des holocaustes.

Pour compléter cette unité religieuse, il y aura unité de sacerdoce. Jusque-là les premiers-nés, spécialement consacrés à Dieu, étaient par là même ses ministres dans chaque famille. Maintenant que la famille de Jacob est devenue un grand peuple, une tribu entière sera substituée aux premiers-nés des autres tribus : c'est la tribu de Lévi. Elle n'aura point sa part en la terre de Chanaan ; Dieu seul sera son partage, ainsi que les dîmes que tout Israël lui paiera. Les villes qu'on lui assignera pour sa demeure ne se trouveront point réunies, mais dispersées dans toutes les tribus. De cette manière, disséminés parmi la nation sainte, les lévites seront le lien vivant de son unité, les interprètes partout présents de sa loi. Pour consommer l'unité du sacerdoce et par là l'unité de la société religieuse ou de l'Eglise, il y aura dans la tribu lévitique une famille exclusivement sacerdotale, dont le chef sera le souverain pontife. Ce premier pontife sera le frère de Moïse, Aaron. Son premier-né lui succédera ; les autres seront prêtres du second rang. De cette manière, quel que soit le sort temporel des Hébreux, qu'ils aient un chef séculier ou qu'ils n'en aient point, qu'ils habitent la Judée ou qu'ils errent captifs par toute la terre, toujours ne formeront-ils, par le moyen des lévites, des prêtres et du pontife successeur d'Aaron, qu'une seule et même société spirituelle ou Eglise, image d'une Eglise encore plus grande et non moins une.

Du reste, l'unité sacerdotale de l'Eglise catholique a toujours existé. Du temps que les premiers-nés étaient les prêtres, cette unité existait par là seul dans chaque famille particulière. D'autre part, comme le genre humain tout entier n'est qu'une famille, son premier-né était naturellement le Pontife universel toutes les fois que Dieu n'en disposait pas autrement.

Ainsi Adam, l'homme premier-né de Dieu, était le premier pontife ; puis, après la mort d'Abel et la malédiction de Caïn, les patriarches Seth, Hénoch, Noé. Parmi les trois fils de ce dernier, Sem, étant le premier-né et le plus spécialement béni de Dieu, hérita du pontificat suprême et le transmit à ses descendants, entre lesquels étaient les Hébreux. D'après le texte hébraïque et la Vulgate, Sem vécut jusqu'au temps d'Abraham et d'Isaac, dont Dieu destine la postérité à être son peuple premier-né, son royaume sacerdotal, le peuple-prêtre et prophète du genre humain, et à produire enfin le Pontife éternel, Jésus-Christ, ainsi que Pierre, son vicaire général. En cette sorte, depuis Adam jusqu'au pape Pie IX, il y a, plus ou moins développée, unité de croyance, unité de loi, unité de sacerdoce dans l'Eglise de Dieu.

Les fêtes d'Israël embelliront encore son unité déjà si belle. Il y en aura trois principales dans l'année : la Pâque, la Pentecôte et la fête des Tabernacles.

La première avait été établie et célébrée la nuit même que les Hébreux sortirent de l'Egypte. Elle rappelait cette merveilleuse délivrance et en figurait une autre plus merveilleuse encore, que célèbrent les chrétiens.

La *fête des semaines*, la Pentecôte, s'appelait ainsi, parce qu'elle commençait sept semaines, le cinquantième jour, après la Pâque. Au cinquantième jour que son peuple fut sorti de l'Egypte, l'Eternel descendit sur le mont Sinaï, au milieu des foudres et des éclairs, et publia sa loi. La Pentecôte fut instituée pour rappeler cet évènement. Le jour de cette solennité, on offrait à Dieu les prémices des fruits, au nom de toute la nation ; il devait être saint, aucune œuvre servile ne devait y avoir lieu. Et tu te réjouiras devant l'Eternel, ton Dieu, est-il dit, toi, ton fils et ta fille, ton serviteur et ta servante, et le lévite qui est dans tes murs, l'étranger et l'orphelin et la veuve qui demeurent avec toi, dans le lieu que l'Eternel, ton Dieu, aura choisi pour y établir son nom. Et tu te souviendras que tu as été esclave en Egypte (Deut., 16, 9-12).

Comme notre Pâque a remplacé la Pâque figurative, ainsi notre Pentecôte a fait la Pentecôte d'Israël. Cette dernière était également une figure. La Pentecôte israélitique a lieu cinquante jours après Pâques : la nôtre également. La Pentecôte israélitique se célébrait en mémoire de la première législation : nous célébrons la Pentecôte chrétienne en mémoire de cette législation nouvelle dont parlait Jérémie : Voilà que les jours viennent, dit l'Eternel, et j'établirai une nouvelle alliance avec la maison d'Israël et la maison de Juda : non selon l'alliance que j'ai formée avec leurs pères, dans les jours où je les pris par la main pour les tirer de la terre d'Égypte ; alliance qu'ils ont rendue inutile, et je les ai traités en maître, dit l'Eternel. Mais voici l'alliance que je ferai avec la maison d'Israël après ces jours-là : Je graverai ma loi dans leurs entrailles et je l'écrirai dans leurs cœurs ; et je serai leur Dieu, et ils seront mon peuple (Jerem., 31, 31-33). A la première Pentecôte des Hébreux, Dieu descendit sur le mont Sinaï au milieu des tonnerres, des éclairs, des trompettes et d'un feu terrible : à la première Pentecôte des chrétiens, le Saint-Esprit descendit sur les Apôtres au milieu du fracas d'un vent violent, et il leur apparut des langues de feu. Alors s'accomplirent les promesses faites à la nouvelle alliance. Ce qui est ancien ne cesse qu'à mesure que le nouveau s'accomplit. A la Pentecôte israélitique, on offrait à Dieu les prémices des fruits ; à la première Pentecôte chrétienne, les prémices des fidèles de la nouvelle alliance sont récoltées par Pierre, chef visible de l'Eglise : d'un seul coup, trois mille, cinq mille, fruits de sa parole ou plutôt de l'Esprit-Saint qui l'animait.

Dieu ordonna une troisième grande fête, la *fête de la récolte*, vers la fin de l'année, après les moissons et la vendange. Elle se célébrait le quinzième jour du septième mois, et tombait dans notre septembre. On l'appelait la *fête des tabernacles* ou *des feuillages*, parce que, d'après l'ordre même de Dieu, on la célébrait dans des tentes ornées de rameaux verts. Elle durait sept jours, comme la Pâque, et était instituée en mémoire du voyage dans le désert, où Israël avait habité sous des tentes. Le huitième jour était saint et jour de repos, comme le premier ; toute œuvre servile devait y cesser. Et au premier jour, dit le Seigneur par Moïse, vous prendrez les fruits des plus beaux arbres, et des branches de palmier, et des rameaux d'un épais feuillage, et des saules du torrent, et vous vous réjouirez en la présence de l'Eternel, votre Dieu (Lev., 23, 40).

Ailleurs il répète, à l'occasion de cette solennité, ce qui a été dit de la Pentecôte. Et tu te réjouiras en cette fête, toi, ton fils, ta fille, ton serviteur, ta servante, le lévite, l'étranger, l'orphelin et la veuve qui sont dans tes villes. Tu célébreras cette solennité, sept jours durant, en l'honneur de l'Eternel, ton Dieu, dans le lieu qu'il aura choisi ; et l'Eternel, ton Dieu, te bénira dans tous les fruits des champs, et tu seras dans la joie (Deut., 16, 14 et 15).

A ces trois grandes fêtes, tout mâle en Israël, sans doute à l'exception des vieillards et des enfants, devait paraître en la présence du Seigneur. Cette réunion, trois fois par an, de tous les hommes et de tous les adolescents d'Israël devant le tabernacle du Très-Haut, et plus tard en son temple de Jérusalem, était bien propre à fomenter dans tous les cœurs l'amour de la religion et l'amour de la patrie. Chaque jour de sabbat, l'Israélite s'instruisait de la loi du Seigneur et des merveilles de sa puissance. Mais quelle impression plus profonde ne devait pas faire sur lui la vue de tout son peuple, la vue de plusieurs millions d'hommes se rendant de toutes parts à la maison de Dieu, y chantant ses miséricordes éternelles, s'y rappelant par quels prodiges il les délivra jadis de la servitude d'Egypte, avec quelle majesté terrible il leur donna sa loi sainte, avec quelle providence paternelle il les conduisit quarante ans dans le désert? Joignez-y la pompe du culte, la présence du chef de la religion ; du grand-prêtre, des princes des tribus et des familles, les festins sacrés où participaient la veuve, l'orphelin, le pauvre, l'étranger ; non, rien n'était plus capable d'élever l'âme et de la remplir d'un saint enthousiasme. Aussi le Psalmiste chante-t-il : « Je me suis réjoui quand on m'annonça que nous irions dans la maison de l'Eternel. Là montaient les tribus, les tribus de Jéhova, pour louer son nom (Ps. 121, 1 et 4). » Et lorsque les Israélites, assis sur la rive des fleuves de Babylone, suspendaient, en pleurant, leurs harpes aux rameaux des saules et que les vainqueurs leur disaient avec dédain : « Chantez-nous un cantique de Sion ; comment, s'écriaient-ils, comment chanterons-nous les cantiques de l'Eternel dans une terre étrangère ! Si je t'oublie, ô Jérusalem, que ma droite soit oubliée ! Que ma langue s'attache à mon palais, si je cesse de me souvenir de toi, ô Jérusalem, si tu n'es pas toujours au commencement de toutes mes joies (*Ibid.*, 136). »

Les fêtes rappelées jusqu'alors étaient des fêtes d'allégresse. Dieu en institua une aussi d'affliction et de pénitence publique, la fête de *l'expiation solennelle*, que précédait de huit jours la fête des trompettes, comme pour y préparer tout le monde. Elle commençait, aussi bien que les sabbats et autres fêtes des Israélites, la veille au soir, au moment qu'on apercevait les étoiles, et durait jusqu'à l'autre soir, lorsque les étoiles apparaissaient de nouveau. C'était le seul jour où il fût permis et ordonné au grand-prêtre d'entrer dans le Saint des saints, pour réconcilier le peuple avec Dieu. Il y paraissait en pénitent, avec un simple vêtement de lin, et devait offrir d'abord un jeune taureau en holocauste, pour ses péchés et ceux de sa famille. De la multitude des enfants d'Israël, il recevait deux boucs pour le péché, et un bélier pour l'holocauste. Il présentait les deux boucs devant la porte du tabernacle, et les jetait au sort ; celui que le sort désignait devait être immolé pour le péché. Alors le grand-prêtre entrait dans le Saint des saints avec le sang du jeune taureau et des parfums aromatiques, et l'Eternel lui apparaissait dans une nuée. Le grand-prêtre faisait, avec son doigt, sept aspersions de ce sang devant le propitiatoire ; ensuite il immolait le bouc pour les péchés du peuple, rentrait dans le Saint des saints et faisait encore sept aspersions de ce sang devant le propitiatoire. En sortant de là, il faisait également, avec le sang du taureau et du bouc, sept aspersions sur l'autel des holocaustes, après en avoir arrosé les cornes de l'autel. Enfin, il amenait le bouc vivant, lui plaçait les deux mains sur la tête, confessait tous les péchés du peuple, les mettait en quelque sorte sur le bouc, puis, chargé ainsi des iniquités de tous, il l'envoyait au désert par un homme choisi pour cela.

La solennité de cette fête était très-grande. Dieu ordonna aux Israélites d'affliger leurs âmes en ce jour. Maintenant encore, leurs descendants observent le jeûne durant les vingt-quatre heures de cette fête.

Ces victimes dont le sang était répandu pour la

purification des enfants d'Israël, ce bouc emissaire sur lequel était mis le péché du peuple, étaient des figures parlantes de la mort propitiatoire de Jésus-Christ, qui a porté nos langueurs et a pris sur lui nos douleurs; sur lequel ont été posées les iniquités de nous tous, sur lequel a été déchargé le châtiment, et par les blessures duquel nous avons été guéris; qui nous a rachetés de la malédiction de la loi, en se faisant lui-même malédiction pour nous (Isaï., 53; Gal., 3, 13). Un docteur en Israël, devenu l'apôtre des nations, développe ainsi ces mystères aux Israélites de la nouvelle alliance : « Jésus-Christ, le Pontife des biens futurs, ayant passé par un tabernacle plus auguste et plus excellent, sa propre chair, tabernacle qui n'a point été fait de main d'homme, c'est-à-dire qu'il n'a point été formé par une voie ordinaire, est entré une fois pour toutes dans le vrai Saint des saints, non avec le sang des boucs et des taureaux, mais avec son propre sang, nous ayant conquis une rédemption éternelle. C'est par là qu'il est devenu le médiateur de la nouvelle alliance. Oui, Jésus-Christ est entré, non dans ce sanctuaire fait de main d'homme, et qui n'était que la figure du véritable, mais dans le ciel même, afin de se présenter maintenant devant Dieu et d'y intercéder sans cesse pour nous (Heb., 9, 11-24).

Outre les sabbats de chaque semaine et les autres jours de fête, Dieu établit encore les années de fête : l'une s'appelait *l'année sabbatique*, l'autre, *l'année du Jubilé*.

L'année du sabbat avait une double ressemblance avec le jour du sabbat. Comme celui-ci était le septième jour de la semaine, celle-là était aussi de sept ans en sept ans. Et, comme au jour du sabbat, aucune œuvre servile n'avait lieu, afin que même le bœuf et l'âne, ainsi que le fils et l'esclave et l'étranger pussent se reposer, de même on lit, touchant la septième année : « Quand vous serez entrés dans la terre que je vous donnerai, cette terre fêtera un repos en l'honneur de l'Eternel. Tu sèmeras six ans ton champ, et tu tailleras six ans ta vigne et recueilleras ses fruits; mais, en la septième année, la terre célébrera un repos solennel, un repos en l'honneur de Jéhova. Tu ne sèmeras point ton champ et ne tailleras point ta vigne; tu ne moissonneras point ce qui renaîtra de la récolte dernière; et tu ne vendangeras point les raisins venus sans ton travail; car c'est une année de fête pour la terre. Tout ce que ce repos de la terre produira vous sera en nourriture, à toi, à ton serviteur, à ta servante, à ton mercenaire et à l'étranger qui séjourne chez toi; de plus, à tes troupeaux et aux bêtes des champs. Tous les fruits doivent être laissés à manger (Lev., 25, 1-7). »

L'année sabbatique était encore l'année de la rémission. « Elle sera célébrée de cette manière : ce qu'un créancier aura prêté à son prochain, il lui en fera la remise; il n'obligera point à le rembourser, ni son prochain, ni son frère, aussitôt qu'on aura publié l'année de la rémission en l'honneur de l'Eternel. Pour l'étranger, qui n'est point de ta religion, tu pourras l'obliger à payer ce qu'il te doit; mais, pour ton frère, tu lui en feras la remise. Il ne devrait pas même y avoir d'indigent chez toi, tant l'Eternel te bénira dans la terre qu'il va te donner, si toutefois tu es docile à sa voix et que tu observes ses commandements (Deut., 15, 1-5). »

« Lors donc que, dans la terre que l'Eternel, ton Dieu, va te donner, un de tes frères, habitant avec toi quelque ville, tombera dans l'indigence, tu n'endurciras pas ton cœur et tu ne fermeras pas ta main à ton frère indigent; mais ouvre-lui ta main et prête-lui tout ce dont tu verras qu'il aura besoin. Garde-toi de te laisser surprendre à cette pensée impie, et de dire en ton cœur : La septième année, l'année de la rémission approche, et que ton œil ne soit mauvais envers ton frère qui est pauvre, sans vouloir lui prêter ce qu'il te demande, de peur qu'il ne crie contre toi à l'Eternel, et que cela ne te soit imputé à péché. Mais tu lui donneras, et ton cœur ne sera pas mauvais en lui donnant; car, pour cela, l'Eternel, ton Dieu, te bénira dans toutes tes œuvres et dans tout ce qu'entreprendra ta main. Il ne manquera pas de pauvres dans la terre de ton habitation. C'est pourquoi je t'ordonne d'ouvrir ta main à ton frère pauvre et indigent, qui demeure avec toi dans ton pays (Deut., 15, 7-11). »

Dans l'année du sabbat, l'esclave israélite recouvrait sa liberté. « Lorsque ton frère hébreu ou ta sœur de la même origine t'auront été vendus, ils te serviront six ans et tu les renverras libres en la septième année. Et tu ne laisseras pas aller les mains vides celui à qui tu auras donné la liberté; mais tu lui donneras, pour subsister, un secours de tes troupeaux, de ta grange et de ton pressoir, suivant que l'Eternel, ton Dieu, t'aura béni. Souviens-toi que tu as été esclave en Egypte, et que l'Eternel t'a délivré : c'est pour cela que je t'ordonne ceci maintenant. Que si le serviteur te dit : Je ne veux pas sortir de chez toi, parce que je t'aime ainsi que ta maison; à cause qu'il se sera trouvé bien chez toi, tu le conduiras devant les dieux (les juges), et tu lui perceras l'oreille d'une alêne, et il te servira pour jamais (c'est-à-dire jusqu'à l'année de la liberté universelle) (Exod., 21, 2-6). Tu feras de même à ta servante (quant au secours à lui donner). Enfin, tu ne regarderas pas comme une chose dure de renvoyer ton serviteur de chez toi, parce qu'il t'a servi pendant six ans, deux fois autant qu'un mercenaire (celui-ci n'étant tenu de servir qu'à certaines heures, tandis que l'esclave l'y est à toute heure); l'Eternel, ton Dieu, te bénira pour cela dans tout ce que tu feras (Deut., 15, 12-18). »

Plus solennelle encore et plus importante était l'année du Jubilé, qui toujours se célébrait après sept fois sept ans. A la suite de l'ordonnance sur l'année sabbatique, on lit dans les paroles du Seigneur à Moïse : Tu compteras aussi sept années sabbatiques, c'est-à-dire sept fois sept ans, et ces sept années de sabbat feront quarante-neuf ans. Alors tu sonneras la trompette le dixième jour du septième mois. En un mot, le jour même de l'expiation, vous ferez entendre la trompette dans tout votre pays. Vous sanctifierez ainsi la cinquantième année, et vous proclamerez dans le pays la liberté pour tous ses habitants. Ce vous sera le Jubilé. Chacun retournera en sa possession, chacun en sa famille. La cinquantième année vous sera toujours le Jubilé. Vous ne sèmerez point, vous ne moissonnerez point ce qu'un champ reproduira de lui-même; vous ne vendangerez point ce qui vient dans la vigne sans travail; car l'année du Jubilé vous sera sainte. Vous pourrez manger les fruits spontanés du champ. Dans cette

LIVRE VII. — LA LOI ÉCRITE.

année du Jubilé, chacun retournera en ses possessions. Lors donc que tu vendras quelque chose à ton prochain, ou que tu achèteras de lui, qu'aucun de vous ne supplante son frère. Tu achèteras de lui selon le nombre des années du Jubilé ; il te vendra selon le nombre des moissons. Plus il y aura d'années après le Jubilé, plus le prix augmentera, et moins il y aura d'années, et moindre sera le prix de l'achat; car on ne te vend que le nombre des récoltes. Ne vous supplantez donc pas l'un l'autre; mais que chacun craigne son Dieu ; car l'Eternel, votre Dieu, c'est moi. Exécutez mes lois, gardez mes jugements et les accomplissez ; alors vous pourrez habiter sans crainte dans cette terre; alors cette terre vous donnera ses fruits; vous mangerez jusqu'à satiété, ne redoutant aucune violence de personne. Vous direz peut-être : Que mangerons-nous la septième année ? car voilà que nous ne devons ni semer, ni cueillir nos moissons. Moi, je vous ai décrété ma bénédiction en la sixième année, de telle sorte qu'elle vous produira des fruits pour trois ans. Vous sèmerez en la huitième année, et vous mangerez de l'ancienne récolte jusqu'à la neuvième : en un mot, vous mangerez de l'ancienne jusqu'à ce que soit venue la nouvelle. La terre aussi ne sera pas vendue à perpétuité; car elle est à moi, et vous n'êtes que des étrangers et des locataires à mon égard (Lev., 25, 8-23).

Cette grande année, cette année de grâce et de jubilation, qui, dans l'ancienne alliance, proclamait la rémission de toutes les dettes, la fin de la servitude, la rentrée de chacun dans son héritage et dans sa famille ; cette année de Jubilé, qui commençait le jour même de la grande expiation, figurait une expiation plus réelle, la réconciliation de l'homme avec Dieu ; par la mort de Jésus-Christ : expiation ineffable à laquelle aussi commence la grande année de la rémission, qui d'esclaves nous a faits libres, a éteint nos dettes et nous a rendus nos droits à l'éternel héritage.

Après la piété envers Dieu, ce que la loi recommande le plus, c'est la piété envers les pères et mères. Les ordonnances pour un culte, Dieu les résume en deux mots : Soyez saints, parce que je suis saint : moi, l'Eternel, votre Dieu ; puis aussitôt, passant au quatrième commandement, il ajoute : Que chacun révère son père et sa mère : moi, l'Eternel, votre Dieu (Lev., 19, 2 et 3). Ce commandement, le premier de la seconde table, est le seul auquel il ait attaché en particulier une récompense temporelle : *Tu honoreras ton père et ta mère, afin que tu vives longtemps sur la terre que je te donnerai.* Quiconque frappait, quiconque maudissait son père ou sa mère, était puni de mort. Cependant le père n'avait point, comme plus tard chez les premiers Romains, le droit barbare de tuer ses enfants. Lorsqu'un fils insolent et rebelle méprisait toutes les remontrances, le père et la mère devaient le conduire aux anciens de la cité, l'accuser l'un et l'autre en présence de tout le peuple qui le lapidait sur la sentence des anciens. O combien devait être coupable le fils condamné à cette peine sur la déposition d'un père et d'une mère!

Le respect pour les parents emporte le respect pour la vieillesse. Dieu lui-même a dit : Tu te lèveras devant une tête blanche et tu honoreras la face du vieillard : ce sera une marque que tu crains ton Dieu : moi, l'Eternel (Lev., 19, 32). L'esprit de ce commandement se retrouve chez tous les anciens peuples. Le premier corps de l'Etat, chez les Grecs et les Romains, s'appelait sénateurs ou vieillards. Mais où la piété filiale est le plus en honneur, c'est à la Chine : le respect pour les ancêtres est sa constitution même. C'est à ce principe qu'elle doit le souvenir des traditions primitives et la longue durée de son empire. Le Seigneur suprême, de qui est toute paternité, au ciel et sur la terre, accomplit à son égard la promesse du commandement : Tu honoreras ton père et ta mère, afin que tu vives longtemps sur la terre que je te donnerai.

Sous le nom de père et mère, on comprend généralement tous les supérieurs. Ce qu'on appelle autorité légitime, émane originairement du Père, et forme à son tour une espèce de paternité. Dans la Divinité, le Père produit le Fils, le Père et le Fils produisent le Saint-Esprit : société adorable de trois personnes, où la distinction et l'unité, la subordination et l'égalité sont dans un éternel accord; société parfaite que fonde la puissance, qu'édifie la sagesse, que consomme l'amour; société incréée dont les sociétés créées sont une ombre. Dans l'humanité que Dieu a faite à son image, le premier père produit en un sens la première mère, qui est tirée de son côté ; puis les deux produisent tout le genre humain. Ainsi, dans la société humaine comme dans la société divine, tout dérive originairement du père ; c'est de son nom que vient le nom de *patrie*. C'est du Père de Jésus-Christ que se nomme toute patrie au ciel et sur la terre, dit saint Paul (Eph., 3, 15). Les anges et les hommes fidèles ne forment en Jésus-Christ qu'une patrie, qu'une famille, parce qu'ils n'ont en Jésus-Christ et avec Jésus-Christ qu'un même père, père de Jésus-Christ par génération éternelle, père des hommes et des anges par création et par adoption. Sur la terre, tous les hommes ne font avec le premier homme qu'une patrie, qu'une famille parce qu'ils n'ont en lui qu'un seul et même père. Tous les Israélites ne forment qu'une famille, qu'une patrie, parce qu'ils n'ont que le même père en Israël ou Jacob. Les lévites ne forment qu'une patrie ou tribu, parce qu'ils n'ont que le même père en Lévi.

Ainsi, Moïse engendrant les enfants d'Israël à l'état de peuple libre, en sera le père et le chef; et il sera comme le père naturel, par la grâce de Dieu. Toute l'autorité de gouvernement réside d'abord en lui comme en Abraham, Isaac et Jacob divinement ressuscités. Cette autorité, si grande qu'elle soit, n'est que l'autorité de ces anciens pères, coulant plus abondante de sa source première qui est Dieu, selon les besoins plus grands de leur postérité. Moïse, ce merveilleux père d'Israël, ce fidèle lieutenant de Dieu, aura lui-même pour lieutenant et vicaire, dans le spirituel, Aaron, et ses fils aidés des lévites; et, dans le temporel, l'assemblée des soixante-dix pères, vieillards ou sénateurs, auxquels seront subordonnés les juges des villes. Leur jugement est le jugement de Dieu (Deut., 1, 17); ils doivent y juger avec une indépendance semblable à celle de Dieu, sans craindre ni ménager personne. Eux-mêmes sont appelés des dieux. Il faut présenter devant les dieux, c'est-à-dire devant les magistrats, le serviteur qui aime mieux rester perpétuellement chez son maître (Exod., 21, 6). Tu n'insulteras pas les dieux, est-il dit encore (*Ibid.*, 22, 28). Enfin, Dieu a pris sa séance dans l'assemblée des dieux, et, assis au milieu, il juge les dieux. Oui, insiste-t-il, je l'ai dit : Vous êtes des dieux (et je ne m'en dédis pas). Et vous êtes tous les enfants du Très-Haut (par ce divin écoulement de la justice souveraine de Dieu sur vos personnes). Mais vous mourrez comme des hommes et tomberez (dans le sépulcre) comme tous les princes. Vous serez jugés comme eux (Ps. 81).

Dans cette constitution divine et paternelle, il n'y a ni patriciens ni plébéiens ; tous sont également nobles, tous également enfants d'Israël et sujets de Dieu seul. Tous sont égaux devant la loi ; et cette loi n'est pas d'homme, mais de Dieu. Et cette loi n'est pas le secret d'une caste nobiliaire comme chez les vieux Romains : c'est le patrimoine de tous et de chacun ; elle est entre les mains de tout le monde. Non-seulement il est permis, mais commandé, d'en faire une étude continuelle. Qui en aura le plus l'intelligence, fût-ce un manouvrier, siégera parmi les juges, il entrera dans le sénat de la nation, il deviendra président du grand sanhédrin. Et les juges qui appliquent cette loi ne s'enferment pas dans les ténèbres ; ils siégent en public à la porte des villes ; les débats ont lieu, la sentence se prononce et s'exécute devant tout le peuple. Les avis sont-ils partagés ? Le remède est facile. Trois fois par an la nation s'assemble devant l'Eternel. Là, on interroge les prêtres dépositaires et interprètes de la loi, on interroge le pontife suprême qui, s'il en est besoin, interroge Dieu. Et la loi est interprétée par qui l'a donnée. En tout et partout, c'est Dieu seul le Roi d'Israël.

Pour garantir la vie de l'homme, le meurtrier est puni de mort. Un meurtre impuni souille la terre. Le sang ne peut être expié que par le sang. Vie pour vie, œil pour œil, dent pour dent, plaie pour plaie : telle est la loi générale (Num., 35, 33 et 34).

Les villes entières sont intéressées à la découverte et à la punition de l'homicide. Lorsque dans la terre que l'Eternel, votre Dieu, doit vous donner, on trouvera le cadavre d'un homme qui aura été tué, et que le meurtrier sera ignoré, vos anciens et vos juges viendront et mesureront la distance du corps mort, jusqu'à toutes les villes d'alentour ; et quand on aura reconnu celle qui en sera la plus près, les anciens de cette ville prendront dans un troupeau une génisse qui n'aura point encore porté le joug ni labouré la terre ; ils la conduiront dans une vallée âpre et pleine de pierres, qui n'ait jamais été labourée ni semée, et, là, ils feront tomber la tête de la génisse. Les prêtres, enfants de Lévi, y viendront également ; car ce sont ceux que l'Eternel, votre Dieu, a choisis pour le servir et pour bénir en son nom ; et c'est d'après leur sentence que se décideront tous les différends et toutes les plaies (1). Et tous les anciens de cette ville-là viendront près du corps de l'homme qui aura été tué, et ils laveront leurs mains sur la génisse qui aura été frappée dans la vallée. Puis, se répondant les uns aux autres, ils diront (ceux-ci, savoir les anciens) : Nos mains n'ont point répandu ce sang et nos yeux ne l'ont point

(1) C'est le sens bien clair de l'hébreu et du grec, qui détermine expression moins précise de la Vulgate.

vu (ceux-là, savoir les prêtres) : Soyez favorable à votre peuple Israël que vous avez racheté, ô Eternel, et ne lui imputez pas le sang innocent qui a été répandu au milieu de votre peuple. Alors ce sang leur sera réconcilié. Et vous aurez détourné de dessus vous l'accusation de sang innocent, si vous faites ainsi ce qui est agréable aux yeux de l'Eternel (Deut., 21, 1-9).

Pour inspirer plus d'horreur du meurtre, la loi condamne à mort jusqu'à l'animal homicide. Si un taureau frappe de sa corne un homme ou une femme, et qu'ils en meurent, il sera lapidé, et l'on ne mangera point de sa chair, et le maître du taureau sera innocent. Que si un taureau avait frappé de la corne, d'hier et d'avant-hier, et que son maître en eût été averti et qu'il ne l'ait pas enfermé, et que le taureau ait tué un homme ou une femme, ce taureau sera lapidé et le maître mourra (Exod., 21, 28 et 29). Tout cela, développement de la loi générale donnée à Noé : Quiconque versera le sang de l'homme ; son sang sera versé, parce que l'homme est fait à l'image de Dieu (Gen., 9, 6).

Outre les magistrats publics, chaque famille avait son vengeur particulier : c'était son chef ou le parent le plus proche. Le meurtrier, une fois vaincu juridiquement, le vengeur le mettait à mort partout où il le trouvait. Il n'y avait point d'asile pour l'homicide volontaire ; on l'arrachait de l'autel même.

Quant au meurtre involontaire et non prémédité, il y avait une loi spéciale. Six villes seront désignées dans la terre d'Israël, trois en deçà du Jourdain, trois au delà. Elles seront à une égale distance l'une de l'autre ; les routes qui y conduisent seront soigneusement aplanies, afin que quiconque aura commis un homicide sans le vouloir, Hébreu ou étranger, puisse s'y réfugier jusqu'à ce qu'il paraisse devant la multitude et que sa cause soit jugée, de peur que le vengeur du mort, emporté par sa douleur, ne le poursuive et ne l'atteigne si le chemin est trop long ou trop fatigant, et ne tue ainsi celui qui ne mérite pas la mort. Que, s'il y a quelque doute, les anciens de la ville du fugitif le tireront du lieu de refuge, la cause sera débattue entre lui et le parent du mort, en présence du peuple. S'il est prouvé qu'il l'a tué à dessein et par inimitié, il sera livré au vengeur de la famille et il mourra ; s'il est prouvé, au contraire, qu'il l'a tué par hasard et sans inimitié, il sera délivré comme innocent de la main du vengeur, et sera ramené par sentence dans la ville où il s'était retiré, et y demeurera jusqu'à la mort du grand-prêtre (Num., 35, 10-28 ; Deut., 19, 1-13).

On punira l'homicide après avoir ouï les témoins ; nul ne sera condamné sur le témoignage d'un seul. Il en faut au moins deux ou trois. La cause se débattra et se jugera en public, et devant tout le peuple. On n'emploiera contre l'accusé ni question ni torture, comme faisaient les Grecs et les Romains. Est-il condamné, est-il mené au supplice ? tout citoyen peut suspendre l'exécution et faire réviser le procès, en s'écriant : *Je suis innocent du sang de cet homme !* On le voit par l'exemple du jeune Daniel en l'histoire de Suzanne. Enfin, est-il définitivement condamné à être lapidé ? les témoins sont obligés de lui jeter les premières pierres, et le reste du peuple après eux.

Chez les Grecs, les Romains, et même chez les Chinois, le meurtre de ce qu'il y a de plus innocent et de plus faible, le meurtre des petits enfants est non-seulement impuni, mais autorisé, mais conseillé en certaines circonstances. Que disons-nous? Le tant vanté Lycurgue de Lacédémone commandera au père et à la mère d'égorger leur enfant, si sa complexion ne paraît point assez robuste pour devenir plus tard un bon tueur d'hommes. Cette inhumanité ne se trouvera que dans les lois humaines. Dans la loi divine, nous verrons tout le peuple de Chanaan condamné au bannissement ou à la mort, pour n'avoir pas eu un cœur plus paternel que Lycurgue. Dans la loi divine, le père et la mère n'ont pas même le droit de punir de mort le fils dénaturé qui les outrage ; combien moins l'enfant qui vient de naître! La chose était si notoire, que Tacite en parle. C'est un crime pour les Juifs, dit-il, de tuer un de leurs nouveau-nés (*Hist.*, l. 6, *necare quemquam ex gnatis nefas*).

Chez les Romains et la plupart des Grecs, le meurtre d'un esclave n'était compté pour rien. Son maître avait droit de le mutiler, de le tuer, comme il eût fait sa bête. Les jeunes Spartiates s'exerçaient à la guerre en tuant les esclaves comme des bêtes fauves. Dans la loi des Hébreux, le maître qui tue son esclave, homme ou femme, sera puni de mort. S'il leur crève un œil ou leur casse une dent, il les renverra libres (Exod., 21, 20, 26 et 27).

Les Grecs faisaient des esclaves grecs : témoin les Ilotes et les Messéniens, réduits à la plus abjecte et la plus cruelle servitude par Lacédémone. Les Hébreux ne feront pas d'esclaves hébreux. Si l'un d'eux est contraint par la nécessité de se faire esclave ou plutôt serviteur d'un de ses frères, il ne le servira que six ans; il sortira libre en l'année sabbatique, ou, s'il ne veut pas alors, au plus tard en l'année du Jubilé. Il n'y aura d'esclaves perpétuels que les étrangers. Encore ceux-ci ont-ils part au repos du septième jour, de la septième année, et de l'année du Jubilé. De plus, s'ils embrassent le culte du vrai Dieu et reçoivent la circoncision, leurs enfants participeront un jour aux priviléges des Hébreux d'origine.

Dans les siècles modernes, c'était un noble privilége du royaume très-chrétien, que tout esclave qui mettait le pied sur le sol de France devenait libre par là seul. Il y a trente-trois siècles, Dieu accordait un privilége semblable aux enfants d'Israël. « Vous ne livrerez point à son maître l'esclave qui se sera réfugié près de vous. Il habitera avec vous, au milieu de vous, dans le lieu qu'il aura choisi, dans une de vos villes, en un mot où bon lui semblera : vous ne le contristerez point (Deut., 23, 15 et 16). »

Non contente de défendre le meurtre, la loi défend la haine et la vengeance. « Tu ne haïras point ton frère en ton cœur, est-il dit, tu pourras réprimander ton prochain (s'il t'a offensé); mais tu ne lui conserveras point le souvenir de son injure. Tu ne te vengeras point, tu ne garderas point de colère contre les enfants de ton peuple; mais tu aimeras ton prochain comme toi-même : moi l'Eternel (Lev., 19, 17 et 18). »

Chez plus d'un peuple ancien, l'étranger était synonyme d'ennemi. La tempête le jetait-elle sur la côte, on l'égorgeait sans pitié. A Israël il est dit :

« Tu n'attristeras ni n'opprimeras point l'étranger, car tu as toi-même été étranger en Egypte (Exod., 22, 21). » Et encore : « Si un étranger habite en votre terre et demeure parmi vous, vous ne lui en ferez pas un crime; mais qu'il soit parmi vous comme un concitoyen, et aimez-le comme vous-même; car vous aussi vous avez été étrangers en Egypte : c'est moi l'Eternel, votre Dieu (Lev. 19, 33 et 34). »

Contre l'ennemi, le droit est éternel, imprescriptible : tel était, selon la loi des douze tables, le droit de la guerre chez les Romains (1). C'est-à-dire que vis-à-vis d'un ennemi, surtout d'un ennemi vaincu, il n'y avait ni droit, ni justice, ni humanité; il n'y avait d'autre règle que l'intérêt et la force. De là, quand il lui en prenait envie, le vainqueur saccageait, égorgeait tout, sans pitié pour l'âge ni pour le sexe. Ainsi Numance fut-elle traitée par le 2e Scipion, les bourgs des Marses par Germanicus, Jérusalem par Tite, Malcha et Dacires par l'empereur Julien (2). Le même droit régnait chez les Carthaginois, les Perses et les Grecs, témoin les saccagements de Sagonte par Annibal, de Sidon par Darius Ochus, de Tyr par Alexandre : à plus forte raison en était-il ainsi chez les peuples moins civilisés, tels que les Scythes. Israël seul avait des lois à garder envers les ennemis et les vaincus.

Pour la race de Chanaan, Dieu l'ayant condamnée au bannissement ou à la mort, elle sera chassée ou exterminée. Quant aux autres peuples, ordre de demander des réparations avant de déclarer la guerre : défense de faire des ravages inutiles. « Tu n'abattras point les arbres fruitiers, tu ne ravageras point avec la hache le pays d'alentour ; car les arbres des champs sont-ils des hommes pour se retirer devant toi dans des forteresses ? Quant aux arbres qui ne portent point de fruits, tu en prendras ce qui te sera nécessaire (Deut., 20, 19 et 20). »

Au moment d'assiéger une ville, il faut lui faire des offres de paix. Si elle les accepte avant l'assaut, tout se borne pour ses habitants à devenir tributaires et sujets. Est-elle prise de vive force? On ne passera au fil de l'épée que les hommes, chaque homme étant alors soldat ; tout le reste, femmes, enfants, animaux, sera prisonnier (*Ibid.*, 20, 10-15). Dans cette terrible conjoncture, la loi veille à l'honneur des filles et des femmes. « Si parmi tes prisonnières de guerre, dit-elle, tu vois une captive qui plaise à ton cœur, et que tu veuilles l'épouser, tu l'emmèneras dans ta maison ; là vêtue de deuil et les cheveux coupés, elle pleurera pendant un mois son père et sa mère ; alors tu viendras vers elle, et tu seras son mari, et elle sera ta femme (*Ibid.*, 21, 10-14). » Admirable ordonnance, s'écrie Philon ! D'un côté, loin de tolérer la licence, que l'usage et les législations des autres peuples autorisaient, elle tient le soldat pendant trente jours dans la contrainte; et en lui montrant, durant cet intervalle, sa prisonnière sans parure et dépouillée de tous les ornements qui auraient pu relever l'éclat de ses charmes, elle lui donne le temps et les moyens de modérer la violence de sa passion. De l'autre, elle ménage avec humanité la douleur de la captive, qui, fille, pleure étant désolée de ce qu'elle n'était point mariée selon

---

(1) *Adversus hostem æterna auctoritas esto.* Cic., *De off.*, l. 1, c. 12.
(2) Tacite, *Annal.*, l. 1, c. 51; Amm. Marcel. et Zozime.

son cœur, de la main de ses parents, ou, veuve, ne pouvait que gémir, en considérant que, privée de son premier époux, elle allait trouver un maître impérieux dans son nouveau mari.

Mais, continue la loi, s'il arrive que ta captive ne te plaise plus, tu la renverras selon ta volonté, et tu ne pourras la vendre ni en faire trafic, parce que tu l'auras humiliée (Deut., 21, 14). Juste punition de l'inconstance du vainqueur, et consolant dédommagement pour l'infortunée des humiliations qu'elle aurait souffertes dans la maison d'un étranger, et de l'affront de s'en voir rejetée au moment où elle pouvait espérer d'en devenir l'épouse. Chez les païens, il n'en était pas de même : après s'être tout permis avec leurs captives, ils les vendaient ou les donnaient pour femmes à leurs esclaves. Témoin les plaintes de Polixène dans Euripide, et d'Andromaque dans Virgile. La première était cependant fille de Priam, et la seconde, veuve d'Hector.

Chez plus d'un peuple ancien, les droits de la guerre étaient presque aussi terribles pour le citoyen que pour l'ennemi. Chez les Hébreux, nul ne pouvait être enrôlé au-dessous de vingt ans (Num., 1, 3, 26, 2). Les troupes sont-elles assemblées? Les chefs déclarent que « quiconque ayant bâti une maison, ne l'a point habitée, ou ayant planté une vigne, n'en a point recueilli le fruit, ou ayant pris une épouse n'a point habité avec elle, soit libre de s'en retourner dans sa maison, et dispensé du service pendant cette année (Deut., 20, 5).

Toute impureté, même involontaire, est bannie du camp d'Israël. S'il y a quelqu'un qui ne soit point net, pour quelque accident qui lui soit arrivé de nuit, il sortira du camp et n'y rentrera que le soir, après s'être purifié. « Garde-toi de toute mauvaise chose ; car l'Eternel, ton Dieu, marche dans ton camp pour te délivrer de tes ennemis ; que ton camp soit donc saint, de peur que l'Eternel n'y voie quelque impureté qui blesse ses yeux et l'oblige de t'abandonner (Ibid., 23, 9-14).

Que si l'armée est obligée, dans sa marche, de passer sur les terres des citoyens ou des alliés, la loi défend d'y faire aucun dégât. Tu suivras le chemin, dit-elle, et tu ne passeras point à travers leurs champs et leurs vignes ; tu achèteras de ton argent les vivres qui te seront nécessaires, et tu paieras tout, jusqu'à l'eau que tu boiras (Ibid., 2, 6).

Quand le moment du combat approche, si, malgré les précautions prises pour n'avoir que des soldats pleins de vigueur et de courage, il s'en trouvait quelques-uns qui se sentissent d'un cœur timide et lâche, elle leur permettait de se retirer avant le choc. Sage règlement par lequel, en usant de condescendance pour ces hommes faibles, elle empêchait qu'ils ne décourageassent leurs frères, et apprenait aux combattants à compter moins sur le nombre que sur la valeur et sur la protection de Dieu des armées qui leur était promise, et que les prêtres devaient leur rappeler dans ce moment-là même (Deut., 20).

Revenaient-ils victorieux? Pour les ramener à des sentiments plus doux, après la fureur du combat, elle voulait que, se regardant comme souillés par ces meurtres, quoique nécessaires, et comme indignes de paraître en cet état dans le camp de l'Eternel, ils missent une journée entière à se purifier avant d'y rentrer.

Pour mieux inculquer l'humanité envers les hommes, la loi prescrira une certaine mansuétude envers les animaux. Ce ne sera pas la superstition extravagante qui, dans l'Inde et l'Egypte, en fait l'objet d'un culte, mais une certaine clémence qui tempère, dans le roi de la nature, le droit absolu de vie et de mort. Ainsi, il sera dit que le repos du septième jour est institué, entre autres causes, pour que les animaux qui servent à l'homme à labourer la terre, puissent se reposer avec lui. Ailleurs : « Si tu rencontres le bœuf de ton ennemi ou son âne égaré, ramène-le-lui. Si tu vois l'âne de ton ennemi gisant sous le fardeau, tu ne passeras pas au delà, mais tu l'aideras à le soulever (Exod., 23, 4 et 5). Soit un bœuf ou une brebis, ils ne seront pas immolés le même jour avec leurs petits (Lev., 22, 28). Tu ne cuiras point le chevreau dans le lait de sa mère (Exod., 23, 19). Si, en marchant dans un chemin, tu trouves sur un arbre ou à terre le nid d'un oiseau et la mère couchée sur ses petits ou sur ses œufs, tu ne retiendras pas la mère avec les petits ; mais, ayant pris les petits, tu laisseras aller la mère afin que tu sois heureux et que tu vives longtemps (Deut., 22, 6 et 7). Enfin, la loi défendait de manger le sang des animaux, pour éloigner d'autant plus de verser le sang de l'homme. »

La crainte de Dieu, le respect pour l'autorité paternelle, le respect pour la vie de l'homme, tels sont jusqu'ici les principaux fondements que Dieu donne à la législation de son peuple. Les deux derniers sont renfermés dans le premier. En effet, qui craint Dieu, honore sans doute le père et la mère par qui Dieu lui a donné la vie ; qui craint Dieu, respecte sans doute la vie que Dieu seul a donnée à chaque homme. Un troisième vient après les deux : c'est le respect pour la sainteté du mariage.

Ce que le mariage est et doit être d'après son institution primitive, Dieu nous le montre dans le premier. Il crée pour Adam une seule femme : elle est tirée d'un côté de l'homme, pour marquer que les deux ne seront qu'une même chair ; Dieu lui-même présente cette unique épouse à son unique époux, et consacre leur union par sa présence, afin que tout le monde puisse conclure avec le Christ : « Ce que Dieu a conjoint, l'homme ne doit pas le séparer. » Noé et ses trois fils n'ont également qu'une femme chacun. La pluralité des femmes et le divorce sont donc contraires à l'institution primitive du Créateur.

Au huitième siècle de l'ère chrétienne, un Musulman demanda à un évêque catholique, Théodore : Pourquoi croyez-vous plus permis d'avoir une femme que d'en avoir plusieurs? Montrez-en la raison par les conséquences nécessaires de principes accordés. L'évêque répondit : On se marie, ou pour le plaisir, ou pour avoir des enfants. Depuis Adam jusqu'à ce jour, connaissez-vous quelqu'un à qui Dieu ait donné plus de plaisir qu'à ce premier homme? Non. Et combien forma-t-il pour lui de femmes? Une seule. Donc le plaisir que donne une femme est plus parfait que celui que donnent plusieurs. — La conséquence est bonne, dit le Mahométan ; mais il semble qu'on doit avoir plus d'enfants de plusieurs femmes. Théodore répliqua : Y a-t-il eu un temps où la multitude des enfants fût plus nécessaire qu'en celui-là? Non. C'est donc contre l'ordre de Dieu, et par l'amour de la chair, que l'on a permis la polygamie après la multiplication du genre humain, puisque, dans les temps où les hommes étaient si rares, le Créateur a ordonné de se contenter d'une femme (*Biblioth. PP., t. I, græc.-latin.*). Ce raisonnement, auquel le Mahométan ne trouva rien à redire, ne s'applique pas moins au divorce, qui n'est qu'une polygamie par échange, où l'homme renvoie une femme pour en prendre une autre. Dieu n'accorda pas plus au premier homme d'avoir plusieurs femmes de suite que d'en avoir plusieurs à la fois.

Ce que le raisonnement conclut de l'exemple du premier mariage, l'expérience des siècles vient le confirmer. Où règnent la polygamie et le divorce, comme chez les anciens Grecs et les Romains, et comme, de nos jours, chez les Mahométans, là, bien loin de trouver la perfection du plaisir dans la possession de plusieurs femmes, l'homme s'en dégoûte pour des plaisirs dont la brute même a horreur; là règnent publiquement la sodomie et autres crimes contre nature. Un philosophe grec nous en indique la raison. Après avoir débattu la chose pour et contre dans un dialogue exprès, il conclut que le commerce charnel avec les femmes est bon pour le vulgaire des hommes, mais que le même commerce avec des mâles doit être le privilége des philosophes (*Lucian. amores*). La passion librement assouvie convoite bientôt, comme sa gloire, ce qu'il y a de plus infâme. Où règnent la polygamie et le divorce, la population diminue plutôt que d'augmenter : témoin les pays mahométans, qui ont une population proportionnellement beaucoup moindre que les pays chrétiens, dans lesquels la religion commande, ou bien la continence parfaite, ou bien le mariage d'un seul avec une seule. Plus la polygamie et le divorce règnent quelque part, plus le sexe faible y est dégradé et asservi. Chez les peuples païens, la femme n'était pas une personne, mais une chose servant au plaisir du maître, une chose qui s'achète et se vend. Ainsi en est-il encore dans le mahométisme. Les femmes y sont des esclaves femelles qu'on achète sur le marché, qu'on enferme comme un troupeau dans un parc, et pour la garde desquelles on mutile des hommes ou esclaves mâles. Plus la polygamie et le divorce règnent dans un pays, plus les mœurs y deviennent barbares, plus ce qu'il y a d'innocent devient la victime de ce qu'il y a de coupable, plus les petits enfants y sont étouffés, exposés, abandonnés ou élevés pour des usages abominables. Le père et la mère en auront moins de pitié que les brutes n'en ont de leurs petits. Parmi les animaux, au moins parmi ceux qui ont quelque chose de moins grossier, comme les oiseaux, le mâle et la femelle ne se séparent que quand leurs petits sont assez grands pour se passer d'eux. Parmi les hommes, le père et la mère qui maintenant divorcent, se séparent précisément alors que leur jeune famille aurait le plus besoin du concours de leur zèle et de leur bon exemple pour croître dans la vertu et éviter le plus grand des malheurs; il faudra, pour assouvir la passion adultère d'un père et d'une mère dénaturés, que des enfants pleins de candeur et d'innocence se séparent eux-mêmes les uns des autres, qu'ils renoncent à la douce amitié de frère et sœur, qu'ils façonnent leurs cœurs à la haine et à la discorde, qu'ils apprennent du père à détester la mère, de la mère à détester le père; il faudra qu'ils apprennent à ne rougir pas plus qu'eux du crime et du scandale. Certes, l'histoire et l'expérience parlent encore plus haut que l'évêque Théodore.

La loi de Moïse ne rétablit pas encore la perfection primitive, mais elle la rappelle. Elle ne proscrit point la pluralité des femmes, introduite depuis longtemps; mais le grand-prêtre n'en épousera qu'une, et ce sera une vierge. Cette loi tolère aux Hébreux la répudiation; mais c'est à cause de la dureté de leurs cœurs; mais le simple prêtre même ne pourra épouser de femme répudiée; mais si la femme peut être renvoyée, la famille ne poura être divisée, les enfants resteront tous dans la maison paternelle. Du reste, la loi punira de mort, et l'adultère et tous les crimes contre nature dont ne rougissaient pas les philosophes grecs. Enfin, si la continence sacerdotale n'est pas d'obligation pour tous les jours, elle l'est pour ceux où le prêtre doit remplir dans le tabernacle les fonctions de son ministère; ce qui annonce la perpétuité de cette continence pour l'époque où le prêtre peut se trouver tous les jours dans la nécessité d'exercer ces fonctions, incomparablement plus saintes que celles du tabernacle ancien.

Cette législation diverse sur l'union conjugale recouvre un grand mystère. Nous en voyons la figure dans Abraham. Ce futur père d'une multitude de peuples avait dès le commencement une seule épouse, Sara, ou la princesse par excellence. Cette épouse-princesse ayant été longtemps stérile, et paraissant devoir l'être toujours, il prit, de sa main, et pour lui engendrer par une autre, sa servante Agar. Pour Sara, il ne se parle jamais de répudiation; mais bien pour celle qui doit lui enfanter quelque temps. En effet, après que la princesse est devenue féconde, la servante est renvoyée de la maison avec son fils. Ce sont les deux alliances, dit saint Paul. La principale fut contractée par le Verbe de Dieu avec l'humanité entière, dans Adam. Cette alliance universelle ayant été longtemps stérile et paraissant devoir l'être toujours, une alliance particulière est contractée avec la postérité de Jacob, par le ministère de Moïse. Cette seconde devait servir et enfanter à la première. De là il se parle en elle et pour elle de répudiation; jamais dans l'autre ni pour l'autre. Enfin, l'alliance éternelle, l'Eglise catholique, étant devenue miraculeusement féconde, et enfantant à Dieu des peuples entiers, l'alliance temporaire, la Synagogue, est répudiée. Voilà pourquoi l'épouse, une, sainte et perpétuelle, l'Eglise catholique, maintient fidèlement l'unité, la sainteté, l'indissolubilité du lien conjugal : elle en porte le mystère en elle. Les sectes adultères permettent aux hommes le divorce; c'est qu'elles l'ont fait avec Dieu.

Jusqu'ici la loi a réglé ce qui regarde les personnes; maintenant elle va régler les choses que les personnes possèdent. L'homme ne tenant pas de lui-même son être, il n'en tient pas non plus son avoir. A l'Eternel est la terre et tout ce qu'elle renferme; la terre est à lui parce que c'est lui qui l'a faite. Après avoir fait également le premier homme et la première femme, il leur dit : *Croissez et multipliez, remplissez la terre et subjuguez-la*. Tel est le droit originel de l'homme sur la terre. Dieu n'en restait pas moins le seul maître et propriétaire véritable. Il le fit bien voir, lorsque au déluge il bouleversa tout ce domaine avec les colons qu'il avait placés dessus. Noé fut le fermier de cette terre nouvelle. Il lui fut dit comme à Adam : *Entrez-y et la remplissez* ; mais Dieu n'en reste pas moins le maître absolu d'assigner telle portion de la ferme totale à tels descendants du fermier primitif, ou bien de la leur ôter pour la donner à d'autres. Ainsi, il expulsa les Emiens et les Zomzommins, deux peuples géants, pour donner leurs terres aux fils de Lot ; il expulsera les Horréens de la montagne de Séir, pour la donner aux enfants d'Esaü. Lui-même s'en explique lorsqu'il défend aux enfants d'Israël de toucher à ces trois lots, attendu qu'il ne leur y accordera pas la valeur d'un pied (Deut., 2). L'héritage depuis longtemps promis à Israël, c'est la terre de Chanaan ; elle sera partagée en douze lots, suivant le nombre des tribus, et chaque lot en autant d'autres qu'il y a de familles. Cet héritage passera de père en fils. Cette terre ne sera point vendue à perpétuité, dit l'Eternel ; car elle est à moi, et vous êtes à mon égard des étrangers et des colons. C'est pourquoi tout le fonds que vous possèderez ne se vendra que sous la condition du rachat. Si votre frère, devenu pauvre, vend sa propriété, le plus proche parent pourra, s'il le veut, racheter ce que celui-là aura vendu. Que si l'homme n'a point de racheteur, mais qu'il trouve lui-même de quoi racheter, il comptera les années où il a vendu, et rendra à l'acheteur ce qui reste encore, et ainsi il recouvrera sa propriété. Mais s'il n'a pu trouver de quoi rendre, ce qui a été vendu restera dans la main de l'acheteur jusqu'à l'année du Jubilé ; car, en cette année-là, tout bien vendu retournera au propriétaire qui l'avait possédé d'abord (Lev., 25, 23-28). Loi admirable d'humilité et de prévoyance. Chaque Israélite a son petit domaine qu'il est sûr de transmettre à ses descendants ; c'est pourquoi il s'y affectionne, le cultive avec soin ; pendant la paix, il s'y assied joyeux sous sa vigne et sous son figuier ; dans un temps de calamité, sa vente temporaire lui est une ressource précieuse ; jamais famille ne sera complètement ruinée ; jamais on ne verra les propriétés territoriales concentrées dans la main de quelques riches ; toujours il y aura, sous ce rapport, une certaine égalité entre tous les enfants d'Israël. L'industrie s'exercera à cultiver mieux le champ paternel, à élever des troupeaux dans les montagnes, à conquérir sur l'ennemi extérieur des terres nouvelles, à faire le négoce avec les peuples voisins.

Législation adorable, si on la compare à la législation romaine. Vers la fin de la république, sur plus d'un million d'habitants à Rome, il n'y avait pas deux mille propriétaires ; tout le reste était prolétaire ou esclave (Cic., *De offic.*, l. 2, c. 21). Ce qui ruinait la plupart des Romains, c'étaient les usures. Plus d'une loi avait été faite pour réprimer les excès de cet odieux trafic ; mais ceux qui faisaient la loi étaient les premiers à la rendre vaine. Caton, Caton l'ancien, la gloire du sénat, était un des plus cruels usuriers de son temps ; il prêtait à usure jusqu'à la pudeur de ses esclaves. A Rome, l'infortuné débiteur perdait non-seulement son bien, mais sa liberté, mais sa vie. Le malheur des temps, une incursion ennemie, la grêle, des blessures reçues à la guerre le mettaient-ils hors d'état de payer ? lui, sa femme, ses enfants devenaient esclaves du créancier.

Celui-ci le mettait aux fers, dans un cachot, le battait de verges, le faisait expirer sous les coups comme il lui plaisait. Avait-il plusieurs créanciers à la fois ? la loi des douze tables leur accordait le droit de le couper par morceaux et d'en emporter chacun sa part. Encore a-t-elle soin de dire que, s'ils coupent plus ou moins, ils n'en sont pas responsables (Aulu-Gelle, l. 20, c. 1). Voilà ce que la loi romaine permettait aux Romains envers les Romains.

Combien humaine, au contraire, est la loi divine, même avec les imperfections qu'elle tolère aux Hébreux ! Elle ne leur permet le prêt à intérêt qu'envers les étrangers ou idolâtres qui les environnaient, et qui étaient des peuples commerçants. « Tu ne prendras aucun intérêt de ton frère, ni en argent, ni en grain, ni en quoi que ce soit. Tu pourras prendre un intérêt de l'étranger, mais tu n'en prendras point de ton frère, afin que l'Eternel, ton Dieu, te bénisse en tout ce que tu feras dans la terre que tu vas posséder (Deut., 23, 19 et 20). » L'étranger dont il est ici question n'est point, suivant la propriété du mot hébraïque, cet étranger qu'il est si souvent recommandé de bien recevoir et d'aimer comme soi-même, mais un étranger et d'origine et de religion, autrement un idolâtre, tels qu'étaient les marchands de Phénicie. La voilà donc extirpée jusqu'à la racine, parmi les Hébreux, la fatale gangrène qui dévorait sans cesse le peuple romain, l'usure. Ensuite, combien d'institutions charitables dans Israël, dont Rome n'avait pas même l'idée ! Un Israélite malheureux a-t-il contracté des dettes ? elles lui seront remises en l'année sabbatique. A-t-il vendu sa liberté pour soutenir sa pauvre famille ? la même année lui rendra sa liberté. A-t-il été contraint de vendre le champ paternel ? ce champ lui reviendra en l'année du Jubilé. Quelles que puissent être ses calamités, toujours l'espérance lui demeure.

Un Israélite est obligé d'emprunter et de donner quelque chose en gage. Admirez la maternelle sollicitude de la loi à son égard : « Tu ne prendras point pour gage la meule de dessous ou de dessus du moulin, parce que celui qui te l'offre engage sa propre vie en te donnant l'unique moyen qu'il a de subsister (Deut., 24, 6). » C'est que, avant l'invention des moulins à eau ou à vent, il fallait à chaque maison un moulin à bras pour moudre le blé et avoir du pain. « Lorsque tu auras prêté quelque chose à ton prochain, tu n'entreras point dans sa maison pour emporter un gage, mais tu te tiendras dans la rue, et celui à qui tu as prêté t'apportera lui-même le gage au dehors (*Ibid.*, 10 et 11). » Le pauvre regarde chaque pièce de son petit avoir comme un joyau : il lui en coûte de se priver de quelqu'une ; c'est pour cela que la loi divine lui laisse le choix. « Mais est-il nécessiteux et t'a-t-il engagé son vêtement ? Tu ne te coucheras point avec son gage dans ta maison ; mais tu le lui rendras au coucher du soleil, afin qu'il dorme dans son vêtement et qu'il te bénisse ; et ce te sera une justice, une aumône devant l'Eternel, ton Dieu. Autrement, s'il crie vers moi, je l'exaucerai, car je suis miséricordieux (*Ibid.*, 24, 12 et 13 ; Exod., 22, 26 et 27). — Tu ne retiendras point son salaire au nécessiteux et au pauvre, qu'il soit ton frère ou un étranger demeurant dans ton pays et dans ta ville ; mais le jour même tu lui rendras le prix de son travail, et le soleil ne se couchera pas dessus ;

car il est pauvre et il soutient sa vie avec cela, de peur qu'il ne crie contre toi vers l'Eternel, et que ses cris ne te soient imputés à péché. Tu ne plieras point le droit de l'étranger ni de l'orphelin, et tu ne prendras point à la veuve son vêtement comme un gage. Souviens-toi que tu as été esclave en Egypte, et que c'est l'Eternel, ton Dieu, qui t'en a délivré; c'est pourquoi voici ce que je te commande de faire : Lorsque tu feras la récolte dans ton champ et que tu y auras oublié une gerbe, tu ne retourneras point pour l'emporter ; elle sera à l'étranger, à l'orphelin et à la veuve, afin que l'Eternel, ton Dieu, te bénisse dans toutes les œuvres de tes mains. Quand tu auras secoué ton olivier, tu n'y reviendras point après ; ce sera pour l'étranger, l'orphelin et la veuve. Quand tu auras vendangé ta vigne, tu n'y glaneras point après ; ce sera pour l'étranger, pour l'orphelin et pour la veuve. Souviens-toi que tu as été esclave en Egypte ; c'est pourquoi je te fais ce commandement (Deut., 24). » Il y a plus : « Quand vous ferez la moisson dans votre terre, tu ne couperas pas tout à fait les coins et les bouts de ton champ, ni ne ramasseras les épis isolés ; mais tu laisseras tout cela pour le pauvre et l'étranger : moi, l'Eternel, votre Dieu (Lev., 19, 9 ; 23, 22). »

La loi va plus loin encore : elle veut que les pauvres soient invités aux festins religieux. « Dans ces fêtes, est-il dit, tu feras des festins et tu mangeras devant l'Eternel, ton Dieu, toi et ta famille, le lévite qui est dans tes portes, et la veuve, l'orphelin et l'étranger qui demeurent avec toi (Deut., 16, 11 et 14). Quand tu offriras tes prémices et tes dîmes à l'Eternel, tu te réjouiras en sa présence, toi, le lévite, l'étranger, la veuve et l'orphelin (Ibid., 26, 11 et 13). »

Ainsi, plusieurs fois chaque année, les riches et les pauvres se trouvaient assis à la même table : unis par les liens des bienfaits et de la reconnaissance, ils participaient tous aux biens que la Providence avait accordés au pays ; et, dans le transport de leur joie, ils bénissaient à l'envi le Dieu auquel ils devaient leur prospérité, ou qui consolait ainsi leur misère.

L'humanité de la loi divine se montre jusque dans l'équité avec laquelle elle punit le coupable. Elle ne fait point du vol un jeu, un exercice, un tour d'adresse, comme la loi de Lacédémone ; elle n'établit point de chefs de voleurs, protégés par la police, pour retrouver les effets dérobés, en cédant une partie de leur valeur, comme la loi d'Egypte ; mais elle ne porte pas non plus la rigueur à l'excès, comme la loi de Dracon à Athènes : elle distingue entre le vol nocturne et les autres vols. « Lorsqu'un homme sera surpris, dit-elle, volant la nuit avec effraction, si on le frappe et qu'il en meure, celui qui l'aura tué ne sera point coupable de meurtre ; mais si le soleil est levé, il y aurait homicide. Le voleur rendra le double, et s'il n'a pas de quoi rendre, on le vendra comme esclave, et du prix de la vente on satisfera celui qu'il aura volé (Exod., 22). »

Quant aux biens confiés en quelque sorte à la foi publique, tels que les bestiaux, la loi distingue deux cas de vol. Si les bestiaux sont trouvés chez le voleur, elle le condamne à rendre deux pour un. « Depuis le bœuf, dit-elle, jusqu'à l'âne et jusqu'à la pièce de menu bétail, le voleur rendra le double ; mais, ajoute-t-elle, s'il les a tués ou vendus, il rendra quatre pour un. » Et parce que le bœuf est de tous les animaux le plus utile à l'agriculture, et que le dérober à son maître c'est interrompre ses charrois et ses labours, elle veut que « si quelqu'un dérobe un animal si nécessaire, et qu'il le tue ou qu'il le vende, il soit tenu d'en rendre cinq pour un (Exod., 22, 1-4). »

Cette augmentation de peine, dans le cas où les bestiaux auraient été tués, était sage. Le voleur montrant par là plus d'audace, plus d'habitude dans le crime, et une volonté plus déterminée de ne jamais rendre, il méritait une punition plus sévère.

Un bien surtout précieux à l'homme, c'est la bonne renommée. Le huitième commandement est : *Tu ne porteras point faux témoignage contre ton prochain*, défend d'y donner atteinte. Le faux témoin est condamné à la peine qu'il voulait faire subir à autrui ; « Un seul témoin ne suffira point contre quelqu'un, quelle que soit sa faute ou son crime ; mais tout sera assuré par la déposition de deux ou trois témoins. Si un témoin menteur s'élève contre un homme, l'accusant de prévarication, les deux parties se présenteront devant l'Eternel, en la présence des prêtres et des juges, qui seront en ces jours-là ; et lorsque après un sévère examen, ils auront reconnu que le faux témoin a dit le mensonge contre son frère, ils le traiteront comme il a voulu traiter son frère, et vous ôterez le mal du milieu de vous, afin que les autres, entendant, soient dans la crainte, et qu'ils n'osent faire rien de semblable. Vous n'aurez pas pitié de lui ; mais vous exigerez vie pour vie, œil pour œil, dent pour dent, main pour main, pied pour pied (Deut., 19, 15-21). »

Enfin, pour couper jusqu'à la racine de toute injustice, les deux derniers commandements défendent de convoiter ce qui est à autrui ; défense que Dieu seul pouvait faire, parce que seul il voit ce qui se passe dans le secret des cœurs.

Tel est le sommaire de la loi divine ; loi belle et admirable, considérée en soi ; plus belle et plus admirable encore dans le plan général de la divine Providence sur le genre humain. Elle résume le passé et prépare l'avenir : c'est une nouvelle arche de Noé où se réfugie le salut du monde, la raison, la pudeur et l'humanité.

Un déluge de superstition, de luxure et de cruauté menace de plus en plus de corrompre toute la terre, sous le nom *d'idolâtrie*. Si Dieu ne vient au secours, la raison, la pudeur, l'humanité périront dans un naufrage éternel.

On ne niera pas Dieu, on le multipliera. Un Dieu suprême qui produit tout par sa parole, voilà ce qu'on retrouve partout ; mais tout cela enveloppé, avec le temps, d'une infinité d'emblèmes, de symboles, de figures, dont les savants seuls avaient la clé, et qui devenaient pour le vulgaire autant de divinités différentes. Puis, au lieu de reproduire dans leur originelle simplicité les vérités primitives, les savants eux-mêmes les altéraient par leurs explications. Dieu seul est, disaient-ils ; Dieu seul a tout produit, mais d'où ? De sa propre substance, fut leur raisonnement. Par là tout était Dieu, on pouvait tout adorer. Voilà ce qu'on retrouve encore aujourd'hui dans les védas de l'Inde et dans les hiéroglyphes de l'Egypte. Le paganisme raisonné de la Grèce et de Rome ne paraît qu'une importation de celui de l'Egypte et de l'Inde. On sent combien, dans un pareil système, la corruption héréditaire de l'homme était à son aise; elle s'y voyait divinisée. On sent combien la puissance ennemie dut favoriser tout cela : au fond, c'était son ouvrage et son empire. Aussi n'y aura-t-il rien dans la nature où la superstition ne vienne égarer le sentiment religieux. Contemplez-vous le soleil, la lune, les étoiles? le mathématicien, l'astrologue est là qui, au lieu de vous y faire admirer les merveilles du Créateur, vous offre d'y lire votre destin. Contemplez-vous les oiseaux du ciel, bénissant à leur manière le Dieu qui les a faits? l'augure est là qui, à leur vol et à leur ramage, vous annonce que l'entreprise concertée avec tant de sagesse et d'où vous attendiez votre bonheur, est une œuvre néfaste et qu'il faut l'abandonner. Avez-vous tué un bœuf pour nourrir votre famille? l'aruspice est là pour en fouiller les entrailles et vous dire que vous avez encouru la colère du Ciel, que vous êtes menacé du plus grand des malheurs si vous ne suivez ses conseils. Et ces devins ne seront pas de petites gens. Les faiseurs d'horoscope sont les sages, les astronomes de la Chaldée; les interprètes des oiseaux, les scrutateurs des entrailles, sont des sénateurs, des consuls romains. Les rois, les cités, les législateurs de la Grèce consulteront la vapeur qui s'élève du trou de Delphes. Un philosophe-empereur, Julien, avec les philosophes dont il est entouré, non-seulement exaltera l'astrologie, la science des augures et des aruspices, l'infaillibilité des oracles, mais il y ajoutera l'étude et la pratique de la magie. Que deviendra la raison humaine sous cet amas de superstitions philosophiques et politiques?

Que deviendra la pudeur parmi d'incroyables séductions? Dieu produit éternellement, de sa substance, un autre lui-même, et, avec cet autre, un troisième, leur mutuel amour. Ce Dieu un et trine produit par sa parole toutes les créatures. L'antiquité avait incontestablement une connaissance plus ou moins nette de ces mystères. Produire, faire, créer, engendrer, se prennent facilement l'un pour l'autre. Dans les auteurs latins, *générateur* et *créateur* signifient la même chose. Pour représenter ces mystères de génération éternelle et de création temporelle, l'Inde et l'Egypte figureront les organes de la génération humaine. L'homme innocent, ce langage eût été innocent. Adam et Eve étaient nus et ils ne rougissaient point, parce qu'ils n'avaient point encore à rougir; mais pour l'homme déchu, pour l'homme né avec la convoitise, combien un langage pareil est dangereux! à quelles effroyables conséquences ne le mènera-t-il pas? Or, dans l'Inde et dans l'Egypte, ces images se trouvent mêlées à ce qu'il se peut dire de plus magnifique sur Dieu, son unité, sa trinité, sa toute-puissance. Il y avait des fêtes où ces emblèmes se portaient en triomphe; aujourd'hui encore, les jeunes Indiennes en portent à leur cou. Les rues, les places, les temples étaient pleins de représentations analogues. La poésie tirait de là ces fables sur les dieux et les héros. La prostitution devint un culte; de l'Inde et de l'Egypte, cet égarement s'étendit ailleurs. A Babylone, toutes les femmes devaient, une fois en leur vie, s'abandonner à des étrangers dans le temple de Melitta; leurs pères, leurs époux les prostituaient à leurs hôtes pendant les festins. Qui ne sait les adultères, les incestes que les Grecs et les Romains attribuaient à leurs divinités nationales? Qui ne sait, ou plutôt personne sait-il toutes les infamies qui se commettaient aux fêtes d'Astarté, d'Adonis, de Bacchus et autres? L'homme seul si corrompu qu'il soit, n'eût pas été capable de diviniser ainsi le crime; il y était poussé par un dieu criminel, le dieu de ce siècle. Lorsque le paganisme nous représente des dieux se plaisant à ce qu'il y a de plus impur, il ne se trompait pas en un sens; il en est de tels : témoin cet esprit immonde qui, chassé du corps d'un homme, y revient avec sept autres plus méchants que lui; témoin encore cette légion de démons ou dieux impurs qui, pour échapper quelque temps au supplice complet de l'enfer, demandent comme une grâce de se loger dans des corps de pourceaux.

Le dieu de ce siècle, Satan, est non-seulement un esprit de superbe, usurpateur des honneurs divins, un esprit immonde, poussant l'homme à toute sorte d'immondices; mais encore il a été homicide dès le commencement, et c'est là un troisième caractère de l'empire qu'il a exercé sur la terre, sous le nom d'*idolâtrie*.

Ce que les nations immolent, dit l'Apôtre des nations, elles l'immolent au démon et non pas à Dieu (1. Cor., 10, 19 et 20). Or, avant la venue du Christ, les nations immolaient généralement toutes les victimes humaines. Dans un des livres sacrés des Indiens, il est une section où le dieu Siva, ou Soleil, explique à ses enfants le temps et la manière d'offrir les sacrifices d'hommes. On les offrait principalement à lui et à sa femme Cali, la Lune, que tous deux les Indiens adorent sous la forme des organes de la génération. L'on a encore les terribles formules que l'on prononçait alors. Par exemple : « Salut à toi, Cali! Cali, salut à toi! Devi, déesse du tonnerre! salut à toi, déesse au sceptre de fer! » ou bien : « Cali! Cali! déesse aux dents terribles! mange, coupe, détruis tous les méchants? Découpe-les avec cette hache! garotte! empoigne! empoigne! bois le sang (*Asiat. Research.*, t, V)! »

Cette effroyable Cali de l'Inde se retrouve dans la Diane de Tauride, à qui l'on immolait les étrangers naufragés, dans l'Astarté de la Phénicie, dans l'Hécate des Grecs et des Romains. Siva-Soleil se retrouve dans le Mithras-Soleil des Perses, à qui ses initiés offraient également des victimes humaines; dans l'Adramelec des colonies assyriennes, dans le Moloch des Ammonites, dans le Baal des Phéniciens et des Carthaginois, qui tous lui immolaient leurs propres enfants (4. Reg., 17, 31). Les Egyptiens, du moins à une certaine époque, brûlaient des hommes pour apaiser le génie du mal, Typhon (Plut., *De Is. et Osir.*) Dans Homère, Achille égorge douze jeunes Troyens sur le bûcher de Patrocle. Ailleurs, Aristomène, devenu roi de Messénie, immole à Zeus trois cents Lacédémoniens avec leur roi Théopompe (Euseb., *Præp.*, l. 4, c. 16). Avant la bataille de Salamine, sur les instances de son équipage, Thémistocle immola trois Perses, neveux du roi, à Bacchus-Omestes ou mangeur de chair crue (Plut., *In Themist.*) Porphyre, Diodore de Sicile, Denys d'Halicarnasse citent une foule d'autres exemples parmi les Grecs. Chez les anciens Romains, on sacrifiait de jeunes garçons à Mania, mère des Lares (Macrob., *Saturnal.*, 1, 7). Plus d'une fois on enterra vifs à Rome un Gaulois et une Gauloise, un Grec et une

Grecque, pour empêcher les Grecs et les Gaulois de jamais s'emparer de Rome (Tit. Liv., 22, 51). Ce ne fut que l'an 657 de la fondation de cette ville, qu'un sénatus-consulte défendit les sacrifices humains (Plin., *Nat. hist.*, l. 30, s. 3). Mais il paraît que cette défense ne regardait que les particuliers, car, en l'année 708, dernière de Jules César, quarante-quatre ans avant la naissance de Jésus-Christ, les pontifes et les prêtres de Mars immolèrent encore deux hommes sur le champ de Mars (Dion. Cass.) Toutefois, les Romains sacrifiaient rarement des hommes isolés; ils le faisaient plus souvent en masse sur le tombeau des consuls et des sénateurs, pour apaiser leurs mânes. Dans Virgile, Énée envoie des prisonniers à Évandre pour les immoler sur le bûcher de son fils Pallas. L'an 490 de Rome, deux frères Brutus donnèrent le spectacle d'un sacrifice pareil aux funérailles de leur père. Des hommes armés de glaives, et de là nommés *gladiateurs*, combattaient deux à deux sur la tombe, jusqu'à ce que l'un eût immolé l'autre. Ces boucheries devinrent les délices des Romains. On les appela, par excellence, *les jeux*. Point de moyen plus efficace pour gagner la faveur publique. Le débonnaire Titus obligea cinq mille captifs à s'entr'égorger ainsi les uns les autres pour célébrer la fête de son père et de son frère. Et ce n'était pas que la lie du peuple qui prenait plaisir à ces jeux sanglants; les chevaliers, les sénateurs, les consuls, les empereurs y assistaient, les vestales y avaient leur place distinguée. Que dirons-nous? Pour l'amour du sexe tendre, on introduisait ces jeux dans les maisons. A la fin des repas, des gladiateurs arrivaient dans la salle du festin et s'y égorgeaient pour réjouir les convives. « Oui, s'écrie Sénèque, on en est venu au point de tuer l'homme, cette chose sacrée, pour s'amuser et pour rire (1). »

Les Celtes, qui, hors la Grèce et une partie de l'Italie, habitaient toute l'Europe, offraient des sacrifices humains. « Ceux d'entre eux qui sont grièvement malades, dit César, de tous les Celtes ou Gaulois, ou bien qui courent les hasards de la guerre et d'autres dangers, immolent des hommes ou font vœu d'en immoler : ils se servent pour ces sacrifices du ministère des druides; ils s'imaginent ne pouvoir apaiser les dieux immortels qu'en leur rendant vie d'homme pour vie d'homme : ils ont même établi des sacrifices publics de cette espèce. D'autres ont des statues d'osier d'une énorme grandeur, qu'ils remplissent d'hommes vivants, après quoi ils y mettent le feu et les font expirer dans les flammes. Ils préfèrent pour cela des voleurs et des brigands, ou des gens coupables de quelque autre faute; ils croient que le sacrifice de pareilles gens est bien plus agréable aux dieux immortels; mais quand il leur en manque, ils leur substituent des innocents (2). » Sur cent prisonniers, les Scythes en immolaient toujours un au dieu de la guerre, figuré par un vieux glaive (Herodot., 4, 62). Chez les Scandinaves, outre les occasions extraordinaires, on offrait chaque neuf mois, neuf jours durant, chaque jour neuf victimes, hommes et animaux. C'étaient ordinairement des captifs; mais plus d'une fois on choisissait des victimes plus précieuses. Hacquin, roi de Norwège,

(1) *Homo, res sacra, jam per lusum et jocum occiditur* (Senec., Epist. 95).
(2) Cæsar., *De bello gall.*, l. 6, n. 16.

immola ses fils à Odin, pour obtenir la victoire sur Harald. Le roi lui-même pouvait devenir la victime. Ainsi, le premier roi de Suède, Vermeland, fut brûlé en l'honneur d'Odin, parce qu'on espérait par là un temps plus heureux après la disette (1). Enfin, jusqu'à l'introduction du christianisme, les sacrifices humains avaient lieu dans tous les pays d'Europe.

Il en est de même de l'Amérique. Partout on immolait des hommes dans des supplices plus ou moins divers. Au Mexique, c'étaient des prisonniers et des esclaves. On étendait la victime sur un autel élevé vers le milieu, en sorte que la poitrine ressortit bien. Quatre prêtres de l'idole tenaient le malheureux par les bras et les jambes; un cinquième lui fixait la tête par un fer recourbé en manière de faucille, dont il lui saisissait le cou. Le prêtre en chef lui ouvrait la poitrine avec un couteau de pierre à feu. Il arrachait le cœur, le présentait fumant au soleil, en sacrifice, le brûlait et en conservait religieusement la cendre. A certaines idoles colossales et creuses, il poussait ce cœur avec une cuiller par la bouche dans le corps. Les lèvres de l'idole étaient toujours frottées avec le sang. La tête de la victime était coupée et conservée dans un charnier, mais le tronc jeté hors du temple par l'escalier. Le guerrier qui avait pris le captif, ou le maître qui avait fourni l'esclave, ramassait le cadavre, le portait dans sa maison et en préparait un festin à sa famille et à ses amis. Ils n'en mangeaient que les côtes, les bras et les jambes; le reste était brûlé ou jeté aux animaux de la ménagerie du roi.

De deux historiens justement renommés du Mexique, l'un, Claviger, estime à vingt mille les victimes humaines qu'on immolait tous les ans dans le royaume mexicain; l'autre Acosta, laisse à conclure un nombre bien plus grand, lorsqu'il dit qu'en plus d'un jour on offrait cinq mille hommes, et en un jour, entre autres, jusqu'à vingt mille.

Quelle désolation! Partout l'homme tuant l'homme! Est-ce par haine, par vengeance, par ambition! Souvent il le fait, dans ce qu'il nomme la guerre. Ici, c'est superstition, égarement du sentiment religieux, pour apaiser les mânes, pour apaiser les immortels. Il ne voulait pas toujours du mal à ses victimes : les Scandinaves embrassaient les leurs et les consolaient par l'espoir d'un heureux avenir. Qui donc a produit cet égarement terrible? Non pas l'homme seul. Comment n'y pas reconnaître l'action de cet esprit qui porta le premier homme au premier péché, le premier frère, au premier meurtre, un apôtre à trahir l'homme-Dieu, les Juifs à l'immoler sur la croix : « Vous avez pour père le diable, dit le Christ à ces derniers, et vous voulez exécuter les désirs de votre père. Lui était homicide dès le commencement, et il n'est pas demeuré dans la vérité; car la vérité n'est point en lui. Lorsqu'il parle mensonge, il parle du sien; car il est menteur et père du mensonge (Joan., 8, 44). » Ce malheureux était d'abord dans la vérité, mais il n'y est pas demeuré. L'homme également était d'abord dans la vérité, dans la grâce de Dieu, dans la justice, mais il n'y est pas demeuré non plus. Après sa chute, il était dans la vérité, au sens qu'il connaissait encore bien Dieu et le culte qu'il fallait lui rendre. Aussi, pendant plus de vingt siècles, n'est-il point question de sacrifices

(1) Mallet, *Introd. à l'histoire du Danemarck.*

humains. Généralement, toutes les traditions parlent d'un état premier où rien n'était de cela. Ce n'est que dans les quinze cents ans qui précédent l'avènement du Christ, qu'on les voit apparaître. L'homme coupable sentait le besoin d'un Rédempteur; il sentait que le sang de l'animal ne pouvait racheter un homme. L'esprit menteur égara ce sentiment vrai en substituant le raisonnement à la simplicité de la tradition antique.

De tous les peuples, les plus coupables, sous ce rapport, étaient les Chananéens. Ils avaient vu Abraham, Melchisédech, Isaac, Jacob; ces illustres patriarches leur avaient montré l'ancien et vrai culte de Dieu, avec une espérance plus explicite du Rédempteur universel. Cependant, c'est parmi ces Chananéens que, bientôt après, régnera la superstition la plus dissolue et la plus cruelle. Partout des autels à Baal ou Moloch, où les pères et mères brûlent leurs enfants; à côté, les bocages d'Astarté, où règnent la prostitution et la sodomie. Carthage, colonie de Chanaan, ne le cédera point à sa mère-patrie. Lorsque Agathocle assiégea cette ville, la statue de Baal ou Saturne, toute rouge du feu intérieur qu'on y allumait, reçut dans ses bras jusqu'à deux cents enfants des premières familles; ses bras d'airain étant inclinés, ces enfants roulaient de là dans une fournaise qui se trouvait au-dessous. Trois cents personnes se précipitèrent encore dans les flammes, pour expier leur négligence à brûler les leurs dans le temps. C'est en vain que Gélon, vainqueur, leur avait défendu d'immoler des victimes humaines; la coutume voulait qu'ils immolassent à Baal l'élite de leurs fils. C'est Diodore de Sicile qui nous apprend ces horribles détails (Diodor., l. 20, c. 14). On peut juger de là quelle était la pitié de ces gens pour le reste des hommes.

Ah! que deviendront la raison, la pudeur, l'humanité au milieu de tout cela? Mais que deviendront-elles, si cette race de Chanaan, venue des bords du golfe Persique et de la mer Rouge sur la Méditerranée, et qui de là enverra ses colonies en Afrique et en Espagne, venait jamais à être la maîtresse du monde? Partout on verrait la jeunesse ou immolée sur les autels de Baal, ou prostituée dans les bocages d'Astaroth. Qui donc préservera l'univers de cette effroyable dégradation? Sera-ce les hommes? Eh! partout leurs lois autorisent ou tolèrent des horreurs semblables. Le salut ne viendra que de Dieu.

Et attendant que son Fils, son Verbe, sa raison consubstantielle se fasse homme et victime pour délivrer tout le genre humain de cette superstition impure et cruelle, un exemple va être fait, qui servira de préparation à la délivrance universelle. La race maudite de Chanaan est condamnée au bannissement ou à la mort, en punition de ses sacrilèges parricides. La race bénie d'Abraham en occupera le pays, mais avec menace de la même peine, si elle tombait dans les mêmes crimes. « Tu ne donneras point tes enfants à Moloch, lui dit-il, tu ne commettras point de péché contre nature, ni d'inceste, comme ces peuples que je vais chasser de devant toi à cause de cela. Prenez garde que cette terre qui va les vomir de son sein, parce qu'ils l'ont souillée de leurs abominations, ne vous rejette un jour vous-mêmes (Levi., 18, 21-30). Quiconque des enfants d'Israël, ou des étrangers qui habitent en Israël, donnera de ses fils à Moloch, mourra de mort, et le peuple de la contrée le lapidera. Que si le peuple néglige de le punir et n'obéit point à mes ordres, j'exterminerai le coupable, toute sa race et tous ceux qui auront consenti à sa prostitution avec Moloch (Levi., 20, 2-5). » Et de peur qu'on ne s'imagine que Dieu ne défend de pareils sacrifices que parce qu'ils sont offerts aux idoles, il ajoute : « Quand l'Eternel, ton Dieu, aura chassé de devant toi ces nations et qu'il t'aura établi à leur place, garde-toi de les imiter et de prendre leurs cérémonies, en disant : Comme ces nations ont adoré leurs dieux, ainsi je ferai pour le mien. Non, tu ne feras point ainsi à l'Eternel, ton Dieu; car toutes les abominations que l'Eternel abhorre, voilà ce qu'elles ont fait à leurs divinités, brûlant en leur honneur jusqu'à leurs fils et leurs filles. Pour toi, tu observeras ce que je t'ai ordonné et tu n'y ajouteras ni n'en retrancheras rien (Deut., 13, 29-32).

Cicéron disait : « Pour la religion qui s'unit avec la connaissance de la nature, bien loin de la détruire, il faut la propager; mais pour la superstition, il faut en extirper jusqu'aux dernières racines. Car, à dire vrai, répandue parmi les peuples, la superstition a oppressé l'esprit de presque tout le monde et envahi la faiblesse humaine. Elle vous suit, elle vous presse, elle vous persécute, de quelque côté que vous vous tourniez; que vous écoutiez un devin ou un présage; que vous immoliez ou que vous regardiez un oiseau; que vous voyiez un Chaldéen ou un aruspice; qu'il fasse un éclair, qu'il tonne, que le feu du ciel tombe quelque part; qu'il naisse ou qu'il se fasse quoi que soit qui ressemble à un prodige. Comme de tout cela il arrive toujours quelque chose, jamais on ne peut demeurer l'esprit en repos. Un asile contre toutes les peines et les sollicitudes paraissait être le sommeil : c'est de là même que naissent une foule de soins et de craintes. Par elles-mêmes, ces craintes affecteraient moins, on les mépriserait plus, si des philosophes n'avaient pris le parti des songes; philosophes non pas des plus méprisés, mais des plus pénétrants, des plus habiles à raisonner juste, ceux que l'on regarde à peu près comme parfaits (De divinat., l. 2, n. 72). »

Voilà comme Cicéron s'exprime, en terminant son Traité de la divination. C'est dans cet ouvrage où, raillant les pythagoriciens sur leur superstitieuse abstinence des haricots, il échappe ces paroles : « Je ne sais comment, il ne se peut rien dire de si absurde qu'il n'ait été dit par quelque philosophe (Ibid., n. 58). » Ceux qu'il signale comme les fauteurs des superstitions les plus extravagantes, sont les stoïciens. Après Cicéron, les philosophes ont été les mêmes. Deux hommes des plus superstitieux que le monde ait peut-être jamais vus et des plus ardents à protéger les superstitions de toute sorte, furent deux philosophes sur le trône, le stoïcien Marc-Aurèle et le cynique Julien. Ceux qui, à leur exemple, défendirent avec le plus de zèle, contre les attaques des chrétiens, les rêveries des astrologues, des augures, des aruspices, des magiciens, ont été les philosophes Plotin, Porphyre, Jamblique. Ce n'est pas tout : Cicéron lui-même, qui, au livre de la Divination, traitait tout cela de contes de vieilles femmes, pratiquait néanmoins tout cela, en public, avec la gravité d'un sénateur, comme augure du peuple romain. Il y a beaucoup plus : dans son *Traité des lois*, où il constitue à son gré la république, il condamne à mort quiconque n'obéit point à ce que prononcera l'aruspice ou l'augure (*De leg.*, l. 2, n. 8). De façon que ce philosophe législateur reconnaît, d'un côté, que la superstition étouffe la raison de l'homme, et de l'autre, il contraint l'homme à se soumettre à cette superstition qui l'étouffe. Ainsi, point d'espérance pour la raison humaine de la part des législateurs et des philosophes qui ne sont que cela.

Peut-être que Cicéron, s'il avait eu la vérité complète, eût été moins faible, moins inconséquent. Mais, comme il l'observe dans son *Traité de la nature des dieux*, les raisonnements contradictoires des diverses sectes de philosophie allaient à tout rendre douteux. Il sentait, il disait, aussi bien que Platon et Confucius, qu'il fallait s'en tenir à l'autorité des anciens. La difficulté était de remonter avec certitude, non pas aux ancêtres particuliers de telle ou telle peuplade, mais aux ancêtres communs du genre humain, afin de recevoir par leur intermédiaire les vérités communiquées de Dieu. Quel que fût l'embarras de leur position, ces trois hommes, nous l'avons vu, ne désespéraient pas d'un avenir où Dieu serait le seul monarque universel, et sa raison, la seule loi.

Cependant cet ensemble historique de vérités divines existait du temps de Cicéron. Le livre qui le contient, alors traduit en grec, était à Rome, en Italie, en Grèce, en Asie, en Afrique. Ce livre existait au temps de Cicéron, depuis quatorze siècles, au temps de Platon et de Confucius, depuis dix siècles, écrit, non en hiéroglyphes indéchiffrables, mais dans la langue-mère des Hébreux, des Syriens, des Phéniciens et des Arabes. Les vérités fondamentales de la raison humaine, ce qu'est Dieu, ce qu'il a fait, ce qu'il demande de l'homme, se trouvent là, non point comme des problèmes à résoudre par de subtils raisonnements, mais comme un fait universel se développant avec le temps et se transmettant avec la vie et la parole. Là, plus de doute, plus de contradiction : un Dieu, une loi, un langage.

Après les paroles vacillantes de Cicéron, philosophe et législateur, écoutons la parole prophétique de Moïse.

« Lorsque tu seras entré dans la terre que l'Eternel, ton Dieu, te donne, tu n'apprendras point à faire suivant les abominations de ces peuples-là. Qu'il ne se trouve personne au milieu de toi qui s'adonne à la divination, faiseur d'horoscope, augure, magicien, enchanteur, pythonisse, diseur de bonne aventure, ni qui interroge les morts; car quiconque fait ces choses est une abomination à l'Eternel; et c'est pour ces abominations-là que l'Eternel, ton Dieu, va les chasser de devant toi. Tu seras tout entier à l'Eternel, ton Dieu. Pour ces nations dont tu vas posséder la terre, elles écoutent les augures et les devins; mais pour toi, ce n'est point ainsi que t'a partagé l'Eternel, ton Dieu. Du milieu de toi, d'entre tes frères, l'Eternel, ton Dieu, te suscitera un prophète comme moi : c'est lui que vous écouterez. Selon tout ce que tu as demandé à l'Eternel, ton Dieu, en Horeb, le jour de l'assemblée, disant : Que je n'entende plus désormais la voix de l'Eternel, mon Dieu, et que je ne voie plus ce feu terrible, autrement je mourrai. Et l'Eternel me dit : Ce qu'ils viennent de dire est bien. Je leur susciterai, du milieu de leurs frères, un prophète comme toi, et je mettrai mes paroles dans sa bouche, et il leur dira tout ce que je lui ordonnerai. Et quiconque n'écoutera point ma parole, que ce prophète dira en mon nom, moi j'en poursuivrai la vengeance (Deut., 18, 9-19). »

Ailleurs Dieu dit : « Vous me serez saints, parce que je suis saint, moi l'Eternel, et que je vous ai séparés des autres peuples, afin que vous fussiez à moi. L'homme ou la femme qui seront adonnés à la nécromancie ou à une autre divination, doivent être punis de mort. On les lapidera, et leur sang sera sur eux (Lev., 20, 26 et 27). »

Ainsi, Moïse punit de mort quiconque s'adonne à la superstition, et le philosophe, quiconque ne s'y asservit point. Qui des deux a le mieux servi la raison humaine?

Ce qui est vrai de la raison, l'est de la pudeur. Dans les législations philosophiques de l'antiquité, la pudeur était également comptée pour rien. La loi de Dieu la rétablit et la protège comme la seconde innocence. L'homme est fait à l'image de Dieu : son corps est de terre, mais c'est Dieu qui l'a formé; la femme est prise des os et de la chair de l'homme, mais c'est Dieu qui la façonne, c'est Dieu qui la présente à son époux, c'est Dieu qui consacre leur union. Là tout est saint, tout est d'une origine divine, même le corps de l'homme et de la femme. Cette sainteté sera vengée d'une manière terrible. Quand toute chair a corrompu sa voie, le déluge fait mourir toute chair. Pour avoir violé la pudeur par son regard et son langage, Chanaan est maudit; Sodome et Gomorre sont consumées par une pluie de feu et de soufre. L'adultère est puni de mort ainsi que la fornication : il n'y aura point de prostituée en Israël, encore moins de ces hommes infâmes que l'on voyait cependant chez tous les autres peuples. On ne recevra point à l'autel l'offrande de pareilles gens. En un mot, l'homme, fait à l'image de Dieu, ne doit pas vivre à la ressemblance de la bête.

Enfin, la loi divine apprend l'humanité à l'homme envers l'homme. Dieu nous a donné à tous le même père et la même mère; nous sommes tous frères et sœurs, tous formés à l'image de Dieu. De là, le châtiment du premier meurtrier; de là, ces hommes de violence, ces géants primitifs engloutis dans le déluge; de là, cette loi à Noé : « Quiconque répandra le sang de l'homme, son sang sera répandu, car l'homme a été fait à l'image de Dieu. » De là, dans la loi de Moïse, ces commandements d'aimer, de bien traiter l'étranger, l'esclave, le pauvre; elle ne défend la communication, les alliances avec certains autres peuples que parce qu'il y avait danger de participer à leurs superstitions impures et cruelles. Tout individu qui renonçait à ce honteux esclavage de la raison humaine, était reçu en Israël et s'y voyait protégé par la loi divine.

Moïse ayant reçu de Dieu le sommaire de cette loi, descendit de la montagne et la proposa aux enfants d'Israël. Tout le peuple répondit d'une voix: « Toutes les paroles que l'Eternel a dites, nous les ferons. » Moïse mit alors par écrit toutes les paroles de Jéhova, et se levant de grand matin, il érigea un autel au pied de la montagne, avec douze colonnes, suivant les douze tribus d'Israël. En même temps il envoya les jeunes hommes d'entre les enfants d'Israël : on croit que c'étaient les premiers-nés, et ils offrirent des holocaustes, ainsi que des victimes pacifiques. Moïse prit la moitié du sang de ces victimes, le mit dans des coupes, et répandit l'autre moitié sur l'autel. Ensuite, prenant le livre de l'alliance, il lut devant tout le peuple, qui dit : « Tout ce qu'a dit l'Eternel, nous le ferons et nous lui obéirons. » Alors prenant le sang qui était dans les coupes, il le répandit sur le peuple, et dit : « Voici le sang de l'alliance que l'Eternel a faite avec vous sur toutes ces paroles. »

Ainsi fut conclue l'alliance particulière de Dieu avec le peuple d'Israël. C'était l'application à une nation choisie, de cette alliance universelle que Dieu contracta avec Noé, et, en lui, avec tout le genre humain, à la fin du déluge et au sortir de l'arche. Cette alliance particulière avec un seul peuple devait préparer le renouvellement et la plénitude de cette alliance première avec tous les peuples. L'alliance universelle et éternelle s'accomplira également par le sang d'une victime, et cette victime sera Dieu-Homme.

On s'étonnera peut-être que, dans la loi qu'il donne à Israël, Dieu ne parle que de peines et de récompenses temporelles. L'étonnement cessera, si l'on pense que Dieu parle à un peuple, et qu'il n'y a de peuple que dans le temps.

Le peuple ayant ainsi librement accepté le pacte divin, ses princes, ses représentants sont admis en la présence du souverain monarque. D'après un ordre précédent, Moïse et Aaron, ses deux fils Nadab et Abiu, ainsi que soixante-dix parmi les anciens d'Israël, montèrent sur la montagne, et ils virent Dieu, et ils l'adorèrent de loin. Sous ses pieds paraissait comme un ouvrage de saphir, et comme le ciel lorsqu'il est serein. Et il n'étendit point sa main sur les élus d'Israël, et ils virent Dieu, et ils vécurent (Exod., 24, 9-11).

La fin de la loi est le Christ, dit saint Paul (Rom., 10, 4); c'est à lui qu'elle mène. Ce Dieu que virent les élus d'Israël après la loi écrite, était apparemment le verbe de Dieu sous une forme humaine, le prophète à venir comme Moïse. Jusque-là, comme nous l'apprend le même Apôtre, il avait fait entendre la loi à tout le peuple, par le ministère des anges (Heb., 2). Maintenant il se laisse voir, non pas de près, mais de loin; non pas à toute la multitude, mais à ses élus, à ses princes. Dès lors les âmes saintes et élevées considèrent le Christ dans toute la loi et l'adorent dans le lointain.

Dans ce moment solennel, l'Eternel dit à Moïse : « Monte vers moi sur la montagne, et sois là, et je te donnerai des tables de pierre, et la loi et les commandements que j'ai écrits, afin que tu enseignes les enfants d'Israël. » Moïse se leva donc avec Josué, son ministre, et dit aux anciens : Attendez-nous jusqu'à ce que nous revenions à vous. Vous avez avec vous Aaron et Hur; s'il survient quelque débat, on s'adressera à eux.-Et lorsque Moïse fut monté, la nuée couvrit la montagne, et la gloire de l'Eternel reposa sur le sommet du Sinaï, et la nuée le couvrit pendant six jours, et au septième jour il appela Moïse du milieu de la nuée. Et l'aspect de la gloire de l'Eternel était au sommet de la montagne, comme un feu ardent devant les yeux des enfants d'Israël. Et Moïse étant entré dans la nuée, monta sur la montagne, et il fut là quarante jours et quarante nuits (Exod., 24, 12-18).

LIVRE HUITIÈME.

Voyage dans le désert. — Mort de Moïse. — Epreuves de l'Église sur la terre.

Jusqu'alors la loi non écrite se lisait dans la vie des patriarches; désormais elle se lira, de plus, écrite dans le livre de Moïse. Il s'en est fait une plus solennelle promulgation, l'acceptation d'Israël a été plus expresse, le sang des victimes a consacré ses engagements. Heureux peuple s'il y demeure fidèle ! Hélas ! il n'en sera, ce semble, que plus prévaricateur. Plus d'une fois nous serons obligés de le condamner. Peut-être le ferons-nous avec une justice superbe; peut-être dirons-nous comme le pharisien. « Mon Dieu, je vous rends grâces de ce que je ne suis pas comme les autres hommes, en particulier comme les Juifs. »

Ce mal est déjà vieux; c'est même l'origine première du mal et le grand obstacle à la guérison.

Dieu est sage et parfait de lui-même. Nous pouvons le devenir du sien, nous prétendons l'être du nôtre; la sagesse et la vertu ne sont plus que la pâture de l'orgueil, un titre à mépriser les autres. Le philosophe disait : Il suffit de demander au Dieu suprême ce qu'il donne et ce qu'il ôte. Qu'il m'accorde la vie, qu'il m'accorde les richesses, je me procurerai moi-même la vertu (1). Il faut demander à Dieu la fortune et prendre la sagesse en soi-même : tel est, ajoute-t-il, le jugement de tous les mortels (2). Cette dernière assertion même a du vrai. Pour la vie et les

(1) Hæc satis est orare Jovem, quæ donat et auffert : det vitam, det opes, æquum mi animum ipse parabo (Horat., *epist.*, l. 1. 18).
(2) Judicium hoc omnium mortalium est fortunam a Deo petendam, a seipso sumendam esse sapientiam (Le stoïcien Cotta, *apud* Cic. De nat. deor., l. 3).

richesses, nous voulons bien convenir que Dieu en est le maître. Encore l'oublions-nous volontiers, quand nous sommes bien portants ou bien riches. Mais pour ce qu'il y a de plus excellent, la sagesse et la vertu, nous prétendons que c'est fruit de notre crû. Bien que nous cultivions le champ, nous ne pensons pourtant pas que ce soit nous qui fassions venir la moisson. Nous la voyons dépendre de trop de choses, comme la pluie, la sécheresse, la grêle, les insectes, où nous ne pouvons rien. Mais quand ce champ, c'est nous-mêmes ; mais quand ses fruits sont nos pensées, nos affections, nos œuvres ; quand tout, en un sens, y dépend de notre volonté, alors il est facile de s'attribuer la gloire du bien, d'oublier que nous sommes le champ de Dieu, que c'est lui qui sème en nous les bonnes pensées, les bonnes affections, les bonnes œuvres, et que si nous coopérons librement à sa grâce, c'est encore à la grâce que nous le devons ; que par conséquent nous n'avons qu'un droit et qu'un devoir, compatir à la misère humaine et bénir la miséricorde divine.

Pour nous amener là, il faut des leçons de tous les siècles et de tous les jours. Dieu nous les donnera, et dans les philosophes, et dans les Juifs, et dans nous-mêmes. Oui, ces philosophes orgueilleux, qui se glorifient de trouver en eux seuls la vérité, la sagesse, la vertu, nous apprendront à reconnaître humblement que cela n'est point en eux ni en nous, mais un don de la divine miséricorde. En effet, ôtez de leurs écrits ce qui appartient à ce fonds commun de vérités principales que Dieu a communiquées aux premiers hommes et qui se transmettent avec la vie et la parole comme l'héritage de tous et de chacun, que restera-t-il ? un chaos informe d'opinions discordantes, au point qu'il est impossible d'inventer une absurdité qui n'y soit pas soutenue, d'imaginer un vice qui n'y ait pas son apothéose. Cicéron l'a remarqué comme Socrate ; Lucien parle là-dessus comme saint Paul. Les philosophes modernes ne diffèrent pas de leurs devanciers. « Je consultai les philosophes, dit un de leurs chefs, et je les trouvai tous fiers, affirmatifs, n'ignorant rien, ne prouvant rien, se moquant les uns des autres ; et ce point, commun à tous, me parait le seul sur lequel ils ont tous raison. Triomphants quand ils attaquent, ils sont sans vigueur en se défendant. Si vous pesez leurs raisons, ils n'en ont que pour détruire ; si vous comptez les voix, chacun est réduit à la sienne ; ils ne s'accordent que pour disputer. A les entendre, ne les prendrait-on pas pour une troupe de charlatans qui crient chacun de son côté sur une place publique : Venez à moi, c'est moi seul qui ne trompe point ! L'un prétend qu'il n'y a point de corps et que tout est en représentation ; l'autre, qu'il n'y a d'autre substance que la matière. Celui-ci avance qu'il n'y a ni vices ni vertus et que le bien et le mal ne sont que des chimères ; celui-là, que les hommes sont des loups et peuvent se manger en sûreté de conscience. Chacun sait bien que son système n'est pas mieux fondé que les autres ; mais il le soutient parce qu'il est à lui. Il n'y en a pas un seul qui, venant à découvrir le vrai et le faux, ne préférât le mensonge qu'il a trouvé à la vérité découverte par un autre. Où est le philosophe qui, pour sa gloire, ne tromperait volontiers tout le genre humain (J.-J. Rousseau) ? » Telles sont la sagesse et la vertu que les philosophes anciens et modernes ont trouvées en eux-mêmes.

A la vue de tant d'extravagances et de contradictions, l'on avouera peut-être que l'esprit de l'homme a besoin d'un enseignement divin ; mais avouera-t-on que son cœur ait besoin d'une guérison divine ? On conviendra de son ignorance, mais non de la corruption de ses penchants. Aujourd'hui, quand il s'agit d'éducation, on ne parle que d'instruire : comme si tout consistait à savoir ce qu'il faut faire. Sans doute il est nécessaire de le savoir, mais cela ne suffit pas. Un païen a dit : « Autre est ce qu'inspire la convoitise, autre ce que conseille la raison. Je vois ce qui est meilleur, et je l'approuve ; cependant je suis ce qui est pire (Ovid., *Métam.*, l. 7, v. 20). » Un païen l'a dit, et tous les siècles ont applaudi à la vérité de sa parole. Ce n'est pas tout : non-seulement la science ne suffit pas pour la vertu ; seule, elle ne fait qu'irriter le vice. Toujours nous tendons à ce qui est défendu et convoitons ce qu'on nous refuse, tel qu'un malade convoite l'eau qu'on lui interdit (1). Le même a dit encore, et chacun de nous en a pu faire mille fois l'expérience. Ainsi, la science et la raison sont bonnes, utiles, nécessaires ; mais, seules, elles ne guérissent point la faiblesse de la volonté, la corruption de la chair ; il faut la grâce de Dieu, attirée par l'humilité.

Nous en voyons la preuve dans Israël. Ce peuple avait dans la raison écrite, dans la loi, la forme de la science et de la vérité, la règle de ce qui est bien et de ce qui est meilleur. Avec cette loi, il était le guide des aveugles, la lumière de ceux qui sont dans les ténèbres, le docteur des ignorants, l'instituteur des petits. Aussi y mettait-il sa gloire ; aussi, quand elle lui fut proposée, répondit-il tout d'une voix : Tout ce que l'Eternel a dit, nous le ferons. Promesse sincère, en ce qu'il voulait sincèrement l'accomplir ; promesse trompeuse, en ce qu'il s'imagine que vouloir et faire, c'est la même chose, ou qu'un vouloir approbatif est un vouloir efficace ; promesse trompeuse, en ce qu'il s'imagine avoir en lui-même tout ce qu'il faut pour la tenir. Il apprendra à ses dépens, et pour son instruction, à se défier de lui-même et à se confier en Dieu seul, à lui dire humblement avec David : Inclinez mon cœur à vos témoignages ; convertissez-nous, ô Dieu, notre Sauveur ; apprenez-moi à faire votre volonté, parce que vous êtes mon Dieu (Ps. 118, 84, 142) ! La première expérience sera des plus atterrantes.

Le peuple voyant que Moïse tardait à descendre de la montagne, s'assembla contre Aaron et lui dit : Lève-toi, fais-nous des dieux qui marchent devant nous (l'hébreu pourrait signifier à la rigueur : un dieu qui marche devant nous) : car pour ce Moïse, cet homme qui nous a tirés de l'Egypte, nous ne savons ce qui lui est arrivé. Aaron leur répondit : Otez les pendants d'oreilles de vos femmes, de vos fils et de vos filles, et apportez-les-moi. Et tout le peuple ôta les pendants d'or qui étaient à leurs oreilles, et ils les apportèrent à Aaron. Lui, les ayant pris de leurs mains, les forma dans un moule et en fit un veau de fonte. Eux dirent alors : Voilà tes dieux, ô Israël, qui t'ont tiré de la terre d'Egypte, ou plutôt ton dieu, puisqu'il n'y avait qu'une représentation. Ce qu'Aaron ayant vu, il dressa un

---

(1) Nitimur in vetitum semper, cupimusque negata ; sic interdictis imminet æger aquis (Ovid., *Amor.*, 3, 4).

autel devant, et cria : Demain est une fête à l'Eternel. Et se levant dès le matin, ils offrirent des holocaustes et des victimes pacifiques ; et le peuple s'assit pour manger et pour boire, et ils se levèrent pour jouer (Exod., 32, 1-6).

C'est avec cette brève simplicité que Moïse raconte la grande prévarication des enfants d'Israël. Ils firent un veau en Horeb, dit David, et ils adorèrent de la fonte ; ils changèrent leur gloire (le vrai Dieu) en la ressemblance d'un bœuf mangeant l'herbe ; ils oublièrent Dieu, leur sauveur, lui qui avait fait des choses grandes en Mizraïm, des choses merveilleuses dans la terre de Cham, des choses terribles dans la mer de Souph (Ps. 105, 19-22).

On est frappé de stupeur en voyant le peuple choisi tomber dans une prévarication pareille, au pied de cette même montagne où il avait entendu la voix de Dieu, et peu de jours après s'être engagé, sous peine de la vie, à ne faire aucune image pour l'adorer. Et c'est Aaron, le futur pontife, qui donne les mains à cette prévarication ! Ce qui étonne peut-être encore davantage, c'est qu'il se voit quelque chose d'analogue dans le Nouveau Testament. Le Christ a choisi douze apôtres : il les instruit, pendant trois ans, comme ses bien-aimés disciples ; la veille de sa mort, il leur lave les pieds, il célèbre avec eux le sacrement et le sacrifice de l'alliance nouvelle et éternelle, il leur y donne sa chair à manger, et son sang à boire, il les y institue prêtres à sa place ; il leur fait les plus tendres adieux, tout en leur prédisant qu'un d'eux le trahirait, qu'un autre le renierait, et que tous l'abandonneraient cette nuit-là même. Eux, de leur côté, protestent, à l'exemple de Pierre, leur chef, qu'ils sont prêts à mourir avec lui. Et cependant, cette nuit-là même, un d'eux le trahit pour trente pièces d'argent, tous l'abandonnent, et Pierre, leur chef, qui avait protesté avec tant d'assurance, le renie jusqu'à trois fois, assure avec serment qu'il ne le connaît point, effrayé qu'il est par la voix d'une servante ! Et il faut un regard de Jésus pour le faire rentrer en lui-même et lui faire sentir sa faute ! O mystère de la misère humaine et de la miséricorde divine !

Cependant, après une si déplorable faiblesse de leur part, Dieu ne rétracte point les magnifiques promesses qu'il a faites à l'un et à l'autre : Aaron deviendra le premier pontife d'Israël, Pierre le premier pontife de l'humanité chrétienne ; avec les patriarches qui les précèdent, eux et leurs successeurs formeront cette série incomparable de pontifes et de docteurs où la vérité a toujours eu et aura toujours un organe public et *infaillible*. Sévères comme nous le sommes pour les autres, nous aurions voulu ou qu'Aaron et Pierre ne se montrassent pas si faibles, ou bien que, s'étant montrés tels, ils ne fussent point établis suprêmes pasteurs de l'Église. Cela ne prouve qu'une chose, c'est que les pensées de Dieu ne sont pas les nôtres. L'exemple d'Aaron et de Pierre devait nous faire voir que jamais l'homme ne doit se fier en lui-même, ni se défier de Dieu ; car celui qui se croit le plus fort peut succomber à la voix d'une servante, et à une si grande faiblesse Dieu peut donner une force contre laquelle ne prévaudront jamais les puissances de l'enfer. Cet exemple devait encore faire voir aux pontifes et aux pasteurs, qu'étant faibles eux-mêmes, ils doivent compatir aux faiblesses de leurs frères. Oui, dit saint Paul, tout pontife pris d'entre les hommes est établi pour les hommes en ce qui est de Dieu, afin d'offrir des dons et des sacrifices pour les péchés, en sorte qu'il puisse compatir à ceux qui ignorent et qui errent, étant lui-même environné de faiblesse. Et c'est ce qui l'oblige d'offrir le sacrifice de l'expiation des péchés, et pour lui et pour le peuple (Heb., 6, 1-3).

Israël ayant ainsi prévariqué, l'Eternel dit à Moïse sur la montagne : Va, descends ; car ton peuple a grandement péché, lui que tu as tiré de la terre d'Egypte. Ils se sont détournés bientôt de la voie que tu leur as commandée ; ils se sont fait un veau jeté en fonte ; ils l'ont adoré et lui immolent des victimes ; ils ont dit : Ce sont là tes dieux, ô Israël, qui t'ont tiré de la terre d'Egypte (Exod., 22, 7 et 8). Dieu ne dit plus à Moïse : *Mon peuple*, le péché ayant comme rompu l'alliance ; mais il dit : *Ton peuple*. Ce mot seul faisait entendre à Moïse que ce peuple coupable et malheureux n'avait de salut à espérer que par lui, par sa médiation. Dieu le lui explique plus clairement quand il ajoute : « Je vois que ce peuple a la tête dure. Maintenant donc laisse-moi ; et mon indignation s'allumera contre eux, et je les exterminerai, et je ferai de toi une grande nation. » Qu'est-ce à dire, observe très-bien le pape saint Grégoire, de dire à un serviteur : Laisse-moi ! si n'est lui donner la hardiesse d'intercéder ? C'est comme si on lui disait ouvertement : Considère quel est ton crédit auprès de moi, et apprends que tu peux obtenir tout ce que tu demanderas pour le peuple (Greg., *Moral.*, 1. 9, c. 9).

Moïse le comprit bien ; car il se mit aussitôt à supplier la face de Jéhova, son Dieu, disant : Pourquoi, ô Eternel, votre colère s'allumerait-elle contre votre peuple, lui que vous avez tiré de la terre d'Egypte avec une grande puissance et par la force de votre bras ? Pourquoi les Egyptiens diraient-ils : C'est pour leur malheur qu'il les a fait sortir, afin de les tuer sur les montagnes et de les exterminer de la face de la terre ? Revenez de l'ardeur de votre colère, et repentez-vous du mal que vous prépariez à votre peuple. Souvenez-vous d'Abraham, d'Isaac et de Jacob, vos serviteurs, à qui vous avez juré par vous-même, disant : Je multiplierai votre postérité comme les étoiles du ciel, et je donnerai toute la terre dont je vous ai parlé à votre postérité, et elle la possédera à jamais comme son héritage. Alors l'Eternel se repentit du mal qu'il avait dit qu'il ferait à son peuple (Exod 32, 11-14).

Moïse intercéda non-seulement pour le peuple en général, mais en particulier pour Aaron, contre lequel Dieu était aussi violemment irrité et qu'il voulait perdre (Deut., 9, 20). Moïse, innocent, par sa médiation sur la montagne, fut ainsi le sauveur et du pasteur et du troupeau : image prophétique de Jésus-Christ, qui, par sa médiation sur la montagne, fut le sauveur et de Pierre, et de ses collègues, et de tous les hommes : pontife éternel qui, maintenant encore, au plus haut des cieux, intercède pour nous. Car, dit saint Paul, le pontife que nous avons n'est pas tel qu'il ne puisse compatir à nos faiblesses, ayant été éprouvé comme nous par toutes sortes de maux quoiqu'il fût sans péché (Heb., 4, 15).

Ayant ainsi mérité la grâce des coupables, Moïse descendit de la montagne, portant en sa main les

LIVRE VIII. — VOYAGE DANS LE DÉSERT, MORT DE MOISE.

deux tables du témoignage, écrites des deux côtés. Elles étaient l'ouvrage de Dieu, et l'écriture était l'Ecriture de Dieu gravée en ces tables. Or, Josué entendant le tumulte et les cris du peuple, dit à Moïse : Des cris de guerre s'élèvent dans le camp. Moïse répondit : Ce ne sont là ni les cris de la victoire, ni les clameurs de la défaite : j'entends la voix de personnes qui chantent à l'envi les unes des autres. S'étant approché du camp, il aperçut le veau et les danses. Outré d'indignation, il jeta les tables qu'il tenait à la main et les brisa au pied de la montagne; puis, ayant pris le veau qu'ils avaient fait, il le calcina par le feu et le broya jusqu'à le réduire en poudre, qu'il jeta dans le torrent qui descendait de la montagne, et le fit ainsi boire aux enfants d'Israël (Exod., 32, 15-20; Deut., 9, 21).

Des monuments qui subsistent encore en Egypte et qui remontent au temps de Moïse, font voir que les Egyptiens, et par suite les Hébreux, étaient alors extrêmement habiles à travailler les métaux. Des dorures de ce temps-là conservent aujourd'hui encore toute leur fraîcheur. D'un autre côté, la chimie moderne a retrouvé plusieurs moyens très-prompts de réduire l'or en poudre (1). Le veau d'or était vraisemblablement une imitation du bœuf Apis des Egyptiens. La science de l'Egypte sert à montrer l'extravagance d'adorer une pareille idole.

Après avoir ainsi confondu tous les enfants d'Israël, Moïse s'adressant à Aaron, lui dit : Que vous a fait ce peuple pour attirer sur lui un si grand péché ? Aaron répondit : Que la colère de mon seigneur ne s'embrase point, car vous connaissez ce peuple et combien il est porté au mal. Ils m'ont dit : Faisons-nous des dieux qui marchent devant nous ; car, pour ce Moïse, cet homme-là qui nous a tirés de l'Egypte, nous ne savons ce qui lui est arrivé. Et je leur ai dit : Qui de vous a de l'or ? Aussitôt ils l'ôtèrent de leurs parures, me le donnèrent : je le jetai dans le feu et il en sortit ce veau (Exod., 23, 21-24).

La peur, quand elle a fait mal, s'excuse plus mal encore. C'est la peur qui domine dans la conduite d'Aaron et dans son langage. C'est Pierre qui, à ce propos de la servante : Toi aussi tu étais avec Jésus de Nazareth, répond : Moi, je ne sais ce que tu dis ; je ne connais point cet homme ! En effet, son excuse même témoigne contre lui de la plus étrange faiblesse. La populace vient lui dire en tumulte : Faisons-nous des dieux ou un dieu qui marche devant nous. C'était sans doute, en grande partie, ce mélange d'étrangers qui avaient suivi de l'Egypte. Que fera-t-il ? Rappellera-t-il la loi qu'ils ont juré d'observer naguère, et qui défend, sous peine de mort, une impiété pareille ? Demandera-t-il au moins à Dieu le courage de résister ? Il ne le dit point dans son excuse. Dominé par la peur, il s'imagine les prendre adroitement par l'intérêt, en leur demandant les bijoux d'or que leurs femmes et leurs enfants portaient à leurs oreilles. Il comptait peut-être que ceux-ci du moins s'y refuseraient et qu'en attendant, quelque incident imprévu viendrait le tirer d'embarras. Quand il se voit trompé dans son attente, il jette les bijoux en fonte et en forme un veau. Peut-être, qui sait ? voulait-il, par cette figure d'animal, faire sentir à la populace son extravagance. Il est encore trompé. La foule s'écrie : Voici, ô Israël, tes dieux ou ton Dieu qui t'a tiré de l'Egypte ! Que faire ? La foule ne méconnaît point que ce soit un dieu qui l'a tiré de la servitude. Pour lui rappeler indirectement que ce dieu est l'Eternel, Aaron bâtit un autel devant le veau d'or et proclame : Demain c'est la fête à l'Eternel, la fête à Jéhova. Le lendemain, on immole des holocaustes, ainsi que d'autres victimes ; on mange, on boit, on chante, on danse. Qui pourra dire quelles furent alors les idées diverses de la multitude. Les uns adoraient peut-être le veau d'or comme un dieu indéterminé, d'autres comme Jéhova même, d'autres comme en étant le symbole, d'autres regardaient tout cela comme une criminelle superstition. Des esprits, cette confusion passait bientôt dans tout le reste et préparait une complète anarchie.

Ni le retour de Moïse, ni sa grande indignation, ni le brisement des tables au pied de la montagne, ni le veau d'or mis en poudre et jeté dans le torrent, n'avaient pu faire rentrer en eux-mêmes tous les coupables, les danses, les jeux dissolus continuaient dans les rues et sur les places. Alors Moïse voyant quelle était la dissolution du peuple et qu'Aaron même l'avait déréglé de manière à devenir un objet de mépris pour leurs adversaires (1), il se tint à la porte du camp et s'écria : A moi quiconque est à l'Eternel ! Aussitôt s'assemblèrent autour de lui tous les enfants de Lévi, c'est-à-dire tous ceux de cette tribu qui étaient demeurés fidèles. Et il leur dit : Ainsi parle Jéhova, le Dieu d'Israël : Que chaque homme mette son épée à son côté ; passez et repassez au travers du camp, d'une porte à l'autre : que chacun tue ce qui se rencontre, sans distinction de frère, d'ami, ni de proche. Commencez aujourd'hui de la sorte votre ministère auprès de l'Eternel ; car plus d'un parmi vous aura à combattre son fils et son frère : par là vous attirerez la bénédiction sur vous. Les enfants de Lévi firent ce que Moïse leur avait ordonné ; et en ce jour-là il y eut environ trois mille hommes du peuple mis à mort (Exod. 32, 25-29).

L'hébreu, le samaritain, la paraphrase chaldaïque et les Septante ne lisent que *trois mille* ; Philon, Tertullien, saint Ambroise, Optat, saint Isidore de Séville, Raban Maur, l'ancienne Vulgate dans les bibles polyglottes d'Anvers et de Paris, enfin la dernière édition de saint Jérôme lisent de même. Dans les éditions ordinaires des bibles latines, il y a *vingt-trois mille*. Ce nombre a pu s'y glisser à l'occasion d'un texte où saint Paul, parlant de l'idolâtrie et de la fornication des Israélites, fait mention de vingt-trois mille hommes qui périrent à cause de cette fornication (1. Cor., 10, 7 et 8) ; mais cette fornication est celle qu'ils commirent avec les filles des Moabites, et à l'occasion de laquelle vingt-trois ou vingt-quatre mille hommes périrent (Num., 25, 9). Cette différence de nombre peut aussi venir de la différente manière de lire l'hébreu. La même lettre hébraïque (caph), considérée comme particule au commencement du mot *trois*, signifie *environ*, et considérée à part, comme chiffre ou lettre numérale, signifie *vingt*. De sorte que la même lettre, prise diversement, donne et *environ trois mille* et *vingt-trois mille* hommes. La première leçon nous paraît la plus autorisée.

Tout cela était au reste une punition juridique de coupables, et de coupables opiniâtres ; ils s'y étaient

---

(1) Lettres de quelques Juifs, par M. Guénée, t. I.

(1) Tel est le sens de l'hébreu comparé avec le grec.

soumis d'avance en acceptant la loi. Ce qui nous étonne, c'est de voir les futurs ministres du tabernacle servir à cette exécution. Le christianisme, qui travaille à faire de tous les peuples une même société spirituelle, qui, par conséquent, n'est en guerre avec aucun, interdit à ses prêtres la profession des armes, plus encore par son esprit de douceur que par ses lois expresses. Il n'en était pas de même dans l'antiquité; le prêtre ne l'était pas encore pour l'humanité entière, mais seulement pour sa nation : il en épousait donc les querelles contre une autre. Chez les Hébreux, sans être astreint au service militaire, il sonnera la trompette au milieu des batailles et animera par ses paroles l'ardeur des combattants. Phinéès, petit-fils d'Aaron, ne se distinguera pas moins par son courage que par son zèle ; le prêtre Banaïas sera un des braves de David et général des armées de Salomon; les Machabées rempliront l'univers de leurs exploits. Pareille chose se voyait chez les autres peuples. Les armées romaines étaient le plus souvent commandées par les pontifes et les prêtres des Romains : le plus fameux de leurs capitaines, César, était en même temps souverain pontife.

Le lendemain, le peuple commençant un peu à sentir sa faute, Moïse lui dit : Vous avez commis un très-grand péché; maintenant donc je monterai vers l'Eternel : peut-être obtiendrai-je le pardon de votre crime. Dieu lui avait déjà promis de ne pas exterminer le peuple : mais il désirait une rémission plus entière. Etant donc retourné vers l'Eternel, il dit : Hélas ! ce peuple a commis un grand péché ! Ils se sont fait des dieux d'or ! Ah ! puissiez-vous pardonner leur faute ! sinon effacez-moi de votre livre que vous avez écrit ! C'est là une charité pareille à la charité de saint Paul, qui souhaitait être anathème pour ses frères. L'Eternel répondit à Moïse : Qui a péché contre moi, voilà qui j'effacerai de mon livre. Pour toi, va, conduis ce peuple où je t'ai dit, mon ange marchera devant toi; mais au jour de la vengeance, je les punirai du crime qu'ils ont commis. L'Eternel frappa donc le peuple, à cause de ce qu'ils avaient fait ou fait faire à Aaron (Exod., 32, 30-35). L'Ecriture ne dit pas de quelle plaie ils furent frappés.

L'Eternel ordonna de nouveau à Moïse de conduire le peuple vers la terre promise à Abraham, à Isaac et à Jacob, dans cette terre où coulent des ruisseaux de lait et de miel. Pour lui, il ne montera pas avec eux, de peur de les exterminer en chemin, parce que c'est un peuple à tête dure. Il enverra devant eux son ange, qui exterminera les peuples de Chanaan.

A la triste nouvelle que l'Eternel n'habitera plus au milieu de lui, le peuple pleura, et nul ne se revêtit plus de ses ornements accoutumés (Exod., 33, 1-6). Encore aujourd'hui, les Juifs célèbrent deux jeûnes par an, l'un à cause du veau d'or, l'autre à cause que les tables de la loi y furent brisées.

Pour donner au peuple repentant une image sensible de l'excommunication dont Dieu le menaçait, Moïse leva le pavillon ou tabernacle préparatoire, sur lequel reposait la colonne de nuée et où jusqu'alors se célébraient le culte divin et les assemblées publiques, et l'ayant dressé au loin, hors du camp, le nomma *tabernacle du témoignage*. Quiconque désirait consulter l'Eternel, allait là, hors du camp. Et lorsque Moïse se rendait vers le tabernacle, tout le peuple se levait et se tenait debout à la porte de sa tente, et ils suivaient Moïse des yeux jusqu'à ce qu'il fût entré dans le tabernacle. Et quand Moïse était dedans, la colonne de nuée descendait et se tenait à la porte ; et cette vision s'entretenait avec Moïse. Lors donc qu'il voyait la colonne de nuée s'arrêtant à l'entrée du tabernacle, tout le peuple debout se prosternait lui-même chacun à la porte de sa tente. Or, l'Eternel parlait à Moïse face à face, comme un homme parle à son ami ; et lorsque Moïse retournait au camp, le jeune Josué, fils de Nun, son serviteur, ne quittait point le tabernacle.

Dans ses entretiens avec Dieu, Moïse le supplia de faire grâce à son peuple : Voilà que vous me dites : Conduis ce peuple ; mais vous ne m'avez pas fait connaître qui vous enverrez avec moi ; cependant vous avez dit : Je te connais nommément, tu as aussi trouvé grâce à mes yeux. Si donc j'ai trouvé grâce devant vous, faites-moi connaître votre face (en hébreu, votre voie), afin que je vous connaisse et que je sache que j'ai trouvé grâce à vos yeux; considérez enfin que cette nation est votre peuple. L'Eternel répondit : Ma face ira (moi-même je te précéderai), et je te donnerai le repos. L'autre reprit : Si votre face ne va pas (si vous-même ne marchez pas devant), ne nous faites pas sortir de ce lieu; car en quoi pourra-t-on reconnaître que j'ai trouvé grâce à vos yeux, moi et votre peuple ? n'est-ce pas si vous marchez avec nous ? Par là, nous serons distingués, moi et votre peuple, de tous les peuples qui habitent sur la terre. L'Eternel dit à Moïse : Je ferai encore ce que tu viens de dire ; car tu as trouvé grâce à mes yeux, et je te connais par le nom. Moïse insista : Faites-moi voir votre gloire ! L'Eternel répondit : Je ferai passer devant toi toute ma bonté, et je prononcerai en ta présence le nom de Jéhova ; car je fais grâce à qui je ferai grâce, et miséricorde à qui je ferai miséricorde. Il ajouta : Mais tu ne pourras voir ma face, car nul ne me verra et vivra. L'Eternel dit encore : Voici un lieu près de moi (sur la montagne) ; tu te tiendras sur ce rocher, et lorsque ma gloire passera, je te placerai dans le creux de ce rocher, et je te couvrirai de ma main jusqu'à ce que je sois passé. J'ôterai ensuite ma main, et tu me verras par derrière; mais pour ma face, tu ne la verras point (Exod., 33, 12-23).

Ensuite il lui commanda de tailler deux tables de pierre sur lesquelles il écrirait les paroles qui étaient sur les premières tables que Moïse avait brisées. Dès le matin il devait monter au sommet du Sinaï et se présenter devant lui. Moïse exécuta cet ordre.

Alors Jéhova, étant descendu dans la nuée, se présenta à Moïse et lui fit entendre le nom de Jéhova. Et Jéhova, passant devant Moïse, disait : Celui qui est ! Celui qui est ! Dieu ! miséricordieux ! clément ! patient ! infini en miséricorde et en vérité ! qui conserve sa miséricorde jusqu'à mille générations ! qui efface l'iniquité, le crime et le péché ! devant qui nul n'est innocent (ou impuni) ! qui visite l'iniquité des pères sur les enfants et sur les enfants des enfants jusqu'à la troisième et quatrième génération ! Moïse s'inclina promptement jusqu'à terre, adora en disant: Si j'ai trouvé grâce à vos yeux, ô Adonaï, veuille Adonaï lui-même marcher au milieu de nous ! Il est vrai, ce peuple a la tête dure, mais vous effacerez nos iniquités et nos péchés, et vous nous possèderez comme votre héritage. Il répondit : Voici que moi, qui ai fait alliance avec toi devant tout ton peuple, j'opérerai des merveilles qui n'ont point été créées jusqu'ici dans toute la terre, ni parmi aucune nation, afin que ce peuple, au milieu duquel tu es, voie l'œuvre de Jéhova, car elle est formidable, celle que je ferai pour toi (Exod., 34, 1-10).

Quel est celui qui se fait ainsi voir à Moïse? Lui-même se nomme l'Éternel, Dieu, infini en miséricorde, celui qui ôte le péché, celui qu'on ne peut voir tel qu'il est en lui-même sans mourir, celui qu'on ne peut voir sur la terre que comme dans un miroir, dans quelque chose d'inférieur, dans l'ombre qui le suit. Moïse l'appelle Jéhova, Adonaï; Moïse l'adore et le conjure d'effacer le crime que vient de commettre Israël en adorant la créature à la place du Créateur. Comment ne pas reconnaître l'ange de Jéhova, l'ange de l'alliance, l'ange du grand conseil, le Verbe de Dieu, Dieu de Dieu, vrai Dieu de vrai Dieu, qui est descendu du ciel pour ôter les péchés du monde?

« C'est l'excellente doctrine des Pères, dit Bossuet, merveilleusement expliquée par Tertullien. Ce grand homme raconte que le Fils de Dieu ayant résolu de prendre une chair semblable à la nôtre, quand l'heure en serait arrivée, il s'est toujours plu, dès le commencement, à converser avec les hommes; que, dans ce dessein, souvent il est descendu du ciel; que c'était lui qui, dès l'Ancien Testament, parlait en forme humaine aux patriarches et aux prophètes. Tertullien considère ces apparitions différentes comme des préludes de l'incarnation, comme des préparatifs de ce grand ouvrage qui commençait dès lors. De cette sorte, dit-il, le Fils de Dieu s'accoutumait aux sentiments humains; il apprenait, pour ainsi dire, à être homme; il se plaisait d'exercer dès l'origine du monde ce qu'il devait être dans la plénitude des temps. Ou plutôt, continue Bossuet, pour parler plus dignement d'un si haut mystère, il ne s'accoutumait pas, mais nous-mêmes il nous accoutumait à ne point nous effaroucher quand nous entendrions parler d'un Dieu-Homme; il ne s'apprenait pas, mais il nous apprenait à nous-mêmes à traiter plus familièrement avec lui, déposant doucement cette majesté terrible pour s'accommoder à notre faiblesse et à notre enfance. Tel était le dessein du Sauveur (1). »

Une merveilleuse concordance confirme cette doctrine des Pères. Sur cette même montagne d'Horeb, sur ce même rocher, en cette même caverne où Moïse a vu la transfiguration de Dieu, le prophète Élie la verra sous une autre forme cinq siècles après. L'un et l'autre, sur une montagne également haute, verront la transfiguration du Verbe fait chair, transfiguration descendante, en tant qu'il est Dieu, transfiguration ascendante, en tant qu'il est homme; ils s'entretiendront avec lui de son prochain trépas, qui devait accomplir la loi et les prophètes; ils apparaîtront en grande majesté pour lui rendre hommage comme à leur maître, ils entreront avec lui dans la nuée; mais à cette parole du Père : *C'est ici mon Fils bien-aimé en qui j'ai mis mes complaisances; écoutez-le*, ils disparaîtront comme l'aurore devant le soleil qu'elle annonce.

Moïse demeura sur la montagne d'Horeb, prosterné devant l'Éternel, quarante jours et quarante nuits, sans manger de pain ni boire d'eau, non plus que la première fois, à cause des péchés du peuple et pour lui obtenir une plus entière miséricorde (Deut., 9-18). En signe de réconciliation, Dieu écrivit sur de nouvelles tables les dix paroles de l'alliance. Lorsque Moïse descendit de la montagne, portant entre ses mains les deux tables du témoignage, il ne savait pas que la peau de sa face jetait des rayons de lumière, depuis son entretien avec Lui. Aaron et tous les enfants d'Israël voyant l'éclat du visage de Moïse, craignirent de s'approcher de lui. Cependant Moïse ayant appelé Aaron et les princes de la multitude, ils revinrent le trouver, et, après qu'il leur eût parlé, tous les enfants d'Israël vinrent aussi vers lui, et il leur prescrivit toutes les choses que l'Éternel lui avait dites sur la montagne de Sinaï. Et ayant achevé ces discours, il mit un voile sur son visage. Et lorsqu'il allait devant l'Éternel et qu'il lui parlait, il ôtait le voile jusqu'à ce qu'il sortît. Alors il disait aux enfants d'Israël tout ce que l'Éternel lui avait ordonné, et les enfants d'Israël voyaient le visage de Moïse éclatant de lumière ; après cela il le voilait de nouveau jusqu'à ce qu'il retournât lui parler (Exod., 34, 28-35).

Les premières tables de la loi, brisées au pied du Sinaï, annonçaient que cette première alliance ne durerait pas toujours, mais, après un certain temps, ferait place à une autre : le voile que Moïse était obligé de mettre sur son visage quand il eut apporté les secondes tables, annonçait que la nouvelle alliance demeurerait voilée pour une grande partie d'Israël. C'est ce que nous voyons depuis dix-huit siècles. Cependant le voile commence à se soulever pour plusieurs. Il ne s'enlève, dit saint Paul, que quand on se convertit au Seigneur, au Christ (2. Cor., 3, 14-16); de même que Moïse n'enlevait le sien que quand il retournait à Jéhova. Nouveau motif de présumer que l'Éternel qui parlait à Moïse était le même que le Christ-Dieu.

Une marque encore plus éclatante de la réconciliation du Seigneur avec les enfants d'Israël, fut le sanctuaire qu'il se fit construire pour habiter au milieu d'eux (2. Cor., 3, 14-16) d'une sorte de présence réelle. Il voulut n'y employer que des dons volontaires. Dès que Moïse eut fait connaître son intention, hommes, femmes, princes et peuples offrirent avec beaucoup de zèle tout ce qui était nécessaire, de l'or, de l'argent, des étoffes et des pierres précieuses, pour la construction du tabernacle, de l'arche d'alliance, des vases et ornements sacrés. L'empressement fut si général, qu'au troisième jour Moïse défendit d'en apporter davantage. Des ouvriers remplis d'intelligence, nommément Béséléel, de la tribu de Juda, y travaillaient avec ardeur et faisaient tout suivant le modèle que l'Éternel avait montré à Moïse sur la montagne.

Tout étant achevé, Moïse dressa le tabernacle, le premier jour du premier mois de la seconde année après la sortie de l'Égypte. C'était, comme déjà nous l'avons dit, un temple portatif en forme de tente, de trente coudées de long, dix de large et dix de haut. Il était divisé en deux. La première partie avait vingt coudées de longueur, et s'appelait le saint ou le sanctuaire; la seconde avait dix coudées de long et autant de large : on n'y pouvait arriver que par la plus grande; elle s'appelait le *Saint des saints*. L'une et

(1) Bossuet, I*er Sermon sur la concept. de la Sainte Vierge*, I*re partie*.

l'autre étaient séparées par un voile très-riche, brodé en or et parsemé de chérubins. Dans le Saint des saints était l'arche d'alliance. Dans le lieu saint et devant le voile, était le chandelier d'or à sept branches, qui s'allumait du soir au matin ; l'autel d'or, où l'on brûlait les parfums ; la table d'or, sur laquelle on offrait chaque semaine douze pains, nommés *pains de proposition*. Le tabernacle tout entier, composé d'ais de bois de sétim revêtus d'or, assujétis par des barreaux et couverts de quatre sortes de tapis, était fait de manière qu'il pouvait se dresser et s'enlever facilement. A son entrée, du côté de l'orient, il n'y avait point d'ais, mais un voile suspendu à cinq colonnes dorées, dont les chapiteaux étaient d'or et les bases d'airain. Autour de cette sainte demeure régnait une enceinte ou parvis de cent coudées de long sur cinquante de large, fermée par des rideaux que soutenaient des colonnes plaquées d'argent, avec des chapiteaux de même métal et des bases d'airain. Tout Israël pouvait entrer dans le parvis, où s'offraient les sacrifices sur l'autel des holocaustes, placé à l'entrée du tabernacle. Les prêtres seuls entraient dans le lieu saint. Pour le Saint des saints, il n'y avait que le grand-prêtre pour y pénétrer, une fois par an, le jour de l'expiation ; seulement alors, il passait derrière le voile mystérieux, suspendu à quatre colonnes de bois de sétim couvertes de lames d'or, avec des chapiteaux d'or et des bases d'argent. C'est ce voile devant le Saint des saints qui se déchira du haut en bas lorsque notre Sauveur expira sur la croix, lorsque le Pontife éternel entra dans l'éternel Saint des saints.

Faites le tout suivant le modèle qui vous a été montré sur la montagne. C'est un ordre souvent répété à Moïse. Ce que Moïse a fait en conséquence de cet ordre, le tabernacle, en particulier, n'est donc qu'une ombre, qu'un obscur indice de quelque chose de plus réel et de plus grand, d'un tabernacle plus divin. Mais quel est-il, ce tabernacle-modèle ? Saint Paul nous dit qu'il n'est pas de main d'homme, mais l'ouvrage de Dieu, et que son Saint des saints est le ciel même. Cette parole nous fait entendre que le tabernacle de Moïse était un symbole de tout ce qui est. Il y avait comme trois parties : le parvis ou l'enceinte extérieure, pour tout le monde ; le sanctuaire des prêtres ; le Saint des saints ouvert au grand-prêtre seul. Ainsi, dans le chrétien, tabernacle vivant, il y a les sens, qui s'arrêtent à l'extérieur ; il y a la raison, qui pénètre à travers ce premier voile et s'approche de Dieu ; il y a la foi ou la grâce, qui passe au dedans du second voile, celui qui sépare la créature du Créateur, et elle unit à Dieu immédiatement. Dans l'univers, ce temple immense, il y a le monde des corps, où Dieu a imprimé son vestige ; il y a le monde des intelligences, où Dieu a gravé son image ; il y a ce monde ineffable, le ciel, où Dieu se manifeste à ses élus tel qu'il est. Dans l'humanité entière, il y a une partie, les enfants du siècle, qui s'arrête au dehors ; une autre, les enfants de la lumière, l'Église militante, pénètre au dedans ; une troisième, les saints, l'Église triomphante, est arrivée près de Dieu et jouit de sa claire vue. Tant que le pontife éternel, le Christ, passant par le tabernacle de son corps, ne fut pas entré avec son propre sang dans le céleste sanctuaire, la voie n'en était pas découverte, mais cachée encore. C'est ce que signifiait le pontife de la figure, n'entrant qu'une fois par an dans l'intérieur du tabernacle temporel.

La gloire du tabernacle figuratif était l'arche d'alliance. C'était une espèce de coffre de bois de sétim, dont la longueur avait deux coudées et demie, la largeur et la hauteur une coudée de moins. Revêtue au dehors et au dedans d'un or pur, elle renfermait les tables de la loi, un vase de la manne du désert, et la verge d'Aaron qui fleurit miraculeusement. Son couvercle, appelé *propitiatoire*, d'un or très-pur, avait à ses deux extrémités deux chérubins d'or qui l'ombrageaient de leurs ailes. C'est de là, du haut du propitiatoire, du milieu des deux chérubins, que l'Éternel rendait ses oracles, et que, par Moïse, il faisait connaître ses volontés aux enfants d'Israël.

Non, disait ce grand homme, il n'y a point de nation qui ait des dieux s'approchant d'elle comme notre Dieu s'approche de nous (Deut., 4, 7). C'était l'accomplissement de ce que le Seigneur avait annoncé : J'établirai ma résidence au milieu de vous, je serai au milieu de vous, j'y habiterai et je m'y promènerai (Levit., 26, 11 et 12), allant et venant, pour ainsi dire, et ne vous quittant jamais. Ainsi le fruit de notre alliance avec Dieu et de notre union avec lui, est qu'il soit et qu'il habite au milieu de nous, et même qu'il y habite d'une manière sensible. Ainsi habitait-il dans le paradis terrestre, allant et venant, et comme se promenant dans ce saint et délicieux jardin ; ainsi a-t-il paru visiblement à nos pères, Abraham, Isaac et Jacob ; ainsi a-t-il paru à Moïse dans le feu du buisson ardent. Mais depuis qu'il s'est fait un peuple particulier à qui il a donné une loi et prescrit un culte, sa présence s'est tournée en chose ordinaire dont il a établi la marque sensible et perpétuelle dans l'arche d'alliance.

Par sa figure, elle est le siège de Dieu : Dieu repose sur les chérubins et dans les natures intelligentes comme dans son trône. Aussi y a-t-il dans l'arche deux chérubins d'or qui couvrent de leurs ailes le propitiatoire, c'est-à-dire la plaque d'or fin qui est regardée comme le trône de Dieu. Il n'y paraissait dessus aucune figure, marque de l'invisible majesté de Dieu, pur esprit qui n'a ni forme ni figure, mais qui est une vérité purement intellectuelle où les sens n'ont aucune prise. La présence de Dieu se rendait sensible par les oracles qui sortaient intelligiblement du milieu de l'arche entre les deux chérubins ; l'arche, en cet état, était appelée l'escabeau des pieds du Seigneur (1. Paral., 28, 2 ; Tren., 2, 1). On lui rendait l'adoration, conformément à cette parole : *Adorez l'escabeau de ses pieds* (Ps. 98, 5) ; parce que Dieu y habitait et y prenait sa séance. C'était sur l'arche qu'on le regardait quand on lui faisait cette prière : *Écoutez-nous, vous qui gouvernez Israël, qui conduisez tout Joseph comme une brebis, qui êtes assis sur les chérubins* (Ibid., 79, 2). Quand le peuple se mettait en marche, on élevait l'arche en disant : *Que le Seigneur s'élève, et que ses ennemis soient dissipés, et que ceux qui le haïssent prennent la fuite devant sa face* (Num., 10, 35 ; Ps. 27, 2). Quand on allait camper, on descendait l'arche et on la reposait, en disant : *Descendez, Seigneur, à la multitude de votre peuple d'Israël* (Num., 10, 36). Dieu donc s'élève avec l'arche, et il descend avec elle ; l'arche est appelée le Seigneur, parce qu'elle le représentait et en attirait la présence. C'est pourquoi on disait aux anges, en introduisant l'arche en son lieu : O princes, élevez vos portes ; élevez-vous, portes éternelles, et le Seigneur de gloire entrera (Ps. 23, 7) ; et encore : Entrez, Seigneur, dans votre repos, vous et l'arche de votre sanctification (1. Paral.; 6, 41; Ps. 131, 8).

Et tout cela en figure du Seigneur Jésus, dont saint Paul a dit : Qui est celui qui est monté dans les cieux, sinon celui qui auparavant est descendu dans les plus basses parties de la terre (Eph., 4, 9 et 10) ? Le même Seigneur Jésus, en montant aux cieux, laisse parmi nous son corps et son sang, et toute son humanité sainte, dans laquelle sa divinité réside corporellement ; et ce que l'ancien peuple disait en énigme et comme en ombre, nous le disons véritablement en regardant avec la foi le Seigneur Jésus : Vraiment, il n'y a point de nation dont les dieux s'approchent d'elle, comme notre Dieu s'approche de nous.

C'est donc le caractère de la vraie Eglise et du vrai peuple de Dieu, d'avoir Dieu en soi. Aimons l'Eglise catholique, vraie Eglise de Jésus-Christ, et disons-lui avec le Prophète : Il n'y a que vous où Dieu est ; vous êtes la seule qui se glorifie de sa présence. Rendons-nous digne de son approche et pratiquons ce que dit saint Jacques : Approchons-nous de Dieu, et Dieu s'approchera de nous ; approchons-nous-en par amour, et il s'approchera de nous par la jouissance qui se commence en cette vie et se consomme dans l'autre. *Amen, amen* (Bossuet, 9e sem., 8e élévat.).

Moïse dressa donc le temple saint, au premier jour du premier mois de la seconde année. Aussitôt la nuée couvrit le tabernacle du témoignage, et la gloire de l'Eternel remplit la demeure. Et Moïse ne pouvait entrer dans la tente du témoignage, parce que la nuée reposait dessus et que la gloire de l'Eternel remplissait la demeure entière (Exod., 40, 31-33). Cette nuée couvrait la tente pendant le jour ; le soir elle devenait comme du feu jusqu'au matin. Il en fut ainsi constamment. Lorsque la nuée s'élevait, alors les enfants se mettaient en marche ; où elle s'abaissait, là ils dressaient leur camp. Ils marchaient à l'ordre de l'Eternel, et à l'ordre de l'Eternel ils campaient ; tant que la nuée demeurait sur le tabernacle, ils s'arrêtaient dans le même lieu ; s'il arrivait qu'elle y demeurât longtemps, les enfants d'Israël attendaient les ordres de l'Eternel, et ils ne partaient point. Quelquefois la nuée n'y demeurait que peu de jours ; comme ils campaient au commandement de l'Eternel, ils partaient aussi à son commandement. Si la nuée était là depuis le soir jusqu'au matin, et que tout à coup, au point du jour, elle s'élevât, ils partaient. Qu'elle s'élevât le jour ou la nuit, ils ployaient leurs pavillons. Si elle demeurait deux jours, ou un mois, ou même une année entière, ils restaient tranquilles et ne partaient point ; mais aussitôt qu'elle s'élevait, ils se mettaient en marche. Comme une sentinelle montant la garde de l'Eternel, ils campaient et partaient à son commandement, suivant l'ordre qu'il avait donné par Moïse (Num., 9, 15-23). Il y avait un son de trompette pour assembler tout le peuple devant le tabernacle du témoignage ; un autre son ne convoquait seulement que les princes et les chefs d'Israël ; un autre donnait le signal du départ. Au premier son de cette espèce, les trois tribus campées à l'orient, Juda, Issachar, Zabulon, se mettaient en marche ; au second, les tribus campées au midi, Ruben, Siméon et Gad ; au troisième, les tribus du couchant, Ephraïm, Manassé et Benjamin ; au quatrième, les tribus du septentrion, Dan, Azer et Nephthali. Devant eux tous marchait l'arche d'alliance de l'Eternel, leur indiquant la route et les lieux de repos (Num., 10, 1-33). La nuée les couvrait pendant le jour, pour les garantir de l'ardeur du soleil. Et quand l'arche se mettait en route, Moïse disait : Levez-vous, ô Eternel ! et que vos ennemis soient dissipés, et que ceux qui vous haïssent fuient devant votre face ! Quand on la reposait : Revenez, ô Eternel ! vers la multitude des bataillons d'Israël (*Ibid.*, 10, 35 et 36).

Ainsi, dans le désert, on ne logeait point ; on y campait, on y était sous des pavillons, et sans cesse on enveloppait et on transportait ces maisons branlantes : figure du christianisme, où tout fidèle est voyageur. Gardons-nous bien de nous arrêter à quoi que ce soit ; passons par-dessus, et, toujours prêts à partir, toujours aussi prêts à combattre, veillons comme dans un camp : qu'on y soit toujours en sentinelle. Dans les camps vulgaires, il y a plusieurs sentinelles disposées, afin que, toujours prêts à s'éveiller au premier signal, les soldats dorment un court somme, sans se plonger tout à fait dans le sommeil. Il y a plus dans le campement de la vie chrétienne : chacun doit toujours veiller ; chacun, en sentinelle sur soi-même, doit toujours être sur ses gardes contre un ennemi qui ne clôt point l'œil et qui toujours rôde autour de nous pour nous dévorer. Ne nous fions point au repos qu'il semble quelquefois nous donner : avec lui il n'y a ni paix, ni trêve, ni aucune sûreté que dans une veille perpétuelle (Bossuet, 9e sem., 10e élévat.).

Soldats du Christ, nous devons surtout avoir l'œil à notre chef pour obéir au moindre signe, camper et décamper, combattre et reposer, vivre et mourir quand et comme il lui plaît. C'est alors surtout qu'il habitera dans nous, nous protégeant de son ombre, nous nourrissant de sa manne, nous abreuvant de l'eau de sa grâce, et nous introduisant dans la véritable terre promise. Pour faire la conquête de Chanaan, Israël avait pour étendard l'arche du Seigneur avec sa colonne : nous avons la croix du Seigneur pour faire la conquête du ciel.

Des gens, asservis à la lettre qui tue et étrangers à l'esprit qui vivifie, nous appellent idolâtres d'adorer la croix en vue de celui qui est mort dessus ; ils prétendent que c'est défendu par la loi. Aveugles ! voyez donc l'arche de l'Eternel où cette loi est gardée. Elle est ornée de deux chérubins, et on l'adore en vue de celui qui rend dessus ses oracles. Eh bien ! nous avons des images de saints, comme Israël avait des images d'esprits célestes ; nous adorons la croix, au même sens qu'Israël devait adorer l'arche ; nous entendons la loi de Dieu, comme Dieu lui-même l'explique par son Eglise.

Après l'érection du tabernacle, Moïse procéda, suivant l'ordre de Dieu, à la consécration du souverain Pontife et des prêtres, Aaron et ses fils. Le Pontife était le chef de la nation comme société religieuse et même comme société civile, en sa qualité de souverain juge. Lorsque les magistrats qui siégeaient aux portes des villes rencontraient une affaire difficile à juger, ils devaient consulter les prêtres; mais la décision finale appartenait au grand-prêtre : quiconque ne s'y soumettait pas devait être puni de mort (Deut., 17, 8-13). Sa fonction la plus importante, le grand-prêtre la remplissait une fois par an, au grand jour de l'expiation, le seul où il entrât dans le Saint des saints.

Dieu avait commandé pour le grand-prêtre, ainsi que pour les autres, des vêtements sacrés d'une forme particulière. Vêtu sur la chair d'une tunique de lin, ensuite d'une robe dont le bas était garni de grenades d'hyacinthe et de pourpre entremêlées de sonnettes d'or, le pontife avait par-dessus tout cela l'éphod, décoré sur chaque épaule d'une pierre précieuse, en laquelle étaient gravés les noms de six tribus d'Israël; sur la poitrine, le rational, ornement carré où étaient enchâssées, avec de l'or, douze pierres du plus grand prix, sur chacune desquelles était gravé le nom d'une des douze tribus, pour lui rappeler qu'il était le médiateur d'Israël auprès de Dieu; il y avait de plus, ces deux mots : *Urim, thumim*, doctrine et vérité; autrement : lumières et perfections. Sa tête était ceinte d'une tiare à triple couronne (Josèphe, *Antiq.*, l. 3, c. 8); sur son front était une lame d'or où était gravé : *La sainteté est à Jéhova*.

Les prêtres, enfants d'Aaron, portaient simplement la tunique avec sa ceinture, et des mitres au lieu de tiare.

La consécration du grand-prêtre était très-solennelle. Après avoir revêtu lui-même de leurs ornements Aaron et ses fils, Moïse les consacra par l'onction de l'huile sainte et par le sang de la victime. L'huile de l'onction avait été composée d'après le précepte du Seigneur lui-même; elle avait servi déjà à consacrer l'arche d'alliance, le tabernacle du témoignage : Moïse la répandit sur Aaron et sur ses vêtements, sur ses fils et sur leurs vêtements, puis, ayant immolé la victime pour la consécration, il prit de son sang sur l'autel et en aspergea Aaron et ses fils.

Il leur commanda de demeurer encore sept jours à la porte du tabernacle, observant jour et nuit ce que l'Éternel avait ordonné : leur consécration ne devait s'achever qu'au bout de ce temps. Le huitième jour, Moïse appela Aaron, ses fils et les anciens d'Israël, recommanda au grand-prêtre d'offrir à l'Éternel un sacrifice pour le péché et un holocauste, et de dire aux enfants d'Israël d'offrir de leur part une victime pour le péché, un holocauste et des hosties pacifiques; car, disait-il, aujourd'hui l'Éternel vous apparaîtra.

Quand Aaron eut achevé ses oblations et celles de l'assemblée, il étendit ses mains vers le peuple, le bénit et descendit de l'autel. Et Moïse et Aaron entrèrent dans le tabernacle du témoignage, et ensuite étant sortis, ils bénirent le peuple, et la gloire de l'Éternel apparut à toute la nation. Et voilà qu'un feu, sorti de devant l'Éternel, dévora l'holocauste et les graisses qui étaient sur l'autel; ce que tout le peuple ayant vu, il loua l'Éternel, se prosterna la face contre terre (Levit., c. 9).

C'est ce feu sacré qui, entretenu perpétuellement, fut, au temps de la captivité de Babylone et d'après l'ordre de Jérémie, caché par les prêtres dans un puits, où il se conserva miraculeusement et fut retrouvé par Néhémie (2. Mach., 1)

Les prêtres entretenaient le feu perpétuel sur l'autel de l'holocauste, offraient les sacrifices de tous les jours, brûlaient matin et soir l'encens sur l'autel des parfums, accommodaient les lampes du chandelier d'or, changeaient les pains de proposition, dont seuls ils avaient droit de manger, et remplissaient encore d'autres ministères. C'étaient eux qui portaient l'arche d'alliance, gardaient les livres de la loi et bénissaient la multitude au nom de l'Éternel. Ils instruisaient encore le peuple, décidaient bien des procès, jugeaient la lèpre et les autres impuretés légales, prononçaient dans les causes matrimoniales et sur les vœux, sonnaient la trompette pour annoncer le sabbat et les autres fêtes, ainsi que pour convoquer l'assemblée, mener au combat et animer les combattants. Ils étaient solennellement ordonnés, et portaient dans leurs fonctions des vêtements sacrés. Quand ils étaient de service au tabernacle ou au temple, ils étaient tenus de s'abstenir de toute boisson enivrante et de garder la continence. Ceux qui avaient quelque défaut choquant ne pouvaient approcher de l'autel.

Tous les descendants mâles de Lévi, Dieu les sépara pour le service du sanctuaire, à la place des premiers-nés de tout Israël, qui lui étaient consacrés. Dans toutes leurs fonctions, les lévites étaient subordonnés à leurs frères de la maison d'Aaron, les prêtres. Ils servaient auprès du tabernacle, le dressaient, l'enlevaient et en portaient même les diverses parties, hormis l'arche d'alliance que portaient les prêtres seuls. Les uns procuraient l'eau, le bois et les autres choses dont les prêtres avaient besoin dans les sacrifices; les autres veillaient à la propreté des vases sacrés; d'autres faisaient la garde pendant la nuit devant le tabernacle, et plus tard dans le temple. Ils chantaient et jouaient des instruments durant le service divin, prenaient part avec les prêtres, quoique sous leur dépendance, à l'instruction du peuple et à l'administration de la justice. Lorsque l'Éternel choisit pour son service la tribu de Lévi à la place des premiers-nés d'Israël, il détermina qu'elle n'aurait point de pays particulier dans le partage de la terre de Chanaan, ainsi que les autres tribus; mais les lévites devaient recevoir la dîme de tous les fruits des champs : on devait en outre leur assigner quarante-huit villes, dont treize furent attribuées par le sort aux prêtres. De cette dîme, les lévites devaient donner la dîme à la famille d'Aaron. Les prêtres avaient encore leur part aux sacrifices. Comme donc ils ne vivaient que de ce qui est offert au Seigneur, à quoi appartenait encore le rachat des premiers-nés et les prémices des fruits, le Seigneur disait à Aaron : C'est moi ta part et ton héritage parmi les enfants d'Israël (Num., 18, 20).

Tremblez devant mon sanctuaire, a dit le Seigneur (Lev., 26, 2). Deux fils du grand-prêtre servirent bientôt d'exemple à ce commandement. Peu après l'érection du tabernacle et le sacre d'Aaron, ses fils Nadab et Abiu offrirent devant l'Éternel de l'encens sur un feu étranger, c'est-à-dire sur un feu différent de celui que l'Éternel avait allumé lui-même par un prodige. Et une flamme sortie de devant l'Éternel les dévora, et ils moururent devant l'Éternel. Et Moïse dit à Aaron : Voilà ce que l'Éternel avait dit : Je serai sanctifié dans ceux qui m'approchent, et je serai glorifié en eux devant toute la nation. Aaron enten-

LIVRE VIII. — VOYAGE DANS LE DÉSERT, MORT DE MOISE.

dant cela, se tut. Or, Moïse ayant appelé Misaël et Elisaphan, fils d'Ohiel, oncle d'Aaron, leur dit : Allez, et emportez vos frères de devant le lieu saint, et placez-les hors du camp. Et s'approchant aussitôt, ils les emportèrent avec leurs tuniques hors du camp, selon qu'il leur avait été ordonné. Et Moïse dit à Aaron, à Eléazar et à Ithamar, ses fils : Ne vous défigurez point la tête, la chevelure, et ne déchirez point vos vêtements, de peur que vous ne mouriez et que la colère ne s'allume contre tout le peuple. Que vos frères, ainsi que toute la maison d'Israël, pleurent l'embrasement qu'a allumé l'Eternel. Mais, vous, ne sortez point de l'entrée du tabernacle du témoignage, de peur que vous ne mouriez, parce que l'huile de l'onction de l'Eternel est sur vous; et ils firent ce que Moïse avait ordonné. L'Eternel parla aussi à Aaron : Tu ne boiras, toi, ni tes enfants avec toi, ni vin, ni liqueur enivrante, quand vous entrerez dans le tabernacle du témoignage, de peur que vous ne mouriez. Ce sera une ordonnance éternelle en vos générations, afin que vous sachiez discerner ce qui est saint ou profane, ce qui est pur et ce qui est impur, et afin que vous appreniez aux enfants d'Israël tout ce que je leur ai prescrit par le ministère de Moïse (Levit., 10).

Pendant qu'on travaillait à la construction du tabernacle, le fils d'une femme israélite, mais dont le père était Egyptien, eut une querelle avec un homme israélite, blasphéma le nom et le maudit. On l'amena devant Moïse, qui consulta l'Eternel. Et l'Eternel dit à Moïse : Fais sortir du camp le blasphémateur; que tous ceux qui l'ont entendu mettent leurs mains sur sa tête, et que tout le peuple le lapide. Dis aux enfants d'Israël : Quiconque aura maudit son Dieu, portera la peine de son péché; et qui blasphème le nom de l'Eternel, mourra de mort : toute l'assemblée l'accablera de pierres, que ce soit un citoyen ou un étranger. Quiconque aura blasphémé le nom, mourra. Et les enfants d'Israël firent comme l'Eternel avait commandé à Moïse (Levit., 24, 10-23).

Le nom de *Jéhova, Celui qui est*, est le nom par excellence; il se prend pour Dieu même. Ainsi, on lit *nom* pour *Dieu* sur les pierres de Palmyre ou Tadmor, ville bâtie par Salomon dans le désert de Syrie. Ainsi, un célèbre rabbin, Aben-Ezra, dit, dans son commentaire sur l'Exode : Moïse a demandé à voir le *Nom*, et le *Nom* lui a répondu : Un homme en vie ne peut me voir (Drach, 2e lettre, p. 60).

Les enfants d'Israël étaient toujours campés au pied du mont Horeb ou Sinaï. Il y avait bientôt un an qu'ils étaient là : ils y étaient arrivés au commencement du troisième mois après leur sortie d'Egypte. Le tabernacle fut érigé le premier jour du premier mois de la seconde année. Le quatorze du même mois, on avait célébré la pâque, et à cette occasion, ayant consulté Dieu, Moïse ordonna que ceux qui avaient été empêchés pour quelque impureté légale de faire la pâque avec tout le monde, la feraient le quatorze du mois suivant (Num., 9, 1-14).

Le premier jour du second mois, la seconde année après la sortie d'Egypte, l'Eternel parla à Moïse, au désert de Sinaï, dans le tabernacle d'alliance, disant : Prends le total de toute l'assemblée des enfants d'Israël, selon leurs familles et leurs maisons, avec l'indication des noms, tout mâle, tête par tête, depuis vingt ans et au-dessus, tout ce qui peut aller à la guerre en Israël : vous en ferez la revue selon leurs bandes, toi et Aaron, assistés des princes de chaque tribu (Num., 1, 1-3). Un autre dénombrement avait déjà eu lieu, lorsque tous les hommes, de vingt ans et au-dessus, firent leur offrande pour la construction du tabernacle; mais ici c'est une revue militaire : tout y est plus exact; on prend le nom de chaque homme; ils sont rangés par bataillons; ils ont à leur tête les chefs qui les commandent. Cette revue donna le résultat qui suit :

La tribu de Ruben, prince Elizur, fils de Sédéur..	46,500 combattants.
La tribu de Siméon, prince Salamiel, fils de Surisaddaï.................................	59,300 —
La tribu de Juda, prince Nahasson, fils d'Aminadab.....................................	74,600 —
La tribu d'Issachar, prince Nathanaël, fils de Suar...	54,400 —
La tribu de Zabulon, prince Eliab, fils d'Hélon...	57,400 —
La tribu d'Ephraïm, prince Elisama, fils d'Amniud...	40,500 —
La tribu de Manassé, prince Gamaliel, fils de Phadassur...............................	32,200 —
La tribu de Benjamin, prince Abidan, fils de Gédéon.....................................	35,400 —
La tribu de Dan, prince Ahiézer, fils d'Amisaddaï..	62,700 —
La tribu d'Azer, prince Phégiel, fils d'Ochran..	41,500 —
La tribu de Gad, prince Eliasaph, fils de Duel..	45,650 —
La tribu de Nephthali, prince Ahira, fils d'Enan...	53,400 —
TOTAL........	603,550 combattants.

Les lévites n'étaient point compris dans ce nombre; ils furent comptés à part, et montèrent à vingt-deux mille mâles, de l'âge d'un mois et au-dessus. Dieu les appliqua au service du son tabernacle, à la place des premiers-nés, qui lui appartenaient en propre depuis qu'il avait délivré Israël par la mort des premiers-nés de l'Egypte. Les premiers-nés des enfants d'Israël ayant dépassé le nombre des lévites de deux cent soixante-treize, chacun de ces surnuméraires donna, pour se racheter, cinq sicles, qu'on estime un peu plus de dix francs.

La consécration de la tribu sainte se fit avec solennité. Prends les lévites parmi les enfants d'Israël, dit l'Eternel à Moïse, et tu les purifieras selon cette cérémonie : Qu'ils soient arrosés de l'eau d'expiation après qu'ils auront rasé tout le poil de leur chair, et quand ils auront lavé leurs vêtements et qu'ils seront purifiés, ils amèneront un bœuf du troupeau pour l'holocauste, avec l'oblation de fleur de farine mêlée d'huile; de plus, un second bœuf pour le péché. Et tu feras approcher les lévites devant le tabernacle d'alliance, après avoir assemblé toute la multitude des enfants d'Israël. Et quand les lévites seront devant Jéhova, les enfants d'Israël étendront la main sur eux; et Aaron offrira les lévites à Jéhova, comme un don des enfants d'Israël, afin qu'ils servent dans les fonctions de son ministère. Les lévites aussi étendront leurs mains sur la tête des bœufs. Tu en offriras un pour le péché, et l'autre en holocauste à Jéhova, afin de prier pour eux. Tu présenteras les lévites devant Aaron et devant ses fils, et tu les consacreras après les avoir offerts à Jéhova; et tu les sépareras du milieu des enfants d'Israël, afin qu'ils soient à moi. Car j'ai choisi les lévites pour tous les premiers-nés des enfants d'Israël, et j'en ai fait le don à Aaron et à ses fils, les tirant du milieu du peuple, afin qu'ils me servent pour Israël au tabernacle d'alliance et qu'ils prient pour lui, afin qu'il n'y ait pas de plaie sur le peuple, s'il osait approcher du sanctuaire (Num., 8, 5-26).

L'eau d'expiation dont il est ici parlé, était de l'eau vive où l'on avait jeté de la cendre d'une vache rousse, immolée pour cela et brûlée avec des cérémonies particulières, par un prêtre, hors du camp. Cette cendre ainsi détrempée, servant à purifier des impuretés extérieures et charnelles, figurait et annonçait, comme nous l'insinue saint Paul, une aspersion bien autrement efficace, le sang de Jésus-Christ, qui purifie la conscience même des œuvres mortes ou des péchés (Num., 19; Hebr., 9-13).

Les lévites ne devaient servir au tabernacle que de trente ans à cinquante. Ceux de cet âge étaient alors de huit mille cinq cent quatre-vingt-trois. Ils étaient distingués en trois familles, selon les trois fils de Lévi. La famille de Caath, campée au midi du tabernacle, était chargée, pendant les marches, de tout ce qu'il y avait dans l'intérieur de ce sanctuaire, mais enveloppé auparavant par les prêtres. La famille de Gerson, campée derrière le tabernacle, au septentrion, était chargée des tentures et des cordages. La famille de Mérari, campée à l'occident, avait soin des ais et des colonnes. Moïse, Aaron et ses fils étaient campés devant le tabernacle, à l'orient.

Pendant ces solennités, les princes des tribus offrirent en commun six chariots couverts, avec douze bœufs. Moïse donna deux de ces chariots avec quatre bœufs aux enfants de Gerson, selon ce qui leur était nécessaire. Le reste fut donné aux enfants de Mérari, à cause qu'ils avaient des fardeaux plus grands à porter et qu'ils étaient en plus petit nombre. Les enfants de Caath n'eurent rien, parce qu'ils servaient en ce qui regarde le sanctuaire, et qu'ils portaient les fardeaux sur leurs propres épaules. Ensuite, à la dédicace de l'autel, chaque prince, à commencer par celui de Juda, suivant l'ordre du campement, offrit en son jour un plat d'argent de cent trente sicles, une coupe d'argent de soixante-dix sicles, selon le poids du sanctuaire, l'un et l'autre pleins de fleur de farine mêlée avec de l'huile pour le sacrifice; un petit vase d'or du poids de dix sicles rempli d'encens; un bœuf de son troupeau, un bélier et un agneau d'un an pour l'holocauste; un bouc pour le péché, et pour le sacrifice des pacifiques, deux bœufs, cinq béliers, cinq boucs et cinq agneaux d'un an (Num., 7).

Le sicle est évalué, comme poids, à deux gros, trente et un grains et un tiers; autrement, en grammes, suivant le système décimal, 9,3126 2/3.

Cette revue militaire, au milieu de solennités religieuses, faisait entrevoir que bientôt on allait se mettre en marche. En effet, le 20 du même mois, la nuée qui reposait sur le tabernacle s'éleva et donna ainsi le signal du départ. Dès lors, suivant l'ordre que nous avons vu, les tribus de Juda, d'Issachar et de Zabulon décampèrent au premier son de la trompette, suivies des lévites de la famille de Gerson et de celle de Mérari; au deuxième son, les tribus de Ruben, de Siméon et de Gad, suivies des lévites de la famille de Caath; au troisième, Ephraïm, Manassé et Benjamin; au dernier, Dan, Aser et Nephthali. L'arche d'alliance, avec la colonne, était en avant pour indiquer la route.

Alors Moïse dit à Hobab, fils de Raguel, Madianite, son allié, qui était resté dans le camp d'Israël après que Jéthro s'en fut retourné : Nous partons pour le lieu que l'Eternel a dit qu'il nous donnerait; viens avec nous afin que nous te fassions entrer en partage des biens que l'Eternel a promis à Israël. Hobab répondit : Je n'irai point, mais je retournerai en la terre où je suis né. Moïse insista : Ne nous abandonne pas, car tu connais les lieux où nous devons camper dans le désert, et tu seras notre guide. Et quand tu seras venu avec nous, nous te donnerons la meilleure part des biens que l'Eternel nous aura accordés (Num., 10, 29-32).

Hobab se rendit à la prière de Moïse. Ses descendants habitèrent dans le partage de la tribu de Juda : ils sont connus sous le nom de Cinéens, et devinrent très-nombreux. C'est d'eux que sortirent les Réchabites, si célèbres par leur piété filiale.

On s'étonnera peut-être qu'avec la colonne de nuée qui indiquait la route et les lieux de campements, Moïse voulût encore avoir un homme pour guide. On ne s'en étonnera plus si l'on pense à la multitude qu'il avait à conduire et au pays qu'elle parcourait. Suivant les gens de l'art, le camp des Israélites dans le désert occupait un espace de trente-trois lieues environ. Le camp d'une armée de cent mille hommes a une lieue d'étendue; ce qui, pour une multitude de trois millions, donnerait précisément trente lieues; mais comme il y avait dans le camp d'Israël beaucoup d'étrangers et des bêtes de toutes sortes, il faut y ajouter au moins trois lieues de plus. Chaque côté du camp avait donc huit lieues et un tiers de longueur, et un peu moins de quatre lieues de profondeur.

Ensuite, cette partie de l'Arabie, dans laquelle les Israélites ont ainsi campé et décampé pendant quarante ans, n'est qu'une mer de sable, où, comme autant de petites îles, on trouve de loin en loin quelques lieux humides couverts de verdure. Ces déserts sont bordés de montagnes, de rocs qui, s'entr'ouvrant un peu, forment d'étroites vallées qui fournissent des pâturages. L'eau est très-rare dans ces affreuses solitudes, et une partie de celle qu'on y découvre est amère et saumâtre.

A la vérité, la colonne de nuée réglait les marches et fixait le centre des campements; mais il y avait bien d'autres connaissances nécessaires pour adoucir un peu les incommodités de ce fâcheux séjour. Il fallait savoir où l'on trouvait des sources, quelle était leur qualité, où il y avait des pâturages; il fallait être prévenu des accidents auxquels on pouvait être exposé dans cette contrée; être averti des animaux et des reptiles dangereux qui s'y rencontraient; connaître enfin les divers peuples qu'on avoisinait successivement, pour tenter de lier avec eux quelque commerce et se procurer par ce moyen quelque secours. Voilà ce que la colonne ne disait pas, et ce que disait Hobab, qui avait une parfaite connaissance du pays.

Dans une de ces marches laborieuses, le peuple commençait à se livrer à des plaintes coupables : un feu venu de l'Eternel s'alluma parmi eux et dévorait déjà l'extrémité du camp. Aussitôt le peuple cria vers Moïse, qui intercéda près de l'Eternel, et le feu disparut (Num., 11, 1-3). On appela ce lieu *Incendie*, parce que le feu de l'Eternel s'y était allumé contre eux.

L'Ecriture nous fait connaître la cause première de ces murmures. La multitude étrangère, qui était au milieu d'eux, convoitait toute sorte de convoitises. Ce mal se communiquait. Par là il arriva qu'un jour les enfants d'Israël eux-mêmes se mirent à pleurer et à dire : Qui nous fera manger de la chair! Il nous souvient des poissons que nous mangions pour rien en Egypte; il nous souvient des concombres, des melons, des poireaux, des oignons et de l'ail. Notre âme est desséchée, nos yeux ne voient que la manne.

Moïse entendit donc pleurer le peuple dans chaque famille, chacun à la porte de sa tente, et la colère de l'Eternel s'alluma. Mais ces murmures parurent insupportables à Moïse lui-même; il dit à l'Eternel : Pourquoi avez-vous ainsi affligé votre serviteur, pourquoi ne trouvé-je point grâce devant vous? et pourquoi avez-vous mis sur moi le fardeau de tout ce peuple? Est-ce donc moi qui ai conçu toute cette multitude ou qui l'ai engendrée, pour que vous me disiez : Porte-les en tes bras, comme la nourrice l'enfant, et porte-les en la terre que vous avez promise avec serment à leurs ancêtres? Où prendrai-je des viandes pour en donner à toute cette multitude? car ils pleurent à moi, disant : Donne-nous de la chair, afin que nous en mangions! Je ne puis plus soutenir seul tout ce peuple, parce que le fardeau est trop pesant pour moi. S'il ne vous plaît autrement, je vous conjure de me faire mourir, et que je trouve grâce à vos yeux : seulement ne me faites plus ainsi voir mon malheur!

L'Eternel répondit à Moïse : Assemble-moi soixante-dix hommes des anciens d'Israël que tu sais être les anciens et les intendants du peuple, et tu les conduiras à la porte du tabernacle d'alliance, et tu les feras demeurer là avec toi. Et je descendrai et je te parlerai là; et je prendrai de l'esprit qui est sur toi, et je le mettrai sur eux, afin qu'ils portent avec toi le fardeau du peuple et que tu n'en sois pas chargé seul. Au peuple aussi tu diras : Sanctifiez-vous, c'est-à-dire préparez-vous pour demain; vous aurez de la chair à manger, puisque enfin vous avez pleuré aux oreilles de l'Eternel, disant : Qui nous fera manger de la chair? Il était bon pour nous d'être en Egypte. L'Eternel donc vous donnera de la chair, non pas un jour, ni deux, ni cinq, ni dix, ni vingt, mais durant un mois, jusqu'à ce qu'elle vous sorte par les narines et qu'elle vous soit à dégoût, parce que vous avez répudié l'Eternel qui est au milieu de vous et que vous avez pleuré devant lui, disant : Pourquoi sommes-nous sortis de l'Egypte?

Moïse insista : Le peuple, au milieu duquel je suis, est de six cent mille hommes de pied, et vous dites : Je leur donnerai de la viande, et ils en mangeront tout un mois! Faut-il immoler tous les brebis et des bœufs pour suffire à leur nourriture, ou leur rassemblera-t-on tous les poissons de la mer afin de les rassasier? L'Eternel répondit : La main de Jéhova est-elle donc raccourcie? Tu verras maintenant si ma parole accomplit tes souhaits ou non.

Moïse sortit donc du tabernacle et rapporta au peuple les paroles de l'Eternel. En même temps, il assembla les soixante-dix hommes d'entre les anciens d'Israël. Et l'Eternel descendit en la nuée, lui parla, prit de l'esprit qui était sur lui et en donna aux soixante-dix anciens. Et quand l'esprit se fut reposé sur eux, ils prophétisèrent. Or, deux de ces hommes étaient demeurés dans le camp, l'un s'appelait Eldad et l'autre Medad : l'esprit se reposa sur eux; car ils avaient été désignés, mais n'étaient pas allés au tabernacle. Comme donc ils prophétisaient dans le camp, un jeune homme courut et l'annonça à Moïse, disant : Eldad et Medad prophétisent dans le camp. Aussitôt Josué, fils de Nun, ministre de Moïse, d'entre ses hommes d'élite, lui dit : Seigneur Moïse, empêchez-les. Mais lui : Est-ce que tu es jaloux pour moi, dit-il? Qui donnera que tout le peuple de l'Eternel soit prophète, et que l'Eternel leur accorde son esprit! Après cela, Moïse retourna dans le camp avec les anciens d'Israël (Num., 11, 1-30).

Déjà précédemment, après la promulgation et l'acceptation de la loi, soixante-dix anciens du peuple avaient été désignés pour monter sur la montagne et contempler de plus près la gloire du Dieu d'Israël; mais cette désignation s'était bornée à cette circonstance particulière. Ici les soixante-dix, choisis par Moïse dans ce grand nombre de magistrats qu'il avait établis d'après le conseil de Jéthro et avec l'assentiment du peuple, sont institués divinement ses coopérateurs dans le gouvernement, et deviennent le sénat perpétuel de la nation. Dieu leur communique pour cela quelque chose de ces dons surnaturels qu'il avait réunis en Moïse, et qui sont désignés sous le nom générique de *prophétie*. Dans le langage de l'Ecriture, ce mot s'applique non-seulement à la prédiction d'un avenir révélé, mais encore à toutes les opérations surnaturelles de l'esprit de Dieu dans l'homme. Ainsi, il est dit d'Elisée qu'après sa mort son cadavre prophétisa (Eccli., 48, 14), parce que ses ossements ressuscitèrent un mort par leur attouchement. Ainsi, le prophète Joël annonce la descente du Saint-Esprit sur les Apôtres et les premiers fidèles, en disant, au nom de l'Eternel : « En ces jours-là je répandrai mon esprit sur mes serviteurs et sur mes servantes, et ils prophétiseront (Act., 2, 16). »

Ce sénat des anciens subsista chez les Juifs jusqu'à la dispersion finale de la nation. Dans les derniers temps, il était connu sous le nom de *sanhédrin*, mot dérivé et corrompu du grec *synedrion* qui, chez les Athéniens, désignait l'aréopage ou le sénat, et signifie généralement, *assemblée*, conseil.

Dieu avait rempli la première partie de sa promesse; il avait allégé le fardeau de Moïse, en lui donnant un sénat pour l'aider dans le gouvernement. Restait la seconde partie, la chair à donner au peuple pendant un mois.

Or, un vent s'élevant par ordre de l'Eternel, apporta de la mer des cailles, et les répandit autour du camp dans l'espace d'une journée de chemin, et de tous côtés elles volaient à la hauteur de deux coudées au-dessus de la terre. Et le peuple se leva tout ce jour-là, et toute la nuit, et le jour suivant, et il amassa des cailles. Celui qui en avait le moins en avait dix *chomers*. Le cor ou chomer étant estimé environ trois hectolitres, cela ferait environ trente hectolitres pour les moins approvisionnés. Ils préparèrent ces oiseaux autour du camp. Sans doute que, selon l'usage du pays, ils les salèrent et les firent sécher au soleil, pour les conserver plus longtemps. La mer Rouge, dont les rivages sont couverts de sel, n'étant pas loin, la chose leur était facile. Aujourd'hui encore les Arabes en font autant des poissons qu'ils prennent : ils leur fendent le ventre, les salent un peu et les sèchent au soleil. Ainsi préparés, ils peuvent les garder longtemps, les transporter au loin; ils en font en particulier un grand commerce à Tor, ville de l'Arabie Pétrée, sur la mer Rouge (1).

On mangea donc de la chair pendant un mois. Après cela, cette viande se trouvant entre leurs dents et n'étant pas encore toute consumée, la colère de l'Eternel s'alluma contre le peuple, et il le frappa d'une très-grande plaie. Et on nomma ce lieu *Sépulcres de convoitise*, car on y ensevelit le peuple qui avait convoité la chair (Num., 11, 31-34).

Ce n'était pas assez pour Moïse d'avoir à supporter les murmures d'un peuple indocile; sa sœur et son frère, Marie et Aaron, mirent sa patience à l'épreuve. Ils parlèrent contre lui, parce qu'il avait une Ethiopienne pour femme, Séphora, fille de Jéthro, prêtre de Madian, pays que les anciens regardaient comme une province de celui de Chus, nommé des Grecs l'Ethiopie orientale, par opposition à l'Ethiopie du sud en Afrique. Ils ne s'en tinrent point à ce reproche, ils allèrent jusqu'à dire : L'Eternel n'a-t-il donc parlé que par Moïse? n'a-t-il pas également parlé par nous? Or, Moïse était un homme très-doux, et plus qu'aucun homme sur la terre. L'Eternel ayant donc entendu ces paroles, dit aussitôt à Moïse, à Aaron et à Marie : Sortez vous trois pour vous rendre au tabernacle d'alliance. Et lorsqu'ils y furent arrivés, l'Eternel descendit dans la colonne de nuée et s'arrêta à l'entrée du tabernacle, appelant Aaron et Marie. Eux venus, il leur dit : Ecoutez mes paroles : Quand il y aura un prophète comme vous, moi, l'Eternel, je lui apparaîtrai dans une vision ou je lui parlerai en songe; mais il n'en est pas ainsi de mon serviteur Moïse, qui est très-fidèle dans toute ma maison; car je lui parle bouche à bouche, avec une entière clarté et sans énigme : il voit l'image même de Jéhova. Pourquoi donc n'avez-vous pas craint de parler contre mon serviteur Moïse? Et, irrité contre eux, il s'en alla. La nuée qui était sur le tabernacle se retira également. Et voilà que Marie était couverte d'une lèpre semblable à la neige. Aaron l'ayant vue, dit à Moïse : De grâce, seigneur, ne nous imputez point ce péché que nous avons commis follement! Et que celle-ci ne devienne pas comme un enfant mort dont la moitié de la chair est déjà consumée lorsqu'il sort du sein de sa mère! Moïse cria donc vers l'Eternel, disant : O Dieu! je vous conjure, guérissez-la. L'Eternel répondit : Si son père lui eût craché au visage pour la punir de quelque faute, n'eût-elle pas été dans la confusion au moins durant sept jours, sans se présenter devant lui? Qu'elle soit donc aussi séparée pendant sept jours hors du camp, et après on la rappellera. Marie fut donc enfermée hors du camp pendant sept jours; et le peuple ne quitta point ce lieu jusqu'à ce qu'elle fût rappelée (Num., 12).

Etant partis d'Haseroth où ils étaient venus des Sépulcres de convoitise, les enfants d'Israël entrèrent dans le désert de Pharan, et, après plusieurs stations, arrivèrent à Cadès-Barné. Ce lieu était sur les frontières de la terre promise, à une journée de chemin de Bersabée, où ont vécu si longtemps Abraham, Isaac et Jacob. Ils foulaient déjà le même sol que leurs ancêtres. Aussi Moïse leur dit-il en ce lieu : Vous êtes parvenus à la montagne des Amorrhéens que l'Eternel, notre Dieu, doit nous donner. Voyez la terre que l'Eternel, votre Dieu, vous donne; montez et possédez-la selon que vous l'a dit l'Eternel, Dieu de vos pères; ne craignez point et ne vous découragez point. Tous alors s'approchèrent et lui dirent : Envoyons des hommes afin qu'ils considèrent la terre et nous rapportent par quel chemin nous devons aller et les villes où nous entrerons (Num., 12). Cet avis lui parut bon, et, après avoir consulté l'Eternel, il envoya, par son ordre, douze hommes des principaux de chaque tribu; de leur nombre étaient Caleb, fils de Jephoné, de la tribu de Juda, et Osée, fils de Nun, de la tribu d'Ephraïm. Moïse appela celui-ci Josué, en ajoutant à son premier nom la lettre initiale de Jéhova. Osée veut dire, *sauvez* ou *sauveur;* Josué veut dire, l'*Eternel sauvera*. Les Septante l'expriment par *Jésus;* en hébreu, c'est en effet le même nom que celui de notre Sauveur, dont Josué était la figure.

Moïse leur dit à tous : Montez par le midi que voici, et lorsque vous serez arrivés aux montagnes, considérez la terre, ce qu'elle est et le peuple qui l'habite; s'il est fort ou faible; s'il est peu nombreux ou beaucoup; si la terre est bonne ou mauvaise; si les villes sont fortifiées ou sans murailles; si le terroir est gras ou maigre; s'il y a des bois ou s'il est sans arbres; osez enfin nous apporter des fruits de cette terre. Or, c'était juste le temps des raisins nouveaux.

Ils exécutèrent l'ordre de Moïse, explorèrent tout le pays depuis l'extrémité méridionale où ils entrèrent, jusqu'à l'extrémité septentrionale, au mont Liban. Ils passèrent entre autres à Hébron, où était la vallée de Mambré, non loin du sépulcre d'Abraham et de Sara. A quelque distance de là, ils arrivèrent dans une vallée où ils coupèrent une branche de vigne avec son raisin, et deux hommes, pour la mieux conserver, la portèrent sur un bâton. Ils appelèrent cette vallée *Néhel-Escol*, c'est-à-dire *vallée* ou *torrent de la Grappe*. Aujourd'hui encore, à quelques lieues de Bethléhem, dans la vallée de Sorec, les vignes portent d'ordinaire des raisins du poids de sept livres, et, en l'année 1634, suivant le témoignage d'un voyageur (1), il s'en trouva un du poids de vingt-cinq livres et demie. Cette vallée de Sorec ou de la Vigne, a un torrent qu'on appelle le torrent du Raisin ou de la Grappe. C'est peut-être là que les explorateurs coupèrent leur échantillon.

Enfin, revenus dans le camp après quarante jours, ils vantèrent la fertilité du pays, dirent que vraiment il y coulait des ruisseaux de lait et de miel, et montrèrent pour preuve les fruits qu'ils avaient apportés, entre autres la branche de vigne avec son raisin portée par les deux hommes. Mais ils racontèrent aussi combien ses habitants étaient redoutables : C'est un peuple plus grand et plus nombreux que nous; leurs villes sont grandes et fortifiées jusqu'au ciel : c'est une terre qui dévore ses habitants. Nous y avons vu des géants près de qui nous paraissions comme des sauterelles, les enfants d'Enac,

(1) Belon, *Observations de plusieurs singularités trouvées en Grèce, Asie, Judée, etc.*, l. 2, c. 67. Voyez encore *Athenæi Deipnos* l. 9, c. 11.

(1) Roger, *Voyage dans la Terre-Sainte*, 1646.

LIVRE VIII. — VOYAGE DANS LE DÉSERT, MORT DE MOISE.

qui sont à Hébron. Non, nous ne pouvons pas combattre ce peuple.

Ce nom d'*Enac* n'était pas inconnu aux Grecs. Pausanias parle du géant Astérius, fils d'Anac ou d'Enac, long de six coudées, et dont le tombeau se voyait près de Milet (1). Les savants ont cru encore retrouver ce nom dans Inachus et les Inachides, ancêtres de la race cyclopéenne des Pélages, dont les constructions singulières, connues sous le nom de *monuments cyclopéens*, se trouvent en Asie, en Grèce, en Italie et en Espagne (2).

Le brave Caleb cherchait à détruire l'impression que faisait ce récit sur le peuple, en assurant qu'Israël vaincrait facilement les habitants. Moïse ajouta : Ne soyez point effrayés et ne les craignez point. L'Eternel, votre Dieu, qui marche devant vous, combattra pour vous, comme il vous a fait en Egypte sous vos yeux. Et dans le désert, vous l'avez encore vu, l'Eternel votre Dieu, vous a portés, comme un homme a coutume de porter son fils encore enfant, dans toutes les voies où vous avez marché, jusqu'à ce que vous soyez venus en ce lieu. (Deut., 1, 29-31). Mais le peuple, découragé, oubliant tout cela, s'abandonnait à la terreur, criait, pleurait, murmurait contre Moïse et Aaron, disant : Que ne sommes-nous morts en Egypte! ou bien, que ne mourions-nous dans cette solitude! Pourquoi l'Eternel nous conduit-il dans cette terre où nous tomberons sous le glaive, où nos femmes et nos enfants seront en butin à l'ennemi ? Ne vaut-il pas mieux retourner en Egypte? Donnons-nous un chef et retournons en Egypte!

En cette extrémité, Moïse et Aaron se prosternèrent la face contre terre, devant toute la multitude des enfants d'Israël pour implorer la miséricorde de Dieu. A cette vue, Josué et Caleb déchirèrent leurs vêtements en signe de douleur, et s'efforcèrent de rassurer le peuple : La terre que nous avons parcourue est très-excellente. Si l'Eternel se complaît en nous, il nous introduira, et il nous donnera cette terre où coulent le lait et le miel. Seulement ne vous révoltez pas contre l'Eternel : alors vous n'aurez point à craindre le peuple de cette terre-là ; nous le dévorerons, au contraire, comme du pain : leur ombre s'est déjà retirée de dessus eux, et avec nous est l'Eternel ; ne craignez point!

Mais au lieu d'écouter, toute la multitude s'écria qu'il fallait les assommer à coups de pierre, lorsque soudain la gloire de Jéhova apparut sur le tabernacle du témoignage à tous les enfants d'Israël. Et l'Eternel dit à Moïse : « Jusqu'à quand m'outragera ce peuple? et jusqu'à quand ne me croiront-ils point, après tous les miracles que j'ai faits au milieu d'eux? Je les frapperai donc de peste et les détruirai, eux ; mais de toi je ferai une nation plus grande et plus forte que celle-là. » Moïse intercéda de nouveau. Brûlant du zèle de la gloire de Dieu, il osa lui représenter ce que diraient les Egyptiens ; ce que l'on dirait aux habitants de Chanaan, qui ont appris que vous êtes au milieu de ce peuple, que vous y apparaissez visiblement à l'œil, que votre nuée les protège, et que dans une colonne de nuée vous les précédez le jour, et dans une colonne de feu la nuit. Si

(1) Pausan. *in Attic.*; Bochart, *Chanaan*, l. 1, c. 1.
(2) *Mémoires de l'Académie des Inscriptions*, t. XLII, p. 11, in-12; Petit-Radel *Monuments cyclopéens*.

donc vous faites mourir toute cette multitude comme un seul homme, les nations, qui en apprendront la nouvelle, se mettront à dire : Parce que Jéhova ne pouvait pas introduire ce peuple en la terre qu'il avait juré de leur donner, il l'a immolé dans le désert. Ah! plutôt, ô Adonaï, que la grandeur de votre force se manifeste selon ce que vous avez dit : L'Eternel est patient et riche en miséricorde, effaçant les iniquités et les crimes, ne laissant rien d'impuni, visitant l'iniquité des pères sur les fils, jusqu'à la troisième et quatrième génération. Pardonnez donc, je vous prie, le péché de ce peuple, selon la grandeur de votre miséricorde, comme vous lui avez été propice depuis sa sortie d'Egypte jusqu'à ce jour.

Et l'Eternel dit : « J'ai pardonné selon ta parole. Cependant, aussi vrai que je vis et que la gloire de l'Eternel remplit toute la terre, tous ces hommes qui ont vu ma gloire et les miracles que j'ai faits en Egypte et au désert, qui m'ont déjà tenté par dix fois, et qui n'ont pas obéi à ma parole, nul d'entre eux ne verra la terre que j'ai jurée à leurs ancêtres, nul ne la verra de ceux qui m'ont outragé. Demain, mettez-vous en marche et retournez au désert par le chemin de la mer Rouge. Oui, aussi vrai que je vis, comme vous avez parlé à mes oreilles, ainsi je vous ferai. Vos corps seront gisants dans cette solitude. Vous tous qui avez été passés en revue depuis l'âge de vingt ans et au-dessus et qui avez murmuré contre moi, vous n'entrerez certainement point dans la terre sur laquelle j'ai levé ma main pour vous y faire habiter, excepté Caleb, fils de Jephoné, et Josué, fils de Nun ; mais vos enfants, dont vous avez dit qu'ils seraient en proie aux ennemis, c'est eux que j'y introduirai, et ils connaîtront cette terre que vous avez méprisée. Pour vos cadavres, ils resteront étendus dans cette solitude ; et vos enfants seront errants en ce désert quarante ans, et porteront la peine de votre infidélité, jusqu'à ce que vos cadavres soient consumés dans le désert. Selon le nombre des quarante jours que vous avez considéré cette terre, un jour compté comme un an vous porterez la peine de votre iniquité durant quarante ans, et vous connaîtrez ce qui arrive quand je me retire de vous. »

En même temps, tous les hommes que Moïse avait envoyés pour considérer la terre, et qui, de retour, excitèrent les murmures de l'assemblée en représentant cette terre comme funeste, furent frappés subitement et moururent devant l'Eternel. Il n'y eut d'entre eux à survivre que Caleb et Josué. Ce coup dut déjà bien amortir l'effervescence de la multitude. Lors donc que Moïse vint encore leur raconter les paroles sévères de l'Eternel, ils en furent très-affligés.

Le lendemain, passant d'un excès à l'autre, ils se levèrent de grand matin pour monter sur le sommet de la montagne, et dirent : Nous sommes prêts à monter au lieu dont l'Eternel a parlé, car nous reconnaissons que nous avons péché. Moïse leur dit : Pourquoi transgressez-vous de nouveau le commandement de l'Eternel ? Cela ne vous sera point favorable. Ne montez point, car l'Eternel n'est point au milieu de vous, afin que vous ne succombiez pas en la présence de vos ennemis. Les Amalécites et les Chananéens sont devant vous, et vous tomberez sous le glaive parce que, vous retirant de l'Eternel, l'Eternel ne sera point avec vous. Mais eux s'obstinèrent aveuglément à monter sur le sommet de la montagne. Cependant l'arche de l'alliance de Jéhova ni Moïse ne sortirent point du camp. Les Amalécites et les Chananéens qui habitaient la montagne descendirent, et, les frappant et les tuant, ils les poursuivirent jusqu'à Horma (Num., 14).

Saint Paul adressait aux chrétiens descendus de ces anciens Hébreux des réflexions que des chrétiens de toute origine feront bien de s'adresser eux-mêmes, surtout quand ils pensent à ce que nous venons de voir. « Quant à Moïse, il a été fidèle dans toute la maison de Dieu, comme un serviteur, pour annoncer au peuple tout ce qu'il devait dire. Le Christ, au contraire, comme fils, l'est dans sa propre maison; et cette maison, c'est nous-mêmes, pourvu que nous conservions jusqu'à la fin une ferme confiance et une espérance pleine de joie. C'est pourquoi, comme dit le Saint-Esprit, aujourd'hui, si vous entendez sa voix, n'endurcissez pas vos cœurs comme il arriva au lieu de *Contradiction*, et comme au jour de la tentation dans le désert, où vos pères m'ont tenté, mis à l'épreuve, et où ils ont vu mes œuvres pendant quarante ans. C'est pourquoi je supportai cette génération avec dégoût, et je dis en moi-même : Ils suivent toujours l'égarement de leur cœur; ils ne connaissent pas mes voies : j'ai donc fait serment dans ma colère qu'ils n'entreront pas dans le lieu de mon repos. Prenez donc garde, mes frères, dit le grand Apôtre, qu'il ne se trouve dans quelqu'un de vous un cœur corrompu par l'incrédulité jusqu'à se retirer du Dieu vivant; mais animez-vous chaque jour les uns les autres, pendant ce qui s'appelle aujourd'hui, de peur que quelqu'un de vous, par la déception du péché, ne tombe dans l'endurcissement ; car nous avons été faits participants du Christ, pourvu que ce commencement d'être nouveau, nous le retenions ferme jusqu'à la fin, pendant qu'il est dit : Aujourd'hui, si vous entendez sa voix, n'endurcissez pas vos cœurs, comme il arriva au lieu de Contradiction. Car quelques-uns de ceux qui entendirent la parole, y contredirent, non pas cependant tous ceux que Moïse avait fait sortir de l'Egypte. Or, qui sont ceux que Dieu a supportés avec peine pendant quarante ans, sinon ceux qui avaient péché et dont les cadavres demeurèrent gisants dans le désert ? Et qui sont ceux à qui Dieu jura qu'ils n'entreraient pas dans son repos, sinon ceux qui furent incrédules et désobéissants ? Aussi voyons-nous qu'ils ne purent y entrer à cause de leur incrédulité. Craignons donc qu'il ne se trouve quelqu'un d'entre nous qui soit exclu du repos (éternel) de Dieu, pour avoir négligé la promesse qui nous est faite d'y entrer (Heb., c. 3, 5-19, et c. 4, 1). »

Telle est la salutaire instruction que la Providence nous offre dans les événements de l'ancienne alliance. Oui, au lieu d'épuiser notre esprit à voir combien les Hébreux se sont rendus coupables, craignons de nous rendre plus coupables encore. Ayant plus reçu, il nous sera plus demandé. Par leur peu de foi, eux ont été privés du repos temporel en la terre promise, mais cette peine a pu leur faire mériter le repos éternel dans les cieux. Nous, au contraire, si nous manquons la patrie céleste, la seule que nous ayons à chercher, quel espoir nous restera-t-il ? Apprenons encore à ne pas exagérer les fautes d'autrui. Peut-être, dans notre indignation contre l'ingratitude des Juifs, serons-nous portés à dire que de tous ceux qui sortirent de l'Egypte, il n'y en eut que deux à entrer dans la terre de Chanaan, et que tous les autres, ayant été rebelles, périrent dans le désert. Ce n'est point ainsi que s'exprime l'Apôtre. Quelques-uns, dit-il, quelques-uns de ceux qui entendirent la parole y furent rebelles; mais pas tous ceux qui sortirent de l'Egypte avec Moïse. Ainsi, pas tous, mais seulement quelques-uns furent exclus du repos en la terre promise. En effet, toute la population au-dessous de vingt ans, ce qui formait sans contredit plus de la moitié de la population totale, y entra avec Josué. De plus, dans la condamnation contre les murmurateurs, il n'est parlé que des hommes qui avaient passé la revue, et nullement des femmes; ce qui sauve encore de la peine de mort à peu près la moitié de la population restante. Enfin, la tribu entière de Lévi était demeurée dans le camp avec Moïse et l'arche d'alliance. Tout cela bien considéré, il s'ensuivra que de toute la population que Moïse fit sortir de l'Egypte, il n'y eut tout au plus que le cinquième ou le quart à n'entrer point dans la terre promise en punition de cette révolte.

Après leur défaite, les enfants d'Israël, revenus dans le camp, entrèrent dans des sentiments de pénitence et pleurèrent devant l'Eternel (Deut., 1, 45 et 46). Ils le priaient sans doute de révoquer la sentence de mort et de leur permettre d'entrer dès lors en la terre de promission, dont ils étaient si près. Mais Dieu fut inexorable sur ce point. Après donc avoir séjourné longtemps aux mêmes lieux, à Cadès-Barné, ils rentrèrent dans la solitude, vers la mer Rouge, et y voyagèrent d'une station à l'autre jusqu'à la fin des quarante ans.

Un jour ils trouvèrent un d'entre eux qui amassait du bois le jour du sabbat. On l'amena devant Moïse, Aaron et toute l'assemblée. Comme on ne savait de quelle manière cette profanation devait être punie, on le mit en prison. L'Eternel en décida par Moïse, et il fut lapidé (Num., 15, 32-36).

Si le profanateur du sabbat avait espéré d'échapper aux regards des hommes, Coré, de la tribu de Lévi, Dathan et Abiron, de la tribu de Ruben, osèrent une rébellion plus hardie : ils s'élevèrent contre Moïse et Aaron, et attirèrent dans leur complot deux cent cinquante hommes des plus distingués et qui étaient appelés par leurs noms aux jours du conseil. La jalousie, l'ambition poussaient les uns et les autres. Les deux Rubénites, ainsi qu'un troisième appelé Hon, mais qui paraît s'être retiré plus tard du complot, voyaient sans doute avec dépit que le sacerdoce, qui, d'après le droit patriarcal, appartenait au premier-né, eût été enlevé à la tribu de Ruben, à cause de l'inceste, et transporté à celle de Lévi. Coré, qui, comme Moïse et Aaron, descendait de Caath, second fils de Lévi, se voyait avec chagrin confondu dans la foule des simples lévites et exclu pour jamais du sacerdoce. En vain l'Eternel avait-il appelé Aaron pour son pontife, en vain avait-il manifesté ce choix par des prodiges et en Egypte et dans le désert, Coré n'écoutait que son ambition; il aspirait au pontificat suprême, comme la foule de ses complices au sacerdoce. Assemblés contre Moïse et Aaron, ils firent ce que font les démagogues de tous les siècles, ils flattèrent le crédule vulgaire. Toute l'assemblée n'est composée que de saints, disaient-ils, et l'Eternel est au milieu d'eux. Pourquoi donc, Moïse et Aaron, vous élevez-vous sur l'Eglise de l'Eternel ? Ce que Moïse entendant, il se prosterna sur sa face, ensuite parla à Coré et à tout son parti : Demain l'Eternel fera connaître qui est à lui, qui est le saint, qui est son élu, et celui-là s'approchera de lui. Il leur recommanda de prendre des encensoirs pour le lendemain, d'y offrir des parfums à l'Eternel : Et l'homme que l'Eternel choisira, celui-là sera le saint. Toutefois, il leur fit encore des remontrances amicales : Ecoutez, fils de Lévi : est-ce peu pour vous que le Dieu d'Israël vous ait séparés de tout le peuple, et vous ait approchés de lui pour le servir dans le tabernacle, à la tête de toute la multitude assemblée ? vous ambitionnez encore le sacerdoce ? C'est pour cela que vous complotez contre l'Eternel ? Car qui est Aaron, pour murmurer contre lui ?

Moïse aurait pu lui citer son propre exemple. Il avait deux fils, et cependant ils sont restés confondus dans la foule des lévites.

Il envoya en même temps vers Dathan et Abiron; mais ils répondirent avec dédain : Nous n'irons point. Est-ce donc peu pour toi de nous avoir éloignés d'une terre où coulent le lait et le miel pour nous faire périr dans ce désert? tu veux encore nous dominer? Comme tu nous a conduits dans une terre coulante de lait et de miel comme tu nous as donné en héritage des champs et des vignes ! veux-tu donc arracher à ces gens jusqu'aux yeux ? Non, nous n'irons point. Moïse, irrité, dit à l'Eternel : Ne regardez point leurs sacrifices; vous savez que je n'ai rien reçu d'eux et que je n'en ai affligé aucun. Puis, s'adressant à Coré : Toi et tout ton parti, soyez demain devant l'Eternel, et Aaron d'un autre côté; chacun prendra son encensoir, y mettra du parfum et se présentera devant Jéhova.

Ils se présentèrent en effet deux cent cinquante avec leurs encensoirs devant la porte du tabernacle; Moïse et Aaron s'y trouvaient de leur côté. Coré avait rassemblé contre eux toute la multitude ; mais la gloire de l'Eternel apparut à tous. Et l'Eternel, parlant à Moïse et à Aaron, dit : Séparez-vous du milieu de cette assemblée, afin que je les détruise dans un moment. Mais aussitôt ils se prosternèrent sur leur face, disant : O Tout-Puissant! ô Dieu des esprits et de toute chair! si un seul a péché, votre colère sévira-t-elle contre l'assemblée entière? Et l'Eternel dit à Moïse : Commande à l'assemblée qu'elle se sépare des tabernacles de Coré, Dathan et Abiron. Et Moïse se leva et alla vers Dathan et Abiron, et les anciens d'Israël le suivirent. Et il dit à la multitude : Retirez-vous des tentes de ces hommes impies et ne touchez à rien qui soit à eux, de peur que vous ne soyez enveloppés dans leurs péchés. Lorsque tous se furent retirés de leurs tentes, Dathan et Abiron parurent à leurs portes avec leurs femmes, leurs fils et leurs enfants; et Moïse dit : Vous reconnaîtrez ici que l'Eternel m'a envoyé pour faire toutes ces œuvres, et que je ne les fais pas de mon propre cœur. Si ceux-ci meurent de la mort de tous les hommes et qu'ils soient visités comme tous les hommes sont visités, l'Eternel ne m'a point envoyé; mais si Jéhova fait une chose nouvelle, que la terre, ouvrant sa bouche, les engloutisse avec tout ce qui leur appartient et qu'ils descendent vivants dans l'abîme, vous saurez qu'ils ont outragé Jéhova. Et comme il achevait ces paroles, la terre se fendit sous leurs pieds, et, ouvrant sa bouche, les engloutit avec leurs tentes et toutes leurs richesses, et ils descendirent vivants dans l'abîme, recouverts par la terre, et ils disparurent du milieu de l'assemblée. Cependant les enfants de Coré furent sauvés miraculeusement (Num., 26, 11). Et tout Israël, qui était à l'entour, s'enfuit au cri de ceux qui périssaient, disant : De peur que la terre ne nous engloutisse avec eux ! En même temps, un feu sorti de devant l'Eternel dévora les deux cent cinquante hommes qui offraient l'encens. Eléazar, fils d'Aaron, d'après l'ordre de Dieu par Moïse, prit les encensoirs qui étaient restés au milieu de l'embrasement, en fit des lames pour les attacher à l'autel, comme un souvenir aux enfants d'Israël qu'aucun étranger, aucun homme qui ne fût pas de la race d'Aaron, ne devait approcher pour offrir l'encens à l'Eternel.

Le lendemain, toute la multitude des enfants d'Israël murmura contre Moïse et Aaron, disant : Vous avez fait mourir le peuple de l'Eternel. Et comme elle s'attroupait contre eux et se tournait du côté du tabernacle de l'alliance, voilà que la nuée le couvrit, et la gloire de l'Eternel apparut. Et Moïse et Aaron entrèrent dans le tabernacle; et l'Eternel dit à Moïse : Retirez-vous du milieu de cette multitude et je les exterminerai dans l'instant; mais ils se prosternèrent à terre, et Moïse dit à Aaron : Prends l'encensoir, et y plaçant du feu de l'autel et l'encens, va aussitôt vers l'assemblée, afin que tu pries pour elle; car déjà la colère de l'Eternel est sortie, et la plaie a commencé. Aaron obéit et courut au milieu de la multitude; et déjà la plaie avait commencé dans le peuple; et il offrit des parfums, et, se tenant debout entre les vivants et les morts, il intercéda pour le peuple, et la plaie cessa. Ceux qui étaient morts de cette plaie se trouvèrent au nombre de quatorze mille sept cents. Et Aaron retourna vers Moïse à la porte du tabernacle d'alliance. Aaron était ici, comme grand-prêtre, la figure de Jésus-Christ, médiateur entre Dieu et les hommes. (Ibid., 16).

Pour constater par un prodige plus frappant encore le droit de la maison d'Aaron au sacerdoce, Dieu ordonna à Moïse de prendre de chacun des douze princes des tribus d'Israël une verge ou bâton sec, d'inscrire le nom du prince, mais celui d'Aaron sur la verge de la tribu de Lévi. Il devait déposer ces verges dans le tabernacle, devant l'arche d'alliance. Celui que l'Eternel aurait choisi, sa verge fleurirait, pour faire cesser les murmures des enfants d'Israël. Moïse exécuta l'ordre de l'Eternel. Et le lendemain, étant entré au tabernacle du témoignage, voilà que la verge d'Aaron, de la maison de Lévi, avait reverdi, portait des fleurs et des amandes. Il sortit aussitôt, fit voir les unes et les autres à tout le peuple; chacun reconnut et reprit la sienne. Pour celle d'Aaron, Dieu ordonna de la reporter dans le tabernacle pour y être un monument à ces enfants rebelles, afin, dit-il, que leurs murmures cessent devant moi, de peur qu'ils ne meurent! Moïse fit comme l'Eternel lui avait commandé (Num., 17).

Et les enfants d'Israël dirent à Moïse : Voilà que nous sommes consumés, nous périssons, nous périssons tous. Quiconque approche du tabernacle de l'Eternel, meurt : serons-nous donc entièrement détruits? Et l'Eternel dit à Aaron : Toi et tes fils, et la maison de ton père avec toi, vous porterez l'iniquité du sanctuaire; et toi, et tes fils avec toi, vous porterez le péché de votre sacerdoce. Prends aussi avec toi tes frères de la tribu de Lévi et la famille de ton père, afin qu'ils soient prêts et qu'ils te servent; mais toi et tes fils vous servirez dans le tabernacle du témoignage. Les lévites veilleront à tes commandements et à toutes les œuvres du tabernacle; ils n'approcheront point des vases du sanctuaire ni de l'autel, de peur qu'ils ne meurent et vous avec eux. Qu'ils soient avec toi et qu'ils veillent à la garde du tabernacle et sur toutes les cérémonies : nul étranger ne se mêlera parmi vous. Veillez à la garde du sanctuaire et au ministère de l'autel, afin que l'indignation ne s'élève plus contre les enfants d'Israël (Num., 18).

Depuis ce moment, le droit exclusif de la famille d'Aaron au sacerdoce ne fut plus révoqué en doute, tant la catastrophe de Coré, Dathan et Abiron agit puissamment sur le peuple qui en avait été témoin.

De nos jours, quelqu'un a voulu expliquer cette catastrophe d'une manière tout à fait nouvelle. Il prête libéralement de la poudre à canon à Moïse; il lui fait creuser habilement une mine sous les tentes d'Abiron et de Dathan, et puis, à point nommé, la mine éclate. Cette explication devait faire disparaître le prodige, et elle en est sur une autre. A part cette poudre si fraîchement inventée au temps de Moïse, comment, par exemple, au milieu d'une émeute, creuser une mine, du soir au matin, sous les tentes des chefs du complot, sans que nul s'en aperçoive? Comment ces mines, au lieu de faire sauter en l'air entr'ouvrent-elles la terre pour la refermer sur les tentes englouties? On pensera peut-être que l'inventeur de cette explication-là n'a pas, comme on dit familièrement, inventé la poudre. On se trompe : c'est ce qu'on appelle un homme d'esprit, un de ces honorables à qui la France commande tous les ans quelques lois nouvelles (Eusèbe Salverte!). Il l'aura donc dit pour rire? Il l'a dit le plus sérieusement du monde, dans un livre imprimé après bien des années de réflexions et d'études. Le faiseur de lois français paraît jaloux du législateur hébreu. Celui-ci a fait, il y a quelque trente siècles, une législation qui dure encore; nos législateurs modernes font tous les ans des lois qui, quelquefois, ne durent pas un an. Cette loi de Moïse, au temps prédit, s'est développée et transformée en la loi du Christ qui a civilisé le monde. On est importuné de tant de puissance et de tant de gloire; on voudrait en nier le miraculeux : pour cela on invente que Moïse connaissait la poudre à canon, comme si cela même, au lieu de diminuer le miracle, ne l'augmentait pas. Quoi! avec quelques barriques de poudre que vous prêtez à Moïse, il aura établi une législation étonnante par sa durée, de laquelle est sortie une législation plus étonnante encore? et avec des manufactures entières de poudre, avec des milliers de canons, avec des fusées à la congrève, avec des bateaux à vapeur, des aérostats et toutes les merveilles de l'industrie moderne, des centaines de législateurs dans chaque pays ne font rien qui vaille! Certes, bien loin d'abaisser la gloire de Moïse, on la rehausse; bien loin d'obscurcir la vérité, on lui donne un nouvel éclat, lorsque après trente siècles on ne trouve à lui opposer que des puérilités de cette force. Mais revenons au désert.

Après trente-neuf ans de voyages et de peines, au premier mois de la quarantième année, les enfants d'Israël vinrent au désert de Tsin et campèrent à Cadès. Là, non loin de la terre où elle soupirait d'arriver, Marie, sœur de Moïse et d'Aaron, mourut et fut ensevelie. Elle avait environ cent trente ans. Le peuple y manquant d'eau, s'assembla autour de Moïse et d'Aaron, et se querellant avec Moïse, il disait : Que ne sommes-nous morts avec nos frères en présence de l'Eternel ! Ils se lamentaient et murmuraient qu'on les eût tirés de l'Egypte et amenés dans un lieu où l'on ne pouvait semer, qui ne produisait ni figues, ni vignes, ni grenades, où il n'y avait pas même d'eau. Moïse et Aaron allèrent de l'assemblée dans le tabernacle d'alliance et se prosternèrent la face contre terre. Et la gloire de l'Eternel apparut sur eux. Et l'Eternel parla à Moïse, disant : Prends la verge et assemble le peuple, toi et Aaron, ton frère, et parle à la pierre devant eux, et elle donnera de l'eau; et quand tu auras fait sortir de l'eau de la pierre, toute la multitude boira, ainsi que les troupeaux. Moïse prit donc la verge qui était en la présence de l'Eternel, selon qu'il le lui avait commandé, et, assemblant la multitude devant la pierre, il lui dit : Ecoutez, rebelles! pourrons-nous vous faire sortir de l'eau de cette pierre? Et quand Moïse eut élevé la main, il frappa la pierre deux fois, et il en sortit une grande abondance d'eau, dont le peuple but, ainsi que les troupeaux. Et l'Eternel dit à Moïse et à Aaron : Parce que vous n'avez point eu assez de confiance en moi pour me sanctifier en la présence des enfants d'Israël, vous ne conduirez point cette assemblée ou église dans la terre que je leur donnerai. Ce sont là les eaux de contradiction pour lesquelles les enfants d'Israël murmurèrent contre l'Eternel, et il fut sanctifié en eux (Num., 20).

La sentence qui frappait Moïse lui fut bien sensible. Sa faute paraissait légère : un instant d'hésitation et de défiance, à cause de l'incrédulité où il voyait si souvent tomber son peuple. Plus tard il supplia le Seigneur de lui remettre sa peine, de lui permettre de passer le Jourdain pour contempler ces lieux sanctifiés par les pas de ses ancêtres, cette montagne où Abraham avait offert son fils, et où tant d'autres mystères devaient s'accomplir. Mais le Seigneur lui défendit d'en parler davantage, voulant ainsi nous montrer combien, même dans ses saints, les fautes légères sont punissables. Un autre mystère se figurait encore en cela : c'est que Moïse ni sa loi n'amèneraient rien à la perfection, mais Josué ou Jésus et son Evangile (Deut., 3, 23-26).

Cependant Moïse envoya de Cadès des ambassadeurs au roi d'Edom, pour lui demander le libre passage à travers son pays ; car l'Eternel avait défendu de combattre contre les Edomites, fils d'Esaü, parce qu'il avait donné aux enfants d'Esaü les montagnes de Séïr en possession. Telles étaient donc les propositions des ambassadeurs : Voici ce que t'apprend ton frère Israël : Tu sais tous les maux qui nous sont survenus; comment nos pères descendirent en Egypte où nous sommes demeurés longtemps, et comment les Egyptiens nous ont affligés ainsi que nos pères ; et comment nous avons crié vers l'Eternel, et il nous a exaucés et envoyé l'ange qui nous a tirés de l'Egypte. Voici que nous sommes en la ville de Cadès, qui est à l'extrémité de tes frontières; nous te conjurons de nous permettre de passer à travers ta terre. Nous ne passerons point à travers les champs et les vignes, nous ne boirons point l'eau de tes puits ; mais nous marcherons par la voie royale, ne nous écartant ni à droite ni à gauche, jusqu'à ce que nous soyons hors de tes frontières. Edom répondit : Vous ne passerez point, où je sortirai en armes contre vous. Les enfants d'Israël insistèrent : Nous marcherons par la voie ordinaire, et si nous buvons de tes eaux, nous et nos troupeaux, nous te donnerons ce qui est juste ; il n'y aura aucune difficulté pour le prix : seulement laisse-nous passer rapidement. Mais il répondit : Vous ne passerez point, et aussitôt il s'avança contre eux avec une grande multitude et une puissante armée. Edom refusa donc à Israël le passage à travers ses terres, et Israël se retira (Num., 20).

Le pays d'Edom, ou les montagnes de Séïr, avait le pays de Chanaan au nord, celui de Madian à l'orient, à l'occident celui des Amalécites, et au sud la mer Rouge. Cette mer s'appelait d'abord de *Souph* ou de *Jonc*; mais, à cause du voisinage de l'Idumée, on l'appela mer d'Edom, mer Erythrée, mer Rouge. Pline (*Hist. nat.*, l. 6, c. 23), ainsi que nous l'avons déjà vu, dit que le nom d'Erythrée, donné par les Grecs à cette mer, vient d'un ancien roi du pays nommé Erythréus; c'est, en grec, le surnom d'Esaü, Edom qui veut dire *rouge*.

Quand les enfants d'Israël furent partis de Cadès, l'Eternel parla à Moïse et à Aaron, près de la montagne de Hor, aux confins de la terre d'Edom : Qu'Aaron aille vers son peuple, car il n'entrera point dans la terre que j'ai donnée aux enfants d'Israël, parce que vous n'avez pas exécuté ponctuellement mes ordres aux eaux de Contradiction. Prends Aaron et Eléazar, son fils, et conduis-les sur la montagne de Hor. Et là, dépouille Aaron de ses vêtements et revêts-en son fils Eléazar. Aaron sera réuni à ses pères et mourra en ce lieu. Moïse fit comme l'Eternel lui avait commandé, et ils montèrent sur la montagne de Hor devant toute la multitude. Et Moïse dépouilla Aaron de ses vêtements et en revêtit Eléazar, son fils. Et Aaron mourut là sur le sommet de la montagne ; et Moïse et Eléazar en descendirent. Et quand toute la multitude vit qu'Aaron était mort, elle pleura trente jours sur lui dans toutes les familles. Aujourd'hui encore les restes d'Israël font l'anniversaire de ce deuil (Num., 20).

Le roi chananéen d'Arad, qui habitait vers le midi, ayant appris qu'Israël venait par le chemin des explorateurs, combattit contre lui et emmena des captifs. Alors Israël, faisant vœu à l'Eternel, dit : Si vous livrez ce peuple entre mes mains, j'anathématiserai ses villes. Et l'Eternel entendit la voix d'Israël, et il lui livra les Chananéens, et il les anathématisa, eux et leurs villes, et il appela le nom de ce lieu *Horma*, c'est-à-dire *anathème*.

On distingue le vœu simple, le vœu particulier avec anathème, et enfin l'anathème pénal, solennel, prononcé par l'autorité publique. Après le vœu simple ou le *néder*, on pouvait racheter ce qu'on avait voué à l'Eternel. On était si libre de faire un rachat, que la loi fixait dans le plus grand détail ce qu'on devait payer pour les personnes, les animaux, les maisons, les terres ainsi voués. Lorsque quelqu'un, dit-elle, aura prononcé le *néder* et voué son âme, c'est-à-dire sa vie, sa personne à l'Eternel, si c'est un mâle depuis vingt ans jusqu'à soixante, il paiera cinquante sicles d'argent, poids du sanctuaire ; la femme trente. Depuis cinq ans jusqu'à vingt, on donnera pour le mâle quinze sicles, pour la femme dix ; depuis un mois jusqu'à cinq ans, pour le mâle cinq sicles, pour la femme trois ; pour l'homme de soixante ans et au-dessus, quinze sicles, pour la femme dix. Si l'homme est pauvre, il se présentera devant le prêtre et paiera ce que le prêtre aura estimé qu'il pourra payer. Si l'animal voué est un des animaux purs, il sera immolé ; s'il est impur, le prêtre en déterminera la valeur ; et si l'homme qui l'a voué veut le racheter, il ajoutera à la somme déterminée par le prêtre un cinquième en sus.

Le vœu particulier avec anathème, ou le *hérem*, était un dévouement irrévocable accompagné de serment, une consécration absolue et sans retour par laquelle on cédait au Seigneur tous ses droits à la chose. Tout Israélite pouvait ainsi dévouer ce qui lui appartenait, sa maison, ses terres, ses bestiaux, ses esclaves, etc. ; et les choses ainsi dévouées ne pouvaient être ni vendues, ni rachetées à quelque prix que ce fût. Ce qui avait été voué par le *néder* était *saint à l'Eternel ; mais ce qui aura été dévoué par le hérem, homme, animal, terre, sera très-saint à l'Eternel* (Levit., 27, 28), c'est-à-dire lui appartiendra sans pouvoir retourner au premier maître par échange ou par rachat. En conséquence de cette loi, les animaux, les maisons restaient en propriété au temple et à ses ministres. Quant aux hommes, c'est-à-dire aux enfants et aux esclaves, car ce sont là les personnes qui appartenaient au père de famille, et les seules qu'il pouvait dévouer, ils n'étaient point sacrifiés, ils étaient consacrés au Seigneur et employés pour toute leur vie au service du temple et des prêtres.

Enfin, il y avait le hérem pénal, l'anathème solennel, prononcé par l'autorité publique, et qui dévouait certaines personnes à la destruction. Tels furent les Chananéens, dévoués par Dieu même à être exterminés en punition de leurs abominations exécrables; tels Séhon et les Amorrhéens, ses sujets ; les Amalécites, dont il avait été dit : Exterminez le nom d'Amalec, et qu'il n'en soit plus parlé sous le ciel ; les Madianites, les habitants de Jéricho. Ce hérem pénal est prononcé au chapitre 22 de l'Exode, et 13 du Deutéronome, contre tout particulier et toute ville israélite qui tomberait dans l'idolâtrie et sacrifierait à d'autre Dieu qu'à l'Eternel (Exod., 22, 20 ; Deut., 13, 5). On en voit encore un exemple dans le livre des Juges, où l'assemblée générale du peuple d'Israël soumet à l'anathème et s'engage de mettre à mort tous ceux qui ne se rendraient point à Masphat pour combattre les Benjamites ; dévouement en conséquence duquel les habitants de Jabès, en Galaad, qui ne s'y trouvèrent point, furent passés au fil de l'épée.

Toutes les personnes ainsi dévouées devaient être exterminées, comme exécrables et maudites. Aucune rançon ne pouvait être acceptée à leur place, quelque considérable qu'elle pût être. Elles étaient mises à mort sans rémission, mais elles n'étaient point sacrifiées : peine de mort et sacrifice ne sont pas la même chose ; ce serait ignorance ou mauvaise foi de vouloir les confondre. Tout homme, dit le texte, dévoué par le hérem, ne pourra être racheté, il mourra de mort (Levit., 27, 29 ; Guénée, *Lettres de quelques Juifs*).

Tel fut l'anathème auquel Israël dévoua le roi et le peuple d'Arad. Peut-être, comme à l'anathème de Jéricho, l'or, l'argent, le fer furent-ils mis à part pour l'usage du tabernacle.

Parti de la montagne de Hor pour entourer la terre d'Edom, le peuple ennuyé de la longueur du chemin, parla contre Dieu et contre Moïse : « Pourquoi nous avez-vous tirés de la terre d'Egypte pour mourir au désert ? Il n'y a ni pain ni eau ; notre âme est dégoûtée de ce pain misérable. » Ainsi parlait-il de la manne. L'Eternel envoya des serpents venimeux dont la morsure était brûlante. Les Israélites confessèrent leur péché à Moïse et le conjurèrent d'intercéder pour eux. Moïse pria pour le peuple, et l'Eternel lui dit : « Fais-toi un serpent d'airain et élève-le sur une perche comme un signe : quiconque sera blessé et le regardera, vivra. » Moïse fit donc un serpent d'airain et l'éleva sur une perche comme un signe ; et quiconque était blessé d'un serpent, regardait le serpent d'airain et il vivait (Num., 21, 4-9).

« Celui qui regardait ce serpent était guéri, non par ce serpent qu'il voyait, dit l'auteur du livre de la Sagesse, mais par vous-même, Seigneur, qui êtes le Sauveur de tous les hommes (Sap., 16, 7). » Jésus-Christ lui-même nous a expliqué cette figure : « Ainsi que Moïse a élevé le serpent dans le désert, ainsi faut-il que soit élevé le Fils de l'homme, afin que quiconque croit en lui ne périsse point, mais ait la vie éternelle (Joan., 3, 14 et 15). » Blessé à mort par le péché qui est entré dans le monde par un serpent, nous sommes régénérés à la vie par la foi au Fils de Dieu élevé sur la croix.

Mais comment, demandera-t-on peut-être, la multitude des Israélites, pour laquelle la manne était un manger délicieux, s'en lassa-t-elle et désira-t-elle si ardemment les ognons d'Egypte? Pourquoi ? parce que les hommes se dégoûtent bientôt des mets les plus exquis, dès qu'ils en font un usage journalier et continuel. Ne voit-on pas souvent des personnes, lassées de la meilleure chère, se régaler avec un morceau de viande commune?

Si le dégoût des meilleurs mets est naturel dès qu'on en fait un usage continu, celui des Hébreux, qui ne vivaient que de manne et n'y trouvaient que le même goût, est donc excusable? Point du tout, parce qu'il dépendait d'eux de participer au prodige qui diversifiait le goût de la manne pour plusieurs de leurs frères, mais leur parfaite docilité. L'auteur du livre de la Sagesse dit au Seigneur : « Au lieu des châtiments dont vous frappiez vos ennemis, vous donniez à votre peuple la nourriture des anges, renfermant en soi toutes les délices, et qui faisait voir combien est grande votre douceur envers vos enfants, puisque, s'accommodant au désir de chacun d'eux, elle se changeait en tout ce qui leur plaisait (Sap., 16, 20 et 21). »

Mais peut-on souhaiter avec tant d'empressement des ognons! Cette plante ne paraît guère propre à faire naître de si ardents désirs. C'est qu'il ne faut pas juger des ognons d'Egypte par les nôtres. La bonté de cette plante est proportionnée à la chaleur du climat sous lequel elle croît. Ecoutons un Français qui a été dix ans consul au Caire. « Que vous dirai-je de ces fameux ognons autrefois si chers aux Egyptiens, et que les Israélites regrettaient si fort dans le désert, lorsque, sous la conduite de Moïse, ils eurent passé la mer Rouge? Ils n'ont encore certainement rien perdu aujourd'hui de leur bonté, et ils sont plus doux qu'en aucun autre lieu du monde. On en a quelquefois cent livres pour dix sous : on les vend tout cuits au Caire; il y en a en si grande abondance que toutes les rues en sont remplies. »

« Les ognons de la Thessalie sont plus gros que deux ou trois des nôtres; ils ont un bien meilleur goût et l'odeur n'en est point du tout désagréable. Quoique je n'aimasse point les ognons auparavant, cependant je trouvai ceux-là très-bons, et je sentis fort bien qu'ils fortifiaient tout à fait mon estomac. On en sert à la collation, et on ne fait point de difficulté d'en manger avec du pain, et même en assez grand nombre. Je demandai à un *chiaoux*, espèce d'huissier, qui était avec moi et qui avait presque été dans tous les pays des Turcs, s'il avait jamais mangé d'aussi bons ognons que ceux de Thessalie; mais il me répondit que ceux d'Egypte étaient encore meilleurs : ce qui me fit entendre pour la première fois l'expression de la sainte Ecriture, et ce qui m'empêcha de m'étonner davantage pourquoi les Israélites désiraient si passionnément de manger des ognons de ce pays (1). »

Quand les enfants d'Israël arrivèrent aux confins de Moab, l'Eternel dit à Moïse : Ne combats point contre les Moabites, et ne les provoque point au combat; car je ne te donnerai rien de leur pays, parce que j'ai livré Ar en possession au fils de Lot. A quelques jours de là, même défense au sujet des Ammonites (Deut., 2, v. 9, 19).

Poursuivant sa marche, le peuple vint au puits dont l'Eternel parla à Moïse : Assemble le peuple et je lui donnerai de l'eau. Alors Israël chanta ce cantique : « Jaillis, ô fontaine; chantez en chœur, jaillis, ô fontaine. Des princes la creusèrent : les chefs du peuple, à la voix du législateur, l'ont ouverte avec leurs sceptres (Num., 21, 16-18). »

Plus loin, ils envoyèrent à Séhon, roi des Amorrhéens, demander un libre passage, comme ils avaient fait à celui d'Edom. Les Amorrhéens descendaient d'Amori, quatrième fils de Chanaan. Séhon s'y refusa, assembla tout son peuple, marcha contre Israël, lui livra bataille et fut vaincu. Israël conquit sa terre, qui s'étendait depuis le torrent d'Arnon jusqu'à la rivière de Jéboc, prit Hésébon, la capitale, ainsi que toutes ses filles, c'est-à-dire toutes les autres villes qui en dépendaient. L'Eternel avait dit à Moïse : « Levez-vous et passez le torrent d'Arnon. Voilà que j'ai livré en ta main Séhon, roi d'Hésébon, des Amorrhéens, et sa terre. Aujourd'hui je commencerai à envoyer la terreur à la crainte de ton nom parmi les peuples qui sont sous tout le ciel : ceux-là mêmes qui n'entendront que ta renommée, trembleront et seront dans les angoisses (Deut., 2, 24 et 25). »

Après cette conquête, les Israélites montèrent par le chemin de Basan, d'où Og, roi de Basan, vint à leur rencontre et fut exterminé avec tout son peuple. Ils s'emparèrent de son fertile pays, où il y avait soixante villes fortifiées de murailles, sans compter un grand nombre sans murs. Og était le dernier de la race des géants. On voit encore, dit Moïse, son lit (peut-être sa tombe) de fer à Rabbath-Ammon : sa longueur est de cinq coudées, et sa largeur de quatre. Ces pays, en deçà du Jourdain, Moïse les donna en

(1) *Description de l'Egypte*, par M. de Maillet.

héritage aux tribus de Ruben, de Gad et à la moitié de la tribu de Manassé ; mais à condition qu'elles marcheraient avec les autres tribus pour aider leurs frères à conquérir le pays au delà du Jourdain, en laissant leurs femmes, leurs enfants et leurs troupeaux dans la terre nouvellement conquise (Num., 21 et 32).

Si le bruit de la longue et merveilleuse marche du peuple d'Israël avait depuis longtemps rempli d'une attente pleine d'anxiété les nations circonvoisines, après la défaite de Séhon et d'Og, cette terreur devait être bien plus grande. Les Moabites surtout, dépouillés autrefois par Séhon d'une partie considérable de leur pays, devaient regarder comme invincible une armée qui avait vaincu ce même Séhon, et, avec son royaume, conquis encore le fertile royaume de Basan. A la vérité, ni les Moabites, ni les Ammonites n'avaient à craindre le triste sort des Amorrhéens. Déjà, comme nous l'avons vu, lorsque les enfants d'Israël vinrent aux frontières des Edomites, Dieu leur avait défendu de conquérir l'Idumée, parce qu'il l'avait donnée à Esaü, ainsi que de combattre ou de provoquer les Moabites et les Ammonites, parce qu'il leur avait donné leurs terres comme aux fils de Lot. Mais Balac, roi des Moabites, ne s'y fiait point. Se sentant trop faible pour résister ouvertement, il recourut à des moyens surnaturels : il espérait que de maudire ses ennemis par la bouche d'un homme qui jouissait d'une grande réputation pour ses sciences secrètes, pourrait sinon le garantir de la guerre, du moins le préserver d'une entière défaite.

Il envoya donc à Balaam, qui demeurait en Mésopotamie sur l'Euphrate : Voilà qu'il est sorti de l'Egypte un peuple qui a couvert la face de la terre et s'est campé vis-à-vis de moi. Viens donc et maudis ce peuple, parce qu'il est plus fort que moi. Je pourrai peut-être alors le frapper et le chasser de me terre ; car je sais que celui que tu béniras sera béni, et que celui que tu maudiras sera maudit. Aux envoyés de Balac, qui étaient princes des Moabites, se joignirent les anciens du pays de Madian. L'ambassade portait avec elle le prix de la divination ; quand elle eut exposé son message, Balaam répondit : Demeurez ici cette nuit, et je vous répondrai tout ce que l'Eternel m'aura dit. Les princes de Moab restèrent chez lui. Mais Dieu lui dit : Ne va pas avec eux, ne maudis pas ce peuple, parce qu'il est béni. Balaam se leva dès l'aube du jour et dit aux princes de Balac : Allez en votre terre, parce que Jéhova ne me permet pas d'aller avec vous.

Quand les députés eurent apporté au roi cette réponse, il renvoya des princes encore plus illustres, avec des offres encore plus considérables, si seulement il voulait venir et maudire ce peuple. Mais Balaam répondit : Quand Balac me donnerait son palais rempli d'or et d'argent, je ne pourrai changer la parole de Jéhova, mon Dieu, pour dire ou plus ou moins. Je vous conjure de demeurer encore ici cette nuit, afin que je puisse savoir ce que l'Eternel me répondra de nouveau. Dieu vint donc vers Balaam durant la nuit, et lui dit : Ces hommes sont-ils venus t'appeler ? Lève-toi et va avec eux, ne fais cependant que ce que je t'ordonnerai. Balaam se leva dès le matin, prépara son ânesse et partit avec eux. Mais la colère de Dieu s'alluma, parce qu'il s'en allait de lui-même. Dieu voit le fond des cœurs : celui de Balaam, aveuglé par les honneurs et les présents, cachait sans doute quelque dessein perfide.

Et un ange de l'Eternel parut dans la route pour s'opposer à Balaam, qui était monté sur une ânesse, ayant deux serviteurs auprès de lui. Et l'ânesse vit l'ange de l'Eternel debout dans le chemin, avec une épée nue à la main, et elle se détourna et courut à travers les champs. Et comme Balaam la frappait pour la ramener dans le chemin, l'ange de l'Eternel se porta dans un sentier entre deux murailles qui enfermaient les vignes. A cet aspect, l'ânesse se jeta contre un des murs et froissa le pied de Balaam ; de quoi il la battit de nouveau. L'ange allant plus loin, se plaça dans un lieu étroit, où il n'y avait pas moyen de se détourner ni à droite ni à gauche. Et l'ânesse voyant l'ange debout devant elle, tomba sous les pieds de Balaam, lequel, plein de colère, la frappait avec un bâton. Alors l'Eternel ouvrit la bouche de l'ânesse, et elle parla : Que t'ai-je fait ? Pourquoi me frapper pour la troisième fois ? Balaam répondit : Parce que tu t'es moquée de moi. Que n'ai-je une épée ! je te tuerais à l'instant. L'ânesse dit : Ne suis-je pas l'animal dont vous vous servez chaque jour ? Dites, si j'ai jamais rien fait de semblable. Et il dit : Jamais. Aussitôt l'Eternel ouvrit les yeux à Balaam, et il vit l'ange de l'Eternel debout dans le chemin, tenant à la main une épée nue, et il s'inclina et se prosterna sur son visage. Et l'ange de l'Eternel lui dit : Pourquoi as-tu frappé trois fois ton ânesse ? Je suis venu pour m'opposer à toi, parce que ta voie est perverse devant moi. L'ânesse m'a vu et s'est détournée trois fois ; autrement je t'aurais tué, et elle vivrait. Balaam dit : J'ai péché ne sachant pas que vous étiez là debout devant moi ; et maintenant si cela vous déplaît, je m'en retournerai. L'ange dit : Va avec eux, mais prends garde de ne dire que ce que je t'ordonnerai. Il alla donc avec les princes de Moab.

Lorsque Balac apprit que Balaam arrivait, il sortit à sa rencontre jusqu'à une ville des Moabites, qui est située aux derniers confins de l'Arnon, et il dit à Balaam : J'ai envoyé des députés pour t'appeler vers moi ; pourquoi n'es-tu pas venu aussitôt ? Est-ce que je ne puis te récompenser de ton arrivée ? Balaam lui répondit : Me voici ; mais pourrai-je dire autre chose que ce que Dieu mettra dans ma bouche ? Ils s'en allèrent donc ensemble et vinrent dans une ville qui est à l'extrémité du royaume. Et Balac ayant immolé des bœufs et des brebis, envoya des présents à Balaam, ainsi qu'aux princes qui étaient avec lui. Et le matin, il le conduisit sur les hauts lieux de Baal et lui montra l'extrémité du camp d'Israël (Num., 22).

Et Balaam dit à Balac : Elève-moi sept autels et prépare autant de taureaux et autant de béliers.

Et Balac ayant tout fait selon la parole de Balaam, ils placèrent sur chaque autel un taureau et un bélier. Et Balaam dit à Balac : Demeure un peu auprès de ton holocauste, jusqu'à ce que j'aille et que je voie si l'Eternel se présentera à moi, et je te dirai tout ce qu'il m'ordonnera. Et s'en étant allé promptement, Dieu se présenta à lui, et Balaam lui dit : J'ai élevé sept autels, et j'ai placé sur tous un taureau et un bélier. L'Eternel lui mit la parole dans la bouche, et dit : Retourne à Balac et parle-lui. Etant revenu, il trouva Balac placé devant son holocauste, ainsi que tous les princes des Moabites. Et il commença à parler en paraboles, et dit : Balac m'a fait venir d'Aram; le roi de Moab m'a fait venir des montagnes de l'Orient : Viens, maudis-moi Jacob : viens détester Israël. Comment maudirai-je celui que Dieu ne maudit pas, comment détesterai-je celui que Jéhova ne déteste point? Du haut des rochers je le vois, je le contemple du sommet des collines. Ce peuple habitera tout seul, il ne se confondra point avec les nations. Qui comptera la poussière de Jacob? Qui dénombrera le sable d'Israël? Oh! que mon âme meure de la mort de ses justes et que mes derniers jours soient semblables aux leurs !

Alors Balac dit à Balaam : Que me fais-tu? Je t'ai appelé pour maudire mes ennemis, et voilà que tu les bénis. Et il répondit : Puis-je dire autre chose que ce que l'Eternel me met dans la bouche? Balac dit donc : Viens avec moi en un autre lieu d'où tu ne verras qu'une partie d'Israël, et tu ne pourras le voir tout entier; de là, maudis-le. Et il le conduisit en un lieu élevé sur le sommet du mont Phasga, et Balaam y éleva sept autels et mit sur tous un taureau et un bélier, et il dit à Balac : Demeure ici près de ton holocauste jusqu'à ce que j'aille au devant. Et l'Eternel vint à la rencontre de Balaam, lui mit la parole dans la bouche et lui dit : Retourne vers Balac et parle-lui. Balaam, revenant, le trouva près de son holocauste, et les princes de Moab avec lui. Et Balac lui demanda : Que t'a dit l'Eternel? Et il commença sa parabole et dit : Tiens-toi debout, ô Balac, et écoute; écoute, fils de Séphor. Dieu n'est pas un homme pour mentir; il n'est pas fils d'Adam pour changer. Il a dit, et ne fera-t-il pas? Il a parlé, et n'accomplira-t-il pas sa parole? J'ai reçu pour bénir : il a béni, je ne puis détourner la bénédiction. Il n'y a point d'idole en Jacob; il n'y a point de simulacre en Israël (autrement, l'on ne voit point de malheur pour Jacob, l'on ne découvre point d'affliction pour Israël). Jéhova, son Dieu, est avec lui; il a au milieu de lui sa royale résidence. C'est Dieu qui les a tirés de l'Egypte : sa force est celle du rhinocéros. Il n'est point d'augure contre Jacob; il n'est point de divination contre Israël. On dira en son temps à Jacob et à Israël ce que Dieu a fait. Voilà que ce peuple s'élèvera comme une lionne, il se dressera comme un lion. Il ne reposera pas qu'il n'ait dévoré sa proie et qu'il n'ait bu le sang de ceux qu'il aura tués.

Alors Balac dit à Balaam : Ne le maudis, ni ne le bénis! Balaam répliqua : Ne t'ai-je pas dit que tout ce que l'Eternel me commandera, je le ferai? Et Balac lui dit : Viens, et je te conduirai en un autre lieu, d'où peut-être il plaira à Dieu que tu me maudisses. Et il le conduisit sur le sommet du mont Phogor, qui regarde le désert. Et Balaam dit à Balac : Elève-moi ici sept autels, et prépare autant de taureaux et de béliers. Balac fit comme Balaam lui avait dit, et il plaça un taureau et un bélier sur chaque autel (Num., 23).

Lorsque Balaam eut vu que l'Eternel voulait qu'il bénît Israël, il n'alla plus chercher des signes de divination, mais, tournant sa face du côté du désert et levant les yeux, il vit Israël en ses tentes campé par tribus; et l'esprit de Dieu se saisissant de lui, il commença sa parabole : Balaam, fils de Béor, a dit; il a dit, l'homme dont les yeux sont fermés; il a dit, celui qui entend les paroles de Dieu, qui a vu la vision du Tout-Puissant, qui tombe les yeux ouverts.

Que tes pavillons sont beaux, ô Jacob! Que tes tentes sont belles, ô Israël! Elles sont comme des vallées qui s'étendent au loin, comme des jardins le long des fleuves, comme des tentes dressées par Jéhova, comme des cèdres arrosés par les eaux. L'onde coulera de son vase, et sa postérité sera comme une grande mer : son roi prévaudra sur Agag, et son empire sera élevé en gloire. Dieu l'a tiré de l'Egypte : sa force est semblable à celle du rhinocéros; il dévore les peuples qui lui font la guerre, il leur brise les os et les perce de flèches. Il se couche pour dormir comme le lion et la lionne; qui osera le réveiller? Béni celui qui te bénira; maudit celui qui te maudira!

Et Balac irrité contre Balaam, frappa des mains et lui dit : Je t'ai appelé pour maudire mes ennemis et tu les as bénis par trois fois. Retourne en ta demeure. Je pensais te récompenser avec magnificence, mais Jéhova t'a privé de l'honneur. Balaam répondit à Balac : N'ai-je pas dit aux députés que tu m'as envoyés : Quand Balac me donnerait son palais plein d'or et d'argent, je ne pourrais transgresser l'ordre de Jéhova, mon Dieu, pour faire ni bien ni mal d'après mon cœur? Tout ce que dira Jéhova, je le dirai. Cependant, avant de partir, je te donnerai avis de ce que le peuple fera à ton peuple dans les derniers temps. Et, recommençant sa parabole, il dit : Ainsi parle Balaam, fils de Béor; ainsi parle l'homme dont les yeux étaient fermés; ainsi parle celui qui entend les paroles de Dieu, qui connaît les secrets du Très-Haut, qui voit les visions du Tout-Puissant, qui tombe les yeux ouverts. Je le vois, mais non maintenant : je le contemple, mais non pas de près. Une étoile sortira de Jacob, un sceptre s'élèvera d'Israël, et il frappera les chefs de Moab, et il désolera tous les enfants de Seth. Edom sera son héritage, Séir tombera au pouvoir de ses ennemis, Israël étendra ses conquêtes. Le Dominateur sortira de Jacob et perdra les restes de la ville. Et voyant Amalec, Balaam dit : Amalec est le premier des peuples, son avenir est : extermination! Voyant les Cinéens, il dit : Vos habitations sont fortes, vous avez établi vos demeures sur le sommet des rochers; Cin toutefois sera ravagé, lorsque l'Assyrien vous emmènera captifs. Enfin, il ajouta : Qui vivra, quand Dieu accomplira ces choses? Ils sortiront de Céthim sur des vaisseaux, ils ravageront Assur, ils ravageront Héber; mais ils périront à leur tour. Et Balaam se leva et revint en sa demeure; et Balac retourna par le même chemin (Num., 24).

Ces prédictions de Balaam se sont accomplies depuis la première jusqu'à la dernière. Alexandre de Macédoine, après lui, les Romains sortis de la terre de Céthim (1. Mach., 1), subjuguent, ravagent le pays d'Assur et d'Héber, ensuite périssent à leur tour. Les Cinéens sont emmenés en captivité par Salmanasar. Amalec est détruit par Saül; David soumet Edom et Moab. Enfin, l'étoile de Jacob amène au pied de la crèche les Mages de l'Orient : le Dominateur nouveau-né accomplit d'une manière plus relevée encore toutes les prédictions de puissance et de gloire.

Tandis que le peuple d'Israël campait en la plaine de Céthim, près du Jourdain, plusieurs se laissèrent entraîner à la fornication avec les filles de Moab et de Madian. C'était une séduction suggérée par Ba-

LIVRE VIII. — VOYAGE DANS LE DÉSERT, MORT DE MOISE.

laam. N'ayant pu maudire le peuple de Dieu, il conseilla de le corrompre. Balac suivit cette infernale politique. Les filles les plus séduisantes par leur beauté invitaient les Israélites à leurs fêtes et aux festins qu'elles célébraient en l'honneur d'une idole de la volupté, nommée Baalphegor. Un grand nombre se laissèrent gagner par ces attraits, se livrèrent avec elles aux plaisirs impurs, adorèrent leurs divinités et finirent par se faire initier au culte de l'infâme idole. Nous voyons par cet exemple ce qu'était l'idolâtrie. Ni Balac, ni Balaam, ni les filles de Madian et de Moab, ni moins encore les Israélites n'ignoraient ou niaient le Dieu véritable et suprême : Balaam venait de proclamer hautement son pouvoir souverain sur tous les peuples, sa providence sur tous les siècles. Si on néglige son culte, si on lui préfère d'impures idoles, ce n'est point par ignorance, c'est qu'on aime quelque chose plus que lui : Balaam, le salaire, que convoitait son avarice ; Balac, sa domination temporelle qu'il croyait menacée, et la multitude, les festins et les plaisirs de la chair.

Dieu dit à Moïse de rassembler les juges du peuple et de leur faire pendre les coupables en plein jour. Mais voilà qu'à la vue même de Moïse et de toute la multitude des enfants d'Israël qui pleuraient à la porte du tabernacle, un Israélite amenait sa fille d'un prince de Madian. Phinéès, fils d'Eléazar, transporté d'un saint zèle, et, comme la suite le montre, inspiré d'en haut, entra après lui dans la tente de prostitution et transperça d'un seul coup le fornicateur et la courtisane. Aussitôt une plaie, qui avait déjà emporté vingt-quatre mille hommes, cessa ; et l'Eternel fit témoigner par Moïse son contentement à Phinéès, parce qu'il avait détourné sa colère des enfants d'Israël. Voilà, disait Dieu, que je lui donne la paix de mon alliance. Et le souverain sacerdoce lui fut assuré, ainsi qu'à ses fils, pour des siècles (Num., 25).

Un troisième dénombrement se fit alors de tous ceux qui avaient vingt ans et au-dessus, attendu que les terres déjà conquises et celles qui étaient encore à conquérir devaient être partagées proportionnellement au nombre. Entre cette revue faite par Moïse et Eléazar, et celle faite précédemment par Moïse et Aaron, il se trouva des différences notables (Num., 26).

La tribu de Ruben présenta	43,730 hommes,	au lieu de	46,500
La tribu de Siméon	22,200	—	au lieu de 59,300
La tribu de Gad	40,500	—	au lieu de 45,650
La tribu de Juda	76,500	—	au lieu de 74,600
La tribu d'Issachar	64,300	—	au lieu de 54,400
La tribu de Zabulon	60,500	—	au lieu de 57,400
La tribu de Manassé	52,200	—	au lieu de 32,200
La tribu d'Ephraïm	32,500	—	au lieu de 40,500
La tribu de Benjamin	45,600	—	au lieu de 35,400
La tribu de Dan	64,400	—	au lieu de 62,700
La tribu d'Azer	53,400	—	au lieu de 41,500
La tribu de Nephthali	45,400	—	au lieu de 53,400
En tout	601,730 hommes,	au lieu de	603,550

Cette diminution de dix-huit cent vingt sur le nombre total, au lieu de l'augmentation qu'on pouvait attendre, vient de ce qu'il en périt beaucoup dans les châtiments par lesquels Dieu punissait les diverses révoltes. La diminution la plus forte se remarque dans la tribu de Siméon ; elle est de trente-sept mille cent. Il est probable que la plupart de ce nombre périrent à cause des crimes qu'ils avaient commis avec les filles des Madianites ; car cet impudent, qui, sous les yeux de Moïse et de tout Israël en pleurs, s'en vint avec une de ces courtisanes, était de la tribu de Siméon. L'augmentation la plus considérable se voit dans la tribu de Manassé ; elle est de vingt mille hommes. Enfin, dans le nouveau total de six cent un mille sept cent trente combattants, passé en revue dans les plaines de Moab, il n'y avait, hors Caleb et Josué, pas un de ceux qui avaient été passés en revue dans le désert de Sinaï : tous étaient morts dans la solitude suivant la prédiction de l'Eternel. Un d'entre eux, Salphaad, de la tribu de Manassé, avait laissé cinq filles ; elles vinrent demander à Moïse si elles n'auraient point d'héritage. Moïse, ayant consulté l'Eternel, décida qu'elles auraient l'héritage de leur père, comme s'il vivait encore, mais à la condition qu'elles épouseraient des hommes de leur tribu, pour que leur héritage ne passât point à une tribu différente (Num., 27 et 36).

Après cette revue, Dieu commanda par Moïse de marcher contre les Madianites, afin de les punir des pièges qu'ils avaient tendus aux enfants d'Israël pour les faire tomber dans la fornication. D'après l'ordre de Dieu, mille hommes de chaque tribu se mirent en campagne, et Phinéès, fils du grand-prêtre Eléazar, les accompagna avec les trompettes. Tous les mâles, en Madian, furent tués, ainsi que les femmes, à l'exception des vierges et des jeunes filles. On vengea sur ces femmes les séductions qu'elles avaient employées pour entraîner les Israélites dans la fornication et l'idolâtrie. Parmi les morts se trouvèrent cinq rois de Madian, et de plus Balaam, fils de Béor, dont la perfide suggestion avait occasionné tous ces désastres. Le butin se montait à six cent soixante-quinze mille brebis, soixante-douze mille bœufs, soixante et un mille ânes et trente-deux mille personnes du sexe féminin qui étaient demeurées vierges. On fit deux parts : une moitié fut donnée à ceux qui avaient combattu, et l'autre au reste du peuple. Sur la part des combattants, on réserva, pour la part de l'Eternel, la cinquième partie, entre autres trente-deux vierges qui devaient servir au tabernacle comme esclaves. Sur la part du peuple on réserva également le cinquantième pour les lévites. Enfin, les combattants ayant remarqué que pas un d'eux n'avait péri, ils offrirent encore chacun à l'Eternel tout ce qu'ils avaient trouvé de bijoux d'or dans le butin ; le poids en monta à seize mille sept cent cinquante sicles, ce qui fait un peu plus de cent cinquante-cinq kilogrammes neuf cent quatre-vingt-six grammes, poids décimal.

Vers la fin de la quarantième année que le peuple d'Israël voyageait dans le désert, et au moment qu'il devait passer le Jourdain, l'Eternel dit à Moïse : Monte sur cette montagne d'Abarim, et de là regarde la terre que je donnerai aux enfants d'Israël ; et lorsque tu l'auras regardée, tu iras aussi vers ton peuple, comme Aaron, ton frère, y est allé, parce que vous m'avez offensé dans le désert de Sin, en la Contradiction de la multitude, lorsque vous me deviez glorifier en sa présence sur les eaux. Ce sont les eaux de Contradiction, en Cadès, au désert de Sin. Et Moïse répondit à l'Eternel : Que Jéhova, le Dieu des esprits de toute chair, choisisse un homme qui veille sur cette multitude et qui puisse entrer et sortir devant elle et la faire sortir et entrer, de peur que l'Eglise ou l'assemblée de l'Eternel ne soit comme des brebis sans pasteur. Et l'Eternel dit à Moïse : Prends Josué, fils de Nun, homme en qui est l'Esprit, et mets ta main sur lui ; présente-le devant le grand-prêtre Eléazar et devant toute l'assemblée : là, donne-lui les ordres en la présence de tous et mets sur lui une partie de ta gloire, afin que toute l'assemblée des enfants d'Israël l'écoute. Il se présentera devant le grand-prêtre Eléazar et consultera par lui l'oracle de Jéhova : selon sa parole ils sortiront, selon sa parole ils entreront, lui et tous les enfants d'Israël avec lui, ainsi que le reste de la multitude. Moïse fit donc comme l'Eternel lui avait commandé : il prit Josué, le présenta au grand-prêtre Eléazar et à toute l'assemblée, et ayant imposé ses mains sur sa tête, il lui donna les ordres tels que l'Eternel les lui avait dictés.

Toute puissance vient de Dieu, et celle du grand-prêtre, et celle du chef temporel de la nation ; mais, comme on le voit ici, elles sont tellement ordonnées de Dieu, que la seconde doit se régler sur la première. C'est d'après les oracles du pontife que doivent se conduire et le prince et la multitude qu'il gouverne.

Avant de s'en aller, Moïse parla aux enfants d'Israël, comme l'Eternel lui avait commandé. Il leur rappela la conduite merveilleuse de Dieu à leur égard, leur expliqua sa loi, leur fit connaître ses nouvelles ordonnances et les exhorta à lui être fidèles. « Vous n'ajouterez rien, dit-il, à ce que je vous ordonne et vous n'en retrancherez rien, afin de garder les commandements de l'Eternel, votre Dieu, que je vous prescris. Vous les observerez et les garderez ; car telle sera votre sagesse et votre intelligence devant les peuples. Quand ils entendront tous ces préceptes, ils diront : Cette grande nation n'est qu'un peuple sage et intelligent. En effet, où est la nation, si grande qu'elle soit, qui ait des dieux si près d'elle, comme Jéhova, notre Dieu, chaque fois que nous l'invoquons ? Où est la nation, si illustre qu'elle soit, qui ait des lois et des jugements justes comme toute cette doctrine que je mets aujourd'hui devant vos yeux ?

» Observe-toi donc et garde bien soigneusement ton âme, de peur que tu n'oublies les paroles que tu as vues ; et qu'elles ne s'effacent jamais de ton cœur tous les jours de ta vie. Tu les enseigneras à tes fils et aux fils de tes fils ; tu leur diras le jour que tu parus devant l'Eternel, ton Dieu, en Horeb, quand l'Eternel me parla, disant : Assemble le peuple et je leur ferai entendre mes paroles ; afin qu'ils apprennent à me craindre tous les jours qu'ils vivront sur la terre, et afin qu'ils l'apprennent aussi à leurs enfants. Et vous vous approchâtes du pied de la montagne, et la montagne brûlait jusqu'au ciel, et les ténèbres, et les nuages, et l'obscurité la couvraient. Et l'Eternel, votre Dieu, vous parla du milieu du feu. Vous avez entendu la voix de ses paroles, mais vous n'avez vu aucune forme. Et il vous déclara lui-même son alliance qu'il vous a commandé d'observer, savoir les dix paroles qu'il écrivit sur deux tables de pierre. »

Moïse prédit au peuple ce qui lui arriverait dans l'avenir, comment ils seraient dispersés parmi les nations, s'ils s'éloignaient de l'Eternel. Mais lorsque vous y chercherez l'Eternel, votre Dieu, vous le trouverez, si toutefois vous le cherchez de tout votre cœur et de toute votre âme. « Lorsque tu seras dans l'angoisse, et que toutes ces choses te seront arrivées, dans les derniers jours tu reviendras à l'Eternel, ton Dieu, et tu écouteras sa voix ; car l'Eternel, ton Dieu, est un Dieu de miséricorde ; il ne t'abandonnera point, il ne te détruira point entièrement, il n'oubliera point l'alliance qu'il a jurée à tes pères. »

« Car interroge les jours qui ont été avant toi, depuis le jour que Dieu a créé l'homme sur la terre et depuis une extrémité du ciel jusqu'à l'autre, s'il s'est fait une chose aussi grande ou si jamais on a ouï qu'un peuple ait entendu la voix de Dieu, parlant du milieu du feu, comme vous avez entendu, et qu'il ait vécu ; ou qu'un Dieu ait entrepris d'aller et de se choisir une nation du milieu des nations, par des épreuves, des signes et des miracles, par des combats, par une main puissante, par un bras étendu, par de grandes terreurs, comme l'Eternel, votre Dieu, a fait pour vous en Egypte devant tes yeux. »

« Tu l'as vu, afin que tu saches que Jéhova est Dieu, et qu'il n'y en a point d'autre que lui. Il t'a fait entendre sa voix du ciel pour t'instruire ; et sur la terre, il t'a fait voir son feu terrible, et tu as ouï ses paroles du milieu du feu, parce qu'il a aimé tes pères et choisi leur race après eux ; et il t'a fait sortir de l'Egypte, marchant devant toi en sa puissance, pour chasser devant ta face de très-grandes nations, plus fortes que toi, pour t'introduire en leur terre et te la donner en héritage, comme tu le vois en ce jour. Sache donc aujourd'hui et grave en ton cœur que Jéhova est Dieu, et dans les hauteurs du ciel, et dans les profondeurs de la terre, et qu'il n'en est point d'autre (Deut., 4). »

« Ecoute, Israël, dit-il encore : Jéhova, notre Dieu, Jéhova est un. Et tu aimeras Jéhova, ton Dieu, de tout ton cœur, de toute ton âme, de toute ta force. Et ces paroles que je te commande aujourd'hui seront dans ton cœur ; tu les inculqueras à tes enfants, tu en parleras et assis en la maison, et marchant dans le chemin, et avant de dormir, et à ton réveil. Tu les lieras comme un signe dans ta main, tu les suspendras comme un souvenir devant tes yeux, tu les écriras sur le seuil de ta maison et sur tes portes (Deut., 6, 4-9). »

Après de nouveaux avis pour les prémunir contre le commerce avec les peuples païens et contre l'idolâtrie ; après leur avoir rappelé de nouveau les bienfaits du Seigneur, il s'écrie : « Et maintenant, ô Israël, qu'est-ce que l'Eternel, ton Dieu, demande de toi, sinon que tu craignes l'Eternel, ton Dieu, et que tu marches dans ses voies, et que tu l'aimes, et que tu serves l'Eternel, ton Dieu, de tout ton cœur et de toute ton âme ; que tu gardes les commandements de l'Eternel et ses ordonnances que je te prescris en ce jour, afin que tu sois heureux. Regarde : à Jéhova, ton Dieu, est le ciel, et les cieux des cieux, et la terre et tout ce qui est dessus. Et cependant Jéhova a chéri de préférence tes pères, il les a aimés tellement qu'il a choisi leur race après eux, vous-mêmes, d'entre toutes les nations, comme on le voit en ce jour. Ayez donc soin de circoncire votre cœur, et ne vous endurcissez pas davantage, parce que Jéhova, votre Dieu, c'est lui le Dieu des dieux et le Seigneur des seigneurs ; le Dieu grand, et puissant, et terrible, qui n'a point égard aux personnes ni aux présents, qui fait justice à l'orphelin et à la veuve, qui aime l'étranger et lui donne la nourriture et le vêtement. Vous aimerez donc aussi l'étranger, parce que vous avez été vous-mêmes étrangers dans la terre d'Egypte. C'est Jéhova, ton Dieu, que tu craindras, c'est lui que tu serviras, c'est à lui que tu t'attacheras, c'est en son nom que tu jureras. C'est lui ta gloire, lui ton Dieu, lui qui a fait pour toi ces merveilles si grandes et si terribles dont tes yeux ont été témoins. Tes pères descendirent en Egypte au nombre de soixante-dix, et voilà que maintenant Jéhova, ton Dieu, t'a multiplié comme les étoiles du ciel (Dent., 10, 12-22). »

L'homme de Dieu, embrassant à la fois le passé, le présent et l'avenir, rappelle au peuple la grande promesse du rédempteur; promesse faite dès le temps d'Adam et d'Ève, au paradis, après leur chute; promesse confirmée aux patriarches avant et après le déluge; promesse qui était l'âme de l'ancienne alliance, comme le rédempteur promis est l'*alpha* et l'*oméga*, le commencement et la fin de toute la religion, depuis la chute de nos premiers pères jusqu'au jugement dernier.

« L'Eternel, ton Dieu, te suscitera du milieu de toi, d'entre tes frères, un prophète comme moi; c'est lui que vous écouterez. Selon que tu as demandé à l'Eternel, ton Dieu, en Horeb, au jour de l'assemblée, et que tu as dit : Que je n'entende plus désormais la voix de l'Eternel, mon Dieu, et que je ne voie plus ce feu terrible, de peur que je ne meure. Et l'Eternel me dit : Ils ont bien parlé. Je leur susciterai du milieu de leurs frères un prophète comme toi, et je mettrai mes paroles dans sa bouche : c'est lui qui leur dira tout ce que je lui ordonnerai. Et quiconque n'écoutera pas les paroles qu'il dira en mon nom, moi j'en poursuivrai la vengeance (Deut., 18, 15-19).

Ce prophète comme Moïse ; ce prophète qui, comme Moïse, commande à la nature en maître; qui, comme Moïse, est le médiateur d'une alliance avec Dieu; qui, comme Moïse, forme un nouveau peuple, avec un nouveau sacerdoce, une nouvelle législation, c'est le Fils de l'Homme, à qui Moïse et Elie rendent hommage sur le Thabor, et dont l'Eternel a dit : *Voilà mon fils bien-aimé, écoutez-le*. Et, pour n'avoir pas voulu l'entendre, les Juifs sont accablés depuis dix-huit siècles de la vengeance divine.

Moïse dit encore : « Le commandement que je te prescris en ce jour n'est ni au-dessus de toi, ni loin de toi; il n'est point dans le ciel, en sorte que tu puisses dire : Qui de nous peut monter au ciel et nous apporter ce commandement, afin que nous l'entendions et que nous l'accomplissions par nos œuvres? Il n'est point au delà de la mer pour que tu t'excuses, disant : Qui de nous pourra passer la mer pour l'apporter jusqu'à nous, afin que, l'ayant entendu, nous puissions faire ce qui est ordonné ! Mais ce commandement est tout près de toi, dans ta bouche et dans n cœur, afin que tu l'accomplisses. Regarde : j'ai mis aujourd'hui devant toi la vie et les biens, et la mort et les maux ; car je t'ai ordonné d'aimer l'Eternel, ton Dieu, de marcher dans ses voies, d'observer ses préceptes, ses cérémonies et ses ordonnances, afin que tu vives, et qu'il te multiplie, et qu'il te bénisse dans la terre que tu vas posséder (*Ibid.*, 30, 11-16). »

« Je prends aujourd'hui à témoin le ciel et la terre que je t'ai proposé la vie et la mort, la bénédiction et la malédiction : choisis donc la vie, afin que tu vives, toi et ta postérité, afin que tu aimes l'Eternel, ton Dieu, et que tu obéisses à sa voix, et que tu lui demeures attaché (Deut., 30, 19 et 20). »

Moïse alla donc et proféra ces paroles devant tout Israël : « J'ai cent vingt ans aujourd'hui ; je ne puis plus sortir et entrer ; de plus, l'Eternel m'a dit : Tu ne passeras point ce Jourdain. L'Eternel, ton Dieu, lui-même passera devant toi ; lui-même il exterminera devant toi ces nations, et tu les posséderas. Josué marchera devant toi, selon que l'Eternel l'a ordonné. Courage et fermeté ! Ne craignez point, ne tremblez pas à leur aspect; car l'Eternel, ton Dieu, lui-même marche avec toi, et il ne détournera point la main ni ne t'abandonnera.

Et Moïse appela Josué et lui dit devant tout Israël : « Sois ferme et courageux, car tu introduiras ce peuple dans la terre que l'Eternel a juré à ses pères de lui donner, et tu la partageras au sort entre les tribus. L'Eternel lui-même, qui marche devant ta face, sera avec toi ; il ne détournera point sa main, il ne t'abandonnera point ; ne crains pas, ne te laisse point abattre. »

Et Moïse écrivit cette loi et il la donna aux prêtres, enfants de Lévi, qui portaient l'arche de l'alliance de l'Eternel, ainsi qu'à tous les anciens d'Israël ; et il leur ordonna, disant : « Après sept ans, dans l'année de la rémission et en la solennité des tabernacles, quand tous les enfants d'Israël paraîtront devant l'Eternel, ton Dieu, au lieu qu'il aura choisi, tu liras cette loi devant tout Israël, à leurs oreilles, tout le peuple étant assemblé, et les hommes et les femmes, les enfants et l'étranger qui est dans tes portes, afin qu'ils écoutent et qu'ils apprennent à craindre l'Eternel, votre Dieu, à observer et accomplir toutes les ordonnances de cette doctrine, et que leurs enfants mêmes, qui maintenant l'ignorent, puissent entendre, et qu'ils craignent l'Eternel, votre Dieu, tous les jours que vous vivrez sur la terre que vous allez posséder, quand vous aurez passé le Jourdain.

Et l'Eternel dit à Moïse : « Voilà que les jours de ta mort sont proches ; appelle Josué, et présentez-vous tous deux devant le tabernacle du témoignage, afin que je lui donne mes ordres. » Moïse et Josué allèrent donc se présenter devant le tabernacle du témoignage. Et l'Eternel parut là, dans la colonne de nuée qui s'arrêta à l'entrée du tabernacle ; et l'Eternel dit à Moïse : « Voilà que tu dormiras avec tes pères, et ce peuple s'élevant en tumulte se prostituera à des dieux étrangers dans la terre où il va entrer pour y habiter. Il me délaissera et rendra vaine l'alliance que j'ai établie avec lui. Et ma fureur s'embrasera contre lui en ce jour, et je le délaisserai, et je lui cacherai ma face, et il sera en proie à tous les maux, et toutes les afflictions l'envahiront, de sorte qu'il dira en ce jour : N'est-ce point parce que Dieu n'est pas avec moi que ces maux m'ont envahi ? Et moi je cacherai et je célerai ma face en ce jour, à cause de tous les maux qu'il a faits en se tournant vers les dieux étrangers. C'est pourquoi maintenant écrivez-vous ce cantique et apprenez-le aux enfants d'Israël, et mettez-le dans leur bouche, afin que ce chant me soit un témoin parmi les enfants d'Israël. »

Avec ce cantique, Moïse acheva d'écrire les paroles de la loi dans un livre qu'il remit entre les mains des prêtres, avec ordre de le placer à côté de l'arche d'alliance, afin qu'il fût un témoignage contre Israël. « Car je connais ton obstination et ta tête inflexible. Moi, vivant encore, et marchant avec vous, vous avez toujours murmuré contre l'Éternel; combien plus quand je serai mort! Rassemblez-moi tous les anciens de vos tribus et vos magistrats, et je leur dirai ces paroles, et j'invoquerai contre eux le ciel et la terre. »

Moïse prononça donc aux oreilles de tout le peuple d'Israël les paroles de ce cantique, et le récita jusqu'à la fin.

« Cieux, prêtez l'oreille, je vais parler : terre, écoute les paroles de ma bouche.

Que ma doctrine s'assemble en gouttes comme la pluie; que ma parole distille comme la rosée, comme la pluie douce sur l'herbe, comme une ondée sur le gazon; car j'invoquerai le nom de Jéhova : rendez gloire à notre Dieu.

Roc immuable, ses œuvres sont parfaites! toutes ses voies, le jugement même! c'est un Dieu fidèle et sans iniquité; il est juste et droit.

La corruption de ses enfants retombe-t-elle sur lui? Nullement, mais sur eux-mêmes. A eux la honte, génération revêche et perverse.

Voilà ta reconnaissance envers Jéhova, peuple insensé et stupide! N'est-ce pas lui ton père? lui qui t'a racheté? lui qui t'a fait? lui qui t'a constitué?

Souviens-toi des jours de l'antiquité, considère les années des générations et des générations. Interroge ton père, et il t'annoncera; tes vieillards, et ils te diront.

Quand le Très-Haut instituait les nations, quand il séparait les enfants d'Adam, il marqua les limites des peuples selon le nombre des fils d'Israël.

Car la part de Jéhova est son peuple, Jacob est la portion de son héritage.

Il le trouva dans une terre déserte, dans un lieu d'horreur et de vaste solitude; il le conduisit çà et là, et il l'instruisit, et il le garda comme la prunelle de son œil.

Comme l'aigle qui provoque ses petits à voler et plane autour d'eux, il a étendu ses ailes; il l'a pris et enlevé sur ses épaules.

Jéhova seul le conduisait, nul dieu étranger n'était avec lui. Il le voitura par-dessus les hauteurs de la terre, le nourrit du fruit des champs, lui fit recueillir le miel du rocher et l'huile de la pierre la plus dure;

Le beurre des troupeaux et le lait des brebis avec la graisse des agneaux et des béliers de Basan, avec la chair des chevreaux et la fleur du froment; il l'abreuva du sang le plus pur de la vigne.

Le peuple bien-aimé s'engraissa et il regimba; engraissé, rassasié, plein d'embonpoint, il a délaissé le Dieu qui l'a fait, et dédaigné le roc de son salut.

Ils l'ont provoqué par des êtres étrangers, et ils ont excité sa colère par des abominations.

Ils ont sacrifié au démon, à des *non-dieux*, à des dieux qu'ils ne connaissaient pas, à des nouveaux venus d'un jour, que ne craignaient point vos pères.

Le roc qui t'a engendré (1), tu l'as perdu de souvenir, tu as oublié le Dieu, ton Créateur!

(1) Comme le roc engendre un fleuve.

Jéhova le vit, son courroux s'est ému, provoqué par ses fils et par ses filles. Il a dit : Je leur cacherai ma face, je contemplerai leur fin; car c'est une race perverse, des enfants infidèles.

Ils m'ont provoqué par des *non-dieux*, ils m'ont irrité par leurs êtres de néant; je les provoquerai aussi par un *non-peuple*, je les irriterai aussi par une nation insensée.

Un feu s'est allumé dans ma colère; il brûlera jusque dans le fond des enfers, il dévorera la terre avec ses germes, il consumera le fondement des montagnes.

J'assemblerai sur eux les maux, j'épuiserai sur eux mes flèches; ils seront en proie à la famine, dévorés par la fièvre et des contagions envenimées; j'enverrai contre eux la dent des bêtes féroces et le venin brûlant de ceux qui rampent dans la poussière.

Le glaive les dévastera au dehors, et au dedans l'épouvante, l'adolescent et la vierge, l'enfant à la mamelle et l'homme à cheveux blancs.

Je disais : Je les exterminerai, j'anéantirai leur mémoire du milieu des hommes.

Mais, à cause de la fureur de l'ennemi, j'ai différé, de peur que leurs adversaires ne s'enorgueillissent et disent : C'est notre main puissante, et non Jéhova, qui a fait toutes ces choses.

Car c'est une nation qui n'a ni sens ni intelligence. S'ils étaient sages, ils y réfléchiraient, ils considéreraient la fin.

Comment un seul en poursuit-il mille, et deux mettent-ils en fuite des myriades? n'est-ce pas parce que celui qui les protégeait comme un roc, les a vendus, et que Jéhova les a livrés en proie?

Car le roc qui nous protège n'est pas comme le leur; nos ennemis mêmes peuvent en être juges.

Mais leur vigne est de la vigne de Sodome (1), du terroir de Gomorre; leur raisin est un raisin de fiel, leurs grappes ne sont qu'amertume; leur vin est l'écume des dragons et le venin mortel des aspics.

N'est-il pas renfermé dans mes secrets, scellé dans mes trésors? A moi la vengeance, à moi de leur rendre au temps que leur pied chancellera! Le jour de la perdition est proche, et l'avenir se hâte pour eux.

Car Jéhova jugera son peuple, il aura pitié de ses serviteurs; il verra que leur main est défaillante, que le plus en assurance a succombé aussi bien que le reste.

Et il dira : Où sont leurs dieux sur lesquels ils s'appuyaient comme sur un roc, qui mangeaient la graisse de leurs victimes et buvaient le vin de leurs libations? Qu'ils se lèvent, qu'ils viennent à votre secours, qu'ils vous protégent dans votre détresse!

Reconnaissez maintenant que c'est moi, moi seul, et qu'il n'y a point de Dieu à côté de moi. C'est moi qui tue et moi qui fais vivre, c'est moi qui frappe et moi qui guéris : nul ne délivre de ma main.

Je lève ma main vers les cieux et je dis : Aussi vrai que je vis dans l'éternité!

Si j'aiguise la foudre de mon épée, si mon bras s'arme du jugement, je me vengerai de mes ennemis, je paierai leur salaire à ceux qui me haïssent.

J'enivrerai mes flèches de sang, mon épée dévo-

(1) Aujourd'hui encore, il croît dans les environs de la mer Morte une espèce de plante ou de vigne dont les grappes produisent un suc très-vénéneux.

rera leur chair : les uns seront livrés à la mort, les autres, la tête nue, iront en captivité.

Nations! louez son peuple, parce qu'il vengera le sang de ses serviteurs, qu'il tirera vengeance de ses ennemis, et qu'il sera propice à la terre de son peuple. »

Moïse vint donc et récita toutes les paroles de ce cantique aux oreilles du peuple, lui et Josué, fils de Nun.

Et Israël chanta dès lors, avec sa future histoire, celles des grandes nations de la terre. Pour lui, comblé de bienfaits, et cependant ingrat et rebelle, il sera châtié; mais l'Éternel ne l'exterminera point; une bénédiction finale lui est réservée. Les nations qui, en exécutant les desseins de Dieu à l'égard de son peuple, s'en attribuaient la gloire et ne se proposaient que leur ambition à satisfaire, seront visitées à leur tour : le carnage, la captivité, la mort les attendent; aucun espoir ne leur est laissé. Et de fait, où sont maintenant les Assyriens de Nabuchodonosor, les Mèdes et les Perses d'Assuérus, les Grecs d'Alexandre, les Romains de César? Ils ont disparu avec leurs vastes empires, tandis qu'après trente et quarante siècles, Israël est encore là pour redire son cantique.

Lorsque Moïse eut achevé de dire ces choses à tout Israël, il conclut : « Appliquez vos cœurs à toutes les paroles que je vous donne en témoignage aujourd'hui, afin que vous ordonniez à vos fils de garder et d'accomplir tout ce qui est écrit dans cette loi; car ce n'est pas une parole vaine pour vous, c'est votre vie; c'est elle qui prolongera vos jours dans la terre que vous allez posséder au delà du Jourdain. »

Le même jour, l'Éternel dit à Moïse : « Monte sur la montagne d'Abarim, sur la montagne de Nébo, qui est dans la terre de Moab, vis-à-vis de Jéricho, et regarde la terre de Chanaan que je donnerai aux fils d'Israël pour la posséder. Et meurs sur la montagne, après y être monté, et sois réuni à ton peuple, comme ton frère Aaron mourut sur la montagne d'Hor et a été réuni à son peuple, parce que vous avez prévariqué contre moi aux eaux de Contradiction, en Cadès, au désert de Tsin, et vous ne m'avez pas sanctifié parmi les enfants d'Israël. Tu verras la terre que je leur donnerai, mais tu n'y entreras pas (Deut., 32). »

Moïse, comme un père sur le point de quitter sa famille, donna sa bénédiction à chaque tribu et termina par ces mots : « Nul n'est semblable à ton Dieu, ô Israël! il monte sur les cieux comme sur un char pour venir à ton secours, sa gloire resplendit dans les nuées, sa demeure est l'éternité, les siècles sont sous sa main. Il chassera l'ennemi devant ta face et dira : Sois exterminé! Israël habitera en assurance; la fontaine de Jacob coulera seule dans une terre de froment et de vin; les cieux qui le couvrent distilleront la rosée. Bienheureux es-tu, ô Israël! Qui est semblable à toi, peuple sauvé par Jéhova? Il est le bouclier de ta défense, il est le glaive de ta gloire, tes ennemis auront le démenti en toi, tu marcheras sur leurs hauteurs (Ibid., 33). »

Et Moïse monta des plaines de Moab sur la montagne de Nébo, au sommet de Phasga, vis-à-vis de Jéricho; et l'Éternel lui montra toute la terre de Galaad, jusqu'à Dan, et tout Nephthali, et la terre d'Éphraïm et de Manassé, et toute la terre de Juda, jusqu'à la mer occidentale et la région du midi, et la plaine de Jéricho, la ville des Palmes, jusqu'à Ségor. Et l'Éternel lui dit : « Voici la terre que j'ai promise avec serment à Abraham, à Isaac et à Jacob, disant : Je la donnerai à ta postérité. Tu l'as vue de tes yeux, et tu n'y entreras pas. » Et Moïse, serviteur de l'Éternel, mourut là, dans la terre de Moab, par le commandement de l'Éternel. Et il l'ensevelit dans la vallée de la terre de Moab, en face de Phogor, et aucun homme n'a connu le lieu de sa sépulture jusqu'à ce jour. Moïse avait cent vingt ans quand il mourut; ses yeux ne s'étaient point obscurcis, sa force ne l'avait point quitté. Et les fils d'Israël le pleurèrent dans la plaine de Moab durant trente jours (Deut., 34). Aujourd'hui encore, les restes dispersés d'Israël pleurent chaque année la mort de Moïse.

A l'époque où mourut le législateur de cette nation toujours vivante, on ne voit d'histoire certaine et suivie chez aucun peuple. Ceux qui, plus tard, se rendirent célèbres, les Grecs et les Romains, n'existaient point encore. La plupart même des personnes qu'ils honorèrent dans la suite comme des dieux, n'étaient pas encore nées. La Grèce nous apparaît habitée alors par des barbares, sans lettres et sans agriculture. Cadmus ne leur avait point encore apporté l'alphabet de Phénicie, Cérès ne leur avait point encore enseigné à cultiver les champs; Troie n'était pas encore fondée, Rome ne le fut que sept à huit siècles après.

Nul homme semblable à Moïse dans les annales du genre humain. A travers trente et quarante siècles, un peuple humainement inexplicable en rappelle continuellement la naissance, la vie, la mort, les prodiges, les lois, dans ses fêtes, ses usages, ses cérémonies, en lit le code avec un tel respect qu'il y a compté toutes les lettres. Les chrétiens, qui, depuis dix-huit cents ans, forment la portion la plus éclairée et la plus illustre de l'humanité, le célèbrent comme le médiateur de l'ancienne alliance, comme le grand envoyé de Dieu pour raffermir la vérité dans le monde et le préparer à la venue du Rédempteur. Les Arabes, les Turcs, les Persans le révèrent comme un prophète du Très-Haut. Les Grecs et les Romains, quoique généralement peu exacts en fait d'histoire, s'accordent néanmoins, ainsi que nous l'avons vu, à nous le représenter comme un personnage extraordinaire et comme le législateur des Hébreux.

Ce que n'a fait nul législateur humain, rappeler aux hommes la première de toutes les vérités, qu'il existe un Être suprême, créateur du ciel et de la terre et souverain seigneur de toutes choses; leur prescrire avant tout le premier de tous les devoirs, d'adorer ce Dieu souverain et de ne servir que lui; soumettre à ses lois adorables la nation comme l'individu, le roi comme l'esclave; constituer un peuple avec ces dogmes; promener ce peuple, le secouer parmi l'univers comme un flambeau qui ne saurait s'éteindre; conserver de cette sorte au genre humain la sagesse, la raison, la dignité, la religion véritable : voilà ce que Moïse a fait, ou plutôt voilà ce qu'a fait par Moïse Dieu lui-même. Après le Christ, rien n'a paru sur la terre d'aussi grand que Moïse. Moïse et le Christ, Dieu seul pouvait nous montrer cela.

Nul homme ne s'oublia autant lui-même pour servir les hommes. Il n'y a rien de plus ingrat envers Moïse que le peuple juif; il n'y a rien de meilleur envers le peuple juif que Moïse. On n'entend partout que des murmures. Des menaces, il passe aux effets. Tout le peuple criait et voulait le lapider. Mais, pendant cette fureur, il plaide sa cause devant Dieu qui voulait le perdre. « Je les frapperai de peste, et je les exterminerai, et je te ferai prince d'une grande nation plus puissante que celle-ci. — Oui, Seigneur, répondit Moïse, afin que les Egyptiens blasphèment contre vous. Glorifiez plutôt votre puissance, ô Dieu patient et de grande miséricorde, et pardonnez à ce peuple selon vos bontés infinies. » Il ne répond pas seulement aux promesses que Dieu lui fait, occupé du péril de ce peuple ingrat et s'oubliant toujours lui-même. Bien plus, il se dévoue pour eux. « Seigneur, ou pardonnez-leur ce péché, ou effacez-moi de votre livre. »

Et après tant de travaux, après qu'il a supporté l'ingratitude de ce peuple durant quarante ans, pour le conduire en la terre promise, il en est exclu: Dieu le lui déclare, et que cet honneur était réservé à Josué. Quant à Moïse, il lui dit : Ce ne sera pas vous qui introduirez ce peuple dans la terre que je lui donnerai. Comme s'il lui disait : Vous en aurez le travail et un autre en aura le fruit.

Dieu lui déclare sa mort prochaine; Moïse, sans s'étonner et sans songer à lui-même, le prie seulement de pourvoir au peuple. « Que le Dieu de tous les esprits donne un conducteur à cette multitude, qui puisse marcher devant elle, qui la mène et la ramène, de peur que le peuple du Seigneur ne soit comme des brebis sans pasteur. »

Il lui ordonne une grande guerre en ces termes : « Venge ton peuple des Madianites, et puis tu mourras. » Il veut lui faire savoir qu'il ne travaille pas pour lui-même et qu'il est fait pour les autres. Aussitôt, et sans dire un mot sur sa mort prochaine, Moïse donne ses ordres pour la guerre et l'achève tranquillement.

Il achève le peu de vie qui lui reste à enseigner le peuple et à lui donner les instructions qui composent le livre du Deutéronome, et puis il meurt sans aucune récompense sur la terre, dans un temps où Dieu les donnait si libéralement. Aaron a le sacerdoce pour lui et pour sa postérité; Caleb et sa famille sont pourvus magnifiquement, les autres reçoivent d'autres dons, Moïse, rien; on ne sait ce que devient sa famille. C'est un personnage public né pour le bien de l'univers (Bossuet, *Politique tirée*, etc., l. 3).

Il meurt cet homme à qui Dieu parlait face à face comme un ami à son ami; il meurt, et de quelle mort ? A la vue du peuple qu'il a sauvé, il monte sur la montagne, accompagné, suivant la tradition hébraïque, de Josué, son successeur, du grand-prêtre Eléazar et du conseil des anciens (Josèphe, *Ant.*, l. 4, c. 8, *in fine*). Arrivé au sommet, Dieu lui fait voir l'héritage de promission. Mais ce qui le rend heureux, ce n'est pas tant ce qu'il voit que celui qui le lui montre. Autrefois, il avait demandé à contempler sa gloire; il lui avait été répondu : « Nul ne me verra qu'il ne meure. » Son vœu est sans doute accompli alors. Il vit Dieu et mourut. Son âme, unie sans intermédiaire à Celui qui est, se détacha de son enveloppe mortelle. Il mourut ainsi, non pas de mort, mais de vie, aimé de Dieu et des hommes (Eccli. 45); aimé de Dieu qui l'appelait son ami; aimé de Dieu qui ensevelit son corps par le ministère du chef de ses anges (*Epist. Judæ*, 9); aimé du Christ qui, devant le jour des jours, lui ressuscitera ce corps glorieux et immortel, s'entretiendra avec lui, sur la montagne sainte, du mystère de l'éternelle miséricorde, et entrera avec lui triomphant au plus haut des cieux; aimé des hommes, à qui Dieu cache le lieu de sa sépulture, de peur que, dans l'excès de leur reconnaissance, ils ne fassent de lui un dieu ; aimé des hommes qui, après Dieu, lui doivent ce qu'ils ont de plus précieux, la raison et la religion véritables; aimé des hommes qui, après Dieu, lui doivent de savoir d'où ils viennent, où ils vont, ce qu'ils sont et ce qu'ils doivent être.

LIVRE NEUVIÈME.

Josué ou le Jésus du peuple d'Israël, figure du Jésus de l'humanité entière.

Moïse, fidèle intendant de toute la maison de Dieu, est allé recevoir du maître sa récompense. Cette maison, qui est le peuple d'Israël, il l'a laissée sous la direction de deux pouvoirs, l'un spirituel, Éléazar, l'autre temporel, Josué. Ces deux pouvoirs distincts l'un de l'autre, découlent par lui de la source première, qui est Dieu, son Verbe, pontife éternel et prince des rois de la terre (Heb., 7; Apocal., 1, 5).

La puissance spirituelle dirige les esprits vers la fin pour laquelle Dieu a créé tout l'homme. La puissance temporelle veille sur les corps pour en conserver la santé et la sécurité, afin que l'homme puisse plus librement poursuivre sa fin dernière. Comme la fin pour laquelle est fait le corps est subordonnée à celle pour laquelle est fait l'esprit, les puissances qui dirigent vers l'une et l'autre fin sont naturellement subordonnées l'une à l'autre dans la même proportion.

Telle est la doctrine chrétienne sur la subordination entre les deux puissances. Et il est à remarquer que les docteurs qui s'expriment là-dessus de la manière la plus formelle, sont saint Thomas, Alexandre d'Alès, Hugues de Saint-Victor, la gloire de l'ancienne école de Paris, et Yves de Chartres, la gloire et le modèle de l'épiscopat français dans le XI° siècle (1).

Ce dernier écrivait à Henri I°, roi d'Angleterre : « Rien ne s'administre bien, si l'empire et le sacerdoce ne sont d'accord. Nous avertissons donc et nous conjurons Votre Altesse de laisser un libre cours à la parole de Dieu dans le royaume qui vous a été confié, et de vous rappeler toujours que le royaume de la terre doit être soumis au royaume céleste, qui a été confié à l'Église; car, de même que les sens doivent être soumis à la raison, de même aussi la puissance temporelle doit être soumise au gouvernement ecclésiastique. Ce que devient le corps quand il n'est plus régi par l'âme, la puissance terrestre le devient lorsqu'elle n'est plus éclairée et dirigée par l'enseignement de l'Église; et comme le royaume du corps est en paix lorsque la chair ne résiste plus à l'esprit, de même aussi le royaume du monde se possède en paix lorsqu'il ne cherche plus à résister au royaume de Dieu (2).

Et cette doctrine, les docteurs français ne l'ont point inventée, mais reçue de plus haut. Saint Isidore de Péluse l'enseignait au V° siècle, saint Grégoire de Nazianze au IV° (3); bien plus, on en voit le germe se développant dès le premier. Dans une lettre qui suppose le temple des Juifs encore debout, les sacrifices d'animaux s'y offrant encore, qui paraît ainsi avoir été écrite avant la ruine de Jérusalem, il est dit entre autres : « Ce que l'âme est dans le corps, les chrétiens le sont dans le monde. L'âme est répandue par tous les membres du corps, et les chrétiens par toutes les cités du monde. L'âme demeure dans le corps sans être du corps; les chrétiens demeurent dans le monde sans être du monde. L'âme invisible habite le corps visible comme une citadelle; bien qu'on voie les chrétiens dans le monde, on ne voit pas néanmoins l'esprit de religion qui les anime. La chair hait l'âme et lui fait la guerre, sans qu'elle en ait reçu aucun mal, mais parce qu'elle ne lui permet pas de s'abandonner aux voluptés; le monde hait les chrétiens sans en avoir reçu aucun mal, mais parce qu'ils sont opposés aux plaisirs. L'âme chérit le corps qui la hait, et les chrétiens aiment ceux qui les haïssent. L'âme est enfermée dans le corps, mais c'est elle qui conserve le corps même; les chrétiens sont enfermés dans le monde comme dans une prison, mais ce sont eux qui soutiennent le monde (1). »

Cette dernière idée est aussi frappante de clarté que belle d'expression. En effet, qui ne conviendra que la vérité, la religion, la morale, la justice, c'est la vie, c'est l'âme de la société temporelle? Sans la justice, la morale, la religion, la vérité, la société temporelle ne serait qu'un cadavre. Or, la société chrétienne, l'Église catholique, c'est la religion, la morale, la justice, la vérité, non-seulement faite homme, mais société. L'Église, la société chrétienne, voilà donc l'âme du genre humain : sans elle ce grand corps s'en irait en pourriture.

C'est le fond de ce qu'on appelle *théocratie*. Ce mot veut dire *gouvernement de Dieu*; constitution politique où Dieu est ce qu'il est en effet, le premier souverain; sa raison manifestée aux hommes, la loi fondamentale qui légitime les lois et les souverains secondaires; ses ministres, les interprètes nés de cette loi souveraine. La théocratie suppose que si l'homme a le droit de commander à la bête, Dieu seul a le droit de commander à l'homme; que la loi de Dieu ou la religion est la loi mère et règle de toutes les autres; que les ministres de la religion sont les interprètes de la religion : ce qui n'empêche point que, sous la loi de Dieu ainsi interprétée et sans autre dépendance, les choses humaines ne se gouvernent avec une autorité souveraine, soit par un seul, soit par plusieurs. Il n'est pas impossible qu'aujourd'hui encore certains esprits trouvent cette manière de constitution à la fois simple et grande. Quoi qu'il en soit, telles étaient la constitution et la croyance de toute l'antiquité.

Tous les écrivains modernes sont d'accord là-dessus.

Le berceau du genre humain, la patrie des nations, c'est l'Asie. Là ont vécu les patriarches Adam,

---
(1) *Summa* S. Th., 2. 2, q. 60, a. 6, ad 3; Alens, *part.* 3, *quæst.* 40, *memb.* 2; Hugo Victorin, l. 2, *De sacram. Fid. ch.*, p. 2, c. 4.
(2) Yvo Carnot, *ep.* 51 *ad Henric. Angliæ regem.*
(3) S. Isid. Pel., l. 3, *ep.* 249; S. Greg. Naz., *Orat. ad Cives et Præfecium.*

(1) Lettre à Diognète, parmi les Œuvres de S. Justin

Noé, Abraham, Moïse; leur souvenir y est encore vivant. C'est de là que sont sorties, avec les traditions paternelles, toutes ces grandes familles qui ont peuplé l'univers. Pour connaître donc la croyance primitive et commune de l'humanité entière en fait de gouvernement, il n'y a qu'à consulter l'Asie. Or, dit un savant non suspect en ce point, « l'idée de la religion est comme l'idée centrale de l'Orient; art, état, industrie, tout s'est formé autour de la religion, par la religion. Aussi, examinez les arts de l'Orient, vous ne leur trouverez jamais un but ou un caractère individuel. L'état est une théocratie avouée; toutes les lois civiles et politiques sont en même temps des lois religieuses; et l'industrie est si bien au service ou sous la domination de la religion, que des codes à la fois politiques et religieux lui tracent d'avance et ses procédés et ses limites (Cousin, leç. 2, 1828). »

« Les Égyptiens, dit un autre savant, étaient un peuple de prêtres, non qu'on n'y trouvât point d'autres castes reconnaissables par leur isolement, mais, chez eux, tout avait le sacerdoce pour principe, partout prédominaient l'esprit et l'influence des prêtres. Il en était de même chez les Indiens. Les Juifs nous offrent le spectacle d'une théocratie complète. Dans notre Occident, ce caractère sacerdotal apparaît chez les Étrusques dans toute leur organisation sociale. Ce principe est également visible dans les premiers temps de l'histoire de Rome; seulement il avait pris une direction différente, quand les patriciens surent unir entre leurs mains, aux privilèges sacerdotaux, le pouvoir suprême de juges et de chefs militaires. L'époque héroïque des Grecs fut également précédée par une époque sacerdotale (1). »

Enfin, l'un des chefs de ce qu'on est convenu d'appeler philosophes du XVIIIe siècle, a dit en général: « Les hommes n'eurent point d'abord d'autres rois que les dieux, ni d'autre gouvernement que le théocratique. Ils firent le raisonnement de Caligula (2), et alors ils raisonnaient juste. Il faut une longue altération de sentiments et d'idées pour qu'on puisse se résoudre à prendre son semblable pour maître et se flatter qu'on s'en trouvera bien (3). »

Ce que le sentiment unanime des modernes savants nous met déjà hors de doute, il est facile de s'en convaincre en détail par l'histoire de chaque peuple.

A l'extrémité de l'Orient apparaît un empire immense, fondé un des premiers après le déluge, et qui depuis a subsisté sans interruption jusqu'à nos jours: c'est la Chine. Son caractère dominant est la vénération pour les ancêtres. Dieu, qui, dès ce monde, récompense les nations de ce qu'elles peuvent avoir de bon, a sans doute voulu récompenser la piété filiale de la nation chinoise, en la faisant vivre longtemps sur la terre que la Providence lui a donnée. Confucius y est révéré comme le législateur de l'empire. Or, nous avons vu, au septième livre, comment ce sage dérive de Dieu le gouvernement et ses lois. C'est le ciel qui donne l'empire à qui il veut; c'est le ciel qui change les dynasties. Ces maximes reviennent sans cesse dans son livre. Voici, d'un autre côté, comment s'opéra, suivant un historien de la Chine, la déchéance de la dynastie de Hia, ou la plus ancienne. Le dernier roi s'étant livré à toutes sortes de débauches et négligeant complètement les affaires, le grand-prêtre prit entre ses mains les lois de l'empire et lui fit, les larmes aux yeux, des représentations; mais n'ayant pas été écouté, il se retira chez le prince de Chang, qui devint ainsi le chef d'une dynastie nouvelle (*Chou-King*, addition, p. 77).

De la Chine passons au Japon, à l'Inde et au reste de l'Asie.

Depuis environ l'an 660 avant Jésus-Christ, époque où il fut fondé par Syn-mu, jusque vers l'an 1590 de l'ère chrétienne, l'empire japonais était gouverné par un pontife ou daïro, qui réunissait en sa personne la double autorité religieuse et civile. Vers la fin du XVIe siècle, Taiko-Sama, lieutenant-général de l'empire, s'empara de l'autorité civile, et fut ainsi le premier des empereurs séculiers ou cubos qui fixèrent leur résidence à Jédo, tandis que les daïros ou empereurs ecclésiastiques continuèrent d'habiter Méaco. Malgré cette révolution, aujourd'hui encore, l'empereur séculier est obligé de rendre à l'autre une sorte d'hommage, comme s'il ne gouvernait qu'en qualité de son lieutenant ou de son vice-roi. Ce n'est au fond qu'une cérémonie; mais le peuple y tient tellement que, s'il la voyait négliger, il prendrait les armes en faveur du monarque-pontife (1).

Quant à l'Inde et au reste de l'Asie, non-seulement l'ordre sacerdotal, connu sous le nom de *brachmanes*, de *bonzes*, de *mages* et autres, y a toujours été le premier et le plus influent dans les affaires; mais l'idée de la théocratie, l'idée d'un gouvernement divin y est si profondément enracinée que, depuis la venue de Jésus-Christ, la divinité est censée s'incarner dans la personne de chaque dalaïlama, grand-pontife des lamas ou prêtres des Tartares. Par suite de cette opinion, ce grand-prêtre qui, depuis le XIIIe siècle, possède un royaume indépendant au Tibet, est révéré comme une espèce de dieu: les princes mêmes ne lui parlent qu'à genoux; les rois ne montent sur le trône qu'après avoir reçu sa bénédiction; l'empereur même de la Chine lui envoie des ambassadeurs et des présents.

Le penchant théocratique des nations orientales se fait voir encore dans l'empire de Mahomet. Pour les entraîner plus facilement, cet homme leur commandait non point au nom de l'homme, mais au nom de Dieu dont il se disait le prophète. Les califes, ses successeurs, étaient des pontifes-rois. Dépouillés plus tard de l'exercice du pouvoir temporel, ils demeurèrent les chefs de la religion, et, en cette qualité, donnaient l'investiture aux princes mahométans. Le muphti même, qui cependant n'en est qu'une ombre, rappelle encore cette prééminence du spirituel sur le temporel. C'est à lui qu'il faut s'adresser lorsqu'il s'agit de déposer un sultan; c'est lui qui fait et signe les décrets pour la guerre et pour la paix (2).

---

(1) Frédéric Schlégel, *Hist. de la Littérat. anc. et mod.*
(2) Comme un pâtre est d'une nature supérieure à celle de son troupeau, les pasteurs d'hommes, qui sont leurs chefs, sont aussi d'une nature supérieure à celle de leurs peuples. Caligula concluait de cette analogie que les rois étaient des dieux, l'Antiquité, que les dieux étaient les rois.
(3) J.-J. Rousseau, *Contrat social*, l. 4, c. 8. Voir encore Rio, *Antiquités de l'Esprit humain*, le *Globe*, 18 avril 1829; le *Producteur*, n. 13, 20 et 21.

(1) Kœmpfer, *Hist. univ.*, t. XIV et XV de l'*Hist. mod.*, ainsi que l'*Hist. du Japon*, par le P. de Charlevoix.
(2) Voyez les *Diction. de Moréri et de Trévoux*, aux mots *Calife* et *Muphti*; D'Herbelot, art. *Iman* et *Khalifah*; *Hist. univ.*, t. XLI.

Après avoir entendu en Asie les grandes familles de la postérité de Sem, consultons en Afrique la postérité de Cham, en particulier l'Egypte et l'Ethiopie.

Dans l'Egypte, pays renommé pour la sagesse de son gouvernement, le roi, initié dans l'ordre des prêtres, s'il n'en était pas dès avant, était subordonné aux lois, non-seulement dans l'administration des affaires publiques, mais encore dans sa vie privée. Ces lois, consignées dans les livres sacrés, lui étaient rappelées sans cesse et interprétées par les prêtres, dont les plus distingués étaient placés pour cela auprès de sa personne. A sa mort, il était jugé sévèrement et privé des honneurs de la sépulture, s'il n'avait pas gouverné suivant les règles antiques (*Hist. univ.*, t. II, p. 80).

En parlant des Ethiopiens et de leur constitution politique, Diodore de Sicile nous représente ainsi l'élection de leur roi et leur gouvernement: « Les prêtres choisissent d'abord parmi eux les plus recommandables pour candidats. Celui que la divinité désigne d'une certaine manière, le peuple le prend pour roi. Dès lors on l'adore et on le vénère comme un dieu, comme ayant reçu de la Providence l'autorité souveraine. Le nouveau monarque tient une façon de vivre réglée par les lois, il fait le reste également d'après les coutumes des ancêtres, ne répartissant ni grâces ni châtiments à qui que ce soit, sinon comme il est statué par les lois primordiales. »

Touchant la mort de ces rois, Diodore rapporte comme très-étrange une chose qui l'est en effet, et que les auteurs de l'*Histoire universelle* comptent néanmoins parmi les lois fondamentales des Ethiopiens. Les prêtres de Méroë, qui formaient l'ordre le plus élevé et le plus puissant dans toute l'Ethiopie, envoyaient au roi, quand cela leur venait à l'esprit, comme de la part des dieux, l'ordre de mourir pour le bien de ses sujets. Les rois s'y conformèrent sans résistance jusqu'à Ergamène, contemporain de Ptolémée Philadelphe, qui massacra tous les prêtres et gouverna suivant sa propre volonté (Diodore, l. 3, c. 5 et 6).

Jusque-là nous avons vu comment était constituée cette portion plus calme du genre humain, les races de Sem et de Cham. Interrogeons maintenant l'audacieuse race de Japhet, qui, de l'Asie, est venue faire sa patrie de l'Europe, et, de cette première émigration, a contracté je ne sais quoi de remuant et d'aventureux dans le caractère. Le premier peuple qui s'offre à nous est une colonie asiatique mélangée de quelques émigrés d'Egypte, la Grèce.

De petites monarchies plus ou moins tempérées d'aristocratie et de démocratie, dominées surtout par le sentiment religieux, voilà ce que nous présente le plus ancien monument de la Grèce, les poésies d'Homère. Les rois y sont appelés les élèves et les ministres du Dieu suprême. C'est lui qui les revêt de puissance et de gloire, c'est de lui qu'ils tiennent le sceptre et les lois. Les affaires courantes, ils les décident seuls ; pour celles qui sont un peu plus graves, ils consultent les chefs. Dans les occasions les plus importantes, ils assemblent toute l'armée, tout le peuple. On consulte publiquement les interprètes de la divinité ; leur réponse décide la paix et la guerre.

Jusqu'à Philippe de Macédoine, la Grèce se montre à peu près telle. L'intervention de la divinité, la foi aux oracles, voilà l'esprit dominant. Les lois tiraient de là leur principale force. Minos s'enferme dans l'antre de Jupiter, pour rendre sacrées aux Crétois les lois qu'il leur prépare. Lycurgue, dans une occasion semblable, s'adresse à l'oracle de Delphes.

Delphes était pour les Grecs non-seulement le milieu de la terre ou son nombril, comme ils parlaient, mais encore un centre de religion et de gouvernement. Les amphictyons qui s'y assemblaient chaque année, étaient autant le concile général que le conseil général de la Grèce. De toutes les sentences que prononçait ce tribunal, la plus terrible à la fois et la plus ponctuellement exécutée, était l'excommunication contre une ville ou même contre un peuple tout entier.

A côté du mobile tableau de la Grèce ingénieuse, polie, parleuse, s'élève avec majesté le peuple-roi, marchant à la conquête de l'univers.

Deux siècles avant que Confucius naquît à la Chine, un siècle avant la fondation de l'empire du Japon, Romulus fonda, suivant l'opinion commune, la ville et l'empire de Rome. Parmi les auteurs qui nous parlent de ces époques reculées, les plus anciens écrivirent au temps de César et d'Auguste, d'autres encore plus tard. Leurs écrits sont souvent divers, mais tous s'accordent à nous représenter le gouvernement primitif de Rome subordonné à la religion et au pouvoir spirituel des pontifes.

Denys d'Halicarnasse, dans ses *Antiquités romaines* (l. 2, c. 5 et 4), fait dire à Romulus, quand il fut élu roi, qu'il était bien flatté d'avoir été jugé digne de la royauté par les hommes, mais qu'il n'accepterait cet honneur qu'autant que la divinité l'y autoriserait par des auspices favorables. En ayant eu, il assembla le peuple, lui fit connaître les signes divins, et aussitôt fut proclamé roi. Dès lors il passa en coutume que nul ne montât sur le trône, n'entrât dans les charges, si la divinité ne l'y autorisait par ses oracles. Les Romains, ajoute Denys, observèrent cette loi très-longtemps, non-seulement sous les rois, mais encore depuis, dans l'élection des consuls, des généraux et autres magistrats publics. On a cessé de notre temps de suivre cette règle ; mais cependant il en reste encore quelque vestige. Denys d'Halicarnasse était contemporain de Pompée et de César.

Numa, élu roi par le peuple et confirmé par la divinité de la même manière que Romulus, divisa les ministres de la religion en huit ordres. Le huitième comprenait les pontifes. Ils occupaient la sommité du sacerdoce et de la puissance chez les Romains ; ils jugeaient toutes les affaires religieuses, soit des particuliers, soit des magistrats, soit des ministres des dieux ; ils n'étaient eux-mêmes justiciables d'aucun tribunal, passibles d'aucune punition, n'avaient à rendre compte ni au sénat ni au peuple. Quand il en mourait un, il était remplacé, non pas au choix du peuple, mais par eux-mêmes. Le nouvel élu entrait en fonction lorsque les augures lui étaient favorables. Leur chef s'appelait souverain pontife (Denys d'Halicarnasse, *Ant. rom.*, l. 2, c. 73).

Nos ancêtres, dit Cicéron, conférèrent les cérémonies religieuses aux pontifes, et aux augures la décision des choses qu'il convenait d'entreprendre ; en un mot, ils gouvernaient la république par l'autorité des observances religieuses (1).

(1) *De harusp. resp.* 9; *De divin.*, l. 1, c. 40; *De leg.*, l. 2, c. 12.

Parmi les peuples qu'eurent à combattre les Romains, il en est trois qu'ils avouaient impossible de surpasser en courage, les Gaulois, les Germains et les Bretons, qui composent le fond de la population européenne. Ces peuples avaient de Dieu une idée tellement présente, et de l'homme une tellement haute, qu'ils avaient transporté la théocratie jusque dans la discipline militaire. C'est Tacite qui nous l'apprend. « Ils choisissent les rois pour la noblesse, les généraux pour la valeur. Les rois n'ont point un pouvoir illimité ou libre. Les généraux le sont plutôt par l'exemple que par l'autorité; prompts, se signalant à la tête des armées, ils commandent par l'admiration. Du reste, ils ne peuvent ni châtier, ni condamner aux fers, ni même au fouet; cela n'est permis qu'aux prêtres. Le châtiment s'inflige, non comme une peine, non par l'ordre du général, mais pour obéir au commandement de Dieu qu'ils croient présent aux combats (Tacit. Germ., 7). »

Ces prêtres sont connus sous le nom de *druides*. César, Strabon, Diodore de Sicile et d'autres anciens auteurs en parlent. De leurs témoignages réunis et comparés, il résulte que les Germains, les Gaulois, les Bretons, formaient comme une vaste théocratie, sous l'autorité d'un pontife souverain, le chef des druides (2).

Voilà donc, non pas quelques individus isolés, mais toutes les nations de l'antique univers, depuis les extrémités de l'Orient jusqu'à la froide Calédonie, Chinois, Japonais, Indiens, Perses, Hébreux, Egyptiens, Grecs, Germains, Gaulois, Romains, Bretons, promulgant de concert, comme la première des lois, comme la base de la société humaine, que Dieu seul a le droit de commander à l'homme, et que par conséquent ce qu'il y a d'humain est de droit subordonné à ce qu'il y a de divin, l'état à la religion. Voilà ce qu'elles croyaient, voilà ce qu'elles professaient, non dans leur décadence, mais dans la vigueur de leur jeunesse. C'est avec ces idées et ce gouvernement théocratiques qu'elles ont exécuté, soit en fait d'armes, soit en fait d'arts, des prodiges dont le souvenir ou les débris nous atterrent encore.

Ce résultat, proclamé unanimement par les écrivains modernes, l'était déjà par les auteurs anciens, en particulier par Strabon. Ce judicieux géographe était contemporain de Pompée et de César. Après avoir parlé de Moïse d'une manière très-honorable, il ajoute qu'il avait constitué pour les Juifs un gouvernement où la religion et la divinité avaient la prépondérance sur les armes; que ce gouvernement, qui n'était rien moins que méprisable, se maintint assez longtemps en sa première forme, mais qu'enfin il fut altéré par la superstition et la tyrannie de quelques-uns de ses chefs.

« Telle est, continue-t-il, la marche ordinaire des choses humaines, soit parmi les Grecs, soit parmi les Barbares. Pour former une société politique, il faut vivre d'après une loi commune; sans cela il est impossible qu'un grand nombre de personnes agissent avec ce concert indispensable pour une cité ou toute autre union. Or, la loi est de deux sortes : elle vient des dieux ou des hommes. Les anciens accordaient à ce qui est des dieux la prééminence et une vénération plus grande. C'est pourquoi on consultait alors souvent les oracles : Minos reçut pendant neuf

(1) Voyez l'art. *Druide*, dans l'*Encyclopédie*.

ans les instructions de Zeus avant de donner des lois au peuple de Crète; Lycurgue en usa d'une manière semblable avec les Lacédémoniens. Ces choses, vraies ou non, étaient crues. Aussi les devins étaient-ils tellement en honneur comme interprètes des dieux, qu'on les jugeait dignes de la royauté et pendant leur vie et après leur mort. C'est ainsi que, suivant Homère, Tirésias est distingué parmi les ombres. De ce genre furent Amphiaraüs, Trophonius, Orphée, Musée, Zamolxis; et les gymnosophistes chez les Indiens, les Mages chez les Perses, les Chaldéens chez les Assyriens, les augures étrusques chez les Romains. Tels furent en quelque manière et Moïse et ses successeurs. Leur gouvernement, excellent d'abord, dégénéra dans la suite (Strab., l. 16, c. 2). »

C'est donc un fait incontestable que toute l'antiquité a subordonné le temporel au spirituel, le civil au religieux. Non-seulement cela était, mais les philosophes les plus célèbres de cette même antiquité, Confucius, Platon, Cicéron (nous l'avons vu au livre VII), soutenaient que cela devait être, sous peine d'une irrémédiable anarchie.

Là-dessus on peut faire ces raisonnements : 1° En toute chose le consentement de tous les peuples doit être regardé comme la loi de la nature. Or, tous les peuples de l'antiquité ont subordonné le temporel au spirituel : donc, cette subordination est de droit naturel.

2° Dieu étant l'auteur de la nature, ce qui est de droit naturel est aussi de droit divin. Or, la subordination du gouvernement temporel à la religion est de droit naturel : donc, cette subordination est aussi de droit divin.

3° Repousser cette subordination, c'est donc aller contre Dieu et contre la nature. Or, qui va contre Dieu et contre la nature, va nécessairement à sa ruine : donc, les gouvernements qui repoussent cette subordination vont nécessairement à leur propre ruine.

4° Si cette subordination n'est point de droit naturel et divin, le genre humain tout entier s'est trompé pendant des milliers d'années. Or, si le genre humain tout entier s'est trompé de la sorte, il n'y a plus rien de certain au monde : donc, si la subordination du temporel au spirituel, de l'état à la religion, n'est pas de droit naturel et divin, il n'y a plus rien de certain parmi les hommes, ni droit, ni devoir, ni légitimité, ni usurpation; dès lors l'anarchie et le chaos.

En un mot, vraie ou fausse, rejeter cette subordination, c'est constituer l'anarchie. Car, si elle est vraie, c'est renier Dieu et la nature; si elle est fausse, la raison humaine n'est plus rien : semblable à la brute, chacun n'a plus de règle que ses appétits.

Pour ce qui est en particulier du peuple hébreu, quelle fut, au sentiment commun des écrivains anciens et modernes, juifs et autres, sa constitution politique?

Nous avons déjà vu que les écrivains de nos jours regardent le gouvernement des Hébreux comme une théocratie complète. Les auteurs de l'antiquité profane en ont jugé de même. Déjà l'on a pu s'en convaincre par le passage que nous avons cité de Strabon. Justin, abréviateur de Trogue-Pompée, et Diodore de Sicile, contemporains du célèbre géographe, parlent comme lui du gouvernement des Juifs.

Le premier nous dit qu'après Moïse, son fils *Aruas*

LIVRE IX. — JOSUÉ, OU LE JÉSUS DU PEUPLE D'ISRAEL.

(son frère Aaron) fut fait grand-prêtre et élu roi presque aussitôt. Depuis ce temps, ajoute-t-il, les Juifs ont toujours uni le sacerdoce et l'empire sur la même tête, et il est inconcevable combien la justice et la religion ainsi unies ensemble leur servirent à se rendre puissants (Justin, l. 36).

Quant à Diodore de Sicile, voici comme il s'exprime : « Dans le dessein que nous avons de rapporter la guerre des Juifs, nous croyons à propos de retracer sommairement l'origine et les lois de cette nation. Une grande peste s'étant répandue jadis sur l'Egypte, la plupart de ses habitants attribuèrent ce fléau à quelque offense faite à la divinité. Car, comme il habitait chez eux une multitude d'étrangers de toute nation, qui, pour la religion et les sacrifices, avaient des usages différents, il était arrivé que le culte des dieux, tel qu'il avait été pratiqué par leurs ancêtres, se trouvait aboli parmi eux. Ils pensaient donc que s'ils ne chassaient les étrangers, il n'y aurait point de remède à leurs maux. Les étrangers ayant été bannis, les plus courageux se réfugièrent dans la Grèce, sous la conduite de quelques chefs dont les plus fameux étaient Danaüs et Cadmus. Mais la multitude se jeta dans une région voisine nommée depuis la Judée. Le chef de ceux-ci s'appelait Moïse, homme supérieur par sa prudence et par son courage... Ce fut lui qui leur enseigna le culte de la divinité et qui constitua leur gouvernement... Ayant choisi les hommes les plus agréables à la nation et les plus capables de la gouverner, il en fit des prêtres, leur confia tout ce qui regardait le temple, le culte de Dieu et les sacrifices. Il les établit en même temps juges des plus grandes affaires, gardiens et des lois et des mœurs. C'est ce qui a fait dire que les Juifs n'ont jamais eu de rois et que le pouvoir de gouverner la multitude a toujours été entre les mains de celui des prêtres qui paraissait surpasser les autres en vertu et en sagesse. Ils donnent à celui-ci le nom de *grand-prêtre* et ils le regardent comme l'interprète et le ministre des ordres de Dieu. C'est lui qui, dans les assemblées publiques, leur expose ses commandements. Les Juifs sont si soumis dans ces occasions, que quand le grand-prêtre promulgue ses interprétations, ils se prosternent aussitôt contre terre et l'adorent. Vers la fin du livre de leurs lois, il est écrit que Moïse rapportait aux Juifs les paroles qu'il avait entendues de la bouche de Dieu même. » Ailleurs Diodore nous apprend que ce Dieu se nommait Jevoh (Diod. Sicul., *Fragm.*, l. 40).

Pour ce qui regarde le célèbre Josèphe, historien juif, dans tous ses écrits, il nous représente Dieu comme le monarque et le législateur des Hébreux. Au quatrième livre de ses *Antiquités judaïques*, Moïse dit à tout le peuple : « L'aristocratie telle qu'elle existe parmi vous est la meilleure forme de gouvernement, celle où il fait le meilleur vivre ; n'en désirez donc point d'autre, mais attachez-vous à celle-là n'ayant de maîtres que les lois et faisant tout comme elles prescrivent. Il vous suffit d'avoir Dieu pour souverain. Que si néanmoins il vous prend le désir d'avoir un roi, que ce soit un homme de votre nation, qui aime la justice et toutes les autres vertus. Qu'il donne plus aux lois et à Dieu qu'à sa propre sagesse ; qu'il ne fasse rien sans le grand-prêtre et sans le conseil des sénateurs ; qu'il n'ait pas un grand nombre de femmes ; qu'il ne cherche point à entasser des trésors ni à nourrir quantité de chevaux, de crainte que cela ne le porte au mépris des lois. Que s'il se livre avec excès à toutes ces choses, l'on doit empêcher qu'il ne devienne plus puissant que cela ne convient à vos intérêts (*Antiq. judaïc.*, l. 4, p. 125, Genevæ, 1611). »

Mais où Josèphe s'exprime d'une manière plus précise, c'est dans son deuxième livre contre Appion. Comparant le législateur des Hébreux aux autres législateurs, le gouvernement qu'il établit aux autres gouvernements, il dit : « Les diverses nations qui sont dans le monde se conduisent en des manières très-différentes. Les unes embrassent la monarchie, les autres le gouvernement d'un petit nombre, les autres abandonnent la puissance politique à la multitude. Notre législateur ne s'est rien proposé de tout cela, mais il a établi une société politique que l'on peut appeler théocratie ou gouvernement de Dieu, parce que la souveraineté et le pouvoir principal y sont réservés à Dieu seul (*Contra Appion.*, l. 2). »

« Se peut-il une constitution plus belle et plus juste que celle qui reconnaît Dieu pour le souverain de toutes choses, qui attribue en général aux prêtres les affaires les plus importantes, et au grand-prêtre le commandement des autres prêtres ? Si le législateur les a élevés à cette dignité, ce n'est point à cause de leurs richesses ou d'autres avantages de cette nature, mais parce qu'ils surpassaient les autres en docilité et en sagesse. Voilà pourquoi il leur confia d'abord le culte de Dieu, ensuite la surveillance de la loi et des mœurs. En un mot, voilà pourquoi il les établit les inspecteurs de tous, les juges des différends, et les vengeurs des crimes. Se peut-il une souveraineté plus sainte ?... Elle est réglée tout entière comme une fête solennelle. »

« Comme il n'y a qu'un Dieu et qu'un monde communs à tous les hommes, nous n'avons aussi qu'un temple. Ce Dieu, nos sacrificateurs l'adorent sans cesse. Celui qui tient parmi eux le premier rang, lui offre des sacrifices avant tous les autres, veille à l'observation de ses lois, punit ceux qui sont convaincus de les avoir violées, juge les différends ; quiconque lui désobéit est châtié comme s'il avait désobéi à Dieu lui-même (*Contra Appion.*). »

Agrippa, roi des Juifs, écrivait à l'empereur Caligula : « Vous n'ignorez pas, seigneur, que je suis né Juif. Ma patrie est Jérusalem, où se trouve le saint temple du Dieu Très-Haut. J'ai eu pour ancêtres des rois dont la plupart étaient souverains sacrificateurs. Ils se plaçaient sur le sacerdoce, persuadés qu'autant Dieu est élevé au-dessus des hommes, autant le souverain pontificat l'est au-dessus de l'empire : l'un ayant pour objet le service de Dieu, l'autre seulement le service des hommes (Philon, *Ambassade à l'empereur Caïus*). »

Nous venons de voir ce que disent les hommes sur la constitution primitive des peuples anciens, spécialement sur celle du peuple hébreu. Voyons maintenant ce que nous en apprendra Dieu lui-même en son Ecriture.

Depuis Adam jusqu'à Noé, l'on voit des prêtres, des sacrifices, des prophètes ; mais ni roi ni tribu. Dieu seul apparaît comme le monarque universel ; lui seul exerce le droit de vie et de mort. L'homme n'a pas encore reçu le droit de faire mourir l'homicide. Quiconque tuera Caïn sera puni sept fois. C'est Dieu qui le condamne à une vie errante. C'est Dieu qui punit et les individus et l'espèce entière par le déluge.

Dans le monde nouveau, le patriarche par qui Dieu l'a sauvé, apparaît d'abord comme pontife. Sa première action, c'est d'élever un autel au Très-Haut et de lui offrir, d'entre les animaux, un sacrifice, au nom de l'humanité entière. La religion, le sacerdoce, l'Eglise est de tous les temps et de tous les mondes.

Ce fut après cela seulement que Dieu dit à Noé et à ses trois fils : « Quiconque aura versé le sang de l'homme, son sang sera versé. » Loi fondamentale de la souveraineté temporelle. Car Dieu ne dit pas qu'il s'en réserve l'exécution : il ne dit plus que celui qui aura puni le meurtrier sera puni sept fois. Ceux auxquels il remet ainsi le glaive de sa justice, sont Noé et ses trois fils, c'est-à-dire tous les hommes d'alors, tous les chefs de famille, présidés par le père de tous. Mais avant d'être ainsi établis rois, Noé de toute la race humaine, Sem, Cham et Japhet de leur triple postérité, ils étaient déjà pontifes et prêtres dans le même ordre.

Lors donc que toute l'antiquité nous montre Dieu longtemps la seule puissance, le sacerdoce précédant partout la royauté, les prêtres chargés partout du maintien des lois, cette antiquité n'est que l'écho de la voix et le commentaire de la Bible.

Quant à ce que cette même Bible nous apprend de la constitution politique des Hébreux, voici ce que nous avons vu ou ce que nous verrons. Dieu lui-même la définit un *royaume de prêtres*, un royaume sacerdotal (Exod., 19, 1, suivant l'hébreu). Il subordonne le souverain temporel au grand-pontife, Josué à Eléazar (Num., 27, 12). Il prononce peine de mort contre quiconque n'obéirait point à la sentence du grand-prêtre (Deut., 17, 88). Il se réserve l'élection du roi, au cas que le peuple en voulût un.

« Quand tu seras entré dans la terre que l'Eternel, ton Dieu, te donnera, que tu la posséderas et que tu habiteras en elle, si tu viens à dire : J'établirai sur moi un roi comme toutes les nations qui m'environnent, tu établiras sur toi pour roi celui que l'Eternel, ton Dieu, aura choisi ; tu devras prendre pour roi sur toi un de tes frères, tu ne pourras pas placer sur toi un homme d'une autre nation et qui ne soit point ton frère. Cependant il ne multipliera pas pour lui les chevaux, il ne ramènera point le peuple en Egypte pour multiplier sa cavalerie; car l'Eternel vous a dit : Vous ne retournerez jamais plus par cette voie. Il n'aura pas une multitude de femmes, de peur que son cœur ne se détourne; il n'amassera pas non plus pour lui une quantité immense d'or et d'argent. Mais, après qu'il sera assis sur le trône, il se transcrira dans un livre une copie de cette loi, d'après l'exemplaire des prêtres de la tribu de Lévi. Il l'aura avec lui, et il y lira tous les jours de sa vie, afin qu'il apprenne à craindre l'Eternel, son Dieu, et à observer exactement toutes les paroles de cette doctrine et toutes ces lois : que son cœur ne s'élève point d'orgueil au-dessus de ses frères, qu'il ne se détourne de ce commandement ni à droite ni à gauche, et que par là il demeure longtemps en sa royauté, lui et ses enfants, au milieu d'Israël (*Ibid.*, 17, 14). »

Roi suprême de toutes les nations, Dieu veut l'être spécialement d'Israël. Au cas que ce peuple s'obstine à vouloir un roi-homme, il s'en réserve expressément l'élection et, par conséquent aussi, la déposition. Il donne pour règle au monarque futur la même loi qu'à ses sujets : cette loi, il doit en recevoir la lettre, par conséquent aussi le sens, des prêtres de Lévi; cette loi l'oblige, comme Josué, de consulter l'Eternel par le grand-prêtre dans les questions difficiles ; à l'observation de cette loi sont attachés son affermissement sur le trône et la durée de sa dynastie.

Sa volonté à l'égard de tout cela, Dieu la manifeste par le ministère des prophètes, qui, sous une religion pour ainsi dire toute prophétique, faisaient comme partie intégrante du pouvoir spirituel. Il choisit et réprouve Saül par le ministère de Samuel; il choisit David par le ministère du même Samuel, et le confirme sur le trône, lui et sa race, par le ministère du prophète Nathan. Il ôte à son fils dix tribus et les donne à Jéroboam par le ministère d'Ahias de Silo. Un autre prophète défend, de la part de Dieu, à Juda et à Roboam, de faire la guerre à Israël. Par le ministère du même, Ahias, il réprouve la race de Jéroboam et appelle à la royauté d'Israël, Baasa. Il annonce à ce même Baasa, par la voix de Jéhu, fils d'Hanani, que sa race sera détruite. Par le ministère d'Elie et d'Elisée, il appelle à la couronne Jéhu, fils de Namsi, lui ordonne d'exterminer toute la race d'Achab, et confirme la sienne sur le trône jusqu'à la quatrième génération. Le ministère des prophètes, en ces cas, était si habituel, que le peuple juif et ses prêtres ne reconnurent pour souverain Simon-Machabée, que jusqu'à ce qu'il s'élevât un prophète fidèle (1. Mach., 14, 41).

Pour en revenir à Eléazar et à Josué, il y a encore en eux ceci de remarquable : le pontife aura des successeurs sans interruption jusqu'à la venue du Pontife éternel, qui établira le sacerdoce selon l'ordre de Melchisédech, pour tous les peuples et tous les siècles à venir. Josué, au contraire, comme prince temporel, n'aura point de successeur : sa mission se borne à introduire le peuple en la terre promise. Ce que l'on nomme les *juges*, sont des sauveurs extraordinaires, que Dieu suscite à Israël lorsqu'en punition de ses infidélités il est tombé dans quelque servitude étrangère. L'état normal, l'état du peuple fidèle à Dieu, c'est que, sous l'autorité à peine sensible du grand-prêtre, sans roi et sans tribut, chacun faisait ce qui lui semblait bon, comme dit l'Ecriture (Judic., 21, 24), tant la liberté était grande, tant ce régime était doux. Les vrais Israélites savaient bien que tel était le gouvernement que Dieu leur voulait. Ainsi, quand les hommes d'Israël vinrent dire à Gédéon : Règne sur nous, et toi et ton fils, et le fils de ton fils, car tu nous as sauvés de la main des Madianites, ce héros véritable leur répondit : Je ne régnerai pas sur vous, ni non plus mon fils; votre maître sera l'Eternel (Jud., 8, 22 et 23). Cet héroïsme, ce zèle si pur et si vif pour la gloire de Dieu, était toute l'âme de Josué.

Et après la mort de Moïse, l'Eternel dit au fils de Nun, qui en avait été le fidèle ministre : « Moïse, mon serviteur, est mort; maintenant donc lève-toi et passe le Jourdain que voici, toi et tout ce peuple, jusqu'à la terre que je donnerai aux enfants d'Israël. Tout l'espace que la plante de votre pied aura foulé,

LIVRE IX. — JOSUÉ, OU LE JÉSUS DU PEUPLE D'ISRAEL.

je vous le donnerai, comme je l'ai dit à Moïse. Vos confins seront depuis le désert et le Liban, jusqu'au grand fleuve d'Euphrate; toute la terre des Héthéens, jusqu'à la grande mer qui est au soleil couchant. Nul ne pourra vous résister tant que tu vivras : comme j'ai été avec Moïse ainsi je serai avec toi ; je ne te laisserai point ni ne t'abandonnerai. Sois fort et vaillant; mais en quoi ? Ecoutons l'Eternel. Sois ferme et arme-toi d'un grand courage, afin que tu gardes et que tu accomplisses toute la loi que Moïse, mon serviteur, t'a donnée. Ne te détourne ni à droite ni à gauche, afin que tu agisses avec intelligence et succès, quelque part que tu ailles. Que le livre de cette loi soit continuellement dans ta bouche ; tu le méditeras jour et nuit, afin que tu gardes et que tu accomplisses tout ce qui est écrit. Alors tu réussiras dans tes voies, alors tu agiras avec intelligence. C'est moi qui te l'ordonne, sois fort et vaillant, ne crains point ni ne t'épouvante, car l'Eternel, ton Dieu, sera avec toi partout où tu iras (Josué, 1, 1-19). »

Telle est, pour les chefs de nations, la véritable politique, la véritable science de gouverner, la loi de Dieu. Le courage que leur commande celui dont ils sont les ministres, c'est le courage de se régler sur cette loi souveraine en toutes choses, sans ployer jamais ni à droite ni à gauche. Science bien rare, courage plus rare encore; Josué les posséda l'un et l'autre.

Quand verrons-nous de ces Josués chrétiens ? Le monde en aurait bien besoin. Comme Israël, il erre par des lieux arides, cherchant du repos et n'en trouvant point. Mais il erre sans colonne qui le guide, sans arche d'alliance qui le rallie ; il erre sans savoir où arriver ni par où. Tout participe à cette incertitude, les trônes, les lois, les gouvernements, la paix, la guerre. Ce qui paraît de plus ferme, branle au moindre souffle et s'écroule. Se rassemble-t-il quelques jeunes gens, quelques hommes du peuple dans les rues d'une certaine ville, aussitôt voilà un trône en pièces, et puis un autre, et puis un autre, et tout le reste de trembler. On ne tue plus les rois, on fait pis ; on leur dit : Allez-vous-en, nous ne voulons plus de vous ; et ils s'en vont. Partout des séditions et des émeutes, ce n'est pas un moment d'effervescence, c'est l'état habituel et raisonné. Les princes se plaignent des peuples, les peuples se plaignent des princes, de part et d'autre, avec beaucoup de méthode et de raisonnements auxquels il n'est rien à répondre. On parle, on écrit, on parlemente, et on s'entend moins que jamais. Les uns crient à la révolte, les autres à la tyrannie, et ils ont raison les uns et les autres. Le seul tort qu'on ait, c'est de s'étonner que cela soit ainsi.

Rien n'est plus clair. Tout le monde convient que la religion est la base de la société temporelle ; par conséquent, mettre la révolte, l'anarchie dans la religion, c'est les mettre dans la base même de la société. Or, pour que dans la religion il n'y ait point anarchie, il faut y reconnaître une autorité, et l'autorité la plus grande ; car quiconque, à la plus grande autorité en préfère une moindre, suppose nécessairement que le moindre doit l'emporter sur la plus grande, le néant sur l'être, le fou sur le sage. De là, plus de subordination, plus de société, plus de droit, plus de devoir. D'un autre côté, tout le monde conviendra qu'en fait de religion, l'autorité incontestablement la plus grande est l'Eglise catholique, apostolique et romaine. Elle n'est au fond que le genre humain constitué par Jésus-Christ dans l'unité pour proclamer à jamais toute vérité nécessaire. De sorte qu'elle réunit en sa personne et l'autorité naturelle du genre humain, et l'autorité surnaturelle de Dieu. Il est impossible d'en imaginer une plus grande. Or, ce qu'on appelle le *schisme grec* ou *russe*, le *protestantisme germanique* ou *anglican*, le *philosophisme* de tous les pays, qu'est-ce autre chose qu'une révolte opiniâtre contre cette plus grande autorité, qu'un complot de rois et de peuples, pour implanter l'anarchie dans la religion, et, par suite, dans la base même de toute société ? Et, après des siècles de marche, l'on s'étonne d'arriver où l'on va ! et l'on se rassemble en des congrès d'ambassadeurs ou en des sociétés occultes pour deviner d'où cela vient ! et l'on fait des protocoles publics, des articles secrets pour l'empêcher d'être venu !

Ce grand mystère peut se résumer en quatre articles.

1° Tout gouvernement anticatholique ou qui combat l'autorité de l'Eglise catholique, apostolique et romaine, est au fond une absurdité et une tyrannie. Une absurdité, en ce qu'après avoir posé en principe qu'on n'est pas obligé de respecter aucune autorité, puisqu'on ne l'est pas de respecter la plus grande, il prétend néanmoins qu'on est obligé de respecter la sienne; une tyrannie, en ce qu'il contraint les hommes par la force à se soumettre à une absurdité pareille.

2° Tout souverain anticatholique ou qui repousse opiniâtrément l'autorité de l'Eglise catholique, apostolique et romaine, dépose lui-même de sa souveraineté, absout lui-même ses sujets de tout devoir envers lui, se met lui-même hors la loi. En effet, quiconque méprise l'autorité la plus grande, donne à chacun le droit de mépriser la sienne, et mérite qu'on use de ce droit ; l'absurdité par laquelle il voudrait échapper à cette conséquence n'est un devoir pour personne.

3° Nul sujet, nul peuple anticatholique ne peut, sans inconséquence, blâmer son souverain de quoi qu'il fasse. Car dispenser un souverain de se soumettre à l'autorité la plus grande, à l'Eglise catholique promulguant et interprétant la loi de Dieu, c'est le dispenser de se soumettre à aucune autorité, à aucune loi, à aucune règle ; c'est lui dire qu'il n'y a d'autre droit que la force, et qu'il peut légitimement tout ce qu'il peut impunément.

4° La politique moderne, qui tend continuellement à se soustraire à l'autorité doctrinale de l'Eglise catholique, tend continuellement à la ruine de toute subordination et de toute société, à l'anéantissement de tout droit et de tout devoir, au chaos et à l'anarchie. Les philosophes qui écrivent que l'état naturel de l'homme est l'état sauvage, l'état de brute; les sociétés secrètes qui travaillent à nous y amener, ne font que seconder les gouvernements, ne font que tirer les dernières et inévitables conséquences des principes que, depuis des siècles, les gouvernements prennent pour règle dans leurs rapports avec l'Eglise et son Chef.

Avec la grièveté du mal on voit ici le remède. A côté de l'horrible anarchie est le lieu de repos, la terre promise : il n'y a qu'un pas à faire, et l'on y est. Puissent quelques nouveaux Josués, à l'exemple de l'ancien, y passer avec leurs peuples! Alors ils agiront avec intelligence, alors Dieu sera avec eux.

Aussitôt que le Seigneur lui eut fait connaître sa volonté, le Josué d'Israël ordonna aux princes, et, par eux, au peuple, de se préparer des vivres, parce qu'après trois jours ils passeraient le Jourdain. En même temps, il rappela aux guerriers des tribus de Ruben et de Gad, ainsi qu'à la moitié de celle de Manassé, la parole qu'ils avaient donnée à Moïse, de laisser leurs femmes, leurs enfants et leurs troupeaux dans leurs possessions en deçà du Jourdain, vers l'orient, et de marcher eux-mêmes à la tête de leurs frères pour conquérir avec eux le pays au delà de ce fleuve. Ils répondirent : « Tout ce que tu nous as ordonné, nous le ferons; quelque part que tu nous envoies, nous irons. Comme nous avons obéi à Moïse en toutes choses, ainsi nous t'obéirons; que l'Eternel, notre Dieu, soit seulement avec toi comme il a été avec Moïse. Quiconque contredira ton ordre, quiconque n'obéira pas à toutes tes paroles, que celui-là meure. Pour toi, sois seulement ferme et courageux (Josué, 1, 10-16). »

On comptait parmi eux environ cent dix mille hommes en état de porter les armes. Josué n'en prit que quarante mille.

Il avait envoyé des espions au delà du Jourdain pour examiner le pays et la ville de Jéricho. Ils entrèrent chez une hôtelière de la ville, qui se nommait Rahab. Aussitôt il en fut donné avis au roi de Jéricho, qui envoya vers elle pour qu'elle les livrât; mais elle les cacha sur la terrasse de sa maison, en les couvrant avec du lin qui était là, et répondit qu'ils étaient sortis de la ville avant qu'on eût fermé les portes, et qu'on ne manquerait pas de les atteindre si on les poursuivait aussitôt. Avant que ses hôtes se fussent livrés au sommeil, elle monta vers eux et leur dit qu'elle savait que l'Eternel avait donné aux Israélites cette terre; que l'effroi avait saisi les habitants, qu'ils étaient éperdus : « Nous avons ouï comment l'Eternel a desséché devant vous la mer Rouge, quand vous sortîtes de l'Egypte, et ce que vous avez fait aux deux rois des Amorrhéens au delà du Jourdain, Séhon et Og, que vous avez mis à mort; nous l'avons ouï, et notre cœur s'est fondu d'épouvante, et nul ne trouve de courage à votre approche; car l'Eternel, votre Dieu, c'est lui le Dieu qui règne en haut dans le ciel et ici-bas sur la terre. Maintenant donc, jurez-moi par l'Eternel, comme je vous ai fait miséricorde, qu'ainsi vous ferez à la maison de mon père, et que vous me donnerez un signe assuré, afin que vous sauviez mon père et ma mère, mes frères et mes sœurs et tout ce qui est à eux, et que vous nous délivriez de la mort. » Ils le lui jurèrent et lui donnèrent pour signal un cordon d'écarlate, par où elle les fit descendre de sa maison qui était appuyée sur les murs de la ville. A l'arrivée des Israélites, elle devait attacher ce cordon à la fenêtre, et rassembler tous les siens dans sa maison avec elle. Par là ils seraient sauvés. Les espions échappèrent de la sorte, après s'être retirés dans les montagnes, suivant le conseil de Rahab, et tenus cachés là, pendant trois jours, jusqu'à ce que les hommes envoyés à leur poursuite eussent été de retour. Ceux-là donc apportèrent dans le camp d'heureuses nouvelles, racontèrent à Josué ce qui était arrivé, et dirent : « L'Eternel a mis toute cette terre en nos mains, tous ses habitants sont éperdus devant notre face (Josué, 2). »

De Settim, au pays de Moab, Josué arriva au Jourdain avec tout Israël. Là des hérauts passèrent à travers le camp et commandaient au peuple : « Quand vous verrez l'arche de l'alliance de l'Eternel, votre Dieu, et les prêtres de la tribu de Lévi qui la portent, vous aussi, levez-vous et marchez derrière elle. Qu'il y ait entre vous et l'arche un espace d'environ deux mille coudées : vous n'approcherez pas au delà, afin que vous puissiez la voir de loin et connaître la voie par laquelle vous marcherez; car jamais vous n'avez marché dans cette voie. » Et Josué dit au peuple : « Sanctifiez-vous; car demain Jéhova fera parmi vous des merveilles. » Aux prêtres, il dit : « Portez l'arche d'alliance et précédez le peuple; » et ils portèrent l'arche d'alliance, et ils marchèrent devant le peuple. Et l'Eternel avait dit à Josué : « Aujourd'hui je commencerai à t'élever en présence de tout Israël, afin qu'ils sachent que, comme j'ai été avec Moïse, ainsi je serai avec toi. Mais toi, commande aux prêtres qui portent l'arche d'alliance; lorsque vous serez entrés dans une partie de l'eau du Jourdain, arrêtez-vous là. » Et Josué dit au peuple : « Approchez et écoutez la parole de Jéhova, votre Dieu. En cela vous saurez que le Dieu vivant est au milieu de vous, et qu'il dépossédera devant votre face le Chananéen, l'Héthéen, l'Hévéen, le Phérézéen, le Gergéséen, l'Amorrhéen et le Jébuséen. Voilà que l'arche de l'alliance du Dominateur de toute la terre marchera devant vous à travers le Jourdain. Lors donc que les prêtres qui portent l'arche de Jéhova, le Dominateur de toute la terre, poseront le pied dans les eaux du Jourdain, elles se sépareront, et celles qui viennent d'en haut s'arrêteront en un monceau. » Le peuple sortit donc de ses tentes pour passer le Jourdain, et les prêtres qui portaient l'arche d'alliance marchaient devant lui. Et quand ils furent entrés dans le fleuve et que leurs pieds commencèrent à être mouillés (or, le Jourdain avait couvert ses rives pendant toute la moisson), les eaux qui venaient s'arrêtèrent en un monceau, paraissant au loin comme une montagne, depuis la ville d'Adom jusqu'à Sarthan, espace d'environ quinze lieues; mais les eaux qui étaient au-dessous descendirent dans la mer du désert, la mer Morte, jusqu'à ce qu'elles fussent entièrement écoulées. Le peuple s'avançait ainsi vis-à-vis de Jéricho, ayant à sa tête les quarante mille hommes des tribus de Ruben, de Gad et de Manassé. Les prêtres qui portaient l'arche d'alliance de l'Eternel se tenaient debout sur la terre sèche au milieu du Jourdain. Tout Israël traversait à pied sec, jusqu'à ce que la multitude entière eût passé le fleuve.

Le Jourdain sort des montagnes du Liban, traverse le lac Merom, ensuite le lac de Génésareth, autrement la mer de Galilée ou de Tibériade, et se perd dans la mer Morte. Son cours est d'environ cinquante lieues. D'après le témoignage de tous les voyageurs, il est extrêmement rapide et profond. Il n'a quelques endroits guéables que pendant une partie de l'année. Durant les chaleurs, il se déborde, gonflé par la fonte des neiges du Liban. A l'endroit où les Israélites le passèrent, quelques voyageurs ont estimé d'une soixantaine de pieds la largeur ordinaire de son lit (Maund. Morison); un autre, qui a une grande réputation de sincérité et d'exactitude, l'estime de quatre-vingt-dix pieds (Shaw) : ce qui donnerait, pour largeur moyenne, soixante-quinze. Mais, au fort de ses débordements, avec une rapidité plus impétueuse, il pouvait présenter une étendue d'eau quinze à vingt fois plus considérable. Ce fut dans un de ces moments que les Hébreux le passèrent à pied sec.

Pour perpétuer le souvenir de ce prodige, et d'après l'ordre de Dieu, transmis par Josué, douze Israélites, un de chaque tribu, prirent douze pierres du milieu du Jourdain, de l'endroit même où étaient debout les prêtres qui portaient l'arche d'alliance, les enlevèrent sur leurs épaules et les posèrent dans le lieu où ils dressèrent le camp. Josué plaça encore douze pierres au milieu du Jourdain, à l'endroit où s'étaient arrêtés les prêtres qui portaient l'arche. Car ils restèrent au milieu du fleuve jusqu'à ce que tout le peuple fut passé.

En ce jour l'Eternel éleva Josué aux yeux de tout Israël; et ils le craignirent comme ils avaient craint Moïse, tous les jours de sa vie. Et l'Eternel dit à Josué : « Ordonne aux prêtres qui portent l'arche du témoignage de monter hors du Jourdain. » Et il leur commanda, disant : « Montez hors du Jourdain. » Et lorsqu'ils furent hors du fleuve, portant l'arche de l'alliance de l'Eternel, et que la plante de leurs pieds se posa sur la terre sèche, les eaux du Jourdain retournèrent en leur lieu, et coulèrent sur toutes ses rives comme hier et avant-hier. C'était le dixième jour du premier mois que le peuple traversa le Jourdain, et ils campèrent en Galgal, du côté oriental de la ville de Jéricho. Et les douze pierres qu'ils avaient emportées du Jourdain, Josué les érigea en Galgal, et dit aux enfants d'Israël : « Lorsque vos enfants demanderont demain à leurs pères, ce qu'ils diront : Que signifient ces pierres? Vous le leur apprendrez, disant : Israël a traversé le Jourdain à pied sec, l'Eternel, votre Dieu, séchant les eaux de ce fleuve en votre présence, jusqu'à ce que vous eussiez passé; comme il fit auparavant pour la mer Rouge, qu'il sécha jusqu'à ce que nous eussions passé; afin que tous les peuples de la terre connaissent la main de l'Eternel, combien elle est puissante, et afin que vous craigniez l'Eternel, votre Dieu, en tout temps (Josué, 4). »

Le passage miraculeux des Israélites à travers le Jourdain accrut encore l'épouvante qui avait déjà les saisi précédés, et les rois du pays furent éperdus. A cette époque, tous ceux qui étaient nés pendant le voyage dans le désert furent circoncis le même jour. Durant la marche, la circoncision n'avait pas eu lieu, parce qu'on ne savait jamais si l'on resterait assez de temps au même endroit. Cette circoncision, en un même jour, de tout le peuple, rappelait la première circoncision d'Abraham et de toute sa peuplade, faite également en un même jour. On célébra aussi la Pâque dans les plaines de Jéricho, et le pain sans levain qu'on y mangea, suivant la loi, était du froment de la contrée. Ce qu'il y eut surtout de remarquable, c'est que le lendemain du jour où les enfants d'Israël mangèrent des fruits de la terre promise, la manne, qui les avait nourris quarante ans dans le désert, cessa, et il n'en tomba plus. Pour la colonne

de nuée qui, pendant le même temps, leur avait servi de guide, on croit qu'elle les quitta dès au delà du Jourdain, lorsqu'ils eurent conquis les royaumes d'Hésébon et de Basan.

Et il arriva que Josué étant près de Jéricho, il leva les yeux et vit un homme debout devant lui, tenant une épée nue. Josué alla vers lui et lui dit : Es-tu à nous ou à nos ennemis? Il répondit : Non; mais je suis le chef de l'armée de Jéhova, et maintenant je viens. Josué tomba prosterné contre terre, et, adorant, il lui dit : Que dit mon Seigneur à son serviteur? Et le chef de l'armée de Jéhova dit à Josué : Ote la chaussure de tes pieds, car le lieu où tu es est saint. Et Josué fit ce qui lui était commandé.

Or, Jéricho, ville forte, était fermée et gardée avec soin, dans la crainte de cette terrible et étrange nation qui campait dans son voisinage.

L'Eternel dit donc à Josué : « Voilà que j'ai livré en ta main Jéricho et son roi, et tous ses guerriers. Combattants, vous entourerez tous la ville une fois le jour, et vous ferez de la sorte six jours durant; mais, au septième jour, que les prêtres portent les sept trompettes dont on se sert pour le Jubilé, et qu'ils précèdent l'arche d'alliance, et vous environnerez la ville par sept fois, et les prêtres sonneront de la trompette. Et quand le son de la trompette sera plus prolongé et plus éclatant, et qu'il retentira à vos oreilles, tout le peuple jettera un grand cri, et les murailles de la ville tomberont sur elles-mêmes, et chacun entrera par le lieu qui sera devant lui.

Quel est ce personnage mystérieux, qui se nomme *le chef des armées de l'Eternel*, qui permet qu'on l'adore, qui consacre un lieu par sa seule présence? Est-ce le même qui apparut à Moïse dans le buisson ardent, qui, là comme ici, commande d'ôter la chaussure? Est-ce le même qui, dans le prophète du Nouveau Testament, s'appelle le *fidèle* et le *véritable*, qui juge et qui combat justement, a sur sa tête plusieurs diadèmes, est vêtu d'une robe teinte de sang; celui qui s'appelle le *Verbe de Dieu*, que suivent les armées célestes, de la bouche duquel sort une épée à deux tranchants, pour en frapper les nations qu'il gouvernera avec un sceptre de fer, qui enfin porte écrit sur son vêtement et sur sa cuisse : *Le Roi des rois et le Seigneur des seigneurs* (Apocal., 19)? On peut le croire; car l'Ecriture dit de lui : *Et Jéhova dit à Josué* (Josué, 6-2).

Le fils de Nun appela donc les prêtres et leur dit : Portez l'arche de l'alliance, et que sept autres prêtres portent les sept trompettes des Jubilés devant l'arche de Jéhova. Il dit aussi au peuple : Allez et faites le tour de la ville, et que les combattants armés précèdent l'arche de l'Eternel. Et lorsque Josué eut cessé de parler, les sept prêtres qui portaient les sept trompettes du Jubilé passèrent devant l'arche de l'Eternel, allèrent en avant et sonnaient des trompettes; et l'arche de l'Eternel venait après eux, et ceux qui étaient en armes marchaient devant les prêtres, et le reste du peuple suivait l'arche, et tout retentissait du son des trompettes. Or, Josué avait commandé au peuple, disant : Vous ne crierez point, et votre voix ne se fera point entendre, et aucun mot ne sortira de votre bouche jusqu'au jour où je vous dirai : Poussez un cri de guerre; alors vous crierez. L'arche de l'Eternel fit donc une fois le jour le tour de la ville, et, revenant dans le camp, ils s'y arrêtèrent. Et Josué se leva de grand matin, et les prêtres portèrent l'arche de l'Eternel; et sept d'entre eux portaient les sept trompettes du Jubilé devant l'arche, et, s'avançant, ils sonnaient des trompettes, et le peuple armé allait devant eux, et le reste de la multitude suivait l'arche, et tout retentissait du son des trompettes. Et ils firent une fois, le second jour, le tour de la ville, puis ils retournèrent au camp; ils firent ainsi durant six jours. Mais le septième, s'étant levés dès l'aurore, ils firent de la même manière sept fois le tour de la ville. Et lorsque les prêtres, au septième tour, sonnaient les trompettes, Josué dit à tout Israël : Poussez un cri de guerre, car Jéhova vous a livré la ville. Alors tout le peuple poussa des cris, à l'instant que les trompettes retentirent : et dès que la voix et le son eurent frappé les oreilles de la multitude, soudain les murs s'écroulèrent, et chacun monta par le lieu qui était devant lui, et ils s'emparèrent de la ville. Tout y fut passé au fil de l'épée, hommes, femmes, enfants, vieillards, même les bœufs, les brebis et les ânes. Rahab seule, qui, d'après l'ordre de Josué, avait été retirée de sa maison par les deux hommes qu'elle y avait logés, fut sauvée avec son père, sa mère, ses frères, toute sa famille et son bien, et placée hors de camp. Alors Josué prononça cette imprécation, et dit : « Maudit soit devant l'Eternel l'homme qui relèvera et rebâtira la ville de Jéricho. Que les fondements lui coûtent son premier-né, et les portes le dernier de ses enfants. » Imprécation qui s'accomplit dans la personne d'Hiel, au temps du roi Achab. L'Eternel fut ainsi avec Josué, et sa renommée se répandit dans toute la terre (Josué, 6).

De Jéricho, il envoya deux explorateurs vers Haï, au nord-est. Ils rapportèrent qu'il ne fallait que peu de monde pour s'emparer de la ville. Josué fit marcher environ trois mille hommes qui furent battus par les guerriers de Haï, mis en fuite, après avoir perdu trente-six d'entre eux. Le peuple fut consterné, son cœur fut en eau, suivant l'énergie orientale du texte. Josué déchira ses vêtements, se prosterna la face contre terre devant l'arche de Jéhova, y demeura jusqu'au soir, lui et les anciens d'Israël, et ils couvrirent leurs têtes de poussière. Le héros se plaignit à Dieu : « Hélas ! ô Adonaï Jéhova ! pourquoi avez-vous fait passer le fleuve du Jourdain à ce peuple, pour nous livrer aux mains de l'Amorrhéen et pour nous perdre? Que ne sommes-nous demeurés au delà du Jourdain comme nous avions commencé? De grâce, ô Adonaï ! que dirai-je en voyant Israël tourner le dos à ses ennemis ? Les Chananéens l'apprendront ainsi que tous les habitants du pays ; et ils s'assembleront, et ils nous environneront, et ils extermineront notre nom de dessus la terre. Et que ferez-vous pour votre grand nom ?

Alors Dieu lui fit connaître qu'Israël avait péché et emporté quelque chose de l'anathème. Le septième jour de la marche solennelle autour des murs de Jéricho, un instant avant le dernier son des trompettes, Josué avait commandé au peuple de passer au fil de l'épée tous les habitants, à l'exception de Rahab et des siens, et de brûler la ville avec tout ce qui était en elle. Seulement l'or et l'argent, l'airain et le fer, devaient être consacrés à l'Eternel et déposés dans ses trésors. Un homme ayant agi contre cet ordre, Dieu commanda à Josué d'annoncer au peuple qu'il y avait un anathème dans Israël, et que tant qu'il ne serait pas ôté du milieu d'eux, il leur serait impossible de résister à leurs ennemis. Quiconque se trouvera coupable de cet anathème, celui-là sera puni de mort. Alors les tribus se présentèrent au sort, et le sort tomba sur celle de Juda; les familles de cette tribu y tirèrent ensuite; et le sort tomba sur la famille de Zaré; et, parmi les hommes de cette maison, il tomba sur Achan. Josué lui dit : Mon fils, rends gloire à Jéhova, Dieu d'Israël; confesse et déclare-moi ce que tu as fait, ne le cache pas. Achan répondit à Josué : Véritablement j'ai péché contre Jéhova, Dieu d'Israël, et j'ai fait ainsi. Je vis parmi les dépouilles un riche manteau de Senaar, avec deux cents sicles d'argent et une règle d'or du poids de cinquante sicles; je les convoitai et les pris. Et voilà que cela est caché en terre au milieu de ma tente, avec l'argent par dessous. Josué y envoya ses serviteurs, qui trouvèrent les effets comme Achan avait dit; ils les apportèrent et les jetèrent devant l'Eternel. Alors Josué, accompagné des Israélites, conduisit Achan avec ses fils, ses filles, ses troupeaux et tout ce qui était à lui, ainsi que les choses soumises à l'anathème, dans la vallée d'Achor, où ils furent lapidés et consumés par les flammes (Josué, 7). Si, comme il paraît, les enfants furent punis dans cette circonstance avec leur père, c'est qu'ils auront eu connaissance de son crime et lui auront aidé à le cacher dans leur tente commune. Dieu avait expressément déclaré dans sa loi : « Les pères ne périront pas pour les enfants, ni les enfants pour les pères; mais chacun mourra pour son péché (Deut., 24, 16).»

D'après l'ordre de Dieu, Josué marcha contre Haï et usa de stratagème. Il envoya quelques mille hommes en embuscade derrière la ville, et puis, avec le reste de son armée d'élite, il alla se présenter devant, à quelque distance des murs. Le roi de Haï l'ayant vu, il sortit en hâte, dès le matin, avec toute son armée. Josué et tout Israël se retirèrent, feignant d'avoir peur, et ils s'enfuirent par la voie du désert. Leurs ennemis, ne soupçonnant pas qu'il y avait une embuscade derrière eux, les poursuivirent en poussant des cris et en s'encourageant l'un l'autre. Déjà ils étaient loin de la ville, où pas un homme n'était resté, lorsque Josué éleva son bouclier, suivant d'autres, sa lance, contre Haï. Aussitôt les guerriers qui étaient cachés se levèrent, vinrent à la ville, la prirent et mirent le feu. Les hommes qui étaient à poursuivre Josué, regardant et voyant que la fumée de la ville montait jusqu'au ciel, ne purent plus s'enfuir ni d'un côté ni de l'autre. Attaqués à la fois, et par ceux qui avaient simulé la fuite jusque-là, et par ceux qui venaient de prendre la ville, il ne s'en sauva pas un seul. Le roi fut pris, amené à Josué, et pendu à une croix jusqu'au soir, où l'on jeta son cadavre à l'entrée de la ville sous un monceau de pierres. Il y eut douze mille de tués ce jour-là, tant hommes que femmes, tous de la ville de Haï. Les troupeaux et le reste du butin furent partagés suivant l'ordre qui en avait été donné (Josué, 8, 1-29).

Ce fut après cette expédition que Josué exécuta un autre commandement de l'Eternel. Il lui bâtit un autel sur le mont Hébal, selon que Moïse l'avait prescrit, y offrit des holocaustes et des victimes pacifiques, écrivit la récapitulation ou le sommaire de la loi sur les pierres de l'autel, plaça le peuple aux côtés de l'arche d'alliance, six tribus sur le mont

LIVRE IX. — JOSUÉ, OU LE JÉSUS DU PEUPLE D'ISRAEL.

Garizim, six tribus sur le mont Hébal. Puis les lévites promulguèrent de nouveau la loi devant toute la multitude, ainsi que les bénédictions et les malédictions du Très-Haut. « Maudit, s'écriaient-ils à haute voix, maudit l'homme qui fait une image taillée ou de fonte, l'abomination de l'Eternel, l'œuvre des mains d'un artisan, pour la mettre dans un lieu secret; et tout le peuple répondait : Qu'il en soit ainsi ! Maudit celui qui méprise son père et sa mère; et tout le peuple répondait : Qu'il en soit ainsi ! Maudit celui qui change les bornes de son prochain; et tout le peuple répondit : Qu'il en soit ainsi ! Maudit celui qui égare l'aveugle dans le chemin; et tout le peuple répondait : Qu'il en soit ainsi ! Maudit celui qui pervertit le droit de l'étranger, de l'orphelin et de la veuve; et tout le peuple répondait : Qu'il en soit ainsi ! Enfin, après d'autres malédictions contre l'inceste et le meurtre, maudit celui qui ne demeure pas dans les préceptes de cette loi et qui ne les accomplit pas dans ses œuvres ! Et tout le peuple répondit : Amen, qu'il en soit ainsi (Deut., 27).

» Si tu écoutes la voix de l'Eternel, ton Dieu, et que tu observes tous ses commandements, il t'élèvera au-dessus de toutes les nations qui habitent sur la terre. Tu seras béni dans la ville et béni dans les champs. Béni sera le fruit de tes entrailles, et le fruit de ta terre, et le fruit de tes troupeaux. Tu seras béni en entrant et en sortant. L'Eternel fera que les ennemis qui s'élèveront contre toi tomberont en ta présence. Ils viendront contre toi par un chemin, et ils s'enfuiront par sept autres devant ta face. L'Eternel se fera de toi une nation sainte; et tous les peuples de la terre verront que le nom de l'Eternel est invoqué en toi, et ils te craindront.

» Mais si tu ne veux pas écouter la voix de l'Eternel, ton Dieu, voici les malédictions qui viendront sur toi. Tu seras maudit dans la ville et maudit dans les champs. Maudit sera le fruit de tes entrailles, et le fruit de tes terres, et le fruit de tes troupeaux. Tu seras maudit en entrant et maudit en sortant. L'Eternel te livrera chancelant à tes ennemis; tu sortiras contre eux par une seule voie, et tu fuiras par sept, et tu seras dispersé dans tous les royaumes de la terre. L'Eternel te frappera de délire, d'aveuglement et de fureur; et tu marcheras à tâtons en plein midi, comme l'aveugle a coutume de faire au milieu des ténèbres. L'Eternel t'emmènera, toi et ton roi que tu auras établi sur toi, au milieu d'un peuple que tu auras ignoré, toi et tes pères, et tu adoreras là les dieux étrangers, le bois et la pierre, et tu seras une nation perdue, et comme le conte et la fable de tous les peuples vers lesquels l'Eternel t'aura conduit. L'Eternel amènera sur toi un peuple d'une terre lointaine et des extrémités de la terre; un peuple qui fondra sur toi comme l'aigle et dont tu ne pourras entendre la langue; un peuple insolent qui ne respectera point les vieillards et n'aura pas de pitié des enfants. Et il dévorera le fruit de tes troupeaux et les fruits de ta terre, jusqu'à ce que tu périsses. Et il te foulera aux pieds en toutes tes villes, et tes murailles fortes et élevées seront détruites, ces murailles en lesquelles tu avais mis ta confiance; tu seras assiégé dans toutes les villes de la terre que l'Eternel, ton Dieu, va te donner. Et tu mangeras la chair de tes fils et de tes filles, tant sera grande la désolation où t'auront réduit tes ennemis ! Et vous demeurerez un très-petit nombre d'hommes, vous qui vous étiez d'abord multipliés comme les étoiles du ciel, parce que vous n'aurez point écouté l'Eternel, votre Dieu. Et comme l'Eternel s'est réjoui auparavant en vous comblant de biens et en vous multipliant; ainsi il se réjouira en vous perdant et en vous détruisant, et en vous exterminant de la terre où vous entrez pour la posséder. L'Eternel vous dispersera parmi tous les peuples, depuis une extrémité de la terre à l'autre. Parmi ces peuples mêmes vous ne vous reposerez pas, et vous ne trouverez pas seulement où mettre la plante de votre pied; car l'Eternel vous donnera un cœur tremblant et des yeux languissants, et une âme dévorée de douleur. Votre vie sera comme en suspens devant vous; vous tremblerez nuit et jour et vous ne croirez pas à votre vie. Vous direz le matin : Qui me donnera de voir le soir ? et le soir : Qui me donnera de voir le matin ? tant votre cœur sera saisi d'épouvante, tant vous serez effrayés de tout ce que vous verrez de vos yeux. L'Eternel vous ramènera sur des vaisseaux en Egypte, par la voie que, selon ce qu'il vous avait dit, vous ne deviez jamais revoir. Là vous serez vendus à vos ennemis comme esclaves, et vos femmes comme servantes, et nul ne se présentera pour vous acheter (Deut., 28). »

La première partie de ces châtiments prophétiques, nous la verrons s'accomplir principalement en la captivité de Babylone. La seconde, plus terrible encore, nous la voyons s'accomplissant depuis dix-huit siècles, depuis l'époque où ce peuple méconnut le grand Prophète que Moïse lui annonça avant sa mort, ce prophète comme Moïse, et qu'il leur commandait d'écouter, sous peine d'encourir toute la vengeance de Dieu.

Cette promulgation solennelle de la loi, au moment d'exécuter la sentence capitale du souverain Juge contre les peuples qui l'avaient foulée aux pieds; cette sanction formidable qui attachait à l'observation de cette loi le destin de la nation entière, tout cela dut faire une vive impression et sur les Israélites et sur tous les habitants du pays. Un peuple y trouva son salut.

Lorsque le sort de Jéricho et de Haï se fut répandu au loin, les rois du pays, qui habitaient les montagnes ou les plaines près du rivage de la mer ou près du Liban, se liguèrent ensemble pour combattre contre Josué et contre Israël. Mais un peuple, dont la capitale était Gabaon, à une journée du camp des Israélites, tout-à-l'occident, employa la ruse pour se sauver du péril. Ils envoyèrent des ambassadeurs en Galgal, où campait Josué avec son armée. Ces hommes conduisaient avec eux des ânes chargés de vieux sacs, de pains secs et brisés et d'outres rompues et recousues. Eux-mêmes portaient de vieux vêtements et des souliers usés. Arrivés au camp, ils dirent aux anciens d'Israël : Nous venons d'une terre lointaine et désirons faire alliance avec vous. Les chefs d'Israël répondirent : Vous habitez peut-être parmi nous; et comment pourrions-nous alors faire alliance avec vous ? Josué leur demanda qui ils étaient et d'où ils venaient. Nous sommes vos serviteurs, répliquèrent-ils. Vos serviteurs sont venus d'une terre fort éloignée, au nom de Jéhova, votre Dieu; car nous avons entendu le bruit de sa puissance, et toutes les choses qu'il a faites en Egypte, et tout ce qu'il a fait au roi des Amorrhéens au delà du Jourdain, Sehon, roi d'Hésébon, et Og, roi de Basan. Et nos anciens nous ont dit, ainsi que tous les habitants de notre terre : Prenez en vos mains des provisions pour un long voyage, et allez au devant d'eux, et dites : Nous sommes vos serviteurs, faites alliance avec nous. Voici les pains que nous avons pris tout chauds quand nous sommes partis de nos maisons pour venir vers vous, et les voilà maintenant secs et moisis. Nous avons rempli de vin ces outres neuves, et les voilà rompues. Et les vêtements dont nous nous sommes vêtus et les souliers que nous avons aux pieds sont usés à cause de la longueur du chemin.

Josué et les chefs d'Israël s'y laissèrent prendre; ils n'interrogèrent pas la bouche de l'Eternel, c'est-à-dire, ils ne consultèrent point par l'entremise du grand-prêtre, comme ils auraient dû le faire. Ils prirent donc de leurs vivres en signe de bonne intelligence. Josué leur accorda la paix, avec l'assurance de la vie sauve. Et les princes de l'assemblée leur en firent le serment. Mais bientôt ils s'aperçurent de l'artifice; car le troisième jour ils arrivèrent aux villes de ce peuple, Gabaon, Caphira, Beroth et Cariathiarim. Josué et les chefs les épargnèrent. Et comme le peuple en murmurait, ils répondirent : Nous leur avons juré au nom de Jéhova, Dieu d'Israël : c'est pourquoi nous ne pouvons pas y toucher. D'après le conseil des anciens, Josué reprocha aux Gabaonites leur tromperie, et les condamna, ainsi que leurs descendants, à couper le bois et à porter l'eau pour le service de l'autel et de la maison de Dieu, à la place de tout le peuple. Les Gabaonites lui répondirent : Il a été annoncé d'une manière certaine à nous, vos serviteurs, que Jéhova, votre Dieu, avait ordonné à Moïse, son serviteur, de vous donner toute la terre et d'en exterminer tous les habitants devant votre face, et nous avons vivement craint pour nos âmes à votre approche, et nous avons fait cette chose. Et maintenant nous voici en votre main : faites de nous ce qui vous paraîtra bon et juste. Josué fit donc comme il avait dit, et les délivra ainsi de la main des enfants d'Israël (Josué, 9).

Quoique Josué eût commis une faute en ne consultant pas l'oracle de l'Eternel, comme il y était obligé dans toutes les occasions importantes, on ne voit pas cependant que Dieu l'ait blâmé d'avoir épargné les Gabaonites. On voit, au contraire, que ce serment d'alliance, surpris d'abord par la ruse, mais ratifié néanmoins par respect pour le nom de l'Eternel qu'on y avait invoqué, devint une loi sacrée et inviolable. Saül, premier roi des Juifs, y ayant porté atteinte, Dieu en punit tout Israël, jusqu'à ce que l'on eût donné aux Gabaonites une satisfaction entière (2. Reg., 21). Il est donc à présumer que si Josué avait consulté l'oracle, il eût eu réponse de faire à peu près comme il fit. A la vérité, il y avait ordre d'exterminer les peuples de Chanaan, entre autres celui de Gabaon, les Hévéens; mais cela s'entend naturellement de ceux qui résisteraient, qu'il faudrait attaquer et subjuguer de vive force. Quant à ceux qui viendraient d'eux-mêmes se soumettre à toutes les conditions, ceux surtout qui, comme les Gabaonites, viendraient au nom de Jéhova, le Dieu d'Israël, le reconnaissant ainsi pour le Dieu véritable, la loi n'ayant rien ordonné à cet égard, il était tout naturel de les traiter avec miséricorde. Josué le donne bien à entendre, quand il observe qu'à l'exception de Gabaon, pas une ville ne demanda la paix aux enfants d'Israël et ne mérita ainsi la clémence (Josué, 11, 19 et 20). Ce qui confirme encore ce sentiment, c'est que l'hôtelière ou la courtisane Rahab, non-seulement fut épargnée avec tous les siens, mais incorporée au peuple de Dieu : elle épousa Salmon, de la tribu de Juda, et devint ainsi une des ancêtres de David et du Messie.

La soumission volontaire des Gabaonites, jointe à la ruine de Jéricho et de Haï, affecta d'autant plus les peuples de Chanaan, que Gabaon était une grande cité. Haï avait eu douze mille habitants, mais Gabaon était beaucoup plus considérable : c'était comme une capitale de royaume. En effet, les villes de Caphira, Beroth et Cariathiarim paraissent avoir été sous sa dépendance; d'une autre part, tous ces guerriers étaient très-vaillants. Pour empêcher que leur exemple n'en entraînât encore d'autres, Adonisedech, roi de Jérusalem, marcha contre Gabaon avec quatre autres rois, qui, comme lui, régnaient sur les Amorrhéens : Oham, roi d'Hébron ; Pharam, roi de Jérimoth ; Japhia, roi de Lakis, et Dabir, roi d'Eglon. A l'approche de ces cinq rois, les Gabaonites envoyèrent à Josué demander du secours. Et l'Eternel lui dit : Ne les crains pas, car je les ai livrés en ta main ; nul d'entre eux ne pourra te résister. Josué, montant de Galgal durant toute la nuit, fondit sur eux tout d'un coup et remporta une grande victoire. Pendant que les ennemis fuyaient, Dieu fit pleuvoir sur eux une grêle de pierres qui en tua plus encore que le glaive d'Israël. Alors Josué parla à Jéhova, et dit en la présence des enfants de Jacob : Soleil, arrête-toi sur Gabaon, et toi, lune, sur la vallée d'Aïalon. Et le soleil et la lune s'arrêtèrent ; et ni avant ni après, il n'y eut un jour aussi long, l'Eternel obéissant à la voix d'un homme et combattant pour Israël.

Les cinq rois avaient pris la fuite, et s'étaient cachés dans une caverne de la ville de Macéda. Josué l'ayant appris au milieu de sa victoire, répondit à ses gens : Roulez de grandes pierres à l'ouverture de la caverne, et placez des hommes intelligents qui les gardent. Pour vous, ne vous arrêtez pas ; mais poursuivez les ennemis, tuez tous les fuyards, et ne permettez pas qu'ils entrent dans les forteresses de leurs villes, eux que l'Eternel, votre Dieu, a mis entre vos mains.

Les ennemis ayant donc été frappés d'une grande plaie et étant presque entièrement détruits, toute l'armée retourna vers Josué, près de Macéda, où le camp était alors, tous en nombre égal et sans blessure. Alors Josué commanda d'ouvrir l'entrée de la caverne et de lui amener les cinq rois. Quand ils furent en sa présence, il appela tous les hommes d'Israël et dit aux chefs de l'armée qui étaient avec lui : Allez, et mettez le pied sur le cou de ces rois. Ils y allèrent, et pendant qu'ils leur tenaient le pied sur la gorge, il ajouta : Ne craignez point et ne vous épouvantez pas ; soyez fermes et courageux, car l'Eternel fera de même à tous vos ennemis contre lesquels vous combattrez. Après quoi, il les fit mettre à mort et attacher à cinq croix, jusqu'au soir, que l'on jeta leurs cadavres dans la caverne où ils s'étaient cachés, avec de grandes pierres à l'entrée.

Telle fut la mémorable victoire que Dieu accorda

à Josué pour défendre les Gabaonites. Cela montrait que ceux-là mêmes qu'il avait condamnés à l'extermination ne recourraient pas en vain à sa miséricorde. Il y avait encore un autre enseignement.

Ce qui peut être connu de Dieu, ses perfections invisibles, son éternelle puissance et sa divinité, Dieu l'a rendu visible, dit saint Paul, par les choses qu'il a faites depuis la création du monde ; de sorte que ceux-là qui le méconnaissent et ne le glorifient pas sont inexcusables (Rom., 1, 19 et 20). Dans l'égarement de leur cœur, les Egyptiens et les Chananéens transportaient la gloire du Dieu incorruptible à des choses corruptibles : au lieu du Créateur, qui est béni dans tous les siècles, ils servaient la créature, le soleil, la lune, la terre, la mer, les fleuves, les plantes, les animaux, les hommes, les rois. L'Éternel frappe donc de grands coups pour réveiller ces malheureux endormis et leur faire voir que, lui seul étant le maître de toutes choses, lui seul doit être adoré souverainement. Il frappe en Egypte les dieux de l'Egypte, le Nil, l'air, la terre, les plantes, les animaux, les hommes, les rois : ceux que ne convertissent pas de si grandes leçons, il entr'ouvre la mer et les y engloutit vivants. Ces coups terribles retentirent au loin : nous le voyons par les paroles de Rahab et des ambassadeurs de Gabaon. Pour l'instruction particulière des Chananéens, il arrête le fleuve si rapide du Jourdain, il amoncelle ses eaux à la vue de tout le pays, il renverse par le son des trompettes les murs de Jéricho. Ceux qui implorent la pitié de son peuple, quoique d'une manière frauduleuse, il les protège miraculeusement contre leurs ennemis. Il accable ceux-ci de grandes pierres du haut des cieux : ce sont les paroles du texte. Ces peuples adoraient le soleil sous le nom de *Baal*, et la lune sous le nom d'*Astarté* ou d'*Astaroth* : ils leur immolaient le sang de leurs fils et la pudeur de leurs filles. Le soleil et la lune aideront à les punir de ces abominations ; le soleil et la lune obéiront à la voix de l'homme qui combat leurs criminels adorateurs, au nom du Dieu d'Israël. Le soleil et la lune s'arrêtèrent jusqu'à ce que le peuple se fût vengé de ses ennemis. Le soleil s'arrêta pour cela au milieu des cieux et ne se coucha pas durant l'espace d'un jour ; en sorte qu'un jour devint comme deux. Telles sont les expresses de l'Ecriture (Josué, 10, 13 ; Eccl., 46, 5). Impossible de ne pas voir que le Dieu d'Israël est le maître de tout, du soleil, de la lune, des étoiles, de la terre, de la mer, des fleuves, des tempêtes, des plantes, des animaux, des peuples, des rois, de la vie et de la mort ; impossible de ne pas voir que lui seul est grand, lui seul puissant ; en un mot, que lui seul est Celui qui est.

Ce miracle fut visible pour toute la terre. Aussi, quoiqu'il ait précédé les temps historiques chez les autres peuples, en découvre-t-on néanmoins des souvenirs dans leurs anciennes traditions. Celles des Chinois parlent d'un jour qui en dura plusieurs autres et causa divers embrasements (1). On voit quelque chose de semblable chez les Grecs et les Romains dans leur fable ou allégorie de Phaëton, qui, conduisant le char du Soleil, prolongea beaucoup le jour et faillit embraser l'univers. Les traditions grecques et latines parlent encore d'une double nuit qui donna naissance à Hercule et qui, d'après les calculs d'un savant français, coïncide avec le double jour des Hébreux (1).

Quand Josué dit : Soleil, arrête-toi ! il parle comme parle tout le monde, même ceux qui savent le mieux que le mouvement apparent de cet astre est dû à la rotation de la terre sur elle-même. A la prière de Josué, la terre cessa de tourner sur son axe, sans cesser sa marche annuelle autour du soleil, ni changer ses rapports avec les autres planètes. Dieu, qui lui a donné l'un et l'autre mouvement, pouvait à son gré suspendre l'un sans l'autre, ou bien tous les deux.

Quant à la pluie de pierres, ce n'est pas une chose très-rare que des pierres tombant des nues, ou des aérolithes, sans qu'on sache encore bien d'où elles viennent, ni comment elles se forment. On en cite plusieurs exemples et dans l'antiquité et dans les temps modernes. Un des plus singuliers est la pluie de pierres qui précéda l'étonnante émersion de l'île Santorin, hors de l'archipel, l'an 1707, avec ces circonstances entre autres. Un bruit terrible, semblable à celui que font de grosses pièces d'artillerie ou le tonnerre, se fit entendre pendant plusieurs jours, durant lesquels on vit s'élever de la mer, comme autant de fusées, une quantité prodigieuse de pierres qui allèrent tomber à cinq milles de l'endroit d'où elles étaient parties. La merveille dont il est parlé dans Josué, ne consiste pas précisément en ce qu'il est tombé une pluie de pierres, mais en ce qu'elle est tombée si à propos, qu'elle écrasa les Chananéens sans nuire aux Hébreux.

Josué sut profiter de sa victoire. Le même jour, il prit Macéda, d'où, étant parti, il prit Lebna ; de Lebna il marcha sur Lakis, qu'il emporta après deux jours de siège. Horam, roi de Gazer, étant venu au secours de Lakis, Josué le défit si complètement qu'il ne s'en sauva pas un homme. Il se rendit également maître d'Eglon, d'Ebron, de Dabir, des montagnes, de la plaine, depuis les frontières de l'Egypte jusqu'à Gabaon, en un mot, de toute la partie méridionale du pays de Chanaan. Il en traita les rois comme il avait fait de ceux de Jéricho et de Haï. Tout cela fut l'affaire d'une seule campagne, après quoi il revint avec tout Israël au camp de Galgal (Josué, 10, 28-43).

Mais lorsque Jabin, roi d'Asor, en l'extrémité septentrionale, eut ouï toutes ces choses, il envoya vers Jobab, roi de Madon, vers le roi de Séméron, vers le roi d'Achsaph, depuis Ptolémaïs, et vers les rois du septentrion qui habitaient les montagnes et la plaine au midi de Cénéroth ou du lac de Génésareth, et dans les campagnes, et dans le pays de Dor, auprès de la mer ; et vers le Chananéen, en orient et en occident, et vers l'Amorrhéen, l'Héthéen, le Phérézéen, le Jébuséen qui habitaient les montagnes ; et vers l'Hévéen qui habitait sous l'Hermon, partie du mont Liban, en la terre de Maspha, au delà du Jourdain. Et ils sortirent tous avec leurs troupes, peuple aussi nombreux que le sable qui est sur le rivage de la mer, et avec eux une grande multitude de chevaux et de chars. Et tous ces rois s'assemblèrent aux eaux de Mérom, en la partie septentrionale de Chanaan, pour combattre Israël. Josué marcha contre eux, et l'Eternel lui dit : Ne les crains point, car demain, à cette heure même, je te les li-

---

(1) Martini, *Histoire de la Chine*, l. 1

(1) Chaubard, *Eléments de géologie*, p. 289 et seq.

vrerai tous pour être taillés en pièces devant Israël. Tu couperas les nerfs de leurs chevaux et tu brûleras leurs chars. Josué fondit sur eux à l'improviste avec son armée, les tailla en pièces, les poursuivit jusqu'à la grande Sidon, jusqu'aux eaux de Macéréphoth, et jusqu'au champ de Masphé qui est vers l'orient. Rien ne put lui échapper. Revenant soudain sur ses pas, il prit Asor, qui avait été jusqu'à ce moment la capitale de tous ces royaumes, la détruisit par la flamme, en extermina le roi et tous les habitants. Il en fit de même aux villes et aux rois des autres royaumes. Il ne préserva du feu que les villes situées sur les hauteurs, comme plus propres à dominer sur tout le pays. Tout ce que l'Eternel avait commandé à Moïse, et Moïse à Josué, Josué l'exécuta sans rien oublier, sans omettre une seule parole. Dans cinq ou six ans, il défit trente un rois et conquit trente et un royaumes, depuis les confins de l'Egypte et de l'Idumée jusqu'au Liban et à Sidon. A l'exception des Hévéens qui demeuraient à Gabaon, pas une ville ne parla de paix aux enfants d'Israël, ils les prirent toutes en combattant. L'Eternel avait laissé leur cœur s'endurcir de manière qu'elles attaquassent son peuple, qu'elles ne méritassent aucune grâce et qu'elles fussent ainsi exterminées (Josué, 11, 19 et 20).

On voit ici la sévérité de Dieu à l'égard de ceux qui abusent de sa patience. Ayant créé l'homme libre, il lui tolère, il lui supporte, sans les approuver, bien des écarts, bien des fautes, bien des péchés; il les supporte pour que le repentir les efface; il les supporte non pas sans fin et sans mesure; arrive un point où il frappe de mort et punit éternellement. Dans le temps même, souvent il frappe dans ce que l'on a, dans ce que l'on aime, dans la santé du corps, dans les affections de l'âme, afin de sauver tout l'homme pour l'éternité. La tolérance de Dieu est ainsi tempérée de justice et de miséricorde.

Ce qu'il fait à l'homme comme individu, il le lui fait comme nation : il lui tolère, lui supporte, sans les approuver, bien des égarements, bien des désordres, bien des excès. Souvent, pour conserver l'ensemble, il coupe certaines parties gangrénées; les individus nuisibles au tout sont punis de mort par son ordre et pour l'exemple : ainsi le blasphémateur, ainsi Achan. Quelquefois la nation entière, ayant comblé la mesure de son âge et de ses crimes, est frappée de mort.

L'homme, en tant que genre humain, vivra également son âge. Dieu lui tolère également bien des choses, mais pas tout; il les lui tolère longtemps, mais pas toujours : témoin le déluge qui frappe de mort l'ancien monde, la confusion des langues qui châtie le monde nouveau. S'il ne le frappe pas tout entier, il en punit des membres, comme on punit des individus dans une nation pour inspirer une crainte salutaire aux autres et empêcher la dépravation totale. Sodome servira d'exemple en son temps, l'Egypte au sien, les Chananéens au leur.

Ces Chananéens, du reste, pouvaient se convertir; ils n'ignoraient pas la religion véritable : Melchisédech, Abraham, Isaac et Jacob la leur avaient fait assez connaître. Les avertissements ne leur avaient pas manqué : depuis quatre siècles, ils étaient instruits du sort qui les menaçait; depuis quarante ans, la vengeance du ciel, sortie de l'Egypte, levait le glaive contre eux. Les Egyptiens frappés de plaies horribles, puis engloutis dans les flots; les Israélites nourris par la manne du désert, conduits et ombragés par la nuée; le Jourdain reculant à leur approche; les murs de Jéricho se renversant : voilà certes qui parlait assez haut; ils le savaient aussi bien que Rahab et les Gabaonites, ils pouvaient, comme eux, y trouver leur salut.

Mais quel besoin est-il de nos pensées? Ecoutons plutôt celles que l'Esprit-Saint a inspirées au Sage.

« O Seigneur, que votre esprit est bon, et qu'il est doux dans toute sa conduite! Vous châtiez peu à peu ceux qui s'égarent. Pour les instruire, vous les reprenez par où ils pèchent, afin que, se séparant du mal, ils croient en vous, ô Seigneur. »

« Vous aviez en horreur les anciens habitants de votre terre sainte, parce qu'ils faisaient des œuvres détestables par des enchantements et des sacrifices impies. Ils tuaient sans compassion leurs propres enfants, ils mangeaient les entrailles des hommes et leur sang, contre votre ordonnance sacrée. Pères tout ensemble et parricides d'âmes cruellement abandonnées, vous avez voulu les perdre par la main de nos pères, afin que cette terre, qui vous était la plus chère de toutes, devint le digne héritage des enfants de Dieu. »

« Cependant vous avez épargné ces pécheurs, attendu qu'ils étaient hommes, et vous leur avez envoyé des guêpes pour être les avant-coureurs de votre armée, afin qu'elles les exterminassent peu à peu. Ce n'est pas que vous ne puissiez assujétir par la guerre les impies aux justes, ou les faire périr tout d'un coup par des bêtes cruelles, ou par la rigueur d'une seule de vos paroles; mais, exerçant sur eux vos jugements par degrés, vous leur donniez lieu de faire pénitence, quoique vous n'ignorassiez pas que leur génération était méchante, que la malice leur était naturelle et que jamais leur pensée ne changerait; car leur race était maudite dès le commencement. »

« Ce n'était pas par la crainte de qui que ce soit que vous les épargniez ainsi dans leurs péchés; car qui est celui qui vous dira : Pourquoi avez-vous fait cela? ou qui s'élèvera contre votre jugement? ou qui paraîtra devant vous pour prendre la défense des hommes injustes? ou qui vous accusera quand vous aurez fait périr les nations que vous avez créées? Après vous, qui avez soin généralement de tous les hommes, il n'y a point d'autre Dieu devant lequel vous ayez à faire voir qu'il n'y a rien d'injuste dans les jugements que vous prononcez. Il n'y a ni roi, ni prince qui vous puisse s'élever contre vous en faveur de ceux que vous aurez fait périr. Mais étant juste comme vous êtes, vous gouvernez toutes choses justement et vous regardez comme indigne de votre puissance de condamner celui qui ne mérite point d'être puni; car votre puissance est le principe même de votre justice, et vous êtes indulgent envers tous, parce que vous êtes le Seigneur de tous. Vous faites voir votre puissance lorsqu'on ne vous croit pas souverainement puissant, et vous confondez l'audace de ceux qui vous méconnaissent. Dominateur de la force, vous êtes lent et tranquille dans vos jugements, et vous nous gouvernez avec une grande réserve, parce qu'il vous sera toujours libre d'user de votre puissance quand il vous plaira. »

« Vous avez appris à votre peuple, par cette conduite, que le juste doit être humain, et vous avez donné sujet à vos enfants d'espérer qu'en les jugeant, vous leur donnerez lieu de faire pénitence de leurs péchés. Car si, lorsque vous avez puni les ennemis de vos serviteurs et ceux qui avaient si justement mérité la mort, vous l'avez fait avec tant de ménagement, en leur donnant le temps et le lieu de se convertir de leur malice, avec combien de circonspection avez-vous jugé vos enfants, aux pères desquels vous aviez donné votre parole avec serment, en faisant alliance avec eux et leur promettant de si grands biens ! Lors donc que vous nous faites souffrir quelque châtiment, vous tourmentez nos ennemis en plusieurs manières, afin que nous pesions votre bonté avec une sérieuse attention, et que, lorsque vous nous faites éprouver votre justice, nous espérions en votre miséricorde. »

« C'est pourquoi, en jugeant ceux qui avaient mené une vie injuste et insensée, vous leur avez fait souffrir d'horribles tourments par les choses mêmes qu'ils adoraient, les insectes ; car ils s'étaient égarés longtemps dans la voie de l'erreur, prenant pour dieux les plus vils des animaux nuisibles, s'abusant comme des enfants sans raison. Aussi vous êtes-vous joué d'eux en les punissant, comme des enfants insensés, par des mouches. Mais ceux qui ne se sont pas corrigés par cette manière d'insulte et de réprimande, ont éprouvé une condamnation digne d'un Dieu. Ayant la douleur de se voir tourmentés par les choses mêmes qu'ils prenaient pour des dieux, et voyant qu'on s'en servait pour les exterminer et les perdre, ils reconnurent le Dieu véritable qu'ils niaient avant de le connaître ; et ils furent enfin accablés par la dernière condamnation (Sap., 12). »

Encore, dans cette condamnation dernière, pouvaient-ils échapper à la mort par la fuite ; c'était même l'intention formelle de Dieu. Il avait dit aux enfants d'Israël par Moïse : « J'enverrai devant vous ma terreur, et je répandrai la confusion parmi tous les peuples chez qui vous entrerez (suivant l'hébreu et les Septante), en sorte que tous vos ennemis vous tourneront le dos. J'enverrai devant vous des frelons qui mettront en fuite l'Hévéen, et le Chananéen, et l'Héthéen, avant que vous entriez dans cette terre. Je ne les chasserai point de devant vous en un an, de peur que la terre ne soit changée en une solitude et que les bêtes ne se multiplient contre vous. Je les chasserai de devant vous peu à peu, jusqu'à ce que vous soyez en plus grand nombre et que vous possédiez la terre (Exod., 23, 27-30). » Ainsi la peine de mort n'était que pour ceux qui ne voudraient ni se convertir ni se retirer.

Cette terre, d'ailleurs, ne leur avait pas été donnée en héritage ; comme nous l'apprennent d'anciens auteurs, ils y étaient venus du golfe Persique et de la mer Rouge (Hérod., l. 1, c. 1 ; Strab., l. 1 ; Justin, l. 18) ; ils s'en étaient emparés sur les premiers habitants. Une nouvelle émigration n'était pas une grande peine. Déjà, sans doute, l'intérêt de leur commerce leur avait fait commencer quelques établissements sur les côtes d'Europe et d'Afrique. L'expédition du conquérant égyptien Sésostris, qui traversa leur pays comme un torrent, les premières années que les Israélites voyageaient dans le désert, dut augmenter l'émigration pour les nouvelles colonies ; la conquête de leur pays par les Israélites, qui dura depuis Josué jusqu'à Salomon, ne fit que la rendre plus universelle. Aussi est-ce dans cette période qu'on leur voit fonder partout des villes et des colonies fameuses : Thèbes, en Béotie ; Utique, Hippone, Carthage, en Afrique ; Gadès ou Cadix, en Espagne. Ce fut au temps de Moïse, nous apprend Diodore de Sicile, que le Phénicien Cadmus fonda Thèbes et apporta en Grèce les lettres de l'alphabet (Diod., *Fragm.*, l. 40). Au VIᵉ siècle de l'ère chrétienne, Procope écrit que, dans la ville de Tingis, en Mauritanie, on voyait encore deux colonnes attestant par leur inscription que les premiers habitants du pays s'y étaient réfugiés pour échapper au glaive de Josué. On y lisait : « C'est nous qui fuyons le brigand Jésus, fils de Navé (1) : » c'est le nom de Josué en grec. Au temps de saint Augustin, ces Puniques ou Phéniciens d'Afrique, interrogés sur leur origine, répondaient sans hésiter qu'ils étaient Chananéens ; et, ne le dissent-ils pas, leur langue le dirait assez ; sa parfaite ressemblance avec l'hébreu, l'ancienne langue du pays de Chanaan, ne pouvait se méconnaître. Saint Augustin en cite plusieurs exemples, ajoutant qu'il en était presque de même pour tous les mots ; en particulier, les deux principaux magistrats de Carthage, les *suffètes*, rappellent visiblement les *suffetim*, ou juges des Hébreux.

Non-seulement la langue, mais le caractère signalait dans les Puniques les descendants des Chananéens. Les Carthaginois, comme les Phéniciens d'où ils sortaient, dit un écrivain de nos jours, paraissent avoir été un peuple dur et triste. A Carthage aussi, la religion était atroce et chargée de pratiques effrayantes. Dans les calamités publiques, les murs de la ville étaient tendus de drap noir. Lorsque Agathocle assiégea Carthage, la statue de Baal ; toute rouge du feu intérieur qu'on y allumait, reçut dans ses bras jusqu'à deux cents enfants, et trois cents personnes se précipitèrent encore dans les flammes. C'est en vain que Gélon, vainqueur, leur avait défendu d'immoler des victimes humaines ; la Carthage romaine, elle-même, au temps des empereurs, continuait secrètement ces affreux sacrifices.

Carthage représentait sa métropole, mais sous d'immenses proportions. Placée au centre de la Méditerranée, dominant les rivages de l'occident, opprimant sa sœur Utique et toutes les colonies phéniciennes d'Afrique ; elle mêla la conquête au commerce, s'établit partout à main armée, fondant des comptoirs malgré les indigènes, leur imposant des droits et des douanes, les forçant tantôt d'acheter et tantôt de vendre. Elle faisait noyer tous les étrangers qui trafiquaient en Sardaigne et vers les colonnes d'Hercule ; elle défendait aux Sardes de cultiver la terre sous peine de la vie (Michelet, *Histoire romaine*, l. 2, c. 3).

On peut comprendre par là quel eût été le sort de l'humanité, si jamais la race de Chanaan en fût devenue la maîtresse. Grâces à Dieu, le pays de Chanaan, devenu la Judée, sera le salut du monde.

Josué en ayant fait la conquête en grande partie, l'Éternel lui dit : « Tu es vieux et avancé en âge, et il reste encore beaucoup de terres à conquérir, savoir : le pays des Philistins, partagé en cinq principautés, Gaza, Azot, Ascalon, Geth et Accaron ; la Phénicie, y compris Sidon ; les régions du Liban,

(1) Procope *Histoire des Vandales*, l. 2, c. 10.

depuis Baalgad, au-dessous du mont Hermon, jusqu'à l'entrée d'Emathoa d'Emèse. « Dieu promit d'expulser lui-même ces peuples plus tard. S'il ne le fit point alors, c'est que les enfants d'Israël n'étaient pas encore assez nombreux pour occuper tous ces pays, c'est qu'il voulait que leurs descendants s'exerçassent également à la guerre, c'était enfin pour éprouver s'ils seraient fidèles à exécuter les ordres qu'il avait donnés à leurs pères par Moïse (Judic., 2, 1-4). C'est ainsi que l'Ecriture s'en explique ailleurs. Dieu commanda donc à Josué de partager ces terres avec les autres déjà conquises.

Ce partage ne regardait que neuf tribus et la moitié d'une. Les tribus de Ruben, de Gad, et la moitié de celle de Manassé avaient déjà leur part au delà du Jourdain; Ruben, le gros du royaume d'Hésébon, séparé du pays de Chanaan par le Jourdain à l'occident, du pays des Moabites par le torrent d'Arnon au midi, du pays des Madianites par des montagnes à l'orient, et confinant au nord à la tribu de Gad. Dans ce partage de Ruben se trouvait la montagne d'Abarim, du sommet de laquelle Moïse contempla la terre promise avant de mourir, et la vallée de Moab où il fut enseveli. Gad avait le reste du royaume d'Hésébon, avec la moitié du pays de Galaad, et s'étendait, d'un côté, le long du Jourdain, jusqu'à la mer de Génésareth, tandis que, de l'autre, il confinait au pays des Ammonites, dont il était séparé par le torrent de Jaboc. Le nom de *Galaad*, ou *Monceau du témoin*, fut donné à tout ce pays de montagnes, parce que là se trouvait le monceau de pierres que Jacob et Laban prirent pour témoin, devant l'Eternel, de l'alliance qu'ils venaient de contracter ensemble.

Là était aussi Mahanaïm ou le *Camp*, parce que Jacob, à son retour de Mésopotamie, y rencontra le camp de Dieu, c'est-à-dire ses anges; Phanuël ou *face de Dieu*, parce que ce patriarche y vit Dieu face à face dans cette lutte mystérieuse, d'où lui vint le nom d'*Israël* ou *fort contre Dieu*. Près de là, son frère Esaü vint à sa rencontre, et ils s'embrassèrent en pleurant. La moitié de la tribu de Manassé avait le reste du pays de Galaad, avec tout le royaume de Basan. Depuis la pointe méridionale du lac de Génésareth, elle s'étendait, à l'occident du nord, jusqu'au delà des sources du Jourdain, dans les montagnes d'Hermon ou du Liban; à l'orient, elle touchait à la terre des Ammonites et à l'Arabie. Tous ces pays étaient extrêmement fertiles en pâturages; le nom seul de Basan l'indique, car il signifie *gras*. Aussi Moïse parle-t-il, dans son Cantique, des béliers de Basan (Deut., 32, 14), et Salomon, dans son cantique des cantiques, relève-t-il la beauté des troupeaux de Galaad (Cant., 6, 4). Dans cette tribu, sur le bord de la mer de Génésareth ou de Tibériade, étaient la ville et la région des Géraséneens, où le Christ guérit deux possédés et permit aux esprits impurs qui les avaient tourmentés de se loger dans un troupeau de porcs; Corosaïm, où il fit également beaucoup de miracles; plus loin, dans les montagnes de Galaad, la ville de Pella, où les chrétiens se retirèrent pendant le siège de Jérusalem.

Quant aux tribus restantes, le grand-prêtre Eléazar, Josué, fils de Nun, et les princes des familles d'Israël se réunirent à Galgala pour leur partager la terre de Chanaan.

Alors les enfants de Juda s'approchèrent de Josué, et Caleb, fils de Jephoné, Cénézéen, lui parla : « Vous savez ce que l'Eternel a dit de moi et de vous à Moïse, homme de Dieu, en Cadès-Barné : J'étais fils de quarante ans, lorsque Moïse, serviteur de l'Eternel, m'envoya de Cadès-Barné pour reconnaître cette terre, et je lui rendis compte, ainsi qu'il était dans mon cœur. Or, mes frères, qui étaient venus avec moi, remplirent d'épouvante le cœur du peuple; et néanmoins je suivis l'Eternel, mon Dieu. Et Moïse me jura en ce jour, disant : La terre que ton pied a foulée sera ton héritage et l'héritage de tes enfants à jamais, parce que tu as suivi fidèlement l'Eternel. L'Eternel m'a donc conservé la vie jusqu'à ce jour, comme il le promit alors. Il y a quarante-cinq ans que l'Eternel dit cette parole à Moïse, quand Israël marchait dans le désert; et me voilà fils de quatre-vingt-cinq ans, aussi fort que lorsque Moïse m'envoya pour reconnaître cette terre : ma vigueur d'alors est ma vigueur d'aujourd'hui, soit pour combattre, soit pour aller et venir. Donnez-moi donc cette montagne que l'Eternel m'a promise, comme vous l'avez entendu vous-même, la terre où sont les Enacims, et leurs villes grandes et fortes, afin que j'éprouve si l'Eternel sera avec moi et si je pourrai les exterminer ainsi qu'il me l'a promis. » Josué bénit alors Caleb, en lui souhaitant un heureux succès, et il lui donna Hébron pour héritage (Josué, 14, 6-15).

Cette ville était très-ancienne; elle avait été fondée sept ans avant Tanis, en Egypte. Elle s'appelait auparavant *Cariath-Arbé* (Num., 13, 23), ou ville d'Arbé, du nom d'un homme fameux parmi les Enacims ou les géants, lequel y était enterré. Arbé était le père d'Enac, dont les Enacims sont descendus. C'était une race de géants. Josué en avait déjà exterminé plusieurs; les autres s'étaient réfugiés à Gaza, Geth et Azot; mais trois des plus vaillants, Sesaï, Ahiman et Tholmaï, rentrés à Hébron, s'y étaient fortifiés : Caleb les en chassa de nouveau.

Les géants de la race d'Enac ne sont pas les seuls dont parle l'Ecriture; déjà, du temps d'Abraham, elle nous montre Codorlahomor et ses alliés battant les Réphaïms à Astaroth-Carnaïm, ville échue depuis à la tribu de Manassé. Dieu promet à ce patriarche de lui donner le pays des Réphaïms. Og, roi de Basan, fut le dernier de cette race; il était si grand, que plusieurs années après, on montrait encore son lit d'airain à Rabbath, capitale des Ammonites; ce lit avait neuf coudées de long et quatre de large. Les neuf coudées font quinze pieds, quatre pouces et demi, à prendre la coudée hébraïque sur le pied de vingt pouces et demi; ce qui fait voir que Og était d'une taille vraiment gigantesque. Moïse nous parle encore d'un autre peuple qui demeurait à l'orient de la mer Morte (Deut., 2); il s'appelait *Emim*; et Dieu ayant livré leur pays aux Moabites, les Emims furent défaits et exterminés. Ils étaient nombreux et puissants, et d'une taille si avantageuse, qu'on les aurait pris pour des enfants d'Enac et pour des Réphaïms. Voilà encore un peuple entier de géants qui avaient été exterminés avant le temps de Moïse; leur mémoire était encore récente, puisque Moab, père des Moabites, ne naquit que trois cent vingt-cinq ans avant Moïse, et qu'avant que les Moabites fussent en état d'entreprendre la guerre contre les Emims, il fallut au moins cent cinquante ou deux cents ans. Les Ammonites, frères des Moabites, attaquèrent apparemment vers la même époque une autre race de géants, nommés *Zuzims* ou *Zomzommims*; ils étaient puissants et nombreux, et d'une taille égale au fils d'Enac (Deut., 2); leur pays passait pour un pays de géants ou de Réphaïms. Ainsi, il y avait trois races de géants au delà du Jourdain, les Réphaïms au nord, les Emims au midi et les Zomzommims entre les uns et les autres. Il y avait aussi des Réphaïms en deçà du Jourdain. On en remarque deux races : les uns étaient ces fils d'Enac ou les Enacims, dont la demeure principale était à Hébron et dans les environs; les autres, nommés simplement *Réphaïms* ou *fils de Rapha*, avaient leur demeure dans la ville de Geth : Goliath était de ce nombre. Enfin, Dieu dit par la bouche d'Amos, parlant de la conquête du pays de Chanaan, faite par les Hébreux : « J'ai exterminé devant eux l'Amorrhéen dont la hauteur était la hauteur des cèdres, et qui était fort comme les chênes (Amos, 2, 9). » Voilà donc plusieurs races d'une taille monstrueuse et d'un caractère sans doute pareil à leur taille. Tout le monde conspire à s'en défaire.

Ce qu'il y a de surprenant, c'est que dans les antiques traditions de la Grèce et de Rome, antérieurement aux temps historiques, on voit également apparaître une race extraordinaire, les Pélasges, race également proscrite et poursuivie dans tout le monde, et par les Hellènes et par les Barbares. Bien des siècles avant notre ère, les Pélasges dominaient tous les pays situés sur la Méditerranée, depuis l'Étrurie jusqu'au Bosphore. Dans l'Arcadie, l'Argolide et l'Attique, dans l'Étrurie et le Latium, peut-être dans l'Espagne, ils ont laissé des monuments indestructibles : ce sont des murs formés de blocs énormes qui semblent entassés par le bras des géants. Ces ouvrages sont appelés, du nom d'une tribu pélasgique, *cyclopéens*. Bruts et informes dans l'enceinte de Tyrinthe, plus réguliers dans les constructions de l'Arcadie, de l'Argolide et du pays des Herniques, ces blocs monstrueux s'équarrissent dans les murs apparemment plus modernes des villes étrusques. Ces murailles éternelles ont reçu indifféremment toutes les générations dans leur enceinte; aucune révolution ne les a ébranlées. Fermes comme des montagnes, elles semblent porter avec dérision les constructions des Romains et des Goths, qui croulent chaque jour à leurs pieds. Cependant cette race gigantesque, répandue en tant de contrées, disparaît entièrement dans l'histoire; ses diverses tribus ou périssent, ou se fondent parmi les nations étrangères, ou du moins perdent leurs noms. Il n'y a point d'exemple d'une ruine si complète. Une inexpiable malédiction s'attache à ce peuple; tout ce que ses ennemis nous en racontent est néfaste et sanglant. C'est ainsi qu'un écrivain de nos jours résume les anciennes traditions sur les Pélasges (1). Pour comble de singularité, un des ancêtres les plus fameux de ce peuple extraordinaire, s'appelle *Inachus*, nom qui, moins la terminaison grecque, est le même que celui d'Enac.

Après s'être emparé d'Hébron et en avoir expulsé les derniers Enacims, Caleb monta vers Dabir, qui s'appelait auparavant *Cariath-Sépher*, ou ville des livres, des archives : peut-être était-ce l'endroit où le collège et l'académie où les lettres s'enseignaient parmi les Chananéens; peut-être y avait-il aussi les archives des anciens, où, depuis le temps du déluge, l'on avait accoutumé de rassembler tous les monuments des lettres. Josué s'en était déjà rendu maître; mais il est probable qu'après son retour à Galgala, les habitants échappés y étaient rentrés. Caleb dit alors : « Celui qui frappera Cariath-Sépher et la prendra, je lui donnerai Axa, ma fille, pour épouse. » Othoniel, fils de son frère Cénez (1), par conséquent son neveu, la prit, et Caleb lui donna sa fille avec une terre arrosée en haut et en bas (Josué, 15, 13-19).

L'héritage particulier donné à Caleb, un des princes de Juda, laissait bien entrevoir que la portion générale de cette tribu tomberait du même côté. Cette part fut la première qui échut au sort, et la plus grande. Elle était bornée au midi par l'Egypte et l'Idumée, à l'orient par la mer Morte dans toute sa longueur; au nord, elle s'étendait, par une ligne assez droite, de l'embouchure du Jourdain dans cette mer, jusqu'à Jérusalem, et de là jusqu'à Jebnéel ou Jabnia, sur la mer Méditerranée, appelée *la grande Mer*, qui, à l'occident, lui servait de frontière jusqu'à l'Égypte. Elle comprenait neuf ou dix des royaumes conquis par Josué, avec tout le pays des Philistins. On y comptait cent douze villes : c'était, en tout, au moins le quart du pays de Chanaan. Quoique la tribu de Juda fût la plus nombreuse, sa part se trouva néanmoins trop grande, et nous verrons deux autres tribus, Siméon et Dan, y recevoir la leur.

Ce qu'il y avait de remarquable dans ce vaste héritage de la tribu de Juda ou dans la Judée, nom devenu commun dans la suite à toute la terre promise, c'était, à l'occident, le pays des Philistins, dont le nom de *Palestine* est également devenu commun à toute la terre de Chanaan. Après la mort de Josué, Juda y prit les principales villes, Gaza, Ascalon et Accaron; mais il ne put détruire les habitants de la plaine, parce qu'ils avaient une grande multitude de chars armés de faux. Les Philistins reprirent ces villes plus tard, se montrèrent continuellement ennemis d'Israël, et ne furent soumis et rendus tributaires que sous David. Au midi de la Judée était Bersabée ou *le puits du serment*, antique séjour d'Abraham, d'Isaac et de Jacob. C'était alors une ville. Plus loin, dans le désert de Sur, se retrouvait *le puits du vivant* et *du voyant*, autrement le puits d'Agar. A l'orient, le long de la mer Morte ou de la mer de Sel, se voyaient les ruines de Sodome et de Gomorre avec la caverne de Lot. Rentrant au milieu des terres, on trouvait Hébron avec la chênaie de Mambré, où Abraham avait reçu les hôtes célestes, et d'où il avait vu les ruines fumantes de la Pentapole. Là étaient nés Isaac et Ismaël; là aussi étaient ensevelis dans la caverne de Macphela, Sara, Abraham, Isaac, Rebecca, Jacob et Lia. Parmi les cent douze villes de la tribu de Juda n'en était pas comptée une petite, qui devait néanmoins devenir la plus célèbre, parce que d'elle devait sortir le sauveur d'Israël : c'était Bethléhem. Là naîtra David, le sauveur temporel de son peuple; là naîtra le Christ, sauveur éternel de tous les peuples. Sur le chemin de Bethléhem à Jérusalem se voyait le sépulcre de Rachel, l'épouse bien-aimée de

---

(1) Michelet, *Histoire romaine*, l. 1, c. 3; Petit-Radel, *Des monuments cyclopéens*.

(1) C'est le sens de l'hébreu et du grec.

Jacob, la mère de Joseph et de Benjamin. Jérusalem faisait la limite entre Benjamin et Juda. La ville même, avec la montagne de Moriah, où Isaac avait été offert en sacrifice et où le Christ devait l'être un jour, Benjamin l'aura en partage. La montagne de Sion, la cité de David, sont de l'héritage de Juda. Et dans les derniers jours, dit le fils d'Amos, la montagne de la maison de l'Eternel sera fondée sur le haut des monts, et elle s'élèvera au-dessus des collines : toutes les nations y afflueront. Et la foule des peuples iront, disant : « Venez, montons à la montagne de Jéhova, à la maison du Dieu de Jacob, et il nous enseignera ses voies, et nous marcherons dans ses sentiers ; car de Sion sortira la loi, et la parole de Jéhova, de Jérusalem. Il jugera parmi les nations, et il reprendra bien des peuples. Et ils forgeront leurs glaives en socs de charrue, et leurs lances en faux. La nation ne lèvera plus le glaive contre la nation, et ils ne s'exerceront plus aux combats. Maison de Jacob, venez, et marchons à la lumière de Jéhova (Isaïe, c. 2). »

Après la tribu de Juda, qui avait reçu de Jacob mourant les bénédictions principales, la première part échut à la maison de Joseph, c'est-à-dire à la tribu d'Ephraïm et à la moitié restante de celle de Manassé. Ce deuxième lot paraît s'être étendu sur la Méditerranée, depuis les frontières des Philistins, jusque vers celles de la Phénicie; du côté opposé, il allait se rétrécissant un peu jusqu'au Jourdain. Les enfants de Joseph s'adressèrent à Josué, qui était d'entre eux, et lui dirent : « Pourquoi ne nous avez-vous donné qu'une part pour héritage, nous qui sommes un peuple si nombreux, tant l'Eternel nous a bénis ? — Si vous êtes un peuple si nombreux, répondit Josué, montez dans la forêt, et étendez-vous en abattant les bois dans la terre des Phérézéens et des Raphaïms, puisque la montagne d'Ephraïm est trop resserrée pour vous. » Les enfants de Joseph insistèrent : « Nous ne pourrons gagner les montagnes, parce que les Chananéens, qui habitent dans la plaine où est Bethsan avec ses filles ou ses dépendances, et Jezrael, qui est au milieu de la vallée, se servent de chars armés de fers tranchants. » Ce n'était donc pas que leur part fût trop petite, mais il fallait achever de la conquérir sur les ennemis redoutables. Aussi Josué, quoiqu'il fût de la tribu d'Ephraïm, ne les écouta point, mais persista à dire : « Vous êtes un peuple nombreux et vous avez une grande force : vous ne vous contenterez pas d'une seule part, mais vous irez sur la montagne et vous vous étendrez en abattant les arbres et défrichant la forêt, et vous pourrez aller encore plus loin, lorsque vous aurez exterminé les Chananéens que vous dites terribles et ayant des chars armés de fers tranchants (Josué, 17). »

C'est ici la première fois qu'il est parlé expressément, dans l'Ecriture, de chariots garnis d'armes tranchantes. C'était une des machines de guerre les plus terribles dans l'antiquité. Leur forme a varié, et l'on en trouve plusieurs descriptions différentes. Diodore (liv. 17) nous les dépeint de cette sorte : « Le joug de chacun des deux chevaux qui tiraient le char était armé de deux pointes, longues de trois coudées, qui s'avançaient contre le visage des ennemis ; à l'essieu étaient attachées deux autres broches tournées du même côté que les premières, mais plus longues et armées de faulx à leurs extrémités. » Ceux dont parle Quinte-Curce (liv. 4) avaient quelque chose de plus : l'extrémité du timon était armée de piques avec des pointes de fer; le joug avait des deux côtés trois espèces de glaives ; entre les rais des roues se voyaient plusieurs dards qui donnaient en dehors, et les jantes des mêmes roues étaient garnies de faux qui mettaient en pièces tout ce qu'elles rencontraient. Quelquefois les faux attachées à l'essieu tournaient par le moyen d'un ressort et détruisaient tout ce qui se trouvait dans la sphère de leur mouvement. Après cela, il n'y a point à s'étonner que les tribus d'Ephraïm et de Manassé aient cru difficile de triompher de si redoutables machines. Il paraît cependant qu'elles exécutèrent le conseil de Josué et qu'elles conquirent, dans la suite, tout leur héritage.

On remarque, dans la tribu d'Ephraïm, Joppé, fameux port de mer sur la Méditerranée. C'est là que s'embarqua le prophète Jonas lorsqu'il s'enfuyait de devant l'Eternel pour ne pas aller annoncer la ruine de Ninive. C'est là que saint Pierre ressuscita la veuve Tabithe ; c'est de là qu'il fut appelé à Césarée pour recevoir en l'Eglise chrétienne les prémices de la gentilité, dans la personne du centurion Cornélius. Césarée, bâtie du temps des Romains, était également un port de mer à trois journées de Joppé, vers le nord. Entre ces deux villes est la plaine de Saron, renommée pour son extrême fertilité. Aujourd'hui encore les pèlerins d'Europe, qui débarquent à Joppé, actuellement Jaffa, pour visiter Jérusalem, qui en est à une journée de chemin, trouvent cette plaine couverte, au printemps, des plus belles fleurs, de tulipes, de roses de couleurs variées, de narcisses, d'anémones, de lis blancs et jaunes, de giroflées et d'une espèce d'immortelle très-odorante. Elle produit tout cela naturellement et malgré l'état d'abandon où elle reste par suite du despotisme des Turcs. Qu'on juge par là ce qu'elle a dû être et ce qu'elle deviendrait encore avec la culture de l'homme libre.

En tirant de Joppé vers le nord-est, on rencontre Sichem, premier séjour d'Abraham quand il arriva dans ce pays. C'est là que l'Eternel lui étant apparu, lui dit pour la première fois : « Je donnerai à ta postérité cette terre. » Jacob y avait également demeuré, dans le domaine qu'il acheta cent agneaux et qu'il donna pour héritage à son fils Joseph. Cette ville fut nommée depuis *Sichar*. Tout près était le puits de Jacob, auprès duquel le Christ s'entretint avec la Samaritaine. On y voyait aussi, dans le voisinage, les montagnes d'Hébal et de Garizim, où la loi avait été promulguée de nouveau, ainsi que cette autre où fut bâtie plus tard Samarie.

A quelque distance de Sichem, vers le sud-est, s'élevait sur une éminence la ville de Silo, qui, jusqu'à la construction du temple de Jérusalem, fut le sanctuaire d'Israël. Comme elle était au centre de la terre promise, et que le pays des environs était soumis, les enfants d'Israël y vinrent camper de Galgala et y dressèrent le tabernacle du témoignage.

Cependant sept tribus étaient restées, qui n'avaient pas encore partagé leur héritage. Josué leur dit : « Jusques à quand languirez-vous dans la paresse, et n'entrerez-vous pas en possession de la terre que l'Eternel, le Dieu de vos pères, vous a donnée ? Choisissez trois hommes de chaque tribu, afin que je les envoie, et qu'ils aillent parcourir cette terre, et qu'ils en fassent la description selon le nombre de ceux qui la doivent posséder, et qu'ils viennent annoncer ce qu'ils auront fait. Que Juda demeure dans ses limites du côté du midi, et la maison de Joseph du côté du septentrion. Décrivez le reste de la terre qui n'est point à eux, et faites-en sept parts; ensuite venez me trouver ici, afin que je tire vos partages au sort devant l'Eternel, notre Dieu. »

Les hommes s'en allèrent, parcoururent la terre avec soin et la divisèrent, selon ses villes, en sept parts, qu'ils décrivirent dans un livre. C'est ici la première fois qu'il est question d'une espèce de carte géographique. Quand ils furent revenus au camp, à Silo, Josué jeta le sort devant l'Eternel et divisa la terre en sept parts.

Le premier partage échut à la tribu de Benjamin, entre les enfants de Juda et les enfants de Joseph. Il y avait quatorze villes. La première, non loin du Jourdain, était Jéricho. L'Ecriture l'appelle plusieurs fois *la ville des palmiers*. D'après la description qu'en ont fait d'anciens historiens et géographes, tels que Strabon, Justin, Pline, c'était une plaine arrosée de toutes parts, remplie d'habitations et couronnée de montagnes en amphithéâtre. Au milieu d'autres arbres du plus excellent fruit, les palmiers y croissaient en abondance. Les dattes en étaient si renommées, que Nicolas de Damas en envoyait fréquemment à l'empereur Auguste, qui les appelait ses *Nicolaï*. Mais ce qui valait à Jéricho encore plus de richesses, c'étaient ses jardins, ou, comme dit Strabon, son paradis de baume. Ce précieux arbuste ne venait que là. Pour savoir quelle estime en faisaient les anciens, il n'y a qu'à écouter Pline. Le baume, dit-il, est préféré à toutes les odeurs; la Judée est le seul pays qui le produise. Autrefois, on ne le cultivait que dans deux jardins, l'un de vingt arpents, l'autre de moins encore; tous deux appartenaient au roi. Les empereurs vespasiens l'ont fait voir aux Romains. Chose merveilleuse ! Depuis le grand Pompée, les arbres aussi ont été menés en triomphe. A présent, le balsamier est l'esclave; l'arbre et la nation paient tribut. Les Juifs, dans leur fureur, voulurent le détruire, comme ils cherchèrent à se détruire eux-mêmes : les Romains le défendirent, et l'on combattit pour un arbrisseau. Aujourd'hui, le balsamier est une propriété impériale. Voilà ce qu'il était encore de Jéricho au temps de Pline (1). Dans la même tribu se voyaient les ruines de Haï, les villes de Gabaon et de Béthel dont l'ancien nom était Luza. Béthel, ou maison de Dieu, comme nous l'avons vu, avait été ainsi nommé par Jacob à cause que l'Eternel lui était apparu en ce lieu, lorsqu'il s'enfuyait en Mésopotamie, et lui avait dit : « Terre où tu dors, je la donnerai à toi et à ta postérité (Gen., 28, 13). » Mais la ville la plus célèbre de toutes, était, sans contredit, Jébus ou Jérusalem, que l'on croit l'ancien Salem de Melchisédech. Les enfants de Juda et de Benjamin se rendirent maîtres de la ville; mais ils ne purent prendre la citadelle, et les Jébuséens s'y maintinrent au milieu d'eux jusqu'au temps de David.

De cette tribu sortiront Saül, le premier roi des Juifs; Esther, la reine des Perses, avec son oncle Mardochée; enfin, le plus profond des philosophes, le docteur des nations, saint Paul.

(1) Pline, *Hist. nat.*, l. 12, c. 25; Strab., l. 16.

Le second partage échut aux enfants de Siméon et se trouva au milieu de l'héritage des enfants de Juda. Jacob l'avait prédit au lit de la mort, quand il dit de Siméon et de Lévi : « Je les diviserai dans Jacob et je les dispersai dans Israël (Gen., 49, 13). » Siméon eut dix-sept villes, dont la première était Bersabée. Une veuve de cette tribu, Judith, sauvera tout Israël par son courage.

Le troisième partage échut à Zabulon, et s'étendait de la mer ou du lac de Génézareth, jusqu'à la mer Méditerranée, près du mont Carmel. Jacob avait annoncé d'avance : « Zabulon habitera sur le rivage de la mer, près de la station des navires, et atteindra jusqu'au pays de Sidon, la Phénicie (*Ibid.*, 49, 7). » Le Carmel est une montagne ou plutôt une chaîne de montagnes qui s'étendait le long des tribus d'Issachar, de Zabulon et d'Aser; elle terminait dignement la délicieuse plaine de Saron. Aujourd'hui encore, on y voit des collines et des vallées toujours vertes; des bois de haute futaie, des bocages et des jardins, de vives sources, de belles fontaines et quantité de vignes; l'air y est très-bon, les fruits excellents aussi bien que le vin, et le gibier s'y trouve en abondance. Elle était renommée parmi les anciens, non-seulement à cause de sa hauteur et de sa fertilité, mais encore à cause du séjour qu'y avait fait plusieurs fois Pythagore (Jamblic., *in vitâ Pytag.*, c. 3). Mais déjà trois siècles avant ce philosophe, elle était devenue bien autrement célèbre par le séjour d'Elie, d'Elisée et d'une école de prophètes. Dans la même tribu était Nazareth, où le Fils de Dieu fait homme vécut trente ans inconnu au monde; Cana, où il fit son premier miracle; le mont Thabor, où il se transfigura devant ses bien-aimés disciples, s'entretenant avec Moïse et Elie.

Le quatrième partage échut à Issachar, entre la maison de Joseph et la tribu de Zabulon, du Jourdain à la Méditerranée. Il y avait seize villes. La première était Jezraël, devenue fameuse par le sang de Naboth versé injustement, et puis vengé sur le sang d'Achab et de sa famille. Un autre lieu a laissé un plus doux souvenir : c'est la petite ville de Naïm, où le Christ ressuscita le fils unique de la veuve.

Le cinquième héritage échut aux enfants d'Aser, et s'étendait depuis le mont Carmel jusqu'à Tyr et Sidon. Il semblerait même, par certaines expressions de l'Ecriture, que ces deux villes y étaient comprises (Judic., 1, 31). Il est dit au livre des Juges qu'Aser n'expulsa point les habitants de Sidon, ni d'Acco ou Acre, depuis Ptolémaïs; et le prophète Ezéchiel nous représente Tyr comme placé dans le paradis de délices et sur la sainte montagne de Dieu (Ezech., 28, 13 et 14). Tyr est appelé dans Isaïe (Is., 23, 12) *la fille de Sidon*, parce qu'il en était une colonie. Sidon est beaucoup plus ancienne. Moïse lui donne pour fondateur le premier-né de Chanaan, tandis qu'il ne parle point de Tyr. La première fois qu'il en est question, c'est dans le livre de Josué, au partage de la tribu d'Aser, où il est appelé *une ville fortifiée*; ce qui porterait l'époque de sa fondation au XVᵉ siècle avant Jésus-Christ. Cela s'entend de l'ancien Tyr, bâti sur le continent, au lieu que le nouveau fut bâti dans une île. Le nom de Tyr, en hébreu, *Tsor* ou *Sor*, veut dire *rocher*, parce qu'un rocher lui servait de fondement. Ce fut à Sarepta, entre Tyr et Sidon, que le prophète fut nourri par une pauvre veuve dont il multiplia miraculeusement l'huile et la farine. Ce fut sur les confins de Tyr et de Sidon que le Sauveur répondit à la Chananéenne : *O femme, votre foi est grande ! qu'il vous soit fait comme vous voulez !* Anne la prophétesse, de la tribu d'Aser, avait reconnu en lui et célébré l'attente d'Israël, dès qu'il fut présenté au temple, quarante jours après sa naissance.

Le sixième héritage échut par le sort aux enfants de Nephthali. Il s'appuyait au midi sur le lac de Génésareth et la tribu de Zabulon, remontait, entre la tribu d'Aser et le Jourdain, jusqu'au delà des sources de ce fleuve, dans les montagnes du Liban. Il avait dix-neuf villes fortes avec leurs bourgades. Parmi ces villes n'était point Bethsaïde, patrie des apôtres Pierre, André et Philippe, non plus que Capharnaüm, où le Christ vint demeurer pendant sa vie publique, en sorte qu'elle est appelée *sa ville*. C'est là qu'il commença à prêcher dans les synagogues, à guérir parmi le peuple toute sorte de langueurs et d'infirmités; c'est de là que sa renommée se répandit dans toute la Syrie; c'est là que les foules accouraient pour l'entendre, de la Galilée, de Jérusalem, de la Judée et d'au delà du Jourdain. Voyant cette multitude, il monta sur une montagne et leur enseigna que, *bienheureux sont les pauvres, bienheureux ceux qui sont doux, bienheureux ceux qui pleurent, bienheureux ceux qui ont faim et soif de la justice, bienheureux les miséricordieux, bienheureux ceux qui ont le cœur pur, bienheureux les pacifiques, bienheureux ceux qui souffrent persécution pour la justice, parce que le royaume du ciel est à eux*. Descendant de là, il guérit le lépreux; rentré dans la ville, il admira la foi du centurion et guérit son serviteur; venu à la maison de Pierre, il guérit sa belle-mère de la fièvre; au soir, on lui présenta un grand nombre de malades, et il les guérit tous. Capharnaüm était sur la mer de Génésareth, ainsi que Bethsaïde. Marchant un jour le long de cette mer, il vit deux frères, Simon-Pierre et André, qui y jetaient leurs filets, car ils étaient pêcheurs, et il leur dit : *Venez après moi, et je vous ferai devenir pêcheurs d'hommes*. Et eux, aussitôt quittant leurs filets, le suivirent. Un peu au delà, il en appela de la même manière autres deux, Jacques, fils de Zébédée, et Jean, son frère. Un autre jour, il vit un publicain assis dans son bureau de recette, et il lui dit : *Suivez-moi*. Et le publicain, se levant, le suivit et devint l'apôtre saint Matthieu. *Ce ne sont pas les bien portants*, dit-il en cette occasion, *qui ont besoin du médecin, mais ceux qui sont malades ; je suis venu pour appeler non pas les justes, mais les pécheurs*.

Le pays de Nephthali, de Zabulon, d'Aser, comprenait ce qu'on appelle *la Galilée*; sa partie septentrionale se nommait la Galilée des gentils, parce qu'elle touchait aux principales villes de la gentilité, Tyr et Sidon. Un prophète annonçait ainsi d'avance ce qu'y ferait le Christ : « La terre de Zabulon et la terre de Nephthali, la voie de la mer au delà du Jourdain, la Galilée des nations, le peuple qui était assis dans les ténèbres a vu une grande lumière; et à ceux qui étaient assis dans la région de l'ombre de la mort, la lumière s'est levée (Isaïe, 9, 1 et 2; Matth., 4, 15 et 16). »

Le septième et dernier partage échut à la tribu de Dan, près du pays des Philistins, dans la portion surabondante de Juda. Il y avait dix-huit villes, entre autres Sara et Esthaol, où Samson signala plus tard sa force prodigieuse. Cependant cette tribu, la plus nombreuse après celle de Juda, se trouva bientôt à l'étroit dans son héritage, parce que les Amorrhéens en occupaient encore les plaines et que les Philistins ne lui permettaient pas de s'étendre jusqu'à la mer. Il y eut donc une colonie de Danites qui, remontant jusque vers les sources du Jourdain, s'y empara, sur des colons Sidoniens, de la ville de Lesem ou Laïs, qu'elle appela *Dan*, du nom de leur père : elle devint plus tard Césarée de Philippe. Ce fut dans les environs de cette ville que le Sauveur ayant demandé à ses disciples : *Et qui dites-vous que je suis ?* Simon-Pierre lui répondit : *Tu es le Christ, fils du Dieu vivant*. Sur quoi Jésus lui dit à son tour : *Bienheureux es-tu, Simon, fils de Jona, parce que ce n'est pas la chair et le sang qui te l'ont révélé, mais mon Père qui est dans les cieux. Et moi aussi je te dis que tu es la pierre, et sur cette pierre je bâtirai mon Église, et les portes de l'enfer ne prévaudront point contre elle. Et je te donnerai les clés du royaume des cieux. Et tout ce que tu lieras sur la terre sera lié dans les cieux ; et tout ce que tu délieras sur la terre sera délié dans les cieux* (Matth., 16).

Josué ayant achevé de faire le partage des terres, en donnant à chaque tribu la part qui lui était échue par le sort, les enfants d'Israël lui donnèrent pour héritage au milieu d'eux, selon que l'Éternel l'avait ordonné, la ville qu'il leur demanda, qui fut Thamnath-Sarah, sur la montagne d'Ephraïm, et il bâtit une ville où il demeura. Ainsi, après avoir conquis et distribué à son peuple trente et un royaumes, il attend qu'on lui offre une demeure ; et, le choix lui ayant été laissé, il choisit, sur la montagne d'Ephraïm qui était à défricher, une ville qui était à bâtir. Il est le seul conquérant de son espèce. Sa ville est appelée plus tard *Thamnath-Hérès* ou *image du soleil* (Judic., 29, suivant l'hébreu), peut-être, comme on le croit, en mémoire du miracle par lequel il arrêta cet astre.

Après cela, l'Éternel dit à Josué : « Parle aux enfants d'Israël, et dis-leur : Donnez-vous les villes de refuge dont je vous ai parlé par Moïse, afin que quiconque aura tué un homme à son insu, s'y retire et puisse échapper à la colère du plus proche parent, qui est le vengeur du sang ; et lorsqu'il sera réfugié dans une de ces villes, il se tiendra debout à la porte de la cité, et il dira aux anciens tout ce qui peut justifier son innocence; et après cela, ils le recevront et lui donneront un lieu pour habiter. Et si le vengeur du mort le poursuit, ils ne le livreront point entre ses mains, parce qu'il a tué son prochain sans le savoir et qu'il ne le haïssait pas deux ou trois jours auparavant. Et il demeurera dans cette ville jusqu'à ce qu'il se présente en jugement devant l'assemblée, et jusqu'à la mort du grand-prêtre qui sera en ce temps-là. Alors l'homicide reviendra et rentrera dans la ville et dans la maison d'où il avait fui. »

Ils consacrèrent donc, comme villes de refuge, Céder en Galilée, sur la montagne de Nephthali, Sichem, sur le mont Ephraïm, et Cariath-Arbé, qui se nomme aussi *Hébron*, et qui est sur la montagne de Juda. Et au delà du Jourdain, vers l'orient de Jéricho, ils désignèrent Bosor, qui est dans la plaine du désert, de la tribu de Ruben; Ramoth en Galaad, de la tribu de Gad, et Gaulon en Basan, de la tribu de Manassé. Ces villes furent établies pour tous les enfants d'Israël et pour tous les étrangers qui habitaient parmi eux, afin que celui qui aurait tué un homme à son insu, s'y réfugiât et qu'il ne fût point tué par le parent du mort qui voudrait venger son sang, jusqu'à ce qu'il vînt défendre sa cause devant le peuple (Josué, 20).

Au même temps, les princes des familles de Lévi vinrent vers Eléazar, grand-prêtre, et vers Josué, fils de Nun, et vers les princes de chaque tribu des enfants d'Israël; et ils leur parlèrent à Silo, disant : « L'Eternel a commandé, par Moïse, qu'on nous donnât des villes où nous puissions demeurer, et un terrain autour de ces villes pour y nourrir nos troupeaux. »

Alors les enfants d'Israël détachèrent des héritages dont ils étaient en possession, des villes avec leurs faubourgs, et les donnèrent aux Lévites, suivant que l'Eternel l'avait commandé. Et le sort ayant été jeté pour la famille de Caath, treize villes des tribus de Juda, de Siméon et de Benjamin échurent aux enfants d'Aaron, grand-prêtre; dix villes des tribus d'Ephraïm, de Dan et de la demi-tribu de Manassé échurent aux enfants de Caath, c'est-à-dire aux simples lévites de cette famille. Le sort ayant été jeté pour les enfants de Gerson, treize villes des tribus d'Issachar, d'Aser, de Nephthali et de la demi-tribu de Manassé, en Basan, leur échurent en partage, et douze villes de la tribu de Ruben, de Gad et de Zabulon, aux enfants de Mérari distribués selon leurs familles. Ces villes étaient en tout au nombre de quarante-huit. Les six villes de refuge en étaient. Parmi les villes sacerdotales, les plus remarquables sont Hébron ou Cariath-Arbé : Caleb en possédait le territoire; mais la ville était aux prêtres, qui, d'ailleurs, ne l'occupaient pas tout entière; Dabir, l'ancienne Cariath-Sépher, ou ville des livres; Gabaon, la seule qui eût demandé la paix; Anathoth, patrie future du prophète Jérémie.

La tribu de Lévi se trouva ainsi dispersée dans tout Israël, comme Jacob l'avait prédit; et, comme l'avait annoncé Moïse, Jéhova seul fut son partage.

Et l'Eternel donna ainsi à Israël toute la terre qu'il avait promise avec serment à leurs ancêtres; ils la possédèrent et l'habitèrent. L'Eternel leur donna le repos tout à l'entour, selon tout ce qu'il avait juré à leurs pères; pas un de leurs ennemis n'osa leur résister : l'Eternel les livra tous entre leurs mains. Pas une parole ne se trouva vaine, de ce que l'Eternel avait promis de bien à Israël; mais tout fut accompli (Josué, 21).

Aujourd'hui, à la vérité, l'on ne voit plus à cette terre les ruisseaux de lait et de miel dont Dieu parle si souvent dans l'Ecriture; mais cela même fait voir combien Dieu est fidèle à sa parole. Il avait dit à son peuple : « Si tu observes ma loi, tu seras béni à la ville et aux champs; mais si tu ne l'observes point, tu seras maudit à la ville et aux champs, maudit dans toutes tes entreprises : l'ennemi dévorera devant toi les fruits de tes troupeaux et les fruits de tes terres. » Or, c'est ce qui s'y voit aujourd'hui. Ecoutons un écrivain célèbre qui l'a vu de ses yeux.

« Jérusalem est donc livrée à un gouverneur presque indépendant; il peut faire impunément le mal qu'il lui plaît, sauf à en compter ensuite avec le pacha de Damas. On sait que tout supérieur en Turquie a le droit de déléguer ses pouvoirs à un inférieur; et ses pouvoirs s'étendent toujours sur la propriété et sur la vie. Pour quelques bourses, un janissaire devient un petit aga; et cet aga, selon son bon plaisir, peut vous tuer ou vous permettre de racheter votre tête. Les bourreaux se multiplient ainsi dans tous les villages de la Judée. La seule chose qu'on entende dans ce pays, la seule justice dont il soit question, c'est : *Il paiera dix, vingt, trente bourses; on lui donnera cinq cents coups de bâton; on lui coupera la tête.* Un acte d'injustice force à une injustice plus grande. Si l'on dépouille un paysan, on se met dans la nécessité de dépouiller le voisin; car, pour échapper à l'hypocrite intégrité du pacha, il faut avoir, par un second crime, de quoi payer l'impunité du premier.

» On croit peut-être que le pacha, en parcourant son gouvernement, porte remède à ces maux et venge les peuples : le pacha est lui-même le plus grand fléau des habitants de Jérusalem. On redoute son arrivée comme celle d'un chef ennemi ; on ferme les boutiques; on se cache dans des souterrains; on feint d'être mourant sur la natte, ou l'on fuit dans la montagne.

» Je puis attester la vérité de ces faits, puisque je me suis trouvé à Jérusalem au moment de l'arrivée du pacha. Abdallah est d'une avarice sordide, comme presque tous les Musulmans; en sa qualité de chef de la caravane de la Mecque et sous prétexte d'avoir de l'argent pour mieux protéger les pèlerins, il se croit en droit de multiplier les exactions; il n'y a point de moyen qu'il n'invente. Un de ceux qu'il emploie le plus souvent, c'est de fixer un maximum fort bas pour les comestibles. Le peuple crie à la merveille, mais les marchands ferment leurs boutiques. La disette commence; le pacha fait traiter secrètement avec les marchands; il leur donne, pour un certain nombre de bourses, la permission de vendre au taux qu'ils voudront. Les marchands cherchent à retrouver l'argent qu'ils ont donné au pacha; ils portent les denrées à un prix extraordinaire, et le peuple, mourant de faim une seconde fois, est obligé, pour vivre, de se dépouiller de son dernier vêtement.

» J'ai vu ce même Abdallah commettre une vexation plus ingénieuse encore. Il avait envoyé sa cavalerie piller des Arabes cultivateurs, de l'autre côté du Jourdain. Ces bonnes gens, qui avaient payé l'impôt et qui ne se croyaient point en guerre, furent surpris au milieu de leurs tentes et de leurs troupeaux. On leur vola deux mille deux cents chèvres et moutons, quatre-vingt-quatorze veaux, mille ânes et six juments de première race. Un Européen ne pourrait guère imaginer ce que le pacha fit de ce butin. Il mit à chaque animal un prix excédant deux fois sa valeur. Il estima chaque chèvre et chaque mouton à vingt piastres, chaque veau à quatre-vingts. On envoya les bêtes ainsi taxées aux bouchers, aux différents particuliers de Jérusalem et aux chefs des villages voisins; il fallait les prendre et les payer sous peine de mort. J'avoue que si je n'avais pas vu de mes yeux cette double iniquité, elle me paraîtrait tout à fait incroyable. Quant aux ânes et aux chevaux, ils demeurèrent aux cavaliers; car, par une singulière convention entre ces voleurs, les animaux à pied fourchu appartiennent au pacha dans les épaves, et toutes les autres bêtes sont le partage des soldats.

» Après avoir épuisé Jérusalem, le pacha se retire. Mais, afin de ne pas payer les gardes de la ville et pour augmenter l'escorte de la caravane de la Mecque, il emmène avec lui les soldats. Le gouverneur reste seul avec une douzaine de sbires, qui ne peuvent suffire à la police intérieure, encore moins à celle du pays. L'année qui précéda celle de mon voyage, il fut obligé de se cacher lui-même dans sa maison pour échapper à des bandes de voleurs qui passaient par-dessus les murs de Jérusalem et qui furent au moment de piller la ville.

« A peine le pacha a-t-il disparu, qu'un autre mal, suite de son oppression, commence. Les villages dévastés se soulèvent; ils s'attaquent les uns les autres pour exercer les vengeances héréditaires. Toutes les communications sont interrompues; l'agriculture périt; le paysan va, pendant la nuit, ravager la vigne et couper l'olivier de son ennemi. Le pacha revient l'année suivante; il exige le même tribut dans un pays où la population est diminuée. Il faut qu'il redouble d'oppression et qu'il extermine des peuplades entières. Peu à peu le désert s'étend; on ne voit plus que de loin à loin des masures en ruines, et à la porte de ces masures des cimetières toujours croissants; chaque année voit périr une cabane et une famille, et bientôt il ne reste que le cimetière pour indiquer le lieu où le village s'élevait (1). »

L'on conviendra que sous un gouvernement qui, au lieu de protéger le pays contre les incursions continuelles des voleurs arabes, est lui-même le premier voleur, le premier tyran, la Judée, fût-elle naturellement plus fertile que le paradis terrestre, deviendra nécessairement un désert.

Pour savoir donc ce qu'elle était anciennement, il faut consulter les anciens. Un savant moderne a recueilli leurs témoignages (2). On y voit que l'Egypte le cédait anciennement et le cède encore de nos jours à ce pays dans deux productions qui, après l'eau, sont les plus utiles au genre humain, le vin et l'huile. Il est vrai que l'Egypte ne manquait pas d'olives, mais elles n'approchaient pas, pour la bonté, de celles de la Palestine (3). Salomon envoyait annuellement vingt mille mesures d'huile au roi de Tyr. Les Egyptiens avaient peu de vignes. Hérodote nous apprend que, pour suppléer au vin, ils buvaient une liqueur faite d'orge (Herod., l. 2, c. 77). Qui peut ignorer combien étaient renommés chez les nations, même les plus éloignées, les vins d'Ascalon, de Gasa et de Sarepta. Les raisins étaient délicieux et les grappes très-grosses. Le vignes d'Hébron, de Bethléhem, de Sorec et de Jérusalem portent encore, pour l'ordinaire, des raisins du poids de sept livres.

« Le vin de Jérusalem est excellent, dit M. de Châteaubriand dans son *Itinéraire;* il a la couleur et le goût de nos vins de Roussillon. Les coteaux qui le fournissent sont encore ceux d'Engaddi, près de Bethléhem. Quant aux fruits, je mangeai, à Jérusalem comme à Jaffa, de gros raisins, des dattes, des grenades, des pastèques, des pommes et des figues de la seconde saison; celles du sycomore ou figuier de Pharaon étaient passées. Le pain était bon et savoureux (1). »

Plusieurs circonstances valaient à l'ancienne Palestine son étonnante fécondité; l'excellente température de l'air, qui n'éprouve ni des chaleurs excessives ni des froids rigoureux; la régularité de ses saisons et surtout de ses premières et dernières pluies; un sol naturellement gras et fertile, ne demandait ni labourage ni engrais. Joignez-y surtout le partage des terres, sous Josué, qui assurait à chaque tribu, à chaque famille son héritage. Tout Israélite avait son petit domaine, qu'il était sûr de transmettre à ses descendants. Il s'y affectionnait, le cultivait avec soin. Pendant la paix, il s'y asseyait sous sa vigne et sous son figuier. La guerre avait-elle réduit en captivité sa famille? il pouvait le vendre pour la racheter; mais il lui revenait libre en l'année du Jubilé. Qui ne voit combien une législation pareille dut perfectionner l'agriculture?

Aussi un voyageur renommé de la Terre-Sainte nous dit-il: « Les montagnes mêmes et les rochers qui sont aujourd'hui si arides, ont été évidemment autrefois couverts d'une terre capable d'être cultivée et de produire aussi bien que la plaine, peut-être même davantage, parce que ces hauteurs fournissent un terrain plus étendu que si tout le pays était uni. Pour cultiver ces montagnes, les habitants rassemblaient des pierres et les plaçaient en différentes lignes le long des hauteurs, en forme de muraille; par ce moyen, ils empêchaient que les pluies n'emportassent le terreau, et formaient d'excellentes couches qui s'élevaient par degrés l'une au-dessus de l'autre, depuis le pied des montagnes jusqu'à leur sommet. Il n'y en a presque aucune dans la Palestine sur laquelle on ne trouve encore des traces marquées de ce que je viens de dire. C'est ainsi que les rochers mêmes étaient rendus féconds, et qu'il n'y avait peut-être pas un pouce de terrain dans tout le pays qui ne produisît quelque chose d'utile à la conservation de la vie humaine. D'un autre côté, les plaines de cette contrée produisaient du froment en abondance, nourrissaient une quantité prodigieuse de bétail, et fournissaient, par conséquent, beaucoup de lait aux habitants (2). »

Voilà bien qui nous fait comprendre ces ruisseaux de lait dont parle l'Ecriture. Il en est de même des ruisseaux de miel. Outre les palmiers et le baume de Jéricho dont nous avons entendu vanter l'excellence à Strabon, Justin et Pline, il y avait dans la Judée une prodigieuse quantité d'autres arbres fruitiers de la plus parfaite espèce, et qu'on pouvait appeler perpétuels, parce qu'ils étaient couverts d'une verdure constante, et que de nouveaux boutons poussaient sans cesse sur les branches dont on venait de cueillir le fruit mûr. Les vignes produisaient deux fois par an, et quelquefois jusqu'à trois. Les habitants conservaient quantité de raisins secs, ainsi que de figues, de prunes et autres fruits. Ils avaient du miel en abondance qui découlait des arbres et des rochers mêmes. Les naturalistes et les voyageurs

---

(1) *Itinéraire de Paris à Jérusalem*, par M. de Châteaubriand, III, p. 32, 1812.
(2) Roland, *Palæstina monumentis veteribus illustrata*.
(3) Theophr., *De hist. plant.*, l. 5, c. 12.

(1) *Itinéraire*, etc., t. II, p. 342.
(2) Maund, *Voyage d'Alep à Jérusalem en 1697*.

ne sont pas d'accord si ce miel y était déposé par les abeilles, ou s'il y venait par quelque autre moyen. Enfin, on cultivait dans cet excellent pays, des cannes à sucre.

Saint Jérôme n'avait donc pas tort de dire : « Aucun lieu n'est plus fertile que la terre promise, si, sans avoir égard aux montagnes ou aux déserts, l'on considère son étendue depuis le torrent de l'Egypte jusqu'au fleuve de l'Euphrate, et, au nord, jusqu'au mont Taurus et au cap Zéphirion, en Cilicie (1). »

Les auteurs profanes s'expliquent comme saint Jérôme. Les Juifs, dit Hécatée, écrivain grec, contemporain d'Alexandre le Grand, possèdent environ trois millions d'arpents d'une terre excellente et abondante en toute sorte de fruits (2). Le pays qu'ils habitent, dit Tacite, finit vers l'orient, où l'Arabie commence; l'Egypte le borne au midi, la Phénicie et la mer au couchant; le septentrion apparaît dans le lointain du côté de la Syrie; les hommes y sont sains et robustes, les pluies rares, le sol fertile. Les productions de nos climats y abondent, et, avec elles, l'arbre à baume et le palmier (3). Julien l'apostat, ennemi déclaré des Juifs et des chrétiens, a vanté la fécondité de la Palestine; il fait souvent mention dans ses épîtres de l'abondance et de l'excellence de ses fruits et autres productions, ainsi que de leur perpétuelle succession pendant toute l'année.

Il n'y a pas jusqu'aux déserts qui bornent la Palestine au midi, qui ne lui procurassent de précieux avantages; car il ne faut pas croire qu'ils soient absolument sablonneux et brûlés par l'ardeur du soleil. On y trouve de grands pâturages où les pasteurs des patriarches et ceux de Gérare avaient eu des querelles, comme on le voit dans la Genèse. On peut comparer ces déserts aux landes de Bretagne, en France, où paissent toute l'année les troupeaux des communes voisines.

Lors donc qu'après tout cela on compare l'Egypte, d'où sortirent les enfants d'Israël, avec la terre de Chanaan, où ils sont entrés, le dernier pays l'emporte de beaucoup en bonté. La fertilité de l'Egypte est excessive lorsque la crue du Nil se fait au point nécessaire; alors la culture se réduit à remuer un peu de limon formé par le fleuve, pour y jeter les semences, et le peuple demeure dans l'indolence et dans l'inaction; ce qui l'efféminé nécessairement et lui rend la servitude naturelle. Mais à quel péril la nation entière n'est-elle pas exposée lorsque, pendant quelques années de suite, ce qui n'est pas rare, le Nil ou se déborde trop, ou ne croît pas assez ? L'inondation de ce fleuve, si nécessaire à l'Egypte, est pour elle une source de maladies pestilentielles, lorsque ses eaux viennent à croupir dans les terrains bas. De là une multitude d'insectes qui tourmentent jour et nuit les animaux. Le sable même, déposé par le Nil et soulevé ensuite par le vent, devient une peste pour les yeux et les éteint : dans aucun pays du monde il n'y a autant d'aveugles qu'en Egypte. Ce même sable infecte les aliments, quelque soin que l'on prenne de les renfermer; il trouble le repos de la nuit, parce qu'il pénètre jusque dans l'intérieur des lits, malgré toutes les précautions. Dans la haute Egypte, les chaleurs de l'été sont insupportables. La Palestine n'est point sujette à ces inconvénients; les montagnes et les pluies tempèrent l'ardeur du climat; la terre, exigeant plus de culture, endurcit l'homme au travail et lui procure ainsi, avec plus d'énergie dans l'âme, une constitution de corps plus robuste.

Aussi, un savant moderne, qui, non-seulement a voyagé dans les deux pays, mais y a demeuré plusieurs années pour les étudier avec plus de soin, nous représente-t-il l'Egypte comme un pays malsain, désagréable, incommode à tous égards, dans lequel les voyageurs ne cherchent à pénétrer que pour en visiter les ruines, tandis que, sous un gouvernement moins oppressif et moins insensé que celui des Turcs, la Syrie, y compris la Judée, serait le séjour le plus délicieux de la terre (Volney, *Voyage en Syrie et en Egypte*, t. I, etc.).

Voilà comme, amis et ennemis, anciens et modernes, le plus souvent sans y penser, confirment ce qui est dit dans l'Ecriture, que Dieu donna à son peuple une terre excellente, une terre coulante de lait et de miel.

Quand Josué l'en eut mis en possession, ainsi que nous l'avons vu, il appela ceux des tribus de Ruben, de Gad et de la demi-tribu de Manassé, et leur dit : « Vous avez fait tout ce que vous avait ordonné Moïse, le serviteur de l'Eternel; vous m'avez également obéi dans tout ce que je vous ai commandé, et, dans un si long temps (il y avait sept ans), vous n'avez point abandonné vos frères jusqu'à ce jour, mais vous avez fidèlement observé les commandements de l'Eternel, votre Dieu. Maintenant donc que l'Eternel, votre Dieu, a donné le repos à vos frères, selon qu'il avait promis, allez et retournez sous vos tentes et dans la terre qui est à vous, que Moïse, serviteur de l'Eternel, vous a donnée au delà du Jourdain. Ayez soin seulement d'observer exactement la loi et la doctrine que Moïse, serviteur de l'Eternel, vous a prescrites, afin que vous aimiez l'Eternel, votre Dieu, que vous marchiez dans toutes ses voies, que vous gardiez ses commandements, que vous vous attachiez à lui et le serviez de tout votre cœur et de toute votre âme. » Il ajouta : « Vous retournez à vos demeures avec de grandes richesses, de l'argent, de l'or, de l'airain, du fer et des vêtements de toutes sortes. Partagez donc avec vos frères qui sont restés en Galaad le butin que vous avez remporté sur vos ennemis, selon le commandement de l'Eternel (Num. 31, 27). » Après quoi Josué les bénit et les congédia.

Les enfants de Ruben et les enfants de Gad, avec la demi-tribu de Manassé, se retirèrent donc d'avec les enfants d'Israël qui étaient à Silo, en la terre de Chanaan, et partirent pour retourner en Galaad, la terre de leur possession, qui leur avait été accordée par Moïse, selon le commandement de l'Eternel. Et lorsqu'ils furent arrivés aux limites du Jourdain, dans la terre de Chanaan, ils bâtirent auprès du Jourdain un autel d'une grandeur immense.

Quand les enfants d'Israël eurent appris par des messagers fidèles que les enfants de Ruben et de Gad, et la demi-tribu de Manassé avaient bâti un autel en la terre de Chanaan, sur les limites du Jourdain au passage des enfants d'Israël, ils s'assemblèrent tous à Silo pour monter et combattre contre eux.

---

(1) Hieron., *in Isai.*, 1 2, c. 5; *In Ezech.*, l. 6, c. 20.
(2) Josèphe, *Cont. Appion.*, l. 1, c. 8.
(3) Tacite, *Hist.*, l. 5, c. 6; Amm. Marcell., l. 14, c. 8.

Il était dit dans la loi : « Si dans quelqu'une des villes que l'Eternel, votre Dieu, vous donnera à habiter, vous entendez quelques hommes disant : Des enfants de Bélial sont sortis du milieu de vous, et ont perverti les habitants de leur ville, et leur ont dit : Allons et servons les dieux étrangers qui vous sont inconnus, recherchez avec soin la vérité, et, après l'avoir reconnue, si vous trouvez que ce qu'on vous a dit soit certain et que cette abomination ait été commise, vous frapperez aussitôt les habitants de cette ville du tranchant du glaive, et vous la détruirez avec tout ce qui s'y trouve, jusqu'aux animaux. Vous amasserez aussi au milieu des places tous les meubles qui y sont, et vous les brûlerez avec la ville, consumant tout en l'honneur de l'Eternel, votre Dieu, en sorte qu'elle soit un monceau de ruines pour toujours, et que jamais elle ne soit relevée ; et rien de cet anathème ne demeurera dans vos mains, afin que l'Eternel détourne de vous sa colère, qu'il ait pitié de vous et vous multiplie comme il l'a juré à vos pères (Deut., 13, 12-17). » Telle était la terrible sentence que les enfants d'Israël se disposaient à exécuter contre les trois tribus qui venaient de les quitter.

Cependant ils envoyèrent vers eux, en la terre de Galaad, Phinéès, fils d'Eléazar, grand-prêtre, et dix des principaux du peuple avec lui, un de chaque tribu, qui, étant venus vers les enfants de Ruben et de Gad, et de la demi-tribu de Manassé, en la terre de Galaad, leur dirent : « Voici ce que vous dit toute l'assemblée de Jéhova : Quelle est cette prévarication que vous venez de commettre contre le Dieu d'Israël, de vous retirer aujourd'hui de la suite de Jéhova, en vous bâtissant un autel et vous constituant ainsi rebelles à son culte ? N'est-ce donc pas assez pour nous que le crime de Phégor, dont nous ne sommes pas encore purifiés jusqu'à ce jour, et qui attira la plaie sur l'assemblée de Jéhova ? Et vous, vous vous retirez de la suite de Jéhova aujourd'hui, vous vous constituez rebelles à son culte, et demain sa colère tombera sur tout Israël. Si vous croyez que la terre qui vous a été donnée en partage soit impure, passez à celle où est le tabernacle de Jéhova, et demeurez parmi nous, pourvu seulement que vous ne vous éloigniez point de Jéhova, et que vous ne vous sépariez point de nous, en bâtissant un autel contre l'autel de Jéhova, notre Dieu. N'est-ce pas ainsi qu'Achan, fils de Zaré, ayant violé l'anathème, la colère tomba sur tout le peuple d'Israël, et cet homme ne mourut pas seul pour son péché ? »

Les enfants de Ruben, de Gad et de la demi-tribu de Manassé répondirent aux principaux d'Israël qui avaient été envoyés vers eux : « Le Dieu des dieux est Jéhova ! Le Dieu des dieux, Jéhova, le sait, et Israël lui-même le saura. Si nous l'avons fait dans un esprit de rébellion contre Jéhova, qu'il ne nous épargne point en ce jour. Si nous avons élevé un autel pour nous retirer de la suite de Jéhova, pour y offrir des holocaustes, des sacrifices et des victimes pacifiques, que Jéhova lui-même en soit le vengeur. Nous vous déclarons que nous l'avons fait dans la sollicitude de l'avenir, disant : Demain vos enfants diront à nos enfants : Qu'y a-t-il de commun entre vous et Jéhova, le Dieu d'Israël ? Enfants de Ruben et de Gad, Jéhova a mis le Jourdain pour borne entre vous et nous : vous n'avez point de part en Jéhova, et ainsi vos enfants feront cesser la crainte de Jéhova parmi les nôtres. Nous nous sommes donc dit : Faisons-nous un autel, non pour y offrir des holocaustes et des victimes, mais pour qu'il soit témoin entre nous et vous, et entre nos postérités après nous, que nous avons le droit et la volonté de servir Jéhova, en sa présence, par des holocaustes, des victimes et des hosties pacifiques, et que vos enfants ne disent pas demain à nos enfants : Vous n'avez point de part en Jéhova. Nous nous sommes dit : S'ils viennent à nous parler de la sorte ou à nos descendants, nous répondrons : Voyez cette ressemblance de l'autel de Jéhova qu'ont élevée nos pères, non pour y offrir des holocaustes ou des sacrifices, mais pour qu'il soit témoin entre nous et vous. Loin de nous le crime de nous révolter contre Jéhova, de nous retirer en ce jour de sa suite en bâtissant un autel pour offrir des holocaustes, des sacrifices et des victimes, hors de l'autel de Jéhova, notre Dieu, qui est à l'entrée de son tabernacle. »

Phinéès et les princes d'Israël ayant entendu ces paroles, en furent très-satisfaits. « Aujourd'hui nous savons, dit Phinéès, que l'Eternel est au milieu de nous, puisque vous n'avez point commis contre lui cette prévarication et que vous avez délivré les enfants d'Israël de la crainte de sa vengeance. » Il s'en revint ensuite, avec les princes qui l'accompagnaient, de la terre de Galaad en la terre de Chanaan, vers les enfants d'Israël, et ils leur rapportèrent la chose. Tous les enfants d'Israël en furent satisfaits et bénirent Dieu, et ils ne dirent plus qu'ils marcheraient contre leurs frères pour les combattre et qu'ils ravageraient la terre de leur possession.

Pour les enfants de Ruben et les enfants de Gad, ils appelèrent l'autel qu'ils avaient bâti, le *Témoin*, disant : « Il sera témoin entre nous que Jéhova est notre Dieu (Josué, 22). »

Lorsque, après bien des années, Josué eut atteint une haute vieillesse, il convoqua une assemblée générale de tout Israël ; d'abord les anciens, les princes, les juges, les magistrats, qu'il réunit probablement en sa ville de Thamnath-Saré, et il leur dit : « Je suis vieux et fort avancé en âge. Vous voyez ce que l'Eternel a fait devant vous à toutes ces nations-ci, et comment l'Eternel, votre Dieu, a combattu lui-même pour vous. Considérez que je vous ai partagés au sort, et que j'ai donné pour héritage à vos tribus les nations qui restent à assujétir, aussi bien que toutes celles que j'ai détruites depuis le Jourdain jusqu'à la grande mer qui est au couchant. L'Eternel, votre Dieu, les exterminera et les détruira devant vous, et vous posséderez cette terre, selon qu'il vous l'a promis. Fortifiez-vous seulement de plus en plus, afin de garder avec soin et de faire tout ce qui est écrit dans le livre de la loi de Moïse, sans vous en détourner ni à droite ni à gauche ; de peur que, vous mêlant parmi ces peuples qui restent au milieu de vous, vous n'alliez vous familiariser avec les noms de leurs dieux et jurer en ces noms, et que vous ne les serviez et ne les adoriez. Mais attachez-vous à l'Eternel, votre Dieu, selon que vous l'avez fait jusqu'à ce jour. Alors l'Eternel, votre Dieu, exterminera devant vous ces nations grandes et fortes, et nul ne pourra vous résister. Un seul d'entre vous en poursuivra mille, parce que l'Eternel, votre Dieu, combattra lui-même pour vous, comme il vous l'a promis. Seulement, veillez grandement dans vos âmes à ce que vous aimiez l'Eternel, votre Dieu. Que si, au contraire, vous vous détournez de lui et que vous vous attachiez à ce qu'il reste de nations parmi vous, que vous contractiez avec eux des affinités, que vous entriez chez eux et eux chez vous, sachez très-certainement que l'Eternel, votre Dieu, ne les exterminera point devant vous, mais qu'ils seront pour vous comme un piège et comme un filet, comme un fouet armé de pointes à vos côtés et comme des épines dans vos yeux, jusqu'à ce qu'il vous enlève et vous extermine de la terre excellente qu'il vous a donnée. Voilà qu'aujourd'hui je vais entrer dans la voie de toute la terre, et vous devez reconnaître de tout votre cœur et de toute votre âme que tout ce que l'Eternel vous avait promis de bien vous est arrivé, et que pas une de ses paroles n'a été vaine. Mais comme il vous est arrivé tout ce que l'Eternel, votre Dieu, vous avait annoncé de bien, ainsi il amènera sur vous tout ce qu'il vous annonce de mal, jusqu'à ce qu'il vous chasse de la terre excellente qu'il vous a donnée et qu'il vous disperse en tous lieux. Oui, si vous violez l'alliance que l'Eternel, votre Dieu, a faite avec vous, si vous allez servir et adorer les dieux étrangers, la colère de l'Eternel s'élèvera contre vous, et vous serez enlevés bientôt de la terre excellente qu'il vous a donnée (Jos., 23). »

Après avoir ainsi affermi dans le bien les chefs du peuple, il se rendit avec eux à Sichem, où toutes les tribus devaient se rassembler devant l'Eternel, c'est-à-dire devant son arche d'alliance qu'on y avait apportée de Silo, qui n'était pas loin. Sichem était située entre les montagnes de Garizim et d'Hébal, où avaient été prononcées les bénédictions et les malédictions solennelles, où le peuple avait renouvelé son alliance avec le Dieu d'Abraham, d'Isaac et de Jacob; où avait demeuré Jacob avec ses fils, pères des douze tribus d'Israël actuellement si florissantes; où s'élevait encore l'antique chêne sous lequel Jacob avait enterré les idoles des gens de sa peuplade.

Là, les sénateurs, les princes, les juges et les magistrats étant debout devant l'Eternel, Josué parla ainsi à tout le peuple : « Voici ce que dit Jéhova, le Dieu d'Israël : Vos pères, Tharé, père d'Abraham et de Nachor, ont habité jadis au delà du fleuve de l'Euphrate, et ils ont servi des dieux étrangers. Mais je pris votre père Abraham d'au delà du fleuve, et je lui fis parcourir toute la terre de Chanaan, et je multipliai sa race, et je lui donnai Isaac. A Isaac je donnai Jacob et Esaü; à Esaü je donnai le mont Séïr en partage, mais Jacob, et ses fils descendirent en Egypte. Puis j'envoyai Moïse et Aaron, et je frappai l'Egypte par les prodiges que je fis au milieu d'elle, et après je vous en fis sortir, vous et vos pères. Vous vîntes à la mer, et les Egyptiens poursuivaient vos pères avec leurs chars et leurs cavaliers jusqu'à la mer de Souph. Mais vos pères crièrent à Jéhova, et il plaça les ténèbres entre vous et les Egyptiens, et il amena sur eux la mer et les ensevelit. Vos yeux ont vu tout ce que j'ai fait en Egypte; vous avez ensuite habité dans le désert bien des jours, et je vous introduisis dans la terre des Amorrhéens, qui habitaient au delà du Jourdain. Ils ont combattu contre vous, et je les ai livrés entre vos mains, et vous avez possédé leur terre, et je les ai exterminés de devant votre face. Balac, fils de Séphor, roi de Moab, se leva et combattit contre Israël, et il envoya, et il appela Balaam, fils de Béor, pour vous maudire. Mais je ne voulus point écouter Balaam, et il vous bénit à plusieurs reprises, et je vous délivrai de sa main. Vous avez passé le Jourdain, et vous êtes venus vers Jéricho. Et les maîtres de Jéricho ont combattu contre vous, ainsi que les Amorrhéens, les Phérézéens, les Chananéens, les Héthéens, les Gergéséens, les Hévéens et les Jébuséens, et je les ai livrés en vos mains. J'ai envoyé devant vous des frelons contre vos ennemis, et je les ai chassés de leur pays : j'ai chassé deux rois des Amorrhéens, et ce n'a été ni par votre épée ni par votre arc. Et je vous ai donné une terre dans laquelle vous n'avez point travaillé, des villes pour y habiter que vous n'avez point bâties, et vous mangez des vignes et des oliviers que vous n'avez point plantés. Maintenant donc, craignez Jéhova, et servez-le dans la perfection et la vérité, et ôtez les dieux qu'ont servis vos pères au delà du fleuve et en Egypte, et servez Jéhova. Que si de servir Jéhova est un mal à vos yeux, choisissez aujourd'hui qui vous voulez servir, ou les dieux qu'ont servis vos pères au delà du fleuve, ou les dieux des Amorrhéens dont vous habitez la terre. Pour moi et ma maison, nous servirons Jéhova. »

Le peuple répondit à Josué : « Loin de nous que nous abandonnions Jéhova pour servir des dieux postérieurs. Car c'est Jéhova notre Dieu qui nous a tirés, nous et nos pères, de la terre d'Egypte, de la maison de servitude; c'est lui qui a fait devant nos yeux ces grands prodiges, lui qui nous a gardés en toutes les voies où nous avons marché et parmi tous les peuples au milieu desquels nous avons passé. C'est Jéhova qui a chassé toutes les nations et les Amorrhéens, habitants de la terre dans laquelle nous sommes entrés. Nous servirons donc Jéhova, parce que c'est lui notre Dieu. »

Josué dit au peuple : Vous ne pourrez servir Jéhova; car c'est un Dieu saint, un Dieu fort et jaloux, et il ne pardonnera point vos crimes ni vos péchés. Lorsque vous abandonnerez Jéhova et que vous servirez les dieux de l'étranger, il se tournera contre vous et il vous affligera, et il vous consumera après vous avoir comblés de biens. »

« Il n'en sera pas ainsi, répliqua le peuple, mais nous servirons Jéhova. » Josué reprit : « Vous-mêmes êtes témoins contre vous-mêmes, que vous avez choisi Jéhova pour le servir. — Nous sommes témoins, dirent-ils. — Otez donc, conclut Josué, ôtez donc maintenant du milieu de vous les dieux de l'étranger, et inclinez vos cœurs à Jéhova, le Dieu d'Israël. »
Le peuple répondit : « C'est Jéhova, notre Dieu que nous servirons, et nous obéirons à sa voix. »

Josué fit donc alliance, en ce jour-là, avec le peuple, et lui proposa les préceptes et les ordonnances, en Sichem. Il écrivit aussi toutes ces paroles dans le livre de la loi de Dieu, et il prit une très-grande pierre et il la plaça sous le chêne qui était dans le sanctuaire de l'Eternel, c'est-à-dire dans le sanctuaire passager qu'on avait dressé sous ce chêne pour y placer l'arche au jour de cette assemblée solennelle. Et il dit à tout le peuple : « Voilà que cette pierre nous sera un témoignage qu'elle a entendu toutes les paroles que l'Eternel vous a dites; elle sera en témoignage contre vous, de peur que vous ne vouliez le nier et mentir à votre Dieu. » Après quoi il renvoya le peuple, chacun dans son héritage (Josué, 24).

Il est dit : *Et Josué écrivit toutes ces paroles dans le livre de la loi de Dieu.* C'est le livre de Moïse, qui, soit dans l'Ancien Testament, soit dans le Nouveau, apparaît toujours comme un seul livre, bien que, depuis, pour en rendre l'étude plus facile, on l'ait distingué en cinq, avec des chapitres et des versets. Les paroles que Josué y ajouta forment ce qu'on appelle maintenant le *livre de Josué.* Ces deux livres n'en faisaient d'abord qu'un, comme l'action qu'ils décrivent n'est qu'une : la délivrance de la postérité de Jacob, son introduction en la terre de Chanaan, promise d'une part et exécutée de l'autre. Ce que Josué a écrit commence naturellement au dernier, peut-être même à l'avant-dernier chapitre du Deutéronome, où est racontée la mort de Moïse, et finit à l'endroit où nous sommes. Quand il l'écrivit, Rahab de Jéricho vivait encore, car voici comme il en parle : « Josué sauva la vie à Rahab la courtisane, à la maison de son père et à tout ce qui était à elle; et elle a habité au milieu d'Israël jusqu'à ce jour, parce qu'elle avait caché les hommes qu'il avait envoyés pour explorer la ville de Jéricho (Josué, 6, 25). »

On voit, par le texte original, que ces mots, *et elle a habité au milieu d'Israël jusqu'à ce jour*, se rapportent directement à Rahab et non point à *maison*, qui, dans l'hébreu, est du genre masculin, tandis que le verbe y est au féminin.

Et après cela, Josué, fils de Nun, serviteur de Jéhova, mourut âgé de cent dix ans. Et on l'enterra dans son héritage, à Thamnath-Saré, qui est situé sur la montagne d'Ephraïm, vers la partie septentrionale du mont Gaas. Ainsi que déjà nous l'avons remarqué, le lieu de la sépulture de ce grand homme est nommé, au livre des Juges, *Thamnath-Harès, ressemblance du soleil*. D'après une tradition de la Synagogue, il y avait un soleil sur le monument de Josué, pour indiquer aux générations futures que c'était le tombeau de celui qui put arrêter le cours de cet astre. Chez les anciens, on mettait toujours sur le tombeau ce qui distinguait la vie du défunt. La version des Septante ajoute : « Ils déposèrent là avec lui, dans le monument où ils l'ensevelirent, les couteaux de pierre dont il s'était servi pour circoncire les enfants d'Israël à Galgal, après qu'il les y eut amenés de l'Egypte, selon l'ordre que le Seigneur lui en donna, et ils y sont encore jusqu'à ce jour (*Ibid.*, 24, 30, selon les Septante). »

On ensevelit aussi les ossements de Joseph, que les fils d'Israël avaient apportés de l'Egypte en Sichem, dans la partie du champ que Jacob avait achetée des fils d'Hémor, père de Sichem, en échange de cent jeunes brebis, et qui fut depuis en héritage aux fils de Joseph.

Eléazar, fils d'Aaron, mourut aussi, et on l'ensevelit à Gabath, ville de Phinées, son fils, qui lui avait été donnée en la montagne d'Ephraïm (Josué, 24, 29-33).

L'Esprit-Saint a fait lui-même l'éloge de Josué par la bouche du fils de Sirac.

« Jésus, fils de Navé, a été vaillant dans la guerre; il a succédé à Moïse dans l'esprit de prophétie, et il a été grand selon son nom, très-grand pour sauver les élus de Dieu, pour renverser les ennemis qui s'élevaient de tous côtés et pour conquérir son héritage à Israël. Quelle gloire n'a-t-il pas acquise lorsqu'il éleva ses mains et qu'il lança des javelots contre les cités? Quel autre avant lui a paru ainsi? Car le Seigneur amena lui-même ses ennemis à ses pieds. Au signe de sa main, le soleil ne s'est-il pas arrêté, et un jour n'est-il pas devenu comme deux? Il invoqua le tout-puissant Très-Haut lorsque ses ennemis l'attaquaient de toutes parts, et le grand Dieu l'écouta et fit tomber sur ses ennemis une grêle de pierres énormes. Il s'élança contre les armées ennemies et les extermina à la descente, afin que les nations reconnussent que ses armes étaient invincibles et que sa guerre était devant le Seigneur; car il suivait le Tout-Puissant. Et dans les jours de Moïse, il fit une action de miséricorde et de piété, lui et Caleb, fils de Jéphoné, de demeurer ferme à la vue de l'ennemi, de détourner le peuple du péché et d'apaiser le murmure de la malice. Aussi furent-ils réservés eux deux des six cent mille combattants, pour introduire le peuple de Dieu dans son héritage, dans une terre où coulent le lait et le miel. Le Seigneur donna la force à Caleb, et sa vigueur lui fut conservée jusque dans sa vieillesse, et il monta dans un lieu élevé de la terre promise, et sa race la conserva en héritage, afin que tous les enfants d'Israël connussent qu'il est bon de suivre le Seigneur (Eccli., 46, 1-12, principalement d'après le grec). »

Une gloire particulière du Josué ou Jésus d'Israël, c'est d'avoir été une figure glorieuse du Jésus ou Josué de l'humanité entière. Moïse, cet homme de tant de merveilles, de tant de travaux, meurt à la vue de la terre promise, où il ne lui est pas donné d'entrer. Josué seul y entre, et y entre en vainqueur. La loi de Moïse, si bonne, si merveilleuse qu'elle soit, ne conduira rien à la perfection : elle est l'ombre, la préparation d'une loi meilleure et plus parfaite qui doit lui succéder, comme Josué succède à Moïse. Chose étonnante! si Moïse n'entre pas dans la terre désirée où il conduit le peuple, c'est en punition de son peu de foi dans une occasion solennelle. L'Ecriture ne fait aucun reproche à Josué. Toujours elle nous le montre comme un modèle accompli, digne en tout de figurer dans ses victoires Celui qui est la perfection même.

« C'était, dit Bossuet, c'était pour introduire le peuple d'Israël dans cette terre *coulante de miel et de lait* (Num., 13, 28), tant de fois promise à leurs pères, que Moïse l'avait tiré de l'Egypte et lui avait fait passer la mer Rouge. Mais, ô merveille de la divine sagesse! aucun de ceux qui s'étaient mis en marche sous Moïse pour arriver à cette terre, n'y entra, excepté deux (*Ibid.*, 14, 22 et 23). Moïse même ne la salua que de loin, et Dieu lui dit : *Tu l'as vue de tes yeux, et tu n'y entreras pas; et Moïse mourut à l'instant par le commandement du Seigneur* (Deut., 34, 4 et 5). Afin qu'on entre dans la terre promise, il faut que Moïse expire et que la loi soit enterrée avec lui dans un *sépulcre inconnu aux hommes*, afin qu'on n'y retourne jamais et que jamais on ne se soumette à ses ordonnances. L'ancien peuple, qui a passé la mer Rouge et qui a vécu sous la loi, n'entre pas dans la céleste patrie : la loi est trop faible pour y introduire les hommes. »

« Ce n'est point Moïse, c'est Josué, ou *Jésus* (car ces deux noms n'en sont qu'un) qui doit entrer dans la terre et y assigner l'héritage au peuple de Dieu (*Ibid.*, 9; Josué, 1, 2-8). Qu'avait Josué de si excellent pour introduire le peuple à cette terre bénite, plutôt que Moïse? Ce n'était que son disciple, son serviteur, son inférieur en toutes manières : il n'a pour lui que le nom de *Jésus*, et c'est en la figure de *Jésus* qu'il nous introduit dans la patrie. Entrons donc, puisque nous avons Jésus à notre tête; entrons, à la faveur de son nom, dans la bienheureuse terre des vivants. *Je vais*, dit-il, *vous préparer le lieu* (Joan., 14-2) : j'assignerai à chacun le partage qui lui aura été destiné : *Il y a plusieurs demeures dans la maison de mon père*. Jésus, notre *avant-coureur, est entré pour nous* (Hebr., 9, 24), et l'entrée est ouverte par son sang. *Dépêchons-nous donc d'entrer dans ce repos éternel* (Ibid., 4, 11); dépêchons-nous, n'ayons rien de lent. *La voie qui nous est ouverte*, dit saint Augustin, *ne souffre point de gens qui reculent, ne souffre point de gens qui se détournent, ne souffre point de gens qui s'arrêtent*; et si l'on n'avance toujours dans un si raide sentier, sans faire de continuels efforts, on retombe de son propre poids (*Elévations sur les mystères*, 9ᵉ sem., 10ᵉ élév.). »

LIVRE DIXIÈME.

Les Juges. — Institution de la royauté.

(De 1424 à 1095 avant l'ère chrétienne.)

Nous avons vu jusqu'ici les patriarches du genre humain et du peuple choisi : Adam, sorti pur des mains de Dieu, renfermant en lui tous les hommes, déchu par la ruse du serpent, mais recevant, pour lui et pour toute sa postérité, la promesse du Rédempteur ; Abel, figure du Rédempteur promis, pasteur et prêtre, mis à mort par son frère, puis comme ressuscité en Seth et ses religieux descendants ; Hénoch, rappelant à Dieu ses contemporains, leur prédisant le jugement futur, transporté enfin, comme témoin du monde primitif, pour revenir dans les derniers temps prêcher la dernière pénitence, annoncer le dernier jugement aux derniers hommes qui seront ; Noé, second père du genre humain, qu'il sauve dans son arche, pour lequel il offre un sacrifice et obtient les bénédictions et l'alliance du ciel ; Sem, ancêtre béni de celui qui est béni dans tous les siècles ; Melchisédech, prêtre du Très-Haut, figure prophétique du prêtre éternel, véritable roi de justice et de paix ; Abraham, tige bénie de celui en qui seront bénies toutes les nations de la terre ; Isaac, qui le représente dans son sacrifice ; Jacob, qui annonce qu'il naîtra de Juda ; Joseph, qui le figure dans son abaissement et dans sa gloire ; Job, qui le retrace dans ses souffrances ; Moïse, dans ses prodiges, ses travaux pour établir une loi nouvelle et former un peuple nouveau ; Aaron, dans son sacerdoce ; Josué ou Jésus, dans son nom même, et en ce que seul il introduit le peuple dans la terre promise.

Maintenant nous allons voir chez lui ce peuple dépositaire des promesses divines ; nous l'allons voir contemporain de tous les peuples : des Egyptiens, des Phéniciens, des Assyriens, des Mèdes, des Perses, des Grecs, des Romains, comme il l'est aujourd'hui des Russes, des Turcs, des Allemands, des Français, se mêlant à tous et ne se confondant avec aucun. Nous trouverons en lui, se prolongeant sans interruption du premier homme à nous, et de nous au premier homme, la chaîne vivante de l'histoire humaine, à laquelle viendront s'enlacer, comme autant de fils, toutes les histoires particulières de peuples, pour former ensemble qu'un immense tissu, où, comme dans un tableau hiéroglyphique, chacun pourra lire, avec l'histoire de l'humanité entière, son histoire à lui-même.

Combien de fois le chrétien s'étonne qu'un peuple issu des patriarches, délivré de la servitude par une suite de prodiges, nourri de la manne du désert, instruit de la loi par Moïse, introduit dans son héritage par Josué, soit encore aussi imparfait, retombe aussi souvent dans les mêmes fautes ! Et ce chrétien ne pense pas que c'est là sa propre histoire. Né de Dieu par le baptême, délivré de la servitude de l'enfer, nourri de la vraie manne du ciel, éclairé des lumières de l'Evangile, introduit par le vrai Jésus dans la vraie terre de promission, prévenu de bien plus de faveurs que l'ancien peuple, il se voit cependant toujours imparfait, toujours retombant dans les mêmes négligences. A la vérité, il est dans la grâce de Dieu, dans la terre promise ; il domine sur les passions ennemies ; mais tout n'est pas fait : ces passions, soumises et non détruites, peuvent reprendre le dessus ; certains défauts, certaines imperfections peuvent dégénérer en vices, même après les plus grandes victoires ; si le chrétien n'est pas continuellement sur ses gardes, il sera harcelé, attaqué, vaincu, séduit et replongé en servitude. Dieu le permet pour nous apprendre à veiller sans cesse, comme en pays ennemi ; à prier sans cesse, comme n'ayant en nous que faiblesse, et de force qu'en lui seul.

Autant en était-il du peuple d'Israël. Il avait surmonté les plus grandes difficultés, achevé le terrible voyage du désert et vaincu les nations chananéennes. Cependant tout n'était pas fait : ces nations abattues, mais non détruites, pouvaient se relever, harceler et vaincre les vainqueurs. La séduction pouvait suppléer la force. Dieu le permit pour éprouver son peuple, l'empêcher de tomber dans l'apathie, et le tenir toujours en haleine.

Avec cela, les enfants de Jacob vivaient sous le gouvernement le plus glorieux et le plus doux. Leur unique maître et roi était le Dieu du ciel et de la terre. C'est lui qui leur avait donné toutes leurs lois; c'est lui qui les leur interprétait au besoin par son pontife. C'est en son nom que les magistrats naturels, les pères de famille, les anciens des cités et des bourgades, les princes des tribus les exécutaient. C'est devant lui que la nation entière se rassemblait, trois fois par an, pour se réjouir au souvenir de ses bienfaits. Sa loi sainte était-elle observée fidèlement? La nation, dès lors invincible, vivait tranquille et heureuse au milieu de tous ses ennemis; chacun se reposait avec assurance sous son figuier et sous sa vigne. Cette loi était-elle grièvement violée? La nation subissait le châtiment; quelque peuple voisin la fatiguait par des incursions hostiles, ou même la rendait tributaire. La nation reconnaissait-elle sa faute, rendait-elle à son roi et à son Dieu la gloire qui lui est due? Aussitôt il lui envoyait un sauveur pour la délivrer. Dans ce divin gouvernement, tout dépendait de la vertu et de la piété : la prospérité et la paix en étaient la récompense; les calamités et la guerre, une correction paternelle pour y ramener des enfants coupables. Du reste, nul homme qui dominât sur les autres : les personnages extraordinaires, connus sous le nom de *juges*, après avoir délivré le peuple et en lui rendant la justice, vivaient comme auparavant dans l'héritage de leurs ancêtres, sans lever jamais ni tribut ni soldat pour se donner l'éclat de la puissance. Leurs descendants demeuraient confondus avec le reste de la nation.

Tel était le gouvernement que Dieu avait donné à la nation choisie, et qu'il eût voulu qu'elle gardât toujours. Certes, il ne se peut plus de liberté, plus d'égalité, et en même temps plus de dignité véritable.

Ce gouvernement fut en plein exercice à la mort de Josué. La nation, représentée par les chefs des tribus et les chefs des familles, s'assembla près du tabernacle de l'Éternel, à Silo. Il s'agissait d'achever la conquête du pays et d'en expulser complètement ce qu'il y avait encore de Chananéens et autres idolâtres. A l'occident méridional étaient les cinq satrapies, ou petits états des Philistins; qui n'étaient pas à la vérité de la race de Chanaan; mais qui, établis sur les ruines d'une partie des Hévéens, leur avaient succédé dans l'idolâtrie et dans l'anathème. Au nord, vers les montagnes du Liban, à la source du Jourdain et dans les hauteurs d'Hermon, jusqu'à l'entrée d'Émath, restaient encore une assez grande quantité de Chananéens, de Sidoniens et d'Hévéens, que Josué n'avait point attaqués; et qui, couverts dans leurs montagnes, se croyaient inaccessibles aux enfants d'Israël. Dans les tribus de Juda, d'Éphraïm, de Manassé, de Siméon, d'Aser, de Nephthali, de Benjamin et de Dan, les idolâtres étaient encore en possession de plus d'une place; leur impiété était d'un dangereux exemple.

On ne délibéra point si on exterminerait ce reste des nations proscrites; on se rappelait encore trop bien l'ordre formel que Dieu en avait donné; ainsi que la défense de conclure avec eux ni paix ni trêve. Mais Dieu avait annoncé en même temps qu'il ne détruirait ces nations que peu à peu et à mesure que les Israélites se multiplieraient, afin que la terre ne restât pas déserte faute d'habitants; afin que les Israélites eussent toujours lieu de se former à la guerre, et aussi pour éprouver leur fidélité. On en conclut qu'il ne fallait pas que la nation entière entreprît une guerre générale pour exterminer à la fois tous les ennemis; mais que chaque tribu, l'une après l'autre, devait le faire en particulier pour son territoire.

Restait une question : quelle tribu commencerait cette guerre de détail. On interrogea l'Éternel par le grand-prêtre Phinéès, en ces termes (1) : « Qui de nous marchera le premier contre le Chananéen pour lui faire la guerre? » L'Éternel répondit : « Ce sera Juda; voici que j'ai livré la terre à sa main. » Alors Juda dit à Siméon, son frère de père et de mère : « Monte avec moi dans la terre de mon partage, et combattons ensemble contre le Chananéen; j'irai ensuite en ton partage avec toi. » L'héritage de Siméon était d'ailleurs enfermé dans celui de Juda. Siméon alla donc avec lui. Ils attaquèrent les Chananéens et les Phérézéens, qui s'étaient réunis contre eux à Bézec, et en tuèrent dix mille. Adonibézec, c'est-à-dire le seigneur ou roi de Bézec, prit la fuite, fut atteint, et les vainqueurs lui coupèrent les pouces des mains et des pieds. Adonibézec dit alors : « Soixante-dix rois, ayant les pouces des pieds et des mains coupés, mangeaient sous ma table les restes de ce qu'on me servait. Comme j'ai fait, ainsi Dieu m'a rendu. » On voit, par les divers textes, qu'il entendait le vrai Dieu.

Le nombre de soixante-dix rois nous étonne. C'est qu'alors chaque ville, quelque petite qu'elle fût, avait son roi, c'est-à-dire son souverain indépendant de ses voisins. Tel était encore, cinq ou six siècles plus tard, l'état de l'ancienne Grèce et de l'Asie Mineure, comme on le voit dans les poëmes d'Homère. La mutilation des pouces se retrouve encore ailleurs. Les anciens les coupaient à leurs ennemis pour les rendre incapables de manier les armes. Les Athéniens traitèrent de la sorte tous les habitants de l'île d'Égine qui tombaient en leur pouvoir (2). D'anciens auteurs nous apprennent qu'il se trouvait en Italie des hommes assez lâches pour se faire sauter eux-mêmes le pouce, afin d'être dispensés du service militaire (3). L'Écriture sainte ne mentionne cette mutilation qu'une seule fois: les Israélites l'infligèrent à Adonibézec, sans doute parce qu'il était connu pour l'avoir fait souffrir à d'autres.

De Bézec, les enfants de Juda marchèrent sur Jérusalem, où leur royal prisonnier mourut; ils attaquèrent la ville, la prirent, la passèrent au fil de l'épée et la livrèrent au feu. Descendant de là, ils combattirent contre le Chananéen qui habitait dans les montagnes, et vers le midi, et dans la plaine (Judic., 1, 1-9). C'est dans une de ces expéditions, à ce qu'il paraît, que le valeureux compagnon de Josué, Caleb, fit les exploits dont nous avons précédemment parlé.

On accomplit encore dans cette guerre la promesse

(1) Josèphe, *Ant.*, l. 5, c. 1.
(2) Elien., l. 2, c. 9; Cicer., *de offic.*, l. 3, c. 11.
(3) Valer. Max., l. 6, c. 3; Amm. Marcel., l. 15, a. 12. Des savants pensent même que de là est venu le mot *poltron*, diminutif de *pollice truncatus*.

LIVRE X. — LES JUGES, INSTITUTION DE LA ROYAUTÉ.

qui avait été faite aux Cinéens, c'est-à-dire aux descendants d'Hobab, fils de Jéthro, beau-père de Moïse. Nous avons vu que le saint législateur avait engagé son beau-frère à le suivre dans le désert et à s'attacher au peuple de Dieu. Hobab l'avait fait, et sa postérité, depuis près de soixante ans, s'était beaucoup accrue parmi les Hébreux. On lui avait promis de lui laisser le choix du canton où il voudrait demeurer, et de lui donner la meilleure part aux dépouilles. Les descendants d'Hobab s'étaient d'abord établis aux environs de Jéricho, ou de la ville des palmiers, et ils s'y étaient bien trouvés durant la vie de Josué; mais, lorsqu'ils virent les enfants de Juda et de Siméon déclarer la guerre aux Chananéens de leur partage, ils se joignirent à l'armée pour demander une habitation dans la partie la plus méridionale, appelée *les déserts de Juda* (Judic., 1, 16).

Pour les satisfaire, on se porta vers l'extrémité de la terre promise, où l'on acheva de détruire ce qu'il y restait encore de Chananéens. Les Cinéens s'y établirent vers le midi d'Arad, à l'entrée du désert, non loin du puits d'Agar, et ils y habitèrent avec les enfants de Juda et de Siméon. Dans la suite, s'étant beaucoup multipliés, ils descendirent encore plus au midi, dans le désert de Sur, vers les terres des Amalécites, avec lesquels ils se trouvèrent confondus, lorsque Dieu, quelques siècles plus tard, ordonna la ruine totale de cette infidèle nation. Nous verrons comment Israël les tira du danger, en reconnaissance des services qu'il en avait reçus autrefois.

On demandera peut-être pourquoi les Cinéens quittèrent la contrée délicieuse de Jéricho pour des déserts: Il se peut qu'étant une tribu pastorale ou nomade, les déserts leur convinssent mieux qu'un pays plus habité et plus fertile. Il se peut aussi que dès lors ils inclinassent à cette espèce de vie monastique que le prophète Jérémie a si fort louée dans les Réchabites, leurs descendants (Jérém., 35). Quoi qu'il en soit, l'exemple de ce peuple fait voir comment les autres nations proscrites auraient pu prévenir les calamités dont elles étaient menacées depuis le temps d'Abraham. Car, dans le nombre des peuples que Dieu promit à ce patriarche de livrer à sa postérité, les Cinéens sont nommés avec les Héthéens, les Phérézéens, les Amorrhéens et les autres descendants de Chanaan (Gen., 15, 19, 20 et 21). Mais parce qu'ils s'attachent au culte du vrai Dieu, parce qu'ils exercent la miséricorde envers son peuple, non-seulement ils ne sont pas exterminés, mais ils sont assimilés à la postérité du patriarche, ils ont à choisir ce qu'il y a de plus excellent dans la terre promise : Dieu lui-même les louera et les bénira par la bouche de son prophète, et les proposera pour modèle aux enfants d'Abraham, d'Isaac et de Jacob.

Après avoir établi les Cinéens à l'extrémité méridionale, les deux tribus remontèrent du côté de l'occident, où était le pays des Philistins. Avec le secours de l'Eternel, qui était avec lui, Juda s'empara généralement des montagnes, en particulier des célèbres villes de Gaza, d'Ascalon et d'Accaron avec leurs confins; mais il ne put dompter les habitants de la plaine, défendus par des chariots armés de faux. Dieu dispensait le courage et la victoire de telle sorte que tout ne fût pas fini en une seule fois, mais que son peuple eût toujours à faire, toujours à craindre. Nous verrons ces Philistins lui servir plus d'une fois de verge pour châtier son peuple devenu infidèle.

Quant à la tribu de Benjamin, il ne paraît pas qu'elle eût beaucoup d'idolâtres dans son partage; car on ne lit pas qu'elle ait fait aucune expédition. Il est seulement dit qu'elle n'expulsa point les Jébuséens de Jérusalem, ce que l'on entend de ceux qui étaient dans la citadelle. En sorte, dit l'Ecriture, que les Jébuséens demeurèrent à Jérusalem avec les enfants de Benjamin, comme ils y sont encore aujourd'hui (Judic., 1, 21). Ces derniers mots démontrent clairement que le *livre des Juges* a été écrit avant que David eût emporté, sur les Jébuséens, la partie haute de Jérusalem, la forteresse de Sion, nommée dès lors *la cité de David*.

La maison de Joseph où les deux tribus d'Ephraïm et de Manassé, marchèrent contre Béthel; et l'Eternel fut avec eux. Pendant qu'ils en faisaient le siège, les gardes avancés virent un homme qui en sortait, et l'ayant pris, ils lui dirent : « Montre-nous, de grâce, l'entrée de la ville, et nous le ferons miséricorde. » Cet homme la leur ayant montrée, ils passèrent toute la ville au fil de l'épée, et conservèrent cet homme avec toute sa maison. Lui s'en alla au pays de Hettim, hors de la terre de Chanaan, et y bâtit une ville qu'il nomma *Luza*, pour conserver le souvenir de sa patrie (Judic., 1, 22-26); car Luza était l'ancien nom de Béthel. Ce dernier, qui signifie *maison de Dieu*, lui avait été donné par Jacob en mémoire de ce que Dieu lui était apparu là. Béthel, ville frontière entre Ephraïm et Benjamin, appartenait proprement à cette dernière tribu; mais il paraît que, se trouvant à l'aise dans le reste de son partage, elle la céda aux enfants de Joseph, qui s'étaient plaints à Josué d'être trop à l'étroit, à cause de leur grand nombre. Peut-être aussi que cette conquête n'eut lieu qu'après la terrible catastrophe qui faillit anéantir la tribu de Benjamin tout entière. Voici comme la chose arriva.

Un lévite, qui habitait sur le penchant de la montagne d'Ephraïm, avait pris pour femme du second rang une jeune personne de Bethléhem, qui est en Juda. Cette femme ou concubine, étant un jour de mauvaise humeur, le quitta, et, retournée à Bethléhem, en la maison de son père, elle demeura chez lui pendant quatre mois. Alors son mari se mit en route et alla après lui parler au cœur et la ramener. Il avait avec lui un serviteur et deux ânes. Sa femme le reçut bien et l'introduisit dans la maison de son père. Le père de la jeune personne l'ayant aperçu, vint à sa rencontre avec joie. Sur les instances de son beau-père, le père de la jeune femme, il demeura avec lui pendant trois jours. Ils mangèrent, ils burent et ils passèrent la nuit là. Le quatrième jour, le lévite, se levant de grand matin, voulut se mettre en route; mais le père de la jeune femme dit à son gendre : « Fortifie ton cœur par une bouchée de pain, et après vous partirez. » Ils s'assirent donc et mangèrent tous deux ensemble, et ils burent. Et le père de la jeune femme dit à l'homme : « De grâce, reste ici la nuit et livre ton cœur à la joie. » Cependant l'homme s'était levé pour s'en aller; mais son beau-père lui fit des instances si pressantes, qu'il revint sur ses pas et y passa la nuit. Le lendemain, cinquième jour, il se leva de grand matin pour se mettre en route; mais le père de la jeune femme lui dit de nouveau : « Je t'en prie, fortifie ton cœur auparavant. » Et il l'amusa ainsi jusqu'au déclin du jour, mangeant tous deux ensemble. Enfin, le jeune homme se leva pour s'en aller, lui, sa concubine et son serviteur. Son beau-père, le père de la jeune femme, lui dit alors : « Voilà, mon cher, que le jour décline vers le soir; de grâce, reste ici la nuit et livre ton cœur à la joie : demain vous irez de bonne heure votre chemin, et tu retourneras en ton tabernacle. Mais le jeune homme ne voulut pas y rester la nuit davantage; il se leva donc, s'en alla, et vint jusque vis-à-vis de Jébus ou Jérusalem, conduisant avec lui ses deux ânes chargés et sa femme. Déjà ils étaient près de Jébus, et le jour avait déjà baissé considérablement, lorsque le serviteur dit à son maître : « Entrons, je vous prie, dans la ville des Jébuséens, et passons-y la nuit. » Son maître lui répondit : « Nous n'entrerons point dans une ville étrangère où il n'y a point d'enfants d'Israël; passons jusqu'à Gabaa. » Il ajouta : « Va toujours; quand nous approcherons de quelque autre lieu, nous y passerons la nuit, soit à Gabaa, soit à Rama (Judic., 19, 1-13). »

Lorsque Jérusalem est ici nommée *ville étrangère où il n'y avait point d'Israélites*, il faut l'entendre de la ville haute, qui ne fut prise que par David; ou bien ceci a pu avoir lieu avant que la tribu de Juda eût détruit la ville basse.

Nos voyageurs passèrent donc outre et s'en allèrent plus loin. Le soleil se couchait sur eux lorsqu'ils furent près de Gabaa, qui est dans la tribu de Benjamin. Ils se tournèrent de ce côté afin d'y entrer et d'y passer la nuit. Y étant arrivés, ils s'assirent sur la place de la ville; mais il n'y avait personne qui voulût les recevoir et les loger chez soi. Cependant voilà qu'un vieillard revint de son travail dans les champs, au soir : et cet homme était de la montagne d'Ephraïm, demeurant lui-même comme étranger à Gabaa, car les habitants du lieu étaient des enfants de Jemini ou Benjamin. Ce vieillard, levant les yeux, aperçut le voyageur dans la place de la ville, et lui dit : « Où allez-vous et d'où venez-vous? » L'autre lui répondit : « Nous passons de Bethléhem de Juda à la montagne d'Ephraïm, d'où je suis, j'étais allé à Bethléhem de Juda, et maintenant je retourne à la maison de l'Eternel, à Silo; et il n'y a personne qui veuille nous recevoir en sa maison. Cependant nous avons de la paille et du foin pour les ânes, avec du pain et du vin pour moi, pour votre servante et pour le garçon qui est avec vos serviteurs; il ne nous manque rien, si ce n'est un logement. » Le vieillard répliqua : « La paix soit avec vous : je me charge de tout ce qu'il vous faut; seulement, ne passez pas la nuit sur la place. » Et il les introduisit dans sa maison, et il donna à manger aux ânes. Pour ses hôtes, ils lavèrent leurs pieds, et puis ils mangèrent et ils burent. Mais pendant qu'ils étaient à récréer leur cœur, des hommes de la ville, des hommes enfants de Bélial, entourèrent la maison, et, frappant à la porte, ils dirent au maître du logis, au vieillard : « Fais sortir cet homme qui est entré chez toi, afin que nous le connaissions. » Il leur répondit : « Gardez-vous, mes frères, gardez-vous, je vous en conjure, de faire un si grand mal, après que cet homme est entré dans ma maison; ne commettez point une pareille infamie. » Puis, dans le trouble où l'avait jeté cette horrible proposition, il ajouta, comme autrefois Lot : « J'ai une fille vierge, et cet homme a sa concubine; je vous les amènerai; humiliez-les et faites-leur ce qui sera bon à vos yeux; mais ne faites point à cet homme cette infamie-là. » Les gens ne voulurent pas l'écouter. Dans cette extrémité, le jeune homme, pour sauver au moins la fille de son hôte, prit sa concubine et la leur amena dehors. Ils la connurent, s'en jouèrent toute la nuit jusqu'au matin, et ne la laissèrent qu'au lever de l'aurore. Vers le matin, la femme vint tomber à la porte de la maison où était son seigneur, et elle y resta étendue jusqu'au jour. Son seigneur s'étant levé au matin, ouvrit les portes de la maison et sortit pour continuer sa route. Mais voilà sa femme couchée à l'entrée de la maison, les mains étendues sur le seuil de la porte. Il lui dit : « Lève-toi et allons-nous-en. » Mais personne ne répondit. Alors il la prit sur son âne, se mit en route et retourna en son lieu. Arrivé chez lui, il prit un couteau, saisit sa concubine, la coupa avec ses os en douze parts, et l'envoya dans toutes les contrées d'Israël.

A cette vue, chacun s'écria : « Jamais il ne s'est fait, jamais il ne s'est vu rien de semblable depuis le jour que les enfants d'Israël sortirent de l'Egypte jusqu'au jourd'hui. Consultez-vous là-dessus, dites votre avis, parlez (Judic., 19, 14-30). »

Et tous les enfants d'Israël se mirent en campagne, et l'assemblée nationale se réunit comme un seul homme, depuis Dan jusqu'à Bersabée et la terre de Galaad, devant l'Eternel, à Maspha. Il y avait plusieurs lieux de ce nom. Celui-ci n'était pas loin de Silo, où se trouvaient alors le tabernacle et l'arche d'alliance, et où aboutissait naturellement une assemblée aussi nombreuse. Là donc se rendirent tous les chefs du peuple et toutes les tribus qui composaient l'assemblée du peuple de Dieu : quatre cent mille hommes de pied, tirant le glaive. Dans le désert, on en comptait six cent mille. C'est qu'alors tous les hommes étaient disponibles; au lieu que maintenant il fallait qu'il en restât dans toutes les provinces, et pour cultiver les champs, et pour défendre le pays contre les incursions du dehors.

Les enfants de Benjamin apprirent cependant que les enfants d'Israël étaient montés à Maspha. Y étant arrivés, ceux-ci dirent : « Parlez, comment a été commis ce crime? » Le lévite, mari de la femme qui avait été tuée, répondit : « J'entrai à Gabaa, qui est de la tribu de Benjamin, moi et ma femme secondaire, pour y passer la nuit. Les hommes de Gabaa s'élevèrent contre moi; dans cette vue, ils environnèrent durant la nuit la maison où j'étais, ils voulaient me tuer, ils ont humilié ma femme et elle est morte. Je la pris, je la coupai en morceaux et je l'envoyai dans tous les confins de l'héritage des enfants d'Israël; car ils ont commis un crime et une abomination inouïe dans Israël. Vous voilà tous, ô enfants d'Israël! voyez ce que vous avez à faire. »

Et tout le peuple se leva comme un seul homme, en s'écriant : « Nul d'entre nous n'ira dans sa tente, nul d'entre nous ne retournera dans sa maison; mais voici ce que nous ferons contre Gabaa. Procédons contre elle par le sort, et prenons, d'entre toutes les tribus d'Israël, dix hommes sur cent, cent sur mille et mille sur dix mille, afin qu'ils portent des vivres à l'arméo, et que nous puissions faire la guerre contre Gabaa de Benjamin, et lui rendre selon toute l'abomination qu'elle a commise. » Ainsi tout Israël s'assembla contre cette ville, comme un seul homme, tous n'ayant qu'un même esprit et qu'une résolution (Judic., 20, 1-10).

Cependant, avant de commencer la guerre, les tribus d'Israël envoyèrent des ambassadeurs vers toute la tribu de Benjamin, pour leur dire : « Quelle est cette abomination qui s'est commise parmi vous? Maintenant donc, livrez-nous ces hommes, enfants de Bélial, qui sont à Gabaa, et nous les mettrons à mort, et nous bannirons le mal d'Israël. » Mais les enfants de Benjamin ne voulurent point écouter la voix de leurs frères, les enfants d'Israël ; au contraire, ils se réunirent de toutes leurs villes à Gabaa, pour la secourir et pour combattre contre les enfants d'Israël. Et il se trouva vingt-cinq mille Benjamites tirant le glaive, outre les habitants de Gabaa, qui étaient sept cents hommes très-vaillants. De tout ce peuple, il y avait sept cents hommes d'élite, combattant de la main gauche comme de la droite, et habiles à lancer des pierres avec la fronde, jusqu'à frapper un cheveu sans faute.

Les hommes d'Israël, sans compter ceux de Benjamin, étaient de quatre cent mille, tirant le glaive et tous bien aguerris. Ils se levèrent et montèrent à la maison de Dieu, qui était à Silo, pour consulter Dieu par le grand-prêtre, non pas s'ils devaient commencer la guerre ni par où, mais qui de nous marchera le premier pour commencer la guerre contre les enfants de Benjamin ? L'Eternel répondit : « Que Juda commence. » Là-dessus, sans lui demander le succès de leurs armes, rassurés sans doute par leur grand nombre, ils marchèrent dès le matin contre Gabaa et l'assiégèrent. Mais les Benjamites, étant sortis de la ville, leur tuèrent en ce jour vingt-deux mille hommes. Malgré cet échec, les enfants d'Israël, se confiant sur leurs forces et leur multitude, se mirent encore le lendemain en bataille dans le même lieu où ils avaient combattu. Toutefois, auparavant, ils allèrent pleurer jusqu'à la nuit devant l'Eternel et ils le consultèrent, disant : « Continuerai-je encore à combattre les enfants de Benjamin, mon frère ? » L'Eternel répondit : « Marchez contre lui. » Ceux d'Israël, sans en demander davantage, se présentèrent encore le lendemain pour combattre ceux de Benjamin. Mais ces derniers, étant sortis avec impétuosité des portes de Gabaa, et les ayant rencontrés, leur tuèrent encore dix-huit mille hommes.

Après cela, convaincus enfin que la victoire ne dépend pas du grand nombre, mais du Dieu des armées, tous les enfants d'Israël, tout le peuple en corps se rendit à Béthel, ou à la maison de Dieu, et, étant assis, ils pleuraient devant l'Eternel ; ils jeûnèrent ce jour-là jusqu'au soir, et ils offrirent en présence de l'Eternel des holocaustes et des hosties pacifiques. Ils interrogèrent Jéhova. En ce temps, l'arche de l'alliance de Dieu était en ce lieu-là, et Phinées, fils d'Eléazar, fils d'Aaron, était debout devant elle. Les enfants d'Israël interrogèrent donc Jéhova en ces termes : « Continuerai-je de combattre les enfants de Benjamin, mon frère, ou bien demeurerai-je en paix? » Et Jéhova dit : « Montez, car demain je les livrerai entre vos mains (Judic., 20, 11-28). »

L'assurance divine de la victoire ne les empêcha point d'y employer les moyens humains qu'ils avaient négligés précédemment. Ils partagèrent leur armée en trois corps. Un premier devait se cacher derrière la ville, pour la surprendre durant le combat et la livrer aux flammes ; un second, de dix mille hommes, avait ordre de présenter la bataille, de faire ensuite semblant de fuir, et de se retirer par deux routes, afin de diviser les Benjamites et de les attirer loin des murs ; un troisième, formant le gros de l'armée, se tenait en embuscade le long des deux chemins, pour accabler les Benjamites triomphants. Les dix mille hommes provoquèrent donc les guerriers renfermés dans Gabaa ; ceux-ci, fiers de leurs succès précédents, sortirent comme de coutume, attaquèrent les assaillants avec vigueur, leur tuèrent environ trente hommes et les poursuivirent par les deux chemins. Là, le combat devint terrible. La ville avait été prise et livrée aux flammes ; on en voyait s'élever des colonnes de fumée. A ce signal, les dix mille hommes firent volte-face, les autres sortirent de leurs embuscades, les Benjamites, accablés, y périrent au nombre de plus de vingt-cinq mille ; il n'y en eut que six cents qui se sauvèrent dans le désert sur le rocher de Remnon. L'armée exaspérée des vainqueurs ravagea le pays, brûla les villes de Benjamin et frappa du glaive tout ce qui avait vie (Judic., 20, 29-48).

Mais bientôt, quoique trop tard pour la malheureuse tribu, suivit le regret sur le terrible abus de la victoire. Les enfants d'Israël étant revenus à Silo, la vue du saint tabernacle réveilla en eux d'autres sentiments. En signe de tristesse, ils s'assirent en la présence de Dieu jusqu'au soir, élevèrent la voix et pleurèrent à grands cris. « Pourquoi, disaient-ils, pourquoi, ô Jéhova, Dieu d'Israël, un si grand malheur est-il arrivé à votre peuple, qu'aujourd'hui une des tribus ait été retranchée du milieu de nous ? Eux-mêmes pouvaient se répondre : « C'est par notre faute. » Dieu leur avait promis la victoire, mais il ne leur avait pas commandé d'en user comme ils avaient fait. Ce qui augmentait leur peine, c'est que dans l'assemblée, à Maspha, ils avaient juré que nul d'entre eux ne donnerait sa fille en mariage à un Benjamite.

Le lendemain, s'étant levés avec le jour, ils élevèrent un autel, y offrirent des holocaustes et des victimes pacifiques. La vue du culte commun à toutes les tribus renouvela la douleur commune. Emus de pitié sur Benjamin, leur frère, les enfants d'Israël recommencèrent à dire : « Hélas ! une des tribus a été retranchée d'Israël ! que ferons-nous pour procurer des femmes à ceux qui restent ? car nous avons juré par l'Eternel que nous ne leur donnerions pas nos filles. » Alors ils se rappelèrent un autre serment qu'ils avaient fait, de punir de mort quiconque ne se serait pas rendu à l'assemblée générale, devant l'Eternel, à Maspha. Ayant fait la revue, ils trouvèrent que la ville de Jabès-Galaad, au delà du Jourdain, n'avait envoyé personne. Ils résolurent donc d'exterminer cette commune, à l'exception des filles, exécutèrent la résolution et en ramenèrent à Silo quatre cents vierges. Ils envoyèrent aux six cents fugitifs qui se tenaient encore cachés au rocher de Remnon, leur accordèrent la paix, et, pour gage de cette paix, les filles de Jabès. Cependant il en restait encore deux cents qui n'avaient point de femmes. Alors les anciens d'Israël tinrent conseil : « Que ferons-nous pour procurer des femmes à ceux qui restent ? nous ne pouvons leur donner nos filles, car les enfants d'Israël ont dit avec serment : *Maudit qui donnera une femme à Benjamin.* » Voici le parti qu'ils prirent. Une fête solennelle devait sous peu se célébrer à Silo. Ils conseillèrent donc aux Benjamites qui n'avaient eu aucune des filles de Jabès : « Allez, cachez-vous dans les vignes ; et, lorsque vous verrez les filles de Silo venir pour danser en chœur, sortez des vignes, et que chacun en prenne une pour sa femme, et retournez dans la terre de Benjamin. Et lorsque leurs pères et leurs frères viendront se plaindre à nous, nous leur dirons : Faites-nous grâce pour eux, parce que nous n'avons pas pris une femme pour chacun dans la guerre de Jabès. Vous n'avez pas manqué à votre serment, car ce n'est pas vous qui les leur avez données ; mais vous feriez mal de ne leur pardonner pas. » Les Benjamites suivirent ce conseil, retournèrent avec les femmes dans leur héritage, et rebâtirent leurs villes. Les enfants d'Israël retournèrent également chez eux, chacun dans sa tribu, dans sa famille et dans son héritage (Judic., 21, 1-24).

Horreur spontanée du crime, zèle ardent de la justice, profond sentiment de religion ; avec cela, présomption dans ses propres forces, abus de la victoire, retour à l'humanité par le culte de Dieu, regret pour ceux qu'il a vaincus, respect extrême pour le serment, effort pour réparer le mal qu'il a fait en outrant le bien : voilà ce qu'on découvre alors en Israël. Sans doute, tout n'y est point parfait, tout n'y est point à imiter ; cependant l'ensemble est honorable, surtout quand on le compare aux nations idolâtres, chez qui le crime, puni en Israël par le fer et par le feu, était adoré dans les temples, justifié, loué dans les écoles des philosophes.

Cette leçon terrible dut faire et fit en effet une salutaire impression sur tous les esprits. Jamais Israël, dans la suite des siècles, n'eut rien de semblable à punir. Dans la réalité, quoi de plus propre à détourner de la moindre faute que cet enchaînement de suites funestes qu'entraîne ici une première faute ? Une femme prend de l'humeur contre son mari et se retire chez son père. Son mari va la rechercher et la ramène avec soi. Elle est outragée dans le chemin par quelques brutaux, et elle meurt de désespoir. Tout Israël prend les armes pour venger ce crime. La tribu de Benjamin, au lieu de livrer les criminels pour être punis, s'intéresse à les défendre. Quarante mille hommes des onze tribus d'Israël sont taillés en pièces en deux différents combats, bien qu'ils combattent pour une cause si juste. La tribu de Benjamin est bientôt après presque détruite. Toute la ville de Jabès-Galaad est passée au fil de l'épée, à l'exception des seules filles, pour n'avoir pas accompagné l'armée d'Israël. On fait enfin un enlèvement de plusieurs autres filles pour réparer les mauvaises suites d'un serment précipité.

Ah ! si une première faute est ainsi capable de renverser et les villes et les royaumes, quel ravage ne peut-elle pas causer dans l'intérieur d'une âme !

Heureux les enfants d'Israël, si, après avoir poussé la sévérité de la justice plus loin que Dieu ne le demandait à l'égard de leurs frères, ils l'eussent portée toujours envers les Chananéens idolâtres aussi loin que Dieu le leur commandait expressément. Mais il est difficile à l'homme de ne faire que ce que Dieu veut ; presque toujours il est en deçà ou au delà. Dieu avait défendu de faire avec les Chananéens ni paix ni trêve ; il fallait les expulser à mesure qu'on en aurait la force. Nous avons vu les tribus de Juda et de Siméon fidèles à cet ordre ; mais, dans la suite, les autres s'en relâchèrent. Ainsi, Manassé n'expulsa point les habitants de Bethsan, depuis Sycthopolis, de Thanac, de Dor, de Jeblaam et de Maggeddo avec leurs dépendances ; ni Ephraïm les Chananéens de Gazer ; ni Zabulon ceux de Cétron et de Naalol ; ni Aser ceux d'Accho, de Sidon, d'Ahalab, d'Achazib, d'Aphec et de Rohob ; ni Nephthali ceux de Bethsamès et de Béthanath. Chananéens et Israélites commencèrent à demeurer ensemble : ceux-ci, devenant plus forts, se contentaient de rendre ceux-là tributaires (Judic., 1, 27-33).

Alors il vint de Galgala, où les enfants d'Israël avaient renouvelé autrefois leur alliance avec Dieu, il vint l'ange de Jéhova, le même peut-être qui autrefois y avait apparu à Josué, il vint alors au lieu des Pleurs et il dit : « Je vous ai tirés de l'Égypte ; je vous ai conduits dans la terre que j'avais juré de donner à vos pères, et je vous ai promis de ne jamais rompre l'alliance que j'avais faite avec vous, mais à condition que vous ne feriez point d'alliance avec les habitants de cette terre, et que vous renverseriez leurs autels ; et cependant vous n'avez point écouté ma voix. Pourquoi avez-vous fait ainsi ? C'est pourquoi j'ai dit : *Je ne vous expulserai point de devant vous ; et ils vous seront comme des épines, et leurs dieux vous seront comme un piège.* » Et pendant que l'ange de Jéhova disait ces paroles à tous les enfants d'Israël, ils élevèrent la voix et pleurèrent. Et ils appelèrent le nom de ce lieu, *les Pleurs* ; et ils y immolèrent des victimes à Jéhova (Judic., 2, 1-5).

Ce nom de *Pleurs* ou de *Pleurants*, donné par les enfants d'Israël au lieu de leur assemblée où l'ange de Jéhova leur reprocha leurs fautes, nous paraît une marque touchante de leur repentir. Un peuple qui sait parler ce langage peut bien faillir, mais il est encore digne d'être perverti dans son ensemble.

Cependant une dévotion mal entendue pourra introduire des abus superstitieux dans quelques familles. L'Écriture nous en présente un exemple dont l'époque est incertaine, mais qui a pu arriver vers ce temps. Nous nous appliquerons à rendre fidèlement l'hébreu, afin qu'on puisse mieux juger l'intention des personnages.

Il y avait un homme de la montagne d'Ephraïm, son nom était *Michas*. Un jour il dit à sa mère : « Les onze cents pièces d'argent qu'on vous avait prises et au sujet desquelles vous avez fait tant d'imprécations en ma présence, cet argent, le voilà ; c'est moi qui l'avais pris. » Sa mère lui répondit : « Béni sois-tu, mon fils, de Jéhova ! » Il rendit donc les onze cents pièces d'argent à sa mère. Et sa mère dit : « J'ai

LIVRE X. — LES JUGES, INSTITUTION DE LA ROYAUTÉ.

voué et consacré cet argent à Jéhova, afin que mon fils le reçoive de ma main pour en faire un ouvrage de sculpture et un de fonte; et c'est pour cela que je vous le donne maintenant. Après donc qu'il eut rendu l'argent à sa mère, elle en prit deux cents pièces d'argent qu'elle donna à un ouvrier; celui-ci en fit un ouvrage de sculpture et un de fonte, et cela fut mis dans la maison de Michas. Et Michas eut une maison de Dieu, et il fit un *éphod* et des *théraphims*, et il consacra la main d'un de ses fils et l'établit son prêtre. Or, en ce temps-là, il n'y avait point de roi en Israël; chacun faisait ce qui était bon à ses yeux (Judic., 17, 1-6).

D'après ces paroles, voici quel nous paraît être le sens le plus naturel de ce récit. Une mère de famille consacre à l'Eternel onze cents pièces ou sicles d'argent, qui font environ 1,617 francs de notre monnaie; et cela pour établir dans la maison de son fils un oratoire, un lieu de prières, une maison de Dieu, qui fût comme une image de la maison de Dieu, du tabernacle qui était à Silo. De là *l'éphod* ou vêtement sacerdotal des prêtres d'Aaron. Les *théraphims*, dont on ignore la signification propre, pouvaient être une imitation du pectoral du grand-prêtre, qui servait à consulter Dieu. Les ouvrages de sculpture et de fonte désignent peut-être un autel portatif, des chandeliers et autres ustensiles dont on se servait dans cette chapelle, à l'imitation de ce qui se passait dans le tabernacle. Ce qui nous paraît toujours bien certain, c'est que cette femme n'avait aucune intention d'offenser le vrai Dieu, puisque c'est à lui qu'elle consacre son offrande.

Quand on pense que pour tout Israël, il n'y avait qu'un temple portatif ou tabernacle; que les hommes ne le voyaient au dehors que trois fois par an, les femmes plus rarement encore; et qu'à l'exception des prêtres, nul n'en connaissait l'intérieur que par la description qu'en fait l'Ecriture, on conçoit fort bien qu'il dût naître à plus d'une âme pieuse le désir d'avoir devant ses yeux, et chez soi, une représentation de ce divin sanctuaire. Cet usage pouvait dégénérer en abus; mais il est dans la nature des choses. Plus la piété est fervente, plus elle désire un temple, un Dieu présent à elle. Aussi ce désir est-il pleinement satisfait dans la plénitude de la loi ou dans le christianisme. Le vrai Dieu a des temples par toute la terre; il en a, chez les nations chrétiennes, dans chaque bourgade, dans chaque village. Et, dans tous ces temples, il est réellement présent : chaque jour lui-même s'y offre pour nous; chaque jour il s'y donne lui-même à nous, et nous pouvons y devenir ses temples vivants. Après cela, il n'y a plus que le ciel. Ah! si le désir immodéré, intempestif de quelqu'un des biens dont nous possédons la plénitude, a égaré quelquefois nos frères de la loi ancienne, ne les jugeons pas sans miséricorde.

Michas établit prêtre de cet oratoire domestique un ou le premier de ses fils. C'était un souvenir de ce qui se faisait au temps des patriarches, où le premier-né était le prêtre de la famille. Sans doute, Michas avait tort, puisque Dieu avait transporté exclusivement à une tribu, et transformé en cléricature et en sacerdoce publics, la cléricature et le sacerdoce domestiques d'Israël. Toutefois il était bien loin de contester le sacerdoce privilégié de Lévi. Nous en allons voir la preuve.

Il y avait un jeune homme de Bethléhem-Juda, d'une famille de Juda par sa mère. Lui était lévite, et il séjournait là. Un jour il en partit pour aller séjourner partout où il trouverait son avantage. Il vint en la montagne d'Ephraïm, à la maison de Michas, pour de là continuer sa route. Michas lui dit : D'où venez-vous ? Le lévite répondit : Je suis de Bethléhem-Juda, et je cherche à m'établir où je trouverai. Michas reprit : Demeurez chez moi, vous me tiendrez lieu de père et de prêtre; je vous donnerai chaque année dix pièces d'argent, deux habits et ce qui est nécessaire pour la vie. Le lévite y consentit, et il demeura chez lui, où il fut comme l'un de ses enfants. Michas lui remplit la main, c'est-à-dire il l'installa; et le jeune homme lui fut à prêtre, et il était en la maison de Michas. Et Michas dit : Maintenant je sais que Jéhova me fera du bien, puisque j'ai un lévite pour prêtre (Judic., 17, 7-13).

Ces dernières paroles nous font voir que Michas, en tout ceci, croyait plaire à l'Eternel, au vrai Dieu, et mériter ses bonnes grâces. Son intention était louable, mais les moyens n'étaient pas tous selon la science et selon la loi. Tout cela pouvait arriver d'autant plus facilement alors, que, comme l'Ecriture le remarque pour la seconde fois dans cette histoire, il n'y avait point de roi en Israël, c'est-à-dire point de juge, point de chef qui exerçât une autorité assez grande pour réprimer jusqu'aux superstitions des particuliers; mais chacun faisait ce qui lui semblait bon.

A cette époque, la tribu de Dan n'avait pas encore pris possession de tout son héritage; elle était toujours resserrée dans les montagnes par les Amorrhéens qui occupaient la plaine; elle pensait donc à chercher d'autres terres pour la partie de sa population qui n'en avait pas. Dans cette vue, elle envoya de Saraa et d'Esthaol, cinq hommes des plus vaillants de leur race et de leur famille, pour reconnaître le pays et l'examiner. S'étant mis en chemin, ils vinrent à la montagne d'Ephraïm et entrèrent chez Michas, où ils passèrent la nuit. Ayant reconnu à son langage que le jeune lévite n'était pas de l'endroit, ils lui dirent : « Qui vous a amené ici? qu'y faites-vous? et pourquoi avez-vous voulu y venir? » Il leur répondit : « Michas a fait pour moi telle et telle chose, et il m'a donné un salaire, et je lui suis devenu à prêtre. » Ils le prièrent donc de consulter Dieu pour savoir si leur voyage serait heureux et si leur entreprise réussirait. Et ce prêtre leur dit : « Allez en paix : la voie dans laquelle vous marchez est devant Jéhova (Judic., 18, 1-6). »

Encore ici, c'est Jéhova, l'Eternel, le vrai Dieu que l'on entend consulter. Nous verrons plus d'une fois, dans l'Ecriture, l'usage de consulter Dieu par l'éphod ou le vêtement sacerdotal (1. Reg., 23 et 30). Aussi le prophète dit-il, pour peindre la dernière désolation des Juifs : *Les enfants d'Israël seront assis bien des jours sans roi, sans prince, sans autel, sans sacrifice, sans éphod et sans théraphim*, prophétie dont les Septante traduisent les derniers mots, *sans sacerdoce et sans manifestations* (Osée, 3, 4). Saint Jérôme observe, sur ce passage, qu'on y peut entendre par théraphim, soit les chérubins et les séraphins, soit d'autres ornements du temple; ou bien, suivant la version des Septante, le rational du grand-prêtre, par où Dieu manifestait les choses cachées

(Hieron., *in Ose.*, 3). Il peut se faire que les théraphims du lévite, que le même Père cite à cette occasion, fussent quelque chose de semblable.

Quoi qu'il en soit, les cinq hommes vinrent à Laïs, autrement Lesem, vers les sources du Jourdain. Et ils trouvèrent le peuple de cette ville, comme les Sidoniens ont coutume de l'être, sans aucune crainte, en paix et en assurance, nul ne le troublant, très-riche, éloigné de Sidon et n'ayant aucun commerce avec aucun autre homme. De retour vers leurs frères, à Saraa et à Esthaol, lorsqu'ils leur demandèrent ce qu'ils avaient fait, ils leur répondirent : « Levez-vous et montons vers ce peuple, car nous avons vu une terre très-riche et très-fertile. Ne négligez rien, ne perdez point de temps. Allons et possédons cette terre : nous nous en emparerons sans peine. Nous entrerons chez ce peuple en une pleine assurance, dans une contrée fort étendue, et Dieu nous donnera ce lieu où il ne manque rien de tout ce qui croît sur la terre. » Six cents hommes armés partirent donc de la tribu de Dan, c'est-à-dire de Saraa et d'Esthaol, et, montant, ils vinrent à Cariathiarim, de la tribu de Juda ; et ce lieu, depuis ce temps, s'appelle *le Camp de Dan*, et il est derrière Cariathiarim. De là ils vinrent en la montagne d'Ephraïm jusque vers la maison de Michas. Alors les cinq hommes qui avaient été envoyés auparavant pour reconnaître la terre de Laïs, dirent à leurs frères : « Savez-vous bien qu'en ces maisons-là il y a un éphod, des théraphims, un ouvrage de sculpture et de fonte ? Voyez ce qu'il vous plaît de faire. » Eux, s'étant un peu détournés, entrèrent dans la maison du jeune homme qui était dans la maison de Michas, et le saluèrent avec des paroles de paix, tandis que les six cents hommes demeuraient à la porte sous les armes. Ceux qui étaient entrés dans la maison prirent la sculpture, l'éphod, les théraphims et l'ouvrage de fonte. Le prêtre qui se tenait à la porte leur dit : « Que faites-vous là ? » Ils lui répondirent : « Tais-toi et mets ton doigt sur ta bouche ; viens avec nous et tu nous tiendras lieu de père et de prêtre. Lequel t'est le plus avantageux, ou d'être prêtre dans la maison d'un particulier, ou d'être dans une tribu et dans une famille d'Israël ? » Le prêtre y consentit et prit l'éphod, les théraphims avec la sculpture, et entra au milieu de ce peuple. Eux reprirent leur marche, faisant aller devant eux leurs petits enfants, leurs bestiaux et ce qu'ils avaient de plus précieux.

Ils étaient déjà loin, lorsque les gens qui habitaient dans la maison de Michas se mirent à crier et à poursuivre les enfants de Dan. Ceux-ci s'étant retournés, dirent à Michas : « Qu'avez-vous pour crier de la sorte ? » Il répondit : « Mes dieux (ou mon dieu) (1) que j'ai fait, vous l'avez pris, ainsi que le prêtre, et vous vous en êtes allés ; que me reste-t-il encore ? Et avec cela vous me dites : Qu'avez-vous ? » Les enfants de Dan lui répliquèrent : « Prenez garde à ne pas nous parler davantage, de peur que des hommes transportés de colère ne viennent sur vous et ne vous fassent périr avec toute votre maison. » Ils continuèrent ainsi leur chemin, et Michas, voyant qu'ils étaient plus forts que lui, s'en retourna en sa maison (Jud., 18, 7-27).

Ce que Michas appelle ses *élohim*, qu'il dit avoir

(1) La version arabe, la chaldaïque et les Septante mettent le singulier. L'hébreu *Elohaï* peut donner aussi le même sens.

fait faire et qu'il redemande à grands cris, c'est évidemment et uniquement ce qu'on venait de lui prendre ; savoir, l'éphod, les théraphims, les ouvrages de sculpture et de fonte que sa mère avait fait faire en l'honneur de Jéhova, par lesquels les cinq hommes avaient consulté Jéhova sur le succès de leur voyage ; en un mot, son oratoire ou tabernacle domestique. Et comme, dans le langage de l'Écriture, paraître devant élohim ou devant Dieu, et paraître devant le tabernacle ou devant l'arche, se prennent l'un pour l'autre, on voit comment Michas a pu appeler son *élohim* ou ses élohim, le tabernacle ou oratoire que réellement il avait fait faire. Il y a même un endroit dans la version des Septante où le mot hébreu d'*élohim* est rendu par celui de *tabernacles* ou de *tentes* (2. Reg., 7-23). En hébreu, *vélohav* ; en grec Καὶ σκηνώματα. De plus, si dans cette chapelle il y avait des représentations de chérubins, le nom de *dieux* et d'*élohim* pouvait encore leur être donné ; car où le grec et le latin disent : *Adorez-le tous, vous, ses anges ; je le louerai en présence des anges*, il y a dans l'hébreu : *Adorez-le tous, vous, les dieux ; je le louerai en présence des dieux* (1). Finalement, il ne nous paraît pas du tout certain que la conduite de Michas fût une idolâtrie formelle. Il nous semble très-fort que sa faute a été, non pas d'avoir eu des idoles proprement dites ou des représentations de fausses divinités, mais d'avoir imité, dans son oratoire, le culte rendu à Dieu dans son tabernacle, de s'être cru par là dispensé, et d'avoir détourné ses voisins d'adorer à Silo. En effet, il n'est pas aisé de concevoir comment la mère de Michas aurait pu consacrer à l'Éternel, à Jéhova, ses onze cents pièces d'argent pour en faire des idoles, et comment Michas et les Danites se seraient flattés, comme ils le faisaient, d'une protection spéciale de l'Éternel, parce qu'ils avaient avec eux des idoles (2).

Les enfants de Dan prirent donc ce que Michas avait fait, ainsi que le prêtre qui avait été à lui, et ils vinrent à Laïs, chez un peuple en assurance et dans un plein repos, et ils frappèrent du tranchant du glaive tout ce qui se trouva dans la ville ; ils y mirent le feu et la brûlèrent. Et nul ne leur porta du secours, parce qu'ils demeuraient loin de Sidon et qu'ils n'avaient aucune société ni aucun commerce avec qui que ce fût. Or, la ville était située au pays de Rohob ; et, l'ayant rebâtie, ils y demeurèrent. Ils l'appelèrent *Dan*, du nom de leur père, qui était fils d'Israël ; elle se nommait d'abord *Laïs*, et deviendra plus tard *Césarée de Philippe*. Ils y placèrent la sculpture avec ce qui l'accompagnait, et ils eurent pour prêtre un certain Jonathan, fils de Gersom et petit-fils de Manassé, suivant l'hébreu et les Septante. C'était probablement le nom du lévite. Cette fonction passa à ses fils, jusqu'au jour où ils furent emmenés hors du pays. Ils eurent ainsi au milieu d'eux la sculpture que Michas avait faite, pendant tout le temps que la maison de Dieu fut à Silo, c'est-à-dire jusqu'au temps du grand-prêtre Héli, que l'arche d'alliance, prise par les Philistins,

(1) Psaume 96, v. 7, suivant la Vulgate : *Adorate eum omnes angeli ejus* ; psaume 97, v. 7, suivant l'hébreu : *Hischtahhavou lo col élohim* ; psaume 137, 1, suivant la Vulgate : *In conspectu angelorum psallam tibi* ; psaume 138, 1, suivant l'hébreu : *Néged elohim azamreca*.

(2) Guénée, *Lettres de quelques Juifs*, t. I.

renvoyée bientôt après, fut placée à Cariathiarim, sans plus retourner à Silo, sa première demeure (Jud., 19, 27-31).

Quoiqu'on puisse fort bien douter qu'il y ait eu dans tout ceci idolâtrie formelle, adoration de ce qui n'est pas Dieu, on ne peut douter cependant qu'il n'y ait eu quelque chose de condamnable, une dévotion mal réglée, un commencement de superstition qui pouvait facilement dégénérer en pire. On ne peut que blâmer ce lévite mercenaire qui, au lieu de réprimer ce désordre, l'autorise par son ministère et par son exemple. Enfin tout cela laisse prévoir des choses encore plus fâcheuses pour l'avenir.

Les enfants d'Israël servirent l'Eternel durant tous les jours de Josué et durant tous les jours des anciens qui vécurent longtemps après lui et avaient vu toutes les œuvres que l'Eternel avait faites en faveur d'Israël. Mais après que toute cette génération fut réunie à ses pères, il s'en éleva d'autres qui ne connaissaient point l'Eternel ni les œuvres qu'il avait faites en faveur de son peuple (1), c'est-à-dire qui ne connaissaient plus, comme leurs ancêtres, l'Eternel et ses merveilles, de cette science qui produit la piété, l'amour, le culte; car pour la connaissance purement historique, elle ne se perdit jamais. L'expression de l'Ecriture en cet endroit peut servir à en expliquer d'autres semblables.

Alors les enfants d'Israël faisaient le mal sous les yeux de Jéhova, et ils servaient les Baalim ou les faux dieux. Ils abandonnaient Jéhova, le Dieu de leurs pères, qui les avait tirés de l'Egypte, et ils suivaient des dieux étrangers d'entre les dieux des peuples qui habitaient autour d'eux. Ils les adoraient et ils irritaient la colère de l'Eternel, car ils l'abandonnaient de temps en temps et servaient Baal et Astaroth (Judic., 2, 11-13), le soleil et la lune ou leurs images, qu'on représentait d'abord sous des formes diverses, comme d'une pierre ou d'une colonne, et plus tard sous une forme humaine. Baalim, au pluriel, signifie en général des faux dieux. Le nom de *Baal*, au singulier, le même que *Bel* ou *seigneur*, désignait aussi bien que *Moloch* ou *roi*, le dieu souverain, originairement le dieu du soleil ou son image. Baal, ou le soleil, était adoré sur les hauteurs; on lui immolait des victimes humaines. On adorait Astarté, ou la lune, dans des bocages où se commettaient toutes sortes d'impuretés.

Lors donc qu'Israël s'abandonnait ainsi au culte des idoles et aux crimes qui en faisaient suite, l'Eternel le livrait en proie aux peuples d'alentour, qui l'affligeaient et l'accablaient de toute sorte de maux. Reconnaissait-il sa faute, implorait-il sa miséricorde? Dieu lui suscitait des libérateurs sous le nom de *juges* (Ibid., 2, 14-18).

Les anciens, comme l'a bien observé un auteur grec, disaient *juger* pour *gouverner* (Κρίνειν τὸ ἄρχειν ελεγον οἱ παλαιοί. Artémidore, *Traité des songes*, 2, 14). Les Tyriens, après la destruction de l'ancienne Tyr, établirent dans la nouvelle des *juges* au lieu de rois, comme on le voit dans Josèphe (*Cont. Appion.*, 1, 21). Suivant que nous l'apprennent les historiens latins, les Carthaginois, colonie

de Tyr, appelaient *suffètes* les chefs de leur république. C'est le même nom qu'en hébreu *souphet*, dont le pluriel est *souphetim*. Pour le peuple d'Israël, ces juges étaient des magistrats extraordinaires et à peu près ce que furent plus tard, pour les Romains, les dictateurs. Leur principale mission était de se mettre à la tête du peuple pour l'arracher à l'oppression de l'étranger. Leur succession n'avait rien de régulier. Le plus souvent c'est Dieu qui les donne à son peuple; d'autres fois c'est le peuple lui-même qui les choisit : puis arrivent des intervalles où il n'y en a point. Quelquefois aussi ce choix n'était fait que par une partie des Israélites, et celui qui était élu n'avait autorité que sur ceux qui s'étaient soumis à son gouvernement. Autant en était-il de ceux que Dieu suscitait extraordinairement : leur pouvoir ne s'étendait pas toujours sur tout Israël. Comme les servitudes et l'oppression ne se faisaient quelquefois sentir que sur une partie du pays, les libérateurs n'exerçaient alors leur empire que sur ceux qu'ils avaient délivrés. De là il a pu arriver même qu'il y en eût deux en même temps dans des contrées différentes, comme en deçà et au delà du Jourdain. Du reste, leur pouvoir ne s'étendait point jusqu'à établir de nouvelles lois ou à imposer de nouvelles charges au peuple; les lois et les volontés de Dieu, qui leur étaient déclarées par l'oracle du grand-prêtre, devaient être la règle de leur gouvernement. Ils étaient les protecteurs des lois, les défenseurs de la religion, les vengeurs des crimes et des désordres, surtout de l'idolâtrie, dont ils devaient empêcher la naissance et arrêter les progrès. Aussi le gouvernement de ces juges était-il sans comparaison plus doux que ne fut depuis celui des rois d'Israël. Ils étaient, pour la plupart, des hommes éminents en piété, puisque c'est d'eux en partie que parle saint Paul, quand il dit *qu'ils ont par la foi vaincu les royaumes, accompli la justice et reçu l'effet des promesses* (1); et que le fils de Sirac a dit d'eux en général : « Que leur cœur ne fut point perverti; qu'ils ne se détournèrent point du Seigneur, et qu'ils méritèrent que leur mémoire fût en bénédiction, que leurs os refleurissent dans leurs sépulcres, que leur nom demeurât éternellement et qu'il passât à leurs enfants avec la gloire qui est due aux saints (Eccli., 46, 15). »

Après la mort d'un juge, le peuple retombait presque toujours dans les mêmes prévarications, quelquefois même dans de plus grandes. Alors Dieu le châtiait de nouveau, l'abandonnait de nouveau à la puissance des étrangers, jusqu'à ce qu'il rentrât en lui-même et, faisant pénitence, méritât un nouveau libérateur (Judic., 2, 19). Cette conduite de Dieu à l'égard de son peuple était si connue des nations circonvoisines, que quand Holopherne vint avec toute l'armée d'Assyrie pour le subjuguer, Achior, chef des Ammonites, lui dit en plein conseil : « Toutes les fois que ce peuple a adoré un autre dieu que le sien, il a été abandonné au pillage, au glaive et à l'opprobre, mais toutes les fois qu'il s'est repenti de s'être écarté du culte de son Dieu, le Dieu du ciel lui a donné la force pour se défendre. Maintenant donc informez-vous s'il a commis quelque faute contre son Dieu; dans ce cas, marchons à lui, car son

---

(1) Jud., 2, 7-10. « Servieruntque Domino cunctis diebus ejus (Josue), et seniorum qui longo post eum vixerunt tempore, et noverant omnia opera Domini quæ fecerat cum Israel. — Omnisque illa generatio congregata est ad patres suos, et surrexerunt alii qui non noverant Dominum et opera quæ fecerat cum Israel. »

(1) Heb., 11, 33 : « *Qui per fidem vicerunt regna, operati sunt justitiam, adepti sunt repromissiones.* »

Dieu vous le livrera, et il sera assujéti à votre puissance. Mais si ce peuple n'a point offensé son Dieu, nous ne pourrons lui résister; son Dieu prendra sa défense, et nous deviendrons l'opprobre de toute la terre (Jud., 5). »

Le premier juge fut Othoniel, de la tribu de Juda. Après la mort des anciens qui avaient vécu avec Josué, les enfants d'Israël se mêlèrent aux peuples de Chanaan, épousèrent leurs filles, donnèrent leurs filles en mariage à leurs fils et finirent par adorer leurs dieux. Ils oublièrent Jéhova et servirent les Baalim et les Astaroth. Alors l'Eternel retira d'eux sa main et les livra sous le joug de Cusan Rasathaïm, roi de Mésopotamie, sous lequel ils gémirent huit ans. Quand ils eurent crié vers l'Eternel, il leur envoya pour sauveur Othoniel, neveu et gendre de Caleb, qui rétablit la liberté de son peuple. Car l'esprit de Jéhova était en lui. Et la terre se reposa durant quarante ans (Jud., 3, 1-11).

Le second fut Aod, de la tribu de Benjamin. Les enfants d'Israël ayant de nouveau fait le mal, l'Eternel fortifia contre eux Eglon, roi de Moab. Et, ayant pris avec lui les enfants d'Ammon et d'Amalec, il s'avança, frappa Israël et se rendit maître de la ville des palmes, c'est-à-dire Jéricho ou bien Engaddi, entre Jéricho et la mer Morte, qui est également appelée ailleurs la ville des palmiers (2. Par., 20, 2). Jéricho même pouvait être rebâtie, quant à un certain nombre de maisons; mais pour ce qui, dans le langage de l'Ecriture, forme proprement la ville, savoir les murs, ils ne seront relevés que sous Achab, où nous verrons s'accomplir la malédiction de Josué (3. Reg., 16).

Les enfants d'Israël servirent Eglon, roi de Moab, pendant dix-huit ans. Après cela ils crièrent vers l'Eternel; et l'Eternel leur suscita un sauveur nommé Aod, fils de Géra, fils de Jémini ou de la tribu de Benjamin, qui se servait de la main gauche comme de la droite. Les enfants d'Israël envoyèrent par lui des présents à Eglon, roi de Moab. Aod fit un glaive à deux tranchants, de la longueur d'une coudée, et il le mit sous son habit et au côté droit. Or, Eglon était très-gros. Lors donc qu'Aod lui eut offert les présents, il renvoya le peuple qui les avait apportés. Lui, étant retourné de Pésilim, lieu dont le nom signifie, idoles, et qui était près de Galgala, il dit au roi : « J'ai une parole de secret pour vous, ô roi ! » Et le roi dit : « Silence ! » Et tous ceux qui étaient auprès de sa personne se retirèrent. Aod s'approcha donc du roi qui était seul, assis dans une chambre haute de rafraîchissement, et lui dit : « J'ai une parole de Dieu pour vous. » Aussitôt le roi se leva de son trône, et Aod étendit la main gauche et prit le glaive qu'il avait à son côté droit, le lui enfonça avec tant de force dans le ventre, que la poignée y entra tout entière avec la lame. Il ne le retira point; mais, étant sorti par le vestibule, il ferma les portes de la salle haute, les lia et partit. Cependant les serviteurs étant venus, trouvèrent la porte fermée, et ils dirent : « Sans doute qu'il couvre ses pieds, satisfait quelque besoin dans le cabinet de la chambre. » Ils attendirent longtemps et jusqu'à s'ennuyer. Voya enfin que personne n'ouvrait, ils prirent la clé et ouvrirent. Et voilà que leur maître était étendu par terre et mort.

Tandis qu'ils étaient dans le trouble, Aod s'enfuit, et ayant franchi Pésilim, d'où il était revenu, il arriva à Séirath. Aussitôt il sonna la trompette sur la montagne d'Ephraïm, et les enfants d'Israël descendirent, Aod marchant à leur tête. Et il leur dit : « Suivez-moi, car l'Eternel a livré en nos mains les Moabites, nos ennemis. » Les Israélites descendirent avec lui, occupèrent les gués du Jourdain par où l'on va en Moab, et ne laissèrent passer aucun des Moabites. Ils en tuèrent environ dix mille, hommes gras et tous hommes vaillants, et pas un d'eux n'échappa. Et Moab fut humilié en ce jour-là sous la main d'Israël, et la terre se reposa durant quatre-vingts ans (Jud., 3, 5-30).

Des hommes du dernier siècle, autrement du XVIIIe, qui se nommaient eux-mêmes *philosophes*, ont dit et répété qu'Aod fut coupable d'un régicide, d'une trahison noire; que c'est une très-mauvais exemple à proposer à tout peuple mécontent de son souverain; qu'il a été la cause de plusieurs crimes de même espèce.

Mais ces mêmes hommes nous enseignent « qu'un conquérant n'acquiert aucune souveraineté sur une nation vaincue que par le consentement de celle-ci; que, jusqu'à ce qu'elle l'ait reconnu librement pour son roi, tout acte d'autorité qu'il exerce est une violence et une usurpation; qu'elle a droit de s'en rédimer par la force quand elle pourra (1). » Qu'ils nous montrent donc le traité par lequel les Israélites avaient librement reconnu Eglon pour leur roi. Il ne fut, par rapport à eux, qu'un oppresseur étranger qui, sans avoir reçu aucune offense ni souffert aucun dommage de la part d'un peuple libre, indépendant, qui était établi dans son voisinage, s'était jeté sur ses terres, avait mis garnison dans quelques-unes de ses places et forçait le pays de lui payer de grosses contributions. Les auteurs mêmes de l'objection disent que les Juifs ne furent jamais soumis aux rois qui les subjuguèrent : donc ils ne les regardèrent jamais comme leurs vrais souverains, mais comme des ennemis contre lesquels on pouvait user des droits de la guerre.

Le nom de *régicide* ne convient qu'à un sujet qui tue son propre roi, et non à celui qui tue un roi ennemi pour mettre en liberté ses compatriotes. Lorsque Mucius Scévola se glissa dans le camp de Porsenna pour le tuer dans le temps que ce roi assiégeait Rome, personne ne s'avisa de nommer cette action un régicide. Il n'est pas une nation de l'antiquité chez laquelle l'action d'Aod ne fût réputée légitime.

D'ailleurs Aod n'était pas un simple particulier; c'était le chef que la nation avait envoyé pour remettre les tributs forcés à l'oppresseur. C'est lui qui, à Pésilim, renvoie le peuple qui l'avait accompagné pour porter les présents : ce sont les paroles mêmes de l'hébreu (2). D'après le même texte, il n'est pas du tout certain qu'il ait employé le mensonge. Le mot, *parole*, y signifie également et au pied de la lettre, *chose, ordre*. Sa phrase peut donc s'entendre littéralement : « J'ai une chose secrète pour vous, ô roi ! j'ai un ordre de Dieu sur vous (3). » Voilà ce que les catholiques feront bien de considérer avant de censurer la conduite d'Aod. Qu'ils n'oublient pas non plus que, surtout chez les anciens peuples, on

---

(1) *Encyclop.*, art. *Autorité politique.*
(2) *Vaischalahh eth haam noseî hammithnah* (Judic., 3 18)
(3) *Debar elohim li eleca* (Judic., 3, 20).

LIVRE X. — LES JUGES, INSTITUTION DE LA ROYAUTÉ.

croyait généralement que toute espèce de ruse était permise envers les ennemis de l'Etat.

Je parle des catholiques, car eux seuls ont le droit de censurer l'action d'Aod, s'il y a lieu. Ceux qui ne le sont pas, hérétiques et incrédules, non-seulement n'ont pas le droit de la blâmer, fût-elle catholiquement blâmable ; ils doivent, au contraire, l'approuver ; car le principe sur lequel ils se fondent pour n'être point catholiques, justifie nécessairement tout ce qu'un homme peut faire, même de plus criminel. Le catholicisme est incontestablement, dans l'ordre religieux et moral, l'autorité la plus grande. Par conséquent ne point le reconnaître pour règle suprême, c'est implicitement n'y reconnaître aucune autorité, aucune règle. Dès lors, bien, mal, vertu, vice, bonne œuvre, crime ne sont plus que des mots qui n'ont point de sens. L'hérétique et l'incrédule philosophe vont plus loin : non-seulement ils repoussent l'autorité la plus grande, le catholicisme, mais ils posent en principe que chaque individu est à soi-même sa loi, son autorité, sa règle souveraine. De là cette inévitable conséquence : Tout ce qu'un homme quelconque juge devoir faire, vol ou meurtre, sera bien fait ; car le voleur a le même droit d'être voleur, le meurtrier a le même droit d'être meurtrier, que l'hérétique d'être hérétique, que l'incrédule d'être incrédule. De part et d'autre c'est le même principe et la même conséquence ; il n'y a de différent que les objets auxquels on l'applique.

Le repos de quatre-vingts ans que valut à Israël la victoire d'Aod, doit principalement s'entendre des tribus à l'orient du Jourdain et qui avaient pour frontières les trois nations vaincues : Amalec, Moab et Ammon. En deçà du fleuve, il paraît que, durant la même période, certaines tribus eurent à souffrir et à combattre. Il est dit qu'après Aod, ce qui peut signifier après sa victoire, Samgar tua six cents Philistins avec un soc de charrue, ou plutôt, comme porte l'hébreu, avec le bâton dont il se servait pour conduire ses bœufs (1). Homère mentionne un antique héros qui poursuivit les Bacchantes et même Bacchus avec une arme semblable (2). Aujourd'hui encore, les bâtons dont se servent les laboureurs d'Orient pour conduire la charrue sont des armes terribles, selon la description qu'en donnent les voyageurs (3). Sans aller si loin, le paysan de Bretagne a une forte gaule, dont le petit bout est ferré en pointe, pour piquer les bœufs, et dont le gros est garni d'un fer en forme de coin ou de ciseau, pour nettoyer et dégager la charrue. Samgar n'avait qu'une arme de ce genre lorsqu'il repoussa les Philistins. Tite-Live eût fait de lui ce qu'il a fait de Quinctius-Cincinnatus. L'Ecriture ne nous apprend pas même de quelle tribu il était, ni s'il gouverna, ni combien de temps ; et se borne à dire qu'il fut un sauveur d'Israël (Jud., 3, 31).

Après la mort d'Aod, dont l'époque n'est pas marquée, les enfants ou des enfants d'Israël retombèrent dans le péché et furent abandonnés par l'Eternel entre les mains d'un roi des Chananéens. Il se nommait Jabin, et régnait à Asor, dans la haute Galilée (Ibid., 4, 1 et 3). Cette ville, autrefois la capitale de plusieurs royaumes, avait été brûlée par Josué ; mais les réfugiés de Chanaan l'avaient rebâtie et repeuplée. De cinq à six siècles après, nous la verrons prise sur le roi d'Israël par le roi de Ninive (4. Reg., 15, 29). Outre une infanterie considérable, mais dont l'Ecriture n'indique pas le nombre, Jabin avait neuf cents chariots armés de fer et de faux. Le général de ses troupes se nommait Sisara. Fier de tant de forces, il opprima durement les Israélites pendant vingt ans ; mais ceux-ci crièrent vers l'Eternel.

Il y avait dans ce temps une prophétesse, Débora, femme de Lapidoth. Le caractère et le mérite de cette femme devaient être bien extraordinaires, puisque, contre l'usage de l'Orient, ainsi que de ces temps antiques, elle exerçait l'autorité souveraine ; car elle était juge en Israël et rendait la justice, non loin de Silo, sous un palmier qu'on appela de son nom.

Cette prophétesse envoya vers Barac, en Cédès de Nephthali, l'appela devant elle et lui dit : « Jéhova, le Dieu d'Israël, ne t'a-t-il pas ordonné : Va, rends-toi sur la montagne de Thabor, et prends avec toi dix mille combattants, des enfants de Nephthali et des enfants de Zabulon ; et je t'amènerai, au torrent de Cison, Sisara, général de l'armée de Jabin, avec ses chars et toute sa multitude, et je les livrerai entre tes mains ? » Barac lui répondit : « Si vous venez avec moi, j'irai ; si vous ne voulez point venir avec moi, je n'irai point. » Elle lui dit : « J'irai avec toi ; mais la gloire ne sera pas pour toi dans cette campagne, car l'Eternel livrera Sisara entre les mains d'une femme. » Débora se leva donc et s'en alla avec Barac en Cédès (Judic., 4, 2-9). Nous verrons la prédiction de la prophétesse, que Sisara serait livré entre les mains d'une femme, s'accomplir doublement.

Le Thabor, où se doit donner la bataille, est, suivant le témoignage des voyageurs, ainsi que de saint Jérôme (1), une haute montagne, ronde et belle, qui s'élève toute seule dans les grandes et magnifiques plaines de Galilée, que l'Ecriture appelle, le grand champ d'Esdrelon ou de Mageddo. Du pied de cette montagne sort le torrent de Cison qui s'en va dans la mer Méditerranée, et le torrent de Cadumin qui s'en va au Jourdain. De là, il y avait environ dix lieues jusqu'à la ville d'Asor.

Barac convoqua, dans Cédès, dix mille combattants de la tribu de Nephthali, dont il était lui-même, et de celle de Zabulon. Débora l'accompagnait. Sisara, ayant appris l'armement des Israélites, ainsi que leur marche, assembla ses neuf cents chariots de fer avec toute son armée, dont le quartier général était à Haroseth des Gentils, et s'avança au torrent de Cison. Mais Débora dit à Barac : « Lève-toi, car voici le jour où l'Eternel a livré Sisara en tes mains ; Jéhova lui-même ne marche-t-il pas devant toi ? » Barac descendit donc de la montagne de Thabor, et les dix mille combattants avec lui. Et l'Eternel épouvanta Sisara, avec tous ses chars et toute son armée, par le tranchant du glaive, et, selon Josèphe (Antiq., l. 5, c. 6), par une pluie de grêle, à la présence de Barac. En sorte que Sisara, s'élançant de son char, s'enfuit à pied. Barac poursuivit les chars qui s'enfuyaient, et l'armée ou le camp, jusqu'à Haroseth des Gentils, et toute l'armée où

---

(1) Bemalmad habbacar (Judic., 3, 31).
(2) Iliade, l. 6, v. 135 : Θεινόμεναι βουπλῆγι.
(3) Maundrell (15 avril) ; Buckingham, Voyage à Jérusalem.

(1) Morison, Voyage de Jérusalem, p. 209 ; Maundrell, Voy. d'Alep, p. 190 ; Hieron. in Osée, 5.

tout le camp tomba sous le glaive sans qu'il en échappât un seul (Judic., 4, 10-15).

Quant à Sisara, il s'enfuit à pied vers la tente de Jahel, femme de Haber le Cinéen. Haber s'était séparé de ses autres frères, Cinéens, enfants d'Hobab, allié de Moïse, qui demeuraient à l'extrémité méridionale, et il avait établi ses tentes à l'extrémité opposée, jusqu'à la vallée ou chênaie de Sennim, près de Cédès. Sisara s'enfuit là, parce qu'il y avait ou avait eu paix entre Jabin, roi d'Asor, et la maison de Haber le Cinéen. L'hébreu, où il n'y a point de verbe, peut donner l'un et l'autre sens (1). Jahel, étant sortie à la rencontre de Sisara, lui dit : « Entrez chez moi, mon seigneur; entrez, ne craignez point. » Il entra donc dans sa tente, et elle le couvrit d'un manteau. Sisara lui dit : « Donnez-moi, je vous prie, un peu d'eau, parce que j'ai une grande soif. » Elle lui apporta une outre de lait et lui donna à boire, et elle remit le manteau sur lui. Alors Sisara lui dit : « Soyez debout à l'entrée de votre tente, et si quelqu'un vient, vous interrogeant et disant : Y a-t-il quelqu'un ici? vous répondrez : Il n'y a personne. » Mais Jahel, femme de Haber, prit un des grands clous de sa tente, avec un marteau, et elle entra lentement et en silence; et, posant le clou sur la tempe de Sisara, elle le frappa avec son marteau et lui perça la tête jusqu'à terre; et Sisara passa ainsi du sommeil à la mort. En même temps Barac arriva, poursuivant Sisara; et Jahel, étant sortie au-devant de lui, lui dit : « Venez, je vous montrerai l'homme que vous cherchez. » Il entra chez elle, et vit Sisara étendu mort, ayant la tête percée d'un clou. Dieu confondit donc, en ce jour-là, Jabin, roi de Chanaan, devant les enfants d'Israël, qui, croissant tous les jours, se fortifièrent de plus en plus contre Jabin, roi de Chanaan, et l'accablèrent jusqu'à sa ruine (Jud., 4, 15-24).

Il y avait paix entre Jabin, roi d'Asor, et la maison de Haber le Cinéen; c'est-à-dire, ce nous semble, il n'y avait point guerre, Jabin ne l'opprimait point comme il faisait des enfants d'Israël. Mais entre ces derniers et Haber, il n'y avait pas seulement paix; il y avait, depuis deux siècles, la plus étroite alliance : Haber et sa famille étaient incorporés à la nation. Peut-être même que Jahel était Juive d'origine. Quand elle invita le général, fuyant comme les héros d'Homère, à entrer chez elle, rien ne dit qu'elle pensa à le tromper ni à le tuer. Ce ne fut que lorsqu'il l'eut engagée à faire sentinelle à la porte et à mentir pour le dérober à la recherche du vainqueur, qu'elle paraît avoir conçu le dessein hardi qui acheva la délivrance d'un peuple avec lequel sa tribu ne faisait qu'un. Grecque ou Romaine, Jahel eût été portée aux nues par les écrivains de la Grèce et de Rome. Aujourd'hui encore, une femme qui affranchirait comme elle son pays de l'oppression étrangère, serait célébrée partout comme une héroïne. Nous ne voyons donc pas qu'elle soit digne de blâme, surtout après les louanges que l'Ecriture va lui donner.

Une femme avait commencé la victoire, une femme l'avait achevée, une femme la chantera. Cinq siècles avant Homère, huit siècles avant Pindare, elle chantera sur un ton plus élevé que ne feront Pindare ni Homère.

(1) *Ki schalôm bên Iabin mélec hatzor oubên bêth haber hakkêni* (Judic., 4, 17).

En ce jour-là, Débora et Barac, fils d'Abinoëm, chantèrent, disant :

« Lui qui a vengé Israël, lui qui a donné au peuple une prompte volonté au jour du péril, bénissez Jéhova !

» Rois, écoutez; princes, prêtez l'oreille. C'est moi qui, en l'honneur de Jéhova, c'est moi qui chanterai, moi qui célébrerai Jéhova, le Dieu d'Israël.

» O Jéhova, quand tu sortais de Séir, quand tu t'avançais par les campagnes d'Edom, la terre trembla ! les cieux mêmes se distillèrent ! les nuées se distillèrent en eaux !

» Les montagnes s'écroulèrent devant la face de Jéhova ! le Sinaï, devant la face de Jéhova, le Dieu d'Israël !

» Aux jours de Samgar, fils d'Anath, aux jours de Jahel, les sentiers étaient mornes, le voyageur se glissait par des voies détournées.

» Les bourgades devenaient désertes en Israël ; elles devenaient désertes, jusqu'à ce que je me fusse levée, moi, Débora ; jusqu'à ce que je me fusse levée, moi, la mère en Israël !

» Il avait choisi des dieux nouveaux ! aussitôt la guerre était aux portes ! voit-on ni bouclier ni lance parmi quarante mille guerriers d'Israël ?

» Mon cœur est aux princes d'Israël ! vous qui dans le peuple avez couru aux armes, bénissez Jéhova !

» Vous qui montez sur des ânesses éclatantes, vous qui êtes assis sur le tribunal, vous qui vous avancez dans le chemin, parlez !

» Là où l'on entendait la voix de l'ennemi, là parmi les pasteurs abreuvant leurs troupeaux, on publiera les justices de Jéhova, ses jugements en faveur des bourgades d'Israël. Alors le peuple de Jéhova descendit aux portes.

» Lève-toi, lève-toi, Débora ! Lève-toi, lève-toi, entonne le cantique !

» En avant, Barac ! Prends captifs ceux qui te tenaient en captivité, fils d'Abinoëm !

» Alors ce qui avait été délaissé dominera sur les magnifiques; le peuple de Jéhova dominera sur les forts !

» Ephraïm les extermine dans Amalec, et toi, Benjamin, au milieu de ton peuple !

» Il vient de Machir des chefs, et de Zabulon des capitaines avec le sceptre du commandement. Avec Débora étaient les princes d'Issachar : Issachar s'est précipité avec Barac dans la plaine !

» Ruben est demeuré à l'écart, irrésolu dans les pensées de son cœur. Pourquoi demeurais-tu au milieu de tes parcs, à écouter le bêlement de tes troupeaux, irrésolu dans tes pensées de ton cœur ?

» Galaad reposait au delà du Jourdain ; et pourquoi Dan restait-il dans les navires ?

» Aser demeurait sur le rivage de la mer; il habitait dans ses ports.

» Mais le peuple de Zabulon, et avec lui Nephthali, a exposé son âme à la mort sur les hauteurs de la campagne.

» Les rois sont venus ; ils ont combattu ; les rois de Chanaan ont combattu en Thanach, près des eaux de Mageddo. Ils n'en ont pas emporté l'or qu'ils convoitaient !

» Les étoiles ont combattu du ciel ; elles ont combattu dans leur rang contre Sisara.

» Le torrent de Cison a roulé leurs cadavres ; le

torrent de Cadumim et de Cison. Foule aux pieds les forts, ô mon âme!

» Alors se fendirent les pieds des chevaux, pressés par l'aiguillon, par l'aiguillon des forts.

» Maudissez Mérotz, dit l'ange de Jéhova : maudissez ses habitants ! parce qu'ils ne sont pas venus au secours de Jéhova, au secours de Jéhova et de ses héros.

» Bénie entre les femmes, Jahel, épouse de Haber le Cinéen ! Bénie soit-elle entre les femmes, au milieu de sa tente !

» Il a demandé de l'eau, elle lui a donné du lait; elle lui a présenté de la crème dans la coupe des princes.

» Elle a saisi de la main gauche le clou, et de la droite le marteau du forgeron. Elle a percé Sisara, elle lui a percé la tête, elle lui a traversé les tempes.

» Il se débattait à ses pieds, tombait, restait étendu; puis à ses pieds se débattait encore, tombait en se roulant, et resta là expiré !

» Regardant par ses fenêtres, la mère de Sisara gémissait tout haut à travers le treillis. Pourquoi son char tarde-t-il à revenir encore? Pourquoi les pieds des coursiers sont-il si lents?

» Les plus sages des matrones lui répondaient, et elle se disait à elle-même : Ne faut-il pas qu'il fasse capture, qu'il partage le butin ? La plus belle des captives pour le chef des braves; les dépouilles de diverses couleurs pour Sisara ; les dépouilles de diverses couleurs, les tentures, les broderies pour orner le cou des femmes conquises.

» Ainsi périssent tous tes ennemis, ô Jéhova ! mais ceux qui t'aiment, qu'ils brillent comme le soleil dans la splendeur de son lever!

» Après cette glorieuse victoire, la terre reposa pendant quarante ans (Judic., 5, 1-32). »

Vers cette époque a pu arriver l'histoire de Ruth la Moabite, une des ancêtres de David et du Messie.

Au temps où gouvernaient les juges, il y eut une famine dans le pays. Et un homme sortit de Bethléhem-Juda pour séjourner quelque temps au pays de Moab, lui, sa femme et ses deux fils. L'homme s'appelait Elimélech, sa femme Noëmi, et ses deux fils, Mahalon et Chélion, d'Ephrata ou Bethléhem-Juda. Etant donc venus aux campagnes de Moab, ils s'y arrêtèrent. Elimélech, époux de Noëmi, mourut, et elle resta avec ses deux fils. Et ils prirent pour femmes des filles de Moab : l'une avait nom Orpha, et l'autre avait nom Ruth; et ils demeurèrent là environ dix ans; et ils moururent également tous deux, Mahalon et Chélion ; et Noëmi demeura privée de ses deux enfants et de son mari; et elle se leva avec ses belles-filles pour sortir de Moab, parce qu'elle avait entendu que l'Eternel avait visité son peuple et lui avait donné du pain.

Elle sortit donc du lieu où elle était, et avec elle ses deux belles-filles, et elles prirent le chemin pour retourner en la terre de Juda. Mais Noëmi dit à ses deux brus. « Allez, retournez chacune en la maison de votre mère; que l'Eternel vous soit miséricordieux comme vous l'avez été envers ceux qui sont morts et envers moi. Que Jéhova vous donne de trouver chacune le repos dans la maison de son mari ; » et il les embrassa; et elles élevèrent la voix et pleurèrent, et dirent : « Nous irons avec vous chez votre peuple. » Noëmi répondit : « Retournez, mes filles; pourquoi viendriez-vous avec moi? Ai-je encore des enfants dans mon sein pour que vous espériez de moi des maris ? Retournez, mes filles, allez; car je suis déjà trop vieille pour prendre un époux. Quand même je pourrais concevoir cette nuit et mettre au monde des enfants, voudriez-vous les attendre jusqu'à ce qu'ils fussent grands; voudriez-vous vous refuser à un époux ? Non, mes filles; votre affliction pèse sur moi plus que la mienne, et la main de l'Eternel s'est étendue sur moi. » Et elles élevèrent la voix, et elles pleurèrent de nouveau. Orpha donna le baiser d'adieu à sa belle-mère, mais Ruth s'attacha à elle.

Noëmi lui dit : « Voilà votre belle-sœur qui est retournée à son peuple et à ses dieux; suivez votre belle-sœur. » Mais Ruth lui répondit : « N'insistez pas davantage pour que je vous laisse et que je me retire de vous; car partout où vous irez, j'irai; partout où vous logerez, je logerai. Votre peuple est mon peuple, et votre Dieu, mon Dieu. Où vous mourrez, je mourrai et j'y serai ensevelie. Que l'Eternel me fasse ceci, qu'il y ajoute encore cela, si jamais rien ne sépare de vous que la mort seule. »

Noëmi voyant donc que Ruth avait résolu d'aller avec elle, ne lui parla plus de retourner chez les siens. Et elles partirent ensemble, et elles vinrent à Bethléhem. Dès qu'elles y furent entrées, toute la ville s'en émut, et les femmes disaient : « Est-ce bien là cette Noëmi? » Noëmi leur dit « Ne m'appelez plus Noëmi, *délicieuse;* mais appelez-moi Mara, *amère,* parce que le Tout-Puissant m'a remplie d'une grande amertume. Je suis sortie pleine de biens, et l'Eternel me ramène dénuée de tout. Pourquoi donc m'appeler Noëmi, moi que l'Eternel a humiliée et que le Tout-Puissant afflige ? »

C'est ainsi que Noëmi revint des campagnes de Moab avec Ruth la Moabite, sa belle-fille. Elles arrivèrent à Bethléhem au commencement de la moisson des orges (Ruth., 1, 1-22.)

Ruth la Moabite dit alors à Noëmi : « Si vous le voulez, j'irai au champ et je recueillerai des épis à la suite de celui aux yeux de qui je trouverai grâce. » Noëmi lui répondit : « Va, ma fille. » Et ainsi Ruth s'en alla, et elle recueillit des épis dans un champ, à la suite des moissonneurs. Or, il se trouva que cette portion de champ appartenait à Booz, homme puissant et de grandes richesses, de la famille d'Elimélech, mari défunt de Noëmi. Et voilà que Booz lui-même venait de Bethléhem, et il dit aux moissonneurs : « Jéhova soit avec vous. » Ils lui répondirent : « Jéhova vous bénisse ! »

Et Booz dit au jeune homme qui présidait les moissonneurs : « A qui est cette fille ? » Le jeune homme répondit : « C'est cette fille Moabite qui est venue avec Noëmi des campagnes de Moab. Elle nous a dit: Permettez-moi de recueillir les épis à la suite des moissonneurs. Et elle est venue, et elle est restée depuis le matin jusqu'à présent, sans retourner un moment à la maison. » Et Booz dit à Ruth : « N'avez-vous pas bien entendu, ma fille? N'allez pas dans un autre champ pour glaner et ne vous éloignez pas de ce lieu; mais joignez-vous à mes filles. Regardez le champ où elles moissonneront et suivez-les. N'ai-je pas commandé à mes jeunes gens que nul ne vous fasse de peine? Et si vous avez soif, allez où sont les vases et buvez de ce que mes gens puiseront. »

Et Ruth, tombant sur sa face et se prosternant

contre terre, lui dit : « D'où vient que j'ai trouvé grâce devant vos yeux et que vous daignez me connaître, moi, une étrangère ? » Booz lui répondit : « On m'a bien rapporté tout ce que vous avez fait pour votre belle-mère après la mort de votre mari, et comme vous avez quitté votre père, votre mère et la terre de votre naissance, et comme vous êtes venue vers un peuple que vous ne connaissiez pas hier ni avant-hier. Que Jéhova vous rende selon vos œuvres ! Et puissiez-vous recevoir une pleine récompense de Jéhova, le Dieu d'Israël, sous les ailes de qui vous êtes venue chercher votre refuge ! » Elle dit : « Puissé-je trouver grâce devant vos yeux, mon seigneur ; car vous m'avez consolée et vous avez parlé au cœur de votre servante, moi qui ne mérite pas d'être l'une des filles qui vous servent ! » Booz ajouta : « Quand ce sera l'heure de manger, venez ici et mangez le pain, et trempez votre morceau dans le vinaigre. » Elle s'assit donc auprès des moissonneurs ; on lui donna du blé rôti, et elle mangea ; et elle fut rassasiée, et elle garda le reste. Ensuite elle se leva pour glaner selon sa coutume.

Et Booz donna cet ordre à ses jeunes gens : « Quand elle viendrait ramasser entre les gerbes mêmes, ne lui en faites point de confusion. Et vous jetterez exprès des épis de vos javelles, et vous les laisserez, afin qu'elle les ramasse : et que personne de vous ne lui parle avec dureté (Ruth, 2, 1-16). »

Qui ne serait charmé de ces mœurs de patriarches ? Homère a imaginé un tableau du même genre. « Ailleurs est une enceinte où se trouve une riche moisson. Des ouvriers y moissonnent, tenant en main des faucilles tranchantes. Ici, le long des sillons, les javelles tombent pressées sur la terre ; là, des lieurs de gerbes les serrent dans les liens ; trois lieurs de gerbes sont à l'ouvrage. Derrière eux, des enfants leur présentent sans cesse des javelles qu'ils portent dans leurs bras. Le roi, au milieu d'eux, tient son sceptre en silence, et, debout sur le sillon, goûte la joie dans son cœur. Les hérauts, à l'écart sous un chêne, dressent le festin ; ils s'empressent autour d'un grand bœuf qu'ils viennent d'immoler, et les femmes préparent avec abondance la blanche farine pour le repas des moissonneurs (*Iliade*, I. 18, 550-560). »

On voit encore ici quelque chose des mœurs patriarcales. C'est le roi lui-même qui préside à la moisson (1), ses hérauts d'armes apprêtent le dîner sous un chêne. Mais combien la vérité et la simplicité de l'Ecriture l'emportent sur la fiction du poète ! Ce bœuf que l'on immole, cette farine que l'on pétrit dans les champs, sont beaucoup moins antiques et moins naturels que ces grains que l'on rôtit, que ce pain que l'on trempe dans le vinaigre ; usages qui subsistent encore en Orient. Dans Homère, le roi, un sceptre à la main, garde un grave silence ; on sent le maître. *Que l'Eternel soit avec vous* (*Yehova immakem*), dit Booz à ses moissonneurs. *Que l'Eternel vous bénisse* (*Yebarékeka Yéhova*), répondent ceux-ci. On entend le père de famille qui regarde ses ouvriers comme ses enfants. Et puis, où trouver dans le poète ce pauvre qui glane, cette étrangère que le maître invite à glaner dans ses champs, à manger avec ses filles, et pour laquelle il veut que ses ou-

(1) Βασιλεὺς δ'ἐν τοῖσι σιωπῇ Σκῆπτρον ἔχων ἐζήκει ἐπ'ὄγμου γηθόσυνος κῆρ.

vriers laissent tomber exprès des épis ? Combien la naïve vérité de la Bible est une poésie plus belle que la plus belle des poésies !

Ruth glana donc dans le champ de Booz jusqu'au soir ; puis, frappant d'une baguette et secouant ce qu'elle avait recueilli, elle trouva comme la mesure d'un *éphi* d'orge (environ vingt-huit litres et demi, mesure décimale). Et, les portant, elle retourna à la ville et les montra à sa belle-mère ; elle lui présenta également et lui donna ce qui lui était resté après qu'elle se fut rassasiée. Sa belle-mère lui dit : « Où avez-vous glané aujourd'hui et où avez-vous travaillé ainsi ? Béni soit celui qui a eu pitié de vous ! » Et elle apprit à sa belle-mère que le nom de l'homme dans le champ duquel j'ai travaillé aujourd'hui est Booz. » Noëmi répondit : « Qu'il soit béni de l'Eternel car il a gardé pour les morts la même bonté qu'il avait eue pour les vivants. » Et elle ajouta : « Cet homme est notre proche parent ; il est de nos rédempteurs (1). » Ce mot signifie celui qui a droit de racheter les champs aliénés par un homme de sa famille, celui qui est chargé de venger le sang de son proche parent ; celui qui est obligé d'épouser la veuve de son parent mort sans enfants. Ruth la Moabite continua : « Il y a plus ; il m'a dit : Vous vous joindrez à mes gens jusqu'à ce qu'ils aient moissonné tous mes grains. — C'est bien, lui dit sa belle-mère, il vaut mieux que vous sortiez avec ses filles, de peur que quelqu'un ne vous inquiète dans le champ d'un autre. » Elle se joignit donc aux filles de Booz pour aller glaner après elles, jusqu'à ce que la moisson des orges et des blés fût finie (Ruth, 2, 21-23).

Après cela, Ruth demeurant avec sa belle-mère, celle-ci un jour lui dit : « Eh quoi ! ma fille, est-ce que je ne chercherai pas un repos pour vous, afin que vous soyez bien ? Maintenant donc, Booz n'est-il pas notre proche parent, lui dont vous avez accompagné les filles ? Or, voilà que lui-même vannera son aire d'orge cette nuit. Lavez-vous, parfumez-vous, revêtez-vous de vos habits les plus beaux et descendez dans l'aire. Que cet homme ne vous voie point jusqu'à ce qu'il ait achevé de manger et de boire. Et quand il se lèvera pour dormir, remarquez le lieu où il dormira ; et vous irez, et vous soulèverez le manteau qui couvre ses pieds, et vous y dormirez ; et lui-même vous dira ce que vous devez faire. » Elle lui répondit : « Tout ce que vous me direz, je le ferai. » Et elle descendit dans l'aire ; et fit tout ce que sa belle-mère lui avait commandé. Et quand Booz eut mangé et bu, et que là pour lui en son cœur, il s'en alla dormir près d'un monceau de gerbes. Ruth vint secrètement, et, soulevant le manteau du côté des pieds, elle se coucha là. Et il arriva que vers le milieu de la nuit, cet homme fut effrayé et se troubla ; et voilà qu'une femme était couchée à ses pieds ! Il dit : « Qui êtes-vous ? » Elle répondit : « Je suis Ruth, votre servante ; étendez votre manteau sur votre servante, parce que vous êtes le rédempteur de ma famille (*Ki goël attâ*. Ruth, 3, 1-9).

Nous avons vu qu'une des obligations du rédempteur était d'épouser la veuve d'un parent mort sans enfants, afin de lui susciter une postérité en Israël. Ruth lui rappelle ce devoir : *Etendez votre manteau*

(1) Ruth, 2, 17-20 : *Miggoalénou hou, il est de nos rédempteurs.* La Vulgate ne rend pas ces mots.

LIVRE X. — LES JUGES, INSTITUTION DE LA ROYAUTÉ.

sur votre servante; paroles où elle fait allusion à une cérémonie qui se pratique encore aujourd'hui dans la Synagogue. Pendant la bénédiction du mariage, un pan du manteau de l'époux est étendu sur la tête de l'épouse. Une cérémonie semblable a lieu au mariage chrétien, lorsque les époux sont mis sous le voile. La tendresse pour son mari défunt avait fait quitter à Ruth sa patrie, pour s'attacher à sa belle-mère; cette même tendresse la porte, par obéissance, à une démarche qui, à la vérité, n'est pas dans les mœurs chrétiennes, non plus que la loi sur laquelle elle était légitimement fondée, mais qui alors était un droit qu'elle pouvait même exercer en public, comme il se lit dans cette loi de Moïse :
« Lorsque deux frères demeureront ensemble et que l'un d'eux sera mort sans enfants, la femme du mort n'en épousera point d'autre que le frère de son mari; qui la prendra pour femme et suscitera une postérité à son frère. Et il donnera le nom de son frère à l'aîné des fils qu'il aura d'elle, afin que le nom de son frère ne se perde point dans Israël. S'il ne veut pas épouser la femme de son frère, qui lui est due selon la loi, cette femme ira à la porte de la ville, s'adressera aux anciens et leur dira : Le frère de mon mari ne veut pas susciter dans Israël le nom de son frère en me prenant pour sa femme. Et aussitôt ils le feront appeler et l'interrogeront. S'il répond : Je ne veux point épouser cette femme, la femme s'approchera de lui et lui ôtera son soulier du pied, et lui crachera au visage, en disant : C'est ainsi que sera traité celui qui ne veut pas établir la maison de son frère. Et sa maison sera appelée dans Israël, la maison du déchaussé (Deut., 25, 5-10). »

Aussi Booz, qui connaissait cette loi, fut-il bien loin de blâmer la veuve de son parent Mahalon; il lui dit au contraire : « Bénie soyez-vous de Jéhova, ma fille ! Vous avez surpassé votre première miséricorde, votre tendresse envers votre mari vivant et envers sa mère, par une seconde plus grande envers votre mari défunt. Vous n'avez pas recherché des jeunes gens pauvres ou riches; mais, pour susciter une postérité à votre premier époux suivant la loi; vous leur avez préféré un vieillard. Ne craignez donc pas; tout ce que vous m'avez dit, je le ferai pour vous; car tout le peuple qui habite entre les portes de cette ville sait que vous êtes une femme de vertu. A la vérité, je vous suis un rédempteur; mais il y a un autre rédempteur plus proche que moi. Reposez-vous cette nuit; et, au matin, s'il veut user de son droit de rédemption pour vous retenir, à la bonne heure ! S'il ne veut pas, je vous épouserai comme rédempteur. Vive Jéhova ! Dormez jusqu'au matin. » Et elle dormit à ses pieds jusqu'au matin. Mais avant que les hommes se reconnussent l'un l'autre, elle se leva, et Booz lui dit : « Prenez garde que personne ne sache qu'une femme est venue dans cette aire. » Il ajouta : « Etendez le manteau qui vous couvre, et tenez-le des deux mains. » Ruth l'ayant étendu et le tenant, il mesura six boisseaux d'orge, et l'aida à s'en charger; et, les portant, elle entra dans la ville. A son arrivée, sa belle-mère lui dit : « Qu'y a-t-il, ma fille ? » Elle lui raconta tout ce que cet homme avait fait pour elle, ajoutant : « Voilà six boisseaux d'orge qu'il m'a donnés; car il m'a dit : Je ne veux pas que vous retourniez les mains vides vers votre belle-mère. » Noémi dit alors :

« Attendez, ma fille, jusqu'à ce que vous voyiez quelle fin aura cette parole; car cet homme ne se reposera point qu'il n'ait accompli cette parole aujourd'hui (Ruth, 3, 10-18). »

Booz monta donc à la porte et s'y assit. Et voilà que ce rédempteur dont il avait parlé vint à passer. Booz dit : « Un tel, détourne-toi un peu et assieds-toi ici. » Et il se détourna et s'assit. En même temps, Booz prenant dix hommes des anciens de la ville, leur dit : « Asseyez-vous ici. » Et ils s'y assirent. Alors il dit au rédempteur : « Noémi, qui est revenue du pays de Moab, a vendu une partie du champ de notre frère Elimélech. J'ai voulu te l'apprendre et te le dire devant les assistants et devant les anciens de mon peuple. Si tu veux racheter, rachète : que si tu ne veux pas racheter, dis-le-moi, afin que je sache ce que je dois faire; car il n'y a pas de rédempteur plus proche que toi le premier, et moi le second. » L'autre répondit : « Je rachèterai. » Mais Booz reprit : « Au jour que tu acquerras le champ des mains de Noémi, tu acquerras aussi Ruth la Moabite, femme du mort, afin que tu fasses revivre le nom du mort dans son héritage. » Le rédempteur dit : « Je ne pourrai exercer mon droit de rédemption, de peur d'affaiblir trop mon propre héritage (en le partageant avec de nouveaux enfants, l'aîné seul de Ruth devant succéder à son premier mari). Exercez vous-même le droit de rédempteur à ma place; car pour moi je ne le pourrai pas. »

Or, il y avait une ancienne coutume en Israël, touchant la rédemption et la cession : c'est que, pour confirmer la chose, l'homme ôtait son soulier et le donnait à son parent. C'était le témoignage de cession en Israël. Le rédempteur dit donc à Booz : « Acquérez vous-même; » et il ôta son soulier (Ruth, 4, 1-8).

Un usage analogue existe encore dans l'Abyssinie. Le roi ou empereur du pays jette son soulier sur les choses dont il veut prendre possession. Il y est fait allusion dans les psaumes de David, lorsque Dieu dit : *Je jetterai sur Edom mon soulier*, c'est-à-dire, je m'en emparerai dans ma colère (1).

Booz dit alors aux anciens et à tout le peuple : « Vous êtes témoins aujourd'hui que j'acquiers de la main de Noémi tout ce qui était à Elimélech, et tout ce qui était à Chélion et à Mahalon; que j'ai en même temps d'acquiers, pour être ma femme, Ruth la Moabite, femme de Mahalon, afin de ressusciter le nom du mort dans son héritage, et que le nom du mort ne soit point effacé d'entre ses frères, ni de la porte de son lieu. Vous en êtes témoins aujourd'hui. »

Tout le peuple qui était à la porte et les anciens répondirent : « Nous en sommes témoins. Que l'Eternel rende cette femme, qui entre en ta maison, comme Rachel et Lia, qui ont fondé la maison d'Israël ! Qu'elle soit un exemple de vertu dans Ephrata, et qu'elle ait un nom illustre dans Bethlehem ! Que ta maison devienne comme la maison de Pharès, que Thamar enfanta à Juda, par la postérité que l'Eternel te donnera de cette jeune femme ! »

Booz prit donc Ruth, et la reçut pour épouse; et il s'approcha d'elle, et l'Eternel lui donna de concevoir et d'enfanter un fils. Et les femmes dirent à Noémi : « Béni soit l'Eternel, qui n'a pas souffert que vous soyez sans rédempteur aujourd'hui, et que

(1) Ps. 60. selon l'hébreu; 59, selon la Vulgate, v. 10.

votre nom cessât d'être nommé en Israël. Vous avez qui rajeunira votre âme et soutiendra votre vieillesse; car il vous est né un enfant de votre bru, qui vous aime, et qui vous vaut beaucoup mieux que sept fils. » Et Noëmi prenant l'enfant, le posa sur son sein, et lui tenait lieu de nourrice. Ses voisines s'en réjouissaient avec elle, disant : « Il est né un fils à Noëmi, » et elles appelèrent son nom *Obed* (Ruth, 4, 9-17).

Booz, son père, était fils de Salmon et de Rahab, que l'on croit communément être cette Rahab hospitalière qui reçut à Jéricho les espions de Josué; ce qui fixerait l'histoire de Ruth à peu près à l'époque où nous l'avons placée; car Booz étant dit fils de Salmon et de Rahab, cette désignation expresse de la mère aussi bien que du père, donne naturellement à conclure qu'il était leur fils immédiat. Il en est de même pour Obed, en tant que fils de Booz et de Ruth; mais il n'en est pas de même pour Obed, en tant que père d'Isaï, père de David. Les Hébreux n'ayant qu'un seul mot pour désigner père, grand-père et, en général, ancêtre, on peut supposer avec quelques-uns, pour se retrouver plus facilement dans la chronologie, qu'Obed ne fut pas le père immédiat d'Isaï ou de Jessé, mais son aïeul ou son bisaïeul. Il y aurait alors quelques générations d'omises, comme nous savons qu'il y en a dans la généalogie du Christ, en saint Matthieu. Salmon, père de Booz, était lui-même fils de Nahasson, prince de la tribu de Juda, au sortir de l'Egypte et dans le voyage du désert.

Le livre de Ruth a été écrit ou du moins achevé depuis la naissance de David, puisque ce prince y est nommé; mais avant qu'il régnât, puisque sa qualité de *roi* n'y est point exprimée; ce que l'auteur de ce livre n'eût point omis, si David en eût été revêtu. « L'histoire de Ruth, a dit Voltaire, est écrite avec une simplicité naïve et touchante. Nous ne connaissons rien, ni dans Homère ni dans Hérodote, qui aille au cœur comme cette réponse de Ruth à sa mère : J'irai avec vous, et partout où vous resterez, je resterai; votre peuple sera mon peuple, votre Dieu sera mon Dieu, je mourrai dans la terre où vous mourrez. Il y a du sublime dans cette simplicité. Nous avons dit bien des fois que ces temps et ces mœurs n'ont rien de commun avec les nôtres, soit en bien, soit en mal; leur esprit n'est pas notre esprit, leur bon sens n'est point notre bon sens; c'est pour cela même que le Pentateuque, les livres de Josué et des Juges, sont mille fois plus instructifs qu'Homère et qu'Hérodote (*La Bible enfin expliquée*). »

Ces paroles échappées à Voltaire dans l'ouvrage même où il attaque le plus l'Ecriture sainte, contiennent un hommage indirect à cette même Ecriture, un hommage inattendu à l'authenticité du Pentateuque, des livres de Josué et des Juges, et une réfutation sommaire de toutes les objections que cet impie a élevées contre. En effet, si les livres de Ruth, de Josué et des Juges, et enfin le Pentateuque nous présentent des mœurs plus simples, plus naïves, plus antiques qu'Hérodote et Homère, leurs auteurs sont donc plus anciens que ces deux pères de l'histoire et de la poésie profane. Voltaire a donc doublement tort, il se contredit donc doublement, lorsqu'il avance que ces livres ont été fabriqués, tantôt par Esdras, postérieur à Homère de quatre ou cinq siècles et contemporain d'Hérodote, tantôt sous le règne de Josias, qui ne monta sur le trône que deux ou trois siècles après les temps où l'on place communément Homère. Si, pour la connaissance de l'antiquité, ces livres sont mille fois plus instructifs que ce qu'il y a de plus ancien parmi les écrivains profanes, Homère et Hérodote, on ne peut raisonnablement tirer contre ces livres aucune objection ni d'Hérodote ni d'Homère, mille fois moins instructifs, et encore moins de ceux qui sont venus après. Si les temps, les mœurs, l'esprit que ces livres décrivent n'ont rien de commun avec les nôtres, il est absurde d'en contester la vérité, parce que ce ne sera pas notre esprit, nos mœurs, nos temps. Ce qui ruine par la base à peu près tous les raisonnements de l'incrédulité moderne.

Quant au chrétien fidèle, il admirera la tendresse conjugale de Ruth, sa piété filiale envers sa belle-mère, la bonté patriarcale de Booz. Ce qui le touchera surtout, c'est de voir parmi les futurs ancêtres du Christ, et Rahab la Chananéenne, et Ruth la Moabite. Ceci annonçait dès lors qu'il viendrait, non pour appeler les justes, mais les pécheurs; non pour les condamner, mais pour les sauver (1), et les sauver, non-seulement parmi le peuple d'Israël, mais encore dans tout le monde. A la vérité, il y avait une défense générale d'épouser une femme née dans l'idolâtrie, comme il y en a aujourd'hui d'épouser une personne née dans l'hérésie. Mais, aujourd'hui comme alors, sans doute, cette loi souffre des exceptions. Lorsqu'il n'y a point de danger de subversion pour la partie fidèle, ni pour les enfants qui doivent en naître, l'Eglise tolère. Lorsque la partie née dans l'erreur, au lieu d'être un péril pour l'autre, témoigne, comme Ruth, par des faits, qu'elle sera aussi bonne chrétienne que fidèle épouse, alors l'Eglise applaudit comme autrefois le peuple de Bethléhem.

Après les années de repos que Dieu avait procurées aux Israélites, par Aod, Samgar, Débora et Barac, ils firent de nouveau le mal en présence de l'Eternel, qui les abandonna durant sept ans aux mains des Madianites. L'oppression était telle que, pour s'y soustraire, ils se réfugiaient dans les antres, dans les cavernes, dans les gorges des montagnes (Judic., 6, 1 et 2). Il y a dans la Judée des cavernes qui peuvent contenir des milliers de personnes. Quittaient-ils ces retraites pour cultiver les champs? aussitôt les Madianites, les Amalécites et autres peuples de l'Orient accouraient, hommes et chameaux, innombrables comme des nuées de sauterelles, dévastaient les productions de la terre jusqu'à l'entrée de Gaza, près de la Méditerranée, ne laissant rien de tout ce qui était nécessaire à la vie, ni brebis, ni bœufs, ni ânes. Dans leur angoisse, les enfants d'Israël s'adressèrent à l'Eternel, qui leur envoya d'abord un prophète pour leur prêcher la pénitence.

Ensuite l'ange de Jéhova apparut à Gédéon, sous un chêne qui était à Ephra, dans la tribu de Manassé. Gédéon battait le blé, non dans l'aire découverte comme il est d'usage en Orient, mais dans le pressoir; il craignait que les Madianites ne vinssent le surprendre, lui enlever son grain, l'emmener lui-même, et peut-être le mettre à mort. L'ange le salua, disant : « Jéhova est avec toi, ô le plus vaillant des hommes! » Mais Gédéon lui répondit : « De

(1) *Non enim veni vocare justos, sed peccatores* (Matth. 9,

grâce, mon Seigneur, si Jéhova est avec nous, pourquoi donc tout cela nous arrive-t-il? où sont les merveilles que nos pères nous ont racontées, disant : *Jéhova nous a tirés de l'Egypte?* Maintenant Jéhova nous a abandonnés et livrés aux mains des Madianites. » Jéhova le regarda et dit : « Va dans cette force dont tu es rempli, et tu sauveras Israël de la main de Madian. N'est-ce pas moi qui t'ai envoyé ? — De grâce, ô Adonaï, répondit Gédéon, comment sauverai-je Israël ? Voilà, ma famille est la dernière de Manassé, et moi je suis le dernier dans la maison de mon père. » Mais Jéhova lui dit : « Parce que je serai avec toi; et tu frapperas Madian comme un seul homme. » Et Gédéon : « Si j'ai trouvé grâce à vos yeux, faites-moi connaître par un signe que c'est vous qui me parlez. Ne vous éloignez pas, jusqu'à ce que je retourne vers vous, apportant mon sacrifice, et que je le pose devant vous. » Il répondit : « J'attendrai ton retour. » Gédéon entra donc chez lui, fit cuire un chevreau avec des pains sans levain d'une mesure de farine, plaça la chair dans une corbeille et le jus de la chair dans un vase, et lui apporta tout sous le chêne, et le lui offrit. L'ange de Dieu lui dit : « Prends la chair et les pains sans levain, mets-les sur cette pierre, et répands-y le jus. » Gédéon l'ayant fait, l'ange de Jéhova étendit la verge qu'il tenait à la main, et, avec l'extrémité, toucha la chair et les pains sans levain; et aussitôt le feu sortit de la pierre et consuma la chair avec les pains; et l'ange de Jéhova disparut de devant ses yeux. Quand Gédéon vit que c'était l'ange de Jéhova, il dit : « Hélas! Adonaï-Jéhova, j'ai vu l'ange de Jéhova face à face! » Mais Jéhova lui dit : « La paix soit avec toi; ne crains point, tu ne mourras pas. » Alors Gédéon éleva dans ce lieu même un autel à Jéhova, et l'appela *Jéhova-la-Paix* (Judic., 6, 3-24).

Cette nuit-là même l'Eternel lui dit : « Prends un taureau de ton père et un autre de sept ans, et renverse l'autel de Baal qui est à ton père, et coupe le bois qui est auprès. Ensuite tu bâtiras un autel à Jéhova ton Dieu, sur le sommet du rocher, et, quand il sera prêt, tu prendras le second taureau et tu l'offriras en holocauste avec le bois que tu auras coupé. » Gédéon prit donc dix hommes de ses serviteurs et fit comme l'Eternel lui avait commandé. Mais il craignit de le faire pendant le jour, à cause de la maison de son père et des habitants de la ville, et il l'exécuta la nuit. Lors donc que les habitants se furent levés au matin, voilà que l'autel de Baal était détruit, le bocage coupé; et le second taureau offert sur l'autel qui venait d'être élevé. Et l'un disait à l'autre : « Qui a fait cela ? » Et comme ils cherchaient et s'informaient, on leur disait : « C'est Gédéon, fils de Joas, qui l'a fait. » Ils dirent alors à Joas : « Fais venir ici ton fils, afin qu'il meure, parce qu'il a détruit l'autel de Baal, et qu'il en a coupé le bocage. » Mais Joas répondit à tous ceux qui l'entouraient : « Est-ce à vous à prendre la défense de Baal ? Est-ce à vous à le sauver? Quiconque prendra sa défense mourra ce matin. S'il est Dieu, qu'il se venge lui-même de qui a détruit son autel. » Dès ce jour, Gédéon fut appelé Jérobaal, *se venge Baal*, à cause de cette parole de Joas : *Se venge Baal lui-même de qui a détruit son autel* (Judic., 6, 25-32).

Cependant tous les Madianites, les Amalécites et les fils de l'Orient se rassemblèrent, et, ayant passé le Jourdain, vinrent camper dans la vallée de Jezraël. Alors l'esprit de Jéhova revêtit Gédéon, qui, sonnant la trompette, convoqua toute la maison d'Abiézer, dont son père était le chef, afin qu'elle le suivît. Il envoya aussi des messagers dans tout le reste de la tribu de Manassé, qui le suivit, et d'autres dans les tribus d'Aser, de Zabulon, de Nephthali, qui vinrent à sa rencontre. Et Gédéon dit à Dieu : « Si vous voulez sauver Israël par ma main, comme vous l'avez dit, je mettrai cette toison dans l'aire, et si la rosée est sur la toison et la sécheresse sur toute la terre, je connaîtrai que vous sauverez Israël par ma main, selon que vous l'avez promis. » Et il fut fait ainsi; et Gédéon, se levant de grand matin, pressa la toison et remplit une coupe de la rosée qui en sortit. Et il dit encore à Dieu : « Que votre colère ne s'allume pas contre moi, si je demande un second signe sur la toison. Je vous prie, que la toison seule demeure sèche, et que sur toute la terre soit trempée de rosée. » Et Dieu fit en cette nuit comme il avait demandé : la toison seule demeura sèche, et la rosée tomba sur toute la terre (Judic., 6, 33-40).

Jérobaal, autrement Gédéon, se leva dès le point du jour, et tout le peuple avec lui, et il vint camper à la fontaine nommée Harad, en sorte qu'il avait l'armée des Madianites au septentrion, dans la vallée. Mais l'Eternel dit à Gédéon : « Il y a trop de peuple avec toi pour que je livre Madian entre leurs mains. Israël pourrait se glorifier contre moi et dire : *C'est ma main qui m'a sauvé*. Publie donc aux oreilles du peuple : Quiconque est timide, qu'il s'en retourne et se retire de la montagne de Galaad. » Et vingt-deux mille hommes s'en retournèrent, de sorte qu'il n'en resta que dix mille. Et l'Eternel dit à Gédéon : « Le peuple est encore trop nombreux; mène-le près de l'eau, et là je l'éprouverai. Celui dont je te dirai qu'il aille avec toi, te suivra, et celui dont je te dirai qu'il n'aille point avec toi, ne te suivra point. » Et lorsque le peuple fut venu en un lieu où il y avait de l'eau, l'Eternel dit à Gédéon : « Ceux qui, en passant, auront pris de l'eau dans leur main pour la lécher avec la langue, comme les chiens ont coutume de faire, mets-les d'un côté; et, d'un autre, ceux qui auront bu en courbant les genoux. » Le nombre de ceux qui, prenant l'eau avec la main, la portèrent à leur bouche, fut de trois cents; tout le reste du peuple avait mis les genoux en terre pour boire. Et l'Eternel dit à Gédéon : « C'est par ces trois cents hommes qui ont pris l'eau avec la langue que je vous sauverai et que je ferai tomber Madian en tes mains; que le reste du peuple se retire chacun en son lieu. »

Gédéon obéit, retint les trois cents hommes auprès de lui, pourvut sa petite armée de vivres, et prit des trompettes. Les Madianites étaient campés dans la vallée (Judic., 7, 1-8).

Cette nuit-là même l'Eternel lui dit : « Lève-toi, et descends dans le camp, car je l'ai livré en ta main. Si tu crains d'y aller seul, que Phara, ton jeune homme, y aille avec toi. Lorsque tu auras entendu ce qu'ils disent, tu seras plus fort, et tu descendras avec plus d'assurance pour les attaquer. » Gédéon descendit donc, et son jeune homme Phara, et il alla dans l'endroit du camp où étaient les gardes de l'armée. Or, les Madianites, les Amalécites et les fils de l'Orient étaient étendus dans la vallée, comme une multitude de sauterelles, avec des chameaux aussi nombreux que le sable qui est sur le rivage de la mer. Lors donc que Gédéon se fut approché, il entendit un soldat qui racontait un songe à son camarade, disant : « J'ai vu un songe : et voilà le bruit d'un pain d'orge cuit sous la cendre qui roulait et descendait dans le camp de Madian. Il rencontra une tente, l'ébranla, la renversa de fond en comble et la jeta par terre. » Son compagnon lui répondit : « Cela n'est pas autre chose que l'épée de Gédéon, fils de Joas, Israélite. Dieu a livré en ses mains Madian et toute son armée. » Gédéon ayant entendu le songe et son interprétation, adora, et retourna dans le camp d'Israël, et dit : « Levez-vous, car l'Eternel a livré en nos mains le camp de Madian (Judic., 7, 9-15). »

Il divisa les trois cents hommes en trois bandes, leur donna des trompettes à la main, et des vases de terre vides, avec des torches au milieu. Et il leur dit : « Ayez les yeux sur moi et faites de même; voilà que je vais à une des extrémités du camp; faites comme je ferai. Quand je sonnerai la trompette, ainsi que tous ceux qui sont avec moi, vous qui entourez le camp des autres côtés, sonnez les trompettes aussi, et criez tous ensemble : *Vive l'épée de Jéhova et de Gédéon !* » Gédéon arriva de la sorte, et les cent hommes avec lui, à une des extrémités du camp, où étaient les premières sentinelles : celles-ci réveillées, ils sonnèrent les trompettes et heurtèrent l'un contre l'autre les vases de terre qu'ils avaient à la main. Les trois bandes sonnèrent ainsi les trompettes à la fois, et brisèrent leurs vases. Tenant à la main gauche les flambeaux, et de la main droite les trompettes, ils sonnaient et criaient : *Vive l'épée de Jéhova et de Gédéon !* Chacun demeurait à son poste autour du camp ennemi. Aussitôt tout le camp fut troublé : on poussait des cris, on prenait la fuite. Et pendant que les trois cents hommes continuaient à sonner de la trompette, l'Eternel tourna l'épée des uns contre les autres dans tout le camp; l'armée s'enfuit jusqu'à Bethsetta, et jusqu'au bord d'Abel-Méhula, en Tebbath. Et les enfants d'Israël des tribus de Nephthali et d'Aser, et tous ceux de la tribu de Manassé, poursuivirent, en criant, les Madianites. Et Gédéon envoya des courriers dans toute la montagne d'Ephraïm, disant : Descendez à la rencontre de Madian, et emparez-vous des eaux jusqu'à Bethbéra et jusqu'au Jourdain. Aussitôt tout Ephraïm, criant aux armes, s'empara des eaux jusqu'à Bethbéra et jusqu'au Jourdain. Ils prirent deux chefs des Madianites, Oreb et Zeb, les mirent à mort, l'un sur une pierre qui fut appelée, de son nom, *la pierre d'Oreb*, l'autre dans un pressoir nommé depuis *le pressoir de Zeb*, et continuèrent à poursuivre Madian, portant les têtes d'Oreb et de Zeb à Gédéon, au delà du Jourdain (*Ibid.*, 7, 16-25).

Encore que les Ephraïmites eussent fondu avec tant de promptitude sur l'ennemi commun, après la victoire de Gédéon, ils se montrèrent néanmoins très-piqués de ce que celui-ci ne les avait point appelés quand il marcha contre les Madianites. Dans la bénédiction de Jacob, Ephraïm ayant été mis devant Manassé, l'aîné de naissance, les Ephraïmites étaient extrêmement jaloux de cette prérogative. Ils voyaient donc avec dépit qu'un homme de la tribu moins privilégiée eût remporté, sans eux, une si éclatante victoire. Ils lui en firent de violents reproches; mais il sut les apaiser par sa modestie. « Qu'ai-je fait de comparable à ce que vous avez fait ? une grappe d'Ephraïm ne vaut-elle pas mieux que toutes les vendanges d'Abiézer (c'était le nom de la famille de Gédéon) ? Dieu a livré en vos mains les princes de Madian, Oreb et Zeb; qu'ai-je pu faire qui égalât ce que vous avez fait ? » Cette réponse douce calma leur ressentiment (Judic., 8, 1-3).

Pour achever la victoire, Gédéon passa le Jourdain, et avec lui les trois cents hommes, toujours poursuivant l'ennemi malgré leur extrême lassitude. Arrivé à Soccoth, il dit aux habitants : « Donnez, je vous prie, du pain au peuple qui est avec moi, parce qu'il n'en peut plus, et que je suis à poursuivre Zébée et Salmana, les rois de Madian. » Mais les princes de Soccoth répondirent : « Est-ce que la patte de Zébée et de Salmana est déjà dans ta main, pour que nous donnions du pain à ton armée ? » Gédéon répliqua : « Lorsque l'Eternel aura livré en mes mains Zébée et Salmana, je vous ferai briser le corps avec les ronces et les épines du désert. » Montant de là à Phanuël, il fit la même demande aux habitants de ce lieu, lesquels lui répondirent comme avaient répondu les habitants de Soccoth. C'est pourquoi Gédéon leur dit : « Lorsque je serai revenu en paix et victorieux, j'abattrai cette tour (*Ibid.*, 8, 4-9). »

Or, Zébée et Salmana étaient à Carcar, avec environ quinze mille hommes. Il ne restait de cela de toute l'armée des fils de l'Orient; cent vingt mille avaient péri, tous guerriers maniant le glaive. Et Gédéon, montant par la voie de ceux qui habitaient dans les tentes, du côté oriental de Nobé et de Jegbaa, frappa l'armée des ennemis, qui était en assurance et ne soupçonnait rien de funeste. Zébée et Salmana s'enfuirent; et toute leur armée étant troublée, Gédéon les poursuivit et les prit tous deux. Puis, revenant du combat avant le lever du soleil, il prit un jeune homme de Soccoth, l'interrogea sur les noms des princes et des anciens de la ville, et il écrivit les noms de soixante-dix-sept. Entré à Soccoth, il leur dit : « Voici Zébée et Salmana, au sujet de qui vous m'avez insulté, disant : Est-ce que la patte de Zébée et de Salmana est déjà dans ta main, pour que nous donnions du pain à tes gens qui n'en peuvent plus ? » Et il prit les anciens de la ville et leur déchira le corps avec les épines et les ronces du désert. Il abattit aussi la tour de Phanuël et fit mourir les principaux du lieu. Après quoi il dit à Zébée et Salmana : « Comment étaient les hommes que vous avez tués au mont Thabor ? » Ils répondirent : « Ils étaient comme toi, et l'un d'eux était comme le fils d'un roi. — C'étaient mes frères, reprit Gédéon, c'étaient les enfants de ma mère. Vive l'Eternel ! Si vous leur aviez sauvé la vie, je ne vous tuerais pas. » Et il dit à Jéther, son fils aîné : « Va, tue-les. » Mais le jeune homme ne tira point son épée; il eut peur, parce qu'il était encore enfant. Zébée et Salmana dirent donc à Gédéon : « Lève-toi et frappe-nous; car l'âge donne la force. » Gédéon se leva et tua Zébée et Salmana. Et il prit les colliers dont on avait paré le cou de leurs chameaux (*Ibid.*, 8, 10-21).

Alors les hommes d'Israël dirent à Gédéon : « Règne sur nous, toi, ton fils et le fils de ton fils, parce que tu nous as sauvés de la main de Madian. » Gédéon leur répondit : « Je ne dominerai point sur vous, ni moi ni mon fils. Jéhova sera votre maître. » C'est ainsi que ce héros, déjà si grand par sa victoire, se montra plus grand encore en refusant la couronne, et en la refusant par zèle pour la gloire de Jéhova, le Dieu d'Israël. Il demanda seulement les pendants d'oreilles qui se trouvaient parmi les dépouilles, et en fit faire un éphod à Ephra, probablement pour être un souvenir de la glorieuse victoire que le Seigneur lui avait accordée; peut-être aussi comme un témoignage du sacerdoce extraordinaire que Dieu lui conféra temporairement, lorsqu'il lui commanda d'ériger un autel et d'y immoler un bœuf en holocauste. Mais, après sa mort, le peuple rendit à ce monument un culte superstitieux, comme il fit plus tard pour le serpent d'airain. Ce fut un malheur pour Gédéon et sa famille. Toutefois, aussi longtemps que Gédéon vécut, savoir, pendant quarante ans, la terre fut en repos. Il continua d'habiter la maison de son père, eut plusieurs femmes, et engendra soixante-dix fils. Il mourut dans une heureuse vieillesse et fut enseveli dans le sépulcre de Joas, son père, à Ephra (Judic., 8, 22-32).

Quelques personnes placent vers cette époque un auteur phénicien, nommé Sanchoniathon, qui serait ainsi le plus ancien après Moïse et Josué. Elles se fondent sur ce que raconte de lui Porphyre, qu'il avait rapporté, au sujet des Juifs, beaucoup de choses très-véritables, pour les avoir apprises d'un personnage appelé Jérombaal, prêtre du dieu Jevo, ou plutôt des mémoires de ce prêtre. Ce dieu Jevo ne peut être que Jéhova. Jérombaal est Gédéon, appelé communément Jérobaal dans l'Ecriture. Comme il avait élevé un autel à Jéhova, et qu'il y avait offert des sacrifices, il pouvait passer pour en être le prêtre. Mais Porphyre est un garant peu sûr. Apostat du christianisme, livré ensuite à toutes les illusions de la philosophie théurgique, ses livres sont remplis de fables. Ce qu'il dit de Sanchoniathon, au III⁰ siècle de l'ère chrétienne, plus de quinze siècles après la mort de Gédéon, ne repose que sur son dire. De plus, l'époque qu'il indique dans ce passage, il la contredit dans d'autres. Il en est de même pour ce qu'en dit Eusèbe, d'après l'autorité principalement de Porphyre. Ces assertions contradictoires, et qui ne s'appuient sur rien d'antérieur, ont fait douter à plusieurs savants que Sanchoniathon fût un personnage réel. Aujourd'hui, cependant, on en paraît généralement persuadé, sans être plus d'accord pour cela sur l'époque où il a vécu. Quant aux ouvrages qu'on lui attribue, il n'en reste de même qu'un fragment, traduit du phénicien en grec, et paraphrasé par Philon de Biblos, grammairien grec du II⁰ siècle, recueilli ensuite et paraphrasé de nouveau par Eusèbe. Aussi les savants sont-ils très-partagés sur l'authenticité de cette pièce, sur les interpolations que les deux écrivains grecs y ont faites, et plus encore sur le sens que l'on doit attacher à tout cet amalgame. Voilà cependant tout ce qu'on a de littérature phénicienne (1).

Après la mort de Gédéon, les Israélites retombèrent dans l'idolâtrie de Baal; ils oublièrent Jéhova, leur Dieu, qui les avait délivrés de la main de tous leurs ennemis. Ils ne furent pas non plus reconnaissants envers la maison de Jérobaal ou Gédéon, de tous les biens qu'il avait faits à Israël (Judic., 8, 33-35.)

Parmi les fils de ce grand homme, était Abimélech, né d'une femme du second rang qu'il avait à Sichem. Celui-ci, après la mort de Gédéon, s'en alla dans cette ville, vers les parents de sa mère, et leur parla de cette sorte : « Dites, je vous prie, à tous les seigneurs de Sichem : Lequel est le meilleur pour vous, que soixante-dix hommes, tous enfants de Jérobaal commandent parmi vous, ou que vous n'ayez à vous commander qu'un seul ? Considérez de plus que je suis votre os et votre chair. » Et les frères de sa mère parlèrent ainsi de lui à tous les seigneurs de Sichem, et leur cœur se pencha vers Abimélech. « C'est notre frère, » disaient-ils. Ils lui donnèrent donc soixante-dix pièces d'argent qu'ils prirent du temple de Baal-Bérith (*Ibid.*, 9, 1-4).

Baal signifie, *seigneur, maître, chef*; Bérith signifie, *alliance*. Dans la Genèse, les trois alliés d'Abraham, Mambré, Aner et Escol, sont appelés ses *Baal-Bérith*, pour *ses confédérés*. Ici ce mot s'applique au faux dieu qui était censé présider aux alliances et aux traités, principalement à ceux que les Israélites contractaient avec les Chananéens.

Avec cet argent, Abimélech rassembla des misérables et des vagabonds qui le suivirent. Puis il vint en la maison de son père, à Ephra, et il tua sur une même pierre les soixante-dix fils de Jérobaal, ses frères; il n'en resta que le plus jeune, Joatham, parce qu'il était caché. Alors tous les seigneurs de Sichem s'étant assemblés, avec toute la maison de Mello, ils allèrent et établirent roi Abimélech, près du chêne qui est à Sichem (Judic., 9, 4-6).

Tel fut en Israël le premier qui fut roi. Par les manœuvres de ce qu'on appellerait aujourd'hui sa *politique*, il se gagne un parti; avec l'argent d'un culte impie, il achète des misérables sans foi ni loi, il renouvelle le crime de Caïn jusqu'à soixante-dix fois : en récompense, des apostats l'élèvent sur le trône. Cette introduction de la royauté en Israël, par les hommes, rappelle naturellement Nemrod, qui le premier fut roi dans le monde. L'Ecriture l'appelle *un fort chasseur*; ce que l'on entend communément de la ruse et de la violence avec lesquelles il asservit ses contemporains, pour les traiter à peu près comme des bêtes.

Un grand et saint pape, Grégoire VII, n'a donc pas eu tort de dire : « Qui ne sait que les rois ont commencé en ceux qui, ignorant Dieu, se sont, par orgueil, moyennant des rapines, la perfidie, les homicides, enfin presque tous les crimes, à l'instigation du diable, prince de ce monde, arrogé de dominer sur leurs égaux, savoir, les hommes, avec une cupidité aveugle et une présomption intolérable. (Greg. VII, l. 8, *epist.* 21). » Il entend la domination despotique qui ne connaît de règle que son intérêt et son plaisir; telle qu'on peut se l'imaginer dans Nemrod, le premier ravageur de provinces; telle qu'on la voit ici chez l'indigne fils de Gédéon. Il n'entend point la royauté paternelle que l'on admire dans les anciens pasteurs de peuples, Abraham, Isaac et Jacob, qui régnaient en père de famille. Ceux-là ont commencé dans le premier qui fut père,

(1) Euseb., *Præparatio evangel.*, l. 1, c. 10; *Mémoires de l'Académie des Inscriptions*, t. VI, in-4⁰, p. 518 et 519, etc.

Aussi portent-ils communément le nom de patriarches et non celui de rois.

« Dieu ayant fait l'homme raisonnable à son image, dit saint Augustin, ne voulut qu'il dominât que sur les créatures sans raison, non pas l'homme sur l'homme, mais l'homme sur les bêtes. C'est pourquoi les premiers justes furent établis pasteurs des troupeaux plutôt que rois des hommes, Dieu nous voulant faire entendre par là tout ensemble, et ce que demandait l'ordre des créatures, et ce qu'exigeait le mérite des péchés (1). »

Ainsi, d'après saint Augustin, la puissance royale ou la souveraineté, prise non pour l'autorité patriarcale qui dirige comme un père ses enfants, mais pour la domination de la force qui contraint les hommes comme des troupeaux de bêtes, ne vient point originairement de Dieu, mais de l'orgueil, mais du péché et de celui qui en est l'auteur. C'est cette ambition de dominer, dit le même Père, après avoir cité un passage analogue de Salluste, qui tourmente par de grands maux et foule aux pieds le genre humain (2).

Abimélech en est une preuve. Son jeune frère le sut bien faire entendre à ceux qui l'avaient fait roi.

Joatham ayant appris ce qui s'était passé, alla et se tint au sommet de la montagne de Garizim, et, élevant la voix, il cria et dit : « Ecoutez-moi, seigneurs de Sichem, et Dieu vous écoutera. Les arbres allèrent un jour pour sacrer sur eux un roi, et ils dirent à l'olivier : Règne sur nous. Mais l'olivier leur répondit : Puis-je abandonner mon huile, qui sert à honorer Dieu et les hommes, pour aller planer sur des arbres ? Les arbres dirent au figuier : Viens, toi, régner sur nous. Mais le figuier leur répondit : Puis-je abandonner la douceur de mon suc et l'excellence de mes fruits pour aller planer sur les arbres ? Et les arbres parlèrent à la vigne : Viens, toi, régner sur nous. La vigne leur répondit : Puis-je abandonner mon vin, qui réjouit Dieu et les hommes, pour aller m'agiter en faveur des arbres ? Alors tous les arbres dirent au buisson : Viens, toi, et règne sur nous. Et le buisson répondit aux arbres : S'il est vrai que vous me sacrez roi sur vous, venez et reposez-vous sous mon ombre; sinon, que le feu sorte du buisson et qu'il dévore les cèdres du Liban. Maintenant donc, si c'est avec justice et avec raison que vous avez établi pour votre roi Abimélech ; si vous avez bien agi envers Jérobaal et sa maison ; si vous avez reconnu, comme vous deviez, les bienfaits de mon père, qui a combattu pour vous, qui a hasardé sa vie pour vous délivrer de la main de Madian, vous qui vous élevez en ce jour contre la maison de mon père, vous qui avez tué sur une même pierre ses soixante-dix fils, et qui avez établi Abimélech, fils de sa servante, roi des habitants de Sichem, parce qu'il est votre frère; si donc vous avez agi en ce jour avec justice et avec équité envers Jérobaal et sa maison, réjouissez-vous en Abimélech, et qu'il se réjouisse en vous. Mais si cela n'est pas, que le feu sorte d'Abimélech et consume les seigneurs de Sichem et la maison de Mello,

(1) *De civ. Dei*, l. 19, c. 15, n. 1 : « Rationalem factum ad imaginem suam noluit nisi irrationalibus dominari : non hominem homini, sed hominem pecori. Ideo primi justi, pastores, pecorum, magis quàm reges hominum constituti sunt : ut etiam sic insinuaret Deus, quid postulet ordo creaturarum, quid exigat meritum peccatorum ».
(2) *De civ. Dei*, l. 3, c. 14, n. 2 : « Libido ista dominandi magnis malis agitat et conterit humanum genus. »

et que le feu sorte des chefs de Sichem et de la maison de Mello, et qu'il dévore Abimélech (Judic., 9, 7-20). »

C'est ici le plus ancien des apologues, et peut-être le plus beau que l'on connaisse. Semblable à l'olivier, Gédéon avait refusé le pouvoir souverain. Joatham donnait à entendre que ses fils égorgés, semblables au figuier et à la vigne, n'eussent pas ambitionné davantage ce pouvoir. La comparaison d'Abimélech avec le buisson, arbuste bas et déchirant, était d'autant plus frappante. La suite fait voir combien cette allégorie était pleine de vérité.

Abimélech ne régna que trois ans sur Israël, c'est-à-dire sur la portion d'Israël qui voulut bien le reconnaître pour prince. Sa bonne intelligence avec les Sichémites dura peu. Le sang de ses frères criait vengeance contre le fratricide et contre ses complices. L'Eternel envoya parmi eux un esprit de division. Les habitants de Sichem se soulevèrent contre Abimélech, lui dressèrent des embûches au sommet des montagnes, et dépouillaient les passants. Un certain Gaal, fils d'Obed, vint avec ses frères leur offrir son secours. Son arrivée leur donna une confiance extrême. Ils sortirent dans la campagne, vendangèrent les vignes, foulèrent le raisin, firent des danses, entrèrent dans la maison de leur dieu, mangèrent et burent en maudissant Abimélech. Gaal, fils d'Obed, criait à haute voix : « Qui est Abimélech, et qu'est-ce que Sichem, pour que nous le servions ? Qui donnera ce peuple sous ma main, et j'exterminerai Abimélech (*Ibid.*, 9, 22-29) ? »

Zebul, commandant de la ville, dont Gaal s'était également moqué, avertit secrètement son maître. Abimélech vint avec toute son armée, et, suivant le conseil de Zebul, tendit des embûches, près de Sichem, en quatre endroits. Le lendemain, dès l'aube du jour, Gaal ayant vu du monde, dit à Zebul : « Voilà que le peuple descend du sommet des montagnes. » Mais Zebul lui répondit : « Tu prends les ombres des montagnes pour des têtes d'hommes. » Gaal lui dit de nouveau : « Voilà du monde qui descend des hauteurs de la terre, et une division par le chemin du Chêne-des-Devins. » Zebul lui dit alors : « Où est maintenant cette bouche pour dire : Qui est Abimélech, pour que nous le servions ? N'est-ce pas là ce peuple que tu méprisais ? Sors et combats contre lui. » Gaal sortit, combattit contre Abimélech, fut repoussé dans la ville, après avoir perdu beaucoup des siens, jusque près des portes. Zebul ayant repris un peu le dessus, l'en chassa, lui et ses compagnons. Le lendemain, Abimélech surprit de nouveau les Sichémites, assiégea la ville durant tout le jour, l'ayant prise, il tua tous les habitants et la détruisit de manière qu'il y sema du sel.

Ceux qui occupaient la tour de Sichem ayant appris tout cela, entrèrent dans la forteresse de Bethel-Berith, autrement, *de la maison du dieu de l'alliance*, ce que l'on entend du temple de Baal qu'ils avaient reconnu pour leur dieu. Abimélech ayant été informé que tous ceux qui occupaient la tour de Sichem s'étaient réunis au même lieu, il monta sur la montagne de Selmon avec tout son peuple, et, saisissant une hache, il coupa une branche d'arbre, et, la mettant sur son épaule, il dit à ses compagnons : « Ce que vous me voyez faire, faites-le promptement. » Et tout le peuple qui était avec lui coupa de même chacun sa branche, et, marchant après Abimélech, ils les posèrent au pied de la forteresse et l'incendièrent par ce moyen. Tous les habitants de la tour de Sichem y périrent, au nombre d'environ mille, tant hommes que femmes (Judic., 9, 30-49). Le feu sortait du buisson.

De là Abimélech marcha vers la ville de Thèbes, qu'il assiégea et qu'il prit. Mais, au milieu de la ville, il y avait une forte tour où s'étaient réfugiés tous les hommes, avec les femmes, ainsi que les seigneurs ou chefs (*baali*) de la ville; ils avaient fermé la porte sur eux et étaient montés sur le toit en terrasse de la tour. Abimélech vint jusqu'à cette tour et l'attaqua vigoureusement; il s'était même approché de la porte pour y mettre le feu, lorsqu'une femme lui jeta d'en haut un morceau de meule sur la tête et lui cassa le crâne. Aussitôt il appela son écuyer et lui dit : « Tire ton épée et tue-moi, de peur qu'on ne dise : Une femme l'a tué. » Et son écuyer le perça d'outre en outre et il mourut. Les hommes d'Israël le voyant mort, retournèrent chacun en son lieu. Et Dieu rendit ainsi à Abimélech le mal qu'il avait fait à son père, en tuant ses soixante-dix frères. Dieu fit aussi retomber sur la tête des hommes de Sichem le mal qu'ils avaient fait, et la malédiction de Joatham, fils de Jérobaal, vint sur eux (*Ibid.*, 9, 30-49).

Après Abimélech, il se leva, pour sauver Israël, Thola, fils de Phua, fils de Dodo; autrement, si, avec les Septante et la Vulgate, l'on prend ce dernier mot pour un nom commun au lieu d'un nom propre, *fils de son oncle paternel*, ce que la Vulgate entend d'Abimélech (*Ibid.*, 9, 50-57). Thola était de la tribu d'Issachar. On demande alors comment Phua et Abimélech pouvaient être cousins, étant de deux tribus différentes. D'abord, si on traduit l'hébreu comme nous l'avons fait, à l'exemple de quelques-uns, la difficulté n'existe plus. Ensuite, pour la Vulgate et les Septante, on observe avec raison que, s'il était défendu de se marier d'une tribu à l'autre, ce n'était que pour éviter la confusion des héritages. Lors donc qu'une fille ou une veuve n'était point héritière, elle pouvait, sans inconvénient, épouser un homme d'une autre tribu. Le père de Phua et Gédéon pouvaient donc être frères, nés d'une même mère, mais de pères différents, l'un d'Issachar, l'autre de Manassé. Ce qui donne lieu de croire que cela était réellement, c'est que Thola demeurait à Samir, en la montagne d'Ephraïm, partage des tribus d'Ephraïm et de Manassé. Tout ce que l'Ecriture nous apprend de Thola, c'est qu'il jugea Israël vingt-trois ans, qu'il mourut et fut enseveli dans Samir. Elle ne s'étend pas davantage sur Jaïr, de Galaad, qui, après lui, jugea Israël vingt-deux ans. Celui-ci avait trente fils, dont il est remarqué qu'ils montaient sur trente poulains d'ânesses, et qu'ils avaient trente villes nommées *Havoth-Jaïr* ou villes de Jaïr (*Ibid.*, 10, 2-5). Il paraîtrait, d'après cette remarque, que dans le pays de Chanaan, l'usage de voyager sur des montures se bornait encore aux principaux personnages.

Comme l'Ecriture nous dit peu de ces deux chefs d'Israël, on est tenté de les estimer peu. C'est que nous aimons beaucoup l'histoire, et la paix n'en a point; il n'y a que les révolutions et les guerres qui en fassent. Mais cela même doit nous faire admirer le gouvernement de Thola et de Jaïr. Aujourd'hui que l'on parle tant de constitutions sociales, de formes de gouvernement, de lois de l'Etat, de pouvoirs politiques, d'assemblées législatives, de ministres responsables, d'administrations de tous genres, s'il se trouvait deux hommes à gouverner successivement un pays, l'un pendant vingt-trois, l'autre pendant vingt-deux ans, de telle sorte qu'il n'y eût ni grave désordre au dedans, ni guerre au dehors, quoique le pays fût entouré d'ennemis naturels et irréconciliables, et que dans l'intérieur chacun jouît de la plus complète liberté, ces hommes passeraient pour des prodiges, et leur gouvernement pour le meilleur des gouvernements. Or, ce que l'on chercherait en vain aujourd'hui, Thola et Jaïr l'ont fait. Sous leur judicature, Israël jouit d'une paix non interrompue de quarante-cinq ans, paix au dedans, paix au dehors, paix avec Dieu, paix avec les hommes. De plus, si nous remontons au delà de trois ans d'Abimélech, où il y eut des désordres très-graves, mais partiels, nous trouvons les quarante ans de paix depuis la victoire de Gédéon. Ainsi, à part les désordres partiels de trois années, voilà près de quatre-vingt-dix ans de paix et de bonheur, pendant lesquels chacun cultive tranquillement son héritage, s'assied sans crainte sous son figuier et sous sa vigne, et fait librement ce qui lui semble bon. Aux portes des villes, tandis que la jeunesse se divertit aux armes, les anciens règlent le peu de différends qui s'élèvent. Ces juges, non plus que celui qui gouverne l'ensemble, ne reçoivent aucun salaire; ils vivent sans faste, chacun dans son héritage paternel. L'agriculture, cette nourrice des peuples, cette ouvrière de guerriers fidèles, occupe tous les bras. Mais les fêtes de la piété viennent délasser du travail. Chaque septième jour, tout le monde se repose pour honorer et imiter le Créateur de l'univers; chaque septième année, on laisse reposer la terre même; ses fruits spontanés sont au pauvre, à l'étranger, toutes les dettes sont remises au débiteur. Chaque sept fois sept ans, libération universelle; le malheureux qui a été obligé de vendre son héritage, ou sa liberté, rentre à la fois dans l'une et dans l'autre. Trois fois par an, les pères de famille et les jeunes hommes se rendent à Silo, devant l'Eternel, leur monarque, pour y célébrer ses bienfaits, y entendre interpréter sa loi, y entretenir la fraternité nationale sous la direction du grand-prêtre. Où trouver un gouvernement pareil? Où trouver une si longue paix, soit dans l'antiquité, soit dans les temps modernes?

Mais, non moins que tout homme, le peuple choisi est chair, un souffle qui va et ne revient plus (1). Une trop longue prospérité le corrompt; il lui faut du mal pour le ramener au bien.

A la suite de ces quatre-vingt-dix années de paix, les enfants d'Israël recommencèrent à faire le mal aux yeux de l'Eternel, servirent les Baalim et les Astaroth, les dieux d'Aram, les dieux de Sidon, les dieux de Moab, les dieux des enfants d'Ammon, les dieux des Philistins. L'Eternel, irrité contre eux, les livra la même année aux mains des Philistins et des enfants d'Ammon. Ceux-ci opprimèrent et écrasèrent pendant dix-huit ans tous les enfants d'Israël qui habitaient au delà du Jourdain, en la terre

(1) Ps. 77, 39... *Quia caro sunt, spiritus vadens et non rediens.*

des Amorrhéens, qui est en Galaad. Ils passèrent même le fleuve et attaquèrent les tribus de Juda, de Benjamin et d'Éphraïm. Et Israël fut dans une grande affliction.

Alors les enfants d'Israël crièrent à Jéhova, et lui dirent : « Nous avons péché contre vous, et parce que nous avons abandonné notre Dieu, et parce que nous avons servi les Baalim. » Jéhova leur répondit : N'est-ce pas moi qui vous ai délivrés des Égyptiens, des Amorrhéens, des enfants d'Ammon, des Philistins? Lorsque les Sidoniens, les Amalécites, les Madianites vous opprimèrent, vous criâtes vers moi et je vous sauvai de leurs mains. Et cependant vous m'avez abandonné, et vous avez servi des dieux autres ! C'est pourquoi je ne continuerai point de vous sauver. Allez, et criez aux dieux que vous avez choisis; eux vous sauvent au temps de votre affliction ! Mais les enfants d'Israël dirent à Jéhova : « Nous avons péché ? faites-nous vous-même selon tout ce qui sera bon à vos yeux; seulement délivrez-nous, de grâce, en ce jour ! » Et ils jetèrent tous les dieux de l'étranger du milieu d'entre eux, et ils servirent Jéhova; et son âme fut attendrie sur les maux d'Israël (Judic., 10, 6-18).

Qui n'aimerait un Dieu si bon ? Mais qui n'aimerait aussi quelque peu un peuple qui lui fait cette belle prière : *Nous avons péché ! faites-nous vous-même tout ce qui vous plaira; seulement délivrez-nous de l'oppression des hommes !*

Cependant les enfants d'Ammon, ayant fait un appel aux armes, campèrent en Galaad, et les enfants d'Israël, s'étant assemblés, campèrent à Maspha. Alors les peuples des princes de Galaad se dirent l'un à l'autre : « Qui est l'homme qui commencera à combattre contre les fils d'Ammon ? Il sera le chef de tous les habitants de Galaad (*Ibid.*, 10, 17 et 18). »

Or, il y avait au pays de Galaad un homme très-vaillant, Jephté, que ses frères avaient chassé de la maison paternelle parce qu'il était né d'une concubine. Il se tenait dans la terre de Tob, au côté septentrional du pays; des aventuriers s'étaient rassemblés autour de lui, avec lesquels il entreprit vraisemblablement des incursions contre les peuples qui opprimaient alors Israël. Les anciens de Galaad allèrent le trouver, et lui dirent : « Viens, et tu seras notre chef, et nous combattrons contre les enfants d'Ammon. » Mais Jephté leur répondit : « N'est-ce pas vous qui me haïssez et qui m'avez chassé de la maison de mon père ? Pourquoi venez-vous à moi, maintenant que vous êtes dans la peine ? » Les anciens dirent : « C'est pour cela même que nous revenons à toi. Tu viendras avec nous, tu combattras contre les enfants d'Ammon, et tu seras le chef de tous les habitants de Galaad. » Jephté reprit : « Si donc vous me ramenez avec vous pour combattre les enfants d'Ammon, et que l'Eternel me les livre entre les mains, moi je serai vraiment votre chef ? » Les anciens de Galaad lui répondirent : « Que l'Eternel qui nous entend soit témoin et vengeur entre nous, si nous ne faisons pas ce que tu viens de dire. » Jephté alla donc avec les anciens ou sénateurs de Galaad, et le peuple l'établit sur soi chef et prince; et Jephté redit toutes ses paroles devant l'Eternel, à Maspha (*Ibid.*, 11, 1-11).

On voit ici l'élection libre d'un prince par le peuple, quoique ce peuple fût sous la conduite immédiate de Dieu. Les anciens ou sénateurs proposent, l'élu consent, le peuple ratifie, l'Eternel est invoqué comme témoin et vengeur. Comme tout cela eut lieu dans la terre de Galaad, où jamais ne fut transportée l'arche d'alliance, un interprète très-catholique fait, sur les derniers mots, ce commentaire : *Jephté répète le tout devant l'Eternel*, c'est-à-dire dans l'assemblée publique du peuple qui tient la place de Dieu. Il est dit *devant l'Eternel*, ajoute un autre, soit parce que l'Eternel était invoqué comme témoin et médiateur, soit parce que l'Eternel était censé présent aux assemblées d'Israël, comme lui-même le fait entendre aux chapitres 6 et 20 du Deutéronome (1). Thola et Jaïr ont pu être élus d'une manière analogue; ainsi que tous ceux dont il n'est pas marqué que Dieu les choisit d'une manière immédiate, comme il fit de Gédéon. Toutefois, il est dit en général, des uns et des autres, que Dieu les suscita pour sauver son peuple, parce que, soit médiatement, soit immédiatement, toute puissance est de Dieu.

Jephté, après avoir exposé de la même manière son dessein devant l'Eternel, envoya des ambassadeurs au roi des enfants d'Ammon, disant : « Qu'y a-t-il entre vous et moi, pour que vous veniez m'attaquer et ravager ma terre ? » Le roi des fils d'Ammon répondit aux ambassadeurs de Jephté : « Parce qu'Israël, quand il est monté de l'Egypte, a pris ma terre, depuis l'Arnon jusqu'au Jaboc et jusqu'au Jourdain. Maintenant donc rendez-la moi et demeurons en paix (Judic., 11, 12 et 13). »

Il paraît, par ce qui suit, que le roi des Ammonites parlait également au nom des Moabites. Les deux peuples, étant frères, avaient les mêmes intérêts; il se peut aussi qu'ils fussent réunis sous un seul prince depuis la mort d'Eglon, roi de Moab.

Jephté lui envoya de nouveau des ambassadeurs, avec ordre de lui dire : « Voici ce que dit Jephté : Israël n'a pris ni la terre de Moab ni la terre des enfants d'Ammon. Mais quand il est monté de l'Egypte, il a marché à travers le désert jusqu'à la mer de Souph, et il est venu en Cadès. Et il envoya des ambassadeurs au roi d'Edom, disant : Laisse-moi passer par ta terre. Mais le roi d'Edom n'écouta point. Il envoya pareillement au roi de Moab, qui ne voulut pas non plus. Israël demeura donc en Cadès. Puis, ayant longé la terre d'Edom et la terre de Moab, il vint par le côté oriental de celle-ci, et il campa au delà de l'Arnon. Il n'entra point sur la frontière de Moab, car l'Arnon est cette frontière. Israël envoya alors des ambassadeurs vers Séhon, roi des Amorrhéens, en Hésébon, et lui dit : Laissez-nous passer par votre terre jusqu'au lieu où nous allons. Mais Séhon refusa le passage, et, ayant assemblé tout son peuple, il combattit contre Israël. Alors Jéhova, le Dieu d'Israël, lui livra entre les mains Séhon ainsi que tout son peuple. Et Israël conquit toutes les terres des Amorrhéens qui habitaient en cette contrée depuis l'Arnon jusqu'au Jaboc, et depuis le désert jusqu'au Jourdain. Et maintenant que Jéhova, le Dieu d'Israël, a chassé l'Amorrhéen de devant son peuple, tu veux en avoir la conquête ? Les conquêtes que te fera ton dieu Chamos, tu les posséderas, n'est-ce pas ? Eh bien ! celles que nous a faites l'Eternel, notre Dieu, nous

(1) Voir les jésuites Tirin et Menochius sur cet endroit.

les posséderons aussi, nous. Es-tu donc si fort au-dessus de Balac, fils de Séphor, roi de Moab? En a-t-il querellé Israël, lui a-t-il déclaré la guerre, tant qu'Israël a habité dans Hésébon et dans ses filles, dans Aroër et dans ses filles, ainsi que dans toutes les villes le long de l'Arnon, pendant trois cents ans? Pourquoi ne les as-tu pas revendiquées dans tout ce temps-là? Ce n'est pas moi qui ai péché, c'est toi qui agis mal envers moi, en me faisant la guerre. Que l'Éternel, le Juge souverain, décide aujourd'hui entre les fils d'Israël et les fils d'Ammon (Judic., 11, 14-27).

C'est ici un vrai modèle de discussion diplomatique. Jephté y établit le droit des Israélites par deux titres incontestables : l'un est une conquête légitime, et l'autre une possession paisible de trois cents ans.

Il allègue premièrement le droit de conquête; et, pour montrer que cette conquête était légitime, il pose pour fondement : qu'Israël n'a rien pris de force aux Moabites et aux Ammonites; au contraire, qu'il a pris de grands détours pour ne point passer sur leurs terres.

Il montre ensuite que les places contestées n'étaient plus aux Ammonites ni aux Moabites quand les Israélites les avaient prises, mais à Séhon, roi des Amorrhéens, qu'ils avaient vaincu par une juste guerre. Car il avait le premier marché contre eux, et Dieu l'avait livré entre leurs mains.

Là, il fait valoir le droit de conquête établi par le droit des gens, et reconnu par les Ammonites, qui possédaient beaucoup de terres par ce seul titre.

De là il passe à la possession, et il montre premièrement que les Moabites ne se plaignirent point des Israélites lorsqu'ils conquirent ces places, où en effet les Moabites n'avaient plus rien.

« Valez-vous mieux que Balac, roi de Moab, ou pouvez-vous nous montrer qu'il ait inquiété les Israélites ou leur ait fait la guerre pour ces places? »

En effet, il était constant par l'histoire, que Balac n'avait point fait la guerre, quoiqu'il en eût eu quelque dessein.

Et non-seulement les Moabites ne s'étaient pas plaints, mais même les Ammonites avaient laissé les Israélites en possession paisible durant trois cents ans. Pourquoi, dit-il, n'avez-vous rien dit durant si longtemps?

Enfin il conclut ainsi : « Ce n'est donc pas moi qui ai tort, c'est vous qui agissez mal contre moi en me déclarant la guerre injustement. Le Seigneur soit juge en ce jour entre les enfants d'Israël et les enfants d'Ammon (1). »

Lorsque Jephté parle de Chamos, ce n'est que pour tirer de là un argument contre les Ammonites, qui en faisaient leur divinité. « N'est-il pas vrai que les conquêtes que te fera Chamos, ton dieu, tu les posséderas? Eh bien! ce que Jéhova, notre Dieu, nous a conquis devant notre face, nous le posséderons aussi, nous (2). » Ces exploits de Chamos mis au futur contingent, et comparés à la possession réelle des Israélites, c'est plutôt une dérision qu'autre chose. Jephté fait bien voir qui il reconnaît pour le souverain maître, quand il conclut : Jéhova, le juge,

(1) Bossuet, *Politique tirée de l'Ecriture*, l. 2, art. 2.
(2) Traduction littérale de l'hébreu : *Halo eth ascher yorischka kemosch elohěika otho thirosch : veëth col ascher horisch Yehova elohéinou mippanénou otho nirasch.*

décidera aujourd'hui entre Israël et Ammon (1)!

Le roi des Ammonites ne voulut point entendre aux paroles que Jephté lui avait envoyé dire; alors l'esprit de Jéhova fut sur Jephté; il parcourut Galaad et Manassé, et repassa par Maspha-Galaad, contre les enfants d'Ammon. Et Jephté fit ce vœu à l'Eternel : « Si vous me livrez les enfants d'Ammon entre les mains, ce qui sortira des portes de ma maison pour venir à ma rencontre, lorsque je retournerai en paix du milieu des fils d'Ammon, sera à l'Eternel, ou bien je l'immolerai en holocauste. »

Il passa ensuite dans les terres des Ammonites pour les combattre, et l'Eternel les lui livra entre les mains. Il frappa d'une grande plaie vingt villes, depuis Aroër jusqu'à Mennith, jusqu'à Abel, qui est planté de vignes; et les enfants d'Ammon furent profondément humiliés devant les enfants d'Israël (Judic., 11, 28-33).

Jephté revint triomphant à Maspha, sa demeure. Mais voilà que sa fille vient au devant de lui, dansant au son des tambours. C'était son enfant unique. Hormis elle, il n'avait de lui ni fils ni fille. Lorsqu'il l'aperçut, il déchira ses vêtements, et dit : « Hélas! ma fille, vous m'avez profondément abattu et troublé! car j'ai ouvert ma bouche devant l'Eternel, et je ne puis y revenir! » Elle répondit : « Mon père, vous avez ouvert la bouche devant l'Eternel! Eh bien! faites-moi comme votre bouche a prononcé, puisque l'Eternel vous a donné la victoire sur vos ennemis, les enfants d'Ammon. » Elle dit encore à son père : « Accordez-moi seulement la prière que je vous fais : Laissez-moi aller sur les montagnes pendant deux mois, afin que je pleure ma virginité avec mes compagnes. » Il dit : « Allez. » Et il l'envoya pendant ces deux mois. Elle s'en alla donc avec ses compagnes et ses amies, et elle pleura sa virginité sur les montagnes. Les deux mois accomplis, elle revint vers son père. Et lui fit d'après son vœu, et elle ne connut aucun homme. De là vint la coutume que, chaque année, les filles d'Israël allaient consoler par leurs entretiens la fille de Jephté, de Galaad, durant quatre jours (Judic., 11, 34-40).

Cette interprétation, admise par les plus savants théologiens des temps modernes, Estius, Bullet, Bergier, et d'ailleurs très-compatible avec le texte original, nous a paru préférable aux autres, parce qu'elle satisfait à bien des difficultés, en particulier à la loi divine, qui défendait d'immoler aucune victime humaine. La fille de Jephté n'aurait point été mise à mort, mais vouée au culte du Seigneur par une consécration perpétuelle de sa virginité. On voit, en effet, au temps des juges, des personnes du sexe faisant, à la porte du tabernacle, un service régulier, suivant la force du mot hébreu (2). On croit avec raison que les deux cent trente-deux filles madianites réservées pour la part de l'Eternel, furent consacrées à cet usage (Num., 31, 40). Un jeune homme, voué à peu près de manière semblable, tel que Samuël, pouvait sans inconvénient se marier : il restait toujours maître de sa personne pour vaquer au service promis; mais une fille ou une femme, obligée de suivre et d'écouter son mari, n'aurait pu accomplir son vœu. Or, comme la fille de Jephté était

(1) *Yischopet Yehova haschopet hayōm bén bené Ischraēl ou-bén bené Ammón.*
(2) 1. Reg., 2, 22 : *Hannaschim hatzobeoth petahh ohel moéd.*

son enfant unique, on conçoit qu'il dut être profondément abattu, troublé, humilié, en voyant ainsi s'éteindre sa race au milieu de son triomphe. Ce qui confirme cette interprétation, c'est que cette fille demande à pleurer, non pas sa mort, mais sa virginité ; et qu'après l'accomplissement du vœu, l'Ecriture ajoute, dans les mêmes termes qu'employa depuis la plus pure des vierges, *et elle ne connut point d'homme* (*Veki lo yadeât isch*) : ou mieux encore, ainsi que le savant Bullet a montré par plus d'un exemple qu'on pouvait traduire, *c'est pourquoi elle ne connut point d'homme* (1). Enfin, comme dans l'attente du Messie, surtout avant qu'il eût été annoncé qu'il naîtrait d'une vierge, la stérilité était regardée comme un malheur, on conçoit que les filles d'Israël allassent consoler celle de Jephté : à peu près comme aujourd'hui encore, si la fille unique d'un prince victorieux, pour l'amour de son père et de sa patrie, s'enfermait dans un cloître, les plus illustres personnages iraient lui témoigner leur condoléance et leur admiration de son sacrifice (2).

Les Ephraïmites firent à Jephté, comme autrefois à Gédéon, de violents reproches de ce qu'il avait fait la guerre sans les y appeler, et menacèrent de le brûler avec sa maison. Jephté leur répondit : « J'avais un grand différend, moi et mon peuple, avec les enfants d'Ammon. Je vous ai appelés, mais vous n'êtes point venus à mon secours. Quand je vis qu'il n'y avait point de salut à espérer de votre part, je mis mon âme sur ma main et marchai contre les enfants d'Ammon, et l'Eternel les livra entre mes mains. Pourquoi donc aujourd'hui montez-vous contre moi pour me combattre ? » Les Ephraïmites ne voulurent point entendre ; ils ajoutèrent, au contraire, des paroles de mépris pour les compagnons de Jephté : « Vous n'êtes que des fugitifs d'Ephraïm ! » Jephté assembla donc tous les hommes de Galaad, combattit contre Ephraïm et remporta la victoire. Les vainqueurs se saisirent des gués du Jourdain. Pour reconnaître les fuyards à leur dialecte, ils faisaient prononcer le mot de *Schibboleth*, qui signifie *épi*, à quiconque voulait traverser le fleuve. Les Ephraïmites disaient tous *Sibboleth*, qui signifie *rivière* ou *torrent*. De cette manière, il en fut pris et tué un grand nombre. Cette guerre, suscitée uniquement par l'orgueil et la jalousie de la tribu d'Ephraïm, lui coûta quarante-deux mille hommes (Judic., 12, 1-6).

On voit qu'il y avait dès lors, du moins pour certains mots, diversité de prononciation parmi les Hébreux. Il en est de même encore dans la Synagogue moderne. En général, toutes les langues de l'Orient ont un grand nombre de prononciations diverses, qui changent d'une contrée à l'autre.

Jephté mourut après avoir jugé Israël six ans, et fut enseveli en Galaad. Saint Paul, dans son épître aux Hébreux, le cite, avec Barac et Gédéon, parmi les héros de la foi qu'il nous propose pour modèles (Hebr., 11, 32).

C'est vers le temps de Jephté qu'on place la prise de Troie. Cette catastrophe ayant eu lieu avant les temps historiques des Grecs, et dans leurs temps fabuleux, il règne à ce sujet beaucoup d'incertitude. On ne doute point que la ville ait été prise, quoiqu'il y ait un discours du grec Dion Chrysostome pour prouver qu'elle ne l'a jamais été par les Grecs (Dion Chrys., *orat.* 11). Mais il n'en est pas ainsi des circonstances dont les poètes ont embelli cet événement. Les Grecs eux-mêmes nous offrent là-dessus trois récits différents. Celui qui a pris le plus de vogue ne repose que sur l'autorité ou plutôt l'imagination poétique d'Homère, dont l'époque et l'existence même sont un problème pour les savants. Parmi ceux qui le regardent comme un personnage réel, un des plus doctes, Larcher, place sa naissance 884 ans avant l'ère chrétienne, environ un siècle après Salomon, ou trois après Jephté (1).

Pour en revenir à ce dernier, il paraît n'avoir exercé la judicature que sur les tribus à l'orient, qui avaient eu le plus à souffrir des Ammonites. Abesan, de Bethléhem, qui lui succéda, se sera tenu à peu près dans les mêmes limites. Il avait une nombreuse postérité, et vit avant sa mort le mariage de ses trente fils, auxquels il donna des femmes, et de ses trente filles, qu'il donna à des hommes. Il mourut après sept ans de gouvernement, et fut enseveli dans sa ville natale. Son successeur, Aïalon, de la tribu de Zabulon, jugea pendant vingt ans. Après lui vint Abdon, fils d'Illel. Celui-ci avait quarante fils et trente petits-fils, qui montaient des poulains d'ânesses ; il jugea Israël pendant huit ans et fut enseveli à Pharathon, terre d'Ephraïm, sur la montagne d'Amalec (Judic., 12, 7-15). Ce qui fait en tout trente et un ans depuis la victoire de Jephté, et quarante-neuf depuis la première irruption des Ammonites à l'Orient.

N'oublions pas comme l'Ecriture nous a parlé de cette irruption. Les Israélites étant retombés dans l'idolâtrie après les quatre-vingt-dix ans de paix depuis Gédéon, Dieu les livra la même année et aux mains des Philistins à l'occident, et aux mains des Ammonites à l'orient : ceux-ci opprimèrent pendant dix-huit ans tous les enfants d'Israël qui habitaient au delà du Jourdain, dans la terre des Amorrhéens, en Galaad. Vinrent ensuite Jephté et ses trois successeurs. Jusque-là, il n'y a rien sur l'oppression des Philistins, commencée à l'occident la même année que celle des Ammonites à l'orient. L'Ecriture va y revenir.

Après avoir fini ce qui regarde ces derniers, elle revient aux autres pour ne les quitter plus. Elle nous apprend d'abord en somme que, les Israélites ayant fait de nouveau le mal, Dieu les livra aux mains des Philistins pendant quarante ans, période dans laquelle se sont passés plusieurs des événements qui vont suivre. Il paraît aussi que les Philistins ne dominaient point, à proprement parler, sur Israël ; mais qu'ils le harcelaient par des incursions et des pillages sans cesse renouvelés.

Or, il y avait un homme à Saraa, dans la tribu de Dan, nommé Manué, dont la femme était stérile. L'ange de Jéhova lui apparut, lui prédit qu'elle enfanterait un fils, lui ordonna de ne boire ni vin ni rien qui pût enivrer, et de ne manger rien d'impur, parce que l'enfant qu'elle allait mettre au monde serait Nazaréen, c'est-à-dire consacré à Dieu dès le sein de sa mère, et que le rasoir ne toucherait point sa tête. C'est lui qui commencerait à sauver Israël de la main des Philistins. La femme ra-

---

(1) Bullet, *Réponses critiques*.
(2) *Estius in hunc locum* ; Bullet, *Réponses critiques* ; Bergier, *Dictionn.*, art. *Jephté*.

(1) *Biographie universelle* ; Homère ; *Histoire de l'Académie des Inscriptions*, t. XIV.

conta cette vision à son époux : l'aspect du personnage apparu avait été terrible comme celui d'un ange ; elle ne lui avait pas demandé, à cause de cela, ni d'où il venait, ni où il allait ; il ne lui avait pas non plus dit son nom. Manué pria l'Eternel de leur envoyer de nouveau l'homme de Dieu pour apprendre ce qu'ils devaient faire de l'enfant quand il serait né. L'ange apparut en effet une seconde fois à la femme, lorsqu'elle était assise dans les champs, sans que son mari fût avec elle. Aussitôt elle courut le chercher, il vint avec elle en toute hâte et demanda au personnage : « Est-ce vous l'homme qui avez parlé à cette femme ? — C'est moi, répondit-il. Et Manué : Quand donc sera venu ce que vous avez annoncé, quelle sera la règle de conduite pour l'enfant ? L'ange de Jéhova répondit : Que la femme s'abstienne de tout ce que je lui ai prescrit ; qu'elle ne mange rien de ce qui naît de la vigne ; qu'elle ne boive ni vin ni liqueur enivrante ; qu'elle ne mange rien d'impur, et qu'elle accomplisse et garde avec soin tout ce que je lui ai ordonné. Manué dit à l'ange de Jéhova : Je vous prie, demeurez avec nous jusqu'à ce que nous vous préparions un chevreau. Mais l'ange de Jéhova répondit : Lors même que tu me retiendrais ici, je ne mangerais pas de ton pain ; mais si tu veux offrir un holocauste à Jéhova, tu peux l'offrir. Manué ne sachant pas que c'était l'ange de Jéhova, lui dit : Quel est votre nom, pour que nous vous honorions quand votre parole sera venue ? Mais l'ange de Jéhova lui répondit : Pourquoi demandes-tu à savoir mon nom, qui est l'ADMIRABLE. Manué prit donc le chevreau et les libations, et les offrit sur une pierre à Jéhova, l'admirable dans ses œuvres ; et lui et sa femme étaient attentifs. Et lorsque le feu montait de l'autel vers les cieux, l'ange de Jéhova y monta au milieu des flammes. Ce que Manué et sa femme ayant vu, ils tombèrent le visage contre terre. Et l'ange de Jéhova n'apparaissait plus à Manué et à sa femme. Alors Manué reconnut que c'était l'ange de Jéhova, et il dit à sa femme : Nous mourrons de mort, parce que nous avons vu Dieu. Mais sa femme lui répondit : Si Jéhova voulait nous faire mourir, il n'aurait pas reçu de nos mains l'holocauste et les libations, il ne nous aurait point montré toutes ces choses, et il ne nous aurait point parlé comme il a fait. La femme enfanta donc un fils, et elle l'appela Samson. L'enfant crût, et l'Eternel le bénit. Et l'esprit de l'Eternel commença à être avec lui dans le camp de Dan, entre Saraa et Esthaol (Judic., 13, 1-25). »

Cet ange de l'Eternel qui remonte vers les cieux au milieu de la flamme du sacrifice, figurait, si même il ne l'était pas, cet ange du grand conseil, dont le nom est l'ADMIRABLE, et qui a pris la forme d'esclave, non pour recevoir le sacrifice, mais pour s'offrir en sacrifice lui-même (Aug., in Judic., quæst. 54).

Un nazaréen était un homme consacré à Dieu par un certain vœu (Nom., 6, 1-21). Le nazaréat consistait en trois choses principales : à s'abstenir de tout ce qui provenait de la vigne, et en général de toute boisson enivrante ; à ne point se raser la tête et à laisser croître les cheveux ; à éviter de toucher les morts et de s'en approcher. Il y avait des nazaréens perpétuels, tels que Samson, Samuël et saint Jean-Baptiste (Luc, 1, 15). D'autres ne l'étaient que pour un temps, suivant qu'ils l'avaient promis, comme nous le voyons par l'exemple de saint Paul (Act., 16, 18). Ces derniers, à l'expiration de leur vœu, devaient se présenter à la porte du tabernacle, y offrir un agneau en holocauste, une brebis pour le péché, et un bélier comme victime pacifique, avec des pains azymes et des libations. Alors on leur coupait leur chevelure de nazaréens et on la mettait sur le feu du sacrifice. Après quoi ils pouvaient boire du vin. Les nazaréens perpétuels, au contraire, gardaient cette abstinence toute la vie.

Il était prédit que Samson commencerait à délivrer Israël de la main des Philistins. Voici de quelle manière cette prédiction commença à s'accomplir.

Le jeune Samson ayant vu à Thamnatha, qui, du temps d'Eusèbe, était encore un bourg considérable (Euseb. Onomast.), une femme entre les filles des Philistins, il pria son père et sa mère de la lui demander pour épouse. Eux lui firent des représentations : N'y a-t-il donc point de femme parmi les filles de tes frères et dans tout notre peuple, pour que tu ailles prendre une femme d'entre les Philistins, qui sont incirconcis ? Son père et sa mère ne savaient pas que ceci venait de l'Eternel, et que leur fils cherchait une occasion de la part des Philistins ; car, en ce temps-là les Philistins dominaient en Israël (Judic., 14, 1-4). Cette remarque de l'Ecriture, que son père et sa mère ne le savaient pas, suppose que lui le savait bien. Aussi insista-t-il auprès de son père : « Donnez-moi celle-là, parce qu'elle me convient. » Son père et sa mère se laissèrent persuader et descendirent avec lui à Thamnatha, où demeuraient les parents de la jeune Philistine. Déjà ils étaient arrivés aux vignes qui sont près de la ville, lorsqu'il vint à la rencontre du jeune homme, qui s'était écarté du chemin, un jeune lion furieux et rugissant ; mais l'esprit de Jéhova s'empara de Samson, et il le mit en pièces, comme il aurait fait un chevreau, quoiqu'il n'eût rien à la main. Il revint ensuite à son père et à sa mère, mais ne leur dit point ce qu'il avait fait. Ses propositions de mariage ayant été acceptées, il revint chez lui.

Après du temps (en hébreu, après des jours), ce qui signifie quelquefois une année, intervalle habituel des fiançailles au mariage, Samson s'en alla de nouveau avec son père et sa mère pour épouser sa fiancée. Arrivé près de l'endroit où il avait tué le lion, il s'écarta du chemin pour voir le squelette, où il trouva un essaim d'abeilles avec du miel. Il en prit un rayon entre ses mains, en mangea, en fit part à son père et à sa mère, mais il ne leur dit point d'où il l'avait pris (Ibid., 14, 5-9).

Nous avons déjà remarqué, d'après le témoignage des voyageurs, que les abeilles sont très-communes en Palestine et qu'elles font du miel partout. Hérodote parle, au reste, d'un fait tout à fait semblable. Onésile, qui avait engagé les Cypriots à se révolter contre les Perses, ayant été tué dans un combat, les habitants d'Amathonte, qui lui étaient restés fidèles, lui coupèrent la tête et la suspendirent au-dessus de la porte de leur ville. Lorsque cette tête fut vide, et qu'il n'en resta plus que les os, un essaim d'abeilles vint s'y loger et y fit ses rayons (Hérodot., l. 5, c. 145).

On célébra les noces à Thamnatha, et les habitants désignèrent trente paranymphes pour être avec lui. Suivant la coutume des Orientaux, Samson leur proposa une énigme, avec promesse de leur donner trente tuniques et trente robes de fête, s'ils pouvaient l'expliquer pendant les sept jours des noces; dans le cas contraire, eux lui en donneraient autant. Ils acceptèrent la condition. Alors il leur dit : *De celui qui dévore est sortie la nourriture, et du fort est sortie la douceur*. Ils cherchèrent à deviner, mais en vain. Déjà le septième jour était arrivé; l'énigme, restée sans explication, leur causait un violent dépit. Ne pouvant en venir à bout, ils dirent à la jeune femme d'en surprendre le secret à son mari, sinon ils la brûleraient avec la maison de son père : « Est-ce que vous nous avez invités pour nous dépouiller ? » Elle, qui déjà les jours précédents avait pleuré auprès de Samson pour lui faire dire son secret, et l'avait accusé de n'avoir point d'amour pour elle, redoubla alors ses instances et employa tous les moyens. Elle sollicita le jeune époux d'une manière si pressante, qu'à la fin il céda. Aussitôt elle communiqua le secret à ses compatriotes. Avant que le soleil se couchât le septième jour, ils dirent à Samson : *Qu'y a-t-il de plus doux que le miel et de plus fort que le lion?* Samson répondit : « Si vous n'eussiez pas labouré avec ma génisse, vous n'auriez jamais deviné mon énigme; » puis, saisi de l'esprit de Jéhova, il s'en alla du côté d'Ascalon, tua trente Philistins, donna leurs vêtements à ceux qui avaient expliqué l'énigme, et revint très-irrité dans la maison de son père. Les Philistins donnèrent sa femme à l'un des trente jeunes gens (Judic., 14, 8-20).

On dit aujourd'hui : *soudaines illuminations*, *éclair de génie*, *enthousiasme divin*, *force héroïque*, *entraînement irrésistible*, *courage surhumain*, comme aussi *terreur panique*. Par là s'entend généralement quelque chose qui se passe dans l'homme, mais qui vient de plus haut que l'homme. L'Ecriture désigne les mêmes effets, mais en y joignant la cause, quand elle dit que l'esprit de l'Eternel fut sur Samson et sur Saül. C'est l'esprit de Dieu, non comme auteur de la grâce et de la sanctification, mais comme auteur de la nature et de ce qu'elle a de plus merveilleux. Dans l'origine, l'esprit de Dieu planait sur les éléments confus de l'univers pour leur communiquer les semences d'ordre et de vie (Gen., 1, 3). *C'est son esprit qui a orné les cieux*, dit Job (Job, 26, 13). Et David : *C'est par le verbe de Jéhova que les cieux ont été faits, et, par l'esprit de sa bouche, leur force et leur beauté* (Ps. 32, 6). *Envoyez votre esprit, et tout sera créé de nouveau, et vous renouvellerez la face de la terre* (Ibid., 103, 30). Et un des amis de Job : *L'esprit de Dieu m'a fait, et le souffle du Tout-Puissant me vivifiera* (Job, 33, 4). Réunissons tout ce qui est l'esprit. En Dieu, il parfait la trinité des personnes; hors de Dieu, il parfait les créatures et quant à la nature et quant à la grâce. Il est comme l'âme du monde, dit un Père de l'Eglise (Vénérable Bède); c'est de lui, dans l'ordre de la grâce et du salut, que viennent les dons extérieurs et intérieurs qui contribuent à la sanctification des âmes; c'est de lui, dans l'ordre de la nature, que viennent ces qualités extraordinaires, héroïques, qui font ce qu'on appelle les *hommes divins* et contribuent à l'ornement du monde. Dans un sens, tout est divin, parce que tout vient de Dieu. Mais on n'appelle communément ainsi que ce qui s'élève au-dessus de l'ordinaire. Aristote parle d'une vertu au-dessus de nous, qu'il nomme héroïque et divine, et qui fait qu'on appelle *divins* certains hommes. Il observe que ceux qui sont mus par cet instinct divin n'ont point à consulter la raison humaine, parce qu'ils sont mus par un principe plus parfait, qui est Dieu. Ce que saint Thomas est si loin de blâmer, qu'il s'en sert pour expliquer les dons du Saint-Esprit (1). On voit encore de là que l'inspiration qui fait les grands poètes est justement appelée divine. Toutefois, comme les dons extraordinaires de la grâce, le don des langues, le don de prophétie, le don des miracles et autres, que le même Esprit distribue à plusieurs pour l'utilité commune, ne font pas les saints; mais qu'il y en aura plus d'un à dire au dernier jour : *Seigneur, Seigneur, n'avons-nous pas prophétisé en votre nom; n'avons-nous pas, en votre nom, fait des miracles?* auxquels le Seigneur répondra : *Retirez-vous de moi, ouvriers d'iniquité, je ne vous connais point* (Matth., 7, 22 et 23); de même, et encore à plus forte raison, les dons extraordinaires de la nature, les qualités humainement héroïques ne supposent ou n'opèrent-ils pas la sainteté. Voilà ce qu'il ne faut point oublier en lisant dans l'Ecriture que l'Esprit de Dieu saisit tel ou tel homme en qui cependant l'on découvre quelques actions peu saintes.

Après du temps, vers la moisson des blés, Samson se mit en route pour aller voir sa femme et lui porter un chevreau; mais son beau-père ne le laissa pas entrer chez elle, et s'excusa de l'avoir donnée à un autre, dans la persuasion qu'elle lui était devenue odieuse; elle avait une sœur, plus jeune et plus belle, qu'il lui donnerait volontiers pour femme. Samson répondit : « Les Philistins n'auront plus à se plaindre si je leur fais du mal. » Il s'en alla, prit trois cents renards dont, y a une espèce extrêmement nombreuse et familière en Palestine (2), les lia par la queue, deux à deux, avec un flambeau entre, puis, ayant allumé les flambeaux, les laissa courir dans les champs des Philistins, où ils incendièrent et les gerbes en tas et les blés encore debout, et jusqu'aux oliviers et aux vignes. Les Philistins apprirent bientôt que Samson l'avait fait pour se venger de l'injure qu'il avait reçue de son beau-père; ils s'en vinrent trouver celui-ci et le brûlèrent avec sa fille (Judic., 15, 1-6).

L'histoire des renards de Samson paraît avoir passé de Phénicie en Italie. Les Romains célébraient tous les ans la *fête aux renards*. On enveloppait de paille tous les renards qu'on pouvait prendre; puis, y mettant le feu, on les lâchait dans le grand cirque, et cela, était-il dit, en punition de ce qu'autrefois un renard, habillé et brûlé de la sorte, s'étant échappé dans les champs, y avait incendié les blés. « Le fait a passé, dit le poète, mais les monuments restent; la loi défend de laisser vivre un renard dès qu'il est pris. Pour subir la peine qu'elle mérite, cette engeance est brûlée avec la dépouille des champs : elle périt de la même manière qu'elle a fait périr les moissons (Ovid., *Fast.*, l. 4, v. 681-712). » Enfin, ce qu'il y a de plus singulier, c'est que cette fête se célébrait le 19 avril, époque où les blés sont mûrs en Palestine, mais non pas en Italie.

(1) 12, q. 68, a. 1; Arist., l. 7; Eudemior., c. 14 et l. 7; Ethio., c. 1.
(2) Morison, *Voyage de Jérusalem*, p. 437; Niebuhr, etc.

LIVRE X. — LES JUGES, INSTITUTION DE LA ROYAUTÉ.

Samson continua ses hostilités contre les Philistins, et, après en avoir fait un grand carnage, alla demeurer dans la caverne du rocher d'Etam. Les Philistins montèrent dans la terre de Juda, déclarant qu'ils venaient pour prendre Samson et lui faire comme il leur avait fait. Alors, trois mille hommes de Juda descendirent à la caverne du rocher d'Etam et firent à Samson des reproches : « Ne savez-vous pas que les Philistins nous dominent? pourquoi nous avez-vous fait cela? » Il s'excusa, disant : « Comme ils m'ont fait, ainsi je leur ai fait. » Mais eux lui déclarèrent qu'ils étaient venus pour le lier et le livrer aux Philistins. Il leur dit : « Jurez-moi que vous ne me tuerez point. » Ils le lui promirent. Alors il se laissa lier de deux câbles neufs, et ils l'emmenèrent du rocher. Quand il vint auprès du lieu nommé depuis *Léchi* ou *mâchoire*, les Philistins accoururent à sa rencontre avec de grands cris. Mais l'esprit de l'Eternel s'empara de lui, les cordes autour de ses bras furent comme des fils de lin qui se brûlent au feu, ses liens se rompirent. Voyant une mâchoire d'âne qui était à terre, il la saisit, en tua mille hommes, et s'écria : « Les voilà étendus par monceaux! avec une mâchoire d'âne, avec une mâchoire d'ânon, j'en ai tué mille! » Ayant ainsi parlé, il jeta la mâchoire et appela le lieu-là *Ramath-Léchi*, c'est-à-dire *élévation de la mâchoire*. Comme il se sentait pressé de la soif, il cria vers l'Eternel et dit : « C'est vous qui, par votre serviteur, avez opéré ce salut, cette victoire si grande; et maintenant je mourrai de soif et je tomberai entre les mains de ces incirconcis! » Alors l'Eternel ouvrit la cavité du rocher qui était au lieu nommé *Léchi* ou *mâchoire*, et il en sortit de l'eau. Samson en ayant bu, reprit ses esprits et recouvra ses forces. C'est pourquoi, conclut l'Ecriture, ce lieu a été appelé, jusque aujourd'hui, *la fontaine de celui qui invoque*. Elle est dans l'endroit nommé *Léchi* ou *mâchoire* (Judic., 15, 7-19).

Un jour Samson s'en alla à Gaza, ville qui appartenait alors aux Philistins, et entra chez une femme qui recevait des étrangers. Aussitôt que les habitants eurent appris qu'il était dans leurs murs, ils environnèrent la maison, placèrent toute la nuit des gardes à la porte de la ville, le tout dans le plus profond silence. Demain matin, disaient-ils, nous le tuerons. Mais Samson, ayant dormi jusqu'à minuit, se leva, saisit les battants de la porte de la ville et les deux poteaux, les enleva avec les barreaux et les serrures, les mit sur ses épaules et les porta jusqu'au sommet de la montagne qui est vers Hébron (*Ibid.*, 16, 1-3).

Après cela, il aima une femme qui habitait dans la vallée de Sorec, qui avait nom Dalila, et, suivant de graves auteurs, tels que saint Chrysostome, saint Ephrem, saint Prosper, il en fit son épouse. Les Philistins s'en aperçurent bientôt : leurs princes promirent à la femme de lui donner chacun onze cents pièces d'argent, si elle pouvait savoir d'où lui venait cette grande force et comment on pouvait le vaincre. Lorsqu'elle le lui demanda, il répondit que, si on le liait avec sept cordes faites de nerfs frais et pliants, il deviendrait faible comme les autres hommes. Aussitôt elle les princes le surent, ils apportèrent à Dalila ces liens, et l'épiaient en cachette pendant qu'elle en faisait l'essai et qu'elle lui cria ensuite : Samson, voilà les Philistins sur toi! Mais il rompit les cordes comme un fil de lin se rompt à l'approche du feu. Une autre fois il dit qu'il fallait le lier avec des cordes toutes neuves, mais il les rompit comme les précédentes. La troisième fois il lui dit que si on faisait un tissu des sept touffes de ses cheveux et qu'on les attachât avec un clou, il serait sans force. Elle l'essaya pendant qu'il dormait, et lui cria de nouveau : Samson, les Philistins sont sur toi! Mais, se levant tout d'un coup, il arracha le fer avec ses cheveux. Sans doute il n'avait point soupçonné jusque-là que les princes des Philistins l'épiassent réellement, et il regardait la parole de Dalila comme une espèce de jeu pour éprouver sa force. Elle redoubla ses caresses, ses reproches et ses instances : Comment dites-vous que vous m'aimez, puisque votre cœur n'est point avec moi? Déjà trois fois vous m'avez trompée et vous n'avez point voulu me dire d'où vous vient cette grande force. Elle l'importunait, le tourmentait de ses paroles tous les jours, au point que son âme en fut lassée jusqu'à mourir. Alors il lui découvrit son cœur tout entier, et dit : « Le rasoir n'a jamais passé sur ma tête; car je suis nazaréen ou consacré à Dieu dès le sein de ma mère; si l'on me rasait, toute ma force m'abandonnerait, je serais faible comme tout autre homme. » Joyeuse de lui avoir arraché son secret, Dalila députa aux princes des Philistins, et lorsqu'ils furent de nouveau en embuscade, elle fit dormir Samson sur ses genoux, lui coupa les sept tresses de sa tête, ensuite s'écria : Samson, voilà les Philistins qui viennent fondre sur toi! Lui, s'éveillant, pensait qu'il allait faire comme auparavant et ne savait pas que l'Eternel s'était retiré de lui. Mais les Philistins le prirent, lui crevèrent les yeux, le conduisirent à Gaza chargé de chaînes d'airain et le forcèrent de tourner la meule dans la prison (Judic., 16, 4-21). C'était un travail pénible que faisaient les derniers des esclaves chez les Romains, avant l'invention des moulins à eau.

Mais déjà les cheveux de sa tête commençaient à revenir, lorsque les princes des Philistins s'assemblèrent pour immoler des sacrifices solennels à leur dieu Dagon et pour faire des festins de réjouissance, disant : Notre dieu nous a livré entre les mains Samson, notre ennemi. Le peuple aussi, le voyant, louait son dieu et disait : Notre dieu a livré entre nos mains notre ennemi qui a ravagé notre pays et tué beaucoup des nôtres. Pendant que leur cœur était dans la joie, ils dirent : Faisons venir Samson pour qu'il joue devant nous. Et ils amenèrent Samson de la prison, et il jouait devant eux, et ils le placèrent entre deux colonnes. Alors Samson dit à l'enfant qui le conduisait : Laisse-moi toucher les colonnes qui soutiennent la maison, afin que je m'appuie contre elles. Or, la maison était pleine d'hommes et de femmes, et là étaient tous les princes des Philistins : il y avait sur la terrasse environ trois mille hommes et femmes qui regardaient jouer Samson. Alors Samson, invoquant l'Eternel, dit : « Adonaï Jéhova! souvenez-vous de moi; rendez-moi encore cette fois-ci ma première force, ô Dieu, afin que je me venge des Philistins pour mes deux yeux! » Et il saisit les colonnes du milieu, sur lesquelles était appuyée la maison, l'une de la main droite, l'autre de la gauche, et dit : « Meure mon âme avec les Philistins! » puis ébranla les colonnes de toute sa force. Aussitôt la maison tomba sur les princes et sur tout le peuple qui était là, et il en tua un plus grand nombre en mourant qu'il n'en avait tué pendant sa vie. Or, ses frères descendirent en ce lieu, ainsi que toute la maison de son père, enlevèrent son corps et l'ensevelirent entre Saraa et Esthaol, dans le sépulcre de son père Manué (Judic., 16, 22-31).

Samson, chef et sauveur de son peuple, pour en accabler les oppresseurs par un dernier coup, se dévouant lui-même à la mort, fit une action non-seulement irréprochable, mais encore digne de louange. Supposons le même cas de nos jours. Une nation est opprimée par l'étranger. Un héros de cette nation a commencé sa délivrance, mais il est pris par trahison : l'étranger lui crève les yeux, le charge de fers et le condamne au plus dur esclavage. Dans cet état, il trouve le moyen d'envelopper dans une ruine commune tous les chefs et une partie notable des oppresseurs de sa patrie. Il y périra lui-même, oui; mais la patrie sera sauvée par sa mort. Qui n'admirerait cet homme? Aussi saint Paul est-il si loin de blâmer Samson, qu'il le compte parmi les héros de la foi qu'il nous propose pour modèles (Heb., 11, 32).

Ce que les Phéniciens, voisins de la Judée, racontent de leur Hercule, de sa force prodigieuse, de son grand courage, de son infortune par suite de son attachement à une femme, de sa mort volontaire, a été vraisemblablement emprunté à l'histoire de Samson. De Phénicie, elle aura pu passer en Grèce, aussi bien que les lettres de l'alphabet.

Le temple des Philistins, soutenu par deux colonnes, n'étonnera point qui connaît un peu l'antiquité. On voit, dans Pline, un particulier de Rome, Caïus-Scribonius-Curion, pour célébrer les funérailles de son père, construire deux théâtres immenses, tournant chacun sur un pivot unique. Le matin on représentait sur chacun des pièces de comédie; alors ils étaient adossés pour empêcher que le bruit de l'un ne fût entendu de l'autre; et l'après-midi, quelques planches étant retirées, on faisait tourner subitement les deux théâtres, dont les quatre extrémités réunies formaient un amphithéâtre où se donnaient des combats de gladiateurs, Curion faisant ainsi mouvoir tout à la fois et la scène, et les magistrats, et le peuple romain. Une ville abîmée dans un gouffre de la terre entr'ouverte, ajoute l'historien, remplit l'univers de deuil et d'effroi; et voilà tout le peuple romain renfermé pour ainsi dire, en deux vaisseaux, et qui, soutenu par deux pivots seulement, regarde, tranquille spectateur, le combat qu'il livre lui-même, en danger de périr au premier effort qui dérangera quelques pièces de ces vastes machines (1). Un voyageur moderne, très-instruit, a trouvé en Barbarie des constructions du même genre (2). Or, est-il étrange que la Palestine ait eu, du temps de Samson, des édifices semblables à ceux qu'on trouve encore sur la côte d'Afrique, côte qui a été peuplée par des colonies sorties de la Palestine, dans des temps voisins de ceux de Samson?

L'Ecriture dit que Samson jugea Israël pendant vingt ans; mais elle remarque que ce fut dans les jours des Philistins (Judic., 15, 20), c'est-à-dire au temps que les Philistins opprimaient les Israélites, oppression qui dura quarante ans, et dont Israël ne fut délivré que sous Samuël. Samson commença cette délivrance, selon qu'il avait été prédit de lui; Samuël l'acheva de telle sorte que les Philistins ne revinrent plus sur les terres d'Israël, mais qu'ils lui rendirent, au contraire, toutes les villes qu'ils avaient prises (1. Reg., 7, 13 et 14). De cette manière, la judicature d'Héli, dont il va être parlé, ayant fini à la fin de ces quarante ans, aura concouru avec celle de Samson à l'occident et avec celle d'Abdon, d'Aïalon, d'Abesan et peut-être même de Jephté à l'orient. Ce nous paraît le moyen le plus naturel de concilier la chronologie de l'Ecriture. Elle compte quatre cent quatre-vingts ans depuis la sortie de l'Egypte jusqu'à la fondation du temple, sous Salomon (3. Reg., 6, 1). Jephté nous apprend que, lors de l'irruption des Ammonites, il y avait trois cents ans que les enfants d'Israël étaient en paisible possession du pays des Amorrhéens (Judic., 11, 26). Comme ils en avaient fait la conquête en la dernière année de leur voyage au désert, cette irruption eut donc lieu trois cent quarante ans après la sortie d'Egypte. Restent encore cent quarante ans jusqu'à la fondation du temple. Cette fondation eut lieu la quatrième année du règne de Salomon (3. Reg., 6, 1). Avant lui, David avait régné quarante ans (Ibid., 11, 11); autant Saül avant David (Act., 13, 21). Supposez que Samuël en ait gouverné seize, on aura en tout un siècle. Restent alors les quarante ans de servitude sous les Philistins à l'occident, et qui remontent tout juste à l'irruption des Ammonites à l'orient. Dans cette période auront eu lieu les judicatures parallèles de Jephté et de ses successeurs au delà du Jourdain, de Samson et d'Héli en deçà. Qu'il y ait eu à la fois plusieurs juges, cela ne doit pas étonner. On convient que chaque juge ne gouvernait pas tout le peuple; l'un pouvait donc en gouverner une partie, et l'autre une autre. D'ailleurs, la juridiction de cette sorte de magistrats était facultative; y recourait qui voulait. Pour ce qui est en particulier de la judicature de Samson, il paraît qu'elle se réduisait à battre en ruine la domination des Philistins par des exploits individuels. Héli aura fait pendant ce temps les fonctions de juge proprement dites.

Dans ce temps vivait un homme de la tribu de Lévi, de la famille de Caath, dont la demeure était sur la montagne d'Ephraïm. Il s'appelait Elcana. Il avait deux femmes. Anne était stérile, Phenenna lui donnait des enfants. La première avait encore la douleur de se voir outragée à ce sujet par l'autre. Elcana, qui l'aimait, cherchait à la consoler : « Est-ce que je ne vaux pas mieux pour vous que dix enfants? » Mais elle continuait de s'affliger. A l'époque des solennités, Elcana se rendait à Silo, où était l'arche d'alliance, pour adorer et offrir des sacrifices. Ses femmes avaient coutume de l'accompagner. Un jour qu'Anne était avec lui à Silo, le grand-prêtre Héli, qui était assis sur un trône à l'entrée du tabernacle observa comment elle remuait les lèvres pendant longtemps sans faire entendre aucune parole. Dans la persuasion qu'elle était ivre, il lui fit des reproches. Mais elle avait prié avec ferveur et avec larmes, et fait vœu à l'Eternel que, s'il avait pitié d'elle et lui donnait un fils, elle le lui consacrerait, et que jamais le rasoir ne passerait sur sa tête. Elle répondit donc au pontife : « Non, mon seigneur, je ne

(1) Pline, 1. 36, c. 15. — (2) Shaw. Voyage du Levant; Mém. de l'Acad. des Inscrip., t. LXI.

LIVRE X. — LES JUGES, INSTITUTION DE LA ROYAUTÉ.

suis qu'une femme très-malheureuse; je n'ai bu ni vin ni liqueur enivrante, mais j'ai répandu mon âme en la présence de l'Eternel. Ne prenez point votre servante pour une fille de Bélial, car il n'y a que l'excès de ma douleur et de mon affliction qui m'ait fait parler jusqu'à présent. » Le vieux pontife (il avait alors près de quatre-vingt-dix ans) la congédia avec une noble dignité, et la consola par ces paroles : « Allez en paix, seigneur, et que le Dieu d'Israël vous accorde la demande que vous lui avez faite. » Elle s'en retourna pleine de confiance. Quelque temps après, elle conçut, enfanta un fils et l'appela *Samuël*, c'est-à-dire *obtenu de Dieu*. Lorsque l'enfant fut sevré, elle accompagna de nouveau son mari à Silo. Les heureux parents offrirent des sacrifices et présentèrent le jeune enfant au grand-prêtre, à qui Anne dit : De grâce, seigneur, vive votre âme! c'est moi cette femme que vous avez vue ici devant vous prier l'Eternel; je l'ai prié pour cet enfant, et l'Eternel a exaucé ma demande. Maintenant donc je le rends à l'Eternel, afin qu'il soit à lui tant qu'il vivra. » Héli bénit Elcana et son épouse, et dit : « Que Jéhova vous donne de cette femme d'autres enfants pour le gage que vous avez confié à Jéhova (1). »

Anne, qui autrefois avait là même répandu l'amertume de son âme, éclate maintenant en actions de grâces et en paroles prophétiques.

« Mon cœur a tressailli en Jéhova! En Jéhova s'est élevée ma gloire (2)! Ma bouche s'est ouverte sur mes ennemis, parce que j'ai été réjouie dans ton salut !

» Nul n'est saint comme Jéhova; car nul n'est que toi! Point de roc comme notre Dieu.

» Cessez vos paroles d'orgueil et d'insolence ! Que votre ancien langage ne sorte plus de votre bouche ! car Jéhova est le Dieu des sciences; c'est lui qui pèse les œuvres.

» L'arc des puissants a été brisé, et les faibles ont été revêtus de force.

» Les rassasiés d'autrefois se sont loués pour avoir du pain, et ceux qui étaient affamés ont cessé de l'être.

» Celle qui était stérile a enfanté beaucoup, et celle qui avait de nombreux enfants a défailli.

» Jéhova met à mort et vivifie; il conduit aux enfers et en ramène.

» Jéhova fait le pauvre et le riche; il abaisse et relève.

» Il suscite de la poussière le petit (3), il élève du fumier l'indigent, pour les faire asseoir avec les princes et leur donner en héritage un trône de gloire.

» Car à Jéhova sont les pôles de la terre ; sur eux il a posé le globe.

» Il gardera les pieds de ses saints; les impies resteront muets dans les ténèbres, car nul ne se soutiendra par sa propre force.

» Jéhova!.... Ses ennemis seront brisés; du haut des cieux il tonnera sur leurs têtes. Jéhova jugera les confins de la terre; il donnera la force à son roi; il rehaussera la gloire de son Messie (1. Reg., 2, 1-10). »

Ce sublime cantique a une grande ressemblance avec le cantique de la Mère du Sauveur. Cette femme stérile, mais qui enfante beaucoup, et cette autre à plusieurs enfants, qui vient à défaillir, reparaîtront plus d'une fois dans les Prophètes et dans les Apôtres. C'est la gentilité, longtemps stérile, qui enfantera plus d'élus à Dieu que la Synagogue, longtemps seule féconde. Anne, dont le nom signifie *pleine de grâce*, a désigné la première, sous le nom de *Messie*, *Christ*, *Oint*, le fils de la Vierge pleine de grâce; car que ce Christ ici soit le Messie, c'est ce qu'avouent tous les anciens docteurs de la Synagogue (1).

Elcana et Anne revinrent dans leur maison, mais l'enfant resta à Silo, où il servait l'Eternel, sous les yeux du grand-prêtre, vêtu d'un éphod de lin. L'Eternel bénit Anne, et elle enfanta encore trois fils et deux filles; mais Samuel, à qui elle apportait une petite tunique aux jours de fête, se fortifiait et croissait, aimé de Dieu et des hommes (*Ibid.*, 2, 11 11 et 12-18 et 19).

Les deux fils d'Héli, Ophni et Phinéès, étaient des enfants de Bélial et ne connaissaient point Jéhova. Ils abusaient des femmes qui vivaient en retraite à la porte du tabernacle. Ils éloignaient, par leur avarice insolente, les Israélites du culte divin et des sacrifices. Informé de leurs désordres, Héli, qui était très-vieux, se contenta de leur faire une réprimande, sans user de son autorité, ainsi qu'il le devait pour l'honneur de Dieu, et comme père, et comme grand-prêtre, et comme juge : « Pourquoi faites-vous de pareilles choses, des choses abominables, ainsi que je l'apprends de tout le peuple? Cessez, mes enfants; car il n'est pas bien qu'on dise de vous, ce que j'entends, que vous faites transgresser la loi par le peuple de l'Eternel. Lorsqu'un homme offense un homme, on peut demander à Dieu le pardon du coupable; mais si l'homme offense directement l'Eternel lui-même, quel médiateur intercédera pour lui? » Mais ils n'entendirent pas la voix de leur père, parce que l'Eternel voulait les punir de mort. Alors vint un homme de Dieu auprès d'Héli, lui rappela comment l'Eternel s'était révélé à la maison de son père, quand Israël demeurait encore en Egypte; comment il avait choisi la tribu de Lévi pour son service, et la famille d'Aaron pour son sacerdoce. Et voilà que vous honorez vos enfants plus que moi! Aussi voici ce que dit l'Eternel : J'honorerai qui m'honore, mais ceux qui me mépriseront seront couverts d'ignominie. » Le prophète ajouta les malheurs dont l'Eternel le menaçait, lui et sa postérité, et en donna pour preuve que ses deux fils mourraient le même jour. « Et je me susciterai, conclut-il, un prêtre fidèle, qui agira selon mon cœur et mon âme; et je lui bâtirai une maison stable, et il marchera devant mon Christ, tous les jours (*Ibid.*, 2, 12-36). »

---

(1) 1. Reg., 1, 1-28. En hébreu, le premier livre de Samuël.
(2) En hébreu, *carni*, ma corne. Chez les anciens les cornes étaient le symbole de la puissance et de la majesté. Ainsi, on voit des médailles où les rois sont représentés avec des cornes (a). Au dire d'Ovide et de Valère Maxime, un préteur romain, qui venait de remporter une brillante victoire, s'étant trouvé tout d'un coup la face cornue, on y vit aussitôt une marque de royauté, et le préteur se condamna à l'exil pour n'en pas exposer la liberté de sa patrie (b). Horace, à peu près dans le même sens, s'écrie une amphore qu'elle donne des cornes au pauvre, c'est-à-dire de la force, du courage, de la confiance (c). Il ne faut donc pas s'étonner lorsque dans l'Ecriture, ce mot a une signification analogue. On se rappelle que Moïse, au sortir de son entretien avec Dieu sur la montagne, avait la face cornue, c'est-à-dire rayonnante de majesté.
(3) *Dal*, en hébreu.
(a) Spanheim. De usu numismat., dissert. 7. — (b) Ovide, Métam., 1. 15 585-621; Val. Max., 5, 6. — (c) Od., l. 3, od. 21.

(1) Jonathan-Ben-Huziel; le Medrasch-Rabba, *sur les Lamentations*. Le Medrasch-Tehillim, *sur le Psaume* 75; R. Samuël Laniado, etc.

Or, en ce temps, la parole de Jéhova était rare, c'est-à-dire, il y avait peu de prophètes et point de vision manifeste. Un jour qu'Héli, dont les yeux s'obscurcissaient par la vieillesse, était sur son lit, il arriva que le jeune Samuël, qui couchait à peu de distance et non loin de l'arche, s'entendit appeler par son nom, au commencement de la nuit et avant que la lampe fût éteinte dans le tabernacle. Persuadé que c'était le grand-prêtre, il répondit : Me voici, courut à lui, et répéta : Me voici, car vous m'avez appelé. L'autre assura que non et lui dit de retourner dormir. Samuël le fit, fut appelé une seconde fois, alla de nouveau au grand-prêtre et fut renvoyé comme la première. Or, Samuël ne connaissait point encore Jéhova, sa parole ne lui avait pas encore été révélée; c'est-à-dire, l'Eternel ne s'était point encore fait connaître à lui dans des visions prophétiques. La même chose ayant eu lieu une troisième fois, Héli connut que l'Eternel appelait l'enfant, et dit à Samuël : Va et dors, et s'il t'appelle encore une fois, tu diras : O Jéhova, parlez, car votre serviteur écoute. Samuël donc s'en alla et dormit. Et Jéhova vint, et s'arrêta près de Samuël, et l'appela comme il avait fait les autres fois : Samuël, Samuël! Et Samuël dit : Parlez, ô Jéhova, car votre serviteur écoute. Et Jéhova dit à Samuël : « Voilà que je vais faire entendre une parole en Israël, et les deux oreilles en retentiront à quiconque l'ouïra. En ce jour-là je susciterai contre Héli tout ce que j'ai dit sur sa maison : je commencerai et j'achèverai. Car je lui ai prédit que je jugerai sa maison à jamais, à cause de son iniquité, parce qu'il a connu que ses fils agissaient indignement et il ne les a pas corrigés. C'est pourquoi j'ai juré sur la maison d'Héli, que son iniquité ne sera jamais expiée par des oblations ni par des présents. » Or, Samuël demeura au lit jusqu'au matin et ouvrit la porte de la maison de l'Eternel. Il craignait de déclarer la vision à Héli. Mais celui-ci l'appela : Mon fils Samuël! Il répondit : Me voici. Héli, l'interrogeant : Quelle est la parole qu'il t'a dite? Ne me la cache point, je te prie; que Dieu te fasse ceci et y ajoute cela, si tu me caches rien de la parole qui t'a été dite. Samuël lui déclara donc tout et ne lui céla rien. Il répondit : Il est l'Eternel! qu'il fasse ce qui est bon à ses yeux (1. Reg., 3, 1-18).

Ces paroles respirent une touchante résignation. Mais Dieu lui demandait autre chose, de réprimer avec fermeté les désordres de ses deux fils. Puisqu'il était l'Eternel, le souverain Maître, il fallait lui obéir en cela d'abord et faire cesser les scandales qui déshonoraient son culte. Sa faiblesse à cet égard, inexcusable dans un père, dans un premier magistrat, dans un grand-prêtre, acheva d'attirer sur lui les châtiments dont il était menacé depuis longtemps.

Quant à Samuël, il devint grand; l'Eternel était avec lui et il ne laissa tomber à terre aucune de ses paroles, mais elles eurent toutes leur accomplissement. Et tout Israël connut, depuis Dan jusqu'à Bersabée, que Samuël avait été accrédité prophète de Jéhova. L'Eternel continua de lui apparaître dans Silo; car c'est là que, par sa parole, il se découvrit à lui. Tout ce que Samuël disait au peuple s'accomplissait (*Ibid.*, 3, 19-21).

Il y avait guerre entre Israël et les Philistins.

Israël fut défait et perdit dans un combat environ quatre mille hommes. Les anciens résolurent alors de faire venir de Silo l'arche de Jéhova, afin d'être sauvés par elle. Le peuple envoya donc à Silo, et ils apportèrent de là l'arche de l'alliance de Jéhova-Sabaoth, assis sur les chérubins. Et les deux fils d'Héli, Ophni et Phinéès, étaient avec l'arche de l'alliance de Dieu. Et quand l'arche de l'alliance de Jéhova fut venue dans le camp, tout Israël poussa de grandes acclamations et la terre en retentit. Les Philistins les ouïrent et se demandèrent : « Quelle est cette clameur dans le camp des Hébreux ? » Ayant appris que l'arche de Jéhova y était arrivée, ils s'écrièrent saisis de crainte : « Elohim est arrivé dans le camp. Malheur à nous! car il n'en était pas ainsi hier ni avant-hier. Malheur à nous! Qui nous sauvera de la main de ces Elohim puissants? Ce sont ces Elohim qui ont frappé l'Egypte de toutes les plaies au désert (1. Reg., 4, 1-9). »

On voit que les Philistins n'avaient pas oublié ce que l'Eternel avait fait à l'Egypte. Ils craignaient quelque chose de pareil. Ils parlent de lui tantôt au singulier, tantôt au pluriel. Ce leur était d'autant plus facile que le mot *Elohim*, dont ils se servaient et que nous avons retenu pour cela, signifie également et un dieu et plusieurs. Sans doute, l'idée du grand nombre n'était pas fort nette. Il est possible cependant, comme le pensent quelques docteurs de la Synagogue, qu'il y eût parmi eux quelques individus qui avaient une connaissance plus exacte du Dieu d'Israël et qui révéraient l'arche de son alliance (Lyran., *in hunc locum*).

Les Philistins s'encouragèrent néanmoins à une défense vigoureuse pour ne pas tomber sous le joug d'un peuple qui avait été sous le leur. Une seconde bataille se livra. L'issue en fut encore plus désastreuse pour Israël. L'armée, après avoir perdu trente mille hommes, fut dispersée : les deux fils d'Héli perdirent la vie; et, ce qu'il y eut de plus terrible dans le jugement de Dieu, l'arche d'alliance fut prise par les ennemis.

Un Benjamite accourut de l'armée à Silo, les vêtements déchirés et la tête couverte de poussière. Il trouva le grand-prêtre assis sur son trône, les yeux fixés sur le chemin : car son cœur tremblait à cause de l'arche de Dieu. A mesure qu'il avance, le bruit de la défaite se répand, des cris et des pleurs s'élèvent : le pontife, affaissé sous le poids de quatre-vingt-dix-huit ans, et ne voyant plus de vieillesse, entend le tumulte, en demande la cause. Le Benjamite lui répond : « Je suis venu de la bataille, et, aujourd'hui même, je me suis enfui de l'armée. Héli lui dit : Qu'est-il arrivé, ô mon fils? — Israël s'est enfui devant les Philistins, reprend le messager, une grande ruine est sur le peuple; de plus, vos deux fils sont morts, Ophni et Phinéès, et, l'arche de Dieu est prise. » Quand il eut nommé l'arche de Dieu, Héli tomba de son siège à la renverse près de la porte, et, s'étant brisé la tête, il mourut; car il était vieux et appesanti par l'âge. Il avait jugé Israël quarante ans.

Sa belle-fille, femme de Phinéès, qui était enceinte, ayant ouï la nouvelle que l'arche de Dieu était prise, que son beau-père était mort, ainsi que son mari, fut saisie des douleurs, se baissa et enfanta. Et pendant qu'elle se mourait, les femmes qui se tenaient auprès d'elle lui dirent : Ne crains point, car tu as enfanté un fils. Mais elle ne leur répondit rien et n'y fit pas même attention. Elle appela l'enfant *Jehabod*, ou *non-gloire*, disant : Elle n'est plus la gloire d'Israël, à cause que l'arche de Dieu était prise et que son beau-père et son mari étaient morts. Elle répéta encore une fois en mourant : « Elle n'est plus la gloire d'Israël, parce que l'arche de Dieu est prise (1. Reg., 4, 10-22). »

Ainsi mourut cette vraie Israélite; ainsi mourut son beau-père, le grand-prêtre et juge Héli, que l'Ecriture nous peint en peu de traits, mais en traits qu'elle seule sait peindre. Dignité pleine de douceur, zèle sincère pour la gloire de Dieu reluisent dans ses paroles et dans ses actions. Il surmonta sa naturelle, trop molle débonnaireté, quand il réprimanda Anne, qu'après l'avoir considérée longtemps il crut coupable d'intempérance. Mais quand il sut qu'elle n'avait fait que répandre son cœur affligé devant Dieu, avec quelle tendresse pontificale il la console : « Allez en paix; le Dieu d'Israël vous accordera la demande que vous lui avez faite. » On aime à le voir bénissant la mère et son époux : « Que l'Eternel vous donne d'autres enfants pour le gage que vous avez confié à l'Eternel! » Il paraît avoir affectionné Samuel comme un fils. Qui n'admirerait l'humble résignation avec laquelle il reçoit la terrible annonce que Dieu lui fait par ce jeune enfant : « Il est le maître; qu'il soit fait comme il lui plaît! » Pourquoi son amour envers ses fils n'a-t-il pas été de meilleure sorte? Par rapport à eux, sa douceur, ailleurs si aimable, dégénéra en coupable connivence, et il devint complice des scandales que ces malheureux donnaient au peuple. A la vérité, il leur reprocha leurs désordres, mais il ne les réprima point. Sa touchante réprimande, qui ne toucha que lui, fut perdue pour eux, et, par suite de sa faiblesse, perdue fut pour lui-même la menaçante admonition de Dieu par son prophète, et l'annonce du jugement plus proche par le saint enfant. Il paraît que ce fut contre sa volonté que ses fils enmenèrent de Silo l'arche de l'Eternel. Il ne l'empêcha point; c'est pourquoi il était inquiet. Le vieillard aveugle était donc assis, le visage tourné vers le chemin, pour écouter les pas du voyageur, qui pourrait lui donner des nouvelles de l'arche de Jéhova, assis entre les chérubins. Le tumulte du peuple se lamentant ne lui fit point perdre son calme. « Qu'est-il arrivé, mon fils? » demande-t-il au messager. Il apprend la défaite d'Israël; il apprend la mort de ses deux fils. Mais quand il apprend que l'arche de Jéhova qu'elle est entre les mains des ennemis, son cœur se brise avant qu'il se brise la tête. Il tombe et meurt.

Sans doute on ne peut justifier ce vieillard, puisque l'Ecriture lui fait de si sévères reproches. Mais qui voudrait le condamner sans pitié? Qui voudrait soutenir que ce châtiment si terrible dont Dieu le frappa dans le temps, ne l'a point sauvé pour l'éternité?

Les pères et mères peuvent toujours apprendre de son exemple avec quelle bonté sévère ils doivent élever leurs enfants, et avec quelle rigueur Dieu punira leur négligence sur ce point, fussent-ils irréprochables d'ailleurs.

Joyeux de leur grande victoire et fiers de posséder l'arche sainte dont l'arrivée au camp d'Israël les avait effrayés naguère, les Philistins l'emmenèrent triomphants à Azot, dans le temple de leur dieu Dagon. Suivant toutes les apparences, cette idole représentait par le haut une figure humaine, et se terminait par la queue d'un poisson. Diodore de Sicile nous apprend que, dans une des plus fameuses villes des Philistins, Ascalon, on adorait une divinité, femme par la tête et poisson par le reste du corps (Diod., l. 2). Le nom même de Dagon, que lui donne l'Ecriture et qui veut dire poisson en hébreu, le fait assez entendre. Quoi qu'il en soit, les habitants de la ville, s'étant levés dès le point du jour, trouvèrent l'idole renversée par terre devant l'arche de Jéhova. Ils la remirent en place. Le lendemain, elle était non-seulement renversée, mais encore brisée: Le tronc gisait par terre devant l'arche; la tête et les mains, au contraire, se trouvaient jetées sur le seuil du temple. De là, l'usage que les prêtres et les autres Philistins, quand ils entraient dans le temple de Dagon, ne posaient point le pied sur le seuil de la porte (1. Reg., 5, 1-5). Peut-être même que cette coutume passa de Syrie à Rome, où l'on voit, du temps d'Auguste, que l'on tenait pour sacré le seuil des temples.

Au même temps, les habitants de la ville et du pays d'alentour furent frappés de maladies humiliantes et douloureuses. De plus, une multitude innombrable de rats inondèrent les campagnes. Se voyant en proie à la confusion et à la mort, ceux d'Azot s'écrièrent : « Que l'arche du Dieu d'Israël ne demeure pas parmi nous, parce que sa main s'est appesantie sur nous et sur notre dieu Dagon ! » Les princes des Philistins s'étant consultés, la firent transporter à Geth. Mais les mêmes fléaux et accablèrent le peuple; tous les habitants étaient frappés, depuis le plus petit jusqu'au plus grand, et leurs entrailles sortaient de leurs corps et se pourrissaient. Lorsque de là on conduisit l'arche à Accaron, les habitants commencèrent à crier : « Ils nous ont amené l'arche du Dieu d'Israël afin qu'elle nous tue, nous et notre peuple. Ramenez-la au lieu où elle était. » En effet, l'épouvante et la mort se répandirent aussitôt dans la ville entière; la main de Dieu s'y appesantissait de telle sorte, que le cri de toute la ville monta jusqu'au ciel (*Ibid.*, 5, 6-12).

L'arche de l'Eternel ayant ainsi parcouru et frappé tout le pays pendant sept mois, les satrapes des Philistins convoquèrent leurs devins et leurs prêtres, et leur dirent : « Que ferons-nous à l'arche de Jéhova? Dites-nous comment la renvoyer au lieu où elle était. » Ceux-ci leur recommandèrent de ne pas la renvoyer vide, mais de l'accompagner d'une offrande pour le péché, savoir, des figures d'or représentant, les unes la maladie dont ils avaient été affligés, les hémorrhoïdes; les autres le fléau qui avait ravagé leurs campagnes; le tout au nombre de cinq, suivant les cinq principautés des Philistins. « Quand vous rendrez ainsi gloire au Dieu d'Israël, peut-être qu'il retirera sa main de vous, et de vos dieux, et de votre terre. Pourquoi endurciriez-vous votre cœur comme les Egyptiens et comme Pharaon ? Ne fut-ce point quand ce Dieu les eut accablés, comme en se jouant, qu'ils laissèrent partir les enfants d'Israël et que ceux-ci s'en allèrent (*Ibid.*, 6, 1-6) ?

Ainsi que déjà nous l'avons observé, l'on voit que, du temps d'Héli et de Samuel, les nations connaissaient encore bien la puissance souveraine du Dieu d'Israël et les plaies terribles dont il avait frappé l'Egypte. Celles dont il affligeait alors les Philistins, peuple navigateur et commerçant, durent augmenter encore et la connaissance et la terreur de son nom. Il était facile de reconnaître, avec les prêtres de Palestine, que Jéhova était au-dessus des dieux de Syrie, au-dessus des dieux de l'Egypte, et, par suite, au-dessus des dieux importés de là en Grèce, il était facile de reconnaître, en un mot, qu'il est le Dieu des dieux, comme lui-même il s'appelle. Toutefois ces mêmes prêtres ne concluront pas : Ce Dieu si puissant, qu'il écrase comme en se jouant et nos dieux et nous, comme il a fait jadis de l'Egypte et de ses dieux, il faut l'adorer comme lui-même il le demande et laisser là notre impuissante idole avec sa tête et ses bras mutilés. Mais non, cette idole tellement absurde que, pour peindre l'idéal du ridicule, le poëte n'a rien trouvé de mieux : visage d'une belle femme se terminant par la queue dégoûtante d'un sale poisson (1) ; ce Dagon ou cette Dagon informe, renversé par terre, mis en pièces et jeté sur le seuil comme une immondice, ils le ramasseront, ils le raccommoderont, ils le raffermiront en sa place avec des chevilles et des clous. Pour le Dieu vivant qui leur a fait sentir si efficacement ce qu'il est, ils ne penseront qu'à renvoyer honorablement son arche; pour ne point périr tout à fait. Comme eux tous les Philistins reconnaissent la puissance souveraine du Dieu d'Israël ; comme eux ils croient et tremblent; comme eux ils s'arrêtent à la peur. Il est à croire cependant que, si la masse du peuple en resta là, plus d'un individu fit mieux. En effet, nous verrons un corps de six cents Philistins, de Geth, venir au service de David, et leur chef lui dire, à la révolte d'Absalon : « Vive Jéhova ! et vive le roi mon seigneur ! Partout où sera mon seigneur le roi, là sera ton serviteur (2. Reg., 15, 21). » Toujours est-il que Dieu ne s'est pas laissé sans témoignage, même au milieu des nations infidèles. Au moment que les Philistins triomphent de son peuple, c'est alors qu'il triomphe d'eux et qu'il les force à lui rendre tous publiquement hommage.

Les prêtres et les devins conclurent qu'il fallait placer l'arche sur un char neuf, y atteler deux vaches qui nourrissaient leur veau et qui n'avaient jamais porté le joug, enfermer leurs veaux dans l'étable, et puis les laisser aller sans les conduire. Il était visible que, sans un instinct particulier, ces vaches ne s'éloigneraient pas du lieu où étaient renfermés leurs petits. Ils ajoutèrent encore de prendre garde si l'arche monterait par le chemin de Bethsamès, ville d'Israël. Dans ce cas il sera manifeste que c'est Lui qui nous a fait un mal si terrible. Que si elle n'y va pas, nous saurons que ce n'est pas sa main qui nous a frappés, mais que cela nous est arrivé par hasard. Ce conseil fut suivi. Les vaches s'en allèrent tout droit vers Bethsamès, et s'avancèrent en mugissant, sans se détourner ni à droite ni à gauche. Selon plusieurs, il y avait d'Accaron à cette ville environ sept lieues. Les princes des Philistins les suivirent jusqu'aux terres de Bethsamès, en la tribu de Juda (1. Reg., 6, 7-12).

Les Bethsamites moissonnaient les blés dans une vallée, quand, à leur grande joie, ils aperçurent l'arche de l'Eternel. Le char qui la portait vint dans le champ de Josué, de Bethsamès, où les vaches s'arrêtèrent. Bethsamès étant une ville sacerdotale, les lévites qui s'y trouvaient déposèrent l'arche sur une grande pierre qui était dans le champ ; les autres coupèrent le bois du char, mirent les vaches dessus et les offrirent en holocauste à l'Eternel, ainsi que d'autres victimes. Cependant la loi défendait, sous peine de mort, même aux lévites, de regarder à nu l'arche de Jéhova (Num., 4, 15-20). Or, dans la multitude innombrable qui dut naturellement accourir de toutes parts, plusieurs, oubliant ces ordonnances si expresses, non-seulement regardèrent l'arche avec une curiosité indiscrète au dehors, mais, suivant la force de l'hébreu, portèrent la hardiesse jusqu'à regarder dedans. Pour leur rappeler la crainte et le respect dû à son sanctuaire, Dieu en frappa un grand nombre. La plupart des interprètes et les plus habiles, à la suite de saint Jérôme et de l'historien Josèphe (Lyran., Estius, Menoch., Tirin.), entendent soixante-dix hommes sur cinquante mille, ou qui, par leur considération, équivalaient à cinquante mille du vulgaire. Le peuple de Bethsamès pleura de ce que l'Eternel l'avait frappé d'une si grande plaie, et il se dit : « Qui pourra subsister en la présence de Jéhova, de ce Dieu si saint ? et chez qui montera-t-il en s'éloignant de cette contrée ? » Et il envoya des messagers aux habitants de Cariathiarim, ville également de la tribu de Juda, pour leur dire : « Les Philistins ont ramené l'arche de Jéhova, descendez et emmenez-la chez vous. » Des hommes de Cariathiarim étant venus, emmenèrent chez eux l'arche de l'Eternel et la mirent en la maison d'Abinadab, située dans le lieu le plus élevé de la ville, appelé, à cause de sa hauteur, *Gabaa*; et ils consacrèrent son fils Eléazar pour garder ce sanctuaire. Au dire de Josèphe (*Antiq.*, l. 6, c. 2), Abinadab était de la tribu de Lévi (Eccli., 46, 21).

Depuis que l'arche était arrivée à Cariathiarim, il s'écoula vingt ans, pendant lesquels toute la maison d'Israël s'attacha sincèrement à Dieu. Cette grande défaite avait produit des fruits de pénitence ; et, sur l'exhortation de Samuël, qui était alors juge, ils avaient rejeté les idoles et ne servaient plus que Jéhova. D'après l'ordre de Samuël, tout Israël s'assembla à Maspha; là, il pria pour le peuple, qui s'excita au regret de ses fautes, les confessa devant l'Eternel, et, pour les expier, célébra un jour de jeûne.

Les Philistins ayant appris que, sur l'ordre de Samuël, les enfants d'Israël s'étaient assemblés à Maspha, probablement en armes, marchèrent contre eux. Ceux-ci tremblèrent et dirent à Samuël : « Ne cessez de crier pour nous vers Jéhova, notre Dieu; afin qu'il nous sauve de la main des Philistins. » Samuël prit un agneau encore à la mamelle, l'offrit tout entier en holocauste, implora l'Eternel pour son peuple ; et l'Eternel l'exauça. Samuël n'avait point encore achevé son sacrifice, que les Philistins, ayant les Tyriens pour auxiliaires (Eccli., 46, 21), commencèrent le combat contre Israël. Mais Jéhova tonna avec un bruit terrible sur les Philistins, les frappa de terreur, et ils tombèrent à l'aspect d'Israël. Les guerriers, sortis de Maspha, les poursuivirent et les frappèrent jusqu'à Bethchar. Et Samuël prit une pierre qu'il plaça entre Maspha et

---

(1)..... *Ut turpiter atrum desinat in piscem mulier formosa supernè, spectatum admissi risum teneatis amici* (Horat, *de Arte poëtica*).

LIVRE X. — LES JUGES, INSTITUTION DE LA ROYAUTÉ.

Sen, et il appela ce lieu *Aben-Ezer, la pierre de secours*, disant : « L'Eternel nous a secourus jusque-là. » C'était l'endroit même où l'arche avait été prise autrefois (1. Reg., 5, 1). Ainsi furent humiliés les Philistins ; ils n'osèrent plus approcher de la frontière d'Israël ; car, durant tous les jours de Samuël, la main de Jéhova fut sur eux. Israël regagna les villes que les Philistins avaient prises, depuis Accaron jusqu'à Geth, avec leurs territoires : il y avait également paix entre le peuple de Dieu et les Amorrhéens (*Ibid.*, 7, 2-14).

Samuël allait tous les ans à Béthel, à Galgal et à Maspha, y rendait la justice aux enfants d'Israël, puis revenait à Ramatha, où était sa maison et où pareillement il rendait la justice au peuple. Il y bâtit un autel à Jéhova (*Ibid.*, 7, 15-17), sans doute d'après son ordre ; car, en général, il n'était pas permis d'offrir des sacrifices ailleurs que devant le sanctuaire.

Cependant Samuël vieillissait, peut-être plus encore sous le poids des affaires que sous celui des années. Il établit alors ses deux fils, Joël et Abia, pour rendre la justice à Bersabée, au midi, tandis que lui continuait à l'autre extrémité du pays. Mais ils ne marchèrent point dans la voie de leur père ; se laissant aller à l'avarice, ils recevaient des présents et pervertissaient le droit (*Ibid.*, 8, 1-3). C'est la première fois et la seule que l'Ecriture parle de cette iniquité sous le gouvernement des juges ; ce qui montre avec quelle exactitude la justice avait été rendue jusque-là.

Alors tous les anciens d'Israël s'assemblèrent à Ramatha, auprès de Samuël, lui représentèrent son grand âge ainsi que la conduite de ses deux fils, et le prièrent d'établir sur eux un roi pour les gouverner à la manière de toutes les nations. Ces paroles déplurent à Samuël. Toutefois, avant de répondre, il s'adressa au roi véritable, il consulta l'Eternel, qui, jusqu'alors, avait régné seul sur la postérité de Jacob. Et Jéhova lui dit : « Ecoute la voix de ce peuple en tout ce qu'il te dira ; car ce n'est pas toi qu'ils rejettent, c'est moi, pour que je ne règne plus sur eux. C'est ainsi qu'ils ont toujours fait depuis le jour que je les ai retirés d'Egypte jusque aujourd'hui. Comme ils m'ont abandonné pour servir les dieux étrangers, ils t'abandonnent aussi toi-même. Ecoute donc à présent leur demande ; mais, auparavant, représente-leur avec assurance quel sera le gouvernement du roi qui régnera sur eux (*Ibid.*, 8, 4-9). »

Samuël exécuta les ordres de l'Eternel : « Voici, dit-il, quel sera le gouvernement du roi qui régnera sur vous. Il prendra vos fils pour conduire ses chars et pour en faire des cavaliers qui marcheront devant lui ; il en fera des tribuns et des centurions pour son armée, des laboureurs pour cultiver ses champs, des moissonneurs pour recueillir ses blés, des ouvriers pour fabriquer des armes et des chariots. Il prendra vos filles pour se faire apprêter des parfums, ainsi que le pain et les mets de sa table. Il prendra aussi les meilleurs de vos champs, de vos vignes et de vos plants d'oliviers, pour les donner à ses serviteurs. Il exigera la dîme de vos moissons et de vos vignes, pour les donner à ses eunuques et à ses esclaves. Il prendra vos serviteurs et vos servantes, et les jeunes gens les plus forts, avec vos ânes, et il les fera travailler pour lui. Il prendra enfin la dîme de vos troupeaux, et vous serez ses serviteurs. Alors vous élèverez des cris à la vue du roi que vous aurez élu, et l'Eternel ne vous écoutera point en ce jour (1. Reg., 8, 10-18). »

Samuël expose dans ces paroles, non pas les droits légitimes d'un roi quelconque, mais le gouvernement despotique des rois de l'Orient. Celui que demandaient les Israélites, une fois en possession du pouvoir suprême, pouvait se porter facilement aux mêmes violences. Alors, nul moyen humain d'y remédier sans bouleverser la nation entière et l'exposer peut-être à de plus grands maux encore : puissant motif pour demeurer sous le gouvernement immédiat de Dieu (1). Quant à la menace de ne point les exaucer lorsqu'ils crieraient contre la tyrannie de leurs princes, elle leur faisait entendre qu'ils méritaient bien cette rigueur en préférant au règne toujours bénin de Dieu, le règne si facilement abusif d'un homme. Toutefois nous verrons l'Eternel, par le ministère de ses prophètes, non-seulement instituant leurs rois, mais les reprenant de leurs excès, les châtiant par des calamités annoncées d'avance, les rejetant même, ainsi que leurs familles, quand ils ont violé grièvement et habituellement les lois de la religion et de l'humanité.

A toutes les remontrances de Samuël, le peuple répondit obstinément : « Non ; mais un roi sera sur nous, et nous serons comme toutes les autres nations. Notre roi nous gouvernera, il marchera à notre tête et il conduira nos guerres. » L'Eternel, que Samuël consulta de nouveau, lui ordonna de condescendre à la voix du peuple et de leur établir un roi. Et Samuël dit aux anciens d'Israël : Retournez chacun dans votre ville (*Ibid.*, 8, 19-22.)

Or, il y avait un homme considéré, de la tribu de Benjamin, du nom de Cis. Il avait un fils nommé Saül, qui était un bel homme, et si grand qu'il surpassait de toute la tête le reste du peuple. Son père l'envoya un jour avec un serviteur chercher des ânesses qui s'étaient égarées. Ils marchèrent longtemps inutilement, et Saül voulait s'en retourner quand ils furent à Suph, près de Rama, demeure de Samuël, où, aujourd'hui encore, après tant de siècles, le village se nomme *Samuël*. Là le serviteur se rappela que dans les environs était l'homme de Dieu, qu'ils pourraient consulter au sujet des ânesses perdues. Saül résolut d'y aller ; mais, suivant l'usage de l'Orient, il voulait lui offrir quelque chose. On sait que les Orientaux ne se présentent jamais devant leurs princes ou autres personnes considérables sans apporter un présent, quelque peu de chose que ce soit ; témoin cet homme du peuple qui, paraissant devant le roi de Perse, lui présenta, faute de mieux, un peu d'eau dans le creux de sa main. Saül allait faire de même. Il pensait d'abord à offrir un morceau de leur pain de voyage, mais tout était consommé. Par bonheur le serviteur qui l'accompagnait trouva une petite pièce de monnaie sur lui.

Arrivés près de Ramatha ou Rama, ils rencontrèrent de jeunes filles qui sortaient pour puiser de l'eau. Le voyant est-il ici, demandèrent-ils ? Elles répondirent que, s'ils voulaient encore le trouver dans la ville, ils devaient se hâter. Ce jour-là le peuple célébrait un sacrifice sur la hauteur, et il ne

---

(1) Greg. Magn., *in* 1. Reg., c. 8 ; Menoch. Tirin. *in hunc locum* ; S. Thom., 1. 2, q. 105, a. 1, ad 5.

devait manger que quand le voyant aurait béni le festin. Dans la ville, l'homme de Dieu vint à leur rencontre. Jéhova lui avait révélé la veillé : « Demain, à cette heure, je t'enverrai un homme de la terre de Benjamin, que tu oindras pour chef de mon peuple d'Israël; et il sauvera mon peuple de la main des Philistins, parce que j'ai regardé mon peuple et que ses cris sont venus vers moi. » Aussitôt que Samuël eut aperçu Saül, l'Eternel lui dit : « Voilà l'homme dont je t'ai parlé; c'est celui-là qui régnera sur mon peuple. » Au même moment Saül s'approcha de Samuël au milieu de la porte, ou plutôt de la ville, et dit : « Indiquez-moi, je vous prie, où est la maison du voyant. » Samuël répondit à Saül : « C'est moi qui suis le voyant; montez devant moi au Lieu-Haut, afin que vous mangiez aujourd'hui avec moi; et demain je vous renverrai dès le matin, après vous avoir expliqué tout ce que vous avez dans le cœur. Et pour les ânesses que vous avez perdues il y a trois jours, n'en soyez point en peine, parce qu'elles sont retrouvées. Et à qui sera tout ce qu'il y a de meilleur dans Israël, si ce n'est à vous et à toute la maison de votre père? » Saül lui répondit : « Ne suis-je pas fils de Jémini, la plus petite tribu d'Israël? et ma famille n'est-elle pas la moindre de toutes celles de Benjamin? Pourquoi donc me parlez-vous de la sorte ? »

Samuël conduisit Saül et son valet au festin sacré, plaça Saül au-dessus de tous les convives, lui fit servir une épaule qu'on avait mise à part d'après ses ordres : façon d'honorer quelqu'un, qui non-seulement était en usage dans l'Orient, mais que nous trouvons encore dans Homère. Après le festin, Samuël mena son hôte dans la ville, s'entretint avec lui, suivant la coutume de l'Orient, sur la plateforme de la maison, où un lit lui avait été préparé. Le lendemain, dès l'aurore, Samuël appela Saül : « Venez, que je vous reconduise. » Et Saül se leva, et ils sortirent tous deux, lui et Samuël. Au bas de la ville, Samuël dit à Saül : « Dites à votre serviteur d'aller devant; pour vous, demeurez un peu, afin que je vous apprenne la parole de Dieu (1. Reg., 9, 1-27). » En même temps il prit un petit vase rempli d'huile, la répandit sur sa tête, le baisa (pour lui rendre hommage) et dit : « Voilà que par cette onction Jéhova vous a consacré prince sur son héritage : et vous délivrerez son peuple de la main des ennemis qui l'environnent (Ibid., 10, 1). »

L'usage de consacrer les rois par l'onction était beaucoup plus ancien. Joatham, fils de Gédéon, y faisait déjà allusion dans son célèbre apologue, comme à une coutume universelle.

Samuël dit encore à Saül que, près du sépulcre de Rachel, il trouverait deux hommes qui lui annonceraient que les ânesses étaient retrouvées, que son père n'y pensait plus, mais qu'il était en peine de lui et du jeune homme. Plus loin, près du chêne de Thabor, il en rencontrerait trois autres, allant adorer Dieu à Béthel. Ceux-ci le salueraient amicalement, et lui offriraient deux pains qu'il devait accepter. Ensuite il arriverait à la colline de Dieu, où il y avait une garnison de Philistins. De là, entré dans la ville, il rencontrerait une troupe de prophètes descendant de la hauteur, précédés de lyres, de tambours, de flûtes, de harpes, et prophétisant : Alors l'esprit de Jéhova se saisira de vous, et vous prophétiserez avec eux, et vous serez changé en un autre homme. Lors donc que ces signes vous seront apparus, faites ce qui se trouvera sous votre main, car Dieu est avec vous.

Samuël lui recommanda, de plus, de descendre à Galgala et de l'y attendre sept jours. Alors il y viendrait aussi offrir des victimes pacifiques et des holocaustes, et lui apprendre ce qu'il aurait à faire.

Aussitôt que Saül eut tourné le dos en quittant Samuël, Dieu lui changea son cœur en un autre, et tous ces signes lui apparurent le même jour. Quand ils arrivèrent à la colline de Dieu, voilà une troupe de prophètes à sa rencontre; l'esprit de Dieu s'empara de lui, et il prophétisa au milieu d'eux. Tous ceux qui le connaissaient d'hier, et d'avant-hier, le voyant parmi les prophètes, prophétisant lui-même, disaient l'un à l'autre : Qu'est-il donc arrivé au fils de Cis? Saül est-il aussi des prophètes? De là ce proverbe : *Saül est-il aussi des prophètes*. Sur la hauteur, il trouva son oncle, qui s'entretint avec lui, mais auquel il ne dit rien de sa dignité royale (1. Reg., 10, 1-16).

Quelque temps après, Samuël convoqua le peuple à Maspha, devant l'Eternel, c'est-à-dire devant l'arche sainte qu'on y avait apportée. Là il dit aux enfants d'Israël : « Ainsi parle Jéhova, le Dieu d'Israël : C'est moi qui ai retiré Israël de l'Egypte, et qui vous ai délivrés de la main des Egyptiens, ainsi que de la main de tous les royaumes qui vous affligeaient. Mais vous, aujourd'hui même, vous avez rejeté votre Dieu, lui qui vous a sauvés de tous les maux et de toutes les misères qui vous accablaient; vous avez dit : Non; mais établissez un roi sur nous. Maintenant donc présentez-vous à Jéhova, chacun selon sa tribu et sa famille. »

Samuël ayant fait approcher toutes les tribus d'Israël, le sort tomba sur la tribu de Benjamin. Ayant fait approcher Benjamin, selon ses familles, le sort tomba sur la famille de Métri, puis sur Saül, fils de Cis. Ils le cherchèrent, mais ne le trouvèrent point. Ils consultèrent l'Eternel pour savoir s'il viendrait en ce lieu-là; l'Eternel répondit qu'il était caché dans le bagage. C'est pourquoi ils y coururent et le ramenèrent avec eux; et lorsqu'il fut au milieu du peuple, il parut plus grand que tous les autres de toute sa tête. Samuël dit à tout le peuple : « Vous voyez celui que l'Eternel a choisi, et qu'il n'y en a point dans tout le peuple qui lui soit semblable. » Et tout le peuple cria : *Vive le roi!* Samuël prononça ensuite devant le peuple la loi du royaume, l'écrivit dans un livre qu'il déposa devant l'Eternel (*Ibid.*, 10, 17-25).

Telle fut l'origine de la royauté chez le peuple de Dieu. Le peuple la demande, Dieu l'accorde; le peuple la demande avec opiniâtreté, Dieu l'accorde avec regret. Un gouvernement meilleur avait précédé : le gouvernement des patriarches, plus pères que rois; le gouvernement des juges, qui était en tout patriarcal. Sous eux, la nation est une comme sa religion; si elle ne lui est pas toujours fidèle, au moins pas un de ses chefs ne la porte à l'infidélité. De même, dans l'univers entier, avant Nemrod, le premier roi, sous le gouvernement des pères de famille, l'humanité est une et unie; si elle mérite que Dieu la punisse, elle ne le méconnaît pas du moins, elle n'adore pas d'idoles. L'idolâtrie commence avec les rois;

ils en sont une des principales causes. L'Ecriture nous le dit formellement (Sap., c. 14, v. 16 et 17). Et l'histoire de l'Egypte, de la Grèce et de Rome nous en fournit des preuves sans nombre. Pour rétablir l'empire de la vérité sur la terre, le Christ aura principalement à combattre les rois. Dans la nation choisie, il en sera de même. Cette nation, une sous les patriarches et les juges, se divisera irrémédiablement sous les rois; il y aura peuple contre peuple, trône contre trône. L'un de ceux-ci aura pour fondement le schisme, et pour politique l'impiété. Ce qui ne s'était jamais vu, un Israélite persécutant des Israélites pour leur faire adorer de faux dieux, les rois en donneront plus d'une fois l'exemple. Et cette royauté, tant désirée maintenant, finira par la ruine et l'exil de la nation entière. Dieu aurait voulu épargner à celle-ci tant de malheurs; mais, comme elle s'opiniâtre, il lui accorde, dans son indignation plus que dans sa miséricorde, le roi-homme qu'elle demande (1). Pour lui, il saura tirer le bien du mal même et parvenir à ses fins par les obstacles.

Un homme de nos jours a dit avec beaucoup de raison : « La royauté est tout autre chose que la volonté d'un homme, quoiqu'elle se présente sous cette forme ; elle est la personnification de la souveraineté de droit, de cette volonté essentiellement raisonnable, éclairée, juste, impartiale, étrangère et supérieure à toutes les volontés individuelles, et qui, à ce titre, a droit de les gouverner. Tel est le sens de la royauté dans l'esprit des peuples, tel est le motif de leur adhésion (2). »

Or, en Dieu seul est cette volonté essentiellement raisonnable, éclairée, juste, impartiale, étrangère et supérieure à toutes les volontés individuelles. Dieu seul a donc le droit de gouverner les hommes; Dieu seul est donc le souverain de droit, le souverain légitime que cherchent tous les peuples; Dieu seul en a tous les caractères.

« En effet, dit encore le même homme, quels sont les caractères du souverain de droit, les caractères qui dérivent de sa nature même? D'abord il est unique ; puisqu'il n'y a qu'une vérité, une justice, il ne peut y avoir qu'un souverain de droit. Il est, de plus, permanent, toujours le même ; la vérité ne change point. Il est placé dans une situation supérieure, étrangère à toutes les vicissitudes, à toutes les chances de ce monde ; il n'est du monde en quelque sorte que comme spectateur et comme juge ; c'est là son rôle (3). »

Or, encore un coup, Dieu seul est tout cela. Dieu seul est donc le souverain de droit, le roi véritable. Donc Israël, n'ayant pas de roi que Dieu, avait seul un gouvernement en tout légitime. Donc Israël, en voulant un roi-homme, avec sa volonté naturellement changeante et faillible, s'éloignait du seul gouvernement vrai et sûr ; car, comme dit l'auteur déjà cité, « toute attribution de la souveraineté de droit à une force humaine quelconque, est radicalement fausse et dangereuse (4). » Donc, Dieu et son prophète avaient grande raison de la blâmer.

(1) *Merito igitur se abjectum Dominus in regis petitione conqueritur, merito regiam dignitatem concedit indignatus* (S. Greg., in 1. Reg., cap. 8).
(2) Guizot, *Cours d'histoire moderne*, 9e leçon, p. 10. 1829.
(3) Idem, ibidem.
(4) Idem, ibidem, p. 13, 1828.

Toutefois, en accordant à son peuple la royauté humaine, Dieu fera bien entendre que ce n'est qu'une royauté ministérielle, et que l'homme n'est vraiment roi qu'autant qu'il tient de Dieu la puissance, qu'autant qu'il représente parmi les hommes sa vérité et sa justice. C'est Jéhova qui choisit les rois d'Israël, comme il avait fait le grand-prêtre et les juges : leur trône est appelé son trône, et cela dans le sens le plus profond. La vérité, la justice ayant seules le droit de gouverner les hommes, et Dieu seul étant la vérité, la justice réelle vivante et immuable, il s'ensuit qu'un trône, qu'une souveraineté ne sont légitimes qu'autant que c'est le trône, la souveraineté de Dieu.

Ces pensées sont de tous les lieux et de tous les temps. Chez le plus ancien peuple de l'Asie, les Chinois, dans ses plus anciens monuments et à des temps qui ont précédé le temps de Saül, c'est le Ciel qui fait les rois, les rois sont appelés les fils du Ciel, le trône est la place du Ciel, les affaires du royaume sont les affaires du Ciel. Le plus ancien poète des Grecs, Homère, nomme les rois élèves et ministres du Dieu suprême ; c'est lui qui les revêt de puissance et de gloire ; c'est de lui qu'ils tiennent le sceptre et les lois.

La même croyance portait également que les rois étaient tenus plus que tout autre à observer la loi de Dieu. Ainsi, dans les antiques annales des Chinois, on trouve, vers le temps de Saül, déjà deux familles impériales rejetées du Ciel parce qu'elles n'avaient pas constamment observé sa loi. « L'auguste Ciel, le souverain Seigneur, est-il dit à un des premiers rois de la troisième dynastie, a ôté l'empire de *Yn* à son fils héritier ; c'est pour cela, prince, que vous êtes aujourd'hui sur le trône. A la vue d'un événement si heureux pour vous, et si malheureux pour le roi de *Yn*, peut-on ne pas être pénétré d'une crainte respectueuse ? Le Ciel a privé pour toujours du royaume la dynastie de *Yn* ; les anciens et vertueux rois de cette dynastie sont dans le ciel ; mais, parce que leur successeur a obligé les sages du son royaume à se tenir cachés, et qu'il a maltraité les peuples, ses sujets ont pris leurs femmes et leurs enfants, et, en les embrassant, en les encourageant, ils ont invoqué le Ciel ; ils ont voulu prendre la fuite, mais on s'est saisi de ces malheureux. Hélas ! le Ciel a eu compassion des peuples ; c'est par amour pour ceux qui souffraient qu'il a remis ses ordres entre les mains de ceux qui avaient de la vertu. Prince, songez donc à la pratiquer. Jetez les yeux sur la dynastie de *Hia*: tant que le Ciel l'a dirigée et protégée comme un fils obéissant, les rois de cette dynastie ont respecté et suivi exactement les ordres et les intentions du Ciel ; cependant elle a été détruite dans la suite. Examinez ce qui s'est passé dans celle de *Yn* : le Ciel la dirigea et la protégea également ; alors on vit des rois de cette dynastie qui obéissaient avec respect aux ordres du Ciel ; aujourd'hui elle est entièrement détruite (*Chou-King*, p. 209. Paris, 1770). »

« Ce qui s'est passé parmi les peuples, dit le nouveau roi aux ministres de la seconde dynastie, m'a fait voir combien le Seigneur est redoutable. J'ai ouï dire que le souverain Seigneur conduit les hommes par la vraie douceur. Le dernier roi de la dynastie de *Hia* ne fit rien de ce qui était agréable aux peuples. C'est pourquoi le Seigneur l'accabla d'abord de calamités pour l'instruire et lui faire sentir ses égarements; mais ce prince ne fut pas docile : il proféra les discours pleins d'orgueil, et s'adonna à toutes sortes de débauches. Alors le ciel n'eut aucun égard pour lui, le dépouilla du royaume et le punit. Pareillement le dernier roi de la dynastie de *Yn* ne s'est point mis en peine de la loi du ciel, il ne s'est point informé du soin que prenaient ses ancêtres pour conserver leur famille, il n'a pas imité leur zèle ni leur exactitude, il n'a pas pensé à la loi du ciel, toute brillante qu'elle soit, il n'a eu aucun égard pour ses sujets. C'est pourquoi le souverain Seigneur l'a abandonné et puni. Aucun royaume, grand ou petit, ne peut être détruit si l'ordre n'en est donné (*Chou-King*, p. 223). »

Pour mériter les faveurs du ciel, suivant les antiques traditions de la Chine, il faut se défier de ses propres lumières, consulter les anciens et le sentiment commun des peuples. Il est dit de Yao, premier empereur certain : « Sacrifier ses lumières et ses vues à celles des autres, voilà les vertus que pratiqua, entre autres, l'empereur, notre maître. C'est pour cela que l'auguste Ciel le favorisa, et que, l'ayant chargé de ses ordres, il le rendit maître de l'empire (*Ibid.*, p. 23). » — « Ce que le ciel entend et voit, est-il dit à Yu, deuxième successeur de Yao, se manifeste par les choses que les peuples voient et entendent. Ce que les peuples jugent digne de récompense et de punition, indique ce que le ciel veut punir et récompenser. Il y a une communication intime entre le ciel et le peuple. Que ceux qui gouvernent les peuples soient donc attentifs et réservés (*Ibid.*, p. 33). »

Voici comment s'opéra, suivant un historien de la Chine, la déchéance de la première dynastie : « Le dernier roi s'étant livré à toutes sortes de débauches, et négligeant complètement les affaires, le grand-prêtre prit entre ses mains les lois de l'empire, et lui fit, les larmes aux yeux, des représentations; mais n'ayant pas été écouté, il se retira chez le prince de Chang, qui devint ainsi le chef d'une dynastie nouvelle, plusieurs siècles avant le temps de Saül (*Ibid.*, p. 77). »

Nous verrons dans l'Histoire sainte des choses semblables, non-seulement en ce qui regarde les rois des Hébreux, mais encore ceux des autres nations. Nous y verrons le Très-Haut, par le ministère de ses prophètes, élevant les uns sur le trône, reprenant les autres, les rappelant à son éternelle loi; prédisant à ceux-ci le renversement de leur puissance, à ceux-là la réprobation de leur dynastie.

Quant à la loi du royaume, que Samuël proclama devant tout le peuple, qu'il écrivit dans un livre et plaça devant l'Eternel, elle n'est pas venue jusqu'à nous. Ce n'était sans doute que le développement de la foi fondamentale que Dieu avait promulguée par Moïse, disant : « Lorsqu'un jour, entré dans la terre que Jéhova, ton Dieu, va te donner, tu viendras à dire : J'établirai sur moi un roi, comme toutes les nations qui m'environnent, tu établiras sur toi celui que Jéhova, ton Dieu, aura choisi; c'est du milieu de tes frères que tu le prendras; tu ne pourras élever sur toi un étranger qui ne soit pas ton frère. Pour lui, il ne s'entretiendra pas un grand nombre de chevaux; il n'aura point une multitude de femmes, de peur que son cœur ne se détourne; il ne s'amassera point à lui-même des sommes excessives d'or et d'argent. Quand il sera assis sur le trône, il se transcrira, dans un livre, un exemplaire de cette loi, conforme à celui des prêtres de la tribu de Lévi; il l'aura avec lui, il y lira tous les jours de sa vie, afin qu'il apprenne à craindre Jéhova, son Dieu, qu'il garde toutes les paroles de cette loi, qu'il accomplisse toutes ses ordonnances, que son cœur ne s'élève pas au-dessus de ses frères, qu'il ne s'écarte de ce qui est commandé, ni à droite ni à gauche, afin qu'il prolonge ses jours dans la royauté, lui et ses enfants, au milieu d'Israël (1). »

D'après cette charte divine, c'est l'Eternel qui choisit le roi sur la demande du peuple : défense de jamais prendre pour roi un étranger : le monarque évitera le faste, la mollesse, le despotisme des princes de l'Orient; il aura pour règle la même loi que ses sujets ou plutôt ses frères, la loi de Dieu; il la méditera tous les jours. S'il l'observe avec une entière exactitude, sa famille se perpétuera sur le trône; sinon, elle périra promptement. Promesses et menaces que nous verrons s'accomplir à la lettre dans les divers rois appelés par le Seigneur au trône d'Israël.

Samuël ayant ainsi fait connaître le monarque que Dieu avait choisi, et publié la loi du royaume, renvoya le peuple chacun chez soi. Saül s'en retourna aussi dans sa demeure, à Gabaa, et, avec lui, les hommes de vertu dont Dieu avait touché le cœur; mais les enfants de Bélial dirent : Comment celui-ci pourra-t-il nous sauver? Et ils le méprisèrent et ne lui firent point de présent, comme il était d'usage en pareille occasion. Mais Saül fit semblant de ne pas les entendre (1. Reg., 10, 25-27).

Quelque temps après, Naas, roi des Ammonites, vint assiéger Jabès en Galaad. Les habitants lui parlèrent de se rendre; mais, insultant à leur détresse, il répondit : « La paix que je ferai avec vous sera de vous arracher à tous l'œil droit, et de vous rendre l'opprobre de tout Israël. » C'était les mettre hors d'état de combattre à la guerre; car le bouclier couvrait ordinairement l'œil gauche. Cette barbarie se voit encore quelquefois en Orient. Dans cette extrémité où ils étaient réduits, ceux de Jabès obtinrent un délai de sept jours pour demander du secours au pays d'Israël. Le nouveau roi qui demeurait dans la ville de ses pères, à Gabaa-Benjamin, nommée depuis Gabaa-Saül, et qui, suivant les mœurs antiques, affectionnait l'agriculture, revenait des champs marchant derrière des bœufs. Il trouva les habitants de la ville consternés et pleurant à haute voix sur le message de leurs frères. Quand il eut appris la cause de ces pleurs, l'esprit de Dieu s'empara de lui, et sa colère s'alluma très-fort. Il prit une paire de bœufs,

---

(1) Deut., 17, 14-20 : « Cùm ingressus fueris terram, quam Dominus Deus tuus dabit tibi et possederis eam, habitaverisque in illâ, et dixeris : Constituam super me regem sicut habent omnes per circuitum nationes, eum constitues quem Dominus Deus tuus elegerit de numero fratrum tuorum; non poteris alterius gentis hominem regem facere, qui non sit frater tuus. Cùmque fuerit constitutus, non multiplicabit sibi equos, nec reducet populum in Ægyptum, equitatus numero sublevatus, præsertim cùm Dominus præceperit vobis, ut nequaquam per eamdem viam revertamini. Non habebit uxores plurimas, quæ alliciant animum ejus, neque argenti et auri immensa pondera. Postquam autem sederit in solio regni sui, describet sibi Deuteronomium legis hujus in volumine, accipiens exemplar à sacerdotibus leviticæ tribus. Et habebit secum, legetque illud omnibus diebus vitæ suæ, ut discat timere Dominum Deum suum, et custodire verba et cæremonias ejus quæ in lege præcepta sunt. Nec elevetur cor ejus in superbiam super fratres suos, neque declinet in partem dexteram vel sinistram, ut longo tempore regnet ipse, et filii ejus super Israël. »

les coupa en morceaux, en fit porter par des envoyés dans toutes les terres d'Israël, disant : « Quiconque ne sortira point pour suivre Saül et Samuël, on traitera ainsi ses bœufs. » Aussitôt la terreur de Jéhova tomba sur le peuple, et il sortit comme un seul homme, au nombre de six cent mille d'Israël, et de soixante-dix mille de Juda. Saül en ayant fait la revue, ne garda que trois cent mille des premiers et trente mille des seconds (1); puis, s'adressant aux envoyés de Jabès : « Vous direz aux habitants de Jabès-Galaad : Demain il vous arrivera des sauveurs quand le soleil sera dans sa force. » Les députés ayant apporté cette nouvelle aux habitants, ils furent remplis de joie, et dirent aux Ammonites : « Demain nous irons à vous, et vous nous ferez tout comme il vous plaira. » Le lendemain Saül divisa le peuple en trois corps, et pénétra, dès la première veille, jusqu'au milieu du camp des Ammonites, et il les frappa du glaive jusqu'au moment où le soleil devint le plus ardent.

Alors le peuple dit à Samuël : « Où sont-ils ceux qui disaient : Est-ce bien Saül qui régnera sur nous ? Donnez-nous ces hommes pour que nous les fassions mourir. » Mais Saül leur dit : « Personne ne mourra dans ce jour, parce que c'est aujourd'hui que Jéhova a sauvé Israël. »

Samuël dit alors au peuple : « Venez, allons à Galgal, et renouvelons-y la royauté, c'est-à-dire l'élection et l'inauguration du roi. » Et tout le peuple se rendit à Galgal, et y reconnut de nouveau Saül pour roi, en présence de l'Eternel. Ils immolèrent à l'Eternel des victimes pacifiques; et Saül et tous les hommes d'Israël firent en ce lieu une très-grande réjouissance (1. Reg., 11, 1-15).

Avant de terminer cette imposante solennité, le prophète entra comme en jugement avec le peuple. Il le somma d'abord, en présence de l'Eternel et de son oint, de rendre témoignage à la conduite qu'il avait tenue dans son gouvernement, prêt à réparer les torts qu'il aurait pu faire. Toute l'assemblée protesta que jamais il ne les avait opprimés, ni reçu quoi que ce fût de personne. Après avoir pris à témoin de cet aveu public Dieu et le roi, Samuël, s'adressant à la nation entière, lui fit sentir qu'elle ne pouvait pas se rendre le même témoignage : de son côté, l'Eternel n'avait cessé de la combler de ses bienfaits, lui envoyant des sauveurs pour la délivrer de ses ennemis et la faire habiter avec assurance ; mais, pour elle, à ses ingratitudes passées, elle venait d'en joindre une dernière en demandant pour roi un homme, à la place de Dieu, qui seul l'avait été

(1) Ainsi se peuvent concilier les Septante qui mettent le premier chiffre, et l'hébreu qui met le second.

jusqu'alors. Il les exhorta d'autant plus, eux et le roi, de craindre l'Eternel, de le servir, de lui être dociles, leur promettant sa grâce à ce prix : autrement sa main s'appesantirait sur eux, comme elle s'était appesantie autrefois sur leurs pères. Pour leur donner une preuve visible qu'ils avaient très-mal fait en demandant un roi, il leur dit que, sur sa prière, l'Eternel ferait entendre le tonnerre et tomber la pluie, quoiqu'on fût au temps de la moisson, où, dans la Palestine, il ne pleut d'ordinaire ni ne tonne. Il arriva comme il avait dit. Tout le peuple, redoutant la puissance de Jéhova et de Samuël, confessa son péché et conjura le prophète de prier pour eux, afin qu'ils ne mourussent pas. Il les consola aussitôt : « Ne craignez point : il est vrai que vous avez fait tout ce mal. Toutefois ne vous éloignez pas de l'Eternel, et servez-le de tout votre cœur. Ne vous détournez point de lui pour de vaines idoles, qui ne pourront ni vous être utiles ni vous délivrer, car ce sont des choses vaines. Et, pour la gloire de son grand nom, l'Eternel n'abandonnera point son peuple, parce qu'il lui a plu de faire son peuple de vous. Pour moi, Dieu me garde de pécher contre lui en cessant jamais de prier pour vous : toujours je vous instruirai dans la voie bonne et droite. Seulement craignez Jéhova, servez-le fidèlement de tout votre cœur; car vous avez vu les merveilles qu'il a opérées parmi vous. Si, au contraire, vous persévérez à faire le mal, vous périrez tous ensemble, vous et votre roi (1. Reg., 12, 1-25). »

Le nouveau monarque était donc bien averti que le sort de sa dynastie dépendait entièrement de sa docilité aux ordres de Dieu. C'était, au reste, la croyance commune de tous les anciens peuples. Dans les antiques monuments de la Chine, conservés par Confucius, on voit constamment un langage pareil à celui de Samuël. « Hélas ! dit un sage ministre à un jeune roi de la deuxième dynastie, plusieurs siècles avant Saül, on ne doit pas compter sur une faveur constante du Ciel : il peut révoquer ses ordres. Si votre vertu subsiste, vous conserverez l'empire ; mais il est perdu pour vous, si vous n'êtes pas toujours vertueux. Le roi de Hia (première dynastie détrônée) ne put être constant dans la vertu, il ne fit aucun cas des esprits, il opprima les peuples : aussi l'auguste Ciel ne le protégea plus, et jeta les yeux sur tous les royaumes pour faire paraître et pour instruire celui qui devait recevoir ses ordres ; il chercha un homme d'une vertu très-pure (*Chou-King*, p. 101). »

Ne dirait-on pas que c'est encore Samuël qui parle ?

LIVRE ONZIÈME.

Saül, David et Jonathas.

(De l'an 1095 à l'an 1055 avant l'ère chrétienne.)

Israël a donc un roi comme les autres nations pour lui rendre la justice et conduire ses guerres. Quant au reste, il y a des différences notables. Chez la plupart des nations, soit anciennes, soit modernes, le monarque avait le pouvoir de faire des lois : en Israël, il n'avait que le pouvoir de faire exécuter une loi toute faite. Dans la plupart des monarchies de l'Orient, le roi est en un sens l'unique propriétaire de tout; il ôte, il transfère, il confisque comme il lui plaît : le roi d'Israël n'avait en propriété que son domaine paternel et ce qu'il acquérait par voie d'achat ou de conquête; il ne pouvait exproprier un Israélite de l'héritage de ses pères sans enfreindre la loi de Dieu. La plupart des nations de l'antiquité déifiaient leurs rois, témoin le Bélus des Assyriens, les Ptolémées de l'Égypte, le Zeus des Crétois, les Césars de Rome; Caligula et Néron ont eu des autels et des temples de leur vivant : en Israël, on verra plus d'un roi privé de la sépulture royale, en punition de son impiété ou de sa tyrannie; mais pas un honoré comme Dieu par des sacrifices, ni avant ni après sa mort. Bon sens et dignité qui élèvent ce peuple au-dessus de tous les peuples. C'est qu'avec la loi divine, il avait aussi un sacerdoce divin pour l'interpréter, et, à la tête de ce sacerdoce, le pontife, successeur d'Aaron, par qui le roi temporel, comme autrefois Josué, devait consulter le roi éternel sur toutes les affaires considérables, afin d'aller et de revenir à la voix du pontife, lui et tous les enfants d'Israël (1). Mais ce qui a contribué le plus au salut et à la gloire du peuple choisi, et, par là même, au salut et à la gloire du genre humain, c'est la merveilleuse succession des prophètes.

Les prophètes étaient des hommes inspirés et éclairés de Dieu pour connaître les choses cachées, prédire les choses futures, opérer des choses surhumaines. Adam fut le premier : il prophétisa, dans l'union de l'homme et de la femme, l'union du Verbe de Dieu avec la nature humaine. De son vivant encore, on voit le prophète Hénoch; ensuite Lamech et son fils Noé. Après le déluge, Sem, héritier des bénédictions; Abraham, Isaac, Jacob, Moïse, Aaron, Marie, leur sœur; les soixante-dix anciens du conseil, Josué, les prophètes envoyés du temps des Juges, la prophétesse Débora, Samuël, sous qui apparaissent des troupes de prophètes; David, Salomon, Gad, Nathan, Ahias de Silo, Séméïas, Jéhu, fils d'Hanani, Élie, Élisée et les autres que tout le monde connaît, jusqu'à Malachie, qui annonce celui qui sera plus qu'un prophète, Jean, le précurseur du Christ.

Comme l'ont bien observé des Pères de l'Église, ces prophètes ne sont pas envoyés aux Juifs seuls, ni pour les Juifs seuls. Adam, Hénoch, Noé prophétisent à tout le genre humain; Melchisédech, Abraham, Isaac, Jacob, au pays de Chanaan; Joseph à l'Égypte, Job à l'Idumée, Balaam en Mésopotamie, Moïse, en quelque sorte, à tous les peuples; Élisée en Syrie, Jonas à Ninive, Daniel à Babylone, aux Assyriens, aux Mèdes et aux Perses. En un mot, toute la terre habitable, comme l'a remarqué saint Athanase, pouvait apprendre d'eux à connaître Dieu et son culte (S. Athan., *De Incarnat.*, t. I, p. 65).

Les prophètes sont les historiens d'Israël. Après Moïse et Josué, nous voyons ses annales rédigées par Samuël, Nathan, Gad, Séméïas, Addo, Jéhu, Isaïe. Aussi leur histoire est-elle comme un jugement de Dieu; la vérité y parle sans acception de personnes.

Ils sont les historiens non-seulement d'Israël, mais de l'univers entier. C'est par eux, et par eux seuls, que le genre humain sait d'où il vient et où il va. Moïse lui apprend son passé; les autres, le présent et l'avenir. Non-seulement ils apprennent les principaux faits, eux seuls encore en donnent l'intelligence. La pensée divine de toute l'histoire humaine est dans le chapitre de Daniel, où la monarchie universelle et successive des Assyriens, des Mèdes et des Perses, des Grecs, des Romains, vient préparer le monde à l'empire du Christ. Le même prophète écrira d'avance l'histoire d'Alexandre et de ses successeurs, avec plus de netteté et d'ensemble que ne feront après les auteurs grecs et latins.

Les prophètes d'Israël ne sont pas seulement historiens, ils sont poètes dans toute la force du mot. Poète veut dire, qui fait, qui crée. En un sens, la création entière est le poème de Dieu. L'univers est le lieu de l'action; les personnages, toutes les créatures intelligentes et libres; le héros, le Verbe de Dieu; la fin, la glorification de Dieu dans les créatures, et des créatures en Dieu. Les prophètes, les voyants d'Israël entrevoyaient quelques pages de ce poème divin. Leur âme, devenue participante de la nature divine, se crée un langage au-dessus de l'homme. La veille de sa mort, Moïse chante les destinées d'Israël; David en célèbre le passé, le présent et l'avenir; Isaïe et Ézéchiel entonnent un cantique lugubre sur Tyr encore florissant; Jérémie pleure ses lamentations sur les ruines de Jérusalem. Mais ce que David, Isaïe et tous les autres chanteront avec le plus de ravissement, et comme les voix d'un même concert, ce que Asaph, Héman, Idithum prophéti-

---

(1) Num., 27, 21 : « Pro hoc, si quid agendum erit, Eleazar sacerdos consulet Dominum. Ad verbum ejus egredietur et ingredietur ipse (Josué), et omnes filii Israël cum eo et cætera multitudo. »

seront avec les cithares, les nablim, les cymbales (1.Paralip., 25, 1), c'est l'avènement du Christ, sa vie, sa mort, son empire universel, le salut du monde.

Les prophètes d'Israël sont les vrais philosophes, les vrais amateurs de la sagesse. Ils l'aimaient par-dessus les royaumes et les trônes, par-dessus l'or et la pierre précieuse, par-dessus la santé et la beauté, par-dessus la lumière et la vie. Plus d'une fois persécutés pour elle, honnis, flagellés, enchaînés, emprisonnés, torturés, lapidés, sciés, frappés du glaive, errants dans les montagnes, dans les déserts, dans les antres et les cavernes, vêtus de peaux de brebis ou de chèvres, dénués de tout, affligés, maltraités (Hebr., 11), toujours ils lui demeurent fidèles, toujours ils lui rendent témoignage, et devant les peuples, et devant les rois. Ils n'ont pas, comme plus tard les philosophes de la Grèce, une doctrine et une doctrine, une doctrine publique pour le vulgaire, et une doctrine secrète pour les initiés; consolante ou terrible, ils annoncent à tous la même vérité. La mort est là; ils n'en reprochent pas moins leurs prévarications aux petits et aux grands, ils ne les menacent pas moins des jugements de Dieu, ils ne les pressent pas moins de faire pénitence. Ils ne disent pas, comme les philosophes de la Grèce et de Rome, l'un une chose et l'autre tout le contraire; depuis Adam, qui signale la future incarnation du Verbe, jusqu'à Jean, qui le montre du doigt, dans un siècle ou dans un autre, chez ce peuple-ci ou chez ce peuple-là, sur le trône ou sous la cabane, tous, et toujours, et partout, ils disent la même chose; il n'y a pas en eux le oui et le non, mais un oui, un amen, un accord universel et perpétuel. C'est que leur sagesse n'est pas une sagesse de mots, de phrases, de syllogismes, mais cette sagesse, une et multiple, qui se joue dans l'univers, qui atteint d'une extrémité à l'autre avec force et dispose toutes choses avec douceur. Splendeur de la lumière éternelle, miroir sans tache de la majesté de Dieu, image de sa bonté, quoique unique, elle peut tout; et, immuable en soi, elle renouvelle toutes choses, elle se répand parmi les nations dans les âmes saintes, et elle fait les amis de Dieu et les prophètes (1). Voilà quelle sagesse parlait aux prophètes; voilà de quelle sagesse parlaient les prophètes; voilà pour quelle sagesse vivaient et mouraient les prophètes : la sagesse véritable et divine. C'est par là qu'ils sont devenus le salut et la gloire d'Israël; c'est par là qu'ils ont enseigné les peuples et les rois.

Tels ces hommes illustres dont l'Esprit-Saint a fait l'éloge par la bouche du fils de Sirac. « Le Seigneur, dès le commencement, a signalé sur eux sa gloire et sa magnificence. Ils ont dominé en leurs royaumes; ils ont été renommés pour leur puissance; leur intelligence éclatait dans leurs conseils; leurs prédictions leur ont acquis la dignité de prophètes. Chefs du peuple dans les délibérations, leur prudence répondait à ce titre. Les paroles de la sagesse étaient dans leur doctrine. Leur génie a trouvé l'harmonie et les accords, pour composer les cantiques que nous a transmis l'Ecriture. Riches et puissants en vertu, gouvernant en paix leurs maisons,

(1) Sap., 7, 1-30 : « Et cùm sit una, omnia potest, et in se permanens omnia innovat, et per nationes in animas sanctas se transfert, amicos Dei et prophetas constituit. » v. 27.

ils ont tous été en gloire au milieu de leur génération, ils ont tous été l'ornement de leur siècle. Il en est dont la mémoire s'est effacée, mais il en est aussi dont le nom vit de génération en génération. Que les peuples racontent leur sagesse, et que l'Eglise chante leurs louanges (Eccli., 44, 1-15)! »

Parmi ces hommes de gloire, le fils de Sirac célèbre en particulier Samuël. « Prophète chéri du Seigneur, c'est lui qui établit la royauté et qui oignit des princes sur son peuple. Il jugea l'assemblée d'Israël selon la loi du Seigneur, et Dieu regarda favorablement Jacob. Reconnu prophète fidèle dans toutes ses paroles, il invoqua le Tout-Puissant, par l'oblation d'un agneau sans tache, lorsque ses ennemis l'assiégeaient de tous côtés. Et le Seigneur tonna du haut du ciel, et il fit entendre sa voix avec un grand bruit, et il défit les princes de Tyr et tous les chefs des Philistins. Avant le jour de son sommeil en l'éternité, il appela en témoignage le Seigneur et son Christ, qu'il n'avait jamais pris l'argent de personne, pas même le cordon d'une chaussure; et jamais homme ne l'accusa. Et après même qu'il se fut endormi, il prophétisa et fit connaître au roi sa fin; il éleva la voie du sein de la terre pour prophétiser le malheur qui allait châtier l'impiété du peuple (Eccli., 46, 16-23). »

En attendant de voir comment il fut prophète après sa mort, voyons comment il continua de l'être pendant sa vie.

Il y avait un an que Saül avait été sacré roi, lorsqu'il fut plus solennellement inauguré à Galgala. La seconde année de son règne ayant commencé de cette manière, il renvoya chacun sous sa tente, tout ce grand peuple qui l'avait suivi contre les Ammonites, et n'en garda que trois mille hommes d'élite, dont deux mille avec lui à Machmas et sur la montagne de Béthel, et mille avec Jonathas à Gabaa, dans la tribu de Benjamin.

Un jour, Jonathas, avec ses mille hommes, battit une garnison de Philistins sur une hauteur. Saül publia aussitôt à son de trompe, dans tout le pays, cette nouvelle : « Ecoutent les Hébreux ! Saül a battu une garnison de Philistins. » En même temps le peuple fut convoqué à la suite de Saül, à Galgal.

Les Philistins, de leur côté, s'assemblèrent pour combattre contre Israël, trente mille hommes montés sur des chariots de guerre (le syriaque et l'arabe ne mettent que trois mille chars), six mille chevaux et un peuple nombreux comme le sable qui est sur le rivage de la mer, et ils vinrent camper à Machmas, vers l'orient de Bethaven.

Les Israélites se voyant serrés de près, furent glacés de crainte et se cachèrent dans les cavernes, dans les forts, dans les rochers, dans les tours et dans les citernes. Il ne faut pas oublier que, dans la Palestine, il y a des cavernes assez grandes pour contenir plusieurs milliers d'hommes, et qui forment ainsi des forteresses naturelles. Une partie des Israélites s'y réfugièrent donc; d'autres passèrent le Jourdain et vinrent en la terre de Gad et de Galaad. Cette terreur du peuple avait commencé à Galgal, où il s'était réuni auprès de Saül. Une circonstance vint l'accroître encore. Samuël avait promis de se rendre après sept jours; Saül l'attendit jusqu'au septième, et il ne paraissait pas. Sur cela le peuple se dispersait de plus en plus. Saül dit alors : « Apportez-moi l'holocauste et les pacifiques. » Et il offrit l'holocauste : ce qui ne lui était pas permis, n'étant pas prêtre. Il achevait, lorsque Samuël vint. Saül alla au devant de lui pour le saluer. Le prophète lui demanda : « Qu'avez-vous fait? » Saül répondit : « Parce que j'ai vu que le peuple s'éloignait de moi et que vous ne veniez point au jour marqué, tandis que les Philistins s'étaient assemblés à Machmas, j'ai dit : Les Philistins descendront vers moi, en Galgal, et je n'ai point encore imploré la face de Jéhova. Contraint par la nécessité, j'ai offert l'holocauste. » Le septième jour n'était point fini ; ainsi le prophète n'avait point manqué à sa parole. Samuël dit à Saül : « Vous avez agi comme un insensé et vous n'avez point gardé le commandement que Jéhova, votre Dieu, vous avait donné. Si vous n'aviez point fait cela, l'Eternel aurait maintenant affermi votre royauté sur Israël pour jamais. Mais maintenant elle ne subsistera point. L'Eternel cherchera un homme selon son cœur, et il l'établira sur son peuple, parce que vous n'avez point observé ce que l'Eternel vous avait ordonné (1. Reg., 13, 1-14).

Saül manqua dans tout ceci de plus d'une manière. Samuël lui avait dit expressément, de la part de Dieu, en le sacrant roi : « Vous descendrez avant moi à Galgal, et voilà que moi j'y descendrai vers vous pour offrir des holocaustes et des victimes pacifiques. Vous attendrez pendant sept jours, jusqu'à ce que je vienne vers vous et que je vous fasse connaître ce que vous aurez à faire (Ibid., 10, 8). » Saül attendit donc jusqu'au septième jour, mais il n'attendit pas que Samuël vînt ; il n'attendit pas qu'il vînt offrir les sacrifices, il les offrit lui-même; il n'attendit pas qu'il vînt lui apprendre de la part de l'Eternel ce qu'il avait à faire, il se décida sans lui. Ensuite, au lieu de reconnaître humblement sa faute, il la rejette sur le prophète et sur le peuple : le premier n'était pas venu au temps promis, ce qui était faux, le second l'abandonnait. Il ne songeait pas, comme son fils Jonathas, qu'il est aussi facile à l'Eternel de sauver par peu que par beaucoup.

La réponse de Samuël ne renferme encore qu'une prédiction, une menace ; car nous verrons après cela le Seigneur ordonner à Saül, par son prophète, de faire aux Amalécites une guerre d'extermination. Ce n'est qu'à la suite d'une nouvelle désobéissance que les menaces s'accompliront, et que le premier roi sera définitivement rejeté.

Samuël vint de Galgal à Gabaa-Benjamin, où était Jonathas. Saül s'y rendit également avec six cents hommes ; c'était tout ce qui lui restait de son armée. Encore, dans cette petite troupe, non plus que dans celle qui était avec Jonathas, n'y avait-il ni épée ni lance : Saül et Jonathas seuls en avaient (Ibid., 13, 15-22). Les autres étaient armés sans doute de frondes, d'arcs ou de bâtons durcis au feu. Aujourd'hui encore, dans certaines contrées de la Bretagne, il y a des hommes si habiles à manier un bâton assez court, que, sauf les armes à feu, ils ne craignent point de se mesurer avec le soldat le mieux armé.

Cette rareté d'armes en fer venait des Philistins. Ils avaient emmené tous les forgerons de la terre d'Israël, afin que les Hébreux ne pussent forger ni épées ni lances, et que même, pour fabriquer ou aiguiser leurs socs de charrues, leurs hoyaux, leurs cognées et leurs faux, ils fussent obligés d'aller aux lieux où les Philistins tenaient garnison. Nabuchodonosor en usera de même, lorsque, avec le roi Jéchonias, il emmènera tous les ouvriers, les forgerons et les ingénieurs. Mais ce qu'il y a de plus curieux, c'est que la même chose est arrivée à la république romaine dans ses temps les plus héroïques. Lorsque le roi d'Etrurie, Porsenna, se fut rendu maître de Rome, ainsi que nous le confesse par un petit mot le grave Tacite (Hist., l. 3, c. 72, Deditâ urbe), il mit pour condition expresse au traité qu'il accorda aux Romains, qu'ils ne feraient usage du fer que pour l'agriculture. Pline, qui nous apprend cette singularité, en parlant du fer, dit que de son temps on la trouvait nommément comprise dans le traité (1). Le bon Tite-Live, et ceux qui ont écrit l'histoire romaine d'après lui, n'en parlent pas. Ils ont mis en place les épisodes poétiques d'Horatius Coclès, de Mutius Scévola, de Clélie. Voilà l'homme! Il aime sa patrie plus que la vérité. Il n'y a que les historiens d'Israël qui disent tout avec la même candeur, et ce qu'il y a de plus humiliant, et ce qu'il y a de plus honorable. Aussi n'est-ce pas l'esprit de l'homme, mais l'esprit de Dieu qui les guide.

Les Israélites, saisis de terreur, n'osant ainsi combattre, trois troupes de Philistins sortirent du camp pour piller. Cependant, Jonathas, fils de Saül, dit un jour au jeune homme qui portait ses armes : « Viens, et passons jusqu'au camp des Philistins qui est au delà de ce lieu. » Et il n'en dit rien à son père. Saül était assis alors à l'extrémité de Gabaa, sous un grenadier, accompagné d'environ six cents hommes. Et Ahias, fils d'Achitob, frère d'Ichabod, fils de Phinéès, fils d'Héli, grand-prêtre de l'Eternel à Silo, portait l'éphod.

Parmi les collines à travers lesquelles Jonathas s'efforçait de passer jusqu'aux premières gardes des Philistins, il y avait deux rochers hauts et escarpés qui s'élevaient en pointes semblables à des dents. Là il dit à son jeune écuyer : « Viens, passons jusqu'au poste de ces incirconcis ; peut-être que Jéhova fera pour nous quelque chose ; car il ne lui est pas plus difficile de sauver par peu que par beaucoup. » L'écuyer répondit : « Faites comme il vous plaira, allez où vous voudrez ; me voici avec vous, selon votre cœur. » Jonathas reprit : « Voilà que nous allons vers ces hommes, et nous nous montrerons à eux. Si alors ils nous disent : Demeurez là jusqu'à ce que nous allions à vous, demeurons à notre place et ne montons point à eux. Mais s'ils nous disent : Montez vers nous, montons-y, car ce sera la marque que Jéhova nous les aura livrés entre les mains. »

Ils se montrèrent donc l'un et l'autre au poste des Philistins, et les Philistins dirent : Voilà les Hébreux qui sortent des trous où ils s'étaient cachés. Et les hommes du poste dirent à Jonathas et à son écuyer : Montez à nous, et nous vous ferons voir quelque chose. Jonathas dit alors à son écuyer : « Montez après moi, car Jéhova les a livrés en la main d'Israël. » Jonathas monta donc vers eux, grimpant des mains et des pieds, et son écuyer après lui. Aussitôt arrivés, ils se jettent sur les Philistins ; les uns tombent sous la main de Jonathas,

---

(1) Hist. nat., l 34, c. 14 : In fœdere, quod expulsis regibus populo Romano dedit Porsena, nominatim comprehensum invenimus, ne ferro, nisi in agricultu uterentur. Etiam stilo scribere vetitum, vetustissimi auctores prodiderunt.

LIVRE XI. — SAUL, DAVID ET JONATHAS. 265

les autres sous la main de son écuyer derrière lui ; ils en tuèrent d'abord environ vingt hommes, dans la moitié d'autant de terre qu'une paire de bœufs en peut labourer en un jour. Dès lors, la terreur se répandit dans le camp, dans la campagne et dans tout le peuple ; les troupes qui étaient sorties pour piller en furent saisies elles-mêmes ; le pays en fut dans le trouble, et ce devint comme une terreur envoyée de Dieu (1. Reg., 14, 1-15).

Cependant les sentinelles de Saül, qui étaient à Gabaa de Benjamin, regardèrent, et voilà cette multitude sans ordre qui fuyait et se rompait. Saül dit au peuple qui était avec lui : « Faites la revue et voyez qui est sorti d'avec nous. » On trouva que Jonathas et son écuyer n'y étaient plus. Alors Saül dit à Ahias : « Consultez l'arche de Dieu. » Car l'arche de Dieu était en ce jour-là au milieu des enfants d'Israël. Cette remarque de l'Ecriture fait assez entendre qu'elle n'était pas auparavant à Galgal, non plus que le grand-prêtre avec l'éphod. Saül avait appris à ne pas se décider seul, mais à consulter l'oracle de l'Eternel. Mais pendant qu'il parlait au pontife, le tumulte dans le camp des Philistins allait croissant et résonnant plus haut. Alors, trop impatient pour attendre la réponse qu'il avait sollicitée, Saül dit au prêtre : « Rejoignez les mains, » expression qui indique qu'il les avait étendues pour consulter l'oracle. En même temps il cria aux armes, ainsi que tout le peuple qui était avec lui, et ils s'avancèrent jusqu'au lieu du combat : et voilà le glaive de l'un contre l'autre et un carnage horrible. Les Hébreux, qui, depuis hier et avant-hier, s'étaient mêlés aux Philistins dans leur camp, vinrent se joindre aux Israélites qui étaient avec Saül et Jonathas. Ceux pareillement qui s'étaient cachés dans la montagne d'Ephraïm, apprenant que les Philistins fuyaient, s'unirent aux leurs, afin de combattre, et Saül eut bientôt près de dix mille hommes.

Mais, dans peu, tout ce monde se trouva épuisé de faim et de fatigue. Saül avait adjuré le peuple, disant : « Maudit soit celui qui mangera du pain avant le soir, jusqu'à ce que je me sois vengé de mes ennemis. » En conséquence, tout le peuple ne goûta point de pain. Ils vinrent dans un bois où la terre était couverte de miel. Le peuple, y étant entré, vit couler ce miel devant lui, mais nul n'y porta la main pour l'approcher de sa bouche ; car ils craignaient tous le serment du roi.

Or, Jonathas n'avait point entendu son père conjurant le peuple, et il étendit le bâton qu'il avait à la main, il en trempa le bout dans un rayon de miel et il l'approcha de sa bouche avec sa main, et ses yeux reprirent un nouvel éclat. Mais quelqu'un du peuple lui dit : « Votre père a conjuré tout le peuple avec serment, et il a dit : Maudit soit celui qui mangera du pain aujourd'hui ! Or, tout le peuple était défaillant. » Jonathas répondit : « Mon père a troublé le pays ; voyez comme mes yeux ont repris un nouvel éclat depuis que j'ai goûté un peu de miel. Combien le peuple, à son tour, n'eût-il pas repris plus de vigueur, s'il eût mangé de ce qu'il a rencontré dans la poursuite de ses ennemis ! La ruine des Philistins n'en eût-elle pas été plus grande (1. Reg., 14, 16-30) ? »

Les réflexions de Jonathas étaient justes, mais déplacées. Il ne pécha point en mangeant du miel, puisqu'il ignorait la défense, mais il manqua de respect à son père et à son roi, en blâmant inutilement sa conduite devant le peuple.

Les Hébreux, en ce jour-là, frappèrent donc les Philistins et les poursuivirent depuis Machmas jusqu'à Aïalon. Mais enfin, n'en pouvant plus d'épuisement, le peuple se jeta sur le butin, enleva des brebis, des bœufs et des veaux, les égorgea sur la place et en mangea la chair avec le sang : ce qui était contraire à la loi. Saül en ayant été informé, dit au peuple : « Vous avez violé la loi. Roulez ici une pierre, et allez annoncer dans tous les rangs que chacun amène ici son bœuf et son bélier : vous les égorgerez sur cette pierre ; après cela vous en mangerez, et vous ne pécherez point contre l'Eternel en mangeant la chair avec le sang. » Chacun vint donc amener son bœuf jusqu'à la nuit, et on les égorgea sur la pierre.

Alors Saül bâtit un autel à Jéhova, sans doute comme un monument de la victoire qu'il venait de lui accorder, et pour y offrir des sacrifices d'actions de grâces. L'Ecriture ajoute que ce fut le premier qu'il éleva : ce qui suppose que, dans la suite, il en bâtit encore d'autres dont il n'est pas fait mention.

Quand ses troupes se furent ainsi restaurées, il leur dit : « Précipitons-nous cette nuit sur les Philistins pour les accabler, et qu'il n'en reste pas un seul au matin. » Le peuple répondit : « Tout ce qui est bon à vos yeux, faites-le. » Mais le pontife observa qu'il fallait consulter Dieu auparavant. Saül l'interrogea donc en ces termes : « Poursuivrai-je les Philistins ? et les livrerez-vous entre les mains d'Israël ? » Mais il ne lui répondit point en ce jour-là.

Saül dit alors : « Approchez ici, tous les principaux du peuple, sachez et voyez de qui le péché retombe aujourd'hui sur nous. Car vive Jéhova, le sauveur d'Israël ! fût-ce Jonathas, mon fils, il mourra de mort. » Et nul ne lui répondit de tout le peuple. Saül dit donc à tout Israël : « Mettez-vous tous d'un côté, et moi je serai de l'autre avec mon fils Jonathas. » Le peuple répondit : « Tout ce qui est bon à vos yeux, faites-le. » Saül dit alors : « Jéhova, Dieu d'Israël, faites-nous connaître d'où vient que vous n'avez point répondu aujourd'hui à votre serviteur. Si cette iniquité est en moi, ou en mon fils Jonathas, découvrez-le-nous ; ou si elle est dans votre peuple, sanctifiez-le en faisant connaître le coupable. » Le sort tomba sur Jonathas et sur Saül ; et le peuple fut hors de péril. Saül reprit : « Jetez le sort entre moi et Jonathas, mon fils, » et le sort tomba sur Jonathas. Saül dit alors à Jonathas : « Découvrez-moi ce que vous avez fait. » Jonathas le découvrit et dit : « J'ai goûté, de l'extrémité du bâton qui était en ma main, un peu de miel ; me voici prêt à mourir. » Saül répondit : « Que Dieu me fasse ceci, qu'il y ajoute cela, si vous ne mourez de mort, Jonathas ! » Mais le peuple dit à Saül. « Quoi donc ! Jonathas mourra ? lui qui vient de sauver Israël d'une manière si merveilleuse ! Vive Jéhova ! il ne tombera pas un cheveu de sa tête par terre ; car ce qu'il a fait aujourd'hui, il l'a fait avec Dieu. » Le peuple délivra ainsi Jonathas, et il ne mourut point. Et Saül se retira sans poursuivre les Philistins, qui se retirèrent chez eux (1. Reg., 14, 31-46).

Plus confiant en lui-même qu'en Dieu, inconsidéré dans ses résolutions, parce qu'il n'a pas la patience d'attendre que Dieu l'éclaire par ses réponses : de là des embarras, des obstacles imprévus, qui, au lieu d'avancer ses affaires, les reculent ou les ruinent; tel nous apparaît généralement Saül. Ainsi, à Galgal, il devait attendre pendant sept jours que Samuël vint lui notifier de la part de Dieu ce qu'il avait à faire. L'affermissement de sa dynastie sur le trône allait être le prix de sa docilité. Il attend jusqu'au septième jour; mais, avant la fin de la journée, quelques instants avant l'arrivée du prophète, il perd patience, il s'arroge ce qui ne lui est pas permis, et finit par accuser de sa faute le prophète même. Il apprend alors que la royauté ne subsistera point dans ses descendants, et que Dieu se choisira un homme plus docile. Il en est de même ici. Par la foi et le courage héroïque de son fils, Dieu lui accorde, sans lui, une victoire toute faite. Il consulte Dieu pour savoir comment il en profitera; mais il n'a pas la patience d'attendre sa réponse. Sans consulter personne, il la remplace subitement par un serment téméraire, qui empêche ses troupes de poursuivre l'ennemi avec plus de vigueur, qui les expose à violer la loi en mangeant la chair avec le sang, qui le met lui-même dans le cas de condamner à mort son fils victorieux, qui enfin l'empêchera d'achever la défaite des Philistins. Tout cela ne fût point arrivé, s'il avait eu la patience d'attendre que Dieu, qui lui envoyait la victoire, lui eût appris comment en user. Nous verrons dans son successeur une tout autre docilité et prudence.

Il n'est pas dit cependant que Saül ne profita point de ses premières fautes; car l'Ecriture nous le montre, après avoir affermi son règne sur Israël, combattant de tous côtés ses ennemis, en marchant tour à tour contre Moab, contre les enfants d'Ammon, contre Edom, contre les rois de Soba et contre les Philistins; et, partout où il tourna ses armes, il fut vainqueur. Le général de son armée était Abner, fils de Ner, son oncle. Aussitôt que Saül avait reconnu un homme vaillant et propre aux combats, il avait soin de se l'attacher (1. Reg., 14, 47-52).

A cette glorieuse époque de son règne, les enfants de Ruben, de Gad et de Manassé firent une expédition mémorable à l'orient. Au nombre de près de quarante-cinq mille hommes d'élite, armés de boucliers et d'épées, habiles à manier l'arc et très-expérimentés à combattre, ils attaquèrent les Agaréens, ou descendants d'Agar, ainsi que les Ituréens, avec ceux de Naphis et de Nodab, à l'orient de Galaad. Ayant invoqué Dieu sur cette guerre, et mis en lui leur confiance, ils vainquirent tous ces peuples, se rendirent maîtres de toutes leurs possessions, savoir, cinquante mille chameaux, deux cent cinquante mille brebis, deux mille ânes; quant aux hommes, ils firent cent mille prisonniers, sans compter un grand nombre qui avait péri dans les combats; car Dieu même avait combattu pour eux. Ils s'établirent à la place de ces peuples, demeurèrent sous leurs tentes, dans tout le pays qui est à l'orient, jusqu'à l'entrée du désert et jusqu'au fleuve de l'Euphrate, parce que la terre de Galaad ne pouvait plus contenir tous leurs troupeaux. Ils occupèrent ces conquêtes pendant trois ou quatre siècles, jusqu'à leur transmigration à Ninive (1).

(1) 1. Paral., 5, 18-23 : « Filii Ruben, et Gad, et dimidiæ tribus Manasse, viri bellatores, scuta portantes et gladios, et tendentes arcum, eruditique ad prælia, quadraginta quatuor millia et septingenti sexaginta, procedentes ad pugnam. Dimicaverunt contra Agareos : Iturei vero, et Naphis, et Nodab præbuerunt eis auxilium. Traditique sunt in manus eorum Agarei, et universi qui fuerant cum eis, quia Deum invocaverunt cùm præliarentur : et exaudivit eos, eo quod credidissent in eum. Ceperuntque omnia quæ possederant, camelorum quinquaginta millia, et ovium ducenta quinquaginta millia, et animas hominum centum millia. Vulnerati autem multi corruerunt : fuit enim bellum Domini. Habitaveruntque pro eis usque ad transmigrationem, etc., ingens quippe numerus erat. »

Dans ces années de combats et de victoires, Samuël vint dire à Saül : « C'est moi qu'envoya l'Eternel pour vous sacrer roi sur Israël, son peuple; écoutez donc maintenant la voix de l'Eternel. Voici ce que dit Jéhova, Dieu des armées : « J'ai rappelé en ma mémoire tout ce qu'Amalec a fait à Israël, et comment il s'opposa à lui dans son chemin lorsqu'il montait de l'Egypte. Va donc maintenant, et frappe Amalec, et soumets à l'anathème tout ce qui est à lui. Ne l'épargne point; mets à mort depuis l'homme jusqu'à la femme, et aux enfants, et à ceux qui sont à la mamelle, depuis le bœuf jusqu'à la brebis, depuis le chameau jusqu'à l'âne (1. Reg., 15, 1-3). »

Les Amalécites n'avaient pas seulement refusé le passage à Israël, ils étaient encore tombés sur ceux qui étaient restés en arrière, épuisés de faim et de fatigue, et les avaient inhumainement massacrés (Exod., 17, 8). Ils avaient encore attaqué injustement une seconde fois les Israélites dans le désert (Num., 14, 45); une troisième fois sous les juges (Jud., 3, 16); ne cessaient de renouveler contre eux les hostilités (Ibid., 6, 3 et 35). C'étaient des ennemis irréconciliables. Dieu avait prédit qu'il les détruirait (Exod., 17, 14; Num., 24; Deut., 25). Si les Amalécites s'étaient contentés de refuser le passage sur leur terrain, comme firent les autres enfants d'Esaü, Dieu, loin de les soumettre à l'anathème, n'eût pas même permis aux Israélites de mettre le pied sur leurs frontières (Num., 20, 14; Deut., 11, 5).

Saül fit donc un appel au peuple, enrôla deux cent mille fantassins, plus dix mille hommes de Juda, et marcha contre Amalec. Cependant il dit aux Cinéens, descendants de Jéthro, beau-père de Moïse, lesquels, étant voisins des Amalécites, s'étaient mêlés avec eux : « Allez, retirez-vous, et descendez loin d'Amalec, de peur que je ne vous enveloppe avec lui; car vous avez fait miséricorde à tous les enfants d'Israël quand ils montaient de l'Egypte. « Et les Cinéens se retirèrent du milieu d'Amalec (1. Reg., 15, 4-6).

Saül, ayant pénétré jusqu'à la ville capitale et dressé des embûches le long du torrent, frappa Amalec, depuis Hévila jusqu'à ce qu'on vienne en Sur, qui est vis-à-vis de l'Egypte. Il livra tout le peuple à l'anathème par le tranchant du glaive; mais pour Agag, roi d'Amalec, qu'il prit vivant, Saül et son peuple l'épargnèrent, ainsi que tout ce qu'il y avait de meilleur dans les troupeaux de brebis et de bœufs; généralement enfin tout ce qu'il y avait de beau, ils ne voulurent pas le livrer à l'anathème; mais ils y livrèrent tout ce qui était vil et méprisable (Ibid., 15, 7-9). Ils auraient dû cependant se souvenir comment fut puni l'homme qui viola l'anathème de Jéricho. La punition de Saül ne se fit pas longtemps attendre.

La parole de Jéhova vint à Samuël, disant : « Je

me repens d'avoir établi Saül roi ; car il m'a délaissé et n'a point accompli mes paroles par ses œuvres. » Samuël en fut attristé et il cria vers l'Eternel toute la nuit. S'étant levé dès le point du jour pour aller vers Saül, on lui annonça que Saül était venu sur le Carmel, dans la tribu de Juda, qu'il y avait élevé un arc de triomphe, et que de là il était descendu en Galgal. Samuël y vint donc vers Saül, qui offrait en ce moment en holocauste à Jéhova, les prémices des dépouilles qu'il avait apportées d'Amalec. Quand il fut proche, Saül lui dit : « Béni sois-tu de par Jéhova, j'ai accompli sa parole. » Mais Samuël dit : « Et que veut donc dire ce bêlement de brebis qui retentit à mes oreilles, et ce mugissement de bœufs que j'entends ? » Saül répondit : « On les a amenés d'Amalec, car le peuple a épargné ce qu'il y avait de meilleur parmi les brebis et les bœufs, pour les immoler à Jéhova, ton Dieu ; tout le reste, nous l'avons livré à l'anathème. — Permets-moi, reprit Samuël, de te faire connaître ce que Jéhova m'a dit cette nuit. — Parle, répondit Saül. » Et Samuël : « Quand tu étais petit à tes yeux, n'as-tu pas été fait le chef des tribus d'Israël, toi ? et Jéhova ne t'a-t-il pas sacré roi sur Israël ? Ensuite il t'a envoyé dans cette voie, disant : Va, et livre à l'anathème les pécheurs d'Amalec ; tu combattras contre eux jusqu'à leur destruction. Pourquoi donc n'as-tu point écouté la voix de l'Eternel ? pourquoi t'es-tu laissé aller au pillage et as-tu fait le mal aux yeux de Jéhova ? — Au contraire, reprit Saül, j'ai écouté la voix de l'Eternel, j'ai marché en la voie dans laquelle il m'a envoyé, j'ai amené Agag, roi d'Amalec, et pour Amalec, je l'ai livré à l'anathème. Mais le peuple a pris dans le butin des brebis et des bœufs, prémices de ceux que l'anathème a frappés, pour immoler à Jéhova, ton Dieu, en Galgal. » Mais Samuël répliqua : « L'Eternel veut-il des holocaustes et des oblations ? Ne demande-t-il pas plutôt qu'on obéisse à sa voix ? L'obéissance vaut mieux que le sacrifice, et écouter vaut mieux qu'offrir la graisse des béliers. Lui désobéir est comme le péché de divination ; lui résister, comme le crime d'idolâtrie. Parce que tu as rejeté la parole de Jéhova, lui aussi t'a rejeté, afin que tu ne sois plus roi (1. Reg., 15, 10-23). »

A ce mot seulement, Saül vint à dire : « J'ai péché parce que j'ai transgressé la parole de l'Eternel et tes paroles, craignant le peuple et obéissant à sa voix ; mais, de grâce, maintenant porte mon péché et retourne avec moi, afin que j'adore l'Eternel. » Mais Samuël répondit : « Je ne retournerai pas avec toi ; car tu as rejeté la parole de Jéhova, et Jéhova t'a rejeté, afin que tu ne sois plus roi sur Israël. »

Samuël se tourna donc pour s'en aller ; mais Saül saisit le haut de son manteau, qui se déchira. Sur quoi le prophète dit aussitôt : « L'Eternel a déchiré aujourd'hui entre tes mains le royaume d'Israël, et il l'a donné à ton prochain, qui vaut mieux que toi. Le triomphateur d'Israël ne mentira point ni ne se repentira ; car il n'est pas un homme pour se repentir. » Saül insista : « J'ai péché ; mais, de grâce, honore-moi maintenant devant les anciens de mon peuple et devant Israël, et retourne avec moi, afin que j'adore l'Eternel, ton Dieu (Ibid., 15, 24-30). »

Pauvre Saül ! qu'il est petit dans sa grandeur ! qu'il est peu sage en croyant l'être beaucoup ! S'il eût accompli avec simplicité l'ordre qu'il en avait reçu, Dieu lui eût pardonné sa première faute, il l'eût affermi sur le trône pour jamais ; la gloire, qu'il désirait tant, fût venue le trouver d'elle-même. Mais non : il se croit plus sage que Dieu et son prophète. Le commandement divin, si exprès qu'il soit, il le modifie, il l'altère ; il en observe une partie, il en transgresse l'autre. Quand il en est repris par l'homme de Dieu, non-seulement il ne convient pas d'avoir péché, il soutient qu'il a bien fait. Il est assuré et superbe, tant qu'on ne lui parle que de Dieu et de sa loi ; mais quand il apprend que sa belle sagesse, au lieu de lui assurer la royauté et la gloire qu'il ambitionne, va lui faire perdre l'une et l'autre, alors il confesse qu'il a tort, alors il s'excuse sur le peuple et supplie le prophète de réparer sa faute. Il a regret, non pas de son péché, mais de sa punition ; d'avoir offensé Dieu, ce n'est pas ce qui l'inquiète, c'est de n'être plus honoré des hommes ; s'il presse si vivement Samuël, s'il lui déchire le manteau, s'il le contraint en quelque manière d'aller avec lui adorer l'Eternel, c'est que pour en être honoré devant le peuple. Faut-il s'étonner que Dieu rejette enfin un roi de ce caractère, ne fût-ce que pour servir de leçon à d'autres ?

L'histoire humaine nous montre plus d'un Saül. De même que le premier roi des Juifs, bien d'autres rois embrassent la loi de Dieu parce qu'ils y trouvent leur avantage ; elle les représente comme des ministres de Dieu sur la terre ; elle commande à leur égard le respect et l'obéissance. Mais, de même que le premier roi des Juifs, au lieu d'accomplir avec simplicité la loi divine tout entière, ils la modifient, ils l'altèrent au gré de leur politique ; ils en adoptent une partie, ils rejettent l'autre ; ils la respecteront comme particuliers, ils s'en joueront comme souverains. Et lorsque le pontife qui, dans l'Eglise de Dieu, remplace et Aaron et Samuël, leur fera des remontrances, non-seulement ils ne conviendront pas qu'ils ont tort ; ils soutiendront avec hauteur qu'ils font bien, qu'ils entendent la loi de Dieu mieux que lui, que ce serait folie de vouloir l'observer en tout, qu'elle doit nécessairement être corrigée par les maximes d'état, qu'autrement ils perdraient leur honneur et leur couronne. Mais lorsque avec le temps, ce même pontife leur fait voir que c'est précisément à cause de cela qu'ils vont perdre l'un et l'autre ; mais lorsqu'ils voient en effet que leurs trônes s'ébranlent et s'écroulent au moindre souffle, lorsqu'ils voient qu'on ne respecte pas plus leurs lois qu'eux-mêmes ne respectent la loi de Dieu ; lorsqu'ils voient une douzaine de rois chassés de leurs royaumes, errant de contrée en contrée, alors ils daigneront enfin convenir qu'ils ont eu tort ; non pas eux cependant, mais le peuple : c'est le peuple qui est la cause de tout le mal. Alors ce même pontife dont ils ont méprisé les remontrances, dont ils ont méconnu et décrié l'autorité, ils le supplieront de porter leur péché, de réparer leurs imprudences ; que, s'il ne le peut ou ne le veut, ils lui feront violence, ils le saisiront par le manteau, ils le lui déchireront, pour le contraindre à les environner du respect de la religion et à les honorer devant leurs peuples. Mais, s'ils ne cherchent pas plus que Saül à satisfaire Dieu, la condescendance ni même les larmes du pontife ne les sauveront pas.

Après de si vives instances, Samuël retourna et suivit Saül, qui adora l'Eternel. En même temps, pour exécuter la loi de l'anathème, le prophète se fit amener le roi d'Amalec. Nourri dans les délices, Agag s'écria : « Est-ce donc ainsi que me sépare une mort pleine d'amertume? » Mais Samuël lui répliqua : « Ainsi que ton épée a ravi aux femmes leurs enfants, ainsi ta mère sera sans enfants parmi les femmes; puis il le tua ou le fit tuer devant l'Eternel, à Galgal (1. Reg., 15, 31-33). » Le verbe hébreu, ainsi que le verbe grec des Septante, se prêtent à l'un et à l'autre sens. Josèphe l'a entendu dans le dernier, et dit positivement que Samuël ordonna de le mettre à mort (Josèphe, Antiq., l. 6, c. 9). Il est d'ailleurs peu probable qu'à l'âge où il était, il eût fait lui-même cette exécution. L'eût-il faite, au reste, cela ne devrait pas étonner. Dans cette antiquité première, où il n'y avait point de bourreau d'office, c'était le peuple, les témoins, les magistrats, les principaux personnages du royaume qui exécutaient les sentences capitales.

Après quoi, Samuël s'en alla en Ramatha, et Saül en sa maison de Gabaa-Saül. Samuël ne vit plus Saül jusqu'au jour de sa mort. Cependant il le pleurait parce que l'Eternel se repentait de l'avoir établi roi sur Israël (1. Reg., 15, 34 et 35).

A la fin, Jéhova dit à Samuël : « Jusqu'à quand pleureras-tu Saül, lorsque je l'ai rejeté pour qu'il ne règne plus sur Israël? Emplis ta corne d'huile et viens que je t'envoie à Isaï, Bethléhémite; car je me suis choisi entre ses fils un roi. » Samuël demanda : « Comment irai-je? car Saül le saura et me tuera. « L'Eternel répondit : « Tu prendras avec toi une génisse et tu diras : Je suis venu pour immoler une victime à l'Eternel. Tu appelleras Isaï au sacrifice. Et je te ferai connaître ce que tu auras à faire, et tu me sacreras celui que je te dirai. »

Samuël fit donc comme l'Eternel lui avait dit. Et il vint en Bethléhem; et les anciens de la ville, étonnés, allèrent avec empressement au devant de lui et lui dirent : « Ton entrée est-elle pacifique? — Elle est pacifique, fut sa réponse. Je viens pour sacrifier à l'Eternel; sanctifiez-vous et venez avec moi, afin que j'immole la victime. » Il sanctifia donc Isaï et ses fils, et les appela au sacrifice.

Et quand ils furent entrés, il vit Eliab, le premier-né, et dit en lui-même : Sans doute que devant Jéhova est son christ? Mais Jéhova dit à Samuël : Ne regarde point à son visage ni à la hauteur de sa taille; car je l'ai rejeté, et je ne juge point selon le regard de l'homme; car l'homme voit ce qui paraît, mais Jéhova regarde le cœur. Et Isaï appela Abinadab et l'amena devant Samuël, qui lui dit : Ce n'est pas non plus celui-là que l'Eternel a choisi. Isaï lui présenta Samma; mais il dit : L'Eternel n'a point encore choisi celui-ci. Isaï fit ainsi passer ses sept fils devant Samuël. Et Samuël dit à Isaï : L'Eternel n'a choisi aucun de ceux-ci.

Alors Samuël dit au père : Sont-ce là tous tes fils? Isaï répondit : Il y a encore le plus jeune qui garde les brebis. Samuël reprit aussitôt : Envoie, et amène-le; car nous ne nous assoirons point à table avant qu'il soit venu. Il envoya donc, et l'amena. Or, il avait le teint vif, de beaux yeux et une belle physionomie. Et Jéhova dit : Lève-toi, oins-le, car c'est celui-là ! Samuël prit donc la corne d'huile, et l'oignit au milieu de ses frères (1. Reg., 16, 1-13); mais il ne paraît pas qu'il leur découvrit le mystère de cette onction. Et l'esprit de l'Eternel prospéra sur David depuis ce jour-là et à jamais. Quant à Samuël, il s'en retourna à Ramatha.

L'Ecriture ne dit point quel âge David avait alors. Suivant une tradition hébraïque, il avait vingt-huit ou plutôt dix-huit ans. S'il est appelé petit ou jeune, c'est par rapport à ses frères. L'esprit de l'Eternel vint sur lui comme autrefois sur Saül; mais ce ne fut pas pour un temps : ce fut pour toujours, et avec des grâces toujours plus abondantes. De là cette humilité de cœur envers Dieu, cette force, ce courage héroïque dans les dangers, cette prudence admirable dans les circonstances les plus difficiles; de là ce don de l'harmonie qui charmera les noires tristesses du malheureux Saül; de là cette poésie divine qui nous ravit encore dans les psaumes; de là cette inspiration prophétique qui dévoile à ses yeux l'avenir.

Pour Saül, au contraire, l'esprit de l'Eternel se retira de lui. Ce n'est pas tout : il fut remplacé par un mauvais esprit qui le tourmentait, et qui le tourmentait par ordre de l'Eternel (Ibid., 16, 14).

L'esprit de Dieu, l'Esprit-Saint, la grâce, ne détruit point les qualités de la nature : elle les corrige, les tempère, les perfectionne. L'orgueilleux n'est plus que magnanime, le téméraire intrépide; l'astuce devient prudence, la jalousie une louable émulation. L'esprit méchant, au contraire, change en mal ce qui était bien, et en pire ce qui déjà était mal. Ce qu'il y avait donc en Saül de brusque, de farouche, d'ambitieux, facilement deviendra manie, fureur, jalousie atrabilaire. Par là, comme par autant de chaînes, l'esprit mauvais le tiendra en son pouvoir et le tourmentera comme son esclave.

Les serviteurs de Saül lui dirent alors : Voilà qu'un esprit mauvais, envoyé de Dieu, vous épouvante et vous trouble. Que notre seigneur commande, s'il lui plaît, et vos serviteurs, qui sont devant vous, chercheront un homme habile à jouer du cinnor, et quand l'esprit mauvais de Dieu vous aura saisi, il en jouera, et vous vous en trouverez mieux. Saül répondit : Cherchez-moi donc quelqu'un habile à jouer de la sorte et amenez-le-moi. Un des jeunes gens dit aussitôt : Voilà que j'ai vu le fils d'Isaï, Bethléhémite, habile dans l'art des modulations, puissant en force, homme de guerre, prudent en paroles et d'une belle physionomie, et l'Eternel est avec lui. Saül envoya donc des messagers à Isaï, disant : Envoie-moi David, ton fils, qui est au milieu de tes troupeaux. Isaï, fidèle à observer l'antique usage, d'après lequel il n'était pas permis d'aborder les princes sans leur faire quelques présents, prit un âne chargé de pain et une outre de vin, avec un chevreau, et il l'envoya à Saül par la main de David, son fils.

David vint donc trouver Saül et se présenta devant lui. Et Saül l'aima beaucoup, et il devint son écuyer. Saül envoya donc vers Isaï, disant : Je te prie, que David se tienne en ma présence, car il a trouvé grâce à mes yeux. Ainsi, toutes les fois que l'esprit mauvais de Dieu s'emparait de Saül, David prenait le cinnor et en tirait des modulations avec sa main, et Saül était soulagé et se trouvait mieux, et l'esprit mauvais se retirait de lui (Ibid., 16, 15-23).

Les anciens et les modernes sont d'accord sur les effets surprenants de la musique, soit pour exciter ou calmer les passions, soit pour guérir certaines maladies. Un auteur grec assure de Xénocrate, qu'il employait l'harmonie des instruments pour guérir les maniaques et les furieux (1). David opérait un effet semblable avec le cinnor, que l'on traduit ordinairement, harpe ou cithare. Le son de cet instrument calmait les passions et les humeurs naturelles de Saül, et par là diminuait l'influence de l'esprit mauvais, qui se servait de ces humeurs et de ces passions pour le porter aux derniers excès. De plus, comme Cicéron nous l'apprend, musicien et poète étant autrefois synonyme (*De oratore*, l. 3, n. 44), il est à croire que David, en touchant de la main le cinnor, chantait de la voix les louanges de Dieu, et que c'est principalement à la vertu secrète de la divine parole que Saül aurait dû de se voir délivré pour un temps de l'esprit mauvais qui l'obsédait.

On ne sait combien de temps après cela les Philistins assemblèrent de nouveau leurs troupes et s'en vinrent porter la guerre en Socho, dans la tribu de Juda. Saül et les enfants d'Israël s'assemblèrent également et marchèrent pour les combattre. Les Philistins étaient d'un côté sur une montagne, et Israël était de l'autre sur une autre montagne; et il y avait une vallée entre eux. Or, un homme s'avançait du camp des Philistins dans cet espace intermédiaire. Il avait nom *Goliath*, et était de Geth. Sa hauteur était de six coudées et un palme, environ dix pieds et demi. Il avait un casque d'airain sur la tête, et il était vêtu d'une cuirasse à écailles, dont le poids était de cinq mille sicles d'airain, environ cent cinquante livres. Et il avait des bottes d'airain, et un bouclier d'airain couvrait ses épaules. Et la hampe de sa lance était comme ces bois dont se servent les tisserands pour rouler dessus leur toile; et le fer de sa lance pesait six cent sicles, environ dix-huit livres. Et son écuyer marchait devant lui, portant un autre bouclier de devant. Et, s'arrêtant, il criait aux bataillons d'Israël : « Pourquoi sortez-vous en bataille? Ne suis-je pas Philistin et vous serviteurs de Saül? Choisissez un homme d'entre vous, et qu'il descende vers moi. S'il peut me combattre, et qu'il me frappe, nous serons vos serviteurs, mais si je prévaux et le frappe, vous serez nos serviteurs, et vous nous servirez. » Et le Philistin disait : « J'ai défié aujourd'hui les bataillons d'Israël. Donnez-moi un homme, et que nous combattions ensemble. » Et Saül et tous les Israélites, entendant les paroles de ce Philistin, étaient étonnés et tremblaient. Ce Philistin se présenta ainsi matin et soir pendant quarante jours (1. Reg., 17, 1-11).

Cependant David était retourné d'auprès de Saül pour paître les troupeaux de son père, en Bethléhem. Ses trois frères aînés avaient suivi Saül à la guerre. Isaï, qui était un des hommes les plus avancés en âge de son temps, lui dit un jour : « Prends pour tes frères une mesure de farine et ces dix pains, et cours à eux jusqu'au camp. Tu porteras aussi ces dix fromages à leur chef de mille, et tu verras si tes frères se portent bien. » David se leva dès l'aube du jour, recommanda le troupeau à un berger, s'en alla avec tout ce que lui avait commandé Isaï, et vint à la circonvallation du camp. L'armée était sortie pour combattre; et l'on entendait déjà les cris, signal du combat; car Israël s'était rangé en bataille, ainsi que les Philistins de leur côté (*Ibid.*, 17, 12-21).

(1) Martian. Capell, *De musicâ*, p. 2099, *edit. Steph. gr.*

David donc, laissant les vases qu'il avait apportés aux mains du gardien des bagages, courut dans les rangs, souhaita le bonjour à ses frères et s'informa de leur santé. Il parlait encore, lorsque Goliath parut, venant du camp des Philistins, et David lui entendit prononcer les mêmes paroles. Or, tous les Israélites, quand ils eurent vu cet homme, s'enfuirent de devant lui, tant ils en avaient peur. Cependant quelqu'un d'Israël vint à dire : « Avez-vous vu cet homme qui est monté? il est monté pour défier Israël. Quiconque le frappera, le roi le comblera de grandes richesses, il lui donnera sa fille et il rendra la maison de son père libre en Israël. » David l'entendit. Pour s'en assurer davantage, il dit à ceux qui étaient avec lui : « Que sera-t-il donné à l'homme qui aura frappé ce Philistin, et qui vengera l'opprobre d'Israël? Car, qui est ce Philistin incirconcis, pour insulter ainsi l'armée du Dieu vivant? » Et le peuple lui raconta la même parole, disant : « Voilà ce qui sera donné à l'homme qui le frappera. » Mais Eliab, frère aîné de David, l'ayant entendu parler ainsi avec les autres, se mit en colère contre lui et lui dit : « Pourquoi es-tu venu, et pourquoi as-tu délaissé ce peu de brebis au désert? Je connais ton orgueil et la malice de ton cœur; car tu n'es venu ici que pour voir la bataille. » David répondit : « Mais qu'ai-je donc fait? Ne se peut-il pas dire un mot? » Et il se tourna d'auprès de lui vers un autre, fit la même question, et le peuple lui fit la même réponse (1. Reg., 17, 22-30).

Ces paroles de David furent entendues et rapportées à Saül, qui se le fit amener. Arrivé en sa présence, David lui dit : « Que le cœur de personne ne s'abatte à cause de cet homme. Ton serviteur ira et combattra ce Philistin. » Saül objecta : « Tu ne pourras aller sur ce Philistin pour le combattre; car tu es un jeune homme, et lui un homme de guerre depuis sa jeunesse. » Mais David reprit : « Ton serviteur paissait le troupeau de son père, et un lion ou un ours venait et prenait un mouton du troupeau; et je le poursuivais et je le frappais, et lui arrachais sa proie de la gueule. Et lorsqu'il se levait contre moi, je le prenais à la gorge et je le frappais et le tuais. C'est ainsi que ton serviteur a terrassé un lion et un ours : ce Philistin, cet incirconcis sera comme l'un d'entre eux pour avoir insulté les bataillons du Dieu vivant. Jéhova, qui m'a délivré de la main du lion et de la main de l'ours, me délivrera aussi de la main de ce Philistin-là. » Saül lui dit alors : « Va, et Jéhova soit avec toi. »

En même temps il le revêtit de son armure, ce qui suppose qu'il était à peu près de la même taille. Mais David, s'étant mis une épée au côté, commença d'essayer s'il pourrait marcher avec ces armes, ne l'ayant point fait jusqu'alors. Puis il dit à Saül : « Je ne saurais marcher avec cela, parce que je n'y suis point accoutumé. » S'en étant donc dépouillé, il prit son bâton à la main, choisit dans le torrent cinq pierres très-polies, les mit dans sa pannetière, et, tenant à la main sa fronde, marcha contre le Philistin.

Le Philistin s'avançait de son côté et s'approchait de David, son écuyer marchant devant lui. Quand il eut regardé et vu un jeune homme, avec de vives couleurs et un beau visage, il le méprisa et lui dit : « Suis-je donc un chien pour que tu viennes à moi avec un bâton? » Et le Philistin maudit David par ses dieux, ajoutant : « Viens à moi, et je donnerai ta chair aux oiseaux du ciel et aux bêtes de la terre. »

Mais David dit au Philistin : « Tu viens à moi avec l'épée et la lance et le bouclier ; mais moi je viens à toi au nom de Jéhova Sabaoth, le Dieu des bataillons d'Israël, que tu as insulté. Aujourd'hui même Jéhova te donnera en ma main, et je te frapperai, et je te couperai la tête, et je donnerai les cadavres du camp des Philistins, en ce jour, aux oiseaux du ciel et aux bêtes de la terre ; et toute la terre saura que Dieu est en Israël, et toute cette multitude saura que c'est Jéhova qui sauve, non par l'épée et la lance, car à Jéhova est la guerre, et c'est lui qui vous livrera en nos mains. »

En ce moment le Philistin venait et s'approchait ; mais David se hâta, courut au devant, mit sa main en sa pannetière, prit une pierre, la lança avec la fronde et frappa le Philistin au front, et la pierre s'enfonça dans son front, et il tomba la face contre terre. David l'emporta ainsi sur le Philistin par la fronde et la pierre, et il mit à mort le Philistin frappé. Comme il n'avait point d'épée en sa main, il courut, et, debout sur le Philistin, il saisit son épée, la tira hors du fourreau, et le tua, et lui coupa la tête.

Les Philistins voyant que le plus fort d'entre eux était mort, s'enfuirent. Les enfants d'Israël et de Juda, au contraire, se levant avec de grands cris, poursuivirent les Philistins et les tuèrent jusqu'à Geth et Accaron. Puis, revenus sur leurs pas, ils s'emparèrent de leur camp.

Au moment où Saül vit sortir David contre le Philistin, il dit à Abner, chef de son armée : « De qui ce jeune homme est-il fils ? — Vive ton âme, ô roi ! si je le sais, répondit Abner. Le roi reprit : Demande de qui est fils ce jeune homme. » Lors donc que David revint après avoir frappé le Philistin, Abner le prit et le conduisit devant Saül, ayant la tête du Philistin en sa main. Et Saül lui dit : « Jeune homme, de quelle famille es-tu ? David répondit : Je suis fils de vôtre serviteur Isaï, de Bethléhem (1. Reg., 17, 31-58). »

La question de Saül paraît étrange. David avait passé un temps considérable dans son palais, jouant de la harpe devant lui ; il l'avait même pris en affection et en avait fait son écuyer ; un peu auparavant, lorsqu'il le revêtit de ses propres armes, il dut nécessairement le reconnaître, ou du moins lui demander son nom. On répond que, par suite de la manie dont il était tourmenté, Saül pouvait manquer de mémoire, ou que, connaissant David, il voulait néanmoins, comme il s'agissait de lui donner sa fille, savoir plus exactement de quelle famille il était. Peut-être aussi que ce langage était un effet de la vanité et de la jalousie. Tandis qu'il voyait le formidable géant s'avancer avec ses bravades, il était prêt à tout donner à celui qui le tuerait ; mais à peine le voit-il étendu par terre, qu'il semble se repentir de ses promesses. Un roi qui tenait plus à être honoré devant les hommes qu'à n'être pas réprouvé de Dieu, devait entrevoir avec un secret dépit que cet honneur même allait passer en grande partie à un autre, à un de ses sujets, et cela sans qu'il pût y trouver à redire.

Quoi qu'il en soit de la conduite de Saül envers David, celle de son fils Jonathas fut bien différente.

C'est un des plus beaux et des plus aimables caractères que l'on puisse trouver, même dans la sainte Écriture. Lorsque David eut achevé de parler à Saül, l'âme de Jonathas s'attacha à l'âme de David, et i l'aima comme son âme. Saül, soit pour s'assurer de David, soit pour l'employer, soit par complaisance pour son fils, le retint auprès de lui à partir de ce jour, et ne lui permit plus de retourner en la maison de son père. Jonathas fit donc avec David une étroite alliance ; car il l'aimait comme son âme. Jonathas se dépouilla de son manteau et le donna à David, ainsi que ses autres vêtements, jusqu'à son épée, et son arc, et son baudrier. Et David allait partout où Saül l'envoyait, et il agissait avec prudence. Saül donc lui donna le commandement des hommes de guerre, et il était agréable aux yeux de tout le peuple, et surtout en la présence des serviteurs de Saül (1. Reg., 18, 1-5).

Tant de gloire, et une gloire si subite, ne l'éblouit point, ne lui fit point méconnaître l'inanité de l'homme et la grandeur exclusive de Dieu. Dans la marche triomphale de l'armée victorieuse, il portait la tête de Goliath sur la pointe de son épée ; il la porta ainsi jusqu'à Jérusalem, pour la montrer aux Jébuséens qui occupaient la citadelle, et leur faire entendre, dès lors, qu'ils seraient un jour vaincus eux-mêmes par le vainqueur de Goliath. Puis il déposa l'épée du géant près du tabernacle du Dieu des armées, comme un témoignage public qu'à lui seul est la gloire et la victoire. Mais il nous reste de la pensée de son cœur un monument plus durable : c'est le psaume 143, que l'inscription grecque nous apprend avoir été composé contre Goliath (1).

« Béni soit Jéhova, mon boulevard, lui qui enseigne à mes mains le combat, et à mes doigts la guerre ! Il est ma miséricorde et ma forteresse ; il est mon asile et mon libérateur. Mon Dieu et mon bouclier, c'est en lui que j'ai espéré ; c'est lui qui me soumet mon peuple.

» O Jéhova ! qu'est-ce que l'homme, pour que vous soyez attentif à lui ? le fils de l'homme, pour que vous pensiez à lui ? L'homme est semblable au néant ; ses jours passent comme l'ombre.

O Jéhova ! abaissez les cieux et descendez ; touchez les montagnes, et elles fumeront. Faites briller la foudre, et vous les dissiperez ; lancez vos flèches, et ils seront dans l'effroi.

» Etendez votre main d'en haut ; délivrez-moi, sauvez-moi de l'abîme des eaux, de la main des fils de l'étranger ; eux dont la bouche parle le mensonge, eux dont la droite est la main de l'iniquité.

» O Dieu ! je vous chanterai un cantique nouveau ; je vous célébrerai sur le psaltérion, sur l'instrument à dix cordes ; vous qui sauvez les rois, qui rachetez David, votre serviteur, du glaive meurtrier.

» Délivrez-moi, sauvez-moi de la main des fils de l'étranger ; eux dont la bouche parle le mensonge, eux dont la droite est la main de l'iniquité.

» Leurs fils sont comme des plantes grandissant dans leur jeunesse ; leurs filles sont belles et parées comme les images d'un temple. Leurs celliers sont pleins ; ils regorgent de l'un à l'autre ; leurs brebis se multiplient par mille et par dix mille dans leurs métairies ; leurs bœufs sont chargés de graisse ; on ne voit dans leurs murs ni ouverture ni ruine ; on

(1) Ps. 143, selon la Vulgate ; 144, selon les Septante et l'hébreu.

n'entend point de cris dans leurs places publiques. Heureux, disent-ils, heureux le peuple qui jouit de tout cela !

» Heureux seulement le peuple dont Jéhova est le Dieu ! »

L'on peut croire que ce cantique fut chanté au nom de Saül. Les fils de l'étranger sont naturellement les Philistins. La prière pour être délivré ou préservé de leur main, convient beaucoup mieux aux premiers commencements de David qu'à l'époque où il était monté sur le trône. Ces paroles : *Vous me soumettez mon peuple*, peuvent s'appliquer non-seulement à Saül, mais à David même ; car dès lors, à raison du commandement militaire, le peuple lui était soumis. Ce qui le lui soumettait encore bien davantage en un sens, c'était l'affection universelle. Ce fut même cette faveur populaire qui lui attira la disgrâce de Saül.

Lorsque David revint après avoir frappé le Philistin, les femmes sortirent de toutes les cités d'Israël au devant du roi Saül, chantant et dansant au son des tambours, des cymbales et autres instruments de joie. Et les femmes, dans leurs danses et dans leurs chants, se répondaient l'une à l'autre et disaient : *Saül a tué ses mille, et David ses dix mille*. Cette parole mit Saül dans une grande colère et lui déplut extrêmement. « Ils ont donné, dit-il, dix mille à David, et à moi mille. Que lui faut-il de plus, si ce n'est d'être roi ? » Saül donc regarda David de mauvais œil depuis ce jour-là (1. Reg., 18, 6-9).

En ouvrant ainsi son cœur à la colère et à la jalousie, Saül ouvrait la porte à cet esprit de malice que Dieu avait commis pour le tourmenter. En effet, le jour suivant, l'esprit mauvais s'empara de lui, et il prophétisait au milieu de sa maison. Cependant David jouait de la harpe comme il avait coutume de faire. Or, Saül avait à la main une lance. Tout d'un coup il la lève et la jette, disant en lui-même : Je transpercerai David jusqu'à la muraille. Mais David, se détournant, évita le coup par deux fois. Alors Saül le craignit encore plus, voyant que l'Eternel était avec David et qu'il s'était retiré de lui. C'est pourquoi il l'éloigna d'auprès de sa personne et l'établit prince de mille. Ainsi David sortait et entrait à la tête du peuple, c'est-à-dire qu'il le menait à la guerre et le ramenait (*Ibid.*, 18, 10-13).

Quand il est dit de Saül, tourmenté par l'esprit malin, qu'il *prophétisait* dans sa maison, ce mot est pris dans un mauvais sens. Les vrais prophètes, animés de l'Esprit-Saint et élevés au-dessus d'eux-mêmes, disaient des choses surhumaines, faisaient quelquefois des actions extraordinaires, mais le tout avec calme et intelligence. Ceux, au contraire, qu'agite l'esprit mauvais, comme les énergumènes, parlent et agissent en désordre et malgré eux ; tels que les païens nous représentent la pythonisse de Delphes ou la sibylle de Cumes (1), les cheveux hérissés, le regard farouche, le corps tremblant, la bouche écumante, faisant des cris et des hurlements, proférant par intervalles des paroles étranges, mal articulées,

---

(1) *Enéid.*, 6; Strab., 6 et 9, etc.; Virgile a dit de la sibylle :
*Et Phœbi nondum patiens immanis in antro
Bacchatur vates, magnum si pectore possit
Excussisse Deum : tanto magis ille fatigat
Os rabidum, fera corda domans, fingitque premendo.*

Saint Paul dit, au contraire (I. Cor., 14, 32) : *Et spiritus prophetarum prophetis subjecti sunt.*

sans suite ; tel était à peu près l'état de Saül dans ses moments de fureur.

Mais autant ce malheureux prince, livré à Satan pour la perte de sa chair et le salut de son âme, présentait ainsi un spectacle déplorable, autant David, dirigé par l'esprit de Dieu, était-il un modèle de sagesse. Dans toutes ses voies il agissait prudemment, et l'Eternel était avec lui. Aussi, tout Israël et Juda l'aimaient ; car il allait et marchait à leur tête.

Saül, lui voyant tant de prudence, en eut encore plus peur et chercha le perdre par ruse. Il dit donc à David : « Voilà ma fille aînée Mérob, je te la donnerai pour femme. Sois-moi seulement un fils de courage, et combats les combats de l'Eternel. » Saül se disait en lui-même : Que ma main ne soit pas sur lui, mais la main des Philistins. En triomphant de Goliath, David avait déjà rempli toutes les conditions. Il ne s'en prévalut point, mais répondit à Saül : « Qui suis-je, moi, et quelle est ma vie ou la famille de mon père en Israël, pour que je devienne le gendre du roi ? » Mais le temps étant venu où Mérob, fille de Saül, devait être donnée à David, elle fut donnée pour femme à Hadriel Molathite.

Cependant Michol, seconde fille de Saül, avait de l'affection pour David. Saül l'ayant su, en fut bien aise. Il disait : « Je la lui donnerai, afin qu'elle devienne sa ruine et que la main des Philistins soit sur lui. — Pour cette fois, dit-il à David, tu seras mon gendre aujourd'hui. » Puis, sans s'expliquer davantage, il donna cet ordre à ses serviteurs : « Parlez à David en secret, disant : Voilà que tu plais au roi et que tous ses serviteurs t'aiment. Pense donc maintenant à devenir le gendre du roi ! » David leur répondit : « Vous semble-t-il donc peu de chose d'être le gendre du roi ? Pour moi, je suis pauvre et n'ai point de bien. » Saül ayant su par eux cette réponse, leur dit : « Voici comme vous parlerez à David : Le roi n'a que faire de dot (c'est que parmi les Hébreux c'était le mari qui donnait la dot à sa femme) ; il demande seulement cent prépuces de Philistins, afin que vengeance soit faite des ennemis du roi. » Saül pensait à faire tomber David entre les mains des Philistins. David accepta la proposition ; et, avant le temps marqué, il s'en alla avec ses gens, tua deux cents Philistins et en apporta les prépuces au roi pour devenir son gendre ; et ainsi Saül lui donna pour femme sa fille Michol, qui l'aimait beaucoup.

Saül, au contraire, ayant connu si clairement que l'Eternel était avec David, le craignit de plus en plus, et son aversion pour lui croissait tous les jours. Une circonstance qui devait la diminuer, l'augmenta encore. Les princes des Philistins s'étant mis en campagne, d'abord qu'ils parurent, David fit paraître plus de prudence que tous les serviteurs de Saül, et son nom devint très-célèbre (1. Reg., 18, 14-30). La haine de Saül en fut si irritée, qu'il parla à Jonathas son fils, et à tous ses serviteurs, pour les porter à tuer David.

Mais Jonathas, qui aimait extrêmement David, l'avertit, disant : « Saül, mon père, cherche à te tuer : c'est pourquoi je te prie, garde-toi le matin, et retire-toi en un lieu secret, et cache-toi. Pour moi, je sortirai avec mon père, et je me tiendrai auprès de lui, dans le camp où tu seras. Je parlerai de toi à mon père, et tout ce que je verrai, je te l'apprendrai. »

Jonathas parla donc en faveur de David à son père Saül, et lui dit : « Veuille le roi ne pécher point contre son serviteur David ; car il n'a point péché contre vous, au contraire, ses œuvres vous sont fort bonnes. Il a mis son âme sur sa main, et a frappé le Philistin, et Jéhova opéra un grand salut dans tout Israël. Vous l'avez vu, et vous vous êtes réjoui. Pourquoi donc pécheriez-vous contre le sang innocent, en tuant David qui n'est point coupable ? »

Saül écouta la voix de Jonathas et fit ce serment : « Vive Jéhova ! il ne mourra point. » Jonathas appela donc David, lui raconta toutes ces paroles, le présenta de nouveau à Saül, et David fut devant lui comme il avait été auparavant. La guerre ayant ensuite recommencé, David marcha contre les Philistins, les combattit, en tailla en pièces un grand nombre et mit le reste en fuite.

Quand il fut de retour de cette glorieuse expédition, il arriva que le malin esprit, envoyé par l'Eternel, se saisit encore de Saül. Il était assis dans sa maison une lance à la main. Et comme David jouait de la harpe devant lui, Saül tâcha de le transpercer avec sa lance contre la muraille. Mais David se détourna de devant Saül, et la lance se fixa dans la muraille. Il s'enfuit aussitôt, et se sauva ainsi cette nuit-là (1. Reg., 19, 1-10).

On s'étonnera peut-être de voir Saül toujours une lance à la main. C'est qu'anciennement c'était le symbole du commandement et de la souveraineté. « Alors, dit Justin, les rois avaient encore pour diadème des lances, que les Grecs ont appelées *sceptres* (1). » Ce fut avec une espèce de lance, suivant l'hébreu, que Josué donna le signal pour l'attaque et la prise de la ville de Haï. Le nom de *quirites*, qui, chez les Romains, indiquait le droit de bourgeoisie souveraine, vient du vieux mot *cur, quir*, qui signifie lance (2). Le père seul y avait le droit de lance et du sacrifice. Et lorsqu'il fallait témoigner, devant le conseil public, des terres et des choses vivantes que l'on possédait, c'est la lance à la main que s'y présentait le quirite, symbolisant et soutenant à la fois son droit par ses armes. Enfin les vieux Romains adoraient leur dieu Mars, l'auteur de leur empire, sous la forme d'une lance, de même que les Scythes l'adoraient sous la forme d'un sabre.

David avait échappé à la lance de Saül et s'était sauvé dans sa maison ; mais il n'y fut pas plus en sûreté. Saül y envoya des gardes pour l'entourer la nuit et le tuer au matin. Mais Michol, sa femme, l'en avertit, disant : « Si tu ne sauves ton âme cette nuit, demain tu seras mort. » Ensuite elle le descendit par la fenêtre, et il échappa de cette manière, s'enfuit et se sauva. Michol prit une statue, qu'elle coucha dans le lit de David ; elle lui mit autour de la tête une peau de chèvre avec le poil, et sur le corps la couverture du lit. On peut croire que cette statue, en hébreu *théraphim*, était une espèce de portrait de son mari ; car, au dire de quelques rabbins, tel était l'usage des dames de qualité de ce temps.

Dès le point du jour, Saül envoya les gardes pour enlever David ; mais Michol dit : Il est malade. Saül en envoya d'autres avec ordre de le voir, disant Apportez-le-moi dans son lit afin qu'il meure. Mais quand les messagers furent venus, voilà qu'il n'y avait dans le lit qu'une statue qui avait la tête couverte d'une peau de chèvre. Saül dit à Michol : Pourquoi m'as-tu ainsi trompé, et as-tu laissé fuir mon ennemi ? Elle répondit : Parce qu'il m'a dit : Laisse-moi aller, autrement je te tue (1. Reg., 19, 11-17).

David s'était sauvé près de Samuël, en Ramatha ; il lui raconta tout ce que lui avait fait Saül. Et Samuël et lui s'en allèrent et demeurèrent en Naïoth, qui paraît avoir été une maison de campagne, où il y avait une école ou communauté de prophètes.

Saül ayant appris que David était en Naïoth, près de Ramatha, envoya des soldats pour le prendre. Mais quand ceux-ci virent la troupe des prophètes qui prophétisaient, et Samuël qui présidait parmi eux, ils furent saisis eux-mêmes de l'esprit de Dieu, et commencèrent à prophétiser comme les autres en chantant avec eux les louanges de l'Eternel. Lorsqu'on l'eut annoncé à Saül, il envoya d'autres messagers ; mais ceux-là aussi prophétisèrent. Il en envoya pour la troisième fois, qui prophétisèrent encore. Alors, enflammé de colère, Saül s'en alla lui-même en Ramatha, et vint jusqu'à la grande citerne qui est en Socho. Là il demanda où étaient Samuël et David. On lui dit : En Naïoth de Rama. Aussitôt il y alla ; mais il fut lui-même saisi de l'esprit de Dieu, et il prophétisait durant tout le chemin, jusqu'à ce qu'il fût à Naïoth, près de Rama. Alors il se dépouilla aussi lui-même de ses habits royaux, prophétisa avec les autres devant Samuël, et demeura ainsi nu par terre, le reste du jour et toute la nuit, couvert seulement de sa tunique ; ce qui donna de nouveau lieu au proverbe : *Saül est-il donc aussi parmi les prophètes* (Ibid., 19, 18-24) ?

Balaam était venu pour maudire, et Dieu le força de bénir. Il en arrive de même à Saül et à ses gens. Les satellites des Pharisiens, envoyés pour prendre Jésus-Christ, s'en reviendront pareillement dire à leurs maîtres : Jamais homme n'a parlé comme cet homme (Joan., 7, 46). On voit aussi que, quand il a été dit précédemment que Samuël ne vit plus Saül, cela veut dire qu'il n'alla plus le voir. De même, lorsque Saül est dit *nu*, cela s'entend de ses vêtements royaux ; car ce que Sénèque observe du latin, est vrai pour toutes les langues : on y appelle *nu* tout homme vêtu mal (1).

David s'étant enfui de Naïoth, vint trouver Jonathas et lui dit : Qu'ai-je fait ? quelle est mon iniquité, et quel est mon péché contre ton père, pour qu'il demande mon âme ? — Non, lui dit Jonathas, tu ne mourras point ; car mon père ne fait aucune parole, ni grande ni petite, qu'il ne la révèle à mon oreille : m'aurait-il donc caché cette parole seule ? cela n'est pas. Mais David l'adjura de nouveau : Ton père sait très-bien que j'ai trouvé grâce à tes yeux, et il dira : Que Jonathas ne sache point ceci, de peur qu'il ne s'en afflige ; car, vive Jéhova ! et vive ton âme ! il n'y a, pour ainsi dire, qu'un pas entre moi et la mort. Jonathas lui dit alors : Tout ce que tu diras ton âme, je le ferai. David reprit : Voici que demain est le premier jour du mois, et j'ai coutume de m'asseoir à

---

(1) Justin, I, 43, n. 3 : « Per ea adhuc tempora reges hastas pro diademate habebant, quas Græci sceptra dixere. Nam et ab origine rerum, pro Diis immortalibus. veteres hastas coluere : ob cujus religionis memoriam, adhuc Deorum simulacris hastæ adduntur. »

(2) Festus ; Michelet, *Histoire Romaine*, t. I, p. 99.

(1) *Sic qui male vestitum et pannosum vidit, nudum se vidisse dicit* (Seneca, *De benefic.*, l. 5).

table auprès du roi ; laisse-moi donc aller me cacher dans un champ jusqu'au soir du troisième jour. Si ton père me demande, tu lui répondras : David m'a demandé d'aller en hâte à Bethléhem, sa cité, parce qu'il y a là un sacrifice solennel pour toute sa famille. S'il te dit : C'est bien, la paix sera avec ton serviteur ; mais s'il se met en colère, sache que de sa part le mal est à son comble. Fais donc cette grâce à ton serviteur, puisque tu as fait entrer ton serviteur avec toi en une alliance de Jéhova. S'il est en moi quelque iniquité, tue-moi toi-même, mais ne me conduis point à ton père. Loin de toi tout cela ! répondit Jonathas ; mais, si je puis connaître que la malice de mon père est prête à s'accomplir contre toi, je te l'annoncerai certainement. — Mais, reprit David, si ton père te répond quelque chose de funeste, qui me le dira ? Alors Jonathas lui dit : Viens, et allons dans la campagne. Et quand ils furent sortis tous deux dans les champs, Jonathas dit à David : Jéhova ! Dieu d'Israël ! si je reconnais les desseins de mon père, demain ou le jour d'après, et qu'il y ait quelque chose de favorable pour David, et que je n'envoie pas aussitôt vers toi et ne te l'apprenne, que Dieu fasse à Jonathas ceci, et qu'il y ajoute cela. Que si mon père trouve bon de persévérer dans sa malice contre toi, je le révélerai à ton oreille et je le laisserai partir, afin que tu ailles en paix et que l'Eternel soit avec toi, comme il a été avec mon père. Et si je vis, tu me rendras la miséricorde de l'Eternel ; mais si je meurs, tu ne retireras point ta miséricorde de ma maison à jamais.

Jonathas fit donc alliance avec la maison de David, auquel il jura de l'aimer ; car il l'aimait en effet comme l'amour de son âme. Il ajouta : Demain sera le premier jour du mois, et tu seras demandé ; car ta place sera vide pendant deux jours. Le troisième, qui sera un jour d'œuvre, tu viendras promptement au lieu où tu dois te cacher, et tu te tiendras près de la pierre nommée *Ezel* ; et je tirerai trois flèches près de cette pierre, et je les lancerai comme pour atteindre un but. Et voilà que j'enverrai un petit garçon, en lui disant : Va, et apporte-moi les flèches. Si je dis au garçon : Les flèches sont en deçà de toi, ici apporte-les, viens me trouver, car la paix est avec toi, et, vive l'Eternel ! tu n'auras rien à craindre. Mais si je dis à l'enfant : Voilà que les flèches sont au delà de toi, va en paix, car l'Eternel voudra que tu t'en ailles. Quant à la parole que nous avons dite, toi et moi, voilà que l'Eternel est entre toi et moi à jamais (1. Reg., 20, 1-23).

Sainte amitié de David et de Jonathas, qui avez l'Eternel pour dépositaire, que vous êtes belle, que vous êtes sublime ! Rivaux en gloire, vous n'en faites qu'un cœur. Compétiteurs du trône, vous soumettez d'avance le fils de roi au berger. Ni la fureur jalouse d'un père, ni le souffle pestilentiel de la cour, ne peuvent troubler un moment votre merveilleux empire. Venue du Ciel, vous êtes élevée et pure comme lui.

La fête à laquelle Jonathas devait sonder les dispositions de son père à l'égard de David était une *néoménie*, ou *fête de la nouvelle lune*. Ces fêtes ont été célébrées par toutes les nations anciennes. Moïse nous en montre l'origine dans l'histoire même de la création, lorsqu'il dit que *Dieu a fait le soleil et la lune pour être les signes des temps, des jours et des années* (Gen., 1, 14). Les années se mesuraient par la révolution du soleil, les mois par la révolution de la lune ; chaque lune nouvelle commençait un nouveau mois et déterminait ainsi les fêtes qui devaient s'y célébrer. La réapparition de cet astre n'était pas d'ailleurs de peu d'intérêt pour les peuples pasteurs qui gardaient la nuit leurs troupeaux dans les déserts. Aussi neuf à dix siècles avant qu'aucun auteur profane nous parle de néoménie, Moïse, qui défendait si sévèrement le culte de la lune, réglait dans la loi divine comment les enfants d'Israël devaient annoncer, par le son des trompettes, les calendes aux premiers jours du mois, quels sacrifices il fallait y offrir, quels festins on pouvait y faire. Il y revient en plus d'un endroit ; mais nulle part il ne l'institue (Num., 10, 10-28 ; 11-29, 6), ce qui suppose qu'elle remontait plus haut. En effet, il est dit dans un psaume, suivant l'hébreu : *Sonnez la trompette à la néoménie, à ce grand jour de solennité ; c'est un précepte pour Israël et une ordonnance du Dieu de Jacob. Il l'a imposée à Joseph lorsqu'il entra dans la terre d'Egypte, où il entendit une langue qu'il ne connaissait pas* (1). D'après cela, Jacob et sa postérité auraient observé les néoménies deux cents ans avant Moïse. Les néoménies incomparablement plus récentes des païens furent une corruption de ces néoménies primitives : au lieu d'y adorer, comme les enfants de Jacob, le Créateur du soleil, de la lune et des étoiles, leurs hommages s'adressèrent à ces astres mêmes ou à d'autres faux dieux.

Les mois des Juifs sont de vingt-neuf et de trente jours. Quand le mois est de trente, la fête de la néoménie ou des calendes dure deux jours, savoir, le trente du mois qui finit et le premier du mois qui commence. C'est ce qui eut lieu dans la circonstance dont il est ici question.

David se cacha donc dans le champ ; et le premier jour du mois étant venu, le roi se mit à table pour manger. Il s'assit, suivant sa coutume, sur son siège, qui était contre la muraille. Jonathas, se levant, s'assit à un de ses côtés, et Abner de l'autre ; et la place de David parut vide. Saül n'en dit rien ce jour-là, présumant qu'il était retenu par quelque impureté légale. Le second jour de la fête étant venu, la place de David se trouva encore vide. Alors Saül dit à son fils Jonathas : « Pourquoi le fils d'Isaï n'est-il point venu manger ni hier ni aujourd'hui ? Jonathas répondit à Saül : « David m'a prié avec beaucoup d'instance d'agréer qu'il allât à Bethléhem, en me disant : Laisse-moi aller, de grâce, car nous avons un sacrifice de famille dans la cité, et un de mes frères m'a mandé d'y venir. Maintenant donc, si j'ai trouvé grâce à tes yeux, permets que j'y aille aussitôt et que je voie mes frères. C'est pourquoi il n'est pas venu à la table du roi. » A ces mots, Saül s'emporta contre Jonathas jusqu'à lui dire : « Fils d'une femme prostituée, ne sais-je pas que tu aimes le fils d'Isaï, à ta honte et à la honte de ton infâme mère ? Car tous les jours que le fils d'Isaï vivra sur la terre, tu ne seras point affermi, toi ni ton royaume. Envoie donc présentement, et amène-moi, car il est fils de la mort ! » Jonathas répondit à Saül, son père : « Pourquoi mourra-t-il ? qu'a-t-il fait ? Pour toute réponse, Saül saisit sa lance pour le frapper. Jona-

(1) *Al Eretz Mizraïm* ; Ps. 81, 6, selon l'hébreu ; *Dict. de Bergier*, art. *Néoménie*.

thas connut ainsi que son père avait résolu de tuer David. Il se leva donc de table dans une grande colère, et il ne mangea point ce second jour de la fête; car il était affligé à cause de David, et parce que son père l'avait outragé lui-même.

Le lendemain, dès le point du jour, Jonathas vint dans le champ, selon qu'il en était convenu avec David, et amena avec lui un petit garçon, auquel il dit : « Va, et m'apporte les flèches que je tire. » L'enfant ayant couru, Jonathas en tira une autre plus loin. L'enfant étant venu au lieu où était la première flèche que Jonathas avait tirée, Jonathas cria derrière lui : « Regarde, voilà que la flèche est au delà de toi. » Il lui cria encore : « Va vite, hâtetoi, ne t'arrête point. » L'enfant ayant ramassé les flèches de Jonathas, les rapporta à son seigneur, sans rien comprendre à ce qui se faisait; il n'y avait que Jonathas et David à le savoir. Jonathas donna ensuite ses armes à l'enfant, et lui dit : « Va, et portela à la ville. »

Quand l'enfant s'en fut allé, David se leva du lieu qui était vers le midi. Tombant prosterné sur la terre, il adora par trois fois Jonathas; puis, s'étant embrassé tous les deux, ils se pleuraient l'un l'autre, mais David beaucoup plus. Jonathas lui dit enfin : « Va en paix; c'est comme nous avons juré ensemble au nom de Jéhova, disant : « Jéhova soit entre moi et toi, et entre ma race et la tienne à jamais. » Et David se leva et s'en alla; mais Jonathas rentra dans la ville (1. Reg., 20, 24-43).

Après cela, David vint à Nobé, où était le tabernacle, vers le grand-prêtre Achimélec, nommé aussi Abiathar. Achimélec fut surpris de sa venue et lui dit : « D'où vient que vous êtes seul et qu'il n'y a personne avec vous? » David lui répondit : « Le roi m'a donné un ordre et m'a dit : Que personne ne sache pourquoi je t'ai envoyé, ni ce que je t'ai commandé; car j'ai convoqué mes gens en tel et tel lieu. Maintenant donc, si vous avez quelque chose en vos mains, cinq pains, ou ce que vous trouverez, donnez-les-moi. » Le grand-prêtre, répondant à David, lui dit : « Je n'ai point sous la main de pains ordinaires, mais seulement du pain sanctifié et réservé aux prêtres; cependant je vous en donnerai, pourvu que vos gens soient purs, particulièrement par rapport aux femmes. — Pour ce qui est des femmes, reprit David, depuis hier et avant-hier que nous sommes partis, nous ne nous en sommes point approchés, et nos vêtements aussi étaient purs. Il est vrai qu'il y est arrivé quelque impureté légale en chemin, mais ils en seront aujourd'hui purifiés avant qu'ils mangent les pains que vous nous donnerez. » Le grand-prêtre lui donna donc du pain sanctifié, car il n'y en avait point là d'autre que les pains de proposition qui avaient été enlevés de la présence de l'Eternel, pour y placer des pains chauds.

Or, en ce jour-là, un homme des serviteurs de Saül était retenu devant l'Eternel par quelque vœu : son nom était Doëg, Iduméen, le plus puissant des pasteurs de Saül.

David dit encore à Achimélec : « N'avez-vous point ici quelque lance ou épée? car je n'ai point pris avec moi mon épée ni mes armes, parce que l'ordre du roi pressait fort. » Le grand-prêtre lui répondit : « Voici l'épée de Goliath le Philistin, que vous avez tué dans la vallée du Térébinthe, autrement du Chêne; consacrée à l'Eternel, elle est enveloppée dans un drap derrière l'éphod; si vous la voulez, prenezla; car il n'y en point ici d'autre. » David lui dit : « Il n'y en a point comme celle-là, donnez-la-moi. (1. Reg., 21, 1-9). »

Sans doute David ne fit pas bien d'user de dissimulation et de mensonge pour obtenir du grand-prêtre des vivres et une épée. Lui-même reconnaîtra bientôt sa faute. Cependant il ne devait pas prévoir que Saül punirait le grand-prêtre, surtout aussi cruellement qu'il le fit, d'une action non-seulement innocente, mais louable, puisqu'elle a été louée par le Christ dans l'Evangile (Marc., 2, 26).

David s'enfuit donc ainsi de devant Saül et se réfugia vers Akis, roi de Geth, croyant qu'il y serait fort en sûreté. Mais les officiers d'Akis lui dirent : « N'est-ce pas là ce David qui est comme le roi de ce pays-là? N'est-ce point pour lui qu'on a chanté dans les danses publiques : *Saül a frappé ses mille et David ses dix mille?* » David recueillit ces paroles en son cœur, et il commença à craindre extrêmement Akis, roi de Geth. C'est pourquoi il changea de contenance devant leurs yeux, il contrefit l'insensé entre leurs mains, il heurtait et barbouillait les battants de la porte et laissait descendre sa salive sur sa barbe. Akis dit donc à ses serviteurs : « Voyez-vous cet insensé, pourquoi l'avez-vous amené vers moi? Est-ce que je n'ai point assez de fous, pour que vous ayez amené celui-ci faire ses folies en ma présence? Un tel homme entrera-t-il ainsi dans ma maison (1. Reg., 21, 10-15)? »

Echappé de ce péril, David s'enfuit en la caverne d'Odollam, au pays de Juda. Ses frères et toute la maison de son père, l'ayant appris, vinrent l'y trouver. Et tous ceux qui étaient dans la détresse, et ceux qui étaient ou accablés de dettes ou mécontents, s'assemblèrent près de lui et il devint leur prince. Ils étaient environ quatre cents.

David s'en alla de là en Maspha, qui est au pays de Moab, et il dit au roi de Moab : « Que mon père et ma mère, je vous en supplie, demeurent avec vous, jusqu'à ce que je sache ce que Dieu fera de moi. » Et il les laissa auprès du roi de Moab, et ils y demeurèrent tout le temps que David fut dans cette forteresse de Maspha (*Ibid.*, 22, 1-4).

Pendant qu'il était là, il lui vint des enfants de Benjamin et de Juda. Il sortit au devant d'eux et leur dit : « Si vous venez avec un esprit de paix pour me secourir, je ne veux avoir qu'un même cœur avec vous; mais si vous venez de la part de mes ennemis pour me surprendre, quoiqu'il n'y ait aucune iniquité dans mes mains, que le Dieu de nos pères voie et juge. « Alors Amasaï, le chef des trente, tout transporté en lui-même, répondit : « Nous sommes à toi, ô David! nous sommes avec toi, ô fils d'Isaï! La paix, la paix avec toi! La paix avec ceux qui prennent ta défense; car ton défenseur est ton Dieu ! » David les reçut donc, et les établit officiers dans ses troupes (1. Paral., 12, 16-18).

Dieu lui avait encore envoyé un autre secours : c'était le prophète Gad. Un jour ce prophète lui dit : « Ne demeure pas dans ce fort; pars, et va dans la terre de Juda. » Et David partit, et vint en la forêt d'Areth.

Saül apprit bientôt qu'on avait vu reparaître David avec les gens qui l'accompagnaient. Etant donc un jour en Gabaa, sous l'arbre qui est en Ramatha, tenant la lance en ses mains, et tous ses serviteurs autour de lui, il dit à ses serviteurs qui l'entouraient : « Ecoutez donc, fils de Jémini : Sans doute le fils d'Isaï vous donnera à tous des champs et des vignes, et vous fera tous tribuns et centeniers, puisque vous avez tous conspiré contre moi, et que nul ne me révèle ce qui se passe. Mon fils même a fait alliance avec le fils d'Isaï; et nul d'entre vous qui me plaigne, nul qui révèle quoi que ce soit à mon oreille! Et mon propre fils a soulevé mon serviteur contre moi, pour me tendre des pièges jusqu'à ce jour. »

Doëg, Iduméen, qui se tenait en ce moment auprès des officiers de Saül, lui répondit : « J'ai vu venir le fils d'Isaï en Nobé, auprès d'Achimélec, fils d'Achitob, qui a consulté pour lui Jéhova, lui a donné des vivres et l'épée de Goliath le Philistin. »

Le roi donc envoya appeler Achimélec, fils d'Achitob, le grand-prêtre, avec tous les prêtres de la maison de son père qui étaient à Nobé; et ils vinrent tous trouver le roi.

Saül dit : Ecoute donc, fils d'Achitob. Lequel répondit : Me voici, seigneur. Et Saül lui dit : Pourquoi avez-vous conspiré contre moi, toi et le fils d'Isaï, et lui as-tu donné des pains et l'épée? Et pourquoi as-tu consulté Dieu pour lui, afin qu'il s'élevât contre moi, persévérant à me dresser des embûches jusqu'à ce jour? Achimélec répondit au roi : Et qui, entre tous tes serviteurs, est fidèle comme David, lui, le gendre du roi, qui marche à ton commandement, et qui est plein de gloire en ta maison? Est-ce donc aujourd'hui que j'ai commencé à consulter Dieu pour lui? Loin de moi que le roi soupçonne son serviteur d'une telle chose, non plus que toute la maison de mon père; car ton serviteur n'a rien su de ce que tu dis, ni peu ni beaucoup.

A une justification si simple et si complète, Saül, désormais plus tyran que roi, dit pour toute réponse : Tu mourras de mort, Achimélec, toi et toute la maison de ton père. En même temps, il dit aux coureurs qui l'environnaient : Tournez-vous, et mettez à mort les prêtres de Jéhova, car leur main est avec David; ils savaient bien qu'il s'enfuyait, et ils ne m'en ont point donné avis. Mais ses gardes, sachant qu'il faut obéir à Dieu plutôt qu'aux hommes, se refusèrent à cet ordre inique et sacrilége, et ne voulurent pas étendre la main sur les prêtres de l'Eternel. Leur délateur fut leur bourreau. Sur le commandement de Saül, l'Induméen Doëg les égorgea au nombre de quatre-vingt-cinq, vêtus qu'ils étaient de l'éphod sacerdotal. Saül ne borna pas là sa cruauté : par le ministère du même satellite, il fit passer au fil de l'épée toute la ville de Nobé, hommes, femmes, enfants, jusqu'à ceux qui étaient à la mamelle; il n'épargna pas même les animaux. Le seul Abiathar, fils du grand-prêtre, échappa à cet horrible massacre et se réfugia près de David, qui le reçut avec amitié et lui dit : « Je savais bien que Doëg l'Iduméen, s'étant trouvé là lorsque j'y étais, ne manquerait pas d'avertir Saül. Je suis cause de la mort de toute la maison de ton père. Demeure avec moi, ne crains point. Il entreprendrait sur ma propre vie, quiconque entreprendrait sur la tienne; car tu m'es un dépôt sacré confié à ma garde (1. Reg., 22, 5-23). »

David ne parle ni de Saül ni de Doëg; il s'accuse lui-même. C'est le propre des âmes excellentes, dit à ce sujet saint Grégoire le Grand, de se croire coupables en des choses où elles ne le sont pas (1). Les vrais, les seuls coupables ici sont Doëg et Saül : Doëg, le courtisan, qui, dans sa déclaration, supprime la circonstance principale, savoir, que le pontife n'assista David que comme envoyé de Saül et pour accélérer le service du roi; puis le tyran qui, sur une déclaration pareille et malgré la noble justification de l'accusé, fait égorger à l'instant et le pontife, et quatre-vingt-quatre prêtres, et toutes leurs familles, et une ville entière. Tyrannie exécrable ! Dieu, toutefois, qui tourne la rage même des démons à l'accomplissement de ses desseins de justice ou de miséricorde, tourna également ici la fureur de Saül à l'accomplissement de ce qu'il avait prédit à Héli sur les descendants de ses deux fils, Ophni et Phinées, qui avaient déshonoré son sacerdoce, savoir, *qu'il couperait le bras droit de ceux de sa race et qu'ils n'arriveraient point jusqu'à la vieillesse* (1. Reg., 2, 31).

Après ce massacre des prêtres, on pouvait tout attendre de Saül. Il n'est donc pas étonnant s'il trempa ses mains dans le sang des Gabaonites. C'était, comme on sait, un peuple d'Amorrhéens à qui Josué et les chefs d'Israël avaient juré de conserver la vie. Saül, par un faux zèle, et comme pour réparer la négligence des enfants d'Israël et de Juda, entreprit de les exterminer au mépris de ce serment, et en fit mourir un grand nombre. Nous verrons la vengeance qui en sera faite sur sa postérité (2. Reg., 21).

Pendant que David était dans la forêt d'Hareth, on vint lui dire : Voilà que les Philistins attaquent Céila, ville de la tribu de Juda, et qu'ils pillent les granges du pays. Il consulta l'Eternel, disant : Irai-je et frapperai-je les Philistins? Et l'Eternel dit à David : Va et frappe les Philistins, et tu sauveras Céila. Mais les gens qui étaient avec David lui dirent alors : Voilà que nous sommes ici au milieu de la Judée, et nous avons à craindre; que sera-ce donc si nous allons à Céila attaquer les troupes des Philistins sur leurs frontières? David consulta donc de nouveau l'Eternel; et l'Eternel lui répondit : Lève-toi et va en Céila; car je livrerai les Philistins en ta main. David s'en alla donc avec les siens à Céila, combattit contre les Philistins, en fit un grand carnage, emmena leurs troupeaux et sauva les habitants de Céila.

Or, quand Abiathar, fils d'Achimélec, se réfugia vers David, il apporta avec lui l'éphod du grand-prêtre, par où on consultait l'Eternel.

Lorsque Saül eut appris que David était venu à Céila, il dit : Dieu me l'a livré entre les mains; il est pris, puisqu'il est dans une ville où il y a des portes et des serrures. Il commanda donc à tout le peuple de marcher secrètement contre Céila et d'y assiéger David et ses gens. Mais David ayant su que Saül préparait secrètement sa ruine, dit au prêtre Abiathar : Revêts-toi de l'éphod. Et David dit : Jéhova, Dieu d'Israël, votre serviteur a entendu dire que Saül se prépare à venir en Céila pour détruire cette ville à cause de moi. Les hommes de Céila me livreront-ils entre ses mains? et Saül y descendra-t-il comme votre serviteur l'a ouï dire? Jéhova, Dieu d'Israël, faites-le connaître à votre serviteur. Et Jéhova dit : Il descendra. David dit encore : Les hom-

(1) *Bonarum mentium est, ibi culpam agnoscere ubi culpa non est.*

mes de Céila me livreront-ils, moi et mes gens, en la main de Saül? L'Eternel répondit : Ils vous livreront. David se leva donc avec les siens, près de six cents, et, sortis de Céila, ils erraient çà et là incertains. Saül ayant appris que David s'était échappé de Céila, ne parla plus d'y marcher.

David cependant demeurait au désert, dans des lieux très-forts. Il se retira, en particulier, en la partie méridionale de Juda, sur la montagne du désert de Ziph, qui était couverte de forêts. Saül le cherchait sans cesse, mais Dieu ne le livra point entre ses mains (1. Reg., 23, 1-15).

Pendant qu'il était là, onze braves de la tribu de Gag vinrent l'y trouver. Ils étaient très-vaillants dans le combat, se servant du bouclier et de la lance; leur face était comme la face du lion, et ils égalaient à la course les chevreuils des montagnes. L'Écriture nous a conservé leurs noms, et ils furent dans la suite des principaux chefs de l'armée (1. Paral., 12, 8-15).

Une visite plus inattendue vint consoler le fugitif. Jonathas, fils de Saül, se leva et s'en alla vers David en la forêt, fortifia sa main, c'est-à-dire son courage en Dieu, et lui dit : Ne crains point, car la main de mon père Saül ne te trouvera point; et tu régneras sur Israël, et moi, je serai le second après toi; mon père Saül le sait bien lui-même. Et ils firent tous deux alliance devant l'Eternel. David demeura en la forêt, et Jonathas retourna en sa maison (1).

Mais ce qui soutenait David bien plus encore que l'amitié de Jonathas, c'était l'amitié de Dieu. Voilà son appui, sa force, son espoir, son conseil, son refuge. Avec Jonathas, c'est Dieu qu'il prend à témoin de son innocence contre Saül.

« Jéhova, mon Dieu ! c'est en vous que j'espère ; sauvez-moi de tous ceux qui me persécutent, et délivrez-moi, de peur que mon ennemi, comme un lion, ne ravisse mon âme, ne la déchire, et que je ne trouve pas de libérateur.

» Jéhova, mon Dieu ! si j'ai fait ce dont on m'accuse, si l'iniquité est dans mes mains, si j'ai rendu le mal à ceux qui vivaient en paix avec moi, si, sans raison, j'ai accablé mon ennemi, qu'il poursuive mon âme, qu'il la saisisse et qu'il foule par terre ma vie, et qu'il fasse habiter ma gloire dans la poussière.

» Réveillez-vous, ô Jéhova ! exécutez l'arrêt que vous avez porté. — Jugez-moi, ô Eternel ! selon ma justice et mon innocence.

» Leur impiété consumera les pervers, mais vous affermirez le juste, vous qui sondez les reins et les cœurs. Dieu est mon bouclier, c'est lui qui sauve ceux qui ont le cœur droit. Dieu est un juge plein d'équité, il menace tout le jour. Si vous ne retournez à lui, il aiguisera son glaive; son arc est tendu, il l'a préparé; il a rempli son carquois d'instruments de mort, il lancera des flèches brûlantes.

» Le voilà, cet homme, en travail d'iniquité ; il a conçu le labeur, et il n'enfante que le mensonge. Il ouvre un précipice, il le creuse, et il tombe dans le gouffre qu'il a préparé ; son labeur retombera sur sa tête, et son iniquité pèsera sur son chef.

(1) 1. Reg., 23, 16-18 : « Et surrexit Jonathas filius Saül, et abiit ad David in silvam, et confortavit manus ejus in Deo, dixitque ei : Ne timeas; neque enim inveniet te manus Saül patris mei, et tu regnabis super Israel, et ego ero tibi secundus, sed et Saül pater meus scit hoc. Percussit ergo uterque fœdus coram Domino : mansitque David in silva : Jonathas autem reversus est in domum suam. »

» Moi je rendrai gloire à Jéhova, qui fait justice ; je chanterai le nom de Jéhova, le Très-Haut (Ps. 7). »

Cet homme que David ne nomme point, qu'il n'appelle pas même son ennemi, c'est évidemment Saül. Sans cesse en travail d'iniquité, sans cesse il concevait de mauvais desseins, sans cesse il combinait de nouveaux stratagèmes pour perdre David; mais tous ses desseins avortent, tous ses stratagèmes échouent, et avec toutes ses conceptions il n'enfante que la honte d'y être trompé toujours. Il creuse une fosse, et il y tombe ; il veut perdre David, et il l'élève ; il veut élever sa propre maison, et il la perd.

Quant aux flatteurs de ce malheureux prince, qui envenimaient son cœur déjà ulcéré, qui, par leurs perfides conseils, le poussaient sans cesse au crime et par là même à sa perte, David appelle contre eux le jugement du ciel.

» Prêtez l'oreille à mes paroles, ô Jéhova ! entendez mes soupirs, soyez attentif à la voix de mon cri, ô mon roi et mon Dieu, parce que je prierai vers vous. O Eternel ! dès le matin vous entendrez ma voix, dès le matin je me disposerai à paraître devant vous, et je reconnaîtrai que vous êtes un Dieu qui n'aimez pas l'iniquité.

» Le méchant n'habitera pas près de vous; les injustes ne subsisteront pas devant vos regards. Vous haïssez les artisans d'iniquité : vous perdrez ceux qui profèrent le mensonge ; l'Eternel aura en horreur l'homme de sang et le fourbe.

» Pour moi, grâce à la multitude de vos miséricordes, j'entrerai dans votre demeure : j'adorerai dans le temple de votre sainteté, rempli de votre crainte.

» O Jéhova ! guidez-moi dans votre justice ; à cause de ceux qui me dressent des embûches, dirigez ma voie devant vous. Car la vérité n'est point sur leurs lèvres; leur cœur n'est que pièges, leur bouche un sépulcre ouvert : ils affilent leur langue. Jugez-les, ô Dieu ! qu'ils tombent du haut de leurs conseils ; rejetez-les à cause de la multitude de leurs crimes, car c'est contre vous qu'ils se sont révoltés.

» Mais qu'ils se réjouissent, tous ceux qui espèrent en vous; ils chanteront à jamais ; vous les couvrirez de vos ailes, et ils tressailliront en vous, ceux qui aiment votre nom. Car vous bénirez le juste, ô Jéhova ! vous le couronnerez de votre bienveillance comme d'un bouclier (Ps. 5). »

David composa en particulier un chant d'imprécation contre le courtisan Doëg, qui calomnia par sa délation insidieuse, et ensuite égorgea de sa main les prêtres de l'Eternel.

« Pourquoi te fais-tu gloire de ta méchanceté, toi qui es puissant que dans le crime? Tout le jour ta langue médite des embûches; elle blesse traîtreusement comme un rasoir bien affilé. Tu as aimé le mal plus que le bien, le mensonge plus que le langage de la justice. Ce que tu as aimé, ce sont des paroles de ruine, langue de fourbe.

» Aussi, Dieu te détruira pour toujours ; il t'enlèvera, il t'arrachera de ta demeure, il te déracinera de la terre des vivants.

» Et les justes verront, et ils seront saisis d'effroi, et ils riront de lui : Le voilà cet homme qui n'a pas pris Dieu pour sa force, qui s'est confié en la multitude de ses richesses, qui s'est affermi sur ses impostures.

» Moi, je suis comme un olivier qui se couvre de feuillage dans la maison de Dieu; j'ai espéré en la miséricorde de Dieu pour jamais et toujours. Je vous rendrai d'éternelles actions de grâce, parce que c'est vous qui les faites; et je me confierai en votre nom, parce qu'il est la bonté même pour vos élus (Ps. 51). »

On voit ici à quoi se réduisent les imprécations de David; à commenter une de ses paroles : Si vous ne revenez à Dieu, il aiguisera son glaive. Que les méchants se convertissent, tel est son premier désir; s'ils s'obstinent dans le mal, il leur prédit les châtiments du Ciel. Ces prédictions, surtout dans le grec et le latin, prennent quelquefois la forme de souhaits, mais elles ne changent pas pour cela de nature. D'ailleurs, souhaiter que Dieu punisse les méchants en ce monde, le souhaiter, non par esprit de vengeance, mais par zèle de la justice et de la gloire de Dieu, mais afin de voir cesser les blasphèmes contre la Providence et le scandale des faibles, mais afin que les coupables eux-mêmes soient pour ainsi dire contraints de se sauver pour l'éternité; non-seulement il n'y a point de péché, mais c'est un sentiment louable. David enfin ne prononce point ses anathèmes contre tous les pécheurs sans distinction; il ne parle pas de ceux qui pèchent par faiblesse, par entraînement; ou, s'il en parle, c'est en rappelant que, de soi, l'homme est chose inconstante et fragile, et que Dieu est plein de miséricorde. Il s'indigne contre ceux qui pèchent, comme les démons, par malice; contre les fourbes, les traîtres, les hypocrites qui se jouent de mentir à Dieu et aux hommes; en quoi, sans doute, et Dieu et les hommes sont d'accord avec David.

Cependant les Ziphéens, dans le désert desquels David était caché, montèrent vers Saül, en Gabaa, disant : « Ne voilà-t-il pas que David est caché parmi nous dans l'endroit le plus fort de la forêt, vers la colline d'Hachila, à la droite de Jésimon? Puis donc que vous désirez de le trouver, vous n'avez qu'à descendre, et ce sera à nous à le livrer entre les mains du roi. » Saül s'écria : « Bénis soyez-vous de l'Eternel, vous qui avez eu pitié de mon sort! Allez donc, je vous prie, et soyez prompts; cherchez, furetez, considérez bien le lieu où il peut être, ou qui l'aura vu; car on m'a dit que c'est un homme fertile en ruses. Sondez, remarquez toutes les retraites où il a coutume de se cacher; et, lorsque vous serez bien assurés de tout, revenez me trouver, afin que j'aille avec vous. Quand il se serait caché au fond de la terre, je le chercherai dans toutes les familles de Juda. » Ils s'en allèrent donc en Ziph, devant Saül.

David, en ayant eu avis, se retira au rocher du désert de Maon dans lequel il était. Saül y entra pour l'y poursuivre. Saül allait d'un côté de la montagne, David et les siens allaient de l'autre. David était en peine d'échapper des mains de Saül; car Saül et ses gens tenaient David et les siens environnés comme dans un cercle pour les prendre. Mais tout à coup un courrier vint dire à Saül : « Hâtez-vous de venir, car les Philistins ont fait une irruption dans le pays. » Saül cessa donc de poursuivre David, et marcha à la rencontre des Philistins. C'est pourquoi on appela ce lieu-là *le Rocher de séparation* (1. Reg., 23, 19-28).

Au plus fort de cette détresse, David faisait à Dieu la prière suivante :

« O Dieu, sauvez-moi en votre nom, jugez-moi dans votre force. O Dieu, entendez ma prière, prêtez l'oreille aux paroles de ma bouche; car les étrangers s'élèvent contre moi, des puissants cherchent mon âme; ils n'ont pas eu Dieu devant leurs regards.

» Voilà Dieu qui vient à mon secours : Jéhova est le soutien de mon âme; il rendra le mal à mes ennemis. Détruisez-les, dans la vérité de vos menaces. Je vous offrirai, du fond du cœur, des sacrifices; je célébrerai votre nom, ô Jéhova! parce qu'il est le bien. Vous m'avez délivré de l'angoisse; mon œil a contemplé de près mes ennemis (Ps. 35). »

David étant sorti de ce lieu-là, demeura au désert d'Engaddi, dans des lieux très-sûrs. Ce désert, au nord-ouest de la mer Morte, est, aussi bien que les déserts de Ziph et de Maon, une contrée du grand désert de Juda, située dans le partage de cette tribu, et qu'on ne doit pas se représenter comme une solitude, mais comme un pays rempli de montagnes et de bois, où il y avait des villes et des bourgs, mais dont les habitants n'y cultivaient ni blé ni vin, vivant principalement du produit de leurs troupeaux. Le désert d'Engaddi surtout est montagneux et a des cavernes considérables parmi ses rochers. C'est donc là que se tenait David.

Mais quand Saül fut revenu de son expédition contre les Philistins, on vint lui dire : Voilà que David est au désert d'Engaddi. Saül donc, prenant trois mille hommes d'élite parmi tous ceux d'Israël, alla pour chercher David et ses compagnons sur les rochers les plus escarpés, habités seulement par les chamois. Et quand on fut venu à des parcs de brebis à côté du chemin, il se trouva là une caverne où Saül entra pour une nécessité naturelle. Or, David et les siens étaient cachés dans l'intérieur de cette caverne-là. Ses hommes dirent donc à David : Voici le jour dont l'Eternel t'a dit : Je te livrerai ton ennemi, afin que tu lui fasses ainsi qu'il plaira à tes yeux. David donc se leva et coupa secrètement le bord du manteau de Saül. Et après, son cœur frappa David, parce qu'il avait coupé le bord du manteau de Saül : et il dit à ses hommes : Jéhova me préserve de faire cette parole à mon seigneur, au christ de Jéhova, et de porter la main sur lui; car il est le christ de Jéhova, lui. Et David arrêta ses hommes par ses paroles, et il ne leur permit point de se jeter sur Saül. Quant à Saül même, étant sorti de la caverne, il s'en allait en son chemin.

Alors David se leva aussi, et, sorti de la caverne, il cria derrière Saül : « Mon seigneur le roi! » Saül regarda derrière lui; et David, s'inclinant la face contre terre, l'adora. Et il dit à Saül : « Pourquoi écoutez-vous les paroles des hommes qui disent : David médite le mal contre vous? Voilà que vos yeux ont vu aujourd'hui que Jéhova vous a livré en ma main dans la caverne, et l'on m'a dit de vous tuer; mais mon œil a eu pitié de vous; car j'ai dit : Je n'étendrai point ma main sur mon seigneur, car c'est le christ de Jéhova. Mon père, voyez vous-même et connaissez le bord de votre manteau en ma main; quand je coupai le bord de votre manteau, je n'ai point voulu étendre ma main sur vous; considérez et regardez qu'il n'y a point de mal en ma main, ni d'iniquité; je n'ai point péché contre vous : cependant vous épiez sans cesse mon âme pour la prendre. Jéhova jugera entre vous et moi, Jéhova me vengera de vous; mais ma main ne sera pas sur vous. Comme le dit le proverbe des anciens : *L'impiété sortira des impies*; ainsi ma main ne sera pas sur vous. Qui poursuivez-vous, ô roi d'Israël? qui poursuivez-vous? Un chien mort, une puce. Que Jéhova soit juge, et qu'il juge entre vous et moi; qu'il voie et juge ma cause, et me délivre de votre main ! »

Quand David eut achevé de parler ainsi à Saül, Saül dit : « N'est-ce point là ta voix, mon fils David? » Et Saül éleva la voix, et pleura. Et il dit à David : « Tu es plus juste que moi, car tu ne m'as fait que du bien, et je ne t'ai rendu que du mal. Et aujourd'hui tu as donné une nouvelle preuve des biens que tu m'as faits; car Jéhova m'a livré en ta main, et tu ne m'as point tué. Et qui est celui qui, ayant trouvé son ennemi, le remet sur la bonne voie? Que Jéhova récompense lui-même la bonté que tu m'as témoignée aujourd'hui ! Et maintenant, parce que je sais que certainement tu dois régner, et que tu auras en ta main le royaume d'Israël, jure-moi, par Jéhova, que tu ne détruiras point ma race après moi, et que tu n'effaceras point mon nom de la maison de mon père. » Et David le jura à Saül. Alors Saül s'en alla en sa maison; et David et les siens montèrent en des lieux plus sûrs (1. Reg., 24, 1-23).

Les plus éloquents des Pères de l'Eglise ont célébré à l'envi la magnanimité de David. Saint Chrysostome a deux homélies exprès pour en relever les merveilles et montrer qu'en épargnant Saül, il remporta une plus grande victoire qu'en triomphant de Goliath (1). Saint Ambroise fait voir que la vertu de David surpassa tout ce que la philosophie païenne a pu souhaiter ou même soupçonner. Cicéron dit en effet que celui qui pardonne à son ennemi, non-seulement peut être comparé aux plus grands héros, mais qu'il est très-semblable à Dieu même. Ce qui rend la magnanimité de David surtout admirable, c'est qu'il pouvait tuer Saül, non-seulement sans danger devant les hommes, mais sans péché devant Dieu. Cette remarque est de saint Augustin (2). « Saül, dit ce Père, Saül, cet ennemi si ingrat, ce persécuteur si acharné, est livré entre ses mains, et cela par le Seigneur-Dieu, afin qu'il en fît impunément ce qu'il lui plairait. Cependant, parce qu'il n'a pas reçu l'ordre de le tuer, mais seulement le pouvoir, il tourne un si grand pouvoir en douceur. Qu'on me dise qui il avait à craindre? Ce n'était pas l'homme qui était en sa puissance; ce n'était pas non plus Dieu, qui le lui avait livré; mais, où il n'y avait ni difficulté ni crainte, la charité l'emporta. David, cet homme de guerre, accomplit le commandement que nous avons reçu du Christ, d'aimer nos ennemis. Et voyez combien son amour est tendre et humble. Son cœur lui reproche d'avoir coupé le bord de son manteau. Il se prosterne devant lui; il l'appelle son seigneur, son roi, son père, et soi-même un chien mort. Il ne se prévaut ni de ses services passés, ni de sa générosité présente, pour lui parler un langage moins modeste. Non-seulement il l'épargne ainsi, pour continuer lui-même à vivre au milieu des périls; il le protége encore contre ses compagnons qui voulaient par un seul coup mettre fin à leur exil à leurs souffrances; il en fait l'apologie; il relève en lui la seule chose qu'il y avait

(1) *De David et Saül*, homil. 1 et 2, t. IV, edit. Bened.
(2) *Contra Adimant.*, c. 17, n. 6. *Enarratio in psalm.* 131, n. 2.

encore de respectable : il est le christ de Jéhova. »

Le chrétien même s'étonne d'une si héroïque charité. Il se demande d'où elle peut venir à David au fond de cette caverne. C'est qu'en y entrant, David fit à Dieu cette prière :

« Ayez pitié de moi, ô Dieu ! ayez pitié de moi; car c'est en vous qu'a espéré mon âme; c'est à l'ombre de vos ailes que je me confie, jusqu'à ce qu'aient passé les embûches. Je crierai vers Dieu le Très-Haut, vers Dieu qui me rendra justice. Il enverra du ciel, et il me sauvera; il couvrira d'opprobre ceux qui veulent me dévorer; il enverra sa miséricorde et sa vérité. Il sauvera mon âme du milieu des lions, je dormirai entouré de furieux. Mais il est des enfants des hommes dont les dents sont des lances et des flèches, dont la langue est un glaive affilé.

» Elevez-vous, Seigneur, au-dessus des cieux, et que votre gloire éclate sur toute la terre.

» Ils ont tendu des filets sous mes pas pour accabler mon âme; ils ont creusé devant moi une fosse, ils y sont tombés au milieu.

» Mon cœur est prêt, ô Dieu ! mon cœur est prêt, je chanterai, je jubilerai. Réveille-toi, ma gloire; réveille-toi, psaltérion et cythare ! Je me lèverai dès l'aurore. Je vous bénirai parmi les peuples, ô Adonaï ! je vous chanterai au milieu des nations. La grandeur de votre miséricorde s'étend jusque dans les cieux, et votre vérité s'élève au-dessus des nues. Soyez exalté par-dessus les cieux, ô Dieu ! et votre gloire par-dessus toute la terre (Ps. 56).

Vers ce temps mourut Samuel. Tout Israël s'assembla pour célébrer ses funérailles; ils l'ensevelirent dans sa maison, à Rama (1. Reg., 25, 1). Nous avons vu quel éloge en a fait l'Esprit-Saint. La vénération de sa mémoire a traversé tous les siècles. Ses ossements ou reliques furent solennellement transférées de Rama, Ramatha ou Arimathie, à Constantinople, vers le commencement du Ve siècle de l'ère chrétienne, sous l'empereur Arcade. L'Eglise romaine, qui en Jésus-Christ embrasse tous les siècles, en son Martyrologe ou Catalogue des Saints, fait mémoire du saint prophète au 20 août, ainsi que de Josué et de Gédéon au 1er septembre, de Moïse au 4, d'Aaron au 1er juillet, de Job au 10 mai, d'Abraham au 9 octobre. C'est de la ville de Samuel, de Ramatha ou Arimathie, qu'était cet homme juste qui eut la gloire d'ensevelir le Sauveur.

David s'était retiré dans le désert de Pharan. Or, près de là, dans le désert de Maon, était un homme qui avait son bien sur le Carmel. Cet homme était fort riche; il avait trois mille brebis et mille chèvres; et il arriva qu'il fit tondre alors ses brebis sur le Carmel, de la tribu de Juda. Il s'appelait Nabal, et sa femme Abigaïl, et cette femme était très-prudente et fort belle; mais, pour son mari, c'était un homme dur, brutal et très-méchant; il était de la race de Caleb.

Or, dans le temps où l'on tondait les brebis, c'était la coutume chez les Hébreux de faire des fêtes et des réjouissances, auxquelles on invitait tous ses amis. David, qui avait rendu plus d'un service à Nabal, ayant donc appris qu'il tondait ses troupeaux, envoya dix jeunes hommes auxquels il dit : « Montez sur le Carmel, allez vers Nabal, saluez-le en mon nom avec des paroles de paix, et dites-lui : A la vie, que la paix soit sur toi, la paix sur ta maison, la

LIVRE XI. — SAUL, DAVID ET JONATHAS.

paix sur tout ce que tu possèdes. J'ai appris que tes pasteurs qui étaient avec nous au désert tondaient tes brebis. Jamais nous ne leur avons fait aucune peine, et jamais rien ne leur a manqué dans le troupeau durant tout le temps qu'ils ont été avec nous sur le Carmel. Interroge tes jeunes gens, et ils te le diront. Maintenant donc que tes serviteurs trouvent grâce devant tes yeux; car nous sommes venus dans un heureux jour. Donne, je te prie, ce que trouvera ta main, à tes serviteurs et à ton fils David. »

Mais Nabal leur dit pour toute réponse : « Qui est David? et qui est le fils d'Isaï? Aujourd'hui ils sont en grand nombre, les serviteurs qui fuient devant leurs maîtres. Quoi! je prendrais mon pain et mon eau, et la chair de mes brebis que j'ai tuées pour ceux qui les tondent, et je les donnerais à des hommes qui viennent je ne sais d'où. »

A cette nouvelle, David dit à ses gens : Ceignez-vous chacun de votre épée. Et ils ceignirent chacun leur épée, ainsi que David, et environ quatre cents hommes les suivirent; deux cents demeurèrent près des bagages.

Cependant un des serviteurs de Nabal dit à Abigaïl, sa femme : « Voilà que David a envoyé du désert des députés pour bénir notre maître, mais il leur a rebuté avec rudesse. Ces hommes nous ont été très-bons et utiles, et ne nous ont fait aucune peine; tant que nous avons vécu avec eux dans le désert, rien n'a disparu. Ils étaient pour nous comme une muraille la nuit et le jour, durant tous les jours que nous avons fait paître nos troupeaux au milieu d'eux. C'est pourquoi pensez-y bien, et voyez ce que vous avez à faire, car quelque grand malheur est près de tomber sur votre mari et sur votre maison, parce que cet homme-là est enfant de Bélial, et nul ne peut lui parler. »

Abigaïl se hâta donc, et prit deux cents pains et deux outres de vin, et cinq moutons cuits, et cinq boisseaux de farine d'orge, et cent grappes de raisins secs, et deux cents corbeilles pleines de figues. Elle mit tout cela sur des ânes, et dit à ses gens : Marchez devant moi, je vais vous suivre; mais elle n'en dit rien à Nabal, son mari.

Lorsqu'elle fut donc montée sur un âne, et qu'elle descendait au pied de la montagne, David et les siens descendirent à sa rencontre, et elle accourut au-devant d'eux. Or, David disait : « C'est en vain que j'ai conservé tout ce qui était à lui dans le désert, et rien de tout ce qui lui appartenait n'a péri; et il m'a rendu le mal pour le bien. Que Dieu fasse ceci aux ennemis de David, et qu'il y ajoute cela, si je laisse rien en vie, pour demain matin, de tout ce qui est à Nabal, homme ou bête! »

Aussitôt qu'Abigaïl aperçut David, elle descendit de son âne, s'inclina devant lui, la face contre terre, et l'adora. Elle se jeta à ses pieds, et dit : « Sur moi, mon seigneur, sur moi soit cette iniquité! Permettez seulement, je vous prie, que votre servante parle à vos oreilles, et écoutez les paroles de votre servante. De grâce, que mon seigneur n'arrête point son cœur à cet homme de Bélial, à Nabal; car ce que veut dire son nom, *fou*, il l'est, et la folie est avec lui. Mais moi, votre servante, je n'ai point vu, mon seigneur, les serviteurs que vous avez envoyés. Maintenant donc, vive Jéhova et vive votre âme! c'est Jéhova qui vous a empêché de répandre le sang, et qui a préservé votre main. Et maintenant, qu'ils deviennent comme Nabal, ceux qui sont vos ennemis et qui cherchent à nuire à mon seigneur. Vraiment, cette bénédiction, que votre servante apporte à mon seigneur, qu'elle soit donnée aux jeunes hommes qui suivent mon seigneur. Pardonnez, de grâce, l'iniquité de votre servante; car Jéhova fera certainement à mon seigneur une maison stable, parce que mon seigneur a combattu les combats de Jéhova, et qu'il ne s'est jamais trouvé en vous aucun mal. Lors donc qu'un homme s'élèvera pour vous persécuter et pour chercher votre âme, l'âme de mon seigneur sera recueillie comme un bouquet de vie auprès de Jéhova, votre Dieu; mais l'âme de vos ennemis, il l'agitera et la jettera au loin avec la fronde. Et lorsque Jéhova vous aura fait selon tout le bien qu'il vous a promis, et qu'il vous aura établi chef sur Israël, ce ne sera pas pour le cœur de mon seigneur un scrupule ou un remords d'avoir répandu le sang innocent ou de s'être vengé lui-même; et quand Jéhova vous aura comblé de biens, vous vous souviendrez de votre servante. »

L'Ecriture nous avait dit que c'était une femme remarquable par sa prudence. Sa conduite dans un moment aussi périlleux en est une preuve. Il est impossible d'agir et de parler avec plus d'à-propos, de mesure et de sagesse. Son discours est un chef-d'œuvre en son genre. Ce n'est pas seulement une éloquence de mots, mais de choses à la fois les plus délicates et les plus élevées.

Pénétré de ce discours, David s'écrie : « Béni soit Jéhova, le Dieu d'Israël, qui vous a envoyée aujourd'hui à ma rencontre; béni soit votre discours, et bénie soyez-vous vous-même, vous qui m'avez empêché de verser du sang et de me venger de ma main. Autrement, vive Jéhova, le Dieu d'Israël! qui m'a empêché de vous faire aucun mal; si vous n'étiez venue promptement à ma rencontre, il ne serait resté en vie, demain au matin, dans la maison de Nabal, ni homme ni bête. »

David reçut donc de sa main tout ce qu'elle avait apporté, et il lui dit : « Allez en paix dans votre demeure; vous le voyez, j'ai entendu votre voix et honoré votre présence. »

Abigaïl revint près de Nabal; et voilà qu'il avait un festin dans sa maison, comme un festin de roi : le cœur de Nabal était dans la joie, et lui-même tout ivre. Elle ne lui dit aucune parole, ni petite ni grande, jusqu'au lendemain. Mais le matin, quand Nabal eut digéré son vin, sa femme lui rapporta ce qui s'était passé; aussitôt son cœur en fut comme mort, et lui-même comme une pierre. Environ dix jours après, l'Eternel frappa Nabal, et il mourut.

Quand David eut appris que Nabal était mort, il dit : « Béni soit Jéhova, qui a vengé sur Nabal l'outrage que j'en avais reçu, qui a préservé du mal son serviteur; c'est Jéhova qui a fait retomber l'iniquité de Nabal sur sa tête. » Ensuite il envoya vers Abigaïl, et lui fit parler de l'épouser. A cette proposition, elle se prosterna la face contre terre, et protesta qu'elle se croirait trop heureuse d'être la servante de ses serviteurs. Elle se mit donc en route, accompagnée de cinq jeunes filles, suivit les messagers de David, et l'épousa. Il avait aussi épousé Achinoam, de Jezraël. Saül, de son côté, donna Michol, sa fille, femme de David, à Phalti, fils de Laïs, qui était de Gallim, en la tribu de Benjamin (1. Reg., 25, 2-44).

David était homme. Il se laisse emporter au premier mouvement de la vengeance, il fait le serment téméraire de n'épargner personne. Mais une parole douce, un sage conseil le ramènent : il bénit Dieu, il bénit Abigaïl de l'avoir préservé de la méchante action qu'il allait faire. Il n'en est pas ainsi de Saül. Non-seulement il se laisse emporter au ressentiment le plus injuste, il y persévère jusqu'à la fin : il ne pense qu'à tuer un homme dont il n'a reçu que du bien ; quelquefois il reconnaîtra sa cruelle injustice, il en pleurera même, il avouera publiquement qu'il doit la vie à celui dont il cherche la mort, et cependant il reviendra toujours à ses projets homicides.

David était revenu au désert de Ziph. Les habitants le trahirent une seconde fois. Saül vint de nouveau avec trois mille hommes d'élite pour le prendre, et campa sur la colline d'Achila. David en ayant été instruit par ses émissaires, y vint secrètement. Il remarqua le lieu où était la tente de Saül, ainsi que celle d'Abner, prince de son armée. Saül était couché au milieu d'une enceinte circulaire, et tout son peuple campé autour de lui. Alors David dit à Achimélec, Héthéen, et à Abisaï, fils de Sarvia, frère de Joab : Qui descendra avec moi vers Saül dans le camp ? Et Abisaï répondit : Je descendrai avec toi.

David et Abisaï vinrent donc vers le peuple durant la nuit ; et voilà que Saül était couché et dormait dans l'enceinte circulaire, sa lance étant fixée en terre près de sa tête, et Abner et tout le peuple étaient couchés autour de lui. Abisaï dit à David : « Dieu te livre aujourd'hui ton ennemi en tes mains ; je vais donc, avec la lance, le percer jusqu'en terre d'un seul coup, et il n'en faudra point un second. » Mais David répondit à Abisaï : « Ne le tue point, car qui étendra sa main sur le christ de Jéhova et sera innocent ? Vive Jéhova ! à moins que Jéhova ne le frappe lui-même, ou que son jour ne soit venu de mourir, ou qu'il ne descende en la bataille et ne périsse, il ne mourra point. Que Jéhova me préserve de porter la main sur le christ de Jéhova ! Maintenant donc, prends la lance qui est près de sa tête, et sa coupe, et partons. »

David donc prit la lance et la coupe qui étaient près de la tête de Saül et ils s'en allèrent : nul ne s'aperçut, nul n'en eut connaissance, nul ne s'éveilla, parce que le sommeil de l'Eternel tombé sur eux. Et quand David fut de l'autre côté, et que de loin il se fut arrêté sur le sommet de la montagne, et qu'il y eut une grande distance entre eux, il appela le peuple et Abner, fils de Ner, disant : Ne répondras-tu point, Abner ? Et Abner, répondant, dit : Qui es-tu, toi qui cries et troubles le roi ? Et David dit à Abner : « N'es-tu pas un brave ? et qui est comme toi en Israël ? Pourquoi donc n'as-tu pas gardé ton seigneur le roi ? car quelqu'un du peuple est entré pour tuer le roi, ton seigneur. Ce n'est pas bien, ce que vous avez fait là. Vive Jéhova ! Vous êtes des enfants de mort, parce que vous n'avez pas gardé votre seigneur, le christ de Jéhova. Maintenant donc, regarde où est la lance du roi et où est la coupe qui étaient près de sa tête. »

Or, Saül reconnut la voix de David et dit : « N'est-ce pas là ta voix que j'entends, mon fils David ? — C'est ma voix, mon seigneur le roi, répondit celui-ci. Pourquoi mon seigneur persécute-t-il son serviteur ? Qu'ai-je fait ? quel mal est en ma main ? Maintenant donc, de grâce, que mon seigneur le roi écoute les paroles de son serviteur. Si c'est l'Eternel qui vous excite contre moi, qu'il reçoive l'odeur du sacrifice ; mais si ce sont les enfants des hommes, maudits sont-ils en présence de l'Eternel, eux qui aujourd'hui m'ont repoussé, afin que je n'habite point en l'héritage de l'Eternel, disant : Va, sers les dieux étrangers ! Que mon sang donc ne soit point répandu sur la terre devant la face de Jéhova. Et fallait-il que le roi d'Israël se mît en campagne pour courir après une puce, comme on court après une perdrix par les montagnes ? »

Saül dit alors : « J'ai péché : reviens, mon fils David ; car je ne te ferai plus de mal à l'avenir, parce que mon âme a été précieuse devant tes yeux aujourd'hui. Voilà, j'ai agi follement, et j'ai trop ignoré beaucoup de choses. — David reprit : Voilà la lance du roi ; qu'il vienne quelqu'un des jeunes hommes, et qu'il la prenne. Au reste, l'Eternel rendra à chacun selon sa justice et sa foi. Car Jéhova vous a aujourd'hui livré en ma main, et je n'ai pas voulu étendre ma main sur le christ de Jéhova. Et voilà comme votre âme a été aujourd'hui précieuse à mes yeux, qu'ainsi mon âme soit précieuse aux yeux de l'Eternel, et qu'il me délivre de toute angoisse. — Saül finit par dire : Béni sois-tu, mon fils David ; certainement tu prospéreras, et ta puissance sera grande. » Puis il s'en retourna en sa demeure (1. Reg., 26, 1-25).

Mais David, revenu vers les siens, se disait en lui-même : Je tomberai quelque jour dans les mains de Saül. Ne vaut-il pas mieux que je fuie et que je me réfugie en la terre des Philistins, afin que Saül n'ait plus d'espoir et qu'il cesse de me chercher dans toutes les terres d'Israël ? Je fuirai donc ses mains. Et David se leva et s'en alla, et six cents hommes avec lui, vers Akis, fils de Maoch, roi de Geth. Et il y habita, lui et ses gens, chacun avec sa famille. Saül ayant appris que David s'était réfugié dans Geth, ne recommença plus à le chercher.

Cependant David dit à Akis : Si j'ai trouvé grâce à vos yeux, que l'on me donne une demeure dans l'une des villes de cette contrée, afin que j'y habite. Car pourquoi votre serviteur habite-t-il avec vous en la cité du royaume ? Akis lui donna donc dès ce jour-là Siceleg ; et c'est de cette manière, dit l'écrivain sacré, que Siceleg est venue aux rois de Juda, qui la possèdent encore aujourd'hui.

Cette ville était d'abord échue en partage à la tribu de Juda ; elle avait été cédée ensuite à celle de Siméon ; mais elle était apparemment demeurée jusque alors sous la puissance des Philistins. David séjourna ainsi parmi ces derniers pendant quatre mois ; ou bien un quatre mois, d'après un sens que peut avoir l'hébreu (*Ibid.*, 27, 1-7).

Durant cet intervalle, il lui vint un renfort d'une vingtaine de braves qui tiraient de l'arc et qui se servaient également des deux mains pour lancer des pierres avec la fronde, ou pour tirer des flèches. Ils étaient de la tribu de Benjamin et parents de Saül. Ils furent bientôt suivis de huit autres qui étaient chefs de mille hommes dans la tribu de Manassé (1. Paral., c. 12, v. 1-7 et 20).

Au reste, David n'était pas oisif à Siceleg. Il faisait des courses avec ses gens, et pillait Gessuri,

LIVRE XI. — SAUL, DAVID ET JONATHAS.

Gezri et les Amalécites; car ces peuples habitaient autrefois depuis le chemin de Sur jusqu'au pays de l'Egypte. Il frappait tout le pays, n'y laissait ni homme ni femme vivants, et, enlevant les brebis, et les bœufs, et les ânes, et les chameaux, et les vêtements, il s'en retournait et venait vers Akis. Et quand Akis lui disait : Sur qui avez-vous couru aujourd'hui? David répondait : Sur le midi de Juda, sur le midi de Jéraméel, sur le midi des Cinéens. Il ne laissait la vie à aucun homme ni à aucune femme, et il n'en amenait pas un à Geth, de peur, disait-il, qu'ils ne nous dénoncent, disant : Voilà ce que fait David. Il en agit ainsi tout le temps qu'il demeura parmi les Philistins. Akis se fiait donc tout à fait à David, disant : Il s'est rendu odieux à son peuple, à Israël, c'est pourquoi il sera mon serviteur à jamais (1. Reg., 27, 8-12).

On trouvera sans doute à reprendre en la conduite que tient ici David. Cependant elle n'est pas aussi répréhensible qu'elle pourrait le paraître d'abord. Quand il dit au roi de Geth qu'il avait couru sur le midi de la Judée, sur le midi des Cinéens, il disait vrai; car c'est de ce côté-là qu'étaient les Amalécites, les Gezrites et les Gessuriens sur lesquels il faisait réellement des courses. Ces peuples n'étaient point des Philistins, mais de ces races vouées à l'anathème (Josué, 12, 5). Ils faisaient eux-mêmes des incursions, soit sur les terres des Philistins, soit sur celles des Hébreux. En les exterminant, David rendait également service et à Saül, qui l'avait forcé à s'expatrier, et à Akis, qui lui donnait un asile. Son unique tort serait donc d'avoir laissé croire à ce dernier qu'il courait sur les terres d'Israël. Mais quand on songe à la position difficile où il se trouvait, réfugié chez l'ennemi naturel de sa patrie, ne voulant ni trahir l'hospitalité de celui-là, ni manquer à son amour envers celle-ci, une aussi légère dissimulation, pour servir à la fois l'un et l'autre, paraîtra sans doute fort pardonnable.

Or, en ce temps-là, les Philistins assemblèrent leurs troupes et se préparèrent à combattre contre Israël. Alors Akis dit à David : Sache maintenant que tu sortiras avec moi en l'armée, toi et les tiens. David lui répondit : Maintenant vous saurez ce que fera votre serviteur. — Et moi, lui dit Akis, je te donnerai la garde de ma personne à jamais. Les Philistins, s'étant donc assemblés, vinrent camper à Sunam, dans la tribu d'Issachar.

Saül, de son côté, réunit toutes les troupes d'Israël et vint à Gelboé, montagne au midi de Sunam. Mais quand il eut vu l'armée des Philistins, il eut peur et son cœur se troubla fort. Il consulta l'Eternel; mais l'Eternel ne lui répondit point, ni par des songes, ni par des prêtres, ni par des prophètes. Samuël ne vivait plus pour recourir à son intermédiaire; tout Israël venait de le pleurer. Enfin, vraisemblablement d'après le conseil de l'homme de Dieu, Saül avait exterminé les magiciens et les devins de son royaume.

Dans cette extrémité, ce malheureux prince, entrant dans une sorte de désespoir, dit à ses officiers : Cherchez-moi une femme ayant l'esprit de Python, et j'irai à elle, et je l'interrogerai. Ses serviteurs lui dirent : Il y a une femme, en Endor, qui a l'esprit de Python. Saül se déguisa donc, se couvrit d'autres vêtements, s'en alla, accompagné de deux hommes, et ils vinrent durant la nuit vers la femme. Il lui dit : Consulte-moi l'esprit de divination, et me suscite celui que je te dirai. La femme lui répondit : Tu sais tout ce qu'a fait Saül, et comment il a exterminé du pays les magiciens et les devins; pourquoi donc tends-tu des pièges à mon âme pour me faire mourir? Mais Saül lui jura par Jéhova, disant : Vive Jéhova! il ne t'arrivera de ceci aucun mal. La femme dit alors : Qui évoquerai-je? Il dit : Evoque-moi Samuël.

Mais la femme, ayant vu tout d'un coup paraître Samuël sans qu'elle eût fait aucun enchantement, jeta un grand cri, et dit à Saül : Pourquoi m'avez-vous trompée? car vous êtes Saül. — Ne crains point, lui dit le roi. Qu'as-tu vu? Et la femme, à Saül : J'ai vu des dieux (ou un Dieu) sortant de la terre. Saül : Quelle est sa forme? La femme : Un vieillard est monté, et il est couvert d'un manteau. Et Saül comprit que c'était Samuël, et il se prosterna la face contre terre, et il adora.

Alors Samuël dit à Saül : Pourquoi m'as-tu troublé en me faisant monter? Et Saül répondit : « Je suis dans une grande angoisse; les Philistins combattent contre moi, et Dieu s'est retiré de moi; il n'a point voulu me répondre, ni par les prophètes, ni par des songes; c'est pourquoi je t'ai appelé, afin que tu m'apprennes ce que je dois faire. — Pourquoi m'interroges-tu, reprit Samuël, lorsque Jéhova s'est retiré de toi et qu'il est passé à ton rival? Jéhova t'a traité ainsi qu'il t'a parlé par ma main; il t'a arraché de la main le royaume et il l'a donné à ton prochain, à David, parce que tu n'as pas obéi à la voix de Jéhova et que tu n'as point accompli l'arrêt de sa colère contre Amalec; c'est pourquoi l'Eternel te fait tout cela aujourd'hui. Jéhova livrera également Israël avec toi en la main des Philistins. Et demain, toi et tes fils serez avec moi, et Jéhova livrera aux mains des Philistins le camp d'Israël. »

A ces mots, Saül tomba subitement par terre de toute la hauteur de sa taille, car il avait été épouvanté des paroles de Samuël; de plus, ses forces lui manquaient, parce qu'il n'avait point mangé de pain durant tout ce jour et toute cette nuit-là. Alors la femme étant venue vers lui et l'ayant vu dans cet état de trouble et d'effroi, lui dit : Voilà que votre servante a obéi à votre voix ; j'ai mis mon âme sur ma main pour vous, et j'ai écouté les paroles que vous m'avez dites; maintenant donc aussi, de grâce, écoutez la voix de votre servante, et je mettrai devant vous un peu de pain, afin qu'en mangeant vous repreniez des forces et que vous puissiez vous remettre en chemin. Saül refusa et dit : Je ne mangerai point. Mais ses serviteurs et la femme le contraignirent; et enfin, ayant entendu leur voix, il se leva de terre et s'assit sur le lit. La femme, qui avait dans sa maison un veau gras, le tua aussitôt; en même temps, prenant de la farine, elle le pétrit et en fit des pains sans levain, puis mit le tout devant Saül et ses serviteurs. Ils mangèrent, se levèrent ensuite et marchèrent toute la nuit (1. Reg., 28, 1-25).

L'état de Saül inspire à la fois la terreur et la pitié. Ce malheureux prince n'est point assez bon pour qu'on l'aime, ni assez mauvais pour qu'on le haïsse; mais à le voir dans ce délaissement, interrogeant Samuël jusqu'au delà du tombeau, n'en recevant que des réponses de mort, tombant d'épouvante et d'inanition, comment ne pas le plaindre?

Cette coutume superstitieuse d'interroger les morts,

que nous voyons ici, malgré la sévérité des lois, continuer en secret parmi le peuple, nous est une preuve incontestable de la croyance universelle et vulgaire à l'existence d'un autre monde, où les morts vivent.

Quant à l'apparition de Samuël, l'interprétation la plus commune et la plus conforme au texte sacré, est que Samuël apparut réellement à Saül, non par un effet des évocations magiques, témoin la frayeur et les cris de la pythonisse, mais par un effet de la volonté de Dieu, qui prévint, par une apparition et une réponse véritables, les prestiges de l'esprit des ténèbres, comme autrefois il prévint les malédictions que souhaitait proférer Balaam par les bénédictions qu'il le contraignit de prononcer. Le témoignage d'un auteur inspiré, Jésus, fils de Sirac, ne laisse point de doute là-dessus ; car il compte, parmi les louanges de Samuël, qu'après s'être endormi, il prophétisa et fit connaître au roi sa fin ; qu'il éleva la voix du sein de la terre pour prophétiser le malheur qui allait châtier l'impiété du peuple (Eccli., 46, 23).

Cependant toutes les troupes des Philistins s'assemblèrent en Aphec, entre les montagnes de Gelboé et du Thabor. Israël, de son côté, vint camper à la fontaine de Jezraël, au pied des montagnes de Gelboé. Les princes des Philistins marchaient par cent et par mille, et David et les siens étaient à l'arrière-garde avec Akis. Mais les princes des Philistins dirent à ce dernier : Que veulent ces Hébreux ? Akis dit aux princes : Ne connaissez-vous point David, qui a été serviteur de Saül, roi d'Israël ? Il y a des jours ou même des années qu'il est avec moi, et je n'ai rien trouvé à redire en lui depuis qu'il s'est réfugié vers moi jusqu'à ce jour. Mais les princes des Philistins se mirent en colère contre lui et lui dirent : Que cet homme s'en retourne et qu'il demeure dans le lieu où tu l'as établi, et qu'il ne descende pas avec nous au combat, afin qu'il ne soit point notre ennemi quand nous aurons commencé à combattre; car comment pourra-t-il autrement apaiser son maître, sinon par nos têtes? N'est-ce pas ce David de qui on chantait dans les chœurs : *Saül a tué ses mille, et David ses dix mille?*

Akis donc appela David et lui dit : Vive Jéhova! Pour moi, tu es bon et droit à mes yeux, et j'approuve tout ce que tu as fait depuis que tu es dans mon camp, depuis le jour que tu es venu vers moi jusqu'à ce jour-ci; mais tu ne plais point aux princes. Retourne donc en paix et n'offense point les yeux des princes des Philistins. David dit à Akis : Mais qu'ai-je fait, ou qu'as-tu trouvé en ton serviteur depuis le jour où j'ai paru devant toi jusqu'à ce jour, pour ne pas me permettre d'aller avec toi et de combattre contre les ennemis de mon seigneur le roi. Akis répondit à David : Je sais que tu es bon, tu es à mes yeux comme un ange de Dieu; mais les princes des Philistins ont dit : Il ne montera pas avec nous à la bataille. Lève-toi donc dès le matin, toi et les serviteurs de ton maître qui sont venus avec toi, et quand vous vous serez levés et que le jour aura commencé à paraître, partez. C'est pourquoi David se leva durant la nuit, lui et les siens, pour partir dès le matin et pour retourner en la terre des Philistins (1. Reg., 29, 1-11).

Jamais contre-temps ne vint plus à propos. La Providence tirait ainsi David de la nécessité où il se trouvait, ou de combattre contre son peuple, ou de trahir Akis, qui avait en lui toute confiance; elle lui ménageait encore le moyen de réparer un grand désastre qui venait de le frapper à son insu.

Lorsque David et les siens furent de retour à Siceleg, au troisième jour, les Amalécites y avaient fait une irruption et mis le feu. Ils n'avaient tué personne, mais ils avaient emmené en captivité tout le monde, femmes, enfants, vieillards. David et les siens ayant donc trouvé la ville consumée par la flamme, et leurs femmes, leurs fils et leurs filles emmenés captifs, ils élevèrent la voix et ils pleurèrent jusqu'à ce qu'ils n'eurent plus la force de pleurer. David, dont les deux femmes, Achionam et Abigaïl, avaient pareillement été emmenées, fut saisi d'une extrême affliction, car le peuple voulait le lapider, l'âme de tout le peuple étant dans l'amertume, à cause de leurs fils et de leurs filles.

Mais David mit sa force et sa confiance en Jéhova, son Dieu, et il dit au grand-prêtre Abiathar, fils d'Abimélec : Prenez pour moi l'éphod. Et Abiathar se revêtit de l'éphod pour David. Et David consulta l'Eternel, disant . Poursuivrai-je cette bande ? L'atteindrai-je ? Et l'Eternel lui dit : Poursuis-la, car tu l'atteindras certainement, et tu lui arracheras sa proie.

David donc s'en alla, lui et les six cents hommes qui étaient avec lui, et ils vinrent jusqu'au torrent de Bésor, où deux cents d'entre eux s'arrêtèrent étant fatigués. David continuant sa poursuite avec les quatre cents, on trouva un Egyptien dans les champs et on l'amena devant David. Ils lui donnèrent du pain à manger et de l'eau à boire, avec des figues et des raisins secs. Quand il eut mangé, son esprit lui revint ; car il n'avait point mangé de pain ni bu d'eau depuis trois jours et trois nuits. Et David lui dit : A qui es-tu et d'où es-tu ? Lequel répondit : Je suis un jeune homme d'Egypte, serviteur d'un homme d'Amalec, et mon maître m'a abandonné parce que je tombai malade il y a trois jours. Nous avons ravagé le midi des Cérinthiens (ce sont les Philistins sous un autre nom), les environs de Juda, le midi de Caleb, et nous avons brûlé Siceleg. David lui dit encore : Pourrais-tu nous conduire vers cette bande? Il répondit : Jure-moi par Dieu que tu ne me tueras point et que tu ne me livreras point en la main de mon maître, et je te conduirai vers cette troupe. Et David le lui jura.

L'Egyptien l'ayant donc conduit, voilà que les Amalécites étaient assis sur la terre, buvant et mangeant, et célébrant comme un jour de fête, à cause des dépouilles qu'ils avaient enlevées de la terre des Philistins et de la terre de Juda. Et David les frappa depuis le soir jusqu'au soir du lendemain, et aucun d'eux n'échappa, sinon quatre cents jeunes hommes qui étaient montés sur des chameaux et qui s'étaient enfuis. David recouvra donc tout ce que les Amalécites avaient emporté et délivra ses deux femmes. Et rien ne fut perdu, depuis le plus petit jusqu'au plus grand, des jeunes gens et des jeunes filles, ni des dépouilles, et David ramena tout ce qu'ils avaient pris. Il prit également tous les troupeaux de moutons et de bœufs et il les fit marcher devant lui; ce qui faisait dire : Voilà le butin de David.

Il revint ainsi triomphant vers les deux cents hommes qui, à cause de leur lassitude, n'avaient pu le suivre, et à qui il avait commandé de demeurer au torrent de Bézor. Ils vinrent à sa rencontre et il les salua avec des paroles de paix. Mais tout ce qu'il y avait d'hommes méchants ou d'enfants de Bélial parmi les quatre cents qui étaient allés avec David, disaient : Parce qu'ils ne sont pas venus avec nous, nous ne leur donnerons rien de la proie que nous avons recouvrée; mais que chacun se contente de retrouver sa femme et ses enfants; qu'il les prenne et s'en aille. Mais David leur dit : Vous ne ferez point ainsi; c'est l'Eternel qui nous a donné tout cela, lui qui nous a conservés et qui a livré entre nos mains les brigands qui étaient sortis contre nous. Et qui vous écoutera dans cette parole? Mais une égale part sera à celui qui est descendu au combat et à celui qui est demeuré aux bagages : ils partageront également. Cette décision fut suivie et devint comme une loi dans Israël.

On voit ici la prudence de David et sa bonté pour ses soldats. Il ne fait point de reproches à ceux qui s'étaient arrêtés de lassitude; il leur parle amicalement, comme pour les consoler de n'avoir point eu part à la victoire; il veut qu'au moins ils aient une égale part au butin, parce qu'ils ont gardé les bagages; il sait donner à la lassitude même une tournure honorable d'utilité commune. On conçoit que des soldats dussent aimer un pareil chef.

Sa prudente générosité ne paraît pas moins dans le reste. De retour à Siceleg, il envoya, du butin qu'il avait pris, des dons aux anciens de Juda, ses proches, disant : Recevez la bénédiction du butin des ennemis de Jéhova. Il en fit de même à ceux qui étaient en Béthel, en Ramoth, en Géter, en Aroër, en Sephanmoth, en Estamo, en Rachal, dans les villes de Jeraméel, dans les villes des Cinéens, en Arama, au lac d'Aran, en Athach, en Hébron, et généralement à tous les habitants des lieux où lui et les siens avaient demeuré (1. Reg., 30, 1-31).

Ainsi, les troupes de David, non-seulement ne nuisaient point au pays où elles séjournaient, non-seulement elles le gardaient contre les incursions des voleurs, comme nous l'avons appris des pasteurs de Nabal, leur chef partageait encore, avec ses anciens hôtes, le butin sur l'ennemi. Rien n'était plus propre à lui concilier l'affection générale. Aussi, dans les derniers temps, lui vint-il tous les jours de nouveaux renforts, au point que son camp devint grand comme un camp de Dieu, suivant l'expression de l'Ecriture (1. Paral., 12, 22).

Les affaires de Saül étaient dans un état bien différent. La bataille s'étant donnée entre les Philistins et les Israélites, ces derniers furent mis en déroute et un grand nombre tués sur la montagne de Gelboé. Les Philistins vinrent fondre sur Saül et sur ses enfants; ils tuèrent les fils de Saül, Jonathas, Abinadab et Melchisua. Alors tout le poids de la bataille tomba sur Saül même. Les archers l'atteignirent et le blessèrent dangereusement. Saül dit alors à son écuyer : « Tire ton épée et tue-moi, de peur que ces incirconcis ne viennent et qu'ils ne me tuent en se jouant de moi. Mais son écuyer ne voulut pas, saisi qu'il était d'épouvante. Saül prit donc son épée et se jeta sur elle. Son écuyer, voyant que Saül était mort, se jeta sur son épée de même et mourut avec lui. Saül mourut donc, et ses trois fils, et son écuyer,

et tous les siens en ce jour-là (1. Reg., 31, 1-6; 1. Paral., 10, 1-6).

L'Ecriture ajoute ces paroles terribles : *Ainsi mourut Saül dans sa prévarication contre l'Eternel, pour n'avoir pas gardé son commandement, pour avoir consulté la pythonisse et n'avoir point recherché Jéhova; c'est pour cela qu'il le fit mourir et qu'il transféra son royaume à David, fils d'Isaï* (1. Paral., 10, 13 et 14). Triste fin d'un si beau commencement!

Les Israélites qui habitaient la plaine ayant vu la déroute de l'armée ainsi que la mort de Saül et de ses enfants, abandonnèrent leurs villes et s'enfuirent. L'ennemi vint et s'y établit.

Le lendemain de la bataille, les Philistins, dépouillant les morts, trouvèrent Saül et ses trois fils étendus sur la montagne de Gelboé. Ils lui coupèrent la tête, le dépouillèrent de ses armes et envoyèrent par tout le pays des Philistins, pour répandre cette nouvelle et pour la publier dans le temple de leurs idoles et parmi les peuples. Ils pendirent le corps de Saül à la muraille de Bethsan, sa tête dans le temple de Dagon et ses armes dans le temple d'Astaroth.

Lorsque les habitants de Jabès-Galaad eurent appris tout ce que les Philistins avaient fait à Saül, lui qui autrefois les avait sauvés de la tyrannie du roi des Ammonites, les plus forts se levèrent, marchèrent toute la nuit, prirent le corps de Saül et les corps de ses fils à la muraille de Bethsan et les rapportèrent à Jabès, en Galaad, où ils les brûlèrent. Ils prirent ensuite leurs os, les ensevelirent sous un chêne dans le bois de Jabès et jeûnèrent pendant sept jours (1. Reg., 31, 7-13; 1. Paral., 10, 1-14).

David était revenu à Siceleg depuis trois jours, lorsque parut un homme venant du camp de Saül, la robe déchirée et la tête couverte de poussière; et quand il fut arrivé près de David, il tomba sur sa face et l'adora. David lui dit : D'où viens-tu? Lequel répondit : Je me suis échappé du camp d'Israël. Et David : Qu'est-il arrivé? dis-le moi. L'autre : Le peuple s'est enfui de la bataille, plusieurs du peuple sont tombés morts; Saül même et son fils Jonathas sont morts. David dit au jeune homme qui lui apportait cette nouvelle : Comment sais-tu que Saül est mort et son fils Jonathas? Et ce jeune homme répondit : Je suis venu par hasard sur la montagne de Gelboé, et Saül était appuyé sur sa lance, et les chars et les cavaliers approchaient de lui. Et, se tournant, il me vit et m'appela. Et quand j'eus répondu : Me voici, il me dit : Qui es-tu? Et je lui dis : Je suis Amalécite. Il ajouta : Approche-toi de moi et me tue, car les angoisses me possèdent et mon âme est encore tout entière en moi. Et, m'approchant de lui, je l'ai tué; car je savais bien qu'il ne pouvait survivre à sa ruine; et j'ai pris le diadème qui était sur sa tête et le bracelet qui était à son bras, et je vous les ai apportés, à vous, mon seigneur.

Alors David prit ses vêtements et les déchira, et tous ceux qui étaient avec lui firent la même chose. Ils furent dans le deuil, pleurèrent et jeûnèrent jusqu'au soir, sur Saül et sur Jonathas, son fils, sur le peuple de Jéhova et sur la maison d'Israël, parce qu'ils étaient tombés sous le glaive.

Puis David dit au jeune homme qui lui avait apporté cette nouvelle : D'où es-tu? Lequel répondit : Je suis fils d'un étranger, d'un Amalécite. Pourquoi, reprit David, n'as-tu pas craint de mettre la main sur le christ de Jéhova? Et, appelant un de ses jeunes gens, il lui dit : Viens et jette-toi sur lui. Aussitôt il le frappa et il mourut. David disait : Que ton sang retombe sur ta tête, car ta bouche a parlé contre toi, disant : C'est moi qui ai tué le christ de Jéhova (2. Reg., 1, 1-16).

Nous avons vu précédemment que Saül avait été blessé grièvement par les archers, qu'il s'était jeté sur son épée et qu'il était mort, lorsque son écuyer suivit son exemple. L'Amalécite, au contraire, nous le représente encore plein de vie, appuyé sur sa lance à l'approche des cavaliers. Il paraît donc que cet étranger en imposait à David pour s'attribuer le mérite d'avoir tué son ennemi. En tout cas, suivant son propre témoignage, il avait porté la main sur la personne sacrée de celui que David avait épargné deux fois, il se vantait d'un régicide, il en reçut le prix.

David fit alors sur Saül et Jonathas cette lamentation ou élégie :

« Considère, ô Israël, qui sur tes hauteurs a été tué! Comment sont tombés les héros?

» N'allez pas l'annoncer dans Geth; ne le publiez pas dans les places d'Ascalon, de peur que les filles des Philistins ne s'en réjouissent, de peur que les filles des incirconcis ne tressaillent de joie.

» Montagnes de Gelboé, qu'il n'y ait jamais ni pluie ni rosée sur vous; que vos champs ne soient pas des champs de prémices, parce que là a été jeté le bouclier des héros, le bouclier de Saül, comme si Saül n'eût point été oint d'huile.

» Jamais l'arc de Jonathas ne manqua son but : il s'enivrait du sang des morts et de la graisse des vaillants; jamais l'épée de Saül ne sortit en vain.

» Saül et Jonathas, aimables et beaux dans la vie, n'ont point été séparés même dans la mort; eux plus rapides que les aigles, eux plus forts que les lions.

» Filles d'Israël, pleurez sur Saül! Il vous ornait de pourpre au milieu des délices, il parait d'or vos vêtements.

» Comment sont tombés les héros au milieu du combat? Comment Jonathas a-t-il été tué sur tes hauteurs, ô Israël?

» Je pleure sur toi, mon frère Jonathas! Tu étais ma joie! Ton amour me ravissait plus que l'amour d'aucune femme!

» Comment sont tombés les héros? Comment ont péri ces foudres de guerre (*Ibid.*, 1, 17-27)? »

David fit apprendre ce cantique lugubre aux enfants de Juda. Il était intitulé l'*Arc*, probablement à cause de l'arc de Jonathas, dont il contient l'éloge. Il fut inscrit en particulier au livre des Justes, livre déjà mentionné dans l'histoire de Moïse et de Josué, mais qui n'est point venu jusqu'à nous. Il paraît que c'était ce qu'on appellerait aujourd'hui des *fastes*, où l'on enregistrait les actions des grands hommes.

Après cela, David consulta l'Eternel, disant : Irai-je en l'une des villes de Juda? Jéhova répondit : Va. David dit encore : Où irai-je? Il répondit : A Hébron. David donc y monta et ses deux femmes, Achinoam et Abigaïl, ainsi que tous ceux qui étaient avec lui, chacun avec sa famille, et ils demeurèrent dans les villes d'Hébron, place forte située au milieu de Juda (*Ibid.*, 2, 1-3).

Comme de nos jours on parle sans cesse politique, habileté administrative, science de gouvernement, il ne sera pas inutile de montrer, par l'exemple de Saül et de David, la différence de la politique et de la sagesse véritables d'avec la politique et la finesse trompeuses.

Les commencements de Saül sont magnifiques; il craignait le fardeau de sa royauté; il était caché dans sa maison, et à peine le put-on trouver quand on l'élut. Après son élection, il y vivait dans la même simplicité et appliqué aux mêmes travaux qu'auparavant. Le besoin de l'état l'oblige à user d'autorité; il se fait obéir par son peuple; il défait les ennemis, son cœur s'enfle, il oublie Dieu.

La jalousie s'empare de son esprit. Il avait aimé David; il ne le peut plus souffrir après que ses services lui ont acquis beaucoup de gloire. Il n'ose chasser de la cour un si grand homme, de peur de faire crier contre lui-même; il l'éloigne, sous prétexte de lui donner un commandement considérable. Par là il lui fait trouver les moyens d'augmenter sa réputation et de lui rendre de nouveaux services.

Enfin, ce prince jaloux se résout à perdre David; et il ne voit pas qu'il perd lui-même le meilleur serviteur qu'il ait dans tout son royaume. Sa jalousie lui fournit de noirs artifices pour réussir dans ce dessein. Il lui promet sa fille; mais afin qu'elle lui soit une occasion de ruine. Il lui fait dire par ses courtisans : Vous plaisez au roi, et tous ses ministres vous aiment; mais tout cela pour le perdre. Sous prétexte de lui faire honneur, il l'expose à des occasions hasardeuses et l'engage dans des périls presque inévitables. Vous serez mon gendre, dit-il, si vous tuez cent Philistins. David le fit et Saül lui donna sa fille. Mais il vit que le Seigneur était avec David; il le craignit et il le haït toute sa vie.

Son fils Jonathas, qui aimait David, fit ce qu'il put pour apaiser son père jaloux. Saül dissimule et trompe son propre fils pour mieux tromper David. Il le fait revenir à la cour. David se signale par de nouvelles victoires, et la jalousie transporte de nouveau Saül. Pendant que David jouait de la lyre devant lui, il le veut percer de sa lance. David s'enfuit, et il est contraint de se dérober à la cour.

Le malheureux roi, qui voyait la gloire de David s'augmenter toujours, et que ses serviteurs, jusqu'à ses propres parents et son fils même, aimaient un homme en effet si accompli, leur parla en ces termes : « Ecoutez, enfants de Jéméni (il était lui-même de cette race), est-ce le fils d'Isaï qui vous donnera des champs et des vignes, ou qui vous fera capitaines et généraux des armées? Pourquoi avez-vous tous conjuré contre moi et que personne ne m'avertit où est le fils d'Isaï, avec qui mon propre fils est lié d'amitié? Aucun de vous n'a pitié de moi, ni ne m'avertit de ce qui se passe. On aime mieux servir mon sujet rebelle, qui fait de continuelles entreprises contre ma vie. »

Il ne pouvait parler plus artificieusement pour intéresser tous ses serviteurs dans la perte de David. Il trouve des flatteurs qui entrent dans ses injustes desseins. David, très-fidèle au roi, est traité comme un ennemi public. Les Ziphéens vinrent avertir Saül que David était caché parmi eux dans une forêt. Et Saül leur dit : « Bénis soyez-vous de par le Seigneur, vous qui avez seuls déploré mon sort. Allez, préparez tout avec soin; n'épargnez pas vos peines; recherchez curieusement où il est et qui l'aura vu; car c'est un homme rusé, qui sait bien que je le hais. Pénétrez toutes ses retraites; rapportez-moi des nouvelles certaines, afin que j'aille avec vous. Fût-il caché dans la terre, je l'en tirerai et je le poursuivrai dans tout le pays de Juda. »

Que d'artifices, que de précautions, que de dissimulations, que d'accusations injustes! mais que d'ordres précis donnés, et avec combien d'attention et de vigilance! tout cela pour opprimer un sujet fidèle.

Voilà ce qui s'appelle des finesses pernicieuses. Mais nous allons voir en David une sagesse véritable.

Plus Saül tâchait, en le flattant, de faire qu'il s'oubliât lui-même et s'emportât à des paroles orgueilleuses, plus sa modestie naturelle lui en inspirait de respectueuses. Qui suis-je? et de quelle importance est ma vie?, quelle est ma parenté en Israël, afin que je puisse espérer d'être le gendre du roi? Et encore : Vous semble-t-il que ce soit peu de chose que d'être le gendre du roi? Pour moi, je suis un homme pauvre et ma fortune est basse.

Il ne se défendit jamais des malices de Saül par aucune voie violente. Il ne se rendait redoutable que par sa prudence, qui lui faisait tout prévoir. Il agissait prudemment dans toutes ses voies, et le Seigneur était avec lui. Saül vit qu'il était prudent, et il le craignait.

Il avait des adresses innocentes pour échapper des mains d'un ennemi si artificieux et si puissant. Il se faisait descendre secrètement par une fenêtre, et les satellites de Saül ne trouvaient dans son lit, où ils le cherchaient, qu'une statue bien couverte qui lui avait servi à dérober sa fuite à ses domestiques.

S'il se servait de sa prudence pour se précautionner contre la jalousie du roi, il s'en servait encore plus contre les ennemis de l'Etat. Quand les Philistins marchaient en campagne, David les observait mieux que tous les autres capitaines de Saül; et son nom se rendait célèbre.

Comme il était bon ami et reconnaissant, il se fit des amis fidèles qui ne le trompèrent jamais. Samuël lui donna retraite dans la maison des prophètes. Achimélec, le grand-prêtre, ayant été tué pour avoir servi David innocemment, il sauva son fils Abiathar. Demeurez avec moi, lui dit-il, j'aurai le même soin de votre vie que de la mienne, et nous nous sauverons tous deux ensemble. Abiathar, gagné par un traitement si honnête, ne manqua jamais à David.

Son habileté et sa vertu lui gagnèrent tellement Jonathas, fils de Saül, que, loin de vouloir entrer dans les desseins sanguinaires du roi son père, il n'oublia jamais rien pour sauver David. En quoi il rendait service à Saül même, qu'il empêchait de tremper ses mains dans le sang innocent.

Quoiqu'il sût que Jonathas ne le trompait pas, comme il connaissait mieux Saül que lui, il ne se reposait pas tout à fait sur les assurances que lui donnait son ami. Jonathas lui dit : Vous ne mourrez point; mon père ne fait ni grande ni petite chose qu'il ne me la découvre : m'aurait-il caché ce seul dessein ? cela ne sera pas. Mais David lui dit : Votre père sait que vous m'honorez de votre bienveillance; et il dit en lui-même : Je ne me découvrirai point à Jonathas, de peur de le contrister. Vive le Seigneur, et vive votre âme! Il n'y a qu'un espace entre moi et la mort.

Afin donc de ne se point tromper dans les desseins de Saül, il donna des moyens à Jonathas pour les découvrir, et ils convinrent entre eux d'un signal que Jonathas donnerait à David dans le péril.

Comme il vit qu'il n'y avait rien à espérer de Saül, il pourvut à la sûreté de son père et de sa mère, qu'il mit entre les mains du roi de Moab : « Jusqu'à ce que je sache, dit-il, ce que Dieu aura ordonné de moi. » Voilà un homme qui pense à tout et qui choisit bien ses protecteurs; car le roi de Moab ne le trompa point. Par ce moyen, il n'eut plus à penser qu'à lui-même; et il n'y a rien de plus industrieux ni de plus innocent que fut alors toute sa conduite.

Contraint de se réfugier dans les terres d'Akis, roi des Philistins, les satrapes vinrent dire au roi : « Voilà David, ce grand homme, qui a défait tant de Philistins. » David fit réflexion sur ce discours et sut si bien faire l'insensé qu'Akis, au lieu de le craindre et de l'arrêter, le fit chasser de sa présence et lui donna moyen de se sauver.

Environné trois à quatre fois par toute l'armée de Saül, il trouve moyen de se dégager et d'avoir deux fois Saül entre ses mains.

Alors se vérifia ce que David a lui-même si souvent chanté dans ses psaumes : *Le méchant est tombé dans la fosse qu'il a creusée ; il a été pris dans les lacets qu'il a tendus.*

Quand ce fidèle sujet se vit maître de la vie de son roi, il n'en tira pas d'autre avantage que celui de lui faire connaître combien profondément il le respectait, et de confondre les calomnies de ses ennemis. Il lui cria de loin : « Mon seigneur et mon roi, pourquoi écoutez-vous les paroles des méchants qui vous disent : David attente contre votre vie? ne voyez-vous pas vous-même que le Seigneur vous a mis entre mes mains? et j'ai dit : A Dieu ne plaise que j'étende ma main sur l'oint du Seigneur. Reconnaissez donc, ô mon roi, que je n'ai point de mauvais dessein et que je n'ai manqué à rien de ce que je vous dois. C'est vous qui voulez me perdre. Que le Seigneur juge entre vous et moi, et qu'il me fasse justice quand il lui plaira. Mais à Dieu ne plaise que j'attente sur votre personne. Contre qui vous acharnez-vous, roi d'Israël? contre qui vous acharnez-vous? contre un chien mort, contre un ver de terre. Que le Seigneur soit juge entre vous et moi ; et qu'il protége ma cause et me délivre de vos mains. »

Par cette sage et irréprochable conduite, il contraignit son ennemi à reconnaître sa faute. Vous êtes plus juste que moi, lui dit Saül.

La colère du roi injuste ne s'apaisa pas pour cela. David, toujours poursuivi, dit en lui-même : « Je tomberai un jour entre les mains de Saül; il vaut mieux que je me sauve en la terre des Philistins, et que Saül, désespérant de me trouver dans le royaume d'Israel, se tienne en repos. »

Enfin il fit son traité avec Akis, roi de Geth, et se ménagea tellement que, sans jamais rien faire contre son roi et contre son peuple, il s'entretint toujours dans les bonnes grâces d'Akis.

Vous voyez Saül et David, tous deux avisés et habiles, mais d'une manière bien différente. D'un côté, une intention perverse; de l'autre, une intention droite. D'un côté, Saül, un grand roi, qui ne donnant nulle borne à sa malice, emploie tout sans réserve pour perdre un bon serviteur dont il est jaloux; de l'autre, David, un particulier abandonné et trahi, se fait une nécessité de ne se défendre que par les moyens licites, sans manquer à ce qu'il doit à son prince et à son pays. Et cependant la sagesse véritable, renfermée dans des bornes si étroites, est supérieure à la fausse, qui n'oublie rien pour se satisfaire (Bossuet, *Politique*, l. 5, art. 2).

Ce que Saül et David étaient l'un à l'égard de l'autre, ils l'étaient l'un et l'autre à l'égard de Dieu. La mauvaise finesse dont Saül usait envers un serviteur, il en use envers le souverain maître. Dieu et sa loi ne sont pas pour lui la règle de gouvernement, mais un moyen ; il se regarde moins comme le ministre de Dieu, qu'il ne regarde Dieu comme son ministre. Au lieu de se soumettre à la religion, il veut en faire son esclave. Il attend le prophète tant qu'il ne voit pas ses intérêts en péril ; pour peu qu'il tarde, il s'en passe et usurpe ses fonctions. S'il consulte Dieu par le grand-prêtre, tout à coup il n'en veut plus, il n'a que faire de la réponse divine. S'il reçoit un commandement contre les Amalécites, il en exécute une partie et néglige l'autre, comme s'y entendant mieux que Dieu et son prophète. Quand il fait des instances à celui-ci, ce n'est pas pour qu'il le réconcilie avec Dieu, mais pour qu'il l'honore devant le peuple. Aux yeux de sa politique étroite et jalouse, ce que la religion a de plus sacré ne lui est plus de rien. Sur une délation calomnieuse, il massacre les prêtres du Seigneur ; il fait mourir les Gabaonites, au mépris du serment que leur avait juré la nation : ceux qu'il fait lui-même à David sont autant de parjures. Avec cela, il se croyait bien sage, et il finit par se tuer de désespoir, perdant à la fois son royaume, sa famille, sa vie et son âme, et laissant une mémoire en exécration à Dieu et aux hommes. David, au contraire, doué d'une si grande prudence, subordonne toutes ses pensées et toutes ses actions à la loi et aux ordres de Dieu. Que Dieu lui dise : Allez, il va ; venez, il vient ; faites ceci, il le fait ; rien ni moins que Dieu ne dit. Il s'abandonne à sa providence, non point par paresse et par lâcheté, mais par foi et amour. Sa piété est agissante : il prévoit tout, il donne ordre à tout. La religion n'est pas pour lui un simple moyen de politique, mais la fin, la règle. Ce n'est pas sa propre gloire qu'il cherche, mais la gloire de Dieu. Là tendent ses cantiques, son gouvernement, ses guerres, ses victoires, ses richesses. Ce qui l'afflige dans son exil, c'est de ne pouvoir se présenter devant le tabernacle de l'Eternel. Au transport de l'arche, il dansera devant son peuple dans l'excès de sa joie. A-t-il encouru la disgrâce de son Dieu ? Il ne craindra point de confesser son péché devant tous les siècles et de le pleurer dans les cantiques de sa pénitence. Il fait, en un mot, tout le contraire de Saül. Aussi Dieu lui bâtit une maison fidèle, un royaume qui ne finira jamais. Et dans le temps et dans l'éternité, le fils de Dieu sera le fils de David ; dans le temps et dans l'éternité, le royaume de Dieu sera le royaume de David.

Entre ces deux politiques, il est facile de comprendre la folie de l'une et la sagesse de l'autre. Dieu seul est le monarque suprême et absolu. Son empire embrasse tout ce qui est et même ce qui n'est pas. Ce que nous appelons des royaumes, ne sont que de petites provinces de cet empire universel ; encore le mot de provinces dit-il beaucoup trop. Les rois, les empereurs sont pour lui des ministres révocables à volonté. Lors donc qu'il y a de ces ministres qui accomplissent fidèlement les ordres de leur maître, qui travaillent de toute leur intelligence, de toute leur volonté, de toutes leurs forces à réaliser ses vues dans le département qui leur est confié, il est naturel que le maître les laisse longtemps en place, eux et leurs descendants, et qu'il leur communique quelque chose de plus de sa gloire et de sa majesté ; mais lorsque au lieu de rapporter tout à leur souverain, des ministres rapportent tout à eux-mêmes ; lorsque au lieu de seconder ses desseins, ils y substituent les leurs ; lorsque au lieu de le servir, ils ne veulent que s'en servir, il est naturel que Dieu, après avoir usé peut-être quelque temps de leur mauvaise volonté même, comme il fait de celle des démons, pour exécuter des desseins par eux et contre eux, se plaise à les briser comme un vase d'argile et à manifester au grand jour la folie de leur astuce, le néant de leur puissance, l'ignominie de leur gloire. Il a sans cesse pour cela mille moyens contre lesquels l'homme ne peut rien. « On a beau, comme dit Bossuet, compasser dans son esprit tous ses discours et tous ses desseins, l'occasion apporte toujours je ne sais quoi d'imprévu, en sorte qu'on dit toujours et qu'on fait toujours plus qu'on ne pensait. Et cet endroit inconnu à l'homme, dans ses propres actions et dans ses propres démarches, c'est l'endroit secret par où Dieu agit et le ressort qu'il remue. (*Polit.*, l. 7, art. 6, prop. 7). » Le monde appelle cela circonstance, hasard, fortune ; hasard pour l'homme, il est vrai, qui ne saurait le prévoir ni le prévenir, mais combinaison bien heureuse pour Dieu, qui voit et dispose tout l'ensemble. Aussi Platon dit-il très-bien que Dieu gouverne les choses humaines par la fortune et les circonstances. C'est par là qu'il circonscrit et qu'il dirige où il veut la libre coopération de l'homme. Quelle folie donc de penser être sage contre Dieu ou sans Dieu !

Pour l'être véritablement, il faut, comme David, aimer la vérité et la justice ; il faut, comme David, faire ce que Dieu dit, ni plus ni moins. Les desseins de Dieu étant moins connus alors, David le consultait souvent par le grand-prêtre. Depuis que le Fils de Dieu même a révélé le secret de ses conseils et appelé tous les peuples à les accomplir, il n'est plus tant besoin de consulter, il ne s'agit que d'exécuter la volonté connue du maître. Et s'il est quelquefois besoin d'interroger pour l'exécution même, le pontife de Dieu est encore là pour transmettre la réponse. Hélas ! nous voyons bien des Saül, qui n'envisagent la religion que comme un moyen de se faire honorer et obéir par leurs peuples, qui usent toute leur activité et leur puissance à se tromper les uns les autres, à opprimer ou à pervertir le peuple de plus fidèle à Dieu. Quand Dieu reverra-t-il des hommes selon son cœur ? Quand reverrons-nous des princes actifs, intelligents, n'usant de leur puissance que pour faire régner la vérité et la justice, et amener tous les hommes sous l'empire de leur Maître légitime, qui est au ciel ? Quand reverrons-nous des princes, subordonnant leur politique à la politique de Dieu ? Quand reverrons-nous des David chrétiens ?

LIVRE DOUZIÈME.

David sur le trône, à la fois prophète et prophétie.

(De l'an 1055 à l'an 1014 avant l'ère chrétienne.)

Il y avait plus de huit siècles que, vainqueur de quatre rois et sauveur de cinq royaumes, Abraham était debout sous un chêne, dans la vallée d'Hébron, servant lui-même ses trois hôtes; il y avait plus de huit siècles qu'un de ces hôtes divins, que l'interprétation commune des Pères nous apprend avoir été le Fils même de Dieu, lui annonça que de Sara, sa femme, alors vieille et stérile, sortiraient des rois, et que dans un de sa race seraient bénies toutes les nations de la terre. Cette même vallée d'Hébron voyait l'accomplissement de ces promesses; elle voyait le second roi d'Israël près de monter sur le trône, David, sacré roi par un prophète, prophète lui-même, tige future d'une longue suite de rois, mais principalement de celui qui, le Seigneur des rois et des prophètes, s'appellera néanmoins le fils de David et le fils d'Abraham, et en qui, depuis dix-huit siècles, nous voyons bénies toutes les nations de la terre.

La tribu de Juda, à qui, sept siècles auparavant, Jacob avait prédit que le sceptre ne lui serait point enlevé, que le chef, le législateur ne sortirait point de ses descendants, jusqu'à ce que vînt celui qui devait venir, le Messie, le Christ, l'attente des nations, la tribu de Juda fut la première à reconnaître pour roi l'ancêtre du Messie. *Les hommes de Juda*, dit l'Ecriture, *vinrent en Hebron et y sacrèrent David roi sur la maison de Juda* (2. Reg., 2, 4). On voit ici, comme dans l'histoire de Saül, la vérité de ce que dit Bossuet quelque part, que la souveraineté des rois, même la souveraineté des rois d'Israël, n'est pas tellement de Dieu qu'elle ne soit aussi du consentement des peuples (Bossuet, *Défens. cler. gall.*, l. 4, c. 21).

Le premier acte du nouveau roi fut un acte de générosité aussi sage que noble. Ayant appris que les hommes de Jabès-Galaad avaient enseveli Saül, il leur envoya des messagers et leur dit : « Bénis soyez-vous de par Jéhova, vous qui avez usé de cette miséricorde envers Saül, votre seigneur, et l'avez enseveli! Maintenant donc Jéhova rendra votre miséricorde et votre fidélité, et moi-même je vous récompenserai de cette action que vous avez faite. Que vos mains donc se fortifient, et soyez hommes de cœur; car quoique Saül, votre seigneur, soit mort, néanmoins la maison de Juda m'a sacré pour son roi, et je saurai vous défendre contre vos ennemis (2. Reg., 2, 4-7). »

Tout le royaume de Saül, après la mort de ce prince, appartenait à David. Dieu en était non-seulement le maître absolu, par son domaine souverain et universel, mais encore le propriétaire par ses titres particuliers sur la famille d'Abraham et sur tout le peuple d'Israël. Dieu donc ayant donné ce royaume entier à David, qu'il avait fait sacrer par Samuël, et à sa famille, on ne peut douter de son droit; et néanmoins Dieu voulait qu'il conquît en quelque manière ce royaume qui lui appartenait à si juste titre.

Ce droit de David avait été reconnu par tout le peuple et même par la famille de Saül. Jonathas, fils de Saül, dit à David : « Je sais que vous régnerez sur Israël, et je serai le second après vous, et mon père ne l'ignore pas. » En effet, Saül lui-même, dans un de ses bons moments, avait parlé à David en ces termes : « Comme je sais que vous régnerez très-certainement et que vous aurez en main le royaume d'Israël, jurez-moi que vous conserverez les restes de ma race. » Ainsi le droit de David était constant.

Ce qui retarda l'exécution de la volonté de Dieu fut qu'Abner, qui commandait les armées sous Saül, fit valoir le nom de ce prince et mit son fils Isboseth sur le trône durant sept ans, pendant que David régnait, à Hébron, sur la maison de Juda (Bossuet, *Polit.*, l. 9, art. 3, prop. 4).

Quelque certain et reconnu que fût le droit de David, et quoiqu'il manquât à son rival la première condition pour être roi légitime en Israël, qui était d'avoir été choisi de Dieu, David ne prit pas de ses avantages dans la guerre qui s'ensuivit, et ménagea le sang des citoyens. En ce temps, les Philistins, ennemis du peuple de Dieu, n'entreprenaient rien, et David n'avait rien à craindre des étrangers; ainsi il ne pressait donc Isboseth, et le laissa deux ans paisible sans faire aucun mouvement. La guerre s'alluma ensuite, mais sans qu'elle fût poussée bien fort.

De Mahanaïm, ou le Camp, lieu nommé par Jacob au delà du Jourdain, où le fils de Saül avait été reconnu roi et où il faisait ordinairement sa résidence, Abner, fils de Ner, et les serviteurs d'Isboseth, vinrent à Gabaon, ville de la tribu de Benjamin, non loin des frontières de Juda. Joab, fils de Sarvia, et les serviteurs de David marchèrent contre lui, et ils se rencontrèrent près de la piscine de Gabaon, les uns étant campés d'un côté de la piscine, les autres de l'autre.

Alors Abner dit à Joab : Que notre jeunesse se lève et joue devant nous; c'est-à-dire, qu'elle combatte à outrance, en combat singulier, comme on faisait plus tard dans les tournois du moyen-âge. Joab répondit : Qu'elle se lève! Aussitôt il se leva et se présenta douze de Benjamin, du côté d'Isboseth, et douze du côté de David. En ce moment ils s'approchent. Chacun d'eux saisit la tête de son adversaire, à la façon peut-être des gladiateurs qui avaient un rets à la main pour cela, et lui enfonça son épée dans le flanc ; et ils tombèrent tous morts l'un sur l'autre à la fois. A l'instant même on récompensa leur valeur en appelant ce champ *le champ des Vaillants en Gabaon*. Et le titre lui en demeura en mémoire d'une action si déterminée.

La mort de ces douze braves fut suivie d'un rude combat, où Abner et les troupes d'Israël furent défaits. Dans la déroute, Asaël, un des frères de Joab, qui se fiait en la légèreté de ses pieds, plus vites que ceux des chevreuils habitants des forêts, poursuivait Abner sans se détourner à droite ni à gauche, et allant toujours sur ses pas. Abner regarda un moment derrière et lui dit : Est-ce toi Asaël ? C'est moi, répondit-il. Abner poursuivit : Va à droite ou à gauche, et saisis l'un de ces jeunes gens, et prends pour toi ses dépouilles. Mais Asaël ne voulut point le quitter. Abner répéta encore : Retire-toi, je te prie, et cesse de me poursuivre; pourquoi me contraindre à te percer et à te laisser attaché à la terre ? et comment pourrai-je après cela me lever les yeux devant ton frère Joab ? Asaël méprisa ce discours. Abner donc, retournant sa lance, le frappa dans l'aine et le perça d'outre en outre. Il mourut sur-le-champ de sa blessure ; et tous les passants s'arrêtaient pour voir Asaël couché par terre.

On ne pouvait garder plus de modération dans sa supériorité, que le faisait Abner, un des vaillants hommes de son temps, ni ménager davantage Joab et Asaël.

Ce même esprit de modération se voit dans le reste de la guerre. Joab et son frère Abisaï poursuivirent Abner jusqu'au soleil couchant, lorsque celui-ci, d'une hauteur où il s'était rallié avec ce qu'il avait de troupes plus affectionnées à la maison de Saül, qui étaient celles de la tribu de Benjamin, cria à Joab : « Ton épée frappera-t-elle jusqu'à extermination ? ignores-tu que le désespoir est dangereux ? n'est-il pas temps de dire au peuple qu'il cesse de poursuivre ses frères ? Joab ne demandait pas mieux, et n'eut pas plus tôt ouï le reproche d'Abner, qui lui répondit : « Vive Dieu ! si vous aviez parlé plus tôt, le peuple dès le matin aurait cessé de poursuivre son frère. » Il fit en même temps sonner la retraite, et le combat, qui avait duré jusqu'au soir, cessa à l'instant (2. Reg., 2, 8-28).

On voit, en cette conduite, l'esprit où l'on était d'épargner le sang fraternel, c'est-à-dire celui des tribus, toutes sorties de Jacob. C'est le seul combat mémorable qui fut donné ; et, quelque rude qu'il eût été, on ne trouva parmi les morts que dix-neuf hommes du côté de David et de celui d'Abner, quoique seulement battu, trois cent soixante.

On remarque même que David n'alla jamais en personne à cette guerre, de peur que la présence du roi n'engageât un combat général. Ce prince ne voulait pas tremper ses mains dans le sang de ses sujets, et il ménageait autant qu'il pouvait les restes de la maison de Saül, à cause de Jonathas. Ce ne furent que rencontres particulières où, comme David allait toujours croissant et se fortifiant de plus en plus, pendant que la maison de Saül ne cessait de diminuer, il crut qu'il valait mieux la laisser tomber d'elle-même que de la poursuivre à outrance.

Tout roulait, dans le parti d'Isboseth, sur le crédit du seul Abner. David n'avait qu'à le ménager et à profiter, comme il fit, des mécontentements qu'il recevait tous les jours d'un maître également faible et hautain.

Saül avait laissé une concubine nommée Respha. Abner s'approcha d'elle. Isboseth lui en fit des reproches. Piqué au vif, Abner lui répondit : « Suis-je donc une tête de chien, moi qui ai marché contre Juda et qui ai soutenu la maison de Saül, ton père, et ses frères et ses proches, et qui ne t'ai point livré en la main de David ? et aujourd'hui vous me cherchez querelle pour une femme ! Que Dieu fasse ceci à Abner, et qu'il y ajoute cela, si je ne fais pas pour David tout ce que l'Eternel lui a juré, en faisant que le royaume soit transféré de la maison de Saül, et que le trône de David soit élevé sur Israël et sur Juda, depuis Dan jusqu'à Bersabée ! » Isboseth ne put rien lui répondre, parce qu'il le craignait. Il eût été de la prudence alors de ne pas lui faire de reproche.

Abner donc envoya des messagers de sa part à David, disant : A qui est la terre ? et pour lui dire : Recevez-moi dans votre amitié, et ma main sera avec vous pour ramener à vous tout Israël. David répondit : Je le veux bien, je te recevrai dans mon amitié ; mais je te demande une seule chose : Tu ne verras point ma face que tu ne m'amènes en même temps Michol, fille de Saül. En conséquence, David envoya des messagers à Isboseth, disant : Rends-moi ma femme Michol, que j'ai épousée en frappant cent Philistins. Isboseth donc envoya et l'enleva à son mari Phaltiel, fils de Laïs, qui la suivit en pleurant jusqu'à Bahurim, où Abner lui dit : Va et retourne. Et il s'en retourna.

Cependant Abner avait adressé la parole aux anciens ou sénateurs d'Israël : « Hier, comme avant-hier, vous désiriez que David régnât sur vous, maintenant donc accomplissez vos désirs ; car l'Eternel a parlé de David, disant : Par la main de David, mon serviteur, je sauverai mon peuple Israël de la main des Philistins et de tous ses ennemis. » Abner avait également parlé à Benjamin. Puis, accompagnant Michol, il s'en alla dans Hébron pour dire à David tout ce qui semblait bon à Israël et à toute la maison de Benjamin.

David donna un banquet à Abner et aux vingt hommes qui étaient venus avec lui. Abner dit alors à David : « Je me lèverai, j'irai, et je rassemblerai près de mon seigneur le roi tout Israël, pour faire alliance avec vous, et vous régnerez sur tous, ainsi que votre âme désire. » David le congédia d'une manière honorable et amicale.

A peine était-il parti, que Joab survint avec les serviteurs de David, après avoir tué des brigands et pris un grand butin. On annonça bien vite à Joab : « Abner, fils de Ner, est venu près du roi, et le roi l'a renvoyé, et il s'en est allé en paix. » Aussitôt Joab entra chez le roi et lui dit : Qu'avez-vous fait ? Voici qu'Abner est venu vers vous ; pourquoi l'avez-vous laissé aller ? Ignorez-vous qu'Abner, fils de Ner, est venu ici pour vous tromper, pour reconnaître toutes vos démarches et savoir tout ce que vous faites ? » Puis, étant sorti d'auprès de David, il envoya des messagers après Abner, et le ramena de la citerne de Sira, sans que David le sût. Et quand Abner fut retourné en Hébron, Joab l'amena à part au milieu de la porte, pour lui parler en trahison ; et la

LIVRE XII. — DAVID SUR LE TRONE.

il le frappa dans l'aine et le tua, pour venger le sang d'Asaël, son frère.

Nous avons vu qu'Abner était irréprochable sous ce rapport. Peut-être aussi que la mort d'Asaël n'était pas le principal motif de ce meurtre, concerté entre Joab et son frère Abisaï. L'ambition a pu y avoir la plus grande part. Abner lui-même était au fond un ambitieux, qui, sans être bien mauvais du reste, ne cherchait que ses propres intérêts. Il savait bien, à la mort de Saül, que tout le royaume appartenait à David. Cependant il lui oppose Isboseth, parce qu'il comptait régner sous son nom. Peut-être même que son commerce ou son mariage avec la concubine de Saül n'était pas sans quelque vue sur le trône. Quand il s'en voit faire des reproches, il se tourne du côté de David, il reconnaît que c'est le roi légitime ; mais avant de se déclarer, il veut un traité à part, pour s'assurer les mêmes avantages que sous Saül. Joab, non moins ambitieux et plus méchant, craignant d'être supplanté, le tue : l'ambition du premier a été punie par celle du second.

Lorsque David eut appris ce meurtre, il dit aussitôt : « Je suis innocent à jamais devant l'Eternel, moi et mon royaume, du sang d'Abner, fils de Ner, et que son sang retombe sur la tête de Joab et sur toute la maison de son père. Qu'il ne manque jamais, en la maison de Joab, des gens qui éprouvent un flux honteux, qui soient lépreux, qui s'appuient sur un bâton, qui tombent sous le glaive et qui manquent de pain. »

La conjoncture des temps, où le règne qui commençait était encore peu affermi, ne permettait pas à David de faire punir Joab, dont la personne était importante et les services nécessaires. Ce qu'il put faire au sujet du meurtre d'Abner, fut de dire à toute l'armée et à Joab même : « Déchirez vos habits et revêtez-vous de sacs, et pleurez dans les funérailles d'Abner. » Et quand on eut enseveli Abner, David éleva la voix et dit en pleurant : « Abner n'est pas mort comme un lâche : tes mains n'ont pas été liées ainsi qu'on fait aux vaincus, ni tes pieds n'ont pas été mis dans les entraves ; tu es tombé comme il arrive aux plus braves, devant des enfants d'iniquité. » A ces mots, tout Israël redoubla ses pleurs. Et comme toute la multitude venait manger avec le roi pendant le jour : « A Dieu ne plaise, dit David, que j'interrompe le deuil et que je goûte un morceau de pain avant le coucher du soleil ; ainsi Dieu me soit en aide. » Tout le peuple entendit ce serment, et, louant ce que fit David, le reconnut innocent du meurtre d'Abner.

Il fit plus, et disait tout haut à ses serviteurs : « Ne voyez-vous pas qu'Israël perd aujourd'hui un grand capitaine? Pour moi je suis faible encore et sacré depuis peu de temps. Ces enfants de Sarvia (c'était Joab et Abisaï son frère) me sont durs ; que Jéhova rende à qui fait le mal, selon sa malice. » C'est tout ce que permettait la conjoncture des temps.

Quand à Isboseth, fils de Saül, lorsqu'il apprit qu'Abner était mort à Hébron, ses mains défaillirent et tout Israël en fut troublé. Pour comble d'infortune, deux chefs de bande, qui étaient à son service et paraissent même avoir été ses capitaines des gardes, Baana et Rechad, de la tribu de Benjamin, entrèrent secrètement dans sa maison, pendant qu'il dormait, à midi, sur son lit, suivant l'usage des pays chauds. Ils le frappèrent à la tête, et, s'en allant par la voie du désert toute la nuit, ils l'apportèrent à David, en Hébron, disant : « Voici la tête d'Isboseth, fils de Saül, ton ennemi, qui recherchait ton âme ; et Jéhova en ce jour a vengé mon seigneur le roi, de Saül et de sa race. »

Mais David répondit à tous les deux : « Vive Jéhova ! lui qui a toujours délivré mon âme de toute angoisse. Celui qui vint m'annoncer la mort de Saül, dont il se vantait d'être l'auteur, et qui croyait m'apporter une nouvelle agréable dont il attendait la récompense, fut mis à mort par mon ordre. Combien plus maintenant, quand des impies ont égorgé un homme juste en sa maison, sur son lit, demanderai-je son sang de votre main, et vous retrancherai-je de la terre ? »

Aussitôt il commanda à ses serviteurs, et ils les tuèrent ; puis leur ayant coupé les mains et les pieds, ils les suspendirent à la piscine d'Hébron. Pour la tête d'Isboseth, ils l'ensevelirent dans le tombeau d'Abner, en la même ville. Isboseth avait commencé à régner à l'âge de quarante ans. David punit ses meurtriers comme il avait puni l'Amalécite qui se glorifiait d'avoir tué le roi Saül (2. Reg., 4, 1-12). On remarque cependant une différence dans le prononcé du jugement. Celui-ci est puni comme meurtrier de l'oint du Seigneur, et ceux-là sont tués comme assassins d'un homme innocent, sans l'appeler l'oint du Seigneur, parce qu'en effet il ne l'était pas.

On voit, par la conduite de David, que, dans une guerre civile, un bon prince doit ménager le sang des citoyens. S'il arrive des meurtres qu'on pourrait lui attribuer à cause qu'il en profite, il doit s'en justifier si hautement que tout le peuple en soit content (Bossuet, *Polit.*, l. 9. art. 3, prop, 4).

La guerre civile étant ainsi finie sans presque verser de sang dans les combats, toutes les tribus d'Israël vinrent vers David, en Hébron, disant : « Nous voici, nous, tes os et ta chair. Hier et avant-hier, quand Saül était roi sur nous, tu menais et ramenais Israël, et Jéhova t'a dit : Tu conduiras Israël, mon peuple, et tu seras le chef d'Israël (*Ibid*, 5, 1. Paral., 11). »

Cette assemblée fut très nombreuse. Il y vint en armes six mille huit cents hommes de la tribu de Juda, sept mille cent de la tribu de Siméon, quatre mille six cents de la tribu de Lévi : Joïada, chef de la race d'Aaron, avec trois mille sept cents, et Sadoc, avec la maison de son père, où il y avait vingt-deux chefs de famille ; trois mille hommes de la tribu de Benjamin ; vingt mille huit cents de la tribu d'Ephraïm, dix-huit mille de la demi-tribu de Manassé ; de la tribu d'Issachar, deux cents princes, dont tout le reste de la tribu suivait le conseil ; cinquante mille hommes de la tribu de Zabulon ; mille princes de la tribu de Nephthali, suivis de trente-sept mille hommes armés de lances et de boucliers ; vingt-huit mille six cents de la tribu de Dan, et quarante mille d'Aser. De plus, cent vingt mille d'au delà du Jourdain, tant des deux tribus de Ruben et de Gad, que de la demi-tribu de Manassé. Tous ces guerriers, au nombre de près de quatre cent mille hommes, bien armés et ne demandant qu'à combattre, vinrent, avec un cœur parfait, trouver David à Hébron, pour l'établir roi sur tout Israël ; et tout le reste d'Israël conspirait d'un même cœur à faire déclarer David pour roi. Ils demeurèrent là pendant trois jours près de David, mangeant et buvant ce que leurs frères leur avaient préparé. C'est pour cela sans doute qu'il y avait si peu d'hommes sous les armes dans les tribus de Juda et de Siméon : ils étaient occupés des approvisionnements nécessaires. « En effet, dit l'Ecriture, les environs de la ville, jusqu'aux tribus les plus éloignées, comme celles d'Issachar, de Zabulon et de Nephthali, apportaient, sur des ânes et des chameaux, sur des mulets et des bœufs, des vivres pour les nourrir ; ils apportaient de la farine, des figues, des raisins secs, du vin et de l'huile, et ils amenaient des bœufs et des moutons, afin qu'ils eussent toutes choses en abondance ; car c'était une grande réjouissance en Israël (1. Paral., 12, 23-40). »

Pendant que cette immense multitude était campée dans la vallée d'Hébron, dans ces mêmes lieux où campaient autrefois leurs pères, Abraham, Isaac et Jacob, tous les sénateurs d'Israël s'étaient rassemblés auprès du roi dans la ville même. Là, David fit alliance avec eux devant Jéhova, c'est-à-dire il jura de gouverner le peuple selon la loi de Dieu, et le peuple lui jura, par ses princes, obéissance et fidélité. Après quoi ils le sacrèrent roi sur Israël, suivant la parole de Jéhova, par la main de Samuël (2. Reg., 5 ; 1. Paral., 11, 3).

On voit ici l'exemple d'une royauté légitime. Dieu lui-même désigne de nouveau un roi par son prophète, et l'approche peu à peu du trône par des qualités et des actions qui l'en rendent digne. La nation l'accepte avec un cœur parfait, non-seulement par l'unanimité de ses chefs, par les acclamations de quatre cent mille hommes sous les armes, mais par l'assentiment exprès de toutes les provinces. Tout cela n'empêche point qu'il n'y ait un traité d'alliance juré de part et d'autre devant l'Eternel, témoin et vengeur entre le roi et la nation.

David, qui avait commencé de régner sur Juda seul à l'âge de trente ans, en avait alors trente-sept et demi. Tant de succès et de gloire ne l'éblouirent point. Pendant que les enfants d'Israël le bénissaient, lui bénissait le Dieu d'Israël, qui l'avait si merveilleusement délivré de la main de Saül et de la main de tous ses ennemis.

« Je vous aimerai, s'écriait-il ; je vous aimerai, ô Jéhova ! qui êtes ma force. Jéhova est mon roc, mon boulevard, mon libérateur. Mon Dieu est mon fort, je mettrai en lui mon espérance, mon bouclier, l'arme de mon salut, l'auteur de mon élévation. Je louerai, j'invoquerai Jéhova, et je serai sauvé de mes ennemis.

» Car les douleurs de la mort m'ont environné ; les torrents de Bélial m'ont rempli d'épouvante ; les liens de l'enfer m'ont investi, et les rets de la mort m'ont enveloppé.

» Dans mon angoisse j'invoquerai Jéhova ; je crierai à mon Dieu : il entendra ma voix de son temple ; mes cris en sa présence parviendront à ses oreilles.

» Et la terre s'est ébranlée et a tremblé ; et les fondements des montagnes se sont émus et ont été ébranlés, parce qu'il est indigné contre eux. Une fumée a monté de sa face irritée, un feu dévorant est sorti de sa bouche, des charbons en ont été allumés. Il a abaissé les cieux, et il est descendu : un nuage sombre était sous ses pieds. Il a monté sur les chérubins et pris son vol ; il a pris son vol sur les ailes du vent. Il a fait des ténèbres sa retraite : son pavillon est autour de lui ; ce sont les ténèbres des eaux dans les nuées des airs. A l'éclair de sa présence, ses nuées ont passé en grêle et en charbons de feu. Du haut des cieux a tonné Jéhova. Le Très-Haut a fait entendre sa voix, la grêle et les charbons de feu. Il a lancé ses flèches, et il les a dissipés ; il a multiplié ses foudres et il les a bouleversés. Alors parurent les réservoirs de la mer, alors furent dévoilés les fondements du globe, à votre menace, ô Jéhova ! au souffle impétueux de votre colère.

» Mais il tendra la main d'en haut, et me prendra : il me retirera des eaux immenses ; il me délivrera de mon ennemi si puissant, et de ceux qui me haïssent, parce qu'ils étaient plus forts que moi. Ils voulaient me surprendre au jour de mon affliction ; mais Jéhova s'est fait mon soutien : il me mettra au large, il me délivrera, parce qu'il s'est complu en moi. Jéhova me récompensera selon ma justice ; il me rendra selon la pureté de mes mains. Car j'ai gardé les voies de Jéhova, et jamais l'impiété ne m'a éloigné de mon Dieu, parce que ses jugements sont devant moi, et je n'ai point repoussé ses préceptes. J'ai été sans tache avec lui, et je me suis gardé de mon iniquité. Aussi m'a-t-il rendu selon ma justice, selon la pureté de mes mains devant ses yeux.

» A qui est miséricordieux, vous ferez miséricorde ; avec l'homme innocent, vous agirez innocemment ; avec qui est pur et sincère, vous vous montrerez sincère et pur ; mais, avec le pervers, vous en userez selon sa perversité. Car vous sauverez le peuple qui est humble, et vous humilierez les regards superbes.

» C'est vous, ô Jéhova ! qui allumez mon flambeau ; c'est vous, ô mon Dieu ! qui illuminez mes ténèbres. C'est par vous que je traverserai l'armée ennemie ; c'est par mon Dieu que je franchirai les remparts.

» O Dieu ! sa voix est parfaite : la parole de Jéhova a été éprouvée au feu ; il est le bouclier de tous ceux qui espèrent en lui. Car, qui est Dieu, sinon Jéhova ? qui est le fort, si ce n'est notre Dieu ?

» C'est Dieu qui m'a ceint de force, qui a rendu parfaite ma voie, qui a égalé mes pieds à ceux des biches, qui m'a établi dans les lieux hauts, qui instruit mes mains au combat, et qui a fait de mes bras un arc d'airain. Vous m'avez donné le bouclier de votre salut ; votre droite me soutiendra, et votre bonté me rendra grand. Vous élargirez le chemin sous mes pas, et mes pieds ne chancelleront point. Je poursuivrai mes ennemis, je les atteindrai ; je ne retournerai point que je ne les aie détruits. Je les briserai, et ils ne pourront se soutenir : ils tomberont sous mes pieds. Vous m'avez ceint de force pour la guerre ; vous courberez mes adversaires sous moi, vous me livrerez le cou de mes ennemis, et j'exterminerai ceux qui me haïssent. Ils crieront, mais point de Sauveur ; vers Jéhova, mais il ne les entendra point. Je les disperserai comme la poussière que le vent emporte ; je les foulerai aux pieds comme la boue des places publiques. Vous me délivrerez des contradictions du peuple ; vous m'établirez chef des nations. Un peuple que je ne connais point me

LIVRE XII. — DAVID SUR LE TRONE.

servira; ils m'obéiront aussitôt que m'entendra leur oreille. Des enfants étrangers useront envers moi de mensonges; mais ces enfants étrangers défailliront, ils seront réduits à l'étroit.

» Vive Jéhova! Béni soit celui qui est mon roc! qu'il soit exalté le Dieu de mon salut! c'est le Dieu qui a mis les vengeances dans ma main, et les peuples à mes pieds. Mon libérateur à l'égard de mes ennemis, vous m'élèverez au-dessus de ceux qui me résistent; vous me délivrerez de l'homme méchant. C'est pourquoi je vous rendrai grâces parmi les nations, ô Jéhova! et j'y chanterai votre nom. Lui qui agrandit les délivrances de son roi, qui fait miséricorde à son christ, à David, et à sa race pour jamais (Ps., 17; 2. Reg., 22). »

Cette solennelle inauguration de David, ces louanges publiques qu'il adresse à Dieu au milieu des tribus d'Israël, préfiguraient une époque plus solennelle encore, où le Fils de Dieu et de David serait reconnu roi par toutes les nations de la terre, lesquelles, en lui, avec lui et par lui, rendront éternellement gloire à son père qui est dans les cieux. C'est dans la personne de ce Roi éternel que David disait dès lors : « Je vous rendrai des actions de grâces parmi les nations, ô Jéhova! et j'y chanterai votre nom. » Saint Paul nous en assure (1), et tous les jours nous en sommes la preuve, lorsque, dans tous les lieux du monde, et chez toutes les nations du globe, nous bénissons Dieu le père par notre Seigneur Jésus-Christ, qui vit et règne avec lui dans les siècles des siècles.

A David dont le nom seul devait rappeler à jamais le Roi éternel, il fallait une capitale, il fallait une résidence dont les noms mêmes fussent également prophétiques et mystérieux. Cette capitale sera l'antique cité de Melchisédech, Jérusalem; Jérusalem matérielle, figure de la Jérusalem spirituelle ou de la société des fidèles répandus sur toute la terre; Jérusalem terrestre, figure de la Jérusalem céleste ou société triomphante des anges et des saints dans le ciel. Cette résidence sera la partie la plus élevée de Jérusalem, la montagne de Sion, bientôt la demeure terrestre de Dieu même, et figure de son trône éternel au plus haut des cieux. Jérusalem et Sion d'ici-bas, c'est David qui en met en possession les enfants d'Israël; Jérusalem et Sion de là-haut, c'est le fils de David, Jésus-Christ, qui en met en possession les enfants de Dieu.

Depuis longtemps on était maître de la ville basse, mais les Jébuséens occupaient toujours la ville haute ou la forteresse. Pour signaler son nouvel avènement au trône par quelque grande action, David se rendit à Jérusalem avec son armée et assiégea la citadelle. Mais les Jébuséens lui dirent : « Tu n'entreras point ici que tu n'en aies fait sortir ces aveugles et ces boiteux. » Il paraît, d'après ces paroles, que les Jébuséens croyaient la forteresse de Sion tellement imprenable, qu'ils avaient placé sur leurs murailles des aveugles et des boiteux, comme pour dire à David par dérision : Voilà qui suffit pour le repousser.

David répondit à cette insolente bravade en publiant dans son armée : « Quiconque le premier frappera le Jébuséen, quiconque le premier escaladera les remparts et en chassera ces aveugles et ces boiteux qui insultent à David, celui-là sera général et prince. » Joab monta le premier et fut fait général. Ainsi fut prise la forteresse de Sion, qui fut appelée la *cité de David*, à cause qu'il y établit sa demeure (2. Reg., 5, 6-8; 1. Paral., 11, 4-7).

Après cette belle conquête, David bâtit la ville aux environs, depuis le lieu appelé *Mello*; et Joab, qui avait eu tant de part à la victoire, acheva le reste. Ainsi, il se signala dans la construction des ouvrages publics comme dans les combats, et tint, auprès de David, la place que l'histoire donne auprès d'Auguste au grand Agrippa, son gendre.

Le règne de David allait se fortifiant de plus en plus, non-seulement au dedans, mais encore au dehors. Hiram, roi de Tyr, lui envoya des ambassadeurs, apparemment pour le féliciter de sa victoire sur les Jébuséens et pour conclure une alliance avec lui. Il lui fit présent de bois de cèdre, et envoya d'habiles ouvriers pour lui bâtir un palais à Jérusalem. L'Ecriture dit expressément qu'il aima toujours David, ce qui prouve qu'il était non-seulement un allié fidèle, mais aussi un ami sincère de ce prince (2. Reg., 5, 11; 1. Paral., 14, 1; 1. Reg., 5, 1).

Il n'en fut pas de même des Philistins. Tant qu'ils virent les Hébreux partagés entre deux rois, ils restèrent tranquilles, comptant que les deux partis se ruineraient l'un l'autre; mais quand ils apprirent que David avait été sacré roi sur tout Israël, et qu'il avait signalé le commencement de son règne par la prise de Sion, ils se rassemblèrent tous pour venir l'accabler. David l'ayant su, marcha au devant d'eux jusqu'au fort d'Odollam, pour observer, de là, de quel côté ils tourneraient leurs armes. Ils se répandirent dans la vallée de Rephaïm jusqu'à Bethléhem, où ils postèrent un corps de troupes.

Pendant que David était dans ce fort, peut-être à la veille de la bataille, il eut une envie et dit : « Oh! qui me donnera à boire de l'eau de la citerne qui est en Bethléhem, près de la porte? » Aussitôt les trois plus braves passèrent à travers le camp des Philistins, puisèrent de l'eau dans la citerne de Bethléhem qui était auprès de la porte, et l'apportèrent à David. Mais il n'en voulut pas boire et la répandit en l'honneur de Jéhova, disant : « Jéhova me préserve de faire une chose pareille! Boirai-je le sang de ces braves qui sont allés là au péril de leur vie? »

Les noms de ces vaillants hommes étaient Jesbaam, Eléazar et Semma. Ils étaient regardés comme les trois plus braves de l'armée. Jesbaam, nommé aussi Adino, non moins sage dans le conseil qu'invincible sur le champ de bataille, tua dans un combat huit cents hommes sans se reposer. Eléazar, au milieu d'une déroute, soutint seul le choc des Philistins, les battit jusqu'à ce que sa main se lassât et demeurât attachée à son épée, et le peuple qui avait fui revint pour dépouiller les morts. Semma remporta une victoire pareille dans une autre occasion.

Après ces trois premiers venaient trois autres : Abisaï, frère de Joab, qui combattit contre trois cents hommes et les tua de sa lance. Banaïas, fils de Joïada, tua plusieurs lions, attaqua un Egyptien, haut de cinq coudées, n'ayant lui-même qu'une baguette, et le tua avec sa propre lance qu'il lui arracha des mains. Le troisième n'est pas nommé : on présume que c'était Joab (1. Paral., 11, 9-46).

---

(1) Rom., 15, 8 et 9 : « Dico... gentes autem super misericordia honorare Deum, sicut scriptum est : Proptereà confitebor tibi in gentibus, et nomini tuo cantabo. »

Après les six, il y en avait d'autres qu'on appelait les trente, quoiqu'ils fussent généralement en plus grand nombre. Asaël, frère de Joab, en était le premier, quand il fut tué par Abner.

Avec de si vaillants officiers, David pouvait compter sur la victoire; mais il n'en savait pas moins que c'est Dieu seul qui la donne. Il consulta donc l'Eternel, disant : « Monterai-je contre les Philistins, et les livrerez-vous en ma main ? » L'Eternel lui ayant répondu qu'il les lui livrerait certainement, il les attaqua, les mit dans une pleine déroute et nomma ce lieu Baal-Pharasim, qui peut signifier Dieu ou maître des dispersions, disant : « L'Eternel a dispersé mes ennemis devant moi comme se dispersent les eaux. » Les Philistins y laissèrent jusqu'à leurs idoles, que David fit prendre et livrer aux flammes.

Les Philistins revinrent une seconde fois et se répandirent encore dans la vallée de Rephaïm. David consulta l'Eternel, qui lui répondit : « Ne monte point contre eux, mais va derrière eux jusqu'à ce que tu sois venu en face des poiriers. Et quand tu entendras, du haut des poiriers, le bruit de quelqu'un qui marche, alors tu commenceras le combat; car alors Jéhova sortira devant ta face pour frapper le camp des Philistins. » David fit selon que Jéhova lui avait commandé, il frappa les Philistins depuis Gabaa ou Gabaon jusqu'à Gazer.

Le nom de David parvint ainsi dans toutes les contrées, et l'Eternel en répandit la terreur sur toutes les nations (2. Reg., 5; 1. Paral., 14). Plus d'un autre s'en fût gonflé d'orgueil et eût commencé d'oublier Dieu; David n'en fut que plus zélé pour son culte.

Il assembla de nouveau tous les élus d'Israël, au nombre de trente mille, s'en alla à Cariathiarim pour en amener l'arche de Dieu, qui porte le nom de Jéhova-Sabaoth, et au-dessus de laquelle il est assis sur les chérubins. Ils la tirèrent de la maison d'Abinadab, dont les fils, Oza et Ahio, conduisaient le char sur lequel on l'avait placée. David, et avec lui tout Israël, c'est-à-dire les princes de toutes les tribus, jouaient devant Jéhova de toute sorte d'instruments de musique, de la harpe, de la lyre, du psaltérion, des hautbois, de la cymbale et des trompettes. Mais lorsqu'ils furent arrivés à l'aire de Nachon, Oza porta la main à l'arche de Dieu et la retint, parce que les bœufs glissaient. En même temps la colère de l'Eternel s'alluma contre Oza, et il le frappa à cause de sa témérité; et il tomba mort sur la place à côté de l'arche de Dieu (2. Reg., 6, 1-7; 1. Paral., 13, 1-10).

Suivant la loi, quand il fallait transporter l'arche sainte, les prêtres devaient d'abord l'envelopper de trois voiles; sans cela, aucun lévite ne pouvait, sous peine de mort, y porter la main; ensuite, elle devait être, non pas traînée sur un char, mais portée sur les épaules par les lévites de la famille de Caath, de laquelle Oza n'était pas.

Ce châtiment contrista beaucoup David : sa crainte pour l'Eternel devint beaucoup plus vive; il n'osa conduire l'arche de son alliance à Jérusalem : Comment, disait-il, l'arche de Jéhova viendrait-elle chez moi ? Mais il la fit déposer en la maison d'Obededom, où elle demeura trois mois, pendant lesquels Jéhova bénit cet homme et sa famille.

David, l'ayant appris, résolut d'en faire la translation jusque dans la capitale. Elle fut encore plus solennelle que la première, mais surtout plus conforme à ce que prescrivait la loi. Il convoqua les grands-prêtres Sadoc et Abiathar, avec les six chefs des lévites, et il leur dit : « Vous êtes les princes des familles de Lévi, sanctifiez-vous avec vos frères, et portez l'arche de Jéhova, Dieu d'Israël, au lieu que je lui ai préparé, de peur que, comme Jéhova nous frappa d'abord parce que vous n'y étiez pas, il ne nous arrive le même malheur si nous faisions quelque chose de contraire à ses ordonnances. » Il leur dit encore d'établir quelques-uns de leurs frères pour présider au chant et à la musique, et faire retentir jusque dans les cieux le bruit de leur joie. Les trois principaux furent Héman, Asaph, Ethan, dont les noms se lisent dans les titres de quelques psaumes (1. Paral., 15; 2. Reg., 13, 11-14; 15, 1-24).

Ayant tout disposé de la sorte, il partit de Jérusalem, et avec lui tous les anciens d'Israël et les chefs de l'armée, et amena l'arche de Dieu avec des transports incroyables d'allégresse. L'air retentissait au loin du chant des hymnes, du son des instruments, des acclamations du peuple.

Voici le cantique que David fit chanter en ce jour, par Asaph et ses frères, pour ouvrir la solennité.

« Louez Jéhova, invoquez son nom; publiez ses œuvres parmi les peuples. Chantez ses louanges, chantez-les sur des instruments; annoncez toutes ses merveilles. Glorifiez son saint nom : qu'il se réjouisse, le cœur de ceux qui cherchent Jéhova. Cherchez Jéhova et sa force; cherchez sa face, toujours. Souvenez-vous des merveilles qu'il a faites, de ses prodiges et des jugements de sa bouche, vous, la race d'Israël, son serviteur; vous, les fils de Jacob, ses enfants de prédilection.

» C'est lui, Jéhova, notre Dieu; ses jugements sont sur toute la terre.

» Souvenez-vous à jamais de son alliance et de la parole qu'il a donnée pour mille générations, qu'il a jurée à Abraham; et de son serment à Isaac, qu'il a confirmé à Jacob comme une loi inviolable, et à Israël comme une alliance éternelle, disant : Je vous donnerai la terre de Chanaan pour votre héritage, lorsque vous étiez en petit nombre, faibles et étrangers sur elle.

» Et ils passèrent de nation en nation, d'un royaume à un autre peuple. Il ne permit à personne de les outrager; il reprit même les rois à cause d'eux : Gardez-vous de toucher à mes christs, et ne faites point de mal à mes prophètes.

» Chantez à Jéhova, vous toute la terre; évangélisez de jour en jour son salut. Publiez sa gloire parmi les nations, ses merveilles parmi tous les peuples. Car Jéhova est grand, digne de louanges infinies; il est terrible par-dessus tous les dieux. Car tous les dieux des peuples sont des néants; mais Jéhova a fait les cieux. Il est environné de gloire et de majesté : la force et la joie résident avec lui.

» Apportez à Jéhova, familles des nations, apportez à Jéhova la gloire et l'empire. Donnez à Jéhova la gloire due à son nom; prenez l'oblation de farine, venez en sa présence et adorez Jéhova dans une sainteté parfaite.

» Tremblez devant sa face, vous toute la terre; car c'est lui qui affermit l'univers sur ses fondements. Se réjouissent les cieux, tressaille la terre de joie,

LIVRE XII. — DAVID SUR LE TRONE.

et que l'on dise parmi les nations : Jéhova est entré dans son règne !

» Que la mer retentisse et toute son enceinte ! que les campagnes bondissent d'allégresse !

» Alors les arbres de la forêt jubileront à la présence de Jéhova, parce qu'il sera venu pour juger la terre.

» Rendez gloire à Jéhova, parce qu'il est bon, parce que sa miséricorde est éternelle ! »

Tout le peuple devait répondre : Amen, louange à Jéhova (1. Paral., 16).

Lorsqu'on vit que Dieu aidait les prêtres de Lévi à soulever l'arche de Jéhova, on immola sept taureaux et sept béliers en action de grâces. En ce moment solennel, les lévites entonnèrent, selon toutes les apparences, l'admirable cantique dont Moïse prononçait en pareille occasion les premières paroles :

« Que Dieu se lève et que ses ennemis soient dissipés ! s'enfuient de devant sa face ceux qui le haïssent !

» Tu les feras évanouir comme la fumée : comme la cire fond devant la flamme, ainsi les impies disparaîtront devant Dieu.

» Les justes, au contraire, tressailleront à sa présence ; ils seront abreuvés de joies et enivrés de délices.

» Chantez Dieu, célébrez son nom, préparez la voie à celui qui s'élève au plus haut des cieux. Son nom est CELUI QUI EST. Tressaillez d'allégresse à sa vue. Il est le père des orphelins, le défenseur des veuves. Dieu est ici dans son sanctuaire (1). »

Puis, célébrant la gloire présente et future de la montagne de Sion, ils disaient :

« Le Basan élève jusqu'aux cieux son orgueilleuse cime ; le Basan est fier de ses nombreux sommets. Pourquoi, ô montagnes superbes ! enviez-vous la colline où Dieu veut habiter, où Jéhova fixe à jamais sa demeure ? Des millions d'esprits célestes sont ravis de servir de char à l'Eternel : il est au milieu d'eux ; Sinaï réside dans ce sanctuaire.

» Tu es monté au plus haut des cieux, traînant captive la captivité même ; tu as reçu des dons pour les hommes, même pour ces rebelles qui ne croyaient pas que Jéhova, Dieu, pût habiter parmi nous.

» Béni soit Jéhova chaque jour. Le fardeau qu'il nous impose est notre salut. C'est Dieu notre Sauveur ; c'est Adonaï Jéhova qui nous arrache de la mort (2). »

A la vue de cette marche triomphale, ils chantaient :

« O Dieu ! ton peuple a vu ta marche : il a vu la marche de mon Dieu et de mon roi vers le sanctuaire. Les chantres, princes des tribus, s'avançaient les premiers ; après venaient les lévites avec leurs instruments ; au milieu paraissaient de jeunes vierges frappant des tambours.

» Bénissez Dieu dans vos assemblées ! bénissez Adonaï, vous qui descendez des sources d'Israël !

» Là était le jeune Benjamin, dans l'extase de sa joie ; là les princes de Juda, les premiers entre tous ; ici les princes de Zabulon, là les princes de Nephthali.

» Commande, ô Dieu, à ta force ; affermis, ô Dieu ! ce que tu as fait en nous. Du milieu de ton temple, à Jérusalem, les rois t'offriront des présents. Epouvante la bête des roseaux, cette assemblée de grands qui rugissent au milieu de leurs peuples comme des taureaux au milieu de génisses en fureur, et qui se parent des richesses de l'argent ; dissipe les nations qui veulent la guerre.

» Les princes viendront de l'Egypte ; l'Ethiopie étendra ses mains la première vers Dieu. Royaumes de la terre, chantez à Dieu à l'envi, célébrez Adonaï, lui qui est porté sur les cieux, sur les cieux de l'éternité. Voilà qu'il rendra sa voix une voix forte et puissante. Rendez gloire à Dieu ; sa splendeur brille sur Iraël, sa puissance éclate au-dessus des nues.

» O Dieu ! que tu es merveilleux dans tes saints ! C'est le Dieu d'Israël qui donne à son peuple la force et le courage. Béni soit Dieu (1) ! »

Ces chants, ce concert d'instruments étaient accompagnés de danses analogues. David lui-même, dépouillé de ses ornements royaux, et vêtu d'une robe et d'un éphod de lin, dansait de toutes ses forces devant l'Eternel. Sa joie était au comble. Chaque fois que ceux qui portaient l'arche avaient fait six pas, il immolait un bœuf et un bélier. Sa joie dut redoubler encore à la vue de la montagne de Sion. Ce fut alors, sans doute, qu'il entonna ce beau cantique :

« A Jéhova est la terre et tout ce qu'elle renferme ; le globe et tout ce qui l'habite. C'est lui qui l'a fondé au milieu des mers et affermi au-dessus des fleuves.

» Qui montera sur la montagne de Jéhova ? Qui se tiendra dans son lieu saint ?

» Celui qui a les mains innocentes et le cœur pur, qui n'a point pris son âme en vain, qui n'a jamais été parjure, celui-là recevra la bénédiction de Jéhova et la miséricorde de Dieu, son Sauveur. Telle est la race de ceux qui le cherchent, de ceux qui aspirent à votre présence, ô Dieu de Jacob !

» Ouvrez vos portes, ô princes ! ouvrez-vous, portes éternelles, et le Roi de gloire entrera.

» Quel est-il ce Roi de gloire ?

» Jéhova ! le fort ! le puissant ! Jéhova qui triomphe dans les batailles. »

---

(1) Ps. 67, 1-5 : « Exurgat Deus, et dissipentur inimici ejus ; et fugiant qui oderunt eum a facie ejus. Sicut deficit fumus, deficiant : sicut fluit cera a facie ignis, sic pereant a facie Dei Et justi epulentur in conspectu Dei ; et delectentur in laetitia. Cantate Deo, psalmum dicite nomini ejus ; iter facite ei, qui ascendit super occasum : Dominus nomen illi. Exultate in conspectu ejus... patris orphanorum, et judicis viduarum. Deus in loco sancto suo. »

(2) Ps. 67, 16-21 : « Mons Dei, mons pinguis. Mons coagulatus, mons pinguis (en hébreu, mons Basan). Ut quid suspicamini montes coagulatos (en hébreu, coagulati excelsi), mons (en hébreu, montem), in quo beneplacitum est Deo habitare in eo ; etenim Dominus habitabit in finem. Currus Dei decem millibus multiplex, millia laetantium : Dominus in eis, in Sinâ, in sancto. Ascendisti in altum, cepisti captivitatem ; accepisti dona in hominibus ; etenim non credentes inhabitare Dominum Deum. Benedictus Dominus die quotidie ! prosperum iter faciet nobis salutarium nostrorum. Deus noster, Deus salvos faciendi ; et Domini Domini exitus mortis. » (Voir les Commentaires de Bellarmin et de Bossuet sur les Psaumes.)

(1) Ps. 67, 25-36 : « Viderunt ingressus tuos, Deus, ingressus Dei mei, regis mei qui est in sancto. Praevenerunt principes conjuncti psallentibus, in medio juvencularum tympanistriarum. En ecclesiis benedicite Deo Domino, de fontibus Israel. Ibi Benjamin adolescentulus, in mentis excessu. Principes Juda duces eorum ; principes Zabulon, principes Nepththali. Manda, Deus, virtuti tuae ; confirma hoc, Deus, quod operatus es in nobis. A templo tui in Jerusalem, tibi offerent reges munera. Increpa feras arundinis, congregatio taurorum in vaccis populorum ; ut excludant eos, qui probati sunt argento. Dissipa gentes, quae bella volunt. Venient legati ex Ægypto ; Æthiopia praeveniet manus ejus Deo. Regna terrae, cantate Deo ; psallite Domino ; psallite Deo, qui ascendit super cœlum cœli, ad orientem. Ecco dabit voci suae vocem virtutis. Date gloriam Deo super Israel ; magnificentia ejus, et virtus ejus in nubibus. Mirabilis Deus in sanctis suis. Deus Israel ipse dabit virtutem et fortitudinem plebi suae. Benedictus Deus. »

» Ouvrez vos portes, ô princes! ouvrez-vous, portes éternelles, et le Roi de gloire entrera.

» Quel est-il ce Roi de gloire?

» Jéhova-Sabaoth! C'est lui qui est le Roi de gloire (1) ! »

C'est avec cette pompe et cette allégresse que tout Israël conduisit l'arche d'alliance dans la cité de David, et au milieu du tabernacle que le pieux monarque y avait élevé. Après avoir offert des holocaustes et des victimes pacifiques devant l'Eternel, David bénit le peuple au nom du Dieu des armées, et fit ensuite distribuer à chacun du pain, du bœuf et des gâteaux. Il revenait dans sa maison pour en faire autant, lorsque Michol, fille de Saül, qui l'avait regardé avec mépris dansant devant l'arche, vint à sa rencontre et lui dit : « Que de gloire a eu aujourd'hui le roi d'Israël, en se dépouillant devant les servantes de ses serviteurs, comme ferait un bouffon ! — Oui, répliqua David, je me suis dépouillé, mais devant Jéhova qui m'a choisi plutôt que ton père et que toute sa maison, et qui m'a commandé d'être le chef de son peuple Israël. Je jouerai encore devant Jéhova, et je paraîtrai vil encore plus que je n'ai paru; je serai méprisable à mes propres yeux, et par là j'aurai plus de gloire devant les servantes dont tu parles. »

Dieu récompensa de plus en plus la piété de David, et punit Michol par une éternelle stérilité (2. Reg., 6, 14-23).

Avec les bois et les ouvriers que lui avait envoyés son ami, le roi de Tyr, David avait achevé son palais et y faisait sa demeure. Un jour qu'il s'y réjouissait du repos que l'Eternel lui avait donné avec tous ses ennemis, il dit au prophète Nathan : « Ne voyez-vous pas que je demeure dans une maison de cèdre, et que l'arche de Dieu ne réside que sous des tentes de peaux? » Nathan l'encouragea à exécuter son dessein; car, dit-il, l'Eternel est avec vous. Mais la nuit même, l'Eternel fit connaître à son prophète que ce n'était pas David qui lui bâtirait une maison, quoiqu'il eût bien fait d'en avoir formé la pensée. « Jéhova te promet, continua Nathan, qu'il te fera une maison lui-même, c'est-à-dire qu'il réserve à ta famille de hautes destinées. Quand tes jours seront accomplis et que tu reposeras avec tes pères, je susciterai ton fils qui viendra après toi, qui sortira après toi, et j'affermirai son règne. Ce sera lui qui bâtira un temple à mon nom, et j'affermirai le trône de son règne jusqu'à l'éternité; je lui serai Père et il me sera fils. Dans son état de péché, je le châtierai avec la verge des mortels et par les plaies des fils d'Adam; mais mon affection ne le quittera point,

---

(1) Ps. 23 : « Domini est terra et plenitudo ejus; orbis terrarum et universi qui habitant in eo.

Quia ipse super maria fundavit eam et super flumina præparavit eam.

Quis ascendet in montem Domini! aut quis stabit in loco sancto ejus?

Innocens manibus et mundo corde, qui non accepit in vano animam suam, nec juravit in dolo proximo suo.

Hic accipiet benedictionem à Domino, et misericordiam à Deo salutari suo.

Hæc est generatio quærentium eum, quærentium faciem Dei Jacob.

Attollite portas, principes, vestras, et elevamini, portæ æternales, et introibit Rex gloriæ.

Quis est iste rex gloriæ? Dominus fortis et potens : Dominus potens in prælio.

Attollite portas; principes, vestras, et elevamini, portæ æternales, et introibit Rex gloriæ.

Quis est iste Rex gloriæ? Dominus virtutum, ipse est Rex gloriæ. »

---

comme je l'ai retirée de Saül pour te mettre à sa place. Ta maison et ton règne seront stables devant ta face jusqu'à l'éternité; ton trône sera affermi jusqu'à l'éternité (2. Reg., 7, 1-13; *Deuxième Lettre* de M. Drach, p. 224).

Ces magnifiques paroles regardaient plus encore celui que les prophètes et les évangélistes, les juifs et les chrétiens appellent par excellence *le Fils de David*, que Salomon, qui devait en être la figure. C'est dans le premier que se sont accomplies, à la lettre, toutes les promesses; c'est Lui qui a brisé la tête au serpent infernal, ainsi qu'il avait été annoncé à Adam; c'est en Lui qu'ont été bénies toutes les nations de la terre, suivant la parole donnée aux patriarches; c'est Lui ce rejeton de Juda, attendu de toutes les nations, suivant la prophétie de Jacob; c'est Lui ce prophète qui, comme Moïse, a parlé à la nature en maître, et aux hommes en législateur; c'est Lui ce fils de David, qui est en même temps le Fils de Dieu; c'est Lui qui, ayant été fait pour nous, a subi toutes les plaies que méritaient les fils d'Adam, sans cesser d'être l'objet des complaisances de son Père; c'est Lui qui a bâti au Très-Haut une maison sainte, un temple vivant, l'Eglise dont nous écrivons l'histoire. C'est là ce royaume éternel, ce trône impérissable, ce règne qui n'aura point de fin, ainsi que l'a expliqué l'ange du Seigneur, et nous le chantons par toute la terre : *Cujus regni non erit finis* (Luc, 1, 32 et 33).

David l'entendit ainsi le premier. Pénétré de la plus vive reconnaissance, il alla se prosterner devant l'Eternel, disant : « Que suis-je, ô Adonaï Jéhova! et quelle est ma maison, pour que vous m'ayez élevé jusque-là? Mais cela même vous a paru peu de chose, ô Adonaï Jéhova! Vous avez encore donné des assurances, au sujet de la maison de votre serviteur, pour les temps éloignés dans l'avenir. » C'est ce qu'a enseigné Adam. Après cela que pourrait encore vous demander David pour augmenter la gloire de votre serviteur (2. Reg., 7, 17-19; 1. Paral., 17)?

Cette doctrine traditionnelle d'Adam est sans doute la promesse du Rédempteur, dont nous retrouvons en effet des traces chez tous les peuples; aussi ce Rédempteur, quoique fils de David, sera cependant appelé par le prophète *le Désiré de toutes les nations*.

C'est le règne de ce Fils adorable, bien plus que le règne figuratif de Salomon, que chantait David, quand il dit :

« O Dieu! donnez au roi vos jugements, et votre justice au fils du roi. Il jugera votre peuple dans la justice, et vos pauvres dans l'équité. Les montagnes produiront la paix au peuple, et les collines la justice. Il jugera les pauvres d'entre le peuple; il sauvera le fils de l'indigent; il brisera l'oppresseur. Il sera craint, autant que dureront le soleil et la lune, de génération en génération. Il descendra comme la pluie sur la toison, comme les gouttes de la rosée sur la terre. Le juste fleurira en ses jours, et l'abondance de la paix régnera jusqu'à ce que la lune s'éteigne.

» Il dominera de la mer jusqu'à la mer, du fleuve jusqu'aux extrémités de la terre. Les habitants du désert se prosterneront devant lui, et ses ennemis baiseront la poussière de ses pieds. Les rois de Tharsis (de la mer) et des îles lointaines rendront l'offrande ; les rois d'Arabie et de Saba offriront des présents. Tous les rois l'adoreront, toutes les nations le serviront, parce qu'il arrachera le pauvre des mains du puissant, ce pauvre qui n'avait point de secours. Il ménagera le faible et l'indigent; il sauvera les âmes des pauvres. Il délivrera leurs âmes de la fraude et de la tyrannie; leur sang sera précieux devant lui. Il vivra et on lui donnera de l'or d'Arabie; on priera par lui (ou pour lui) continuellement; on le bénira tout le jour.

» Quelques grains de froment seront semés sur le haut des montagnes, et bientôt le vent frémira parmi les épis comme parmi les cèdres du Liban; les habitants des villes se multiplieront comme l'herbe de la prairie.

» Son nom subsistera dans les siècles; son nom est engendré avant le soleil. Toutes les nations de la terre seront bénies en lui; toutes les nations le glorifieront.

» Béni soit Jéhova, Dieu, Dieu d'Israël, qui seul opère des merveilles! Béni soit à jamais le nom de sa gloire! Toute la terre sera remplie de sa majesté. Amen! Amen (Ps. 71) ! »

La plupart de ces caractères ne conviennent qu'à ce Fils de David, auquel furent donnés en effet tout jugement et toute puissance au ciel et sur la terre; à la naissance duquel les anges annoncèrent, des hauteurs célestes, la paix et la justice; qui venait surtout pour annoncer la bonne nouvelle aux pauvres, la délivrance aux captifs, la consolation aux affligés; qui reçut dès son berceau les adorations des rois d'Arabie; qui depuis a été adoré de tous les rois, servi par toutes les nations; qui a radouci leurs mœurs barbares, aboli parmi eux la tyrannie et l'esclavage; en qui seul enfin ont été bénies temporellement et spirituellement toutes les nations de la terre.

Après avoir reçu de Dieu ces magnifiques promesses sur l'empire universel de son fils, David en figura d'avance les conquêtes spirituelles par celles qu'il fit lui-même sur les nations voisines. Les Philistins, ces éternels ennemis de son peuple, furent défaits en plusieurs batailles; il leur enleva Geth et ses dépendances, et y mit garnison pour les tenir en respect. Les Moabites furent également frappés. Parmi les prisonniers, une partie fut mise à mort, et l'autre, avec le reste de la nation, rendue tributaire. On ignore ce qui provoqua cette sévérité. Il marcha ensuite vers l'Euphrate, défit Adadézer, roi syrien de Soba, lui prit mille chariots, sept mille cavaliers et vingt mille fantassins; coupa les nerfs des chevaux de ses chars, et n'en réserva que cent attelages pour son service. Les Syriens de Damas étant venus au secours d'Adadézer, il en tua vingt-deux mille, mit des garnisons dans Damas et se rendit la Syrie tributaire. Les gardes d'Adadézer avaient des armes d'or; il les prit et les fit transporter à Jérusalem. Au bruit de ses victoires, Thoü, roi d'Emath, lui envoya Joram, son fils, pour le saluer et se réjouir avec lui, et pour lui rendre grâces de ce qu'il avait vaincu Adadézer, son ennemi. Joram apportait une quantité de vases d'or, d'argent et d'airain, que David consacra à l'Éternel, avec l'argent et l'or de toutes les nations qu'il avait assujéties. Amalec était du nombre. Les Iduméens aussi en furent. Au retour de sa conquête de Syrie, il leur tua dix-huit mille hommes, mit des garnisons dans l'Idumée, qu'il s'assujétit tout entière (2. Reg., 8, 1-14). Alors s'accomplit à la lettre ce que Dieu avait prédit, sept siècles auparavant d'Esaü et de Jacob : *L'aîné servira le plus jeune* (Gen., 25, 23).

En protégeant ainsi son peuple au dehors, David lui rendait le jugement et la justice au dedans. La vie qu'il menait dans son particulier est le modèle des princes.

« Je chanterai la miséricorde et la justice : c'est vous, ô Jéhova! que je célébrerai. Je m'instruirai dans la voie parfaite quand vous viendrez à moi. Je marcherai dans la simplicité de mon cœur au milieu de ma maison. Je ne poserai devant mes yeux aucune parole de Bélial; celui qui se détournait de vos voies, je le haïssais; il ne s'attachera point à moi. Le cœur mauvais s'en ira de moi bien loin; je ne connaîtrai point le mal. Celui qui médit en secret de son prochain, je l'exterminerai, celui-là. Les yeux superbes, les cœurs insatiables, je ne saurais me trouver avec eux. Mes yeux se tourneront vers les fidèles de la terre pour vivre en leur compagnie. Qui marche dans la voix parfaite, celui-là sera mon ministre. Il n'habitera point au milieu de ma maison, celui qui pratique la fourberie; le diseur de mensonges ne demeurera point sous mes yeux. Dès le matin, je songerai à extirper tous les impies de la terre, à exterminer de la cité de Jéhova tous les ouvriers d'iniquité (Ps. 100, suivant l'hébreu et S. Jérôme). »

L'administration générale du royaume était également bien réglée : Joab était chef de l'armée; Josaphat, fils d'Achilud, garde des archives; Sadoc, prince de la famille de Phinées, et Abiathar ou Achimélec, prince de la famille d'Ithamar, fils d'Aaron, étaient grands-prêtres; Saraïas, secrétaire; Banaïas, commandant des Céréthiens et des Phéléthiens, qui composaient la garde du roi; enfin les fils de David étaient grands officiers de la couronne (2. Reg., 8; 1. Paral., 18).

Au comble de la prospérité, David n'oublia point la famille de son prédécesseur. N'est-il pas resté quelqu'un de la maison de Saül, demanda-t-il, afin que j'exerce la miséricorde envers lui pour l'amour de Jonathas? Il apprit qu'un fils de Jonathas même, infirme des deux jambes, vivait encore. Son nom était Miphiboseth. Aussitôt il l'envoya quérir, lui donna une place à sa table et le mit en possession de tous les biens de Saül (2. Reg., 9, 1-13). La postérité de Jonathas se perpétua ainsi dans un rang honorable, et, cinq siècles après, on la voit paraître avec distinction dans le dénombrement qui eut lieu au retour de la captivité de Babylone (1. Paral., 8, 33-40).

Non content de témoigner son amitié au fils de Jonathas, il voulut encore témoigner sa reconnaissance au nouveau roi des Ammonites, pour les services qu'il avait reçus de son père durant les jours de son exil. Ainsi que déjà nous l'avons remarqué, les Ammonites et les Moabites paraissent avoir eu quelquefois le même souverain; il se peut donc que celui dont il s'agit ait été ce roi de Moab chez qui David avait mis, pendant quelque temps, son père et sa mère.

Quoi qu'il en soit, ayant appris que le roi des Ammonites était mort, et que son fils Hanon régnait à sa place, il dit en lui-même : Je ferai miséricorde à Hanon, fils de Naas, ainsi que son père m'a fait miséricorde, et lui envoya des ambassadeurs pour le consoler de la mort de son père. Mais quand les serviteurs de David furent arrivés au pays, les princes des Ammonites dirent à Hanon, leur seigneur : Croyez-vous que ce soit pour honorer votre père que David ait envoyé vers vous des consolateurs ? N'est-ce pas plutôt pour reconnaître la cité et pour la détruire ? Par suite de cette insinuation, Hanon prit les serviteurs de David, leur rasa la moitié de la barbe, leur coupa la moitié des vêtements, depuis les pieds jusqu'à la ceinture, et les renvoya de la sorte.

Personne n'ignore que la personne des ambassadeurs est sacrée et inviolable. C'est comme un traité solennel, où la foi publique du genre humain est intervenue, que l'on puisse députer librement pour traiter de la paix et de l'alliance, ou des intérêts communs des états ; et violer cette loi, consacrée par le droit des gens, et que la barbarie même n'a pas effacée dans les âmes les plus farouches, c'est se déclarer ennemi public de la paix, de la bonne foi et de toute la nature humaine : Dieu même, comme protecteur de la société du genre humain, est intéressé dans cette injure ; tellement que celle que l'on fait aux ambassadeurs n'est pas seulement une perfidie, mais une espèce de sacrilège (Bossuet, *Serm. de Quasimodo*). Le roi des Ammonites violait donc la loi la plus sacrée de l'humanité, et la violait de la manière la plus outrageuse, non seulement en renvoyant à moitié nus les ambassadeurs de David, mais en leur rasant la moitié de la barbe. Dans les idées de l'antique Orient, c'est là un affront au-dessus duquel on ne peut rien imaginer de plus sanglant. Aujourd'hui encore, chez les Orientaux, surtout chez les Arabes, la barbe est une marque de liberté et de dignité ; on la coupe aux esclaves et aux captifs : leur permettre de la laisser croître, équivaut à leur rendre la liberté. On voit, dans Homère, les suppliants toucher respectueusement la barbe de ceux dont ils implorent quelque grâce (1). La plus grande peine que les Spartiates purent imaginer contre ceux qui auraient la lâcheté de tourner le dos à l'ennemi, était de les obliger à paraître en public ayant la moitié de la barbe rasée. On conçoit alors combien David dut ressentir l'injure de ses ambassadeurs. En attendant de la venger, il leur fit dire de rester à Jéricho jusqu'à ce que la barbe leur fût revenue et qu'ils pussent se montrer honorablement.

Les Ammonites virent bien que les choses n'en resteraient pas là. Ils achetèrent, au prix de mille talents d'argent, vingt mille hommes chez les Syriens de Rohab et de Soba, mille chez le roi de Maacha, et douze mille du pays de Tob : en tout trente-trois mille hommes, combattant partie à pied, partie à cheval, partie sur des chariots de guerre, et commandés, à ce qu'il paraît, par le roi de Maacha. Les Ammonites se rassemblèrent également de toutes leurs villes, et se joignirent en grand nombre à cette multitude d'étrangers.

David en ayant été averti, envoya contre eux Joab, avec toutes ses meilleures troupes. Les Ammonites s'étaient rangés en bataille à la porte de la ville de Medaba ; les Syriens formaient un corps séparé dans la plaine. Joab donc, voyant les ennemis préparés à le combattre de front et par derrière, prit l'élite d'Israël pour marcher contre les Syriens, confia le reste du peuple à son frère Abisaï, pour marcher contre les enfants d'Amnon, et lui dit : Si les Syriens l'emportent sur moi, tu viendras à mon salut, mais si les enfants d'Ammon prévalent contre toi, j'irai de mon côté pour te sauver. Aie du cœur, et soyons braves pour notre peuple et pour les cités de notre Dieu ; et puis, que Jéhova fasse ce qui est bon à ses yeux !

La bataille se donna, et les Syriens s'enfuirent devant Joab. Ce que voyant les Ammonites, ils s'enfuirent pareillement devant Abisaï et rentrèrent dans la ville. Joab, de son côté, retourna à Jérusalem.

Les Syriens se voyant ainsi battus par Israël, se rassemblèrent de toutes parts. Adadézer ou Adarézer, qui était comme leur suzerain, fit venir ceux mêmes qui étaient au delà de l'Euphrate. Sobach, maître de sa milice, commandait toute la confédération. David l'ayant su, assembla tout Israël, passa le Jourdain, leur livra bataille, leur enleva sept cents chariots, leur prit ou leur tua quarante mille cavaliers et quarante mille fantassins : Sobach fut du nombre des morts. A la vue d'une si sanglante défaite, tous les rois qui étaient au service d'Adarézer firent la paix avec Israël, et se soumirent à lui et n'osèrent plus secourir les Ammonites (2. Reg., 10, 1-19 ; 1. Par., 19).

Un an après ce combat, au temps où les rois ont coutume d'aller à la guerre, David envoya Joab avec ses officiers et toutes les troupes d'Israël, qui ravagèrent les pays des Ammonites et assiégèrent Rabbath, qui en était la capitale. Quand elle fut sur le point d'être prise, Joab, non moins adroit courtisan qu'habile général, envoya des courriers à David, qui était demeuré à Jérusalem, et lui dit : J'ai combattu contre Rabbath, et la ville des eaux va être prise. Maintenant donc, assemblez le reste du peuple, venez au siège de la ville et prenez-la, de peur que, si moi je la prends, elle ne soit appelée de mon nom. David assembla donc tout le peuple, marcha contre Rabbath, et, après quelques combats, il la prit. Il ôta de dessus la tête du roi des Ammonites le diadème, qui pesait un talent d'or et était enrichi de pierres très précieuses, et il fût mis sur la tête de David. Il emporta aussi de la ville de grandes dépouilles. Quant aux habitants, il les en fit sortir, les mit à la scie, leur fit tirer des traîneaux de fer dont on se servait pour battre le blé, leur fit couper du bois et les occupa à façonner des briques et à les faire cuire (1. Reg., 12, 26-31 ; 1. Paral., 20). Il traita de même toutes les villes des enfants d'Ammon. C'est ainsi qu'on peut entendre le texte original avec d'habiles interprètes (Bullet, Bergier, Duclot).

Bonheur et gloire, rien ne manquait à David devant les hommes ; mais il était tombé devant Dieu, et tombé dans un crime qui devint, pour le reste de sa vie, une source intarissable de regrets et de larmes. Un soir qu'il se promenait sur la terrasse de son palais, il aperçut une belle femme qui se baignait, ne résista point à la première tentation, s'informa qui elle était, apprit qu'elle était femme d'Urie, un des trente braves, occupé alors au siège de Rabbath, la fit chercher et commit l'adultère avec elle. Peu après, elle lui fit dire qu'elle était enceinte. La loi de Moïse déclarait dignes de mort et la femme adultère et son complice. La perplexité de David fut extrême. Il avait

(1) *Iliad.*, 1, 1, v. 501 ; 1, 8, v. 371 : 1, 1, 10, v. 454,

donné entrée dans son cœur au péché : ce venin produisit ses funestes effets. Il espérait pallier son crime et tromper par la ruse l'époux de la femme, et manda à Joab de lui envoyer Urie avec une commission. Urie parut devant le roi. Celui-ci l'ayant entretenu quelque temps, le congédia d'une manière amicale : Va dans ta maison et lave tes pieds ; il lui envoya même des mets de sa table. Mais Urie n'alla pas chez lui, et resta couché à la porte du palais. Le lendemain, David lui ayant demandé pourquoi il n'était pas allé en sa maison, le brave guerrier fit cette réponse : « L'arche de Dieu, et Israël, et Juda habitent sous des tentes ; et Joab, mon général, et les serviteurs de mon seigneur demeurent sur la terre ; et moi j'entrerai en ma maison, pour boire et manger et pour dormir avec ma femme ? Par votre salut, et par le salut de votre âme, je ne ferai point une chose pareille. » David lui dit de rester encore en ce jour : il le renverrait le lendemain. Il le fit manger et boire à sa table, jusqu'à l'enivrer. Mais le soir il se coucha comme la veille à la porte du palais, et n'entra point en sa maison. Le lendemain matin David le renvoya avec une lettre pour Joab : « Mettez Urie à la tête d'un bataillon à l'endroit où le combat sera le plus rude, et faites en sorte qu'il soit abandonné et qu'il y périsse. » Joab n'exécuta que trop bien la volonté du roi, et lui manda bientôt la mort d'Urie. La femme de ce dernier, Bethsabée, qui ignorait sans doute qu'on eût dressé des embûches à la vie de son époux, ayant pleuré sa mort quelque temps, David l'emmena dans son palais, en fit sa femme, et elle lui enfanta un fils. Mais cette action de David déplut à l'Éternel (2. Reg., 11, 1-27).

Et l'Éternel envoya Nathan vers David, qui lui dit : « Deux hommes étaient dans une ville, l'un riche et l'autre pauvre. Le riche avait des brebis et des bœufs en grand nombre ; mais le pauvre n'avait rien qu'une petite brebis qu'il avait achetée et nourrie, et qui avait été élevée chez lui avec ses enfants, mangeant son pain, et buvant dans sa coupe, et dormant dans son sein ; et il l'aimait comme sa fille. Or, un voyageur étant venu chez le riche, celui-ci ne voulut point toucher à ses brebis et à ses bœufs pour régaler son hôte ; mais il enleva la brebis du pauvre homme et en fit un banquet à celui qui était venu le visiter. » David entra dans une grande colère contre cet homme, et dit à Nathan : « Vive Jéhova ! il est fils de la mort, l'homme qui a fait cela. » Nathan répondit à David : « C'est vous cet homme ! » Puis il lui reprocha, au nom de l'Éternel, son double crime, l'adultère et le meurtre, et son ingratitude envers Dieu qui l'avait comblé de tant de biens. Il lui annonça que des calamités allaient fondre sur sa maison, que l'épée y exercerait ses ravages, et qu'il essuierait un affront public au sujet de ses femmes. David dit alors à Nathan : « J'ai péché contre Jéhova. » Nathan répondit : « Aussi Jéhova a-t-il transféré votre péché : vous ne mourrez point ; mais parce que vous avez fait blasphémer les ennemis de Jéhova par cette histoire, le fils qui vous est né mourra de mort. »

L'enfant tomba dangereusement malade. David demandait sa vie à l'Éternel, prosterné nuit et jour contre terre. En vain les anciens de sa maison lui parlèrent-ils pour le faire lever ; l'enfant mourut le septième jour. Personne ne voulut en porter la nouvelle au père. Mais il s'aperçut que ses serviteurs parlaient tout bas, il leur demanda : Est-ce que l'enfant est mort ? Il est mort, répondirent-ils. Alors David se leva de la terre, prit un bain, se parfuma d'huile, changea de vêtements, entra dans la maison de l'Éternel et adora. Revenu chez lui, il se fit apporter du pain et mangea. Ses serviteurs, étonnés, lui dirent : D'où vient la conduite que vous avez tenue ? Vous jeûniez et vous pleuriez pour l'enfant lorsqu'il était encore en vie, et maintenant qu'il est mort vous vous levez et vous mangez ! Il répondit : J'ai jeûné et pleuré pour l'enfant lorsqu'il vivait encore, car je disais : Qui sait ? peut-être Jéhova aura-t-il pitié de moi et l'enfant vivra ; mais maintenant qu'il est mort, pourquoi jeûnerais-je ? pourrais-je le faire revenir ? Moi, j'irai à lui, mais lui ne reviendra point à moi.

David consola Bethsabée sur la perte de cet enfant, dont elle avait également à pleurer et la naissance et la mort. Elle conçut de nouveau et lui enfanta un fils qu'il appela *Salomon* ou *le Pacifique*, par une prophétique allusion à la future tranquillité de son règne, et, dans un sens plus élevé encore, au Prince de la paix, au Messie, dont Salomon devait être une figure. L'Éternel prit en affection cet enfant et lui donna, par Nathan le prophète, le nom de *Yedidiah*, c'est-à-dire bien-aimé de Jéhova (2. Reg., 12, 1-25).

C'est ainsi que David, du sommet de la vertu, tomba dans la profondeur du crime. Après un pareil exemple, qui osera se dire : Je ne tomberai point ? Déjà était né le fruit de l'adultère, et le coupable ne rentrait point encore en lui-même, et ne confessait point encore : J'ai péché contre l'Éternel ! Non, il ne nous est pas donné de mesurer la chute d'un tel homme. Tout ce que nous pouvons, c'est de nous prosterner avec lui dans la poussière et de bénir avec lui la miséricorde de Dieu, qui l'a tiré de cet abîme et élevé si haut parmi les saints.

Vous avez fait blasphémer les ennemis de l'Éternel, disait le prophète. La chute de David les fait blasphémer encore. Ils ne connaissaient point avec quelle ardeur cet homme aima son Dieu qui lui avait pardonné tant. Si sa chute tourne à plusieurs en scandale, sa résurrection encourage aussi plusieurs qui tombèrent comme lui. Après cette chute profonde, et après que le prophète lui eut dit que l'Éternel avait transféré son péché, il cria du fond de son cœur vers celui qui l'avait converti dans sa miséricorde ; sa douleur, sa foi, son espérance, son amour s'épanchèrent dans un cantique de pénitence, que des millions ont répété après lui, que des millions répéteront encore, jusqu'au jour où Dieu essuiera les larmes de tous les siens.

« Ayez pitié de moi, ô Dieu ! selon votre miséricorde, et, selon la multitude de vos commisérations, effacez mes prévarications. Lavez-moi de plus en plus de mon iniquité, et purifiez-moi de mon péché ; car je connais mes prévarications, et mon péché est toujours devant moi. C'est devant vous, devant vous seul que j'ai péché ; j'ai fait le mal sous vos yeux ; vous serez reconnu juste dans vos paroles, vous vaincrez au jour du jugement. Voilà, j'ai été formé dans l'iniquité et ma mère m'a conçu dans le péché. Voilà, vous aimez la vérité ; vous m'avez révélé les secrets et les mystères de votre sagesse. Vous m'arroserez avec l'hysope, et je serai purifié ; vous me laverez, et je deviendrai plus blanc que la neige. Vous ferez entendre à mon cœur la joie et l'allégresse, et de nouveau tressailleront les os que vous avez brisés.

» Créez en moi un cœur pur, ô Dieu ! et renouvelez dans le fond de mes entrailles l'esprit de droiture. Ne me rejetez pas de devant votre face, et ne retirez pas de moi votre Esprit-Saint. Rendez-moi la joie de votre Sauveur, et affermissez-moi par l'esprit souverain. J'enseignerai vos voies aux prévaricateurs, et les pécheurs se convertiront à vous.

» Délivrez-moi du sang, ô Dieu ! ô Dieu de mon salut ! et ma langue chantera votre justice. O Adonaï ! vous ouvrirez mes lèvres, et ma bouche annoncera vos louanges.

» Vous ne voulez point de sacrifices : je vous en aurais offert ; les holocaustes ne vous sont pas agréables. Les sacrifices de Dieu sont un esprit que brise la douleur : vous ne dédaignerez pas, ô Dieu ! un cœur contrit et humilié.

» Dans votre amour, traitez favorablement Sion, élevez les murs de Jérusalem. Alors vous agréerez les sacrifices de justice, l'offrande et l'holocauste ; alors on immolera sur votre autel la chair des taureaux (Ps. 50). »

Les malheurs domestiques que le prophète Nathan avait annoncés à David commencèrent par une passion incestueuse de son fils Amnon pour Thamar, sa sœur, mais née, ainsi qu'Absalom, d'une autre mère, savoir, Maacha, fille du roi de Gessur. D'après le conseil de son ami Jonadab, neveu de David, Amnon contrefit le malade et obtint que Thamar vînt le soigner. Il lui fit violence. A l'instant son impudique amour se change en aversion et en haine. Lève-toi et va-t-en, lui cria-t-il. Et comme, dans son trouble, elle lui dit quelques mots sur ce nouvel affront, il la fit mettre honteusement à la porte par un valet. Absalom apprit de sa sœur le double outrage qu'Amnon lui avait fait. Il dissimula son ressentiment pendant deux ans, jusqu'à ce qu'une tonte de brebis à sa maison de campagne, où, suivant l'usage de l'antiquité, il donna un grand festin, lui fournît l'occasion de se venger. Il y invita tous ses frères et fit tuer Amnon lorsque le vin commençait à lui troubler la tête. La renommée grossit le malheur. Il fut annoncé à David qu'Absalom avait tué tous les fils du roi. Le père, inconsolable, déchira ses vêtements et se jeta dans la poussière ; mais bientôt il apprit qu'Amnon seul avait été tué.

Absalom s'enfuit chez son aïeul maternel, Tholmaï, roi de Gessur, et demeura chez lui trois ans (2. Reg., 13, 1-39). Quelque raison qu'eût David de lui en vouloir, il restait toujours père, et d'autant plus que, comme la suite de l'histoire le montre, il avait pour lui, comme il avait eu pour son frère Amnon, une affection particulière. Elle n'avait point échappé à Joab, fin courtisan non moins que grand capitaine. Il souhaitait réconcilier le fils avec le père, et imagina le moyen suivant ; il fit venir une femme sage de Thécué, près de Jérusalem, et l'instruisit de ce qu'elle devait dire au roi. Vêtue d'un habit de deuil et sans parfum, elle parut devant David, se plaignit comme une veuve désolée qui avait naguère deux fils. S'étant pris de querelle dans les champs, l'un avait tué l'autre. Maintenant les parents demandent le sang du meurtrier : « Ils veulent éteindre la seule étincelle qui me reste, afin qu'il ne demeure point de nom à mon mari, ni de souvenir sur la terre. » David, touché de la douleur maternelle de la femme, lui promit protection. Alors, avec beaucoup d'adresse, elle en fit l'application à ce qui regardait le roi, et le supplia de rappeler Absalom. « Nous mourrons tous, dit-elle entre autres, et nous nous écoulons sur la terre comme les eaux qui ne retournent point. Mais Dieu ne veut pas qu'une âme périsse ; il diffère sa vengeance, afin que celui qui a été rejeté ne se perde pas entièrement. » David se douta bien que c'était à l'instigation de Joab qu'elle faisait ce personnage, et elle le lui avoua. Le roi dit alors à Joab qu'il pouvait aller chercher Absalom ; mais celui-ci devait aller en sa demeure et ne point se montrer devant le roi.

Deux ans se passèrent avant qu'il fût permis à Absalom de se présenter devant son père. Alors il envoya vers Joab pour obtenir grâce vers lui. Il envoya deux fois en vain ; le vieux guerrier ne parut point. Absalom envoya des hommes dans le champ de Joab, qui touchait au sien, et y fit brûler la moisson. Les serviteurs de Joab lui annoncèrent cette violence les vêtements déchirés. Il courut en colère chez Absalom, qui lui avoua qu'il avait imaginé ce moyen pour le contraindre à venir le voir. Le jeune prince le chargea de lui obtenir une grâce entière auprès de son père. « Pourquoi, dit-il, suis-je venu de Gessur ? il vaudrait mieux pour moi y être encore. Maintenant donc que je voie la face du roi ; ou bien, s'il se souvient de mon iniquité, qu'il me donne la mort. » David, ayant su tout cela par Joab, fit venir Absalom, le reçut en grâce et lui donna le baiser.

Absalom était le plus bel homme en Israël : depuis la plante des pieds jusqu'au sommet de la tête, il n'y avait pas un défaut en lui, et il se distinguait surtout par une chevelure extraordinaire. Sous un extérieur prévenant, il cachait une ambition perfide et convoitait le trône de son père. Il prit des chars et des chevaux, dont la possession, à ce qu'il paraît, était une prérogative royale, et entretint cinquante gardes. Son cœur paternel induisit vraisemblablement David à ne voir dans cette pompe et cette ostentation qu'une vanité de jeunesse, dont la maturité de l'âge suffirait pour corriger son fils, sans qu'il fût nécessaire d'y employer l'autorité. Ce fut de sa part une facilité intempestive. Pour Amnon déjà, quoique vivement indigné de sa conduite, il n'avait pas voulu l'affliger par une réprimande, parce qu'il l'aimait, étant son premier-né. Cette trop grande indulgence hâta son malheur. Il en est de même ici. Voyant qu'on le laissait faire, Absalom tendait sans cesse vers son but ; et, sous l'apparence de paroles proférées sans intention, et de manières affables, il en approchait de plus en plus.

Les hommes ont toujours été les mêmes ; les moyens de déception qui, de nos jours, séduisent les nations, les séduisaient dès toujours.

Se levant dès le matin, Absalom se tenait à l'entrée de la porte. Et quiconque avait une affaire pour laquelle il fallait comparaître devant le tribunal du roi, Absalom l'appelait et lui disait : De quelle ville êtes-vous ? Quand celui-ci répondait : Votre serviteur est de telle ou telle tribu, Absalom reprenait : Votre affaire me semble bonne et juste ; mais il n'y a personne pour vous entendre de la part du roi. Oh ! qui m'établira, ajoutait-il, qui m'établira juge sur la terre, afin que tous ceux qui ont des affaires viennent à moi, et que je leur rende une exacte justice? Et lorsque quelqu'un venait pour le saluer, en se prosternant devant lui, il lui tendait la main, le prenait et le baisait. C'est ainsi qu'Absalom dérobait le cœur des hommes d'Israël.

Déjà il avait envoyé secrètement des émissaires dans toutes les tribus, et fait dire : Aussitôt que vous entendrez le son des trompettes, publiez qu'Absalom est devenu roi dans Hébron. Pour achever sa trame, il dit à son père : J'irai, s'il vous plaît, à Hébron, accomplir les vœux que j'ai faits à l'Eternel; car, lorsque votre serviteur était à Gessur, en Syrie, il a fait ce vœu : Si l'Eternel me ramène à Jérusalem, je lui offrirai un sacrifice. Le roi David lui dit : Va en paix; et il se leva et s'en alla dans Hébron. Invités de sa part, deux cents hommes l'y suivirent de Jérusalem, mais dans une entière bonne foi et sans rien soupçonner du complot qui se tramait. Pendant qu'il immolait des victimes, la conjuration devint puissante, et la foule du peuple croissait à chaque instant.

Bientôt un messager vint dire à David : Le cœur d'Israël suit Absalom. David aussitôt se retira de Jérusalem, accompagné de toute sa maison, hormis dix femmes du second rang qu'il laissa pour garder le palais, escorté de ses serviteurs fidèles, de ses gardes du corps, les Céréthi et les Phéléthi, et de six cents hommes de Geth, dont le chef se nommait Ethaï. Le roi voulut lui persuader, étant étranger et arrivé depuis peu, de se soumettre à Absalom avec la troupe de ses compatriotes. A cette magnanimité, le fidèle étranger répondit non moins généreusement : Vive Jéhova ! et vive mon seigneur le roi. Quelque part que soit le roi, mon seigneur, à la vie, à la mort, là sera ton serviteur. David, ayant agréé son dévouement, traversa le torrent de Cédron, monta, pleurant, nu-pieds et la tête voilée, le penchant de la montagne des Olives, pour adorer Dieu sur le sommet; figurant ainsi d'avance son Rejeton, son Seigneur et son Dieu, qui devait suivre le même chemin au commencement de sa passion.

Sadoc, le grand-prêtre, avait fait apporter l'arche d'alliance; mais David la lui fit reporter dans la ville. « Si je trouve grâce devant l'Eternel, dit-il, il me ramènera et me la fera voir, ainsi que son tabernacle. Mais s'il me dit : Tu ne m'agrées point, me voici, qu'il fasse de moi ce qu'il lui plaira. » Au même temps il apprit qu'un de ses conseillers intimes, Achitophel, qui s'était fait un grand nom par sa prudence extraordinaire, au point qu'on le consultait comme un dieu, avait passé du côté d'Absalom. « O Jéhova ! s'écria-t-il, déconcertez les conseils d'Achitophel. » Mais Chusaï, également du conseil de David, vint à lui, la robe déchirée et la tête couverte de terre. Le roi, qui pouvait compter sur sa fidélité, le renvoya avec ordre de s'offrir à Absalom, tant pour combattre les conseils d'Achitophel, que pour donner à David des nouvelles sûres de ce qui se passait; les grands-prêtres Sadoc et Abiathar lui serviraient de confidents, et leurs fils, Achimaas et Jonathas, de messagers (2. Reg., 15, 1-37).

La mesure de ses souffrances augmenta encore, lorsque Siba, premier serviteur de Miphiboseth, s'en vint, en apportant des rafraîchissements, accuser son maître d'aspirer à la couronne à Jérusalem. David le crut, et dut le ressentir d'autant plus vivement, que l'autre était fils de son ami Jonathas. Dans sa fuite encore, un certain Séméï, parent de Saül, lui jeta des pierres et le poursuivit de malédictions : « Sors, sors, homme de sang, homme de Bélial ! Jéhova t'a rendu tout le sang de la maison de Saül, parce que tu as usurpé le royaume en sa place; et Jéhova a livré le royaume aux mains d'Absalom, ton fils; et voici que les maux que tu as faits t'accablent, parce que tu es un homme de sang. » Alors Abisaï dit au roi : « Faut-il que ce chien mort maudisse le roi, mon seigneur ? J'irai, s'il vous plaît, et je lui couperai la tête. » Mais le roi dit : « Qu'y a-t-il entre vous et moi, fils de Sarvia ? Laissez-le maudire, car Jéhova lui a commandé de maudire David; et qui osera dire : « Pourquoi faites-vous ainsi ? » David savait bien que Dieu ne commande pas le mal, mais qu'il le permet seulement et en tire le bien. Il voyait dans Séméï un instrument de Dieu qui le visitait. « Voilà, ajoutait-il, voilà que mon fils, qui est sorti de moi, recherche mon âme; combien plus maintenant le fils de Jémini. Laissez-le maudire selon le commandement de Jéhova. Peut-être que Jéhova regardera mon affliction et qu'il me rendra quelque bien pour cette malédiction d'aujourd'hui. » C'est dans ces dispositions qu'il fuyait un fils révolté, et qu'il courbait la tête sous la main de son Père céleste (2. Reg., 16, 1-14).

On voit toujours en David l'activité et la prudence s'allier à la plus humble piété. Surpris par une révolution formidable, il commence par se donner du temps pour se reconnaître; et, abandonnant Jérusalem, où le rebelle devait devenir bientôt le plus fort pour l'accabler sans ressources, il se retirera dans un lieu caché du désert avec l'élite de ses troupes. Comme il sent la main de Dieu qui le punit selon la prédiction de Nathan, il entre à la vérité dans l'humiliation qui convient à un coupable que son Dieu frappe, se retirera à pied en pleurant avec toute sa suite, la tête couverte, et reconnaissant le doigt du Seigneur. Mais, en même temps, il n'oublie pas son devoir; car, ayant vu que tout le royaume était en péril par cette révolte, il donna tous les ordres nécessaires pour s'assurer tout ce qu'il y avait de plus fidèles serviteurs, comme les légions entretenues des Phéléthi et des Céréthi; comme la troupe étrangère d'Ethaï, Géthéen; comme Sadoc et Abiathar avec leur famille. Il songe aussi à être averti des démarches du parti rebelle, en diviser les conseils et détruire celui d'Achitophel, qui était le plus redoutable (Bossuet, *Polit.*, l. 9, art. 3, prop. 5).

Absalom entra dans Jérusalem avec la multitude qui le suivait. Achitophel lui donna un conseil infernal : c'était d'abuser publiquement des femmes de son père qui étaient restées dans le palais. Il voulait par là déshonorer David aux yeux de toute la nation, et rendre impossible toute réconciliation entre lui et son fils, afin de n'avoir point à craindre pour lui-même le châtiment des traîtres (2. Reg., 16, 20-23). Il donna un deuxième conseil, dont l'exécution eût affermi, selon les apparences humaines, le règne d'Absalom. Il voulait, avec douze mille hommes d'élite, surprendre David durant la nuit, dissiper le peuple qui était avec lui et tuer le roi. Le conseil plut à Absalom; cependant il voulut entendre l'avis de Chusaï. Celui-ci parla contre avec beaucoup d'éloquence et d'effet. Il représenta à Absalom quel héros c'était que son père, combien il était vaillant, ainsi que les hommes qui l'accompagnaient ; combien il était hasardeux de tout exposer aux chances d'une bataille dont l'issue devait fixer les dispositions de tout le peuple. Il serait mieux d'assembler d'abord tout Israël, depuis Dan jusqu'à Bersabée, innombrable comme le sable de la mer, et de fondre alors sur David comme la rosée fond sur la terre, en sorte que ni lui ni aucun des siens ne pût échapper. S'il entre dans quelque cité, tout Israël environnera les murailles avec des cordes, et nous l'entraînerons dans le torrent sans qu'il en reste seulement une petite pierre. Absalom et ses conseillers approuvèrent cet avis. Chusaï fit savoir l'issue de la délibération aux prêtres Sadoc et Abiathar, et ceux-ci, par des messagers, à David, en lui conseillant de ne pas demeurer dans les plaines, mais de passer le Jourdain.

Ces messagers étaient Achimaas, fils de Sadoc, et Jonathas, fils d'Abiathar. Ils se tenaient à quelque distance de la ville, près d'une fontaine. Une servante, faisant semblant d'aller puiser de l'eau, alla les avertir de tout ; mais un enfant les vit et le dit à Absalom. Ils furent poursuivis et allaient être atteints lorsqu'ils entrèrent dans la maison d'un homme qui avait un puits à l'entrée, et ils y descendirent. La femme de cet homme prit une couverture et l'étendit sur le puits, comme pour faire sécher des grains pilés. Et quand les gens d'Absalom lui demandèrent : Où sont Achimaas et Jonathas, elle répondit : Ils ont passé à la hâte après qu'ils ont eu goûté un peu d'eau. Et ils échappèrent ainsi aux recherches de ceux qui les poursuivaient.

Achitophel, outré de dépit de ce qu'on n'avait pas suivi son conseil, sella son âne, retourna dans sa ville natale, à Gilo, mit ordre à ses affaires et se pendit. Il pense à tout, excepté à Dieu et à son salut. Traître de son roi, il meurt en désespéré, ainsi que mourra le traître de son Seigneur et de son Dieu, Judas, dont Achitophel était la figure (2. Reg., 17, 1-23).

David ne tarda point à profiter de l'avis qu'on lui avait donné, traversa le Jourdain avec sa petite armée et se campa à Mahanaïm, où le patriarche Jacob rencontra autrefois le camp de Dieu, lorsqu'il était en crainte de son frère. Là, trois personnages considérables, deux d'Israël, et le troisième, Sobi, fils de Naas, Ammonite, que David, suivant une tradition de saint Jérôme, avait établi roi à la place de son frère Hanon, vinrent lui apporter avec beaucoup de générosité, tant pour lui que pour les siens, toutes sortes de meubles et de vivres.

Absalom les suivit avec une armée nombreuse et campa en Galaad. David partagea la sienne en trois corps, sous les ordres de Joab, d'Abisaï et d'Ethaï, de Geth. Il voulut lui-même aller au combat ; mais le peuple répondit : « Vous n'irez point ; car, soit que nous fuyions, ils ne croiront pas à leur triomphe ; soit que la moitié de nous périsse, ils n'en seront pas dans une grande joie ; car vous seul êtes considéré pour dix mille. Il vaut donc mieux que vous restiez pour appui en la cité. » Le roi leur dit : « Je ferai ce que vous jugerez à propos. » Il s'arrêta donc près de la porte, et le peuple sortit en diverses bandes de cent et de mille. Et le roi commandait à Joab, Abisaï et Ethaï : « Sauvez mon fils Absalom ! » Et tout le peuple entendit le roi qui recommandait Absalom à tous les chefs.

La bataille se donna dans une forêt. L'armée d'Absalom fut taillée en pièces. Lui-même, en précipitant sa fuite, se trouva pris par la tête entre les branches d'un chêne, où sa mule, passant outre, le laissa suspendu entre le ciel et la terre. Quelqu'un le dit à Joab, qui répondit : « Si tu l'as vu, pourquoi donc ne l'as-tu pas percé jusqu'en terre ? je t'aurais donné dix pièces d'argent et un baudrier. » Mais l'homme répliqua : « Quand vous mettriez en mes mains mille pièces d'argent, je n'étendrais pas ma main sur le fils du roi ; car nous avons entendu le roi vous commander, à vous, à Abisaï et à Ethaï : Sauvez mon fils Absalom ! Et si j'avais fait, au risque de ma vie, une action si téméraire, elle ne resterait point cachée, et vous vous élèveriez contre moi vous-même. — Il n'en va pas ainsi, reprit Joab, mais je l'attaquerai en ta présence. » Et de suite, prenant trois javelots, il en perça le cœur d'Absalom. Et comme il respirait encore, suspendu au chêne, dix jeunes écuyers de Joab accoururent et achevèrent de le tuer. Aussitôt Joab sonna de la trompette et fit retirer le peuple, afin qu'il ne poursuivit plus Israël qui fuyait, voulant épargner la multitude. Le corps d'Absalom fut jeté dans une grande fosse de la forêt et recouvert d'un monceau de pierres. Son armée se dispersa, et chacun retourna dans sa maison (2. Reg., 18, 1-17).

Ainsi périt un fils dénaturé, qui, pour satisfaire une folle ambition, ne rougit point d'attenter à l'honneur et à la vie de celui qui lui avait pardonné un fratricide, et de plonger son pays dans la guerre civile. Ambition d'autant plus insensée, qu'il n'avait point d'enfant à qui laisser le trône usurpé : témoin cette colonne qu'il avait élevée dans la vallée du Roi, « pour perpétuer mon nom, disait-il, attendu que je n'ai point de fils, » et qu'on appela effectivement *la main* ou *le monument d'Absalom* (*Ibid.*, 18, 18).

Achimaas, fils du grand-prêtre Sadoc, pria Joab de l'envoyer au roi porter la nouvelle de la victoire. Joab l'en dissuada, la nouvelle ne devant pas lui être agréable, à cause de la mort d'Absalom. Il envoya Chusi. Achimaas lui renouvela sa demande, et Joab ayant enfin consenti, il courut par une voie plus prompte et devança Chusi. David était assis aux portes de Mahanaïm, lorsqu'une sentinelle, placée sur la muraille au-dessus, découvrit un homme qui courait. Elle en avertit le roi. S'il est seul, répondit David, une bonne nouvelle est dans sa bouche. La sentinelle en signala un second. Celui-là aussi apporte une bonne nouvelle, dit le roi ; et il en fut d'autant plus convaincu que la sentinelle reconnut Achimaas dans le premier. Il vint et annonça la victoire. David demanda aussitôt : Et mon fils Absalom est-il en vie ? L'autre répondit que quand Joab le dépêcha, il avait ouï un grand tumulte, il n'en savait pas davantage. Chusi arriva : Bonne nouvelle, ô roi, mon seigneur !... Mon fils Absalom est-il en vie ?... Comme il lui est arrivé, qu'il arrive à tous les ennemis de mon seigneur le roi et à tous ceux qui s'élèvent contre vous pour vous nuire ! Le roi saisi de douleur, monta dans la chambre qui était au-dessus de la porte, se mit à pleurer et criait en marchant : Mon fils Absalom, Absalom mon fils ! qui est-ce qui me donnera que je meure pour toi ? Absalom mon fils ! mon fils Absalom (*Ibid.*, 18, 19-33).

La profonde affliction de David sur son malheureux fils, descendu dans la tombe avec tant de crimes, se communiqua à l'armée victorieuse. Le peuple se glissa à la dérobée dans la ville, ainsi qu'un peuple qui a été vaincu et qui s'enfuit de la bataille. Le roi s'était couvert la tête et criait à haute voix : Mon fils Absalom ! Absalom mon fils ! mon fils ! Joab en fut piqué au vif. Lui seul, par sa désobéissance, avait occasionné ce fâcheux contre-temps. Il entra chez le roi et lui parla avec une liberté assez dure : « Vous avez aujourd'hui répandu la confusion sur le visage de tous vos serviteurs, lesquels ont sauvé votre âme, et l'âme de votre fils et de vos filles, et l'âme de vos femmes et de vos concubines. Vous aimez ceux qui vous haïssent, et vous haïssez ceux qui vous aiment. Et vous avez montré aujourd'hui que vous songez peu à vos officiers et à vos serviteurs. Je vois maintenant, avec certitude, que si votre fils Absalom vivait et que nous eussions tous été tués à sa place, cela vous serait agréable. Maintenant donc levez-vous et paraissez, et parlez au cœur de vos serviteurs ; car je vous jure par Jéhova que, si vous ne sortez ; il ne demeurera personne avec vous cette nuit ; et vous aurez à redouter de plus grands maux que ceux qui sont venus sur vous depuis votre adolescence jusqu'à ce jour. »

David, tout occupé qu'il était de sa douleur, entra dans la pensée d'un homme qui en apparence le traitait mal, mais qui en effet le conseillait bien ; et, en le croyant, il sauva l'État. Il alla donc s'asseoir dans la porte, c'est-à-dire dans le lieu des séances publiques, qui se tenaient alors à la porte des villes. Aussitôt que la nouvelle s'en fut répandue, tout le peuple s'assembla et vint passer la revue devant le roi (2. Reg., 19, 1-8).

Les anciens d'Israël commencèrent bientôt à rougir de leur défection. Ils se rappelaient les grandes actions de leur roi, si souvent victorieux, qui maintenant avait été réduit à fuir dans son royaume devant son propre fils. Le roi nous a délivrés de la main de nos ennemis, se disait le peuple dans toutes les tribus ; il nous a sauvés de la main des Philistins. Et maintenant il a fui de sa terre devant Absalom ! Cependant Absalom, que nous avions sacré pour notre prince, est mort dans le combat. Qu'attendez-vous donc à faire revenir le roi ? David, qui était instruit de ce qui se disait, fit dire aux anciens de Juda, par les prêtres Sadoc et Abiathar : Pourquoi ne pensez-vous point à faire revenir le roi ? Vous êtes mes frères, vous êtes mes os et ma chair : Pourquoi donc seriez-vous les derniers à faire revenir le roi ? Il fit faire des propositions semblables à Amasa, qui avait été général d'Absalom, avec la promesse de l'établir sur les armées à la place de Joab. Il gagna ainsi le cœur de tous les hommes de Juda comme d'un homme seul.

Pendant que le roi s'en revenait, Séméï vint à sa rencontre avec mille hommes de Benjamin, se jeta à ses pieds, reconnut son crime et implora sa grâce. Abisaï dit alors : Quoi donc ! ces paroles suffiront-elles pour sauver de la mort Séméï, après qu'il a maudit le christ de Jéhova ? Mais David lui répondit : Qu'y a-t-il entre vous et moi, enfants de Sarvia ? Pourquoi me devenez-vous aujourd'hui des adversaires ? Est-ce aujourd'hui qu'un homme sera mis à mort en Israël ? Et puis-je ignorer que je deviens aujourd'hui roi d'Israël ? Puis, se tournant vers Séméï : Tu ne mourras point, et il le lui jura.

Miphiboseth, fils de Saül, descendit aussi au devant du roi, les pieds non lavés et la moustache non rasée ; et il n'avait point lavé ses vêtements depuis le jour que le roi s'en était allé jusqu'au jour où il revint en paix. Étant donc venu au devant à Jérusalem, le roi lui dit : Pourquoi n'es-tu pas venu avec moi, Miphiboseth ? — Mon seigneur le roi, répondit-il, mon serviteur n'a pas voulu m'obéir ; car, étant impotent des jambes, je lui avais dit de préparer un âne pour vous suivre ; et au lieu de le faire, il est venu m'accuser devant mon seigneur. Mais pour vous, mon seigneur le roi, vous êtes comme un ange de Dieu ; faites de moi tout ce qu'il vous plaira, car toute la maison de mon père n'a mérité que la mort du roi, mon seigneur. Cependant vous m'avez placé, moi, votre serviteur, entre ceux qui mangent à votre table. De quoi donc pourrais-je me plaindre avec quelque justice ? et quel sujet aurais-je de vous importuner encore ? — Le roi lui dit : C'est assez ; ce que j'ai dit subsistera ; toi et Siba, partagez le bien. — Siba était venu au devant de David, jusqu'au Jourdain, avec ses quinze fils et ses vingt serviteurs ; ils avaient même passé le fleuve pour aider à passer la maison du roi et faire tout ce qu'il leur commanderait. Miphiboseth répondit à David : Je veux bien même qu'il ait tout, puisque le roi, mon seigneur, est revenu heureusement dans sa maison.

Berzellaï, de Galaad, avait aussi accompagné le roi à son passage du Jourdain. C'était un homme fort vieux, ayant déjà quatre-vingts ans. Il avait fourni des vivres au roi du temps qu'il demeurait à Mahanaïm, et il était très-riche. Le roi lui dit alors : Viens avec moi, afin que tu vives en repos avec moi à Jérusalem. Mais Berzellaï répondit au roi : En quel nombre sont les jours de ma vie pour monter avec le roi à Jérusalem ? Je suis fils de quatre-vingts ans aujourd'hui. Saurais-je encore discerner le bon et le mauvais ? Votre serviteur goûtera-t-il encore ce qu'il mangera et ce qu'il boira ? écouterai-je encore la voix des chanteurs et des chanteuses ? Pourquoi votre serviteur sera-t-il à charge à mon seigneur le roi ? Votre serviteur ira un peu au delà du Jourdain avec vous ; mais pourquoi cette récompense ? Votre serviteur s'en retournera, s'il vous plait, et je mourrai en ma cité, et je serai enseveli près du sépulcre de mon père et de ma mère. Mais, ô roi ! mon seigneur, voici mon fils Chamaam, votre serviteur ; qu'il aille avec vous, et faites de lui ce qu'il vous plaira. Le roi dit au bon vieillard : « Que Chamaam vienne avec moi, et je ferai pour lui tout ce qu'il te plaira, et je t'accorderai tout ce que tu demanderas. Et quand tout le peuple eut passé le Jourdain, le roi baisa Berzellaï et le bénit, et celui-ci s'en retourna en sa demeure (2. Reg., 19, 9-39).

David, sortant à peine d'une guerre civile, faillit retomber dans une autre plus dangereuse encore. Il s'éleva une contestation entre la tribu de Juda et les autres tribus d'Israël, à qui témoignerait plus de dévouement au roi. Juda parlait avec plus de hauteur (*Ibid.*; 19, 40-43). Le peuple volage croyait n'agir en ce moment que par zèle pour David ; mais il paraît qu'un certain Séba, fils de Bochri, de la tribu de Benjamin, où le nom et la maison de Saül pouvaient encore avoir bien des partisans, entretenait cette jalousie des tribus : du moins il en profita pour tramer une conspiration nouvelle. Tout à coup il sonna la trompette et s'écria : « Nous n'avons point de part avec David, ni d'héritage avec le fils d'Isaï ; que chacun retourne en sa tente, ô Israël ! » Aussitôt les onze tribus se séparèrent de David ; Juda seul lui demeura fidèle. Le roi connut le péril, et dit à Amasa : Appelle près de moi tous les hommes de Juda, pour le troisième jour, et que tu sois présent. Amasa ayant tardé au delà du terme, David dit à Abisaï : Le fils de Bochri nous va faire plus de mal qu'Absalom ; hâte-toi donc, et prends ce qu'il y a de meilleures troupes, sans lui laisser le temps de se reconnaître et de s'emparer de quelque ville. Abisaï prit les légions des Céréthi et des Phéléthi, avec ce qu'il y avait de meilleurs soldats à Jérusalem. Joab était du nombre. A un rocher, près de Gabaon, ils rencontrèrent Amasa. Joab alla au devant de lui (ils étaient cousins), lui demanda d'un air amical : Vous portez-vous bien, mon frère ? lui prit le menton d'une main pour le baiser, et lui plongea de l'autre son épée dans le corps. Amasa expira du coup, et ses entrailles se répandirent sur la terre. Les passants s'arrêtaient près de son cadavre sanglant, et se disaient : Voilà celui qui a voulu être le compagnon de David à la place de Joab. Comme c'était sur le passage, tout le peuple interrompait la marche pour le voir, jusqu'à ce qu'un homme l'ayant mis à l'écart et couvert d'un vêtement, toute l'armée suivit Joab contre Séba (2. Reg., 20, 1-13).

On voit le caractère de Joab toujours le même, mêlé de grandes vertus et de grands vices. Il était de ceux qui veulent le bien, mais qui veulent le faire seuls sous le roi. Dangereux caractère s'il en fut jamais, puisque la jalousie des ministres, toujours prêts à se traverser les uns les autres et à tout immoler à leur ambition, est une source inépuisable de mauvais conseils et n'est guère moins préjudiciable au service que la rébellion.

Joab, se voyant de nouveau sans rival, poussa la guerre avec vigueur et poursuivit Séba jusqu'à l'extrémité de la Galilée, où il s'était renfermé dans une ville avec l'élite de ses troupes. Cette ville, de la tribu de Nephthali, se nommait Abéla, et donna plus tard à la province le nom d'*Abilina*, dont il est parlé dans l'Evangile de saint Luc (Luc, 3, 1). Joab et les siens l'investirent, élevèrent des terrasses autour et travaillèrent à saper la muraille. Alors une femme de la ville, qui était fort sage, cria aux assiégeants : Ecoutez, écoutez : dites à Joab qu'il approche et que je veux lui parler. Joab s'étant approché, elle dit : Est-ce vous, Joab ? Il répondit : C'est moi. Ecoutez, lui dit-elle, les paroles de votre servante. J'écoute, répondit-il. Elle ajouta : On disait dans un ancien proverbe cette parole : *Que ceux qui cherchent un bon conseil le demandent à Abéla* ; et ils terminaient ainsi leurs affaires. N'est-ce pas moi qui répands la vérité en Israël ? et vous demandez à détruire la cité et à renverser la mère des cités en Israël ? Pourquoi détruisez-vous l'héritage de Jéhova ? Joab lui répondit : A Dieu ne plaise ! je ne détruis pas et je ne ruine point. La chose n'est pas ainsi ; mais un homme de la montagne d'Ephraïm, nommé Séba, fils de Bochri, a levé la main contre le roi David. Livrez-nous seulement cet homme, et nous nous retirerons loin de la cité. Et la femme dit à Joab : Voilà que sa tête va vous être jetée par-dessus la muraille. De suite elle alla vers tout le peuple, et lui parla avec tant de sagesse, que la tête de Séba fut coupée et jetée à Joab. Aussitôt il sonna de la trompette, et chacun se retira de la cité en sa tente. Et Joab retourna à Jérusalem près du roi (2. Reg., 20, 14-22).

Ainsi finit la révolte sans qu'il en coûtât de sang que celui du chef des rebelles. La diligence de David sauva l'Etat. Il avait raison de penser que cette seconde révolte, qui venait comme du propre mouvement du peuple et d'un sentiment de mépris, était plus à craindre que celle qu'avait excitée la présence du fils du roi. Il connut aussi combien il était utile d'avoir de vieux corps de troupes sous sa main ; et tels furent les remèdes qu'il opposa aux rebelles.

Joab resta donc chef de toute l'armée d'Israël ; Banaïas, fils de Joïada, commandait les Céréthi et les Phéléthi, autrement la garde royale ; Aduran était surintendant des tributs, autrement ministre des finances ; Josaphat, garde des archives, vraisemblablement ce qu'on appelle aujourd'hui garde des sceaux ; Siva, secrétaire ; Sadoc et Abiathar, grands-prêtres ; et Ira, de Jaïr en Galaad, prêtre de David, comme qui dirait aujourd'hui son grand-aumônier.

David se voyait puni dès son vivant dans sa famille ; Saül le fut dans la sienne encore après sa mort. Une famine désola Israël pendant trois ans. David consulta l'oracle de Jéhova, qui répondit : « C'est à cause de Saül et de sa maison de sang, parce qu'il a tué les Gabaonites. » Ce peuple, ainsi que nous l'avons vu, n'était point des enfants d'Israël, mais un reste des Amorrhéens, auxquels les Israélites s'étaient liés par serment, dans la personne de Josué et des anciens de son temps. Cependant Saül, au mépris de ce serment qui leur garantissait la vie, avait entrepris de les perdre par un faux zèle, comme pour réparer la négligence des enfants d'Israël et de Juda. David fit donc venir les Gabaonites et leur dit : « Que vous ferai-je, et quelle sera la réparation envers vous, afin que vous bénissiez l'héritage de Jéhova ? » Les Gabaonites répondirent : « Nous n'avons point affaire d'or ni d'argent avec Saül et sa maison ; nous ne voulons pas non plus qu'un seul homme d'Israël soit mis à mort. — Que voulez-vous donc que je fasse, reprit le roi ? Ils dirent : Cet homme qui nous a consumés, et qui avait projet de nous exterminer, nous devons l'exterminer lui-même de telle sorte qu'il n'en reste plus rien dans toutes les terres d'Israël. »

David allait se trouver dans la plus grande peine. Il avait juré à Saül de ne point détruire sa race, de ne point effacer son nom ; il avait promis à son ami Jonathas d'exercer la miséricorde envers sa postérité ; aussi Miphiboseth mangeait à sa table. Et voilà que, pour faire cesser une famine qui désole tout le pays, les Gabaonites demandent à exterminer tout ce qui restait de Jonathas et de Saül ! Heureusement que, touchés peut-être de la peine où ils voyaient le roi, ils conclurent par dire : Qu'on nous donne au moins sept de ses enfants, afin que nous les mettions en croix pour satisfaire l'Eternel, à Gabaa, d'où était Saül, autrefois l'élu de Jéhova. Le roi trouvait ainsi le moyen de sauver Miphiboseth, suivant le serment de l'Eternel, qui était entre lui et Jonathas. Il livra donc aux Gabaonites les deux fils de Respha, concubine de Saül, et les cinq fils de Mérob, fille de Saül, et que Michol avait adoptés. Les Gabaonites les crucifièrent sur la montagne et ils laissèrent leurs corps suspendus jusqu'à ce que la pluie vînt mettre fin à la sécheresse et à la famine.

Pendant tout ce temps, Respha, ayant pris un sac, s'étendit sur une pierre et demeura là depuis le commencement de la moisson jusqu'à ce que l'eau du ciel tombât sur eux, et elle empêcha les oiseaux de les déchirer pendant le jour, et les bêtes de les manger pendant la nuit. Touché de cet héroïsme d'amour maternel, David s'en alla lui-même recueillir les ossements de Saül et de Jonathas, en Jabès-Galaad, ainsi que les ossements de ceux qui avaient été crucifiés, et les fit tous ensevelir honorablement en la terre de Benjamin, dans le sépulcre du père de Saül (2. Reg., 21, 1-14).

Un usurpateur, un tyran eût agi bien différemment : il eût été ravi de la conjoncture pour exterminer, jusqu'au dernier reste, une maison rivale ; il eût commencé surtout par celui qui pouvait avoir le plus de prétention à la royauté, au lieu de l'épargner comme David et de l'admettre à sa table.

Que si Dieu envoie une famine en punition d'un roi qui n'est plus, c'est pour apprendre aux souverains qui oppriment les faibles, que, si leur puissance, tant qu'elle dure, semble leur assurer l'impunité, la sagesse divine venge tôt ou tard, sur eux ou sur leur postérité, les violences qu'ils se sont permises et la foi des conventions méprisées.

La guerre s'étant rallumée ensuite avec les Philistins, il se donna quatre batailles où furent tués plusieurs géants. Dans la première, un d'entre eux était sur le point de frapper David, dont les forces commençaient à défaillir, lorsqu'il fut prévenu et tué par Abisaï. Alors les serviteurs de David firent ce serment : Désormais vous ne sortirez plus avec nous dans les combats, afin que vous n'éteigniez pas la lumière d'Israël (*Ibid*., 21, 15-22).

Plus tard, Dieu, voulant châtier les enfants d'Israël, permit que David succombât à la tentation que lui suggérait Satan de faire le dénombrement du peuple, sans que cela fut aucunement nécessaire, et sans qu'on y observât ce que prescrivait la loi. Elle défendait, sous peine d'une mortalité publique, de compter les individus. Il fallait compter seulement les pièces de monnaie que devait offrir à l'Eternel, pour le rachat de son âme, chacun de ceux dont on faisait le recensement (Exod., 30, 11). Cette loi ayant été négligée, et par le roi et par le peuple, la peine suivit de près. Joab en avait quelque pressentiment. Chargé de ce recensement par le roi, lui répondit : « Que Jéhova multiplie son peuple au centuple de ce qu'il est maintenant : mon seigneur et mon roi, tous ne sont-ils pas vos serviteurs ? Pourquoi rechercher une chose qui sera imputée à péché à Israël ? » Le roi persista. Joab se mit donc en route pour compter le peuple, depuis Dan jusqu'à Bersabée, et, après neuf mois et vingt jours, présenta le rôle de tous les hommes de guerre et exercés à manier l'épée, qui se trouvaient en Israël et en Juda. Leur nombre passait un million et demi ; et encore Joab n'y comptait-il ni Lévi ni Benjamin, car il exécutait l'ordre du roi à contre-cœur.

A peine David eut-il reçu cette liste que le cœur lui battit, et il dit à Jéhova : « J'ai grièvement péché en cette action ; mais, ô Jéhova ! de grâce, transférez l'iniquité de votre serviteur ; car j'ai agi comme un insensé. » Le lendemain, l'Eternel envoya le prophète Gad lui dire : « Ainsi parle Jéhova : Je t'amène trois choses : choisis laquelle tu veux que je te fasse ; ou la famine pendant trois ans, ou de fuir pendant trois mois devant tes ennemis, ou pendant trois jours le glaive de Jéhova, la peste dans ton royaume. » David dit à Gad : « Je suis dans une angoisse bien grande ; mais tombons plutôt entre les mains de Jéhova, car ses miséricordes sont infinies, je ne veux pas tomber entre les mains des hommes. »

L'Eternel envoya donc la peste dans Israël, et il en mourut, depuis Dan jusqu'à Bersabée, soixante-dix mille personnes. L'ange que Dieu avait envoyé pour frapper le peuple de cette plaie, élevé entre le ciel et la terre, étendait déjà son glaive sur Jérusalem. David l'aperçut et se prosterna la face contre terre, et avec lui les anciens du peuple, revêtus de cilices. « C'est moi qui ai péché, disait-il à Dieu, c'est moi qui suis le coupable : ces pauvres brebis, qu'ont-elles fait ? Jéhova, mon Dieu, que votre main, je vous prie, se tourne contre moi et contre la maison de mon père, mais épargnez votre peuple. » Jéhova le vit, et, touché de compassion, il dit à l'ange exterminateur : « C'est assez ; retiens ta main. » Celui-ci se tenait au-dessus de l'aire d'Ornan, Jébuséen, et avant de s'en aller, il ordonna à Gad de dire à David qu'il élevât un autel dans cette aire. Ornan était à y battre le grain avec ses quatre fils : tout d'un coup ils aperçurent l'ange et se cachèrent de frayeur. Mais, voyant arriver David avec sa cour, Ornan sortit à sa rencontre, se prosterna devant lui jusqu'à terre. Le roi lui ayant appris qu'il venait pour acheter son aire, afin d'y bâtir un autel à Jéhova, il voulut lui en faire présent ; mais David la paya cinquante sicles, y dressa un autel, offrit des holocaustes et des hosties pacifiques. Quand il eut fait sa prière, Jéhova fit descendre le feu du ciel sur l'autel de l'holocauste, et donna ses ordres à l'ange, qui remit son épée dans le fourreau. Depuis ce temps, David continua d'offrir sur cet autel ; car l'autel des holocaustes et le tabernacle du témoignage que Moïse avait faits dans le désert étaient alors au haut lieu de Gabaon.

L'aire d'Ornan, qu'il faut se figurer découverte, comme c'est encore l'usage en Orient et même dans quelques contrées occidentales, telles que la Bretagne, se trouvait sur la montagne de Moriah, là même où Isaac avait été offert par Abraham ; là même où Jésus-Christ, fils de David et d'Abraham, et fils de Dieu, fut frappé de la main de son Père et immolé pour le salut de tout le monde. David ayant connu que c'était là que l'Eternel voulait établir son culte, acheta six cents sicles d'or les terrains autour de l'aire : c'est dans cet endroit que fut bâti le temple (2. Reg., 24 ; 1. Paral., 21).

David était vieux ; il portait des regards de complaisance sur son fils Salomon, qu'il destinait à lui succéder sur le trône. Il en avait fait serment à sa mère. Ce choix venait de plus haut. L'Eternel lui avait annoncé, par le prophète Nathan, même avant que l'enfant naquît, que celui-là lui élèverait une maison, et qu'il fallait le nommer *Salomon* ou *le Pacifique*, parce qu'il voulait donner le repos et la paix à Israël durant tous les jours de son règne.

Quoique, dans les mœurs de l'Orient, la primogéniture ne donnât pas un droit certain au trône, mais la désignation du père, usage qu'emportent avec eux la pluralité des femmes et l'inégale condition des épouses, le plus souvent, toutefois, le premier-né y croit avoir plus de droit que les autres. Adonias, fils d'Hagith, que David avait eu pendant qu'il régnait à Hébron, ne cachait point ces prétentions. Sans être arrêté par l'exemple de son frère Absalom, il se donnait des chars, des cavaliers, et cinquante gardes qui marchaient devant lui. Il annonça même ouvertement qu'il voulait devenir roi. Son vieux père ne disait rien. D'une taille avantageuse, séduisant peut-être comme Absalom, il avait attiré à son parti déjà bien des hommes : même le vieux Joab et le grand-prêtre Abiathar, favorisaient son ambition. Il paraît que, Salomon à part, il avait gagné tous ses frères et les gens de la cour; car il invita les uns et les autres à un festin hors de la ville, sans y avoir convié ni Nathan, ni le grand-prêtre Sadoc, ni Banaïas, ni les héros de David, ni Salomon.

Nathan avertit Bethsabée du danger qui la menaçait ainsi que son fils. D'après son conseil, elle entra chez le roi, et, l'ayant adoré, lui dit : « Mon seigneur, vous avez juré à votre servante par Jéhova, votre Dieu : Salomon, ton fils, régnera après moi, et c'est lui qui sera assis sur mon trône. Cependant voilà qu'Adonias s'est fait roi sans que vous le sachiez, ô roi ! mon seigneur ! Il a immolé des bœufs, toutes les victimes grasses et un grand nombre de béliers, et il a appelé à un festin tous les enfants du roi, le grand-prêtre même Abiathar, et Joab, général de l'armée; mais il n'a point appelé Salomon, votre serviteur. Cependant les yeux de tout Israël sont fixés sur vous, ô roi, mon seigneur ! afin que vous leur déclariez qui doit être assis sur le trône de mon seigneur le roi après lui. Car, lorsque le roi, mon seigneur, se sera endormi avec ses pères, nous serons criminels, moi et mon fils Salomon. »

Elle parlait encore, lorsque le prophète Nathan vint se présenter devant le roi, et, l'ayant adoré le front prosterné contre terre, lui demanda : « O roi, mon seigneur ! avez-vous dit : Qu'Adonias règne après moi, et que ce soit lui qui soit assis sur mon trône? Car il est descendu aujourd'hui, il a immolé des bœufs et des victimes grasses, et plusieurs béliers, et il a appelé tous les fils du roi, les généraux de l'armée et le grand-prêtre Abiathar, qui ont mangé et bu avec lui, disant : Vive le roi Adonias ! Mais moi, votre serviteur, il ne m'a point appelé, ni le prêtre Sadoc, ni Banaïas, fils de Joïada, ni Salomon, votre serviteur. Cette parole est-elle venue du roi, mon seigneur, et ne m'avez-vous point déclaré, à moi, votre serviteur, qui était celui qui devait être assis sur le trône de mon seigneur le roi après lui? »

Le roi, ayant fait rappeler Bethsabée, lui jura, et dit : « Vive Jéhova, qui a délivré mon âme de toutes les angoisses ! Comme je t'ai juré, de par Jéhova, le Dieu d'Israël, disant : Salomon, ton fils, régnera après moi, et c'est lui qui sera assis en ma place sur mon trône, ainsi je le ferai aujourd'hui. » Et Bethsabée, inclinant son visage jusqu'à terre, adora le roi, disant : Vive mon seigneur le roi David à jamais !

Il fit venir en même temps le prêtre Sadoc, le prophète Nathan, et Banaïas, fils de Joïada, et leur dit : « Prenez avec vous les serviteurs de votre maître ; faites monter sur ma mule mon fils Salomon, et conduisez-le à Gihon (fontaine au couchant de Jérusalem, où il y avait toujours beaucoup de monde); et que Sadoc, grand-prêtre, et le prophète Nathan, le sacrent en ce lieu, pour être roi d'Israël, et vous sonnerez de la trompette, et vous crierez : Vive le roi Salomon ! »

Qu'il en soit ainsi ! répondit au roi Banaïas; que Jéhova, le Dieu du roi, mon seigneur, l'ordonne ainsi ! Comme Jéhova a été avec mon seigneur le roi, qu'il soit ainsi avec Salomon; et qu'il élève son trône encore plus haut que le trône de mon seigneur le roi David !

Alors le grand-prêtre Sadoc descendit avec le prophète Nathan, Banaïas, fils de Joïada, les Céréthi et les Phéléthi ; et ils firent monter Salomon sur la mule du roi David, et l'amenèrent à Gihon. Et Sadoc, grand-prêtre, prit dans le tabernacle une corne pleine d'huile, et sacra Salomon. Et ils sonnèrent de la trompette, et tout le peuple s'écria : Vive le roi ! et tout le peuple monta après lui, jouant des instruments, se livrant à l'allégresse et faisant trembler la terre de ses acclamations.

Cependant Adonias et tous ceux qu'il avait conviés entendirent ce bruit, lorsque le festin était déjà achevé. Et Joab, ayant ouï le son de la trompette, disait : Que veulent dire ces cris et ce tumulte de la ville ? Lorsqu'il parlait encore, Jonathas, fils du grand-prêtre Abiathar se présenta, et Adonias lui dit : « Entrez, car vous êtes un brave, et vous nous apportez de bonnes nouvelles. — Nullement, répondit l'autre ; car notre seigneur le roi David a établi roi Salomon. Et il a envoyé avec lui le grand-prêtre Sadoc, le prophète Nathan, Banaïas, fils de Joïada, les Céréthi et les Phéléthi ; et ils l'ont fait monter sur la mule du roi. Et Sadoc, grand-prêtre, et le prophète Nathan l'ont sacré roi dans Gihon; et de là ils sont montés avec des cris de joie, et la ville en retentit. Tel est le bruit que vous avez entendu. Et Salomon même est déjà assis sur le trône. Et les serviteurs du roi sont entrés et ont béni notre seigneur le roi David, disant : Que Dieu glorifie le nom de Salomon au-dessus de votre nom, et qu'il élève son trône au-dessus de votre trône. Et le roi a adoré dans son lit, et a dit : Béni soit Jéhova, le Dieu d'Israël, qui m'a donné de voir aujourd'hui de mes propres yeux mon fils assis sur mon trône. »

A ce récit, les convives d'Adonias, saisis de frayeur, se levèrent et s'en allèrent chacun de leur côté. Pour lui, craignant le roi Salomon, il courut embrasser les cornes de l'autel des holocaustes, disant : Que le roi Salomon me jure aujourd'hui qu'il ne frappera point du glaive son serviteur. Salomon répondit : S'il agit comme un homme de bien, il ne tombera pas sur la terre un seul cheveu de sa tête ; mais si le mal est trouvé en lui, il mourra. Adonias vint donc et adora Salomon comme son roi, lequel le renvoya dans sa maison (3. Reg., 1, 1-53).

Après cela David assembla les états-généraux du royaume. Il y convoqua les princes des tribus et les généraux des douze corps de troupes, qui, forts de vingt-quatre mille hommes chacun, se relevaient de mois en mois pour être à la disposition du roi; en sorte qu'il y avait toujours sur pied, dans les diverses contrées d'Israël, une armée de deux cent quatre-vingt-huit mille hommes, dont la douzième partie était en activité de service, et qui tous, exercés aux travaux de la guerre, pouvaient, au premier signal, prendre les armes. David y fit venir encore les commandants de mille et de cent, qui étaient ordinairement les chefs de famille, les intendants des domaines du roi et de ses fils, les officiers du palais, avec les plus puissants et les plus braves de l'armée. Le vieux roi se tenait debout, quand il leur adressa le discours suivant : « Ecoutez-moi, mes frères et mon peuple ! Je pensais dans mon cœur à bâtir une maison de repos pour l'arche de l'alliance de Jéhova, le marchepied de notre Dieu ; et j'ai tout préparé pour la construction ; mais Dieu m'a dit : Tu ne bâtiras pas une maison à mon nom, parce que tu es un homme de guerre et que tu as versé le sang. Cependant Jéhova, Dieu d'Israël, m'a choisi, dans toute la maison de mon père, pour me faire roi sur Israël à jamais ; car c'est Juda qu'il a choisi pour prince, et, dans la maison de Juda, la maison de mon père, et, entre tous les enfants de la maison de mon père, c'est moi qu'il lui a plu de faire régner sur tout Israël. Et entre tous mes enfants (car Jéhova m'en a donné beaucoup), il a choisi mon fils Salomon pour le faire asseoir sur le trône de la royauté de Jéhova sur Israël. Et il m'a dit : Ce sera Salomon, ton fils, qui me bâtira ma maison et mes parvis ; car je l'ai choisi pour mon fils, et je lui serai père. Et j'affermirai son règne à jamais, s'il persévère dans l'observance de mes préceptes et de mes jugements, comme il fait en ce jour. Je vous conjure donc maintenant, en présence de tout Israël, l'Eglise de Jéhova, et devant notre Dieu qui nous entend, gardez et cherchez tous les commandements de Jéhova, notre Dieu, afin que vous possédiez cette terre excellente, et que vous la laissiez en héritage à vos enfants après vous à jamais. Et toi, mon fils Salomon, sache le Dieu de ton père, et sers-le dans un cœur parfait et dans une âme de bonne volonté ; car Jéhova sonde tous les cœurs, et il pénètre tout le secret des pensées. Si tu le cherches, tu le trouveras ; mais si tu l'abandonnes, il te rejettera pour jamais. Puis donc que Jéhova t'a choisi afin de lui bâtir une maison pour sanctuaire, arme-toi de force et mets-toi à l'œuvre (1. Paral., 28, 1-10). »

Après quoi il lui donna les plans du temple, qu'il avait formés lui-même dans le plus grand détail, d'après l'inspiration divine, ainsi que la distribution des prêtres et des lévites pour le bon ordre du service divin (Ibid., 28 et 29). Il lui fit connaître aussi les grands amas d'or, d'argent, d'airain, de fer, de marbre qu'il avait rassemblés pour cet édifice. Ces richesses furent augmentées encore par les dons volontaires des Israélites, en pierres précieuses, en or, en argent, en airain et en fer. Et tous se réjouissaient en faisant ces offrandes, parce qu'ils les faisaient à Jéhova de tout leur cœur. David surtout était transporté de joie. Il bénit l'Eternel devant toute cette multitude et dit : « Béni soyez-vous, ô Jéhova, Dieu d'Israël, notre père ; béni soyez-vous de siècle en siècle ! A vous, ô Jéhova, la grandeur, la puissance, la gloire, la victoire et la louange ! A vous tout ce qui est au ciel et sur la terre ! A vous la royauté, à vous qui êtes élevé sur tous les princes ! De vous viennent les richesses et la gloire ! C'est vous le souverain universel ! C'est en votre main qu'est la force et la puissance ! C'est votre main qui donne la grandeur et l'empire à qui elle veut ! Aussi, notre Dieu, nous vous rendons grâce, nous bénissons votre glorieux nom ; car qui suis-je, moi ? et qui est mon peuple, pour pouvoir vous offrir toutes ces choses ? Tout vient de vous, et nous ne vous avons présenté que ce que nous avons reçu de votre main. Nous sommes en effet des voyageurs et des hôtes devant vous, comme tous nos pères. Nos jours sur la terre sont tels qu'une ombre ; il n'y a point de demeure. Jéhova, notre Dieu, toute cette abondance que nous avons préparée pour bâtir une maison à votre saint nom, est de votre main ; tout est à vous. Je sais, ô mon Dieu ! que vous sondez les cœurs et que vous aimez la droiture ; c'est pourquoi je vous ai offert toutes ces choses dans la droiture de mon cœur et avec joie, et j'ai vu aussi votre peuple, rassemblé ici, vous offrir ses présents avec une grande allégresse. Jéhova, Dieu de nos pères, Abraham, Isaac et Israël, conservez à jamais cette volonté dans le cœur de votre peuple, et affermissez-le dans cette disposition envers vous ! Et à mon fils Salomon, donnez un cœur parfait, afin qu'il garde vos commandements, vos témoignages et vos ordonnances, qu'il accomplisse tout, et qu'il bâtisse cette maison pour laquelle j'ai fait ces préparatifs. »

Et David dit à toute l'assemblée : « Bénissez Jéhova, votre Dieu ! » Et toute l'assemblée bénit Jéhova, le Dieu de leurs pères ; et, se prosternant, ils adorèrent Jéhova et ensuite le roi. Le lendemain, ils offrirent en holocaustes mille taureaux, mille béliers, mille agneaux, avec des libations et d'autres victimes en abondance pour tout Israël. Ils mangèrent et burent ce jour-là devant l'Eternel avec de grandes réjouissances, et ils proclamèrent roi de nouveau Salomon, fils de David ; ils le consacrèrent à Jéhova pour être prince, et Sadoc pour être pontife. Ainsi fut mis Salomon sur le trône de Jéhova, à la place de David, son père ; et il fut agréable à tous, et tout Israël lui obéit (1. Paral., 29).

David sentant que sa fin était proche, dit à son fils Salomon : « J'entre dans la voie de toute la terre ; aie courage et sois un homme ! » Il lui recommanda une dernière fois, et avec beaucoup d'instances, de marcher dans les voies de l'Eternel et d'observer ses commandements ; lui rappela les divines promesses en vertu desquelles ses descendants se maintiendraient sur le trône, s'ils marchaient devant l'Eternel dans la vérité, de tout leur cœur et de toute leur âme. Il lui recommanda en même temps de ne pas laisser impuni Joab, qui avait tué en trahison Abner et Amasa, non plus que Séméi ; de récompenser, au contraire, les fils de Berzellaï de l'attachement qu'ils lui témoignèrent, eux et leur père, lorsqu'il fuyait devant Absalom.

David s'endormit donc avec ses pères, et fut enseveli dans la cité de David ou la forteresse de Sion. Il avait régné sept ans à Hébron et trente-trois à Jérusalem. Il était âgé de soixante-dix ans quand il mourut. Il en avait trente lorsqu'il commença de régner, et il en régna quarante (3. Reg., 2, 1-11).

Nul monarque n'a laissé dans le cœur de son peuple un pareil souvenir. Après trente siècles, les restes d'Israël attachent encore au nom de David l'idée de bonheur et de gloire nationale. Quel homme, en effet, plus digne d'inspirer l'admiration et la reconnaissance ? Jeune encore et paissant les brebis de son père, tantôt ses doigts accordaient la cithare, sa voix chantait l'Eternel, tantôt il luttait contre les ours et les lions, et les étouffait entre ses bras : tels étaient les jeux de son enfance. Rappelé du troupeau paternel pour recevoir du prophète l'onction royale, bientôt il terrasse le fier géant et relève le courage et l'honneur de sa nation. En butte à des persécutions et à des épreuves sans nombre, il s'y conduit avec tant de sagesse et de magnanimité, qu'il conserve jusqu'à leur mort l'estime de Saül et l'amitié de Jonathas. Placé sur le trône par le choix formel du Roi suprême, par l'ordre visible de sa providence, et par l'assentiment unanime de tout Israël, il étend ses conquêtes du fleuve de l'Egypte jusqu'aux rives de l'Euphrate : toute la Syrie lui paie tribut ; Tyr et Sidon lui amènent les cèdres du Liban (1) ; les rois de Tyr et d'Egypte sont ses amis ; de ses ports, sur la mer Rouge, ses flottes vont trafiquer avec l'Arabie, la Perse, l'Inde et l'Afrique.

Modèle des héros, il est entouré d'une foule de braves. Modèle des rois, il ne se regarde que comme le ministre de Dieu : *A vous, Seigneur, appartiennent la majesté et l'empire souverain.* Son trône était pour lui le trône de Dieu même : *C'est Dieu qui a choisi mon fils Salomon pour le placer dans le trône où règne Jéhova sur Israël.* La loi de Dieu, voilà pour lui la règle du gouvernement : *Prends garde,* dit-il à son fils avant de mourir, *prends garde à observer la loi que l'Eternel a donnée à Moïse, afin que tu entendes tout ce que tu fais et de quel côté tu auras à tourner.* Il lui rappelle que de là dépend le sort de sa dynastie. Cette leçon, il l'adresse plus d'une fois dans les psaumes aux dieux de la terre, aux rois et aux puissants.

« Dieu a pris sa séance dans l'assemblée des dieux et, assis au milieu d'eux, il les juge.

» Jusqu'à quand prononcerez-vous l'iniquité ? jusqu'à quand accueillerez-vous le visage des méchants ?

» Jugez pour l'indigent et le pupille ; faites droit au faible et au pauvre. Arrachez le pauvre et l'indigent de la main du pécheur.

» Ils n'ont pas su, ils n'ont pas compris, ils marchent dans les ténèbres ; aussi tous les fondements de la terre seront ébranlés.

» Je l'ai dit : Vous êtes des dieux, vous êtes tous les fils du Très-Haut, mais vous mourrez comme le dernier des hommes, vous tomberez comme tant de princes.

» Levez-vous, ô Dieu ! jugez la terre ; car toutes les nations seront votre héritage (Ps. 81). »

Pour David, méditer cette loi nuit et jour, voilà ses délices. Ses chants en célèbrent les merveilles. Il la publie en présence des rois, et n'est point confondu. C'est elle qui l'a rendu plus sage que ses ennemis, et supérieur en intelligence à tous ses maîtres ; c'est par elle qu'il l'emporte en prudence sur les vieillards les plus consommés.

Il tombe, mais c'est pour devenir à jamais le modèle des pénitents. Dès que le Seigneur lui représente son crime, il se reconnaît coupable, son cœur est brisé de douleur, il accepte avec une humble soumission tous les châtiments. Quoique son pardon lui soit assuré, il pleure les nuits entières, il arrose de larmes sa couche. Non content de s'humilier en secret, il compose des chants de pénitence, il confesse sa honte à tous les siècles. Aujourd'hui encore il redit par la bouche de tous les chrétiens : *Ayez pitié de moi, ô Dieu ! selon votre grande miséricorde !*

(1) 1. Paral., 14 ; Eusèbe, *Præparat. evang.*

Aujourd'hui encore il s'écrie dans les transports de sa reconnaissance :

« Bénis l'Eternel, ô mon âme, et que tout ce qui est en moi bénisse son saint nom ! Bénis l'Eternel, ô mon âme, et n'oublie aucun de ses bienfaits ! Il pardonne toutes tes iniquités, il guérit toutes tes langueurs ! Il rachète ta vie de la mort, il te couronne de miséricorde et d'amour ! Il rassasie de bonheur tes désirs, il renouvelle ta jeunesse comme celle de l'aigle !

» C'est Jéhova qui fait les justices et qui fait droit à ceux qu'on opprime. Il a fait connaître ses voies à Moïse, ses volontés aux enfants d'Israël. Jéhova est plein de tendresse et de clémence ; il est lent à punir et prodigue de miséricorde. Il ne querellera pas toujours, il ne s'irritera point éternellement. Il ne nous a pas traités selon nos offenses, il ne nous a pas rendu selon nos iniquités. Autant les cieux sont élevés au-dessus de la terre, autant sa miséricorde s'élève et s'affermit sur ceux qui le craignent. Autant le couchant est éloigné de l'aurore, autant il a éloigné de nous nos prévarications. Comme un père s'attendrit sur ses enfants, ainsi Jéhova a pitié de ceux qui le craignent. Il connaît notre argile ; il s'est rappelé que nous sommes poussière. Le jour de l'homme est comme l'herbe. Il s'épanouit comme la fleur des champs ; un souffle a passé, ce n'est plus elle : le lieu qui la portait ne la reconnaît plus. Mais la miséricorde de Jéhova repose d'éternité en éternité sur ceux qui le craignent, sa justice s'étend de génération en génération sur ceux qui gardent son alliance et qui se souviennent de ses commandements pour les observer.

» C'est dans les cieux que Jéhova a placé son trône : son empire domine tout. Bénissez Jéhova, vous ses anges, vous qui, revêtus de force, exécutez ses ordres, toujours prêts au son de sa voix ! Bénissez Jéhova, vous ses armées innombrables, vous ses ministres qui accomplissez ses volontés ! Toutes ses œuvres, bénissez Jéhova dans tous les lieux de sa domination ! Bénis, ô mon âme, bénis Jéhova (Ps. 102 !) »

Dieu, sa loi, son culte, voilà ce que David respire, et dans le calme de la vie pastorale, et dans l'agitation de sa vie fugitive, et dans le péril des combats, et dans les splendeurs du trône. Il ne peut souffrir d'habiter un palais tandis que l'arche du Dieu d'Israël séjourne sous une tente. Il fait serment, il fait vœu de n'entrer pas dans l'intérieur de sa maison, de ne monter pas sur la couche de son repos, de n'accorder pas le sommeil à ses yeux ni l'assoupissement à ses paupières, jusqu'à ce qu'il ait trouvé un emplacement à Jéhova, une demeure au Dieu de Jacob (Ps. 131). Telle doit être cette maison, qu'avec la renommée de sa magnificence elle répande dans toutes les régions de la terre le nom et la gloire de Jéhova. Toutes les nations contribuent à élever ce temple magnifique ; Israël son roi, par des dons volontaires ; les peuples voisins, par les richesses que leur enlèvent la conquête et les tributs qu'elle leur impose : Tyr, Sidon, l'Egypte, unis d'alliance avec David et son fils, leur enverront, avec des matériaux précieux, des architectes et des ouvriers habiles ; plus de cent cinquante mille prosélytes, rassemblés de toutes les parties du monde, seront occupés à tailler les pierres dans les montagnes et à les porter sur place : ce sont les ouvriers d'Israël et de Tyr qui les feront entrer dans l'édifice.

A la magnificence du temple répondra la pompe du culte. Sous l'autorité suprême du grand-prêtre, vingt-quatre familles sacerdotales se relèveront dans le service du sanctuaire et l'oblation des sacrifices. Elles auront, pour les aider dans leurs fonctions, vingt-quatre mille lévites. Quatre mille chantres et musiciens, divisés en vingt-quatre classes, sous la conduite de deux cent quatre-vingt-huit directeurs, se succéderont de semaine en semaine pour chanter les louanges de l'Éternel. Leurs chefs seront Asaph, Héman et Idithun.

Nul peuple n'aura des hymnes comparables. La Grèce nous vantera plus tard ses poètes et leurs harmonieuses fictions; mais, des siècles avant Homère, le plus ancien d'entre eux, David, succédant à Moïse et à Débora, chantait, sur un ton où n'atteignit jamais leur muse profane, tout ce qu'il y a de vrai, tout ce qu'il y a de grand, tout ce qu'il y a de sublime, tout ce qu'il y a d'aimable : il chantait CELUI QUI EST, la magnificence de ses œuvres, les merveilles de sa providence, les richesses de sa miséricorde, les douceurs de sa loi; il chantait l'homme, sa bassesse et sa grandeur, sa misère et sa gloire, sa chute et sa restauration, sa vie d'un jour et ses espérances éternelles; il chantait le Médiateur entre Dieu et l'homme, sa passion et sa mort, sa résurrection et son triomphe, son empire au milieu des nations, l'Église dont nous écrivons l'histoire.

Dieu lui-même l'inspire, son cœur surabonde, sa parole jaillit : ce ne sont pas des étincelles, ce ne sont pas quelques éclairs; c'est le soleil dans sa splendeur qui s'élance des extrémités de l'aurore, traverse les cieux et répand sur tout le pays et sur tous les âges des torrents de lumière, de chaleur et de vie.

Quoi de comparable, pour la grâce, la magnificence et la rapidité du style, à cette ode du poëteroi sur la création?

« Bénis Jéhova, ô mon âme! Jéhova, mon Dieu, que vous êtes grand dans votre magnificence! Vous vous êtes revêtu de gloire et de beauté, vous vous êtes enveloppé de la lumière comme d'un manteau. Vous étendez les cieux comme un pavillon, vous en couvrez d'eau les hauteurs. Les nuées sont votre char, vous marchez sur les ailes du vent. Vos messagers sont les souffles rapides, vos ministres entre flammes de feu. Vous avez affermi la terre sur ses fondements, les siècles ne l'ébranleront pas. L'abîme l'enveloppait comme un vêtement, les eaux couvraient les montagnes : à votre menace, elles ont fui; au bruit de votre tonnerre, elles se sont précipitées de frayeur. Aussitôt les montagnes s'élèvent, les vallées descendent aux lieux que vous leur avez marqués. Vous avez posé la borne; elles ne la passeront pas, elles ne reviendront plus inonder la terre.

» Vous envoyez les fontaines dans les vallons, elles couleront à travers les collines; toutes les bêtes des champs en boiront, les onagres mêmes y étancheront leur soif. Sur leurs bords habitent les oiseaux du ciel, ils feront entendre leurs voix du milieu des feuillages. De vos hauteurs vous arrosez les montagnes : du fruit de vos œuvres vous rassasiez la terre. Vous faites germer le gazon pour les troupeaux, les moissons pour l'homme. C'est de la terre que vous lui faites sortir sa nourriture, le vin qui charme son cœur, l'huile de parfum qui embellit son visage, et le pain qui soutient ses forces. C'est vous qui arrosez les arbres de Jéhova, les cèdres du Liban qu'il a plantés. Là sont les nids des oiseaux, là les sapins offrent un asile aux cigognes; les sommets des montagnes sont la route des chamois; les trous tortueux des roches, le refuge des animaux timides.

» Il a fait la lune pour marquer les temps, le soleil connaît l'heure de son coucher. Vous amenez les ténèbres, et voilà la nuit; alors les bêtes de la forêt se glissent dans l'ombre; les lionceaux rugissent après leur proie et cherchent leur pâture de par Dieu. Le soleil se lève : ils se retirent et s'enfoncent dans leurs tanières : l'homme sort pour son travail et pour son labeur jusqu'au soir.

» Combien immenses sont vos œuvres, ô Jéhova! vous avez tout fait dans la sagesse ; la terre est remplie de vos biens. Voilà la grande mer qui étend ses longs bras : là se meuvent des animaux sans nombre, grands et petits; là se promènent les vaisseaux, là ce léviathan que vous avez formé pour se jouer dans l'abîme. Toutes les créatures attendent de vous leur nourriture au jour marqué. Vous leur donnez, elles recueillent ; vous ouvrez la main, elles sont rassasiées de bien. Vous cachez votre visage, elles se troublent; vous retirez leur souffle, elles expirent et rentrent en leur poussière. Vous envoyez votre souffle, les voilà créées ; voilà que vous avez renouvelé la face de la terre.

» Que la gloire de Jéhova subsiste à jamais! que Jéhova se réjouisse dans ses œuvres! il regarde la terre, elle tremble; il touche les montagnes, elles fument.

» Je chanterai Jéhova durant ma vie, je célébrerai mon Dieu tant que je serai. Que mon chant lui agrée! moi, je me réjouirai en Jéhova. Que les pécheurs disparaissent de la terre, qu'il n'y ait plus d'impie! O mon âme, bénis Jéhova (Ps. 103) »

Avec la providence générale du Très-Haut sur toutes les créatures, David célébrait sa providence particulière sur les enfants d'Abraham. Leur histoire entière se retrouve dans ses cantiques. Mais ce qu'il chantait par-dessus tout, c'était le Désiré des nations, le Sauveur du monde, les combats et les triomphes de son Église. Écoutons-le nous raconter la génération ineffable du Messie, son sacerdoce éternel, sa future domination sur la terre, dans un psaume que le Christ s'est appliqué lui-même :

« Jéhova a dit à mon Seigneur : Asseyez-vous à ma droite, jusqu'à ce que je réduise vos ennemis à vous servir de marchepied. Jéhova va faire sortir de Sion le sceptre de votre autorité. Établissez votre empire au milieu de vos ennemis. La principauté est avec vous ; elle éclatera au jour de votre force, dans la splendeur des saints. Je vous ai engendré de mon sein avant l'aurore. Jéhova l'a juré, et il ne s'en repentira point. Vous êtes le prêtre éternel selon l'ordre de Melchisédech. Adonaï est à votre droite : il écrasera les rois au jour de sa colère ; il jugera les nations, il multipliera les cadavres ; il brisera la tête d'un grand nombre sur la terre. Il boira en passant l'eau du torrent; c'est pourquoi il lèvera la tête (Ps. 109; Matth., 22, 45 ; Heb., 10, 12).

Mais quelles sont ces eaux, quelles sont ces tribulations dont doit être abreuvé le Seigneur qui est engendré du sein de Jéhova avant l'aurore, le Prêtre éternel, le futur dominateur des nations? Lui-même nous le dit d'abord par la bouche de David, pour le redire mille ans après, en personne, du haut de la croix :

« Mon Dieu ! mon Dieu ! pourquoi m'avez-vous abandonné ! Les péchés, devenus miens, éloignent ma délivrance. Je crie vers vous durant le jour, et vous ne m'écoutez point. Vous habitez la sainteté, vous la louange d'Israël. Nos pères ont espéré en vous ; ils ont espéré en vous, et vous les avez délivrés ; ils vous ont imploré, et ils ont été sauvés ; ils se sont confiés en vous, et ils n'ont pas été confondus. Mais moi, je suis un ver de terre et non pas un homme ; l'opprobre des hommes et le rebut du peuple. Tous ceux qui me voient m'insultent ; le mépris sur les lèvres, ils ont secoué la tête en disant : Il a mis son espoir en Dieu, que Dieu le délivre, que Dieu le sauve, puisqu'il se plaît en lui ! Cependant c'est vous qui m'avez tiré du sein de ma mère ; vous étiez mon espérance lorsque j'étais encore à la mamelle. Du sein de ma mère j'ai été jeté entre vos bras : vous étiez mon Dieu lorsque je suis sorti de ses entrailles. Ne vous éloignez pas de moi, mon Dieu, parce que la tribulation me presse, et personne n'est là pour me secourir. Une multitude de jeunes taureaux m'ont environné, les taureaux puissants m'ont assailli. Ils fondent sur moi la gueule béante, comme le lion qui déchire et rugit. Je me suis écoulé comme l'eau, tous mes os ont été ébranlés ; mon cœur est devenu au dedans de moi comme la cire qui se fond. Ma force s'est desséchée comme un têt, ma langue s'est attachée à mon palais, et vous m'avez conduit à la poussière de la mort. Une foule de chiens m'a environné, le conseil des méchants m'a assiégé. Ils ont percé mes mains et mes pieds ; ils ont compté tous mes os ; ils m'ont regardé, ils m'ont considéré attentivement. Ils se sont partagé mes vêtements, ils ont tiré ma robe au sort. Mais vous, ô Jéhova ! ne vous éloignez point ; vous qui êtes ma force, hâtez-vous de me secourir. Arrachez mon âme au glaive et mon unique à la rage du chien. Sauvez-moi de la gueule du lion, défendez ma faiblesse contre les cornes des rhinocéros.

» Je raconterai votre nom à mes frères ; je publierai vos louanges au milieu de l'Eglise. Louez Jéhova, vous qui le craignez ; glorifiez-le, race de Jacob ; craignez-le, vous tous qui êtes la race d'Israël. Parce qu'il n'a pas dédaigné, il n'a pas rejeté la prière du pauvre, il n'a pas détourné de moi son visage, il m'a exaucé quand j'ai crié vers lui. O Dieu ! vous êtes ma louange dans l'Eglise universelle. J'offrirai mes vœux en présence de ceux qui le craignent. Les pauvres mangeront et seront rassasiés. Vous qui cherchez Jéhova, vous célébrerez ses louanges, et votre âme vivra éternellement. Toutes les extrémités de la terre se ressouviendront de Jéhova et se tourneront vers lui, car à Jéhova est l'empire ; il dominera sur tous les peuples. Enfin, tous les grands de la terre mangeront et adoreront ; tout ce qui descend dans la poussière s'inclinera devant lui, même celui dont l'âme ne vit point. Les générations à venir le serviront, elles seront consacrées à Jéhova. Ils viendront, ceux qui annonceront la justice au peuple à naître, au peuple que le Seigneur a formé (Ps. 21 ; Matth., 27, 46 ; Marc., 15, 54). »

Dans cet évangile prophétique que le Sauveur redira sur la croix, nous voyons d'avance les circonstances les plus inattendues de sa passion : ses pieds et ses mains percés, ses vêtements partagés, sa robe tirée au sort, enfin jusqu'aux expressions de ceux qui lui insultent ; après cela, la grande assemblée, la grande Eglise où Dieu est loué sans cesse, les peuples les plus lointains qui se ressouviennent de l'Eternel, les puissants de la terre qui retournent à lui après les peuples. Cette conversion ne s'opérera point sans combat. David nous en instruit dans un cantique dont les apôtres eux-mêmes feront l'application.

« Pourquoi les nations ont-elles frémi ? pourquoi les peuples ont-ils médité de vains complots ? Les rois de la terre se sont levés, les princes se sont ligués contre Jéhova et contre son Christ. Brisons leurs liens, ont-ils dit, rejetons leur joug loin de nous. Celui qui habite dans les cieux rira, Adonaï se moquera d'eux. Un jour il leur parlera dans sa colère, il les confondra dans sa fureur.

» Mais moi, j'ai été constitué roi par lui dans Sion, sa montagne sainte. Moi, j'en publierai le décret. Jéhova m'a dit : Tu es mon fils, je t'ai engendré aujourd'hui. Demande-moi, et je te donnerai les nations pour héritage, et pour domaine les confins de la terre.

» Tu les gouverneras avec un sceptre de fer, tu les briseras comme un vase d'argile.

» Maintenant donc, ô rois ! comprenez ; instruisez-vous, vous qui jugez la terre. Servez Jéhova avec crainte, et réjouissez-vous en lui avec tremblement. Baisez, adorez le fils, de peur qu'il ne s'irrite et que vous ne périssiez hors de la voie ; car sa colère s'allumera soudain. Heureux tous ceux qui mettent en lui leur confiance (Ps. 2 ; Act., 4, 24, 28) ! »

Dans ces paroles, on entend les frémissements des nations païennes, les vains complots des peuples de Juda et d'Israël ; on voit les Caïphe, les Pilate, les Hérode, les Néron, divisés sur tout le reste, se liguer ensemble contre Dieu ; on voit le Christ publiant dans Sion qu'il est roi, non de par ce monde, mais de par Jéhova, son père, qui l'engendre dans un éternel aujourd'hui ; on voit son empire, son Eglise s'étendre jusqu'aux extrémités de la terre ; on voit Rome païenne, avec ses empereurs et son sénat idolâtre, brisée à la fin comme un vase d'argile ; on voit les rois et les princes, élevés sur ses débris, comprenant à peine de si terribles instructions.

Ces psaumes ne sont pas les seuls où David parle du Messie. Il en est encore plusieurs que les Apôtres, et avec eux la Synagogue, lui ont appliqués. Dans l'un, le Messie lui-même dit à son Père : « Vous n'avez point voulu de sacrifice ni d'oblation, mais vous m'avez formé un corps ; vous n'avez demandé ni holocauste ni sacrifice pour le péché. Alors j'ai dit : Voici que je viens : A la tête du livre il est écrit de moi, que je ferai votre volonté ; mon Dieu, je le veux, et votre loi est au milieu de mes entrailles. J'ai annoncé la justice dans la grande Eglise ; je n'ai pas fermé la bouche, vous le savez, ô Jéhova ! Je n'ai pas célé votre justice au milieu de mon cœur. J'ai dit votre vérité et votre salut ; je n'ai point caché votre miséricorde et votre véracité dans la grande Eglise (Ps. 39 ; Heb., 10, 5). » Dans le psaume 44, David s'adresse au Messie : « Votre trône, ô Dieu ! subsiste éternellement et au delà ; le sceptre de l'équité est le sceptre de votre empire. Vous avez aimé la justice et haï l'iniquité; c'est pour cela, ô Dieu! que votre Dieu vous a oint d'une huile d'allégresse, au-dessus de tous ceux qui doivent y participer (Ps. 44; Heb., 1, 8). »

Celui de qui David chante ainsi les humiliations et la gloire, est donc à la fois son fils et son Dieu. Quels sentiments ineffables de foi, d'espérance, d'amour, d'admiration, de tristesse, de joie, devaient tour à tour inonder son cœur! Mais maintenant qu'il voit ce Fils, ce Dieu, régnant dans toutes les splendeurs éternelles; mais maintenant qu'il contemple dans ce Fils, dans ce Dieu, toutes les merveilles du passé, du présent et de l'avenir, quelle ne doit pas être l'ivresse de son bonheur! Dans quelle langue, non plus de l'homme, non plus de l'ange, mais de Dieu même, ne doit-il pas chanter ce qui est au-dessus de toute langue créée! Le disciple bien-aimé du Sauveur a vu les vingt-quatre vieillards qui entourent son trône, ayant chacun leur cithare, il a vu ceux qui ont vaincu le monde, ayant tous une cithare de Dieu (Apoc., 5, 8, 15, 2); que sera-ce donc de David? lui dont la cithare et les cantiques préludent sur la terre aux éternelles harmonies du ciel!

LIVRE TREIZIÈME.

Salomon, le Temple, figures du Christ et de son Église.

(De l'an 1014 à l'an 975 avant l'ère chrétienne.)

Ces deux noms, *Salomon*, le *Temple*, nous annoncent l'époque la plus glorieuse du peuple d'Israël. Toutes les promesses temporelles que le Seigneur avait faites aux patriarches se voient accomplies dans Salomon. Sa domination s'étend du fleuve de l'Egypte jusqu'au grand fleuve de l'Euphrate, comme il avait été promis, neuf siècles auparavant, à Abraham (1). Le peuple puîné de Jacob domine sur le peuple aîné d'Esaü ou Edom, comme il avait été dit à Isaac il y avait huit siècles (2). Le sceptre est à Juda, sa main s'allonge sur le cou de ses ennemis, les enfants de son père se prosterneront devant lui, comme l'avait prédit, sept siècles auparavant, le patriarche Jacob (3). Enfin, comme il a été promis à David, un fils lui a succédé sur le trône, qui bâtira un temple à l'Eternel. Ce fils sera l'admiration de l'univers par sa sagesse; ce temple sera l'admiration de l'univers par sa magnificence. Les hommes eussent pu croire que les promesses de Dieu ne comprenaient rien de plus. Tout cela cependant n'était qu'une figure; figure magnifique d'une réalité plus magnifique encore; mais figure qui ne se soutiendra point jusqu'au bout, parce que ce n'est qu'une figure. La sagesse de Salomon finira par s'éclipser, parce que Salomon n'est que la figure de ce Fils de David qui sera la sagesse même. Ce magnifique temple de Salomon, Babylone le brûlera; ce temple ressuscité de ses cendres, la nouvelle Babylone, Rome païenne le brûlera de nouveau et pour toujours, parce que ce temple matériel n'est qu'une figure, qu'un hiéroglyphe prophétique de ce temple vivant, de cette Eglise immortelle, que le Fils de David par excellence doit bâtir sur la pierre, et contre laquelle les portes de l'enfer ne prévaudront point. Alors s'accomplira, au delà de toutes les pensées de l'homme, et dans le temps et dans l'éternité, tout ce qui aura été promis aux patriarches et prédit aux prophètes.

Salomon était monté sur le trône du vivant de son père, par son ordre et d'après le choix de Dieu même. Son père étant mort, un incident arriva qui pouvait le précipiter du trône, mais qui ne fit que l'y affermir. Adonias ne put supporter de n'être pas roi. Déjà Salomon lui avait fait grâce de la vie, sous la condition de se tenir tranquille. La condition fut mal observée. Un jour, vraisemblablement d'après le conseil de Joab, il vint trouver Bethsabée, la priant de lui obtenir de son fils pour épouse une vierge, Abisag de Sunam. « Vous savez, lui dit-il, que le royaume était à moi, et que tout Israël avait jeté les yeux sur moi pour me faire régner; mais le royaume a été transféré, et il est passé à mon frère, parce qu'il lui a été donné de par Jéhova. Maintenant donc, je ne vous fais qu'une prière, ne confondez pas mon visage (par un refus). — Bethsabée lui dit : Parlez. — Adonias reprit : De grâce, demandez au roi Salomon, et il ne peut rien vous refuser, qu'il me donne Abisag de Sunam pour épouse (3. Reg., 2, 12-17). »

Cette Abisag avait été donnée à David pour le servir et le réchauffer dans sa vieillesse; il l'avait laissée vierge (*Ibid.*, 1, 1-14). Toutefois, la demande d'Adonias était d'autant plus inconvenante, qu'elle trahissait une astucieuse ambition, parce que, d'après les mœurs du temps, qui épousait la veuve d'un roi, avait, par là même, sinon des droits, du moins des prétentions à sa couronne. C'est pour cela qu'Isboseth, fils de Saül, quelque raison qu'il eût

---

(1) Genes., 15, 18 : *Semini tuo dabo terram hanc à fluvio Ægypti usque ad fluvium magnum Euphratem.*
(2) Ibid., 25, 23; 27, 29 : *Populusque populum superabit, et major serviet minori.*
(3) Ibid., 49, 8 : *Juda, te laudabunt fratres tui; manus tua in cervicibus inimicorum tuorum, adorabunt te filii patris tui*

de ménager Abner, lui fit cependant des reproches de ce qu'il avait épousé Respha, concubine de Saül, son père (2. Reg., 3, 8).

Bethsabée, qui ne pénétrait pas les desseins d'Adonias, lui répondit : « C'est bien, je parlerai pour vous au roi. » Elle vint donc auprès du roi Salomon, afin de lui parler pour Adonias. Le roi se leva au devant d'elle, l'adora, s'assit sur son trône, et un trône fut apporté à la mère du roi, qui s'assit à sa droite. Elle dit : « Je n'ai qu'une petite prière à vous faire; ne confondez pas mon visage. » Et le roi lui dit : « Ma mère, dites ce que vous me demandez; car je ne confondrai point votre visage. » Elle dit alors : « Donnez Abisag de Sunam à votre frère Adonias pour épouse. » Mais le roi Salomon répondit à sa mère : « Pourquoi demandez-vous Abisag de Sunam pour Adonias? demandez donc aussi pour lui le royaume; car il est mon frère aîné, et il a déjà pour lui Abiathar, le grand-prêtre, et Joab, fils de Sarvia. » C'est pourquoi Salomon jura par l'Eternel, disant : « Que Dieu me fasse ceci, qu'il y ajoute cela, si Adonias, par cette demande, n'a pas parlé contre sa propre vie. Et maintenant, vive Jéhova qui m'a affermi et fait asseoir sur le trône de David, mon père, et qui m'a fait une maison, comme il l'avait dit, Adonias mourra aujourd'hui. » Et le roi Salomon envoya Banaïas, fils de Joïada, qui se jeta sur lui, et il mourut.

Complice d'Adonias, Joab eut aussi le même sort. Au premier bruit de ce qui se passait, il se réfugia dans le parvis extérieur du tabernacle, comme dans un asile sacré où Adonias lui-même avait trouvé le salut une première fois. Il y tenait étroitement embrassé un coin de l'autel des holocaustes. Mais le Seigneur lui-même avait dit : *Si quelqu'un a tué son prochain de propos délibéré et en lui dressant des embûches, vous l'arracherez de mon autel, et il sera mis à mort* (Exod., 21, 14). Salomon donc envoya Banaïas, fils de Joïada, et lui dit : « Va, et jette-toi sur lui. » Banaïas vint au tabernacle de l'Eternel et dit à Joab : « Le roi te commande de sortir de là. » Joab lui répondit : « Je n'en sortirai point, mais je mourrai ici. » Banaïas retourna auprès du roi et lui dit : « Voilà la réponse que Joab m'a faite. » Le roi répliqua : « Fais comme il a dit : jette-toi sur lui et ensevelis; et tu écarteras de moi et de la maison de mon père le sang innocent répandu par Joab. Et l'Eternel fera retomber son sang sur sa tête, parce qu'il a assassiné deux hommes justes et meilleurs que lui, et qu'il a tué par l'épée, sans que mon père David le sût, Abner, fils de Ner, prince de l'armée d'Israël, et Amasa, fils de Jether, prince de l'armée de Juda. Et leur sang retombera pour jamais sur la tête de Joab et sur sa postérité; mais qu'à David et à sa postérité, à sa maison et à son trône, il y ait une paix éternelle de par Jéhova! » Banaïas, fils de Joïada, monta donc, se jeta sur lui et le mit à mort; et il fut enseveli en sa maison, dans le désert. Le roi établit alors à sa place Banaïas, fils de Joïada, comme prince de l'armée (3. Reg., 2, 18-35).

Quant au grand-prêtre Abiathar, Salomon l'épargna parce qu'il avait porté l'arche de l'Eternel et partagé tous les travaux de son père David. Toutefois il le relégua dans ses terres d'Anatoth. Cet exil ne lui ôtait point la dignité de grand-prêtre; après cela même, l'Ecriture lui attribue encore conjointement avec Sadoc (3. Reg., 4, 4). Seulement, comme il n'en pouvait remplir les fonctions dans le tabernacle, Sadoc devint par le fait le seul pontife en exercice. Par là s'accomplit ce que Samuel avait prédit. Le souverain sacerdoce avait passé de la première branche d'Aaron à la seconde, dans la personne du grand-prêtre Héli; mais, en punition des désordres de ses fils, Dieu lui annonça qu'un jour cette dignité sortirait de sa famille pour retourner à la branche aînée (1. Reg., 2, 31-36). Or, Sadoc était le chef de celle-ci.

Salomon fit encore venir Séméï, fils de Géra, et lui dit : « Bâtis-toi une maison à Jérusalem et y habite, et n'en sors point pour aller ici ou là. Si tu en sors jamais, et que tu passes le torrent de Cédron, sache bien que tu mourras de mort et que ton sang retombera sur ta tête. » Séméï dit au roi : « C'est bien que cette parole; comme le roi, mon seigneur, a dit, ainsi fera son serviteur. » Trois ans il demeura dans la ville; mais ensuite, ayant rompu son ban pour courir après des esclaves fugitifs, le roi l'envoya chercher et lui dit : « Ne t'ai-je pas juré par l'Eternel, ne t'ai-je pas protesté, disant : Si tu sors jamais pour aller ici ou là, sache certainement que tu mourras de mort; et tu me répondis : Ce que je viens d'entendre est bien ? Pourquoi donc n'as-tu pas gardé le serment de l'Eternel et l'ordre que je t'avais donné? » Il ajouta : « Tu connais tout le mal que ton cœur sait que tu as fait à David, mon père. L'Eternel a fait retomber ta malice sur ta tête. Et le roi Salomon sera béni, et le trône de David sera stable devant l'Eternel à jamais. » C'est pourquoi le roi ordonna à Banaïas, fils de Joïada; et Banaïas sortit, l'attaqua et il mourut (*Ibid.*).

Le règne de Salomon s'étant ainsi affermi au dedans par la mort de ceux qui pouvaient en troubler la tranquillité, il voulut aussi lui donner de l'appui au dehors. L'Egypte, gouvernée autrefois par la sagesse de Joseph et de Moïse, était un des plus puissants royaumes. Elle était d'ailleurs limitrophe de la Judée. Salomon épousa la fille du roi d'Egypte. D'après ce que dit Eupolème, cité par Alexandre Polyhistor dans Eusèbe, il paraîtrait que ce pharaon avait le surnom de *Vaphrès* (*Præp. ev.*, l. 9, c. 31 et 32). L'on croit que la jeune princesse embrassa le culte du vrai Dieu. Il était bien défendu aux enfants d'Israël d'épouser des femmes étrangères; mais cette défense tombait principalement sur les femmes chananéennes; et il est permis de voir une exception en faveur de l'Idumée et de l'Egypte dans ces paroles de Dieu à son peuple : *Tu n'auras point en abomination l'Iduméen, parce qu'il est ton frère ; ni l'Egyptien, parce que tu as été étranger dans son pays* (Deut. 23, 7). Toujours est-il que, immédiatement après avoir parlé de ce mariage, l'Ecriture sainte relève la piété de Salomon envers le Seigneur, et les grâces extraordinaires du Seigneur envers lui.

Salomon aimait Jéhova et marchait dans les préceptes de David, son père ; toutefois il sacrifiait et brûlait de l'encens sur les hauts-lieux (3. Reg., 3, 3). C'étaient les lieux de dévotion fréquentés en Israël et en Juda, tels que Cariathiarim, Ramatha, Béthel, Galgala, Maspha, Gabaa de Benjamin, Silo, Hébron et quelques autres. Nous y avons vu Samuël offrir des sacrifices, ainsi que David, dans l'aire d'A-

LIVRE XIII. — SALOMON ET LE TEMPLE.

reuna. Ce ne fut qu'après la construction du temple que le culte divin fut concentré dans ce sanctuaire.

Un jour que Salomon eut sacrifié mille victimes sur le plus célèbre de ces hauts-lieux, Gabaon, où était le tabernacle du témoignage dressé par Moïse, non pas l'arche d'alliance, qui se trouvait à Jérusalem, Dieu lui apparut en songe et lui dit : « Demande ce que tu veux que je te donne. » Salomon répondit : « Vous avez fait à votre serviteur David, mon père, une grande miséricorde, selon qu'il a marché devant vous dans la vérité et dans la justice, et que son cœur a été droit avec vous ; vous lui avez conservé cette grande miséricorde, et vous lui avez donné un fils qui est assis sur son trône, comme il paraît aujourd'hui. Et maintenant, Jéhova, mon Dieu, vous avez fait régner votre serviteur en la place de David, mon père, et moi je suis un jeune enfant qui ne sait ni sortir ni entrer. Et votre serviteur est au milieu de votre peuple que vous avez choisi : peuple infini, qui ne peut être nombré ni supputé à cause de sa multitude. Vous donnerez donc à votre serviteur un cœur docile (en hébreu, *un cœur qui écoute*), afin qu'il puisse juger votre peuple et discerner entre le bien et le mal ; car qui pourra juger votre peuple, ce peuple si nombreux ? »

Et il plut aux yeux d'Adonaï que Salomon lui eût fait cette demande. Et Dieu lui dit : « Parce que tu as demandé cette parole et que tu n'as point demandé pour toi de longs jours, de grandes richesses, ni l'âme de tes ennemis, mais que tu m'as demandé l'intelligence pour entendre le jugement, voilà que j'ai fait selon tes paroles ; voilà que je t'ai donné un cœur sage, intelligent ; en sorte qu'il n'y a jamais eu d'homme avant toi semblable à toi, et qu'il ne s'en élèvera point après toi. Et même ce que tu n'as pas demandé, je te l'ai donné, et les richesses, et la gloire ; de sorte que nul d'entre les rois n'aura été semblable à toi ni avant ni après. Que si tu marches dans mes voies et que tu gardes mes préceptes et mes ordonnances, comme ton père les a gardés, je prolongerai tes jours. »

A son réveil, Salomon reconnut que c'était un songe mystérieux et divin. De retour à Jérusalem, il offrit des holocaustes et des victimes pacifiques, et donna un grand festin (3. Reg., 3, 3-15 ; 2. Paral., 1, 1-13).

Bientôt après arriva un incident qui fit éclater au grand jour la merveilleuse sagesse de Salomon, sa profonde connaissance du cœur humain, ainsi que sa présence d'esprit. Deux femmes, qui vivaient dans la même maison, parurent devant son tribunal avec deux petits enfants. L'une et l'autre étaient accouchées depuis peu. L'une soutenait que l'autre, ayant étouffé son propre enfant pendant le sommeil, lui avait dérobé le sien et mis à sa place l'enfant mort. L'autre prétendait être la mère de l'enfant en vie. Après les avoir entendues, le roi résuma l'affaire en ces termes : Celle-ci dit : Mon fils est celui qui est en vie, et ton fils à toi est celui qui est mort. Et l'autre répond : Non pas ; c'est ton fils qui est le mort, et c'est mon fils qui est le vivant. Le roi ajouta : Apportez-moi une épée. Et on apporta une épée devant le roi, qui reprit : Partagez l'enfant qui est vivant en deux, et donnez-en la moitié à l'une et la moitié à l'autre. Mais la femme dont le fils était le vivant dit au roi (car ses entrailles furent émues pour son fils) : De grâce, mon seigneur, donnez-lui l'enfant vivant, et ne le faites pas mourir. L'autre disait, au contraire : Qu'il ne soit ni à moi ni à toi ; mais qu'on le partage. Alors le roi prononça cette sentence : Donnez à celle-ci l'enfant vivant, et ne le faites pas mourir ; car c'est elle qui est sa mère.

Or, tous les peuples d'Israël ayant entendu le jugement qu'avait rendu le roi, ils le craignirent ; car ils virent que la sagesse de Dieu était en lui pour rendre la justice (3. Reg., 3, 16-28).

Salomon régnait ainsi avec une grande sagesse et dans une profonde paix, non-seulement sur tout Israël, mais encore sur les pays conquis par David, dont les rois lui étaient tributaires, depuis l'Euphrate jusqu'aux frontières d'Egypte. Edom lui était également soumis. Judas et Israël reposaient sans aucune crainte, chacun sous sa vigne et sous son figuier, depuis Dan jusqu'à Bersabée, durant tous les jours de Salomon.

Trop prudent pour ne point assurer la durée de la paix par une armée formidable, qui, dans les mains d'un prince bien intentionné et éclairé, ôte aux voisins l'envie de l'offenser, mais ne les provoque pas non plus par aucune insulte, il pourvut Israël de douze mille chevaux pour des cavaliers, et de quarante mille pour des chariots de guerre. Cette cavalerie était placée, partie à Jérusalem, partie dans d'autres villes. Comme la domination de Salomon s'étendait jusque sur les Arabes, on conçoit qu'il voulût avoir des chevaux pareils aux leurs (3. Reg., 10, 15). Aussi ceux qui trafiquaient pour le roi allaient-ils en acheter en Egypte, chez les rois de Syrie, mais surtout à Coa, pays qu'on ne connaît plus. Le prix ordinaire de chaque cheval, en Egypte, était de cent cinquante sicles d'argent, un peu plus de trois cents francs de notre monnaie.

Les enfants d'Israël étaient libres de toute corvée : ils ne servaient qu'à la guerre. Juda et Israël étaient innombrables comme le sable de la mer, mangeant, buvant et se réjouissant.

Voici quels étaient les princes de Salomon : Azarias, fils du grand-prêtre Sadoc, Elihoreph et Ahia, fils de Sisa, étaient secrétaires ; Josaphat, fils d'Ahilud, garde des archives ou chancelier ; Banaïas, fils de Joïada, chef des armées ; Sadoc et Abiathar, grands-prêtres ; Azarias, fils de Nathan, surintendant des gouverneurs ; Zabud, fils de Nathan, prêtre intime du roi ; Ahisar, grand-maître de la maison, et Adoniram, fils d'Abda, surintendant des tributs. Il y avait en outre douze gouverneurs sur tout Israël, qui fournissaient la table du roi et sa maison ; et chacun donnait pendant un mois tout ce qui était nécessaire. Deux de ces gouverneurs de provinces épousèrent des filles de Salomon ; l'une s'appelait Tapheth, l'autre Basemath. Les vivres pour la table de Salomon étaient, chaque jour, trente mesures de fleur de farine et soixante de farine ordinaire ; dix bœufs gras, vingt bœufs de pâturage, cent moutons, outre les cerfs, les chevreuils, les daims et toutes sortes de volailles qu'on lui apportait des pays voisins ; car depuis Taphsa ou Thapsaque, sur le bord oriental de l'Euphrate (1), y compris tous les rois au delà de ce fleuve, jusqu'à Gaza, sur la mer Mé-

---

(1) C'est le sens de l'hébreu : *Bekol malké éber hannahar* (3. Reg., 4, 24)

diterranée, Salomon dominait partout, et il avait la paix avec tous ses voisins.

Quand on pense que la cour d'un roi d'Orient équivaut à une petite armée, et que, d'après le témoignage d'Athénée et d'Hérodote, les rois de Perse donnaient tous les jours à souper dans leurs palais à quinze mille personnes (1), on ne s'étonnera point de la grande quantité de vivres qui se consommait chaque jour dans celui de Salomon.

« Et Dieu donna à Salomon une sagesse et une intelligence très-grandes, et une étendue de cœur comme le sable qui est sur le rivage de la mer. Et la sagesse de Salomon était plus grande que la sagesse de tous les fils de l'Orient et que toute la sagesse des Egyptiens. Et il fut plus sage que tout homme, plus sage qu'Ethan Ezrahite, qu'Héman, Chalcol et Dorda, fils de Mahol; et son nom était célèbre chez toutes les nations d'alentour. Il composa trois mille paraboles et il fit mille et cinq cantiques. Et il parla de tous les arbres, depuis le cèdre qui est sur le Liban jusqu'à l'hysope qui sort de la muraille, et des animaux de la terre, des oiseaux, des reptiles et des poissons. Il accourait des gens de tous les peuples pour entendre la sagesse de Salomon, et des envoyés de tous les rois de la terre qui apprenaient sa sagesse (3. Reg., 4, 29-34). »

Comme l'empire de Salomon s'étendait jusqu'au delà de l'Euphrate, ces fils de l'Orient sont naturellement les Chaldéens de Babylone, les mages de la Perse, les brahmes de l'Inde. La sagesse dont il est ici question comprenait principalement l'art de gouverner les peuples et d'embellir la vie, la science de l'homme et de la nature. Cependant elle embrassait aussi la connaissance de Dieu et de son culte. Ethan et Héman, que Salomon est dit avoir surpassés en dernier lieu, comme les plus sages, paraissent avoir rivalisé avec David dans la composition des cantiques sacrés. Un des psaumes les plus magnifiques, celui qui commence par ces paroles: *Je chanterai éternellement la miséricorde du Seigneur*, porte en titre: *Intelligence ou sagesse d'Ethan Ezrahite* (Ps. 88). Quand il est dit que des hommes de tous les peuples, des envoyés de tous les rois de la terre venaient à Salomon pour écouter sa sagesse, cela s'entend naturellement des peuples et des rois d'au delà de l'Euphrate et des frontières d'Egypte. Lors donc que, dans la suite, nous trouverons dans ces contrées lointaines les mêmes traditions, les mêmes idées et quelquefois les mêmes expressions sur Dieu et son culte, que dans la Judée, on l'explique non-seulement par une transmission héréditaire depuis Noé, mais encore par les communications que ménagea la Providence entre ces peuples et le peuple choisi, tant sous Salomon qu'avant et après lui. Peut-être même qu'on pourrait attribuer en partie à ce contact une révolution religieuse et politique qui paraît avoir commencé dans l'Inde, sous le nom de *bouddhisme*, du dixième au cinquième siècle avant Jésus-Christ: période de Salomon à Esdras, durant laquelle les Juifs furent en effet dispersés jusque dans l'Inde, et un prophète, Daniel, se vit pendant longtemps à la tête des corporations savantes de la Chaldée et de la Perse.

La renommée de Salomon fut telle, qu'aujourd'hui encore, sous le nom de *Soliman-ben-Daoud*

(1) Athen., l. 4, c. 10; Herod., l. 7, c. 117, 118, 119.

(Salomon, fils de David), il est célèbre dans tout l'Orient comme le plus grand, le plus puissant et le plus glorieux de tous les rois. Il y en a plusieurs histoires en prose et en vers. Partout il est présenté comme le monarque universel de toute la terre comme régnant à la fois sur l'Orient et sur l'Occident. L'idée d'une pareille puissance y est tellement identifiée à son nom, que les Orientaux appellent Soliman ou Salomon tous les princes qu'ils croient avoir régné sur tout l'univers. Ainsi, Adam a été le premier Soliman, Seth le second, Enos le troisième.

Les auteurs arabes et persans vont encore plus loin: ils disent que Dieu soumit à l'empire de Salomon, non-seulement les hommes, mais encore les esprits bons et mauvais, les oiseaux et les vents; que les oiseaux voltigeaient incessamment au-dessus de son trône, pendant qu'il y était, pour lui faire ombre et lui servir de dais; qu'il y avait à sa droite douze mille sièges d'or pour les patriarches et les prophètes, et à sa gauche douze mille sièges d'argent pour les sages et pour les docteurs qui assistaient à ses jugements. Enfin ceux de ces auteurs qui supposent que le monde a été peuplé et gouverné par d'autres créatures que les hommes, avant la création d'Adam, donnent le titre et le nom de Soliman ou Salomon aux monarques qui les ont commandés. Nous ne mentionnons ces imaginations orientales que pour montrer quel souvenir l'Asie a conservé du fils de David (1).

Les discours de Salomon sur la nature et les propriétés des plantes et des animaux, autrement son histoire naturelle, ne sont point venus jusqu'à nous. Des trois mille paraboles ou sentences morales qu'il prononça, il ne nous en reste qu'une partie dans le livre des *Proverbes*. Ce sont des maximes qui, en peu de mots, renferment un grand sens. Elles semblent faites pour être apprises par cœur, comme des éléments de la raison humaine. Aussi sont-elles souvent adressées à des enfants et mises sous le nom d'une mère, pieuse, sainte et douce autorité qui, dès le berceau, les gravait profondément dans leur âme. Elles l'emportent sur les sentences des sages du siècle, non-seulement par leur autorité divine, mais encore par la finesse, l'abondance des choses et la gravité du discours. On y apprend surtout en quoi consistent la sagesse et la piété véritables: *La crainte de Jéhova, voilà le commencement de la sagesse; car c'est Jéhova qui la donne: de sa bouche se répandent et la prudence et le savoir. — Confie-toi en Jéhova de tout ton cœur, et ne t'appuie pas sur ta prudence. — Pense à lui dans toutes tes voies, et lui-même conduira tes pas. — Ne sois pas sage à tes propres yeux, crains Jéhova et détourne-toi du mal. — C'est Jéhova qui dirige les pas de l'homme; quel mortel peut comprendre où sa voie aboutit* (Prov., 1, 7; 2, 6; 3, 5; 20, 24)? Veut-on connaître en quoi diffèrent le sage et l'insensé? *La voie de l'insensé est droite à ses yeux: le sage écoute le conseil. — As-tu vu un homme qui s'estime sage? il faut plus espérer de l'insensé que de lui* (Prov., 12, 15; 26, 12). Veut-on les règles de la piété? *Le sacrifice des méchants est une abomination à Jéhova; il se plaît en la prière de l'homme droit. — Une abomination à Jéhova, c'est la voie de l'impie; il aime qui cherche la justice. — Il y a une prière*

(1) D'Herbelot, *Biblioth. orientale*. art. *Soliman-ben-Daoud*.

LIVRE XIII. — SALOMON ET LE TEMPLE.

exécrable : c'est celle de l'homme qui ferme l'oreille pour ne pas écouter la loi (Prov. 15, 8 et 9; 28, 9). Veut-on revenir au bien ? *Toutes les voies de l'homme lui paraissent pures, mais Jéhova pèse les esprits. — Révélez à Jéhova vos œuvres, et il redressera vos pensées. — La miséricorde et la vérité rachètent le crime, et c'est en craignant Jéhova qu'on s'éloigne du mal. — Il prête à Jéhova, celui qui a pitié du pauvre : Jéhova lui rendra son bienfait. — Opprimer le pauvre, c'est outrager celui qui l'a créé; c'est honorer le Seigneur, que d'avoir pitié du misérable. — Ne touche pas les bornes des petits, et n'entre pas dans le champ de l'orphelin; car leur défenseur est puissant, et il plaidera lui-même leur cause contre toi. — Si ton ennemi a faim, donne-lui à manger; s'il a soif, donne-lui de l'eau; car tu amasseras sur sa tête des charbons ardents, et Jéhova te le rendra. — Le juste s'inquiète de la vie même de ses animaux : pour les impies, leur commisération même est cruelle* (Prov., 16, 2, 3 et 6 ; 19, 17; 14, 31; 23, 10 et 11; 25, 21 et 22; 12, 10). Veut-on savoir ce qui affermit les États et ce que vaut une politique sans Dieu? *La justice élève une nation, mais le crime fait les peuples malheureux. — La miséricorde et la vérité gardent le roi, et son trône est soutenu par la clémence. — Le trône du roi qui rend la justice aux pauvres est inébranlable à jamais. — Le souverain qui écoute volontiers les paroles menteuses, n'a pour ministres que des impies. — Le cœur du roi est dans la main de Jéhova comme un ruisseau, il l'incline partout où il veut. — Il n'y a point de sagesse, il n'y a point de prudence, il n'y a point de conseil contre Jéhova* (Prov., 14, 34; 20, 28; 29, 12 et 14; 21, 1, 30 et 31).

La sagesse qui enseigne dans les paroles de Salomon, n'est point une sagesse abstraite ou qui ne subsiste que dans la pensée de l'homme, c'est la sagesse vivante ou subsistante de toute éternité en Dieu et avec Dieu. « Moi, dit-elle, moi la sagesse, j'habite la prudence et je possède la science des pensées. A moi le conseil et la certitude. C'est moi l'intelligence ; à moi la force. C'est par moi que les rois règnent et que les législateurs décrètent la justice; c'est de moi que les princes tiennent l'empire, et les juges de la terre l'autorité. J'aime ceux qui m'aiment, et ceux qui me cherchent me trouvent. L'opulence et la gloire sont avec moi ; les biens durables et la justice. Mes fruits sont meilleurs que l'or, que les pierres les plus précieuses; mes dons valent mieux que l'argent le plus pur. Je marche dans la voie droite, au milieu des sentiers de l'équité, pour donner à ceux qui m'aiment l'héritage des biens véritables, pour remplir leurs trésors. Jéhova m'a possédée, m'a produite le principe de ses voies : avant ses œuvres, j'étais. Dès l'éternité, j'ai reçu l'onction, dès le commencement avant que la terre fût. Les abîmes n'étaient pas, et j'étais engendrée; les sources étaient sans eaux, les montagnes n'étaient pas encore affermies, j'étais engendrée avant les collines : il n'avait pas fait la terre, et les fleuves et les montagnes. Lorsqu'il préparait les cieux, j'étais là; lorsqu'il entourait l'abîme d'une digue, lorsqu'il suspendait les nues, lorsqu'il fermait les sources de l'abîme, lorsqu'il donnait à la mer des limites et aux eaux des bornes qu'elles ne dépasseront pas, lorsqu'il posait les fondements de la terre, alors j'étais auprès de lui, nourrie par lui : j'étais tous les jours ses délices, me jouant sans cesse devant lui, me jouant dans son univers, et mes délices sont d'être avec les enfants d'Adam* (Prov., 8, 12, etc.). »

Quant aux mille et cinq cantiques qu'avait composés Salomon, il ne nous en est parvenu qu'un seul, le Cantique des cantiques. C'est un épithalame en action, où l'on distingue sept jours. Les personnages qui s'y parlent sont l'époux sous l'emblème de pasteur, la jeune épouse et ses compagnes. Les qualités aimables de l'époux et de l'épouse, la vivacité, le bonheur de leur pudique amour, voilà ce qu'on y célèbre. Tout ce cantique abonde en objets délicieux : ce sont partout des fleurs, des fruits, les plantes les plus belles, les plus variées, un printemps riant et fleuri, des campagnes fertiles, des jardins frais et délicieux, des eaux, des puits, des fontaines; les parfums les plus précieux que l'art a préparés, ou qui sont l'ouvrage de la nature; ajoutez encore le chant des colombes, de plaintives tourterelles; du miel, du lait, des flots de vins exquis; enfin, dans l'un et l'autre sexe, la grâce, la beauté, de chastes embrassements, des amours aussi doux que pudiques. S'il s'y rencontre quelques objets terribles, tels que des rochers, des montagnes, des repaires affreux de lions, c'est pour accroître encore, par le contraste de la variété, le charme du tableau le plus gracieux. Les plus grands docteurs de l'Église, en particulier Origène, saint Ambroise, saint Bernard, saint Thomas et Bossuet, qui ont commenté ce cantique, y ont reconnu les noces de l'agneau, l'union ineffable du Verbe de Dieu avec l'humanité, avec l'Église, avec les âmes saintes ; union si intime, si parfaite, si délicieuse, si divine, que l'union des époux n'en est qu'une grossière image. Qui n'a entendu Dieu, dans les prophètes, se nommer l'Époux de la nation d'Israël, lui rappeler la foi promise, lui reprocher son idolâtrie sous le nom d'*adultère*, de *fornication*, et la menacer du divorce ? Qui ne sait que, dans la nouvelle alliance, l'Église chrétienne est l'épouse du Christ ? Le disciple bien-aimé termine sa révélation par les noces éternelles de l'époux et de l'épouse, du Christ et de son Église. Cette union, saint Paul l'étend à chaque âme pure. *Comme par l'union des corps, deux deviennent une même chair, de même qui s'attache au Seigneur, devient avec lui un même esprit* (1. Cor., 6, 16). Mais l'homme animal ne comprend pas ce qui est de l'esprit; sa sale imagination salit tout ce qu'elle touche.

Salomon était à peine monté sur le trône, quand Hiram ou Hirom, roi de Tyr, ami constant de David, lui envoya des ambassadeurs. Le jeune roi lui en députa de son côté, le priant de permettre qu'il fît couper à ses frais, des cèdres du Liban par les Sidoniens, qui passaient pour les ouvriers les plus habiles, afin de bâtir une maison à l'Éternel. « Cette maison sera grande, disait-il, car notre Dieu est grand par-dessus tous les dieux. Qui jamais aura la puissance de lui bâtir une maison digne de lui? car si le ciel et les cieux des cieux ne peuvent le contenir, qui suis-je, moi, pour lui bâtir une maison? Aussi n'est-ce que pour brûler de l'encens devant lui. » Salomon disait encore à Hiram : « Je donnerai, pour la nourriture de vos gens qui couperont ces bois, vingt mille *cores* ou sacs de froment, vingt mille *cores* ou sacs d'orge, vingt mille *baths* ou barils de vin, et vingt mille *baths* ou barriques d'huile par an. » Hiram répondit, plein de joie, par la lettre suivante : « C'est parce que Jéhova aime son peuple qu'il vous en a fait roi. Béni soit Jéhova, le Dieu d'Israël, qui a fait le ciel et la terre, d'avoir donné au roi David un fils aussi sage, habile, plein d'esprit et de prudence, pour bâtir une maison à Jéhova et une maison à sa royauté! Je vous envoie donc un homme sage et intelligent, Hiram, mon père. Sa mère était des filles de Dan et son père fut Tyrien. Il sait travailler en or, en argent, en cuivre, en fer, en marbre, en bois et même en pourpre, en hyacinthe, en fin lin et en écarlate; il sait encore graver toutes sortes de figures et ingénieusement inventer tout ce qui est nécessaire pour toutes sortes d'ouvrages. Il travaillera avec vos sages et avec les sages de mon seigneur David, votre père. Quant au blé, à l'orge, à l'huile et au vin que mon seigneur a promis, qu'il l'envoie maintenant à ses serviteurs. Pour nous, nous couperons dans le Liban tous les bois dont vous aurez besoin, et nous vous les amènerons par radeaux à la mer de Japho (ou Joppé); mais ce sera à vous de les transporter à Jérusalem (2. Paral., 2, 3-16; 3. Reg., 5, 1-11).

L'historien Josèphe rapporte que l'original de cette lettre se voyait encore de son temps dans les archives de Tyr (*Antiq.*, l. 8, c. 2). Tatien ajoute, d'après le témoignage de trois historiens de Phénicie, que le roi Hiram donna sa fille en mariage à Salomon (Tatianus, *Oratio contra gentes*). A la manière dont le monarque tyrien parle de Jéhova qui a fait le ciel et la terre, on est porté naturellement à conclure qu'il l'adorait. Quand il donne le nom de père à l'habile ouvrier qui portait son nom, c'est dans le même sens que le patriarche Joseph était appelé le père de Pharaon. Ce prodigieux artiste, né d'une fille de Dan, dans la tribu de Nephthali, et parvenu à une si haute faveur, nous montre dans quelle intimité vivaient non-seulement les rois, mais encore les peuples des deux pays. Le titre de *sages*, donné par le roi de Tyr à tous les ouvriers distingués dans leur profession, est un indice de la plus haute antiquité; car d'anciens auteurs nous apprennent que, longtemps avant ce que l'on appelle les sages de la Grèce, dans les siècles les plus reculés, le nom de sage se donnait à tout homme qui excellait dans une science ou dans un art quelconque (Plutarque, *Banquet des sept Sages*).

Les préparatifs ainsi réglés, Salomon fit le dénombrement des étrangers ou prosélytes établis dans son royaume. On en compta jusqu'à cent cinquante-trois mille six cents. Ils furent employés, soixante-dix mille à porter des fardeaux, quatre-vingt mille à tailler des pierres dans les montagnes, trois mille six cents à surveiller les divers ouvrages. Comme dans ces cent cinquante-trois mille six cents n'étaient compris ni les femmes ni les enfants au-dessous de vingt ans, ni les vieillards, mais seulement les hommes faits, on peut estimer à près d'un million les prosélytes ou étrangers qui alors adoraient le vrai Dieu dans la seule terre d'Israël. Salomon choisit encore parmi les Israélites d'origine trente mille ouvriers qu'il envoyait tour à tour, dix mille chaque mois, dans les montagnes du Liban, pour aider les Sidoniens à couper les arbres et à préparer la charpente. Car, et le bois et la pierre étaient taillés avant d'être transportés à Joppé et de là à Jérusalem (1).

Quant aux ouvriers Tyriens et Sidoniens mis à la disposition de Salomon par le roi de Tyr, l'Ecriture n'en dit pas le nombre. Empolème, cité par Eusèbe, le porte à quatre-vingt mille. Il ajoute quatre-vingt mille ouvriers Egyptiens, envoyés à Salomon par son beau-père (2); ce qui, en y joignant les trente mille Hébreux et les cent cinquante-trois mille six cents prosélytes, ferait en tout trois cent quarante-trois mille six cents. Le même auteur dit que, tous les ouvrages furent terminés, Salomon fit présent à chacun d'eux de dix sicles d'or. Le sicle d'argent est estimé deux francs de notre monnaie (3); le sicle d'or valait au moins dix fois plus, ou vingt francs; ce qui ferait, pour chacun, deux cents francs, et pour tous, soixante-huit millions sept cent vingt mille francs de gratification. Mais, outre cette largesse, ils avaient été payés de leurs journées, et payés sans doute comme on pouvait l'attendre de la munificence de Salomon; mais la construction du temple dura sept ans entiers, le palais du roi en demandera treize autres. Quand on pense à tout cela, l'on se demande d'où Salomon put tirer assez d'argent pour payer tout ce monde; car, à ne donner à chaque ouvrier que trois francs par jour, et à ne supposer que trois cents jours de travail dans l'année, les vingt ans exigeraient toujours, pour ce grand nombre d'hommes, une somme de six milliards.

Nous avons vu qu'avant sa mort, David fit connaître à Salomon de grands amas d'or, d'argent, d'airain, de fer, de marbre, qu'il avait rassemblés pour la construction du temple; nous avons vu que ces richesses furent encore augmentées par les dons volontaires des Israélites. Quant au fer et à l'airain, l'Ecriture dit qu'il n'y avait ni poids ni mesure; elle ne donne que le poids de l'or et de l'argent. David avait donc amassé, pour la construction de la maison de Dieu, cent mille talents d'or, un million de talents d'argent; il y ajouta, de son épargne, trois mille talents d'or, sept mille talents d'argent; les princes du peuple donnèrent, de leur côté, cinq mille talents d'or, dix mille talents d'argent, dix mille drachmes d'or. On peut estimer, en négligeant quelques centimes en plus la drachme d'or à onze francs, le talent d'argent à quatre mille huit cent sept, le talent d'or à soixante-huit mille huit cent septante; ce qui fera, pour le trésor royal, onze milliards six cent quatre-vingt-quatorze millions; pour l'épargne de David, deux cent quarante millions cent cinquante-neuf mille; pour l'offrande des princes, trois cent quatre-vingt-douze millions cinq cent trente mille; total, douze milliards trois cent vingt-six millions six cent quatre-vingt-neuf.

Ce grand nombre de talents d'or et d'argent, que les uns évaluent à un taux encore plus élevé, d'autres à un taux beaucoup moindre, car il n'y a rien d'absolument certain dans l'appréciation des anciennes monnaies en monnaies actuelles, n'étaient pas tous en espèces, mais une grande partie en vases et en lingots. Au taux où nous les avons estimés, ils équi-

---

(1) 3. Reg., 5, 13-18; 2. Paral., 2, 17 : « Numeravit igitur Salomon omnes viros proselytos qui erant in terrâ Israël... et invenit sunt centum quinquaginta millia, et tria millia sexcenti. Fecitque ex eis septuaginta millia, qui humeris onera portarent, et octoginta millia, qui lapides in montibus cæderent : tria autem millia et sexcentos præpositos operum populi. »
(2) *Præp. ev.*, l. 9, c. 32 et 34.
(3) Bouillet, *Dict. de l'Antiquité*.

LIVRE XIII. — SALOMON ET LE TEMPLE.

vaudraient à neuf fois les revenus ou impôts annuels de France, qui sont actuellement (1842) de plus de treize cent millions. Supposé que le contribuable qui paie un franc en conserve encore quatre, il y aura plus de six milliards cinq cent millions d'argent monnayé dans la France seule. Or, la domination de David, qui s'étendait depuis le fleuve de l'Egypte jusqu'au delà de l'Euphrate, comprenait un pays et plus grand et plus riche que n'est la France aujourd'hui. Il y avait des mines d'or. David avait amassé d'immenses richesses dans ses nombreuses conquêtes. Les tributs qu'on lui payait durent les augmenter encore prodigieusement pendant les quarante années de son règne. Sous celui de son fils, il est dit que l'argent était aussi commun à Jérusalem que les pierres, et qu'on le comptait pour rien. Tout cela bien considéré, nous ne voyons rien d'incroyable à une valeur de douze milliards en or et en argent.

Le temple fut donc commencé l'an 480, depuis que les enfants d'Israël sortirent de l'Egypte, l'an 4 du règne de Salomon, le second jour du second mois, sur la montagne de Moriah, là même ou Abraham avait immolé son fils, là même où, lors de la peste, l'ange exterminateur avait remis son épée dans le fourreau. Les fondements étant creusés, on y posa de grandes pierres, des pierres d'un grand prix; telles que marbre et porphyre; les unes avaient huit, les autres dix coudées. Ce temple devait former à lui seul comme une ville. Une première enceinte était laissée aux gentils : elle était carrée. On estime que chacun de ses côtés avait six cents coudées, environ deux cents mètres. Venait une seconde enceinte pour les Israélites, dont chaque côté avait cinq cents coudées, cent soixante-dix mètres environ. Ensuite une troisième pour les prêtres et les lévites, de deux cents coudées, environ soixante-dix mètres en carré. Enfin, au milieu de cette dernière, le temple proprement dit, de soixante coudées de long, vingt de large et trente de haut. On entrait de quatre côtés, dans ces diverses enceintes, par autant de portes qui, étant placées vis-à-vis l'une de l'autre, donnaient vue jusque sur le temple. Dans le pourtour intérieur de chaque enceinte, surtout de la seconde et de la troisième, régnaient des galeries soutenues par des colonnes. De ces galeries ou portiques à l'enceinte suivante, et de la dernière au temple, il y avait un espace vide ou parvis. Autour de ces portiques et au-dessus étaient les logements des prêtres, les magasins où l'on conservait le vin, l'huile, le froment, le bois, les habits et tout ce qui servait dans le temple. Dans le parvis des prêtres, devant le temple proprement dit, était un autel d'airain pour les holocaustes; un peu à côté, une mer de fonte, la mer d'airain, de dix coudées de diamètre par le haut, et posée sur douze bœufs d'airain, trois desquels regardaient le septentrion, trois l'occident, trois le midi et trois l'orient. On y réservait l'eau nécessaire dans les sacrifices. Pour en rendre la distribution plus commode, il y avait, à droite et à gauche du temple, dix cuves d'airain plus petites, cinq de chaque côté, posées sur des socles d'airain, que soutenaient et transportaient d'un endroit à l'autre quatre roues d'airain avec des essieux d'airain. Sur ces socles on voyait gravés, entre des couronnes et des palmes, des lions, des bœufs et des chérubins.

Le temple même, long de soixante coudées, large de vingt et haut de trente, s'ouvrait à l'orient sous un portique ou vestibule, long de la largeur du temple et large de dix coudées, que soutenaient deux colonnes de bronze, de dix-huit coudées chacune, avec des chapiteaux de cinq. L'une de ces colonnes, posée à droite, fut appelée *Iakin* (*qu'il affermisse*); l'autre posée à gauche, fut appelée *Booz* (*en elle la force*). C'était comme une prière que Salomon faisait à Dieu, d'affermir pour jamais cette maison qu'il élevait à sa gloire. Aux trois autres côtés du temple, il y avait trois étages de chambres, montant à la moitié de sa hauteur, savoir à quinze coudées : c'est là qu'étaient gardés les trésors consacrés à l'Éternel. Au-dessus de ces chambres étaient les fenêtres qui donnaient du jour au lieu saint et au Saint des saints. Car le temple de Salomon se partageait en deux, comme le tabernacle de Moïse; ce n'était au fond que ce tabernacle même, sur de plus grandes dimensions, et rendu stable au lieu de rester mobile et portatif. Dans la première partie, le lieu saint, de quarante coudées de long, vingt de large et autant de haut, il y avait l'autel d'or pour les parfums, la table d'or pour les pains de proposition et dix chandeliers d'or, cinq à droite et cinq à gauche : les prêtres seuls pouvaient entrer là. Le lieu saint était séparé du Saint des saints par un riche voile, brodé de chérubins, derrière lequel le grand-prêtre seul pénétrait une fois par an. Le Saint des saints ou l'oracle avait vingt coudées en tout sens. Au milieu étaient deux chérubins de dix coudées de haut, et dont les ailes avaient dix coudées d'envergure; leur face était tournée vers le voile, et, de leurs ailes étendues, les premières touchaient de chaque côté à la muraille, et les secondes venaient se joindre au milieu du sanctuaire. C'est à l'ombre de leurs ailes que devait se placer l'arche d'alliance, ornée elle-même de deux chérubins de moindre dimension. Salomon lambrissa de cèdre tout l'intérieur du temple, couvrit ce lambris de lames d'or attachées avec des clous d'or; il couvrit également d'or les chérubins, orna toutes les murailles du temple, tout à l'entour, de moulures et de sculptures, où il fit des chérubins et des palmes en bas-relief, et diverses peintures qui semblaient se détacher de leur fond et sortir de la muraille. De plus, et dans le lieu saint, et dans le Saint des saints, le pavé était plaqué de lames d'or. Finalement il n'y avait rien dans le temple qui ne fût couvert d'or. Avec cela, tous les matériaux, et les pierres, et les bois, et les métaux, étaient préparés d'avance avec tant de soin, que, dans la construction de la maison sainte, on n'entendit ni marteau, ni cognée, ni le bruit d'aucun instrument (3. Reg., 6, etc.; 2. Paral., 3, etc.; Ezéchiel., 40, etc).

Au rapport de l'historien Josèphe, Salomon fit aussi faire, pour le service du temple, vingt mille vases d'or et quarante mille d'argent; quatre-vingt mille coupes d'or à boire; quatre-vingt mille plats d'or pour mettre la fleur de farine que l'on détrempait sur l'autel, et cent soixante mille plats d'argent; soixante mille tasses d'or, dans lesquelles on détrempait la farine avec de l'huile, et cent vingt mille tasses d'argent; vingt mille assarons ou hins d'or, et quarante mille d'argent, vingt mille encensoirs d'or pour offrir et brûler les parfums, et cinquante mille pour porter le feu depuis le grand autel jusqu'au petit, qui était dans le temple (*Antiq.*, l. 8, c. 2).

Ce temple, commencé la quatrième année du règne de Salomon, le second jour du second mois, fut achevé la onzième année, au huitième mois. Le fils de David employa ainsi sept ans à la construction de la maison de Dieu, comme Dieu avait employé sept jours à la création et à la dédicace de l'univers.

La dédicace du temple de Jérusalem répondit à la grandeur et à la sainteté de l'édifice.

Salomon assembla tous les anciens d'Israël, les chefs des tribus, les princes des familles, à Jérusalem, pour transporter l'arche de l'alliance de Jéhova, de la cité de David sur la montagne de Moriah, où était la maison de Dieu. Il choisit pour cela le temps de la *fête des Tabernacles*. Et comme cette solennité de la dédicace tomba une année de Jubilé, les enfants d'Israël eurent d'autant plus le loisir de demeurer quinze jours entiers à Jérusalem.

Des prêtres levèrent l'arche sainte. Le tabernacle ainsi que les vases sacrés étaient portés et par des prêtres et par des lévites. Le roi marchait devant avec toute l'assemblée d'Israël; ils immolaient des brebis et des bœufs sans nombre. L'arche sainte de l'alliance fut déposée dans le Saint des saints, sous les ailes des grands chérubins. Il n'y avait alors dans l'arche que les deux tables de pierre que Moïse y avait mises à Horeb, lorsque l'Eternel fit alliance avec les enfants d'Israël, aussitôt après leur sortie d'Egypte. Ce qu'il y avait eu de plus, savoir, l'urne pleine de manne, la verge d'Aaron et le livre de la Loi, fut placé à côté.

Au moment que les prêtres sortaient du sanctuaire, les lévites et les chantres, divisés en trois chœurs, sous Asaph, Héman, Idithum, tous vêtus de lin blanc, entonnaient d'une voix, au bruit des cymbales, des psaltérions et des cithares, ainsi que de cent vingt trompettes que sonnaient des prêtres, la louange de l'Eternel. Les trompettes, les cymbales, les psaltérions, les cithares, les autres instruments de musique, secondant les voix, faisaient entendre au loin l'hymne de Jéhova : *Louez le Seigneur, parce qu'il est bon, parce que sa miséricorde est éternelle !*

Pendant que tout retentissait de la sorte, une nuée emplit la maison de Jéhova, et les prêtres ne pouvaient plus y demeurer ni remplir leur ministère, à cause de la nuée; car la gloire de Jéhova remplissait la maison de Jéhova (2. Paral., 5, 3; Reg., 8). Salomon dit alors : « L'Eternel a dit qu'il habiterait dans une nuée! J'ai bâti une maison pour votre demeure, un trône pour que vous y habitiez à jamais. » Et le roi tourna son visage et bénit toute l'assemblée d'Israël. Et toute l'assemblée d'Israël était debout. Et il dit : « Béni soit Jéhova, le Dieu d'Israël, qui a parlé de sa bouche à David, mon père, et qui, par sa main, a accompli sa parole, disant : *Depuis le jour que j'ai tiré de l'Egypte Israël, mon peuple, je n'ai point choisi de ville dans toutes les tribus d'Israël afin qu'on m'y bâtît une maison et que mon nom fût là.* Mais j'ai choisi David afin qu'il fût chef de mon peuple Israël. Et mon père David avait bien dans le cœur de bâtir une maison au nom de Jéhova, le Dieu d'Israël; mais Jéhova dit à David, mon père : Quand tu as eu dans le cœur de bâtir une maison à mon nom, tu as bien fait de former en toi ce dessein.

Seulement ce ne sera pas toi qui bâtiras cette maison; mais ton fils, qui sortira de toi, sera celui qui bâtira une maison en mon nom. Et Jéhova a vérifié la parole qu'il avait dite : J'ai succédé à David, mon père; je me suis assis sur le trône d'Israël comme l'avait dit Jéhova, et j'ai bâti la maison au nom de Jéhova, le Dieu d'Israël. Et j'y ai préparé un lieu à l'arche, en laquelle est l'alliance de Jéhova, qu'il a faite avec nos pères quand il les tira de l'Egypte. »

Et Salomon s'avança vers l'autel de l'Eternel, sur une estrade d'airain, haute de trois coudées, à la vue de toute l'assemblée d'Israël, et, prosterné à genoux, les mains étendues vers le ciel, il dit : « O Jéhova, Dieu d'Israël, il n'y a point de Dieu, ni au plus haut du ciel ni sur la terre, qui soit semblable à vous, qui gardez l'alliance et la miséricorde à vos serviteurs qui marchent devant vous de tout leur cœur; vous qui avez gardé à votre serviteur, mon père David, tout ce que vous lui avez promis. Vous l'avez dit de votre bouche et accompli de votre main, comme il l'est en ce jour. Maintenant donc, ô Jéhova, Dieu d'Israël! gardez à votre serviteur David, mon père, ce que vous lui avez promis, disant : *Il ne te manquera point un homme devant moi, qui soit assis sur le trône d'Israël, pourvu néanmoins que tes fils veillent sur leurs voies et qu'ils marchent en ma présence, comme tu as marché devant moi.* Et maintenant, ô Jéhova, Dieu d'Israël! rendez véritables les paroles que vous avez dites à votre serviteur, mon père David.

» Est-il donc croyable que Dieu habite véritablement avec les hommes sur la terre? Voilà, le ciel et les cieux des cieux ne peuvent vous contenir, combien moins cette maison que j'ai bâtie! Mais regardez la prière de votre serviteur et ses supplications, Jéhova, mon Dieu, afin que vous écoutiez son hymne et la prière que votre serviteur vous offre aujourd'hui; afin que vos yeux soient ouverts jour et nuit sur cette maison, de laquelle vous avez dit : *Là sera mon nom ;* afin que vous exauciez la prière que votre serviteur vous fera en ce lieu. Ecoutez les prières que votre serviteur et votre peuple Israël vous offriront en ce même lieu; écoutez du haut de votre séjour, du haut des cieux; écoutez et faites miséricorde.

» Lorsqu'un homme aura péché contre son prochain, qu'il y aura fait intervenir un serment, et que ce serment soit porté devant votre autel dans cette maison, vous écouterez des cieux et vous ferez justice à vos serviteurs; vous condamnerez le coupable, faisant retomber ses voies iniques sur sa tête, et vous justifierez le juste en lui rendant selon sa justice.

» Lorsque votre peuple Israël sera défait par ses ennemis, parce qu'il aura péché contre vous; et qu'il retourne vers vous, et qu'il confesse votre nom, et qu'il prie et supplie vers vous dans cette maison : vous écouterez des cieux, vous pardonnerez le péché d'Israël, votre peuple, et vous le ramènerez dans le pays que vous avez donné à ses pères.

» Lorsque le ciel sera fermé et qu'il n'y aura point de pluie, parce qu'il aura péché contre vous; et que, priant en ce lieu, il confesse votre nom et se convertisse de ses péchés, à cause que vous l'aurez affligé : vous écouterez des cieux et vous pardonnerez le péché de vos serviteurs et de votre peuple Israël, leur enseignant la voie droite pour qu'ils y marchent, et vous répandrez la pluie sur la terre que vous avez donnée à votre peuple en héritage.

» Lorsque la famine, ou la peste, ou la sécheresse, ou la nielle, ou les sauterelles, ou les chenilles seront dans le pays, ou qu'il y aura telle plaie ou telle maladie que ce soit, quiconque, sentant sa plaie, soit un particulier, soit tout votre peuple Israël, priera et suppliera, chacun dans son cœur, et étendra sa main vers cette maison : vous écouterez du ciel, ce lieu de votre demeure, vous redeviendrez propice, vous rendrez à chacun selon toutes ses voies, selon que vous verrez son cœur ; car vous seul connaissez le cœur de tous les enfants de l'homme, afin qu'ils vous craignent tous les jours qu'ils vivront sur la terre que vous avez donnée à leurs pères.

» Lorsqu'un étranger, qui ne sera pas de votre peuple Israël, viendra d'une terre lointaine, à cause de votre nom ; car ils entendront parler de votre grand nom, et de votre main puissante, et de votre bras étendu ; lorsqu'il viendra et priera dans cette maison : vous écouterez du ciel, le siège de votre demeure, et vous ferez selon tout ce que vous aura demandé l'étranger, afin que tous les peuples de la terre connaissent votre nom et vous craignent, comme votre peuple Israël, et qu'ils éprouvent eux-mêmes que votre nom a été invoqué sur cette maison que j'ai bâtie.

» Lorsque votre peuple marchera en bataille contre l'ennemi, par la route où vous l'enverrez, et qu'il adresse ses prières à Jéhova, en se tournant vers la ville que vous avez choisie, et cette maison que j'ai bâtie à votre nom : vous écouterez du ciel ses prières et ses supplications, et vous lui rendrez justice.

» Lorsque les enfants d'Israël auront péché contre vous (car il n'y a point d'homme qui ne pèche), et qu'étant irrité contre eux, vous les livriez à leurs ennemis, et que ceux-ci les emmènent captifs, ou loin ou près, dans une terre ennemie ; s'ils reviennent à leur cœur dans la terre de leur captivité, et que là, se convertissant à vous, ils implorent votre miséricorde, disant : Nous avons péché, nous avons commis l'iniquité, nous avons agi en impies ; s'ils reviennent ainsi à vous de tout leur cœur et de toute leur âme, dans la terre de leurs ennemis, là où ceux-ci les ont emmenés captifs, et qu'ils vous prient en se tournant vers leur pays, le pays que vous avez donné à leurs pères, vers la ville que vous avez choisie et la maison que j'ai bâtie à votre nom : vous écouterez du ciel, le siège de votre demeure, vous écouterez leurs prières et leurs supplications, et prendrez leur défense, et vous serez propice à votre peuple qui a péché contre vous, et vous lui pardonnerez toutes les prévarications par lesquelles il a prévariqué contre vous, et vous lui ferez trouver miséricorde devant ceux qui l'ont emmené captif, et ils auront pitié de lui ; car il est votre peuple et votre héritage, c'est lui que vous avez tiré de l'Egypte, du milieu de la fournaise de fer. Que vos yeux soient donc ouverts sur les prières de votre serviteur et de votre peuple Israël, afin que vous les exauciez dans toutes leurs supplications ; car c'est vous qui vous les êtes séparés, pour votre héritage, d'entre tous les peuples de la terre, selon que vous avez parlé par Moïse, votre serviteur, quand vous avez tiré nos pères de l'Egypte, ô Adonaï ! ô Jéhova (3. Reg., 8, 12-53) ! »

Quand Salomon eut achevé cette prière et cette invocation à Jéhova, il se leva de devant l'autel de Jéhova ; car il avait mis les deux genoux en terre et tenait les mains étendues vers le ciel. Et, debout, il bénit toute l'assemblée d'Israël à haute voix, disant : « Béni soit Jéhova qui a donné le repos à son peuple Israël, selon tout ce qu'il a dit. Il n'est pas tombé à terre une seule des bonnes paroles qu'il a dites par Moïse, son serviteur. Que Jéhova, notre Dieu, soit avec nous, comme il a été avec nos pères ; qu'il ne nous abandonne point ni ne nous délaisse, mais qu'il incline nos cœurs vers lui, afin que nous marchions dans toutes ses voies et que nous gardions ses préceptes, ses cérémonies et tous les commandements qu'il a prescrits à nos pères ! Et que les paroles par lesquelles j'ai prié devant Jéhova soient présentes à Jéhova, notre Dieu, jour et nuit, afin que de jour en jour il fasse justice à son serviteur et à son peuple Israël, et que tous les peuples de la terre sachent que Jéhova est Dieu, lui, et point d'autre ! Que notre cœur aussi soit parfait avec Jéhova, notre Dieu, afin de marcher selon ses préceptes et de garder ses commandements comme aujourd'hui. »

Salomon achevait cette prière, quand le feu descendit du ciel et consuma les holocaustes et les victimes ; et la majesté de Jéhova remplit la maison, en sorte que les prêtres n'y pouvaient entrer ; car la majesté de Jéhova remplissait la maison de Jéhova. Aussi, tous les enfants d'Israël virent descendre le feu et la gloire de Jéhova sur la maison ; et ils se prosternèrent la face contre terre sur le pavé, et ils adorèrent, et ils louèrent Jéhova, parce qu'il est bon, parce que sa miséricorde est éternelle.

Et le roi, et tout Israël avec lui immolaient des victimes devant Jéhova ; car Salomon immola à l'Eternel, comme des hosties pacifiques, vingt-deux mille bœufs et cent vingt mille brebis, et ils dédièrent ainsi la maison de Jéhova, le roi et tous les enfants d'Israël. Et les prêtres étaient chacun à leurs fonctions, et les lévites aux instruments des hymnes de Jéhova, que David avait faits pour louer Jéhova, parce que sa miséricorde est éternelle. Vis-à-vis d'eux, les prêtres sonnaient des trompettes et tout Israël était debout.

Cette dédicace dura les sept jours qui précédèrent la *fête des Tabernacles*, qui en durait sept autres, en sorte que le peuple demeura assemblé quatorze jours. Comme l'autel des holocaustes ne suffisait point à toutes les victimes, quoiqu'il eût vingt coudées de long et autant de large. Salomon consacra, pour cette occasion seule le parvis du temple, en y plaçant, à ce qu'il paraît, un autel temporaire.

Et au huitième jour de la *fête des Tabernacles*, quinzième de toute la solennité, Salomon renvoya cette multitude de peuple, accourue depuis l'entrée d'Emath, actuellement Antioche de Syrie, jusqu'au fleuve de l'Egypte. Et ils bénirent le roi, et s'en retournèrent à leurs tentes avec allégresse et le cœur plein de joie pour tous les biens que l'Eternel avait faits à David, à Salomon et à tout son peuple (3. Reg., 8 ; 2. Paral., 5, etc.).

Parmi toutes les choses remarquables dans ce récit, il en est surtout une qu'on ne remarque point assez : c'est la grande part qu'eurent les étrangers à la construction du temple. Cent cinquante-trois mille six cents étrangers ou prosélytes, auxquels sont à joindre les ouvriers de Tyr et de Sidon, préparent et apportent les matériaux. Avec eux, il n'y a que trente mille, c'est-à-dire moins d'un cinquième d'Israélites d'origine. Les architectes tyriens, avec ceux de Juda, mettent les matériaux en œuvre; celui qui préside à l'exécution est un Tyrien né d'une femme israélite. Ce temple, bâti par les étrangers, l'est aussi pour eux. Bien loin de les en exclure, Salomon, dans sa belle prière, leur reconnaît expressément le droit d'y venir et d'y prier l'Eternel. Et il entend, non-seulement les étrangers ou prosélytes qui demeuraient au pays, mais les étrangers *Nacri*, qui viennent d'une terre lointaine. Le temple était ainsi dès lors un centre visible d'unité religieuse, non-seulement pour les Israélites, mais encore pour tous les hommes.

Il en est qui demandent : Pourquoi un temple? Autant demander : Pourquoi le monde? Car le monde entier n'est qu'un temple que Dieu s'est bâti lui-même. Il n'en avait nul besoin : il est à lui-même son temple et son adorateur; mais il a voulu se communiquer à des créatures, il a voulu se communiquer à nous; il nous donne pour cela de faire et de devenir, proportion gardée, ce qu'il a fait, ce qu'il est lui-même; de lui bâtir des temples matériels, comme il s'en est bâti un de cette sorte dans le monde; de lui devenir, par sa grâce, un temple spirituel, comme il est à lui-même un temple ineffable et éternel; et tout cela pour mériter d'entrer comme des pierres vivantes dans ce temple éternel et ineffable.

Le temple de Salomon surtout avait plus d'une fin, non-seulement pour le présent, mais pour l'avenir : dans le présent, unir entre eux tous les enfants de Jacob, et avec eux tous les fidèles répandus sur la terre; dans l'avenir, préfigurer la structure de l'Eglise chrétienne, l'édification de chaque âme sainte, la glorification finale de Dieu dans les créatures, et des créatures en Dieu, avec la dédicace de l'éternité.

La montagne de Jéhova qui soutient tout le temple, c'est le Christ; les pierres précieuses posées dans les fondements, ce sont les prophètes et les apôtres; celles qui doivent continuer l'édifice, sont tous les fidèles. *C'est nous la maison du Christ*, dit saint Paul aux fidèles de la Judée (Heb., 3). *Vous approchant du Seigneur*, dit saint Pierre, *soyez édifiés sur lui comme des pierres vivantes, pour former une maison spirituelle* (1. Pet., 2). Ces pierres, taillées dans le monde par le marteau de l'affliction, polies par toutes sortes d'épreuves, sont mises en place sans bruit et unies entre elles par le lien de la charité. Le tabernacle, mobile et portatif, indique le voyage; le temple, immuable et en pierres, indique le terme, la patrie; à la construction du tabernacle, il ne travaille que des Hébreux, mais avec les richesses de l'Egypte; à la construction du temple, les Gentils sont le grand nombre, mais ils travaillent avec les richesses des Hébreux; dans la Synagogue, les architectes, les pasteurs sont tous de la race de Jacob, mais ils édifient avec les vérités négligées par les nations; dans l'Eglise chrétienne, la plupart des pasteurs et des architectes sont issus des nations, mais ils édifient avec les vérités méconnues par les Juifs. Le modèle du temple était le tabernacle, le modèle du tabernacle fut montré à Moïse sur la montagne. Ce modèle divin se réalise tous les jours dans l'Eglise chrétienne, mais il ne sera parfait que dans le ciel.

Le disciple bien-aimé l'a vue d'avance dans son immortelle splendeur.

« Je vis alors, dit-il, je vis un ciel nouveau et une terre nouvelle; car le premier ciel et la première terre avaient disparu, et la mer n'était plus. Et moi Jean, je vis descendre du ciel la sainte cité, la nouvelle Jérusalem, qui venait de Dieu, parée comme l'est une épouse pour son époux. Et j'entendis une voix forte sortie du trône, qui disait : Voici le tabernacle de Dieu avec les hommes; et il demeurera avec eux. Ils seront son peuple, et Dieu, au milieu d'eux, sera leur Dieu. Et Dieu essuiera toutes larmes de leurs yeux; et il n'y aura plus ni morts, ni cris, ni douleur, parce que les premières choses sont passées. Alors celui qui était assis sur le trône, dit : Je vais faire toutes choses nouvelles. Et il me dit : Ecris; car ces paroles sont très-certaines et très-véritables. Il me dit encore : C'en est fait; je suis l'alpha et l'oméga, le commencement et la fin. Je donnerai gratuitement à boire de la fontaine d'eau vive à celui qui a soif. Celui qui vaincra héritera de ces choses, et je serai son Dieu, et il sera mon fils. Mais pour les timides, les incrédules, les exécrables, les homicides, les fornicateurs, les empoisonneurs, les idolâtres et tous les menteurs, ils auront leur part dans l'étang brûlant de feu et de soufre, qui est la seconde mort.

» Il vint alors un des sept anges qui tenaient les sept coupes pleines des sept dernières plaies; il me parla et il me dit : Venez, et je vous montrerai l'épouse, qui est la femme de l'Agneau. Et il me transporta en esprit sur une grande et haute montagne; et il me montra la grande cité, la sainte Jérusalem, qui descendait du ciel d'auprès de Dieu, revêtue de la gloire de Dieu : sa lumière était semblable à une pierre précieuse, telle qu'une pierre de jaspe transparente comme du cristal. Elle avait une grande et haute muraille, et douze portes, et douze anges aux portes, et des noms écrits, qui étaient les noms des douze tribus des enfants d'Israël. Il y avait trois de ces portes à l'orient, trois au septentrion, trois au midi et trois à l'occident. La muraille de la ville avait douze fondements, où étaient les douze noms des douze apôtres de l'Agneau. Celui qui me parlait avait une canne d'or pour mesurer la ville, les portes et la muraille. La ville était bâtie en carré, aussi longue que large. Il mesura la ville avec sa canne d'or, jusqu'à l'étendue de douze mille stades; et sa longueur, sa largeur et sa hauteur sont égales. Il en mesura aussi la muraille, qui était de cent quarante-quatre coudées de mesure d'homme, qui était celle de l'ange. La muraille était bâtie de pierre de jaspe; mais la ville était d'un or pur, semblable à du verre très-clair. Les fondements de la muraille de la ville étaient ornés de toutes sortes de pierres précieuses. Le premier fondement était de jaspe, le second de saphir, le troisième de calcédoine, le quatrième d'émeraude, le cinquième de sardonix, le sixième de sardoine, le septième de chrysolithe, le huitième de béril, le neuvième de topaze, le dixième de chrysoprase, le onzième d'hyacinthe, le douzième d'améthyste. Les douze portes étaient de douze perles; et chaque porte était faite de chaque perle; et la place de la

LIVRE XIII. — SALOMON ET LE TEMPLE.

ville était d'un or pur comme du verre transparent. Je ne vis point de temple dans la ville, parce que le Seigneur, Dieu tout-puissant et l'Agneau, en est le temple. Et la ville n'a pas besoin du soleil ni de la lune pour l'éclairer, parce que la gloire de Dieu l'éclaire, et que l'Agneau en est la lampe. Les nations marcheront à sa lumière, et les rois de la terre y apporteront leur gloire et leur honneur. Ses portes ne fermeront point de jour; car, de nuit, il n'y en aura point dans ce lieu. On y apportera la gloire et l'honneur des nations. Il n'y entrera rien de souillé, ni aucun de ceux qui commettent l'abomination et le mensonge; mais ceux-là seulement qui sont écrits dans le livre de vie de l'Agneau (Apoc., c. 21). »

Ainsi, dans ce qui regarde le temple comme dans le reste de la religion, tout se suit, tout se développe. Ce n'est d'abord qu'une pierre sur laquelle Jacob repose sa tête; puis une tente, puis une maison, puis une société répandue sur toute la terre, puis sa glorification dans le ciel. Mais cette pierre que Jacob érige en monument, qu'il oint d'huile et nomme Béthel ou maison de Dieu, lui a déjà fait entrevoir tout ce que figurera, et le tabernacle de Moïse, et le temple de Salomon, tout ce que réalisera l'Eglise du Christ, tout ce qu'accomplira le ciel par une éternelle dédicace. Il a entrevu la réconciliation du Ciel et de la terre, l'union de Dieu et de l'homme; il a vu Dieu, ses anges et l'homme, ne faisant ensemble qu'une société ou Eglise; il l'a vu, il s'est écrié : *Que ce lieu est redoutable ! Ce n'est pas moins que la maison de Dieu et la porte du ciel !* Et le patriarche, à Béthel, et l'apôtre, à Patmos, voient la même chose; la seule différence, c'est que l'un voit obscurément ce que l'autre voit clairement, l'un voit à venir ce que l'autre voit accompli.

Après que le temple eut été dédié, Salomon construisit pour lui-même un magnifique palais. Treize ans entiers furent employés à le bâtir, avec les bois, les pierres, les marbres et les matériaux les plus précieux, comme avec la plus belle et la plus riche architecture qu'on eût jamais vue. On l'appelait *le Liban*, à cause de la multitude de cèdres qu'on y posa, en hautes colonnes, comme une forêt, dans de vastes et longues galeries, et avec un ordre merveilleux. Les armes qu'on y voyait, deux cents piques et trois cents boucliers, étaient d'or. On y admirait surtout le trône royal, où tout resplendissait d'or, avec la superbe galerie où il était érigé; Le siège en était d'ivoire, revêtu de l'or le plus pur; les six degrés par où l'on montait au trône, et les escabeaux où posaient les pieds étaient du même métal; douze lionceaux garnissaient les degrés, six à droite, six à gauche, et deux lions les deux côtés du trône; les ornements qui l'environnaient étaient aussi d'or massif. Auprès, se voyait l'endroit particulier de la galerie où se rendait la justice, tout construit d'un pareil ouvrage.

Salomon bâtit en même temps le palais de la reine, sa femme, fille du roi Pharaon, où tout étincelait de pierreries, et où, avec la magnificence, on voyait reluire une propreté exquise. Ajoutons les lieux destinés aux équipages, où les chevaux, les chariots, les attelages étaient innombrables. Les tables et les officiers de la maison du roi pour la chasse, pour les nourritures, pour tout le service, dans leur nombre comme dans leur ordre, répondaient à cette magnificence. Tous les vases où le roi Salomon buvait étaient d'or, et toute la vaisselle de la maison du Liban était d'un or très-fin; aucun de ces vases n'était d'argent : l'argent était compté pour rien.

Lorsque Salomon eut fini ces grandes entreprises, et que, sans doute il jouissait de l'affection reconnaissante de son heureux peuple, de même qu'il était devenu l'admiration universelle des nations d'alentour, l'Eternel lui apparut une seconde fois comme il lui avait apparu à Gabaon. Aux anciennes promesses se joignaient cette fois de terribles avertissements. C'était une nouvelle faveur. Au faîte de la prospérité et de la gloire où se voyait le jeune roi, il avait grand besoin de se rappeler que, sans la fidélité à Dieu, tout cela n'est que vanité. L'Eternel lui dit donc : « J'ai exaucé ta prière et tes supplications. J'ai sanctifié cette maison que tu as bâtie, afin que j'y établisse mon nom à jamais; et mes yeux et mon cœur seront toujours là. Et toi, si tu marches en ma présence comme a marché ton père David, dans la simplicité et la droiture de ton cœur; si tu fais ce que je t'ai commandé et que tu gardes mes lois et mes préceptes, j'affermirai le trône de ta royauté sur Israël à jamais, selon que j'ai parlé à David, ton père, disant : *Il ne te manquera point un héritier sur le trône d'Israël.* Que si vous vous détournez obstinément de moi, vous et vos enfants, et ne gardant ni mes préceptes ni les lois que je vous ai prescrites, vous vous en alliez servir les dieux étrangers et les adorer, j'exterminerai Israël de la face de la terre que je leur ai donnée, et cette maison que j'ai consacrée à mon nom, je la rejetterai loin de moi, et Israël sera le proverbe et la fable de tous les peuples. Et cette maison sera un exemple; et quiconque passera au milieu d'elle sera frappé d'étonnement, sifflera et dira : Pourquoi Jéhova a-t-il ainsi fait à cette terre et à cette maison ? Et on lui répondra : Parce qu'ils ont abandonné Jéhova, leur Dieu, qui avait tiré leurs pères de l'Egypte, et qu'ils ont suivi les dieux étrangers et les ont adorés et servis; c'est pour cela que Jéhova a amené sur eux tous ces maux (3. Reg., 9). »

Après le temple et les édifices de la résidence royale, Salomon bâtit les murs de Jérusalem, et accomplit ainsi le désir qu'avait formé son père David. Il commença aussi plusieurs villes et rebâtit Gazer, ville chananéenne de la terre d'Ephraïm, que son beau-père Pharaon avait détruite, mais qu'il donna pour dot à l'épouse de Salomon. Il rendit tributaires les Chananéens qui n'étaient point encore subjugués, et fonda deux villes, Baalath et Tadmor, dans le désert de Syrie, qui, à cause de l'énorme quantité de sel qu'il produit, est appelé, dans l'Ecriture sainte, la *Vallée de Sel*, et tomba sous le domaine de David, quand il conquit la Syrie. Baalath, que les Grecs traduisaient *Héliopolis*, veut dire *Ville du Soleil*. Il est possible que Salomon lui eût donné ce nom quand il se laissa induire au culte des faux dieux. Maintenant elle s'appelle *Balbek*, qui, en arabe, signifie un lieu où des hommes se rassemblent pour le culte divin. Tadmor est encore maintenant appelé de son vieux nom par les Arabes. Il est également devenu célèbre chez les Occidentaux, sous le nom de *Palmyre*. C'était une grande politique à Salomon de bâtir les deux villes dans ce désert de sel, où passaient les caravanes de ce commerce indiciblement riche qui se faisait entre la Phénicie et Babylone. Favorisant ainsi le commerce de Tyr, il obligeait son ami Hiram, qui l'avait aidé si généreusement à bâtir le temple et le palais royal. En même temps il ornait son propre royaume de deux cités qui, à cause de leur position, étaient de la dernière importance. Aussi, dans la suite, s'élevèrent-elles à un tel degré de splendeur, que les débris qui en restent appartiennent à ce que l'antiquité nous a laissé de plus imposant et de plus magnifique.

Grand dans ses desseins, actif à les exécuter, il se rendit à Asiongaber, dans l'Idumée, et y fit construire des vaisseaux, qui, de là, ainsi que d'Elath, descendaient la mer Rouge et d'Ophir, nom qui désigne vraisemblablement les Indes ou l'Arabie Heureuse, apportaient de l'or, du bois d'ébène et des pierres précieuses. Salomon envoyait encore jusqu'à Tharsis une flotte qui, avec celle de Tyr, ne revenait qu'après trois ans, chargée d'or, d'argent, d'ivoire, de singes et de paons. Tharsis, sur la position duquel on dispute, est rendu plusieurs fois dans les Septante par Carthage. C'est ainsi que, dans la compagnie des Tyriens, les plus habiles navigateurs de l'antiquité, les Israélites faisaient connaissance avec les mers et les continents.

L'éclat de son règne et la vaste étendue de son commerce répandirent le nom de Salomon dans les régions les plus lointaines. Le fils de Sirac dit expressément que son nom fut célèbre au loin dans les îles, expression qui, dans le style des Hébreux, désigne l'Europe (1). La reine de Saba ne résista point au désir de voir ce grand prince. Elle se rendit donc à Jérusalem avec une suite nombreuse, accompagnée de chameaux qui portaient des aromates, de l'or, des pierres précieuses, pour en faire des présents à Salomon et éprouver elle-même sa sagesse par des énigmes. Quelque singulier que nous paraisse ce dessein, il n'était point étrange en ce temps ni dans l'Orient, où aujourd'hui encore, une sagacité naturelle, jointe à une vie oisive, fait aimer beaucoup ces jeux de l'esprit. Les Grecs et les Romains eux-mêmes avaient coutume de se divertir les jours des noces par des énigmes. Déjà Samson en avait proposé une en pareille circonstance. Ce que faisaient les autres hommes les jours de fête et de joie, devint bientôt un besoin de tous les jours dans les cours des rois. On peut croire cependant que les énigmes de la princesse étaient des problèmes d'histoire naturelle et de philosophie. Salomon les résolut toutes. La reine en était ravie : son admiration augmentait à mesure qu'elle voyait les édifices qu'il avait élevés, le temple avec les holocaustes qu'on y offrait, le palais, l'ordre qui y régnait, soit dans l'administration du royaume, soit dans la tenue de la cour. Elle lui dit enfin, hors d'elle-même : « C'est la vérité que j'avais ouïe, dans mon royaume, sur vos entretiens et sur votre sagesse ; et je ne croyais pas ceux qui me parlaient, jusqu'à ce que je sois venue moi-même et que j'aie vu de mes yeux ; et voilà qu'on ne m'a pas dit la moitié de ce qui est. Votre sagesse et vos œuvres surpassent la renommée que j'ai entendue. Heureux vos hommes ! heureux vos serviteurs que voilà, qui sont toujours en votre présence et qui écoutent votre sagesse ! Béni soit Jéhova, votre Dieu, qui s'est complu en vous et qui vous a placé sur le trône d'Israël, parce qu'il a aimé Israël à jamais. »

La reine de Saba donna ensuite au roi cent vingt talents d'or, estimés huit millions deux cent soixante-quatre mille quatre cents francs de notre monnaie, avec une quantité infinie de parfums et de pierres précieuses. Salomon, de son côté, lui donna tout ce qu'elle désira et ce qu'elle demanda, outre les présents qu'il lui fit de lui-même et qui surpassèrent ceux qu'elle lui avait apportés. Et la reine s'en retourna en son royaume avec ses serviteurs (3. Reg., 10 ; 2. Paral., 9).

Deux nations se disputent l'honneur d'avoir eu pour souveraine l'illustre princesse : les Arabes et les Ethiopiens. Les premiers assurent qu'elle régna dans le Yémen ou Arabie Heureuse, à Mareb, capitale de la province de Saba ; ils produisent même sa généalogie ainsi que l'histoire de son voyage de Judée, où ils racontent qu'elle épousa Salomon, et, qu'après son retour en Arabie, elle entretenait avec ce prince un commerce de lettres, par le moyen d'un oiseau nommé *hudhud*, qui en était porteur (1). Mais, voulant ainsi embellir leur cause, ils la rendent suspecte. Les Ethiopiens prétendent, de leur côté, que cette reine de Saba fonda leur monarchie, et ils conservent encore les noms de tous ses successeurs. Ils ajoutent qu'elle eut de Salomon un fils qu'elle lui envoya, afin qu'il fût élevé auprès de sa personne : ils l'appellent *Meilik*, ou *Menilehek*, et assurent que vingt-quatre de leurs rois sont descendus de lui en ligne directe, jusqu'à Basilidès, qui régnait au milieu du XVIe siècle. Les prétentions des Ethiopiens ou Abyssiniens nous paraissent plus vraisemblables pour le fond. L'historien Josèphe dit que la princesse qui vint à Jérusalem était reine d'Egypte et d'Ethiopie, que Saba était la capitale de ce dernier royaume, mais que Cambyse la nomma depuis *Méroé*, du nom de sa sœur (*Ant.*, l. 8, c. 2 ; l. 2, c. 5) : Méroé, au-dessus de l'Egypte, a toujours passé pour le plus puissant royaume des Ethiopiens. D'anciens auteurs rapportent que, pendant bien des siècles, ce royaume de Méroé était gouverné par des reines qui portaient le nom de *Candace* (Pline, l. 6, c. 29 ; Strab., 17). Saint Luc, dans les Actes des Apôtres, fait mention d'un chambellan de Candace, reine d'Ethiopie (Act., 8, 27). Hérodote nous raconte que l'Ethiopie produisait beaucoup d'or, d'ivoire et de bois d'ébène ; de plus, les hommes de la taille la plus haute, des formes les plus belles et de la vie la plus longue (Hérod., l. 3, n. 114). C'est probablement d'eux que parle le prophète : *Les riches moissons de l'Egypte, le commerce de l'Ethiopie ; Saba et ses hommes à la taille prodigieuse passeront vers vous, ô Israël ! et seront vôtres* (Isaïe, 45, 14). L'Ethiopie s'appelle ordinairement, dans l'Ecriture, *terre de Chus* ; l'Egypte, *terre de Mizraïm*, du nom des deux premiers fils de Cham. Or, le premier-né de Chus s'appelant *Saba*, et un de ses petits-fils *Schaba*, ce nom aura passé, suivant l'ancien usage, au principal royaume de cette race. Mizraïm, Chus et Saba vont ainsi naturellement ensemble, comme les branches d'une même famille. Notre Sauveur appelle cette princesse, *reine du Midi*. Quoique l'Arabie soit au sud-est de la Judée, l'Ecriture ne la dé-

(1) *Ad insulas longe divulgatum est nomen tuum* (Eccli., 47, 17).

(1) D'Herbelot, *Biblioth. orient.*, art. *Balkis*.

signe cependant point sous le nom de pays du Midi, mais de l'Orient ; tandis que l'Ethiopie est exactement au midi de la Palestine. Diverses relations que nous trouvons chez les anciens, et les débris encore subsistants de Méroé, prouvent que ce royaume s'était distingué, par la culture de l'esprit, au-dessus des autres Ethiopiens et des peuples voisins de Nubie.

Si l'Ecriture terminait ici l'histoire de Salomon, jamais roi plus digne de l'admiration de la postérité. Un royaume agrandi par les victoires du père, porté au comble de la prospérité par la sagesse du fils ; un peuple innombrable jouissant avec sécurité des douceurs de la vie ; chacun, tranquille et joyeux, assis à l'ombre de sa vigne et de son figuier ; un temple, merveille de l'univers, élevé au Dieu de l'univers, rappelant à l'unité non-seulement Israël, mais le genre humain ; Jérusalem, embellie au dedans par ce temple et des palais, assurée au dehors par de fortes murailles ; ces travaux exécutés par la main seule de l'étranger ; le citoyen, libre de toute corvée, s'exerçant à l'agriculture et aux armes ; l'argent aussi commun que les pierres, le cèdre autant que le sycomore ; les villes disposées en greniers d'abondance pour les temps de guerre et de disette ; une alliance étroite avec Tyr et l'Egypte, nations les plus influentes d'alors ; des flottes, combinées avec celles de Tyr, allant d'un côté jusqu'aux Indes, de l'autre à Carthage, en Afrique, en Espagne, jusqu'en Bretagne peut-être, où dès lors les Phéniciens avaient des comptoirs ; Baalbek et Palmyre, élevés entre l'Orient et l'Occident comme d'immenses bazars, où l'Asie et l'Europe venaient échanger leurs richesses et leur industrie. Au-dessus de tout cela, un roi dont les peuples et les rois accouraient de toutes parts entendre et étudier la sagesse. *Toute la terre*, lui dit le fils de Sirac, *admirait vos cantiques, vos proverbes, vos interprétations, et en glorifiait le nom de Jéhova, Dieu, surnommé le Dieu d'Israël* (Eccli., 47, 18 et 19). Mais on entend avec regret la parole qu'il ajoute : *Et après cela vous avez imprimé une tache à votre gloire, vous avez profané votre race, attiré la colère sur vos enfants et la vengeance sur votre délire* (Ibid., v. 22).

La sagesse fut donnée à Salomon quand il eut demandé un cœur docile. Cette docilité de cœur, il ne la garda point toujours ni en tout : de là sa chute. Dans la loi constitutionnelle que Moïse prescrivit de la part de Dieu au futur roi d'Israël, il était défendu à celui-ci d'entretenir pour lui-même une multitude de chevaux, surtout d'envoyer son peuple en chercher dans l'Egypte. Salomon faisait l'un et l'autre. Il y était dit que le roi ne devait point élever son cœur au-dessus de ses frères, ni se détourner de la loi, à gauche ou à droite. Un trône d'ivoire, élevé de six marches, dont chacune était ornée de deux lions, n'était-il pas contraire à cet avertissement ? Cette loi lui défendait encore d'amasser pour lui-même des sommes considérables d'or et d'argent. N'était-ce point la violer que d'employer cette immense quantité d'or en luxe et en pompe de cour ? Ce que cette loi lui défendait enfin, c'était d'avoir un grand nombre de femmes, afin que son cœur ne fût pas détourné de son devoir.

« Or, le roi Salomon aima un grand nombre de femmes étrangères : outre la fille de Pharaon, des femmes de Moab, et d'Ammon, et d'Idumée, et de Sidon, et du pays des Héthéens ; des femmes de nations dont l'Eternel avait dit aux enfants d'Israël : Vous n'irez point vers elles, et elles ne viendront point vers vos filles ; car elles vous pervertiront certainement le cœur pour vous faire adorer leurs dieux. Salomon s'attacha donc à elles d'un ardent amour, et il eut sept cents femmes qui étaient comme des reines, et trois cents d'un rang secondaire. Et lorsque déjà il avançait en âge, ses femmes inclinèrent son cœur vers les dieux étrangers ; et son cœur ne fut point parfait devant Jéhova, son Dieu, comme avait été le cœur de David, son père. Et Salomon suivait Astarté, déesse des Sidoniens, et Moloch, abomination des Ammonites. Et Salomon faisait le mal aux yeux de Jéhova, et il ne suivit point constamment Jéhova, comme avait fait David, son père. Et Salomon bâtit même un haut-lieu à Chamos, abomination des Moabites, sur la montagne qui était vis-à-vis de Jérusalem, et à Moloch, abomination des enfants d'Ammon. Et il fit de même pour toutes ces femmes étrangères qui brûlaient de l'encens et sacrifiaient à leurs dieux.

» Jéhova fut donc irrité contre Salomon, de ce que son cœur s'était détourné de Jéhova, le Dieu d'Israël, qui lui avait apparu deux fois.... C'est pourquoi Jéhova dit à Salomon : Puisqu'il en est ainsi de toi, et que tu n'as point gardé mon alliance et les commandements que je t'ai donnés, je t'arracherai ton royaume et je le donnerai à ton serviteur. Cependant je ne le ferai point durant tes jours, à cause de David, ton père ; c'est d'entre les mains de ton fils que je l'arracherai. Toutefois, je ne lui arracherai pas tout le royaume ; je laisserai à ton fils une tribu, à cause de David, mon serviteur, et de Jérusalem que j'ai choisie (3. Reg., 11, 1-12). »

David était de la tribu de Juda. Jérusalem était située aux frontières de Juda, dans la terre de Benjamin. C'est pour cela que ces deux tribus sont regardées comme n'en faisant qu'une.

Ce serviteur de Salomon, à qui Dieu destinait dix tribus d'Israël, était Jéroboam, de la tribu d'Ephraïm. Le voyant très-habile et actif, Salomon lui avait confié un emploi important dans les deux tribus de Joseph. Un jour le prophète Ahias, de Silo, couvert d'un manteau neuf, le rencontra sur sa route. Ils étaient seuls dans les champs. Le prophète coupa son manteau en douze parts, et dit à Jéroboam : Prends dix parts pour toi. Puis il lui apprit que Dieu lui donnait à gouverner dix tribus d'Israël, parce que Salomon avait servi des dieux étrangers ; que, cependant, à cause de David, Salomon conserverait tout le royaume, et son fils une tribu, afin que David eût toujours une lampe, un descendant à Jérusalem. Il ajouta pour lui-même cette promesse de la part de Dieu : « Si tu écoutes tout ce que je t'ordonne, et si tu marches dans mes voies, et que tu fasses ce qui est juste et droit devant mes yeux, en gardant mes ordonnances, mes préceptes, comme a fait David, mon serviteur, je serai avec toi, et je te bâtirai une maison stable et fidèle, comme j'en ai bâti une à mon serviteur David, et je te livrerai Israël ; et j'affligerai en cela la race de David, mais non pour toujours. » Salomon chercha donc à faire mourir Jéroboam ; mais celui-ci s'enfuit vers Sésac, roi d'Egypte (Ibid., 11, 28-40).

Les dernières années de Salomon furent encore

inquiétées par deux ennemis étrangers : Adad, fils du dernier roi indépendant d'Edom, auquel Joab avait fait la guerre du temps de David, et Razon, fils d'Eliade. Adad, retiré jusque-là chez le roi d'Egypte, en avait tellement gagné l'affection, qu'il obtint pour épouse la sœur de la reine. Il marcha contre Salomon, mais on ne voit pas qu'il ait eu grand succès. Razon avait abandonné son maître Adadézer, dernier roi du royaume syrien de Soba, dont s'empara David : il assembla une troupe, prit Damas, capitale du pays de Soba, et y fonda un nouveau royaume, qui essuya bien des changements et fut enfin conquis par Nabuchodonosor (3. Reg., 11, 14-25).

« Salomon s'endormit avec ses pères, et il fut enseveli dans la ville de David, son père. Et Roboam, son fils, régna en sa place (*Ibid.*, 11, 43). » C'est ainsi que l'Ecriture termine l'histoire de Salomon. Elle ajoute qu'il régna quarante ans dans Jérusalem. L'historien Josèphe dit, au contraire, qu'il vécut quatre-vingt-quatorze ans et qu'il en régna quatre-vingts ; ce qui n'est guère probable, car Dieu ne lui avait promis une longue vie que dans le cas où il observerait ses ordonnances comme les avait observées son père. Un savant religieux concilie les deux versions, en supposant que l'auteur sacré dit de Salomon qu'il régna quarante ans, comme il dit de Saül qu'il en régna deux, savoir dans la piété et la justice, ce qui est proprement régner, et qu'il ne compte point les quarante années de Salomon, non plus que les trente-huit de Saül, passées dans l'impiété et le dérèglement (1). Mais le passage si embarrassant sur la première et la seconde année de Saül, peut s'entendre naturellement ainsi d'après l'hébreu, en le liant à ce qui précède et à ce qui suit : « Il y avait un an que Saül avait été fait roi, lorsqu'il fut plus solennellement inauguré à Galgala. La seconde année de son règne ayant commencé de cette manière, il renvoya chacun sous sa tente (1. Reg., 13, 1 et 2). »

Salomon, après avoir été le plus sage des hommes, est-il sauvé ou ne l'est-il pas ? Cette question seule excite dans l'âme une espèce de terreur. L'Ecriture ne présente rien pour la résoudre. Elle parle de sa chute, mais ne dit pas qu'il ait fait pénitence ou qu'il n'en ait pas fait. Les docteurs juifs pensent généralement qu'il s'est converti ; les Pères de l'Eglise sont partagés là-dessus. Parmi les livres saints, il en est un qui paraît le fruit de son repentir : c'est l'*Ecclésiaste* ou le *Prédicateur*, dont voici les traits les plus significatifs.

« Vanité des vanités, a dit l'*Ecclésiaste* ; vanité des vanités, et tout est vanité ! Que revient-il à l'homme de tout le travail dans lequel il se consume sous le soleil ?... Moi, l'Ecclésiaste, j'ai mis en roi d'Israël, et j'ai mis dans mon esprit de chercher et d'examiner avec sagesse tout ce qui se passe sous le ciel..... et j'ai vu que tout est vanité et affliction d'esprit. Le pervers se corrige difficilement, et le nombre des insensés est infini... J'ai dit à mon cœur : Viens, je t'éprouverai dans les délices, et vois ce qu'il en est des biens ; et voilà que cela aussi était vanité. J'ai dit au rire, folie ! et à la joie, illusion !..... J'ai entassé l'or et l'argent, les revenus des rois et des provinces ; j'ai surpassé par mes richesses tous ceux qui ont été avant moi en Jérusalem, et la sagesse a

(1) Pezron, *Antiquité des temps rétablie*

habité avec moi. Et tout ce qu'ont désiré mes yeux, je le leur ai donné ; et je n'ai point défendu à mon cœur de goûter les voluptés et de se complaire dans tout ce que j'avais préparé, et lorsque je me suis tourné vers l'ouvrage de mes mains, vers les travaux où je m'étais fatigué, voilà que tout était vanité et affliction d'esprit... Et j'ai dit dans mon cœur : Dieu jugera le juste et l'impie, et alors sera le temps de toutes choses... Mon âme a parcouru toutes choses... et j'ai trouvé que la femme est plus amère que la mort : c'est un rets de chasseur, son cœur un filet, ses mains des chaînes. J'ai rencontré un homme de bien entre mille ; mais, sur un nombre égal de femmes, pas une seule..... Jeune homme, sache que Dieu t'appellera en jugement. Bannis la colère de ton cœur et le mal de ta chair ; car l'adolescence et la volupté sont vaines. Souviens-toi de ton Créateur aux jours de ta jeunesse, avant que le temps de l'affliction arrive, avant que la poussière rentre dans la terre, d'où elle est sortie, et que l'esprit retourne à Dieu qui l'a donné. Ecoutons tous la fin de ce discours ; craignez Dieu et observez ses commandements ; car c'est là tout l'homme ; et tout ce qui se fait, soit bien, soit mal, Dieu l'appellera en jugement (Eccl., *Salomonis*). »

Tout cela est encore bien loin du repentir plein de confiance et d'amour que le cœur contrit et humilié de David exhale dans les Psaumes de la pénitence

Parmi les livres canoniques, il en est un qui, dans les Bibles grecques, porte le titre de *Sagesse de Salomon*. Ce livre, connu dans les Bibles latines sous le nom seul de *Sagesse*, est de Salomon dans ce sens qu'il en contient et en développe la doctrine ; mais il paraît, au style, avoir été composé sous son nom par un écrivain postérieur. Il respire non-seulement l'éloquence savante des Grecs, mais encore leur goût pour la dialectique. On peut en conclure que l'auteur écrivait parmi eux et en quelque sorte pour eux. Ce ne sera donc pas une chose sans intérêt de voir quelles leçons pouvait y puiser ce peuple si renommé pour ses sages, et naturellement si curieux.

Le livre tout entier n'est, pour ainsi dire, que l'éloge de la sagesse, avec une prière pour la demander à Dieu et des exhortations à s'en rendre digne. Salomon, que l'auteur y fait parler, s'adresse principalement aux chefs des peuples. *Aimez la justice, vous qui jugez la terre*. Paraît ensuite le juste persécuté par les méchants. « Opprimons le juste pauvre, disent ceux-ci au milieu des plaisirs ; n'épargnons pas la veuve, ne respectons pas le vieillard aux cheveux blancs. Que notre force soit la loi de justice ; car ce qui est faible est convaincu par là seul de n'être bon à rien. Dressons des pièges au juste, parce qu'il nous est incommode, qu'il est contraire à nos œuvres ; parce qu'il nous reproche les violements de la loi et qu'il signale contre nous les vices de notre doctrine. Il assure avoir la science de Dieu, et il se nomme le fils de Dieu. Il s'est fait le détracteur de nos pensées mêmes. Il nous est odieux même à voir ; car sa vie n'est point semblable à celle des autres, et ses voies sont différentes. Il nous estime gens futiles, et il s'abstient de nos voies comme d'une souillure ; il appelle heureuse la fin des justes, et se vante d'avoir Dieu pour père. Voyons si ses paroles sont véritables, éprouvons ce qui lui arrivera, et nous verrons quelle sera sa fin. Parait. S'il est le juste, fils de Dieu. Dieu prendra sa défense et le délivrera des mains de ses ennemis. Interrogeons-le par l'outrage et par le supplice, afin que nous connaissions sa douceur et que nous éprouvions sa patience. Condamnons-le à la mort la plus infâme; car Dieu le regardera selon ses paroles (Sap., 2). »

Les chrétiens reconnaîtront ici sans peine le Juste par excellence.

Mais bientôt on voit le jugement : bientôt les justes, mis à mort, éprouvés comme l'or dans la fournaise, apparaissent brillants comme la flamme, jugeant les nations, dominant les peuples; l'univers entier combat avec le Seigneur contre les insensés : l'iniquité des méchants fait de la terre une solitude, et la malice renverse le trône des puissants. « Ecoutez donc; ô rois! conclut de là l'auteur sacré; instruisez-vous, vous qui jugez la terre. Prêtez l'oreille, vous qui contenez les multitudes et qui vous complaisez dans la foule des nations. La puissance vous a été donnée par le Seigneur, et la force par le Très-Haut, qui interrogera vos œuvres et scrutera vos pensées; car, étant les ministres de son royaume, vous n'avez pas jugé équitablement, vous n'avez pas gardé la loi de justice, et vous n'avez point marché selon la volonté de Dieu. Il vous apparaîtra formidable et soudain; car un jugement très-rigoureux est réservé à ceux qui sont au-dessus. La miséricorde sera accordée aux petits, mais les puissants seront puissamment tourmentés. Celui qui est le maître de tous n'épargnera personne, ne respectera aucune grandeur, parce qu'il a fait le petit et le grand, et qu'il a également soin de tous. Mais aux plus grands est destiné le plus grand supplice. A vous donc, ô rois! s'adressent mes discours, afin que vous appreniez la sagesse et que vous ne tombiez pas. Je dirai quelle est la sagesse et comment elle est née, et je ne vous en célerai pas les secrets; mais je la rechercherai dès le commencement de sa nativité, et je mettrai en lumière sa science. »

« Toutes les choses secrètes et ignorées, je les ai apprises, parce que la sagesse même, qui toutes les a faites, me les a enseignées. En elle est l'esprit d'intelligence, saint, unique, multiple, subtil, disert, mobile, sans tache, clair, doux, aimant le bien, pénétrant, irrésistible, bienfaisant, ami de l'homme, stable, infaillible, calme, qui peut tout, qui prévoit tout et qui pénètre tous les esprits intelligibles, purs et subtils. La sagesse est plus mobile qu'aucun mouvement, et elle atteint partout à cause de sa pureté; elle est la vapeur de la vertu de Dieu, et une émanation pure de la clarté du Tout-Puissant : c'est pourquoi rien de souillé n'est en elle. Elle est la splendeur de la lumière éternelle; le miroir sans tache de la majesté de Dieu et l'image de sa bonté; quoique une, elle peut tout; et, immuable en soi, elle renouvelle toutes choses, elle se répand parmi les nations dans les âmes saintes, et elle fait les amis de Dieu et les prophètes (Sap., c. 7). »

« La sagesse atteint d'une extrémité à l'autre avec force, et dispose toutes choses avec douceur. C'est elle qui a formé le père du monde, le premier homme; elle qui l'a tiré de son péché et lui a donné la force de dominer toutes choses. C'est pour s'être éloigné d'elle que Caïn commença ce long enchaînement de crimes qui amenèrent le déluge; c'est elle qui, dans ce terrible baptême du genre humain, sauva le juste par un bois méprisable; c'est elle qui, dans les temps que les nations conspiraient au mal, discerna le fidèle Abraham; elle qui délivra Lot dans la destruction de la Pentapole; elle qui protégea Jacob dans toutes ses voies; elle qui descendit avec Joseph dans la prison, et lui mit entre les mains le sceptre du royaume; elle qui rendit Moïse formidable aux tyrans; elle qui, par le ministère des éléments et des animaux, frappa l'Egypte qui les adorait; elle qui en retira la nation sainte, la conduisit par la mer Rouge, la nourrit dans un désert inhabitable, lui donna la victoire sur ses ennemis; elle qui châtia les peuples de Chanaan, non d'un seul coup, mais peu à peu, pour leur laisser le temps de la pénitence et montrer ainsi que la miséricorde doit tempérer la justice (Sap., c. 7, 8, 9, 10 et 11). »

Il est encore parlé dans ce livre de l'origine de l'idolâtrie, de ses causes, de ses effets.

Idolâtrie est en général adorer pour Dieu autre que lui. Le livre de la Sagesse nous y montre comme trois degrés : déification de la nature et de ses principaux phénomènes; déification de l'homme et des choses humaines; déification des animaux et des créatures inférieures. « Le feu, est-il dit d'abord, le vent, l'air subtil, la multitude des étoiles, l'abîme des eaux, le soleil, la lune : voilà les dieux de les hommes vains ont cru les arbitres du monde. » Ensuite : « Un père, plongé dans une douleur profonde, fit faire l'image de son fils qui lui avait été trop tôt ravi; il commença à adorer comme Dieu celui qui, comme homme, était mort auparavant, et il établit parmi ses serviteurs son culte et des sacrifices. Par la suite, cette coutume impie prévalut, l'erreur fut observée comme une loi, et les idoles furent adorées par l'ordre des tyrans. Les sujets éloignés de leur roi, ne pouvant lui rendre hommage en personne, faisaient venir son portrait du lieu de son séjour, et l'exposaient en public, pour flatter par ce culte, comme présent, celui qui vivait loin d'eux. Le talent admirable des sculpteurs augmenta encore beaucoup ce respect dans les ignorants. Chacun d'eux, voulant plaire à celui qui l'employait, épuisa tout son art pour présenter une image achevée. Dans la foule, surprise par la beauté de l'ouvrage, appela un dieu celui qu'un peu auparavant elle avait honoré comme un homme (Sap., c. 14). » Enfin : « Les ennemis de votre peuple, ô notre Dieu! adorent jusqu'aux plus vils des animaux, qui, comparés aux autres bêtes sans raison, sont encore au-dessous d'elles (*Ibid.*, c. 15, 18).

Comme toute erreur est fondée sur une vérité dont on abuse, pour bien comprendre l'idolâtrie, il faut nous rappeler les vérités dont elle est l'abus.

Dieu est celui qui est; ce qui n'est pas lui, n'est point, à proprement parler. Dieu est père, produisant de toute éternité un autre lui-même qui est son Fils, son verbe, sa parole, sa raison, sa sagesse, et, avec ce Fils, un autre eux-mêmes qui est leur Saint-Esprit, leur mutuel amour. « Qui est monté au ciel et qui en est descendu, demande Salomon? qui a renfermé les vents dans sa main? qui a rassemblé les eaux comme dans un vêtement? qui a fait les bornes de la terre? quel est son nom et quel est le nom de son fils? le sais-tu (Prov., 30, 4)? » Et encore : « L'esprit du Seigneur remplit l'univers, et, contenant tout, il entend tout (Sap., 1, 7). »

Dieu, un et trin en soi, a produit au dehors des êtres qui sont de lui, en lui, par lui, et cependant ne sont pas lui; l'ensemble de ces êtres s'appelle nature, univers. Les plus parfaits, l'ange et l'homme, étant formés à l'image de Dieu, sont quelquefois appelés dieux en l'Ecriture. Les premiers y apparaissent une multitude innombrable, entourant le trône de Dieu, exécutant ses ordres, et, sous lui, gouvernant et portant le monde (Job, 9, 12). « Quand Dieu créa les purs esprits, dit Bossuet, autant qu'il leur donna de part à son intelligence, autant leur en donna-t-il à son pouvoir; et, en les soumettant à sa volonté, il voulut, pour l'ordre du monde, que les natures corporelles et inférieures fussent soumises à la leur, selon les bornes qu'il avait prescrites. Ainsi le monde sensible fut assujéti à sa manière au monde spirituel et intellectuel; et Dieu fit ce pacte avec la nature corporelle, qu'elle serait mue à la volonté des anges, autant que la volonté des anges, en cela conforme à celle de Dieu, la déterminerait à certains effets. Concevons donc que Dieu, moteur souverain de toute la nature corporelle, ou la meut, ou la contient dans une certaine étendue, à la volonté des anges. Parmi les esprits bienheureux, il y en a qui sont appelés des vertus, dont il est écrit: *Anges du Seigneur, bénissez le Seigneur; bénissez le Seigneur, vous,* (qu'il appelle) *ses Vertus ou ses Puissances.* Et encore: *Anges du Seigneur, louez le Seigneur; vertus du Seigneur, louez le Seigneur* (Ps. 102, 20; Dan., 3, 58). C'est peut-être de ces vertus ou de ces puissances qu'il est écrit: *Dieu, sous qui se courbent ceux qui portent le monde* (Job, 9, 13). Et, quoi qu'il en soit, nous voyons dans toutes ces paroles une espèce de présidence de la nature spirituelle sur la corporelle (Bossuet, 5ᵉ *Élév.* de la 23ᵉ sem.). »

Aussi voit-on, dans l'Ecriture, l'ange du soleil, l'ange de la terre, l'ange des eaux, l'ange du feu, l'ange des Juifs, l'ange des Perses, l'ange des Grecs, l'ange de chaque homme, de chaque enfant (Apoc., 14, 18; 16, 5; 19, 17; Dan., 10, 13; 12, 1; Matth., 18). On y voit les anges apostats tombant du ciel, répandus dans les airs, séduisant la terre, punis et punissant dans les enfers. On y voit les hommes justes, participant à la gloire et à la puissance de Dieu, assis avec lui sur des trônes, régnant avec lui sur les nations, jugeant avec lui la grande Babylone, Rome païenne.

On y voit, dans l'Ecriture, soit Dieu, soit en son nom ses anges, apparaissant à l'homme sous des formes sensibles, sous la figure d'un voyageur, dans un buisson ardent, dans une nuée, dans les foudres et les éclairs, dans une flamme, dans un souffle léger, dans une lumière plus éclatante que le soleil. On y voit les patriarches consacrer le lieu ou la mémoire de ces événements par un autel, par un bocage, par une pierre arrosée d'huile, par un tabernacle, par une arche, par un temple qui devenaient des objets du culte public. On y voit enfin le Fils de Dieu, devenu le Fils de l'homme, naître, vivre et mourir, s'appeler la Lumière, la Voie, la Vérité, la Vie; appelé par ses disciples le Soleil de la cité sainte, un Feu dévorant, l'Agneau immolé dès l'origine du monde; on l'y voit prenant la forme du pain et du vin, se donnant tout entier à chacun de nous, nous faisant ainsi la chair de sa chair, l'os de ses os, pour devenir un jour toutes choses en nous tous.

Que maintenant on conçoive en Dieu une pluralité de personnes, la paternité dans l'une, la filiation dans l'autre, la production d'une troisième par les deux premières, on sera dans la vérité catholique. Mais qu'il est facile d'abuser de cette vérité, en se représentant les personnes divines non-seulement comme distinctes, mais comme séparées, en se représentant cette génération, cette production ineffable, d'une façon humaine et charnelle!

Que l'on admire l'univers comme quelque chose de divin, comme un temple que Dieu s'est bâti et qu'il habite, comme un vêtement dont il s'enveloppe pour tempérer à nos yeux sa splendeur inaccessible; que, dans cette pensée, l'on invite toutes les parties de ce magnifique ensemble, le soleil, la lune, les étoiles, la terre, les montagnes, les nuées, le feu, le vent, les arbres, les animaux, les hommes, les anges, à bénir le Seigneur; David l'a fait, les chrétiens le font tous les jours avec David. Mais qu'il est facile à l'homme, dominé par les sens, de s'arrêter à ce qui paraît, au temple, au vêtement!

Que l'on révère, que l'on invoque comme des ministres de Dieu, l'ange du soleil, l'ange de la terre, l'ange du feu, l'ange des eaux, l'ange d'une nation, l'ange d'une personne, qu'on les appelle dieux au même sens que l'Ecriture, voilà ce qui est permis; mais les honorer à l'égal de Dieu, au-dessus de Dieu, à la place de Dieu dont ils sont les ministres, les honorer ainsi, eux d'abord, et ensuite, à leur place, les éléments auxquels ils président, c'est une altération coupable.

On doit respecter comme les ministres de Dieu, pour le bien, ceux qu'il a revêtus de sa puissance sur la terre; on peut même leur dire: *Vous êtes des dieux et les fils du Très-Haut.* Mais au lieu d'ajouter avec le Seigneur: *Cependant vous mourrez comme le dernier des hommes* (Ps. 81, 6 et 7), la crainte, la flatterie, la politique leur diront: Non, vous ne mourrez point, vous serez vraiment des dieux; elles leur diront: Votre divinité, votre éternité; elles dresseront des autels, des temples à un Jules César et même à un Néron; un roi de Babylone défendra qu'on adore d'autre dieu que lui; un Caligula se décrétera à lui-même des temples, des autels, des pontifes, des sacrifices.

Que l'on conserve le souvenir des morts, que l'on prie pour eux, que l'on rende un culte à ceux dont Dieu a manifesté la sainteté et la gloire, cela est bon et juste, parce qu'il est juste et bon de glorifier Dieu dans ses saints. Mais on fera de cette vérité le plus horrible abus: chacun voudra diviniser ses morts, de leurs empereurs morts ou tués, les Romains feront autant de dieux; Cicéron, ayant perdu sa jeune fille, lui décernera les honneurs de la divinité; Marc-Aurèle, ayant perdu sa prostituée de femme, en fait la déesse des nouveaux époux.

Que l'on consacre par un monument les lieux où le Très-Haut a opéré quelque merveille, que l'on en fasse le but d'un voyage pieux; les patriarches l'ont fait: Jacob érige une pierre, l'arrose d'huile, nomme l'endroit *Béthel*, ou maison de Dieu, parce que l'Eternel lui était apparu là; les enfants d'Israël y vont en pèlerinage. Mais combien la superstition païenne abuse d'une chose aussi naturelle! Partout elle érige de ces pierres, elle en nomme *Béthel* sans savoir pourquoi; ces statues informes deviennent pour elles les premières idoles ; la sculpture et la peinture ajoutent à l'erreur une nouvelle séduction.

Qu'un père offre à Dieu ses enfants, comme la mère de Samuel ; qu'il offre pour eux des sacrifices, comme Job ; qu'il soit prêt, comme Abraham, à sacrifier jusqu'à son fils unique, si Dieu, qui lui-même immole le sien pour le salut de nous tous, lui en fait le commandement ; tout cela est dans l'ordre. Mais combien n'abusent point d'une pensée aussi juste, aussi élevée, les Chananéens et leurs descendants, les Carthaginois, quand ils brûlent, quand ils égorgent leurs enfants en l'honneur de Moloch ou de Saturne !

Que, dans le désir de la rédemption promise au genre humain, l'on hâte par ses vœux l'incarnation de Dieu le Fils ; que, dans les sauveurs figuratifs, Abel, Noé, Job, Isaac, Joseph, Moïse, Josué, David, Salomon, la foi, l'espérance, l'amour contemplent d'avance le Sauveur final ; les prophètes, les saints de l'Ancien Testament le faisaient. Mais l'imagination de l'Inde, outrant ces sentiments de l'antique piété, chantera par d'immenses épopées plusieurs incarnations du Dieu sauveur. Les Indiens du Thibet, allant encore plus loin, diront que le Dieu médiateur s'incarne successivement et sans interruption dans la personne de leur grand-prêtre ou Dalaï-Lama, que pour cela ils adorent comme un Dieu.

Voilà comme toute erreur est fondée sur une vérité dont on abuse.

Deux causes principales inclinent l'homme à ce criminel abus : son penchant vers la créature et puis l'instigation de l'esprit de ténèbres. L'homme, dans son premier état, aspirait comme naturellement vers Dieu et attirait dans cette direction la nature dont il était roi. Par son péché, l'homme s'étant éloigné de Dieu, fut asservi aux sens et à la chair. De là ce secret penchant à matérialiser Dieu et à déifier la matière, qui a produit l'idolâtrie. L'on sait, en outre, qui a poussé l'homme à cette première chute, et qui le pousse jusqu'au fond de l'abîme : c'est l'ennemi de Dieu et de l'homme, dont l'existence est avérée par toutes les traditions, et dont le nom de Satan, *adversaire, ennemi*, était connu des païens mêmes.

« Le péché de Satan, dit un des plus graves docteurs, a été une insupportable arrogance, suivant ce qui est écrit en Job, que *c'est lui qui domine sur tous les enfants d'orgueil* (Job, 41, 25). Or, le propre de l'orgueil, c'est de s'attribuer tout à soi-même, et par là les superbes se font eux-mêmes leurs dieux, secouant le joug de l'autorité souveraine. C'est pourquoi le diable, s'étant enflé par une arrogance extraordinaire, les Ecritures ont dit qu'il avait affecté la divinité. *Je monterai*, dit-il, *et je placerai mon trône au-dessus des astres, et je serai semblable au Très-Haut* (Is., 14, 13). Mais Dieu, qui résiste aux superbes, voyant ses pensées arrogantes, et que son esprit, emporté par une téméraire complaisance dans ses propres perfections, ne pouvait plus se tenir dans les sentiments d'une créature, du souffle de sa bouche le précipita au fond des abîmes. Il tomba du ciel ainsi qu'un éclair, frémissant d'une furieuse colère, et, assemblant avec lui tous les compagnons de son insolente entreprise, il conspira avec eux de soulever contre Dieu toutes les créatures. Mais non content de les soulever, il conçut dès lors l'insolent dessein de soumettre tout le monde à sa tyrannie ; et voyant que Dieu, par sa providence, avait rangé toutes les créatures sous l'obéissance de l'homme, il l'attaque au milieu de ce jardin de délices où il vivait si heureusement dans son innocence ; il tâche de lui inspirer ce même orgueil dont il était possédé, et, à notre malheur, chrétiens, il réussit comme vous le savez. Ainsi, selon la maxime de l'Evangile, l'homme étant dompté par le diable, il devint incontinent son esclave : *A quo enim quis superatus est, hujus et servus est* (2. Pet., 11, 19) ; et le monarque du monde, étant surmonté par ce superbe vainqueur, tout le monde passa sous ses lois. Enflé de ce bon succès, et n'oubliant pas son premier dessein de s'égaler à la nature divine, il se déclare ouvertement le rival de Dieu ; et, tâchant de se revêtir de la majesté divine, comme il n'est pas en son pouvoir de faire de nouvelles créatures pour les opposer à son maître, que fait-il ? « Du moins il adultère tous les ouvrages de Dieu, dit le grave Tertullien (*De Idol.*, n. 4 ; *De Spect.*, n. 2) ; il apprend aux hommes à en corrompre l'usage ; et les astres, et les éléments, et les plantes, et les animaux, il tourne tout en idolâtrie ; » il abolit la connaissance de Dieu et, par toute l'étendue de la terre, il se fait adorer en sa place, suivant ce que dit le Prophète : Les dieux des nations, ce sont les démons (Ps. 95, 5). C'est pourquoi le Fils de Dieu l'appelle *le prince de ce monde* (Joan., 14, 30), et l'Apôtre, *le gouverneur des ténèbres* (Eph., 6, 12) ; et ailleurs, avec plus d'énergie, *le dieu de ce siècle* (2. Cor., 4, 4).

» J'apprends aussi de Tertullien, que non-seulement les démons se faisaient présenter devant leurs idoles des vœux et des sacrifices, le propre tribut de Dieu, mais qu'ils les faisaient parer des robes et des ornements dont se revêtaient les magistrats, et porter devant eux les faisceaux et les bâtons d'ordonnance, et les autres marques d'autorité publique, parce qu'en effet, dit ce grand personnage, les démons sont les magistrats du siècle (*De Idol.*, n. 18). Et à quelle insolence ne s'est point porté ce rival de Dieu ? Il a toujours affecté de faire ce que Dieu faisait, non pour se rapprocher en quelque sorte de sa sainteté, c'est sa capitale ennemie, mais comme un sujet rebelle, qui, par mépris pour son insolence, affecte la même pompe que son souverain. Dieu a ses vierges qui lui sont consacrées ; et le diable n'a-t-il pas eu ses vestales ? N'a-t-il pas eu ses autels et ses temples, ses mystères et ses sacrifices, et les ministres de ses impures cérémonies, qu'il a rendues, autant qu'il a pu, semblables à celles de Dieu ? Pour quelle raison ? Parce qu'il est jaloux de Dieu et veut paraître en tout son égal. Dieu, dans la nouvelle alliance, régénère les enfants par l'eau du baptême, et le diable faisait semblant de vouloir expier leurs crimes par diverses aspersions ; il promettait aux siens une régénération, comme le rapporte Tertullien (*De Bapt.*, n. 5) ; et l'on voit encore quelques monuments publics où ce terme est employé dans ses profanes mystères. L'esprit de Dieu, au commencement, était porté sur les eaux ; et le diable, dit Tertullien (*Ibid.*), se plaît à se reposer dans les eaux, dans les fontaines cachées, et dans les lacs, et dans les ruisseaux souterrains. Et l'Eglise de l'antiquité, étant imbue de cette créance, nous a laissé cette forme que nous observons encore aujourd'hui, d'exorciser les eaux baptismales. Dieu, par son immensité, remplit le ciel et la terre; le diable, par ses anges impurs, occupe autant qu'il peut toutes les créatures (*De Spect.*, n. 5). Et de là vient cette coutume des premiers chrétiens, de les purger et de les sanctifier par le signe de la croix, comme par une espèce de saint exorcisme.

« Ce lui est, à la vérité, un sujet d'une douleur enragée, de ce qu'il voit que toutes ses entreprises sont vaines, et que bien loin de pouvoir parvenir à égaler la nature divine, comme il l'avait témérairement projeté, il faut qu'il ploie, malgré qu'il en ait, sous la main toute-puissante de Dieu; mais il ne se désiste pas pour cela de sa fureur obstinée : au contraire, considérant que la majesté de Dieu est inaccessible à sa colère, il décharge sur nous, qui en sommes les images vivantes, toute l'impétuosité de sa rage : comme on voit un ennemi impuissant, qui, ne pouvant atteindre celui qu'il poursuit, repaît en quelque façon son esprit d'une vaine imagination de vengeance en déchirant sa peinture. Ainsi en est-il de Satan : il remue le ciel et la terre pour susciter des ennemis à Dieu, parmi les hommes qui sont ses enfants; il tâche de les engager tous dans son audacieuse et téméraire rébellion, pour les faire compagnons de ses erreurs et de ses tourments. Il croit par là se venger de Dieu. Comme il n'ignore pas qu'il n'y a point pour lui de ressource, il n'est plus capable que de cette maligne joie qui revient à un méchant d'avoir des complices, et à un esprit mal fait de voir des malheureux et des affligés. Furieux et désespéré, il ne songe plus qu'à tout perdre après s'être perdu lui-même, et envelopper tout le monde avec lui dans une commune ruine.

« Vous vous imaginez peut-être que, s'il est si audacieux, il vous attaquera par la force ouverte; ah! qu'il n'en est pas de la sorte! Il est vrai, c'est l'ordinaire des orgueilleux d'exercer ouvertement leurs inimitiés; mais l'inimitié de Satan n'est pas d'une nature vulgaire : elle est mêlée d'une noire envie qui le ronge éternellement. Il ne peut souffrir que nous vivions dans l'espérance de la félicité qu'il a perdue, que Dieu, par sa grâce, nous égale aux anges, que son Fils se soit revêtu d'une chair humaine pour nous faire des hommes divins. Il enrage quand il considère que les serviteurs de Jésus, hommes misérables et pécheurs, assis dans des trônes augustes, les jugeront à la fin des siècles avec les anges ses sectateurs. Cette envie le brûle plus que ses flammes. C'est ce qui lui fait embrasser les fraudes et les tromperies, parce que l'envie, comme vous savez, est une passion froide et obscure qui ne parvient à ses fins que par de secrètes menées; et c'est par là que Satan est infiniment redoutable : ses finesses sont plus à craindre que ses violences De même qu'une vapeur pestilente se coule au milieu des airs, et, imperceptible à nos sens, insinue son venin dans nos cœurs, ainsi cet esprit malin, par une subtile et insensible contagion, corrompt la pureté de nos âmes. Nous ne nous apercevons pas qu'il agisse en nous, parce qu'il suit le courant de nos inclinations. Il nous pousse et nous précipite du côté qu'il nous voit pencher; il ne cesse d'enflammer nos premiers désirs jusqu'à tant que, par ses suggestions, il les fasse croître en passions violentes. Si nous avons commencé à aimer, de fous il nous rend furieux; si l'avarice nous inquiète, il nous représente un avenir toujours incertain, il étonne notre âme timide par des objets de famine et de guerre. Sa malice est spirituelle et ingénieuse, il trompe les plus déliés. Sa haine désespérée et sa longue expérience le rendent de plus en plus inventif; il se change en toutes sortes de formes : et cet esprit si beau, orné de tant de connaissances si ravissantes, parmi tant de merveilleuses conceptions, n'estime et ne chérit que celles qui lui servent à renverser l'homme.

« Voulez-vous, pour une ample confirmation, que je vous fasse voir en raccourci dans notre Evangile tout ce que je viens de vous dire? Il transporte le Fils de Dieu sur le pinacle du temple; il lui représente en un seul instant tous les royaumes de la terre. Qui n'admirerait sa puissance? et le Fils de Dieu lui permet de la sorte, afin que nous comprenions ce qu'il pourrait faire sur nous si Dieu nous abandonnait à sa violence. Jugez de sa haine et de son orgueil tout ensemble, par le conseil qu'il donne à notre Sauveur de se prosterner à ses pieds et de l'adorer; conseil pernicieux et insolence inouïe. D'ailleurs, pouvait-il prendre un dessein plus plausible à l'égard de notre Seigneur, que de le tenter de gourmandise après un jeûne de quarante jours, et de vaine gloire après une action d'une patience héroïque? Ce sont ses finesses et ses artifices. Mais ce qui nous paraît plus évidemment, est son opiniâtreté. Surmonté par trois fois, il ne peut encore perdre courage; *il le laisse*, dit le texte sacré, *pour un temps* (Luc, 4, 13); non point fatigué ni désespérant de le vaincre, mais attendant une heure plus propre et une occasion plus pressante. O Dieu! que dirons-nous ici, chrétiens? si une résistance si vigoureuse ne ralentit pas sa fureur, quand pourrons-nous espérer de trêve avec lui? Et si la guerre est continuelle, si cet ennemi irréconciliable veille sans cesse à notre ruine, comment pourrons-nous résister, faibles et impuissants que nous sommes? Toutefois, fidèles, ne le craignons pas. Cet ennemi redoutable, il redoute lui-même les chrétiens; il tremble au seul nom de Jésus; et, malgré son orgueil et son arrogance, il est forcé par une secrète vertu, de respecter ceux qui portent sa marque (Bossuet, *Sermon* 1 *sur les démons*). »

Voilà comme dépeint Satan et son empire, un des plus puissants génies qui aient paru sur la terre. Nous citons les paroles de Bossuet, parce que la vérité qu'il développe est nécessaire pour bien comprendre l'histoire des choses divines et humaines. Il ne fait d'ailleurs que résumer la croyance des premiers chrétiens, comme on le voit par ce qu'il rappelle.

« Le grave Tertullien, dans ce merveilleux apologétique qu'il a fait pour la religion chrétienne, avance une proposition bien hardie aux juges de l'empire romain, qui procédaient contre les chrétiens avec une telle inhumanité. Après leur avoir reproché que tous leurs dieux c'étaient des démons, il leur donne le moyen de s'en éclaircir par une expérience bien convaincante. Que l'on produise, dit-il, devant vos tribunaux, je ne veux pas que ce soit une chose cachée; devant vos tribunaux et à la face de tout le monde, que l'on produise un homme notoirement possédé du diable; il dit notoirement possédé, et que ce soit une chose constante; après, que l'on fasse venir quelque fidèle; qu'il commande à cet esprit de parler; s'il ne vous dit pas tout ouvertement ce qu'il est, s'il n'avoue publiquement que lui et ses compagnons sont les dieux que vous adorez ; si, dis-je, il n'avoue ces choses, n'osant mentir à un chrétien ; là même, sans différer, sans aucune nouvelle procédure, faites mourir ce chrétien impudent qui n'aura pu soutenir par l'effet une promesse si extraordinaire (Bossuet, *Sermon 1 sur les démons*). »

Il y a donc, en l'idolâtrie, abus de la vérité, déification de la créature, erreur ou chose qui n'est pas ; mais l'artisan de cette erreur, le créateur de ce monde d'illusions, est Satan ; c'est donc à lui que se rapportaient en un sens les adorations que rendaient les hommes à ces dieux qui n'étaient pas. Aussi l'Apôtre des nations, après avoir enseigné qu'une idole n'est rien en ce monde, dit-il cependant : « Fuyez l'idolâtrie. Quoi donc? Est-ce que je dis que ce qui a été immolé aux idoles ait quelque vertu, ou que l'idole soit quelque chose? Non ; mais je dis que ce que les nations immolent, c'est aux démons qu'ils l'immolent et non pas à Dieu. Or, je ne veux pas que vous ayez aucune société avec les démons. Vous ne pouvez pas boire la coupe du Seigneur et la coupe des démons ; vous ne pouvez point participer à la table du Seigneur et à la table des démons (1. Cor., 10). »

Cependant, malgré toutes ses finesses, Satan n'a pu faire que son œuvre ne portât point les caractères de l'erreur, la nouveauté, les variations, la discordance. Avec toutes ses finesses, Satan n'a pu faire que la religion catholique ne portât pas, et elle seule, les caractères de la vérité, l'antiquité, la perpétuité, l'accord.

« Quelle consolation aux enfants de Dieu ! s'écrie justement Bossuet ; mais quelle conviction de la vérité, quand ils voient que d'Innocent XI (actuellement Pie IX), qui remplit aujourd'hui si dignement le premier siège de l'Eglise, on remonte sans interruption jusqu'à saint Pierre, établi par Jésus-Christ prince des Apôtres ; d'où, en reprenant les pontifes qui ont servi sous la loi, on va jusqu'à Aaron et jusqu'à Moïse; de là jusqu'aux patriarches et jusqu'à l'origine du monde! quelle suite, quelle tradition, quel enchaînement merveilleux! Si notre esprit, naturellement incertain, et devenu par ses incertitudes le jouet de ses propres raisonnements, a besoin, dans les questions où il y va du salut, d'être fixé et déterminé par quelque autorité certaine, quelle plus grande autorité que celle de l'Eglise catholique, qui réunit en elle-même toute l'autorité des siècles passés et les anciennes traditions du genre humain jusqu'à sa première origine?

» Ainsi la société que Jésus-Christ, attendu durant tous les siècles passés, a enfin fondée sur la pierre, et où saint Pierre et ses successeurs doivent présider par ses ordres, se justifie elle-même par sa propre suite, et porte dans son éternelle durée le caractère de la main de Dieu.

» C'est aussi cette succession que nulle hérésie, nulle secte, nulle autre société que la seule Eglise de Dieu n'a pu se donner. Les fausses religions ont pu imiter l'Eglise en disant, comme elle, que c'est Dieu qui les a fondées ; mais ce discours en leur bouche n'est qu'un discours en l'air ; car si Dieu a créé le genre humain, si, le créant à son image, il n'a jamais dédaigné de lui enseigner le moyen de le servir et de lui plaire, toute secte qui ne montre pas sa succession depuis l'origine du monde, n'est pas de Dieu.

» Ici tombent aux pieds de l'Eglise toutes les sociétés et toutes les sectes que les hommes ont établies au dedans ou au dehors du christianisme... Nul ne peut changer les siècles passés, ni se donner des prédécesseurs, ou faire qu'il les ait trouvés en possession. La seule Eglise catholique remplit tous les siècles précédents par une suite qui ne lui peut être contestée. La loi vient au devant de l'Evangile ; la succession de Moïse et des patriarches ne fait qu'une même suite avec celle de Jésus-Christ : être attendu, venir, être reconnu par une postérité qui dure autant que le monde, c'est le caractère du Messie en qui nous croyons. « Jésus-Christ est aujourd'hui, il était » hier, et il est aux siècles des siècles (1). »

Pour l'idolâtrie, ainsi que pour toutes les sectes quelconques, c'est tout différent. « Les idoles n'étaient point au commencement, dit le livre de la Sagesse, et elles ne seront pas toujours. C'est par la vanité des hommes qu'elles sont entrées dans le monde ; c'est pourquoi on en verra bientôt la fin (Sap., 14, 13). » C'est une nouveauté passagère pour l'Eglise catholique, qui embrasse tous les siècles. Elle a été introduite par l'oubli de la croyance catholique, dit le martyr saint Justin (*De Monarchiâ*, n. 1). Aussi saint Epiphane et saint Jean Damascène la classent-ils parmi les premières hérésies. Saint Cyrille d'Alexandrie fait voir à l'empereur Julien qu'elle était inconnue durant les trente premiers siècles du monde (*Contra Julian.*, l. 3, obj. ultima). Ce Père suit le calcul des Septante. Saint Justin, et avec lui saint Théophile d'Antioche, Tatien, Clément d'Alexandrie, et généralement tous les premiers apologistes montrent, en particulier aux Grecs, que les dieux de la Grèce sont postérieurs à Moïse. Ils fixent l'époque de leur naissance, de leur vie et de leur mort.

A la nouveauté joignez la discordance. « Une preuve de l'impiété des idolâtres, dit saint Athanase, c'est que leur croyance touchant les idoles n'est point d'accord avec elle-même. Car si ce sont des dieux, comme ils prétendent, lequel faut-il préférer à l'autre? lesquels faut-il croire de plus d'autorité? afin qu'on puisse adorer en sûreté quelqu'un, et qu'on n'hésite point dans la connaissance de la divinité. En effet, les mêmes ne sont pas nommés dieux chez tous ; mais autant il y a de nations, autant on forge d'espèces de dieux différentes. Il est même tel pays où la même contrée, la même ville est divisée d'avec elle-même touchant la superstition des idoles. Les Phéniciens ne connaissent pas ceux que les Egyptiens ont nommés dieux ; les Egyptiens n'adorent pas les mêmes idoles que les Phéniciens ; les Scythes ne reçoivent pas les dieux des Perses, ni les Perses ceux des Syriens. Les Pélasges repoussent les dieux des Thraces, les Thraces ne connaissent pas ceux des Thébains ; les Indiens diffèrent d'avec les Arabes, les Arabes d'avec les Ethiopiens, les Ethiopiens d'avec eux-mêmes au sujet des idoles ; les Syriens ne rendent aucun culte aux dieux des Ciliciens ; les peuples de Cappadoce donnent ce nom de dieux à d'autres, les Bithyniens à d'autres encore, et les Arméniens s'en forment de tout différents. Que faut-il de plus? Ceux qui habitent les continents adorent

(1) *Disc. sur l'Hist. univ.*, 2ᵉ part., ch. 31 ; Hebr., 13, 8.

d'autres dieux que ceux qui habitent les îles; les insulaires, d'autres dieux que les habitants des continents. En somme, chaque ville, chaque bourgade, ignorant les dieux du voisinage, préfère les siens et ne répute dieux que ceux-là. Quant aux abominations de l'Egypte, il n'est pas nécessaire d'en parler; car il est manifeste à tous les yeux que les villes y ont des cultes contraires et ennemis entre eux, et que toujours les voisins y prennent à tâche d'adorer l'opposé de ce que leurs voisins adorent. Ainsi le crocodile, adoré comme dieu chez les uns, est regardé chez les autres comme une horreur; le lion révéré comme une divinité par ceux-ci, non-seulement n'est point adoré par les voisins, mais quand ils peuvent le rencontrer, ils le tuent comme une bête; le poisson, divinisé chez les uns, est pris à l'hameçon chez les autres pour servir de nourriture. De là, parmi eux, des guerres, des séditions, des meurtres. Et en général, la croyance et le culte de toutes les nations idolâtres sont différents, et les mêmes choses ne se trouvent pas chez les mêmes. — Cela n'est pas une petite preuve qu'au fond ils sont sans dieu. En effet, les dieux étant en grand nombre et différents suivant les villes et les cantons, et l'un détruisant le dieu de l'autre, tous sont détruits par tous (Athan., *Cont. gentes*). »

A travers ce chaos ténébreux d'opinions discordantes, luisait néanmoins toujours, avec plus ou moins d'éclat, une notion commune du vrai Dieu; car, malgré toute sa rage et sa malice, Satan n'a pu faire que le vrai Dieu ne fût pas connu partout et toujours, même des idolâtres. Leur crime a été que, connaissant Dieu, ils ne le glorifièrent pas comme Dieu (Rom. 1, 20 et 21). C'est saint Paul qui nous l'apprend. Aussi tous les premiers Pères de l'Eglise prouvent-ils aux païens l'unité du Dieu véritable, non-seulement par le témoignage de leurs poëtes et de leurs philosophes, mais encore par le commun langage du vulgaire. Il y a plus : lorsqu'il s'éleva des hérétiques qui enseignèrent deux principes ou deux dieux indépendants et éternels, les Pères leur opposaient le sentiment unanime du genre humain. Ainsi, comme déjà nous l'avons vu, saint Irénée établit contre les Valentiniens l'unité et la souveraineté du Dieu créateur, par le témoignage de tous les hommes, en particulier des gentils; car ceux-ci, dit-il, tout en servant la créature et ceux qui ne sont pas dieux, plutôt que le Créateur, attribuent néanmoins le premier rang de la divinité au Dieu créateur de cet univers (Iren., *Adv. hæres.*, l. 2, c. 9). Saint Augustin dit en général : « Telle est la force de la vraie divinité, qu'elle ne peut être entièrement cachée à la créature raisonnable usant déjà de la raison; car, excepté un petit nombre en qui la nature est par trop dépravée, tout le genre humain confesse Dieu auteur de ce monde. En tant donc qu'il a fait le monde, dont les principales parties sont le ciel et la terre, il est le Dieu connu de toutes les nations, même avant qu'elles fussent imbues de la loi du Christ; mais en tant qu'il ne doit pas être injurieusement adoré avec les faux dieux, il est le Dieu connu dans la Judée (*In Evang. Joan.*, cap. 17, n. 4). »

A la vérité, il est d'autres Pères et d'autres textes de l'Ecriture qui disent ou supposent que les païens ne connaissaient pas le vrai Dieu; mais, ainsi que déjà nous l'avons vu, avec un peu d'attention tout se concilie. Quand on compare l'Ecriture avec l'Ecriture, les Pères avec les Pères, on voit qu'il faut distinguer dans la connaissance de Dieu comme quatre degrés : 1° la connaissance des gentils; 2° la connaissance des Juifs; 3° la connaissance des chrétiens; 4° la connaissance des saints dans le ciel. La première est ignorance comparativement à la seconde; la seconde, comparativement à la troisième; la troisième, comparativement à la quatrième. Ainsi, dans son épître aux Romains, saint Paul a pu dire en général de tous les gentils, et particulièrement des plus savants d'entre eux, *qu'ils étaient inexcusables, parce qu'ayant connu Dieu, ils ne l'ont pas glorifié comme Dieu* (Rom., 1, 21); et puis dire, dans son épître aux Thessaloniciens, que *les gentils ou les nations ignorent Dieu* (1. Thess., 4, 5). Ainsi le Sauveur dit à la Samaritaine : *Vous adorez ce que vous ne savez pas; nous adorons ce que nous savons, parce que le salut vient des Juifs* (Joan., 4, 21). — Aux Juifs : *C'est mon Père qui me glorifie, lui que vous dites qui est votre Dieu, et vous ne le connaissez pas; mais moi je le connais, et si je disais que je ne le sais pas, je serais semblable à vous, menteur. Mais je le sais et je garde sa parole* (Ibid., 8, 54 et 55). — A ses Apôtres, en parlant des Juifs : *Ils vous feront ces choses, parce qu'ils n'ont connu ni mon Père ni moi* (Ibid., 16, 3). — De ses Apôtres, en parlant à son Père : *J'ai manifesté votre nom aux hommes que vous m'avez donnés du monde; je leur ai fait connaître votre nom et je le leur ferai connaître encore* (Ibid., 17, 6 et 26). Enfin saint Paul dira, du don même de la science, miraculeusement communiqué par l'Esprit-Saint : *La science même sera détruite; car nous connaissons en partie, et en partie nous prophétisons. Mais lorsque sera venu ce qui est parfait, alors s'évanouira ce qui est partiel. Lorsque j'étais enfant, je parlais en enfant, je jugeais en enfant, je raisonnais en enfant; mais quand je suis devenu homme, j'ai mis dehors ce qui était de l'enfant. Nous voyons maintenant par un miroir en énigme; mais alors nous verrons face à face. Maintenant je connais en partie; mais alors je connaîtrai comme je suis connu* (1. Cor., 13).

Tout se concilie de cette manière, l'Ecriture avec l'Ecriture, et les Pères avec les Pères. Dieu est bon, même envers les gentils, quoiqu'il le soit plus envers les Juifs, plus encore envers les chrétiens, et qu'il le soit de toute sa bonté envers les saints dans le ciel. Tout doit bénir sa miséricorde, et les gentils auxquels il ne refuse pas le premier degré de sa connaissance, et les Juifs qu'il élève à la seconde, et les chrétiens qu'il élève à la troisième, et les saints qu'il transforme dans toutes les splendeurs de la quatrième. *Louez le Seigneur, toutes les nations ; louez-le, tous les peuples, parce que sa miséricorde s'est affermie sur nous, et la vérité du Seigneur demeure à jamais* (Ps. 116).

L'idolâtrie n'empêchait donc point de connaître le vrai Dieu; elle n'empêchait pas même de l'adorer. Nous le voyons par l'exemple de Salomon même, nous le voyons par l'exemple des Israélites, adorant à la fois et Jéhova et Baal. « C'est ignorer les premiers principes de la théologie, dit Bossuet, que de ne pas vouloir entendre que l'idolâtrie adorait tout, et le vrai Dieu comme les autres (Lettre 256° à M.

Brisacier). » Et ailleurs, parlant de ce que dit Bardesanes des Indiens : « Quand ce serait le Dieu véritable dont ils auraient conservé quelque idée comme tous les autres gentils, on ne peut pas conclure de là qu'ils lui rendissent un culte agréable au milieu de tant de superstitions criminelles, ni même qu'ils l'adorassent seul, puisqu'on voit tant d'autres nations joindre le culte du vrai Dieu créateur avec les autres fausses divinités (Lettre 257e à M. Brisacier, p. 273). »

Enfin, comme le remarque le même Bossuet après saint Athanase, « ni la loi ni les prophètes n'avaient point été donnés aux Juifs pour eux seuls, mais encore pour éclairer tout l'univers de la connaissance de Dieu et des bonnes mœurs (Lettre 258e au même). » C'est pour cela que Dieu met son peuple en rapport avec les peuples les plus influents de la terre : avec l'Egypte, la Phénicie, Babylone, la Perse : nous en trouverons même des vestiges à la Chine. « Depuis la loi de Moïse, les païens avaient ainsi une certaine facilité plus grande de connaître Dieu et son vrai culte, en sorte que le nombre des particuliers qui l'adoraient parmi les gentils est peut-être plus grand qu'on ne pense. » Ces paroles sont de Bossuet, qui dit encore qu'il ne faut point douter qu'il n'y ait eu un grand nombre de ces croyants dispersés parmi les gentils dont nous venons de parler; mais qu'il était réservé à la nouvelle alliance d'entraîner les nations entières (Ibid.).

Depuis l'Evangile, l'idolâtrie grossière a été renversée; mais il y a une idolâtrie spirituelle qui règne encore par toute la terre; il y a des idoles cachées que nous adorons en secret au fond de nos cœurs, et ce que saint Paul a dit de l'avarice, que c'était un culte d'idoles, se doit dire de la même sorte de tous les autres péchés qui nous captivent sous leur tyrannie. Nous sommes des idolâtres lorsque nous préférons quelque chose à Dieu.

Cœur humain, abîme infini, qui dans toutes tes profondes retraites cache tant de pensées différentes, qui échappent souvent à tes propres yeux, si tu veux savoir ce que tu adores et à qui tu présentes de l'encens, regarde seulement où vont tes désirs, car c'est là l'encens que Dieu veut, c'est le seul parfum qui lui plaît. Où vont-ils donc ces désirs ? de quel côté prennent-ils leur cours? où se tourne leur mouvement? Tu le sais, je n'ose le dire; mais de quelque côté qu'ils se portent, sache que c'est là ta divinité : Dieu n'a plus que le nom de Dieu; cette créature en reçoit l'hommage, puisqu'elle emporte l'amour que Dieu demande. Mais comme nous avons vu dans l'idolâtrie, que l'homme, s'étant donné une fois la licence de se faire des dieux à sa mode, les a multipliés sans aucune mesure, il nous en arrive tous les jours de même; car quiconque s'éloigne de Dieu, l'indigence de la créature l'obligeant à partager sans fin ses affections, il ne se contente pas d'une seule idole. Où l'on a trouvé le plaisir, on n'y trouve pas la fortune; ce qui satisfait l'avarice ne contente pas la vanité : l'homme a des besoins infinis, et, chaque créature étant bornée, ce que l'une ne donne pas, il faut nécessairement l'emprunter de l'autre. Autant d'appuis que nous cherchons, autant nous faisons-nous de maîtres; et ces maîtres que nous mettons sur nos têtes, craindrons-nous de les appeler nos divinités ? Et ne sont-ils pas plus que nos dieux, si je puis parler de la sorte, puisque nous les préférons à Dieu même (Bossuet, *Panégyrique de S. Victor*).

LIVRE QUATORZIÈME.

Division d'Israël en deux royaumes. — Élie, Élisée, Josaphat, Athalie.

(De l'an 975 à l'an 758 avant l'ère chrétienne.)

Après la mort de Salomon, son fils Roboam se rendit à Sichem, où Israël s'était assemblé pour le faire roi. Cette ville était située dans la tribu d'Ephraïm, à peu près au centre de la terre promise. Jéroboam s'y trouva aussi. Avec la nouvelle que Salomon était mort, il avait reçu de ses amis l'invitation de revenir d'Egypte. Il se présenta devant Roboam avec les anciens d'Israël, et ils lui dirent : « Votre père nous a imposé un joug très-dur. Diminuez donc maintenant quelque chose de la dureté du gouvernement de votre père, et de ce joug très-pesant qu'il nous a imposé, et nous vous servirons. »

Ils parlaient ainsi, soit qu'ils se plaignissent sans raison d'un prince qui avait rendu l'or et l'argent communs dans Jérusalem, soit qu'en effet Salomon les eût grevés dans le temps qu'il donna tout à ses passions. L'entretien seul des sept cents reines et des trois cents femmes du second rang suffisait pour absorber les revenus de tout un royaume.

Roboam leur parla d'abord sagement. « Allez leur dit-il, et revenez dans trois jours. » Il se donnait ainsi le temps de la réflexion. Il tint en effet conseil avec les vieux conseillers de son père, et leur dit : « Que me conseillez-vous de répondre à ce peuple ? » Ils lui dirent : « Si en ce jour vous êtes à ce peuple tel qu'un serviteur, si vous le servez aujourd'hui et que vous lui répondiez des paroles douces, il sera votre serviteur tous les jours. »

Les vieillards connaissaient l'état des affaires, ils n'ignoraient pas la secrète pente des dix tribus à faire un royaume à part et à se désunir d'avec celle de Juda, dont elles étaient jalouses; ils n'avaient point oublié les tristes effets de cette jalousie, du temps de David. D'ailleurs, la royauté sur tout Israël n'avait été promise à la postérité de ce prince qu'à une condition; Salomon ne l'ayant point accomplie, Dieu lui avait annoncé qu'il lui ôterait dix tribus en la personne de son successeur. Roboam ne devait pas ignorer cela. Le conseil des vieillards ne pouvait donc être plus sage. Roboam le méprisa et n'écouta point son peuple, parce que le Seigneur s'était retiré de lui, pour accomplir la parole d'Ahias le Silonite, sur la division du royaume. Il appela les jeunes gens qui avaient été élevés avec lui et qui le suivaient toujours. Ceux-ci, fiers et imprudents, lui firent faire une réponse qui joignait l'insulte au refus, et exprimait des choses dures par des paroles plus dures encore : « Mon petit doigt est plus gros que tout le corps de mon père; mon père vous a imposé un joug pesant, et moi je l'augmenterai; mon père vous a frappés avec des fouets, et moi je vous frapperai avec des verges de fer ! »

A ces mots, le peuple s'écria : « Quel intérêt avons-nous à la maison de David? et que nous importe de conserver l'héritage au fils d'Isaï? Va dans tes tentes, ô Israël; et toi, pourvois à ta maison, ô David ! »

Roboam envoya son ministre des finances faire des représentations au peuple irrité; mais il en fut assommé à coups de pierres. Aussitôt ce roi, si fier et si menaçant d'abord, monta sur son char et s'enfuit à Jérusalem, où il fut reconnu par Juda et Benjamin, tandis que les dix autres tribus choisirent Jéroboam, qui sans doute leur fit part de ce que Dieu lui avait promis par le prophète Ahias (3. Reg., 12; 2. Paral., 10). C'est ainsi que se divisa la postérité de Jacob en deux royaumes qui ne se réunirent plus, et que l'on distingua sous les noms de *royaume de Juda* et de *royaume d'Israël*.

Cependant Roboam n'avait pas renoncé à régner sur les dix tribus. Pour les réduire, il assembla toute la maison de Juda et la tribu de Benjamin, au nombre de cent quatre-vingt mille soldats d'élite. Mais l'Eternel lui fit dire, à lui et au peuple, par Séméïas, homme de Dieu : ¡Vous ne monterez pas, et vous ne combattrez point contre les enfants d'Israël, qui sont vos frères; que chacun retourne en sa maison, car c'est moi qui ai fait ceci. Le roi et le peuple écoutèrent la parole de l'Eternel et s'en retournèrent chez eux (1). Toutefois, pour se mettre en sûreté contre son heureux rival, Roboam bâtit un grand nombre de villes fortes en Juda et en Benjamin. L'autre, de son côté, fortifia Sichem et en fit sa résidence; il fortifia également Phanuël, sur le torrent de Jaboc, au delà du Jourdain, afin de tenir dans la soumission les peuples de Galaad.

Dieu même avait dit à Jéroboam : « Je vous donnerai dix tribus; » Dieu même lui avait promis que, s'il était fidèle comme David, il lui accorderait comme à David une dynastie durable; Dieu même venait de combattre pour lui, en défendant au roi de Juda de l'attaquer. Tout l'engageait donc à demeurer fidèle à Dieu. Une politique athée le rendit ingrat et impie, et prépara la ruine et de sa maison et de son peuple.

Pour conserver toujours la postérité de Jacob dans l'unité de la foi et du culte, et n'en faire ainsi qu'une église ou société spirituelle, quelles que fussent d'ailleurs ses destinées politiques, Dieu y établit, dans la tribu de Lévi et la famille d'Aaron, un sacerdoce, un pontife unique, avec une loi, une arche d'alliance, un tabernacle, un temple unique pour tous. Cette église mosaïque, qui embrassait tout Israël, devait se transformer un jour en l'Eglise chrétienne, et embrasser tout l'univers. Jéroboam crut de son intérêt de rompre cette unité et de séparer son royaume d'avec l'Eternel. Cet intérêt prétendu fut son dieu et sa loi. Si ce peuple, disait-il, monte à Jérusalem pour sacrifier en la maison de Jéhova, son cœur se tournera vers son seigneur Roboam, et il me tuera. Comme si Dieu, qui avait accompli la promesse de lui donner dix tribus, n'accomplirait point la promesse d'affermir le trône dans sa famille, s'il était fidèle ainsi que David; comme si Dieu, qui l'avait défendu une première fois contre le roi de Juda, ne pouvait pas le défendre toujours. Un grand obstacle à son projet impie étaient les prêtres et les lévites répandus par tout son royaume. Il les empêcha de remplir leur ministère divin, et les contraignit à quitter leurs maisons et leurs villes pour se réfugier en la terre de Juda. Comme il fallait cependant des prêtres au peuple, il lui en fit, non pas des enfants d'Aaron, mais des premiers venus. Lui-même s'en érigea le souverain prêtre. A un sacerdoce différent du vrai sacerdoce, il fallait un dieu différent du vrai Dieu. Jéroboam en fit plus d'un, et leur dressa des autels sur les hauts-lieux. Les principaux étaient deux veaux d'or placés l'un à Béthel, l'autre à Dan. Ne vous donnez plus la peine, dit-il au peuple, de monter à Jérusalem : Voici tes dieux, ô Israël! ceux qui t'ont tiré de l'Egypte. Il y en a plusieurs qui pensent que, sous ces deux symboles, le peuple entendait adorer le vrai Dieu. Toujours était-ce un culte expressément défendu par la loi divine, et par là même criminel. Les endroits n'avaient pas été choisis sans dessein. Béthel était célèbre par la vision de Jacob et le monument religieux qu'il y avait élevé : le peuple était habitué depuis toujours à y offrir des prières et des sacrifices à l'Eternel. A Dan, l'image en fonte de Michas avait été longtemps, si elle n'était encore, l'objet d'un culte superstitieux. De cette manière, ces changements paraissaient moins étranges. Les fêtes se célébraient aux mêmes jours que dans le royaume de Juda. Il retint, en un mot, la loi de Moïse, mais il l'interprétait à sa guise. Après lui, d'autres princes en ont usé de même avec l'Evangile. Outre les veaux d'or, nous voyons dans l'Ecriture que Jéroboam bâtit encore des autels aux démons. A la vue des impiétés, non-seulement les lévites et les prêtres, mais un grand nombre d'Israélites de toutes les tribus quittèrent le pays pour se retirer en la terre de Juda, ce qui augmenta de beaucoup la puissance du fils de Salomon (3. Reg., 12; 2. Paral., 11).

La politique athée du premier roi schismatique tourna ainsi contre lui-même. Du reste, malgré

---

(1) 3. Reg., 12, 22, 24 : « Factus est autem sermo Domini ad Semeiam, virum Dei, dicens : Loquere ad Roboam, filium Salomonis, regem Juda, et ad omnem domum Juda et Benjamin, et reliquos de populo, dicens : Hæc dicit Dominus : Non ascendetis, neque bellabitis contra fratres vestros filios Israël : revertatur vir in domum suam ; à me enim factum est verbum hoc. Audierunt sermonem Domini et reversi sunt de itinere, sicut eis præceperat Dominus. »

toutes ses ruses et ses violences, nous verrons toujours la religion véritable pratiquée dans son royaume par un certain nombre de fidèles, et hautement enseignée et vengée par une suite non interrompue de prophètes. Jérusalem, avec son temple, sera toujours le centre du vrai culte. Jonas, qui était des dix tribus et qui prophétisait parmi elles, s'écriera jusque dans le ventre de la baleine : Seigneur, quoique rejeté de devant vos yeux, je reverrai votre saint temple (1); par où il marquait tout à la fois, et qu'il avait coutume de le visiter, et qu'il espérait encore d'y rendre à Dieu ses adorations.

Roboam et son peuple marchèrent pendant trois ans dans les voies de David et de Salomon. Le roi était âgé de quarante et un ans lorsqu'il monta sur le trône. Il avait dix-huit femmes du premier rang et soixante du second. Elles lui donnèrent vingt-huit fils et soixante filles. Celui de ses fils qu'il désigna pour lui succéder se nommait Abia; ce n'était pas l'aîné, mais il était né de l'épouse de prédilection, et surpassait en sagesse tous ses frères. Roboam établit ceux-ci dans différentes villes fortes de Juda et de Benjamin, leur donna des femmes et de quoi vivre selon leur naissance.

Après ces trois premières années, le roi de Juda, voyant son pouvoir bien affermi, abandonna la loi de l'Éternel, et le peuple suivit son exemple. Bientôt il se commit des idolâtries et des impuretés abominables. On vit jusqu'à des hommes faisant profession du crime de Sodome. Le châtiment ne se fit pas attendre. La cinquième année du règne de Roboam, Sésac, roi d'Égypte, marcha contre Jérusalem avec douze cents chariots de guerre, soixante mille cavaliers et une infanterie innombrable : c'étaient des Égyptiens, des Lybiens, des Troglodytes et des Éthiopiens. Il prit les villes fortes et s'avança jusque devant Jérusalem. Alors l'Éternel envoya vers Roboam et les princes qui s'étaient retirés dans la capitale, le prophète Séméïas avec cette commission : « Voici ce que dit l'Éternel : Vous m'avez abandonné, moi aussi je vous ai abandonnés en la main de Sésac. » Les princes, avec le roi, s'humilièrent et dirent : « L'Éternel est juste. » Aussitôt cette parole de l'Éternel vint à Séméïas : « Ils se sont humiliés, je ne les exterminerai point ; mais je leur donnerai quelque secours, et ma fureur ne distillera point sur Jérusalem par la main de Sésac. Toutefois ils lui seront assujétis, afin qu'ils apprennent ce que c'est de me servir, ou de servir les gouvernements de la terre (2). » Sésac étant donc venu, enleva les trésors du temple et les trésors du roi, et les boucliers d'or que Salomon avait fait faire. Roboam remplaça ces derniers par des boucliers d'airain. Le royaume fut ainsi humilié, mais non pas détruit, parce qu'il se trouva des œuvres bonnes en Juda (3).

Quel est ce roi d'Égypte dont Dieu se sert pour châtier l'impiété du fils de Salomon ? C'est le premier pharaon dont l'Écriture sainte nous fasse connaître le nom distinctif. Ce nom peut se prononcer en hébreu *Schischak* ou *Schischok*. Les Septante l'ont rendu par *Sousakim*, l'historien Josèphe par *Sousakos*, et la Vulgate par *Sésac*. Plusieurs savants avaient cru le reconnaître dans le fameux Sésostris ou Séthosis ; mais nous avons vu précédemment que ce dernier était contemporain de Moïse. D'autres avaient pensé que Sésac n'était autre que le Sésonchis ou le Sésonchosis de Manéthon. La lecture des hiéroglyphes a changé cette opinion en certitude. Voici ce qu'écrivait de Thèbes, en 1830, parlant du palais de Karnac, le savant français qui, le premier, a déchiffré les inscriptions hiéroglyphiques : « Dans ce palais merveilleux, j'ai contemplé *Sésonchis*, traînant aux pieds de la trinité thébaine, Ammon, Mouth et Kons, les chefs de plus de trente nations vaincues, parmi lesquelles il est retrouvé, comme cela devait être, et en toutes lettres, IOUDAHAMALEK, *le royaume des Juifs* ou *de Juda*. C'est là un commentaire à joindre au chapitre XIV du 1er livre des *Rois*, qui raconte en effet l'arrivée de *Sésonchis* à Jérusalem, et ses succès; ainsi l'identité que nous avons établie entre le *Scheschonk* égyptien, le *Sésonchis* de Manéthon et le *Sésac* ou *Scheschok* de la Bible, est confirmée de la manière la plus satisfaisante (1). »

Dans Manéthon, Sésonchis ou Sesonchosis est le chef de la vingt-deuxième dynastie. D'après un calcul basé sur la combinaison des découvertes hiéroglyphiques avec les dates de l'histoire, son règne aurait commencé l'an 971 avant l'ère chrétienne. C'est précisément en cette année-là que l'on place communément l'entrée de Sésac à Jérusalem. Ainsi les dates ne se rapportent pas moins bien que les autres circonstances.

La peinture hiéroglyphique du temple de Karnac nous le montre vainqueur de plus de trente nations. L'Écriture nous le présente à la tête d'une armée innombrable d'Égyptiens, de Libyens, de Troglodytes et d'Éthiopiens. Les Troglodytes ou habitants de trous étaient, suivant les anciens auteurs, des peuples de l'Afrique orientale qui habitaient dans des trous ou des cavernes (2). Et l'Écriture et les hiéroglyphes du palais de Thèbes se servent ainsi mutuellement de commentaire.

On voit aussi par là quelle était à cette époque la puissance de l'Égypte, l'étendue de sa domination ou du moins de son influence sur les contrées voisines. Dans l'édition romaine de la Bible des Septante, il est dit que ce pharaon avait fait épouser à Jéroboam la sœur même de la reine d'Égypte. On devine alors, sans beaucoup de peine, à l'instigation de qui le conquérant égyptien sera venu ravager les terres de Juda.

Tant qu'il vécut, Roboam fut en guerre avec Jéroboam, et mourut après un règne de dix-sept ans. Sa mère était une Ammonite. Son fils Abiam régna à sa place. La succession au trône ne fut jamais interrompue dans le royaume de Juda.

Un jour qu'à Béthel Jéroboam s'apprêtait à encenser son veau d'or, il lui vint de Juda un prophète qui parla ainsi contre son autel de la part du Seigneur : « Autel ! autel ! Voici ce que dit Jéhova : Un fils naî-

---

(1) Jonas, 2, 5 : « Et ego dixi : Abjectus sum a conspectu oculorum tuorum ; verumtamen rursus videbo templum sanctum tuum. »
(2) 1. Paral., 12, 5-8 : « Semeïas autem propheta ingressus est ad Roboam ; et principes Juda, qui congregati fuerant in Jerusalem, fugientes Sesac, dixitque ad eos : Hæc dicit Dominus : Vos reliquistis me, et ego reliqui vos in manu Sesac. Consternatique principes Israel et rex, dixerunt : Justus est Dominus. Cumque vidisset Dominus quod humiliati essent, factus est sermo Domini ad Semeïam, dicens : Quia humiliati sunt, non disperdam eos, daboque eis pauxillum auxilii, et non stillabit furor meus super Jerusalem per manum Sesac. Verumtamen serviant ei, ut sciant distantiam servitutis meæ et servitutis regni terrarum. »
(3) *Ibid.*, v. 12 : « Siquidem et in Juda inventa sunt opera bona. »

(1) 7e Lettre de M. Champollion pendant son voyage en Égypte.
(2) Strab., 1 ; Mela, 1, c. 4 et 8 ; Pline, 5, c. 8 ; 37, c. 10.

tra à la maison de David, Josias est son nom, et il immolera sur toi les prêtres des hauts-lieux qui t'encensent maintenant, et brûlera sur toi des ossements humains. » Le prophète en donna pour preuve un signe qui devait s'accomplir dans l'instant : l'autel allait se rompre, et la cendre qui était dessus se répandre par terre. Le roi, transporté de colère, étendit la main d'auprès de l'autel, et commanda d'arrêter le prophète. Mais aussitôt sa main se dessécha, en sorte qu'il ne pouvait plus la retirer à lui ; l'autel se fendit et la cendre fut dispersée. Le roi supplia l'homme de Dieu de prier que sa main lui fût rendue ; celui-ci le fit, et la main devint comme auparavant. Alors le roi invita l'homme de Dieu à venir manger avec lui et à accepter des présents ; mais il refusa l'un et l'autre : « Quand vous me donneriez la moitié de votre maison, je n'irai point avec vous, et je ne mangerai point de pain ni ne boirai point d'eau en ce lieu. » Il ajouta qu'ainsi l'Éternel lui avait ordonné, comme aussi de s'en retourner par un autre chemin qu'il était venu. Déjà il s'était mis en route, lorsqu'un vieux prophète qui demeurait à Béthel apprit de ses enfants ce que l'autre avait dit et fait, et par quel chemin il s'en retournait. Il fit seller son âne, s'en alla après l'autre prophète, le trouva qui était assis sous un chêne, et l'invita à retourner avec lui à la maison pour se restaurer. Celui-ci s'excusa sur le commandement de l'Éternel ; mais le vieux lui dit que lui aussi était prophète, qu'un ange lui avait ordonné, de la part de l'Éternel, de le ramener et de lui offrir du pain et de l'eau. Il mentait, mais l'autre se laissa persuader.

Ils étaient à table, lorsque l'Éternel fit entendre sa parole au prophète qui l'avait ramené. Et il cria à l'homme de Dieu qui était venu de Juda : « Voici ce que dit l'Éternel : Parce que tu n'as pas obéi à la parole de Jéhova, et que tu n'as pas gardé le commandement de Jéhova, ton Dieu, que tu es retourné, et que tu as mangé du pain et bu de l'eau dans le lieu où je t'ai ordonné de ne point manger de pain et de ne pas boire d'eau, ton corps ne sera pas porté dans le sépulcre de tes pères. »

L'accomplissement suivit de près ces paroles. Pendant qu'il s'en retournait, le prophète de Juda fut tué par un lion. Son corps resta gisant sur la route, le lion debout à côté, ainsi que l'âne, témoins l'un et l'autre que ce n'était point par l'instinct de la nature, mais par la volonté de Dieu que l'animal féroce avait tué l'homme, sans pour cela le mettre en pièces, non plus que l'âne vivant. Des passants ayant vu ce singulier spectacle, le publièrent dans la ville où demeurait le vieillard. Celui-ci l'ayant appris, s'en alla, trouva le corps auprès des deux animaux, l'emporta à la maison, le mit dans son sépulcre, le pleura et commanda à ses fils, lorsqu'il serait mort, de mettre ses os auprès des os de l'homme de Dieu, dont la prédiction devait s'accomplir un jour (3. Reg., 13, 1-32).

Ainsi le prophète fut puni de sa désobéissance par un genre de mort effrayant et parce qu'il ne lui fut pas donné d'être enseveli dans le tombeau de ses ancêtres ; punitions temporelles. Mais en même temps Dieu l'honora, en ce que le lion respecta son corps. C'était sans doute plus faiblesse que mauvaise volonté qui l'induisit à croire l'invitation du vieillard ; celui-ci, plus coupable, s'était laissé porter à mentir par le désir qu'il avait de voir l'homme de Dieu et de lui donner l'hospitalité, mensonge qu'il aura expié par un profond repentir. Quant à la prédiction du prophète, nous la verrons s'accomplir après trois siècles et demi.

Cependant Abia tomba malade. C'était le fils de Jéroboam, qui dit à sa femme de se déguiser et d'aller à Silo, vers le prophète Ahias, le même qui lui avait prédit qu'il régnerait sur Israël, pour lui demander ce qu'il en serait de l'enfant. Le prophète, qui ne voyait plus, tant il était vieux, fut instruit par l'Éternel du voyage de la reine et de la réponse qu'il devait lui faire. Lors donc qu'elle entra et qu'il entendit le bruit de ses pas : « Entrez, femme de Jéroboam, lui dit-il ; pourquoi feignez-vous d'être une autre ? Je vous suis envoyé comme un messager funeste. Allez, et dites à Jéroboam : Voici ce que dit Jéhova, le Dieu d'Israël : Je vous ai élevé du milieu du peuple et je vous ai établi chef de mon peuple d'Israël, et j'ai divisé le royaume de la maison de David et vous l'ai donné, mais vous n'avez point été comme mon serviteur David, qui a gardé mes commandements, et qui m'a suivi de tout son cœur en faisant ce qui m'était agréable. Vous avez fait plus de mal que tous ceux qui ont été avant vous, et vous vous êtes fait des dieux étrangers et en fonte pour me provoquer à la colère, et vous m'avez rejeté loin derrière vous. C'est pourquoi voilà que j'amènerai les maux sur la maison de Jéroboam, et j'en frapperai tous les mâles ; j'exterminerai ceux qui sont gardés avec le plus de soin comme ceux qui sont abandonnés dans Israël ; je nettoierai les restes de la maison de Jéroboam comme on nettoie le fumier, jusqu'à ce qu'il n'en reste plus. Quiconque de Jéroboam mourra dans la ville sera dévoré par les chiens, et qui mourra dans les champs sera mangé par les oiseaux du ciel ; car Jéhova a parlé. Vous donc, levez-vous et allez en votre maison ; et, à votre entrée dans la ville, l'enfant mourra, et tout Israël le pleurera et l'ensevelira. C'est le seul de Jéroboam qui entrera dans le tombeau, parce qu'il s'est trouvé en lui quelque chose de bon devant Jéhova, le Dieu d'Israël. Déjà CELUI QUI EST s'est établi un roi sur Israël, qui frappera la maison de Jéroboam en ce jour et en ce temps. De plus, Jéhova frappera Israël comme le roseau qu'agite l'eau, et il arrachera Israël de cette terre si excellente qu'il a donnée à ses pères, et il le dispersera au delà du fleuve parce qu'il s'est fait des bois profanes pour irriter Jéhova contre lui. Et Jéhova livrera Israël à cause des péchés de Jéroboam, qui a péché et fait pécher Israël. »

Après cette prophétie, qui annonçait avec une clarté si terrible la ruine de Jéroboam, les agitations continuelles du royaume schismatique, enfin son entière destruction avec la captivité du peuple, la reine se leva et revint à Thersa, ville de la tribu de Manassé, où son mari faisait sa résidence, et qui porte encore aujourd'hui le même nom. Au moment même qu'elle posait sur le seuil de sa maison, l'enfant mourut, fut enseveli et pleuré par tout Israël, suivant la parole que l'Éternel avait dite par son prophète (3. Reg., 14, 1-18).

Abiam, fils de Roboam, commença son règne par une victoire éclatante. Il pouvait avoir appris les funestes prédictions que l'Éternel avait faites à Jéroboam ; il pouvait se croire l'homme choisi de Dieu pour exterminer la race de ce prince impie et régner à sa place sur Israël. Il marcha donc contre lui à la tête de quatre cent mille hommes d'élite; mais Jéroboam lui en opposait huit cent mille. Les armées étaient en présence, lorsque le roi de Juda, du haut de la montagne de Samarie, s'écria à haute voix : « Ecoutez-moi, Jéroboam et vous Israël tout entier. Ignorez-vous donc que Jéhova, le Dieu d'Israël, a donné pour toujours à David et à ses enfants la royauté sur Israël par un pacte inviolable? Jéroboam, fils de Nabat, serviteur de Salomon, fils de David, s'est levé et révolté contre son Seigneur. Les hommes de néant, enfants de Bélial, se sont joints à lui; ils ont prévalu contre Roboam, fils de Salomon, parce que c'était un homme sans expérience et sans cœur, incapable de leur résister. Maintenant vous prétendez assez forts pour résister au royaume de Jéhova, qu'il possède par les enfants de David. Vous êtes en grand nombre, mais n'avez-vous point avec vous les veaux d'or dont Jéroboam vous a fait des dieux? N'avez-vous pas chassé les prêtres de Jéhova, les enfants d'Aaron et les lévites? Ne vous êtes-vous pas fait des prêtres comme tous les peuples de la terre? Quiconque vient et consacre sa main par l'immolation d'un jeune taureau et de sept béliers, est fait prêtre de ce qui n'est pas des dieux. Quant à nous, CELUI QUI EST, voilà notre Dieu; nous ne l'avons point abandonné; ses prêtres et ses ministres sont les enfants d'Aaron et les lévites, chacun dans son rang; chaque jour, soir et matin, on lui offre des holocaustes et des parfums suivant la loi. Auprès de nous sont les pains de proposition et le chandelier d'or garni de sept lampes qui doivent être allumées tous les soirs; car nous gardons fidèlement les ordonnances de Jéhova, notre Dieu; vous, au contraire, vous l'avez abandonné. Nous avons ainsi dans notre armée Dieu même qui en est le chef, et ses prêtres et les trompettes sacrées dont le son retentira contre vous. Enfants d'Israël, gardez-vous donc de combattre contre Jéhova, le Dieu de vos pères; car vous ne réussirez point. »

Pendant qu'il parlait ainsi, Jéroboam tâchait de le surprendre par derrière, et déployait ses troupes de manière à l'enfermer sans qu'il s'en aperçût. Tout d'un coup Juda et son roi reconnaissent qu'on va les attaquer des toutes parts : ils crient à l'Eternel, les prêtres sonnent de la trompette, toute l'armée pousse le cri de guerre, et l'Eternel frappe d'épouvante Jéroboam et Israël devant Abia et Juda. Les huit cent mille hommes prennent la fuite, l'armée de Juda les poursuit et en laisse cinq cent mille sur la place (2. Paral., 13, 1-17).

Une si prodigieuse victoire, suivie de la prise de plusieurs villes, qui augmentait la puissance d'Abia d'autant qu'elle affaiblissait celle de Jéroboam, était bien faite pour affermir le premier dans le service du vrai Dieu et pour y ramener le second. Il n'en fut pas ainsi : Abia, qui avait parlé si bien, finit par tomber dans tous les péchés de son père, et mourut après un règne de trois ans. Jéroboam ne lui en survécut que deux : il fut frappé de Dieu et eut pour successeur son fils Nadab, qui marcha dans les mêmes voies et ne profita pas plus que lui du terrible avertissement que leur avait donné le prophète. La peine suivit de près. La seconde année de son règne, Nadab assiégeait Gebbethon, ville des Philistins, lorsque Baasa, de la tribu d'Issachar, conjura contre lui, le mit à mort, s'élança sur le trône et extermina toute la maison de Jéroboam sans en laisser un seul rejeton, suivant la parole que l'Eternel avait dite par Ahias, Silonite, son serviteur (3. Reg., 15 25-31).

Juda était plus heureux. Il y régnait un jeune prince qui faisait ce qui était juste et agréable à l'Eternel, comme son père David : c'était Asa, fils d'Abia ou Abiam. Il purifia le pays des abominations de la débauche et de l'idolâtrie; il priva sa propre mère de la dignité royale, parce qu'elle en avait abusé pour placer une idole infâme dans un bocage. L'idole fut brûlée et la cendre jetée dans le torrent de Cédron. Il détruisit avec le même zèle tous les monuments des cultes étrangers, et exhorta son peuple à chercher l'Eternel, le Dieu de leurs pères, et à observer sa loi et ses ordonnances. Il en fut récompensé par une profonde paix de dix ans, dont il profita pour élever un grand nombre de villes fortes. Son armée comptait trois cent mille hommes de Juda et deux cent quatre-vingt mille de Benjamin (3. Reg., 15, 8-15).

La dixième année, il fut attaqué par une armée d'Ethiopie, au nombre d'un million de combattants et de trois cents chariots de guerre conduits par Zara, qui s'avança jusqu'à Maresa, ville de Judée. Asa marcha contre lui et invoqua l'Eternel, son Dieu : « O Jéhova! il vous est aussi facile de sauver par un petit nombre que par un grand; aidez-nous, Jéhova, notre Dieu; c'est sur vous que nous nous appuyons, c'est en votre nom que nous marchons contre cette multitude. Jéhova, notre Dieu, nul mortel ne peut rien contre vous. » L'Eternel frappa les Ethiopiens devant Asa et Juda, en sorte qu'ils prirent la fuite, furent poursuivis et exterminés. L'armée d'Asa, au contraire, fit un immense butin en brebis et en chameaux (2. Paral., 14, 1-15).

Quel est ce Zara ou Zarach, l'Ethiopien? on est peu d'accord là-dessus. Les uns supposent que c'était un chef de Cushites ou Ethiopiens orientaux. Mais comme il est dit que son armée s'enfuit du côté de la ville de Gérare, au midi et vers l'Egypte, il est plus probable que c'étaient les Ethiopiens d'Afrique, réunis encore sous la même domination que les Egyptiens, comme nous les avons vu tout à l'heure au temps de Sésac ou Sésonchis. On a trouvé, dans un cartouche royal tracé sur les parois des mines voisines du mont Sinaï, le nom de *Zerah*. Cette bataille se donna trente ans après l'entrée de Sésac à Jérusalem, qui, d'après Manéthon, en régna vingt et un; par conséquent sous le règne de son successeur, qui fut de quinze. Celui-ci est nommé *Osorthon* dans cet historien, *Osorchon* ou *Osorgon* dans une légende hiéroglyphique des mêmes colonnades de Thèbes, où se voient le nom et le triomphe de Sésonchis. Si l'on ôte au nom monumental *Osorchon*, sa terminaison égyptienne, et qu'on fasse abstraction des voyelles qui ne s'écrivaient point autrefois, on le retrouvera rigoureusement dans le *Zarach*, *Zoroch* ou *Zorch* du texte hébreu. D'après cela, Zarach, surnommé l'Ethiopien, serait le successeur de Sésac, et aurait ainsi rendu au royaume de Juda les richesses que son prédécesseur lui avait enlevées (1).

(1) Greppo, p. 173 : « La chose est mise hors de doute par le témoignage du prophète Hanani, que nous verrons bientôt joindre les Libyens aux Ethiopiens. »

Alors l'esprit de Dieu vint sur Azarias, fils d'Obed. Il alla au devant d'Asa, et lui dit : « Ecoutez-moi, Asa et vous tout Juda et Benjamin. Jéhova est avec vous parce que vous êtes avec lui ; si vous le cherchez, vous le trouverez ; si vous l'abandonnez, il vous abandonnera. Il y aura bien des jours en Israël sans le Dieu de vérité, sans prêtre qui enseigne et sans loi. Et dans son angoisse, s'il se retournera vers Jéhova, le Dieu d'Israël, il le cherchera, et il se fera trouver d'eux. Dans ces temps-là, il n'y aura point de paix, ni pour celui qui sort, ni pour celui qui entre, mais des terreurs sans nombre parmi tous les habitants de la terre. Une nation brisera une nation, une ville une ville, parce que Dieu les bouleversera par toutes sortes d'afflictions. Mais vous, prenez courage, que vos mains ne se relâchent point, car il est une récompense à vos œuvres. »

Quand il eut entendu ces paroles, Asa sentit en lui de nouvelles forces ; il ôta les abominations de toute la terre de Juda et de Benjamin, ainsi que des villes du mont Ephraïm qu'il avait prises ; sanctifia de nouveau l'autel du Seigneur qui était dans le parvis ; assembla tout Juda et Benjamin avec les étrangers d'Ephraïm, de Manassé et de Siméon ; car ils lui arrivaient en foule d'Israël, lorsqu'ils virent que Jéhova, son Dieu, était avec lui. Ils entrèrent dans l'alliance pour chercher Jéhova, le Dieu de leurs pères, de tout leur cœur et de toute leur âme. Quiconque ne cherchait pas Jéhova, le Dieu d'Israël, devait être puni de mort, petit ou grand, homme ou femme. Ils le jurèrent à l'Eternel, à haute voix, avec une grande allégresse, au son des trompettes et des hautbois. Tout Juda se réjouit du serment, car ils le jurèrent de tout leur cœur ; et comme ils le cherchaient de toute leur volonté, l'Eternel se fit trouver d'eux et leur donna le repos et la paix de toutes parts (2. Paral., 15, 1-15).

Entre Juda et Israël il n'y avait ni paix ni guerre, chacun était sur la défensive, lorsque, la seizième année du règne d'Asa, trente-sixième depuis la division des dix tribus, le roi d'Israël, Baasa, ayant fait alliance avec Benadad, fit une irruption sur la terre de Juda et surprit la ville de Rama, qu'il s'empressa de fortifier. Cette ville était située sur une hauteur qui commandait le défilé par où l'on passait d'un royaume à l'autre. Il voulait, sans doute, au moyen de cette forteresse, empêcher l'émigration de ses sujets. Asa prit alors tout ce qu'il y avait d'or et d'argent dans les trésors du temple et du palais, l'envoya à Benadad, lui rappela l'alliance qui unissait leurs pères, et le pria de rompre celle qu'il avait faite avec Baasa. Benadad envoya une armée contre celui-ci, et donna par-là occasion au roi de Judée de détruire les fortifications de Rama, et, avec le bois et les pierres qui s'y trouvaient amassés, de fortifier Gabaa de Benjamin et Maspha.

Asa probablement s'applaudissait de sa politique, lorsque Hanani, le voyant, vint le trouver et lui fit des reproches de ce que, après que l'Eternel eut livré entre ses mains l'armée innombrable des Ethiopiens et des Libyens, il avait mis sa confiance au roi de Syrie plutôt qu'en Dieu. Les yeux de Jéhova, dit-il, parcourent toute la terre pour soutenir qui s'attache à lui de tout son cœur. Dieu lui eût livré les Syriens mêmes, s'il ne les avait pas craints ; mais, en punition de sa conduite insensée, il s'allumerait dès lors contre lui des guerres. Asa ne reçut point les remontrances du voyant comme on pouvait l'espérer de sa piété ; au contraire, il le fit jeter en prison. Il exerça même des violences contre quelques-uns de son peuple, vraisemblablement parce qu'ils prenaient le parti du prophète (1).

Vers le même temps, l'Eternel envoya Jéhu, fils d'Hanani, dire à Baasa : « Je t'ai élevé de la poussière et je t'ai établi chef de mon peuple d'Israël ; mais tu as marché dans la voie de Jéroboam, et tu as fait pécher mon peuple d'Israël, afin de m'irriter par leurs crimes ; c'est pourquoi je retrancherai de la terre la postérité de Baasa et la postérité de sa maison, et je ferai à la maison ce que j'ai fait de la maison de Jéroboam, fils de Nabat. Quiconque de Baasa mourra dans la ville sera mangé par les chiens, et qui mourra dans les champs sera dévoré par les oiseaux du ciel. » Baasa ne se convertit pas plus que n'avait fait Jéroboam ; au contraire, il tua le prophète : aussi eut-il le même sort que Jéroboam, lui et sa famille. Étant mort peu après, il eut pour successeur son fils Bela, qui ne fut pas meilleur que lui. Le châtiment ne se fit plus attendre. A peine le nouveau roi eut-il régné deux ans, qu'au milieu d'un festin où il s'était enivré, il fut tué par Zambri, qui commandait la moitié de sa cavalerie et qui, s'étant emparé du trône, extermina toute la race de Baasa. Ainsi s'accomplit la prédiction du prophète Jéhu (2).

Zambri ne régna que sept jours. Lorsque l'armée qui assiégeait Gebbethon, ville des Philistins, eut appris ce qui s'était passé à Thersa, elle proclama roi Amri, son général. Celui-ci marcha de suite sur Thersa, où Zambri, désespérant de se défendre, se brûla avec le palais du roi. Le peuple se divisa en deux parties, dont l'une tenait pour Thebni, fils de Gineth ; mais ce dernier étant mort, Amri régna seul. Il fit le mal devant l'Eternel, et les crimes qu'il commit surpassèrent encore ceux de tous ses devanciers. Ce qu'il y a de remarquable en son règne, c'est qu'il bâtit la ville de Samarie ou Someron, ainsi nommée de Somer, dont il acheta la montagne sur laquelle elle fut élevée. Après avoir régné douze ans, il laissa le trône d'Israël à son fils Achab.

Jéroboam, Baasa et leurs fils avaient été surpassés en méchanceté par Amri ; Amri le fut par son fils Achab, et Achab par sa femme Jézabel, fille d'Ethbaal, roi de Sidon. Achab bâtit à Samarie même un temple et un autel à Baal, et planta un bocage en l'honneur d'Astarté. Sous le nom de *Baal* ou *seigneur*, les Phéniciens adoraient le soleil, et, sous

---

(1) 2. Paral., 16, 1-14 : « In tempore illo venit Hanani propheta ad Asa regem Juda, et dixit ei : Quia habuisti fiduciam in rege Syriæ, et non in Domino Deo tuo, idcirco evasit Syriæ regis exercitus de manu tuâ. Nonne Æthiopes et Libyes multo plures erant, quadrigis et equitibus, et multitudine nimiâ : Quos, cum Domino credidisses, tradidit in manu tuâ? Oculi enim Domini contemplantur universam terram et præbent fortitudinem his qui corde perfecto credunt in eum. Stulte igitur egisti, et propter hoc ex præsenti tempore adversum te bella consurgent. Iratusque Asa adversus videntem, jussit eum mitti in nervum : valde quippe super hoc fuerat indignatus, et interfecit de populo in tempore illo plurimos. » (*Ibid.*, 7-10.)

(2) 3. Reg., 16 : « Factus est autem sermo Domini ad Jehu filium Hanani contra Baasa, dicens : Pro eo quod exaltavi te de pulvere et te ducem super populum meum Israël ; tu autem ambulasti in viâ Jeroboam, et peccare fecisti populum meum Israël, ut me irritares in peccatis eorum : Ecce, ego demetam posteriora Baasa et posteriora domûs ejus, et faciam domum tuam sicut domum Jeroboam filium Nabat. Qui mortuus fuerit de Baasa in civitate, comedent eum canes ; et qui mortuus fuerit ex eo in regione, comedent eum volucres cœli. — Ob hanc causam occidit eum, hoc est Jehu filium Hanani prophetam. »

celui d'Astarté, la lune, qu'ils appelaient aussi *la reine du ciel*, et qui était la déesse des amours déshonnêtes. On offrait à Baal des victimes humaines; on honorait Astarté par d'infâmes prostitutions. C'est à cela qu'étaient destinés ces bocages. Baal et Astarté étaient comme inséparables : où il y avait un temple du premier, il y avait tout près un bocage de la seconde; aussi leurs noms se prennent quelquefois l'un pour l'autre. Achab servait plus particulièrement Baal; Jézabel, Astarté.

Ce fut vraisemblablement pour plaire à ce roi, et à cette reine qui gouvernait son mari, qu'un homme de Béthel, nommé Hiel, entreprit un ouvrage qui devait démentir la prédiction de Josué, quand il eut pris et brûlé Jéricho : *Maudit soit devant Jéhova l'homme qui relèvera et rebâtira cette ville de Jéricho; qu'il lui en coûte son fils aîné pour en poser les fondements, et son plus jeune pour en poser les portes!* La prédiction s'accomplit. Il en coûta à Hiel son premier-né, Abiram, quand il jeta les fondements, et Segub, le dernier de ses fils, quand il posa les portes (3. Reg., 16, 8-34).

Lorsque avec l'idolâtrie et le mépris de tout ce qui est saint, les vices les plus scandaleux levèrent la tête en Israël, et que les rois, par une criminelle politique, empêchaient les Israélites de célébrer les fêtes du Seigneur à Jérusalem, Dieu suscita nombre de prophètes qui entretinrent dans ce royaume la lumière de la vérité. Le plus grand d'entre eux, Elie de Thesbé, de la tribu de Gad, au delà du Jourdain, puissant en parole et en œuvre, favori extraordinaire de Dieu, qui l'éleva si haut pendant sa vie, plus haut encore quand il l'enleva de ce monde, au plus haut lorsque à la transfiguration de celui qu'annonçaient la Loi et les Prophètes, il apparut sur le Thabor avec Moïse; Elie de Thesbé vint au nom de l'Eternel vers Achab, et dit : « Vive Jéhova, le Dieu d'Israël, devant lequel je suis présentement, il n'y aura durant ces années ni rosée ni pluie ! »

Et la parole de Jéhova lui dit de se cacher dans la vallée du torrent de Carith, et de boire de l'eau du torrent, l'Eternel ayant commandé aux corbeaux de le nourrir là. Il obéit, et les corbeaux lui apportaient chaque jour, matin et soir, du pain et de la chair.

Après quelque temps, comme il ne tombait pas de pluie, le torrent s'étant desséché, la parole de Jéhova lui dit d'aller à Sarepta, au pays de Sidon. Là une veuve avait reçu ordre de le nourrir. A la porte de Sarepta il trouva une veuve qui ramassait du bois. Il la pria de lui apporter un peu d'eau pour boire. Pendant qu'elle allait en chercher, il cria derrière elle : « Apporte-moi aussi, je te prie, un peu de pain. » Elle répondit : « Vive Jéhova, ton Dieu ! je n'ai point de pain; j'ai seulement dans un vase autant de farine que ma main en peut contenir, et un peu d'huile dans une fiole. Et voilà que je ramasse deux morceaux de bois pour aller l'apprêter à moi et à mon fils, le manger et mourir. » Elie dit : « Ne crains point, mais va et fais comme tu as dit; cependant prépare-m'en d'abord un petit pain cuit sous la cendre et apporte-le-moi ici : tu en feras ensuite pour toi et ton fils; car voici ce que dit Jéhova, le Dieu d'Israël : Le vase de farine ne diminuera point, et la fiole d'huile ne décroîtra point, jusqu'au jour où Jéhova répandra la pluie sur la terre. » Elle s'en alla et fit suivant la parole d'Elie; il en mangea ainsi qu'elle et sa maison, pendant quelque temps; le vase de farine ne diminuait point, et la fiole d'huile ne décroissait point, selon la parole que l'Eternel avait dite par Elie; mais après cela, le fils de cette mère de famille devint malade, et la maladie fut si violente qu'il expira. Elle dit donc à Elie : « Qu'y a-t-il entre toi et moi, homme de Dieu ? Es-tu venu chez moi pour renouveler la mémoire de mes iniquités et pour faire mourir mon fils ? » Elie lui dit : « Donne-moi ton fils. » Et l'ayant pris d'entre ses bras, il le porta dans la chambre haute où il demeurait, le mit sur son lit et cria au Seigneur : « Jéhova, mon Dieu ! quoi ! cette veuve qui me nourrit, l'affligerez-vous jusqu'à faire mourir son fils ? » Et il se raccourcit sur la taille de l'enfant, lui inspirant son souffle par trois fois, en criant à l'Eternel : « Jéhova, mon Dieu, faites, je vous prie, que l'âme de cet enfant retourne en son corps ! » L'Eternel exauça la voix d'Elie, l'âme de l'enfant revint en lui et il recouvra la vie. Elie ayant pris l'enfant, descendit de sa chambre au bas de la maison, et le donna à sa mère, et lui dit : « Voilà que ton fils est vivant. » La femme répondit à Elie : « Maintenant je reconnais que vous êtes un homme de Dieu et que la parole de Jéhova est dans votre bouche, la vérité (3. Reg., 17, 1-24).

Adorable Providence, qui d'abord fait nourrir par les corbeaux l'homme divin dont le roi d'Israël n'était pas digne, le mène ensuite à une veuve païenne, ouvre à celle-ci le cœur, afin que, croyant avec une pieuse simplicité à sa parole, elle partage avec lui son dernier morceau de pain; par lui nourrit alors cette bonne femme, ainsi que son enfant et toute la maison; éprouve de nouveau la foi de la mère, et la récompense enfin si magnifiquement par la résurrection de son fils. Neuf siècles plus tard, nous verrons une mère également païenne, sortant de la même contrée, obtenir du Sauveur, par son humble prière, la guérison de sa fille avec cet éloge inestimable : *O femme, votre foi est grande; qu'il vous soit fait comme vous voulez* (Matth. 15).

L'humaine sagesse n'aurait point conduit Elie dans le royaume de Sidon, où régnait Ethbaal, père de Jézabel, qui, à l'arrivée de la sécheresse qu'Elie avait prédite au roi, cherchait à exterminer les prophètes d'Israël et en avait fait mourir un si grand nombre. La colère d'Ethbaal était d'autant plus à craindre pour Elie, que la sécheresse s'était également étendue à son pays; calamité dont fait mention l'historien grec Ménandre, qui nomme ce roi Ithobal (Josèphe, l. 1, *cont. App.*).

Longtemps après, la parole de Jéhova vint à Elie, en la troisième année vraisemblablement depuis qu'il eut quitté le torrent de Carith, disant : « Va, présente-toi devant Achab, et je répandrai la pluie sur la terre. » Or, la famine était grande en Samarie. Dans le même temps, Achab ordonnait à l'intendant de sa maison, Abdias, de parcourir tout le pays, afin de trouver de l'herbe près des fontaines et des rivières aux chevaux et aux mulets du roi, pour qu'ils ne périssent pas tous pendant la sécheresse. Cet Abdias était un homme très-pieux. Lorsque Jézabel tuait les prophètes du Seigneur, il en cacha cent dans les cavernes, cinquante ici, cinquante là, et les nourrit de pain et d'eau. Achab lui-même parcourait une partie du pays, Abdias l'autre. Celui-ci étant en chemin, rencontra Elie, se prosterna le visage contre terre, et dit : « N'est-ce pas vous, Elie, mon seigneur? » Il répondit : « C'est moi. Va, et dis à ton maître : Voici Elie. » Abdias représenta le danger où il serait s'il allait annoncer cette nouvelle au roi. Ce dernier avait envoyé à tous les rois et à tous les peuples pour s'informer d'Elie; il avait même demandé à chaque roi et à chaque peuple une assurance par serment qu'ils n'avaient pu le trouver. « Lors donc que je me serai éloigné de vous, l'esprit de Jéhova vous transportera dans un lieu que j'ignore; si alors je vais avertir Achab de votre venue, et qu'il ne vous trouve point, il me fera mourir. Cependant votre serviteur craint l'Eternel depuis son enfance. » Elie dit : « Vive Jéhova-Sabaoth, en présence duquel je suis! je me présenterai devant lui en ce jour. » Abdias alla donc en prévenir Achab, qui vint à la rencontre d'Elie, et, l'ayant aperçu, lui dit : « N'est-ce pas toi celui qui trouble Israël. — Ce n'est pas moi, répondit Elie, qui ai troublé Israël, mais toi et la maison de ton père, en abandonnant les commandements de Jéhova et en suivant Baal. »

En même temps il proposa au roi d'assembler tout le peuple, c'est-à-dire, sans doute, tous les anciens du peuple, sur le mont Carmel, et d'y faire venir les quatre cent cinquante prophètes de Baal, avec les quatre cents prophètes du bocage d'Astarté, qui mangeaient à la table de Jézabel. Le roi le fit.

Alors Elie s'approchant de tout le peuple, lui dit : « Jusqu'à quand boiterez-vous des deux côtés? Si Jéhova est Dieu, suivez-le; si c'est Baal, suivez Baal. » Le peuple ne répondit pas un mot. Elie lui dit alors : « Je suis demeuré seul d'entre les prophètes de Jéhova, et les prophètes de Baal sont au nombre de quatre cent cinquante. Qu'on nous donne deux bœufs; qu'ils en choisissent un pour eux, et que, l'ayant coupé par morceaux, ils le mettent sur le bois, mais sans placer de feu dessous; et moi je prendrai l'autre bœuf, et, le mettant aussi sur du bois, je n'y placerai pas non plus de feu. Invoquez le nom de vos dieux, et moi j'invoquerai le nom de Jéhova. Le dieu qui répondra par le feu, celui-là sera Dieu. » Tout le peuple répondit : « Cela est juste! » Elie invita les prêtres de Baal à commencer les premiers, car, disait-il, vous êtes en plus grand nombre. Ils le firent, et depuis le matin jusqu'au milieu du jour, ils invoquèrent le nom de Baal, disant : Baal! exaucez-nous! Mais il n'y avait ni voix, ni personne à répondre. Cependant ils sautaient par-dessus l'autel qu'ils avaient fait. De sauter et de danser, pour marquer l'enthousiasme divin, était en usage chez les prêtres de Cybèle et aussi à Rome, chez certains prêtres de Mars, qu'on appelait pour cela Saliens ou sauteurs. A midi, Elie les raillait, disant : « Criez plus haut, car c'est un dieu; il cause peut-être avec quelqu'un, ou il est en affaire, ou bien il est en route, peut-être même qu'il dort; criez haut, pour qu'il se réveille! Ils criaient donc plus haut, et ils se faisaient des incisions, selon leur coutume, avec des couteaux et des rasoirs, jusqu'à ce qu'ils fussent couverts de leur sang. Cette superstition n'était pas rare chez les anciens. Aujourd'hui encore les Indiens croient s'attirer les faveurs de la divinité en se mutilant eux-mêmes avec le fer et le feu. L'homme corrompu se prêtera plus volontiers à tout qu'au sacrifice véritable de la volonté, qui n'est vu que de Dieu.

Midi était passé : ils continuèrent leurs extravagances jusqu'au temps où l'on avait coutume d'offrir le sacrifice, c'est-à-dire, à notre manière de compter, jusqu'à trois heures. Toujours nulle voix; toujours personne à répondre, personne à les entendre. Elie dit alors à tout le peuple : « Venez auprès de moi. » Et le peuple s'étant approché, il rétablit l'autel de Jéhova qui avait été détruit, prit douze pierres, selon le nombre des tribus de Jacob auquel Jéhova avait parlé, disant : *Israël sera votre nom*; et de ces pierres bâtit un autel au nom de Jéhova, avec un canal à l'entour. Quand tout fut prêt, il fit verser par trois fois, sur l'holocauste et sur le bois, assez d'eau pour remplir tout le canal. Enfin, à l'heure d'offrir le sacrifice, il s'approcha et dit : « Jéhova, Dieu d'Abraham, d'Isaac et de Jacob, faites voir aujourd'hui que vous êtes le Dieu d'Israël, et que je suis votre serviteur, et que c'est par votre ordre que j'ai fait toutes ces choses. Exaucez-moi, Jéhova, exaucez-moi, afin que ce peuple apprenne que vous êtes Jéhova-Dieu, et que vous avez de nouveau converti leur cœur. » Aussitôt le feu de Jéhova tomba et dévora l'holocauste, le bois et les pierres, la poussière même, et l'eau qui était dans le canal. Ce que tout le peuple ayant vu, il se prosterna le visage contre terre, et il dit : « Jéhova est Dieu! Jéhova est Dieu! » Mais Elie leur dit : « Prenez les prophètes de Baal, et qu'il n'en échappe pas un seul. » Et le peuple les ayant pris, Elie les mena au torrent de Cison, où ils furent mis à mort. C'était la peine prononcée par la loi contre tout prophète qui exciterait le peuple à suivre les dieux étrangers (1).

Elie dit ensuite à Achab : « Montez, mangez et buvez, car j'entends le bruit d'une grande pluie. » Achab monta pour manger et boire. Elie alla sur le haut du Carmel, se prosterna contre terre, la tête entre les genoux. C'est encore aujourd'hui la posture du recueillement et de la ferveur en Orient. Et il dit à son serviteur : « Va, et regarde du côté de la mer. » Le serviteur monta, regarda et dit : Il n'y a rien. Elie lui dit encore : « Retourne par sept fois. Et la septième fois, voilà qu'un petit nuage s'élevait de la mer, comme le pied de la main. » Elie dit à son serviteur : « Monte et dis à Achab : Mets tes chevaux à ton char, et descends, de peur que la pluie ne te surprenne. » Et pendant qu'il allait ici et là, voilà le ciel couvert de ténèbres, et les nuées, et le vent, et une grande pluie. Achab monta donc sur son char, et, précédé par Elie qui courait devant son char, s'en alla à Jezrahel (3. Reg., 18, 1-46). C'était une ville considérable de la tribu d'Issachar, où Achab faisait sa résidence, sans doute parce qu'elle était située dans un vallon et près d'une belle source d'eaux.

Achab ne manqua point de raconter à Jézabel tout ce qu'avait fait Elie. La peine infligée aux prêtres de Baal mit en fureur cette femme altière. « Que les dieux me fassent ceci, et qu'ils y ajoutent cela, si demain, à cette heure, je ne fais de ta vie ce que

(1) Deut., 13, 5 : « Propheta autem ille aut fictor somniorum interficietur : Quia locutus est ut vos averteret à Domino Deo vestro. »

tu as fait de la leur ! » C'est ce qu'elle envoya dire au prophète. Elie prit la fuite et s'en alla jusqu'à Bersabée, dans le royaume de Juda. De là, il s'avança une journée de chemin dans le désert d'Arabie. Déplorant la décadence de son peuple, il s'assit sous un genièvre et pria Dieu de le laisser mourir. « C'est assez, ô Eternel ! prenez mon âme, car je ne suis pas meilleur que mes pères. Il succomba de fatigue et s'endormit. » Et voilà que l'ange de Jéhova le toucha et lui dit : « Levez-vous et mangez. » Elie regarda, et voilà auprès de sa tête un pain cuit sous la cendre et un vase d'eau. Il mangea donc et but, et puis s'endormit de nouveau. L'ange de Jéhova, revenant une seconde fois, le toucha et lui dit : « Levez-vous et mangez, car il vous reste un grand chemin à faire. » Il se leva donc, mangea et but, et, par la force de cette nourriture, marcha quarante jours et quarante nuits jusqu'à la montagne de Dieu, Horeb. Il entra là dans une caverne et y passa la nuit.

Et voilà que la parole de Jéhova vint à lui et lui dit : « Que fais-tu là, Elie ? » Il répondit : « J'ai brûlé de zèle pour Jéhova, Dieu des armées, parce que les enfants d'Israël ont abandonné votre alliance, qu'ils ont détruit vos autels, qu'ils ont tué vos prophètes par le glaive ; je suis demeuré tout seul, encore cherchent-ils à m'ôter la vie. » Et la parole dit : « Sors et tiens-toi debout sur la montagne devant Jéhova. »

Et voilà que Jéhova passa, et un vent violent et impétueux renversant les montagnes et brisant les rochers devant Jéhova, et Jéhova n'était point dans ce vent ; et après le vent, un tremblement de terre, et Jéhova n'était point dans ce tremblement ; et après le tremblement, un feu, et Jéhova n'était pas dans ce feu ; et après le feu, la voix d'un silence délicat (1). Ce qu'ayant entendu, Elie, par respect, se couvrit le visage de son manteau, et, étant sorti, il se tint à l'entrée de la caverne. Et voilà qu'une voix vint à lui, disant : « Que fais-tu là, Elie ? Il répondit : « J'ai brûlé de zèle pour Jéhova, Dieu des armées, parce que les enfants d'Israël ont abandonné votre alliance, qu'ils ont détruit vos autels, qu'ils ont tué vos prophètes par le glaive ; je suis demeuré tout seul, encore cherchent-ils à m'ôter la vie. » Et Jéhova lui dit : « Va et retourne ton chemin à travers le désert, à Damas ; et lorsque tu y seras arrivé, tu répandras l'onction sur Hazaël, pour être roi de Syrie. Tu sacreras aussi Jéhu, fils de Namsi, pour être le roi d'Israël ; enfin tu donneras l'onction à Elisée, fils de Saphat, pour être prophète en ta place. Et quiconque aura échappé à l'épée d'Hazaël sera tué par Jéhu, et quiconque aura échappé à l'épée de Jéhu sera tué par Elisée. Et je me réserverai dans Israël sept mille hommes qui n'ont point fléchi le genou devant Baal, et qui ne l'ont point adoré en portant la main à leur bouche pour la baiser (3. Reg., 19, 1-18). » Porter sa main à la bouche était, chez les anciens, une marque d'adoration.

Ce qu'a vu le prophète à l'approche de Jéhova, sur l'Horeb ou le Sinaï, l'Eglise de Dieu le verra dans l'univers. Des conquérants, des révolutions, tempêtes, embrasements politiques ébranleront le monde, briseront en passant les peuples et les rois, à l'approche de Jéhova-Sauveur ; mais le Sauveur ne sera

(1) En hébreu : *Kôl demâmâ lakkah*, verset 12, c. 9.

point encore là. Viendra une paix, un calme universel. Et la voix d'un silence délicat dira aux hommes de bonne volonté que le Verbe de Dieu, Dieu lui-même, nous est né le Sauveur, est né homme de la vierge Marie. Ses disciples voudront ne point quitter la suavité de son entretien ; mais il les enverra par toute la terre pour établir à leur place d'autres prophètes, former de nouveaux hommes, et, par suite, de nouveaux peuples, de nouveaux rois, un nouvel univers.

Ce qu'a éprouvé l'humanité entière quand Dieu vint en elle, chaque homme l'éprouve quand Dieu vient en lui. Des orages s'élèvent dans l'esprit, de violentes secousses brisent l'âme, un feu s'allume dans le cœur. Ce n'est pas encore Dieu, mais il approche. Tout à coup il se fait un grand calme. La voix d'un silence délicieux respire au fond du cœur la paix et la joie. L'âme, éprise d'amour, se recueille en elle-même pour mieux écouter celui qui parle. Elle s'avance à l'entrée de la prison, comme Elie à l'entrée de sa caverne, prête à s'en échapper tout à fait pour suivre son bien-aimé ; mais Dieu, après l'avoir élevée jusqu'à lui par la contemplation, lui commande de retourner au combat, de s'armer d'un nouveau zèle, d'affronter de plus grands travaux encore pour la gloire de ce bon maître et le salut de ses frères.

Cette sublime manifestation de Dieu, dont le simple récit présente un caractère de vérité divine que n'atteignit jamais aucune fiction, vint à Elie dans le désert et probablement dans la même grotte devant laquelle, également après un jeûne de quarante jours, la gloire de l'Eternel avait apparu à Moïse.

Elie étant parti de là, trouva Elisée, fils de Saphat, qui labourait avec douze paires de bœufs, dont lui-même en conduisait une. Quand Elie fut près de lui, il jeta sur lui son manteau. Incontinent, comme il paraît, l'esprit d'Elie saisit Elisée ; car il courut après le prophète et lui dit : « Permettez-moi, je vous prie, que j'aille baiser mon père et ma mère, et je vous suivrai. » Elie lui répondit : « Va et reviens, car j'ai fait pour toi ce que j'avais à faire. » Elisée s'en alla donc, prit une paire de bœufs, les tua, en fit cuire la chair avec le bois de sa charrue et la donna à manger au peuple. Après quoi, il s'en retourna vers Elie et le servait (3. Reg., 19, 19-21).

Lorsque Dieu dit à son prophète qu'il se réserverait sept mille hommes qui ne fléchiraient point le genou devant Baal, il ne parle que du royaume d'Israël et pour l'avenir. Pour le présent, dans ce royaume-là même, le peuple tout entier venait de se déclarer pour le Dieu de ses pères ; le premier ministre d'Achab en était le fidèle adorateur. Depuis longtemps un grand nombre d'Israélites des dix tribus s'étaient réunis à Juda pour rendre plus librement à Dieu le vrai culte. Enfin, pendant que l'impie Jézabel faisait prévaloir l'idolâtrie dans le royaume d'Achab, la piété florissait en Juda et à Jérusalem, centre de la vraie religion et du vrai sacerdoce.

C'était le règne du saint roi Josaphat. Son père Asa était mort la 3e année d'Achab. L'Ecriture reproche au père, qu'étant affligé de la goutte pendant les dernières années de sa vie, il avait mis sa confiance plus dans les médecins qu'en Dieu. Son fils Josaphat lui succéda à l'âge de 35 ans. Le jeune prince marcha dans les voies de son aïeul David ; il détruisit en Juda tout ce qui restait encore de hauts-lieux et de bois consacrés aux idoles. La 3ᵉ année de son règne, il envoya des grands du royaume avec plusieurs lévites et deux prêtres ; et ils enseignaient en Juda, portant avec eux la loi de l'Eternel ; ils parcouraient toutes les villes, instruisant le peuple. Aussi l'Eternel affermit le royaume dans sa main ; tous ceux d'Israël lui faisaient des présents, et il se trouva comblé de richesses infinies et d'une grande gloire. La terreur de Jéhova se répandit sur tous les royaumes d'alentour ; pas un ne combattit contre Josaphat. Les Philistins mêmes et les Arabes lui payaient tribut, les premiers en argent, les seconds en troupeaux. Joignant à la piété l'activité et la sagesse, il mit des garnisons et des magistrats dans la terre de Juda et dans les villes d'Ephraïm que son père avait prises, bâtit de nouvelles forteresses, tint sur pied une armée de onze cent soixante mille hommes aguerris. Ce nombre ne doit pas surprendre. Dans la constitution politique des Hébreux, chaque homme était laboureur et soldat. De plus, avec les tribus si populeuses de Juda et de Benjamin, Josaphat comptait une multitude considérable d'Israélites qui, par motif de religion, s'étaient établis dans son royaume ; enfin, il avait à sa disposition les peuples tributaires, tels que les Iduméens et autres subjugués par David (2. Paral., 17, 1-19). Ce pieux roi commit cependant une faute en faisant épouser à son fils Joram, Athalie, la trop digne fille d'Achab et de Jézabel, union qui était un mauvais exemple et qui eut pour la maison de Juda les suites les plus funestes.

En la 18ᵉ année de son règne, Achab fut attaqué et assiégé dans Samarie, par Benadad, roi de Syrie ou d'Aram, qui avait dans son armée jusqu'à trente-deux petits rois ou princes tributaires. Avec cette arrogance qui précède si souvent la chute, le Syrien envoya dire au roi d'Israël : « Ainsi parle Benadad : Ton argent et ton or sont à moi ; tes femmes et tes enfants les plus chers sont à moi. » Avec cette lâcheté qui s'associe à la honte pour échapper au malheur, et qui si souvent court à la ruine, Achab répondit : « Selon votre parole, ô roi, mon seigneur, je suis à vous avec tout ce qui est à moi. » Benadad lui fit dire de nouveau que, le lendemain, il enverrait quelques-uns de ses serviteurs visiter la maison d'Achab et celle de ses sujets, et en emporter tout ce qui leur plairait. Dans cette extrémité, Achab convoqua le conseil des anciens, qui, d'une voix unanime, ainsi que tout le peuple, lui conseillèrent de n'écouter en rien de si outrageuses prétentions. Il les rejeta en effet ; mais, pusillanime jusque dans son refus, il déclara en même temps qu'il était encore prêt à satisfaire aux premières demandes. Benadad renvoya dire : Que les dieux me fassent ceci et cela, si la poussière de Samarie suffit pour remplir le creux de la main du peuple qui me suit ! » Le roi d'Israël répondit : « Celui qui met les armes ne doit pas se glorifier comme celui qui les quitte. » Cette réponse fut rapportée à Benadad, lorsqu'il était à boire dans sa tente avec les rois ses vassaux. Aussitôt il commanda d'enfermer la ville.

Mais voilà qu'un prophète vint vers Achab et lui dit : « Ainsi parle Jéhova : Tu as vu toute cette multitude innombrable ; eh bien ! je te la livre dans la main aujourd'hui, afin que tu saches que c'est moi Jéhova. » Achab demanda : « Par qui ? » Il répondit :

« Par les jeunes gens des princes des provinces. » Achab ajouta : « Qui commencera le combat ? » — « Ce sera vous, répondit le prophète (1). » Achab compta donc les jeunes gens des princes, et il y en eut deux cent trente-deux. Il fit aussi la revue du peuple, et il trouva sept mille hommes. Ces deux troupes sortirent vers midi. Benadad était ivre avec ses rois. Lors donc qu'à l'approche des jeunes gens des princes on lui eut dit : « Voilà des hommes qui sortent de Samarie, » il commanda de les prendre vifs, soit qu'ils vinssent pour parler de la paix, soit qu'ils vinssent pour combattre. Cependant cette jeunesse s'avançait, et la petite armée derrière elle, chacun tuait son homme. Les Syriens s'enfuirent, Israël les poursuivit. Le roi, sortant de la ville, frappa les chevaux et les chariots, et remporta une grande victoire. Alors vint à lui un prophète, lui conseillant de se préparer à une nouvelle guerre, parce que le roi d'Aram reviendrait l'année suivante.

Quant à ce dernier, ses serviteurs le consolaient en disant que les dieux des Israélites étaient des dieux des montagnes. « Attaquons-les en plaine et nous les vaincrons. » Ils lui conseillèrent aussi d'éloigner de son armée les rois et de les remplacer par des généraux. Benadad écouta leur avis, revint l'année suivante avec une armée nouvelle et se campa près d'Aphec, ville de la Célésyrie, c'est-à-dire de la Syrie-Creuse. Les Israélites se campèrent vis-à-vis de l'ennemi en deux corps, qui paraissaient comme deux petits troupeaux de chèvres en comparaison des Syriens, qui couvraient toute la terre. Et il vint un homme de Dieu qui dit au roi d'Israël : « Ainsi parle Jéhova : Parce que les Araméens ont dit : *Jéhova est le dieu des montagnes* et non pas le dieu des vallées, je te donnerai toute cette grande multitude en la main, afin que vous sachiez que c'est moi Jéhova (2). » Sept jours après se livra une grande bataille, où les enfants d'Israël tuèrent cent mille Syriens : le reste s'enfuit dans la ville d'Aphec, où des murailles, s'écroulant tout à coup, en écrasèrent encore vingt-sept mille. Benadad, réfugié dans la même cité, se sauvait d'une chambre dans une autre. Sur le conseil de ses serviteurs, qui lui représentaient que les rois d'Israël passaient pour des rois de clémence, il en envoya quelques-uns, avec des sacs sur les reins et des cordes au cou, vers le roi d'Israël, pour demander la vie sauve. « Vit-il encore ? il est mon frère ! dit Achab. » Et de fait, Benadad s'étant arrangé, il le fit monter sur son char, et tous deux s'arrangèrent à l'amiable. Le Syrien promit de rendre les villes dont s'était emparé son prédécesseur, et invita le roi d'Israël à bâtir des rues à Damas pour l'avantage des Israélites, que le commerce amènerait dans cette capitale, comme les précédents rois de Syrie en avaient bâti à Samarie. Après avoir fait alliance avec lui, Achab laissa aller Benadad.

Alors un homme d'entre les enfants des prophètes dit à un de ses compagnons, par la parole de Jého-

---

(1) 3. Reg., 20, 13 et 14 : « Et ecce propheta unus accedens ad Achab regem Israel, ait ei : Hæc dicit Dominus : Certè vidisti omnem multitudinem hanc nimiam ? Ecce, ego tradam eam in manu tuâ hodiè, ut scias quia ego sum Dominus. Et ait Achab : Per quem ? Dixitque ei : Hæc dicit Dominus : Per pedissequos principum provinciarum. Et ait : Quis incipiet prœliari ? Et ille dixit : Tu. »

(2) *Ibid.*, 20, 28 : « Et accedens unus vir Dei, dixit ad regem Israel : Hæc dicit Dominus : Quia dixerunt Syri : Deus montium est Dominus, et non est Deus vallium, dabo omnem multitudinem hanc grandem in manu tuâ, et scietis quia sum Dominus. »

va : « Frappe-moi, je te prie. » Et comme l'autre refusait de le frapper, il lui dit : « Parce que tu n'as pas écouté la voix de Jéhova, voici qu'au sortir d'auprès de moi te frappera un lion. » Et lorsqu'il fut sorti d'auprès de lui, un lion le rencontra et le frappa. L'autre ayant trouvé un autre homme, lui dit : « Frappe-moi, je te prie. » Cet homme le frappa et le blessa au visage. Alors le prophète s'en alla au devant du roi sur la route. Et lorsque le roi vint à passer, il cria vers lui et dit : « Votre serviteur est sorti pour combattre de près les ennemis, et l'un d'eux s'étant enfui, quelqu'un me l'a amené et m'a dit : Garde cet homme-là; s'il échappe, ta vie répondra de sa vie, ou tu paieras un talent d'argent. Et pendant que votre serviteur avait affaire ici et là, voilà que cet homme n'y était plus. » Le roi d'Israël dit : « Tu as toi-même prononcé ton arrêt. » Aussitôt il essuya la poussière de son visage, et le roi d'Israël reconnut qu'il était du nombre des prophètes. Et il dit au roi : « Ainsi parle Jéhova : Parce que tu as laissé échapper de ta main l'homme de mon anathème, ta vie répondra pour sa vie, et ton peuple pour son peuple. » Le roi s'en alla chagrin et en colère dans sa maison, et fit son entrée à Samarie (1).

Tel était Achab, épargnant l'ennemi, tuant les prophètes, opprimant ses propres sujets.

Près du palais du roi, à Jezrahel, un homme considérable, Naboth, possédait une vigne que souhaitait Achab pour en faire un jardin potager. Il lui offrit en échange ou un prix avantageux. Mais Naboth répondit : « Jéhova me garde de vous donner l'héritage de mes pères! » Les princes iniques ressemblent à des enfants mal élevés, surtout les nouveaux parvenus ou leurs fils; ceux-ci encore plus que ceux-là; car ces derniers s'élèvent d'ordinaire sur le trône par des qualités au moins apparentes, et ont été formés à l'école de la vie privée, ou bien à celle de l'adversité et du péril. Le fils d'Amri fut inconsolable du refus de Naboth, se jeta sur son lit, se tourna du côté de la muraille et se refusait à manger. Jézabel arriva, s'informa de la cause de sa tristesse, et, ayant appris qu'il avait offert au voisin un prix d'achat ou un échange : « Voilà, dit-elle, comme tu fais le roi en Israël! Lève-toi, mange et sois en repos; c'est moi qui te donnerai la vigne. »

Non moins astucieuse que cruelle, elle expédia, sous le sceau du roi, des lettres aux principaux de la ville, portant ordre de publier un jeûne, et, en cette occasion, de faire asseoir Naboth entre les premiers du peuple. Voilà comme, sous le nom de son époux, elle affectait hypocritement la piété ainsi que l'estime pour le mérite d'un homme dont elle tramait la perte; car, dans les mêmes lettres, elle ordonnait de produire contre lui de faux témoins, comme s'il avait blasphémé contre Dieu et contre le roi. Elle connaissait bien les hommes à qui elle demandait un pareil crime. Ils obéirent, des témoins parurent, Naboth fut conduit hors de la ville et lapidé. Aussitôt qu'elle en fut informée, Jézabel dit à Achab : « Levez-vous et prenez possession de la vigne de Naboth, car il n'est plus. »

Mais la parole de Jéhova vint à Elie de Thesbé, disant : « Lève-toi et descends à la rencontre d'Achab, roi d'Israël, qui est dans Samarie; car le voilà qui va dans la vigne de Naboth pour en prendre possession. Et tu lui diras : Ainsi parle Jéhova : Tu as tué Naboth, et de plus tu t'es emparé de sa vigne. Or, voici ce que dit Jéhova : En ce même lieu où les chiens ont léché le sang de Naboth, ils lècheront ton sang (1). »

Achab répondit à Elie : « M'as-tu donc trouvé ton ennemi? — Oui, répliqua l'homme de Dieu, en ce que tu t'es vendu pour faire le mal devant Jéhova. Voici que j'amène les maux sur toi. Je retrancherai ta postérité; j'exterminerai tous les mâles, depuis le premier jusqu'au dernier dans Israël; je rendrai ta maison comme la maison de Jéroboam, fils de Nabat, et comme la maison de Baasa, fils d'Ahia, parce que tu as tout fait pour provoquer ma colère, et que tu as fait pécher Israël. Quant à Jézabel, voici ce que dit Jéhova : Les chiens mangeront Jézabel près des murs de Jezrahel. Quiconque d'Achab mourra dans la ville, sera mangé par les chiens; quiconque en mourra dans les champs, sera dévoré par les oiseaux du ciel.(2). »

L'Ecriture ajoute qu'il n'y en avait point qui se fût vendu pour faire le mal devant Jéhova, comme Achab, parce que sa femme l'y excitait. Il devint abominable, suivit les idoles tout comme les Amorrhéens que Jéhova avait exterminés devant les enfants d'Israël.

Alors toutefois il fut touché d'un sentiment passager de repentir. Ayant entendu les paroles du prophète, il déchira ses vêtements, couvrit sa chair d'un cilice, jeûna, dormit avec le sac et marcha la tête baissée. Et la parole de Jéhova vint à Elie de Thesbé, disant : « N'as-tu pas vu Achab s'humiliant devant moi? Puis donc qu'il s'est humilié, je n'amènerai point sur lui, en ses jours, les maux dont je l'ai menacé; mais, dans les jours de son fils, je les ferai tomber sur sa maison (3. Reg., 21, 1-29). »

Combien, dit un saint pape, ne doit point plaire à Dieu le profond repentir de ses élus qui craignent de le perdre, puisqu'il a pris plaisir à la pénitence passagère d'un réprouvé qui ne craignait que de perdre les biens de ce monde (Greg. Magn., hom. 10, in Ezech.). Le premier mouvement d'Achab paraît avoir été sincère : Dieu même lui rend témoignage; mais il ne dura point. La parole du prophète tomba au milieu des épines, où la semence fut bientôt étouffée par les sollicitudes de ce siècle, ainsi que par les trompeuses richesses, et demeura sans fruit. En effet, on ne voit pas qu'après ces premières démonstrations, le servile Achab se soit soustrait à l'empire ignominieux de l'impie Jézabel, qu'il ait rendu la vigne de Naboth et aboli le culte des idoles.

La 3e année depuis que la paix eut été conclue entre Achab et le roi de Syrie, Josaphat, roi de Juda, descendit vers le roi d'Israël, lorsque celui-ci songeait à une nouvelle expédition contre Benadad, qui ne lui avait pas rendu, après la paix, la ville de Ramoth en Galaad. Interrogé par Achab s'il voulait

---

(1) 3. Reg., 20, 42 : « Qui ait ad eum : Hæc dicit Dominus : Quia dimisisti virum dignum morte de manu tuá, erit anima tua pro anima ejus, et populus tuus pro populo ejus. »

(1) 3. Reg., 20, 19 : « Et loqueris ad eum, dicens : Hæc dicit Dominus : Occidisti, insuper et possedisti. Et post hæc addes . Hæc dicit Dominus : In loco isto, in quo linxerunt canes sanguinem Naboth, lambent quoque sanguinem tuum. »

(2) Ibid., 20, 23 et 24 : « Sed et de Jezabel locutus est Dominus, dicens : Canes comedent carnes Jezabel in agro Jezrahel. Si mortuus fuerit Achab in civitate, comedent eum canes; si autem mortuus fuerit in agro, comedent eum volucres cœli.

marcher avec lui contre l'ennemi, Josaphat répondit : « Moi c'est vous, mon peuple c'est votre peuple, mes chevaux sont vos chevaux. » Toutefois il se rappela bientôt qu'il fallait interroger auparavant la volonté de Dieu. « Cherchez aujourd'hui, je vous prie, dit-il à Achab, la parole de Jéhova. » Le roi d'Israël assembla donc près de quatre cents prophètes et leur dit : « Dois-je aller combattre en Ramoth de Galaad, ou resterai-je en paix ? Ils répondirent : « Montez, et le Seigneur le livrera entre les mains du roi. »

Ces devins étaient apparemment les quatre cents prophètes du bocage qui mangeaient à la table de la reine. Ils avaient bien été invités à l'assemblée du Carmel, mais on ne voit pas qu'ils y aient paru. Vraisemblablement ils eurent l'esprit de ne pas y venir, et échappèrent ainsi à la confusion et à la mort qu'y trouvèrent les quatre cent cinquante prêtres de Baal. Ici, ils parlent au nom de Jéhova. Etait-ce à cause du roi de Juda qui était présent, ou bien avaient-ils la coutume, à cause du peuple boitant des deux côtés, de donner à leurs abominations une fausse apparence de religion israélitique ? ce qui est peut-être difficile à décider.

Le roi de Juda ne voulut rien savoir d'eux. « N'y a-t-il donc point ici, demanda-t-il, quelque prophète de Jéhova que nous puissions interroger. Il y a bien encore, dit le roi d'Israël, un homme par qui nous pouvons consulter Jéhova, mais je le hais, parce qu'il ne me prophétise jamais le bien, mais le mal : c'est Michée, fils de Jemla. » Josaphat répondit : « O roi ! ne parlez pas de la sorte. » Achab l'envoya donc chercher.

Le messager raconta à Michée que tous les prophètes avaient fait des prédictions favorables, et l'engagea à annoncer également des choses heureuses. « Vive Jéhova ! répondit-il ; tout ce que Jéhova me dira, je le dirai. » Les deux rois, vêtus de leurs ornements royaux, étaient assis sur des trônes à la porte de Samarie, et les prophètes continuaient devant eux leurs prédictions : « Montez à Ramoth de Galaad, marchez heureusement, et Jéhova le livrera entre les mains du roi. » Pour exprimer plus vivement encore la certitude de la victoire, Sédécias, fils de Chanâana, s'attacha des cornes de fer, disant : « Voici comme parle Jéhova : C'est avec ces cornes que vous secouerez Aram jusqu'à ce que vous l'ayez détruit. » Lors donc que Michée parut au milieu de cette assemblée, devant les deux rois, Achab lui demanda : « Devons-nous marcher contre Ramoth de Galaad, ou bien demeurer en paix ? » Il répondit, sans doute avec un ton ironique : « Montez, marchez heureusement, et Jéhova le livrera entre les mains du roi. » Achab reprit : « Je te conjure nombre de fois de ne me dire que la vérité au nom de Jéhova. » Michée dit alors : « J'ai vu tout Israël dispersé dans les montagnes comme des brebis qui n'ont point de pasteur. Et Jéhova dit : Ils n'ont point de maître ; que chacun retourne en paix dans sa maison ! — Ne vous avais-je pas dit, s'écria le roi d'Israël en se tournant vers Josaphat, que cet homme ne me prophétise jamais le bien, mais toujours le mal ? » Michée ajouta : « Ecoutez donc la parole de Jéhova : J'ai vu Jéhova assis sur son trône, et toute l'armée des cieux debout autour de lui, à droite et à gauche. Et Jéhova dit : Qui persuadera Achab, afin qu'il monte et qu'il périsse en Ramoth-Galaad ? Et l'un disait ceci, et l'autre disait cela. Mais il sortit un esprit qui se tint debout devant Jéhova : Je le persuaderai, moi. Et comment ? lui dit Jéhova. Je m'en irai, répliqua-t-il, et je serai un esprit de mensonge dans la bouche de tous ses prophètes. Tu le persuaderas, répondit le Seigneur, et tu prévaudras ; sors et fais ainsi. Maintenant donc, voilà que Jéhova a mis un esprit de mensonge dans la bouche de tous tes prophètes que voici, et Jéhova a prononcé le mal contre toi. » A ces mots, Sédécias s'approcha et frappa Michée sur la joue, disant : « Quoi ! l'esprit de Jéhova se serait éloigné de moi, et cela pour te parler, à toi ? — Tu le verras, répondit Michée, lorsque tu passeras de chambre en chambre pour te cacher. »

Achab ordonna de conduire Michée en prison, de le nourrir du pain de la tribulation et de l'eau de l'angoisse, jusqu'à ce qu'il revint en paix. « Si tu reviens en paix, dit le prophète, Jéhova ne m'a point parlé. »

Les deux rois marchèrent donc contre Ramoth. Le roi de Syrie avait donné ordre aux commandants de ses chars de ne s'attaquer ni à petit ni à grand, mais au seul roi d'Israël. Achab, soit qu'il eût connaissance de ce dessein, soit qu'il fût effrayé malgré lui des prédictions de Michée, déposa les marques de la royauté, en priant Josaphat de garder les siennes. Cette ruse faillit coûter la vie au roi de Juda. Les généraux syriens, le prenant pour le roi d'Israël, allaient l'accabler, lorsqu'au cri qu'il jeta, ils reconnurent que ce n'était pas lui. Achab s'applaudissait peut-être de son stratagème, lorsqu'une flèche, tirée au hasard, le frappa entre l'estomac et le poumon. Il commanda à son écuyer de tourner bride ; le sang se répandit dans son char, et le soir il mourut. Alors on publia dans toute l'armée, au coucher du soleil : « Que chacun retourne dans sa ville et dans son pays ! » Le corps du roi fut porté à Samarie, où on l'enterra. On lava son char et les rênes de ses chevaux dans la piscine de Samarie, et les chiens léchèrent son sang, selon la parole que l'Eternel avait dite. Son fils Ochozias régna en sa place (3. Reg., 22, 1-38).

Après la mort d'Achab, Josaphat s'en retourna chez lui. A l'approche de Jérusalem, le voyant Jéhu, fils d'Hanani, vint à sa rencontre et lui reprocha d'avoir fait alliance avec l'impie Achab ; il le consola néanmoins, en lui disant que de bonnes œuvres s'étaient trouvées en lui, parce qu'il avait détruit les bocages et que son cœur était appliqué à chercher l'Eternel. Josaphat travailla donc avec un nouveau zèle à l'honneur de Dieu et au salut de son peuple. Il visita le pays depuis Bersabée jusqu'à la montagne d'Ephraïm, et ramena tout le monde à Jéhova, le Dieu de leurs pères. Il établit aussi des juges par toutes les villes fortes de Juda, leur disant : « Prenez garde à ce que vous avez à faire ; car ce n'est pas le jugement des hommes que vous exercez, mais le jugement de Jéhova ; et tout ce que vous jugerez retombera sur vous. Que la crainte de Jéhova soit donc avec vous, et faites tout avec soin ; car il n'y a point d'iniquité dans Jéhova, notre Dieu, ni d'acception de personnes, ni de désir d'avoir des présents. »

Outre ces tribunaux érigés dans les villes de Juda, il érigea un tribunal plus auguste dans la capitale du royaume. Il établit dans Jérusalem des lévites et des prêtres, et les chefs de famille pour juger le jugement de Jéhova et terminer toutes les causes en son nom. Et il leur dit : « Vous ferez ainsi, et ainsi, dans la crainte de Jéhova, avec fidélité et d'un cœur parfait. Dans toute cause de vos frères qui viendra à vous, où il sera question de la loi, des commandements, des ordonnances et de la justice, apprenez-leur à ne point offenser Jéhova, de peur que sa colère ne vienne sur vous et sur eux : en faisant ainsi, vous ne pécherez pas. Et, voilà, Amarias, le prêtre, sera votre chef dans toutes les affaires de Jéhova, et Zabadias, fils d'Ismaël, prince de la maison de Juda, dans toutes les affaires du roi, et vous aurez les lévites pour maîtres et pour docteurs (2. Paral., 19). »

Tel était le conseil des anciens ou le sénat de la nation. Il y avait des sénateurs spirituels et des sénateurs temporels. Les premiers étaient des prêtres et des lévites; les seconds, des chefs de famille. Le grand-prêtre présidait à tout ce qui regardait la religion; le prince de la tribu royale, à tout ce qui appartenait à la charge de roi. Toutes les affaires, tant civiles que religieuses, se jugeaient d'après la loi de Dieu, interprétée par les lévites et les prêtres. C'était au fond le conseil des anciens ou sénateurs, établi par Moïse. Son autorité avait peut-être souffert sous les règnes précédents; c'est pourquoi Josaphat lui donna comme une organisation nouvelle. Nous verrons plus tard à quelle puissance il parvint, après la captivité de Babylone, sous le nom grec de *synedrion* ou *sanhédrin*.

Ochozias, fils d'Achab, lui avait succédé sur le trône. Il fit le mal aux yeux de Jéhova, et marcha dans la voie de son père et de sa mère, et dans la voie de Jéroboam, fils de Nabat, qui fit pécher Israël. Il servit aussi Baal et l'adora, et il irrita Jéhova, le Dieu d'Israël, selon tout ce que son père avait fait.

Après la mort d'Achab, les Moabites secouèrent le joug d'Israël.

Ochozias fit une chute très-grave dans son palais et envoya des messagers à Accaron, ville des Philistins, pour consulter *Beelzebub* et savoir de lui s'il guérirait de sa maladie.

Le nom de cette prétendue divinité veut dire *seigneur* ou *dieu des mouches*, ou même *dieu-mouche*. Les Israélites lui donnèrent-ils ce nom par mépris, tandis que ses adorateurs l'appelaient *Baal-Samen*, dieu du ciel? ou bien ceux-ci le regardaient-ils comme le dieu qui chassait ces insectes si incommodes dans les pays chauds, ainsi qu'on voit, chez les Grecs et chez les Romains, un Hercule et un Jupiter chasse-mouche ? ou enfin les Philistins adoraient-ils, soit une mouche réelle, soit une figure de mouche, comme on peut le conclure des Chananéens, contre lesquels Dieu envoya des guêpes, afin, dit le livre de la Sagesse, de les punir par ce qu'ils adoraient? Tout cela n'est pas facile à décider. Ce qu'il y a de certain, c'est qu'à la venue du Messie, les Juifs tenaient Beelzebub pour le prince des démons.

Or, l'ange de Jéhova dit à Elie de Thesbé : « Lève-toi et monte à la rencontre du roi de Samarie, et dis-leur : Est-ce qu'il n'y a pas un Dieu en Israël, puisque vous allez consulter Beelzebub, le dieu d'Accaron? C'est pourquoi voici ce que dit Jéhova : Tu ne descendras point du lit sur lequel tu es monté, mais tu mourras de mort. »

Les messagers revinrent donc et racontèrent au roi, qui s'étonnait de leur prompt retour, ce que l'homme qu'ils avaient rencontré leur avait dit. Interrogés sur son signalement, ils répondirent que c'était un homme couvert de poil, peut-être de poil de chameaux comme Jean-Baptiste, avec une ceinture de cuir sur les reins. C'est Elie de Thesbé, reprit le roi, et de suite il envoya, pour l'arrêter, un capitaine de cinquante hommes avec sa troupe. Celui-ci le trouvant assis sur le sommet d'une montagne, apparemment le Carmel, lui dit : « Homme de Dieu, le roi vous commande de descendre. — Si je suis un homme de Dieu, répliqua Elie, que le feu descende du ciel et te dévore, toi et tes cinquante ! » Aussitôt le feu descendit du ciel et le dévora, lui et ses cinquante. Le roi envoya un autre capitaine avec le même nombre d'hommes, qui pouvait ignorer, aussi bien qu'Ochozias, pourquoi le premier tardait à revenir. Ils eurent le même sort. Le digne fils d'Achab et de Jézabel en envoya un troisième avec ses cinquante. Celui-ci s'humilia devant le prophète, à qui l'ange de Jéhova ordonna d'aller avec lui trouver le roi.

Quand Elie parut devant Ochozias, il lui dit ce qu'il avait dit déjà aux messagers envoyés à Accaron : « Ainsi parle Jéhova : Parce que tu as envoyé des messagers pour consulter Beelzebub, le dieu d'Accaron, comme s'il n'y avait point un Dieu en Israël dont tu puisses interroger la parole, tu ne descendras point du lit sur lequel tu es monté, mais tu mourras de mort. » Et il mourut, selon la parole de l'Eternel, qu'Elie avait dite (4. Reg., 1, 1-18).

Or, dans le temps que l'Eternel voulut enlever Elie au ciel dans un tourbillon, Elie et Elisée s'en allaient de Galgala. Et Elie dit à Elisée : « Je te prie, demeure ici; car Jéhova m'a envoyé à Béthel. » Mais Elisée dit : « Vive Jéhova et vive ton âme! je ne t'abandonnerai point. » Ils s'en allèrent donc ensemble à Béthel. Et les enfants des prophètes qui étaient à Béthel vinrent dire à Elisée : « Savez-vous bien que Jéhova vous enlèvera aujourd'hui votre maître ? » Il répondit : « Je le sais bien, gardez le silence. »

Par ces enfants des prophètes, on entend les disciples des prophètes. Depuis que les prêtres et les lévites s'étaient retirés d'Israël sur les terres de Juda, les prophètes en tenaient lieu pour ainsi dire. Autour d'eux se réunissaient une foule de disciples, qui vivaient dans la retraite, séparés du reste du peuple, avec un habit particulier, dans une espèce de communauté et sous un supérieur que Dieu leur donnait; ils formaient comme un ordre religieux. Malgré les persécutions de Jézabel et d'Achab, nous en voyons un grand nombre à Béthel, à Jéricho, sur le mont Carmel. Ils enseignaient la religion, peut-être même les autres sciences. Les Israélites fidèles s'assemblaient avec eux pour célébrer les fêtes du Seigneur et s'instruire de sa loi. C'est parmi eux que Dieu suscitait d'ordinaire les prophètes proprement dits.

A Béthel, Elie dit à Elisée comme il avait dit à Galgala : « Je te prie, demeure ici; car Jéhova m'a envoyé à Jéricho. » Mais il dit : « Vive Jéhova et vive ton âme! je ne t'abandonnerai point. » Ils s'en allèrent donc ensemble à Jéricho. Et les enfants des prophètes qui étaient à Jéricho vinrent dire à Elisée : « Savez-vous bien que Jéhova vous enlèvera aujourd'hui votre maître ? » Il répondit : « **Je le sais, gardez seulement le silence.** »

Et Elie lui dit : « Je te prie, demeure ici ; car Jéhova m'a envoyé jusqu'au Jourdain. » Mais il répondit : « Vive Jéhova et vive ton âme ! je ne t'abandonnerai point. » Ils s'en allèrent donc tous deux ensemble. » Mais cinquante d'entre les enfants des prophètes les suivirent, lesquels s'arrêtèrent au loin vis-à-vis d'eux. Et ils étaient tous deux debout sur le Jourdain. Alors Elie prit son manteau, le plia et frappa les eaux, qui se divisèrent deçà et delà, et ils passèrent tous deux à pied sec. Lorsqu'ils furent passés, Elie dit à Elisée : « Demande-moi ce que tu veux que je te fasse avant que je sois enlevé d'auprès de toi. » Elisée dit : « Qu'il me revienne une portion de deux dans votre esprit, » faisant allusion à la double part qu'avait dans la succession du père l'aîné de la famille. « Tu m'as demandé une chose difficile, répondit Elie ; cependant, si tu me vois lorsque je serai enlevé d'auprès de toi, tu auras ce que tu as demandé ; mais si tu ne me vois pas, tu ne l'auras point. »

Et pendant qu'ils poursuivaient leur chemin et s'entretenaient ensemble, voilà un char de feu et des chevaux de feu qui les séparèrent tout d'un coup l'un de l'autre ; et Elie monta au ciel dans un tourbillon. Or, Elisée le voyait et criait : « Mon père ! mon père ! char d'Israël et son conducteur ! » Après quoi il ne le vit plus. Et il prit ses vêtements et les déchira en deux. Et il ramassa le manteau d'Elie qu'il avait laissé tomber, s'en retourna et s'arrêta sur le bord du Jourdain. Et il prit le manteau d'Elie qui lui était tombé, en frappa les eaux et dit : « Où est maintenant Jéhova, le Dieu d'Elie ? » Il frappa les eaux, et elles se divisèrent deçà et delà, et il passa au travers. A cette vue, les enfants des prophètes qui étaient à Jéricho et vis-à-vis de ce lieu-là, se dirent : « L'esprit d'Elie s'est reposé sur Elisée. » En venant au devant de lui, ils l'adorèrent, prosternés en terre, et dirent : « Voilà avec vos serviteurs cinquante hommes forts qui peuvent aller chercher votre maître ; car peut-être que l'Esprit de Jéhova l'aura enlevé et jeté quelque part sur une montagne ou dans une vallée. » Elisée leur répondit : « N'envoyez point ; » mais ils le contraignirent à y consentir et à leur dire : « Envoyez-y. » Ils envoyèrent donc cinquante hommes qui, l'ayant cherché pendant trois jours, ne le trouvèrent point. Ils revinrent ensuite trouver Elisée, qui demeurait à Jéricho, et il leur dit : « Ne vous avais-je pas dit : N'envoyez point (4. Reg., 2, 1-18) ? »

C'est avec cette brièveté et cette simplicité que l'Ecriture sainte raconte la glorieuse assomption d'Elie. Mais quelle vie dans ce récit simple et sublime !

Dieu lui-même a fait l'éloge de son prophète par la bouche du fils de Sirac.

« Et Elie, prophète, se leva comme un feu, et ses paroles brillaient comme un flambeau. Il envoya la famine sur le peuple, et ceux qui l'irritaient par leur haine furent réduits à un petit nombre ; car ils ne pouvaient soutenir les ordres du Seigneur. Au nom du Seigneur, il ferma le ciel, et trois fois en fit descendre le feu. Quelle gloire, ô Elie, ne vous êtes-vous pas acquise par vos merveilles ! Et qui peut se glorifier comme vous ? Vous qui, par la parole du Seigneur-Dieu, avez fait sortir un mort des enfers et l'avez arraché à la mort. Vous qui avez précipité les rois dans l'abîme, qui avez brisé sans peine leur puissance et étendu sur leur lit les triomphateurs. Vous qui écoutez sur le mont Sinaï le jugement du Seigneur, et sur le mont Horeb les arrêts de sa vengeance. Vous qui sacrez les rois pour venger les crimes, et qui laissez après vous des prophètes pour vos successeurs. Vous qui avez été enlevé au ciel dans un tourbillon de feu et dans un char traîné par des chevaux qui lancent la flamme. Vous qui êtes destiné dans les Ecritures à exercer la répréhension dans les temps, pour apaiser la colère avant qu'elle n'éclate, convertir le cœur du père au fils et rétablir les tribus de Jacob (Eccles., 48). »

Ces dernières paroles font allusion à la prédiction de Malachie : *Voilà que je vous envoie Elie, le prophète, aux approches du jour de Jéhova, jour grand et terrible. Et il convertira le cœur des pères aux enfants, et le cœur des enfants aux pères, de peur qu'en arrivant je ne frappe d'anathème la terre* (Malach., 4).

Sur ce fondement, la Synagogue s'attendait qu'Elie précéderait le Christ. Le Christ venu a confirmé cette créance, mais en distinguant deux avénements. « Les disciples lui ayant demandé, en descendant du Thabor, où ils avaient vu apparaître Moïse et Elie, pourquoi donc les scribes et les pharisiens disent-ils qu'Elie doit venir d'abord ? il répondit : Il est vrai, Elie viendra et rétablira toutes choses. Je vous dis aussi qu'Elie est déjà venu, et ils ne l'ont pas connu, mais lui ont fait comme il leur a plu. Les disciples comprirent qu'il leur parlait de Jean-Baptiste, mis à mort par Hérode, qui était venu dans l'esprit et la vertu d'Elie, et duquel il leur avait déjà dit auparavant : Si vous voulez le comprendre, c'est Elie qui doit venir (Matth., 11 et 17 ; Marc., 9 ; Luc, 1). » Ainsi, Elie est venu, dans la personne de Jean, pour préparer à l'avénement du Christ-Sauveur ; Elie viendra dans sa propre personne, rétablira toutes choses pour préparer à l'avénement du Christ-Juge. Voilà comme l'a entendu la tradition chrétienne.

La même tradition adjoint au prophète Elie le patriarche Hénoch, dont l'Ecriture dit qu'il a été enlevé de la terre pour donner la pénitence aux nations. Elle voit en eux ces deux témoins qui, avec la puissance de commander à la nature, doivent venir, dans les derniers temps, prêcher la dernière pénitence aux derniers hommes qui seront (Apocal., 11). Hénoch et Elie ont été enlevés, dit Tertullien, leur mort a été différée pour qu'ils éteignent un jour l'antechrist par leur sang (*De anima*). Un témoin d'avant le déluge, un témoin d'après le déluge viendraient ainsi rappeler la vérité au monde, à l'approche du dernier jugement.

A Jéricho, l'on dit à Elisée qu'il faisait bon y demeurer, mais que les eaux étaient mauvaises. Il demanda un vase plein de sel, le jeta dans la fontaine, dit : Ainsi parle Jéhova : J'ai rendu saines ces eaux... et elles furent saines.

De là il se rendit à Béthel. De petits enfants de la ville le rencontrèrent, se moquèrent de lui, criant : Monte, tête chauve ! monte, tête chauve ! Il se retourna, et, les ayant vus, il les maudit au nom de Jéhova. Aussitôt deux ours sortirent du bois et en déchirèrent quarante-deux. Il alla ensuite sur la montagne du Carmel, et de là revint à Samarie (4. Reg., 2, 19-25).

C'est à Béthel que Jéroboam avait érigé le veau d'or. C'est là surtout que régnait l'idolâtrie. « Venez à Béthel et commettez l'iniquité, » dit un prophète (Amos., 4, 4). Un autre l'appelle, non pas Béthel ou maison de Dieu, mais *Béthaven* ou *maison d'impiété* (Osée, 4, 15 et 10, 5). Ce n'était point le mépris de sa personne, mais celui de son ministère, de son Dieu, que vengea le prophète. Il proféra la malédiction, non point par dépit, mais par l'inspiration de Dieu, qui envoya de suite les ours. Si la nature frissonne à la vue de ce jugement exercé sur des enfants, la réflexion apprend que ce pouvait être pour eux un vrai bonheur d'être enlevés si tôt à la perdition.

Ochozias ne laissant point de fils, son frère Joram lui succéda dans le gouvernement. Celui-ci fit également le mal aux yeux de Jéhova, non pas toutefois comme son père et sa mère, car il détruisit les statues de Baal que son père avait faites; mais il demeura dans les péchés de Jéroboam, fils de Nabat, qui avait fait pécher Israël, et ne s'en retira point (4. Reg., 3, 1-3).

Ce texte rend très-vraisemblable l'opinion de ceux qui pensent que Jéroboam érigea les veaux d'or à Béthel et à Dan comme des symboles du vrai Dieu, tandis que, dans l'idole de Baal, Achab rendait des honneurs divins à Baal même. D'après cela, Jéroboam n'aurait point précisément introduit un culte de faux dieux, mais un culte d'images, expressément défendu dans la loi et déjà par lui-même une abomination. Il ne pouvait pas non plus méconnaître que le peuple oublierait facilement, pour le symbole, Celui qu'il devait lui rappeler; que même il ne renoncerait d'autant plus tôt et plus volontiers à Dieu, qu'il ne pouvait, sans de poignants remords de conscience, l'honorer d'une manière qu'il avait lui-même défendue. Son but était de déshabituer le peuple des pèlerinages à Jérusalem, qui étaient commandés par la loi. Ce fut peut-être la même politique à vues courtes qui faisait agir Joram. Est à courtes vues toute prudence qui ne s'élève point jusqu'à la sagesse véritable. *La crainte du Seigneur*, dit Job, *voilà la sagesse; s'éloigner du mal, voilà l'intelligence* (Job, 28, 28).

Déjà, du temps d'Ochozias, Mesa, roi de Moab, s'était révolté contre la maison d'Israël, à qui, jusquelà, il donnait en tribut cent mille agneaux et autant de béliers avec leurs toisons. Joram persuada facilement au roi Josaphat de Juda de marcher avec lui contre les Moabites. Ils prirent tous deux leur chemin par le désert d'Edom, dont le roi, tributaire de la maison de Juda, les suivait sans doute avec une armée d'Iduméens.

Après sept jours de marche, ils manquèrent d'eau. Le roi d'Israël, découragé, s'écriait : « Hélas! hélas! Jéhova a rassemblé ces trois rois pour les livrer dans la main de Moab. » Josaphat s'informa : « N'y a-t-il point ici de prophète de Jéhova; afin que nous consultions Jéhova par lui? » Quelqu'un de l'armée de Joram nomma Elisée. Josaphat dit : « La parole de Jéhova est avec lui. » Les trois rois allèrent le trouver. Mais Elisée dit au roi d'Israël : « Qu'y a-t-il entre toi et moi? va aux prophètes de ton père et de ta mère. — Non, dit Joram; car Jéhova a rassemblé ces trois rois pour les livrer dans la main de Moab. » Elisée lui déclara qu'il ne ferait aucune attention à lui, n'était la présence du roi de Juda. Ensuite il demanda un joueur de harpe, et, pendant que cet homme chantait sur sa harpe, la main de Jéhova fut sur Elisée (4. Reg., 3, 4-15).

L'on s'étonnera qu'un prophète recoure à la musique pour se disposer à l'inspiration divine. Il en est qui disent qu'il voulait se remettre de l'émotion qu'il avait éprouvée en parlant au roi d'Israël; mais cette émotion, venant du zèle de Dieu, ne semble point un obstacle à la communication avec Dieu. Il est plus vrai de dire que Dieu ne se communique pas toujours à ses prophètes, mais quand il lui plaît et comme il lui plaît. Elisée voulait se préparer au souffle divin, comme un instrument bien d'accord. Mais quel rapport entre le son d'une harpe et le concert d'une âme avec Dieu? Un rapport intime. D'après les sages de l'antiquité et les Pères de l'Eglise, en particulier saint Augustin, la musique que Dieu a donnée aux hommes est une image, un écho de celle qu'il exécute lui-même dans son immense éternité. L'univers entier est une magnifique harmonie où la divine sagesse, atteignant d'une extrémité à l'autre, dispose tout avec douceur, nombre et mesure. C'est elle qui produit dans un nombre musical l'armée des cieux : ainsi entend l'évêque d'Hippone une parole d'Isaïe (*Epist.* 165, n. 13; Isaïe, 40, 26). Pour ramener l'homme dans cette céleste harmonie, l'éternelle sagesse unit dans sa personne la nature divine et la nature humaine (Aug., *De Trinit.*, l. 4, n. 4); ce qu'elle demande, c'est que nous soyons à l'unisson avec elle. Aussi un saint évêque et martyr, Ignace d'Antioche, compare le corps mystique de la sagesse incarnée, l'Eglise catholique, à une harpe mélodieuse qui rend la louange à Dieu par le Christ (*Epist. ad Eph.*, etc.) Jean n'a-t-il pas vu les élus dans le ciel, tenant des harpes de Dieu et chantant le cantique de l'agneau. (Apoc., 15)? Enfin chaque fidèle est une lyre composée de deux pièces; le corps et l'âme, qui agissent l'un sur l'autre comme les cordes sur la lyre et la lyre sur les cordes (*Epist. Ignat. ad Eph.*, etc.). Dans Saül, premier roi des Juifs, cette lyre en désaccord était le jouet de l'esprit méchant. Le jeune David, par l'harmonie extérieure de sa harpe, rétablissait l'harmonie intérieure de Saül et le soustrayait à l'influence de l'esprit méchant. Augustin, au contraire, en même temps que les cantiques de l'Eglise charmaient ses oreilles, sentait la vérité divine se couler dans son cœur, y allumer la dévotion, y produire des fontaines de larmes. Il ne faut donc plus s'étonner que le disciple d'Elie, par une harmonie sainte, voulût disposer son âme à une communication prophétique avec Dieu.

Elisée ordonna, au nom de l'Eternel, de creuser des fossés près du lit d'un torrent desséché. Sans vent ni pluie, le torrent serait rempli d'eaux. Il en fut ainsi. Le lendemain, au lever du soleil, l'aurore colorant les eaux en rouge, les Moabites se persuadèrent que l'eau avait été rougie par le sang, que les rois de l'armée alliée s'étaient divisés, et que leurs troupes s'étaient exterminées les unes les autres. Ils s'animèrent : Courage, Moab! Va maintenant au pillage! Mais ils furent mal reçus dans le camp d'Israël, et mis en fuite. Leur pays fut ravagé. Le roi des Moabites se jeta avec sept cents hommes sur le roi d'Edom ; mais en vain. Alors il prit son fils aîné, qui devait régner après lui, et l'immola sur la muraille. Israël fut saisi d'horreur, et son armée se retira aussitôt (4. Reg., 3, 15-27).

Après cela, l'on vint un jour annoncer à Josaphat que les Moabites, les Ammonites et d'autres peuples marchaient en armées nombreuses contre lui, et déjà étaient à Engaddi, entre la mer Morte et Jéricho. Surpris de cette subite attaque, le pieux roi eut recours à l'Éternel, fit publier un jeûne dans Juda, alla au temple, et, à la vue de toute l'assemblée de Juda et de Jérusalem, cria à l'Éternel, le Dieu de leurs pères, le Dieu du ciel, qui domine sur tous les royaumes des nations, en la main de qui est la force et la puissance, et à qui nul ne peut résister. Et tout Juda était debout avec les femmes, les jeunes gens et les petits enfants. Alors l'esprit de Jéhova vint sur Jahaziel, de la tribu de Lévi, au milieu de l'assemblée. Et il dit : « Écoutez, vous tous, peuple de Juda, et vous, habitants de Jérusalem, et vous aussi, roi Josaphat : Ainsi vous parle Jéhova : Ne craignez point, ne vous abattez point devant cette grande multitude. Ce n'est point à vous le combat, mais à Dieu. Il leur dit de quel côté ils devaient marcher le lendemain contre l'ennemi. Vous n'aurez point à combattre cette fois. Approchez seulement, demeurez fermes et voyez le salut de Jéhova, qui est avec vous, ô Juda et Jérusalem ! Ne craignez point, ne vous abattez point ; demain marchez contre eux, Jéhova est avec vous. » A ces mots, Josaphat inclina son visage contre terre, et tout Juda, ainsi que les habitants de Jérusalem se prosternèrent devant Jéhova et l'adorèrent. Les lévites chantaient à haute voix les louanges de Jéhova, le Dieu d'Israël. Le lendemain matin, l'armée s'avança dans le désert de Thécué. Au moment qu'elle se mettait en marche, Josaphat se leva et dit : « Écoutez-moi, Juda, et vous, habitants de Jérusalem ; croyez en Jéhova, votre Dieu, et vous serez en assurance ; croyez en ses prophètes, et vous réussirez. » En même temps il rangea les chantres de l'Éternel à la tête de l'armée, et ils chantaient en chœur : *Louez Jéhova, parce qu'il est bon et que sa miséricorde est éternelle.* C'est-à-dire ils chantaient, au son des harpes, des psaltérions et des trompettes, le psaume 153, qui commence par ces mêmes paroles ; psaume de triomphe et de louange, où se célèbrent les victoires d'Israël sur les rois et les nations.

Quand ils eurent commencé ce cantique triomphal, il s'éleva soudain un grand tumulte et désordre dans l'armée ennemie. Moabites, Ammonites et ceux de la montagne de Séir, les Iduméens, tombèrent avec une aveugle fureur les uns sur les autres, les premiers d'abord sur les Iduméens, ensuite sur eux-mêmes, et s'exterminèrent.

L'armée de Josaphat employa trois jours à ramasser les dépouilles ; le quatrième, ils se réunirent dans la vallée où ils avaient béni Jéhova, et qui de là fut appelée *Vallée de Bénédiction.* Victorieuse sans avoir combattu, l'armée et Josaphat en tête rentrèrent à Jérusalem, et, au son des psaltérions, des harpes et des trompettes, allèrent au temple de l'Éternel. Et la terreur de Jéhova se répandit sur tous les royaumes d'alentour, quand ils apprirent que Jéhova lui-même avait combattu les ennemis d'Israël. Ainsi le royaume de Josaphat demeura tranquille, et son Dieu lui donna la paix de toute part.

Quelques années auparavant, Josaphat avait fait bâtir des vaisseaux pour renouveler le voyage d'Ophir, et, sur la demande d'Ochozias, lui avait laissé prendre part à l'expédition. Alors Éliézer, fils de Dodaü, prophétisa contre lui : « Parce que vous avez fait alliance avec Ochozias, Dieu a renversé votre dessein. » En effet, les vaisseaux furent brisés et ne purent aller en mer. Ochozias voulut recommencer, mais Josaphat s'y refusa. Le commerce avec le fils impie de Jézabel ne pouvait être que funeste à Josaphat et à son peuple (2. Paral., 20, 1-37).

Après avoir vécu soixante ans et régné vingt-cinq, Josaphat s'endormit avec ses pères, et fut enseveli avec eux dans la cité de David, et son fils Joram régna à sa place.

Le nouveau roi ne marcha point dans les voies de son père, mais dans les voies d'Achab, dont il avait épousé la fille Athalie. Josaphat avait laissé à ses plus jeunes fils, outre des sommes d'or et d'argent, plusieurs villes fortes ; mais il donna le gouvernement à Joram, son aîné. Aussitôt qu'il se fut affermi au pouvoir, celui-ci fit mourir ses frères avec quelques princes d'Israël. De son temps, Édom secoua le joug de la maison de Juda et se fit un roi, c'est-à-dire un roi indépendant et qui ne fût plus tributaire. Ainsi s'accomplissait ce qu'Isaac avait prédit à Ésaü : *Tu vivras de ton épée et tu serviras ton frère ; mais il viendra un temps où tu seras ton maître et que tu secoueras son joug* (1). A la même époque, Lobna, ville sacerdotale au midi de Juda, vers l'Idumée, se retira de l'obéissance de Joram, parce qu'il avait abandonné Jéhova, le Dieu de ses pères. Cependant l'Éternel ne voulut point perdre la maison de David, à cause de l'alliance qu'il avait faite avec lui, et parce qu'il avait promis de lui donner, à lui et à ses enfants, une lampe à toujours.

On apporta au roi Joram une lettre du prophète Élie, où il était écrit : « Ainsi parle Jéhova, le Dieu de ton père David : Parce que tu n'as point marché dans les voies de ton père Josaphat, ni dans celles d'Asa, roi de Juda, mais que tu marches dans la voie des rois d'Israël, et que tu as fait se prostituer (aux faux dieux) Juda et les habitants de Jérusalem, comme s'y est prostituée la maison d'Achab, et que tu as égorgé la maison de ton père, tes frères qui étaient meilleurs que toi, voilà que Jéhova te frappera d'une grande plaie, en ton peuple, en tes enfants, en tes femmes et en tout ce qui t'appartient. Toi-même tu seras affligé dans ton corps d'une maladie cruelle, jusqu'à ce que, de douleur, tes entrailles sortent de jour en jour (2. Paral., 21, 1-15). »

Élie avait été enlevé du vivant de Josaphat. On le voit, en ce qu'à la demande de ce roi, s'il y avait un prophète de Jéhova dans les armées réunies de Juda, d'Israël et d'Édom, on lui répondit : « Il y a ici Élisée, fils de Saphat, qui versait l'eau sur la main d'Élie. » On peut donc croire que la lettre a été écrite par le prophète du lieu de son séjour, et apportée par le ministère des anges. Il en est qui pensent qu'il l'écrivit avant son enlèvement dans un esprit prophétique.

(1) Gen., 27, 40 : « Vives in gladio, et fratri tuo servies ; tempusque veniet cùm excutias et solvas jugum ejus de cervicibus tuis. »

Tout s'accomplit. Les Philistins et les Arabes, voisins de l'Ethiopie, inondèrent le pays de Juda, le ravagèrent, pillèrent le palais du roi, emmenèrent ses femmes et ses fils et ne lui laissèrent que le plus jeune. Joram lui-même fut frappé de la maladie prédite jusqu'à ce qu'il en mourut. Il avait vécu quarante ans et régné huit. Il fut enterré dans la cité de David, mais non dans le sépulcre des rois.

Dans la Judée, comme en Egypte, à la mort d'un roi, le grand conseil de la nation jugeait sa mémoire. Et s'il avait gouverné mal, il était privé plus ou moins des honneurs de la sépulture royale. Ainsi, quant à Joram, non-seulement l'Ecriture remarque qu'il ne fut point enseveli dans le sépulcre des rois, elle dit encore expressément que le peuple ne lui rendit point, dans sa sépulture, les honneurs qu'on avait rendus à ses ancêtres, en brûlant pour lui des parfums selon la coutume (2. Paral., 21, 19).

La vertu de l'esprit, qui d'Elie s'était répandu sur Elisée, ne pouvait demeurer oisive. Elle produisit bientôt d'éclatantes merveilles.

Il vint à lui la veuve d'un disciple des prophètes, se plaignant que son mari, en mourant, lui avait laissé des dettes, et que maintenant le créancier menaçait d'emmener comme esclaves ses deux fils, si elle ne le payait; mais elle n'avait pour tout bien qu'un vase d'huile. Elisée lui recommanda d'emprunter des vaisseaux à toutes ses voisines, de s'enfermer chez elle avec ses deux fils, et d'emplir d'huile tous ses vaisseaux. Elle le fit. Tant qu'il y eut des vaisseaux vides, l'huile coula du vase, mais elle s'arrêta quand ils furent tous pleins. Elle la vendit, paya le créancier, et conserva de l'argent de reste pour s'entretenir, elle et ses enfants (4. Reg., 4, 1-7).

Peu après, Elisée vint à Sunam, ville de la tribu d'Issachar, au pied du mont Thabor et près du torrent de Cison. Là, une femme le retint à manger; et comme il passait souvent par là et mangeait chez elle, que d'ailleurs elle était touchée de la sainteté du prophète, elle lui prépara, du consentement de son mari, une petite chambre haute, avec un lit, une table, un siège et une lampe. Un jour il pensait, dans sa petite cellule, à la charité que lui témoignait cette femme de si bon cœur, appela son serviteur Giézi, le chargea de lui demander si elle avait quelque affaire pour le succès de laquelle il pût lui être utile; peut-être une requête au roi ou au chef de ses armées. Elle répondit qu'elle demeurait au milieu de son peuple, voulant sans doute dire par là que, contente de l'héritage de ses pères, elle n'avait pas d'autre ambition. Elisée renvoya son serviteur pour savoir ce qu'enfin il pourrait faire pour elle, mais Giézi lui fit l'observation : « Il n'est pas nécessaire de le lui demander; elle n'a pas d'enfants, et son mari est déjà vieux. Alors le prophète la fit venir et lui dit : En ce même temps et à cette même heure dans un an, vous embrasserez un fils. — Ah! mon seigneur, homme de Dieu, ne veuillez pas mentir à votre servante. » La prédiction s'accomplit. Elle enfanta un fils vers le même temps, dans un an, comme l'avait dit Elisée.

Quelques années après, l'enfant sortit vers son père qui était avec les moissonneurs. Tout à coup il sentit à la tête de violentes douleurs. O ma tête! ma tête! cria-t-il à son père, qui le fit reconduire à sa mère; elle le prit sur ses genoux, où il mourut à midi. Elle porta l'enfant mort dans la chambre vide de l'homme de Dieu, le posa sur son lit, sortit et ferma la porte derrière elle. En même temps elle alla trouver son mari, le pria de lui donner un serviteur avec une ânesse, pour se rendre en toute hâte auprès du prophète. « Pourquoi donc aller vers lui, demanda celui-ci ? Ce n'est aujourd'hui ni premier jour du mois, ni jour de Sabbat. » Mais elle répondit : Soyez tranquille, et s'en alla vers l'homme de Dieu, sur le Carmel. Il la vit venir, et dit à Giézi : « Voici la Sunamite : cours à sa rencontre, et demande-lui si elle va bien, ainsi que son mari et son enfant. — Bien, » répondit-elle; mais quand elle fut venue vers l'homme de Dieu, sur la montagne elle embrassa ses pieds. Giézi s'approcha pour l'éloigner. Mais l'homme de Dieu dit : « Laisse-la, car son âme est dans l'amertume, et l'Eternel me l'a caché et ne me l'a point fait connaître. » Elle dit : « Ai-je demandé un fils à mon seigneur? ne vous ai-je pas dit : Ne me trompez point? » Elisée dit à Giézi : « Ceins tes reins, et prends mon bâton en ta main, et va; si tu rencontres quelqu'un, ne le salue point; et si quelqu'un te salue, ne lui réponds point, et mets mon bâton sur le visage de l'enfant. » Le prophète parlait des salutations longues et cérémonieuses, telles qu'on les voit encore dans l'Orient. Mais la mère de l'enfant lui dit : « Vive Jéhova et vive ton âme! je ne vous quitterai point. » Il se leva donc et la suivit. Giézi les devança et plaça le bâton sur le visage de l'enfant; mais il n'y eut ni voix ni sentiment. Il retourna au devant de son maître, et lui annonça, disant : « L'enfant ne s'est point réveillé. » Elisée entra donc dans la maison, et voilà que l'enfant gisait mort sur son lit. Il entra, ferma la porte sur lui et sur l'enfant, et pria l'Eternel. Et il monta sur le lit et se coucha sur l'enfant; il le mit, sa bouche sur sa bouche, ses yeux sur ses yeux, et ses mains sur ses mains; il se coucha sur lui, et la chair de l'enfant fut échauffée. En descendant du lit, il marcha dans la maison, une fois ici, une fois là, et il remonta sur le lit et se coucha sur l'enfant; et l'enfant éternua sept fois et ouvrit les yeux. Elisée appela Giézi et lui dit : « Fais venir cette Sunamite. » Elle vint aussitôt et entra dans sa chambre. Il lui dit : « Emmenez votre fils. » Elle vint, se jeta à ses pieds et adora jusqu'à terre; c'est-à-dire qu'elle se prosterna devant lui le visage contre terre, suivant l'usage de l'Orient. Et elle prit son fils et s'en alla (4. Reg., 4, 8-37).

De là Elisée se rendit à Galgala, où il y avait une grande famine et où les enfants des prophètes s'assemblèrent autour de lui. Il ordonna à son serviteur de leur apprêter un potage. L'un d'eux s'en alla aux champs, trouva comme une vigne sauvage, des coloquintes, dont il ignorait la nature, et les coupa dans le vase pour les morceaux. Quand ils en eurent goûté, ils s'écrièrent : « Homme de Dieu, la mort est dans le vase ! » et ils ne purent en manger. Elisée demanda quelque peu de farine, le mêla au potage, qui se trouva de bon goût (Ibid., 4, 38-4).

Pendant cette famine, un homme apporta au prophète des pains de prémices, vingt pains d'orge avec des épis nouveaux. Elisée dit : « Donne-le au peuple, afin qu'il mange. » Son serviteur répondit : « Qu'est-ce que cela pour cent personnes? » Il dit : « Donne au peuple, afin qu'il mange; car ainsi

parle Jéhova : On mangera, et il y en aura de reste. »
Il le leur servit donc, ils mangèrent, et il en resta,
selon la parole de Jéhova (4. Reg., 4, 42-44).

Naaman, général de l'armée syrienne, était en
grande considération auprès de son roi; car c'est
par lui que Jéhova avait sauvé la Syrie, mais il était
affligé de la lèpre. Dans sa maison était une petite
fille israélite que des partis syriens avaient emmenée
captive. Elle dit à sa maîtresse : « Plût à Dieu que
mon seigneur fût allé vers le prophète qui est à Samarie ! il l'aurait sans doute guéri de la lèpre. » La
femme raconta à son mari ce que lui avait dit la
jeune Israélite, celui-ci au roi, qui de suite lui accorda la permission de partir, avec une lettre pour
le roi d'Israël. Naaman se mit donc en route avec la
lettre et prit avec lui des présents : dix talents d'argent, six mille pièces d'or, dix paires d'habits. La
lettre portait : « Lorsque vous aurez reçu cette lettre,
vous saurez que je vous ai envoyé Naaman mon serviteur, afin que vous le guérissiez de la lèpre. » Le
roi d'Israël ayant lu cette épître, déchira ses vêtements et dit : « Suis-je donc un dieu à ôter et à
rendre la vie, pour qu'il m'envoie ainsi un homme
afin que je le guérisse de la lèpre ? Remarquez et
voyez qu'il cherche une occasion contre moi. » Elisée
l'ayant appris, envoya dire au roi : « Pourquoi avez-vous déchiré vos vêtements ? Qu'il vienne à moi et
qu'il sache qu'il est un prophète dans Israël. » Naaman vint avec ses chevaux et ses chars, et se tint à
la porte de la maison d'Elisée. Et Elisée lui fit dire
par un messager : « Va et lave-toi sept fois dans le
Jourdain, et ta chair sera guérie et purifiée. » Naaman
se mit en colère et s'éloignait en disant : « Je m'attendais qu'il sortirait vers moi et que, se tenant debout, il invoquerait le nom de Jéhova, son Dieu;
qu'il passerait sa main sur l'endroit et enlèverait
ainsi la lèpre. Les fleuves d'Abana et de Parphar, à
Damas, ne sont-ils pas meilleurs que toutes les eaux
d'Israël, pour m'y laver et me purifier ? » Il se retourna donc et s'en allait indigné. Mais ses serviteurs
s'approchèrent de lui et lui dirent : « Père, si le
prophète vous avait ordonné quelque chose de difficile, ne devriez-vous pas le faire ? combien plus
maintenant qu'il vous dit : Lavez-vous et vous serez
purifié ? » Il descendit alors et se plongea sept fois
dans le Jourdain, selon la parole de l'homme de
Dieu, et sa chair devint comme la chair d'un petit
enfant, et il fut guéri. Et il retourna vers l'homme de
Dieu, lui et tout son camp, et, se tenant debout devant lui, il dit : « Voilà, je sais maintenant qu'il n'est
pas de Dieu dans toute la terre, si ce n'est en Israël;
veuillez donc, je vous prie, accepter une bénédiction, une reconnaissance de votre serviteur. » Mais
Elisée répondit : « Vive Jéhova, en la présence duquel je suis ! je ne recevrai rien de vous. » L'autre
insista, mais il ne consentit jamais. Alors Naaman
le pria de lui permettre d'emporter la charge de
deux mulets de la terre du pays; « car, dit-il, votre
serviteur n'offrira plus d'holocaustes ni de victimes
aux dieux postérieurs, mais à Jéhova seul. » On
voit qu'il destinait cette terre à bâtir un autel au
vrai Dieu. Il ajouta : « Il y a une chose où Jéhova
veuille pardonner à votre serviteur : lorsque mon
maître entrera dans la maison de Remmon pour s'y
prosterner, en s'appuyant sur ma main, si je me
prosterne dans la maison de Remmon lorsqu'il s'y
prosterne lui-même, que Jéhova le pardonne à votre
serviteur, je vous prie. » Elisée lui répondit : « Allez en paix (4. Reg., 5, 1-19). »

Les meilleurs interprètes (Lyranus, Estius, Tirinus, Menochius) entendent par cette réponse, que
Naaman, faisant profession publique de n'adorer que
le Dieu vivant, pouvait, sans péché, n'y ayant plus
lieu à mauvaise interprétation, rendre à son maître,
dans le temple de Remmon, le même service qu'il
lui rendait ailleurs : lui prêter son bras lorsqu'il s'y
prosternait, et se courber ainsi physiquement avec
lui.

Remmon veut dire en syriaque, aussi bien qu'en
hébreu et en arabe, *pomme de grenade*. La pomme
est regardée chez les Orientaux comme le symbole
du soleil. C'est pour cela que certains officiers de
la cour des rois de Perse portaient, comme insignes,
une canne surmontée d'une pomme d'or, ce qui leur
fit donner par les Grecs le nom de *mélophores* ou
porte-pomme. Il y a beaucoup d'apparence que ce
Remmon des Syriens n'était autre que le soleil, qu'ils
nommaient encore *Adad* ou *l'unique*, et qui vraisemblablement était honoré d'un culte particulier
dans la ville d'Adad-Remmon dont parle le prophète
Zacharie (Zachar., c. 12, 11). Plusieurs rois de Syrie
s'appelaient *Adad*, le soleil, ou bien *Benadad*, fils
du soleil. Le nom persan de *Cyrus*, *Kor*, dans l'Ecriture sainte, *Korès*, veut dire *soleil*. Aujourd'hui
encore, les rois de Perse s'intitulent *fils du soleil*.
En France, Louis XIV joignait à son image, dans
les médailles, un soleil. Il y en a qui appellent Frédéric II, de Prusse, *l'unique*. Adad a même signification. Ainsi, l'idée la plus moderne n'est point
unique. *Il n'y a rien de nouveau sous le soleil*, dit
l'Ecclésiaste (1). C'est toujours la même idolâtrie
politique, partout où ne règne pas la loi de Dieu.
On ne voit rien de pareil sous Charlemagne.

A peine Naaman avait-il fait quelque chemin, que
la convoitise s'éveilla dans le cœur de Giézi, qui courut après lui en toute hâte. Naaman l'aperçut, descendit de son char, alla à sa rencontre et le salua en
lui demandant : Tout va-t-il bien ? Oui, dit l'autre;
ajoutant que le prophète l'avait envoyé. Deux enfants de prophètes venaient de lui arriver; il le
priait en conséquence de lui donner pour eux un talent d'argent avec deux habits. Naaman lui donna
deux talents et les habits, et les fit porter devant lui
par deux de ses serviteurs. Giézi se hâta de mettre
les présents de côté, renvoya les Syriens, et alla se
présenter devant son maître. Celui-ci lui demanda :
D'où viens-tu, Giézi ? Giézi prétendait n'avoir été
nulle part. Le prophète lui dit alors : « Mon cœur
n'allait-il pas avec toi, lorsqu'un homme est descendu de son char pour venir à ta rencontre ? Etait-ce le temps de recevoir de l'argent et des vêtements,
des plants d'oliviers, des vignes, des brebis, des
bœufs, des serviteurs et des servantes ? La lèpre de
Naaman s'attachera à toi et à ta race pour jamais. »
Et Giézi s'en alla d'auprès de son maître, couvert
d'une lèpre blanche comme la neige (4. Reg., 5, 20-27).

Il s'était rassemblé autour d'Elisée un si grand
nombre de disciples des prophètes, que le lieu où
ils habitaient était devenu trop étroit. Ils le prièrent
donc de leur permettre de se bâtir des cabanes sur

(1) *Nihil sub sole novum* (Eccl., 1, 10).

le bord du Jourdain. Pendant qu'ils abattaient pour cela des arbres, le fer de la cognée échappa à l'un d'eux et tomba dans le fleuve. Habitué à communiquer tout, soit petit, soit grand, à l'homme de Dieu, parce que c'était un homme de Dieu, le disciple se lamenta devant lui sur la perte qu'il venait de faire, d'autant plus que la cognée était d'emprunt. Elisée demanda où le fer lui avait échappé. L'autre lui montra l'endroit. Le prophète coupa un morceau de bois et le jeta dans l'eau. Aussitôt le fer vint à surnager. Prends-le, dit-il; et le disciple le prit. Ceci arriva du temps que Joram, fils d'Achab, régnait en Israël, et Joram, fils de Josaphat, en Juda (4. Reg., 6, 1-7).

Benadad, roi de Syrie, était en guerre avec Israël du temps du roi Joram. Plus d'une fois il détermina, dans son conseil secret, où il voulait dresser aux Israélites une embuscade; mais le prophète Elisée rendait vaines toutes ses ruses en ce qu'il en avertissait Joram, qui là-dessus prévenant les Syriens, occupait avec des troupes les endroits désignés. Benadad demanda, plein de dépit, qui des siens le trahissait auprès du roi d'Israël. Un de ses serviteurs lui dit alors que c'était Elisée, le prophète en Israël, qui découvrait à Joram ce qu'il disait dans le secret de son conseil. Benadad souhaita s'emparer d'Elisée, apprit qu'il était à Dothan ou Dothaïn, aux environs de Samarie, envoya des chevaux, des chariots, avec un grands corps d'armée. A l'aube du jour, le serviteur d'Elisée aperçut la ville environnée de troupes, et courut tout effrayé auprès de l'homme de Dieu. « Ne crains pas, dit celui-ci, car il y en a plus avec nous qu'il n'y en a avec eux. » Et Elisée pria et dit : « Jéhova, ouvrez-lui les yeux, afin qu'il voie. » Et Jéhova ouvrit les yeux du jeune homme et il vit; et voilà que la montagne était pleine de chevaux et de chars de feu autour d'Elisée (*Ibid.*, 6, 8-17).

On pourrait demander : Pourquoi ces chars? Pourquoi ces chevaux? avec tant de milliers de chevaux et de chars, dit saint Jérôme, il n'apparaît personne qui les monte. Celui-là même les conduisait, duquel chante le Psalmiste, qu'il plane sur les chérubins: C'est par des chevaux et un char de la sorte qu'Elie fut enlevé au ciel (Hieron., *in Habacuc*).

Ni Dieu n'avait besoin de ces chars et de ces chevaux pour protéger son serviteur, ni son serviteur n'en avait besoin pour être tranquille; mais comme à ce même Elisée, il fut montré des chevaux et un char de feu, lorsque Dieu lui enleva son maître; comme à Jacob, lorsqu'il avait peur de son frère, apparut le camp de Dieu pour fortifier son courage et sa confiance; ainsi en fut-il fait maintenant au serviteur d'Elisée.

Les Syriens étant venus vers lui, Elisée pria l'Eternel et dit : « Frappez, je vous prie, tous ces hommes d'aveuglement. » Et il les frappa d'aveuglement, selon la parole d'Elisée. Et Elisée leur dit : « Ce n'est pas ici le chemin ni la ville ; suivez-moi et je vous conduirai à l'homme que vous cherchez. » Et il les mena dans Samarie. Et lorsqu'ils furent entrés à Samarie, Elisée dit : « O Jéhova ! ouvrez-leur les yeux, afin qu'ils voient. » Et Jéhova leur ouvrit les yeux et ils virent; et voilà qu'ils étaient au milieu de Samarie. Le roi d'Israël les ayant vus, dit à Elisée : « Les frapperai-je, mon père ? » Il répondit : « Tu ne les frapperas point. Frapperais-tu qui tu aurais fait captif avec ton épée et avec ton arc ? Mets devant eux du pain et de l'eau, afin qu'ils mangent et qu'ils boivent, et qu'ils aillent vers leur maître. » Et le roi leur fit servir un grand festin ; et après qu'ils eurent mangé et bu, il les renvoya, et il retournèrent vers leur maître ; et les bandes de Syriens ne vinrent plus sur les terres d'Israël (4. Reg., 6, 17-23).

Après cela, Benadad assembla toute son armée et vint assiéger Samarie, où, à la longue, la famine devint si grande, que la tête d'un âne fut vendue quatre-vingts pièces d'argent, et la quatrième partie d'un boisseau de fiente de pigeon cinq pièces. Un jour que le roi d'Israël passait sur les murailles, une femme s'écria et lui dit : « Sauvez-moi, ô mon roi, seigneur ! » Il dit : « Jéhova ne te sauve pas; où prendrais-tu de quoi te sauver ? serait-ce dans l'aire ou le pressoir ? Que me veux-tu ? » Elle répondit : « Voilà une femme qui m'a dit : Donne ton fils, afin que nous le mangions aujourd'hui, et demain nous mangerons le mien. Nous avons donc fait cuire mon fils et nous l'avons mangé... Et maintenant elle a caché le sien. » Le roi, l'ayant entendu parler de la sorte, déchira ses vêtements, et tout le peuple vit le sac dont il était couvert sur sa chair. Et il dit : « Que Dieu me fasse ceci, et qu'il y ajoute cela, si la tête d'Elisée, fils de Saphat, demeure sur ses épaules aujourd'hui (*Ibid.*, 24-31). »

Quel mélange d'impiété et de superstition ! de dehors d'une humble pénitence et de cruelle injustice ! Il ne paraît pas que Joram voulût, avec ce sac, faire illusion au peuple, puisqu'il le portait sous ses vêtements ; mais il se faisait illusion à lui-même, en s'imaginant, par la plus dangereuse des superstitions, que Dieu prenait plaisir à un cilice, quand il y a dessous un cœur impénitent. Au lieu de s'humilier sous la main vengeresse de Dieu, il le prend à témoin d'un crime. Au lieu de reconnaître que l'impiété de son père et de sa mère, la sienne propre, celle de tout son peuple, était la cause véritable de tous ces maux, il y ajoute une impiété nouvelle. Avec le cilice sur la chair, il jure la mort de l'homme de Dieu, qui, sans doute, était assis alors dans le sac et la cendre, et levait au ciel des mains suppliantes pour le roi et pour le peuple ! Combien fut différente la pénitence de David dans une calamité semblable ! *La faim de mon peuple est ma faim ; les péchés de mon peuple sont mes péchés*, a dit un des premiers empereurs de la Chine, Yao. Où pareil sentiment sert de base, il convient au roi, plus qu'à nul autre, de faire même extérieurement pénitence, lorsque Dieu visite, par des calamités générales, un peuple qui a péché. Et quel peuple, quel homme ne pèche point ?

Or, Elisée était assis dans sa maison, et les anciens étaient assis avec lui. Et le roi envoya un homme d'auprès de lui. Mais avant que l'homme fût arrivé, Elisée dit aux anciens : « Avez-vous vu, comme ce fils de meurtrier envoie ici pour me couper la tête ? Prenez donc garde que l'envoyé n'entre ; fermez la porte, afin qu'il reste devant ; car, voici, déjà le bruit des pieds de son maître vient après lui. » Il parlait encore, et voilà que l'envoyé descendit vers lui, et le roi qui le suivait de près, lui dit : « Voyez quel mal Jéhova nous envoie ! Que puis-je attendre encore de Jéhova (*Ibid.*, 6, 32 et 33) ? »

Il paraît que Joram s'était repenti de l'ordre qu'il avait donné, et qu'il venait lui-même pour en empêcher l'exécution ; ou bien que l'aspect vénérable de l'homme de Dieu lui ôta le courage et peut-être l'envie de tremper ses mains dans son sang.

Mais Elisée dit : « Ecoutez la parole de Jéhova. Ainsi parle Jéhova : Demain, à cette même heure, la mesure de pure farine se donnera pour un sicle à la porte de Samarie, et on y aura pour un sicle deux mesures d'orge (1). » Un des chefs de l'armée, sur la main duquel s'appuyait le roi, répondit à l'homme de Dieu : « Quand Jéhova ouvrirait les cataractes du ciel, ce que vous dites pourrait-il être ? — Vous le verrez de vos yeux, dit Elisée, mais vous n'en mangerez point. »

Or, il y avait devant la porte de la ville quatre lépreux, qui, comme tels, en étaient exclus. Dans leur extrémité, ils résolurent de se rendre aux Syriens, le pire qu'ils y pouvaient attendre, une prompte mort, leur valant mieux que de mourir de faim. Ils entrèrent dans le camp, et ne trouvèrent personne, parce que Jéhova avait fait entendre dans le camp des Syriens un bruit de chars, de chevaux et d'une armée innombrable; et ils se disaient l'un à l'autre : « Voilà, le roi d'Israël a fait venir à son secours contre nous les rois des Héthéens, et les rois des Egyptiens, et ils vont fondre sur nous. »

Frappée de la terreur de Dieu, l'armée avait pris la fuite et laissé dans le camp tout ce qu'elle avait amené. Les lépreux entrèrent dans une des tentes, mangèrent, burent, prirent de l'or et de l'argent, le cachèrent, et se mirent à butiner d'une tente à l'autre, lorsqu'il s'éleva dans leur âme une pensée meilleure : Nous ne faisons pas bien, car ce jour est un jour de bonne nouvelle. Ils allèrent à la ville, crièrent près de la porte, et racontèrent ce qu'ils avaient vu. La nouvelle en fut portée de suite au roi Joram.

Le roi se leva dans la nuit, mais il ne se fiait point à ces belles apparences; il pensait que les Syriens avaient abandonné leur camp par stratagème, et qu'ils épiaient dans une embuscade, dans l'attente que les Samaritains affamés se répandraient sans ordre hors de la ville et leur tomberaient ainsi entre les mains. Alors un de ses serviteurs lui conseilla de prendre les cinq chevaux qui restaient encore dans la ville, et d'envoyer deux chars à la découverte. Les éclaireurs trouvèrent partout des vêtements et des armes; ils revinrent avec d'heureuses nouvelles. Le peuple se jeta dans le camp délaissé des Syriens et fit un grand butin. Une mesure de pure farine se vendit pour un sicle, et on avait pour un sicle deux mesures d'orge. Le roi plaça le courtisan qui s'était moqué de la prédiction d'Elisée sous la porte de la ville, où il fut écrasé par le peuple, et là, selon la parole du prophète, vit de ses yeux l'abondance des vivres et n'en mangea point (4. Reg., 7, 1-20).

Or, Elisée dit à la femme dont il avait ressuscité le fils : « Lève-toi, toi et ta famille, et voyage partout où tu pourras; car l'Eternel a appelé la famine, et elle viendra sur la terre pendant sept ans. » La femme obéit, et voyagea, elle et sa maison, dans la terre des Philistins. Après que les sept années de famine furent passées, elle retourna de la terre des Philistins et vint vers le roi pour lui redemander sa maison et ses champs. Le roi parlait alors à Giézi,

(1) Le sicle vaut un peu moins de deux francs.

serviteur de l'homme de Dieu, disant : « Raconte-moi toutes les merveilles qu'a faites Elisée. » Et comme Giézi rapportait au roi de quelle manière Elisée avait ressuscité un mort, cette femme dont il avait ressuscité le fils, vint devant le roi, le conjurant de lui rendre sa maison et ses champs. Alors Giézi dit : « O roi, mon seigneur ! voilà cette femme, et c'est là son fils qu'Elisée a ressuscité. » Le roi ayant interrogé la femme même, elle lui raconta tout; et il la renvoya avec elle un eunuque pour lui faire rendre tout ce qui était à elle (4. Reg., 8, 1-6).

Elisée vint aussi à Damas pendant que Benadad, roi de Syrie, y était malade. On apprit à ce dernier que l'homme de Dieu était dans son pays. Le roi donna de suite cet ordre à Hazaël : « Prends des présents et va au devant de l'homme de Dieu, et consulte par lui Jéhova pour savoir si je pourrai échapper de cette maladie. » Hazaël s'en alla donc, ayant avec lui quarante chameaux chargés de présents de toutes les richesses de Damas, et dit au prophète : « Votre fils Benadad, le roi de Syrie, m'envoie vers vous et vous fait demander : Puis-je guérir de cette maladie? » Elisée lui dit : « Va, et dis-lui : Vous pouvez certainement en guérir; mais Jéhova m'a fait voir qu'il mourra de mort (Ibid., 7, 10). »

On peut croire que le roi guérit promptement, peut-être par un miracle, mais une mort violente l'attendait.

Le prophète regarda fixement Hazaël, au point qu'il en fut troublé; et l'homme de Dieu se mit à verser des larmes. Hazaël demanda : « Pourquoi mon seigneur pleure-t-il ? — Parce que je sais, dit Elisée, combien de maux tu dois faire aux enfants d'Israël : tu brûleras leurs villes fortes, tu frapperas du glaive leurs jeunes hommes, tu écraseras leurs enfants et tu ouvriras le sein des femmes grosses. — Mais, répondit Hazaël, qu'est donc votre serviteur, ce chien, pour faire de si grandes choses ? — Elisée dit : Jéhova m'a fait voir que tu régneras en Syrie. »

Hazaël revint et annonça au roi qu'Elisée avait dit qu'il guérirait. Mais, le lendemain, il prit une couverture de lit, la trempa dans l'eau, étouffa là-dessous le roi et régna à sa place (Ibid., 11-15).

Ce fut probablement la mort du roi Benadad qui porta Joram, roi d'Israël, à entreprendre une nouvelle expédition pour reconquérir Ramoth, en Galaad. Il y fut accompagné par le roi de Juda, Ochozias, qui s'appelait aussi Joachas et Azarias, avait vingt-deux ans et venait de monter sur le trône de Juda, après la mort de Joram, son père.

Mais cette expédition devint funeste au roi Joram d'Israël, qui, ayant été blessé, s'en revint à Jezrahel, laissant son armée devant Ramoth, apparemment sous le commandement de Jéhu, fils de Namsi. Ochozias suivit Joram pour le visiter à Jezrahel. Cet Ochozias se laissait gouverner par sa méchante mère, Athalie, sœur du roi d'Israël, et marchait dans les voies d'Achab, son aïeul maternel (Ibid., 8, 16-29).

Dans ce temps, Elisée appela un disciple des prophètes : « Ceins-toi les reins, prends en ta main ce vase rempli d'huile, et va à Ramoth de Galaad. » Le disciple s'y rendit avec les instructions de son maître. Il entra au lieu où étaient assis les principaux officiers de l'armée, et dit : « J'ai à te parler, ô prince! — A qui d'entre nous tous, demanda Jéhu ? — A toi, prince, répondit l'autre. » Jéhu se leva donc, entra

LIVRE XIV. — DIVISION D'ISRAEL EN DEUX ROYAUMES.

dans une chambre secrète, et le jeune homme répandit l'huile sur sa tête, et lui dit : « Ainsi parle Jéhova, le Dieu d'Israël : Je t'ai sacré roi sur le peuple de Jéhova, sur Israël; tu frapperas la maison d'Achab, ton maître, et je vengerai de la main de Jézabel le sang des prophètes, mes serviteurs, et le sang de tous les serviteurs de Jéhova, et je perdrai toute la maison d'Achab, et j'exterminerai de la maison d'Achab tous les mâles, depuis le premier jusqu'au dernier, dans Israël. Et je ferai contre la maison d'Achab comme j'ai fait contre la maison de Jéroboam, fils de Nabat, et la maison de Baasa, fils d'Ahia. Et les chiens dévoreront Jézabel dans les champs de Jezrahel, et il ne se trouvera personne pour l'ensevelir. » Ayant ainsi parlé, il ouvrit la porte et s'enfuit.

Jéhu rentra aussitôt dans le lieu où étaient les serviteurs de son maître, qui lui dirent : Tout va-t-il bien? qu'est venu vous dire ce fou-là? Jéhu leur dit : Vous connaissez cet homme et ce qu'il a pu me dire. Cela n'est pas, répliquèrent-ils; mais contez-le-nous vous-même. Il m'a dit telle et telle chose, répondit Jéhu, et il a ajouté : Ainsi parle Jéhova : Je t'ai sacré roi sur Israël. Aussitôt ils se levèrent, et chacun d'eux, prenant son manteau, le mit sous les pieds de Jéhu, et ils en firent comme un trône, et, sonnant de la trompette, ils crièrent : Jéhu est notre roi (4. Reg., 9, 1-13).

Jéhu, aussi prompt à exécuter une résolution qu'à la prendre, profita de cette disposition des capitaines, et aussitôt se mit en route avec son armée pour Jezrael, où étaient les deux rois. La sentinelle qui était sur la tour de la ville découvrit l'armée qui s'avançait, et en avertit le roi. Joram envoya un cavalier au devant, qui dit à Jéhu : Ainsi parle le roi : Apportez-vous la paix? — Qu'y a-t-il de commun entre toi et la paix, répondit Jéhu? Passe, et suis-moi. Bientôt la sentinelle annonça que l'envoyé ne revenait point. Un second fut expédié; il arriva à celui-ci comme au précédent, la sentinelle avertit le roi qu'il ne revenait pas non plus. Et celui qui s'avance, dit-elle, paraît, à sa démarche, être Jéhu, fils de Namsi; car il vient en toute hâte.

Joram ordonna d'atteler les chevaux. Les deux rois sortirent, chacun dans son char, au devant de Jéhu, et ils le rencontrèrent dans la vigne de Naboth de Jezrahel. Et lorsque Joram vit Jéhu, il dit : Apportez-vous la paix? Quelle paix? répliqua Jéhu. Les fornications de ta mère Jézabel et ses empoisonnements augmentent sans cesse. Aussitôt Joram fit retourner son char et, fuyant, dit à Ochozias : Nous sommes trahis, Ochozias! Mais Jéhu tendit son arc et frappa Joram entre les épaules, en sorte que la flèche lui perça le cœur et qu'il tomba aussitôt sur son char. Jéhu commanda au capitaine de ses gardes de le jeter dans la vigne de Naboth; « car je me souviens, dit-il, lorsque nous suivions Achab, son père, et que nous étions, toi et moi, sur le même char, Jéhova prononça contre lui cette prophétie : *Je jure par moi-même, dit Jéhova, si je ne répands ton sang dans ce même champ, pour venger le sang de Naboth et de ses enfants que je t'ai vu répandre hier!...* Prends-le donc maintenant, et jette-le dans le champ, selon la parole de Jéhova. »

Quand Jézabel apprit que Jéhu approchait de Jezrahel, elle para ses yeux avec du fard et mit ses ornements sur sa tête. Ensuite elle monta au-dessus de la porte de la ville, où, d'après l'usage des anciens, il y avait un appartement spacieux. Elle regardait par la fenêtre. Et lorsque Jéhu entrait dans la porte de la ville, elle lui cria : Y a-t-il eu de la paix pour Zambri, le meurtrier de son maître? Jéhu leva les yeux vers la fenêtre, et dit : Qui est là pour moi? et deux ou trois eunuques s'inclinèrent vers lui. Il dit : Précipitez-la. Et ils la précipitèrent, et la muraille fut teinte de son sang, et elle fut foulée aux pieds des chevaux. Et après qu'il fut entré pour boire et pour manger, il dit : Allez, et voyez cette maudite, et ensevelissez-la, parce qu'elle est fille de roi. Et quand ils furent venus pour l'ensevelir, ils ne trouvèrent que le crâne, les pieds et l'extrémité des mains. Et ils revinrent l'annoncer à Jéhu, qui dit : C'est la parole de Jéhova, publiée par son serviteur Elie de Thesbé, disant : *Les chiens mangeront la chair de Jézabel dans la campagne de Jezrahel, et la chair de Jézabel sera, dans la campagne de Jezrahel, comme le fumier sur la face de la terre, et tous ceux qui passeront diront : Est-ce là cette Jézabel* (4. Reg., 9, 14-37).

Il y avait à Samarie soixante-dix fils d'Achab, qui étaient élevés chez les principaux de la ville, Jéhu écrivit à ces derniers qu'ils eussent à établir sur le trône le meilleur d'entre les fils de leur maître, et à combattre pour lui. Effrayés du rapide succès de ce vaillant guerrier, ils se dirent entre eux : Voilà que deux rois n'ont pu se soutenir contre lui; et comment pourrions-nous donc lui résister. Ils lui firent une réponse de soumission. Il leur écrivit alors une seconde lettre, et leur ordonna d'envoyer le lendemain matin les têtes des fils d'Achab à Jezrahel. Cela s'exécuta, et les têtes lui furent apportées dans des corbeilles. Il les fit mettre en deux monceaux à la porte de la ville, où se traitaient toutes les affaires publiques. Le matin il y alla, et dit au peuple : Vous êtes justes : si j'ai conjuré contre mon maître et si je l'ai tué, qui donc a frappé tous ceux-ci? Considérez bien qu'aucune des paroles qu'avait prononcées Jéhova contre la maison d'Achab n'est tombée à terre : *Jéhova a fait tout ce qu'il avait annoncé par son serviteur Elie.* Ensuite le nouveau roi fit mourir à Jezrahel, tout ce qui restait encore de la maison d'Achab et de ses partisans (*Ibid.*, 10, 1-11).

De là il se rendit à Samarie. En chemin, il rencontra des hommes près d'une cabane de pasteurs, et leur demanda qui ils étaient? Nous sommes, dirent-ils, les frères du roi Ochozias, et nous allons pour saluer les enfants du roi et de la reine. Ils étaient proches parents d'Ochozias, dont les frères avaient été tués par les Arabes. On sait que neveux, nièces et cousins sont souvent appelés frères, même chez les Grecs. Ceux-ci venaient rendre visite à Joram et à Jézabel. Le mariage de Joram, roi de Juda, avec Athalie, fille du roi d'Israël, occasionna entre les deux cours une liaison qui eut des suites funestes pour Juda. Jéhu les fit prendre et mettre à mort. Ils étaient au nombre de quarante-deux (*Ibid.*, 12-14).

Il rencontra ensuite Jonadab, fils de Rechab, homme de mœurs sévères, qui avait imposé à ses descendants l'obligation rigoureuse de s'abstenir de vin, de ne bâtir point de maison, de ne cultiver ni champs ni vignes et d'habiter sous des tentes. Jéhu lui adressa la parole : Ton cœur est-il droit comme mon cœur l'est pour le tien? Oui, répondit Jonadab. Et Jéhu lui tendit la main et le fit monter dans son char à côté de lui.

A Samarie, Ochozias, roi de Juda, tombé en son pouvoir, fut, d'après ses ordres, blessé à mort dans son char, et mourut à Magéddo, d'où les siens, avec la permission de Jéhu, parce qu'il était fils de Josaphat, le transportèrent à Jérusalem, où il fut enseveli avec ses pères dans la cité de David (4. Reg., 9, 27 et 28).

Jéhu assembla le peuple à Samarie et déclara que si Achab avait rendu à Baal quelque honneur, pour lui, il voulait lui en rendre bien davantage. Il publia donc, en l'honneur de Baal, une fête solennelle, y invita tous les prophètes, les prêtres et les ministres de cette idole, sous peine de mort pour qui n'y paraîtrait point. Quand ils furent assemblés dans le temple de Baal, il y entra avec Jonadab, et recommanda aux serviteurs de Baal de bien prendre garde qu'il n'y eût parmi eux quelque serviteur de Jéhova. Aussitôt qu'il s'en fut assuré, il fit occuper les portes du temple par quatre-vingts hommes, envoya dans l'intérieur des soldats et des officiers, fit mettre à mort tous les prêtres et les serviteurs de Baal, en renversa l'idole, la réduisit en cendre et changea le temple en lieux publics.

Ainsi Jéhu extermina Baal du milieu d'Israël ; mais il ne se retira point des péchés de Jéroboam, fils de Nabat, qui avait fait pécher Israël, et il n'abandonna pas les veaux d'or qui étaient à Béthel et à Dan. Et l'Eternel dit à Jéhu, probablement par un prophète : « Que parce qu'il avait exécuté fidèlement ses ordres contre la maison d'Achab, ses enfants seraient assis sur le trône d'Israël jusqu'à la quatrième génération. »

Cependant, à cause des péchés de Jéhu et de son peuple, Dieu visita son pays par Hazaël, roi de Syrie, qui ravagea toutes les provinces au delà du Jourdain, comme l'avait prédit Elisée.

Jéhu régna vingt-huit ans, et fut enseveli dans Samarie. Il eut pour successeur sur le trône son fils Joachaz (*Ibid.*, 10, 15-36).

Lorsque Athalie, fille d'Achab et de Jézabel, sœur des deux derniers rois d'Israël, veuve de Joram, fils de Josaphat, mère du roi Ochozias de Juda, apprit que ce fils était mort, elle fit égorger toute la maison de son époux et de son fils, hormis un enfant à la mamelle, son petit-fils d'une année, Joas, fils d'Ochozias, que sa tante paternelle Josabeth, épouse du grand-prêtre Joïada, déroba secrètement à sa fureur et cacha dans le temple avec sa nourrice. La fille de Jézabel régna six ans à Jérusalem, et avec elle l'idolâtrie de Baal. La septième année, Joïada découvrit ce secret à quelques chefs, qui de suite parcoururent Juda ; et, avec les lévites dispersés, amenèrent à Jérusalem les anciens du peuple. Le grand-prêtre leur montra le jeune rejeton de la maison de David, les lia par un serment, leur rappela les divines promesses faites à cette maison, et fixa pour l'exécution de son plan un jour de sabbat, tant parce que les prêtres et les lévites qui sortaient de semaine et ceux qui y entraient doublaient le nombre ; tant parce que le peuple qui s'assemblait devant le temple le jour du sabbat devait favoriser son dessein.

Quand le jour fut arrivé, il distribua dans un ordre très-sage les troupes consacrées au service du temple, ainsi que les centeniers et les coureurs, qu'il arma des lances et des boucliers qui avaient appartenu à David, et qui étaient conservés dans la maison de Dieu. Puis il fit avancer l'enfant royal à la place du temple où les rois avaient coutume de se tenir, lui mit sur la tête le diadème avec le livre de la Loi, le sacra avec le secours de ses fils ; ensuite, frappant des mains, ils s'écrièrent : Vive le roi !

Le peuple salua de ses acclamations le jeune monarque ; la foule qui affluait devenait de moment en moment plus bruyante.

Athalie entendit le tumulte ; ce fut pour elle un coup de foudre. Les tyrans ont toujours à craindre l'explosion du sentiment public, à moins que ce ne soient eux qui l'excitent et le paient. Elle accourut et pénétra avec le peuple dans la maison de l'Eternel. Quand elle aperçut le roi sur une estrade élevée, les chefs de l'armée debout à côté de lui, les trompettes, les hautbois, les chants de triomphe, la joie du peuple qui éclatait dans tous ses traits et ses gestes, elle déchira ses vêtements et cria : Trahison ! trahison ! Le pontife ordonna aux centeniers de l'emmener hors de l'enceinte sacrée, car il ne voulait pas qu'elle souillât de son sang la maison de Jéhova. Ils mirent donc la main sur elle, l'entraînèrent dans la rue par où l'on conduisait au palais les chevaux du roi, et elle fut tuée là. Le sage pontife profita du moment où le jeune prince apparut sur le trône de David au peuple ravi, qui croyait cette race déjà éteinte, et fit une alliance entre Jéhova d'une part, le roi et le peuple de l'autre, qui promirent d'être désormais le peuple de Jéhova. Il fit aussi une alliance entre le peuple et le roi, sans doute d'après la loi du royaume que Samuël avait écrite et déposée devant Jéhova, lorsqu'il proclama le premier roi d'Israël. Le peuple se rendit ensuite au temple de Baal, dont les autels furent renversés, les images brisées ; et ils égorgèrent Mathan, prêtre de l'idole, devant ses autels. Mais le grand-prêtre avec les centeniers et les gardes du corps, conduisirent le roi de la maison de l'Eternel à la maison royale, aux acclamations du peuple, et il s'assit sur le trône des rois. Tout le peuple du pays était dans la joie, et la ville fut en paix (4. Reg., 11 ; 2, Paral., 23).

Tant que vécut le grand-prêtre Joïada, le jeune monarque fit ce qui était agréable à l'Eternel. Il témoigna surtout un grand zèle pour l'ordre du culte divin et la réparation du temple, où l'impie Athalie avait fait bien des dégâts ; car c'est avec les dépouilles du temple saint qu'elle avait orné le temple de Baal. Toutefois, de son temps, le peuple offrait encore des sacrifices et de l'encens sur les hauts-lieux. Mais à la mort du grand-prêtre, qui vécut jusqu'à l'âge de cent trente ans, et fut, à cause de ses éminents services, enseveli dans le sépulcre des rois, Joas se laissa corrompre par les adulations des princes de Juda, qui allèrent jusqu'à l'adorer. La maison de l'Eternel fut alors abandonnée ; on servit les idoles dans des bocages. L'Eternel leur envoyait bien des prophètes pour les ramener à lui, mais ils ne voulurent pas les écouter. Alors l'esprit de Dieu remplit le grand-prêtre Zacharie, fils de Joïada, et montant sur un endroit élevé, il dit au peuple : « Ainsi parle Dieu : Pourquoi avez-vous abandonné les commandements de Jéhova ? vous n'en recevrez point de

LIVRE XIV. — DIVISION D'ISRAEL EN DEUX ROYAUMES.

bonheur. Vous avez abandonné l'Eternel, l'Eternel vous abandonnera. » Mais ils s'attroupèrent contre lui, et, d'après l'ordre du roi, le lapidèrent dans le parvis du temple. Le roi Joas ne se souvint point de la miséricorde que son père, Joïada, avait exercée envers lui, et il égorgea son fils. Au moment de mourir, il dit : « L'Eternel verra et vengera. »

Un an après, Hazaël, roi de Syrie, s'avança contre Joas, s'empara de Geth, ville jadis aux Philistins, mais qui depuis les temps de David appartenait à Juda, et pénétra jusqu'à Jérusalem. Quoiqu'il vint avec une troupe peu nombreuse, Dieu lui livra toutefois entre les mains une multitude infinie, parce qu'ils avaient abandonné Jéhova, le Dieu de leurs pères. Les Syriens traitèrent Joas même avec la dernière ignominie. Après leur départ, il tomba dans une extrême langueur. Enfin ses serviteurs mêmes s'élevèrent contre lui pour venger le sang du fils de Joïada, souverain pontife, et ils le tuèrent dans son lit après qu'il eut régné quarante ans. Il fut enseveli dans la cité de David, mais non dans le sépulcre des rois. Son fils Amasias régna en sa place (2. Paral., 24 ; 4. Reg., 12).

Joachaz, fils de Jéhu, fit le mal aux yeux de l'Eternel, qui livra Israël entre les mains d'Hazaël et de son fils Benadad, roi de Syrie. Le royaume tomba en une telle impuissance, qu'il ne restait au roi pour toute armée que cinquante cavaliers, dix chars et dix mille hommes de pied. Tout le reste avait été exterminé par les Syriens. Elisée l'avait prédit. Alors Joachaz implora l'Eternel, qui l'écouta et eut pitié de la désolation d'Israël. Il leur envoya un sauveur qui les délivra de la main du roi de Syrie ; et les enfants d'Israël demeurèrent en paix sous leurs tentes comme auparavant. Toutefois ils ne se retirèrent point du péché de la maison de Jéroboam ; le bocage profane subsista même à Samarie.

Ce sauveur paraît avoir été Joas, fils de Joachaz, qui, pendant les deux dernières années de son père, avait été, comme l'on croit, associé par lui au gouvernement.

Au commencement du règne de ce Joas, Elisée était malade. Le roi alla visiter l'homme de Dieu, et il pleurait devant lui, disant : Mon père ! mon père ! char d'Israël et son conducteur ! Elisée lui dit de prendre un arc et des flèches, et de tendre l'arc. Pendant que le roi le tendait, Elisée mit sa main sur la sienne et lui dit d'ouvrir la fenêtre et de tirer. Au moment qu'il tirait, Elisée dit : « Une flèche de salut de la part de Jéhova ; une flèche de salut contre Aram. Vous frapperez Aram dans Aphec, jusqu'à ce que vous l'exterminiez. » Il dit encore : « Prenez des flèches. » L'autre en ayant pris, Elisée dit au roi : « Frappez-en la terre. » Et il la frappa trois fois et s'arrêta. L'homme de Dieu s'irrita contre lui et lui dit : « Si vous eussiez frappé la terre cinq, ou six, ou sept fois, vous auriez frappé la Syrie jusqu'à l'exterminer entièrement ; mais maintenant vous la frapperez par trois fois (4. Reg., 13, 1-19). »

Jéhova faisait grâce à Israël, il avait pitié d'eux et se tourna vers eux, à cause de son alliance avec Abraham, Isaac et Jacob ; il ne voulut pas les perdre ni les rejeter entièrement jusqu'à ce jour.

Jusqu'à ce jour, dit ici le texte sacré, qui nous apprend, quelques chapitres plus loin, que l'Eternel rejeta Israël de devant sa face et l'emmena captif en Assyrie, comme il est encore aujourd'hui (4. Reg., 17. 18-23). Ces locutions sont une preuve que les livres des Rois n'ont point été composés ni après coup, ni tout ensemble, ni par un seul, mais peu à peu comme des annales par des auteurs contemporains.

Hazaël, roi de Syrie, mourut, et Benadad, son fils, régna en sa place. Joas reprit d'entre les mains de Benadad les villes qu'Hazaël avait enlevées à son père. Joas le frappa par trois fois et reprit les villes d'Israël.

Elisée mourut peu après la visite du roi Joas, et, l'année de sa mort, des bandes de Moabites firent des incursions dans le pays. Il arriva un jour que des Israélites, qui voulaient enterrer un homme, effrayés tout d'un coup à la vue de ces bandits, jetèrent le corps dans le sépulcre d'Elisée. Aussitôt que le mort eut touché les os de l'homme de Dieu, il ressuscita et se leva sur ses pieds (*Ibid.*, 13, 20-25).

Le fils de Sirac, en peu de mots, a élevé au grand prophète un digne monument. « Elie ayant été enlevé dans un tourbillon, son esprit s'est reposé sur Elisée. Jamais il ne redouta les rois, nul ne l'emporta sur lui en puissance. Aucune parole ne pouvait rien contre lui. Jusque dans son sommeil, son cadavre a prophétisé. Il a fait des prodiges durant sa vie et des miracles après sa mort (Eccl., 48, 13, 15). »

Un des hommes les plus savants parmi nos frères séparés de l'Eglise, Grotius, fait sur cet événement la réflexion que voici : « Espérance toujours plus vive d'une autre vie. Dieu montrait combien lui sont précieux ses saints, même après leur mort. C'était pour cette raison que Dieu opéra tant de miracles aux tombeaux des martyrs, miracles que reconnaît Porphyre lui-même, comme je l'ai remarqué dans le troisième livre de l'ouvrage : *De la vérité de la religion chrétienne* (Grotius). »

Amasias, fils et successeur de Joas, roi de Juda, était âgé de vingt-cinq ans lorsqu'il devint roi. Il fit ce qui était agréable à Jéhova, mais non pas de tout son cœur. Aussi, comme nous verrons, sa piété ne se soutint point.

Quand il se fut affermi sur le trône, il punit de mort les meurtriers de son père, mais il ne fit point mourir leurs enfants, comme ce n'était que trop l'usage en Orient ; injustice que défendait la loi de Dieu, quand elle dit : *Les pères ne mourront point pour leurs enfants, ni les enfants pour les pères ; mais chacun mourra pour son péché* (Deut., 24, 16).

Amasias fit le dénombrement des hommes dans ses tribus de Juda et de Benjamin, depuis vingt ans et au-dessus, et il en trouva trois cent mille capables de porter la lance et le bouclier. Il prit encore à sa solde cent mille hommes robustes du royaume d'Israël, pour cent talents d'argent. Mais un homme de Dieu l'avertit de ne pas mener avec lui ces derniers, parce que Jéhova n'était point avec Israël ni avec les enfants d'Ephraïm ; il fallait donc les renvoyer ; car, dit-il, c'est de Dieu que vient le secours, et c'est lui qui met en fuite. Comme Amasias faisait difficulté de suivre ce conseil, à cause des cent talents d'argent qu'il avait donnés à cette troupe, l'homme de Dieu lui dit : « Jéhova est assez riche pour vous en rendre beaucoup davantage. » Il les renvoya ; mais ils s'en allèrent très irrités. Il marcha ensuite contre les Iduméens, les vainquit; mais il remporta aussi leurs idoles, les adora et leur offrit de l'encens. Un prophète lui reprocha cette prévarication. Mais Amasias répondit : « Vous a-t-on établi conseiller du roi? Taisez-vous, de peur que je ne vous fasse mourir. » Le prophète se retira, disant : « Je sais que Dieu a résolu de vous perdre, parce que vous avez commis ce crime et que vous n'avez pas voulu vous rendre à mes avis. »

Plus entreprenant que sage, Amasias provoqua au combat le roi d'Israël. Mais Joas lui fit dire : « Le chardon qui est sur le mont Liban envoya vers le cèdre du Liban et lui dit : Donnez votre fille en mariage à mon fils. Mais les bêtes de la forêt du Liban passèrent sur le chardon et le foulèrent aux pieds. Tu penses : Voilà, j'ai défait Edom; ton cœur s'est gonflé d'orgueil, tu ambitionnes de la gloire. De grâce, demeure chez toi. Pourquoi provoquer ton malheur, pour périr, toi, et Juda avec toi? » Dieu permit qu'Amasias ne voulut rien écouter. On en vint à une bataille à Bethsamès en Juda, où l'armée d'Amasias fut battue et s'enfuit, chacun dans sa tente. Lui-même fut pris. A la vérité, Joas le ramena à Jérusalem, mais il y fit abattre une partie des murailles, dépouilla le temple et le palais de leurs richesses en or et en argent, et emmena des otages à Samarie. Joas ne jouit pas plus d'un an de sa victoire. Il eut pour successeur sur le trône, son fils Jéroboam, deuxième du nom.

Amasias survécut à Joas encore quinze ans, desquels l'Ecriture ne nous rapporte que les circonstances de sa mort. Il éclata une conspiration qui se tramait depuis qu'il eut quitté l'Eternel. Pour échapper à ses ennemis, il s'enfuit à Lakis, ville méridionale de Juda. Mais les conjurés y envoyèrent, le firent assassiner et ramener son corps à Jérusalem, où il fut enseveli avec ses pères, dans la cité de David (4. Reg., 14; 2. Paral., 25).

Jéroboam II, fils du roi Joas d'Israël, avait succédé à son père la quinzième année du règne d'Amasias, roi de Juda. Lui aussi fit ce qui était mal aux yeux de Jéhova, et ne se retira point de tous les péchés de Jéroboam, fils de Nabat, qui avait fait pécher Israël. Cependant l'Eternel donna secours par la main du roi; car il vit l'affliction d'Israël qui allait toujours croissant et accablait tout le monde, sans qu'il y eût personne à secourir le peuple. Non-seulement Jéroboam II dompta les Syriens, il reprit encore Damas et Emath, suivant la parole de Jonas, fils d'Amathi. Le royaume d'Israël n'en resta maître que fort peu de temps. Nous verrons encore le royaume syrien de Damas, immédiatement avant sa ruine par les Assyriens, devenir redoutable au royaume de Juda et s'allier avec Israël. Jéroboam II régna 41 ans, et après lui son fils Zacharias (4. Reg., 14, 23-29).

L'an 27 du règne de Jéroboam II, Ozias, nommé aussi Azarias, fut élevé sur le trône à l'âge de seize ans, par tout le peuple de Juda, après la mort de son père Amasias. Il fit ce qui était droit aux yeux de l'Eternel; toutefois il ne détruisit pas les hauts-lieux, où le peuple continuait à sacrifier et à offrir de l'encens. Cependant il chercha l'Eternel, tant que vécut Azarias, le voyant de Dieu; et tant qu'il chercha l'Eternel, l'Eternel lui donna du succès. Il reprit Elath aux Iduméens, remporta des victoires sur les Philistins, leur ruina les murs de Geth, de Jabnie et d'Azot, triompha de diverses tribus d'Arabes, se rendit tributaires les Ammonites, et son nom devint redoutable jusqu'aux frontières d'Egypte. Son armée était forte de trois cent sept mille cinq cents hommes, et les chefs de familles, commandants-nés de leurs tribus, montaient à deux mille six cents. Il pourvut toute l'armée de boucliers, de piques, de casques, de cuirasses, d'arcs et de frondes, fortifia Jérusalem de tours et de boulevards, bâtit des forts dans le désert pour protéger les terres nouvellement défrichées où il faisait creuser des puits, exercer l'agriculture, planter des vignes et élever des troupeaux, car il aimait les champs.

Sa sagesse éleva Ozias à une haute prospérité; mais sa prospérité finit par éblouir et obscurcit sa sagesse. Au milieu de ses grands succès et de sa puissance, son cœur s'enfla pour sa perte; il prévariqua contre Jéhova, son Dieu; il entra dans le temple de l'Eternel pour brûler lui-même l'encens sur l'autel des parfums. Mais Azarias, le grand-prêtre, le suivit de près avec quatre-vingts prêtres de Jéhova, tous hommes de cœur. Ils s'opposèrent au roi Ozias, et lui dirent : « Ce n'est point à vous, Ozias, à brûler l'encens à Jéhova, mais aux prêtres, enfants d'Aaron, consacrés à ce ministère. Sortez du sanctuaire; car c'est là une prévarication, et votre entreprise ne vous sera point imputée à gloire par Jéhova-Dieu. »

Au lieu de céder à ce discours et à l'autorité du pontife, Ozias se mit en colère, menaçant les prêtres, persistant à tenir en main l'encensoir pour offrir l'encens. Aussitôt la terre trembla (Amos, 1, 1; Zach., 14, 5). La lèpre parut sur le front du téméraire Ozias, à la vue du pontife et des prêtres, qui s'empressèrent de le chasser du sanctuaire. Lui-même, effrayé d'un coup si soudain, sentit qu'il venait de la main de Dieu et prit la fuite. La lèpre ne le quitta plus; et il demeura dans une maison séparée (2. Paral., 26, 1-21).

« Enivré par la prospérité, dit saint Chrysostome, enflé de ses succès, Ozias ambitionna plus que sa dignité, et, parce qu'il était roi, il se crut permis de remplir les fonctions sacerdotales. Il entra dans le temple, il pénétra dans le Saint des saints, malgré la résistance du pontife, dont il tint peu de compte. En punition d'une pareille impudence, Dieu lui envoya la lèpre sur le front. Pour avoir ambitionné une dignité plus grande que la sienne, il déchut de celle-là même qu'il avait. Non-seulement il n'obtint pas le sacerdoce, mais devenu immonde, il fut encore dépouillé de la royauté, et, ne pouvant supporter sa honte, il demeura caché tout le reste de sa vie (*In Esaïam*, cap. 6).

Joatham, son fils, occupa le palais et gouverna le royaume, parce que la lèpre, suivant la loi, excluant son père de la société des hommes, il ne lui était pas permis de présider le peuple. Ozias mourut la 68e année de son âge, 52 ans après être monté sur le trône. Il fut enterré dans le champ où étaient les tombeaux des rois, mais non dans les tombeaux mêmes, parce qu'il était lépreux. Son fils Joatham, âgé de 25 ans, régna à sa place (4. Reg., 15; 2. Paral., 26 21-23).

LIVRE QUINZIÈME.

Monarchie universelle. — Les prophètes commencent à écrire l'histoire future du monde. Jonas, Isaïe, Amos, Osée, Michée. — Fin du royaume d'Israël.

(De l'an 758 à l'an 721 avant l'ère chrétienne.)

Dans cette période, qui ne comprend à peu près que le VIIIe siècle avant Jésus-Christ, commence, pour le genre humain et pour la race de Jacob qui en était comme le levain sacré, une époque nouvelle. Un mouvement extraordinaire est donné aux principales nations par les révolutions et les conquêtes; un autre non moins grand se prépare dans les esprits par une plus grande diffusion des lumières divines et humaines.

Jusque-là l'on ne voit pas que le monde politique eût éprouvé dans son ensemble aucune révolution durable. Les conquêtes antérieures de Ninus et de Sémiramis appartiennent plus à la mythologie qu'à l'histoire. Sésostris paraît n'avoir combattu et triomphé que pour la gloire, comme le dit Justin (1). Mais dès maintenant le monde s'ébranle d'une impulsion guerrière qui dure une quinzaine de siècles. Les Assyriens de Ninive commencent à lever sur l'Asie et l'Afrique le sceptre de la domination universelle. Ninive détruite et Rome fondée, ce sceptre passe aux Chaldéens de Babylone, des Chaldéens aux Perses, des Perses aux Grecs, des Grecs aux Romains, pour enfin être brisé par les barbares du Nord, et faire place à l'empire universel, mais spirituel et pacifique du Christ.

A ce mouvement des nations répond le mouvement des esprits. Les hommes desquels se sert la Providence pour cela, sont les prophètes en Israël, les poètes et les philosophes chez les autres peuples.

Prophète est, en général, un homme à qui Dieu manifeste surhumainement soit le passé, soit le présent, soit l'avenir. Dans l'origine, on lui donnait le nom de *voyant*, attendu que, par un don spécial du Ciel, il voyait ce que les autres ne voyaient pas. Le premier prophète fut le premier homme. Dieu lui révéla et le passé, et le présent, et l'avenir; le passé, de quelle manière il l'avait tiré du néant, lui et tout l'univers qui s'offrait à ses regards; le présent, ce qu'il était lui-même et ce qu'étaient les êtres qui l'environnaient, les moyens de se conserver, les devoirs qu'il imposait à sa raison, à son cœur, à ses sens; l'avenir, en l'instruisant de ses immortelles destinées, et, après sa chute, de ses espérances de miséricorde et de salut. A la suite d'Adam, on voit apparaître, au premier rang des prophètes, Hénoch, Noé, Abraham, Isaac, Jacob, Moïse, Samuël, David, Elie, Elisée. Mais où les prophètes apparaissent en plus grand nombre et racontent avec plus de clarté l'avenir, c'est au moment où l'univers s'ébranle pour accomplir des desseins qu'il ne connaît pas. Alors Isaïe, Jérémie, Ezéchiel, Daniel, avec douze autres, écrivent d'avance l'histoire des quatre grands empires, ou plutôt des quatre grandes époques du même empire universel assyrio-babylonien, médo-perse, grec, romain, ainsi que les destinées de l'Egypte, de l'Ethiopie, d'Edom, de Moab, de Tyr, de Sidon, en particulier les destinées d'Israël. Ce qu'ils écrivent surtout, c'est l'avènement du Christ et l'établissement de son empire, en un mot, l'histoire de l'Eglise catholique. Ils l'écrivent dans la langue de l'Orient, pays où les sages de l'Occident viendront puiser leur sagesse, et d'un style dont les poètes des nations n'atteindront jamais la majesté. Je dis dans la langue de l'Orient, car ces langues, que nous distinguons par des dénominations différentes, les langues hébraïque, phénicienne, samaritaine, syriaque, chaldéenne, arabe, éthiopienne, sont, à proprement parler, non des langues différentes, mais plutôt des dialectes d'un seul et même idiome, qu'on peut désigner par le nom de *langue orientale* (Michaëlis).

Chose singulière! Autant il y a de ces prophètes, autant à peu près il se trouve de nations influentes sur les destinées du monde. Parmi les prophètes qui ont laissé des écrits, il en est quatre qu'on appelle *grands*, parce qu'ils ont laissé des écrits plus considérables; ce sont Isaïe, Jérémie, Ezéchiel, Daniel. Ensuite douze autres qu'on nomme *petits*, parce qu'ils ont écrit peu; ce sont Osée, Joël, Amos, Adias, Jonas, Michée, Nahum, Habacuc, Sophonias, Aggée, Zacharie, Malachie. En tout, seize, ou dix-sept, si l'on y ajoute Baruch. Or, parmi les nations qui ont le plus puissamment influé sur les destinées de l'univers, principalement sur ses destinées intellectuelles, on en compte huit à neuf dans l'antiquité : les Chaldéens, les Perses, les Grecs, les Romains, les Chinois, l'Inde, l'Egypte, la Phénicie, la Judée; et de sept à huit dans les temps modernes : les Arabes, les Italiens, les Français, les Espagnols, les Anglais, les Allemands, les Slaves.

Autre coïncidence remarquable! Du moment que les prophètes d'Israël ont commencé à écrire la future histoire du monde, dès lors commencent à cesser, chez quelques autres peuples, les temps fabuleux;

---

(1) Justin appelle le conquérant égyptien Vexores, et le fait plus ancien que Ninus. Après avoir parlé de ce dernier, il ajoute : *Fuere quidem temporibus antiquiores, Vexores rex Ægypti, et Scythiæ rex Tanaïs : quorum alter in Pontum, alter usque in Ægyptum excessit. Sed longinqua, non finitima bella gerebant : nec imperium sibi, sed populis suis gloriam quærebant, contentique victoriâ, imperio abstinebant. Ninus magnitudinem quæsitæ dominationis continuâ possessione firmavit* (L. 1, c. 1). Or, nous l'avons vu, d'après les découvertes modernes, le règne de Sésostris coïncide avec le voyage des Hébreux dans le désert. Ninus et Sémiramis sont donc nécessairement postérieurs à cette époque.

dès lors, mais dès lors seulement, commencent les temps historiques pour quelques-uns ; dès lors seulement il commence à y avoir des époques certaines dans leurs annales, les *olympiades* chez les Grecs, 776 ans, et *l'ère de Nabonassar* chez les chaldéens, 747 ans avant Jésus-Christ. Les *olympiades*, ainsi nommées des jeux olympiques qui se célébraient tous les quatre ans près de la ville d'Olympie, dans le Péloponèse, étaient, pour cette cause, une révolution de quatre années. La première se compte de l'an 776 avant Jésus-Christ. Cette ère servit plus tard aux historiens grecs à fixer l'époque des principaux événements. Le plus savant des Romains, Varron, dit que tout ce qui remonte au delà appartient à la fable. *L'ère de Nabonassar* est ainsi nommée d'un roi de Babylone, par lequel l'astronome Ptolémée, au IIe siècle de l'ère chrétienne, commence une table chronologique de vingt rois assyriens, dix rois perses, trois grecs, dix d'Egypte et douze empereurs romains. Il fit cette table pour faciliter la chronologie des observations astronomiques. Et comme les observations les plus anciennes qui fussent à sa connaissance ne remontaient qu'au règne de Nabonassar, en 747, il data de cette époque le commencement de son *ère* ou *canon*.

On place à peu près dans le même temps, en 753, la fondation de Rome. Mais cette époque n'est pas aussi constante. Les commencements de l'histoire romaine ont toujours paru fort incertains ; ils le sont encore devenus davantage par les recherches de quelques savants modernes.

Rome sera la dernière capitale de la monarchie universelle. Le chef des apôtres, saint Pierre, y viendra prêcher l'Evangile ; l'apôtre saint Jean prédira sa destruction comme cité païenne et chef de l'idolâtrie. La première capitale de cet empire, Ninive, est traitée d'une manière semblable. Le plus ancien des seize prophètes, Jonas, y est envoyé pour prêcher la pénitence ; un autre, Nahum, n'aura d'autre mission que de prédire sa destruction finale. Nous verrons quelque chose de pareil pour Babylone.

Ninive était la capitale de l'empire d'Assur, ou Assyrie. Cet empire était ainsi nommé d'Assur, deuxième fils de Sem, qui, sorti de la terre de Senaar, bâtit Ninive et trois autres villes, lorsque Nemrod venait d'établir sa domination à Babylone, capitale de la Chaldée. Un des successeurs d'Assur, Bélus, se rendit maître de Babylone ; son fils Ninus, dit-on, étendit de toute part ses conquêtes, et agrandit la ville de Ninive, à laquelle il donna son nom et dont il fit le siège de tout son vaste empire. Sa femme, Sémiramis, qui lui succéda sur le trône, s'il faut en croire les historiens grecs que le Chaldéen Bérose accuse d'erreur en tout cela, exécuta des entreprises, remporta des victoires encore plus éclatantes, vers le temps que Jacob descendit en Egypte. L'Assyrie paraît avoir été momentanément subjuguée par Sésostris, vers le temps de Moïse. Toutefois, le prophète Balaam menace les Cinéens des armes d'Assur. Au temps de David et de Salomon, XIe siècle avant l'ère chrétienne, la puissance de cet empire devait être extrêmement affaiblie, soit par quelque grande révolution, soit par la mollesse des princes qui le gouvernaient, puisque les Assyriens ne s'opposèrent point aux conquêtes de ces deux rois, ni aux expéditions qu'ils firent jusque sur les bords de l'Euphrate. Plus tard, au VIIIe siècle, les Babyloniens et les Mèdes secouèrent le joug des rois d'Assyrie, s'emparèrent de Ninive et y changèrent la forme de gouvernement. On croit que le chef des Babyloniens, en cette occasion, était Nabonassar même, et qu'il se nommait encore Bélésis. Mais après quelque temps, les rois d'Assur reprirent le dessus, et nous les verrons, sous les noms de Phul, de Salmanasar, de Sennachérib, emmener en captivité les enfants d'Israël, jusqu'à ce qu'enfin Ninive et son empire soient entièrement détruits par les Mèdes et les Babyloniens, dans les années qui suivirent la mort du vieux Tobie.

L'Assyrie, la Chaldée, la Médie, la Perse peuvent être considérées comme les quatre provinces d'un même empire. Quelquefois elles formaient des états séparés ; le plus souvent elles composaient une vaste monarchie dont le centre fut successivement Ninive, Babylone, Ecbatane ou Suse, et Persépolis, suivant que l'une des provinces venait à dominer. Les rois assyrio-babyloniens y apparaissent comme une première dynastie indigène ; les rois médo-perses, comme la seconde ; Alexandre de Macédoine, avec ses successeurs, comme une dynastie étrangère. Cet empire a été le berceau des conquérants ; de lui est sortie l'idée de domination universelle. Tandis que, dans la partie orientale de l'Asie, nous voyons l'Inde et la Chine, envahies quelquefois, travaillées plus souvent par des révolutions intestines, porter rarement leurs armes au dehors, nous voyons, dans l'Asie occidentale, un Nemrod, un Bélus, un Ninus, une Sémiramis, des Nabuchodonosor, des Cyrus, des Cambyse, des Darius, des Xerxès, aspirer à la conquête de l'univers, porter plus d'une fois leurs armes jusqu'en Afrique et en Europe. Ces révolutionnaires en grand, ainsi que les Grecs et les Romains qui les surpassèrent, exécutaient, sans le savoir, le plan de la divine Providence ; ils fondaient en un même empire l'Asie, l'Europe, l'Afrique, et préparaient ainsi le monde à l'empire pacifique du Christ. Aussi verrons-nous les prophètes de Dieu, en nous annonçant le conquérant de la paix, en nous traçant d'avance l'histoire de son Eglise, nous tracer en même temps l'histoire anticipée de cette monarchie universelle qui de Ninive devait passer à Rome. Deux de ces prophètes, Jonas et Nahum, n'ont prophétisé que de Ninive.

Le premier dont nous ayons les prédictions dans un livre qui porte son nom, Jonas, fut envoyé en personne à la plus ancienne capitale de la monarchie conquérante.

Ce prophète parut au plus tard dans les premières années de Jéroboam II ; car, ainsi que nous l'avons vu, il est dit de ce roi qu'il enleva aux Syriens leurs conquêtes, selon la parole que Jéhova, Dieu d'Israël avait prononcée par son serviteur Jonas, fils d'Amathi, prophète, qui était en Geth, en Opher (1). Ce lieu, appartenant à la tribu de Zabulon, était situé dans la Galilée.

Au rapport des anciens, Ninive, bâtie sur le Tigre, était d'une grandeur démesurée ; c'était comme toute une contrée enfermée de murs (Diodor. Sic., l. 11). Ces murs, de cent pieds de haut, avaient une épais-

---

(1) 4. Reg., 14, 25 : « Ipse restituit terminos Israel, ab introitu Emath usque ad mare solitudinis, juxta sermonem Domini Dei Israël, quem locutus est per servum suum Jonam filium Amathi prophetam, qui erat de Geth, quæ est in Opher. »

seur telle qu'on pouvait aisément y faire passer trois chars de front; ils étaient en outre flanqués de quinze cents tours hautes de deux cents pieds. L'intérieur de cette enceinte n'était point tout occupé par des maisons; outre de grandes places, il y avait d'immenses jardins, des bocages, des temples. Du temps de Jonas, il fallait trois jours de chemin pour parcourir la ville entière.

Fière de son étendue, gorgée des richesses de l'Asie dont elle était la maîtresse, Ninive s'était livrée à la corruption trop ordinaire dans les grandes villes. Le cri de ses désordres était monté jusqu'à celui qui, du haut du ciel, contemple tous les enfants des hommes (Ps. 32). La vengeance était proche; la miséricorde la prévint et envoya un missionnaire vers Ninive pour y prêcher la pénitence.

Au lieu d'obéir à l'ordre de Dieu, Jonas s'enfuit à Japho ou Joppé, actuellement Jaffa, sur la Méditerranée, et y entra dans un vaisseau qui faisait voile pour Tharsis, mot par lequel on peut entendre les côtes d'Afrique. Quand le vaisseau fut en mer, l'Eternel suscita une grande tempête, et le vaisseau pensait être brisé. Les mariniers, saisis de frayeur, invoquaient chacun son dieu; ils jetèrent dans la mer toute la charge du navire pour le soulager. Cependant Jonas, descendu à fond de cale, dormait d'un profond sommeil.

Alors, s'approchant de lui : Comment? lui dit le pilote, tu dors? Lève-toi, invoque ton Dieu; peut-être que Dieu se souviendra de nous, afin que nous ne périssions point. Et l'un disait à l'autre : Venez, jetons le sort, pour savoir à cause de qui ce malheur nous arrive. Les anciens étaient universellement persuadés que la compagnie d'un grand coupable exposait à périr avec lui. Quand ils eurent jeté le sort, il tomba sur Jonas. Ils lui demandèrent aussitôt ce qu'il avait fait, d'où il venait, quel était son pays et son peuple. Il leur dit : Je suis Hébreu, je crains Jéhova, le Dieu du ciel, qui a fait la mer et la terre. A ces mots, ces hommes furent saisis d'une grande crainte, et lui dirent : Pourquoi avez-vous fait cela? car ils avaient su de lui-même qu'il fuyait de devant la face de Jéhova.

Avec un embarras qui, dans la situation où ils se trouvaient, leur fait honneur, ils lui demandèrent : Que vous ferons-nous donc pour que la mer se devienne calme? Il répondit : Prenez-moi et me jetez à la mer, et la mer vous deviendra calme; car je sais que c'est à cause de moi que cette grande tempête est venue fondre sur vous. Cependant ces hommes ramaient de toutes leurs forces pour regagner la terre; mais ils ne pouvaient : la mer s'élevait de plus en plus et les couvrait de ses vagues. Alors ils crièrent à l'Eternel : Nous vous supplions, ô Jéhova! ne nous laissez point périr, à cause de cet homme; ne nous imputez point le sang innocent; car, vous, ô Jéhova! vous faites comme il vous plaît.

Jonas lui-même s'était dénoncé comme la cause de la tempête, et leur avait commandé de le jeter à la mer. Mais ils l'eussent épargné si volontiers! Luttant contre les flots, ils s'efforçaient de gagner la terre; mais en vain! Ils ne virent plus qu'un moyen de salut : ils crurent et ils devaient croire que c'était la volonté de Dieu qu'ils le jetassent à la mer. Cependant ils pouvaient se tromper, et, par rapport à eux, cet homme était innocent. C'est pour cela qu'ils prièrent Dieu de ne pas leur imputer sa mort, au cas qu'ils se trompassent.

Ils prirent donc Jonas, le jetèrent à la mer, et la mer devint aussitôt calme. Et ces hommes craignirent Jéhova d'une grande frayeur, lui immolèrent des victimes et firent des vœux (Jonas, 1, 1-16).

Mais la divine Providence avait préparé au prophète un merveilleux moyen de salut. Un grand poisson l'engloutit, dans le ventre duquel il demeura trois jours et trois nuits. Dieu, qui fait vivre et croître l'enfant pendant neuf mois dans le sein de sa mère, n'eut pas plus de peine à faire vivre son prophète pendant trois jours dans le ventre d'une baleine.

Et Jonas cria vers Jéhova, son Dieu, dans les entrailles du poisson, et dit : « J'ai crié de mon angoisse vers Jéhova, et il m'a répondu : J'ai crié du ventre de l'enfer, et vous avez exaucé ma voix. Vous m'avez précipité dans la profondeur, dans le cœur de la mer; les fleuves m'ont environné; vos brisants et vos flots ont passé par-dessus moi. Et je disais : Je suis rejeté de devant vos yeux! cependant je reverrai encore votre temple saint! Les eaux m'entouraient jusqu'à pénétrer vers mon âme, l'abîme m'enveloppait, la plante marine couvrait ma tête. Je descendis jusqu'aux racines des montagnes, les barres de la terre m'enfermaient à jamais; cependant vous rappellerez de la corruption ma vie, ô Jéhova, mon Dieu! Quand mon âme défaillait en moi, je me suis souvenu de Jéhova; et ma prière est montée à vous dans votre temple saint. Ceux qui s'attachent aux vanités du mensonge se rendent inutile la miséricorde. Pour moi, c'est à vous que je sacrifierai avec la voix de la louange : je vous rendrai mes vœux; le salut est de Jéhova! »

D'après un ordre de l'Eternel, le poisson rejeta Jonas sur le rivage (*Ibid.*, 2, 1-11).

Et la parole de Jéhova vint une seconde fois à lui, disant : « Lève-toi, va dans Ninive la grande ville, et là prêche la prédication que je te dirai. » Il obéit. S'avançant dans Ninive une journée de chemin : « Encore quarante jours, s'écria-t-il, et Ninive sera détruite! » Les Ninivites crurent en Dieu, publièrent un jeûne, et, grands et petits, se revêtirent de sacs. Le roi de Ninive se leva de son trône, quitta la pourpre, se couvrit d'un sac, s'assit dans la cendre. Et il fit publier en son nom et au nom de ses princes un ordre à tout le monde de jeûner, et même de faire jeûner les animaux. Tous devaient se couvrir de sacs, et crier à Dieu de toutes leurs forces; chacun se convertir de ses mauvaises voies et de l'iniquité de ses mains. Qui sait? Dieu pourrait se retourner, avoir pitié, revenir de sa grande colère, en sorte que nous ne périssions point. Et Dieu, ayant vu leurs œuvres et comment ils s'étaient convertis de leurs mauvaises voies, eut pitié d'eux, et il se repentit des maux dont il les avait menacés (Jon., 3, 1-10).

Cela chagrina beaucoup Jonas; il en fut en colère et pria l'Eternel, disant : « De grâce, ô Jéhova! n'est-ce pas là ce que je disais pendant que j'étais encore en mon pays, et pourquoi je voulais fuir à Tharsis? car je sais que vous êtes un Dieu clément, miséricordieux, patient, d'une compassion infinie et vous repentant du mal. Maintenant donc, je vous prie, ô Eternel! prenez mon âme; car la mort me vaut mieux que la vie. » Mais l'Eternel lui dit : « Penses-tu avoir bien raison d'être en colère ? »

Ce qui indisposait Jonas si fort, c'était la pensée qu'après un pareil exemple de miséricorde, on n'écouterait plus les prophètes de Dieu quand ils parleraient en son nom; qu'ils annonceraient en vain à Juda et à Israël la rigueur de ses jugements; que sa facilité et son indulgence ne feraient qu'endurcir les hommes dans le mal; que les prophètes mêmes passeraient pour des menteurs, et que la prophétie serait tournée en dérision.

Jonas sortit de Ninive et se fit, du côté de l'orient, une cabane de feuillage, où il s'assit à l'ombre pour voir ce qui arriverait à la ville. Dieu avait préparé une espèce de lierre qui monta par-dessus la tête de Jonas pour lui faire ombre; ce dont il eut une grande joie. Mais le lendemain, dès le point du jour, Dieu envoya un ver qui piqua la plante, et elle sécha. Puis, le soleil ayant paru, il fit lever un vent brûlant, et le soleil dardait en même temps ses rayons sur la tête de Jonas, en sorte qu'il était dans un abattement extrême. Il souhaita la mort, disant : « La mort me vaut mieux que la vie. » Mais Dieu dit à Jonas : « Penses-tu avoir bien raison de te fâcher pour une plante ? » Il répondit : « J'ai raison de me fâcher jusqu'à la mort. — Mais quoi ? reprit l'Eternel, tu aurais volontiers épargné un lierre pour lequel tu n'as point travaillé, que tu n'as point fait croître, qui est né dans une nuit et qui dans une nuit a péri ! Et moi, je n'épargnerai pas Ninive, la grande cité, où il y a plus de cent vingt mille personnes qui ne savent pas discerner leur main droite d'avec la gauche, et de plus un grand nombre d'animaux (Jon., 4, 1-11). »

On voit, par ces dernières paroles, jusqu'où s'étend la bonté de Dieu. David avait dit déjà : « Vous sauverez les hommes et les animaux, parce qu'il vous a plu, ô mon Dieu ! de multiplier votre miséricorde (1). »

Par ces individus qui ne savent pas encore distinguer leur main droite de la gauche, il est naturel d'entendre les enfants au-dessous de deux ans. En les supposant, par rapport à la population totale, d'un sur quinze, Ninive aura eu environ deux millions d'habitants.

Ninive est véritablement renversée, dit un Père de l'Eglise (S. Eucher, de Lyon), puisque tous ses mauvais désirs sont changés en bien; elle est véritablement renversée, puisque le luxe de ses habits est changé en un sac et un cilice, la superfluité de ses banquets en un jeûne austère, la joie dissolue de ses débauches aux saints gémissements de la pénitence.

La pénitence des Ninivites est un exemple à toutes les nations. « Les gens de Ninive, disait le Christ aux Juifs qui l'entouraient, s'élèveront contre cette race au jour du jugement, parce qu'ils ont fait pénitence à la prédication de Jonas; et voici plus que Jonas ici (2). » C'est peut-être là ce qui causait au prophète une si vive douleur. La capitale de la gentilité se convertissait à sa seule prédication, croyait en Dieu d'une foi efficace, prévenait sa destruction comme cité, en se détruisant elle-même en tant que coupable; tandis qu'il voyait Israël, favorisé de tant de grâces, prêché, averti, menacé continuellement par des prophètes sans nombre, abandonner, détruire les autels du vrai Dieu, se prostituer aux idoles et faire comme effort pour hâter les châtiments dont il était menacé. Dans ce qui arrivait alors, il voyait peut-être ce qui devait arriver plus tard, la gentilité entière suivant l'exemple de Ninive, se ressouvenant de Dieu, et prenant dans l'église de son Christ la place d'Israël impénitent et réprouvé.

Jonas était non-seulement un prophète, mais encore une prophétie.

Jonas est envoyé pour prêcher la pénitence à la capitale de la gentilité; le Christ le sera pour prêcher la pénitence à la gentilité entière. Jonas ne veut pas d'abord être l'apôtre de Ninive; le Christ ne veut pas d'abord écouter la Chananéenne, ni envoyer ses apôtres vers les nations. Jonas voulant borner son ministère au seul peuple d'Israël, excite une grande tempête au milieu de laquelle il dort d'un profond sommeil; le Christ, envoyant ses apôtres aux seules brebis perdues de la maison d'Israël, soulève contre lui, dans Israël même, une furieuse conjuration, au milieu de laquelle il est calme, comme quand il dort sur la barque dans la tempête. Jonas, jeté dans la mer, livré humainement à la mort, est le sauveur de ceux qui sont avec lui dans le navire; le Christ, plongé dans une mer d'afflictions, mis à mort selon la nature humaine, est le sauveur de ceux qui sont avec lui dans la même barque. Jonas, descendu dans le ventre de la baleine comme dans un enfer vivant, y loue Dieu, y célèbre ses merveilles et bénit de sa prochaine délivrance; le Christ, descendu aux enfers, aux parties inférieures de la terre, y annonce les merveilles de Dieu aux âmes détenues, et, libre entre les morts, y fête avec eux sa prochaine résurrection. Jonas est trois jours et trois nuits dans les entrailles de la baleine; ainsi, le Fils de l'homme, dit le Christ lui-même, sera trois jours et trois nuits dans le cœur de la terre (1). Jonas, revenu du milieu des eaux, sort de Judée et convertit la première capitale de la gentilité; le Christ, ressuscité d'entre les morts, envoie ses apôtres jusqu'aux extrémités du monde, et, avec la dernière capitale de la gentilité, convertit la gentilité entière. Jonas, voyant la conversion de Ninive et l'impénitence d'Israël, souhaite la mort de douleur; le Christ, en la personne de saint Paul, voyant la conversion de la gentilité et l'endurcissement des Juifs, qui sont ses frères, souhaite, dans sa douleur, d'être anathème pour eux.

Vers ce même temps, dans une vision mystérieuse, Dieu apparut un et trin au plus sublime des prophètes, et lui donna sa glorieuse mission; Dieu le Père, tous les interprètes en conviennent; Dieu le Fils, l'apôtre bien-aimé, nous en est garant, lorsque appliquant à Jésus-Christ quelques-unes des paroles que nous allons entendre, il ajoute : *Voilà ce que dit Isaïe, quand il vit sa gloire et qu'il parla de lui* (2); Dieu le Saint-Esprit, l'Apôtre des nations nous l'apprend, quand il dit que c'est cet Esprit-Saint

---

(1) Ps. 35 : « Homines et jumenta salvabis, Domine, quemadmodum multiplicasti misericordiam tuam. »
(2) Matth., 12, 41 : « Viri Ninivitæ surgent in judicio cum generatione istà, et condemnabunt eam, quia pœnitentiam egerunt in prædicatione Jonæ; et ecce plus quàm Jonas hic. »

(1) Matth., 12, 40 : « Sicut enim fuit Jonas in ventre ceti tribus diebus et tribus noctibus, sic erit Filius hominis in corde terræ tribus diebus et tribus noctibus. »
(2) Joan., 12, 41 : « Hæc dixit Isaias, quando vidit gloriam ejus, et locutus est de eo. »

qui a prononcé ces mêmes paroles (1). De là, les docteurs de l'Eglise ont conclu avec raison que le Père, le Fils et le Saint-Esprit sont un même Jéhova-Sabaoth. De là, au moment que va s'accomplir sur nos autels l'oblation du Fils au Père par l'opération de l'Esprit, nous chantons avec le ciel : *Il est saint, il est saint, il est saint, Jéhova, le Dieu des armées! Les cieux et la terre sont remplis de sa gloire!*

Mais écoutons Isaïe, fils d'Amos, que l'on croit avoir été de la royale famille de David.

« Dans l'année que mourut le roi Ozias, je vis Adonaï assis sur un trône sublime et élevé; ses franges (ou ses rayons) remplissaient le temple. Des séraphins étaient debout à l'entour. L'un avait six ailes et l'autre également six. De deux ils voilaient leur face, de deux ils voilaient leurs pieds et de deux ils volaient. Et ils criaient l'un à l'autre, et ils disaient : *Saint, saint, saint est Jéhova-Sabaoth! toute la terre est pleine de sa gloire!* Et au retentissement de cette voix, les dessus des portes s'ébranlèrent et la maison fut remplie de fumée. Et je m'écriai : Malheur à moi, de ce que je suis réduit au silence, parce que je suis un homme impur des lèvres, et que j'habite au milieu d'un peuple impur des lèvres aussi! Cependant mes yeux ont vu le roi Jéhova-Sabaoth! Alors il vola vers moi un des séraphins; dans sa main était un charbon de feu qu'il avait pris avec des pincettes sur l'autel. Il l'approcha de ma bouche et dit : Voilà qu'il a touché tes lèvres; ton iniquité sera effacée et ton péché sera expié. Et j'entendis la voix d'Adonaï, disant : Qui enverrai-je? qui ira pour nous? Me voici, répondis-je; envoyez-moi. Et il dit : Va, dis à ce peuple : Ecoute des oreilles et n'entends pas; regarde des yeux et ne vois pas; car le cœur de ce peuple est devenu épais, ses oreilles pesantes, ses yeux fermés de peur de voir de ses yeux, d'ouïr de ses oreilles, de comprendre de son cœur et d'être guéri de ses maux. O Adonaï! jusques à quand? repris-je. — Jusqu'à ce que les villes soient désolées, les maisons désertes et la terre abandonnée (2). »

Investi de la mission prophétique par le Dieu trois fois saint, Isaïe élève la voix et appelle l'univers entier pour juger la nation coupable.

« Cieux, écoutez; terre, prêtez l'oreille : c'est Jéhova qui parle!

» J'ai agrandi des enfants, je les ai élevés par-dessus les autres, et ils se sont révoltés contre moi!

» Le bœuf connaît son propriétaire, et l'âne l'étable de son maître; mais Israël n'a point connu, mon peuple a été sans entendement.

» Malheur à la nation pécheresse, au peuple chargé d'iniquité, à la race des méchants, aux enfants corrompus!

» Ils ont abandonné Jéhova, ils ont blasphémé le Saint, ils se sont éloignés en arrière.

» Par où vous frapper encore? Comment ajouterez-vous à l'apostasie?

» Toute tête est malade et tout cœur languissant. Depuis la plante du pied jusqu'à la tête, il n'est rien en lui de sain : ce n'est que blessure, que contusion, que plaie enflammée, qui n'a point été bandée, à laquelle on n'a point appliqué de remède, et qu'on n'a point adoucie avec l'huile.

» Votre terre est déserte, vos villes sont la proie des flammes, des étrangers, sous vos yeux, dévorent votre pays; c'est une désolation comme le ravage de l'ennemi. Et la fille de Sion sera abandonnée comme la hutte dans la vigne, comme la cabane dans le champ de concombres, comme une ville ruinée.

» Si Jéhova-Sabaoth ne nous eût pas conservé quelque petit reste, nous étions tels que Sodome, nous ressemblions à Gomorre.

» Ecoutez la parole de Jéhova, princes de Sodome; prêtez l'oreille à la loi de notre Dieu, peuple de Gomorre.

» Qu'ai-je à faire de la multitude de vos victimes? dit Jéhova. J'en suis rassasié. Les holocaustes de vos béliers, la graisse de vos troupeaux, le sang des veaux, des agneaux et des boucs, je n'en veux point. Quand vous apparaissez en ma présence, qui a demandé cela de vous, pour fouler aux pieds mes parvis? Cessez d'offrir des sacrifices menteurs; votre encens m'est une abomination; vos néoménies, vos sabbats et vos autres fêtes, je ne les supporte plus; c'est la violence et l'iniquité même! Vos calendes et vos solennités, mon âme les abhorre : elles me sont à charge, je suis las de les supporter. Lorsque vous étendrez vos mains vers moi, je cacherai mes yeux de vous; lors même que vous multiplierez vos prières, je n'écouterai point : vos mains sont pleines de sang!

» Lavez-vous, purifiez-vous, ôtez de devant mes yeux la malice de vos pensées, cessez de mal faire, apprenez à faire le bien; cherchez la justice, assistez l'opprimé, protégez l'orphelin, défendez la veuve. Et après cela, venez et discutons, dit Jéhova. Quand vos péchés seraient comme l'écarlate, ils deviendront blancs comme la neige; et quand ils seraient rouges comme le vermillon, ils deviendront comme la laine la plus blanche. Si vous voulez m'écouter, vous mangerez le bien de la terre; si vous ne voulez pas, si vous êtes opiniâtres dans votre rébellion, vous serez mangés par le glaive; la bouche de Jéhova l'a dit (Isaïe, 1, 1-20). »

Bientôt le prophète exhale en plaintive élégie le souffle divin qui l'anime.

« Je chanterai maintenant à mon bien-aimé le cantique de mon bien-aimé sur sa vigne.

» Une vigne était à mon bien-aimé, sur une colline fertile en olives. Il l'environna d'une haie, il en ôta les pierres et la planta de Sorec (1); il bâtit une tour au milieu, et il y fit un pressoir. Il s'attendait

---

(1) Act., 28, 25 : « Quia bene Spiritus Sanctus locutus est per Isaiam prophetam ad patres nostros, etc. »

(2) Isaïe, 6, 1-13 : « In anno quo mortuus est rex Ozias, vidi Dominum sedentem super solium excelsum et elevatum; et ea quæ sub ipso erant, replebant templum. Seraphim stabant super illud : sex alæ uni, et sex alæ alteri : duabus velabant faciem ejus, et duabus velabant pedes ejus, et duabus volabant. Et clamabat alter ad alterum, et dicebant : Sanctus, sanctus, sanctus, Dominus Deus exercituum, plena est omnis terra gloriâ ejus. Et commota sunt super liminaria cardinum à voce clamantis, et domus repleta est fumo. Et dixi : Væ mihi, quia tacui, quia vir pollutus labiis ego sum, et in medio populi polluta labia habentis ego habito, et regem Dominum exercituum vidi oculis meis. Et volavit ad me unus de seraphim, et in manu ejus calculus, quem forcipe tulerat de altari. Et tetigit os meum et dixit : Ecce tetigit hoc labia tua, et auferetur iniquitas tua, et peccatum tuum mundabitur. Et audivi vocem Domini dicentis : Quem mittam! et quis ibit nobis! Et dixi : Ecce ego, mitte me. Et dixit : Vade, et dices populo huic : Audite audientes, et nolite intelligere, et videte visionem, et nolite cognoscere. Excæca cor populi hujus, et aures ejus aggrava; et oculos ejus claude, ne forte videat oculis suis, et auribus suis audiat, et corde suo intelligat, et convertatur, et sanem eum. Et dixi : Usquequò, Domine ! Et dixit : Donec desolentur civitates absque habitatore, et domus sine homine, et terra relinquetur deserta. »

(1) Sorte de vigne excellente de la Palestine.

qu'elle produirait des raisins, et elle a produit des épines (1).

» Maintenant donc, vous, habitants de Jérusalem, et vous, hommes de Juda, soyez juges entre moi et ma vigne. Qu'y avait-il à faire encore à ma vigne, que je ne lui aie point fait? Ai je eu tort d'attendre qu'elle produisît des raisins, tandis qu'elle a produit des épines?

» Maintenant je vous apprendrai ce que je ferai à ma vigne. J'ôterai sa haie, et elle sera au pillage; je détruirai sa muraille, et elle sera foulée aux pieds. Je la rendrai déserte, elle ne sera plus taillée ni labourée; les ronces et les épines la couvriront; et je commanderai aux nuées de ne plus pleuvoir sur elle. Car la vigne de Jéhova-Sabaoth est la maison d'Israël, et l'homme de Juda le plant de ses délices. Il attendait le jugement, et voilà l'oppression; la justice, et voilà des clameurs.

» Malheur à vous qui joignez maison à maison, champ à champ, jusqu'à ce qu'enfin le lieu vous manque! Voulez-vous donc habiter seuls au milieu de la terre? Mes oreilles ont tout entendu, dit Jéhova-Sabaoth; et, je le jure, cette multitude de maisons sera déserte; ces beaux et vastes palais seront sans aucun habitant. Car dix arpents de vigne feront à peine un petit vase de vin, et trente boisseaux de blé n'en rendront que trois.

» Malheur à vous qui vous levez dès le matin pour courir après l'ivresse, qui le soir y êtes encore, jusqu'à ce que le vin vous brûle! La cythare, la lyre, le tambour, le vin sont à vos banquets; mais l'œuvre de Jéhova, vous n'y avez aucun égard; mais l'ouvrage de ses mains, vous ne le considérez point. Aussi mon peuple est emmené captif, parce qu'il n'a point d'intelligence; ses nobles sont morts de faim, et la foule a séché de soif. L'enfer a élargi ses entrailles, il a ouvert sa gueule à l'infini; là descendront ses grands et sa multitude, ceux qui sont dans l'élévation et ceux qui sont dans la joie. L'homme pliera, le puissant sera humilié, les yeux des superbes seront abaissés. Jéhova-Sabaoth grandira dans le jugement, le Dieu saint paraîtra plus saint encore dans la justice.

» Alors les agneaux paîtront sans trouble, et les étrangers mangeront le fruit des déserts devenus fertiles.

» Malheur à vous qui traînez après vous une longue suite d'iniquités avec les cordes du mensonge, et le péché comme avec les traits d'un char? Vous qui dites : Qu'il se hâte, qu'il presse son œuvre afin que nous la voyions; qu'il s'avance et s'accomplisse, le conseil du saint d'Israël, et nous saurons

» Malheur à vous qui appelez mal le bien, et bien le mal; qui posez les ténèbres lumière, et la lumière ténèbres, l'amertume douceur, et la douceur amertume! Malheur à vous, sages à vos yeux, prudents à vous-mêmes! Malheur à vous, puissants à boire le vin, hommes de cœur pour l'ivresse, qui justifiez l'impie à cause de ses dons, et qui ravissez au juste sa justice!

» C'est pourquoi, tel que le chaume est dévoré par la langue du feu, la paille par la flamme; ainsi leur racine sera de la cendre, leurs rejetons s'envoleront en poudre; parce qu'ils ont répudié la loi de Jéhova-Sabaoth, ils ont blasphémé la parole du saint

(1) Ainsi traduisent les Septante.

d'Israël. Aussi la colère de Jéhova s'est allumée contre son peuple; il a étendu sa main sur lui, il l'a frappé, les montagnes ont été ébranlées, leurs cadavres ont été comme la boue au milieu des places. Avec tout cela, sa fureur n'est point apaisée, sa main est encore étendue.

» Il élèvera son étendard vers les nations au loin il en appellera une par un sifflement des extrémités de la terre, et voilà qu'aussitôt elle accourt. En elle, nul qui se lasse, nul qui se heurte; elle ne sommeillera ni ne dormira; le baudrier ne quittera point ses reins, le cordon de sa chaussure ne se déliera point. Ses flèches sont aiguës et tous ses arcs bandés; les pieds de ses chevaux sont pareils au silex, ses roues à la tempête. Son rugissement est celui du lion; elle rugira comme les lionceaux, grincera des dents, s'élancera sur sa proie, l'enlèvera, et nul qui puisse l'arracher. Elle frémira sur Israël comme par le frémissement de la mer; nous regarderons cette terre, et nous ne verrons que ténèbres et angoisses; la lumière s'est éteinte dans les vapeurs de sa ruine (Is., 5, 1-30). »

Au milieu de ces prédictions terribles pour la maison de Jacob, il en est de consolantes pour toute la postérité d'Adam.

« Voici ce qui sera dans les derniers jours : La montagne de la maison de Jéhova sera fondée sur le haut des monts, et elle s'élèvera au-dessus des collines; toutes les nations y afflueront. Et la foule des peuples iront, disant : Venez et montons à la montagne de Jéhova, à la maison du Dieu de Jacob, et il nous enseignera ses voies, et nous marcherons dans ses sentiers; car de Sion sortira la loi, et la parole de Jéhova de Jérusalem. Il jugera parmi les nations, et il reprendra bien des peuples. Et ils forgeront leurs glaives en socs de charrue, et leurs lances en faux. La nation ne lèvera plus le glaive contre la nation, et ils ne s'exerceront plus aux combats. Maison de Jacob, venez, et marchons à la lumière de Jéhova (1). »

Cette annonce de réunion et de pacification universelles, un autre prophète, Michée, la renouvelle dans les mêmes termes vers le même temps (Mich., 4, 1 et 2).

En cette maison de Jéhova, toute la tradition chrétienne, avec l'Apôtre des nations, a reconnu l'Eglise, maison de Dieu, colonne et affermissement de la vérité. La montagne sur laquelle cette maison est bâtie, est la pierre détachée sans la main d'aucun homme et devenue montagne à remplir toute la terre, le Christ qui a été exalté par son père et a reçu de lui un nom qui est au-dessus de tout nom. Cette montagne de Jéhova s'élève sur le sommet des autres montagnes; le Christ s'élève au-dessus de ce qu'il y a de plus élevé, au-dessus de Moïse, au-dessus des prophètes et des apôtres. C'est à cette montagne et à la maison bâtie dessus, c'est au Christ et à son Eglise que les nations affluent, les Parthes, les

(1) Isaïe, 2, 1-5 : « Et erit in novissimis diebus præparatus mons domus Domini in vertice montium, et elevabitur super colles, et fluent ad eum omnes gentes. Et ibunt populi multi, et dicent: Venite et ascendamus ad montem Domini, et ad domum Dei Jacob, et docebit nos vias suas, et ambulabimus in semitis ejus; quia de Sion exibit lex, et verbum Domini de Jerusalem. Et judicabit gentes, et arguet populos multos. Et conflabunt gladios in vomeres, et lanceas in falces. Non levabit gens contra gentem gladium, nec exercebuntur ultra ad prælium. Domus Jacob, venite, et ambulemus in lumine Domini. »

Mèdes, les Grecs, les Romains, les Crétois et les Arabes. Jusque-là, c'est une suite non interrompue de guerres sanglantes où Ninive, Babylone, Ecbatane, Persépolis, la Grèce, Rome se disputent l'empire du monde; Sylla, Marius, Pompée, César, Antoine, Octave, l'empire de Rome. Mais lorsque sur le sommet des montagnes apparaît la maison de Dieu, toute cette partie de l'univers est en paix et désapprend la guerre. Plus tard, les peuples farouches du Nord, les Huns, les Goths, les Vandales, les Saxons, apprivoisés par la loi sortie de Sion, changeront leurs glaives en instruments de labourage; la guerre ne sera plus l'état habituel de chacun d'eux. Et depuis dix-huit siècles, les peuples devenus chrétiens, ne cessent de dire aux restes dispersés d'Israël: *Maison de Jacob, venez, et marchons à la lumière de Jéhova* (1).

Cette réprobation des Juifs, cette conversion des gentils, Osée, fils de Bééri, l'annonçait déjà auparavant par une prophétie d'action et de parole.

Dieu lui commanda de prendre une épouse des fornications et d'en avoir des enfants; ce que l'on entend, soit d'une femme livrée au crime jusque-là, mais qui devint dès lors une épouse légitime; soit d'une femme ordinaire, mais qui demeurait dans le pays de fornication ou d'idolâtrie, savoir, le pays de Samarie. Ce dernier sens paraît se lier fort bien à ce que le Seigneur ajoute: *Car la terre séparée d'avec Jéhova forniquera d'une fornication effrénée.* Osée alla donc et prit pour femme Gomer, fille de Débélaïm; elle conçut et lui enfanta un fils. Jéhova dit au prophète: « Appelle son nom *Jezraël*; car dans peu je vengerai le sang de Jezraël sur la maison de Jéhu, et je ferai cesser le royaume d'Israël. En ce jour-là je briserai l'arc d'Israël dans la vallée de Jezraël. » Elle conçut encore et enfanta une fille. Jéhova dit au prophète: « Appelle son nom *Lo-ruchama, sans miséricorde*; car à l'avenir je serai sans miséricorde pour la maison d'Israël, mais je les oublierai de l'oubli même. Pour la maison de Juda, j'aurai de la miséricorde, et je les sauverai par Jéhova, leur Dieu; je ne les sauverai point par l'arc, ou par l'épée, ou par les combats, ou par les chevaux, ou par les cavaliers. »

Gomer ayant sevré *Lo-ruchama*, elle conçut de nouveau et enfanta un fils. Jéhova dit: « Appelle son nom *Lo-ammi, non mon peuple*; car vous n'êtes plus mon peuple, et moi je ne serai plus à vous. Cependant le nombre des enfants d'Israël sera comme le sable de la mer, qui ne peut ni se mesurer, ni se compter. Et au même lieu où on leur aura dit: Vous n'êtes point mon peuple, on leur dira: Enfants du Dieu vivant! Les fils de Juda et les fils d'Israël se réuniront ensemble, ils s'établiront un même chef; car le jour de Jezraël (ou de la race de Dieu) est grand. Dites alors à vos frères: *Ammi!* mon peuple! et à vos sœurs: *Ruchama!* miséricorde! Car en ce jour, dit Jéhova, j'aurai pitié de *sans miséricorde!* et je dirai à *non mon peuple:* Tu es mon peuple; et lui dira: Mon Dieu (Osée, c. 1 et 2). »

Les apôtres du Seigneur, Pierre et Paul, nous ont eux-mêmes expliqué le sens principal de cette prophétie. « Dieu nous a appelés, écrit aux chrétiens de Rome le Docteur des gentils, non-seulement d'entre les Juifs, mais encore d'entre les nations, ainsi

(1) Hieron., *in c* 2, Is. et c. 4 Mich.

qu'il le dit dans Osée: *J'appellerai mon peuple qui n'était pas mon peuple, et miséricorde qui était sans miséricorde; et il arrivera: Au même lieu où il leur a été dit: Vous n'êtes pas mon peuple, là ils seront appelés enfants du Dieu vivant* (1).

L'on entrevoit dans les paroles du prophète, qu'après toutes ses infidélités, Israël reviendra finalement au Seigneur. Cela paraît surtout dans les paroles suivantes:

« Et Jéhova me dit: Va encore, aime une femme affectionnée de son mari et néanmoins adultère, comme Jéhova aime les enfants d'Israël pendant qu'ils n'ont de regards que pour les dieux étrangers. Je me l'achetai donc quinze pièces d'argent, avec une mesure et demie d'orge; et je lui dis: Tu me resteras assise bien des jours; tu ne m'abandonneras point, tu ne seras point à un homme; je ferai de même envers toi. Car, bien des jours, les enfants d'Israël seront assis sans roi, sans prince, sans sacrifice, sans autel, sans éphod et sans théraphim. Et après cela reviendront les enfants d'Israël, et ils chercheront Jéhova, leur Dieu, et David, leur roi; et ils trembleront à la vue de Jéhova et de son bien suprême au dernier des jours (Osée, 3, 1-5). »

Depuis dix-huit siècles nous voyons le premier accomplissement de cette prophétie; depuis dix-huit siècles nous voyons notre aîné, l'ancien peuple de Dieu, sans roi, sans prêtre, sans autel, sans forme de peuple; et nous attendons avec saint Paul que, la plénitude des nations étant entrée dans l'Eglise, tout Israël y vienne, s'y sauve avec nous, et porte ainsi au comble le bonheur et la joie de l'univers (2).

La miséricorde du Seigneur envers son peuple se peint elle-même dans ces paroles d'Osée:

« Comme Israël était un enfant, je l'aimais; et j'ai rappelé de l'Egypte mon fils. Mes prophètes les ont appelés; mais ils se sont éloignés d'eux, ils ont sacrifié aux Baalim, ils ont brûlé de l'encens aux simulacres. Cependant, telle qu'une nourrice, je dirigeais les pas d'Ephraïm; je les portais entre mes bras, et ils n'ont point compris que c'était moi qui avais soin d'eux. Je les attirais par les liens de l'humanité, avec les lisières de l'amour. Moi-même je déliais leur joug et leur présentais à manger. Ils ne retourneront point en Egypte, mais Assur sera leur roi, parce qu'ils ont refusé de se convertir. Le glaive a commencé dans leurs villes, il consumera leurs braves, il dévorera leurs chefs. Mon peuple hésitera sur son retour vers moi; cependant on lui impose un joug dont personne ne le délivre. Comment te traiterai-je, ô Ephraïm? Comment te livrerai-je, ô Israël? Te traiterai-je comme Adama? Te mettrai-je comme Seboïm? Ah! mon cœur s'est retourné en moi-même, mes entrailles se sont émues; je n'exécuterai point la colère de ma fureur; je n'exterminerai point Ephraïm, parce que je suis Dieu et non point un homme (Osée, 11, 1-9). »

Dans le même temps, Amos dénonçait les arrêts

(1) Rom., 9, 24-26: « Quos et vocavit non solum ex Judæis sed etiam ex gentibus, sicut in Osee dicit: Vocabo non plebem meam, plebem meam, et non misericordiam consecutam, misericordiam consecutam; et erit: In loco ubi dictum est: Non plebs mea vos, ibi vocabuntur filii Dei. »
1. Petr., 2, 10: « Qui aliquando non populus, nunc autem populus Dei; qui non consecuti misericordiam, nunc autem misericordiam consecuti. »
(2) Rom., 11, 12. « Quod si delictum illorum divitiæ sunt mundi, et diminutio illorum divitiæ gentium, quanto magis plenitudo eorum. »

de la vengeance divine, non-seulement à Juda et à Israël, mais encore à toutes les nations d'alentour.

« Ainsi parle Jéhova : Après les trois prévarications de Damas, et après les quatre, je ne reviendrai point sur son arrêt, parce qu'il a fait passer des chariots armés de fer sur les habitants de Galaad. J'enverrai le feu dans la maison d'Asaël, et il dévorera les palais de Benadad. Et je briserai la force de Damas ; j'exterminerai de la vallée d'iniquité celui qui l'habite, et de la maison de délices celui qui tient le sceptre ; et le peuple d'Aram transmigrera dans Cyrène : Jéhova l'a dit.

» Ainsi parle Jéhova : Après les trois prévarications de Gaza, et après les quatre, je ne reviendrai point sur son arrêt, parce qu'elle a fait captive l'émigration de mon peuple pour la livrer à Edom. J'enverrai le feu aux murs de Gaza, et il dévorera ses palais. J'exterminerai d'Azot qui l'habite, et d'Ascalon qui tient le sceptre ; j'appesantirai ma main sur Accaron, et les Philistins périront jusqu'au dernier, dit Jéhova, le Seigneur.

» Ainsi parle Jéhova : Après les trois prévarications de Tyr, et après les quatre, je ne reviendrai point sur son arrêt, parce qu'ils ont fait prisonnière l'émigration de mon peuple, qu'ils l'ont livrée à Edom sans se souvenir du pacte de frères. Aussi j'enverrai le feu aux murailles de Tyr, et il dévorera ses palais.

» Ainsi parle Jéhova : Après les trois prévarications d'Edom, et après les quatre, je ne reviendrai point sur son arrêt, parce qu'il a persécuté avec le glaive son frère ; il a violé la compassion qu'il lui devait, il n'a point mis de bornes à sa fureur, il a conservé jusqu'à la fin le ressentiment de sa colère. J'enverrai le feu dans Théman, et il dévorera les palais de Bosra.

» Ainsi parle Jéhova : Après les trois prévarications des fils d'Ammon, et après les quatre, je ne reviendrai point sur son arrêt, parce qu'ils ont fendu en deux les femmes enceintes de Galaad pour étendre les limites de leur pays. J'allumerai le feu aux murs de Rabba, et il dévorera ses palais, dans l'horreur du combat, au jour de la tempête. Son roi ira en captivité, lui et ses princes : Jéhova l'a dit.

» Ainsi parle Jéhova : Après les trois prévarications de Moab, et après les quatre, je ne reviendrai point sur son arrêt, parce qu'il a brûlé les os du roi d'Edom jusqu'à les réduire en cendres. J'enverrai le feu dans Moab, et il dévorera les palais de Carioth ; et Moab mourra dans le tumulte et au bruit des trompettes. J'exterminerai du milieu de lui le juge, et je tuerai avec lui tous ses princes : Jéhova l'a dit.

» Ainsi parle Jéhova : Après les trois prévarications de Juda, et après les quatre, je ne reviendrai point sur son arrêt, parce qu'ils ont rejeté la loi de Jéhova, qu'ils n'ont pas observé ses commandements, qu'ils se sont séduits eux-mêmes par leurs mensonges, comme leurs pères. J'enverrai le feu dans Juda, et il dévorera les palais de Jérusalem.

» Ainsi parle Jéhova : Après les trois prévarications d'Israël, et après les quatre, je ne reviendrai point sur son arrêt, parce qu'ils ont vendu le juste pour de l'argent, et le pauvre pour une paire de chaussures ; ils brisent contre terre la tête des indigents, et traversent les entreprises des faibles (Amos, c. 1 et 2).

Amos annonçait en particulier que les hauts-lieux seraient détruits en Israël, et la maison de Jéroboam II exterminée par le glaive, lorsqu'il fut dénoncé comme conspirateur. Amasias, prêtre de Béthel, envoya vers Jéroboam, disant : « Amos a conjuré contre vous au milieu de la maison d'Israël ; la terre ne saurait plus supporter toutes ses paroles. Car ainsi parle Amos : *Jéroboam mourra par le glaive, et Israël sera emmené captif hors de son pays.* » Aux yeux du délateur, c'est conspirer que de s'élever contre les scandales publics et d'en montrer les suites terribles. Pour lui, adulation, mensonge, voilà ce qu'il sait. Le prophète avait dit, *la maison, la postérité de Jéroboam* ; le délateur lui fait dire, *Jéroboam même.* Au reste, il n'y a rien là d'étonnant : c'était un prêtre du veau d'or. N'ayant pas réussi, à ce qu'il paraît, dans sa dénonciation politique, il prit un autre moyen pour éloigner l'incommode censeur. « O voyant, dit-il à l'homme de Dieu, va, fuis en la terre de Juda ; mange là du pain, et là prophétise ; mais qu'il ne t'arrive plus de prophétiser dans Béthel, parce que c'est ici la religion du roi et le palais du royaume. »

La religion du roi ! peint à merveille le pontife d'idole et de cour.

Amos répondit : « Je n'étais ni prophète ni fils de prophète, mais pasteur et me nourrissant de fruits sauvages, lorsque Jéhova me prit d'auprès du troupeau et me dit : *Va, prophétise sur mon peuple Israël.* Ecoute donc maintenant la parole de Jéhova. Tu me dis : Tu ne prophétiseras point sur Israël, tu ne diras rien sur la maison de Jacob. C'est pourquoi, voici comme parle Jéhova : Ta femme se prostituera dans la cité, tes fils et tes filles tomberont sous le glaive, tes terres seront partagées au cordeau ; toi, tu mourras dans une terre polluée, et Israël sera emmené captif hors de son pays (Amos, c. 7, 1-17). »

Comme Osée, Amos prédit un rétablissement final d'Israël.

« Que le Seigneur Jéhova-Sabaoth touche la terre, et elle se fond, tous ses habitants sont dans le deuil ; elle déborde, elle submerge tout comme le fleuve de Mizraïm. Il bâtit son trône dans les cieux, au sommet des orbites ; il place sur la terre l'ensemble de ses créatures comme un bouquet ; il appelle les eaux de l'Océan et les répand sur la face de la terre ; Jéhova est son nom !

» Enfants d'Israël, n'êtes-vous point à moi ce que sont les enfants des Ethiopiens, dit Jéhova ? N'ai-je pas tiré Israël de la terre de Mizraïm, mais aussi les Philistins de Caphtor, et Aram de Kir ?

» Voilà, les yeux du Seigneur Jéhova sont ouverts sur tout royaume de péché, et je l'exterminerai de dessus la face de la terre. Cependant la maison de Jacob ne l'exterminerai pas entièrement, dit Jéhova ; car voici que je donne des ordres ; et je ferai secouer parmi toutes les nations la maison d'Israël, comme est secoué le froment dans le crible, et il ne tombera pas à terre un grain. Sous le glaive mourront tous les pécheurs de mon peuple, ceux qui disent : Cela n'arrivera point, ce mal ne viendra point jusqu'à nous. En ce jour, je relèverai la tente de David qui est tombée, j'en refermerai les ouvertures, j'y rétablirai ce qui est en ruine, et je la rebâtirai comme dans les jours d'autrefois, afin que me cherche le reste des hommes, ainsi que toutes les nations

LIVRE XV. — LA MONARCHIE UNIVERSELLE ET LES PROPHÈTES.

qui seront appelées de mon nom, dit Jéhova qui le fait (Amos, c. 9, 1-12). »

Au concile de Jérusalem, Jacques, l'apôtre, se lève et dit : « Mes frères, écoutez-moi. Simon vous a raconté de quelle manière Dieu a commencé à prendre d'entre les nations un peuple à son nom. Les paroles des prophètes s'accordent avec lui, selon qu'il est écrit : Après cela je reviendrai, et je relèverai la tente de David qui est tombée; j'en rebâtirai ce qui est en ruine, et je la rétablirai, afin que le reste des hommes cherche le Seigneur, ainsi que toutes les nations qui seront appelées de mon nom, dit le Seigneur qui fait ces choses (1). »

Les nations chrétiennes sont ainsi appelées du nom de Christ-Jéhova.

Les menaces du Seigneur commençaient à s'accomplir sur Israël. Tout y penchait à la ruine. Le trône était comme un échafaud, où les rois se succédaient par le meurtre. Zacharias, arrière-petit-fils de Jéhu, à qui Dieu avait assuré la couronne jusqu'à la quatrième génération, ne régna que six mois. Il fut tué par Sellum, qui le fut par Manahem, après un mois de règne. Manahem se soutint et régna dix ans, par le secours de Phul, roi d'Assyrie, dont il acheta la protection mille talents d'argent. Son fils, Phaceia, n'en régna que deux, et fut tué par Phacée, fils de Romélie, qui le fut, vingt ans après, par Osée, fils d'Ela, dernier roi d'Israël. Tous ces misérables princes étaient aussi impies que cruels.

Dans le royaume de Juda, Joatham avait succédé à son père Ozias. Il fit ce qui était droit devant le Seigneur, selon tout ce qu'avait fait son père, excepté qu'il n'entra pas comme lui dans le temple pour mettre la main à l'encensoir. Il fit des réparations à la maison de l'Eternel et aux murailles de Jérusalem; bâtit des villes dans les montagnes de Juda, des châteaux et des tours dans les bois; vainquit les Ammonites et se les rendit tributaires; enfin, Joatham devint puissant, parce qu'il réglait ses voies en présence de Jéhova, son Dieu. Après un règne de seize ans, il s'endormit avec ses pères et fut enseveli dans la cité de David. Son fils Achaz régna à sa place (4. Reg., 15).

Achaz régna seize ans. Son fils, Ezéchias, lui succéda à l'âge de vingt-cinq; il en avait ainsi neuf quand son père monta sur le trône. Achaz ne fit point ce qui était agréable à l'Eternel, son Dieu, comme David, son père; mais il marcha dans les voies des rois d'Israël, fit des statues de fonte aux Baalim, brûla lui-même de l'encens dans la vallée de Ben-ennon, y fit passer ses enfants par le feu, selon le rite des nations que le Seigneur avait exterminées devant les enfants d'Israël. Il sacrifiait aussi et brûlait des parfums sur les hauts-lieux, sur les collines et sous tous les arbres chargés de feuilles.

En punition de ces crimes, l'Eternel, son Dieu, le livra dans la main du roi d'Aram, qui le défit et emmena de son royaume un grand nombre de captifs à Damas. Il fut encore livré dans la main du roi d'Israël, qui le frappa d'une grande plaie. Phacée, fils de Romélie, tua cent vingt mille hommes de Juda en un seul jour, tous hommes belliqueux, parce qu'ils avaient abandonné Jéhova, Dieu de leurs pères. Zechri, homme très-puissant en Ephraïm, tua Maasias, fils du roi, Ezricam, grand-maître du palais, et Elcana, qui tenait, après le roi, le second rang dans l'Etat. Et les enfants d'Israël prirent deux cent mille de leurs frères, tant hommes que fils et filles, et se partagèrent un butin immense qu'ils emmenèrent à Samarie. Mais là était un prophète de l'Eternel, nommé Oded, qui vint au devant de l'armée et leur dit : « Voici que Jéhova, le Dieu de vos pères, irrité contre Juda, les a livrés entre vos mains, et vous les avez tués avec une cruauté qui est montée jusqu'au ciel. Et maintenant, ces fils et ces filles de Juda et de Jérusalem, vous parlez de vous les asservir comme des esclaves. Eh! n'êtes-vous pas déjà assez coupables envers Jéhova, votre Dieu ? Ecoutez-moi donc maintenant, et ramenez ces captifs d'entre vos frères; car la colère de Jéhova s'allume sur vous. » Au même temps se levèrent des hommes d'entre les chefs des enfants d'Ephraïm, Azarias, fils de Johanan, Barachias, fils de Mosallamoth, Ezéchias, fils de Sellum, et Amasa, fils d'Adali, et s'étant présentés devant ceux qui revenaient du combat, ils leur dirent : « Vous ne ferez point entrer ici ces captifs; car ce serait un crime contre Jéhova sur nous. Pourquoi voulez-vous ajouter à nos péchés, ajouter à nos crimes ? Déjà nous en avons trop, déjà la colère de Jéhova s'allume sur nous! » Et l'armée rendit les captifs et le butin, à la vue des princes et de toute la multitude. Aussitôt les hommes dont les noms ont été rappelés s'avancèrent, s'emparèrent des captifs, en revêtirent avec des dépouilles tous ceux qui étaient nus, les habillèrent, les chaussèrent, leur donnèrent à boire et à manger, les parfumèrent d'huile pour les délasser, mirent sur des bêtes ceux qui ne pouvaient marcher, les reconduisirent à Jéricho, ville *des palmiers*, vers leurs frères, et s'en retournèrent à Samarie (2. Paral., 28).

Quelque temps après, le roi de Syrie et le roi d'Israël se liguèrent ensemble pour prendre Jérusalem et détrôner la maison de David. A cette nouvelle, le cœur d'Achaz et le cœur de son peuple furent agités comme les arbres de la forêt par le vent. Alors Jéhova dit à Isaïe : « Sors à la rencontre d'Achaz, toi et ton fils, Séar-Jasub, *le-reste-reviendra*, et tu lui diras : Aie soin de demeurer tranquille, ne crains point, que ton cœur ne tremble point devant ces deux tisons fumants de colère, Razin d'Aram et le fils de Romélie. Aram, Ephraïm et le fils de Romélie ont conspiré ta perte; ils ont dit : Marchons contre Juda, détruisons sa puissance, rendons-nous-en les maîtres, et donnons-lui pour roi le fils de Tabéel. Voici que dit Adonaï-Jéhova : Cela ne se fera point, cela ne sera point. Damas reste la tête d'Aram, Razin, le chef de Damas seul; et encore soixante-cinq ans, et Ephraïm cessera d'être un peuple. Jusque-là, Samarie sera la tête d'Ephraïm seul, et le fils de Romélie, le chef de Samarie et non de Juda. Si vous ne croyez pas fermement, vous ne serez pas fermes vous-mêmes (Isaïe, c. 7, 1-9). »

Jéhova parla encore à Achaz, disant : « Demande-toi un signe de la part de Jéhova, ton Dieu, au plus profond de l'abîme, ou au plus haut des cieux. » Achaz répondit : « Je ne demanderai point et je ne tenterai point Jéhova. » Et le prophète s'écria : « Ecoutez donc, maison de David : Est-ce peu à

---

(1) Act., 15, 15-17 : « Et huic concordant verba prophetarum, sicut scriptum est : Post hæc revertar, et reædificabo tabernaculum David quod decidit; et diruta ejus reædificabo, et erigam illud, ut requirant cæteri hominum Dominum et omnes gentes super quas invocatum est nomen meum, dicit Dominus faciens hæc. »

vous de lasser la patience des hommes? faut-il que vous lassiez encore celle de mon Dieu? C'est pourquoi Adonaï lui-même vous donnera un signe : *Voici la Vierge concevant et enfantant un fils, et elle appellera son nom* EMMANUEL. *Il mangera le beurre et le miel, en sorte qu'il sache rejeter le mal et choisir le bien* (Isaïe, c. 7, 10-15). »

La maison de David était menacée d'une prochaine destruction. Dieu lui assure, au contraire, une durée éternelle dans la personne d'Emmanuël, *Dieu avec nous*, Dieu incarné, naissant de la Vierge, mangeant et buvant comme les enfants des hommes.

Celui qui nous a fait cette prédiction, par le premier de ses quatre prophètes, nous l'a aussi interprétée par le premier de ses quatre évangélistes.

« Joseph, fils de David, dit l'ange du Seigneur, ne crains pas de prendre avec toi Marie, ton épouse; car ce qui est né en elle, est du Saint-Esprit. Elle enfantera un fils, et tu appelleras son nom Jésus, *Sauveur*; car il sauvera son peuple de ses péchés. Or, ajoute saint Matthieu, écrivant sous la dictée de l'Esprit divin, tout cela se fit pour accomplir ce que le Seigneur avait annoncé par le prophète, disant : *Voici, la Vierge aura conçu et enfantera un fils; et ils appelleront son nom* EMMANUEL, *c'est-à-dire Dieu avec nous.* »

Ainsi l'ont entendu, avec l'Évangile, tous les siècles chrétiens (1).

Et comment ne pas l'entendre ainsi, lorsque le prophète ajoute, dans la suite du même discours : « Dieu a frappé d'abord légèrement la terre de Zabulon et la terre de Nephthali ; et, à la fin, sa main s'est appesantie sur la Galilée des nations, qui est le long de la mer au delà du Jourdain. Mais enfin, ce peuple qui marchait dans les ténèbres a vu une grande lumière : le jour s'est levé pour ceux qui habitaient la région des ombres de la mort; car un petit enfant nous est né, un fils nous a été donné; et la principauté a été mise sur son épaule; et son nom sera appelé *l'Admirable, le Conseiller, Dieu, le Fort, le Père de l'éternité, le Prince de la paix.* Son empire s'étendra de plus en plus, la paix qu'il établira n'aura point de fin ; il s'assiéra sur le trône de David et il possédera son royaume pour le fonder et l'affermir dans l'équité et dans la justice, depuis ce temps jusqu'à jamais. Le zèle de Jéhova-Sabaoth fera ces choses (2). »

Saint Matthieu, et après lui toute la tradition chrétienne, nous a fixé encore le sens de cette prédiction. « Jésus, ayant quitté la ville de Nazareth, vint et habita dans Capharnaüm, sur la mer, aux confins de Zabulon et de Nephthali, afin que s'accomplît ce qui a été dit par Isaïe le prophète : *Terre de Zabulon et terre de Nephthali, le long de la mer au delà du Jourdain, Galilée des nations : le peuple qui ha-*

bitait *dans les ténèbres a vu une grande lumière, et le jour s'est levé pour ceux qui étaient assis dans la région de l'ombre de la mort.* De là Jésus commença à prêcher et à dire : *Faites pénitence; car le royaume du ciel est proche* (Matth., 4, 14-17). »

Aux Pères de l'Église, qui tous appliquent ces prédictions au Christ, on peut ajouter les anciens docteurs de la Synagogue qui l'expliquent au même sens. Sur la première : « Voici que la Vierge se trouvera enceinte ; elle enfantera un fils, et elle lui donnera le nom d'*Immanouël,* » l'un dit : Elle l'appellera *Immanouël,* pour signifier qu'alors notre Créateur sera avec nous. » Sur la seconde : *Car un enfant nous est né...* l'auteur de la paraphrase chaldaïque fait ce commentaire : « Dieu puissant, existant éternellement, Messie, dans les jours duquel la paix sera très-grande sur nous. » Un recueil des plus anciennes traditions parmi les Juifs, affirme également que ces paroles, *car un enfant nous est né,* regardent le roi Messie. Un autre ancien livre, d'après le même texte, compte, parmi les noms du Messie, ceux d'*Admirable,* de *Conseiller,* de *Dieu fort,* de *Père de l'éternité,* de *Prince de la paix.* Les cabalistes mêmes y voient le Messie et y trouvent la preuve de sa nature divine. Enfin, la seconde prophétie, qui, selon la tradition et l'antique paraphrase chaldaïque, annonce le Messie avec des attributs qui ne peuvent appartenir qu'à la divinité, est, de l'aveu de tous les commentateurs rabbiniques, le développement de la première (1).

Voilà donc ce petit enfant auquel Isaïe donne six beaux noms, qui tous l'élèvent au-dessus des hommes et forment le caractère du Messie. Premièrement, il est *admirable;* car quel enfant plus admirable que celui qui est né d'une Vierge et dont on a dit : *Jamais aucun homme n'a parlé comme celui-ci,* et n'a rien fait de semblable aux œuvres qui sont sorties de ses mains. Secondement, il est *conseiller* par excellence, parce que par lui se sont consommés les plus secrets conseils de Dieu. Troisièmement, il est *fort; c'est le Seigneur, Dieu des armées, le fort d'Israël,* dit ailleurs Isaïe, celui dont il est écrit que *nul ne peut ôter de sa main ceux que son Père lui a donnés.* Il est *le père du siècle futur,* c'est-à-dire du nouveau peuple qu'il devait créer pour le faire régner éternellement. Il est *le prince de la paix,* et seul il a pacifié le ciel et la terre. Mais ce qu'il y a de plus remarquable, c'est que ce prophète l'appelle *Dieu,* en nombre singulier et absolument, qui est le caractère essentiel pour exprimer la divinité ; par conséquent il est Dieu et homme, le vrai Emmanuël, Dieu uni à nous, et le seul digne de naître d'une Vierge, afin de n'avoir que Dieu seul pour père (Bossuet, t. III, p. 24).

Mais en allant trouver Achaz, Isaïe avait emmené avec lui, d'après l'ordre formel de Dieu même, son fils Séar-Jasub. La présence de cet enfant était donc nécessaire pour la prédiction que devait faire le prophète. Par conséquent, il doit y avoir dans cette prédiction quelque chose de relatif à cet enfant. En effet, à la suite des paroles qui montrent Emmanuël, le Dieu fort, le Père de l'Éternité, le Prince de la paix, naissant de la Vierge, et qui assuraient ainsi à la maison de David une durée éternelle, il en est d'autres qui annoncent la prochaine défaite

---

(1) Matth., 1, 22 : « Hoc autem totum factum est, ut adimpleretur quod dictum est à Domino per prophetam, dicentem : Ecce virgo in utero habebit, et pariet filium; et vocabunt nomen ejus Emmanuel. Quod est interpretatum Nobiscum Deus. »

(2) Isaïe, c. 9, 1-7 : « Primo tempore alleviata est terra Zabulon et terra Nephthali ; et novissime aggravata est via maris trans Jordanem Galileae gentium. Populus, qui ambulabat in tenebris, vidit lucem magnam ; habitantibus in regione umbrae mortis, lux orta est eis. — Parvulus enim natus est nobis, et filius datus est nobis, et factus est principatus super humerum ejus; et vocabitur nomen ejus Admirabilis, Consiliarius, Deus, Fortis, Pater futuri saeculi, Princeps pacis. Multiplicabitur ejus imperium, et pacis non erit finis; super solium David et super regnum ejus sedebit, ut confirmet illud et corroboret in judicio et justitia, amodo usque in sempiternum ; Zelus Domini exercituum faciet hoc. »

(1) Deuxième lettre d'un Rabbin converti, p. 104, etc.

des rois de Syrie et d'Israël; « car, ajoute le prophète, avant que cet enfant (ou l'enfant que voici, *hannaar*) sache discerner le bien d'avec le mal, la terre dont vous êtes en peine à cause de ces deux rois, en sera débarrassée. » Cet enfant d'Isaïe était ainsi un pronostic à la maison de Juda. Il n'était pas le seul. Le prophète, par l'ordre de Dieu, écrivit dans un livre, en présence de deux témoins, ces mots mystérieux : *Maher-salal-has-baz, hâtez-vous de prendre les dépouilles, enlevez vite le butin*. Ensuite il s'approcha de la prophétesse, son épouse, qui conçut et enfanta un fils; et, suivant le commandement du Seigneur, il donna au nouveau-né le nom de *Maher-salal-has-baz, hâtez-vous de prendre les dépouilles, enlevez vite le butin*; car, ajouta-t-il, avant que cet enfant sache appeler *mon père* et *ma mère*, on emportera la puissance de Damas et les dépouilles de Samarie devant le roi d'Assur (Isaïe, 8, 1-4). Ce second fils était donc également un pronostic. Aussi le père dit-il : « Me voici, moi et mes enfants que Jéhova m'a donnés pour être des signes et des présages dans Israël : ainsi l'a voulu Jéhova-Sabaoth qui habite sur la montagne de Sion. » Ces enfants prophétiques, outre la prochaine délivrance de Jérusalem, la prochaine défaite des rois de Syrie et d'Israël, figuraient encore la naissance future de l'Emmanuël qui devait sauver le vrai peuple de Dieu et enlever les dépouilles de l'enfer; mais ni l'un ni l'autre, non plus qu'Ezéchias, ne peut être pris pour l'Emmanuël même; car aucun des trois n'est et ne peut être appelé le Dieu fort, le Père de l'éternité. Ezéchias, d'ailleurs, n'était plus à naître d'une vierge, puisque dès lors il avait au moins dix ou douze ans.

Isaïe avait dit à la maison d'Achaz : Si vous ne croyez pas fermement, vous ne serez pas fermes vous-mêmes. Achaz, au lieu de mettre sa confiance en Dieu, amassa tout l'or et l'argent qu'on put trouver dans le temple et dans le palais, l'envoya au roi d'Assur, Théglath-Phalasar, avec des ambassadeurs, disant : « Je suis votre serviteur et votre fils, sauvez-moi des mains du roi de Syrie et du roi d'Israël qui se sont levés contre moi (4. Reg., 16). » Mais au même temps le prophète disait à Achaz : « Jéhova amènera sur toi, et sur ton peuple, et sur la maison de ton père, des jours tels qu'on n'en a pas vus depuis le jour qu'Ephraïm s'est séparé de Juda : il amènera le roi d'Assur (Is., 7, 17). »

Ce n'est pas tout : le prophète annonce la vengeance du Seigneur sur Assur lui-même.

« Malheur à Assur! Il est la verge et le sceptre de ma fureur; ma vengeance est entre ses mains. Je l'enverrai contre une nation perfide, je lui donnerai mes ordres contre le peuple de ma colère, afin qu'il en remporte les dépouilles, qu'il le mette au pillage et qu'il le foule aux pieds comme la boue qui est dans les rues. Telles ne seront pas ses pensées, tels ne seront pas ses sentiments; son cœur ne respire que le ravage et la ruine des nations. Il se dira : Mes princes ne sont-ils pas autant de rois? N'en est-il pas de Calano comme de Charcamis, d'Emath comme d'Arphad, de Samarie comme de Damas? Ma main a trouvé les royaumes des idoles avec leurs images en fonte; ainsi en sera-t-il de Jérusalem et de Samarie. Ce que j'ai fait à Samarie et à ses idoles, ne le ferai-je point à Jérusalem et à ses simulacres? Mais voici ce qui sera : Lorsque Jéhova aura accompli toutes ses œuvres sur la montagne de Sion et dans Jérusalem, je visiterai les exploits dont s'élève le cœur du roi d'Assur, et la gloire altière de ses regards. Car il a dit : C'est dans la force de mon bras que je l'ai fait; c'est dans ma sagesse que je l'ai conçu; que j'ai enlevé les bornes des peuples, pillé leurs trésors, arraché de leurs trônes les héros. La force des nations, ma main l'a trouvée comme un nid; et de même qu'on ramasse des œufs abandonnés, j'ai ramassé, moi, toute la terre, et pas un ne remua l'aile, pas un n'ouvrit la bouche ni ne jeta un cri. Quoi donc? La hache se glorifiera contre qui taille avec elle? La scie s'élèvera contre qui la meut? Autant se soulèverait la verge contre qui l'élève; autant se glorifierait le bâton qui n'est que du bois. C'est pourquoi le dominateur, Jéhova-Sabaoth, enverra la maigreur aux puissants d'Assur. Sous les trophées amoncelés de sa gloire, il allumera un feu qui sera un dévorant incendie. La lumière d'Israël sera le feu, le saint d'Israël sera la flamme, et dans un seul jour s'embraseront et le dévoreront les ronces et les épines. La gloire de ses forêts et de son Carmel sera consumée depuis l'âme jusqu'au corps; et il s'enfuira de terreur. Le reste des arbres de la forêt sera facile à nombrer; un enfant les écrirait. En ce jour, le reste d'Israël et les réfugiés de la maison de Jacob ne s'appuieront plus sur qui les frappait; ils s'appuieront dans la vérité, sur Jéhova, le saint d'Israël. Le reste reviendra (1), le reste de Jacob, au Dieu fort; car quand ton peuple, ô Israël! serait comme le sable de la mer, le reste seulement en reviendra. Et la justice se répandra comme une inondation sur le peu qui sera resté; car Adonaï-Jéhova-Sabaoth fera un grand retranchement au milieu de toute la terre (Rom., 9, 27 et 28). C'est pourquoi, voici ce que dit le seigneur Jéhova des armées : Ne crains point, ô mon peuple! toi qui habites Sion, ne crains point Assur. Il te frappera de sa verge, il lèvera sur toi le bâton dans le chemin de l'Egypte. Mais encore un peu, encore un moment, et mon indignation et ma fureur seront à leur comble sur leurs crimes. Et Jéhova-Sabaoth suscitera contre lui un fléau comme la plaie de Madian à la pierre d'Horeb; il lèvera sa verge comme autrefois sur la mer dans le chemin de l'Egypte. Et en ce jour-là, son fardeau sera ôté de dessus ton épaule et son joug de dessus ton cou; et ce joug sera réduit en poudre de devant la face de l'onction. Il (Sennachérib) s'avance vers Ajath; il a traversé Magron; il rassemble ses bagages à Machmas. Ses troupes passeront comme un éclair et camperont à Gaba; Rama est dans l'épouvante; Gabaath, patrie de Saül, s'enfuira. Ville de Gallim, pousse des hurlements; écoute, ô Laïsa! et toi, pauvre Anathoth. Médémena s'est éloignée : citoyens de Gabim, rassemblez-vous pour la fuite. Encore un jour et il est à Nobé. De là il menacera de la main la montagne de Sion et la colline de Jérusalem; mais le Dominateur, Jéhova-Sabaoth, va, de son bras terrible, abattre tous les rameaux de cet arbre; les plus hauts seront coupés, et les grands seront humiliés. Le plus épais de la forêt disparaîtra sous le fer, et le Liban tombera avec ses cèdres élevés (Isaïe, 10, 5-34). »

(1) En hébreu, *Séhar-Jasob*. On voit que le nom du premier fils d'Isaïe était également une prédiction.

Nous verrons le roi d'Assur, Sénachérib, suivre la route, tenir le langage, faire des menaces que dit le prophète; puis frappé par la main du Seigneur, s'enfuir à Ninive et trouver la mort par le fer. Non-seulement Isaïe a prédit tout cela : il a vu la puissance qui devait détruire l'empire de Ninive; il a vu Babylone, qui alors était sujette et sans pouvoir, il l'a vue dominant sur toute la terre, et lui a prédit dès lors comment et par qui elle serait ruinée à son tour.

« Charge de Babylone qu'a vue Isaïe, fils d'Amos. Elevez l'étendard sur la plus haute montagne; haussez la voix vers eux, faites-leur signe de la main, et que les princes entrent dans ses portes. J'ai donné mes ordres à ceux que j'y ai consacrés, j'ai appelé mes braves pour servir ma colère; ils tressaillent à ma gloire. Voix de la multitude dans les montagnes, comme la voix de plusieurs peuples, c'est le bruissement des royaumes et des nations assemblées. Jéhova-Sabaoth lui-même passe en revue l'armée des combattants. Ils viennent d'une terre lointaine, de l'extrémité des cieux; Jéhova et les instruments de sa fureur, pour exterminer tout ce pays. Poussez des hurlements, car le jour de Jéhova est proche; il viendra comme la désolation de par le Tout-Puissant. Aussi tous les bras languiront; le cœur de tous les habitants fondra; ils seront consternés; en proie aux convulsions et aux douleurs, ils souffriront comme celle qui enfante. Chacun regardera avec stupeur son voisin; leurs visages seront des visages de feu. Voici que le jour de Jéhova arrive, cruel, plein d'indignation, de colère et de fureur, qui réduira cette terre en solitude et en exterminera ses pécheurs; car les étoiles du ciel et leurs constellations ne répandront plus leur lumière, le soleil s'obscurcira à son lever et la lune ne luira plus. Je visiterai les crimes de ce monde et l'iniquité des impies; j'abattrai l'orgueil des superbes, j'humilierai l'arrogance des tyrans. Je rendrai les habitants plus rares que l'or, et les hommes plus que les lingots d'Ophir. Pour cela j'ébranlerai les cieux, et la terre tremblera sortira de sa place, par l'indignation de Jéhova-Sabaoth, au jour de la colère de sa fureur. Ce sera comme un daim fugitif, et comme des brebis que nul ne rassemble. Chacun regardera vers son peuple, chacun s'enfuira dans son pays. Quiconque est pris, sera massacré; quiconque vient à son secours, tombera sous le glaive. Leurs enfants seront écrasés sous leurs yeux, leurs maisons pillées et leurs femmes déshonorées.

» Voilà que je susciterai contre eux les Mèdes qui n'estimeront point l'argent, qui n'aimeront point l'or. Leurs arcs écraseront les adolescents; ils n'auront point pitié du fruit des entrailles, leur œil ne s'attendrira point sur les enfants. Et Babel, la gloire des royaumes, l'orgueil des Chaldéens, sera comme la ruine que Dieu a faite de Sodome et de Gomorrhe. Elle ne sera plus habitée à jamais; de génération en génération elle ne sera plus rétablie; l'Arabe n'y placera même pas sa tente, et les pâtres n'y laisseront pas reposer leurs troupeaux. Elle deviendra le repaire des bêtes féroces; ses maisons seront remplies de serpents; là habiteront les filles de l'autruche; les démons y feront leurs danses. Les hibous se répandront dans ses palais, et des monstres affreux dans les temples de la volupté (Isaïe, 13, 1-22).

» Son temps est proche et ses jours ne tarderont pas, car Jéhova aura pitié de Jacob; il choisira encore des élus dans Israël; il les fera demeurer paisiblement dans leur terre; les étrangers se joindront à eux, et ils s'attacheront à la maison de Jacob. Les peuples les prendront et les introduiront dans leur pays; et la maison d'Israël les héritera pour serviteurs et pour servantes dans la terre de Jéhova; ceux qui les avaient pris seront leurs captifs, et ils subjugueront leurs maîtres. En ce jour-là, lorsque Jéhova t'aura délivré de tes travaux, de ton oppression et de la dure servitude sous laquelle tu auras gémi, tu diras cette parabole sur le roi de Babel : Comment a cessé l'exacteur? comment a cessé le tribut? Jéhova a brisé la verge des impies, le sceptre des dominateurs, qui dans sa colère frappaient les peuples d'une plaie incurable, qui commandaient aux nations dans la fureur, et persécutaient sans relâche. Toute la terre a été dans le repos et dans le silence; elle s'est réjouie et a jeté des cris d'allégresse. Les sapins mêmes ont ri sur toi ainsi que les cèdres du Liban; depuis que tu es gisant, ont-ils dit, nul ne monte pour nous couper. En bas, l'enfer s'est ému à ton approche; il a réveillé, pour te recevoir, les géants, tous les princes de la terre; il a fait lever de leurs trônes tous les rois des nations. Tous ceux-là élèveront la voix et te diront : Et toi aussi, te voilà blessé comme nous; te voilà devenu semblable à nous! Ton orgueil a été précipité dans les enfers; ton cadavre est tombé; les vers te serviront de lit et les vermisseaux de couverture. Comment es-tu tombé du ciel, Lucifer, fils de l'aurore? comment t'es-tu brisé sur la terre, toi qui frappais les nations? Tu disais dans ton cœur : Je monterai par-dessus les cieux, j'élèverai mon trône au-dessus des astres de Dieu, je m'assiérai sur la montagne de l'alliance, près de l'aquilon; je monterai sur le dos des nues; je serai semblable au Très-Haut. Et cependant tu as été précipité dans l'enfer, au plus profond de l'abîme. Ceux qui te verront se pencheront vers toi, te regarderont de près et diront : Est-ce là cet homme qui épouvantait la terre, qui ébranlait les royaumes, qui faisait du monde un désert, qui en détruisait les villes, qui en retenait les captifs dans une éternelle prison ? Tous les rois des nations se sont couchés avec gloire, chacun dans son tombeau. Mais toi, tu as été jeté loin de ton sépulcre, comme un tronc abominable, comme le vêtement des suppliciés, comme ceux qu'on précipite au fond de l'abîme, comme un cadavre déjà pourri. Tu n'auras point comme eux la sépulture; car tu as ruiné ton pays, tu as massacré ton peuple. La race des méchants ne durera pas toujours. Préparez à ses enfants une mort violente; qu'ils ne s'élèvent point, qu'ils n'héritent point la terre, qu'ils ne remplissent pas de villes l'univers. Je m'élèverai contre eux, dit Jéhova-Sabaoth; et j'exterminerai de Babel jusqu'au nom, aux restes, aux rejetons, à la race, dit Jéhova. J'en ferai la demeure d'animaux immondes; je la réduirai à des marais d'eaux bourbeuses; je la balaierai à n'en point laisser de vestiges, dit Jéhova-Sabaoth (Isaïe, 14, 1-23). »

L'histoire sacrée et profane nous montre Babylone prise par les Mèdes et les Perses sous Cyrus, comme Isaïe l'avait annoncé près de deux siècles auparavant. Les voyageurs modernes trouvent encore Babylone dans l'état où, il y a vingt-six siècles, Isaïe a prédit qu'elle serait à jamais.

LIVRE XV. — LA MONARCHIE UNIVERSELLE ET LES PROPHÈTES.

Au milieu de ces prédictions terribles sur la naissance et la chute des empires terrestres, le prophète nous dévoile, avec une clarté toujours plus vive, ce que sera et ce que fera cet Emmanuël né de la Vierge, ce petit enfant qui nous est donné, ce Dieu fort, ce Père du siècle futur, ce Prince de la paix; il nous montre cet autre David, cet autre Fils de Jessé, faisant la conquête pacifique du monde, et y établissant son empire tout divin.

« Il sortira un rejeton de la tige de Jessé; une fleur naîtra de sa racine. Et l'esprit de Jéhova reposera sur lui : esprit de sagesse et d'intelligence, esprit de conseil et de force, esprit de science et de piété; et il respirera la crainte de Jéhova. Il ne jugera point sur le rapport des yeux, il ne vengera point sur un ouï-dire; mais il jugera les pauvres dans la justice, il vengera dans l'équité les humbles de la terre. Il frappera la terre par la verge de sa bouche, et, par le souffle de ses lèvres, il tuera l'impie. La justice sera la ceinture de ses reins, et la foi, son baudrier. Le loup habitera avec l'agneau; le léopard se couchera auprès du chevreau; le veau, le lion et la brebis demeureront ensemble, et un petit enfant les conduira. La génisse et l'ours iront aux mêmes pâturages; ensemble reposeront leurs petits; le lion mangera la paille comme le bœuf. L'enfant à la mamelle se jouera sur le trou de l'aspic; et l'enfant nouvellement sevré portera sa main dans la caverne du basilic. Ils ne nuiront point et ils ne tueront point sur toute ma montagne sainte, parce que la terre est remplie de la connaissance de Jéhova, comme la mer l'est des eaux qui la couvrent. En ce jour-là, le rejeton de Jessé sera élevé pour être l'étendard des peuples; les nations accourront à lui, et son sépulcre sera glorieux (1). »

Juifs et chrétiens entendent du Messie ces paroles. L'histoire et le monde sont là pour nous en montrer l'accomplissement. Ces nations redoutables figurées dans l'Ecriture par des bêtes farouches, le Goth, le Vandale, le Hun, le Cimbre, le Teuton, le Lombard, le Danois, le Saxon, le Normand, nous les verrons, à mesure qu'ils entrent sur la montagne sainte, dans l'Eglise du Christ, dépouiller leur férocité naturelle, s'allier insensiblement aux populations plus civilisées de la Gaule, de l'Italie, de la Sicile, et ne faire enfin qu'une même chrétienté dont la loi suprême sera, non plus la force du glaive, mais la connaissance de Dieu répandue par toute la terre. Nous verrons toutes ces nations réunies sous le même étendard, la croix, se jeter pendant des siècles sur l'Asie, pour accomplir au pied de la lettre ces mots : *Et son sépulcre sera glorieux.*

Un peu après ce temps, un autre prophète, Michée, disait :

« Ecoutez ceci, princes de la maison de Jacob, et vous, juges de la maison d'Israël; vous qui avez l'équité en abomination, et qui renversez tout ce qui est droit.

» On bâtit à Sion dans le sang, et à Jérusalem dans l'iniquité. Ses princes jugeaient pour des présents, ses prêtres enseignaient pour un salaire, ses prophètes devinaient pour de l'argent; après cela ils se reposaient sur Jéhova, disant : Jéhova n'est-il pas au milieu de nous? Ce n'est pas sur nous que viendra le mal. C'est pour cela même, à cause de vous, que Sion sera labourée comme un champ, que Jérusalem deviendra un monceau de pierres, et la montagne de la maison une forêt.

» Mais, dans les derniers jours, la montagne sur laquelle se bâtira la maison de Jéhova, sera fondée sur le sommet des monts et s'élèvera au-dessus des collines; les peuples y accourront, et les nations se hâteront d'y arriver en foule, disant : Venez, montons à la montagne de Jéhova, à la maison du Dieu de Jacob; et il nous instruira de ses voies, et nous marcherons dans ses sentiers. Car de Sion sortira la loi, et la parole de Jéhova de Jérusalem. Il jugera entre un grand nombre de peuples, il châtiera des nations puissantes jusqu'aux peuples les plus éloignés. Ils transformeront leurs épées en socs de charrues et leurs lances en faux. Une nation ne tirera plus le glaive contre une nation; ils n'apprendront plus la guerre. Chacun reposera sous sa vigne et sous son figuier : nul ne lui donnera de crainte; car la bouche de Jéhova a parlé. Chaque peuple marchera au nom de son Dieu; mais nous, nous marcherons au nom de Jéhova, notre Dieu, jusque dans l'éternité et au delà.

» Et toi, Bethléhem-Ephrata, es-tu petite pour une des principautés de Juda? De toi me sortira qui sera le dominateur en Israël. Ses sorties sont dès le commencement, dès les jours de l'éternité. C'est pour cela qu'il les abandonnera jusqu'au temps où enfantera celle qui doit enfanter; et ceux de ses frères qui seront restés, se convertiront aux enfants d'Israël. Il demeurera ferme, et paîtra dans la force de Jéhova, dans la sublimité du nom de Jéhova, son Dieu; et ils reviendront, parce qu'il sera glorifié jusqu'aux extrémités de la terre. C'est lui qui sera la paix (1). »

Interrogés par Hérode où devait naître le Christ, les princes des prêtres et les docteurs du peuple lui répondirent : « A Bethléhem de Juda; car ainsi a-t-il été écrit par le prophète : Et toi, Bethléhem; tu n'es aucunement petite pour une des principautés de Juda; car de toi sortira le chef qui paîtra mon peuple Israël (2). »

Le sens de cette prophétie a toujours paru si clair, que, au lieu de *dominateur* ou *chef*, la version

---

(1) Isaïe, 11, 1-10 : « Et egredietur virga de radice Jesse; et flos de radice ejus ascendet. Et requiescet super eum spiritus Domini : spiritus sapientiæ et intellectûs, spiritus consilii et fortitudinis, spiritus scientiæ et pietatis, et replebit eum spiritus timoris Domini. Non secundum visionem oculorum judicabit, neque secundum auditum aurium arguet; sed judicabit in justitiâ pauperes, et arguet in æquitate pro mansuetis terræ; et percutiet terram virgâ oris sui, et spiritu labiorum suorum interficiet impium. Et erit justitia cingulum lumborum ejus, et fides cinctorium renum ejus. Habitabit lupus cum agno, et pardus cum hædo accubabit; vitulus et leo simul morabuntur, et puer parvulus minabit eos. Vitulus et ursus pascentur; simul requiescent catuli eorum; et leo quasi bos comedet paleas. Et delectabitur infans ab ubere super foramine aspidis, et in cavernâ reguli, qui ablactatus fuerit manum suam mittet. Non nocebunt et non occident in universo monte sancto meo, quia repleta est terra scientiâ Domini, sicut aquæ maris operientes. In die illâ, radix Jesse, qui stat in signum populorum, ipsum gentes deprecabuntur, et erit sepulcrum ejus gloriosum. »

(1) Mich., 5, 2-5 : « Et tu Bethlehem Ephrata, parvulus es in milibus Juda. Ex te mihi egredietur qui sit dominator in Israël, et egressus ejus ab initio, à diebus æternitatis ejus. Propter hoc dabit eos usque ad tempus in quo pariens pariet; et reliquiæ fratrum ejus convertentur ad filios Israël. Et stabit, et pascet in fortitudine Domini, in sublimitate nominis Domini Dei sui; et convertentur, quia nunc magnificabitur usque ad terminos terræ. Et erit iste pax. »

(2) Matth., 2 : « At illi dixerunt ei : In Bethlehem Judæ; sic enim scriptum est per prophetam : Et tu Bethlehem terra Juda, nequaquàm minima es in principibus Juda; ex te enim exiet dux qui regat populum meum Israël. »

chaldaïque a mis le *Christ*, et que, jusqu'à nos jours, la plupart des docteurs de la Synagogue l'entendent de même. Mais, ainsi qu'il est prédit au nouveau et vrai Israël qu'a formé le Christ et qu'il paît dans la force de Jéhova, il n'y a qu'un petit reste de ses frères selon la chair qui se convertissent.

Achaz, devant qui Isaïe venait de faire de si étonnantes prédictions, avait mis sa confiance au roi d'Assur plutôt qu'en Dieu. Mais cela même servit à l'accomplissement de ce que le prophète avait annoncé sur Damas, Israël et Juda. A la sollicitation d'Achaz, Théglath-Phalasar, nommé Tilgame dans Elien (Elien, l. 12, c. 21), successeur de Phul, dont il a été parlé précédemment, partit de Ninive, vint à Damas, ruina la ville, en transféra les habitants à Kir et tua Razin. Après quoi il tourna ses armes contre le royaume d'Israël, conquit tout le pays de Galaad, c'est-à-dire les tribus de Gad, de Ruben et la moitié de celle de Manassé; passa même le Jourdain, se rendit maître de la tribu de Nephthali et de la Galilée, et transporta en Assyrie les habitants de toutes ces contrées (4. Reg., 15, 29). Achaz était allé trouver le vainqueur à Damas pour lui faire sa cour; mais l'Assyrien, enflé de ses victoires, l'attaqua bientôt lui-même, ravagea, sans aucune résistance, les terres de Juda, déjà ravagées par les Iduméens et les Philistins. Pour apaiser le superbe conquérant, Achaz ne vit d'autre moyen que de dépouiller de nouveau le temple et le palais, et de lui en offrir les trésors.

Tout le fruit que retira de tout cela l'impie Achaz, fut de devenir plus impie encore. Ayant vu à Damas un autel qui lui plut, il en envoya un modèle au prêtre Urie, qui eut la lâcheté d'en bâtir un semblable à Jérusalem; Le roi y offrait des victimes aux idoles de Syrie. Pour entraîner ses sujets dans la même prévarication, il fit élever des autels pareils, non-seulement dans toutes les rues de la capitale, mais encore dans toutes les villes de Juda. Enfin, mettant le comble à ses impiétés, il ferma le temple de l'Eternel. Après avoir régné de la sorte seize ans, Achaz mourut et fut enseveli dans la ville de David, mais non dans le tombeau des rois. Il fut jugé indigne de cet honneur, à cause de son impiété et de son mauvais gouvernement, à l'exemple de Joas et de Joram. L'impie Achaz eut pour successeur son pieux fils Ezéchias (4. Reg., 16, 1-20; 2. Paral., 28, 16-27).

Quant au royaume d'Israël, sa dernière heure était venue. Réduit de moitié par Théglath-Phalasar, il fut détruit entièrement par Salmanasar, son fils. Phacée, fils de Romélie, ayant été tué par Osée, fils de Béla, la 20ᵉ année de son règne, celui-ci régna à sa place. Salmanasar marcha contre lui et le rendit tributaire. Quelques années après, le roi d'Israël, pensant à secouer le joug, sollicita l'alliance du roi d'Egypte, nommé *Sua* dans la Vulgate, *Soa* ou *Segor* dans les Septante, *Soa* ou *Soan* dans l'historien Josèphe, et que, d'après l'hébreu, on pourrait appeler *Seva* ou *Sevé*. Il est probable que c'était Sevechus, fils de Sabbacon. Celui-ci fut le chef de la 25ᵉ dynastie, qui est une dynastie éthiopienne, et avait brûlé vif son prédécesseur Bocchoris (*Chro-*

niq. d'Eusèb., l. 1, c. 20). Salmanasar ayant donc appris que le roi d'Israël avait envoyé des ambassadeurs à celui d'Egypte, vint une seconde fois, ravagea tout le pays, assiégea Samarie pendant trois ans, s'en rendit maître la sixième année d'Ezéchias et la neuvième d'Osée, jeta ce dernier dans les fers, transféra les Israélites en Assyrie, où il les dissémina aux mêmes lieux que son père avait fait les premiers captifs : Hala et Habor, villes des Mèdes, et le fleuve Gozan. Ainsi tomba, pour ne plus se relever, le royaume d'Israël, après avoir duré, sous dix-neuf rois et avec sept révolutions sanglantes, environ deux siècles et demi. Cette ruine et cette captivité étaient prédites depuis longtemps, comme le dernier châtiment de l'impénitence nationale.

Pour ne pas laisser désert le pays de Samarie, et aussi pour s'en assurer la tranquille possession, Salmanasar y envoya des colonies tirées de divers lieux : de Babylone, de Cutha, que l'on croit une province de Perse, d'Ana en Bactrie, d'Emath en Syrie, et de Sepharvaïm sur l'Euphrate. Mais ni la transmigration des Israélites, ni la colonisation des étrangers ne se fit d'un coup. Il est certain, par Esdras, que le petit-fils de Salmanasar, Asarhaddon, y envoya des colonies nouvelles (1. Esd., 4, 2). Ces diverses peuplades avaient des dieux divers et ne craignaient pas d'abord Jéhova. Mais il envoya contre eux des lions, qui les mettaient en pièces. Instruits par une aussi terrible leçon, ils envoyèrent dire au roi d'Assur : « Les peuples que vous avez envoyés en Samarie, et auxquels vous avez commandé de demeurer dans ses villes, ignorent la manière dont le Dieu de ce pays veut être adoré; c'est pour cela qu'il déchaîne contre eux des lions qui les tuent. » Le roi leur envoya un des prêtres emmenés captifs, qui s'établit à Béthel et leur enseigna la manière d'honorer Jéhova. Soit que le maître enseignât mal, soit que les disciples profitassent mal de ses leçons, chacun de ces peuples joignit au culte de Jéhova le culte de ses idoles particulières (4. Reg., 17).

Ce mélange de colons étrangers, avec quelques anciens habitants du pays et quelques Israélites revenus ou exempts de la captivité, fut ce qu'on appela dans la suite les Samaritains, peuple moitié païen, moitié juif, qui recevait les cinq livres de Moïse, observait le sabbat, pratiquait la circoncision et attendait le Messie.

C'est avec une femme de ce peuple que le Christ s'entretint sur le bord du puits de Jacob, non loin de la ville de Sichar ou Sichem. Aujourd'hui encore il subsiste dans cette ville un petit reste de Samaritains, chez lesquels on a retrouvé, il y a deux siècles, le Pentateuque en hébreu avec des lettres samaritaines. Sauf quelques variantes de peu d'importance, qui proviennent généralement de permutations de caractères, ce texte est exactement conforme à celui que nous avons reçu des Juifs : preuve frappante de leur authenticité; car, comme chacun sait, les Juifs et les Samaritains devinrent de bonne heure ennemis irréconciliables les uns des autres.

LIVRE SEIZIÈME.

Ezéchias. — Fin d'Isaïe. — Tobie. — Manassès. — Judith. — Ruine de Ninive.

(De l'an 721 à l'an 613 avant l'ère chrétienne.)

Pendant que le royaume d'Israël achevait sa ruine, celui de Juda refleurissait sous le fils d'Achas. Ezéchias fit ce qui était agréable aux yeux de l'Eternel, selon tout ce qu'avait fait David, son père. Dès le premier mois de la première année de son règne, il ouvrit les grandes portes du temple et les rétablit dans leur premier éclat, en les couvrant de lames d'or, comme elles étaient auparavant. Il assembla aussi les prêtres et les lévites, et leur dit : « Ecoutez-moi, lévites; sanctifiez-vous ; purifiez la maison de Jéhova, Dieu de vos pères, et ôtez toutes les impuretés du lieu saint. Nos pères ont péché et ont fait le mal devant Jéhova, notre Dieu; ils l'ont abandonné; ils ont détourné leur visage de son tabernacle et lui ont tourné le dos. Ils ont fermé les portes du vestibule, ils ont éteint les lampes, ils n'ont plus brûlé d'encens ni offert d'holocaustes dans le sanctuaire, au Dieu d'Israël. Aussi la colère de Jéhova s'est-elle enflammée contre Juda et Jérusalem. Il les a livrés au trouble, à la mort et à la raillerie, comme vous le voyez de vos yeux ; car voilà que nos pères ont péri par le glaive; nos fils, nos filles et nos femmes ont été emmenés captifs à cause de cela. Maintenant donc, il est dans mon cœur de renouveler l'alliance de Jéhova, Dieu d'Israël, et il détournera de nous sa colère. Ne négligez donc rien, mes enfants; car c'est vous qu'a élus Jéhova pour paraître devant lui, pour le servir, pour lui rendre le culte qui lui est dû, et pour brûler l'encens en son honneur (2. Paralip., 29, 1-11). »

Les prêtres et les lévites ayant purifié le temple, le roi s'y rendit avec les principaux de la ville, y offrit, par les enfants d'Aaron, un grand nombre de sacrifices. En même temps les lévites chantaient les louanges de Jéhova, dans les paroles de David et du voyant Asaph, avec les cymbales, les harpes et les guitares, comme l'avaient réglé le roi David, le voyant Gad et le prophète Nathan. Ezéchias, avec tout le peuple, témoigna une grande joie de ce que l'Eternel avait si bien disposé tout le monde ; car cette restauration se fit tout d'un coup (*Ibid.*, 29, 12-36).

Pour rendre ce retour au Seigneur encore plus complet et plus solennel, le pieux monarque envoya des courriers, non-seulement dans les villes de Juda, mais encore dans celles d'Israël, pour inviter tout le monde à venir à Jérusalem immoler la pâque à Jéhova. Ses lettres portaient : « Fils d'Israël, revenez à Jéhova, Dieu d'Abraham, d'Isaac et d'Israël : et il reviendra aux restes qui ont échappé à la main des rois d'Assur. Ne faites donc pas comme vos pères et vos frères, qui se sont retirés de Jéhova, Dieu de leurs ancêtres, qui les a livrés à la désolation comme vous le voyez. Ne raidissez pas vos cous, comme vos pères; donnez les mains à Jéhova, et venez à son sanctuaire qu'il a sanctifié pour jamais; servez Jéhova, votre Dieu, et la colère de sa fureur se détournera ; car si vous revenez à Jéhova, vos frères et vos enfants trouveront miséricorde auprès de ceux qui les ont emmenés captifs, et ils reviendront dans cette terre; car il est bon et miséricordieux, Jéhova, votre Dieu, et il ne détournera point son visage de vous, si vous revenez à lui. »

Quand Ezéchias envoyait ces messages, Théglath-Phalasar avait déjà emmené captives quelques tribus d'Israël, ainsi que plusieurs habitants du royaume de Juda. Son fils Salmanasar avait rendu tributaire le dernier roi d'Israël, Osée. Celui-ci étant un peu moins méchant que ses prédécesseurs, Ezéchias en profita pour inviter tous les Israélites à se réconcilier avec Dieu.

Les courriers furent reçus dans bien des endroits avec des risées. Cependant il y eut un certain nombre des tribus d'Aser, de Manassé, de Zabulon, d'Ephraïm et d'Issachar qui furent touchés et vinrent à Jérusalem. Pour ce qui est de Juda, la main de l'Eternel agissant sur eux, leur donna un même cœur pour accomplir sa parole, suivant les ordres du roi et des princes. Il s'assembla donc à Jérusalem un très-grand peuple pour célébrer la solennité des azymes au second mois. Pour s'y préparer, ils détruisirent les autels profanes qui étaient encore à Jérusalem, mirent en pièces tout ce qui servait à offrir de l'encens aux idoles, et le jetèrent dans le torrent de Cédron. Ezéchias n'épargna pas même le serpent d'airain qui avait été conservé depuis Moïse comme un pieux monument, mais qui alors était devenu un objet d'idolâtrie.

Cette pâque fut donc célébrée le 14e du second mois. Plusieurs des tribus d'Ephraïm, de Manassé, d'Issachar et de Zabulon, soit ignorance, soit faute de temps, n'observèrent pas toutes les cérémonies préparatoires; mais le roi pria pour eux, et Dieu leur pardonna. La solennité ayant duré sept jours, toute l'assemblée fut d'avis de la continuer pendant sept autres ; ce qu'ils firent avec une joie nouvelle ; car Ezéchias avait donné à la multitude mille taureaux et sept mille moutons, et les princes mille taureaux et dix mille moutons. Tout le peuple de Juda était donc en joie, ainsi que les prêtres et les lévites; et toute la multitude venue d'Israël, les prosélytes mêmes, tant de la terre d'Israël que ceux qui demeuraient en Juda. Il se fit ainsi une grande solennité à Jérusalem, telle qu'il n'y en avait pas eu de semblable dans cette ville depuis le temps de Salomon, fils de David. Enfin les prêtres et les lévites se levèrent pour bénir le peuple; et leur prière fut exaucée et pénétra jusque dans le sanctuaire du ciel. Après la fête, les Israélites qui demeuraient dans les villes de Juda, s'en retournèrent chez eux, brisèrent les idoles, abattirent les bois profanes, démolirent les hauts-lieux et renversèrent les autels, non-seulement dans la terre de Juda et de Benjamin, mais encore dans celle d'Ephraïm et de Manassé (2. Paral., 30, 1-27 ; 31, 1).

Ezéchias, de concert avec le grand-prêtre Azarias, rétablit les prêtres et les lévites, chacun dans son rang, pour le service du temple; et recommanda au peuple de lui payer fidèlement les dîmes et les prémices. Ce que firent de grand cœur, non-seulement les enfants de Juda, mais encore ceux d'Israël qui demeuraient dans les villes de Juda (*Ibid.*, 31, 2-6).

Comme Ezéchias était avec Dieu, Dieu fut avec Ezéchias. Il entreprenait avec sagesse, exécutait avec succès. Les Philistins furent battus et repoussés jusqu'à Gaza. Il secoua même le joug du roi d'Assur, et ne voulut plus lui être tributaire; et cela dans le temps que ce roi mettait fin au royaume d'Israël. Ezéchias se maintint dans cette indépendance jusqu'à la quatorzième année de son règne. Cependant il craignit de ne pouvoir résister seul au conquérant de Ninive, qui ne manquerait pas de tenter contre Juda ce qu'il avait fait d'Israël. Il fit donc alliance avec le même roi d'Egypte, dont le dernier roi d'Israël, Osée, avait espéré son salut. Ce manque de confiance en l'Eternel lui fut vivement reproché par Isaïe, qui cependant lui annonça la défaite de l'Assyrien.

« Malheur à ceux qui descendent en Mizraïm pour implorer son secours, qui mettent leur espoir dans la multitude de ses chevaux et de ses chars et dans la force de ses cavaliers, et qui ne se sont pas confiés au saint d'Israël, et qui n'ont point recherché Jéhova! Lui, sage comme il est, amènera sur eux l'adversité, et ne manquera point d'accomplir ses paroles; il s'élèvera contre la maison des méchants et contre le secours de qui commet l'iniquité. L'Egyptien est un homme et non un Dieu; ses chevaux sont de chair et non des esprits; Jéhova inclinera sa main, et le protecteur est renversé, et le protégé tombera; une même ruine les enveloppera tous.

» Voici ce que m'a dit Jéhova : De même que le lion se jette en rugissant sur sa proie, et si une troupe de bergers se présente, leurs cris ne l'épouvantent pas, et leur multitude ne l'effraie pas; ainsi descendra Jéhova-Sabaoth pour combattre sur la montagne de Sion et sur sa colline. Comme l'oiseau couvre ses petits, Jéhova-Sabaoth couvrira Jérusalem, la protégera, la délivrera, la ménagera, la sauvera. Enfants d'Israël, convertissez-vous au Seigneur avec autant de force que vous avez mis à vous éloigner de lui. En ce jour-là, chacun de vous rejettera ses idoles d'argent et ses idoles d'or, que vos mains vous avaient faites en crime. Assur tombera par le glaive, non pas d'un guerrier; un glaive qui n'est pas d'un homme le dévorera. Il fuira, non devant le glaive; ses hommes d'élite seront anéantis. Sa force disparaîtra dans sa frayeur, ses princes trembleront à la vue de mon étendard, dit Jéhova (Isaïe, 31, 1-9). »

Ezéchias avait mis sa confiance au roi d'Egypte. Pour lui montrer combien il s'était trompé, Dieu lui annonce par son prophète ce qu'il réserve à l'Egypte elle-même.

« Charge de Mizraïm. Voici que Jéhova, porté sur un nuage léger, entre en Egypte : les simulacres de l'Egypte s'ébranleront devant sa face, le cœur de l'Egypte se fondra au milieu d'elle. J'armerai l'Egyptien contre l'Egyptien, le frère combattra contre son frère, l'ami contre son ami, la ville contre la ville, le royaume contre le royaume. L'esprit de l'Egypte s'évanouira en elle : j'absorberai sa prudence, et ils interrogeront leurs simulacres, leurs devins, leurs pythons, leurs astrologues. Je livrerai les Egyptiens en la main de maîtres cruels, et un roi violent les dominera, dit le Seigneur Jéhova-Sabaoth..... Les princes de Tanis sont des insensés; ces sages conseillers de Pharaon ont donné un conseil plein de folie. Comment dites-vous à Pharaon : Je suis fils des sages, je suis fils des anciens rois? Où sont maintenant tes sages? qu'ils t'annoncent ce qu'a résolu Jéhova-Sabaoth sur Mizraïm. Les princes de Tanis (*Tsoan*) sont dans le délire; les princes de Memphis (*Noph*) s'égarent; ils ont trompé l'Egypte et celui qui est la pierre angulaire de ces peuples. Jéhova a répandu au milieu d'elle un esprit de vertige; et ils ont fait errer Mizraïm dans toutes ses œuvres, comme chancelle un homme ivre et qui rejette ce qu'il a pris. L'Egypte ne saura que faire, grands et petits, maîtres et sujets. En ce jour-là, les Egyptiens seront comme des femmes; ils s'étonneront, ils trembleront à la vue de la main de Jéhova-Sabaoth, qu'il agitera terrible sur eux. La terre même de Juda sera pour l'Egypte un objet de terreur; quiconque se souviendra d'elle, sera saisi de crainte à la vue des conseils que Jéhova-Sabaoth a formés sur elle (Isaïe, 19, 1-17). »

Conformément à ces paroles, nous verrons l'Egypte successivement envahie et ravagée par Sennachérib, roi de Ninive, Nabuchodonosor, roi de Babylone, et Cambyse, roi des Perses; tandis que, sous ce dernier, les enfants de Juda, rétablis dans leur pays par Cyrus, à l'étonnement de tout le monde, vaquaient en paix au culte de leur Dieu et à la culture de la terre.

Le prophète n'en reste pas là : portant ses regards encore plus loin, il ajoute : « En ce jour-là, il y aura cinq villes dans la terre de Mizraïm qui parleront la langue de Chanaan, et qui jureront par Jéhova-Sabaoth : l'une s'appellera *ville du Soleil*. En ce jour, il y aura un autel à Jéhova au milieu de la terre de Mizraïm, et, à sa frontière, un monument à Jéhova. Ce sera dans Mizraïm un témoignage à Jéhova-Sabaoth; car ils crieront à Jéhova de devant leurs oppresseurs, et il leur enverra un Sauveur et un Protecteur qui les délivrera. Et Jéhova se fera connaître aux Egyptiens, et les Egyptiens connaîtront Jéhova en ce jour; ils feront des sacrifices et des oblations; ils promettront des vœux à Jéhova, et ils les accompliront. Ainsi Jéhova frappera les Egyptiens d'une plaie, et il la refermera, et ils reviendront à Jéhova, et il leur deviendra favorable et les guérira. En ce jour, ce chemin sera ouvert de l'Egypte en Assyrie; les Assyriens entreront dans l'Egypte et les Egyptiens dans l'Assyrie; et les Egyptiens serviront avec les Assyriens. En ce jour-là, Israël se joindra pour troisième aux Egyptiens et aux Assyriens; la bénédiction sera au milieu de la terre que Jéhova-Sabaoth a bénie, en disant : Bénie soit l'Egypte, mon peuple et Assur, l'ouvrage de mes mains, et Israël, mon héritage (1) ! »

Cette bénédiction universelle, nous la verrons s'accomplir à l'arrivée du Christ, lorsque l'Egypte et l'Assyrie ne feront plus, avec les vrais enfants d'Israël, qu'un seul peuple de Dieu. Nous verrons la Providence préluder à cette merveille, en mêlant d'avance la race de Jacob, comme un secret levain, aux antiques royaumes de l'Egypte et de l'Assyrie. Ici, Daniel, Esther, Mardochée feront connaître Jéhova à tous les peuples de l'Asie ; là, les Juifs auront droit de cité dans Alexandrie ; sous Ptolémée-Philomètor, environ un siècle et demi avant l'ère chrétienne, un prêtre de la famille d'Aaron, Onias, gouvernera l'Egypte comme autrefois Joseph, et, dans une province appelée de son nom le pays d'Onias, bâtira un temple à Jéhova dans la ville du Soleil ou Héliopolis (Josèphe, *Antiq.*, l. 13, 6, et l. 20, 8).

Mais ces desseins de miséricorde sur l'Egypte étaient pour des siècles à venir ; ce qui ne devait pas tarder était l'humiliation et la captivité. Dieu ordonne à son prophète de marcher quelque temps sans chaussures et le vêtement entr'ouvert ; puis il dit : « Comme mon serviteur Isaïe a marché nu et sans souliers, pour être un signe et un présage de ce qui arrivera pendant trois ans à l'Egypte et à l'Ethiopie, ainsi le roi d'Assur emmènera de l'Egypte et de l'Ethiopie une foule de captifs et de prisonniers de guerre, sans habits et sans souliers, sans avoir de quoi couvrir ce qui doit être caché dans le corps, à la honte de l'Egypte. Alors ils (les Israélites) seront saisis de crainte d'avoir fondé leur espérance sur l'Ethiopie et leur gloire sur l'Egypte. Et les habitants de cette île (de la Judée) diront alors : Voilà donc où était notre espérance ! voilà de qui nous implorions le secours, pour nous délivrer de la face du roi d'Assur ! Et comment donc lui échapperons-nous (Is., 20, 1-6). »

L'arrêt s'exécuta comme il avait été prédit. Salmanasar était mort, mais Sennachérib le remplaçait sur le trône. Non moins ambitieux que son prédécesseur, il marcha contre Juda et contre son alliée l'Egypte, avec une armée formidable. Entré dans la Judée, il en prit toutes les places fortes et mit le siège devant Lakis, d'où il menaçait Jérusalem. Alors Ezéchias lui envoya des ambassadeurs, et lui dit : « J'ai failli ; retirez-vous de moi, et je supporterai tout ce que vous m'imposerez. » Le roi d'Assur exigea trois cents talents d'argent et trente talents d'or, que paya Ezéchias, partie avec le trésor royal, partie avec les trésors du temple. L'Assyrien ambitionnait avant tout la conquête de l'Egypte, après quoi, pensait-il, Juda ne pouvait lui échapper.

Hérodote parle nommément de Sennachérib et de son expédition dans le premier de ces pays. Bérose, Alexandre Polyhistor, Abydène le nomment également, ainsi que son fils Asarhaddon. Ils nous apprennent que Mérodac-Baladan ayant tué Hagisa, qui avait usurpé la souveraineté de la Babylonie, et ayant été tué lui-même, après six mois de règne, par un certain Elib, qui lui succéda, Sennachérib marcha sur Babylone, entra victorieux dans cette ville et y établit roi son fils Asarhaddon ; qu'ensuite il vainquit une flotte des Grecs dans les eaux de Cilicie et bâtit la ville de Tharse sur le modèle de Babylone. Son successeur Axerdes, Asordad ou Asarhaddon, conquit l'Egypte et la Syrie (*Apud Euseb. Chronic.*, l. 1, c. 5 et 9).

Ezéchias, qui pouvait deviner l'intention secrète de l'Assyrien, profita de l'intervalle pour fortifier Jérusalem, mettre le pays en état de défense et ranimer le courage de ses troupes.

Suivant le récit des prêtres égyptiens dans Hérodote, à l'approche de Sennachérib, roi des Assyriens et des Arabes, le roi d'Egypte, Sethos, se vit abandonné de la noblesse et des gens de guerre ; à sa mort, l'Egypte fut dans une espèce d'anarchie, et ensuite gouvernée non plus par un seul roi, mais par douze princes. Ils ajoutaient que Sennachérib avait cependant été contraint à la fuite, parce qu'une multitude de rats avaient rongé dans une nuit les armes de ses soldats. Dans la langue hiéroglyphique, le rat signifie destruction. Sennachérib fut obligé de s'enfuir, parce que dans une seule nuit une grande partie de son armée avait été détruite. Cette catastrophe vraie, les prêtres égyptiens la supposaient arrivée chez eux, pour pallier la grande défaite de leur nation. Car, et l'abandon où se trouve Sethos, et l'anarchie qui suit sa mort, tout laisse entendre que l'expédition de Sennachérib et celle de son fils Asarhaddon furent désastreuses pour l'Egypte, et qu'elles y produisirent une révolution complète (Herod., l. 2, c. 141 et seq.).

A son retour, l'Assyrien se campa de nouveau devant Lakis, et de là envoya Tartan, Rabsaris et Rabsacès, avec une armée formidable, contre Jérusalem. Rabsacès demanda une entrevue à Ezéchias, qui députa trois de ses ministres, Eliacim, grand-maître de sa maison, Sobna, secrétaire, et Joahé, chancelier. « Dites à Ezéchias, commença Rabsacès : Ainsi parle le grand roi, le roi d'Assur : quelle présomption est la tienne ? Quels conseils, quelle force reportent au combat ? Sur qui te reposes-tu, pour refuser de m'obéir ? Tu te reposes sur l'Egypte, roseau brisé qui perce la main de quiconque s'y appuie ; voilà ce qu'est Pharaon, roi d'Egypte, pour tous ceux qui espèrent en lui. Que si tu me dis : Nous nous confions en Jéhova, notre Dieu ; n'est-ce pas lui dont Ezéchias a renversé les hauts-lieux et les autels, et qu'il a ordonné à Juda et à Jérusalem d'adorer sur un autel unique ? Maintenant donc fais une gageure avec mon maître le roi d'Assur ; et je te donnerai deux mille chevaux, et tu ne trouveras pas seulement parmi les tiens par qui les monter. Et ! comment pourras-tu tenir contre l'un des moindres officiers de mon maître ? Que si tu te confies à l'Egypte, à cause de ses chevaux et de ses chars, crois-tu donc que je sois venu dans cette terre pour la perdre, sans l'ordre de Jéhova ? C'est Jéhova qui m'a dit : Entre dans cette terre et détruis-la. »

---

(1) Isaïe 19, 18-25 : « In die illâ erunt quinque civitates in terrâ Ægypti, loquentes linguam Chanaan, et jurantes per Dominum exercituum : civitas solis vocabitur una. In die illâ erit altare Domini in medio terræ Ægypti, et titulus Domini juxta terminum ejus. Erit in signum et in testimonium Domino exercituum in terrâ Ægypti ; clamabunt enim ad Dominum a facie tribulantis, et mittet eis salvatorem et propugnatorem qui liberet eos. Et cognoscetur Dominus ab Ægypto, et cognoscent Ægyptii Dominum in die illâ ; et colent eum in hostiis et in muneribus ; et vota vovebunt Domino, et solvent. Et percutiet Dominus Ægyptum plagâ, et sanabit eam, et revertentur ad Dominum, et placabitur eis, et sanabit eos. In die illâ erit via de Ægypto in Assyrios, et intrabit Assyrius Ægyptum, et Ægyptius in Assyrios ; et servient Ægyptii Assur. In die illâ erit Israel tertius Ægyptio et Assyrio ; benedictio in medio terræ, cui benedixit Dominus exercituum, dicens : Benedictus populus meus Ægypti, et opus manuum mearum Assyrio ; hæreditas autem mea Israel.

Eliacim, Sobna et Joahé dirent à Rabsacès : « Parlez araméen à vos serviteurs, car nous l'entendons; mais ne nous parlez pas juif, aux oreilles de ce peuple qui est sur la muraille. »

Rabsacès leur répondit : « Est-ce à votre maître et à vous que mon maître m'a envoyé dire ces paroles? N'est-ce pas plutôt à ces gens qui sont sur la muraille et qui vont être réduits à manger leurs propres excréments et à boire leur urine avec vous? Se tenant donc debout et criant de toutes ses forces, il dit en juif : Ecoutez les paroles du grand roi, du roi d'Assur. Voici ce que dit le roi : Qu'Ezéchias ne vous trompe point, car il ne pourra vous délivrer. Qu'il ne vous persuade point de mettre votre confiance en Jéhova, disant : Jéhova indubitablement nous délivrera; cette ville ne sera point donnée de la main du roi d'Assur. N'écoutez point Ezéchias; mais voici ce que dit le roi d'Assur : Faites avec moi une heureuse alliance, et venez vers moi; chacun mangera de sa vigne, chacun mangera de son figuier, chacun boira l'eau de sa citerne, jusqu'à ce que je vienne vous emmener en une terre semblable à la vôtre, une terre de blé et de vin, une terre abondante en pains et en vignes. Qu'Ezéchias ne vous abuse donc point, en disant : Jéhova nous délivrera. Les dieux des nations ont-ils délivré chacun leur terre de la main du roi d'Assur? Où est le dieu d'Emath et d'Arphad? Où le dieu de Sépharvaïm? Ont-ils délivré Samarie de ma main? Qui d'entre tous ces dieux a délivré son pays de ma puissance, pour que Jéhova en sauve Jérusalem? »

Les envoyés d'Ezéchias, d'après ses ordres formels, ne répondirent pas un mot, mais retournèrent vers lui, les vêtements déchirés, et lui rapportèrent les paroles de Rabsacès. Ezéchias les ayant entendues, déchira également ses vêtements, se couvrit d'un sac, entra dans le temple et envoya Eliacim, Sobna et les plus anciens des prêtres, à Isaïe, fils d'Amos, le prophète. Isaïe leur répondit : « Vous direz ceci à votre maître. Ainsi parle Jéhova : Ne crains point ces paroles que tu as entendues et par lesquelles les jeunes gens du roi Assur m'ont blasphémé. Voici que je lui envoie un souffle, il entendra une nouvelle, il retournera dans son pays, et je l'y ferai tomber sous le glaive (Isaïe, c. 36 et 37 ; 4. Reg., 18). »

Pendant ce temps, Sennachérib avait quitté Lakis pour assiéger Lobna. Rabsacès l'était allé trouver auprès de cette dernière ville, lorsqu'il apprit la nouvelle que Tharaca, roi de Cush, ou d'Ethiopie, s'était mis en campagne pour venir le combattre (1). Cette nouvelle le contrariait fort. Pour que le roi de Juda ne se flattât point de lui échapper par cette diversion, le superbe Assyrien lui fit dire par de nouveaux envoyés : « Qu'il ne t'abuse point, ton Dieu, en qui tu mets ta confiance; ne dis point : Jérusalem ne sera point livré en la main du roi d'Assur. Tu as appris ce que les rois d'Assur ont fait à tous les pays, comment ils les ont exterminés; et toi tu leur échapperais! Leurs dieux ont-ils sauvé les nations que mes pères ont ruinées, Gozam, Haram, Reseph et les enfants d'Eden qui étaient à Thalassar ? Où est le roi d'Emath, le roi d'Arphad, le roi de la ville de Sepharvaïm, d'Ana et d'Ava ? »

---

(1) On trouve le nom de *Turak* sur plusieurs monuments de l'Egypte. Dans Manéthon, le troisième roi de la vingt-cinquième dynastie, que cet auteur appelle éthiopienne, se nomme *Taracus*.

Ezéchias ayant lu la lettre de Sennachérib, monta dans le temple et la présenta ouverte devant le Seigneur, en lui adressant cette prière :

« Jéhova-Sabaoth. Dieu d'Israël assis sur les chérubins, c'est vous seul le Dieu de tous les royaumes du monde; c'est vous qui avez fait les cieux et la terre. Inclinez, ô Jéhova! votre oreille et écoutez; ouvrez, ô Jéhova! vos yeux et voyez; écoutez toutes les paroles que m'a envoyé dire Sennachérib pour blasphémer le Dieu vivant. Il est vrai, ô Jéhova! les rois d'Assur ont dévasté tous les royaumes et leurs provinces, et ils ont jeté leurs dieux dans le feu, car ce n'étaient pas des dieux, mais l'ouvrage des mains de l'homme, du bois et de la pierre : ils les ont donc mis en poudre. Mais vous, ô Jéhova! notre Dieu, sauvez-nous maintenant de sa main, afin que tous les royaumes de la terre connaissent que vous seul êtes *Celui qui est* (Isaïe, 37, 8-20). »

Dans le moment même, le fils d'Amos envoyait dire à Ezéchias :

« Ainsi parle Jéhova, le Dieu d'Israël : Quant à ce que tu m'as demandé touchant Sennachérib, roi d'Assur, voici ce que Jéhova a dit sur lui : Elle t'a méprisé à son tour, elle s'est ri de toi, la vierge, fille de Sion ; elle a secoué la tête derrière toi, la fille de Jérusalem. Sais-tu bien à qui tu as fait des reproches, qui tu as blasphémé ? contre qui as-tu haussé la voix et élevé la hauteur de tes regards ? Contre le Saint d'Israël. Tu as outragé le Seigneur par tes serviteurs, et tu as dit : Avec la multitude de mes chars, j'ai franchi la hauteur des montagnes, les cimes du Liban; j'ai coupé ses cèdres les plus élevés, ses sapins les plus beaux; j'ai pénétré jusqu'à sa dernière élévation, jusqu'à la forêt de son Carmel ; j'ai creusé et épuisé les eaux ; j'ai mis à sec toutes les rivières qu'enfermaient des chaussées.

» Ne sais-tu pas que c'est moi qui ai fait ces choses dès l'éternité ? Dès les jours de l'antiquité, j'ai formé ce dessein, et je l'exécute maintenant, en renversant les villes fortes et les réduisant à un monceau de ruines. Les habitants, sans cœur et sans bras, ont été saisis de crainte et couverts de confusion ; ils sont devenus comme l'herbe des champs, comme le gazon du pâturage, comme la mousse des toits, comme une campagne brûlée avant la récolte. Ta demeure, ta sortie, ton entrée, je les savais, ainsi que ta fureur contre moi. Parce que tu t'es mis en fureur contre moi et que ton orgueil est monté jusqu'à mes oreilles, je te mettrai un cercle aux narines et je te ramènerai par le même chemin que tu es venu……

» Voici donc ce que Jéhova dit sur le roi d'Assur : Il n'entrera point dans cette ville, il n'y jettera pas une flèche, il ne l'attaquera point avec le bouclier, il n'élèvera point de terrasses autour de ses murailles. Il retournera par le même chemin qu'il est venu, et il n'entrera point dans cette ville; Jéhova l'a dit : Je protégerai cette cité et je la sauverai, à cause de moi et de David, mon serviteur. »

L'événement suivit la prédiction. L'ange de Jéhova sortit, et, dans une seule nuit, frappa cent quatre-vingt-cinq mille hommes dans le camp des Assyriens, en sorte que, quand ils se levèrent au matin, tout était jonché de cadavres.

La plaie dont l'ange exterminateur les fit périr était probablement ce vent, ce souffle que le Seigneur

LIVRE XVI. — LES ROIS ET LES PROPHÈTES, RUINE DE NINIVE. 371

avait prédit qu'il enverrait ; vent connu en Orient sous le nom de *samoum*, dont le souffle brûlant et empesté fait périr des caravanes entières. Le récit d'Hérodote l'insinue également. « La multitude des rats ou la destruction qui, dans une seule nuit, mit hors de combat l'armée de Sennachérib, avait été envoyée par le dieu du feu, Vulcain, dont Séthos était prêtre. » Cette défaite extraordinaire de l'armée assyrienne est attestée et par le prophète Isaïe, et par le livre des Rois, et par celui de Tobie, et par le fils de Sirac, et par les Machabées (1) : parmi les écrivains profanes, outre Hérodote, Bérose la rapporte dans son *Histoire des Chaldéens*. Après avoir dit que Sennachérib était roi des Assyriens, et qu'il avait fait la guerre dans toute l'Asie et dans l'Egypte, il ajoute : « Sennachérib, revenu vers Jérusalem de son expédition d'Egypte, y trouva son armée, sous le commandement de Rabsacès, ravagée par une maladie pestilentielle dont Dieu la frappa la première nuit qu'elle eut commencé à attaquer la ville : cent quatre-vingt-cinq mille hommes y périrent avec leurs chefs. Epouvanté de ce désastre et craignant pour son armée entière, il s'enfuit avec ses troupes dans sa capitale, appelée Ninus. Peu après, il y fut assassiné, dans le temple d'Arasc, par ses deux fils plus âgés, Adramelec et Selennar. Ces parricides, chassés par le peuple, s'enfuirent en Arménie ; Sennachérib eut pour successeur sur le trône Asarachod (Josèphe, *Antiq.*, l. 10, c. 2). »

L'Ecriture dit en moins de mots : « Sennachérib, roi d'Assur, s'en retourna et demeura dans Ninive. Et un jour qu'il adorait, dans le temple de Nesroch, son dieu, Adramelec et Sarasar, ses enfants, le percèrent de leurs épées et s'enfuirent dans la terre d'Ararat ; et Asarhaddon, son fils, régna en sa place (Isaïe, 37, 36-39). » Telle fut la triste fin de ce superbe conquérant.

D'après les historiens de l'Arménie, les descendants d'Adramelec et de Sarasar, non-seulement s'y perpétuèrent, mais y formèrent plusieurs familles de princes, nommément les Ardzrounièns ou porte-aigle, parce qu'ils portaient l'aigle royale devant le roi d'Arménie dans les grandes solennités. Nous verrons même, avec le temps, des évêques chrétiens parmi les descendants de Sennachérib (Saint-Martin, *Mémoires sur l'Arménie*, t. I, p. 423).

A la mort de ce conquérant, vivait à Ninive un pieux Israélite de la tribu de Nephthali et du pays de Galilée. Son nom était Tobit ou Tobie (2). Dès son enfance, il fut un modèle de piété et de vertu. Jeune encore, et dans son pays natal, tandis que toute sa tribu adorait les veaux d'or établis par Jéroboam, lui s'en allait seul à Jérusalem, adorait dans son temple le Seigneur, Dieu d'Israël, lui offrait les prémices de ses fruits, donnait une dîme aux enfants de Lévi, en consacrait une seconde aux pieux voyages et une troisième au service des pauvres, des prosélytes et des étrangers, ainsi que l'ordonnait la loi. Etant venu en âge d'homme, il prit une femme de sa tribu, nommée Anne, et en eut un fils auquel il donna son nom de Tobie. Emmené captif sous Salmanasar, et transporté à Ninive avec sa femme, son fils et toute sa tribu, il n'abandonna point la voie de la vérité. Mais tandis que tous les autres mangeaient des viandes des gentils, lui s'en gardait avec soin. Et parce qu'il se souvenait de Dieu de tout son cœur, Dieu lui fit trouver grâce devant le roi Salmanasar, qui l'établit son pourvoyeur. Ainsi, libre dans sa captivité, il visitait les autres captifs, et, avec des aumônes, leur donnait des avis salutaires. Passant un jour à Ragès, ville de la Médie, il confia, sur un écrit, dix talents d'argent à un homme de sa tribu, nommé Gabel. Cette somme, fruit des libéralités du roi, est estimée environ cinquante mille francs de notre monnaie.

Après longtemps, Salmanasar mourut et eut pour successeur son fils Sennachérib, qui était très-mal disposé pour les enfants d'Israël. Tobie n'ayant pas la liberté de faire de longs voyages, visitait chaque jour tous ceux de sa parenté, les consolait, distribuait de son bien à chacun de ceux selon son pouvoir, nourrissait ceux qui avaient faim, donnait des vêtements à ceux qui étaient nus et avait grand soin d'ensevelir les morts qu'on jetait derrière les murs de Ninive. Sennachérib, déjà cruel par lui-même aux captifs d'Israël, le fut encore bien plus quand il revint fugitif de Juda. Il en faisait tuer un grand nombre. Tobie ensevelissait leurs corps. Quelqu'un le dénonça au roi, qui fit piller tous ses biens et commanda de le tuer lui-même. Mais il trouva moyen de se cacher, lui, son fils et sa femme, parce qu'il était aimé d'un grand nombre. Il n'y avait pas encore cinquante jours, quand Sennachérib fut tué par ses deux fils aînés. Asarhaddon, le plus jeune, qui lui succéda, établit Achior Anaël, neveu de Tobie par son frère, son premier ministre, son échanson, son chancelier, le grand-maître de son palais, en un mot la seconde personne de son royaume. Anaël intercéda pour son oncle, qui revint à Ninive, rentra dans sa maison, recouvra sa femme, son fils, ainsi que le reste de ses biens (Tobie, 1).

Un jour de fête, c'était la Pentecôte, il y eut un grand repas chez Tobie. Voyant la table fournie abondamment, il dit à son fils : « Va, et amène ici d'entre nos frères quelques nécessiteux qui se souviennent de Dieu, afin qu'ils fassent la fête avec nous ; je vais vous attendre. » Le fils revint et lui dit : « Mon père, un homme de notre nation, qui a été étranglé, est étendu dans la place. » Il sortit aussitôt, avant d'avoir goûté d'aucun mets, enleva le corps et le déposa dans une maison jusqu'à ce que le soleil fût couché. Ensuite, revenu chez lui, il se lava et prit son repas avec douleur, se souvenant de la prophétie d'Amos : *Vos fêtes seront changées en deuil, et toutes vos joies en larmes* ; et il se mit à pleurer. Après le coucher du soleil, il s'en alla, fit une fosse et y enterra le cadavre. Ses voisins se moquaient de lui et disaient : « Ne craint-il donc pas encore d'être mis à mort pour cela ? Il l'a échappé avec peine, et le voilà qui continue d'enterrer les morts ! » La même nuit, il revint si fatigué que, sans entrer dans la maison ni se purifier en lavant ses vêtements, il se coucha près de la muraille de la cour, le visage découvert. Il ne savait pas que dans cette muraille il y avait des oiseaux, dont la fiente chaude lui tombant sur les yeux, les couvrit de taies et le rendit aveugle. Il eut recours aux médecins ; mais ils ne purent le guérir.

---

(1) Isaïe, 37, 36-38 ; 4. Reg., 19 ; Tobie, 1 ; Eccli., 48 ; 1. Mach., 7 ; 2. Mach., 8 et 15.
(2) Nous avons réuni dans une même narration et le texte grec et le texte latin de l'histoire de Tobie. Les versions des deux textes se trouvent dans la Bible de Vence, t. VIII, 5ᵉ édit.

Dieu permit qu'il lui arrivât cette épreuve, afin que sa patience servît d'exemple à la postérité, comme celle du saint homme Job. Car ayant toujours craint Dieu dès son enfance et gardé ses commandements, il ne s'attrista point contre lui du malheur de la cécité, mais il demeura immobile dans sa crainte et son amour, lui rendant grâce tous les jours de sa vie. Comme les rois insultaient au bienheureux Job, de même ses parents et ses alliés se raillaient de sa façon de vivre, disant : « Où est maintenant ton espérance pour laquelle tu faisais tant d'aumônes et ensevelissais les morts ? » Mais Tobie les reprenant, leur disait : « Ne parlez point de la sorte ; car nous sommes les enfants des saints, et nous attendons cette vie que Dieu doit donner à ceux qui ne violent jamais la fidélité qu'ils lui ont promise. » Cependant son neveu Anaël prit soin de le nourrir, jusqu'à ce qu'il partît pour l'Élymaïde.

Pour ce qui est d'Anne, sa femme, elle travaillait en laine, à des ouvrages de son sexe, qu'elle envoyait à ses maîtres. Un jour, outre son salaire, ceux-ci lui donnèrent un chevreau. Tobie l'ayant entendu crier, dit à sa femme : « D'où vient ce chevreau ? ne serait-il point dérobé ? Rendez-le à ses maîtres ; car il n'est pas permis de manger ce qui est volé. » Elle lui dit : « C'est un don qu'on m'a fait, outre mon salaire. » Mais il ne la croyait point, et lui dit de le rendre à ses maîtres. Dans la dispute, elle finit par lui répondre : « Où sont maintenant vos aumônes et vos œuvres de justice ? Voilà comme vous savez tout (Tobie, 2). »

Tobie, affligé de ces paroles, versa des larmes et pria avec douleur, en disant : « Vous êtes juste, Seigneur ; tous vos jugements sont pleins d'équité ; toutes vos voies sont miséricorde, vérité et justice. Et maintenant, Seigneur, souvenez-vous de moi et jetez sur moi vos regards, ne tirez point vengeance de mes péchés, ne vous ressouvenez point de mes offenses, ni de celles de mes ancêtres. Nous n'avons point obéi à vos préceptes ; c'est pourquoi vous nous avez livrés au pillage, à la captivité, à la mort, pour être la fable et le jouet de toutes les nations parmi lesquelles vous nous avez dispersés. Maintenant donc, vos jugements sont terribles, mais justes, lorsque vous me faites ainsi, à cause de mes péchés et de ceux de mes pères, parce que nous n'avons point observé vos commandements, ni marché sincèrement en votre présence. Maintenant donc, faites de moi comme il vous plaira ; commandez que mon esprit soit reçu en paix ; car il m'est plus avantageux de mourir que de vivre. »

Le même jour, Sara, fille de Raguel, qui paraît avoir habité successivement Ragès et Ecbatanes, villes de Médie, se voyait outragée par les servantes de son père. Déjà elle avait été donnée à sept maris ; mais Asmodée, mauvais démon, les avait tués avant qu'ils se fussent approchés d'elle comme de leur femme. Une des servantes ayant donc été reprise par Sara pour quelque faute qu'elle avait faite, elle lui répondit avec emportement : « Que jamais nous ne voyions de toi ni fils ni fille sur la terre, meurtrière de tes maris ! Veux-tu donc aussi me tuer, comme déjà tu as tué sept maris ? Va-t-en plutôt avec eux ! »

La douleur de Sara fut si violente, qu'il lui vint dans la pensée de s'étrangler. Mais elle se dit : « Je suis l'unique enfant de mon père ; si je faisais cela, l'opprobre en retomberait sur lui, et je ferais descendre sa vieillesse dans les enfers avec la douleur. » Elle parlait des enfers où le Christ lui-même est descendu. Puis, se tournant vers Dieu, elle monta dans une chambre haute, y demeura trois jours et trois nuits sans boire ni manger, persévérant dans la prière et demandant à Dieu avec larmes qu'il la délivrât de cet opprobre. Le troisième jour, achevant sa prière et bénissant le Seigneur, elle dit : « Béni soit votre nom, ô Dieu de nos pères ! qui, après vous être mis en colère, faites miséricorde, et qui, dans le temps de la tribulation, pardonnez les péchés à ceux qui vous invoquent. C'est vers vous, ô Seigneur ! que je tourne mon visage ; c'est sur vous que j'arrête mes regards. Je vous demande, Seigneur, que vous me délivriez de ce reproche auquel je me vois exposée, ou que vous me retiriez de dessus la terre. Vous savez, Seigneur, que je n'ai jamais désiré un mari, et que j'ai conservé mon âme pure de toute convoitise. Jamais je ne me suis mêlée avec ceux qui aiment à se divertir ; jamais je n'ai eu aucun commerce avec les personnes qui se conduisent avec légèreté. Si j'ai consenti à recevoir un mari, je l'ai fait dans votre crainte et non pour suivre ma passion. Et, ou je n'ai pas été digne de ceux que l'on m'a donnés, ou peut-être ils n'étaient pas dignes de moi, parce que vous m'avez peut-être réservée pour un autre époux ; car il n'est point au pouvoir de l'homme de pénétrer vos conseils. Mais quiconque vous rend le culte qui vous est dû, le sait assuré que si vous l'éprouvez pendant la vie, il sera couronné ; si vous l'affligez, il sera délivré, et si vous le châtiez, il pourra obtenir miséricorde ; car vous ne prenez point plaisir à notre perdition ; mais, après la tempête, vous rendez le calme, et après les larmes et les soupirs, vous comblez de joie. Que votre nom, ô Dieu d'Israël ! soit béni dans les siècles ! »

Ces deux prières de Tobie et de Sara furent exaucées en même temps devant la gloire du Dieu souverain. Et le saint ange du Seigneur, Raphaël, dont le nom signifie *médecin* ou *guérison de Dieu*, fut envoyé pour guérir l'un et l'autre, comme leurs prières avaient été présentées au Seigneur en même temps (Tobie, 3, suivant les deux textes combinés).

En ce temps-là, Tobie se ressouvint de l'argent qu'il avait mis entre les mains de Gabel, à Ragès de Médie, et il dit en lui-même : « J'ai demandé la mort ; pourquoi n'appelé-je pas mon fils, pour lui donner mes avis avant de mourir ? » L'ayant donc appelé, il lui dit : « Mon fils, écoutez les paroles de ma bouche, et mettez-les dans votre cœur comme un fondement solide : Lorsque Dieu aura reçu mon âme, ensevelissez mon corps, et honorez votre mère tous les jours de sa vie ; car vous devez vous souvenir de ce qu'elle a souffert, et à combien de périls elle a été exposée, lorsqu'elle vous portait en son sein. Et quand elle aura elle-même achevé le temps de sa vie, ensevelissez-la auprès de moi. Ayez Dieu dans l'esprit tous les jours de votre vie, et gardez-vous de consentir jamais à aucun péché et de violer les préceptes du Seigneur, notre Dieu. Faites l'aumône de votre bien, et ne détournez votre visage d'aucun pauvre ; car de cette sorte le Seigneur ne détournera point non plus son visage de dessus vous. Soyez charitable en la manière que vous pourrez. Si vous avez beaucoup, donnez beaucoup ; si vous avez peu, ayez soin de donner ce peu de bon cœur; car vous vous amasserez ainsi un grand trésor et une grande récompense pour le jour de la nécessité, parce que l'aumône délivre de tout péché et de la mort, et qu'elle ne laissera point tomber l'âme dans les ténèbres : l'aumône sera le sujet d'une grande confiance devant le Dieu suprême pour tous ceux qui l'auront faite. Mon fils, gardez-vous de toute fornication, et prenez surtout une femme de la race de vos pères; ne prenez point une étrangère, qui ne soit point de votre tribu paternelle; car nous sommes les enfants des prophètes. Noé, Abraham, Isaac et Jacob sont nos pères des premiers temps; souvenez-vous, mon fils, qu'ils ont tous pris des femmes d'entre leurs frères, qu'ils ont été bénis dans leurs enfants, et que la terre sera l'héritage de leur race. Et maintenant, mon fils, aimez vos frères; ne vous enorgueillissez point dans votre cœur au-dessus de vos frères, les fils et les filles de votre peuple, en dédaignant de vous choisir parmi eux une épouse; car dans l'orgueil est la ruine et des troubles sans fin. Que le salaire d'aucun ouvrier ne demeure chez vous, mais payez-le-lui aussitôt. Ce que vous ne voudriez pas qu'on vous fît, prenez garde de le faire à un autre. Mangez votre pain avec ceux qui ont faim et qui sont pauvres, et couvrez de vos vêtements ceux qui sont nus. Mettez votre pain et votre vin sur le tombeau du juste, et gardez-vous d'en manger et d'en boire avec les pécheurs. (Il parle des repas de charité donnés aux pauvres à l'occasion des funérailles.) Demandez toujours conseil à un homme sage. En tout temps bénissez Dieu et priez-le qu'il dirige vos voies et qu'il affermisse en lui-même tous vos conseils. Je vous avertis aussi, mon fils, que lorsque vous n'étiez qu'un petit enfant, j'ai donné dix talents d'argent à Gabel, dans la ville de Ragès, au pays des Mèdes, et que j'ai sa promesse entre mes mains. C'est pourquoi faites vos diligences pour l'aller trouver et pour retirer de lui cette somme d'argent et lui rendre son obligation. Ne craignez point, mon fils; il est vrai que nous menons une vie pauvre, mais nous aurons beaucoup de biens, si nous craignons Dieu, si nous nous retirons de tout péché et que nous fassions de bonnes œuvres (Tobie, 4). »

« Mon père, dit le jeune Tobie, tout ce que vous m'avez commandé, je le ferai. Mais comment je retirerai cet argent, je l'ignore. Cet homme ne me connaît point, je ne le connais pas non plus; quel signe de créance lui donnerai-je? Je ne connais pas même le chemin par où l'on va dans ce pays. »

« J'ai son obligation entre les mains, répondit le père, et aussitôt que vous la lui ferez voir, il vous rendra la somme. Maintenant allez chercher quelque homme fidèle qui aille avec vous, en le payant de sa peine, afin que vous retiriez cet argent pendant que je vis encore. »

A peine sorti, le fils trouva un jeune homme bien fait, ceint pour le voyage et comme prêt à marcher. Ignorant que ce fût un ange de Dieu, il le salua et dit : « D'où nous venez-vous, bon jeune homme? — D'avec les enfants d'Israël, répondit l'autre. — Savez-vous le chemin qui conduit au pays des Mèdes? — Je le sais; j'ai parcouru souvent toutes les routes de ce pays et j'ai demeuré chez Gabel notre frère, qui habite à Ragès, ville des Mèdes, sur la montagne d'Ecbatanes. »

Tobie le supplia d'attendre quelques instants, pour avertir son père, qui, admirant cette rencontre, le pria d'entrer. Le jeune homme salua le vieux Tobie, disant : « Que la joie soit toujours avec vous! — Quelle joie puis-je avoir, répondit le vieillard, moi qui suis assis dans les ténèbres et qui ne vois point la lumière du ciel? — Ayez bon courage, répliqua le jeune homme; le temps approche auquel Dieu vous doit guérir. » Le père lui ayant demandé s'il pourrait conduire son fils à Ragès, moyennant une juste récompense, l'ange dit : « Je le mènerai, et vous le ramènerai. » Le grec ajoute qu'ils convinrent d'une drachme par jour, sans compter les frais du voyage.

Dites-moi, je vous prie, continua Tobie, de quelle famille êtes-vous, de quelle tribu ? L'ange Raphaël lui répondit : « Est-ce la famille du mercenaire qui doit conduire votre fils, ou le mercenaire lui-même que vous cherchez? Cependant, de peur que je ne vous donne de l'inquiétude, je suis Azarias, fils du grand Ananias. »

Azarias, fils d'Ananias, signifie en hébreu *le secours de Dieu né de la grâce de Dieu.* Raphaël l'était en vérité. Il avait pris en outre les traits d'un jeune Israélite qui portait ces noms et dont la famille était connue.

« Ne vous fâchez point, je vous supplie, reprit le vieillard, si j'ai désiré connaître votre tribu et votre maison. Vous êtes bien mon frère, et issu d'une race estimable et distinguée; car j'ai connu Ananias et Jonathan, fils du grand Séméï, lorsque nous allions ensemble à Jérusalem pour y adorer, en y portant nos prémices et les dîmes de nos fruits; ils ne suivaient point l'égarement de nos frères. Vous êtes d'une souche excellente, mon frère. — Je mènerai votre fils en bonne santé, dit l'ange de nouveau, et je le ramènerai de même. — Que votre voyage soit heureux, conclut le père; que Dieu soit avec vous dans le chemin, et que son ange vous accompagne! »

Quand tout fut prêt, Tobie dit adieu à son père et à sa mère, et ils se mirent tous deux en route, suivis du chien de la maison. Sitôt qu'ils furent partis, la mère commença à pleurer et à dire : « Vous nous avez ôté le bâton de notre vieillesse et vous l'ayez éloigné de nous. Plût à Dieu qu'il n'eût jamais été, cet argent pour lequel vous l'avez envoyé! car notre pauvreté suffisait pour croire que ce nous était une richesse de voir notre fils. — Ne pleurez point, dit le père, notre fils arrivera en bien portant, et il reviendra bien portant chez nous, et vos yeux le verront; car je crois que le bon ange de Dieu l'accompagne, et qu'il règle tout ce qui le regarde, et qu'ainsi il reviendra vers nous plein de joie. » A cette parole, la mère cessa de pleurer et se tut (Tobie, 5).

Les deux voyageurs arrivèrent le soir au fleuve du Tigre, et s'y arrêtèrent. Le jeune homme étant descendu pour se laver, un énorme poisson s'élança du fleuve pour le dévorer. « Seigneur! s'écria-t-il épouvanté, il se jette sur moi! — Prenez-le par les ouïes, dit l'ange, et tirez-le à vous. » Il le fit et l'entraîna à terre. Pendant que le poisson se débattait à ses pieds, l'ange lui recommanda de le fendre en deux, d'en prendre le cœur, le foie et le fiel, et de les garder soigneusement. Quant à la chair, elle leur servit de nourriture le reste du voyage. Ils s'avançaient dans le pays d'Ecbatanes, lorsque le jeune homme dit à l'ange : « Mon frère Azarias, pourquoi le cœur, le foie et le fiel de ce poisson? » L'ange lui répondit : « Si un démon ou un mauvais esprit tourmente quelqu'un, il faut faire fumer le cœur et le foie de ce poisson devant la personne affligée, homme ou femme, et elle ne sera plus tourmentée. Il n'y a de même qu'à frotter de ce fiel les yeux d'un homme qui a des taies, et il sera guéri. »

Quand ils furent près de la ville, Tobie ayant demandé où ils iraient loger, l'ange lui dit : « Mon frère, nous logerons aujourd'hui chez Raguel; il est votre parent, et il a une fille nommée Sara ; je parlerai d'elle, afin qu'elle vous soit donnée pour épouse; car c'est à vous que doit échoir son héritage, et vous êtes le seul de sa famille. Cette jeune fille est belle et sage ; maintenant donc, écoutez-moi, et je parlerai de vous à son père, et quand nous serons revenus de Ragès, nous ferons les noces ; car je sais que Raguel ne la donnera à aucun autre homme, selon la loi de Moïse, que cet homme n'encoure la mort; car c'est à vous, préférablement à tout autre, qu'il appartient de recueillir son héritage. »

« Azarias, mon frère, dit le jeune Tobie, j'ai entendu dire que cette jeune fille a été donnée à sept hommes, et qu'ils ont tous péri dans la chambre nuptiale. Or, je suis enfant unique de mon père, et je crains qu'en entrant je ne meure comme les premiers, parce qu'elle est aimée d'un démon qui ne fait de mal qu'à ceux qui s'approchent d'elle. Maintenant donc, je crains que je ne meure et que je ne plonge la vie de mon père et de ma mère dans la douleur sur moi jusqu'à leur tombe, et il ne leur reste aucun autre fils pour les ensevelir. »

L'ange lui répondit : « Ne vous souvenez-vous pas des paroles par lesquelles votre père vous a commandé de vous choisir une femme de votre famille? Maintenant donc, écoutez-moi, mon frère; car elle sera votre épouse, et dès cette nuit; comptez pour rien ce démon. Je vais vous apprendre sur qui le démon a pouvoir. Ceux qui se marient de telle sorte qu'ils éloignent Dieu de leur cœur et de leur esprit, et qu'ils ne pensent qu'à satisfaire leur passion comme les chevaux et les mulets qui n'ont point l'intelligence, voilà sur qui le démon a pouvoir. Mais pour vous, quand vous aurez épousé cette fille et que serez entré dans la chambre nuptiale, vivez en continence avec elle pendant trois jours, et ne pensez à autre chose qu'à prier Dieu avec elle. Cette même nuit, vous prendrez des cendres d'aromates, sur lesquelles vous mettrez du cœur et du foie de ce poisson, et vous les ferez fumer. Alors le démon, frappé de cette odeur, s'enfuira et ne reviendra plus jamais. La seconde nuit, vous serez associé aux saints patriarches. La troisième, vous recevrez la bénédiction de Dieu, afin qu'il naisse de vous deux de ces enfants dans une parfaite santé. La troisième nuit étant passée, vous prendrez cette vierge dans la crainte du Seigneur et dans le désir d'avoir des enfants, plutôt que par un mouvement de passion, afin que vous ayez part à la bénédiction de Dieu, ayant des enfants de la race d'Abraham. Ne craignez donc point, car elle vous a été destinée dès l'éternité; vous la sauverez, et elle ira avec vous. » Tobie ayant entendu cela, conçut de l'affection pour elle, et son âme s'attacha à elle étroitement. Enfin, ils arrivèrent à Ecbatanes (Tobie, 6).

Tobie vint à la maison de Raguel. Sara s'avança au devant de lui et les salua; ils lui rendirent le salut, et elle les fit entrer dans la maison. Raguel dit à Anne, son épouse : « Que ce jeune homme ressemble à Tobie, mon cousin! » Puis il leur demanda : « D'où êtes-vous, nos jeunes frères ? » Ils répondirent : « D'entre les enfants de Nephthali, captifs à Ninive. — Connaissez-vous mon frère Tobie, reprit Raguel? — Nous le connaissons. — Est-il en bonne santé ? — Il vit, et il est en bonne santé.

Et comme Raguel disait beaucoup de bien de Tobis, l'ange lui dit : « Tobie, dont vous demandez des nouvelles, est le père de celui-ci. » A ce mot, Raguel fit un saut en arrière et l'embrassa en pleurant. « Que la bénédiction soit sur vous, mon fils, s'écria-t-il ; car vous êtes le fils d'un homme de bien, d'un excellent homme. » Mais lorsqu'il eut appris que Tobie avait perdu les yeux, il en pleura de tristesse, ainsi qu'Anne, son épouse, et Sara, leur fille. Tous les trois reçurent leurs hôtes avec beaucoup d'affection : ils immolèrent un bélier et préparèrent un grand festin.

Mais avant de se mettre à table, le jeune Tobie parla en ces termes : « Je ne mangerai point ici ni n'y boirai en ce jour, que vous ne m'ayez accordé ma demande et que vous ne me promettiez Sara, votre fille. » A ces paroles Raguel fut saisi de frayeur, sachant ce qui était arrivé aux sept maris qui s'étaient approchés d'elle, et il commença d'appréhender que la même chose n'arrivât également à celui-ci. Comme il était donc en cette incertitude et ne répondait rien à la demande, l'ange lui dit : « Ne craignez point de donner votre fille à ce jeune homme, parce qu'il craint Dieu et que votre fille lui est due pour épouse : c'est pour cela que nul autre n'a pu l'avoir. »

« Je ne doute point, répondit Raguel, que Dieu n'ait admis devant sa face mes prières et mes larmes, et je suis persuadé qu'il vous a fait venir chez moi, afin que celle-ci épousât un homme de sa parenté, selon la loi de Moïse; ainsi ne doutez point que je vous la donne comme vous le désirez. » Et prenant la main droite de sa fille, il la mit dans la main droite de Tobie, disant : « Que le Dieu d'Abraham, le Dieu d'Isaac et le Dieu de Jacob soit avec vous! que lui-même vous unisse et qu'il accomplisse sa bénédiction en vous! » Puis, ayant pris du papier, ils dressèrent le contrat de mariage et firent le festin en bénissant le nom de Dieu. Raguel appela sa femme et lui commanda de préparer une autre chambre nuptiale; et elle y mena Sara, sa fille, qui se mit à pleurer; mais elle lui dit : « Ayez bon courage, ma fille : que le Seigneur du ciel vous comble de joie pour tant d'afflictions que vous avez eues (Tobie, 7) ! »

Après qu'ils eurent achevé de souper, ils conduisirent Tobie à Sara. Lui se souvenant de ce que Raphaël lui avait dit, prit des cendres d'aromates, mit dessus le cœur et le foie du poisson, et les fit fumer. Quand le démon reçut l'impression de cette odeur, il s'enfuit dans les régions supérieures de l'Egypte, où l'ange le lia.

Cette fumée chassa le démon, comme la verge d'Aaron divisa la mer Rouge, comme le serpent d'airain guérit les blessés, comme le son des trompettes renversa les murs de Jéricho.

Lorsqu'ils furent demeurés renfermés l'un et l'autre, Tobie exhorta la vierge et lui dit : « Sara, levez-vous et prions Dieu aujourd'hui, et demain, et après-demain, parce que, durant ces trois nuits, nous devons nous unir à Dieu, et, après la troisième, nous vivrons dans notre mariage ; car nous sommes les enfants des saints, et nous ne devons pas nous marier comme les nations qui ne connaissent pas Dieu. » S'étant donc levés tous deux, ils priaient Dieu avec grande instance, afin qu'il lui plût de les conserver en santé. « Seigneur, Dieu de nos pères, disait Tobie, vous bénissent le ciel et la terre, la mer, les fontaines et les fleuves, avec toutes vos créatures qu'elles renferment ! C'est vous qui avez fait Adam et lui avez donné pour aide et soutien Eve, son épouse : d'eux est née la race des hommes. C'est vous qui avez dit : *Il n'est pas bon que l'homme soit seul ; faisons-lui un aide qui lui soit semblable.* Maintenant donc, Seigneur, vous le savez, ce n'est point par convoitise que je prends ma sœur que voilà, mais par une affection sincère et dans le seul désir de laisser des enfants par lesquels votre nom soit béni dans tous les siècles. Ordonnez donc que j'obtienne miséricorde et que je parvienne avec elle jusqu'à la vieillesse. » Sara disait, de son côté : « Ayez pitié de nous, Seigneur, ayez pitié de nous, et que nous puissions vivre ensemble, jusqu'à la vieillesse, dans une parfaite santé. »

Vers le chant du coq, Raguel fit venir ses serviteurs, et ils s'en allèrent avec lui pour creuser une fosse ; car il disait : Peut-être sera-t-il arrivé à celui-ci la même chose qu'à ces sept hommes qui ont été avec elle. Quand la fosse fut prête, il revint à sa femme et lui recommanda d'envoyer une de ses servantes pour voir s'il était mort, afin de l'ensevelir avant le jour. La servante ayant ouvert la porte, les trouva tous deux endormis et en parfaite santé.

A cette heureuse nouvelle, Raguel et Anne s'écrièrent : « Béni soyez-vous, ô Dieu ! Béni soyez-vous de toutes sortes de bénédictions pures et saintes ; vous bénissent tous vos saints et toutes vos créatures, tous vos anges et tous vos élus ; qu'ils vous bénissent dans les siècles. Nous vous bénissons, Seigneur, Dieu d'Israël ! parce qu'il n'est point arrivé comme nous pensions ; mais vous nous avez fait miséricorde et vous avez chassé loin de nous l'ennemi qui nous persécutait. Vous avez eu pitié de deux enfants uniques. Faites, Seigneur, qu'ils vous bénissent de plus en plus et qu'ils vous offrent le sacrifice de la louange qu'ils vous doivent et de la santé qu'ils ont reçue de vous, afin que toutes les nations connaissent que dans toute la terre il n'y a point d'autre Dieu que vous. »

Raguel ordonna de suite de remplir avant le jour la fosse qu'ils avaient faite. Il célébra les noces magnifiques pendant quatorze jours, y invita tous ses voisins et ses amis. A Tobie il donna la moitié de tout ce qu'il possédait, et déclara, par un écrit, que l'autre moitié lui reviendrait après sa mort et celle de sa femme (Tobie, 8).

Alors Tobie appela l'ange, qu'il croyait un homme, et lui dit : « Mon frère Azarias, je vous prie de vouloir bien écouter ce que j'ai à vous dire. Quand je me donnerais à vous pour votre esclave, je ne pourrais pas reconnaître dignement les soins que vous avez pris de moi. J'ai néanmoins encore une prière à vous faire ; c'est que vous preniez des montures et l'équipage nécessaire, et que vous alliez trouver Gabel à Ragès, ville des Mèdes, pour lui rendre son obligation, en recevant de lui la somme, et pour le prier de venir à mes noces ; car vous savez vous-même que mon père compte les jours, et que si je tarde un jour de plus, son âme sera dans l'affliction. Cependant vous voyez de quelle manière Raguel m'a conjuré de demeurer ici, et que je ne puis résister à des instances si pressantes. » Raphaël prit donc quatre serviteurs de Raguel et deux chameaux, et s'en alla en la ville de Ragès, au pays des Mèdes, où, ayant trouvé Gabel, il lui rendit son obligation et reçut de lui toute la somme. Il lui raconta aussi tout ce qui était arrivé au jeune Tobie, et il le fit venir à ses noces. Gabel étant entré dans la maison de Raguel, trouva Tobie à table, qui se leva aussitôt ; ils s'entre-saluèrent en se baisant, et Gabel pleura et bénit Dieu, en s'écriant : « Vous bénisse le Dieu d'Israël, parce que vous êtes le fils d'un excellent homme, d'un homme juste, craignant Dieu et faisant beaucoup d'aumônes ! que la bénédiction se répande aussi sur votre femme, et sur votre père et votre mère ! Puissiez-vous voir vos fils et les fils de vos fils jusqu'à la troisième et la quatrième génération ; et que votre race soit bénie du Dieu d'Israël qui règne dans les siècles des siècles ! » Et tous, ayant répondu amen, ils se mirent à table ; mais dans le festin même des noces, ils se conduisirent avec la crainte du Seigneur (Tobie, 9).

Comme le jeune Tobie différait ainsi à revenir à cause de ses noces, son père était en peine de lui et disait : « D'où peut venir ce retardement de mon fils, et qui peut le retenir là si longtemps ? Gabel serait-il mort, et n'y aurait-il personne pour lui rendre l'argent ? » Il se laissa donc aller à une profonde tristesse, et Anne, sa femme, avec lui ; et ils se mirent ensemble à pleurer de ce que leur fils n'était point revenu au jour marqué. La mère surtout versait des larmes inconsolables, en disant : « Ah ! mon fils, mon fils ! pourquoi vous avons-nous envoyé si loin, vous, la lumière de nos yeux, le bâton de notre vieillesse, la consolation de notre vie, l'espérance de notre postérité. Nous ne devions pas nous éloigner de vous, puisque vous seul teniez lieu de toutes choses. » Mais Tobie lui disait : « Taisez-vous ; ne vous troublez point ; notre fils se porte bien ; c'est un homme très-fidèle avec qui nous l'avons envoyé. »

Rien néanmoins ne pouvait la consoler ; mais sortant tous les jours de sa maison, elle regardait de tous côtés, et allait dans tous les chemins par où elle espérait qu'il pourrait revenir, pour tâcher de le découvrir au loin quand il reviendrait.

Cependant Raguel disait à son gendre : « Demeurez ici, et j'enverrai à votre père des nouvelles de votre santé. » Mais Tobie lui répondit : « Je sais que mon père et ma mère comptent les jours, et que leur esprit est tourmenté en eux. » Raguel ayant fait en vain de nouvelles instances, il lui remit Sara avec la moitié de tout ce qu'il possédait en serviteurs, en servantes, en troupeaux, en chameaux et en argent, et le laissa aller plein de santé et de joie, en lui disant : « Que le saint ange du Seigneur soit en votre chemin, et qu'il vous conduise jusque chez vous sans aucun péril ; puissiez-vous trouver vos parents dans un état prospère, et puissent mes yeux voir vos enfants avant que je meure. » Ensuite le père et la mère, prenant leur fille, la baisèrent et la laissèrent aller, l'avertissant d'honorer son beau-père et sa belle-mère, devenus dès lors son père et sa mère, d'aimer son mari, de régler sa famille, de gouverner sa maison et de se conserver irrépréhensible en toutes choses (Tobie, 10).

Le onzième jour du voyage, lorsqu'on approchait de Ninive, l'ange dit : « Mon frère Tobie, vous savez l'état où vous avez laissé votre père. Si donc il vous plaît, allons devant, et que vos domestiques suivent lentement avec votre femme et avec tous vos troupeaux. » L'autre y ayant consenti volontiers, Raphaël lui recommanda d'emporter avec lui le fiel du poisson, parce qu'il en aurait besoin.

Anne, cependant, allait tous les jours s'asseoir près du chemin sur le haut d'une montagne d'où elle pouvait découvrir de loin. Et comme elle regardait de là si son fils ne venait point, elle l'aperçut de bien loin, le reconnut aussitôt et courut en porter la nouvelle à son mari, disant : Voilà que vient ton fils !

En même temps Raphaël disait à Tobie : « Dès que vous serez entré dans votre maison, adorez le Seigneur, votre Dieu ; et, en lui rendant grâces, approchez-vous de votre père et lui donnez le baiser. Et aussitôt mettez sur ses yeux du fiel de ce poisson que vous portez sur vous. Car sachez que dans peu les yeux de votre père s'ouvriront, et il verra la lumière du ciel, et il sera comblé de joie en vous voyant. »

Alors le chien qui les avait accompagnés durant le voyage courut devant eux ; et, comme s'il eût porté la nouvelle de leur venue, il témoignait sa joie par les mouvements de sa queue et par ses caresses.

De son côté, le père de Tobie, tout aveugle qu'il était, se leva et se mit à courir, s'exposant à tomber à chaque pas ; et, donnant la main à un serviteur, il courut au devant de son fils ; et, en l'accueillant, il l'embrassa ainsi que sa mère, et ils commencèrent tous deux à pleurer de joie. Puis ayant adoré Dieu et lui ayant rendu grâces, ils s'assirent. Tobie prit alors du fiel du poisson et en frotta les yeux de son père. Et après qu'il eut attendu environ une demi-heure, une petite peau blanche, semblable à celle d'un œuf, commença à sortir de ses yeux. Son fils la tira tout à fait, et aussitôt il recouvra la vue. Et ils glorifiaient Dieu, lui et sa femme, et tous ceux qui le connaissaient. « Je vous bénis, Seigneur Dieu d'Israël, s'écriait-il, je vous bénis, parce que c'est vous qui m'avez châtié, vous qui m'avez sauvé ; et je vois maintenant mon fils Tobie. »

Sara, la femme de son fils, arriva aussi sept jours après avec toute sa famille en parfaite santé, ayant avec elle ses troupeaux et ses chameaux, une grande somme d'argent de son mariage, et celui-là même que Gabel avait rendu. Tobie le père, à qui son fils avait raconté les merveilles qui lui étaient arrivées en Médie, sortit au devant de la jeune épouse, plein de joie et louant Dieu, à la porte de Ninive. Ceux qui le voyaient marcher étaient en admiration de ce que la vue lui était rendue. Tobie publiait devant eux que Dieu avait eu pitié de lui. Quand il fut près de Sara, il la bénit en disant : « Venez et soyez heureuse, ma fille ; béni soit Dieu qui vous amène vers nous ; bénis soient votre père et votre mère. » Et la joie se répandit parmi tous ses frères qui étaient à Ninive. Anaël, nommé aussi Achior, et Nabath, fils de son frère, vinrent pleins de joie le féliciter de tous les biens que Dieu lui avait faits, et tous, pendant sept jours, ils célébrèrent des festins avec de grandes réjouissances (Tobie, 11).

Alors Tobie appela son fils pour examiner ensemble ce qu'ils pourraient donner au saint homme qui l'avait accompagné dans le voyage. « Mon père, dit le fils, quelle récompense lui donnerons-nous ? qu'y a-t-il qui soit digne de ses bienfaits ? Il m'a mené et ramené bien portant ; lui-même a été recevoir l'argent de Gabel ; il m'a fait voir la femme que j'ai épousée ; il a éloigné d'elle le démon ; il a rempli de joie son père et sa mère ; il m'a délivré du poisson qui m'allait dévorer ; il vous a fait voir à vous-même la lumière du ciel ; et c'est par lui que nous avons été comblés de toutes sortes de biens. Pour tout cela, que pouvons-nous lui offrir qui soit digne ? Mais je vous prie, mon père, de le supplier de vouloir bien accepter la moitié de tout le bien que nous avons apporté. »

Ils le firent donc venir tous deux, et, l'ayant pris à part, ils le conjurèrent de vouloir bien agréer ces offres. Mais il leur dit en secret : « Bénissez le Dieu du ciel, et rendez-lui gloire devant tous les vivants, parce qu'il a fait éclater sur vous sa miséricorde. Il est bon de tenir caché le secret d'un roi ; mais il est glorieux de découvrir et de publier les œuvres de Dieu. La prière avec le jeûne, l'aumône et la justice, valent mieux que tous les trésors et tout l'or qu'on peut amasser. Car l'aumône délivre de la mort ; c'est elle qui purifie tout péché et qui fait trouver la miséricorde et la vie éternelle. Mais ceux qui commettent le péché et l'iniquité sont les ennemis de leur âme. Je vais vous découvrir la vérité, et je ne vous cacherai point une chose qui est secrète. Lors donc que vous priiez, vous et Sara, votre bru, je présentais le mémorial de vos prières devant le Saint ; et lorsque vous ensevelissiez les morts, j'assistais près de vous. Lorsque vous ne différiez pas de vous lever de table et de quitter votre dîner pour aller couvrir un mort, ce bien que vous faisiez ne m'était point caché ; mais j'étais avec vous. Et parce que vous étiez agréable à Dieu, il a été nécessaire que la tentation vous éprouvât. Maintenant donc, Dieu m'a envoyé pour vous guérir, vous et Sara, l'épouse de votre fils. Je suis Raphaël, l'un des sept saints anges qui présentent les prières des saints, et qui ont accès devant la majesté du Saint. »

A ces mots ils furent troublés l'un et l'autre et tombèrent le visage contre terre. Mais il leur dit : « Ne craignez point ; la paix est avec vous ; bénissez Dieu à jamais ; car ce n'est point par ma grâce, mais par la volonté de notre Dieu que je suis venu ; bénissez-le donc, lui, à jamais. Je paraissais manger et boire avec vous ; mais moi, je me nourris d'une viande invisible et d'un breuvage qui ne peut être vu des hommes. Maintenant donc rendez gloire à Dieu ; car je monte vers celui qui m'a envoyé ; et écrivez dans un livre tout ce qui est arrivé. » Eux se levèrent et ne le virent plus. Alors s'étant prosternés de nouveau le visage contre terre pendant trois heures, ils bénirent Dieu ; puis, s'étant levés, ils publièrent toutes ces merveilles, et comment l'ange du Seigneur leur avait apparu (Tobie, 12).

Tobie écrivit une prière pour exprimer sa joie :

« Béni soit Dieu, qui vit dans les siècles, lui et son royaume. Il châtie et il fait miséricorde ; il conduit aux enfers et il en ramène, et il n'y a personne qui puisse éviter sa main. Rendez-lui gloire, enfants d'Israël, devant les nations ; car il vous a dispersé parmi les peuples qui ne le connaissent point, afin que vous publiiez ses merveilles et que vous leur appreniez qu'il n'y a que lui de Dieu tout-puissant. Il nous châtiera à cause de nos iniquités ; mais de nouveau il aura pitié de nous et nous rassemblera de toutes les nations où nous étions épars..... Que tous le célèbrent et lui rendent gloire dans Jérusalem.

» Jérusalem ! cité du Saint, il te châtiera à cause des œuvres de tes enfants, mais de nouveau il aura pitié de la postérité des justes. Rends gloire au Seigneur, et bénis le Roi des siècles, afin qu'il rétablisse en toi son tabernacle et rappelle en toi tous les captifs, et que tu sois comblée de joie dans tous les siècles des siècles. Tu brilleras d'une lumière éclatante ; tous les confins de la terre t'adoreront. Les nations viendront à toi de loin, et, apportant des offrandes, adoreront en toi le Seigneur et considèreront ta terre comme une chose sainte. Car elles invoqueront le grand nom au milieu de toi. Maudits seront ceux qui te mépriseront ; condamnés, ceux qui t'auront blasphémé ; bénis, ceux qui te rebâtiront. Pour toi, tu te réjouiras dans tes enfants, parce que le Seigneur les bénira tous et les rassemblera tous en lui. Heureux ceux qui t'aiment ! ils se réjouiront de ta paix. Heureux tous ceux qui se sont affligés de tes châtiments ! ils se réjouiront en toi, quand ils verront toute ta gloire, et leur allégresse sera dans tous les siècles. O mon âme, bénis Dieu, le grand Roi ! Heureux serai-je, s'il reste quelqu'un de ma race pour voir la splendeur de Jérusalem. Car Jérusalem sera bâtie de saphir et d'émeraude ; tes murs, de pierres précieuses ; tes tours et tes remparts, d'un or très-pur. Toutes ses places seront pavées de béryl, d'escarboucle et de pierres d'une blancheur éblouissante ; toutes ses rues chanteront alleluia ; béni soit le Seigneur qui l'a élevée à cette gloire ; qu'il règne en elle dans les siècles des siècles, amen (Tobie, 13) ! »

Voilà comme le pieux Tobie, transporté de l'esprit divin, chanta d'avance et la ruine de Jérusalem sous Nabuchodonosor de Babylone, et son rétablissement sous Cyrus ; mais surtout l'établissement de la Jérusalem nouvelle, par le Christ, et le triomphe de la Jérusalem céleste, telle que le prophète du Nouveau Testament l'a vue descendre du ciel.

Il vécut encore, suivant le texte grec, jusqu'à l'âge de cent cinquante-huit ans, aussi pieux envers le Seigneur et aussi charitable envers les hommes. Sur la fin de ses jours, il appela son fils et les fils de son fils : « Mon enfant, lui dit-il, prends tes fils ; va dans la Médie, mon enfant ; car je suis persuadé de tout ce que le prophète a dit de Ninive, qu'elle sera détruite ; mais dans la Médie, la paix régnera plus qu'ailleurs jusqu'à un temps. Je suis également persuadé que nos frères seront dispersés sur la terre et bannis de leur bon pays ; Jérusalem sera déserte ; la maison de Dieu qui est au milieu d'elle sera détruite, et elle restera déserte jusqu'à un temps. Mais Dieu aura de nouveau pitié d'eux, et les ramènera dans leur terre ; ils rebâtiront le temple, non tel que le premier, jusqu'à ce que soient accomplis les temps du siècle présent. Après cela, ils reviendront de leurs captivités ; ils bâtiront Jérusalem avec splendeur, et la maison de Dieu sera bâtie avec gloire, selon ce qu'ont dit d'elle les prophètes. Et toutes les nations reviendront sincèrement à craindre le Seigneur-Dieu, et elles enfouiront leurs idoles. Toutes les nations béniront le Seigneur, et son peuple rendra gloire à Dieu ; et le Seigneur exaltera son peuple, et tous ceux-là se réjouiront qui aiment le Seigneur-Dieu dans la vérité et la justice, et qui exercent la miséricorde envers nos frères. Maintenant donc, mon enfant, sortez de Ninive ; car il arrivera certainement ce que le prophète a dit. Pour vous, gardez la loi et les préceptes, soyez miséricordieux et juste, afin que vous soyez heureux. Ensevelissez-moi comme il convient, et votre mère avec moi, et ne demeurez pas plus longtemps à Ninive. Voyez, mon enfant, ce qu'Aman fit à Achior, qui avait pris soin de l'élever ; comment il le fit descendre de la lumière dans les ténèbres, et quelle récompense il lui rendit : mais Achior fut sauvé, et Aman reçut son salaire et fut lui-même précipité dans les ténèbres. Manassès pratiqua l'aumône et échappa au filet de mort qu'Aman lui avait tendu ; Aman, au contraire, tomba dans le filet et y périt. Maintenant donc, mes enfants, voyez ce que produit l'aumône, et comment la justice délivre. »

Ainsi qu'on a vu, Achior était neveu de Tobie et premier ministre d'Asaraheddon. On ne sait rien des deux autres.

Le père et la mère de Tobie étant morts, il les ensevelit honorablement, puis s'en alla, avec sa femme et ses enfants, à Ecbatanes, auprès du père et de la mère de son épouse, qu'il trouva bien portants dans une heureuse vieillesse. Il eut soin d'eux, leur ferma les yeux, vécut lui-même, suivant le texte grec, jusqu'à cent vingt-sept ans, apprit avant de mourir la ruine de Ninive, et vit les enfants de ses enfants jusqu'à la cinquième génération. Tous ses alliés et tous ses enfants persévérèrent dans la bonne vie et dans une conduite sainte, en sorte qu'ils furent aimés de Dieu et des hommes, particulièrement de tous les habitants du pays (Tobie, 14).

Nous avons vu que l'ange Raphaël commanda aux deux Tobies d'écrire l'histoire des merveilles que le Seigneur avait opérées en leur faveur. Ils exécutèrent cet ordre sans aucun doute ; on croit qu'ils le firent en chaldéen. C'est du chaldéen que saint Jérôme a traduit le livre de Tobie tel qu'il est dans la Vulgate. Avant saint Jérôme, il en existait une version grecque, citée par les premiers Pères, et qui subsiste encore. Dans l'un de ces textes, il y a des particularités omises dans l'autre. Nous les avons réunies dans la même narration. Quoique ce livre ne soit pas dans le *Catalogue des écritures canoniques* formé par Esdras, les Juifs le révéraient cependant, dans les premiers siècles de l'Eglise, comme une histoire sainte et véritable.

Après avoir suivi Tobie dans sa captivité à Ninive, revenons à Jérusalem et à Ezéchias.

Dans le temps même que Jérusalem était menacée de Sennachérib, Ezéchias tomba malade jusqu'à la mort. Le prophète Isaïe vint lui dire de mettre ordre à sa maison, parce qu'il mourrait sans espoir de revivre. Ezéchias se tourna vers la muraille et pria le Seigneur avec beaucoup de larmes ; Isaïe n'avait pas encore passé la moitié du vestibule, que le Seigneur lui dit : « Retourne, et dis à Ezéchias, chef de mon peuple : Ainsi parle Jéhova, Dieu de David, ton père : J'ai entendu ta prière et j'ai vu tes larmes, et voilà que je te guéris; dans trois jours tu monteras à la maison de Jéhova. Et j'ajouterai encore quinze ans à tes jours; de plus je te délivrerai, toi et cette ville, de la main du roi d'Assur, et je la protégerai à cause de moi-même et en considération de David, mon serviteur. » En même temps le prophète se fit apporter une masse de figues qu'il mit sur l'ulcère du roi, et il fut guéri. Ezéchias avait demandé à quel signe il reconnaîtrait que le Seigneur le guérirait et que dans trois jours il irait au temple. Isaïe lui dit : « Voulez-vous que l'ombre s'avance de dix degrés, ou qu'elle retourne de dix en arrière ? » Ezéchias ayant demandé ce dernier, le prophète invoqua le Seigneur, et il ramena l'ombre en arrière sur les degrés d'Achaz par les dix degrés qu'elle avait déjà descendus. En ce miracle, les uns voient une rétrogradation du soleil même, les autres une simple inflexion locale de son ombre (Isaïe, 38).

Ezéchias témoigna sa reconnaissance au Seigneur par un beau cantique, que les poètes chrétiens ont imité en diverses langues.

J'ai vu mes tristes journées
Décliner vers leur penchant :
Au midi de mes années
Je touchais à mon couchant;
La mort, déployant ses ailes,
Couvrait d'ombres éternelles
La clarté dont je jouis;
Et dans cette nuit funeste,
Je cherchais en vain le reste
De mes jours évanouis.

Grand Dieu, votre main réclame
Les dons que j'en ai reçus;
Elle vient couper la trame
Des jours qu'elle m'a tissus;
Mon dernier soleil se lève,
Et votre souffle m'enlève
De la terre des vivants;
Comme la feuille séchée,
Qui de sa tige arrachée,
Devient le jouet des vents.

Comme un tigre impitoyable,
Le mal a brisé mes os,
Et sa rage insatiable
Ne me laisse aucun repos :
Victime faible et tremblante,
A cette image sanglante,
Je soupire nuit et jour ;
Et dans ma crainte mortelle,
Je suis comme l'hirondelle
Sous les griffes du vautour.

Ainsi de cris et d'alarmes
Mon mal semblait se nourrir;
Et mes yeux noyés de larmes
Etaient lassés de s'ouvrir.
Je disais à la nuit sombre :
O nuit! tu vas dans ton ombre
M'ensevelir pour toujours;
Je redisais à l'aurore :
Le jour que tu fais éclore
Est le dernier de mes jours.

Mon âme est dans les ténèbres,
Mes sens sont glacés d'effroi;
Ecoutez mes cris funèbres,
Dieu juste, répondez-moi.
Mais enfin sa main propice
A comblé le précipice
Qui s'entr'ouvrait sous mes pas.
Son secours me fortifie
Et me fait trouver la vie
Dans les horreurs du trépas.

Seigneur, il faut que la terre
Connaisse en moi vos bienfaits;
Vous ne m'avez fait la guerre
Que pour me donner la paix.
Heureux l'homme à qui la grâce
Départ ce don efficace
Puisé dans ses saints trésors;
Et qui, rallumant sa flamme,
Trouve la santé de l'âme
Dans les souffrances du corps !

C'est pour sauver la mémoire
De vos immortels secours,
C'est pour vous, pour votre gloire,
Que vous prolongez nos jours.
Non, non, vos bontés sacrées
Ne seront point célébrées
Dans l'horreur des monuments ;
La mort aveugle et muette
Ne sera point l'interprète
De vos saints commandements.

Mais ceux qui de sa menace
Comme moi sont rachetés,
Annonceront à leur race
Vos célestes vérités.
J'irai, Seigneur, dans vos temples
Réchauffer par mes exemples
Les mortels les plus glacés ;
Et, vous offrant mon hommage,
Leur montrer l'unique usage
Des jours que vous leur laissez.

Si pieux que fût Ezéchias, il se laissa néanmoins aller à la vanité. Mérodach-Baladam, roi de Babylone, qu'on croit être le même que Mardoc-Empad du *Canon* ou Catalogue de Ptolémée, ayant appris sa maladie et sa guérison, lui envoya des ambassadeurs avec des lettres et des présents, pour le féliciter et s'informer en même temps du prodige qui avait eu lieu. Le roi de Babylone, comme nous l'apprennent Alexandre Polyhistor et Abydène, était alors en insurrection contre celui de Ninive. Il cherchait sans doute à s'affermir sur le trône par l'alliance du roi de Juda (Eusèbe, *Chron.*, l. 1, c. 5 et 9).

Ezéchias eut une extrême joie de cette ambassade. Il montra aux envoyés tout ce qu'il avait de rare et de précieux dans ses trésors. Isaïe vint alors et lui demanda : « Que vous ont dit ces étrangers ? d'où sont-ils venus ? » Ezéchias répondit : « Ils sont venus à moi d'une terre lointaine, de Babylone. — Mais, reprit le prophète, qu'ont-ils vu dans votre maison ? — Tout ce qu'il y a, répondit le roi : il n'est rien dans mes trésors que je ne leur aie montré. — Ecoutez, lui dit alors Isaïe, la parole de Jéhova-Sabaoth. Voilà que des jours viendront, et tout ce qui est dans ta maison sera enlevé ; et les trésors qu'ont amassés tes pères jusqu'à ce jour seront transportés à Babylone ; il n'en restera rien, Jéhova l'a dit. Et de tes enfants, de ceux que tu auras engendrés et qui seront sortis de toi, ils en prendront et les feront servir d'eunuques dans le palais du roi de Babylone. — Ezéchias répondit au prophète : La parole de Jéhova est juste : seulement que la paix et la vérité subsistent pendant mon règne (Isaïe, c. 38 et 39; 4. Reg., 20) ! »

Nous verrons s'accomplir cet oracle, lorsqu'un roi de Babylone, Nabuchodonosor, emmènera captifs les rois de Juda, Joachim et Sédécias ; mais surtout lorsqu'il ordonnera de choisir des princes de leur sang pour les instruire dans les sciences de la Chaldée et les faire servir parmi les eunuques du palais. Non-seulement le prophète prédisait ainsi la grandeur de Babylone, lorsqu'elle n'était rien, il prédisait encore sa ruine. Déjà nous avons vu quel peuple devait s'en rendre maître, savoir, les Mèdes : nous allons apprendre le nom de leur chef.

« Ainsi parle Jéhova, votre Rédempteur, le Saint d'Israël. C'est pour vous que j'envoie contre Babylone, que je fais tomber tous ses appuis, que je renverse les Chaldéens, qui mettaient leur confiance dans leurs navires. C'est moi, Jéhova, votre Saint, le Créateur d'Israël et votre Roi (Isaïe, c. 43).

» Voici ce que dit Jéhova, ton Rédempteur, et qui t'a formé dès le sein de ta mère. C'est moi, Jéhova qui fais toutes choses, qui seul étends les cieux, qui par moi seul affermis la terre, qui confonds les signes des devins, qui montre insensés les augures, qui renverse l'esprit des sages et convaincs de folie leur science. C'est moi qui suscite la parole de mon serviteur, et qui accomplis les oracles de mes envoyés; moi qui dis à Jérusalem : Tu seras habitée; et aux villes de Juda : Vous serez rebâties; et je repeuplerai vos déserts; moi qui dis à l'abîme : Epuise-toi, et je dessécherai tes fleuves; qui dis à Cyrus : Tu es mon pasteur, et il accomplira toutes mes volontés; qui dis à Jérusalem : Tu seras rebâtie; et au temple : Tu seras fondé de nouveau. Voici ce que Jéhova dit à son christ, à Cyrus, que j'ai pris par la main pour lui assujétir les nations, pour désarmer les rois et pour ouvrir devant lui les portes des villes, sans qu'aucune lui soit fermée : Je marcherai devant toi, j'aplanirai les chemins tortueux; je romprai les portes d'airain, je briserai les barres de fer. Je te donnerai les trésors cachés et les richesses inconnues, afin que tu saches que c'est moi Jéhova qui t'appelle par ton nom, moi le Dieu d'Israël. C'est à cause de Jacob, mon serviteur, et d'Israël, mon élu, que je t'ai appelé par ton nom; j'y en ai ajouté un autre, et tu ne me connaissais pas. C'est moi Jéhova, et il n'y en a point d'autre; il n'est de Dieu que moi. Je t'ai armé, et tu ne me connaissais pas, afin que l'Orient et l'Occident apprennent que rien n'est sans moi. C'est moi Celui qui est, et il n'y en a pas d'autre; moi qui forme la lumière et qui crée les ténèbres, qui fais la paix et qui crée la guerre; moi Jéhova, qui fais toutes ces choses (*Ibid.*, 44 et 45). »

Voilà comme Isaïe célébrait le nom, la gloire et les conquêtes de Cyrus, un siècle et demi avant que Cyrus vînt au monde. Un siècle et demi après la mort du conquérant, le Grec Xénophon écrira l'accomplissement de cette prophétie en ces termes : « Cyrus ayant trouvé l'Asie peuplée de nations qui se gouvernaient par leurs propres lois, se mit en marche, à la tête d'un petit corps de Perses, auxquels se joignirent les Mèdes et les Hyrcaniens. Avec cette armée, il subjugua les Syriens, les Assyriens, les Arabes, les habitants de la Cappadoce, des deux Phrygies, de la Lydie, de la Carie, les Phéniciens et les Babyloniens. Bientôt la Bactriane, l'Inde, la Cilicie subirent le même sort ainsi que les Saces, les Paphlagoniens, les Mariandyns et une foule d'autres peuples dont nul ne saurait même dire les noms. Il assujétit pareillement les Grecs établis dans l'Asie; puis, descendant vers la mer, il conquit l'île de Chypre et l'Egypte. Il régna sur toutes ces nations, quoiqu'elles n'eussent pas une même langue avec lui ni entre elles. Tel fut néanmoins l'effet de la terreur de son nom, répandue dans cette immensité de pays, que personne n'osa rien entreprendre contre lui. Il sut, d'ailleurs, si bien gagner l'affection universelle, qu'ils souhaitaient tous d'être gouvernés toujours d'après ses idées. C'est ainsi qu'il parvint à réunir sous son empire un si grand nombre de provinces, qu'en partant de la capitale et dirigeant sa route vers le levant ou le couchant, vers le septentrion ou le midi, on aurait eu de la peine à les parcourir toutes (Xénophon, *Cyrop.*, l. 1).

Quant à Babylone, le prophète lui disait : « Descends, assieds-toi dans la poussière, vierge, fille de Babylone; assieds-toi sur la terre : il n'y a plus de trône, fille des Chaldéens; on ne t'appellera plus tendre et délicate. Mets-toi à la meule, mouds la farine. Ote les ornements de ta tête, déchausse tes pieds, découvre tes jambes, passe les fleuves. Ton ignominie sera dévoilée, ton opprobre mis à découvert; je me vengerai, et nul ne me résistera. Assieds-toi en silence, entre dans les ténèbres, fille des Chaldéens; on ne t'appellera plus la maîtresse des royaumes. Je me suis irrité contre mon peuple, j'ai profané mon héritage, je les ai livrés entre tes mains; tu les as traités sans miséricorde, tu as appesanti cruellement ton joug sur la vieillesse. Tu disais : Je serai toujours souveraine; tu n'as point réfléchi dans ton cœur, tu n'as point songé à ce qui devait t'arriver à la fin. Ecoute, cité voluptueuse, qui reposes en assurance et qui dis en ton cœur : Moi, et hors moi, personne : je ne serai jamais veuve et j'ignorerai la stérilité. Ces deux maux te viendront soudain en un jour, la stérilité et la viduité; ils te viendront tout entiers, au milieu de la multitude de tes enchantements et de la foule de tes enchanteurs. Tu te reposais dans ta malice; tu disais : Personne ne me voit. Ta sagesse, ta science t'ont déçue, et tu as dit dans ton cœur : Moi, et, hors moi, personne. Le mal viendra sur toi, et tu ne sauras pas son lever; une calamité fondra sur toi, que tu ne pourras détourner; des angoisses te surprendront, que tu n'auras pas connues. Parais avec tes secrets de magie auxquels tu t'es appliquée dès ta jeunesse, tu verras s'ils ajouteront à ta force. Tu as défailli dans la multitude de tes conseils : Qu'ils paraissent donc, qu'ils te sauvent, ceux qui contemplaient le ciel, qui examinaient les astres, qui comptaient les mois pour t'annoncer l'avenir. Voilà qu'ils sont devenus comme la paille, le feu les a consumés; ils ne délivreront pas leurs âmes de la main de la flamme : de leur embrasement, il ne restera pas même des charbons auxquels on puisse se chauffer, ni du feu devant lequel on puisse s'asseoir. Voilà ce que deviendront les choses auxquelles tu auras travaillé si longtemps; ces marchands avec qui tu as trafiqué dès ta jeunesse, s'enfuiront chacun de leur côté : il n'en est aucun pour te sauver (Isaïe, c. 47, 1-15). »

Cependant Ezéchias, sous qui Isaïe prophétisait toutes ces choses, s'endormit avec ses pères, et, par honneur, on l'ensevelit dans un lieu plus élevé que les sépulcres des autres enfants de David. Tout Juda et tout Jérusalem célébrèrent ses funérailles. Entre les belles entreprises de son règne, l'Ecriture compte un aqueduc souterrain pour amener de l'eau à Jérusalem (2. Paral., 32, 27-33).

Le pieux Ezéchias, qui rétablit le culte du Seigneur en Juda, Cyrus, qui devait un jour ramener en sa patrie le peuple captif et rebâtir le temple, étaient l'un et l'autre, sous ce rapport, des figures prophétiques du Christ, qui devait un jour rétablir le culte de Jéhova, non plus dans Juda seul, mais dans toute la terre; arracher à la captivité et rendre à la liberté l'humanité entière; rebâtir, non plus une Jérusalem terrestre, un temple matériel, mais une Jérusalem céleste, un temple spirituel, une société universelle de Dieu et des hommes, l'Eglise catholique, dont l'ancienne Jérusalem, avec son temple, n'était qu'une figure et un hiéroglyphe. Aussi, est-ce sous le règne d'Ezéchias, et en annonçant le règne futur de Cyrus, que le prophète célèbre avec le plus d'éloquence et d'amour la future histoire du Christ et de son Eglise.

A peine a-t-il annoncé à Ezéchias que ses descendants seraient un jour captifs à Babylone, qu'il s'écrie : « Consolez-vous, consolez-vous, mon peuple, dit votre Dieu. Parlez au cœur de Jérusalem et criez-lui que ses maux sont finis, que son iniquité lui est pardonnée, qu'elle a reçu de la main du Seigneur le double de ses péchés. Voix de celui qui crie dans le désert : Préparez la voie de Jéhova, rendez droits, dans la solitude, les sentiers de notre Dieu. Toute vallée sera comblée, toute montagne et toute colline seront abaissées; ce qui est tortu sera redressé; ce qui est raboteux, aplani. Et la gloire de Jéhova se manifestera, et toute chair verra en même temps que c'est la bouche de Jéhova qui a parlé. Monte sur la haute montagne, toi qui annonces l'Evangile, la bonne nouvelle à Sion : élève ta voix avec force, toi qui annonces l'Evangile à Jérusalem; élève-la, ne crains point. Dis aux villes de Juda : Voici votre Dieu ! voici qu'Adonaï-Jéhova vient dans la force; son bras établira sa domination; avec lui est sa récompense; son œuvre est devant lui. Il paîtra son troupeau comme un pasteur; il rassemblera dans ses bras les petits agneaux, il les portera dans son sein, il ménagera les brebis pleines (1). »

« Voici mon serviteur, sur qui je me repose; mon élu, en qui mon âme se complaît : j'ai mis mon esprit sur lui, il portera la justice parmi les nations. Il ne criera point, il ne haussera pas la voix, il ne brisera point le roseau cassé, il n'éteindra point la mèche qui fume encore; il rendra justice selon la vérité. Il ne sera point obscurci ni brisé, jusqu'à ce qu'il ait établi la justice sur la terre; et les îles attendront sa loi. Ainsi parle Dieu-Jéhova, qui a créé les cieux et les a étendus; qui a déployé la terre et ses produits; qui donne la respiration au peuple qui la remplit, et l'esprit à ceux qui la foulent. Moi, Jéhova, je t'ai appelé dans la justice, je t'ai pris par la main, je t'ai conservé. Je t'ai établi, toi, l'alliance du peuple, la lumière des nations, afin que tu ouvres les yeux des aveugles et que tu fasses sortir de la prison celui qui est dans les fers, et de la maison de détention ceux qui sont assis dans les ténèbres. Moi, Jéhova; tel est mon nom (1). »

« Moi, Jéhova, quand le temps sera venu, je ferai tout d'un coup ces merveilles. L'esprit d'Adonaï-Jéhova est sur moi; car Jéhova m'a donné l'onction; il m'a envoyé pour prêcher l'Evangile, la bonne nouvelle aux doux et aux humbles; pour guérir ceux qui ont le cœur brisé, pour annoncer aux captifs la liberté et à ceux qui sont dans les chaînes l'ouverture de la prison; pour publier l'année de la miséricorde de Jéhova et le jour de la vengeance de notre Dieu; pour consoler tous ceux qui pleurent et donner à ceux qui sont dans le deuil sur Sion, une couronne au lieu de la cendre, une huile de joie au lieu des larmes, un vêtement d'allégresse au lieu de l'esprit d'affliction (2). »

Ah ! quel chrétien ne reconnaîtrait ici le Christ, qui, après avoir lu ces dernières paroles dans la synagogue de Nazareth, dit aux assistants : *Cette Ecriture s'est accomplie aujourd'hui même à vos oreilles* (3) ? Qui ne reconnaîtrait en Jésus, sur qui reposa l'Esprit-Saint à son baptême, et dont une voix du ciel a dit : *Celui-ci est mon fils bien-aimé, en qui j'ai mis mes complaisances* ? Ce Jésus qui commence sa prédication par cette bonne nouvelle : *Bienheureux ceux qui sont pauvres, bienheureux ceux qui sont doux, bienheureux ceux qui pleurent!* Qui n'y reconnaîtrait ce Sauveur qui, interrogé par les disciples de Jean : *Etes-vous celui qui doit venir, ou devons-nous en attendre un autre*, leur répondit : *Allez dire à Jean ce que vous avez vu et entendu. Les aveugles voient, les boiteux marchent, les lépreux sont guéris, les sourds entendent, les morts ressuscitent, l'Evangile, la bonne nouvelle est annoncée aux pauvres* (Matth., 11, 5) ? Qui n'y reconnaîtrait, en particulier, la vérité de ce que Jean a dit lui-même : *Je suis la voix de celui qui crie dans le désert : Préparez la voie du Seigneur, comme l'a dit le prophète Isaïe* (Joan., 1, 23) ?

---

(1) Isaïe, c. 40, 1-11 : « Consolamini, consolamini, popule meus; dicit Deus vester. Loquimini ad cor Jerusalem, et advocate eam, quoniam completa est malitia ejus, dimissa est iniquitas illius; suscepit de manu Domini duplicia pro omnibus peccatis suis. Vox clamantis in deserto : Parate viam Domini, rectas facite in solitudine semitas Dei nostri. Omnis vallis exaltabitur, et omnis mons et collis humiliabitur, et erunt prava in directa, et aspera in vias planas. Et revelabitur gloria Domini, et videbit omnis caro pariter quod os Domini locutum est. Vox dicentis : Clama. Et dixi : Quid clamabo? Omnis caro fœnum, et omnis gloria ejus quasi flos agri. Exsiccatum est fœnum, et cecidit flos quia spiritus Domini sufflavit in eo. Vere fœnum est populus : Exsiccatum est fœnum, et cecidit flos; verbum autem Domini nostri manet in æternum. Super montem excelsum ascende, tu qui evangelizas Sion : exalta in fortitudine vocem tuam, qui evangelizas Jerusalem; exalta, noli timere. Dic civitatibus Juda : Ecce Deus vester ! ecce Dominus Deus in fortitudine veniet, et brachium ejus dominabitur; ecce merces ejus cum eo, et opus illius coram illo. Sicut pastor gregem suum pascet; in brachio suo congregabit agnos; et in sinu suo levabit, fœtas ipse portabit. »

(1) Isaïe, c. 42, 1-7 : « Ecce servus meus, suscipiam eum ; electus meus, complacuit sibi in illo anima mea : dedi spiritum meum super eum, judicium gentibus proferet. Non clamabit, neque accipiet personam, nec audietur vox ejus foris. Calamum quassatum non conteret, et linum fumigans non extinguet; in veritate educet judicium. Non erit tristis, neque turbulentus, donec ponat in terrâ judicium ; et legem ejus insulæ expectabunt. Hæc dicit Dominus Deus creans cœlos et extendens eos; firmans terram et quæ germinant ex eâ; dans flatum populo qui est super eam, et spiritum calcantibus eam. Ego Dominus vocavi te in justitiâ, et apprehendi manum tuam, et servavi te. Et dedi te in fœdus populi, in lucem gentium, ut aperires oculos cæcorum et educeres de conclusione vinctum, de domo carceris sedentes in tenebris. Ego Dominus; hoc est nomen meum. »

(2) Isaïe, c. 61, 1-3 : « Ego Dominus, in tempore ejus subito, faciam istud. Spiritus Domini super me, eò quòd unxerit Dominus me; ad annuntiandum mansuetis misit me, ut mederer contritis corde, et prædicarem captivis indulgentiam, et clausis apertionem; ut prædicarem annum placabilem Domino, et diem ultionis Deo nostro; ut consolarer omnes lugentes; ut ponerem lugentibus Sion, et darem eis coronam pro cinere, oleum gaudii pro luctu, pallium laudis pro spiritu mœroris. »

(3) Luc, 4, 16-21 : « Et venit Nazareth, ubi erat nutritus, et intravit secundum consuetudinem suam die sabbati in synagogam et surrexit legere. Et traditus est illi liber Isaiæ prophetæ. Et ut revolvit librum, invenit locum ubi scriptum erat : Spiritus Domini super me; propter quod unxit me; evangelizare pauperibus misit me; sanare contritos corde; prædicare captivis remissionem, et cæcis visum; dimittere confractos in remissionem; prædicare annum Domini acceptum, et diem retributionis. Et cùm plicuisset librum, reddidit ministro. Et omnium in synagogâ oculi erant intendentes in eum. Cœpit autem dicere ad illos : Quia hodie impleta est hæc scriptura in auribus vestris. »

Mais surtout quel chrétien, quel homme ne lirait point avec une religieuse admiration les paroles suivantes?

« Voilà que mon serviteur sera plein d'intelligence ; il sera grand et élevé ; il montera au plus haut. De même que beaucoup se sont étonnés sur toi, ô mon peuple! de même son visage sera défiguré plus que celui d'aucun homme, et sa beauté plus que celle d'aucun fils d'Adam. Par là, il arrosera beaucoup de nations ; devant lui les rois garderont le silence ; car ceux auxquels il n'a point été annoncé le verront, et ceux qui n'avaient point entendu parler de lui le contempleront (1).

» Qui a cru à ce que nous faisons entendre? Et à qui le bras de Jéhova a-t-il été révélé? Il s'élèvera comme un faible arbuste devant lui, comme un rejeton qui sort d'une terre aride : il n'a ni éclat ni beauté. Nous l'avons vu, et il n'avait rien qui attirât l'œil, et nous l'avons méconnu ; méprisé, le dernier des hommes, homme de douleurs, il est familiarisé avec la souffrance; son visage était comme caché, il était méprisable, et nous l'avons compté pour rien. Véritablement il a porté lui-même nos infirmités, il s'est chargé de nos douleurs; et nous, nous l'avons tenu un lépreux, frappé de Dieu et humilié. Mais lui a été blessé à cause de nos iniquités ; il a été brisé pour nos crimes ; le châtiment qui doit nous procurer la paix s'est appesanti sur lui ; nous avons été guéris par ses meurtrissures. Nous nous sommes tous égarés comme des brebis ; chacun de nous s'est détourné dans sa voie, et Jéhova a fait tomber sur lui l'iniquité de nous tous. Il a été sacrifié parce qu'il l'a voulu, et il n'a pas ouvert la bouche ; il sera conduit à la mort comme un agneau, il sera muet comme une brebis devant celui qui la tond. Il a été enlevé du milieu de l'angoisse et d'un jugement, et qui racontera sa génération? car il a été retranché de la terre des vivants. Je l'ai frappé pour les crimes de mon peuple. Il commettra les impies pour garder son sépulcre, et le riche pour soigner son corps. Quoiqu'il n'ait pas fait d'iniquité et que le mensonge n'ait jamais été dans sa bouche, néanmoins Jéhova l'a voulu briser de douleur. Si son âme se fait victime du péché, il verra sa race durer longtemps, et la volonté de Jéhova s'exécutera heureusement par ses mains. Il verra le fruit de ce que son âme aura souffert, et il en sera rassasié. Comme mon serviteur est juste, il justifiera par sa doctrine un grand nombre d'hommes, et il portera lui-même leurs iniquités. Je lui donnerai en partage la multitude; il distribuera lui-même les dépouilles des forts, parce qu'il a livré son âme à la mort, et qu'il a été mis au nombre des scélérats ; parce qu'il s'est chargé des péchés de la multitude, et qu'il a intercédé pour les violateurs de la loi (2). »

(1) Isaïe, 52, 13-15 : « Ecce intelliget servus meus, exaltabitur, et elevabitur, et sublimis erit valde. Sicut obstupuerunt super te multi, sic inglorius erit inter viros aspectus ejus, et forma ejus inter filios hominum. Iste asperget gentes multas, super ipsum continebunt reges os suum : quia quibus non est narratum de eo, viderunt ; et qui non audierunt, contemplati sunt. »

(2) Ibid., 53 : « Quis credidit auditui nostro? Et brachium Domini cui revelatum est? Et ascendet sicut virgultum coram eo, et sicut radix de terrâ sitienti : non est species ei, neque decor. Et vidimus eum, et non erat aspectus, et desideravimus eum ; despectum, et novissimum virorum, virum dolorum, et scientem infirmitatem, et quasi absconditus vultus ejus et despectus, unde nec reputavimus eum. Vere languores nostros ipse tulit, et dolores nostros ipse portavit ; et nos putavimus eum quasi leprosum, et percussum à Deo et humiliatum. Ipse autem vulneratus

Le Christ lui-même s'est appliqué cette prophétie, quand il disait : *Il faut que ce qui est écrit s'accomplisse en moi* : Il a été mis au nombre des scélérats (Luc, 22, 37). Ses premiers disciples l'ont entendue de même dans leurs épîtres et leurs évangiles (1). Après eux, tous les siècles chrétiens ont vu, dans Isaïe, moins un prophète qu'un évangéliste, un historien de la passion et de la mort du Christ, tant ses paroles ont paru claires en tout temps. Les anciens docteurs de la Synagogue ne les interprétaient pas d'une autre manière (2). Contester ce sens serait donc accuser d'erreur tous les siècles chrétiens, et avec eux le Christ et ses apôtres ; ce serait accuser d'erreur l'autorité la plus haute et la plus sainte que Dieu ait donnée aux hommes pour connaître la vérité ; ce serait, en détruisant la règle suprême de la foi et de la raison, détruire en principe l'une et l'autre.

Malheur donc à l'aveugle volontaire qui, fermant les yeux au grand jour de la tradition universelle, ne veut pas voir ce que tout le monde voit, tâtonne en plein midi, et appelle lumières ses ténèbres antichrétiennes! Injurieux envers la chrétienté entière qu'il accuse d'une erreur de dix-huit siècles, envers Dieu même qu'il suppose l'avoir trompée par son Christ et ses apôtres, se mettant lui seul au-dessus de tout, que peut-il attendre? Heureux, au contraire, ceux qui reçoivent avec un cœur humble et docile tout ce que Dieu nous révèle par cette sainte et universelle tradition! En société avec Dieu et avec ses saints de tous les siècles, ils marchent de lumière en lumière, d'amour en amour, de bonheur en bonheur. Ce qu'ils voient accompli autour d'eux, ils le voient commençant dans l'Evangile, ils le voient prédit dans les prophètes, dans l'Eglise du Christ. Qu'un homme, qui sait par l'histoire de quelle manière cette Eglise s'est établie et conservée jusqu'à nos jours, essaie de le raconter en prophéties, pourrait-il en imaginer de plus claires et de plus magnifiques que les prophéties réelles d'Isaïe? Après les souffrances et la mort du Christ, aussitôt il ajoute :

« Réjouis-toi, stérile qui n'enfantes pas ; chante des cantiques de louange, pousse des cris de joie, toi qui n'avais pas d'enfants : Celle qui était abandonnée, dit Jéhova, a plus d'enfants que celle qui avait l'époux. Etends l'enceinte de ton pavillon, et développe les voiles de tes tentes : n'épargne rien ; allonge tes cordages, affermis tes pieux. Car tu pénétreras à droite et à gauche, ta postérité hériera les nations et remplira les villes désertes. Ne crains

est propter iniquitates nostras, attritus est propter scelera nostra ; disciplina pacis nostræ super eum, et livore ejus sanati sumus. Omnes nos quasi oves erravimus ; unusquisque in viam suam declinavit, et posuit Dominus in eo iniquitatem omnium nostrum. Oblatus est quia ipse voluit, et non aperuit os suum ; sicut ovis ad occisionem ducetur, et quasi agnus coram tondente se obmutescet, et non aperiet os suum. De angustia et de judicio sublatus est ; generationem ejus quis enarrabit? quia abscissus est de terrâ viventium. Propter scelus populi mei percussi eum. Et dabit impios pro sepulturâ, et divitem pro morte suâ. Eò quòd iniquitatem non fecerit, neque dolus fuerit in ore ejus ; et Dominus voluit conterere eum in infirmitate. Si posuerit pro peccato animam suam, videbit semen longævum, et voluntas Domini in manu ejus dirigetur. Pro eo quòd laboravit anima ejus, videbit et saturabitur ; in scientiâ suâ justificabit ipse justus servus meus multos, et iniquitates eorum ipse portabit. Ideo dispertiam ei plurimos, et fortium dividet spolia, pro eo quòd tradidit in mortem animam suam, et cum sceleratis reputatus est ; et ipse peccata multorum tulit, et pro transgressoribus rogavit. »

(1) Joan., 12, 38 ; Rom., 10, 16 ; Matth., 8, 17 ; Act., 8, 32 ; 1. Pet., 2 ; 1. Joan., 3 ; Marc, 15, 28 ; Luc, 22, 37.

(2) M. Drach, dans sa troisième Lettre.

pas; tu ne seras pas confondue, tu n'auras point à rougir : tu ne connaîtras plus la honte; tu oublieras la confusion de ta jeunesse, tu ne te rappelleras plus l'opprobre de ta viduité. Car celui qui t'a créée sera ton époux : Jéhova-Sabaoth est son nom; et ton Rédempteur, le Saint d'Israël, sera appelé le Dieu de toute la terre. Jéhova t'a appelée comme une femme abandonnée, dont l'esprit est dans la douleur, comme une épouse répudiée dès sa jeunesse. Je t'ai délaissée pour un petit moment, dit ton Dieu, mais je te rassemblerai dans de grandes miséricordes. Dans un moment d'indignation, je t'ai voilé quelque peu mon visage; mais j'ai eu pitié de toi par une compassion éternelle, dit ton Rédempteur, Jéhova. C'est ici comme aux jours de Noé : je lui ai juré de ne plus inonder la terre; je jure aussi de ne plus m'irriter contre toi, je ne te ferai plus de reproches. Les montagnes trembleront et les collines seront ébranlées; mais mon amour ne se retirera jamais de toi, et l'alliance de ma paix sera immuable, dit celui qui a pitié de toi, Jéhova. O toi si long-temps pauvre, battue par la tempête et sans consolation ! je vais poser tes pierres sur les rubis, et tes fondements sur les saphirs. Je bâtirai tes remparts de jaspe, tes portes de pierres ciselées, et ton enceinte tout entière de pierres choisies. Tous tes enfants seront instruits par Jéhova, et l'abondance de la paix se répandra sur eux (1). »

L'Apôtre des nations nous fera lui-même l'application de ces paroles. Distinguant dans son épître aux Galates les deux alliances, la Synagogue judaïque et l'Eglise chrétienne, il dit : La Jérusalem terrestre qui vient du Sinaï est esclave avec ses enfants, mais la Jérusalem qui vient d'en haut est libre; et c'est là notre mère, car il est écrit : *Réjouis-toi, stérile, qui n'enfantes pas; chante, pousse des cris de joie, toi qui n'étais point féconde; car celle qui était abandonnée aura plus d'enfants que celle qui avait l'époux* (Galat., c. 4, 27).

Cette Eglise, notre mère après Dieu ou plutôt avec Dieu, le premier objet de notre amour, est aussi, après et avec le Christ, le premier objet des prophéties et des cantiques d'Isaïe. A chaque événement principal qu'il annonce, la nouvelle Sion apparaît dans le lointain: A-t-il parlé de la chute de Babylone et du rétablissement de la Jérusalem terrestre, aussitôt cette autre Jérusalem le ravit par ses merveilles.

« Sion a dit : Jéhova m'a délaissée, Adonaï m'a oubliée. Une mère peut-elle oublier son jeune enfant? peut-elle n'être pas émue pour le fils de ses entrailles? Et quand elle l'oublierait, moi, je ne t'oublierai point. Je te porte gravée dans mes mains : tes murailles sont toujours devant moi. Ceux qui doivent te rebâtir sont venus; ceux qui te détruisaient et te dissipaient sortiront de ton enceinte.

» Lève tes yeux et regarde autour de toi : tous ceux-ci se sont assemblés et viennent à toi. Aussi vrai que je vis, dit Jéhova, ils seront pour toi le vêtement dont se pare la nouvelle épouse. Tes déserts, tes solitudes, ta terre pleine de ruine sera trop étroite pour les habitants qui te viendront; ceux qui te dévoraient seront chassés loin de toi. Les enfants de ta stérilité te répéteront : Le lieu m'est trop étroit, donnez-moi une place où je puisse habiter. Et tu diras dans ton cœur : Qui m'a donc engendré ces enfants, à moi qui étais stérile et n'enfantais point? J'étais chassée de mon pays et captive : qui donc les a nourris? J'étais seule, abandonnée : et ceux-ci, où étaient-ils donc?

» Voici ce que dit Adonaï-Jéhova : J'étendrai ma main vers les nations, j'élèverai mon étendard devant les peuples. Ils apporteront tes fils dans leurs bras, ils amèneront tes filles sur leurs épaules. Les rois seront tes nourriciers, et les reines tes nourrices; le visage contre terre, ils se prosterneront devant toi et baiseront la poussière de tes pieds. Et tu sauras que c'est moi Jéhova, et tous ceux qui m'attendent ne seront point confondus (1). »

« Lève-toi, Jérusalem, s'écrie-t-il ailleurs, sois illuminée; car ta lumière est venue, la gloire de Jéhova s'est levée sur toi. Les ténèbres couvriront la terre, et la nuit les peuples; mais sur toi s'élèvera CELUI QUI EST, et sa gloire éclatera sur toi. Les nations marcheront à ta lumière, et les rois à la splendeur de ton lever. Lève les yeux de toute part et regarde : tous ceux-là qui sont assemblés viennent à toi; tes fils viendront de loin, et les filles s'élèveront à tes côtés. Alors tu verras et tu abonderas; ton cœur tressaillera de crainte et de joie, lorsque se tournera vers toi la multitude de la mer, lorsque la force des nations viendra à toi. La foule des chameaux t'inondera, les dromadaires de Madian et d'Epha; tous viendront de Saba, offrant l'or et l'encens, et publiant les louanges de Jéhova. Les troupeaux de Cédar se rassembleront pour toi, les béliers de Nabaïoth seront à ton service; ils s'offriront en agréable sacrifice sur mon autel, et je remplirai de gloire la maison où réside ma majesté.

---

(1) Isaïe, c. 54, 1-13. : « Lauda sterilis quæ non paris; decanta laudem, et hinni quæ non pariebas : quoniam multi filii desertæ, magis quàm ejus quæ habet virum, dicit Dominus. Dilata locum tentorii tui, et pelles tabernaculorum tuorum extende : ne parcas, longos fac funiculos tuos, et clavos tuos consolida. Ad dexteram enim et ad lævam penetrabis, et semen tuum gentes hæreditabit, et civitates desertas inhabitabit. Noli timere, quia non confunderis, neque erubesces; non enim te pudebit, quia confusionis adolescentiæ tuæ obliviscerius, et opprobrii viduitatis tuæ non recordaberis amplius. Quia dominabitur tui qui fecit te : Dominus exercituum nomen ejus; et redemptor tuus sanctus Israël, Deus omnis terræ vocabitur. Quia ut mulierem derelictam et mærentem spiritu vocavit te Dominus, et uxorem ab adolescentiâ abjectam, dixit Deus tuus. Ad punctum in modico dereliqui te, et in miserationibus magnis congregabo te. In momento indignationis abscondi faciem meam parumper à te, et in misericordiâ sempiternâ misertus sum tui, dixit redemptor tuus Dominus. Sicut in diebus Noë istud mihi est, cui juravi ne inducerem aquas Noë ultrà supra terram, sic juravi ut non irascar tibi et non increpem te. Montes enim commovebuntur et colles contremiscent; misericordia autem mea non recedet à te, et fœdus pacis meæ non movebitur : dixit miserator tuus Dominus. Paupercula, tempestate convulsa, absque ullâ consolatione, ecce ego sternam per ordinem lapides tuos, et fundabo te in sapphiris. Et ponam jaspidem propugnacula tua, et portas tuas in lapides sculptos, et omnes terminos tuos in lapides desiderabiles; universos filios tuos doctos à Domino, et multitudinem pacis filiis tuis. »

(1) Isaïe, c. 49, 14-23 : « Et dixit Sion : Dereliquit me Dominus, et Dominus oblitus est mei. Numquid oblivisci potest mulier infantem suum, ut non misereatur filio uteri sui? et si illa oblita fuerit, ego tamen non obliviscar tui. Ecce in manibus meis descripsi te : muri tui coram oculis meis semper. Venerunt structores tui; destruentes et dissipantes, à te exibunt. Leva in circuitu oculos tuos, et vide, omnes isti congregati sunt, venerunt tibi. Vivo ego, dicit Dominus, quia omnibus his velut ornamento vestieris, et circumdabis tibi eos quasi sponsa. Quia deserta tua, et solitudines tuæ, et terra ruinæ tuæ, nunc angusta erunt præ habitatoribus, et longè fugabuntur qui absorbebant te. Adhuc dicent in auribus tuis filii sterilitatis tuæ : Angustus est mihi locus, fac spatium mihi ut habitem. Et dices in corde tuo : Quis genuit mihi istos? ego sterilis et non pariens, transmigrata et captiva : et istos quis enutrivit? ego destituta et sola : et isti ubi erant? Hæc dicit Dominus Deus : Ecce levabo ad gentes manum meam, et ad populos exaltabo signum meum. Et afferent filios tuos in ulnis, et filias tuas super humeros portabunt. Et erunt reges nutritii tui, et reginæ nutrices tuæ : vultu in terram demisso adorabunt te, et pulverem pedum tuorum lingent. Et scies quia ego Dominus super quo non confundentur qui expectant eum. »

» Qui sont ceux-ci qui volent comme des nuées et comme des colombes empressées de retourner à leur asile?

» C'est que les îles m'attendent, et surtout les vaisseaux de la mer, pour apporter tes enfants de loin, avec leur argent et leur or, et les consacrer au nom de Jéhova, ton Dieu, parce qu'il t'a comblée de gloire. Des fils de l'étranger rebâtiront tes murs, et leurs rois te serviront; parce qu'après t'avoir frappée dans mon indignation, j'ai eu pitié de toi dans ma clémence. Tes portes seront toujours ouvertes; elles ne se fermeront ni jour ni nuit, afin qu'on t'apporte la force des nations et qu'on t'amène leurs rois; car la nation et le royaume qui ne te serviront pas, périront : ces nations seront dévastées comme le désert. La gloire du Liban viendra vers toi; le sapin, le buis, le pin serviront ensemble à l'ornement de mon sanctuaire, et je glorifierai le lieu où reposent mes pieds. A toi viendront, en se courbant, les enfants de ceux qui t'ont humiliée; sur la trace de tes pieds se prosterneront tous ceux qui te méprisaient; ils t'appelleront *la cité de Jéhova, la Sion du Saint d'Israël.* Au lieu que tu as été abandonnée, en butte à la haine, et que personne ne passait jusqu'à toi, je t'établirai l'orgueil des siècles et la joie des générations. Tu suceras le lait des nations, tu seras nourrie de la mamelle des rois; et tu sauras que c'est moi, Jéhova, ton Sauveur et ton Rédempteur, le Fort de Jacob. Au lieu d'airain, je te donnerai de l'or, de l'argent au lieu de fer, de l'airain au lieu de bois, et du fer au lieu de pierres; j'établirai la paix pour te gouverner, et la justice pour lever les tributs. On n'entendra plus de violence dans ton territoire, de crime ni d'oppression dans tes confins; le salut sera le nom de tes murailles, tes portes retentiront de louanges. Le soleil ne t'éclairera plus pendant le jour, la lune ne luira plus sur toi; Jéhova lui-même sera ta lumière éternelle, et ton Dieu sera ta gloire. Ton soleil ne se couchera plus, la lune ne diminuera plus : Jéhova sera pour toujours ta lumière, et les jours de tes larmes seront finis. Ton peuple sera tout un peuple de justes, ils hériteront à jamais la terre; voilà les rejetons que j'ai plantés, voilà l'œuvre de ma gloire. Le moindre sera mille, et le plus petit une puissante nation : moi, Jéhova, quand le temps en sera venu, je ferai tout d'un coup ces merveilles (1). »

Voulons-nous qu'un prophète nous montre l'accomplissement de toutes ces paroles du prophète? Ecoutons le disciple bien-aimé.

« Et moi, Jean, je vis descendre du ciel la sainte cité, la nouvelle Jérusalem, qui venait de Dieu, parée comme l'est une épouse pour son époux. Et j'entendis une voix forte sortie du trône, qui disait : *Voici le tabernacle de Dieu avec les hommes, et il demeurera avec eux. Ils seront son peuple, et Dieu au milieu d'eux sera leur Dieu.* La muraille de la ville avait douze fondements où étaient les noms des douze apôtres de l'Agneau... La muraille était bâtie de jaspe, et les fondements de toute sorte de pierres précieuses... Je ne vis point de temple dans la ville, parce que le Seigneur, Dieu tout-puissant, et l'Agneau en est le temple. Et la ville n'a pas besoin du soleil ni de la lune pour l'éclairer, parce que la gloire de Dieu l'éclaire et que l'Agneau en est la lampe. Les nations marcheront à sa lumière, et les rois de la terre y apporteront leur gloire et leur honneur. Ses portes ne fermeront point de jour; car de nuit, il n'y en aura point dans ce lieu. On y apportera la gloire et l'honneur des nations (Apoc., c. 21). »

Voilà donc la nouvelle Jérusalem fondée sur les douze apôtres, la voilà tout ensemble au ciel et sur la terre; au ciel, triomphante; sur la terre, militante. Là, plus de mort, plus de cris, plus de douleur; ici, combattre et vaincre. De là, elle est éclairée de Dieu; ici, les nations marchent à sa lumière. Dieu est son soleil; elle est le soleil du monde.

Cette merveille de l'Eglise, nous la voyons de nos yeux; elle en renferme deux autres que nous voyons également, et que le fils d'Amos a également prédites : la vocation des gentils et la réprobation des Juifs.

Le prophète adresse d'abord au Seigneur une touchante prière au nom de son peuple. Après avoir rappelé les anciennes merveilles de sa miséricordieuse providence : « Regardez, dit-il, regardez du haut des cieux, du séjour de votre sainteté et de votre gloire; où est votre zèle, votre puissance, votre miséricorde, votre amour? Vos entrailles ne s'émeuvent-elles plus pour moi? Vous êtes notre père; car Abraham ne nous reconnaît plus, et Israël ne veut plus savoir qui nous sommes; mais vous, ô Jéhova! vous êtes notre père, notre rédempteur. Pourquoi, ô Eternel! nous avez-vous fait sortir de vos voies? Pourquoi avez-vous endurci notre cœur jusqu'à ne pas vous craindre? Revenez vers nous, à cause de vos serviteurs, les tribus de votre héritage. Comptant pour peu de subjuguer le peuple de votre sainteté, nos ennemis ont foulé aux pieds votre sanctuaire même. Nous sommes devenus ce que nous étions au

---

(1) Isaïe, c. 60 : « Surge, illuminare, Jerusalem; quia venit lumen tuum, et gloria Domini super te orta est. Quia ecce tenebræ operient terram, et caligo populos; super te autem orietur Dominus, et gloria ejus in te videbitur. Et ambulabunt gentes in lumine tuo, et reges in splendore ortûs tui. Leva in circuitu oculos tuos, et vide : omnes isti congregati sunt, venerunt tibi; filii tui de longè venient, et filiæ tuæ de latere surgent. Tunc videbis et afflues, et mirabitur et dilatabitur cor tuum, quando conversa fuerit ad te multitudo maris, fortitudo gentium venerit tibi. Inundatio camelorum operiet te, dromedarii Madian et Epha; omnes de Saba venient, aurum et thus deferentes, et laudem Domino annuntiantes. Omne pecus Cedar congregabitur tibi, arietes Nabaioth ministrabunt tibi, offerentur super placabili altari meo, et domum majestatis meæ glorificabo. Qui sunt isti qui ut nubes volant et quasi columbæ ad fenestras suas? Me enim insulæ expectant et naves maris in principio, ut adducam filios suos de longè; argentum eorum et aurum eorum cum eis, nomini Domini Dei tui, et sancto Israël, quia glorificavit te. Et ædificabunt filii peregrinorum muros tuos, et reges eorum ministrabunt tibi; in indignatione enim meâ percussi te, et in reconciliatione meâ misertus sum tui. Et aperientur portæ tuæ jugiter; die ac nocte non claudentur, ut afferatur ad te fortitudo gentium, et reges earum adducantur; gens enim et regnum quod non servierit tibi, peribit; et gentes solitudine vastabuntur. Gloria Libani ad te veniet; abies et buxus, et pinus simul, ad ornandum locum sanctificationis meæ, et locum pedum meorum glorificabo. Et venient ad te curvi filii eorum qui humiliaverunt te, et adorabunt vestigia pedum tuorum omnes qui detrahebant tibi, et vocabunt te Civitatem Domini, Sion Sancti Israël. Pro eo quod fuisti derelicta, et odio habita, et non erat qui per te transiret, ponam te in superbiam sæculorum, gaudium in generationem, et generationem. Et suges lac gentium, et mamilla regum lactaberis; et scies quia ego Dominus salvans te, et redemptor tuus fortis Jacob; pro ære afferam aurum, et pro ferro afferam argentum, et pro lignis æs, et pro lapidibus ferrum, et ponam visitationem tuam pacem, et præpositos tuos justitiam. Non audietur ultra iniquitas in terrâ tuâ, vastitas et contritio in terminis tuis, et occupabit salus muros tuos, et portas tuas laudatio. Non erit tibi amplius sol ad lucendum per diem, nec splendor lunæ illuminabit te; sed erit tibi Dominus in lucem sempiternam, et Deus tuus in gloriam tuam. Non occidet ultra sol tuus, et luna tua non minuetur, quia erit tibi Dominus in lucem sempiternam, et complebuntur dies luctûs tui. Populus autem tuus omnes justi in perpetuum hæreditabunt terram germen; plantationis meæ, opus manûs meæ ad glorificandum. Minimus erit in mille, et parvulus in gentem fortissimam; ego Dominus in tempore ejus subitò faciam istud. »

commencement, avant que vous fussiez notre roi et que nous fussions appelés de votre nom (Is., c. 63, 15-19). »

« Oh! si vous déchiriez les cieux et si vous descendiez! à votre aspect les montagnes s'écrouleraient : comme les métaux fondus par le feu, comme les eaux qui bouillonnent par la flamme, pour signaler votre nom à vos ennemis, les nations trembleraient à votre présence. Quand vous ferez ces merveilles nous ne pourrons les soutenir. Vous êtes descendu, et les montagnes se sont écoulées devant vous. Depuis l'origine des siècles, les hommes n'ont point conçu, l'oreille n'a point entendu, aucun œil n'a vu, excepté vous, ô Dieu! ce que vous avez préparé à ceux qui vous attendent. Vous allez au devant de ceux qui pratiquent avec joie la justice; ils se souviendront de vous en marchant dans vos voies. Vous vous êtes mis en colère, parce que nous avons péché depuis longtemps; cependant nous serons sauvés. Nous sommes devenus tous comme un homme impur, et toutes nos justices sont comme un linge souillé. Tous nous sommes tombés comme la feuille, et nos iniquités, semblables à un vent impétueux, nous ont dispersés. Nul n'invoque votre nom, nul ne s'éveille pour s'attacher à vous; mais vous nous avez voilé votre face, et vous nous avez fait fondre entre les mains de nos iniquités. Cependant, ô Jéhova! c'est vous notre père, nous sommes de l'argile, mais vous nous avez formés et nous sommes tous l'ouvrage de vos mains. Ne vous irritez pas jusqu'à l'extrémité, ne vous souvenez point éternellement de l'iniquité; car, regardez, nous sommes tous votre peuple. Les villes de votre sainteté sont un désert, Sion une solitude, Jérusalem une désolation. La maison de notre sanctification et de notre gloire, où nos pères ont chanté vos louanges, n'est plus qu'un amas de cendres; nos palais les plus beaux, un monceau de ruines. Après cela, ô Jéhova! vous retiendrez-vous encore? Resterez-vous dans votre silence et nous affligerez-vous jusqu'à l'extrémité (Isaïe, 65, 1-11)? »

L'Eternel répond au prophète :

« J'ai été recherché par ceux qui naguère ne m'interrogeaient pas; j'ai été trouvé par ceux qui ne me cherchaient pas. J'ai dit à une nation qui n'invoquait pas mon nom : Me voici, me voici. J'ai étendu mes mains pendant tout le jour vers un peuple incrédule et rebelle, qui marche dans une voie qui n'est pas bonne en suivant ses pensées (1).

» Voici ce que dit Jéhova : Quand on trouve un beau grain dans une grappe, on dit : Ne le perdez pas, car c'est la bénédiction; c'est ainsi qu'en faveur de mes serviteurs, je n'exterminerai pas entièrement Israël. Je ferai sortir de Jacob et de Juda une postérité qui héritera de mes montagnes, mes élus les posséderont, et mes serviteurs y établiront leurs demeures. Mais vous qui avez abandonné l'Eternel, qui avez oublié ma montagne sainte, qui dressez une table à la fortune et offrez des libations, vous serez comptés et livrés au glaive, parce que je vous ai appelés et vous n'avez pas répondu; j'ai parlé et vous n'avez pas écouté; vous avez fait le mal devant mes yeux, et ce que je ne voulais pas vous l'avez choisi. Voici donc ce que dit Jéhova : Mes serviteurs mangeront, et vous souffrirez la faim; mes serviteurs boiront, et vous aurez soif; mes serviteurs se réjouiront, et vous serez confondus; mes serviteurs, dans le ravissement de leurs cœurs, chanteront des cantiques de louange, et vous crierez dans l'amertume de votre âme, vous pousserez des hurlements dans le déchirement de votre esprit. Vous rendrez votre nom, pour mes élus, un nom d'imprécation; Jéhova-Adonaï te perdra, et il donnera à ses élus un autre nom (1).....

» Je vais créer de nouveaux cieux et une nouvelle terre. Le passé sortira de la mémoire, il ne reviendra plus à l'esprit. Réjouissez-vous, au contraire, et soyez dans l'allégresse à jamais pour les choses que je vais créer; car voici que je crée une Jérusalem d'allégresse et un peuple de joie. Et je trouverai mon allégresse dans Jérusalem, et ma joie dans mon peuple; et on n'y entendra plus ni plaintes ni clameurs (2).

» Une mère a enfanté avant d'être en travail; elle a mis au monde un enfant mâle avant le temps de la douleur. Qui jamais a ouï parler d'un tel prodige? Qui a jamais rien vu de semblable? La terre produit-elle en un jour? Une nation s'enfante-t-elle tout d'un coup? Cependant Sion a été en travail et elle a mis au monde ses enfants en même temps. Moi, qui fais enfanter les autres, ne pourrai-je pas enfanter moi-même, dit Celui qui est? Moi, qui donne aux autres la fécondité, demeurerai-je stérile, dit l'Eternel, ton Dieu? Réjouissez-vous avec Jérusalem, tressaillez d'allégresse avec elle, vous tous qui l'aimez; unissez vos transports aux siens, vous tous qui pleurez sur elle, afin que vous suciez de ses mamelles, jusqu'à rassasiement, le lait de ses consolations, que vous tiriez de son sein des délices et que vous soyez remplis de joie par l'éclat de sa gloire. Car ainsi parle Jéhova : Je vais faire couler sur elle la paix comme un fleuve et la gloire des nations comme un torrent qui se déborde; vous sucerez son lait, on vous portera à la mamelle et on vous caressera sur les genoux. Comme une mère console son enfant, ainsi je vous consolerai et vous serez consolés dans Jérusalem. Vous verrez, et votre cœur se réjouira, et vos os se raniméront comme l'herbe : les serviteurs de l'Eternel connaîtront son bras; sa colère se répandra sur ses ennemis.

» Je viens, dit Jéhova, pour assembler toutes les

---

(1) Isaïe, 65, 1 et 2 : « Quæsierunt me qui antè non interrogabant; invenerunt qui non quæsierunt me. Dixit : Ecce ego, ecce ego ad gentem, quæ non invocabat nomen meum. Expandi manus meas totâ die ad populum incredulum, qui graditur in viâ non bonâ post cogitationes suas. »

(1) Isaïe, 65, 8-15 : « Hæc dicit Dominus : Quomodo si inveniatur granum in botro, et dicatur : Ne dissipes illud, quoniam benedictio est; sic faciam propter servos meos, ut non disperdam totum. Et educam de Jacob semen, et de Juda possidentem montes meos; et hæreditabunt eam electi mei, et servi mei habitabunt ibi. Et erunt campestria in caulas gregum, et vallis Achor in cubile armentorum, populo meo qui requisierunt me. Et vos, qui dereliquistis Dominum, qui obliti estis montem sanctum meum, qui ponitis fortunæ mensam et libatis super eam, numerabo vos in gladio, et omnes in cæde corruetis, pro eo quod vocavi, et non respondistis; locutus sum, et non audistis; et faciebatis malum in oculis meis, et quæ nolui elegistis. Propter hoc hæc dicit Dominus Deus : Ecce servi mei bibent, et vos sitietis, ecce servi mei lætabuntur, et vos confundemini; ecce servi mei laudabunt præ exultatione cordis, et vos clamabitis præ dolore cordis, et præ contritione spiritus ululabitis. Et dimittetis nomen vestrum in juramentum electis meis; et interficiet te Dominus Deus, et servos suos vocabit nomine alio. »

(2) Ibid., c. 65, 17 19 : « Ecce enim ego creo cœlos novos, et terram novam; et non erunt in memoriâ priora, et non ascendent super cor. Sed gaudebitis et exultabitis usque in sempiternum in his quæ ego creo; quia ecce ego creo Jerusalem exultationem, et populum ejus gaudium. Et exultabo in Jerusalem, et gaudebo in populo meo; et non audietur in eo ultrà vox fletûs et vox clamoris. »

LIVRE XVI. — LES ROIS ET LES PROPHÈTES, RUINE DE NINIVE.

nations et toutes les langues ; et ils viendront, et ils verront ma gloire. J'élèverai un signe au milieu d'eux ; j'en choisirai quelques-uns qui auront été sauvés pour les envoyer vers les nations de Tharsis (de la mer), en Phul (Afrique), en Lud (Lydie), peuples armés de flèches, en Thubal (Italie, Espagne), en Javan (Ionie, Grèce), dans les îles les plus reculées, vers des hommes qui n'ont point entendu parler de moi et qui n'ont point vu ma gloire, et ils annonceront ma gloire aux nations. Et ils ameneront vos frères du milieu de tous les peuples, comme une offrande à Jéhova ; ils les amèneront sur des chevaux, dans des litières, sur des chars, sur des mules, sur des dromadaires, à ma montagne sainte, à Jérusalem, dit Jéhova ; comme lorsque les enfants d'Israël portent un présent au temple de l'Eternel, dans un vase pur. Et je choisirai parmi eux pour en faire des prêtres et des lévites, dit Jéhova, et, comme les nouveaux cieux et la terre nouvelle que je vais faire, subsisteront toujours devant moi, ainsi votre postérité et votre nom subsisteront toujours. De mois en mois, de sabbat en sabbat, toute chair viendra et m'adorera, dit Celui qui est. On sortira et l'on verra les cadavres des violateurs de ma loi. Leur ver ne mourra point, et leur feu ne s'éteindra point, et ils seront en horreur à toute chair (Isaïe, 66, 7-24).

Il y a dix-huit siècles, un de ces hommes de salut, choisis par l'Eternel pour annoncer sa gloire aux nations les plus lointaines, Paul, sur le point d'aller en Italie et en Espagne, écrivait du pays de Javan, de la Grèce, à l'Eglise naissante de Rome, dont alors déjà la foi était publiée par tout l'univers : « Il n'y a point de distinction entre le juif et le gentil, parce que nous n'ont qu'un même Seigneur, qui répand ses richesses sur tous ceux qui l'invoquent ; car tous ceux qui invoqueront le nom du Seigneur seront sauvés (Joel, 2, 32). Mais comment l'invoqueront-ils, s'ils ne croient point en lui ? et comment croiront-ils en lui, s'ils n'en ont point entendu parler ? et comment en entendront-ils parler, si personne ne leur prêche ? et comment y aura-t-il des prédicateurs, s'ils ne sont envoyés ? Selon ce qui est écrit : Qu'ils sont beaux les pieds de ceux qui annoncent l'évangile de paix, qui annoncent les biens ! Mais tous n'obéissent pas à l'Evangile. C'est ce qui a fait dire à Isaïe : Seigneur, qui est-ce qui a cru à ce que nous avons fait entendre ? La foi vient donc de l'ouïe, et l'ouïe par la parole de Dieu, le Christ. Mais ne l'ont-ils pas déjà ouïe ? Sans doute ; leur voix a retenti par toute la terre, et leur parole jusqu'aux extrémités du monde. Et Israël n'en a-t-il pas eu connaissance ? Moïse lui-même a dit le premier : Je vous exciterai à la jalousie par un *non-peuple* ; je vous irriterai par une nation insensée. Isaïe dit encore plus hardiment : J'ai été trouvé par ceux qui ne me cherchaient pas, et je me suis fait voir à ceux qui ne demandaient point à me connaître. Et il dit contre Israël : J'ai tendu les bras durant tout le jour à ce peuple incrédule et rebelle à mes paroles (1). »

Aujourd'hui encore, à Rome, on lit ces dernières paroles d'Isaïe sur un grand crucifix qui est à l'entrée du quartier des Juifs. Aujourd'hui encore, ce que saint Paul disait à Rome aux Juifs de son temps,

(1) Rom., 10, 12-21 : « Ad Israël autem dicit : Totâ die expandi manus meas ad populum non credentem et contradicentem. »

peut s'appliquer à leurs descendants : « L'Esprit-Saint a bien dit à nos pères par le prophète Isaïe : *Va vers ce peuple et dis-leur : Vous entendrez de vos oreilles et vous ne comprendrez point ; vous regarderez de vos yeux, et vous ne verrez point ; car le cœur de ce peuple s'est appesanti, leurs oreilles se sont fermées ainsi que leurs yeux, de peur que leurs yeux ne voient, que leurs oreilles n'entendent, que leur cœur ne comprenne, qu'ils ne se convertissent et que je ne les guérisse* (Act., 28, 25-27). »

L'apôtre ajoutait : *Apprenez donc que ce salut qui vient de Dieu est envoyé aux nations et qu'elles le recevront*. Ce second prodige, prédit par Isaïe en tant de manières, non-seulement nous le voyons de nos yeux, mais nous le sommes. En un mot, pour voir deux miracles toujours subsistant, et deux prophéties toujours s'accomplissant, nous n'avons qu'à jeter les yeux sur les Juifs et sur nous, sur la synagogue d'Israël réprouvée, aveuglée depuis dix-huit siècles, et sur l'Eglise des nations, devenue depuis dix-huit siècles la lumière du monde. Un troisième miracle, également prédit par les prophètes, se joindra aux deux autres vers la fin des temps. « Je ne veux pas, mes frères, dit saint Paul, vous laisser ignorer ce mystère, afin que vous ne soyez point sages à vos propres yeux ; c'est qu'une partie des Juifs est tombée dans l'aveuglement, jusqu'à ce que la plénitude des nations soit entrée dans l'Eglise, et qu'après, tout Israël sera sauvé selon qu'il est écrit : *Il sortira de Sion un libérateur qui bannira l'impiété de Jacob. Et c'est là l'alliance que je ferai avec eux lorsque j'aurai effacé leurs péchés* (1). »

Ici nous quittons à regret le plus éloquent, le plus sublime des prophètes, et par là même de tous les hommes. La tradition des Hébreux, adoptée par les Pères de l'Eglise, nous apprend qu'Isaïe, après avoir prophétisé sous les rois Ozias, Joathan, Achaz et Ezéchias, fut mis à mort par Manassès qui, ne pouvant supporter ses reproches, le fit couper en deux avec une scie de bois. Isaïe réunit ainsi deux gloires, celle de prophète et celle de martyr.

Manassès avait douze ans à la mort d'Ezéchias ; il lui succéda sur le trône, mais non dans la piété et la justice. Autant le père avait été bon, autant le fils se montra méchant et envers Dieu et envers son peuple. Il renouvela toutes les impiétés de ces nations coupables que le Seigneur avait exterminées devant les enfants d'Israël ; il rebâtit les hauts-lieux que son père Ezéchias avait démolis, dressa des autels à Baal, planta un bocage à Astarté, comme avait fait Achab, roi d'Israël, adora toute la milice du ciel et lui sacrifia. Il alla jusqu'à placer dans le temple même l'idole du bocage, Astarté ou Vénus, et dans les deux parties du temple, éleva des autels à toute l'armée des cieux, à tous les astres. Il fit passer ses fils par le feu, aima les divinations, observa les augures, s'adonnait aux arts magiques, avait auprès de lui des magiciens et des enchanteurs, et commettait devant l'Eternel des crimes sans nombre. Juda et Jérusalem se laissèrent entraîner par cet exemple, et commirent encore plus de mal que les

(1) Isaïe, 59 ; Rom., 11, 25-27 : « Nolo enim vos ignorare, fratres mysterium hoc (ut non sitis vobis ipsis sapientes), quia cæcitas ex parte contigit in Israël, donec plenitudo gentium intraret, et sic omnis Israël salvus fieret, sicut scriptum est : Veniet ex Sion, qui eripiat et avertat impietatem à Jacob. Et hoc illis à me testamentum, cùm abstulero peccata eorum. »

anciens peuples de Chanaan. Le Seigneur les ayant inutilement avertis par ses prophètes, leur dit enfin : « Parce que Manassès, roi de Juda, a commis ces abominations, plus détestables encore que tout ce que les Amorrhéens avaient fait avant lui, et qu'il a fait pécher Juda par ses infamies, voici ce que dit Jéhova, Dieu d'Israël : Je vais amener de tels maux sur Jérusalem et sur Juda, que les oreilles en tinteront à quiconque les ouïra. J'étendrai sur Jérusalem le cordeau de Samarie et le poids de la maison d'Achab; et j'essuierai Jérusalem comme un vase d'albâtre que l'on essuie et que l'on retourne ensuite sur sa face. J'abandonnerai les restes de mon héritage, et je les livrerai entre les mains de leurs ennemis; ils seront en proie à tous ceux qui les haïssent, parce qu'ils ont commis le mal devant moi, et qu'ils ont continué de m'irriter depuis le jour que leurs pères sortirent de l'Egypte jusqu'aujourd'hui. »

Manassès, au lieu de se convertir, joignit à l'idolâtrie la cruauté : il répandit tant de sang innocent, que Jérusalem en était remplie jusqu'à la gorge, suivant l'énergie du texte sacré.

Alors Dieu fit venir les princes de l'armée du roi d'Assur; ils prirent Manassès, lui mirent les fers aux pieds et aux mains, et l'emmenèrent à Babylone, alors sous la domination du roi de Ninive. Quand il fut réduit à cette angoisse, Manassès se reconnut enfin, s'humilia devant le Dieu de ses pères, lui adressa ses gémissements et ses instantes supplications. Le Seigneur exauça sa prière et le ramena à Jérusalem dans son royaume.

Manassès ayant ainsi reconnu qu'il n'y a de Dieu que Jéhova, Celui qui est, s'appliqua le reste de ses jours à le servir d'autant mieux qu'il l'avait offensé davantage. Il augmenta les fortifications de Jérusalem, mit les autres villes en état de défense; mais surtout il ôta de la maison de Jéhova l'idole qu'il y avait placée, fit disparaître de partout les dieux étrangers ainsi que les autels qu'il avait dressés sur la montagne du temple et dans Jérusalem. Il rétablit aussi l'autel du Seigneur, y offrit des victimes avec des hosties pacifiques et d'actions de grâces, et ordonna à Juda de servir Jéhova, le Dieu d'Israël. Cependant le peuple immolait encore sur les hauteurs, mais seulement à Jéhova, son Dieu. Manassès mourut après un règne de cinquante-cinq ans. Il fut enseveli dans le jardin de sa maison et non dans le sépulcre des rois (4. Reg., 21, 2; Paral., 33). Il paraît que, malgré sa pénitence, le tribunal qui jugeait les rois à leur mort, le priva de la sépulture royale à cause du scandale horrible qu'il avait causé. La prière de Manassès dans les fers avait été recueillie par les prophètes; mais il n'est pas certain que ce soit celle qu'on lit à la fin de la Bible.

Il est naturel de penser qu'en prenant Jérusalem, les Assyriens n'épargnèrent pas le temple, et qu'avec le roi ils emmenèrent aussi une partie du peuple. Alors paraît s'être accompli ce que l'Eternel avait prédit de deux personnages par Isaïe : « Va, entre chez Sobna, trésorier du temple, et tu lui diras : Que fais-tu ici? quels sont tes droits? tu as osé te bâtir un sépulcre de pierre; tu t'es élevé un monument superbe; tu as taillé ta dernière demeure dans le roc. Voilà que l'Eternel t'enlèvera comme on enlève un oiseau, comme on ôte des vêtements de leur place. Il te couronnera de maux; il te jettera comme une balle lancée dans un champ spacieux; tu mourras là, et c'est là qu'ira se briser, à la honte de ton maître, le char de ta gloire. Je te chasserai du rang où tu es; je te déposerai de ton ministère. Je rappellerai, dans ce jour, mon serviteur Eliacim, fils d'Helcias; je le revêtirai de ta tunique, je l'honorerai de ta ceinture, je lui remettrai entre les mains ta puissance; et il sera un père aux habitants de Jérusalem et à la maison de Juda. Je mettrai sur son épaule la clé de la maison de David ; il ouvrira, et nul ne pourra fermer; il fermera, et nul ne pourra ouvrir. Je l'établirai comme une colonne dans un lieu solide; il sera comme un trône d'honneur dans la maison de son père (Is., 22). » Sobna, qu'on présume avoir été favori de Manassès, aura été emmené avec lui à Babylone, et y sera mort; tandis que nous verrons Eliacim, pour le salut de Juda et de Jérusalem, faire tout ensemble les fonctions de pontife et de roi.

Manassès était peut-être encore dans la captivité, mais le peuple en était revenu, le temple venait d'être purifié, le culte du Seigneur se rétablissait, lorsque Juda et Jérusalem se virent menacés d'une ruine entière, et délivrés tout à coup par le bras d'une femme.

Ici commence, pour durer jusqu'à l'avénement du Christ, la lutte des peuples conquérants. L'empire de Ninive, remonté au faîte de sa puissance, touchait à sa fin. Celui des Mèdes et des Perses, qui devait aider Babylone à détruire Ninive, et puis subjuguer Babylone même, venait de se former. Les Madaï ou Mèdes, ainsi nommés de Madaï, troisième fils de Japhet, étaient tombés, suivant Hérodote, dans une espèce d'anarchie, lorsqu'ils offrirent volontairement le souverain pouvoir à un des principaux d'entre eux, Déjocès, qui s'était attiré la confiance universelle par sa sagesse et sa vertu. Son règne fut long et paisible. Pour donner à la nation un centre commun, il bâtit la fameuse ville d'Ecbatanes avec sept enceintes de murailles. Son fils, Phraortes suivant Hérodote, Aphraartes suivant Eusèbe, Arphaxad suivant l'Ecriture, acheva les fortifications de la nouvelle capitale. Il l'entoura de murs larges de cinquante coudées, hauts de soixante-dix, avec des portes et des tours de cent de hauteur; le tout en pierres taillées de trois coudées de large et de six de long. Non content du royaume des Mèdes, que lui avait laissé son père, il attaqua et vainquit les Perses, puis, avec leur secours, une grande partie de l'Asie. Enfin, se regardant comme invincible par la force de son armée et la multitude de ses chars, il marcha contre les Assyriens de Ninive; mais il y trouva sa perte.

A Ninive, le fils de Sennachérib, nommé Asarhaddon par les Juifs, Asaraddin par Ptolémée, Asenaphar par les Samaritains (1. Esdr., 14, 10), étant mort, avait eu pour successeur un prince nommé Saosduchin dans le Canon de Ptolémée, et Nabuchodonosor dans l'Ecriture. Cette diversité de noms dans la même personne ne doit pas étonner chez les anciens. Souvent le même avait deux ou plusieurs noms : ainsi Homère appelle l'époux d'Hélène tantôt Pâris, tantôt Alexandre. Souvent un prince changeait de nom en parvenant à la couronne : ainsi, avant d'être roi, Cyrus s'appelait Agradat. Souvent ce n'était qu'un surnom d'honneur qui devenait nom propre dans une autre langue : ainsi de Cor, en persan *soleil*, les Hébreux ont fait Corès, et les Grecs Cyrus. D'autres fois le même nom était commun à tous les rois d'un pays, comme celui de Pharaon, et plus tard de Ptolémée en Egypte : il n'y avait que les surnoms pour les distinguer. Ce qui diversifiait encore plus les noms des rois, surtout dans les grandes monarchies composées de plusieurs peuples, c'est que les noms des anciens signifiant presque tous quelque chose, chaque peuple les traduisait en sa langue, changeant le son, mais conservant le sens. Ainsi à quelles variantes ne durent pas donner lieu, dans les cent vingt-sept provinces de la monarchie persane, les noms de Darius, *dompteur*, de Xerxès, *guerrier*, d'Artaxerxès, *grand guerrier*? Si le grec nous était aussi étranger que l'ancien persan, saurions-nous pourquoi les Grecs appellent Sébaste celui qu'avec les Latins nous appelons Auguste?

Nabuchodonosor se mit en campagne la douzième année de son règne. Il avait envoyé à tous les peuples sujets ou alliés de son empire : à l'orient, du côté de la Perse ; à l'occident, aux peuplades de Cilicie, de Syrie, de Palestine et d'Egypte. Mais nul ne se mit en peine de ses ordres ni ne vint à lui pour cette guerre ; tous, au contraire, le regardant comme leur égal, renvoyèrent ses ambassadeurs sans rien leur accorder, et même sans leur faire aucun honneur. Nabuchodonosor jura de s'en venger. Toutefois, ceux qui habitaient le long de l'Euphrate, le Tigre, l'Hydaspe, se joignirent à lui. Quoique abandonné du grand nombre, il était encore puissant. Ayant livré bataille à Arphaxad, il eut sur lui l'avantage, renversa son armée, sa cavalerie, ses chars; se rendit maître de ses villes, parvint jusqu'à Ecbatanes, prit ses tours, ravagea ses places et changea toute sa beauté en opprobre. Il se saisit même de la personne d'Arphaxad, le perça de ses flèches et le mit à mort. Ensuite il revint à Ninive avec tous ceux qui l'avaient accompagné dans cette expédition, et là ils se livrèrent au repos et aux festins, lui et son armée, pendant cent vingt jours (1).

Après ce temps, il convoqua dans son palais tous les officiers de son armée avec les grands de son empire, leur exposa le mauvais procédé des peuples, leur dit que son dessein était d'en tirer une vengeance éclatante et de soumettre à son empire tout le reste de la terre. Tous y ayant applaudi, il appela Holopherne, général de ses troupes, et lui dit : « Voici ce que dit le grand roi, le maître de toute la terre : Tu vas sortir de devant moi, et tu prendras avec toi des hommes déterminés, cent vingt mille hommes de pied, un grand nombre de chevaux et douze mille cavaliers. Tu marcheras contre les régions de l'Occident, parce qu'elles n'ont point déféré aux paroles de ma bouche. Tu les avertiras de préparer la terre et l'eau, parce que je vais marcher contre eux dans ma colère; je couvrirai des pieds de mon armée la face de la terre; et je les livrerai au pillage. Leurs blessés rempliront leurs vallées et leurs torrents, et le fleuve débordé s'emplira de leurs cadavres. J'emmènerai leurs captifs et je les disperserai jusqu'aux extrémités de l'univers. Toi donc, pars et va devant m'occuper tous leurs confins : ils se donneront à toi, et tu me les réserveras pour le jour où je viendrai leur reprocher leur inconduite. Ton œil n'aura nulle pitié pour ceux qui résisteront : tu les livreras au carnage et au pillage dans toutes les régions que je t'abandonne. »

Tel fut, suivant le texte grec du livre de Judith, le langage de Nabuchodonosor. Son orgueil, comme nous le verrons, allait encore plus loin. Il voulait que toute la terre n'eût de dieu que lui.

Holopherne exécuta les ordres de son maître et partit avec une armée, des provisions et des trésors immenses. Il ravagea le pays d'Ismaël, la terre de Madian, la Mésopotamie, la Cilicie, descendit dans les champs de Damas, au temps de la moisson, brûla tous les blés, fit couper tous les arbres et toutes les vignes. Bientôt la terreur de ses armes se répandit de toutes parts : Tyr, Sidon et le reste de la Phénicie tremblaient (Judith, 2). Dès lors les rois, les princes des villes et des provinces de Mésopotamie, de Cilicie, de Syrie et autres pays, envoyèrent lui dire par des ambassadeurs : « Nous voici les serviteurs de Nabuchodonosor, le grand roi, nous voici devant vous ; traitez-nous comme il vous semblera bon. Nos villes, nos terres, nos montagnes, nos collines, nos champs, nos troupeaux, nos richesses, nos familles, tout est en votre pouvoir. Tout ce que nous avons dépend de vous ; nous serons vos esclaves, nous et nos enfants. Venez être pour nous un maître pacifique, et tirez de nous tous les services qu'il vous plaira. » Il descendit donc avec son armée vers les régions maritimes, mit des garnisons dans leurs villes fortes, en tira les hommes d'élite pour les joindre à ses troupes. Telle était la frayeur dont étaient saisies toutes ces provinces, que les princes et les personnes les plus honorables de toutes les villes, ainsi que les peuples, allaient au devant de lui et le recevaient avec des couronnes, des flambeaux, en dansant au son des tambours et des flûtes. Mais rien ne put adoucir la férocité de son cœur. Il n'en détruisit pas moins leurs villes, n'en abattit pas moins leurs bois sacrés ; car il avait ordre d'exterminer tous les dieux de la terre, afin que toutes les nations adorassent le seul Nabuchodonosor, que toutes les langues et toutes les tribus l'invoquassent comme leur dieu. Il s'avança ainsi, ravageant le pays, jusqu'aux montagnes de Judée, où il s'arrêta un mois entier pour rassembler toutes les troupes de son armée (Judith, 3).

Les enfants d'Israël avaient appris la marche du vainqueur, ce qu'il avait fait aux diverses nations, comment il avait ruiné leurs temples et leurs cités ; ils en craignirent autant pour Jérusalem et pour son temple. Une circonstance augmentait leur crainte, suivant la version grecque : ils étaient revenus nouvellement de la captivité ; le peuple de Juda n'était rassemblé tout entier que depuis peu ; les vases sacrés, l'autel et le temple venaient d'être purifiés de leur profanation. Cette captivité, ce temple debout, mais profané, tandis que Ninive avec son empire subsiste encore, marquent assez clairement le temps de Manassès. Plus tard il y aura une autre captivité, mais Ninive n'existera plus, non plus que Jérusalem et son temple.

Un homme se trouva pour soutenir Israël : c'était le grand-prêtre Eliacim ou Joacim deux noms qui

(1) Judith, c. 1, d'après les deux textes, grec et latin, fondus ensemble.

reviennent au même, *El* et *Jo* étant deux noms de Dieu. Eliacim, qui avait gouverné Juda et Jérusalem pendant la captivité du roi et d'une partie du peuple, leur continua ses soins paternels. Le roi, s'il était revenu, voyant en lui le sauveur et le père de la nation, l'aura prié d'achever son ouvrage. Le grand-prêtre écrivit donc de toutes parts pour qu'on occupât les montagnes par où l'on pouvait aller à Jérusalem, et qu'on mît des corps-de-garde dans les défilés, surtout du côté de Béthulie, où le défilé était si étroit qu'il ne pouvait y passer plus de deux hommes. Non content d'envoyer des lettres, il parcourut lui-même tout le pays, faisant réparer les murs des villes et amasser du blé dans les magasins, mais surtout exhortant tout le peuple à implorer le secours du Seigneur par le jeûne et la prière. La voix du pontife fut écoutée en tout à Jérusalem et dans toute la Judée. Les hommes, les femmes, les enfants même, vêtus du sac de la pénitence, la tête couverte de cendre et prosternés la face tournée vers le temple, jeûnèrent plusieurs jours, ne cessant de conjurer le Seigneur d'avoir pitié d'eux et de son sanctuaire. Les prêtres mêmes, qui offraient les holocaustes, étaient vêtus de cilice et avaient de la cendre sur leur tête. Le Seigneur écouta les gémissements de son peuple (Judith, 4).

Holopherne ayant appris que les enfants d'Israël se préparaient à lui résister, et qu'ils avaient fermé les passages des montagnes, entra dans une furieuse colère. Il fit venir les princes de Moab et les chefs d'Ammon, avec les satrapes des provinces maritimes, et leur demanda quel était ce peuple, sa force, le nombre de ses villes, le chef qui le commandait; pourquoi il était le seul qui méprisât de venir au devant de lui et de le recevoir dans un esprit de paix. Achior, chef de tous les Ammonites, lui répondit : « Seigneur, s'il vous plaît de m'écouter, je vous dirai la vérité touchant ce peuple qui habite dans les montagnes, et pas une parole fausse ne sortira de ma bouche. Ce peuple est originaire de la Chaldée. Ne voulant plus suivre les dieux de leurs pères qui en adoraient plusieurs, ils n'en adorèrent qu'un seul, le Dieu du ciel, qui leur commanda de sortir de ce pays-là. Ils émigrèrent d'abord en Mésopotamie, puis dans la terre de Chanaan, où ils devinrent riches en or, en argent et en troupeaux. Plus tard, durant une grande famine, ils descendirent en Egypte, où ils se multiplièrent au point que leur multitude était innombrable. Le roi d'Egypte les traitant avec dureté et les accablant de travail comme des esclaves, pour bâtir ses villes, ils crièrent à leur Dieu, qui frappa toute la terre d'Egypte de plaies auxquelles il n'y avait point de remèdes. Pour se délivrer, les Egyptiens les chassèrent. Mais ayant voulu s'en rendre maîtres de nouveau, le Dieu du ciel leur ouvrit la mer Rouge et les y fit passer à pied sec. L'armée des Egyptiens les ayant poursuivis, fut ensevelie dans les eaux sans qu'il en échappât un seul pour porter la nouvelle. Ils campèrent ensuite dans les déserts de Sina, où personne n'avait jamais pu habiter. Là, les fontaines amères devenaient douces pour eux; et, durant l'espace de quarante ans, ils recevaient du ciel leur nourriture. Partout où ils entraient sans arc et sans flèche, sans bouclier et sans épée, leur Dieu combattait pour eux et demeurait toujours vainqueur. Jamais il ne s'est trouvé personne qui surmontât ce peuple, sinon lorsqu'il s'était retiré du Seigneur, son Dieu; car toutes les fois qu'ils ont adoré un autre Dieu que le leur, ils ont été livrés au pillage, au glaive et à l'opprobre; mais aussi, toutes les fois qu'ils se sont repentis d'avoir abandonné le culte de leur Dieu, le Dieu du ciel leur a donné la force pour se défendre. C'est ainsi qu'ils ont vaincu les rois et les peuples dont ils possèdent maintenant les terres et les villes. Tant qu'ils n'ont pas péché contre leur Dieu, ils ont été heureux, parce que leur Dieu hait l'iniquité. Aussi, il y a quelques années, s'étant retirés de la voie que Dieu leur avait marquée pour y marcher, ils ont été taillés en pièces par diverses nations, et plusieurs d'entre eux emmenés captifs dans une terre étrangère. Mais depuis peu, étant retournés au Seigneur, leur Dieu, ils se sont réunis de cette dispersion, ont repeuplé ces montagnes, et possèdent de nouveau Jérusalem, où est leur sanctuaire. Maintenant donc, mon seigneur, informez-vous s'il y a dans ce peuple quelque iniquité contre son Dieu; et, si cela est, allons les attaquer, parce que certainement leur Dieu vous les livrera, et ils seront assujettis à votre puissance. Mais si ce peuple n'a point offensé son Dieu, nous ne pourrons leur résister, parce que leur Dieu prendra leur défense, et nous deviendrons la risée de toute la terre. »

Achior ayant ainsi parlé, tous les grands d'Holopherne pensèrent le mettre en pièces, disant l'un à l'autre : « Quel est celui-ci, qui ose dire que les enfants d'Israël puissent résister au roi Nabuchodonosor et à toutes ses troupes, eux sans armes et sans force, et qui ne savent ce que c'est de l'art de combattre? Pour faire donc voir à Achior qu'il nous trompe, allons à ces montagnes : et lorsque nous aurons pris les plus forts d'entre eux, nous les passerons avec eux au fil de l'épée, afin que toutes les nations sachent que Nabuchodonosor est le dieu de la terre, et que, hors lui, il n'y en a point d'autre (Judith, 5). »

Le tumulte s'étant apaisé : « Et qui donc es-tu, Achior, mercenaire d'Ephraïm, lui dit Holopherne en fureur? Qui donc es-tu, pour faire ainsi le prophète au milieu de nous aujourd'hui, et pour dire qu'il ne faut point combattre la race d'Israël, parce que leur Dieu les protége? Et quel dieu y a-t-il donc, si ce n'est Nabuchodonosor? Pour t'en convaincre, lorsque nous les aurons tous frappés comme un seul homme, et enivré de sang leurs montagnes, tu tomberas toi-même sous le fer des Assyriens, et tout Israël périra avec toi. Et pour que tu sois encore mieux persuadé d'éprouver le même sort, tu seras joint dès à présent à ce peuple, afin que, lorsque mon glaive leur infligera les peines qu'ils ont méritées, tu sois puni avec eux. »

Aussitôt les gens d'Holopherne se saisirent d'Achior, l'emmenèrent du côté de Béthulie, et, le plus près qu'ils purent de la ville, le lièrent par les pieds et les mains à un arbre, et s'en retournèrent vers leur maître. Les Israélites descendus de Béthulie, ayant trouvé Achior, le délièrent et le conduisirent dans la ville, au milieu du peuple, qui avait alors pour chefs Ozias, de la tribu de Siméon, et Charmi, surnommé *Othoniel*. Interrogé pourquoi les Assyriens l'avaient traité de la sorte, il exposa comment il avait répondu aux demandes d'Holopherne, comment il avait failli être mis en pièces par les principaux de l'armée, et comment Holopherne avait juré de le faire mourir dans les plus cruels supplices avec les enfants d'Israël, pour avoir osé dire que le Dieu du ciel était leur défenseur.

A ce récit, tout le peuple se prosterna le visage contre terre, et s'écria en pleurant : « Seigneur, Dieu du ciel et de la terre, voyez leur orgueil, voyez notre abaissement; jetez un regard sur votre sanctuaire; faites voir que vous n'abandonnez point ceux qui présument de votre bonté, et que vous humiliez ceux qui présument d'eux-mêmes et se glorifient de leurs propres forces. » Ayant ainsi pleuré et prié durant tout le jour, ils consolèrent Achior en disant : « Le Dieu de nos pères, dont vous avez proclamé la puissance, vous donnera pour récompense de voir vous-même la perte de ceux qui veulent vous faire périr. Et lorsque le Seigneur aura mis ainsi ses serviteurs en liberté, qu'il soit aussi votre Dieu au milieu de nous, afin que, selon qu'il vous plaira, vous viviez avec nous, vous et tous ceux qui vous appartiennent. » L'assemblée étant finie, Ozias le reçut en sa maison, lui donna un festin auquel furent invités tous les anciens de la ville. Ensuite le peuple s'assembla de nouveau et passa la nuit en prière, suppliant le Dieu d'Israël de venir à leur secours (Judith, 6).

Le lendemain, Holopherne fit marcher toute son armée contre Béthulie, c'est-à-dire non-seulement les troupes qu'il avait amenées de Ninive, mais encore celles qu'il avait tirées des provinces conquises. A la vue de cette multitude, les enfants d'Israël se prosternèrent en terre et redoublèrent leurs prières au Seigneur; en même temps ils faisaient bonne garde tout le jour et toute la nuit. Pour les réduire sans combat, Holopherne fit couper un aqueduc qui leur fournissait de l'eau; puis, à la persuasion des Iduméens, des Moabites et des Ammonites, il envoya de forts détachements occuper toutes les fontaines du voisinage. Dès que l'aqueduc fut rompu, l'eau vint à manquer à Béthulie; on l'y distribua chaque jour par mesure au peuple. Ce fut bien pis quand toutes les fontaines se trouvèrent occupées par l'ennemi. Le vingtième jour depuis que cette mesure avait été prise, trente-quatrième depuis le commencement du siège, il ne restait plus dans toute la ville de quoi donner à boire un seul jour aux habitants.

Alors les hommes, les femmes, les jeunes gens et les petits enfants vinrent en foule trouver Ozias, et lui dirent tous d'une voix : « Que Dieu soit juge entre vous et nous; car c'est vous qui nous avez attiré ces maux, n'ayant pas voulu parler de paix avec les Assyriens, et c'est pour cela que Dieu nous a vendus entre leurs mains. Ainsi nous demeurerons sans secours, et la soif nous fait périr misérablement devant leurs yeux. Maintenant donc, assemblez tous ceux qui sont dans la ville, afin que nous nous rendions tous volontairement à Holopherne, car il vaut mieux qu'étant captifs nous vivions et bénissions le Seigneur, que de mourir et d'être en opprobre à tous les hommes, en voyant nos femmes et nos enfants périr ainsi devant nos yeux. Nous vous conjurons aujourd'hui par le ciel et la terre, et devant le Dieu de nos pères, qui se venge de nous selon la grandeur de nos péchés, de livrer incessamment la ville entre les mains d'Holopherne, et de nous faire trouver une prompte mort par le glaive au lieu de cette mort prolongée dans les tourments de la soif. »

Après qu'ils eurent parlé de la sorte, il s'éleva de grands cris et de grandes lamentations dans toute l'assemblée; et pendant plusieurs heures, ils crièrent tout d'une voix à Dieu, en disant : « Nous avons péché avec nos pères; nous avons agi injustement; nous avons commis l'iniquité. Mais vous, ayez pitié de nous, parce que vous êtes bon; ou vengez nos crimes en nous châtiant vous-même, et n'abandonnez point ceux qui vous bénissent à un peuple qui vous ignore, afin qu'on ne dise point parmi les nations : Où est leur Dieu ? »

Lorsque enfin, fatigués de crier et las de pleurer, ils se turent, Ozias se leva, le visage tout trempé de ses larmes, et leur dit : « Ayez bon courage, mes frères, et attendons encore pendant cinq jours la miséricorde du Seigneur. Peut-être qu'il apaisera sa colère et fera éclater la gloire de son nom. Si, ces cinq jours étant passés, il ne nous vient point de secours, nous ferons ce que vous avez proposé (Judith, 7).

Ces paroles furent rapportées à une veuve de la tribu de Siméon : c'était Judith. Il y avait plus de trois ans que Manassès, son mari, était mort d'un coup de soleil pendant la moisson des orges. Elle s'était fait en haut de sa maison une chambre secrète, où elle demeurait enfermée avec les filles qui la servaient. Et, ayant un cilice sur les reins, elle jeûnait tous les jours de sa vie, excepté le jour du sabbat, le jour des cérémonies et les fêtes de la maison d'Israël. Elle était parfaitement belle; et son mari lui avait laissé de grandes richesses, un grand nombre de serviteurs et des domaines avec des troupeaux nombreux. Tout le monde en avait une haute estime, parce qu'elle craignait beaucoup le Seigneur; et il n'y avait personne qui dît la moindre chose à son désavantage.

Ayant donc appris ce qui s'était passé, elle envoya l'intendante de sa maison prier de venir chez elle les anciens du peuple, Ozias, Chabri et Charmi. Ils vinrent, et elle leur dit : « Comment donc Ozias a-t-il consenti de livrer la ville aux Assyriens, s'il ne vous venait du secours dans cinq jours? Et qui êtes-vous donc pour tenter ainsi le Seigneur? Ce n'est pas là le moyen d'attirer sa miséricorde, mais plutôt d'exciter sa colère et d'allumer sa fureur. Vous avez prescrit à Dieu le terme de sa compassion; vous lui avez fixé le jour, comme ses arbitres. Ah! plutôt, parce que le Seigneur est patient, faisons pénitence de cette faute même et implorons sa pitié avec beaucoup de larmes; car on ne menace pas Dieu comme un homme, on ne le met point à l'arbitrage comme les enfants des hommes. C'est pourquoi humilions nos âmes devant lui, reconnaissons que nous sommes ses esclaves, qu'il peut nous sauver ou nous perdre à son gré; demeurons dans cet esprit d'abaissement, et prions le Seigneur avec larmes de nous faire éprouver sa miséricorde en la manière qu'il lui plaira, afin que, comme l'orgueil de nos ennemis nous a remplis de trouble et de crainte, notre humilité aussi devienne pour nous un sujet de gloire. Il n'y a aujourd'hui parmi nous aucune tribu, aucune famille, aucune cité qui adore des dieux faits de mains d'homme, comme il est arrivé dans les jours précédents; car c'est pour cela que nos pères ont été livrés au glaive et au pillage, et qu'ils ont éprouvé une grande chute devant nos ennemis. Pour nous, au contraire, nous ne reconnaissons d'autre Dieu que lui : c'est pourquoi nous espérons qu'il ne nous méprisera pas, ni personne de notre génération. Si nous nous laissons prendre, toute la Judée tombera avec nous, notre sanctuaire sera pillé, et Dieu nous demandera compte de cette profanation, à cause de ce que nous avons dit. Le meurtre de nos frères, la captivité de notre pays, la dévastation de notre héritage, il les fera retomber sur nos têtes au milieu des nations où nous serons en servitude; et nous serons une pierre d'achoppement et un objet d'insulte devant ceux qui seront devenus nos maîtres. Maintenant donc, montrons à nos frères que de nous dépend leur vie, que sur nous s'appuie et le sanctuaire, et le temple, et l'autel. Après tout, rendons grâces au Seigneur, notre Dieu, qui nous éprouve comme il a éprouvé nos pères. Rappelons-nous comment Abraham a été tenté, comment, éprouvé par beaucoup de tribulations, il est devenu l'ami de Dieu, comment Isaac, Jacob, Moïse et tous ceux qui ont plu à Dieu, ont passé par plusieurs afflictions et sont demeurés fidèles. Ceux, au contraire, qui n'ont pas reçu ces épreuves dans la crainte du Seigneur, qui ont témoigné leur impatience et ont irrité le Seigneur par leurs reproches et leurs murmures, l'exterminateur les a frappés et ils ont péri par les serpents. C'est pourquoi ne témoignons point d'impatience dans ces maux que nous souffrons, mais, considérant que ces supplices mêmes sont encore beaucoup moindres que nos péchés, croyons que ces fléaux, dont Dieu nous châtie comme ses serviteurs, nous sont envoyés pour nous corriger et non pour nous perdre. »

Ozias lui répondit : « Tout ce que vous avez dit est un effet de votre bon cœur, et il n'y a personne qui puisse contester vos paroles. Ce n'est pas d'aujourd'hui que se manifeste votre sagesse; mais dès le commencement de vos jours, tout le peuple a connu votre intelligence et compris que votre cœur est bon. Mais le peuple souffrait extrêmement de la soif, et ils nous ont mis dans la nécessité de faire ce que nous leur avons dit, et de nous engager par un serment que nous ne transgresserons point. Maintenant donc, priez pour nous, car vous êtes une femme pieuse; et le Seigneur enverra la pluie pour remplir nos citernes, et nous ne périrons plus de soif. » Judith leur dit : « Ecoutez-moi : Je vais faire une chose qui passera de race en race dans toute la postérité de notre peuple. Vous vous trouverez cette nuit à la porte; je sortirai avec la fille qui me sert, et le Seigneur visitera par ma main Israël, dans l'intervalle de ces jours après lesquels vous avez résolu de livrer la ville à nos ennemis. Pour vous, ne cherchez point à savoir ce que je veux faire; car je ne le dirai point jusqu'à ce que je l'aie exécuté. » Ozias et les autres princes lui dirent : « Allez en paix, et que le Seigneur-Dieu marche devant vous pour se venger de vos ennemis (Judith, 8). »

Après qu'ils furent partis, Judith entra dans son oratoire, se revêtit d'un cilice, mit de la cendre sur sa tête, et, se prosternant devant le Seigneur, criait vers lui en disant : « Seigneur, Dieu de mon père Siméon, qui lui avez donné le glaive pour se venger des étrangers qui, transportés d'une passion impure, avaient violé une vierge et l'avaient couverte de confusion en lui faisant outrage; qui avez exposé leurs femmes en proie, qui avez rendu leurs filles captives, et qui avez donné toutes leurs dépouilles en partage à vos serviteurs, qui ont brûlé de zèle pour vous; assistez, je vous prie, Seigneur, mon Dieu, assistez-moi qui suis veuve. C'est vous qui avez fait ces anciennes merveilles et qui avez résolu d'exécuter vos différents desseins chacun dans son temps; et il ne s'est fait que ce que vous avez voulu. Toutes vos voies sont déjà préparées, et vous avez établi vos jugements dans l'ordre de votre providence. Jetez les yeux sur le camp des Assyriens, comme vous daignâtes les jeter sur le camp des Egyptiens lorsque leurs troupes armées poursuivaient vos serviteurs, se confiant en leurs chars, leur cavalerie et la multitude de leurs combattants. Vous jetâtes un regard sur leur camp, et les ténèbres les accablèrent; l'abîme saisit leur pied, et les eaux les couvrirent. Seigneur, qu'il en soit autant de ceux-ci qui se confient en leur multitude et se glorifient dans leurs chars, dans leurs javelots, dans leurs boucliers, dans leurs flèches et dans leurs lances. Ils ne savent pas que c'est vous notre Dieu, vous qui, dès l'origine, écrasez les armées, et que votre nom est Jéhova. Elevez votre bras comme jadis; brisez leurs forces par votre force; que votre colère abatte devant vous ceux qui se promettent de violer votre sanctuaire, de profaner le tabernacle de votre nom, et de renverser par leur glaive la majesté de votre autel. Faites, Seigneur, que son orgueil soit tranché avec sa propre épée; qu'il soit pris par ses yeux comme par un piège en me regardant, et frappez-le par l'agrément des paroles qui sortiront de ma bouche. Donnez à mon cœur la constance pour le mépriser, et la force pour le perdre. Ce sera un monument glorieux pour votre nom, qu'il périsse par la main d'une femme. Car ce n'est point dans la multitude qu'est votre puissance, ô Seigneur! vous ne vous plaisez point dans la force des chevaux; et, dès le commencement, les superbes ne vous ont point plu; mais vous avez toujours agréé la prière de ceux qui sont humbles et doux. Dieu des cieux, créateur des eaux, Seigneur de toute créature, exaucez-moi qui vous implore dans la misère et qui présume de votre miséricorde. Souvenez-vous, Seigneur, de votre alliance, et mettez vous-même les paroles dans ma bouche, et fortifiez la résolution de mon cœur, afin que votre maison demeure toujours dans la sainteté qui lui est propre, et que toutes les nations connaissent que c'est vous qui êtes Dieu, et qu'il n'y en a point d'autre que vous (Judith, 9). »

Judith ayant cessé de crier au Seigneur, se leva du lieu où elle était prosternée, appela sa servante, descendit dans sa maison, ôta son cilice, quitta ses habits de veuve, se lava le corps, se l'oignit d'un parfum précieux, frisa ses cheveux, se mit une coiffure magnifique sur la tête, se revêtit des habits qu'elle avait accoutumé de porter au temps de sa joie, se para enfin de tous ses ornements. Dieu même lui ajouta encore un nouvel éclat, parce que tout cet ajustement n'avait pour principe aucun mauvais désir, mais la vertu seule. Elle fit porter à sa servante une outre de vin, un vase d'huile, de la farine, des figues, du pain, du fromage, et partit ainsi. Arrivée à la porte de la ville, elle y trouva Ozias et les sénateurs qui l'attendaient. Ils furent dans le dernier étonnement en la voyant, et ne pouvaient assez admirer sa beauté. Ils ne firent cependant aucune demande, mais la laissèrent passer en disant : « Que le Dieu de nos pères vous donne sa grâce, et qu'il affermisse par sa force toutes les résolutions de votre cœur, afin que Jérusalem se glorifie en vous, et que votre nom soit au nombre des saints et des justes. » Et ceux qui étaient présents répondirent tous d'une voix : « Ainsi soit-il! ainsi soit-il! »

Cependant Judith, priant Dieu, passa les portes, elle et sa suivante. Comme elle descendait la montagne vers le point du jour, les gardes avancées des Assyriens la rencontrèrent et la prirent en lui disant : « D'où venez-vous, et où allez-vous ? » Elle répondit : « Je suis une fille des Hébreux ; je m'en suis enfuie d'avec eux, ayant reconnu qu'ils doivent vous être livrés en proie, parce qu'ils vous ont méprisés et qu'ils n'ont pas voulu se rendre à vous volontairement pour trouver miséricorde devant vous. C'est pourquoi j'ai dit en moi-même : Je m'en irai trouver le prince Holopherne pour lui découvrir leurs secrets et lui donner un moyen de les prendre sans perdre un seul homme de son armée. »

Les Assyriens l'écoutaient, mais la regardaient encore plus. En admiration de sa beauté, ils lui dirent : « Vous avez sauvé votre vie en vous hâtant de vous présenter devant notre maître ; maintenant donc allez à sa tente, et quelques-uns d'entre nous vous accompagneront jusqu'à ce qu'ils vous aient remise entre ses mains. Lors donc que vous paraîtrez devant lui, que votre cœur ne craigne point ; mais exposez-lui ce que vous venez de dire, et il vous traitera bien. » Ils choisirent donc d'entre eux cent hommes, qu'ils joignirent avec Judith et sa suivante, et qui les conduisirent à la tente d'Holopherne. Aussitôt il se forma un grand concours dans le camp ; car son arrivée y avait été annoncée à haute voix, et on vint de toutes parts autour d'elle, tandis qu'elle était arrêtée hors de la tente d'Holopherne, jusqu'à ce qu'on la lui eût annoncée. Ils admiraient sa beauté, et, par elle, jugeant des enfants d'Israël, ils se disaient l'un à l'autre : « Qui est-ce qui méprisera ce peuple, qui a chez lui de telles femmes? Il ne convient pas d'en laisser un seul homme ; car ils seraient capables de séduire toute la terre. » Les chambellans d'Holopherne, et tous ses serviteurs vinrent au devant d'elle et l'introduisirent dans la tente. Holopherne reposait sur son lit, sous un pavillon tissu de pourpre, d'or, d'émeraudes et de pierres précieuses. Quand on lui eut annoncé Judith, il s'avança dans la partie extérieure de sa tente, précédé de lampes d'argent. A son aspect, elle l'adora en se prosternant contre terre ; mais les gens d'Holopherne la relevèrent par le commandement de leur maître (Judith, 10).

L'Assyrien lui dit alors : « Femme, rassurez-vous, que votre cœur ne craigne point ; car je n'ai jamais fait de mal à quiconque a voulu se soumettre à Nabuchodonosor, roi de toute la terre. Que si votre peuple ne m'avait point méprisé, je n'aurais point levé ma lance contre lui. Mais dites-moi, d'où vient que vous les avez quittés et que vous vous êtes résolue de venir vers nous ? »

« Recevez en bonne part les paroles de votre servante, répondit Judith ; car si vous suivez les conseils qu'elle vous donnera, Dieu achèvera d'accomplir à votre égard ce qu'il a résolu. Vive Nabuchodonosor, roi de la terre ! vive sa puissance qui est en vous pour châtier toutes les âmes qui s'égarent ! non seulement vous lui asservissez les hommes, mais les bêtes mêmes des champs lui sont assujéties. Parmi toutes les nations l'on célèbre la sagesse de votre esprit ; tout le monde publie que vous êtes le seul dont la puissance et la capacité éclatent dans tout son royaume, et on ne parle dans tous les pays que de votre habileté dans la guerre. On sait aussi ce qu'a dit Achior, et on n'ignore pas de quelle manière vous avez voulu qu'il fût traité. Ce qu'il a dit est vrai : notre race ne peut être frappée, le glaive ne peut rien contre elle, s'ils n'ont péché contre leur Dieu. Mais aussi Dieu est tellement irrité par les péchés de son peuple, qu'il lui a fait dire par ses prophètes qu'il le livrerait à ses ennemis à cause de ses offenses. Et parce que les enfants d'Israël savent qu'ils ont offensé leur Dieu, la terreur de vos armes les a saisis. Ils sont de plus désolés par la famine, et la soif dont ils sont brûlés les a fait déjà paraître comme morts. Ils ont même résolu entre eux de tuer leurs bestiaux pour boire leur sang ; et, ayant du froment, du vin et de l'huile qui sont consacrés au Seigneur, leur Dieu, et auxquels Dieu leur a défendu de toucher, ils sont résolus de les employer à leur usage, et ils veulent consumer des choses auxquelles il ne leur est pas permis de porter la main ; puis donc qu'ils se conduisent de la sorte, il est certain qu'ils périront. Ce que votre servante connaissant, elle s'est enfuie d'avec eux, et le Seigneur m'a envoyée vous découvrir toutes ces choses ; car votre servante adore toujours son Dieu, même à présent qu'elle est avec vous ; et je sortirai, et je prierai le Seigneur, et il me dira quand il doit leur rendre ce qui leur est dû pour leurs péchés, et je viendrai vous le dire. Je vous mènerai alors au milieu de Jérusalem, et tout le peuple d'Israël sera devant vous comme des brebis sans pasteur, et il ne se trouvera pas seulement un chien qui aboie contre vous. Voilà ce qui m'a été révélé par la providence de Dieu : irrité contre eux, il m'a envoyée vers vous pour vous l'annoncer. »

Tout ce discours plut extrêmement à Holopherne et à ses gens ; ils admiraient la sagesse de Judith, et se disaient l'un à l'autre : « Non, dans toute la terre, il n'y a pas une femme pareille, soit pour les grâces et la beauté, soit pour le sens et la sagesse des paroles. » Holopherne lui répondit : « Dieu a bien fait de vous envoyer devant votre peuple, pour nous le livrer entre les mains ; et, parce que vos promesses sont très-avantageuses, si votre Dieu fait cela pour moi, il sera aussi mon Dieu, vous-même vous serez grande dans la maison de Nabuchodonosor, et votre nom deviendra illustre dans toute la terre (Judith, 11). »

Puis il commanda qu'on la fît entrer au lieu où étaient ses trésors, et qu'elle fût servie des mets de sa table. « Je ne pourrai pas, lui remontra-t-elle, manger maintenant des choses que vous commandez qu'on me donne, de peur que cela ne devienne un obstacle à mon dessein ; mais je mangerai de ce que j'ai apporté avec moi. » Holopherne insista : « Si ce que vous avez apporté avec vous vient à manquer, que pourrons-nous vous faire ? — Vive votre âme ! mon seigneur, répliqua Judith, avant que votre servante ait consommé ce qu'elle a, Dieu fera par ma main ce que j'ai pensé. » Sur quoi elle entra dans la tente assignée, après avoir demandé et obtenu la permission d'entrer et de sortir selon qu'elle le voudrait, pendant trois jours, pour adorer son Dieu.

Elle sortait donc durant les nuits dans la vallée de Béthulie, et elle se purifiait dans une fontaine. Et en remontant elle priait le Seigneur, Dieu d'Israël, de la conduire dans le dessein qu'elle avait prémédité pour la délivrance de son peuple. Puis, rentrant dans sa tente, elle y demeurait pure, éloignée des profanes, jusqu'à ce qu'elle prît sa nourriture vers le soir.

Au quatrième jour, Holopherne fit un festin à ses officiers seulement. Il dit à l'eunuque Bagaos, qui avait l'intendance sur tout ce qui lui appartenait : « Va, persuade à cette femme des Hébreux, qui est sous ta garde, de venir vers nous pour manger et boire avec nous; car il serait honteux de laisser une pareille femme sans avoir causé avec elle : si nous ne savons l'attirer, elle se moquera de nous. » L'eunuque vint donc dire à Judith : « Pourquoi cette charmante fille craindrait-elle d'entrer chez mon seigneur, pour être honorée devant lui, se réjouir avec nous, et devenir en ce jour comme une des filles d'Assur dans le palais de Nabuchodonosor ? — Qui suis-je, moi, répliqua Judith, pour contredire mon seigneur ? Tout ce qui sera bon à ses yeux, je me hâterai de le faire, et ce sera pour moi un sujet de triomphe jusqu'au jour de ma mort. » Se levant aussitôt, elle se para de tous ses ornements et devant Holopherne. Dès qu'il la vit, il en fut frappé au cœur; car il brûlait de passion pour elle, et, depuis le premier jour, il cherchait à la séduire. « Buvez maintenant, lui dit-il, et prenez part à notre joie; car vous avez trouvé grâce à mes yeux. — Je boirai, seigneur, répondit Judith, parce que mon âme reçoit aujourd'hui la plus grande gloire qu'elle ait reçue dans toute sa vie. » Elle prit ensuite ce que sa servante lui avait préparé, mangea et but devant lui. Holopherne fut tellement transporté de joie en la voyant, qu'il but du vin plus qu'il n'avait fait aucun jour (Judith, 12).

Le soir étant venu, ses serviteurs se hâtèrent de se retirer chacun chez soi; tous étaient fatigués du vin qu'ils avaient bu. Bagaos ferma la porte de la chambre et s'en alla. Holopherne était étendu sur son lit, accablé de sommeil et d'ivresse; Judith, seule auprès de lui, ordonne à sa suivante de se tenir devant la porte de la chambre et d'y faire sentinelle. Pour elle, debout devant le lit, elle priait avec larmes, remuant les lèvres en silence : « Seigneur, Dieu d'Israël, fortifiez-moi, et rendez-vous favorable en ce moment à ce que ma main va faire, afin que, comme vous avez promis, vous releviez votre cité de Jérusalem, et j'achève ce que j'ai cru qui se pourrait faire par votre assistance. »

Ayant parlé de la sorte, elle s'approcha de la colonne qui était au chevet du lit, délia le sabre qui y pendait, le tira du fourreau, saisit Holopherne par les cheveux, disant : « Seigneur-Dieu, fortifiez-moi à cette heure, » et, en deux coups, lui trancha la tête. Après quoi elle fit tomber le cadavre hors du lit, détacha des colonnes le pavillon, sortit de la chambre, et donna la tête d'Holopherne à sa suivante, qui la mit dans le sac des vivres.

Toutes deux sortirent ensuite selon leur coutume, passèrent au delà du camp, tournèrent le long de la vallée et arrivèrent à la porte de la ville. De loin Judith criait aux sentinelles : « Ouvrez, ouvrez les portes; Dieu, notre Dieu est avec nous, prêt à signaler sa puissance en Israël, comme il a fait en ce jour. » Les gardes ayant entendu sa voix, appelèrent les sénateurs de la cité. Petits et grands, toute la ville accourut, parce qu'on ne s'attendait plus qu'elle reviendrait. On s'assembla autour d'elle à la lueur des flambeaux. Monté sur un lieu élevé, elle commanda qu'on fit silence, et, tous s'étant tus, elle dit à haute voix : « Louez, bénissez le Seigneur, notre Dieu, qui n'a point retiré sa miséricorde de dessus la maison d'Israël, mais qui, cette nuit même, a, par ma main, tué l'ennemi de son peuple. »

A ces mots elle tira du sac la tête d'Holopherne, et, la montrant à toute l'assemblée, s'écria : « Voici la tête d'Holopherne, général de l'armée d'Assur, et voici le pavillon sous lequel il était couché ivre, et où le Seigneur, notre Dieu, l'a frappé par la main d'une femme. Au reste, vive le Seigneur ! car son ange m'a gardée, et sortant d'avec vous, et demeurant là, et revenant ici. Il n'a point permis que sa servante fut déshonorée; mais il m'a ramenée parmi vous sans tache, triomphante de sa victoire, de mon évasion et de votre délivrance. Bénissez-le tous, parce qu'il est bon, parce que sa miséricorde est éternelle ! » Et tous bénirent à la fois et Dieu et Judith.

« O fille ! dit Ozias, prince du peuple, vous êtes bénie du Dieu Très-Haut par-dessus toutes les femmes qui sont sur la terre. Béni soit le Seigneur, créateur du ciel et de la terre, qui a conduit votre main pour trancher la tête au chef de nos ennemis. En ce jour il a rendu votre nom si grand, que jamais votre éloge ne cessera parmi les hommes qui se souviendront de la puissance du Seigneur, parce que vous n'avez point épargné votre vie dans l'angoisse et la tribulation de votre peuple, mais vous vous êtes présentée devant Dieu pour empêcher sa ruine. » Et tout le peuple répondit : Amen ! amen !

Après quoi on fit venir Achior. « Le Dieu d'Israël, lui dit Judith, le Dieu d'Israël, à qui vous avez rendu témoignage en disant qu'il a le pouvoir de se venger de ses ennemis, a coupé lui-même cette nuit, par ma main, la tête du chef de tous les infidèles. Et pour vous prouver qu'il en est ainsi, voici la tête d'Holopherne qui, dans l'insolence de son orgueil, méprisait le Dieu d'Israël, et qui menaçait de vous faire mourir, en disant : *Lorsque j'aurai vaincu le peuple d'Israël, je vous ferai passer l'épée au travers du corps.* » A la vue de la tête d'Holopherne, Achior fut saisi d'une si grande frayeur, qu'il tomba le visage contre terre et s'évanouit. Puis, ayant repris ses sens, il se jeta aux pieds de Judith et l'adora, disant : « Bénie soyez-vous de votre Dieu dans toute la maison de Jacob, parce que le Dieu d'Israël sera pour jamais glorifié en vous parmi tous les peuples qui entendront parler de votre nom. » Enfin, considérant tout ce que Dieu avait fait en faveur d'Israël, il abandonna les cérémonies de la gentilité, crut en Dieu avec une grande foi, reçut la circoncision et fut incorporé au peuple d'Israël, lui et toute sa race, jusqu'aujourd'hui, dit l'historien sacré (Judith, 13).

Pour Judith, sans perdre un moment, elle dit à tout le peuple : « Ecoutez-moi, mes frères ; pendez cette tête au haut de nos murailles ; et, aussitôt que le soleil sera levé, prenez chacun vos armes et sortez avec grand bruit, non pour descendre jusqu'aux ennemis, mais comme vous disposant à les attaquer. Nécessairement les gardes avancées fuiront et s'en iront éveiller leur général. Et lorsque leurs chefs auront couru à la tente d'Holopherne et qu'ils n'y auront trouvé qu'un tronc nageant dans son sang, la frayeur les saisira tous. Lors donc que vous les verrez fuir, allez hardiment après eux, parce que le Seigneur vous les livrera pour les fouler aux pieds. »

Les ordres de Judith furent exécutés. Au lever du soleil, les sentinelles assyriennes voyant paraître les hommes de Béthulie, coururent à la tente d'Holopherne. Ceux qui étaient dans la tente vinrent à la porte de sa chambre, et ils tâchaient, en y faisant quelque bruit, d'interrompre son sommeil; car nul n'osait ni frapper à la porte, ni entrer dans la chambre du général des Assyriens. Mais les chefs, les colonels et les principaux officiers étant venus, ils dirent aux chambellans : « Entrez et éveillez-le, parce que ces rats sont sortis de leurs trous et ont eu la hardiesse de nous défier au combat. » Alors Bagaos étant entré, se tint devant le rideau et frappa des mains, s'imaginant qu'il dormait avec Judith. Mais prêtant l'oreille et n'entendant aucun bruit, tel qu'en peut faire un homme qui dort, il s'approche plus près du rideau, le lève, aperçoit le cadavre d'Holopherne étendu par terre, sans tête, tout couvert de son sang, jette un grand cri en pleurant, déchire ses vêtements, court à la tente de Judith, et ne l'ayant pas trouvée, sort devant le peuple et s'écrie : « Une seule femme des Hébreux a mis la confusion dans la maison de Nabuchodonosor ; car voici Holopherne étendu par terre, et sa tête n'y est plus. » A ces mots, les chefs de l'armée assyrienne déchirent leurs vêtements ; la frayeur et le trouble les saisissent, le camp retentit bientôt de cris effroyables, chacun, hors de lui-même, ne songe qu'à soi ; il n'y a plus d'ordre ni de discipline ; mais tous, baissant la tête et quittant tout, se hâtent d'échapper aux Hébreux qu'ils entendent marchant à eux les armes à la main, et s'enfuient çà et là par les chemins de la campagne et les sentiers de la colline (Judith, 14).

Les enfants d'Israël, les voyant fuir de la sorte, les poursuivent et descendent de la montagne, sonnant des trompettes et jetant de grands cris après eux. Comme ils marchaient ensemble et en bon ordre, pendant que les Assyriens fuyaient en déroute, ils taillaient en pièces tout ce qu'ils rencontraient. Ozias envoya porter cette nouvelle à toutes les villes et provinces d'Israël ; partout l'élite de la jeunesse prit les armes, poursuivit l'ennemi jusqu'à l'extrême frontière, passant tout au fil de l'épée et faisant un butin immense. Quant au souverain pontife Joacim, il vint de Jérusalem à Béthulie, avec tout son sénat, pour voir Judith. Elle sortit à sa rencontre, et tous la bénirent d'une voix, disant : « Vous êtes la gloire de Jérusalem ; vous êtes la joie d'Israël ; vous êtes l'honneur de notre peuple ; car vous avez agi avec un courage mâle ; et votre cœur s'est affermi, parce que vous avez aimé la chasteté, et qu'après votre mari, vous n'en avez point connu d'autre. C'est pour cela que la main du Seigneur vous a fortifiée et que vous serez bénie éternellement. » Et tout le peuple répondit : Amen ! Amen !

Trente jours suffirent à peine pour amasser les dépouilles des Assyriens. Tout ce qu'on put reconnaître qu'Holopherne avait possédé en or, en argent, en vêtements, en pierreries et en toute sorte de meubles, fut donné par le peuple à Judith. Toutes les femmes d'Israël accoururent pour la voir et la bénir ; elles formèrent en son honneur des chœurs et des danses ; Judith, avec ses compagnes, le front couronné d'olivier et des rameaux à la main, s'avançait à la tête de tout le peuple, conduisant les danses des femmes ; ensuite marchaient en armes les hommes d'Israël, portant des couronnes et faisant retentir des hymnes. Judith entonna un cantique triomphal en l'honneur de Jéhova, et tout le peuple le répétait en chœur (Judith, 15).

« Entonnez à mon Dieu, au son des tambours ; chantez à mon Seigneur, au son des cymbales ; chantez-lui d'accord un nouveau cantique.

» C'est le Seigneur qui rompt les guerres : Jéhova est son nom. Il a placé son camp au milieu de son peuple pour nous délivrer de tous nos ennemis.

» Assur est venu des montagnes de l'aquilon ; sa multitude comblait les torrents, ses chevaux couvraient les collines. Il a dit qu'il incendierait mes confins, qu'il exterminerait par le glaive mes jeunes gens, qu'il briserait contre le pavé mes enfants à la mamelle, ferait des autres sa proie, et emmènerait captives mes vierges.

» Le Seigneur, le Tout-Puissant, a renversé ses projets : il l'a livré entre les mains d'une femme. Ce ne fut point une vigoureuse jeunesse ; ce ne furent point les Titans hautains ni les géants qui frappèrent sa capitaine ; c'est Judith, fille de Mérari, qui le captiva par sa beauté, et lui trancha la tête avec son propre poignard.

» Les Perses furent effrayés de sa constance, et les Mèdes de son audace. Le camp d'Assur a hurlé, quand ont paru mes humbles que brûlait la soif. Les fils des jeunes femmes les ont transpercés ; ils les ont tués comme des esclaves qui s'enfuient. Ils ont été exterminés de devant le Seigneur, mon Dieu.

» Chantons un hymne au Seigneur ; chantons un hymne nouveau à notre Dieu ! »

Ces réjouissances, commencées à Béthulie, se continuèrent à Jérusalem durant trois mois. Tout le peuple s'y rendit, adora Dieu, et, s'étant purifié, lui offrit des holocaustes et s'acquitta de ses vœux et de ses promesses. Judith y consacra au Seigneur tous les meubles d'Holopherne et le pavillon qu'elle avait enlevé de son lit. Elle resta veuve dans la maison de son mari, donna la liberté à sa suivante, mourut à l'âge de cent cinq ans, et fut pleurée par tout le peuple durant sept jours (Judith, 16).

En mémoire de cette merveilleuse délivrance, une fête fut instituée, qui se célébrait encore quand l'histoire de Judith, telle que nous l'avons, fut mise par écrit. Cette histoire se lit en grec et en latin. Dans l'une de ces versions il est des circonstances qui ne se trouvent pas dans l'autre ; nous les avons confondues en la même narration, comme pour Tobie.

Toujours la tradition chrétienne a regardé l'histoire de Judith comme véritable et comme faisant partie des livres sacrés. Les Juifs, quoiqu'ils ne la missent pas au catalogue des Ecritures canoniques, la regardaient cependant, au temps de saint Jérôme, comme une Ecriture sainte. On y voit que l'héroïne du livre était une pieuse matrone poussée par l'esprit de Dieu et remplie de sa force. Mais les moyens qu'elle employa pour exécuter son grand dessein, lui étaient-ils tous également inspirés? N'y en avait-il point qu'elle choisît d'elle-même? Et, parmi ces derniers, n'y en avait-il que d'absolument irréprochables? Certaines de ses paroles ne renferment-elles pas un mensonge officieux? La guerre excuse-t-elle cela de péché? Les docteurs et les interprètes sont partagés d'avis sur ces questions. On l'a été également sur l'époque où cette histoire a eu lieu; mais les plus doctes sont tombés d'accord à la placer, comme nous avons fait, après la captivité sous Manassés.

Il est dit que, tant que vécut Judith, et même plusieurs années après sa mort, il n'y eut personne à troubler Israël. En effet, pendant les dernières années de Manassès, sous le règne de son fils Amon et celui de son petit-fils Josias, nulle puissance étrangère ne vint attaquer Juda.

La puissance la plus formidable d'alors, l'empire de Ninive, touchait à sa fin. Jonas lui avait prédit sa ruine; la pénitence vint la suspendre. Tobie renouvela cette même prédiction; les Ninivites n'en profitèrent point comme de celle de Jonas. Le prophète Sophonie vint dire à son tour:

« Jéhova étendra sa main vers l'aquilon; il perdra Assur; il fera de Ninive une solitude, un lieu aride comme un désert. Les troupeaux se reposeront au milieu d'elle, ainsi que toutes les bêtes de la contrée; le butor et le hérisson se logeront dans ses portiques; les oiseaux crieront sur ses fenêtres, et le corbeau au-dessus des portes de ses palais.

» Voilà cette ville si fière, qui habitait en assurance et disait en son cœur: C'est moi! et, hors moi, il n'y en a point d'autre! Comment donc a-t-elle été changée en un désert et en une retraite de bêtes sauvages? Tous ceux qui passeront au travers d'elle, lui insulteront avec des sifflements et des gestes de mépris (Sophon., 2). »

Mais surtout parmi les dix tribus emmenées captives par Salmanasar, il s'éleva un prophète qui ne parle que de cela. C'est Nahum, de la tribu de Siméon. Ses prédictions portent en tête: *Charge ou prophétie contre Ninive.* Il annonce, peut-être à Ninive même, comme Jonas, que Jéhova est patient, grand en puissance, lent à punir, mais qu'il punit à la fin.

« Sa marche est dans la tempête et le tourbillon; les nuages sont la poussière de ses pieds. Il détruira ce lieu par une inondation passagère. Voici sur les montagnes les pieds de celui qui apporte la bonne nouvelle, de celui qui annonce la paix. Célèbre, ô Juda! tes solennités, accomplis tes vœux, parce que Bélial ne passera plus en toi; il est péri tout entier. Les portes des fleuves sont ouvertes, le palais est détruit, là reine est emmenée captive avec ses suivantes, elles gémissent comme des colombes et se frappent le cœur. Ninive est couverte d'eau: c'est un étang; ses citoyens s'enfuient. Au combat! au combat! s'écrie-t-elle, mais nul ne retourne. Pillez l'argent, pillez l'or; ses richesses sont infinies, ses vases et ses meubles précieux sont innombrables. Elle est vidée, elle est anéantie, elle est déchirée; le cœur lui sèche d'effroi, les genoux lui tremblent, tous les reins sont abattus, tous les visages noirs et défigurés.

» Où est maintenant cette caverne de lions, où sont ces pâturages de lionceaux? cette caverne où le lion se retirait avec ses petits, sans que personne vînt les troubler, où le lion apportait les bêtes toutes sanglantes à ses lionnes et à ses lionceaux, remplissant son antre de sa proie, et ses cavernes de ses rapines.

» Me voici, je viens à toi, dit Jéhova-Sabaoth. J'incendierai la multitude pour la réduire en fumée; le glaive dévorera tes jeunes lions; j'exterminerai de la terre tes rapines, on n'entendra plus la voix insolente de tes ambassadeurs.

» Malheur à la ville de sang qui n'est que fourberie, qui est pleine de rapine et qui ne cesse le brigandage! On entend la voix du fouet, la voix de la roue impétueuse et du cheval hennissant, et du char brûlant, et du cavalier qui le monte, et du glaive étincelant, et de la lance fulminante, et de la multitude tuée, et des cadavres sans nombre tombant les uns sur les autres...

» Quiconque te verra, se reculera de toi et dira: Ninive est dévastée! Qui sera touché de ton malheur? D'où te chercherai-je des consolateurs? es-tu meilleure que *No-ammon*; assise entre les fleuves, les eaux l'entourent, la mer est sa richesse, les flots ses remparts. L'Ethiopie est sa force, aussi bien que l'Egypte: son peuple est innombrable. L'Afrique et la Libye ont été à son secours. Cependant elle a été emmenée captive dans une terre étrangère, ses petits enfants ont été écrasés au milieu de toutes les rues, ses plus illustres citoyens partagés au sort, et tous ses grands garrottés de fers. Toi tu seras enivrée de même, tu tomberas dans le mépris; toi aussi tu réclameras en vain du secours; tes remparts sont des figues de primeur; pour peu qu'on les secoue, elles tombent dans la bouche de qui veut les manger. Ton peuple sont des femmes; les portes de ton pays sont ouvertes à tes ennemis; le feu te consumera, le glaive te dévorera. Tes pasteurs se sont endormis, ô roi d'Assur! tes princes sont muets, ton peuple est dispersé sur les montagnes, et il n'y a personne qui le rassemble. Ta fracture n'est point remise, la plaie est incurable. Tous ceux qui apprennent ton sort ont battu des mains: qui, en effet, la malice n'a-t-elle pas continuellement foulé aux pieds (Nahum, 1, 2 et 3)? »

On croit que *No-ammon*, dont la dévastation se voit ici mentionnée, est la fameuse Thèbes aux cent portes ou palais, dans la Haute-Egypte. Les eaux du Nil, sur lequel elle était bâtie, lui apportaient les richesses de la mer. Une dynastie éthiopienne y régnait alors: l'Ethiopie était ainsi naturellement son auxiliaire. Ce désastre lui sera arrivé par les armes de Sennachérib ou de son fils Asarhaddon.

Deux hommes exécutèrent l'arrêt du ciel contre Ninive: Cyaxare, roi des Mèdes, et Nabopolassar, roi de Babylone. Le texte grec du livre de Tobie appelle le second Nabuchodonosor, et le premier Assuérus (Tob., 14, 15). Axare ou Axuérus est le même nom; mais, dans le premier exemple, il est précédé du mot *Ky*, ou seigneur. Le jeune Tobie vivait encore; car il est dit qu'il apprit avant de mourir la ruine de Ninive, que prirent Nabuchodonosor et Assuérus.

Cyaxare, fils de Phraortes, ayant succédé à son père aussitôt après sa mort, sut profiter de la déroute des Assyriens devant Béthulie. Il se rétablit dans son royaume des Mèdes, puis recouvra l'empire de toute la Haute-Asie. Ce que ce prince avait dès lors le plus à cœur, était d'aller attaquer Ninive, pour venger la mort de son père par la ruine de cette grande ville ; mais il paraît qu'occupé à se rétablir pendant les dernières années de Saosduchim, le Nabuchodonosor de Judith, il ne marcha contre Ninive qu'au commencement du règne de Chyniladan, successeur de ce Nabuchodonosor. Cyaxare ayant donc alors rassemblé des troupes de toute l'Asie au-dessus du fleuve Halys, se mit en route avec une puissante armée. Les Assyriens vinrent à sa rencontre et furent défaits. Cyaxare les poussa jusqu'à Ninive, et forma le siége de cette ville ; mais une irruption des Scythes, dans la Médie, l'obligea d'abandonner son entreprise. Son armée fut défaite par ces barbares, qui se répandirent dans la Haute-Asie et en demeurèrent maîtres vingt-huit ans. Cyaxare, qui se voyait dépossédé de son empire par cette nation farouche, résolut avec ses sujets de s'en délivrer de cette manière : les Mèdes invitèrent un grand nombre de Scythes à un festin qui se célébrait dans toutes les familles ; chacun enivra ses hôtes, et puis les massacra. Ceux des Scythes qui ne s'étaient pas trouvés à ces festins, ayant appris la mort de leurs compagnons, s'enfuirent en Lydie auprès du roi Alyates. Cyaxare, délivré de ces dangereux ennemis, reprit le dessein du siége de Ninive. Le roi qui régnait alors dans cette ville, est nommé Sarac dans quelques auteurs, Sardanapale dans d'autres. Il paraît avoir été le successeur de Chyniladan. C'était un prince efféminé et qui se rendait méprisable par sa mollesse. Déjà, depuis quelques années, le généralissime de ses troupes, Nabopolassar, ayant été envoyé à Babylone pour réduire des bandes d'insurgés, s'était mis à leur tête et avait pris le titre de roi. Pour mieux s'affermir, le nouveau souverain de Babylone fit alliance avec Cyaxare ; demanda et obtint la fille du prince Mède pour son fils, le fameux Nabuchodonosor le Grand. Unis de cette sorte, le Mède et le Babylonien assiégèrent Ninive tous les deux. Sarac ou Sardanapale, désespérant de se défendre, se brûla avec son palais. La grande cité fut prise et ruinée enfin de fond en comble. Avec elle finit l'empire d'Assur, pour devenir celui des Chaldéens ou de Babylone (Abyd., *Apud Euseb. Chron.*, l. 1, c. 9).

Ninive était située sur le Tigre, qui la traversait sans doute par plusieurs canaux. De là ces paroles du prophète : *Les portes des fleuves sont ouvertes pour inonder la ville et en faire un étang.* Des auteurs grecs rapportent en effet que la prise de Ninive fut déterminée par une inondation du Tigre qu'avaient grossi des pluies extraordinaires. Cette inondation fit tomber une grande partie des murailles : aussi ce même prophète les comparait-il à des figues mûres (Diodore, l. 2).

Aujourd'hui, tout a tellement disparu de cette ville fameuse, qu'on n'en retrouve plus même la place. On croit seulement en reconnaître des vestiges sur la rive gauche du Tigre, vis-à-vis de la ville actuelle de Mossul, qui est sur la rive droite, et qu'on appelle quelquefois la nouvelle Ninive, parce qu'elle a été bâtie, dit-on, avec les ruines de l'ancienne.

LIVRE DIX-SEPTIÈME.

Josias. — Commencement de Jérémie. — Captivité de Babylone. — Nabuchodonosor voit en emblème l'histoire du monde : Daniel la lui explique. — Ezéchiel dans la Mésopotamie. — Ruine de Jérusalem et du temple.

(De l'an 613 à l'an 588 avant l'ère chrétienne.)

Amon, fils de Manassès, était âgé de vingt-deux ans quand il monta sur le trône. Il imita son père dans toutes ses impiétés, mais non dans sa pénitence. Après deux ans de règne, il fut tué par des conspirateurs, et ceux-ci par le peuple, qui établit roi son fils Josias, âgé de huit ans (4. Reg., 21, 18-24).

La corruption et l'idolâtrie, introduites par Amon, paraissent avoir continué leurs ravages sous la minorité du jeune roi. Entouré d'une cour dépravée, on pouvait s'attendre, non-seulement qu'il laisserait faire le mal, mais qu'il y pousserait encore par son exemple. Par la miséricorde du Seigneur, il en fut autrement. Dès la 8ᵉ année de son règne, 16ᵉ de son âge, Josias commença à chercher le Dieu de David, son père, et, quatre ans après, à purifier Juda et Jérusalem des hauts-lieux, des bois profanes, des idoles soit de sculpture, soit de fonte. Il fit détruire en sa présence les autels des Baalim, briser les simulacres qu'on avait posés dessus, abattit les bocages d'Astaroth, mit en pièces ses idoles, en jeta les morceaux sur les tombeaux de ceux qui avaient accoutumé de leur immoler des victimes. De plus, il brûla sur les autels des idoles les ossements de leurs prêtres, et purifia ainsi Juda et Jérusalem. Il en fit de même dans les villes de Manassé, d'Ephraïm et de Siméon, jusqu'à Nephthali (4. Reg., 22, 1 et 2 ; 2. Paral., 34, 1-7).

Pour seconder le zèle du roi, Dieu suscita un grand prophète. Ce fut Jérémie, fils d'Helcias, l'un des prêtres qui demeuraient dans Anathoth, en la terre de Benjamin. La parole de Jéhova vint à lui la 13ᵉ année du règne de Josias, disant :

« Avant de t'avoir formé dans les entrailles de ta mère, je t'ai connu ; avant que tu fusses sorti de son sein, je t'ai sanctifié, je t'ai établi prophète pour les nations. Hélas! Adonaï-Jéhova, s'écria Jérémie, je ne sais point parler, je suis un enfant! Ne dis point, répondit Jéhova, je suis un enfant ; car tu iras partout où je t'enverrai, et tout ce que je t'ordonnerai, tu le diras. Ne crains pas devant la face des hommes, parce que je suis avec toi pour te délivrer. Et Jéhova, étendant la main, lui toucha la bouche, en disant : Voilà que j'ai mis dans ta bouche mes paroles ; voilà qu'en ce jour je t'ai établi sur les nations et sur les royaumes, pour arracher et pour détruire, pour perdre et pour dissiper, pour édifier et pour planter (1).

L'Éternel lui dit un jour : « Que vois-tu, Jérémie? Je vois une branche d'amandier qui se hâte de fleurir, répondit le prophète. Tu as bien vu, répliqua l'Éternel ; car ainsi je me hâterai d'accomplir ma parole. Que vois-tu ? lui demanda-t-il encore. Je vois, dit Jérémie, un vase fumant qu'embrase le souffle de l'aquilon. Et Jéhova lui dit : C'est de l'aquilon que fondra le mal sur tous les habitants de cette terre. Car voilà que je convoquerai tous les peuples des royaumes de l'aquilon ; et ils établiront chacun son trône à l'entrée des portes de Jérusalem, tout autour de ses murailles, et dans toutes les villes de Juda. Et je prononcerai contre eux mes jugements contre toute la malice de ceux qui m'ont délaissé, qui ont sacrifié aux dieux étrangers, qui ont adoré l'ouvrage de leurs mains (Jerem., 1, 11-13).

» Et toi, ceins tes reins, va, dis-leur tout ce que je te commande ; ne crains pas en leur présence, car je t'ôterai la crainte devant leur face. Je t'établis aujourd'hui comme une ville forte, une colonne de fer, un mur d'airain, sur toute la terre, et pour les rois de Juda, ses princes, ses prêtres, et son peuple. Et ils combattront contre toi, et ils ne prévaudront point, parce que je suis avec toi, dit Jéhova, pour te délivrer (2). »

Un autre prophète, Sophonie, prêchait au même temps les jugements de Dieu et la pénitence. « J'étendrai ma main sur Juda et sur tous les habitants de Jérusalem, dit Jéhova, et j'exterminerai de ce lieu les restes de Baal, le nom de ses ministres avec ses prêtres ; ceux qui adorent sur les toits la milice du ciel ; ceux qui adorent et invoquent tour à tour dans leur serment et Jéhova et Moloch ; ceux qui se détournent de Jéhova, et qui ne le cherchent point.....

Je scruterai Jérusalem avec des lampes ; je visiterai les hommes enfoncés dans leurs ordures, qui disent dans leur cœur : Jéhova ne nous fera ni bien ni mal. Leurs richesses seront au pillage, leurs maisons en ruine ; ils en bâtiront, mais ils ne les habiteront pas ; ils planteront des vignes, et ils n'en boiront pas le vin. Il est proche, le grand jour de Jéhova ; il est proche, il se hâte grandement. La voix du jour de Jéhova sera lamentable, le fort même y criera. Jour de colère que ce jour-là, jour de tribulation et d'angoisse, jour de calamité et de misère, jour de ténèbres et d'obscurité, jour de nuages et de tempêtes, jour où la trompette retentira terrible sur les villes fortes et les hautes tours. J'accablerai d'affliction les hommes, ils marcheront comme des aveugles, parce qu'ils ont péché contre Jéhova ; leur sang se répandra comme la poussière, leur corps comme le fumier (1).

» Assemblez-vous donc, nation indigne d'être aimée ; assemblez-vous avant que la colère de Jéhova n'éclate ; cherchez l'Éternel, vous, humbles de cette terre, cherchez la justice, cherchez la mansuétude ; peut-être que vous trouverez un asile au jour de la colère de Jéhova. »

Pour leur faire sentir encore davantage que leur unique refuge est de revenir à Dieu, le prophète leur annonce que le même coup frappera tous les pays d'alentour. « Gaza sera détruite ; Ascalon deviendra un désert ; Azot sera ruinée en plein midi ; Accaron renversée jusqu'aux fondements ; Chanaan, terre des Philistins, délaissée sans habitant. Les restes de la maison de Juda en feront un lieu de pâturages. Moab deviendra comme Sodome, les enfants d'Ammon comme Gomorre ; leur terre ne sera qu'une solitude éternelle ; le reste de mon peuple les pillera, et ceux d'entre les miens qui auront survécu à leur malheur en seront les maîtres. L'Éternel anéantira tous les dieux de la terre ; c'est lui qu'adoreront toutes les îles des nations, chacune de son lieu. Les Éthiopiens mêmes tomberont sous le glaive. Jéhova étendra sa main sur l'aquilon ; il perdra Assur (Soph., 2, 1-13). » Vient ensuite la prophétie sur Ninive, que nous avons vue plus haut. « Attendez-moi, dit enfin l'Éternel, attendez-moi au jour que je ressusciterai pour le témoignage ; car ma résolution est de ramasser les nations, de rassembler les royaumes, de répandre sur eux toute ma colère ; toute la terre sera dévorée par le feu de ma vengeance. Alors je rendrai aux peuples la pureté des lèvres pour invoquer tous le nom de Jéhova et le servir sous le même joug (Ibid., 3, 8 et 9).

Outre les paroles de ces deux prophètes, une ren-

---

(1) Jerem., 1, 5-10 : « Priusquàm te formarem in utero, novi te ; et antequam exires de vulvâ, sanctificavi te, et prophetam in gentibus dedi te. Et dixi : A, a, a, Domine Deus : ecce nescio loqui, quia puer ego sum. Et dixit Dominus ad me : Noli dicere : Puer sum, quoniam ad omnia, quæ mittam te, ibis, et universa quæcumque mandavero tibi, loqueris. Ne timeas à facie eorum, quia tecum ego sum, ut eruam te, dicit Dominus. Et misit Dominus manum suam, et tetigit os meum, et dixit Dominus ad me : Ecce dedi verba mea in ore tuo ; ecce constitui te hodie super gentes, et evellas, et destruas, et disperdas, et dissipes, et ædifices, et plantes. »

(2) Ibid., 1, 14-19 : « Tu ergò accinge lumbos tuos, et surge, et loquere ad eos omnia quæ præcipio tibi ; ne formides à facie eorum ; nec enim timere te faciam vultum eorum. Ego quippe dedi te hodie in civitatem munitam, et in columnam ferream, et in murum æreum, super omnem terram, regibus Juda, principibus ejus, et sacerdotibus, et populo terræ. Et bellabunt adversùm te, et non prævalebunt ; quia ego tecum sum, ait Dominus, ut liberem te. »

(1) Sophon., 1, 1-18 : « Et extendam manum meam super Judam, et super omnes habitantes Jerusalem, et disperdam de loco hoc reliquias Baal, et nomina ædituorum cum sacerdotibus ; et eos qui adorant super tecta militiam cœli, et adorant et jurant in Domino, et jurant in Melchom ; et qui avertuntur de post tergum Domini, et qui non quæsierunt Dominum, nec investigaverunt eum..... Et erit in tempore illo : scrutabor Jerusalem in lucernis, et visitabo super viros defixos in fæcibus suis, qui dicunt in cordibus suis : non faciet bene Dominus, et non faciet male. Et erit fortitudo eorum in direptionem, et domus eorum in desertum, et ædificabunt domos, et non habitabunt ; et plantabunt vineas, et non bibent vinum earum. Juxtà est dies Domini magna, juxta est et velox nimis. Vox diei Domini amara, tribulabitur ibi fortis. Dies iræ dies illa, dies tribulationis et angustiæ, dies calamitatis et miseriæ, dies tenebrarum et caliginis, dies nebulæ et turbinis, dies tubæ et clamoris, super civitates munitas, et super angulos excelsos. Et tribulabo homines, et ambulabunt ut cæci, qui Domino peccaverunt ; et effundetur sanguis eorum sicut humus, et corpora eorum ut stercora. »

contre singulière vint encore augmenter le zèle de Josias. La dix-huitième année de son règne, après une première tournée dans son royaume pour détruire les monuments d'idolâtrie, étant revenu à Jérusalem, il envoya trois de ses ministres au grand-prêtre Helcias, pour concerter avec lui les réparations du temple. Comme le grand-prêtre faisait transporter à cet effet chez les entrepreneurs l'argent offert et amassé dans le trésor sacré, il trouva le livre de la loi de l'Eternel, de la main de Moïse. On croit généralement que c'était l'exemplaire original du Deutéronome, déposé auprès de l'arche, et dont chaque nouveau roi devait prendre une copie. Par suite des désordres sous les règnes de Manassès et d'Amon, cet exemplaire avait pu être caché ailleurs. Helcias le fit porter au roi par Saphan, le premier des trois ministres en question. Josias ayant entendu les paroles de la loi et les maux dont elle menace les violateurs, déchira ses vêtements et dit à Helcias et à quatre grands officiers du palais : « Allez, consultez l'Eternel pour moi et pour ce qui reste d'Israël et de Juda, sur les paroles de ce livre qui a été trouvé; car elle est grande la colère de Jéhova, prête à fondre sur nous, parce que nos pères n'ont point écouté les paroles de Jéhova, ni fait selon tout ce qui est écrit dans ce livre-ci. Helcias et les officiers du roi s'en allèrent vers la prophétesse Olda, femme de Sellum, intendant du vestiaire, laquelle demeurait à Jérusalem dans la seconde enceinte de la ville, et lui parlèrent selon l'ordre du roi. Elle leur répondit : « Ainsi parle Jéhova, le Dieu d'Israël : Dites à l'homme qui vous a envoyés vers moi : Je vais faire tomber sur ce lieu les maux et toutes les malédictions qui sont écrites dans ce livre, qui a été lu devant le roi de Juda, parce qu'ils m'ont abandonné; ils ont brûlé de l'encens aux dieux étrangers, pour m'irriter par toutes les œuvres de leurs mains. C'est pourquoi ma fureur se répandra sur ce lieu, et elle ne s'éteindra point. Quant au roi de Juda qui vous envoie pour consulter l'Eternel, voici ce que dit Jéhova, le Dieu d'Israël : Parce que tu as écouté les paroles de ce livre, que ton cœur s'est attendri, que tu t'es humilié devant Dieu en entendant ses paroles contre ce lieu et contre ses habitants; parce qu'en ma présence tu t'es humilié, tu as déchiré tes vêtements, tu as versé des pleurs, moi aussi je t'ai exaucé, dit Jéhova. Je te joindrai à tes pères, tu seras déposé dans ton sépulcre en paix; et tes yeux ne verront pas tous les maux que je ferai tomber sur ce lieu et sur ses habitants (4. Reg., 22; 2. Paral., 34). »

Après avoir entendu ces paroles, Josias convoqua tous les anciens de Juda et de Jérusalem. Lui donc, et les anciens, et les prêtres, et les prophètes, et un peuple innombrable, petits et grands, s'assemblèrent dans la maison de l'Eternel. Le roi monta sur l'estrade d'airain qui, depuis le temps de Salomon, était la place des rois dans le temple, et il leur lut toutes les paroles du livre de l'alliance qu'on avait trouvé. Ensuite il renouvela devant l'Eternel cette alliance : Qu'ils marcheraient dans ses voies, observeraient ses préceptes, ses ordonnances et ses cérémonies de tout leur cœur et de toute leur âme, enfin qu'ils accompliraient tout ce qui était écrit dans ce livre. Et le peuple consentit à cette alliance.

Animé dès lors d'une ardeur nouvelle, Josias acheva de détruire les restes d'idolâtrie; tout ce qui avait servi à Baal, à Astarté, à la milice du ciel, non-seulement fut jeté hors du temple, mais brûlé dans la vallée de Cédron, et les cendres transportées à Béthel. On voit, à cette occasion, jusqu'où allait le culte des idoles sous les rois impies de Juda. Ils avaient établi des augures et des sacrificateurs sur les hauts-lieux, pour brûler de l'encens à Baal, au soleil, à la lune, aux planètes et à toute l'armée du ciel. A l'entrée du temple, ils avaient consacré des chevaux et des chariots au soleil. Pour le culte d'Astarté ou de la lune, il y avait, jusque dans le temple, des hommes infâmes sous des tentes que leur préparaient des femmes. Achaz avait élevé des autels profanes sur la terrasse même de sa chambre. Tout cela, ou tout ce qui en restait, fut détruit, brûlé, et les cendres jetées dans le torrent de Cédron. Sur la droite du mont des Olives, surnommé pour cela *mont du Scandale*, Salomon avait bâti des hauts-lieux à Astaroth, idole des Sidoniens, à Chamos, le scandale de Moab, et à Melchom, l'abomination des Ammonites. Ces hauts-lieux, détruits probablement sous Ezéchias, pouvaient avoir été rétablis depuis. Josias en brisa les statues, en abattit les bois et les remplit d'ossements de morts. Au bas de cette montagne, dans la vallée du fils d'Ennon, se pratiquait en particulier l'horrible culte du cruel Melchom ou Moloch. Le lieu s'appelait Tophet ou Tambour, parce qu'on y faisait retentir ces sortes d'instruments pour étouffer les cris des enfants que l'on y faisait passer par le feu ou que l'on y brûlait en l'honneur de l'idole. Du nom hébreu, *Gé-hinnon*, vallée d'Hinnon, est venu le mot *géhenne*, *gêne*, pour dire supplice, torture, enfer. Josias déclara ce lieu infâme. Pour ramener plus efficacement encore tout Israël à l'unité du vrai culte, il détruisit même les hauts-lieux où le peuple avait accoutumé de sacrifier au Dieu véritable : les prêtres de la race d'Aaron qui y avaient prêté leur ministère furent interdits des fonctions sacerdotales dans le temple; seulement ils vivaient des mêmes offrandes que leurs frères. Quant aux prêtres des idoles, dans les villes de Samarie et ailleurs, ils furent mis à mort sur leurs autels mêmes. Alors s'accomplit ce qu'un prophète, trois cent cinquante ans auparavant, avait prédit à Jéroboam, fils de Nabat. L'autel et le haut-lieu que ce roi avait élevés à son veau d'or, à Béthel, Josias les détruisit, les brûla et les réduisit en cendres, ainsi que le bois d'Astarté qui se trouvait proche. Ayant vu des sépulcres sur cette montagne, il en fit prendre les ossements et les brûla sur l'autel pour le rendre encore plus immonde. En parcourant ces sépulcres : « De qui est-ce ce tombeau que je vois? demanda-t-il. Les habitants de la ville lui répondirent : « C'est le sépulcre de l'homme de Dieu qui était venu de Juda, et qui avait prédit ce que vous avez fait sur l'autel de Béthel. » Et il dit : « Laissez-le, que personne ne remue ses os. » Et ses os demeurèrent intacts, avec les os du prophète de Samarie qui l'avait persuadé de revenir sur ses pas contre les ordres de l'Eternel.

De retour à Jérusalem, Josias y assembla tout le peuple de Juda et les restes d'Israël, et célébra la Pâque avec une solennité qui n'avait pas eu sa pareille depuis les temps du prophète Samuël. Le roi donna au peuple, en cette occasion, du bétail, soit agneaux, soit chevreaux, jusqu'à trente mille, et trois mille bœufs. Le grand-prêtre, les chefs des familles sacerdotales et lévitiques, ainsi que les grands officiers du palais, donnèrent avec une égale générosité des victimes aux prêtres, aux lévites et à tout le peuple (4. Reg., 23, 1-23).

Josias était retourné à Dieu de tout son cœur, de toute son âme, de toute sa force, selon tout ce qui est écrit dans la loi de Moïse. Il n'y eut ni avant ni après un roi semblable. Mais il n'en fut pas de même des grands et du peuple : leur conversion fut loin d'être aussi parfaite. Aussi Jérémie éleva-t-il la voix pour leur rappeler les miséricordes de l'Eternel et leur annoncer ses châtiments.

« Va-t-en, lui commanda le Seigneur, et crie aux oreilles de Jérusalem : Ainsi parle Jéhova : Je me souviens encore de toi, de la piété de ta jeunesse, de l'amour de tes fiançailles, quand tu me suivis dans le désert, dans une terre qui n'était pas semée. Israël était saint à Jéhova, les prémices de ses fruits !

» Cieux, soyez dans l'étonnement ! frémissez à faire crouler vos portes ! Mon peuple a fait deux maux : il m'a abandonné, moi, source d'eau vive, pour se creuser des citernes, des citernes rompues qui ne peuvent retenir l'eau (1).

» La coupable Israël a justifié son âme, en comparaison de la perfide Juda..... Reviens, Israël la rebelle, dit Jéhova; et je ne détournerai pas mon visage de vous, parce que je suis miséricordieux et que je ne m'irrite pas pour toujours. Seulement reconnais ton iniquité... Revenez, enfants rebelles, je suis votre époux; et quand il n'en resterait qu'un dans une ville et deux dans une tribu, je vous prendrai et je vous introduirai dans Sion. Alors je vous donnerai des pasteurs selon mon cœur, et ils vous nourriront de science et de sagesse. Et lorsque vous vous serez multipliés, que vous serez accrus sur la terre, on ne dira plus : Voici l'arche de Jéhova. Elle ne reviendra plus dans l'esprit, on ne s'en souviendra plus, on ne la recherchera plus, on ne la rétablira plus. En ce temps on appellera Jérusalem le trône de Jéhova; toutes les nations s'uniront à elle pour célébrer le nom de Jéhova dans Jérusalem; elles ne suivront plus la perversité de leur cœur (Jerem., 3).

» Si tu reviens, ô Israël ! dit Jéhova, tu reposeras sur moi; si tu ôtes de devant ma face tes abominations, tu ne seras point ébranlée. Tu jureras dans la vérité, dans le jugement et dans la justice, en disant : Vive Jéhova ! c'est en lui que se béniront [ou que seront bénies (2)] les nations. Préparez-vous une terre nouvelle, et ne semez pas sur des épines. Soyez circoncis à Jéhova; ôtez le prépuce de votre cœur, habitants de Juda et de Jérusalem, de peur que mon indignation ne sorte comme la flamme, et que son ardeur ne s'accroisse, et que rien ne puisse l'éteindre, à cause de la malice de vos pensées. An-

(1) Jerem., 2, 2-13 : « Vade et clama in auribus Jerusalem, dicens : Hæc dicit Dominus : Recordatus sum tui, miserans adolescentiam tuam, et charitatem desponsationis tuæ, quando secuta es me in deserto in terrâ quæ non seminatur. Sanctus Israel Domino, primitiæ frugum ejus...
» Obstupescite, cœli, super hoc, et portæ ejus, desolamini vehementer, dicit Dominus. Duo enim mala fecit populus meus : me dereliquerunt fontem aquæ vivæ, et foderunt sibi cisternas, cisternas dissipatas, quæ continere non valent aquas. »
(2) C'est le même mot hébreu que dans la Genèse 22, 18.

noncez dans Juda, et faites entendre dans Jérusalem; parlez, faites retentir la trompette; criez à haute voix et dites : Assemblez-vous tous, et entrons dans les villes fortifiées. Levez l'étendard vers Sion, hâtez-vous, ne vous arrêtez pas, parce que j'amène de l'aquilon le mal et une grande désolation. Le lion est monté de sa tanière, le brigand des nations s'est levé en route, il est sorti de son lieu pour faire de votre terre une solitude; vos villes seront ravagées et demeureront sans habitants. C'est pourquoi couvrez-vous de cilices, pleurez et poussez des hurlements, parce que la colère de Jéhova ne s'est point détournée de nous. Jérusalem, purifie ton cœur de sa malice, afin que tu sois sauvée ! Jusques à quand demeureront en toi des pensées funestes ? Déjà l'on entend du côté de Dan la voix qui annonce des soldats venant d'une terre lointaine; ils environneront Jérusalem comme ceux qui gardent un champ, parce qu'elle a irrité ma colère, dit Jéhova.

» Mes entrailles ! mes entrailles ! s'écriait le prophète à la vue de tous ces maux à venir, je souffre au dedans de moi, mon cœur est saisi de trouble; je ne puis demeurer dans le silence, parce que tu as entendu, ô mon âme ! la voix de la trompette et la clameur de la mêlée. La ruine a été appelée après la ruine; toute la terre a été dévastée; soudain mes tentes ont été abattues, soudain mes pavillons renversés. Jusques à quand verrai-je des étendards ? entendrai-je la voix de la trompette ? C'est parce que mon peuple insensé ne m'a point connu. Enfants stupides et insensés, ils sont habiles pour faire le mal, et ils ne savent pas opérer le bien. J'ai regardé la terre, et voilà qu'elle était vide et désolée (*Tohou bohou*); j'ai regardé les cieux, et leur lumière n'était plus. J'ai vu les montagnes, et voilà qu'elles tremblaient; et toutes les collines, et elles étaient agitées. J'ai regardé, et il n'y avait plus d'homme, et tous les oiseaux du ciel avaient disparu. J'ai regardé, et voilà que le Carmel était un désert, toutes ses villes étaient détruites devant la face de Jéhova, devant la face de sa colère. Car voici ce que dit l'Eternel : Toute la terre sera désolée; cependant je n'achèverai pas sa ruine (Jerem., 4).

Pour se justifier en quelque sorte aux yeux de son prophète et de ses autres fidèles serviteurs : « Parcourez les rues de Jérusalem, leur dit le Seigneur, et voyez, et considérez, et cherchez dans ses places publiques si vous y trouverez un homme; s'il en est un qui pratique la justice et cherche la vérité, je pardonnerai à la ville. Ils disent : Vive Jéhova ! mais c'est pour jurer à faux.

» Seigneur, répond le prophète, vos yeux regardent la vérité; vous les avez frappés, et ils n'ont pas gémi; vous les avez brisés, et ils n'ont pas voulu accepter la discipline : ils ont rendu leur front plus dur que la pierre, et ils n'ont point voulu revenir à vous. Et moi, je disais : Il n'y a peut-être que les pauvres qui soient devenus insensés, parce qu'ils ignorent la voie de l'Eternel, le jugement de leur Dieu. J'irai donc vers les grands et je leur parlerai ; car eux connaissent la voie de l'Eternel, le jugement de leur Dieu. Et voilà qu'eux aussi ils ont brisé le joug et rompu les liens (*Ibid.*, 5). »

Une chose rassurait contre toutes ces menaçantes prédictions les habitants de Juda et de Jérusalem : c'est que le temple était au milieu d'eux. Pour leur ôter cette vaine confiance, le Seigneur envoya Jérémie à la porte du temple, dire à tous ceux qui entraient pour adorer l'Éternel : « Ainsi parle Jéhova-Sabaoth, le Dieu d'Israël : Redressez vos voies et vos désirs, et j'habiterai avec vous dans ce lieu. Ne vous confiez point en des paroles de mensonge, disant : Temple de Jéhova ! temple de Jéhova ! temple de Jéhova ! car si vous redressez vos voies et vos désirs ; si vous rendez la justice entre l'homme et son prochain ; si vous ne faites point de tort à l'étranger, au pupille et à la veuve ; si vous ne répandez point en ce lieu le sang innocent, et si vous ne marchez point après les dieux étrangers pour votre ruine, j'habiterai avec vous de siècle en siècle dans ce lieu, dans cette terre que j'ai donnée à vos pères.

» Mais voilà que vous vous confiez en des paroles de mensonge qui ne vous seront d'aucun secours. Vous dérobez, vous tuez, vous commettez des adultères, vous jurez faussement, vous brûlez de l'encens à Baal, vous suivez des dieux étrangers qui vous étaient inconnus. Et vous venez, et vous vous tenez en ma présence dans cette maison sur laquelle mon nom a été invoqué, et vous dites : Nous sommes délivrés, parce que nous avons fait toutes ces abominations.

» Quoi donc ! cette maison sur laquelle a été invoqué mon nom devant vos yeux, est-elle devenue une caverne de voleurs ? Moi aussi, j'ai vu, dit Jéhova. Allez à Silo, au lieu qui m'était consacré, où mon nom a habité dès le commencement, et considérez ce que je lui ai fait à cause de la malice d'Israël, mon peuple.

» Et maintenant, parce que vous avez fait toutes ces choses, dit l'Eternel, et que me levant je vous ai parlé dès le matin, et vous n'avez pas entendu, et je vous ai appelés, et vous n'avez pas répondu : je ferai à cette maison, sur laquelle a été invoqué mon nom, en laquelle vous avez votre confiance, et à ce lieu que je vous ai donné ainsi qu'à vos pères, comme j'ai fait à Silo. Je vous jetterai loin de ma face, comme j'ai rejeté tous vos frères, toute la race d'Ephraïm.

» Toi donc, n'intercède point pour ce peuple, ne m'adresse pour eux ni cantique ni prière, ne t'oppose point à moi, parce que je ne t'exaucerai point. Ne vois-tu pas ce que ceux-ci font dans les villes de Juda et dans les places publiques de Jérusalem ? Les enfants amassent le bois, les pères allument le feu, et les femmes mêlent la graisse et la farine, pour offrir des gâteaux à la reine du ciel, et ils font des libations aux dieux étrangers, afin d'irriter ma colère ?..... Ils ont bâti sur les hauteurs de Topheth, dans la vallée du fils d'Ennon, pour y brûler leurs fils et leurs filles : ce que je n'ai ni ordonné ni pensé dans mon cœur. C'est pourquoi, voilà que les jours viendront, dit l'Eternel, et on ne dira plus Topheth ni la vallée du fils d'Ennon, mais la vallée du Carnage, et on ensevelira les morts à Topheth, parce qu'il n'y aura plus d'autre lieu. Et le cadavre de ce peuple sera en proie aux oiseaux du ciel et aux animaux des champs, et personne ne les chassera...

» En ce temps-là, dit l'Eternel, on jettera hors de leurs sépulcres les os des rois de Juda, et les os de ses princes, et les os de ses prêtres, et les os de ses prophètes, et les os de ceux qui ont habité Jérusalem ; et on les exposera au soleil et à la lune, et à toute la milice du ciel, qu'ils ont aimés, qu'ils ont servis, qu'ils ont suivis, qu'ils ont recherchés et adorés ; on ne les rassemblera point et on ne les ensevelira point, mais on les laissera comme du fumier sur la face de la terre (Jerem., 8). »

Jérémie annonçait fidèlement les menaces de l'Eternel ; mais il n'en déplorait pas moins les calamités futures de Jérusalem. « Je souffre cruellement, s'écriait-il, des souffrances de la fille de mon peuple ; je pousse des cris de douleurs, l'épouvante m'a saisi. N'y a-t-il point de baume en Galaad ? ne s'y trouve-t-il point de médecin ? Pourquoi donc n'est-elle pas fermée, la blessure de la fille de mon peuple ? Ah ! qui changera ma tête en eaux et mes yeux en une fontaine de larmes ? et je pleurerai nuit et jour les morts de la fille de mon peuple. Qui me donnera dans le désert une cabane de voyageur ? et j'abandonnerai mon peuple, et je me retirerai loin d'eux ; car tous sont des adultères, une assemblée de prévaricateurs. Ils ont préparé leur langue comme un arc de mensonge et non de vérité ; ils se sont fortifiés sur la terre en passant du crime au crime ; ils ne m'ont point connu, dit Jéhova (Jerem., 8 et 9). »

Pendant que Jérémie annonçait et pleurait ainsi d'avance la ruine de Jérusalem, la mort de Josias vint en être le funeste prélude.

La chute de Ninive avait fait prendre les armes au pharaon de l'Egypte. Ce pays, tombé dans une espèce d'anarchie après l'expédition de Sennachérib, avait été gouverné quelque temps par douze princes. Psammétique, l'un d'entre eux, avec le secours des Grecs qu'il avait attirés et favorisés dans son gouvernement, s'éleva au-dessus de ses collègues et se fit roi de toute l'Egypte, environ 670 ans avant Jésus-Christ. C'est à lui que l'histoire égyptienne, enveloppée jusque-là d'épaisses ténèbres, commence à s'éclaircir quelque peu. La cause en est aux relations non interrompues que les Grecs eurent dès lors avec ce pays. Il assiégea la ville d'Azot, prise par le roi d'Assyrie, Sennachérib ou Asarhaddon, et la réduisit seulement au bout de vingt-neuf ans (Hérodot., l. 2). Les Scythes, vainqueurs des Mèdes et maîtres de l'Asie, s'avançaient à la conquête de l'Egypte. Au lieu de leur opposer la force, Psammétique les joignit en Syrie, et les engagea, par ses présents et par ses prières, à retourner sur leurs pas. Il eut pour successeur un fils que les Grecs nomment Néchos, et les livres saints Pharaon-Néchao ou Nécho. C'est, dans Manéthon, Néchaos II, 6e roi de la 26e dynastie. Son nom se lit encore sur plusieurs statues en Egypte. Entreprenant comme son père, il commença un canal du Nil à la mer Rouge, qu'acheva dans la suite Darius, roi de Perse. Sortie de la même mer, une de ses flottes, montée par des navigateurs phéniciens, fit le tour de l'Afrique, doubla le cap de *Bonne-Espérance*, et rentra, par le détroit de Gibraltar et la Méditerranée, en Egypte. Ainsi redoutable par terre et par mer, il marcha vers l'Euphrate avec une puissante armée, pour faire la guerre aux Mèdes et aux Babyloniens, qui, avec Ninive, avaient détruit l'empire d'Assyrie (Josèphe, l. 10, c. 6). Il craignait, d'un côté, de voir ces peuples trop puissants, et, de l'autre, convoitait pour lui-même la conquête de l'Asie. Il prit sa route par la Judée.

Josias s'avança contre lui, ou comme allié du roi de Babylone, ou comme roi indépendant qui ne voulait pas qu'un étranger passât sur ses terres. Néchao lui envoya dire par des ambassadeurs : « Qu'y a-t-il entre vous et moi, ô roi de Juda ? Ce n'est pas contre vous que je viens aujourd'hui ; mais je fais la guerre à une autre maison, contre laquelle Dieu m'a commandé de marcher en diligence ; cessez donc de vous opposer aux desseins de Dieu qui est avec moi, de peur qu'il ne vous tue. » Josias ne voulut point s'en retourner, et ne se rendit point à ce que lui dit Néchao de la part de Dieu ; d'ailleurs était-il obligé d'en croire sur parole un roi d'Egypte ? Il continua donc sa marche pour lui livrer bataille dans le champ de Mageddo, appelé *Magdole* dans Hérodote, de la tribu de Manassé. Mais il y fut grièvement blessé par des archers. Ses gens le transportèrent à Jérusalem, où il succomba et fut enseveli dans le mausolée de ses pères. Tout Juda et Jérusalem le pleurèrent, particulièrement Jérémie, dont les lamentations sur la mort de Josias se chantaient, dans Israël, par des musiciens et des musiciennes, d'année en année, comme par une espèce de loi. La douleur publique fut si grande, qu'on disait depuis, par manière de proverbe : Comme le deuil d'Adadremmon dans la campagne de Mageddon (Zach., 12, 11 ; 2. Paralip., 20-25). Ces élégies du tendre prophète ne se trouvent plus.

Le fils de Sirac a fait ainsi l'éloge du saint roi : « La mémoire de Josias est comme un parfum d'excellente odeur, ouvrage d'un artisan admirable. Son souvenir sera doux à la bouche de tous les hommes, comme le miel et comme des chants au milieu d'un festin. Il a été conduit d'en haut pour faire entrer le peuple dans la pénitence, et il a fait disparaître les abominations de l'impiété. Et il a tourné son cœur vers le Seigneur, et, dans les jours du crime, il a affermi la piété (Eccli., 49). »

Le peuple de Juda prit Joachas, nommé aussi *Sellum*, fils puîné de Josias, et l'établit roi en la place de son père. Il avait vingt-trois ans, fit le mal devant l'Eternel comme ses ancêtres, et ne régna que trois mois. Il paraît qu'ayant amassé des troupes, il poursuivit Pharaon-Néchao (Ezéchiel, 19, 4). Jérémie dit à cette occasion : « Ne pleurez point le mort, ne faites pas pour lui de deuil ; mais pleurez avec beaucoup de larmes celui qui s'en va, parce qu'il ne reviendra plus, il ne verra plus le pays de sa naissance. Car voici ce que dit l'Eternel à Sellum, fils de Josias, roi de Juda, qui règne à la place de Josias, son père, qui est sorti de ce lieu : il n'y reviendra jamais ; mais il mourra au lieu où je le ferai transférer, et il ne verra plus cette terre (Jerem., 22). »

En effet, Néchao, qui avait remporté de grands avantages sur les Babyloniens, pris même, suivant quelques-uns, la ville de Carkemis vers l'Euphrate, enchaîna Sellum à Rebla, au pays d'Emath, province de Syrie, et l'emmena en Egypte, où il mourut.

En passant à Jérusalem, le vainqueur mit à la place de Sellum Eliakim, son frère aîné, en lui donnant le nom de Joakim, et imposa le pays à cent talents d'argent et un talent d'or, sans doute comme tribut annuel. Ce n'était pas très-considérable. Il avait moins à cœur une grande augmentation de revenus que de soustraire ce pays à l'influence des rois assyriens, qui, depuis quelques générations, menaçaient l'Egypte, et, maintenant surtout, par la réunion de l'Assyrie à Babylone, étaient plus que jamais à redouter. La modération pouvait plus qu'autre chose lui assurer la soumission et même la confiance de la Judée.

Hérodote fait mention de l'expédition de Néchao et de son entrée à Jérusalem. Il rapporte, au livre deuxième, que ce roi livra bataille aux Syriens, à Magdole, les vainquit, et puis s'empara de Cadytis, ville de Syrie, qui était grande. Au troisième livre, il dit que cette ville de Cadytis, située parmi des montagnes, dans la Syrie nommée Palestine, ne le cédait guère pour la grandeur à Sardis, alors capitale non-seulement de la Lydie, mais de toute l'Asie Mineure (Herod., l. 2, n. 159 ; l. 3, n. 5). Cette description ne peut convenir qu'à Jérusalem, la seule ville de Palestine que l'on pût comparer à Sardes. Quant au nom de Cadytis, aujourd'hui encore, les Syriens et les Arabes lui en donnent un semblable. Tous ils l'appellent *Cods, Cuds*, ou *Alcuds, la Sainte*. Les monnaies des Juifs, dont il existe encore plusieurs, avaient pour inscription *Jérusalem-Keduscha*, Jérusalem la Sainte. On aura de bonne heure nommé cette ville par abréviation *Keduscha*, que, dans leur dialecte, les Syriens auront prononcé *Kedutha*, d'après leur usage de changer le *sch* des Hébreux en *th*. De Kedutha à Cadytis, il n'y a que la terminaison grecque. De ce que les Syriens et les Arabes lui donnent jusqu'à nos jours le nom de *Cuds* ou Sainte, c'est une preuve qu'ils l'appelaient ainsi dès les temps anciens. Car à tous les lieux dont ils sont devenus maîtres, ils ont rendu leurs noms primitifs ; par exemple, à Tyr le nom de *Sor*, à Palmyre celui de *Tadmor*, à l'Egypte celui de *Mesr* ou Mezraïm.

Eliakim ou Joakim, que Pharaon-Néchao mit à la place de son frère Joachaz ou Sellum, avait vingt-cinq ans quand il commença de régner : il régna onze ans à Jérusalem ; mais il fit le mal devant l'Eternel, son Dieu, selon tout ce qu'avaient fait ses pères.

Jérémie, figure de Jésus-Christ, continuait d'aimer ses frères, de pleurer sur eux, de les exhorter à pénitence, de les menacer des vengeances du ciel ; mais eux ne l'écoutaient point. Les habitants mêmes de sa ville natale conspirèrent sa mort. Dieu le lui fit connaître : « Moi cependant, dit le prophète (1), j'étais comme un agneau plein de douceur, qu'on porte pour en faire une victime ; et je ne savais point les desseins qu'ils avaient formés contre moi, en disant : Mettons du bois (vénéneux) dans son pain, retranchons-le de la terre des vivants, et que son nom ne soit plus rappelé à jamais. Mais vous, Jéhova-Sabaoth, vous qui jugez selon l'équité, qui sondez les reins et les cœurs, je verrai votre vengeance sur eux ; car je vous ai révélé ma cause. C'est pourquoi voici ce que dit l'Eternel aux hommes d'Anathoth qui conspirent contre la vie, et qui disent : Tu ne prophétiseras plus au nom de Jéhova, ou tu mour-

---

(1) Jerem., 11 : « Et ego quasi agnus mansuetus, qui portatur ad victimam ; et non cognovi quæ cogitaverunt super me consilia, dicentes : Mittamus lignum in panem ejus, et eradamus eum de terrâ viventium et nomen ejus non memoretur amplius. Tu autem Domine Sabaoth, qui judicas justè, et probas renes et corda, videam ultionem tuam ex eis ; tibi enim revelavi causam meam. Proptereà hæc dicit Dominus ad viros Anathoth, qui quærunt animam tuam, et dicunt : Non prophetabis in nomine Domini, et non morieris in manibus nostris. Proptereà hæc dicit Dominus exercituum : Ecce ego visitabo super eos ; juvenes morientur in gladio, filii eorum et filiæ eorum morientur in fame. Et reliquiæ non erunt ex eis ; inducam enim malum super viros Anathoth, annum visitationis eorum.

ras de nos mains. Moi je les visiterai, dit Jéhova-Sabaoth ; leurs jeunes gens mourront par le glaive, leurs fils et leurs filles par la faim. Et rien ne restera d'eux, car j'amènerai le mal sur les hommes d'Anathoth, l'année marquée pour leur punition. »

Vers le même temps, Dieu lui commanda de porter une ceinture de lin, puis d'aller vers l'Euphrate la cacher dans le creux d'un rocher, d'où l'ayant retirée après un long intervalle, il la trouva si pourrie qu'elle n'était plus bonne à rien.

« Voilà, lui dit l'Eternel, voilà comme je ferai pourrir l'orgueil de Juda et le grand orgueil de Jérusalem. Ce peuple pervers qui ne veut pas entendre mes paroles et qui marche dans le dérèglement de son cœur, qui suit les dieux étrangers pour les servir et les adorer, sera comme une ceinture qui n'est plus d'aucun usage. Comme on attache une ceinture autour de ses reins, ainsi j'avais pressé autour de moi toute la maison d'Israël et toute la maison de Juda, afin qu'elles fussent mon peuple, et mon nom, et ma louange, et ma gloire, et elles ne m'ont point écouté (1). »

A l'approche d'une grande sécheresse, Jérémie conjurait le Seigneur d'avoir pitié de son peuple, disant, entre autres, que les prophètes lui annonçaient la paix au lieu de la guerre et de la famine.

« Ces prophètes prophétisent faussement en mon nom, lui répondit le Seigneur ; je ne les ai point envoyés, je ne leur ai point commandé, je ne leur ai point parlé ; ils ne vous prophétisent que visions mensongères, et divination, et fraude, et séduction de leur cœur. C'est pourquoi voici ce que dit l'Eternel sur les prophètes qui prophétisent en mon nom, que je n'ai point envoyés et qui disent : Le glaive et la faim ne viendront pas sur cette terre ; c'est par le glaive et par la faim que seront consumés ces prophètes-là. Et les peuples auxquels ils prophétisent seront jetés dans les rues de Jérusalem par la faim et par le glaive, et nul ne les ensevelira, ni eux, ni leurs épouses, ni leurs fils, ni leurs filles ; et je répandrai leurs crimes sur eux.

» Et tu leur diras cette parole : Que mes yeux versent des larmes le jour et la nuit, et qu'ils ne se taisent pas, parce que la vierge, fille de mon peuple, a été frappée d'une grande douleur, accablée d'une immense plaie. Si je sors dans la campagne, voici des morts tués par le glaive ; si j'entre dans la ville, voici des mourants consumés par la faim ; le prophète même et le prêtre sont allés dans une terre qu'ils ne connaissaient pas. Seigneur, avez-vous donc rejeté Juda pour toujours ? Sion est-elle devenue l'horreur de votre âme ? Pourquoi donc nous avez-vous frappés d'une plaie incurable ? Nous avons attendu la paix, et nul bien n'est venu à nous ; le temps de la guérison, et voilà le trouble. O Jéhova ! nous avons connu nos impiétés et les iniquités de nos pères ; car nous avons péché devant vous. Cependant, à cause de votre nom, ne nous réprouvez pas, ne renversez point le trône de votre gloire ; ressouvenez-vous, et ne détruisez point votre alliance avec

(1) Jerem., c. 13 : « Hæc dicit Dominus : Sic putrescere faciam superbiam Juda, et superbiam Jerusalem multam. Populum istum pessimum, qui nolunt audire verba mea, et ambulant in gravitate cordis sui, abieruntque post deos alienos, ut servirent eis, et adorarent eos, et erunt sicut lumbare illud, quod nulli usui aptum est. Sicut enim adhæret lumbare ad lumbos viri, sic agglutinavi mihi omnem domum Israël, et omnem domum Juda, dicit Dominus, ut essent mihi in populum, et in gloriam ; et non audierunt. »

nous. En est-il parmi les vaines idoles qui fassent pleuvoir ? sont-ce les cieux mêmes qui donneront la pluie ? n'est-ce pas vous, Jéhova, notre Dieu ? C'est vous que nous attendrons, car c'est vous qui avez fait toutes ces choses (Jerem., c. 14). »

Mais l'Eternel lui dit : « En vain Moïse et Samuël se présenteraient devant moi ; mon âme n'est plus à ce peuple ; chasse-les loin de ma face, et qu'ils sortent. Que s'ils te disent : Où irons-nous ? tu leur diras : A la mort, qui est à la mort ; au glaive, qui est au glaive ; à la faim, qui à la faim ; à la captivité, qui à la captivité. — Qui donc aura pitié de toi, ô Jérusalem ! ou qui sera contristé sur toi ? ou qui voudra prier pour t'obtenir la paix ? — Tu m'as abandonné, dit l'Eternel ; tu es retournée sur tes pas ; aussi j'étendrai ma main sur toi, et je te frapperai : je suis lassé de clémence. »

« — Malheur à moi, ô ma mère ! s'écria le prophète dans sa douleur, pourquoi m'avez-vous engendré, moi homme de querelle, homme de discorde par toute la terre ? Je n'ai prêté ni emprunté à usure, et tous me maudissent. » — Le Seigneur le rassura contre ses ennemis : Je te présenterai à ce peuple comme un mur d'airain, un mur inébranlable, lui dit-il ; ils combattront contre toi, mais ils ne prévaudront pas, parce que je suis avec toi pour te sauver et te délivrer. Et je t'arracherai des mains des méchants, et je te rachèterai de la main des forts (Ibid., c. 15).

Il dit encore : « Tu ne prendras point de femme, et tu n'auras point de fils ni de filles en ce lieu ; car voici ce que dit l'Eternel sur les fils et les filles qui naissent en ce lieu, et sur les mères qui les ont engendrés, et sur les pères qui leur ont donné la vie : Ils mourront d'une longue agonie ; on ne les pleurera pas, on ne les ensevelira pas ; ils seront jetés sur la face de la terre comme les immondices ; consumés par le glaive et par la faim, leurs corps seront en pâture aux oiseaux du ciel et aux bêtes de la terre (Ibid., c. 16). »

Un jour, Dieu lui ordonna d'aller dans la maison d'un potier (1). L'ouvrier était à travailler sur sa roue. Le vase d'argile qu'il faisait se brisa dans sa main ; il reprit l'argile et en fit un autre tel qu'il le souhaitait. « Maison d'Israël, dit alors le Seigneur, ne pourrai-je pas faire avec vous comme ce potier ? car ce qu'est l'argile dans la main du potier, vous l'êtes dans ma main, ô maison d'Israël ! Soudain je parlerai contre une nation et contre un royaume pour l'arracher, l'extirper et le détruire. Si cette nation se détourne du mal qui appelait ma menace, moi aussi je me repentirai du mal que j'avais résolu de lui faire. Soudain je parlerai d'une nation et d'un royaume pour l'édifier et l'affermir. Et si ce royaume et cette nation font le mal à mes yeux et n'écoutent point ma voix, moi aussi je me repentirai du bien

(1) Jerem., 18, 1-11 : « Numquid sicut figulus iste non potero vobis facere, domus Israël ? ait Dominus ? ecce sicut lutum in manu figuli, sic vos in manu meâ, domus Israël. Repente loquar adversum gentem et adversus regnum, ut eradicam, et destruam, et disperdam illud. Si pœnitentiam egerit gens illa a malo suo, quod locutus sum adversus eam, agam et ego pœnitentiam super malo, quod cogitavi ut facerem ei ; et subito loquar de gente et de regno, ut ædificem et plantem illud. Si fecerit malum in oculis meis, ut non audiat vocem meam, pœnitentiam agam super bono, quod locutus sum ut facerem ei. Nunc ergo viro Juda, et habitatoribus Jerusalem, dicens : Hæc dicit Dominus : Ecce ego fingo contra vos cogitationem ; revertatur unusquisque a viâ suâ malâ, et dirigite vias vestras et studia vestra. »

que j'avais résolu de lui faire. Maintenant donc dis aux hommes de Juda et aux habitants de Jérusalem : Voici ce que dit l'Eternel : Voilà que moi je prépare contre vous le mal, et je médite des pensées contre vous; que chacun revienne de sa voie perverse, et rendez droites vos voies et vos affections. »

Mais au lieu de se convertir aux pressantes sollicitations de leur Dieu, ils conspiraient contre son prophète. « Venez, disaient-ils, et méditons des pensées contre Jérémie; car la loi ne manquera jamais de prêtre, le conseil de sage, la parole de prophète; venez, perçons-le de nos langues, et n'ayons aucun égard à tous ses discours. — O Jéhova! disait le prophète persécuté, jetez les yeux sur moi, et entendez la voix de mes adversaires. Est-ce que le mal est rendu pour le bien? Ils ont creusé une fosse contre ma vie. Souvenez-vous que je me suis tenu en votre présence pour solliciter votre faveur pour eux, pour détourner d'eux votre indignation. Aussi vous livrerez leurs fils à la faim, et vous les conduirez sous le tranchant du glaive; leurs femmes seront sans enfants et veuves; leurs maris seront frappés de mort, leurs jeunes gens percés du glaive dans le combat. Des clameurs seront entendues de leurs maisons; car soudain vous amènerez sur eux le ravageur, parce qu'ils ont creusé une fosse pour me saisir, et ils ont caché des rets sous mes pieds. Vous savez, ô Eternel! que tous leurs conseils contre moi vont à la mort, vous ne pardonnerez point leur iniquité, et leur péché ne sera point effacé de votre présence; ils tomberont devant votre face, et vous vous vengerez au jour de votre fureur (1). »

Une autre fois, toujours d'après l'ordre de Dieu, Jérémie prit un vase de terre et s'en alla dans la vallée d'Ennon avec des anciens du peuple et du sacerdoce. C'était l'endroit où se faisaient les horribles sacrifices à Moloch. Il rappela toutes les abominations qui s'y commettaient, ainsi que les châtiments dont Dieu allait les punir; entre autres, qu'il nourrirait les habitants de Jérusalem de la chair de leurs fils et de la chair de leurs filles, que chacun mangerait la chair de son ami, dans le siège et dans l'angoisse où allaient les enfermer leurs ennemis et ceux qui cherchaient leur âme. Puis il brisa le vase de terre en présence des sénateurs, ajoutant: « Voici ce que dit Jéhova-Sabaoth : *Je briserai ce peuple et cette ville comme est brisé le vase qui ne peut être réparé* (2). »

De retour de la vallée d'Ennon, il se tint à l'entrée du temple et dit à tout le peuple : « Ainsi parle Jéhova-Sabaoth, le Dieu d'Israël : Moi j'amènerai sur cette ville et sur toutes ses cités tous les maux que j'ai annoncés contre elle, parce qu'ils ont endurci leur tête pour ne pas écouter mes discours. » L'intendant du temple, le prêtre Phassur, ayant entendu ces paroles, frappa Jérémie et le mit en prison. Il le relâcha le lendemain, et le prophète lui dit : « L'Eternel ne t'a pas donné pour nom *Phassur, accroissement de gloire*, mais *épouvante de toutes parts*. Car ainsi parle Jéhova : Moi je te livrerai à l'épouvante, toi et tous tes amis ;'ils tomberont sous le glaive de leurs ennemis, et tes yeux verront; et je donnerai tous les hommes de Juda aux mains du roi de Babylone, et il les transportera à Babylone, et il les frappera par l'épée. Et toi, Phassur, et tous les habitants de ta maison, vous irez en captivité; et vous viendrez à Babylone, et vous mourrez, et vous serez ensevelis là, toi et tous tes amis, à qui tu as prophétisé le mensonge. »

Quand il vit que le ministère prophétique n'avait d'autre fruit que des persécutions, Jérémie se plaignit au Seigneur de l'y avoir engagé malgré lui. « Vous m'avez attiré, disait-il avec une sainte hardiesse, et j'ai été séduit; vous avez été plus fort que moi, et vous avez prévalu; je suis devenu un objet de dérision durant tout le jour, et tous se rient de moi, parce que depuis longtemps déjà je parle contre l'iniquité et je publie la désolation; et la parole de Jéhova est devenue pour moi l'opprobre et la dérision durant tout le jour. Et j'ai dit : Je ne me souviendrai plus du Seigneur, je ne parlerai plus jamais en son nom; et alors il s'est allumé au dedans de moi comme un feu ardent renfermé dans mes os; et j'ai défailli, ne pouvant le soutenir. J'ai entendu les outrages de la multitude et la terreur de toutes parts : Poursuivez-le, et nous le poursuivrons. Ceux-là mêmes qui vivent en paix avec moi se tiennent à mes côtés, disent entre eux : Tâchons de le tromper, tâchons de prendre sur lui quelque avantage et de nous venger de lui. Mais l'Eternel est avec moi comme un guerrier formidable; c'est pourquoi ceux qui me persécutent tomberont et seront sans force; ils seront confondus violemment, parce qu'ils n'ont pas compris l'opprobre éternel qui ne s'effacera jamais (1). »

Jusque-là Jérémie s'adressait plus directement au peuple, aux prêtres et aux magistrats; maintenant Dieu l'envoie dans le palais, dire au roi en personne : « Ecoute la parole de l'Eternel, ô roi de Juda! toi qui es assis sur le trône de David; toi, et tes serviteurs, et ton peuple, vous tous qui entrez par ces portes. Ainsi parle Jéhova : Faites jugement et justice; délivrez l'opprimé des mains de son persécuteur; ne contristez ni l'étranger, ni l'orphelin et la veuve; ne les opprimez pas injustement, et ne répandez pas le sang innocent en ce lieu. Si vous observez avec soin ces paroles, il entrera par les

---

(1) Jerem., c. 18 : « Et dixerunt : Venite, et cogitemus contra Jeremiam cogitationes, non enim peribit lex à sacerdote, neque consilium à sapiente, nec sermo à prophetâ; venite, et percutiamus eum linguâ, et non attendamus ad universos sermones ejus. Attende, Domine, ad me, et audi vocem adversariorum meorum. Numquid redditur pro bono malum, quia foderunt foveam animæ meæ? Recordare quòd steterim in conspectu tuo, ut loquerer pro eis bonum, et averterem indignationem tuam ab eis. Proptereà da filios eorum in famem, et deduc eos in manus gladii; fiant uxores eorum absque liberis, et viduæ; et viri earum interficiantur morte; juvenes eorum confodiantur gladio in prœlio. Audiatur clamor de domibus eorum; adduces enim super eos latronem repentè, quia foderunt foveam ut caperent me, et laqueos absconderunt pedibus meis. Tu autem, Domine, nosti omne consilium eorum adversùm me in mortem; ne propitieris iniquitati eorum, et peccatum eorum à facie tuâ non deleatur; fiant corruentes in conspectu tuo, in tempore furoris tui abutere eis. »

(2) Jerem., c. 19, 11 : « Hæc dicit Dominus exercituum : Sic conteram populum istum et civitatem istam, sicut conteritur vas figuli, quod non potest ultrà instaurari. »

(1) Jerem., c. 20, 7, 11 : « Seduxisti me, Domine, et seductus sum; fortior me fuisti, et invaluisti; factus sum in derisum totâ die, omnes subsannant me, quia jam olim loquor, vociferans iniquitatem, et vastitatem clamito; et factus est mihi sermo Domini in opprobrium, et in derisum totâ die. Et dixi : Non recordabor ejus, neque loquar ultrà in nomine illius; et factus est in corde meo quasi ignis exæstuans, claususque in ossibus meis; et defeci ferre, non sustinens. Audivi enim contumelias multorum, et terrorem in circuitu : Persequimini et persequamur eum. Ab omnibus viris, qui erant pacifici mei, et custodientes latus meum : Si quomodo decipiatur, et prævaleamus adversùs eum, et consequamur ultionem ex eo. Dominus autem mecum est quasi bellator fortis ; idcirco qui persequuntur me, cadent, et infirmi erunt; confundentur vehementer, quia non intellexerunt opprobrium sempiternum, quod numquàm delebitur. »

portes de cette maison des rois nés de David, assis sur son trône, et qui monteront sur des chars et des coursiers, eux, et leurs serviteurs, et leur peuple. Mais, si vous n'écoutez point ces paroles, je jure par moi-même, dit Jéhova, que cette maison deviendra une solitude..... Malheur à qui bâtit sa maison dans l'injustice, et ses hauts appartements dans l'iniquité ; qui fait servir gratuitement son prochain et ne lui paie pas son salaire ; qui dit : Je me bâtirai une maison vaste et des appartements magnifiques ; qui s'y ouvre de grandes fenêtres, s'y fait des lambris de cèdre et les peint de brillantes couleurs. Crois-tu régner parce que tu t'environnes de cèdre? ton père n'a-t-il pas mangé et bu en rendant le jugement et la justice ? tout ne lui prospérait-il point alors ? Il a jugé la cause du pauvre et de l'affligé ; de là sa prospérité. Et cela, n'est-ce point parce qu'il me connaissait ? dit Jéhova. Mais pour toi, tes yeux et ton cœur n'aspirent qu'à l'avarice, au sang répandu, à la calomnie, à tout ce qui est pervers. C'est pourquoi voici ce que dit l'Eternel à Joakim, fils de Josias, roi de Juda : on ne pleurera point à sa sépulture, et ses sœurs ne diront pas : Hélas ! mon frère ; ni elles ne se plaindront les unes les autres en disant : Hélas ! ma sœur ; on ne criera point en pleurant : Hélas ! prince ! hélas ! seigneur ! Il sera enseveli de la sépulture d'un âne, il est pourri et on l'a jeté hors des portes de Jérusalem (Jerem., c. 22. Ces dernières paroles sont traduites par Bossuet). »

Après que Jérémie eut annoncé au roi ces terribles paroles, Dieu lui dit de nouveau : « Arrête-toi sur le seuil de la maison du Seigneur, et tu feras entendre à toutes les villes de Juda, d'où viennent ceux qui adorent dans cette maison, tous les discours que je t'ai ordonné de publier devant eux : n'en retranche pas une parole. Peut-être écouteront-ils et reviendront-ils chacun de leur mauvaise voie, et je me repentirai du mal que j'ai résolu de leur faire à cause de la malice de leurs désirs. Tu leur diras donc : Ainsi parle Jéhova : Si vous ne m'écoutez point, de manière à marcher dans la loi que je vous ai donnée, et à écouter les paroles de mes serviteurs, les prophètes, que j'ai envoyés vers vous, me levant dans la nuit et les dirigeant, et vous n'avez pas écouté, je rendrai cette maison comme Silo, et je donnerai cette ville en malédiction à toutes les nations de la terre (1). »

Quand Jérémie eut achevé ces paroles, les prêtres, les prophètes et tout le peuple qui l'avaient entendu, se saisirent de lui en s'écriant : « Qu'il meure de mort ! Pourquoi as-tu prophétisé au nom de l'Eternel, disant : Cette maison sera comme Silo, et cette ville désolée, et il n'y restera pas un seul habitant ? Tout le monde se rassemblait donc contre Jérémie dans le temple, lorsque y arrivèrent les princes de Juda, sur la première nouvelle qu'ils en avaient eue. Les prêtres et les prophètes leur di-

(1) Jerem., 26, 2-6 : « Sta in atrio domûs Domini, et loqueris ad omnes civitates Juda, de quibus veniunt ut adorent in domo Domini, universos sermones, quos ego mandavi tibi ut loquaris ad eos ; noli subtrahere verbum. Si forte audiant et convertatur unusquisque a viâ suâ malâ ; et pœnitebit me mali, quod cogito facere eis propter malitiam studiorum eorum. Et dices ad eos : Hæc dicit Dominus : Si non audieritis me, ut ambuletis in lege meâ, quam dedi vobis ; ut audiatis sermones servorum meorum prophetarum quos ego misi ad vos de nocte consurgens, et dirigens, et non audiatis ; dabo domum istam sicut Silo, et urbem hanc dabo in maledictionem cunctis gentibus terræ. »

saient, ainsi qu'à tout le peuple : Le jugement de mort est sur cet homme, parce qu'il a prophétisé contre cette ville, comme vous avez entendu de vos oreilles (1). »

Jérémie répondit tranquillement : « L'Eternel m'a envoyé pour prophétiser à cette maison et à cette ville toutes les paroles que vous avez entendues. Maintenant donc, rendez droits vos voies et vos désirs, et écoutez la parole de Jéhova, votre Dieu ; et Jéhova se repentira de la menace qu'il a prononcée contre vous. Pour moi, me voici entre vos mains ; faites de moi ce qui paraîtra bon et juste à vos yeux. Sachez cependant et soyez sûrs que, si vous me tuez, vous répandrez le sang innocent contre vous et contre cette ville et ses habitants ; car, en vérité, l'Eternel m'a envoyé vers vous pour que je fisse entendre à vos oreilles toutes ces paroles (2). »

« A ce discours, les princes et tout le peuple dirent aux prêtres et aux prophètes soi-disant : Le jugement de mort ne doit pas être sur cet homme, parce qu'il nous a parlé au nom de Jéhova, notre Dieu. Plusieurs même d'entre les anciens de la terre se levèrent et dirent à toute l'assemblée : Michée de Morasthi fut prophète dans les jours d'Ezéchias, roi de Juda, et parla à tout le peuple, disant : Voici ce que dit Jéhova-Sabaoth : Sion sera labourée comme un champ, et Jérusalem ne sera plus qu'un monceau de pierres, et la montagne du temple ne sera plus qu'une forêt. Fut-il condamné à mort par Ezéchias et par tout Juda ? Ne craignirent-ils pas l'Eternel et n'implorèrent-ils pas sa face ? Et l'Eternel se repentit des maux qu'il avait prophétisés contre eux. C'est pourquoi nous faisons un grand mal contre nos âmes (3). »

Un de ces respectables personnages qui contribua le plus à préserver Jérémie de la mort, fut Ahicam, fils de Saphan, deux noms déjà honorablement connus dans l'histoire du saint roi Josias.

Un autre prophète ne put s'en préserver même par la fuite. C'était Urias, fils de Séméï, de Cariathiarim. Il prophétisa contre Jérusalem et contre la terre de Juda, selon toutes les paroles de Jérémie. Le roi

(1) Jerem., 26, 8-11 : « Cùmque complesset Jeremias, loquens omnia quæ præceperat ei Dominus, ut loqueretur ad universum populum, apprehenderunt eum sacerdotes, et prophetæ, et omnis populus, dicens : Morte moriatur. Quare prophetavit in nomine Domini, dicens : Sicut Silo erit domus hæc, et urbs ista desolabitur, eò quòd non sit habitator ? Et congregatus est omnis populus adversus Jeremiam in domo Domini. Et audierunt principes Juda verba hæc, et ascenderunt de domo regis in domum Domini, et sederunt in introitu portæ domûs Domini novæ. Et locuti sunt sacerdotes et prophetæ ad principes, et ad omnem populum, dicentes : Judicium mortis est viro huic, quia prophetavit adversus civitatem istam, sicut audistis auribus vestris. »

(2) Jerem., 26, 12-15 : « Et ait Jeremias ad omnes principes, et ad universum populum, dicens : Dominus misit me, ut prophetarem ad domum istam, et ad civitatem hanc, omnia verba quæ audistis. Nunc ergo bonas facite vias vestras, et studia vestra, et audite vocem Domini Dei vestri ; et pœnitebit Domini mali, quod locutus est adversum vos. Ego autem ecce in manibus vestris sum ; facite mihi quod bonum et rectum est in oculis vestris. Verumtamen scitote et cognoscite quòd si occideritis me, sanguinem innocentem tradetis contra vosmetipsos, et contra civitatem istam, et habitatores ejus ; in veritate enim misit me Dominus ad vos, ut loquerer in auribus vestris omnia verba hæc. »

(3) Jerem., 26, 16-19 : « Et dixerunt principes, et omnis populus, ad sacerdotes, et ad prophetas : Non est viro huic judicium mortis, quia in nomine Domini Dei nostri locutus est ad nos. Surrexerunt ergo viri de senioribus terræ, et dixerunt ad omnem cœtum populi, loquentes : Michæas de Morasthi fuit propheta in diebus Ezechiæ regis Juda, et ait ad omnem populum Juda, dicens : Hæc dicit Dominus exercituum : Sion quasi ager arabitur, et Jerusalem in acervum lapidum erit, et mons domûs in excelsa silvarum. Numquid morte condemnavit eum Ezechias rex Juda, et omnis Juda ? Numquid non timuerunt Dominum, et deprecati sunt faciem Domini ? Et pœnituit Dominum mali, quod locutus fuerat adversus eos ? Itaque nos facimus malum grande contra animas nostras.

Joakim, tous ses grands et ses princes l'entendirent. Le roi chercha à le tuer. Urias s'enfuit en Egypte. Joakim le fit tirer de là, le frappa du glaive et jeta son cadavre dans les sépulcres des derniers du peuple (Jerem., 26, 20-23).

La persécution n'arrêta point les hommes de Dieu. Pour un qu'on avait tué, il s'en éleva deux ; car, suivant toutes les apparences, c'est vers ce temps que prophétisaient Joël et Habacuc. A la famine, au ravage de quatre sortes d'insectes, le premier ajoute l'irruption prochaine d'une armée formidable.

« Sonnez de la trompette dans Sion ; poussez des cris sur ma montagne sainte ; que tous les habitants de la terre soient dans l'épouvante ; car il vient le jour de Jéhova, il est proche : jour de ténèbres et d'obscurité, jour de nuages et de tempêtes. Telle que l'aurore se levant sur les montagnes, tel apparaîtra soudain ce peuple nombreux et puissant : depuis les siècles il n'y en eut pas de semblable, et, après lui, il n'y en aura pas jusqu'aux années de la génération et de la génération. Devant sa face, un feu dévorant : après lui, une flamme brûlante ; devant sa face, comme un jardin de délices : après lui, un désert affreux ; nul qui lui échappe.

» Jéhova fait entendre sa voix devant son armée ; ses troupes campées sont innombrables, puissantes, brûlant d'exécuter ses ordres. Le jour de Jéhova est grand, terrible ; qui pourra le soutenir ? Maintenant donc, dit Jéhova, revenez à moi de tout votre cœur, dans le jeûne, dans les larmes, dans les gémissements. Déchirez vos cœurs et non vos vêtements, et revenez à Jéhova, votre Dieu, parce qu'il est bon et compatissant, patient, riche en miséricorde et se repentant du mal. Qui sait s'il ne reviendra point, s'il ne se repentira point, s'il ne finira point par nous combler de bénédictions ? Sonnez donc la trompette en Sion ; consacrez le jeûne ; publiez une réunion solennelle ; assemblez le peuple ; sanctifiez l'Église ; convoquez les vieillards ; réunissez les enfants, ceux mêmes qui sont encore à la mamelle. Que l'époux sorte de sa couche et l'épouse de son lit nuptial ; que les prêtres, ministres de Jéhova, pleurent entre le vestibule et l'autel, et qu'ils disent : Epargnez, ô Jéhova ! épargnez votre peuple ; ne donnez pas votre héritage en opprobre, en le livrant au joug des nations. Pourquoi dirait-on parmi les peuples : Où est leur Dieu (1) ? »

Le prophète ajoute qu'un jour le Seigneur sera touché de zèle pour sa terre ; il pardonnera à son peuple, lui rendra l'abondance, ne le donnera plus en opprobre parmi les nations ; il écartera de dessus lui ses ennemis, qui habitent du côté de l'aquilon, les Chaldéens ; il les chassera dans une terre sèche et déserte ; il les fera périr, les uns vers la mer d'Orient, les autres vers la mer d'Occident : l'air sera infecté par leurs cadavres.

Nous verrons Nériglissor, roi de Babylone, défait par Cyrus sur le golfe Persique ; Balthasar avec Crésus défaits par le même, près de Sardes sur la Méditerranée.

A la suite des biens temporels, le Seigneur reprend : « Après cela, je répandrai mon esprit sur toute chair ; vos fils et vos filles prophétiseront ; vos vieillards seront instruits par des songes, et vos jeunes gens auront des visions. En ces jours je répandrai également mon esprit sur mes serviteurs et mes servantes (de quelque nation qu'ils soient). Je ferai paraître des prodiges dans les cieux et sur la terre, le sang, le feu, des colonnes de fumée. Le soleil sera converti en ténèbres et la lune en sang, avant que vienne le jour de Jéhova, ce jour grand et terrible. Et quiconque invoquera le nom de Jéhova sera sauvé ; car, comme l'Eternel l'a dit, le salut sera sur la montagne de Sion et dans Jérusalem, ainsi que dans les restes que l'Eternel aura appelés (1). »

Le Prince des Apôtres nous montrera lui-même l'accomplissement de cette prophétie le jour de la Pentecôte (Act., 2). Pour les prodiges terribles, nous les verrons à la ruine dernière de Jérusalem, figure elle-même de la ruine du monde.

Dieu se servait des nations pour châtier son peuple ; ses vues étaient justice et miséricorde ; les leurs, ravage et conquête. Aussi ne les laissera-t-il pas impunies. « En ce jour et en ce temps, dit-il, lorsque j'aurai fait revenir les captifs de Juda et de Jérusalem, j'assemblerai toutes les nations dans la vallée de Josaphat ou du jugement ; là j'entrerai en jugement avec elles touchant Israël, mon peuple et mon héritage qu'elles ont dispersé parmi les nations, et touchant ma terre qu'elles ont divisée entre elles. Ils ont partagé mon peuple au sort ; ils ont donné le jeune enfant pour salaire à la prostituée ; ils ont vendu la jeune fille pour du vin et s'enivrer. Toi surtout, Tyr et Sidon, et vous tous, confins de la Palestine, qu'y avait-il entre vous et moi ?... Les enfants de Juda et les enfants de Jérusalem, vous les avez vendus aux enfants des Ioniens (les Grecs), pour les transporter bien loin de leur pays. Voici que je vais les ramener du lieu où vous les avez

---

(1) Joël, 2, 1-17 : « Canite tubâ in Sion ; ululate in monte sancto meo ; conturbentur omnes habitatores terræ, quia venit dies Domini, quia propè est : dies tenebrarum et caliginis, dies nubis et turbinis. Quasi mane expansum super montes populus multus et fortis : similis ei non fuit a principio, et post eum non erit usque in annos generationis et generationis. Ante faciem ejus ignis vorans, et post eum exurens flamma : quasi hortus voluptatis terra coram eo, et post eum solitudo deserti ; neque est qui effugiat eum. Quasi aspectus equorum, aspectus eorum ; et quasi equites sic current. Sicut sonitus quadrigarum super capita montium exilient, sicut sonitus flammæ ignis devorantis stipulam, velut populus fortis præparatus ad prælium. A facie ejus cruciabuntur populi ; omnes vultus redigentur in ollam. Sicut fortes current ; quasi viri bellatores ascendent murum ; viri in viis suis gradientur, et non declinabunt à semitis suis. Unusquisque fratrem suum non coarctabit, singuli in calle suo ambulabunt ; sed et per fenestras cadent, et non demolientur. Urbem ingredientur, in muro current ; domos conscendent, per fenestras intrabunt quasi fur. A facie ejus contremuit terra, moti sunt cœli ; sol et luna obtenebrati sunt, et stellæ retraxerunt splendorem suum. Et Dominus dedit vocem suam ante faciem exercitûs sui, quia multa sunt nimis castra ejus, quia fortia et facientia verbum ejus ; magnus enim dies Domini, et terribilis valdè ; et quis sustinebit eum ? Nunc ergò dicit Dominus : Convertimini ad me in toto corde vestro, in jejunio, et in fletu, et in planctu. Et scindite corda vestra, et non vestimenta vestra, et convertimini ad Dominum Deum vestrum, quia benignus et misericors est, patiens et multæ misericordiæ, et præstabilis super malitia. Quis scit si convertatur, et ignoscat, et relinquat post se benedictionem, sacrificium et libamen Domino Deo vestro ? Canite tubâ in Sion, sanctificate jejunium, vocate cœtum, congregate populum, sanctificate Ecclesiam, coadunate senes, congregate parvulos, et sugentes ubera : egrediatur sponsus de cubili suo, et sponsa de thalamo suo ; inter vestibulum et altare plorabunt sacerdotes ministri Domini, et dicent : Parce, Domine, parce populo tuo : et ne des hæreditatem tuam in opprobrium, ut dominentur eis nationes. Quare dicunt in populis : Ubi est Deus eorum ? »

(1) Joël, c. 2, 28-32. « Et erit post hæc : Effundam spiritum meum super omnem carnem ; et prophetabunt filii vestri, et filiæ vestræ ; senes vestri somnia somniabunt, et juvenes vestri visiones videbunt. Sed et super servos meos et ancillas in diebus illis effundam spiritum meum. Et dabo prodigia in cœlo, et in terrâ, sanguinem, et ignem, et vaporem fumi. Sol convertetur in tenebras, et luna in sanguinem, antequam veniat dies Domini magnus, et horribilis. Et erit : omnis qui invocaverit nomen Domini, salvus erit : quia in monte Sion, et in Jerusalem erit salvatio, sicut dixit Dominus, et in residuis, quos Dominus vocaverit. »

vendus, et faire retomber sur vos têtes ce que vous leur avez fait. Je vendrai vos fils et vos filles entre les mains des enfants de Juda, et ils les vendront aux Sabéens, nation très-éloignée. Ainsi l'a dit Jéhova (Joël., c. 3, 1-21).

» Jusqu'à quand, ô Eternel ! s'écriait de son côté Habacuc, pousserai-je mes cris vers vous et ne m'écouterez-vous point ? Jusqu'à quand élèverai-je ma voix jusqu'à vous dans la violence que je souffre, et ne me sauverez-vous point ? Pourquoi me réduisez-vous à ne voir devant mes yeux que l'injustice et l'oppression, la déprédation et la violence ? On intente des procès, et la contention l'emporte. La loi est sans force, la justice n'arrive point à bout, parce que le méchant enlace le juste, le jugement est pervers.

» Jetez les yeux sur les nations, lui répond Jéhova, à lui et aux autres fidèles, et considérez; soyez dans l'étonnement et la stupeur, car il va s'opérer dans vos jours une œuvre que personne ne croira lorsqu'il l'entendra dire. Voici que je vais susciter les Chaldéens, nation cruelle et rapide, qui court toutes les terres pour envahir les maisons qui ne sont point à elle. Portant avec elle l'horreur et l'effroi, elle ne reconnaît de juge qu'elle-même.... Son prince triomphera des rois, il se jouera des tyrans, il se rira des fortifications ; alors son esprit changera, il passera et tombera (Habacuc, c. 1). »

C'est ainsi que ces hommes de Dieu étaient prophètes, non-seulement pour le peuple d'Israël, mais encore pour les autres. Nul ne le fut pourtant au même degré que Jérémie. Le Seigneur l'avait établi nommément prophète sur les nations et les royaumes. Ce fut en la quatrième année de Joakim, roi de Juda, la première de Nabuchodonosor, roi de Babylone, qu'il commença proprement ce ministère universel. A cette époque, il parla devant tout le peuple de Juda et tous les habitants de Jérusalem, en ces termes :

« Depuis la treizième année de Josias, fils d'Amon, roi de Juda, jusqu'à ce jour, cette année est la vingt-troisième que la parole de Jéhova m'a été adressée ; et je vous ai parlé, me levant durant la nuit et parlant, et vous n'avez pas écouté. Et l'Eternel a envoyé vers vous tous ses serviteurs les prophètes, se levant dès le matin et les envoyant ; mais vous n'avez pas écouté, vous n'avez pas incliné vos oreilles pour entendre, lorsqu'il vous disait : Revenez chacun de sa voie mauvaise et de vos pensées perverses, et vous habiterez dans la terre que l'Eternel a donnée à vous et à vos pères, du siècle jusqu'au siècle. Et ne suivez plus les dieux étrangers pour les servir et les adorer; ne me provoquez pas à la colère par les œuvres de vos mains, et je ne vous affligerai plus. Et vous ne m'avez pas entendu, dit Jéhova ; au contraire, vous m'avez provoqué à la colère par les œuvres de vos mains, pour votre ruine. C'est pourquoi voici ce que dit Jéhova des armées : Parce que vous n'avez pas entendu mes paroles, voilà que j'assemblerai tous les peuples de l'aquilon, et je les enverrai avec Nabuchodonosor, roi de Babylone, mon serviteur ; et je les amènerai sur cette terre et sur ses habitants, et sur toutes les nations d'alentour ; et je les perdrai, et j'en ferai la stupeur, la risée des nations et un désert éternel. Et j'étoufferai parmi eux la voix des délices et la voix de l'allégresse, et la voix de l'époux et la voix de l'épouse, et le bruit des meules et la lumière de la lampe. Et toute cette terre ne sera plus qu'une solitude et un objet de stupeur ; et toutes ces nations serviront le roi de Babylone durant soixante-dix ans.

» Et lorsque les soixante-dix ans seront accomplis, je visiterai le roi de Babylone et cette nation, dit Jéhova, et leur iniquité, et la terre des Chaldéens ; et j'en ferai une solitude éternelle. Et j'amènerai sur cette terre toutes les paroles que j'ai prononcées contre elle, tout ce qui est écrit dans ce livre, tout ce que Jérémie a prophétisé contre toutes les nations. Plusieurs grandes nations et de grands rois les ont servis, et je leur rendrai selon leurs œuvres et selon le travail de leurs mains.

» Car voici ce que m'a dit Jéhova, le Dieu d'Israël : Prends de ma main la coupe du vin de cette fureur-là, et tu feras boire à toutes les nations vers lesquelles je t'enverrai ; et elles boiront, et elles seront troublées, et elles déliront à la face du glaive que moi j'enverrai parmi elles.

» Et je reçus la coupe de la main de Jéhova, et j'en fis boire à toutes les nations vers lesquelles l'Eternel m'a envoyé ; à Jérusalem et aux villes de Juda, et à ses rois et à ses princes, pour en faire une solitude, une stupeur, une risée, une malédiction, comme en ce jour ; à Pharaon, roi d'Egypte, et à ses serviteurs, et à ses princes, et à tout son peuple, et à tout son mélange d'étrangers ; à tous les rois de la terre de Hus, et à tous les rois de la terre des Philistins, et à Ascalon, et à Gaza, et à Accaron, et aux restes d'Azot, et à Edom, et à Moab, et aux enfants d'Ammon ; et à tous les rois de Tyr, et à tous les rois de Sidon, et aux rois des îles qui sont au delà de la mer ; et à Dédan, et à Théman, et à Buz, et à tous ceux qui habitent vers les extrémités de la terre ; et à tous les rois d'Arabie, et à tous les rois d'Occident qui habitent dans le désert ; et à tous les rois de Zambri, et à tous les rois d'Elam, et à tous les rois des Mèdes ; et à tous les rois de l'aquilon, rapprochés et éloignés, à chacun contre son frère, et à tous les royaumes qui sont sur la face de la terre ; et le roi de Sésach (Babylone) boira après eux.

» Et tu leur diras : Ainsi parle Jéhova-Sabaoth, le Dieu d'Israël : Buvez, et enivrez-vous, et vomissez, et tombez, et ne vous relevez plus devant le glaive que j'enverrai parmi vous. S'ils ne veulent pas recevoir la coupe de ta main pour boire, tu leur diras : Ainsi parle Jéhova-Sabaoth : Vous boirez très-certainement. Car, voici que, dans la ville sur laquelle est invoqué mon nom, je commence mes vengeances ; comment donc, vous, serez-vous innocents et pourrez-vous échapper ? Vous n'y échapperez pas ; car j'appelle le glaive contre les habitants de la terre. L'Eternel rugira du haut du ciel, et, du lieu de son sanctuaire, il fera retentir sa voix ; il rugira contre le lieu même de sa gloire. Le bruit en est venu jusqu'aux extrémités du monde, parce que l'Eternel est en débat avec les nations ; lui-même juge toute chair : J'ai livré les impies au glaive, dit Jéhova. L'affliction passera d'une nation sur une nation ; et une grande tempête s'élèvera des extrémités de la terre (Jerem., c. 25, 1-32). »

Voici comme se préparait cet ouragan.

La 3ᵉ année de Joakim, Nabopolassar, roi de Babylone, voyant que depuis la prise de Carkemis par

Néchao, toute la Syrie et la Palestine s'étaient détachées de son obéissance, et que, d'un autre côté, son âge et ses infirmités ne lui permettaient pas d'aller en personne réduire ces rebelles, il associa son fils Nabuchodonosor à l'empire (1). C'est de là que les Juifs comptent les années de Nabuchodonosor; mais les Babyloniens ne datent le règne de ce prince que de la mort de son père, arrivée seulement deux ans après. L'un et l'autre de ces deux calculs se trouvent dans l'Ecriture. Nabuchodonosor s'avança donc, à la tête d'une puissante armée, contre Pharaon. Voici comme Jérémie nous dépeint l'issue de cette guerre.

« Paroles de Jéhova au prophète Jérémie contre les nations, adressées aux Egyptiens touchant l'armée de Pharaon-Néchao, roi d'Egypte, qui était auprès du fleuve Euphrate, à Carkemis, que Nabuchodonosor, roi de Babylone, frappa en la quatrième année de Joakim, fils de Josias, roi de Juda : Préparez l'écu et le bouclier, et marchez au combat. Attelez les chars, cavaliers, montez sur vos coursiers; couvrez vos têtes de vos casques, faites reluire vos lances, revêtez-vous de vos cuirasses.

» Eh! quoi donc? Je les ai vus épouvantés, et ils tournent le dos ; les forts sont tombés; ils s'enfuient en hâte et ne regardent pas; la terreur est partout!

» Le plus vite ne fuira pas; le plus fort n'échappera pas.

» Vers l'aquilon, aux bords de l'Euphrate, ils ont été vaincus et sont tombés.

» L'Egypte monte comme un fleuve, et ses eaux s'enflent comme les flots, et elle a dit : Je monterai, je couvrirai la terre; je détruirai la cité et ses habitants. Montez sur vos coursiers et courez sur vos chars; que les forts s'avancent : Libyens, Ethiopiens, armez-vous de vos boucliers; Lydiens, saisissez et tendez vos arcs.

» Mais ce jour d'Adonaï-Jéhova-Sabaoth est le jour de la vengeance, jour où il se vengera de ses ennemis; le glaive dévorera, il s'abreuvera, s'enivrera de leur sang. Car la victime d'Adonaï-Jéhova-Sabaoth est dans la terre de l'aquilon aux bords de l'Euphrate.

» Monte en Galaad, et prends du baume, vierge fille de l'Egypte : vainement tu multiplies les remèdes; il n'y a point de guérison pour toi. Les nations ont ouï ton ignominie, et tes hurlements ont rempli la terre, parce que le fort a heurté le fort, et tous deux sont tombés ensemble. »

Le prophète ajoute que plus tard Nabuchodonosor entrerait même en Egypte et s'en rendrait maître. « Je visiterai, dans ma colère, dit Jéhova, No-amon et Pharaon et l'Egypte, et ses dieux et ses rois, et Pharaon et tous ceux qui se confient en lui. Et je les livrerai aux mains de ceux qui demandent leur âme, aux mains de Nabuchodonosor, roi de Babylone, et aux mains de ses serviteurs; et après, elle sera habitée comme elle l'était autrefois (Jerem., 46). »

Le vainqueur, après avoir repoussé les Egyptiens de l'Euphrate et reconquis la Syrie, entra dans la Judée. A son approche, les Réchabites se réfugièrent à Jérusalem. Un jour le prophète eut ordre de Dieu d'aller les trouver. Il les assembla dans une des salles du temple, et là leur offrit des tasses et des coupes pleines de vin. Mais ils lui répondirent : « Nous ne boirons point de vin, parce que Jonadab,

(1) Bérose. *Apud Joseph. contra App.*, l. 1.

notre père, fils de Réchab, nous a dit : *Vous ne boirez jamais de vin, ni vous ni vos enfants, et vous ne bâtirez point de maisons, et vous ne sèmerez point de grains, et vous ne planterez point de vignes, et vous n'en aurez point à vous; mais vous habiterez sous des tentes tous les jours de votre vie, afin que vous viviez de longs jours sur la terre dans laquelle vous êtes étrangers.* Nous avons donc obéi à la voix de Jonadab, notre père, selon tout ce qu'il nous a commandé; nous avons habité sous la tente. Mais lorsque Nabuchodonosor, roi de Babylone, est venu dans notre terre, nous avons dit : Allons, entrons dans Jérusalem, loin de la présence de l'armée des Chaldéens et de l'armée de Syrie; et nous sommes demeurés dans Jérusalem. »

Au même temps, l'Eternel dit à Jérémie : « Ainsi parle Jéhova-Sabaoth, le Dieu d'Israël : Va, et dis aux hommes de Juda et aux habitants de Jérusalem : Ne vous corrigerez-vous jamais, et n'obéirez-vous jamais à mes paroles? Les paroles de Jonadab, fils de Réchab, par lesquelles il ordonna à ses enfants de ne point boire de vin, ont tellement prévalu sur eux, qu'ils n'en ont point bu jusqu'à ce jour, et qu'ils ont toujours obéi au précepte de leur père; et moi je vous ai parlé, me levant dès le matin et vous parlant, et vous ne m'avez pas obéi. Et j'ai envoyé vers vous tous mes serviteurs les prophètes, me levant dès le matin et les envoyant, et disant : Convertissez-vous, que chacun revienne de sa mauvaise voie, et rendez bons vos désirs; ne suivez point les dieux étrangers, et ne les servez pas; et vous habiterez dans la terre que je vous ai donnée, à vous et à vos pères; et vous n'avez point prêté l'oreille, et vous ne m'avez point écouté. Ainsi donc les enfants de Jonadab, fils de Réchab, ont gardé inviolablement l'ordre que leur père leur avait donné ; et ce peuple ne m'a point obéi. C'est pourquoi voici ce que dit le Seigneur des armées, le Dieu d'Israël : J'amènerai sur Juda et sur tous les habitants de Jérusalem toute l'affliction que j'ai annoncée contre eux, parce que je leur ai parlé, et ils n'ont point écouté; je les ai appelés, et ils ne m'ont point répondu.

Quant aux Réchabites, Jérémie leur dit : « Parce que vous avez obéi au précepte de Jonadab, votre père, que vous avez gardé tous ses commandements et que vous avez fait tout ce qu'il a prescrit, à cause de cela, voici ce que dit Jéhova-Sabaoth, le Dieu d'Israël : Un homme sera toujours dans la race de Jonadab, fils de Réchab, se tenant en ma présence chaque jour (Jerem., c. 35).

Pour tenter un dernier effort sur l'esprit de son peuple et lui rappeler plus efficacement encore toutes les paroles qu'il lui avait adressées, le Seigneur ordonna à Jérémie de les écrire dans un livre et de les faire lire devant le peuple par Baruch, fils de Nérias.

Baruch, après avoir tout écrit sous la dictée du prophète, fut alarmé de tant de terribles menaces (*Ibid.*, c. 45). Le Seigneur renouvela l'assurance qu'elles s'accompliraient toutes, mais que pour lui, au milieu de toutes ces calamités, il lui conserverait la vie sauve. Baruch exécuta donc l'ordre de l'Eternel; et lut dans le livre au temple.

Mais il ne paraît pas que le peuple en profita beaucoup; car, peu après, Nabuchodonosor s'étant approché de Jérusalem, la prit, dépouilla le temple de ses plus précieux ornements, chargea de chaînes

LIVRE XVII. — CAPTIVITÉ DE BABYLONE.

Joakim pour l'envoyer à Babylone. Cependant, fléchi peut-être par ses soumissions, il le laissa à Jérusalem, comme roi ou plutôt comme vassal couronné, moyennant un tribut annuel.

Si Joakim resta ou du moins revint assez promptement à Jérusalem, il n'en fut pas de même des princes de sa famille et de l'élite de la jeunesse. Nabuchodonosor les envoya captifs à Babylone, pour servir d'eunuques dans son palais, suivant la prédiction d'Isaïe à Ezéchias. Daniel et ses compagnons étaient du nombre.

C'est de cette époque, 4ᵉ année du règne de Joakim, que date le commencement de la captivité de Babylone et des 70 ans qu'elle devait durer. Au livre de Daniel, il est bien dit que Nabuchodonosor marcha contre Jérusalem en la 3ᵉ année de Joakim (Dan., c. 1); c'est que cette expédition, commencée en l'an 3, finit en l'an 4. En sortant de Babylone, il marcha contre Pharaon-Néchao, reprit sur lui Carkemis et la Syrie, puis seulement Jérusalem.

Une calamité si souvent prédite, si littéralement accomplie, était bien capable de faire rentrer Joakim en lui-même. Il n'en fut rien, si ce n'est peut-être quelques apparences dans les premiers temps. En la 5ᵉ année de son règne, dans le neuvième mois, que l'on croit être l'époque anniversaire de la prise de la ville, on publia un jeûne devant l'Éternel pour tout le peuple de Jérusalem et pour toute la multitude qui était accourue des villes de Juda. Les Juifs observent ce jeûne encore aujourd'hui pour déplorer la prise de la cité sainte. C'était une occasion favorable, s'il en fut jamais, pour rappeler avec fruit, au peuple humilié, les promesses et les menaces du Seigneur. Jérémie en profita. Baruch, par son ordre, lut une seconde fois au temple, devant la multitude, le livre de ses prédictions.

Les grands de la cour, informés de ce qui se passait, envoyèrent prier Baruch de venir les trouver avec le livre. Il le lut devant eux. Quand ils eurent ouï toutes ces paroles, ils s'entre-regardaient avec étonnement, et lui demandèrent comment il les avait recueillies de la bouche de Jérémie. Baruch leur répondit : « Il me dictait de sa bouche toutes ces paroles comme s'il les avait lues, et moi je les écrivais dans ce livre avec de l'encre. » Les princes, obligés d'en parler au roi, dirent à Baruch : « Va, et cache-toi, ainsi que Jérémie, et que nul ne sache où vous serez. » Ils avaient bien raison.

A peine Joakim, assis dans sa maison d'hiver devant un brasier de charbons ardents, eut-il entendu de ce livre trois ou quatre pages, qu'il le coupa par morceaux avec le canif du secrétaire, et le jeta dans le feu jusqu'à ce qu'il fût entièrement consumé. En vain trois ou quatre des principaux s'y opposèrent; non-seulement il ne les écouta point, il ordonna même de saisir Jérémie et Baruch; mais le Seigneur les cacha.

Quelque temps après, l'Éternel dit à son prophète : « Prends un autre volume, et écris toutes les paroles qui étaient dans le premier que Joakim, roi de Juda, a brûlé. Et tu diras à Joakim, roi de Juda : Voici ce que dit Jéhova : Tu as brûlé ce volume-là, disant : Pourquoi y avez-vous écrit et annoncé que le roi de Babylone se hâtait de venir pour dévaster cette terre et pour en exterminer les hommes et les bêtes ? C'est pourquoi voici ce que dit l'Éternel contre Joakim, roi de Juda : Il ne sortira point de lui un prince qui soit assis sur le trône de David, et son cadavre sera jeté au loin, exposé à la chaleur du jour et à la gelée de la nuit. Et je le visiterai, lui, sa race, ses serviteurs et leurs iniquités ; et j'amènerai sur eux, et sur les habitants de Jérusalem, et sur les habitants de Juda, tout le mal que j'ai annoncé; et ils ne m'ont pas entendu. » Jérémie prit donc un autre volume ou rouleau, et le donna à Baruch, son secrétaire, qui écrivit, de la bouche du prophète, toutes les paroles qui étaient dans le volume que Joakim avait brûlé, et, de plus, beaucoup d'autres qui n'étaient pas dans le premier (Jerem., 36).

Nous verrons bientôt l'accomplissement de cette prophétie sur Joakim et sa maison. Mais suivons auparavant les captifs à Babylone.

Nabuchodonosor avait ordonné à Asphenès, chef de ses eunuques, ou chef des officiers de la cour, qui, pour l'ordinaire, étaient véritablement eunuques, de lui choisir parmi les jeunes princes de la royale maison de Juda et parmi les jeunes hommes des plus nobles familles du pays, un certain nombre pour paraître et demeurer en sa présence.

Telles étaient, telles sont encore les mœurs de l'Orient. Le sort des prisonniers de guerre est ordinairement dur; mais plaît-il au prince d'en prendre quelques-uns à son service, ils sont préférés aux indigènes. L'étranger, comme tel, se voit destiné tantôt au joug, tantôt aux plus grands honneurs.

Parmi ces jeunes hommes étaient Daniel, Ananias, Misaël et Azarias, tous de la tribu de Juda. Le chef des eunuques, qui les avait sous sa direction, leur donna d'autres noms. Il appela Daniel, *Baltassar*; Ananias, *Sidrach*; Misaël, *Misach*; Azarias, *Abdénago*. Daniel veut dire *jugement de Dieu* : Baltassar, *trésor de Bel* ou *Baal*; Ananias, *protection de Dieu* : Sidrach, *ambassadeur*; Misaël, *qui demande* : Misach, *qui a soin de la maison*; Azarias, *secours de Dieu* : Abdénago, *favori du roi*. L'on croit que Daniel était de la royale famille de David. Le nom de *Baltassar*, que, dans la suite, porta le dernier roi de Babylone, paraît aussi lui avoir été donné par distinction.

Le roi ordonna qu'on leur servit chaque jour des viandes qu'on servait devant lui, et du vin dont il buvait lui-même. Il les fit instruire avec soin dans la littérature et la langue des Chaldéens, et fixa le terme de trois années pour leur instruction, pendant lesquelles ils devaient rester sous la surveillance d'Asphenès, avant d'entrer au service du roi.

Comme sur la table des gentils paraissaient bien des mets que la loi de Moïse défendait de manger, Daniel prit la résolution d'éviter cette souillure, ainsi que l'appelaient les Israélites, et pria le chef des eunuques, dont Dieu lui avait concilié les bonnes grâces, de lui permettre de s'abstenir des mets de la table du roi. Je crains le roi, mon maître, répondit l'autre; il a ordonné que vous fussiez nourris de sa table; s'il voyait vos visages plus abattus que celui des autres jeunes gens, il me ferait perdre la tête. Alors Daniel s'adressant à Malasar, à qui le chef des eunuques avait confié les quatre jeunes hommes, le pria de les mettre à l'épreuve seulement pendant dix jours, de leur donner des légumes et de l'eau, et de voir ensuite si leur visage serait moins fleuri que celui des jeunes gens qui se nourrissaient de la table du roi. Malasar se laissa persuader, et, comme après l'épreuve faite, les quatre adolescents paraissaient de meilleur embonpoint que les autres, il leur accorda dès lors leur pieuse demande.

Or, Dieu donna à ces jeunes hommes la science et l'intelligence de toute espèce de livres et de sagesse. A Daniel en particulier, il communiqua l'intelligence de toutes les visions et de tous les songes. Après les trois ans, le chef des eunuques les présenta à Nabuchodonosor, qui, s'étant entretenu avec eux, trouva que, parmi tous les autres jeunes gens, il n'y en avait point qui les égalassent. Il les fit donc demeurer en sa présence. Chaque jour ajoutait à son admiration. Sur quelque question qu'il leur fît touchant la sagesse et l'intelligence des choses, il trouvait en eux dix fois plus de lumière que dans tous les devins et sages de son royaume (1).

Dans l'intervalle de ces trois années eut lieu un événement qui fit éclater la sagesse de Daniel devant tout le peuple.

Parmi les captifs que Nabuchodonosor avait envoyés à Babylone, s'en trouvait un nommé Joakim, le plus considérable de tous. On avait établi cette année-là, pour juges, deux anciens ou sénateurs du peuple, qui venaient fréquemment à la maison de Joakim, où s'assemblaient d'ordinaire ceux qui avaient des affaires à juger, ainsi qu'un grand nombre d'autres Juifs. La séance se terminait vers midi; et lorsque tous ceux qui s'y étaient trouvés avaient quitté la maison, Suzanne, épouse de Joakim et fille d'Helcias, avait coutume d'aller dans un très-agréable jardin que son mari avait tout proche. Elle était très-belle et très-pieuse. Son père et sa mère, étant justes, avaient instruit leur fille selon la loi de Moïse.

Les deux anciens, qui quittaient toujours la maison un peu plus tard que la foule, la voyaient journellement entrer dans le jardin et s'y promener, et ils conçurent une ardente passion pour elle. Ils pervertirent leurs sens, et ils détournèrent les yeux pour ne pas voir le ciel et pour ne point se souvenir des justes jugements de Dieu. Blessés d'amour tous deux, ils se taisaient l'un à l'autre leur peine; car ils rougissaient de se découvrir leur passion et leur infâme dessein. Ils observaient tous les jours, avec grand soin, le temps où ils pourraient la voir. Une fois ils se dirent l'un à l'autre : Allons-nous-en chez nous, parce qu'il est temps de dîner. Et, étant sortis, ils se séparèrent l'un de l'autre. Mais revenant aussitôt, ils se trouvèrent ensemble; et, après s'en être demandé la raison l'un et l'autre, ils s'entr'avouèrent leur passion. Alors ils convinrent de prendre le temps où ils pourraient la trouver seule.

Un jour que, suivant sa coutume, elle entra dans le jardin avec deux suivantes, il faisait chaud; elle eut envie de prendre un bain, elle envoya ses deux filles chercher des parfums et fermer les portes du jardin. Les servantes, pas plus que leur maîtresse, ne soupçonnaient que les deux scélérats y étaient cachés. Aussitôt que les filles furent sorties, ils accoururent à Suzanne, lui avouèrent leur passion impure, lui firent une proposition infâme, et la menacèrent, en cas de refus, comme s'ils avaient surpris un jeune homme avec elle et qu'elle eût renvoyé pour cela ses filles. Suzanne soupira et dit : « Je ne vois qu'angoisses de toutes parts; si je fais cela, ce me sera la mort; si je ne le fais pas, je n'échapperai pas de vos mains. Cependant il m'est meilleur de tomber entre vos mains sans avoir commis de mal, que de pécher en la présence du Seigneur. » Elle jeta aussitôt un grand cri; mais les anciens crièrent aussi contre elle, et l'un d'eux courut à la porte du jardin et l'ouvrit. Les serviteurs de la maison ayant entendu crier dans le verger, y coururent par la porte de derrière pour voir ce que c'était. Quand les vieillards eurent fait leur récit, les serviteurs furent couverts de honte, parce que jamais rien de pareil n'avait été dit de Suzanne.

Le lendemain, le peuple s'étant assemblé en la maison de Joakim, les deux anciens y vinrent aussi, accusèrent Suzanne et requirent du peuple qu'elle fût amenée en justice. L'accusée parut, couverte d'un voile, et, suivant les mœurs de l'antiquité, accompagnée de son père et de sa mère, de ses enfants et de toute sa famille. Ces deux fourbes impudiques lui firent arracher le voile, pour se rassasier au moins de la vue de sa beauté; car elle était d'une grâce et d'une beauté extraordinaires. Tous les siens pleuraient et tous ceux qui la connaissaient. Les deux vieillards s'approchèrent, et, d'après l'ancienne coutume en Israël, placèrent leurs mains sur la tête de l'accusée pour indiquer un crime digne de mort. Elle, de son côté, leva, pleurante, les yeux au ciel, parce que son cœur avait une ferme confiance dans le Seigneur. Eux témoignèrent et répétèrent devant l'assemblée le récit qu'ils avaient fait la veille dans le jardin. Le peuple en crut ces deux témoins, d'autant plus qu'ils étaient anciens ou sénateurs en Israël et juges. Il condamna donc Suzanne à mort. Mais elle invoqua Dieu à haute voix, comme témoin de son innocence; et Dieu l'exauça.

Pendant qu'on la conduisait à la mort, le Seigneur suscita l'esprit saint du jeune Daniel, qui se mit à crier tout haut : *Je suis innocent, moi, du sang de cette femme !* Tout le peuple se tourna vers lui, disant : « Quelle est cette parole que vous venez de prononcer ? » Lui, debout au milieu d'eux, leur dit : « Êtes-vous assez insensés, enfants d'Israël, pour avoir ainsi, sans juger et sans connaître la vérité, condamné une fille d'Israël ? Retournez au jugement, parce qu'ils ont porté contre elle un faux témoignage. »

Aussitôt le peuple retourna en grande hâte, et les vieillards disaient à Daniel, vraisemblablement avec une amère ironie : « Viens et prends place au milieu de nous, et instruis-nous, parce que Dieu t'a donné l'honneur de la vieillesse. » Lui dit au peuple : « Séparez-les loin l'un de l'autre et je les jugerai. » Puis s'adressant à l'un : « Fourbe, vieilli dans le mal, lui dit-il, c'est maintenant que retombent sur toi les crimes que tu as commis autrefois, rendant des jugements injustes, opprimant les innocents, sauvant les coupables, tandis que le Seigneur a dit : *Tu ne feras point mourir l'innocent et le juste.* Maintenant donc, si tu l'as vue, dis sous quel arbre tu les as vus parler ensemble. » Il répondit : « Sous un lentisque. — Fort bien ! dit Daniel; tu en as menti sur ta tête. Voici que l'ange du Seigneur, exécuteur de sa sentence, va te couper en deux ! » Après avoir fait retirer celui-là, il commanda qu'on amenât l'autre.

« Race de Chanaan et non de Juda, lui dit-il, la

---

(1) Dan., 1. Les *asophim* de Daniel, les *sophoi* des anciens Grecs paraissent être les mêmes, jusqu'au nom.

LIVRE XVII. — CAPTIVITÉ DE BABYLONE.

beauté t'a séduit, et la passion a perverti ton cœur. C'est ainsi que vous faisiez aux filles d'Israël ; et elles, ayant peur, vous parlaient ; mais la fille de Juda n'a pu souffrir votre iniquité. Maintenant donc, dis-moi sous quel arbre tu les a surpris se parlant. » Il répondit : « Sous un chêne. — Fort bien ! dit Daniel ; tu en as menti sur ta tête. L'ange du Seigneur est prêt, tenant le glaive, pour te couper par le milieu et vous tuer tous les deux ! » Aussitôt tout le peuple jeta un grand cri, bénissant Dieu qui sauve ceux qui espèrent en lui. Tous s'élevèrent contre les deux anciens, et, selon la loi de Moïse, leur firent souffrir la peine que, par leur faux témoignage, ils avaient voulu faire souffrir à leur prochain. Ils furent probablement lapidés : car c'était le supplice de l'adultère. Mais Helcias et sa femme rendirent grâces à Dieu, pour Suzanne, leur fille, avec Joakim, son mari, et tous ses parents, de ce qu'il ne s'était trouvé en elle rien qui blessât l'honnêteté. Pour Daniel, depuis ce jour-là et dans la suite du temps, il devint grand devant le peuple (Dan., 13).

L'histoire de Suzanne, cette héroïne de la chasteté conjugale, si supérieure à la Romaine Lucrèce, par sa conduite noble, simple et pure, se trouve dans toutes les versions grecques et latines de la Bible, même dans la version grecque du juif Théodotion, faite sans doute sur l'hébreu et le chaldéen, vers le commencement du IIIe siècle de l'ère chrétienne. Mais dès le temps d'Origène, on ne la lisait plus dans la Bible hébraïque. Suivant cet auteur, les anciens de la Synagogue l'en avaient ôtée à cause de l'opprobre qu'elle jetait sur eux. Toutefois, les Juifs ne doutaient point alors de la vérité de cette histoire, puisqu'ils apprirent à Origène les noms de ces deux anciens, ainsi que les artifices dont ils se servaient pour corrompre les personnes du sexe. C'étaient, suivant eux, ces deux faux prophètes, Sédécias et Achab, dont parle Jérémie (Jerem., 29), et qui furent brûlés à petit feu par le roi de Babylone, parce qu'ils avaient commis des abominations au milieu des Israélites, en corrompant les femmes de leurs compatriotes.

Un autre événement, également extraordinaire, éleva Daniel au poste de premier ministre ou grand visir de l'empire babylonien.

Nabopolassar, nommé aussi Nabuchodonosor Ier, mourut deux ans après qu'il eut associé son fils à l'empire. Celui-ci, Nabuchodonosor le Grand, après avoir soumis la Judée, continuait ses conquêtes en Syrie et jusque en Egypte, quand il apprit la mort de son père. Aussitôt, dit l'historien de la Chaldée, Bérose (Josèphe, l. 10, c. 11), il partit en diligence pour Babylone, ayant pris le plus court chemin, par le désert, accompagné de peu de gens, et ayant laissé à ses généraux le gros de son armée pour la ramener, avec les captifs et le butin. Quand il fut arrivé, il prit lui-même les rênes de l'empire, gouverné pendant son absence par les mages chaldéens, et que le principal d'entre eux lui avait fidèlement conservé. Il succéda ainsi à tous les états de son père.

Un de ses premiers soins fut de distribuer par colonies les captifs nouvellement amenés. Il consacra dans le temple de Bel, son dieu, et en d'autres, les riches dépouilles qu'il avait remportées. Non content de réparer les anciens édifices de Babylone, il agrandit la ville, fortifia le canal de l'Euphrate ; et, pour empêcher ceux qui la voudraient attaquer de la pouvoir prendre, encore qu'ils eussent passé le fleuve, il éleva au dedans et au dehors une triple enceinte de hautes murailles en briques cuites. Il fortifia aussi extrêmement tout le reste de la ville, y fit des portes si magnifiques, qu'elles avaient l'air de temples ; et bâtit un nouveau palais près de celui de son père, dont il serait inutile de rapporter quelles étaient la magnificence et la beauté. Mais je ne saurais ne point dire que ce superbe édifice fut fait en quinze jours de temps. Et, parce que la reine sa femme, qui avait été élevée dans la Médie, désirait voir quelque ressemblance de son pays, il éleva, dans l'enceinte de ce palais et sur des voûtes, des hauteurs en pierres énormes, qui avaient l'air de montagnes et qui étaient plantées de toutes sortes d'arbres : c'étaient les jardins suspendus en l'air si fameux partout. Voilà comme parle Nabuchodonosor l'historien Bérose, qui écrivait environ trois siècles après. Abydène dit les mêmes choses (Euseb., *Chron.*, l. 1, c. 10).

Au milieu de ses vastes projets, la 4e année depuis qu'il avait été associé à l'empire, la 2e depuis qu'il régnait seul, Nabuchodonosor eut un songe dont il se réveilla tout effrayé. Il fit assembler les devins, les mages, les enchanteurs et les Chaldéens pour lui déclarer quel avait été son songe. « O roi dirent-ils en syriaque, vivez à jamais ! dites le songe à vos serviteurs, et nous l'interpréterons. — La chose m'est échappée, répondit le roi : si vous ne me faites pas connaître le songe et ce qu'il signifie, vous serez mis en pièces, et vos maisons, confisquées, serviront de lieux publics ; mais, si vous me dites le songe et ce qu'il signifie, je vous ferai des dons et des présents et je vous élèverai à de grands honneurs. » En vain lui représentèrent-ils que sa demande était au-dessus de toute science et puissance humaines ; que les dieux seuls, qui ne demeuraient point avec les hommes, pouvaient la résoudre ; que jamais roi n'avait exigé rien de pareil d'aucun devin, mage ni Chaldéen ; il entra en fureur et donna l'ordre de faire mourir tous les sages de Babylone. Déjà l'exécution commençait, déjà l'on cherchait Daniel et ses compagnons pour leur faire subir le même sort. A la vérité, ils n'avaient point été appelés, ils ne savaient pas même de quoi il était question ; mais un despote y regarde-t-il de si près ? Ils avaient été instruits dans toute la sagesse des Chaldéens, c'était assez pour les perdre avec les autres. Daniel, ayant su de quoi il s'agissait par Arioch, chef des gardes du corps, qui, selon l'antique usage de l'Orient, était chargé d'exécuter lui-même la sentence royale, entra chez le roi et le supplia de lui accorder quelque temps pour lui donner l'éclaircissement qu'il désirait. Le roi le lui accorda.

Rentré chez lui, Daniel fit part à ses compagnons, Ananias, Misaël et Azarias, de ce qui se passait, afin qu'ils implorassent la miséricorde du Dieu du ciel pour la révélation de ce secret, et qu'ils ne périssent pas avec tous les sages de Babylone. Alors ce mystère fut révélé à Daniel dans une vision pendant la nuit ; il s'écria de reconnaissance : « Que le nom du Seigneur soit béni de l'éternité à l'éternité ! car à lui est la sagesse et la force. C'est lui qui change les temps et les âges ; lui qui dépose les rois, lui qui établit les rois; lui qui donne leur sagesse aux sages, et aux intelligents leur intelligence; lui qui révèle ce qui est profond et caché; lui qui sait ce qu'il y a dans les ténèbres; avec lui est la lumière. Je vous rends grâce, ô Dieu de nos pères! et je vous loue, parce que vous m'avez donné la sagesse et la force, et que vous m'avez fait voir ce que nous vous avons demandé en nous découvrant la vision du roi. »

Là-dessus, il alla trouver d'abord Arioch, lui dit de ne pas exécuter la sentence de mort contre les sages de Babylone, mais de le conduire devant le roi, auquel il découvrirait sa vision.

Introduit en présence de Nabuchodonosor, il lui dit : « Ni les sages, ni les mages, ni les devins, ni les astrologues ne peuvent découvrir au roi le mystère dont il est en peine : mais il est dans le ciel un Dieu qui révèle les mystères, qui vous a montré, ô roi, les choses qui doivent arriver dans les derniers temps. Votre songe et la vision de votre esprit, lorsque vous étiez dans votre lit, viennent de là; vous pensiez, ô roi, étant sur votre couche, à ce qui devait arriver après ce temps; et celui qui révèle les mystères vous a découvert les choses à venir. Quant à moi, ce n'est point par une sagesse qui soit plus grande en moi que dans le reste des hommes que ce mystère m'a été révélé, mais afin que le roi sût l'interprétation de son songe et que vous connussiez les pensées de votre cœur.

» Vous donc, ô roi! vous regardiez, et voilà une grande statue; cette statue immense, d'une taille et d'un éclat extraordinaires, se tenait debout devant vous, et son aspect était formidable. De cette statue, la tête était d'un or très-pur; la poitrine et les bras, d'argent; le ventre et les cuisses, d'airain; les jambes de fer; une partie des pieds, de fer, et l'autre d'argile. Vous regardiez, lorsqu'une pierre se détacha de la montagne, sans aucune main, frappa la statue dans ses pieds de fer et d'argile et la mit en pièces. Alors furent réduits en poudre, fer, argile, airain, argent, or; ils devinrent comme la menue paille que le vent emporte de l'aire pendant l'été, et ils disparurent sans trouver plus aucun lieu; mais la pierre qui avait frappé la statue devint une grande montagne qui remplit toute la terre. Tel est le songe; maintenant nous en dirons le sens devant le roi (1).

» Vous, ô roi! vous êtes un roi des rois : le Dieu du ciel vous a donné le royaume, la force, l'empire et la gloire; et tous les lieux où demeurent les enfants des hommes, les bêtes des champs, les oiseaux du ciel, il les a donnés en votre main; il vous a rendu le maître de tous : vous donc, vous êtes la tête d'or. Après vous s'élèvera un autre royaume d'argent, moindre que vous; ensuite un troisième royaume d'airain, qui commandera à toute la terre. Le quatrième royaume sera fort comme le fer : de même que le fer brise et broie tout, de même cet empire de fer brisera et broiera tout cela. Mais comme vous avez vu que les pieds de la statue et les doigts des pieds étaient en partie d'argile et en partie de fer, ce royaume, quoique pronant son origine du fer, sera divisé, selon que vous avez vu le fer mêlé à l'argile. Et comme les pieds étaient en partie de fer et en partie d'argile, ce royaume aussi sera ferme en partie et en partie fragile. Et comme vous avez vu le fer mêlé à l'argile pétrie de boue, ils se mêleront aussi par des alliances humaines; mais ils ne demeureront point unis, comme le fer ne peut s'unir avec l'argile. Or, dans les jours de ces rois, le Dieu du ciel suscitera un royaume qui ne sera jamais détruit; et son royaume ne passera point à un autre peuple, mais il brisera et consumera tous ces royaumes, et subsistera, lui, éternellement, selon que vous avez vu la pierre, détachée de la montagne sans aucune main, briser et argile, et fer, et airain, et argent, et or. Le grand Dieu a montré au roi ce qui doit arriver dans l'avenir; le songe est véritable et l'interprétation très-certaine (1). »

Nabuchodonosor, comme étourdi de tant de merveilles, se prosterna le visage contre terre, adora Daniel, et commanda qu'on fît venir des victimes et de l'encens et qu'on lui sacrifiât; ou bien, ainsi que se peut traduire l'original, commanda qu'on lui apportât des offrandes de pain et de liqueur pour qu'il en fît l'oblation. Que Nabuchodonosor, peut-être sur la représentation de Daniel, ne l'adora point comme un Dieu, mais comme son serviteur et son prophète, on le voit par cette réponse du prince : « En vérité, votre Dieu est le Dieu des dieux, et le Seigneur des rois, et celui qui révèle les mystères, puisque vous avez pu découvrir un mystère aussi caché. » Au même temps, le roi éleva en honneur Daniel, lui fit beaucoup de grands et magnifiques présents, l'établit gouverneur de toute la Babylonie et maître des satrapes sur tous les sages de Babylone. Daniel obtint du roi que Sidrach, Misach et Abdénago auraient l'administration de la Babylonie; pour lui, il restait à la porte du roi, c'est-à-dire au palais et près de sa personne (Dan., 2, 46-49).

Quand il entendit cette prédiction, Nabochodonosor se prosterna contre terre, reconnut que le Dieu de Daniel était le Dieu des dieux, l'Arbitre des rois; nous qui la voyons accomplie et dans l'histoire et sous nos yeux, quelle ne doit pas être notre admira-

(1) Dan., 2, 29-36 : « Tu, rex, cogitare cœpisti in stato tuo, quid esset futurum post hæc, et qui revelat mysteria ostendit tibi quæ ventura sunt. Mihi quoque non in sapientia, quæ est in me plus quàm in cunctis viventibus, sacramentum hoc revelatum est; sed ut interpretatio regi manifesta fieret, et cogitationes mentis tuæ scires. Tu rex videbas, et ecce quasi statua una grandis; statua illa magna, et statura sublimis stabat contra te, et intuitus ejus erat terribilis. Hujus statuæ caput ex auro optimo erat; pectus autem et brachia de argento; porro venter et femora ex ære; tibiæ autem ferreæ; pedum quædam pars erat ferrea; quædam autem fictilis. Videbas ita, donec abscissus est lapis de monte sine manibus : et percussit statuam in pedibus ejus ferreis et fictilibus, et comminuit eos. Tunc contrita sunt pariter ferrum, testa, æs, argentum et aurum, et redacta quasi in favillam æstivæ areæ, quæ rapta sunt vento; nullusque locus inventus est eis; lapis autem, qui percusserat statuam, factus est mons magnus, et implevit universam terram. Hoc est somnium; interpretationem quoque ejus decimus coram te, ô rex.

(1) Daniel, 2, 37-45 : « Tu rex regum es : et Deus cœli regnum, et fortitudinem, et imperium, et gloriam dedit tibi; et omnia in quibus habitant filii hominum, et bestiæ agri, volucres quoque cœli, manu in tua, et sub ditione tua universa constituit : tu es ergo caput aureum. Et post te consurget regnum aliud minus te argenteum, et regnum tertium aliud æreum, quod imperabit universæ terræ. Et regnum quartum erit velut ferrum : quomodo ferrum comminuit et domat omnia, sic comminuet et conteret omnia hæc. Porro quia vidisti pedum, et digitorum partem testæ figuli, et partem ferream, regnum divisum erit, quod tamen de plantario ferri orietur, secundùm quod vidisti ferrum mistum testæ ex luto. Et digitos pedum ex parte ferreos, et ex parte fictiles, ex parte regnum erit solidum, et ex parte contritum. Quòd autem vidisti ferrum mistum testæ ex luto, commiscebuntur quidem humano semine; sed non adhærebunt sibi, sicuti ferrum misceri non potest testæ. In diebus autem regnorum illorum, suscitabit Deus cœli regnum, quod in æternum non dissipabitur, et regnum ejus alteri populo non tradetur; comminuet autem, et consumet universa hæc, et ipsum stabit in æternum, secundùm quod vidisti; quòd de monte abscissus est lapis sine manibus, et comminuit testam, et ferrum, et æs, et argentum, et aurum. Deus magnus ostendit regi, quæ ventura sunt posteà, et verum est somnium, et fidelis interpretatio ejus.

LIVRE XVII. — CAPTIVITÉ DE BABYLONE.

tion, notre foi, notre amour ce à divine Providence? Là nous voyons l'unité, l'ensemble, le développement de l'histoire du monde; l'éternelle pensée de Dieu se réalisant à travers les temps, les lieux et les nations. Les quatre grandes monarchies qui doivent dominer sur toute la terre ne sont au fond que le même colosse, le même empire universel : le métal y succède au métal, le peuple au peuple ; mais c'est la même statue.

C'est vous, dit le prophète à Nabuchodonosor, *c'est vous la tête d'or*. L'empire assyrio-babylonien était le plus ancien de la terre dont nous sachions quelque chose : il était certainement le premier après le déluge. Avec lui commence l'histoire politique. Sa puissance, son éclat sont comparés au plus ancien métal. Le premier fondateur de cet empire, Nemrod, rayonna d'une telle gloire, que l'Ecriture nous montre sa puissance devenue proverbe, et que, dans la suite, il paraît avoir été adoré sous le nom de *Bel* ou *Seigneur*. Quant à Nabuchodonosor lui-même, nous avons vu déjà et nous verrons encore ce que les prophètes disent de sa puissance. Les auteurs profanes sont d'accord avec les prophètes. Mégasthènes, contemporain d'Alexandre, dans un fragment conservé par Strabon, dit que Nabuchodonosor, célèbre parmi les Chaldéens, surpassa les travaux d'Hercule, qu'il poussa ses conquêtes jusqu'au delà des colonnes, que de l'Espagne il ramena son armée par la Thrace et le Pont (Strab., l. 15, c. 1 ; Joseph., *Cont. App.*, l. 1).

Après vous s'élèvera un royaume d'argent, moindre que le vôtre. C'est l'empire des Mèdes et des Perses, fondé par Cyrus. Vaste, puissant et riche, il devait le céder néanmoins, pour l'étendue et la durée, à l'empire assyrio-babylonien. Celui-ci, à commencer par Nemrod, avait duré plus de quinze cents ans : celui-là n'en dura que deux cent dix.

Le grand Macédonien fonda le troisième empire. Il était d'airain, comme les épées au temps de Daniel. Moins précieux que l'argent, moins apparent, moins riche, l'airain, métal de la guerre, est aussi le métal des arts. Bel emblème du génie grec.

Le fer, qui broie tout, qui se durcit en acier, qui écrase tout, qui tranche tout, est la sanglante et tout broyante Rome. Mais l'homicide métal est en même temps le métal de la paisible et noble agriculture qui nourrit le genre humain et forme les hommes. Rome la savait honorer ; dans sa jeunesse, Rome chercha plus d'une fois ses généraux à la charrue ; l'agriculture était l'occupation des nobles du pays. Au sortir des assemblées du sénat, ou après avoir concilié les procès des clients, les Fabius et les Valérius retournaient à leurs métairies, et des hommes à qui des royaumes conquis avaient donné leur surnom, labouraient leur petit champ à la sueur de leur front. Le caractère de Rome était de fer, ses vertus d'acier.

Quand la démoralisation l'eut emporté à Rome, cet immense empire devint en lui-même toujours plus faible. Il se divisa sous les triumvirs. Ceux-ci voulurent plus d'une fois se mêler d'une manière humaine, c'est-à-dire de des mariages. Pompée épousa Julie, fille de César ; Antoine épousa Octavie, sœur d'Octave, depuis Auguste ; mais celle-là mourut trop tôt pour le repos de Rome ; celle-ci ne fut pas traitée comme elle le méritait par son indigne époux ; la flamme de la discorde éclata entre les deux beaux-frères comme elle avait éclaté entre le beau-père et le gendre.

Plus tard, les guerriers de peuples étrangers parvenaient à la dignité des Césars. Depuis longtemps l'extension du droit de cité avait égalé les nations étrangères aux Romains pour les droits ; mais le fer et l'argile ne pouvaient tenir ensemble, et des débris de la puissance romaine se formèrent les empires d'Europe.

Pendant que Daniel exposait ainsi la future histoire de l'univers, Babylone était au plus haut de sa gloire, les Mèdes et les Perses grandissaient sous les ancêtres de Cyrus ; la Grèce voyait fleurir le premier de ses sages, le Phénicien Thalès ; Rome, sous ses derniers rois, bâtissait des édifices qui subsistent encore. Lorsque cette histoire eut été réalisée par les nations conquérantes, et écrite avec des fleuves de sang sur les trois pages de l'ancien monde, l'Asie, l'Afrique et l'Europe ; lorsque cet empire universel, concentré dans la sanglante Rome, ayant brisé tout ce qui tenait encore, commençait à chanceler sur ses pieds mal affermis, et cherchait à se soutenir par des alliances humaines, la pierre, détachée de la montagne sans aucune main, vint frapper ses pieds de fer et d'argile ; l'empire divin du Christ, détaché de la montagne de Sion sans aucune assistance humaine, vint le frapper les pieds de cet empire de la force, incarné dans un Tibère, un Caligula, un Néron ; au mensonge, à la violence, à la haine devaient succéder pour fondements la vérité, l'équité, la charité. Le choc dura des siècles. Mais enfin ces nations frémissantes, ces rois et ces princes ligués ensemble, le Christ de Jéhova les châtia avec une verge de fer et les brisa comme un vase d'argile (Ps. 2) ; cet empire universel de la force et de l'arbitraire, commencé par Nemrod, continué par Nabuchodonosor, Tibère, Néron, Domitien, Galérius, a disparu. L'empire spirituel du Christ, sorti pierre de Sion, est devenu montagne qui remplit toute la terre. Depuis dix-huit siècles, le trône de son roi-pasteur s'élève, pacifique et immuable, là même où la statue de Nabuchodonosor broyait tout sous ses pieds de fer. Cet empire de Dieu n'a jamais passé, ne passera jamais en d'autres mains ; les portes de l'enfer même ne prévaudront point contre lui ; il subsistera éternellement.

Dans la même année que ce mystère fut révélé à Daniel, et par lui à Nabuchodonosor, Joakim se révolta contre ce dernier, après lui avoir été soumis pendant trois ans. Il refusa de lui payer le tribut et se ligua de nouveau avec le roi d'Egypte. Nabuchodonosor, occupé ailleurs, peut-être à concilier la paix entre les Mèdes et les Lydiens, qui, après une guerre de cinq ans, l'avaient choisi pour médiateur, effrayés qu'ils furent par une éclipse totale du soleil prédite par Thalès (Hérodote, l. I, c. 74), chargea ses gouverneurs des provinces syriennes de faire la guerre aux rois de Juda. Joakim se trouva donc exposé aux incursions des Ammonites, des Moabites, des Syriens, des Arabes et de toutes les nations voisines, tributaires de l'empire babylonien. Ces hostilités durèrent trois ans de suite. Enfin, le 11e du règne de Joakim, tous ces peuples se réunirent, l'enfermèrent dans Jérusalem, le surprirent apparemment dans une sortie qu'il fit pendant le siège, le tuèrent à coups d'épée, et jetèrent son corps sur le grand chemin hors des portes de Jérusalem, ne lui donnant, selon la prédiction de Jérémie, d'autre sépulture que celle d'un âne qu'on jette à la voirie.

Son fils Joachim, appelé autrement Jéchonias, lui succéda à l'âge de 18 ans. Il imita tous les dérèglements de son père. C'est pourquoi Jérémie prophétisa contre lui : « Aussi vrai que je vis, dit Jéhova, quand Jéchonias, fils de Joakim, roi de Juda, serait comme un anneau en ma main droite, je l'en arracherai. Et je te livrerai aux mains de ceux qui te cherchent et aux mains de ceux dont tu redoutes la face; aux mains de Nabuchodonosor, roi de Babylone, et aux mains des Chaldéens. Je te jetterai, toi et celle qui t'a engendré, dans une terre où vous n'êtes pas nés, et vous mourrez là. Leur âme soupirera vers la terre de leur naissance, mais ils n'y reviendront jamais. Ce Jéchonias n'est-il pas un vase d'argile, un vase brisé? n'est-ce pas un vase de rebut? C'est pourquoi lui et sa race ont été chassés et jetés dans une terre qu'ils n'ont point connue. Terre, terre, terre, écoute la parole de Jéhova. Voici ce que Jéhova dit : Ecris que cet homme sera stérile, homme qui ne prospérera point en ses jours; et qu'aucun de sa race ne sera sur le trône de David et n'aura le pouvoir dans Juda (Jerem., c. 22). »

Cette menace ne tarda guère à s'accomplir. Les lieutenants de Nabuchodonosor ayant continué le siége pendant trois mois, il y vint lui-même et le fit pousser avec une nouvelle vigueur. Jéchonias ne se trouvant pas en état de se défendre, sortit de Jérusalem, et, après un règne de trois mois dix jours, alla se rendre au roi de Babylone, avec sa mère, tous les grands de sa cour et les principaux officiers. Il n'y gagna que de conserver la vie. Aussitôt, chargé de chaînes, il fut emmené à Babylone et jeté dans une prison, où il resta jusqu'à la mort de son vainqueur, qui n'arriva que trente-sept ans après.

Nabuchodonosor s'étant ainsi rendu maître de Jérusalem, enleva tous les trésors du temple et du palais, mit en pièces les vases d'or que Salomon avait faits pour le service divin, et les transporta à Babylone. Il emmena aussi avec lui un grand nombre de captifs : le roi Jéchonias, sa mère, ses femmes, ses officiers et les grands de son royaume, et tous ses meilleurs soldats, au nombre de dix mille, de Jérusalem seul, sans compter les serruriers, les charpentiers et autres artisans. Du reste du pays il tira sept mille hommes de guerre et mille ouvriers. Ceux-ci devaient contribuer à l'embellissement de sa capitale, ceux-là recrutèrent ses armées. Parmi ces captifs était le prophète Ezéchiel, fils de Buzi, de race sacerdotale. Aussi est-ce de cette époque qu'il compte les années dans toutes ses prophéties. Sur le reste du peuple, Nabuchodonosor établit roi Mathanias, fils de Josias et oncle de Jéchonias, après lui avoir fait jurer devant Dieu qu'il lui demeurerait fidèle.

Mathanias, plus connu sous le nom de *Sédécias* que lui donna Nabuchodonosor en le plaçant sur le trône, avait alors 21 ans et en régna onze. Comme son neveu et ses frères, il fit le mal devant le Seigneur, n'eut aucun respect pour son prophète Jérémie : en cela d'autant plus coupable et plus endurci, que les jugements dénoncés par ce saint homme à ses prédécesseurs s'étaient tous accomplis sous ses yeux. Le peuple ne fit pas mieux que le roi. Le Seigneur, cependant, ne se lassait point de les avertir (Paral., 3, c. 36; Jerem., 37).

Au commencement du règne de ce prince, il dit à Jérémie : « Fais-toi des liens et des chaînes, et mets-les à ton cou. Et tu les enverras au roi d'Edom, et au roi de Moab, et au roi de Tyr, et au roi de Sidon, par la main des ambassadeurs qui sont venus à Jérusalem vers Sédécias, roi de Juda. Et tu leur ordonneras de parler ainsi à leurs maîtres : Voici ce que dit Jéhova-Sabaoth, Dieu d'Israël : Moi, j'ai fait la terre, et les hommes et les animaux qui sont sur la face de la terre, par ma force immense et par mon bras étendu, et j'ai donné la terre à qui il m'a plu. Maintenant donc, j'ai donné toutes ces terres en la main de Nabuchodonosor, roi de Babylone, mon serviteur, et de plus je lui ai donné les animaux des champs pour le servir. Et toutes ces nations le serviront, lui et son fils, et le fils de son fils, jusqu'à ce que vienne le temps de son royaume et de lui; et plusieurs nations et de grands rois lui seront soumis. Or, la nation ou le royaume qui ne se soumettra pas à Nabuchodonosor, roi de Babylone, et quiconque ne courbera pas le cou sous le joug du roi de Babylone, je les visiterai, moi, par le glaive, par la faim et par la peste, jusqu'à ce que je les aie consumés par sa main. Vous donc, n'écoutez pas vos prophètes, vos devins et vos rêveurs, vos augures et vos magiciens, qui vous disent : Vous ne serez pas soumis au roi de Babylone; car ils vous prophétisent le mensonge, pour vous exiler loin de votre terre, et vous perdre, et vous faire périr. Mais la nation qui soumettra sa tête au joug du roi de Babylone et le servira, je la laisserai dans sa terre, dit Jéhova, et elle la cultivera, et elle y habitera (Jerem., c. 27). »

Jérémie, un joug de bois au cou, parla lui-même en ce sens à Sédécias, aux prêtres et au peuple de Juda. Mais plus d'un faux prophète leur annonçait le contraire. Un d'entre eux, Hananias, de Gabaon, dit un jour à Jérémie, dans le temple, devant les prêtres et tout le peuple : « Voici ce que dit le Seigneur des armées, le Dieu d'Israël : J'ai brisé le joug du roi de Babylone. Encore deux ans, et je ferai rapporter en ce lieu tous les vases de la maison de Jéhova... Et je ramènerai Jéchonias, fils de Joakim, roi de Juda, et tous les captifs de Juda; car je briserai le joug du roi de Babylone. »

Jérémie, devant tout le monde, répondit : « Ainsi soit-il! Ainsi veuille l'Eternel susciter les paroles que tu as prophétisées, et que tous les vases soient rapportés dans la maison de Jéhova, et que tous les captifs de Juda soient ramenés en ce lieu ! Cependant écoute cette parole que j'annonce à tes oreilles et aux oreilles de tout ce peuple : Les prophètes qui furent avant moi et avant toi dès le commencement, ont prophétisé, sur beaucoup de contrées et sur de grands royaumes, la guerre, la désolation et la faim. Voici un prophète qui annonce la paix : lorsque sa parole sera accomplie, on le reconnaîtra pour un prophète envoyé par l'Eternel. » Alors Hananias enleva la chaîne du prophète Jérémie, la brisa et dit : Voici comme parle Jéhova : « Ainsi je briserai, après deux ans, le joug de Nabuchodonosor, roi de Babylone, sur la tête de toutes les nations. »

Jérémie s'en allait son chemin, lorsque l'Eternel le renvoya dire à Hananias : « Tu as brisé la chaîne de bois, et tu feras en place des chaînes de fer. Car

LIVRE XVII. — CAPTIVITÉ DE BABYLONE.

ainsi parle Jéhova-Sabaoth, Dieu d'Israël : J'ai posé un joug de fer sur le cou de toutes les nations, afin qu'elles servent Nabuchodonosor, roi de Babylone, et elles le serviront; et, de plus, je lui ai donné les animaux de la terre. Quant à toi, Hananias, écoute : Jéhova ne t'a point envoyé, et tu as fait reposer ce peuple dans le mensonge. C'est pourquoi voici ce que dit Jéhova : « Je te retrancherai de la face de la terre, et tu mourras cette année; car vous avez dit des paroles de rébellion contre Jéhova. » Et Hananias mourut en cette année, le septième mois (Jerem., c. 28).

Vers le même temps, Jérémie profita d'une ambassade que Sédécias envoyait à Nabuchodonosor, pour écrire aux captifs de Babylone la lettre suivante : « Voici ce que dit Jéhova-Sabaoth, le Dieu d'Israël, à toute la transmigration que j'ai transportée de Jérusalem à Babylone : Bâtissez des maisons, et habitez-les; plantez des jardins, et mangez-en les fruits. Prenez des femmes, et enfantez des fils et des filles; donnez à vos fils des femmes, et donnez vos filles à des maris, et qu'ils engendrent des fils et des filles; et multipliez-vous en ce lieu, et que votre race ne diminue point. Et cherchez la paix de la ville où je vous ai transportés, et priez l'Eternel pour elle, parce que dans sa paix sera votre paix. Ne vous laissez point séduire par les faux prophètes et par les devins qui sont au milieu de vous, et ne faites point attention aux songes de votre sommeil, parce qu'ils prophétisent faussement en mon nom, et je ne les ai point envoyés. Voici ce que dit Jéhova : Lorsque soixante-dix années commenceront d'être accomplies à Babylone, je vous visiterai et je susciterai sur vous ma parole heureuse, lorsque je vous ai promis le retour en ce lieu; car je sais les pensées que j'ai formées sur vous, pensées de paix et non d'affliction, pour vous apporter la fin de vos maux. Et vous m'appellerez, et vous reviendrez; et vous me prierez, et je vous exaucerai. Vous me chercherez et vous me trouverez, parce que vous m'aurez cherché de tout votre cœur (1).

Que si vous dites : L'Eternel nous a suscité des prophètes à Babylone, qui nous promettent un prompt retour, et si, sur ces vaines promesses, vous vous flattez d'être plus heureux dans votre pays, voici ce que dit Jéhova touchant le roi qui est assis sur le trône de David, et tout le peuple habitant de cette ville, vos frères qui ne sont point allés avec vous en captivité : J'enverrai contre eux le glaive, et la faim, et la peste..... Je les donnerai en jouet à tous les royaumes de la terre; en malédiction, et en stupeur, et en risée, et en opprobre à toutes les nations parmi lesquelles je les aurai dispersés, parce qu'ils n'ont point écouté mes paroles que je leur ai fait connaître par mes serviteurs les prophètes, me levant durant la nuit et les envoyant. Vous donc, écoutez la parole de l'Eternel, vous tous, captifs que j'ai envoyés de Jérusalem à Babylone. »

Cette lettre étant arrivée à Babylone et ayant été 'ue par les captifs, un certain Séméias, qui faisait le prophète, en fut si violemment irrité, qu'il écrivit à Sophonias, intendant du temple, aux prêtres et à tout le peuple de Jérusalem, pour leur reprocher de ne pas faire enfermer Jérémie comme un furieux. Sophonias en donna connaissance au saint prophète, à qui l'Eternel dit aussitôt : « Ecris à tous les captifs : Voici ce que dit Jéhova touchant Séméias-Néhélamite : Parce que Séméias vous a prophétisé, et je ne l'avais pas envoyé, et parce qu'il vous a fait reposer dans le mensonge, moi, je le visiterai, lui et sa race; nul de ses descendants n'habitera parmi mon peuple, et il ne verra pas le bien que je fais à mon peuple, parce qu'il a parlé rébellion contre Jéhova (Jerem., c. 29). »

Une seconde ambassade fut envoyée par Sédécias à Nabuchodonosor. Le chef en était Saraïas, frère de Baruch. Jérémie lui donna un livre où il avait écrit tout le mal qui était à venir sur Babylone. Saraïas devait le lire aux captifs, puis l'attacher à une pierre et le jeter au milieu de l'Euphrate, en disant : « Ainsi sera submergée Babylone; elle ne se relèvera plus de l'affliction que j'amènerai sur elle; elle sera détruite pour jamais. »

« Annoncez ceci parmi les nations, y est-il dit, et faites-le entendre; levez l'étendard, publiez, ne cachez rien; dites : Babylone est prise, Bel est confondu, Mérodach est vaincu; leurs statues sont brisées et leurs idoles sont renversées. Car un peuple est monté contre elle de l'aquilon; il réduira sa terre en solitude; et personne qui habite en elle, depuis l'homme jusqu'à la bête; ils ont été troublés et s'en sont allés. En ces jours-là et en ces temps-là, dit l'Eternel, les enfants d'Israël et les enfants de Juda viendront ensemble; ils iront en cheminant et pleurant, et ils chercheront Jéhova, leur Dieu. Ils demanderont le chemin de Sion; leurs regards seront là. Ils viendront et s'uniront à Jéhova par l'alliance des siècles, l'alliance dont la mémoire ne s'effacera jamais.

» Israël est un troupeau épars; les lions l'ont chassé de son pays; le roi d'Assur l'a dévoré le premier; mais Nabuchodonosor, roi de Babylone, son dernier ennemi, a brisé tous ses os. C'est pourquoi voici ce que dit Jéhova-Sabaoth, dieu d'Israël : Je visiterai, moi, le roi de Babylone et sa terre, comme j'ai visité le roi d'Assur. Et je ramènerai Israël dans sa demeure; il rentrera dans ses pâturages du Carmel et de Basan, et son âme sera rassasiée en la montagne d'Ephraïm et en Galaad. En ces jours-là et en ce temps-là, dit l'Eternel, on cherchera l'iniquité d'Israël, et elle ne sera pas; le péché de Juda, et il ne sera pas trouvé, parce que je serai propice à ceux que je me serai réservés...

» Voix des batailles sur la terre et grande ruine. Comment est rompu et brisé le marteau de toute la terre? Comment Babylone est-elle devenue un désert entre les nations? Je t'ai enlacée, et tu as été prise, Babylone, et tu ne l'as pas su; tu as été trouvée et prise, parce que tu as provoqué Jéhova.

» Glaive sur les Chaldéens, dit Jéhova, sur les habitants de Baby ne, sur ses princes et sur ses sages! Glaive sur ses devins, qui seront des insensés; glaive sur les forts, qui trembleront! Glaive sur ses coursiers et sur ses chars, et sur tout le peuple qui est au milieu d'elle, et ils seront comme des femmes; glaive sur ses trésors qui seront pillés! Aridité sur ses eaux,

---

(1) Jerem., 29, 10-13 : « Quia hæc dicit Dominus : Cùm cœperint impleri in Babylone septuaginta anni, visitabo vos, et suscitabo super vos verbum meum bonum, ut reducam vos ad locum istum; ego enim scio cogitationes, quas ego cogito super vos, ait Dominus, cogitationes pacis, et non afflictionis, ut dem vobis finem et patientiam. Et invocabitis me, et ibitis; et orabitis me, et ego exaudiam vos. Quæretis me, et invenietis, cùm quæsieritis me in toto corde vestro.

et elles sècheront ; car c'est la terre des idoles, et elle se glorifie en des monstres. C'est pourquoi les dragons viendront y demeurer avec les faunes ; elle servira de retraite aux autruches ; elle ne sera plus habitée à jamais ; elle ne sera plus réédifiée jusqu'à la génération des générations. Ainsi l'Eternel a détruit Sodome et Gomorre, et les cités voisines ; personne n'y habitera plus, et le fils de l'homme ne s'y arrêtera pas. Voilà qu'un peuple vient de l'aquilon, et une grande nation ; et plusieurs rois s'élèveront des bouts de la terre. Ils saisiront leurs arcs et leurs boucliers ; ils sont cruels et impitoyables : leur voix retentira comme la mer. Le roi de Babylone a ouï leur renommée, et ses mains ont défailli : l'angoisse l'a investi, comme la femme en travail (Jerem., c. 50).

» Fuyez du milieu de Babylone, et que chacun sauve son âme : ne vous taisez point sur son iniquité ; car voici le temps de la vengeance de Jéhova, lui-même lui rendant son salaire. Une coupe d'or dans la main de Jéhova, c'est Babylone enivrant toute la terre : toutes les nations ont bu de son vin ; c'est pourquoi les nations ont chancelé. Babylone est tombée soudain et s'est brisée : poussez des hurlements sur elle ; prenez de la résine pour sa douleur, appliquez-la sur son mal, afin de voir si elle sera guérie. Nous avons traité Babylone et elle n'est pas guérie : délaissons-la et nous en allons chacun en notre terre, parce que son jugement a atteint les nuées et s'est élevé jusqu'au ciel. L'Eternel a manifesté nos justices : venez, et racontons en Sion l'ouvrage de Jéhova, notre Dieu (1).

» Aiguisez les flèches, remplissez les carquois : l'Eternel a suscité l'esprit des rois des Mèdes, et sa pensée est contre Babylone pour la perdre, parce que c'est la vengeance de Jéhova, la vengeance de son temple. Levez l'étendard sur les murs de Babylone, augmentez la garde, levez les sentinelles, préparez des embûches, parce que l'Eternel a médité et a fait tout ce qu'il a dit contre les habitants de Babylone. Toi qui habites sur les grandes eaux, si riche en tes trésors, ta fin est venue (2).

» Elevez l'étendard sur la terre ; sonnez la trompette parmi les nations ; sanctifiez les nations contre elle ; appelez contre elle les rois d'Ararat, de Menni, et d'Ascenez ; armez contre elle les guerriers ; faites monter contre elle les coursiers comme une nuée de sauterelles hérissées. Sanctifiez les nations contre elle, les rois de Médie, ses capitaines, ses magistrats et toute la puissance de sa terre. Et la terre tremblera et sera troublée ; car la pensée de Jéhova s'éveillera contre Babylone, pour rendre la terre de Babylone déserte et inhabitable. Les forts de Babylone ont cessé de combattre, ils sont demeurés dans les citadelles : toute leur force est dévorée, ils sont devenus comme des femmes ; leurs habitations ont été brûlées, et les barres en sont rompues. Le coureur viendra au devant du coureur, les messagers rencontreront le messager, pour aller dire au roi de Babylone que sa ville est prise d'une extrémité à l'autre ; que le fleuve est au pouvoir de l'ennemi, qu'il a mis le feu dans les marais, et que tous les hommes de guerre sont dans l'épouvante (1). J'enivrerai ses princes, et ses sages, et ses chefs, et ses magistrats, et ses forts, et ils dormiront le sommeil éternel, et ils ne se réveilleront pas, dit le roi qui a nom Jéhova-Sabaoth (2). »

Ces prédictions étaient bien propres à ranimer le courage et l'espérance du peuple captif. Vers le même temps, le Seigneur lui en adressa, par le même prophète, de plus consolantes encore.

« En ce jour, dit le Seigneur des armées, j'ôterai de ton cou le joug de ton ennemi, je romprai tes liens, et les étrangers ne te domineront plus ; mais ils serviront Jéhova, leur Dieu, et David, leur roi, que je leur susciterai. Toi donc, ne crains pas, mon serviteur Jacob, dit Jéhova, ne te trouble pas, Israël, parce que moi je te tirerai de la terre lointaine, et ta race de la terre de sa captivité ; et Jacob reviendra, se reposera et jouira de tous les biens, et nul ne lui sera formidable. Parce que je suis avec toi, dit l'Eternel, pour te sauver, j'exterminerai tous les peuples parmi lesquels je t'ai dispersé ; et toi je ne te perdrai pas sans retour ; mais je te châtierai dans ma justice, afin que tu ne te croies pas innocent (3).

» Voici ce que dit l'Eternel : Le peuple qui avait échappé au glaive a trouvé grâce dans le désert ; Israël ira à son repos. Depuis longtemps, dit le peuple, Jéhova m'est apparu. Et Jéhova répond : Je t'ai aimée d'un amour éternel ; c'est pourquoi je t'ai attirée par la miséricorde. Et je t'édifierai de nouveau, et tu seras édifiée vierge d'Israël ; tu paraîtras encore au milieu de tes tambours, et tu sortiras encore à la tête des chœurs d'allégresse. Tu planteras encore des vignes sur les montagnes de Samarie ; et ceux qui les planteront ne recueilleront point les fruits avant le temps. Car le jour viendra où les gardes crieront sur la montagne d'Ephraïm :

---

(1) Jerem., 51, 6-10 : « Fugite de medio Babylonis, et salvet unusquisque animam suam : nolite tacere super iniquitatem ejus, quoniam tempus ultionis est a Domino, vicissitudinem ipse retribuet ei. Calix aureus Babylon in manu Domini, inebrians omnem terram : de vino ejus biberunt gentes, et ideo commotæ sunt. Subito cecidit Babylon, et contrita est : ululate super eam, tollite resinam ad dolorem ejus, si forte sanetur. Curavimus Babylonem, et non est sanata : derelinquamus eam, et eamus unusquisque in terram suam, quoniam pervenit usque ad cœlos judicium ejus, et elevatum est usque ad nubes. Protulit Dominus justitias nostras : venite et narremus in Sion opus Domini nostri. »

(2) Jerem., 51, 11-13 : « Acuite sagittas, implete pharetras : suscitavit Dominus spiritum regum Medorum, et contra Babylonem mens ejus est ut perdat eam, quoniam ultio Domini est, ultio templi sui. Super muros Babylonis levate signum, augete custodiam, levate custodes, præparate insidias, quia cogitavit Dominus, et fecit quæcumque locutus est contra habitatores Babylonis. Quæ habitas super aquas multas, locuples in thesauris, venit finis tuus pedalis præcisionis tuæ. »

(1) Jerem., 51, 27-32 : « Levate signum in terra ; clangite buccina in gentibus, sanctificate super eam gentes ; annuntiate contra illam regibus Ararat, Menni, et Ascenez ; numerate contra eam Taphsar, adducite equum quasi bruchum aculeatum. Sanctificate contra eam gentes, reges Mediæ, duces ejus, et universos magistratus ejus, cunctamque terram potestatis ejus. Et commovebitur terra, et conturbabitur ; quia evigilabit contra Babylonem cogitatio Domini, ut ponat terram Babylonis desertam et inhabitabilem. Cessaverunt fortes Babylonis a prælio, habitaverunt in præsidiis : devoratum est robur eorum, et facti sunt quasi mulieres ; incensa sunt tabernacula ejus, contriti sunt vectes ejus. Currens obviam currenti veniet, et nuntius obvius nuntianti, ut annunciet regi Babylonis, quia capta est civitas ejus a summo usque ad summum ; et vada præoccupata sunt, et paludes incensæ sunt igni, et viri bellatores conturbati sunt. »

(2) Jerem., 51, 57 : « Et inebriabo principes ejus, et sapientes ejus, et duces ejus, et magistratus ejus, et fortes ejus, et dormient somnum sempiternum, et non expergiscentur, ait rex, Dominus exercituum nomen ejus. »

(3) Jerem., 30, 8-11 : « Et erit in die illâ, ait Dominus exercituum, conteram jugum ejus de collo tuo, et vincula ejus dirumpam, et non dominabuntur ei amplius alieni ; sed servient Domino Deo suo, et David regi suo quem suscitabo eis. Tu ergo ne timeas, serve meus Jacob, ait Dominus, neque paveas, Israel, quia ecce ego salvabo te de terrâ longinquâ, et semen tuum de terrâ captivitatis eorum ; et revertetur Jacob, et quiescet, et cunctis affluet bonis, et non erit quem formidet. Quoniam tecum ego sum, ait Dominus, ut salvem te ; faciam enim consummationem in cunctis gentibus, in quibus dispersi te ; te autem non faciam in consummationem ; sed castigabo te in judicio, ut non videaris tibi innoxius. »

Levez-vous, et montons en Sion vers Jéhova, notre Dieu; car voici ce que dit l'Eternel : Tressaillez de joie, Jacob, et poussez des cris d'allégresse à la tête des nations; que le chant des hommes se mêle au son des instruments, et dites : O Jéhova, sauvez votre peuple, les restes d'Israël. Voilà que je les amènerai de la terre de l'aquilon, et je les rassemblerai du bout de l'univers : au milieu seront l'aveugle et le boiteux, la femme qui va être mère et celle qui l'est déjà ; ils reviendront foule immense. Ils sont allés dans les pleurs, et je les ramènerai dans la miséricorde; je les conduirai à travers des torrents d'eau dans un chemin droit, dans lequel leurs pieds ne heurteront pas, parce que je suis devenu le père d'Israël, et Ephraïm est mon premier-né. Nations, écoutez la parole de Jéhova, et annoncez-la aux îles qui sont au loin, et dites : Celui qui a dispersé Israël le rassemblera et le gardera comme le pasteur de son troupeau (1).

» Une voix a été entendue sur les hauteurs; voix de lamentation, de deuil et de pleurs, voix de Rachel pleurant ses enfants et ne voulant pas être consolée, parce qu'ils ne sont plus. Voici ce que dit l'Eternel : Que ta voix se repose de ses plaintes, et tes yeux de leurs larmes, parce qu'un salaire est à tes œuvres, et ils reviendront de la terre de l'ennemi. Il est un espoir pour ta dernière postérité : les enfants reviendront à leur héritage (2).

» J'ai écouté, et j'ai entendu Ephraïm se plaignant : Vous m'avez châtié, et j'ai été instruit comme un jeune taureau indomptable; convertissez-moi, et je serai converti, parce que vous êtes Jéhova, mon Dieu. Car après que vous m'avez converti, j'ai fait pénitence; et après que vous m'avez ouvert les yeux, j'ai frappé ma cuisse. J'ai été confondu, et j'ai rougi, parce que j'ai supporté l'opprobre de ma jeunesse. Ephraïm ne m'est-il pas un fils précieux? n'est-il pas un enfant de délices? Depuis que ma parole est en lui, je ne puis l'oublier; c'est pourquoi mes entrailles se sont émues sur lui; j'aurai miséricordieusement pitié de lui, dit l'Eternel (3).

» Ils diront encore cette parole dans la terre de Juda et dans ses villes, lorsque j'aurai ramené leurs captifs : Que Jéhova te bénisse, montagne sainte, brillante de justice ! Et Juda y habitera, et toutes ses villes, et ses laboureurs, et ses bergers. J'ai enivré l'âme fatiguée, et j'ai rassasié toutes les âmes défaillantes (1). »

Plus d'une fois le prophète s'était plaint d'annoncer toujours des calamités. Cette fois il n'en fut pas de même. « Sur cela je m'éveillai, dit-il, et je regardai, et mon sommeil était plein de douceur (2). » Eh ! qui n'élèverait avec lui ses regards pour contempler ces merveilles de la divine Providence, merveilles qui se sont accomplies, non-seulement au retour de la captivité de Babylone, mais, dans un sens plus haut, au temps de la nouvelle alliance. C'est jusqu'à ces derniers temps que se portaient les regards du prophète. Comment en douter, lorsque, dans le même chapitre, il ajoute :

« Voilà que les jours viennent, dit Jéhova, et j'établirai une alliance nouvelle avec la maison d'Israël et la maison de Juda; non selon l'alliance que j'ai formée avec leurs pères, dans le jour où je les pris par la main pour les tirer de la terre d'Egypte : ils ont rompu cette alliance-là, et moi je leur ai fait sentir mon pouvoir, dit l'Eternel. Mais voici l'alliance que je ferai avec la maison d'Israël, après ces jours-là, dit l'Eternel : Je mettrai ma loi dans leurs entrailles, et je l'écrirai dans leurs cœurs, et je serai leur Dieu, et ils seront mon peuple. Et nul n'instruira plus son prochain ni son frère, disant : Connais CELUI QUI EST; car tous me connaîtront, depuis le plus petit jusqu'au plus grand, dit Jéhova, parce que je leur pardonnerai leur iniquité, et je ne me souviendrai plus de leurs péchés. Ainsi parle Jéhova, qui donne le soleil pour lumière au jour, les lois de la lune et des étoiles pour lumière à la nuit; qui trouble la mer, et ses flots retentissent ; Jéhova-Sabaoth est son nom. Si ces lois s'arrêtent jamais en ma présence, dit Jéhova, alors la postérité d'Israël s'arrêtera et ne sera plus à jamais un peuple devant moi. Voici ce que dit l'Eternel : Si les cieux peuvent être mesurés dans la hauteur, et les fondements de la terre sondés dans leur profondeur, alors je rejetterai toute la race d'Israël à cause de tout ce qu'ils ont fait, dit l'Eternel (3). »

Ces promesses de la divine miséricorde que le pro-

---

(1) Jerem., 31, 2-10 : « Hæc dicit Dominus : Invenit gratiam in deserto populus qui ramanserat a gladio ; vadet ad requiem suam Israel. Longe Dominus apparuit mihi. Et in charitate perpetua dilexi te; ideo attraxi te miserans. Rursumque ædificabo te, et ædificaberis virgo Israel; adhuc ornaberis tympanis tuis, egredieris in choro ludentium. Adhuc plantabis vineas in montibus Samariæ; plantabunt plantantes et donec tempus veniat non vindemiabunt. Quia erit dies in qua clamabunt custodes in monte Ephraim : Surgite, et ascendamus in Sion ad Dominum Deum nostrum ; quia hæc dicit Dominus : Exultate in lætitia, Jacob, et hinnite contra caput gentium; personate, et canite, et dicite : Salva, Domine, populum tuum, reliquias Israel. Ecce ego adducam eos de terra aquilonis, et congregabo eos de finibus terræ, inter quos erunt cæcus et claudus, prægnans et pariens simul, cœtus magnus revertentium huc. In fletu venient, et in misericordia reducam eos, et adducam eos per torrentes aquarum in via recta, et non impingent in ea, quia factus sum Israeli pater, et Ephraim primogenitus meus est. Audite verbum Domini, gentes, et annuntiate in insulis quæ procul sunt, et dicite : Qui dispersit Israel, congregabit eum et custodiet eum sicut pastor gregem suum. »
(2) Jerem., 31, 15-17 : « Vox in excelso audita est lamentationis, luctus, et fletûs Rachel, plorantis filios suos et nolentis consolari super eis, quia non sunt. Hæc dicit Dominus : Quiescat vox tua a ploratu, et oculi tui a lacrymis; quia est merces operi tuo, ait Dominus, et revertentur de terra inimici. Et est spes novissimis tuis, ait Dominus, et revertentur filii ad terminos suos. »
(3) Jerem., 31, 18-20 : « Audiens audivi Ephraim transmigrantem : Castigasti me, et eruditus sum quasi juvenculus indomitus; converte me, et convertar, quia tu Dominus Deus meus. Postquam enim convertisti me, egi pœnitentiam ; et postquam ostendisti mihi, percussi femur meum. Confusus sum, et erubui, quoniam sustinui opprobrium adolescentiæ meæ. Si filius honorabilis mihi Ephraim, si puer delicatus, quia ex quo locutus sum de eo, adhuc recordabor ejus; idcirco conturbata sunt viscera mea super eum, miserans miserebor ejus, ait Dominus. »

(1) Jerem., 31, 23-25 : « Hæc dicit Dominus exercituum Deus Israel : Adhuc dicent verbum istud in terrâ Juda et in urbibus ejus, cùm convertero captivitatem eorum : Benedicat tibi Dominus, pulchritudo justitiæ, mons sanctus! Et habitabunt in eo Judas et omnes civitates ejus simul, agricolæ et minantes greges, quia inebriavi animam lassam, et omnem animam esurientem saturavi. »
(2) Jerem., 31, 26 : « Ideo quasi de somno suscitatus sum, et somnus meus dulcis mihi. »
(3) Jerem., 31, 31-37 : « Ecce dies venient, dicit Dominus, et feriam domui Israel et domui Juda fœdus novum ; non secundùm pactum quod pepigi cum patribus eorum, in die quâ apprehendi manum eorum ut educerem eos de terrâ Ægypti : pactum quod irritum fecerunt, et ego dominatus sum eorum, dicit Dominus. Sed hoc erit pactum quod feriam cum domo Israel post dies illos, dicit Dominus : Dabo legem meam in visceribus eorum, et in corde eorum scribam eam, et ero eis in Deum, et ipsi erunt mihi in populum. Et non docebit ultra vir proximum suum, et vir fratrem suum, dicens : Cognosce Dominum ; omnes enim cognoscent me a minimo eorum usque ad maximum, ait Dominus ; quia propitiabor iniquitati eorum, et peccati eorum non memorabor amplius. Hæc dicit Dominus, qui dat solem in lumine diei, ordinem lunæ et stellarum in lumine noctis ; qui turbat mare, et sonant fluctus ejus : Dominus exercituum nomen illi. Si defecerint leges istæ coram me, dicit Dominus, tunc et semen Israel deficiet, ut non sit gens coram me cunctis diebus. Hæc dicit Dominus : Si mensurari potuerint cœli sursum, et investigari fundamenta terræ deorsum, et ego abjiciam universum semen Israel, propter omnia quæ fecerunt, dicit Dominus. »

phète des nations faisait, il y a vingt-quatre siècles, aux Hébreux captifs de Babylone, il y a dix-huit siècles, l'Apôtre des nations en montrait un premier accomplissement à leurs descendants de la Judée, dans leur conversion au christianisme, et en faisait entrevoir un second plus complet encore aux Hébreux chrétiens de Rome, dans le retour total des restes d'Israël à l'Eglise universelle, vers la fin des temps (Heb., c. 8 et 10; Rom., 11, 25-40).

Tandis que Jérémie, à Jérusalem, Daniel, à Babylone, prédisaient aux rois et aux peuples les révolutions des empires, le prêtre Ezéchiel, fils de Buzi, commença un ministère semblable, dans la Mésopotamie, sur le fleuve Chobar, qui se jette dans l'Euphrate non loin de Carkémis. La 5e année de sa transmigration avec le roi Joachim ou Jéchonias, les cieux s'ouvrirent à lui, et il vit les visions de Dieu; visions mystérieuses qui semblent entr'ouvrir le sanctuaire de la Providence.

La nature, la création entière, est un immense hiéroglyphe ou gravure sacrée qui représente le chiffre de son auteur; mais hiéroglyphe vivant, qui se meut, se transforme, se renouvelle, se développe pour exciter les intelligences saintement curieuses à étudier le monde invisible sous ses visibles dehors. De là ce langage figuré, éminemment poétique des prophètes. Nul ne l'a porté plus loin qu'Ezéchiel. Sa première vision semble le mystère du monde.

Pendant qu'il était au milieu des captifs, près du fleuve Chobar, les cieux s'ouvrirent, la main de Jéhova fut sur lui, « et je regardai, dit-il, et voilà qu'un tourbillon de vent venait de l'aquilon, une énorme nuée, et un feu tournoyant, et tout autour une grande lumière, et au milieu du feu comme l'éclat d'un métal très-brillant; et au milieu du feu la ressemblance de quatre êtres vivants, et, dans leur aspect, la ressemblance d'un homme. Chacun d'eux avait quatre faces, et chacun d'eux, quatre ailes. Leurs pieds étaient droits, et la plante de leurs pieds comme la plante du pied d'une génisse, et ils étincelaient comme l'airain le plus brillant. Sous chaque aile était une main d'homme; vers quatre côtés une face, vers quatre côtés une aile. Leurs ailes étaient jointes l'une à l'autre; quand ils marchaient, ils ne se tournaient pas : comme était une de leurs faces, ils s'avançaient suivant sa direction. La ressemblance de leurs visages : une face d'homme et une face de lion à droite, et une face de bœuf à gauche, et une face d'aigle à chacun des quatre. Telles étaient leurs faces, et deux de leurs ailes étaient déployées au-dessus de chacune, en sorte que l'aile de l'une touchait l'aile de l'autre, et deux ailes couvraient leurs corps. Chacun marchait droit devant l'une de ses faces. Où les poussait l'esprit, là ils allaient, et ils ne se tournaient pas lorsqu'ils marchaient. Et la ressemblance des êtres vivants et leur aspect, c'était comme un feu de charbons ardents, comme la flamme des lampes, et entre les êtres animés flamboyait un brasier mouvant, et du brasier s'échappait la foudre. Et ils allaient et revenaient comme la foudre étincelante.

» Et comme je regardais ces êtres vivants, apparut sur la terre, près d'eux, une roue ayant quatre faces. Et l'aspect de ces roues et leur forme, comme la couleur de la pierre de tharse (ou chrysolithe), et toutes quatre se ressemblaient; et leur aspect et leur forme, comme une roue au milieu d'une roue. Elles roulaient également des quatre côtés, et elles ne se retournaient point lorsqu'elles marchaient. Elles avaient une étendue et une hauteur à faire peur, et tout le corps des quatre roues était plein d'yeux tout autour. Les êtres vivants marchaient-ils, les roues marchaient aussi près d'eux; les êtres vivants s'élevaient-ils de terre, les roues s'élevaient aussi; où l'esprit allait, elles y allaient en le suivant et s'élevaient avec lui; car l'esprit de l'être vivant était dans les roues. Lorsque les êtres vivants s'avançaient, les roues s'avançaient; lorsqu'ils s'arrêtaient, elles s'arrêtaient; lorsqu'ils s'élevaient, elles s'élevaient et les suivaient, parce que l'esprit de l'être vivant était dans les roues.

» Au-dessus de la tête des êtres vivants était la ressemblance d'un firmament comme un cristal, terrible à voir, étendu très-haut au-dessus de leurs têtes. Sous ce firmament, ils tenaient leurs ailes droites, vis-à-vis l'une de l'autre, et deux ailes couvraient leurs corps. Marchaient-ils, j'entendais la voix de leurs ailes comme la voix des plus grandes eaux, comme la voix du Tout-Puissant, comme la voix d'une armée innombrable; s'arrêtaient-ils, ils baissaient leurs ailes. Baissaient-ils leurs ailes en s'arrêtant, une voix retentissait du firmament au-dessus de leurs têtes. Et au sommet du firmament qui s'élevait sur leurs têtes, apparaissait, comme un saphir, une ressemblance de trône, et sur cette ressemblance de trône une ressemblance comme l'aspect d'un homme. Et je vis comme l'éclat d'un métal brillant, semblable au feu, au dedans et au dehors de lui, depuis ses reins et au-dessus, et, depuis ses reins et au-dessous, je vis comme l'apparence d'un feu étincelant tout autour. Comme l'arc qui paraît dans une nuée en un jour de pluie, telle était la splendeur qui l'environnait. C'était là une vision de la ressemblance de la gloire de Jéhova, et je vis, et je tombai sur ma face, et j'entendis sa voix me parlant (Ezech., c. 1). »

L'Eternel lui commanda de se lever, et l'esprit entra en lui, et il se dressa sur ses pieds. Il reçut ordre d'aller vers les captifs d'Israël, ce peuple rebelle et opiniâtre, et de leur prêcher la pénitence (Ibid., c. 2).

« Et l'esprit m'enleva, continue le prophète, et j'entendis derrière moi la voix d'un grand bruit : Bénie soit la gloire de Jéhova au lieu de son séjour! Et j'entendis le bruit des ailes des vivants qui frappaient l'une contre l'autre, et le bruit des roues dont les suivaient, et la voix d'un grand ébranlement. Et l'esprit me souleva et m'emporta, et je m'en allai plein d'amertume dans l'indignation de mon âme; mais la main de Jéhova était sur moi, me fortifiant (Ibid., c. 3). »

Cet ensemble mystérieux apparaît jusqu'à trois fois dans le livre d'Ezéchiel. Quelque chose de semblable se voit constamment dans le prophète de la nouvelle alliance, dans la révélation de saint Jean. Que peut représenter ce divin emblème? N'est-ce pas l'univers tel que Dieu le gouverne?

Ces roues, d'une étendue et d'une hauteur effrayantes, parsemées d'yeux dans toutes leurs parties, se mouvant dans les airs, l'une dans l'autre, ne sont-ce pas ces orbes immenses, dont les centres sont des soleils, dont les yeux sont des astres, et qui roulent dans l'immensité de l'espace, les uns dans les autres? Peut-être que cette traînée d'étoiles que nous appelons *voie lactée*, n'est qu'une jante d'une de ces roues du char de l'Eternel.

Et ces êtres emblématiques qui inspirent le mouvement à ces roues, qui, à la rapidité de l'aile, joignent l'industrie de la main, qui nous présentent tout ensemble et l'homme, roi de la nature, et le lion, roi du désert, et le taureau, roi des animaux de labeur, et l'aigle, roi des airs, ne sont-ce pas ces esprits qui portent le monde, qui ont reçu de Dieu l'administration de la nature, qui dirigent les révolutions célestes, et qui, pour cela, réunissent en eux tout ce qu'il y a de grand, de fort et de noble dans les autres créatures?

Et ce feu dont le brasier apparaît au milieu de ces êtres mystérieux, qui de là circule de toutes parts, n'est-ce pas le réservoir du feu élémentaire, dont les courants électriques sont de petits ruisseaux, la foudre une étincelle, qui circule dans toute la création, du soleil à la terre, d'un soleil à un autre, et qui sert aux ministres de Dieu à mille phénomènes divers?

Au-dessus de ces orbes incommensurables, au-dessus de ces sublimes êtres qui en règlent l'harmonie, au sommet du monde, sous un firmament dont celui que nous voyons n'est qu'une miniature, là s'élève la ressemblance du trône de Dieu, sur lequel on voit la ressemblance de l'homme, parce que le Verbe devait se prendre un jour, ce Verbe qui a créé l'univers et le soutient par sa parole. L'humanité devait ainsi être associée à l'empire de toute la création.

Sur la terre, l'ensemble de ces quatre chérubins, avec le trône de Dieu qui s'élève au-dessus, n'est-ce point l'ensemble des quatre grands empires, Babylone, la Perse, la Grèce, Rome, dont nous verrons autant d'esprits célestes diriger les révolutions et les destinées; qui ont servi comme le char au Fils de Dieu pour descendre sur la terre et y établir son empire spirituel, et au milieu desquels il a pris ses instruments de vengeance ou de miséricorde, comme nous voyons, au chapitre 10 d'Ezéchiel, un des chérubins prendre du milieu d'entre eux les charbons ardents qui doivent être répandus sur la coupable Jérusalem.

Dans le peuple d'Israël s'avançant à la conquête de la terre promise, n'y avait-il pas quelque chose d'approchant? Dieu assis sur les chérubins; devant lui le feu perpétuel, la colonne de nuée qui, la nuit, devenait de feu; autour de lui, les tribus d'Israël, campées par quatre divisions, chacune de trois tribus et d'une portion de celle de Lévi, et toutes, au signal de Dieu, se mettant en marche ou s'arrêtant, le jour, la nuit, comme un seul homme.

Dans l'Eglise chrétienne, les Pères n'y ont-ils pas vu les quatre évangélistes? Dans la face de l'homme, saint Matthieu, qui commence son évangile par la généalogie du Christ en tant qu'homme; dans la face du lion, saint Marc, qui commence par la voix de Jean criant dans le désert; dans la face du bœuf, victime principale des anciens sacrifices, saint Luc, qui commence par le prêtre Zacharie remplissant les fonctions du sacerdoce dans le temple; dans la face de l'aigle, saint Jean, qui, pour commencer, s'élève comme un aigle au-dessus des nues, jusque dans le sein des nues, jusque dans le sein de Dieu. Ils sont quatre; mais chacun se trouve dans les trois autres, et tous les quatre dans chacun; il y a quatre évangiles, et il n'y a qu'un Evangile. C'est le même esprit qui les inspire, qui les pousse, qui les dirige; ils sont pleins d'yeux; tout, jusqu'à un point et une virgule, y étincelle de vérité. Au milieu d'eux est ce foyer divin d'où partent les étincelles, les courants électriques de la grâce, qui éclairent les esprits, touchent les cœurs et renouvellent la face de la terre.

Que si ce mystérieux char du Très-Haut paraît tantôt l'univers entier, tantôt l'ensemble des empires de la terre, tantôt le peuple d'Israël, tantôt l'Eglise chrétienne, il ne faut pas s'en étonner; le monde étant une sphère dont le centre est partout, la circonférence nulle part, tout est pour Dieu, le centre, le siège de son empire.

Après cette vision merveilleuse, où, comme depuis à saint Jean, la main d'un ange lui présenta à dévorer un volume roulé, puis déployé, dans lequel étaient écrits des lamentations, des cantiques et des malédictions, Ezéchiel vint vers les captifs qui habitaient le long du fleuve de Chobar, et demeura là sept jours tristement assis au milieu d'eux.

« Sept jours passés, dit le prophète, la parole de l'Eternel vint à moi, disant : Fils de l'homme, je t'ai établi sentinelle dans la maison d'Israël ; tu entendras la parole de ma bouche, et tu la leur annonceras de ma part. Si, quand je dis à l'impie : Tu mourras de mort, tu ne le lui annonces pas et ne lui parles pas pour qu'il se retire de sa voie impie et qu'il vive, l'impie mourra dans son iniquité ; mais je redemanderai son sang à ta main. Mais si tu l'annonces à l'impie et qu'il ne se convertisse pas de son impiété et de sa voie criminelle, il mourra dans son iniquité ; mais toi, tu as sauvé ton âme. Et si le juste abandonne sa justice et commet l'iniquité, je mettrai devant lui une pierre d'achoppement ; il mourra, parce que tu ne l'as pas averti ; il mourra dans son péché, et le souvenir de ses justices ne demeurera pas ; mais je redemanderai son sang à ta main. Mais si tu avertis le juste de ne pas pécher et qu'il ne pèche pas, il vivra de la véritable vie, parce que tu l'auras averti, et toi, tu as sauvé ton âme (Ezech., 3). »

Comme le prophète justifie dans cet endroit les jugements de Dieu sur le juste et le pécheur, il les justifie dans un autre sur les pères et les enfants.

« D'où vient que vous vous servez de cette parabole, et que vous en avez fait un proverbe dans Israël : *Les pères ont mangé des raisins verts, et les dents des enfants ont été agacées ?* Aussi vrai que je vis, dit Adonaï-Jéhova, cette parabole ne sera plus parmi vous en proverbe dans Israël ; car toutes les âmes sont à moi : l'âme du fils est à moi comme l'âme du père ; l'âme qui a péché mourra elle-même. Si un homme est juste, s'il agit selon l'équité et la justice, s'il ne mange point sur les montagnes (aux festins des idoles), et s'il ne lève point les yeux vers les idoles de la maison d'Israël, s'il ne souille pas la femme de son prochain......, s'il ne contriste personne, s'il rend son gage à son débiteur, s'il ne ravit rien par violence, s'il donne de son pain à celui qui a faim, s'il couvre de ses vêtements ceux qui sont nus ; s'il ne prête point à usure et ne reçoit point plus qu'il a donné, s'il détourne sa main de l'iniquité, et s'il prononce un jugement équitable entre un homme et un homme; s'il marche dans la voie de mes préceptes et garde mes jugements pour accomplir la vérité; celui-là est juste, et il vivra de la vie, dit Adonaï-Jéhova.

» Mais si cet homme a un fils ravisseur, qui répande le sang et qui commette l'un de ces crimes, quand il ne les commettrait pas tous; s'il mange sur les montagnes, s'il souille la femme de son prochain, s'il contriste le pauvre et l'indigent, s'il ravit par la violence le bien d'autrui, s'il ne rend point le gage à son débiteur, s'il lève les yeux vers les idoles, s'il fait des abominations; s'il prête à usure et s'il reçoit plus qu'il n'a donné, vivra-t-il? non, il ne vivra point; lorsqu'il aura fait toutes ces œuvres détestables, il mourra de mort, et son sang sera sur sa tête.

» Mais si cet homme a un fils qui, voyant tous les crimes de son père, soit dans la crainte ne fasse rien de semblable; s'il ne mange point sur les montagnes....., mais s'il observe mes jugements et s'il marche dans la voie de mes préceptes; celui-là ne mourra point dans l'iniquité de son père, mais il vivra de la vie. Son père, qui avait calomnié et qui avait fait le mal au milieu de son peuple, est mort dans sa propre iniquité.

» Vous dites : Pourquoi le fils n'a-t-il pas porté l'iniquité de son père? C'est parce que le fils a accompli le jugement et la justice, qu'il a gardé tous mes préceptes et qu'il les a pratiqués; c'est pour cela qu'il vivra de la vie. L'âme qui a péché, celle-là mourra; le fils ne portera point l'iniquité du père, et le père ne portera point l'iniquité du fils : la justice du juste sera sur lui, et l'impiété de l'impie sur lui. Si l'impie fait pénitence de tous ses péchés, s'il garde tous mes préceptes et s'il accomplit le jugement et la justice, il vivra de vie et ne mourra point. Je ne me souviendrai plus de toutes ses anciennes iniquités; il vivra dans les œuvres de justice qu'il aura faites. Est-ce que je veux la mort de l'impie, dit Adonaï-Jéhova? N'est-ce pas, au contraire, qu'il se convertisse, et qu'il se retire de sa mauvaise voie, et qu'il vive?.....

» Je vous jugerai, ô maison d'Israël! chacun selon ses voies. C'est pourquoi, convertissez-vous et faites pénitence de toutes vos iniquités, et l'iniquité ne sera plus pour vous la ruine. Rejetez loin de vous toutes les prévarications par lesquelles vous vous êtes souillés, et faites-vous un cœur nouveau et un esprit nouveau. Pourquoi mourrez-vous, maison d'Israël? Je ne veux point la mort de celui qui meurt, dit Adonaï-Jéhova : revenez et vivez (Ezech., c. 18). »

Ézéchiel prophétisait le malheur de Jérusalem, non-seulement par ses paroles, mais encore par ses actions. Le Seigneur lui ayant apparu une seconde fois sur le char mystérieux, lui dit : « Va, enferme-toi au milieu de la maison. Fils de l'homme, voilà que des chaînes ont été préparées pour toi; ils te lieront, et tu ne sortiras pas du milieu d'eux. J'attacherai ta langue à ton palais, et tu seras muet, et non plus comme un homme qui réprimande. Mais, lorsque je t'aurai parlé, j'ouvrirai ta bouche, et tu leur diras : Voici ce que dit Adonaï-Jéhova : *Que celui qui écoute, écoute* (Ezech., 3, 22-27).

» Fils de l'homme, prends une brique, place-la devant toi, et trace la ville de Jérusalem. Forme un siège, élève des retranchements, jette une chaussée, place une armée et des machines de guerre autour de ses murailles.

» Prends encore un vase de fer, et pose-le comme un mur de fer entre toi et la ville; endurcis ton regard sur elle; et elle sera assiégée, et tu la serreras de près : voilà un signe pour la maison d'Israël. »

Ce signe est facile à comprendre. Cette plaque de fer, entre la brique figurative et le prophète, marquait entre autres le mur de séparation que le péché avait élevé entre Jérusalem et le Seigneur.

« Et tu te coucheras sur ton côté gauche, continuet-il, et tu y poseras les iniquités de la maison d'Israël, pour autant de jours que tu coucheras dessus; et tu prendras sur toi leur iniquité. Je t'ai donné trois cent quatre-vingt-dix jours pour les années de leurs iniquités, et tu porteras l'iniquité de la maison d'Israël. Et quand tu auras accompli ces années, tu te coucheras une seconde fois sur ton côté droit, et tu prendras l'iniquité de la maison de Juda pendant quarante jours, un jour pour une année. Et tu tourneras la face vers le siège de Jérusalem, et tu étendras ton bras, et tu prophétiseras contre elle. Voilà que je t'ai environné de chaînes, et tu ne te retourneras point d'un côté sur l'autre, jusqu'à ce que soient accomplis les jours de ton siège (Ezech., 4, 1-8). »

Suivant le plus commun sentiment des interprètes, les trois cent quatre-vingt-dix jours marquaient, pour le passé, les années que le peuple d'Israël avait persévéré dans le schisme et l'idolâtrie, et, pour l'avenir, le nombre de jours que devait durer le dernier siége de Jérusalem; les quarante jours marquaient, pour le passé, les années d'impénitence du peuple de Juda, à dater des premières prédications de Jérémie, et, pour l'avenir, le nombre de jours qui se passèrent entre la prise de Jérusalem et son entière destruction. Le prophète lié de chaînes et couché sur le même côté, marquait l'état de cette ville serrée de toutes parts et ne pouvant plus se tourner ni de côté ni d'autre.

Pour caractériser toujours plus fort l'extrémité où cette ville se verrait réduite, le Seigneur dit encore à son prophète : « Prends-toi du froment, de l'orge, des fèves, des lentilles, de la vesce et du millet; jette-le dans un seul vase, et fais-en des pains pour autant de jours que tu coucheras sur le côté; tu les mangeras pendant trois cent quatre-vingt-dix jours. L'aliment dont tu te nourriras sera du poids de vingt sicles chaque jour, et tu mangeras ainsi d'un temps jusqu'au temps. Et tu boiras de l'eau par mesure, la sixième partie d'un hin; et tu boiras ainsi d'un temps jusqu'au temps. »

Ce pain composé de toute espèce de grains bons et mauvais, cette portion si exiguë de vingt sicles ou neuf onzes par jour, cette eau dont il n'est accordé par jour qu'un verre ordinaire; tout cela est déjà bien expressif. Une circonstance vient y ajouter encore : c'est la manière de faire cuire ce pain.

Aujourd'hui encore les voyageurs nous apprennent qu'en Orient, le long de l'Euphrate et du Nil, les gens du peuple, manquant de bois pour cuire leur pain, le cuisent avec des excréments desséchés d'animaux [1]. Ils étendent sur une pierre une pâte

[1] Pietro de la Valle, Tournefort, etc.

sans levain et peu épaisse, ils la couvrent de fiente de bœuf, etc., bien sèche, à laquelle ils mettent le feu, et le pain cuit assez promptement sous ces cendres. Cet usage était encore plus commun dans les premiers temps. Pour faire sentir à quelle horrible extrémité Jérusalem serait réduite, Dieu commande au prophète de faire cuire son mauvais pain de cette manière, et de prendre pour cela non des excréments d'animaux, mais d'hommes. Toutefois, sur la répugnance qu'en témoigna Ezéchiel, il lui indiqua la fiente de bœuf, et ajouta : « Fils de l'homme, je vais briser dans Jérusalem le pain qui soutient, et ils mangeront ce pain au poids et dans l'inquiétude, et ils boiront l'eau par mesure dans l'angoisse, afin que, le pain et l'eau manquant, chacun tombe sur son frère, et qu'ils se dessèchent dans leur iniquité (Ezech., 4, 9-17).

Un impie du dernier siècle, au lieu de pain cuit sous la cendre de fiente desséchée, a supposé un pain pétri ou frotté de cette matière dégoûtante. Ce mensonge ne prouve que l'impiété cynique de celui qui l'a écrit. Aussi la Providence s'est-elle moquée du moqueur, en permettant qu'à son heure dernière, et dans les transports de la rage, il fît le déjeûner que, dans ses bouffonneries sacrilèges, il avait prêté au prophète.

Ezéchiel était toujours devant sa Jérusalem figurative, quand le Seigneur lui dit : « Toi, fils de l'homme, prends un glaive tranchant, avec un rasoir de tondeur; fais-le passer sur ta tête et sur ta barbe pour en raser tous les poils, et prends un poids et une balance pour les partager. Tu en mettras un tiers au feu et le brûleras au milieu de la ville, à mesure que s'accompliront les jours du siège; tu en prendras un autre tiers, et tu le frapperas avec le glaive autour de la ville; tu jetteras au vent les poils du tiers qui restera, et je les poursuivrai du glaive nu. Et tu prendras, dans cette troisième partie, un petit nombre, et tu les lieras au bord de ton manteau. Et tu en ôteras encore quelques-uns que tu jetteras au milieu du feu et que tu brûleras; et il en sortira une flamme sur toute la maison d'Israël.

» Voici ce que dit Adonaï-Jéhova : C'est là Jérusalem; je l'ai établie au milieu des nations (pour qu'elle les attirât à mon culte par son exemple); leurs terres (l'Asie, l'Afrique, l'Europe) l'environnent au loin. Mais elle a changé mes jugements en impiété plus que les nations, et mes préceptes plus que les terres qui l'environnent; car elle a répudié mes jugements et elle n'a point marché dans mes préceptes.

» C'est pourquoi voici ce que dit Adonaï-Jéhova : Parce que vous avez surpassé en impiété les nations qui sont autour de vous, parce que vous n'avez point marché dans mes préceptes, et que vous n'avez point observé mes jugements, et que vous n'avez pas même agi suivant les jugements et les coutumes des nations qui vous environnent, me voici sur toi, dit Adonaï-Jéhova; moi-même j'exercerai mes jugements au milieu de toi, à la face des nations. Et je ferai en toi ce que je n'ai jamais fait, ce que je ne ferai jamais, pour punir toutes tes abominations. C'est pourquoi, au milieu de toi, et les pères dévoreront leurs enfants, et les enfants leurs pères; j'accomplirai en toi mes jugements, et je jetterai tes débris à tous les vents. Je jure par moi-même, dit Adonaï-Jéhova, parce que tu as violé mon sanctuaire par tous tes crimes et par toutes tes abominations, moi je te briserai, mon œil ne t'épargnera point, je ne serai point touché de compassion. La troisième partie de toi mourra de la peste et sera consumée par la faim au milieu de toi; un autre tiers périra par le glaive autour de tes murs, et je jetterai le reste à tous les vents, et je tirerai le glaive contre eux. Moi, Jéhova, je l'ai dit (Ezech., c. 5). »

Nous verrons s'accomplir tout cela; nous verrons le dernier tiers de Jérusalem jeté à tous les vents, dispersé dans tous les pays; nous verrons ce petit nombre qu'en ramasse le prophète et qu'il attache au bord de son manteau; nous verrons le petit nombre revenir de la captivité; et de ce petit nombre nous verrons encore une partie jetée au feu devenir pour tout le reste un violent incendie; nous verrons, vers le temps des Machabées, une partie des Juifs se donner à Antiochus-Epiphane et attirer sur le reste du peuple une guerre d'extermination.

L'année suivante, 6° de Sédécias, Ezéchiel étant assis dans sa maison avec les vieillards de Juda, la main du Seigneur tomba sur lui et l'emporta, dans une vision, à Jérusalem. Là, l'Eternel lui apparut pour la troisième fois sur son char mystérieux, et le rendit témoin de toutes les abominations, plus grandes les unes que les autres, qui se commettaient dans le temple même. Ici, était l'idole de Baal qui provoquait Dieu à jalousie; là, dans une chambre secrète, où le prophète pénétra en perçant la muraille, étaient peintes, sous des figures de reptiles et d'animaux, toutes les idoles de la maison d'Israël, et soixante-dix des anciens se tenaient debout devant ces images, chacun un encensoir à la main; plus loin, des femmes étaient assises pleurant Adonis ou Thammuz; ailleurs enfin, entre le vestibule et l'autel, environ vingt-cinq hommes tournaient le dos au temple, le visage à l'orient, et adoraient le lever du soleil en approchant de leurs narines des branches de lauriers. Au même temps arrivèrent du côté de l'aquilon, pour visiter la ville, six hommes qui avaient chacun à la main un instrument de mort; un autre, au milieu d'eux, revêtu d'une robe de fin lin, avait des tablettes à écrire sur les reins : ils entrèrent dans le temple. Jéhova dit à celui qui était vêtu d'une robe de lin : Passe à travers la ville, au milieu de Jérusalem, et marque un *thau* sur le front des hommes qui pleurent et qui gémissent sur toutes les abominations qui se font au milieu d'elle (1).

Le thau, dernière lettre de l'alphabet hébraïque, avait anciennement la forme d'une croix, comme on le voit encore sur des médailles juives. Saint Jérôme observe, en ce même endroit, que de son temps le thau samaritain avait la même forme. Dans l'alphabet grec et latin, cette lettre figure également une croix. *Thau*, en hébreu, veut dire *signe*. La croix est en effet le signe par excellence, le signe du salut, le signe du Dieu vivant que Jean a également vu imprimer sur le front des élus (Apoc., c. 7).

Le Seigneur dit en même temps aux six hommes : « Suivez-le, et passez au travers de la ville, et frappez sans pitié le vieillard, le jeune homme, la jeune fille, l'enfant et les femmes; frappez jusqu'à

(1) Ezech., 9, 4 : « Et dicit Dominus ad eum : Transi per mediam civitatem, in medio Jerusalem, et signa thau super frontes virorum gementium et dolentium super cunctis abominationibus, quæ fiunt in medio ejus. »

la mort, mais ne tuez aucun de ceux sur le front desquels vous verrez le *thau* ou le signe, et commencez par mon sanctuaire. » A la vue du carnage qui se fit, le prophète tomba sur sa face et dit en criant : « Hélas ! Adonaï-Jéhova, perdrez-vous donc ainsi tout ce qui reste d'Israël, en répandant votre fureur sur Jérusalem? »

« L'iniquité de la maison d'Israël et de la maison de Juda est trop grande, lui répondit l'Eternel ; la terre est toute couverte de sang, la ville est remplie de haine ; et ils ont dit : *Jéhova a délaissé la terre, Jéhova ne voit pas. C'est pourquoi mon œil n'épargnera pas, et je n'aurai pas pitié, et je ferai tomber sur leur tête leur iniquité* (Ezech., c. 9). »

Revenu de sa vision, le prophète la raconta au peuple captif dans la Chaldée. Puis il représenta devant eux, en action, ce qui devait arriver à la prise de Jérusalem.

« Fils de l'homme, lui dit le Seigneur, tu habites au milieu d'un peuple provocateur, qui a des yeux pour voir, et ne voit pas ; qui a des oreilles pour entendre, et n'entend pas ; car c'est un peuple provocateur. Toi donc, fils de l'homme, fais-toi un bagage d'émigration, et émigre devant eux en plein jour : tu émigreras de ton lieu dans un autre à leurs yeux, pour éprouver s'ils regarderont ; car c'est un peuple provocateur. Et tu emporteras au dehors ton bagage, comme un homme qui émigre, en plein jour et à leurs yeux ; le soir même, devant eux, tu sortiras comme sort un émigrant. Perce devant leurs yeux la muraille de la maison, et sors par cette ouverture. En leur présence tu seras porté par quelques hommes sur leurs épaules, on t'emportera dans l'obscurité ; tu voileras ton visage et tu ne verras point la terre ; car je t'ai choisi pour être un signe à la maison d'Israël. »

Ezéchiel ayant tout fait comme il lui avait été ordonné, le Seigneur lui parla le lendemain : « Fils de l'homme, le peuple d'Israël, ce peuple provocateur, n'a-t-il point dit : Que faites-vous ? Dis-leur : Ainsi parle Jéhova : Cet anathème repose sur le chef qui est à Jérusalem et sur toute la maison d'Israël qui est au milieu d'eux. Dis : Moi je suis un signe pour vous ; comme j'ai fait, il leur sera fait. Ils iront en émigration et en captivité. Et le chef qui est au milieu d'eux sera porté sur leurs épaules ; il sortira dans l'obscurité ; on percera la muraille pour le faire sortir de la ville ; son visage sera couvert d'un voile, et son œil ne verra pas la terre. Je jetterai mon filet sur lui, et il sera pris dans mes rets ; je l'emmènerai à Babylone dans la terre des Chaldéens ; il ne la verra point, et il mourra. Ceux qui sont autour de lui, sa garde, ses bataillons, je les disperserai à tous les vents, et je tirerai l'épée contre eux. Et ils sauront que c'est moi CELUI QUI EST, quand je les aurai répandus parmi les nations et que je les aurai dispersés sur la terre. Et je laisserai quelques-uns d'entre eux échapper à l'épée, à la famine et à la peste, afin qu'ils racontent tous leurs crimes chez les peuples où ils viendront ; et ils sauront que c'est moi Jéhova (*Ibid.*, c. 12). »

Voilà une prophétie bien singulière. Ce qui n'est pas moins singulier, c'est de la voir, cinq ans après, s'accomplir dans tous ses détails : Sédécias s'enfuyant lorsque la brèche est faite, pris ensuite par Nabuchodonosor et emmené à Babylone, sans pourtant la voir, parce que le vainqueur lui aura fait crever les yeux.

Sourd à toutes les remontrances des prophètes, Sédécias résolut de se soustraire à la suzeraineté du roi de Babylone, à qui cependant il avait prêté serment de fidélité. Il envoya donc des ambassadeurs à Pharaon-Hophra, petit-fils de Néchao et fils de Psammis, qui n'avait régné que six ans. Ce Pharaon-Hophra est l'Apriès d'Hérodote (Hérod., l. 2).

Se confiant alors en l'alliance de l'Egypte, Sédécias ne paya plus de tribut et se révolta ouvertement contre Nabuchodonosor. Mais au même temps Ezéchiel annonçait aux captifs de Chaldée quelles seraient les suites de cette défection.

« Je jure par moi-même, dit le Seigneur, qu'au séjour du roi qui l'avait établi roi, dont il a rompu l'alliance en violant le serment qu'il lui avait prêté, au milieu de Babylone, il mourra. Et Pharaon, avec une grande armée et un grand peuple, ne fera rien dans le combat contre le roi de Babylone, quand celui-ci élèvera des terrasses, bâtira des forts pour la ruine d'un grand nombre. Le roi de Jérusalem a méprisé le serment, pour rompre l'alliance : le voilà qui a donné sa main à l'Egypte ; mais quoiqu'il ait fait toutes ces choses, il n'échappera point. Je jure par moi-même que la violation de mon serment et la rupture de mon alliance, je les ferai retomber sur sa tête. Et j'étendrai mon rets sur lui, et il sera pris dans mes filets, et je le conduirai à Babylone, et je le jugerai sur la perfidie avec laquelle il m'a méprisé, moi qu'il avait pris à témoin. Et tous ses fugitifs et toute son armée périront par le glaive ; le reste sera jeté à tous les vents ; et vous saurez que c'est moi, Jéhova, qui ai parlé (Ezech., c. 17). »

La 9e année du règne de Sédécias, Nabuchodonosor marcha contre lui avec une puissante armée ; mais, en Syrie, il apprit que les Ammonites étaient entrés aussi dans la coalition. Indécis sur quel peuple il fondrait d'abord, il s'arrêta à la tête de deux chemins, il interrogea ses théraphims, et par les entrailles des victimes, et par le sort des flèches.

Cette dernière espèce de divination était fort en usage chez les païens, et l'est encore chez les Arabes. Saint Jérôme, sur l'endroit d'Ezéchiel où se lisent ces détails, nous en apprend la manière (Hieron., *In Ezech.*, 21). On écrivait sur des flèches les noms des villes que l'on avait dessein d'attaquer ; on les mettait confusément dans un carquois, et on les en tirait ensuite au hasard ; la ville dont le nom sortait le premier, était la première assaillie. Le sort tomba sur Jérusalem. De suite Nabuchodonosor se rendit en Judée, et, en peu de jours, s'empara de toutes les villes fortes, à la réserve de Lakis, Azéca et Jérusalem, qui furent assiégés.

Alors Sédécias et les habitants de Jérusalem eurent peur. C'était l'année de la rémission ou l'année sabbatique. Le roi convint avec tout **le** peuple que chacun renverrait libres son serviteur **et** sa servante nés Hébreux. Il est vraisemblable que depuis le temps du saint roi Josias, on n'avait pas observé cette loi philanthropique. Les serviteurs et les servantes hébreux furent donc renvoyés libres, ainsi que le Seigneur l'avait ordonné par Moïse. Mais cette docilité produite par la peur ne porta point de fruit durable. Bientôt ils contraignirent à rentrer sous le joug de la servitude ceux qu'ils avaient rendus à la liberté, probablement alors que Nabuchodonosor leva le siège pour quelque temps, afin de marcher à la rencontre de Pharaon-Hophra, qui, comme allié de Sédécias, s'avançait avec une armée contre les Chaldéens.

Jérémie leur dit à cette occasion : « Ainsi parle Jéhova, Dieu d'Israël : Moi, j'ai fait alliance avec vos pères au jour où je les ai tirés de l'Egypte, de la maison de servitude, disant : Lorsque la septième année sera venue, chacun renverra son frère hébreu qui a été vendu et qui l'aura servi six ans; et tu le renverras libre; et vos pères ne m'ont point écouté, et ils n'ont pas prêté l'oreille. Et vous, vous vous étiez tourné vers moi aujourd'hui; vous aviez fait ce qui était juste à mes yeux, en publiant la liberté, chacun pour son frère; et vous avez pris cet engagement devant moi, dans la maison qui est appelée de mon nom. Et vous avez changé, et vous avez déshonoré mon nom, et vous avez repris chacun votre serviteur et chacun votre servante, que vous aviez renvoyés pour être libres et en leur pouvoir; et vous les avez asservis de nouveau à être vos esclaves. C'est pourquoi voici ce que dit l'Eternel : Vous ne m'avez point écouté pour publier la liberté chacun à son frère et à son prochain; moi aussi je vous déclare que je vous renvoie libres au glaive, à la peste et à la faim, et que je vous jetterai errants dans tous les royaumes de la terre. Et je traiterai les hommes qui ont violé mon alliance, qui n'ont point observé les paroles du pacte qu'ils avaient consenti en ma présence, comme ce jeune taureau qu'on a coupé en deux parts, entre lesquelles on a passé (pour marquer qu'on voulait être traité de la sorte si l'on violait sa promesse). Oui, les princes de Juda, les officiers du palais, les prêtres et tout le peuple de la terre qui ont passé entre les deux parts du jeune taureau, je les livrerai aux mains de leurs ennemis, aux mains de ceux qui cherchent leur âme, et leurs corps seront la pâture des oiseaux du ciel et des bêtes de la terre. Et Sédécias, roi de Juda, et ses princes, je les livrerai aux mains de leurs ennemis, et aux mains de ceux qui cherchent leur âme, et aux mains des armées du roi de Babylone qui se sont éloignés de vous. Moi, je le veux, dit Jéhova, et je ramènerai ces armées devant cette ville, et elles combattront contre elle, et elles la prendront, et elle la brûleront; et je ferai des villes de Juda une solitude, et nul n'y habitera (Jerem., 34). »

Déjà même avant que Nabuchodonosor eût levé le siège, Dieu avait envoyé Jérémie dire à Sédécias que la ville serait livrée au roi de Babylone et brûlée; que lui-même n'échapperait point, mais tomberait en sa puissance; que ses yeux verraient les yeux du roi babylonien, que sa bouche parlerait à sa bouche, et qu'il entrerait à Babylone; que cependant il ne mourrait point par le glaive, mais en paix; que son corps serait brûlé comme celui de ses prédécesseurs, et qu'on mènerait sur lui le deuil. Ces prédictions irritèrent si fort le prince, qu'il fit jeter le prophète en prison (*Ibid.*, 32).

Pendant qu'il y était, il acheta, d'après l'ordre de Dieu, le champ de son cousin, près d'Anathoth, sa ville natale, environ à trois lieues de Jérusalem. Le contrat fut écrit, scellé, certifié par témoins, suivant toutes les ordonnances légales. Jérémie le prit en possession, signé avec ses clauses et le sceau qu'on avait mis dessus. Tout cela pour faire voir, selon la parole de l'Eternel, que, quoique Jérusalem et la Judée dussent devenir désertes et leurs habitants être transportés dans une terre étrangère, ce ne serait pas pour toujours, mais qu'il y aurait une restauration, où les terres et les héritages reviendraient à leurs maîtres légitimes, et où les ventes se feraient comme auparavant (Jerem., 22).

Nabuchodonosor avait mis le siège devant Jérusalem la 9ᵉ année de Sédécias, le 10ᵉ jour du 10ᵉ mois. Aussi ce jour, le 10ᵉ de Thébet, a-t-il été jusqu'ici un jour solennel de jeûne parmi les Juifs. Ce siège fut révélé à Ezéchiel, dans la Chaldée, le même jour qu'il fut commencé, et en même temps l'affreuse désolation où cette ville allait être plongée lui fut montrée sous l'emblème d'une chaudière bouillante. La même nuit, la femme du prophète, qui était le désir de ses yeux, lui fut ravie par une mort subite, et il eut défense de la part de Dieu d'en porter le deuil, pour marquer aux Juifs de Babylone que la cité sainte, le temple et le sanctuaire, qui leur étaient plus précieux que ne peut l'être une femme à son époux, non-seulement leur seraient enlevés par un coup aussi prompt que funeste, mais qu'ils tomberaient eux-mêmes dans une si grande calamité, qu'il ne leur serait pas permis de donner aucune marque de deuil pour cette perte (Ezech., 24).

Pharaon-Hophra ou Ephrée étant sorti de l'Egypte à la tête d'une grande armée, Nabuchodonosor leva le siège de Jérusalem. Jérémie, mis en liberté, se promenait au milieu du peuple. Sédécias lui envoya deux personnages considérables pour se recommander à ses prières et lui demander s'il n'avait pas eu quelque révélation sur ce qui devait arriver. « Vous direz ceci au roi de Juda, qui vous a envoyés pour m'interroger, répondit le prophète, au nom du Seigneur : Voilà que l'armée de Pharaon, qui est sortie à votre secours, retournera dans sa terre en Egypte. Et les Chaldéens reviendront, et ils combattront contre cette ville; et ils la prendront, et ils la brûleront. Ne veuillez pas séduire vos âmes, disant : Les Chaldéens s'en iront et s'éloigneront de nous; car ils ne s'en iront point. Mais, quand vous auriez frappé de mort toute l'armée des Chaldéens qui combattaient contre vous, et qu'il n'en serait resté que quelques blessés, ceux-ci sortiraient de leur tente et brûleraient encore cette ville (Jerem., 37).

Jérémie voulut profiter de cet intervalle de liberté pour aller à Anathoth partager son bien en présence des habitants, et aussi peut-être pour se retirer en particulier et n'être plus exposé de la sorte au milieu du peuple. Mais l'officier qui gardait la porte par où voulait sortir le prophète, l'arrêta sous prétexte qu'il cherchait à fuir vers les Chaldéens, et, malgré ses dénégations, l'emmena devant les princes, qui le firent battre de verges et enfermer dans une prison souterraine de la maison de Jonathan, le secrétaire. Il y demeura bien des jours.

Les Egyptiens, voyant approcher les Chaldéens, n'osèrent en venir aux mains avec une armée si nombreuse et si aguerrie. Ils reprirent le chemin de leur pays et abandonnèrent Sédécias à tous les périls de la guerre où ils l'avaient eux-mêmes engagé. Et l'Egypte fut ainsi, suivant l'expression d'Ezéchiel pour la maison d'Israël qui s'appuyait dessus, un roseau se brisant sous sa main, ensanglantant son bras et lui rompant les reins (Ezech., 29). Nabuchodonosor revint aussitôt devant Jérusalem et y remit le siége, qui dura environ un an, depuis le dernier investissement de la place jusqu'à sa ruine.

Sédécias, se voyant assiégé de nouveau, envoya tirer de prison Jérémie, et l'interrogea en secret dans sa maison : « Avez-vous quelque parole de Jéhova? — Oui, répondit le prophète; vous serez livré aux mains du roi de Babylone. » Puis il ajouta : « En quoi ai-je péché contre vous, contre vos serviteurs et contre votre peuple, pour que vous m'ayez jeté dans une prison? Où sont vos prophètes qui vous prophétisaient et qui disaient : Le roi de Babylone ne viendra point contre vous et contre cette terre? Maintenant donc écoutez-moi, je vous supplie, ô roi mon seigneur : Que ma prière prévale en votre présence, et ne me renvoyez point dans la prison de Jonathan, secrétaire, de peur que je n'y meure. » Sédécias donna ordre qu'il fût mis dans le vestibule de la prison et qu'on lui donnât tous les jours du pain avec la nourriture ordinaire, jusqu'à ce que tout le pain de la ville fût consumé (Jerem., 37).

Mais quatre princes de Juda apprirent que, dans le vestibule de la prison, Jérémie continuait à dire au nom du Seigneur : « Quiconque demeurera dans cette ville, mourra par le glaive, par la faim et par la peste; mais celui qui s'enfuira vers les Chaldéens, vivra et aura pour butin son âme vivante. Car ainsi parle Jéhova : Cette ville sera infailliblement livrée à l'armée du roi de Babylone, et il la prendra. » Ces princes dirent donc au roi : « De grâce, que cet homme soit mis à mort; car il affaiblit à dessein le bras des soldats qui sont demeurés dans la ville, et les bras de tout le peuple par ces paroles; car cet homme ne cherche point la prospérité de ce peuple; mais son mal. » Sédécias leur répondit : « Le voilà, il est entre vos mains; car le roi ne peut rien vous refuser. » Ils prirent donc Jérémie et le firent descendre, soutenu avec des cordes, dans une basse-fosse de la prison, où il n'y avait point d'eau, mais de la boue. Probablement qu'ils ne voulaient pas le faire mourir en public, par la crainte du peuple.

L'homme de Dieu y serait mort sans Abdémélech, Ethiopien, eunuque du palais, qui, ayant représenté à Sédécias l'injustice et la cruauté des princes, reçut de lui cette réponse : « Prends avec toi trente hommes, et ôte de là le prophète Jérémie avant qu'il meure. » Abdémélech exécuta la commission, non-seulement avec promptitude, mais encore avec une industrieuse charité. Il emporta du palais de vieilles étoffes, et les descendit jusqu'à Jérémie avec des cordes, en lui disant : « Mettez ces lambeaux d'étoffes usées sous vos aisselles, par dessus les cordes (Jerem., c. 38, 1-13). » Jérémie le fit, et fut ainsi sauvé par les soins charitables de l'Ethiopien, auquel, bientôt après, étant dans le vestibule de la prison, il annonça, de la part du Seigneur, qu'en récompense de sa foi, il verrait la ruine de Jérusalem, mais n'y perdrait ni la vie ni la liberté (Ibid., c. 39, 15-18).

Sédécias fit venir Jérémie encore une fois à un entretien secret dans une des salles du temple. « Je veux t'interroger, lui dit-il; ne me cache rien. — Si je vous annonce la vérité, demanda le prophète, ne me ferez-vous pas mourir, et si je vous donne un conseil, vous ne m'écouterez point. — Vive Jéhova! qui nous a fait cette âme, jura le roi en secret : Je ne te ferai point mourir et je ne te livrerai point aux mains de ceux qui cherchent ta vie. » Jérémie lui dit alors : « Ainsi parle Jéhova, le Dieu des armées, le Dieu d'Israël : Si vous sortez pour aller vers les princes du roi de Babylone, votre âme vivra, et cette ville ne sera point brûlée; et vous vous sauverez, vous et votre maison. Si vous n'allez pas vers les princes du roi de Babylone, cette ville sera livrée aux mains des Chaldéens, et consumée par le feu; et vous n'échapperez point à leurs mains. » Une inquiétude préoccupait le roi : « Je suis troublé à cause des Juifs qui ont fui vers les Chaldéens; je crains qu'on ne m'abandonne entre leurs mains et qu'ils ne m'outragent. — On ne vous livrera point à eux, répondit le prophète : écoutez, de grâce, la voix de Jéhova par laquelle je vous parle; et le bien sera sur vous, et votre âme vivra. Si vous ne voulez point sortir, voici ce que Jéhova m'a montré : Toutes les femmes qui seront demeurées dans la maison du roi de Juda, seront conduites aux princes du roi de Babylone, et elles diront : Ces hommes qui parlaient de paix vous ont séduit, et ils ont prévalu contre vous; ils vous ont plongé dans la fange et ont mis vos pieds dans des lieux glissants, et ils se sont éloignés de vous. Et toutes vos femmes avec vos enfants seront conduits aux Chaldéens, et vous n'éviterez pas leurs mains; mais vous serez pris par le roi de Babylone, et il brûlera la ville. » Sédécias conclut ainsi ce dernier entretien avec Jérémie : « Que personne ne sache ceci, et tu ne mourras point. Si les grands apprennent que je t'ai parlé, s'ils te viennent dire : Répète-nous ce que tu as dit au roi et ce que le roi t'a dit; ne nous cache rien, et nous ne te ferons point mourir; et que t'a dit le roi ? tu leur diras : J'ai répandu mes prières devant le roi, afin qu'il ne me fît point ramener dans la prison de Jonathan, car j'y serais mort. »

Tous les princes vinrent en effet vers Jérémie et l'interrogèrent, et il parla selon ce que le roi lui avait ordonné, et ils le laissèrent en paix; car rien n'avait été entendu. Et Jérémie demeura dans le vestibule de la prison jusqu'au jour où Jérusalem fut pris (Jerem., 38, 14-28).

La 11e année de Sédécias, du 5e au 9e jour du 4e mois, la ville fut ouverte par une brèche; tous les princes du roi de Babylone entrèrent et s'établirent dans une des portes. Sédécias les ayant vus, s'enfuit pendant la nuit, avec ses gens de guerre, par le jardin du roi et par une porte qui était entre deux murs, et ils entrèrent dans la voie du désert. Mais l'armée des Chaldéens les poursuivit. Sédécias fut pris dans le désert de Jéricho, amené à Réblatha, en la terre d'Emath, devant Nabuchodonosor, qui lui prononça son arrêt : c'était de voir égorger en sa présence et ses fils et tous les grands de Juda, et d'avoir ensuite les yeux crevés. Cette cruelle sentence fut exécutée, et le malheureux prince, chargé de chaînes d'airain, ne conservant de la vue que l'image la plus affreuse pour un père et pour un roi, fut emmené à Babylone, où il finit ses jours en prison.

Le 7e jour du 5e mois, Nabuzardan, capitaine des gardes du roi de Babylone, vint à Jérusalem. Il enleva tous les vaisseaux sacrés du temple, et tout ce qu'il y avait de précieux dans le palais du roi, ainsi que dans les autres maisons. Après quoi, suivant l'ordre qu'il avait reçu de son maître, il mit le feu au temple et à la ville, et les détruisit entièrement ; il renversa aussi les murailles avec leurs tours et leurs autres défenses, rasa tout ce qu'il y avait de bâtiments et réduisit la ville en un monceau de ruines (1). Jérusalem resta 52 ans dans ce déplorable état, jusqu'à ce que, par la faveur de Cyrus, les Juifs, revenus dans leur patrie, la rebâtirent. En mémoire de cette calamité, les Juifs ont observé jusqu'à nos jours deux jeûnes : l'un, le 17e du 4e mois qui tombe dans notre mois de juin, pour la destruction de Jérusalem ; l'autre, le 9e du 5e mois qui tombe dans notre mois de juillet, pour l'embrasement du temple. Il est fait mention de l'un et de l'autre dans Zacharie, sous les noms de jeûnes du 4e et du 5e mois, comme de solennités qui avaient été célébrées tous les ans depuis la destruction de Jérusalem jusqu'à son temps, qui était 70 ans après (Zachar., 8; 19). Josèphe remarque que le temple fut brûlé par Nabuchodonosor, le même jour et le même mois qu'il le fut par Tite pour la seconde fois (De bello judaïco, l. 7, c. 10).

Nabuzardan, non content de détruire la ville et le temple, fit encore captif tout le peuple qu'il y trouva. Il prit, entre autres, Saraïas, le grand-prêtre, et Sophonias, le second sacrificateur, avec environ soixante-dix autres personnes des plus considérables, et les mena devant son maître qui était à Réblatha, et qui les y fit tous mourir. Il ne laissa dans le pays que quelques-uns des plus pauvres du peuple pour labourer les terres et tailler les vignes, et leur donna pour gouverneur Godulias, fils d'Ahicam.

A l'égard de Jérémie, Nabuchodonosor avait expressément commandé à Nabuzardan de ne lui faire aucun mal, mais d'avoir un soin particulier de sa personne et de faire pour lui tout ce qu'il souhaiterait. C'est pourquoi ce général ne fut pas plus tôt arrivé à Jérusalem, que, de concert avec les autres grands officiers de son maître, parmi lesquels on remarque un chef des mages (Rab-mag), il fit sortir ce prophète de la prison et le remit en liberté ; et lorsqu'il s'en retourna vers Nabuchodonosor, il le mena jusqu'à Rama, où il le prit à part et lui dit : « Jéhova, ton Dieu, a prononcé ce malheur sur cette ville ; et Jéhova l'a amené sur elle, et il a fait comme il a dit, parce que vous avez péché contre Jéhova, et vous n'avez point écouté sa voix, et sa parole a été accomplie. Maintenant donc, voilà que je t'ai dégagé des chaînes qui chargeaient tes mains ; s'il te plaît de venir avec moi à Babylone, viens, et mes yeux seront ouverts sur toi ; mais s'il ne te plaît pas de venir avec moi à Babylone, demeure ici ; voilà toute cette terre devant toi ; au lieu que tu auras choisi, et où tu voudras aller, va. » Jérémie ne s'en retournait pas encore, lorsque Nabuzardan ajouta : « Demeure chez Godolias, fils d'Ahicam, fils de Saphan, que le roi de Babylone a établi sur les villes de Juda ; demeure avec lui au milieu du peuple ; ou bien au lieu qu'il te plaira de choisir, va. »

Après lui avoir parlé de la sorte, Nabuzardan lui donna des provisions et des présents, et le renvoya. Et Jérémie vint vers Godolias, fils d'Ahicam, en Masphath, et il habita avec lui au milieu du peuple qui avait été laissé dans la terre de Juda (Jerem., 39 et 40).

(1) L'an 588 avant l'ère chrétienne.

Le prophète, obligé de prédire les malheurs de Jérusalem, avait souhaité que sa tête se changeât en eau, et ses yeux en sources de larmes, pour pleurer nuit et jour au fond d'un désert. Maintenant qu'il voyait tous ses malheurs accomplis, quelle ne dut pas être sa douleur ! C'étaient des calamités sans égale : Jérémie y égala ses lamentations.

« Et il arriva, dit l'Ecriture, après que le peuple d'Israël eut été emmené en captivité, et Jérusalem réduite en solitude, que le prophète Jérémie s'assit fondant en larmes, et, soupirant dans l'amertume de son âme, pleura ces *lamentations* sur Jérusalem :

» Comment est-elle assise solitaire, la ville pleine de peuple ? elle est devenue comme veuve, la maîtresse des nations : la reine des provinces est asservie au tribut.

» Elle a pleuré et pleuré la nuit, ses larmes trempent ses joues : parmi tous ceux qui lui étaient chers, il n'en est pas qui la console ; tous ses amis l'ont méprisée et sont devenus ses ennemis.

» La Judée s'est émigrée à cause de l'affliction, à cause de la multitude de son esclavage : elle a demeuré parmi les nations, et elle n'y a pas trouvé de repos ; tous ses persécuteurs l'ont saisie au milieu des angoisses.

» Les chemins de Sion pleurent, parce qu'on ne vient plus à ses solennités : toutes ses portes sont désolées, ses prêtres gémissent, ses vierges sont dans le deuil ; elle-même est oppressée d'amertume.

» Ses ennemis se sont élevés sur sa tête, ceux qui la haïssent ont prospéré, parce que Jéhova s'est prononcé contre elle, à cause de la multitude de ses iniquités ; ses petits enfants sont allés en captivité devant la face d'un dominateur.

» Et toute sa beauté a fui la fille de Sion : ses princes sont devenus comme des béliers qui ne trouvent point de pâturage ; ils s'en sont allés sans force devant la face de qui les suivait.

» Jérusalem s'est souvenue des jours de son affliction, et de tous les biens qu'elle posséda et qu'elle corrompit aux jours anciens : elle s'en est souvenue, lorsque son peuple tombait sous une main ennemie et qu'il n'avait point de défenseur : ses ennemis l'ont vue, et ils ont ri des fêtes du sabbat.

» Jérusalem a péché le péché ; c'est pourquoi elle est devenue errante : tous ceux qui l'honoraient l'ont méprisée parce qu'ils ont vu son ignominie ; et elle, gémissante, s'est tournée en arrière (1).

(1) Jerem., *Lament.* 1, 1-8 : Quomodo sedet sola, civitas plena populo ? facta est quasi vidua, domina gentium : princeps provinciarum facta est sub tributo.
Plorans ploravit in nocte, et lacrymæ ejus in maxillis ejus : non est qui consoletur eam ex omnibus charis ejus ; omnes amici ejus spreverunt eam, et facti sunt ei inimici.
Migravit Judas propter afflictionem, et multitudinem servitutis : habitavit inter gentes, nec invenit requiem ; omnes persecutores ejus apprehenderunt eam inter angustias.
Viæ Sion lugent, eò quod non sint qui veniant ad solemnitatem : omnes portæ ejus destructæ ; sacerdotes ejus gementes ; virgines ejus squalidæ, et ipsa oppressa amaritudine.
Facti sunt hostes ejus in capite, inimici ejus locupletati sunt, quia Dominus locutus est super eam, propter multitudinem iniquitatum ejus ; parvuli ejus ducti sunt in captivitatem ante faciem tribulantis.
Et egressus est à filiâ Sion omnis decor ejus : facti sunt principes ejus velut arietes non invenientes pascua ; et abierunt absque fortitudine ante faciem subsequentis.
Recordata est Jerusalem dierum afflictionis suæ, et prævaricationis omnium desiderabilium suorum, quæ habuerat à diebus antiquis, cùm caderet populus ejus in manu hostili, et non esset auxiliator : viderunt eam hostes, et deriserunt sabbata ejus.
Peccatum peccavit Jerusalem ; propterea instabilis facta est : omnes qui glorificabant eam spreverunt illam, quia viderunt ignominiam ejus ; ipsa autem gemens, conversa est retrorsum.

» Ses souillures ont couvert ses pieds, et elle ne s'est point souvenue de sa fin : elle a été dégradée violemment, et elle n'a pas de consolateur. — Voyez, ô Jéhova ! mon affliction, parce que l'ennemi s'est élevé avec orgueil.

» L'oppresseur a porté la main sur ses trésors ; et elle a vu les nations entrer dans son sanctuaire, desquelles vous aviez ordonné qu'elles n'entreraient pas dans votre assemblée.

» Tout son peuple s'en va gémissant et cherchant du pain : ce qu'ils avaient de plus précieux, ils l'ont donné pour un peu de nourriture qui rappelât leur âme. — Voyez, ô Jéhova! et considérez combien je suis abaissée.

» O vous tous qui passez par le chemin, regardez, et voyez s'il est une douleur comme ma douleur, parce que Jéhova m'a dévastée selon sa parole au jour de sa colère et de sa fureur.

» Il a envoyé du ciel le feu dans mes os, et ce feu en a pénétré chacun ; il a tendu un rets à mes pieds, il m'a fait tomber en arrière ; il m'a désolée, et, durant tout le jour, il m'a accablée de douleur.

» Le jour de mes iniquités s'est éveillé ; il les a roulées dans sa main, et il les a imposées sur mon cou ; ma force a été affaiblie, et Jéhova m'a livré à une main de dessous laquelle je ne pourrai me relever.

» Tous mes forts, Jéhova les a enlevés du milieu de moi ; il a convoqué contre moi le temps, pour écraser mes hommes d'élite; Adonaï a foulé lui-même le pressoir contre la vierge, fille de Juda.

» C'est pourquoi me voilà pleurant, et mes yeux répandant des ruisseaux de larmes, parce qu'il s'est éloigné de moi, le consolateur qui donne la vie : perdus sont mes fils, parce que l'ennemi a prévalu.

» Sion a tendu les mains, et personne qui la console; Jéhova a commandé de toutes parts les ennemis de Jacob; Jérusalem est devenue au milieu d'eux un objet d'horreur.

» Jéhova est juste, parce que j'ai irrité la parole de sa bouche. Peuples, écoutez tous, je vous en conjure, et voyez ma douleur : mes vierges et mes jeunes gens sont allés en captivité (1).

» J'ai appelé mes amis, et ils m'ont trompé ; mes prêtres et mes vieillards ont été consumés dans la ville, en cherchant un peu de nourriture pour rappeler leur âme.

» Voyez, ô Jéhova ! ma tribulation ; mes entrailles sont tout émues, mon cœur est bouleversé au dedans de moi, parce que je suis pleine d'amertume; au dehors, le glaive tue mes enfants ; dans la maison, c'est comme la mort.

» Ils ont entendu mes gémissements, et personne qui me console : tous mes ennemis ont connu mes malheurs ; ils se sont réjouis, parce que c'est vous qui l'avez fait ; mais vous amènerez le jour de la consolation, et ils seront semblables à moi.

» Que tous leurs crimes se montrent devant votre face, et vendangez-les comme vous m'avez vendangée à cause de mes iniquités ; car mes gémissements sont nombreux, et mon cœur est dans la tristesse (1). »

L'élégie profane n'a rien de comparable à cette lamentation. Ce n'est point ici un poète qui s'échauffe l'imagination pour pleurer des malheurs souvent imaginaires ; c'est l'ami de son pays, c'est un prêtre, un prophète, assis sur les ruines fumantes de sa patrie, qui pleure son peuple, qui pleure son roi, qui pleure la cité sainte, qui pleure le temple saint, le seul que le vrai Dieu eût dans l'univers ; sa tristesse est d'autant plus profonde, plus divinement poétique, que ces malheurs sont mérités, qu'il avait été obligé de les prédire, qu'il n'avait rien omis pour les détourner. Aussi combien sa plainte est vive et pénétrante. Ce n'est pas un homme qui fait une lamentation, mais qui la pleure, suivant la belle expression du préambule dans le grec : Καὶ ἐθρήνησε τὸν θρῆνον τοῦτον ἐπὶ Ἱερουσαλήμ. Cependant Jérémie semble se surpasser encore lui-même dans sa *lamentation* deuxième :

« Comment Adonaï, dans sa colère, a-t-il couvert de ténèbres la fille de Sion? Il a précipité du ciel la gloire d'Israël, et il ne s'est pas souvenu de l'escabeau de ses pieds au jour de sa fureur.

» Adonaï a renversé, il n'a épargné en rien les magnificences de Jacob; il a détruit dans sa fureur les remparts de la vierge de Juda, il les a jetés par terre ; il a profané le royaume et ses princes.

» Dans l'ardeur de sa colère, il a brisé toute la force d'Israël ; il a retiré sa droite de devant la face de l'ennemi, et il a allumé dans Jacob comme la flamme d'un feu qui dévore de toutes parts (2).

» Il a tendu son arc comme un ennemi, il a levé le bras comme un assaillant, et il a tué tout ce qui

---

(1) *Lament.* 1, 9-19: Sordes ejus in pedibus ejus, nec recordata est finis sui; deposita est vehementer, non habens consolatorem. Vide, Domine, afflictionem meam, quoniam erectus est inimicus.
Manum suam misit hostis ad omnia desiderabilia ejus; quia vidit gentes ingressas sanctuarium suum, de quibus præceperas ne intrarent in Ecclesiam tuam.
Omnis populus ejus gemens et quærens panem : dederunt pretiosa quæque pro cibo ad refocillandam animam. Vide, Domine, et considera, quoniam facta sum vilis.
O vos omnes qui transitis per viam, attendite et videte si est dolor sicut dolor meus, quoniam vindemiavit me, ut locutus est Dominus in die iræ furoris sui.
De excelso misit ignem in ossibus meis, et erudivit me; expandit rete pedibus meis, convertit me retrorsum ; posuit me desolatam, totâ die mœrore confectam.
Vigilavit jugum iniquitatum mearum; in manu ejus convolutæ sunt et impositæ collo meo; infirmata est virtus mea; dedit me Dominus in manu de quâ non potero surgere.
Abstulit omnes magnificos meos Dominus de medio mei; vocavit adversùm me tempus, ut contereret electos meos ; torcular calcavit Dominus virgini filiæ Juda.
Idcirco ego plorans, et oculus meus deducens aquas, quia longè factus est a me consolator, convertens animam meam ; facti sunt filii mei perditi, quoniam invaluit inimicus.
Expandit Sion manus suas, non est qui consoletur eam ; mandavit Dominus adversùm Jacob in circuitu ejus hostes ejus ; facta est Jerusalem quasi polluta menstruis inter eos.
Justus est Dominus, quia os ejus ad iracundiam provocavi. Audite, obsecro, universi populi, et videte dolorem meum : virgines meæ et juvenes mei abierunt in captivitatem.
Vocavi amicos meos, et ipsi deceperunt me ; sacerdotes mei et senes mei in urbe consumpti sunt ; quia quæsierunt cibum sibi ut refocillarent animam suam.

(1) *Lament.* 1, 20-22 : Vide, Domine, quoniam tribulor ; conturbatus est venter meus, subversum est cor muum in memetipsâ, quoniam amaritudine plena sum ; foris interficit gladius, et domi mors similis est.
Audierunt quia ingemisco ego, et non est qui consoletur me : omnes inimici mei audierunt malum meum ; lætati sunt, quoniam tu fecisti; adduxisti diem consolationis, et fient similes mei.
Ingrediatur omne malum eorum coram te, et vindemia eos, sicut vindemiasti me propter omnes iniquitates meas ; multi enim gemitus mei, et cor meum mœrens.

(2) *Lament.* 2, 1-4: Quomodò obtexit caligine in furore suo Dominus filiam Sion ? Projeci de cœlo in terram inclytam Israël, et non est recordatus scabelli pedum suorum in die furoris sui.
Præcipitavit Dominus, nec pepercit omnia speciosa Jacob; destruxit in furore sub munitiones virginis Juda, et dejecit in terram ; polluit regnum et principes ejus.
Confregit in irâ furoris sui omne cornu Israël ; avertit retrorsùm dexteram suam à facie inimici, et succendit in Jacob quasi ignem flammæ devurantis in gyro.
Tetendit arcum suum quasi inimicus, firmavit dexteram suam quasi hostis, et occidit omne quod pulchrum erat visu in tabernaculo filiæ Sion : effudit quasi ignem indignationem suam.

était beau à voir sous la tente de la fille de Sion : il a versé son indignation comme la flamme.

» Adonaï est devenu comme un ennemi : il a renversé Israël, il a abattu ses forteresses, il a détruit ses remparts et il a multiplié dans la fille de Juda l'humiliation et la douleur.

» Il a détruit comme un jardin son pavillon, il a renversé son tabernacle : Jéhova a livré à l'oubli dans Sion ses solennités et les jours de sabbat; et le prêtre et le roi ont été en opprobre et en indignation à sa fureur.

» Adonaï a rejeté son autel, il a maudit son sanctuaire : il a livré aux mains de ses ennemis les murs de ses tours; ils ont élevé la voix dans la maison de Jéhova, comme dans un jour solennel.

» Jéhova a résolu d'abattre le mur de la fille de Sion : il a tendu son cordeau, et il n'a pas détourné sa main de la ruine; l'avant-mur a gémi, et le mur a été renversé.

» Ses portes sont enfoncées dans la terre : il en a rompu et brisé les verroux, dispersé son roi et ses princes parmi les nations : plus de loi, et les prophètes n'ont plus trouvé la vision de Jéhova.

» Ils se sont assis sur la terre, ils se sont tus, les vieillards de la fille de Sion; ils ont couvert leur tête de cendre, ils se sont revêtus de cilices; les vierges de Jérusalem ont mis leur tête dans la poussière.

» Mes yeux se sont fatigués dans les larmes, mes entrailles ont été émues; ma douleur s'est répandue comme l'eau sur la terre, à la vue des angoisses de la fille de mon peuple, lorsque les petits enfants, les enfants à la mamelle, tombaient en défaillance dans les places de la ville.

» Ils ont dit à leurs mères : Où est le blé et le vin ? lorsqu'ils tombaient comme frappés par le glaive dans les places de la ville, lorsqu'ils exhalaient leur âme sur le sein de leurs mères.

» A qui te comparerai-je ? à qui te dirai-je semblable, fille de Jérusalem? à qui t'égalerai-je, et comment te consoler, vierge fille de Sion? Grand comme la mer est ton brisement : qui te guérira?

» Tes prophètes t'ont vu le mensonge et la folie; ils ne t'ont pas découvert ton iniquité pour détourner tes malheurs : ils t'ont vu des oracles menteurs et des triomphes (1).

(1) *Lament*. 2, 5-14 : Factus est Dominus velut inimicus: præcipitavit Israël, præcipitavit omnia mœnia ejus, dissipavit munitiones ejus, et replevit in filia Juda humiliatum et humiliatam.
Et dissipavit quasi hortum tentorium suum, demolitus est tabernaculum suum : oblivioni tradidit Dominus in Sion festivitatem et sabbatum et in opprobrium; et in indignationem furoris sui, regem et sacerdotem.
Repulit Dominus altare suum, maledixit sanctificationi suæ : tradidit in manu inimici muros turrium ejus : vocem dederunt in domo Domini, sicut in die solemni.
Cogitavit Dominus dissipare murum filiæ Sion : tetendit funiculum suum, et non avertit manum suam a perditione : luxitque antemurale, et murus pariter dissipatus est.
Defixæ sunt in terra portæ ejus : perdidit et contrivit vectes ejus, regem ejus et principes ejus in gentibus : non est lex, et prophetæ ejus non invenerunt visionem a Domino.
Sederunt in terra, conticuerunt senes filiæ Sion; consperserunt cinere capita sua, accincti sunt ciliciis abjecerunt in terram capita sua virginis Jerusalem.
Defecerunt præ lacrymis oculi mei, conturbata sunt viscera mea; effusum est in terra jecur meum super contritione filiæ populi mei, cùm deficeret parvulus et lactens in plateis oppidi.
Matribus suis dixerunt : Ubi est triticum et vinum? cùm deficerent quasi vulnerati in plateis civitatis, cùm exhalarent animas suas in sinu matrum suarum.
Cui comparabo te? vel qui assimilabo te? filia Jerusalem? cui exæquabo te, et consolabor te virgo filia Sion? magna est enim velut mare contritio tua : quis medebitur tui?
Prophetæ tui viderunt tibi falsa et stulta; nec aperiebant iniquitatem tuam, ut te ad pœnitentiam provocarent; viderunt autem tibi assumptiones falsas et ejectiones.

» Ils ont frappé des mains sur toi, tous ceux qui passent par le chemin; ils ont sifflé et secoué la tête sur la fille de Jérusalem. Est-ce là cette ville que l'on disait d'une beauté parfaite, la joie de toute la terre?

» Ils ont ouvert sur toi leur bouche, tous tes ennemis; ils ont sifflé, ils ont grincé des dents et ils ont dit : Nous la dévorerons : voici le jour que nous attendions; nous l'avons trouvé, nous l'avons vu.

» Jéhova a fait ce qu'il a pensé; il a accompli la menace qu'il avait proférée dès les jours anciens : il a détruit et il n'a pas épargné; il a réjoui de toi ton ennemi, et il a exalté la force de tes oppresseurs.

» Leur cœur a crié vers Adonaï : Mur de la fille de Sion, pleure jour et nuit, et que tes larmes coulent comme un torrent; ne te donne aucun relâche, et que ton œil ne se taise pas.

» Lève-toi, fais retentir ta prière dans la nuit, au commencement des veilles : répands ton cœur comme l'eau devant la face d'Adonaï; lève vers lui tes mains pour l'âme de tes petits enfants qui ont pâmé de faim à l'entrée de toutes les places.

» Voyez, ô Jéhova! et considérez qui vous avez ainsi ravagé : les mères dévoreront-elles le fruit de leurs entrailles, les petits enfants à la mamelle ? égorgera-t-on, dans le sanctuaire de Jéhova, le prêtre et le prophète?

» L'enfant et le vieillard sont étendus sur la terre le long des rues; mes vierges et mes jeunes hommes sont tombés sous le glaive : vous les avez tués au jour de votre fureur; vous les avez frappés et vous n'avez pas eu pitié.

» Vous avez convoqué, comme à une fête solennelle, mes terreurs de toutes parts; et, dans le jour de la fureur de Jéhova, nul n'a échappé, nul n'a été laissé : ceux que j'ai nourris et élevés, mon ennemi les a dévorés (1). »

Chacune de ces vingt-deux strophes commence, dans le texte original, par une des vingt-deux lettres de l'alphabet hébraïque. Cet ordre aidait la mémoire; car ces chants lugubres que Jérémie pleurait assis sur les ruines de Jérusalem, ses frères captifs les pleuraient assis sur les fleuves de l'Euphrate. Les hommes et les femmes d'Israël chantaient en chœur les lamentations de ce prophète sur la mort de Josias : combien plus ne durent-ils pas chanter ses lamentations sur la ruine de Jérusalem et du temple? Aujourd'hui encore, lorsque au jour de son grand deuil, l'Eglise chrétienne redit ces paroles d'afflic-

(1) *Lament*. 2, 15-22 : Plauserunt super te manibus omnes transeuntes per viam; sibi laverunt et moverunt caput suum super filiam Jerusalem. Hæccine est urbs, dicentes, perfecti decoris, gaudium universæ terræ?
Aperuerunt super te os suum omnes inimici tui; sibilaverunt, et fremuerunt dentibus, et dixerunt : Devorabimus : en ista est dies, quam expectabamus; invenimus, vidimus.
Fecit Dominus quæ cogitavit, complevit sermonem suum, quem præceperat a diebus antiquis, destruxit, et non pepercit; et lætificavit super te inimicum, et exaltavit cornu hostium tuorum.
Clamavit cor eorum ad Dominum super muros filiæ Sion : Deduc quasi torrentem lacrymas, per diem et noctem; non des requiem tibi, neque taceat pupilla oculi tui.
Consurge, lauda in nocte, in principio vigiliarum : effunde sicut aquam cor tuum ante conspectum Domini; leva ad eum manus tuas pro anima parvulorum tuorum, qui defecerunt in fame in capite omnium compitorum.
Vide, Domine, et considera quem vindemiaveris ita : ergone comedent mulieres fructum suum, parvulos ad mensuram palmæ? si occidatur in sanctuario Domini sacerdos et propheta?
Jacuerunt in terra foris puer et senex; virgines meæ et juvenes mei ceciderunt in gladio; interfecisti in die furoris tui; percussisti nec misertus es.
Vocasti quasi ad diem solemnem, qui terrerent me de circuitu, et non fuit in die furoris Domini qui effugeret et relinqueretur; quos educavi et enutrivi, inimicus meus consumpsit eos.

tion, dans la musique de *Palestrina*, ou simplement par la voix d'un enfant, les cœurs s'attendrissent. Que devait-ce donc être que la douloureuse harmonie de tout un peuple captif, hommes, femmes, enfants, prêtres, prophètes, pleurant sous les saules des fleuves de Babylone, non loin des prisons où leurs deux derniers rois, l'un privé même de la vue, gémissaient dans les fers? Qu'on se représente tout ce peuple, détachant des saules de l'Euphrate les harpes de Sion, tournant ses regards vers les lieux où fut Jérusalem, et redisant d'une voix entrecoupée par les sanglots :

« Comment l'or s'est-il obscurci? comment son éclat s'est-il changé? comment les pierres du sanctuaire ont-elles été dispersées à l'entrée de toutes les places?

» Les fils de Sion, éclatants, revêtus de l'or le plus pur, comment ont-ils été traités ainsi que le vase de terre, ouvrage de la main du potier?

» Les dragons ont découvert leurs mamelles et ont allaité leurs petits; la fille de mon peuple a été cruelle comme l'autruche du désert.

» La langue de l'enfant encore à la mamelle s'est attachée à son palais dans l'ardeur de sa soif; les petits enfants ont demandé du pain, et personne n'était là pour leur en rompre.

» Ceux qui se nourrissaient avec délicatesse sont morts dans les rues; ceux qui mangeaient sur la pourpre ont embrassé les immondices.

» L'iniquité de la fille de mon peuple est devenue plus grande que le crime de Sodome, qui fut renversée dans un moment, et la main de l'homme n'a pas été dans sa ruine.

» Ses Nazaréens étaient plus blancs que la neige, plus purs que le lait, plus vermeils que les perles, plus éclatants que le saphir.

» Et leur visage est devenu plus noir que du charbon, et ils n'ont pas été reconnus sur les places publiques : leur peau est attachée à leurs os; elle est desséchée, elle est devenue comme du bois.

» Plus heureux ceux qui ont péri par le glaive que ceux qui périssent par la faim! Ceux-ci se sont lentement consumés par la stérilité de la terre.

» Les mains des femmes miséricordieuses ont fait bouillir leurs enfants; ils sont devenus leur nourriture dans la ruine de la fille de mon peuple!

» Jéhova a satisfait sa fureur, il a répandu l'ardeur de sa colère; et il a allumé dans Sion un feu qui a dévoré ses fondements (1).

» Les rois de la terre et tous ceux qui habitent l'univers n'ont pas cru que l'ennemi et l'assaillant entrât dans les portes de Jérusalem.

» A cause des péchés de ses prophètes et des iniquités de ses prêtres, qui ont répandu au milieu d'elle le sang des justes.

» Ils ont erré en aveugles dans les rues, ils se sont souillés de sang; et, ne pouvant l'éviter, ils levaient leurs robes.

» Retirez-vous, impurs, leur criait-on; retirez-vous, retirez-vous, ne me touchez pas; et ils se sont émus, et ils se sont attaqués l'un à l'autre; et l'on disait parmi les nations : Ils ne séjourneront plus longtemps.

» Jéhova les a divisés par son regard, et désormais il ne les verra plus; ils n'ont pas honoré la face des prêtres, ils n'ont pas eu pitié des vieillards.

» Lorsque nous subsistions encore, nos yeux ont défailli dans l'attente d'un vain secours; nous avons tenu nos regards attachés sur une nation qui ne pouvait nous sauver.

» On a tendu des pièges à nos pas, en sorte que nous ne pouvions aller dans nos places : notre fin approche; nos jours sont accomplis, notre fin est venue.

» Nos persécuteurs ont été plus vite que les aigles des cieux : ils nous ont poursuivis sur les montagnes, ils nous ont dressé des embûches dans le désert.

» L'esprit de notre bouche, le Christ de Jéhova, a été pris dans leurs fosses ; lui dont nous disions : Nous vivrons sous son ombre au milieu des nations.

» Réjouis-toi, tressaille d'allégresse, fille d'Edom, qui habites dans la terre de Hus; jusqu'à toi viendra le calice, tu seras enivrée et mise à nu.

» Ton iniquité est consommée, fille de Sion ; Jéhova ne te transportera plus hors de ton pays ; il a visité ton iniquité, fille d'Edom ; il a découvert tes péchés (1). »

On voit que, dans ces lamentations, les enfants d'Israël déploraient non-seulement la ruine de Jérusalem et du temple, mais encore et surtout les crimes qui l'avaient provoquée. Depuis dix siècles, ils chantaient le cantique de Moïse qui, en punition de leurs péchés, leur prédisait tous les malheurs qu'alors ils pleuraient avec Jérémie. Quelle profonde impression tout cela ne dut-il pas faire sur leur âme? Aussi les verrons-nous moins portés à l'idolâtrie.

(1) *Lament.* 4, 1-11 : Quomodo obscuratum est aurum, mutatus est color optimus, dispersi sunt lapides sanctuarii in capite omnium platearum?
Filii Sion inclyti, et amicti auro primo, quomodo reputati sunt in vasa testea, opus manuum figuli?
Sed et lamiæ nudaverunt mammam, lactaverunt catulos suos; filia populi mei crudelis, quasi struthio in deserto.
Adhæsit lingua lactentis ad palatum ejus in siti; parvuli petierunt panem, et non erat qui frangeret eis.
Qui vescebantur voluptuose, interierunt in viis; qui nutriebantur in croceis, amplexati sunt stercora.
Et major effecta est iniquitas filiæ populi mei peccato Sodomorum, quæ subversa est in momento, et non ceperunt in eâ manus.
Candidiores Nazaræi ejus nive, nitidiores lacte, rubicundiores ebore antiquo, saphiro pulchriores.
Denigrata est super carbones facies eorum, et non sunt cogniti in plateis: adhæsit cutis eorum ossibus; aruit, et facta est quasi lignum.
Melius fuit occisis gladio, quàm interfectis fame; quoniam isti extabuerunt consumpti à sterilitate terræ.
Manus mulierum misericordium coxerunt filios suos; facti sunt cibus earum, in contritione filiæ populi mei.
Complevit Dominus furorem suum, effudit iram indignationis suæ; ut succendit ignem in Sion, et devoravit fundamenta ejus.

(1) *Lament.* 4, 12-22 : Non crediderunt reges terræ et universi habitatores orbis, quoniam ingrederetur hostis et inimicus per portas Jerusalem.
Propter peccata prophetarum ejus et iniquitates sacerdotum ejus, qui effuderunt in medio ejus sanguinem justorum.
Erraverunt cæci in plateis, polluti sunt in sanguine; cùmque non possent, tenuerunt lacinias suas.
Recedite, polluti, clamaverunt eis; recedite, abite, nolite tangere; jurgati quippe sunt et commoti; dixerunt inter gentes : Non addet ultrà ut habitet in eis.
Facies Domini divisit eos, non addet ut respiciat eos ; facies sacerdotum non erubuerunt, neque senum miserti sunt.
Cùm adhuc subsisteremus, defecerunt oculi nostri ad auxilium nostrum vanum; cùm respiceremus attenti ad gentem, quæ salvare non poterat.
Lubricaverunt vestigia nostra in itinere platearum nostrarum, appropinquavit finis noster: completi sunt dies nostri, quia venit finis noster.
Velociores fuerunt persecutores nostri aquilis cœli : super montes persecuti sunt nos, in deserto insidiati sunt nobis.
Spiritus oris nostri, Christus Dominus, captus est in peccatis nostris; cui diximus : In umbrâ tuâ vivemus in gentibus.
Gaude, et lætare, filia Edom, quæ habitas in terrâ Hus; ad te quoque perveniet calix, inebriaberis atque nudaberis.
Completa est iniquitas tua, filia Sion ; non addet ultrà ut transmigret te : visitavit iniquitatem tuam, filia Edom, discooperuit peccata tua.

LIVRE DIX-HUITIÈME.

Fin de Jérémie. — Nabuchodonosor et son fils annoncent le vrai Dieu à tous les peuples de la terre. — Daniel, historien des quatre grands empires, en particulier, de l'empire romain. — Chants lugubres d'Ézéchiel sur la ruine future de Tyr et de l'Égypte. — Prise de Babylone par Cyrus.

(De l'an 588 à l'an 538 avant l'ère chrétienne.)

Il y avait quarante ans que Jérémie prophétisait, lorsque Jérusalem fut ruinée par les Chaldéens. Ses prophéties ne lui avaient attiré que des persécutions, mais il n'en aimait pas moins ses frères. Il avait pleuré leur malheur à venir, il le pleura venu; il n'avait rien négligé pour le leur faire éviter, il ne négligea rien pour le leur rendre profitable.

Les uns allaient être emmenés à Babylone, dont l'idolâtrie était pour eux d'un dangereux exemple. Pour les prémunir contre la séduction, il leur donna, par ordre de Dieu, comme une lettre pastorale, où il leur rappelle qu'ils seraient emmenés captifs par Nabuchodonosor, qu'une fois entrés à Babylone, ils y resteraient beaucoup d'années, mais qu'enfin Dieu les ramènerait dans la paix.

« Maintenant donc, vous verrez à Babylone des dieux d'or et d'argent, de pierre et de bois, portés sur les épaules et craints par les nations. Gardez-vous d'imiter ces étrangers et de vous laisser surprendre à cette frayeur. Quand vous verrez une foule de peuple devant et derrière, qui les adore, dites en votre cœur : C'est vous, Seigneur, qu'il faut adorer ; car mon ange est avec vous, et je serai moi-même le défenseur de votre vie.

» Ces dieux ne se préservent ni de la rouille ni des vers. L'un tient un sceptre comme un homme, comme le juge d'une province ; mais il ne peut punir celui qui l'offense : l'autre a une épée et une hache à la main ; mais il ne peut se défendre des guerriers ni des voleurs..... On allume devant eux des lampes, et en grand nombre ; mais ils n'en peuvent voir aucune. Les hiboux, les hirondelles et les autres oiseaux, et jusqu'aux chats, se promènent sur leurs corps et sur leurs têtes. L'or dont ils sont couverts n'est que pour l'apparence : si l'on n'ôte point leur rouille, ils ne brilleront point, et lorsqu'on les jette dans la fournaise, ils ne le sentent point. On les a achetés à grand prix, eux en qui la vie n'est pas. Comme ils n'ont point de pieds, ils sont portés sur les épaules, montrant ainsi leur impuissance aux hommes. Qu'ils soient confondus, ceux qui les adorent ! Aussi, tombent-ils par terre, ils ne se relèvent pas d'eux-mêmes ; et, les relève-t-on, ils ne se soutiendront point par eux-mêmes... Qu'ils éprouvent le mal ou le bien, ils ne peuvent rendre ni l'un ni l'autre ; ils ne peuvent faire un roi ni le détrôner ; ils ne peuvent donner la richesse ni punir une injure. Si quelqu'un fait un vœu et ne l'accomplit pas, ils ne s'en vengeront pas. Ils ne délivrent personne de la mort ; ils n'arrachent point le faible de la main du puissant. Ils ne rendent point la vue à un homme aveugle, et ils ne retirent point le pauvre de la détresse. Ils n'auront pas pitié de la veuve, et ils ne peuvent rien pour les orphelins. Ces dieux sont semblables aux pierres de la montagne, dieux de bois et de pierre, d'or et d'argent. Que ceux qui les adorent soient confondus ! Comment donc peut-on croire ou dire que ce sont des dieux ? — N'étant que du bois, et de l'or, et de l'argent, toutes les nations et tous les rois en reconnaîtront la fausseté : il sera manifeste que ce ne sont point des dieux, mais les œuvres de la main des hommes, où il n'y a rien de Dieu (Baruch, 6). »

En même temps qu'il s'appliquait à confirmer ses frères dans la fidélité au Seigneur, Jérémie prenait soin de leur conserver les objets les plus précieux de son culte : le feu perpétuel, l'autel des parfums, le tabernacle, l'arche d'alliance. Quelque grande que fût la corruption, il y avait encore parmi les prêtres un certain nombre qui avaient le zèle de Dieu. D'après l'ordre du prophète, ils prirent le feu sur l'autel, le cachèrent secrètement dans une vallée, au fond d'un puits profond et sec, d'où nous le verrons tirer sous Néhémie. Ensuite, d'après un avertissement qu'il avait lui-même reçu du ciel, il commanda qu'on apportât avec lui le tabernacle et l'arche, jusqu'à ce qu'il fût arrivé à la montagne sur laquelle Moïse était monté et avait vu l'héritage du Seigneur. Là, ayant trouvé une caverne, il y mit le tabernacle, l'arche et l'autel des parfums, et il en boucha l'entrée. Quelques-uns de ceux qui l'avaient suivi s'étant approchés pour marquer ce lieu, ils ne purent le trouver. Jérémie l'ayant su, les réprimanda et dit que ce lieu demeurerait inconnu jusqu'à ce que Dieu eût rassemblé son peuple dispersé et qu'il lui eût fait miséricorde ; qu'alors la majesté du Seigneur paraîtrait de nouveau dans une nuée, comme elle avait paru au temps de Moïse, et lorsque Salomon demanda que le temple fût consacré au grand Dieu (2. Mach., 1 et 2).

Il n'est pas certain que cette prédiction se soit déjà accomplie. Dans le second temple il n'est plu parlé, du moins expressément, de l'arche d'alliance. Il paraîtrait donc qu'elle est toujours cachée en la montagne de Nébo, ainsi que le sépulcre de Moïse. Plusieurs ont pensé que Dieu ne la manifesterait que vers la fin des siècles, au second avènement d'Hénoch et d'Elie, pour convertir tous les enfants d'Israël au Christ.

Jérémie ne suivit point les captifs à Babylone, mais resta dans la Judée avec le pauvre peuple. Il pensait peut-être que les premiers avaient, pour les conduire, Ezéchiel, Daniel et ses compagnons ; tandis que les autres allaient-être comme un troupeau sans pasteur. Il se fixa donc à Masphath, auprès de Godolias, fils d'Ahicam, que le roi de Babylone avait établi gouverneur de tout le pays, et dont la famille avait occupé des premières dignités du royaume depuis le roi Josias, et tenu généralement une conduite honorable envers le prophète.

Autour de Godolias s'assemblèrent un grand nombre de fugitifs, qui s'étaient dispersés auparavant par la crainte des Chaldéens. Il les rassura par serment, et dit : « Ne craignez point de servir les Chaldéens ; demeurez dans cette terre, et servez le roi de Babylone, et le bien sera sur vous. Voilà que j'habite Masphath, pour répondre aux ordres qu'apportent les Chaldéens qui sont envoyés vers nous : pour vous, recueillez les fruits de la vigne, des blés et de l'huile, et renfermez-les dans vos vases et vos greniers ; et demeurez dans vos villes que vous occupez. » Ils le firent, et recueillirent le blé et le vin en abondance. Les principaux d'entre eux étaient Ismaël, Johanan, Jonathan, Saréas, Jézonias et le fils d'un certain Ophni.

De Moab aussi, d'Ammon et d'Edom, vinrent tous les Juifs qui s'y étaient réfugiés, et ils commencèrent à cultiver tranquillement la terre. Mais bientôt Johanan et les autres chefs avertirent Godolias que Baalis, roi des Ammonites, instiguait à le tuer, Ismaël qui était de la race royale. Godolias, généreux et confiant, ne voulut pas les croire. Johanan lui ayant même offert en secret de prévenir le traître Ismaël sans que personne en sût rien, et d'empêcher ainsi l'anéantissement des restes de Juda, il le lui défendit sévèrement et l'accusa de calomnier Ismaël (Jerem., 40). Peu après, ce dernier vint à Masphath, accompagné de quelques-uns des principaux d'Ammon et de dix hommes armés. Godolias les reçut cordialement et les invita à un festin ; mais eux l'égorgèrent, ainsi que les Juifs et les Chaldéens qui se trouvaient avec lui.

Le surlendemain, personne au dehors ne sachant ce qui s'était passé, quatre-vingts hommes vinrent de Sichem, de Silo et de Samarie, la barbe rasée, les habits déchirés et le visage défiguré en signe de deuil ; et ils portaient dans leurs mains de l'encens et des offrandes pour les offrir dans la maison de l'Eternel, probablement dans le lieu du temple et au milieu de ses ruines, où Godolias avait peut-être rétabli un autel. Ismaël sortit à leur rencontre pleurant avec eux. Les ayant ainsi attirés dans la ville, il en fit égorger soixante-dix, et jeta leurs cadavres dans une fosse. Les autres se rachetèrent en lui découvrant des provisions de vivres qu'ils avaient enfouies dans les champs. Cela fait, il les emmena au pays des Ammonites, avec le peuple de Masphath, les filles du roi Sédécias qui s'étaient réfugiées auprès de Godolias. Mais Johanan et les autres chefs les poursuivirent, et quand les prisonniers aperçurent des libérateurs, ils passèrent joyeusement à eux. Ismaël s'enfuit avec huit hommes ; les autres s'en allèrent avec Johanan et beaucoup de peuple dans les environs de Bethléhem, où ils délibérèrent de fuir en Egypte, parce qu'ils craignaient que Nabuchodonosor ne leur imputât le meurtre de Godolias, si innocents qu'ils en fussent (Jerem., 41).

Tous les chefs et le reste du peuple s'approchèrent du prophète Jérémie, et le prièrent de supplier l'Eternel de leur marquer où ils devaient aller et ce qu'ils devaient faire. Jérémie le leur promit, et eux prirent Dieu à témoin de la promesse, qu'ils feraient tout ce qu'il leur commanderait par la bouche de Jérémie. Dix jours après, le prophète appela Johanan, avec les autres chefs et tout le peuple, et leur annonça la révélation de l'Eternel. Elle contenait des promesses, s'ils restaient dans le pays ; des menaces, s'ils allaient en Egypte. Ils ne devaient pas avoir peur du roi de Babylone. Jéhova voulait avoir pitié d'eux, les protéger, les sauver ; mais se retiraient-ils en Egypte pour ne point voir la guerre, n'entendre pas le son de la trompette, échapper en même temps à la famine, le glaive qu'ils redoutaient, la famine et la peste s'attacheraient à eux en Egypte (Ibid., 42).

Cette révélation ne répondait pas aux vues des chefs ; ils accusèrent le prophète de mensonge et d'avoir parlé ainsi, non par l'inspiration de Dieu, mais par celle de Baruch. Ils résolurent donc de se réfugier en Egypte, et y entraînèrent avec eux tout ce qu'il y avait de Juifs, tant ceux qui étaient revenus dans le pays après le départ des Chaldéens, que ceux que Nabuchodonosor y avait laissés, hommes, femmes, enfants, filles du roi, même les prophètes Jérémie et Baruch, soit qu'ils leur fissent violence, soit que Dieu leur eût commandé d'accompagner son peuple rebelle.

Lorsqu'ils furent arrivés à Taphnis, ville forte de la basse Egypte, que les Grecs appelaient *Daphné de Péluse*, et où Pharaon-Ephrée avait sa résidence, l'Eternel, parlant à Jérémie, lui ordonna de cacher de grandes pierres sous une voûte, près du palais de Pharaon ; car ainsi parle Jéhova-Sabaoth, Dieu d'Israël : « Voilà que je suscite et que j'amène Nabuchodonosor, roi de Babylone, mon serviteur ; et je poserai son trône sur ces pierres que j'ai cachées, et il établira son pavillon dessus ; et, venant, il frappera la terre d'Egypte : par la mort, ceux qui sont pour la mort ; par la captivité, ceux qui sont pour la captivité ; par le glaive, ceux qui sont pour le glaive. Et il allumera le feu dans les temples des dieux de l'Egypte, et il les incendiera, et il les emmènera captifs ; et il se revêtira de l'Egypte comme le berger se couvre de son manteau ; et il sortira en paix. Et il brisera les statues de la maison du soleil (*Baith-Semès* ou *Héliopolis*) qui est dans le terre d'Egypte ; et il consumera par la flamme les temples de ses dieux (*Ibid.*, 43). »

Les Juifs qui avaient cherché leur retraite en Egypte, s'étaient établis à Magdalo ou Magdole, près de la mer Rouge, à Taphnis ou Daphné, près de Péluse, à Noph ou Memphis, et en la terre de Phaturès ou Phétros, que l'on croit être la Thébaïde. Ils adorèrent les dieux étrangers, en particulier la reine du ciel ou la lune. Jérémie leur reprocha hautement cette impiété dans une prophétie qu'il leur adressa probablement par manière de circulaire. Il leur rappelle les calamités que leurs pères, par des crimes

LIVRE XVIII. — SUITE DES PROPHÈTES, PRISE DE BABYLONE. 429

pareils, avaient attirées sur Juda et Jérusalem; il leur annonce que s'ils ne font pas mieux, nul d'entre eux n'échappera au glaive, à la famine, à la peste, sinon ceux qui s'enfuiraient de l'Egypte. On ne sait quelle impression firent ces remontrances sur les réfugiés des trois premières colonies. Ceux de Phaturès, qui savaient que leurs femmes sacrifiaient aux dieux étrangers, et parmi lesquels le prophète paraît avoir demeuré, lui répondirent, eux et leurs femmes, avec une incroyable insolence : « La parole que tu nous dis au nom de Jéhova, nous ne la recevons pas de toi; mais nous remplirons nos vœux en sacrifiant à la reine du ciel, et en lui répandant des libations comme nous avons fait, nous et nos pères, nos rois et nos princes, dans les villes de Juda et dans les places de Jérusalem; car alors nous avons été rassasiés de pain, et nous étions heureux. »

Le prophète remontra aux hommes, aux femmes et à tout le peuple qui lui avait fait cette réponse, que les sacrifices dont ils parlaient leur avaient valu, non une abondance de biens, mais une abondance de maux, témoin l'état de désolation où était réduite la Judée; que pour eux, ils seraient consumés par le glaive et par la faim, à l'exception d'un petit nombre qui se sauverait de l'Egypte dans la terre de Juda : « Ils verront alors, dit l'Eternel, de qui la parole sera accomplie, la mienne ou la leur. Et voici le signe que je vous donne pour vous assurer que ce sera moi qui vous visiterai en ce lieu, afin que vous sachiez que mes paroles s'accompliront véritablement sur vous pour votre ruine. Je livrerai Pharaon-Ephrée, roi d'Egypte, aux mains de ses ennemis et aux mains de ceux qui demandent son âme, comme j'ai livré Sédécias, roi de Juda, aux mains de Nabuchodonosor, roi de Babylone, son ennemi, et qui demandait son âme (Jerem., 44).

Depuis cet événement il n'est plus fait mention de Jérémie. Il mourut apparemment bientôt après en Egypte, étant déjà fort avancé en âge; car il avait prophétisé quarante ans avant la ruine de Jérusalem, et ne pouvait d'ailleurs qu'être fort cassé et affaibli par les malheurs qui lui étaient arrivés, ainsi qu'à sa patrie. Tertullien, saint Epiphane, saint Jérôme disent qu'il y fut lapidé par les Juifs, en haine des reproches qu'il leur faisait sur leur idolâtrie, et c'est de lui que quelques-uns entendent ces paroles de saint Paul dans son épître aux Hébreux : *Ils ont été lapidés.*

Jérémie a été une figure admirable de Jésus-Christ. Sanctifié dès le sein de sa mère, il annonce celui qui naîtra la sainteté même; prophète vierge, il annonce le grand prophète, vierge aussi et né d'une vierge; établi sur les nations et les royaumes pour arracher et planter, détruire et édifier, il annonce ce Fils de l'Homme à qui est donné toute puissance au ciel et sur la terre, et qui fera toutes choses nouvelles. Il l'annonce surtout par son amour pour un peuple incrédule et indocile, par sa constance à lui prêcher la vérité, par les persécutions auxquelles il est en butte, par les larmes qu'il répand sur Jérusalem dont il prédit la ruine quarante ans d'avance, par la sentence de mort qui est prononcée contre lui, par la faiblesse avec laquelle Sédécias, qui connaît son innocence, le livre à ses ennemis, par la fosse profonde où il est comme enseveli, par sa patience à tout endurer, par sa charité à prier, même après sa mort, pour cette nation coupable. Car ce saint prophète qui, pendant sa vie, avait tant aimé son peuple, tant prié et tant pleuré pour lui, quoiqu'il en eût tant à souffrir, ne cessa point de l'aimer et de prier pour lui après sa mort. Nous le verrons apparaître au chef des Machabées, éclatant de gloire et environné d'une grande majesté; nous entendrons le saint pontife Onias dire en le montrant : C'est là le véritable ami de ses frères et du peuple d'Israël, celui qui prie beaucoup pour le peuple et pour toute la sainte cité, Jérémie, le prophète de Dieu. Nous le verrons étendre la main et donner au vaillant Machabée une épée d'or, en disant : « Prenez cette épée sainte, comme un présent que Dieu vous fait et avec lequel vous renverserez les ennemis de mon peuple Israël (2. Mach., 15).

Non-seulement Jérémie, après sa mort, veillait au salut de son peuple dans le paradis, dans le sein d'Abraham; il continuait encore d'y travailler sur la terre par ses prophéties et ses lamentations, et par son disciple Baruch.

Quand le Seigneur lui eut enlevé son maître, Baruch, prophète lui-même, quitta l'Egypte et s'en vint à Babylone auprès des captifs. Là il écrivit le livre de ses prophéties, la 5e année depuis que les Chaldéens eurent pris et incendié Jérusalem, et il le lut devant Jéchonias, fils de Joakim, roi de Juda, devant les princes du sang royal, devant les anciens et le peuple, depuis le plus petit jusqu'au plus grand de tous ceux qui habitaient en Babylone. Ce livre est une humble confession, au nom des enfants d'Israël, de tous les péchés qu'ils avaient commis, eux et leurs pères, depuis Moïse jusqu'alors. Ils reconnaissent que toujours ils ont été incrédules ou indociles à la parole du Seigneur. Si maintenant ils gémissent sous toutes les calamités que leur avaient prédites et Moïse et les prophètes, ils l'ont bien mérité.

« Et en tout cela, Seigneur, notre Dieu, s'écrient-ils, vous nous avez traités selon toute votre bonté et selon toute grande miséricorde qui est la vôtre, comme vous aviez parlé par Moïse, votre serviteur, au jour où vous lui ordonnâtes d'écrire votre loi devant les enfants d'Israël, disant : Si vous n'écoutez point ma voix, toute cette grande multitude d'hommes sera réduite à un petit nombre parmi les nations où moi je les dispersai; car je sais que ce peuple ne m'écoutera point, car ce peuple a la tête dure; mais il reviendra à son cœur dans la terre de sa captivité. Et ils sauront que moi je suis le Seigneur, leur Dieu; et je leur donnerai un cœur, et ils comprendront; des oreilles, et ils entendront. Et ils me loueront dans la terre de leur captivité, et ils se souviendront de mon nom. Et ils quitteront cette dureté qui les rend comme inflexibles, et cette malignité de leurs œuvres, parce qu'ils se souviendront de la voie de leurs pères qui ont péché contre moi. Et je les rappellerai dans la terre que j'ai promise avec serment à Abraham, à Isaac et à Jacob, et ils la domineront; et je les multiplierai, et ils ne diminueront point. Et j'établirai avec eux une autre alliance éternelle, afin que je sois leur Dieu et qu'ils soient mon peuple; et je n'arracherai plus désormais mon peuple, les enfants d'Israël, de la terre que je leur ai donnée (Baruch, 2). »

« Maintenant donc, Seigneur tout-puissant, Dieu

d'Israël, une âme dans l'angoisse, et un esprit inquiet, crie vers vous : Ecoutez, Seigneur, et ayez pitié, parce que vous êtes un Dieu miséricordieux; et ayez pitié de nous, parce que nous avons péché devant vous. O vous, qui subsistez éternellement dans une paix souveraine, périrons-nous pour jamais? Seigneur tout-puissant, Dieu d'Israël, écoutez maintenant la prière des morts d'Israël et des fils de ceux qui ont péché devant vous; ils n'ont pas écouté la voix du Seigneur, leur Dieu, et les maux se sont attachés à nous. Ne veuillez pas vous souvenir des iniquités de nos pères; mais souvenez-vous en ce jour de votre bras et de votre nom; parce que vous êtes le Seigneur, notre Dieu, et nous vous louerons, Seigneur; parce que c'est pour cela même que vous avez répandu votre crainte dans nos cœurs, afin que nous invoquions votre nom et que nous chantions vos louanges dans notre captivité, et que nous nous tournions vers vous, loin de l'iniquité de nos pères, qui ont péché devant vous.

» Ecoute, Israël, les préceptes de la vie, interrompait tout à coup le prophète; prête l'oreille, afin que tu saches la prudence. Pourquoi, Israël, es-tu dans la terre des ennemis? Pourquoi as-tu vieilli dans une terre étrangère? Pourquoi t'es-tu souillé avec les morts, jugé semblable à ceux qui descendent dans l'abîme? Tu as délaissé la source de la sagesse; car, si tu avais marché dans la voie de Dieu, tu aurais habité sans doute dans une paix éternelle. Apprends où est la prudence, où est la force, où est l'intelligence, afin que tu saches en même temps où est la longueur des jours et la vie, où est la lumière des yeux et la paix. Qui a trouvé le lieu où réside la sagesse? et qui est entré dans ses trésors? Où sont les princes des nations qui dominaient les animaux de la terre; qui se jouaient des oiseaux du ciel; qui amassaient l'or et l'argent, ces trésors en qui les hommes se confient et qu'ils ne mettent pas de fin à acquérir; qui travaillaient l'argent avec art, et qui élevaient des ouvrages magnifiques? Ils ont été exterminés, ils sont descendus dans les enfers, et d'autres se sont élevés à leur place. Les jeunes gens ont vu la lumière, et ils ont habité sur la terre, mais ils ont ignoré la voie de la science; ils n'en ont point compris les sentiers, ils ne l'ont point atteinte, et leurs enfants se sont encore éloignés de leur voie. On ne l'a pas entendue dans la terre de Chanaan; elle n'a pas été vue dans Théman. Les enfants d'Agar qui recherchent une prudence qui est de la terre, ces marchands de Merrha et de Théman, et ces conteurs de fables, et ces inventeurs de la prudence et de l'intelligence, n'ont point connu la voie de la sagesse, et n'ont pas découvert ses sentiers.

» O Israël, qu'elle est grande la maison de Dieu, et qu'il est vaste le lieu qu'il possède! Il est grand et n'a point de fin; il est élevé et immense. Là étaient ces géants fameux qui étaient dès le commencement; ces géants d'une si haute taille qui savaient la guerre. Le Seigneur ne les a pas choisis, ils n'ont point trouvé la voie de la science ; c'est pourquoi ils ont péri. Et comme ils n'ont pas eu la sagesse, ils sont morts à cause de leur folie.

» Qui est monté au ciel pour ravir la sagesse, et qui l'a fait descendre des nuées? Qui a passé la mer et l'a trouvée, et l'a préférée à l'or le plus pur?

» Nul ne peut connaître ses voies, nul ne recherche ses sentiers. Mais celui qui sait tout, la connaît; et il l'a trouvée par sa prudence : lui qui a affermi la terre à jamais, et qui l'a remplie d'une multitude d'animaux; qui envoie la lumière, et elle part; qui l'appelle, et elle obéit avec tremblement. Les étoiles ont répandu leur lueur chacune en son poste, et elles se sont réjouies. Appelées, elles ont dit : Nous voici; et elles ont lui avec allégresse pour celui qui les a faites. C'est lui qui est notre Dieu, et nul autre ne le sera réputé devant lui. C'est lui qui a trouvé toutes les voies de la science, et qui les a livrées à Jacob, son serviteur, et à Israël, son bien-aimé. Après cela, il a été vu sur la terre, et il a conversé avec les hommes (Baruch, 3). »

Ces dernières paroles semblent faire allusion à la condescendance avec laquelle le Seigneur se fit voir à Moïse et aux anciens d'Israël, ainsi qu'à la bonté avec laquelle il voulut bien demeurer au milieu de son peuple dans son tabernacle ; mais, suivant l'interprétation commune des Pères, elles ont eu leur vrai accomplissement lorsque le Verbe de Dieu s'est fait chair et a demeuré parmi nous, plein de grâce et de vérité.

Baruch paraît avoir porté ses vues jusque-là. Après avoir mis dans la bouche de Jérusalem ces paroles entre autres :

« Ayez bon courage, mes enfants ; criez vers le Seigneur, et il vous arrachera de la main des princes vos ennemis. Car j'espère de l'Eternel, votre salut, et la joie m'est venue du Saint, sur la miséricorde qui vous viendra de l'Eternel, notre Sauveur. Je vous ai envoyés dans les larmes et dans le deuil ; mais le Seigneur vous ramènera dans la joie et l'allégresse à jamais. »

Tout à coup il s'adresse à elle-même, et lui dit :

« Prends courage, ô Jérusalem ! celui-là même t'y exhorte, qui t'a donné un nom. Malheur à ceux qui t'ont tourmentée, et à ceux qui se sont félicités de ta ruine ! Malheur aux villes où tes enfants ont été esclaves, et à la cité qui les a retenus captifs ! Car, comme elle s'est réjouie de ta ruine, comme elle a été ravie de ta chute, ainsi elle sera accablée de sa propre désolation. Et les cris de joie de sa multitude seront étouffés, et sa joie sera changée en douleur. Le feu venu de l'Eternel descendra sur elle dans la suite des siècles, et elle sera longtemps le séjour des démons.

» Jérusalem, regarde vers l'orient, et considère la joie qui te vient de Dieu. Voilà que tes fils viennent, ceux que tu as vus dispersés; ils viennent, rassemblés de l'orient jusqu'au couchant, à la parole du Saint, se réjouissant à la gloire de Dieu.

» Dépouille-toi, ô Jérusalem ! de la robe de ton deuil et de ton affliction, et revêts-toi d'éclat et d'honneur, et de la gloire éternelle qui te vient de Dieu. Le Seigneur te revêtira du manteau de justice, et il mettra sur ta tête une mitre d'éternelle gloire. Dieu montrera sa splendeur en toi à tout ce qui est sous le ciel ; car voici le nom dont Dieu te nommera pour jamais : La paix de la justice et l'honneur de la piété. Lève-toi, ô Jérusalem ! tiens-toi sur la hauteur, et regarde vers l'orient, et vois tes fils rassemblés, du soleil levant jusqu'au couchant, à la parole du Saint, pleins de joie dans le souvenir de Dieu. Ils sont allés loin de toi, emmenés à pied par leurs ennemis ; mais le Seigneur les ramènera, portés avec honneur

LIVRE XVIII. — SUITE DES PROPHÈTES, PRISE DE BABYLONE.

comme le fils du royaume. Car Dieu a résolu d'humilier toutes les montagnes élevées et les roches éternelles, et de combler les vallées en les égalant au reste de la terre, afin qu'Israël marche avec assurance et vitesse pour la gloire de Dieu. Et les forêts et tous les bois de parfums couvriront Israël de leur ombre, par ordre de Dieu ; car Dieu ramènera Israël avec joie à la splendeur de sa gloire, et en faisant éclater la miséricorde et la justice qui viennent de lui (Baruch, 5). »

« Baruch lisait : Jéchonias, les princes, les anciens et tout le peuple écoutaient ; et, en écoutant, ils pleuraient, ils jeûnaient et priaient devant le Seigneur. Ils amassèrent même de l'argent, selon que chacun d'eux put le faire, et ils l'envoyèrent à Jérusalem, à Joakim, fils d'Helcias, prêtre, et aux autres prêtres, ainsi qu'à tout le peuple qui s'y trouvait avec lui, disant : Voilà que nous avons envoyé vers vous de l'argent ; achetez des holocaustes et de l'encens, et faites-en des offrandes et des sacrifices pour le péché, à l'autel du Seigneur, notre Dieu, et priez pour la vie de Nabuchodonosor, roi de Babylone, et pour la vie de Baltassar, son fils, afin que leurs jours soient comme les jours du ciel sur la terre, et afin que le Seigneur nous donne la force, et qu'il éclaire nos yeux pour que nous vivions en paix à l'ombre de Nabuchodonosor, roi de Babylone, et à l'ombre de Baltassar, son fils, et que nous le servions durant de longs jours, et que nous trouvions grâce en leur présence. Priez aussi pour nous le Seigneur, notre Dieu, parce que nous avons péché contre lui, et sa fureur ne s'est point détournée de nous jusqu'à ce jour. Et lisez ce livre que nous avons envoyé vers vous pour être récité dans le temple du Seigneur (c'est-à-dire au milieu des ruines), en un jour solennel et en un jour opportun (Ibid., 1). »

Qu'il est touchant de voir ce peuple, captif à Babylone, revenu à de si bons sentiments et trouvant dans sa pauvreté de quoi offrir à Dieu des sacrifices et pour soi et pour ses vainqueurs ! Qu'il est touchant de voir à Jérusalem, à travers les décombres des palais, quelques pieux Israélites s'assembler avec quelques prêtres, célébrer au milieu des ruines du temple les fêtes du Seigneur, y lire, y méditer les Prophètes qui avaient prédit tous ses malheurs, y hâter, par leurs sacrifices, leurs prières et leurs larmes, le jour de la miséricorde également prédit ! L'autel dont il est parlé, était peut-être l'ancien autel des holocaustes, qu'on ne lit pas avoir été renversé, ou bien un nouveau qu'on aura dressé à sa place.

Baruch lui-même fut chargé par les captifs de Babylone de porter leur collecte à Jérusalem. Il y reportait en même temps les vases d'argent que Sédécias avait fait faire pour le temple, à la place des vases d'or enlevés au temps de Jéchonias. Ces vases d'argent avaient été pareillement emportés à la ruine de Jérusalem, mais Baruch les remportait ; soit que Nabuchodonosor les lui eût fait remettre comme moins précieux, soit qu'étant tombés entre les mains de quelques Chaldéens du peuple, on les eût rachetés.

C'est ici la dernière fois que l'on voit paraître Baruch. Au rapport de Josèphe, il était d'une famille très-considérable. Déjà son frère avait été ambassadeur de Sédécias, à Babylone. Ce qui l'a rendu vraiment illustre, c'est la fidélité avec laquelle il servit le prophète Jérémie et fut ensuite prophète lui-même.

Quant à Nabuchodonosor, on peut croire, à la manière dont en parlent les captifs, qu'il s'était adouci à leur égard. Le temps, l'influence de Daniel et de ses compagnons y auront sans doute contribué ; mais, plus que tout cela, un événement extraordinaire.

Ce conquérant venait de triompher de la Syrie et de la Judée, tous les trésors de Jérusalem étaient transportés à Babylone. Auparavant déjà, il avait, suivant une prédiction de Jérémie (Jerem., 49, 34-39), subjugué le royaume d'Elam, dont la principale ville était Suse, qui, depuis Cyrus, devint la capitale de l'empire des Perses (Cyrop., l. 4 et 5 ; Daniel et Esther). Enflé de tant de victoires et de richesses, il voulut indirectement se faire adorer comme un dieu. Ses courtisans paraissent l'y avoir engagé, non-seulement par flatterie, mais encore pour y trouver une occasion de perdre les jeunes Hébreux qui jouissaient de sa confiance.

Il fit donc faire une statue d'or de six coudées de large et de soixante coudées de haut, y compris apparemment la colonne sur laquelle elle était posée. Il la dressa dans la plaine de Dura, en la province de Babylone. Tous les grands de l'empire furent convoqués pour en célébrer la dédicace.

Quand ils furent assemblés au jour fixé, avec un peuple innombrable, le héraut criait à haute voix : « Ecoutez l'ordonnance, nations, peuples et langues : Au moment où vous entendrez le son de la trompette, de la flûte, de la harpe, du hautbois, des psaltérions, de la symphonie et de toute sorte d'instruments, vous tomberez la face contre terre, et vous adorerez la statue d'or qu'a érigée Nabuchodonosor, le roi ! Quiconque ne tombera et n'adorera pas, sera, sur l'heure même, jeté au milieu de la fournaise ardente. » Aussitôt donc qu'ils entendirent le son de la trompette, de la flûte, de la harpe, du hautbois, des psaltérions, de la symphonie et de toute sorte d'instruments, toutes les nations, tribus et langues, se prosternant, adorèrent l'image d'or qu'avait dressée Nabuchodonosor, le roi.

Mais, au même instant, les Chaldéens s'approchèrent en disant : « Vive le roi à jamais ! Puis, lui ayant rappelé le décret qui venait d'être proclamé contre les infracteurs, ils ajoutent : Cependant les Juifs que vous avez établis intendants de la province de Babylone, Sidrach, Misach et Abdénago, méprisent, ô roi ! votre ordonnance ; ils n'honorent point vos dieux, et l'image d'or que vous avez dressée, ils ne l'adorent point. » Nabuchodonosor, en colère, fit amener ces trois hommes, leur commanda d'adorer la statue, avec menace ; en cas de refus, de les jeter dans la fournaise ardente : « Et quel est le dieu, terminait-il, qui vous puisse délivrer de mes mains ? — Il n'est pas besoin, dirent-ils tranquillement, que nous vous répondions là-dessus. Voilà, notre Dieu, que nous adorons, peut bien nous délivrer de la fournaise ardente, et, en même temps, ô roi, de vos mains. Que s'il ne le veut pas, sachez néanmoins, ô roi, que nous n'honorons pas vos dieux et que nous n'adorons point la statue d'or que vous avez dressée. »

A ces mots, toute la bienveillance et l'amitié de Nabuchodonosor se changèrent en fureur. Il commanda qu'on chauffât la fournaise sept fois plus que de coutume. Et, quand elle était le plus embrasée, il y fait jeter, les pieds liés, les trois hommes avec leurs tiares, leurs chaussures et leurs vêtements. Le feu était si violent que, de ceux-là même qui les y jetèrent, il y en eut d'étouffés. Pour Sidrach, Misach et Abdénago, tombés dans la fournaise, ils marchaient au milieu de la flamme, louant Dieu et bénissant le Seigneur. Azarias, le même que Abdénago, élevant la voix, entonna un cantique d'actions de grâces, où il confesse humblement que, par leurs péchés, ils ont mérité tout ce qui leur est arrivé, suppliant cependant le Seigneur de les délivrer pour la gloire de son nom. Pendant ce temps, les serviteurs du roi ne cessaient d'allumer la fournaise avec du bitume, des étoupes enduites de poix et des sarments. La flamme, qui s'élevait de quarante-neuf coudées au-dessus, s'élançant tout à coup, incendia les Chaldéens qui se trouvaient à l'entour. L'ange du Seigneur était descendu vers Azarias et ses compagnons, et, écartant les flammes, avait formé au milieu de la fournaise un vent frais et une douce rosée. Eux alors, de concert, entonnent un cantique où ils invitent à bénir le Seigneur, toutes les œuvres de Dieu dans la nature, les créatures du ciel, de la terre, de la mer, ainsi que les hommes, les esprits, les âmes des justes et enfin eux-mêmes.

Cependant le roi aperçut que quatre hommes marchaient dans le brasier de la fournaise; épouvanté, il se leva de son trône et dit aux grands de sa cour : « N'avons-nous pas jeté trois hommes liés au milieu du feu ? — Il est vrai, ô roi, fut la réponse. — Néanmoins j'en vois quatre qui marchent au milieu du feu sans être liés; ils sont incorruptibles à la flamme, et le quatrième est semblable au fils d'un dieu. » Alors, s'approchant de la porte de la fournaise, il dit à haute voix. : « Sidrach, Misach et Abdénago, serviteurs du Dieu Très-Haut, sortez et venez. » Et aussitôt Sidrach, Misach et Abdénago sortirent du milieu du feu. Et tous les grands de l'empire les entourent, les regardent et voient que le feu n'avait eu aucun pouvoir sur leurs corps, pas un cheveu de leur tête n'avait été brûlé, qu'il n'en paraissait aucune trace sur leurs vêtements, que l'odeur même du feu ne les avait pas atteints.

Alors Nabuchodonosor s'écria : « Béni soit leur Dieu, le Dieu de Sidrach, Misach et Abdénago, qui a envoyé son ange et a délivré ses serviteurs qui ont eu confiance en lui, qui ont résisté au commandement du roi, et qui ont abandonné leurs corps pour ne point servir ni adorer d'autre dieu que leur Dieu. Voici donc l'ordonnance que je fais : Que tout peuple, toute nation, toute langue qui aura proféré un blasphème contre le Dieu de Sidrach, Misach et Abdénago, soit mis en pièces et sa maison changée en lieu public, parce qu'il n'y a point d'autre Dieu qui puisse sauver comme celui-là (1). »

(1) Dan., 3, 95 et 96 : « Et erumpens Nabuchodonosor, ait : Benedictus Deus eorum, Sidrach, videlicet, Misach, et Abdenago, qui misit angelum suum et eruit servos suos, qui crediderunt in eum, et verbum regis immutaverunt, et tradiderunt corpora sua, ne servirent et adorarent omnem deum, excepto Deo suo. A me ergo positum est hoc decretum, ut omnis populus, tribus et lingua quæcumque locuta fuerit blasphemiam contra Deum Sidrach, Misach et Abdenago, dispereat et domus ejus vastetur; neque enim est alius Deus qui possit ità salvare. »

Que la providence du Seigneur est admirable ! Le plus fameux des conquérants veut se faire adorer dans une statue, et il devient l'apôtre du vrai Dieu, il en prêche l'incomparable puissance à toute la terre, il défend, sous peine de mort et de confiscation des biens, de blasphémer son nom. Quelle impression ce prodige ne dut-il pas faire sur toute cette Asie prosternée aux pieds de l'idole ! Quelle idée ne dut-il pas donner du Dieu d'Israël aux sages de la Chaldée et à tous les peuples de l'Orient ! Quelle confiance aux captifs de Juda de raconter à tout le monde les merveilles de sa loi ! Certainement, de l'Egypte jusqu'à l'Inde, tout homme de bonne volonté avait là un moyen facile de connaître le Dieu du ciel et de la terre, et la manière de bien le servir.

Les compagnons de Daniel furent élevés, dans la province de Babylone, à de plus grands honneurs encore qu'auparavant. Quant à Daniel même, il n'est pas parlé de lui en cette occasion, soit qu'il fût absent, soit que, présent, ses ennemis n'osèrent le dénoncer. Ce qu'il y a de sûr, c'est que Daniel était parvenu alors à un si haut degré de sainteté, que Dieu lui-même le range parmi les plus saints patriarches. Pour montrer combien la Judée est coupable, il dit jusqu'à deux fois dans Ezéchiel : « Et quand ces trois hommes justes, Noé, Daniel et Job, seraient au milieu d'elle, eux-mêmes, par leur justice, délivreront leurs âmes; mais, par ma vie, dit le Seigneur, ils ne délivreront ni leurs fils ni leurs filles, et la terre sera désolée (Ezech., 14, 20). »

Les prophéties sur la ruine de Juda et de Jérusalem sont accomplies. Celles qui annoncent la ruine ou le châtiment des peuples voisins, principalement de la Phénicie et de l'Egypte, vont s'accomplir.

Le peuple de l'antiquité le plus célèbre par son esprit, ses arts, ses sciences, son commerce, sa navigation, ses colonies, ce sont les Phéniciens. Marchands de l'univers entier, ils parcourent toutes les mers, trafiquent avec tous les peuples, abordent jusqu'aux îles Britanniques, fondent partout des colonies fameuses : Utique, Hippone, Carthage en Afrique; Cadès ou Cadix en Espagne; Panorme ou Palerme, Lilybée en Sicile. C'est un de leurs princes, Cadmus, qui apporte en Grèce les lettres de l'alphabet. Les noms de la plupart de ces lettres confirment la tradition; en phénicien, ils ont un sens, mais non en grec.

Pendant près de quinze siècles, les Phéniciens et les Hébreux, habitant des pays limitrophes et souvent les mêmes, furent continuellement en rapport les uns avec les autres. Les premiers descendaient de ces Chananéens parmi lesquels avaient vécu Abraham, Isaac et Jacob. Les Hébreux sortent de l'Egypte après des prodiges terribles; ils traversent à pied sec la mer Rouge, voyagent quarante ans dans le désert, passent le Jourdain qui s'arrête à leur approche, font tomber les murs de Jéricho, publient sur le mont Garizim la loi du Seigneur, s'annoncent eux-mêmes comme les vengeurs de cette loi souveraine sur les peuples de Chanaan; plusieurs de ces peuples sont exterminés, d'autres s'échappent par la fuite. Ces émigrations furent les premières colonies phéniciennes. Du temps de saint Augustin, les Puniques ou Phéniciens d'Afrique, interrogés sur leur origine, répondaient encore qu'ils étaient Cha-

LIVRE XVIII. — SUITE DES PROPHÈTES, PRISE DE BABYLONE.

nanéens (1). Au sixième siècle de l'ère chrétienne, Procope écrit que, dans la ville de Tingis en Mauritanie, on voyait encore deux colonnes attestant par leurs inscriptions, que les premiers habitants du pays s'y étaient réfugiés pour échapper au glaive de Jésus, fils de Navé (2). D'autres peuples chananéens se soumettent aux Hébreux et en deviennent tributaires. Jusqu'au temps de David, les anciens habitants du pays occupèrent Jérusalem. C'est d'un prince jébuséen que David achète l'emplacement du temple. A cette époque, on voit des relations d'amitié et d'alliance entre les Phéniciens et les Hébreux. Un des plus constants amis de David fut Hiram, roi de Tyr, principale ville de Phénicie. Quand Salomon succède à son père, Hiram lui envoie des ambassadeurs. Salomon lui apprend qu'il est dans la résolution d'exécuter le dessein de son père David, de bâtir un temple à l'Eternel, et le prie de choisir les plus habiles ouvriers de Tyr et de Sidon pour aider ceux d'Israël. Hiram ayant entendu les paroles de Salomon, se réjouit beaucoup et dit : *Béni soit aujourd'hui le Seigneur-Dieu qui a donné à David un fils très-sage pour gouverner un si grand peuple.* Et il envoya vers Salomon, disant : « J'ai entendu tout ce que vous m'avez fait dire; je ferai tout ce que vous désirez. » D'anciens auteurs, cités par Tatien, ajoutent que Salomon épousa une de ses filles. Hiram lui aida également à fabriquer des navires. Les flottes réunies des Phéniciens et des Hébreux faisaient des voyages qui duraient trois ans. L'affinité entre ces deux peuples était telle que, dans plusieurs auteurs anciens, les noms de Phénicie, de Palestine et de Syrie se prennent indifféremment l'un pour l'autre. Leur langue était au fond la même; le phénicien n'était qu'un dialecte de l'hébreu. On le voit jusque dans le punique ou phénicien d'Afrique. Ainsi, dans le discours que Plaute fait tenir à un habitant de Carthage en sa langue maternelle, la ressemblance avec l'hébreu est visible (3). Saint Augustin observait encore la même chose pour le punique de son temps; il en cite quelques exemples, ajoutant qu'il en était presque de même pour tous les mots (4). En particulier les deux principaux magistrats de Carthage, les *suffètes*, rappellent visiblement les *suffetim* ou juges d'Israël.

Le nom phénicien et hébreu de Tyr est *Tsor* ou *Sor*, qui signifie *rocher*, *citadelle*, *ville forte*; suivant un autre dialecte, c'est *Sour* ou *Sur*; les Arméniens, qui ont coutume de changer la lettre s en t, disent *Tor*, *Tur* ou *Tyr*, et, en ajoutant la terminaison grecque, on fait Τύρος, Tyrus. De *Sor*, les Grecs appelaient primitivement Tyr *Sora* et les Latins *Sarra*. Chez ces derniers, on trouve fréquemment l'épithète *Sarranus*, pour Tyrien. Cette ville s'appelle encore aujourd'hui *Sur* ou *Sour*; mais ce n'est plus qu'un village habité par quelques pêcheurs. De *Sur* ou *Sor* est venu le nom de *Sorie* ou *Syrie*, donné postérieurement au pays d'alentour, que les Hébreux appelaient *Aram*.

La ville de Tyr était dans le partage de la tribu d'Aser, et par là, quoique cette tribu n'en eût jamais pris possession, elle faisait comme partie du peuple de Dieu. Cette circonstance, les rapports continuels qu'elle eut avec les Israélites, et surtout la grande part qu'elle prit à la construction du temple, nous expliquent l'étonnant langage dans lequel Ezéchiel annonce sa ruine (1).

Déjà longtemps avant lui, Amos et Joël avaient prophétisé contre Tyr et Sidon (Amos; 1. Joël, 3); Isaïe avait prédit que Tyr serait détruite, mais qu'elle se relèverait après soixante-dix ans (Isaïe, 23); Jérémie avait envoyé un joug aux rois de Tyr et de Sidon, en les avertissant que Dieu les livrerait aux mains de Nabuchodonosor, roi de Babylone (Jerem., 27); mais nul n'a tracé les destinées de Tyr avec autant de détail, d'éloquence et d'intérêt qu'Ezéchiel.

L'année même que Jérusalem fut prise, le Seigneur lui parla : « Fils de l'homme, parce que *Sor* (Tyr) a dit de Jérusalem : Triomphe ! la porte des peuples brisée; elle se tourne vers moi : je m'agrandirai, elle est déserte. C'est pourquoi Adonaï-Jéhova a dit : Me voilà contre toi, ô Tyr ! et je soulèverai contre toi des peuples nombreux, comme la mer soulève ses flots, et ils briseront les murs de Tyr, et ils renverseront ses tours; j'en râclerai jusqu'à la poussière, et je la rendrai une pierre nue. Elle deviendra au milieu de la mer un lieu pour sécher les filets; car moi j'ai parlé, dit Adonaï-Jéhova; et elle sera en proie aux nations. Ses filles (les villes dépendantes d'elle), qui sont dans les champs, périront par le glaive; et ils sauront que c'est moi CELUI QUI EST.

» Car ainsi parle Adonaï-Jéhova : Voilà que j'amène à Tyr, du pays de l'aquilon, Nabuchodonosor, roi de Babylone, roi des rois, avec des chevaux, et des chars, et des cavaliers, avec de grandes troupes et beaucoup de peuples. Il frappera de son glaive tes filles qui sont dans les champs; il t'environnera de forts et de terrasses, et il élèvera contre toi son bouclier. Il dressera contre tes murs les mantelets et les béliers, et il renversera tes tours avec ses machines de guerre. La multitude de ses chevaux te couvrira de poussière; aux cris de ses cavaliers, au bruit de ses coursiers, et de ses roues, et de ses chars, tes murailles s'ébranleront lorsqu'il entrera dans tes portes comme par la brèche d'une ville emportée d'assaut. Il foulera sous les pieds de ses chevaux toutes tes places, frappera ton peuple du glaive; tes statues, en qui tu mettais ton orgueil, rouleront sur la terre. Ils raviront tes richesses, pilleront tes marchandises, abattront tes murs, détruiront tes superbes édifices; et ils jetteront au milieu des eaux, et tes pierres, et tes bois, et ta poussière. Et je ferai cesser le bruit de tes chants; et le son de tes citharres ne s'entendra plus. Et je te rendrai pierre nette, et tu seras un lieu à sécher les filets, et tu ne seras plus rebâtie; car moi, Jéhova, j'ai parlé, dit Adonaï-Jéhova (2). »

---

(1) In exposit. inchoat. Ep. ad. Rom. « *Interrogati rustici nostri quid sint, punice respondent* CANANI. »
(2) Procop., l. 2, c. 10 : *De bello vandalico.* Voici l'inscription : Ἡμεῖς ἐσμεν οἱ φυγόντες ἀπὸ προσώπου Ἰησοῦ τοῦ λῃστοῦ υἱοῦ Ναυῆ.
(3) Pœnulus, vers. 800, etc.
(4) S. Aug, 9, 16. *In Judic. et serm* 35, *de verbis Domini.* Saint Jérôme fait la même observation. *In Tradit. hebr. in Genes.*, etc.

(1) Voyez *Tyr* dans les grands dictionnaires.
(2) Ezech., 26, 1-14 : « Et factum est in undecimo anno, primā mensis, factus est sermo Domini ad me, dicens : Fili hominis, pro eo quod dixit Tyrus de Jerusalem : Euge! confractae sunt portae populorum, conversa est ad me; implebor, deserta est. Propterea haec dicit Dominus Deus : Ecce ego super te, Tyre, et ascendere faciam ad te gentes multas, sicut ascendit mare fluctuans; et dissipabunt muros Tyri, et destruent turres ejus ; et radam pulverem ejus de eā, et dabo eam in limpidissimam petram. Siccatio

Tyr étant en relation avec tous les peuples, sa chute devait causer une consternation générale. « Au bruit de ta ruine, dit le Seigneur, aux gémissements de tes blessés, quand les morts se multiplieront au milieu de toi, les îles ne seront-elles pas émues? Et tous les princes de la mer descendront de leurs trônes, et ils quitteront les signes de leur grandeur, et ils jetteront leurs habits de diverses couleurs, et, vêtus d'épouvante, ils s'assiéront sur la terre; et, frappés de ta chute soudaine, ils admireront. Et, commençant sur toi des plaintes lugubres, ils te diront : Comment as-tu péri, toi qui habitais les mers, ville superbe, forte sur la mer, avec tes habitants, que l'univers redoutait (1)? »

Jérémie fait des lamentations sur la ruine de Jérusalem; le Seigneur commande à Ezéchiel d'en faire sur la ruine de Tyr.

« Fils de l'homme, commence sur Tyr le chant lugubre; et tu diras à Tyr, qui habite à l'entrée de la mer, comptoir des peuples jusqu'aux îles lointaines :

» Ainsi parle Adonaï-Jéhova : O Tyr! tu as dit : Je suis éclatante de beauté. Au milieu des mers sont tes confins. Ceux qui t'ont bâtie, se sont plu à t'embellir. Ils ont construit les planchers avec les sapins de Sanir; ils ont pris le cèdre du Liban pour en faire ton mât; les chênes de Basan pour tes rames; et, pour tes bancs, l'ivoire de l'Inde et le buis d'Italie. Le lin, en broderie d'Egypte, a tissu tes voiles et tes pavillons; l'hyacinthe et la pourpre des îles d'Elisa sont devenues ton vêtement. Les habitants de Sidon et d'Aroüad ont été tes rameurs. Tes sages, ô Tyr! sont devenus tes pilotes. Les sénateurs de Gébal (Biblos) et ses experts ont été au milieu de toi pour réparer tes brèches; tous les vaisseaux de la mer et leurs nautoniers servent à ton commerce. Tes gens de guerre dans ton armée sont le Perse, le Lydien et l'Africain; ils ont suspendu en toi leurs boucliers et leurs casques, magnifique ornement. Les enfants d'Aroüad, avec ton armée, bordent tes murailles; les Gamadims gardent tes tours où brillent leurs carquois, et te rendent parfait ton éclat. Le Carthaginois est ton négociant, tant est grande l'affluence des richesses; il remplit tes marchés d'argent, de fer, d'étain et de plomb. Javan (l'Ionic), Thubal (l'Espagne) et Mosoch (la Cappadoce) sont tes commissionnaires; ils t'amènent des esclaves et des vases d'airain. De Thogorma (Germanie) on amène à tes foires des chevaux de labour, des chevaux de guerre et des mules. Les enfants de Dédan transportent tes marchandises; des îles nombreuses échangent avec toi l'ivoire et l'ébène. L'Araméen reçoit tes ouvrages de tes mains, et te donne le rubis, la pourpre, les broderies, le lin, la soie, les pierres précieuses. Juda et Israël t'apportent le froment, le baume, la myrrhe, le miel, la résine, l'huile; et Damas, en échange de tes nombreux ouvrages, le vin de Chalybone et les toisons éblouissantes. Dan, Javan et Meuzal ont vendu dans tes marchés le fer poli contre la cannelle, le roseau aromatique; et Dédan, les riches tapis pour les chars. L'Arabe et les princes de Cédar t'offrent leurs agneaux et leurs chevreaux en échange de tes marchandises. Les négociants de Saba et de Regma commercent avec toi en aromates, en pierres précieuses et en or. Haran, Kané, Eden, l'autre Saba, Assur et Kelmad (Médie) font avec toi un immense trafic en balles d'hyacinthe, de broderies, en caisses de vêtements précieux liées avec des cordes, et en bois de cèdre. Les vaisseaux de la mer sont le principe de ton commerce (1).

» O Tyr! fière de tant de gloire et de richesses, tes rameurs t'ont conduite sur les grandes eaux : un vent violent te brisera au fond des mers. Au jour de ta ruine, tes richesses, ton commerce, tes négociants, tes matelots, tes pilotes, les hommes de guerre et ce peuple qui remplit tes assemblées y tomberont avec toi. Au cri des pilotes, les flottes entières seront

---

(1) Ezech., 26, 1-25 : « Et factum est verbum Domini ad me, dicens : Tu ergo, fili hominis assume super Tyrum lamentum; et dices Tyro, quæ habitat in introitu maris, negotiationi populorum ad insulas multas : Hæc dicit Dominus Deus : O Tyre, tu dixisti : Perfecti decoris ego sum, et in corde maris sita. Finitimi tui qui te ædificaverunt, impleverunt decorem tuum. Abietibus de Sanir extruxerunt te cum omnibus tabulatis maris; cedrum de Libano tulerunt ut facerent tibi malum; quercus de Basan dolaverunt in remos tuos; et transtra tua fecerunt tibi ex ebore Indico, et prætoriola de insulis Italiæ. Byssus varia de Egypto texta est tibi in velum ut poneretur in malo; hyacinthus et purpura de insulis Elisa facta sunt operimentum tuum. Habitatores Sidonis et Aradii fuerunt remiges tui : sapientes tui, Tyre, facti sunt gubernatores tui. Senes Giblii, et prudentes ejus, habuerunt nautas ad ministerium variæ supellectilis tuæ; omnes naves maris et nautæ earum fuerunt in populo negotiationis tuæ. Persæ, et Lydii, et Libyes erant in exercitu tuo viri bellatores tui; clypeum et galeam suspenderunt in te pro ornatu tuo. Filii Aradii cum exercitu tuo erant super muros tuos in circuitu; sed et Pygmæi, qui erant in turribus tuis, pharetras suas suspenderunt in muris tuis per gyrum, ipsi compleverunt pulchritudinem tuam. Carthaginenses negotiatores tui; à multitudine cunctarum divitiarum, argento, ferro, stanno, plumboque, repleverunt nundinas tuas. Græcia, Thubal et Mosoch, ipsi institores tui; mancipia et vasa ærea advexerunt populo tuo. De domo Thogorma, equos, et equites, et mulos adduxerunt ad forum tuum. Filii Dedan negotiatores tui; insulæ multæ, negotiatio manûs tuæ; dentes eburneos et hebeninos commutaverunt in pretio tuo. Syrus negotiator tuus propter multitudinem operum tuorum, gemmam, et purpuram, et scutulata, et byssum, et sericum, et chodched proposuerunt in mercatu tuo. Juda et terra Israël ipsi institores tui in frumento primo; balsamum, et mel, et oleum, et resinam proposuerunt in nundinis tuis. Damascenus negotiator tuus in multitudine operum tuorum, in multitudine diversarum opum, in vino pingui, in lanis coloris optimi. Dan, et Græcia, et Mosel, in nundinis tuis proposuerunt ferrum fabrefactum; stacte et calamus in negotiatione tuâ. Dedan institores tui in tapetibus ad sedendum. Arabia, et universi principes Cedar, ipsi negotiatores manus tui; cum agnis, et arietibus, et hædis venerunt ad te negotiatores tui. Venditores Saba, et Reema, ipsi negotiatores tui, cum universis primis aromatibus, et lapide pretioso, et auro, quod proposuerunt in mercatu tuo. Haran, et Chene, et Eden, negotiatores tui; Saba, Assur, et Chelmad, venditores tui. Ipsi negotiatores tui multifariam involucris hyacinthi, et polymitorum, gazarumque pretiosarum, quæ obvoluta et astrictæ erant funibus; cedros quoque habebant in negotiationibus tuis. Naves maris, principes tui in negotiatione tuâ. »

---

sagenarum erit in medio maris; quia ego locutus sum, ait Dominus Deus, et erit in direptionem gentium. Filiæ quoque ejus, quæ sunt in agro, gladio interficientur; et scient quia ego Dominus. Quia hæc dicit Dominus Deus : Ecce ego adducam ad Tyrum Nabuchodonosor regem Babylonis ab aquilone, regem regum, cum equis, et curribus, et equitibus, et cœtu populoque magno. Filias tuas quæ sunt in agro, gladio interficiet; et circumdabit te munitionibus, et comportabit aggerem in gyro; et elevabit contra te clypeum. Et vineas, et arietes temperabit in muros tuos, et turres tuas destruet in armaturâ suâ. Inundatione equorum ejus operiet te pulvis eorum; à sonitu equitum, et rotarum, et curruum, movebuntur muri tui, cùm ingressus fuerit portas tuas quasi per introitum urbis dissipatæ. Ungulis equorum suorum conculcabit omnes plateas tuas; populum tuum gladio cædet, et statuæ tuæ nobiles in terram corruent. Vastabunt opes tuas, diripient negotiationes tuas, et destruent muros tuos, et domos tuas præclaras subvertent; et lapides tuos, et ligna tua, et pulverem tuum in medio aquorum ponent. Et quiescere faciam multitudinem canticorum tuorum; et sonitus cithararum tuarum non audietur amplius. Et dabo te in limpidissimam petram; siccatio sagenarum eris, nec ædificaberis ultrà, quia ego locutus sum, ait Dominus Deus. »

(1) Ezech., 26, 15-17 : « Hæc dicit Dominus Deus Tyro : Numquid non à sonitu ruinæ tuæ, et gemitu interfectorum tuorum, cùm occisi fuerint in medio tui, commovebuntur insulæ? Et descendent de sedibus suis omnes principes maris, et auferent exuvias suas, et vestimenta sua varia abjicient, et induentur stupore, in terrâ sedebunt, et attoniti super repentino casu tuo, admirabuntur. Et assumentes super te lamentum, dicent tibi : Quomodo periisti, quæ habitas in mari, urbs inclyta, quæ fuisti fortis in mari cum habitatoribus tuis, quos formidabant universi? »

dans l'épouvante; et tous ceux qui tiennent la rame descendront de leurs vaisseaux ; les matelots et tous les pilotes de la mer se tiendront sur la terre; et ils gémiront tout haut sur toi, ils crieront dans leur douleur, ils répandront la poussière sur leurs têtes et se rouleront dans la cendre. Ils raseront leur chevelure et se revêtiront de cilices; et, dans l'amertume de leur âme, les yeux en pleurs, ils commenceront les plaintes lugubres sur toi, et ils diront : Qui a été semblable à Tyr, devenue muette au milieu des eaux ? Par les flottes qui sortaient de tes ports tu alimentais une foule de nations; par la multitude de tes richesses et de tes relations tu enrichissais les rois de la terre. Et voilà que tu es brisée sur les mers, tes richesses sont au fond des eaux, ce peuple immense au milieu de toi est tombé. Tous les habitants des îles ont été stupéfaits sur toi; et leurs rois, tous battus par la tempête, ont changé de visage. Les marchands de tous les peuples ont sifflé sur toi; tu as été réduite à rien, et tu ne seras plus à jamais (1). »

Pour bien entendre ces dernières paroles, il faut savoir que l'ancienne Tyr était située sur le continent, à un quart de lieue de la mer. Une fois détruite par Nabuchodonosor, elle ne se rétablit plus ; mais une nouvelle Tyr s'éleva dans une île qui était en face, à un quart de lieue du continent. L'ancienne Tyr était considérable depuis bien des siècles. Déjà, dans le partage de la terre promise, Josué la mentionne comme une ville très-forte (Josué, 19, 29). Cependant elle est appelée dans l'Ecriture, *fille de Sidon*; ce qui montre qu'elle en dépendait dans l'origine.

Tyr était gouvernée jusqu'alors par des rois; mais on ne sait presque rien de leur histoire. Les plus connus sont Hiram, ami de David et de Salomon, qui eut grande part à la construction du temple de Jérusalem, et entretenait avec Salomon un commerce de lettres; Pygmalion, qui régnait vers le temps du roi Ozias, et sous lequel sa sœur Elise ou Didon, s'étant enfuie de Tyr, fonda Carthage en Afrique; Eluléus, successeur de Pygmalion, pendant le règne duquel Tyr soutint un siège de cinq ans contre Salmanasar, roi de Ninive, qui perdit bien des vaisseaux, et mourut lui-même sans pouvoir la prendre (Josèphe, *Antiq.*, l. 9, c. 14); Ithobaal II, successeur d'Eluléus, régnait du temps de Nabuchodonosor. C'est à lui apparemment que Jérémie avait envoyé un joug. C'est à lui qu'Ezéchiel, de la part de Dieu, adresse ces paroles :

(1) Ezech., 27, 25-36 : « Et repleta es, et glorificata nimis in corde maris. In aquis multis adduxerunt te remiges tui; ventus auster contrivit te in corde maris. Divitiæ tuæ, et thesauri tui, et multiplex instrumentum tuum, nautæ tui et gubernatores tui, qui tenebant supellectilem tuam, et populo tuo præerant; viri quoque bellatores tui, qui erant in te, cum universâ multitudine tuâ, quæ est in medio tui, cadent in corde maris in die ruinæ tuæ. A sonitu clamoris gubernatorum tuorum conturbabuntur classes; et descendent de navibus suis omnes qui tenebant remum; nautæ et universi gubernatores maris in terrâ stabunt; et ejulabunt super te voce magnâ, et clamabunt amarà, et superjacient pulverem capitibus suis, et cinere conspergentur. Et radent super te calvitium, et accingentur ciliciis; et plorabunt te in amaritudine animæ ploratu amarissimo; et assument super te carmen lugubre, et plangent te : Quæ est ut Tyrus, et quæ obmutuit in medio maris? Quæ in exitu negotiationum tuarum, nautæ tui ex multis implesti populos multos; in multitudine divitiarum tuarum, et populorum tuorum, ditasti reges terræ. Nunc contrita es in mari, in profundis aquarum opes tuæ, et omnis multitudo tua, quæ erat in medio tui, ceciderunt. Universi habitatores insularum obstupuerunt super te; et reges earum omnes tempestate perculsi mutaverunt vultus. Negotiatores populorum sibilaverunt super te; ad nihilum reducta es, et non eris usque in perpetuum. »

« Ainsi parle Adonaï-Jéhova : Parce que ton cœur s'est élevé, et que tu as dit : Je suis un dieu, je suis assis sur le trône de Dieu au milieu de la mer, quoique tu ne sois qu'un homme et non un dieu; enfin tu t'es cru un cœur comme le cœur de Dieu ; voilà que tu es plus sage que Daniel, nul secret n'est caché pour toi; par ta sagesse et ton intelligence, tu as créé ta force et tu as amassé l'or et l'argent dans tes trésors; par la grandeur de ta sagesse, par ton commerce, tu as multiplié ta puissance, et ton cœur s'est élevé dans ta force; c'est pourquoi voici ce que dit Adonaï-Jéhova : Parce que tu as cru ton cœur comme le cœur de Dieu, voilà que j'amène sur toi les étrangers, les plus robustes d'entre les peuples : ils tireront le glaive contre la beauté de ta sagesse, et ils souilleront ton éclat. Ils te précipiteront dans l'abîme; et tu mourras d'une mort violente, toi qui es assis au milieu des mers. Diras-tu encore : Je suis un dieu, quand tu seras en présence de tes bourreaux? Tu ne seras qu'un homme, et non un dieu, sous la main de qui te tuera. Tu mourras de la mort des incirconcis, et par la main des étrangers; car moi j'ai parlé, dit Adonaï-Jéhova (Ezech., 28, 1-10). »

On voit que ce qui a perdu ce prince ou plutôt la ville qu'il représentait, c'est l'orgueil, qui, au lieu de rapporter à Dieu les prospérités dont il jouissait, s'en attribuait la gloire à soi-même. Ce qu'il y a de plus étonnant, c'est le chant lugubre que le Seigneur commande à son prophète.

« Fils de l'homme, entonne une lamentation sur le roi de Tyr, et tu lui diras : Ainsi parle Adonaï-Jéhova : Toi, le sceau de la ressemblance, plein de sagesse et parfait en beauté, tu as été dans Eden, le jardin de Dieu ; toutes les pierres précieuses formaient ton ornement : la sardoine, la topaze, le diamant, la chrysolithe, l'onyx, le jaspe, le saphir, l'escarboucle, l'émeraude et l'or; et les lyres et les tambours étaient préparés pour le jour où tu as été créé. Toi, chérubin, oint qui protèges, je t'avais établi sur la montagne sainte, tu étais à Dieu; et tu marchais au milieu des pierres étincelantes, parfait dans tes voies, depuis le jour de ta création jusqu'au jour où l'orgueil a été trouvé en toi. En multipliant ton commerce, tes entrailles ont été remplies d'iniquité, et tu as péché, et je t'ai précipité de la montagne de Dieu, et je te perdrai, ô chérubin aux ailes protectrices, du milieu des pierres étincelantes. Ton cœur s'est élevé dans ton éclat; tu as perdu ta sagesse dans ta beauté; je t'ai renversé par terre, et je t'ai mis devant la face des rois, et je t'ai donné en spectacle. Dans la multitude de tes iniquités, et dans l'iniquité de tes trafics, tu as souillé ton sanctuaire; je tirerai du milieu de toi le feu qui te dévorera, et je te réduirai en cendre sur la terre aux yeux de tous ceux qui te verront. Ceux qui te connaîtront parmi les peuples seront stupéfaits sur toi : tu es devenu comme un néant, et tu ne seras plus à jamais (1). »

(1) Ezech., 28, 11-19 : « Et factus est sermo Domini ad me, dicens: Fili hominis, leva planctum super regem Tyri ; et dices ei : Hæc dicit Dominus Deus: Tu signaculum similitudinis, plenus sapientiâ et perfectus decore, in deliciis paradisi Dei fuisti; omnis lapis pretiosus operimentum tuum : sardius, topazius, et jaspis, chrysolithus, et onyx, et berillus, sapphirus, et carbunculus, et smaragdus; aurum opus decoris tui; et foramina tua in die quâ conditus es, præparata sunt. Tu cherub extentus et protegens, et posui te in monte sancto Dei; in medio lapidum ignitorum ambulasti, perfectus in viis tuis à die conditionis tuæ, donec inventa est iniquitas in te. In multitudine negotiationis tuæ repleta sunt interiora tua

Ce langage nous laisse entendre que Tyr, comprise dans la Terre-Sainte, et par là représentée, en quelque sorte, devant l'Eternel, sur le rational du grand-prêtre, s'était montrée depuis quelque temps de cette haute prérogative. Nous verrons de même Tyr chrétienne se montrer quelque temps dans l'Eglise de Dieu comme un brillant chérubin ; puis se profaner par l'hérésie et disparaître enfin pour toujours. La chute de l'une et de l'autre nous rappelle la chute du prince des superbes, principal auteur de toutes les chutes.

Ezéchiel avait ainsi écrit d'avance l'histoire de Tyr, lorsque Nabuchodonosor partit de Babylone pour aller l'accomplir. Tyr se défendit si bien, que le siége dura 13 ans (1). Ce fut probablement dans cet intervalle que le conquérant babylonien fit éprouver aux Philistins, aux Moabites, aux Iduméens et aux autres peuples d'alentour, les maux que Dieu leur avait prédits. Tyr elle-même succomba malgré sa longue résistance. Après 13 ans d'efforts, Nabuchodonosor s'en rendit maître ; mais, entré dans la place, il n'y trouva presque rien pour dédommager son armée de tant de fatigues. De colère, il rasa la ville jusqu'aux fondements, et fit main basse sur le peu d'habitants qui y étaient restés. C'est que la plupart, avec ce qu'ils avaient de plus riche, s'étaient retirés auparavant dans une île voisine, où ils bâtirent une nouvelle Tyr. Il paraîtrait cependant que les nouveaux Tyriens se soumirent au roi de Babylone à certaines conditions. Ce qu'il y a de sûr, c'est que, d'après les histoires phéniciennes citées par Josèphe, au roi Ithobaal succéda Baal, et qu'à la mort de ce dernier, il n'y eut plus de rois, mais des suffètes ou des juges, l'un desquels fut appelé de Babylone (2). Ce gouvernement dura 70 ans, jusqu'à ce que Darius, fils d'Hystaspe, rétablit à Tyr la royauté. Ce furent là ces 70 ans d'impuissance et d'anéantissement prédits par Isaïe.

Nabuchodonosor venait de prendre la ville de Tyr, après ce long siége, lorsque le Seigneur parla, dans la Chaldée, à Ezéchiel, la 27e année de la captivité de Jéchonias, ainsi que du prophète, 16e de la ruine de Jérusalem, le premier jour du premier mois.

« Fils de l'homme, Nabuchodonosor, roi de Babylone, a fait faire à son armée un service pénible contre Tyr ; toutes les têtes ont été dépouillées, toutes les épaules blessées : et de Tyr aucun salaire n'a été payé ni à lui ni à son armée pour le service fait contre elle. C'est pourquoi voici ce que dit Adonaï-Jéhova : Voilà que je donne à Nabuchodonosor, roi de Babylone, la terre d'Egypte ; et il en prendra la multitude, et il lui ravira ses rapines, et il la dépouillera de ses dépouilles : et tel sera le salaire de son armée. Pour l'œuvre qu'il a exécutée, je lui ai donné la terre d'Egypte, parce qu'il a travaillé pour moi, dit Adonaï-Jéhova (Ezech., 29, 18). »

A la tête des peuples de l'antiquité qui ont eu le plus d'influence sur la civilisation humaine, paraît,

à côté de la Phénicie, l'Egypte. C'est là principalement que les sages de la Grèce et de l'Italie vont venir puiser leur sagesse. Aussi le peuple d'Israël, qui était dans la main de la Providence le levain d'une civilisation supérieure, a-t-il eu avec l'Egypte, dès les premiers temps, les rapports les plus intimes. Abraham y descend, y est en grand honneur auprès du roi et de ses ministres. D'anciens auteurs, tels que Justin, Eupolème, Artapan, Josèphe, lui attribuent une grande influence sur ce pays. Trois générations après, Dieu révèle à Pharaon ce qui devait arriver à son royaume et à toute la terre. Joseph, arrière-petit-fils d'Abraham, lui interprète l'oracle divin, gouverne l'Egypte entière pendant près de quatre-vingts ans, comme vice-roi ; il y est appelé le sauveur du monde ; il y forme les sages et les princes. Cette sagesse si renommée de l'Egypte, et ce qui s'en répand plus tard dans la Grèce et l'Italie, viendraient donc en grande partie du fils de Jacob. Moïse y paraît à son tour, accompagné de prodiges qui retentissent dans tout l'univers. Sa renommée est telle, que d'anciens auteurs, cités par Alexandre Polyhistor dans Eusèbe, le donnent pour l'Hermès-Trismégiste, et lui rapportent l'invention des lettres, qui, suivant eux, passèrent des Juifs aux Phéniciens, et des Phéniciens aux Grecs. Salomon, que les rois consultent comme un oracle, soit par eux-mêmes, soit par leurs ambassadeurs, était gendre du roi d'Egypte, qui, selon Polyhistor, cité par Eusèbe, lui envoya quatre-vingt mille ouvriers pour la construction du temple de Jérusalem (Euseb., *Præpar. ev.*, l. 9, c. 32). Depuis, les prophètes ne cessent d'annoncer les destinées futures de l'Egypte.

Ce pays est appelé dans les psaumes, *la terre de Cham* ; on voit dans Plutarque (*De Isi et Osiride*) que ses anciens habitants l'appelaient *Chemia* ; aujourd'hui encore les Coptes, descendants de ces anciens Egyptiens, l'appellent *Chemi*. Mais le nom que lui donne le plus souvent l'Ecriture est celui d'un des fils de Cham, *Mizraïm*. Aussi les Arabes et d'autres nations orientales l'appellent encore *Mesr*, dont les Grecs modernes ont composé les noms de *Mesre* et *Mestræa*. On voit bien d'où viennent ces deux noms : Cham, fils de Noé, et Mizraïm, fils de Cham, furent les ancêtres, et, si l'on veut, les premiers rois du peuple de ce pays ; mais il n'en est pas de même du nom d'*Egypte* que lui ont donné les anciens Grecs : les savants ne sont pas d'accord sur son origine.

De tout temps l'Egypte était renommée par sa fertilité. Elle la doit au Nil, qui la traverse dans toute sa longueur, et qui, se débordant régulièrement tous les ans, l'arrose et la féconde. Les anciens ignoraient la source de ce fleuve, ainsi que la cause de ses inondations annuelles. L'une et l'autre ont été découvertes depuis. La source ou plutôt les sources du Nil, car il en a deux, sont dans l'Abyssinie, en la haute Ethiopie. La principale cause de son débordement, si ce n'est pas la seule, sont de grandes pluies qui, chaque année, tombent en Ethiopie sans discontinuer pendant les mois d'avril et de mai. Pour seconder la bienfaisance du fleuve, et le multiplier en quelque sorte, l'Egypte était entrecoupée d'une infinité de canaux garnis de grandes écluses. Lorsqu'il s'enflait outre mesure, de grands lacs,

---

iniquitate, et peccasti ; et ejeci te de monte Dei, et perdidi te, ô cherub protegens, de medio lapidum ignitorum. Et elevatum est cor tuum in decore tuo ; perdidisti sapientiam tuam in decore tuo ; in terram projeci te ; ante faciem regum dedi te ut cernerent te. In multitudine iniquitatum tuarum, et iniquitate negotiationis tuæ, polluisti sanctificationem tuam ; producam ergo ignem de medio tui, qui comedat te, et dabo te in cinerem super terram in conspectu omnium videntium te. Omnes, qui vederint te in gentibus, obstupescent super te : nihili factus es, et non eris in perpetuum. »
(1) Philostrat. apud Joseph., *Antiq.*, l. 10, c. 11 ; *Cont. Appion.*, l. 1.
(2) Joseph., *Cont. Appion.*, l. 1, c. 7.

creusés par les rois, surtout le lac de Mœris, recevaient la surabondance de ses eaux. Pendant l'inondation, les villes, rehaussées par des travaux immenses, s'élevaient comme des îles au milieu de la mer.

D'autres monuments attestaient encore la richesse et la magnificence de l'Egypte. Près du lac de Mœris s'élevait le fameux labyrinthe, bâti, suivant Hérodote (l. 2, c. 148), qui l'a vu, par les douze princes qui se partagèrent le gouvernement quelque temps après l'invasion de Sennachérib de Ninive. C'était un palais magnifique, ou plutôt un magnifique amas de douze palais disposés régulièrement et qui communiquaient ensemble. Quinze cents chambres mêlées de terrasses s'arrangeaient autour de douze salles, et ne laissaient point de sortie à ceux qui s'engageaient à les visiter. Il y avait autant de bâtiments par dessous terre pour servir de sépulture aux rois et aux crocodiles. De tout cela on ne voit plus que quelques débris.

Ce qui a mieux résisté au temps et aux Barbares, ce sont les pyramides, monuments gigantesques dont la base était ordinairement carrée, et qui se terminait en pointe comme la *flamme*, *pyr* en grec, d'où l'on croit que vient leur nom. Vingt sont encore debout. La plus grande a 660 pieds à chaque côté de sa base, qui est carrée, et elle s'élève de près de 500 pieds. D'anciens auteurs disent qu'elles ont été bâties par des rois pour leur servir de tombeau et transmettre plus sûrement à la postérité la gloire de leur nom. Leur vanité a été bien trompée. Ces tombeaux sont vides, et l'on ne sait trop ni par qui, ni quand ils ont été élevés. Les Coptes et les Sabéens les font remonter au delà du déluge. Ces derniers révèrent les trois principales pyramides, la première comme le tombeau de Seth, la seconde comme le tombeau d'Hénoch, et la troisième comme celui de Sabi, leur père (1).

Les anciens célébraient encore la magnificence de Thèbes, capitale de la haute Egypte ou Thébaïde. Les savants modernes en ont vu les restes avec admiration, en particulier le tombeau d'Osymandias, Rhamsès-le-Grand ou Sésostris. Non loin de Thèbes, dans les villes de Tentyra et d'Esné, on a récemment découvert, au plafond des temples, des représentations du zodiaque. Dans le premier moment, quelques personnes leur attribuaient une antiquité si prodigieuse, qu'elle remontait non-seulement au delà du déluge, mais encore bien au delà du premier homme. L'incrédulité triomphait de voir en défaut le récit de Moïse; mais un de ces zodiaques, transporté en France, fut trouvé d'une date bien moderne, et remontant tout au plus à sept siècles avant Jésus-Christ. Bien plus, depuis qu'on a trouvé le secret de lire les hiéroglyphes, on a lu, et dans ces zodiaques et dans les temples, les noms et les surnoms des empereurs romains Tibère, Claude, Néron, Domitien et Antonin-le-Pieux.

Une chose par où l'Egypte s'est également, mais moins honorablement rendue fameuse, c'est l'excès de son idolâtrie. A Memphis on adorait un bœuf; ailleurs, une vache; à Lycopolis un loup, à Saïs une brebis, à Mendès un bouc, à Cynopolis un chien, à Arsinoé un crocodile, et, généralement partout, les chats. Quiconque tuait, même par mégarde, un de ces derniers animaux, était mis à mort. Aujourd'hui encore on trouve par milliers des momies ou restes embaumés de chats autour de Bubastès ou la ville des chats. Toutefois, si les assurances que nous donnent des savants français de l'expédition scientifique en Egypte se confirment (1), il se conservait, dans les sanctuaires de la Thébaïde, une théologie et une cosmogonie semblables à celles de Moïse, et les livres d'Hermès-Trismégiste, cités par quelques Pères de l'Eglise, seraient le recueil authentique des anciennes traditions de l'Egypte. Les Egyptiens étaient ainsi doublement inexcusables, et d'avoir méconnu au fond de leurs temples la vérité transmise par leurs pères, et de ne l'avoir pas reconnue chez leurs voisins, les Hébreux, avec lesquels ils étaient presque continuellement en rapport; mais le plus grand crime est à leurs prêtres et à leurs sages, qui, connaissant cette vérité, la retenaient captive dans leurs mystères et leurs hiéroglyphes.

Les Egyptiens étaient, comme le sont encore les Indiens, divisés en plusieurs classes ou castes héréditaires, dont les principales étaient les prêtres, les guerriers, les laboureurs.

Quant au roi d'Egypte, il était subordonné aux lois, non-seulement dans l'administration des affaires publiques, mais encore dans sa vie privée. Ces lois, consignées dans les livres sacrés, lui étaient rappelées sans cesse et interprétées par les prêtres, dont les plus distingués étaient placés pour cela auprès de sa personne. A sa mort, le roi était jugé sévèrement et privé des honneurs de la sépulture, s'il n'avait pas gouverné suivant les règles antiques.

Un nom commun à tous les anciens rois de ce pays est celui de *Pharaon* ou *Paroh*, qui, selon Josèphe (*Ant.*, l. 8, c. 2), veut dire roi. Et de fait, dans le copte, l'égyptien moderne, *phiouro* ou *phouro*, signifie encore la même chose. L'Ecriture sainte en mentionne dix; mais il est difficile de savoir au vrai leur nom propre; car l'histoire de l'Egypte est fort embrouillée. Les plus célèbres ou le plus célèbre de ces rois est Osymandias, Rhamsès-le-Grand, Sésostris, qui, d'après le savant interprete des hiéroglyphes, se trouve être le même. Déjà Hérodote (lib. 2, c. 147 et 154) disait assez nettement que la certitude de l'histoire égyptienne ne commence qu'au temps où les Grecs s'établirent en Egypte sous Psammétique, que jusque-là les récits des Egyptiens ne s'accordaient guère ni entre eux ni avec ceux des étrangers. Or, à Psammétique, qui vivait au commencement du règne de Josias, succéda son fils Néchos ou Néchao, à Néchos son fils Psammis, à Psammis son fils Apriès, qui est appelé dans l'Ecriture Pharaon-Ephrée ou Ophra. C'est à lui qu'Ezéchiel adresse la parole dans ses prophéties. C'est avec lui que Sédécias avait fait alliance lorsqu'il se souleva contre le roi de Babylone. Ce Pharaon paraissait en effet capable alors de résister à Nabuchodonosor. Il avait fait la guerre avec succès, tant par mer que par terre, contre les Tyriens, les Sidoniens et l'île de Chypre; il avait pris d'assaut la ville de Sidon, vaincu les Phéniciens et les Cypriots dans un combat naval, et s'en était revenu en Egypte avec une incroyable quantité de butin. Enflé de ces victoires, il croyait qu'il n'était au pouvoir d'aucun dieu de le détrôner (Diod., l. 1, c. 68; Hérodot., l. 2, c. 161, 169).

---

(1) *Hist. univ.* par de savants Anglais, t. II, l. 1, c. 3, p. 38.

(1) Lettres de M. Ch. Lenormant. *Globe*, 18 février 1829.

Dans ce moment-là même le vrai Dieu lui annonçait sa ruine.

Jérusalem n'était point encore prise; au contraire, Apriès venait à son secours avec une puissante armée, mais pour s'en retourner sans vouloir ou oser combattre, lorsque le Seigneur dit à son prophète :

« Fils de l'homme, tourne la face contre Pharaon, roi de Mizraïm, et prophétise sur lui et sur Mizraïm tout entier. Parle et tu diras :

» Voici ce que dit Adonaï-Jéhova : Me voici contre toi Pharaon, roi de Mizraïm, dragon immense, couché au milieu de tes fleuves, et qui dis : Mon fleuve est à moi, c'est moi qui me suis fait moi-même.

» J'enfoncerai l'hameçon dans tes mâchoires, et j'attacherai à tes écailles tous les poissons de tes fleuves, et je te tirerai du milieu de tes fleuves. Et je te jetterai dans le désert, et tous les poissons de ton fleuve; tu demeureras étendu sur la terre; et tes membres dispersés, sans sépulture, et je les ai donnés en proie aux animaux de la terre et aux oiseaux du ciel.

» Et tous les habitants de Mizraïm connaîtront que c'est moi CELUI QUI EST; parce que tu as été un appui de roseau pour la maison d'Israël. Elle t'a saisi de la main, et tu t'es rompu, et tu as ensanglanté son bras; elle s'est appuyée sur toi, et tu t'es brisé, et tu as fait chanceler ses reins.

» C'est pourquoi voici ce que dit Adonaï-Jéhova : Me voici, amenant contre toi le glaive, et j'exterminerai de toi l'homme et la bête. Et la terre des Mizraïm sera un désert et une solitude, et ils sauront que c'est moi CELUI QUI EST; parce que tu as dit : Mon fleuve est à moi, et je me suis fait moi-même.

» C'est pourquoi me voici contre toi et ton fleuve : je ferai de Mizraïm une solitude ravagée par le glaive, depuis Magdole jusqu'à Syène et jusqu'aux extrémités de l'Ethiopie. L'homme ni la bête n'y passeront plus, et elle ne sera pas habitée pendant quarante ans. Je rendrai la terre de Mizraïm un désert parmi les déserts; ses villes seront entre les villes abandonnées, et la désolation durera quarante ans : je répandrai les Mizraïm au milieu des nations et je les disperserai par la terre.

» Car ainsi parle Adonaï-Jéhova : Après quarante ans, je rassemblerai les Mizraïm du milieu des peuples où ils ont été dispersés. Je rappellerai la captivité des Mizraïm, je les ramènerai dans la terre de Phaturès, dans la terre de leur naissance, et là ils seront un royaume impuissant, et il sera petit entre tous les royaumes, et il ne s'élèvera plus au-dessus des peuples; et je l'affaiblirai pour qu'il ne commande plus aux nations. Et désormais il ne sera plus la confiance de la maison d'Israël, et il ne lui apprendra plus l'iniquité, à me fuir, et à le suivre, et ils sauront que c'est moi CELUI QUI EST (Ezech., 29). »

Le prophète nous représente le roi d'Egypte sous l'emblème d'un monstrueux crocodile ou dragon, couché au milieu du Nil et de ses innombrables canaux, qui formaient comme autant de fleuves. Cette comparaison est d'autant plus juste, que les rois eux-mêmes s'égalaient ces animaux; les crocodiles sacrés avaient, dans le palais souterrain du labyrinthe, la même sépulture que les pharaons.

Après avoir prédit au superbe Apriès qu'il le tirerait de son fleuve et jetterait ses membres épars dans le désert, le Seigneur lui annonce par qui s'achèverait la ruine de son pays.

« J'anéantirai cette multitude d'hommes qui est dans l'Egypte, par la main de Nabuchodonosor, roi de Babylone. Je le ferai venir, lui et son peuple, et avec lui les plus puissantes des nations, pour perdre l'Egypte : ils viendront l'attaquer, le glaive à la main, et ils rempliront la terre de morts. Je sècherai le lit des fleuves, et je vendrai ses champs entre les mains des méchants; je détruirai cette terre, avec tout ce qu'elle contient, par la main des étrangers.

» Moi, Jéhova, je l'ai dit, j'exterminerai les simulacres et j'anéantirai les idoles de Memphis; il n'y aura plus à jamais de prince du pays d'Egypte, et je répandrai la terreur dans la terre d'Egypte. Je ruinerai le pays de Phaturès, je mettrai le feu dans Tanis, j'exercerai mes jugements dans Diospolis. Je répandrai mon indignation sur Saïs, la force de l'Egypte; je perdrai la multitude de Diospolis (No). Et je mettrai le feu dans l'Egypte; Saïs sera dans les douleurs comme une femme qui est en travail; Diospolis sera déchirée, et Memphis en de continuelles angoisses. Les jeunes gens d'Héliopolis et de Bubastès seront passés au fil de l'épée, et les femmes seront emmenées captives. Le jour s'obscurcira en Taphnis, lorsque je briserai les sceptres de l'Egypte et que s'évanouira l'orgueil de sa puissance : la nuée couvrira Taphnis, et ses filles seront emmenées captives. Et j'accomplirai dans l'Egypte mes jugements, et ils sauront que c'est moi Jéhova (Ezech., 30). »

Aujourd'hui, vingt-quatre siècles après le prophète, les savants d'Europe s'en vont en Egypte constater, sur les débris de tant d'illustres cités, l'exactitude de ces prédictions : prédictions accomplies toujours plus à la lettre, et par le Babylonien Nabuchodonosor, et par le Perse Cambyse, et par les Grecs, et par les Romains, et enfin par les Musulmans. Au milieu de ces grandes ruines, ils contemplent avec effroi et déplorent la destinée de la terre de Mizraïm, autrefois si renommée par la sagesse de ses monarques, et depuis si longtemps sans prince indigène, sans autre magnificence que ses ruines. Ce qu'ils font aujourd'hui, le prophète le faisait et le prédisait il y a vingt-quatre siècles.

L'année qui suivit la destruction de Jérusalem, le Seigneur dit à Ezéchiel :

« Fils de l'homme, commence le chant lugubre sur Pharaon, roi d'Egypte, et tu lui diras : Tu as été comparé au lion des nations et au dragon des mers; et tu agitais ta corne dans tes fleuves, et tu troublais les eaux avec tes pieds, et tu foulais les fleuves.

» C'est pourquoi voici ce que dit Adonaï-Jéhova : J'étendrai sur toi mes rets au milieu de la multitude des peuples, et je te tirerai dehors avec ma seine. Et je te jetterai sur la terre, je te délaisserai sur la face d'un champ; et je ferai habiter sur toi tous les oiseaux du ciel, et je rassasierai de toi tous les animaux de la terre. J'exposerai ta chair sur les montagnes, et je remplirai les vallées de tes membres sanglants. J'abreuverai la terre, jusqu'au sommet de ses montagnes, de ton sang noir; et les vallées seront remplies de tes débris.

» Quand tu t'éteindras, je couvrirai les cieux et j'obscurcirai les étoiles; j'envelopperai le soleil d'un nuage, et la lune ne donnera pas sa lumière. Tous les astres qui brillent dans les cieux pleureront sur toi, et je répandrai les ténèbres sur ton royaume lorsque les tiens tomberont morts au milieu de la terre, dit Adonaï-Jéhova.

» Je porterai l'épouvante dans le cœur des peuples quand j'amènerai tes débris au milieu des nations, en des contrées que tu ignores. Et je frapperai de stupeur des peuples nombreux ; leurs rois frémiront sur toi d'épouvante et d'horreur lorsque les éclairs de mon épée brilleront devant leur face ; et chacun d'eux tremblera soudain pour son âme au jour de ta ruine.

» Car ainsi parle Adonaï-Jéhova : Le glaive du roi de Babylone viendra sur toi ; par le glaive des forts j'abattrai ta multitude. Tous ces peuples sont invincibles, et ils dévasteront l'orgueil de l'Egypte, et sa multitude sera dissipée. Et je détruirai tous les animaux qui passaient le long des grandes eaux ; ni le pied de l'homme ni le pied de la bête n'en troublera plus le cours. Je les rendrai désormais pures et tranquilles, et les fleuves couleront comme de l'huile, lorsque j'aurai donné la terre d'Egypte à la désolation, et que cette terre sera dépouillée de sa multitude ; quand j'aurai frappé tous ses habitants, ils sauront que c'est moi Celui qui est. Telle est cette lamentation : pleurez-la ; les filles des nations la pleureront, elles la pleureront sur l'Egypte et sur sa multitude, a dit Celui qui est (Ezech., 32, 1-16). »

Ce qui étonne le plus, ce qui terrasse d'admiration le voyageur en Egypte, ce ne sont pas tant les cités mortes des vivants, que les cités encore vivantes des morts, c'est-à-dire, les tombes royales de la Thébaïde. Ce sont moins des tombes que des palais, des cités souterraines taillées dans le roc, où, en des salles immenses, dorment l'une à côté de l'autre, des dynasties entières, entourées des divinités du ciel, de la terre et de l'enfer, des images de peuples vaincus, de villes prises, enfin de toutes les pompes d'une grandeur et d'une puissance qui n'est plus. Ecoutons le prophète, introduisant dans cette cité de mort, dans cette demeure éternelle, et Pharaon et l'Egypte entière.

« Fils de l'homme, lui dit Jéhova, entonne le chant lugubre sur la multitude de l'Egypte, et conduis-la, elle et les filles des nations puissantes, dans la terre d'en bas, avec ceux qui descendent dans le gouffre.

» En quoi es-tu meilleure ? descends, et dors avec les incirconcis.

» Ils tomberont tous au milieu de ceux qui ont été tués par le glaive : elle a été donnée au glaive, entraînez-la, elle et tous ses peuples.

» Ainsi lui parleront, du milieu de l'enfer, les plus puissants d'entre les forts qui sont descendus avec ses défenseurs et qui dorment incirconcis, tués par le glaive.

» Là est Assur et toute sa multitude ; autour de lui ses sépulcres ; tous, ils ont été tués, tombant sous le glaive. Ses sépulcres ont été creusés dans les profondeurs du gouffre, et sa multitude a été rangée autour de son sépulcre ; tous, ils ont été tués, tombant sous le glaive, eux qui répandaient l'épouvante sur la terre des vivants.

» Là est Elam, et toute sa multitude autour de son sépulcre ; tous, ils ont été tués, tombant sous le glaive, et sont descendus incirconcis dans la terre d'en bas, eux qui répandaient l'épouvante dans la terre des vivants ; ils ont porté leur ignominie avec ceux qui descendent dans le gouffre. Au milieu de ces morts, ils ont placé sa couche, et autour de son sépulcre, tous les incirconcis tués par le glaive, qui répandaient l'épouvante dans la terre des vivants ; et ils ont porté leur ignominie avec ceux qui descendent dans le gouffre, et ils ont été déposés entre les tués.

» Là est Mosoch et Thubal, et toute sa multitude autour de son sépulcre ; tous incirconcis et tués, en tombant sous le glaive, parce qu'ils répandaient l'épouvante dans la terre des vivants. Et ils ne dormiront pas avec les *géants des siècles* (selon les Septante), *d'entre les incirconcis*, qui sont descendus dans l'enfer avec leurs armes et qui ont posé leurs épées sous leurs têtes ; leurs iniquités ont pénétré leurs os, parce qu'ils ont été l'épouvante des forts dans la terre des vivants.

» Et toi, au milieu des incirconcis, tu seras brisé, et tu dormiras avec ceux qui ont été tués par le glaive.

» Là est Edom, et ses rois, et tous ses chefs, qui ont été mis, malgré leur force, avec ceux qui ont été tués par le glaive ; ils dormiront avec les incirconcis et avec ceux qui descendent dans le gouffre.

» Là sont les princes de l'aquilon et tous les chasseurs qui sont descendus avec les morts, tremblants et confondus dans leur force, et ils dormiront incirconcis avec ceux qui ont été tués par le glaive, et ils ont porté leur ignominie avec ceux qui descendent dans le gouffre.

» Pharaon les verra, et il se consolera de toute la multitude de son peuple qui a péri par le glaive ; Pharaon et toute son armée, dit Adonaï-Jéhova, parce que j'ai jeté ma terreur dans la région des vivants, et il a été couché au milieu des incirconcis avec ceux qui ont été tués par le glaive : Pharaon et toute sa multitude, dit Adonaï-Jéhova (1). »

(1) Ezech., 32, 18-32 : « Fili hominis, cane lugubre super multitudinem Ægypti, et detrahe eam ipsam, et filias gentium robustarum, ad terram ultimam, cum his qui descendunt in lacum. Quo pulchrior es? descende et dormi cum incircumcisis. In medio interfectorum gladio cadent : gladius datus est, attraxerunt eam, et omnes populos ejus. Loquentur ei potentissimi robustorum de medio inferni, qui cum auxiliatoribus ejus descenderunt et dormierunt incircumcisi, interfecti gladio.

Ibi Assur, et omnis multitudo ejus ; in circuitu illius sepulcra ejus, omnes interfecti, et qui ceciderunt gladio. Quorum data sunt sepulcra in novissimis laci, et facta est multitudo ejus per gyrum sepulcri ejus ; universi interfecti, cadentesque gladio, qui dederant quondam formidinem in terrâ viventium.

Ibi Ælam et omnis multitudo ejus per gyrum sepulcri ; omnes hi interfecti, ruentesque gladio, qui descenderunt incircumcisi ad terram ultimam, qui posuerunt terrorem suum in terrâ viventium ; et portaverunt ignominiam suam cum his qui descendunt in lacum. In medio interfectorum posuerunt cubile ejus in universis populis ejus ; in circuitu ejus sepulcrum illius, omnes incircumcisi, interfectique gladio. Dederunt enim terrorem suum in terrâ viventium, et portaverunt ignominiam suam cum his qui descendunt in lacum ; in medio interfectorum positi sunt.

Ibi Mosoch et Thubal, et omnis multitudo ejus ; in circuitu ejus sepulcra illius. Omnes hi incircumcisi, interfectique et cadentes gladio, quia dederunt formidinem suam in terrâ viventium. Et non dormient cum fortibus, cadentibusque et incircumcisis, qui descenderunt ad infernum cum armis suis ; et posuerunt gladios suos sub capitibus suis ; et fuerunt iniquitates eorum in ossibus eorum, quia terror fortium facti sunt in terrâ viventium. Et tu ergo in medio incircumcisorum considereris, et dormies cum interfectis gladio.

Ibi Idumæa, et reges ejus, et omnes duces ejus, qui dati sunt cum exercitu suo, cum interfectis gladio ; et qui cum incircumcisis dormierunt, et cum his qui descendunt in lacum.

Ibi principes aquilonis omnes, et universi venatores, qui deducti sunt cum interfectis, paventes, et in suâ fortitudine confusi, qui dormierunt incircumcisi cum interfectis gladio, et portaverunt confusionem suam cum his qui descendunt in lacum.

Vidit eos Pharao, et consolatus est super universâ multitudine suâ, quæ interfecta est gladio ; Pharao, et omnis exercitus ejus, ait Dominus Deus, quia dedi terrorem meum in terrâ viventium, et dormivit in medio incircumcisorum cum interfectis gladio Pharao et omnis multitudo ejus, ait Dominus Deus. »

Nous venons d'entendre le chant funèbre; voyons maintenant commencer les funérailles.

Apriès revenait triomphant de son expédition contre les Phéniciens, lorsque, pour comble de prospérité, tout un peuple vint s'offrir à lui : c'étaient les Libyens.

Expulsés de leurs possessions par la colonie grecque de Cyrène, qui, fondée depuis quelque temps, devenait de jour en jour plus populeuse et plus puissante, ils résolurent de se donner au roi d'Egypte (Hérodote, l. 2 et 4). Pour les secourir, Apriès leva une grande armée d'Egyptiens, et l'envoya contre Cyrène. Mais les Cyrénéens la taillèrent en pièces. Le petit nombre d'Egyptiens qui purent se sauver revint en fureur contre Apriès, comme s'il les avait envoyés à la boucherie pour faire plus sûrement le despote. Cette accusation, bien ou mal fondée, occasionna une défection presque universelle. Pour l'apaiser, Apriès envoya un ami fidèle, Amasis. Mais pendant que celui-ci haranguait les insurgés, ils le proclamèrent roi lui-même, et dès lors il se mit à leur tête. A cette nouvelle, Apriès envoya Patarbémis, personnage le plus considérable qui lui fût encore attaché, avec ordre de lui amener Amasis en vie. Malgré sa bonne volonté, ce personnage ne put réussir. Quand donc Apriès le vit revenir seul, sans lui faire une seule question, il commanda qu'on lui coupât le nez et les oreilles. Une tyrannie si barbare acheva de ruiner ses affaires; tous les Egyptiens qui lui avaient été fidèles jusqu'alors, se déclarèrent en faveur d'Amasis. Les deux rivaux se préparèrent donc à la guerre : Amasis avait pour lui tous les Egyptiens; Apriès, les soldats cariens, ioniens et autres étrangers qu'il avait engagés à sa solde, au nombre de trente mille. La bataille se donna dans les plaines de Memphis. Apriès fut battu complétement et fait prisonnier. Le vainqueur le consigna dans le palais de Saïs, qui lui avait appartenu autrefois, et le traita avec beaucoup d'égards et de respect. Mais enfin, les Egyptiens lui ayant représenté qu'il n'était ni juste ni sage de nourrir leur ennemi et le sien, il le leur abandonna. Tombé de la sorte entre les mains de ceux qui cherchaient sa vie, suivant l'expression du prophète, le malheureux Apriès fut étranglé et son corps mis dans le sépulcre de ses ancêtres (Hérodote, l. 2; Diodore, l. 1).

Voilà comme l'Egypte, déchirant ses propres entrailles, accomplissait les prédictions d'Ezéchiel, dispersait ses membres sanglants dans les déserts de la Libye, sur les montagnes et dans les vallées. Ce qui l'acheva, ce fut le glaive de Nabuchodonosor, qui, pendant ou après cette guerre civile, vint, comme il avait été prédit, la ravager d'une extrémité à l'autre. Ses rois ne furent plus dès lors que les vassaux de Babylone et puis de la Perse.

Ce fut alors sans doute que Nabuchodonosor exécuta sa fameuse expédition à travers la Libye, jusqu'aux colonnes d'Hercule, puis de l'Espagne et toute l'Europe; expédition que l'historien Mégasthènes, qui vivait environ trois siècles avant Jésus-Christ, rappelle expressément dans un fragment cité par Josèphe, Abydène et Strabon (1). Une connaissance plus exacte qu'on a récemment acquise de l'Asie, en particulier de l'Inde, a montré que Mégas-

thènes est un écrivain instruit et digne de foi. Nous aurions vraisemblablement là-dessus des témoignages pareils d'Hérodote, si son histoire d'Assyrie était venue jusqu'à nous.

Tant de gloire et de prospérités enflèrent extrêmement le cœur de Nabuchodonosor : il en fut châtié par une humiliation également extraordinaire. Ecoutons-le plutôt lui-même annonçant sa propre confusion et la puissance du Très-Haut, dans un décret public à tout l'univers :

« Nabuchodonosor, roi :

» A tous les peuples, à toutes les nations, à toutes les langues qui habitent dans toute la terre;

» Que la paix soit multipliée sur vous !

» Les prodiges et les merveilles qu'a faits en moi le Dieu Très-Haut, il m'a paru juste de les publier. Que ses prodiges sont grands ! que ses merveilles sont puissantes (Dan., 3, 98-100) !

» Son royaume est un royaume éternel, et sa puissance est de génération en génération.

» Moi, Nabuchodonosor, j'étais en paix dans ma maison et plein de gloire dans mon palais. Je vis un songe et il m'effraya. Mes conceptions sur ma couche et les visions de ma tête m'épouvantèrent. Je publiai donc un décret pour introduire devant moi tous les sages de Babylone, afin de me donner l'explication du songe. Alors entrèrent les devins, les mages, les Chaldéens et les augures. Je dis le songe devant eux, mais ils ne m'en indiquèrent point la solution. Enfin entra devant moi Daniel, dont le nom est Baltassar (trésor de Bel), selon le nom de mon dieu, et qui a dans lui-même l'esprit des dieux saints (ou, comme traduisent les Septante, l'Esprit saint de Dieu). Je dis le songe devant lui : Baltassar, prince des devins, comme je sais que l'esprit des dieux saints (ou l'Esprit saint de Dieu) est en vous, et qu'il n'y a point de secret que vous ne puissiez pénétrer, écoutez les visions du songe que j'ai vu, et dites-m'en l'interprétation.

» Telles étaient les visions de ma tête sur ma couche : Je regardais, et voilà un arbre au milieu de la terre, sa hauteur était excessive. C'était un arbre grand et fort : sa hauteur atteignait les cieux, son étendue, les extrémités de toute la terre. Son feuillage était magnifique, son fruit très-abondant : tout y avait sa nourriture; à son ombre reposaient les bêtes des champs, dans ses rameaux habitaient les oiseaux du ciel, et de lui se nourrissait toute chair.

» Je regardais donc dans les visions de ma tête sur ma couche; et voilà qu'un des veillants et des saints descendit du ciel. Il cria d'une voix forte : Abattez l'arbre, coupez-en les branches, secouez-en les feuilles, répandez-en les fruits; que les bêtes s'enfuient de dessous, et les oiseaux de dessus ses branches. Laissez néanmoins la souche de ses racines en terre; qu'il soit lié avec des chaînes de fer et d'airain parmi les herbes des champs; qu'il soit mouillé de la rosée du ciel, et qu'il paisse avec les bêtes sauvages l'herbe de la terre. Qu'on lui ôte son cœur d'homme et qu'on lui donne un cœur de bête et que sept temps se succèdent sur lui. C'est ce qui a été ordonné dans le conseil des veillants; c'est la parole et la demande des saints, jusqu'à ce que les vivants connaissent que c'est le Très-Haut qui domine l'empire de l'homme, qu'il le donne à qui il lui plaît, et établit dessus le dernier des humains.

---

(1) Josèphe, *Cont. App.*, l. 1; *Ant.*, 10; Abyd., *Apud Euseb. Præp. ev.*, l. 9, 41; Strab., l. 15.

» Tel est le songe que j'ai vu, moi, Nabuchodonosor, roi; vous donc, Baltassar, hâtez-vous de m'en donner l'explication, car tous les sages de mon royaume ne peuvent me l'interpréter; mais vous le pouvez, parce que l'esprit des dieux saints (ou l'Esprit saint de Dieu) est en vous.

» Alors Daniel, surnommé Baltassar, demeura stupéfait pendant une heure, et ses pensées l'épouvantaient. Mais le roi prenant la parole : Baltassar, lui dit-il, que le songe et son interprétation ne vous troublent point.

» Baltassar répondit : Mon seigneur, que le songe retombe sur ceux qui vous haïssent, et son interprétation sur vos ennemis! Cet arbre que vous avez vu si grand et si fort, dont la hauteur atteignait les cieux et l'étendue toute la terre, dont le feuillage était magnifique, le fruit très-abondant, et où tout avait sa nourriture; à l'ombre duquel reposaient les bêtes des champs, tandis que les oiseaux du ciel habitaient dans ses rameaux; cet arbre, ô roi! c'est vous-même qui êtes devenu si grand et si puissant; car votre grandeur s'est accrue et élevée jusqu'au ciel, votre puissance s'est étendue jusqu'aux extrémités de toute la terre.

» Quant à ce que vous avez vu ensuite un des veillants et des saints descendant du ciel et disant : Abattez cet arbre, dépouillez-le; laissez néanmoins la souche de ses racines en terre; qu'il soit lié avec le fer et l'airain parmi les herbes des champs; qu'il soit mouillé par la rosée du ciel, et qu'il paisse avec les bêtes sauvages, jusqu'à ce que sept temps soient passés sur lui, en voici l'interprétation, ô roi!

» C'est là une sentence du Très-Haut, qui a été prononcée sur le roi, mon seigneur. On vous chassera d'avec les hommes; votre habitation sera avec les animaux et les bêtes sauvages; vous mangerez du foin comme un bœuf; vous serez trempé de la rosée du ciel : sept temps se passeront ainsi sur vous, jusqu'à ce que vous reconnaissiez que le Très-Haut domine dans l'empire de l'homme, et qu'il le donne à qui il lui plaît.

» Quant à ce qui a été commandé qu'on réservât la souche de ses racines, savoir de l'arbre, c'est que votre royaume vous demeurera, après que vous aurez reconnu que les cieux sont souverains.

» C'est pourquoi, daignez, ô roi! suivre mon conseil; rachetez vos péchés par la justice, et vos iniquités par la miséricorde envers les pauvres; peut-être que Dieu supportera vos offenses et prolongera votre paix.

» Toutes ces choses arrivèrent au roi Nabuchodonosor. Douze mois après, il se promenait dans le palais de Babylone. Et le roi se mit à dire : N'est-ce pas là cette grande Babylone que j'ai bâtie dans la grandeur de ma puissance et dans l'éclat de ma gloire, pour être le siège de mon empire?

» Le roi n'avait point achevé ces paroles, qu'une voix retentit du ciel : A toi, roi Nabuchodonosor, il est dit : Ton royaume a passé de toi. On va te chasser d'avec les hommes; tu habiteras avec les animaux et les bêtes farouches; tu mangeras du foin comme un bœuf; et sept temps passeront sur toi; jusqu'à ce que tu reconnaisses que le Très-Haut est le souverain dans le royaume des hommes, et qu'il le donne à qui il lui plaît.

» A l'heure même cette parole fut accomplie en Nabuchodonosor. Il fut chassé d'avec les hommes; il mangea du foin comme un bœuf; son corps fut trempé de la rosée du ciel, jusqu'à ce que les cheveux lui crurent comme le duvet des aigles, et ses ongles comme les griffes des oiseaux.

» A la fin des jours, moi, Nabuchodonosor, j'élevai mes yeux au ciel et ma connaissance me revint, et je bénis le Très-Haut, et je louai celui qui vit à jamais, et je le glorifiai, parce que sa puissance est une puissance éternelle, et son royaume est de génération en génération. Devant lui, tous les habitants de la terre sont réputés un néant; il fait suivant sa volonté, et dans l'armée des cieux, et dans les habitants de la terre. Il n'y a personne qui résiste à sa main et qui lui dise : Qu'avez-vous fait? En ce temps-là donc, ma connaissance me revint, et je recouvrai l'honneur et la gloire de la royauté : ma première forme me fut rendue; mes princes et mes grands vinrent me chercher; je fus rétabli dans mon royaume et environné d'une magnificence plus grande que jamais.

» Maintenant donc, moi, Nabuchodonosor, je loue, j'exalte, je glorifie le roi des cieux, parce que toutes ses œuvres sont vérité, toutes ses voies justice, et qu'il peut humilier ceux qui marchent dans la superbe (Daniel, 4).

Malgré le peu de monuments profanes qui nous restent de l'histoire de la Chaldée, il s'est conservé une trace, quoique bien défigurée, de cet événement, dans un fragment de Mégasthènes, cité par Abydène, où il rapportait cette tradition des Chaldéens : Qu'un jour, sur la terrasse de son palais, Nabuchodonosor fut saisi tout à coup d'une fureur divine, et s'écria que les Babyloniens étaient menacés d'un malheur que nul de leurs dieux ne pourrait détourner; un mulet perse viendrait, qui les réduirait en servitude; et qu'après ces mots, il disparut aux yeux des hommes (Megasth., *Apud Euseb., Præp. ev.*, l. 9, c. 41). Sous ce mulet, il entendait, si l'histoire est vraie, le fameux Cyrus, que la pythonisse de Delphes appela de même quelques années après, parce que son père était un Persan et sa mère une fille du roi des Mèdes.

Nabuchodonosor mourut après un règne de quarante-trois ans, et laissa le trône à son fils, que l'Ecriture appelle *Evilmérodach*; Bérose et Mégasthènes, *Evilmaluruch* (Euseb., *Ibid.*, cap. 40 et 41).

Saint Augustin, dans deux de ses sermons, expose à son peuple, comme une chose certaine, que Nabuchodonosor se convertit au prodige de la fournaise ardente, qu'il crut en Dieu et trouva miséricorde devant lui. « Par un même prodige, les trois jeunes gens échappèrent aux feux du moment, le roi, aux feux éternels. Le salut de leurs corps devint pour lui le salut de son âme. Il lui fut accordé plus qu'à eux (*Sermo* 301, n. 2, et 343, n. 2). »

Le nouveau monarque de Babylone fit sortir de la prison, où il était depuis trente-sept ans, Joakim ou Jéchonias, avant-dernier roi de Juda, l'éleva au-dessus des autres rois de pays conquis, vivant à la cour, suivant les mœurs de l'Orient, l'admit à sa table et lui fixa un convenable entretien, dont il jouit en effet tant qu'il vécut (4. Reg., 25; Jerem., 52). D'après certaines traditions rabbiniques, mais qui ne sont pas bien certaines, il avait appris à le connaître, lorsque son père, Nabuchodonosor, mécontent de sa conduite, l'avait fait mettre dans la même prison.

Les Babyloniens adoraient une idole nommée *Bel* (Baal, Bélus), à qui tous les jours on offrait douze mesures de la meilleure farine, quarante brebis et six amphores de vin; le roi lui-même allait journellement l'adorer dans son temple.

Une fois il demanda à Daniel, qui mangeait à sa table et qu'il honorait par-dessus tous ses confidents : « Pourquoi n'adorez-vous pas Bel aussi ? » Il répondit : « Je ne sers point les idoles que la main a faites, mais le Dieu vivant qui a créé le ciel et la terre, et qui tient toute chair en sa puissance. — Quoi donc! reprit le roi, Bel ne vous paraît-il pas un dieu vivant ? Ne voyez-vous pas combien il mange et combien il boit chaque jour ? — O roi ! dit Daniel en souriant, ce Bel est de boue au dedans et d'airain au dehors, et jamais il ne mangea. »

Le roi, en colère, fit venir les prêtres et les somma de dire qui consommait les offrandes. S'ils lui font voir que c'est Bel, Daniel mourra; sinon, ils mourront eux-mêmes. « Oui, dit Daniel, qu'il soit fait selon votre parole. » Les prêtres étaient au nombre de soixante-dix, sans compter leurs femmes et leurs enfants. Le roi s'en alla avec Daniel au temple de Bel. Là, les prêtres dirent : « Voilà que nous allons sortir; et vous, ô roi! mettez les viandes et servez le vin; puis fermez la porte et cachetez-la de votre anneau. Et demain matin, lorsque vous entrerez, si vous ne trouvez pas que Bel aura tout mangé, nous mourrons; sinon, Daniel, qui a menti contre nous. » Le roi ordonna de placer les offrandes; mais Daniel fit tamiser de la cendre par tout le temple.

Le lendemain, dès la pointe du jour, le roi s'en vint avec Daniel. Le sceau était intact. Le roi entra dans le temple, jeta les yeux sur la table et s'écria tout haut : « Vous êtes grand, ô Bel! et il n'y a point en vous de tromperie. » Mais Daniel se mit à rire, et retenant le roi, pour qu'il n'avançât pas davantage, il lui dit : « Voyez ce pavé, considérez de qui sont ces traces de pieds. — Je vois, dit le prince, des traces de pieds d'hommes, de femmes et de petits enfants. » Aussitôt, entré dans une grande colère, il fit arrêter les prêtres, avec leurs enfants et leurs femmes, et ils lui montrèrent de petites portes secrètes par où ils entraient et venaient manger tout ce qui était sur la table. Alors il les fit mourir, et livra l'idole de Bel en la puissance de Daniel, qui la renversa ainsi que le temple (Dan., 14, 1-21).

Il y avait encore un grand dragon, à qui les habitants de Babylone rendaient également des honneurs divins. Un jour le roi dit à Daniel : « Direz-vous encore que celui-là est d'airain ? Le voilà qui vit, qui mange et qui boit. Vous ne pouvez pas dire pour le coup que ce ne soit pas là un dieu vivant; adorez-le donc. » Daniel répondit : « J'adore le Seigneur, mon Dieu; c'est lui le Dieu vivant. Quant au dragon, permettez-le-moi et je le tuerai sans épée ni bâton. » Le roi le lui ayant permis, il prit de la poix, de la graisse et du poil, fondit le tout ensemble, en fit des masses et les jeta dans la gueule du dragon, qui en creva. Et Daniel disait : « Voilà ce que vous adoriez. »

A cette nouvelle, les Babyloniens entrèrent en fureur et s'écrièrent que le roi était devenu Juif, qu'il avait renversé Bel, tué le dragon, fait mourir les prêtres. Attroupés autour du roi, ils exigèrent qu'il leur livrât Daniel; autrement *nous te tuerons, toi et ta maison.*

Ce langage fait bien voir qu'ils parlaient au faible Evilmérodach, et non point à Cyrus ni à Darius; car comment les Babyloniens, abattus, anéantis, auraient-ils osé parler sur ce ton à leurs superbes vainqueurs, qui d'ailleurs n'adoraient ni l'idole de Bel, ni le serpent, mais le soleil?

Le roi, contraint par la nécessité, leur livra Daniel. Eux le jetèrent dans la fosse aux lions. Il y en avait sept, à qui l'on donnait tous les jours deux cadavres avec deux brebis; mais alors on ne leur donna rien, afin qu'ils dévorassent Daniel d'autant plus sûrement.

Pendant que l'homme de Dieu était là au milieu des lions, l'ange du Seigneur apparut au prophète Habacuc, dans la Judée, lorsqu'il venait d'apprêter un potage, de le mettre avec du pain trempé dans un vase, et qu'il allait dans le champ le porter aux moissonneurs. C'était probablement le même prophète dont nous avons les prédictions dans la sainte Écriture. L'ange lui commanda de porter ce dîner à Daniel, dans la fosse aux lions, à Babylone. Le prophète s'excusant sur ce qu'il n'avait jamais été à Babylone, qu'il ne savait pas non plus où était la fosse aux lions, l'ange le saisit par les cheveux de dessus sa tête, et, dans l'impétuosité de son souffle, le transporta au bord de la fosse. Et Habacuc cria : « Daniel, serviteur de Dieu, recevez le dîner que Dieu vous a envoyé! » Et Daniel répondit : « O Dieu! vous vous êtes souvenu de moi, et vous n'avez point abandonné ceux qui vous aiment. » Et, se levant, il mangea; et l'ange du Seigneur remit aussitôt Habacuc dans son lieu.

Le 7e jour, le roi s'en vint pleurer Daniel, et s'étant approché de la fosse, il regarda dedans, et voilà Daniel assis au milieu des lions. Aussitôt, s'écriant à haute voix, il dit : « Vous êtes grand, ô Seigneur, Dieu de Daniel, et il n'y en a point d'autre que vous! » Et il le fit tirer de la fosse. En même temps il y précipita ceux qui avaient été cause de sa perte, et dans un instant ils étaient dévorés devant lui (Dan., 14, 22-42).

Evilmérodach, au témoignage de Bérose et de Mégasthènes (1), ne régna que deux ans. Méprisé et haï pour ses débauches et ses autres dérèglements, il fut tué par des conjurés, à la tête desquels était Nériglissor, mari de sa sœur, qui s'éleva sur le trône.

Aussi entreprenant que son beau-frère paraît avoir été efféminé, il résolut la guerre contre Cyaxares II, fils d'Astyages, s'y prépara d'une manière formidable, envoya des ambassadeurs non-seulement à Crésus, roi des Lydiens, qui, par ses conquêtes jusqu'au fleuve Halys, s'était rendu redoutable en Asie, mais encore au roi de l'Inde, représentant à tous les deux que la puissance croissante des Mèdes, dont les rois s'étaient alliés à ceux des Perses par les liens du mariage, et l'ambition des uns et des autres, menaçaient toute l'Asie (*Cyropéd.*, I. 1).

Cyaxares envoya demander secours à Cambyses, roi de Perse, son beau-frère, et fit prier Cyrus, par ses ambassadeurs, d'obtenir de son père le commandement de l'armée persane. Cyrus était âgé de quarante ans, et Cyaxares de quarante et un.

Des deux côtés on mit sur pied des armées formi-

(1) Josèphe, *Antiq*, l. 10, *et apud Euseb.*, l. 9.

dables, principalement du côté de Nériglissor, qui, outre Crésus, roi de Lydie, avait encore pour auxiliaires les Phrygiens, les Cariens, les Cappadociens, les Ciliciens et les Paphlagoniens.

Le roi des Indiens envoya une ambassade tant à Cyaxares qu'à Nériglissor, pour s'informer exactement des causes de la guerre, parce qu'il était résolu à soutenir le juste contre l'injuste. Dans la suite il envoya de grands trésors à Cyrus pour les frais de cette guerre (*Cyropéd.*, l. 2).

Le roi des Arméniens, qui était tributaire des Mèdes, se déclara pour le Chaldéen, dans la vue de secouer le joug de la dépendance; mais il fut pris par Cyrus, et, avec les siens, traité si généreusement, que, d'ennemi, il devint ami et allié (*Ibid.*, l. 3).

L'année 4e du règne de Nériglissor, les deux puissances se rencontrèrent un jour, auquel celui-ci perdit la vie et son armée la bataille. La mort de ce prince décida l'affaire. Crésus, roi des Lydiens, prit la conduite de l'armée (*Ibid.*, l. 4).

Si, comme général, celui-ci n'était point comparable à Nériglissor, le fils de Nériglissor, Laborosoarchod, était encore moins digne de lui succéder dans l'empire. Débauché et cruel, sans aucunes qualités qui pussent le recommander au peuple ou à l'armée, il fut tué par ses sujets après un règne de neuf mois (Bérose, *Apud Euseb.*, l. 9, c. 40).

Alors parvint au trône le fils d'Evilmérodach, que Bérose appelle *Nabonède*; Mégasthènes, *Nabonnidochus*; Josèphe, *Naboandel*; Hérodote, *Labynet*; la sainte Ecriture, *Baltassar*. Le nom de Baltassar, qui avait également été donné à Daniel, dans sa jeunesse, par le grand chambellan de Nabuchodonosor, était un nom honorifique, tel qu'en portaient les personnes d'un haut rang.

La mère de ce Baltassar était Nicotris, qu'Hérodote nous représente comme une femme d'une grande sagesse et d'un esprit élevé. Elle répara les murs de Babylone, jeta un pont-levis sur l'Euphrate et pratiqua dessous une galerie souterraine pour joindre ensemble les deux palais ou forteresses qui étaient sur ses rives vis-à-vis l'un de l'autre; elle fit, en un mot, tout ce que pouvait suggérer la prudence humaine pour défendre contre la puissance de l'ennemi cette ville superbe, capitale du plus ancien empire sur la terre. Mais cette sage reine ne devait pas réussir. Les jugements de Babylone étaient proches. Déjà Jérémie avait prédit que les peuples serviraient Nabuchodonosor, son fils et le fils de son fils, jusqu'à ce que vînt à son tour le temps de sa terre (Jerem., 27).

« La première année de Baltassar, roi de Babylone, Daniel eut un songe et une vision, étant dans son lit : il écrivit le songe et le résuma en ces termes :

» Je voyais dans ma vision pendant la nuit : et voilà, les quatre vents du ciel se combattaient sur la grande mer; et quatre grandes bêtes sortaient de la mer, différentes les unes des autres. La première était comme une lionne, et elle avait des ailes d'aigle; et comme je regardais, ses ailes lui furent arrachées; elle fut ensuite relevée de terre, et elle se tint sur ses pieds comme un homme, et un cœur d'homme lui fut donné (1).

Pour mieux pénétrer le sens du prophète, rappelons-nous dès maintenant que ces quatre bêtes qui sortent de la mer, ce sont les quatre grands empires s'élevant de cette mer orageuse qu'on appelle le genre humain, où les flots sont des peuples, les tempêtes des révolutions. Ces empires apparaissent en bêtes farouches, parce que leur instinct politique était, non pas l'équité, la bienveillance de l'homme tel qu'il doit être, mais le féroce égoïsme de la brute. La première est l'empire assyrio-babylonien, puissant et fier comme le lion, rapide dans ses conquêtes comme l'aigle. Ses ailes lui sont arrachées, lorsque Nabuchodonosor est dépouillé de sa puissance; elle se relève avec lui, prend une marche humaine, reçoit un cœur humain.

« Et voici une autre bête, la seconde, semblable à un ours, et elle se tint sur un côté; et elle avait dans sa gueule et entre ses dents trois grandes défenses, et on lui disait : *Lève-toi, et mange beaucoup de chair* (1). »

L'ours est un puissant animal, mais point aussi magnifique que le lion. Tel est le second empire, celui des Mèdes et des Perses, comparé au premier. L'ours ne vit pas de proie comme le lion; mais, irrité, il est terrible. Xénophon nous apprend que les Mèdes et les Perses étaient tranquilles dans leurs âpres montagnes, lorsque le roi assyrien les provoqua par une irruption en Médie dans une partie de chasse. Cette insulte finit par coûter l'empire à Babylone. Cette seconde bête s'appuie plus sur un côté que sur l'autre, et a trois défenses dans la gueule. Cela peut marquer, dans la seconde monarchie, la prépondérance des Perses sur les Mèdes, ensuite la triple puissance des Perses, des Mèdes et des Chaldéens réunis ensemble.

« Après cela je regardais, et en voilà une autre, comme un léopard, qui avait sur le dos quatre ailes, comme celles d'un oiseau; cette bête avait aussi quatre têtes, et la puissance lui fut donnée (2). »

C'est l'empire macédonien, qui, à la mort d'Alexandre-le-Grand, se partage en quatre puissantes monarchies.

« Je regardais ensuite dans cette vision nocturne, et voilà une quatrième bête, terrible, épouvantable et prodigieusement forte; elle avait de grandes dents de fer, et elle mangeait, et elle broyait, et elle foulait aux pieds ce qui restait; elle était fort différente des autres bêtes que j'avais vues avant elle, et elle avait dix cornes. Mais pendant que je considérais ces cornes, voilà qu'une autre petite corne s'élevait d'entre elles, et trois des premières cornes furent arrachées de devant sa face; et voilà, cette corne avait des yeux comme des yeux d'homme, et une bouche qui disait de grandes choses.

» Je regardais jusqu'à ce que des trônes furent placés et que l'Ancien des jours s'assit; son vêtement était blanc comme la neige, et les cheveux de sa tête comme une laine très-pure; son trône était des flam-

---

(1) Daniel, 7, 1-4 : « Anno primo Baltassar, regis Babylonis, Daniel somnium vidit; visio autem capitis ejus in cubili suo; et somnium scribens, brevi sermone comprehendit; summatimque perstringens, ait : Videbam in visione meâ nocte : et ecce, quatuor venti cœli pugnabant in mari magno; et quatuor bestiæ grandes ascendebant de mari, diversæ inter se. Prima quasi leæna, et alas habebat aquilæ; aspiciebam donec evulsæ sunt alæ ejus, et sublata de terrâ, et super pedes quasi homo stetit, et cor hominis datum est ei. »

(1) Dan., 7, 5 : « Et ecce bestia alia, similis urso, in parte stetit; et tres ordines erant in ore ejus et in dentibus ejus, et sic dicebant : Surge, comede carnes plurimas. »

(2) *Ibid.*, 7, 6 : « Post hæc aspiciebam, et ecce alia quasi pardus, et alas habebat quasi avis, quatuor super se, et quatuor capita erant in bestiâ, et potestas data est ei. »

mes ardentes, et les roues de ce trône un feu brûlant. Un fleuve rapide de feu se répandait de devant sa face. Un million le servaient, et mille millions étaient debout devant lui. Le jugement se tint, et les livres furent ouverts.

» Je regardais attentivement à cause du bruit des grandes paroles que cette corne prononçait; je regardais jusqu'à ce que la bête eût été tuée, son corps détruit et livré au feu pour être brûlé, et que la puissance des autres bêtes leur eût été ôtée; car la durée de leur vie leur avait été donnée jusqu'à un temps et un temps.

» Je regardais dans cette vision de nuit, et voilà qu'avec les nuées du ciel venait comme le fils de l'homme qui s'avança jusqu'à l'Ancien des jours; et on le présenta devant lui, et il lui donna la puissance, et l'honneur, et le royaume; et tous les peuples, toutes les nations et toutes les langues le serviront; sa puissance est une puissance éternelle qui ne lui sera point ôtée, et son royaume est impérissable.

» Alors mon esprit frémit dans mon corps; moi, Daniel, je fus épouvanté, et les visions de ma tête me jetèrent dans le trouble. Je m'approchai d'un des assistants, et lui demandai la vérité sur tout cela. Il me parla et m'enseigna la signification de ces choses.

» Ces quatre grandes bêtes sont quatre royaumes qui s'élèveront de la terre; mais les saints du Très-Haut obtiendront l'empire et le posséderont jusque dans le siècle des siècles.

» J'eus ensuite un grand désir d'apprendre la signification de la quatrième bête, qui était très-différente de toutes les autres, excessivement effroyable, avec des dents de fer et des ongles d'airain, mangeant, broyant et foulant aux pieds ce qui restait; ainsi que des dix cornes qu'elle avait à la tête, et de cette corne qui lui poussa, en présence de laquelle trois cornes étaient tombées; et de cette corne qui avait des yeux et une bouche prononçant de grandes choses, corne plus grande que les autres. Et je vis cette corne faisant la guerre contre les saints et prévalant sur eux, jusqu'à ce que vînt l'Ancien des jours, et qu'il donnât le jugement aux saints du Très-Haut, et que le temps arrivât où les saints obtinrent l'empire.

» Il parla ainsi : La quatrième bête sera le quatrième royaume sur la terre, et très-différent de tous les royaumes; il dévorera toute la terre, il la foulera aux pieds et la broiera. Les dix cornes signifient dix rois qui s'élèveront de ce royaume; un autre s'élèvera après eux, qui sera différent des premiers, et il humiliera trois rois. Il proférera contre (sur ou touchant) le Très-Haut des paroles, il écrasera les saints du Très-Haut; et il s'imaginera qu'il pourra changer les temps et les lois, et ils seront livrés entre ses mains jusqu'à un temps, deux temps et la moitié d'un temps. Ensuite se tiendra le jugement, où la puissance lui sera ôtée, en sorte qu'il soit détruit et qu'il périsse à jamais. Et l'empire, et la puissance, et la grandeur des royaumes qu'il y a sous tout le ciel sera donnée au peuple des saints du Très-Haut : et son empire est un empire éternel, et toutes les souverainetés le serviront et lui obéiront.

» Là finit le discours. Mais moi, Daniel, je fus fort troublé dans mes pensées : mon visage en fut changé; mais je conservai ce discours dans mon cœur (1). »

Cette quatrième et terrible bête, avec ses dents de fer et ses ongles d'airain, qui dévorait, qui broyait, qui foulait aux pieds le reste, c'est la païenne Rome, broyant et engloutissant toute la terre. Elle différait des précédentes. Successivement royaume et république, république et empire, sous des rois, sous des consuls, sous des tribuns, sous des décemvirs, sous des dictateurs, sous des empereurs, Rome, en dévorant les autres empires, s'en appropriait ce qu'ils avaient de fort, mais ne ressemblait à aucun. A la fin, il pousse à cette bête dix cornes ou dix rois. On les lui voit également dans l'Apocalypse de saint Jean. Là ces dix rois, d'abord pour elle, se mettent contre elle. On l'entend de cette dizaine de rois barbares qui, dans le V⁰ et le VI⁰ siècle de l'ère chrétienne, d'abord à la solde de l'empire romain, finirent par s'en partager les provinces.

Après eux, *s'élève une nouvelle corne, d'abord petite, mais grandissant à vue d'œil*. Au commencement du VII⁰ siècle, l'an 622, dans l'Arabie, autrefois province romaine, s'élève l'empire de Mahomet, petit d'abord, mais bientôt grand et formidable. *Cette corne ou ce roi en abaissera trois autres*. Ce que l'on peut entendre des Perses en Asie, des Vi-

(1) Dan., 7, 7-28 : « Post hæc ascipiebam in visione noctis, et ecce bestia quarta terribilis, atque mirabilis, et fortis nimis; dentes ferreos habebat magnos, comedens atque comminuens, et reliqua pedibus suis conculcans; dissimilis autem erat cœteris bestiis, quas videram ante eam, et habebat cornua decem. Considerabam cornua, et ecce cornu aliud parvulum ortum est de medio eorum, et tria de cornibus primis evulsa sunt a facie ejus; et ecce, oculi quasi oculi hominis erant in cornu isto, et os loquens ingentia.
Ascipiebam donec throni positi sunt, et antiquus dierum sedit; vestimentum ejus candidum quasi nix, et capilli capitis ejus quasi lana munda, thronus ejus flammæ ignis, rotæ ejus ignis accensus. Fluvius igneus rapidusque egrediebatur a facie ejus. Millia millium ministrabant ei, et decies millies centena millia assistebant ei. Judicium sedit, et libri aperti sunt.
Aspiciebam propter vocem sermonum grandium, quos cornu illud loquebatur; et vidi quoniam interfecta esset bestia et perisset corpus ejus, et traditum esset ad comburendum igni; aliarum quoque bestiarum ablata esset potestas, et tempora vitæ constituta essent eis usque ad tempus et tempus.
Aspiciebam ergo in visione noctis, et ecce cum nubibus cœli quasi filius hominis veniebat, et usque ad antiquum dierum pervenit; et in conspectu ejus obtulerunt eum, et dedit ei potestatem, et honorem, et regnum; et omnes populi, tribus et linguæ ipsi servient: potestas ejus, potestas æterna, quæ non auferetur, et regnum ejus, quod non corrumpetur.
Horruit spiritus meus; ego, Daniel, territus sum in his, et visiones capitis mei conturbaverunt me. Accessi ad unum de assistentibus, et veritatem quærebam ab eo de omnibus his. Qui dixit mihi interpretationem sermonum et docuit me :
Hæ quatuor bestiæ magnæ, quatuor sunt regna, quæ consurgent de terrâ; suscipient autem regnum sancti Dei altissimi, et obtinebunt regnum usque in sæculum, et sæculum sæculorum.
Post hoc volui diligenter discere de bestiâ quartâ, quæ erat dissimilis valde ab omnibus, et terribilis nimis dentes et ungues ejus ferrei; comedebat, et comminuebat, et reliqua pedibus suis conculcabat; et de cornibus decem, quæ habebat in capite; et de alio, quod ortum fuerat ante quod ceciderant tria cornua; et de cornu illo quod habebat oculos et os loquens grandia, et majus erat cæteris.
Aspiciebam, et ecce cornu illud faciebat bellum adversus sanctos, et prævalebat eis, donec venit antiquus dierum, et judicium dedit sanctis Excelsi, et tempus advenit, et regnum obtinuerunt sancti.
Et sic ait : Bestia quarta, regnum quartum erit in terrâ, quod majus erit omnibus regnis ; et devorabit universam terram, et conculcabit, et comminuet eam. Porro cornua decem ipsius regni, decem reges erunt; et alius consurget post eos, et ipse potentior erit prioribus, et tres reges humiliabit. Et sermones contra Excelsum loquetur, et sanctos Altissimi conteret ; et putabit quod possit mutare tempora et leges, et tradentur in manu ejus usque ad tempus, et tempora, et dimidium temporis. Et judicium sedebit, ut auferatur potentia, et conteratur, et dispereat usque in finem; regnum autem, et potestas, et magnitudo regni, quæ est super omne cœlum detur populo sanctorum Altissimi; cujus regnum, regnum sempiternum est, et omnes reges servient ei et obedient.
Hucusque finis verbi. Ego, Daniel, multùm cogitationibus meis conturbabar, et facies mea mutata est in me; verbum autem in corde meo conservavi. »

sigoths en Espagne, des Grecs de Constantinople, dont les Musulmans abaissèrent ou même anéantirent les empires. *Cette corne a des yeux.* Mahomet fait le voyant, le prophète. *Cette corne parle superbement pour, sur ou contre le Très-Haut,* car le texte original peut avoir ces divers sens. Mahomet a fait tout cela. Il parle de Dieu ou fait parler Dieu éloquemment; mais c'est pour lui faire condamner les chrétiens comme corrupteurs de sa loi, déclarer Mahomet son plus grand prophète, dévouer au glaive quiconque ne l'en croira pas sur parole. Il parle honorablement de Jésus-Christ, comme messie, verbe, prophète; mais il condamne d'impiété et d'idolâtrie quiconque le reconnaît Fils de Dieu; mais l'unique but de la religion et puissance mahométane a toujours été, et est encore, d'exterminer ceux qui adorent le Christ. Les empires idolâtres de Babylone et de Rome étaient, pour ainsi dire, des empires *antiDieu*, en ce qu'à la place ou à l'égal du Dieu véritable ils en adoraient d'autres. L'empire mahométan est, par son essence même, l'empire *antichrétien*. C'est toujours la guerre contre Dieu; seulement depuis que Dieu s'est manifesté dans le Christ, cette guerre s'est manifestée dans une forme d'antechrist. Les Pères du V⁰ et du VI⁰ siècle, sentant crouler l'empire romain, s'attendaient à voir paraître aussi cette nouvelle puissance ou Porte de l'enfer. Ils ne se sont pas trompés. Un autre signe, c'est que de tous les empires modernes, le mahométan est le seul qui ait conservé le caractère bestial des empires idolâtres, le seul où l'on fasse des esclaves.

Cette corne, cette puissance *faisait la guerre aux saints et prévalait sur eux.* Le mahométisme n'a cessé de faire la guerre aux chrétiens, appelés *saints* dans le langage de l'Ecriture, et a prévalu sur eux dans tout l'Orient. *Cette nouvelle corne,* ce nouveau roi *s'imaginera pouvoir changer les temps et les lois.* Le mahométisme a introduit une nouvelle manière de compter les années : au lieu de célébrer ou le samedi avec les Juifs, ou le dimanche avec les chrétiens, il célèbre le vendredi; à la loi de Moïse et à la loi de Jésus-Christ, il a substitué l'Alcoran.

Cette corne, cet empire *aura ainsi la puissance jusqu'à un temps, deux temps et la moitié d'un temps.* C'est-à-dire, dans le langage apocalyptique, un an, deux ans et la moitié d'une année. Le prophète de la nouvelle alliance, saint Jean, se sert des mêmes expressions; de plus, il les traduit, tantôt par quarante-deux mois, tantôt par douze cent soixante jours (Apocal., c. 11, 12 et 13).

Or, les Mahométans, pour se retrouver dans les embarras de leur comput, emploient une période ou un cycle de trente ans, autrement un mois d'années. Sur ce pied, les quarante-deux mois ou douze cent soixante jours auxquels Daniel et saint Jean bornent la durée de l'empire antichrétien, feraient douze cent soixante ans. Comme le mahométisme a commencé en 622, il finirait donc en 1882.

On pourrait même, dans ces expressions de Daniel et de saint Jean, *un temps, deux temps et la moitié d'un temps*, découvrir pour la puissance mahométane comme trois époques : une première d'accroissement, une seconde de lutte, une troisième de décadence. Pendant un temps, douze mois d'années, ou trois cent soixante ans, depuis 622 jusqu'à 982, vers la fin du X⁰ siècle, le mahométisme triompha presque partout sans beaucoup d'obstacles. Pendant deux temps, deux ans d'années, ou sept cent vingt ans, depuis la fin du X⁰ siècle où les chrétiens d'Espagne commencèrent à repousser les mahométans et firent naître les croisades, jusqu'à la fin du XVII⁰ siècle, il y eut entre la lutte à peu près égale entre le mahométisme et la chrétienté. Depuis la fin du XVII⁰ siècle, où Charles de Lorraine et Sobieski de Pologne, achevant ce que Pie V avait commencé à la journée de Lépante, brisèrent tout à fait la prépondérance des sultans, le mahométisme est en décadence. Enfin il est non-seulement possible, mais très-probable, qu'à dater de cette dernière époque, le commencement du XVIII⁰ siècle, après la moitié d'un temps, six mois d'années, ou cent quatre-vingts ans, vers 1882, ce soit fait de cet empire antichrétien.

Enfin *se tiendra le jugement.* Déjà nous avons vu le Très-Haut, avec ses veillants et ses saints, juger le roi de Babylone : nous le verrons pareillement dans l'Apocalypse juger, avec les anges et les saints, Rome idolâtre et ivre du sang des martyrs; ici nous le voyons jugeant l'empire antichrétien. Lorsque la sentence contre Rome idolâtre s'exécuta par les barbares, la puissance fut donnée aux saints du Très-Haut, aux chrétiens, qui formèrent dès lors de nouveaux royaumes, un nouveau genre humain nommé *chrétienté.* Lorsque la sentence finale s'exécutera contre l'empire antichrétien de Mahomet, alors seront données au peuple des saints la souveraineté, la puissance, la grandeur de tous les royaumes qui sont sous le ciel.

Pendant que Dieu révélait à son prophète l'ensemble des quatre grandes monarchies, avec leur suite jusqu'à la fin des temps, le fondateur de la seconde, le Persan Cyrus, avec son oncle Cyaxares, que l'Ecriture appelle Darius le Mède, s'avançait à travers l'Asie, emportant les villes, soumettant les provinces, gagnant le cœur des peuples par sa conduite noble et généreuse. Dieu fit voir dès lors à Daniel quelle serait la fin de ce second empire, quel serait le caractère du troisième, et combien un démembrement de ce dernier causerait de maux à la nation sainte.

« La troisième année du règne du roi Baltassar, j'eus une vision à Suse, métropole de la province d'Elam, et il me parut dans cette vision que j'étais sur le bord du fleuve Ulaï. (C'est le Choaspes, dont l'eau était si belle, que les rois de Perse n'en buvaient point d'autre.)

» Je levai donc les yeux et je regardai : et voilà un bélier debout devant le fleuve : il avait deux cornes; et ces cornes étaient élevées, et l'une était plus élevée que l'autre, et celle qui était plus élevée s'était accrue la dernière. Je vis le bélier donnant des coups de corne contre l'occident, contre l'aquilon et contre le midi, et toutes les bêtes ne pouvaient lui résister ni se délivrer de sa puissance; et il fit selon son plaisir, et il devint très-grand.

» Mais pendant que je considérais, voilà qu'un bouc vint de l'occident sur la face de toute la terre; et il ne touchait pas la terre : et ce bouc avait une corne fort grande entre les deux yeux. Et il vint jusqu'à ce bélier qui avait des cornes, et que j'avais vu debout sur le bord du fleuve; et il courut sur lui dans l'impétuosité de sa force. Et je le vis arrivant tout près du bélier; et il entra en fureur, et il frappa le bélier, et il lui rompit les deux cornes; et le bélier n'avait aucune force pour tenir devant lui. L'autre, au contraire, le jeta par terre, le foula aux pieds, et personne qui délivrât le bélier de sa puissance.

» Et le bouc devint extraordinairement grand; et lorsqu'il était le plus fort, sa grande corne se rompit, et à sa place il s'éleva quatre cornes considérables, vers les quatre vents du ciel. Et de l'une d'entre elles sortit une petite corne, mais qui devint grande vers le midi, vers l'orient, et vers le pays de gloire. Et elle s'éleva jusqu'à l'armée des cieux; et elle en jeta par terre, ainsi que des étoiles, et les foula aux pieds. Elle s'éleva même jusqu'au prince de cette armée, lui ravit le sacrifice perpétuel, et profana le lieu de son sanctuaire. Et l'armée lui fut livrée avec le sacrifice perpétuel, à cause du péché; et elle jeta la vérité par terre, et tout ce qu'elle entreprenait lui réussissait.

» Or, j'entendis parler un saint, et un autre saint dit à celui qui parlait : Jusqu'à quand durera cette vision, touchant le sacrifice perpétuel, et le péché, cause de cette désolation? jusqu'à quand le sanctuaire et l'armée seront-ils foulés aux pieds? Et il lui dit : Jusqu'au soir et au matin, après deux mille trois cents jours; et le sanctuaire sera purifié.

» Pendant que moi, Daniel, je voyais cette vision et en cherchais l'intelligence, voilà debout devant moi comme une figure d'homme; et j'entendis la voix d'un homme sur le fleuve Ulaï, qui cria et dit : Gabriel, faites-lui entendre cette vision. Et il vint tout près de moi; mais moi, effrayé, je tombai le visage contre terre. Lui me dit : Comprends, fils de l'homme, car cette vision est pour le temps de la fin.

» Mais pendant qu'il me parlait, je tombai tout accablé sur mon visage. Alors il me toucha, et, m'ayant fait tenir debout, il me dit : Je te ferai voir ce qui arrivera au dernier temps de la colère; car ce temps a sa fin.

» Ce bélier que tu as vu ayant deux cornes, est le roi (en hébreu, les rois) des Mèdes et des Perses. Le bouc est le roi de Javan (Grèce), et la grande corne qu'il avait entre les deux yeux est lui-même, ce premier roi. Les quatre cornes qui se sont élevées à la place de la première, quand il eut été rompue, ce sont quatre royaumes qui s'élèveront de sa nation, mais non dans sa force.

» Et vers la fin de leur règne, les iniquités s'étant accrues, il s'élèvera un roi d'un front impudent et comprenant les énigmes. Sa puissance s'établira, mais non par ses forces, et il fera un ravage incroyable; il réussira dans tout ce qu'il entreprendra. Il égorgera les forts et le peuple des saints. Par sa subtilité, ses fraudes réussiront, et il s'agrandira dans son cœur, et dans la prospérité il perdra un grand nombre; il s'élèvera même contre le Prince des princes, mais il sera brisé sans aucune main. Cette vision du soir et du matin, comme on vous l'a dit, est véritable; mais vous, scellez cette vision, car elle n'arrivera qu'après beaucoup de jours.

» Et moi, Daniel, je tombai dans la langueur, et je fus malade pendant quelques jours. Cependant je me levai, et je travaillai aux affaires du roi; j'étais stupéfait de cette vision; mais personne ne le savait (1). »

(1) Daniel, 8 : « Anno tertio regni Baltassar regis, visio apparuit mihi. Ego Daniel, post id quod videram in principio, vidi in

Cette prédiction est si claire, qu'après son accomplissement, il était impossible de s'y méprendre, lors même que Gabriel ne l'eût point expliquée à Daniel longtemps auparavant. Son explication est courte; l'histoire universelle développe cette vision beaucoup plus.

D'après l'explication de Gabriel, les rois des Mèdes et des Perses étaient le bélier. Au temps de Daniel, ces deux royaumes étaient encore séparés; mais la dernière année de sa vie il en vit la réunion par la mort de Cyaxares. Cependant celui des Perses était devenu en quelque sorte dépendant de celui des Mèdes, quoiqu'il eût encore son propre roi, Cambyses, le père de Cyrus. Mais déjà vivait, déjà était victorieux le héros par qui les Perses, unis dans un empire avec les Mèdes, devaient dominer ceux-ci. Cyrus avait prédit à ses compatriotes, les Perses, qu'ils se rendraient supérieurs aux Mèdes par la vertu et la valeur. La corne accrue plus tard s'éleva au-dessus de celle qui longtemps avait été la plus grande.

« *Le bélier donna des coups de cornes contre l'occident, contre l'aquilon et contre le midi.* » Cambyses, fils de Cyrus, se soumit l'Egypte et s'avança vers le midi jusqu'en Méroé. Darius, fils d'Hystas-

visione meâ, cùm essem in Susis castro, quod est in Ælam regione; vidi autem in visione esse me super portam Ulai.
Et levavi oculos meos, et vidi; et ecce aries unus stabat ante paludem, habens cornua excelsa, et unum excelsius altero atque succrescens. Posteà vidi arietem cornibus ventilantem contra occidentem, et contra aquilonem, et contra meridiem; et omnes bestiæ non poterant resistere ei; neque liberari de manu ejus; fecitque secundùm voluntatem suam, et magnificatus est.
Et ego intelligebam; ecce autem hircus caprarum veniebat ab occidente super faciem totius terræ; et non tangebat terram; porro hircus habebat cornu insigne inter oculos suos. Et venit usque ad arietem illum cornutum, quem videram stantem ante portam, et cucurrit ad eum in impetu fortitudinis suæ. Cùmque appropinquasset prope arietem, efferatus est in eum, et percussit arietem, et comminuit duo cornua ejus; et non poterat aries resistere ei; cùmque eum misisset in terram, conculcavit, et nemo quibat liberare arietem de manu ejus.
Hircus autem caprarum magnus factus est nimis; cùmque crevisset, fractum est cornu magnum, et orta sunt quatuor cornua subter illud, per quatuor ventos cœli. De uno autem ex eis egressum est cornu unum modicum; et factum est grande contra meridiem, et contra orientem, et contra fortitudinem. Et magnificatum est usque ad fortitudinem cœli; et dejecit de fortitudine, et de stellis, et conculcavit eas. Et usque ad principem fortitudinis magnificatum est, et ab eo tulit juge sacrificium, et dejecit locum sacrificationis ejus. Robur autem datum est ei contra juge sacrificium propter peccata; et prosternetur veritas in terrâ, et faciet, et prosperabitur.
Et audivi unum de sanctis loquentem, et dixit unus sanctus alteri nescio cui loquenti : Usquequò visio, et juge sacrificium, et peccatum desolationis, quæ facta est? et sanctuarium, et fortitudo conculcabitur? Et dixit ei : Usque ad vesperam et mane, dies duo millia trecenti; et mundabitur sanctuarium.
Factum est autem cum viderem ego, Daniel, visionem, et quærerem intelligentiam, ecce stetit in conspectu meo quasi species viri; et audivi vocem viri inter Ulai, et clamavit, et ait : Gabriel, fac intelligere istam visionem. Et venit, et stetit juxtà ubi ego stabam; cùmque venisset, pavens corrui in faciem meam; et ait ad me : Intellige, fili hominis, quoniam in tempore finis complebitur visio.
Cùmque loqueretur ad me, collapsus sum pronus in terram; et tetigit me, et statuit me in gradu meo, dixitque mihi : Ego ostendam tibi quæ futura sunt in novissimo maledictionis; quoniam habet tempus finem suum.
Aries, quem vidisti habere cornua, rex Medorum est atque Persarum. Porrò hircus caprarum, rex Græcorum est, et cornu grande quod erat inter oculos ejus, ipse est, rex primus. Quod autem fracto illo surrexerunt quatuor pro eo, quatuor reges de gente ejus consurgent, sed non in fortitudine ejus.
Et post regnum eorum, cum creverint iniquitates, consurget rex impudens facie, et intelligens propositiones. Et roborabitur fortitudo ejus, sed non in viribus suis; et supra quam credi potest, universa vastabit, et prosperabitur, et faciet. Et interficiet robustos, et populum sanctorum secundùm voluntatem suam, et dirigetur dolus in manu ejus; et cor suum magnificabit, et in copia rerum omnium occidet plurimos; et contra principem principum consurget, et sine manu conteretur. Et visio vespere et mane, quæ dicta est, vera est; tu ergo visionem signa, quia post multos dies erit.
Et ego, Daniel, langui, et ægrotavi per dies, cùmque surrexissem, faciebam opera regis, et stupebam ad visionem, et non erat qui interpretaretur. »

pes, gendre de Cyrus et le plus grand roi de l'empire médo-persien après son beau-père, poussa contre l'occident dans sa célèbre expédition contre les Grecs; contre l'aquilon, lorsqu'il marcha contre les Scythes; contre le midi, quand il attaqua les Indiens.

Ce formidable empire des Mèdes et des Perses succombe devant le petit royaume grec. « Voilà qu'un bouc s'en vient de l'occident comme par-dessus le pays, et il ne touchait point à terre, et le bouc avait une corne fort grande entre les deux yeux, etc. » Le bouc est le roi des Grecs. La grande corne entre les yeux est le premier roi.

Que ce peu de lignes caractérise bien le grand Alexandre! « Il ne touchait point à terre. » Sa hardie rapidité renversa le puissant empire des Mèdes et des Perses! Les annales indiennes, comme les persanes, sont remplies des exploits de ce conquérant, et l'appellent maintes fois *Dulcarnein* (1), c'est-à-dire *aux deux cornes;* parce que, disent-elles, dans sa marche rapide et victorieuse, il s'avança d'une corne du soleil à l'autre, de l'occident à l'orient. Le héros mourut bientôt. Quatre cornes s'élevèrent à la place d'une, quatre généraux se partagèrent l'empire d'Alexandre.

Un de ces nouveaux rois, Séleucus, qui s'acquit le nom de *Nicanor*, c'est-à-dire *le victorieux*, obtint la Syrie. Son rejeton, le 8e roi de cette dynastie, fut Antiochus, avec le surnom d'Epiphanes, *l'illustre*, mais que, dit Polybe, à cause de ses excès, on appelait Epimanes, *le furieux* (Pol., *Frag. ex lib.* 26).

Nous verrons, dans l'explication du 11e chapitre de notre prophète, combien est frappante la description de ce roi sous l'image de la corne, qui s'agrandit vers le midi (l'Egypte), vers l'orient (la Perse), et vers le pays de la gloire (la Judée). « Elle s'éleva jusqu'à l'armée des cieux, en jeta par terre, ainsi que des étoiles, et les foula aux pieds. » Par l'armée du ciel, on entend ici le peuple de Dieu. Le ciel invisible des esprits, le ciel visible des astres, l'Eglise ou le ciel sur la terre, le ciel politique d'une nation bien constituée, on entre eux, comme parties du même tout, une naturelle affinité. L'Ecriture appelle souvent étoiles, les docteurs et les prêtres. « Il ôta le sacrifice perpétuel et profana le lieu du sanctuaire. » Antiochus fit tout cela, comme nous le verrons dans la suite de l'histoire

A la demande d'un saint : Jusqu'à quand durera cette vision touchant le sacrifice et le péché, etc., l'autre répond : « Jusqu'au soir et au matin, après deux mille trois cents jours; et le sanctuaire sera purifié. »

L'an 143 de l'ère des séleucides, qui commence l'an 310 avant Jésus-Christ, Antiochus vint à Jérusalem, dépouilla le temple, pilla la ville, emmena captifs un grand nombre d'habitants, en tua un grand nombre, interrompit le culte divin, en sorte que Jérusalem resta déserte. Au 9e mois de l'an 148 de la même ère, après les victoires de Juda-Machabée, le temple fut dédié de nouveau, et, l'an 149, le peuple de Dieu entièrement délivré de la tyrannie d'Antiochus par sa mort. Le jour et le mois de sa mort ne sont point indiqués. Deux mille trois cents jours font six années lunaires et demie, à trois cent cinquante-quatre jours l'année, ou six années solaires et quatre mois, à quelques jours près.

(1) Thom. Maurice, *Hist. of Hindoustan*, vol. II, p. 3.

Cependant Cyrus, à la tête de l'armée médo-persienne, gagnait sur le roi Baltassar des villes et des provinces, lorsque celui-ci, vers la 5e année probablement de son règne, se rendit auprès de Crésus, roi de Lydie, emportant avec lui de grands trésors, prit à sa solde des Egyptiens, des Grecs, des Thraces et des peuples de l'Asie Mineure, confia cette armée à Crésus et s'en revint à Babylone.

Crésus avait déjà passé le fleuve Halys, qui séparait son royaume de celui des Mèdes, déjà il s'avançait ravageant la Cappadoce et se rendant maître de plusieurs forteresses, lorsque Cyrus le rencontra et le battit, quoique l'armée de Crésus fût de quatre cent vingt mille hommes, tandis que Cyrus n'en avait pas la moitié autant. Crésus se retira en Lydie, mais fut vaincu de nouveau par l'ennemi qui le poursuivait. Il se jeta dans Sardis, sa capitale. Cyrus s'en rendit maître et le fit prisonnier, la 8e année du règne de Baltassar. Après cela il conquit tous les pays de l'Asie Mineure, depuis la mer Egée jusqu'à l'Euphrate, régla avec sagesse ce qu'il avait gagné par son habileté et sa valeur, subjugua la Syrie et l'Arabie, et mena son armée vers la Chaldée, la 9e année depuis la prise de Sardis, 15e de la domination de Baltassar.

Celui-ci fut vaincu par Cyrus près de Babylone et se jeta dans cette ville, dont le siége était une des plus grandes entreprises que nous trouvions dans l'histoire.

Babylone était un carré parfait de 480 stades ou près de vingt lieues de circuit. Elle était entourée d'une muraille bâtie de larges briques cimentées avec du bitume au lieu de mortier. Autour de cette muraille, large de cinquante coudées et haute de deux cents, régnait un fossé large et profond, rempli d'eau. Chaque côté de cette muraille avait vingt-cinq portes d'airain massif. Sur la muraille s'élevaient, dix pieds au-dessus, deux cent cinquante tours. De chaque porte à la porte opposée courait une rue, en sorte que la ville en avait vingt-cinq du midi au nord, autant de l'orient à l'occident; et qu'elle était partagée en 676 carrés, dont chacun avait quatre stades et demi, un peu plus de 732 mètres de chaque côté. L'intérieur de ces carrés était employé en cours, jardins et même en labourage.

Un bras de l'Euphrate, ou plutôt l'Euphrate lui-même, comme le dit Hérodote (l. 1, c. 180), qui a vu Babylone lorsqu'elle subsistait encore, partageait la ville en deux, du septentrion au midi. Au centre était un pont large de trente pieds, et à ses deux bouts deux palais fortifiés, dont l'un, au côté oriental, s'appelait le vieux et occupait quatre carrés; le nouveau, au côté occidental, en occupait neuf. Ils se communiquaient l'un à l'autre par le pont et par une galerie souterraine.

Le temple de Bélus ou Bel, énorme tour, ou plutôt huit tours décroissantes posées l'une sur l'autre, et dont la plus élevée servait d'observatoire aux Chaldéens; les colossales idoles d'or et le grand autel d'or; les deux palais des rois aux deux extrémités du pont; le pont lui-même; la galerie voûtée sous terre; les énormes murailles au dedans et au dehors; les jardins dits suspendus, faisaient de cette ville une merveille du monde, et peut-être la ville la plus magnifique qu'on ait jamais vue, quoique, pour la richesse, les résidences impériales de l'Inde, Lahore,

Agra et Déhli puissent peut-être rivaliser avec elle, et que, pour la population, Péking, en Chine, l'emporte de beaucoup.

L'achèvement de Babylone est attribué à Nabuchodonosor ; il paraît même que ce fut lui qui ajouta toute la partie occidentale à la ville primitive. C'est vraisemblablement pour l'aider dans cette entreprise que, lorsqu'il envoya Jéchonias à Babylone, outre les habitants considérables de Jérusalem, il fit emmener aussi tous les ouvriers en bois et en fer.

Il est à présumer que cette ville immense n'était point bâtie dans tout son intérieur, et encore moins complètement peuplée, quand Cyrus l'assiégea.

Cette Babylone, où se trouvaient alors l'armée chaldéenne et des vivres pour vingt ans, Cyrus entreprit de s'en rendre le maître ! Pendant deux ans déjà il était devant, avec son armée, tandis que les assiégés, rassurés par leurs inexpugnables murailles, se moquaient de lui et de son armée. En effet, l'entreprise paraissait insensée ; mais Cyrus ne voulait prendre la ville ni d'assaut ni par famine.

Nabuchodonosor, ou, comme le veut Hérodote, la grande reine Nitocris, avait fait creuser un énorme lac, pareil au Mœris d'Egypte, avec des canaux qui, dans les mois d'été, lorsque l'Euphrate, enflé par les neiges fondues des montagnes d'Arménie, se déborde et cause des ravages, conduisaient les eaux dans le lac, d'où on les tirait par le moyen des écluses pour arroser le pays dans le temps de la sécheresse.

Pour amener l'Euphrate dans ce lac, Cyrus fit creuser un large et profond canal ; toutefois, il ne le conduisait point jusque dans le fleuve : il se réservait de percer dans une occasion favorable le peu de terrain qui formait encore une digue entre l'Euphrate et le canal.

Il savait que tous les ans on célébrait une grande fête à Babylone, pendant laquelle les habitants se livraient toute la nuit aux plaisirs et à la débauche. Il partagea donc son armée en deux corps, dont l'un était conduit par Gobrias, l'autre par Gadatas, deux Babyloniens qui, pour les cruautés et les traitements indignes qu'ils avaient soufferts du roi des Chaldéens, avaient passé du côté des Perses. En même temps il fit couper la digue en question, avec ordre à Gobrias et à Gadatas, aussitôt que le bras du fleuve qui traversait la ville se trouverait guéable, d'y entrer chacun de son côté, ce qui était facile, car ils n'avaient point à craindre de vase, le lit du fleuve étant pavé dans la ville.

Si les habitants, dit Hérodote (l. 1, c. 119) eussent soupçonné l'entrée des ennemis, il leur eût été facile de les prendre comme dans une nasse et de les exterminer. Ils n'avaient qu'à fermer les portes qui, des rues latérales, conduisaient dans le fleuve, et puis les accabler du haut des quais. Mais non ; personne ne s'aperçut de rien ; les portes, qui d'ailleurs se fermaient toutes les nuits, restèrent ouvertes à cause de la fête : toute la ville était livrée aux danses et aux festins.

Vers minuit, le fleuve s'étant trouvé guéable, l'armée y entra des deux côtés. Tout ce qu'elle rencontrait prenait la fuite ou était tué. Gadatas et Gobrias, qui connaissaient bien la ville, menèrent leurs troupes directement au palais du roi ; ils en trouvèrent les portes fermées ; quelques-uns d'entre eux tombèrent sur les gardes qui buvaient auprès d'un grand feu. Il s'éleva du tumulte. On l'entendit dans le palais, le roi fit ouvrir les portes pour savoir ce que c'était. Les Perses s'élancent à travers les portes ; ils trouvent le roi qui avait tiré l'épée. Il est tué avec ceux qui l'entourent.

Voilà comme fut prise Babylone, d'après le récit de deux principaux historiens parmi les Grecs, Hérodote (l. 1) et Xénophon (*Cyropéd.*), vers l'an 538 avant Jésus-Christ ; relation qui s'accorde merveilleusement et avec le récit de Daniel, témoin oculaire, et avec ce grand nombre de prophéties antérieures. Écoutons d'abord le récit de Daniel.

« Le roi Baltassar fit un grand festin à ses mille princes, et chacun buvait du vin, et lui avec eux. Étant donc ivre, il commanda qu'on apportât les vases d'or et d'argent que son père Nabuchodonosor avait emportés du temple de Jérusalem, afin que le roi bût dedans avec ses princes, ses femmes et ses concubines. »

Baltassar n'était pas fils, mais petit-fils de Nabuchodonosor ; mais il est ordinaire à l'Écriture d'appeler *pères*, les grands-pères, et en général tous les ancêtres.

« On apporta donc les vases d'or et d'argent qui avaient été transportés du temple, de la maison de Dieu, à Jérusalem, et le roi but dedans avec ses princes, ses femmes et ses concubines. Et en buvant, ils louaient leurs dieux d'or, d'argent, d'airain, de fer, de bois et de pierre.

» Au même moment sortirent les doigts d'une main d'homme, qui écrivaient vis-à-vis du candélabre, sur le crépi de la muraille de la salle du roi ; et le roi aperçut les articulations de la main qui écrivait. Alors le visage du roi changea, et ses pensées l'épouvantaient, le troublaient, en sorte que ses reins se relâchèrent et que ses genoux heurtaient l'un contre l'autre. Le roi cria tout haut pour qu'on amenât les sages, les Chaldéens et les devins. Et le roi fit dire aux sages de Babylone : Quiconque lira cette écriture et me l'interprétera sera vêtu de pourpre, aura un collier d'or au cou, et sera le troisième dans mon royaume. Alors entrèrent tous les sages du roi ; mais ils ne purent ni lire cette écriture, ni lui en donner l'interprétation. »

Les Chaldéens ne pouvaient lire cette écriture, parce qu'elle était en ancien caractère hébreu, que l'on croit être le même que celui qu'on appelle aujourd'hui le samaritain.

« Baltassar en fut encore plus épouvanté, et toute sa contenance s'altéra : ses princes étaient également déconcertés.

» Alors la reine, touchée de ce qui était arrivé au roi et à ses princes, monta dans la maison du festin et lui dit : O roi, vivez à jamais ! que vos pensées ne vous épouvantent point, et que votre visage ne change point. Il est dans votre royaume un homme en qui est l'esprit des dieux saints (l'Esprit saint de Dieu). Dans les jours de votre père, on a trouvé en lui lumière, intelligence, sagesse, comme est la sagesse des dieux ; et votre père, le roi Nabuchodonosor, oui, votre père, ô roi ! l'établit chef des astrologues, des sages, des Chaldéens et des devins, parce que, et un esprit plus élevé, et plus de sagesse et d'intelligence pour interpréter les songes, découvrir les secrets, résoudre les doutes, a été trouvé

LIVRE XVIII. — SUITE DES PROPHÈTES, PRISE DE BABYLONE.

en lui, savoir en Daniel, à qui le roi donna le nom de Baltassar. Qu'on fasse donc venir Daniel, et il vous donnera l'interprétation. »

Les femmes du roi étaient à table avec lui. De cette reine il est dit qu'elle monta dans la maison du festin. Elle parla avec sagesse et de temps que le roi n'avait pas vus, si ce n'est dans son enfance. Qui ne reconnaît en elle la sage Nitocris, de laquelle Hérodote nous donne une si haute idée, et dont il nous dit expressément qu'elle était la mère du dernier roi, qu'il appelle *Labynet?* Les grands travaux qu'il attribue à cette reine, elle les exécuta sans doute pendant la minorité de son fils, dont le nom honorifique était Baltassar (ainsi que de Daniel), mais Labynet le nom propre.

« Aussitôt Daniel fut introduit devant le roi, et le roi dit à Daniel : Etes-vous ce Daniel, l'un des fils de la captivité de Juda, que le roi mon père avait emmené de Judée? On m'a dit de vous, que vous aviez l'esprit des dieux (de Dieu), et qu'il a été trouvé en vous une lumière, une intelligence et une sagesse supérieures. Et maintenant ont été introduits devant moi les sages et les astrologues, pour lire cette écriture et m'en interpréter le sens; et ils n'ont pu me l'expliquer. Mais de vous j'ai entendu que vous pouvez interpréter les sentences obscures et résoudre les doutes. Si donc vous pouvez lire cette écriture, et m'apprendre ce qu'elle signifie, vous serez vêtu de pourpre, vous porterez un collier d'or au cou, et vous serez le troisième prince dans mon royaume.

» Là-dessus Daniel répondit au roi : Que vos présents vous restent, et faites part à un autre de vos libéralités. Cependant je lirai l'écriture au roi, et je lui ferai connaître ce qu'elle signifie.

» O roi, le Dieu Très-Haut donna le royaume, la puissance, la gloire et l'honneur à Nabuchodonosor, votre père; et, à cause de cette puissance qu'il lui avait donnée, tous les peuples, toutes les nations et toutes langues craignaient et tremblaient devant sa face; ceux qu'il voulait, il les faisait mourir : ceux qu'il voulait, il les laissait vivre; ceux qu'il voulait, il les élevait : ceux qu'il voulait, il les abaissait. Mais après que son cœur se fut élevé, et que son esprit se fut affermi dans l'orgueil, il fut déposé du trône de son empire, et sa gloire lui fut ôtée. Il fut chassé d'entre les enfants des hommes; son cœur devint semblable aux bêtes; sa demeure fut avec les onagres; il mangea l'herbe comme un bœuf, et son corps fut trempé de la rosée du ciel, jusqu'à ce qu'il reconnût que le Très-Haut est souverain dans l'empire de l'homme, et qu'il établit dessus quiconque lui plaît. Et vous, Baltassar, son fils, vous n'avez point humilié votre cœur, quoique vous sussiez toutes ces choses. Mais vous vous êtes élevé contre le Seigneur du ciel; vous avez fait apporter devant vous les vases de son temple, et vous avez bu dedans, vous, vos princes, vos femmes et vos concubines; en même temps, les dieux d'or, d'argent, d'airain, de fer, de bois et de pierre, qui ne voient point, qui n'entendent point, ni ne sentent, vous les avez loués; mais ce Dieu qui tient dans sa main votre âme et toutes vos voies, vous ne lui avez point rendu gloire. C'est pourquoi il a été envoyé de sa part cette main et tracé cette écriture.

» Or, voici l'écriture qui a été tracée : MANÉ, THÉCEL, PHARÈS. Et en voici l'interprétation : MANÉ (il a compté); Dieu a compté votre règne et il l'a terminé. THÉCEL (il a pesé); vous avez été pesé dans la balance et trouvé trop léger. PHARÈS (il a divisé); votre royaume a été divisé, et il a été donné aux Mèdes et aux Perses.

» Alors Daniel fut vêtu de pourpre par l'ordre de Baltassar; on lui mit un collier d'or au cou, et on fit publier qu'il serait troisième prince dans le royaume.

» Mais cette nuit-là même, Baltassar, roi des Chaldéens, fut tué (Daniel, 5). »

Ainsi fut livrée en proie *aux Mèdes et aux Perses, et à Cyrus*, comme disaient depuis deux siècles les prophètes, *cette superbe Babylone* (Isaïe, 13, 21, 45, 47; Jer., 51). Ainsi périt avec elle le royaume des Chaldéens, qui avait détruit tant de royaumes (Is., 14); *et le marteau qui avait brisé tout l'univers fut brisé lui-même*. Jérémie l'avait prédit (Jer., 50). Le Seigneur *rompit la verge dont il avait frappé tant de nations*. Isaïe l'avait prévu (Is., 14). Les peuples, accoutumés au joug des rois chaldéens, les voient eux-mêmes sous le joug : *Vous voilà*, dirent-ils (*Ibid.*, 14), *blessés comme nous; vous êtes devenus semblables à nous, vous qui disiez dans votre cœur : J'élèverai mon trône au-dessus des astres, et je serai semblable au Très-Haut*. C'est ce qu'avait prononcé le même Isaïe. *Elle tombe, elle tombe*, comme l'avait dit ce prophète (*Ibid.*, 21), *cette grande Babylone, et ses idoles sont brisées*. Bel est renversé, et Nabo, son grand dieu, d'où les rois prenaient leur nom, *tombe par terre* (*Ibid.*, 46) : car les Perses, leurs ennemis, adorateurs du soleil, ne souffraient point les idoles ni les rois qu'on avait faits dieux. Mais comment périt cette Babylone? Comme les prophètes l'avaient déclaré; *ses eaux furent desséchées*, comme avait prédit Jérémie (Jer., 50 et 51), pour donner passage à son vainqueur. Enivrée, endormie, trahie par sa propre joie, selon le même prophète, elle se trouva au pouvoir de ses ennemis, *et prise comme dans un filet sans le savoir* (*Ibid.*). On passe tous ses habitants au fil de l'épée; car les Mèdes, ses vainqueurs, comme avait dit Isaïe (Is., 13; Jer., 50), ne cherchaient ni l'or ni l'argent, mais la vengeance, mais à assouvir leur haine par la perte d'un peuple cruel, que son orgueil faisait l'ennemi des peuples du monde. *Les courriers venaient l'un sur l'autre annoncer au roi que l'ennemi entrait dans la ville* : Jérémie l'avait ainsi marqué (Jer., 51). Ses astrologues, en qui elle croyait, et qui lui promettaient un empire éternel, *ne peuvent la sauver de son vainqueur*. C'est Isaïe et Jérémie qui l'annoncent d'un commun accord (Is., 47; Jer., 5; Bossuet, *Hist. univ.*, p. 2, c. 6). »

Ainsi l'empire du monde passa-t-il des Chaldéens aux Mèdes et aux Perses, après avoir été d'abord aux Assyriens. Ninive en fut la première capitale, Babylone la seconde. Après Babylone, il n'y a eu de capitale de l'univers que Rome. Aussi, dans le prophète du Nouveau Testament, Rome idolâtre est-elle appelée *la grande Babylone;* et saint Augustin appelle Babylone *la première Rome* (*De Civit.*, l. 18, c. 2). C'était toujours le même empire, l'empire de l'homme, l'empire de la force, menaçant d'engloutir toute la terre.

Qui ne connaît que Babylone ou l'empire de l'homme, ne voit que Babel ou *confusion;* confusion dans toute l'histoire humaine : des rois, des peuples conquérants y apparaissent, des royaumes s'élèvent et succombent, on ne sait à quelle fin ni pour quel ensemble; confusion dans la pensée humaine, qui se perd dans un chaos de superstitions et d'opinions discordantes, sans savoir s'il est une vérité, ni à quoi la reconnaître.

Mais avec Babylone, cité de l'homme, connaît-on Jérusalem, *vision de la paix*, cité du grand roi, cité de Dieu, moins par ses murailles que par sa loi, ses prophètes, ses patriarches; en un mot, avec le monde, tyrannie de l'enfer sur la terre, connaît-on l'Église, la société des justes, le royaume de Dieu dans le temps et dans l'éternité : alors on voit le jour d'en haut éclairer les ténèbres d'en bas; la paix, l'harmonie divine rejaillir des discordes et des révolutions humaines.

Dans l'empire de l'homme, c'est toujours Dieu le maître souverain ; la terre, l'enfer même, sans le savoir et sans le vouloir, travaillent à l'accomplissement de ses desseins. Ces terribles conquérants, les Nabuchodonosor, les Cyrus, les Alexandre, les César, avec cet empire universel qu'ils s'arrachent l'un à l'autre, ne sont sous sa main que le marteau, la verge de fer pour briser les nations coupables, et qu'il brise à leur tour. Il les force, quand il veut, à être les prédicateurs de sa souveraine puissance. Nabuchodonosor assemble tout son empire pour s'en faire adorer : et le jour même il défend à tout son empire, sous peine de mort et de confiscation des biens, de blasphémer le Dieu véritable, le Dieu de Sidrach, Misach et Abdénago. Plus tard, quand il s'enfle d'orgueil, Dieu le réduit sept ans au rang des bêtes, jusqu'à ce qu'il reconnaisse, dans un décret public, que le Dieu du ciel est le vrai souverain dans l'empire des hommes, et qu'il le donne à qui il lui plaît.

Ces décrets, publiés dans toutes les provinces, depuis l'Egypte jusqu'à l'Inde, expliqués, commentés par les enfants d'Israël, leurs prêtres et leurs prophètes, quelle impression ne durent-ils pas faire sur tous les esprits? quelle occasion favorable, quel moyen facile pour les hommes de bonne volonté, de connaître le vrai Dieu et son culte! Ninive s'était convertie à la prédication de Jonas; que ne devait pas faire Babylone à la prédication de Nabuchodonosor?

Mais surtout, les sages de la Chaldée, quelle facilité n'avaient-ils pas d'apprendre la sagesse véritable? Daniel, dont la sagesse était en proverbe jusqu'à Tyr, était leur chef. Trois fois ils avaient été forcés de reconnaître qu'en lui seul était l'esprit du Dieu saint, et lorsqu'il expliqua la vision de la statue, et lorsqu'il expliqua la vision de l'arbre coupé, et lorsqu'il expliqua les trois fatales paroles. De ces trois explications, ils avaient vu ou voyaient l'accomplissement; à la première même ils devaient la vie.

Mais que parlé-je du prophète? Les bêtes, les éléments même de la nature leur donnaient des leçons de sagesse : le feu de la fournaise, qu'il faut adorer le Dieu du ciel et n'adorer que lui; les lions de la fosse, que c'est être plus insensé que les bêtes, que d'adorer des bêtes ou des idoles.

Non, non; si Babylone a péri, sa perte ne vient que d'elle : la voie du salut lui était ouverte; mais du moins plus d'un cœur humble et docile y sera entré. La chute si longtemps prédite, si fidèlement accomplie, de cette ville superbe, aura été pour bien des individus la grâce d'une sincère conversion.

Aujourd'hui encore on y voit combien Dieu est fidèle dans ses paroles. Ses prophètes avaient annoncé que Babylone deviendrait un marais habité par les bêtes immondes. Dès Cyrus, cette prédiction commença de s'accomplir. L'ouverture qu'il avait faite à l'Euphrate ne fut plus refermée : elle s'élargit, au contraire, de plus en plus; en sorte que le fleuve, au lieu de suivre son ancien lit, s'en creusa d'autres, et finit par transformer en marécages l'ancienne Babylone.

Mais aujourd'hui encore, à côté de la justice qui punit, on y voit la miséricorde qui pardonne. Non loin des ruines de la Babylone chaldéenne, à Bagdad, la Babylone musulmane, on voit un évêque catholique, envoyé de l'Eglise romaine, la nouvelle Jérusalem; on l'y voit, avec d'autres évêques, avec des prêtres et une chrétienté nombreuse répandue dans la Chaldée, la Perse et la Médie, adorant, prêchant le même Dieu qu'y adoraient, qu'y prêchaient, il y a vingt-cinq siècles, Daniel, Ezéchiel et les enfants de Jacob. Ah! qu'il doit être grand pour nos frères d'Asie, de méditer, au pays même de Nabuchodonosor, de Cyrus, de Cyaxares, les prophètes qui en ont prédit l'histoire! Qu'il doit être touchant pour eux de chanter, sur les bords du Tigre et de l'Euphrate, ce même cantique qu'y chantaient, il y a tant de siècles, nos frères de l'ancienne alliance, et qu'ils devaient chanter avec un nouvel enthousiasme à la chute de leur superbe dominatrice!

« Près des fleuves de Babylone, là nous nous sommes assis, et nous avons pleuré en nous souvenant de Sion. Aux saules qui sont au milieu d'elle, nous avons suspendu nos cythares. Parce que là, ceux qui nous ont emmenés captifs, ont demandé les paroles des cantiques : nos ravageurs ont demandé l'hymne de la joie : chantez-nous un des cantiques de Sion.

» Comment chanterons-nous le cantique de Jéhova dans une terre étrangère!

» Si je t'oublie, ô Jérusalem, que ma droite s'oublie elle-même! Que ma langue s'attache à mon palais, si je ne me souviens pas de toi; si je ne fais pas de Jérusalem le principe de ma joie!

» Souvenez-vous, ô Jéhova! des enfants d'Edom, au jour de Jérusalem. Ils disaient : Détruisez, détruisez jusqu'à ses fondements.

» Malheur à toi, fille de Babylone; heureux qui te rendra les maux que tu nous as faits; heureux qui saisira tes enfants et les écrasera contre la pierre (Ps. 136)! »

Cyrus, vainqueur que ce cantique prédisait, bien plus qu'il ne souhaitait, à Babylone, est merveilleusement bien caractérisé par le nom d'heureux. Nous l'avons déjà vu, nous le verrons encore.

LIVRE DIX-NEUVIÈME.

Darius le Mède annonce à toute la terre le Dieu du ciel; Cyrus ordonne le rétablissement de son temple à Jérusalem et renvoie les Juifs dans leur pays. — Daniel prédit l'époque du Christ, la guerre des Perses avec les Grecs, l'histoire des successeurs d'Alexandre. — Artaxerce-Longue-Main prend pour femme Esther, pour premier ministre Mardochée, envoie Esdras et Néhémias relever les murs de Jérusalem. — Fin des prophètes.

(De l'an 538 à l'an 442 avant l'ère chrétienne.)

Le Psalmiste donne le nom d'*heureux* au vainqueur de Babylone. Jamais, en effet, conquérant plus heureux que Cyrus dans toutes ses entreprises. Isaïe, qui l'appelle par son nom deux siècles d'avance, nous montre Dieu lui-même le prenant par la main pour lui assujétir les nations, mettre en fuite à son approche les rois, lui livrer les trésors cachés (Isaïe, 45), tels que ceux de Crésus et de Babylone. Et Xénophon, quatre siècles après Isaïe, deux après Cyrus, nous le représente à la tête d'un petit corps de Perses auxquels se joignent les Mèdes et les Hyrcaniens, subjuguant les Syriens, les Assyriens, les habitants de la Cappadoce, des deux Phrygies, de la Lydie, de la Carie, les Phéniciens, les Babyloniens, la Bactriane, l'Inde, la Cilicie, les Saces, les Mariandyns, les Grecs d'Asie, l'île de Chypre et l'Egypte. Telle est d'abord la terreur de son nom, que pas un de ces peuples n'ose rien entreprendre contre son autorité; telle est ensuite l'affection générale qu'il leur inspire, que tous désiraient n'avoir jamais d'autre maître (*Cyrop.*, l. 1).

Bientôt après la prise de Babylone, et quand il eut donné ordre à ses affaires, l'heureux Cyrus retourna vers son oncle Cyaxares, roi des Mèdes, dont le royaume était devenu le plus puissant de la terre par une guerre victorieuse de vingt ans. Il l'invita à venir prendre possession de Babylone, où la citadelle royale avait été préparée pour lui. Cyaxares lui offrit sa fille pour épouse, qui, après la mort de son père, devait lui apporter en dot la Médie.

Cyrus avait plus de 60 ans; mais comme son père et sa mère vivaient encore, il déclara à Cyaxares, en lui témoignant beaucoup de reconnaissance, qu'il voulait aller demander leur consentement pour son mariage. C'est ainsi qu'observait la piété filiale, cet homme devant qui tremblait l'Orient, et cela dans un âge où il pouvait avoir des petits-fils déjà grands.

Il se rendit auprès de son vieux père Cambyses, obtint, comme il était naturel de s'y attendre, la permission demandée, et paraît, après son mariage, être venu à Babylone avec Cyaxares, que l'Ecriture appelle *Darius le Mède*. Celui-ci aura sans doute, après la mort de son père Astyages, pris, comme surnom honorifique des rois, le nom de *Darius*, qui disait à peu près la même chose que le nom grec d'Alexandre, *défenseur, boulevard*.

Cyrus fit voir une modération peu commune en réservant à son oncle les conquêtes de tant d'années, quoique les troupes lui fussent dévouées jusqu'à la passion, et qu'il lui fallût plus d'une fois supporter avec patience les caprices du vaniteux Cyaxares.

Celui-ci n'avait qu'un an de plus que Cyrus. « Darius le Mède prit le gouvernement étant âgé de 62 ans. » Ainsi lisons-nous en Daniel (Dan., 5, 31).

Il divisa l'empire en 120 provinces, auxquelles il préposa autant de satrapes subordonnés à trois princes. Daniel était un des trois, peut-être même le premier. Comme il surpassait les autres en sagesse, le roi pensait à l'établir sur tout le royaume.

Comme Xénophon attribue à Cyrus l'honneur d'avoir organisé l'empire nouvellement conquis par ses armes, et que le mérite d'un homme tel que Daniel ne pouvait lui échapper, il avait vraisemblablement occasionné l'élévation du saint vieillard, que Darius également avait en la plus haute vénération.

Ce fut, il est possible, pendant une absence de Cyrus, qui d'ailleurs, on peut le présumer, pour ménager un oncle vaniteux et jaloux, n'aura pas voulu séjourner longtemps avec lui dans la capitale conquise, ce fut probablement durant cette absence que les grands du royaume cherchèrent comment ils feraient perdre à Daniel la dignité à laquelle il était élevé.

Comme tout Babylone était témoin de son irréprehensible conduite, ils entrevirent sans peine que sa religion seule pourrait leur fournir un prétexte d'accusation. Encore n'osèrent-ils point tenter de ce côté une attaque directe, mais ils s'en allèrent trouver le faible et vaniteux monarque, lui donnèrent, en le flattant, le conseil de faire un édit portant que, pendant trente jours, nul n'adresserait ni à Dieu ni à homme aucune demande, si ce n'est au roi, sous peine d'être jeté dans la fosse aux lions.

Daniel apprit la défense, mais il ne laissa pas, suivant sa coutume, d'entrer dans sa maison, d'ouvrir les fenêtres de sa chambre ouvertes du côté de Jérusalem, de fléchir les genoux chaque jour à trois différentes heures, d'adorer son Dieu et de lui rendre des actions de grâces.

Alors ces hommes vinrent, le trouvèrent en prière, s'en allèrent chez le roi, auquel ils rappelèrent sa défense, et qui répéta que la peine prononcée devait s'exécuter contre quiconque la violerait. Aussitôt ils accusèrent Daniel de cette violation. Le roi en fut extrêmement affligé, et s'étudia jusqu'au soir comment il pourrait sauver Daniel. Mais les autres insistèrent jusqu'au tumulte, et lui rappelèrent que, d'après le droit des Mèdes et des Perses, tous les édits des rois étaient irrévocables.

Le roi commanda donc qu'on emmenât Daniel en la fosse aux lions; mais il lui parla auparavant encore et lui dit : « Votre Dieu, que vous servez sans cesse, lui-même vous délivrera. » Darius se rendit à la fosse en personne, et scella de son sceau et du sceau de ses grands la pierre qui était à l'entrée, afin de soustraire ce grand homme, qu'il honorait, au moins à l'insulte des hommes. Après quoi il s'en retourna tout chagrin, ne mangea point au soir, ni dormit point la nuit. Le lendemain, dès le point du jour, il se rendit de nouveau à la fosse, et s'écria d'une voix plaintive : « Daniel, serviteur du Dieu vivant, ton Dieu, que tu sers sans relâche, a-t-il bien pu te délivrer des lions ? » Et Daniel répondit : « O roi, vivez éternellement! Mon Dieu a envoyé son ange, et il a fermé la gueule des lions, et ils ne m'ont fait aucun mal, parce que j'ai été trouvé juste devant lui, et je n'ai rien fait non plus devant vous, ô roi, qui puisse me rendre coupable. » Transporté de joie, Darius fit tirer Daniel de la fosse aux lions, et commanda d'y précipiter ses accusateurs avec leurs femmes et leurs enfants, qui tous furent mis en pièces avant d'arriver au pavé de la fosse.

« Alors le roi Darius écrivit à tous les peuples, à toutes les nations et à toutes les langues qui habitent sur toute la terre :

» Que la paix se multiplie sur vous!

» J'ordonne par cet édit que, dans tout l'empire de ma domination, tous craignent et révèrent le Dieu de Daniel ; car c'est lui le Dieu vivant, subsistant dans les siècles : indestructible est son empire, et sa puissance n'aura point de fin. C'est lui le libérateur et le sauveur, qui fait des prodiges et des merveilles dans le ciel et dans la terre; lui qui a délivré Daniel de la fosse aux lions (1).

Nous avons vu précédemment saint Augustin conclure d'un décret semblable, mais beaucoup moins formel, que Nabuchodonosor se convertit au prodige de la fournaise ardente, qu'il crut en Dieu, obtint miséricorde, évita les flammes éternelles et mérita le salut de son âme (S. Aug., *Serm.* 301, n. 2 et 343, n. 2). Il sera donc permis, à plus forte raison, de le conclure pour Darius, qui ordonne à tous ses sujets de craindre et de révérer, autrement d'adorer le Dieu de Daniel, comme le Dieu vivant, le Dieu éternel, le Dieu sauveur dont le règne n'aura point de fin.

Un pareil décret semblait présager aux Israélites captifs leur délivrance prochaine; délivrance qui, à son tour, présageait à l'humanité une délivrance beaucoup plus importante. Le prophète qui soupirait après la première, apprit en même temps l'époque de la seconde.

La même année, première de Darius, Daniel comprit par les livres le nombre des 70 ans que, suivant la parole de Jérémie, devait durer la désolation de Jérusalem. Ces 70 ans, à dater de l'année 4e de Joakim, où Daniel fut emmené captif, touchaient à leur fin. L'humiliation de Babylone et de son peuple, qui devait arriver auparavant, était arrivée : ni Darius ni Cyrus ne transportaient les nations vaincues de leur pays dans un autre, comme avaient fait les rois de Babylone et de Ninive. Mais iront-ils jusqu'à renvoyer dans sa patrie, un peuple transmigré depuis 70 ans ?

Daniel se tourna vers le Seigneur, son Dieu, dans les supplications, dans les jeûnes, le sac et la cendre. Son cœur se répandit en une prière humble, fervente et pleine de confiance, qu'il termina par ces paroles :« Inclinez, mon Dieu, votre oreille et écoutez ; ouvrez vos yeux et voyez nos désolations, et cette ville sur laquelle a été invoqué votre nom ; nous prosternons nos prières devant votre face, non pas nous confiant dans nos justices, mais dans la multitude de vos miséricordes. Seigneur, exaucez ! Seigneur, pardonnez ! Seigneur, regardez et faites ! Ne différez plus, mon Dieu, pour l'amour de vous-même; parce que cette ville et ce peuple sont à vous, ils ont été appelés de votre nom (1). »

» Lorsque je parlais encore et que je priais, ainsi raconte ce grand intercesseur; et que je confessais mes péchés et les péchés de mon peuple Israël, et que je prosternais mes prières devant la face de Jéhova, mon Dieu, pour la montagne sainte de mon Dieu ; dans ce moment-là même que je parlais encore dans la prière, l'homme Gabriel, que j'avais vu dans une vision au commencement, vola tout d'un coup à moi, et me toucha au temps du sacrifice du soir. Il m'instruisit, il me parla et me dit : Daniel, je suis venu maintenant pour vous enseigner et pour vous donner l'intelligence. Dès le commencement de votre prière, l'ordre a été donné et je suis venu pour vous le faire connaître, parce que vous êtes un homme de désir. Soyez donc attentif à la parole et comprenez la vision (2).

» Septante semaines ont été décidées sur votre peuple et sur votre ville sainte, pour abolir la prévarication, finir les péchés, expier l'iniquité, amener la justice éternelle, accomplir la vision et la prophétie, et oindre le Saint des saints (3).

» Sachez donc et remarquez : Depuis la sortie de la parole, pour rebâtir Jérusalem, jusqu'au Messie, le prince, il y aura sept semaines et soixante-deux semaines, et les places et les murailles seront bâties de nouveau dans des temps fâcheux et difficiles (4).

---

(1) Dan., 6, 25-27 : « Tunc Darius, rex, scripsit universis populis, tribubus et linguis habitantibus in universâ terrâ : Pax vobis multiplicetur! A me constitutum est decretum, ut in universo imperio et regno meo tremiscant et paveant Deum Danielis; ipse est enim Deus vivens et æternus in sæcula; et regnum ejus non dissipabitur, et potestas ejus usque in æternum. Ipse liberator atque salvator, faciens signa, et mirabilia in cœlo et in terrâ; qui liberavit Danielem de lacu leonum. »

(1) Daniel, 9, 18 et 19 : « Inclina, Deus meus, aurem tuam et audi; aperi oculos tuos et vide desolationem nostram, et civitatem, super quam invocatum est nomen tuum ; neque enim in justificationibus nostris prosternimus preces ante faciem tuam, sed in miserationibus tuis multis. Exaudi, Domine! placare, Domine! attende et fac! Ne moreris propter temetipsum, Deus meus ; quia nomen tuum invocatum est super civitatem, et super populum tuum. »

(2) *Ibid.*, 20-23 : « Cumque adhuc loquerer, et orarem, et confiterer peccata mea, et peccata populi mei Israël, et prosternerem preces meas in conspectu Dei mei, pro monte sancto Dei mei; adhuc me loquente in oratione, ecce vir Gabriel, quem videram in visione à principio, cito volans, tetigit me in tempore sacrificii vespertini. Et docuit me, et locutus est mihi, dixitque : Daniel, nunc egressus sum ut docerem te, et intelligeres. Ab exordio precum tuarum egressus est sermo; ego autem veni ut indicarem tibi, quia vir desideriorum es. Tu ergo animadverte sermonem, et intellige visionem. »

(3) *Ibid.*, 24 : « Septuaginta hebdomades abbreviatæ sunt super populum tuum et super urbem sanctam tuam, ut consummetur prævaricatio, et finem accipiat peccatum, et deleatur iniquitas, et adducatur justitia sempiterna, et impleatur visio et prophetia et ungatur Sanctus sanctorum. »

(4) *Ibid.*, 25 : « Scito ergo et animadverte : Ab exitu sermonis, ut iterum ædificetur Jerusalem, usque ad Christum ducem, hebdomades septem, et hebdomades sexaginta duæ erunt; et rursum ædificabitur platea, et muri in angustiâ temporum. »

» Et après les soixante-deux semaines, le Messie sera mis à mort, et non pour lui-même. Et un peuple, avec un chef (un peuple chef) qui viendra, détruira la ville et le sanctuaire ; sa fin sera comme une submersion, et la guerre ne finira que par une entière désolation (1).

» Il confirmera l'alliance à plusieurs dans une semaine, et, dans la moitié de la semaine, il fera cesser l'oblation et le sacrifice ; l'abomination de la désolation sera dans le temple (autrement sur les ailes), et, jusqu'à l'entière ruine, on ajoutera désolation sur désolation (2). »

Pour bien entendre les paroles de l'ange et en toucher des mains l'accomplissement, il n'est pas besoin de grande étude ni de système de chronologie ; il suffit d'interroger deux témoins, témoins toujours vivants et toujours présents. Interrogeons la nouvelle humanité, l'humanité sortie des ténèbres du paganisme, des horreurs de la barbarie, des fers de l'esclavage ; l'humanité éclairée d'une nouvelle lumière, animée d'une nouvelle vie, et se réunissant comme une seule famille sous le même Dieu et dans la même loi d'amour : interrogeons l'humanité chrétienne. Qui, depuis dix-huit siècles, proclame-t-elle comme le Christ, comme le Messie, comme celui qui devait mettre fin à la prévarication, expier l'iniquité, amener la justice éternelle, accomplir la loi et les prophètes ? Qui adore-t-elle comme le Saint des saints ? De qui tous les ans, comme du chef par excellence, pleure-t-elle la mort ? A qui, depuis dix-huit siècles, a-t-elle donné pour nom propre le nom de *Christ* ? Est-il personne qui l'ignore ?

Mais le Juif ? Eh ! c'est là même notre second témoin. Oui, interrogeons le Juif. Dis-nous donc, peuple autrefois de Dieu, maintenant on ne sait de qui ; peuple sans roi, sans prêtre, sans autel, sans sacrifice, sans patrie ; dis-nous, depuis quand ta ville sainte et son temple, son sanctuaire, sont-ils détruits ? depuis quand a cessé pour toi l'oblation et le sacrifice ? depuis quand a commencé pour toi cette désolation sans fin ? N'est-ce pas depuis que tu as mis à mort celui que l'univers nomme le Christ ? Ah ! tu n'as pas besoin de répondre, les siècles répondent pour toi.

Quant aux détails mêmes de la prophétie, ils sont si faciles à entendre, que ceux-là seuls s'y embrouillent, qui veulent y mettre de la finesse pour ne pas penser comme autrui.

Tous les doctes conviennent que les semaines dont il est ici question sont des semaines d'années. Il y avait chez les Hébreux, non-seulement des semaines ou settaines de jours, terminées par le jour du sabbat ou du repos, mais encore des semaines ou settaines d'années, terminées par l'année du repos ou du sabbat, et enfin des semaines ou settaines de ces semaines annuaires, des semaines de quarante-neuf ans, terminées par l'année du jubilé, l'année de l'expiation et de la rémission, où chacun recouvrait sa liberté et son ancien héritage. Ici l'ange du Seigneur, étendant ce comput, prédit à Daniel non plus une settaine de ces semaines d'années, un jubilé ordinaire, mais une septannaire, une semaine de quatre cent quatre-vingt-dix ans ou de dix jubilés, laquelle se terminera par le jubilé éternel, par la grande année de l'expiation et de la rémission véritable ; où, non plus Israël seul, mais l'humanité entière, réconciliée à Dieu par la mort du Christ, recouvrera sa primitive liberté et son héritage céleste.

Cette grande période de 70 semaines annuaires doit commencer à l'ordonnance donnée pour rebâtir les murs de Jérusalem. Nous verrons cette ordonnance donnée par Artaxerce-Longue-Main, la 27e année de son règne, 490 ans avant Jésus-Christ. Nous verrons, pendant les sept premières semaines, au milieu de temps fâcheux, la sainte cité se rebâtir, non-seulement quant à ses murailles de pierre, mais encore quant à sa police et à son gouvernement. Nous verrons, après les 62 semaines suivantes, en tout après 62 semaines ou 483 ans, dans la dernière semaine, le Christ mis à mort, son alliance confirmée avec plusieurs, l'oblation et le sacrifice abolis, ensuite la ville et son sanctuaire ; enfin nous voyons continuer depuis lors l'irrémédiable désolation.

Les Juifs sont en cela d'accord avec nous. Lorsque depuis tant de siècles la Synagogue prononce les malédictions les plus terribles contre ceux qui, de cette prédiction, voudraient calculer les années de Messie, qu'est-ce que cela veut dire ? N'est-ce pas : Chrétiens, vous avez raison ?

Deux ans après cette annonce de l'ange du Seigneur à son prophète, Darius, roi des Mèdes, et Cambyses, roi des Perses, étant mort, Cyrus, fils du second, neveu et gendre du premier, régna seul sur presque tout l'univers. Daniel, qui avait été en si grand honneur sous l'oncle, ne le fut pas moins sous le neveu. On ne doute point qu'il n'ait eu grande part à l'édit que publia cette année Cyrus pour le rétablissement du temple de Jérusalem, et qui termina ainsi les 70 ans de captivité, comme l'avait annoncé Jérémie. L'historien Josèphe assure positivement, et la teneur même du décret le donne à entendre, que Cyrus vit et lut les prophéties d'Isaïe, qui l'appelait par son nom deux siècles d'avance, le signalait comme le conquérant de l'univers et comme le restaurateur du peuple de Dieu (Josèphe, *Antiq.*, l. 11, c. 1).

« En la première année donc de Cyrus, roi des Perses, afin que la parole de l'Eternel, révélée par la bouche de Jérémie, fût accomplie, l'Eternel suscita l'esprit de Cyrus et il fit publier par tout son royaume, même par lettres, disant :

» Ainsi parle Cyrus, roi de Perse :

» Jéhova, Dieu du ciel, m'a donné tous les royaumes de la terre, et il m'a commandé de lui bâtir une maison à Jérusalem, qui est en Judée. Qui est parmi vous de tout son peuple ? Que son Dieu soit avec lui. Qu'il monte à Jérusalem, qui est en Judée, et qu'il édifie la maison de Jéhova, Dieu d'Israël ; il est Dieu, celui qui est à Jérusalem. Et quiconque reste dans tous les lieux, où il séjourne comme étranger, les habitants de son endroit viendront à son aide avec de l'argent, de l'or, des biens et du bétail, outre ce qu'ils offriront volontairement à la maison de Dieu, laquelle est en Jérusalem (1). »

---

(1) Dan., 9, 26 : « Et post hebdomades sexaginta duas, occidetur Christus, et non erit ejus populus, qui eum negaturus est. Et civitatem et sanctuarium dissipabit populus cum duce venturo ; et finis ejus vastitas et post finem belli statuta desolatio. »

(2) *Ibid.*, 27 : « Confirmabit autem pactum multis hebdomadâ unâ, et, in dimidio hebdomadis, deficiet hostia et sacrificium ; et erit in templo abominatio desolationis, et usque ad consummationem et finem perseverabit desolatio. »

(1) 1. Esdras, 1, 1-4 : « In anno primo Cyri regis Persarum, ut com-

Nous verrons ailleurs que Cyrus ordonna que les frais seraient faits par la maison du roi (Josèphe, *Antiq.*, l. 11, c. 6).

« Alors les chefs de famille de Juda et de Benjamin, et les lévites se levèrent, et tous ceux dont Dieu suscita l'esprit, pour monter afin de bâtir la maison de Jéhova, qui est à Jérusalem. Et tous ceux qui étaient dans leurs alentours leur mirent entre les mains des vases d'argent et d'or, et des biens, et du bétail, et des meubles, outre ce qu'ils avaient offert volontairement. Quant au roi Cyrus, il sortit les vases de la maison de Jéhova, que Nabuchodonosor avait emportés de Jérusalem, et qu'il avait mis dans la maison de son dieu. Cyrus, roi de Perse, les sortit donc par la main de Mithridates, le trésorier, qui les livra, en les comptant, à Sassabasar, prince de Juda (1). »

On croit que Sassabasar est le nom chaldéen de *Zorobabel*. Les vaisseaux d'or et d'argent du temple qui lui furent livrés, se montaient en tout à cinq mille quatre cents.

Le nombre de ceux qui s'en retournèrent sous la conduite de Zorobabel, prince de la tribu de Juda, fils de Salathiel et petit-fils de Jéchonias, ainsi que du grand-prêtre Josué ou Jésus, fils de Josédec, et des autres princes, ne monta qu'à quarante-deux mille trois cent soixante, auxquels il faut encore joindre sept mille trois cent trente-sept serviteurs et servantes. Il paraît que sur ces quarante-deux mille trois cent soixante, trente mille environ, desquels on voit le dénombrement par familles, étaient des tribus de Juda, de Benjamin et de Lévi, et que le reste était des autres tribus d'Israël. Des vingt-quatre familles sacerdotales, il n'y eut que quatre à revenir, savoir : celles de Jadaïa, d'Emmer, de Phésur et de Harim ; toutes les autres, ou avaient été éteintes, ou restèrent dans le lieu de leur transmigration. On ne laissa pas de conserver l'ancien nombre des classes de prêtres, tel qu'il avait été fixé par David. Pour cet effet, chacune de ces classes qui étaient retournées fut subdivisée en six ; et les nouvelles classes, prenant le nom de celles qui manquaient, subsistèrent sous les anciens titres. De là vient que, dans la suite, Mathathias est dit avoir été de la classe de Joarib, et Zacharie de celle d'Abias (Prideaux, liv. 3).

Déjà le 7e mois de l'année de leur retour, lorsque approchait la fête des Tabernacles, les Israélites qui avaient commencé à rebâtir leurs villes, s'assemblèrent comme un seul homme dans Jérusalem. Et Josué, le grand pontife, et les prêtres, ainsi que Zorobabel et les autres chefs du peuple dressèrent un autel, des holocaustes, et dès le premier jour de ce mois, ils offrirent l'holocauste au Seigneur, matin et soir. On célébra également la fête des Tabernacles.

« En même temps ils donnèrent de l'argent aux tailleurs de pierres et aux maçons, et du froment, et du vin, et de l'huile à ceux de Sidon et de Tyr, pour apporter des bois de cèdre du Liban à la mer de Joppé, selon ce qu'avait commandé Cyrus, roi de Perse. » Et lorsque (le second mois de la seconde année) les architectes posèrent les fondements du temple de Jéhova, les prêtres s'y rendirent avec leurs ornements et leurs trompettes, et les lévites, fils d'Asaph, avec leurs cymbales, tous debout, afin de louer Dieu par les mains de David, roi d'Israël. Et ils entonnèrent des hymnes et des louanges à Jéhova, parce qu'il est bon, parce que sa miséricorde est éternellement sur Israël ; et tout le peuple criait à haute voix en louant le Seigneur, parce que la maison de l'Eternel était fondée. Et plusieurs des prêtres et des lévites, et des chefs du peuple, les plus anciens qui avaient vu le premier temple, pleuraient hautement, lorsqu'on fonda sous leurs yeux le temple nouveau, et plusieurs poussaient des cris de joie d'une voix fort élevée. En sorte qu'on ne pouvait distinguer la voix de ceux qui se réjouissaient de la voix de ceux qui pleuraient ; car les cris confus du peuple s'élevaient comme de grandes clameurs, et toutes les voix s'entendaient au loin (1). »

Comme le premier temple n'avait été réduit en cendres que la dix-neuvième année depuis que les premiers captifs eurent été emmenés à Babylone, et que la fondation du second eut lieu la deuxième depuis leur retour, les vieillards pouvaient bien se souvenir du premier temple après une cinquantaine d'années ; et plus ce souvenir était confus, plus il était favorable à l'objet qu'ils avaient vu dans leur enfance.

On se rappellera que les rois assyriens, en dernier lieu Asarhaddon, qui réunissait le royaume de Babylone à celui de Ninive, pour peupler le pays désert des tribus emmenées captives, y envoyèrent de nouveaux habitants de différentes contrées de la grande monarchie. Ces colons apportèrent avec eux plus d'une sorte de culte idolâtrique, se mêlèrent entre eux et avec les Israélites restés dans le pays, reçurent une instruction très-défectueuse dans la religion du vrai Dieu. A la vérité, ils reconnaissaient la divinité des cinq livres de Moïse, ainsi que du livre de Josué, suivant quelques-uns, observaient le sabbat, faisaient circoncire leurs fils, attendaient le Messie ; mais ils retenaient en même temps leurs précédentes abominations, et, divisés dans leurs opinions et leurs pratiques superstitieuses, ils ne s'accordaient que dans la haine contre les vrais Israélites, principalement contre ceux des tribus de Juda et de Benjamin. Ils étaient appelés d'abord Cuthéens,

---

pleretur verbum Domini ex ore Jeremiæ, suscitavit Dominus spiritum Cyri regis Persarum, et traduxit vocem in omni regno suo, etiam per scripturam, dicens : Hæc dicit Cyrus, rex Persarum : Omnia regna terræ dedit mihi Dominus Deus cœli, et ipse præcepit mihi ut ædificarem ei domum in Jerusalem, quæ est in Judæa. Quis est in vobis de universo populo ejus ! Sit Deus illius cum ipso. Ascendat in Jerusalem, quæ est in Judæa, et ædificet domum Domini Dei Israël ; ipse est Deus qui est in Jerusalem. Et omnes reliqui in cunctis locis ubicumque habitant, adjuvent eum viri de loco suo, argento, et auro, et substantiâ, et pecoribus, excepto quod voluntariè offerunt templo Dei, quod est in Jerusalem. »

(1) 1. Esdr., 1, 5-8 : « Et surrexerunt principes patrum de Juda et Benjamin, et Sacerdotes, et Levitæ, et omnis cujus Deus suscitavit spiritum, ut ascenderent ad ædificandum templum Domini, quod erat in Jerusalem. Universique qui erant in circuitu, adjuverunt manus eorum in vasis argenteis et aureis, in substantiis et jumentis, in supellectili, exceptis his, quæ sponte obtulerant ; rex quoque Cyrus protulit vasa templi Domini, quæ tulerat Nabuchodonosor de Jerusalem, et posuerat ea in templo dei sui. Protulit autem ea Cyrus, rex Persarum, per manum Mithridatis, filii Gazabar, et annumeravit ea Sassabasar, principi Juda. »

(1) 1. Esdr., 3, 10-13 : « Fundatio igitur à cœmentariis templo Domini, steterunt sacerdotes in ornatu suo cum tubis, et levitæ filii Asaph, in cymbalis, ut laudarent Deum per manus David, regis Israël. Et concinebant in hymnis et confessione Domino, quoniam bonus, quoniam in æternum misericordia ejus super Israël ; omnis quoque populus vociferabatur clamore magno in laudando Dominum, eo quod fundatum esset templum Domini. Plurimi etiam de sacerdotibus et levitis, et principes patrum, et seniores, qui viderant templum prius cùm fundatum esset et hoc templum in oculis eorum, flebant voce magnâ, et multi vociferantes in lætitiâ, elevabant vocem. Nec poterat quisquam agnoscere vocem clamoris lætantium, et vocem fletûs populi ; commixtim enim populus vociferabatur clamore magno, et vox audiebatur procul. »

de Cutha, province assyrienne, vraisemblablement parce qu'il y en avait beaucoup de ce pays; mais ce nom, après le rétablissement de la ville de Samarie, fut remplacé par celui de Samaritains.

Sans doute qu'ils avaient vu avec plaisir la chute du royaume de Juda; aussi la protection dont jouissaient les Juifs sous le grand Cyrus, leur commun maître, dut-elle exciter leur jalousie. Lors donc qu'ils apprirent que les enfants de la captivité bâtissaient ce temple à Jéhova, Dieu d'Israël, des députés vinrent à Zorobabel et aux autres chefs d'entre les Pères, et leur dirent : Laissez-nous bâtir avec vous, car nous cherchons votre Dieu comme vous; voilà que nous lui avons offert des victimes depuis les jours d'Asarhaddon, roi d'Assur, qui nous amena ici. Mais Zorobabel, et Josué, et les autres chefs des Pères d'Israël leur répondirent : Ce n'est pas à nous et à vous de bâtir ensemble la maison à notre Dieu; mais nous édifierons seuls à Jéhova, Dieu d'Israël, comme nous l'a commandé Cyrus, roi de Perse (Esd., 4).

Les Samaritains se voyant ainsi congédiés, achetèrent les officiers persiens, qui empêchèrent la construction du temple, tout le temps que vécut Cyrus.

Ce fut là sans doute ce qui plongea Daniel dans cette grande tristesse, et le fit jeûner pendant trois semaines, au bout desquelles Dieu lui révéla la future destinée de l'empire des Perses et de l'empire des Grecs, les grandes épreuves du peuple choisi, avec un lointain regard sur la fin du monde.

« La troisième année de Cyrus, roi de Perse, une parole fut révélée à Daniel, surnommé Baltassar; parole de vérité, grandes révolutions; et il comprit ce qui lui fut dit, et il eut l'intelligence de sa vision.

» En ces jours-là, moi, Daniel, j'étais pleurant tous les jours pendant trois semaines. Je ne mangeai d'aucun pain agréable au goût, et ni chair ni vin n'entrèrent dans ma bouche; je ne me servis même d'aucune huile, jusqu'à ce que ces trois semaines fussent accomplies.

» Or, le 24ᵉ jour du premier mois, j'étais près du grand fleuve Hidekel (le Tigre), et, levant les yeux, je regardai; et voilà un homme vêtu de lin avec une ceinture d'or très-pur autour des reins. Son corps était comme une chrysolithe, son visage comme l'aspect de la foudre, ses yeux comme des lampes ardentes, ses bras et ses pieds comme l'airain étincelant, et la voix de sa parole comme la voix de la multitude.

» Moi, Daniel, je vis seul cette vision, et les hommes qui étaient avec moi ne la virent point; cependant une si grande frayeur fondit sur eux, qu'ils s'enfuirent et se cachèrent. Je restai donc seul et regardai cette grande vision; mais il ne resta point de vigueur en moi, la sérénité de mon visage fut changée en abattement, je ne conservai aucune force. Et j'entendais la voix de ses paroles, et en l'entendant, je m'étendis accablé, la face contre terre.

» Et voilà qu'une main me toucha et me fit lever sur mes pieds et mes mains. Et il me dit : Daniel, homme de désirs, entendez les paroles que je vous dirai, et levez-vous debout; car je suis maintenant envoyé vers vous. Et pendant qu'il me parlait ainsi, je me tins debout en tremblant. Et il me dit : Daniel, ne craignez point; car dès le premier jour que vous avez appliqué votre cœur à comprendre et à vous affliger en la présence de votre Dieu, vos paroles ont été exaucées, et je suis venu à cause de vos paroles. Mais le prince du royaume de Perse m'a résisté vingt et un jours; et voici, Michel, un (ou le premier) d'entre les premiers princes, est venu à mon secours, et je suis demeuré là (ou je l'ai laissé là) près du roi (ou des rois) de Perse (1). »

Le personnage qui parle était, selon toutes les apparences, l'ange Gabriel, qui avait déjà expliqué au prophète deux visions. Quant à ce prince des Perses que nous voyons s'opposer à ce que demandait Daniel, et quant au prince des Grecs, que nous verrons paraître tout à l'heure, les meilleurs interprètes (2), avec saint Grégoire-le-Grand, entendent par là deux anges préposés de Dieu à l'empire des Perses et à celui des Grecs. Chacun d'eux plaidait en faveur de sa nation, avec l'ange des captifs de Babylone, et avec Michel, chef principal, parmi les anges, du peuple de Dieu, de la société des fidèles, et alors et depuis. Gabriel aura souhaité voir tous ses chers captifs retourner à Jérusalem, et le temple se rebâtir promptement. L'ange des Perses aura représenté que l'avantage spirituel des peuples qui lui étaient confiés demandait qu'une partie des enfants d'Israël restât au milieu d'eux. Et nous verrons, en effet, par l'histoire d'Esdras, de Néhémie et d'Esther, que cette circonstance ne contribua pas peu à conserver la connaissance du vrai Dieu dans les capitales de cet empire, à la répandre parmi tous ses peuples, et même à en convertir un grand nombre. L'ange des Grecs, dont l'empire devait succéder à celui des Perses, aura, exposé des raisons semblables en faveur des siens. Michel, qui avait la direction de tout l'ensemble, aura tempéré les vœux des uns et des autres, pour la plus grande gloire de leur commun maître et le plus grand bien des hommes, leurs pupilles, d'après une connaissance supérieure qu'il aura eue des desseins de la Providence.

« Maintenant donc je viens pour vous apprendre ce qui doit arriver à votre peuple dans les derniers jours; car cette vision ne s'accomplira qu'après bien du temps.

(1) Dan., 10 « : Anno tertio Cyri regis Persarum, verbum revolatum est Danieli cognomento Baltassar; et verbum verum, et fortitudo magna; intellexitque sermonem; intelligentia enim est opus in visione.

In diebus illis, ego, Daniel, lugebam trium hebdomadarum diebus. Panem desiderabilem non comedi, et caro et vinum non introierunt in os meum; sed neque unguento unctus sum, donec complerentur trium hebdomadarum dies.

Die autem vigesima et quartâ mensis primi, eram juxta fluvium magnum, qui est Tigris, et levavi oculos meos, et vidi; et ecce vir unus vestitus lineis, et renes ejus accincti auro obrizo; et corpus ejus quasi chrysolithus, et facies ejus velut species fulguris et oculi ejus ut lampas ardens; et brachia ejus, et quæ deorsum sunt usque ad pedes, quasi species æris candentis, et vox sermonum ejus ut vox multitudinis.

Vidi autem, ego, Daniel solus, visionem; porro viri qui erant mecum non viderunt; sed terror nimius irruit super eos, et fugerunt in absconditum. Ego autem relictus solus, vidi visionem grandem hanc; et non remansit in me fortitudo, sed et species mea immutata est in me, et emarcui, nec habui quidquam virium. Et audivi vocem sermonum ejus, et audiens, jacebam consternatus super faciem meam, et vultus meus hærebat terræ.

Et ecce manus tetigit me, et erexit me super genua mea, et super articulos manuum mearum. Et dixit ad me : Daniel, vir desideriorum, intellige verba quæ ego loquor ad te, et sta in gradu tuo; nunc enim sum missus ad te. Cumque dixisset mihi sermonem istum, steti tremens. Et ait ad me : Noli metuere, Daniel; quia ex die primo quo posuisti cor tuum ad intelligendum ut te affligeres in conspectu Dei tui, exaudita sunt verba tua, et ego veni propter sermones tuos. Princeps autem regni Persarum restitit mihi viginti et uno diebus; et ecce, Michaël, unus de principibus primis, venit in adjutorium meum, et ego remansi ibi juxta regem Persarum. »

(2) Lyranus, Estius, Menochius, Tyrinus; Greg. M., l. 17, Moral., c. 8; S. Thom., 1. q., a. 8, 93.

» Et pendant qu'il me disait ces paroles, je baissais le visage contre terre, et je demeurais dans le silence. Et voici comme une ressemblance du Fils de l'homme qui toucha mes lèvres ; et, ouvrant la bouche, je parlai, et je dis à celui qui se tenait debout devant moi : Mon seigneur, quand je vous ai vu, tout mon intérieur a été bouleversé, et je n'ai point conservé de force. Comment donc le serviteur de mon seigneur parlera-t-il avec mon seigneur ? Je suis demeuré sans force ; je perds même la respiration.

» Alors me toucha de nouveau comme une vision d'homme, qui me fortifia et me dit : Ne craignez point, homme de désirs ; la paix soit avec vous ! Prenez courage ! prenez courage ! Et pendant qu'il me parlait, je repris des forces et je lui dis : Parlez, mon seigneur ; car vous m'avez fortifié. Et il dit : Savez-vous pourquoi je suis venu à vous ? Maintenant je retourne pour combattre le prince de Perse.

» Lorsque je sortais, le prince de Javan (des Grecs) est venu à paraître. Cependant je vous annoncerai ce qui est marqué dans l'écriture de la vérité ; et nul ne m'assiste dans toutes ces choses que Michel, votre prince. Et moi, dès la première année de Darius le Mède, je l'aidais à s'établir et à se fortifier. Et maintenant je vous annoncerai la vérité.

» Voici que trois rois s'élèveront encore en Perse ; et le quatrième surpassera par la grandeur de ses richesses tous les autres ; et lorsqu'il sera devenu si puissant par ses richesses, il soulèvera tout contre le royaume de Javan (des Grecs) (1). »

Ces trois rois sont Cambyses, fils de Cyrus ; le Mage qui se donna pour Smerdis, puîné de Cyrus, que Cambyses avait fait mourir ; et Darius, fils d'Hystaspes. Le quatrième est Xerxès. Son père Darius, homme de grand caractère, lui avait laissé le royaume dans un état très-florissant, et amassé de grands trésors, dont parle même un poète grec, son contemporain. Son expédition avec une armée énorme contre la Grèce est universellement connue. Il y entraîna avec lui l'élite de l'Asie et de l'Egypte, perdit presque toutes ses troupes, et il donna aux Grecs le prétexte et l'audace de songer à la conquête des provinces persanes ; prétexte et audace que, cent cinquante ans plus tard, Alexandre-le-Grand sut tellement mettre à profit, qu'avec son armée gréco-macédonienne il renversa l'empire médo-perse.

De cet Alexandre la prophétie dit :

« Ensuite s'élèvera un roi vaillant, qui dominera avec une grande puissance, et qui fera ce qui lui plaira. Et lorsqu'il sera le plus affermi, son royaume sera brisé et partagé vers les quatre vents du ciel, non entre ses descendants, ni avec une puissance pareille à la sienne ; car son royaume sera divisé à d'autres même que ces quatre (1).

Alexandre mourut. Lui, que l'Asie et la Grèce avaient honoré comme un demi-dieu, resta trente jours sans sépulture. Il ne laissait point d'enfants, mais sa femme Roxane était enceinte de huit mois. Après une contestation de huit jours, les généraux convinrent entre eux qu'Arridée, bâtard du roi Philippe, père d'Alexandre, lui succèderait, et que, dans le cas où Roxane aurait un fils, celui-ci gouvernerait conjointement avec l'autre. Arridée était imbécile. Un tel personnage et un enfant, leur ambition les voyait avec plaisir sur le trône : ils espéraient, sous le nom de lieutenants, gouverner l'empire et s'en attribuer bientôt chacun sa part comme royaume héréditaire. Arridée fut nommé Philippe.

Alors tous les généraux se partagèrent l'empire et exercèrent une puissance indépendante, sans oser toutefois en prendre le nom. Ils faisaient alliance les uns avec les autres et les uns contre les autres, selon qu'ils le croyaient de leur intérêt, jusqu'à ce que, dans peu d'années, tous ces Etats se fondirent en quatre royaumes considérables. Cassandre, fortement soupçonné d'avoir empoisonné Alexandre, obtint la Macédoine et la Grèce ; Lysimaque, la Thrace et les provinces d'Asie sur l'Hellespont et le Bosphore ; Ptolémée, l'Egypte, la Libye, l'Arabie, la Judée et la Célésyrie ; Séleucus, tout le reste, et fixa sa résidence à Babylone.

Roxane fit jeter dans un puits l'autre femme d'Alexandre, Statire, de crainte qu'elle ne portât dans ses entrailles un rival de son fruit. Elle-même accoucha d'un fils, qui fut nommé Alexandre.

Philippe fut mis à mort par l'ordre d'Olympiade, mère d'Alexandre-le-Grand, la 7e année de son ombre de royauté. Le jeune Alexandre porta sept ans le titre de roi, jusqu'à ce que Cassandre le fît égorger lui et sa mère Roxane.

Ecoutons plus loin la prophétie :

« Et le roi du midi deviendra puissant ; mais un des princes encore plus puissant que lui ; car très-grande sera sa domination. Quelques années après, ils feront alliance ensemble, et la fille du roi du midi viendra vers le roi de l'aquilon pour cimenter l'amitié ; mais elle n'acquerra point un bras fort, et sa race ne subsistera point : elle sera livrée, ainsi que son fils, avec ceux qui l'avaient amenée ou qui l'avaient soutenue en divers temps (2).

Ptolémée, fils de Lagus, un des généraux d'Alexandre, devint roi d'Egypte et de beaucoup de pays circonvoisins. Son fils, Ptolémée-Philadelphe, fit la guerre à Antiochus-le-Dieu, roi de Syrie, petit-fils de Séleucus-Nicator. Ils firent la paix, et Antiochus répudia sa femme Laodice, dont il avait deux fils,

---

(1) Dan., 10, 14-21 ; 11, 1 et 2 : « Veni autem ut docerem te quæ ventura sunt populo tuo in novissimis diebus ; quoniam adhuc visio in dies.

Cùmque loqueretur mihi hujuscemodi verbis, dejeci vultum meum ad terram, et tacui. Et ecce quasi similitudo Filii hominis tetigit labia mea ; et aperiens os meum, locutus sum, et dixi ad eum qui stabat contra me : Domine mi, in visione tuâ dissolutæ sunt compages meæ, et nihil in me remansit virium. Et quomodo poterit servus Domini mei loqui cum Domino meo ? nihil enim in me remansit virium ; sed et halitus meus intercluditur.

Rursum me tetigit me quasi visio hominis, et confortavit me, et dixi : Noli timere, vir desideriorum ; pax tibi ! Confortare, et esto robustus. Cùmque loqueretur mecum, convalui, et dixi : Loquere, Domine mi ; quia confortasti me. Et ait : Numquid scis quare venerim ad te ? Et nunc revertar ut prælier adversùm principem Persarum. Cùm ego egrederer, princeps Græcorum veniens. Verumtamen annuntiabo tibi quod expressum est in scripturâ veritatis ; et nemo est adjutor meus in omnibus his, nisi Michaël, princeps vester. Ego autem ab anno primo Darii Medi, stabam ut confortaretur, et roboraretur. Et nunc veritatem annuntiabo tibi.

Ecce adhuc tres reges stabunt in Perside ; et quartus ditabitur opibus nimiis super omnes ; et cùm invaluerit divitiis suis, concitabit omnes adversùm regnum Græciæ. »

(1) Dan., 11, 3 et 4 : « Surget vero rex fortis, et dominabitur potestate multâ, et faciet quod placuerit ei. Et cùm steterit, conteretur regnum ejus, et dividetur in quatuor ventos cœli ; sed non in posteros ejus, neque secundùm potentiam illius, quâ dominatus est ; lacerabitur enim regnum ejus etiam in exernos, exceptis his. »
(2) Ibid., 11, 3-7 : « Et confortabitur rex Austri ; et de principibus ejus prævalebit super eum, et dominabitur dominio ; multa omnia dominatio ejus. Et post finem annorum fœderabuntur, filiaque regis Austri veniet ad regem Aquilonis facere amicitiam, et non obtinebit fortitudinem brachii, nec stabit semen ejus : et tradetur ipsa, et qui adduxerunt eam, adolescentes ejus, et qui confortabant eam in temporibus. »

LIVRE XIX. — FIN DES PROPHÈTES.

pour épouser Bérénice, fille de Ptolémée. Après la mort de ce prince, Antiochus renvoya Bérénice et reprit Laodice. Celle-ci empoisonna son mari et plaça son fils aîné, Séleucus-Callinique, sur le trône. Bérénice s'enfuit avec les siens à Daphné, près d'Antioche, où elle, son fils et sa suite d'Egyptiens, furent mis à mort.

« Mais il s'élèvera un rejeton de sa tige à elle ; et il viendra avec une grande armée, pénétrera dans le pays du roi de l'aquilon, le ravagera et s'en rendra maître. Leurs dieux mêmes et leurs statues, ainsi que leurs précieux vases d'or et d'argent, il les emmènera en Egypte ; et il prévaudra sur le roi d'aquilon. Et quand il en aura traversé le royaume, le roi du midi reviendra dans son pays (1). »

Ptolémée, frère de Bérénice, successeur de Philadelphe, marcha au secours de sa sœur, apprit sa mort, résolut de la venger. Il pénétra jusqu'à Babylone, fit tuer Laodice, prit Séleucie, se rendit maître de la Célésyrie, de la Cilicie, d'une grande partie de l'Asie, traversa le mont Taurus jusqu'au fleuve de l'Indus, revint chez lui chargé de trésors et rapporta aux Egyptiens les idoles que Cambyses, fils du grand Cyrus, leur avait enlevées autrefois. On dit que, pour cette cause, il reçut le surnom d'*Evergètes*, c'est-à-dire *bienfaisant*.

« Mais les fils de celui-là s'irriteront et lèveront de puissantes armées. L'un d'eux s'en viendra fondre comme un torrent qui se déborde ; il s'en viendra irrité, et combattra contre la puissance de celui-ci (2). »

Séleucus-Callinique laissa deux fils, Séleucus-Céraunus ou la foudre, et Antiochus, qui fut surnommé le Grand. Le premier mourut après un règne de trois ans. Antiochus marcha contre Ptolémée-Philopator, fils et successeur de Ptolémée-Evergètes, reprit Séleucie et la Célésyrie, battit les généraux de son ennemi, s'empara d'une partie de la Phénicie et pénétra jusqu'aux frontières d'Egypte.

« Alors le roi du midi étant provoqué, se mettra en campagne et combattra contre le roi de l'aquilon : il lèvera une grande armée, et l'autre troupe lui sera livrée entre les mains. Il en prendra un grand nombre, et son cœur s'élèvera. Il en abattra des milliers ; mais il ne prévaudra pas, car le roi de l'aquilon viendra de nouveau, il rassemblera encore plus de troupes qu'auparavant, et, après un certain nombre d'années, il s'avancera en grande hâte avec une armée nombreuse et de grandes richesses. En ce temps-là plusieurs s'élèveront contre le roi du midi ; également les enfants prévaricateurs de votre peuple seront exaltés, accompliront la prophétie et tomberont (3). »

(1) Dan., 11, 7-10 : « Et stabit de germine radicum ejus plantatio ; et veniet cum exercitu, et ingredietur provinciam regis aquilonis, et abutetur eis, et obtinebit. Insuper et deos eorum, et sculptilia, vasa quoque pretiosa argenti et auri, captiva ducet in Ægyptum ; ipse prævalebit adversus regem aquilonis. Et intrabit in regnum rex austri, et revertetur ad terram suam. »
(2) *Ibid.*, 11, 10-11 : « Filii autem ejus provocabuntur et congregabant multitudinem exercituum plurimorum ; et veniet properans, et inundans ; et revertetur, et concitabitur, et congredietur cum robore ejus. »
(3) *Ibid.*, 11, 11-15 : « Et provocatus rex Austri, egredietur et pugnabit adversus regem Aquilonis ; et præparabit multitudinem nimiam, et dabitur multitudo in manu ejus. Et capiet multitudinem, et exaltabitur cor ejus, et dejiciet multa millia ; sed non prævalebit ; convertetur enim rex Aquilonis, et præparabit multitudinem multo majorem quàm prius, et in fine temporum annorumque, veniet properans cum exercitu magno et opibus nimiis. Et in temporibus illis multi consurgent adversùs regem Austri : filii quoque prævaricatorum populi tui extollentur, ut impleant visionem, et corruent. »

Ptolémée-Philopator remporta sur Antiochus une grande victoire près de Raphia, entre Rhinocorure et Gaze. Antiochus perdit dix mille hommes en tués, et quatre mille en prisonniers. La Célésyrie et la Judée se rendirent au vainqueur, qui garda ces pays en paix.

Mais, quatorze ans après, Antiochus fit alliance avec Philippe, roi de Macédoine, contre Ptolémée-Epiphanes, fils de Philopator, âgé de cinq ans. Ils voulaient partager entre eux le royaume du monarque pupille. Scopas, général de Ptolémée, fut vaincu dans une bataille par Antiochus, qui recouvra par là tout ce qu'il avait perdu à la bataille de Raphia.

Non-seulement deux rois puissants à la guerre se liguèrent contre le jeune Ptolémée, il courut encore de grands risques parmi les siens. Agathoclée, ci-devant concubine de son père, conspirait, avec son frère Agathoclès, pour la régence ; Scopas, pour lui ôter la couronne et la vie ; enfin Sosibius, son ministre d'État, homme fourbe et cruel, ne lui donna pas moins à craindre.

« Et le roi de l'aquilon viendra, continue Gabriel, et il fera des terrasses et des remparts, et il prendra les villes les plus fortes ; et les bras du midi n'en soutiendront point l'effort ; ses plus vaillants s'élèveront pour lui résister, mais ils ne se trouveront pas de force. Il fera contre le roi du midi tout ce qu'il lui plaira, et il n'y aura personne qui ait pouvoir de lui résister. Il entrera même dans la terre de gloire, et elle sera consumée par sa main (1). »

Antiochus conquit Sidon, Gaza et autres villes de cette contrée, se rendit ensuite à Jérusalem, où les Juifs lui aidèrent à se rendre maître de la citadelle, dans laquelle Scopas avait mis une garnison égyptienne. Pour cette raison, Antiochus fut très-favorable aux Juifs et leur accorda de grandes libertés, comme nous le verrons en son temps. Cette expression : elle sera consumée par sa main, ne signifie donc pas, ainsi que l'ont remarqué des interprètes, une dévastation de la Judée, mais plutôt une restauration.

« Et il tournera ses desseins à s'emparer de tout son royaume (à Ptolémée) ; il feindra d'agir avec lui de bonne foi, et il lui donnera sa fille pour épouse, afin de le perdre ; mais son dessein ne lui réussira pas, et elle ne sera pas pour lui (2). »

Antiochus donna sa fille Cléopâtre au jeune Ptolémée-Epiphanes, dans l'intention qu'elle trahît celui-ci. Mais elle n'accomplit point la honteuse demande de son père, et embrassa les intérêts de son mari.

« Ensuite il se tournera contre les îles, et il en prendra plusieurs ; mais le général fera cesser l'outrage qui lui aura été fait, et le fera retomber sur celui-là (3). »

Antiochus se rendit maître de beaucoup de villes maritimes en Thrace et en Grèce. Des provinces si-

(1) Dan., 11, 15, 17 : « Et veniet rex Aquilonis, et comportabit aggerem, et capiet urbes munitissimas ; et brachia Austri non sustinebunt, et consurgent electi ejus ad resistendum, et non erit fortitudo. Et faciet veniens super eum juxta placitum suum, et non erit qui stet contra faciem ejus ; et stabit in terrâ inclytâ, et consumetur in manu ejus. »
(2) *Ibid.*, 11, 17 : « Et ponet faciem suam ut veniat ad tenendum universum regnum ejus ; et recta faciet cum eo ; et filiam feminarum dabit ei, ut evertat illud ; et non stabit, nec illius erit. »
(3) *Ibid.*, 11, 18 : « Et convertet faciem suam ad insulas, et capiet multas ; et cessare faciet principem opprobrii sui, et opprobrium ejus convertetur in eum. »

tuées près de la mer sont souvent appelées îles, et dans l'Écriture, et maintenant encore chez les Arabes. En outre, il conquit réellement les îles de Rhodes, de Samos, d'Eubée et de Délos. Tous ces pays étaient alliés de Rome, et par là sous sa protection. Antiochus, en les attaquant, se rit du général romain, Lucius Scipion, qui était présent. Mais celui-ci l'attaqua, le vainquit, le força à une paix honteuse, par laquelle, sans parler des autres conditions dures, il fut contraint, non-seulement d'évacuer l'Europe, mais encore tous les pays d'Asie en deçà du mont Taurus.

« Il reviendra donc aux forteresses de sa terre, et il se heurtera, et il tombera, et on ne le trouvera point (1). »

Obligé de payer aux Romains de grosses sommes, Antiochus parcourut ses provinces d'Orient pour amasser de l'argent, et pilla le temple de Bel, à Elymaïs, où, d'après le récit de divers historiens, il fut tué par les habitants irrités. Suivant le récit d'Aurélius-Victor, il fut égorgé par des gens de sa suite, qu'il avait frappés dans l'ivresse. C'est ainsi que depuis deux mille ans règne l'incertitude sur le genre de mort d'Antiochus, nommé le Grand, duquel un prophète avait prédit, un siècle et demi auparavant : « Il se heurtera et il tombera, en sorte qu'on ne le trouvera point. »

« Et à sa place, il s'en élèvera un qui enverra l'exacteur et obscurcira la gloire du royaume; et, après peu de jours, il périra, non dans une émeute, ni dans un combat (2). »

Au grand Antiochus succéda son fils Séleucus-Philopator. Il régna environ onze ans sans gloire. Toute son occupation fut de ramasser, tous les ans, les mille talents dus aux Romains. Ce fut lui qui envoya Héliodore à Jérusalem, pour piller le temple. Ce même Héliodore l'empoisonna.

« A sa place, il s'élèvera un homme méprisable; on ne lui donnera point la dignité royale, mais il s'en viendra furtivement et s'emparera de la souveraineté par ses artifices (3). »

Antiochus, frère puîné de Séleucus, était comme ôtage à Rome lorsque celui-ci le dégagea en y envoyant à sa place son propre fils Démétrius. C'est à ce dernier qu'appartenait la couronne paternelle. Antiochus n'était pas encore de retour dans son pays, quand il apprit la mort de son frère. Il eut recours à Eumènes, roi de Pergame, et à son frère Attale. Tous les deux aimaient mieux le voir sur le trône de Syrie que le jeune Démétrius, de crainte que celui-ci ne demeurât dans la dépendance des Romains. Avec leur aide, Antiochus renversa Héliodore, qui s'était emparé du royaume, s'en rendit maître et prit le surnom d'Epiphanes.

« Les bras du combattant seront battus devant lui; ils seront détruits aussi bien que le chef de l'alliance (4). »

Héliodore et ses partisans, ainsi que ceux qui tenaient pour le roi d'Egypte, furent vaincus par Eumènes et Attale, ensuite dispersés par Antiochus. Le chef de l'alliance peut être Héliodore ou Ptolémée-Epiphanes, qui fut empoisonné lorsqu'il était sur le point d'attaquer la Syrie.

« Après qu'il aura fait amitié avec lui, il agira frauduleusement; il s'avancera et prévaudra avec peu de troupes (1). »

Antiochus prit les dehors de l'amitié pour Ptolémée-Philométor, fils de sa sœur, et envoya le féliciter sur son avénement à la couronne. Mais bientôt il marcha contre lui, sous prétexte de le défendre, et le vainquit près de Péluse. Après quoi il se rendit à Tyr et termina ainsi sa première expédition contre l'Egypte.

« Et il pénétrera dans les riches provinces au milieu de la paix, et il fera ce que n'ont point fait ni ses pères, ni ses ancêtres; il partagera leur butin, leurs dépouilles et leurs richesses; il formera des entreprises contre les villes les plus fortes; mais ce ne sera qu'un temps. Sa force se réveillera, et son cœur s'animera contre le roi du midi, avec une grande armée, et le roi du midi se préparera au combat avec de fortes et nombreuses troupes; mais il ne se soutiendra pas, parce qu'on formera des desseins contre lui. Ceux qui mangent de son pain, le ruineront; son armée sera accablée, et il en sera tué un grand nombre (2). »

Après qu'Antiochus se fut préparé pendant l'hiver, il attaqua l'Egypte par terre et par mer avec de grandes forces.

« Il entra dans l'Egypte, dit un écrivain sacré, avec une puissante armée, avec des chars et des éléphants, et des cavaliers et de nombreux vaisseaux. Et il fit la guerre contre Ptolémée, roi d'Egypte. Alors Ptolémée trembla devant lui, et s'enfuit, et un grand nombre fut blessé et succomba (1. Mach., 1). » Diodore dit que, dans cette expédition, Antiochus se rendit maître de toute l'Egypte (Diod., In fragm.).

« Et le cœur des deux rois sera de se faire du mal l'un à l'autre, assis à la même table, ils se parleront mensonge; mais ils ne réussiront pas, parce que la fin est fixée à un autre temps. Et il s'en retournera dans sa terre avec de grandes richesses (3). »

Telle est l'histoire de la troisième expédition contre l'Egypte. Les Alexandrins avaient élevé sur le trône Ptolémée-Evergètes, frère puîné de Philométor, irrités de ce que celui-ci, pour la deuxième fois, avait fait la paix avec Antiochus. Sous prétexte de remettre sur le trône Philométor, Antiochus revint à la tête d'une armée, battit les Alexandrins et assiégea Alexandrie. Le siége traîna en longueur. Antiochus, sous prétexte qu'il combattait pour son neveu,

---

(1) Dan., 11, 19 : « Et convertet faciem suam ad imperium terræ suæ, et impinget, et corruet, et non invenietur. »
(2) Ibid., 11, 20 : « Et stabit in loco ejus vilissimus et indignus decore regio; et in paucis diebus conteretur, non in furore, nec in prælio. »
(3) Ibid., 11, 21 : « Et stabit in loco ejus despectus, et non tribuetur ei honor regius, et veniet clam, et obtinebit regnum in fraudulentia. »
(4) Ibid., 11, 22 : « Et brachia pugnantis expugnabuntur à facie ejus, et conterentur, insuper et dux fœderis. »

(1) Dan., 11, 23 : « Et post amicitias, cum eo faciet dolum; et ascendet, et superabit in modico populo. »
(2) Ibid., 11, 24-26 : « Et abundantes et uberes urbes ingredietur, et faciet quæ non fecerunt patres ejus, et patres patrum ejus; rapinas, et prædam, et divitias eorum dissipabit; et contra firmissimas cogitationes inibit; et hoc usque ad tempus. Et concitabitur fortitudo ejus, et cor ejus adversum regem Austri in exercitu magno; et rex Austri provocabitur ad bellum multis auxiliis, et fortibus nimis; et non stabunt, quia inibunt adversus eum consilia. Et comedentes panem cum eo, conterent illum, exercitusque ejus opprimetur, et cadent interfecti plurimi. »
(3) Ibid., 11, 27 et 28 : « Duorum quoque regum cor erit ut maleficiant, et ad mensam unam mendacium loquentur, et non proficient; quia adhuc finis in aliud tempus. Et revertetur in terram suam cum opibus multis. »

reprit de nouveau toute l'Egypte, et mangea avec lui à Memphis. Ils se parlèrent amicalement, mais aucun d'eux ne se fiait à l'autre.

« Son cœur formera des desseins contre l'alliance sainte; il les exécutera, et puis retournera dans son pays (1). »

Antiochus apprit en Egypte qu'on l'avait dit mort en Syrie, et que les Juifs avaient témoigné beaucoup de joie. D'ailleurs, Jason, qu'il avait voulu imposer aux Juifs pour souverain pontife, lorsqu'il s'était présenté devant Jérusalem avec environ mille hommes, avait été repoussé par le peuple. Antiochus se rendit dans la Judée, prit Jérusalem, entra dans le temple, le pilla, commit des abominations, et puis s'en alla.

« Au temps marqué, il retournera et reviendra vers le midi, mais ce dernier voyage ne sera pas comme le premier. Des vaisseaux viendront contre lui de Céthim, il en sera atterré et retournera chez lui. Alors il s'emportera contre l'alliance du sanctuaire, et il agira contre elle, et il remarquera ceux qui ont abandonné l'alliance sainte. Ses bras se tiendront là, ils violeront le sanctuaire du Fort, ils feront cesser le sacrifice perpétuel et dresseront une abomination de la désolation (2). »

Antiochus marchait contre Alexandrie, lorsque arrivèrent des ambassadeurs romains sur des vaisseaux macédoniens ou grecs qu'ils avaient trouvés à Délos. *Céthim* désigne en général les pays d'Europe sur la Méditerranée, mais en particulier la Macédoine. Céthim était le troisième fils de Javan; et Javan, patriarche des Grecs, le quatrième de Japhet.

A la tête de l'ambassade était Popilius Lænas, ex-consul. Antiochus, qui l'avait fort connu à Rome, lui tendit la main en signe d'amitié. Popilius lui présente le décret du sénat qui lui commande de sortir de l'Egypte, et lui ordonne de le lire avant tout. Antiochus l'ayant lu, dit qu'il en délibérerait avec ses amis. Mais Popilius ayant tracé un cercle autour du roi avec sa baguette, lui déclare qu'il faut une réponse avant de sortir de là. Interdit d'un procédé si hautain, Antiochus répond qu'il ferait ce que le sénat ordonne. Mais il déchargea son dépit sur les Juifs. Car ce fut vers ce temps qu'il envoya contre eux Appolonius à la tête d'une armée, avec ordre de faire mourir les hommes, d'emmener captifs et de vendre les femmes et les enfants. Le culte divin fut aboli, le temple profané, rempli d'infâmes courtisanes et dédié à Jupiter-Olympien. Point de séduction, point de cruauté qui ne fût mise en œuvre pour porter le peuple à renier le culte du vrai Dieu. Quiconque se refusait à l'apostasie, était persécuté, torturé, mis à mort.

« Il induira les prévaricateurs de l'alliance à user d'hypocrites caresses; mais le peuple, qui connaît son Dieu, tiendra ferme et agira (3). »

Tel Eléazar, tels les Machabées, telle la mère avec ses sept fils martyrs comme elle.

(1) Dan., 11, 28 : « Et cor ejus adversùm testamentum sanctum, et faciet, et revertetur in terram suam. »
(2) *Ibid.*, 29-32 : « Statuto tempore, revertetur et veniet ad Austrum; et non erit priori simile novissimum. Et venient super eum trieres et Romani; et percutietur, et revertetur, et indignabitur contra testamentum sanctuarii, et faciet; reverteturque, et cogitabit adversùm eos, qui dereliquerunt testamentum sanctuarii. Et brachia ex eo stabunt, et polluent sanctuarium fortitudinis, et auferent juge sacrificium, et dabunt abominationem in desolationem. »
(3) *Ibid.*, 11, 32 : « Et impii in testamentum simulabunt fraudulenter; populus autem, sciens Deum suum, obtinebit et faciet. »

« Et les doctes du peuple en instruiront beaucoup d'autres; et ils tomberont par le glaive, par la flamme, par la captivité et par le brigandage durant des jours. Et pendant qu'ils tomberont, ils seront soulagés par un petit secours; et plusieurs se joindront à eux dans le silence (1). »

C'est-à-dire à Mathathias et à ses fils, les Machabées.

« Et il en tombera d'entre les doctes, afin qu'ils soient éprouvés par le feu, qu'ils deviennent purs et blancs jusqu'au temps fixé; car il y aura encore un temps. Et le roi fera selon qu'il lui plaira; il s'élèvera, il se grandira au-dessus de tout dieu. Il parlera insolemment contre le Dieu des dieux; et il réussira jusqu'à ce que la colère soit accomplie; car ce qui est décidé s'exécutera. Il n'aura aucun égard aux dieux de ses pères; mais il s'abandonnera à la passion des femmes; il ne se souciera de quelque dieu que ce soit; car il s'élèvera au-dessus de tout (2). »

Antiochus joignait l'impiété à la dissolution. Il n'avait au fond d'autre dieu que lui-même. Il avait pillé les temples des Grecs et voulut piller celui d'Elymaïs. S'il tourmenta les Juifs pour leur faire honorer des idoles, c'était sa volonté despotique, bien plus que ces idoles de bois, qu'il voulait faire adorer. Son impudeur était extrême. Dans une marche pompeuse, il fit porter quatre-vingts de ses concubines sur des chaises à pieds d'or, et cinq cents autres sur des chaises à pieds d'argent. Deux villes de Cilicie, Tarse et Mallos, se révoltèrent parce qu'il les avait données en cadeau à une de ses courtisanes.

« Il glorifiera à sa place le dieu Moazim (le dieu de la force), dieu que ses pères n'ont pas connu; il le glorifiera avec l'or, l'argent, les pierres précieuses et ce qu'il y a de plus beau. Et il établira des lieux forts pour Moazim, auprès de ce dieu étranger. Quiconque le reconnaîtra, le comblera de gloire, leur donnera beaucoup de puissance et leur partagera la terre gratuitement (3). »

Antiochus ne reconnaissait au fond d'autre dieu, d'autre loi, que la force; et comme il se croyait le plus fort, il se faisait adorer sous le nom de Jupiter-Olympien ou d'Hercule de Tyr. Ces Moazim ou dieux de la force tenaient sa place. En effet, Porphyre nous apprend, dans saint Jérôme, que l'idole placée par ce tyran dans le temple de Jérusalem, était son propre simulacre (4). Auprès du temple, il bâtit une forteresse, et élevait aux honneurs ceux qui adoraient son dieu.

« A la fin, le roi du midi combattra contre lui; mais le roi de l'aquilon le surprendra comme une tempête, avec des chars, des cavaliers et une grande

(1) Dan., 33 et 34 : « Et docti in populo docebunt plurimos; ruent in gladio, et in flammâ, et in captivitate, et in rapinâ dierum. Cumque corruerint, sublevabuntur auxilio parvulo; et applicabuntur eis plurimi fraudulenter. »
(2) *Ibid.*, 35-37 : « Et de eruditis ruent, ut conflentur et eligantur, et dealbentur usque ad tempus præfinitum; quia adhuc aliud tempus erit; et faciet juxta voluntatem suam rex, et elevabitur, et magnificabitur adversùs omnem deum; et adversùs Deum deorum loquetur magnifica, et dirigetur, donec compleatur iracundia; perpetrata quippe est definitio. Et deum patrum suorum no reputabit; et erit in concupiscentiis feminarum, nec quemquam deorum cubit; quia adversùm universa consurget. »
(3) *Ibid.*, 38 et 39 : « Deum autem Moazim in loco suo venerabitur; et lapide pretioso, rebusque pretiosis. Et faciet ut muniat Moazim cum deo alieno, quem cognovit, et multiplicabit gloriam, et dabit eis potestatem in multis, et terram dividet gratuito. »
(4) Qui in tantam superbiam venerit, ut in templo Hierosolymis simulacrum suum poni jusserit (*Comm. S. Hier. in Dan.*, c. 11).

flotte. Il pénétrera dans les terres, les ravagera toutes et les traversera. Il entrera dans le pays de gloire, et bien des pays seront ruinés. Voici ceux qui échapperont à sa main : Edom, Moab et les premières terres des enfants d'Ammon. Il étendra sa main sur diverses provinces, et la terre d'Égypte n'échappera point. Il se rendra maître des trésors d'or et d'argent, et de tout ce qu'il y a de plus précieux dans l'Égypte ; il passera au travers de la Libye et de l'Éthiopie (1). »

Il y en a qui prennent ceci pour une récapitulation de ce qui précède ; mais on peut l'entendre fort bien d'une dernière expédition d'Antiochus en Égypte, la onzième ou avant-dernière année de son règne. Porphyre la rappelle expressément dans saint Jérôme ; et Tite-Live, la rend très-vraisemblable, lorsqu'il dit, dans le sommaire de son quarante-sixième livre, que Ptolémée-Philométor fut chassé de son royaume par son frère puîné Ptolémée-Physcon. Antiochus aura profité de la discorde entre les deux frères, pour tenter une nouvelle entreprise sur l'Égypte.

« Mais il sera troublé par des nouvelles de l'orient et de l'aquilon ; il s'en ira avec grande colère pour perdre et tuer un grand nombre (2). »

Du côté de l'aquilon, Artaxias, roi d'Arménie, et du côté de l'orient, Arsaces, roi des Parthes, ne voulurent plus payer le tribut. Appien et Porphyre (3) l'attestent du premier ; et, quant au second, nous en avons pour garant Tacite, qui remarque que la guerre des Parthes empêcha Antiochus d'ôter aux Juifs leur religion et de leur donner les mœurs grecques.

« Et il dressera son pavillon entre deux mers, près de la sainte montagne de Sabi ; il arrivera à sa fin, et il n'y aura personne pour le secourir (4). »

Suivant Polybe, dont la remarquable narration sur la mort du tyran s'accorde si bien avec l'histoire sainte, il mourut près de Taba ou Tabai, que Quinte-Curce dit être une ville dans la Parétacène. Cette ville était apparemment située sur le mont *Sabi* ou *Sabai, Tabi* ou *Tabai;* car il est familier aux Syriens de changer le *S* en *T.* La Parétacène est une province entre deux mers, la mer Caspienne et le golfe Persique.

Tout est surprenant dans ces prophéties, et les détails où elles entrent, et l'exactitude avec laquelle tout s'est accompli, et la manière dont cet accomplissement nous est attesté par nos ennemis mêmes.

Au IV⁰ siècle de l'ère chrétienne, le Phénicien Malchus, en grec nommé Porphyre, fit un livre pour réfuter Daniel. A cet effet, il montra avec quelle exactitude, dans le onzième chapitre de notre prophète, est exposée d'abord l'histoire abrégée de Xerxès ; ensuite avec quelle justesse et quel détail circonstancié, est rapportée l'histoire d'Alexandre et de ses successeurs en Égypte et en Syrie. Il le prouva

(1) Dan., 11, 40-43 : « Et in tempore præfinito prœliabitur adversùs eum rex austri, et quasi tempestas veniet contra illum rex aquilonis in curribus, et in equitibus, et in classe magnâ. Et ingredietur terras, et conteret et pertransiet. Et introibit in terram gloriosam, et multæ corruent ; hæ autem solæ salvabuntur de manu ejus, Edom et Moab, et principium filiorum Ammon. Et mittet manum suam in terras, et terra Ægypti non effugiet. Et dominabitur thesaurorum auri et argenti, et in omnibus pretiosis Ægypti ; per Libyam quoque et Æthiopiam transibit. »
(2) *Ibid.*, 11, 44 : « Et fama turbabit eum ab oriente et aquilone ; et veniet in multitudine magnâ, ut conterat et interficiat plurimos. »
(3) Porph., *apud Hieron, ubi suprà.*
(4) Dan., 11, 45 : « Et figet tabernaculum suum Apadno inter maria, super montem inclytum et sanctum ; et veniet usque ad summitatem ejus, et nemo auxiliabitur ei. »

par des historiens perdus depuis : Callinicus Sutorius, Hieronymus, Posidonius, Claudius Theon, Andronicus Alypius et ceux des livres de Polybe et de Diodore de Sicile qui ne sont point venus jusqu'à nous. De cet exact accomplissement de la prophétie, il concluait qu'elle avait été fabriquée après coup. Aujourd'hui, les incrédules mêmes conviennent qu'elle existait avant l'événement. En sorte que nous savons, par le témoignage même de nos ennemis, et que les prophéties de Daniel ont été faites longtemps avant les événements qu'elles annoncent, et qu'elles se sont ponctuellement accomplies. Peut-on rien désirer de plus ?

D'ailleurs ne sait-on pas quelle vénération, quel attachement les Juifs ont toujours eu pour les saintes Ecritures ? attachement qui augmenta au retour de la captivité de Babylone. Non-seulement le premier canon ou catalogue authentique des livres saints fut dressé sous Esdras, catalogue dans lequel Daniel a toujours été compris ; non-seulement on lisait la Loi et les Prophètes chaque samedi dans les synagogues, on compta même jusqu'au nombre de lettres qu'il y avait dans chaque livre, afin d'en empêcher la moindre altération. Comment alors, trois siècles et demi après Daniel, car c'est aussi longtemps après, que mourut Antiochus-Epiphanes, imposer à tout ce peuple, comme prophéties toujours révérées de Daniel, des prophéties inventées, fabriquées après l'événement, et dont auparavant jamais personne n'avait entendu parler ?

Et qui donc aurait tout à coup imposé à la nation la prophétie des septante semaines ? et quand ? cette prophétie dont la plus impudente incrédulité est contrainte d'avouer la parfaite notoriété chez les Juifs longtemps avant la naissance de Jésus-Christ, et dont le fameux rabbi Hillel, qui vivait avant le temps de notre Sauveur, a parlé ? cette prophétie, qui contredit les préjugés des Juifs sur la puissance terrestre du Messie et la durée éternelle de leur empire ? cette prophétie, qui fournit aux chrétiens des armes si victorieuses contre la Synagogue, et que néanmoins la Synagogue a si religieusement conservée, encore que, frappée de sa précision, elle ait prononcé anathème contre qui calculerait ces semaines d'années ?

Admirons, bénissons la providence de notre Dieu qui a rendu sa loi, ses témoignages croyables à l'excès (1), comme dit le psalmiste ; qui en fait resplendir la vérité par ceux-là mêmes qui la combattent. Mais ce n'est pas tout de reconnaître cette vérité en esprit : les démons mêmes croient et tremblent (Jacob, 2), mais ils ne l'aiment pas. Pour nous, aimons la vérité ; aimons-la de tout notre cœur et de toute notre âme : c'est le vrai moyen de la bien connaître et de ne s'en égarer jamais. Dans les derniers temps, beaucoup seront séduits par l'esprit de mensonge et périront, parce que, dit l'Apôtre, ils n'ont pas eu l'amour de la vérité, qui les eût sauvés (2. Thess., 2). Daniel, ou plutôt l'ange qui lui parle, termine par un regard prophétique sur cette dernière époque du monde.

« En ce temps-là, Michel, le grand prince, le protecteur des enfants de votre peuple, s'élèvera, lorsqu'il sera venu un temps d'angoisses tel qu'il n'y en eut jamais depuis qu'il y a des nations, jusqu'à

(1) Ps. 92. « Testimonia tua credibilia facta sunt nimis. »

LIVRE XIX. — FIN DES PROPHÈTES.

ce temps-là. Et en ce temps-là sera sauvé votre peuple, tous ceux qui seront trouvés écrits dans le livre. Et beaucoup de ceux qui dorment dans la poussière de la terre se réveilleront, les uns pour la vie éternelle, et les autres pour un opprobre et une ignominie éternels. Mais les doctes resplendiront comme l'éclat du firmament ; et ceux qui auront amené à la justice la multitude, luiront comme des étoiles dans les perpétuelles éternités.

» Mais pour vous, ô Daniel, enfermez ces paroles et scellez ce livre jusqu'au temps de la fin : plusieurs le parcourront, et la science se multipliera (1). »

Nous voyons Jésus-Christ, interrogé par ses apôtres sur son dernier avénement, unir et confondre dans la même prédiction, et la ruine finale de Jérusalem, et la ruine finale du monde, l'une étant la figure de l'autre. Dans les paroles de l'ange à Daniel, il y a quelque chose de semblable. Antiochus, superbe et luxurieux, ne reconnaissant d'autre dieu ni d'autre loi que lui-même, se moquant de toutes les religions, pillant tous les temples, se faisant adorer dans celui de Jérusalem, contraignant tous les peuples, par la ruse ou la violence, à renier le culte de leurs pères, meurt tout à coup frappé de Dieu, et donnant lieu par sa mort à une espèce de résurrection en Israël. Antiochus était la figure de cet homme de péché qui se révèlera à la fin des temps, de ce fils de perdition, de cet adversaire ou satan qui s'élèvera au-dessus de tout ce qu'on appelle dieu ou qu'on adore, au point de s'asseoir dans le temple de Dieu et de se donner pour Dieu ; de cet antechrist qui exercera une persécution si violente, que jamais il n'y en a eu, que jamais il n'y aura de tribulation pareille ; qui fera des signes et des prodiges mensongers, au point d'induire en erreur même les élus, s'il était possible ; mais qu'enfin le Seigneur tuera par le souffle de sa bouche et par l'éclat de son avénement (2. Thess., 2). Voilà pourquoi, à la mort d'Antiochus, le prophète est transporté soudain à la fin du monde et à la résurrection générale.

« Alors, moi, Daniel, continue le prophète, je regardai ; et en voilà deux autres debout : l'un en deçà, sur le bord du fleuve, et l'autre au delà, sur l'autre bord du même fleuve (le Tigre). Et l'un d'eux dit à l'homme vêtu de lin qui était au-dessus des eaux du fleuve : Quand sera-ce la fin de ces prodiges ? Et j'entendis l'homme vêtu de lin qui se tenait debout sur les eaux du fleuve ; et il éleva sa droite et sa gauche vers les cieux, et il jura, par celui qui vit dans l'éternité, que ce serait jusqu'à un temps, et deux temps, et la moitié d'un temps. Et lorsque la dispersion du peuple saint sera finie, toutes ces choses s'accompliront (2). »

Cette expression, un temps, deux temps et la moitié d'un temps, signifie, comme nous avons déjà vu, trois ans et demi ou quarante-deux mois. C'est le temps qu'a duré la persécution d'Antiochus, et que durera, comme l'on croit, celle de l'antechrist. En prenant ces quarante-deux mois pour des mois d'années, ou douze cent soixante ans, on pourra l'entendre de la durée de l'empire antichrétien ou mahométan. Que, s'il reste toujours une mystérieuse obscurité, il ne faut pas nous en étonner et nous en plaindre. Le prophète lui-même ajoute :

« Et moi j'entendis, mais je ne compris pas ; et je lui dis : Mon seigneur, qu'arrivera-t-il après cela ? Mais il répondit : Allez, Daniel ; car ces paroles sont closes et scellées jusqu'au temps de la fin. Beaucoup seront élus, blanchis et purifiés comme par le feu ; les impies agiront avec impiété, et nul des impies ne comprendra ; mais les doctes comprendront.

» Depuis le temps que le sacrifice perpétuel sera aboli et remplacé par l'abomination de la désolation, il y a mille deux cent quatre-vingt-dix jours. Heureux celui qui attend et qui arrive jusqu'à mille trois cent trente-cinq jours (1) ! »

Les mille deux cent quatre-vingt-dix jours font un peu plus de trois années solaires et demie. On peut remarquer que toutes les persécutions ont duré à peu près ce temps dans leurs moments de furie (2). La persécution d'Antiochus finit après cet intervalle ; le temple fut purifié, et le culte divin refleurit peu à peu. On peut conjecturer que, quand il y aura ce même nombre d'années, depuis que l'empire mahométan a placé l'abomination de la désolation, son culte antichrétien, dans le lieu saint, dans la terre sainte, elle sera de nouveau purifiée et rendue à la religion chrétienne. Ceux qui vivront quelques années plus tard, vers le milieu du XXe siècle, seront heureux, parce que, selon toutes les apparences, ils verront le christianisme régner sur toute la terre. En attendant, écoutons les dernières paroles que l'ange dit au prophète :

« Pour vous, allez jusqu'à votre fin, et vous vous reposerez, et vous ressusciterez pour votre sort à la fin des jours (3). »

Après cela s'endormit en effet, pour attendre la résurrection générale, ce grand et saint homme, respecté des lions, révéré des conquérants, admiré des peuples, docteur des sages de Chaldée et de Perse ; humble au faîte des honneurs, incorruptible au milieu de la plus somptueuse des cours, confident de Dieu et des rois, quoiqu'il annonçât souvent à ces derniers des vérités terribles ; historien de l'avenir, prophète de l'histoire universelle, qui lui doit son ensemble : Daniel, en un mot, dont la sagesse était si renommée dans tout l'Orient, que, plus d'un demi-siècle avant sa mort, Dieu reprochait au roi de

---

(1) Dan., 12, 1-3 : « In tempore autem illo consurget Michæl, princeps magnus, qui stat pro filiis populi tui, et veniet tempus quale non fuit ab eo ex quo gentes esse cœperunt usque ad tempus illud. Et in tempore illo salvabitur populus tuus omnis qui inventus fuerit scriptus in libro. Et multi de his qui dormiunt in terræ pulvere, evigilabunt, alii in vitam æternam et alii in opprobrium, ut videant semper. Qui autem docti fuerint, fulgebunt quasi splendor firmamenti, et qui ad justitiam erudiunt multos, quasi stellæ in perpetuas æternitates. Tu autem, Daniel, claude sermones et signa librum usque ad tempus statutum : plurimi pertransibunt, et multiplex erit scientia. »

(2) Ibid., 12, 5-7 : « Et vidi, ego, Daniel ; et ecce quasi duo alii stabant : unus hinc super ripam fluminis, et alius inde ex alterâ ripâ fluminis. Et dixi viro, qui erat indutus lineis, qui stabat super aquas fluminis : Usquequo finis horum mirabilium ? Et audivi virum, qui indutus erat lineis, qui stabat super aquas fluminis,

cum elevasset dexteram et sinistram suam in cœlum, et jurasset per viventem in æternum, quia in tempus, et tempora, et dimidium temporis. Et cum completa fuerit dispersio manus populi sancti, complebuntur universa hæc. »

(1) Dan., 12, 8-12 : « Et ego audivi, et non intellexi ; et dixi : Domine mi, quid erit post hæc ? Et ait : Vade, Daniel, quia clausi sunt, signataque sermones, usque ad præfinitum tempus. Eligentur, et dealbabuntur, et quasi ignis prolabuntur multi : et impiè agent impii, neque intelligent omnes impii, porrò docti intelligent. Et à tempore cùm ablatum fuerit juge sacrificium, et posita fuerit abominatio in desolationem, dies mille ducenti nonaginta. Beatus qui expectat et pervenit usque ad dies mille trecentos triginta quinque. »

(2) Bossuet, sur le chapitre 10 de l'Apocalypse.

(3) Dan., 12, 13. Grotius et les Septante traduisent ainsi.

Tyr, comme un excès d'orgueil, la pensée d'être plus sage que Daniel.

Quelle facilité n'avaient point alors, pour apprendre la sagesse véritable, et les mages de la Chaldée et de la Perse, dont il a été si longtemps le chef, et les prêtres de l'Egypte, et les brahmanes de l'Inde, sujets du même empire, et les sages de la Grèce, qui commençaient alors à voyager en Orient pour s'enquérir de la sagesse? Certainement la philosophie grecque, qui naquit du vivant de Daniel, ne peut pas se plaindre, non plus que la philosophie de l'Egypte et celle de l'Inde, que la Providence ait rendu inaccessible la vraie sagesse, la sagesse divine?

Cyrus mourut aussi, à l'âge de 70 ans, regretté de tous ceux qui avaient le bonheur de vivre sous sa vaste domination. Il avait régné trente ans depuis qu'il avait pris pour la première fois le commandement des armées des Perses et des Mèdes, neuf ans depuis la prise de Babylone, et sept ans depuis la mort de son oncle Cyaxares ou Darius le Mède. L'empire qu'il venait de fonder était borné à l'orient par l'Indus; au nord, par la mer Caspienne et le Pont-Euxin; à l'occident, par la mer Egée, et au midi, par l'Ethiopie et le golfe d'Arabie. Il en régla si bien les affaires, qu'il subsista, uniquement par l'ordre qu'il y avait mis, pendant plus de deux cents ans, malgré les déréglements et les imprudences de ses successeurs. Ce monarque passait sept mois de l'année à Babylone, à cause de la bonté du climat; trois mois à Suse, au printemps, et deux mois à Ecbatane, pendant les chaleurs de l'été. Il fut enterré à Pasargade, en Perse, où son tombeau se voyait encore du temps d'Alexandre-le-Grand (1).

Ce qui est arrivé à Cyrus nous montre dans quel chaos d'incertitude serait plongée toute l'histoire humaine, si Dieu ne nous avait donné Moïse et les prophètes. Hérodote, qui écrivait cent ans après, nous apprend que des lors il y avait, sur la naissance, la vie et la mort de ce fameux conquérant, trois versions différentes. En effet, l'histoire qu'il nous en donne diffère, en des points très-considérables, de celle de Xénophon, qui diffère de celle de Ctésias. Hérodote et Ctésias, mais le premier surtout, le font naître, vivre et mourir d'une manière tout à fait romanesque. Il aura choisi cette version pour plaire davantage aux Athéniens. L'histoire de Xénophon est, pour les faits, toute naturelle, et d'ailleurs parfaitement d'accord avec l'Ecriture sainte. Quant aux sages et éloquents discours sur l'art de gouverner les peuples et de faire la guerre, on sent bien qu'ils sont de Xénophon bien plus que de Cyrus.

Un historien grec, contemporain de Cyrus, par conséquent d'un siècle plus ancien qu'Hérodote, nous eût peut-être fourni des renseignements plus sûrs, si ses histoires étaient venues jusques à nous: c'est Hécatée de Milet, dont Diodore de Sicile nous a conservé, sur l'histoire de Moïse, un passage remarquable, que nous avons cité ailleurs, et qui s'écarte assez peu de la vérité (Diod. Sic., l. 40; Phot., Bibl. 1151).

De tous les rois des nations, Cyrus est le seul que Dieu ait prédit par son nom, le seul qu'il ait appelé son christ, parce qu'il devait être une figure du Christ par excellence, en rendant la liberté aux captifs d'Israël et en ordonnant la reconstruction du tem-

(1) Cyrop., l. 8; Cicero, De divin., l. 4; Ptolom., in Can.

ple. On ne voit pas que l'Ecriture lui reproche, non plus qu'aux autres rois de Perse, d'avoir adoré des idoles, comme les rois de Babylone. Nous verrons, au contraire, les successeurs de Cyrus détruire les idoles de l'Egypte et de la Grèce, comme injurieuses à la divinité. Suivant le commun témoignage des auteurs, les Perses n'adoraient que le soleil et le feu; encore en est-il à soutenir qu'ils n'adoraient ces éléments que comme les symboles les plus expressifs de la divinité. Quoi qu'il en soit, toujours est-il que les rois de Perse apparaissent, dans l'Ecriture sainte, plus humains, plus généreux, plus portés au culte du vrai Dieu qu'aucun autre. Darius ordonne à tous ses sujets de craindre le Dieu d'Israël, parce que c'est le Dieu vivant et éternel; Cyrus reconnaît, dans un édit public, que c'est Jéhova, le Dieu du ciel, qui lui a donné tous les royaumes de la terre. Nous verrons les plus puissants et les plus dignes de leurs successeurs tenir un langage pareil.

Après la mort de Cyrus, les Samaritains accusèrent les Juifs devant son fils Cambyses, qu'Esdras nomme Assuérus, peu après qu'il fut monté sur le trône. Soit qu'ils reçussent une réponse favorable, soit que son silence les enhardît à empêcher le rétablissement du temple, toujours est-il certain qu'il resta interrompu.

Cambyses régna sept ans. Dans une expédition en Egypte, il détruisit un grand nombre de temples et d'idoles, entre autres il brûla les temples de Thèbes. Du reste, il se conduisait plus en frénétique qu'en fils digne de Cyrus. Le premier il donna aux Perses l'exemple d'un mariage incestueux, en épousant sa propre sœur, par la raison qu'il était permis à un roi des Perses de faire tout ce qu'il voulait. Il fit tuer son unique frère sur la foi d'un songe; et puis, cette même sœur qu'il avait épousée s'étant échappée un jour à plaindre le sort de son frère égorgé, il la maltraita si brutalement qu'elle en mourut. Une autre fois il perça d'une flèche le cœur d'un enfant, pour montrer à son père, un des grands officiers de son armée, que le vin ne lui faisait pas perdre la raison.

Cambyses étant mort, les Samaritains, de concert, à ce qu'il paraît, avec les gouverneurs persans de leur province, présentèrent une nouvelle accusation contre les Juifs au roi Arthasastha ou Artaxerxès; lui remontrèrent que c'était un peuple enclin à la rébellion, qui, s'il lui était permis de rebâtir Jérusalem et de la fortifier de murailles, ne paierait bientôt plus ni tributs ni impôts. Ils priaient le roi de compulser les annales de l'empire babylonien, pour se convaincre des inclinations dangereuses de cette nation.

Ce roi, nommé, dans l'hébreu et le grec d'Esdras, *Arthasastha*, *Artaxerxès* dans le latin, *Mardos* par Eschyle, *Smerdis* par Hérodote, *Sphendadates* par Ctésias, *Oropastes* par Justin, était le mage qui se donna pour le fils puîné de Cyrus, que Cambyses avait fait mourir, et se maintint quelque temps sur le trône. Il prêta l'oreille aux représentations des Samaritains, et répondit en ces termes: « L'accusation que vous nous avez envoyée a été lue devant moi, et il a été ordonné par moi qu'on examinât; et l'on a trouvé que cette ville, dès les anciens temps, se soulève contre les rois, et que les séditions et les guerres naissent dans son sein. Car il y a eu des rois

LIVRE XIX. — FIN DES PROPHÈTES.

très-puissants à Jérusalem, qui ont dominé sur tout ce qui est au delà du fleuve; ils recevaient des tributs, des revenus et des impôts. Maintenant donc, écoutez mes ordres : Empêchez que ces hommes ne bâtissent cette ville, jusqu'à ce que j'aie ordonné autrement. » Aussitôt que cette réponse du roi fut arrivée, divers conseillers se rendirent à Jérusalem et contraignirent les Juifs à interrompre l'ouvrage (Esdr., 4).

L'audacieux usurpateur fut précipité du trône après sept mois de règne. Darius, fils d'Hystaspes, comme Cyrus, de l'ancienne royale famille d'Achéménès, homme de tête et de main, parvint à la souveraine puissance : pour s'y affermir d'autant plus, il prit pour femmes deux filles du grand roi.

Les Juifs auraient bien pu s'attendre que le nouveau monarque, ne fut-ce que pour honorer la mémoire de Cyrus, les rétablirait dans leurs droits et révoquerait l'ordre que leurs ennemis avaient surpris au mage détesté; mais ils négligèrent l'œuvre du Seigneur, ne s'occupant qu'à labourer leurs terres, embellir leurs maisons, sans toucher au temple dont les fondements étaient jetés.

Il paraît même que Zorobabel et le grand-prêtre Josué n'employèrent pas tout le zèle convenable pour exciter le peuple à l'œuvre sainte. En effet, la 2ᵉ année du règne de Darius, le 1ᵉʳ jour du 6ᵉ mois, Dieu leur envoya un saint prophète, Aggée, qui leur reprocha leur négligence et leur apprit que si la terre avait été frappée de sécheresse et de stérilité cette année-là, c'était parce que le peuple avait interrompu la construction du temple.

Ces saints personnages, qui sans doute avaient gémi eux-mêmes de l'insouciance du peuple, et n'avaient désespéré des hommes que parce qu'ils manquaient d'une confiance héroïque en Dieu, furent embrasés par la parole du Seigneur, qui suscita leur esprit et l'esprit de tout le peuple, en sorte qu'ils vinrent et travaillèrent à la maison de Jéhova-Sabaoth, leur Dieu (Aggée, 1). Les prédictions des saints prophètes Aggée et Zacharie les encourageaient dans ce travail, leur laissant entrevoir un grand et magnifique avenir.

« La seconde année du règne de Darius, le vingt et unième jour du septième mois, la parole de Jéhova vint au prophète Aggée, disant : Parle à Zorobabel, fils de Salathiel, chef de Juda, et à Jésus, fils de Josédec, grand-prêtre, et à tout le reste du peuple, et dis-leur : Qui est resté d'entre vous qui ait vu cette maison dans sa première gloire? et en quel état la voyez-vous maintenant? N'est-elle point à vos yeux comme si elle n'était point? Et maintenant prends courage, Zorobabel, dit Jéhova; prends courage, Jésus, fils de Josédec, grand-prêtre; prends courage, peuple tout entier de cette terre, dit Jéhova, et travaillez; car moi je suis avec vous, dit Jéhova-Sabaoth. Suivant l'alliance que j'ai contractée avec vous quand vous sortîtes de l'Egypte, mon esprit demeurera au milieu de vous : ne craignez pas!

» Car ainsi parle Jéhova-Sabaoth : Encore un peu, et j'ébranlerai les cieux et la terre, la mer et le continent. J'ébranlerai même toutes les nations : et le Désiré de toutes les nations viendra; et je remplirai de gloire cette maison, dit Jéhova-Sabaoth. A moi est l'argent, à moi est l'or, dit le Seigneur. » (C'est-à-dire, si cette maison est moins riche en or et en argent que la précédente, en ai-je besoin? Tout l'argent, tout l'or n'est-il point à moi? Il est réservé à cette maison une gloire plus haute! Le Désiré des nations, le Messie, honorera cette maison de sa présence.) « La gloire de cette dernière maison sera encore plus grande que n'a été celle de la première, dit Jéhova-Sabaoth; et je donnerai la paix en ce lieu, dit le Seigneur des armées (1). »

Aggée termine ses prédictions par une grande promesse à Zorobabel :

« Et la parole de Jéhova vint une seconde fois à Aggée, le vingt-quatrième jour du mois, disant : Parle à Zorobabel, chef de Juda, et dis-lui : Moi, j'ébranlerai les cieux et la terre, et je briserai la force des empires des nations; je renverserai le char et ceux qui le montent : les chevaux et les cavaliers tomberont les uns sur les autres; et le frère sera percé par l'épée de son frère. En ce jour-là, dit Jéhova-Sabaoth, je te prendrai, ô Zorobabel, fils de Salathiel, mon serviteur, dit Jéhova; et je te garderai comme un anneau à cacheter, parce que je t'ai choisi, dit Jéhova-Sabaoth (2). »

C'est toujours la même prophétie, plus un indice de son accomplissement miraculeux. L'Eternel ébranlera le ciel, la terre et les mers; brisera les empires humains, les Perses par les Grecs, les Grecs par les Romains, les Romains par eux-mêmes : alors viendra celui que toutes les nations désirent; alors Jéhova lui-même prendra Zorobabel, prendra sa chair et son sang, se l'unira dans la personne du Verbe : ce Zorobabel, Homme-Dieu, cet Emmanuel, né de la Vierge, est le sceau de Jéhova, le caractère de sa substance, le cachet de sa ressemblance parfaite, l'anneau de son alliance et de sa réconciliation avec les hommes; c'est Lui qui nous donnera la paix, c'est Lui qui sera notre paix.

La même année, le 24ᵉ jour du 11ᵉ mois, Zacharie, fils de Barachias, prophétisa également.

« J'eus une vision pendant la nuit; je voyais un homme monté sur un cheval roux, qui se tenait parmi les myrtes plantés en un lieu bas et profond, et, à sa suite, étaient des chevaux, les uns roux, d'autres marquetés, et les autres blancs.

---

(1) Aggée, 2, 1-8 : « In die vigesimâ et quartâ mensis, in sexto mense, in anno secundo Darii regis, in septimo mense, vigesimâ et primâ mensis, factum est verbum Domini in manu Aggæi prophetæ, dicens : Loquere ad Zorobabel, filium Salathiel, ducem Juda, et ad Jesum, filium Josedec, sacerdotem magnum, et ad reliquos populi, dicens : Quis in vobis est derelictus, qui vidit domum istam in gloriâ suâ primâ? et quid vos videtis hanc nunc? Numquid non ita est quasi non sit in oculis vestris? Et nunc confortare Zorobabel, dicit Dominus, et confortare Jesu, fili Josedec, sacerdos magne, et confortare omnis populus terræ, dicit Dominus exercituum, et facite; quoniam ego vobiscum sum, dicit Dominus exercituum. Verbum quod pepigi vobiscum cum egrederemini de terrâ Ægypti, et spiritus meus erit in medio vestrûm : nolite timere.

Quia hæc dicit Dominus exercituum : Adhuc unum modicum est, et ego commovebo cœlum, et terram, et mare, et aridam. Et movebo omnes gentes : et veniet Desideratus cunctis gentibus; et implebo domum istam gloriâ, dicit Dominus exercituum. Meum est argentum, et meum est aurum, dicit Dominus exercituum. Magna erit gloria domûs istius novissimæ plus quàm primæ, dicit Dominus exercituum; et in loco isto dabo pacem, dicit Dominus exercituum. »

(2) Ibid., 2, 21-24 : « Et factum est verbum Domini secundò ad Aggæum, in vigesimâ et quartâ mensis, dicens : Loquere ad Zorobabel, ducem Juda, dicens : Ego movebo cœlum pariter et terram; et subvertam solium regnorum, et conteram fortitudinem regni gentium; et subvertam quadrigam et ascensorem ejus; et descendent equi et ascensores eorum; vir in gladio fratris sui. In die illâ, dicit Dominus exercituum, assumam te, Zorobabel, fili Salathiel, serve meus, dicit Dominus; et ponam te quasi signaculum, quia te elegi, dicit Dominus exercituum. »

» Je dis alors : Seigneur, qui sont ceux-ci ? Et l'ange qui parlait en moi me dit : Je vous ferai voir qui ils sont.

» Et le personnage debout parmi les myrtes, répondit : Ce sont ceux qu'a envoyés Jéhova pour parcourir la terre. Et eux répondirent à l'ange de Jéhova : Nous avons parcouru la terre, et voilà que la terre entière est habitée et en repos.

» Et l'ange de Jéhova dit : Jéhova-Sabaoth, jusqu'à quand n'aurez-vous point pitié de Jérusalem et des villes de Juda contre lesquelles vous vous êtes mis en colère ? Voilà déjà la septantième année que Jérusalem a été réduite en cendres.

» Alors Jéhova répondit à l'ange qui parlait en moi, des paroles de bonté et de consolation. Et l'ange qui parlait en moi me dit : Crie et dis : Ainsi parle Jéhova-Sabaoth : J'ai un grand zèle et un grand amour pour Jérusalem et pour Sion. Et j'ai conçu une grande indignation contre les nations puissantes ; moi je m'étais mis un peu en colère ; elles, au contraire, ont porté ses maux à l'excès. C'est pourquoi, voici ce que dit Jéhova : Je reviens à Jérusalem avec des entrailles de miséricorde ; ma maison y sera édifiée de nouveau, dit Jéhova-Sabaoth ; et on étendra encore le cordeau sur Jérusalem pour la rebâtir (1). »

Nous voyons ici le gouvernement invisible de ce monde visible, les puissances célestes de la terre, le ministère des anges préposés aux royaumes humains. Il apparaît d'abord un chef ; c'est, croit-on, Michel, chef des armées de Jéhova, défenseur principal du royaume de Dieu, la société des fidèles. Viennent à sa suite les anges des nations, qui lui rendent compte et attendent par lui les ordres de Dieu. Le prince de ces souverains se tient pour le moment dans une vallée plantée de myrtes ; on croit que c'est la province de Babylone, pays arrosé et humide, tel que l'aiment ces sortes d'arbustes ; il est monté sur un cheval roux, pour marquer peut-être la prompte et sanglante vengeance que Dieu allait tirer de la ville de Babylone, qui, dans ce moment, méditait la révolte contre Darius. Les anges des nations lui ayant rapporté que toute la terre était habitée et tranquille, il intercède auprès de Jéhova pour Jérusalem qui ne l'était point. La réponse est transmise à Zacharie par un ange qui parle en lui ou avec lui, et que l'on croit son ange tutélaire.

« Je levai encore les yeux, continue le prophète, et je regardai : et voilà un homme avec un cordeau de géomètre à la main. Je lui dis : Où allez-vous ? Il me répondit : Je vais mesurer Jérusalem pour voir quelle est sa largeur et quelle est sa longueur. En même temps, l'ange qui parlait en moi sortit, et un autre ange vint à sa rencontre et lui dit : Cours, parle à ce jeune homme et dis-lui : Jérusalem ne sera plus environnée de murailles, tant sera grande la multitude d'hommes et de bêtes au milieu d'elle. Je lui serai moi-même, dit Jéhova, un mur de feu tout autour, et je serai sa gloire au milieu de son enceinte.

» Ah ! fuyez de la terre d'aquilon, dit Jéhova, parce que je vous ai dispersés vers les quatre vents du ciel. Fuyez, ô Sion ! vous qui habitez dans la ville de Babylone ; car voici l'ordre que me donne Jéhova-Sabaoth : Après qu'il vous aura rétablie en gloire, il m'enverra contre les nations qui vous ont dépouillée ; car qui vous touche, touche la prunelle de mon œil. Je vais étendre ma main sur eux, et ils seront en proie à ceux qui les servaient auparavant ; et vous reconnaîtrez que c'est Jéhova-Sabaoth qui m'a envoyé.

» Entonne des cantiques de louanges, et réjouis-toi, fille de Sion ; car voici que je viens moi-même et que j'habiterai au milieu de toi, dit Jéhova. Il s'attachera beaucoup de nations à Jéhova dans ce jour-là, et elles deviendront mon peuple, et elles habiteront au milieu de toi (selon les Septante), et tu sauras que Jéhova-Sabaoth m'a envoyé. Jéhova possédera encore Juda comme son héritage dans la terre sainte, et il choisira encore Jérusalem. Que toute chair soit dans le silence devant la face de Jéhova, parce qu'il s'est levé du fond de son sanctuaire (1). »

La Jérusalem judaïque était l'ébauche de la Jérusalem chrétienne, qui l'est elle-même de la Jérusalem céleste. Les promesses faites à la première s'appliquent encore plus à la seconde. La première était alors à moitié déserte ; mais un jour son enceinte sera trop étroite pour contenir tous ses habitants : plusieurs s'établiront hors de ses murs. Cependant c'est de la seconde surtout, de l'Église catholique, qu'il est vrai de dire qu'elle n'est point circonscrite par des murailles ; elle n'a d'autres limites que celles de la terre ; Dieu lui-même est son rempart ; ses portes sont ouvertes nuit et jour ; la foule des nations y entre pour s'attacher à l'Éternel.

Il est commandé aux Juifs restés à Babylone, d'en sortir. C'est que cette malheureuse ville, déjà prise et humiliée par Cyrus, devait s'attirer bientôt de plus grandes calamités encore. Deux ans après cet avertissement, elle se révolta contre Darius, qui l'assiégea pendant vingt mois. Les Babyloniens, pour faire durer plus longtemps leurs provisions, prirent la ré-

---

(1) Zachar., 1, 8 : « Vidi per noctem ; et ecce vir ascendens super equum rufum, et ipse stabat inter myrteta, quæ erant in profundo : et post eum, equi rufi, varii et albi.

Et dixi : Qui sunt isti, Domine mi ? Et dixit ad me angelus, qui loquebatur in me : Ego ostendam tibi quid sint hæc.

Et respondit vir qui stabat inter myrteta, et dixit : Isti sunt, quos misit Dominus ut perambulent terram. Et responderunt angelo Domini, qui stabat inter myrteta, et dixerunt : Perambulavimus terram, et ecce omnis terra habitatur et quiescit.

Et respondit angelus Domini, et dixit : Domine exercituum, usquequo tu non misereberis Jerusalem et urbium Juda, quibus iratus es ? Iste jam septuagesimus annus est.

Et respondit Dominus angelo, qui loquebatur in me verba bona, verba consolatoria. Et dixit ad me angelus, qui loquebatur in me : Clama, dicens : Hæc dicit Dominus exercituum : Zelatus sum Jerusalem et Sion zelo magno. Et irâ magnâ ego irascor super gentes opulentas ; quia ego iratus sum parum ; ipsi vero adjuverunt in malum. Propterea hæc dicit Dominus : Revertar ad Jerusalem in misericordiis ; et domus mea ædificabitur in eâ, ait Dominus exercituum ; et perpendiculum extendetur super Jerusalem. »

(1) Zachar., 2, 1-5 : « Et levavi oculos meos, et vidi : et ecce vir, et in manu ejus funiculus mensorum. Et dixit : Quo tu vadis ? Et dixit ad me : Ut metiar Jerusalem et videam quanta sit latitudo ejus, et quanta longitudo ejus. Et ecce angelus qui loquebatur in me, egrediebatur, et angelus alius egrediebatur in occursum ejus. Et dixit ad eum : Curre, loquere ad puerum istum, dicens : Absque muro habitabitur Jerusalem, præ multitudine hominum et jumentorum in medio ejus. Et ego ero ei, ait Dominus, murus ignis in circuitu ; et in gloriâ ero in medio ejus.

O, ô fugite de terrâ aquilonis, dicit Dominus ; quoniam in quatuor ventos cœli dispersi vos, dicit Dominus. O Sion, fuge, quæ habitas apud filiam Babylonis ; quia hæc dicit Dominus exercituum. Post gloriam, misit me ad gentes, quæ spoliaverunt vos ; qui enim tetigerit vos, tangit pupillam oculi mei. Quia ecce ego levo manum meam super eos, et erunt prædæ his qui serviebant sibi ; et cognoscetis quia Dominus exercituum misit me ad vos.

Lauda et lætare, filia Sion ; quia ecce ego venio et habitabo in medio tui, ait Dominus ; et applicabuntur gentes multæ ad Dominum in die illâ, et erunt mihi in populum, et habitabo in medio tui ; et scies quia Dominus exercituum misit me ad te. Et possidebit Dominus Judam partem suam in terrâ sanctificatâ, et eliget adhuc Jerusalem. Sileat omnis caro à facie Domini, quia consurrexit de habitaculo sancto suo. »

solution barbare d'exterminer toutes les bouches inutiles et tout ce qui ne pouvait servir à la guerre. Il fut seulement permis à chaque homme de conserver celle de ses femmes qu'il aimait le plus, et une servante pour faire l'ouvrage de la maison. Tout le reste, enfants, vieillards, filles, femmes, sœurs, mères, fut étranglé. Darius, néanmoins, s'en rendit maître par le stratagème d'un de ses généraux. C'était Zopyre. S'étant coupé le nez et les oreilles et meurtri tout le corps, il passa, défiguré de la sorte, chez les assiégés; feignant d'avoir été réduit à ce déplorable état par la cruauté de Darius, il gagna si bien leur confiance qu'ils lui déférèrent le commandement de leur ville; il s'en servit pour la faire tomber entre les mains de son maître. Celui-ci n'eut pas plus tôt Babylone en sa possession, qu'il en fit enlever les cent portes et abattre les murailles, de deux cents coudées de hauteur, jusqu'à cinquante. Pour ce qui est des habitants, après les avoir livrés en proie à ses Perses, qui avaient été autrefois leurs serviteurs, il en fit empaler trois mille des plus coupables et pardonna au reste (Hérodote, l. 3).

Nous avons vu, dans les précédentes révélations de Zacharie, le ministère des bons anges; nous allons voir en même temps l'occupation des mauvais. C'est à l'occasion du grand-prêtre, qui s'était rendu coupable de quelque faute, soit manque de zèle pour la reconstruction du temple, soit quelque autre négligence; faute qu'il réparait depuis lui exhortations du prophète : ou plutôt, le grand-prêtre paraît ici, moins comme individu que comme chef et représentant de la nation, et, comme tel, chargé des iniquités de la multitude.

« Il me fut montré le grand-prêtre Jésus, debout devant l'ange de Jéhova, et Satan debout à sa droite pour le combattre. Et Jéhova dit à Satan : Que Jéhova te réprimande! Satan, que Jéhova te réprimande! lui qui a choisi Jérusalem! N'est-ce pas là un tison sauvé du feu? Or, Jésus était revêtu d'habits sales, et se tenait devant la face de l'ange. Celui-ci dit à ceux qui étaient debout devant lui : Otez-lui ses habits sales. A lui-même il dit ensuite : Voilà que j'ai ôté de dessus toi ton iniquité, et que je t'ai revêtu de vêtements de fête. Il ajouta : Mettez-lui sur la tête une tiare éclatante; et ils lui mirent une tiare éclatante sur la tête, et le revêtirent de vêtements précieux. Cependant l'ange de Jéhova se tenait debout.

» Et l'ange de Jéhova fit à Jésus cette déclaration : Ainsi parle Jéhova-Sabaoth : Si tu marches dans mes voies, et si tu observes mes ordres, tu gouverneras aussi ma maison, et tu garderas mes parvis, et je te donnerai quelques-uns de ceux qui sont ici debout pour marcher avec toi. Ecoute, ô Jésus! grand-prêtre, toi et tes amis qui habitent devant ta face, parce qu'ils sont des hommes de présage. Voici que je fais venir mon serviteur l'*Orient* (ou *le rejeton*) (1). »

Les amis connus du grand-prêtre étaient Zorobabel, Aggée, Zacharie. Tous ces pieux personnages, qui travaillaient avec lui à la réédification de Jérusalem et du temple, présageaient en même temps un autre prince de Juda, un autre grand-prêtre, un autre Jésus, l'orient, le rejeton ou le messie, comme dit la version chaldaïque, qui édifierait une autre Jérusalem, un autre temple, avec d'autres amis; ils présageaient Jésus-Christ avec ses apôtres, édifiant l'Eglise chrétienne.

Zorobabel et Jésus, encouragés par les prédictions d'Aggée et de Zacharie, s'étaient remis à la construction du temple, avec le peuple réveillé de sa négligence; lorsque Thathanaï, satrape persan des provinces en deçà de l'Euphrate, et Starbuzanaï, vraisemblablement gouverneur de Samarie et subordonné à l'autre, s'en vinrent avec quelques conseillers, à Jérusalem, et s'informèrent par quelle autorité ils bâtissaient cette maison et restauraient ces murailles. Les chefs du peuple donnèrent leurs noms; « et l'œil de leur Dieu fut sur les anciens des Juifs, en sorte qu'on ne put les empêcher de bâtir. » Il fut seulement convenu qu'on renverrait l'affaire à Darius.

Thathanaï lui écrivit en ces termes : « A Darius, roi, toute paix! que le roi sache que nous avons été dans la province de Judée, dans la maison du grand Dieu, qu'on bâtit de pierres non polies; et les bois sont placés sur les murailles; et cette œuvre est faite avec ardeur, et croît entre leurs mains. Nous avons donc interrogé les vieillards, et nous leur avons ainsi parlé : Qui vous a donné le pouvoir d'édifier cette maison et d'en rétablir les murailles? nous leur avons aussi demandé leurs noms afin de vous les faire connaître, et nous avons écrit les noms des hommes qui sont les princes entre eux. Or, ils nous ont répondu de cette sorte, disant : Nous sommes les serviteurs du Dieu du ciel et de la terre; nous édifions le temple qui était construit longtemps avant ces années-ci, et qu'un grand roi d'Israël avait bâti et achevé. Mais après que nos pères eurent provoqué la colère du Dieu du ciel, il les livra en la main de Nabuchodonosor, roi de Babylone, Chaldéen; et il détruisit cette maison et transporta son peuple à Babylone. Or, la première année de Cyrus, roi de Babylone, le roi Cyrus publia un édit pour rebâtir cette maison de Dieu. Et les vases d'or et d'argent que Nabuchodonosor avait enlevés du temple qui était à Jérusalem, et qu'il avait apportés dans le temple de Babylone, Cyrus, roi, les tira du temple de Babylone, et ils furent donnés à un nommé Sassabasar, qu'il établit prince. Et il lui dit : Prends ces vases et va, et place-les dans le temple qui est à Jérusalem, et que la maison de Dieu soit édifiée en son lieu. C'est pourquoi Sassabasar vint alors et posa les fondements de la maison de Dieu à Jérusalem, et depuis ce temps-là jusqu'à présent, on la bâtit, et elle n'est point encore achevée. Maintenant donc, s'il semble bon au roi, que l'on regarde en la bibliothèque du roi qui est à Babylone, s'il a été ordonné par le roi Cyrus que la maison de Dieu serait rebâtie

---

(1) Zach., 3, 1-5 : « Et ostendit mihi Dominus Jesum, sacerdotem magnum, stantem coram angelo Domini, et Satan stabat à dextris ejus ut adversaretur ei. Et dixit Dominus ad Satan : Increpet Dominus in te, Satan; et increpet Dominus in te, qui elegit Jerusalem! Numquid non iste torris est erutus de igne! Et Jesus erat indutus vestibus sordidis, et stabat ante faciem angeli. Qui respondit, et ait ad eos qui stabant coram se, dicens : Auferte vestimenta sordida ab eo. Et dixit ad eum : Ecce abstuli a te iniquitatem tuam, et indui te mutatoriis. Et dixit : Ponite cidarim mundam super caput ejus; et posuerunt cidarim mundam super caput ejus, et induerunt eum vestibus; et angelus Domini stabat. Et contestabatur angelus Domini Jesum, dicens : Et hæc dicit Dominus exercituum : Si in viis meis ambulaveris, et custodiam meam custodieris, tu quoque judicabis domum meam, et custodies atria mea, et dabo tibi ambulantes de his qui nunc hic assistunt. Audi, Jesu, sacerdos magne, tu et amici tui qui habitant coram te, quia viri portendentes sunt; ecce enim ego adducam servum meum *Orientem*. »

à Jérusalem, et qu'on nous fasse connaître en cela la volonté du roi (Esdras, 5). »

On voit que le satrape y mettait de la droiture, et qu'en outre il avait une haute idée du Dieu d'Israël, puisqu'il en parle comme du grand Dieu, du Dieu suprême.

La conduite et les paroles de Darius ne sont pas moins remarquables. Il donna des ordres pour consulter les archives, et l'on trouva dans Ecbatane, château de la province de Médie, un livre où était écrit :

« La première année du roi Cyrus, le roi Cyrus a ordonné que la maison de Dieu à Jérusalem fût bâtie dans un lieu où l'on pût immoler des victimes et poser des fondements pour porter la hauteur de soixante coudées, et la largeur également de soixante, et trois rangs de pierres non polies (choisies), et autant de rangs de nouveaux bois : or, les frais seront faits par la maison du roi. Et que les vases d'or et d'argent du temple de Dieu, que Nabuchodonosor avait enlevés, fussent rendus et rapportés en leur place.

» Maintenant donc, Thathanaï, gouverneur de la contrée qui est au delà du fleuve, Starbuzanaï, et vous, conseillers apharsachéens, qui êtes au delà du fleuve, retirez-vous loin des Juifs, et laissez bâtir ce temple de Dieu par leur chef et par leurs anciens, afin qu'ils édifient cette maison de Dieu en son lieu.

» J'ai ordonné aussi ce qu'il faut que vous fassiez à ces anciens des Juifs, afin que la maison de Dieu soit édifiée, savoir : que du trésor royal, c'est-à-dire des tributs au delà du fleuve, on leur fournisse avec soin la dépense, pour que l'œuvre ne soit point interrompue. Que, s'il est nécessaire, on leur donne chaque jour des veaux, des agneaux et des chevreaux pour les offrir en holocauste au Dieu du ciel, du froment, du sel, du vin et de l'huile, selon la parole des prêtres qui sont à Jérusalem, sans qu'on leur laisse aucun sujet de se plaindre, afin qu'ils offrent des sacrifices au Dieu du ciel, et qu'ils prient pour la vie du roi et de ses enfants.

» C'est pourquoi j'ordonne que si quelqu'un, de quelque qualité qu'il soit, contrevient à cet édit, on tire une pièce de bois de sa maison, qu'on la plante en terre, qu'on l'y attache, et que sa maison soit confisquée. Que Dieu, qui fait habiter là son nom, extermine tout roi et tout peuple qui étendra sa main pour y contredire et pour ruiner cette maison de Dieu à Jérusalem. Moi, Darius, j'ai ordonné ce décret, et je veux qu'il soit accompli fidèlement (1). »

Ainsi parlait ce grand roi, fameux dans l'histoire profane par la réduction de Babylone, par la conquête de l'Inde et par ses expéditions contre les Scythes et les Grecs. C'est une chose que généralement on ne remarque point assez, que la manière dont parlent du vrai Dieu, dans leurs édits publics, ces monarques persans, que les Grecs eux-mêmes appelaient le *roi des rois, le grand roi,* ou simplement *le roi.* Darius le Mède prescrit à tous ses sujets la crainte, autrement le culte du Dieu de Daniel, parce que c'est le Dieu vivant et éternel. Cyrus reconnaît que c'est lui, le Dieu du ciel, qui lui a donné tous les royaumes de la terre, et il ordonne que son temple soit rebâti aux dépens du trésor royal. Darius, fils d'Hystaspe, renouvelle la même ordonnance, y ajoute les peines les plus sévères contre les contrevenants, et assigne des revenus pour offrir dans ce temple, des sacrifices quotidiens pour lui et pour ses enfants. Quand on fait attention que c'est sous le règne de ce Darius que l'on place communément Zoroastre, réformateur de la religion persane, on n'est pas étonné d'y trouver plus d'une ressemblance avec la croyance des Hébreux : on conçoit même fort bien l'opinion de ceux qui font de Zoroastre un Juif d'origine.

Le gouverneur de Syrie et les autres officiers exécutèrent avec soin les ordres du roi; et la construction du temple avançait d'autant plus, que les prédictions d'Aggée et de Zacharie encourageaient les anciens et le peuple.

Enfin la maison de Dieu fut achevée la sixième année de Darius, le troisième jour du deuxième mois. On y avait travaillé près de vingt ans. Les enfants d'Israël, les prêtres, les lévites et les autres enfants de la transmigration en firent la dédicace avec grande joie. Ils immolèrent à cet effet cent veaux, deux cents moutons, quatre cents agneaux, et de plus, en holocauste pour le péché, douze boucs de chèvres, selon le nombre des tribus d'Israël.

Les prophètes Aggée et Zacharie composèrent, ou du moins chantèrent, cette solennité, le Psaume suivant, qui, dans les Septante et la Vulgate, porte leur nom.

« O mon âme, loue Jéhova; je louerai Jéhova durant ma vie, je chanterai mon Dieu tant que je serai. Ne vous confiez point aux princes, aux fils de l'homme, en qui n'est pas le salut. Son esprit se retirera, et lui retournera de sa poussière : dans ce jour-là périront toutes ses pensées. Heureux de qui le Dieu de Jacob est le soutien, de qui l'espoir est dans Jéhova, son Dieu; lui qui a fait le ciel et la terre, la mer et tout ce qu'elle renferme; lui qui garde la vérité dans les siècles, qui rend justice à ceux qu'on opprime, qui donne la nourriture à ceux qui ont faim. Jéhova délie les captifs, Jéhova éclaire les aveugles, Jéhova redresse ceux qui sont courbés, Jéhova aime les justes, Jéhova veille sur les étrangers; il relèvera l'orphelin et la veuve, il confondra la voie des impies. Jéhova régnera dans les siècles : ton Dieu, ô Sion ! de génération en génération (Ps. 145). »

---

(1) Esdras, 6, 3-5 : « Anno primo Cyri regis, Cyrus rex decrevit ut domus Dei ædificaretur quæ est in Jerusalem in loco ubi immolent hostias, et ut ponant fundamenta supportantia altitudinem cubitorum sexaginta, et latitudinem cubitorum sexaginta; ordines de lapidibus impolitis tres, et sic ordines de lignis novis : sumptus autem de domo regis dabuntur. Sed et vasa templi Dei aurea et argentea, quæ Nabuchodonosor tulerat de templo Jerusalem, et attulerat ea in Babylonem, reddantur et referantur in templum in Jerusalem, in locum suum, quæ et posita sunt in templo Dei.

Nunc ergo, Thathanai, dux regionis quæ est trans flumen, Starbuzanai, et consiliari vestri Arphasachæi, procul recedite ab illis, et dimittite fieri templum Dei illud a duce Judæorum et a senioribus eorum, ut domum Dei illam ædificent in loco suo.

Sed et à me præceptum est quid oporteat fieri a presbyteris Judæorum illis, ut ædificetur domus Dei, scilicet, de arca regis, id est, de tributis, quæ dantur de regione trans flumen, studiosè sumptus dentur viris illis, ne impediatur opus. Quod si necesse fuerit, et vitulos, et agnos, et hædos in holocaustum Deo cœli, frumentum, sal, vinum et oleum, secundum ritum sacerdotum, qui sunt in Jerusalem, detur eis per singulos dies, ne sit in aliquo querimonia, et offerant oblationes Deo cœli, orentque pro vitâ regis et filiorum ejus.

A me ergo positum est decretum, ut omnis homo qui hanc mutaverit jussionem, tollatur lignum de domo ipsius, et erigatur, et configatur in eo, domus autem ejus publicetur. Deus autem, qui habitare fecit nomen suum ibi, dissipet omnia regna, et populum qui extenderit manum suam ut repugnet et dissipet domum Dei illam, quæ est in Jerusalem. Ego, Darius, statui decretum, quod, studiosè impleri volo. »

Peu après, le quatorzième jour du premier mois de l'année suivante, la Pâque fut célébrée solennellement, tant par les enfants d'Israël qui étaient retournés de la transmigration, que par tous ceux qui s'étaient séparés de la corruption des nations de la terre, pour chercher avec eux Jéhova, le Dieu d'Israël (Esd., 6, 19-22). Ce que l'on entend communément des prosélytes qui avaient reçu la circoncision; mais on peut l'entendre aussi des Israélites d'origine, qui s'étaient retirés de la superstition et du schisme des Samaritains.

Le prophète Zacharie continuait d'affermir le peuple dans le culte du Seigneur par des prédictions nouvelles, en particulier sur le Messie à venir.

Voici comme il dépeint l'entrée du Sauveur à Jérusalem : « Réjouis-toi bien fort, fille de Sion; pousse des cris d'allégresse, fille de Jérusalem : voici ton roi qui te vient juste et sauveur, pauvre, monté sur une ânesse et sur le poulain d'une ânesse. J'exterminerai les chars d'Ephraïm et les chevaux de Jérusalem, et l'arc des combats sera rompu. Il annoncera la paix aux nations, et sa domination sera d'une mer à l'autre mer, et du fleuve jusqu'aux extrémités de la terre. Toi aussi, par le sang de ton alliance, tu as fait sortir les captifs du fond de la citerne, où il n'y a point d'eau (1). »

Il annonça d'avance que le Seigneur serait estimé trente pièces d'argent, et que cette somme serait donnée à un potier (2).

Lorsque Jésus, après le repas de la divine charité, s'en allait avec ses disciples au mont des Oliviers, prévoyant les souffrances qui l'attendaient, comme aussi que ses disciples l'abandonneraient dans l'angoisse, il leur dit : *Pendant cette nuit, vous serez tous scandalisés en moi; car il est écrit : Je frapperai le pasteur, et les brebis du troupeau seront dispersées* (Matth., 26).

Voici ce que le prophète avait prédit : « O glaive, lève-toi sur mon pasteur, sur l'homme qui m'est le plus proche, dit Jéhova-Sabaoth. Frappe le pasteur, et le troupeau sera dispersé ; et j'étendrai ma main sur les petits (3). »

Il a vu en esprit les mains de Jésus-Christ percées de clous. « Quand on lui dira : D'où viennent ces plaies au milieu de tes mains ? Il répondra : J'en ai été percé dans la maison de ceux qui m'aimaient (4). »

Il a vu également le Sauveur blessé au côté par une lance, ainsi que l'effusion du Saint-Esprit, de laquelle, si tôt après la mort et l'ascension de Jésus-Christ, des israélites furent prévenus, avant qu'elle se répandît sur les autres nations.

(1) Zach., 9, 9-11 : « Exulta satis, filia Sion; jubila, filia Jerusalem : ecce rex tuus veniet tibi justus et salvator; ipse pauper, et ascendens super asinam et super pullum filium asinæ. Et disperdam quadrigam ex Ephraim et equum de Jerusalem, et dissipabitur arcus belli; et loquetur pacem gentibus, et potestas ejus à mari usque ad mare, et à fluminibus usque ad fines terræ. Tu quoque, in sanguine testamenti tui, emisisti vinctos tuos de lacu, in quo non est aqua.

(2) *Ibid.*, 11, 12 et 13 : « Et dixi ad eos : Si bonum est in oculis vestris, afferte mercedem meam ; et si non, quiescite. Et appenderunt mercedem meam triginta argenteos. Et dixit Dominus ad me : Projice illud ad statuarium, decorum pretium, quo appreciatus sum ab eis. Et tuli triginta argenteos, et projeci illos in domum Domini ad statuarium. »

(3) *Ibid.*, 13, 7 : « Framea, suscitare super pastorem meum, et super virum cohærentem mihi, dicit Dominus exercituum. Percute pastorem, et dispergentur oves; et convertam manum meam ad parvulos. »

(4) *Ibid.*, 13, 6 : « Et dicetur ei : Quid sunt plagæ istæ in medio manuum tuarum ? Et dicet · His plagatus sum in domo eorum, qui diligebant me. »

« Et je répandrai sur la maison de David et sur les habitants de Jérusalem l'esprit de grâce et de prière. Ils jetteront les yeux sur moi, qu'ils ont transpercé; ils me pleureront comme on pleure un fils unique; ils s'affligeront sur moi comme on s'afflige à la mort d'un premier-né. En ce jour-là il y aura un grand deuil dans Jérusalem, comme le deuil d'Adadremmon dans la plaine de Mageddon (à la mort du saint roi Josias) (1). »

Une perspective magnifique des derniers temps s'ouvre à ce voyant :

« Il y aura un jour, connu de Jéhova, qui ne sera ni jour ni nuit; et sur le soir paraîtra la lumière. Et en ce jour-là, il sortira des eaux vives de Jérusalem : la moitié vers la mer d'orient, la moitié vers la mer la plus reculée, et elles couleront l'été et l'hiver. Jéhova sera roi de toute la terre; en ce jour, Jéhova sera l'unique, et son nom seul révéré (2). »

Darius, fils d'Hystaspe, mourut après avoir régné trente-six ans, et pendant qu'il préparait une nouvelle expédition contre les Grecs. Dans la première, son armée avait éprouvé un grand échec à la bataille de Marathon. Son fils Xerxès lui succéda sur le trône, et il poursuivit avec ardeur les projets de son père. Il réduisit d'abord l'Egypte, qui s'était révoltée, et en donna le gouvernement à son frère Achéménès. Ensuite, selon la prophétie de Daniel, il souleva, par sa puissance et par ses grandes richesses, tout le monde alors connu, l'Asie, l'Afrique et l'Europe, contre le royaume de Javan ou des Grecs. Tout l'Orient marchait sous ses ordres, tout l'Occident sous ceux d'Hamilcar, général des Carthaginois, lesquels ayant fait avec Xerxès un traité d'alliance, lui amenèrent une armée de trois cent mille Africains, Espagnols, Gaulois et Italiens. Les Macédoniens mêmes lui envoyèrent des troupes; la Phénicie et l'Egypte lui fournirent des vaisseaux. Enfin, au témoignage d'Hérodote, d'Isocrate et de Plutarque, les forces de terre et de mer, que ce monarque amena d'Asie, allaient à deux millions trois cent dix-sept mille six cent dix hommes. Et après qu'il fut entré en Europe, les peuples en deçà de l'Hellespont, qui se soumirent à lui, les augmentèrent encore de trois cent mille hommes, et sa flotte de deux cent vingt vaisseaux, qui portaient vingt-quatre mille hommes : en sorte qu'en arrivant aux Thermopyles, ses troupes de terre et de mer faisaient ensemble le nombre de deux millions six cent quarante et un mille six cent dix hommes, sans compter les valets, les eunuques, les femmes, les vivandiers et autres gens de cette sorte qui montaient à un nombre égal; par où il paraît que le total des personnes qui suivirent Xerxès dans cette expédition, était de cinq millions deux cent quatre-vingt-trois mille deux cent vingt (3). »

Dans ce nombre était un corps de Juifs : Josèphe

(1) Zach., 12, 10 et 11 : « Et effundam super domum David et super habitatores Jerusalem spiritum gratiæ et precum ; et aspicient ad me quem confixerunt; et plangent eum planctu quasi super unigenitum, et dolebunt super eum, ut doleri solet in morte primogeniti. In die illa magnus erit planctus in Jerusalem, sicut planctus Adadremmon in campo Mageddon. »

(2) *Ibid.*, 14, 7-9 : « Et erit dies una, quæ nota est Domino, non dies neque nox ; et in tempore vesperi erit lux. Et erit in die illa : exibunt aquæ vivæ de Jerusalem : medium earum ad mare orientale, et medium earum ad mare novissimum; in æstate et in hyeme erunt. Et erit Dominus rex super omnem terram, in die illa erit Dominus unus, et erit nomen ejus unum. »

(3) Hérod., l. 7; Isoc., *In Panat.*; Plut., *In Themist.*

le montre par un ancien poète grec (1) : la chose est d'ailleurs toute naturelle. Partout, sur son passage, Xerxès mettait le feu aux temples d'idoles, par la raison que c'était une impiété de prétendre enfermer la divinité entre des murailles, tandis que l'univers entier est son temple. Il en agissait ainsi, à la persuasion des mages qui l'accompagnaient, en particulier d'Ostanes, leur chef, qui enseignait que la forme de Dieu est invisible, et qu'il est assisté des anges (2).

Tout le monde connaît l'issue de cette gigantesque expédition. L'armée navale fut battue à Salamine, par Thémistocle; l'armée de terre, arrêtée d'abord quelque temps aux Thermopyles par Léonidas, fut défaite à Platée, par Pausanias et Aristide; celle des Carthaginois fut détruite, et leur général tué par Gélon, roi de Sicile. De retour à Suse, Xerxès renonça à tout projet de guerre et de conquête, se livrant au luxe et à la mollesse, et ne songeant plus qu'à ses plaisirs. Cette manière de vivre lui attira bientôt la haine et le mépris de ses sujets : Artabane, Hyrcanien de naissance, capitaine de ses gardes, et depuis longtemps un de ses premiers favoris, conspira contre lui. Il engagea dans son parti Mithridate, un des eunuques du palais, qui le fit entrer dans la chambre du roi, il le massacra dans la 21e année de son règne, pendant qu'il dormait.

Xerxès n'était point au fond d'un mauvais naturel. S'étant un jour mis en colère contre un de ses oncles, qui seul l'avait contredit dans un conseil d'Etat, il n'eut point de peine, quand la réflexion lui fut venue, à reconnaître publiquement son tort et même d'embrasser l'avis de son oncle, le plus sage, au fait, malgré tous les autres conseillers. Ce fut au même qu'il confia le gouvernement de l'empire, durant son expédition en Grèce. Une autre fois, lorsque du haut d'une tour il eut considéré son innombrable armée, il ne put s'empêcher de verser des larmes. Son oncle lui en ayant demandé le sujet, il répondit qu'il n'avait pu refuser des pleurs à l'instabilité des choses humaines, puisque de tant de milliers d'hommes il n'en resterait pas un seul dans cent ans.

L'Hyrcanien Artabane, son favori, l'ayant donc tué, fut trouver Artaxerxès, troisième fils de Xerxès, lui apprit le meurtre de son père, et en accusa Darius, son frère ainé, comme si le désir de monter sur le trône l'eût porté à ce parricide. Il ajouta que, pour s'assurer de la couronne, Darius avait dessein de se défaire de lui, et qu'ainsi il ne pouvait trop se tenir sur ses gardes. Artaxerxès, qui était fort jeune, ajouta foi aux discours d'Artabane, et, sans autre examen, se rendit sur-le-champ dans l'appartement de son frère, qu'il égorgea, soutenu par Artabane et par ses gardes.

Hystaspe, second fils de Xerxès, était le successeur légitime de Darius; mais comme il se trouvait alors dans la Bactriane, dont il était gouverneur, Artabane mit Artaxerxès sur le trône, dans le dessein de ne l'en laisser jouir que jusqu'à ce qu'il eût formé un parti assez fort pour s'en emparer lui-même. La grande autorité dont il avait joui lui avait acquis beaucoup de créatures. Il avait d'ailleurs sept fils, tous pleins de force et de courage, et élevés aux premières dignités de l'empire. Le secours qu'il s'en promettait était principalement ce qui lui avait inspiré ce dessein ambitieux. Mais pendant qu'il se hâtait de l'amener à sa fin, Artaxerxès, qui avait été informé du complot par Mégabyse, époux d'une de ses sœurs, travailla à le prévenir, et le tua avant qu'il eût pu exécuter sa trahison. Sa mort assura la possession du royaume à Artaxerxès. Cependant, pour en devenir le seul possesseur, il fallut encore livrer de sanglantes batailles et aux fils d'Artabane et au parti d'Hystaspe.

Artaxerxès passait pour le plus bel homme de son temps, mais ce qui le distinguait encore plus avantageusement, c'était la générosité de son caractère. Les Grecs lui ont donné le surnom de *Macrokeir*, ou *longue main*, parce que ses mains étaient d'une longueur extraordinaire. Dans l'Ecriture il est appelé tantôt *Assuérus*, tantôt *Artaxerxès*.

Pour empêcher qu'il ne s'élevât des troubles dans ses Etats, il déposa tous les gouverneurs des villes et des provinces qu'il soupçonnait avoir eu quelque liaison avec l'un ou l'autre des partis qu'il venait de détruire, et leur en substitua d'autres auxquels il avait une entière confiance. Il s'appliqua ensuite à réformer les abus et les désordres qui s'étaient glissés dans le gouvernement : ce qui lui acquit une grande réputation et lui gagna le cœur de ses sujets dans toutes les provinces de l'empire (1).

La 3e année de son règne, se voyant tranquille possesseur de toute la monarchie de Perse, il donna aux grands de son empire un festin qui dura 180 jours. Même dans les temps modernes, au rapport d'un témoin oculaire, il est d'usage en Perse de faire des festins annuels qui durent juste aussi longtemps (2). Après cette fête de cour, suivit un festin de sept jours qu'il donna à tout le peuple de Suse dans les jardins du palais. A l'ombre de tentures de diverses couleurs, suspendues par des anneaux d'argent à des colonnes de marbre, reposaient des convives sans nombre, à qui l'on servait le vin du roi dans des vases d'or. La diversité des vins laissait à chacun le choix. Du reste, nul ne contraignait à boire ceux qui ne le voulaient pas ; liberté qu'on n'avait pas toujours chez les anciens, car la coutume obligeait à boire autant que le roi du festin l'ordonnait.

La reine Vasthi donnait en même temps une fête aux femmes, dans le palais.

Le 7e jour, Artaxerxès, ivre de vin, de jeunesse et de puissance, eut la pensée peu décente de faire venir la reine Vasthi, pour que tous les grands et le peuple admirassent sa beauté; et afin de donner à ce caprice, qui, dans les mœurs de l'Orient, choquait toutes les convenances, une couleur de bienséance, il envoya sept chambellans pour l'amener du palais.

Mais elle, soit orgueil, soit modestie, se refusa à l'invitation du roi et ne parut point. Celui-ci, échauffé par le vin, confondu à la vue des grands et du peuple, s'enflamma de colère, mais cependant consulta les principaux seigneurs et les sages qui connaissaient les anciennes loi, de quelle manière il y aurait à punir la désobéissance de son épouse, qui méprisait ainsi l'ordre qui lui avait été donné.

---

(1) Josèphe, *Contra App.*, l. 1.
(2) Cicer., *De leg.*, l. 2, n. 10; Plin., l. 30, c. 1 et 2; S. Cyprien, *De idol. vanit.*

(1) Plutarch., *In Artax.* Ctes., c. 31; Diodor., l. 11.
(2) Le docteur Fryer, lett. 5e, p. 318. Il a vécu dans le pays de 1672 à 1681.

Alors Mamucham représenta au roi que la reine avait manqué non-seulement à lui, mais encore, par son exemple, à tous les grands et à tous les peuples de son empire; et sur la proposition de cet homme, Vasthi fut disgraciée, et sa chute notifiée à tous les peuples par un édit du roi expédié dans toutes les langues, et qui enjoignait aux femmes le respect envers leurs maris (Esther, 1).

Mais lorsque le courroux du jeune roi se fut apaisé après quelque temps, l'image de la belle Vasthi se représenta à son imagination. Peut-être que son refus, traité d'abord d'orgueil, ne paraissait plus que l'effet de la pudeur. Mais d'après la constitution des Perses et des Mèdes, l'édit qui l'avait disgraciée était irrévocable. Il en eut du chagrin. Aussitôt les courtisans, qui observent chaque fantaisie du maître, comme le navigateur fait le vent, soit pour y échapper, soit pour en profiter, lui persuadèrent d'envoyer dans tous les pays de sa domination, pour faire venir les vierges les plus belles, afin que celle qui lui plairait davantage fût élevée à la dignité de reine à la place de Vasthi.

Le roi ne savait point qu'auprès de lui était celle qu'il faisait chercher dans toute l'Asie, que Dieu avait destinée à ce que les Israélites, tant ceux qui étaient restés dans les provinces de la gentilité, que ceux qui étaient retournés dans la terre de promission, trouvassent en elle et par elle, dans Artaxerxès, un puissant appui contre leurs ennemis.

A Suse, vivait un Israélite, Mardochée, de la tribu de Benjamin, dont Cis, le bisaïeul, avait été amené captif à Babylone par Nabuchodonosor, avec Jéchonias, roi de Juda. Cet homme avait adopté et élevé dans sa maison la fille d'Abihaïl, son oncle, Edissa ou Esther, orpheline de père et de mère.

Esther, vierge d'une rare beauté, n'échappa point aux regards de ceux qui avaient ordre de chercher pour le roi les beautés du pays. De la maison de son père adoptif, elle fut conduite à Egée, grand chambellan des femmes du roi. Elle plut à Egée, qui la pourvut d'ornements, lui donna sept compagnes choisies, et lui assigna la partie la plus belle du palais. Mais elle ne lui dit point de quelle famille ni de quel peuple elle était; car ainsi lui avait ordonné Mardochée, qui se promenait chaque jour devant la cour des femmes, pour avoir des nouvelles de sa chère pupille et connaître ce qui lui arriverait.

Quand vint le temps où elle devait être présentée au roi, elle ne demanda aucune parure; mais le grand chambellan en eut d'autant plus de soin. Elle gagnait les cœurs de tous ceux qui la voyaient.

Le 10e mois de la 7e année de son règne, le roi l'éleva sur toutes ses femmes, lui mit le diadème royal sur la tête, et la nomma reine. Il donna un splendide festin à ses grands, fit des présents magnifiques, accorda des soulagements à toutes ses provinces, afin que tous ses sujets prissent part à sa joie.

Esther n'avait encore découvert au roi ni sa famille, ni son peuple; car, dit l'Ecriture, Esther obéissait à la parole de Mardochée, comme aux jours de son enfance.

Mardochée continuait à fréquenter le palais du roi; il lui arriva de découvrir une conspiration que tramaient deux officiers de la cour contre la vie d'Artaxerxès. Il se hâta d'en avertir Esther, qui, au nom de Mardochée, en avertit le roi. Il y eut une information : les deux courtisans furent trouvés coupables et pendus, et cet événement fut consigné dans les annales du royaume (Esther, 2).

Au commencement de cette même 7e année, où le roi affectionna Esther par-dessus toutes ses femmes et la déclara reine, il avait rendu une ordonnance très-favorable aux Israélites. Elle accordait, tant aux prêtres et aux lévites qu'aux autres personnes de ce peuple dispersé dans son empire, une permission solennelle sous son sceau et les sceaux des sept princes du royaume, de retourner auprès de leurs frères en Judée.

Cette ordonnance, due vraisemblablement à l'influence secrète d'Esther, était conçue en ces termes : « Artaxerxès, roi des rois, à Esdras, prêtre, très-sage docteur de la loi du Dieu du ciel, salut :

» Il a été décrété par moi que tous ceux de mon royaume qui sont du peuple d'Israël, et de ses prêtres, et de ses lévites, à qui il plaira de monter à Jérusalem, aillent avec toi; car tu es envoyé de par le roi et ses sept conseillers, afin que tu visites la Judée et Jérusalem selon la loi de ton Dieu qui est en ta main, et que tu portes l'or et l'argent que le roi et ses conseillers ont offerts d'eux-mêmes au Dieu d'Israël, dont le tabernacle est à Jérusalem.

» Accepte également tout l'or et l'argent que tu trouveras dans toute la province de Babylone, que le peuple voudra offrir, et ce que les prêtres ont offert volontairement à la maison de leur Dieu, qui est à Jérusalem. Achète aussitôt, avec cet argent, des veaux, des moutons, des agneaux, avec leurs sacrifices et leurs libations, et offre-les sur l'autel du temple de ton Dieu, qui est à Jérusalem. Mais aussi, s'il te plaît, à toi et à tes frères, de disposer du reste de l'or et de l'argent, faites-le selon la volonté de votre Dieu.

» Les vases qui te sont donnés pour le service de la maison de ton Dieu, place-les aussi en la présence de Dieu, à Jérusalem. Le surplus de ce qu'il faudra dans la maison de ton Dieu, quelque considérable que cela puisse être, sera donné du trésor et de l'épargne du roi.

» Moi, Artaxerxès, roi, j'ordonne et je commande à tous les gardes du trésor public qui sont au delà du fleuve, que tout ce qu'Esdras, prêtre, scribe de la loi du Dieu du ciel demandera, lui soit donné sans retard, jusqu'à cent talents d'argent, et jusqu'à cent muids de froment, et jusqu'à cent tonneaux de vin, et jusqu'à cent barils d'huile, et du sel sans mesure. Que tout ce qui appartient au service du Dieu du ciel, se fasse à la maison du Dieu du ciel avec grand soin, de peur qu'il ne s'irrite contre l'empire du roi et de ses fils. Nous vous faisons savoir aussi, par rapport aux prêtres, aux lévites, à tous les chantres ou portiers, aux Nathinéens et ministres de cette maison de Dieu, que vous n'avez le pouvoir d'imposer sur eux ni impôts, ni tributs ni revenus annuels.

» Et toi, Esdras, selon la sagesse de ton Dieu, qui est en ta main, établis des juges et des présidents pour juger tout le peuple qui est au delà du fleuve, ceux qui connaissent la loi de ton Dieu, et instruisez ceux qui l'ignorent. Et quiconque n'observera point la loi de ton Dieu, et la loi du roi avec soin, sera condamné à mort ou à l'exil, ou à la confiscation de ses biens, ou à la prison (1). »

Chose bien digne de remarque! Tandis que les Perses s'attachent à détruire les temples idolâtres de Babylone, de l'Egypte, de la Grèce, leurs plus grands rois, un Cyrus, un Darius, un Artaxerxès, s'attachent à rebâtir, à orner le temple de Jérusalem, à y faire adorer le Dieu du ciel, à y offrir des sacrifices pour eux et pour leurs enfants.

Les Nathinéens ou Oblats étaient des peuples vaincus, tels que les Gabaonites, que les chefs d'Israël avaient dévoués au service mécanique du temple.

Esdras descendait de Saraïas, grand-prêtre, lors de la destruction de Jérusalem par Nabuchodonosor, et qui fut tué par l'ordre de ce prince.

De Babylone, où l'ordonnance paraît avoir été rendue, Esdras s'avança sur le bord du fleuve et fit la revue de la troupe qui l'accompagnait. Il s'y trouva des chefs de familles sacerdotales, mais point de lévites ni d'autres ministres inférieurs du temple. Il envoya dans un lieu où il y avait des uns et des autres, et plusieurs vinrent le rejoindre dans l'espace de huit jours. Alors il choisit douze princes des prêtres, auxquels il remit en dépôt l'or, l'argent et les vases précieux qu'il avait reçus en don tant du roi et de ses conseillers que des enfants d'Israël. Outre cent vases d'argent et vingt coupes d'or, il y avait 650 talents d'argent monnayé et 100 talents d'or; ce qui fait, le talent de la première espèce à 4,807 francs et à peu près 10 centimes, le talent d'or à 68,870 francs et 35 centimes, un total de 10,011,650 francs, somme assurément considérable et qui pouvait fort bien tenter la cupidité des Arabes et autres voleurs dans les déserts de Syrie qu'il fallait traverser. Aussi publia-t-il un jeûne pour demander à Dieu un heureux voyage. Il eût sans doute pu obtenir du roi une escorte; mais il eut honte de lui en demander une après lui avoir dit : La main de notre Dieu est en bien sur tous ceux qui le cherchent, mais sa force et sa fureur sur tous ceux

---

(1) Esdras, 7, 12-25 : « Artaxerxes, rex regum, Esdræ, sacerdoti, scribæ legis Dei cœli doctissimo, salutem. A me decretum est, ut cuicumque placuerit in regno meo de populo Israël, et de sacerdotibus ejus, et de levitis, ire in Jerusalem, tecum vadat; à facie enim regis et septem consiliatorum ejus missus es, ut visites Judæam et Jerusalem in lege Dei tui, quæ est in manu tuâ; et ut feras argentum et aurum, quod rex et consiliatores ejus sponte obtulerunt Deo Israël, cujus in Jerusalem tabernaculum est.

Et omnes argentum et aurum quodcumque inveneris in universâ provinciâ Babylonis, et populus offerre voluerit, et de sacerdotibus quæ sponte obtulerint domui Dei sui, quæ est in Jerusalem, libere accipe; et studiosè eme de hâc pecuniâ vitulos, arietes, agnos et sacrificia et libamina eorum, et affer ea super altare templi Dei vestri, quod est in Jerusalem. Sed et si quid tibi et fratribus tuis placuerit de reliquo argento et auro, ut faciatis, juxta voluntatem Dei vestri facite.

Vasa quoque, quæ dantur tibi in ministerium domûs Dei tui, trade in conspectu Dei in Jerusalem. Sed et cætera, quibus opus fuerit in domum Dei tui, quantumcumque necesse est ut expendas, dabitur de thesauro et de fisco regis.

Et a me : Ego, Artaxerxes, rex, statui atque decrevi omnibus custodibus arcæ publicæ, qui sunt trans flumen, ut quodcumque petierit à vobis Esdras, sacerdos, scriba legis Dei cœli, absque morâ detis, usque ad argenti talenta centum, et usque ad frumenti coros centum, et usque ad vini batos centum, et usque ad batos olei centum, sal verò absque mensura. Omne quod ad ritum Dei cœli pertinet, tribuatur diligenter in domo Dei cœli, ne forte irascatur contra regnum regis et filiorum ejus. Vobis quoque notum facimus de universis sacerdotibus, et levitis, et cantoribus, et janitoribus, Nathinæis, et ministris domûs Dei hujus, ut vectigal, et tributum, et annonas, non habeatis potestatem imponendi super eos.

Tu autem, Esdras, secundùm sapientiam Dei tui, quæ est in manu tua, constitue judices et præsides, ut judicent omni populo qui est trans flumen, his videlicet qui noverunt legem Dei tui, sed et imperitos docete libere. Et omnis qui non fecerit legem Dei tui, et legem regis diligenter, judicium erit de eo, sive in mortem, sive in exilium, sive in condemnationem substantiæ ejus, vel certè in carcerem. »

---

qui l'abandonnent. Sa confiance en Dieu ne fut point trompée. Par sa protection ils arrivèrent heureusement à Jérusalem. L'or, l'argent, les vases furent portés au temple, et les enfants de la transmigration offrirent des holocaustes au Dieu d'Israël : 12 veaux pour tout le peuple, 96 moutons, 77 agneaux, 12 boucs pour le péché; toutes ces choses en holocauste à Jéhova.

« En même temps ils donnèrent les édits du roi à ses satrapes et à ses lieutenants au delà du fleuve; lesquels exaltèrent, c'est-à-dire favorisèrent beaucoup le peuple et la maison de Dieu (Esd., 8). »

Ainsi se rétablissaient de plus en plus le repos et l'ordre extérieurs; mais un bien mauvais abus s'était glissé en Israël. Les anciens avertirent Esdras que des Israélites, des lévites même, et jusqu'à des prêtres s'étaient mêlés aux peuples de Chanaan, par des mariages, et que, dans cette abomination, les chefs de la nation leur avaient donné l'exemple.

« Lorsque j'entendis cette parole, dit Esdras, je déchirai mon manteau, ma robe, et j'arrachai les cheveux de ma tête et de ma barbe, et je m'assis dans la tristesse (Esd., 9). »

Tous ceux qui craignaient la parole de Dieu s'assemblèrent autour de lui; mais il demeura assis dans sa tristesse jusqu'au sacrifice du soir. Alors il tomba à genoux, étendit ses mains vers le Seigneur, son Dieu, et répandit son âme en une humble prière.

Pendant qu'il était ainsi prosterné devant la maison de Dieu, priant et pleurant, une foule très-considérable d'hommes, de femmes et d'enfants se réunit auprès de lui et pleura avec de grandes lamentations.

Alors Séchénias, fils de Jéhiel, prit la parole et confessa au nom des autres qu'ils avaient péché contre Dieu; en même temps il proposa de faire alliance avec le Seigneur pour renvoyer toutes les femmes étrangères et ceux qui étaient nés d'elles, et pria Esdras de se charger de l'exécution de cette affaire. Celui-ci se leva et fit prêter serment aux princes des prêtres et des lévites, ainsi qu'à tous ceux d'Israël, qu'ils agiraient selon cette parole.

A cet effet, il convoqua en assemblée nationale tous les hommes de Juda et de Benjamin, sous peine, contre qui ne paraîtrait point dans trois jours, de perdre, avec tous ses biens, le droit de cité. Tout le peuple s'assembla un jour de très-mauvais temps et s'assit autour de la maison de Dieu, plein d'inquiétude, pour la gravité de l'affaire, et transi de froid par les pluies.

Alors le prêtre Esdras se leva et leur dit : « Vous avez manqué grièvement, vous avez pris des femmes étrangères; en sorte que vous avez ajouté au péché d'Israël. Maintenant donc rendez gloire à Jéhova, le Dieu de vos pères, et faites ce qui lui est agréable. Séparez-vous des peuples de cette terre et des femmes étrangères. Et toute l'assemblée répondit à haute voix : Qu'il soit fait comme vous venez de nous dire. » Mais en même temps ils lui représentèrent que ce ne serait pas l'affaire d'un jour ni de deux; qu'il fallait donc charger les princes du peuple, en leur adjoignant les anciens et les juges de chaque ville, de terminer cette grande affaire. Ce qui fut fait (Ibid., 10).

Pendant qu'Esdras travaillait ainsi à la restauration de l'Etat et de l'Eglise dans la Judée, il s'éleva dans Suse, contre les Israélites répandus dans tout l'empire des Perses, un orage terrible qui allait les exterminer tous le même jour; mais Dieu le détourna, par la main d'une femme, sur la tête de celui qui en était l'auteur.

Aman, qui descendait, d'un côté, des anciens rois d'Amalec, nommés Agag, et, de l'autre, d'un père ou d'une mère macédonienne, était parvenu à la plus haute faveur d'Artaxerxès et par là même à la plus haute puissance. Elevé au-dessus de tous les princes, il recevait de toute la cour les hommages de la plus profonde soumission. Tous fléchissaient les genoux devant lui, car ainsi l'avait ordonné le roi.

Le seul Mardochée ne le faisait point. Les Hébreux s'inclinaient, profondément, par respect, devant les hommes comme devant Dieu, mais ils ne fléchissaient les genoux que devant Dieu seul. C'est à cet hommage religieux que se refusait Mardochée, comme l'indique le texte original.

On l'avertit plus d'une fois; mais il persista dans sa manière, en répondant qu'il était Juif. Les courtisans l'accusèrent alors près d'Aman. Trop fier pour se venger sur un seul, Aman résolut d'exterminer la nation entière des Juifs, que d'ailleurs il haïssait déjà comme Amalécite, et dont la religion détournait Mardochée de rendre à un mortel des honneurs surhumains. Une autre cause de sa haine, c'est que Mardochée avait découvert la conspiration des deux eunuques qui voulaient tuer le roi.

Comme l'entreprise était grande, il eut recours à la pratique superstitieuse des sorts, pour savoir quelle époque favoriserait l'exécution de son plan. La 12e année du règne d'Artaxerxès, le 1er mois, Aman fit jeter le sort en sa présence, et il tomba sur le 12e mois, nommé *adar*.

Alors Aman, sans nommer les Juifs, parla ainsi au roi : « Il est un peuple dispersé et divisé entre les peuples dans toutes les provinces de votre empire; gens qui ont des lois différentes de celles de tous les autres peuples, et qui comptent pour rien les ordonnances du roi; il n'est pas de l'intérêt du roi de les laisser ainsi. Ordonnez donc, s'il vous plaît, qu'il périsse, et je paierai aux trésoriers de votre épargne dix mille talents d'argent, » c'est-à-dire plus de quarante millions de notre monnaie. Le roi tira de son doigt l'anneau dont il avait coutume de se servir pour cacheter ses ordres, et le donna au favori en disant : « Garde pour toi l'argent que tu m'offres, et fais de ce peuple ce que tu voudras (Esther, 3). »

En conséquence, le 13e jour du 1er mois, Aman fit écrire, au nom d'Artaxerxès, les lettres suivantes :

« Artaxerxès, le grand roi, depuis les Indes jusqu'à l'Ethiopie, aux princes et aux gouverneurs des cent vingt-sept provinces, soumis à son empire, salut:

» Quoique je commande à tant de nations et que j'aie soumis tout l'univers à mon empire, je n'ai pas voulu abuser de la grandeur de ma puissance, mais gouverner mes sujets avec clémence et avec douceur, afin que, passant leur vie tranquillement et sans aucune crainte, ils jouissent de la paix que souhaitent tous les hommes. Ayant donc demandé à ceux de mon conseil de quelle manière je pourrais accomplir ce dessein, l'un deux, nommé Aman, élevé par sa sagesse et par sa fidélité au-dessus des autres, et le second après le roi, m'a donné avis qu'il est un peuple dispersé dans toute la terre, qui se conduit par des lois nouvelles, et qui, s'opposant aux coutumes des autres nations, méprise le commandement des rois, et trouble, par la contrariété de ses sentiments, la paix et l'union de tous les peuples du monde. Ce qu'ayant appris, et voyant qu'une seule nation se révolte contre tout le genre humain, suit des lois perverses, contrevient à nos ordonnances et trouble la paix et la concorde des provinces qui nous sont soumises, nous avons ordonné que tous ceux qu'Aman, l'intendant sur toutes les provinces, le second après le roi, et que nous honorons comme notre père, aura désignés, soient tués par leurs ennemis, avec leurs femmes et leurs enfants, le quatorzième jour d'adar, douzième mois de cette année, sans que personne en ait aucune compassion, afin que ces scélérats, descendant tous en un même jour dans les enfers, rendent à notre empire la paix qu'ils avaient troublée (Esther, Vulg., 13; Grec., 3). »

Ces lettres, rédigées dans toutes les langues du royaume et scellées du sceau du roi, furent envoyées par des courriers publics dans toutes les provinces.

Voilà comme, sans plus d'enquête, un monarque, d'ailleurs point méchant, immolait à l'orgueil irrité d'un favori des millions de sujets innocents. Le massacre devait commencer le 13 et durer jusqu'au 14. Ce cruel édit s'affichait dans Suse, dans le temps même que le roi et son favori célébraient un festin.

Toute la ville en fut dans le trouble, les Juifs dans les larmes. Mardochée l'ayant appris, déchira ses vêtements, se revêtit d'un sac, se couvrit la tête de cendre, passa au milieu de la ville, se lamentant à haute voix du malheur qui menaçait son peuple, et s'avança jusqu'à la porte du palais, où, parce que les dieux de la terre ont coutume de frissonner à l'aspect du deuil, il ne lui était pas permis d'entrer.

A mesure que l'édit du roi parvenait dans les provinces, les Juifs s'y abandonnaient à l'affliction, aux jeûnes, aux cris et aux larmes, un grand nombre étant couchés dans le sac et la cendre.

On vint dire à la reine que Mardochée était dans un pareil accoutrement à la porte du palais. Elle en fut consternée, lui envoya des habits, mais il ne les reçut point. Alors elle dépêcha un eunuque pour savoir la cause de son affliction. Mardochée s'ouvrit à celui-ci et lui donna pour la reine une copie de l'ordonnance royale avec la commission de lui dire qu'elle devait aller trouver son époux afin d'intercéder pour son peuple.

Mais elle fit répondre à son père adoptif que, comme tout le monde savait, personne n'avait permission d'entrer chez le roi sans y avoir été appelé. Il y avait pour cela peine de mort, à moins que, pour faire grâce au coupable, il n'étendît vers lui le sceptre d'or. Pour elle, depuis trente jours déjà on ne l'avait point appelée.

Mardochée répliqua qu'elle ne devait pas s'imaginer, pour être dans la maison du roi, qu'elle échapperait seule. Que si maintenant elle demeurait dans l'inaction, la délivrance viendrait aux Juifs d'un autre côté; elle, au contraire, périrait ainsi que la maison de son père. « Qui sait, ajouta-t-il, si ce n'est pas pour cette circonstance que vous êtes parvenue à la dignité royale ? »

Fortifiée par cette foi courageuse de son père nourricier, elle lui fit dire : « Allez, assemblez tous les Juifs que vous trouverez dans Suse, et jeûnez pour moi ; ne mangez et ne buvez ni jour ni nuit pendant trois jours, et je jeûnerai de même avec mes filles. Après cela j'entrerai chez le roi, contre la loi qui le défend : et, s'il faut que je périsse, je périrai. » Mardochée alla donc et fit tout ce qu'Esther lui avait ordonné (Esther, 4).

Tout Israël s'appliqua au jeûne et à la prière.

Mardochée disait : « Seigneur, Seigneur, roi tout-puissant, à qui tout est soumis, à la volonté de qui nul ne peut résister, si vous avez résolu de sauver Israël, tout vous est connu, et vous savez que quand je n'ai point adoré le superbe Aman, ce n'a été ni par orgueil, ni par mépris, ni par un secret désir de gloire ; car j'aurais volontiers baisé les traces mêmes de ses pieds pour le salut d'Israël. Mais j'ai craint de transférer à un homme l'honneur qui n'est dû qu'à mon Dieu, et d'adorer un autre que mon Dieu. Maintenant donc, ô Seigneur-Roi, ô Dieu d'Abraham ! ayez pitié de votre peuple, parce que nos ennemis veulent nous perdre et exterminer votre héritage. Ne méprisez pas ce peuple qui est votre part, que vous vous êtes racheté de l'Egypte. Exaucez ma prière, soyez favorable à une nation dont vous avez fait votre partage. Changez. Seigneur, nos larmes en joie, afin que, vivant, nous célébrions votre nom, et ne fermez pas la bouche à ceux qui chantent vos louanges (Esth.; Vulg., 13; Grec., 4). »

De son côté, la reine, couchée sur la poussière et la cendre, s'écriait du fond de son cœur oppressé : « Mon Seigneur, qui seul êtes notre roi, assistez-moi dans l'abandon où je suis, et n'ayant pour me secourir que vous seul. Mon péril est en mes mains. J'ai entendu de mon père, ô Seigneur ! que vous aviez pris Israël d'entre toutes les nations, et nos pères d'entre tous leurs ancêtres qui les avaient devancés, pour les posséder comme un héritage éternel, que vous leur avez fait selon votre parole.

» Nous avons péché devant vous, et c'est pour cela que vous nous avez livrés entre les mains de nos ennemis ; car nous avons adoré leurs dieux. Vous êtes juste, Seigneur.

» Et maintenant il ne leur suffit point de nous opprimer par une dure servitude ; mais, attribuant la force de leurs bras à la puissance de leurs idoles, ils veulent renverser vos promesses, exterminer votre héritage, fermer la bouche à ceux qui vous louent, et éteindre la gloire de votre temple et de votre autel pour ouvrir la bouche des nations et glorifier la puissance de leurs vaines idoles, et pour relever à jamais un roi de chair.

» Seigneur, n'abandonnez point votre sceptre à ceux qui ne sont pas, pour qu'ils se rient de notre ruine ; mais faites retomber leurs desseins sur eux, et perdez celui qui a commencé d'exercer sa cruauté contre nous. Souvenez-vous, Seigneur, montrez-vous à nous dans le temps de notre tribulation, et donnez-moi de l'assurance, ô Seigneur, roi des dieux et de toute puissance. Mettez dans ma bouche des paroles convenables en la présence du lion, et transférez son cœur à la haine de notre ennemi, afin qu'il périsse lui-même avec tous ceux qui conspirent avec lui. Nous, au contraire, délivrez-nous par votre main, et assistez-moi, Seigneur, moi délaissée et qui n'ai d'autre secours que vous.

» Vous qui connaissez toutes choses, vous savez que je hais la gloire des injustes et que je déteste le lit des incirconcis et de tout étranger ; vous savez la nécessité où je me trouve ; vous savez qu'aux jours où je parais dans la magnificence et l'éclat, j'ai en abomination la marque superbe de ma gloire que je porte sur ma tête ; que je la déteste comme un linge souillé, et que je ne la porte point dans les jours de mon silence ; que je n'ai point mangé à la table d'Aman, ni pris plaisir au festin du roi, ni bu du vin des libations, et que, depuis le temps où j'ai été amenée ici jusqu'à ce jour, jamais votre servante ne s'est réjouie qu'en vous seul, ô Seigneur, Dieu d'Abraham. O Dieu puissant au-dessus de tous, écoutez la voix de ceux qui n'ont aucune espérance qu'en vous seul ; sauvez-nous de la main des méchants et délivrez-moi de ce que je crains (Esther; Vulg., 14; Grec.; 4). »

Le 3ᵉ jour, elle quitta ses habits de deuil, se para de tous ses ornements et entra dans le vestibule intérieur du palais. Le roi était assis sur son trône, le visage tourné contre la porte de la salle. La reine était accompagnée de deux filles, sur l'une desquelles elle s'appuyait, tandis que l'autre portait la queue de sa robe. Elle était florissante de beauté ; son visage respirait la grâce et l'aménité, mais son cœur était resserré par la crainte.

Dans le premier moment qu'il l'aperçut, il la regarda avec des yeux étincelants de fureur ; elle tomba évanouie. Mais Dieu changea la colère du roi en clémence. Il se leva tout d'un coup de son trône, craignant pour la reine, et, la soutenant entre ses bras jusqu'à ce qu'elle fût revenue à elle, il la caressait en disant : « Qu'avez-vous, Esther ? je suis votre frère ; ne craignez point. Vous ne mourrez point ; car cette loi n'a pas été faite pour vous, mais pour tous les autres. » Elle baisa le sceptre qu'il lui avait posé sur le cou, et il la baisa de son côté, disant : « Que voulez-vous, reine Esther ? que demandez-vous ? Quand vous me demanderiez la moitié de mon royaume, je vous la donnerais. » Esther dit : « S'il plaît au roi, que le roi daigne venir aujourd'hui avec Aman au festin que je lui ai préparé. » Le roi commanda aussitôt d'avertir Aman qu'il eût à obéir à la volonté de la reine (Esther; Vulg., 15; Grec., 5)

Lors donc que le roi, avec Aman, fut chez la reine, et qu'il eut bu du vin, il répéta : « Que demandez-vous, Esther ? et il vous sera donné. Que désirez-vous ? Fût-ce la moitié du royaume, vous l'aurez. » Esther le pria de vouloir bien revenir avec Aman au festin du jour suivant ; alors elle lui déclarerait ce qu'elle souhaitait.

Après le festin, Aman sortit content et joyeux ; mais quand il aperçut Mardochée, qui ne lui rendait point hommage en la manière voulue, il fut outré de colère : toutefois il se contint et s'en alla chez lui.

Arrivé à la maison, il fit assembler ses amis, avec sa femme Zarès, se mit à parler de sa gloire et de ses richesses, du grand nombre de ses enfants, de la puissance à laquelle le roi l'avait élevé au-dessus de tous les princes et de tous les grands ; comment lui seul avec le roi avait mangé chez la reine, et de plus était encore invité avec le roi pour le lendemain ; mais combien peu tout cela pouvait le satisfaire, tant qu'il verrait le juif Mardochée assis à la porte du palais.

Sa femme et ses amis ne furent pas en peine de conseil. Ils lui dirent de faire dresser une haute potence, de parler le lendemain au roi pour y faire pendre Mardochée, et d'aller ensuite, joyeux, avec lui au festin de la reine. Ce conseil plut à Aman, et il donna ordre de préparer une croix très-élevée (Esther, 5).

Le roi passa la nuit sans dormir, et se fit lire les annales des années précédentes. Le lecteur vint à un endroit où il était question des deux eunuques, dont le complot contre sa vie avait été découvert et dénoncé par Mardochée. Artaxerxès demanda quelle récompense il avait reçue pour cet acte de fidélité; on lui répondit : Aucune !

Le matin, le roi apprit qu'Aman était dans le vestibule du palais. Il était venu pour obtenir que Mardochée fût attaché à la potence qu'il lui avait préparée. Assuérus le fit venir aussitôt en sa présence, et lui demanda : « Que doit-on faire à un homme que le roi désire honorer ? » Aman disait dans son cœur : Qui le roi voudrait-il honorer, si ce n'est moi ? Il répondit donc : « L'homme que le roi veut honorer doit être revêtu des habits royaux dont le roi s'est déjà revêtu, et placé sur un cheval que le roi a coutume de monter, et recevoir sur la tête le diadème royal ; et que le premier des princes et des grands du roi prenne par la main ces habits et ce cheval, qu'il en revête l'homme que le roi veut honorer, qu'il conduise par les rues de la ville le cheval sur lequel l'homme sera monté, et qu'il crie devant lui : *C'est ainsi que sera honoré tout homme qu'il plaira au roi d'honorer !* »

Le roi dit à Aman : « Hâte-toi ; prends des habits et un cheval comme tu as dis, et fais ainsi au juif Mardochée qui est assis à la porte du palais. Garde-toi de rien omettre de tout ce que tu viens de dire. »

Alors Aman prit les habits et le cheval, revêtit lui-même Mardochée, et l'ayant fait monter, il le conduisit par les rues de la ville, en criant devant lui : *Ainsi sera fait à l'homme qu'il plaira au roi d'honorer !*

Et Mardochée revint à la porte du palais ; mais Aman se hâta d'aller chez lui, gémissant et ayant la tête couverte. Il raconta à Zarès, sa femme, et à ses amis, tout ce qui venait de lui arriver ; et les sages dont il prenait conseil lui répondirent ainsi que sa femme : « Si ce Mardochée devant lequel vous avez commencé de tomber, est de la race des Juifs, vous ne pourrez lui résister, mais vous tomberez devant lui tout à fait. » Ils parlaient encore quand les eunuques du roi survinrent et obligèrent Aman de venir aussitôt au festin qu'avait préparé Esther (Esther, 6).

C'était une coutume chez les Perses, que les hommes qui avaient rendu quelque service signalé à l'Etat ou à la personne du prince, fussent récompensés par des honneurs extraordinaires, et leurs noms inscrits dans la liste des *bienfaiteurs du roi*, appelés en persan Orosanges. Hérodote nous le raconte de deux Samiens, Théomestor et Philacos, qui tous deux, comme capitaines de vaisseaux à la bataille de Salamine, du reste si malheureuse pour Xerxès, se distinguèrent par une grande bravoure : en récompense, l'un d'eux fut élevé par les Perses à la souveraineté de sa patrie, l'île de Samos; l'autre, inscrit au nombre des bienfaiteurs du roi (Herod., l. 8, n. 35).

Lorsque Thémistocle était à la cour de Perse (on n'est pas d'accord si le roi qui l'accueillit était Xerxès ou notre Artaxerxès), le roi convia le Lacédémonien Démarate à lui demander quelque chose; celui-ci le pria de lui permettre de faire à cheval une entrée solennelle dans Sardis avec le diadème royal sur la tête. Le roi prit fort haut la hardiesse de cette demande, et ne la pardonna qu'à l'intercession de Thémistocle (Plut., *In Themistocl.*).

Cyrus donna à un petit peuple dans la province Drangiane, lequel s'appelait d'ailleurs Ariaspes, le nom d'*Orosanges*, que les Grecs ont rendu par *Evergètes* ou *bienfaiteurs*, parce qu'il avait sauvé son armée dans le désert, en lui amenant des vivres.

Si grande que fût la faveur dont jouissait Aman, Artaxerxès paraît néanmoins s'être plu à l'amuser un instant de l'espoir que ce serait lui cet homme que le roi voulait honorer. Le despote ne devient point ami, lors même qu'il prodigue à un favori, honneurs, puissance et or.

Du reste, il pouvait avoir remarqué dans son visir une telle enflure d'orgueil, qu'il crut sage de la réprimer. Le ressouvenir du grand service que lui avait rendu le juif Mardochée agissait peut-être aussi dans le cœur du roi contre l'homme qui lui avait persuadé une mesure cruelle, dont la prochaine exécution le mettait maintenant dans l'embarras. Il est vraisemblable qu'alors déjà le ciel de sa faveur s'obscurcissait pour Aman ; mais le roi ne savait pas encore qu'Esther était une fille de ce peuple dont il avait ordonné la ruine à la suggestion du superbe favori. L'apprenait-il, l'orage devait éclater et la foudre frapper la tête de l'homme dont l'orgueil s'élevait tout à l'heure jusqu'aux nues dans ses pensées de vengeance.

Quand le roi fut venu, avec Aman, au festin d'Esther, il lui dit de nouveau, comme le jour précédent : « Que demandez-vous, reine Esther, et il vous sera donné ? Que désirez-vous ? Fût-ce la moitié de mon royaume, vous l'aurez. »

Esther, la reine, répondit : « Si j'ai trouvé grâce devant vos yeux, ô roi ! et si cela vous plaît, accordez-moi ma propre vie pour laquelle je vous prie, et celle de mon peuple pour lequel je vous supplie. Car nous avons été vendus, moi et mon peuple, pour être écrasés, égorgés, exterminés. Et plût à Dieu qu'on nous vendît en esclaves, hommes et femmes, comme des esclaves ! je garderais le silence. Mais maintenant nous avons un ennemi dont la cruauté retombe jusque sur le roi. »

« Et qui est-il ? interrompit Assuérus, et où est-il, celui qui ose dans son cœur une pareille chose ? »

« Cet oppresseur, cet ennemi, répondit Esther, c'est ce cruel Aman ! »

Et Aman demeura frappé de terreur à l'aspect du roi et de la reine.

Le roi se leva en colère, et, de la salle du festin, entra dans le jardin du palais. Aman se leva aussi pour supplier la reine Esther de lui sauver la vie ; car il voyait bien que son malheur était accompli du côté du roi.

Lors donc que le roi revint du jardin, dans la salle où ils avaient mangé, il trouva qu'Aman s'était jeté sur le lit où Esther était assise pendant le repas. « Comment! s'écria-t-il, il veut même faire violence à la reine, en ma présence et dans ma maison? » A peine cette parole était sortie de la bouche du roi, qu'on couvrit le visage à Aman, comme à un criminel condamné à mort et indigne de paraître devant le monarque. Et Harbona, un des eunuques du palais, dit : « Voilà, il y a une potence dans la cour d'Aman, haute de cinquante coudées, préparée pour Mardochée, qui a donné au roi un avis salutaire. » Le roi dit : « Qu'on l'y attache! » On attacha donc Aman à la potence qu'il avait préparée à Mardochée, et la colère du roi s'apaisa (Esther, 7). »

Le même jour, Artaxerxès donna à Esther la maison d'Aman, expression qui embrasse probablement tous ses biens; et Mardochée fut présenté au roi, car Esther avait fait connaître ce qu'il lui était. Le roi prit l'anneau, qu'il avait fait ôter à Aman, et le donna à Mardochée; c'est-à-dire il le fit son premier ministre, ou, comme le disent les Orientaux, *grand visir*.

Cependant Esther se jeta aux pieds du roi et le supplia de révoquer les ordres qu'à l'instigation d'Aman il avait donnés contre les Juifs. Alors il lui donna, ainsi qu'à Mardochée, pleins pouvoirs d'expédier en son nom, et sous le sceau royal, des ordres à toutes les autorités, dans toutes les langues des provinces de l'empire. Ces ordres furent envoyés par des courriers, le 23ᵉ jour du 3ᵉ mois (Esther, 8).

Ce nouvel édit était de la teneur suivante :

« Artaxerxès, le grand roi, depuis les Indes jusqu'en Éthiopie, aux chefs et aux gouverneurs des cent vingt-sept provinces, qui sont soumis à notre empire, salut :

» Plusieurs abusant de la bonté des princes et de l'honneur qu'ils en ont reçu, en sont devenus insolents; et non-seulement ils tâchent d'opprimer les sujets des rois, mais ne pouvant porter avec modération la gloire dont ils ont été comblés, ils font des entreprises contre ceux mêmes dont ils l'ont reçue. Ils ne se contentent pas de méconnaître les grâces qu'on leur a faites et de violer dans eux-mêmes les droits de l'humanité, mais ils s'imaginent encore qu'ils pourront échapper à la justice de Dieu qui voit tout. Et ils en sont venus à un tel degré de folie, que, s'élevant contre ceux qui s'acquittent de leur charge avec une grande fidélité et qui se conduisent de telle sorte qu'ils méritent d'être loués de tout le monde, ils tâchent de les perdre par leurs mensonges et leurs artifices, en surprenant, par leurs déguisements et leur adresse, la bonté des princes qui jugent les autres d'après eux-mêmes; ce qui se voit clairement par les anciennes histoires; et l'on voit encore tous les jours combien les bonnes intentions des princes sont souvent altérées par de faux rapports. C'est pourquoi nous devons pourvoir à la paix de toutes les provinces. Que si nous ordonnons des choses différentes, vous ne devez pas penser que cela vienne de la légèreté de notre esprit, mais que c'est plutôt la vue du bien public qui nous oblige de former nos ordonnances selon la diversité des temps et la nécessité des affaires.

» Et afin que vous compreniez plus clairement ce que nous disons : Nous avions reçu avec bonté auprès de nous Aman, fils d'Amadath, Macédonien d'inclination et d'origine, qui n'avait rien de commun avec le sang des Perses et qui a voulu déshonorer notre clémence par sa cruauté. Et après que nous lui avons donné tant de marques de notre bienveillance, jusqu'à le faire appeler notre père et à le faire adorer de tous comme le second après le roi, il s'est élevé à un tel excès d'insolence, qu'il avait entrepris de nous faire perdre la couronne avec la vie. Car il avait fait dessein, avec une malignité inouïe et toute nouvelle, de perdre Mardochée, par la fidélité et les bons services duquel nous vivons, et Esther, notre épouse et la compagne de notre royaume, avec tout son peuple, afin qu'après les avoir tués et nous avoir ôté ce secours, il pût nous surprendre nous même et faire passer aux Macédoniens l'empire des Perses. Mais nous avons reconnu que les Juifs, destinés à la mort par cet homme détestable, ne sont coupables d'aucune faute, mais qu'au contraire, ils se conduisent par des lois justes et qu'ils sont les enfants du Dieu très-haut, très-puissant et éternel, par la grâce duquel ce royaume a été donné à nos pères et à nous-même, et se conserve encore aujourd'hui entre nos mains.

» C'est pourquoi nous vous déclarons que les lettres qu'il vous avait envoyées contre eux, en son nom, sont de nulle valeur, et qu'à cause de ce crime qu'il a commis, il a été pendu avec tous ses proches devant la porte de la ville de Suse; Dieu lui-même, et non pas nous, lui ayant fait souffrir la peine qu'il a méritée. Que cet édit donc que nous envoyons maintenant soit affiché dans toutes les villes, afin qu'il soit permis aux Juifs de garder leurs lois. Vous leur prêterez secours, afin qu'ils puissent tuer ceux qui se prépareraient à les perdre, le 13ᵉ jour du 12ᵉ mois appelé adar. Car le Dieu tout-puissant leur a fait de ce jour un jour de joie, au lieu qu'il devait leur être un jour de deuil et de larmes. C'est pourquoi mettez aussi ce jour au rang des jours de fêtes et célébrez-le avec toute sorte de réjouissances, afin que l'on sache à l'avenir que tous ceux qui obéissent fidèlement aux Perses sont récompensés comme leur dévouement le mérite, et que ceux qui conspirent contre le royaume sont punis d'une mort digne de leur crime.

» S'il se trouve quelque province ou quelque ville qui ne veuille point prendre part à cette fête solennelle, qu'elle périsse par le fer et par le feu, et qu'elle soit tellement détruite, qu'elle demeure inaccessible pour jamais, non-seulement aux hommes, mais aussi aux bêtes, afin qu'elle serve d'exemple à ceux qui désobéissent aux rois et méprisent leurs commandements (Esther; Vulg., 16).

Par d'autres lettres, le roi permettait aux Juifs de s'assembler dans chaque ville, le 13ᵉ jour du 12ᵉ mois, jour destiné à leur ruine, et de se tenir prêts pour défendre leur vie, tuer leurs ennemis et s'emparer de leurs biens. Ces mesures étaient nécessaires pour sauver les Juifs, attendu que les ordres antérieurs qu'Aman avait expédiés plus de deux mois auparavant, sous le sceau du roi, ne pouvaient être révoqués, d'après la loi de la monarchie médo-perse.

Quant à Mardochée, il sortit d'avec le roi, portant une robe royale, ayant une couronne d'or sur la tête et revêtu d'un manteau de soie et de pourpre. La ville de Suse en fit des réjouissances. Pour les Juifs, la joie et l'honneur se levaient comme un nouvel

LIVRE XIX. — FIN DES PROPHÈTES.

astre. La renommée de cette nation devint si grande, qu'un grand nombre d'entre les peuples de l'empire embrassèrent sa religion et se firent juifs.

La haute et puissante dignité à laquelle était parvenu Mardochée, contribua beaucoup à ce que les ennemis des Juifs ne trouvèrent aucun appui. C'est pourquoi le 13e jour du 12e mois, qui devait exterminer les Israélites dans tout l'empire, devint un jour de perdition pour leurs ennemis. Cependant, ni à Suse, ni dans les provinces, les Juifs ne touchèrent aux biens de leurs adversaires (Esther, 9, 1-19).

On jette les sorts dans le pan de la robe ; mais c'est le Seigneur qui en dispose, a dit Salomon (Prov., 16, 33). Aman fit jeter les sorts pour déterminer à quelle époque il exécuterait son dessein homicide. Il le fit dans le premier mois, et le sort tomba sur un jour du douzième. Une aveugle rage pouvait seule le pousser à proposer au roi cette affaire et à expédier des ordres dès le premier mois, tandis que la superstition ne lui permettait de les exécuter que dans le douzième. Quel temps ne gagnaient point par là Mardochée, Esther, les Israélites dispersés ! L'édit fut affiché à Suse, partout ! Il eût expédié à toutes les autorités des lettres secrètes, s'il avait consulté la prudence la plus commune. Un seul coup d'extermination aurait dû, dans tout l'empire, frapper inopinément tous les Israélites ! Mais la rage le rendit insensé, et « un insensé découvre soudain sa colère (*Ibid.*, 12, 16). » Son orgueil l'aveugla aussi. « Qui doit périr, devient auparavant orgueilleux ; et l'arrogance précède la chute (*Ibid.*, 16, 18). »

Sur la proposition de Mardochée, il fut résolu d'établir une fête en mémoire de cette merveilleuse délivrance des Israélites dispersés dans tout l'empire médo-perse ; et voici que, maintenant encore, après vingt-trois siècles, le peuple des Israélites, dispersé en tout l'univers, célèbre cette fête ! Ils l'appellent *Purim*, d'un mot persan qui signifie *sorts*, en mémoire des sorts que fit jeter Aman. Le 13e jour du 12e mois, ils jeûnent, et le nomment *le jeûne d'Esther*. Le jour tombe-t-il un sabbat, ils jeûnent le lundi d'auparavant (Esther, 9, 20-32). Le 14e et le 15e jour de ce mois, *adar*, sont pour eux des jours d'une solennité joyeuse, bruyante et qui dégénère souvent en excès. Ils lisent alors dans leurs synagogues le livre d'Esther, ainsi que l'histoire de la première défaite des Amalécites, qu'Israël frappa du glaive sous la conduite de Josué, tandis que Moïse élevait ses saintes mains vers Dieu dans la prière, et que Dieu, en glorifiant son serviteur, nous montrait ce que peut la prière de la foi ! Ils lisent cette histoire, parce qu'Aman était du peuple des Amalécites. Ils se reposent alors de tout travail et font de grandes aumônes. En lisant le livre d'Esther, le lecteur de la synagogue, en cinq endroits marqués, pousse des cris terribles pour effrayer les femmes et les enfants. Chaque fois qu'on prononce le nom d'Aman, tous les auditeurs, grands et petits, frappent des pieds ou avec des marteaux sur des images d'Aman pendu à la potence, ou sur son nom, et même sur tout ce qui se présente.

Comme l'Ecriture sainte nous dit expressément que Mardochée, devenu la seconde personne de l'empire, continua d'être le protecteur et le médiateur de son peuple, il est vraisemblable que lui ou Esther engagea le roi à établir à sa cour, comme grand échanson, un Israélite. Cet homme était Néhémias, dont Dieu voulut bien se servir comme d'un instrument pour l'exécution de ses desseins.

On ne sait de quelle famille ni de quelle tribu il était. Quelques-uns le tiennent pour un prêtre ; d'autres croient qu'il était de la tribu de Juda et de la royale maison de David ; ils le concluent de l'éminente charge qu'il remplissait auprès du roi.

Les avantages extérieurs dont il jouissait à la cour du grand roi n'attachaient point ce vrai Israélite ; son esprit était tourné vers Jérusalem ; Sion lui tenait au cœur.

La 20e année du règne d'Artaxerxès, quelques Juifs vinrent de Jérusalem à Suse ; il apprit d'eux que ses compatriotes étaient dans une grande affliction, que les murailles n'étaient pas encore rebâties, ni les portes redressées.

Cette nouvelle l'attrista profondément, il pleura, jeûna plusieurs jours, et pria le Seigneur, son Dieu, auquel il confessa les péchés de son peuple ; mais aussi, avec cette hardiesse de la foi qui convient aux enfants de Dieu et qui est si agréable au Père céleste, il lui représenta la promesse assurée déjà par Moïse : « Souvenez-vous, dit-il, souvenez-vous de la parole que vous avez confiée à Moïse, votre serviteur, disant : Quand vous aurez transgressé, je vous disperserai parmi les nations. Mais si vous revenez à moi, et que vous gardiez mes commandements, et que vous les accomplissiez, quand vous seriez emmenés jusqu'aux extrémités du ciel, je vous rassemblerai de là et je vous ramènerai au lieu que j'ai choisi pour y faire habiter mon nom. Après tout, ils sont vos serviteurs et votre peuple, que vous avez rachetés par votre grande force et par votre puissante main. De grâce, Seigneur ! que votre oreille soit attentive à la prière de votre serviteur, et à la prière de vos serviteurs, qui veulent craindre votre nom ; conduisez votre serviteur, et donnez-lui miséricorde devant cet homme ! » C'est-à-dire devant le roi (Nehem., 1).

Il arriva bientôt après que le roi, pendant que Néhémias, par le devoir de sa charge, lui servait le vin à table, s'aperçut de sa langueur. « Pourquoi ton visage est-il si triste, lui demanda-t-il, lorsque je ne te vois point malade ? Ce n'est pas en vain, mais je ne sais le mal que tu as dans le cœur. »

Néhémias craignit beaucoup ; cependant il se surmonta, et dit : « Vive le roi à jamais ! Comment mon visage ne serait-il point triste ? La cité, demeure des sépulcres de mes pères, est déserte, et ses portes ont été consumées par le feu. »

« Que demandes-tu ? poursuivit le roi. »

Néhémias pria Dieu en silence, et puis supplia le monarque de l'envoyer en Judée, dans la ville des sépulcres de ses pères, pour achever de la rebâtir.

Le roi, et la reine, qui était assise à côté de lui, demandèrent combien durerait son absence. Et le roi consentit à sa requête.

Alors il demanda des lettres pour les gouverneurs au delà de l'Euphrate, afin qu'ils lui donnassent escorte jusqu'en Judée, et pour Asaph, intendant des forêts royales, afin qu'il lui procurât le bois de construction nécessaire. « Et le roi me donna, dit-il, selon la main favorable de Dieu sur moi. »

Néhémias se mit en route, comme gouverneur de

la Judée, ainsi que la suite nous le fera voir clairement ; et le roi lui donna une escorte de grands-officiers et de cavalerie.

Autant le commencement de son entreprise avait été facile pour Néhémias, sans doute à cause de la protection de la reine et de Mardochée, autant il rencontra de difficultés de la part de quelques hommes, qui paraissent avoir été des officiers du roi, et qui étaient des étrangers, ennemis du nom juif. Sanaballat, Honorite et Tobie, Ammonite, virent avec dépit qu'un Israélite, qui avait à cœur le bien de son peuple, fût arrivé comme gouverneur du pays.

Néhémias ne dit d'abord à personne ce que Dieu lui avait inspiré de faire ; seulement, trois jours après qu'il fut arrivé à Jérusalem, il se leva durant la nuit, visita les murailles, qui étaient tellement en ruines, que la bête qu'il montait trouvait à peine où mettre le pied. Ensuite il parla aux chefs spirituels et temporels des Juifs, leur fit part de son dessein. « Je leur découvris, dit-il, la main favorable de mon Dieu sur moi, et les paroles que le roi m'avait dites. Ils furent animés d'un nouveau courage et mirent à l'œuvre leurs mains affermies dans le bien. » Sanaballat, Tobie et Gosem, un Arabe, se raillèrent d'eux et exprimèrent en même temps contre eux des soupçons : « Qu'est-ce que vous faites là ? Est-ce que vous vous révoltez contre le roi. » Mais Néhémias leur répondit : « Le Dieu du ciel est celui qui nous aidera : c'est pourquoi nous, ses serviteurs, nous nous sommes levés et nous bâtissons ; pour vous, vous n'aurez ni part, ni droit, ni mémoire en Jérusalem (Nehem., 2). »

La construction des murailles fut partagée entre diverses familles. Eliasib, souverain pontife, fils de Joacim et petit-fils de Jésus, fils de Josédec, donna le premier l'exemple, et, avec les prêtres, en entreprit une partie, ainsi qu'une des portes à relever. Mais Sanaballat et Tobie, qui d'abord se moquaient de l'ouvrage, furent très-irrités quand ils en aperçurent le rapide progrès. Les Arabes, les Ammonites et les hommes d'Azote, une des cinq villes principales des Philistins, voyaient également d'un mauvais œil se relever les murailles d'une ville dont les habitants avaient été jadis si redoutables à leurs voisins. En outre, pendant la captivité, ces peuples s'étaient emparés des terres des Juifs qui se trouvaient à leur bienséance. A leur retour, il fallut les rendre. L'intérêt et la jalousie les poussèrent donc bientôt à se liguer ensemble contre les Juifs, pour les empêcher, par la violence ouverte, de continuer leur entreprise. Mais ceux-ci prièrent Dieu et établirent des sentinelles le jour et la nuit. Belle image de la vigilance spirituelle unie à la prière !

Il ne manquait pas non plus de gens qui se lassaient du travail et le décriaient comme excédant les forces du peuple. Ce qui les faisait parler de la sorte était probablement la crainte des adversaires, qui, en effet, épiaient l'occasion d'attaquer en armes. Néhémias ayant été averti plusieurs fois des desseins des ennemis par des Juifs qui habitaient près d'eux, arma une partie du peuple, et les plaça, rangés selon leurs familles, derrière la muraille, où ils étaient en garde, avec des épées, des lances et des arcs. Il dit en même temps aux princes et aux magistrats, ainsi qu'au reste du peuple : « Ne craignez point leur force ; souvenez-vous du Seigneur, grand et terrible, et combattez pour vos frères, vos fils, vos filles, vos femmes et vos maisons. »

C'est ainsi que Dieu dissipa le conseil des ennemis, en découvrant leurs projets.

Cependant les Juifs ne s'abandonnèrent point à une négligente sécurité ; mais la moitié des hommes était prête au combat, armée de lances, de boucliers, d'arcs et de cuirasses, tandis que l'autre moitié faisait avancer les travaux. Les commandants étaient derrière eux. Même ceux qui édifiaient les murailles, qui portaient ou qui chargeaient, faisaient leur ouvrage d'une main, et de l'autre tenaient un dard, ou du moins l'avaient toujours auprès d'eux. En outre, tous ceux qui bâtissaient avaient l'épée au côté. Un trompette se tenait sans cesse près de Néhémias qui, actif et vigilant, activait l'œuvre avec sagesse et courage, et, même la nuit, ne quittait les vêtements, lui et les siens, que pour se laver (Nehem., 4).

Cette reconstruction de la Jérusalem matérielle, au milieu de tant de difficultés et de tant d'ennemis, nous représente fort bien la construction de la Jérusalem spirituelle, l'Eglise de Dieu, au milieu des obstacles sans nombre que lui opposent sans cesse et le monde et l'enfer : persécutions des idolâtres, ravages des mahométans, ruses et violences des hérésies, déchirements des schismes, séductions et fureurs de l'impiété, faux docteurs, faux frères, relâchement presque périodique dans les mœurs. Nuit et jour, il faut que les sentinelles veillent ; il faut que les ouvriers soient eux-mêmes soldats, docteurs et pasteurs véritables ; pendant qu'ils édifient d'une main, il faut que de l'autre ils tiennent le glaive de la parole, pour repousser sans cesse toutes les attaques. Il faut surtout que l'intendant de tout l'ouvrage, le successeur de Pierre et ceux qui l'entourent, imitant Néhémias, aient continuellement l'œil à tout ce qui se passe et au dedans et au dehors de la cité sainte, pour prévenir le mal et soutenir le bien. Il faut que, comme Néhémias, ouvriers et architectes se souviennent qu'il n'y a qu'un seul qui bâtit réellement, celui qui a dit : *Tu es Pierre, et sur cette pierre je bâtirai mon Eglise.*

Ce saint homme, qui, confiant en Dieu, ne craignait point d'ennemis, dut ressentir un vif chagrin de la dureté de cœur de certains riches parmi les Juifs. Au mépris de la loi de Dieu, ils exerçaient une usure cruelle sur leurs frères pauvres, qui en partie leur avaient déjà donné pour gage, leurs champs, leurs vignes, leurs oliviers, leurs maisons, et jusqu'à la liberté de leurs enfants. Les pauvres débiteurs élevèrent enfin de hauts cris contre une pareille exaction.

Mais Néhémias, ayant fait de vifs reproches aux princes et aux magistrats, convoqua contre eux une assemblée générale, où il leur dit : « Nous avons racheté, comme vous le savez, les Juifs, nos frères, qui avaient été vendus aux nations, selon que nous l'avons pu ; et vous, vous vendez vos frères, pour que nous les rachetions de nouveau ? » Les riches se turent et ne trouvèrent rien à répondre. Néhémias ajouta : « Ce que vous faites n'est pas bien ; pourquoi ne marchez-vous pas dans la crainte de notre Dieu, afin qu'il ne nous soit point fait de reproches par les nations nos ennemies. Moi, mes frères, mes serviteurs, nous avons prêté à plusieurs de l'argent et du blé : ne redemandons rien, remettons-leur ce qui nous est dû. Et vous, rendez-leur aujourd'hui leurs champs, leurs vignes, leurs oliviers, leurs maisons, et le centième (ou l'intérêt) de l'argent, du blé, du vin et de l'huile que vous exigiez d'eux. » Ils répondirent : « Nous rendrons, nous ne demanderons rien, et nous ferons comme vous dites. » Alors il fit venir les prêtres, et, en leur présence, leur fit jurer d'exécuter sa parole. Puis, secouant ses vêtements, il dit : « Que Dieu secoue ainsi, hors de sa maison et de ses travaux, tout homme qui n'aura point accompli sa promesse; qu'il soit ainsi rejeté et dépouillé. » Et toute la multitude dit : Amen! et loua Dieu.

Néhémias pouvait parler contre cette horreur avec d'autant plus d'efficace, qu'il donnait lui-même l'exemple de la générosité, ne recevant aucun des émoluments qui lui revenaient comme gouverneur, quoiqu'il y eût tous les jours à sa table cent cinquante des principaux Juifs, sans compter les étrangers.

Outre les pauvres du peuple, les lévites mêmes se voyaient opprimés. Néhémias leur fit justice et leur rendit leurs droits (Nehem., 13, 10). Les chantres sacrés et tous les autres ministres, qui avaient été contraints de se retirer chez eux et d'abandonner le service, faute d'avoir reçu le juste salaire qui leur avait été ordonné, furent rappelés. Il soutint la cause des lévites contre les magistrats, qui avaient manqué à leurs devoirs envers eux, et il mit leurs grains et leurs revenus en des mains fidèles, préposant à ce ministère le prêtre Sélémias et quelques lévites (*Ibid.*, 12, 13).

Au surplus, en prenant soin d'eux, il leur fit soigneusement garder les règlements de David (*Ibid.*, 12, 24, 44, 45). La subordination fut observée : le peuple rendait honneur aux lévites, en leur donnant ce qu'il leur devait ; et les lévites le rendaient aux enfants d'Aaron (*Ibid.*, 12, 46), qui étaient leurs supérieurs. Ils gardaient soigneusement toutes les observances de leur Dieu.

Néhémias y tenait la main ; il ordonnait aux sacrificateurs et aux lévites de veiller à ce qui leur était prescrit. Il disait aux lévites de se purifier ; et il ne pouvait souffrir ceux qui méprisaient le droit sacerdotal et lévitique (*Ibid.*, 13, 22, 29), c'est-à-dire les règlements que leur prescrivaient leurs offices. Ce qui lui faisait dire avec confiance : O Dieu ! souvenez-vous de moi en bien, et n'oubliez pas le soin que j'ai eu de la maison de mon Dieu, et des cérémonies, et de l'ordre sacerdotal et lévitique (*Ibid.*, 13, 14, 30, 31).

Sanaballat, Tobie, Gosem l'Arabe et les autres ennemis de Néhémias, voyant que les murailles n'avaient plus aucune brèche et qu'il ne manquait plus que des battants aux portes, se flattèrent de s'emparer de lui par la ruse, après avoir essayé vainement d'employer la violence. Quatre fois Sanaballat et Gosem l'invitèrent à une conférence qui devait avoir lieu dans une certaine plaine d'Ono ; mais il s'excusa sur l'urgence de ses affaires.

Alors Sanaballat envoya, pour la cinquième fois, un des siens, tenant à la main une lettre écrite en ces termes : « On a publié parmi les nations, et Gosem a dit, que toi et les Juifs vous pensez à vous révolter, et que pour cela tu édifies la muraille et que tu veux t'élever à la royauté; c'est pourquoi tu as établi des prophètes qui te prônent dans Jérusalem, disant : Il y a un roi en Judée. Le roi entendra bientôt ces paroles; c'est pourquoi viens maintenant, délibérons ensemble. » Pour toute réponse, Néhémias lui renvoya ces mots : « Les paroles que tu dis ne sont pas véritables, mais ton cœur les invente. »

Séméias, faux prophète, qui avait reçu l'argent de Tobie, voulut également inspirer de la crainte à l'homme de Dieu et lui persuader de se cacher dans le temple, comme si la nuit on devait venir l'égorger. Mais il répondit : « Est-ce qu'un homme tel que moi s'enfuit ? Et qui est celui, comme moi, qui entre dans le temple pour y sauver sa vie ? Je n'y entrerai pas. »

Les efforts de Noadia, une femme qui prétendait avoir des révélations, n'eurent pas plus de succès, non plus que ceux d'autres gens qui se donnaient pour prophètes et cherchaient à décourager Néhémias. Il ne fit d'eux nul cas, pressa son entreprise avec courage et vigueur, et, après cinquante-deux jours, les murailles se trouvèrent achevées, malgré la mauvaise volonté d'ennemis cachés et découverts (Nehem., 6).

Cependant approchait le 7e mois de l'année religieuse, dont le 1er jour était le 1er jour de l'année civile et la *fête des Trompettes*. Alors le peuple d'alentour, s'assembla avec les habitants de Jérusalem, et ils prièrent Esdras d'apporter le livre de la loi de Moïse, que le Seigneur avait prescrite à Israël.

Il le fit, se plaça sur une estrade en bois, qu'on lui avait dressée, et lut depuis le matin jusqu'à midi. A sa droite se tenaient six hommes considérables, autant à gauche : c'étaient vraisemblablement des prêtres et des docteurs de la loi. Treize autres, avec les lévites, entretenaient l'attention du peuple.

Comme il est dit expressément, *ils lurent* (*Ibid.*, 8, 8), on peut croire qu'ils n'entouraient point Esdras pour la solennité, mais qu'ils se tenaient à une distance convenable de lui, et que chacun lisait au peuple qui l'entourait. Voilà pourquoi aussi il est fait mention de treize autres hommes, chargés, avec les lévites, de maintenir dans le peuple le silence et l'attention.

« Esdras ouvrit donc le livre devant tout le peuple, car il était élevé au-dessus de tous ; et quand il l'eut ouvert, tout le peuple se tint debout. Et Esdras bénit Jéhova, le Dieu grand, et tout le peuple répondit : Amen ! amen ! en élevant ses mains, et ils s'inclinèrent et adorèrent Dieu, prosternés sur la terre. Treize hommes, avec les lévites, interprétaient au peuple la loi, et le peuple se tenait chacun à sa place.

» Ils lurent donc dans le livre de la loi de Dieu, l'exposant, l'expliquant et en donnant l'intelligence, et le peuple comprit ce qu'on lui lisait.

» Or, Néhémias et Esdras, prêtre et scribe, et les lévites qui faisaient comprendre à tout le peuple, lui dirent : Ce jour est consacré à Jéhova, votre Dieu; ne vous affligez donc pas ! ne pleurez pas ! car tout le peuple pleurait en entendant les paroles de la loi. C'est pourquoi il leur dit : Allez, mangez des viandes grasses, buvez des breuvages doux, envoyez-en des portions à ceux qui n'ont rien préparé ; car ce jour est consacré à notre Seigneur ; ne vous attristez donc point ! La joie de Jéhova est notre force. Et les lévites faisaient faire silence à tout le peuple, disant : Silence ! car ce jour est saint, ne vous affligez point !

» Au second jour, les princes des familles de tout le peuple, les prêtres et les lévites s'assemblèrent auprès d'Esdras, le scribe, afin qu'il leur interprétât les paroles de la loi. »

Esdras le fit; et, comme il vint à l'endroit où la fête des Tabernacles est fixée au quinze de ce mois, ils résolurent de prendre aussitôt des dispositions pour cela, et firent annoncer dans Jérusalem et dans toutes les villes, qu'il fallait sortir sur les montagnes et apporter des branches d'olivier, de baume, de myrte, de palmier, et autres rameaux de diverses espèces, afin de faire des tabernacles, ainsi qu'il est écrit (Levit., 23, 34-43).

Le peuple se fit donc des tentes de feuillage, l'un sur le toit de sa maison, l'autre dans sa cour, ceux-ci dans les cours du temple, ceux-là dans les larges rues de la ville et aux portes. On lisait chaque jour dans la loi. La fête dura ainsi sept jours, et, le 8e, ils célébrèrent l'assemblée solennelle selon qu'il est ordonné (Nehem., 8).

Ce 8e jour de la fête était le 22 du mois. Néhémias et Esdras, tous deux remplis de l'Esprit-Saint, mirent à profit, comme il paraît, l'attendrissement qu'avait témoigné le peuple, et donnèrent lieu à une fête de pénitence publique, qui fut célébrée le 24.

« Les Israélites, qui s'étaient séparés des étrangers, confessèrent leurs péchés et les iniquités de leurs pères. Et ils se levèrent ensemble, et ils lurent dans le livre de la loi de Jéhova, leur Dieu, quatre fois le jour, et quatre fois ils confessaient et adoraient Jéhova, leur Dieu. »

Des lévites étaient debout sur une estrade et criaient : « Levez-vous et bénissez Jéhova, votre Dieu, de l'éternité à l'éternité, qu'ils bénissent le nom de ta gloire, ce nom élevé au-dessus de toute bénédiction et de toute louange. »

« Seul, ô Jéhova ! tu es; c'est toi qui as fait le ciel, et le ciel des cieux, et toute leur armée, la terre et tout ce qu'elle contient, les mers et tout ce qui est en elles! C'est toi qui animes tout cela, c'est toi qu'adore l'armée des cieux !... »

Ils continuaient à rappeler les prodiges de puissance et d'amour que Dieu avait témoignés à son peuple depuis le temps d'Abraham, et confessaient les infidélités de leur peuple avec les leurs propres, en punition desquelles ils étaient maintenant sujets d'un roi étranger, quoique demeurant dans leur propre pays.

Enfin ils déclarèrent qu'ils allaient faire une alliance solennelle avec le Seigneur, par laquelle ils s'obligeaient avec serment à garder sa loi. Cette promesse fut mise par écrit et signée des princes des prêtres et des lévites (Nehem., 9 et 10).

Néhémias, pour seconder de mieux en mieux de si heureuses dispositions, établit une bibliothèque où il rassembla de divers pays les livres des Prophètes, ceux de David, et les lettres des rois de Perse touchant les dons qu'ils avaient faits au temple du Seigneur (2. Mach., 2, 13).

Ce fut peut-être à cette occasion qu'Esdras, conjointement avec le conseil national ou le sanhédrin, fit une révision authentique du nombre et du texte des livres sacrés : ce qu'on a depuis appelé le canon d'Esdras.

Ce fut peut-être encore vers ce temps qu'eut lieu la découverte du feu sacré, ainsi qu'elle est rapportée au deuxième livre des Machabées.

« Nous croyons nécessaire de vous avertir, écrit le peuple de la Judée sous Judas-Machabée au prêtre Aristobule, précepteur du roi Ptolémée, et aux autres Juifs d'Egypte, nous croyons nécessaire de vous avertir, afin que vous célébriez aussi la fête du feu qui fut établie quand Néhémias, après la reconstruction du temple et de l'autel, y offrit des sacrifices. Car lorsque nos pères furent emmenés en Perse, les prêtres d'alors, qui craignaient Dieu, ayant pris (par l'ordre du prophète Jérémie) le feu qui était sur l'autel, le cachèrent secrètement dans une vallée où il y avait un puits profond et desséché, et ils l'assurèrent si bien, que ce lieu demeura inconnu à tous. Mais quand, plusieurs années s'étant écoulées depuis ce temps-là, il plut à Dieu de faire envoyer Néhémias en Judée par le roi de Perse, il envoya les petits-fils de ces prêtres qui avaient caché le feu pour le chercher; et ils ne trouvèrent point le feu, comme ils nous l'ont raconté, mais seulement une eau épaisse. Et le prêtre Néhémias leur commanda (dans le grec : *Et Néhémias commanda aux prêtres*) de puiser cette eau et de la lui apporter; ensuite il leur ordonna d'en faire des aspersions sur les sacrifices, sur les bois et sur ce qu'on avait mis dessus. Et lorsque cela eut été fait et que le temps vint où le soleil, qui avait été caché d'un nuage, resplendit, tout à coup un grand feu s'alluma, et tous en furent dans l'admiration. Or, tous les prêtres faisaient la prière à Dieu jusqu'à ce que le sacrifice fût consumé, Jonathas commençant et les autres lui répondant.

» Et Néhémias priait en ces termes : Seigneur, Dieu créateur de toutes choses, terrible et fort, juste et miséricordieux, qui êtes le seul bon roi, seul excellent, seul juste, tout-puissant et éternel, qui délivrez Israël de tout mal, qui avez choisi nos pères et qui les avez sanctifiés, recevez ce sacrifice pour tout votre peuple d'Israël. Conservez votre héritage et le sanctifiez. Rassemblez tous nos frères dispersés; délivrez ceux qui servent les gentils; regardez ceux qui sont méprisés et haïs, afin que les nations connaissent que vous êtes notre Dieu; humiliez ceux qui nous oppriment et qui nous outragent avec orgueil. Et établissez votre peuple dans le lieu saint, selon que l'a prédit Moïse.

» Cependant les prêtres chantaient des hymnes et des cantiques jusqu'à ce que le sacrifice eût été consumé. Quand il le fut, Néhémias ordonna que l'on répandît ce qui restait de cette eau sur les grandes pierres. Ce qu'on n'eut pas plus tôt fait, qu'une grande flamme s'alluma; mais elle fut consumée par la lumière qui s'éleva de dessus l'autel.

» Lorsque cet événement fut connu, on annonça au roi de Perse que dans le même lieu où les prêtres qui avaient été emmenés captifs avaient caché le feu sacré, on avait trouvé une eau dont Néhémias et ceux qui étaient avec lui avaient purifié les sacrifices. Or, le roi, considérant ce qu'on lui disait, et ayant recherché avec soin la vérité, fit bâtir en ce même lieu un temple, une enceinte sacrée. Et se tenant assuré du prodige, il donna aux prêtres de grands biens et leur fit divers présents qu'il leur distribuait de ses propres mains.

» Néhémias appela ce lieu *Mephtar*, c'est-à-dire purification; mais plusieurs l'appellent *Néphi* (2. Mach., 1). »

Judas-Machabée, le sénat et le peuple juif disaient encore dans leur lettre, comme déjà nous l'avons vu, que le même prophète Jérémie, après une réponse de Dieu, avait fait emporter avec lui le tabernacle et l'arche, jusqu'à ce qu'il fût arrivé à la montagne où Moïse était monté et d'où il avait vu l'héritage du Seigneur. Là, ayant trouvé une caverne, il y mit le tabernacle, l'arche et l'autel des encensements ; et il en ferma l'entrée et dit que ce lieu demeurerait inconnu jusqu'à ce que Dieu eût rassemblé son peuple dispersé, et qu'il lui eût fait miséricorde ; et qu'alors le Seigneur découvrirait ces choses ; que la majesté du Seigneur paraîtrait de nouveau, et qu'il y aurait une nuée, selon qu'elle avait paru à Moïse et qu'elle fut manifestée lorsque Salomon demanda que le temple fût sanctifié pour le Dieu souverain.

Il y en a qui croient que cette prédiction de Jérémie a eu son accomplissement au retour de la captivité de Babylone, et que le tabernacle, l'arche et l'autel des parfums furent retrouvés par Néhémias au même temps que le feu sacré. Mais comme l'Ecriture n'en dit rien, qu'elle ne parle plus même de l'arche en aucun endroit, d'autres sont persuadés que cette prophétie ne s'accomplira qu'à la fin des siècles, lorsque le Seigneur rassemblera dans son Eglise les restes de son ancien peuple.

Dans l'intervalle d'un siècle, depuis le retour des Juifs qui sortaient de Babylone avec le grand-prêtre Josué et avec Zorobabel, le peuple s'était très-abondamment multiplié dans la Judée, sous la bénédiction de Dieu, tant par la multiplication des familles que par le retour des Israélites dans leur pays. Le règne d'Artaxerxès leur fut singulièrement favorable, en ce qu'il confia le soin de cette nation à des hommes tels qu'Esdras et Néhémias, et qu'elle était favorisée en outre de la puissante protection de la reine et de son ancien père nourricier.

Le plus grand nombre préférait vivre dans les villes de Juda, qui étaient des cités agricoles, que dans Jérusalem. Cependant, soit pour la durée de la nation, soit pour le maintien de la sûreté contre les ennemis environnants, soit enfin pour toute la constitution ecclésiastique et civile, il était nécessaire que Jérusalem fût habitée par un peuple nombreux. On se vit donc contraint d'arrêter que la dixième partie de la nation habiterait à Jérusalem, et que le sort en déciderait. Ceux qui s'y offrirent volontairement furent bénis de tout le peuple (Nehem., 11).

« Si le Seigneur ne bâtit la maison, dit le chantre sacré, c'est en vain que travaillent ceux qui la bâtissent ; si le Seigneur ne garde la ville, c'est en vain que veillent ceux qui la gardent (Ps. 126). » Telle fut la puissante bénédiction du Dieu d'Abraham, d'Isaac et de Jacob, sur son peuple et sur ce qu'il bâtit, que Jérusalem, dont les murailles eurent tant de peine à se construire, est comparée par Hérodote, qui la vit quelques années après, à Sardes, une des cités les plus grandes et les plus magnifiques de l'Asie (Herod., 3, 5).

Néhémias ordonna une fête publique d'action de grâces pour l'achèvement des constructions, et l'on y fit solennellement la dédicace des murailles. Tous les lévites y furent convoqués. Néhémias et Esdras, avec les princes de Juda et deux grands chœurs, firent une solennelle procession sur les murailles de la ville, au bruit des trompettes et des hautbois. Esdras conduisait un des chœurs, l'autre suivait Néhémias. Les deux chœurs se rencontrèrent devant le temple du Seigneur, à qui furent immolées de grandes victimes. La musique retentissait avec le chant. « Tous étaient dans l'allégresse ; car Dieu les avait réjouis d'une grande joie, et leurs femmes aussi, et leurs enfants se réjouissaient, et la joie de Jérusalem fut entendue au loin (Nehem., 12).

Néhémias avait rempli sa charge de gouverneur pendant douze ans, quand il se rendit auprès d'Artaxerxès, qui paraît avoir été dans ce moment à Babylone. Néhémias, en parlant de ce voyage, l'appelle roi de Babylone, et les rois de la monarchie médo-perse passaient en effet une grande partie de l'année dans cette ville. Il ne dit pas s'il y avait été appelé par le roi, ou s'il s'y était rendu de lui-même, afin de poursuivre ses importantes affaires. Quoi qu'il en soit, nous voyons que, quelques années après, Artaxerxès le renvoya, sur sa demande, et qu'à son retour, il exerça la même autorité qu'auparavant.

De grands et notoires abus s'étaient introduits pendant son absence et avaient déjà pris le dessus. Vraisemblablement Esdras était réuni à ses pères ; pour le grand-prêtre Eliasib, il ne paraît pas avoir été digne des siens et de sa haute dignité. Excepté le bon exemple qu'il donna dans la construction des murailles, nous ne trouvons point qu'il ait aidé Néhémias et Esdras pour atteindre leurs grandes fins. C'est une chose étrange, et qui certes ne lui fait point honneur, que ni pour les salutaires mesures qui furent prises, ni dans les solennités publiques du culte divin, il ne soit fait de lui aucune mention. Ce silence, de la part d'un saint homme tel que Néhémias, doit déjà faire tomber sur lui un soupçon, avant même qu'on ne voie qu'il se laissa porter à une action très-indigne d'un grand-prêtre et d'un petit-fils du grand-prêtre Josué, à qui l'esprit de Dieu lui-même a rendu un si honorable témoignage.

Quoique la loi eût exclu les Moabites et les Ammonites de l'assemblée d'Israël, et que l'Ammonite Tobie se fût montré aussi hostile qu'astucieux contre les Juifs, cependant plusieurs des principaux avaient entretenu avec lui une secrète intelligence contre Néhémias, et, au mépris de la loi, s'étaient alliés à lui par des mariages. Le grand-prêtre, à ce qu'il paraît, non-seulement vit ce désordre avec une criminelle complaisance, mais il assigna même à l'Ammonite un appartement du temple, destiné à servir de trésor aux offrandes, aux prémices et à l'encens. On ne donnait pas non plus leurs parts aux lévites et aux chantres ; ce qui les obligea de sortir de Jérusalem et de se retirer chacun dans sa terre. La solennité du sabbat était aussi violée en diverses manières, et par des travaux et par des marchés.

Néhémias s'éleva avec vigueur et succès contre ces abus. Il fit aux chefs du peuple de sévères reproches ; il jeta les meubles de Tobie hors du temple et consacra de nouveau l'appartement à son précédent usage ; il fit fermer et garder les portes pour écarter les vendeurs.

Il montra surtout beaucoup de zèle contre les mariages contractés avec les peuples circonvoisins, et bannit un petit-fils du grand-prêtre Eliasib, qui s'était allié au grand ennemi des Juifs, Sannabalat, et dont le frère, Joïada, était grand-prêtre (Nehem., 13).

Comme nous savons par l'histoire que Joïada ne devint souverain pontife que la 11e année de Darius, fils illégitime d'Artaxerxès, et nommé pour cela Darius-Nothus ou le bâtard, nous voyons combien longtemps Néhémias eut à combattre contre les abus au milieu de son peuple.

Artaxerxès étant mort la 41e année de son règne, et Néhémias ayant été envoyé, la 20e année de ce même règne, comme gouverneur de Jérusalem, il doit avoir rempli cette charge au moins plus de trente ans. On croit qu'il mourut la 15e année du règne de Darius-Nothus, et qu'avec sa mort finissent les sept premières semaines de Daniel.

Néhémias, restaurateur de Jérusalem, réformateur des mœurs de sa nation, protecteur des droits du sacerdoce, médiateur d'une nouvelle alliance et gouverneur du peuple de Dieu, est une figure parlante de Jésus-Christ, qui est tout cela, mais d'une manière infiniment plus parfaite, pour l'Eglise universelle, pour l'humanité entière.

Comme le prophète Malachie est rangé le dernier dans le nombre des prophètes, et qu'il censure certains abus de son temps, contre lesquels s'élevait également Néhémias, on croit, avec vraisemblance, qu'il a prophétisé au temps de ce grand homme ou peu après lui.

Son petit écrit renferme une saine morale et de grands aperçus dans les temps de la nouvelle alliance. D'une plainte accusatrice sur le mal, il s'élève tout d'un coup à une perspective ravissante du prochain salut.

Il reproche à ses contemporains d'offrir des victimes défectueuses et de blesser ainsi le respect qu'ils devaient à celui à qui ces victimes étaient offertes.

« Un fils honore son père, dit-il, ou plutôt Dieu par lui ; un fils honore son père, et un serviteur son maître. Si je suis père, où est mon honneur? si je suis maître, où est la crainte qu'on a de moi? dit Jéhova-Sabaoth à vous, prêtres, qui méprisez mon nom..... Qui d'entre vous ferme les portes de mon temple et allume le feu sur mon autel, gratuitement? Mon affection n'est point en vous, dit Jéhova-Sabaoth, et je n'agréerai point l'oblation de votre main. Car depuis le lever du soleil jusqu'au couchant, mon nom est grand parmi les nations, et en tout lieu on offre à mon nom l'encens et une oblation pure ; car mon nom est grand parmi les nations, dit Jéhova-Sabaoth (1). »

Avec quelle clarté le prophète ne désigne-t-il point ici le divin sacrifice de la nouvelle alliance qui est offert au Seigneur sur nos autels dans toutes les parties du monde! La tradition chrétienne est unanime sur ce point.

« Il est certain, dit un docte protestant au sujet du commentaire de saint Irénée sur cette prophétie, il est certain, qu'Irénée et tous les Pères dont nous avons les écrits, soit qu'ils aient vécu au temps des apôtres, soit qu'ils les aient suivis de près, ont tenu la sainte Eucharistie pour le sacrifice de la nouvelle loi, et qu'ils ont regardé cela, non comme la doctrine privée d'une église ou d'un docteur particulier, mais comme la doctrine publique de l'Eglise universelle ; doctrine et pratique reçues par elle des apôtres, et, par les apôtres, de Jésus-Christ (1). »

L'oblation, en hébreu *minha*, dont parle ici le prophète, était un sacrifice non sanglant, consistant en fruits de la terre, souvent du pain et du vin. Cette sentence renferme en même temps une prédiction de l'Eglise de Jésus-Christ répandue dans l'univers, et la caractérise comme celle où, depuis le levant jusqu'au couchant, doit être offerte au Seigneur l'oblation pure.

Le prophète reproche aux Juifs la dureté avec laquelle quelques-uns d'entre eux traitaient leurs femmes.

« Vous faites encore ceci : Vous couvrez l'autel de Jéhova de larmes, de pleurs et de cris ; c'est pourquoi je ne regarderai plus vos oblations, et vos mains ne m'offriront plus rien qui puisse m'être agréable. Et pourquoi? dites-vous. Parce que Jéhova a été témoin entre toi et l'épouse de ta jeunesse, que tu méprises, elle qui cependant est ta compagne et l'épouse de ta jeunesse. N'est-ce pas le même Dieu qui l'a faite? N'est-elle pas le reste de son souffle? Et que demande ce Créateur unique, sinon une race de Dieu? Conservez donc votre esprit, et ne rejetez point l'épouse de votre jeunesse (2). »

Ce fut à cause de la dureté de leur cœur que Moïse permit aux Juifs de répudier leurs femmes ; *mais au commencement*, dit Jésus-Christ, *il n'en était pas ainsi* (Matth., 19). Jamais le divorce ne fut agréable à Dieu. Il n'était point permis au grand-prêtre de se séparer de sa femme ; il ne pouvait non plus en épouser plus d'une. C'était le modèle primitif à qui Dieu voulait ramener tout le reste. C'est pour cela qu'il fait de si vives réprimandes aux Juifs qui répudiaient leur première et légitime épouse pour en prendre d'étrangères ; c'est pour cela qu'il leur insinue tant de motifs de rester dans leur première union.

D'abord Dieu a été témoin de la fidélité qu'ils se sont promise ; ensuite c'est, pour l'homme, l'épouse de sa jeunesse, l'objet de sa première affection qui, de son côté, lui a sacrifié ce qu'elle avait de plus précieux ; c'est le même Dieu qui a fait l'un et l'autre et qui les a faits un ; il a partagé son souffle entre les deux : si l'homme en a reçu une portion plus grande, la femme en a le reste ; en sorte que leurs deux vies n'en sont qu'une. Que conclure de là? sinon que l'homme ne doit point séparer ce que Dieu a uni d'une manière si étroite, mais que tous les deux doivent être un même esprit et une même chair, afin d'engendrer une race de Dieu, une race sainte, et non point cette race bâtarde et équivoque qui ne sait parler bien ni juif, ni ammonite, et qui hésite entre Jéhova et Bélial.

Malachie représente avec force aux prêtres leurs

---

(1) Malach., 6, 10 et 11 : « Filius honorat Patrem ; et servus dominum suum. Si ergo Pater ego sum, ubi est honor meus? et si Dominus ego sum, ubi est timor meus? dicit Dominus exercituum. Ad vos, ô sacerdotes, qui despicitis nomen meum... Quis est in vobis, qui claudat hostia, et incendat altare meum gratuito? Non est mihi voluntas in vobis, dicit Dominus exercituum, et munus non suscipiam de manu vestrâ. Ab ortu enim solis usque ad occasum, magnum est nomen meum in gentibus, et in omni loco sacrificatur et offertur nomini meo oblatio munda ; quia magnum est nomen meum in gentibus, dicit Dominus exercituum. »

(1) Grabe, en son édit. de S. Irénée, *Advers. hæres.*, l. 4, c. 32.
(2) Mal., 2, 13-15 : « Et hoc rursum fecistis : Operiebatis lacrymis altare Domini, fletu, et mugitu ; ita ut non respiciam ultra ad sacrificium, nec accipiam placabile quid de manu vestrâ. Et dixistis : Quam ob causam? Quia Dominus testificatus est inter te et uxorem pubertatis tuæ, quam tu despexisti, et hæc particeps tua, et uxor fœderis tui. Nonne unus fecit, et residuum spiritus ejus est? Et quid unus quærit, nisi semen Dei? Custodite ergo spiritum vestrum, et uxorem adolescentiæ tuæ noli despicere. »

LIVRE XIX. — FIN DES PROPHÈTES.

devoirs. « Les lèvres du prêtre seront les dépositaires de la science, et c'est de sa bouche que l'on recherchera la connaissance de la loi, parce qu'il est l'ange de Jéhova-Sabaoth (Mal., 2, 7). »

Il voit en esprit un Docteur à venir, le grand homme de qui l'éternelle Vérité a dit elle-même que parmi tous ceux qui sont nés de femmes, il ne s'en est pas élevé de plus grand; il voit le grand Jean-Baptiste, il le voit comme précurseur du Seigneur, qui devait le suivre; il vit l'étoile du matin qui précédait le soleil.

« Me voici, envoyant mon ange, et il préparera la voie devant ma face. Et aussitôt viendra à son temple le Dominateur que vous cherchez, et l'ange de l'alliance que vous désirez. Le voici qui vient, dit Jéhova-Sabaoth (1). »

Ce voyant, à qui fut révélé beaucoup, conclut par l'annonce répétée du double avènement du Messie.

« Vous verrez la différence entre le juste et l'injuste, entre qui sert Dieu et qui ne le sert point (2); car voici qu'arrive le jour embrasé comme une fournaise : tous les superbes et tous ceux qui commettent l'impiété seront de la paille; et ce jour à venir les embrasera, dit Jéhova-Sabaoth, sans leur laisser ni germe ni racine.

» Mais pour vous qui craignez mon nom, s'élèvera le soleil de justice et vous trouverez le salut sous ses ailes : vous sortirez joyeux comme de jeunes taureaux bondissants; vous foulerez aux pieds les impies; ils seront comme de la cendre sous la plante de vos pieds, dans ce jour que je fais, dit le Seigneur des armées.

» Souvenez-vous de la loi de Moïse, mon serviteur, que je lui ai prescrite en Horeb pour tout Israël; souvenez-vous des ordonnances et des jugements.

» Voici que je vous envoie Elie, le prophète, avant que vienne le grand, le terrible jour de Jéhova, et il réunira le cœur des pères avec leurs enfants, et le cœur des enfants avec leurs pères, de peur qu'en venant je ne frappe la terre d'anathème (3). »

Qu'il soit aussi question de Jean-Baptiste dans cet endroit, cela paraît manifeste, en ce que l'ange Gabriel, qui, avant même la naissance de Jean apparut à son père, lui en fit l'application. *Il marchera devant le Seigneur*, dit-il, *il marchera devant lui dans l'esprit et la vertu d'Elie, pour convertir les cœurs des pères avec les enfants, et les incrédules à la prudence des justes, et préparer au Seigneur un peuple parfait* (Luc, 1, 17).

Jean prépara les Israélites à devenir enfants de Dieu dans la nouvelle alliance, en leur prêchant la pénitence et en leur montrant Jésus-Christ : *Voici l'Agneau de Dieu, voici celui qui ôte les péchés du monde; le même dont il avait dit : C'est de sa plénitude que nous avons reçu tous grâce pour grâce* (Joan., 1, 29, etc.).

Avant la fin des jours, Elie apparaîtra sur la terre; les maîtres en Israël l'avaient déjà dit avant que Jean, le disciple du Seigneur, en eût prophétisé dans sa révélation (Apoc., 11), comme c'est du moins l'opinion de la plupart des Pères et d'un grand nombre de docteurs. Elie, comme Jean-Baptiste, précédera, tel qu'une étoile du matin, le soleil de justice.

L'avènement de Jésus-Christ, lorsque le Verbe se fit chair et habita parmi nous, plein de grâces et de vérité, fut, il est vrai, terrible pour le peuple qui le rejeta; cependant la description du jour terrible du Seigneur paraît s'appliquer aussi et plus au jour du jugement. L'entendre de la ruine de Jérusalem et en même temps des dernières douleurs de la terre à l'approche du jour de la justice, c'est conforme à l'esprit de la prophétie, et d'autant plus naturel, que Jésus-Christ lui-même annonce les deux événements dans une seule prédiction.

De même que Jean-Baptiste annonça le règne de la paix aux Juifs de son temps, brouillés et exaspérés par bien des divisions, de même, dans les jours des derniers temps, Elie ôtera ce mur qui sépare des enfants de l'Eglise de Jésus-Christ, le peuple de Dieu, dispersé, mais non rejeté pour toujours; Israël obtiendra le droit de cité dans la nouvelle et libre Jérusalem, et il n'y aura qu'un bercail et un pasteur.

Notre Père, qui êtes aux cieux, que votre nom soit sanctifié, que votre royaume nous arrive! qu'il arrive bientôt! Cependant que votre volonté soit faite en la terre comme au ciel.

Très-remarquable est le passage où notre Sauveur parle des rapports de Jean-Baptiste avec Elie.

Lorsqu'il descendait avec ses trois disciples favoris de la montagne de la transfiguration où Moïse et Elie avaient apparu, ils lui demandèrent : Pourquoi donc les scribes disent-ils qu'Elie doit venir auparavant? Jésus leur répondit et dit : *Elie viendra sans doute auparavant et rétablira toutes choses.* Ici il parle évidemment de l'avènement d'Elie, encore à venir alors, comme aujourd'hui (Matth., 17). Mais immédiatement après, il parle ainsi de Jean-Baptiste : *Cependant je vous dis : Elie est déjà venu, et ils ne l'ont point reconnu, mais ils lui ont fait comme ils ont voulu; c'est ainsi que souffrira d'eux le Fils de l'homme.* Alors les disciples comprirent qu'il leur avait parlé de Jean-Baptiste. Un des trois disciples auxquels il dit cela était son bien-aimé Jean, et, quelques années plus tard, celui-ci eut une révélation plus manifeste sur l'avènement encore à venir d'Elie.

Ici finissent les prophètes de l'Ancien Testament. Le dernier rappelle le premier, Malachie rappelle Moïse : *Souvenez-vous de la loi que j'ai donnée sur le mont Horeb à Moïse, mon serviteur, pour tout Israël.* Ainsi le premier et le dernier ne font qu'un. De plus, le dernier de l'Ancien Testament prédit le premier du nouveau, Malachie prédit Jean-Baptiste. L'ancienne et la nouvelle alliance ne font ainsi qu'une. Le principe, le moyen et la fin de cette alliance éternelle, ce même prophète les résume en

---

(1) Mal., 3, 1 : « Ecce ego mitto angelum meum, et præparabit viam ante faciem meam. Et statim veniet ad templum suum Dominator, quem vos quæretis, et angelus testamenti, quem vos vultis. Ecce venit, dicit Dominus exercituum. »

(2) *Ibid.*, 3, 18 : « Et convertemini, et videbitis quid sit inter justum et impium, et inter servientem Deo et non servientem ei. »

(3) *Ibid.*, 4, 1 : « Ecce enim dies veniet succensa quasi caminus : et erunt omnes superbi et omnes facientes impietatem, stipula; et inflammabit eos dies veniens, dicit Dominus exercituum, quæ non derelinquet eis radicem et germen.

Et orietur vobis timentibus nomen meum sol justitiæ et sanitas in pennis ejus : et egrediemini, et salietis sicut vituli de armento et calcabitis impios, cum fuerint cinis sub plantâ pedum vestrorum, in die quâ ego facio, dicit Dominus exercituum.

Mementote legis Moysi, servi mei, quam mandavi ei in Horeb ad omnem Israël præcepta et judicia.

Ecce ego mittam vobis Eliam prophetam, antequam veniat dies Domini, magnus et horribilis; et convertet cor patrum ad filios, et cor filiorum ad patres eorum, ne forte veniam et percutiam terram anathemate. »

peu de mots. Il annonce que dans le second temple qu'on venait de rebâtir, paraîtrait le Dominateur attendu, l'Ange de l'alliance qu'Israël désirait, et qu'alors un sacrifice sans tache serait offert à l'Eternel en tout lieu. Tout est dit : tout est écrit. Un jour quelqu'un dira : *Tout est consommé.*

LIVRE VINGTIÈME.

Les Philosophes, les Poètes et les Historiens de la gentilité.

Où cessent les prophètes d'Israël, commencent les philosophes, les poètes et les historiens des nations. Les prophètes se suivent depuis Adam jusqu'à Malachie, à travers un espace de trente à quarante siècles. Ils cessent quand ils ont tout dit.

Les sages, communément appelés *philosophes*, ont commencé environ six siècles avant Jésus-Christ, et ont fini environ six siècles après. Les principaux sont : Lao-tseu, Cong-fu-tseu ou Confucius, et Meng-tseu, chez les Chinois; Zoroastre et Hostanes, chez les Perses; Thalès, Héraclite, chez les Grecs d'Asie; Anaxagore, chez les Grecs d'Europe; Pythagore, Xénophane, chez les Grecs d'Italie; Empédocle, chez les Grecs de Sicile; Socrate, dans Athènes, ainsi que Platon, Aristote, Zénon, Aristippe, Diogène, Epicure, Pyrrhon, etc. ; Cicéron, chez les Romains.

A la prédication du christianisme, plusieurs philosophes l'embrassèrent. Saint Pantène, que les peuples de l'Inde firent venir d'Alexandrie pour les instruire dans l'Evangile, avait été philosophe stoïcien. Saint Aristide, qui présenta une apologie de la religion chrétienne à l'empereur Adrien, était un philosophe d'Athènes; le saint martyr Justin, qui présenta également une apologie à l'empereur Marc-Aurèle, était platonicien et continuait, aussi bien que saint Aristide, à porter le manteau de philosophe. Ceux qui n'embrassèrent pas le christianisme, s'en rapprochèrent plus ou moins dans leurs doctrines, comme Sénèque, Epictète, Marc-Aurèle, Plotin, Jamblique, Proclus.

Cette espèce de succession se termine au VI° siècle par deux illustres catholiques, Boëce et Cassiodore, l'un et l'autre consuls romains.

Aux individus, il faut joindre les castes ou corporations entières, les brahmanes ou brames de l'Inde, qui subsistent encore; les mages de Perse, les Chaldéens de l'Assyrie, les prêtres de l'Egypte, d'autant mieux que plusieurs des individus nommés plus haut allaient consulter ces corporations.

Mais surtout, la race d'Abraham tout entière était une race de vrais sages. Aussi un philosophe d'Athènes, Théophraste, disciple et successeur d'Aristote, et, après lui, Porphyre, philosophe grec de Phénicie, compte-t-il les Juifs parmi les philosophes. Ils ne s'entretiennent, dit-il, que de la divinité (Porph., *De abstin.*, l. 2, § 26; l. 4, § 11). C'est à Abraham et à son arrière-petit-fils, Joseph, que l'Egypte dut ce qu'il y a de plus vrai dans sa sagesse. Job, son descendant par Esaü, philosophait avec ses amis de Théman, de Sué, de Naamath, mille ans avant la Grèce. La sagesse de Salomon faisait l'admiration de l'Egypte, des îles de la Méditerranée ou de l'Europe, et de l'Asie, jusqu'au delà de l'Euphrate, cinq siècles avant qu'il fût question de Socrate. Lorsque s'élève cet empire universel, qui doit contribuer, par la force, à ramener tous les peuples à l'unité, un prophète ou sage d'Israël, Jonas, est envoyé à Ninive, sa première capitale, pour y prêcher la pénitence ou le retour à la sagesse véritable. Et sa parole est plus efficace que ne sera jamais celle des sages d'Athènes et de Rome. Tobie, à la cour de Salmanasar, y enseignera cette même philosophie, et par ses discours et par ses exemples. Cet empire est-il transporté à Babylone? Daniel et ses compagnons y viennent, et l'emportent sur tous les sages de l'Orient. Daniel devient le chef des mages. Sa renommée se répand partout. Il est reproché au roi de Tyr, comme un excès d'orgueil, de s'être comparé en sagesse à Daniel. Ce prophète et ses compagnons se montrent philosophes ou amateurs de la sagesse, non-seulement en parole, mais en œuvre. Au faîte des honneurs, ils se laissent jeter dans la fournaise ardente, dans la fosse aux lions, plutôt que de retenir la vérité captive et de transporter à la créature le culte qui n'est dû qu'au Créateur. Et les édits du roi annoncent le triomphe de leur sagesse à tous les peuples de la monarchie universelle. Enfin, cette monarchie a-t-elle passé des Babyloniens aux Perses ? Esther et Mardochée, dont aujourd'hui encore l'Orient révère les tombeaux, succèdent à Daniel et publient la sagesse des Hébreux dans les cent vingt-sept provinces, parmi lesquelles sont nommément comprises l'Inde et l'Ethiopie.

LA CHINE.

Environ cent ans après que les dix tribus d'Israël, parmi lesquelles se trouvait Tobie, eurent été dispersées jusque dans l'Inde, peut-être même jusque dans la Chine; pendant les longues années que le prophète Daniel, chef des sages de la Chaldée et de la Perse, gouvernait l'empire d'Assyrie, et que la puissance du vrai Dieu était fréquemment annoncée par des édits publics à toute la terre, alors florissait à la Chine et voyagea vers l'occident le plus ancien philosophe chinois. Son nom est *Lao-tseu*, qui veut dire *fils de l'antiquité*. Il naquit vers 600 avant Jésus-Christ, et vécut jusque vers 500, contemporain des prophètes Daniel et Ezéchiel, ainsi que du philosophe Thalès et des sept sages parmi les Grecs.

Comme il y avait eu en Israël des écoles de prophètes, ainsi, en Chine, il y avait eu ce que l'on y appelait *Yu-Kiao*, ou maison de sages. Ce mot de *maison* doit se prendre ici, non pour une demeure matérielle, mais, comme il arrive souvent dans l'Ecriture sainte, pour famille, société. Ces sages vivaient la plupart, au moins un certain temps, dans la solitude, au milieu des montagnes, livrés à la contemplation. Ils étaient souvent consultés par les princes, et les aidaient, par leurs conseils et leurs efforts, à bien gouverner.

Le principal objet de leur contemplation était le *Tao*, qui, en chinois, présente absolument le même sens que le *logos* en grec et dans l'évangile de saint Jean, c'est-à-dire *Verbe, raison, parole*. Un des premiers empereurs, Hoangti, ayant demandé à un de ces anciens solitaires ce qu'était le Tao, il répondit, après trois mois de réflexion : « Le Tao (le Verbe) est obscur et caché ; vous ne pouvez le voir ni l'entendre ; il est toujours en repos et toujours pur ; il ne travaille point avec un corps ; il ne se meut point, quoiqu'il soit ce qu'il y a de plus subtil ; il prévoit tout au dedans de lui-même, il est profondément caché au dehors ; il fait tout ce qui naît et périt (1). »

Voici quelle idée les antiques monuments de la Chine nous donnent du sage.

« Le Tao, le Verbe, étant le principe, le milieu et la fin de toutes choses, le sage ou l'*Yu* s'y tient constamment comme dans l'invariable milieu : il est content de tout, parce qu'il a toujours ce qu'il désire (savoir ce qui est raisonnable). » « Les anciens enseignent, dit le *Li-ki* : Le sage (l'Yu) ne s'applique qu'à connaître la vérité et à croître dans la vertu. Parler de lui est une tâche infinie ; quelques traits seulement l'indiqueront. Le regard du sage est continuellement dirigé sur la vérité : nuit et jour il la suit afin d'épurer ses connaissances et ses actions à ses rayons célestes. Disposé à se dévouer au prince, il emploie ses talents pour chacun de ses semblables et pour la patrie ; mais il ne les estime point assez haut pour vouloir les imposer à personne ; il attend une vocation. Un *Yu* ne cherche dans ses habits que de quoi se couvrir convenablement, et dans sa maison qu'un abri. Il méprise le choix délicat dans les mets, oublie même quelquefois des journées entières de manger, endure patiemment le froid et le chaud ; il aime et attend la mort ; il travaille sans cesse à sa perfection. La vertu est son trésor : voilà ce qu'il travaille à augmenter ; non les biens extérieurs ; son âme, voilà le champ qu'il cultive. Un *Yu* vit avec les hommes de son temps, mais il suit la doctrine du monde primitif ; et il est dans son siècle le modèle pour les suivants. Dans des temps de désordre et de corruption, on ne saurait lui faire accepter un emploi ; on ose à peine lui en offrir un : tous les ennemis de l'empire et de la vertu sont les siens et cons-

pirent contre lui. Ni leur nombre, ni leur rage ne saurait le faire entrer dans leurs vues. Autant son âme est tendre et ouverte au malheur public, autant elle est fermée au vice. Il voit la mort, d'un œil tranquille ; on peut le tuer, mais non le ployer à ce qui est indigne de lui. Dans le bonheur et dans le malheur l'*Yu* est le même ; il s'avance lentement, mais il ne recule pas ou ne se détourne pas même à l'aspect du péril. La franchise est son casque, la confiance sa cuirasse, l'obéissance à la loi et la bonne conduite, sa lance et sa massue ; aussi n'a-t-il pas peur, même du tyran le plus sanguinaire. L'*Yu* est sensible et tendre. Il rougit de ses fautes, mais non pas des reproches de l'ami. Les peines et les joies de l'ami sont les siennes ; il les porte dans le cœur et expose, quand il le faut, sa vie pour elles. La science de l'*Yu* est grande ; mais il ne cherche point à l'étendre au delà de ce qui est fructueux, et ne perd point son temps à des rêves. Assuré dans sa méthode de penser, il ne risque rien légèrement, il sait craindre l'illusion. On peut le contredire sans lui déplaire. Modeste sans bassesse, il diminue sa grandeur en se cachant en lui-même ; au premier aspect, il paraît sans talent, tant il craint de parler, tant il aime à se taire. Il est complaisant, cède volontiers, pardonne, oublie les offenses, compatit aux faiblesses d'autrui sans faire violence à son caractère, etc. Le chemin du ciel, dit l'*Y-King*, est simple et pur ; le chemin du sage est appliquant et demande de la persévérance. Les sages, ajoute une glose, ont toujours regardé la privation comme une félicité, et les douceurs de la vie comme un malheur. Le sage, dit l'*Y-King* plus loin, doit se purifier et se renoncer (1). »

Tel est le portrait idéal que les anciens Chinois nous ont laissé du sage et de ses devoirs.

Mais comme en Israël il y avait eu de faux prophètes, qui, au lieu de reprendre de leurs égarements les peuples et les rois, ne songeaient qu'à les flatter pour s'attirer les faveurs, ainsi vit-on de faux sages ou des sophistes dans la Chine, surtout pendant l'anarchie féodale qui la divisait et la désolait au temps de Lao-tseu. Il se forma un nouveau Yu-kiao, une nouvelle maison de sages, qui devint de plus en plus une école de cour et d'administration. La puissance du Ciel ou de Dieu était mise en oubli, l'antiquité était dédaignée ; il fut dit : Le sage n'emprunte point sa politique, il la trouve dans son cœur. S'il bâtissait sur les pensées d'autrui, il bâtirait sur le sable. Le sage est LUI-MÊME : la prééminence de ses vues le distingue de la foule, et sa conduite exprime sa grandeur (Windischmann, t. I, p. 391).

Au milieu des funestes innovations qu'enfantait cet esprit d'orgueil, Lao-tseu entreprit de rétablir le véritable mystère de l'antique sagesse, la doctrine du Tao ou du Verbe éternel, son rejaillissement dans la nature et dans l'esprit de l'homme ; et de s'opposer à la nouvelle école des lettrés de cour, comme un sage de l'école primitive. Désolé de voir tous ses efforts sans succès, il quitta la cour impériale des Tcheou, où il était historiographe, et enfin l'empire même, pour suivre la sagesse dans l'Occident. C'était le temps où Daniel était le chef des Chaldéens

---

(1) Windischmann, *La Philosophie dans la progression de l'Histoire du Monde*, t. I, p. 410 (en allemand).

(1) Windischmann, t. I, p. 238 et seq.; *Mém. concern. les Chinois*, t. VIII, IX et X.

et des mages. Un des plus savants orientalistes de nos jours a pensé qu'il a pu venir jusque dans la Grèce et dans Athènes, comme y vint vers ce temps le Scythe Anacharsis.

Toutefois, à la prière d'un de ses amis, il acheva son *livre de la Raison et de la Vertu*, Tao-te-king, comme un monument de profonde spéculation à la manière des anciens. Ce livre existe encore. Comme dans le *Chou-king* de Confucius, le Tao ou le Verbe y est la condition fondamentale de l'existence, le principe et la vérité de toutes choses. Tao veut dire aussi parole; de plus, d'après son caractère écrit, qui se compose du caractère du mouvement et de celui de la tête, il signifie encore chef qui meut tout, le premier moteur, le principe et le commencement. : « Ce que l'Y-king nomme *la coupole*, dit un savant chinois, ce que Confucius nomme *principe*, Lao-tseu le nomme également d'après l'ancienne manière, *Tao, la raison*. » Dans quel sens ceci se prend, on le voit dès le commencement du Tao-te-king, où il est dit : « Le Tao peut être nommé, mais avec un nom inouï. Sans nom, il est le principe du ciel et de la terre; avec un nom, il est la mère de toutes choses. C'est pourquoi, soyons toujours sans passion pour méditer sa gloire. » Sur ces mots, *avec un nom* et *sans nom*, le commentaire chinois donne l'explication suivante : En soi-même et dans son essence, le Tao (le Verbe) n'a point de nom, parce qu'il est avant tout; il était avant tous les êtres. Mais lorsque le mouvement (le temps) eut commencé et que l'être eut jailli du néant, il put recevoir un nom. Il faut être sans passion dans l'âme pour concevoir l'essence du Tao (du Verbe), ce qu'il était avant la naissance des choses, lorsqu'il n'avait encore ni pensé ni opéré (au sens des créatures). Mais nos passions mêmes nous font voir un second état, moins parfait du Tao (du Verbe), dans les êtres, dont il est la mère. »

« Avant le chaos qui a précédé la naissance du ciel et de la terre, dit encore Lao-tseu, un seul être existait, immense et silencieux, immuable et toujours agissant, sans jamais s'altérer. On peut le regarder comme la mère de l'univers. J'ignore son nom, mais je le désigne par le mot de *Tao* (Verbe, raison).

» L'homme se règle d'après la mesure de la terre, la terre d'après la mesure du ciel, le ciel d'après la mesure du Tao (du Verbe), le Verbe d'après la mesure de lui-même. L'univers entier se règle ainsi d'après le Verbe, la raison éternelle, qui, ne se rapportant qu'à elle-même, est sa propre mesure et son propre modèle, aussi bien que la mesure et le modèle du ciel et de la terre.

» Les sages du premier ordre entendent le Tao (la raison), et s'y conforment dans leurs actions. Ceux du second ordre l'écoutent, mais tantôt ils y pensent, tantôt ils s'en éloignent. Ceux du dernier rang en entendent parler, mais ils en rient, ou, s'ils n'en rient pas, ils ne pensent point assez que c'est le Tao (la raison).

» Le Tao (la raison) a produit un; l'*Un* a produit le deux; les deux ont produit le trois; les trois ont produit toutes choses. » Un commentateur ajoute : « L'*Un* est le Tao (la raison), qui a changé le néant en être; les deux sont les deux règles primordiales, et les trois, cette même dualité avec le souffle qui les unit, ou l'harmonie; l'unité de ces trois constitue toutes choses.

» Celui que vous regardez et que vous ne voyez pas se nomme *J*; celui que vous écoutez et que vous n'entendez pas se nomme *Hi*; celui que votre main cherche et qu'elle ne peut saisir se nomme *Wei*. Ces trois sont incompréhensibles, unis, et ne font qu'un. Celui qui est au-dessus n'est pas plus brillant; celui qui est au-dessous n'est pas plus obscur. Se suivant sans interruption, ils ne peuvent être nommés..... C'est ce qui s'appelle forme sans forme, image sans image, et impénétrable. Vous allez au devant de lui et ne voyez point sa face; vous le suivez et ne voyez point son dos. »

Le savant qui le premier nous a fait connaître ce passage, observe que les trois caractères employés pour former les mots J, Hı, Wеı, n'ont aucun sens; qu'ils sont simplement les signes de sons étrangers à la langue chinoise, soit qu'on les articule tout entiers, soit qu'on prenne séparément les initiales J, H, V que les Chinois ne savent pas isoler en écrivant; et il arrive à démontrer que le nom J-Hı-Wеı, ou Jнv, est identiquement le nom de *Jéhova*, le nom sacré que Dieu se donne lui-même dans l'Ecriture.

« Celui qui s'unit au Tao (au Verbe), dit de plus Lao-tseu, est un sage véritable et saint. Il doit être sans passion, estimer peu tous les biens et honneurs, n'être pas même sensible à la bienveillance de l'homme ni à l'amour de ses propres enfants; son occupation est dans la profondeur de l'Esprit; sa loi, le silence. Il ne doit point affliger ce qui existe, vivre comme s'il ne vivait pas, être pénétré de compassion pour les autres et pour tout ce qui vit (1). »

Dans un livre *Des Récompenses et des Peines*, attribué à Lao-tseu, mais qui est de quelqu'un de ses disciples, on lit entre autres ce qui suit :

« La route du bonheur ou du malheur n'est point indifférente. L'homme lui seul attire l'un et l'autre sur sa tête. La récompense du bien et la punition du mal sont comme l'ombre qui suit le corps, et aussi justes à la forme et à la taille.

» On suit la raison (le Verbe), lorsqu'on ne s'aveugle point par le mal, qu'on ne s'opiniâtre point dans un mauvais conseil; lorsqu'on est sincèrement pieux et amical; qu'on se reprend soi-même et qu'on cherche à se plier aux autres; qu'on est rempli d'une tendre compassion pour les veuves et les orphelins; qu'on souffre du malheur du prochain et qu'on se réjouit de son bonheur; qu'on lui aide dans le besoin, qu'on détourne de lui les périls; qu'on regarde le bien qui lui arrive comme arrivant à soi-même; que l'on considère son préjudice comme le sien propre, qu'on ne révèle pas ses défauts; qu'on ne se vante pas de sa propre perfection, lorsque, dans le partage, on laisse le plus grand aux autres et qu'on garde pour soi le plus petit; lorsqu'on ne se fâche pas des offenses et qu'on reçoit avec une crainte salutaire les réprimandes de la bienveillance : alors on est honoré de tous et protégé par le Tao ou le Verbe céleste, accompagné du bonheur et de la véritable richesse. Fuyez tout ce qui est impur. Les bons esprits veillent et secondent chaque action. Qui agit de cette manière deviendra lui-même un esprit ou du moins un immortel.

» Au contraire, se révolter contre la justice, tourner le dos à la raison, être puissant et rusé dans le

(1) Abel Rémusat, *Mémoire sur Lao-tseu*; Windischmann, p. 399 et suivantes.

mal; tendre aux vertueux des piéges cruels et funestes, dans les ténèbres; désobéir dans le secret du cœur aux princes et aux pères et mères, et blesser ainsi sa propre chair et ses propres os; abuser de la foi des simples, répandre de vains mensonges et se plaire dans la tromperie; être sans cesse en deçà et au delà de la mesure de ce qui convient; maltraiter en dessous et flatter en dessus; recevoir la bienveillance sans sensibilité, et couver la vengeance dans le cœur; mépriser le peuple du Ciel (les veuves et les orphelins); troubler l'ordre de l'empire; récompenser des indignes et punir des innocents; immoler ceux qui se soumettent, et tuer ceux qui se rendent à merci; humilier les gens de bien et déposer les sages; reconnaître ses vices et ne penser point à les corriger; connaître la vertu et ne la mettre point en pratique; enlacer autrui dans ses propres péchés; trahir les secrets des autres, les ravaler, les tromper ou épouvanter, les offenser, se quereller avec eux et vouloir toujours avoir raison; endommager les fruits des champs, persécuter d'innocents animaux, en particulier tuer leurs femelles lorsqu'elles portent ou qu'elles couvent, ou seulement déranger leurs nids; être ingrat et sans pudeur, avoir un cœur perfide; offrir et préparer des sacrifices sans égard aux anciens usages; entretenir de mauvais désirs dans le cœur, et jeter d'impudiques regards sur la femme d'autrui; souhaiter la mort de ceux à qui l'on doit ou de qui l'on a quelque chose à attendre; attribuer aussitôt le malheur des autres à leurs fautes; se moquer de leurs défauts corporels, dissimuler leurs bonnes qualités; s'élever contre les traditions des anciens et résister à son père ou en général à un plus âgé, et exciter leur colère; aimer la violence, le vol, la dissipation et le mensonge; être injuste dans la récompense et dans le châtiment; semer des terreurs, blasphémer le ciel et accuser les hommes; gourmander le vent et s'emporter contre le temps (lorsque soi-même l'on a tort); oublier l'antiquité pour des innovations; dire *oui* avec la bouche et *non* dans le fond du cœur; porter dans le cœur le venin et sur le visage la bienveillance; prendre le ciel et la terre à témoin des plus mauvaises pensées, et commettre des actions criminelles sous les yeux des Esprits; s'abandonner sans mesure aux voluptés; salir, au contraire, la nourriture des autres et les faire souffrir de la faim, ou les repaître de fausses doctrines; avoir faux poids et fausse mesure; demander toujours et être insatiable; se vanter et se donner des airs de grandeur, et porter sans cesse l'envie dans le cœur; aimer et haïr par intérêt propre; faire du mal aux enfants et maltraiter des nouveaux-nés: — ce sont là des actions qui méritent d'être punies suivant leur degré de résistance au Tao, des actions qui abrègent la vie et avancent la mort; même après la mort, la punition, si tout n'est pas expié, passe aux fils et aux petits-fils; l'esprit décédé lui-même erre aussi longtemps autour des tombeaux ou dans les éléments, et apparaît en divers fantômes. Les Esprits recueillent les bonnes pensées tout comme ils reprochent et poursuivent les mauvaises. Le bien suit le repentir et l'amendement; c'est ce qu'on appelle la conversion du mal au bien. L'homme vraiment heureux et bon, voit du bien, dit du bien, fait du bien et se réunit après la mort, aux saints; le malheureux, au contraire, le méchant, voit du mal, dit du mal, fait du mal et se réunit aux esprits mauvais. Comment ne pratiquerait-on pas la vertu (1)? «

Nous verrons plus loin ce que la philosophie de Lao-tseu est devenue entre les mains de ses disciples.

Confucius ou Cong-fu-tseu, et, par abréviation, Coung-tseu, dont les descendants subsistent encore à la Chine, naquit l'an 551 et mourut l'an 479 avant l'ère chrétienne, contemporain des prophètes Daniel, Ezéchiel, Aggée, Malachie, Esdras, et du philosophe grec Anaxagore. Il voyagea beaucoup, remplit à différentes fois les plus hautes magistratures, éprouva des disgrâces, manqua quelquefois du nécessaire, vécut dans la solitude et y mourut à l'âge de soixante-treize ans, après avoir rédigé ou mis en ordre les livres canoniques de la Chine. Il s'était proposé le même but que Lao-tseu, rétablir la doctrine des anciens et y ramener les mœurs publiques et privées, mais il prit une voie différente. Lao-tseu avait commencé par ce qu'il y a de plus élevé, par la doctrine du Tao ou du Verbe dans sa sublimité. Mais les hommes de son temps n'étaient plus capables de ces hautes contemplations. Il n'y eut que quelques individus de la maison des sages qui les goûtèrent. Koung-tseu résolut de prendre ses contemporains où ils en étaient, de les porter d'abord, par ses paroles et ses exemples, à une réforme morale et rituelle, pour les élever ensuite graduellement aux hauteurs de l'intelligence.

A l'âge de 30 ou 35 ans, il alla trouver Lao-tseu pour le consulter sur les rites des anciens. Le vieillard, qui connaissait et méprisait son siècle, lui répondit ironiquement : « Il y a longtemps que les hommes dont vous parlez ne sont plus; il y a longtemps que leurs ossements sont tombés en poussière, et il ne reste plus d'eux que des maximes stériles. Le sage doit suivre le temps et se plier aux circonstances, en profiter si elles sont favorables, et se dérober à la tempête dans le cas contraire. On cache avec soin un trésor qu'on vient de découvrir et on n'en laisse rien apercevoir; ainsi, la vertu principale consiste à paraître comme un insensé. Quittez cet extérieur superbe, ces prétentions excessives, ces projets qui, après tout, ne mènent plus à rien. Voilà ce que je puis vous dire; profitez-en. » L'on ne sait quel effet produisit sur l'âme de Confucius cette réponse amère et sévère. Lui-même s'en expliqua là-dessus d'une manière énigmatique avec ses disciples, quand il dit : « Je ne m'étonne point que les oiseaux volent, que les poissons nagent et que les bêtes des champs marchent. Je sais qu'on prend les poissons avec des filets, les bêtes fauves avec des rets, et qu'on tue les oiseaux à coups de flèches. Mais quant à ce qui regarde le dragon, j'ignore comment il est porté à travers les vents et les nuages, et s'élève jusqu'au ciel. J'ai vu Lao-tseu : il est semblable au dragon (*Mémoire sur Lao-tseu*, Windisch., p. 394). »

Quand on pense que, dans l'antique symbolisme des Chinois, le dragon était un emblème célèbre des esprits célestes, Lao-tseu n'est point ravalé par cette comparaison; et Confucius avoue en même temps qu'il n'est pas capable de le suivre partout dans ses hauteurs et ses profondeurs.

Confucius eut jusqu'à trois mille disciples; dans

(1) Abel Rémusat, *Des Récompenses et des Peines*, traduit du chinois; Windischmann, p. 414 et suivantes.

ce nombre il en distingua soixante-douze, et puis douze autres plus spécialement encore. Ces disciples étaient la plupart des hommes faits, qui venaient le consulter quand ils voulaient et sur quoi ils voulaient. Il n'était pas nécessaire qu'ils demeurassent avec lui; c'était assez qu'ils lui eussent parlé, et qu'ils se fussent déclarés pour la doctrine des anciens.

« Je n'exige des hommes que ce qu'il faut en exiger, disait-il. La doctrine que je tâche de leur inculquer est celle que nos anciens ont enseignée et qu'ils nous ont transmise; je n'y ai rien ajouté et je n'en ôte rien. Je la transmets à mon tour dans sa pureté primitive. Elle est immuable; c'est le ciel même qui en est l'auteur. Je ne suis, par rapport à elle, que ce qu'est un agriculteur par rapport à la semence qu'il confie à la terre. Il ne dépend pas de lui de donner à la semence une forme différente de celle qu'elle a, de la faire germer, croître et fructifier. Il la met en terre telle qu'elle est, il l'arrose et lui donne ses soins : c'est tout ce qu'il peut faire. Le reste n'est pas en son pouvoir. Depuis Yao et Chun, la sainte doctrine a coulé sans interruption jusqu'à nous; faisons-la couler à notre tour pour la transmettre à ceux qui viendront après nous. Eux, à notre exemple, la transmettront à leurs descendants, et, de générations en générations, elle répandra sa lumière et ses influences sur la terre, jusqu'à ce qu'elle remonte au ciel où elle a pris sa source. Attachons-nous au trône; plutôt mourir que de nous en séparer (1). »

Il enseignait, non point à des heures fixes ni dans une forme déterminée, mais suivant les occurrences et par manière de conversation. Un jour, qu'il était ainsi à discourir sur certains usages de la haute antiquité, le roi de sa province lui demanda pourquoi les anciens empereurs avaient établi l'usage de joindre les ancêtres au ciel dans les sacrifices qu'ils offraient.

« Le ciel, lui répondit Koung-tseu, est le principe universel, il est la source féconde de laquelle toutes choses ont découlé. Les ancêtres, sortis de cette source féconde, sont eux-mêmes la source des générations qui les suivent. Donner au ciel des témoignages de sa reconnaissance est le premier devoir de l'homme; se montrer reconnaissant envers les ancêtres en est le second. Pour s'acquitter en même temps de ce double devoir et en inculquer l'obligation aux générations futures, le saint homme Fou-hi établit des cérémonies en l'honneur du ciel et des ancêtres; il détermina qu'immédiatement après avoir offert au *Chang-ti*, on rendrait hommage aux ancêtres; mais, comme le *Chang-ti*, et les ancêtres ne sont pas visibles aux yeux du corps, il imagina de chercher, dans le ciel que l'on voit, des emblèmes pour les désigner et les représenter.

» Avant que vous alliez plus loin, interrompit Ting-Koung, dites-moi, je vous prie, pourquoi l'on n'honore pas le Chang-ti (l'empereur vénérable) de la même manière partout?

» Par la raison, répondit Koung-tseu, qu'il faut que, dans le cérémonial qui s'observe, il y ait une différence marquée entre le fils du Ciel (l'empereur) et les autres souverains. Le fils du Ciel, en offrant au Chang-ti, représente le corps entier de la nation;

(1) *Vie de Confucius* ou *Koung-tsée*, par le P. Amiot, t. XII des *Mémoires sur les Chinois*, p. 334.

il lui adresse ses prières au nom et pour les besoins de toute la nation. Les autres souverains, ne représentant chacun que cette portion particulière de la nation qui a été confiée à ses soins, ne prient le Chang-ti qu'au nom et pour les besoins de ceux qu'ils représentent. Je reviens à ce que je vous disais : Le Chang-ti est représenté sous l'emblème général du ciel visible; on le représente aussi sous les emblèmes particuliers du soleil, de la lune et de la terre, parce que c'est par leur moyen que les hommes jouissent des bienfaits du Chang-ti pour l'entretien, l'utilité et les agréments de la vie.

» Par sa chaleur bienfaisante, le soleil donne l'âme à tout, vivifie tout. Il est à nos yeux ce qu'il y a de plus brillant dans le ciel; il nous éclaire pendant le jour, et, comme s'il ne voulait pas cesser un instant de nous éclairer, il semble avoir substitué la lune pour suppléer à son absence et tenir sa place pendant la nuit. En observant leurs cours et en les combinant l'un avec l'autre, les hommes sont parvenus à distinguer les temps pour les différentes opérations de la vie civile, et à fixer les saisons pour ne pas confondre l'ordre des cultures qu'ils doivent à la terre, afin d'en tirer avec plus de profit la subsistance dont elle les gratifie si libéralement.

» Dans l'intention de témoigner leur sensibilité et leur reconnaissance d'une manière qui eût quelque analogie aux bienfaits et qui fût propre à en rappeler le souvenir, les anciens, en établissant l'usage d'offrir solennellement au Chang-ti, déterminèrent le jour du solstice d'hiver, parce que c'est alors que le soleil, après avoir parcouru les douze palais que le Chang-ti semble lui avoir assignés pour sa demeure annuelle, recommence de nouveau sa carrière pour recommencer à distribuer ses bienfaits.

» Après avoir satisfait en quelque sorte à leurs obligations envers le Chang-ti, auquel, comme au principe universel de tout ce qui existe, ils étaient redevables de leur propre existence et de ce qui sert à l'entretenir, leurs cœurs se tournaient comme d'eux-mêmes vers ceux qui, par voie de génération, leur avaient transmis successivement la vie. Ils fixèrent en leur honneur des cérémonies respectueuses pour être comme le complément du sacrifice offert solennellement au Chang-ti; et c'est par là que se terminait cet acte auguste de la religion de nos premiers pères. Les Tcheou jugèrent à propos d'ajouter quelque chose à ce cérémonial; ils instituèrent un second sacrifice qui devait être offert solennellement au Chang-ti, dans la saison du printemps, pour le remercier en particulier des dons qu'il fait aux hommes par le moyen de la terre, et pour le prier d'empêcher que les insectes, qui commencent alors à se mouvoir et à chercher leur nourriture, ne nuisent à la fécondité de la mère commune. Ces deux sacrifices ne peuvent être offerts dans le *Kiao*, avec solennité, que par le fils du Ciel; le roi de *Lou* ne doit ni ne peut les offrir. C'est par cette prérogative attachée à sa dignité, que le fils du Ciel diffère des autres souverains.

» Je comprends tout cela, dit Ting-Koung; continuez-moi vos instructions sur cet article important, et mettez-moi au fait de ce qui concerne le *Kiao*, le *Tan*, les victimes, les ustensiles et les autres choses qui servent au fils du Ciel lors des grands sacrifices.

» Ce qu'on appelle *Kiao*, répondit Koung-tseu,

est aujourd'hui un édifice entouré de murailles, dans l'enceinte duquel est une élévation à laquelle on a donné le nom de *Tan*. On a choisi, pour la construction de cet édifice, un endroit hors des murailles de la ville, du côté du sud, parce que le Chang-ti est représenté sous l'emblème du soleil, et que le soleil se montre et paraît faire son cours dans cette partie du ciel. On a dressé dans l'enceinte de cet édifice le *Tan*, et on lui a donné une forme ronde, pour faire entendre que les opérations du ciel et de la terre, dirigées par le Chang-ti pour l'avantage de tout ce qui existe, étaient sans fin, se suivant et se succédant sans interruption, recommençant ensuite pour se suivre et se succéder encore avec la même régularité.

» Pour le grand sacrifice, que le fils du Ciel offre le jour du solstice d'hiver, un jeune taureau, dont les cornes commencent seulement à pousser, qui soit sans aucun défaut extérieur et d'une couleur tirant sur le rouge, est la seule victime qu'on doit immoler, après qu'elle aura été nourrie pendant l'espace de trois mois dans l'enceinte du *Kiao*. Un bœuf, quel qu'il soit, suffit pour le sacrifice moins solennel que, depuis les *Tcheou* seulement, le fils du Ciel offre au Chang-ti dans la saison du printemps, en reconnaissance des bienfaits dont il nous comble en particulier par le moyen de la terre.

» Par tout ce que je viens de rappeler à Votre Majesté, elle comprendra sans doute que, sous quelque dénomination qu'on rende le culte, quel qu'en soit l'objet apparent et de quelque nature que soient les cérémonies extérieures, c'est toujours au Chang-ti qu'on le rend; c'est le Chang-ti qui est l'objet direct et principal de la vénération.

» Je n'ai pas le moindre doute sur cet article, reprit Ting-Koung. Achevez, je vous prie, et dites-moi surtout pourquoi le fils du Ciel fait les cérémonie en l'honneur de ses ancêtres dans l'enceinte même du *Kiao* de...

» L'usage de rendre hommage aux ancêtres dans l'enceinte même du *Kiao*, repartit Koung-tseu, est de temps immémorial. On a eu en vue, en l'établissant, de prendre à témoin ceux à qui on était redevable et de la vie, et de ce que l'on était dans l'ordre civil, qu'on n'avait rien changé à leurs sages institutions. Avant le sacrifice, on les avertit de ce que l'on va faire; après le sacrifice, on leur annonce ce que l'on a fait. En les avertissant de ce que l'on va faire, on est censé demander leurs ordres pour ne le faire que dans le temps et de la manière dont ils l'auront eux-mêmes prescrit; et en leur annonçant ce que l'on a fait, on est censé leur donner la preuve d'une entière soumission à leur volonté, puisqu'il ne s'est fait que ce qu'ils avaient ordonné, dans le temps et de la manière dont ils l'avaient ordonné (*Vie de Confucius*, p. 202-207). »

On voit ici de quelle manière Confucius entendait le culte rendu aux esprits et aux ancêtres.

Interrogé par un autre roi sur la nature de l'homme, il distingua trois choses, le corps, le souffle de vie et la substance intellectuelle, et termina ainsi sa réponse : « L'homme n'était parvenu au terme de la plénitude de la vie que par degrés et par voie d'expansion; il n'arrive de même que par degrés et par voie de dépérissement, au terme de la destruction. Cette destruction, toutefois, n'est pas une destruction proprement dite, c'est une décomposition qui remet chaque substance dans son état naturel. La substance intellectuelle remonte au ciel d'où elle était venue; le *Ki* ou le souffle se joint au fluide aérien, et les substances humides et terrestres redeviennent terre et eau. L'homme, disent nos anciens sages, est un être à part, dans lequel se réunissent les qualités de tous les autres êtres. Il est doué d'intelligence, de perfectibilité, de liberté, de sociabilité; il est capable de discerner, de comparer, d'agir pour une fin et de prendre les moyens nécessaires pour arriver à cette fin. Il peut se perfectionner ou se dépraver, suivant l'usage bon ou mauvais qu'il fera de sa liberté; il connaît des vertus et des vices, et sent qu'il a des devoirs à remplir envers le Ciel, envers soi-même et envers ses semblables. S'il s'acquitte de ces différents devoirs, il est vertueux et digne de récompense; il est coupable et mérite châtiment, s'il les néglige. Voilà, seigneur, un très-court abrégé de ce que je pourrais vous dire sur la nature de l'homme. (*Vie de Confucius*, p. 277).

Nous avons vu ailleurs que les antiques sages de la Chine n'ignoraient pas que l'homme est déchu. Ils n'ignoraient pas non plus qu'il devait venir un Saint, un Rédempteur, envoyé du Ciel pour réparer toutes choses.

« Qu'elle est grande la voie du Saint, s'écrie Confucius. Elle est comme l'Océan, elle produit et conserve toutes choses; sa sublimité touche au ciel. Qu'elle est grande et riche!..... Attendons un homme qui soit tel qu'il puisse suivre cette voie; car il est dit que, si l'on n'est doué de la suprême vertu, on ne peut parvenir au sommet de la voie du saint (1). »

Après avoir plusieurs fois rappelé ce *saint homme qui doit venir*, il ajoute : « Il n'y a dans l'univers qu'un saint qui puisse comprendre, éclairer, pénétrer, savoir et suffire pour gouverner; dont la magnanimité, l'affabilité, la bonté contiennent tous les hommes; dont l'énergie, le courage, la force et la constance puissent suffire pour commander; dont la pureté, la gravité, l'équité, la droiture suffisent pour attirer le respect; dont l'éloquence, la régularité, l'attention, l'exactitude, suffisent pour tout discerner. Son esprit vaste et étendu est une source profonde de choses qui paraissent chacune en son temps. Vaste et étendu comme le ciel, profond comme l'abîme, le peuple, quand il se montre, ne peut manquer de le respecter : s'il parle, il n'est personne qui ne le croie; s'il agit, il n'est personne qui ne l'applaudisse. Aussi, son nom et sa gloire inonderont bientôt l'empire et se répandront jusque chez les Barbares du Midi et du Nord; partout où les vaisseaux et les chars peuvent aborder, où les forces de l'homme peuvent pénétrer; dans tous les lieux que le ciel couvre et que la terre supporte, éclairés par le soleil et la lune, fertilisés par la rosée et le brouillard. Tous les êtres qui ont du sang et qui respirent, l'honoreront et l'aimeront, et on pourra le comparer au Ciel (à Dieu) (*Ibid.*, p. 102). »

Un jour le ministre d'un roi consulta Confucius, et lui dit : O maître, n'êtes-vous pas un saint homme ! Il répondit : Quelque effort que je fasse, ma mémoire ne me rappelle personne qui soit digne de ce nom. — Mais, reprit le ministre, les trois rois (fondateurs des trois premières dynasties) n'ont-ils

(1) *L'invariable milieu*, traduit par Abel Rémusat, p. 94.

pas été des saints ? — Les trois rois, répondit Confucius, doués d'une excellente bonté, ont été remplis d'une prudence éclairée et d'une force invincible ; mais moi, *Khiêou* (petit), je ne sais pas s'ils ont été des saints. Le ministre reprit : Les cinq seigneurs n'ont-ils pas été des saints ? — Les cinq seigneurs, dit Confucius, doués d'une excellente bonté, ont fait usage d'une charité divine et d'une justice inaltérable ; mais moi, *Khiêou*, je ne sais pas s'ils ont été des saints. Le ministre lui demanda encore : Les trois Auguste n'ont-ils pas été des saints ? — Les trois Auguste, répondit Confucius, ont pu faire usage de leur temps ; mais moi, *Khiêou*, j'ignore s'ils ont été des saints. Le ministre, saisi de surprise, lui dit enfin : S'il en est ainsi, quel est donc celui que l'on peut appeler saint ? Confucius, ému, répondit pourtant avec douceur à cette question : Moi, *Khiêou, j'ai entendu dire que dans les contrées occidentales, il y avait* (ou il y aurait) *un saint homme,* qui, sans exercer aucun acte de gouvernement, préviendrait les troubles ; qui, sans parler, inspirerait une foi spontanée ; qui, sans exécuter de changements, produirait naturellement un océan d'actions (méritoires). Aucun homme ne saurait dire son nom ; mais moi, *Khiêou*, j'ai entendu dire que c'était là le véritable saint (1). »

Cette parole remarquable de Confucius, d'après laquelle le saint devait paraître à l'occident de la Chine, précisément du côté où se trouve la Judée, est consignée jusque dans quatre ouvrages chinois.

Voici qui n'est pas moins curieux. Dans l'écriture chinoise, il est une classe propre d'anciens caractères prophétiques et typiques que les sectateurs de Fo, Bouddha, ont appliqués à son incarnation. Ils se servent en particulier d'un caractère principal de cette espèce ; mais ce caractère, combiné avec le signe *descendre, s'humilier*, et celui de *naître, prendre vie,* est, comme le dit Tschang-tsien, très-ancien, et les sectaires l'ont appliqué à Fo, mais ils ne l'ont point inventé. Il ajoute : « Les anciens ont employé ce caractère d'écriture pour désigner celui qui par sa richesse enrichit les autres, et par sa dignité et son excellence les ennoblit. Le nom de SAINT, dit Wan-Ki, désigne celui qui connaît tout, voit tout, entend tout. Ses pensées sont parfaitement vraies, ses actions parfaitement saintes. Sa parole est doctrine, son exemple est règle. Il réunit trois ordres d'êtres, possède tout bien. Il est tout céleste et merveilleux. Le livre *Tchao-sin-tu-hoei* dit : « Le saint est si élevé et si profond qu'il est inscrutable. Il est le seul dont la sagesse n'ait point de bornes. L'avenir est clair devant ses yeux. Son amour embrasse l'univers et le vivifie comme le printemps. Il est un avec le Thian (le Ciel, Dieu). » Suivant le livre *Lunhen*, le cœur de Thian est dans la poitrine du saint, et la doctrine du Thian sur ses lèvres. Le monde ne peut pas connaître le Thian sans le saint. Suivant l'*Y-King*, il n'y a que le saint qui puisse offrir au Chang-ti un sacrifice agréable. Les peuples attendent le saint, dit Meng-tseu, comme des plantes flétries, les nuées et la pluie.

On pourrait peut-être dire qu'on entend par là un saint comme Yao, Chun ou Confucius ; mais comment entendre alors ces paroles qui se lisent dans la préface d'un célèbre ouvrage de philosophie, composé par un empereur : « Avant la naissance du saint, le Tao (le Verbe) résidait dans le ciel et dans la terre : depuis la naissance du saint, c'est en lui que le Verbe réside ? » Comment entendre les paroles du grand commentaire sur le *Chou-King* : « Le Thian est le saint visible, le saint est le Thian devenu visible et enseignant les hommes ? » Comment cette glose sur l'*Y-King* : « Cet homme est le Thian, et le Thian est cet homme ? » Comment, en outre, ces expressions : « L'homme divin, l'homme céleste, l'homme unique, l'homme par excellence, le plus beau des hommes, le vrai homme, l'admirable, le premier-né, etc. ? » Comment enfin ces expressions si souvent usitées et par tant d'écrivains : « Il renouvellera le monde, changera les mœurs, expiera les péchés du monde, mourra dans l'opprobre et la douleur, ouvrira le ciel, etc. ? »

Outre ce caractère principal du genre typique, il en est encore beaucoup d'autres qui ne doivent pas moins être considérés comme des combinaisons suivant une tradition primitive ; par exemple, l'image d'une nuée de pluie, de laquelle sort l'image d'un enfant dans le sein maternel, signifie *désiré.* Et à côté se voit le personnage qui attend ; c'est l'image de l'homme, d'un sage selon l'ancienne doctrine. De plus, une figure humaine sur le signe dix (qui est une croix †), placé au-dessus d'un cœur, signifie *amour, miséricorde.* Un grand nombre de caractères typiques se groupent autour de l'image de l'agneau. Avec celle de nourriture, cela veut dire *nourriture du peuple ;* avec le signe de *moi, justice ;* avec le signe dix (une croix), au-dessus du vase du sacrifice, *grande justice ;* combiné avec l'image de l'homme, *celui qui pardonne dans son cœur ;* dans l'image de la prison, *chargé d'iniquités.* Le *Chouven* ajoute : « C'est aussi le nom d'un peuple dans le Ta-tsin (la grande Chine, l'Occident, l'empire romain), qui est plein de charité ; or, la charité est le germe d'une longue vie ; et ce peuple a un roi qui ne meurt jamais. »

L'idée d'une vierge, mère du saint, revient fréquemment, non-seulement dans la tradition chinoise, mais encore dans les Kings, livres canoniques rédigés par Confucius. Les saints, les sages, les libérateurs des peuples naissent de vierges. Les saints et les sages, dit le *Chouven*, furent appelés fils de Dieu (*fils du Ciel, Thian-tseu*), parce que leurs mères les avaient conçus par la puissance du ciel. Kog-yang-tseu dit encore plus clairement : « Le saint n'a point de père, il est conçu par l'opération du Ciel. » On attache tant de prix à cette idée, que chaque dynastie attribue volontiers cette prérogative à son fondateur. Enfin, dans la Chine comme dans l'Inde, on reconnaît qu'il faut une conception et une naissance pures. Aussi les noms de la vierge sans tache sont-ils remarquables ; elle est appelée la beauté attendue, la vierge qui s'élève, la vierge pure, la félicité universelle, la grande fidélité, qui a sa parure en elle-même. Le *Chi-King* chante, de la mère de Hoang-ti, un des empereurs à moitié fabuleux : « Elle offrit sa prière et son sacrifice pour que le Désiré vînt, et, pendant qu'elle était remplie de cette grande pensée, le souverain Seigneur (*Changti*) l'exauça ; et, dans le moment et le lieu même, elle sentit ses entrailles ébranlées et fut pénétrée d'un respectueux frémissement. Elle conçut ainsi

(1) *L'invariable milieu,* not., p., 144, etc.

Hoang-ti et enfanta, lorsque son temps fut venu, son premier-né, comme un tendre agneau, sans lésion, sans effort, sans douleur et sans tache. Merveille céleste ! Mais le souverain Seigneur n'a qu'à vouloir... La tendre mère l'enfanta dans une cabane près du chemin; des bœufs et des agneaux le réchauffèrent de leur haleine; les habitants du bocage accoururent malgré la rigueur du froid; les oiseaux volèrent auprès de l'enfant pour le couvrir de leurs ailes; mais lui-même fit entendre sa voix au loin, etc. » Ces chants et d'autres semblables du *Chi-King*, en l'honneur de mères vierges et de leurs célestes fils, ne sont, suivant toutes les apparences, que des applications d'une antique prophétie, dont les vestiges se rencontrent chez les peuples les plus civilisés de l'Orient et jusques en Amérique. Une glose du *Chi-King* ajoute : « Le Thiàn (*le Ciel*) veut manifester sa puissance et montrer combien le saint est au-dessus des autres hommes. » Le nom de la mère de Hoang-ti est composé, au reste, de deux caractères : le premier contient un agneau et une vierge, l'autre une source et une vierge. Le caractère *niu*, qui y revient deux fois, désigne une fille d'une vertu pure, les mains jointes, modestement assise, calme et réfléchissant (1).

Quant à la morale, voici quelle était en substance celle de Confucius. « Je ne vous enseigne rien, disait-il au grand nombre, que ce que vous apprendriez de vous-mêmes, si vous ne faisiez qu'un légitime usage des facultés de votre esprit. Rien de si naturel, rien de si simple que les principes de cette morale dont je tâche de vous inculquer les salutaires maximes. Tout ce que je vous dis, nos anciens sages l'ont pratiqué avant nous, et cette pratique, qui, dans les temps reculés, était universellement adoptée, se réduit à l'observation des trois lois fondamentales de relation entre les souverains et les sujets, entre les pères et les enfants, entre l'époux et l'épouse, et à la pratique exacte des cinq vertus capitales qu'il suffit de vous nommer pour vous faire naître l'idée de leur excellence et de la nécessité de les exercer. C'est l'*humanité*, c'est-à-dire cette charité universelle entre tous ceux de notre espèce, sans distinction; c'est la *justice* qui donne à chaque individu de l'espèce, ce qui lui est légitimement dû, sans favoriser l'un plutôt que l'autre; c'est la *conformité* aux cérémonies et aux usages établis, afin que ceux qui vivent ensemble aient une même manière de vivre et participent aux mêmes avantages comme aux mêmes incommodités; c'est la *droiture*, c'est-à-dire cette rectitude d'esprit et de cœur qui fait qu'on cherche en tout le vrai et qu'on le désire, sans vouloir se donner le change à soi-même ni le donner aux autres; c'est enfin la *sincérité* ou la *bonne foi*; c'est-à-dire cette franchise, cette ouverture de cœur mêlée de confiance, qui excluent toute feinte et tout déguisement, tant dans la conduite que dans le discours. Voilà ce qui a rendu nos premiers instituteurs respectables pendant leur vie, et ce qui a immortalisé leurs noms après leur mort. Prenons-les pour modèle, faisons tous nos efforts pour les imiter (*Vie de Confucius*, p. 139). »

De retour dans son pays natal, le royaume de *Lou*, Confucius s'occupa constamment du soin de mettre

(1) Windischmann, p. 363 et suivantes; Mémoire manuscrit des PP. Jésuites de la Chine.

en ordre les cinq *Kings* ou livres sacrés des Chinois. L'*Y-King* est un commentaire sur une espèce d'écriture algébrique en lignes brisées ou entières, attribuée à Fohi; le *Chou-King*, traité de morale politique, tiré de l'histoire de la Chine, depuis Yao jusqu'au temps de Confucius; le *Chi-King*, recueil d'anciens cantiques; le *Li-King*, recueil des anciens rites; l'*Yo-King*, traité de l'ancienne musique. Ce dernier est perdu. Outre ces cinq ouvrages, qui sont devenus les livres canoniques de tout l'empire chinois, Confucius en fit un sixième sur l'histoire du royaume de *Lou*, sa province natale. Ce qui fait que l'on compte quelquefois six *Kings*.

Quand il eut conduit ce grand travail au degré de perfection où il le voulait, Confucius cessa d'écrire et ne pensa plus qu'à se disposer à la mort. Mais en terminant sa carrière littéraire, il crut qu'il était de son devoir de remercier le Ciel de lui avoir donné assez de vie et de force pour pouvoir la fournir jusqu'au bout. Il assembla ceux de ses disciples qui lui étaient le plus attachés et sur lesquels il comptait le plus pour la publication de sa doctrine après sa mort; et les ayant conduits au pied d'un antique tertre près duquel on avait construit un *Ting* ou pavillon pour en conserver la mémoire, il leur enjoignit d'y dresser un autel. L'autel dressé, il y déposa les six *Kings*; puis, se mettant à deux genoux, la face tournée du côté du nord, il adora le Ciel, et le remercia, avec les sentiments de la plus sincère reconnaissance, du bienfait insigne qu'il lui avait accordé en prolongeant le cours de sa vie autant de temps qu'il en fallait pour pouvoir compléter l'objet qui seul lui faisait désirer de vivre. Il s'était disposé à cette pieuse cérémonie par la purification et par le jeûne; il la termina par l'offrande entière et sans réserve de son travail (*Vie de Confucius*, p. 379).

Après les cinq livres canoniques du maître, viennent quatre livres de son école : 1º le *Ta-hio* ou *la grande science*, qui traite en particulier, de la nécessité de se connaître et de se gouverner soi-même, avant de penser à éclairer les peuples et à gouverner les empires. Le premier chapitre est le propre texte de Confucius; les dix autres n'en sont que des développements par son disciple Tseng-tseu; 2º l'*Invariable milieu*, rédigé par un petit-fils de Confucius, Tseu-sse, d'après les instructions de son grand-père. Il y est traité avec profondeur de l'éternel milieu ou de la raison et de la sagesse véritables, des moyens de s'y affermir et d'éviter ou de vaincre tous les extrêmes dans la route de la science et de la vertu; 3º le *Lun-yu* ou *Livre des entretiens*, qui renferme des entretiens de Confucius avec ses disciples; 4º les écrits de Meng-tseu ou Mencius.

Meng-tseu naquit l'an 398, environ 80 ans après la mort de Confucius, et mourut l'an 314 avant l'ère chrétienne, contemporain de Platon et d'Aristote. Il recueillit l'héritage de Confucius en développant ses principes, comme Confucius avait recueilli l'héritage des plus anciens. Aussi est-il honoré à la Chine comme le deuxième saint, Confucius étant regardé comme le premier. Sa manière d'argumenter est une espèce d'ironie. Il ne conteste rien à ses adversaires; mais en leur accordant leurs principes, il s'attache à en tirer des conséquences absurdes qui les couvrent de confusion. Il ne ménage même pas les grands et les princes de son temps, qui souvent ne feignaient de le consulter que pour avoir occasion de vanter leur conduite, ou pour obtenir de lui les éloges qu'ils croyaient mériter.

Le roi de Weï, un de ces princes dont les dissensions et les guerres perpétuelles désolaient la Chine à cette époque, exposait avec complaisance, à Meng-tseu, les soins qu'il prenait pour rendre son peuple heureux, et lui marquait son étonnement de ne voir son petit état ni plus florissant ni plus peuplé que ceux de ses voisins. « Prince, lui répondit le philosophe, vous aimez la guerre; permettez-moi d'y puiser une comparaison : deux armées sont en présence; on sonne la charge, la mêlée commence, un des partis est vaincu; la moitié des soldats s'enfuit à cent pas, l'autre moitié s'arrête à cinquante. Ces derniers auraient-ils bonne grâce à se moquer des autres qui ont fui plus loin qu'eux? — Non, répondit le roi; pour s'être arrêtés à cinquante pas, ils n'en ont pas moins pris la fuite : la même ignominie les attend. — Prince, reprit vivement Meng-tseu, cessez donc de vanter les soins que vous prenez de plus que vos voisins; vous avez tous encouru les mêmes reproches, et nul de vous n'est en droit de se moquer des autres. »

Poursuivant ensuite ses mordantes interpellations : « Trouvez-vous, dit-il au roi, qu'il y ait quelque différence à tuer un homme avec un bâton ou avec une épée? — Non, répondit le prince. — Y en a-t-il, continua Meng-tseu, entre celui qui tue avec une épée, ou par une administration inhumaine? — Non, répondit encore le prince. — Eh bien ! reprit Meng-tseu, vos cuisines regorgent de viandes ; vos haras sont remplis de chevaux, et vos sujets, le visage hâve et décharné, sont accablés de misère et sont trouvés morts de faim au milieu des champs et des déserts. N'est-ce pas là élever des animaux pour dévorer les hommes? Et qu'importe que vous les fassiez périr par le glaive ou par la dureté de votre cœur. Si nous haïssons ces animaux féroces qui se déchirent et se dévorent les uns les autres, combien plus devons-nous détester un prince qui, devant, par sa douceur et sa bonté, se montrer le père de son peuple, ne craint pas d'élever des animaux pour le leur donner à dévorer? Quel père du peuple que celui qui traite si impitoyablement ses enfants, et qui a moins de soin d'eux que des bêtes qu'il nourrit ! »

Un jour le roi de Tsi, s'informant près du philosophe, des événements qui s'étaient passés à des époques déjà anciennes alors, lui parlait du dernier prince de la première dynastie, détrôné par Tching-thang, et du dernier prince de la seconde dynastie, mis à mort par Wou-wang, fondateur de la troisième. « Ces faits sont-ils réels, demanda-t-il à Mencius ? — L'histoire en fait foi, répondit celui-ci. — Un sujet mettre à mort son souverain ! cela se peut-il ? répliqua le prince. — Le rebelle, repartit Meng-tseu, est celui qui outrage l'humanité; le brigand est celui qui se révolte contre la justice. Le rebelle, le brigand n'est qu'un simple particulier. J'ai ouï dire que le châtiment éclata, dans la personne de Cheou, tombé sur un particulier. Je ne vois pas qu'on ait en lui fait périr un prince. »

Près de dix-sept siècles plus tard, vers la fin du XIVe de l'ère chrétienne, Houng-wou, le fondateur de la dynastie des Ming, lisant un jour Meng-tseu, tomba, dit-on, sur ce passage : « Le prince regarde ses sujets comme la terre qu'il foule aux pieds ou comme les graines de sénevé dont il ne fait aucun cas; ses sujets, à leur tour, le regardent comme un brigand ou comme un ennemi. » Ces paroles choquèrent le nouvel empereur : « Ce n'est point ainsi, dit-il, qu'on doit parler des souverains. Celui qui tenu un pareil langage n'est pas digne de partager les honneurs qu'on rend au sage Confucius. Qu'on dégrade Meng-tseu et qu'on ôte sa tablette du temple du prince des lettrés! Que nul ne soit assez hardi pour me présenter à ce sujet des représentations, ni pour m'en transmettre, avant qu'on ait percé d'une flèche celui qui les aura rédigées! »

Ce décret jeta la consternation parmi les lettrés; un d'entre eux, nommé Thsian-tang, président de l'une des cours souveraines, résolut de se sacrifier pour l'honneur de Meng-tseu; il composa une requête dans laquelle, après avoir exposé le passage en entier, et expliqué le vrai sens dans lequel il fallait l'entendre, il faisait le tableau de l'empire au temps de Meng-tseu, et de l'état déplorable où l'avaient réduit tous ces petits tyrans sans cesse en guerre les uns avec les autres, et tous également révoltés contre l'autorité légitime des princes de la dynastie des Tcheou. « C'est de ces sortes de souverains, disait-il en finissant, et nullement du fils du Ciel que Meng-tseu a voulut parler. Comment, après tant de siècles, peut-on lui en faire un crime? Je mourrai, puisque tel est l'ordre, mais ma mort sera glorieuse aux yeux de la postérité. »

Après avoir dressé cette requête et préparé son cercueil, Thsian-tang se rendit au palais, et, étant arrivé à la première enceinte : « Je viens, dit-il aux gardes, pour faire des représentations en faveur de Meng-tseu; voici ma requête; et, découvrant sa poitrine : Je sais quels sont vos ordres, dit-il; frappez. » A l'instant un des gardes lui décoche un trait, prend la requête et la fait parvenir jusqu'à l'empereur, à qui l'on raconta ce qui venait d'arriver. L'empereur lut attentivement l'écrit, l'approuva ou feignit de l'approuver, et donna ses ordres pour soigner Thsian-tang de la blessure qu'il avait reçue. En même temps il décréta que le nom de Meng-tseu resterait en possession de tous les honneurs dont il jouissait (1).

Maintenant, la doctrine de Confucius et de Meng-tseu a-t-elle toujours été observée à la Chine? quels effets y a-t-elle produits?

Voici d'abord un fait que racontent les historiens chinois : « Un siècle après la mort de Meng-tseu, il s'éleva, pendant plus de vingt ans, une violente persécution contre les lettres et les lettrés. L'an 247 avant l'ère chrétienne, un nouvel empereur, Chihoangti, réunit en un seul empire la Chine, jusqu'alors divisée en plusieurs royaumes qui se faisaient presque toujours la guerre. C'est lui qui bâtit la grande muraille de quatre cents lieues de long, pour défendre le pays contre les incursions des Tartares. Afin de gouverner plus à son gré, il entreprit, dit-on, la 34e année de son règne, d'abolir les anciennes histoires et les anciennes doctrines, en détruisant les anciens livres, particulièrement ceux de Confucius. Comme ces livres étaient écrits alors sur des tablettes de bois, la découverte et la destruction en étaient plus faciles.

(1) Abel Rémusat, *Nouv. Mélanges asiat.*, t. II, art. *Meng-tseu*.

Plusieurs ouvrages périrent ainsi tout à fait, comme l'*Yo-King* du philosophe, d'autres ne furent retrouvés qu'en partie, comme le *Chou-King*. »

Quant à l'empire moral de la doctrine elle-même sur les esprits, un des plus fameux lettrés va nous l'apprendre.

Le *Tahio* ou *la grande science*, dit Tchou-hi, n'est autre chose que la doctrine des anciens sages; elle apprend aux hommes ce qu'il leur importe le plus de savoir.

Fouhi, Chinnoung, Hoangti, Yao et Chun reconnaissaient un maître, arbitre souverain de tout ce qui est, et ils lui rendaient hommage. Placés par ce souverain à la tête de la nation, ils la gouvernaient en pères. Ils avaient à cœur les cérémonies, la musique et les rites, et ils en firent la base de leur législation.... Les trois familles qui gouvernèrent après eux, je veux dire les fondateurs des trois dynasties, *Hia*, *Chang* et *Tcheou*, les imitèrent et les surpassèrent même à certains égards. Dans ces temps heureux, le bon ordre régnait également dans la cour du souverain, dans les palais des grands et dans les maisons des simples particuliers.

» Et si la dynastie des *Tcheou*, d'où sont sortis tant d'illustres personnages, a produit aussi de méchants princes, des princes indignes de régner; s'il s'est pratiqué tant de vertus sous les bons rois qui l'ont illustrée, et s'il s'est commis tant de crimes sous les princes iniques qui l'ont déshonorée, c'est uniquement parce que les uns se conduisaient suivant les principes de la *grande science*, et que les autres se laissaient conduire par leurs passions.

» Cependant, en ces temps nébuleux où la dynastie des *Tcheou* était sur son déclin, pour avoir négligé la grande science, le Ciel ne voulut pas abandonner tout à fait les hommes à leur sens pervers; il fit naître Koung-tsée, pour qu'il tâchât de rappeler sur la terre l'innocence et la vertu, qui semblaient en être bannies, et y renouvelant le souvenir de la *grande science*, qui était presque entièrement perdu.

» Après la mort de Koung-tsée et de ses disciples, l'ignorance et la corruption éteignirent le flambeau dont les sages s'étaient servis pour éclairer la nation. Meng-tsée le ralluma, mais ce ne fut pas pour le faire briller longtemps; il s'éleva quantité de fausses doctrines qui en obscurcirent l'éclat. Les sectateurs de ces fausses doctrines se multiplièrent à l'infini et prévalurent sur le petit nombre de sages qui cultivaient la science des mœurs, la grande science, la seule vraie science. Les sectaires, en débitant des choses qui sont, en apparence, bien au-dessus de celles qu'on trouve dans le *Tahio*, attirèrent à eux la multitude. — La plupart d'entre eux n'admettent aucun être intellectuel pour premier principe des choses, et ne cherchent sur la terre qu'à se procurer un honteux repos; ce sont des hommes méprisables et vils, inutiles au genre humain, et qui n'ont d'humanité que ce dont ils ne peuvent se dépouiller.

» Il en est d'autres qui, pour se procurer des richesses et des honneurs, séduisent le peuple par leurs prestiges, leurs artifices et leurs vains raisonnements.

» Après Meng-tsée, les semences de la saine doctrine que ce sage avait fait germer de nouveau, furent étouffées par les mauvais grains que les différents sectaires répandirent de toutes parts. Ces sectaires, multipliés à l'infini, prévalurent sur les véritables sages, dans l'esprit de la populace et des ignorants ; ils firent presque oublier Koung-tsée et la doctrine des anciens, jusqu'au temps où parurent les deux *Tcheng-tsée* dans le *Ho-nan*. Ces deux illustres personnages, tant par leurs discours que par leurs écrits, mirent en vigueur les préceptes de la *grande science*, et tâchèrent de porter les hommes à l'accomplissement de leurs devoirs; mais ces deux brillantes lumières ont disparu, et malheureusement pour nous, leurs ouvrages ont été dispersés ou mutilés. Je ne suis pas assez habile pour suppléer en entier ce qui nous manque; mais comme j'ai toujours aimé l'étude, que je me suis appliqué surtout à l'étude de nos grands livres, je suis tout pénétré des maximes de Koung-tsée et des sages de la haute antiquité, qui sont celles de la *grande science* (*Vie de Confucius*, p. 503-506). »

Voilà donc la philosophie chinoise, par la bouche d'un de ses plus illustres défenseurs, qui confesse avoir été impuissante à réaliser le bien qu'elle avait entrepris. Tout ce qu'a pu l'école de Confucius, c'est de conserver parmi les savants de la Chine la lettre de la doctrine ancienne ; mais, depuis des siècles, c'est une lettre morte. Les disciples de Lao-tseu ont dégénéré bien plus encore : au lieu de marcher sur les traces de leur maître, ils en ont fait une espèce de divinité fabuleuse; au lieu d'étudier avec lui la raison divine, ils se livrent à des extravagances sans nombre. Sous le nom superbe de *Tao-sse* ou *docteurs de la raison*, ce n'est plus qu'une secte de jongleurs, de magiciens et d'astrologues, cherchant le breuvage d'immortalité et les moyens de s'élever au ciel en traversant les airs. Enfin, pour la Chine comme pour le reste du monde, il n'y a d'espoir que dans le saint que Confucius attendait du côté de l'Occident.

Un savant homme de nos jours, qui a fait une histoire approfondie de la philosophie en Chine, la conclut par les réflexions suivantes :

« Tourner le regard sur la vérité, principalement dans sa manifestation naturelle comme ordonnance céleste de tous les événements du monde pour annoncer la volonté souveraine, tel est le caractère fondamental de l'ancienne sagesse. Le fondement tout entier est théocratique. Les temps de la première législation sont trop peu connus pour que l'on puisse déterminer combien de temps les ancêtres du peuple chinois restèrent liés avec les saints patriarches du monde primitif, ni ce qui les porta spécialement à s'acheminer vers l'Orient. En principe, l'empereur était regardé comme le fils du Ciel, le vicaire de Dieu, comme le père et la mère du peuple; la volonté du Ciel était sa règle. Mais comme il n'y avait point de puissance intermédiaire pour interpréter la volonté céleste, il y avait danger que l'empereur n'appelât volonté du Ciel sa volonté à lui seul, son intérêt, sa passion. Ce qui ne manqua pas d'arriver. Souvent on vit, sous l'apparence de l'humilité, le plus extrême orgueil assis sur le trône. Les dominateurs s'annonçaient comme des dieux, et le peuple se prosterna devant eux, non plus dans l'ancien esprit d'une vénération filiale, mais proprement en esclaves et en idolâtres. Comme les gouvernants de cette espèce tenaient moins que personne du caractère théocratique, et que leur vie ne montrait que trop combien peu ils étaient accrédités du Ciel, très-souvent aussi, derrière cet esprit servile et cette fausse dévotion, fermentait une aversion intérieure; de sorte que de tous les côtés le mensonge se cachait sous le masque de l'antique véracité. Pendant que d'ambitieux seigneurs font de longs discours et publient des édits dans le style de l'antiquité, chaque affidé sait bien que tout n'est que mensonge et que le vrai fond c'est la volonté arbitraire de l'empereur, l'ambition et l'intérêt particulier des grands, et le peuple, à son tour, est devenu de plus d'une manière sournois et méfiant : et tandis que celui-là regarde la conscience individuelle, quoiqu'il n'y ait plus ce vieux respect pour la volonté du Ciel, comme le plus haut et dernier tribunal, celui-ci également suit ses petites vues et cherche à gagner sur le gouvernement tout ce qu'il peut. L'administration paternelle est devenue le système de la plus vigilante police. Ce *gouvernement de justice*, que représente le *Chou-King*, s'est changé en injustice; ce monument, autrefois si révéré, n'a plus qu'un rapport abstrait à la vie publique; on lui fait la révérence en passant, mais il n'est plus dans le cœur. On parle toujours de la grande famille; mais ce ne sont, le plus souvent, que des mots sonores. La réalité a disparu, il ne reste qu'une forme vide. C'est l'orgueil nobiliaire d'une vieille extraction et de vieux documents, mais sans les nobles aspirations dont ces antiques documents témoignent. La force prend la place de l'ancienne dignité; la ruse et l'hypocrisie, la place de la vénération et des mœurs anciennes. Agir avec le Ciel, se conduire d'après la volonté du Chang-ti, est encore le langage officiel ; mais on interroge par des arts astrologiques les arrêts du destin, ou bien on écoute les devins qui annoncent la bonne fortune. En dehors du cercle étroit de la famille, où, principalement dans l'intérieur de l'empire et loin des villes, la piété règne encore et apparaît comme le plus ancien et aussi le dernier pilier de l'ensemble, les anciennes vertus ont disparu de plus en plus de la vie publique; au point que, particulièrement dans les villes de commerce, les étrangers ont souvent eu amèrement à se plaindre de voir l'humanité et la justice changées tout à fait en leurs contraires.

» De là aussi et naturellement, le regard d'intuition, ce trait fondamental de l'antique sagesse, s'est évanoui; à sa place s'est introduit le calcul physique et moral que le grand nombre des lettrés met sa gloire à exécuter subtilement; tout ce qu'on peut leur présenter de plus élevé, ils le dédaignent avec la prétention enracinée de mieux savoir. Au moral et en politique, on a trouvé depuis longtemps l'art d'éluder toutes les lois et d'avoir cependant pour soi la lettre; d'entreprendre en secret tout ce qui avait été défendu précédemment sous les peines les plus sévères, et, lorsqu'une entreprise de cette sorte devient publique, de la justifier par la loi même et de se faire ainsi illusion à soi et aux autres; mais cette illusion étant réciproque, elle se détruit elle-même; et l'un ne permet à l'autre son jeu secret qu'autant qu'il ne le peut déjouer. C'est une guerre silencieuse de tous contre tous, qui se fait souvent avec une ruse admirable, et que la force publique empêche seule d'éclater et de perdre entièrement l'empire.

» Les Chinois, toujours avec quelques honorables exceptions, ont donc détourné leurs yeux de ce qu'il y a de primordial, sans pouvoir d'eux-mêmes acquérir de nouveau les idées anciennes ni se tirer d'où ils sont; car la paix intérieure a fui de leur cœur depuis longtemps : on se contente de la jouissance du moment, et l'on abandonne avec indifférence les vrais biens de la vie. L'orgueilleux verbiage de vertu et d'ancienne grandeur, remplit les heures de loisir, et c'est l'unique essor que prenne l'âme; encore, à vrai dire, n'est-ce point prendre l'essor, mais flotter dans le torrent de la vieille coutume. L'ancienne grandeur perce encore ici et là, mais la platitude ne sait plus la saisir. Moins l'antiquité subsiste réellement, plus on s'en montre sentimentalement amoureux. La Chine, voilà tout : hors de là, rien qui mérite d'être vu, si ce n'est pour y trouver à reprendre et pour dire qu'on sait et qu'on fait mieux; tout cela avec une insupportable suffisance. L'usage pour la vie est partout la règle; l'utile seul décide le prix d'une chose, car il n'y a d'estimée que la vie terrestre, et le but plus élevé s'est rabaissé tout à fait aux objets sensibles dont on est entouré; le spirituel est devenu l'empire des ombres où habitent les ancêtres, on lui donne ici et là un regard par une ancienne habitude.

» Le noble empereur Kang-hi censura sévèrement tout ce qu'une pareille vie a de creux et de mensonger, et recommanda vivement l'harmonie du dedans avec le dehors. Mais les temps de l'accomplissement approchent : depuis longtemps s'est achevé ce qui était possible dans cet état de choses et qui a réellement existé. Le peuple chinois attend la rédemption et l'éducation dans l'esprit de la vérité, qui précédemment déjà lui a été connu en figure (Windischmann, t. I). »

Ainsi parle cet écrivain. Mais il y a plus : non-seulement la Chine connaissait la rédemption future; non-seulement elle savait que le rédempteur devait venir du côté de l'occident; non-seulement elle pouvait l'apprendre des Juifs qui ont, suivant une ancienne tradition, depuis 206 ans avant Jésus-Christ, au centre de son empire, une synagogue où se conserve précieusement la loi de Moïse, avec quelques Prophètes, ainsi que les livres de Josué, des Juges, de Samuel et des Rois (*Choix de Lettres édif.*, t. I, p. 232), la Providence lui a donné encore plusieurs fois de connaître la rédemption accomplie, de savoir que le rédempteur était venu d'où ses anciens sages l'attendaient. Vers la grande époque où l'Évangile fut annoncé dans toutes les langues et par toute la terre, l'empire chinois touchait à l'empire romain et dut ainsi nécessairement entendre de près la bonne nouvelle. Dans un ancien bréviaire de l'Église de Malabar dans l'Inde, écrit en chaldéen, il est dit que la conversion des Chinois au christianisme fut commencée par l'apôtre saint Thomas (Assemani, *Biblioth. orient.*, t. IV). Les constitutions synodales du patriarche Théodose parlent du métropolitain de la Chine; et cette qualité faisait partie du titre du patriarche qui gouvernait les chrétiens de Cochin, quand les Portugais abordèrent à la côte de Malabar. Arnobe, qui vivait au IIIe siècle, compte les Sères ou Chinois parmi les peuples qui, de son temps, avaient embrassé la foi. Au VIIe siècle et au VIIIe, le christianisme était non-seulement connu, mais florissant à la Chine. Il en existe un monument curieux, et que

LIVRE XX. — PHILOSOPHES, POËTES ET HISTORIENS DE LA GENTILITÉ. 493

les premiers savants ont reconnu pour authentique (1).

En 1625, on déterra, dans le voisinage de la ville de Siang-fou, province de Chensi, une table de marbre de dix pieds de long sur cinq de large. On y trouva, sur la partie supérieure, une croix bien gravée, et, plus bas, une inscription en caractères chinois (2), accompagnée, sur les bords, de plusieurs signatures en caractères syriaques. Cette inscription contient l'histoire du christianisme en Chine depuis l'an 635 jusqu'en 781, où ce monument fut érigé, c'est-à-dire pendant 146 ans. Il est dit qu'en 635, Olopen, homme d'une éminente vertu, vint du Ta-tsin ou de l'empire romain à Siang-fou. L'empereur envoya ses officiers au devant de lui jusqu'au faubourg occidental, le fit introduire dans son palais et ordonna qu'on traduisît les saints livres qu'il avait apportés. Ces livres ayant été examinés, l'empereur jugea que la doctrine en était bonne et qu'on pouvait les publier. Le décret qu'il donna en cette circonstance est cité dans l'inscription. On y dit, à la louange de la doctrine enseignée par Olopen, que la loi de vérité, éclipsée à la Chine au temps de la dynastie des Tcheou, et portée dans l'Occident par Lao-tseu, semble revenir à sa source primitive pour augmenter l'éclat de la dynastie régnante. Cette doctrine est rapportée en substance : il est dit qu'*Aloho*, c'est-à-dire Dieu en langue syrienne, créa le ciel et la terre, et que Satan ayant séduit le premier homme, Dieu envoya le Messie pour délivrer les hommes du péché originel; qu'il naquit d'une vierge dans le pays de Ta-tsin et que des Persans vinrent l'adorer, afin que la loi et la prédiction fussent accomplies. Les caractères syriaques, formant quatre-vingt-dix lignes, contiennent les noms des prêtres syriens qui étaient venus en Chine à la suite d'Olopen.

D'autres relations nous apprennent que beaucoup de chrétiens périrent, en 877, à la prise de la ville de Cumdan, aujourd'hui Canton, par un chef de rebelles (*Nouv. Mél.*, t. II). A la fin du XIIIe siècle, un religieux franciscain, Jean de Montecorvino, envoyé dans l'Orient par le pape Nicolas IV, étant arrivé à Khan-balckh ou la ville royale, aujourd'hui Pékin, y trouva un grand nombre de chrétiens attachés aux erreurs de Nestorius. Il y baptisa lui-même plusieurs milliers de personnes et y éleva une église, convertit un prince des Mongols, qui régnait alors en Chine, traduisit en leur langue le Nouveau Testament et les Psaumes, fut établi archevêque de Pékin, en 1314, par le pape Clément V, y mourut en 1330, et eut pour successeur un religieux du même ordre. Les relations des Musulmans confirment tout cela, car elles nous apprennent qu'il y avait en effet beaucoup de chrétiens chez les Kéraïtes, tribu mongole de laquelle était le prince converti, et elles citent plusieurs princesses de cette nation comme ayant professé hautement la religion de Jésus-Christ (3).

A la fin du XVIIe siècle, des religieux de saint Ignace, de saint Dominique et d'autres congrégations commencèrent à prêcher de nouveau l'Évangile à la Chine. Et actuellement il y a dans ce pays plusieurs évêques titulaires, avec un clergé catholique d'indigènes. La Chine, bien qu'elle soit à deux mille lieues du centre de la catholicité, ne peut donc pas se plaindre de la Providence (1).

L'INDE.

L'Inde est le berceau de la philosophie, le paradis des philosophes. Si haut que remonte l'histoire profane, elle nous représente la philosophie florissant dans l'Inde, elle nous représente les philosophes indiens, les brahmanes, révérés de leurs compatriotes et admirés des étrangers. L'ancienne Grèce les regarde comme les oracles de la sagesse. Pythagore, Démocrite, Anaxarque, Pyrrhon iront les consulter. Depuis ces temps primitifs jusqu'à nos temps, ces philosophes sont les maîtres de l'Inde, ils y règnent sur les esprits et les volontés; ce qu'ils disent, on le croit; ce qu'ils ordonnent, on le fait. Depuis vingt à trente siècles, rien ne leur manque pour faire de cette immense population ce qu'ils jugent à propos. Nous verrons donc, par cet exemple, ce que peut et veut la philosophie, ce que peut et veut l'homme sans le Christ.

Les doctrines indiennes sont contenues principalement dans les quatre *Védas* et les dix-huit *Pouranas*.

Suivant la tradition reçue parmi les Hindous, les Védas ayant été révélés par Brahma, le Dieu créateur, furent d'abord transmis de bouche en bouche jusqu'à l'époque où Vyasa, c'est-à-dire le *compilateur*, les recueillit et les distribua en livres. Le premier Véda s'appelle *Rig*-Véda, et contient des prières et des hymnes en vers; le second, *Yadjour*-Véda, renferme des prières en prose; le troisième, *Sama*-Véda, les prières qui sont destinées à être chantées; le quatrième Véda, *Atharvan*, consiste principalement en formules de consécration, d'expiation et d'imprécation. Chaque Véda se compose en général de deux parties distinctes, des prières, *mantras*, et des préceptes ou dogmes, *brahmanas*.

Au XVIIe siècle de l'ère chrétienne, un abrégé de livres a été fait, ou traduit en persan, sous le nom d'*Oupnekhat*, par l'ordre de Darachekouh, frère aîné de l'empereur mogol Aurengzeb. Au XVIIIe siècle, un Français, Anquetil-Duperron, le rapporta de l'Inde et le traduisit en latin.

Aux *Védas*, se rattachent immédiatement les *Pouranas*, qui renferment la théogonie et la cosmogonie des Hindous; ils sont encore attribués à Vyasa, et l'on en compte dix-huit. Chaque Pourana traite des

---

(1) Deguignes, *Mém. de l'Acad. des Inscr.*, t. LIV, in-12, p. 299; Abel Rémusat, *Mél. asiat.*, t. I, p. 33; *Nouv. Mél.*, t. II, p. 190.
(2) D'après Voltaire, les Jésuites auraient fabriqué cette inscription, mais des recherches plus récentes en ont constaté l'authenticité (Cf. *Etablissement et destruction de la première chrétienté dans la Chine*, par F. Nève, Louvain, 1846). E. H.
(3) Abel Rémusat, *Nouv. Mél.*, t. II, art. *Jean de Montecorvino*.

(1) Lorsque l'empereur Tao-Kuang monta sur le trône, le 2 septembre 1820, de nouveaux édits livrèrent les chrétiens à l'arbitraire des Mandarins. Toutefois, en mai 1845, le prince reconnut, sur un rapport de Ke-Ying, son commissaire, que la religion chrétienne était, dans sa foi, non-seulement innocente, mais recommandable. A cette époque, quatre nouveaux diocèses chrétiens furent créés dans la Chine orientale.
En 1860, quand la flotte française et la flotte anglaise eurent occupé la ville de Canton, un traité intervint entre les trois puissances belligérantes; l'un des articles de ce traité déclare « que » la religion chrétienne, telle qu'elle est professée par les catho- » liques romains ou par les protestants, sera tolérée dans l'empire » chinois, et ceux qui la professent seront protégés par des am- » bassadeurs, ministres ou autres agents. »
Aujourd'hui, on sait assez que ces mêmes traités de 1860 qui stipulent expressément la liberté religieuse, sont loin d'avoir donné les résultats attendus. Cependant, en 1866 (*Annales*, t. XXXIX, p. 82), les missions de la Chine partagées en dix-neuf vicariats apostoliques, comptaient plus de 300,000 catholiques, 700 églises, 71 écoles. E. H.

cinq objets suivants : 1° la création du monde, ses âges et son renouvellement; 2° la génération des dieux et des héros; 3° la chronologie d'après un système mythique; 4° l'histoire des demi-dieux et des héros; 5° la cosmogonie avec une histoire mythique et héroïque. Les Pouranas peuvent donc être comparés aux cosmogonies des Grecs; ils comprennent la mythologie proprement dite des Hindous, tandis que les Védas développent principalement les idées de Dieu, de la création primitive des choses, de l'âme et de son rapport avec la divinité.

Viennent en troisième lieu les grands poèmes épiques ou historiques, le *Ramayan* et le *Mahabharat*. Le Ramayan, attribué à Valmiki, dont la légende indienne fait une incarnation de Brahma, chante les actions de Rama, une des incarnations de Vichnou. Le *Mahabharat*, ou le grand *Bharata*, a pour auteur Vyasa, autre incarnation de Brahma, suivant les uns, de Vichnou, suivant les autres, et consiste en dix-huit chants, qui racontent les guerres allumées dans la race des enfants de la lune, et dont le héros principal est Crichna, huitième incarnation de Vichnou.

A la période des poètes épiques succède celle des législateurs. Le plus ancien code des Hindous est le *Manava Dharma Sastra*, c'est-à-dire le recueil sacré des lois de *Menou* ou *Manou*, le Noé indien; recueil qui, au jugement des savants, n'est l'ouvrage ni d'un seul homme, ni même d'un seul siècle.

Après les législateurs viennent les philosophes spéculatifs. Dogmatisme, scepticisme, et jusqu'au nihilisme complet, tous les points de vue, tous les développements, toutes les formes de la spéculation ont été épuisées par les Hindous. On compte six différents systèmes philosophiques, qui se distribuent deux à deux : les deux philosophies *Nyaya*, les deux *Mimansa* et les deux *Sankhya*.

Il faut ajouter à tout cela des poèmes dramatiques et un grand nombre d'apologues.

Ce qui étonne d'abord dans cet empire de philosophes, dans cette richesse littéraire, c'est l'absence de toute histoire. Il n'y a pas une époque, pas un personnage historique. C'est, jusqu'à présent, un chaos informe et ténébreux. Au milieu de cette infinité de livres que les brahmanes possèdent et que l'ingénieuse persévérance des Anglais est parvenue à connaître, il n'existe rien qui puisse nous instruire avec ordre sur l'origine de leur nation et sur les vicissitudes de leur société; ils prétendent même que leur religion leur défend de conserver la mémoire de ce qui se passe dans l'âge actuel, dans l'âge du malheur.

On y découvre cependant, ainsi que nous l'avons vu, l'histoire incontestable de Noé et du déluge, mais avec des allégories d'une imagination prodigieuse. Par exemple, au lieu de dire simplement : Dieu, voyant que les hommes avaient oublié ou méconnaissaient tout à fait sa loi, résolut de les châtier par le déluge, mais il fit grâce à Noé ou Manou, lui ordonna de bâtir une arche, dont lui-même, par sa providence, serait le pilote; voici comme s'exprime la poésie indienne : Brahma, le créateur, se reposant après une longue suite d'âges, le fort démon *Hayagriva* s'approcha de lui et déroba les Védas, livres de la loi divine, qui avaient coulé de sa bouche. Non content de les dérober, il les avala et alla se cacher dans les abîmes les plus profonds de la mer. Pour réparer ce malheur, Vichnou, le Dieu sauveur, s'incarna en poisson. *Satyavrata*, le septième menou, régnait dans ce temps-là : c'était un serviteur de l'esprit qui plane sur les eaux, si pieux, que les eaux faisaient sa seule nourriture. Un jour que ce prince s'acquittait de ses ablutions dans une rivière, Vichnou lui apparut sous la figure d'un petit poisson, qui, recueilli par le saint monarque, devint successivement si gros dans les diverses demeures qu'il lui donna, qu'à la fin Satyavrata fut obligé de le placer dans l'Océan. De là le Dieu adressa ces paroles à son adorateur qui l'avait reconnu : « Encore sept jours, et toutes choses seront plongées dans une mer de destruction; mais, au milieu des vagues meurtrières, un grand vaisseau, envoyé par moi, paraîtra devant toi. Tu prendras alors toutes les plantes médicinales, toute la multitude des graines; et, accompagné des sept saints (*Richis*), entouré de couples de tous les animaux, tu entreras dans cette arche spacieuse et tu y demeureras..... Tu connaîtras alors ma véritable grandeur, et ton esprit recevra des instructions en abondance. » En effet, la mer, franchissant ses rivages, inonda toute la terre; et bientôt elle fut accrue par les pluies que versaient des nuages immenses. Le roi, méditant les commandements qu'il avait reçus, vit le vaisseau s'approcher, et y entra avec les chefs des brahmanes. Le Dieu parut sur le vaste Océan comme un poisson resplendissant, armé d'une corne énorme, à laquelle Satyavrata attacha le vaisseau en faisant un câble d'un grand serpent. Plus tard, le dieu-poisson plongea dans l'abîme, attaqua le démon, lui ouvrit le ventre, en prit les quatre livres, qu'il rendit à Brahma. Ce n'est pas tout. La terre étant ainsi submergée dans les eaux, Vichnou se transforme en sanglier, plonge de nouveau dans la mer, tue le chef des géants et soulève la terre sur ses défenses, afin qu'elle devînt de nouveau habitable. L'imagination indienne ne s'en est pas tenue là. La terre est ainsi noyée chaque fois que Brahma s'endort, et, pareil à l'homme, il s'endort chaque nuit. Il y a seulement cette différence que, pour l'homme, le jour et la nuit ne durent ensemble que vingt-quatre heures, tandis que le jour et la nuit de Brahma sont de huit milliards six cent quarante millions d'années solaires.(1)

Ce que les Hindous ont fait de l'histoire de Noé et du déluge, ils l'ont fait de tout : de Dieu, de la création, de la chute des anges et de l'homme, du Rédempteur, de son incarnation, de la nécessité de faire pénitence, de l'immortalité de l'âme, du paradis, de l'enfer, du purgatoire.

On lit çà et là dans les *Védas* et les *Oupnekhat*. « Brahm est l'Éternel, l'Être par excellence, se révélant dans la félicité et dans la joie. Le monde est son image, son image; mais cette existence première, qui contient tout en soi, est seule réellement subsistante. Tous les phénomènes ont leur cause dans Brahm; pour lui, il n'est limité ni par le temps ni par l'espace; il est impérissable, il est l'âme du monde, il est l'âme de chaque être en particulier.

» Cet univers est Brahm, il vient de Brahm, il subsiste dans Brahm, et il retournera dans Brahm.

» Brahm, ou l'être existant par lui-même, est la forme de la science et la forme des mondes sans fin.

---
(1) *Recherches asiatiques; Symbolique de Creuzer; Mœurs des peuples de l'Inde*, par M. Dubois.

Tous les mondes ne font qu'un avec lui, car ils sont par sa volonté. Cette volonté éternelle est innée en toutes choses. Elle se révèle dans la création, dans la conservation et dans la destruction, dans le mouvement et dans les formes du temps et de l'espace. »

Voilà qui, sauf l'exagération de quelques termes, est magnifique. Mais au lieu de ramener ces hyperboles à un sens modéré, les Indiens les poussent à toute outrance. Brahm ou l'Etre suprême, se révélant comme créateur, devient Brahma; comme conservateur, Vichnou; comme destructeur, Siva. Telle est la Trimourti ou trinité indienne, dont chaque personne est appelée plus d'une fois l'Etre suprême ou Brahm. Il y a peut-être là quelque vestige de la Trinité véritable. Mais, à chacun de ces dieux, l'imagination des Hindous attribue une femme, avec des aventures tantôt honorables, tantôt encore plus scandaleusement étranges que celles de Jupiter dans les poètes grecs et latins; enfin les trois couples ont une postérité de trois cent trente millions de divinités subalternes (1).

Tous les mondes, tous les êtres ne font qu'un avec l'Etre suprême, car ils sont par sa volonté. Ces paroles pourraient se tolérer, entendues au sens de saint Paul : *C'est en Dieu que nous vivons, que nous mouvons et que nous sommes* (2). Mais l'Hindou abusera de cette vérité, jusques à adorer non-seulement le soleil, la lune, la mer, mais encore la pelle, le couteau, le bassin, etc., dont il se sert pour offrir le sacrifice.

Dieu seul étant la réalité essentiellement subsistante, et le reste, comparé à lui, étant comme un néant, la raison, la vertu, veulent qu'on se détache de tout le reste, pour s'unir à Dieu et entretenir avec lui un même esprit (3). Cette union avec Dieu, moyennant sa grâce, est le but du chrétien. Le brahmane de l'Inde prétend le pousser jusqu'à devenir Dieu lui-même. Il dira chaque jour dans sa prière du matin : « Je suis Dieu! il n'en est pas d'autre que moi. Je suis Brahma ! je jouis d'un bonheur parfait, et je ne suis point sujet au changement. » Il dira : « Je suis moi-même la divinité à laquelle je vais sacrifier (4). »

Les moyens pour arriver à l'union avec Dieu sont le renoncement à soi-même, le recueillement, la prière, la contemplation des perfections divines. Voilà ce qui a peuplé les déserts et les cloîtres. Les Hindous disent la même chose, mais en exagérant tout ; ainsi, d'après les *Oupnekhat* et l'enseignement actuel des brahmanes, voici un moyen infaillible de faire des progrès rapides dans la spiritualité. On se confine tout seul dans un lieu où n'entende aucun bruit; on retire, comme une tortue, tous les membres en soi; on tient toutes les ouvertures du corps si exactement closes, qu'aucun des cinq vents qui s'y trouvent ne puisse en échapper. A cet effet, on introduit les deux pouces dans les oreilles, on ferme les lèvres avec le petit doigt et l'annulaire de chaque main, les yeux avec les deux index, et on appuie les doigts du milieu sur chaque narine; et, pour boucher les ouvertures inférieures, on croise les jambes et on s'asseoit bien perpendiculairement sur un de ses talons. Dans cette attitude, tenant une de ses narines fortement comprimée, et laissant l'autre libre, on respire par celle-ci aussi longtemps et aussi violemment que possible; puis, la fermant aussitôt, on ouvre l'autre, et on rend l'air aspiré en faisant des efforts prolongés de même (*Oupnekhat.*, t. II, p. 274, 359 et seqq.; Dubois, t. II, p. 273).

D'autres fois, toujours dans la même attitude, on prononce, à chaque respiration, quatre-vingts fois le mot *oum* ; douze fois en aspirant, et le reste en expirant. Le mot *oum*, formé de trois lettres, est un symbole de la trinité indienne : la première lettre représente Brahma; la seconde, Vichnou ; la troisième Siva. Quiconque fait cette cérémonie pendant trois mois, voit, au quatrième, les anges; au cinquième, il acquiert toutes leurs qualités; et, au sixième, il devient la forme de l'Etre suprême (*Oupnek.*, t. II, p. 363).

Une autre pratique, non moins efficace pour se garantir de tout péril et voir la divinité, c'est, toujours dans la même posture, de regarder fixement le bout de son nez, et de prononcer le mot *oum* (*Ibid.*, t. II, p. 197).

Quelque chose de plus puissant encore, c'est de connaître la veine qui est au bout du nez, entre les deux narines : qui la connaît bien, celui-là s'est élevé jusqu'à Para-Brahm, jusqu'à l'Etre suprême, et il en est devenu la forme (*Ibid.*, p. 277).

Pour pratiquer la vie mystique d'une manière plus parfaite, des brahmanes se retirent dans la solitude et prennent le nom de *Sannyasi*. Voici comme les *Védas* et les *Oupnekhat* parlent de leur genre de vie.

« Qui connaît Brahm est Brahm, il est la lumière des lumières, il est la science des sciences ; il s'élève au-dessus des œuvres, les bonnes ne lui servent pas, et les mauvaises ne lui nuisent pas ; méditer sur Brahm lui suffit : c'est là son œuvre, sa vie, sa science. Celui qui veut atteindre à ce grand but et marcher dans cette voie, doit, avant tout, lire les *Védas* et y conformer ses œuvres ; puis, quand il a résolu de renoncer à tout désir, à toute volonté, à tout lien, quitter sa femme, ses enfants, ses amis, ses proches, le monde entier ; prendre pour vêtement un morceau de drap dont il couvre sa nudité, pour toute arme un bâton, pour tout meuble une tasse de bois ou d'argile, et n'accepter d'aumônes que ce qui est nécessaire pour l'entretien de sa vie ; du reste, plus de lecture, plus de méditation que celle des *Oupanichadas*, c'est-à-dire les *Oupnekaht*, extrait mystique des *Védas*. Voilà le petit *Sannyasi*, voilà le premier degré de sainteté. Mais le grand *Sannyasi*, repousse loin tout objet extérieur, toute pensée étrangère, ne lit plus même les *Oupanichadas*, ne garde plus même de quoi couvrir ses parties honteuses ; les six états de la vie, l'existence, la naissance, la croissance, la vieillesse, la décrépitude, la mort, tout cela ne le regarde point, le corps et tout ce qui y touche n'est rien pour lui ; il a dompté toutes ses passions, étouffé en soi tous les sentiments, détruit le *moi*; il n'y a pour lui ni jour, ni nuit, ni toi, ni moi, rien absolument, rien qu'Atma ou l'âme universelle, il dit ou plutôt il sait : Atma, c'est moi, sa maison est la mienne, son nom c'est mon nom. Enfin, toute sa prière c'est de savoir que son âme et la grande âme ne font qu'un : tel est le *Sannyasi*, le *Yogui*, le saint par excellence (*Oupnek.*, t. II, p. 279 ; Creuzer, t. I, p. 283). »

---

(1) Dubois, *Mœurs des peuples de l'Inde*, t. II, p. 395.
(2) *In ipso enim vivimus, et movemur, et sumus* (Act. 17, 28).
(3) *Qui autem adhæret Domino, unus Spiritus est* (1. Cor., 6, 17).
(4) Dubois, t. 1, p. 328 et 341.

Tels sont, du moins dans les livres, ces sages que l'Inde et les anciens connaissaient sous le nom de *gymnosophistes* ou philosophes nus.

A la mort, les âmes saintes se réunissent à Dieu dans le ciel, les âmes imparfaites expient le reste de leurs fautes, et les âmes tout à fait méchantes vont en enfer. Les livres des Hindous enseignent la même doctrine pour le fond. Les âmes parfaitement pures se réunissent à l'Etre suprême pour toujours. Quant aux âmes coupables de certains crimes énormes, elles sont précipitées dans le *Naraca* ou l'enfer, et y souffrent d'horribles tourments. Mais, au dire des Indiens, ces tourments ne sont pas tout à fait éternels; ils ne durent que cent ans de Brahma, au bout desquels l'Etre suprême retire à lui la réalité de toutes les créatures pour commencer une création nouvelle. Toutefois, il est à remarquer qu'un seul jour de Brahma équivaut à huit milliards six cent quarante millions d'années solaires, autrement quatre-vingt-six millions quatre cent mille siècles (*Asia polyglotta*, p. 21). Ce qui donne, pour une année entière, trente et un milliards cinq cent trente-six millions de siècles, et, pour les cent ans de Brahma, trois mille cent cinquante-trois milliards six cent millions de siècles, sans compter les jours bissextils. Tout cela ne laisse pas que d'être une assez belle éternité. De plus, ce que les Hindous ont imaginé, Dieu l'accomplira-t-il, réabsorbera-t-il vraiment tout ce qu'il y a d'êtres dans la création pour la recommencer après? Lui-même a dit en parlant des méchants dans l'enfer: Leur ver n'y mourra point, leur feu ne s'y éteindra point (1).

Pour ce qui est des âmes intermédiaires, suivant la doctrine de l'Inde, elles sont récompensées du bien qu'elles ont fait; mais en même temps, pour expier le mal dont elles se trouvent encore souillées, elles sont condamnées à revenir sur la terre et à y animer de nouveau soit des corps humains, soit des corps de bêtes, jusqu'à ce qu'elles arrivent à une pureté complète. C'est ce que l'on connaît sous le nom de *métempsycose* ou transmigration d'âmes. Les Hindous l'envisagent comme un effroyable malheur. Pour y échapper, il n'est rien qu'ils ne fassent. C'est le but principal de leurs pratiques religieuses, même de leurs sciences. C'est pour être exemptés de cette transmigration posthume que les uns se condamnent à d'incroyables pénitences, que les autres font des pèlerinages de cinq à six cents lieues de loin; ceux-ci, immobiles sur une colonne, s'efforcent d'anéantir leur esprit dans la contemplation de l'essence divine; ceux-là épuisent le leur à produire des raisonnements sans fin. Qui connaît Brahm ou l'Etre suprême, le devient par là même : tel est le grand principe des *Védas* et des *Oupnekhat*. Pour arriver à cette connaissance déifique, les uns emploient la simplicité de l'intuition, les autres, la multiplicité du raisonnement. C'est cette dernière méthode qui a produit les six différents systèmes de philosophie, regardés en un sens comme orthodoxes : les deux Sankhya, les deux Nyaya et les deux Mimansa. Le premier de chaque couple enferme ce qu'il y a de capital dans le second; et le second, une application du principe fondamental ou plus avancée, ou différente, ou plus élevée. De sorte que, dans le vrai, il n'y a que trois directions intellectuelles qui forment l'ensemble de la philosophie indienne.

Le premier couple part de la nature; le second, de la pensée ou du *moi* pensant; le troisième s'attache entièrement à la révélation contenue dans les *Védas*.

La philosophie qui part de la nature comme premier principe, s'appelle *système de Sankhya* ou *philosophie des nombres*, parce qu'on y énumère les principes de toute chose au nombre de vingt-quatre ou vingt-cinq. Parmi ces premiers principes, la nature tient le premier rang; l'intelligence, même l'intelligence infinie, seulement le second. Ce système a été soupçonné pour cela d'athéisme. Mais il paraît que les doutes y tombent plutôt sur la création et sur le pourquoi de la création que sur Dieu. La preuve en est dans la seconde partie, nommée *philosophie Yogha* ou *philosophie de l'union*, parce qu'elle développe les moyens d'unir l'âme à la divinité et de l'absorber en elle.

La seconde espèce de philosophie, qui part, non de la nature, mais du principe pensant, de l'acte le plus élevé de l'intelligence et du *moi* pensant, est contenue dans le système Nyaya, dont l'inventeur ou le fondateur fut Gotama. Dans sa deuxième partie, elle renferme l'application ultérieure du principe, dans la doctrine des unités et des différences. On y voit tout ce que les Grecs ont appelé logique, dialectique, entre autres, l'art et les règles du syllogisme. On y remarque même une tendance à la doctrine des atomes, telle qu'Epicure l'imagina chez les Grecs.

La troisième espèce de philosophie indienne s'attache entièrement aux *Védas* et à la tradition qu'ils renferment. La première partie, Mimansa, ne s'occupe directement que de l'interprétation. Le système complet s'appelle *Vedanta*, c'est-à-dire, fin, complément *des Védas*; il expose l'esprit intime, le vrai sens, le but propre de ces livres et de l'antique révélation de Brahma, qu'ils contiennent. La philosophie du Védanta domine généralement dans toute la littérature et la vie indienne.

Comme les Hindous ont poussé à bout les conséquences de tous les systèmes, il se trouve, outre les philosophies orthodoxes, d'autres qui ne le sont pas. Mais, observent les savants européens qui ont commencé jusqu'à présent à débrouiller cette nouvelle antiquité, toutes les philosophies de l'Inde s'accordent plus ou moins en ceci, que leur but est tout à fait pratique, savoir : de délivrer l'âme pour toujours du funeste destin de la métempsycose (1).

Une autre croyance universelle du genre humain, c'est que Dieu doit être adoré par la prière et le sacrifice. Les Hindous ont sur ce point des idées d'autant plus étonnantes, qu'elles se trouvent réalisées pour le fond dans le sacrifice adorable des chrétiens. D'après la doctrine des *Védas* et des *Oupnekhat*, l'univers entier est un sacrifice infini, où l'Etre suprême est tout ensemble et le sacrificateur, et l'oblation, et le feu qui le consume, et la prière qui l'accompagne, et la divinité à qui elle est offerte, tout, en un mot, et chaque partie (*Oupnek.*, t. I, p. 290 et 336).

---

(1) *Ubi vermis eorum non moritur, et ignis non extinguitur* (Marc., 9, 43-47).

(1) Fred. de Schlégel, *Philosophie de l'histoire*, 6e leçon; Colebrooke, *Essai sur la philosophie des Hindous*; Abel Rémusat; *Nouv. Mél.*, t. II, p. 331; Windischmann.

LIVRE XX. — PHILOSOPHES, POÈTES ET HISTORIENS DE LA GENTILITÉ.

Pour sortir de l'état de dégradation où il est tombé, l'homme avait besoin d'un rédempteur. Dieu le promit, le genre humain l'attendit, et il est venu dans la plénitude des temps. C'est le Verbe, la seconde personne de la trinité véritable. Mais avant de s'incarner réellement, il s'était déjà manifesté aux patriarches sous une figure humaine, comme pour s'essayer à se faire homme. Toutes ces idées se retrouvent dans l'Inde, mais, comme presque toujours, poussées à l'extrême. Non-seulement Vichnou, la seconde personne de la trinité indienne, doit s'incarner, il s'est incarné déjà huit à neuf fois : une première, en poisson, pour sauver Manou du déluge; une seconde, en sanglier, pour soulever la terre du fond des eaux; une troisième en tortue, pour aider à retrouver l'*amrita*, l'ambroisie, ou breuvage d'immortalité; une quatrième, en homme-lion, pour vaincre le géant *Hiranya*; une cinquième, en brahmane nain, pour renverser le tyran Bali; une sixième, en brahmane armé d'une hache, pour châtier l'insolence des rois de la race du soleil; une septième, en la personne de Rama, pour délivrer la terre des tyrans qui l'opprimaient; une huitième, en la personne de Crichna, pour combattre le mal sous toutes les formes.

Ces deux dernières incarnations sont célébrées par deux immenses épopées, le *Ramayan* et le *Mahabharat*, par des poèmes dramatiques, par des peintures et des sculptures sans nombre. Dans l'histoire poétique de Crichna, il y a des particularités singulières : sa mère devient toujours plus belle, à mesure qu'avance sa grossesse; à l'heure même où l'enfant divin est donné au monde, à minuit ses parents sont illuminés tout à coup d'une gloire céleste, et les chœurs des devatas, ou divinités inférieures, font retentir leurs sacrés concerts, Crichna paraît avec tous les caractères de la divinité; il se fait transporter dans un autre pays par son père et sa mère, pour éviter les embûches d'un tyran cruel qui cherche à le faire périr, et qui fait périr à sa place les nouveau-nés. On raconte fort diversement sa mort. Une tradition remarquable et avérée le fait expirer sur un bois fatal, un arbre, où il fut cloué d'un coup de flèche, et du haut duquel il prédit les maux qui allaient fondre sur la terre. Tout cela est fort surprenant. Pour l'expliquer, les savants pensent que des évangiles apocryphes ayant été portés dans l'Inde et communiqués aux Hindous, ceux-ci les greffèrent en quelque sorte sur l'ancien mythe de Crichna (Creuzer, t. I, p. 183-212).

Une neuvième incarnation de Vichnou, sous le nom de *Bouddha* et en la personne de Chakia-Mouni, apparaît encore plus importante; car elle a produit, ou plutôt elle a été, dans une grande portion de l'Asie, une révolution religieuse à laquelle se sont mêlées des institutions incontestables du christianisme.

Les traditions asiatiques varient beaucoup sur la naissance de Bouddha; les uns la placent plus de dix siècles avant Jésus-Christ; les autres moins de six. D'après une encyclopédie japonaise, Chakia-Mouni, à qui l'on donna postérieurement le nom de *Bouddha* ou de sage, naquit l'an 1029 avant l'ère chrétienne, et fut ainsi contemporain de David et de Salomon. Étant mort en 950, il renaît successivement dans les patriarches; l'encyclopédie japonaise, depuis la mort de Chakia jusqu'à 713 de Jésus-Christ en compte trente-trois, dont elle marque les noms et presque toujours les années de leur naissance et de leur mort. Un des plus actifs fut le douzième, qui mourut l'an 332 avant Jésus-Christ. Les premiers patriarches qui héritèrent de l'âme de Bouddha, vivaient d'abord dans l'Inde, à la cour des rois du pays, dont ils étaient les conseillers spirituels, sans avoir, à ce qu'il semble, aucune fonction particulière à exercer. Le dieu se plaisait à renaître tantôt dans la caste des brahmanes ou dans celle des guerriers, tantôt parmi les marchands ou parmi les laboureurs, conformément à son intention primitive, qui avait été d'abolir la distinction des castes, et de ramener ses partisans à des notions plus saines de la justice divine et des devoirs des hommes. Le lieu de sa naissance ne fut pas moins varié : on le vit paraître tour à tour dans l'Inde septentrionale, dans le midi, à Ceylan, conservant toujours, à chaque vie nouvelle, la mémoire de ce qu'il avait été dans ses existences antérieures. La plupart de ces pontifes, quand ils se voyaient parvenus à un âge avancé, mettaient eux-mêmes fin aux infirmités de la vieillesse, et hâtaient, en montant sur un bûcher, le moment où ils devaient goûter de nouveau les plaisirs de l'enfance. Cet usage s'est transmis jusqu'à nos jours; seulement, au lieu de se brûler vifs, ils ne sont livrés aux flammes qu'après la mort. Au Ve siècle de notre ère, Bouddha, alors fils d'un roi de Mabar, dans l'Inde méridionale, jugea à propos de quitter l'Hindoustan pour n'y plus revenir, et d'aller fixer son séjour à la Chine. On peut croire que cette démarche fut l'effet des persécutions des brahmanes et de la prédominance du système des castes. Une fois établis à la Chine, les patriarches bouddhistes y reçurent différents titres, entre autres ceux de *grands-maîtres de la doctrine* et de *princes spirituels de la loi*. Des princes, qui embrassèrent le bouddhisme, trouvèrent glorieux d'en posséder les pontifes à leur cour; et les titres de *précepteur du royaume* et de *prince de la doctrine*, furent décernés tour à tour à des religieux nationaux ou étrangers, qui se flattaient d'être animés par autant d'êtres divins et subordonnés au Bouddha vivant sous le nom de patriarches. C'est ainsi que la hiérarchie des bouddhistes naquit sous l'influence de la politique.

Pendant huit siècles, ces patriarches furent ainsi réduits à une existence précaire et dépendante; mais, au XIIIe siècle, sous Gengis-Khan et ses premiers successeurs, qui régnaient du Japon à l'Egypte et à la Silésie, ils reçurent des titres plus magnifiques que jamais : le Bouddha vivant fut élevé au rang des rois; et, comme le premier qui se vit honoré de cette dignité terrestre était un Thibétain, on lui assigna des domaines dans le Thibet, et le mot de *lama*, qui signifie *prêtre* dans sa langue, commença, en lui, à acquérir quelque célébrité. La fondation du grand siège lamaïque de Poutala n'a pas d'autre origine que cette circonstance tout à fait fortuite, et elle ne remonte pas à une époque plus reculée. Au XVIe siècle, vers l'époque du règne de François Ier, le patriarche du Thibet reçut le titre encore plus magnifique de *lama*, pareil à l'Océan, en mongol, *dalaï lama*, par lequel on entend, non pas sa domination effective, qui n'a jamais été très-étendue, ni complètement indépendante, mais l'immensité des facultés surnaturelles qu'on lui suppose.

Tome I. — 32

A l'époque où les patriarches bouddhistes s'établirent dans le Thibet, les parties de la Tartarie qui avoisinent cette contrée étaient remplies de chrétiens. Les Nestoriens y avaient fondé des métropoles et converti des nations entières. Plus tard, les conquêtes des enfants de Gengis-Khan y appelèrent des étrangers de tous les pays : des Géorgiens, des Arméniens, des Russes, des Français, des Musulmans, des moines catholiques chargés de missions importantes par le Pape et par saint Louis. Ces derniers portaient avec eux des ornements d'église, des autels, des reliques, *pour veoir*, dit Joinville, *se ils pourroient attraire ces gens à nostre créance*. Ils célébrèrent les cérémonies religieuses devant les princes Tartares. Ceux-ci leur donnèrent un asile dans leurs tentes, et permirent qu'on élevât des chapelles jusque dans l'enceinte de leurs palais. Un archevêque italien, établi dans la ville impériale, à Pékin, par ordre de Clément V, y avait bâti une église, où trois cloches appelaient les fidèles aux offices, et il avait couvert les murailles de peintures représentant des sujets pieux. Chrétiens de Syrie, Romains, schismatiques, Musulmans, idolâtres, tous vivaient mêlés et confondus à la cour des empereurs Mongols, toujours empressés d'accueillir de nouveaux cultes, et même de les adopter, pourvu qu'on n'exigeât de leur part aucune conviction, et surtout qu'on ne leur imposât aucune contrainte. On sait que les Tartares passaient volontiers d'une secte à l'autre, embrassaient aisément la foi, et y renonçaient de même pour retomber dans l'idolâtrie. C'est au milieu de ces variations que fut fondé, au Thibet, le nouveau siège des patriarches bouddhistes. Il est naturel qu'intéressés à multiplier le nombre de leurs sectateurs, occupés à donner plus de magnificence au culte, ils se soient appropriés quelques usages liturgiques, quelques-unes de ces pompes étrangères qui attiraient la foule; qu'ils aient introduit même quelque chose de ces institutions de l'Occident que leur vantaient les ambassadeurs du roi de France et du Pape, et que les circonstances les disposaient à imiter. De là, sans aucun doute, ce que plus tard l'on n'a pas été peu surpris de retrouver au centre de l'Asie : des monastères nombreux, des religieux gardant un célibat perpétuel, portant la tonsure, récitant en chœur une espèce de bréviaire; des processions solennelles, des pèlerinages, des fêtes religieuses, une cour pontificale, des collèges de lamas supérieurs, élisant leur chef, souverain ecclésiastique et spirituel des Thibétains et des Tartares (1).

De là encore, et de communications antérieures, des traces visibles de christianisme dans la légende de Bouddha, telle qu'elle est racontée dans les livres bouddhistes. « Bouddha, disent-ils, descendit du séjour céleste dans le sein de Maya, épouse de Soutadama, roi du nord de l'Hindoustan, et membre de la famille Chakia, la plus illustre de la caste des brahmanes. Sa mère, qui l'avait conçu sans souillure, le mit au monde sans douleur. (Saint Jérôme écrit que, suivant les philosophes Samanéens, Bouddha, leur maître, était né d'une vierge.) Des prophètes et des savants reconnurent dans ce merveilleux enfant tous les caractères de la divinité, et à peine avait-il vu le jour, qu'il fut surnommé *dieu des dieux*. Un roi qui était une incarnation divine, lui conféra le baptême avec l'eau sainte. A l'âge de dix ans, il fut confié à des sages pour l'instruire; mais bientôt il leur proposa des questions insolubles, qu'ensuite il leur expliquait lui-même. C'était le plus beau des enfants des hommes. Quand il s'asseyait sous un figuier, le peuple, assemblé autour de lui, ne se lassait pas de l'admirer. Emu de compassion sur les maux de ses semblables, il ne respire que pour les délivrer. Il se retire dans le désert, où doit commencer sa mission divine. Là il s'ordonne prêtre, se rase la tête de ses propres mains, et, entouré de ses cinq disciples de prédilection, se livre à la vie la plus austère durant plusieurs années. Enfin, après qu'il eût surmonté plus d'une tentation, les dieux eux-mêmes descendent du ciel pour l'inviter à répandre sa doctrine, et, rayonnant de gloire, il se rend à la ville sainte, à Benarès, pour y occuper le trône des saints qu'avaient enseigné la loi dans les âges précédents. Il fit avec ses disciples un voyage sur le bord de l'Océan, traversa plusieurs déserts et y pratiqua des exorcismes. Sa morale consistait en dix commandements : 1º ne pas tuer; 2º ne pas voler; 3º la chasteté; 4º éviter le faux témoignage; 5º ne pas mentir; 6º ne pas jurer; 7º éviter toutes les paroles déshonnêtes; 8º être désintéressé; 9º ne point conserver de ressentiment; 10º n'être point superstitieux (1). »

Chakia-Mouni, c'est-à-dire le *moine* ou le *pénitent* de la maison de Chakia, porte le nom de *Bouddha* en sanscrit, de *Fotho*, *Fo* ou *Foé* en chinois, de *Somonacodom* en siamois, de *Bourkan* en mongol. Parmi ses divers surnoms, on trouve les suivants : *Celui qui sort pour remporter la victoire, celui qui rend à chacun selon ses mérites, le dieu des dieux, celui qui sait tout, le maître universel, celui qui est de lui-même toutes les lois, celui en qui tous mettent leur confiance, celui qui balaie les péchés, celui qui dissipe les crimes, le suprême bienfaiteur, le dispensateur de la vraie gloire* (2).

Les bouddhistes étaient connus des auteurs grecs et latins, tels que Mégasthènes, Strabon, Clément d'Alexandrie, sous le nom de *philosophes samanéens*, qu'ils portent encore aujourd'hui dans certaines contrées (3). Les brahmanes en étaient également connus sous le nom de *brahmanes* et de *gymnosophistes* ou philosophes nus. Depuis vingt à trente siècles ces deux sectes de philosophes règnent dans l'Inde, non pas sur l'esprit d'une seule ville, comme le demandait Platon pour la philosophie grecque, mais sur l'esprit de bien des millions d'hommes. Voyons donc ce qu'ils ont fait : ce qu'ils ont fait pour Dieu, pour l'humanité, pour eux-mêmes.

Ce dernier article est, dans la réalité, le premier et le principal. Le chef des philosophes samanéens, le grand Lama, se fait adorer comme une incarnation divine; les autres, à proportion.

Les brahmanes, ces philosophes si vantés, s'appellent volontiers *les dieux de la terre*. Pour cela, voici la généalogie qu'ils se donnent : tantôt ils descendent de ces sept Richis ou pénitents, qui furent

---

(1) Abel Rémusat, *Mél. asiat.*, t. I, p. 113 et 129. Son Mémoire, plus étendu, se trouve dans la collection de l'Académie. — Lettre du P. Desideri; parmi les *Lettres édifiantes et curieuses*.

(1) Klaproth, *Asia polyglotta*.; Creuser, *Symbolique*, t. 1, p. 288 et 653 ; Abel Rémusat.
(2) Deguignes, *Mémoires de l'Académie des Inscriptions*, t. XLV, p. 163, etc.
(3) Strabon, l. 15; Clem. Al., *Strom.*, l. 3.

sauvés du déluge avec Manou, et qui, pour leur extrême sainteté, ont été transportés au ciel et sont les sept étoiles de la Grande-Ourse; tantôt, et c'est la fable la plus en vogue, lorsque Brahma voulut créer les hommes, il tira les *brahmanes* de sa tête, les *kchatrias* ou guerriers, de ses épaules; les *veissiahs* marchands, de son ventre; les *sudras* ou artisans, de ses pieds. Telles sont les quatre castes que les philosophes de l'Inde ont établies et consacrées comme le fondement de la constitution religieuse et politique. Pour mieux assurer leur domination, eux seuls ont le droit de lire les Védas; les guerriers ou nobles n'ont que le droit de se les faire lire et de faire des présents aux brahmanes; les deux autres castes n'ont que ce dernier droit. La caste des philosophes regarde les trois autres comme impures; tout ce que celles-ci peuvent faire de plus méritoire, c'est de combler de présents ceux-là, de leur donner des festins, sans jamais oser s'asseoir à la même table. La vénération pour ces sages augmente suivant les quatre degrés de leur caste : ce sont d'abord les jeunes brahmanes, avant qu'ils soient initiés par le triple cordon; ensuite ceux qui, nés une seconde fois par leur initiation, et mariés, vivent dans les villes ou des bourgades; en troisième lieu, ceux qui se retirent dans la solitude avec leurs femmes et leurs enfants, et se nomment *Vanaprastas*; enfin les Sanyâsi, qui, restés célibataires ou quittant leur famille, vivent tout seuls dans la retraite, adonnés, à la contemplation. Ceux de ces philosophes qui se font *gourous* ou prêtres, sont les plus vénérables de tous : se prosterner devant eux, ou simplement les voir, suffit pour remettre tous les péchés.

Un pharisien ayant invité Jésus-Christ à dîner, s'étonnait de ce qu'il ne se lavait point auparavant les mains. Le Seigneur lui dit : *Vous autres pharisiens, vous nettoyez le dehors de la coupe, mais votre intérieur est plein de rapine et d'iniquité; vous payez la dîme de la menthe et du cumin, et vous négligez ce que la loi a de plus grave, la justice, la miséricorde, la fidélité; conducteurs aveugles, vous passez au couloir ce que vous buvez, de peur d'avaler un moucheron, et vous engloutissez le chameau. Malheur à vous* (Luc, 11; Matth., 23).1 Les brahmanes sont les pharisiens de l'Inde. Même affectation dans le genre de vie, même appréhension des souillures extérieures, même usage continuel des ablutions et du bain, même zèle pour les minuties, même négligence de ce qu'il y a de plus essentiel, même orgueil, même ostentation, même hypocrisie. Il y en a qui font à la lettre ce dont parle le Sauveur, qui boivent à travers un linge, de peur d'avaler un insecte; en même temps ils engloutissent le chameau, foulent aux pieds la justice, l'humanité, la miséricorde. Ce qui suit en est une preuve entre mille.

Bien au-dessous de la dernière caste, bien au-dessous des sudras, croupit dans la servitude, l'opprobre et la misère, le quart de la population indienne, sous le nom de *parias*. Manger avec ces malheureux, ou toucher à des vivres apprêtés par eux, et même boire de l'eau qu'ils auraient puisée; se servir des vases de terre qu'ils ont tenus dans leurs mains; mettre le pied dans leurs maisons, ou leur permettre d'entrer dans la sienne : ce sont là, aux yeux des philosophes, autant de crimes qui excluent un Indien de sa caste. Dans bien des endroits l'approche seule des parias ou la trace de leurs pieds, est considérée comme capable de souiller tout le voisinage. Il leur est interdit de jamais traverser la rue où logent les brahmanes. Un paria qui pousserait l'audace jusqu'à entrer dans la maison d'un de ces sages, pourrait être mis à mort sur-le-champ; et on en a vu plus d'un exemple, sans que personne y trouvât à redire.

Les philosophes samanéens ou bouddhistes ont réformé en ceci la philosophie brahmanique : ils rejettent la distinction des castes et les Védas, sur lesquels cette distinction était fondée. Aussi y a-t-il eu guerre entre les deux sectes, et, au VIIe siècle de l'ère chrétienne, les philosophes samanéens se virent expulsés de l'Inde et se réfugièrent parmi les Chinois et les Tartares, où leur doctrine est parvenue à humaniser quelque peu ces derniers.

Mais, pas plus que les brahmanes, les samanéens n'ont facilité au peuple la connaissance de la vérité. Moïse, pour instruire les enfants d'Israël, écrivit, d'un style simple et clair, l'histoire du genre humain et leur propre histoire, avec la loi qu'ils devaient observer, en un petit volume, qu'on pouvait facilement porter à la main et mettre dans sa poche. Non seulement il ne leur défendait pas, mais il leur commandait expressément de le lire, de le méditer nuit et jour, en d'autres mots, d'en faire leur philosophie, sauf à consulter les prêtres dans les questions difficiles. Joignez-y les Prophètes et les autres livres de l'Ancien Testament, le volume ne sera que médiocre. Ajoutez-y enfin tout le Nouveau Testament, ce sera toujours un volume très-portatif, que chacun peut lire, étudier, méditer, et dans le texte original, et dans des versions authentiques. De plus, de toute la doctrine qui s'y trouve contenue, il existe un abrégé très-court et très-simple, sous le nom de catéchisme, sans compter l'enseignement toujours vivant et partout présent de l'Eglise.

Il n'en est pas ainsi des religions philosophiques de l'Inde. Les brahmanes seuls peuvent lire les *Védas*; ils les tiennent si secrets, que jusqu'à présent, on n'en a pu avoir encore un exemplaire complet. Le seul abrégé mystique, connu sous le nom d'*Oupnekhat*, forme deux gros volumes. Parmi les dix-huit *Pouranas*, il en est un qui, tout seul, contient plus de trente mille vers, le tout écrit dans une langue morte, que les brahmanes eux-mêmes ont de la peine à bien entendre. On peut donc dire de ces philosophes ce qui a été dit des scribes et des pharisiens chez les Juifs : *Malheur à vous, docteurs de la loi, parce qu'ayant pris la clé de la science, vous n'y entrez pas vous-mêmes, et vous empêchez d'y entrer ceux qui le voudraient* (1)!

Les samanéens ou bouddhistes sont moins jaloux; comme ils ne reconnaissent point de caste privilégiée, se fait lettré qui veut. Mais une autre difficulté se présente : c'est la quantité et l'étendue prodigieuse des livres. A la vérité, il existe un abrégé sommaire de leur doctrine, mais cet abrégé n'a pas moins de cent huit gros volumes, et ne peut être porté qu'à dos de chameau. Qu'on juge des autres. Il en est surtout un, qui, malheureusement ou bienheureusement, n'existe que dans le palais fabuleux des dragons. Ce livre, intitulé en chinois *Pou-yan*, tout

---

(1) Luc, 11, 52 : « Væ vobis legisperitis, quia tulistis clavem scientiæ, ipsi non introistis, et eos, qui introibant, prohibuistis. »

œil, contient toutes les *portes* ou paragraphes de la loi. Quand on changerait l'Océan en encre et les herbes du mont *Sou-merou* en pinceaux ou plumes, on ne pourrait parvenir à écrire une seule phrase de ce livre, prise dans un seul sens, prise dans une seule doctrine, prise dans une seule porte, prise dans une seule section. A plus forte raison ne saurait-on transcrire en entier ce miraculeux ouvrage. Dans l'Occident, il n'y a que les successeurs des pharisiens et des scribes, les rabbins juifs, qui puissent aller de pair avec les philosophes du bouddhisme; car ils font des contes pareils au sujet de leur Talmud.

Le savant français à qui nous devons ces curieux renseignements, ajoute : « On cessera d'être surpris de la prodigieuse étendue de ces livres, si on se rappelle qu'ils sont composés en grande partie de litanies, de formules de prières, d'invocations, qu'on répète un grand nombre de fois de suite sans y rien changer, et sans même chercher à y mettre un sens. On ne doit pas oublier non plus que les trois doctrines des bouddhistes forment un système de philosophie aussi complet qu'on puisse l'attendre de la part des Hindous, et qu'elles comprennent les principes de la morale, les fables cosmogoniques et la description tant du monde réel que du monde fantastique, une foule de traditions allégoriques et mythologiques, et, par-dessus tout, une métaphysique dont il est impossible d'atteindre le fond. Je ne crains pas d'être démenti en assurant que celui qui n'a pas lu quelques-uns des livres des bouddhistes, ne connaît pas toute l'étendue de l'extravagance humaine, et n'a pas une idée complète du degré d'absurdité où peuvent conduire l'abus des méditations sans objet, et l'emploi désordonné des abstractions, appliquées à des sujets où l'intelligence ne saurait atteindre (1). »

« Le spectacle des folies humaines, dit-il encore, n'est pas entièrement perdu pour les esprits méditatifs ; et, comme toutes les nations plongées dans les ténèbres de l'idolâtrie, se le sont alternativement donné les unes aux autres, l'innocente satisfaction qu'il procure est une de celles dont on doit le moins craindre de voir tarir la source. La religion samanéenne, une des plus célèbres de l'Asie orientale, présente peut-être, à un plus haut degré que toute autre, ces divers avantages réunis. Ceux qui l'ont instituée étaient de ces sages de l'antique Orient, qui aimaient à s'exprimer par énigmes et par symboles, qui dédaignaient de dire raisonnablement des choses raisonnables, et qui, pour rien au monde, n'auraient voulu émettre une vérité sans l'avoir préalablement déguisée en extravagance. Quelques dogmes très-ingénieux, une morale assez épurée, pouvaient recommander le bouddhisme auprès des hommes sensés; mais des fables absurdes devaient surtout lui faire trouver grâce aux yeux du vulgaire. Le système mythologique le plus embrouillé qui soit né en Asie, s'y trouve combiné avec des subtilités métaphysiques, telles que jamais aucune école d'Occident n'en a enseigné d'aussi complètement inintelligibles, même depuis cinquante ans (2). »

Quant aux *Védas*, voici comme en parle un homme qui a vécu trente ans parmi les brahmanes, parlant leur langue, et ne négligeant aucune occasion pour découvrir ce qu'ils ont de plus secret. « Qu'on ne s'imagine pas que ces livres contiennent des choses de quelque intérêt. Leur antiquité seule, réelle ou prétendue, est tout ce qui les rend recommandables. Une exposition prolixe du polythéisme indien, tel qu'il existait dans l'origine; les fables les plus pitoyables et les plus ridicules, concernant les pénitences chimériques de leurs solitaires; les métamorphoses de Vichnou, le culte de ce qu'il y a de plus infâme, etc.; c'est là, j'en ai acquis la preuve, ce qui constitue la base des textes dont les brahmanes font un si grand mystère. Le quatrième de ces livres est le plus funeste de tous pour un peuple livré aux plus grossières superstitions : c'est une sorte de grimoire où est enseigné l'art magique de nuire aux hommes par les sortilèges et les enchantements ; les sacrifices sanglants y sont aussi prescrits. C'est dans ces livres que les brahmanes ont puisé la plupart de ces mantrams ou formules de prières qui font pleuvoir sur eux l'argent et la considération, et c'est là, dans la réalité, ce qui les leur rend si précieux (Dubois, *Mœurs et instit. des peuples de l'Inde*, t. I, p. 245). »

Enfin, depuis tant de siècles, ni les uns ni les autres n'ont fait un pas de progrès. Ils ne voient dans l'étude des astres, que l'astrologie; dans l'étude de la nature, que la magie. Voici un échantillon de leur histoire naturelle. « Quatre principaux nuages donnent la pluie et remplissent cet office chacun une année. Le premier et le dernier sont favorablement disposés pour les hommes, ils procurent des pluies fécondantes : les deux autres, au contraire, ne produisent que des tempêtes et des ouragans. La fréquence des pluies dépend aussi beaucoup de la bonne ou mauvaise volonté de sept éléphants, connus chacun par un nom qui leur est propre, et dont la fonction annuelle consiste à porter l'eau aux nuages, chacun à tour de rôle. Quatre mettent une grande activité dans leur service, et fournissent à la pluie une ample provision ; mais les trois autres ne s'en acquittent qu'avec nonchalance, la terre reste aride, et la disette se fait sentir. Des serpents, au nombre de sept, et qui ont aussi un nom particulier, exercent successivement, une année chacun, un empire souverain sur toutes les espèces de serpents. Le serpent *Ananta*, qui est le premier, est le plus puissant de tous : c'est lui qui soutient la terre sur sa tête. L'année de son règne est funeste, en ce que les serpents sont alors extrêmement venimeux, et que la mort suit ordinairement de près leur morsure. Le règne du serpent *Karkata* n'est pas moins à craindre. Quant aux cinq autres, ils ne sont pas à beaucoup près si méchants. Il est rare qu'on soit mordu des serpents sous leur règne, ou, lorsqu'on l'est, le venin n'est pas mortel. Le serpent *Maha-Padnia*, en particulier, est l'ami des hommes; non-seulement il empêche les autres serpents de leur nuire, mais encore, si par hasard quelqu'un en était mordu, il envoie le médecin *Darmantary* pour le guérir (Dubois, *Mœurs et institutions des peuples de l'Inde*, t. II, p. 51). »

Pour ce qui regarde la connaissance et le culte de Dieu, voici une sentence, entre autres, que les brahmanes font apprendre dans la plupart des écoles : « Avant que la terre, l'eau, l'air, le vent, le feu, Brahma, Vichnou, Siva, le soleil, les étoiles et autres objets sensibles existassent, le Dieu unique et éternel, *Suayambou* (celui qui est par lui-même)

---

(1) Abel Rémusat, *Sur l'étendue de quelques-uns des livres sacrés de Bouddha*, *Mél. asiat.*, t. I.
(2) Abel Rémusat, *Sur l'origine de la hiérarchie lamaique*, *Mél. asiat.*, t. I, p. 130. Paris, 1825.

existait (Dubois, t II, p. 193). » Et avec cela, jamais peuple aussi superstitieusement idolâtre, que le peuple dont les brahmanes sont les philosophes et les docteurs : il adore tout à la fois et l'oiseau Garouda, espèce d'aigle, et le serpent Capel, que cet oiseau mange : au lieu de tuer ces venimeux reptiles, qui lui donnent souvent la mort, il va leur offrir en sacrifice les mets les plus délicats au bord de leurs trous (*Ibid.*, p. 436 et suivantes); il adore des pierres et des plantes, et célèbre une fête annuelle en l'honneur d'une herbe très-commune, nommée *darba*.

Il y a 40 ans passés, la philosophie du XVIIIe siècle, maîtresse des affaires en France, imagina un calendrier où chaque jour était consacré, non plus à un saint ou à une sainte, mais à une *bête*, une *plante*, un *outil*. Cet œuvre convenait mieux aux philosophes de l'Inde, où, dans plus d'une occasion, chacun adore jusqu'à sa pelle et sa bêche; où, à une certaine fête, chacun offre un sacrifice à tous les outils de sa profession. Dans le calendrier philosophique, la *vache* et le *bœuf* tenaient un rang fort distingué : ce dernier était le principal personnage d'une des grandes fêtes de l'année : nous en avons été témoin. Dans l'Inde, il y a des fêtes semblables en l'honneur de l'une et de l'autre. La vache surtout y est quelque chose de si sacré, qu'en tuer une ou manger de sa chair, est un crime beaucoup plus grand que de tuer un homme, fût-ce même son père ou sa mère. Il y a plus : l'urine de vache est aux Hindous une eau lustrale, non-seulement pour se laver, mais pour boire. Enfin le plus grand bonheur, le moyen infaillible d'aller tout droit en paradis, pour un brahmane, pour un de ces fameux philosophes de l'Inde, c'est de mourir en tenant une vache, non par la tête, mais par la queue (*Ibid.*, p. 203).

Il y a 40 ans passés, en France, la philosophie triomphante adorait la Raison, c'est-à-dire s'adorait elle-même, dans la personne d'une prostituée nue. Eh bien ! depuis des siècles, la philosophie de l'Inde, unissant ensemble ce qu'il y a de plus obscène dans la prostituée et le libertin, en fait un objet d'adoration sur les autels, un ornement de dévotion que les femmes portent à leur cou. Il n'y a pas de temple un peu considérable qui n'ait à son service un certain nombre de courtisanes. La distinction des castes, l'abstinence de viande, etc., si sévèrement prescrite d'ailleurs, disparaît tout à fait à certaines fêtes abominables, où brahmanes et parias, pêle-mêle, commettent en public toutes les infamies que les premiers chrétiens étaient accusés de commettre en secret (*Ibid.*, t. I, p. 403).

Voilà donc, sans parler de plusieurs autres sectes répandues dans l'Inde, voilà où en sont les brahmanes et les samanéens, ces philosophes si vantés de l'antiquité, ces oracles qu'allaient consulter les philosophes de la Grèce ! Ce que dit saint Paul, on le reconnaît en eux : « *Ils sont inexcusables parce qu'ayant connu Dieu, ils ne l'ont pas glorifié comme Dieu, et ne lui ont pas rendu grâces, mais ils se sont évanouis dans leurs raisonnements, et leur cœur insensé s'est obscurci : se disant sages, ils sont devenus fous et ils ont changé la gloire du Dieu incorruptible en la ressemblance d'un homme corruptible, ainsi que d'oiseaux, de quadrupèdes et de reptiles. C'est pourquoi Dieu les a livrés aux convoitises de leur cœur, en sorte qu'ils s'abandonnent à l'impureté et à l'infamie. Ils ont travesti la vérité de Dieu en mensonge, et ont adoré et servi la créature plutôt que le Créateur, qui est béni dans tous les siècles, Amen. C'est pourquoi Dieu les a livrés à des passions d'ignominie* (Rom., 2, 20-26). »

Les philosophes de l'Inde sont d'autant plus inexcusables que la Providence leur a ménagé plus de moyens de connaître la vérité. Parmi les fils de Noé, Sem reçut les plus grandes bénédictions : le nom de Sem est connu et révéré des brahmanes, ils s'en parent comme d'un titre glorieux, et il est invoqué dans les occasions solennelles. Il y a même des savants qui pensent que les anciens samanéens tiraient leur nom de Sem, et qu'ils étaient ainsi de la race privilégiée du monde patriarcal (Windischmann, p. 755). Lorsque les enfants d'Israël furent dispersés dans toute l'Asie, pour faire connaître les merveilles de Dieu aux nations qui l'ignoraient, lorsque Daniel fut si longtemps à la tête des sages de la Chaldée et de la Perse, l'Inde pouvait facilement se renouveler dans la connaissance et le culte du Dieu de Sem ; lorsque, sous Esther et Mardochée la gloire du Dieu vivant est annoncée par des édits publics aux cent vingt-sept provinces de l'empire persan, l'Inde y est nommément comprise. Il paraîtrait même, d'après ses informes traditions, que tout cela ne fut pas sans quelque effet ; car c'est vers cette époque que les samanéens y apparaissent comme faisant le plus d'efforts pour ramener la doctrine des brahmanes à quelque chose de moins imparfait. Voisins de la Perse, dont les pèlerins étaient à Jérusalem à la première prédication de saint Pierre, il est impossible que les Hindous n'aient pas dès lors entendu parler de Jésus-Christ. Il est dit de l'apôtre saint Thomas, qu'il prêcha dans l'Inde ; de l'apôtre saint Barthélemi, qu'il y porta dans l'Inde un exemplaire de l'Evangile de saint Matthieu ; cet Evangile y fut retrouvé entre les mains de plusieurs fidèles, cent ans après, par le philosophe saint Pantène, qui, sur la demande des peuples de l'Inde, y alla défendre le christianisme contre la doctrine des brahmanes (Euseb., *Hist. eccl.*, l. 5, c. 10). Comme les samanéens étaient les adversaires de ces derniers, il n'est pas improbable qu'ils adoptèrent le christianisme, sinon dans sa totalité, du moins en partie. De là ces traits si reconnaissables de la vie de Jésus-Christ, dans la légende de Bouddha ou de Fo. Aussi un savant orientaliste est-il porté à regarder le bouddhisme comme un christianisme dégénéré. Il lui a paru que, dans les historiens chinois, les chrétiens sont souvent confondus avec les bouddhistes, et que, lorsqu'en l'année 65 de l'ère chrétienne, un empereur de la Chine envoya des ambassadeurs vers l'Occident, pour s'informer de la venue du saint dont avait parlé Confucius, et qu'à cette occasion le culte de Fo s'introduisit à la Chine, il s'agit là de la prédication du christianisme, introduit dans la Chine par l'Inde, mais, faute de missionnaires qui se succédassent, dégénéra peu à peu en superstitions (1).

Aujourd'hui l'Inde voit sur ses rivages quelques évêchés catholiques et plusieurs missions dans l'intérieur des terres. Il est des provinces où la moitié des congrégations chrétiennes se compose de parias. Il semblerait que Dieu veut faire pour ce pays ce qu'il

(1) Deguignes. *Recherches sur les chrétiens établis à la Chine dans le VIIe siècle. Mém. de l'Acad. des Inscript.*, t. LIV, in-12

a fait pour le reste de l'univers : *choisir ce qu'il y a d'insensé selon le monde, pour confondre les sages; ce qu'il y a d'ignoble, de méprisable et de néant, pour détruire ce qui est, afin que nulle chair ne se glorifie en elle-même, mais en lui* (1).

LA CHALDÉE ET LA PERSE.

Les Chaldéens étaient les philosophes de Babylone. Ils ont eu à leur tête le prophète Daniel, qui leur avait sauvé la vie lorsque Nabuchodonosor eut ordonné de les faire mourir; ils ont vu ses compagnons jetés dans la fournaise; et lui-même deux fois dans la fosse aux lions, pour ne point adorer d'idoles et rester fidèles au culte du Dieu vivant. Ils ne pouvaient donc ignorer le Dieu véritable. Aussi l'on convient assez unanimement qu'ils reconnaissaient un Etre suprême, père et maître de toutes choses. Nous avons vu comment le chaldéen Bérose raconte que Dieu, qu'il nomme *Bel* ou Seigneur, créa le ciel et la terre. Saint Justin, Eusèbe, Porphyre, citent un oracle où les Chaldéens vont de pair avec les Hébreux pour la sainteté du culte qu'ils rendaient au Roi éternel; *les Chaldéens seuls*, y est-il dit, *ont eu la sagesse en partage, ainsi que les Hébreux, rendant un culte pur au Dieu qui est le Roi subsistant par lui-même* (2).

Mais cet éloge ne peut être admis qu'avec bien des restrictions. Au temps même de Daniel, on voit adorer à Babylone, sous le nom de *Bel*, une idole de bois qui, au dire des Chaldéens ses prêtres, consommait chaque jour douze mesures de farine, quarante brebis et six amphores de vin; on y voit ensuite le dragon ou grand serpent; on voit surtout, dans la lettre de Jérémie, qu'il y avait en grand nombre des dieux d'or, d'argent, de pierre, de bois, portés sur les épaules et adorés par la multitude : ces idoles étaient couronnées, habillées de pourpre et parfumées d'encens. Leurs prêtres, qui étaient des philosophes chaldéens, étaient assis dans leurs temples, la barbe coupée, la tête rasée et découverte, les habits déchirés, et jetant de grands cris comme s'ils eussent pleuré la perte de quelque personne décédée. On voit en particulier, dans cette lettre, ainsi que dans les auteurs profanes, qu'il y avait à Babylone une infâme idole, en l'honneur de laquelle toutes les femmes devaient, au moins une fois en leur vie, et cela dans le temple même, se prostituer à des étrangers (Baruch, 6).

La gloire des philosophes chaldéens était la connaissance des astres : ils s'y appliquaient depuis un temps immémorial. Mais leur objet dans cette étude n'était pas précisément ce que nous appelons *astronomie*, science des astres et de leurs phénomènes naturels; Diodore de Sicile (Diod., l. 2, c. 31), témoigne que, de son temps, soixante ans avant Jésus-Christ, ces philosophes ne se sentaient pas encore capables de prédire une éclipse de soleil. C'était ce que nous appelons *astrologie*, ou l'art de prédire, par les aspects, les positions, les influences des corps célestes, les événements futurs, non-seulement ceux qui avaient quelque rapport à l'atmosphère, tels que les changements de temps, les vents, les tempêtes; mais encore et surtout ce qui n'y avait aucun rapport, tel que le succès d'une guerre, le sort d'un empire, le destin d'un enfant qui vient de naître, les jours favorables ou non, pour entreprendre telle ou telle affaire. Ils avaient, dans cette prétendue science, une si grande réputation, que tous ceux qui s'y distinguaient, s'appelaient Chaldéens, quelle que fût leur patrie. Ils faisaient en outre profession de s'entendre non moins bien au vol et au cri des oiseaux, à l'interprétation des songes, à toute espèce de divinations et de présages, et aux enchantements pour détourner le malheur et attirer le bonheur. Tels nous apparaissent les philosophes de la Chaldée dans les auteurs grecs et latins. Les prophètes les dépeignent sous les mêmes traits. Isaïe dit à Babylone : « Ta sagesse, ta science t'ont perdue, et tu as dit dans ton cœur : Je suis, et il n'y a que moi. Les maux t'accableront avant que tu puisses les pressentir. Tu ne sauras d'où te vient la plus affreuse infortune. Parais avec tes enchanteurs et ces sortilèges que tu cultives dès ta jeunesse; tu verras s'ils ajoutent à ta force. Tu t'es épuisée en conseils. Qu'ils se montrent donc, qu'ils te sauvent, ceux qui regardaient le ciel, qui observaient les étoiles, qui calculaient les nouvelles lunes pour t'annoncer ton avenir (Isaïe, 47). »

Depuis la venue du Christ, les descendants des anciens habitants de la Chaldée sont devenus chrétiens. Ils étaient engagés la plupart dans quelques erreurs, plus par ignorance que par mauvaise volonté. L'an 1606, deux Chaldéens se trouvèrent du nombre des pauvres à qui le pape Paul V lava les pieds le Jeudi saint. De retour dans leur pays, ils racontèrent à leur patriarche, qui porte le titre de *patriarche de Babylone*, avec quelle tendresse paternelle ils avaient été reçus par le successeur de saint Pierre, lui remirent de sa part quelques présents, avec la profession de foi que l'on présente aux pèlerins d'Orient qui viennent à Rome. Le patriarche, de concert avec les évêques et les archevêques de sa nation, envoya le supérieur général des religieux chaldéens, pour renouveler, avec la mère des Églises, les relations de piété filiale, qui, fréquentes autrefois, comme il était marqué, disait-il, dans les annales du pays, avaient été interrompues par la difficulté des temps. Il écrivait dans sa lettre : « Voilà, ô Père ! que ma profession de foi arrive à Votre Sainteté : voyez s'il y a quelque fraude, quelque erreur, si elle s'éloigne en quelque chose de notre mère l'Eglise romaine; avertissez, et nous ferons; enseignez, et nous obéirons. » Son légat, arrivé à Rome, y demeura trois ans, reconnut que, d'accord avec l'Eglise romaine pour le fond, ses compatriotes se servaient par ignorance de quelques expressions hétérodoxes, s'en retourna dans sa patrie avec des présents considérables en ornements, en livres chaldéens et arabes, pour le patriarche et ses suffragants, qui approuvèrent tout ce qui s'était fait (1).

De nos jours, l'évêque catholique de Babylone, qui est un Européen et réside à Bagdad, est comme le représentant du Saint-Siège dans la Chaldée et la Perse. Les Chaldéens catholiques, au nombre d'en-

---

(1) 1. Cor., 1, 27-29 : « Sed quæ stulta sunt mundi elegit Deus, ut confundat sapientes; et infirma mundi elegit Deus, et confundat fortia; et ignobilia, et contemptibilia elegit Deus, et ea quæ non sunt, ut ea quæ sunt destrueret, ut non glorietur omnis caro in conspectu ejus.
(2) Just., *Cohort. ad gentes*; Euseb., *Demonst. ev.*, l. 3; Porph., *Vita Pythag.*

(1) Petri Strozæ, *De dogmatibus Chaldæorum*. Romæ, 1617.

viron cent cinquante mille, ont un patriarche, quatre archevêques et cinq évêchés (1).

La Perse antique avait aussi ses sages ou philolophes : c'étaient les mages, qui formaient une espèce de corporation, originaire, à ce qu'il paraît, de la Médie et de la Bactriane, proche de l'Inde. Selon d'anciens auteurs, leur nom signifiait savant, prêtre, théologien, parce qu'ils étaient à la fois philosophes, théologiens et sacrificateurs (2). Leur autorité était grande. Le roi ne pouvait monter sur le trône qu'après avoir été initié à leur doctrine et agrégé à leur ordre (Cic., De divinat., l. 1) : ils étaient de ses principaux conseillers et les précepteurs de ses enfants. Darius, fils d'Hystaspe, un des plus grands rois de Perse, ordonna que l'on mît sur son tombeau, entre autres titres, qu'il avait été docteur dans l'ordre des mages. Ils ont eu également Daniel pour chef, pendant les règnes de Darius le Mède et de Cyrus. Sous celui de Cambyses, un d'entre eux, Smerdis, se plaça sur le trône, comme étant Smerdis, fils de Cyrus, auquel il ressemblait beaucoup, et que son frère Cambyses avait fait mourir. L'imposture ayant été découverte, le mage fut tué avec un grand nombre des siens. Pendant le règne de Darius, fils d'Hystaspe, un autre parvint à réparer cet échec et à rétablir le crédit de l'ordre. Ce fut Zoroastre, Zerdocht ou Zérétestro. Parmi les Orientaux, les uns en font un disciple de Daniel, les autres d'Ézéchiel ou d'Esdras : il y en a même qui en font un Juif (D'Herbelot, Bibl. orient.). Il est regardé comme le restaurateur du magisme. Lorsque Xerxès entra en Europe et en Grèce, il était accompagné du chef des mages qui s'appelait Hostanes, et qui, au rapport de Pline, répandit parmi les Grecs la passion de la magie (Plin., Hist. nat., l. 30, c. 1). Des mages vinrent de l'Orient adorer le Christ nouveau-né ; le premier des hérésiarques se nommait Simon le mage ou le magicien : ce qui nous montre à la fois le bon et le mauvais côté de cette corporation de savants. Au VII siècle de l'ère chrétienne, les Mahométans s'étant emparés de la Perse, ceux des Persans qui restèrent attachés à la doctrine de Zoroastre se réfugièrent dans l'Inde, où ils subsistent encore en petit nombre sous le nom de Parsis, Gaures ou Guèbres. C'est parmi eux qu'un savant Français recueillit, il y a soixante ans, quelques livres sur leur croyance et leur culte. Une partie en est attribuée à Zoroastre ; mais le tout est interpolé de morceaux du VII siècle, en sorte qu'on ne peut savoir au juste ce qui appartient réellement à cet ancien philosophe. On y voit seulement qu'il vivait au temps de Darius Hystaspe.

(1) Pour l'état actuel de la religion catholique en Chaldée, en Perse, dans l'Inde, dans la Chine et autres pays de l'Orient, voir Tableau général des principales conversions qui ont eu lieu parmi les protestants et autres religionnaires, par l'auteur de cette histoire, t. II. (Note de l'auteur.)
Au Ve siècle, et par les écrits d'Ibas, évêque d'Édesse, le Nestorianisme se répandit en Orient et surtout en Chaldée. Depuis le concile d'Amed, en 1616, les hérétiques revinrent à l'Église romaine : Innocent IX leur donna un patriarche catholique.
On a gardé en Orient et en Occident l'habitude de nommer Syriaques les Jacobites revenus à l'Église ; et Chaldéens assyriens, les Nestoriens réconciliés, parce que les uns et les autres ont un rite propre et un patriarche particulier.
Ainsi les Chaldéens sont actuellement divisés en deux parties, au point de vue ecclésiastique : la partie hérétique connue sous le nom de Nestoriens, qui se trouve spirituellement et temporellement soumise à un patriarche spécial résidant à Mossoul ; la partie catholique, soumise à un patriarche dont le siége est à Bagdad. (Cf. Dictionn. de Goschler, IV, p. 202. Gaume, 1864). E. H.
(2) Porph., De abst., l. 4 ; Apul., l. 1 ; Hesych., etc.

Maintenant, quelle était la doctrine des mages et en particulier de leur réformateur?

Deux des premiers apologistes du christianisme, Minutius Félix et saint Cyprien, comptent le mage Hostanes parmi les anciens philosophes qui reconnaissent le vrai Dieu. « Le premier des mages par l'éloquence et l'autorité, disent-ils, Hostanes, traite le vrai Dieu avec la majesté convenable ; il proclame que sa forme est invisible ; il connaît également les anges, c'est-à-dire les ministres et les messagers de Dieu, du Dieu véritable ; il sait qu'ils se tiennent en sa présence pour l'adorer, et qu'ils tremblent au moindre signe, au seul aspect du Seigneur. Il signale aussi les démons terrestres, qui vont de côté et d'autre, et sont ennemis de l'humanité (1). »

Quant à Zoroastre, Eusèbe cite comme de lui un passage où il est dit, que Dieu est le premier, incorruptible, éternel, sans origine, sans parties, auteur de tout bien, le meilleur de tout ce qu'il y a de bon, le père de l'équité et de la justice (2). Photius nous apprend, d'après Théodore de Mopsueste, que le dogme des Perses, établi par Zaradès ou Zoroastre, c'est que Zarouam est le principe de toutes choses ; que, s'adorant lui-même pour produire Ormuzd, il produisit aussi Satan (Phot., Bibl., col. 199). Les livres zends, recueillis par Anquetil-Duperron, ont éclairci les paroles de Photius. Ils nous apprennent que, dans la doctrine de Zoroastre, le premier principe est Zérouane Akéréné, le Temps sans bornes ou l'Éternel ; que c'est lui qui a produit ou créé Ormuzd, l'auteur du bien, le prince de la lumière, et Ahriman, l'auteur du mal, le prince des ténèbres, que ces livres appellent aussi Sheitan ou Satan.

Par où l'on voit que les anciens Perses n'admettaient pas deux principes coéternels, comme on le suppose quelquefois ; mais un seul principe éternel et suprême, et ensuite deux principes subalternes, l'un du bien, l'autre du mal. C'est entre ces deux qu'est le combat, qui, suivant leur opinion, doit durer douze mille ans et se terminer par la victoire du bon sur le mauvais. Manès ou Manichée, qui enseignait deux principes éternels et indépendants, a été regardé en Perse même comme hérétique, et puni comme tel.

On voit encore dans ces livres, qu'Ahriman n'a pas été créé mauvais par nature, mais qu'il l'est devenu par sa propre volonté ; que son empire ne subsistera pas toujours, mais qu'il sera détruit à la résurrection générale. Il est même tels passages de ces livres où il est dit qu'il se convertira lui-même à la fin.

Dans son monde de lumière, Ormuzd, par la parole divine, créa six amchaspands, desquels il paraît lui-même quelquefois le chef. Ils sont comme les présidents généraux de la création. Ils ont beaucoup de rapport avec les sept archanges, que l'Écriture sainte nous montre debout devant le trône de Dieu (Tob., 12, 15). Il fit en outre un grand nombre d'izeds, chefs et soldats de l'armée céleste, et les fervers, génies tutélaires, anges gardiens des hommes. Dans les ruines de Persépolis, et autres cités antiques, on voit des tombes royales, où, au-dessus de la figure du roi, plane celle de son ferver ou ange protecteur.

(1) Minut Fel., Octav., n. 26 ; S. Cyp., De Idol. vanit., n. 4.
(2) Euseb., Præp. ev., l. 1, c. 10, p. 42.

De son côté, dans ce monde de ténèbres, Ahriman a ses *dews*, ses *darvands* ou diables, parmi lesquels il y en a aussi sept des principaux. C'est lui qui, sous la forme de serpent, a séduit Meschia et Meschiané, le premier homme et la première femme; c'est lui qui, par le péché de l'homme, a introduit la mort dans le monde.

Telles sont les deux armées qui, d'après la doctrine de Zoroastre, doivent se combattre pendant douze mille ans; combat où l'homme lui-même doit prendre part pour Ormuzd contre Ahriman, afin de n'être point puni avec celui-ci, mais récompensé par celui-là.

Un homme est-il mort? à l'instant les dews cherchent à s'emparer de son âme, qui devient leur proie, s'il a fait le mal; mais, s'il a été droit et pur, les izeds sont là pour le défendre. Ensuite l'âme se présente au grand pont *Tchinevad*, qui forme la barrière entre ce monde et l'autre. Là elle est jugée par Ormuzd, et, selon ses œuvres et leur justice, ou elle est conduite au delà du pont par les saints izeds dans une terre de bonheur, ou elle reste en deçà pour expier ses crimes.

Enfin, quand le temps est venu où doit cesser la lutte du mal contre le bien, commence la résurrection générale. Les bons et les méchants se lèvent à la fois, reprennent leurs corps, et tout reparaît comme au premier jour de la création. Les bons se rangent avec le bon, les méchants avec le méchant; Ahriman est précipité dans l'abîme des ténèbres et dévoré par l'airain fondu. Alors la terre chancelle comme un homme malade; les montagnes décomposées s'écoulent en torrents de feu avec les métaux qu'elles enfermaient dans leur sein; les âmes passent à travers ces flots brûlants pour effacer leurs dernières souillures par cette dernière et terrible purification, et se rendre dignes de la félicité sans fin qui les attend.

Et alors, la nature entière est renouvelée : plus de ténèbres, plus de tourments, plus d'enfer; le royaume d'Ahriman a passé, et désormais Ormuzd règne seul; tout est devenu lumière. Ormuzd, à la tête des amchaspands, et Ahriman lui-même, redevenu bon, avec les princes des dews, offrent à l'Éternel un commun sacrifice, et toutes choses sont consommées.

Voilà ce qu'on trouve çà et là dans le *Zend-Avesta ou la parole vivante*, ouvrage attribué à Zoroastre par les Perses de l'Inde (1).

Quant à la nature propre d'Ormuzd, tantôt il paraît identique à l'Éternel, tantôt non. Lui-même dit quelque part : « Mon nom est : Le principe et le centre de toutes choses; mon nom est : Celui qui est, qui est tout, qui conserve tout. » Ailleurs, « il est le Verbe de bonté, né de la semence de l'Éternel; » il est nommé le premier-né des êtres, image resplendissante et vase de l'infini, toujours lumière et lumière immense, dont la volonté infiniment sainte a sa source profonde dans l'être. » Il fut produit par le mélange de l'eau primitive et du feu primitif. Il s'appelle *Ehore Mezdao*, c'est-à-dire le grand roi, tout parfait, tout-puissant, tout sage, corps des corps, qui vivifie et nourrit toutes choses. Il est le fond et le milieu de tous les êtres, le principe des principes, la science et le dispensateur de la science, la raison

(1) *Zend-Avesta*, traduit par Anquetil-Duperron; *Symbolique de Creuzer*, t. 2, surtout les notes; Windischmann, t. III.

(le Verbe) de tout. L'Éternel l'a préposé comme roi, limitant son empire à une période de douze mille ans; et il exerce sa domination sur cette période (Creuzer, p. 321 et 699; *Zend-Avesta*).

Il en est à peu près de même de Mithras, le dieu médiateur des Perses. Tantôt il paraît une production d'Ormuzd, tantôt l'auteur du soleil et son guide. Il porte aussi le nom de *Démiurge* ou de créateur : « Mithras, est-il dit expressément, a formé le monde; il est l'auteur du monde et l'auteur de création (Creuzer, p. 353 et 735). »

On peut croire, disent les doctes du moins le pensent, que les Persans, aussi bien que les Hindous, leurs voisins, n'admettaient au fond qu'un Dieu unique et suprême, mais qui se manifestait en plusieurs formes ou personnes. Ce qui le rend presque certain, c'est que le Perse moderne, chaque fois qu'il noue sa ceinture, dit en lui-même : *Dieu est un* (*Zend-Avesta*, t. II, p. 4, Paris, 1731), et que, parmi les péchés qu'il professe dignes de mort, est celui de *dire qu'il y a plus d'un dieu*, et *d'adorer les dews* ou les démons (*Ibid.*, p. 30).

Maintenant, les anciens Perses étaient-ils proprement idolâtres? Si l'on entend par idolâtrie adorer comme dieu des images de bois, de pierre, de métal, il ne le paraît point; car, suivant Hérodote, les Perses ne croyaient pas, comme les Grecs, que les dieux eussent des formes humaines, et il assure, de concert avec Xénophon, Strabon et d'autres anciens, que ce peuple ne leur élevait ni statues, ni temples, ni autels. Nous avons vu, au contraire, que Xerxès renversait les temples de la Grèce, attendu que le vrai temple de la Divinité était l'univers.

Il est vrai que, dans les ruines de Persépolis, d'Ecbatane, de Suse, de Pasagarde et autres cités de la Perse, on trouve des figures d'animaux, très-semblables à ceux dont il est parlé dans les prophètes Daniel et Ézéchiel, ainsi que dans l'Apocalypse; mais on convient généralement que ce ne sont là, non plus que dans les prophètes, que des figures symboliques, desquelles on n'a pas encore pu découvrir tout à fait le sens.

Mais les Perses n'adoraient-ils pas les éléments, comme le feu, l'eau, la terre, le soleil et la lune. Hérodote le dit formellement. Mais leurs descendants réfugiés dans l'Inde, les Perses ou Parsis de nos jours, et avec eux bien des savants européens, prétendent que leurs adorations ne s'arrêtaient point à ces créatures, mais remontaient jusqu'au Créateur; qu'ils adoraient Dieu dans le feu et dans le soleil, et non le feu et le soleil même, comme si c'étaient des dieux. Le feu sacré qu'ils invoquaient, en présence duquel s'accomplissaient tous leurs sacrifices et les principales cérémonies prescrites par la loi, n'était pour eux qu'un emblème de la volonté ou parole divine qui a créé l'univers et le vivifie incessamment. Le *dadgah*, ou le foyer qui entretenait cette flamme symbolique, avant d'être placé sur un autel, brûla longtemps sur la terre nue; et ce fut plus tard encore que l'on éleva des *ateschgahs* ou temples du feu, nommés *pyrées* par les Grecs, et dont les dômes, tout en préservant des injures de l'air l'élément sacré, étaient censés représenter la voûte céleste; ils devaient être construits de telle sorte que les vents pussent librement répandre, dans les différentes parties du monde, l'agréable odeur du feu d'Ormuzd. Ce n'étaient point

LIVRE XX. — PHILOSOPHES, POÈTES ET HISTORIENS DE LA GENTILITÉ.

des temples ni des autels, tels que les entendaient les Grecs; ceux-ci, du reste, observent les savants, ne paraissent guère avoir compris le sens profond de ce culte, non plus que des rites nombreux qui s'y rattachaient. (Creuzer-Guignaut, p. 338 et 716; Anquetil-Duperron, dans son *Zend-Avesta*; *Hist. univ. des savants anglais*, t. VI, p. 247).

Mais si des Grecs, qui n'étaient pas de médiocres esprits, n'ont pu pénétrer le sens de ce culte symbolique, le vulgaire persan en était-il plus capable? Il est malaisé de le croire. Combien donc ne lui était-il pas facile de s'arrêter au symbole, aux éléments, sans remonter jusqu'au Créateur! Aussi n'est-il pas surprenant de lire, dans Esther (c. 14, v. 8 et 10), que les Perses attribuaient la gloire de leur empire à la puissance de leurs idoles, soit qu'il faille entendre par ce mot les éléments mêmes qu'ils adoraient, ou bien des images qu'ils pouvaient s'en être faites.

Toutefois, si l'on ne peut pas dire, en général, que les anciens Perses ne fussent aucunement idolâtres, on peut dire au moins qu'ils ne l'étaient point aussi grossièrement que beaucoup d'autres. Ils n'adoraient point les génies mauvais ou les démons. Au contraire, dans les livres de leurs descendants, les Parsis, toutes les prières, tous les vœux sont dirigés contre Ahriman et les siens. Ainsi, dans leurs prières du matin, ils disent à Ormuzd : « Juge du monde, puissant, savant, maître de l'univers, vous qui le nourrissez, qui l'avez créé, qui ne faites que le bien et qui donnez l'abondance; Ahriman qui ne sait rien, Schetan qui ne sait rien, Schetan qui ne peut rien, ô Ormuzd, juste juge, brisez cet Ahriman (*Zend-Avesta*, t. II, p. 126). » Et encore : « Au nom de Dieu, qui sait tout, juste juge, Ormuzd, roi, qu'Ahriman et les dews ne soient pas! Tenez-le éloigné; qu'il soit frappé et brisé, cet Ahriman! Les dews, les darondits, les magiciens, les darvands, — qu'ils soient frappés et brisés? que ces méchants n'existent plus! que l'ennemi soit affaibli, que l'ennemi n'existe plus, ni même son nom (*Zend-Avesta*, p. 2)! » Le Perse ne se contentait pas de prier, il agissait. Tandis que l'Hindou se concentrait et s'absorbait dans la contemplation, lui se proposait de combattre, avec Ormuzd et ses anges, contre Ahriman et les siens. La maxime de Job était sa maxime : *La vie de l'homme sur la terre est un combat continuel.* (Job, 7, 1). De là cette activité, cet esprit chevaleresque, cette noble générosité qu'on remarque dans les anciens Persans.

Cette lutte contre l'auteur du mal commence dès la naissance et dure jusqu'après la mort. Dans le rituel des Parsis, il y a des prières, avec une espèce d'aspersion ou de baptême, pour purifier de la tache originelle l'enfant nouveau-né (*Zend-Avesta*, t. II, p. 551); il y a des prières pour les âmes des défunts, où l'on fait des actes de foi à la résurrection générale des corps et à la future destruction de l'empire d'Ahriman (*Ibid.*, p. 35). Il y a surtout en grand nombre, des formules de confession pour s'accuser de ses péchés, soit seul en la présence de Dieu, soit devant le destour ou le prêtre. En voici une : « Ormuzd, roi, je me repens de tous mes péchés, j'y renonce. Je renonce à toute mauvaise pensée, à toute mauvaise parole, à toute mauvaise action; à ce que, dans le monde, j'ai pensé, ou dit, ou fait, ou cherché à faire de mal. Ces péchés de pensée, de parole,

d'action, je m'en repens, ô Dieu! ayez pitié de mon corps et de mon âme, dans ce monde et dans l'autre (*Zend-Avesta*, t. II, p. 2). » On y voit jusqu'à des examens de conscience, avec le détail des péchés qu'il faut confesser au destour, et de ceux qui sont punissables de mort. Parmi les premiers se comptent l'obstination à soutenir que le mensonge est la vérité, l'opposition à la paix, n'écouter que soi, empêcher le bien; parmi les seconds, faire le mal, dire qu'il y a plus d'un Dieu, désobéir à son père et à son maître, adorer les dews, semer la discorde parmi les hommes, contredire la loi, affliger l'homme pur, ne pas guérir le malade, détourner de la pénitence, faire le mal avec les femmes (*Ibid.*, p. 30 et 33).

Voilà ce qu'il y a de plus remarquable dans les livres des Parsis ou Guèbres. On peut croire qu'il y a là plus d'un emprunt fait aux Juifs et aux chrétiens. Il s'y trouve aussi mêlées quelques superstitions, mais moins que chez d'autres peuples. Par exemple, comme les Hindous, ils emploient l'urine de vache ou de bœuf en guise d'eau lustrale; ensuite, comme le feu est pour eux un élément sacré, c'est un énorme sacrilège de le polluer en le soufflant de son haleine. On sait aussi, par d'autres monuments, que le culte de Mithras, du moins à une certaine époque, était accompagné de sacrifices humains.

Quant à ceux des Perses qui, au VIIe siècle, ne quittèrent point leur pays, ils embrassèrent la plupart le mahométisme, lequel n'est au fond qu'une hérésie ou secte chrétienne, catholique sur l'unité de Dieu, arienne sur la trinité des personnes, judaïsant en plusieurs de ses rites.

Pour ce qui est des mages, leurs anciens philosophes, ils dégénérèrent de bonne heure en magiciens. On serait même tenté de croire que, dès l'origine, la magie formait une de leurs principales études. Ce qu'il y a de sûr, c'est que presque tous les anciens auteurs qui parlent de Zoroastre et d'Hostanes, n'en parlent qu'à propos d'arts et opérations magiques. Finalement, comme le nom propre des philosophes de Babylone, le nom de *Chaldéens*, devint, pour les Grecs et les Latins, synonyme d'astrologue, de devin, de tireur d'horoscopes : de même le nom de *sages de la Perse*, le nom de *mages*, devint, pour les mêmes, synonyme de magicien et de sorcier.

La honteuse dégradation de ces philosophes fut d'autant plus criminelle de leur part, que Dieu leur ménagea plus de lumières. Depuis Tobie, Daniel, Mardochée, Esdras, qui avaient brillé parmi eux comme des flambeaux éclatants, ils savaient ce qu'était la sagesse véritable, ils savaient où s'en trouvait la pure doctrine. Ceux d'entre eux qui vinrent à Bethléhem adorer le Christ, les prêchèrent sans doute de parole comme d'exemple. Les Élamites, venus du centre de la Perse, qui avaient assisté à la merveilleuse prédication de saint Pierre, furent pour eux de nouveaux messagers de salut. Plusieurs apôtres annoncèrent la bonne nouvelle dans leur pays. La première épître de saint Jean portait autrefois, dans son inscription, *aux Parthes*, les mêmes que les Perses. Au IVe siècle, il y avait au milieu d'eux une chrétienté florissante. Un évêque persan siégea au concile de Nicée en 325, un autre au concile de Jérusalem en 335. Que font alors les mages? Jaloux de voir triompher une doctrine autre que la leur, ils accusent les chrétiens auprès de Sapor, roi de Perse; ils les accusent d'être d'intelligence avec les empereurs de Constantinople, et de ne pas suivre la religion du roi. Sapor (1) les écoute. Près de trente évêques sont martyrisés, entre lesquels l'évêque de Suse et l'archevêque de Séleucie ou Ctésiphon : avec eux, plusieurs grands officiers de la couronne, deux princes, dont l'un, Hormisdas, était de la famille des Archéménides, la plus ancienne dynastie de Perse : de plus, un si grand nombre de fidèles, qu'on en connaissait seize mille par leurs noms, et qu'un historien persan les porte à deux cent mille. Cette persécution dura trente à quarante ans : une seconde recommença un siècle après, sous le roi Vararanes. Dans les actes des martyrs de Perse, on voit les mages se faire tout à la fois délateurs, témoins, juges et bourreaux. « Bientôt, disaient-ils à Sapor, on n'adorera plus le soleil, ni l'air, ni l'eau, ni la terre; car les chrétiens les méprisent et les insultent. » Ce n'est pas que ni le roi ni les mages ne convinssent au fond que tout cela n'était que des créatures. « Quoi ! misérable ! dit le deuxième persécuteur, Vararanes, à un martyr, saint Jacques, surnommé l'Intercis, parce qu'il fut coupé morceau par morceau, vous n'adorez ni le soleil, ni la lune, ni le feu, ni l'eau, ces illustres productions de la divinité? » Il savait donc, et lui et ses philosophes, que c'est Dieu qui a créé tout cela, et que, par conséquent, tout cela n'est pas Dieu : et cependant ils adorent la créature plutôt que le Créateur, et ils veulent que tout le monde soit absurde et impie comme eux ! et ils font périr dans les plus affreux tourments ceux qui s'y refusent (2) !

Mais est-il croyable que des philosophes agissent de la sorte? Un philosophe du XVIIIᵉ siècle nous dit de ceux de son temps : « Quand les philosophes seraient en état de découvrir la vérité, qui d'entre eux y prendrait intérêt ? chacun sait bien que son système n'est pas mieux fondé que les autres, mais le soutient parce qu'il est à soi. Il n'y en a pas un seul qui, venant à connaître le vrai et le faux, ne préférât le mensonge qu'il a trouvé à la vérité découverte par un autre. Où est le philosophe qui, pour sa gloire, ne tromperait volontiers tout le genre humain. (3) » Ainsi parlait-il de ses collègues en sagesse. Et trente ans après, nous les avons vus, arrivés au pouvoir, traiter les chrétiens en France, comme les mages les avaient traités en Perse.

A la fin du XVIIᵉ siècle, il y avait encore un évêque catholique à Ispahan, capitale de la Perse actuelle. De nos jours, et par suite des révolutions qui l'ont bouleversé, ce pays est sous la juridiction de l'évêque européen de Babylone (4).

(1) Sapor II, né en 310, mort en 379.   B. H.
(2) Tillemont, *Hist. eccl.*, t. VII et XII; Etienne Assémani, *Act. mart. orient.*; Joseph Assémani, *Biblioth. orient.*; Godescard, *Martyrs de Perse*, etc.
(3) *Émile*, de J.-J. Rousseau. Suite du l. 4.
(4) De nos jours, la mission catholique subsiste encore en Perse : dans l'*Annuaire de la hiérarchie catholique* de Pétri, Rome, 1850, on mentionne encore le prêtre Jean Derdérion comme préfet de la mission arménienne en Perse. Les lazaristes ont, dans le pays, trois prêtres, deux frères laïques, et une vingtaine de lévites : il y a des écoles catholiques à Urmiah et à Chosronah. Les fidèles se raniment, l'hérésie s'ébranle, les prêtres nestoriens se convertissent. On a fondé un séminaire pour y former le clergé indigène, et, si le retour des 30,000 nestoriens n'est encore retardé, la diffusion du méthodisme qui a enveloppé le pays dans ses réseaux, et qui se vante d'avoir conquis la Chaldée, est paralysée. (Cf. *Situation actuelle de l'Église catholique en Perse*, Dict. de Goschler, XVIII, p. 87.)   B. H.

L'ÉGYPTE ET L'ÉTHIOPIE.

Les brahmanes ou philosophes de l'Inde, les Chaldéens ou philosophes de Babylone, les mages ou philosophes de la Perse, ont été, pour les philosophes de la Grèce, comme des maîtres et des oracles : beaucoup moins cependant que les prêtres ou philosophes de l'Egypte. Ceux-ci, plus près, ont été consultés plus souvent. Ils regardaient les Grecs comme leurs novices. « O Solon ! Solon ! disait à ce sage un prêtre de Saïs, vous autres Grecs, vous êtes toujours enfants; il n'y a point de vieillard en Grèce. Vous êtes tous jeunes, quant à l'esprit; car vous n'y avez aucune opinion ou doctrine ancienne, transmise par l'antique tradition, aucune science blanchie par le temps (Plat., *Tim.*, t. IX, p. 290 ed. bip.). »

Il n'en était pas ainsi de l'Egypte. Sa sagesse était déjà renommée mille ans avant Solon; car il est dit que Moïse fut instruit dans toute la sagesse des Egyptiens (Act., 7, 22). Elle remontait encore plus haut. Deux siècles avant Moïse, le patriarche Joseph, arrière-petit-fils d'Abraham, enseignait, par ordre du Pharaon, aux princes de l'Egypte, la sagesse et la prudence dont Dieu l'avait lui-même doué (Ps. 104, 22).

Mais que devint cette sagesse entre les mains de ces sages?

Pendant longtemps on n'en pouvait juger que par les pyramides, les canaux du Nil, les ruines de la Thébaïde, une antique renommée d'habileté en fait de gouvernement, et d'extravagante idolâtrie en fait de religion. A l'exception de quelques fragments épars dans les auteurs grecs et latins, la philosophie proprement dite, la doctrine scientifique de l'Eglise, était ensevelie sous le voile des hiéroglyphes. Ce voile vient d'être levé. Les doctes se convainquent de plus en plus que, dans l'antique Mizraïm, la philosophie était au fond la même qu'elle est encore actuellement dans l'Inde. Un être suprême et unique, se manifestant sous trois formes principales ou personnes; un Verbe créateur, intelligence souveraine; la chûte des âmes, l'espoir et le travail de la rédemption, des incarnations divines; un paradis, un enfer, un purgatoire par la métempsycose; des allégories, des personnifications du soleil, de la lune, du ciel, de la terre, de l'Egypte, du Nil, des années, des saisons, des mois, des vents, des déserts, etc., ou plutôt, la divinité se transformant, se manifestant, se reproduisant en tout cela; en un mot, toutes les vérités servant de fond à toutes les erreurs; tel apparaît, comme déjà nous l'avons vu ailleurs, le système, l'ensemble de la philosophie égyptienne.

Les livres où on le trouve écrit, peint, sculpté, sont des palais, des temples, des colonnes, des obélisques, des momies, des tombeaux qui, tantôt s'élèvent en pyramides, tantôt sont creusés dans le roc comme des villes souterraines. Ces monuments, feuillets d'une histoire ancienne et nouvelle, se trouvent répandus non-seulement dans toute l'Egypte, mais dans l'Ethiopie, dans la Nubie, dans les déserts de Lybie et d'Arabie, au milieu des oasis de vert dure qui apparaissent ici et là dans ces mers de sable. Les savants mêmes inclinent à croire que cette merveilleuse dynastie des sciences et des arts est entrée en Egypte par l'Ethiopie.

On a découvert en outre des livres écrits sur du papier ou papyrus. Il en existait de cette sorte, où les philosophes exposaient et commentaient leur doctrine. Un Père de l'Eglise, Clément Alexandrin, en parle en décrivant une de leurs processions religieuses. « A la tête, marche le chantre portant un des symboles de la musique; il doit posséder deux des livres d'Hermès, dont l'un renferme les hymnes des dieux, l'autre les règles pour la conduite du roi. Après le chantre vient l'horoscope, qui tient dans sa main .'horloge et la branche de palmier, emblèmes de l'astrologie. Il doit avoir présents les livres d'Hermès, relatifs à l'astrologie, au nombre de quatre : l'un traite de l'ordonnance des étoiles fixes; un autre des conjonctions et des illuminations du soleil et de la lune; les deux autres des levers. Marche ensuite le scribe sacré (ou l'hiérogrammate) : il a des plumes sur la tête, un livre et une règle dans les mains, avec de l'encre et un roseau pour écrire. Il doit savoir l'hiéroglyphique, la cosmographie, la géographie, la marche du soleil, de la lune et des cinq planètes ; connaître la chorographie de l'Egypte, la description du Nil, le détail complet de ce dont se compose l'appareil des cérémonies religieuses et les lieux qui leur sont consacrés, la mesure et la nature de toutes les choses nécessaires aux sacrifices. Ces personnages sont suivis du stoliste, qui porte ses mains la coudée de justice et la coupe pour les libations. Il est instruit dans tout ce qui concerne l'éducation, et dans l'art de préparer et d'immoler les victimes. Dix objets constituent les honneurs que l'on doit aux dieux, et embrassent la religion égyptienne : les sacrifices, les prémices, les hymnes, les prières, les processions, les fêtes et autres choses semblables. Après tous les autres, s'avance le prophète, portant dans les plis de sa robe l'urne sacrée découverte à tous les yeux : derrière lui sont ceux qui portent les pains d'exposition. Le prophète, président du temple, est obligé d'apprendre les dix livres sacerdotaux proprement dits, qui traitent des lois, des dieux et de toute la discipline du sacerdoce. C'est encore lui qui surveille la distribution des revenus. Il y a en tout quarante-deux livres d'Hermès essentiellement nécessaires; de ces quarante-deux, les prêtres nommés ci-dessus en étudient trente-six, qui contiennent la philosophie entière des Egyptiens. Les six autres sont laissés aux pastophores : ce sont ceux qui traitent des différentes parties de l'art de guérir, c'est-à-dire de la structure du corps, des maladies, des instruments, des médicaments, des yeux, et enfin des femmes (Clem. Alex., *Strom.*, 6, p. 633, édit. du *Vaisseau*).

Dans ce passage, le philosophe chrétien d'Alexandrie nous apprend qu'il y avait quarante-deux livres d'Hermès, essentiellement nécessaires : ce qui suppose qu'ils n'étaient pas les seuls; et, en effet, l'on en trouve beaucoup d'autres cités dans les auteurs. Il y en a qui en comptent vingt mille ; Jamblique, philosophe néoplatonicien, en porte le nombre jusqu'à trente-six mille cinq cent vingt-cinq (Jambl., *Myst. égypt*). Si cela est, les Egyptiens ne le cédaient guère aux bouddhistes pour le nombre de livres.

Suivant la doctrine égyptienne, telle que la conçoivent aujourd'hui les plus savants, Hermès ou Thoth est l'intelligence divine; comme Verbe éternel, il est appelé Hermès Trismégiste ou Hermès trois fois très-grand; comme Verbe incarné, il est appelé Hermès deux fois très-grand ou le second Hermès.

Plusieurs Pères de l'Eglise ont cité des livres d'Hermès ou Mercure Trismégiste, en faveur de l'unité de Dieu et autres vérités chrétiennes. Un auteur, qui paraît être du cinquième siècle, Jean Stobée, nous en a conservé des extraits plus nombreux encore et plus considérables, où se retrouve la même doctrine pour le fond. Il existe un livre tout entier d'Hermès, sous le titre de *Pimandre*, conforme pour le sera à ce qu'on voit cité dans Stobée et dans les Pères. Mais, jusqu'à ces derniers temps, on croyait généralement tout cela apocryphe, inventé après coup et faussement attribué aux anciens Egyptiens. Aujourd'hui, les plus savants tombent d'accord que ces livres, en quelque temps qu'ils aient été rédigés ou traduits en grec et en latin, contiennent réellement l'ancienne doctrine de l'Egypte, la doctrine enseignée dans les hiéroglyphes, et que, par conséquent, les auteurs chrétiens ne trompaient ni ne se trompaient lorsqu'ils s'appuyaient de cette sorte de témoignages (1).

Mais comment alors l'Egypte a-t-elle pu devenir aussi grossièrement idolâtre, jusqu'à se prosterner devant des bœufs, des boucs et des crocodiles ? L'exemple actuel de l'Inde est là pour nous le montrer. Avec les idées les plus magnifiques sur l'unité de Dieu, dans les livres, l'Inde se prosterne devant la vache, devant le serpent, devant l'herbe *darba*, devant les ustensiles de cuisine. C'est que, entre beaucoup d'autres causes, les sages de l'Egypte, non plus que les sages de l'Inde, au lieu de chercher la gloire de Dieu, ne cherchaient que leur propre gloire. Dans l'Egypte comme dans l'Inde, ils formaient une caste héréditaire et privilégiée ; dans l'Egypte comme dans l'Inde, ils se réservaient à eux seuls la lecture des livres de sciences. Dans l'Egypte, ils avaient même un moyen de plus pour conserver à jamais ce monopole : ils avaient deux langues mystérieuses inconnues au vulgaire.

La vérité était en Egypte, mais captive. Dieu la délivre avec Israël : il la délivre des hiéroglyphes, en la faisant écrire dans une langue et avec des caractères que chacun pouvait connaître facilement; il la délivre de la multiplicité des symboles astronomiques, astrologiques, physiques et autres, en la faisant écrire dans toute sa simplicité ; il la délivre du secret où on la retenait, en la publiant du haut d'une montagne et au bruit du tonnerre; il la délivre de l'oppression de la caste savante, en la donnant en héritage à tout un peuple pour la méditer et la faire connaître à tous les peuples.

L'Egypte et l'Ethiopie conservent toujours des relations avec ce peuple dépositaire de la vérité. La reine du Midi ou d'Ethiopie vient admirer la sagesse de son roi Salomon; Pharaon lui donne sa fille. Jérémie prophétise en Egypte. Des colonies juives s'établissent en Egypte et en Ethiopie, du VIe au IIIe siècle avant Jésus-Christ, et forment dans ce dernier pays un royaume (2). Sous Alexandre, les Juifs obtiennent droit de cité dans Alexandrie. Le Christ, enfant, est transporté en Egypte. L'eunuque de la

(1) Champollion, *Panthéon égyptien;* Creuzer-Guigniaut, t. 3, surtout les notes.
(2) *Nouveau journal asiatique.* Juin 1829.

reine Candace vient adorer à Jérusalem, et, de là, remporte dans l'Ethiopie le germe du christianisme, qui s'y est développé depuis et y règne encore à présent. Saint Marc le prêche dans Alexandrie. De pieux solitaires peupleront la Thébaïde. Alexandrie verra son école chrétienne devenir une des lumières du monde. Aujourd'hui même, après tant de revers, les chrétiens forment encore plus de la moitié de la population en Egypte, la plupart, il est vrai, engagés dans l'erreur ou le schisme, mais plus par ignorance que par opiniâtreté. Plusieurs d'entre eux, les Coptes, descendent des anciens Egyptiens et ont conservé leur langue dans l'office divin; ce qui n'a pas peu servi à la découverte des hiéroglyphes (1).

(1) Lettre du P. Sicard au comte de Toulouse. — Aujourd'hui l'Egypte compte environ 15,000 catholiques, qui, sous la juridiction d'un vicaire apostolique, jouissent de la liberté du culte et ont plusieurs couvents. Il y a en outre des Coptes unis et non unis. Les premiers sont sous la juridiction du patriarche melchite d'Egypte; les seconds ont un patriarche propre, monophysite, qui porte le titre de patriarche d'Alexandrie et demeure au Caire. Enfin, l'Egypte a des chrétiens et des évêchés grecs et arméniens. (Cf. Dictionnaire de Goschler; *L'Eglise d'Afrique*, I, p. 94).

E. H.

FIN DU TOME PREMIER.

TABLE DES MATIÈRES DU TOME PREMIER.

Introduction, 1.
Préface de la première édition, ix.

PIÈCES JUSTIFICATIVES.

Réponse de l'auteur à une attaque contre les trois premiers volumes:
Lettre du 24 juin 1845 au Rédacteur de l'*Ami de la Religion*, page xiij.
Quelques paragraphes de l'opuscule *De la Grâce et de la Nature*, xvij.
Lettre du 2 janvier 1841 au Rédacteur de l'*Ami de la Religion*, xviij.
Note sur la lettre du 24 juin 1845, xxij.
Lettre de l'auteur à Mgr d'Astros, archevêque de Toulouse, xxij.
Quelques observations au Rédacteur de l'*Ami de la Religion*, xxv.
Avertissement de l'auteur, xxxij.
Observations à M. l'abbé Caillau sur ses douze articles de critique, concernant l'*Histoire universelle de l'Église catholique*, par M. l'abbé Rohrbacher, xxxiv.

LIVRE PREMIER.

La création du monde et de l'homme.

Préambule. L'Église catholique, société de Dieu, d'abord avec ui-même, puis avec les anges, et enfin avec les hommes, p. 1.
L'histoire des origines, révélée aux premiers hommes, et écrite par Moïse, 1.
La création, les six jours, 2.
La Trinité se découvre dans l'œuvre de la création. Preuves tirées des Pères, des Rabbins, de la science philologique, 2.
Cause matérielle de l'univers, 2.
Sa cause efficiente. Différence entre la manière d'être de Dieu et la manière d'être des créatures, 3.
Époque de la création. Valeur des jours de Moïse. S'il y a eu plusieurs créations, 4.
Si la création des anges a précédé celle du monde matériel. Probabilités, 5.
Des astres. S'ils sont habités, 5.
Sur quoi repose la terre, et comment? Combinaison de l'attraction générale et de la vie individuelle dans le monde physique et dans l'Église. Rotation et forme de la terre, 6.
La lumière intelligible et la lumière sensible, 7.
Les eaux terrestres et les eaux atmosphériques, 8.
L'air et ses propriétés, 8.
Formation des mers. Incorruptibilité de leurs eaux. Leur utilité, 9.
Dimensions de la terre. Ses richesses minérales ; 10.
Les plantes. Tableau de la vie végétale. Rapports des plantes avec les climats où elles se produisent, 11.
Apparition du soleil et de la lune. Vitesse de la lumière. Les sept rayons. Le rayonnement physique et le rayonnement spirituel. Le nombre sept. Réfraction, 12.
Si les astres sont animés, et comment, 14.
Le soleil dans ses rapports avec le temps et avec la température, 14.
Phases de la lune. Ses rapports avec la terre et avec le soleil, 15.
Astrologie. L'Église catholique la détruit et féconde l'astronomie, 15.
En quelle saison et à quelle phase de la lune ont paru los deux grands luminaires. Coïncidence avec l'époque des événements les plus marquants de la vie du genre humain, 16.
Création des poissons et des oiseaux. Merveilles de l'histoire des poissons. Animaux microscopiques. La destruction, mère de la vie. Poissons volants, 17.
Oiseaux aquatiques, domestiques, etc. Merveilles de l'histoire des oiseaux. Oiseaux voyageurs, 19.
Insectes ailés. Leur gouvernement, leur industrie, leurs métamorphoses, leur coopération aux desseins de la Providence. Dieu bénit les poissons et les oiseaux, 21.
Création des animaux. Correspondance de leur structure et de leurs mœurs avec le genre de service qu'ils doivent rendre à l'homme, et avec la nature du pays qu'ils habitent, 23.
Les animaux carnassiers, gardiens de la santé publique, 25.
Création de l'homme. Caractères qui le distinguent de toutes les créatures précédentes, 26.
L'homme, intelligence incarnée, roi de la nature et point d'union entre les esprits et les corps. Harmonie de son corps avec ce qui l'entoure, et de ses parties entre elles, 26.
Le corps humain, image de l'univers. Sa dignité. Ascension progressionnelle de l'existence et de la vie, depuis les minéraux jusqu'à l'âme. L'âme et le corps, image de Dieu et du monde, 27.
Perfectibilité, privilège exclusif de l'homme, 28.
Le feu, marque de sa souveraineté, 28.
L'âme, image de la Trinité divine. Ses hautes destinées, et dans l'ordre de la nature, et plus encore dans l'ordre de la grâce et de la gloire, 28.
L'Éden et le paradis terrestre. Sa position. Sa culture et sa garde confiée à l'homme, 30.
Commandements de Dieu à l'homme. Pourquoi il n'est pas parlé de la loi naturelle, 31.
Pourquoi Dieu sanctionne les commandements qu'il fait à l'homme, et ne sanctionne pas ceux-là. Libre arbitre, 31.
Adam ou le premier homme donne des noms aux animaux, 32.
Formation d'Ève ou de la première femme. Naissance de l'Église, 32.
Union d'Adam et d'Ève, du Christ et de l'Église, et des trois personnes divines. Monogamie. Indissolubilité du mariage, 32.
Dieu bénit nos premiers parents. La virginité, 33.
Si l'usage de la chair fut d'abord défendu, 33.
Harmonie, dans Adam et Ève, de la chair et de l'esprit, 33.
Excellence des œuvres de la création et de son ensemble. Sa double fin, 33.
Repos de Dieu, 34.

LIVRE DEUXIÈME.

Accord des anciennes traditions avec Moïse. — Chute de l'homme. — Promesse du Rédempteur.

L'histoire formant un corps complet dans Moïse et les Prophètes, et ne se trouvant chez les auteurs profanes qu'à l'état de fragments qui ne peuvent être ramenés à l'unité sans le secours de ces livres. Pourquoi on recueille ici ces fragments, 34.
Degré de connaissance que les païens avaient du vrai Dieu, suivant les Pères de l'Église, Minutius Félix, Irénée, Tertullien, Cyprien, Lactance, Arnobe, Justin, Athénagore, Clément d'Alexandrie, Origène, saint Augustin et saint Thomas, 34.
Conciliation des passages et des sentiments qui semblent contraires à cet égard, 36.

Le Christ, Verbe de Dieu, source première et unique de tous les degrés de lumières qui se trouvent sur Dieu parmi les hommes, 37.
Vestiges des traditions primitives et véritables sur Dieu, son unité, sa trinité, les bons et les mauvais anges, la création, le premier homme, la formation de la première femme, l'innocence et le bonheur primitifs, le paradis terrestre, la chute de l'homme, la réparation future, chez les Chinois, 38 ;
Dans l'Inde, 39 ;
Dans la Chaldée, l'Egypte et la Perse, 40 ;
Chez les Grecs et les Romains, 40 ;
Chez les sauvages de l'Amérique, 40.
Le serpent chez les anciens peuples, dans l'Ecriture et dans l'histoire de l'Eglise catholique, 41.
Pourquoi la femme ne s'effraie point à la vue du serpent, 42.
Pourquoi le démon a choisi le corps du serpent pour s'incarner en quelque sorte, 42.
Artifice et finesse du serpent, 43.
Les paroles divines altérées dans les réponses de la femme, 43.
Promesses équivoques du serpent, 43.
Orgueil, curiosité, concupiscence de la femme, 43.
La chute d'Adam et celle d'Aaron et de saint Pierre, 44.
Suite de la chute. Deux hommes en un seul, 44.
Que le récit de la chute n'est pas une allégorie, 44.
Péché originel. Ses preuves dans la croyance de tous les peuples et des philosophes. Son pourquoi, 45.
Récit mosaïque de l'arrêt divin prononcé contre l'homme coupable, et de la promesse du Rédempteur, 45.
Nos premiers parents se sauvent de Dieu, 46.
Sincérité de leur aveu et son peu d'humilité, 46.
Malédiction exclusive du serpent, 46.
Marie et Jésus-Christ, 47.
Supériorité de l'humanité régénérée sur l'humanité primitive, 47.
Correspondance de la réparation avec la chute, 47.
Châtiment imposé à la femme et à l'homme. Leur pénitence, 47.
Qu'il ne faut point exagérer les suites de la chute, 48.
Que la persévérance de nos premiers parents ne nous eût pas rendus impeccables, 49.
Bouleversements physiques qui suivent la malédiction de la terre, 49.
L'homme chassé du paradis terrestre, 50.
L'arbre de vie, 50.
Les chérubins, 50.

LIVRE TROISIÈME.

Vie des premiers hommes. — Le déluge, tombeau de l'ancien monde qui en ressuscite un nouveau.

Le traitement divin de l'homme malade. Naissance de Caïn et d'Abel. Illusion et désabusement d'Eve, 51.
Occupations et sacrifices des deux frères, 51.
Jalousie, endurcissement, fratricide, impénitence et châtiment de Caïn, 52.
Quel fut ce châtiment. Sa reproduction chez les anciens peuples à l'égard des meurtriers, 52.
Abel et Caïn, figures de Jésus-Christ et du peuple Juif, 53.
Postérité de Caïn. Découvertes. Polygamie, 53.
Abel avait pour Seth et Caïn d'Abraham dans son Eglise, 54.
Postérité de Seth. Enlèvement d'Hénoch, 54.
Du désaccord des divers textes sur les dates de cette époque, 55.
Que les années des patriarches étaient des années comme les nôtres, 55.
Noé, figure de Jésus-Christ, 56.
Ses trois fils, 56.
Les enfants de Dieu et les enfants des hommes. Leurs alliances, 57.
Leur corruption, 57.
Menace de Dieu. Incrédulité des hommes, 57.
Les géants, 58.
Que l'homme ne dominait point sur l'homme avant le déluge, 58.
Ce que signifie le repentir de Dieu, 58.
Arrêt de mort contre toutes les créatures qui couvraient la face de la terre, excepté Noé et sa famille, 58.
L'arche et ses dimensions, 59.
Qu'elle était plus que suffisante pour remplir sa destination, 59.
Qu'il est fort douteux que sa construction ait duré cent ans, 59.
Noé entre dans l'arche, 59.
Le déluge, 59.
Où Dieu a pu trouver toute l'eau nécessaire, 60.
Que les victimes du déluge ne le sont pas toutes de l'enfer, 60.
L'arche, figure de l'Eglise, 61.
Un mot sur cette maxime: *Hors de l'Eglise il n'y a point de salut*, 61.

Fin du déluge, 61.
Sacrifice de Noé, 61.
Bénédiction de l'homme, confirmation de sa royauté, 62
La chair permise comme nourriture. Prohibition du sang, 62.
Droit de vie et de mort remis à la société, 62.
Que le pouvoir religieux est antérieur au pouvoir civil, 62
Assurances contre un nouveau déluge, 62.
Coup d'œil sur le partage de la terre entre les enfants de Sem Cham et Japhet, 63.
Noé plante la vigne. Malédiction de Cham dans son fils Chanaan, 63.
Caractère des trois races, 63.
Souvenir du déluge chez les indigènes d'Amérique, chez les Chinois, les Indiens, les Grecs, les Egyptiens même, les Chaldéens, les Assyriens, 64.
Concordance pour l'époque, 68.
Autres preuves du déluge, tirées de la géologie et de l'archéologie, 69.

LIVRE QUATRIÈME.

Confusion des langues. — Dispersion des peuples. — Abraham, Melchisédech et les autres patriarches, Isaac, Jacob et Joseph, figures du Christ et de son Eglise. — Ismaël, père et type des Arabes ou Bédouins.

Trois âges dans la vie du genre humain, à chacun desquels la Providence modifie sa manière d'agir à l'égard de l'homme : 1° l'enfance ou la vie de famille, jusqu'au déluge ; 2° l'adolescence ou le partage en nations, jusqu'à Jésus-Christ; 3° l'âge mûr ou l'unité dans l'Eglise catholique, jusqu'à la fin, 70.
Tour de Babel. Confusion des langues, 71.
Traditions à ce sujet chez les Grecs et les Américains, 71.
Nouvelle apparition de la Trinité dans le récit mosaïque de cet événement, 72.
Résultats et avantages de la confusion de Babel, 72.
Analogie entre les premiers peuples et les premiers prédicateurs de l'Evangile, 72.
Postérité des trois fils de Noé. Peuples qui en descendent, et pays qu'ils ont habités, 73.
La vérité du récit biblique confirmée par la science moderne, 73.
Epoque et durée de la dispersion, 74.
Origine des anciennes traditions, 74.
Epoque de l'introduction de l'idolâtrie, 75.
Que la providence générale de Dieu sur tous les peuples est antérieure à sa providence spéciale sur le peuple Juif. Que l'une n'empêche pas l'autre, 75.
Nemrod, premier roi, 75.
Remarque sur l'antiquité du Pentateuque, 75.
Assur et son royaume, 75.
Multiplicité des rois à cette époque, 75.
De Ninus, de Sémiramis et de Bélus, 76.
Définition de l'idolâtrie. Qu'elle n'exclut pas l'adoration du vrai Dieu, 76.
L'idolâtrie dans la famille d'Abraham, 76.
Vocation d'Abraham, sa généalogie et date de sa naissance, 76.
Il quitte son pays et sa famille. Promesses que Dieu lui fait, 77.
Source de lumière pour les nations dans les voyages des Israélites, 77.
Ses stations en Palestine, 78
Son voyage en Egypte. Enlèvement et restitution de Sara par Pharaon, 78.
Retour en Palestine. Séparation d'avec Lot. Nouvelles promesses de Dieu, 78.
Guerre de Sodome, 79.
Melchisédech et son sacrifice, figures de Jésus-Christ et de l'Eucharistie, 79.
Abraham à Damas, 79.
Promesse d'une postérité nombreuse, 80.
Alliance de Dieu avec Abraham. Vision de la captivité d'Egypte et promesse de la terre de Chanaan, 80.
Abraham épouse Agar. Prédiction de la naissance et du caractère d'Ismaël, 80.
Abraham et Sara changent de nom. La circoncision. Isaac prédit, 81.
La circoncision chez les Arabes, les Egyptiens et autres, 81.
Visite des trois anges. L'annonce de la ruine de Sodome. Prières d'Abraham, 82.
Qui étaient ses trois hôtes. Histoire béotienne relative à cette visite, 83.
Les anges chez Lot, 84.
Crime des habitants des Sodomites. Lot sort de la ville. Ruine de Sodome. Désobéissance et punition de la femme de Lot, 84.
La mer Morte, 85.

TABLE DES MATIERES.

Supériorité de la conduite d'Abraham sur celle de Lot, 85.
Enfantement incestueux de Moab et d'Ammon. Histoire de leurs descendants, 86.
Enlèvement et restitution de Sara par Abimélech, 86.
Naissance et circoncision d'Isaac. Renvoi d'Agar, 86.
Les deux femmes d'Abraham, figures des deux Testaments, 86.
Alliance d'Abraham et d'Abimélech, 87.
Sacrifice d'Isaac, figure de celui de Jésus-Christ, 88.
Traditions à ce sujet en Grèce et en Phénicie, 89.
Mort et sépulture de Sara, 89.
Message d'Eliézer, Rebecca, 90.
Mariage d'Isaac. Isaac et Rebecca, figures de Jésus-Christ et de son Eglise, 91.
Autres femmes et enfants d'Abraham, 91.
Sa mort, sa sépulture et sa gloire, 91.
Peuples qui descendent de lui, 92.
Sa famille spirituelle, 92.
Le Père des croyants et le Saint-Père, 93.
Particularités qui accompagnent la naissance d'Esaü et de Jacob. Différence de leurs caractères. Esaü vend son droit d'aînesse.
Avantages que conférait ce droit, 93.
Station d'Isaac chez les Philistins, 93.
Querelles à propos de puits. Alliance avec Abimélech, 94.
Puissance d'Isaac. Genre de formation des premières royautés. Simplicité antique, 94.
Jacob surprend la bénédiction de son père, 95.
Prédictions relatives à Esaü, 95.
Isaac et Rebecca, Esaü et Jacob, figures de Jésus-Christ et de son Eglise, des Juifs et des Gentils, 95.
Fuite de Jacob. Vision de l'échelle et ses significations, 96.
La pierre de Jacob chez les païens, 96.
Jacob au service de Laban. Il épouse Lia et Rachel. Fécondité de l'une et stérilité de l'autre. Leurs femmes supplémentaires, 97.
Naissance de Joseph, 97.
La famille chez les patriarches et chez les païens, 98.
Transaction entre Jacob et Laban. Stratagèmes de Jacob, 98.
Son retour, 98.
Ce qu'étaient les théraphims de Laban, 98.
Laban poursuit Jacob. Leur alliance, 99.
Frayeur de Jacob à l'approche d'Esaü, 100.
Lutte contre un ange, 100.
Son entrevue avec Esaü, 100.
Enlèvement de Dina. Pillages des Sichémites, 101.
Jacob construit un autel à Béthel. Il prend le nom d'Israël.
Nouvelle promesse de la terre de Chanaan, 101.
Naissance de Benjamin et mort de Rachel, 101.
Inceste de Ruben avec Bala. Jacob arrive près d'Isaac. Mort d'Isaac, 102.
Esaü va habiter les bords de la mer Rouge. Traditions païennes à ce sujet, 102.
Songes de Joseph. Jalousie de ses frères. Ils le vendent, 102.
Douleur de Jacob. Nouvelle affliction à l'occasion de Thamar. Conséquences pratiques, 103.
Joseph acheté par Putiphar. Sa chasteté. Il est mis en prison. Il explique les songes du grand échanson et du grand panetier, puis ceux de Pharaon, 103.
Puissance de Joseph. Année d'abondance. Naissance de Manassé et d'Ephraïm, 105.
Années de disette. Les frères de Joseph en Egypte. Captivité de Siméon, 106.
Benjamin en Egypte. Joseph se fait connaître à ses frères. Joseph, figure de Jésus-Christ, 106.
Jacob en Egypte, 107.
Pourquoi les Egyptiens avaient en horreur les pasteurs, 108.
Sous lequel pharaon Jacob vint en Egypte, 109.
Les Israélites dans la terre de Gessen, 109.
Joseph soumet toute l'Egypte à Pharaon, 109.
Bénédiction d'Ephraïm et de Manassé par Jacob. Suprématie d'Ephraïm, 110.
Prophéties de Jacob sur chacun de ses fils. Juda et le Messie, 111.
Mort de Jacob. Sa sépulture en Chanaan, 111.
Joseph rassure ses frères. Sa mort, 111.

LIVRE CINQUIÈME.

Job, patriarche de l'Idumée, figure et prophétie du Christ.

Providence de Dieu sur les peuples étrangers à Israël, 112.
Ce qu'était Job, 112.
Son époque, 112.
Ses biens remis à la discrétion de Satan, 113.
Ses malheurs et sa résignation, 113.
Sa personne remise à la discrétion de Satan, 113.

Ses souffrances et sa résignation, 113.
Il venge Dieu des clameurs de sa femme, 114.
Visite de trois rois ses amis, 114.
Job maudit le jour de sa naissance, 114.
Reproches d'Eliphaz, 115.
Réponse de Job, 115.
Reproches de Baldad, 115.
Réponse de Job, humilité et prière de Job, 116.
Reproches de Sophar, 116.
Réponse de Job, et sa foi en la résurrection, 116.
Instance d'Eliphaz et réponse de Job, 117.
Invectives de Baldad, 117.
Plaintes, désirs et espérances de Job, 117.
Preuves de sa croyance à la résurrection, 118.
Ses trois amis continuent à sermonner et Job à leur répondre, 118.
Ses protestations. Il fait le tableau de sa prospérité première, en opposition avec sa misère présente, et prouve son innocence par l'exposé de sa vie passée, 119.
Reproches d'Eliu à Job et à ses amis, 119.
Dieu répond à Job et lui représente sa supériorité sur l'homme, 120.
Job s'humilie, 120.
Dieu continue, 120.
Réponse de Job, 121.
Réprimande de Dieu à ses trois amis, 121.
Rétablissement de Job dans sa prospérité première, 121.
Quelle sagesse était l'objet des recherches de Job, 121.
Comment nous arrive cette sagesse, 122.
Doctrine du livre de Job, 122.
Job, figure de Jésus-Christ, 122.

LIVRE SIXIÈME.

Moïse, la Pâque, la sortie d'Egypte, figures prophétiques de Jésus-Christ et de son Eglise.

Communion aux biens temporels et aux biens spirituels entre les peuples de la terre, 123.
La politique en Egypte et ailleurs. Les Israélites opprimés. Leurs travaux, 123.
Les sages-femmes égyptiennes. Submersion des enfants mâles. Pharaon, oppresseur des Israélites, et les rois, oppresseurs de l'Eglise, 124.
Naissance, exposition, délivrance et éducation de Moïse, 124.
Sagesse de l'Orient et de l'Egypte, 125.
Constitution égyptienne. Castes, 126.
Doctrine des prêtres égyptiens, 126.
Supériorité de celle de Moïse, 127.
Science et exploits de Moïse, 127.
Il tue un Egyptien. Sa fuite en Madian. Son mariage. Sa postérité. Son genre de vie, 127.
Le buisson ardent. La baguette de Moïse. Le Messie. Le nom de Dieu, 128.
Tragédie grecque sur Moïse, 129.
Moïse retourne en Egypte. Circoncision de son fils. Rencontre d'Aaron, 130.
Ils vont trouver Pharaon. Surcroît d'oppression. Plaintes d'Israël contre Moïse, et de Moïse à Dieu, qui lui réitère ses promesses, 130.
De l'endurcissement de Pharaon, 131.
Triomphe de Moïse sur les magiciens de Pharaon, 131.
Du miracle. Sa définition. Moyens de le reconnaître. Miracles du paganisme. Si le miracle altère le plan de la Providence, 131.
Double but général des plaies d'Egypte. Incroyable superstition des Egyptiens, 132.
Les dix plaies. But spécial de quelques-unes d'entre elles. Impuissance des magiciens. Conversions éphémères et rechutes successives de Pharaon, 133.
La Pâque, 136.
Les Israélites s'enrichissent des dépouilles de l'Egypte. Leur multitude. Leur règle de conduite à l'égard des étrangers, 137.
Epoque de leur sortie, 138.
Consécration des premiers-nés à Dieu, 138.
La colonne de nuée. Israël, type du genre humain et des individus, 138.
Pharaon les poursuit, 139.
Passage de la mer Rouge. Submersion des Egyptiens. Cantique de Moïse, 139.
Traditions sur ce passage, chez les Arabes riverains, les anciens Ichthyophages, les Grecs, les Egyptiens, 140.
Si Pharaon survécut au désastre et lequel régnait alors, 142.
Pourquoi l'Ecriture ne parle pas de Sésostris. Les tombes des rois d'Egypte, 143.
L'incrédulité et les zodiaques, 146.

Le passage de la mer Rouge, rappelé par les Philistins et les Ammonites, 146.
Le peuple d'Israël, figure du peuple chrétien, 146.

LIVRE SEPTIÈME.

Loi écrite ; ses rapports avec le passé, le présent et l'avenir.

Idéal d'une société parfaite, d'après Confucius, Platon et Cicéron, 147.
Sa réalisation dans l'Eglise catholique et son ébauche dans la constitution judaïque, 149.
Idées de Platon sur la marche à suivre pour introduire dans l'humanité cette perfection sociale, réalisées par la Providence dans la formation et le développement progressif de l'Eglise catholique, et dans la restauration de l'homme spirituel, 150.
Voyage dans le désert. Les eaux d'amertume. Murmures. Le bois qui les édulcore, figure de la croix. Les douze fontaines et les soixante-dix palmiers d'Elim, figure des douze apôtres et des soixante-douze disciples, 151.
Famine au désert. Murmures. Les cailles, 152.
La manne. Manière de la recueillir. Sa description. L'ambroisie des païens. Manne conservée dans le tabernacle. La manne, figure de l'Eucharistie, 152.
Disette d'eau au désert de Raphidim. Murmures. Moïse frappe le rocher, 153.
L'Ancien Testament, figure du Nouveau. Réalisation complète de tous deux dans le ciel, 153.
Attaque des Amalécites. Josué combat dans la plaine et Moïse prie sur la montagne. La foi et les œuvres. Défaite des ennemis. Prédiction de leur futur anéantissement. Moïse, les bras étendus, figure de Jésus-Christ, 154.
Arrivée de Jéthro. Son orthodoxie. Création des Juges, 154.
Campement au pied du Sinaï. Propositions de Dieu à Israël et acceptation, 155.
Ordre du jour pour la promulgation de la loi. Aspect du Sinaï. Moïse sur la montagne. Dieu proclame ses dix commandements. Frayeur du peuple. Moïse reste seul avec Dieu, 156.
Identité de la loi mosaïque avec la loi primitive. Germes de la loi d'amour, 157.
Toute l'histoire antérieure de la loi, préface de la loi et comment, 157.
Précision plus grande dans la célébration des sacrifices, figurant tous le sacrifice du Christ et l'immolation de l'homme spirituel fait de lui-même à Dieu, 157.
Unité dans le feu sacré, dans le lieu et dans le sacerdoce, 158.
Unité du sacerdoce depuis l'origine du monde, 158.
Les trois grandes fêtes judaïques, époques de réunion au lieu où résidait le tabernacle. La Pâque et la Pentecôte chrétiennes, 158
Cérémonies de la fête de l'expiation, figure de la mort et de l'ascension de J.-C., 159.
Le sabbat. L'année sabbatique. L'année du jubilé, figure de la restauration opérée par le Christ, 160.
Commandement de la piété envers les parents, du respect pour les vieillards et de la soumission à l'autorité, 161.
Constitution judaïque. Egalité, 161.
Lois sur les meurtriers. Villes de refuge, 162.
Parallèle entre la loi mosaïque et la législation des païens, relativement à l'infanticide, le meurtre des esclaves, la haine, le droit des gens, le droit de la guerre, l'enrôlement des citoyens, la vie militaire, 163.
Loi sur l'usage des animaux, 164.
Du mariage. Que la polygamie et le divorce sont un désordre. Leurs funestes effets, prévenus en partie par la loi mosaïque, 164.
Les différentes alliances d'Abraham, figures des différentes phases de l'alliance de Dieu avec les hommes, 165.
L'homme, fermier de Dieu sur la terre. Lois sur la propriété. Parallèle de ces lois avec les lois romaines, 165.
Charité envers les pauvres, 167.
Sagesse et humanité des lois pénales sur le vol, la diffamation, les voies de fait. Défense du vol, même en désir, 167.
Dangers des habitudes païennes pour l'esprit et pour le cœur, 167.
Sacrifices humains chez les peuples idolâtres. Gladiateurs, 167.
Crime des Chananéens en particulier. Défense des sacrifices humains, 168.
La superstition et l'impudicité protégées, au moins en public, par les législateurs et les philosophes païens, et battues en brèche, ainsi que la cruauté, par les institutions mosaïques, 169.
Alliance de Dieu avec Israël. Pourquoi Dieu ne donne à sa loi qu'une sanction temporelle, 171.

Le Verbe se dévoile aux élus d'Israël, 172.
Moïse en communication avec Dieu au haut de la montagne, 172.

LIVRE HUITIÈME.

Voyage dans le désert. — Mort de Moïse. — Epreuves de l'Eglise sur la terre.

L'orgueil, pierre d'achoppement de nos vertus. Nécessité de l'enseignement divin, prouvée par les contradictions des philosophes. Nécessité de la grâce, et dangers de la seule instruction pour la rectitude de la volonté, prouvés par l'exemple des Israélites, 172.
Le veau d'or. Prévarication d'Aaron et prévarication de saint Pierre. Cause de l'une et de l'autre. Moïse médiateur, figure de Jésus-Christ, 173.
Il brise les tables de la loi et le veau d'or. Possibilité de la fonte du veau d'or, 174.
Idées diverses de la multitude dans l'adoration du veau d'or, 175.
Trois mille hommes mis à mort par les lévites. Comment cette exécution pouvait s'allier avec leur caractère, 175.
Dévouement de Moïse. Dieu se fait remplacer par un ange. Le tabernacle hors du camp. Intimité de Moïse avec Dieu. Le Verbe se laisse voir de Moïse. La vision de Moïse et la vision d'Elie, 176.
Jeûne de Moïse. Réconciliation de Dieu avec Israël. Nouvelles tables, 177.
Rayonnement de la face de Moïse. Ce que figuraient la destruction des premières tables et le voile de Moïse, 177.
Construction, dimension et description du tabernacle. Ce qu'il figurait, 177.
L'arche d'alliance. Description et dimension. Présence de Dieu au milieu d'Israël et des patriarches. Cérémonies relatives à l'arche, figuratives de la vie de Jésus-Christ, 177.
Signaux pour les campements, le départ, l'assemblée. Ordre de la marche, 179.
Marche d'Israël, figure de la vie du chrétien. Adoration de la croix, 179.
Aaron, pontife et juge suprême. Les ornements sacrés. Sa consécration et celle de ses fils, 179.
Le feu sacré. Fonctions des prêtres et des lévites. Leur position sociale et réciproque, 180.
Mort de Nadab et Abiu, 180.
Le blasphémateur lapidé. Le nom de Dieu, 181.
Dénombrement militaire des tribus, 181.
Consécration de la tribu de Lévi. Fonctions des lévites relativement au tabernacle, 181.
Offrandes des chefs de tribu, 182.
Hobab. Les Cinéens. Les Réchabites. Nécessité d'un guide particulier outre la colonne de nuée, 182.
Murmures et incendie. Gourmandise du peuple. Plaintes de Moïse. Les soixante-dix anciens. Désintéressement de Moïse. Le sanhédrin, 182.
Les cailles. Vengeance divine, 183.
Murmures et punition d'Aaron et de Marie, 184.
Les douze envoyés. Leur faux rapport, 184.
Enac et Inachus, 185.
Opposition de Caleb et de Josué. Murmures. Arrêt contre tout le peuple, Josué et Caleb exceptés. Mort des dix autres explorateurs, 185.
Obstination et défaite des Israélites. Instruction de saint Paul au sujet de ces événements. Nombre des condamnés. Repentir du peuple, 185.
Profanateur du sabbat lapidé, 186.
Révolte et châtiment de Coré, Dathan et Abiron. Murmures et commencement de châtiment. Intercession d'Aaron, 186.
La verge d'Aaron. On la dépose dans le tabernacle, 187.
Etrange explication du châtiment de Coré, 188.
Mort de Marie au désert de Tsin. Disette d'eau. Moïse frappe deux fois le rocher. Sa punition, 188.
Dispositions hostiles du roi d'Edom. Eléazar, grand-prêtre. Mort d'Aaron, 188.
Défaite du roi d'Arad. Différentes sortes de vœux, 189.
Murmures. Les serpents. Le serpent d'airain, figure de Jésus-Christ, 190.
Dégoût de la manne. Les oignons d'Egypte, 190.
Les Moabites et les Ammonites épargnés. Conquête et distribution du pays des Amorrhéens et de Basan, 190.
Balac et Balaam. Prédictions de celui-ci et leur accomplissement. Ses détestables conseils. Prévarication du peuple avec les filles de Madian. Belle action de Phinées. Vengeance divine, 191
Nouveau dénombrement militaire. Destruction des Madianites 193.
Josué, successeur de Moïse. Exhortation au peuple et à Josué, Prédictions, promesses, 194.
Cantique, mort et éloge de Moïse, 195.

TABLE DES MATIÈRES.

LIVRE NEUVIÈME.

Josué ou le Jésus du peuple d'Israël, figure du Jésus de l'humanité entière.

Des rapports entre les deux puissances, d'après la tradition universelle. Conséquences, 199.
Principes théocratiques de la constitution hébraïque. Témoignages des hommes et témoignage de Dieu à cet égard, 202.
Continuité du sacerdoce et interruption du pouvoir civil en Israël, 204.
Explication de l'état présent des choses, 205.
Espions de Josué chez Rahab. Convention et délivrance, 206
Ordre du jour pour le passage du Jourdain. Passage du fleuve. Monuments commémoratifs, 206.
Circoncision du peuple. La Pâque. Disparition de la manne, 207.
Vision de Josué. Ordre du jour pour le siége de Jéricho, 207.
Prise et destruction de la ville, 207.
Echec devant Haï. Achan lapidé. Prise de Haï, 208.
Autel du mont Hébal. Nouvelle promulgation de la loi. Promesses et menaces. Leur accomplissement, 209.
Stratagème des Gabaonites. Condition de l'anéantissement et de la conservation des peuples chananéens, 210.
Défaite et mort des cinq rois ennemis de Gabaon. Pluie de pierres. Ce qu'elle avait de merveilleux. Josué arrête le soleil. But de ce miracle. Son souvenir chez les autres peuples, 210.
Prises de villes et défaite des rois chananéens, 211.
Conduite de Dieu envers les individus, les nations et l'humanité coupables, et particulièrement envers les Chananéens. Colonies chananéennes. Ressemblance de leurs mœurs avec celles de la mère-patrie, 212.
Motifs de la conservation momentanée de certaines peuplades, 213.
Partage des tribus de Ruben, de Gad et de la première demi-tribu de Manassé, 214.
Partage de Juda, d'Ephraïm, etc., 215.
Chars armés en guerre, 216.
Les vingt et un envoyés. Partage des sept autres tribus, 217.
Le baume de Jéricho, 217.
Héritage de Josué, 218.
Villes de refuge. Villes lévitiques, 218.
Stérilité actuelle de la Judée, ses causes. Preuves et causes de son ancienne fertilité. Infériorité de l'Egypte, 219.
Josué congédie les guerriers de Ruben, Gad et Manassé, qui construisent un autel. Mouvement à cet égard, 221.
Promesses, menaces et avis de Josué. Sa mort et son tombeau 222.
Sépulture de Joseph, 224.
Eloges de Josué. Conséquences pratiques, 224.

LIVRE DIXIÈME.

Les Juges. — Institution de la royauté.

De l'an 1424 à l'an 1095 avant l'ère chrétienne.

Idée de cette nouvelle période historique. Conduite du peuple d'Israël en Palestine, image de la conduite des chrétiens. Coup d'œil sur l'histoire des Juges, 225.
Guerres partielles contre les Chananéens. Les tribus de Juda et de Siméon y préludent. Prise et traitement d'Adonibésec. Prise de Jérusalem. Partage des Cinéens. Soumission partielle des Philistins, 226.
Inaction de la tribu de Benjamin, 227.
Prise de Béthel par les tribus de Manassé et d'Ephraïm, 227.
La femme du lévite. Guerre de Gabaa. Massacre des Benjamites. On fournit des femmes à ceux qui restent. Les suites d'une première faute, 227.
Relations illicites avec les Chananéens. Punition annoncée. Temple domestique de Michas. Expédition de la tribu de Dan, 230.
Du gouvernement des Juges, 233.
Prévarications, oppressions et délivrances successives. Oppression de Chusan. Judicature d'Othoniel, 234.
Oppression d'Eglon. Il meurt par les mains d'Aod. Légitimité philosophique de ce meurtre. Que le catholique seul a le droit d'en juger, 235.
Judicature de Samgar, 235.
Oppression de Jabin. Victoire de Barac et de Débora. Mort de Sisara. Légitimité de l'action de Jahel. Cantique de Débora, 235.
Noémi va habiter en Moab. Mort de son mari et de ses fils. Son retour en Juda. Piété filiale de Ruth. Elle va glaner dans les champs de Booz. Charité de Booz. Booz et les rois d'Homère. Ruth chez Booz. Rapports de cette démarche avec les mœurs du temps. Le rédempteur de Noémi cède son droit à Booz. Cérémonie de la concession. Ruth épouse Booz. Naissance d'Obed. Ancêtres et descendants de Booz. Date du livre de Ruth. Jugement de Voltaire sur ce livre et réflexions, 237.
Oppression des Madianites. L'ange apparaît à Gédéon et lui prouve sa puissance. Gédéon renverse l'autel de Baal. Preuves de mission. Réduction successive de l'armée israélite. Gédéon dans le camp ennemi. Songe d'un soldat madianite. Ordre pour le combat. Défaite et poursuite des Madianites. Susceptibilité des Ephraïmites. Prise et mort des chefs madianites. Les anciens de Soccoth punis de leur refus. Désintéressement de Gédéon. Sa mort, 240.
De Sanchoniaton, 243.
Abimélech, fratricide et roi à Sichem. Un mot sur les premiers rois. Apologue de Joatham. Révolte contre Abimélech. Destruction de Sichem et de sa tour. Mort violente d'Abimélech, 244.
Judicature de Thola et de Jaïr. Merveille de leur gouvernement, 245.
Oppression des Ammonites et des Philistins. Repentir du peuple. Election de Jephté. Explications avec les Ammonites. Vœu de Jephté. Humiliation des Ammonites. La fille de Jephté. Susceptibilité, défaite et massacre des Ephraïmites. Mort de Jephté, 246.
Prise de Troie, 248.
Judicature d'Abesan, d'Aïalon et d'Abdon, 248.
Samson annoncé. Sa naissance. Ce que c'était qu'un nazaréen. Samson va demander et obtient en mariage une Philistine. Il tue un lion. Ses noces. Enigme et dénouement. De l'esprit de Dieu. Les renards de Samson et leur souvenir chez les Romains. Samson livré aux Philistins. La mâchoire d'âne et la source miraculeuse. Les portes de Gaza. Dalila. Vaines épreuves sur les causes de la force de Samson. Elle lui arrache son secret. Samson prisonnier des Philistins. Sa mort glorieuse. De l'Hercule des païens. Les deux colonnes du temple des Philistins, 249.
Simultanéité des juges en Israël, 253.
Judicature du grand-prêtre Héli. Stérilité d'Anne. Sa prière. Naissance de Samuël. Cantique d'Anne. Anne, figure de Marie et de la gentilité. Samuël dans le temple, 253.
Infamies des enfants d'Héli. Faiblesse de leur père. Vision de Samuël. Résignation d'Héli. Défaite d'Israel par les Philistins. Mort des enfants d'Héli, de leur père et de la femme de Phinées. Prise de l'arche. Qualités et défauts d'Héli. L'arche dans le temple de Dagon. Plaies des Philistins. Aveuglement des prêtres de Dagon. Renvoi de l'arche. Mort des Bethsamites indiscrets. L'arche dans la maison d'Aminadab. Défaite des Philistins, 254.
Gouvernement de Samuël. Prévarications de ses deux fils. Le peuple demande un roi. Remontrances de Samuël, 256.
Saül à la recherche des ânesses de son père. Il est sacré roi par Samuël. Marques de l'approbation divine. Saül proclamé roi, 257.
Inconvénients de la royauté humaine. La souveraineté de droit, propriété exclusive de Dieu. Suzeraineté de Dieu sur les rois d'Israël. Conditions de la légitimité d'une royauté humaine, d'après la tradition. Obligation plus grande pour les rois d'observer la loi divine, d'après le *Chou-King*. Quelle était la loi du royaume proclamée par Samuël, 258.
Premier acte de royauté de Saül. Défaite des Ammonites. Nouvelle acceptation du peuple. Samuël entre en jugement avec lui. Avertissements et menaces, et leur écho dans le *Chou-King*, 260.

LIVRE ONZIÈME.

Saül. — David. — Jonathas.

De l'an 1095 à l'an 1055 avant l'ère chrétienne.

Obstacles au despotisme chez les Hébreux. La loi, le sacerdoce, les prophètes. Etendue de leur mission. Leurs titres comme historiens et poëtes. Leur philosophie. Unité de leur doctrine. Leur éloge, 262.
Les Israélites en présence des Philistins. Leurs craintes. Saül usurpe les fonctions du sacerdoce. Rareté des armes en Israël, suite de l'oppression des Philistins. Jonathas pénètre chez les Philistins. Leur déroute. Saül les poursuit. Jonathas, anathème à son insu. Sa délivrance. Défauts de Saül. Ses nouvelles victoires, 263.
Expédition des tribus de Ruben, de Gad et de Manassé, 266.
Expédition de Saül contre les Amalécites. Sa prévarication. Sa réprobation. Les Saüls anciens et modernes. Exécution de l'anathème prononcé contre Amalec, 266.
Election divine et sacre de David, 268.
L'esprit de Dieu et l'esprit mauvais, 268.
David, ange gardien de Saül, 269.
Irruption des Philistins. Goliath. Sa stature. Ses provocations. David arrive au camp. Mort de Goliath, 269.

Dispositions diverses de Saül et de Jonathas à l'égard de David, 270.
Humilité, cantique et triomphe de David. Jalousie et attentat de Saül, 270.
Les hommes inspirés de Dieu et les hommes inspirés du démon, 271.
Mérob promise et refusée à David. Il épouse Michol, et à quelles conditions, 271.
Nouveau sujet et accroissement de jalousie en Saül. Intercession de Jonathas et réintégration de David, 271.
Nouvelle victoire de David et nouvel attentat de Saül. David est sauvé par sa femme et s'enfuit vers Samuël. Ce qui arrive à Saül et à ses envoyés. Saül, Balaam et les pharisiens, 272.
Alliance de David avec Jonathas, 272.
Fête des néoménies, 273.
Fureur de Saül contre David, qui, averti par Jonathas, s'enfuit vers Achimélec, partage à ses gens les pains de proposition, s'arme de l'épée de Goliath, se sauve ensuite chez les Philistins, puis dans la caverne d'Odollam, où il reçoit des renforts, et enfin à Maspha, où il lui en arrive de nouveaux, et dans la forêt de Hareth, 273.
Cruauté de Saül sur Achimélec et sa famille, sur la ville de Nobé et sur les Gabaonites, 275.
David bat les Philistins et fuit dans le désert. Nouveau renfort et visite de Jonathas. David implore la providence de Dieu, 275.
Des imprécations contenues dans les psaumes, 277.
David trahi par les Ziphéens. Ses angoisses. Sa délivrance. Sa prière, 277.
Nouvelle persécution, magnanimité et prière de David. Retour de Saül à de meilleurs sentiments, 277.
Mort de Samuel, 278.
Grossièreté de Nabal et intercession d'Abigaïl. Mort de Nabal. David épouse Abigaïl, 279.
David, de nouveau trahi par les Ziphéens, épargne une seconde fois Saül. Repentir de Saül, 280.
David fuit chez les Philistins, où il reçoit un nouveau renfort. Ses expéditions contre les Amalécites, 280.
Iruption des Philistins. Saül consulte une pythonisse et reçoit son arrêt de mort, 281.
L'immortalité de l'âme chez les Juifs, 282.
Les Philistins renvoient David, qui punit les Amalécites destructeurs de sa ville. Sa douceur. Suite de nouveaux renforts, 282.
Défaite des Israélites. Mort de Saül et de ses fils. Les habitants de Jabès-Galaad reprennent aux Philistins le corps de Saül, 283.
David pleure la mort de Saül, punit l'Amalécite meurtrier de Saül, et vient à Hébron, 284.
Parallèle de la politique de Saül avec celle de David, 284.

· LIVRE DOUZIÈME.

David sur le trône, à la fois prophète et prophétie.

De l'an 1055 à l'an 1014 avant l'ère chrétienne.

Accomplissement des promesses de Dieu à Abraham, et des prédictions de Jacob à Juda, 287.
David récompense les habitants de Jabès-Galaad, 287.
Droits de David au trône, 287.
Rivalité d'Isboseth. Le combat des douze. Défaite d'Isboseth. Mort d'Azaël. Modération des deux partis, 287.
Abner, accompagné de Michol, passe du côté de David et meurt tué par Joab. Ambition de ces deux chefs. Imprécations et douleur de David, 288.
Les meurtriers d'Isboseth punis de mort, 289.
David reconnu roi par tout Israël, figure de Jésus-Christ reconnu par tout l'univers, 289.
Caractères de légitimité de sa royauté. Humilité et cantique de David, 290.
La Jérusalem de la terre et la Jérusalem du ciel, 291.
David s'empare de la forteresse de Sion et fait alliance avec Hiram, 291.
Irruption des Philistins. Les braves d'Israël. Défaite des Philistins, 292.
Nouvelle défaite des Philistins, 292.
L'arche est transportée chez Obededom, puis à Jérusalem. Punition d'Oza. Cantique de David. Il danse devant l'arche. Reproches et punition de Michol, 292.
David se construit un palais et veut bâtir un temple à Dieu. Salomon et Jésus-Christ. Cantique de David, 294.
Défaites des Philistins, des Moabites, des Syriens, de Soba et de Damas, des Amalécites et des Iduméens. Félicitations et présents de Thou, 294.
Vie privée de David. Administration du royaume, 295.

David recueille Miphiboseth, 295.
Outrages faits aux ambassadeurs de David par le roi des Ammonites. Défaite des Ammonites et des Syriens, leurs alliés. Prise de leur roi. Réduction du pays, 296.
David adultère et meurtrier. Reproches du prophète Nathan et punition, 296.
Naissance de Salomon, 297.
Réflexions sur la chute de David. Son cantique à ce sujet, 297.
Inceste et mort d'Amnon. Fuite d'Absalom. Sa rentrée en grâce. Ses menées ambitieuses. Sa révolte. Fuite de David. Injures de Séméi. Patience de David. Infâmes conseils et suicide d'Achitophel. Péril et délivrance des fils du grand-prêtre. Défaite et mort d'Absalom. Douleur de David. Il pardonne à ses adversaires et récompense les siens, 298.
Révolte des onze tribus. Meurtre d'Amasa. Mort de Séba et fin de la révolte, 301.
Expiation des cruautés de Saül envers les Gabaonites. Belle conduite de David envers les restes de Saül et de ses enfants, 302.
Défaite des Philistins. Danger que court David, 302.
Dénombrement illicite du peuple. La peste. Prière de David. Fin du fléau. David achète l'emplacement du temple, 303.
Intrigues d'Adonias. Plaintes de Bethsabée et de Nathan. Serment de David. Sacre de Salomon. Soumission d'Adonias. Discours et prière de David. Ses avis à Salomon, 304.
Sa mort, 304.
Son éloge. Sublimité de sa poésie. Ses psaumes, évangile prophétique, 304.

LIVRE TREIZIÈME.

Salomon, le Temple, figures du Christ et de son Église.

De l'an 1014 à l'an 975 avant l'ère chrétienne.

Le règne de Salomon, accomplissement et figure, 309.
Demande ambitieuse d'Adonias. Sa mort et celle de Joab. Exil du grand-prêtre Abiathar. Le souverain sacerdoce retourne à la branche aînée de la famille d'Aaron. Mort de Séméi, 309.
Salomon épouse la fille du roi d'Egypte, 310.
Il demande à Dieu la sagesse, 311.
Jugement de Salomon, 311.
Ses soins pour la sécurité de son royaume. Prospérité de ses peuples. Sa cour. Sa puissance. Sa sagesse, 311.
Le bouddhisme, 312.
Renommée de Salomon chez les anciens et chez les modernes. Ses ouvrages : *Les Proverbes, Le Cantique des cantiques,* 312.
Traité avec Hiram pour la construction du temple. Nombre, emploi et salaire des ouvriers étrangers et indigènes. Où Salomon avait puisé toutes ses ressources, 313.
Commencement et époque de la construction du temple. Son emplacement. Sa description. Son achèvement. Sa dédicace, 315.
Part que les nations ont eue à la construction du temple, 317.
Pourquoi Dieu s'est fait bâtir un temple, 318.
Salomon fait construire un palais pour lui, et un autre pour sa femme. Description de ces édifices, 319.
Nouvelle vision de Salomon, 319.
Il élève un mur autour de Jérusalem, bâtit plusieurs villes, soumet le reste des Chananéens et construit une flotte pour le commerce, 319.
Visite de la reine de Saba. Où était situé ce royaume, 320.
Gloire de Salomon. Sa chute. Dieu lui annonce sa punition. Jéroboam est averti des desseins de Dieu sur lui. Il évite les embûches de Salomon. Révolte des Iduméens et des Syriens de Soba, 321.
Mort de Salomon. Durée de son règne, 322.
Si Salomon est sauvé, 322.
Le livre de l'*Ecclésiaste,* 322.
Le livre de la *Sagesse,* 322.
Confrontation de l'idolâtrie avec les vérités dont elle est l'abus. Ses deux causes principales. Caractères des œuvres du démon et caractères des œuvres de Dieu. Persévérance de l'idée et de l'adoration du vrai Dieu au sein de l'idolâtrie. Quatre degrés dans la connaissance de Dieu. Existence des vrais adorateurs de Dieu parmi les nations. L'idolâtrie spirituelle, 323.

LIVRE QUATORZIÈME

Division d'Israël en deux royaumes. — *Elie.* — *Elisée. Josaphat.* — *Athalie.*

De l'an 975 à l'an 758 avant l'ère chrétienne.

Demande du peuple à Roboam. Son refus injurieux. Séparation de dix tribus. Élection de Jéroboam. Précautions prises par les deux rois, 329.

TABLE DES MATIÈRES.

La séparation politique est suivie de la séparation religieuse. Emigration des prêtres, des lévites et d'une partie du peuple hors du royaume d'Israël. Jérusalem demeure le centre du vrai culte, 330.
Chute de Roboam. Invasion de Sésac. Quel était ce roi d'Egypte. Ses liaisons avec Jéroboam, 331.
Abiam succède à Roboam, 331.
Un prophète est envoyé à Jéroboam. Justice de Dieu sur l'un et l'autre, 331.
Prophétie d'Ahias sur Jéroboam, sa famille et son peuple, 332.
Victoire d'Abiam sur Jéroboam, 333.
Chute d'Abiam. Sa mort et celle de Jéroboam, 333.
Nadab, roi d'Israël. Il est tué par Baasa, qui extermine toute la maison de Jéroboam, 333.
Zèle d'Asa pour le vrai Dieu. Sa victoire sur l'Ethiopien Zara. Quel était ce Zara, 333.
Prophétie d'Azarias. Ferveur d'Aza et du peuple, 334.
Alliance d'Aza avec les Syriens. Ses violences envers le prophète Hanani, 334.
Mission du prophète Jéhu. Endurcissement de Baasa. Sa mort. Extermination de toute sa race par Zambri. Troubles intérieurs, 334.
Crimes d'Amri et d'Achab. Accomplissement des malédictions de Josué sur Jéricho, 334.
Le prophète Elie annonce à Achab son châtiment. Il est nourri par des corbeaux; multiplie les provisions de la veuve de Sarepta et ressuscite son fils; va annoncer à Achab la fin de la sécheresse; confond les prêtres de Baal; fuit la colère de Jézabel; est nourri par un ange; jeûne pendant quarante jours et quarante nuits; a, sur le mont Horeb, une vision figurative de l'histoire du monde et de l'individu, et s'adjoint Elisée, 335.
Précieuses qualités de Josaphat. Gloire de son règne. Il marie à Athalie son fils Joram, 337.
Achab remporte sur les Syriens des victoires qui lui sont annoncées par des Prophètes. Il épargne leur roi. Un prophète lui annonce sa punition, 338.
Achab s'empare de la ville de Naboth, que Jézabel fait lapider. Elie lui annonce sa punition. Son repentir et son pardon, 339.
Josaphat marche avec Achab contre les Syriens, malgré les avertissements du prophète Michée. Mort d'Achab, 340.
Jéhu reproche à Josaphat son alliance avec Achab. Création du sanhédrin, 340.
Crimes d'Ochozias. Révolte des Moabites. Ochozias consulte Beelzebub. Quel était ce dieu. Elie lui fait annoncer sa punition, fait tomber le feu du ciel sur les soldats envoyés pour le prendre, et va lui-même trouver le roi, 341.
Les enfants des Prophètes. Enlèvement d'Elie, 341.
Elisée passe le Jourdain à pied sec, 342.
Eloge d'Elie. De sa future venue et de celle d'Enoch, 342.
Elisée assainit les eaux de Jéricho. Vengeance du ciel sur les enfants de Béthel, 342.
Joram. Sa conduite. Il marche avec Josaphat contre Moab, 343.
De la musique dans ses rapports avec l'inspiration divine, 343.
Elisée fournit de l'eau aux armées combinées. Défaite des Moabites, 343.
Invasion des Moabites et des Ammonites. Prière de Josaphat. Les ennemis s'exterminent les uns les autres, 344.
Joram. Son impiété. Il fait mourir ses frères. Révolte des Iduméens. Lettre du prophète Elie. Ravages des Philistins et des Arabes. Mort de Joram, 344.
Elisée multiplie l'huile de la veuve; obtient à la Sunamite un fils qu'il ressuscite ensuite; assainit la nourriture des enfants des prophètes; multiplie les pains; guérit Naaman de la lèpre. Quel était le dieu Remmon. Idolâtrie politique. Elisée punit de la lèpre le mensonge de Giézi; fait un miracle sur le Jourdain; déjoue les ruses des Syriens contre Israël, et frappe d'aveuglement les troupes qu'ils envoient contre lui, 345.
Détresse de Samarie. Fureur de Joram contre Elisée. Prédictions du prophète et accomplissement, 347.
Elisée annonce la famine. La Sunamite lui rend témoignage devant Joram. Ses prédictions sur Benadad et Hazaël, 348.
Siège de Ramoth par les rois d'Israël et de Juda. Mission du roi Jéhu. Massacre de Joram, de Jézabel, des fils d'Achab, de sa maison, de ses partisans, d'Ochozias, des prêtres et des adorateurs de Baal, 348.
Jéhu, adorateur des veaux d'or. Hazaël ravage son royaume. Sa mort, 350.
Athalie égorge toute la maison d'Ochozias. Joas lui échappe. Il est sacré par Joïada. Mort d'Athalie. Destruction des autels et des prêtres de Baal, 350.
Chute de Joas. Il fait mourir le grand-prêtre Zacharie. Ravages d'Hazaël. Joas assassiné, 351.
Crimes de Joachaz. Ravages d'Hazaël et désolation du royaume d'Israël. Pénitence de Joachaz et pardon, 351.
Prédictions d'Elisée. Remarque sur l'époque du livre des Rois. Victoires de Joas sur les Syriens. Mort d'Elisée. Son éloge, 351.
Commencements heureux d'Amasias. Premiers actes de son règne. Il est battu et pris par Joas, qui pille Jérusalem. Sa mort violente, 351.
Victoires de Jéroboam II sur les Syriens, 352.
Sagesse et prospérité d'Ozias. Son sacrilège. Sa punition, 352.

LIVRE QUINZIÈME.

Monarchie universelle. — Les prophètes commencent à écrire l'histoire future du monde. — Jonas. — Isaïe. — Amos. — Osée. — Michée. — Fin du royaume d'Israël.

De l'an 758 à l'an 721 avant l'ère chrétienne.

Grand mouvement politique et intellectuel chez les principales nations. Les prophètes. Les poètes. Les philosophes. Analogie entre le nombre des prophètes historiens du monde et celui des nations influentes, et coïncidence entre l'apparition de ces prophètes et le commencement de la certitude historique et des différentes ères. Les grands empires et leurs capitales. L'Asie occidentale, berceau de l'idée de domination universelle, 353.
Jonas. Son époque. Sa mission. Sa fuite. Sa punition. Sa délivrance. Sa nouvelle mission. Pénitence des Ninivites. Leur pardon. Plaintes de Jonas et réponse de Dieu. Réflexions sur la conversion de Ninive, 354.
Jonas, figure de Jésus-Christ, 356.
Isaïe. Sa vision. Ses chants prophétiques, 357.
Michée, 358.
Objet de la mission d'Isaïe, 358.
Osée. Circonstances prophétiques de sa vie conjugale. Matière de ses prophéties, 359.
Amos. Il annonce la vengeance divine sur Juda et les peuples voisins, et le châtiment et le rétablissement final d'Israël, 359.
Dépérissement effectif d'Israël. Passage successif de Zacharias, Sellum, Manahem, Phacéia, Phacée et Osée sur le trône, 261.
Règne heureux de Joatham, 361.
Abominations d'Achaz punies par les ravages des rois d'Israël et de Syrie. Les deux rois devant Jérusalem. Assurance de Dieu à Achaz. Annonce du Messie et preuves. Caractères figuratifs des enfants d'Isaïe. Achaz demande la protection du roi d'Assur. Isaïe annonce la vengeance divine sur Assur, Achaz et Babylone, et prophétise le Messie, 361.
Prophétie de Michée sur le Messie, 365.
Destruction du royaume de Damas, conquête d'une partie des tribus d'Israël et ravage des terres de Juda par le roi d'Assur, 366.
Idolâtrie et intolérance d'Achaz. Sa mort, 366.
Réduction totale du royaume d'Israël par Salmanasar. Transmigration du roi et des habitants en Assyrie, 366.
Populations nouvelles du pays d'Israël. Leur conversion. Ses motifs. Ses résultats imparfaits. Le Pentateuque samaritain, 366.

LIVRE SEIZIÈME.

Ezéchias. — Fin d'Isaïe. — Tobie. — Manassès. — Judith. Ruine de Ninive.

De l'an 721 à l'an 613 avant l'ère chrétienne.

Piété d'Ezéchias. Restauration du culte. Défaite des Philistins. Délivrance du pays du joug des Assyriens, 367.
Alliance avec le roi d'Egypte. Reproches d'Isaïe. Prophétie contre l'Egypte et sur la future réunion de tous les peuples, 368.
Invasion de Sennachérib. Témoignage des auteurs profanes, 369.
Mensonge patriotique des prêtres égyptiens, 369.
Menaces et blasphèmes de Sennachérib. Prières d'Ezéchias. Prédictions d'Isaïe contre les Assyriens. Ravages de l'ange exterminateur dans leur camp. Fuite et mort de Sennachérib. Témoignage des auteurs sacrés et profanes, 370.
Piété de Tobie. Son mariage. Son fils. Sa captivité. Sa persévérance. Sa charité envers ses frères et envers Gabel en particulier. Persécution de Sennachérib. Dévouement, fuite et retour de Tobie. Il devient aveugle. Sa patience. Sa probité. Prière de Tobie et de Sara. Avis de Tobie à son fils. Le jeune Tobie part pour Ragès, en compagnie de l'ange Raphaël, qui le délivre d'un poisson. Avis de l'ange à Tobie. Mariage de Tobie avec Sara. Prière des deux époux. Délivrance de Sara. Craintes et joie de Raguel. Mission de l'ange près de Gabel. Inquiétude des parents de Tobie. Son retour. Il rend la vue à son père. Arrivée de Sara. L'ange, prié de recevoir sa récompense, se fait reconnaître. Cantique de Tobie. Ses avis prophétiques à son fils. Sa mort. Le livre de Tobie, 371.
Maladie d'Ezéchias. Dieu lui promet la santé et confirme sa promesse par un miracle. Cantique d'Ezéchias, 377.

Il montre ses trésors aux ambassadeurs du roi de Babylone. Prédictions menaçantes d'Isaïe sur Juda et Babylone, 378.
Empire de Cyrus. Mort d'Ezéchias. Cyrus et Ezéchias, figures de Jésus-Christ, 379.
Prophéties d'Isaïe sur le Messie, son Evangile, sa passion, son Eglise, la vocation des Gentils et la réprobation des Juifs; et accomplissement, 381.
Mort violente d'Isaïe, 385.
Abominations de Manassès. Menaces divines. Endurcissement de Manassès. Sa captivité. Son repentir. Son rétablissement. Sa persévérance. Sa mort. Accomplissement des prophéties d'Isaïe, 385.
Commencement de la lutte entre les peuples conquérants. De l'empire des Mèdes. Lutte désastreuse avec Ninive. Multiplicité de noms des anciens rois, 386.
Expédition d'Holopherne. Sa date, 387.
Préparatifs du grand-prêtre Eliacim. Réponse d'Achior aux questions d'Holopherne. Il est recueilli par les Israélites, 387.
Holopherne devant Béthulie. Détresse des assiégés. Ils veulent se rendre, 389.
Qui était Judith. Son discours aux anciens du peuple. Sa prière, 389.
Elle se rend près d'Holopherne, qui, séduit par sa beauté et par ses discours, accède à tous ses désirs. Elle lui coupe la tête et rentre dans la ville, 391.
Son discours au peuple et à Achior. Fuite et massacre des Assyriens. Récompense et cantique de Judith. De la légitimité des moyens employés par Judith, 392.
Prédictions de Sophonie et de Nahum contre Ninive, 393.
Quelle était la ville de No-ammon, 394.
Rétablissement de l'empire des Mèdes et massacre des Scythes par Cyaxare, 394.
Ruine de Ninive par Cyaxare et Nabopolassar, 395.

LIVRE DIX-SEPTIÈME.

Josias. — Commencement de Jérémie. — Captivité de Babylone. — Nabuchodonosor voit en emblème l'histoire du monde : Daniel la lui explique. — Ezéchiel dans la Mésopotamie. — Ruine de Jérusalem et du temple.

De l'an 613 à l'an 588 avant l'ère chrétienne.

Impiété et mort violente d'Amon. Piété de Josias, 395.
Naissance de Jérémie. Sa mission. Arrêts prophétiques de Sophonie sur Juda et les peuples voisins, 395.
Découverte du livre de Moïse. Prédictions de la prophétesse Olda contre Jérusalem et sur Josias, 397.
Josias renouvelle l'alliance entre Dieu et le peuple, et poursuit l'œuvre de la destruction des idoles. Etendue de l'idolâtrie en Juda. Célébration de la pâque, 397.
Impénitence des grands et du peuple. Exhortations de Jérémie. Annonce et justification de la vengeance de Dieu et de la destruction du temple. Douleur de Jérémie, 398.
Psammétique, roi en Egypte. Siège d'Azot. Eloignement des Scythes. Néchao. Ses entreprises. Son expédition contre Babylone, 399.
Opposition de Josias. Sa blessure. Sa mort. Son éloge, 399.
Impiété, captivité et mort de Joachaz, 400.
Joakim tributaire de Néchao. Témoignage d'Hérodote, 401.
Impiété de Joakim. Conspiration et persécution contre Jérémie. Son emprisonnement. Ses prophéties en action et autres, devant le roi, les prêtres, les magistrats, le peuple, sur les malheurs futurs de Jérusalem. Il échappe à la mort, 401.
Prédiction, fuite et mort du prophète Urias, 403.
Prophéties menaçantes de Joël et d'Habacuc contre Juda et ses vainqueurs, et de Jérémie sur les envahissements et la chute de Babylone, 404.
Invasion de Nabuchodonosor, 405.
Fidélité et récompense des Réchabites, 406.
Baruch lit devant le peuple les prophéties de Jérémie, 406.
Nabuchodonosor à Jérusalem. Commencement de la captivité de Babylone, 407.
Nouvelles tentatives de Jérémie. Fureurs de Joakim. Arrêt de Dieu contre lui, 407.
Daniel et ses compagnons à la cour de Nabuchodonosor. Leur fidélité à la loi et leur récompense, 407.
Chasteté de Suzanne. Sa condamnation. Sa délivrance par Daniel, et lapidation de ses accusateurs. De l'authenticité de l'histoire de Suzanne, 408.
Travaux exécutés par Nabuchodonosor dans Babylone, 409.
Son songe. Sa fureur contre les mages. Daniel les sauve et le lui explique. Les quatre grands empires et celui du Christ, 409.

Révolte et mort violente de Joakim. Impiété de Jéchonias. Menaces divines. Sa captivité. Pillage du temple et du palais. Nouvelle transmigration, 411.
Impiété et endurcissement de Sédécias, 412.
Prophéties de Jérémie. Imposture et mort d'Hananias, 412.
Lettres de Jérémie aux Juifs captifs. Annonce de la fin de la captivité, de la ruine de Babylone et de l'établissement de l'Eglise. Fureurs et punition de Séméias, 413.
Vision d'Ezéchiel. Son application à l'univers, aux grands empires, au peuple de Dieu, à l'Eglise catholique, 416.
Justification des jugements de Dieu sur les justes et les pécheurs, les pères et les enfants, 417.
Prophéties en action sur le siége de Jérusalem, 418.
Des bouffonneries d'un impie moderne à ce sujet, 419.
Nouvelle vision d'Ezéchiel et nouvelle prophétie en action sur la captivité de Sédécias, 419.
Révolte et alliance de Sédécias avec le roi d'Egypte. Prédiction, par Ezéchiel et Jérémie, de la défaite des deux rois, 420.
Marche de Nabuchodonosor. Conversion passagère de Sédécias. Le sort des flèches, 420.
Prédiction de Jérémie sur la ruine de Jérusalem. Son emprisonnement. Sa prophétie en action sur la fin de la captivité, 421.
Siége de Jérusalem. Révélation en est faite à Ezéchiel, ainsi que de sa ruine, 421.
Elargissement de Jérémie. Sa nouvelle prédiction sur la ruine de Jérusalem. Sa flagellation et son emprisonnement, 421.
Retraite des Egyptiens. Renouvellement des prédictions de Jérémie. Il est descendu dans une fosse et sauvé par un Ethiopien. Son entretien secret avec le roi. Fuite, prise et aveuglement de Sédécias, 422.
Prise et incendie de la ville et du temple. Massacre et réduction en esclavage de la population. Délivrance de Jérémie par les Assyriens 422.
Ses lamentations, 423.

LIVRE DIX-HUITIÈME.

Fin de Jérémie. — Nabuchodonosor et son fils annoncent le vrai Dieu à tous les peuples de la terre. — Daniel, historien des quatre grands empires, en particulier de l'empire romain. — Chants lugubres d'Ezéchiel sur la ruine future de Tyr et de l'Egypte. — Prise de Babylone par Cyrus.

De l'an 588 à l'an 536 avant l'ère chrétienne.

Lettre pastorale de Jérémie, 427.
Il enfouit les objets du culte. De la manifestation future de l'arche, 427.
Jérémie recueille le reste des Juifs. Trahisons et fuite d'Ismaël, 428.
Les Juifs de Palestine se retirent en Egypte, malgré les menaces de Jérémie, 428.
Menaces de Dieu contre l'Egypte. Idolâtrie des Juifs réfugiés. Reproches inutiles et mort de Jérémie, 429.
Jérémie, figure de Jésus-Christ, 429.
Baruch rejoint les captifs, auxquels il lit son livre. Leur repentir et leurs offrandes à Dieu. Baruch rapporte à Jérusalem les vases du temple, 429.
Les trois jeunes hébreux dans la fournaise. Leur délivrance miraculeuse et leur élévation dans l'empire. Ordre du roi à ce sujet, 431.
Les Phéniciens. Leurs colonies. Leurs relations avec les Juifs, 432.
Tyr. Oracles de différents prophètes et chants lugubres d'Ezéchiel sur cette ville. Son histoire. Sa destruction par Nabuchodonosor, 433.
L'Egypte. Prophéties sur sa chute. Son importance dans l'histoire de la civilisation. Influence que les Hébreux ont exercée sur elle. Ses différents noms et leur origine. Sa fertilité et ses causes. Ses monuments. Ses zodiaques. Son idolâtrie et ses doctrines secrètes. Ses castes. Ses lois. Obscurité de son histoire. Prédictions et chants lugubres d'Ezéchiel sur sa ruine, 436.
Triomphe, chute et mort d'Apriès, 440.
Expédition de Nabuchodonosor à travers l'Afrique et l'Europe Témoignage de Mégasthènes, 440.
Songe de Nabuchodonosor. Explication de Daniel. Nabuchodonosor changé en bête. Sa réhabilitation. Son édit à ce sujet. Témoignage de Mégasthènes. Conversion et mort de Nabuchodonosor, 440.
Evilmérodac. Elargissement de Jéchonias, 441.
Daniel confond les prêtres de Baal, qui sont exterminés avec leur dieu, et fait périr le dragon des Babyloniens, 442.
Il est jeté dans la fosse aux lions. Sa conservation miraculeuse et sa délivrance. Mort de ses ennemis et d'Evilmérodac, 442.

TABLE DES MATIÈRES.

Nériglissor. Ses préparatifs contre les Mèdes. Sa défaite. Sa mort. Laborosoarchod. Nitocris. Baltassar, 443.
Vision de Daniel sur les quatre grands empires, et explication, 443.
Conquêtes de Cyrus. Vision de Daniel sur l'empire et les successeurs d'Alexandre, et explication, 445.
Cyrus poursuit ses conquêtes. Défaite de Crésus et de Baltassar. Description, siége et prise de Babylone, d'après Hérodote et Xénophon, 447.
Récit de Daniel. Vision et trouble de Baltassar. Explication de Daniel. Accomplissement des prophéties sur la chute de Babylone, 448.
Passage de l'empire du monde des Babyloniens aux Perses. Nécessité des données de la révélation pour l'intelligence de l'histoire, 449.
Souveraineté de l'action divine dans la vie du genre humain, 450.
Moyens de conversion chez les Gentils. Justice et miséricorde de Dieu dans les punitions des peuples. Cantique des captifs d'Israël, 450.

LIVRE DIX-NEUVIÈME.

Darius le Mède annonce à toute la terre le Dieu du ciel. — Cyrus ordonne le rétablissement de son temple à Jérusalem, et renvoie les Juifs dans leur pays. — Daniel prédit l'époque du Christ, la guerre des Perses avec les Grecs, l'histoire des successeurs d'Alexandre. — Artaxerce-Longue-main prend pour femme Esther, pour premier ministre Mardochée, envoie Esdras et Néhémias relever les murs de Jérusalem. — Fin des prophéties.

De l'an 538 à l'an 442 avant l'ère chrétienne.

Bonheur, piété filiale et modération de Cyrus, 451.
Organisation du royaume, 451.
Part qu'y prit Daniel. Il est jeté dans la fosse aux lions. Sa conservation miraculeuse. Edit de Darius le Mède et sa conversion à ce sujet, 452.
Prière de Daniel. Un ange lui révèle l'époque de la venue du Christ. Preuve et explication de cette prophétie, 452.
Avénement de Cyrus. Son édit pour le retour des Juifs et le rétablissement du temple, 453.
Restitution des objets du culte. Départ d'une colonie sous les ordres de Zorobabel. Division des classes sacerdotales. Fondation du nouveau temple, 454.
Les Samaritains. Leur jalousie et leurs intrigues contre les Juifs, 455.
Jeûne et vision de Daniel. Les trois anges des Perses, des Grecs et du peuple de Dieu, 455.
Histoire prophétique du royaume des Perses, de l'empire d'Alexandre, de sa division et des royaumes d'Egypte, de Syrie et de Juda. Explication, accomplissement et authenticité, 455.
Coup d'œil prophétique de Daniel sur la fin du monde. Analogie entre la durée des diverses persécutions, 456.
Mort et éloge de Daniel, 461.
Mort de Cyrus. Etendue et force de son empire. Discordance des historiens à son égard. Cyrus, figure de Jésus-Christ, 462.
Avénement, expédition, cruauté, inceste et mort de Cambyses.
Persécution des Samaritains, 462.
Règne du faux Smerdis. Il encourage les intrigues des Samaritains, 462.
Avénement de Darius. Négligence des Juifs. Reproches d'Aggée et de Zacharie. Leurs prophéties sur le Christ et son Eglise, et sur les désastres de Babylone, 463.
Le ministère des bons anges, 464.
Révolte, siége et prise de Babylone, 464.
Le Messie, figuré par le grand-prêtre. Jésus est de nouveau prédit par Zacharie, 465.
L'affaire de la construction du temple est renvoyée à Darius. Son édit en faveur des Juifs, 465.
Manière remarquable dont les rois de Perse parlent du vrai Dieu. Zoroastre, 466.
Dédicace du nouveau temple. Cantique d'Aggée et de Zacharie.
Célébration de la Pâque, 466.
Prophéties de Zacharie sur diverses circonstances de la passion de Jésus-Christ et sur la conversion du monde, 467.
Expédition et mort de Darius, 467.
Expédition gigantesque de Xerxès. Sa mort violente. Son caractère, 468.
Avénement sanglant d'Artaxerxès. Ses qualités. Premiers actes de son règne, 468.
Disgrâce de la reine Vasthi, 468.

Mardochée. Esther. Elle devient l'épouse du roi et lui révèle une conspiration découverte par Mardochée, 469.
Edit du roi en faveur des Juifs. Départ d'une nouvelle colonie sous la conduite d'Esdras, 469.
Expulsion des femmes étrangères hors d'Israël, 470.
Fureurs d'Aman contre Mardochée. Il obtient un édit d'extermination contre les Juifs. Consternation et prières des Israélites, d'Esther et de Mardochée. Intercession d'Esther près du roi. Humiliation d'Aman et gloire de Mardochée. Supplice d'Aman. Révocation de son édit. Elévation de Mardochée. Caractère providentiel et fête anniversaire de la délivrance des Juifs, 471.
Fonctions de Néhémias à la cour de Perse. Sa prière à Dieu pour le rétablissement de Jérusalem. Il obtient congé du roi. Reconstruction des murailles de Jérusalem, malgré les persécutions des peuples voisins, 475.
Conversion des usuriers, 476.
Intrigues des ennemis de Néhémias pour le perdre, 477.
Célébration des fêtes mosaïques. Rénovation de l'alliance de Dieu avec les Hébreux, 477.
Invention du feu sacré, 478.
Multiplication du peuple et renaissance de Jérusalem. Dédicace des murailles. Voyage de Néhémias en Perse. Abus en Israël et négligence du grand-prêtre Eliasib. Mort d'Artaxerxès et de Néhémias, 479.
Malachie. Ses reproches aux Juifs sur différents abus, et ses prophéties sur l'Eucharistie, Jean-Baptiste et le double avénement de Jésus-Christ. Fin des Prophètes. Union des deux Testaments par Malachie et Jean-Baptiste, 480.

LIVRE VINGTIÈME.

Les philosophes, les poètes et les historiens de la gentilité.

Epoque et durée des philosophes. Corporations philosophiques et philosophes principaux. Sagesse des Hébreux, 482.

LA CHINE.

Lao-tseu. Des maisons des sages en Chine. Idéal du sage d'après les antiques monuments de ce pays. Les maisons de faux sages. Tentatives de réforme de Lao-tseu. Son voyage en Occident. Idée du *Livre de la raison et de la vertu*, et du *Traité des récompenses et des peines*, 482.
Confucius. Ses voyages. Ses fortunes diverses. Son but. Son entretien avec Lao-tseu. Ses disciples. Son mode d'enseignement. Sa théorie sur le culte des esprits et des ancêtres, et sur la nature et les destinées de l'homme. Traditions dans les livres de Confucius et des autres sages, et symboles, dans l'écriture chinoise, relatifs au Rédempteur et à sa naissance. Morale de Confucius. Son travail sur les cinq *Kings*. Leur dédicace, 485.
Livres des disciples de Confucius. Mencius. Ses leçons aux princes. Un lettré prévient par son dévouement la destruction de ses ouvrages, 489.
Persécution de Chihoangti contre les anciens livres. Inefficacité de la philosophie en Chine. Extinction rapide du mouvement imprimé aux esprits par Confucius, Mencius et Tcheng-tsée. Dégénération profonde des disciples de Lao-tseu. Etat actuel de la Chine sous le point de vue moral. Ancienneté du christianisme en Chine, et preuves, 491.

L'INDE.

Toute-puissance morale des philosophes dans l'Inde. Richesse littéraire et pauvreté historique de ce pays, 493.
Le déluge selon les Indiens, 494.
Exagération de l'idée de Dieu dans leurs doctrines sur la création, l'union avec Dieu, et les moyens d'y parvenir, et l'état des âmes après la mort, 494.
But de tout le système doctrinal des Indiens. Deux méthodes générales pour y parvenir. Réduction de toute la philosophie indienne à trois points de départ, puisée dans la seconde méthode, 496.
Les neuf incarnations de Vischnou, 497.
Bouddha, 497.
Le Dalaï-Lama, 497.
Origine des analogies qui existent entre les institutions, le culte et les doctrines bouddhistes et celles du catholicisme, 498.
Impostures, puissance et pharisaïsme des brahmanes, 499.
Avilissement des parias, 499.
Division doctrinale et lutte entre les brahmanites et les bouddhistes, 499.

Etendue et extravagance prodigieuses des livres sacrés de l'Inde, 499.
Obscurantisme des Indiens à l'égard des Védas, 499.
Leur ignorance crasse dans les sciences. Leur idolâtrie, leur superstition et leur dépravation morale, 500.
Facilité pour les Indiens de connaître la vraie doctrine par les Juifs, les apôtres et les missionnaires, 501.

La Chaldée et la Perse.

Connaissance du vrai Dieu, idolâtrie, astrologie et christianisme chez les Chaldéens, 502.
Puissance des Mages chez les Perses. Zoroastre. Doctrine du Zend-Avesta. Le Dieu suprême. Les deux principes. Bonté originelle de l'un et de l'autre. Les bons et les mauvais génies. Lutte entre ces deux armées et part que l'homme doit y prendre. Histoire de l'âme après la mort. Prédominance finale du bon principe et réhabilitation future du mauvais. Unité de Dieu, idolâtrie, baptême, prières pour les morts, confession, sacrifices humains, mahométisme, magie, dépravation des mœurs et christianisme chez les Perses, 503.

L'Égypte et l'Éthiopie.

Antiquité et monuments de la Sagesse égyptienne. Analogie des doctrines égyptiennes avec celles de l'Inde. Prodigieuse multiplicité des livres d'Hermès et de leur authenticité. Causes de l'idolâtrie égyptienne. Continuelles relations de l'Egypte et des pays voisins avec les Hébreux. Le christianisme dans ces contrées, 506.

FIN DE LA TABLE DES MATIÈRES DU TOME PREMIER.

NOTES RECTIFICATIVES ET COMPLÉMENTAIRES.

LA RÉVOLTE DES ANGES,
D'APRÈS UNE TABLETTE CHALDÉENNE (p. 1).

C'est à M. Talbot que nous empruntons et la traduction de cette tablette et les réflexions qui précèdent cette traduction.

Cette description de la révolte des dieux ou des anges semble avoir été précédée d'un récit de l'harmonie parfaite qui existait d'abord dans les cieux. La guerre entre Michel et le Dragon a beaucoup de rapport avec le combat de Bel contre le Dragon qu'une tablette chaldéenne raconte (1). Et il n'est pas inutile de remarquer que le dragon chaldéen a sept têtes, comme celui dont parle l'Apocalypse.

Nous venons de dire que les premières lignes (au moins quatre) de la tablette manquent.

« 5. L'Être divin dit trois fois le commencement d'un psaume (2).

6. Le Dieu des saints cantiques, Seigneur de religion et d'adoration,

7. Etablit mille chanteurs et musiciens, et institua un chœur,

8. Aux chants duquel des multitudes répondaient...

9. Avec un bruyant cri de mépris, ils interrompirent son saint cantique.

10. Abîmant, confondant, rendant confus son hymne de louange.

11. Le Dieu de la brillante couronne, avec un désir de réunir ses adhérents,

12. Sonna de la trompette pour éveiller la mort

13. Qui défendit aux dieux rebelles de revenir.

14. Il refusa leur service. Il les éloigna parmi les dieux ses ennemis.

15. A leur place, il créa l'humanité.

16. Le premier qui reçut la vie habita seul avec lui.

17. Puisse-t-il leur donner la force pour qu'ils ne négligent pas sa parole,

18. En suivant la voix du Serpent (3), que ses mains ont créé.

19. Et puisse le Dieu de divine (parole) chasse de ses cinq mille ces mauvais mille

20. Qui, au milieu de son chant céleste, ont crié des blasphèmes mauvais.

21. Le Dieu Ashur, qui avait vu la malice de ces dieux qui avaient abandonné leur place

22. Pour se révolter, n'alla pas avec eux (1). »

LA BIBLE ET LES SCIENCES (p. 4).

On trouve, dans des publications récentes relatives à la géologie et à son accord avec l'Ecriture Sainte, des idées peu précises qui pourraient entraîner à des concessions trop larges, et par là même engager trop les apologistes. Pour bien faire comprendre quel doit être le rôle du chrétien en face des recherches et des hypothèses scientifiques, nous croyons utile de citer deux autorités compétentes dont on fera bien de retenir et de méditer les paroles. « L'apologiste de la Bible, dit M. l'abbé Moigno, doit se borner principalement et en général, à démontrer que les données de la science ne sont pas contraires à la révélation (2). » Et un savant jésuite, le P. Bellynck, écrit les lignes suivantes : « Sans doute les découvertes scientifiques peuvent venir en aide à l'interprétation de nos livres saints; mais il faut des bornes à tout. L'exégète ne doit pas s'alarmer lorsque des faits nouveaux viennent renverser des théories anciennes ; il ne doit pas non plus se hâter d'accueillir des hypothèses éphémères, et se mettre en devoir d'y plier le texte des auteurs sacrés, comme un vêtement qu'on adapte successivement à des statues diverses (3). C'est à l'Eglise catholique à prononcer en dernier ressort sur l'interprétation de la parole de Dieu dont le dépôt lui a été confié (4). » C'est pour ces motifs et volontairement que nous ne changeons rien à ce que dit Rohrbacher de la cosmogonie biblique. Les attaques récentes ne peuvent rien contre la vérité

---

(1) V. Smith, *Chaldean Genesis*, p. 100.
(2) Le mot chaldéen est *lilili*, dont on remarquera le rapport avec es *tehilim* hébreux.
(3) « Litt. *tête couronnée*. Ici je pense qu'il s'agit non du serpent en général, mais de ce serpent qu'on imaginait porter une couronne, et qui pour cette raison était appelé *Basilique*, petit roi. » (Note de M. Talbot.)

(1) *Transactions of the Society of Biblical Archæology*, t. IV, 1875 pp. 349 et suiv.
(2) *Annales de phil. chrét.*, 1869, t. II, p. 93.
(3) Une histoire des essais faits depuis Cuvier jusqu'à nos jours, pour concilier la Genèse et les sciences naturelles, serait particulièrement curieuse, et montrerait combien d'efforts on a dépensés en pure perte. V. en particulier dans le *Monde* du 29 mars 1877, les éloges donnés à l'éditeur récent d'une *Théologie*, « qui a eu soin de consacrer un chapitre à montrer la concordance de la cosmogonie biblique et des sciences naturelles. »
(4) *Etudes* des PP. Jésuites, 1868, t. I, pp. 599 et 600.

du récit de Moïse. Et d'un autre côté, le temps n'est pas encore venu de tenter une concordance définitive entre les sciences naturelles et la Bible. Celui qui voudra approfondir ces questions pourra recourir aux ouvrages suivants :

Mgr Meignan, *Le Monde et l'homme primitif selon la Bible*, Paris, Palmé, 1869, in-8 ; Reush, *La Bible et la nature*, tr. fr. de l'abbé Hertel, Paris, 1867, in-8; le P. de Valroger, *de l'Origine des espèces*, Paris, 1871, in-12 ; de Caranrais, *Etudes sur les origines*, Paris, 1876, in-8.

Ajoutons encore, d'après M. Barrande, que la science ne peut pas contester ces trois points :

1° La vie végétale a précédé la vie animale, aussi bien dans les mers que sur la terre;

2° La vie animale a d'abord été représentée par les animaux vivant dans la mer et par les oiseaux ;

3° La vie animale a été développée postérieurement sur la terre et l'homme n'est apparu qu'après les autres êtres créés (1).

Un quatrième point incontestable est celui de l'unité de l'espèce humaine, qui est démontrée aujourd'hui scientifiquement et dont nous allons parler dans une note spéciale.

UNITÉ DE L'ESPÈCE HUMAINE.

La question de l'unité de l'espèce humaine est pour tout esprit de bonne foi désormais résolue. Le dernier volume de M. de Quatrefages (2) en offre les preuves les plus décisives. La tradition conservée dans la Bible sur l'existence d'un couple originaire primitif dont l'ensemble des hommes est sorti, est appuyée par la science et ne peut être désormais combattue par des arguments prétendus scientifiques (3). Supposer que le genre humain se subdivise en plusieurs espèces issues d'origines distinctes, admettre que ce type, le plus perfectionné de tous même au point de vue purement organique, a pris naissance dans tous les centres de création, qu'il n'en a caractérisé aucun, ce serait faire de l'homme une exception unique aux lois de la nature (4). »

Il est permis d'affirmer que « les auteurs de notre espèce n'étaient pas noirs. Le ton plus foncé de la peau, le développement exagéré de la matière noire ou *pigmentum* qui se forme sous le derme, est très-positivement un effet des climats brûlants et de l'ardeur du soleil, qui ne se produit que dans la région intertropicale, où certainement le berceau primitif de l'humanité ne s'est pas trouvé. De plus on voit assez fréquemment apparaître un effet d'atavisme, des individus blancs ou jaunes dans les populations nègres; on ne voit jamais de nègre au sein des populations blanches ou jaunes (5). »

---

(1) Cité par Riancey, *Histoire du monde*, Paris, Palmé, 1864, t. II, p. 74, note.
(2) Paris, Germer-Baillière, 1876, in-8°.
(3) F. Lenormant, *Manuel d'histoire ancienne de l'Orient*, 3° édit. t. I, p. 91.
(4) *Ibid.*, pp. 95 et 96.
(5) Ce passage en particulier est remarquable.

LES HÉBREUX CRAIGNAIENT-ILS OU NON LES ÉCLIPSES (p. 15) ?

Le mot Eclipse ne se rencontre pas dans l'Ancien Testament. Dans quelques endroits on a cru en voir la description (Job, IX, 7; XXXVI, 32. Ezéchiel, XXXII, 7. Amos, VIII, 9. Joel, II, 10, 31 ; III, 15) ; mais les interprètes modernes y verraient plutôt l'indication de nuages qui voilent le soleil et la lune. S'il s'agit d'éclipses dans ces endroits, on peut dire, contrairement à l'opinion émise par Rohrbacher, que les Hébreux les craignaient, car ils les représentent comme des effets de la colère de Dieu, ou peut-être même comme des images de sa justice qui châtiera durement les méchants et les impies (1).

LA SITUATION DU PARADIS TERRESTRE.

Nous ne pensons point, comme Rohrbacher, qu'il faille placer en Arménie le paradis terrestre. Une connaissance plus approfondie de la géographie ancienne fait pencher les savants vers l'hypothèse soutenue par M. F. Lenormant, et que nous allons reproduire ici.

C'est vers la Petite Boukharie et le Thibet occidental qu'il paraît le plus vraisemblable de placer l'Eden biblique. Le nom même d'*Eden* a été donné à une certaine époque à ce pays, car il se retrouve clairement dans le nom du royaume d'Oudyâna ou du *jardin*, près de Cachemyr, arrosé précisément par quatre fleuves comme l'Eden mosaïque.

« Il est certain que deux des fleuves paradisiaques, dans le récit de la Bible, sont les deux plus grands fleuves qui prennent leur source dans le massif du Belourtagh et de Pamès, l'un vers le nord et l'autre au sud. Le Gihon est l'Oxus, appelé encore aujourd'hui Djihoun par ses riverains. On ne saurait méconnaître dans le Phison le haut Indus, et le pays d'Havila, riche en or et en pierres précieuses, qu'il longe, semble bien être le pays de Darada (vers Cachmyr), célèbre par ses richesses. Mais faut-il en conclure, avec un certain nombre de savants, à l'identité absolue de l'Eden biblique avec l'*Outtara-Kourou* (2) et l'*Ayrianem Vaêdjô* (3) ? Faut-il supposer avec ces critiques (4) que la présence des noms du Tigre et de l'Euphrate comme ceux des deux autres fleuves du paradis terrestre, est le résultat d'une confusion postérieure ? Nous ne le croyons pas, et il nous semble, comme à M. Bunsen, que dans la pensée de Moïse, l'Eden avait une beaucoup plus grande étendue que le Paradis des Indiens et des Iraniens. En les prenant à la lettre, les indications de la Bible sur les quatre fleuves sortis de l'Eden déterminent nettement une vaste région qui va des montagnes d'où sortent l'Oxus et l'Indus, à l'est, aux montagnes

---

(1) V. Winer, *Realworterbuch*, t. II, p. 482.
(2) Véritable paradis terrestre qui se trouve sur l'ancien mont Mérou, dans la région indiquée tout à l'heure.
(3) Le Paradis des Perses, situé sur le mont Berezat.
(4) En particulier M. Renan, *Hist. génér. des langues sémitiques*, pp. 465 et suiv.

d'où coulent le Tigre et l'Euphrate, à l'ouest, région fertile, tempérée, véritable séjour de délices, situé entre des pays brûlés du soleil ou désolés par le froid. C'est là très-probablement que le législateur inspiré des Hébreux regardait notre espèce comme ayant fait la première apparition à la lumière (1). »

« ET CELLE-CI T'ÉCRASERA LA TÊTE » (page 46).

Rohrbacher suit la Vulgate en traduisant ainsi. L'hébreu a : « Je mettrai inimitié... entre ta postérité et celle de la femme; cette postérité t'écrasera la tête et tu la blesseras au talon. » Le mot *zerah* que nous traduisons par postérité est du masculin en hébreu. Cette leçon n'est pas moins favorable que celle de la Vulgate aux priviléges de la sainte Vierge, car Marie n'écrase le serpent que par N. S. J.-C., et c'est toujours elle qui donne au monde le vainqueur de Satan (2).

« TU SERAS SOUS LA PUISSANCE DE TON MARI » (page 47).

Ce n'est pas non plus le sens de l'hébreu, il faut traduire: « Et ton désir sera vers ton mari. » Le sens du texte original est indubitable. Cfr. Cant. VII, 11, et les commentateurs, qui font d'ailleurs remarquer avec raison que cette idée implique une dépendance de la femme à l'égard de l'homme,

« DANS ABEL... LA TERRE A DÉSORMAIS UN INTERCESSEUR DANS LE CIEL » (p. 56).

Il semble singulier de dire cela d'Abel. En tant qu'il figure le Rédempteur à venir, on peut parler comme le fait Rohrbacher. Mais l'historien semble oublier que les âmes des justes, détenues dans les Limbes, ne sont entrées dans le ciel qu'à la suite de Notre-Seigneur (3).

« ALORS ON COMMENÇA D'APPELER DIEU DU NOM DE JÉHOVAH (p. 54).

Rohrbacher n'indique pas la difficulté que les commentateurs ont eue à concilier ce passage de la Genèse avec quelques endroits postérieurs de ce même livre (1) et de l'Exode (2). On a prétendu que les Patriarches avaient bien connu le nom de Dieu, mais non sa signification. Cette opinion ne semble pas fondée. Comme le dit très-bien le P. Souciet, en quoi était-il plus difficile aux Israélites de trouver le sens du mot *Jéhovah* que celui des mots *Jacob* et *Isaac*? Ce n'est donc pas donner une explication.

Après avoir analysé beaucoup d'opinions qu'il rejette, le savant jésuite croit qu'il faut, pour faire disparaître la difficulté, traduire ainsi l'endroit de l'Exode, VI, 3, qui préoccupe tant les interprètes : « J'ai été connu d'Abraham, d'Isaac et de Jacob en Dieu Schaddai, mais je n'ai pas fait éclater en leur faveur la gloire de mon nom. » *Nodhtsi* signifie en effet : « j'ai fait éclater ma gloire, je suis devenu célèbre. » *Jadah* en syriaque, en éthiopien, en arabe, ce sens d'être illustre, honoré, connu particulièrement. Beaucoup de passages de la Bible montrent que ce verbe a souvent en hébreu le même sens. Dans ce passage alors, Dieu dirait que jusqu'à présent il n'a jamais fait éclater en faveur des Israélites sa miséricorde, comme il va le faire maintenant. Et ainsi disparaîtrait la difficulté qu'il y a à expliquer comment le nom de Jéhovah, connu des premiers patriarches, avait été ignoré d'Abraham, d'Isaac et de Jacob (3).

TUBALCAIN ET L'INVENTION DE LA MÉTALLURGIE (p. 50).

La Bible nous apprend que Tubalcaïn, « qui forgeait toutes sortes d'instruments d'airain et de fer (4), » a été l'inventeur de la métallurgie. M. F. Lenormant dit avec raison à ce propos : « La plus ancienne tradition des Sémites, celle que la Bible nous a conservée, place la découverte des métaux presqu'aux origines de l'espèce humaine, mille ans avant le déluge et la formation des trois familles des Noachides. Et rien, ni dans le souvenir, ni dans les usages, ni dans les langues de la race sémitique, ne nous fait remonter à un temps où elle n'aurait pas employé les métaux (5). »

Seulement il semble difficile de suivre M. Lenormant dans toute son idée. S'il est indubitable que Tubal Caïn signifie « Tubal le forgeron (6) », il ne s'ensuit pas nécessairement qu'il faille voir dans Tubalcaïn, non point un arrière-petit-fils de Caïn, mais « la personnification ethnique (7) » de ce peuple de Tubal, dont la métallurgie est si souvent citée dans la Bible (8). On identifie ce peuple avec

---

(1) *Manuel d'histoire ancienne d'Orient*, 4ᵉ éd., t. I, p. 35. — On voit que nous ne tenons pas compte de la dissertation introduite à ce sujet par M. l'abbé Darras dans le premier volume de son *Histoire générale de l'Église*, Paris, Vivès, 1862, pp. 169 et suiv. Nous n'adoptons pas plus pour cela l'opinion, citée plus haut, de M. Renan. Il semble que le système exposé par M. F. Lenormant, et que nous reproduisons, n'enlève rien à l'autorité de la Bible, et concilie parfaitement avec le récit de Moïse les indications géographiques modernes. Ce système nous paraît le seul admissible.
(2) Passaglia, *de Immaculato Conceptu*, p. 812, et Patritium, S. J., *de vocabulo* Ipse seu Ipsa seu Ipsum.
(3) V. les vestiges conservés dans les traditions païennes de l'histoire d'Abel et de Caïn, H. de Riancey, *Histoire du monde*, t. I, p. 42.

(1) XIII. 4 ; XIV, 22 ; XV, 2, 7 ; XXIV, 31.
(2) III, 13 ; IV, 3.
(3) *Recueil de dissertations critiques sur des endroits difficiles de l'Écriture Sainte*, in-4°, pp. 316-392. — V. Kuenen, *Histoire critique de l'Ancien Testament*, in-8°, p. 348, note.
(4) Gen., IV, 22.
(5) *Les Premières Civilisations*, t. I, p. 131. — Aussi est-il difficile d'admettre avec M. l'abbé Darras (*Hist. génér. de l'Église*, t. I, p. 241) que le caractère de l'industrie antédiluvienne est essentiellement lapidaire. Et le savant auteur est lui-même forcé de convenir que l'oxydation des métaux, accélérée par l'humidité des dépôts dans lesquels ils se sont trouvés engloutis, a dû empêcher leur conservation.
(6) V. Gésénius, à ce mot.
(7) Lenormant, *op. cit.*, *ibid*; p. 91.
(8) Gen. X, 10. Ézech. XXVII, 13 ; XXXII, 26 ; XXXVIII, 2, 3 ; XXXIX, 2. Isaïe, LXXI, 19.

les Tibaréniens, qui habitaient sur les rives du Pont-Euxin, à l'ouest des Mosques. On peut indiquer aussi le rapprochement curieux qui pourrait exister entre la Hanoch caïnite de la Genèse et la ville de Khotan, « centre d'un commerce métallurgique qui doit être regardé comme un des plus antiques du monde (1). » Mais ce qui s'oppose à l'interprétation proposée par M. Lenormant, c'est que la Genèse dit formellement que Tubalcaïn avait une sœur, « Nahama (2). »

LA CHRONOLOGIE BIBLIQUE (p. 55).

Bien loin d'imposer aux fidèles un joug pesant, l'Église se plaît au contraire à leur laisser, dans les questions douteuses ou controversées, la liberté dont ils ont besoin pour les traiter avec fruit. Le célèbre axiome : *In dubiis libertas*, n'a jamais eu d'application plus large que dans les discussions relatives à l'époque de la création de l'homme. Combien d'années se sont écoulées entre l'apparition d'Adam sur la terre et la naissance de N. S. J.-C. ? L'Église ne s'est jamais prononcée sur ce point. C'est pourtant une question importante et sur laquelle nous devons nous arrêter, car Rohrbacher est loin de nous éclairer sur ce point. A un endroit (3), il admet « entre le premier Adam et le second de quatre à six mille ans ; » dans un autre (4), il réduit ce chiffre à trois mille deux ou trois cents ans. Il sera utile, à une époque où les recherches historiques sont si minutieuses et si étendues, d'examiner sérieusement cette question.

I.

L'Église, comme nous venons de le dire, laisse sur ce point une grande liberté : Rohrbacher en convient (5). A son autorité nous en joindrons trois, très-importantes, et qui mettent la question absolument hors de doute. Mgr Meignan, évêque de Châlons, s'exprime ainsi : « Aucune des trois chronologies bibliques, là où elles ne s'accordent pas entre elles, ne s'impose avec une autorité suffisante, soit au fidèle, soit au savant. L'Église catholique a laissé le choix libre entre ces chronologies, et elle n'oblige pas même à en adopter une (6). » Le P. Pianciani, célèbre jésuite, confirme la même chose en ces termes : « Ecclesia semper in quæstionibus chronologicis libertatem concessit opinionum (7). » Enfin le P. de Valroger, prêtre de l'Oratoire, si versé dans toutes les sciences bibliques, écrit : « Interprète sublime et infaillible des textes sacrés, comme des canons ecclésiastiques, l'Église romaine a continué, depuis trois siècles, de rester neutre, et d'accorder des faveurs égales aux partisans érudits des systèmes contraires... L'Église ne s'est jamais prononcée sur ces questions qui n'intéressent ni la foi ni les mœurs (1). »

Mais, dira-t-on, en autorisant la Vulgate, l'Église autorise implicitement la chronologie de l'hébreu, sur lequel cette version a été faite (2). Il est facile de faire disparaître cette difficulté qui n'en est pas une. Le Concile de Trente n'a eu en vue que les versions *latines*, et son décret peut, en même temps que la Vulgate moderne, faite en partie sur l'hébreu, comprendre la Vulgate ancienne, celle qui était en usage dans les cinq premiers siècles, et qui était conforme aux Septante (3). D'ailleurs la déclaration du saint concile relative à l'authenticité de la Vulgate dans toutes ses parties, n'a jamais voulu signifier qu'il ne peut y avoir aucune faute dans cette version, mais seulement qu'elle ne contient aucune erreur dans la substance des choses, et qu'elle ne renferme rien de contraire à la doctrine ou à la piété chrétienne (4). Ajoutons que dans le Martyrologe, à la fête de Noël, l'Église abandonne la chronologie hébraïque pour suivre celle des Septante. Inutile d'indiquer les Pères et les Conciles qui, eux aussi, ont préféré cette chronologie (5).

II.

On comprendra le silence gardé par l'Église, quand on se rappellera les grandes divergences que présentent les chiffres bibliques, selon qu'on les lit soit dans l'hébreu, tel que les Nyassorètes nous l'ont laissé, soit dans le grec des Septante, soit dans le Pentateuque samaritain (6). L'écart est surtout considérable entre les chiffres de ce Pentateuque et la version grecque. Entre cette version et le texte hébreu, il y a pour les temps qui s'étendent de la création de l'homme à la naissance d'Abraham, quinze à seize siècles au moins de différence. On a même trouvé le moyen de si bien tourmenter ces chiffres, qu'en 1738 Des Vignoles comptait déjà plus de *deux cents* systèmes différents, dont le plus court n'accordait à l'homme et à sa descendance que 3,483 ans avant la naissance de J.-C., tandis que le plus étendu laissait son histoire se développer dans un intervalle de 6,984 ans (7). Voici, après de minutieux calculs, les différences qui existent entre ces trois sources.

De la création d'Adam au déluge, les Septante comptent 2,242 ans, la Vulgate seulement 1,656 (8) ;

---

(1) Lenormant, *op. cit., ibid.,* p. 134.
(2) Gen. IV, 22.
(3) P. 4.
(4) P. 55.
(5) *Ibid.*
(6) *Le Monde et l'Homme primitif.* Paris, V. Palmé, 1869, in-8, p. 290.
(7) *In Historiam Creationis mosaicam Commentarius,* p. 7.

(1) *Revue des questions historiques,* 1869, t. I. pp. 405 et 413.
(2) Rohrbacher, *ibid.* p. 55.
(3) Riccioli, *Chronologia reformata,* t. I, p. 252.
(4) « Authenticam non eo sensu declaravit concilium Tridentinum Vulgatam editionem, ut significaret nullam vel levissimum mendum in illam irrepsisse ; ... sed ut testaretur Vulgatam... nunquam in substantialibus deficere, nil a divinâ doctrinâ abnonum continere, nihilque a pietate alienum. » *Vercellone Variæ lectiones,* Romæ, 1864, in-4°, t. II.
(5) V. le détail de leurs opinions dans le P. de Valroger, *op. cit.,* pp. 396 et suiv.
(6) Le P. Morin (*Exercitationes in utrumque Samaritanorum Pentateuchum,* Paris, 1631, in-f°) soutint la supériorité du Pentateuque samaritain sur le texte hébreu *receptus* ; mais R. Simon (*Histoire crit. du Vieux Testament,* Rotterdam 1685, in-4°, p. 76) a montré l'exagération de cette théorie ; quoiqu'on puisse quelquefois utiliser leurs leçons, on peut dire qu'en général, les Samaritains ont plutôt altéré qu'amélioré le texte hébreu. Gésénius (*De Pentateuchi Samaritani origine,* Halæ, 1815, in-4°, p. 23) a approuvé et suivi entièrement les idées émises par R. Simon.
(7) *Chronologie de l'Histoire Sainte,* Berlin, 1738, in-4°, t. I, p. 2. On trouvera l'indication détaillée de 108 systèmes dans l'*Art de vérifier les dates avant l'ère chrétienne,* Paris, 1820, in-f°, t. I, p. VII.
(8) Sur ces différences, Cf. Geiger dans le *Wissenschaft. Zeitschrift,* t. I, pp. 98-121, 174-185.

le Samaritain abaisse ce chiffre jusqu'à 1,307 (1). Du déluge à la naissance d'Abraham, les Septante donnent 1,160 ans, et l'Hébreu, suivi par la Vulgate, seulement 290. Le Samaritain s'accorde davantage ici avec les Septante et a le chiffre de 1,040. De la naissance d'Abraham à l'arrivée de Jacob en Égypte, il n'y a qu'une légère différence à relever : les Septante donnent pour cette période 280 ans, et l'Hébreu, suivi par la Vulgate, 290. La captivité dura, suivant l'Hébreu, 430 ans (2). Les Septante font entrer dans ces 430 ans le séjour d'Abraham et de ses descendants dans la terre de Chanaan (3). A partir de la sortie d'Égypte, ce n'est plus entre les textes, mais surtout entre les savants que paraissent les divergences. Des Vignoles compte 648 ans entre la sortie d'Égypte et la fondation du Temple par Salomon ; Munk hésite entre 565 ans et 480 (4) ; M. Oppert n'admet que 483 ans (5). On est généralement d'accord que les travaux du temple ont commencé 1,000 ans environ avant la naissance Notre-Seigneur (6).

On voit par ce rapide aperçu quelles sont les difficultés de la chronologie biblique. Jusqu'à Joseph Scaliger, au XVIe siècle, on avait suivi les Septante. Au IVe siècle, il est vrai, Eusèbe et saint Jérôme surtout, avaient bien paru hésiter entre leurs chiffres et ceux de l'Hébreu ; mais, malgré ces hésitations, on s'accordait à placer la mort de Notre-Seigneur à la fin du sixième millénaire. Les sérieux travaux qu'on a de nos jours consacrés à l'histoire ancienne, et en particulier à celle de l'Égypte, semblent prouver qu'il faut, — puisque toute liberté est laissée à ce sujet, — adopter les chiffres qui nous donnent le plus large espace de temps. Non pas que les dates admises aujourd'hui pour l'histoire égyptienne ne puissent subir encore, à la suite de nouvelles découvertes, des changements importants : nous sommes même persuadé que la chronologie égyptienne se rétrécira plutôt qu'elle ne s'élargira (7).

III.

On a bien souvent essayé de donner les motifs de cette si grande différence qui existe entre les chiffres du texte hébreu et ceux de la version des Septante. Une opinion, fort commune autrefois, et qui a été tout récemment reprise par un érudit allemand, M. P. de Lagarde, consiste à dire qu'au temps de Notre-Seigneur, les grands prêtres Anne et Caïphe se seraient mis d'accord pour retrancher mille ans des années de la vie des Patriarches, afin de pouvoir nier l'apparition du Messie, promise par Dieu à Abraham au bout de cinq jours et demi, en d'autres termes pour l'année 5500 (1). Il n'est pas probable cependant que le texte de la Bible ait été altéré par suite de préoccupations dogmatiques (2). Ce qui semble beaucoup plus certain, c'est que la maladresse ou l'ignorance des copistes a brouillé les chiffres qui se trouvaient dans les manuscrits primitifs. Les Hébreux, comme tous les peuples anciens, se servaient pour leur système de numération des lettres de l'alphabet. Or on sait combien plusieurs de ces lettres sont faciles à confondre. Dans les mots qui ont une suite logique, on peut parvenir, au moyen du sens, à trouver quelles sont les lettres que l'on a voulu écrire ; mais dans des chiffres, où ce sens n'existe pas, il est facile de se méprendre de très-bonne foi.

Si l'on prétend que les nombres étaient exprimés tout au long dans les anciens manuscrits, on peut encore expliquer les variantes qui existent aujourd'hui. « Il suffit, dit avec raison le P. de Valroger (3), de lire le chapitre Ve et le chapitre XIe de la Genèse pour comprendre que la transcription de tant de versets monotones n'a pu se faire sans mainte distraction et mainte erreur. Les variantes ont dû naturellement se multiplier avec les manuscrits. » Cette inévitable discordance s'est produite de bonne heure, et il est probable que, dès le temps d'Esdras, sinon même auparavant, on a été obligé de faire des corrections, comme on en fit au moyen âge pour la Vulgate, afin d'indiquer les meilleures variantes (4). Comme ces détails ne touchent ni au dogme ni à la morale, le texte de la Bible ne pouvait, en ces points, éviter les altérations que le temps et la main de l'homme amènent toujours avec eux. C'est ainsi que dans les listes des Patriarches, certains noms ont fini par disparaître entièrement (5).

Les manuscrits contemporains de Notre-Seigneur devaient différer, pour la question qui nous occupe, de ceux d'aujourd'hui : nous en trouvons une preuve dans les indications chronologiques données par l'historien Josèphe. Si peu cohérentes qu'elles soient (6), elles ont cependant bien plus de rapport avec la chronologie des Septante qu'avec celle du texte hébreu massorétique. Or Josèphe, issu de famille sacerdotale, versé dans la lecture de la Bible, a ici une très-grande autorité.

Nous nous croyons donc autorisé à émettre les deux conclusions suivantes :

---

(1) Mais le texte que nous en avons aujourd'hui n'est pas correct, car saint Jérôme avait trouvé pour Mathusalem et Lamech, dans les livres samaritains, les mêmes chiffres qui existent aujourd'hui dans l'Hébreu. (Quest. hebr. in Genesim, Opp. Ed. Martianay, in-f°, t. II, c. 512 et 513.
(2) Exod. XII, 40.
(3) Ce point est assez délicat. Le chiffre de 430 ans pour la durée totale du séjour en Égypte que l'Hébreu nous fournit, est confirmé par deux autres endroits de l'Écriture (Gen. XV, 13, Act. VII, 6) ; mais d'un autre côté la généalogie de Moïse (Exod. VI. 16-20) semble rendre nécessaire de revenir plutôt à l'indication des Septante. Le P. Colombier (Études religieuses, fév. 1872) a indiqué cette difficulté ; mais il n'est peut-être pas aussi impossible qu'il le dit, de supposer, comme dans la liste des patriarches postdiluviens, l'omission d'une génération.
(4) La Palestine, p. 231.
(5) Annales de Philosophie chrétienne, 1875, t. I, pp. 267 et suiv. et 1876, t. I, janvier-mars.
(6) Munk, Palestine, p. 288.
(7) C'est du moins la tendance qui paraît dans les travaux des Égyptologues contemporains. Maspéro, Hist. ancienne des peuples de l'Orient. 2e édit. Paris, 1876, p. 52. — Je ne pense pas que personne admette aujourd'hui, avec M. E. Desjardins, que M. Mariette a découvert un texte géographique antérieur de dix-huit mille ans à J.-C. (Revue des Deux-Mondes, 1er sept. 1874, p. 185.)

(1) V. Revue critique, t. XVI (1875), p. 1.
(2) V. Rich. Simon, Hist. crit. du Vieux Testament, livre Ier. ch. XVIII et XIX, et Noël Alexandre, Historia eccles. Veteris Testamenti, t. I, p. 74. Les protestants sont d'accord sur ce point avec les catholiques : V. Basnage, Histoire des Juifs depuis J.-C., t. III, p. 249, et Glassius, Philologia sacra, c. 46. — V. encore Les Origines du texte massorétique de l'A. T. par Kuenen, tr. Carrière. Paris, 1875, in-8.
(3) Revue des Quest. hist., t. I, p. 394.
(4) V. sur ces Correctoria du moyen âge "La Critique biblique en France, dans l'Avenir catholique, t. I, pp. 79 et 80.
(5) Nous en avons une preuve dans le nom de Cainan mentionné dans saint Luc (III, 36), et qu'on retrouve aussi dans les Septante, est omis dans le texte hébreu. Nous devons cependant le tenir pour un des ancêtres de N.-S. Ce qui est arrivé pour son nom n'a-t-il pas pu et dû arriver pour d'autres ?
(6) Bockerath, Biblische Chronologie, 1865, p. 10.

1° Les chiffres des Septante sont ceux qui se rapprochent le plus de la chronologie biblique, telle que Moïse et les auteurs des autres livres l'ont écrite.

2° Ces chiffres peuvent toutefois se modifier.

« On pourrait sans témérité allonger la chronologie réputée biblique non-seulement de quelques siècles, mais peut-être environ de deux mille ans, si les sciences naturelles ou historiques demandaient cette concession (1). »

L'ARCHE DE NOÉ (p. 59).

On ignore l'endroit où l'arche a été bâtie, et combien de temps Noé mit à la construire. De quelques textes de l'Écriture on peut inférer que sa construction dura de cent à cent vingt ans (2). La forme de l'arche, sa disposition intérieure ont été l'objet d'imaginations sans nombre : il suffira de rappeler que les auteurs de ces démonstrations varient, relativement au nombre des pièces intérieures de l'arche, de 72 à 400. Les difficultés qu'on a soulevées ne sont pas moins nombreuses que les apologies. Tout ce qu'on peut dire, sans crainte d'être démenti, c'est qu'après les calculs les plus attentifs, entrepris par des hommes experts dans l'art de la construction des vaisseaux, on a reconnu que l'arche, dans toutes ses parties et ses proportions, telles que nous les connaissons, est d'accord avec la plupart des principes de l'architecture navale (3).

Quant à la *capacité* de l'arche, il est établi, d'une manière très-satisfaisante, que, même en adoptant les estimations les plus étroites, ce vaisseau était en rapport parfait avec le but qu'il devait remplir. Si nous adoptons la coudée égyptienne de 25 pouces, comme l'a fait M. Piazzi Smith, l'arche aurait eu 625 pieds (anglais) de long, 104 de large et 62 1/2 de profondeur; son tonnage eût été de 4,068,984 pieds, ce qui lui donne une capacité supérieure à celle du *Great Eastern* (4).

LE DÉLUGE (p. 59).

I. Les expressions dont se sert Moïse laissent la possibilité d'admettre que la catastrophe qui a détruit tous les hommes, à l'exception de Noé et de sa famille, ne s'étendit pas à *toute* la terre, mais seulement à l'espace de terre qu'occupaient les enfants d'Adam. Le mot *terra* (Aretz) dans la Genèse ne signifie pas toujours le globe terrestre, mais seulement un pays, une région plus ou moins étendue. Ainsi (5) une discussion s'élève entre Abraham et Lot, à propos de leurs troupeaux qui étaient innombrables, « nec poterat eos capere terra ut habitarent simul. » Il est de toute évidence que ce mot *terra* ne désigne pas autre chose ici que le pays habité par les deux pasteurs. Plus loin, nous trouvons la description d'une famine, et l'écrivain sacré dit : « Crescebat autem quotidie fames in omni *terra* (1) » ; plus haut il avait dit : « In universo *orbe* fames prævaluit (2). » Or il est impossible de voir ici la terre tout entière, puisque dans ce même verset, à la suite des mots que nous venons de citer, on lit : « in cuncta autem *terra* Ægypti panis erat. » Plus loin nous voyons encore : « Interim fames omnem terram vehementer premebat (3). » Il ne s'agit donc dans tous ces endroits que de la région habitée par les personnages dont il y est question (4). Le mot hébreu *aretz* (ארץ) que l'on a traduit par *terra*, et qu'on lit dans tous les passages que nous venons de citer, est celui que Moïse emploie aussi dans le récit du déluge (5). On ne peut donc pas en conclure que le déluge noachique s'est étendu à toute la terre.

Déjà, au XVIᵉ siècle, le cardinal Cajétan l'avait ainsi compris. En 1685, à l'occasion de l'examen fait par la congrégation de l'Index des ouvrages de Vossius, Mabillon soutint à Rome la même opinion. Si les œuvres du savant hollandais furent mises à l'Index, on ne trouve pas trace que l'opinion de l'illustre bénédictin ait jamais encouru aucune censure. L'universalité *relative* du déluge est plus généralement admise aujourd'hui. MM. Maupied (6), Glaire (7) et le P. de Valroger (8) soutiennent cette thèse. M. l'abbé Darras (9) et M. l'abbé Lambert (10) admettent, semble-t-il, la généralité absolue du déluge. Mais, sans croire qu'ils étendent trop les conclusions à tirer des termes de l'Écriture sainte, nous pensons être d'accord avec eux.

II. Car il est incontestable que le déluge de Noé s'est étendu à toutes les contrées habitées par l'homme à l'époque où il a eu lieu. Ceux qui se sont sauvés l'ont été dans l'arche. Or il n'y avait dans l'arche que Noé et sa famille. Les opinions de MM. Ch. Schœbel et F. Lenormant ne nous semblent pas admissibles. Dans sa dissertation sur l'universalité du déluge (11), M. Schœbel s'est attaché à prouver, d'après la Genèse, que tous les hommes n'ont pas péri dans ce cataclysme. Il prétend que ceux que la Bible désigne sous le nom de fils de Dieu ont seuls été engloutis, et que les fils des hommes se sont sauvés sur les montagnes de l'Afrique. M. Lenormant (12) prétend que l'universalité absolue du déluge, au point de vue des hommes, ne peut pas facilement se concilier avec « les expressions de la généalogie de la famille de Caïn contenues dans le chapitre IV de la Genèse. »

---

(1) De Valroger, *ibid.*, p. 425. — V. aussi les articles du P. Jean, de la Compagnie de Jésus, dans les *Etudes religieuses*, 1868, t. I, en particulier aux pages 514 et suiv.
(2) On obtient le premier de ces chiffres par la comparaison de Gen., v, 32, avec VII, 6, et le second en comparant Gen., VI, 3, avec I Petr., III, 20.
(3) En supposant toujours l'exactitude géométrique des données fournies par la Genèse.
(4) V. Eadie, *A biblical Cyclopedia*, London, 1870, in-8°, p. 37.
(5) Gen., XIII, 6.

(1) Gen., XLI, 56.
(2) *Ib.*, 54. Notons que l'hébreu a ici comme plus haut *Aretz*, quoique la Vulgate l'ait traduit là par *terra*, ici par *orbis*.
(3) *Ib.* XLIII, 1.
(4) Cf. encore : Exod., I, 7 ; XXXVI, 46 ; Deut., V, 25 ; III Rois, X, 24; Act. V, 5 ; Coloss. I, 23.
(5) Gen. VII, 17.
(6) *Encycl. cath.* au mot Déluge.
(7) *Les Livres saints, vengés*, t. II, pp. 227, 276.
(8) *Cours inédit d'Ecriture sainte.*
(9) *Hist. générale de l'Église*, t. I.
(10) *Le Déluge mosaïque, l'histoire et la géologie.* Paris, Palmé 1870, in-8°.
(11) *Le Déluge mosaïque.* Paris, 1858, in-8°.
(12) *Les Premières Civilisations*, t. I, p. 137.

III La Géologie ne fournit aucune objection sérieuse contre l'histoire du déluge telle que nous la lisons dans la Genèse. Le lecteur trouvera les preuves les plus convaincantes de cette assertion dans le savant ouvrage de M. l'abbé Lambert que nous avons déjà cité (1). Quelques détails sur la manière de concilier les découvertes de la géologie avec le récit mosaïque du déluge ne seront pas hors de propos. On a imaginé trois hypothèses possibles que nous allons énumérer sans nous prononcer entre elles et surtout sans leur donner un caractère de certitude qu'elles ne sauraient avoir (2).

La première consisterait à reculer la date probable du déluge et à le regarder comme antérieur à l'époque quaternaire. L'absence de chronologie précise dans la Bible entre Abraham et le déluge la rendrait possible. Cette hypothèse s'appuierait sur les vestiges d'existence de l'homme que des savants d'un haut mérite, M. Desnoyers et M. l'abbé Bourgeois, pensent avoir constatés dans la couche supérieure des terrains tertiaires, mais qui, déjà probables, demandent cependant encore une plus ample confirmation. Si l'homme s'est déjà montré dans nos contrées aux derniers temps de la période géologique tertiaire, une interruption brusque, absolue et prolongée, sépare cette première humanité de celle de la période quaternaire. On pourrait alors assimiler au déluge mosaïque l'immense invasion des eaux sur une grande partie de l'Europe et de l'Asie, qui mit fin à la période tertiaire en produisant ce que les géologues ont appelé le *phénomène erratique du Nord*, alors que les glaces flottantes de la mer apportèrent sur toutes les parties de l'Angleterre, sur les plaines de l'Allemagne et de la Russie, des blocs énormes de rochers arrachés aux régions du pôle.

La seconde hypothèse est celle qu'a soutenue M. l'abbé Lambert. Elle consisterait à regarder l'universalité du déluge par rapport à l'humanité répandue sur la surface de la terre comme composée d'actes successifs, et à y englober tous les phénomènes diluviens partiels de la période quaternaire.

Quant à la troisième hypothèse, celle de M. Schœbel et de M. Lenormant, nous l'avons plus haut mentionnée et rejetée.

Ce qui est encore une fois hors de doute, c'est que la géologie n'a jusqu'ici aucunement infirmé le récit de la Bible, et qu'elle ne l'infirmera jamais. Mais demander à cette science de constater que les déluges dont elle a trouvé des traces sont bien celui de la Genèse, et de donner la date de ce déluge, est plus difficile dans l'état actuel de la science (3). Aussi nous nous tiendrons-nous sur ce point à cette simple réflexion.

IV. Mais il n'en est pas de même des traditions historiques qui, chez tous les peuples, confirment dans ses grandes lignes le récit de Moïse. Nous ne citerons pas toutes ces traditions. On a beaucoup chicané leur valeur; mais quand on les examine sérieusement, on reconnaît qu'elles ne sont pas relatives à de petits déluges locaux. Elles se rapportent toutes à un grand déluge qui a renouvelé le genre humain et dont la Genèse nous a conservé les circonstances les plus caractéristiques. Ces traditions, qu'on trouvera recueillies dans Rohrbacher (1) et dans *le Déluge mosaïque* de M. l'abbé Lambert (2), sont tellement précises et contiennent des détails si frappants, que nous pouvons en tirer non-seulement une confirmation de l'histoire du déluge, mais aussi une preuve de l'unité de la race humaine. Il y a bien, il est vrai, des peuples de la race noire chez lesquels on n'a découvert aucune tradition relative au déluge ; mais cela vient de ce que ces peuples n'ont aucun souvenir historique.

Entre toutes ces traditions, celle des Babyloniens offre les plus étroites et les plus curieuses ressemblances avec le récit biblique (3). Les fragments de Bérose (4) l'avaient déjà prouvé. Mais les textes cunéiformes, découverts à Ninive par M. Augustin Layard, et récemment déchiffrés par M. Georges Smith, ont fourni la forme originale des données mises en grec par Bérose. Nous allons en citer des fragments d'après la traduction de M. Lenormant.

Ce texte où le récit du déluge n'intervient que comme un épisode, « est une grande histoire épique sur la vie et les aventures d'un personnage fabuleux, dont malheureusement le nom est toujours écrit en caractères idéographiques, ce qui en laisse encore la véritable prononciation inconnue (5). » M. Smith l'a appelé provisoirement *Izdubar*, « prononciation phonétique des caractères employés comme idéogrammes à écrire son nom ; mais certainement les Assyriens et les Babyloniens le lisaient autrement (6). »

Dans la onzième tablette de ce texte, répondant à Izdubar, qui lui demande comment il est devenu immortel, Sisithrus raconte l'histoire du déluge, et donne sa piété comme la cause qui l'a préservé de ce cataclysme. Nous reproduisons son récit en l'abrégeant et en lui conservant, autant que possible, la forme que lui ont donnée ses premiers traducteurs.

« Je te révélerai, ô Izdubar, l'histoire cachée, et la sagesse des Dieux, je te la ferai connaître.

« La ville de Sourippak (7), la ville que tu as établie, était ancienne et les Dieux

« Habitaient en elle. Une tempête... les grands Dieux... Anou (8), Bel (9), Adar (10), seigneur du Pays immuable (11) révélèrent leur volonté au milieu de la nuit.

« J'entendis Nouat (12) et il me parla ainsi :

---

(1) Page vi, note 10.
(2) Nous empruntons ce résumé à M. Lenormant, *Manuel d'histoire ancienne de l'Orient*, 4ᵉ édit., t. I, p. 74.
(3) M. Darras (*Histoire générale de l'Église*, t. I) voit une preuve de cette conformité dans ce fait que les terrains diluviens n'ont fourni que des ustensiles en pierre. Il semble oublier que, bien avant le déluge, les fils de Caïn avaient une métallurgie assez avancée (Gen. iv, 22).

(1) Rohrbacher, p. 67.
(2) Pp. 48 164.
(3) Lenormant, *Les Premières Civilisations*, t. II, pp. 9 et suiv.
(4) Analysé par Rohrbacher, *l. c.*
(5) Lenormant, *ibid*, p. 20.
(6) *Ibid*.
(7) Peut-être l'Achad de la Genèse (x, 10).
(8) Le premier personnage de cette triade suprême des Babyloniens et des Assyriens, le chaos primordial et incréé.
(9) Second personnage de cette triade, le démiurge, Seigneur de l'Univers organisé avec lequel il se confond.
(10) L'Hercule chaldéo-assyrien.
(11) L'Hadès, le pays des morts ; — On peut peut-être le rapprocher du *Scheol* biblique.
(12) La troisième personne de la triade suprême, le roi de l'élément humide.

« Homme de Sourripak, fils d'Oubaratoutou(1), fais un grand vaisseau pour toi...

« Je détruirai les pécheurs et la vie...

« Fais entrer la semence de vie de la totalité des êtres pour les conserver.

« Le vaisseau que tu fabriqueras,

« ... coudées, la mesure de sa largeur et de sa hauteur.

« Lance-le sur l'abîme. »

Un passage suivant dont M. Smith a retrouvé quelques débris, contenait le récit de la construction de l'arche (2). Comme dans la Genèse (3), ce vaisseau a un toit et est enduit de bitume.

Suit la description de ceux qui y entrent, puis le récit proprement dit du déluge.

« Tout ce que je possédais de la science de vie je le réunis, le tout,

« Je le fis entrer dans le vaisseau; tous mes serviteurs mâles et femelles;

« Les animaux domestiques des champs; les animaux sauvages des champs; et les jeunes hommes de l'armée, eux tous je les fis entrer.

« Samas fit une inondation, et

« Il parla, disant dans la nuit : « Je ferai pleuvoir du ciel abondamment.

« Dans le jour où je célébrai sa fête,

« Ce jour qu'il avait déterminé, j'eus peur,

« J'entrai à l'intérieur du navire et je fermai ma porte...

« L'inondation de Bin (4) atteignit jusqu'au ciel, la terre brillante fut changée en un désert;

« L'inondation balaya la surface de la terre comme...

« Elle détruisit toute vie de la face de la terre... (5).

« Six jours et nuits passèrent; le tonnerre, la tempête et l'ouragan dominaient.

« Dans le cours du septième jour, l'ouragan se calma et toute la tempête,

« Qui avait détruit comme un tremblement de terre,

« S'apaisa. La mer se dessécha; le vent et la tempête prirent fin.

« Je fus porté à travers la mer. Celui qui avait fait le mal,

« Et toute la race humaine qui avait tourné au péché,

« Comme des roseaux leurs corps flottaient (6). »

Le vaisseau s'arrête au pays de Nizir (7).

« Dans le cours du septième jour,

« Je lâchai dehors une colombe et elle partit. La colombe partit et chercha, et

« De place de repos elle ne trouva point et elle revint,

« Je lâchai dehors un corbeau et il partit.

« Le corbeau partit et il vit les cadavres sur les eaux, et

« il les mangea; il nagea et il alla au loin et il ne revint pas. »

(1) L'Otiartès (Obarès) de Bérose.
(2) Lenormant, *ibid.*, p. 35.
(3) Gen., vi, 14, 16; viii, 13.
(4) Dieu de l'atmosphère et de la tempête.
(5) Lenormant, *ibid.*, pp. 37 et 38.
(6) *Ibid.*, p. 40.
(7) Point qui coïncide exactement avec les monts Gordyéens du récit de Bérose. (*Ib.*, p. 40, note.)

On voit la ressemblance frappante qu'il y a entre ce récit et celui de la Bible. Le déluge est ici, comme dans la Bible, un châtiment du péché des hommes. Ce que Dieu veut sauver est préservé par le moyen d'une arche, qui est fabriquée de la même manière. Pour s'assurer de la fin du cataclysme, on envoie une colombe et un corbeau. Les ressemblances des deux récits sautent aux yeux, et il est inutile de s'y appesantir.

L'antiquité de ce document est incontestable (1). M. Smith le fait remonter à dix-sept siècles au moins avant J.-C. Il fut composé probablement en sémitique babylonien, à Erech, centre des exploits d'Izdubar, aujourd'hui Warka, une des plus anciennes villes du monde. La tradition conservée à Babylone ne provient certainement pas des Juifs. Ce sont deux courants parallèles qui proviennent d'une source unique. L'idolâtrie a défiguré celui que nous venons de lire, mais il n'en est pas moins digne d'attention. On aura remarqué aussi que le nom de Noé se retrouve dans les deux documents; seulement dans la Bible, c'est l'homme juste sauvé par Dieu, et dans le document babylonien, altéré comme nous venons de le dire, par l'idolâtrie, Noé est devenu un Dieu.

Ajoutons avec M. Chabas : « La tradition de la destruction de l'espèce humaine par les eaux, à l'exception d'une seule famille, sauvée miraculeusement dans un navire, n'en reçoit pas moins de la découverte de M. Smith une éclatante confirmation, et c'est là un fait dont on ne saurait contester l'importance (2). »

LA TOUR DE BABEL (p. 71).

Rohrbacher, en traduisant les paroles des peuples réunis à Babel par les mots : « faisons-nous un nom de peur que nous ne soyons dispersés sur toute la face de la terre (3), » ne donne pas leur vrai sens. La traduction qu'il a suivie n'indique pas bien la pensée des peuples qui étaient alors réunis dans la plaine de Sennaar. Il faut traduire : « faisons-nous un monument de peur de nous disperser sur la terre (4). » Ce sont des colons chassés de leur demeure primitive par quelque invasion dont la Bible ne parle pas. « S'ils ont erré jusque-là, c'est qu'ils avaient été mis en branle par d'autres peuples, mais ces mouvements sont demeurés inconnus à l'écrivain biblique et à ceux dont il emprunte la tradition. Les peuples qui se dérobent aux regards de Moïse n'existent pas pour lui, et le groupe qu'il considère représente à ses yeux l'humanité (5). » Dans la plaine de Sennaar, ils craignent d'être encore dispersés violemment, et cherchent les moyens de résister aux attaques qu'ils prévoient. « Le moyen qu'ils emploient à cet effet est très-naturel, mais n'en dénote pas moins une civilisation avancée : ils se décident à construire une ville

(1) Lenormant, *ibid.*, p. 49.
(2) *Académie des inscriptions et belles-lettres. Comptes rendus*, 1873, p. 58.
(3) M. Darras a traduit de même, *Hist. gén. de l'Église*, in-8; t. I, p. 334.
(4) Le P. Delattre, S. J., *Revue des Questions historiques*, juillet 1876, p. 25.
(5) *Ibid.*, p. 33.

comme centre politique, avec une tour, un monument qui symbolise leur union et autour duquel ils puissent se rallier (1). » Si Dieu s'oppose à leur dessein, c'est à cause de leur orgueil, et au lieu de favoriser leur entreprise, il les disperse par toute la terre.

Les traditions des autres peuples ont conservé le souvenir de cette dispersion (2).

Quant à l'endroit où s'élevait cette tour, on le place généralement non loin de Babylone, ou à Babylone même. La tour elle-même était identifiée par les Chaldéens avec la tour de Borsippa, qui, au témoignage du roi Naboukoudouroussour, était de temps immémorial restée inachevée (3). Nous citerons un passage important à notre point de vue de cette inscription : « Nous disons pour cet édifice-ci, qui est le temple des sept lumières de la terre, et auquel remonte le plus ancien souvenir de Borsippa ; un roi antique le bâtit (on compte de là quarante-deux vies humaines), mais il n'en éleva pas le faîte. *Les hommes l'avaient abandonné depuis les jours du déluge, en désordre proférant leurs paroles* (4). Le tremblement de terre et le tonnerre avaient ébranlé la brique crue, avaient fendu la brique cuite des revêtements; la brique crue des massifs s'était éboulée en formant des collines (5). Le grand Dieu Mérodach a engagé mon cœur à le rebâtir ; je n'en ai pas changé l'emplacement, je n'en ai pas altéré les fondations..... J'ai mis la main à reconstruire la tour et à en élever le faîte : comme jadis elle dut être, ainsi je l'ai relevée et rebâtie; comme elle dut être dans les temps éloignés, ainsi j'en ai élevé le sommet (6). »

L'inscription dont on vient de lire des fragments complète le récit de la Bible. Elle contient la tradition de la confusion du langage, et ajoute le récit des moyens dont Dieu se servit pour détruire la tour. C'est sans doute un vestige de l'histoire de ce grave événement qui s'était conservé chez les Babyloniens, et que Moïse ne crut pas devoir insérer dans son récit. Mais tout cela n'en confirme pas moins la vérité de la Genèse.

Les ruines du Bit-Zida, c'est-à-dire de la demeure de Nébo, ne sont autres que celles de la tour de Babel. Elles portent aujourd'hui le nom de Birs-Nimroud, et leur masse imposante étonne encore le voyageur (7). Nous allons citer, en l'abrégeant, la description qu'en donne M. Oppert :

« Le Birs-Nimroud apparaît bientôt après la sortie de Hillah, comme une montagne que l'on croit pouvoir atteindre immédiatement et qui recule toujours... L'aspect du Birs, vu d'en bas ou du sommet de la colline opposée, est saisissant. Dans son état actuel, il a encore 46 mètres de hauteur, d'après mes mesures, jusqu'au sommet, donc à peu près 150 pieds de hauteur. La façade du nord-est forme l'entrée... Cette partie du monument est faite de briques cuites. D'abord on n'y reconnaîtrait qu'un monceau informe de terre ; mais le moindre examen démontre qu'on a devant soi une œuvre faite de main d'homme. Après un parcours de 20 mètres environ, le chemin se bifurque ; le ravin du nord est le plus praticable, et il nous conduit sur une plate-forme qui a 25 mètres de largeur sur 78 mètres de longueur... A partir de là le chemin devient plus difficile, et nous nous trouvons en présence d'un cône en brique cuite, surmonté d'un énorme pan de mur... La place, tout autour du pan de mur, est jonchée de débris de briques de Nabuchodonosor, portant ordinairement trois lignes d'écriture. Les matériaux ont une teinte jaunâtre et se distinguent de ceux que l'on voit encore dans la construction. Mais ce qui est le plus surprenant, ce sont les blocs énormes de briques tombées d'en haut, et dont plusieurs portent des traces de vitrification occasionnées par le feu. Un bloc mesure 3 mètres de hauteur sur 5 de largeur et d'épaisseur ; plusieurs parties sont complétement vitrifiées, et les couches des briques sont encore visibles, ainsi que la ligne de ciment qui les joignait. La force du feu qui a produit ce changement, a dû être tellement intense que les couches ne se présentent pas dans une direction horizontale, mais qu'elles sont courbées et ondulées. On se demande quel incendie a pu être assez terrible pour produire un aussi étrange phénomène... Le pourtour de la ruine, au niveau du sol, est, sans compter les inégalités, de 700 mètres... (1) »

NEMROD (p. 75).

Les rationalistes allemands, Knobel en particulier (2), ont prétendu que les renseignements sur Nemrod et son empire proviennent d'un écrivain beaucoup plus récent que Moïse, et qu'ils sont le résultat d'une interpolation. Mais, de quelque côté que l'on considère l'histoire de Nemrod, dit le P. Delattre (3), « elle porte le cachet d'un souvenir antique et d'une tradition primordiale. » — « Nous savons aujourd'hui d'une manière positive, dit M. F. Lenormant, que la légende de Nemrod « le fort chasseur, » que la Genèse cite comme un dicton populaire antique, appartenait au cycle des légendes assyro-babyloniennes. Assurbanipal, dans ses inscriptions historiques, y fait une allusion manifeste quand il applique à Résen, une des cités d'Assyrie dont la construction est formellement

---

(1) *Revue des quest. hist.*, juil. 1876. p. 34. — Le sens donné ici au mot *Sem*, sans être fréquent, est cependant très-acceptable.
(2) Rohrbacher l'indique, p. 71. — V. aussi Renan, *de l'Origine du langage*, Paris, 1858, p. 215, en note.
(3) Maspéro, *Histoire ancienne des peuples de l'Orient*, 2e édition, p. 164. — Oppert, *Exped. scientifique en Mésopotamie*. Paris, 1873, t. I, in-4, p. 212 et surtout 213.
(4) M. Oppert a, depuis, abandonné l'interprétation qu'il avait d'abord donnée de ces cinq derniers mots. Il les traduit à présent par : « Les Sorties de ces Eaux. » (*Ann. de phil. chrét.*, 1874, t. I, p. 55).
(5) M. Oppert fait remarquer que c'est au-dessous du sol actuel qu'il faut chercher le commencement de l'édifice, car le terrain, à cause des ruines amoncelées, s'est élevé sur l'ancien niveau. (*Expéd.*, p. 208.)
(6) Oppert, *ibid.*, p. 213.
(7) *Ibid*, t. II, p. 261. — « Les Juifs prétendent que c'est à Borsippa (*Borsif*) que les langues ont été confondues, et même un passage du Talmud change *Borsif* en *Bolsif*, de *balal*, confondre, et *sefah*, langue. » (*Ibid.*, t. I, p. 214.) V. ce curieux passage cité par Buxtorf, *Lexicon Chaldaicum*, éd. Fischer, Lipsiæ, 1869, gr. in-8, t. I, p. 165.

(1) Oppert, *ibid.*, t. I, pp. 200-204. — Il faut voir dans l'*atlas*, la carte de Babylone, planche 1re, le plan de Borsippa, planche 4e, l'Essai de restauration de la tour des Sept Planètes, planche 9e, et la planche 12e qui donne une vue de l'état actuel de ces ruines.
(2) *Die Volkertafel der Genesis*, p. 339.
(3) *Le Plan de la Genèse*, dans la *Revue des questions historiques*, juillet 1876, p. 30.

attribuée par la Bible à Nemrod (1), l'épithète de « la ville du chasseur (2). » D'après M. Rawlinson(3), Nemrod serait Bel-Nipru, le constructeur des remparts de Babylone, et qui fut considéré comme un dieu par les Chaldéens, dès la période de la domination assyrienne en Babylonie. Selon M. Grivel, Nemrod aurait été divinisé par les Babyloniens sous le nom de Bel-Mérodach (4).

Pour M. Smith, Nemrod est l'Izdubar des inscriptions de Ninive. Dans ces textes, Izdubar est appelé *Buvalu*, le géant, titre équivalent au *gabber* donné par la Genèse à Nemrod. Elles nous disent aussi qu'Izdubar était un géant, qui a dompté de grands animaux dans les temps postérieurs au déluge, et qu'il acquit la souveraineté de Babylone, une de ses capitales étant Uruk ou Erech. Ce sont là tous traits sous lesquels la Bible nous présente Nemrod (5).

Rohrbacher a tort de voir dans les mots « puissant chasseur » de la Genèse, la preuve que Nemrod fut le premier des tyrans. « On s'est plu à donner à Nemrod un caractère d'impiété et d'orgueil dont on ne trouve pas la moindre trace dans l'Écriture. On a compris l'expression de *fort chasseur devant Jéhovah*, non dans le sens de chasseur d'une hardiesse extraordinaire, mais dans le sens de *chasseur en révolte contre Jéhovah*, comme si l'impiété se traduisait par des prouesses cynégétiques... Il est juste, croyons-nous, de dégager des faits bibliques des légendes avec lesquelles on les confond trop souvent (6). »

Le P. Delattre, à qui nous empruntons ces sages réflexions, ajoute : « Ce qu'il y a de plus remarquable dans notre épisode d'histoire babylonienne, c'est peut-être le caractère qu'on y attribue à Nemrod. Tout est original dans le portrait de ce personnage; mais ce qui offre de plus saillant, c'est la valeur de Nemrod à la chasse. Le trait est pris sur le vif et il donne au tableau sa couleur locale. Car tout le monde sait aujourd'hui que les rois d'Assyrie et de Babylone, dans leurs inscriptions, se recommandent aux suffrages de la postérité comme guerriers, comme bâtisseurs, et enfin comme chasseurs (7). »

OPHIR (p. 73, col. 1re).

On n'est pas encore parvenu à fixer parfaitement la position d'Ophir. M. Roscher, s'appuyant sur une version arabe de III Rois, IV, 28, la place dans une petite île de la mer Rouge, Dahlak, autrefois Urphé. Pour Mannert, c'est la Saphar des anciens, dans l'Arabie. Gesenius et Benfey y voient un port de l'Inde, Suppara, le Goa d'aujourd'hui. Suivant Jablonsky et Champollion, Ophir désigne l'Inde tout entière. Bochart la retrouve dans l'île de Ceylan et dom Calmet dans l'Arménie ; Christophe Colomb et Postel la reculaient jusqu'en Amérique, le premier dans l'île de Cuba, le second dans le Pérou. Une opinion moins fantaisiste est celle de Grotius, Huet, d'Anville, Bruce, Schulters, etc., qui placent Ophir à Zanguibar et à Mozambique. Toutes ces hypothèses sont à peu près abandonnées aujourd'hui. On admet généralement, avec MM. Lassen, Duncker, Delizsch, Knobel, etc., qu'Ophir était dans la contrée d'Abhira, la province actuelle de Radhjapoutan, dans l'Indoustan.

Le pays d'Ophir produisait de l'or; en outre, on y trouvait des perles, du bois de santal, de l'ivoire, des singes, des paons, etc. (1). L'or d'Ophir est fréquemment mentionné dans l'Ancien Testament(2). Or, quoique l'Arabie fût célèbre autrefois pour ses mines d'or, souvent mentionnées dans la Bible (3) et dans les auteurs anciens (4), c'est l'Inde seule dont les productions répondent bien aux indications du IIIe livre des Rois.

Il faut toutefois indiquer la difficulté que présente contre cette identification le IIIe livre des Rois, x, 22. C'est en effet la flotte de Tarsis qui apporte tous les trois ans les objets mentionnés plus haut. Or il n'est plus douteux aujourd'hui que Tarsis ne doive être placé en Espagne, dans l'ancienne Bétique (5). Comment la flotte, partant d'Elam sur la mer Rouge, pouvait-elle, dans l'espace de trois ans, aller en Espagne, aux Indes et revenir à Elam ? C'est une question difficile à résoudre et qui empêche d'adopter entièrement le système de M. Lassen, malgré tous les côtés avantageux qu'il présente.

La question serait tranchée dans le système de M. Caméron. Pour lui Ophir est identique au Taprobane des Grecs, et la place de ces deux célèbres pays qui, suivant ce savant, n'en faisaient qu'un, doit être cherchée dans la Birmanie, au nord-est du golfe du Bengale. Quant à Tarsis, inutile de la chercher ailleurs que dans la presqu'île actuelle de Malacca (6). Nous ne pensons pas que cette nouvelle hypothèse ait rallié beaucoup de partisans. On l'admettra peut-être pas non plus sans quelque répugnance, que la reine de Saba avait pour royaume l'île de Java, et que c'est de là qu'elle vint voir Salomon à Jérusalem (7).

Nous ne citerons que pour mémoire la découverte prétendue des ruines d'Ophir, par M. K. Mauch, dans l'Afrique méridionale : ce voyageur fonde sa découverte sur une imitation du temple de Salomon qu'il aurait trouvée dans ce pays (8).

---

(1) Gen., x, 19.
(2) *Les Premières Civilisations*, t. II, pp. 20, 21.
(3) *The five great monarchies*, t. I, p. 118.
(4) *Revue critique*, 17 février 1874.
(5) *Transactions of the Society of biblical archæology*, 1874, p. 460.
(6) Le P. Delattre, *op. cit.*, pp. 27-28. Gesenius donne à cette locution le sens suivant : *venator... qualis Jova placebat*. (Thesaur., p. 580.)
(7) *Ibid.*, p. 29.

(1) III Rois, IX, 28, x, 11; II Paral., VIII, 18, IX, 10; cfr. III, Rois, X, 22.
(2) Job, XXVIII, 16; Ps. XLVI, 10; Is., XIII, 12; I Paral., XXIX, 4.
(3) Nombr., XXXI, 22, 50; Jug, VIII, 24, 26; Ps. LXXIII, 15.
(4) Agatharchides, ap. Photius, cod. 250; Artemidorus, dans Strabon, XVI, 4, § 22; édit. Didot, Paris, 1853, gr. in-8, p. 663; Pline, *Hist.*, VI, 28-32, éd. Teubner, Lepsig, 1870, in-12, t. I, pp. 247, 249, etc.
(5) Rohrbacher, p. 294, a tort de traduire *Tarschish* par « la mer ». M. Le Hir (*Psaumes*, Paris, 1876, in-12, p. 159) l'identifie, comme tous les savants sérieux d'aujourd'hui, avec Tartessus, colonie phénicienne d'Espagne.
(6) *Transactions of the Society of biblical archæology*, t. II, London, 1873, pp. 267-288.
(7) *Id.*, p. 283.
(8) *Journal officiel*, janvier 1873.

NOTES RECTIFICATIVES ET COMPLÉMENTAIRES.

ABRAHAM (p. 76).

Un savant mémoire de M. l'abbé Vigouroux(1), prêtre de Saint-Sulpice, sur l'histoire d'Abraham, montre d'après les découvertes de l'assyriologie et de l'égyptologie modernes, que la Bible n'a rien dit d'attaquable sur ce patriarche, mais qu'au contraire les traditions utilisées par Moïse dans la Genèse ont un caractère d'incontestable authenticité.

L'Ur Kasdim de la Bible (2), patrie d'Abraham, n'était pas connue jusqu'ici. Aussi les rationalistes profitaient-ils de cette incertitude pour attaquer les indications de Moïse. Hitzig prétendait encore (3) en 1869, que les ancêtres des Hébreux n'étaient pas des Sémites, mais des Aryas. Comparant le nom d'Abraham à celui de Brahma, et celui d'Abram au nom de *Râma*, il partait de là pour prétendre que l'histoire d'Abraham n'était qu'un mythe.

Les découvertes récentes de MM. Georges Smith et Oppert ont fait connaître la situation géographique exacte de Ur Kasdim, la patrie d'Abraham : c'est la ville de Mugheir, dans la Chaldée proprement dite, près du golfe Persique, et de la jonction de l'Euphrate avec le Shat-el-Hie, qui a droit à ce titre. Le groupe idéographique dont sont marquées les briques trouvées dans les ruines qui entourent cette ville, n'avait pas pu être déchiffré avant la découverte des Syllabaires, faite par M. Smith dans la bibliothèque du roi assyrien Assurbanipal (4). M. Oppert a pu lire ce groupe qui désigne une ville et se prononce *U-ru-u* : c'est bien l'*Ur* de la Bible. Au temps d'Abraham, U-ru-u était une des plus grandes villes de la Chaldée et peut-être la plus ancienne de ce pays. Ses ruines remplissent un cercle allongé de près d'un kilomètre de longueur sur 700 mètres environ de largeur (5). On y a trouvé les ruines d'un temple bâti en l'honneur du dieu Sin par Uruk, qui régnait à Ur avant la naissance d'Abraham. Ce roi avait fait aussi construire les murs de la ville, qui ne fut guère abandonnée que cinq siècles avant N. S. (6).

Le nom même d'Abram, porté d'abord par le patriarche, est tout à fait assyrien : dans les monuments du pays on l'a retrouvé sous la forme *Aburamu*, qui est identique à *Ab-ram*, une fois qu'on a retranché la désinence assyrienne *u*. En 676 avant l'ère chrétienne, on trouve à Ninive un éponyme (un des magistrats qui donnent leur nom à l'année) du nom d'*Aburamu* (7).

Ainsi l'origine et le nom d'Abraham sont bien assyriens, et les écrits de Moïse trouvent ici encore dans les découvertes scientifiques une confirmation éclatante.

Le séjour d'Abraham en Égypte a été aussi l'objet d'attaques rationalistes. On a traité d'invraisemblable la faveur dont le Pharaon d'alors entoure un Sémite, quoique des exemples d'une faveur analogue ne manquent pas (1). La conduite du Pharaon envers Abraham et sa femme a paru bizarre ; cependant des documents historiques sont venus prouver que rien n'était plus conforme aux mœurs égyptiennes(2). Nous ne nous arrêterons qu'à l'objection spéciale tirée, en 1837, par Bohlen, des présents faits à Abraham par le Pharaon ; suivant la Genèse (3), celui-ci lui donna des brebis et des bœufs, des ânes et des chameaux. Or Bohlen prétend que ces animaux n'existaient pas en Egypte ou qu'ils y étaient excessivement rares ; ce sont, ajoute-t-il, des chevaux, très-abondants dans la vallée du Nil, qu'on aurait dû donner à Abraham(4).

Or, dit M. l'abbé Vigouroux, qui s'appuie sur les découvertes modernes, c'est justement le contraire qui est vrai. Les chevaux n'ont été introduits en Egypte que bien après l'époque d'Abraham ; probablement ils y furent amenés d'Asie par les Hyksos ou Rois Pasteurs. On ne les voit apparaître dans l'écriture hiéroglyphique que sous la dix-huitième dynastie (5). Quant aux autres animaux, les brebis, les bœufs et les ânes figurent très-souvent sur les monuments et étaient très-communs en Egypte au temps d'Abraham (6). Le chameau, il est vrai, ne paraît jamais sur les monuments figurés ; mais on ne peut pas conclure de là qu'il était inconnu, car d'autres espèces d'animaux, les poules et les chats, par exemple, fort communs en Egypte, ne sont pas non plus reproduits par les artistes. D'anciens textes nous apprennent en effet que les Egyptiens utilisaient le chameau (7), et les fouilles géologiques exécutées dans la vallée du Nil ont confirmé ces textes (8).

Est-ce aux Egyptiens qu'Abraham a emprunté le rite de la circoncision ? « Nous pouvons admettre sans difficulté, répond M. Vigouroux(9), qu'Abraham a connu pour la première fois la circoncision pendant le voyage qu'il a fait en Egypte, et que plus tard, lorsque Dieu lui a donné l'ordre de la pratiquer, comme un signe de l'alliance qu'il faisait avec lui, il a seulement rendu sacrée une cérémonie qu'Abraham connaissait sans la pratiquer. Dieu, dans ses révélations, n'a point toujours appris aux Patriarches des choses qu'ils ignoraient absolument, surtout en fait d'usages et de rites, il a quelquefois seulement sanctifié et approprié à son culte des pratiques qui leur étaient déjà connues. »

Les Egyptiens pratiquaient certainement la circoncision avant l'époque d'Abraham ; mais il n'en est pas moins certain que Dieu donna l'ordre de la pratiquer à Abraham, et qu'Abraham ne la pra-

---

(1) *Revue des Questions historiques*, octobre 1876, pp. 357-426.
(2) Gen. xi, 31, xv, 7.
(3) *Geschichte des volkes Israels*, p. 40.
(4) *Revue des questions historiques*, t. XIX, p. 555. Ces syllabaires ont été publiés par MM. Rawlinson et Norris.
(5) Oppert, *Expédition en Mésopotamie*, t. I, pp. 259-260.
(6) V. l'inscription d'un des rois primitifs d'Ur, qui se trouve au Louvre : « le roi Dungi a achevé la construction du Temple du dieu de la lune à Ur, commencé par Likbagas. » M. F. Lenormant a publié cette inscription dans la *Revue archéologique*, 1837, t. I, pp. 73 et suiv.
(7) V. *ibid*, p. 381 et suiv., les rapprochements faits par M. Vigouroux entre la langue assyrienne et la langue hébraïque. — M. Darras (*Hist. gén. de l'Église*, t. I, p. 353), semble admettre quelques rapports entre Abraham et le « Brahma de l'Inde » !

(1) *Ibid*, p. 390.
(2) *Ibid*., pp. 389 et 390.
(3) Gen. xii. 14.
(4) *Die Genesis übersetzt*, Leipsig, 1837, in-8, p. 168.
(5) *Revue des questions historiques*, *ib*., p. 397. M. Lenormant *Les Premières Civilisations*, Paris, 1874, in-8, t. I, pp. 303 et 314
(6) *Ib*., pp. 392 et 393. — Lenormant, *op. cit*., *ib*., p. 300 V. ce savant ouvrage, *ib*., p. 424, l'énumération des troupeaux d'un Égyptien, au commencement de la VIe dynastie.
(7) Chabas, *Études sur l'Antiquité historique*, pp. 408-412.
(8) *Revue des questions historiques*, p. 396.
(9) *Ib*., p. 400.

tiqua point de la même manière que les Égyptiens. Ceux-ci soumettaient les femmes à cet usage, tandis que chez les Israélites, les hommes seuls étaient circoncis.

Nous empruntons, pour le troisième point étudié par M. l'abbé Vigouroux, le résumé très bien fait qu'en a donné M. Cosquin (1).

« Le fait le plus important pour notre étude, dans la vie d'Abraham, après son retour d'Égypte et son établissement dans la terre de Chanaan, c'est l'invasion élamito-chaldéenne en Palestine (2). Le chef de l'expédition qui venait ravager la riche contrée de la Pentapole, destinée à être bientôt engloutie dans la mer Morte, mais encore florissante, ce chef était, dit la Bible, Chodorlahomor, roi d'Élam ou de la Susiane, contrée située à l'est de la Chaldée (3). Ce nom de Chodorlahomor, longtemps inexpliqué, est en effet parfaitement élamite. On en retrouve le premier élément, *Kudur* ou *Chodor*, dans quelques autres noms royaux d'Élam qui nous sont connus par les inscriptions assyro-chaldéennes, *Kudurnakundi*, *Kudurmabuk*, circonstance qui a porté M. Oppert à donner aux rois de cette dynastie le nom de Kudurides (4). Le second élément du nom de Chodorlahomor (ou, selon la transcription des Septante, *Chodollogomor*), est celui d'une divinité élamite, *Lagamar*, dont l'assyriologie nous a révélé l'existence ; une inscription du roi ninivite Assurbanipal mentionne l'idole de Lagamar parmi celles qu'il emporta de Suse, capitale du pays d'Élam, après la prise de cette ville (5).

« Ici encore, le contrôle des monuments est tout à fait favorable à la Bible.

« Mais comment se fait-il, disait en 1860 un exégète rationaliste allemand, M. Knobel (6), comment se fait-il qu'un roi de la Susiane, pays qui n'a jamais eu aucune importance, ait étendu son domaine, au temps d'Abraham, presque jusque sur les bords de la Méditerranée, puisqu'il aurait soumis au tribut les cinq rois de la Pentapole ? Nulle part on ne trouve trace de ce pouvoir. — On n'en trouvait effectivement pas jusqu'à ces derniers temps en dehors de la Bible ; mais, sur ce point comme sur tant d'autres, la lumière commence à se faire et les antiques monuments de la Chaldée sont venus nous renseigner sur la puissance de la Susiane vers le temps d'Abraham. Les inscriptions d'Assurbanipal nous amènent à croire que la Babylonie fut conquise par des rois d'Élam, de la dynastie des Kudurides. Le monarque ninivite raconte qu'ayant pris la ville de Suse, capitale d'Élam, il y recouvra l'idole de la déesse Nana, qui avait été emportée de Babylonie mille six cent trente-cinq ans auparavant, par « Kudurnakundi l'Élamite. » Ce roi élamite avait donc été maître de la Babylonie vers l'an 2280 avant notre ère, un peu avant l'époque d'Abraham (7).

Un autre roi de la même race, Kudurmabuk, a certainement régné en Chaldée, puisque des briques qu'on a trouvées à Ur nous apprennent qu'il avait construit un temple dans cette ville. Ce même Kudurmabuk se qualifie dans une autre inscription, trouvée également dans la patrie d'Abraham, de « seigneur de la terre du Couchant, » c'est-à-dire du pays de Chanaan. Il prend aussi le titre de maître de la Syrie et de Yamatbaal, c'est-à-dire Élam. Il régnait donc depuis la Susiane jusqu'à la mer Méditerranée comme Chodorlahomor (Kudurlagamar), celui de ses successeurs dont Moïse nous a conservé le nom. Ainsi les documents chaldéens confirment pleinement ce que jusqu'à présent la Bible était seule à nous dire l'importance qu'eut la Susiane à un moment de son histoire. C'est ce que M. Georges Smith faisait observer dernièrement dans son *Histoire primitive de la Babylonie*.

« Dans la guerre que Chodorlahomor entreprit contre le roi de Sodome et ses confédérés, le monarque élamite était accompagné de trois rois, ses alliés ou plutôt ses vassaux, entre autres Amraphel, roi de Sennaar ou de la Babylonie. Nous avons vu que la Babylonie dut être conquise par des rois élamites, prédécesseurs de Chodorlahomor. Ce nom d'Amraphel, inexplicable avant les découvertes assyriologiques, est parfaitement babylonien : *Amr(a)phel* aurait, dans la langue de Babylone, la forme *Amir-phal* « le fils est maître, émir, » et il peut être rapproché comme forme du nom propre *Amir-sin*, « le dieu Sin est maître, » que des inscriptions ont conservé (1). »

Nous renvoyons au savant mémoire de M. l'abbé Vigouroux pour l'étude des mœurs et des coutumes patriarcales du temps d'Abraham (2) ; mais nous tenons à reproduire les paroles qui le terminent et qui expriment parfaitement notre pensée : « Certes, nous le savions déjà, mais c'est toujours pour le chrétien une vive satisfaction de constater que les recherches scientifiques, loin d'ébranler notre foi, sont obligées, bon gré, mal gré, de lui rendre hommage. Oui, on peut dire aujourd'hui de la science comme autrefois de la philosophie : *Scientia theologiæ ancilla*. Loin d'être une théologie une ennemie, la véritable science se montre pour elle un véritable auxiliaire. Voilà un résultat dont nous avons le droit d'être fiers et de bénir Dieu. »

Page 79, col. 1re.

« Loth, son frère. » — Loth n'est pas frère d'Abraham, il n'est que son neveu (3). *Ah*, il est vrai, signifie en hébreu « frère, » mais aussi un parent quelconque, soit un neveu, soit un cousin (4). Cette locution hébraïque doit être notée

---

(1) *Français* du 1er janvier 1877. — Nous ajoutons les indications bibliographiques que M. Cosquin a nécessairement laissées de côté.
(2) Gen., xiv, 12-4.
(3) *Rev. des quest. hist.*, ib., p. 404.
(4) Smith, *Early history of Babylonia*, dans *Records of the past*, t. III, p. 19.
(5) *Rev. des quest. hist.*, ibid.
(6) *Die Genesis*, Leipzig, 1860, p. 142.
(7) Oppert, *Histoire des empires d'Assyrie et de Chaldée*, p. 27, 28.

(1) *Rev. des quest. hist.*, ib., p. 407.
(2) *Ibid.*, pp. 413-426.
(3) Gen. xi, 27.
(4) Gen., xiii, 9 ; xiv, 16 ; xxiv, 48 ; xxix, 12, 15 ; IV Rois, x, 13, etc. Rohrbacher, qui l'a oublié ici, en convient du reste plus loin, p. 349. — *Ah* a souvent aussi le sens plus vague encore d'*allié* ou d'*ami*, et même le sens d'un homme quelconque, uni aux autres par le seul lien de l'origine humaine commune (Gen., ix, 5 ; Lév. xix, 17 ; Isaïe, lxvi, 20). — V. pour le développement des preuves, le *Thesaurus* de Gesenius, à ce mot.

avec soin. On sait l'importance qu'elle a pour la critique du Nouveau Testament. Les rationalistes modernes emploient en effet un passage de saint Jean (VII, 5), où se trouve le mot *frères*, pour combattre la virginité perpétuelle de Marie. Il leur eût suffi de se rappeler l'usage biblique pour s'éviter une objection aussi peu sérieuse (1).

LA MER MORTE (p. 85).

Le nom de *mer Morte* n'est pas dans la Bible ; ce sont, chez les Grecs, Pausanias et Galien, chez les Latins, Justin et Trogue-Pompée qui ont les premiers désigné ainsi ce lac. Les descriptions exagérées et peu précises qu'on a faites de l'apparence funèbre de la mer Salée, comme l'appelle souvent l'Écriture sainte (2), lui ont fait donner ce nom.

La mer Morte, qui reçoit le Jourdain, a en longueur 40 milles géographiques et une largeur de 9 milles. Sa superficie est à peu de chose près — nous prenons cette comparaison pour faire saisir plus facilement ses dimensions — celle du lac de Genève.

D'après les observations de M. Lynch, en mai 1848, le niveau de la mer Morte est de 1,316 pieds anglais au-dessous de celui de la Méditerranée à Jaffa. Quant à sa plus grande profondeur, elle est, d'après le même explorateur, de 1,308 pieds. La hauteur des eaux est d'ailleurs sujette à variation, suivant les diverses saisons de l'année.

La particularité la plus remarquable de l'eau du lac est sa grande pesanteur : elle est due à la très-grande quantité de sels minéraux qu'elle tient en dissolution. La présence, en particulier, du bromure de magnésium lui valut autrefois une réputation médicale très-célèbre, et on en transportait jusqu'à Rome. On a longtemps imaginé qu'aucun être vivant ne s'y trouvait. Des explorations récentes ont montré que des êtres d'un ordre inférieur y vivaient. Les anciens voyageurs croyaient aussi qu'il n'y avait pas de créatures vivantes sur les bords du lac. C'est là encore une fable contredite par les plus récentes explorations. M. Lynch, en particulier, y signale la présence d'innombrables oiseaux (3).

On a longtemps admis que les cinq villes maudites se trouvaient sur l'emplacement recouvert aujourd'hui par les eaux de la mer Morte. Mais il est parfaitement certain que ce lac ne joua aucun rôle dans la catastrophe : la sainte Écriture ne l'implique ou ne le mentionne jamais. Tous les passages de la Bible, au contraire, donnent l'idée qu'au temps où on les écrivait, les cités maudites,

loin d'être submergées, étaient encore visibles, mais désolées et inhabitables (1).

Quant à la position qu'occupaient les villes de la Pentapole, il est plus difficile de la déterminer exactement. M. de Saulcy place Sodome au sud-ouest de la mer Morte (2), Gomorrhe au nord-ouest, Seboïm au sud-est. D'autres auteurs placent toutes ces villes au nord de la mer Morte. Il est assez difficile, semble-t-il, d'arriver sur ce point à un résultat. Cependant l'opinion émise par M. de Saulcy est peut-être encore celle qui offre le plus de vraisemblance.

LA FEMME DE LOTH (p. 85).

L'incrédulité moderne s'est tant moquée du changement de la femme de Loth en statue de sel, qu'il sera intéressant d'entendre à ce sujet deux savants de nos jours.

« La femme de Loth ayant, dit la Genèse, regardé derrière son mari, devint une colonne de sel. Ces expressions, si je ne me trompe, ne doivent pas être prises à la lettre. Ces mots « regarder derrière soi » ne désignent pas l'acte matériel qu'ils semblent indiquer, ils signifient, je crois, retourner sur ses pas... La femme de Loth, qui, suivant toute apparence, n'avait point une foi entière aux paroles des anges, et qui regrettait le séjour de Sodome, se sépara de son mari et reprit le chemin de la ville. Surprise dans la conflagration du terrain, elle fut probablement engloutie par suite de l'affaissement du sol ; et lorsqu'on retrouva son corps, il était incrusté d'une couche épaisse de sel. Telle est, je crois, l'explication la plus probable que l'on puisse donner des paroles de la Genèse (3). »

Ces paroles sont de M. de Quatremère. Elles suffisent à montrer que le fait en question n'a rien de si ridicule et de si absurde. Nous devons cependant y relever deux inexactitudes. D'abord la Genèse parle de statue et non de colonne. Au reste, il faut prendre les mots *regarder derrière soi*, dans le sens littéral ; il y avait dans cet acte, bien léger en lui-même, une violation formelle de la défense divine, consignée au verset 17. C'est ce qui explique la sévérité du châtiment. Mais sur le sens précis du mot statue ou plutôt sur la cause du fait, écoutons encore M. de Saulcy.

« Est-il possible de se rendre compte de la mort de la femme de Loth ? Je le crois. Voici du moins comment je l'expliquerais. Au moment même où s'est opéré le soulèvement de cette montagne énorme (4), des éboulements du genre de ceux dont nous avons à chaque pas reconnu la présence, ont dû avoir lieu.

---

(1) Elle a du reste été réfutée victorieusement par Mgr Freppel (*Examen critique de la vie de Jésus de M. Renan*, Paris, Palmé, 1863, in-8, pp. 109 et 110), et le P. Gratry (*les Sophistes et la Critique*, Paris, 1864, in-8, pp. 145 et suiv.).
(2) Gen., XIV, 3; Nombr., XXXIV, 3, 12; Deuter., III, 17; Jos., III, 3, XV, 2, 5; XVIII, 19. Le II° livre d'Esdras lui donne le nom de mer Sodomitique, v. 7.
(3) V. aussi M. de Saulcy, *Voyage autour de la mer Morte*, t. I, p. 153. M. de Saulcy appelle la mer Morte « le lac le plus imposant et le plus beau qui existe sur la terre. » (*Ibid.*, p. 154.)

(1) Analysé de Smith aux mots *mer Salée* et *Sodome*. M. Quatremère (*Journal des savants*, 1851, pp. 521 et suiv.), croit que la mer Morte occupe la place des villes maudites ; mais il semble admettre aussi que la superficie était moins étendue avant la catastrophe qu'elle ne le fut après. De Saulcy, *Voyage*, t. II, p. 24. *Notes sur la Pentapole maudite* dans la *Revue Archéologique*, 1875, t. II, p. 275 et suiv. « Puisqu'elles ont existé à proximité de ses rives (de la mer Morte), dit le savant académicien, on peut, je dirai plus, on doit les retrouver. »
(2) *Op. cit.*, t. I, p. 249.
(3) Quatremère, *Journal des savants*, 1851, p. 531.
(4) Le Djebel-Sdoum, masse compacte de sel gemme d'une hauteur de 100 mètres environ.

sur toute l'étendue de cette masse profondément ébranlée. La femme de Loth s'étant attardée, soit par curiosité, soit par terreur, aura été écrasée par un de ces rocs roulant du haut en bas de la montagne et quand Loth et ses enfants se seront retournés, ils n'auront plus vu à la place où s'était arrêtée la malheureuse femme, que la roche de sel qui avait recouvert son corps. On donnera toutes les explications que l'on voudra de cette mort, mais je me déclare bien décidé, maintenant que j'ai vu les lieux, à m'en tenir à celle que je viens de hasarder et que je ne prétends néanmoins imposer à personne (1). »

Cela dit, c'est un point de critique peu important de savoir si Josèphe avait eu vraiment sous les yeux la femme de Loth changée en statue de sel. Les Pères ont pu rapporter ce témoignage et d'autres du même genre, sans compromettre leur autorité. Il y avait là au moins un indice de la tradition venant confirmer le récit scripturaire. Ce que M. Lynch a pris pour la statue de sel est simplement une des énormes aiguilles qui se détachent sur la montagne de sel (2). Les voyageurs du moyen âge qui en avaient parlé, ne méritent peut-être pas une grande croyance. En tout cas, cela n'a aucune importance pour la véracité du récit de la Bible, aussi inattaquable sur ce point que sur tous les autres.

LES TÉRAPHIM (p. 98, 99 et 272).

L'étymologie de ce mot reste encore inconnue. Celle que propose Rosenmuller pour éclaircir un passage de Pausanias fort curieux (3), ne semble point probable. Les Téraphim étaient des dieux domestiques et comme les pénates des peuples sémitiques (4). Ils avaient la figure et la taille de l'homme (5); on leur demandait de rendre des oracles (6). C'étaient certainement des idoles, puisque Laban les appelle ses Dieux (7) : les anciennes versions traduisent en général Téraphim par idoles (8). Aben-Esra dit que Rachel déroba les Téraphim de son père de peur qu'il ne les consultât après le départ secret de Jacob, et ne connût ainsi la direction prise par son gendre.

Dom Calmet voit dans les Téraphim des talismans, mais le premier livre des Rois s'oppose à cette interprétation. Dans Osée (9) où le mot est employé pour indiquer l'état à venir des Juifs, il signifie probablement que cette malheureuse nation devait finir par n'avoir plus de Dieux, vrais ou faux; qu'elle serait non-seulement privée des sacrifices et de l'éphod qui avaient leur place dans son système religieux, mais que même elle perdrait ces images et ces Téraphim qui étaient les marques de son idolâtrie. Cette interprétation de Kimchi a été adoptée par Rosenmuller et Eadie.

L'opinion de saint Jérôme, soutenue à grand renfort d'érudition par le célèbre Spencer (1), qui voit dans les Téraphim les ornements placés sur le *rational* du Grand Prêtre, ne paraît pas admissible en présence des textes de la Bible que nous avons indiqués dans cette note.

On pourrait néanmoins supposer, en conséquence de ces textes, que le mot Téraphim avait chez les Orientaux le sens général d'emblèmes, statues ou autres, destinés à la protection du foyer domestique. Talisman serait un sens dérivé, et les ornements du *rational* auraient eu le caractère de talisman.

JOSEPH (p. 105).

I. On lit dans la Genèse : « Pharaon... lui mit un collier d'or au cou (2). » Or, dans une stèle du Louvre accompagnée d'une fort curieuse inscription, on voit, en présence du roi, un grand personnage revêtu lui aussi d'un collier d'or. Cette stèle date des premières années du règne de Séty Ier, père de Rhamsès II, « à la cour duquel Moïse put s'instruire dans tous les arts des Égyptiens (3). » Les rangs de ce collier sont très-nombreux ; lorsqu'on le donnait à de moins grands personnages, ce collier devait être considérable.

II. Le nom égyptien de Joseph écrit en hébreu *Zaphenath-Paneath*, est ainsi transcrit par les Septante : φονθομφανήχ (4). Suivant Piques, il est composé de deux mots coptes qui signifient : *salus mundi*. Cette étymologie, qui a été également proposée par Jablonsky et Rosellini, paraissait à M. Quatremère la seule véritable (5). Gesenius préférerait traduire *sustentator sæculi* (6). Le sens ne diffère pas beaucoup (7). M. Halévy propose : « nourriture, sauveur de la vie (8). »

III. Le char de Joseph était précédé d'un héraut criant : *Avereke*. Il faut probablement voir ici un mot égyptien, soit *Au-rek*, « que chacun s'incline, » soit plutôt *Apereke*, c'est-à-dire « inclinez la tête (9). » M. Halévy écrit ce mot *ap-rexu*, et le traduit par le premier des *rek*, le chef des *rek*, c'est-à-dire le chef des sages, » et y voit une allusion à l'heureuse interprétation du songe de Pharaon, faite par Joseph (10).

---

(1) *Voyage autour de la mer Morte*, t. I, p. 252.
(2) *Ibid.*. p. 252, et t. II, p. 70.
(3) Description de la Grèce, vi, 24.
(4) Gen., xxxi, 19, 34 ; I Rois, xix, 13, 16.
(5) I Rois, *ibid.*
(6) Ezech., iii, 26 ; Zach., x, 2. — Cf. Jug., xvii, 5 ; xviii, 14 et suiv.; IV Rois, xxiii, 24.
(7) Gen., xxxi, 30.
(8) Septante : Ἔιδωλα ; Aquila : Μορφωμαθα ; — Cf. Quatremère, *Journal des Savants*, 1845, pp. 419, 420.
(9) Osée, iii, 4. L'opinion des Rabbins, indiquée par Rohrbacher, p. 272, ne repose absolument sur rien de sérieux.

(1) *De Legibus Hebræorum*, l. III, dissert. 73, Hagœ-Comitum, 1705, in-4, p. 381. — V. Winer, *Biblicher Realwœrterbuch*, t. II, p. 602.
(2) Gen., xli, 42.
(3) E. Ledrain, *la Stèle du collier d'or*. Paris, Maison-Neuve, 1876, in-8, pp. 1, 2 et 4.
(4) La leçon des Septante paraît meilleure que celle de l'Hébreu.
(5) *Recherches sur la langue et la littérature de l'Égypte*, Paris, 1808, in-8, p. 74.
(6) *Lexicon*, à ce mot.
(7) Le sens indiqué par Rohrbacher : « Confident des secrets » ne semble pas admissible.
(8) *Journ. asiat.*, 1870, t. I, p. 180.
(9) V. Gesenius, à ce mot.
(10) *Journ. asiat.*, 1870, t. I, p. 163.

IV. « Il est difficile de placer l'histoire de Joseph sous les rois pasteurs. Si les frères de Joseph s'étaient assis à la table de leur frère, à Tanis, ils auraient alors rencontré un certain nombre de leurs compatriotes. Mais il n'y a là que des Egyptiens pleins de répugnance pour les Asiatiques, et regardant comme une abomination de manger avec eux. A cette époque, les Pasteurs sont évidemment chassés d'Egypte. Si l'on a fort bien accueilli le jeune Joseph, c'est une exception que l'on a faite en faveur de sa grande sagesse, de son habileté à interpréter les songes, et des inestimables services qu'il a rendus au pays, en le sauvant de la famine. J'incline donc à placer l'histoire de Joseph sous le troisième ou quatrième souverain de la dix-huitième dynastie. Le premier maître dont il est le scribe ou l'intendant, porte un nom parfaitement égyptien, Putiphar ou Pe-dou-p-Ra, celui qui est voué au dieu Ra (soleil). Sur un des cônes funéraires dont je fais le catalogue à la bibliothèque nationale, j'ai rencontré le nom de *Pedou-Ra, préposé à la maison et aux troupeaux de Ra-aa, Khe-pec-Ka* (prénom de Thosmès I). Est-ce le Putiphar de la Bible (1) ? »

« LE SCEPTRE NE SORTIRA PAS DE JUDA.... JUSQU'A CE QUE VIENNE LE *Schilo* » (p. 111).

Ce mot *Schilo* (2) a beaucoup occupé les commentateurs. Les anciens interprètes le traduisent de différentes manières, mais toujours en l'entendant du Messie. D'après les uns, il faut comprendre : « jusqu'à ce que vienne celui à qui » appartient ce Sceptre, l'empire. La Vulgate : « donec veniat qui mittendus est. » Les Septante, dont la version est assez obscure, Onkelos, le Targum de Jérusalem, Aquila, Symmaque, différent sur le sens littéral du verset; mais sont tous unanimes pour appliquer le verset au Messie (3). D'autres plus modernes rendant *Schilo* par pacifique, pacificateur. Gesenius préfère : « jusqu'à ce que vienne la paix, la tranquillité, et que les peuples obéissent à Juda. »

Cette prophétie s'applique donc bien au Messie, les savants les plus compétents sont d'accord sur ce point. Mais comment s'est-elle accomplie ? Quelques exégètes donnent à *donec* un sens que le mot hébreu qu'il traduit a quelquefois dans la Bible. D'après eux Jacob promet ici à Juda une possession assurée de la royauté lorsque le Messie sera venu ; ils n'admettent pas que Juda ait jamais pu perdre sa dignité royale dont l'éternelle possession lui avait été promise par plusieurs grandes et illustres prophéties. Telle est l'opinion des Juifs, et parmi les chrétiens de Cajetan et d'Isidore Clarius.

---

(1) Le P. Ledrain de l'Oratoire, *l'Assyrie, l'Egypte et Israël*, Paris, Lemere, 1877, in-8°, p. 6.
(2) Gen., XLIX, 10.
(3) Nous devons mentionner l'explication singulière de Rosenmuller qui traduit ce mot par la ville de Schilo, et voit dans les paroles de Jacob une simple indication de ce qui eut lieu pendant les quarante années du désert : la puissance de la tribu de Juda, qui occupait toujours la première place au camp d'Israël et marchait à la tête (antesignanus) du peuple, cessera lorsque les émigrants auront atteint Schilo, et que chacune des tribus occupera son territoire. Il est inutile de discuter cette opinion qui n'a aucune vraisemblance.

L'opinion la plus générale et aussi la mieux appuyée, est qu'au temps de l'arrivée du Messie, il devait arriver un grand changement dans l'empire de la maison de Juda, et que ce changement serait la marque certaine de l'arrivée du Messie.

Nous allons emprunter à une lettre de Bossuet, qui a été publiée récemment dans une édition de ses œuvres complètes, avec toutes les lettres à Huet, en vertu d'une autorisation ministérielle du mois d'août 1876 et d'où nous avons tiré les lignes précédentes, quelques passages où le grand théologien résume, avec son autorité et sa science, les idées traditionnelles sur ce sujet (1).

« Si les Juifs, dit l'évêque de Meaux, n'avaient pas vu que le *donec* marquait un changement visible dans l'empire, ils ne se seraient pas tant tourmentés à faire voir que l'empire durait encore dans leur nation, dans leurs patriarches, dans leurs chefs de captivité, à Bagdath ou ailleurs. Si Josèphe n'avait pas cru la même chose, il n'aurait rien eu pour fonder sa flatterie à Vespasien qui est appuyée sur la prophétie de Jacob. Il fallait donc bien qu'il crût que la ruine de l'état des Juifs et leur exil de la terre où Dieu avait établi le gouvernement légitime de leur nation, était la marque de l'arrivée de celui qui devait régner sur les Gentils, et en un mot que le temps de la venue du Messie devait être clair par là.....

« Dans le temps que le Christ viendra, j'avoue que le royaume de Juda subsistera plus que jamais en sa personne ; mais ce sera un royaume d'une autre nature que celui dont cette tribu avait joui jusqu'alors. Jusqu'alors on avait vu toujours le royaume de Juda subsister dans la terre promise à Abraham, sous un certain gouvernement politique prescrit par la loi de Moïse. A l'arrivée du Christ, ils doivent être chassés de cette terre, réduits à une éternelle captivité et à un éternel bannissement. Ainsi ce royaume particulier de la maison de Juda, attaché à la terre promise, devait être ruiné alors ; mais à celui-là devait succéder un autre royaume qui serait le royaume de toutes les nations ; non un royaume renfermé dans la terre de Chanaan, mais un royaume qui s'étendrait, selon la promesse faite à Abraham, à toutes les nations de la terre bénites en Jésus-Christ. Et c'est ce qui est marqué plus clair que le jour dans la prophétie de Jacob, qui dit que dans le temps que le royaume de Juda attaché à la terre promise sera tellement détruit qu'il n'en restera plus aucune apparence dans la maison de Juda, qui non-seulement donnait le nom à ce royaume, mais qui le composait elle seule, presque tout entier, dans ce temps, dis-je, viendra celui qui devait être envoyé ou à qui un nouvel empire devait être réservé, c'est-à-dire l'empire de toutes les nations marqué par Jacob en ces mots : *et ipse erit expectatio gentium.* Il devait donc arriver en ce temps un grand changement dans le royaume de Juda, puisque l'ancien royaume du peuple de Dieu qui ne subsistait plus que dans ce royaume, celui d'Israël ayant été absolument rejeté, devait visiblement aller en décadence dans ce temps, et peu à peu tomber à terre

---

(1) Nous avons publié ces lettres de Bossuet et une de Huet sur le même sujet dans la savante Revue, les *Analecta juris pontificii*. Paris, V. Palmé, 1876, pp. 1011 à 1018.

pendant que Dieu fidèle à Abraham, à Jacob, à Juda, à David, susciterait un nouvel empire en la personne de Jésus, dans lequel toutes les nations seraient comprises. »

RAISON DU SILENCE DES MONUMENTS ÉGYPTIENS RELATIVEMENT A L'EXODE ; SON ÉPOQUE.

On a jusqu'à présent trouvé dans les papyrus égyptiens peu de renseignements relatifs au séjour des Hébreux en Egypte et aux événements qui le terminèrent. L'espoir d'en trouver est cependant fort légitime, car « l'Exode des Juifs, événement si considérable pour le monde devenu chrétien, est le fait le plus saillant de l'histoire commune des deux peuples (1). » Il faut noter les constatations qui font reconnaître dans Ramsès II le pharaon qui accueillit Moïse, et dans Menephtat Ier son successeur, celui sous le règne duquel s'accomplit l'Exode (2). « Il me sera permis de rappeler, ajoute M. Chabas, que j'ai retrouvé dans les papyrus de Leyde le nom sous lequel les Egyptiens désignèrent les Hébreux, et la mention des travaux pénibles auxquels ils les avaient assujettis. A l'époque à laquelle se réfère le papyrus, époque que l'Exode dut suivre de près, les Hébreux traînaient les gros blocs de pierre employés à la construction de la ville de Ramsès. résidence préférée de Ramsès II et de son successeur (3)... Aucun document original ne nous a encore parlé de l'évasion des Hébreux; c'était un échec dont les monuments publics n'ont pas dû conserver la mention inscrite au milieu des scènes de triomphe qui décorent leurs salles et leurs façades; seuls, les papyrus de lettres privées peuvent nous livrer quelques allusions plus ou moins distinctes en référence à cet événement. Je n'en ai point rencontré, mais l'étude est loin d'être complète. Il est présumable que le succès de l'entreprise de Moïse a été favorisé par un état de troubles, pendant lequel l'Egypte fut contrainte d'éparpiller ses forces. C'est ce qui arriva sous le règne de Menephtat Ier (4). »

M. Chabas, comme nous venons de le voir, avait trouvé dans ce papyrus de Leyde « la mention du peuple étranger nommé Aperiou. » M. Maspéro a prétendu que les *Aperiu*, considérés comme les Hébreux par M. Chabas. pouvaient être simplement les *peru*, mentionnés parmi les domestiques des temples, et que l'on trouve dans certains textes de la treizième dynastie, très-antérieurs à l'époque de l'Exode (5).

Dans sa réponse très-savante et très-ferme (6), M. Chabas a prouvé que les Aperiou travaillèrent, sous Ramsès II, à certains édifices de la ville de Ramsès. Or nous savons d'autre part que les Hébreux exécutèrent ces travaux (1). Ces mêmes Aperiou avaient, toujours comme les Hébreux (2), des préposés de leur race, qui les faisaient travailler, au nom des Pharaons. M. Chabas eu conclut que les Aperiou étaient Sémites et que très-probablement ils étaient les Hébreux. Quant à voir dans ceux qui sont ainsi appelés, une portion quelconque de la population indigène, il n'y faut pas penser (3).

« LES ENFANTS D'ISRAEL SE MULTIPLIÈRENT D'UNE FAÇON PRODIGIEUSE EN ÉGYPTE... » (p. 123).

Un récent historien de l'Eglise (4), que nous avons le regret de voir suivre sur ce point par M. de Riancey (5), prétend que le mot *ischrezou* (et non *iisretsu*), employé par l'Exode (6) pour désigner cette prodigieuse multiplication, a proprement le sens de *ebullierunt instar piscium*. Cette assertion est inexacte; la racine *Scharaz* signifie simplement *ramper*, et par extension *se multiplier*.

M. H. de Riancey ajoute avec raison : « quelque favorisée qu'elle fut par les desseins de Dieu, la multiplication des enfants d'Israël n'a rien qui excède les analogies historiques, même voisines de notre temps. Ainsi les derniers relevés de population établissent que, en soixante années, le nombre des habitants a été doublé pour l'Angleterre et le pays de Galles... Or, en supposant pour les Israélites l'augmentation d'un *quinzième* seulement, le nombre 67 des enfants de Jacob à l'entrée en Egypte, donne au bout de 215 ans, la somme de 2,228,224 âmes, et là on trouve aisément les 600,000 combattants qui composaient les forces des Israélites un an après le passage de la mer Rouge (7). » Mais, comme le séjour en Egypte a duré 430 ans, on voit à quel chiffre il est possible d'arriver. Wallace avait déjà calculé (8) que les descendants d'un seul couple, en treize périodes, c'est-à-dire en 433 ans et quatre mois, s'élèvent à 24,576. En supposant que les 67 personnes qui avaient suivi Jacob en Egypte y fussent demeurées 430 ans, leur nombre aurait dû être de 1,646,592. Déduction pour les femmes de la moitié, il reste 823,295 mâles; si l'on retranche un quart pour les enfants et les vieillards, on trouve 617,472 combattants : voilà bien les 600,000 guerriers de la Bible (9).

« OPPRIMONS-LE SAGEMENT » (p. 123).

Expression remarquable par sa concision et son énergie. Elle traduit pleinement le sens de l'hébreu que les Septante ont rendu plus littéralement par :

---

(1) M. Chabas, *Hebræo-Ægyptiaca*, dans les *Comptes rendus de l'Académie des inscriptions et belles-lettres*, 1873, p. 58.
(2) *Ibid.*, p. 59.
(3) *Ibid.*, pp. 59 et 60.
(4) *Ibid.*, p. 60. — V. la conférence de M. de Rougé sur *Moïse et les Hébreux d'après les monuments égyptiens*, dans les *Ann. de ph. chrét.*, 1870, t. I, pp. 165 et suiv.
(5) *Comptes rendus de l'Acad. des inscriptions et belles-lettres*, p. 117.
(6) *Ibid.*, pp. 174 et suiv.

(1) Exod., I, 11.
(2) *Ibid.*, v. 14.
(3) M. de Rougé (*l. c.*, p. 169), admet parfaitement l'identité des Aperiou (qu'il transcrit *Abari*) avec les Hébreux, et la considère comme certaine.
(4) *Hist. gén. de l'Eglise*, t. I, p. 523
(5) *Hist. du monde*, t. II, p. 19.
(6) Exod., I, 7.
(7) De Riancey, *ibid.*, p. 19 et 20.
(8) *Dissertation sur les populations des temps primitifs*, 1769.
(9) Cantù, *Hist. univ.*, t. I, p. 228.

κατασοφισώμεθα αὐτον. Le verbe employé à cet endroit (1) signifie : « Soyons rusés à son égard, trompons-le. »

M. de Lesseps, rendant compte de la position des ouvriers indigènes qu'il employait à creuser le canal de Suez, s'exprime ainsi : « Il est certain que la situation du travail n'a pas beaucoup changé depuis la Bible. Le peuple égyptien vivant de rien, *avec quelques oignons*, quelques lentilles, une imperceptible paye ou même sans paye, était accoutumé à exécuter les plus rudes travaux sans qu'on prît souci de pourvoir aux besoins et à la conservation des travailleurs... Le vice-roi savait bien qu'il ne pouvait renoncer au mode de recrutement usité jusqu'à lui pour les travaux publics (2), sans s'exposer à frapper l'Egypte de stérilité (3). »

Deux faits se dégagent de ces observations : 1° la persistance à travers les siècles des mêmes usages relativement à l'exécution des travaux publics. On voit qu'au XIXᵉ siècle on s'y prenait encore en Egypte, il y a quelques années, comme au temps de Moïse. — 2° Le regret, manifesté par les Israélites dans le désert, par rapport aux oignons d'Egypte est bien spécial à un peuple sortant d'un pays où l'on se nourrit de ce légume, et n'a plus rien qui doive étonner. On doit plutôt admirer la singulière précision qui paraît jusque dans les plus petits détails du récit de Moïse.

LA SORTIE D'ÉGYPTE (p. 139).

D'après Robinson (4), les Israélites mirent au moins cinq jours à faire le trajet qui séparait l'endroit d'où ils partirent, de la mer Rouge. Où se trouvait la terre de Gessen ? Il est évident, dit Robinson, qu'elle devait être voisine d'un des bras du Nil (5) : la culture que pratiquaient les Hébreux, ainsi que leur nourriture, le supposent (6). Il suit de là que Gessen était plus à l'ouest qu'on ne le suppose généralement, et il est probable que les Israélites vivaient au milieu des Egyptiens, mais dans des villages séparés, comme font encore les Coptes d'aujourd'hui au milieu des Musulmans. On peut donc admettre, puisque la terre de Gessen était la meilleure de l'Egypte (7), l'identification de cette terre avec la province actuelle Esh-Shurkiyeh, qui a toujours joui jusqu'à présent de cette réputation : elle pourrait nourrir un million d'habitants de plus qu'elle n'en a actuellement (8).

La seule route directe du pays de Gessen, tel que nous le supposons, à la mer Rouge, est le long de la vallée de l'ancien canal. Les Israélites partirent de Ramesesse, le 14 du premier mois (abib), au soir, après la Pâque, et se rendirent par Souccoth et Etham à la mer (1). Ramesesse était sans doute à l'extrémité orientale des lacs amers (peut-être Héliopolis). La distance de cet endroit à la mer, qui n'est que de 30 à 35 milles, pouvait facilement être franchie en trois jours par la foule des Israélites. La première journée de marche les amena à Souccoth, que Kiepert place à l'emplacement du village actuel de Rejûm-el-Khail. La seconde les amena à Etham, à l'extrémité du désert » (2). N'est-il pas probable que cette seconde station se fît près des lacs amers, le long de la bande de terre qui sépare ces lacs du golfe de Suez ? L'étymologie égyptienne donnée par Jablonsky à Etham, en copte Atiom, bord de la mer, le ferait supposer. Le désert empêchait les Israélites de s'étendre plus à l'est.

On ne peut pas déterminer la position de Migdol, Pi-Haheroth et Baal-Zephon (3) : on peut croire pourtant que ces localités étaient dans la plaine qui entoure Suez, et où, quelques siècles après, furent bâties plusieurs villes (4). Champollion dit que Pi-Haheroth est le château d'Ageroud, situé à quelques lieues de Suez, et où Bonaparte a passé en revenant de cette ville au Caire (5). M. Léon de La Borde est du même avis (6).

C'est probablement près du mont Attaka, là où la mer a aujourd'hui 6 lieues de largeur, qu'eut lieu le passage de la mer Rouge. « Là se trouvent des sources que les Arabes appellent *Ayoun-Mousa* (sources de Moïse), et où ils placent traditionnellement le passage des Hébreux (7). »

« On ajoute d'habitude que le Pharaon périt dans les eaux avec son armée ; mais c'est là une de ces *interprétations* ou de ces *développements* que trop souvent on ajoute au récit de la Bible. Le livre saint ne dit rien de semblable, et même aucune de ses expressions ne justifie, ni ne motive une semblable assertion. C'est l'armée, non le roi, qui fut engloutie. Le Pharaon Ménephtah dut survivre à ce désastre et mourut dans son lit (8). »

LA MANNE (p. 152).

« Les produits naturels des déserts d'Arabie et des autres contrées de l'Orient qui portent le nom de Manne, n'ont ni les qualités ni les usages que l'Ecriture attribue à la manne. Ce sont plutôt des assaisonnements ou des médicaments qu'un aliment, des stimulants ou des purgatifs plutôt que des nutritifs. Leur production n'est que de trois ou quatre mois dans toute l'année, de mai à août, et ne dure

---

(1) Exod., I. 10.
(2) La corvée.
(3) *Conférence sur les travaux de l'isthme de Suez*. Paris, 1862, in-12, pp. 17 et 18.
(4) *Biblical researches*, t. I, p. 25.
(5) M. F. Lenormant croit que la terre de Gessen formait le territoire de la ville actuelle de Belbéis, à la frontière du Delta et du désert, au N. N. E. de Memphis et de la ville moderne du Caire (*Hist. ancienne de l'Orient*, 3ᵉ éd., t. I, p. 153).
(6) Nomb., XX, 5, XI, 5; Deut., XI, 10.
(7) Genes., XLVII, 6.
(8) Robinson, *ibid.*, p. 54.

(1) Exod., XIII, 20.
(2) Robinson, *ibid.*
(3) Exod., XIV, 2. Rohrbacher n'indique pas sur quoi il s'appuie pour voir dans ces deux dernières localités « deux gorges de montagnes » (p. 139).
(4) *Bibl. Res.*, t. I, p. 56.
(5) *L'Egypte sous les Pharaons*, t. II, p. 70.
(6) *Commentaire géographique sur l'Exode et les Nombres*, pp. 72-76.
(7) Munk, *Palestine*, p. 123. Cf. Lenormant, qui copie Munk, *Manuel*, t. I, p. 161. — On a soutenu récemment, dans les *Etudes religieuses* des PP. Jésuites, que les Hébreux avaient traversé la mer Rouge aux lacs amers qui faisaient partie alors du golfe de Suez ; mais cette hypothèse ne repose sur rien d'assez précis pour qu'on l'accepte.
(8) F. Lenormant, *Manuel*, t. I, p. 162.

pas pendant l'année entière. On ne les rencontre jamais qu'en petite quantité, et ils sont incapables de donner les quinze millions de livres par semaine, qui étaient nécessaires pour la subsistance de tout le peuple d'Israël... Nous devons donc regarder la manne d'Israël comme tout à fait miraculeuse, et nullement comme un produit naturel (1). »

Nous nous associons entièrement à ces judicieuses observations du savant docteur Stowe.

L'étymologie du mot manne (hébr. *mân*) est évidemment le pronom interrogatif neutre *mân*, quoi. On sait que lorsque les Hébreux virent la manne pour la première fois, ils demandèrent : « qu'est-ce que cela (*mân hou*)? Quelques interprètes ont voulu à tort le dériver des verbes *mân* ou *mânâh*.

ORIGINE CHRÉTIENNE DES INSCRIPTIONS SINAÏTIQUES.

Les nombreuses inscriptions qui se trouvent sur les roches du Wady Mokatteb, c'est-à-dire de la *vallée écrite*, au Sinaï, ont été attribuées par plusieurs historiens et en particulier par l'auteur de l'*Histoire générale de l'Église* (2) aux Hébreux, lors de la sortie d'Égypte et du séjour dans le désert. En Angleterre, la même tentative a été faite par M. Forster (3). Mais on peut objecter qu'il y a un anachronisme évident dans cette manière de voir. Car les événements qui marquèrent la quarantième année du passage dans le désert et en particulier la plaie des serpents de feu, se trouve rappelée dans ces inscriptions. Or on n'a nulle mention d'un retour en arrière des Israélites après cette épreuve. Il est au contraire de toute probabilité qu'ils ne sont jamais retournés de Kadesh et d'Arabah aux vallées occidentales du Sinaï.

L'opinion générale est que ces inscriptions sont l'œuvre de mains chrétiennes; mais on ne sait pas si on doit les attribuer à une population chrétienne qui aurait demeuré là à une époque inconnue, comme Lepsius l'a supposé, ou bien à des pèlerins, comme on l'admet généralement (4). Le mot de *pèlerin* (zir) se trouve fréquemment dans ces inscriptions. La langue est, non pas de l'hébreu, mais un dialecte arabe, empreint d'une certaine influence araméenne. Il y a aussi d'autres inscriptions en grec et en copte. Quelques signes de christianisme, la croix et le chrisme s'y rencontrent, ainsi que des invocations adressées à Notre-Seigneur (5). La question est donc résolue.

L'ORACLE DE L'URIM ET DU THUMMIM (p. 180).

Plusieurs passages de l'Écriture nous apprennent que le grand prêtre se servait de l'*Urim* pour obtenir les oracles du Seigneur. De là des controverses.

Qu'était-ce que l'Urim et le Thummim. Comment servaient-ils à interroger le Seigneur? M. Le Hir répond :

« Selon les rabbins, l'oracle de l'Urim et du Thummim s'énonçait par les lettres gravées sur les douze pierres précieuses que le grand prêtre portait sur la poitrine. Ce qui est certain, c'est que ces douze pierres n'étaient pas renfermées dans un sachet, mais symétriquement enchâssées sur la partie extérieure du rational (ou pectoral), et visibles à tous les yeux. Suivant cette interprétation, Urim et Thummim seraient des épithètes qualifiant les douze pierres... Quelques-uns y voient une épithète désignant seulement l'éclat physique et ne préjugeant pas la question relative au mode de l'oracle. Selon beaucoup de modernes, l'Urim et le Thummim sont deux pierres taillées, ou figurines, essentiellement distinctes des douze dont je viens de parler, et déposées dans l'intérieur du pectoral comme dans une bourse, d'où le grand prêtre en tirait une, comme pour consulter le sort. Les auteurs n'en supposent jamais plus de deux, et tout au plus y aurait-il lieu d'en admettre une troisième, pour embrasser toutes les hypothèses possibles : celles d'une réponse affirmative, négative ou neutre. Car il est à remarquer qu'en plus d'un endroit de la Bible le peuple se plaint du silence de l'oracle. Selon cette explication, que je suis loin pourtant de garantir, l'Urim et le Thummim sont deux objets uniques, dénommés d'après l'idée qui s'attache à chacun d'eux. L'un représente Dieu comme lumière ou vérité, Urim; l'autre, comme souveraine justice et perfection morale, Thummim. La forme plurielle que ces deux mots affectent, indique le suprême degré de l'attribut ou perfection dont ils expriment l'idée (1). »

D'autres auteurs produisent d'autres opinions : Josèphe dit que les douze pierres manifestaient la volonté de Dieu en jetant un éclat extraordinaire. D'autres, que les mots Urim et Thummim étaient gravés sur douze pierres, ce qui peut se concilier avec les divers modes d'obtenir l'oracle. Enfin on a dit que l'oracle de l'Urim signifiait tout simplement que le grand prêtre était revêtu de ses ornements, principalement de l'Urim, qui était caractéristique. Voir les commentateurs.

LA BRANCHE DE VIGNE AVEC SON RAISIN PORTÉE PAR DEUX HOMMES (p. 184).

« Ce fait, dit M. L. de Laborde, n'a rien que de très-naturel; et encore aujourd'hui, si j'envoyais du désert deux Arabes chercher à Bethléem une grappe de raisin qu'ils eussent intérêt à porter intacte et dans sa plus grande conservation, ils ne feraient pas autrement; car il est impossible de supposer qu'on puisse porter à la main, dans un trajet de

---

(1) *A Dictionary of the Bible*, t. II, p. 229. — M. Berthelot, dans un Mémoire adressé, le 30 septembre 1861, à l'Académie des sciences, avait prétendu que la manne n'était que le suc du tamarix. (H. de Riancey, *Histoire du monde*, t. II, p. 47, note.)
(2) T. I, p. 700.
(3) *Voice of Israel from the rocks of Sinai*, London, 1851, in-8.
(4) Smith, *A Dictionary of the Bible*, t. III, p. 1327.
(5) V. le savant Mémoire de M. François Lenormant, *sur l'origine chrétienne des inscriptions sinaïtiques*, dans le *Journal asiatique*, 1859, t. I, pp. 5-58, 194-214.

(1) Le Hir, *Études bibliques*. Paris, 1869, t. I, pp. 59 et 56. Gesenius rappelle, d'après Élien (*Var. hist.*, XIV, 34) et Diodore de Sicile (I, 48, 75), que, chez les Égyptiens, le juge suprême portait suspendue au cou une image de la vérité, taillée dans un saphir (*Thesaur.*, p. 54). Pour le même auteur, *Urim* représente la révélation divine, et *Thummim* la vérité. Il fait remarquer avec raison que pour les Juifs eux-mêmes, la manière dont l'oracle se rendait était déjà sans doute un secret.

65 lieues, une charge de 10 à 15 livres et de 2 à 3 pieds de longueur. C'est en effet à ce poids et à cette ampleur que le raisin arrive dans la Syrie et l'Asie Mineure... J'ajouterai que le tronc de la vigne y atteint une grosseur et les branches une étendue dont nous n'avons pas d'exemple en Europe. Ce n'est donc qu'un fait naturel ; les espions marchaient à pied et n'avaient point avec eux de bêtes de somme; ils devaient moins à cause du poids que par précaution, se mettre à deux pour apporter aux Israélites un témoignage aussi évident de leurs assertions (1). »

L'ÉCRITURE AU TEMPS DE MOÏSE.

Un des maîtres de la critique rationaliste, M. Kuenen, parlant des lois mosaïques, s'exprime ainsi : « A quoi bon cette masse de prescriptions inexécutables au désert? Du reste on a dû les écrire toutes; et nous savons pourtant que si l'Ecriture a dû être connue à cette époque, son usage ne pouvait être encore ni commun, ni facile (2). »

Rien de plus faux que cette assertion. M. Kuenen oublie les hiéroglyphes de l'Égypte, écrits sur des monuments érigés plus de mille ans avant la naissance de Moïse. Et non-seulement en Égypte, on savait graver sur la pierre, mais encore on écrivait sur les papyrus et les parchemins, comme le « Rouleau des morts » nous en donne une idée (3). Dès la quatrième dynastie on se servait de parchemin (4). L'écriture hiéroglyphique avait d'abord été employée; mais elle exigeait trop d'art, et on se servit bientôt du caractère hiératique cursif : on a des manuscrits écrits avec ce caractère, du temps de Rhamsès le Grand.

C'est faire injure au bon sens que de dire que Moïse n'a pu écrire ses lois, quand bien des années avant sa naissance, les Égyptiens avaient l'usage de l'écriture; Ewald, qui n'est pas suspect, considère comme une preuve de l'antiquité de l'Écriture chez les peuples sémitiques, ce fait que les mots *catab* (écrire), *sépher* (livre), sont communs à toutes les langues de cette famille (5).

LE PENTATEUQUE EST-IL L'ŒUVRE DE MOISE ?

Cette question est des plus importantes. Suivant qu'on la résout affirmativement ou négativement, on change l'aspect de toute l'histoire de la Bible. Aussi à cause de cette importance, allons-nous la traiter avec détail pour suppléer sur ce point au silence de notre historien.

Les critiques positivistes et rationalistes n'admettent pas que le Pentateuque soit l'œuvre de Moïse. Ils ramènent la composition de ces cinq livres, qui pour eux ne sont historiques « que dans un sens restreint et limité, » à la fin du VII° siècle avant Jésus-Christ, « à l'époque où le livre de la Loi fut découvert (1). » Un des plus récents de ces critiques va même plus loin. Il transporte les questions de science et d'étude critique dans le domaine intime et secret de la conscience, et il ose dire que l'orthodoxe le plus sévère lui-même, pourvu qu'il soit parfaitement honnête homme, est forcé de faire à la critique « certains aveux secrets qui détruisent et ruinent radicalement le principe sur lequel repose l'autorité du Nouveau Testament et de l'Église (2). »

Ainsi tous les catholiques, tous les protestants qui croient encore à la divinité de Jésus-Christ, à la préparation évangélique qui remplit tout l'Ancien Testament, sont nécessairement ou des ignorants ou des hommes de mauvaise foi. Voilà où l'orgueil critique amène certains esprits d'ailleurs des plus distingués. Il suffit de citer de pareilles monstruosités (le mot est-il trop fort?) pour les réfuter.

Il est utile pourtant de faire une démonstration historique de l'authenticité du Pentateuque. C'est le point le plus important de tout l'Ancien Testament; une fois solidement établi, le reste s'en déduit assez facilement. Nous désirons traiter cette question d'une manière purement historique, sans faire usage d'arguments dogmatiques. Ce n'est pas parce que ces sortes de preuves sont antipathiques à nos exégèses modernes que nous les mettons de côté. Si nous n'évitions avec scrupule le ton tranchant des critiques contemporains, nous dirions que le seul bon sens suffit à décider la question. Mais, pour empêcher toute réclamation, nous ne nous servirons que de la méthode purement historique et critique.

Il n'y a pour nous aucun doute sur la valeur historique de cette proposition : Moïse est l'auteur du Pentateuque.

Mais, avant d'entrer dans la discussion, nous devons faire deux remarques importantes.

1° Il y a dans le Pentateuque, quelques additions faciles à remarquer dans le texte hébreu, et qui ont été introduites dans l'œuvre de Moïse après sa mort. Nous allons signaler celles qui ne paraissent donner lieu à aucune contestation. On attribue généralement à une autre main que celle de Moïse les XXXII° et XXXIV° chapitres du Deutéronome. Le D' Welte, théologien catholique, dit à ce propos : « Loin de se donner pour des parties inhérentes au livre, ils se font reconnaître eux-mêmes et de la manière la plus franche pour des parties qu'on y a ajoutées dans la suite... le Pentateuque, considéré comme l'ouvrage historico-législatif de Moïse, s'arrête au Deutéronome, XXXI, 13 (3). » Mais il ajoute aussitôt que ce qui suit jusqu'à XXXII, 47, a été ajouté par Moïse lui-même en forme d'appendice. Aussi certains critiques ne font-ils commencer qu'à XXXII, 48, les additions postérieures à Moïse (4). Suivant Herbst, Deuter., III, 9, 11, 14, n'est pas de Moïse (5).

Nous ne croyons pas qu'il y ait ici d'interpolation,

---

(1) De Laborde, *Commentaires géographiques sur l'Exode et les Nombres*, p. 121.
(2) *Histoire crit. de l'Ancien Testament*, p. 48 et p. 538.
(3) Smith, *The Pentateuch*. London, 1868, in-8, p. 15.
(4) *Baukunde der Tempelanlagen von Dendera*, p. 15.
(5) *Geschichte des Volkes Israel*, 3° édition. 1864, t. I, p. 77.

(1) Noldeke, *Hist. litt. de l'Ancien Testament*, tr. fr., 1873, in-8, pp. 19 et 30.
(2) *Ibid.*, p. 20.
(3) Herbst, *Hist. krit. Einleitung in d. heil. Schriften der A. T.* herausg. von Welte. Fribourg, 1844, in-8, t. 1, p. 49.
(4) C. Arnaud, *le Pentateuque mosaïque*, p. 98. Cet auteur, qui est protestant, a des idées très-saines sur la critique biblique, et il combat souvent avec succès, toutes ces hypothèses rationalistes.
(5) Herbst, *ib.*

en tout cas, elle est loin d'être suffisamment établie, comme l'a très-bien fait voir Hengstenberg (1). Deut., II., 12, paraît bien avoir le caractère d'une glose postérieure à Moïse, car il représente la prise de possession de la terre de Chanaan par les Israélites, comme un fait appartenant déjà à un passé reculé. Nous ne convenons pas aussi facilement que Nombr., XXXVI, 10-12, soit une glose. Mais il n'en est pas de même de Deuter., IV, 44-49 : ces versets semblent bien une introduction aux lois qui suivent, et qui n'ont pu être écrites que dans un temps où Israël habitait déjà la terre promise (2).

D'autres explications très-courtes sont, d'après Wouters, Jahn, etc., des gloses intercalées, peut-être par Esdras, pour expliquer certains passages devenus obscurs pour des Hébreux d'une époque postérieure (3). La plupart de ces intercalations n'ont aucune importance : on pourrait facilement les retrancher du texte sans qu'il fût moins clair ou moins complet.

2° Moïse s'est servi de documents antérieurs, qui lui étaient parvenus, soit par une tradition orale, soit au moyen de l'écriture (4). Il a souvent intercalé ces documents dans son livre, sans se donner toujours le soin de les fondre en un tout, à la manière des historiens modernes. Cette thèse, fort importante pour l'explication de la Genèse en particulier, n'est nullement condamnée, et a toutes les apparences de probabilités possibles. On ne peut pas prétendre, en effet, que c'est par une révélation directe que Moïse a connu tous les événements contenus dans le livre de sa Genèse (5) : aujourd'hui aucun critique, ou théologien sérieux n'étend jusque là les effets de l'inspiration. En dehors de la Genèse, il est vrai, nous trouvons des allusions à des livres plus anciens que Moïse, *le livre des Guerres du Seigneur*, par exemple (6). Mais dans la Genèse même, on peut indiquer des documents antérieurs à l'écrivain sacré. Bossuet semblait déjà l'admettre (7). Celui qui formula cette théorie d'une manière précise est Astruc (1753); il prétendit discerner dans la Genèse les divers mémoires que l'auteur du Pentateuque y avait insérés (8). Mais il ne fondait ses conjectures que sur un seul indice : la différence entre ces mémoires se révélait d'après lui dans l'emploi pour désigner Dieu des mots *Elohim* ou *Jehovah*. Cette indication, si curieuse qu'elle soit, n'est peut-être pas aussi significative que le pensent Astruc et les critiques qui l'ont suivie. Mais beaucoup de défenseurs modernes de l'authenticité du Pentateuque, Jahn, Havernick, Fietz, admettent l'hypothèse de documents antérieurs. Nous l'admettons avec eux. Il y a des raisons sérieuses pour justifier cette manière de voir ; seulement, lorsqu'il s'agit de préciser et de déterminer ce qui provient d'une tradition orale, ou de sources écrites, il est bien difficile de fournir aucun détail (1).

Mais ce que nous rejettons absolument, ce sont les divers systèmes modernes conçus dans le but d'attaquer l'authenticité du Pentateuque. Quelques catholiques même n'ont pas su rester dans le vrai, et Herbst, en particulier, admet que le Pentateuque n'a été composé que longtemps après Moïse, sous David peut-être, à l'aide des écrits de Moïse mis en ordre et complétés avec d'autres documents anciens. Le Dr Welte, dans son édition de Herbst, a solidement réfuté cette hypothèse. Quant aux critiques rationalistes, ils prétendent bien que la plus grande partie du Pentateuque provient d'écrivains postérieurs à Moïse, mais ils se divisent à l'infini et sur la date et sur le nombre de ces écrivains.

Celui qui a poussé le plus loin la témérité de sa critique et le plus abusé de son imagination féconde, est Ewald. Il a découvert dans le Pentateuque le travail d'une douzaine de rédacteurs. M. Renan s'est appuyé sur ses travaux pour accréditer, sous une forme un peu vague, il est vrai, l'hypothèse d'une composition fragmentaire et successive du Pentateuque; mais, comme tous les exégètes de son école, il prétend, sans essayer de le prouver que, l'hypothèse est hors de toute discussion, et que c'est même un fait acquis à la science (2). Toutes ces hypothèses sont dépourvues de valeur scientifique ; une étude un peu minutieuse et attentive forcera toujours à conclure que Moïse est bien l'auteur du Pentateuque.

Une tradition historique des plus sérieuses le prouve. Nous pouvons en effet remonter, à travers l'histoire des Juifs, depuis le règne de Josias, date de la composition du Deutéronome, suivant M. Noldeke (3), jusqu'au temps de Josué, et trouver, à tous les âges de cette histoire, des preuves de la connaissance et de l'existence du Deutéronome, et par conséquent des quatre autres livres de Moïse. Il n'y a qu'un moyen d'échapper à cette démonstration : c'est, certains auteurs ne reculent pas devant cette témérité, de supposer que tous les livres historiques contenus dans l'Ancien Testament sont à peu près contemporains. La connaissance la plus superficielle du texte hébreu de la Bible, suffit pour faire rejeter une supposition aussi insoutenable. Et c'est une mauvaise plaisanterie d'excuser des auteurs d'avoir placé en tête de leurs compositions, le nom de Moïse, en prétendant que « comme les droits d'auteur n'existaient pas encore, ils étaient suffisamment justifiés (4). »

Le Deutéronome n'a pas été composé sous Josias. De ce qu'on en a trouvé alors un manuscrit dans le temple (5), il ne s'ensuit pas qu'il n'ait été écrit qu'à cette époque. Davidson (6), suivant en cela l'opinion d'Ewald, place la composition du livre au temps de Manassès, grand-père de Josias, et d'autres critiques, Vaihinger et Bunsen la font remonter,

---

(1) *Choses post-mosaïques dans le Pent.*, p. 178.
(2) Herbst, *l. c.*
(3) Ainsi, une ville a changé de nom : la glose la désigne sous le nom qu'elle porte au temps où le glosateur écrit. V. en part. Gen. XIV, 7, 9 ; XV, 18 ; Nombr., XXXIII, 36 ; Deut., II, 12 ; III, 9, 14.
(4) Il est indubitable en effet que l'Ecriture était d'un usage commun au temps de Moïse. Tous les monuments de la civilisation égyptienne sont là pour le prouver. Nous ne nous étendrons pas sur cette question de ce genre qu'aucun savant ne conteste aujourd'hui.
(5) Herbst, *op. cit.*, § 14.
(6) Nombr., XXI, 14.
(7) *Hist. univ.*
(8) *Conjectures sur les mémoires originaux dont il paraît que Moyss s'est servi pour composer le livre de la Genèse, avec des remarques qui appuient ou qui éclaircissent ces conjectures.* Bruxelles, 1753, in-12 de x-525 pp.

(1) Herbst, *op. cit.*, § 14, fin.
(2) Renan, *Essais d'histoire religieuse*, 6ᵉ éd., 1863, in-8, pp. 60 et suiv.
(3) *Hist. litt. de l'Ancien Testament*, p. 40.
(4) *Ibid.*, p. 41.
(5) IV Rois, XXII, 3 et suiv.
(6) *Introd. to the Old Test.* London, 1862, t. I, p. 833.

au règne précédent sous Ezéchias (1). Mais comment se peut-il alors qu'Amasias (828) connaisse le Deutéronome et gouverne d'après une de ses lois les plus spéciales (2) ? Sous le règne de Joias (868), nous avons une preuve palpable de l'existence du Deutéronome (3). Lors du sacre du jeune prince, le grand prêtre lui pose le diadème sur la tête, et lui remet ce que la Vulgate appelle *testimonium* et l'hébreu את־העדות. Nous traduisons ce mot par *la loi*. C'est en effet ce terme qui désigne invariablement dans le Pentateuque les tables de pierre du Décalogue (4). Ici, il ne peut pas être question de ces tables, car pour les tirer de l'arche il aurait fallu violer la loi. On sait que le grand prêtre n'entrait dans le saint des saints qu'une fois par an, à la fête de l'Expiation. Il ne peut donc être question que d'un exemplaire écrit de la Loi, c'est-à-dire du Pentateuque tout entier. Et cette interprétation se déduit nécessairement de ce que le Deutéronome, XVII, 18-20, prescrit aux rois à venir de copier la *loi* tout entière au commencement de leur règne. Le grand prêtre observe cette ordonnance, en donnant au jeune Joas, montant sur le trône, l'exemplaire qu'il doit copier. Si les prescriptions du Deutéronome étaient observées au commencement du règne de Joas, le Pentateuque devait alors exister, sans aucun doute.

En remontant toujours, nous trouvons la prière de Josaphat (908), faite tout entière avec les idées, les images, les mots même du Deutéronome (5). On a dit que cette prière était uniquement inspirée de celle de Salomon, lors de la dédicace du temple; mais on a oublié l'allusion du ỷ 10 de la prière de Josaphat, au commandement fait par Dieu à Israël de ne pas se mêler avec Ammon, Moab et les habitants de Séir: ce souvenir n'est pas inspiré par Salomon mais par le Deutéronome. La manière dont Josaphat organise la justice est absolument conforme aux prescriptions du Deutéronome (6).

Il ne serait pas difficile de tirer de la prière de Salomon (7), dont nous venons de parler, une preuve de l'existence du Deutéronome à l'époque de ce roi; mais cette curieuse et concluante comparaison nous entraînerait trop loin (8). La force de ce rapprochement a été comprise par les rationalistes; aussi Davidson, qui les résume, soutient-il que cette prière de Salomon, authentique pour le fond, a été remaniée et augmentée postérieurement (9). Quand Salomon bénit Dieu de ce qu'il a accompli les promesses faites par l'organe de Moïse (10), il se sert de paroles qui ne se trouvent précisément, sous la forme qu'il emploie, que dans le Deutéronome (11). Et David lui-même, en préparant la construction du temple, a toujours présentes ces paroles du Deutéronome (1).

Inutile de pousser plus loin cette démonstration. Nous pourrions indiquer, au temps des Juges, des constatations du même genre. Bornons-nous à dire que les critiques les plus récents sont forcés de reconnaître les rapports frappants qui existent entre Josué et le Deutéronome (2). Aussi rejettent-ils la composition de Josué à la même époque que celle du Deutéronome, c'est-à-dire au temps immédiatement antérieur à l'exil. Ce qui précède démontre l'impossibilité absolue de cette opinion. Le Deutéronome, et par suite le Pentateuque tout entier, loin d'être contemporain de la captivité, est bien de l'époque et de l'auteur auxquels la tradition juive et chrétienne l'attribue. On doit avouer que le style du Pentateuque est uniforme et ne décèle pas de mains différentes (3). Aussi, pour rester conséquents, les critiques rationalistes refusent-ils à Moïse toute participation à la composition de ces livres.

Un examen attentif du texte prouve que l'auteur doit être contemporain des événements qui ont accompagné la sortie des Juifs d'Egypte et leurs pérégrinations dans le désert. Or quel contemporain était plus en état d'écrire le Pentateuque que Moïse? Une ancienne tradition, conservée dans l'Écriture (4) nous apprend qu'il fut instruit dans toutes les sciences qui rendaient l'Egypte célèbre. Il est certain qu'il est très au courant des usages de l'Egypte, et que la législation du Pentateuque en est comme imprégnée; il est évident, par suite, qu'un écrivain du temps de Josias, peu familiarisé avec les usages et les lois égyptiennes, eût commis sur tous ces points d'innombrables erreurs de détail. Or l'auteur du Pentateuque n'a pu jusqu'à présent être convaincu d'erreur; tout ce qu'il a écrit est au contraire en rapport exact avec ce que l'archéologie et l'histoire nous révèlent sur l'Egypte. Quelques exemples rapides vont prouver la vérité de cette thèse.

Il est certain, si étrange que cela paraisse tout d'abord, que le cérémonial extérieur du culte lévitique indique un type égyptien. Moïse a spiritualisé les cérémonies par lesquelles l'Egypte honorait ses dieux: il a, dit Smith, dont nous reproduisons l'heureux barbarisme (5), « mosaïsé » les formes de la religion pratiquée sur les bords du Nil. Ainsi l'arche de Jéhovah est une imitation de l'écrin d'Amun : la ressemblance entre les deux est frappante (6) : dans ces deux cas, les porteurs sont de la classe sacerdotale, deux figures étendent leurs ailes avec respect autour du trône de la divinité. Les vêtements des prêtres sont imités aussi des vêtements portés par les prêtres égyptiens. L'*Ephod*, porté par le grand prêtre, est décrit assez obscurément dans le Pentateuque; mais les monuments égyptiens où il est représenté, aident à comprendre la description de Moïse. Les bandelettes qui soutiennent l'Ephod, et qui passent sur les épaules, la pierre fine qui orne chacune d'elles, se trouvent sur les monuments

---

(1) *Vollständiger Bibelwerke*. Leipzig, 1858-59, t. I, p. 264.
(2) Cfr. Deut. XXIV, 16 et IV Rois, XIV, 5, 6; Cfr. aussi, II Paral. XXV, 2-4, où ce fait est donné comme un exemple de la fidélité d'Amasias à observer la loi.
(3) IV Rois, XI, 12; II Paral. XXXIII, 12. — Pour toute cette partie, v. Smith, *the Pentateuch in its authorship, credibility and civilisation*. London, 1868, t. I, pp. 74 et suiv.
(4) Exod. XVI, 34; XXV, 16, 21; XXVII, 21; XXX, 6, 36; XXXI, 18; XXXIV, 29; XL, 20; Levit. XVI, 13, XXIV, 3; Nombr. XVII, 19, 25.
(5) II Paral. XX, 8-11, et Deut. II, 4, 9, 19.
(6) II Paral. XIX, 5 et suiv., et Deut. XVI, 18, XVII, 8, 9, 19.
(7) III Rois, VIII, 30-50.
(8) V. ce curieux rapprochement de textes dans Smith, *op. cit.*, p. 82 et suivantes.
(9) *Introd.*, t. II, pp. 41, 42.
(10) *Ibid.* v. 56.
(11) Deut. XII, 10-11.

(1) I Paral. XXII, 9-10; XXIII, 25.
(2) Noldeke, *ibid.*
(3) Rappelons toutefois les observations que nous avons présentées plus haut.
(4) Act. VII, 22.
(5) *The Pentateuch*, p. 292.
(6) V. Smith, qui donne deux gravures de l'Écrin d'Amun, d'après Lepsius, *The Pentateuch*, pp. 291 et 293.

égyptiens, comme ils sont indiqués dans l'Exode (1).
Le *pectoral de jugement* (2) rappelle qu'en Egypte le Juge suprême n'ouvrait la discussion que lorsqu'il avait suspendu à son cou un ornement du même genre (3). Les pectoraux trouvés en Egypte sont conçus, sauf quelques détails mythologiques que Moïse ne pouvait conserver, sur le modèle décrit par l'Exode. La couronne du grand prêtre est aussi revêtue d'ornements inspirés par les usages égyptiens. La lame d'or, qui se mettait sur le devant de cette couronne, et sur laquelle était gravé le nom de Jéhovah, est sans doute une réminiscence de la fleur de lis symbolique qui orne en Egypte le front des rois et des sphinx (4). Les clochettes (5) qui pendent à la tunique du grand prêtre viennent aussi de l'Egypte. L'usage des robes de lin, celui de se raser le corps tout entier, sont communs aux prêtres égyptiens comme à ceux de Jéhovah.

Indiquons quelques autres rapprochements non moins frappants. Chez les deux peuples, la souveraine prêtrise se transmet par héritage (6), le roi est sacré lors de son couronnement (7). Chez les Egyptiens comme chez les Hébreux, la couleur *rouge* symbolise le mal (8). La loi de jalousie (9) est d'origine égyptienne : un papyrus récemment découvert par M. Brugsch jette sur ce point une vive lumière (10). Les trois degrés de sainteté qui paraissent dans les trois enceintes du temple de Jéhovah se rencontrent aussi dans les temples de pierre des bords du Nil (11).

Si l'on osait prétendre que ces rapprochements si frappants ne prouvent rien, car le rédacteur du Pentateuque n'aurait fait, en les reproduisant, que suivre d'anciennes traditions orales, on avouerait par là même que la substance au moins du Pentateuque, la loi jusque dans ses détails, remonte à Moïse. Mais que dira-t-on de la connaissance minutieuse de l'Egypte qui paraît dans tout le Pentateuque, et qu'une longue résidence de l'auteur dans ce pays peut seule expliquer?

D'après l'auteur du Pentateuque (12), la terre de Goschen était un riche territoire, propre à la fois à l'agriculture et au pâturage. L'El-Shirkiyeh qui y correspond était encore en 1376, comme le prouve un document arabe, la province la plus riche de l'Egypte. Aujourd'hui même, au témoignage d'un voyageur célèbre, elle mérite les éloges que Moïse lui donnait, il y a plus de trente siècles (13). La rapidité avec laquelle le Pharaon réunit l'armée destinée à poursuivre les Israélites, est bien d'accord avec ce que l'histoire nous a appris des quartiers où les troupes égyptiennes étaient en garnison (14). Les poissons et les légumes d'Egypte qu'Israël dans le désert regrette si amèrement (1), donneront lieu à une constatation du même genre : les Egyptiens étaient grands amateurs de poisson (2). Quant aux légumes que produisait le pays, ils étaient en grande abondance et d'une qualité supérieure (3).

On peut voir dans le bel ouvrage de Smith, les détails curieux dans lesquels il entre par rapport aux dix plaies de l'Egypte, et où il montre combien elles devaient, par leur nature même, frapper davantage les habitants de ce pays (4). Nous y renvoyons aussi pour tout ce qui regarde l'embaumement de Jacob, la servitude des Hébreux en Egypte, où tous les détails s'accordent avec les procédés et les usages locaux.

Nous pourrions développer la thèse, montrer que l'historien du Pentateuque connaissait à fond le désert arabique, que le législateur doit être le même que l'écrivain ; mais les démonstrations qui précèdent doivent suffire pour tout lecteur de bonne foi : Moïse seul peut être l'auteur du Pentateuque (5).

SUR LE LIVRE DE JOB (p. 112).

I.

Il n'est pas nécessaire de traiter la question de la canonicité de ce livre. Admis par les Juifs dans leur canon, il l'a été également par l'Église chrétienne, qui a toujours fait de ce point un article de foi.

II.

Job a-t-il existé réellement? Le Talmud répond négativement : « Job n'a jamais existé, le tout n'est qu'une parabole (6). » Presque tous les rabbins du moyen âge ont adopté cette opinion, que quelques interprètes catholiques ont suivie. Mais il est impossible de nier à Job une réalité historique. Ezéchiel le place en effet à côté de Noé et de Daniel, « parmi les hommes justes qui éprouveront toujours la miséricorde de Dieu (7). » Qui ne sait, dit M. Lehir, que les anciens n'avaient pas coutume d'inventer les héros de leurs poëmes, mais qu'ils choisissaient pour sujet de leurs chants quelque figure illustre des siècles passés dont la tradition avait conservé le souvenir éclatant? C'est ainsi qu'en ont toujours usé les Arabes. Et l'on peut dire qu'il était nécessaire pour faire recevoir le livre et pour produire l'effet que l'auteur s'y proposait, que Job fût déjà connu de ses lecteurs, et connu par quelque chose d'extraordinaire (8). »

Il est plus difficile de déterminer l'époque de la vie de Job. La glose des Septante (9) ne nous paraît pas avoir une bien grande valeur. Il nous semble y voir une addition relativement récente, et destinée, par la précision même des détails qu'elle contient, à trancher une question qui était dès lors discutée. On a essayé de déterminer cette date au moyen de

---

(1) xxxviii, 6, 7, 10.
(2) *ibid.*, 15-30.
(3) Cfr. sur tous ces points l'ouvrage de M. l'abbé Ancessi, *l'Egypte et Moïse*, Paris, Leroux, 1875, in-8. Nous en avons tiré tous les détails que contient cet alinéa.
(4) Ancessi, *op. cit.*, p. 77.
(5) Exod. xxxviii, 33, 34.
(6) Exod. xxix, 29; Hérodote, ii, 37.
(7) Wilkinson, *Manners and Customs*, t. I, p. 275.
(8) Levit. xiv, 4; Nombr. xix, 6.— Smith, *op. cit.*, p. 296.
(9) Nombr., v, 11-35.
(10) *Le roman de Setnau*, dans la *Revue archéologique*, 1867.
(11) Smith, *op. cit.*, p. 301.
(12) Gen. xlvi, 34; xlvii, 4, 6, 11.
(13) Robinson, *Biblical Researches*, t. I, pp. 53, 54.
(14) Smith, *ib.*, pp. 315, 316.

(1) Nombr. xi, 4, 5.
(2) Wilkinson, *op cit.*, t. II, p. 190.
(3) *Idem*, t. II, p. 26.
(4) Smith, *ibid.*, pp. 322 et suiv.
(5) Voir *l'Univers* du 27 octobre 1877.
(6) Traité *Baba Batra*.
(7) Ezech. xiv, 14, 20. Cfr. Munk. *Palestine*, p. 448.
(8) Introduction au livre de Job.
(9) Le texte est cité par Rohrbacher, p. 112.

l'astronomie (1), mais les chiffres obtenus de cette manière n'ont pas amené à un résultat bien net et bien concluant (2). Les critères internes seuls peuvent aider à déterminer cette date, et l'on sait combien il est en général facile d'en abuser. Rien n'empêche donc de faire de Job un contemporain d'Isaac ou de Moïse, mais rien non plus n'oblige à accepter cette opinion.

III.

Quoi qu'il en soit du siècle où Job a vécu, il reste une question importante à examiner : quel est l'auteur de ce livre ?

Il est indubitable qu'il a été écrit par un Hébreu. La langue le prouve amplement (3). En outre, Job lui-même se déclare innocent des crimes que la loi de Moïse déteste et condamne avec le plus de rigueur (4). Le livre cite le Jourdain comme un grand fleuve (5), et ce ne peut être là que le fait d'un Israélite qui ne connaît pas en effet d'autre fleuve un peu important que le Jourdain. On y rencontre aussi beaucoup de locutions analogues à celles que renferment les Psaumes (6) et les écrits de Salomon, en particulier les Proverbes (7). Ainsi la forte image biblique : *boire l'iniquité comme l'eau*, se trouve dans Job et dans les Proverbes (8). Salomon enseigne comme Job que le fou qui garde le silence passe pour un sage (9). Si Job nous dit que des richesses acquises par l'iniquité ne serviront de rien à l'impie, Salomon nous l'enseigne également (10). Il serait facile de multiplier ces rapprochements. Ceux que nous venons d'indiquer suffisent.

Devons-nous en conclure que l'auteur de Job a utilisé les Psaumes et les Proverbes ? L'originalité du poëme nous porterait plutôt à croire que Salomon le connaissait et en a introduit plusieurs réminiscences dans ses ouvrages. Quand même, avec Spanheim, on verrait dans ces rapprochements une preuve que ces livres sont contemporains, il faudrait nécessairement placer dans le X⁰ siècle avant J.-C., au plus tard, l'auteur de Job. M. Renan place approximativement la composition du livre au VIIIᵉ siècle avant notre ère, vers l'an 750 (11). Nous rejetons absolument l'opinion émise par M. Nol-

deke, suivant lequel l'auteur de Job est contemporain d'Isaïe (1).

Il nous paraît certain aussi que Moïse n'en est pas l'auteur. Les poëmes qui lui sont attribués dans le Pentateuque n'ont aucune ressemblance avec le livre de Job. Mais de ce que Moïse n'a pas composé ce livre, il ne s'ensuit pas que l'auteur n'ait pas été son contemporain. C'est l'avis de M. Le Hir (2) : ce savant critique ne trouve pas de mention de la loi mosaïque dans le livre de Job ; il remarque que la *keshita*, pièce de monnaie fort ancienne, n'est citée que dans Job, dans la Genèse et dans Josué; et il en conclut à la contemporanéité de ces textes. Nous ferons observer, avec Bochart (3), que le nom de la keshita s'est conservé fort tard en Afrique. Il a donc pu se conserver aussi en Palestine, plusieurs siècles après Moïse. On ne sait pas du reste ce qu'était au juste la keshita, et par conséquent il ne semble pas qu'on puisse tirer de ce mot un argument sérieux. On voit dans quelle incertitude demeure la critique sur ce point.

Si nous osions prendre parti, nous pencherions pour l'époque de David et de Salomon. Nulle décision de l'Eglise ne nous force à admettre une autre époque. Mais, encore une fois, il est absolument impossible de penser que Moïse est l'auteur du livre de Job, et il nous paraît plus que douteux que l'auteur inconnu ait vécu « cinq ou six siècles avant David (4) ».

LE TOMBEAU DE JOSUÉ (p. 224).

M. Victor Guérin a découvert à Khirbet-Thibneh, à deux heures et demie environ de marche au N. O. de Diifneh, l'ancienne Gophna, le tombeau de Josué (5). Dans la paroi d'une montagne qui se dresse au S. de Tibneh, on trouve les restes d'une antique nécropole, composée de huit chambres funéraires. La huitième, qui est la plus remarquable de toutes, présente, après une cour carrée, taillée dans le rocher, un vestibule soutenu par quatre piliers, dont deux sont à demi engagés dans le roc et deux sont détachés. Ils n'ont pas de chapiteaux et ne présentent que quelques moulures très-simples dans le haut. Le frontispice est aujourd'hui très-mutilé. Les parois de ce vestibule sont percées de deux cent quatre-vingt-huit petites niches. Une petite porte étroite donne accès dans une chambre sépulcrale, où se trouvent quatorze fours à cercueil (6). Un quinzième, pratiqué dans la paroi du

---

(1) En France, Goguet et Ducontant; en Angleterre, Brinkley et Hales.
(2) Eadie, *A biblical Cyclopedia*, London, 1870, in-8, au mot Job.
(3) Cfr. Job, IX, 9 et Gen. III, 19; Job, XXVII, 3, et Gen. II, 7, VII, 22; Job, XIV, 5 et Isaïe, XL, 6, 7; Ps. XXXVI, 2; LXXXIX, 6, 7, etc.
(4) Job, XXIV, 9-11; XXXI, 32, 33, et Exod. XXII, 25, 26; Deuter., XXIV, 6, 10 et suiv.; XXVII, 17-19; Lévit., XIX, 9-10; XXV, 2-6.
(5) Job, XL, 23.
(6) Job, a la note 3ᵉ, et Cfr. avec la langue et les idées de Job les Ps. IXᵉ, XXXVIIᵉ, LXXIIIᵉ, et aussi le XLIXᵉ.

(7) Le mot תּוּשִׁיָּה, sagesse, Job, V, 12; VI, 13; XI, 6; XII, 16; XXVI, 3; XXX, 22, ne se retrouve que dans les Proverbes : II, 7; III, 21; VIII, 14; XVIII, 1; הֹוָּה, malheur, calamité, Job, VI, 2, 30; XXX, 13

et Prov. X, 3; XI, 6; XVII, 7; XIX, 13; אֲבַדּוֹן, enfer, Job, XXVI, 6;

XXVIII, 22; XXXI, 12; et Prov. IX, 11; XXVII, 20; עִמְקֵי שְׁאוֹל,

les profondeurs du *Scheôl*, Job, XI, 8; Prov., IX, 18. Voir d'autres rapprochements entre Job et les Proverbes, Michaelis, *Einleitung*, p. 93, et Rosenmüller, *Prolegomena in Jobum*, p. 33.
(8) Job, XV, 16; XXXIV, 7, et Prov. XVI, 6.
(9) Job, XIII, 5; Prov. XVIII, 28.
(10) Job, XXVII, 16-17; Prov. XXVIII, 8.
(11) *Le livre de Job*, introd., p. XLII.

(1) *Histoire litt. de l'Ancien Testament*, tr. de Derenbourg et Soury, Paris, 1873, in-8, p. 280. Ce sont les rapports frappants entre Job et les Prov. qui amènent l'auteur à cette conclusion. L'école critique moderne a pour principe de ramener le plus près possible de l'ère chrétienne la composition des livres de l'Ancien Testament.
(2) *Le livre de Job*, introd.
(3) *Hierozoicon*, t. 3, c. 43.
(4) Rohrbacher, p. 45.
(5) *Revue archéologique*, 1863, t. I, pp. 100-108. Note lue à l'Académie des inscriptions et belles-lettres dans la séance du 28 octobre 1864.
(6) Les Juifs enterraient leurs morts dans des excavations creusées dans le roc. Chaque chambre mortuaire contenait un certain nombre de places disposées soit parallèlement, soit perpendiculairement aux parois de cette chambre. Quand la place manquait, on creusait à côté ou en contre-bas une nouvelle chambre dans laquelle on accédait par un *loculi* qui disposait en forme de couloir étroit. Habituellement chaque caverne mortuaire servait pour une famille. V. Munk, *Palestine*, p. 54 et suiv. Le cours inédit du savant M. Clermont-Ganneau, à l'Ecole des hautes études, sur les sépultures juives, où se trouvent une foule de faits curieux recueillis par le professeur lui-même, mériterait bien d'être publié.

mur qui fait face à l'entrée, donne accès dans une autre petite chambre sépulcrale, qui devait être la place d'honneur. Les petites niches, creusées pour recevoir des lampes destinées non pas à éclairer, puisque le jour pénètre abondamment dans le vestibule, mais à illuminer le monument, indiquent tout d'abord la sépulture d'un grand personnage.

Il est certain que Josué fut inhumé dans un endroit appelé en hébreu *Thamnath-Saré* ou *Sara*, au nord du mont Gaas. Les Septante transcrivent ce nom par Θαμνασαράχ ou Θαμνασαχάρ, et au lieu du Mont Gaas écrivent une fois le Mont Galaad. Ils ajoutent au texte hébreu (1) cette particularité qu'on ensevelit avec Josué, dans son tombeau, les couteaux de pierre avec lesquels il avait circoncis les enfants d'Israël à Galgal (2).

Il n'y a pas de doute possible sur l'identification de l'endroit mentionné dans la Bible avec le Khirbet-Tibneh dont nous avons, en commençant, indiqué la position (3). Nous devons en conclure, avec M. Guérin, que c'est bien là que Josué a été enseveli : « Rien, absolument rien, au point de vue architectural, ne s'oppose à ce que ce monument soit contemporain de Josué lui-même, et, bien qu'on n'y lise pas le nom de cet homme célèbre, ce qui trancherait la question ; il me semble que l'existence sur les parois de ce vestibule, de ces nombreuses petites niches à lampe, vaut presque une inscription en faveur de l'opinion que je soutiens. Car cela seul, à mon sens, imprime à ce tombeau un cachet tout particulier et prouve l'importance singulière du personnage auquel il était consacré (4). »

En outre, M. l'abbé Richard, en 1870, ayant fait des fouilles dans le tombeau de Josué, y a trouvé des couteaux de silex en grand nombre (5). Ils étaient mêlés à la terre dans les casiers ou couloirs de la chambre funéraire, et dans les débris dont la chambre funéraire elle-même s'est remplie, à la suite des violations et des recherches dont ces tombeaux ont été l'objet depuis des siècles (6).

LA FILLE DE JEPHTÉ (p. 247).

« Le sacrifice de la fille de Jephté, purement historique dans le récit du livre des Juges, prenait déjà une tournure mythologique dans la superstition populaire au temps où fut écrit ce livre, puisque les filles d'Israël le commémoraient chaque année par une fête de deuil (*Jug.* XI, 40) qui ressemblait aux lamentations d'Adonis. Plus tard, chez les Samaritains, la transformation était devenue complète, puisqu'ils adoraient la fille de Jephté comme une déesse (S. Epiph. *adv. hæreses*, p. 138 de l'éd. de Paris. 1545). Ils l'assimilaient sans doute à la fille du Dieu El, immolée par son père dans les récits de Sanchoniathon (p. 30, éd. Orelli) (1). »

LES NAZARÉENS (p. 248).

L'institution du Nazaréat existait certainement chez les Hébreux avant le temps de Moïse. Le législateur n'a fait que réglementer, pour ainsi dire, ses vœux et les mettre en harmonie avec l'ensemble de la législation religieuse. S. Cyrille d'Alexandrie considère le point caractéristique du vœu, la croissance des cheveux, comme étant de provenance égyptienne. Beaucoup d'exégètes, entre autres, Fagius, Spencer, Michaelis, Hengstenberg, ont admis cette opinion. Hengstenberg affirme que les Hébreux et les Égyptiens se distinguaient des autres nations anciennes par l'habitude de couper leur chevelure : la signification donnée aux longs cheveux doit aussi leur avoir été commune. Il faut dire cependant que les arguments donnés par Bahr contre cette conclusion, sont très-importants. Les points de ressemblance entre le vœu du Nazaréen et les coutumes païennes, sont trop fragmentaires et trop incertains pour fournir un argument sérieux sur l'origine de ce vœu (2).

Ajoutons aux renseignements précédents qui complètent le récit très-exact de Rohrbacher, qu'il y avait aussi des femmes nazaréennes (3).

LES « RENARDS » DE L'HISTOIRE DE SAMSON (p. 250).

Les savants ne sont pas d'accord sur la signification du mot hébreu que Rohrbacher traduit ici par *renard*. Il est certain que la Bible a un terme spécial pour désigner le chacal (4) ; mais un passage des Psaumes (5) prouve aussi que le mot *schoual* s'entend aussi quelquefois du chacal. On sait en effet que le renard ne mange pas les cadavres, tandis que le chacal s'en nourrit : or David, parlant de ses ennemis, dit : « Ils seront la proie des *schoualim*; » il faut donc dans cet endroit traduire ce mot non par *renards*, mais par *chacals*. D'ailleurs, nous savons, par les récits des voyageurs, que le renard

---

(1) Josué, XXI, 40, et XXIV, 30.
(2) M. de Saulcy dit à ce propos : « Ces couteaux doivent être restés dans le tombeau du fils de Noun, et très-probablement celui-là les retrouvera qui se donnera la peine de les aller chercher. Il n'y a pas bien longtemps d'ailleurs que cette tombe illustre a été violée, car les habitants du lieu m'ont raconté que c'étaient eux-mêmes qui l'avaient ouverte. » (*Voyage en Terre sainte*, Paris, 1863, in-8, p. 23 .)
(3) IV. le développement des preuves dans le mémoire de M. V. Guérin que nous analysons ici, *ibid.*, pp. 105 et 106.
(4) *Ibid.*, p. 107. — V. une vue du tombeau de Josué dans les *Ann. de phil. chrét.*, 1866, t. II, p. 148.
(5) *Les Mondes*, cités par les *Ann. de phil. chrét.*, 1870-1871, t. II, pp. 72 et 226 et suiv.
(6) Il ne reste donc plus de doute possible sur la découverte de M. Guérin qui a résumé et confirmé les preuves qu'il en avait données dans son grand ouvrage : *Description géographique, historique et archéologique de la Palestine*; — Samarie, t. II, p. 90.

(1) F. Lenormant, *Lettres assyriologiques*, t. II, p. 211, note. Nous n'insistons pas sur l'opinion émise par Rohrbacher, et reprise depuis par M. Darras (*Hist. gén. de l'Église*, t. II; p. 193). Il est difficile d'admettre que Jephté, conformément à son vœu, n'eût pas offert en holocauste ce qui était sorti de sa maison (le mot hébreu *hola* n'a pas d'autre sens que celui d'holocauste). Josèphe dit expressément Θύσας τὴν παῖδα ὡλοκαύτωσεν (*Antiq.*, v, 7, 10). « C'était là, dit M. F. Lenormant, un sacrifice impie et formellement contraire à la loi de Moïse, qui ne permettait de sacrifier que certains animaux et interdisait les immolations humaines. Mais ces horribles immolations étaient habituelles parmi les populations païennes qui environnaient les Israélites, et les préceptes de la loi étaient tombés dans un complet oubli. » (*Manuel d'histoire*, 3ᵉ éd., t. I, p. 203.)
(2) Smith, *A Dictionary of the Bible*, II, 473.
(3) Talmud, Tr. *Nazir*.
(4) Is. XIII, 22; XXXIV, 14; Jérém. I, 39. *Than* qu'on trouve souvent dans les prophètes désigne plutôt le *chien sauvage* que le chacal.
(5) LXII, 11.

est peu commun en Palestine, tandis que le chacal s'y trouve en très-grand nombre (1). De plus, le renard ne se laisse pas facilement prendre en vie. Toutes ces raisons nous portent à croire, malgré les objections d'Ehremberg (2) et de Winer (3), que, dans le livre des Juges, il s'agit non pas de renards, mais de chacals (4).

Ajoutons une observation qui semblera peut-être assez juste. Le mot *i*, qui chez les prophètes désigne le chacal, peut être d'origine relativement récente. A l'époque plus ancienne où furent écrits le livre des Juges et les Psaumes, ce mot n'était probablement pas encore introduit dans la langue.

L'IMMORTALITÉ DE L'AME CHEZ LES HÉBREUX
(p. 282).

Cette importante question, qui depuis bien longtemps occupe les controversistes, a été reprise, il y a quatre ans, à l'Académie des inscriptions et belles-lettres. On pourrait dire, sans crainte de blesser les membres de l'Institut qui l'ont alors soulevée, qu'elle était dès lors résolue dans un sens affirmatif. Il suffit en effet, pour se convaincre de la croyance des Hébreux à l'immortalité de l'âme, de lire les savants ouvrages de M. Obry (5) et de M. Th.-Henri Martin (6). Mais la discussion de l'Académie a amené la production de nouveaux arguments que nous allons énumérer ici, en résumant le mémoire de M. Halévy (7) et les notes de Mgr Freppel (8).

M. Derenbourg avait soutenu devant l'Académie que l'Ancien Testament, « si explicite sur l'existence et l'unité de Dieu, était muet sur les choses d'outre-tombe (10). » Suivant lui, les récompenses ou les peines annoncées pour l'accomplissement du devoir, sont tout à fait terrestres ou matérielles. Le *Scheôl* est le même pour les justes et les injustes; les uns comme les autres y trouvent le repos absolu par l'absence complète de toute sensation. Des expressions comme celles du Psaume XVI, 10 : « Tu n'abandonneras pas mon âme (*Néfesch*) au *Scheôl*, tu ne laisseras pas ton élu voir sa fosse, » ou comme celles du Psaume XLIX, 16 : « Dieu sauvera mon âme (*Néfesch*) de la main du *Scheôl*, car il me prendra, » ne sont pas une preuve de la vie d'outre-tombe, mais tout au plus des allusions au passage de la Genèse (11) qui raconte l'enlèvement d'Enoch. Comment d'ailleurs la Bible pourrait-elle parler de l'immortalité de l'âme, elle qui ne parle jamais de son existence séparée du corps, car « le *Néfesch* qu'on traduit par *âme*, n'est en réalité que le souffle, la respiration, le signe extérieur et tout matériel de la vie (1). »

Et M. Renan, venant à l'aide de M. Derenbourg, ajoutait : « La vieille philosophie des Hébreux, philosophie d'après laquelle chacun est traité ici-bas selon ses mérites, avait pour but d'expliquer le monde sans l'intervention du dogme de l'immortalité de l'âme et de la résurrection. » Il ne s'agit pas de savoir si ces idées existent ailleurs, disait-il ; ce qu'il affirmait, c'est qu'elles ne se trouvent ni dans Job ni dans les Proverbes, dans Job surtout (2).

Telles sont les objections soulevées par ces deux savants contre la croyance à l'immortalité de l'âme chez les Hébreux.

Mais, pouvons-nous répondre d'abord d'une manière générale, « cette croyance se trouve sous une forme plus ou moins grossière chez les peuples les plus abrutis du globe, depuis les Esquimaux de la terre Grinnel, jusqu'aux Papouas de la Nouvelle-Hollande; pourquoi les Sémites seuls l'auraient-ils ignorée (3) ? » Cette réflexion si frappante le deviendra encore davantage si l'on pense aux idées si élevées et si précises que les Hébreux avaient sur Dieu. Il est bien difficile d'admettre qu'à côté d'une science si parfaite sur ce point, on puisse trouver une ignorance si grossière sur un dogme pour ainsi dire corrélatif au premier. « Est-ce à dire cependant; continuerons-nous avec Mgr Freppel, que la doctrine des fins dernières de l'homme se trouve formulée dans les livres de l'Ancien Testament avec la même précision et la même netteté que dans l'Evangile ? Assurément non, et personne ne l'a jamais prétendu. C'est le propre du christianisme d'avoir éclairé et complété ce qu'il y avait d'obscur et d'inachevé dans les révélations précédentes (4). »

La notion de l'immortalité de l'âme se trouve cependant dans l'Ancien Testament, qui n'est pas « muet sur les choses d'outre-tombe. » Quel sens donnera-t-on à cette expression si souvent répétée dans le Pentateuque : *être réuni à son peuple* ou *à ses ancêtres* ? On a dit qu'il s'agit tout simplement de la sépulture, et on a pensé à des caveaux où étaient déposés les restes des membres d'une même famille ; mais dans beaucoup d'endroits la *réunion aux ancêtres* est expressément distinguée de la sépulture. Abraham est *réuni à son peuple*, mais il est enseveli dans le caveau qu'il avait acheté à Hébron, et où Sarah seule est enterrée. La mort de Jacob est racontée dans les termes suivants : « Jacob ayant achevé de donner des ordres à ses fils, retira ses pieds dans le lit, expira, et *fut réuni à ses peuples* (5). » Ensuite son corps est embaumé; les Egyptiens célèbrent un deuil de soixante-dix jours, et ce n'est qu'après ce long espace de temps que Joseph conduit les restes de son père au pays de Chanaan, pour les enterrer auprès d'Abraham et d'Isaac. Ahron meurt sur le mont Hor et y est enterré ; aucun membre de son peuple n'y repose, et pourtant *il est réuni à son peuple* (6). Il en est

---

(1) Munk, *Palestine*, p. 31.
(2) *Iconologia et descriptio mammalium*, dec. IIe.
(3) *Realwœrterbuch*, t. II, p. 307.
(4) Telle est aussi l'opinion de Smith, *A Dictionary*, Supplément, t. III, p. liij.
(5) *L'Immortalité de l'âme selon les Hébreux*, dans les *Mémoires de l'Académie du département de la Somme*, Amiens, 1839, in-8.
(6) *La vie future*. Paris, 1855, in-12.
(7) *Académie des inscriptions et belles-lettres*. Comptes rendus, 1873, pp. 124-146.
(8) *OEuvres polémiques*, Paris. Palmé, 1874, in-8°, pp. 334-366. On peut aussi consulter pour plus ample démonstration le savant ouvrage : *la Bible et les Découvertes modernes en Assyrie et en Egypte*, de M. l'abbé Vigouroux qui a repris toute la question et l'a traitée à fond. (Voir t. II, p. 391 à 464.)
(9) *Comptes rendus de l'Académie des inscriptions et belles-lettres*, pp. 79 et 80.
(10) Gen. v, 24.

(1) *Comptes rendus...*, p. 79.
(2) *Ibid.*, p. 85.
(3) *Ibid.*, p. 124.
(4) *OEuvres polémiques*, p. 354.
(5) Gen. XLIX, 33.
(6) Nombr. XX, 24; Deut. XXXII, 50.

de même de Moïse, qui meurt sur le mont Nébo et dont personne ne connaissait le tombeau (1). Il est donc évident que la réunion aux ancêtres est autre chose que la sépulture, et que les Hébreux du temps de Moïse croyaient à un séjour où les âmes se réunissaient après la mort (2).

Une autre preuve se trouve dans les citations fréquentes que font du *Scheôl* les auteurs sacrés. Il est impossible de prétendre que le *Scheôl* n'est autre chose que le tombeau. Quand Jacob apprend la mort de son fils Joseph, il s'écrie : « Je descendrai en deuil près de mon fils dans le *Scheôl* (3) ; » mais puisqu'il croyait son fils déchiré par une bête féroce, il ne pouvait espérer de voir ses os réunis à ceux de son fils : son espérance était donc de voir leurs âmes réunies. Le Scheôl est pour les Hébreux un lieu souterrain, plein d'une ombre épaisse (4), où les ombres, les mânes des morts, les *Rephaim* (5) sont réunis (6). C'est bien un lieu distinct du tombeau, puisque les poëtes parlent de ses portes et de ses vallées (7). Nous tirerons même de deux endroits des Psaumes (8) la conclusion que pour les pécheurs, le *Scheôl* (qui en Syriaque s'emploie dans le sens d'enfer ou de purgatoire) devait être en même temps un lieu de souffrances.

Quand l'ombre de Samuel est invoquée par la pythonisse d'Endor devant Saül, elle dit au roi : « Pourquoi m'as-tu troublée en me faisant monter ?... Demain, toi et tes fils vous serez avec moi (9). » Il est évident, dit M. Munk, que l'auteur de ce récit, ainsi que ceux pour lesquels il écrivait, croyaient à l'existence du prophète au-delà de la tombe, et à un séjour où les ombres se réunissaient après la mort (10). » Moïse avait déjà dû défendre la nécromancie (11).

Cette croyance ne fait que de s'augmenter à mesure qu'approche l'ère chrétienne. « Quand les prophètes veulent annoncer au peuple juif le rétablissement de sa vie nationale, de quelle image frappante, populaire, accessible à tous se servent-ils de préférence ? De l'image de la résurrection des corps : ceci n'a jamais été, que je sache, contesté par personne (12). Tant l'idée d'une résurrection future était familière au peuple juif (13). »

Peut-on citer des textes formels de la Bible où paraisse la croyance à l'immortalité de l'âme ? Nous pensons que oui. Il y a d'abord le célèbre passage de Job : « Je sais que mon rédempteur est vivant... (1), » que tout le monde connaît et qu'il est par conséquent inutile de reproduire. Puis nous lisons dans les Proverbes : « Dans le chemin de la justice est la vie et son chemin est l'*immortalité* (2). » Il faut avouer que ce mot d'immortalité (אלמות) est un ἅπαξ λεγόμενον. Mais est-il contraire au génie de la langue hébraïque, comme le prétend M. Derenbourg, de composer avec אל (3) ? Assurément non, comme l'a fort bien démontré M. Halévy, qui rapproche de l'hébreu *almaveth*, le phénicien *almout*, qui a le même sens (4). Dans le livre de l'Ecclésiaste, le dogme de l'immortalité de l'âme est clairement énoncé : « La poussière retourne à la terre telle qu'elle était ; mais *l'esprit* retourne vers Dieu qui l'a donné (5). »

M. Derenbourg a prétendu que les Hébreux ne croyaient pas à l'immortalité de l'âme, puisque le mot *néfesch*, que nous traduisons par âme, signifie proprement *respiration*, *haleine* et même *sang* (Deut. XII, 13) et que les Hébreux ne savaient pas distinguer l'esprit de la matière. M. Halévy a fort bien répondu à cette objection : « L'étymologie prouve une chose, c'est que la langue hébraïque, comme tout autre idiome humain, procède du matériel à l'idée abstraite, en ce point personne ne met en doute. Est-ce que l'expression grecque ψυχή ne signifie pas proprement *respiration*, *souffle* ? Est-ce qu'elle ne s'emploie pas dans le sens de *sentiment*, *personne*, et même dans celui de *sang*, comme le mot hébreu *néfesch* ? au contraire, ψυχή désigne aussi la substance d'un être inanimé. D'ailleurs le principe indestructible, immortel, n'est pas désigné par le mot *néfesch*, mais par le terme *rouah* (au propre *vent*, *air*) dont l'opposé est *basar*, *chair*, *corps*. L'hébreu dira toujours *rouah yawhé*, l'esprit de yawhé, non pas *néfesch yawhé*, parce que Dieu est immortel, indestructible.... Le dualisme de l'esprit et de la matière est donc un fait certain dans les conceptions sémitiques (6). »

Une dernière considération, fort importante, c'est que l'Hébreu a toujours vécu en rapport avec des peuples familiers avec la notion de l'immortalité de l'âme. Comment n'eût-il pas été, sous ce rapport, aussi favorisé que les Égyptiens, les Phéniciens et les Chaldéens ? Or pour ces deux peuples le doute n'est pas possible. M. Renan est forcé d'en convenir en ce qui regarde l'Égypte. Les textes du *Rituel funéraire* sont tellement frappants, que toute discussion est impossible. Quand l'âme vient de se séparer du corps, elle s'adresse à la divinité infernale, et lui demande d'être admise dans son empire. Osiris répond au mort : « Ne crains rien en m'adressant la prière pour l'éternelle durée de ton âme, pour que j'ordonne que tu franchisses le seuil (7). » L'âme, une fois introduite dans l'empire d'Osiris, passe par une série d'épreuves nombreuses, avant d'arriver à la béatitude finale. Est-il admissible que les Hébreux, si longtemps en contact avec l'Égypte n'aient pas appris là, si par impossible ils ne le con-

---

(1) Deuter. XXXII, 50 ; XXXIV, 6.
(2) Munk, *la Palestine*, p. 149.
(3) Genès. XXXVII, 35.
(4) Job, X, 21, 22.
(5) Les *Rephaim* sont les mânes renfermés dans le Scheôl. Ils n'ont plus ni sang, ni force vitale, mais sont faibles comme des malades (Is. XIV, 10). Ils ont conservé cependant quelques-unes de leurs facultés intellectuelles, entre autres, la mémoire (Is. XIV, 9 et suiv.). V. Ps. LXXXIX, 11 ; Prov. II, 18 ; XIX, 18 ; XXI, 16 ; Is. XXVI, 14, 19. Quoique privés de leur corps, ils gardent les habitudes qu'ils avaient volontairement conservées sur la terre, et, dit Delitzsch, ils restent spirituellement et d'une manière permanente, ce qu'ils ont été corporellement de ce côté de la tombe.
(6) Gen. XXXVII, 35 ; Nombr. XVI, 30 et suiv. ; Ps. VI, 6 ; Ps. XLV, 9 et suiv. ; XXXVIII, 18 ; Ezech. XXXI, 16 et suiv. ; XXXII, 21 et suiv.
(7) Prov. XIX, 18 ; Is. XXXVIII, 10.
(8) Ps. XVI, 10 ; XLIX, 16.
(9) I Rois, XXVIII, 15-19.
(10) Munk, *la Palestine*, p. 149.
(11) Lévit. XIX, 31 ; XX, 6 ; Deuter. XVIII, 11. Les Hébreux faisaient des offrandes aux Mânes, Deut. XXVI, 14 ; Ps. CVI, 27.
(12) Is. XXVI, 19 ; Os. VI, 2-31, XIII, 14 ; Ezech. XXXVII, 1-14.
(13) Mgr Freppel, *Œuvres polémiques*, p. 358.

(1) XIX, 25 et suiv.
(2) XII, 28.
(3) *Comptes rendus*, p. 83.
(4) *Ibid.*, p. 137. Nous reviendrons tout à l'heure sur ce point important.
(5) XII, 9.
(6) *Comptes rendus*, p. 126. — Cfr. Mgr Freppel, *Op. cit.*, p. 342.
(7) Cité par F. Lenormant, *Hist. ancienne de l'Orient*, t. I, p. 507.

naissaient déjà, le dogme de l'immortalité de l'âme?

Les plus proches voisins des Hébreux, les Phéniciens croyaient à l'immortalité de l'âme. Nous en avons une preuve frappante dans l'inscription d'Eschmounazar (1). C'est un document funéraire, et « si jamais des espérances de la vie future remplissent le cœur d'un peuple, elles trouvent leur place naturelle sur les pierres sépulcrales qui marquent le lieu de repos d'un être humain (2). » Le Sarcophage est de travail égyptien. Puisque les idées de ce peuple sur l'immortalité sont arrivées à Sidon, comment encore une fois ne seraient-elles pas parvenues aux Hébreux, dans le cas où ceux-ci ne les auraient pas eues déjà? L'espoir d'une récompense après la mort, y est exprimé en termes très-clairs. On lit dans l'inscription ces deux formules : « le Dieu Melkart me fera contempler l'Astarté des cieux magnifiques ; » — « le Dieu Melkart me fera habiter avec Astarté les cieux magnifiques. » On y trouve aussi le mot *almout*, que nous avons déjà cité. La phrase dans laquelle il se trouve doit se traduire : « Je suis pieux, fils d'immortalité. » « On voit, ajoute M. Halévy, chez les Phéniciens la croyance que l'homme vertueux mort continue à vivre dans le ciel, et jouit de la contemplation de la Divinité. »

Probablement la Chaldée, d'où sont sortis les Israélites, professait cette croyance avant qu'Abraham eût quitté sa patrie. Ce sera une nouvelle preuve de leur foi, ajoutée à celles que nous fournissait déjà la sainte Écriture.

M. Fox Talbot a publié, dès 1872, la traduction d'une prière assyrienne qui affirme l'existence d'une autre vie. C'est une prière pour le Roi :

« Longs jours, longues années, glaive fort, longue vie, années de gloire, prééminence parmi les rois, accordez (toutes ces choses) au Roi, mon seigneur, qui a offert de tels présents à ses dieux.

» Puisse-t-il agrandir et compléter les vastes et larges frontières de son empire ! Qu'il possède la suprématie, la royauté et l'empire sur tous les rois, et qu'il atteigne la vieillesse et le grand âge !

» Et après le don de ces jours présents, dans les fêtes de la terre au ciel d'argent, des cours brillantes, dans la demeure de la félicité (*mun sa barikuti*), à la lumière des champs de délices, puisse-t-il mener une vie éternelle, sainte, en la présence des dieux qui habitent l'Assyrie. »

Cette dernière strophe est très-explicite sur la croyance assyrienne aux récompenses d'une autre vie. Un des chants du poëme d'Izdubar, celui de la descente d'Istar aux enfers, nous fait remonter beaucoup plus haut dans l'antiquité et nous décrit le séjour des morts en traits qui rappellent ceux de la description du *Schéol* dans Isaïe (3).

Nous lisons dans une autre inscription, traduite par M. Chad Boscawen (4) :

1. Mérodach
2. à son trône

3. j'ai fait entrer
4. une troupe
5. d'enfants du peuple.........
8. A Mérodach
9. et à Zarpanit
10. j'ai consacrés
11. (Ils sont) au roi Agou
12. Puissent ses jours être longs ;
13. Ses années être prolongées ;
14. Une vie heureuse
15. puisse-t-il mener !
16. Le haut du ciel (*zirit same*),
17. vaste,
18. puisse-t-il le voir (*libbitasu*) !

Les Assyro-Chaldéens se représentaient le ciel comme « la demeure de la félicité, la maison de vie, la terre de vie. » Les bienheureux mènent une vie agréable, ils reposent sur des lits et boivent des breuvages purs, dans la compagnie de leurs amis et de leurs parents. Le guerrier a autour de lui du butin qu'il a pris dans les combats, il est entouré des ennemis qu'il a faits prisonniers, et il donne de grands festins dans sa tente (1).

Nous arrêterons ici notre démonstration, qui sans doute paraîtra complète. Nous ne dirons rien de l'opinion singulière, soutenue par M. Derenbourg, que c'est des Grecs et de Platon que les Juifs auraient tiré leur doctrine de l'immortalité de l'âme. C'est une fantaisie qui ne mérite pas la discussion.

Il est donc certain que les Juifs croyaient à l'immortalité de l'âme. Seulement on peut admettre avec Bossuet que Moïse et David n'avaient pas exprimé cette doctrine en termes précis et clairs, mais l'avaient enveloppée dans des images et des figures que réclamait l'état des esprits sous l'ancienne loi (2).

La masse de la nation crut toujours à cette vérité. Les Sadducéens, qui la niaient, ne formèrent jamais qu'une partie imperceptible des classes riches et cultivées, parmi lesquelles seulement ils se recrutaient. Puis ils étaient loin de se faire gloire de leur doctrine : ils n'écrivaient pas, n'avaient pas d'enseignement public, mais des entretiens secrets et occultes (3). En public ils gardaient l'opinion des pharisiens, et même, quand ils s'asseyaient dans les synagogues, professaient leur doctrine (4). Leur opinion sur ce point ne peut donc être d'un grand poids. Il est parfaitement certain que les pharisiens, en croyant à l'immortalité de l'âme, conservaient la doctrine traditionnelle (5).

BAALATH (p. 319).

Baalath (6) ne signifie pas en hébreu « ville du Soleil, » comme le prétend l'historien, mais simplement « maîtresse, » et par métaphore, « douée

---

(1) V. sur cette inscription la *Revue archéologique*, 13ᵉ année (1856-1857), p. 458.
(2) *Comptes rendus*. pp. 134-145.
(3) L'idée assyrienne de l'Adès, dit M. Bosanquet, semble provenir des ruines d'une cité dévastée ; c'est une ville entourée de sept murailles. et aussi de fossés que remplit « une eau de mort qui ne peut purifier les mains. »
(4) V. aussi *Transactions of the Soc. of Bibl. Archeolog*, 1875, p. 267.

(1) Le *Monde*, 24 février 1877.
(2) *Dissert. de Psalmis*, dans ses Œuvres, éd. Vivès, t. 1, p. 19 Fleury partage les idées de Bossuet.
(3) Hanneberg semble croire cependant le contraire, *Révélation biblique*, t. II, p. 143.
(4) Josèphe, *Antiq*. l. XVIII ; Tr. d'Andilly, pp. 678, 679.
(5) V. la note qui est consacrée plus bas aux Pharisiens.
(6) III Rois, XIX, 18.

de quelques qualités. » Rohrbacher se fonde pour traduire comme il l'a fait, sur l'opinion de nombreux auteurs, Münser, Movers et Winer, entre autres, d'après lesquels c'est le Soleil qu'on adorait sous le nom de Baal. Il semblerait plutôt, si l'on en croit Gesenius, que c'était à la planète de Jupiter, considérée comme présidant à la distribution de la fortune, que s'adressaient les adorateurs de Baal (1). Un passage de l'Écriture semble distinguer aussi Baal du Soleil (2). Quoi qu'il en soit, ces deux idées ont dû se confondre avec le temps (3), et les adorateurs de Baal ont cru adorer en lui un être réel. En tout cas, rien dans le nom de Baalath n'a rapport au Soleil.

Baalath se trouvait dans la tribu de Dan (4). Joseph reconnaît que Baleth ou Balath, bâtie par Salomon, était voisine de la Gazara des Philistins (5).

Comme toutefois le texte hébreu unit clairement Baalath à Tadmor, quelques-uns l'ont placée dans le pays d'Aram, mais certainement sans motif suffisant (6). L'opinion qui identifie Balbeck avec Baalath n'a du reste aucun fondement sérieux. (7)

LA CHRONOLOGIE DES ROIS.

M. Oppert a fixé, au moyen des éclipses indiquées par les inscriptions cunéiformes, plusieurs des principales dates de l'histoire biblique postérieure à David. (8) Nous les donnons ici, pour rectifier les erreurs inévitables commises par Rohrbacher.

978. Mort de Salomon.
930. Avénement de Sardanapale III.
905. Avénement de Salmanassar III.
900. (en été). Défaite de Ben-Hadad et d'Achab.
828. Règne de Salmanassar IV.
810. Avénement d'Ozias de Juda.
798. Domination des étrangers (Js. vii, 8).
792. Première prise de Ninive.
788. Jéroboam II, pour la seconde fois.
759. Premier règne de Pékah.
758. Règne de Jotham.
744. Avénement de Téglathphalasar.
742. Règne d'Achaz et de Ménachem II.
733. Campagne des Assyriens contre Pékah.
730. Avénement d'Osée.
727. Avénement de Salmanassar V et d'Ezéchias.
724. Commencement du siége de Samarie.
722. Mort de Salmanassar V.
721. Règne de Sargon (fin d'hiver). Prise de Samarie (été).
713. Maladie d'Ezéchias dans sa 14ᵉ année.
704. Règne de Sennachérib.
700. Expédition de Judée.
698. Règne de Manassé.
680. Règne d'Assarhaddon.
667. Règne de Sardanapale.
643. Règne d'Amon de Juda.
641. Règne de Josias.
610. Règne de Joachim.
606. Destruction de Ninive.
599. Règne de Joachim et de Sédécias.
588. 9 Ab. (Août) Destruction de Jérusalem par Nabuchodonosor.

JÉHU ET LES INSCRIPTIONS CUNÉIFORMES.

Le nom de Jéhu se trouve dans les inscriptions cunéiformes de l'obélisque de Nimroud. Celui de Hazaël, roi de Damas, s'y rencontre aussi.

« Le monument connu sous le nom de l'obélisque de Nimroud, dit M. Oppert, raconte succinctement les trente et une premières campagnes de Salmanasar II. « Dans ma dix-huitième campagne, dit « le monarque assyrien, je franchis l'Euphrate pour « la seizième fois. Hazaël, roi de Syrie, vint pour se « battre avec moi : je lui pris onze cent vingt et un « chars, quatre cent soixante cavaliers et son armée. « Dans ma vingt et unième campagne, je franchis « l'Euphrate pour la vingt et unième fois, je marchai « sur les villes de Hazaël de Syrie, j'occupai les « forteresses. Je perçus les tributs de Tyr, de Sidon, « de Biblos. »

« L'inscription circulaire, au-dessus des bas-reliefs de la seconde bande, dit : « Voici les tributs « que j'imposai à Jéhu, fils d'Omri (1) : de l'argent, « de l'or, des plats en or, des *zoukout* en or, des « *dalani* en or... (2). »

LE LIVRE DE LA SAGESSE (p. 322).

L'opinion émise sur ce livre par Rohrbacher paraît très-sage. Les Rabbins, quoique ce livre soit deutéro-canonique, ont toujours professé pour lui une estime particulière. Ils mettent même quelquefois des sentences de ce livre sous le nom de l'auteur des Proverbes. Il était connu, même chez les Juifs de Palestine, dès le temps des premiers Machabées, c'est-à-dire au moins en 167 avant N.-S., et sa composition doit nécessairement remonter plus loin (3). Aussi nous ne nous rangeons point à l'opinion de la plupart des critiques modernes qui le font écrire de 150 à 50 avant J.-C. (4). Il nous semble évident, ne fût-ce que pour la raison indiquée plus haut, qu'on doit le reporter au moins dans le troisième siècle avant l'ère chrétienne (5).

---

(1) *Thesaurus*, p. 224.
(2) IV Rois, xxiii, 5. Nous devons dire que plusieurs auteurs sont d'un avis absolument opposé.
(3) Munk, *Palestine*, p. 89 note.
(4) Jos. xix, 44.
(5) *Antiq.* VIII, 6, 1, éd. Didot, t. I, p. 300.
(6) Winer, *Realworterbuch*; t. I, p. 121, et de Saulcy, *Diction. des antiq. bibl.*, Paris, 1869, gr. in-8, p. 119.
(7) V. l'art. de Kneucker dans le *Bibellexicon* de Schenkels, Leiptig, Brokhaus, in-8, t. J, (1869). p. 330.
(8) *Annales de philosophie chrétienne*, 1869, t. I, pp. 100 et 101.

(1) Dans une inscription, Sargon dit aussi : « Je combattis Bet-Omri l'étendue » (Oppert, *ibid.*, p. 184), c'est-à-dire le royaume d'Israël. C'est aussi par ce nom d'Omri que le roi d'Israël est désigné dans la stèle de Mesha.
(2) Oppert, *Inscriptions assyriennes des Sargonides*, dans les *Ann. de philos. chrét.*, 1862, t. II, pp. 55 et 56.
(3) Geiger, *Zeitschrift der deutschen morgenlaendischen Gesellschaft*, t. XII, pp. 538 et suiv.
(4) V. Smith, *A Dictionnary of the Bible*, t. III, p. 1782 et 1783.
(5) M. Derenbourg, sans citer l'endroit, prétend, car c'est sa thèse favorite, que le livre de la Sagesse contient des passages qui paraissent contraires à ce qu'il appelle la doctrine pharisienne sur la résurrection (*Essai sur l'histoire et la géographie de la Palestine*, Paris 1867, in-8, p. 50).

BENADAD (p. 324).

L'orthographe ordinaire Benadad ou Ben-Hadad est fautive, comme le prouvent l'assyrien Ben-Hidir et la traduction υἱός Ἀδὲρ des Septante (1). Il semble donc préférable de lire Benadar, toutes les fois qu'on rencontre le nom de ces trois rois de Syrie, qui furent presque toujours en guerre avec les Hébreux.

AMRI (p. 331).

D'après l'hébreu la vraie prononciation du nom de ce roi usurpateur et fondateur de Samarie est Omri (2). Son nom désigna pour les Assyriens la maison et le royaume d'Israël. Il figure aussi dans l'inscription de Mésha (3).

ASTARTÉ (p. 335).

Astarté représente tantôt la *Lune* et tantôt la planète *Vénus* (4). Ses statues avaient des cornes. Son culte était infâme et elle avait souvent pour prêtresses des courtisanes sacrées (5). « En Phénicie et à Chypre comme Babylone, toutes les femmes devaient, au moins une fois pendant leur vie, s'enfermer dans l'enceinte du temple et s'y offrir au premier venu; le salaire de leur infamie appartenait au trésor de la déesse (6) ».

L'étymologie de ce nom est sans doute le persan *esther* qui veut dire étoile.

SIÈGE DE SAMARIE (p. 338).

C'est de Ben-Hadar II qu'il s'agit ici. Le Ben-Hadar que nous avons vu plus haut était mort, et c'est sans doute à la faveur des troubles qui accompagnaient l'avénement d'un nouveau roi, qu'Achab avait essayé de recouvrer son indépendance.

La bataille de Ramoth-Galaad où Achab fut tué (p. 340), eut lieu en 851.

BAAL-ZEBOUB (p. 341).

Idole des Philistins d'Ekron, rendant des oracles (7). Il faut vraisemblablement traduire *Baal-Zeboub* par le Baal des mouches. C'était une idole du genre du Ζεὺς ἀπόμυιος, μυίαγρος, et de l'Hercule μυίαγρος des Romains. Les mouches sont en Orient un fléau dont on ne peut pas se faire une idée chez nous (1). Hug s'est éloigné de cette explication commune du Baal-Zebub (2) ; mais sa théorie, d'après laquelle ces idoles des Philistins seraient venues du *Scarabæus pillularius*, adoré en Egypte, repose sur quelques laborieuses hypothèses et est dépourvue de toute vraisemblance. Nous ne rapporterons pas, du reste, toutes les bizarres opinions formulées sur Baal-Zeboub.

Le rapprochement fait par Rohrbacher entre le *Baal-Zeboub* de l'ancien Testament et le *Beelzeboub* du Nouveau ne semble pas fondé. Il est vrai que la Vulgate écrit ce mot *Beelzebub* (3), mais le texte grec a toujours, et sans qu'aucune variante soit signalée, βεελζεβοὺλ. Il n'y a aucun rapport d'étymologie entre *zeboub*, qui signifie mouche, et *zeboul*, qui veut dire habitation (4).

LA STÈLE DE MESHA (p. 343)

Voici une des plus curieuses démonstrations de la vérité des récits bibliques qui se soit encore présentée. En 1870, M. Clermont-Ganneau, alors drogman-chancelier du Consulat de France à Jérusalem, avait entendu parler, par des indigènes et des Bédouins, d'un gros bloc de pierre noire, couvert de caractères qui n'étaient ni arabes ni grecs, et qui existait à Dhiban, l'antique Dibon, à l'est de la mer Morte. Il sentit aussitôt l'importance de cette nouvelle qui l'amena à la découverte curieuse dont nous allons emprunter le récit au savant professeur lui-même :

« Je soupçonnai tout d'abord l'importance de ce monument, mais je ne songeai guère à aller à Dhiban, m'assurer de visu de l'exactitude des descriptions qui m'en avaient été faites. Un voyage transjordanien est une entreprise difficile et surtout fort coûteuse, parce qu'il faut chèrement payer les escortes de Bédouins.

« Cependant des informations recueillies ultérieurement, me donnèrent la certitude que la *pierre noire* était une stèle de basalte et que les caractères qu'elle contenait étaient phéniciens. Je reçus même d'un Arabe la copie, très-grossièrement faite, de plusieurs lignes de l'inscription. Il n'y avait plus de doute possible ; je résolus dès lors de me procurer à tout prix l'estampage d'un aussi rare monument. Je m'abouchai pour cela avec le fameux cheikh Gablan, qui mit à ma disposition deux cavaliers de sa tribu ; je leur adjoignis un jeune homme de Jérusalem fort intelligent, Yakoub Karavacca, frère du drogman auxiliaire de notre consulat. Yakoub se rendit à Dhiban et obtint, non sans négociations, des propriétaires, les Beni Hamaïdé, l'autorisation de prendre un estampage de la pierre.

« L'opération marchait à merveille ; le papier mouillé avait été appliqué sur l'inscription et soi-

---

(1) Maspéro, *Histoire ancienne des peuples de l'Orient*, 2ᵉ édit., in-12, p. 341.
(2) Les Septante lisent Ἀμβρί.
(3) V. plus bas.
(4) Gesenius, *Thesaurus*, p. 1082.
(5) *Kedeschoth*. Nombr. xxv, 1 et suiv ; Os. iv, 14 ; Deut. xxiii, 19. Cfr. Gen. xxxviii, 21, 22. V. Movers, *Die Phenizier*, I. 679.
(6) Maspéro, *op. cit.*, p. 288.
(7) IV Rois, 1, 2, 3, 16.

(1) V. Bochart, *Hierozoïcon*, à ce mot, et Munk, *Palestine*, p. 23.
(2) Friburg. *Zeitschrift*, t. VII, pp. 104 et suiv.
(3) Matt. xii, 24; Marc, iii, 22; Luc. xi, 15.
(4) En hébreu rabbinique *rebal* signifie fumier ; mais ce mot avait-il déjà cette signification au temps de N.-S. ? Buxtorf semble le dire, *Lexicon Chaldaicum*, éd. de Leipzig, 1875, p. 175.

gneusement battu avec la brosse ; on attendait qu'il séchât, quand tout à coup une de ces querelles si fréquentes chez les Bédouins s'éleva, pour un prétexte futile, entre les Beni Hamaïdé présents ; une rixe s'ensuivit et mes hommes n'eurent que le temps de regagner leurs chevaux et de se sauver au galop. Le pauvre Yakoub eut même dans la bagarre la jambe traversée d'un coup de lance. L'estampage était perdu, et avec lui, comme on le verra, tout espoir d'arriver jamais à l'interprétation de ce texte mystérieux, sans la présence d'esprit d'un des cavaliers de l'escorte, le cheikh Jenûl Abou N'Seir : au milieu de la mêlée, il se jette dans le trou au fond duquel était couchée la stèle, arrache le papier tout mouillé, en entasse à la hâte les lambeaux dans un pan de son « abay », saute en selle et vient rejoindre ventre à terre ses deux compagnons.

« Le but de l'expédition était matériellement atteint ; j'avais un estampage, mais dans quel état, hélas ! Le papier était en lambeaux ; les fragments, empilés, tout humides, s'étaient fripés et chiffonnés en séchant, et les caractères, d'ailleurs peu profondément gravés, n'avaient laissé que des traces imperceptibles. J'en déchiffrai pourtant assez pour me convaincre de l'importance hors ligne de ce monument. Deux éminents archéologues, MM. de Saulcy et de Vogüé, qui vinrent vers cette époque à Jérusalem, et à qui je soumis ces fragments informes, furent unanimes à reconnaître l'antiquité et la haute valeur de ce texte mutilé.

« Sur ces entrefaites, j'avais eu l'occasion de faire la connaissance du cheikh Id el Faëz, de la puissante tribu des Beni Sakher, voisins des Beni Hamaïdé. Il avait vu la pierre, et se fit fort d'en désintéresser les propriétaires et de me l'apporter à Jérusalem. Il demanda quatre cents medjidiés d'argent, dont je lui comptai la moitié d'avance. Au bout de deux semaines, Cheikh Id me rapporta loyalement la somme, en me disant que, pendant qu'il était à Jérusalem, les Beni Hamaïdé avaient mis le monument en pièces ; il donnait pour mobile à cet acte sauvage différents motifs qui me parurent des plus invraisemblables. Son récit n'était pourtant que trop vrai, comme j'en acquis plus tard la preuve.

« Après cet échec, je renonçai momentanément à la stèle de Dhiban, et je m'occupai d'étudier l'estampage en lambeaux que j'en possédais. Tout à coup, dans les premiers jours de janvier, je vois arriver Cheikh Jenûl que j'avais, par la suite, dépêché à la découverte, armé d'une brosse et de papier à estampage. Il me rapportait deux estampages, assez adroitement pris du reste et très lisibles, de deux grands fragments de la pierre, plus des éclats de basalte avec des caractères. Il me fallut bien me rendre à l'évidence (1). »

Quelques autres fragments furent apportés au capitaine Warren, et enfin, à la suite de démarches qu'il serait trop long de raconter ici, M. Clermont-Ganneau a pu reconstituer le monument primitif qui se trouve à présent au musée du Louvre. Voici la description de cette précieuse stèle : « Qu'on se figure un bloc rectangulaire dans sa partie inférieure, arrondi en haut, mesurant 0ᵐ98 de hauteur, sur 0ᵐ55 de largeur et 0ᵐ35 d'épaisseur, et rappelant tout à fait la forme traditionnelle qu'on prête aux tables du Décalogue. Au côté droit, on remarque un rebord en saillie, faisant encadrement et qui devait se prolonger tout autour.

« La pierre est une espèce de basalte d'un noir bleuâtre, semé de paillettes métalliques d'une densité extrême ; la stèle devait être d'un poids énorme, et la translation, si la pierre fût restée intacte, eût été un véritable problème dans un pays aussi accidenté, où l'on n'a que des chameaux pour tout moyen de transport. Je suppose que ce genre de basalte est la pierre dont était fait le lit de fer — probablement un sarcophage de basalte — d'Og, roi de Basan. Cette pierre est d'une grande dureté ; il faut de l'acier trempé pour l'attaquer. Il est difficile de se rendre compte des procédés que pouvaient employer ces anciens peuples, pour tailler et graver des matières aussi rebelles, et je m'étonne que les Bédouins soient parvenus à mettre en pièces un pareil bloc (1). »

« La langue de l'inscription, continue M. Clermont-Ganneau, est de l'hébreu presque pur, à part de légères variantes orthographiques, et l'existence de certaines fonctions grammaticales qui constituent l'individualité propre du moabite, et lui assurent une place bien déterminée dans le groupe des idiomes dits sémitiques.

« Il est certain que cette grande page lapidaire est aujourd'hui ce qui peut nous donner, sous tous les rapports, l'idée la plus exacte de ce que devait être une page de la Bible de la même époque : alphabet, grammaire, lexique, coupe par versets, style même, l'illusion est complète, on croirait parcourir un chapitre inédit du livre des Rois. Combien plus intéressante encore sera pour nous cette page quand nous verrons qu'elle appartient tout entière au domaine historique même de la Bible, et quand nous saurons qu'elle est contemporaine des événements qu'elle raconte (2). »

Aussitôt connue en Europe, cette découverte attira l'attention des érudits. En France, MM. de Vogüé, Oppert, Renan, Derenbourg (3) ; en Allemagne, MM. Deutsch, Schlottmann, Hitzig, Noeldeke, Kœmpf, Lévy (de Breslau) ; sir H. Rawlinson, M. E. Hoole, en Angleterre, s'occupèrent de l'inscription et tentèrent une reconstitution des endroits disparus, en même temps qu'une traduction de tout le texte. Ce texte est compris en trente-quatre lignes. Nous allons le traduire d'après MM. Ganneau, Oppert (4), Neubauer (5), Renan (6), et les plus récents interprètes (7).

1. Moi, Mesha, fils de Camoshgad, roi de Moab,
2. le Dibonite. Mon père régna sur Moáb trente années, et je régnai
3. après mon père. Je fis cet autel (8) pour

(1) Journal officiel du 30 mars 1870.

(1) Journal officiel du 30 mars 1870.
(2) Ibid.
(3) Journ. asiatique, 1870, t. I, p. 155.
(4) Ibid., p. 522.
(5) The Wesleyan methodist magazine, 5ᵉ série, t. XVI. pp. 406-410.
(6) Revue archéologique, 1873, t. I, pp. 133 et suiv., et Notice des monuments provenant de la Palestine et conservés au Musée du Louvre, Paris, 1876, in-8º, pp. 1 et suiv.
(7) Dans la Notice, dont le titre précède, on trouvera une longue et curieuse bibliographie de tous les écrits relatifs à cette inscription, pp. 7 à 11.
(8) « Ce haut lieu » (Journal asiat., 1873, t. I, p. 324.)

Camosh à Qarha (1), [dans la cité de Mesha] (2),
4. car il m'a sauvé de tous les périls, et m'a donné le succès contre mes ennemis. Omri (3),
5. roi d'Israël, opprima Moab pendant de longs jours, car Camosh était irrité contre
6. sa terre. Et son fils (4) lui succéda, et il dit aussi : j'opprimerai Moab en mes jours, je lui commanderai,
7. je l'humilierai, lui et sa maison. Et Israël fut ruiné, ruiné pour toujours. Et Omri expulsa toute la population de
8. Madheba (5). Et il y demeura [lui et son fils, et] son fils vécut quarante ans ; mais
9. Camosh l'a fait périr de mon temps. J'ai bâti alors Baal-meon (6) et j'y fis des... (7), et je pris
10. Qiriathaim (8). Les hommes de Gad (9) habitaient dans le pays d'[Ataro]th (10) depuis les anciens temps et le roi d'
11. Israël leur avait construit la ville d'Ataroth. Et je combattis contre cette ville et je la pris, et je tuai tous les hommes
12. de la ville, à la joie de Camosh et de Moab. J'emportai de là l'Ariel de David (11), et je le traînai
13. à terre à la face de Camosh dans Kerioth (12). J'y transportai les hommes de Saron (13) et les hommes de
14. Maharath (14). Et Camosh me dit : Va et reprends Nébo (15) sur Israël. Je commençai ma
15. marche dans la nuit, et je combattis contre lui depuis l'aube du jour jusqu'à midi. Je [la pris
16. et je tuai tout, savoir, sept mille hommes (et je tuai les hommes
17. et je laissai vivre les femmes) car je les vouai au service de l'Astarté de Camosh. Et j'enlevai de là
18. les vases de Jéhovah, et je les sanctifiai devant Camosh. Et le roi d'Israël avait bâti
19. Jahas (1), et y demeura quand il me fit la guerre. Et lorsque Camosh le chassa de Moab, je
20. choisis de Moab deux cents hommes en tout et je les fis marcher contre Jahas et je la pris
21. pour l'annexer à Dibon (2). J'ai bâti Qarha, le mur en bois et le mur en débris de poteries,
22. et j'ai bâti ses portes et j'ai bâti ses tours et j'ai
23. bâti la maison du roi, et j'ai bâti la prison des hommes dans l'intérieur
24. de la ville. Il n'y avait pas de citernes au milieu de la ville de Keraha, et j'ai dit au peuple entier : Faites-vous
25. chacun une citerne dans vos maisons. Et j'ai creusé les conduites d'eau (3) conduisant à Keraha, contre (les attaques) (4)
26. d'Israël. J'ai bâti Aroër (5), et j'ai fait la route au bord de l'Arnon (6).
27. J'ai bâti Beth-Bamoth (7), car elle était tombée en ruine, et Bozor (8) car elle est forte
28. et s'appelle Dibon-Himousin (9), car chaque Dibon a son surnom. Et j'ai rendu ces anciens noms (10)
29. aux villes que j'ai annexées au pays de Moab. Et j'ai bâti
30. Beth-Diblathaim (11) et Beth-Baal-Méon, et j'y ai fait transporter les (Moabites)
31. ... le pays. Quant à Horonaim (12) où habitait (Baesa) (13)
32. Et Chamos me dit : Va, combats contre Horonaim. Et je...
33. Car Chamos s'est montré à moi dans mes jours
34. ... Victoire...

Le monument avait au moins trente-cinq lignes (14) et peut-être davantage ; on peut donc supposer que le récit de Mesha était plus long que nous ne l'avons.

A quelle époque faut-il placer le récit des campagnes victorieuses du Roi de Moab contre Israël ? D'après M. de Vogüé, c'est sous le règne d'Ochosias

---

(1) Suivant M. Oppert, *l. c.*, « Keraha veut dire *calvitie* et semble être un nom propre sous lequel Isaïe et Jérémie ont fait des jeux de mots qui n'ont pas été compris jusqu'aujourd'hui. » L'énigme, s'il y en avait, est résolue : M. Clermont-Ganneau a prouvé que Qarha (ou Keraha) est la ville haute de Dibon, située sur une colline à part. (*Revue archéol.*, 1870-1871, t. II, pp. 159 et suiv.)

(2) « Et le temple à Lesa ». conjecture de M. Oppert ; elle est difficile à admettre, car Lesa n'est cité qu'une fois dans la Bible, Gen. x, 19.

(3) Le fondateur de Samarie, monté sur le trône en 928. Quoique la Bible nous donne peu de détails sur son règne il dut être glorieux, car dans les inscriptions cunéiformes, le royaume d'Israël, comme nous l'avons vu, est souvent désigné par les termes de « maison d'Omri. »

(4) Achab, dont le règne commence en 917.

(5) Ou Medheba, ville bien connue du pays de Moab. (Jos., xIII, 16.)

(6) Baal-Meon ou Beth-Baal-Meon, ville assignée d'abord à la tribu de Ruben, mais qui tomba bientôt au pouvoir des Moabites. Jos. xIII, 17, Nombr. xxxII, 38 ; Jérém. xLVIII, 23. Burckardt a retrouvé ses ruines.

(7) « Et j'y fis son autel. » (Oppert.)

(8) Ville de la tribu de Ruben (Nombr. xxxII, 37), qui fut prise ensuite par les Moabites (Jérém. xLVIII, 1, 2, 3 ; Esdr. xxv, 9).

(9) La tribu de Gad formait la frontière au nord des Moabites.

(10) Il y avait deux villes de ce nom dans la tribu de Gad : l'une est indiquée dans Nombr. xxxII, 3, 34 ; l'autre, appelée Ataroth Schophan, Nombr. xxxII, 35.

(11) M. Bruston (*Journ. asiat.* 1879, t. I, p. 325) traduit : « l'ariel Dodo, » c'est-à-dire, suivant son interprétation, « le héros Dodo. » Il cite II Rois, xxIII, 20, où *Ariel* a ce sens de héros. D'après M. Clermont-Ganneau, « *le lion* (ariel), comme qui dirait l'aigle de David, était l'emblème de la tribu et plus tard du royaume de Juda ; c'était un lion ailé à face humaine, comparable aux taureaux ailés, aux *chérubins* qui décorent et défendent les portes des palais assyriens » (*Revue archéol.*, 1872, t. I, p. 334.)

(12) Ville citée dans Jérémie, xLVIII, 24, et dans Amos, II, 2.

(13) Un montant de la tribu d'Ephraïm (I Par. v, 16) nous apprend que des descendants de Gad habitaient dans le pays de Galaad, de Basan, et dans les pâturages de Saron. Mais où était au juste cet endroit ?

(14) La Bible ne mentionne aucune localité de ce nom.

(15) Montagne célèbre du pays de Moab, où mourut Moïse (Deut. xxxII, 49, 50 ; xxxIV, 1, 5). C'est en même temps le nom d'une ville voisine, celle qui est mentionnée dans l'inscription (Is. xv, 2).

---

(1) Ville donnée d'abord à la tribu de Ruben, et plus tard aux Lévites (Jos. xIII, 18 ; xxI, 36 ; I Paral. vi, 63 ; Isaïe, xv, 4) nous apprend que de son temps elle était retombée au pouvoir des Moabites. *Bâtir* signifie simplement ici rétablir, restaurer.

(2) Cette ville est aussi appelée Dibon de Gad (Nombr. xxxII, 45). Elle fut donnée à la tribu de Ruben (Jos. xIII, 9, 17) et reprise plus tard par les Moabites (Is. xv, 2, Jérém. xLVIII, 13, 22).

(3) M. Oppert traduit : les souterrains.

(4) « Avec des captifs. » (Ganneau.)

(5) Ville au N. de l'Arnon (Deut. II, 36 ; III, 12 ; Jos. xII, 2 ; xIII, 16, 20 ; Jérém. xLVIII, 19).

(6) Ce fleuve faisait d'abord la frontière entre les Moabites et les Ammonites (Nombr. xxI, 13 et suiv. ; xxII, 36 ; Isaïe, xvI, 3.)

(7) Les petits lieux élevés sur les hauts lieux ont ce nom dans la Bible (III Rois, xIII, 32 ; IV Rois, xvII, 29). Beth-Bamoth est sans doute la même que Bamoth-Baal (Jos. xIII, 17), voisine de Dibon.

(8) Le Βοσόρ des Septante, la Bozra de l'Hébreu ; Jérémie, xLVIII, 24, la cite comme une des villes des Moabites. C'est la Bozra des Iduméens (Is., xxxIV, 6 ; Jérém., xLIX, 13, 22), qui a été tantôt au pouvoir d'un de ces peuples, tantôt au pouvoir de l'autre.

(9) La *Dibon des guerriers*. Suivant la traduction de M. Oppert, que nous suivons ici, il faut identifier Bozor avec Dibou-Himousin. Peut-être vaudrait-il mieux traduire avec M. Neubauer : « J'ai fortifié Dibon pour la tenir en mon pouvoir. »

(10) « Et j'ai rempli le nombre de cent avec les villes. » (Ganneau.)

(11) Jérémie, xLVIII, 22, la cite parmi les villes moabites.

(12) Ville des Moabites, située dans une vallée. Isaïe, xv, 5 ; Jérém. xLVIII, 3, 5, 34.

(13) *Baesa*, restitution de M. Oppert. Le seul Baesa que nous trouvions dans la Bible est un roi d'Israël, qui vivait de 952 à 930. M. Neubauer propose : « [A Horonaim habitaient (les enfants de Ruben »). Cet endroit est fort difficile.

(14) Clermont-Ganneau, *la Stèle de Mesha, observations et lectures nouvelles*, dans la *Revue critique*, 1875, t. II, p. 194.

que Mesha aurait refusé au faible roi d'Israël, son suzerain, le tribut annuel de deux cent mille moutons et agneaux qu'il lui devait (1). Vainqueur à Jahas et à Dibon, Mesha aurait alors élevé le monument que vous venons de reproduire. Puis enorgueilli par ses succès (2), il entreprit contre le roi de Juda la campagne qui devait se terminer par l'épouvantable holocauste de son fils. C'est dans la seconde année du règne d'Ochosias que la stèle aurait été gravée, ajoute M. de Vogüé (3).

M. Oppert est d'un autre sentiment. « La guerre contre Israël est évidemment postérieure à l'époque où l'ont placée MM. Ganneau et de Vogüé. Omri monta sur le trône en 934, les quarante ans ne sont donc finis qu'*au plus tôt* en 894. Mais il est croyable que l'usurpateur Omri, qui eut d'ailleurs à combattre encore son compétiteur Tebni, ne pût penser à la soumission de Moab que dans une époque postérieure de son règne. Cette circonstance porte notre texte déjà dans le règne de Jéhu qui commença en 887, sept ans plus tard que la limite supérieure de l'expédition de Mesha (4) ».

Nous n'interviendrons pas dans cette question qui n'est pas encore résolue.

RIMMON (p. 346).

L'opinion de Leclerc, de Selden et de Vitringa, qui donnent à ce mot le sens d'*Elevé* (de la racine *ramam*), comme l'Elion de la Bible, n'est pas improbable. Hésèchius dit en effet : Ραμάς ὕψιστος Θεός (5). — Ceux qui font venir ce mot de *rimmon*, grenade, s'appuient sur ce que, dans les religions orientales et aussi dans les mythes grecs, la grenade est le symbole de la fécondité (6). « Dans la version du mythe d'Atys adoptée par Arnobe (*Adv. gentes*, v, 6), c'est un grenadier qui naît du sang d'Agdestis mutilé, et dont le fruit, mangé par Nana, fille du fleuve Sangarius, la rend enceinte d'Atys. Les femmes athéniennes, dans les Thesmophorées s'abstenaient du fruit de la grenade, parce que l'arbre qui le produit était aussi né du sang de Dyonisus Zagréus répandu à terre. On sait le rôle considérable que le même fruit jouait dans le mythe de Déméter et de Coré. Dans la célèbre peinture de la *Casa dei capitelli colorati* à Pompéi, on voit à côté du groupe de Vénus tenant Adonis mourant dans ses bras, des pommes de grenade déposées sur un autel devant une statue de Priape (7). » Rimmon serait dans ce cas une personnification de la puissance créatrice. — Peut-être ne faut-il voir tout simplement ici, comme le croit Movers, qu'une abréviation du nom du grand Dieu des Syriens, Hadad Rimmon (1). Mais nous ignorons sur quoi repose l'assertion de Rohrbacher que la pomme est regardée chez les Orientaux comme un symbole du soleil.

JONAS (p. 356).

La date de l'histoire de Jonas peut être reportée soit sous le règne de Phul, roi de Ninive, vers 750 (2), soit sous le règne d'un roi moins ancien, Adrammelech, fils et assassin de Sennachérib (3), qui vécut vers 680.

Beaucoup de critiques allemands n'ont vu qu'une fiction dans ce récit (4). Mais plusieurs raisons rendent impossible de douter de sa réalité historique : parmi ces raisons indiquons le style si simple de ce petit ouvrage, les allusions qui y sont faites dans le livre de Tobie (5) et dans Josèphe (6), l'accord entre les détails qu'on y rencontre et les autres sources historiques et géographiques, enfin les deux citations expresses qu'en fait N.-S. (7).

Nous n'examinerons en détail que deux points : 1° l'étendue de la ville de Ninive, dont on a fait souvent une objection contre le récit du prophète, et 2° l'arbuste sous lequel Jonas se repose après sa prédication.

NINIVE.

Les traditions relatives à la grandeur et à la magnificence sans rivales de Ninive (8), sont aussi familières aux historiens grecs et latins qu'aux géographes arabes. Diodore de Sicile affirme que la ville formait un carré long de 150 stades sur 90; ailleurs il lui donne une superficie de 480 stades, non moins de 60 milles anglais. Il ajoute qu'elle était entourée de murailles de 100 pieds de haut, assez larges pour que trois chariots y pussent passer de front, et que ces murailles étaient protégées par quinze cents tours de 200 pieds de hauteur (9). Suivant Strabon, elle était plus grande que Babylone, qui avait 380 stades de circuit (10). Il est évident que les récits de Diodore sont en grande partie d'incroyables exagérations, basées sur des traditions fabuleuses. On peut toutefois remarquer, dit Smith (11), que les dimensions assignées par cet auteur à la superficie de la ville correspondent assez

---

(1) IV Rois, III, 4.
(2) *Ibid.*, 27.
(3) *La Stèle de Mesha*, pp. 8 et 9.
(4) *Ann. de phil. chrét.*, 1870, c. 1, p. 227. — La stèle est aujourd'hui au Louvre qui l'a acquise en 1873. Les membres de la Société anglaise *Palestine exploration fund*, et le capitaine Warren, qui en avaient retrouvé quelques fragments, les ont offerts généreusement au musée (*Catal.*, p. 5.) Le travail de restitution des parties qui n'ont pu être retrouvées a été exécuté en plâtre et d'une façon qui permet de ne point les confondre avec la pierre originale (*ibid.*).
(5) Gesenius, *Thesaurus*, p. 1292.
(6) Bahr, *Symbolik des mos. cultus.*, Heidelberg, 1839, in-8, t. II, pp. 423 et suiv.
(7) *Die Phœnizier*. Bonn, 1841, in-8, t. 1, b. 196.

(1) F. Lenormant, *Lettres assyriologiques*, t. II, p. 216. On ne sait guère encore si ce Dieu s'appelait Hadad ou Adar (Lenormant, *ibid.*, p. 217).
(2) Layard, *Nineveh and Babylone*, p. 624.
(3) IV Rois, XIX, 36; II Paral. XXXII, 21, 75; XXXVII, 37.
(4) V. en particulier M. Reuss, dans le *Bibel-Lexicon* de Schenkel, Leipzig, Brockhaus, in-8, t. III (1871) p. 365 et suiv.
(5) XIV, 4-6, 15.
(6) *Antiquités*, IX, 10, 2.
(7) Matt. XII, 39, 41 ; XVI, 4 ; Luc, XI, 29.
(8) V. *Ninive und Babylon, zwei Vorträge* von Dr Wattenbach, Heidelberg, 1868, in-8°.
(9) *Biblioth. historica*, II, 3, éd. Didot, t. I, p. 82.
(10) *Geogr.* XVI, 3 à 5, éd. Didot, p. 628. — V. aussi les articles de M. Beulé, dans le *Journal des Savants*, 1870.
(11) *A Dictionary of the Bible*. London, 1863, t. II, p. 547.

exactement au voyage de trois jours de Jonas, si l'on peut appliquer cette expression au circuit des murailles : la journée de marche des Juifs était de 20 milles.

Il est certain en tout cas, que la superficie de Ninive était immense (1). On n'a pu jusqu'à présent faire de fouilles que sur l'emplacement du palais des rois à Khorsabad ; mais il est hors de doute que si on les continuait dans l'enceinte de la ville, on constaterait des dimensions plus vastes peut-être qu'on ne le suppose (2). La ville actuelle de Mossoul occupe probablement une partie de l'ancienne ville de Ninive (3).

L'ARBUSTE DE JONAS (p. 356).

La plupart des exégètes s'accordent à voir dans le *Kikaion* sous lequel Jonas s'abrite (4) non pas le lierre, comme dit Rohrbacher, mais le ricin. Les Septante traduisent le mot hébreu par κολοκύντη. Mais le sens que nous venons d'indiquer doit prévaloir. Saint Jérôme, tout en rendant *Kikaion* par *Hedera*, se prononce formellement pour le ricin. Les Talmudistes et Kimchi sont du même sentiment. Les anciens confirment cette manière de voir : Pline, pour ne pas en citer d'autres, nous apprend que le ricin en Égypte s'appelle κικί (5). Tout dans cette plante convient du reste à la description que l'auteur sacré nous fait du *Kikaion* : croissance rapide, hauteur de l'arbuste, ampleur des feuilles qui produit une ombre épaisse (6). Citons, pour appuyer la vérité du récit, quelques lignes de Michaelis : « Rumphius, in *Herbario Amboinendri* narrat calidioribus diebus, tenui cadente pluvia, in ea generari erucas nigras magna multitudine, ejus folia *per unam noctem* subito depascentes, ut nudæ modo costæ supersint, idque se sæpius non sine admiratione vidisse, *simillime*, addit, *arbusculæ olim niniviticæ* (7). »

LA CHUTE DE NINIVE.

D'après MM. Lenormant et de Saulcy, il n'y a eu qu'une seule destruction de Ninive, celle de 625 avant N.-S. « Je tiens, dit M. F. Lenormant, le récit de Ctésias sur une destruction antérieure, œuvre d'Arbace et de Bélésys, dans laquelle aurait péri un roi assyrien du nom de Sardanapale, pour une fable pure et simple, ou plutôt pour un récit détourné de sa vraie place historique, en vertu d'un système artificiel et faux de chronologie (8). » Mais MM. Oppert et A. Maury (1) admettent cette destruction première, qui aurait eu lieu dès le commencement du IX⁰ siècle.

LES SAMARITAINS (p. 366).

L'origine des Samaritains remonte à la prise de Samarie par Sargon. Son prédécesseur Salmanazar avait mis le siège devant cette ville depuis deux ans, quand il mourut en 721. Sargon vint en personne pousser l'attaque, et la place ne tarda pas à succomber. Une fois prise, elle fut livrée au pillage, et toute la population, qui, au témoignage de Sargon lui-même (2) comptait 27,280 habitants, fut emmenée en captivité à « Kalakh et sur le Khabour, sur les fleuves de Gozan et dans les villes des Mèdes (3). » Elle fut remplacée par d'autres peuples, vaincus eux aussi par les Assyriens, et plus tard par des colons venus d'Hamath (4). Mais ces colonies d'idolâtres finirent par se mêler aux habitants du pays qui n'avaient jamais complétement abandonné la loi de Moïse et le culte de Jéhovah: il en résulta une religion mixte. « Le culte du vrai Dieu resta le culte général, chaque colonie y joignant celui de la divinité qu'elle avait coutume d'adorer dans le pays d'où elle avait été tirée (5). » Il est vraisemblable que les Israélites, restés en majorité dans le pays, firent prévaloir leur religion, car on ne voit pas figurer parmi les accusations portées par les Juifs contre les Samaritains le crime d'idolâtrie (6). Lorsque plus tard les Samaritains consentirent à consacrer le mont Garizim à Jupiter, ce ne fut pas par conviction, mais par peur ; « il est même certain que si le culte des idoles eût été établi alors parmi les Samaritains, ils n'auraient eu rien à appréhender de la fureur d'Antiochus et n'auraient pas craint de se voir confondre avec les Juifs (7). »

Les différences d'opinions entre les Juifs et les Samaritains sont à peine plus grandes que celles qui existaient au temps de N.-S. entre les Pharisiens et les Sadducéens. « La plus grande, c'est que sans doute, alors comme aujourd'hui, les derniers (les Samaritains) ne recevaient que la loi de Moïse et méconnaissaient tout le surplus des livres admis dans le canon des Juifs (8). »

D'où vient le nom des Samaritains ? Il ne vient pas du nom de la ville de Samarie qui est, en hébreu, *Schomeron*. Quant aux Juifs, ils n'ont jamais désigné les Samaritains que par le nom de *Cuthéens* (כותיים). Si l'on trouve dans la Vulgate (9), *frequentia Samaritanorum*, c'est le fait du traducteur latin, car le texte a *turba Samariæ*. « Il faut donc reconnaître que ce sont les Grecs qui ont

---

(1) V. la description de Babylone d'après les recherches de M. Oppert.
(2) Boulé, *l. c.*
(3) Oppert, *Expédition en Mésopotamie*, t. I, p. 72.
(4) IV, 6-10.
(5) *Hist.* xv, 7.
(6) Rosenmuller, *Prophet. minores*, t. II, p. 413, et Gesenius, *Thesaurus*, p. 1214.
(7) *Supplementum*, p. 2185. — C. encore Munk, *Palestine*, p. 19, et Winer, *Realwœrterbuch*, t. II, p. 697.
(8) Lenormant, *Lettres assyriologiques*, t. I, p. 2.

(1) *Journ. des Savants*, 1872, p. 152.
(2) Oppert, *Inscription du palais de Khorsabad*.
(3) *Ibid.*
(4) Maspéro, *Histoire ancienne des peuples de l'Orient*, 2ᵉ édition p. 392.
(5) S. de Sacy, *Notices et extraits des manuscrits*, in-4, t. XII p. 2.
(6) II Esdr. II, 10, 19; IV, 1, 2, 7; VI, 1, 2, etc. J. pourtant Munk *Palestine*, p. 355.
(7) S. de Sacy, *ibid.*, p. 3.
(8) Id., *ibid.*, p. 4.
(9) II Esdr. IV, 4.

donné à ceux que les Juifs appelaient *Cuthéens*, le nom de *Samaritains*, dérivé de celui de Samarie; qu'il a dû être en usage avant l'époque où Samarie commença à porter le nom de *Sébaste*, ou même celui de ville de Gabinius, Πόλις Γαβινίων ou Γαβινίου; enfin que ce nom, inventé par les Grecs, ayant été connu par les Samaritains, ils ont cherché à lui donner une signification honorable pour eux : ce qui était d'autant plus naturel que les formes du langage qu'ils parlaient ne leur permettaient pas de dériver le mot samaritain du nom de la ville de Samarie (1). »

Le texte du Pentateuque que possèdent les Samaritains est en général le même que celui des Juifs; il en diffère cependant par un grand nombre de variantes naturellement formées, et « par une quantité considérable d'additions, d'omissions et de changements, qui ont été faits à dessein, soit dans l'exemplaire des Juifs (2), soit dans celui des Samaritains (3). Outre ce Pentateuque, les Samaritains ont encore une version des livres saints dans un langage particulier, que de leur nom nous appelons Samaritain, « qui tient de l'hébreu, du chaldéen, du syriaque, et qui diffère cependant d'une manière assez notable de toutes ces langues, soit par des racines qui lui sont propres, soit par ses formes grammaticales, ou par des acceptions différentes de celles qu'ont dans ces autres langues certains mots qui leur\\ sont communs avec le dialecte samaritain (4). » Il est probable qu'ils ont eu aussi une version grecque des livres de Moïse, des historiens, des sectes : il y en a eu une fameuse parmi eux, celle des Dosithéens (5).

Joseph Scaliger a le premier attiré l'attention sur le Pentateuque samaritain. En 1616, P. della Valle acheta à Damas un exemplaire de ce Pentateuque ; il le donna à M. de Harlay-Sancy, qui depuis en fit présent à l'Oratoire. C'est d'après ce manuscrit que Morin le publia dans la Polyglotte de Lejay. On en possède aujourd'hui en Europe quinze ou seize manuscrits (6). Un des meilleurs travaux qui y existent sur ce Pentateuque est celui de Gesenius (7).

La secte des Samaritains existe encore à Naplouse. Outre les renseignements que nous donne sur elle S. de Sacy, il faut lire l'ouvrage remarquable que lui a consacré M. l'abbé Bargès (8).

THARACA (p. 370).

Ce roi d'Ethiopie est parfaitement connu aujourd'hui. Après avoir vaincu le roi Shabatok, qui végétait à Thèbes, Tharaca (1) devint maître de toute l'Egypte. Après vingt ans de règne, il fut vaincu par Assarhaddon (Assour-Akhe-idin) ; mais en 669, il battit à son tour les Assyriens sous les murs de Memphis et reprit cette ville. Il soutint encore d'assez nombreux combats avec Assourbanipal, fils d'Assarhaddon, et finit par se retirer en Ethiopie, où il mourut en 666 (2). C'est ce roi qui était venu au secours d'Ezéchias.

DÉCOUVERTE DU TEXTE ORIGINAL DU LIVRE DE TOBIE (p. 371).

On lit dans l'*Univers* du 19 novembre 1877 :

« Nous sommes en mesure de donner à nos lecteurs la primeur d'une nouvelle qui n'est pas encore arrivée en France.

« On vient de faire en Angleterre une découverte importante pour la littérature biblique. M. Neubauer, sous-bibliothécaire de la bibliothèque Bodléienne, a retrouvé dans un manuscrit hébreu récemment acquis, le texte chaldéen du livre de Tobie. Saint Jérôme, dans la préface de sa traduction de ce livre adressée aux évêques Chromatius et Héliodore, leur dit : *Exigitis enim, ut librum Chaldæo sermone conscriptum, ad Latinum stylum traham, librum utique Tobiæ.* Il est à croire que le texte découvert par le Dr Neubauer est celui-là même qu'a traduit saint Jérôme, à part quelques différences et peut-être des retouches. Le style du Tobie chaldéen indique que c'est là l'original du livre.

« Le Tobie de la Vulgate diffère de celui des Septante en plusieurs points, mais surtout parce que le Tobie grec parle à la première personne, tandis que le Tobie latin parle à la troisième. Dans le chaldéen, il parle aussi à la troisième personne. Sur d'autres points, le chaldéen se rapproche plus des Septante que de la Vulgate.

« Un certain nombre de mots douteux, qui ont embarrassé les critiques dans les versions de Tobie, sont éclaircis dans le chaldéen. Le chien n'est pas mentionné dans le texte de M. Neubauer. La fin du livre, à partir de XI, 20, manque. La conclusion est plus courte et différente. Elle paraît avoir été abrégée. Ce n'est, du reste, que quand le manuscrit aura été publié qu'on pourra l'étudier sérieusement. »

Le docteur Schürer, dans le *Theologische Literaturzeitung*, dit qu'il est fort douteux que le texte découvert par M. Neubauer soit réellement le texte primitif. La transition de la première à la troisième personne dans le texte des Septante, s'explique très naturellement par les péripéties de l'histoire ; et l'usage continuel de la troisième personne dans le chaldéen lui défend de prétendre à être l'original. Pourtant il est probable que c'était le texte employé par saint Jérôme et il peut nous servir pour contrôler sa traduction (3).

---

(1) S. de Sacy, *ibid.*, pp. 5, 6.
(2) V. ce que nous avons dit sur ce sujet dans la note sur la Chronologie de la Bible.
(3) S. de Sacy, *ibid.*, p. 6.
(4) Id., *ibid.*, p. 7.
(5) S. de Sacy, *ibid.*, p. 7.
(6) C. Zotemberg, *Catalogue des manuscrits hébreux et samaritains de la Bibliothèque impériale*. Paris, 1866, in-4, pp. 235 et suiv.
(7) *De Pentateuchi Samaritani origine et indole*. Halæ, 1815, in-4.
(8) *Les Samaritains de Naplouse*. Paris, 1855, in-8. — Sur l'emplacement de l'ancienne Sichem, V. l'analyse des recherches de M. Rosen, par M. Robiou, *Ann. de phil. chrét.*, t. 1, pp. 193 et suiv.

(1) Le nom de ce roi est, en hébreu, Tihrakeh, en assyrien Targou, en égyptien et en éthiopien Tahraqa, en grec Tearkô ou Tarkos.
(2) Maspéro, *Histoire anc. des peuples de l'Orient*, 2e édition pp. 426-429.
(3) *Academy*, 15 décembre 1877, p. 550.

LIVRE DE TOBIE (p. 377).

La composition de ce livre doit être reportée, d'après Ewald (1) et Smith (2) vers 350 avant N. S. M. Lenormant en place la rédaction à une époque assez voisine, vers le temps d'Alexandre (3). Il contient, ajoute ce savant, des données historiques dignes d'une sérieuse attention : « Le témoignage de ce livre doit être d'autant moins rejeté que nous allons le voir parfaitement conforme à la réalité de l'histoire quand il représente le père de Tobie, qui a fixé sa demeure à Ninive, allant facilement à Rhagœ sans sortir des pays où s'étend le pouvoir du roi d'Assyrie tant que vit le conquérant d'Israël (4), mais, sous son fils *Sin-axé-irib*, ne pouvant plus communiquer librement avec la Médie, désormais séparée de l'Assyrie (5). »

MÉRODACH-BALADAN (p. 378).

La forme assyrienne de ce mot est Mardouk-Balidinna. Le roi Mérodach était d'abord roi de Beth-Yakin, pays qui se trouvait à l'embouchure de l'Euphrate et du Tigre, et confinait à l'Elam et au désert d'Arabie (6). Il se soumit d'abord à Tiglath-Pilézer II, puis fut battu par Sargon en 710 et en 709. Il dut s'enfuir, après avoir vu Babylone prise par son ennemi, et le fils de Sargon fut établi prince de Bet-Yakin (7).

ISAÏE (p. 379).

Les critiques rationalistes modernes ne voient pas dans le livre d'Isaïe, tel que la Bible nous l'offre, l'œuvre d'un seul auteur. Ils prétendent que les vingt-sept derniers chapitres (XL-LXVI), consacrés à Babylone, ainsi que quelques fragments des trente-neuf premiers chapitres (XIII-XIV, 23; XXI, 1-10; XXIV-XXVII; XXXIV-XXXV), sont postérieurs à la conquête de Babylone par Cyrus.

Nous allons, d'après le beau travail de M. Le Hir sur les Prophètes d'Israël (8), venger l'authencité des vingt-sept derniers chapitres: l'authenticité des autres passages en découle nécessairement.

La licence d'opinion et de mœurs décrite par le prophète, ne peut pas s'appliquer au temps de Cyrus ni à une époque postérieure à ce roi. Au contraire, elle convient parfaitement au règne impie de Manassé, qui versa le sang des justes jusqu'à en remplir Jérusalem, qui favorisa l'idolâtrie, immola son fils à Moloch, et trouva dans le peuple et les magistrats une honteuse connivence. Aussi le prophète prend-il soin d'expliquer les mesures de la Providence qui livre les justes à la violence de persécuteurs (1). « Ce trait eût été un contre-sens dit M. Le Hir (2), si le bonheur avait été proche, e si l'aurore des beaux jours avait déjà lui pour Israël. »

Les versets 9 et 11 du chapitre LVII ne peuvent avoir été écrits qu'en Palestine. « Cette alliance qu'on va chercher si loin, avec tant de fatigue, ces présents de parfums et d'huile, productions qui comptent parmi les plus recherchées de la Judée, ces rebuts qu'on dévore en s'abaissant pour ainsi dire jusqu'aux enfers devant l'arrogance d'un maître dédaigneux qu'il faudrait dédaigner à son tour, tout cela nous rappelle les efforts d'Achaz pour acheter l'appui de Téglathphalasar.. Tous ces traits au contraire sont sans application aux Juifs exilés à Babylone (3). » Aussi Ewald, qui a bien senti la gravité de cet endroit, prétend-il que ce morceau appartient à un ancien prophète auquel le second Isaïe l'a emprunté (4). L'échappatoire n'a pas de raison d'être, et, puisqu'on reconnaît que les prophéties sont d'un contemporain d'Isaïe, pourquoi ne pas les lui attribuer à lui-même. quand le style et tous les détails concordent si bien avec les autres écrits du prophète ?

Le chapitre LXVI prouve, contrairement aux rationalistes, que le temple est encore debout, au temps où ce chapitre est composé, et que les sacrifices et les offrandes y ont lieu tous les jours. Il ne peut donc pas s'agir ici du temps de la captivité.

Le style de ces parties d'Isaïe a été invoqué aussi contre leur authenticité. Mais il faut convenir, et certains rationalistes, Gesenius entre autres, l'ont fait, que rien dans la Bible n'est plus éloquent. Ils prétendent seulement que c'est une autre manière que celle d'Isaïe ; le style serait plus clair, plus facile, plus abondant et indiquerait une époque postérieure. Mais une étude sérieuse montre dans ces derniers chapitres le même style, « la même empreinte, le même cachet inimitable qui est la marque d'Isaïe (5). » Les images usitées sont les mêmes dans les deux groupes de chapitres attribués à différents auteurs (6). « N'oublions pas l'usage si familier à Isaïe de mettre dans la bouche des générations futures un cantique d'actions de grâces, après leur délivrance. C'est par un semblable cantique qu'il termine la plupart de ses prophéties les plus consolantes. On en trouvera quatre ou cinq

---

(1) Geschichte..., t. IV, pp. 233-238.
(2) Smith, *A Dictionary of the Bible*, t. III, p. 1525.
(3) Lettres assyriologiques, t. I, p. 53.
(4) Tob. I, 14; voyez les v. 14-17 du ch. I dans le texte de la Vulgate (note de M. Lenormant).
(5) Tob. I, 15 (ibid.).
(6) Schrader, *Die Keilinschriften und das Alte Testament*, pp. 128-132.
(7) F. Lenormant, *les Premières Civilisations*, t. II, p. 241.
(8) Études bibliques, Paris, 1869, in-8, t. I, pp. 85 et suiv.

(1) LVII, 1, 2.
(2) Études bibliques, t. I, p. 96.
(3) Ibid., pp. 96 et 97.
(4) Die Propheten, t. II, p. 460.
(5) Études bibliques, t. I, p. 108. M. W. Urwick vient de développer cette partie de la thèse de M. Le Hir. Dans sa Dissertation *upon the authorship of Isaiah XL-LXVI* (The servant of Jehovah, Edinburgh, 1877, in-8, pp. 1-51), il rapproche la langue de ces chapitres de celle des quarante premiers, et montre en détail qu'il n'y a aucune différence linguistique entre ces deux parties du prophète. Nous citerons quelques-uns des faits rapportés par M. Urwick. Le mot *ebed*, dans le sens de serviteur de Dieu, qui se rencontre très-souvent dans la seconde partie d'Isaïe, se lit au moins une dizaine de fois dans la première (XIV, 2; XXII, 20; XXXVII, 5, 24, 35, etc.). *Iim, terres éloignées* ou *îles*, terme très-fréquent dans le second Isaïe, se trouve cinq fois aussi, et dans un sens analogue, dans la première partie (XI, 11; XX, 6; XIII, 2, 6; XXIV, 15). Nous ne pouvons pas reproduire les vingt-huit exemples que contient cette importante dissertation. La liste donnée par le même auteur des hébraïsmes et des chaldaïsmes récents, que l'on trouve dans les livres les plus anciens de la Bible (ibid., p. 84 et suiv.), mérite d'être étudiée.
(6) Ibid., p. 112.

dans la dernière partie de son livre, et deux extrêmement remarquables dans l'oracle des chapitres xxix-xxvii. C'est autant ou plus, à proportion, que dans les parties qui ne sont sujettes à aucune contestation (1). » Les formes grammaticales sont les mêmes dans les deux parties du livre.

Quant aux enseignements dogmatiques et aux vues prophétiques, ils sont parfaitement conformes. Hitzig l'a reconnu, et on verra les preuves de ce fait incontestable dans M. Le Hir (2).

LE SARGON D'ISAIE ET LE ROI D'ASDOD.

Le roi Sargon ne nous était connu que par un verset d'Isaïe (3), jusqu'au déchiffrement des inscriptions cunéiformes de Babylone et de Ninive. M. Botta a découvert à Khorsabad de nombreux documents qui vérifient et complètent le renseignement donné par le prophète. Nous allons les résumer ici d'après le savant mémoire de M. Oppert (4).

La grande inscription de Khorsabad, après avoir glorifié les dieux pour les secours qu'ils ont donnés à Sargon, énumère tous les pays que le conquérant a soumis. Voici le passage qui se rapporte à la prise de Samarie, réduite dans l'été de 721 :

« J'ai assiégé, j'ai occupé la ville de Samarie et réduit en captivité 27,280 personnes qui l'habitaient ; j'ai prélevé sur eux cinquante chars, et j'ai changé leurs établissements antérieurs. J'ai institué au-dessus d'eux mes lieutenants, j'ai renouvelé l'obligation que leur avait imposée un des rois mes prédécesseurs (5). »

Isaïe nous avait appris aussi que Sargon « combattit contre Asdod (6) et la prit. » L'inscription de Khorsabad nous donne sur ce fait les détails suivants :

« Azouri, roi d'Asdod, s'obstina dans son esprit à ne plus fournir ses tributs ; il envoya aux rois ses voisins des messages hostiles à l'Assyrie. Pour cela je méditai une vengeance, et je le remplaçai par un autre dans la domination sur ses pays. J'élevai à sa place son frère Akhimit à la royauté. Mais le peuple de Syrie, avide de révolte, se lassa du gouvernement d'Akhimit, et éleva Jaman, qui, comme celui-là, n'était pas maître légitime du trône. Dans la colère de mon cœur je n'ai pas divisé mon armée et je n'ai pas desserré les rangs, mais je marchai contre Asdod avec mes guerriers, qui ne se séparaient pas des vestiges de mes sandales.

« Jaman apprit de loin l'approche de mon expédition, il s'enfuit au-delà de l'Égypte, du côté de Méroéon, et jamais on ne revit plus sa trace. J'assiégeai, je pris Asdod et la ville de Gimt-Asdodim, j'enlevai comme captifs ses dieux, sa femme, ses fils, ses filles, son pécule, le contenu de son palais avec les habitants de son pays. Je rebâtis de nouveau ces villes, et j'y plaçai les hommes que mon bras avait conquis sur les pays du soleil levant ; je mis au-dessus d'eux mon lieutenant pour les gouverner, et je les traitai comme des Assyriens. Ils ne se rendaient plus coupables d'impiété (1). »

SARGON ET LA JUDÉE.

Une inscription de Sargon à Nimroud, antérieure à la construction de Khorsabad, est très-importante parce qu'elle est la seule émanant de Sargon qui mentionne la Judée.

« Palais de Sargon, mandataire de Bel, lieutenant d'Assour, pupille des yeux d'Oannès et de Dagon, roi puissant, roi des légions, roi d'Assyrie...

« Roi majestueux et auguste, il parut combattant avec Khoumbanigas, roi d'Elam, dans les plaines de Kalou, et le vainquit. Il réduisit la Judée (Iahouda) dont le site est lointain et transporta Hamath dont le roi Jaoubid devait être atteint par sa main... (2). »

SENNACHÉRIB ET LA JUDÉE.

Le livre des Rois nous raconte avec détail la guerre entre Ezéchias et Sennachérib (3). Une inscription de ce roi confirme « par son silence et l'embarras évident de la rédaction, le récit des livres saints (4). » Après avoir mentionné ses succès contre Ascalon, Sennachérib ajoute :

« Les vicaires, dignitaires et habitants d'Amgarron avaient trahi leur roi Padi inspiré d'amitié et de zèle pour l'Assyrie, le protégé de Ninip, et ils l'avaient livré à Ezéchias le Juif et agi en se révoltant contre le droit (5). » Il raconte sa campagne contre l'Egypte et ajoute : « Alors je revins vers Amgarron ; je dégradai les vicaires et les dignitaires qui s'étaient révoltés ; je les tuai ; je mis en croix leurs cadavres sur les enceintes de la ville ; je vendis comme esclaves les hommes de la ville qui avaient commis des violences et des vilenies... Je fis sortir leur roi Padi de Jérusalem, et je le réintégrai sur le trône de sa royauté. Je lui imposai les tributs pour reconnaître ma souveraineté.

« Mais Ezéchias le Juif ne se soumit pas. Il y eut quarante-quatre villes, cités murées, et des petites bourgades dont le nombre n'a pas d'égal, avec lesquelles je combattis en domptant leur orgueil et en affrontant leur colère. Aidé par le feu, le massacre, les combats et les tours de siège, je les emportai, je les occupai : j'en fis sortir 200,150 personnes grandes et petites, mâles et femelles, des chevaux, des ânes, des mulets, des chameaux, des bœufs et des moutons sans nombre, et je les pris comme

---

(1) *Etudes bibliques*, t. I, pp. 112 et 113.
(2) *Ibid.*, pp. 118 et suiv. V. aussi l'Introduction de M. l'abbé Trochon à son Commentaire sur Isaïe. Paris, Lethielleux, 1878, in-8°
(3) xx, 1.
(4) *Annales de phil. chrét.*, 1862, t. II, pp. 43 et suiv.
(5) *Ibid.*, p. 64.
(6) L'*Azoth* des Grecs et des Romains, une des cinq villes principales des Philistins. Elle est citée dans plusieurs monuments assyriens. V. Rawlinson, *Journal of the Royal Asiatic Society*, t. XII, p. 466; *Palæstina*, p. 606, et Robinson, *Biblical Researches*, t. II, p. 629.

(1) *Annales de phil. chrét.*, 1862, t. II, p. 69. — V. encore sur le roi Sargon, Oppert, *Salmanasar und Sargon*, dans les *Studien und Kritiken*, an. 1871.
(2) Oppert, *les Inscriptions assyriennes des Sargonides*, dans les *Ann. de phil. chrét.*, 1862, t. II, p. 182.
(3) IV Rois, xviii, 13 et suiv.
(4) Oppert, *ibid.*, p. 188.
(5) *Ibid.*, p. 192.

capture. Quant à lui, je l'enfermai dans Jérusalem (*Ursalim*) la ville de sa puissance, comme un oiseau dans sa cage. J'investis et je bloquai les forts au-dessus d'elle ; ceux qui sortaient de la grande porte de la ville furent amenés et pris. Je séparai les villes que j'avais pillées, de son pays, et les donnai à Mitiuti, roi d'Asdod, à Padi, roi d'Amgarron (1), et à Ismibil, roi de Gaza. Je diminuai son territoire. J'ajoutai aux tributs antérieurs et à la prestation de leurs dîmes un nouveau tribut comme signe de ma suzeraineté, et je le leur imposai.

« Alors la crainte immense de ma majesté terrifia cet Ézéchias le juif ; les hommes du guet et les troupes gardiennes qu'il avait assemblées pour la défense de Jérusalem, il leur donna congé. Il les envoya vers moi à Ninive, la ville de ma souveraineté, avec trente talents d'or, et quatre cents d'argent, des métaux, des rubis, des perles, de grands diamants, des selles en peau, des trônes garnis de cuir, de l'ambre, des peaux de veaux marins, du bois de santale, du bois d'ébène, le contenu de son trésor, ainsi qu'avec ses filles, les femmes de son palais, les esclaves mâles et femelles. Il délégua son ambassadeur pour présenter ces tributs et faire sa soumission (2). »

ASSARHADDON ET MANASSÉ.

Manassé figure comme tributaire d'Assarhaddon (*Assourakhiddin*, « Assour a donné un frère »), dans le prisme d'Assarhaddon. On lit dans ce texte :

« Je comptai parmi les serviteurs de mon règne douze rois de Syrie, au-delà des montagnes. Bâlou, roi de Tyr, Manassé (*Minasi*), roi de Juda, Cadoumoukhou, roi de la ville d'Oudoum... (3). »

CAPTIVITÉ DE MANASSÉ (p. 386).

M. Maspéro révoque en doute la captivité de Manassé en Assyrie, sous prétexte que cet événement ne nous est connu que par le témoignage plus que suspect des Paralipomènes (II Paral., xxxiii, 11-13) (4). Ce n'est que la reproduction de l'opinion déjà soutenue par M. Munk, d'après lequel il n'est pas probable que l'auteur du livre des Rois eût passé sous silence des faits aussi importants que ceux d'une nouvelle invasion des Assyriens, de la captivité du roi de Juda et de sa conversion, si ces faits avaient été réellement rapportés dans les annales du royaume, auxquelles renvoie l'auteur des Paralipomènes (5).

Mais, comme nous comptons parmi les défenseurs de l'authenticité de ce passage des Paralipomènes,

(1) M: Oppert, *l. c.*, voit dans Amgarron la ville de Migron, citée par Isaïe, x, 68. Malgré la grande autorité de l'illustre orientaliste, il nous est impossible de le suivre ici. Migron est une toute petite ville de la tribu de Benjamin près de Gabaa (1 Rois, xiv, 2), le Máchrun de Robinson. Cette ville n'avait pas de roi. Nous croyons qu'il faut identifier Amgarron avec Ekron, ville des Philistins. Trois de leurs villes sont ici réunies.
(2) Oppert, *ibid.*, pp. 192, 193. — Cette inscription est de 684.
(3) Id., *ibid.*, n. 206.
(4) *Hist. ancienne*, p. 450, note.
(5) *Palestine*, p. 340.

outre Havernick (1) et Keil (2), le célèbre historien rationaliste Ewald (3), nous pourrions, sans mériter le reproche d'ignorance, conserver dans le récit tout ce curieux fragment.

D'ailleurs nous avons des renseignements positifs et qu'un savant distingué, M. l'abbé Deschamps, résume ainsi dans un travail récent (4) : « Chose singulière ! ou plutôt providentielle ! On reprochait à l'écrivain sacré d'avoir mis en avant le double fait sur lequel se tait le livre des Rois ; on avait trouvé cela par trop « invraisemblable, » par trop « romanesque, » et voilà que les textes cunéiformes, comme le démontre clairement M. Hebr. Schrader (5), nous expliquent admirablement comment, d'une part, l'expédition assyrienne dont parle la Bible a dû avoir lieu (entre 700 et 650) ; comment, d'une autre part, Manassé, enchaîné, a pu être transporté à Babylone et non à Ninive, comme le voulait M. Réville, trop hâté dans ses conclusions et ne remarquant pas que le vainqueur du roi de Juda était à la fois roi d'Assyrie, dont la capitale était Ninive, et roi de Babylone. » Le savant assyriologue indique non moins clairement que Manassé a bien pu subir la dégradation dont parle la Bible, en nous le montrant conduit en captivité « les fers aux mains et aux pieds, » et n'en avoir pas moins repris plus tard le chemin de Jérusalem. L'histoire de Manassé enchaîné et amnistié par le roi des Assyriens, n'est-ce pas l'histoire d'un autre vaincu, un prince égyptien, Néchao Ier, tributaire d'Assour-ban-Habal (6) ? C'est, en effet, le successeur d'Assarhaddon qui nous parle, dans son inscription, du traitement infligé au roi de Saïs et de la grâce accordée ensuite à ce prince qui put ainsi regagner l'Égypte et reprendre son sceptre. On reproche aux Paralipomènes d'avoir fait le « roman » de Manassé : admettra-t-on du moins que le « roman » de Néchao est de l'histoire ?

« Les gouverneurs assyriens avaient envoyé à Ninive, « chargé de chaînes, » le dynaste égyptien, dont la main avait été saisie dans une conjuration contre le monarque ninivite, son suzerain. Quelque temps après, jugeant qu'il était de son intérêt d'user de clémence envers son prisonnier, Assour-ban-Habal mande Néchao devant son trône. » Il le fait revêtir d'un vêtement d'honneur, lui donne une cimeterre à fourreau d'or, un chariot, des chevaux, des mules : non content de lui rendre Saïs, il lui confie pour son fils aîné Psammétique, le gouvernement d'Athribis, » et, ainsi comblé, Néchao retourne en Égypte. Comme le dit avec raison M. Schrader, pourquoi continuerions-nous de regarder comme un « roman », quand il s'agit d'un roi de Juda vaincu par un prince assyrien, ce que nous regardons

(1) *Einleitung in d. Alte Test.*, t. 1, 2e partie, p. 221.
(2) *Commentar über d. Bucher des Kœnige*, 1846, in-8, p. 564.
(3) *Geschichte des Volkes Israel*, t. III, pp. 377 et suiv.
(4) *La Decouverte du livre de la Loi et la Théorie du coup d'État* dans la *Revue du Monde catholique*, 25 mars 1878, pp. 920-921.
(5) *Den Inschriften gegenuber verlieren beide Einwænde ihren Stand* : « En présence des inscriptions, les deux objections perdent leur raison d'être, » dit le savant critique. — MM. Robiou, Fr. Lenormant, Reinke, rattachent la captivité de Manassé au règne d'Assarhaddon, père d'Assourbanipal. Dans cette opinion, la question du lieu de déportation du royal captif est également résolue en faveur de la Bible. Assarhaddon était vice-roi de Babylone quand il fut proclamé roi de Ninive. — Voyez *Die Keilinschriften und das Alten Testament*, par Schrader, p. 26.
(6) Assourbanipal avait enlevé la vice-royauté de Babylone à son frère révolté.

comme de l'histoire quand il est question d'un roi d'Egypte, prisonnier du même vainqueur (1) ?

DÉJOCÈS, PREMIER ROI DES MÈDES (p. 386).

C'est vers 708 que les Mèdes se seraient réunis en corps de nation et se seraient donné un roi en la personne de Déjocès (Déïokès), fils de Phraortès (2) Quoique M. F. Lenormant ait essayé récemment de démontrer l'authenticité du Déïokès d'Hérodote (3), on trouvera difficilement quelque chose d'historique dans le personnage mis en scène par l'historien grec. Le Déjocès de l'histoire, qui est le Dayakkou des monuments assyriens, ne fut jamais qu'un petit chef obscur de Médie. « Il faut regarder et le personnage de Déïokès et son règne de cinquante-trois ans comme une fiction poétique agréable à la vanité des peuples ariens, démentie par l'histoire (4). »

LES NOMS DE DARIUS ET DE XERXÈS (p. 387).

Le nom de Darius signifie, selon Gesenius, *celui qui tient*, et par suite, *la force, le pouvoir*, d'où ce nom est devenu une épithète royale (5). Xerxès signifie le *lion-roi* (6) : la forme persane de ce nom est Khshayarsha, que l'hébreu a très-bien transcrite en y ajoutant un aleph posthétique. L'étymologie donnée par Rohrbacher ne peut pas se soutenir en présence des inscriptions cunéiformes.

LE LIVRE DE JUDITH ET LES RÉCENTES DÉCOUVERTES ASSYRIOLOGIQUES (p. 387).

Le livre de Judith est un de ceux sur lesquels les rationalistes se sont donné le plus de liberté. Il faut bien dire qu'ils trouvaient quelques auxiliaires parmi les commentateurs chrétiens. Saint Jérôme ne semble pas persuadé de la réalité historique de Judith (7). Au XVIIᵉ siècle, R. Simon ne voit dans ce livre qu'un récit allégorique dont les noms contiennent des fictions aussi bien que les choses elles-mêmes (8). M. Albert Réville en fait un roman pieux, écrit vers le temps d'Adrien (117-138). « Chacun, dit-il, connaît cette histoire, évidemment apocryphe, mais à chaque instant on en parle comme si elle faisait partie de l'Ancien Testament, ce qui n'est pas (1). Ce livre a pour but de ranimer le patriotisme et le courage des Juifs, en leur montrant sous le voile d'une fiction romanesque, comment il ne faut jamais désespérer de la patrie juive, puisqu'une simple femme, scrupuleuse observatrice, il est vrai, des prescriptions rabbiniques, a pu sauver son peuple, au temps des guerres contre l'Assyrie (2). » M. Munk avait déjà dit à peu près la même chose, tout en ne fixant pas la date de composition d'un livre qu'il traitait de « récit édifiant, mais fabuleux, composé par un auteur très-peu versé dans l'histoire et la géographie (3). » Hilgenfeld, moins radical que M. Réville, reporte au temps d'Antiochus III le Grand, la composition du livre de Judith. M. Derenbourg ne se prononce pas sur ce point, tout en penchant vers l'opinion « des savants allemands (4). » Quant à M. Noldeke, inutile de dire qu'il ne voit dans Judith qu'une allégorie morale, une sorte de roman pieux (5).

La critique sérieuse avait déjà répondu à ces assertions plus ou moins fantaisistes. On avait fait remarquer que le pape saint Clément, qui, au témoignage des rationalistes eux-mêmes, est mort au plus tard en 153, c'est-à-dire quinze ans après la mort de l'empereur Adrien (6), cite, dans son épître aux Corinthiens, l'exemple de la bienheureuse Judith, Ἰουδὶθ ἡ μακαρία, et analyse évidemment l'ouvrage qui porte ce nom (7). On avait rappelé qu'une fort ancienne version grecque et la *Vetus Italica*, qui remonte peut-être à la fin du second siècle de notre ère, contenaient le livre de Judith et qu'il était difficile de comprendre comment, dans une soixantaine d'années, on avait pu traduire ce livre du chaldaïque en grec et du grec en latin (8). Tout cela n'empêchait pas les rationalistes de se refuser à voir dans ce livre un récit vraiment historique.

Depuis quelques années, des documents assyriens d'une certaine étendue et d'une importance considérable, se rapportant au milieu du VIIIᵉ siècle avant notre ère, ont été publiés et traduits. Ils permettent de trouver la solution de difficultés qui jusqu'à présent paraissaient inexplicables (9).

Le roi des Mèdes, Arphaxad, du livre de Judith, a longtemps été considéré comme un personnage sans aucune valeur historique. Une identification proposée autrefois par la Bible de Vence (10), et de

---

(1) Voir *Die Keilinschriften und das A. T.*, par Schrader, p. 53. — Cfr. *Hist. anc. de l'Orient*, par Maspéro, p. 423. — Avec les précieuses données que nous fournissent les textes cunéiformes sur la captivité de Manassé (*Minasi sar Jahudi*, dit l'inscription d'Assarhaddon), il y aurait un intéressant travail à faire en faveur de l'historicité des faits racontés par les Paralipomènes (II, 11, 12, 13). On pourrait intituler cette étude : *Manassé et les découvertes assyriennes*.
(2) Hérodote I, 93-99, éd. Dietsch, Leipzig, 1874, t. I, p. 54.
(3) *Lettres assyriologiques*, 1ʳᵉ série, t. I, pp. 55 et suiv.
(4) Maspéro, *Hist. ancienne*, pp. 460-463.
(5) *Thesaurus*, p. 350.
(6) *Ibid.*, p. 75.
(7) *Præf. in librum Judith*.
(8) *Histoire critique du Vieux Testament*, 1685, in-4, p. 58.

(1) Nous rappellerons que le livre de Judith fait, quoi qu'en dise M. Réville, partie de l'Ancien Testament ; seulement on le classe parmi les Deutéro canoniques.
(2) *Le Peuple juif et le Judaïsme au temps de la formation du Talmud*, dans la *Revue des Deux-Mondes* du 1ᵉʳ novembre 1867, p. 109, note.
(3) *Palestine*, p. 340.
(4) *Histoire de la Palestine depuis Cyrus jusqu'à Adrien*. Paris, 1867, gr. in-8, pp. 408 et 409.
(5) *Histoire littéraire de l'Ancien Testament*, p. 133.
(6) Nous nous mettons ici au point de vue purement rationaliste, car nous plaçons 80 ou 101 la mort de ce saint Pape.
(7) I Épître aux Corinthiens, chap. LV, dans Héfélé, *Patrum apostolicorum opera*, pp. 126 et 128. L'authenticité de cette épître est incontestable. Elle est acceptée même par des rationalistes comme Bunsen (Héfélé, *op. cit.*, *proleg.*, p. XXXVII).
(8) Lamy, *Introductio in sacram Scripturam*, pars II, Mechliniæ, 1867, in-8, p. 83. — Je dois cependant prévenir le lecteur, que M. Oppert (*Le livre de Judith*, dans l'*Annuaire de la Société d'ethnographie* pour 1865), et M. F. Lenormant (*Lettres assyriologiques*, t. I, p. 72), s'appuyant sur les découvertes assyriologiques, nient tout caractère historique au livre de Judith.
(9) Robiou, *Revue archéologique*, 1865, t. II, pp. 23 et suiv. C'est à ces deux importants articles que nous empruntons toute la substance de cette note. — V. aussi les *Comptes rendus de l'Acad. des inscrip.*, 1875, p. 231.
(10) T. VI, p. 144.

nos jours reprise par le célèbre assyriologue anglais Rawlinson (1), peut faire revenir de cette opinion. Hérodote nous fait connaître un Phraortes, roi mède, défait par les Assyriens peu de temps avant la chute de Ninive. Ce serait non pas Phraortes fils de Déiokès, mais Déiokès lui-même. Son nom patronymique Phraazad aurait été traduit dans Hérodote par Phraortes, φραόρτης, et par Arphaxad, ארפכשד, dans le livre chaldéen de Judith. Quant au Nabuchodonosor de ce livre, il est plus difficile de l'expliquer. On peut cependant reconnaître sous ce titre asssez fantaisiste, le roi de Ninive Assurbanipal.

Le message envoyé par Nabuchodonosor-Assurbanipal à ses vassaux (2), témoigne d'une grande exactitude géographique. Laissons de côté la Perse que nous ne trouvons que dans les Septante et que la Vulgate néglige avec raison. Ce qui regarde l'Egypte est parfaitement conforme aux prismes sur lesquels Assurbanipal raconte sa guerre contre Tearco, le Tirhaka du IVᵉ livre des Rois (3). Le v. 10 des Septante : ἕως τοῦ ἐλθεῖν ἐπὶ τὰ ὅρια τῆς Αἰθιοπίας, concorde parfaitement avec ce que l'histoire nous rapporte. « Les rois assyriens, dit M. Robiou, se faisaient les protecteurs, tantôt de gré, tantôt de force, de ces petits États (entre lesquels l'Égypte était morcelée alors), contre la dynastie éthiopienne qui régnait habituellement à Thèbes ; mais ils n'ont jamais dépassé les limites de l'Éthiopie proprement dite ; et c'est ce qu'exprime très-exactement le livre de Judith en arrêtant aux frontières de ce royaume le roi d'Assyrie (4). »

Les indications géographiques du verset 6 de la Vulgate sont moins précises. Le Jadason est dans le grec des Septante l'Hydaspe, Ὑδάσπην. Quant aux mots : « In campo Erioch, regis Elicorum (5), » il faut probablement voir dans « Elicorum » une faute de copiste. C'est un nom géographique ou ethnographique parfaitement inconnu. Selon M. Robiou, Arioch, Erioch ou Ariuc doit être identifié avec Urtaki, le principal adversaire d'Assurbanipal dans cette contrée, d'après les annales du règne de ce dernier (6).

Revenons aux suites du message de Nabuchodonosor. Les peuples occidentaux refusant de se rendre aux ordres du roi, celui-ci envoie Holopherne contre eux pour les réduire. Il doit leur demander la terre et l'eau, γῆν καὶ ὕδωρ (7), suivant la formule asiatique qui fut plus tard portée aux Grecs (8). La forme iranienne (Urafrâna) du nom d'Holopherne n'a rien qui puisse choquer, puisque Assurbanipal avait soumis une partie du pays de Mannaï, c'est-à-dire de Van, en Arménie, dans les premiers temps de son règne. Rien d'étonnant à ce qu'un soldat habile ait été tiré du rang des vaincus pour occuper un rang élevé dans l'armée du roi de Ninive (1).

L'accusation d'impiété à l'égard des dieux de Ninive, qu'on peut porter contre le roi en lisant la Vulgate (2), disparaît dans le grec où on ne lit pas les mots : « Ut ipse solus diceretur Deus. »

Phat doit représenter la Pisidie et Lud la Lydie (3) ; quant à Meloth (4), ce peut bien être Mélitène en Cappadoce.

Le passage, jusqu'à présent inexplicable, d'Holopherne en Mésopotamie (5), s'explique aujourd'hui que les monuments cunéiformes nous ont révélé la révolte du frère d'Assurbanipal, Saulmugina, qui avait soulevé la Chaldée, l'Aram des fleuves (6), « et la côte de la mer depuis Agaba jusqu'à Babsalimit (7). »

Quant à l'expédition d'Holopherne en Occident, nous renvoyons pour les détails au mémoire de M. Robiou (8).

« Les annales d'Assurbanipal ne disent pas un mot de sa campagne de Judée (9). » Il est vrai qu'elles n'ont pas l'habitude de mentionner les échecs, surtout lorsqu'ils affectaient le caractère de celui que subirent les armes de ce prince devant Béthulie. Cette ville était jusqu'ici difficile à reconnaître. M. V. Guérin l'a identifiée « avec Sanour, dans le voisinage de Tell-Dothan, jadis Dothaïm, et de la plaine d'Esdrelon. L'armée d'Holopherne, après avoir traversé cette plaine, devait nécessairement, pour se rendre en Samarie, puis en Judée, passer au pied de la forteresse qu'a remplacé le village moderne de Sanour (10). »

La date de ce siège doit être voisine de 647.

L'AUTEUR DU LIVRE DE DANIEL (p. 407).

« D'après notre opinion, le livre de Daniel, tel que nous l'avons, n'a pas été rédigé par Daniel même. C'est un recueil de documents sur Daniel, ses actions, ses visions. Les Juifs attribuent la collection des pièces qu'ils admettent à la grande Synagogue, c'est-à-dire au Sanhédrin qui, à partir du temps d'Esdras, dirigea la nation dans ses plus importantes affaires. Ce recueil fut augmenté plus tard. Par là tombent d'elles-mêmes certaines objections, nommément celles qu'on tire de la suite non chronologique des pièces isolées. Quand on pourrait démontrer qu'on voit des mots grecs dans Daniel, cela prouverait seulement que les collecteurs de ce recueil ont vécu sous l'influence grecque. En attendant, les traces qu'on prétend découvrir de la prédominance de la langue grecque ne sont nullement probantes. Les noms des instruments de

---

(1) *Journal of the royal geographical Society of London*, 1841, t. X, pp. 141-142.
(2) Judith, I, 7 et suiv.
(3) IV Rois, XIX. 9 ; Isaïe, XXXVII, 9 ; Robiou, *ibid.*, p. 33 ; Maspero, *Hist. ancienne des peuples de l'Orient*, 2ᵉ édit., p. 428 et suiv.
(4) *Ibid.*, p. 33.
(5) Il faudrait peut-être rappeler à propos de cet « Aroch regis Elicorum », l'Arioch, roi d'Elasar, de la Genèse (XIV, 1.). Ce pays d'Elasar devait être voisin de la Babylonie et de l'Elymaïde.
(6) Smith, *History of Assurbanipal*, pp. 100-106.
(7) Judith, texte grec, II, 5.
(8) Hérodote, VII, 133 ; éd. Dietsch, Leipzig, Teubner, 1874, t. II, p. 176.

(1) Robiou, p. 35.
(2) III, 13. V., pour l'explication de ces mots de la Vulgate, Darras, *Hist. gén. de l'Église*, t. III, p. 123, note.
(3) Robiou, p. 36.
(4) Judith, II, 13.
(5) *Ibid.* II, 14.
(6) Genes. XXIV, 10 ; XXVIII, 31.
(7) Robiou, p. 81. — V. Maspéro, *op. cit.*, p. 433.
(8) Robiou, p. 84 et suiv.
(9) *Ibid.*, p. 87.
(10) *Ibid.*, p. 88. — Cfr., pour le progrès que les études orientales ont faits sur ce point, la dissertation introduite dans son *Histoire générale de l'Église*, par M. l'abbé Darras, tome III, pp. 108-149.

musique qui se trouvent dans Daniel ont sans doute, au moins en partie, une résonnance grecque. Mais ils avaient pu être répandus en Mésopotamie longtemps avant Alexandre, par des musiciens parlant grec (Phrygiens), comme chez nous les mots de l'art italien dominent dans la musique, sans que pour cela on en puisse conclure que les Italiens aient exercé une autorité politique en France ou en Allemagne. Outre cela, ces noms peuvent aussi s'expliquer par l'influence des langues araméennes provenant des Mèdes (1). »

LES ASOPHIM

« M. Rohrbacher fait observer avec raison que les *Asophim* de l'hébreu, les Mages de la Vulgate sont identiques aux Σόφοι si connus dans l'antiquité sous le nom de Sages de la Grèce. »
Ni Rohrbacher, ni M. Darras (2), dont je viens de reproduire les paroles, ne sont heureux dans leur identification. D'abord ce sont des *Asaphim* et non des *Asophim*, que nous trouvons dans l'hébreu. Puis ce ne sont pas des Sages qu'il faut voir ici, mais des astrologues, des devins, des enchanteurs. *Asaph* n'a pas d'autre sens en hébreu, en chaldéen, en syriaque (3).

DANIEL ÉTAIT-IL EUNUQUE ? (p. 407.)

Rohrbacher a eu le bon sens de ne pas s'occuper de cette question fort indifférente à coup sûr ; mais comme un historien récent de l'Église a nié formellement que Daniel ait été eunuque (4), il sera bon de réunir ici quelques témoignages de l'antiquité très-affirmatifs sur ce point.
D'abord le titre donné à Asphenez (*rab Sarisav*) est concluant (5). L'historien Josèphe confirme la tradition juive sur ce point (6). Une tradition juive rapportée par saint Jérôme (7), dit que les princes et les satrapes mèdes cherchèrent à nuire à Daniel auprès du roi, en l'accusant d'avoir des rapports avec les concubines royales ; « sed nullam, inquiunt, causam et suspicionem reperire poterunt : quia eunuchus erat, et eum in re stupri arguere non poterant. » Origène soutient l'opinion contraire à celle de M. Darras, et il voit dans ce fait l'accomplissement d'une prophétie d'Isaïe (8) : « Hic... in Babylonem translatus eunuchus effectus est, ut manifeste ex libro illius intelligi potest (9). » Saint Jérôme voit aussi en cet endroit l'accomplissement de la prophétie. Théodoret et le Rabbi Eliézer sont du même avis. Nous ne voyons guère dans l'antiquité que saint Épiphane et saint Basile qui soient d'un avis contraire. Et encore, pour ce dernier, est-il probable qu'il y a dans les manuscrits une erreur de copie (1).
Nous terminerons cette note par ces paroles de Huet : « Danielem... fuisse eunuchum consentiens est Judæorum omnium opinio (2). »

L'HISTOIRE DE SUZANNE (p. 408).

Les jeux de mots (3) qui se trouvent dans le texte grec de cette histoire, ont été l'occasion d'objections nombreuses contre la canonicité et la véracité de cette partie du livre de Daniel (4). Il est utile, à cause de ces attaques, d'insérer ici quelques réflexions d'un savant jésuite, le P. Souciet. Ceux, dit-il, qui prétendent que ces allusions (πρίνου et σχίνου) n'étaient pas dans l'hébreu, devraient commencer par prouver leur assertion. Il est vrai que les noms de ces deux arbres n'existent pas en hébreu ; mais qui nous dit que tous les mots de la langue hébraïque, surtout ceux d'histoire naturelle, sont venus jusqu'à nous ? « Quand il serait sûr que ces mots n'existaient ni en hébreu ni en chaldéen, il ne s'ensuivrait pourtant qu'il n'y en eût pas eu dans ces textes sur lesquels on pût faire d'allusion. Il se peut faire que les arbres marqués dans ces textes, ou dans l'un ou l'autre de ces textes, ne fussent point ceux que l'interprète grec a exprimés, et que, voulant mettre dans sa version une antonomasie ou allusion, comme il y en avait une dans l'original, et ne le pouvant faire en grec avec les noms des arbres marqués dans l'original, il en ait substitué d'autres qui pussent lui fournir un jeu de mots à peu près semblable à celui de l'original, et qui quant au sens, revînt au même. Par exemple, dit Lausselius, au lieu de σχίνος, il pouvait y avoir en hébreu תרזה, un *cyprès*, et pour πρίνος, אלה, un *chêne* ; ces mots pouvaient faire allusion avec ארה, *maudire*, et רזה, *exténuer*, *faire dépérir*. Ce n'est point là une infidélité dans un traducteur, c'est vouloir faire sentir jusques aux tours mêmes et aux figures de son auteur (5). »
Le P. Souciet ajoute, avec Pererius, que cette histoire pourrait encore avoir été écrite en grec après la conquête d'Alexandre ; mais pour cela elle n'en serait pas moins inspirée et la synagogue l'aurait néanmoins adoptée (6).
« On objecte en outre, dit Hanneberg, que cette histoire (de Suzanne) suppose, parmi les déportés un bien-être et une richesse qu'on ne peut raisonnablement attribuer à des captifs. Et l'on oublie que ce furent précisément les Israélites les plus considérables qui furent déportés avec Jéchonias à Babylone (7). »

---

(1) Hanneberg, *Histoire de la révélation biblique*, tr. Goschler, t. I, p. 444.
(2) *Hist. gén. de l'Eglise*, t. II, p. 455, note.
(3) V. Buxtorf et Gesenius.
(4) *Hist. gén. de l'Eglise*, t. III, p. 460.
(5) Dan. 1, 3, Cf. 1, 7. — La rac. *Saras* en syriaque et en chaldaïque n'a absolument pas d'autre sens.
(6) *Antiq.* x, 10, édit. Didot, I, 387.
(7) In Dan. vi, 4, *Opp.*, éd. Migne, t. V, c. 523.
(8) Is. lvi, 3, 4.
(9) In Matth. t. XV, n. 5, *Opp.*, éd. Migne, t. III, c. 1263 et 1265 ; — Hom. IV in Ezech., *ibid.*, c. 700 et 703.

(1) Origène, *Opp.* éd. Migne, *ibid.*, c. 1266.
(2) *Demonstr. evang.* prop. IV, De Danielis prophetia, Venise, 1754, in-folio, t. 1, p. 295.
(3) Dan. xiii, 55, 59.
(4) Nöldeke, *Hist. litt. de l'Ancien Testament*, p. 342.
(5) *Critique de Dupin*, Paris, 1730, t. III, p. 550.
(6) *Ibid.*, p. 554.
(7) *Histoire de la révélation biblique*, t. I, p. 446.

NOTES RECTIFICATIVES ET COMPLÉMENTAIRES.

LES CHÉRUBINS D'ÉZÉCHIEL (p. 416).

Les chérubins ont été l'objet de beaucoup de recherches et de dissertations. Avant la découverte des monuments assyriens l'incertitude était grande. Nous empruntons à un savant professeur, M. l'abbé V., les passages suivants qui donnent de ces figures une explication claire et parfaite.

« Ezéchiel avait vécu dans un monde qu'on ne connaissait déjà plus dans les derniers temps du peuple juif, et ce n'est que depuis peu d'années que ce monde commence à renaître de ses cendres. Les monuments qui font revivre pour nous les Assyriens furent, peu après l'âge du prophète, profondément ensevelis sous les ruines des villes des bords du Tigre (1), et des siècles devaient s'écouler avant que les Botta et les Layard les eussent rendus à la lumière du jour. Jusqu'ici, les savants avaient demandé vainement le secret des *chérubins* aux sphinx de l'Egypte et de la Grèce, aux *anka* des Arabes, aux *simurgs* des Perses, aux statues à bras multiples des Hindous. L'Assyrie seule pouvait nous le donner. C'est là qu'Ezéchiel avait écrit, c'est à ce qui l'entourait, aux œuvres d'art qui frappaient sa vue, qu'il avait emprunté une grande partie de ses images et de ses figures. Aussi aucun des écrivains sacrés n'a gagné plus que lui aux découvertes assyriologiques.

« Maintenant que nous pouvons nous transporter en esprit dans son propre milieu, respirer en quelque sorte l'air qu'il a respiré lui-même, bien des choses qui semblaient incompréhensibles dans ses visions deviennent relativement claires ; ses expressions prennent un sens plus précis ; ses images, une forme plus nette et plus distincte. Une seule visite au musée assyrien du Louvre nous en apprend davantage que les plus gros commentaires ; la simple vue des taureaux ailés à face humaine, prototypes partiels des animaux mystérieux par la description desquels s'ouvrent ses prophéties, nous explique mieux son premier chapitre que les longues dissertations *ex professo* des Kaiser et des Hufnagel sur cette matière.

« Quand on est, en effet, en face des vieux monuments de l'art ninivite, si l'on connaît un peu le livre d'Ezéchiel, il est impossible de ne pas remarquer sur-le-champ les emprunts faits par le poëte à ces sculptures et à ces bas-reliefs. On voit là « ces hommes représentés sur la muraille, ces Chaldéens peints de vermillon, avec leurs ceintures autour des reins, une tiare de diverses couleurs sur la tête, à l'aspect noble et majestueux. » (Ezéch., xxiii, 14-15.) Une description technique, faite de nos jours par un homme du métier, des bas-reliefs assyriens qui tapissaient les murs des palais de Khorsabad, ne saurait être plus exacte. M. de Longpérier, dans son *Guide au musée assyrien du Louvre*, n'a eu qu'à copier les paroles du prophète. On voit là également des tableaux qui rappellent à la mémoire cet autre passage d'Ezéchiel, viii, 10 : « J'entrai et je regardai, et je vis toute sorte de reptiles et de bêtes, et les idoles de la maison d'Israël, peints sur les murs, tout autour. »

(1). Et de l'Euphrate.

« Mais ce qui frappe le plus le visiteur et éclaire, par-dessus tout le reste, l'exégète, ce sont ces animaux extraordinaires, placés deux à deux, à chacune des deux portes, sur le seuil, comme s'ils gardaient encore le palais du roi Sargon, qui les avait fait sculpter, et occupant une place analogue à celle qu'Ezéchiel assigne à ses chérubins (x, 3, 4). L'exégète se demande aussitôt : Mais ne serait-ce point là des animaux analogues à ceux que Dieu a montrés à son prophète sur les bords du fleuve Chobar ? Les esprits les plus ingénieux et les plus sagaces se sont fatigués en vain jusqu'ici à nous les représenter. Le plus grand génie de la peinture lui-même, Raphaël, n'a pas réussi à nous en donner une idée dans sa *Vision d'Ezéchiel* : le lion et le bœuf ailés avec l'aigle, qui dans son œuvre portent le Père éternel, les deux anges à face humaine qui soutiennent ses bras, ne nous font pas mieux connaître la vraie vision du prophète que les représentations imaginées jusqu'ici par les commentateurs, dom Calmet et bien d'autres. L'esprit n'est pas satisfait par ces représentations et ces images.

« Mais il n'en est pas de même devant les taureaux ailés de Khorsabad : on ne doute plus qu'on n'ait sous les yeux comme le commentaire authentique d'Ezéchiel. « Il serait difficile, » a dit M. de Saulcy dans son *Histoire de l'art judaïque*, « de ne « pas être surpris de l'étonnante ressemblance qu'il « y a entre les êtres symboliques (que nous décrit « la Bible) et les taureaux ailés à face humaine que « nous ont rendus les ruines de Ninive. Pour ma « part, je ne doute pas que les Keroubim des Hé- « breux n'aient été semblables aux taureaux sym- « boliques des Assyriens. » Nous verrons plus loin que les chérubins d'Ezéchiel n'étaient pas en tout semblables aux chérubins de Ninive ; mais, malgré des différences, la ressemblance générale est incontestable.

« Ezéchiel dit qu'il ne sut pas d'abord quel était le nom des animaux symboliques qui lui furent montrés sur les bords du fleuve Chobar ; ce ne fut que plus tard qu'il apprit que leur nom était *Keroubim* ou Chérubins. (Ezéch., x, 20.) C'est précisément le nom que portent les taureaux ailés à face humaine : les textes assyriens les appellent *Kiroubi* (1).

« L'étude attentive du texte du prophète avait déjà fait penser à Grotius, à Bochart, à Spencer, etc., que la forme du bœuf était celle qui devait prédominer dans les animaux symboliques d'Ezéchiel. L'assyriologie donne raison à leur perspicacité, en même temps qu'elle confirme le rapprochement que nous faisons ici. Ce symbole ninivite a surtout le caractère du bœuf, et les inscriptions cunéiformes emploient comme synonymes le mot *Alap*, « taureau », et le mot *Kiroub*, de même qu'Ezéchiel désigne le bœuf tantôt par le mot *Schôr*, « taureau » (Ezéch. i, 10), tantôt par le mot *Keroub* (x, 14).

« Les cuisses et les jambes des *Kiroubi*, vues par devant, dans le sens où ils semblent marcher, sont tout à fait droites, et leurs pieds sont des pieds de taureaux. Ce sont les termes mêmes par lesquels Ezéchiel décrit les animaux de sa vision (i, 7) ; *pedes eorum pedes recti et planta pedis eorum quasi*

(1) V. Sur l'étymologie de ce mot, V. Gesenius, *Thesaurus*, p. 710.

planta pedis vituli. Ils se regardent face à face et ils produisent l'impression qu'exprime le prophète : *Non revertebantur cum incederent, sed unumquodque ante faciem suam gradiebatur* (I, 9, 12). S'ils étaient animés par le souffle de Dieu et s'ils se mettaient en mouvement, c'est assurément ainsi qu'ils marcheraient (1). »

LA STATUE D'OR (p. 431).

« La Statue d'or, dit avec raison M. l'abbé Darras, n'était point celle du roi de Babylone, mais l'image d'une des divinités de l'empire. Nous croyons donc que M. l'abbé Rohrbacher s'est mépris sur ce point... Nous savons que Bossuet professait la même doctrine. « Aveuglé par la tentation de la puissance, « dit-il, Nabuchodonosor se fit Dieu, et ne prépara « que des fournaises ardentes à ceux qui refusaient « leurs adorations à la Statue (2). » Mais les inscriptions cunéiformes, en nous initiant à la véritable civilisation des empires ninivite et babylonien, nous démontrent que l'adoration d'un homme vivant n'y fut jamais pratiquée, et le texte de l'Ecriture ne se prête pas au sens d'une pareille apothéose (3). »

LES SUPPLICES USITÉS A BABYLONE. — ACCORD DE DANIEL ET DES INSCRIPTIONS (p. 431).

M. H. F. Talbot, en présentant à la Société d'archéologie biblique de Londres les remarques suivantes, que nous traduisons sur son mémoire (4), fait la réflexion préliminaire que voici :

« Mon but est simplement de montrer que celui qui a écrit le livre de Daniel, possédait d'exacts renseignements sur les Babyloniens et que, par conséquent, il n'a pas vécu dans des temps beaucoup plus récents que ceux auxquels on le place généralement. Car, si nous supposons un écrivain postérieur, qui, par exemple, ait vécu peu de temps avant l'ère chrétienne, et ait alors essayé de rédiger une histoire où se rencontrent les coutumes du temps de Nabuchodonosor ou de Darius, ne l'exposonsnous pas à tomber dans de graves erreurs ? »

Il y a, continue M. Talbot, dans deux endroits du livre de Daniel, des indications de supplices donnés comme étant communs à Babylone; leur cruauté est si extrême, qu'on est tenté de douter qu'ils aient été réellement infligés. Ainsi au chapitre IIIᵉ, les enfants sont jetés dans une fournaise ardente ; au chapitre VIᵉ, Daniel est précipité dans la fosse aux lions.

Le premier de ces supplices est représenté comme très-usité, et c'est ainsi qu'on punissait ceux qui désobéissaient aux ordres du Roi (5). Quant à la fosse aux lions, les grands du royaume de Darius en parlent comme d'une coutume établie : s'ils essayent alors quelque nouveauté, ce n'est pas dans le supplice, c'est dans l'offense qu'ils inventent pour faire punir Daniel.

Les documents assyriens nous fournissent la preuve la plus complète que ces supplices étaient en usage à Babylone au temps d'Assurbanipal. Ainsi Saul-Mugina, qui s'était révolté contre son frère, fut condamné au supplice de la fournaise. Voici comment, dans une inscription cunéiforme, Assurbanipal rend compte lui-même de la rébellion de son frère et de la cruelle vengeance qu'il en tira

« Saulmugina mon frère rebelle, qui avait fait la « guerre contre moi, je le fis jeter dans une « fournaise extrêmement ardente, et je détruisis « sa vie (1). »

Plusieurs des complices de l'infortuné Saulmugina furent livrés aux bêtes :

« Le reste, parmi les taureaux et les olins (comme Sennacherib mon grand-père avait fait), moi de nouveau, suivant ses traces, je jetai ces hommes au milieu d'eux (2). »

On voit que de pareilles cruautés n'effrayaient pas les rois d'Assyrie.

LES PHILISTINS (p. 432).

On a beaucoup discuté sur l'origine de ce peuple (3). Sans entrer dans le détail, nous rappellerons seulement que, d'après la Genèse (4), les Philistins descendent, avec les Caphtorim, des Caslouhim, enfants de Migraim, lui-même fils de Cham (5). Mais, d'après le Deutéronome (6), ils semblent devoir se confondre avec les Caphtorim, qui, venus de Caphtor, détruisirent les Haviens et habitèrent à leur place dans les bourgs des environs de Gaza.

Rien dans la Bible ne peut les faire ranger parmi les descendants de Japhet. Cette opinion, émise par M. F. Lenormant (7), et partagée, ce semble, par MM. Renan (8) et Maspéro (9), n'est pas soutenable en présence des termes de la Genèse. Il faut voir avec Gesenius et M. Guérin (10), dans les Caphtorim, c'est-à-dire dans les Philistins, une colonie d'Egyptiens, établis depuis longtemps dans une île (11), celle de Crète, probablement (12), d'où ils vinrent se fixer sur le littoral de la terre de Chanaan.

Peut-être même ne faut-il voir dans le mot Caphtor qu'une forme ancienne du nom de l'Egypte.

---

(1) Le Monde du 31 mars 1877.
(2) Politique tirée de l'Ecriture sainte, t. X, a. 6.
(3) Hist. gén. de l'Église, t. III, p. 386, note.
(4) Transactions of the Society of Biblical Archeology, t. II, (1873), p. 360 et suiv.
(5) III, 6, 11.

(1) Smith. History of Assurbanipal, p. 160.
(2) Id., ib., p. 166.
(3) V. Hitzig, Urgeschichte und Mythologie der Philistæer Leipsig, 1845, in-8; Movers, Die Phœnizier, Bonn, 1841, gr. in-8 t. Iᵉʳ; Knobel, Die Voelkertafel die Genesis, Giessen, 1850, in-8 pp. 205 et suiv; Starke, Gaza und die Philistæische Küste Jena, 1852.
(4) x, 13-14.
(5) x, 6.
(6) Deuter. II, 23.
(7) Manuel d'histoire ancienne de l'Orient, 4ᵉ éd., t. I, p. 204.
(8) Histoire générale des langues sémitiques, 4ᵉ éd., pp. 53-55.
(9) Histoire ancienne des peuples de l'Orient, 2ᵉ éd., pp. 310 et suiv.
(10) Description de la Palestine. Paris, 1869, t. II, p. 45.
(11) Jérém. XLVII, 4.
(12) Les Philistins sont en effet souvent appelés Creti dans la Bible, I Rois, xxx, 14; Sophon., II, 5; Ezech. xxv, 16. — Ce sont sans doute les mêmes qui sont appelés Cerei, II Rois, xx, 23 IV Rois, xi, 4, 19.

Suivant M. Eadie (1), l'Egypte signifierait en effet l'île ou la côte de Caphtor, le Nil étant parfois qualifié comme une mer. On pourrait donc considérer les Philistins comme une colonie venue de Caphtor, et chassée par quelqu'une des invasions survenues sous les Hycksos : une partie des émigrés se serait dirigée vers la Crète, et l'autre vers le territoire des cinq villes qui formèrent plus tard la confédération philistine.

M. Quatremère, analysant l'ouvrage de Hitzig, a été amené à énoncer une autre opinion. Il croit que les Philistins étaient originaires de l'Afrique. Suivant ce célèbre savant, c'est à l'ouest de l'Egypte qu'il faut placer les peuples issus de Mizraïm. Le nom de Caphtor désignerait une partie du royaume des Phatrousis : ceux-ci ne seraient pas autres que les Pharusiens, qui occupaient une partie de ce qu'on nomme aujourd'hui l'empire du Maroc. « Quant aux Kaslouhis, ajoute M. Quatremère, j'y reconnais les *Schelouh* qui, de nos jours encore, composent une grande division de la nombreuse nation dont les membres sont désignés, d'une manière abusive, par le nom de *Berbères*. » Attirés par l'appât des richesses de l'Egypte, ils auraient tenté une incursion dans cette contrée et réussi à s'en rendre maîtres. Chassés par les Egyptiens, ils furent contraints de se réfugier dans la partie méridionale de la Palestine. D'après le même auteur, ces immigrants auraient pris le nom des anciens habitants du pays, les *Philistins*. Les Haviens, détruits par eux, résidaient dans cette région simultanément avec les Philistins.

Hitzig a essayé de prouver que le langage des Philistins était identique au sanscrit, et fait venir le mot *Pelescheth* du sanscrit *balaxa* (blanc) (2). Il est plus probable qu'ils parlaient d'abord un idiome analogue à celui qui est encore usité aujourd'hui dans l'Afrique septentrionale (3), depuis l'Egypte jusqu'à l'océan Atlantique. Durant leur domination en Egypte, ils adoptèrent la langue de ce pays, ou en firent avec la leur un mélange barbare. Une fois en Palestine, ils subirent l'influence des Sémites qui les entouraient, et finirent par parler une langue dont il est impossible de préciser le caractère, mais qui différait certainement de l'hébreu, quoiqu'elle fût comprise par les Juifs. Ce qu'il y a de certain, c'est qu'on retrouve dans leur langage des emprunts évidents faits à l'égyptien (4).

Ils étaient établis avant Abraham dans la terre de Chanaan (5). Dans l'histoire d'Isaac, Abimélech est formellement appelé roi des Philistins (6). Moïse les cite encore en plusieurs autres endroits (7). S'il ne les mentionne pas parmi les peuples que les Hébreux devaient expulser du pays de Chanaan,

c'est, dit M. Munk (1), parce qu'il connaissait leur esprit guerrier et que, prévoyant que les Hébreux trouveraient en eux de rudes adversaires, il ne voulut pas les engager à risquer une attaque de ce côté. Il savait aussi qu'ils étaient tributaires des Egyptiens, soutenus par eux, et ne voulait pas, sans doute, amener une nouvelle lutte entre l'Egypte et Israël (2).

« Quant au nom de *Pelischtins* ou *Philistins*, il signifie *Emigrés*; déjà la version grecque des prophètes et des hagiographes rend ce nom par ἀλλόφυλοι, *forains, étrangers* (3). »

PRISE DE TYR PAR NABUCHODONOSOR (p. 436).

Voici ce que dit à ce sujet un historien récent :

« La plupart des auteurs ecclésiastiques ont soutenu que Tyr avait été prise par Nabou-Koudour-Oussour, contre le témoignage formel des annales phéniciennes et des historiens grecs (S. Jérôme, *in Ezech*. XXVI, XXIX, éd. des Bénéd. III, 875, 908 ; S. Cyrille d'Alexandrie, *in Isaiam*, c. XXIII, éd. Aubert, t. II). Le Chaldéen, disent-ils, avait rattaché l'île au continent par le moyen d'une digue analogue à celle que construisit plus tard Alexandre. Encore au XIe siècle de notre ère, la tradition locale voulait qu'il n'eût pas réussi dans son entreprise (Guill. de Tyr, *Hist.*, XIII, 4) (4).

» Il faut remarquer que la prophétie d'Ezéchiel indique clairement que Tyr (5) sera prise par Nabuchodonosor. Josèphe dit la même chose et donne le temps de la durée du siège qui fut de treize ans (6). On peut s'en tenir à leur sentiment, quoi qu'en dise M. Maspéro (7). Remarquons en effet, avec M. Le Hir, que Nabuchodonosor, l'un des plus grands rois d'Asie, « est à peine nommé dans les historiens grecs ou romains. Hérodote, le père de l'histoire, dont nous devions attendre les meilleurs renseignements sur ce règne, l'a complètement ignoré. Mais à défaut de preuves directes, il y a un faisceau de présomptions et d'indices qui approchent fort de la certitude. Il devrait suffire que les Juifs aient admis dans leur canon une prophétie si célèbre, à une époque où le doute sur son accomplissement ne peut être supposé ; mais il existe d'ailleurs un fragment de Ménandre, l'historien national de Tyr, que Josèphe a cité dans un tout autre but, et qui éclaircit singulièrement cette question (8). » M. Réville semble être de l'avis de M. Le Hir, puisqu'il parle du « Siège *finalement heureux* que le roi Nabucadnetsar dirigea contre Tyr (9). »

---

(1) *Biblical cyclopædia*, London, 1870, p. 523. — Notons que Saadias et Benjamin de Tudèle rendent Caphtor par Damiette.
(2) M. Quatremère se moque ici un peu de la prétention que l'on avait alors, et qui n'est peut-être pas tout à fait disparue aujourd'hui, de tout expliquer par le sanscrit. Il rappelle qu'au XVIIe siècle, c'était l'hébreu qui jouissait de cette faveur, plus tard le celtique, et il demande qu'on se mette en garde contre ces manies ou ces modes.
(3) Nehem.
(4) *Journal des Savants*, mai 1846, pp. 257-269. — V. aussi les articles de M. Quatremère sur les *Phéniciens* dans le même recueil, août 1846, novembre 1850 et mai 1851, et. M. Le Hir, *Etudes bibliques*, t. II, pp. 427 et suiv.
(5) Gen. XXI, 32-34.
(6) *Ib*. XXVI, 1.
(7) Deuter. *l. c.*; Exod. XIII, 19, XV, 14. — Cf. I Paral. VII, 21-22.

(1) *Palestine*, p. 83.
(2) Maspéro, *op. cit.*, p. 302.
(3) Munk, *ibid*. — Le P. Tarquini, S. J. indentifie les Phéniciens avec les Pasteurs qui envahirent l'Egypte. *Ann. de phil. chrét.* 1859, t. II, pp. 338 et suiv., et 1870, t. I, p. 299.
(4) Maspéro, *Histoire ancienne*, 2e éd., p. 503, note.
(5) Ezech. XXVI. — Cf. XXIX, 18 et suiv.
(6) *Antiq*. X. 11, § 1; éd. Didot, t. I, p. 391 ; et *Cont. Apion*, I, 21, même éd., t. II, p. 352.
(7) Winer, *Realworterbuch*, t. II, p. 638.
(8) *Etudes bibliques*. Paris, 1869, in-8, t. I, p. 82.
(9) *Revue des Deux-Mondes*, 1er juillet 1867, p. 161.

D'OÙ VIENT LE NOM D' « ÉGYPTE » (p. 436).

Quand le roi Ménès eut fondé la ville de Memphis, il lui donna le nom de *Mannower*, « la bonne place » ou « le bon port. » Puis il la consacra au Dieu Phtah, qui lui donna son nom sacré de *Ha-Ka-Phtah*, « demeure de Phtah, » dont les Grecs ont fait *Égypte* (1). Les savants sont d'accord sur cette origine.

LES PYRAMIDES (p. 437).

Les Pyramides sont certainement des tombes royales. On sait fort bien aujourd'hui que la grande pyramide, qui, intacte, avait 152 mètres de hauteur et dont la base mesure 235 mètres de longueur, a été élevée par le roi Khéops (Koufou ou Kouwou) (2). La seconde avait été bâtie pour recevoir le corps de Schafra (Chéphren), roi de la quatrième dynastie (3). Quant à la troisième, elle renfermait le sarcophage de Menkerâ, roi lui aussi de la quatrième dynastie. Ce sarcophage, qui était l'un des plus admirables monuments de l'art égyptien de ces temps si reculés, a péri sur la côte de Portugal avec le vaisseau qui le transportait en Angleterre (4).

LA RELIGION DES ÉGYPTIENS (p. 437).

Il serait bien trop long de développer ici les idées religieuses des Égyptiens. Nous allons nous contenter d'indiquer quelques ouvrages où l'on trouvera l'exposé de ces doctrines, qui ne sont pas encore entièrement connues, mais que les nouvelles découvertes éclairent de jour en jour davantage :
Champollion, *Panthéon égyptien*, Paris, in-4 ; De Rougé, *Notice sur les monuments égyptiens du Musée du Louvre*, Paris, in-8 ; Mariette, *Mémoire sur la mère d'Apis*, Paris, 1856, in-4 ; Chabas, *Hymne à Osiris*, 1857 ; Leipsius, *Das Todtenbuch der Ægypter*, Leipzig, 1842 ; de Rougé, *Études sur le Rituel funéraire*, Paris, 1868 ; F. Lenormant, *Manuel d'histoire ancienne*, 3ᵉ éd., t. I, pp. 520-537 ; Maspéro, *Histoire ancienne*, 2ᵉ édit., pp. 26-52 (5).

LA FOLIE DE NABUCHODONOSOR (p. 440).

Nabuchodonosor (6), dans une inscription, semble faire allusion au châtiment de son orgueil. En s'adressant à son Dieu, il s'écrie : « Dieu Mérodach (7), grand maître, bénis aussi les tentatives de ma main ; sois propice, accepte mon humiliation. Ô toi ! Accorde-moi la prolongation de ma vie jusqu'aux jours les plus reculés (1). » — Dans une autre inscription, après avoir décrit les plus importantes de ses œuvres, il ajoute : « Durant quatre ans (?)... le siège de mon royaume... ne réjouit pas mon cœur. Dans toutes mes provinces je ne bâtis pas une haute place de pouvoir, les précieux trésors de mon royaume je ne les amassai pas. A Babylone, les constructions pour mon usage et pour l'honneur de mon royaume, je ne les continuai pas. Dans le culte de Mérodach, mon Seigneur, la joie de mon cœur, dans Babylone, la cité de sa souveraineté, et le siège de mon empire, je ne chantai plus ses louanges, je ne couvris plus ses autels de victimes, je ne fis plus curer les canaux, etc. (2). » Quoique la cause de cette suspension de toutes les occupations habituelles du roi ne soit pas mentionnée ici, il est difficile d'en supposer une autre que la maladie de Nabuchodonosor, telle que le Prophète l'a racontée. Cette maladie était probablement cette sorte de folie que les Grecs appellent Lycanthropie (3).

BEL ET LE DRAGON (p. 442).

D'après le récit de Daniel (4), Cyrus aurait d'abord suivi un culte polythéiste, et aurait été détourné de ses adorations impies par le jeune prophète. Les savants qui ont prétendu que, dès l'origine, Cyrus s'était déclaré pour la doctrine persane de Zoroastre, n'admettent pas le récit biblique. Mais il faut dire que leur hypothèse ne repose sur rien, et il n'y a aucune contradiction à trouver dans Cyrus une certaine condescendance pour le culte de Babylone nouvellement conquise.

On objecte que le culte du serpent était étranger aux Babyloniens. La réponse est facile. Les idoles fourmillaient parmi ces peuples, et nous ne devons pas nous étonner qu'ils aient adoré le serpent, puisque nous savons que c'était une des superstitions les plus répandues dans l'antiquité. « La première fondation de Babylone fut un souvenir du déluge, comme le dit l'Écriture et comme le confirme la tradition du pays sur le grand monstre marin et démoniaque Oannès. Le culte du serpent, ainsi que le remarque Ritter, était en rapport avec une terre récemment abandonnée par les eaux. Il était répandu par toute l'Inde, dominait dans le Pendchab et en Cachemyre, où, du temps d'Alexandre le Grand, d'après le propre dire des députés cachemyriens d'Abhisoros, on nourrissait deux grands serpents. De même qu'on conserva en Grèce, à Epidaure, par conséquent, dans des temples isolés, le culte du serpent, de même il put se perpétuer en Babylonie, malgré la domination des idées persanes qui ne le firent pas disparaître tout d'un coup (5) » Bel-Dagon figure souvent dans les inscriptions de Sargon (6).

---

(1) Brugsch, *Geograph. Inschriften*, t. I, p. 83 ; et Maspéro, *Hist. anc.*, 2ᵉ éd., p. 56.
(2) Lenormant, *Manuel d'histoire ancienne*, 3ᵉ éd., t. I, p. 542 ; et Maspéro, *Hist. anc.*, 2ᵉ éd., pp. 67-69.
(3) F. Lenormant, *ibid.*, par 543.
(4) Maspéro, *ibid.*, p. 74.
(5) V. aussi les notes du IIᵉ volume.
(6) La forme assyrienne de ce nom, qui semble signifier « Nebo protège le rejeton, » est *Nabu-Kudur-Usur*.
(7) Le nom véritable de Mérodach, si souvent cité dans la Bible, est *Mardouk*.

(1) Oppert, *Expédition en Mésopotamie*, t. II, p. 276
(2) Rawlinson, *Hérodotus*, t. II, p. 586.
(3) Smith, *A Dictionary of the Bible*, t. II, p. 483.
(4) Dan. XIV, 1 et suiv.
(5) Haneberg, *Révélation biblique*, tr. Goschler, t. I, pp. 417 et 448.
(6) Oppert, *l. c.*, pp. 187, et passim.

Une curieuse inscription vient d'être publiée par la Société d'archéologie biblique de Londres, dans le cinquième volume de ses *Transactions*. C'est la description d'un combat entre le Dieu Bel et le Dragon. Nous en empruntons la traduction à la *Revue des études bibliques et orientales du Monde* (1) :

« Le dieu Bel combat le dragon avec plusieurs espèces d'armes, mais en particulier avec une épée de flamme.

1re ligne (manque).
2. ... « il en arma sa main droite ;
3. il prit son épée de flamme dans sa main.
4. Il lança ses éclairs devant lui.
5. Un cimeterre recourbé il portait sur son corps.
6. Et il fit, pour tuer le dragon, une épée
7. qui tournait dans quatre directions, de sorte que personne ne pouvait éviter ses coups rapides.
8. Elle tournait au sud, au nord, à l'est et à l'ouest.
9. Près de son épée, il plaça l'arc de son père Anou.
10. Il fit un tonnerre tournoyant, et une foudre à double flamme, qu'il était impossible d'éteindre,
11. et une quadruple foudre, et une sextuple foudre, et une .... foudre, et une foudre de feu tournoyant.
12. Il prit les foudres qu'il avait faites, et il y en avait sept,
13. pour les lancer contre le dragon, et il les mit dans un carquois derrière lui.
14. Alors le Seigneur de la tempête leva sa grande épée ;
15. il monta sur son chariot, dont le nom était : Destructeur de l'impie.
16. Il prit sa place et mit les quatre rênes dans sa main. »

Le bas de la tablette manque. Au verso est décrite la victoire de Bel sur le dragon. Ce combat est souvent représenté sur les monuments figurés de l'Assyrie, mais la signification n'en est pas encore claire. M. Talbot (2) croit que le passage que nous venons de rapporter nous fait connaître l'arme des Chérubins qui gardèrent l'entrée du paradis terrestre, après l'expulsion d'Adam et d'Ève, et que la Bible appelle « un glaive de flamme tournant. » Il est difficile jusqu'ici de se prononcer définitivement sur ce point.

BABYLONE (p. 447).

«M. Oppert a pu sur les lieux rétablir la curieuse topographie de Babylone, qu'Aristote comparait plutôt à un pays environné d'une muraille qu'à une cité telle que les Grecs pouvaient se la représenter. L'enceinte extérieure, celle dont parle Hérodote, formait un carré de 120 stades de côté. Babylone était donc quatre fois et demie plus étendue que Londres. Ce mur, qui rappelle la muraille de la Chine, avait 90 coudées (47 m. 28) de hauteur, 50 coudées de largeur. Il était flanqué de tours hautes de 200 coudées (105 m.) et percé de cent portes. Un fossé intérieur et un fossé extérieur le défendaient. Cyrus commença la démolition de cette gigantesque enceinte dont la destruction complète ne fut opérée que par les rois perses Xerxès et Artaxerxès. L'Euphrate partageait en deux parties à peu près égales et de figure triangulaire la vaste superficie enclose dans cette enveloppe, nommée dans les inscriptions *Imgoul-Bel* (c'est-à-dire, que Bel Dagon la protège !). La seconde enceinte dite *Nivit-Bel* (la demeure de Bel) avait un périmètre de 360 stades (68 kilomètres) ; elle était également pourvue de tours, genre de fortifications dont les bas-reliefs assyriens nous offrent de nombreuses représentations ; elles atteignaient une hauteur de 110 coudées (57 m. 75). La largeur du rempart intérieur était suffisante pour que deux chars se pussent croiser sur la plate-forme qui le couronnait. L'aire entourée par la seconde muraille embrassait 290 kilomètres carrés. Elle laissait en dehors au midi le quartier de Borsippa (1), qui devint ainsi une ville distincte après la ruine du rempart extérieur. Tout l'intérieur de Nivit-Bel n'était pas occupé par des habitations ; de vastes espaces restaient livrés à la culture. Au centre de ces deux enceintes concentriques, se trouvait la cité royale, la ville proprement dite ; Hillah paraît en occuper l'emplacement. C'était la Babylone primitive dont il est impossible d'évaluer l'étendue, aucun vestige du mur qui l'entourait n'ayant été découvert ; mais elle égalait au moins en superficie la capitale de l'Angleterre.

« Les rues de Babylone étaient, au dire d'Hérodote, généralement droites, bordées de maisons à plusieurs étages. De ces rues, les unes s'allongeaient parallèlement au fleuve, les autres y aboutissaient et donnaient accès sur le bord par des portes en bronze. Le nombre des édifices qui décoraient la ville de Nabuchodonosor, que ses successeurs embellirent encore, paraît avoir été considérable, les inscriptions en mentionnent une multitude.

« Le monarque habitait un magnifique palais situé hors du lieu où s'était élevée la résidence de son père et dont les ruines, encore subsistantes, portent le nom de *Kasr*. Bérose rapporte qu'il fut élevé en quinze jours, ce que confirment les textes épigraphiques. Les jardins suspendus, dont la création était attribuée à Sémiramis, sont connus de tout le monde. Cette merveille a disparu ; mais l'emplacement a pu en être déterminé, grâce aux tombeaux que les Grecs, au rapport des auteurs, y avaient établis et qui ont été retrouvés. Le grand tumulus de Tell-Amran occupe le lieu de ces admirables terrasses. Telle était la ville dont Cyrus se rendit maître (2). »

Les détails qui précèdent éclaircissent un passage de Daniel qui avait fort embarrassé les commentateurs (3). Selon l'auteur sacré, Nabuchodonosor, ayant fait une statue d'or, l'avait placée dans la plaine de Doura, dans la *medina* de Babel. Les commentateurs n'avaient pu comprendre comment une plaine pouvait se trouver renfermée dans

---

(1) Le *Monde* du 24 février 1877.
(2) Traducteur de cette inscription dont le texte assyrien a été publié dans les *Assyrische Leseslücke*, de M. F. Delitzsch.

(1) V. la note sur la tour de Babel.
(2) A. Maury, *Ninive et Babylone*, dans la *Revue des Deux-Mondes*, 15 mars 1868, p. 472.
(3) Dan. III, 1.

l'enceinte de Babylone. Aussi avaient-ils supposé que, chez les Chaldéens, Medinah avait la signification de province, et avaient-ils traduit en conséquence : dans la province de Babylone (1). Mais *medinah* signifie aussi bien *ville* que *province*. D'ailleurs, dit M. Quatremère, « il est peu naturel de croire que le monarque de Babylone, voulant faire élever une statue en l'honneur de la principale divinité de son empire eût choisi pour cet effet un terrain placé hors des murs de sa capitale. On sent bien que, dans ce cas, il a dû établir cette image dans l'enceinte même de Babylone (2). »

LE NOM DE CYRUS.

« Plusieurs avaient soupçonné que le nom de Cyrus était celui du soleil dans la langue des Perses, et qu'il s'appliquait moins à un individu qu'au représentant de la souveraineté, à peu près comme celui de Pharaon en Egypte. Le déchiffrement des inscriptions cunéiformes n'a point justifié cette conjecture. La diversité d'orthographe indique deux racines diverses. Ainsi rien ne peut affaiblir l'éclat de la prophétie. C'est bien par son nom propre que Dieu a désigné Cyrus comme il s'en glorifie. Et toutefois, comme pour imprimer à la prophétie d'Isaïe la marque des temps où elle a été faite, il n'a point désigné les Perses par ce nom si connu de Daniel, d'Esdras et de leurs contemporains. Les Perses ne sont jamais marqués dans Isaïe que par le nom d'Elamites, nom anciennement connu des Juifs et qui se lit deux fois dans la Genèse (3). »

DARIUS LE MÈDE ET BALTHASAR (p. 443).

I. « Tous les historiens s'accordent pour confirmer les récits que nous donnent Hérodote et Ctésias sur les cruautés et le règne d'Astyage, ainsi que sur sa défaite par Cyrus ; il devient impossible d'admettre les assertions de Xénophon sur la bonhomie de ce monarque, sur son fils Cyaxare, et sur tant d'autres faits, plus agréables qu'instructifs, répandus dans la Cyropédie (4). » Ce Cyaxare, qui fut beau-père de Cyrus et fils d'Astyage, ne peut pas être Darius le Mède de Daniel (5).

Darius le Mède doit-il être identifié avec Nériglissar, qui devint roi de Babylone, après avoir assassiné son beau-frère Evil-Mérodach ? Rien ne porte à le croire, parce que le nom de Nériglissar, purement babylonien, était probablement celui d'un Chaldéen de naissance illustre. Nériglissar a régné au moins quatre ans, tandis que Darius n'a probablement pas régné plus de deux ans (1). Nériglissar monte sur le trône par un crime, tandis que Darius avait, d'après Daniel, des mœurs douces et pacifiques. Si Nériglissar avait été un Mède réfugié à Babylone, « admis dans la famille royale, et porté au trône par ses intrigues, » il aurait mis tous ses soins à faire oublier son origine, et à gouverner d'après les lois des Babyloniens. Or les Chaldéens, quand ils veulent obtenir de Darius les décisions les plus étranges, invoquent uniquement les coutumes des Mèdes et des Perses.

Qui donc est Darius le Mède ? Ce n'est pas non plus Darius, fils d'Hystaspe, comme l'a prétendu, après Génébrard, M. Clavier.

Suivant M. Quatremère, Cyrus, après avoir vaincu les Mèdes en les divisant, et avoir soumis en deux victoires sur Astyage toute la Médie, dut s'attacher à convaincre les Mèdes qu'ils n'avaient pas été vaincus, et qu'ils conserveraient entier l'empire qu'ils exerçaient sur une partie de l'Orient. Il s'efforça de les persuader que « loin d'avoir été humiliés dans la lutte qui venait de s'engager, ils s'étaient fortifiés réellement, puisque leur alliance intime avec les Perses leur assurait, au lieu de sujets jaloux et remuants, des auxiliaires dévoués et intéressés à la consolidation de leur puissance ; et qu'enfin à un empire mède allait succéder un empire médo-perse (2). » Dès lors les Mèdes ont, du moins en apparence, une suprématie réelle et évidente. Les Perses prennent le costume des Mèdes, les actes de chancellerie se font au nom des Mèdes et des Perses, et ces mots de Mèdes et de Perses deviennent inséparables pour désigner les dominateurs de l'Orient. Plus tard, nous voyons les Grecs dire la guerre *médique* pour la guerre de Perse.

On comprend très-bien, si l'on compare l'immense étendue de l'empire médique avec les limites étroites dans lesquelles était circonscrit le petit royaume héréditaire de Cyrus, que, dans la coalition qui renversa Babylone, les Mèdes fussent au premier rang et les Perses dans un rôle secondaire. Cela étant, il n'est pas probable que Cyrus ait voulu, en se faisant proclamer roi, blesser les Mèdes, qui jugeaient encore les Perses comme au-dessous d'eux. « Au lieu de prétendre lui-même à l'empire, il engagea les Mèdes à se choisir un roi pris dans leur sein, et se réserva l'honneur d'être le lieutenant du nouveau souverain. Mais on peut croire que Cyrus, en homme adroit et rusé, eut l'art de diriger les suffrages, et de les faire tomber sur un prince d'une origine illustre, mais déjà d'un âge avancé, sans enfant, et dont le caractère doux et pacifique devait laisser à Cyrus la chance de régner en réalité sous le nom d'un autre. Ce nouveau monarque fut sans doute le Darius, fils d'Assuérus, dont Daniel nous a conservé le nom et l'histoire (3). » Puis, pendant que Darius établissait sa résidence à Babylone, Cyrus, portant au loin ses armes, étonnait l'Asie de ses exploits, et, à la mort de son vieux compétiteur, deux ans après la chute de Babylone, il prit sa place et occupa tout naturellement l'empire de l'Asie. Il ne commença à compter la première année de son règne qu'au moment de la mort de

---

(1) Ainsi la Vulgate, Théodotion, les Septante, Biel et Gesenius. Biel indique III Rois, xx, 14, Esdr. II, 1, Esth. I, 1, qui, suivant lui, ont le sens de *province*, mais il ne cite pas cet endroit de Daniel. — Rohrbacher traduit aussi par *province*, p. 411.
(2) *Mémoires géographiques sur la Babylonie ancienne et moderne*, dans les *Annales de philosophie chrétienne*, t. XXIX, p. 19.
(3) Le Hir, *Études bibliques*, t. I, p. 137, note.
(4) Quatremère, *Mémoires de l'Acad. des inscript. et belles-lettres*, t. XIX, 1ʳᵉ partie, pp. 373-418.
(5) V. 31 et cæt.

(1) Quatrembre, *ibid.*, p. 379.
(2) Id., *ibid.*, p. 384.
(3) Id., *ibid.*, pp. 385 et 386.

Darius. Le silence des historiens grecs et romains, s'explique par l'influence prépondérante de Cyrus, qui ne laissait probablement à Darius que le nom de roi. Ainsi Hérodote, qui n'a probablement pas poussé jusqu'à Babylone, mais a appris de la bouche des Perses, les faits qu'il raconte, n'avait pas entendu parler de Darius.

II. Qui peut avoir été le Balthasar dont parle Daniel? ce ne peut être Evil-Mérodach, car comment un roi, désigné par son vrai nom dans le livre des Rois, eût-il pu en avoir un second, appartenant aussi à la langue des Babyloniens, et d'une forme tout à fait différente? Comment d'ailleurs, propre fils et successeur immédiat de Nabuchodonosor, eût-il ignoré les faits qui concernaient son père, et en particulier la folie de ce dernier? En outre Daniel ne lui eût pas dit : « votre empire va être donné à un autre, » puisque ce prince devait être détrôné et assassiné par son beau-frère.

Doit-on le confondre avec le Nabonnède des historiens de Babylone, le Labynète d'Hérodote? Plusieurs objections s'opposent à cette identification, qui, au premier coup d'œil, semble la plus naturelle, et paraît mieux se conciller qu'aucune autre avec le récit de Daniel. D'abord le nom de Nabonnède est bien d'origine chaldéenne (*nabo* désigne une divinité babylonienne); comment ce roi aurait-il porté à la fois deux dénominations aussi différentes? Puis Balthasar périt de mort violente, tandis que Nabonnède, réfugié dans Borsippa, obtint de son vainqueur le pardon et le gouvernement de la Caramanie (1).

Nabuchodonosor, suivant la prophétie de Jérémie (2), devait avoir pour successeurs au trône de Babylone son fils et le fils de son fils. Nabonnède paraît n'avoir eu aucun lien de parenté avec la famille royale, et être arrivé au trône par son courage et son usurpation. Il crut prévenir l'arrivée de son compétiteur en s'associant au trône un rejeton de la famille des Nabuchodonosor, et choisit pour cet effet Balthasar, fils d'Evil-Mérodach, qui était encore enfant. Ainsi, en se faisant respecter, au moyen d'un prince du sang, il régnait seul cependant en ne laissant à son associé que le titre et les plaisirs de souverain. L'histoire d'Orient est riche en faits de ce genre.

En admettant cette hypothèse, on voit que la prédiction de Jérémie est complètement réalisée, que Daniel et la reine mère, en désignant Balthasar comme fils de Nabuchodonosor, se servent d'une locution très-fréquente dans la Bible et chez les écrivains orientaux.

Nabonnède sut probablement opérer sa retraite, lors de la prise de Babylone, tandis que Balthasar tombait aux mains de Cyrus.

Un fait qui paraît confirmer cette royauté simultanée de Balthasar et de Nabonnède, c'est que Balthasar ne pouvant déchiffrer les caractères apparus sur la muraille, déclare que celui qui parviendra à les faire connaître, sera considéré comme la troisième personne du royaume, c'est-à-dire prendra place après Balthasar et Nabonnède (3). De cette manière nous pouvons concilier

(1) Quatremère, *ibid.*, p. 395.
(2) xxvii, 7.
(3) Quatremère, *ib.*, p. 399.

Hérodote, Xénophon et Daniel. Les oracles des prophètes confirment encore cette explication (1).

M. Quatremère consacre treize pages à montrer, contrairement à l'opinion de M. de Saulcy, que Nabonnède ne peut être Darius le Mède : les caractères de ces deux rois sont trop opposés, leurs noms d'une origine trop différente pour appartenir au même individu. Il est d'ailleurs évident que si Daniel avait su que ces deux personnages ne faisaient qu'un, il l'aurait indiqué de quelque façon, ce qu'il n'a nullement fait.

LE LIVRE D'ESTHER (p. 469).

L'Assuérus du livre d'Esther doit être identifié avec Xerxès : « cette conquête de la science, dit M. Oppert, ne fait plus l'ombre d'un doute (2). » Outre la preuve qui se tire du rapprochement des consonnes de ce mot dans l'hébreu et dans le perse, il y en a une autre, tirée de la Bible même. Dans le livre d'Esdras, en effet, la succession des rois de Perse est ainsi établie : Cyrus, Darius, *Xerxès* et Artaxerxès (3). Les Septante, en identifiant Assuérus avec Artaxerxès, avaient fait oublier l'identité d'Assuérus et de Xerxès, que la science moderne a remise en lumière.

C'est dans la troisième année du règne de Xerxès que le livre d'Esther fait commencer les événements dont il renferme le récit. Nous sommes par conséquent en 483 avant J.-C. Esther entre au palais, pour y prendre la place de Vasthi, en décembre 479 ou janvier 478, et elle est admise au rang de reine, peu de temps après, au commencement de cette même année.

Esther ne peut être identifiée, comme quelques savants l'ont essayé, avec l'*Amestris* d'Hérodote (4); celle-ci a un nom qui est le perse *Amâçtris*, enchanteresse, tandis que le nom d'Esther est le perse *Stâré*, étoile (5); d'ailleurs elle est plus vieille qu'Esther, et fut la mère du successeur de Xerxès, ce que la Bible n'eût pas manqué de nous dire si cette qualité eût appartenu à Esther. Celle-ci n'était qu'une des plusieurs femmes légitimes qu'avaient les rois de Perses; elle reçut en outre le titre de reine. On a beaucoup objecté contre le livre d'Esther la peur que manifeste la reine d'entrer chez le roi sans avoir été appelée. « Quand Mardochée demande à sa nièce d'implorer la grâce des Juifs, celle-ci lui répond qu'elle n'était pas entrée chez le roi depuis trente jours (II,11), et cela confirme ce que dit Hérodote (III, 69) à l'égard de Phédime, femme du Mage, à savoir que les femmes entraient à tour de rôle (6). »

(1) V. sur ce point M. Quatremère, *ibid.*, pp. 401 à 405. — MM. Rawlinson et Menant admettent que Balthasar est le fils de Nabonnède. L'opinion de M. Quatremère paraît plus rationnelle.
(2) *Commentaire historique et philosophique du livre d'Esther d'après la lecture des inscriptions perses*, dans les *Annales de philosophie chrétienne*, 1864, pp. 7 et suiv. Nous ne faisons que résumer les belles recherches que M. Oppert a réunies dans ce savant mémoire.
(3) I Esdr. IV, 5 et suiv.
(4) IX, 108-113.
(5) Oppert, *l. c.*, p. 16.
(6) Id., *ibid.*, p. 17.

Le nom d'Haman, fils d'Hamadàtha le Agagite, indique bien une origine médo-perse, quoiqu'on ait cru longtemps, à cause d'un des rois d'Amalec qui s'appelle Agag, qu'il était Amalécite. Les inscriptions de Khorsabad nous ont appris que le pays d'Agag composait réellement une partie de la Médie (1).

On ignore si Mardochée qui assista au triomphe des Juifs et reçut alors de grands honneurs (mars 473), vit la fin de Xerxès. Quant à Esther, elle a pu partager le sort de toutes les femmes du royal harem de Xerxès, qui devenait la propriété du successeur. A l'époque où Xerxès périt assassiné, Esther a pu avoir une trentaine d'années d'âge (2). »

Quelques détails mentionnés dans le livre d'Esther prouvent son authenticité et sa vérité. Ainsi on y lit : « Le roi Xerxès imposa une contribution... aux îles de la mer (3). » Il ne peut s'agir ici que des îles de la Méditerranée, car les Perses n'en avaient pas attaqué ou soumis d'autres. Ce verset rappelle donc les tentatives faites par Xerxès pour s'emparer des Cyclades, des îles de la mer Egée et de Chypre, tentatives déjouées par les victoires de Cimon (469).

L'étonnement qu'on a montré en ne trouvant rien dans les auteurs grecs sur les faits conservés par le récit biblique, n'est ni fondé ni raisonnable. Car nous ne possédons plus tous les auteurs qui traitaient spécialement de l'histoire des Perses. Hérodote, dans ses récits détaillés, s'arrête en 479, et, à partir de là, les auteurs grecs ne s'occupent de la Perse qu'incidemment.

Le livre d'Esther mentionne des *Annales de Médie et de Perse.* (4). Nous savons d'autre part que ces mêmes annales faisaient le fond de l'histoire perse de Ctésias de Cnide, dont nous trouvons un sommaire dans la *Bibliothèque* de Photius. Il est fort possible que Ctésias fit mention des événements que nous a conservés le livre d'Esther. N'avons-nous pas d'ailleurs connu par la grande inscription de Bisoutun des faits considérables relatifs à l'histoire de Perse et dont Hérodote ne parle pas, quoiqu'il insère dans son livre d'autres faits contemporains ?

« Toutes les données historiques du livre d'Esther, cadrent à merveille avec ce que les Grecs nous ont transmis sur leurs adversaires. Les notions que l'écrit biblique nous fournit sur les mœurs des Perses, sur les usages de la cour, sont également confirmées par les données qui nous viennent d'ailleurs (5). » Ainsi la *poste royale* qui est chargée de l'expédition des crédits royaux, invention des Perses, que le livre d'Esther mentionne (6), a été signalée aussi par Hérodote (7).

Nous trouvons dans un autre endroit (8) mentionnés les *Akhashaterânim*, fils des *Rammakim*. Il est probable qu'il s'agit ici non pas de chevaux ou d'autres animaux rapides, mais de coursiers royaux. En dépouillant ces mots des formes massorétiques qu'ils revêtent aujourd'hui, on trouve dans le premier de ces mots deux racines perses : *ukhsa*, rapide, et *tarana*, trajet ; c'était sans doute ce terme qui désignait les courriers. Quant au second de ces mots, il indiquerait, selon M. Oppert, une tribu d'où l'on tirait ces courriers (1).

Tous les noms propres employés par l'auteur sacré sont une preuve philologique de la véracité du livre. Vashti signifie la *désirée* ou la *meilleure* ; Haman rappelle le perse *hamâna*, estime ; *Zeresh*, le nom de sa femme est le perse *Zariç*, la dorée (2). Le nom de Mardochée pourrait être perse (*Mardukiya* comme *Marduniya*, Mardonius), ou babylonien (*Mardukaï*, adorateur de Mérodach) ; mais il est plus probable qu'il est d'origine sémitique. On trouve en effet un Mardochée parmi les compagnons de Zorobabel (3). Et Mardochée, né vers 530, avait pour père Iaïr, fils de Simhi, fils de Kis, qui avait été emmené par Nabuchodonosor à Babylone en 590. Son nom est parfaitement d'accord avec les noms des Juifs de cette époque.

« Parmi les mots perses qui se retrouvent dans le livre d'Esther, il y a encore le mot *sort* (*pur*), d'où provient le nom de la fête de *purim*. Josèphe lui substitua φρουραι, mais à tort. Le mot semble venir de *pur*, remplir, accomplir (la même racine que ces mots français), et la forme antique a pu être *pura* ou *puruva* (4). »

Toutes ces preuves se réunissent pour attester la véracité de ce livre si contesté et si attaqué.

LES MOIS CHEZ LES HÉBREUX (p. 477).

Avant l'exil, nous ne trouvons dans la Bible que les noms de quelques mois. Ce sont les suivants :
Le mois des épis (*abib*) (5) ;
Le mois des fleurs (*ziv*) (6) ;
Le mois d'*Ethanim*, qui est le septième (7),
Et le mois de la pluie (*boul*), qui est le huitième (8).
Et encore ces noms semblent-ils à Benfey et à Stern purement appellatifs, et n'avoir pas été habituellement employés (9).

Après l'exil, les mois portent les noms que voici :
1. *Nisan* (10). C'est le premier mois, celui où l'on célèbre la Pâque. Il correspond à peu près à notre mois d'avril.
2. *Iar* (11) ;
3. *Sivan* (12) ;
4. *Thammouz* (13), qui est le nom sémitique d'Adonis ;

---

(1) M. Oppert, *Inscriptions assyriennes des Sargonides*, p. 25.
(2) *Commentaire...*, p. 18.
(3) x, 1.
(4) *Commentaire...*, 2.
(5) *Ibid.*, p. 21.
(6) viii.
(7) VIII, 98.
(8) VIII, 10.

(1) *Commentaire...*, bp. 23 et 24.
(2) Voir, pour de plus longs rapprochements sur les noms des eunuques, des grands de Perse et des fils d'Haman, les pp. 24 à 26.
(3) Esdr. ii, 2.
(4) *Commentaire...*, p. 27.
(5) Exod. xiii, 4 ; xxiii, 15 ; Deut. xvi, 1.
(6) III Rois, vi, 1, 37.
(7) III Rois, viii, 2.
(8) III Rois, vi, 38.
(9) *Über die Monatsnamen einiger alten Völker*, Berlin, 1336, in-8, p. 2.
(10) Nehem, ii, 1 ; Esth., iii, 7.
(11) Targum, ii ; Par. xxx, 2, où il est seulement nommé le second mois.
(12) Esth., viii, 9.
(13) La racine de ce mot est peut-être sémitique, dit Rodiger.

5. *Ab*;
6. *Éloul* (1), le dernier mois de l'année civile, dans les temps postérieurs à la captivité de Babylone ;
7. *Thischeri* : on célébrait dans ce mois les fêtes de l'expiation et des Tabernacles ;
8. *Mahreschran* (2) ;
9. *Chisleu* (3) ;
10. *Tebeth* (4) ;
11. *Schebât* (5) ;
12. *Adar* (6).

On cherche généralement l'origine de ces noms dans des étymologies chaldaïques et sémitiques, bien qu'on ait constaté la présence d'un certain nombre d'entre eux dans les inscriptions palmyréennes. Quant à leur signification, on n'a pu jusqu'à présent en trouver qui soit satisfaisante. En ancien persan il y a un mois d'*Ader*. Ces motifs ont porté Benfey et Stern à chercher dans cette langue l'explication de ces noms (7).

LA RELIGION DE ZOROASTRE D'APRÈS LES PLUS RÉCENTES RECHERCHES (p. 503).

Un professeur de l'Université de Louvain, M. l'abbé de Harlez, vient de publier une traduction française des livres zoroastriens (8). Cette traduction a reçu les éloges de M. Spiegel, professeur à l'Université d'Erlangen, un des savants les plus compétents sur ce sujet. Nous empruntons à un journal l'analyse de ces nouvelles recherches de M. de Harlez, qui éclairent d'un jour tout particulier l'histoire de cette célèbre religion, dont la comparaison avec la révélation biblique est curieuse et nécessaire, et de laquelle elle tire sans doute les vérités qu'elle contient. « Il est inutile d'insister sur l'importance de cette doctrine dans l'histoire des religions de l'antiquité. Le dieu de l'*Avesta*, Ahura-Mazda (Ormuzd), « l'être pur et sage, » n'est pas seulement le dieu des tribus aryennes établies dans la Bactriane au temps reculé où vivait Zoroastre, il est aussi le dieu de la Perse antique. C'est le dieu, ennemi du mensonge et de l'injustice, qu'invoquaient Cyrus, Darius et Xerxès, et qu'ils reconnaissaient comme le créateur et le souverain maître de toutes choses. « Par la volonté d'Aura-« mazda je devins roi, — dit Darius, fils d'Hystaspe, « dans la fameuse inscription cunéiforme de Bé-« histoun ; — Auramazda me conféra l'empire... « Les autels que Gaumata le Mage avait renversés, « je les ai relevés en sauveur du peuple ; j'ai rétabli « les chants et les saintes cérémonies. »

« La doctrine de Zoroastre forme un contraste frappant avec les religions de l'antiquité (nous laissons de côté, bien entendu, la religion juive, dont toutes les découvertes de ces derniers temps font ressortir de plus en plus le caractère vraiment extraordinaire). Seule au milieu des folies du paganisme, la doctrine du sage bactrien sut conserver une notion relativement pure des vérités naturelles un souvenir assez exact des traditions primitives. La réforme de Zoroastre, — car Zoroastre apparaît comme un réformateur, — était une réaction contre le polythéisme. Ne pouvant détruire complètement la croyance aux dieux nationaux, sorte de génies, lui-même peut-être ajoutant foi à leur existence, il les conserva dans son système ; mais il les réduisit à un rang tout à fait inférieur, au rang d'agents du Maître souverain, créé par lui, dépendant de lui. Le feu, considéré comme un dieu par les Aryas, ne fut plus que l'emblème de la divinité, l'image de sa puissance. Quelques-uns même de ces êtres imaginaires, qui occupaient une place moins importante dans les conceptions populaires, furent rangés par Zoroastre parmi les démons.

« Le problème de l'origine du mal fut l'écueil sur lequel vint sombrer la conception religieuse de Zoroastre. Privé des lumières de la révélation, il ne put comprendre cette puissance mystérieuse du libre arbitre, qui d'un ange fait un esprit de ténèbres ; il ne put surtout deviner cette influence funeste du premier péché qui déforma la création divine. « Le mal, les êtres méchants et nuisibles « ne peuvent venir, pensa-t-il, d'un Dieu pur et bon ; « donc il existe aussi un principe essentiellement « mauvais, cause productrice du mal et de tous les « êtres destructeurs. » Et, en face d'Ahura-Mazda, le Dieu bon, le principe du bien, il admit l'existence d'un principe opposé, *Anro-maynius* (Ahriman), « l'esprit qui tue, » sans commencement dans le passé, mais pourtant, en dépit de la logique, qui aura un jour une fin. La tendance de cet esprit de mort est de détruire les créatures d'Ahura-Mazda, ou tout au moins de les souiller, la souillure les soumettant à son pouvoir. C'est lui qui a peuplé la terre d'êtres nuisibles : il a créé les serpents venimeux et les bêtes féroces. Tout ce qui rampe sur la terre, les tortues, les lézards, les batraciens, les fourmis et les insectes lui doivent leur existence. De lui proviennent les hivers glacés et les chaleurs mortelles, les maladies et tous les genres de fléaux.

« La morale de Zoroastre est aussi remarquable que sa théodicée. « Il constitua, dit fort bien M. de « Harlez, un système plein à la fois de vérités et « d'erreurs, de grandeur et de petitesse, système où « les doctrines les plus élevées, les plus vraies, sont « mêlées aux conceptions les plus fausses, où les « règles d'une sage morale s'allient à des pres- « criptions superstitieuses, parfois même ridicules et « révoltantes. » C'est le principe dualistique qui vicie cette doctrine, fondée pourtant sur la notion des attributs du Dieu suprême et de la spiritualité de l'âme. D'après la conception dualistique, les créations matérielles elles-mêmes se partageant entre les deux esprits, le soin des unes et la destruction des autres s'imposent à la conscience du fidèle. Aussi l'*Avesta* confond-il partout le monde physique et le monde moral.

---

(1) Nehem., vi, 15 : 1 Mach., xiv, 27.
(2) Josèphe (*Antiq.* i, 3, 3) l'appelle *Marsouau*, ou *Marsouané*.
(3) Nehem., i, 1 ; Zach. vii, 1 ; Mach. i, 54.
(4) Esther, ii, 16.
(5) Zach. i, 7 ; 1 Mach. xvi, 14.
(6) Esth. iii, 7, viii, 12 ; ii Mach. xv, 37.
(7) Gesenius, *Thesaurus*, pp. 709, 947, 1507 ; Winer, *Realwœrterbuch*, pp. 102 et 103. — Les noms des mois qu'on a lus dans les inscriptions de Behistoun n'offrent cependant aucune ressemblance avec les noms hébreux (Rawlinson, *Herodotus*, t. II, pp. 593-596).
(8) *Avesta*, livre sacré des sectateurs de Zoroastre, traduit du texte par G. de Harlez, chanoine honoraire, professeur à l'Université de Louvain. 2 vol. grand in-8, 1875 et 1876. Liége, chez Grandmont-Donders.

« Celui qui tue tel animal, créature d'Anro-Maynius, « a effacé toutes ses pensées, toutes ses paroles, « toutes ses actions coupables » (t. I, p. 206) ; mais si quelqu'un tue un chien, la créature par excellence d'Ahura-Mazda, « un chien gardien des troupeaux « et des maisons, un chien de garde personnelle ou « un chien habilement dressé, son âme s'en ira de « ce monde dans le monde futur, poussant des cris « et tremblant plus fortement encore que dans une « forêt profonde, dans une gorge où les loups « répandent la terreur » (t. I, p. 207). De rigoureuses pénitences sont prescrites pour expier le meurtre d'un castor (t. I, p. 217 et suiv.) ou d'un phatagin, animal qui détruit les fourmis, créatures d'Anro-Maynius (t. I, p. 205). L'*Avesta* présente comme également criminels celui qui fait apostasier un fidèle et celui qui donne à un chien un os trop dur ou des aliments trop chauds (t. I, p. 227), etc., etc.

« En résumé, comme le dit M. de Harlez, la loi de Zoroastre exciterait l'admiration s'il avait su en écarter les pratiques superstitieuses et puériles qui la déparent. Ce sont elles, malheureusement, qu'il a développées avec le plus de soin ; elles remplissent la majeure partie de l'*Avesta* et font presque oublier ces principes élevés et pleins de sagesse que l'auteur de ce code lui avait donnés pour base. »

« Du reste, pourquoi s'en étonner ? ajoute M. de Harlez. Dieu seul peut préserver l'homme de l'erreur et du mensonge ; seul il donne à ses lois un caractère de sagesse qui ne peut jamais faillir. »

FIN DES NOTES DU PREMIER VOLUME